上卷

余子道文集

余子道 著

上海人民出版社

余子道

复旦大学历史系教授。1931 年 8 月出生于浙江余姚三管(今属慈溪)。1952 年、1955 年先后毕业于复旦大学新闻系、中国人民大学马列主义研究班。长期在复旦大学从事思想政治工作和历史科学的教学与研究。曾主持全校的宣传工作、文科的教学管理工作和历史系的党政工作。主讲中国现代史、中共党史、中华民国史等课程。著有《长城风云录》、《抵抗与妥协的两重奏》、《一·二八抗战》、《八一三抗战》等史书;合著有《汪伪政权全史》(3 卷)、《日本军国主义史》;主编有“上海抗日战争史丛书”(10 卷)、“淞沪抗战史料丛书”(65 卷)、《当代学者论淞沪抗战》(3 卷)、《记忆中的淞沪抗战》(3 卷)、《汪伪政权资料选编》(3 卷);发表论文 140 余篇。

中日战争军事史国际研讨会台海两岸参会学者合影（日本东京庆应大学，1999年1月）。左起：何理、刘凤翰、陈鹏仁、金冲及、傅吉庆、余子道、刘维开、步平

复旦大学历史系中国近现代史学科部分师友学者合影（2021年3月，复旦大学邯郸校区光华楼东门）。前排左起：李琪、傅德华、余子道、张云、邓一帆。后排左起：徐有威、金光耀、石源华、钱益民

复旦大学历史系系史采访座谈会合影(2010 年 5 月,北京)。前排左起:金冲及、胡绳武、朱永嘉、余子道。后排左起:钱益民、傅德华、金光耀、余岚、金大陆、李春博

出席九一八事变 60 周年国际学术研讨会的部分学者合影(1991 年 9 月,沈阳)。左起:杨树标、余子道、黄美真、魏宏运、杨圣清

复旦大学历史系中国近现代史学科部分学者合影(1992 年 5 月)。左起:金光耀、戴鞍钢、杨立强、余子道、王立诚、吴景平

复旦大学历史系欢迎金冲及教授访问母校留影(1995 年 5 月)。左起:李春元、黄美真、金冲及、余子道、吴景平、石源华

出席在北京召开的七七事变60周年国际学术研讨会期间，在中国人民抗日战争纪念馆留影(1997年7月)。左起：唐培吉、解学诗、余子道

访问“日本国际交流基金”本部，与该会主管人员合影(日本东京，1999年12月)。前排左起：野吕昌彦(日)、余子道。后排左起：马场克树(日)、深圳阳(日)、曹振威、张云、石源华、刘杰

出席近代中日关系史国际学术研讨会期间，与留美、留日的两位学者合影（1997 年 11 月，日本东京庆应大学）。左起：余子道、唐德刚、鹿锡俊

与来复旦大学进行学术访问的俄罗斯科学院远东研究所两位研究员合影（1995 年 12 月）。左二余子道、左三娜・列・玛玛耶娃

在复旦大学历史系进修的韩国庆南大学访问学者郑斗音、美国加利福尼亚大学访问学者华志健与作者合影(1993 年 2 月,复旦大学第 9 宿舍 71 号)。左起:余子道、郑斗音、华志健

在“淞沪抗战史料汇编、研究丛书”首发暨研讨会上发言(2017 年 8 月,上海展览中心)。左起:余子道、忻平、燕爽、徐建刚、邢建榕

在访问台湾河中文化公司并进行学术交流期间，与公司总编彭广恺合影（2015 年 3 月）。左起：余子道、彭广恺、邓一帆

在美国斯坦福大学胡佛研究所汪伪政权史学术研讨会上作主旨发言（2016 年 5 月，美国旧金山）。讲台左起：余子道、郭岱君

在胡绳武教授《清末民初历史与社会》新书首发式座谈会上发言(2002 年 10 月,上海图书馆)。左起:余子道、王邦佐、郭志坤

在中日战争军事史国际研讨会上发言(1999 年 1 月,日本东京庆应大学),左起:余子道、原刚(日)

在台湾出席上海抗战与世界反法西斯战争档案资料搜整交流座谈会(2017 年 10 月,中国台北政治大学人文中心)。左起:余子道、张云

出席复旦大学历史系 1964 届同学八十周年系庆活动(2005 年 9 月,上海图书馆礼堂)。左起:钟绍彬、王鹤鸣、余子道、洪金魁、周捷昌

中国抗日战争胜利 50 周年国际研讨会留影（1995 年 8 月，美国纽约哥伦比亚大学东亚研究所）

在台北政治大学“陈诚与现代中国”学术研讨会上就淞沪会战问题作即席发言（2015 年 3 月，中国台北政治大学人文中心）

出席中国近代军事史学术研讨会期间，与部分学者合影(1987 年 10 月，北京中国人民解放军军事科学院)。左一崔荣华、左三余子道、左四吴信忠、左五刘其奎

出席中国抗日战争胜利 50 周年国际研讨会期间与张宪文(左一)朱永德(左二)合影(1995 年 8 月，美国纽约哥伦比亚大学东亚研究所)

在海峡两岸纪念抗日战争胜利 75 周年座谈会上作主题发言(2000 年 8 月,上海淞沪抗战纪念馆)

出席在香港大学召开的第 12 届世界亚洲历史学家大会(1990 年 6 月)

在浙江嘉善档案馆查阅抗战档案史料，与该馆馆长讨论淞沪会战杭州湾北岸对日阻击战问题（2016 年 9 月，浙江嘉善档案馆）

上海抗战研究会举行庆祝活动（2019 年 8 月，上海淞沪抗战纪念馆）。左起：唐培吉、苏智良、余子道

在美国斯坦福大学查阅中国抗战史料(2016 年 5 月,旧金山斯坦福大学东亚图书馆)

在日本东京早稻田大学大限会馆留影(1999 年 2 月)

校庆一百周年之际，在复旦大学邯郸校区校训碑墙前留影（2005 年 5 月）

在复旦大学邯郸路老校门前留影（2010 年 4 月）

在就读复旦大学时的母系新闻系新闻馆旧址前留影(1990 年 11 月)

在台湾作学术访问期间,于台北淡水淡江大学图书馆查阅史书(2017 年 6 月)

踏访故乡浙江余姚城外河姆渡遗址(2003 年 5 月)

在故乡浙江慈溪上林湖参观越窑遗址博物馆

盛善珠、余子道合影(2008 年 4 月,上海大学校本部)

盛善珠、余子道合影(1994 年 2 月,美国纽约长岛石溪)

在美国佐治亚州、北卡罗来纳州、田纳西州交界地带大烟山景点留影(2004 年 9 月)

目　录

六、 历史人物

七、 复旦往事

八、 书评与序说

九、 附篇

序言一

余子道先生文集行将出版，大家让我写几句话。我感到诚惶诚恐，因为余先生是我的老师，以学校习惯，他的资历比我高一两个辈分，我怎当得起这份光荣，又怎么可以随意置喙?

余先生是共和国成立后复旦大学第一届学生，先后学习研究历史、经济、政治。之后留校任教，又被选拔到中国人民大学研究生班深造。回校后从事教学与研究，兼任党、政、思想工作，70余年来从未间断。这个集子是他一辈子从事的教学研究的成果。

“文革”前我进入复旦大学，成为第一批国际政治专业招收的学生。认识他是因为当时政治、经济、历史几个系教师往往出自同一系，靠得近的几个系有时属于一个党总支。更因为不久后开始的“文化大革命”把领导、老师、学生裹挟在一起不分彼此，经常有机会同吃(下乡吃一个锅里的饭)同住(办抗大式学习班同睡一个教室地铺)同劳动(打扫宿舍盥洗室或干农活)。

“文革”后、改革开放初，我回复旦攻读研究生，又见到余先生。我也踏着他的足迹在教学的同时做过辅导员、教学秘书、宣传部长。后来做了党委副书记、书记。与余先生生活工作在范围不大的同一个区域里，其间还得到了他的同事、朋友、学生的亲炙，如张薰华、李幼芬、王邦佐、陆庆壬、潘玲娣这些与他时有往来、关系密切的老师。“文革”前复旦各系规模不大，全校党组织只有几个总支，几个跨系支部一起活动是常有的事。如经济系与国际政治系是一个总支，“文革”后法律系最初与国际政治系也是一个总支。历史系是实力强大的老系，个别优秀的高年级学生别着白校徽就到各系任基础课了，党组织有时也与历史系在一起活动。

那时教书育人，教学相长十分密切和自然。王邦佐先生并非我年级辅导员或班主任，只是教我们中共党史，却经常到同学中聊天，顺便辅导答疑，引导同学正确认识各种社会、人生问题，还将自己备课用的一些资料借给我们。潘玲娣老师是总支学生委员，更常在五个年级中穿梭谈心，指导学生。余子道先生是我们偶能接触到的历史系的一位主讲老师和政工干部，他谦虚和蔼，平易近人，又对课程和政治抱着饱满、炽烈的感情，学生常能受到感染。有一次在宿舍与我们聊了一个晚上毛泽东军事思想，旁征博引经典案例。他对史实如数家珍，娓娓道来，毫不疲倦，大家听得入神，也不舍他离开。他走后有同学问：他是谁啊？我是学生党员，平时有机会接触认识他，便说是余子道书记。同学对他的平易近人和渊博的学识，都很佩服。

“文革”开始，学校融洽的气氛被破坏。师生对立，党群分派，从揪斗学术权威开始，转向揪党内走资派，以各种名目，以突然袭击，以莫须有揪斗一切想揪斗的人。像余先生这样既是干部，又是讲政治课的，非常容易抓一句话加以歪曲，上纲上线。党史教师王邦佐说毛泽东思想是马克思主义的又一巅峰，因没提到副统帅的“顶峰”而被批，余先生维护王老师，认为没有错，竟也被批。在那样的年代，只有荒唐，无理可说。

在如火如荼的“文革”中，没有人关注余先生们那十年是怎么度过的。只发现，他出现在学生面前渐渐少了，与人交往话语少了。虽然一如往常，仍然谦和平易，但多少带着一丝苦涩。

余先生党政管理工作和教学科研工作从未分过家。这里有两个原因。一是组织上早就看好他培养他。新中国成立前，因大学长期受到旧时代影响，马克思主义不可能得到公开宣传、成为主流；到了新中国成立之初，一时间占领大学的意识形态主导权成为艰巨任务。当时出自延安陕北公学的中国人民大学担负起了培训大学青年马克思主义者的使命。为了实现毛泽东同志后来称为“掺砂子”的改造旧大学的目标，全国大学选拔优秀青年师生进入中国人民大学研究生班进行短期培训，集中学习马克思主义毛泽东思想。要求做到能开课能研究，充实各校理论骨干队伍。

新世纪伊始，我调到中国人民大学任党委书记，对这段历史和实际做法效果有了清晰的认识。五十年代全国重点大学的政治理论骨干教师曾在中国人民大学研究生班学习的占60%以上，有的甚至达到75%，使大学思想政治理论教育的面貌为之一新。一大批朝气蓬勃年富力强的有知识有理论的青年教师站到了大学思政教育的第一线。在复旦大学，余子道先生，我的法硕导师、北大毕业生叶孝信先生，我在复旦的前任书记、曾在中国人民大学中国革命史研究班学习的钱冬生先生等数十人都有这一经历。余先生也将此看作自己毕生的使命。

另一原因是大学因其知识性、专业性，尤其是复旦这样的大学，一贯很重视思政、管理工作者都要有自己的专业特长，在专业上也要达到高水平。我上学时接触较多的张薰华（中共复旦地下党员），是著名的经济学家，长期任党群工作领导；徐震是以“公今度”为笔名的著名杂文家、新闻理论学家，长期任学校宣传部长；王邦佐是著名政治学家，曾是戴白校徽任教的学霸，长期任院长、校长（上海师大）；余先生教书研究、做干部一肩挑两头。这样的队伍在全国几所著名大学中同一期通常有百人之多。后来清华大学校长蒋南翔称之为“双肩挑干部”，成为一种革命化专业化干部培养模式。在复旦，双肩挑干部虽然工作繁重辛苦，但大家自觉接受这种模式，认识到通过努力，也能做到两不误。

余子道先生在抗日战争研究、台海关系研究、中日韩关系研究方面都有著述，特别是毛泽东军事思想研究成为他最为重要的学术主攻方向，在学界也以此享有盛名。这些成果之外，本集也收录了回忆复旦人和事的文章，相信读者，尤其是有过复旦学习工作经历的读者，一定会像我一样，十分期待早日拜读。

以我的体会，不放弃自己的专业，并努力达到高水平，要有很大的毅力。时间是个常数，要两头都顾及，必须作钻、挤、巧的安排。大学是一个知识分子最集中的地方，大学的党政工作者，与机关企业不同，有了专业，在工作时就更能驾轻就熟，以理服人，切中要害，避免外行的失误。同样，从党政工作中也能对专业有所启发，有利于改进教研工作。

余先生已届高寿，我们又身处两地，见面很少。偶尔听到复旦师生说，他思维仍然十分清晰，研究仍然持续不断。这部文集，既是先生个人学思的集大成，也是新中国成长起来的高校第一代学者和党务工作者的学术研究、思想认识贡献的缩影，它的出版，对学术界，尤其是对复旦大学，都是一件值得庆贺的事。

愿先生健康快乐长寿！

程天权

二〇二四年十二月

程天权，复旦大学原党委书记，中国人民大学原党委书记

序言二

汇集了余子道老师近百篇文章的文集历经多年选编终于要付梓出版了，这是一件值得庆贺的事。余师希望我们为文集写一个序言。初闻此言，作为学生的我们感到颇有些为难。序言通常是由师长或者平辈朋友来写，晚辈学生似乎是不合适写序的。但对于94岁高龄仍在伏案写作的余师，不要说前辈，即使平辈中合适写序的人也无法来写了。我们是余师最早的硕士研究生，已年届古稀或已过古稀。这样一想，学生为老师写序似乎并无什么不妥，而是理所当然地报答师恩的一种方式。

我们是一九八三年投入余师门下的。那时复旦大学历史系中国近现代史学科分近代史和现代史两个教研室，我们是中国现代史第一届研究生。在第一学期中国近代史的课程后，余师在第二学期给我们开了“中国现代史专题”和“马列经典作家论现代中国”两门课。后一门课是阅读和讨论经典作家论现代中国和世界的原著，其中有列宁论民族和殖民地问题的文章。前一门课是从一九一九年五四运动开始按专题讲授现代史。这门课主要由余师讲授，但五四运动这个专题他请了新闻系的李龙牧教授，并特别强调李龙牧教授对此问题有精深的研究。在读期间，余师还请民国史专家李新教授来给我们讲了几次专题课。我们的中国近现代史基础就是通过这些课程打下的。

余师的中国现代史专题课虽是实行学位制度后给首届硕士研究生开设的，但讲课内容早在二十多年前就有准备和积累，那就是他在一九六二年开设的中国现代政治史专题的本科生专门化课程。那时中国近代史与中国现代史以一九一九年为界。复旦历史系的中国近代史课是由胡绳武和金冲及两位先生于一九五三年开创并讲授的，中国现代史课开设稍晚。一九五六年胡绳武先生将余子道老师从中国革命史教研组调入历史系承担中国现代史课程，余师成为这门课程的开创者。

余师是一九四九年新中国成立后首批考入复旦大学的本科生，先读商学院国际贸易系，后在国文课老师陈子展先生鼓励下转读新闻系。一九五二年八月，新闻系三年级学生因国家建设需要与四年级学生一同毕业，所有学生除三个人外全部去了北京新华社总社。余师是留校的三人之一，被安排在刚成立不久的新民主主义论教研组，是复旦大学第一批专任政治理论课教师。一个月后，余师就与其他五名年轻助教走上讲台，讲授“新民主主义论”这门课。按复旦传统，助教是不能独立上主课的，只能上辅导课，所以六大助教上讲台授课成为当时校园中的一件大事。上了两个学期的课后，余师被复旦选派到中国人民大学马列主义研究班进修。这个研究班是根据中宣部和高教部指示开办的，任务是培养全国高校的政治课教师。余师在研究班的中国革命史（中共党史）分班，主讲教师是何干之，还有李新和彭明。因此，余师是共和国培养的第一代中共党史和中国现代史的研究者，研究班的学习使他明确了毕生的研究方向。两年研究班学习结束后，余师回到复旦，不久就调入历史系，开始了他在复旦历史系几十年的教学和研究生涯。

余师对中国现代史的研究与教学是同时进行，相辅相成的。收在文集中时间最早的一篇论文《孙中山与三大政策的三民主义》是一九五六年发表的，正是余师调入历史系开始讲授中国现代史那年。文集中时间最晚的论文是二〇二一年发表的《九一八事变与亚太地区国际关系的重大变动》。两篇论文前后时间跨度 65 年，余师学术创作时间之长、学术生命之旺盛，令学生感佩和敬仰！

从文集最后所附余师论著目录的论文发表时间来看，“文革”前发表 5 篇，一九七九年至一九九一年发表 33 篇，一九九二年退休后至二〇二三年发表 97 篇。这组数据非常典型地反映了余师这一代学者所经历的时代和余师在学术道路上艰辛求索的足迹。“文革”前，随着学术界的政治批判不断升级，正常的学术研究越来越难以开展，尤其在中共领导的新民主主义革命时段，学术讨论的余地不多。因此，这一时期中国现代史研究成果寥寥是学界的普遍现象。对余师来说，相比一般的教学研究人员，还多了一份辛劳，他是校园里“双肩挑”的中层干部。来到历史系后，他参与党总支的工作，一九五九年后更是长期担任系党总支书记。在政治运动接连不断的年代，这一职务占去了大量时间和精力，他更难以安心从事学术研究。论著目录中“文革”期间没有一篇论文，但有一本合著的《日本军国主义史》。二十世纪八十年代，余师发表了多篇军事史和抗战史的论文，有的还引发了海峡两岸学者的学术争鸣，余师进入了学术创作的第一个高峰期。这种现象在余师那一代学者中十分普遍，原因就在于时代和政治环境的变化。在同代学者中更为突出的是，一九九二年退休后，余师老当益壮，心无旁骛地全身心投入学术研究之中，迎来学术创作的又一个高峰期。其实，这一时期超过一百篇的论文还不足以说明余师对学术研究尤其是抗战史研究所作的贡献。

抗日战争胜利 70 周年前夕，上海市宣传主管部门找到余师，希望余师为上海纪念抗战胜利出点主意做些事情。抗战研究尤其是上海的两次淞沪抗战是余师花费了很大精力研究的领域。余师不仅为上海纪念抗战胜利70周年活动做了许多实事，更是抓住这一机遇，切切实实推进上海抗战史的研究。余师主编的"淞沪抗战史料丛书"在抗战胜利70周年之际出版，此后又陆续出版该丛书续编1—4编，整套丛书共65卷，为上海抗战史研究打下了十分坚实的史料基础。上海淞沪抗战纪念馆、上海解放纪念馆也在余师亲力亲为的指导下成为受到专业人士好评和普通观众喜爱的博物馆。

余师从事学术研究时间超过一个花甲，研究时段主要集中于以往所称的中国现代史，即从五四运动至中华人民共和国成立之间的历史，研究领域涉及甚广，按文集的编排共有八个方面。毛泽东军事思想和战史是文集的第一个专题，也是余师研究初期最下功夫的领域。余师进入人大研究班进修时，《毛泽东选集》前三卷刚出版不久，"毛选"为他们这一代学者学习和理解中国近现代史提供了基本框架、理论观点和叙事方式，他们也将学习"毛选"作为提升自身理论和专业素养的基本功，因此在认真学习"毛选"的基础上阐释毛泽东思想成为这一代学者普遍热心的课题。余师在毛泽东思想中专注于军事思想，与其早年参加革命的经历相关。一九四九年春，余师离开就读的杭州新群高中，到诸暨枫桥参加浙东人民解放军，然后随部队进驻宁波参加接管，成为军管会公安部工作人员。在我们看来，这段参加军事斗争的经历虽然短暂，却是余师研究军事史的重要动因。余师对毛泽东军事思想的研究着眼于阐明其对革命战争的成功指导及其是中共军队胜利的根本保证。而在同时代学者中更显出自己特点的是，从哲学层面来讨论毛泽东的军事思想。余师对毛泽东军事思想的研究兴趣还进一步延伸至民国时期的著名军事家蔡锷、蒋百里和杨杰等，对他们几部军事名著中的战争观念、军事理论、国防战略、建军方针等进行梳理和分析，阐发他们在中国现代军事史上的意义。因此，余师对军事思想的研究，不仅仅局限于毛泽东和中国共产党，而是较为全面地展现了中国现代军事思想的面貌，这是对学界的一个贡献。

抗日战争史研究是余师着力深耕的主要领域，他在抗战史研究的诸多方面都作出了创新性的贡献。余师在国内较早提出中国"十四年抗战"这一历史概念。一九九一年，他在《抗日战争研究》创刊号上发表《中国局部抗战综论》一文，系统梳理了中国局部抗战的发展过程，阐述了局部抗战和全国抗战的关系，指出这两个阶段的抗战共同构成了中华民族十四年抗战史。中国的局部抗战揭开了世界反法西斯战争的序幕，他提出"应给局部抗战应有的地位"。

余师对抗日战争正面战场的战略研究亦多有贡献。长久以来，学界较多关注中国共产党的持久战略，而对国民政府的军事战略缺少研究。改革开放之初，余师即注意到这一问题，深入研究了国民政府的抗日战略——"持久消耗战略"，指出这一战略在全面抗战爆发之初便已提出，它是集守势消耗与攻势消耗于一体的持久消耗。这是大陆学界较早做出的有关国民政府抗日战略的客观的科学的研究。对于全面抗战初期正面战场的战略作战方向，余师也提出了他的独到见解。台湾学界长期流行的观点认为，蒋介石发起淞沪会战的意图是引诱日军改变战略作战方向，即从"由北向南"改变为"由东向西"，这一改变奠定了中国抗战胜利的基础。余师是第一个对此提出质疑的大陆学者，他以翔实的研究指出华东成为主战场是在多种因素作用下在会战中逐渐形成的，会战之始便有改变战略作战方向说法是事后之美化，是"近乎理想化的推测"，缺乏史实根据。这一质疑引发了一场两岸学者参与的学术争鸣，推动了对正面战场战略研究的深入。

余师对抗战时期的若干重大战役和重大事件进行了具体研究，其中，对淞沪抗战的战略战术、作战过程及上海民众的抗日救亡运动着力尤深，先后发表了数十篇多有创见的重要论文，洋洋洒洒百余万言之多的《上海抗日战争史》也即将付梓出版。余师可当之无愧地被称为上海抗战史研究第一人。

对抗战时期汪伪政权史的研究，是余师有关抗战研究的另一重要领域。余师与复旦历史系诸位老师组成的汪伪政权研究团队是公认的这一领域最强有力的研究团队。他们先后出版了《汪伪政权全史》等一大批具有重要影响的专著和论文，复旦大学历史系因此成为汪伪政权研究的学术重镇。

前面提到，余师是一个在大学校园中"双肩挑"的中层干部，在教学科研之外，还担负着党政管理工作，因此对历史系和学校工作有切身的了解和感受，而他又有着惊人的记忆力，几十年后仍清晰地记得许多珍贵的历史细节。文集中列有一个专题，记叙了余师眼中的复旦往事。蔡尚思和周予同是复旦历史系两位卓有声望的教授，余师记叙了与他们的密切交往。其中对于周予同先生在皖北参加土改的回忆，不仅是关于周予同生平的重要资料，也是高校师生参加土改的第一手记录，对研究这段历史具有很高的价值。王零是二十世纪五十年代到六十年代十年间复旦大学党政主要领导人之一，文集中写王零与复旦师资队伍建设的一篇，记叙了复旦培养骨干教师、青年教师的情况，其中"青老年挂钩""预备教师""骨干教师"等做法不仅是复旦校史乃至高等教育史中不可或缺的内容，对今天的高校管理者也有现实意义。一九七九年余师负责学校党委宣传部时，代表学校与校学生会主办的《大学生》杂志有直接联系。这本杂志当年在全国高校和社会上影响很大，但只刊印了短短的两期。余师对此的回忆是改革开放初期复旦校园内领导作风开明、学生思想开放的生动写照。文集中这一专题的文章只收入 6 篇，其实余师写的相关文章不止这些。而在他记忆中还有更多更精彩的故事来不及写出来或讲出来，或者已经讲出来了还在整理之中。

收录在这部文集中时间最晚的一篇文章是二〇二一年的，那一年余师正好

90 周岁，但那远不是他的封笔之作。鲐背之年的余师还在愉快地工作着。这些天一部一百多万字的由他主编的《上海抗日战争史》书稿在他的案头，正进行着最后的修改定稿，要在二〇二五年抗日战争胜利 80 周年之时刊行。从立志研究中共党史和中国现代史算起，余师的研究已超过了 70 年，而且还在继续。这为我们学生辈树立了终身学习的榜样。

余师不仅是我们的学业导师，也是我们的人生导师。他的正直、他的豁达、他的与人为善、他在顺境与逆境中的坚持等高贵品格，潜移默化地熏陶着我们。这是我们在学业之外的另一宝贵收获，它深深地影响着我们的为人为学。这份师恩，我们未曾有机会郑重表达，借此作序之机，我们在这里向余师表达深深的景仰和由衷的感谢。

祝余师健康长寿，学术之树常青！

金光耀、王建朗

金光耀，复旦大学历史系教授、历史系原党委书记

王建朗，中国社会科学院近代史研究所研究员、近代史研究所原所长

自　序

《余子道文集》一书，经过各方面的共同努力，终于与大家见面了。这部文集收录了从二十世纪五十年代中期以来，我在诸种学术期刊、报纸和其他一些出版物上发表的绝大部分文字作品。似乎可以说，这是我大半辈子在人文和社会科学领域从事学习、研究和探索前行的一个真实的记录，是在史学园地进行艰辛探索求知的过程中取得的不太成熟的一些结果。如果说，这也称得上万紫千红的史学花苑里一枝“野生”的小花，那可以说是莫大的荣幸了。

半个多世纪的岁月，在史学研究的道路上，对于我而言，真可谓一次漫长的“文化苦旅”。其实，我并非历史学专业科班出身的正宗史家，只是一个“半路出家”的史学教学和研究工作者；而在相当长的一个时期里，我主要是复旦大学一个“双肩挑”的政治工作者。中华人民共和国诞生的当年，在五星红旗于复旦园里升起半个月后，我有幸进入这所蜚声中外的高等学府就读。最初，是进入商学院国际贸易系学习，一年后转学至文学院新闻系，直到毕业留校参加中共党史教学工作。不久又一度进入北京中国人民大学马列主义研究班中国革命史（中共党史）分班从事学习与研究。此后，在长达半个多世纪的时日里，按照党组织的指令和调派，我在复旦大学的校、系一些部门和单位从事党政工作，曾负责主持校党委宣传部工作、参与负责全校教学和科研管理工作、以相当长的时日先后负责主持历史系的政治工作和行政工作。这几十个春夏秋冬，尽管党政工作任务十分艰巨繁重，意识形态领域的斗争尖锐复杂，政治风云起伏不定，工作岗位一再变动，人生际遇大起大落、顺境逆境不期而至；但是我始终咬紧牙关，顶住风浪，牢牢坚持史学教学和研究不动摇。无论是在中国革命史（中共党史）教研组、中国近现代史教研室，还是在中华民国史研究室，无不脚踏实地、勇挑教学和科研的重担，问心无愧地担当了主力队员的重任。

“双肩挑”之路极不平凡，充满艰辛和险阻。那时，既深受党组织的教育激励，又有现实斗争的迫切需要，于是就以披荆斩棘的勇气在这条道路上开拓奋进。在

“双肩挑”境况之下坚持学术研究，我的办法借用几句军事术语，就是“以空间换时间”，在党政工作之外紧紧抓住一切可以利用的时间进行学习和研究；“积小胜为大胜”，即从一个个较小的学术课题着手做起，积累为较大的课题的研究；“持久战”，即持之以恒，不急于求成；“游击战和有利条件下的运动战”，也就是在一般情况下，作分散性的学习研究，而于寒暑假一类假期进行论著的写作。争抢时间，集零为整，细水长流，逐次积累，在异乎常态的情况下持久作战，几十年负重前行。直到退休岁月到来，遂迎来全身心投入学术研究的新际遇。然而，虽拼命急起直追，也取得若干业绩，只可惜为时已晚，留下的是“革命尚未成功，同志仍需努力”的感慨。

现在把几十年来发表的大部分文章汇编成集，收录的作品涉及面较广，主要是关于中国近现代军事和战争历史，特别是抗日战争史一些史事的探讨论述，一部分是讨论中日关系、中美关系和世界反法西斯战争的文章，一部分是研究若干现代人物的思想和生平之作，另有少些文章探讨当代大学治理的经验教训。总的说来，全书缺乏专业的系统性和完整性的架构及深入研究，大都是个案性质的对重要史事的探究阐述，或是发掘新的史料填补研究空白之作，或是对原有学术的新的阐发，或是对既有定论发起的商榷和论争。这些文章的产生，大都可以说是急就篇，来不及精雕细刻，又因作者“半路出家”而功底不深，存在不当之处；还有一些文章中的某些观点和论断显然受历史环境和史料的局限，以今天的眼光来看，是不太精当和妥帖的。本书的推出，旨在为史学界同行学者和各方面读者考察研究有关史事，提供一些学术资料和某种见解，以便进行参考和比较，也许有助于推进这方面研究的深入和发展。

本书收录的文章，大体上按其性质和内容分辑为 9 个部分。(一)毛泽东军事思想和战史研究，(二)中国局部抗战研究，(三)全面抗战和淞沪会战研究，(四)汪伪政权研究，(五)中日关系研究，(六)近现代人物研究，(七)复旦往事，(八)书评和序说，(九)附篇。从史学的视域而言，这些文章主要探讨的是以下 5 个课题：一是学习毛泽东军事思想和探讨中国革命战争进程中若干重大事件。毛泽东同志是伟大的马克思主义军事家和战略家，他创造性地将辩证唯物主义和历史唯物主义的世界观和方法论与中国革命战争的实际相结合，与中国优秀的传统军事思想相结合，在党和人民军队的集体奋斗中创立了毛泽东军事思想。以作者粗浅的理解，毛泽东军事哲学是毛泽东军事思想的核心组成部分和在哲学上的结晶，是唯物辩证法基本规律在战争和军事领域的特殊表现和在哲学上的升华。《中国革命战争与毛泽东军事哲学》一文，试图从唯物史观和军事辩证法的层面，对毛泽东军事哲学思想的形成发展、基本内容和主要范畴进行一些探讨。《毛泽东同志战争指导的基本特点》《毛泽东同志和党的军事战略的转变》等文，着重从军事战略思想和战争指导的层面阐释毛泽东军事思想及其在人民革命战争中的运用和发展。关于人民解放战争战略进攻等文，则是试图以理论与历史相结合的方法，透过若干重大历史事件，来说明毛泽东同志和党中央制定的正确的战略思想和军事方针是人民革命战争和人民军队战无不胜的指针和根本保证。

二是关于抗日战争史的若干问题的研究。围绕这一课题，文集收录的文章广涉局部抗战、全面抗战、正面战场、淞沪会战、文化抗战以及同盟抗战等问题。《中国局部抗战综论》一文，是作者应《抗日战争研究》杂志编辑部之约，为该刊创刊号而作。该文立足于中国抗日战争和世界反法西斯战争的全局，宏观性地梳理了中国局部抗战的历史背景、发展历程、历史特点及其在中国抗日战争史上的地位。此文在国内较早、较为系统地阐明中国“十四年抗战”这一历史概念，六年局部抗战和八年全面抗战，各有其不同的历史特点和历史地位，两者既前后相联，又有所区别。全国全民族抗战在十四年抗战中是具有主要的和决定性的地位的阶段，而局部抗战亦有其不可磨灭的意义，在不同时机、不同地域、不同程度上给了日本侵略者以打击，为全面抗战开拓道路作了准备，其经验教训对全国抗战亦极具价值。纲举目张，“综论”之后，几篇专题文章分别对局部抗战阶段若干重要事件和战役作了分析研究，包括一·二八淞沪抗战、榆关抗战、热河抗战、长城抗战和绥远抗战等。《中国正面战场对日战略的演变》《中国正面战场战略反攻问题述评》两文，是对全面抗战时期正面战场总体战略及其推行历程的考察和评析，首次较为完整地剖析了国民政府制定的抗日基本军事战略——“持久消耗战略”，分别论述了这一基本战略在战略防御、相持、反攻三个阶段的具体实施过程及其异化，对正面战场历次重要战役及其战略战术作了概括性评价。此文是中国大陆学者于改革开放之初较早推出的评析国民政府抗日战略的一种见解，其基本论析尚属客观公允，但因受制于当时的思想认识和史料的不全，而存在明显的不足和不当之处。《论中国正面战场初期的战略作战方向问题》等文章，是台海两岸史学界围绕着正面战场初期战略作战方向问题展开的一场学术论战的产物。台湾军界学界有一种很为普遍的观点，认为蒋介石主动发起和扩大淞沪会战的战略意图，是引诱侵华日军的战略作战方向从“由北向南”改变为“由东向西”，并认为此举的成功奠定了抗战胜利的基础。30 多年前，我在中国大陆第一个对上述论点提出质疑，以确凿可靠的史料和合乎科学的论证，指明了蒋介石举行淞沪会战的真正的战略意图和作战方针；同时指出所谓“主动引诱日军改变作战方向为由东向西”之说，是事后曲意美化之言，于历史事实上缺乏根据，于历史逻辑上也不能成立。我的文章引发了台海两岸相关学者间一场不大不小的学术争鸣，也许有助于对正面战场战略问题研究的深化。此外，《美国亚太军事战略与中国战区的战略地位》《中国抗战和日本的南进政策》《日本的南进政策和英国封闭滇缅公路事件》等文，试图通过剖析亚太地区反法西斯战争若干重要事件，探究中国抗战的国际意义和战时中美、中英之间的关系问题。

探讨淞沪会战的文章为数最多，大体分为宏观性综合研究和个案性专题研究两个方面。《淞沪会战述评》《伟大的淞沪抗战，英勇的中华儿女》等文，记叙和论析这场会战的内外历史背景、作战意图和指导方针、会战的发展历程和历次重大战役战斗，同时展现这一时期兴起的波澜壮阔的上海民众抗日救亡运动，以及高度评价淞沪会战在中国抗日战争和世界反法西斯战争史上的重要历史地位。与宏观研究相呼应的是对这场会战的一批专题性探究，有《淞沪会战的主战场——左翼战场研究》《淞沪会战中一次独一无二的大规模反击战——南翔以东反击战述论》《淞沪会战沪西苏州河战役述评》《日军在杭州湾北岸登陆及其对平湖地区造成的人口伤亡和财产损失》《以讹传讹的四行孤军"掩护主力撤退"说应予澄清》等文，拓宽和深化对淞沪会战战史的研究。四川、广西、湖南三省地方部队共30多个师的兵力投入淞沪战场，与中央系和其他地方部队团结战斗，这是举国一致、共赴国难、抗日御侮的一个重要标志，文集中收录的3篇文章对此作出记叙和评析。

第三个课题是探讨战时中日关系问题。《敌乎？友乎？二十世纪三十年代关于中日关系的一场论争》一文，对蒋介石在中日全面战争爆发前夕以徐道邻名义发表的全面表述国民政府对日政策的一篇政论，以及由此引发的国内外关于中日关系问题的一场大争论，以历史的眼光进行再评析，从历史经验中感悟正确处理中日关系之道。此文曾在日本东京庆应大学召开的百年来中日关系史国际学术研讨会上引发了一场十分热烈的讨论。《〈上海时代〉：回忆和反思二十世纪三十年代的日本与中国——松本重治对华回忆录中译本序说》是为这本回忆录中译本在上海出版时写的一篇评介，在肯定该书披露的二十世纪三四十年代中日关系中许多鲜为人知的重要史料之价值的同时，指出该书作者由于其立场和观点，对中日关系许多历史问题的评析和论断极为不当，是我们绝不同意的。此外，这部分有几篇文章分别探讨了何应钦、黄郛与冈村宁次的北平会谈，蒋作宾与广田弘毅的东京会谈，以及中日全面战争初期日本对国民政府的政策等问题。

第四个课题是汪伪政权史研究。《〈汪伪政权全史〉诸论》《〈汪精卫汉奸政权的兴亡〉前言》和《汪精卫"和平救国"论批判》三文，从宏观层面对汪伪政权进行综述和评析，梳理了这个汉奸政权从粉墨登场到最后覆亡的全过程，及其在各个阶段的特征，剖析其政治、经济、军事、外交、文化、教育、财政、金融、新闻、出版等各方面的政策、体制和运作的基本状况。作者以大量的系统扎实的史料，揭露日本帝国主义为达到其亡华灭华、独占中国的目的，炮制和操纵汪伪傀儡政权作为其侵略工具的历史真相，同时揭露汪伪汉奸集团对外卖国求荣、出卖国家领土主权、充当日本法西斯的走狗，对内分裂抗日阵营，镇压、奴化民众，掠夺搜刮战争资源的罪行。其他几篇专题文章，分别以汪伪武装力量、“清乡”运动、汪伪文化活动、日本“对华新政策”下的汪伪政权等为主题进行探究和分析。《回眸与展望——新中国成立以来关于沦陷区和伪政权的研究》一文，从学术史的视角对半个世纪以来汪伪政权史的研究进行总的回顾和评估，提出今后这一课题研究的若干设想。

第五个课题是对近现代若干人物的研究。军事人物方面，关注的是蔡锷、蒋百里、杨杰这三位爱国主义和民主主义的军事家。蔡锷的《军事计划》、蒋百里的《军事常识》和《国防论》、杨杰的《国防新论》等论著阐发的军事国防思想，既一脉相承又与时俱进，在民国军事史上具有开创性意义。我在文章中从关于战争与军事的基础理论、国防建设方略、建军方针原则、国防战略方针、国防经济思想、国防外交政策，以及抗日军事战略等诸方面，对三位军事家的思想和学识加以归纳和阐释，以有助于传承和发扬这份珍贵的军事思想遗产。文化教育人物方面，对著名学者蒋梦麟和著名报人董显光的生平和业绩，作了概略性的描述和评析。这些人物历经民国时期及其前后的风云变幻，一生活动横跨政学两界，遍及海内海外，留世论著甚为可观，但盖棺并未论定，值得治史者深入探究。蔡尚思和周予同两位教授是成就卓著、德高望重的史学大家，复旦大学资深的前辈学者，我有幸与两老在复旦历史系共事多年，亲聆教诲，得益匪浅。拙作两篇追念往事，聊以表达对两位先辈学者道德文章的缅怀与敬畏。

收录于这本文集的作品，产生的时间前后跨越 60 余年，历经岁月的淘洗，学术研究水平的提升和新史料的不断呈现，日益显得其不足或不当之处所在都有。这说明这些作品充其量是史学发展进程中一名探索者艰辛求索的一个印记，是相关课题研究在向着更高水平的目标攀登之路上留下的一个台阶。路漫漫其修远兮，我将上下而求索。史学研究永远在路上，我也始终是一个小学生。回眸半个多世纪时日的求索之路，除时与势的客观环境和历史条件，不可避免地给了史学研究的结果打上深深的时代烙印之外，以作者自身而言，亦不乏正反两方面的经验，自有其诸多感悟。

首先，最为重要的是，从事史学研究必须掌握马克思主义的理论武器，坚持以马克思主义为指导。辩证唯物主义和历史唯物主义揭示了自然界和人类社会运动发展的普遍规律，给了我们认识世界和改造世界的科学的世界观和方法论。马克思主义的唯物史观，是马克思主义区别于其他一切社会历史理论和社会思潮的，并且只有马克思主义所具有的科学的理论体系，遵循这个科学理论的指导，人们才能对社会历史这个变动不居、千姿百态、充满矛盾冲突，却有其自身运动发展规律的客观存在，进行真正科学的观察、研究和认识。唯物主义历史观为我们掌握科学的历史理论、把握正确的历史分析方法、提高洞察历史真相的能力、分析历史演变机理、探究历史发展规律，提供了世界观和方法论指导。我们史学工作者一定要矢志不渝地努力学习马克思主义，旗帜鲜明地高扬马克思主义理论旗帜，持之以恒地坚持学习与运用马克思主义。马克思主义是不断发展的、开放的科学理论，随着实践的发展和时代的前进而不断发展。我们史学工作者要不断学习、再学习，用发展了的马克思主义理论来武装自己。实事求是是马克思主义的灵魂和精髓。在历史研究中坚持实事求是的原则，就必须要做到一切从历史实际出发，尊重客观历史事实，占有全面丰富的材料，重证据、讲规范、辨真伪，看清历史发展的本质。坚持以马克思主义为指导，绝非排斥中外各种社会历史学说中有益的思想遗产和积极成果，而是要努力融通古今中外各种优秀的传统文化资源，包括中国源远流长的优秀传统史学文化资源和世界各国史学研究取得的优秀学术遗产与积极成果。

第二，史学工作要牢牢坚持理论、历史、现实三者的结合，也就是要坚持“立足中国、借鉴国外、挖掘历史、把握当代、关怀人类、面向未来的思路”。马克思说过：“哲学家们只是用不同的方式解释世界，问题在于改变世界。”包括历史科学在内的马克思主义的哲学社会科学，归根到底是无产阶级和人民群众认识世界、改造世界的思想武器和精神力量。如果它失去了与现实世界之间的联系，不与时代的使命和人民群众的共同事业紧密相联，就会丧失它的灵魂，迷失它的方向。在这里，理论是世界观和方法论，是指导思想，在理论的指导下研究历史是为了借鉴和总结历史经验，从历史中汲取智慧和力量，根本目的是回答现实提出的问题、指明走向未来的道路和方向，这可以说是我们史学工作者基本的学术研究工作路径。历史研究既要“述往事”，又要“思现实”。经世致用是中国史学的一个优良传统。史学工作者应当立足现实、着眼当代，用历史研究的成果回答现实世界中提出的问题。史学工作者应当与时代的使命、民族的命运和人民的事业，同命运共呼吸，以建设中国特色社会主义强国、实现中华民族伟大复兴这个伟大事业为中心，努力推进史学研究事业的繁荣发展，总结历史经验教训，提供历史文化知识和历史智慧，回答现实世界的关切，引领现实斗争和指明历史前行的方向。我们应当以“立足中国，放眼世界，立时代的潮头，通古今之变化，发思想之先声”的气魄和追求，在社会现实斗争中激发学术灵感，在服务现实中把握学术增长点，努力为社会主义建设提供优秀的史学作品。

第三，史学研究工作者要志存高远、胸怀天下、忠于真理、忠于人民。毛泽东同志的至理名言“人民，只有人民，才是创造世界历史的动力”，道出了唯物主义历史观的核心要义。我们的史学事业是人民的事业，为人民修史立传是史学工作者安身立命之基。我们所从事的是一个光荣而崇高的事业，有千条万条理由，以为此奋斗而深感自豪。为此，我们必须耐得住寂寞清苦，甘于坐冷板凳，苦练内功，多练真功，提升能力和水平，坚韧不拔，勇攀高峰。重要的问题首先在于把自己的品德和作风立正，努力铸造一个史学工作者应有的史德史风。史学工作的道路上机遇和挑战同在，既不乏理想的追求，又存在种种诱惑，要坚守为国修史、为民立传的宗旨不动摇。在市场经济大潮面前要自珍自重，讲品位、讲格调、讲责任，执着坚守史学岗位。探索和研究历史的道路曲折崎岖，错误在所难免。关键在于既要勇于坚持真理，又要严于修正错误，更不能盲目"追风"、忽"左"忽右，绝不可虚狂浮躁，追名逐利。

当今，在中国特色社会主义新时代，历史科学的发展正处在前所未有的大好时代。我们史学工作者一定要坚持以习近平新时代中国特色社会主义思想指导历史研究，团结奋斗，守正创新，奋力推进历史研究事业的繁荣发展，加快构建中国特色历史科学的学科体系、学术体系和话语体系，为实现中华民族伟大复兴贡献力量。

一、毛泽东军事思想和战史

中国革命战争与毛泽东军事哲学*

毛泽东军事哲学思想是在二十世纪上半叶中国人民革命战争的基础上形成和发展起来的，是这个伟大革命战争的实践经验在理论上的总结和升华。毛泽东军事思想可以分析为三个层次，军事哲学是其理论基础的层次，是毛泽东军事思想科学体系中的灵魂和精髓。毛泽东军事哲学从世界观和方法论的高度，通过对军事理论的再抽象，对战争运动的一般规律作出科学的概括，而成为毛泽东军事思想的理论基础和方法论。毛泽东军事哲学包含着相互联系的三个方面的主要内容：辩证唯物主义与历史唯物主义的战争观；战争问题上的唯物主义认识论；战争问题上的唯物辩证法。毛泽东军事哲学是对马克思主义哲学思想和军事思想的继承和发展，它吸纳和融合了中华民族优秀的军事思想遗产，形成于中国新民主主义革命时期，是在以弱胜强的战争过程中发展起来的，具有鲜明的社会历史特点和民族特色。

革命战争实践经验的理论升华

从二十世纪二十年代到五十年代，中国共产党领导中国人民进行了长达二十多年的革命武装斗争，这是中国历史和世界历史上宏伟的长期的人民革命战争。在这个英勇卓绝、艰难曲折的伟大革命战争历史进程中，毛泽东军事思想在中国大地上异军突起，在军事思想发展史上独树一帜，成为指导中国人民夺取革命战争胜利的强大思想武器，对马克思主义军事科学和哲学作出了光辉的贡献。

毛泽东军事思想是在中国人民革命战争实践基础上产生和发展的。在中国革命战争和军事建设的历史过程中，以毛泽东为主要代表的中国共产党人，根据马克思列宁主义的基本原理，对中国革命战争实践中的丰富经验进行科学的总结和理论升华，批判地吸收了中国历史上的和外国的军事学说的精华，概括军事领域中同“左”的和右的错误倾向作斗争的历史经验，形成了具有中国特色的科学的

---

* 本文原载《军事历史研究》1986 年第 1 期。

军事思想体系，这就是马克思列宁主义普遍原理与中国革命战争具体实践相结合的产物——毛泽东军事思想。它是中国共产党和中国人民军队集体智慧的结晶，其形成和发展经历了一个历史过程。在土地革命战争前期，毛泽东军事思想已经产生并初步形成，为以后的发展奠定了初步的基础。土地革命战争后期和全面抗日战争时期，中国共产党的军事理论得到系统的阐述和多方面的展开，而达到了成熟，形成了毛泽东军事思想的科学体系。在解放战争时期和抗美援朝战争时期以及新中国的国防军事建设中，毛泽东军事思想继续得到发展，达到了全面成熟的阶段。毛泽东军事思想是来自革命战争实践的科学真理，是马克思列宁主义哲学和军事科学在中国革命战争中的运用和发展。

在毛泽东军事思想科学体系的创造过程中，军事哲学思想的创造占有特别重要的地位和意义。正如共和国元帅朱德曾经着重指出的："毛泽东同志系统地研究了中国革命战争的规律。特别重要的是毛泽东同志在他的军事著作中，着重发展了马克思列宁主义军事科学的理论基础和方法论，即军事辩证法。"①毛泽东军事思想，就其理论内容的基本特征来说，集中到一点，它是一个以辩证唯物主义和历史唯物主义为理论基础的，以军事辩证法为灵魂和精髓的，以人民战争、人民军队和人民战争的战略战术思想为基本内容的军事科学体系。毛泽东军事思想是建立在彻底的唯物主义和辩证法的基础之上的。毛泽东坚持用马克思主义哲学研究战争、指导战争，不仅揭示了战争领域各种矛盾运动及其发展规律，而且阐明了研究和指导战争的认识论和方法论，创造了一个既有普遍指导意义又有中国特色的严密而完整的军事哲学（军事辩证法）思想体系。这就是毛泽东军事哲学，或称毛泽东军事辩证法。综观毛泽东的军事实践和军事理论活动，马克思主义的唯物论和辩证法及其军事哲学，像一条红线贯穿于始终。

军事哲学是关于战争的客观过程和主观指导的一般规律的科学，它所研究的是战争这个特殊的社会现象，是研究战争这一特殊社会现象的自身的矛盾运动、战争在其运动过程中发展变化的规律的科学。战争作为一种社会历史现象，同其他社会现象如政治、经济、文化等有着相同的方面，但又有其特殊性。毛泽东指出："基于战争的特殊性，就有战争的一套特殊组织，一套特殊方法，一种特殊过程。这组织，就是军队及其附随的一切东西。这方法，就是指导战争的战略战术。这过程，就是敌对的军队互相使用有利于己不利于敌的战略战术从事攻击或防御的一种特殊的社会活动形态。因此，战争的经验是特殊的。"②战争客观过程的特殊和战争经验的特殊，就决定了唯物辩证法的规律和范畴在军事上有其特殊的表

① 朱德：《人民军队、人民战争》，《人民日报》1958 年 8 月 1 日。

② 毛泽东：《论持久战》，《毛泽东选集》（一卷本），人民出版社，1964 年，第 469—470 页。

现形态，也就决定了军事哲学和一般哲学之间的联系和区别。同时，军事哲学与军事学术也不相同，军事哲学所反映的是战争矛盾运动的一般过程及其规律，对于军事学术原则如战略学、战役学、战术学、军制学、军事教育学、军事历史学等来说，它更带有普遍性和稳定性。如果说，军事学术反映的是军事领域各个方面的具体规律、关于战争指导的直接行动的准则，那么，军事哲学则是其在认识论和方法论高度上升华的原理，是哲学所揭示的普遍规律在军事领域的特殊表现。

毛泽东军事哲学所着重研究的主要对象，不是人类历史上一般战争的矛盾运动，而是中国共产党领导的革命战争。毛泽东等老一辈无产阶级革命家以马克思主义世界观和方法论为基础，吸收先前的军事哲学思想的积极成果，着重从中国革命战争实践经验中，从中国革命战争的各个规律中，科学地概括具有普遍意义的规律，从对中国革命战争各种内在矛盾及其特殊表现的科学分析，揭示了战争运动的普遍规律。所以，毛泽东军事哲学，是关于战争规律特别是关于中国革命战争规律的科学，是马克思列宁主义普遍原理与中国革命战争具体实践相结合的哲学概括。它在理论上和实践上的重要意义，在于为研究和指导革命战争提供了一个科学的战争观、认识论和方法论，丰富和发展了马克思主义哲学。

中国革命战争的实践，是毛泽东军事哲学赖以产生和发展的客观基础。中国共产党是在一个半殖民地半封建的东方大国中登上革命领导的舞台的，当时的中国的特点是：在内部没有民主制度，而受封建制度压迫，在外部没有民族独立，而受帝国主义压迫。这就决定了中国革命的特点是以武装的革命反对武装的反革命。在民主革命的长期斗争中，“我们党的历史，可以说就是武装斗争的历史”①。这个武装斗争，是在中国这样一个历史悠久、地广人众的国度里进行的。近代中国社会经济和政治的发展具有极大的不平衡性，中国革命不可避免地产生发展不平衡性和长期性。因而中国革命战争较之其他国家的革命战争，时间更为持久，规模更为巨大，进程更加曲折，经验也就更加丰富。中国革命战争从发生到发展，从小到大，从没有红军到创造红军，从没有革命根据地到创造根据地，从游击战、运动战到阵地战，从夺取小块政权到夺取全国政权，历时二十多年之久。既有反对帝国主义入侵的民族解放战争，又有反对封建买办阶级统治的国内革命战争。或者是共产党单独领导的战争，或者是国共两党联合进行的战争。既打过游击战，又打过正规战。中国革命战争在长期发展过程中，曾几经曲折，被“左”的或右的错误领导引入歧途而遭到严重挫折；而当我们党总结了正反两方面的经验，对马克思列宁主义的理论和中国革命战争的实践有了完整的统一的了解，才引导革命战争走上胜利的坦途。如此宏伟、持久、巨大、曲折、复杂的革命战争，就为毛泽

① 毛泽东：《〈共产党人〉发刊词》，《毛泽东选集》(一卷本)，第595页。

东军事哲学的形成提供了最好的实践基础。列宁说过:“事物的辩证法创造观念的辩证法,而不是相反。”①客观辩证法在中国革命战争中表现得异乎寻常的充分,使我们党对其发展规律有可能认识得更全面、更系统、更深刻,也就使毛泽东军事哲学的创造有了更加广阔和坚实的客观基础。

军事哲学的变革和创造,要以大规模的、丰富的、持久的战争实践为基础,同时还必须要以哲学思想的发展为其理论的前提。毛泽东军事哲学思想是同毛泽东哲学思想的创造和发展密切相连的。毛泽东从开始从事革命战争事业,就坚持以马克思主义哲学思想作为研究和指导战争的基础。土地革命战争前期,毛泽东写了第一篇中国化的马克思主义哲学著作《反对本本主义》,标志着毛泽东哲学思想的初步形成,成为毛泽东军事哲学形成的前导。抗日战争全面爆发前后的两年多时间里,毛泽东进一步系统地阅读马列哲学著作,深入研究哲学,研究古今中外的军事理论,特别是马克思主义军事理论,研究中国革命的历史经验及其所面临的新形势新问题,进行了哲学思想和军事思想的伟大创造。在中国革命战争从国内革命战争向民族解放战争转变的历史转折时期,他进行了大量的军事理论的创作,先后撰写了《中国革命战争的战略问题》(一九三六年十二月)、《论抗日游击战争的基本战术——袭击》(一九三八年一月)、《抗日游击战争的战略问题》(一九三八年五月)、《论持久战》(一九三八年五月)、《论新阶段》(一九三八年十月)、《战争和战略问题》(一九三八年十一月)等著作。其间,还发表了《实践论》(一九三七年七月)、《矛盾论》(一九三七年八月)等哲学论著。毛泽东把哲学的创造和兵学的创造融为一体,提出了具有中国特色的军事哲学体系。《中国革命战争的战略问题》把《反对本本主义》中的哲学思想推向前进,成为《实践论》和《矛盾论》的前导,它既是一部重要的马克思主义军事著作,同时又是一部包含着丰富而深刻的哲学思想的重要论著。正是上述这些军事论著,系统地阐述了关于战略防御、游击战和运动战的战略战术,以及关于建设人民军队、进行人民战争和运用人民战争战略战术的基本理论。尤其重要的是,这些论著第一次系统地阐明了毛泽东思想的战争观、战争问题上的认识论和方法论,揭示了战争领域一系列规律和范畴,标志着毛泽东军事哲学作为一个科学体系已经形成了。所以,只有对马克思主义哲学进行深入研究和创造性发展,才有可能在军事哲学上作出创造性贡献。

在中国共产党的军事理论的伟大创造工程中,毛泽东是这个革命军事理论的奠基人和集大成者。毛泽东是集军事统帅和军事理论家于一身的中外历史上罕见的伟大军事家和战略家。“领导中国革命战争是毛泽东同志整个革命活动中最

---

① 列宁:《黑格尔〈逻辑学〉一书摘要》,《列宁全集》(第38卷),人民出版社,1959年,第130页。

精彩的篇章。他领导革命战争时间之长、规模之大、歼敌之多，是中外军事史上少有的，是罕见的伟大统帅。”①毛泽东精通马克思主义哲学，谙熟中国古代典籍，具有深厚的史学素养，以及高度的革命精神和严格的科学态度，这就为毛泽东军事思想的产生提供了主观条件。毛泽东对马克思主义哲学的丰富和发展作出了多方面的贡献，特别是在认识论和矛盾学说方面更是作出了突出的贡献。毛泽东军事思想的光辉成就，从根本上来说，是基于毛泽东对马克思主义哲学的深邃研究和创造性发展。而毛泽东哲学思想的杰出贡献，在相当大的程度上归结为他在领导革命战争实践中积累了丰富的经验。毛泽东既是军事统帅，又是理论家，因而，毛泽东善于把马克思主义哲学全面地运用于中国革命战争的实践，创造出一个闪耀着唯物辩证法光辉的军事哲学思想。像毛泽东那样全面系统地把哲学和兵学熔于一炉者，在哲学史和军事思想史上是罕见的。毛泽东军事哲学是马克思主义哲学在战争领域中的具体表现，又丰富和深化了马克思主义哲学。

毛泽东军事思想的精髓

毛泽东军事哲学在毛泽东军事思想体系中占有十分重要的地位。毛泽东军事思想不是一些枝节的、片断的、互不联系的理论观点的汇总，而是根本性的、系统的、互相联系的一个完整的科学体系。它既有丰富、系统的军事理论内容，又有科学的立场、观点和方法。毛泽东军事思想具有多方面的丰富的科学内容，它在战争理论、战略战术、军队建设、国防建设和军事基础理论等各个方面，都对马克思主义军事科学作出了独创性的贡献。为了说明军事哲学在这个科学体系中的重要地位，首先需要对后者的主要内容作一概述。

辩证唯物主义和历史唯物主义的战争观。毛泽东军事思想阐明了战争的起源、本质和特点，揭示了战争与经济、战争与政治、战争与和平、战争与革命的辩证关系，提出了正义的和非正义的两类不同性质战争的观点，指明了无产阶级及其政党对于战争应有的立场和态度，全面地论述了决定战争胜负的客观因素和主观因素及其相互关系，等等。这是中国人民进行革命战争的基本理论依据，是中国共产党观察与分析战争问题的基本理论。

战争问题上的唯物主义认识论。毛泽东军事思想系统地发展了战争领域中的认识论原理，阐明了战争规律的客观性和可知性，战争实践在战争认识中的地位和作用，战争领域中的认识对象和认识发展的辩证过程，战争过程中自觉能动性的科学内容、意义和作用，以及按照战争的客观规律去实施正确的战争指导，在

---

① 杨尚昆:《始终不渝地坚持和发展毛泽东军事思想》,《人民日报》1983 年 12 月 26 日。

既定的客观物质的基础上，充分发挥人的自觉的能动性，争取战争胜利的原理。这是革命的能动的反映论思想在战争领域中的表现。

战争问题上的唯物辩证法。毛泽东军事思想深刻地揭示了军事领域中的辩证规律。提出了一般战争规律和特殊战争规律的理论，指出研究与指导战争要着眼其特点、着眼其发展，从时间、地域和性质等环节把握战争规律，阐明了战争运动中的量变和质变，在总的量变过程中的部分质变，在复杂事物中间同时有向上和向下的不同性质的量变的理论。毛泽东军事思想揭示了不同形式的战争之间依一定条件相互转化的过程，提出军事战略转变的理论。毛泽东军事思想系统地阐明了战争领域内一系列基本范畴，从不同方面揭示了战争运动过程中的联系和矛盾，科学地反映战争中各种事物之间的辩证关系。对于诸如军事与政治、军事与经济、保存自己与消灭敌人、武器与人、战争中经常起作用的因素与临时起作用的因素、主观指导与客观实际、战略上藐视与战役战术上重视、全局与局部、优势与劣势、前方与后方、进攻与防御、内线与外线、持久与速决、前进与后退、集中与分散、主动与被动、正规战与游击战、歼灭与消耗、作战与休整、计划性与灵活性等基本范畴的科学含义，各对范畴的对立统一关系，都作出了科学的论述。

人民军队思想。毛泽东军事思想系统地解决了以农民为主要成分的革命军队如何建设成为一支无产阶级性质的、具有严格纪律的、同人民群众保持紧密联系的、有高度战斗力的人民军队的问题。毛泽东军事思想总结和概括人民军队建设的丰富经验，提出了一整套人民军队建军原则，对于党指挥枪的原则，人民军队的建军宗旨，人民军队的性质与任务，人民军队的民主制度，三大纪律八项注意，军队政治工作的方针、内容与方法，军民一致、官兵一致和瓦解敌军的原则等，都提出了系统的理论和政策，毛泽东军事思想还提出了加强国防、建设现代化革命武装力量和发展现代化国防科学技术的指导思想。这一切都大大地丰富和发展了马克思主义关于建设革命军队的理论。

人民战争思想。毛泽东军事思想系统地提出了以人民军队为骨干，依靠广大人民群众，建立农村根据地，进行人民战争的理论。这一光辉思想把人民群众是历史创造者的历史唯物主义原理运用于中国革命战争实践，在军事领域丰富与发展了群众观点和群众路线。它阐明了在共产党领导下发动群众、武装群众、依靠群众进行革命战争的根本指导思想，指出必须建立农村根据地作为革命战争的战略基地，实行正规军与游击队、民兵相结合，主力兵团与地方兵团相结合，武装的群众与非武装的群众相结合，以武装斗争为中心，同其他各条战线各种形式的斗争相结合，结成广泛的革命统一战线，团结一切可以团结的力量，使革命战争立于不败之地。毛泽东创造性地提出了中国式的人民战争的道路，即以农村包围城市、最后夺取城市的武装斗争道路，发展了马克思主义的国家与革命的学说。

人民战争的战略战术原则。毛泽东军事思想以唯物辩证法为武器，揭示了战争运动的客观规律，制定了一整套以弱制强的人民战争战略战术。它的基本思想，就是从敌我双方的实际出发，在既定的客观物质基础之上，充分发挥主观能动作用，按照战争的客观规律制定战略战术，引导革命战争达到胜利。这套战略战术原则的主要内容是：以保存自己、消灭敌人为战争行动的基本原则，在战略上藐视敌人、在战术上重视敌人，承认积极防御、反对消极防御，在敌强我弱的条件下实行战略的防御战和战役战斗的进攻战、战略的内线作战和战役战斗的外线作战、战略的持久战和战役战斗的速决战，随着敌我力量对比的变化和战争形势发展的进程，实行军事战略的转变；主要的作战形式是运动战和游击战，进行必要和可能的阵地战，集中优势兵力各个歼灭敌人，以歼灭敌人有生力量为主要目标，慎重初战，进行有利决战，作战指挥上有主动性、灵活性和计划性，等等。这些战略战术原则是中国革命战争胜利的指针，是在军事领域运用马克思主义辩证法的光辉典范。

毛泽东军事思想作为一个科学体系，有着它自身的结构。我们在上面论列的毛泽东军事思想的各个主要内容，以它们在这个科学体系中各自所占的地位和作用而言，可以分为三个层次：军事路线（或称军事政策）、建军和作战理论、军事哲学（或称军事辩证法）。军事路线是第一个层次。这是党中央和毛泽东制定的关于党在军事方面的各项方针、政策和策略，是毛泽东军事思想中实践性最强、直接指导中国革命战争的一个层次。这里包括建设人民军队的方针政策，动员、组织和武装人民群众的方针政策，人民战争的作战指导方针和原则，建设军事根据地的各项方针政策，军事统一战线的方针政策，对敌军工作的政策和策略，等等。建军和作战理论是中间一个层次。它主要是关于战略、战役和战术的军事学术，军队建设的理论，军事制度的学说，以及关于国防建设的理论，等等。战略、战役、战术的理论和军队政治工作的理论则构成这一层次的主体。军事哲学是第三个层次，包括辩证唯物主义和历史唯物主义的战争观，战争问题上的唯物主义认识论，战争问题上的唯物辩证法，等等。这是毛泽东军事思想的理论基础的部分。

毛泽东军事哲学所反映的是战争运动的一般规律，与第一、第二两个层次不同，它不是以战争运动中的个别方面或某一具体领域为研究对象，而是以战争运动的总和为研究对象。毛泽东军事哲学全面地揭示了战争的普遍规律，揭示了中国革命战争的特殊规律，系统地论述了军事哲学的诸种范畴，阐明了研究和指导战争的方法论原则。它从世界观与方法论的高度，通过对军事原则的再抽象，对战争运动的一般规律作出了科学的概括，从而成为毛泽东军事思想的理论基础和方法论。

毛泽东军事哲学，从内容来说，是对马克思主义哲学在中国革命战争实践中的运用所作的理论概括，又是毛泽东军事原则的哲学升华，因而它具有军事思想和哲学思想的两重性质，而成为毛泽东军事思想和毛泽东哲学思想两者之间联系的中介，是前者通向后者的桥梁。毛泽东军事哲学思想贯穿于其整个军事思想体系之中，它在理论上和实践上的意义和作用，是同军事路线及建军和作战思想的运用密不可分的，但又具有更普遍更深远的指导意义。显然，毛泽东军事哲学是毛泽东军事思想的精髓。党的十一届六中全会通过的《关于建国以来党的若干历史问题的决议》指出：毛泽东"论述中国革命战争问题的重要著作，提供了在实践中运用和发展马克思主义认识论和辩证法的最光辉的范例"。毛泽东军事哲学在这方面堪称为最集中的表现，我们研究毛泽东军事思想要着重研究它的军事哲学。

辩证唯物主义和历史唯物主义的战争观

毛泽东军事哲学系统地丰富和发展了马克思主义的战争理论。在马克思主义发展史上，马克思和恩格斯最早运用辩证唯物论和历史唯物论研究战争问题，把马克思主义哲学贯彻于军事领域，第一次提出了马克思主义关于战争的基本理论。恩格斯在分析战争这一社会现象时指出："只要有利益相互对立、相互冲突和社会地位不同的阶级存在，阶级之间的战争就不会熄灭。"①所以，战争是同阶级和阶级斗争联系在一起的。阶级、国家用以进行战争的武装集团就是军队，"军队是国家为了进攻或防御而维持的有组织的武装集团"②。毛泽东进一步阐明了战争的起源和战争的本质，指出："战争——从有私有财产和有阶级以来就开始了的、用以解决阶级和阶级、民族和民族、国家和国家、政治集团和政治集团之间、在一定发展阶段上的矛盾的一种最高的斗争形式。"③而"军队是国家政权的主要成分"④。这就精辟地指明了人类社会只是到了产生私有制和阶级压迫以后才出现战争的，战争是个历史现象。在阶级社会，战争是阶级斗争的产物，战争是解决阶级间、民族间、国家间、政治集团间政治矛盾的最高斗争形式，是一种用暴力手段解决阶级矛盾的特殊社会运动形态。

"战争是政治通过另一种手段的继续。"这是列宁主义的战争理论的基石。毛

---

① 恩格斯：《去年十二月法国无产者相对消极的真正原因》，《马克思恩格斯选集》（第 1 卷），人民出版社，1972 年，第 708 页。

② 恩格斯：《军队》，《马克思恩格斯全集》（第 14 卷），人民出版社，1964 年，第 5 页。

③ 毛泽东：《中国革命战争的战略问题》，《毛泽东选集》（一卷本），第 164 页。

④ 毛泽东：《战争和战略问题》，《毛泽东选集》（一卷本），第 535 页。

泽东发挥了这一观点。他说:"'战争是政治的继续',在这点上说,战争就是政治,战争本身就是政治性质的行动,从古以来没有不带政治性的战争。"①战争总是进行这一战争的阶级、国家在战前所施行的政治的继续,总是具有一定的政治目的的。但是,"战争有其特殊性,在这点上说,战争不即等于一般的政治。'战争是政治的特殊手段的继续'。政治发展到一定的阶段,再也不能照旧前进,于是爆发了战争,用以扫除政治道路上的障碍"②。所以,政治是不流血的战争,战争是流血的政治。毛泽东还揭示了战争与政治之间的联系是通过战争与和平两者的相互转化来表现的。战争与和平都是阶级社会的政治现象,"和平时期的斗争是政治,战争也是政治,但用的是特殊手段。战争与和平既互相排斥,又互相联结,并在一定条件下互相转化"③。

政治是战争的出发点,是战争的目的。但是,战争对于政治并不是被动的消极的,相反它对政治的发展起着积极的促进作用。正义战争使政治的进程得以加速,促进腐朽的政治力量的灭亡和新生的政治力量的发展。革命的正义的战争从正面教育人民,锻炼人民,使革命的进步的社会力量更快地生长起来。革命战争具有强大的改造作用,"凡属正义的革命的战争,其力量是很大的,它能改造很多事物,或为改造事物开辟道路"。④反革命的非正义的战争,其历史作用也有两重性。毛泽东在论述第二次帝国主义世界大战的前途时说过:这次战争是"人类空前的大灾难。死亡、疾病、饥饿、失业、失学、妻离子散、家破人亡,各种悲惨现象将充满于全世界"⑤。但是,同那种认为战争将要毁灭世界的悲观论者截然相反,毛泽东认为帝国主义战争造成的世界的黑暗是暂时的,世界的前途是光明的。因为,帝国主义战争"将激起所有各资本主义国家的被压迫人民,所有各殖民地半殖民地的被压迫民族,觉醒起来,团结起来,反对帝国主义战争,组织革命战争"⑥,为解放自己而斗争。从这一点上说,反革命战争是从反面教育和锻炼人民,促进革命力量发展的。

马克思主义理论告诉我们,经济是社会的基础,政治是经济的集中表现。作为政治的继续的战争,是依赖于经济的,归根到底是由经济决定的。战争史说明,战争的发展依据于生产的发展,战争发展的历史,正是生产发展历史的一种表现。战争的两个基本要素是人和武器,而具有一定的政治与技术素养的人和武器装备,恰恰是随着生产方式发展到一定阶段而被培养和创造出来的。历史上的具体

① 毛泽东:《论持久战》,《毛泽东选集》(一卷本),第468页。

② 毛泽东:《论持久战》,《毛泽东选集》(一卷本),第469页。

③ 毛泽东:《在省市自治区党委书记会议上的讲话》(1957年1月27日)。

④ 毛泽东:《论持久战》,《毛泽东选集》(一卷本),第447页。

⑤⑥ 毛泽东:《论第二次帝国主义战争》,《毛泽东军事文选》(内部本),第221页。

战争，无不受当时当地的经济条件的制约和影响，而战争对经济的发展也有其作用。毛泽东从这个根本观点和当代实际情况出发，深刻地揭示了战争与经济的关系，指出帝国主义之间的战争、帝国主义对殖民地半殖民地的战争都与现代资本主义存在着深刻的联系。中国各派军阀之间的战争与半殖民地半封建经济之间有依存关系。中国革命战争的发生发展，同中国的经济和政治发展不平衡紧密相联。他认为经济是决定战争的进程和结局的一个重要因素，“战争不但是军事的和政治的竞赛，还是经济的竞赛”①。指明经济与军事、政治一样，都是影响和决定战争命运的因素。

毛泽东提出两类不同性质战争的理论，明确指出：“历史上的战争分为两类，一类是正义的，一类是非正义的。一切进步的战争都是正义的，一切阻碍进步的战争都是非正义的。”②战争的性质不取决于交战双方谁处于防御，谁居于进攻，不取决于谁打第一枪，也不决定于力量的强弱。“战争的性质是根据于战争的政治目的而定的。”③这就为认清战争性质提供了一把钥匙，告诉我们要对战争进行阶级分析和历史分析，从而确立我们对于不同性质战争的态度。“我们共产党人反对一切阻碍进步的非正义的战争，但是不反对进步的正义的战争。对于后一类战争，我们共产党人不但不反对，而且积极地参加。”④

毛泽东研究战争问题是从中国革命的需要，从无产阶级担负的伟大历史使命出发的。他总是寄希望于人民军队和人民战争，认为无产阶级和劳动群众只有用枪杆子的力量才能战胜武装的资产阶级和地主阶级，在这个意义上说，整个世界只有用枪杆子才可能改造。“在阶级社会中，革命和革命战争是不可避免的，舍此不能完成社会发展的飞跃，不能推翻反动的统治阶级，而使人民获得政权。”⑤他根据新的历史经验、发挥了马克思主义关于革命暴力的历史作用的理论，高度肯定了革命战争在社会发展中的巨大积极作用。

毛泽东以共产主义世界观为基础高瞻远瞩地指出：“我们研究革命战争的规律，出发于我们要求消灭一切战争的志愿，这是区别我们共产党人和一切剥削阶级的界线。”⑥战争既不是从来就有的，也不是永恒的。“战争——这个人类互相残杀的怪物，人类社会的发展终久要把它消灭的。”对于无产阶级面临的反革命战

---

① 毛泽东：《游击区也能够进行生产》，《毛泽东选集》（一卷本），第1024页。

②④ 毛泽东：《论持久战》，《毛泽东选集》（一卷本），第465页。

③ 毛泽东：《论第二次帝国主义战争》，《毛泽东军事文选》（内部本），第212页。

⑤ 毛泽东：《矛盾论》，《毛泽东选集》（一卷本），第322页。

⑥ 毛泽东：《中国革命战争的战略问题》，《毛泽东选集》（一卷本），第168页。

争,“消灭它的方法只有一个,就是用战争反对战争,用革命战争反对反革命战争”①。但是从长远的永久的观点来看,正如列宁说过的,“不消灭阶级、不建立社会主义就不能消灭战争”②。毛泽东以深远的历史眼光指出:“人类社会进步到消灭了阶级,消灭了国家,到了那时,什么战争也没有了,反革命战争没有了,革命战争也没有了,非正义战争没有了,正义战争也没有了,这就是人类的永久和平的时代。”③毛泽东发展了马列主义关于消灭战争的方法和道路的理论观点,为人类社会消灭战争展现了光辉的前景。

战争问题上的唯物主义认识论

毛泽东军事哲学的一个极为重要的内容就是在战争问题上运用和发展了马克思主义的认识论。战争这种社会现象是否有它自身的客观规律,人们能否认识它的规律,这个认识又是按照什么规律发展的?在马克思主义创立以前,古代的和近代的许多杰出的军事家,如我国的军事家孙武、和马克思同时代的德国军事学权威克劳塞维茨等,虽然在某种程度上了解到战争有其一定的规律,但没有也不可能真正科学地解决这个问题。恩格斯第一个从理论上阐明了军事科学的规律性,把军事学奠定在马克思主义哲学的基础上,从而建立了马克思主义的战争规律的学说。

辩证唯物论把自然界和人类社会一切事物发展看作事物内部的必然的运动。战争也不例外。毛泽东说:“战争不是神物,仍是世间的一种必然运动。”④它和其他事物一样,也有其不以人们意志为转移的客观规律。我们研究和指导战争,应当首先从研究战争规律着手。“战争的规律——这是任何指导战争的人不能不研究和不能不解决的问题。”⑤他批评了那种认为战争规律不可捉摸的观点,说战争较之其他事物,虽然带有更大的流动性、偶然性和不确实性,但又具有相对的固定性和确实性,它的发展也有其必然性。虽然战争没有绝对的确实性,但不是没有某种程度的相对的确实性。我之一方是比较确实的,敌之一方很不确实,但也有征兆可寻,有端倪可察,有前后现象可供思索。人们透过纷繁复杂的战争现象,抓住深藏于其中的本质,就可能掌握其发展的规律性。战争规律也是可以被人们认识的。

---

① 毛泽东:《中国革命战争的战略问题》,《毛泽东选集》(一卷本),第167页。
② 列宁:《社会主义与战争》,《列宁选集》(第2卷),人民出版社,1965年,第668页。
③ 毛泽东:《中国革命战争的战略问题》,《毛泽东选集》(一卷本),第167—168页。
④ 毛泽东:《论持久战》,《毛泽东选集》(一卷本),第480页。
⑤ 毛泽东:《中国革命战争的战略问题》,《毛泽东选集》(一卷本),第163页。

毛泽东研究战争的认识论，是紧紧地围绕着战争的主观指导与客观实际的关系而展开的，他认为战争规律是客观存在的，战争指导规律是客观实际在人们头脑中的反映。人们要取得战争的胜利，必须使主观与客观相符合，否则就会遭到失败。战争规律和战争指导规律是客观实际和主观指导之间的辩证统一关系。前者表现为战争发展过程中交战双方军事、政治、经济、自然诸因素的内在联系所决定的战争发展的必然趋势，并在交战双方力量的大小、强弱、优劣，以及形势的有利有弊、行动上的主动被动等矛盾的联系和转化上反映出来。后者就是战争指导集团基于对战争规律的认识，所提出的战争指导路线、军事政策和战略战术。战争规律决定着战争指导规律，战争指导规律是战争规律的能动反映。研究两者之间的关系的目的，在于使主观指导符合客观实际。“军事上就要求比较地多打胜仗，反面地说，要求比较地少打败仗。这里的关键，就在于把主观和客观二者之间好好地符合起来。”①

马克思说过：“观念的东西不外是移入人的头脑中并在人的头脑中改造过的物质的东西而已。”②人的认识只能是外部物质世界在人脑中的反映。毛泽东在战争问题上坚持并发展了这个原理，深刻而生动地论证了战争实践在战争认识中的地位和作用。他说：“一切带原则性的军事规律，或军事理论，都是前人或今人做的关于过去战争经验的总结。”③战争认识依赖于战争实践，战争实践是一切战争理论的基础。一切反映战争规律的军事思想的产生，都离不开前人或今人所进行的战争，而且是随着战争的发展而发展的。“从战争学习战争——这是我们的主要方法。”④对于先前的和外域的军事理论，当然也要注意学习和借鉴，但决不可以照抄照搬，而应当与自己的战争实践相结合，“从自己经验中考证这些结论，吸收那些用得着的东西，拒绝那些用不着的东西，增加那些自己所特有的东西”⑤。毛泽东尖锐地批评了在中国红军战争中出现的军事教条主义，坚持从革命战争实践中认识战争规律，按照战争的实际决定我们的战略战术。他指出，对于一场具体战争的指导者来说，在战争实践中他们身历了许多作战经验，“由于这些经验（胜仗，特别是败仗的经验），使他们能够理解贯串整个战争的内部的东西，即那个具体战争的规律性，懂得了战略和战术，因而能够有把握地去指导战争”⑥。

战争领域中人的认识又是怎样发展的呢？列宁说过：“从生动的直观到抽象

① 毛泽东：《中国革命战争的战略问题》，《毛泽东选集》（一卷本），第172页。

② 马克思：《〈资本论〉第1卷第2版跋》，《马克思恩格斯选集》（第2卷），人民出版社，1972年，第217页。

③④⑤ 毛泽东：《中国革命战争的战略问题》，《毛泽东选集》（一卷本），第174页。

⑥ 毛泽东：《实践论》，《毛泽东选集》（一卷本），第278页。

的思维，并从抽象的思维到实践，这就是认识真理、认识客观实在的辩证的途径。”①毛泽东在中国革命战争极端复杂而长期的实践中，坚持以辩证法总结战争认识过程，创造性地、系统地提出了关于战争认识过程的理论。认识的根本任务是解决主观与客观之间的矛盾，使主观指导符合客观实际。对于战争的指挥者来说，他的认识对象是什么呢？毛泽东认为在计划与实施作战中，“学习和认识的对象，包括敌我两方面，这两方面都应该看成研究的对象，只有我们的头脑（思想）才是研究的主体”②。那就是说要“熟识敌我双方各方面的情况，找出其行动的规律，并且应用这些规律于自己的行动”③。明于知己，暗于知彼，或暗于知己，明于知彼，都不可能全面地认识战争。战争认识也是由物质到精神，由精神到物质这样不断地反复而发展的。在战争中对某一具体战争或某一战役战斗的认识过程，包括两个阶段：认识的第一个过程，是从侦察到思索、判断，再到形成决心，作出部署。“指挥员的正确的部署来源于正确的决心，正确的决心来源于正确的判断，正确的判断来源于周到的和必要的侦察，和对于各种侦察材料的联贯起来的思索。指挥员使用一切可能的和必要的侦察手段，将侦察得来的敌方情况的各种材料加以去粗取精、去伪存真、由此及彼、由表及里的思索，然后将自己方面的情况加上去，研究双方的对比和相互的关系，因而构成判断，定下决心，作出计划，——这是军事家在作出每一个战略、战役或战斗的计划之前的一个整个的认识情况的过程。”按照侦察、判断、决心、部署的逻辑顺序，从感性认识达到理性认识，这是作出每一个战略、战役或战斗的计划之前的认识情况的过程。这是从实践到认识的过程，但认识运动决不是到此为止了。“认识情况的过程，不但存在于军事计划建立之前，而且存在于军事计划建立之后。”④当执行某一计划时，从开始执行起，到战局终结止，这又是一个认识情况的过程，即实行的过程，也就是从认识到实践的过程。此时第一个过程中的认识是否符合实际，需要在战争实践中加以检验。人们制定的作战计划、部署是否正确，这在认识的头一个过程中是没有也不可能解决的，只有回到战争实践中去，才能得到检验。人们在战争中由实践到认识，再由认识到实践，达到预期目的，对于一个具体战争过程的认识运动就算完成了。但是对于战争过程的推移而言，人们的认识运动又没有完成，而会随着战争实践的不断发展而发展。毛泽东从战争领域深刻揭示了这个认识运动的辩证途径，这是对马克思主义认识论的一个突出贡献。

---

① 列宁：《黑格尔〈哲学史讲演录〉一书摘要》，《列宁全集》（第38卷），人民出版社，1959年，第181页。

② 毛泽东：《中国革命战争的战略问题》，《毛泽东选集》（一卷本），第175页。

③ 毛泽东：《中国革命战争的战略问题》，《毛泽东选集》（一卷本），第172页。

④ 毛泽东：《中国革命战争的战略问题》，《毛泽东选集》（一卷本），第173页。

毛泽东全面地论述了战争中客观条件与主观能动作用之间的相互关系。他首先肯定战争胜负的可能性是由作战双方的客观条件产生和决定的，人们不能超越客观条件许可的范围去企求战争的胜利。“战争的胜负，主要地决定于作战双方的军事、政治、经济、自然诸条件”，“军事家不能超过物质条件许可的范围外企图战争的胜利，然而军事家可以而且必须在物质条件许可的范围内争取战争的胜利”。①任何一场具体的战争，其客观物质条件，决定着这一战争的规律性，决定着战略和战术，也决定着战争胜负的可能性。作战双方的胜负，主要地是由客观条件决定的。这就坚持了唯物论，反对了唯心论。然而，毛泽东又指出战争的客观条件只是造成了胜负的可能性，而并没有形成现实性。要使这种可能性转变为现实性，就需要在既定的客观物质基础即军事、政治、经济、自然诸条件之上，充分发挥人们的自觉能动性。指导和实行战争的人们，可以而且必须在客观条件的限度之内，能动地去争取战争的胜利。“战争指挥员活动的舞台，必须建筑在客观条件的许可之上，然而他们凭借这个舞台，却可以导演出很多有声有色、威武雄壮的戏剧来。”②

毛泽东坚持辩证唯物论，系统地阐述了战争中自觉能动性的内容、作用和它的表现形式，提出了关于自觉能动性的科学理论。他根据中国革命的经验，完整地阐明了自觉能动性的科学含义，指出“思想等等是主观的东西，做或行动是主观见之于客观的东西，都是人类特殊的能动性”③。这就是说，自觉能动性包括思想和行动，即认识和实践两个方面。它对战争的进程起着两个方面的作用：一是根据客观情况，为战争指导制定计划、方针、战略战术，使战争进行得主动、自觉；二是把计划、方略付诸实施，充分调动客观因素去夺取胜利。这种自觉能动作用在战争的进程和结局中又是居于何种地位呢？唯心论者夸大它的作用和地位，机械唯物论者则否认它的作用和地位。毛泽东以彻底的辩证唯物论的观点阐明了这个问题，他说：“战争的胜负，固然决定于双方军事、政治、经济、地理、战争性质、国际援助诸条件，然而不仅仅决定于这些；仅有这些，还只是有了胜负的可能性，它本身没有分胜负。要分胜负，还须加上主观的努力，这就是指导战争和实行战争，这就是战争中的自觉的能动性。”④战争中客观条件所具备的胜利的可能性，是要通过发挥人的主观能动性来实现的。因此，自觉能动性是夺取战争胜利的不可或缺的主观条件。固然，归根到底来说，客观条件对战争的进程和结局的作用是占第一位的。但是，毛泽东认为在一定的情况下，主观条件便具有决定的作用。因

---

① 毛泽东：《中国革命战争的战略问题》，《毛泽东选集》（一卷本），第 175 页。

② 毛泽东：《论持久战》，《毛泽东选集》（一卷本），第 468 页。

③ 毛泽东：《论持久战》，《毛泽东选集》（一卷本），第 467 页。

④ 毛泽东：《论持久战》，《毛泽东选集》（一卷本），第 467—468 页。

为战争是力量的竞赛，双方的力量在战争过程中各变化着其原来的形态，“客观因素具备着这种变化的可能性，但实现这种可能性，就需要正确的方针和主观的努力。这时候，主观作用是决定的了”①。这一光辉思想，充分阐发了在客观条件基础上的主观能动作用的极端重要性，真正坚持了辩证唯物论，而与机械唯物论彻底划清了界限。

战争中的自觉能动性的发挥，集中表现为战争指导上的主动性、灵活性和计划性。主动性是军事行动的自由权，对于作战的胜利是至关重要的。与那些唯心论者不同，毛泽东认为主动权不是主观自生的东西，“战争力量的优势或劣势，是主动或被动的客观基础”②。战争力量优势是主动的客观基础，相反，劣势则是被动的客观基础。但是主动或被动也是和主观指导的正确与否分不开的。“由于主观指导的正确或错误，可以化劣势为优势，化被动为主动；也可以化优势为劣势，化主动为被动。”③因此，关键在于实行正确的指导。主动性在战争中的作用，就在于通过正确的指导，充分利用对自己一方有利的条件，造成敌方的不利条件，使自己立于主动地位。灵活性是具体地实现主动权于作战中的东西，即灵活地使用兵力，计划性是指战略、战役和战术的科学的规划，这两者都是主动性的表现。主动性、灵活性、计划性的发挥，使客观条件中包含的胜利的可能性变为现实性，也就是在客观物质条件的基础上发挥自觉能动性的过程。

战争问题上的唯物辩证法

毛泽东军事哲学从哲学上总结和概括了中国共产党运用唯物辩证法分析和解决纷繁复杂、变幻无穷的战争矛盾运动的丰富成果，提出了一个关于战争矛盾运动的系统理论，对马克思主义哲学和军事科学作出了创造性的贡献。

列宁在谈到辩证法的实质和核心时说道：“可以把辩证法简要地确定为关于对立面的统一的学说。这样就会抓住辩证法的核心，可是这需要说明和发挥。”④毛泽东坚持和发挥了这个精辟、科学的思想，用辩证法来观察战争这个矛盾统一体。他指出战争同世界上一切事物一样，是内部充满着矛盾的一种必然性的运动过程。“战争中的攻守，进退，胜败，都是矛盾着的现象。失去一方，他方就不存在。双方斗争而又联结，组成了战争的总体，推动了战争的发展，解决了战争的问

① 毛泽东：《论持久战》，《毛泽东选集》（一卷本），第476页。

② 毛泽东：《论持久战》，《毛泽东选集》（一卷本），第478页。

③ 毛泽东：《论持久战》，《毛泽东选集》（一卷本），第481页。

④ 列宁：《黑格尔〈逻辑学〉一书摘要》，《列宁全集》（第38卷），人民出版社，1959年，第240页。

题。”①分析战争矛盾运动，是毛泽东研究和指导战争的根本方法。

战争矛盾运动有共性和个性的联系和区别。一般战争作为一种社会现象，有其一般的矛盾运动的共性；具体战争又有其特殊的矛盾运动的个性。列宁说过，马克思主义的最本质的东西，马克思主义的活的灵魂，就在于具体地分析具体的情况。毛泽东的战争矛盾分析，是具体地分析具体的矛盾，分析战争矛盾的共性，更注重于分析其个性；研究和指导战争，既要反对经验主义，更要反对教条主义。他认为，依照战争的情形、性质，以及和它以外事物的关联不同，战争矛盾运动的规律并不是一种，而是有多种。以中国共产党领导革命战争的情况而言，要研究的战争规律，包括三种不同的规律：一般战争规律、革命战争规律、中国革命战争规律。中国革命战争既是战争，又是革命战争，其中当然包含着一般战争和革命战争的规律，而受其支配和影响。但中国革命战争“是在中国的特殊环境之内进行的，比较一般的战争，一般的革命战争，又有它的特殊的情形和特殊的性质。因此，在一般战争和一般革命战争的规律之外，又有它的一些特殊的规律”②。毛泽东军事哲学关于一般、特殊和个别三种战争规律的区别与联系的思想，体现了事物共性与个性相互联结的原理，对研究与指导战争具有重要的指导意义。

要把握战争规律的共性与个性的辩证关系，具体地分析具体战争的矛盾，“应该着眼其特点和着眼其发展，反对战争问题上的机械论”③。着眼其特点，就是要注重从各个不同战争之间的区别上把握其特殊规律，在这种区别上建立我们对具体战争的战略战术。着眼其发展，则是强调要从一个具体战争各个发展阶段的区别上把握其特殊规律，在这种区别上提出我们的军事原则。毛泽东指导中国革命战争的战略战术之所以是灵活机动的，正是由于它是建立在对这种特点和发展的科学分析之上的。

战争矛盾运动存在于时间和空间的形式之中，时间和地域的差别是决定战争特殊规律的重要条件。而战争的不同性质又是决定不同战争特殊规律的内在原因。“战争情况的不同，决定着不同的战争指导规律，有时间、地域和性质的差别。”④毛泽东提出从时间、空间和性质三个环节入手去把握战争的特殊规律的观点和方法，是运用辩证法分析战争运动的又一生动体现。

战争是交战双方力量通过对抗实现强弱推移的过程。毛泽东运用唯物辩证法分析战争力量的辩证发展，揭示了强弱推移及转化的规律。战争中力量的优势和劣势，是战争运动中物质内容的量和质的表现，双方力量的强弱取决于各自的

---

① 毛泽东：《矛盾论》，《毛泽东选集》（一卷本），第 294 页。

② 毛泽东：《中国革命战争的战略问题》，《毛泽东选集》（一卷本），第 164 页。

③④ 毛泽东：《中国革命战争的战略问题》，《毛泽东选集》（一卷本），第 166 页。

军事、政治、经济、地理条件等客观因素和主观指导能力。毛泽东指出，战争中一般说来“双方的强弱优劣原来都不是绝对的”①，“绝对优势的事情，在战争和战役的结局是存在的，战争和战役的开头则少见”②。相对强弱优劣的双方经过较量，由量变到质变，双方力量改变其原来的形态，决定着战争的进程和结局。抗日战争中，毛泽东揭示中日战争的量变质变的辩证发展过程说：“中国由劣势到平衡到优势，日本由优势到平衡到劣势，中国由防御到相持到反攻，日本由进攻到保守到退却——这就是中日战争的过程，中日战争的必然趋势。”③中日战争这个全过程的发展变化形态，实质上就是量变质变规律的一个具体表现。敌我强弱优劣的形势是经过由量变到质变，由部分质变到总的质变的途径发展的。毛泽东分析说，在总的战略形势根本变化之前，存在着两种局部性形势的变化。一种是战略阶段形势的变化，如中日战争由第一阶段到第二阶段，中国由劣势到平衡，日本由优势到平衡。一种是战役形势的变化，即我在战略劣势中，通过集中兵力，各个歼敌，取得战役战斗中的优势，战而胜之。正是根据对战争运动量变质变规律的认识，提出了积小胜为大胜，变战役战斗胜利为战略胜利，把战略的阶段性胜利推进到战略的全局性胜利的制胜道路。这是毛泽东军事思想揭示的中国革命战争中敌我力量对比变化的量变质变的辩证法。

毛泽东军事哲学阐明了军事领域中一系列的概念、范畴，以及各对范畴的相互依存和在一定条件下的互相转化。军事哲学的范畴，是人们对战争运动的普遍本质的反映和概括。毛泽东以对立统一、相反相成的观点，概括十分丰富的中国革命战争的实践经验，系统地论述了军事范畴。在《中国革命战争的战略问题》《论持久战》等著作中，列举了敌我、优劣、攻防等几十对范畴。敌我双方是战争运动的物质内容，进攻与防御是战争运动的基本形态，优势与劣势是战争运动物质内容的质和量的表现，内线与外线是防御与进攻的运动在空间上的范围和态势，持久与速决是战争力量互相对抗的时间，胜与败则是战争运动之结果及矛盾的解决和推移。毛泽东认为进攻与防御是战争运动的两个基本形态，它依据于优势与劣势这个双方的力量状态，离开强弱优劣主观随意地决定攻或防，是军事上冒险主义或保守主义的认识根源。但是优势与劣势的对立是相对的可变的，在一定条件下可以互相转化。战争一方依靠在全局劣势中造成局部的优势，争取战役战斗的胜利，使自己力量逐渐壮大，使对方力量逐渐削弱，最后从全局上改变优劣形势。“我们的战略是‘以一当十’，我们的战术是‘以十当一’，这是我们制胜敌人的

---

① 毛泽东：《论持久战》，《毛泽东选集》（一卷本），第451页。
② 毛泽东：《论持久战》，《毛泽东选集》（一卷本），第478页。
③ 毛泽东：《论持久战》，《毛泽东选集》（一卷本），第458页。

根本法则之一。”①这个以弱胜强的战略思想，反映了敌我优劣之间对立统一的辩证法。

进攻与防御也是这样。它们互相对立，敌对双方通过攻防，把互相对立的基本因素展开于战争的行动中，就互相为保存自己消灭对方而斗争，由此推动了战争的发展。攻防之间又互相依存、互相渗透，有攻才有防，无防即无攻，防中有攻，攻中有防，攻防在一定条件下互相转化。消极防御论不懂得防中有攻，防可以转化为攻，主张单纯防御。冒险主义不了解攻中有防，进中有退，主张“有进无退”。毛泽东主张的积极防御，是“为了反攻和进攻的防御”，包含着战略退却和战略反攻两个阶段。“所谓积极防御，主要地就是指的这种带决战性的战略的反攻。”②积极防御把战略防御和战役战斗进攻相结合、战略退却和战略反攻相联结，充分体现了攻防之间的辩证关系。

进攻与防御在时间状态上表现为持久与速决。这两者是互相对立的，但是战役战斗的速决，却是战略持久的必要条件，两者是相辅相成的。在中国革命战争中，“战略的持久战，战役和战斗的速决战，这是一件事的两方面，这是国内战争的两个同时并重的原则，也可以适用于反对帝国主义的战争”③。进攻与防御在战争态势上表现为外线作战与内线作战。进攻一方居于外线，防御一方居于内线，但这种区别同样是相对的。全局上处于内线作战的一方，可以采取集中优势兵力、各个包围敌军的方法，在局部上转化为外线作战。这就是毛泽东提出的“内线中的外线”，“将敌军对我军的一个大‘围剿’，改为我军对敌军的许多各别的小围剿”。④防御中的进攻，持久中的速决，内线中的外线，这是毛泽东运用唯物辩证法解决军事战略问题的典范，是对军事辩证法的创造性贡献。

毛泽东军事哲学阐明了战争问题上全局和局部的辩证关系。全局和局部的关系在战争过程中具有客观性和普遍性。“只要有战争，就有战争的全局。世界可以是战争的一全局，一国可以是战争的一全局，一个独立的游击区、一个大的独立的作战方面，也可以是战争的一全局。”⑤不论是世界大战还是个别国家之间的战争，也不论是全国范围的战争还是一个地区、一个方面的战争，都存在着战争全局和局部之分。同世界上任何事物一样，战争中的各个方面，例如敌方和我方、前方和后方、战略和战役、本军和友军、主攻和助攻、进攻和防御、集中和分散、作战和休整、官长和士兵、军队和地方，等等，都是互相依赖、影响和联系着的。同时，

---

① 毛泽东:《中国革命战争的战略问题》,《毛泽东选集》(一卷本),第 220 页。
② 毛泽东:《中国革命战争的战略问题》,《毛泽东选集》(一卷本),第 209 页。
③ 毛泽东:《中国革命战争的战略问题》,《毛泽东选集》(一卷本),第 228 页。
④ 毛泽东:《中国革命战争的战略问题》,《毛泽东选集》(一卷本),第 218 页。
⑤ 毛泽东:《中国革命战争的战略问题》,《毛泽东选集》(一卷本),第 168 页。

战争中各个战略、战役阶段也处在此种相互联系和影响的情况之中。战争中这种各个方面、各个阶段的相互联系和相互影响就构成了战争的全局。毛泽东指出：战争的全局统率局部、决定局部；战争全局是由它的一切局部构成的，局部又反作用于全局；全局和局部相反相成，在一定条件下各自向着自己的对立面转化。全局和局部的关系是辩证的，在一定条件下为全局性的东西，在另一种条件下就可能变成局部性的东西，反之亦然。“战争的胜败的主要和首先的问题，是对于全局和各阶段的关照得好或关照得不好。如果全局和各阶段的关照有了重要的缺点或错误，那个战争是一定要失败的。”①因此，把握战略全局是战争胜败的主要和首先的问题。但局部对于全局来说也有重要的作用，尤其是具有决定意义的局部，其作用更为重要。“战争中有些战术上或战役上的失败或不成功，常常不至于引起战争全局的变坏，就是因为这些失败不是有决定意义的东西。但若组成战争全局的多数战役失败了，或有决定意义的某一二个战役失败了，全局就立即起变化。这里说的多数战役和某一二个战役，就都是决定的东西了。”②毛泽东认为，在战争中各个局部性战役或战斗胜利的逐步积累，可以发展成为战略全局的胜利；同时，那些具有决定意义的局部性的战役的发展变化，也会造成整个全局的发展变化。这些论述深刻地揭示了全局和局部的对立统一关系。毛泽东阐明了战争全局这一范畴的科学内容，指出：“凡属带有要照顾各方面和各阶段的性质的，都是战争的全局。”③它的主要内容，是关于部队和兵团的组成的问题、两个战役之间的关系问题、各个作战阶段之间的关系问题、自己一方全部活动和对方全部活动之间的关系问题，等等。战略问题就是研究战争全局的规律的东西，战役和战术问题则是研究战争局部的规律的东西。毛泽东关于战争全局和战争局部这对范畴的辩证关系的论述，为战略学、战役学和战术学的研究指明了方向。

毛泽东军事哲学的历史特点

毛泽东军事哲学丰富和发展了马克思主义哲学思想和军事思想，在马克思主义发展史上是一个杰出的贡献。马克思，特别是恩格斯考察欧洲各国战争史和军事学术史，总结十九世纪五十年代至七十年代世界上发生的许多战争和许多重大战役，在辩证唯物论和历史唯物论的基础上给了战争现象以科学的说明，提出了关于战争、军队、战略战术的理论，奠定了无产阶级军事科学的基础。列宁在新的历史条件下发展了马克思主义军事理论。在马、恩、列的军事著作中，渗透着极为

①③ 毛泽东：《中国革命战争的战略问题》，《毛泽东选集》（一卷本），第168页。

② 毛泽东：《中国革命战争的战略问题》，《毛泽东选集》（一卷本），第169页。

深刻和丰富的哲学思想。毛泽东继承马克思列宁主义军事理论，以前所未有的深度和广度开展了军事哲学的创造。无论是在历史唯物主义的战争观方面，还是在战争问题上的认识论和辩证法方面，都作出了新的阐发，提出了一系列新的结论，把马克思主义军事思想大大地向前推进了。毛泽东军事哲学对战争的起源、本质、目的，人民群众在战争中的作用，战争中实践与认识的关系及认识发展的辩证过程，自觉能动性在战争中的意义和作用，战争中强弱优劣的量变质变关系，战争矛盾运动的共性个性以及矛盾的斗争性与同一性，军事领域一系列概念与范畴的论述，都丰富和发展了马克思主义的认识论和辩证法。毛泽东军事哲学有它自己的概念、范畴和规律的系统，比它以前的马列军事著作中的哲学思想具有更为完备的理论形态。

毛泽东军事哲学把马克思主义哲学彻底贯彻于军事领域，并使之在军事科学领域里也有了坚实的基础和系统的表现。如同马克思在经济科学领域和恩格斯在自然科学领域里对辩证唯物主义哲学进行科学论证，使之在这些领域建立起它的坚固基础一样，毛泽东军事哲学对马克思主义哲学的科学性和普遍性又是一个具有深远影响的论证。毛泽东研究和指导战争，始终坚持彻底的唯物论和辩证法，同形形色色的唯心论和机械论划清界限。“战争问题中的唯心论和机械论的倾向，是一切错误观点的认识论上的根源。他们看问题的方法是主观的和片面的。……因此，反对战争问题中的唯心论和机械论的倾向，采用客观的观点和全面的观点去考察战争，才能使战争问题得出正确的结论。”①毛泽东军事哲学正是同战争问题上的唯心论和机械论完全相对立而存在和发展的，它以自身的正确性说明了辩证唯物主义和历史唯物主义在战争领域同样是真正科学的思想武器。

毛泽东军事哲学富有中国的民族特色。中华民族是一个善于进行哲理思维的民族，也是一个富有军事思想传统的民族。中国历史上著名的军事著作，往往是同哲学思想论著互相渗透，合二而一的。因而，富有哲理是中国传统的军事著作的重要特色。被称为“武经七书”的《六韬》《孙子》《吴子》《尉缭子》《司马法》《李卫公问对》《黄石公三略》，虽产生于中国古代各个不同时期，然而都具富有哲理的特色。《孙子》是古代最伟大的一部军事著作，同时又是一部生动的朴素唯物论和朴素辩证法的哲学篇章。中国历史悠久，军事传统和军事思想遗产极为丰富。由于战争这种社会运动形态本身的特点，反映这个运动形态的军事哲学思想，又往往在某些方面水平超出当代一般哲学思想。毛泽东军事哲学批判地继承和创造性地发展了中华民族在军事上的历史遗产的精华，把马克思主义与民族的优秀军事遗产相结合，成为既科学又富有民族特色的军事哲学思想。毛泽东军事著作

---

① 毛泽东：《论持久战》，《毛泽东选集》（一卷本），第436—437页。

中，军事问题与哲学问题总是水乳交融，浑然一体，这成为其特色。它不仅吸收了古代军事著作中有价值的理论内容，而且也运用了其中许多概念、范畴、原则，并赋予其科学的含义。如对《孙子》的“知彼知己，百战不殆”，毛泽东作了新的辩证唯物主义的论述，说：“中国古代大军事学家孙武子书上‘知彼知己，百战不殆’这句话，是包括学习和使用两个阶段而说的，包括从认识客观实际中的发展规律，并按照这些规律去决定自己行动克服当前敌人而说的；我们不要看轻这句话。”①

当然，毛泽东军事哲学主要是建立在对马克思主义军事和哲学思想的运用和对中国革命战争实践经验总结的基础上。如果说恩格斯的军事理论主要来源于批判地总结战争史和军事学术史，以及评论、分析当代战争所得出的结论，那么，毛泽东军事思想的主要来源，是运用马克思主义总结中国革命战争的实践经验。虽然，中外军事思想史上的精华，是被毛泽东军事思想充分予以吸收的。毛泽东与许多军事家不同，他既是军事统帅又是理论家，长期指挥了大规模的革命战争。他所有的军事著作，都倾注全力研究如何指导中国革命战争达到胜利的问题，具有强烈的实践性。毛泽东军事哲学就是紧紧地围绕着战争的客观规律与主观指导的关系问题而展开的。遵循马克思主义的思想路线，使中国共产党在领导革命战争中实现主观和客观相符合，理论与实际相统一，能动地去争取革命战争的胜利，这是毛泽东军事哲学的根本之点。这个历史特点，就决定了它是马克思主义哲学在中国革命战争中的运用和发展，是这个伟大革命战争实践经验的哲学升华。

毛泽东军事哲学是在反对主观主义特别是在反对教条主义的斗争中发展起来的。如果说列宁主义的军事理论主要是在十九世纪末和二十世纪初同第二国际伯恩施坦修正主义的斗争中、在俄国革命实践中发展和形成的，那么毛泽东军事思想则是在中国革命实践中，在同那种把马克思主义教条化、把共产国际决议和苏联红军经验神圣化的错误倾向的斗争中形成和发展的。中国革命战争中，与实事求是的思想路线相对立的主要是教条主义。以照抄照搬共产国际的决议和苏联红军经验为特征的教条主义，曾经给中国革命战争造成严重的危害。教条主义不懂得中国社会的特点和中国革命战争的特点，不了解中国资产阶级民主革命实质上是农民革命，不了解中国革命的不平衡性、曲折性和长期性，不了解农民游击战争和农村根据地的极端重要性，热衷于搞“城市中心”和“中心城市武装暴动”。在建军问题上，把红军的三大任务缩小成为单纯的打仗一项，要求照苏联红军的模式搞所谓“正规化”。在作战问题上，它否认敌强我弱的前提，要求阵地战和单纯依靠主力军队的所谓“正规战”，要求战略的速决战和战役的持久战，把“集

① 毛泽东：《中国革命战争的战略问题》，《毛泽东选集》（一卷本），第175页。

中兵力、各个歼敌”当作“右倾保守”,把“诱敌深入”当成“退却逃跑”来反对,以及要求固定的作战线和绝对的集中指挥等。军事教条主义把中国革命战争引到了绝境,几乎断送了中国革命。毛泽东等相当一部分党和军队的领导者们,以伟大的理论勇气和革命求实精神,坚决反对教条主义的军事思想,始终坚持马克思主义与中国革命战争实际相结合,从中国武装斗争的情况出发,总结本国革命战争的独特经验,提出了正确的军事思想和军事路线。毛泽东还从思想路线的高度,总结反对军事教条主义的经验,阐明了在军事领域坚持唯物论和辩证法的问题。他的许多军事著作同时又是哲学著作,也是同这个历史特点密切相关的。《中国革命战争的战略问题》首先提出的不是具体的战略战术原则,而是在军事领域坚持马克思主义的认识论和辩证法的问题。它强调要从中国红军战争的实际出发,研究中国革命战争的特点,从客观的战争规律引出符合实际的战争指导规律,去指导革命战争取得胜利。《论持久战》首先全面地发展地分析中日双方的基本情况,以此为解决对日战争的一切军事原则的出发点,强调了反对战争问题上的唯心论和机械论的重要意义。正是沿着实事求是的思想路线,反对主观主义的教条主义,集中全党智慧,立足于革命战争实践的基础,才能进行毛泽东军事思想和军事哲学的创造。

毛泽东军事哲学思想是发展的,而不是僵化的。毛泽东思想是科学真理。科学真理从来是作为过程而存在、而与时俱进的,是真理的绝对性和相对性的统一。毛泽东军事思想作为二十世纪上半叶在中国产生和形成的一种军事理论,也不能不带有自己的时代特征。毛泽东从来不认为这个军事思想是军事理论发展的顶峰、是终极的真理。他在新中国成立后谈到十大军事原则时说过:“十大原则目前还可以用,今后有许多地方还可以用。但马列主义不是停止的,是向前发展的,十大原则也要根据今后战争的实际情况,加以补充和发展,有的可能要修正的。”①历史是发展的,战争也是发展的,军事理论随着战争的发展和整个社会的发展而不断发展。毛泽东军事思想中反映中国革命战争特定历史条件下战争规律的军事原则,随着情况的发展,有许多仍然要坚持,有的需要充实、修正,有的则是不再适用了。毛泽东军事哲学比其一般的军事思想部分具有更大的稳定性和普遍性,但是随着新的战争实践的不断发展和哲学思想的重大发展,它也必然会变革自己的内容和形式,并扩展自己的新领域。当然,毛泽东军事哲学的基本内容,体现着深刻的唯物论和辩证法,给了我们研究和指导战争的正确的立场、观点和方法,仍将是我们解决军事问题必须坚持和遵循的理论基础和指导思想。

---

① 毛泽东:《十大军事原则,也要根据今后战争的实际情况,加以补充和发展,有的可能要修正》,《毛泽东军事文选》(内部本),第363页。

毛泽东同志战争指导的基本特点*

毛泽东同志是举世公认的无产阶级伟大的战略家、杰出的军事家。他和其他老一辈无产阶级革命家，在全党全军的集体奋斗中，把马克思列宁主义普遍原理与中国革命战争的具体实践相结合，创造了毛泽东军事思想，丰富、发展了马克思主义军事科学。毛泽东同志既是军事理论家，又是军事统帅。他的军事实践活动，是运用辩证唯物论和历史唯物论指导战争，解决战争问题，引导中国革命战争达到胜利，从而继承和发展马克思主义军事理论的生动表现。学习毛泽东同志战争指导的伟大实践，是学习毛泽东军事思想的一个重要方面。本文以解放战争的军事实践为依据，探讨毛泽东同志作战指导的基本特点。

一、 在对敌我情况进行科学分析的基础上制定作战计划

实事求是，从实际出发，是毛泽东军事思想的活的灵魂，也是毛泽东同志领导革命战争实践活动的基本特点。在作战指导上坚持从实际出发，实事求是，就是要"熟识敌我双方各方面的情况，找出其行动的规律，并且应用这些规律于自己的行动"①。毛泽东同志指挥作战，历来重视对敌我力量进行全面的客观的分析，使战争的主观指导符合不断变动着的客观实际，并在这个基础上提出和修改作战行动计划。

在战略战役指导上，毛泽东同志善于通过这种科学分析，预见战争的基本进程，从而制定正确的作战方针和战略战役计划。解放战争全面开始后，南线我军的战略方向是着重向南还是向北，这是一个关系战争全局的重大问题。当时蒋介石在南线的战略企图的特点，是着重由南向北，企图寻歼我军主力，摧毁我根据地。针对这一战略态势和战局发展的趋势，毛泽东同志提出了"着重向南"的战略

---

* 本文原载上海市历史学会编：《上海市历史学会论文集》，1984 年。

① 毛泽东：《中国革命战争的战略问题》，《毛泽东选集》（一卷本），人民出版社，1964 年，第 172 页。

计划。一九四六年六月，在给刘伯承、陈毅、邓小平等同志的《全局破裂后太行和山东两区的战略计划》的电报中，提出太行、山东两区我军应分别以豫东、徐州两地区为主要作战方向，华中我军以蚌浦地区为主要作战方向，太岳部队以同蒲南段为主要作战方向，在取得预期的胜利后，“如形势有利，可考虑以太行、山东两区主力渡淮河向大别山、安庆、浦口之线前进”，并且指出：“这一计划的精神着重向南，与蒋的精神着重向北相反，可将很大一部蒋军抛在北面，处于被动地位。”①这一战略计划全面考察了南线我军的情况及敌军战略企图的特点，从而为我军指明了正确的作战方向，并为尔后晋冀鲁豫和华东两大野战军挺进中原，作出了极为重要的战略设想，体现了毛泽东同志在军事指导上的远见卓识。

战场上形势的发展往往是十分迅速的，当战略或战役态势发生新的变化时，战略战役计划和作战部署要适时地作出相应的变动。毛泽东同志善于审时度势，灵活机动地指导我军实行此种转换，他对淮海战役的指挥就是一个突出的例证。一九四八年九月济南战役结束时，粟裕同志代表华东野战军前委向中央军委提出举行淮海战役的建议。毛泽东同志同意这个建议，认为举行此役甚为必要。同年九月二十五日他提出关于此战役的计划，准备在一个半月至两个月时间内进行三个作战：“第一个作战，应以歼灭黄（伯韬）兵团于新安、运河之线为目标”，“歼灭两淮、高、宝地区之敌，为第二个作战”，“歼灭海州、连云港、灌云地区之敌，为第三个作战”。②战役目标为歼敌十几个师，打通山东与苏北两个解放区之间联系，并为进行江淮战役、歼敌徐州集团余部于长江以北准备条件。但是，到十月下旬敌军调整部署，徐州集团的全部兵力已达五个兵团、四个绥靖区，七十余万人。毛泽东同志和军委洞察华东、中原战场敌情和全国战局的变化，重新决定在原来的淮海战役计划的基础上，扩大战役规模，集中中原、华东两野战军和中原、华东两军区所属部队参战，分三个阶段，求歼敌南线主力于长江以北。十一月十六日，毛泽东同志致电刘伯承、陈毅、邓小平同志，指出，“中原、华东两军，必须准备在现地区作战三个月至五个月”，并对战役的作用予以重新估量：“此战胜利，不但长江以北局面大定，即全国局面亦可基本上解决。”③要求淮海战役总前委“从这个观点出发，统筹一切”。④这是适应战争情况的变化，及时调整作战计划的一个光辉范例。

---

① 毛泽东：《全局破裂后太行和山东两区的战略计划》，《毛泽东军事文选》（内部本），第285页。

② 毛泽东：《关于淮海战役的电报》，《毛泽东军事文选》（内部本），第518页。

③ 毛泽东：《关于淮海战役的电报》，《毛泽东军事文选》（内部本），第548页。

④ 毛泽东：《关于淮海战役的电报》，《毛泽东军事文选》（内部本），第549页。

二、 善于照顾战争全局，抓住战略战役的关键

毛泽东同志善于照顾战争全局，抓住战争关键，解决战争全局中的主要矛盾，引导战争向有利于我军的方向发展。他的作战指挥，真正实现了“抓住战略枢纽去部署战役，抓住战役枢纽去部署战斗”①，因而击中要害，势如破竹，处处立于主动地位。解放战争进入第三年时，战略决战时机已经成熟，东北战场形势对我军尤为有利，而敌军又有从东北撤军至关内的企图。毛泽东同志和中央军委综观全国战局，准确地抓住战争进程中的关键，决定首先在东北同国民党军进行战略决战。他多次向东北野战军领导人指明这个战略形势，指出：“对我军战略利益来说，是以封闭蒋军在东北加以各个歼灭为有利。”②中央军委关于举行辽沈战役的战略决策，准确而及时地抓住了战略枢纽，对战略决战的胜利具有十分重要的意义。而且，毛泽东同志还进一步精辟地指明辽沈战役的关键，在于东北我军把主攻方向指向北宁线，攻克锦州。他深刻地指出东北野战军向南作战的必要，“向南作战具有各种有利条件，我军愈向敌人后方前进，愈能使敌方孤悬在我侧后之据点，被迫减弱或撤退”③。向南作战的重点又必须置于锦州，因为它是北宁线上联结东北和华北的一个战略要点，攻锦作战是“中间突破的方法，使两翼敌人（卫立煌、傅作义）互相孤立”④，便于各个击破；而攻克锦州又是封闭蒋军在东北、加以各个歼灭的关键。为此，毛泽东同志要求东北我军首先“歼灭锦州至唐山一线之敌，并攻克锦州、榆关、唐山诸点”，“准备使用主力于该线，而置长春、沈阳两敌于不顾，并准备在打锦州时歼灭可能由长、沈援锦之敌”。⑤并一再告诉林彪：“只要打下锦州，你们就有了战役上的主动权。”⑥后来辽沈战役的进程说明，毛泽东同志对战略和战役枢纽的分析和处置，是何等准确，又是多么高超。

正确处理各战略区、各战役之间的关系，协调全军，解决战争全局中的主要矛盾，是毛泽东同志作战指挥中的一个特点。当他和军委其他领导同志在酝酿辽沈战役时，一方面组织东北我军准备进行前所未有的大歼灭战，另一方面要求华东我军避免打很大规模的歼灭战，每次歼敌不超过一两个整编师，以便抑留敌人于东北加以聚歼。当淮海战役正在进行、平津战役即将发起时，毛泽东同志电告太

---

① 毛泽东：《直罗镇战役同目前的形势与任务》，《毛泽东军事文选》（内部本），第 70 页。

② 毛泽东：《关于辽沈战役的电报》，《毛泽东军事文选》（内部本），第 457—458 页。

③ 毛泽东：《关于辽沈战役的电报》，《毛泽东军事文选》（内部本），第 464—465 页。

④ 毛泽东：《关于辽沈战役的电报》，《毛泽东军事文选》（内部本），第 471 页。

⑤ 毛泽东：《关于辽沈战役的电报》，《毛泽东军事文选》（内部本），第 472 页。

⑥ 毛泽东：《关于辽沈战役的电报》，《毛泽东军事文选》（内部本），第 477 页。

原前线徐向前、周士第同志："再打一、二个星期，将外围要点攻占若干，并确实控制机场，即停止攻击，进行政治攻势。"①把攻克太原的计划推迟到东北我军进关攻击平津时再行实施，因为"太原攻克过早，有使傅作义感到孤立，自动放弃平、津、张、唐南撤或分别向西向南撤退，增加尔后歼灭的困难"②。同时，毛泽东同志又电告淮海前线领导同志："于歼灭黄维兵团之后，留下杜聿明指挥之邱清泉、李弥、孙元良诸兵团(已歼约一半左右)之余部，两星期内不作最后歼灭之部署"，以便"不使蒋介石迅速决策海运平津诸敌南下"。③这些部署，全局在胸，高瞻远瞩，体现了毛泽东同志善于驾驭战争全局，把握战略战役关键的卓越的指挥艺术。

三、 部署军事行动以便利歼敌为标准

考虑我军行动以便利歼敌为标准，这是毛泽东同志作战指导的一贯思想。蒋介石在发动全面内战后，挟其军事上的暂时优势，企图迅速侵占解放区，围歼我军。毛泽东同志和中央军委确定我军实行积极防御的战略方针。在强敌进攻前面，我军先退若干步，虽然暂时丧失一些城市和地方，却由此形成了我军歼敌的有利条件。因为敌愈前进，兵力愈分散，后方供应线愈长，兵力不足的弱点也愈暴露；相反，我军则逐步集中兵力，充分利用解放区的有利条件，在运动中抓住敌之弱点，予以各个击破。这也就是"以歼灭敌人有生力量为主要目标"的方针，毛泽东同志和中央军委提出的这一方针，对粉碎敌军进攻，夺取战争胜利起了决定性的作用。

我军主力的集中和统一指挥，是实行上述方针的最重要条件，这不仅为保证大兵团密切协同作战所必需，而且在分兵应敌的情况下，也是非常重要的。早在解放战争的准备阶段，毛泽东同志就向各战略区提出："各地应将我军大部迅速集中，脱离分散游击状态，分甲乙丙三等，组成团或旅或师，变成超地方性的正规兵团，集中行动。"④当战争全面打响后，他又一再电示各战略区，要"控制强大机动部队，以为有利时机在运动战中打击敌人之用"⑤，"要掌握最大兵力"，"不要分兵，只要主力在手，总有歼敌机会"⑥。我军各战略区领导机关根据这些指示精

①② 毛泽东：《关于太原战役的电报》，《毛泽东军事文选》(内部本)，第507页。

③ 毛泽东：《关于平津战役的电报》，《毛泽东军事文选》(内部本)，第617页。

④ 毛泽东：《关于日本投降后我党任务的决定》，《毛泽东军事文选》(内部本)，第268页。

⑤ 毛泽东：《坚守要点，控制强大机动部队，于有利时机以运动战打击敌人》，《毛泽东军事文选》(内部本)，第277页。

⑥ 毛泽东：《不性急，不分兵，用各个歼击方法打破敌人进攻》，《毛泽东军事文选》(内部本)，第300页。

神，把野战部队迅速组织与集中起来，实施高度机动，从而为在战略防御中积极进行战役战斗的进攻准备了基本条件。在各战略区把主力集中于主要作战方向的同时，毛泽东同志又提请各区主力部队，注意兼顾各地方的情况和需要，以一部主力为骨干，加强地方武装和民兵的建设，使之既能配合野战军作战，又能独立坚持各地的斗争。

为了便利歼敌，毛泽东同志着重强调实行“集中兵力，各个歼敌”的原则。一九四六年九月，他在为中央军委起草的关于作战方针的文件中，系统地阐明和规定了这个原则。“集中优势兵力、各个歼灭敌人的作战方法，不但必须应用于战役的部署方面，而且必须应用于战术的部署方面。”①他列举苏中战役、定陶战役、同蒲路战役、胶济路作战、津浦路作战和陇海路作战的成功经验，指出在战役部署上，要反对那种轻视敌人、因而平分兵力对付诸路之敌、以致一路也不能歼灭的作战方法，而必须集中六倍、或五倍、或四倍于敌的兵力，至少也要有三倍于敌的兵力，四面包围敌之一路，予以歼灭。他在同年八月致陈毅、张云逸、粟裕等同志的电报中指出，“歼敌方法，是集中大力打敌一部”，例如渔沟战役，苏中我军集中十二个团歼敌两个团，如皋战役，集中十个团歼灭两个团。“这种打法，通全局看来，用力省而成功多，每战必胜，既能全歼，又能速决。”②全歼方能最有效地打击敌军，速决则使我军有可能各个歼灭敌军增援部队，也使我军有可能避开敌军的增援部队。

毛泽东同志指挥作战从来不拘一格，对于歼灭战的原则也是从实际出发，灵活运用的。解放战争进入第二年时，蒋介石军在连续遭到我军各个歼灭的沉重打击后，改变战法，采取重兵集团密集靠拢，稳步推进的方法。对此，我军一时难以予以割裂、实施四面包围。针对这一新情况，毛泽东同志于一九四七年八月向各战略区提出了“给敌以歼灭与给敌以歼灭性打击必须同时注重”的作战原则。给敌以歼灭是指将敌整团整旅整师干净全部地加以歼灭，不使漏网，这是我军的基本方针，是在敌军分散孤立、敌援兵不能迅速到达之条件下必须实行的正确方针。“但在敌军分数路向我前进，每路相距不远，或分数路在我军前进方向施行防堵，每路亦相距不远之条件下，我军应当采取给敌以歼灭性打击的方针。”③毛泽东同志指出，实行这一方针，只要两面或三面包围敌人，以我之全力用于敌之正面及其一翼或两翼，以歼灭其一部，击溃另一部为目标。同时，我军处于内线作战时，也

---

① 毛泽东：《集中优势兵力，各个歼灭敌人》，《毛泽东选集》（一卷本），第1195页。

② 毛泽东：《集中大力打敌一部，用力省而成功多，既能全歼，又能速决》，《毛泽东军事文选》（内部本），第292页。

③ 毛泽东：《给敌以歼灭与给敌以歼灭性打击须同时注重》，《毛泽东军事文选》（内部本），第314页。

“可以采取于运动中半歼灭半击溃之作战方针”①。这些都是作战指导上灵活运用并不断发展歼灭战思想的范例。

四、 先打弱的，后打强的，你打你的，我打我的

争取战略和战役的主动权是毛泽东同志战争指导的中心环节。他认为，主动权的取得，要以客观力量为基础，但同时又取决于主观指导的能力。“主动权不是任何天才家所固有的，只是聪明的领导者从虚心研究和正确地估计客观情况，正确地处置军事政治行动所产生的东西。”②毛泽东同志认为：“战争力量的优劣本身，固然是决定主动或被动的客观基础，但还不是主动或被动的现实事物，必待……经过主观能力的竞赛，方才出现事实上的主动或被动。”在这里，对于敌军有计划地造成其错觉，给予不意的攻击，是他在作战指挥中争取主动权的一个重要方法，即“以战争的不确实性给予敌人，而给自己以尽可能大的确实性，用以争取我之优势和主动”。③毛泽东同志和陈毅、粟裕等同志指挥的莱芜战役，是这方面一个极其突出的成功战例。一九四七年一月，蒋介石和陈诚企图迫使华东我军在临沂附近决战，击破我军主力。其部署为从南北两线夹击我军：南线二十个师，由台儿庄至城头一线北犯山东解放区首府临沂，北线九个师由胶济线南攻莱芜、蒙阴我后方基地。南线为敌之主攻方向，兵力十分密集，不易为我分割，我军一时难以举行大的歼灭战。陈毅、粟裕等同志鉴于我军在南线与其待机过久，不如放弃临沂，转兵北上，求歼北线敌军，于是在二月五日以此意见向中央军委提出建议。毛泽东同志同意这一方案，在二月六日复电指出：实行这一方案，“可使我完全立于主动地位，使蒋介石完全陷于被动”④。因为蒋介石断定我军必在南线与之进行会战，我军北上一策完全出乎他的意料。毛泽东同志要求华东我军，对外应佯装打南面之敌模样，使北线之敌放胆前进，然后秘密移动全军，北上歼敌。这个作战部署，体现了“先打弱敌，后打强敌，力争主动，避免被动”⑤的作战指导思想。华东野战军按照上述方针，以两个纵队佯装全军，在临沂附近阻击南线之敌，以地方武装进逼兖州，并在兖州以西运河上架桥，伪装我军将要西进，主力则迅速地隐蔽北上。蒋介石误认为华东我军“向西流窜”、欲与刘伯承部会合，遂严令北线军队加速南下，企图实现“南北合围”。蒋介石这一部署，犹如给北线国民党军

---

① 毛泽东：《采取于运动中半歼灭半击溃之作战方针》，《毛泽东军事文选》（内部本），第316页。

② 毛泽东：《抗日游击战争的战略问题》，《毛泽东选集》（一卷本），第403页。

③ 毛泽东：《论持久战》，《毛泽东选集》（一卷本），第480—481页。

④⑤ 毛泽东：《关于莱芜战役的电报》，《毛泽东军事文选》（内部本），第401页。

下了一道催命符，使他们窜进了我军的预设战场。莱芜一战，敌军北线六万余人被我军全歼，极其生动地体现了毛泽东同志“力争主动”的作战思想的强大威力。

这种主动作战的思想，毛泽东同志不久又运用生动而形象的语言加以概括，叫作“你打你的，我打我的”。一九四七年四月，晋察冀野战军主力由安国、定县南下，发起正太战役。首先攻克正定及石家庄外围。这时，保定以北敌军正在进攻冀中解放区。我军不为敌人行动所牵制，继续西进，迅速攻占正太路阳泉以东各据点，并围攻阳泉工矿区，诱出太原之敌两师来援，将其包围于测石驿地区，予以全歼，并切断了太原与石家庄的联系。四月二十二日，毛泽东同志在致晋察冀军区的电报中分析了战局，说我军这种不为敌人牵动的作战思想是完全正确的，在正太战役完成后，仍应完全不被敌之动作所迷惑，选择敌之薄弱部分主动地歼灭之。“这即是先打弱的，后打强的，你打你的，我打我的（各打各的）政策，亦即完全主动作战政策。”①

五、从最困难最危险的种种可能情况出发去争取光明与胜利的局面

毛泽东同志的作战指导，总是充分地预计到最困难最危险最黑暗的种种可能情况，从这点出发去克服困难，争取光明与胜利的局面，而不是把顺利和乐观情况当作出发点。解放战争期间，他在领导和指挥全军作战的过程中，全面和充分地运用这一正确的作战指导思想，从而使我军做到趋利避害，完全立于主动地位。

凡行动预先估计到几种可能性，并预作安排，有准备地对付一切可能出现的情况，任何一种情况出现时都有办法，这是毛泽东同志作战指导的一个显著特点。一九四六年夏，中原军区部队在数倍于己的敌军围攻下进行突围战，毛泽东同志在给郑位三、李先念、王震同志的电报中，预先指出，突围后有两个可能前途，第一个，能达向北目的；第二个，被敌阻隔不能达向北目的。“因此，你们须作两个准备：第一个，争取一切可能向北；第二个，在向北不可能时，准备在国民党区域创造根据地，以待时局之变化。”②一九四七年五月，华东野战军举行孟良崮战役时，毛泽东同志在给陈毅、粟裕同志的电报中，又强调了两种可能性的思想，他说：“凡行动不可只估计一种可能性，而要估计两种可能性。例如调动敌人，可能被调动，亦可能不被调动；可能大部被调动，亦可能只有小部被调动。凡在局势未定之时，我

---

① 毛泽东：《先打弱的，后打强的，你打你的，我打我的》，《毛泽东军事文选》（内部本），第299页。

② 毛泽东：《中原突围愈快愈好，生存第一，胜利第一》，《毛泽东军事文选》（内部本），第281页。

主力宜位于能应付两种可能性之地点。”①一九四七年秋，晋冀鲁豫野战军转入外线战略进攻，跃进大别山。毛泽东同志对我军南进曾估计了三种可能的前途：一是付出了代价站不住脚，准备回来；一是付出了代价站不稳脚，在周围坚持斗争；一是付出了代价，站稳了脚。他告诉刘伯承、邓小平等同志，要从最困难的可能情况着想，准备坚决勇敢地去战胜一切困难，争取最好的前途。一九四八年九月在部署济南战役时，毛泽东同志同意华东野战军的“攻济打援”的作战方针，同时指出：“攻济打援战役必须预先估计三种可能情况，（一）在援敌距离尚远之时攻克济南；（二）在援敌距离已近之时攻克济南；（三）在援敌距离已近之时尚未攻克济南。”②他向粟裕、谭震林等同志提出，我军的部署，应首先争取第一种，其次争取第二种，又其次应有办法对付第三种，“要注意在第三种情况（最困难的情况）出现时，你们不但在兵力上，而且在弹药和粮秣上均有办法战胜敌人。只有在你们预先准备好了这一切，才能保证胜利”③。

在预计到几种可能性的前提下，预作准备，才能做到有备无患，立于主动，使战争向着最有利于我军的方向发展。这就要求在作战的组织和指挥上，“把勇敢精神与谨慎精神联系起来，反对军队中的片面观点与机械主义”④。一九四九年，我军向江南进军，进攻宁、沪、杭地区时，毛泽东同志和党中央以高度勇敢和非常谨慎的态度，妥善处理美国政府可能出兵干涉我国革命的问题，为我们提供了一个光辉的典范。当时，虽然国民党反动派败局已定，但美帝国主义仍然坚持其支持国民党、反对中国革命的政策，它准备在南方支持蒋军残余力量及地方军阀，抵抗人民解放军。以宁、沪、杭为中心的长江下游地区，历来是帝国主义侵华势力集中之地，它们是不会轻易放弃的。所以在我军解放江南时，美国政府实行武装干涉的可能性是存在的，毛泽东同志对此作了充分的估计。他在渡江战役前为中央起草的《目前形势和党在一九四九年的任务》中向全党明确提出了这个问题：“我们从来就是将美国直接出兵占领中国沿海若干城市并和我们作战这样一种可能性，计算在我们的作战计划之内的。这一种计算现在仍然不要放弃，以免在事变万一到来时，我们处于手足无措的境地。”⑤为此，中央军委和毛泽东同志在关于渡江战役和向全国进军的部署中，为对付可能的美国出兵，作了充分的准备。中央决定在长江下游以第二、第三两大野战军，在南京两侧地区横渡长江，形成两个

① 毛泽东：《不性急，不分兵，用各个歼击方法打破敌人进攻》，《毛泽东军事文选》（内部本），第301页。

② 毛泽东：《关于济南战役的电报》，《毛泽东军事文选》（内部本），第438—439页。

③ 毛泽东：《关于济南战役的电报》，《毛泽东军事文选》（内部本），第439页。

④ 毛泽东：《把勇敢精神与谨慎精神联系起来》，《毛泽东军事文选》（内部本），第90页。

⑤ 毛泽东：《目前形势和党在一九四九年的任务》，《毛泽东军事文选》（内部本），第328页。

重点拳头，直捣国民党反动统治中心宁沪杭；在长江中游，以第四野战军重兵直逼武汉。这样，既可集中力量一举摧毁敌统治中心，粉碎汤恩伯集团，钳制白崇禧集团；又可在渡江以后，抽调足够兵力，准备对付美国的武装干涉。在渡江战役接近胜利时，毛泽东同志和中央军委又于五、六月间连续发出几次指示，提醒全党全军，决不可因胜利而放松对美帝及其走狗的疯狂反扑的警惕。并且决定我军一面在华北华东等地部署必要兵力，一面向西北、西南、华南等地进军。在上海临近解放时，毛泽东同志即部署第二野战军主力集结于浙赣线上待机。当时，他指出："二野目前主要任务是准备协助三野对付可能的美国军事干涉。此项准备是必须的。有此准备即可制止美国的干涉野心，使美国有所畏，而不敢出兵干涉。"①同时，毛泽东同志又估计到如果上海、宁波、福州、青岛等沿海城市顺利解放，美国出兵的可能性已很小了，二野即可进军西南。这一系列战略部署，体现了毛泽东同志作为伟大战略家的高识远见和杰出的指挥才能。

六、 谦虚谨慎，多谋善断

谦虚谨慎，多谋善断，是毛泽东同志对各级指挥员的一项要求，而他的作战指导则是体现这种要求的典范。他十分重视群众的智慧，注意倾听各方面的意见，善于集中来自下面的建议。如在淮海战役发起时，由粟裕同志指挥的华东野战军主力，在徐州以东辗庄地区实施对黄伯韬兵团的围歼。这时，徐州是整个淮海战役中蒋军扼守的战略中心要点，而津浦路徐（州）浦（口）段，则是徐州敌人连通其大本营南京的唯一战略要线，也是武汉白崇禧集团可能出援徐州刘峙集团的一条重要通道。当围歼黄伯韬兵团的战斗开始时，毛泽东同志和中央军委还未提出切断徐浦线的部署，是刘伯承同志首先洞察截断此线的重大意义。一九四八年十一月三日，刘伯承、邓子恢、李达同志向中央军委提出了如下建议：以陈毅、邓小平同志率领的中原野战军主力东出津浦线，截断徐（州）宿（县）段，以斩断敌之中枢。毛泽东同志十分重视这一正确而及时的建议，当即部署中野主力挥戈东进，攻占以宿县为中心的徐州、蚌埠间广大地区。这一决策的实现，割裂了南京与徐州之间的联系，提前完成了包围徐州的战略任务，有力地保障了淮海战役的胜利。毛泽东同志后来对刘伯承同志的建议作了高度评价，指出："在（淮海）战役发起前，我们已估计到第一阶段可能消灭敌人十八个师，但对隔断徐、蚌，使徐敌完全孤立这一点，那时我们尚不敢作这种估计。"②

---

① 毛泽东：《向全国进军的部署》，《毛泽东军事文选》（内部本），第 337 页。

② 毛泽东：《关于淮海战役的电报》，《毛泽东军事文选》（内部本），第 557 页。

毛泽东同志指挥作战，既严格要求坚持必要的集中和统一，又对下级给予充分的信任和支持，给他们以独立处理战争问题的机动性。解放战争期间，随着我军正规程度的提高和战役规模的扩大，指挥上集中统一的要求比过去提高了，但毛泽东同志总是在尽可能的范围内给予下级以机断专行的可能。在他起草的指挥作战的电文中，常常有这样的话："以上是否适宜，请你们考虑提出意见"，"望酌情机断行之"，"我们对作战有如下建议，请考虑"，"一切望按情况决定"，等等。他非常尊重各战略区指挥员的意见，时常在电报中鼓励各地指挥机关机断处置，不要事事请示。因而，全军各级领导的聪明才智、积极性和创造性得到了充分的发挥。如一九四五年十月平汉战役的歼击目标，中央军委和毛泽东同志原定计划是寻歼南援之胡宗南所部，但由于战场情况的变化，后来实际上是按照刘伯承、邓小平同志的意见，在邯郸以南歼灭了北上的马法五所部。又如一九四七年三月底至五月初，西北野战军连续在青化砭、羊马河、蟠龙进行了三次战役，其歼击目标的选择、打法和兵力部署的确定等重大问题，许多是彭德怀等同志在中央总的战略意图下机断决定的，有的是事先请示过的，有的则是来不及请示而于事后报告的。

毛泽东同志在作出重大决策之前，十分重视与各方面进行充分的酝酿和协商。在淮海战役后期，中央正在筹划向江南和西北进军的全盘战略方案。毛泽东同志为此电请刘伯承同志来中央商议战略方针，要求刘伯承、陈毅、邓小平、粟裕、谭震林五同志开一次总前委会议，"商好在邱（清泉）、李（弥）歼灭后的休整计划，下一步作战计划及将来渡江作战计划，以总前委意见带来中央"①。

同时，毛泽东同志也十分重视把初步的决策设想交给有关同志，请后者加以补充、修正；而当别的同志提出更为正确和理想的决策设想时，他总是慎重地进行研究，吸收正确的建议。一九四八年春，改变中央原议的由粟裕同志率领一个兵团渡江南进的决策，就是这方面的一个突出的例证。这年一月，中央军委电示粟裕同志：为迫使敌军改变战略部署，吸引敌军二十至三十个旅由中原战场和山东战场回防江南，确定由华东野战军外线部队中的三个纵队组成一个兵团，由粟裕同志率领渡江南进，在湖北宜昌、监利之间渡江进入湘西，或在洪湖、沔阳地区渡江进入鄂南，先在湘、赣两省展开，然后以跃进方式分几个阶段挺进闽浙赣地区，迫使敌军陷入被动地位。中央军委要求粟裕同志"熟筹见复"。粟裕同志经过一个多月的反复思考，提出了不同意见，认为对我军来说，集中华东和中原两大集团，在中原黄淮地区对敌举行大规模歼灭战，比先分兵南进更为有利。因为从中原及华东战场的形势来看，当时在山东和大别山区这两个地区，难以或不便进行大规模歼灭战；而中原的黄淮地区，我军打大的歼灭战的条件却正在成熟，并对我

---

① 毛泽东：《关于淮海战役的电报》，《毛泽东军事文选》（内部本），第566页。

较为有利。如果把华东、中原两大野战军和地方部队统一调动使用，则我军完全有力量在黄淮地区打大规模歼灭战。反之，如果以华东三个纵队渡江南进，虽然能在敌之战略后方给予猛击，给敌人以相当震惊、威胁和牵制，但因出动的兵力不大，难以调动敌在中原的主力离开中原战场，而我南进部队也会遇到一些难以克服的困难。同年四月十八日，上述意见电告中央军委后，中央十分重视，当即电召陈毅、粟裕同志去中央面商。粟裕同志回忆说："我们到达西柏坡以后，随即前往阜平县的城南庄，毛泽东同志在那里召开会议听取我们的意见。我着重汇报了三个纵队暂不渡江南进、集中兵力在中原黄淮地区大量歼敌的方案，详细说明了提出这一方案的依据。毛泽东同志、刘少奇同志、周恩来同志、朱德同志、任弼时同志和其他领导同志听了之后，当即进行研究，并同意了这个方案。""党中央领导同志这种处处从实际情况出发，十分重视前线指挥员意见的领导作风，使我深受教育和感动。"①改变华野三个纵队渡江南进战略决策这一事实，再一次生动地体现了毛泽东同志谦虚谨慎、多谋善断的无产阶级战略家的风格。

当然，毛泽东同志指导战争的实践活动，是同全党全军和革命群众的集体奋斗密不可分的。他的战争实践不只是他个人的实践，而是与当时当地全党全军的战争实践紧密相联的。他的作战指导思想和指导方针，是马克思列宁主义普遍原理与中国革命战争具体实践相结合的体现，是党和军队集体智慧的结晶。毛泽东同志作战指导的特点，从根本上说，反映了一定时间和空间条件下我军作战行动的规律，它科学地总结了战争指挥的实践经验，因而又成为革命战争实践的指南。学习毛泽东同志指导战争的革命实践活动，无疑地是有着重要意义的。

① 粟裕：《豫东之战——回忆开封、睢杞战役》，《燎原》1983 年第 6 期。

毛泽东同志和党的军事战略的转变*

——学习《关于建国以来党的若干历史问题的决议》

《关于建国以来党的若干历史问题的决议》指出，毛泽东同志在军事上的一个极为杰出的贡献，就是“论述了要随着敌我力量对比的变化和战争发展的进程，正确地实行军事战略的转变”。在我们党面临的历次战略转变的关键时刻，毛泽东同志始终坚持把唯物论和辩证法运用于战争，同其他老一辈无产阶级革命家一起，科学地考察各个时期决定战争进程的诸因素，以马克思主义的科学预见和高度的洞察力，指明战争发展的方向，提出新的战略任务，提掣全军，领导全党全军适时地实现战略转变。他的战争指挥艺术之高超，在中国历史上是无与伦比的，在世界战争史上也是极为罕见的。中国革命战争战略转变的历史，充分证明毛泽东同志是当之无愧的伟大的无产阶级战略家。

（一）

大革命时期，我们党在许多方面实现了对革命的领导。但是当时党还处于幼年阶段，党对我国的国情和社会历史特点缺乏深刻的了解，对于马克思列宁主义和中国革命实践还缺乏统一的理解，因而也就不懂得直接准备战争和组织军队的重要性。毛泽东同志后来曾经指出：“那时不懂得武装斗争在中国的极端的重要性，不去认真地准备战争和组织军队，不去注重军事的战略和战术的研究。”①

第一次国内革命战争失败后，根据党中央关于武装反抗国民党的总方针，我党英勇地发动了南昌起义、秋收起义、广州起义和其他许多地区的起义。在这些

---

* 本文原载《复旦学报》(社会科学版)1981 年第 5 期。

① 毛泽东：《战争和战略问题》，《毛泽东选集》(一卷本)，人民出版社，1964 年，第 532 页。

起义的过程中,我们党以毛泽东同志为主要代表,在实践中开始将革命重点由城市移到农村,创建革命根据地,开始了中国革命战争的新时期。历史进程向党提出了军事战略的一系列问题。没有正确的战略指挥,就不能指导革命战争走上胜利的途径。可是,党内有的同志把欧洲无产阶级城市武装起义的经验当作不可逾越的教条,有的同志迷信苏联国内战争的经验,想在中国照抄照搬,也有的迷恋北伐战争长驱直进、夺取大城市的战略。他们都不了解中国武装斗争的特点和规律,因而难以提出适当的战略战术。然而,我党一大批老一辈军事家在各个游击根据地领导群众武装斗争的实践中,已逐步创造出带着朴素性质的游击战争的战略战术:井冈山根据地提出了游击战争的十六字诀;湘鄂西根据地提出了"分散发动群众,集中应付敌人","你来我飞,你去我归,人多则跑,人少则搞";鄂豫皖根据地创造了"集中作战,分散游击","敌进我退,敌退我进","对敌采取跑圈的形式"等原则①;赣东北根据地提出"出敌不意,攻敌不备,声东击西,避实击虚,集中兵力,争取主动,围点打援,围魏救赵,截断给养,扎口子,打埋伏,斩蛇头,切尾巴,打小仗,吃补药"和"打不打操之于我,吃得下就吃,吃不下就跑"等战术②。在土地革命战争前期约三年时间里,这些崭新的战略战术成为我军作战的指南。

在这一十分艰难的战略转变和新的战略创造过程中,毛泽东同志的贡献居于首要的地位。他完全摒弃那种把外国经验神圣化的本本主义,也拒绝那种把自己的以往经验凝固化的经验主义,按照马列主义基本原理和一般军事原则,总结红军战争的经验,在军事战略上进行了伟大的创造。一九二八年五月就提出了游击战争十六字诀。一九二九年春,毛泽东同志集中了各革命根据地的新经验,作出如下的概括。"我们三年来从斗争中所得的战术,真是和古今中外的战术都不同……我们的战术就是游击的战术。大要说来是:'分兵以发动群众,集中以应付敌人。''敌进我退,敌驻我扰,敌疲我打,敌退我追。''固定区域的割据,用波浪式的推进政策。强敌跟追,用盘旋式的打圈子政策。''很短的时间,很好的方法,发动很大的群众。'这种战术正如打网,要随时打开,又要随时收拢。打开以争取群众,收拢以应付敌人。"③这一套战略战术,是中国红军初期作战经验中的精粹,奠定了我军战略思想和作战方针的初步基础。它在当时就成为红军作战思想最杰出的代表,而为其他根据地红军所效法。例如,鄂豫皖根据地初创时,就提出过"学井冈山的办法"的口号,当地红军规定的"七条游击战术原则"和后来川陕时期制定的"游击战争要诀",都是在毛泽东同志领导的井冈山根据地十六字诀的启发

---

① 《中国工农红军第四方面军战史》(初稿),内部版。

② 方志纯:《赣东北苏维埃创立的历史》,人民出版社,1989年,第47页。

③ 毛泽东:《星星之火,可以燎原》,《毛泽东选集》(一卷本),第107页。

和影响下，总结实战经验而形成的。①

根据对中国半殖民地半封建社会历史特点的科学分析和中国红军战争规律的深刻了解，毛泽东同志确认中国革命战争实质上是无产阶级领导下的农民战争，而以农村根据地为革命战争的基地，以游击战争为主要战争形式。他认为：忽视农村根据地的观点，轻视游击战争的观点，都是错误的。游击战争作为长时期内主要斗争形式，不仅符合敌我力量悬殊的情况，而且最便于利用敌之劣点、发扬我之优点，发挥人民战争的威力。毛泽东同志在军事上的重大贡献之一，就是在中国革命战争的进程中，赋予农村游击战争以极其重要的战略地位和战略作用。

游击战争十六字诀的提出，是毛泽东同志在党和红军集体奋斗的基础上对军事战略的一个创造，奠定了我军战略方针的基础。“十六字诀包举了反‘围剿’的基本原则，包举了战略防御和战略进攻的两个阶段，在防御时又包举了战略退却和战略反攻的两个阶段。后来的东西只是它的发展罢了。”②“敌进我退，敌驻我扰”，是我军的战略防御和战略防御中的退却；“敌疲我打”，是战略反攻；“敌退我追”，是战略进攻与追击。十六字诀把歼灭敌人有生力量作为作战主要目标，正确处理了保存自己和消灭敌人的辩证关系。红军之所以能够在强大的敌人进攻下立于不败之地，是同这些原则的指导分不开的。

（二）

土地革命战争的前期，主要是游击战争；在后期，主要是正规战争。毛泽东同志的杰出贡献不仅在于创造性地提出了一整套游击战争的战略战术，而且还表现在善于把握战争形势的发展，适时地领导我军从游击军提高到正规军，从游击战发展为正规战。经过一九二七年下半年到一九三〇年上半年的游击战争，全国工农红军和农村根据地已获得了较大发展，我军开始组建随时可以机动作战的正规兵团，有了可以回旋并能获得人民群众支援的广阔战场。毛泽东同志最早认识到这一新的战略形势，领导中央红军实行战略转变。一九三〇年六月，以毛泽东、朱德同志为首的红一军团正式组成。八月，红一军团在湖南浏阳文家市一举歼灭敌军四个团，首创红军战史上运动战的光辉战例，取得我军实行战略转变以来第一个大胜。以毛泽东同志为首的红一方面军总前委不久又以极大的耐心说服大多数干部，抵制李立三的盲动主义，克服了战略转变中的“左”倾偏向，采取了巩固和发展江西根据地的正确方针，撤围长沙，回师江西，发展了赣西南的革命形势。同

---

① 《中国工农红军第四方面军战史》（初稿），内部版。

② 毛泽东：《中国革命战争的战略问题》，《毛泽东选集》（一卷本），第199页。

年十二月到翌年九月，毛泽东、朱德同志指挥中央红军，胜利地粉碎蒋介石的三次“围剿”，开出了革命战争胜利之花，结出了战略思想灿烂之果。“第一次反‘围剿’时，‘诱敌深入’的方针提出来了，而且应用成功了。等到战胜敌人的第三次‘围剿’，于是全部红军作战的原则就形成了。”①

工农红军的反“围剿”，是以带游击性的运动战取胜的。这种带游击性的运动战是毛泽东同志的一大创造。在后来回顾这一时期红军向正规战转变时，毛泽东同志对这一战争形式作了如下的概括：“国内战争的过程，大体上可以分为前后两个战略时期。在前期，主要的是游击战争；在后期，主要的是正规战争。但所谓正规战争是中国型的，只表现在集中兵力打运动战和指挥上、组织上的某种程度的集中性和计划性方面，其他则仍是游击性的，低级的，不能和外国军队一概而论，也和国民党的军队有些不同。因此，这种正规战，在某种意义上，是提高了的游击战。”②这种运动战，实质上是处于战略防御、战略内线的红军，在战役和战斗上的外线的速决的进攻战。它的特点如毛泽东同志所总结的是：正规兵团，战役和战斗的优势兵力，进攻性和流动性。他正确地指出红军战争的一个显著特点是没有固定的作战线，“‘打得赢就打，打不赢就走’，这就是今天我们的运动战的通俗的解释”③。我们的一切战略战役方针，都是建立在“打”这个基本点上，一切的“走”都是为着“打”，当“打”没有胜利把握时，就要“走”，通过“走”来调动敌人，创造和捕捉战机。战役和战斗的优势兵力，是运动战的物质基础，只有形成这种优势，才能达到速决地歼灭敌人的目的。工农红军反“围剿”的胜利，创造了战争史上的奇迹，它显示了毛泽东军事思想的无比强大威力。毛泽东同志曾经在第一次反“围剿”战役开始时写下一副对联：“敌进我退，敌驻我扰，敌疲我打，敌退我追，游击战里操胜算；大步进退，诱敌深入，集中兵力，各个击破，运动战中歼敌人。”④这是毛泽东战略战术思想的精辟概括。

但是，红军的这个战略转变并非轻而易举，更不是没有曲折。毛泽东同志说过，国内游击战争和国内正规战争之间的转变，曾经遇到很大的困难。⑤这是因为党内和军内一部分领导干部，对于战争中已经变化的敌情和任务，或者估计不足，或者估计过分，在战略指导上产生了右的或“左”的错误。根据地和红军中有一部分同志沉溺于游击战而不愿向正规战转变，对于这种地方主义和游击主义的倾向，毛泽东同志曾经做了艰苦的说服教育工作，才逐渐地转变过来。王明“左”倾

---

① 毛泽东：《中国革命战争的战略问题》，《毛泽东选集》（一卷本），第198—199页。
② 毛泽东：《战争和战略问题》，《毛泽东选集》（一卷本），第537页。
③ 毛泽东：《中国革命战争的战略问题》，《毛泽东选集》（一卷本），第225页。
④ 郭化若：《红军从游击战到运动战的伟大战略转变》，《历史研究》1977年第5期。
⑤ 毛泽东：《战争和战略问题》，《毛泽东选集》（一卷本），第538页。

机会主义从“左”的方面干扰这一次战略转变。他们根本不懂得中国革命战争的理论和实际，机械地搬用外国经验，是十足的军事教条主义。他们否认敌强我弱的前提，要求阵地战和单纯依靠主力军队的正规战，否认游击战和带游击性的运动战是红军的主要战争形式。这种“左”倾错误，给红军战争造成了极其严重的危机，“曾经在三年的长时间内（遵义会议以前），付出了极大的牺牲，然后才从血的教训中纠正过来。这种纠正是遵义会议的成绩”①。遵义会议重新肯定毛泽东同志一贯主张的积极防御的战略指导思想和战略退却、战略反攻、集中兵力、运动战、速决战、歼灭战等战略方针。从井冈山的十六字诀到遵义会议关于反对五次“围剿”的总结决议，我军的战略方针走过了一个“之”字形的历史曲折过程，从正反两个方面说明了毛泽东同志军事战略领导的正确和英明。

（三）

土地革命战争结束，抗日民族解放战争全面开始，中国革命战争进入一个新的战略时期。党的军事战略在新形势下应当怎样实行转变？对此，毛泽东同志在抗日战争全面爆发前后作了多次的回答，作出全面的、系统的论述。党的六届六中全会上，他就战争和战略问题代表中央作结论时说：“在抗日战争的过程中，就我党的军事任务说来，也将大体上分为两个战略时期。在前期（包括战略防御和战略相持两个阶段），主要的是游击战争；在后期（战略反攻阶段），主要的将是正规战争。”②这就在战略的高度指明了我军在全面抗日战争中必须实行两个战略转变：第一个，国内正规战争和抗日游击战争之间的转变；第二个，抗日游击战争和抗日正规战争之间的转变。

抗日战争不同于国内战争，这是显而易见的。敌人是日本帝国主义，它在数量、规模、兵种组成和武器装备等各方面都比我军强大，但它进行的是侵略战争。友军是过去的敌人国民党，它虽然参加了抗日阵营，但实行的是一条片面抗战路线，而且对我军仍然怀着敌意。我军由于有党的领导，实行正确的政策，密切联系群众，它所进行的战争是一场真正的人民战争，我军的战场是在地域广大的华北和华中敌后，这里有大面积的山地、广阔的平原和不少河湖港汊地带。毛泽东同志指出：“在这些特殊的情况下，必须把过去的正规军和运动战，转变成为游击军（说的是分散使用，不是说的组织性和纪律性）和游击战，才能同敌情和任务相

① 毛泽东：《战争和战略问题》，《毛泽东选集》（一卷本），第538页。
② 毛泽东：《战争和战略问题》，《毛泽东选集》（一卷本），第537页。

符合。"①

如果说土地革命战争时从游击战向运动战转变，关键在于怎样看待游击性的运动战的伟大战略作用，那么，抗战全面爆发前后战略转变的关键就是怎样看待抗日游击战争的战略地位。毛泽东同志正是牢牢地把握住这个基本点，引导全党全军，从指导思想上和作战行动上确立游击战争的战略地位，才使全军完成这一转变的。毛泽东同志全面分析了中日战争双方的基本条件后，以十分明确的语言提出了游击战争的战略地位：抗日游击战争主要地不是在内线配合正规军的战役作战，而是在外线单独作战；不是小规模的，而是在广阔的地区里大规模地进行的；是长期性的，而不是短暂的；不是只停止在游击战阶段就结束了，而是在具备了必要条件后发展为正规战的。由于这一切，"中国抗日的游击战争，就从战术范围跑了出来向战略敲门，要求把游击战争的问题放在战略的观点上加以考察"。②毛泽东同志一九三八年五月发表的《抗日游击战争的战略问题》等著名著作，针对党内外轻视游击战争的错误倾向，从理论上深刻阐明了游击战争的战略地位，提出了游击战争的六项战略纲领。同年十一月，又在党的六届六中全会上从党的军事战略发展历史，论证了从国内正规战争向抗日游击战争转变的重大而深远的意义，指出军事战略方针的这一转变的十八项任务和目标。这一切对于完成战略上的转变，都起了极为重要而深远的指导作用。

毛泽东同志剖析抗日战争的特点和规律，总结历史上特别是我党领导游击战争的经验，提出了抗日游击战的战略原则和作战方针：主动地、灵活地、有计划地执行防御战中的进攻战，持久战中的速决战和内线作战中的外线作战的战略方针；游击战争在战略、战役、战斗三种不同领域中同正规战争相配合的正确方针；建立和发展农村根据地的方针；战略防御和战略进攻的作战方针；游击战向运动战发展的方针。此外，还规定了战略的集中指挥和战役战斗的分散指挥相结合的指挥原则。这一系列战略方针的制定，为抗日游击战争的发展规划了一条正确的道路。

我军进入华北后，战场作战的方针是什么？毛泽东同志明确指出是"独立自主的山地游击战"和"基本的是游击战，但不放松有利条件下的运动战"。在给彭德怀同志的电报中，他指出：独立自主的山地游击战是指在抗日统一战线的条件下，我党有"依照情况使用兵力的自由"，"红军有发动群众、创造根据地、组织义勇军之自由"。"坚持依傍山地与不打硬仗的原则。"③这一方针的规定和执行，使我

---

① 毛泽东：《战争和战略问题》，《毛泽东选集》（一卷本），第539页。

② 毛泽东：《抗日游击战争的战略问题》，《毛泽东选集》（一卷本），第396页。

③ 毛泽东：《关于坚持华北独立自主山地游击战争的战略方针和部署》，《毛泽东军事文选》（内部本），第81页。

军既不受国民党的控制和限制，又避免了同日军打得不偿失的硬仗，对我军的胜利发展具有决定性的意义。毛泽东同志深刻地向我军领导同志阐述了在华北进行这种游击战的重大意义，指出："今日红军在决战问题上不起任何决定作用，而有一种自己的拿手好戏，在这种拿手戏中一定能起决定作用，这就是真正独立自主的山地游击战（不是运动战）。"①为此，我军一进入华北，必须毫不动摇地坚持以分散兵力、创造根据地、发动群众为主的方针，而不应当以集中打仗为主。在有利条件下，可以暂时集中兵力，相机给敌以打击，但也必须适时分散，转向群众工作。为了把党在整个华北的工作重点及时地转到游击战争上来，毛泽东同志在给周恩来、刘少奇、杨尚昆、朱瑞，并告朱德、彭德怀、任弼时等同志的电报中强调说："整个华北工作，应以游击战争为唯一方向。一切工作，例如民运、统一战线等等，应环绕于游击战争。"②对于华北游击战争的战略部署，毛泽东同志根据对战局的分析，作出了全面的规划。一九三七年九月在给朱德、彭德怀、任弼时等同志的电报中提出我一二〇师应"转至晋西北管涔山脉地区活动"，一二九师"进至吕梁山脉活动"，一一五师应"展开于晋东南之太行、太岳两山脉中"③。除具有重要战略地位的山西外，党中央还进一步对河北、山东等地开展游击战争作了部署。一九三八年四月，毛泽东、张闻天、刘少奇同志在给刘伯承、徐向前、邓小平同志的电报中指出："在目前全国坚持抗战与正面深入群众工作两个条件之下，在河北、山东平原地区广大的发展抗日游击战争，坚持平原地区的游击战，也是可能的。"④

关于华中地区的游击战争，一九三八年春新四军进入华中敌后以后，党中央、毛泽东同志接连发出指示，给新四军领导同志指出，根据华北的经验，"在一定条件下，平原也是能发展游击战争的"。同时，要求新四军"在广德、苏州、镇江、南京、芜湖五区之间广大地区创造根据地……发展新的游击队"⑤，指出，在茅山根据地建立起来后，要分兵进入江南三角地区和江北地区，开展游击战争。针对新四军个别领导同志不敢东进江南和开辟江北的右倾思想，党中央多次发电指出，在敌人的广大后方，即使是平原地区，亦极便利于我们的游击活动与根据地的创造，要求新四军利用当时的有利时机，主动地、积极地深入敌人后方，发动群众组

---

①③　毛泽东：《关于坚持华北独立自主山地游击战争的战略方针和部署》，《毛泽东军事文选》（内部本），第 84 页。

②　毛泽东：《关于坚持华北独立自主山地游击战争的战略方针和部署》，《毛泽东军事文选》（内部本），第 85 页。

④　毛泽东：《对平原游击战指示》，中国人民解放军政治学院编：《中共党史参考资料》（第 8 册），人民出版社，1979 年，第 153 页。

⑤　毛泽东：《对新四军进行游击战的指示》，《中共党史参考资料》（第 8 册），第 154 页。

织游击队，在大江南北创立一些模范的游击根据地。

我军这次战略转变，也是在外部和内部经历了尖锐的斗争，经过了某种曲折才实现的。毛泽东同志的历史功勋突出地表现在他善于驾驭战争发展的方向，指导我军绕过黑礁，到达胜利的彼岸。从国内正规战争进到抗日游击战争，因为是由比较高级、集中的正规战转化为比较初级的分散的游击战，而表现为一种表面上倒退的现象；因此这一转变曾经被我军不少领导干部所怀疑。加之有些同志被国民党的某些表面现象所迷惑，以为靠它的几百万军队打正规战就能战胜日本侵略者，这样，"我党一部分同志，犯了一种错误……（……主张以大兵团的运动战为主，而轻视游击战争）"①，他们依赖国民党，不敢放手发动群众、大量扩大我军和建立敌后根据地。而在我军外部，国民党企图对我实行控制、溶化和"借刀杀人"的阴谋。因此正如毛泽东同志当时指出的："这一转变关系于整个抗日战争的坚持、发展和胜利，关系于中国共产党的前途非常之大。"②如果不是按照以毛泽东同志为首的党中央的正确路线，坚持"统一战线中的独立自主"原则和游击战争的战略方针，战胜国民党的破坏和王明右倾投降主义的干扰，抗日战争的胜利发展是不可能的。

（四）

抗日战争后期到解放战争初期，中国革命战争在新的条件下实现了由游击战向正规战的转变。对于这个转变，毛泽东同志早在全面抗日战争初期就预见到了，并且为此作了长期的准备。他说，执行游击战的游击部队将通过数量扩大和质量提高两个条件，转化为执行运动战的正规部队，我军通过以运动战为主，辅之以游击战和阵地战的战略进攻，最后打败日本侵略者。后来抗日战争的最后反攻由于特殊的国际条件，虽然没有形成大规模的运动战，但是战争总的进程，是以毛泽东同志预见的那样发展的。

在抗日战争临近胜利时，人民军队已发展到一百二十多万人，组成了相当数量的正规兵团，军队的政治军事素质有很大提高。解放区人口近一亿。由游击战向正规战转变的条件已经具备了。抗战一经结束，党中央、毛泽东同志领导全党在力争国内和平民主的同时，积极进行抗击国民党全面内战的准备。我军按照中央指示，调整战略部署，实行"向北发展，向南防御"和"发展东北，巩固华北，坚持华中"的战略方针，使自己在战略上立于主动地位。同时，对国民党军的进犯，坚

---

① 毛泽东：《学习和时局》，《毛泽东选集》（一卷本），第 946 页。

② 毛泽东：《战争和战略问题》，《毛泽东选集》（一卷本），第 539 页。

持“针锋相对”方针，坚决予以回击。这一系列正确方针的贯彻，使我军顺利地实现了由抗日战争到解放战争的战略转变。

解放战争是在敌强我弱的情况下开始的。我军采取积极防御的战略方针，以运动战为主要战争形式。毛泽东同志指出：“战胜蒋介石的作战方法，一般地是运动战。”①“在抗日时期，我军以分散兵力打游击战为主，以集中兵力打运动战为辅。在现在的内战时期，情况改变了，作战方法也应改变，我军应以集中兵力打运动战为主，以分散兵力打游击战为辅。”②根据积极防御和运动战的方针，我军不是采取分兵把守，进行正面的阵地防御，而是主动避免不利于我的决战，诱敌深入，逐步集中兵力，在运动中各个歼灭敌人。我军运用大踏步进退、“蘑菇”战术、围城打援等方法，打了许多战果辉煌的运动战。后来到了解放战争的中期尤其是后期，我军的作战发展到了大规模的运动战，并且包括对大城市的攻坚战了。

按照毛泽东同志的作战指导思想，不论以游击战为主，还是以运动战为主，都必须实行歼灭战的方针。解放战争中这一指导思想及其实施原则有了进一步的发展。他在《集中优势兵力，各个歼灭敌人》等文件中，系统地阐述了实行这一作战原则的意义、范围和方法，指出“每战集中绝对优势兵力(两倍、三倍、四倍，有时甚至是五倍或六倍于敌之兵力)，四面包围敌人，力求全歼，不使漏网”③。同时，针对蒋军部署特点，提出了“歼灭性打击”的原则：“在特殊情况下，则采用给敌以歼灭性打击的方法，即集中全力打敌正面及其一翼或两翼，求达歼灭其一部、击溃其另一部的目的，以便我军能够迅速转移兵力歼击他部敌军。”④实行此种战法，我军虽然在全体上处于劣势，但在每一个局部上，每一个战役战斗上，居于绝对优势，就能达到“全歼”和“速决”两个目的。歼灭敌人的有生力量，同保守、夺取地方的要求从根本上来说是一致的，但两者之间又存在矛盾，这就必须加以正确处理。毛泽东同志指明了这两者之间的辩证关系：“以歼灭敌人有生力量为主要目标，不以保守和夺取地方为主要目标。”⑤因为保守和夺取地方是歼敌有生力量的结果，因此，有时为着集中全力歼击敌军或使我军主力免遭敌军的严重打击，以利休整再战的目的，可以允许放弃某些地方，当然不是可以随意放弃的。总之，对于地方、城市的放或守，要以斗争全局的需要和有利于歼灭敌人为着眼点。我军实行了这一方针，有利于使战争的主动权稳稳地掌握在自己手里，对于扭转整个战局起了极其巨大的作用。

党中央、毛泽东同志根据战争形势的发展，不失时机地领导全军从战略防御

---

① 毛泽东：《以自卫战争粉碎蒋介石的进攻》，《毛泽东选集》(一卷本)，第1183页。

② 毛泽东：《集中优势兵力，各个歼灭敌人》，《毛泽东选集》(一卷本)，第1197页。

③④ 毛泽东：《目前形势和我们的任务》，《毛泽东选集》(一卷本)，第1247页。

⑤ 毛泽东：《解放战争第二年的战略方针》，《毛泽东选集》(一卷本)，第1232页。

转到战略进攻，又一次实现了具有伟大历史意义的战略转变。我军战略进攻开始的时机，是选择在敌之战略进攻尚未完结，重点进攻已达顶点，其主力已深入解放区，敌后方异常空虚，敌我总兵力对比虽未完全改变，但敌军已被大量削弱，敌人的政治经济危机已十分严重之时，这是十分适时的。毛泽东同志不是等到粉碎了敌人的重点进攻后，等我军数量和装备超过敌人以后，才进行战略进攻。如果那样做，我军虽能在内线继续大量歼敌，但战争继续在解放区进行，我之人力物力就会进一步遭受大量消耗，敌人能利用其统治区搜刮人力物力，而获得喘息和反扑的机会。毛泽东同志高瞻远瞩，把握战争发展的趋势，作出了举行战略进攻的决策。"这是在客观条件允许的情况下，充分发挥主观能动性，发挥革命军队的威力，以有力的进攻来根本改变战争局势的极为英明和果敢的决策。"①

我军战略进攻的总体计划，也是出奇制胜的。按照以毛泽东同志为首的党中央的部署，战略进攻的主要方向是以南线我军大部主力实施中央突破：晋冀鲁豫野战军主力挺进大别山地区，晋冀鲁豫野战军太岳兵团进军豫西地区，华东野战军主力挺进鲁西南，三支大军在江、淮、河、汉之间布成"品"字形阵势，同敌人逐鹿中原。这一决策真可谓英明非凡，完全出乎蒋介石及其美国顾问的意外。特别是晋冀鲁豫野战军以跳跃式的进攻，远离原有根据地，千里跃进，在敌人战略纵深展开，把进攻的矛头指向敌人战略上最敏感又最薄弱的地区，打乱了敌人整个战略计划，扭转了全国战局。

我军的战略进攻是以外线进攻和内线进攻互相配合展开的。毛泽东同志规定我军全军转入战略进攻后的任务是："举行全国性的反攻，即以主力打到外线去，将战争引向国民党区域，在外线大量歼敌。"②同时，"以一部分主力和广大地方部队继续在内线作战，歼灭内线敌人，收复失地"③。按照这一部署，我出击外线的兵团，把进攻矛头深入敌之战略纵深，调动敌军回援，在运动中逐次歼敌；并在新区分兵消灭敌地方武装，摧毁伪政权，创造新的根据地。在外线进攻中，不是立即攻占敌坚固设防的大城市，而是首先占领广大农村和中、小城市，多打胜仗，发动群众，建立革命政权。这就在战略进攻中坚持了毛泽东同志以农村包围城市、最后夺取城市的思想。我内线作战兵团，以一部分主力继续坚持陕北及山东内线作战，依托根据地，在地方部队配合下，积极钳制敌人，彻底粉碎敌人进攻，收复失地。东北、华北我军继续发展战略反攻的胜利，更多地歼灭敌人，全部收复失地。这种战略进攻格局的组织与实施，把内线和外线两方面进攻结合，使敌人顾

---

① 陈赓：《挺进豫西》，刘伯承等著：《星火燎原》（第9集），解放军出版社，1996年，第156页。

② 毛泽东：《解放战争第二年的战略方针》，《毛泽东选集》（一卷本），第1229页。

③ 毛泽东：《解放战争第二年的战略方针》，《毛泽东选集》（一卷本），第1230页。

此失彼，穷于应付，完全陷于被动挨打的局面，充分发挥了人民战争的威力，显示了毛泽东同志军事指挥艺术的无比高超。

毛泽东同志的战略决策和我军战略进攻行动，引起了战争形势的巨大变化：敌人重点进攻被彻底粉碎，南线敌军战线从黄河移到长江，敌人的“全面防御”和“分区防御”先后被我摧毁，我军后方更加巩固和发展，到一九四八年六月，我军增加到二百八十多万，敌军减少为三百六十多万。人民军队同国民党反动军队进行战略决战的时机已经到来。

毛泽东同志历来十分重视战略决战。他认为我军应当进行有利条件下的决战，避免不利条件下的决战，进行有准备有把握的决战，避免一切无把握的决战。经过多次战役战斗的决战，改变敌我力量对比，为战略决战准备条件。当战略决战的时机已经到来时，必须敢于同敌人展开决战。在解放战争进入第三个年头以后，毛泽东同志及时抓住了决战时机，纠正了我军一些干部不敢举行决战的右倾思想，在党中央领导下，亲自组织和指挥了辽沈、淮海、平津三大战役，同敌人进行规模空前的大决战。

毛泽东同志宏图大略，全局在胸，正确地指明了战略决战的方向，把决战的初战指向东北战场，并在淮海地区和平津张地区分别举行决战。根据三个战场的不同特点，毛泽东同志分别制定了战场作战方针。在战略决战中，毛泽东同志的十大军事原则全面地得以运用，成为我军克敌制胜的法宝。三大战役的胜利是毛泽东同志战略思想的胜利，是古今战争史上的空前创举，是毛泽东军事科学在中国革命战争实践中的又一辉煌成果。

从秋收起义到人民解放战争的胜利，毛泽东同志在中国革命战争的每一转折关头，总是善于总结革命军民的战斗经验，善于集中周恩来、刘少奇、朱德、彭德怀、徐向前、陈毅、贺龙等老一辈革命家的正确意见，高瞻远瞩地领导我军胜利实现战略转变。他的战略指挥之英明，是被历次革命战争历史一再证明了的。他之所以能够如此正确地把握我党军事战略的发展，就是因为他在战争指导问题上始终坚持了马克思主义的唯物论和辩证法，就是因为他把马列主义同中国革命战争实践日益结合起来。毛泽东同志领导革命战争，总是主张把理论与实践的统一、主观与客观的统一，作为研究战略战术问题的根本思想原则。他认为，我们研究战争指导规律，“应该着眼其特点和着眼其发展”①。我们的军事指挥应当做到：“熟识敌我双方各方面的情况，找出其行动的规律，并且应用这些规律于自己的行动。”②这正是毛泽东同志战无不胜的军事战略指挥的基础。

---

① 毛泽东：《中国革命战争的战略问题》，《毛泽东选集》（一卷本），第166页。

② 毛泽东：《中国革命战争的战略问题》，《毛泽东选集》（一卷本），第172页。

毛泽东同志指导解放战争战略进攻的杰出贡献*

在中国人民革命战争光辉的历史上，人民解放战争时期的战略进攻，占有特别重要的地位。它始于晋冀鲁豫野战军的战略反攻，继而在南线实行外线的战略进攻和在北线实行内线的战略反攻，中经辽沈、淮海、平津三大战役的战略决战，最后在渡江战役后，向华南、西南、西北之敌实施战略追击，全歼祖国大陆上的国民党军队，完成了全国(除台湾省外)的解放。前后两年多，共举行了八十六次重要战役，占解放战争全部战役的百分之六十四，歼敌六百九十万人，占解放战争歼敌总数的百分之八十六①。交战规模之巨大，作战地区之辽阔，歼敌数量之众多，为中外战争史上所罕见。

毛泽东同志作为伟大的战略家，不但提出了正确的战略方针，而且自始至终组织和指挥了我军的战略进攻。他的伟大的战略进攻思想和高超的军事指挥艺术，保证我军在战略进攻中无往而不胜。解放战争战略进攻的胜利，是毛泽东战略思想的胜利，是毛泽东思想的胜利。

适时地掌握发起战略进攻的时机

毛泽东同志早在土地革命时期，就提出了我军由战略防御转到战略进攻的一般原则，指出："从国内战争说，假如红军的力量超过了敌人时，那末，一般地就用不着战略防御了。那时的方针只是战略的进攻。这种改变，依靠于敌我力量的总的变动。"②作为战略方针，战略反攻是在敌人战略进攻时应用的原则，一般地说，适用于我军战略防御的最后阶段。战略进攻则不同，是在敌人战略防御时应用的

---

* 本文原载《复旦学报》(社会科学版)1982 年第 5 期。

① 宋时轮：《学习毛泽东同志指导战争的伟大实践》，《解放军报》1982 年 2 月 22 日。

② 毛泽东：《中国革命战争的战略问题》，《毛泽东选集》(一卷本)，人民出版社，1964 年，第 194 页。

原则。战略进攻的任务，在于积极创造条件，与敌军主力决战，彻底消灭敌人，夺取战争的最后胜利。中国共产党领导的战争史上，从总体上说，土地革命战争没有经历过战略反攻，更没有战略进攻；抗日战争只有战役进攻和战略反攻，也没有战略进攻；解放战争的第一年，我军仍处于战略防御地位。这是因为在长时期中，敌强我弱的力量对比悬殊，尚未形成转入战略进攻的条件。

解放战争是在国内外条件比过去历次革命战争都更为有利的情况下开始的。党中央、毛泽东同志预见到我军由防御转到进攻的过程是会比较短的，因而多次向我军各战略区领导机关提出，要为此作好思想上和组织上的准备。一九四六年十月即向刘伯承、邓小平提出，准备以后以主力向中原出动。一九四七年一月进一步指出：战略进攻将在六月或迟些发动，但各项准备工作须分别轻重缓急开始进行。五月初，毛泽东同志致电刘伯承、邓小平、陈毅、粟裕，指出刘邓部队进军方向，是"六月十日前渡河，向冀鲁豫区与豫皖苏区之敌进击，第二步向中原进击"。同时确定陈粟部队在刘邓于六月间发动进攻后，"配合刘邓军大举出击"①。六月初，中央决定刘邓大军在月底发起战略进攻。同年七月，中央又决定将原来准备使用于陕北战场的陈赓、谢富治兵团，改为渡河南进，协助刘邓经略中原。

晋冀鲁豫野战军于一九四七年六月底突破黄河天险，挺进鲁西南，揭开了战略进攻的序幕。七月至九月，我军转入了全国规模的进攻。刘邓大军于八月上旬越过陇海线，挺进大别山；陈粟大军于八月初挺进鲁西南；陈赓兵团八月下旬由晋南挺进豫西。到十月底，三路大军基本完成在中原地区的战略展开。同时，解放军东北、晋察冀、山东和西北各部队，在内线展开了战略反攻。这个具有伟大历史意义的战略转折，是我军贯彻以毛泽东同志为首的党中央的战略进攻决策的结果。

这个决策的提出和实施，异乎寻常，出奇制胜，为敌军统帅部所始料不及，表现了毛泽东同志的杰出的指挥才能。当时敌军在数量上和装备上还都占着优势，对陕北和山东根据地的重点进攻仍在继续；在东北和华北战场，敌军虽已陷入被动，但还保持着相当大的兵力。在这种情况下，按照一般兵家的作战常规，往往是等到敌人进攻被完全粉碎，我军在数量和装备上都超过敌军后，再去发起战略进攻。然而，毛泽东同志依据马克思主义理论和长期指挥作战的经验，根据对整个形势的科学分析，以极其敏锐的眼光，洞察战局的深刻变化，当敌之重点进攻似乎锐不可当的时机，就高瞻远瞩地指出：战略"反攻的时机已到来了"②。这就是说，

---

① 毛泽东：《给刘伯承、邓小平、陈毅、粟裕的电报》(1947 年 5 月 8 日)，《毛泽东军事文选》(内部本)，第 304—305 页。

② 邓小平：《关于解答时局与任务中几个问题的报告》，中国人民解放军政治学院党史教研室：《中共党史参考资料》(第 11 册)，1974 年，第 7 页。

解放军发起战略进攻的时机，不是在敌强我弱的形势根本改变之后，也不是等到向解放区进攻的敌人全部或大部被打退，而是在大量削弱敌军机动兵团、敌我力量对比已发生重大变化的时候。这时，我军乘敌主力已深入解放区，其后方异常空虚和动摇的时机，以一部主力在内线继续牵制敌人，以大部主力出击外线，挺进敌之后方。

战争运动是敌对两军在客观物质条件的基础上，发挥主观能动作用，互争战略主动权的斗争。在这过程中，当着一个或几个战役分了胜败后，“无论何方失败，都直接地、迅速地引起失败者方面的一种新的努力，就是企图挽救危局的努力，使自己脱出这种新出现的不利于我有利于敌的条件和形势，而重新创造出有利于我不利于敌的条件和形势去压迫对方”①。蒋介石为挽救国民党军队在头一年作战中的一系列失败，拼命反扑，以所谓“国家总动员”来挽救其败局，一方面在其统治区镇压人民运动以稳定后方，另一方面加紧对陕北和山东的重点进攻。党中央、毛泽东同志指挥我军出击外线，从战略上调动了敌人，迫使敌人不得不仓皇回援其后方，从进攻的地位退到防御的地位，进一步丧失战略主动权。

战争不但是军力的竞赛，也是人力、物力和财力的竞赛。解放战争的头一年，战场是在解放区内，人民在经济上的负担和消耗是十分沉重和巨大的。正如周恩来同志当时指出的：“去年一年，消灭敌人是在解放区以内，好处是我们有群众帮助。但是打一年可以，长此下去人民负担太重。只有打出去，才能吃蒋管区的饭，扩蒋管区的兵，打翻蒋介石的征兵计划，破坏他的总动员。”②如果我军在战争第二年继续在内线作战，虽然也能大量歼敌，但由于战争规模很大，国民党军又竭力实行摧毁解放区的政策，我军在物力财力上就难以持久。“战争是人力、财力、物力的较量，我们出击到外线，就是破坏敌人的人力、财力、物力，保护解放区。”③党中央、毛泽东同志及时地提出“以主力打到外线去，将战争引向国民党区域”④的战略方针，它的巨大意义正在于：一方面破坏了蒋介石将战争继续引向解放区、企图彻底摧毁解放区的反革命计划，从而使解放区得以广泛地联成一片，并恢复相对的稳定，以便完成土地改革，发展生产建设，加强对前线的支援；另一方面，则是以我军主力进入国民党区域，扩大革命斗争的规模和影响，从根本上撼动国民党反动统治。这个方针的决定和实施，起了扭转战争全局的伟大作用。

---

① 毛泽东：《中国革命战争的战略问题》，《毛泽东选集》（一卷本），第210页。

② 周恩来：《全国大反攻，打倒蒋介石》，《周恩来选集》（上卷），人民出版社，1981年，第278页。

③ 刘伯承：《二野在解放战争中》，《刘伯承回忆录》，上海文艺出版社，1981年，第38页。

④ 毛泽东：《解放战争第二年的战略方针》，《毛泽东选集》（一卷本），第1229页。

以大兵团跃进样式把进攻矛头指向敌战略纵深

毛泽东同志在适时地抓住了战略进攻时机的同时，又正确地指明了战略进攻的方向。当时，在战略态势上，北线的东北、晋察冀、热河等战区，敌军已完全陷入被动局面，主力集中在固守的若干大城市和战略据点。对这些敌军以将其滞留原地待尔后各个歼灭较为有利，且北线战场离国民党统治中心较远，如果首先在那里发动战略进攻，对我军战略利益和对国民党统治造成的威胁，远不如攻略中原地区那样重大。“逐鹿自古在中原。”在南线，敌人重点进攻所造成的“哑铃形”战略态势，越来越对它自己不利：敌军主力已深陷于东西两个战场，在山东战场集中了五十六个旅，在陕北战场集中了三十一个旅，其攻势已遭到我军的沉重打击。敌军联系东西两战场的中央——晋冀鲁豫战场，经我军豫北、晋南反攻的重大打击后，防御力量大大削弱，愈来愈指望依靠黄河天险，阻挡我军的机动。南线敌军战略配置的重点东西两翼，与其薄弱的中间纽带晋冀鲁豫战场之间，由于受到我军割裂，其战略协同已十分困难。而敌军战略纵深的中原地区和江南大后方，则兵力空虚，守备薄弱。毛泽东同志综观全局，审时度势，决定采取中央突破的方针，把我军战略进攻的矛头指向既是敌之弱点又是其要害的战略纵深大别山地区，“大举出击，经略中原”。

晋冀鲁豫野战军进行鲁西南战役后，毛泽东同志于一九四七年七月二十三日致电刘伯承、邓小平、陈毅、粟裕、谭震林等，适时地提出了军事部署的建议：“立即集中全军……不打陇海，不打新黄河以东，亦不打平汉路，下决心不要后方，以半月行程，直出大别山，占领大别山为中心的数十县，肃清民团，发动群众，建立根据地，吸引敌人向我进攻打运动战。”①七月底，毛泽东同志和中央军委批准刘、邓直出大别山的决定。八月底，晋冀鲁豫野战军胜利实现了千里跃进大别山的伟大任务。大别山雄峙于国民党政府首都南京与长江中游重镇武汉之间的鄂豫皖三省边界。“我军占据大别山，就可以东慑南京，西逼武汉，南扼长江，瞰制中原。”②挺进大别山区，为我军在南线进行战略机动、夺取中原和尔后进军江南，开辟了一个重要的战略阵地。

在战略进攻的部署上，毛泽东同志制定了三军配合、两翼牵制的周密而完整的方案。在部署晋冀鲁豫野战军主力直出大别山的同时，又部署太岳兵团自洛阳、潼关间南渡黄河，挺进豫西，华东野战军外线兵团挺进豫皖苏。进入外线作战

---

① 毛泽东：《大举出击，经略中原》，《毛泽东军事文选》(内部本)，第 306 页。

② 刘伯承：《千里跃进大别山》，《刘伯承回忆录》，第 43 页。

的三支大军，从此在江、淮、河、汉之间的广大区域，纵横骋驰，互为犄角，机动歼敌。同时，在中央军委的统一部署下，南线东西两翼也发动攻势：彭德怀率领的西北野战军向北攻打榆林，调动胡宗南主力北上；许世友、谭震林率领的山东兵团，继续把顾祝同主力引向胶东。毛泽东同志这一系列部署，保证了我外线作战的三军互相配合，直捣敌人战略纵深；内线作战的部队牵制敌人，并彻底粉碎敌之重点进攻。

我军的战略外线出击，在进攻形式上不是像北伐战争那样逐城逐地推进，而是采取跃进式的进攻，不要后方，越过敌占中心城市和坚固设防的据点，长驱直进，直插敌之战略纵深。出击部队的配置，是以野战军主力组成若干个强大兵团，分多路、多方向，先后转入进攻，从敌军薄弱部位及翼侧发动进攻，把矛头指向敌军深远后方。毛泽东同志全面考察当时战局的特点而提出的上述进攻方法，是作战史上"知彼知己，百战不殆"的典范。他一方面看到，我军是正义之师，外线出击的许多地区又是过去的革命根据地，只要我军"善于捕捉战机，勇敢坚决，多打胜仗"，"坚决执行争取群众的政策"①，抓住这两个关键，就一定能在那里立足生根。另一方面又估计到，当时敌军在数量和装备上仍占有优势，我军还不可能立即去攻占较大的城市和据点，而敌人守备薄弱的农村和中小城镇，便于我军进攻和展开。因此这种战略进攻的样式，充分发挥了我军之所长，最大限度地利用了敌人之所短，从而使我军无往而不胜。

外线战略进攻和内线战略反攻的相互结合

我军全国规模的进攻开始以后，毛泽东同志提出了解放战争第二年的战略任务：一方面，基本任务是"以主力打到外线去，将战争引向国民党区域，在外线大量歼敌"；另一方面，部分任务是"以一部分主力和广大地方部队继续在内线作战，歼灭内线敌人，收复失地"。②这就把战略上的外线作战和内线作战两项任务，在歼灭敌人这一主要目标下统一起来了，这成为我军战略进攻的一个重要特点。

毛泽东同志把外线作战和内线作战高度地协同和配合起来，大大地增强了我军的主动权和作战能力。南线三支大军挺进外线，给了我军各地内线作战部队以极大的援助。刘邓、陈粟、陈谢三路大军"歼灭大量敌人，调动和吸引蒋军南线全部兵力一百六十多个旅中约九十个旅左右于自己的周围，迫使蒋军处于被动地

---

① 毛泽东：《解放战争第二年的战略方针》，《毛泽东选集》(一卷本)，第1231页。

② 毛泽东：《解放战争第二年的战略方针》，《毛泽东选集》(一卷本)，第1230页。

位，起了决定性的战略作用”①。这就造成了山东、陕北两战场我军从内线粉碎敌重点进攻的有利态势。同时上述两翼在东西两方面牵制了大量敌军，又造成了我军外线作战的有利形势。西北野战军胜利地举行了沙家店、宜川、西府、陇东等战役，并使自己转入了外线作战，把攻势推进到泾水、渭水间广大地区。山东兵团先后取得了胶东、胶济路西段和潍县战役的胜利，从根本上改变了山东的局面。

外线三支大军，在作战行动上也相互保持了密切的协同和配合。陈粟大军在豫皖苏地区和陈赓兵团在豫陕鄂地区的战略展开，从左右两个方向上歼灭和牵制了大量敌军，有力地支援了刘邓大军的战略展开。同时，后者吸引敌军三十三个旅于大别山地区，又造成南线其他战场我军进行大规模进攻的条件。一九四七年九月至翌年二月，我军以粉碎敌人对大别山的进攻，使鄂豫、皖西、豫皖苏、豫西、江汉、桐柏等区连成一片，开辟中原解放区为目标，展开一系列进攻。“我中原三军互相配合，机动作战，共歼敌十九万余人，解放县城一百余座，在四千五百万人口的江淮河汉广大地区建立了中原根据地。”②

蒋介石和他的美国顾问们，起先是不承认解放军有什么全面进攻，而在不得不承认以后，即迅速地陷于混乱和束手无策。一九四八年年初，敌军被迫由全面防御改为分区防御，企图坚守东北、华北，集中力量巩固中原。为了不失时机地粉碎敌之中原防御体系，毛泽东同志在我外线部队于新区建立起根据地以后，及时部署南线三军统一作战行动，集中兵力作战，寻歼敌人机动兵团，并相机攻占坚固设防的城市。一九四八年二月底，刘邓大军主力转出大别山，陈粟大军、陈赓兵团也以主力集结于潼关以东、徐州以西、淮河以北、陇海路以南的地区。三军紧密配合，先后举行了洛阳战役、宛西战役、宛东战役、开封战役、睢杞战役、襄樊战役等一系列作战，给了敌中原防御体系以粉碎性打击。其间，东北野战军发动了规模空前的夏季攻势；晋察冀野战军和晋绥野战军发动了清风店、石家庄、察南绥东等战役；苏北兵团进行了盐城、李堡等战役；晋冀鲁豫军区部队一部和西北野战军一部举行了运城、临汾等战役。这一系列重要战役连同陕北、山东两战场我军的进攻，完全粉碎了国民党军队一九四八年上半年的所谓“总体战”的新战略。

我军在内外两线作战中的重大胜利，是实行集中优势兵力，在运动中各个歼灭敌人的作战方针的结果。这个方针是毛泽东同志一贯的作战指导思想。在我军进入战略进攻后，毛泽东同志特别要求全军“学会宽大机动的战略思想”③，打

---

① 毛泽东：《评西北大捷兼论解放军的新式整军运动》，《毛泽东选集》（一卷本），第 1291 页。

② 刘伯承：《千里跃进大别山》，《刘伯承回忆录》，第 61 页。

③ 毛泽东：《给林彪、罗荣桓、刘亚楼并告朱德、刘少奇的电报》（1948 年 2 月 7 日），《毛泽东军事文选》（内部本），第 456 页。

前所未有的大歼灭战，“用全副精神注意于运动中大批歼灭敌人，一切依靠打胜仗”①。以后正式提出的十大军事原则，其中心思想就是打歼灭战，要求把夺取战争胜利放在歼灭敌军有生力量的基础上。中央军委及时组建了强大的战略机动兵团，提高了部队的军事、政治素质和指挥水平，领导各野战军逐次攻歼敌强大的机动兵团和据守城市之敌。战争的进程说明，毛泽东同志的打大规模歼灭战的方针是我军在新阶段克敌制胜的法宝。

随着战役规模的扩大和攻占城市的需要，毛泽东同志又提出既要坚持以运动战为主，又要足够地重视阵地战，要求全军“力求在运动中歼灭敌人。同时，注意阵地攻击战术，夺取敌人的据点和城市”②，并要“加强炮兵、工兵建设”③，提高部队的攻坚战术和技术水平。以一九四七年冬攻克石家庄为起点，我军开始攻夺敌军守备坚固的大、中城市，举行了四平、运城、临汾、洛阳、宜川、开封、宝鸡等攻城战役，取得了攻坚战的重大胜利。

适时地举行有利的战略决战

举行有利决战，是毛泽东同志历来坚持的原则。他指出，我军必须坚持“‘执行有利决战，避免不利决战’的原则”，“一切有把握的战役和战斗应坚决地进行决战，一切无把握的战役和战斗应避免决战”。④解放战争进入第三年时，军事上、政治上、经济上都已出现了举行战略决战的有利形势。经过两年作战，敌军被歼二百六十四万人，我军从一百二十万人增加到二百八十万人。敌我兵力对比，从战争开始时的三点五比一，改变为一点三比一，在数量上两军已趋向平衡，在质量上则我军优于敌军。这时，国民党军队的五个战略集团已被我军分别牵制在西北、中原、华北、华东、东北五个战场上，陷于全面被动的地位；这正是我军在各战场就地予以歼灭的良好时机。中央军委根据一九四八年九月党中央政治局会议精神和上述战略态势，决定我军第三年继续在长江以北和华北、东北地区作战，争取再歼敌一百个旅以上，以获得对全局有决定意义的胜利。这就从原则上提出了同敌军进行战略决战的任务。毛泽东同志运筹帷幄，当机立断，决定首先在东北战场发起辽沈战役，进而又在华东战场和华北战场分别举行淮海战役和平津战役，组织了人民解放战争伟大的战略决战。

---

① 毛泽东：《给刘伯承、邓小平并告陈毅、粟裕、谭震林、陈赓、谢富治的电报》（1947年8月6日），《毛泽东军事文选》（内部本），第310页。

② 毛泽东：《目前形势和我们的任务》，《毛泽东选集》（一卷本），第1247页。

③ 毛泽东：《解放战争第二年的战略方针》，《毛泽东选集》（一卷本），第1233页。

④ 毛泽东：《论持久战》，《毛泽东选集》（一卷本），第495—496页。

慎重初战是毛泽东同志指导战略决战的一个特点。依据"必须打胜;必须照顾全战役计划;必须照顾下一战略阶段"①的初战三项原则,他把战略决战的初战置于形势更有利于我、不利于敌的东北战场。整个决战作为一个整体,辽沈战役属于初战;而每个战役之中又有各自的初战。辽沈战役的首攻锦州,淮海战役的首歼黄伯韬兵团,平津战役的首克新保安和天津,都是毛泽东慎重初战的战略思想的胜利运用。"历来的军事家虽然也慎重初战,但初战的指导艺术,毛泽东同志却在理论上和实践中,达到了得心应手的地步。"②

战略决战是一系列规模巨大的战役组成的一个有机的整体,而每一个战役又都有它的不同作战阶段。"指挥全局的人,最要紧的,是把自己的注意力摆在照顾战争的全局上面。主要地是依据情况,照顾部队和兵团的组成问题,照顾两个战役之间的关系问题,照顾各个作战阶段之间的关系问题,照顾我方全部活动和敌方全部活动之间的关系问题。"③毛泽东同志全面分析了敌我之间总的战略态势和各战场的特点,确定在东北、华东和华北三个战场举行决战,分别由东北野战军、华东野战军和中原野战军、华北野战军和东北野战军担负决战的任务。他根据三个战场的不同特点,提出了不同的作战方针。他妥善地处理了辽沈战役与平津战役之间、淮海战役与平津战役之间的互相协调和配合问题,处理了辽沈战役中的锦州战役、黑山大虎山战役和解放长春、沈阳之间,淮海战役中的歼灭黄伯韬、黄维、杜聿明等集团的战役之间,平津战役中的新保安战役、天津战役与围困北平之间的协调和配合问题。三大战役中一系列战役一环紧扣一环,一仗接连一仗,一个个胜仗接踵而至,这充分体现了毛泽东同志指导战略决战的雄才大略。

坚决地打前所未有的大歼灭战,这是毛泽东同志指导战略决战的又一重要指导思想。我军转到战略进攻以后,根据敌人的防御特点和我军战斗力的提高,毛泽东同志及时向各野战军指出,要逐步扩大运动战、歼灭战的规模,以攻歼敌强大机动兵团和大中城市。一九四八年九月,华东野战军攻克敌人坚固设防的济南,一举歼敌十万余人,显示出我军已具有打大歼灭战和攻坚战的力量。九月七日,在给林彪和罗荣桓的电报中,毛泽东同志明确提出:举行辽沈战役要"确立打你们前所未有的大歼灭战的决心"④,并要求为此准备全军的粮食、弹药和兵员等事宜。三大战役中,歼灭战在实践中有很大发展,实现了集中优势兵力各个歼灭敌人和全歼敌人强大兵团紧密结合,大规模的运动战与大规模的阵地战紧密结合,歼灭敌人有生力量和夺取城市与地方紧密结合。三大战役共歼敌一百五十四万

---

① 毛泽东:《中国革命战争的战略问题》,《毛泽东选集》(一卷本),第216页。

② 叶剑英:《伟大的战略决战》,《红旗》杂志1961年第2期。

③ 毛泽东:《中国革命战争的战略问题》,《毛泽东选集》(一卷本),第69页。

④ 毛泽东:《关于辽沈战役的电报》,《毛泽东军事文选》(内部本),第473页。

余人，解放了北平、天津、沈阳、长春、徐州、蚌埠、张家口、锦州等重要城市和长江以北的绝大部分地区。

以远距离包围迂回的方针实施战略追击

三大战役的胜利，使蒋介石赖以维护反动统治的主要军事力量归于覆灭。这时，国民党的作战部队仅仅剩下一百多万人，却分布在西起新疆东至台湾的广大地区和漫长的战线上，并已完全丧失了在战略上实施有效防御的能力。正如毛泽东同志于一九四九年年初指出："整个国民党在长江以北的战略上的战线已经崩溃，国民党在其统治区域内是处在极大的混乱和崩溃的状态中。"①四月，在国民党政府拒绝签订国内和平协定以后，毛泽东主席和朱德总司令发布了向全国进军的命令。我军胜利地完成了渡江战役。五月，毛泽东同志部署第一、二、三、四野战军分路向西北、西南、东南、华南进军，向全军提出解放全中国的伟大任务。

这时，祖国大陆上的敌人残余部队，绝大部分猬集在华南和西南，正规部队共达七十万人，其中以华南的白崇禧集团和西南的胡宗南集团的兵力最多、战力最强，为残敌中仅存的两个主力集团。蒋介石的作战企图是：首先以白崇禧部和粤系余汉谋部组织湘粤联防，阻我军向两广进军，以胡宗南部扼守秦岭，防我军由陕入川，以宋希濂集团和孙元良兵团扼守川东门户，以川康云贵为后方，割据西南，等待时机，最后准备流窜国外。胡宗南把防御重点置于秦岭、汉中，采取"拒共军于川境之外，以陇南、陕南为决战场"②的方针。白崇禧则以"确保云南、桂西南、雷州半岛、海南岛，并控制越北"③为作战方针。

在我处绝对优势、敌处绝对劣势的条件下，敌人狡猾地采取战略机动防御，作战谨慎，非万不得已决不与我决战。针对新情况和敌人上述计划，毛泽东同志对于彻底消灭华南、西南之敌，提出了先实行迂回包围，再予以围歼的方针。他指出："对白崇禧及西南各敌均取大迂回动作，插至敌后，先完成包围，然后再回打之方针。"④"均不要采取近距离包围迂回方法，而应采远距离包围迂回方法，方能掌握主动，即完全不理白部的临时部署而远远地超过他，占领他的后方，迫其最后不

---

① 毛泽东：《目前形势和党在一九四九年的任务》(1949 年 1 月 8 日)，《毛泽东军事文选》(内部本)，第 327 页。

② 郑思远：《李宗仁先生晚年》，文史资料出版社，1980 年，第 122 页。

③ 郑思远：《李宗仁先生晚年》，文史资料出版社，1980 年，第 143 页。

④ 毛泽东：《给邓小平、张际春、李达并告林彪、邓子恢、谭政的电报》(1949 年 9 月 12 日)，《毛泽东军事文选》(内部本)，第 342 页。

得不和我作战。”①对西南的作战，他又指出：“欲消灭胡军及川康诸敌，非从南面进军断其退路不可。”②这就使我军避免采取正面推进的方法，首先抢占敌人后方，有效地防止敌军逃往海南岛或猬集云贵、逃窜国外，迫敌就我范围，予以全歼。正是这一英明决策，“使蒋介石一百万人马腾翅难飞”③。

毛泽东同志为了实施大迂回、大包围的方针，还精心地制定了整个作战计划：首先以二野第四兵团和四野第十五兵团，由赣南出击广东，继而由二野第四兵团进入广西南部，迂回白崇禧部右侧背，四野主力则进至柳州、桂林地区，围歼白部于广西境内，以二野第四兵团由广西兜击云南，截断西南之敌逃窜国外的通道，二野主力待广州解放后，以大迂回动作由湘西直出贵州，并进占川东、川南，切断胡宗南部退往云南的道路及其与白崇禧部的联系。同时，毛泽东同志又决定，当时已进抵川陕边的一野一部及华北第十八兵团，积极吸引胡宗南部，将其抑留于秦岭地区，待二野切断其退往康滇的后路后，迅速进军川北及成都地区，随后会同二野主力聚歼胡宗南集团。毛泽东同志制订的这个作战计划由于达到了主观指导和战争情况之间的高度一致，在以后的战争进程中得到了完全的实现。

进军华南、西南的野战军，在刘伯承、林彪、邓小平、贺龙、叶剑英、邓子恢、陈赓等的直接指挥和精心组织下，于一九四九年九月开始，向两广和云贵之敌发动进攻。十月十四日解放广州后，第四兵团乘胜直追，在广州西南歼灭了余汉谋部主力。十一月至十二月间，二野主力和四野一部，发动川黔作战，相继攻占贵阳、遵义和重庆，接着向川南实施兜击，攻势直达乐山、邛崃一线，切断了胡宗南部退往云南的道路。这时，屯兵秦岭北麓的我第十八兵团和一野一部，分兵三路，挺进四川境内。这就对蒋介石的最后一张“王牌”——猬集成都盆地的胡宗南部，形成了四面包围。十二月底，二野主力和第十八兵团及四野一部举行成都战役，胡宗南集团三十万人，以及退集成都地区的其他数十万残敌，除起义者外，全部被我军歼灭。同时，第四兵团和四野一部在滇南歼灭了妄图逃窜国外的敌第八军和第二十六军。华南和西南的作战，共歼敌一百三十余万人，解放了湘、鄂、赣、粤、桂、云、贵、川、康等九省的广大地区。这是毛泽东军事思想指引下人民军队又一曲胜利的凯歌。

---

① 毛泽东：《给林彪、邓子恢、萧克并告刘伯承、张际春、李达的电报》(1949 年 7 月 16 日)，《毛泽东军事文选》(内部本)，第 339—340 页。

② 毛泽东：《向全国进军的部署》(1949 年 5 月 23 日)，《毛泽东军事文选》(内部本)，第 338 页。

③ 李达：《解放大西南之战》，《工人日报》1962 年 7 月 20 日。

军政兼施解决残余敌人

解放战争的战略进攻，基本上是一场军事斗争，以军事打击为主，又辅以政治上的争取和瓦解。这种军政兼施的政策，是毛泽东同志整个战略思想的重要组成部分，在解决处于战略防御和退却中的敌军时，它的作用尤为显著。辽沈战役中，曾泽生部起义后，周恩来同志发布了《致郑洞国信》，我军争取了郑洞国部的投诚。在淮海战役中，中原、华东人民解放军司令部发布了毛泽东同志写的《敦促杜聿明等投降书》。我军争取了何基沣、张克侠、廖运周等部的起义和孙良诚、赵璧光、黄子华等部的投诚。在平津战役中，取得了傅作义部的起义和故都北平的和平解放。毛泽东同志及时总结了经验，在党的七届二中全会上提出了用天津、北平、绥远三种方式解决残余敌军的方针。他指出："用战斗去解决敌人，例如解决天津的敌人那样，仍然是我们首先必须注意和必须准备的。"同时又指出"按照北平方式解决问题的可能性是增加了"，因为，"这种方法是在敌军主力被消灭以后必然地要出现的，是不可避免的；同时也是于我军于人民有利的，即是可以避免伤亡和破坏"。①

在我军向江南、华南、西南和西北进军时，毛泽东同志特别注意提醒前方部队，要求我军积极地从政治上争取和分化敌军。渡江战役发起时，提出了再次争取李宗仁的问题："如果南京李宗仁政府尚未逃散，并愿意于国内和平协定上签字，我们愿意再一次给该政府以签字的机会。"②在二野和四野向南方进军时，毛泽东同志提出：对于敌军，在军事打击的同时，必须兼用政治方式。要求以军政兼施的策略，解决残余敌人。

这一政策大大地加速了全国解放的历史进程。在湖南，我军争取了程潜和陈明仁部的起义，实现了长沙的和平解放。在新疆，争取了陶峙岳部和包尔汉的起义，实现了新疆的和平解放。在云南、西康和四川，卢汉、刘文辉、邓锡侯、潘文华等部在党的政策的感召下，也都宣布起义。后来，又以和平方法解放了西藏。毛泽东同志的军政兼施的策略思想，在实践中获得了丰硕的成果。

人民解放战争战略进攻的伟大胜利，离开现在已有三十多年了。但是，毛泽东同志指导战略进攻的原理和基本原则，诸如关于要随着战争的发展，敌我双方军事、政治、经济等因素的变化，实行军事战略转变的思想；关于根据敌我双方的

---

① 毛泽东：《在中国共产党第七届中央委员会第二次全体会议上的报告》，《毛泽东选集》（一卷本），第1425—1426页。

② 毛泽东、朱德：《向全国进军的命令》，《毛泽东选集》（一卷本），第1453页。

实际，按照战争的客观规律去指导战争的实事求是态度；关于对敌我形势作正确估量，准备对付各种可能性的思想；关于在既定的客观物质基础上，充分发挥自觉能动性的思想；关于战略决策和作战指挥的深谋远虑，多谋善断的思想；关于军事斗争和政治斗争相结合的思想；关于照顾战争全局，正确处理各个战役之间、各个作战阶段之间相互关系的思想等，至今依然光彩夺目，是指导我们进行政治和军事斗争的必须遵循的正确原则。这些光辉思想和原则，今天仍有十分重要的指导意义。认真学习这些原理原则，深刻领会贯穿其中的辩证唯物论和军事辩证法，无论对于军事工作还是其他各项工作，都是有着重要意义的。

“紫石英号”事件与炮舰政策的终结*

四十年前，中国人民解放军挟辽沈、平津、淮海三大战役胜利的雄威，以秋风扫落叶之势发动渡江战役。百万雄师挺进江南，揭开了向全国进军的序幕。当人民解放军正在发起渡江之战时，英国军舰“紫石英号”闯入长江战区，与解放军炮兵发生炮战，挑起了历时一百零一天的“紫石英号”事件。这一事件虽出于偶发，却是与英国传统的对华政策分不开的。在中国人民革命战争即将取得全国胜利之时发生的这个事件，震动了全世界，成为近代中外关系史上具有特殊意义的一个事件，它标志着自鸦片战争以来西方列强炮舰政策的结束。

一、“紫石英号”闯入长江战区

“紫石英号”事件的开端，正当人民解放军渡江战役发起之时，辽沈、平津、淮海三大战役经过四个多月的鏖战，以人民解放军的完全胜利而告结束。一九四九年一月一日，南京政府总统蒋介石向中共提出和谈建议，并于同月二十一日宣布“下野”，退居幕后指挥，以李宗仁为代总统，出面与中共进行和谈。同时，蒋介石又积极加强长江防线和边缘省份的经营，竭力扩军备战，企图争取喘息时间，尔后卷土重来。中共中央毛泽东主席于一月十四日发表关于时局的声明、提出了八项条件，作为与南京政府及其他任何地方政权和军事集团举行谈判的基础。四月一日，国共双方代表在北平开始和平谈判。至十五日，双方代表团拟定了国内和平协定(最后修正案)。但延至二十日，南京政府仍然拒绝签字。毛泽东主席和朱德总司令在二十一日发布向全国进军的命令，号令人民解放军“奋勇前进，坚决、彻底、干净、全部地歼灭中国境内一切敢于抵抗的国民党反动派，解放全国人民，保卫中国领土主权的独立和完整”①。

---

* 本文原载《军事历史研究》1989年第1期。

① 毛泽东、朱德：《向全国进军的命令》，《毛泽东选集》(一卷本)，人民出版社，1964年，第1452—1453页。

在中共中央的号令下，人民解放军第二野战军和第三野战军在第四野战军一部的协同之下，发起了渡江作战。以二野组成西作战集团，从安庆至湖口的长江线上举行渡江作战。三野第七、第九兵团组成中作战集团，于裕溪口至枞阳镇段实行渡江。三野第八、第十兵团组成东作战集团，主力由张黄港至口岸段实施渡江。四月二十日晚，中集团首先打响了渡江战役的第一仗。激战至二十三日，第一梯队4个军全部胜利横渡长江，并攻克铜陵、南陵、芜湖等地。东集团于二十一日晚也发起渡江之战，当即在江阴至扬中之间突破国民党军江防，至二十三日，占领镇江、丹阳、常州等地，切断了沪宁铁路。与东集团渡江同时，二野主力也在马当至贵池一线突破敌军江防，攻占贵池、彭泽等地。

正当人民解放军发起渡江之际，英国军舰“紫石英号”闯入东集团渡江地段江面，从而触发了与解放军的炮战。“紫石英号”是英国海军的一艘快速舰，排水量为2 000吨，属于皇家海军远东舰队。四月十九日，该舰驶离上海、前往南京，当晚在江阴停泊过夜。二十日晨，该舰沿长江西上，向着目的地南京破浪前进。“紫石英号”南京之行负有什么使命？为什么在解放军发起渡江作战之时溯江西上，闯入战区？

这要从中国内战的形势和英国对华的传统政策说起。一九四八年秋，随着国民党军队中原防御体系的瓦解，人民解放军在东北、华北、华东各个战场发动了全面进攻，国共两军战略决战的阶段已经到来。整个战局的发展，将是解放军的胜利和国民党军的失败，对此，就连西方观察家也不再有什么怀疑了。从一九四八年冬季开始，“英国政府为了稳定英国在长江一带侨民的信心，保护他们的财产，和准备在迫不得已时进行撤侨，长期都在国民党政府同意下派一艘驱逐舰或快速舰驻守南京。除了上述的作用外，该驻南京的军舰还可以在需要时为英国驻华大使提供额外的无线电设备”①。从这时直到渡江战役发动时，英国远东舰队每隔两周或三周都要派遣一艘军舰驶往南京接班，担负上述使命。从三月下旬开始，驱逐舰“伴侣号”已驻留南京待命。原定接替“伴侣号”的是皇家海军澳洲军舰“浅港号”，接班日期为四月十二日。这时，解放军已完成了渡江作战的准备，一旦南京政府拒绝签署和平协定，随时可以渡江南进。四月七日，英国驻华大使史蒂文森鉴于长江一带的形势十分紧张，决定将交班日期延后。至四月十四日，史蒂文森依然认为局势很不明朗，再次将接班日期推后。延至四月十六日，英国远东舰队副总司令马登中将基于“浅港号”须在四月三十日开赴日本执行其他任务，决定改派“紫石英号”于四月二十日到南京，接替“伴侣号”。该舰此行的使命，英国驻华大使馆后来作过公开的说明。

① ［英］曾锐生：《英国档案记录大披露——尤德与“紫石英”号事件》，香港《明报月刊》。

“紫石英号”事件发生后，英驻华使馆曾宣布：“紫石英号”系往南京替代“伴侣号”，担任保护南京英侨之职。①并说明“紫石英号”之驶宁，系为于国共和谈一旦破裂时，担任撤退在宁外侨之任务。②至今为止的种种材料可以判明，“紫石英号”从上海驶往南京是为了担负其预定的例行任务，并无向解放军渡江部队寻衅制造事端的企图，更无伙同国民党海军军舰向解放军发动进攻的任何计划。

然而，长江并非公海，而是中国的一条内河，完全处于中国的主权之下，非经中国政府允许，外国船舶是无权进入的。内河航行权，在原则上只有本国船舶才能享有。虽然，两国根据平等互利原则，也可以订立条约允许对方商船在本国某些内河的某些地段航行，但外国军舰却不在此例。英国远东舰队派遣军舰轮番驶入长江，自上海深入南京，无疑是对中国领土主权的践踏。诚然，当时英国方面与南京政府有关当局订有协议，中国当局允许英国海军派遣军舰驻留南京，执行前述任务。英国外交部发言人在“紫石英号”事件发生后也曾声称：“英舰获得中国政府许可，有权驶入中国内河，一如中国兵舰获得英国许可，可驶入泰晤士河。”③但是，事实上，自鸦片战争以来的一百多年中，唯有英国军舰长期在长江等中国内河自由游驶，而无任何一艘中国军舰驶入过泰晤士河。这是西方列强强加于半殖民地中国的不平等地位的一种表现。英国军舰在长江的航行权，是英国通过不平等条约从中国政府当局获得的一种特权，是长期以来英国帝国主义对华政策的产物。由此可见，“紫石英号”从上海驶往南京，闯入长江战区以致触发炮战，虽并无向解放军挑衅肇事、帮助国民党阻挠渡江作战的企图，却是与英国长期以来利用不平等条约维护在华特权的政策分不开的。显然，如果英国没有在中国获得上述特权，“紫石英号”这一偶然事件是不可能发生的。

那么，在英国海军拥有上述特权的情况下，这样的事件是否必定会发生呢？回答是否定的。如果英国远东海军当局认真地正视中国解放战争发展的形势，尊重中国人民军队进军江南的伟大历史性壮举，从而谨慎行事，力求约束自己的行动，则完全是有可能避免产生这一事件的。作出这一判断的根据，是英国远东海军当局当时已获悉了解放军渡江的相当确切的情报。当“紫石英号”四月十九日晚在江阴停泊时，英国远东舰队获得情报，知悉解放军将在二十一日晨中共给南京政府的和平条款文件到期时立即渡江南进。可是，马登这位英国海军高级将领，照例轻视中国人民革命战争的重大发展，并未采取措施以防止其所属战舰可能引起的事端。他认为这一类的情报近来已收到多次，准确程度不高，而且在他看来，“准时并非中国人的习惯”。马登又考虑到：“紫石英号”和“伴侣号”都计划

---

①② 《路透社南京二十日电》，《申报》1949年4月21日。

③ 《联合社伦敦二十一日电》，《申报》1949年4月22日。

在中共给国民党的“最后通牒”到期前驶离有关河道，而“紫石英号”又已行了半程，再加上“伴侣号”到四月二十日已驻守南京达30天之久了，“紫石英号”赶去接班是不可推卸的。这样，马登决定“紫石英号”执行既定的命令，向南京开进。这就把这艘快速舰赶进了解放军渡江的战区，触发了这场举世震惊的事件。

二、 解放军炮击“紫石英号”

江阴至仪征一线是第三野战军东集团渡江的地段。第十兵团指挥的第二十三、二十八、二十九、三十一军位于江阴东北的张黄港西向至泰兴以西的永安洲一线。第八兵团指挥的第二十、二十六、三十四军位于扬中附近西向至仪征一线的地段。东集团首批部队的渡江作战是在四月二十一日晚发起的，于东起张黄港、西迄三江营一线首先突破敌军江防。“紫石英号”事件中，英国军舰与解放军炮兵之间的炮战，就发生在东集团首批部队渡江的地段。

一九四九年四月二十日早晨8时30分左右，“紫石英号”驶至江阴以西接近三江营方向的江面。三江营位于扬州东南20公里处，是长江北岸一个重要的前哨据点。为进行渡江作战，第三野战军炮兵第三团部署在这一带沿江阵地。炮兵三团团部率第一连（日式105榴弹炮3门）和第七连（日式75野炮3门）在三江营建立炮兵阵地。当“紫石英号”驶至江阴以西江面时，在北岸的三野炮三团炮兵首先发现了它。这时，离中集团发起渡江之战只剩10个小时左右，离东集团发起渡江的时间也只有30多个小时了。在这种情况下，解放军理所当然地对长江江面实行着严密的警戒。炮三团首先向“紫石英号”鸣炮警告，意在逼使它向东退回江阴方向，不让闯入战区，以免妨碍我军渡江作战。这第一炮是人民解放军方面首先打响的，但这并非直接射击“紫石英号”，而是鸣炮以示警告。对这一事实，从中英双方已公开的材料中可以得到证实。这里引述两件材料。

当时担任三野炮三团政委的康矛召，在他的有关这个事件的回忆文章中道，“四月二十日晨，我和团长李安邦前往扬州八兵团司令部参加渡江作战会议。约9时，从扬州东南20公里的三江营方向传来一阵炮声。炮三团来电话报告：一艘英国军舰不顾我军鸣炮警告，强行溯江上驶，我在三江营阵地的炮兵同英舰展开猛烈炮战”①。康矛召从电话上接获的报告，应是我军炮兵三团向“紫石英号”开炮后第一次向上级发出的通报，其可靠性是毋庸置疑的。从报告中可以判明：是解放军炮兵首先“鸣炮警告”，但“紫石英号”置警告于不顾，“强行溯江上驶”；然后，炮三团驻三江营炮兵对英舰展开炮战。

---

① 康矛召：《长江风云》，《军史资料》1987年第2期。

英国政府档案部门所藏有关资料有如下记载:"'紫石英号'在(二十日)早上8时30分在江阴市以西受到驻守长江北岸的共军炮轰,舰长史基纳海军少校下令全速前进以避开炮火,沿岸的火炮发了20多响后亦平静下来了。'紫石英号'在分毫无损的情况下继续前进。"①这里记载的应是解放军的首次开炮,即鸣炮警告,是一种警告行动,并非真正向"紫石英号"射击。事实上,解放军的这最早发炮,对该舰"分毫无损"。如果该舰立即掉头,后撤江阴以东,则后来的炮战也就无从发生。但舰长史基纳却不顾警告,"下令全速前进",这就使得双方的炮战不可避免了。

在"紫石英号"不顾警告,继续西驶的情况下,解放军炮兵的炮口这才针对它开始了猛烈的轰击。上午9时许,该舰西行至三江营江面,我炮兵第三团当即发炮射击,英舰开炮还击。"英舰中弹30余发,悬白旗驶向南岸,在距我阵地西南约7 000米处搁浅。"②英国方面记述炮战的情况如下:"9时30分左右,当'紫石英号'驶近三江营村和雷公咀时,在长江北岸的解放军炮兵部队对它进行第二次炮击。史基纳舰长刚下令全速前进,'紫石英号'已接二连三地被击中。史基纳舰长与6名其他官兵均身受重伤,倒卧在血泊中。……岸边无情的炮火继续向'紫石英号'轰击,舰上的官兵亦独立地开火还击,但是'紫'舰不断被炮火击中,旋失去控制,搁浅在雷公咀对面河面上。"③这次炮战中,"紫石英号"被击死20人,伤20人④。这时,"紫石英号"的4英寸大炮已丧失作用——在舰头的2门大炮由于搁浅后的方向不对,无法使用,而在船尾的大炮则已被我军炮火摧毁。舰上官兵一面向上级发电呼救,一面以小口径武器进行还击。当该舰丧失反击能力后,解放军炮兵便停止了炮击。这一场在长江下游发生的炮战,揭开了历时一百多天的"紫石英号"事件的序幕。

近来有的战史文章引用叶飞的回忆录《征战纪事》提出:"导发这一事件("紫石英号"事件)的第一炮,竟是由我军击发的;并且,是由叶飞司令员自己下命令开炮的。"⑤其实,从《征战纪事》中并不能得出叶飞部队先打第一炮的结论。因为事实上,这场炮战首先是"紫石英号"与第八兵团炮三团之间在三江营江面开始的,时在四月二十日上午8时半靠后;炮战地段是在解放军第二十军渡江的地段江面。而由第十兵团司令员叶飞下令与英舰进行的炮战,发生在上述炮战以后30多小时的二十一日下午4时半靠后。这后一次炮战是由三野榴炮六团和其他炮兵进行的,炮战的地段是在江阴西面、解放军第二十三军渡江的江面。参加二十

---

①③ [英]曾锐生:《英国档案记录大披露——尤德与"紫石英"号事件》,香港《明报月刊》。

② 康矛召:《长江风云》,《军史资料》1987年第2期。

④ 《路透社南京二十日电》,《申报》1949年4月21日。

⑤ 李一华:《叶飞谈"紫石英"号事件真相》,《大江南北》1989年第1期。另见《"紫石英号事件"的历史真相》,《文摘报》第598期,1989年2月19日。

一日下午炮战的英国军舰,已不是“紫石英号”,因为它已搁浅在太平洲以北江面,而是“伦敦号”和“黑天鹅号”。由此可见,这后一次炮战是二十日炮战的继续,也是“紫石英号”事件头两天的最后一次炮战。因而,这次炮战中已不再存在“紫石英号”事件中谁首先打第一炮的问题了;尽管二十一日下午的炮战是由解放军方面先打响的。在这里,李一华的文章是把由叶飞下令在江阴西面炮击两艘英舰,误认为是“紫石英号”事件中炮战的开端。这显然是欠准确的。

三、 英国远东舰队的增援和再次炮战

英国海军远东舰队司令部收到“紫石英号”遇袭求救的电报时,舰队总司令布朗特海军上将正在伦敦开会,副总司令马登中将遂命令驱逐舰“伴侣号”和快速舰“黑天鹅号”,分别从南京和上海驶往现场,协助和援救“紫石英号”。马登本人亦亲率万吨级巡洋舰“伦敦号”赶往现场,该舰其时正由香港驶来上海访问,得电后当即径自溯长江西上。马登以为炮击“紫石英号”事出误会,只要前去援救的舰只均挂英国国旗、皇家海军军旗和表示和平的白旗,岸上的炮兵不再会把英国军舰当作国民党战舰,也许可以和平地把“紫石英号”救离险境。但是,英国殖民主义、帝国主义的传统的对华政策和立场,使他“有眼不识泰山”,无视中国革命战争的胜利进军,也不顾中国的领土主权,贸然调动兵舰深入长江,横冲直撞。在中国内战的决定性关头,国共两军隔江对峙、人民解放军正在渡江作战之时,多艘英国军舰强行通过解放军防区,进入大军渡江地段江面,去增援同解放军刚刚进行炮战的“紫石英号”,这理所当然地是为中国人民军队所绝对不能容忍的。马登调兵遣将,派军舰进入战区增援,遂导致规模更大的炮战。

四月二十日下午1时半稍后,“伴侣号”从南京到达“紫石英号”出事地点,这时后者搁浅在太平洲以北江中小岛——蓬徒镇北岸。解放军炮兵发现又一艘英舰闯入战区,立即发炮射击,“伴侣号”中弹5发后,全速下驶以脱离岸上炮兵火网。在“紫石英号”以东两英里处,“伴侣号”收慢速度,掉头西进,企图接近“紫石英号”,拖它出险。“伴侣号”在沿北岸折回时,利用炮兵第三团七连阵地的死角,击毁解放军野炮两门。该舰继续上驶时,遭炮三团第一连的榴弹炮痛击,中弹累累,舰长罗伯逊中校当场负伤。英军自称:“伴侣号”与解放军炮兵作战2小时,发炮300余发,击毁中共军炮火8处,击死中共军约60人。该舰测距室被击毁,轮机房亦中弹,驾驶盘被损,舵手中弹而死。①全舰共有25人受伤。②救援无望,自

① 《申报通讯》,《申报》1949年4月22日。

② 《路透社南京二十日电》,《申报》1949年4月21日。

身又遭重创，“伴侣号”于是掉头下驶，全速向江阴方向撤离。

当晚8时，从上海方向赶来的“伦敦号”和“黑天鹅号”与“伴侣号”在江阴会合。“伴侣号”由于受创严重，被调回上海抢修。“伦敦号”和“黑天鹅号”则于二十一日清晨西进，再度抢救“紫石英号”。两舰在驶近三江营江面时，马上遇到来自长江北岸的准确而猛烈的炮击，一场水陆炮战又爆发了。新华社当时从长江前线发出的报道，说“二十一日上午，又由东面来了两艘敌舰，一大一小，此时我军即首先发炮，使其不敢接近，又将该两舰击伤，狼狈向东路江阴方向逃去”①。英国方面记述两舰后撤的情况说：“马登海军中将详细考虑之后认为，面对着如此强大的火力，单靠‘伦敦号’和‘黑天鹅号’两舰要抢救‘紫石英号’脱险，只会促成所有舰只都受到重大损伤。他只好下令两舰驶回江阴。”②这次炮战，解放军方面的主力是三野特种纵队炮兵团以及其他炮兵。我沿江炮兵一齐开火，霎时间，英舰纷纷中弹，冒起阵阵浓烟。一发美制105榴弹击中“伦敦号”指挥塔，弹片四处迸发，炸破马登中将白净而笔挺的海军将官制服，舰长卡扎勒负伤。鸦片战争以来，马登是第二个遭到中国军队炮击的英国皇家海军高级将领。

这两艘英国军舰驶回江阴途中，经过第十兵团第二十三军渡江地段江面，任意游弋和窥探。约在二十一日下午4时半，二十三军军长陶勇向兵团司令叶飞报告：在我军渡江地段对面江面上2公里处，有两三艘兵舰，游弋不走。并说这些兵舰挂的是花花绿绿的旗，大概是洋鬼子的，老是在我军正面长江上不走，妨碍我军渡江，提出是否把它打掉。叶飞考虑到只有半小时我十兵团就要启渡，于是下令前沿观察所升起信号，警告这些军舰迅速离开我军防区。如果不听，就开炮赶走它。但英国军舰见我军信号后，没有任何反应，反而将炮口转向我军阵地。这时我军方面已判明它系英国军舰。叶飞认为渡江时间已近，不能再等待了，立即下令：“开炮。”十兵团榴炮六团和沿岸炮兵都投入了炮战，一发发炮弹飞向江面上的英国军舰。③英舰发炮对战，不久即向江阴方向撤退。“伦敦号”和“黑天鹅号”在这一天同解放军的连续炮战中，被击死15人，伤25人。在这两天的炮战中，我方共伤亡252人，英方共被击死35人、击伤70人。二十一日下午6时，两舰驶回上海。至此，英国远东舰队援救“紫石英号”的行动宣告失败。

英国海军远东舰队这次援救“紫石英号”的行动，表现虽是迅速的，却是并不明智，甚至是不识时务的。马登既然期求以和平方式援救“紫石英号”出险，就应当由英方通过和平途径与中国方面进行对话和会谈，而不该调动兵舰再次闯入战

---

① 《新华社长江前线22日24时电》，香港《华商报》1949年4月22日。

② [英]曾锐生：《英国档案记录大披露——尤德与“紫石英”号事件》，香港《明报月刊》。

③ 叶飞：《征战纪事》，上海文艺出版社，1988年，第273—274页。

区。"紫石英号"搁浅后,其他三舰即使进入现场也不应开火,就是对岸上炮火自卫还击也不应该,相关英舰一开火,一切和平地援救"紫石英号"的计划便化为泡影。马登过高估计英军的力量,轻视中国人民军队的力量。如果他不顾一切抢救"紫石英号",在没有空中和地面支援的情况下,以大型军舰在长江上作战,结局将会是十分狼狈的。

其实,和平解决事端的大门是敞开着的。中国共产党和人民解放军在当时的任务是尽快解放全中国,建设新中国。在对外关系方面,中共的立场是在平等、互利、互相尊重主权和领土完整的基础上同外国建立外交关系。如果不是坚持这种原则立场,人民解放军大可一举把"紫石英号"击成粉碎,或强行登舰,把英军官兵变成自己的俘虏。从英国方面说,它有没有可能以武力抢救"紫石英号"出险呢?假如英国调动全部海空军全力以赴,也许有可能达到目的。如果英国企图以当时在远东所拥有的军事实力来作此尝试,答案只能是否定的。其时,英国远东舰队只有大型军舰 10 艘左右,并无航空母舰;皇家空军距镇江最近的基地是远在 700 多公里外的香港,足以担当这类任务的空军的基地更是远在 1 000 多公里外的新加坡。在这样的情况下,英国并无可能在现实条件下抢救"紫石英号"出海。可见,远东舰队的武力抢救是很不明智的错误决策。

四、 毛泽东为人民解放军总部起草的声明

这一场历时两天的长江炮战,引起全国的关注,震动了海内外,立即成为举世瞩目的一大事件。它在政治上的意义是重大的,远远超过了本来就并不太重要的在军事上的价值和意义。这是因为,这次炮战史无前例地发生在英国军队与中国人民解放军之间,其时又正当南京政府行将崩溃、中国共产党领导的人民共和国即将诞生之际。如何对待这一事件,这确定无疑地关系到中外关系上重大的政策问题。对于英国政府来说,问题是怎样对待即将取得全国胜利的中国人民革命;摆在中国共产党和中国革命阵线面前的,则是怎样对付可能出现的外国帝国主义武装干涉中国革命的问题,以及人民民主政府对于资本主义国家理应遵循的一般政策问题。

从十九世纪中叶以来的一百多年,英国军舰在中国领海和内河横冲直撞,挟坚船利炮而逞强,践踏我国领土主权,甚至凭借武力威胁来推行其殖民主义政策。第二次世界大战期间,中英两国一九四三年签订的《中英平等新约》及其"换文",已废除了英国在华的包括内河航行权在内的特权。但英国当局并未如约全部撤废在华特权。战后,在国民政府统治下的中国,并未取得完全的独立地位。英国军舰驻留长江,就是中国处于不平等地位的一种表现。然而,时代在发生巨变,旧

中国的历史正在终结，新中国犹如历史巨人在世界的东方站起来了。英国军舰面对的，再也不是腐败的清朝军队、北洋军队和国民党军队。这一次，它终于撞到了中国人民解放军的炮口之下。可是，英国政界和军界的某些有影响的人物这时也许还没有意识到，推行炮舰政策的时代已经一去不复返了。

英国政府对长江炮战事件的态度，既是霸道的又是谨慎的。它一方面极力为英舰在华行动的所谓“合法性”和“正当性”辩护，甚至发出虚声恫吓，旨在维护英国的尊严和权益；另一方面，它并不企求扩大事端，把自己卷入中国内战旋涡，而是寻求通过外交途径在双方都能接受的条件下结束事态。

英国方面最初发布了“紫石英号”被来自江北岸的炮火击伤的信息，并未指明是哪方军队所发。四月二十日发自上海的路透社新闻说，“英驻华大使史蒂文森为英舰在长江被射击事，已令英驻天津总领事向北平中共当局提出抗议”①。次日，该大使当即否认此事，只说明英使馆“曾嘱北平英领事馆，以各种可能方法向中共最高当局告知‘紫石英号’与‘伴侣号’被击事，并请彼等立即训令沿江军事司令停止射击”②。同日，英国外交部发言人首次发表声明：“英舰获得中国政府许可，有权驶入中国内河。”③过了一天又宣称：英舰在中国内河航行，虽并无条约上之权利，但又得中国政府同意。接着，外交部发言人又表示了通过谈判以解决事端的意向，说“已命英代表与中共方面接触，稗获允诺，设法避免继续发生此类不幸事件”。④

英国政府首相艾德礼同月二十六日在议会下院的报告中，正式宣布对这一事件的政策。声明“英国对于中国局势仍当遵守美、英、苏一九四五年莫斯科协定，采取不干涉政策”。他解释“紫石英号”和其他3艘英舰开入战区和交火事件，说：“‘紫石英号’开入战区，手续正确；其他各舰则系开往解救‘紫石英号’，并无其他任务，更无讨伐之问题。英舰开炮仅系击灭向其轰击之军队。”表示英国并无向解放军挑战的意图。但又声称：“由于中国局势尚动荡不定，故英国对中共军炮击长江英舰……之事件保留其立场。”⑤

与艾德礼首相的不干涉政策和对长江事件采取谨慎的、留有余地的态度的政策大不相同的，是以丘吉尔为代表的英国另一部分政治领袖的态度。保守党领袖丘吉尔在议会发言攻击中国人民解放军的正当行动，说什么“长江事件实为一种

---

① 《路透社上海21日电》，《申报》1949年4月22日。

② 《合众社21日电》，《申报》1949年4月22日。

③ 《联合社伦敦二十一日电》，《申报》1949年4月22日。

④ 《法新社伦敦22日电》，《申报》1949年4月24日。

⑤ 《路透社伦敦26日电》，《申报》1949年4月28日。

暴行”。他要求英国政府“应派遣航空母舰(对解放军)作有效的反击”①。保守党议员们甚至狂妄地提出“英国政府采取措施,以遏制共产主义在远东扩张势力”。大英帝国殖民主义的传统立场,在丘吉尔一类人物中仍是根深蒂固的,他们还想重温炮舰政策的旧梦。

英国资产阶级政治家中,也不乏头脑清醒的有识之士。反对党领袖麦克米伦在议会指出:英国军舰在中国内河航行的权利,已为一九四三年的条约所废除。议员盖莱奇对英国一些报刊把事件归咎于解放军炮兵表示异议。他向国会提出:“假如一艘亲希特勒的国家的战舰,在预定进攻日那天(指盟军诺曼底登陆之日)驶入英吉利海峡,我们难道不应该把它打得连一颗螺丝钉也不剩吗?”他公开公正地提出:“责任是应该由在那种特殊情况下派舰队驶入长江的人们来负担的。”自由党的《新闻记事报》抨击说:“甚至在伦敦都知道了长江的总攻即将来临了。难道在中国竟没有人晓得吗?假如他们早已知道了,难道就在这样的时候,还绝对地需要‘紫石英号’到南京去吗?”②不少议员驳斥丘吉尔的派遣航空母舰之议为无稽之谈,指出此种办法在当今是完全行不通的。麦克米伦意味深长地说:现在看来,“炮舰观念”似乎是太过时了。

事实上,英国议会和舆论界这次的热烈辩论,已远远越出了“紫石英号”事件,而广泛地涉及英国的对华政策,诸如对中国内战的态度、与中国新的人民政权的关系、香港地位的前途、中英贸易的瞻望、英国在华的长远利益和对中国当前局势发展的估计和对策、传统的炮舰政策是否仍然可能采用,等等。各党各派立场和利害不同,观点分歧不可避免。然而,在多数人看来,炮舰政策已是过时的东西,采取炮舰政策对付中国的时代已经过去了。艾德礼政府虽然曾调动一部分海空军驶赴中国,进入戒备状态,但终究没有采取扩大武力冲突的步骤,而是通过和平谈判寻求解决事端,这不能不说是明智之举。

这时,全世界各方面注视着中英之间这一事件的发展前途,特别是中国人民异常关注怎样对付西方列强干涉中国革命的危险。中共中央毛泽东主席审时度势,亲自起草了《中国人民解放军总部发言人为英国军舰暴行发表的声明》。四月三日,解放军总部发言人李涛将军向国内外公布了这个声明。百余年来,中国受列强炮舰政策的欺辱,在外国侵略者的武力威胁下接受了一连串不平等条约。如今,在中国共产党的领导下,中国人民站起来了。中国被侵略、被凌辱的时代业已结束。解放军总部发言人的声明,首先斥责丘吉尔要“实行武力的报复”的狂言,也驳斥了艾德礼首相所谓解放军“准备让英舰紫石英号开往南京”、以“协助人民

---

① 《路透社伦敦26日电》,《申报》1949年4月28日。

② 香港《华商报》1949年4月28日。

解放军渡江"为条件的谎言，严正声明："中国人民解放军有理由要求英国政府承认错误，并执行道歉和赔偿。"《声明》指出："人民解放军要求英国、美国、法国在长江黄浦江和在中国其他各处的军舰、军用飞机、陆战队等项武装力量，迅速撤离中国的领水、领海、领土、领空，不要帮助中国人民的敌人打内战。"表明了中国人民不怕任何威胁、坚决反对帝国主义侵略的严正立场。《声明》同时表明"人民政府愿意考虑同各外国建立外交关系，这种关系必须建立在平等、互利、互相尊重主权和领土完整的基础上"。①这也就是向国内外表明了即将成立的新中国的对外政策。

在中国共产党领导下，中国广大群众开展了反对帝国主义武装干涉的活动。四月二十七日，全国总工会等 16 个人民团体发表通电，严正抗议英国军舰在长江的暴行。全国学联、北平市工会筹委会，以及解放区的许多工厂、学校，纷纷集会抗议，对英国政府提出警告：如果不放弃与中国人民为敌的侵略企图，必将遭致失败的结局。军事斗争、外交斗争和人民群众的声援斗争，汇成了一股强大的反帝爱国浪潮。

五、 解放军镇江前线司令部与英国远东舰队之间的谈判

长江炮战爆发后不久，通过和平谈判解决事端的努力也已经开始了。英国前驻北平领事包士顿于四月二十一日奉史蒂文森大使之命，前往北平市人民政府外侨事务处，递交关于"紫石英号"中弹搁浅，英方将派"伴侣号"和"黑天鹅号"前往救援的一封信。随后，又递交了关于"伴侣号"被击伤、"伦敦号"驶往出事地点救援的另一封信，并要求转呈朱德总司令，请"颁发急令，予各英舰以保护"。但信件送达时，英舰已出动，炮战再次发生。英国驻南京大使馆这时尚未撤离，四月二十一日，大使馆试图与南京附近的解放军部队接触，以安排"紫石英号"驶离现场。使馆三等秘书尤德翌日渡江前往浦口，二十三日同我军的一支部队有过接触和对话，可是未能联系到能够受理此事的我军高级领导机关。

这时，我军第八兵团于二十三日解放镇江后，当日午夜又解放了南京。八兵团指挥所进驻镇江。"紫石英号"在四月二十一日午夜从最初搁浅处向西移动十多里，以避开解放军炮兵主力的阵地。稍后又西驶至镇江以东四里的江面停泊。二十三日，英国驻南京大使馆海军副武官克伦斯少校登上了"紫石英号"，接任该舰舰长。他发现该舰当时的位置刚好在解放军大量部队过江的河道，遂下令起锚

① 毛泽东：《中国人民解放军总部发言人为英国军舰暴行发表的声明》，《毛泽东选集》(一卷本)，第 1463—1464 页。

向东稍作移动，在谏壁镇西面挑选了一个靠近南岸的地方下锚。这便成了这艘兵舰尔后90多天的停泊处。

解放军镇江前线司令部派出干部与“紫石英号”人员对话，是在四月二十六日下午，这一行动揭开了双方谈判的帷幕。主动采取这一重要步骤，表明我军的态度既是严正的又是和解的。这天下午1时，我炮兵三团参谋晓尧在谏壁以西一公里的东窖村江边，向停泊在江上的“紫石英号”招手呼喊，示意舰上派人上岸对话。克伦斯派出士官费而民中尉偕华工毕世田及水兵数人，乘仅存的一条舢板登岸联络。炮三团政委康矛召向费而民表示四点意见：(1)英国政府及海军当事人对这次暴行应负完全责任；(2)英舰向人民解放军道歉，并保证以后不得采取与中国人民敌对的行为；(3)我方保留向英国当局要求赔偿损失、严惩凶手的一切权利；(4)“紫石英号”停留现位（谏壁江面）不得移动。费而民表示，被击毙的舰长史基纳应对事件负主要责任；该舰现不移动了，请勿再炮击；赔偿问题需经英政府及其代表谈判解决。在这之后，双方还会见了四次，但每次谈话都无结果。不过我方同意该舰派人上岸以换物形式采购食品，调派舢板一艘供对方使用。克伦斯在五月二日向解放军驻南京总司令（指袁仲贤）报告泊位，表示该舰“将停留现在位置直到获准下驶长江之时”。

举行正式谈判的提议是在五月十八日送交的。康矛召当日致函克伦斯：镇江前线司令部对于英舰暴行及其应负责任，决定经由谈判解决。并通告：他受镇江前线司令部指派为谈判代表，要求英海军舰队长官指派适当人员担任英国舰队代表，举行谈判。二十四日，克伦斯赴镇江，向解放军镇江前线司令员袁仲贤将军（第八兵团政委、镇江军管会主任）递交了英国远东舰队总司令布朗特上将的信函，双方举行谈话。从此开始了总数为11次的关于“紫石英号”事件的中英谈判。英国皇家海军当局被要求进行谈判，以解决由于英舰炮击中国军民的错误而应负的责任，以便获准英舰从长江解禁回国，这在中英关系史上是破天荒的。英议员约翰·培顿回顾百年来英国对华恃强凌弱的历史，无可奈何地说道：“那时我们轻而易举并且平安无虑地炮轰中国的炮台——我们现在再也不能这样做了。”英国海军当局不得不面对现实，坐下来接受这场难堪而勉强的谈判。

布朗特在致袁仲贤的信中，推卸谈判英舰责任问题，又含有威胁性辞句，目的是尽快解脱“紫石英号”。其主要内容：(1)“紫石英偶然事件”的讨论已由英国大使在南京开始，此属高级外交范围之事，我无权决定关于这个不幸事件的责任问题的任何讨论。(2)不予“紫石英”舰安全航行的唯一理由可能是它的移动影响到军事行动或者可能使舰船陷于危险。出于任何其他理由的扣留当然会产生最严重的国际后果。“紫石英号”驶离之事，最好由有关海陆军司令官来解决。(3)请求准许该舰通过所有为解放军控制的地方，安全下驶。(4)授权克伦斯以此函之解释权并安排该舰之安全航行。袁仲贤当即向克伦斯指出:英国军舰侵犯中国内河、闯入解放军阵地的行为,是中国人民所不能原谅的。“在英舰未履行其应负责任之前,我不准备讨论其安全驶离问题。”“所谓在南京开始的谈判完全不确。”“在英舰履行其应负的责任以后,我准许由康上校和英舰长讨论其安全驶离之措施。”①康矛召随即在一份备忘录中提出英方应履行的下述责任:(1)承认英国军舰的行为是错误的,并向中国人民解放军道歉;(2)赔偿中国人民解放军及肇事地点人民所受之损失;(3)我方准备在英方履行上述责任后,与英方讨论肇事英舰及其人员移出长江的办法。

布朗特在五月二十七日和三十日先后致函电于袁仲贤,解释“紫石英号”被派往南京是在“中国人民解放军拟强渡扬子江之日期前一天”;说该舰被射击前,“其附近皆属平静,英国海军军舰亦未受阻扰”。并声称,“从无任何英舰在遭射击之前开炮者”,“英国诸舰对此事件是没有责任的”。再次要求立即商定办法,使“紫石英号”能驶离长江。同月三十一日,康矛召约见克伦斯,答复英方诸备忘录,重申我方立场:在英舰履行其应负责任后,双方即可讨论“紫石英号”移出长江的办法;反之,中国方面不拟讨论英舰撤离长江的问题。双方在镇江举行了长达两小时的会议。克伦斯企图促使有关谈判改在南京、上海或北平举行,康矛召指出解放军领导机关已授权镇江前线司令部全权负责此事,而且由于事件发生在镇江地带,在别的地点进行谈判决不会被解放军所接纳。并针对布朗特的函件中两次提到“国际上的严重后果”和“最不幸的纠纷”此种威胁性言辞,明确表示中国人民经历了八年全面抗战和三年解放战争,是不会被任何威胁所屈服的。

六月三日和十五日,康矛召和克伦斯又举行了两次会谈,克伦斯依然拒绝讨论英舰的责任问题,反而辩称不能想象一艘英舰会侵犯中国。他带来布朗特的两点意见:总司令对康上校屡次在答复中拒绝讨论安全航行的问题殊为惊异,康上校似乎怀疑海军上将保证的诚意。康矛召表示:在英舰承认其错误的条件下,允许讨论其驶离的问题;布朗特上将并无理由认为我拒绝讨论此案。并指出在镇江前线司令部已派出代表近一个月后,远东舰队总司令迄未派出正式代表,要求布朗特迅速派出代表早日开始正式谈判。但是,英国远东舰队始终不肯派出代表,镇江谈判毫无进展。

六、谈判的关键时刻与“紫石英号”的潜逃

中国共产党和解放军的有关领导机关研究了近两个月的双方谈判情况,分析

① 《袁仲贤将军为“紫石英”号潜逃发表的谈话》,香港《华商报》1949年8月3日。

了当时整个军事政治形势，对这场谈判提出了新的对策。鉴于我军当前的主要任务是解放全中国、消灭南方和西北的国民党军事力量，有国内国外一系列重大而紧迫的问题需要处理，不宜在这一事件中长期与对方僵持。于是，镇江前线司令部奉命作出让步，以利本案尽早解决，但坚持英方必须认错。如果英方承认英舰擅自侵入中国内河及解放军防区是其基本错误，我军可以先行放走“紫石英号”，而将英方的道歉和赔偿问题留待继续谈判解决。我方在谈判策略上的这一调整，为尽快妥善解决这一事件开辟了良好的前景。

这时，英国方面为及早使“紫石英号”归队，打破谈判僵局，也从其他方面作出了尝试。英国原驻华海军武官唐纳臣上校奉命试图在南京接触刘伯承将军(时任中国人民解放军第二野战军司令员、南京军事管制委员会主任)。南京我方人员予以拒绝，说明有关此事件的一切事务得由镇江方面处理。后来，由于唐纳臣的竭力请求，南京市人民政府外侨办公室才答应把一封致刘伯承将军的信函代转有关方面。六月初，英国远东舰队总司令将一封私人信函转给朱德总司令。同时，英方又安排前英国首相驻华特别代表魏克爵士，亲自致函他在重庆年代已认识的周恩来将军，希望能促使中方作出积极的反应。

解放军方面在六月二十日迈出了重要一步。这一天袁仲贤约见克伦斯，在重申了我方的原则立场后，郑重表示：如英方确能尊重事实，我方可以考虑在英方承认基本错误之后，将放行“紫石英号”与道歉赔偿问题分开解决。六月二十二日，袁仲贤又向克伦斯提出，如布朗特上将同意二十日的解决方案，即可考虑在交换一项正式信件后，放行“紫石英号”。我方提出，换文内容应包括三点：英方承认基本错误；我方允许“紫石英号”驶离；其他问题留待以后去谈。

布朗特获悉中方的新提议后，立即向伦敦作了报告。英国海军大臣贺尔认为机不可失，于是火速与首相艾德礼商讨。当晚，贺尔与外长贝文通话，表示艾德礼已基本上同意以袁仲贤的方案为解决事件的基础。翌晨，英国内阁会议举行讨论，贺尔将情况报告后，表示为了“紫石英号”上的官兵，英国政府应抓紧这一机会达成协议。但贺尔同时又提出：承认英舰错误地进入中国水域，将会令英方日后没有可能向中共方面要求赔偿。于是，英国内阁决定，使用一些他日会不利和影响英国政府要求赔偿的措辞实属不妥。但出于急于解脱“紫石英号”的目的，英政府打算在中方坚持袁仲贤二十日方案的情况下，接受这一方案。①同月二十六日，袁仲贤收到布朗特的信函，信中对中方准备允许“紫石英号”下驶表示“至为欣喜”，正式“请求该项之照准”。英方承认“紫石英号”未获解放军同意而进入前线地带之事实。对双方之伤亡表示深切遗憾。并说明本照会不妨碍双方上级当局

① [英]曾锐生：《英国档案记录大披露——尤德与“紫石英”号事件》，香港《明报月刊》。

以后继续谈判。

从七月五日开始的二十多天里，双方继续举行谈判。在事件的责任及其性质、英方承认错误、布朗特签署谈判代表签字授权书等问题上，双方发生多次争执。英方依然推卸事件责任，不肯明确承认英舰的错误，不愿发出由布朗特签字的谈判代表授权书。英方虽乐意接受把放行英舰和道歉赔偿分开处理的原则，但其推卸责任和不作道歉赔偿的方针并未改变。经过我方的多次辩驳，克伦斯七月二十八日递交了布朗特二十七日致袁仲贤的备忘录。布朗特说他不能承认一些他认为不正确的说法为事实，不承认解放军有权扣留“紫石英号”，也不可能授权克伦斯就政策问题进行谈判。他提出一个附件，要求以之为双方签署的换文稿。其内容是：“(1)我要求准许皇家军舰‘紫石英号’安全下驶长江出海。(2)我认为皇家军舰‘紫石英号’未得中国人民解放军同意，于一九四九年四月二十日进入前线地带为招致误会之基本因素。皇家军舰‘伦敦号’‘伴侣号’及‘黑天鹅号’亦均未得中国人民解放军之同意而进入前线地带。(3)双方上级当局今后要求进行任何调查或谈判，英国方面皆不反对。本人同意，如任何一方要求进行此项讨论时，均可包括长江事件之任何问题。”①布朗特还提出，如不能基于此电达成协议，他愿乘一驱逐舰上溯长江，并要求允许他派飞机送授权书到南京。“显然，这个声明仍未承认英国军舰的犯罪，而想以‘误会’之名把犯罪推盖过去。因此我方不能认为满意。”②但送授权书到南京之议，则不是不可考虑的。

但是，正当我方在南京会商对策，准备对布朗特的备忘录发出复文时，英方却背弃自己的诺言，不顾信义，让“紫石英号”从长江潜逃出海。其实，在该舰搁浅长江的日子里，克伦斯早已在谋划一旦谈判失败，如何率舰潜逃。英国海军部和外交部都曾考虑过这一可能，但鉴于成功机会太小，一时未作决定。后来，克伦斯就偷逃计划向布朗特作了报告，后者在回电中给予肯定的暗示。七月三十日下午3时，克伦斯不待向远东舰队及海军部请示，就决定下令开船潜逃，因为他认为当夜的天色和长江水位都适宜于这一行动。当晚10时，“紫石英号”开始行动。这时，从南京下行的客轮“江陵解放号”从这里驶过，“紫石英号”趁机弃锚尾随客轮潜逃。

大约一刻钟后，解放军驻大港炮兵发觉后立即发炮警告，“紫石英号”一面开火还击，一面向东急驶而逃，双方展开激烈的炮战。该舰强行靠近“江陵解放号”左侧东驶，致使该客轮中弹沉没，船上数百名乘客惨遭伤亡。英舰向东逃逸途中，我军龟山炮兵发炮阻击，沿江步兵战防炮也纷纷投入战斗。“紫石英号”中弹受

---

① 康矛召：《长江风云》，《军史资料》1987年第2期。

② 《袁仲贤将军为“紫石英”号潜逃发表的谈话》，香港《华商报》1949年8月3日。

伤，在天生港修理后，继续下驶。三十一日凌晨1时前后到达江阴。岸上炮兵正因台风造成江水猛涨而移炮于高地，未能发觉停机熄灯而逃的英舰。“紫石英号”偷越江阴后仓皇东窜，早晨4时前后驶近长江口，在慌乱中撞沉我渔民木船多艘，避开吴淞口航道，从崇明岛北航道溜出长江口。

“紫石英号”事件经过一百零一天的戏剧性演变，最后竟以历史悬案而告终。这一事件的发生和交涉，一方面标志着以英国为代表的西方列强对华炮舰政策的终结，另一方面以事实体现了中国共产党领导下的人民政权对外关系的正确的政策和策略。对英国来说，这一事件之所以会发生和它在交涉中的表现，正是其传统的对华政策和态度的反映。在这一事件中扮演了重要角色的英国当权人物，他们的反应和做法与英国殖民主义史上的情形是一脉相承的。从克伦斯少校到马登中将，从布朗特上将到贺尔勋爵，以至保守党领袖丘吉尔一类政治名流，自他们的表现中，人们也许会发现大英帝国在十九世纪和二十世纪初期盛极一时的阴影。不同的是，在维多利亚女皇时代，中国尚在沉睡，而如今却已觉醒，人民业已掌握了自己的命运。“无可奈何花落去”，英国这次只能痛苦地接受谈判，被要求承认错误和作出道歉赔偿。当它的推卸责任和拖延时日的策略在谈判中碰壁而难以为继时，它却让自己的战舰潜逃而走，溜出长江。这戏剧性一幕，宣告了英国军舰再也不能像过去炮轰万县、舰击南京那样，欺凌中国后耀武扬威地凯旋，而只落得个在人民军队的大炮轰击下逃出中国的下场。殖民主义炮舰政策的时代一去不复返了。

二、中国局部抗战

中国局部抗战综论*

中国伟大的抗日民族解放战争是从局部抗战发展到全国抗战，经过长达十四年的艰苦卓绝的斗争，而取得最后胜利的。八年全国抗战在中国抗战史上占有最重要的地位，它的作用和意义是局部抗战无法比拟的。我国史学界对全国抗战史的研究，一向十分关注。然而，作为全国抗战序幕的六年局部抗战，也是我国抗日战争不可分割的组成部分，同样是值得史学界予以重视和研究的。诚然，在局部抗战中，更多的确实不是辉煌的胜利，而是催人泪下的沉痛挫折和失败。在此期间，“攘外必先安内”和不抵抗主义的幽灵差不多一直笼罩着中华大地。一次次抗战，有的中途失败了，有的被强行扼杀了，有的犹如昙花一现很快便趋于瓦解，有的则在异乎寻常的条件下艰苦曲折地前进着，取得完全胜利的则确是屈指可数。但不管怎么说，是局部抗战揭开了伟大的抗日民族解放战争光辉的第一页，开辟了走向全国团结一致、抗日御侮的胜利之路。在许多大大小小的战斗中，无数英勇的中华儿女为了民族的生存，用自己的生命筑起了一道道血肉长城。一连串的挫折、失败或者胜利，为以后的民族解放事业积累了可贵的经验教训。而中国正是在这一次次的局部抗战过程中，逐步走上了全国抗战的道路。因此，我们在抗日战争史的研究工作中，不可忽视对局部抗战的研究，而应当把它放到应有的地位。

一、 特定历史条件下发展起来的局部抗战

毛泽东在抗日战争即将胜利的前夜，在中国共产党“七大”的报告中说过：“中国人民的抗日战争，是在曲折的道路上发展起来的。这个战争，还是在一九三一年就开始了。”①从一九三一年九一八事变到一九四五年日本投降，中华民族历经整整十四年漫长而曲折的抗战历程。在这个历史进程中，按照不同的历史特点，

---

* 本文原载《抗日战争研究》1991年第1期。

① 毛泽东：《论联合政府》，《毛泽东选集》（一卷本），人民出版社，1964年，第1034页。

又分为两个时期：局部抗战时期和全国抗战时期。前者从一九三一年九一八事变开始，直到一九三七年七月卢沟桥抗战前夜；后者以七七卢沟桥抗战为起点，到一九四五年九月抗日战争胜利结束为止。抗日战争的历史告诉我们，全国抗战占有主要的地位和作用，决定着抗日战争的命运和结局；但是，局部抗战也是整个抗日战争中的重要组成部分，在伟大的民族解放事业中占有它特定的历史地位。

我国的抗日战争是由局部抗战发展起来的。由局部战争发展成为全面战争，这是第二次世界大战的一个显著的历史特点，同样也是日本侵华战争和中国抗日战争的一个显著特点。第二次世界大战是由德、日、意法西斯国家所挑起的。在这次大战全面爆发之前，差不多在整个二十世纪三十年代，世界的反法西斯的战争形态，表现为一系列弱小国家反对德、日、意法西斯国家侵略的此起彼伏、接连不断的局部战争。毛泽东曾经对这种状况作过深刻的分析，明确指出："新的世界战争的现时状态表现了和第一次世界大战的不同特点，这就是首先侵略中间国家与采取各种不同的战争形式。中国、亚比西尼亚、西班牙、奥地利、捷克等国，都是半独立国家或小国，日德意诸国就拣了这些肥肉先行吞蚀。"①这是第一次世界大战结束以来帝国主义政治和经济发展不平衡造成的结果，是二十世纪二三十年代帝国主义列强围绕着凡尔赛—华盛顿体系互相争斗的产物，也是当时世界各主要国家的综合国力对比状况的反映。从九一八事变开始的中国抗日战争，就是在上述历史背景之下，首先由局部抗战而发展起来的反法西斯的民族自卫战争。

第二次世界大战和中国抗日战争，都有一个很长的序幕，其战争形态就是局部战争。这种局部战争在第二次世界大战全面爆发前，构成了这次世界大战进程中的一整个阶段，在中国则成为整个抗日战争发展过程中的一个阶段——局部抗战的阶段。从外部条件来说，我国局部抗战历史阶段的形成，主要是由于以下两个方面。一是日本的综合国力不足，难以一举发动全面侵华战争，更不足以立即对美、英等国开战。"侵略国本身力量还不充足，暂时未便和各大国直接作战，因而采取了巧妙的战争方法，企图使自己先行壮大起来，同时即是使各大国削弱起来，再与各大国作战。"②日本独占中国，称霸东亚，进而进攻苏联和在亚洲太平洋领域击败英、美的野心，是十分庞大和不可改变的，但其国力和兵力不足，在一个时期内，不仅缺乏条件直接与英、美或苏联作战，而且也难以直接以全面侵华战争击败与占领中国。因而它采取以局部战争渐次推进其对华扩张侵略的战略方针，以便在条件成熟时发动大规模的侵略战争。二是英、美、法等国的"绥靖政策"和"不承认主义"助长了法西斯国家向中间地区进攻。"各民主国家不愿制裁侵略者，尤其是英国的怯懦妥协政策的结果，这种政策实际上援助了侵略者，便利其侵

①② 毛泽东：《论新阶段》，《毛泽东军事文选》（内部本），第192—193页。

略各中间国家。”①它们从民族利己主义和“非军事干涉”政策出发，在本国直接遭到法西斯国家的进攻之前，对法西斯国家实行“绥靖政策”和“不承认主义”的“非军事干涉”政策，企图以牺牲弱小国家来与德、意、日谋求妥协，或者实行“祸水东引”，将其进攻矛头引向苏联，而对它们采取姑息纵容的政策，助长了德、意、日进行局部战争的势头。从中国内部来说，则是由于以蒋介石为代表的大地主、大资产阶级政府对日本的进攻采取不抵抗政策。国民党政府在九一八事变后推行“攘外必先安内”基本政策和对日不抵抗政策，以致中国无法形成举国一致的抗日阵线和进入全国抗战，日本遂得以通过局部战争步步入侵，最后发展成为全面侵华战争，而在这期间中国的抗战始终处于局部性的状态。

富于爱国主义光荣传统的中国人民，绝不会屈服于日本帝国主义的侵略和奴役。随着日本挑起侵华之战，中华民族的反侵略战争也就揭开了战幕。但是，当时中国处于内部分裂、内战频仍的状态，在全国当权的国民党政府又实行了“攘外必先安内”政策，民族抗战是在异常艰难的条件下逐步发展起来的。这也就决定了它必然要走过十分曲折、崎岖的道路。局部抗战是在同日本帝国主义的侵略战争作殊死的战斗中前进的，同时又是在与国民党政府的“攘外必先安内”基本政策和不抵抗政策作斗争中，为自己开辟发展道路的。在国际上，它又是不断摆脱对西方民主国家“绥靖政策”和“不承认主义”的幻想，同国际反法西斯力量日益结合起来，为自己争取胜利发展的前景的。

二、局部抗战的曲折历程

中国的局部抗战走着曲折的历史道路，经历了三个发展阶段，其间出现过三次局部性抗战高潮，遭到过五次挫折和失败，最后终于过渡到全国抗战。

从一九三一年九一八事变到一九三二年一·二八淞沪抗战，是中国局部抗战的第一阶段，也是第一次局部性抗战高潮的兴起。九一八事变是日本军国主义对中国实行武装侵略的开始，也是它为独占中国、称霸亚洲而走向世界战争的开端。中国人民以九一八事变为发端，以民族解放战争反对日本军国主义的侵略战争，从而揭开了中国抗日战争的伟大历史进程，打响了世界反法西斯战争的第一仗。

第一阶段的局部抗战，由三个方面的武装抗日斗争所组成，而汇成了局部抗战的第一个高潮，这就是东北军部分爱国官兵的抗战、东北义勇军的抗战以及第十九路军与第五军的淞沪抗战，其中东北义勇军抗战和淞沪抗战曾经震撼中外，

① 毛泽东：《论新阶段》，《毛泽东军事文选》（内部本），第193页。

在国内外产生了巨大影响。

以张学良为首的东北军，在九一八事变时执行了蒋介石的“绝对不抵抗”命令，在事变爆发前未作军事上和政治上的动员和准备，临变时未发出抗战命令和作出作战部署，以致全军未作有效抵抗，而纷纷败退。但是，驻扎在辽宁、吉林、黑龙江等地的部分东北军爱国官兵，面对日本侵略军的进攻，还是违背了不抵抗的命令，奋起抗击，给予日军以有力一击，打响了反侵略战争的第一枪。东北军爱国官兵的抗战，主要有王以哲、赵镇藩部的沈阳北大营突围战，黄显声等部的锦州退兵之战，马占山所部的黑龙江江桥抗战，赵毅第二十二旅的吉林双城阻击战，李杜、丁超、冯占海等部的哈尔滨保卫战，苏炳文等部的海拉尔、富拉尔基保卫战，等等。其中马占山领导的江桥抗战，是中国军队第一次有组织的规模较大的抗击日本侵略的重大战役，为中国的抗日战争树立了一面光辉的旗帜。

东北义勇军的抗战是这一阶段中规模最大、地域最广、历时最久的抗日武装斗争。这是富有反帝爱国传统的东北人民自发地进行的武装抗日运动。义勇军成分极其广泛，几乎包括社会各个阶层，部队来源有东北军的正规部队和公安警察大队，各县的民团、保甲人员，农村广大农民群众和部分城镇工人，以及大小绿林帮伙等。九一八事变爆发后，辽、吉、黑三省各地义勇军相继兴起。在辽宁地区，主要有黄显声、邓铁梅、苗可秀等组织的东北民众自卫义勇军，以唐聚五为首的辽宁民众自卫军，王化一、李纯华组织的东北民众抗日救国军，以王凤阁为首的辽宁民众义勇军，高文彬等领导的东北抗日军蒙边骑兵。在吉林地区，主要有李杜、丁超、赵毅、冯占海等组织的吉林自卫军，王德林领导的吉林国民救国军，以姜荣跃为首的吉西抗日军，以田霖为首的吉林人民抗日自卫军。在黑龙江地区，主要有以苏炳文为首的东北民众救国军，以马占山为总司令的黑龙江抗日救国军。东北抗日义勇军于辽河两岸、松花江畔，以至整个白山黑水之间，广泛地燃起抗日烽火，打击日本侵略者。义勇军从一九三一年十月兴起，经过一九三二年的全盛时期，曾发展到约 30 万人，到是年年底及一九三三年年初大部分失败瓦解时为止，成为东北抗日战场上主要的武装力量，以自己的英勇斗争谱写了抗战史上震撼中外的重要一章。

在东北义勇军抗日运动如火如荼地向前发展时，国民党军队中另一支爱国部队，在上海举行了一·二八淞沪抗战，在祖国的东南打响了对日抗战的第一仗。第十九路军在爱国将领蒋光鼐、蔡廷锴的领导下，在上海和全国人民的热烈支援下，在民族危亡的严重关头，勇敢地举起了爱国主义旗帜，第一次直接冲破了国民党政府的不抵抗政策，以反侵略的民族自卫战争反对日本的侵略战争。第十九路军和前来增援的以张治中为首的第五军并肩战斗，给了日军以沉重打击。我国参战部队以劣势装备抗击优势之敌，抗衡敌军的陆、海、空联合进攻达一个多月，迫使日本三次增兵，四易其帅，伤亡达 1 万人上下。虽然淞沪抗战最后以失败而告终，但这次抗战狠狠地打击了日本侵略者的狂妄气焰，使日本侵略者未能完全达到其作战目标，增强了中国人民的抗战信心，为尔后的抗日斗争开辟了道路。

从一九三三年一月榆关抗战到同年十月抗日同盟军失败，开始了我国局部抗战的第二阶段，也是第二次局部性抗战高潮的兴起。随着东北义勇军抗战的失败和淞沪抗战的中途遭受挫折，东北地区的武装抗日斗争暂时转入低潮，华东地区国民党正规军的抗日之战也宣告夭折。但是，抗日御侮的历史潮流终究是遏制不住，也是阻挡不了的。当日本侵略扩张的矛头从东北指向热河和长城一线时，以华北地区为中心，以长城抗战和察哈尔抗战为标志，汇成了新的抗战高潮。同时，中国共产党领导的东北抗日游击战争在这一阶段后期登上了民族自卫战争的舞台，逐步发展成为东北抗日战争的主体。

一九三三年一月的榆关抗战，揭开了长城抗战的序幕。以何柱国为首的东北军第七旅和临永警备司令部所部，在山海关一线进行阻击战，守卫山海关城的安德馨营全体壮烈殉国，写下了抗战史上可歌可泣的一页。接着进行的热河抗战，中国军队本来有可能利用地理条件和在义勇军的配合下，给日军以消耗和打击，迟滞敌之进攻，以图转机的；但在南京政府的错误政策和汤玉麟的逃跑主义之下，不过 10 天便归于失败，成为局部抗战中失败最惨的一幕。热河陷落，何应钦取代张学良主持北平军分会，秉承蒋介石的旨意，直接指挥长城抗战。

长城抗战是局部抗战中动员兵力最多、作战规模最大的一次民族自卫战争。南京政府调集了第十七军徐庭瑶部、第二十九军宋哲元部、第六十七军王以哲部、第五十一军于学忠部、第五十七军何柱国部、第五十三军万福麟部、第三十二军商震部、第五十九军傅作义部、第四十一军孙殿英部、第二十六军萧之楚部、第四十军庞炳勋部等 36 个师，以及炮兵、骑兵等特种部队参战。中国参战部队中大多数部队，在全国抗日救亡运动的影响下，同仇敌忾，浴血奋战，英勇地抗击 2 个师团又 3 个旅团日军和 5 万多伪军的进攻。从三月上旬开战后的 80 多天里，在长城各口、滦东、滦西、平北等地举行了十多次重要战役和数百次战斗，给了日军以沉重打击。可是，长城抗战始终处于国民党的“攘外必先安内”基本政策和“一面抵抗，一面交涉”的对日妥协政策的统治之下，而且又是在消极防御的战略方针指导下进行的，以致最后复归于失败。

当长城抗战遭到失败，华北危机空前严重之际，察哈尔抗日同盟军在张垣异军突起，发动了轰轰烈烈的武装抗日运动。抗日同盟军是在爱国将领冯玉祥、方振武等与中国共产党合作之下发动和组织起来的，共编成 7 个军及 8 个师，全军约有 10 万之众。同盟军抗战的兴起，开创了中国共产党与国民党一部分爱国军队合作抗战的新局面，如一声惊雷划破了中华大地上的黑夜长空，大大地振奋和推动了华北以至全国的抗日救亡运动。同盟军前敌部队在吉鸿昌的指挥下进军察东，从日、伪军的手中收复康保、宝昌、沽源、多伦四县，成为局部抗战中最出色的战斗之一。同盟军抗战虽然在南京政府的军事围攻和政治分化下，在日、伪军的夹击下，遭到了失败，但对推动抗日民族统一战线的形成和全国抗战的到来，产生了深远的影响，成为抗战史上一个光辉的篇章。

长城抗战的失败和抗日同盟军的被扼杀，标志着局部抗战再次进入低潮，直到一九三五年一月的察东抗战和一九三六年下半年的绥远抗战，国民党军队再未进行过对日作战了。然而，正是在这风雨如磐、国难日深的日子里，中国共产党领导的东北抗日游击战争却在极为艰难的条件下，逐步发展起来。一九三三年在东北各地先后建立了十余支由中国共产党直接领导的抗日游击队，开拓了若干抗日游击区。一九三三年九月以后，抗日游击队在战斗中不断扩大，陆续改编为东北人民革命军。至一九三五年年底，人民革命军组建了 8 个军，共有 7 000 余指战员，发展成为东北战场上抗日武装的主力。以后在局部抗战的第三阶段，从一九三六年年初到七七抗战爆发时，中共领导的东北抗日部队又扩大整编为东北抗日联军，并吸收其他抗日武装参加这一联合军队，先后共编成 10 个军、1 个独立师，至一九三七年上半年，总兵力达 2 万余人。东北抗日联军转战白山黑水，长期进行艰苦卓绝的斗争，谱写了局部抗战中一部最为悲壮的史诗。

一九三五年冬到一九三七年上半年，是局部抗战的第三阶段，也是向着全国抗战过渡的阶段，其间一九三六年的绥远抗战和全国援绥运动，则是局部抗战的第三次高潮。一九三五年华北事变后兴起的一二·九运动，标志着抗日救亡运动新高潮的到来。中国随之发生了一系列重大变动：学生界、文化界、舆论界救亡运动的高涨，三大红军主力的进入西北，中国共产党的抗日民族统一战线政策的正式提出和国共两党的初步谈判，两广事变，绥远战争和援绥运动，中日谈判，以及作为时局转变枢纽的西安事变。绥远抗战正是在这时局大变动中应运而生。以傅作义为首的第三十五军等部，在南京当局的支持下和阎锡山晋军的直接援助下，先后发起红格尔图之战、百灵庙战役和锡拉木楞庙之战，三战三捷，给了日本关东军指使下的伪蒙军以毁灭性打击。绥远抗战是局部抗战史上取得完全胜利的重大一役，威震中外，大大地振奋了全国军民的抗日爱国精神。这一胜利产生在中国由局部抗战向着全国抗战的过渡阶段，它预示着全国对日抗战的帷幕即将揭开，而被毛泽东称为“全国抗战之先声”①。

---

① 董其武：《戎马春秋》，中国文史出版社，1986 年，第 108 页。

三、 特殊形态的民族自卫战争

中国局部抗战产生和展开于二十世纪三十年代上半期特定的国内外环境之中，它与后来的全国抗战相比，既有共同的方面，又有自己的历史特点。从总体上进行考察，我们可以说，局部抗战是特殊形态的民族自卫战争，具有它的显著的特点。

（一）各次局部抗战是由各种不同的政治力量所领导的，因而在政治、军事的指导方针上形成极其复杂的情况，影响甚至决定了各次抗战的结局。这是局部抗战的一个重要特点。历时六年的局部抗战，如果从政治领导的状况加以分析，可以区分为以下六种不同的情况。一是没有统一的政治领导和组织领导的自发性的抗战，在其中掌握实际领导权力的，有旧军官、警官、官吏、知识分子、开明地主、士绅、绿林首领等。如东北义勇军的抗战。这一情况从一定意义上说，决定了义勇军抗战缺乏正确的政治和军事领导，不可能巩固和发展自己，更难以取得胜利。二是国民党军队中一些爱国将领掌握了部分领导权的局部抗战，如一·二八淞沪抗战。这次抗战中，爱国将领蒋光鼐、蔡廷锴等掌握着第十九路军的领导权，但战争的最高领导权却操于蒋介石、汪精卫、何应钦之手。前者实行了团结御侮、坚决抗战的方针，发动和领导了第十九路军的抗战；而后者则推行一条消极抗战、积极谋和、寻求妥协的方针。结果，后一条指导方针压倒了前一条方针，这就决定了一·二八抗战中途遭到挫折和失败的命运。三是国民党政府直接领导与指挥的局部抗战，如长城抗战。这次抗战虽然调集了36个师以上兵力的正规部队参战，具有相当大的规模，但是，掌握战争领导权力的南京当局，实行的是“攘外必先安内”基本政策和“一面抵抗，一面交涉”的对日妥协政策，这就决定了这次抗战难以坚持到底，不可避免地要在中途以谋和、妥协而结束。四是国民党一些爱国将领与中国共产党合作领导的局部抗战，如察哈尔同盟军抗战。由于冯玉祥、方振武等与中共合作，并发动了各界群众，察哈尔抗战在短短的时间里得到较大的发展，并取得了不少胜利。这次抗战实际上贯彻了抗日、联共、反蒋的方针，因而被南京当局视为异端作乱，结果遭到了扼杀。五是国民党一部分地方实力派在南京中央的支持下领导的局部抗战，如绥远抗战。这次抗战是傅作义的坚决抗战、阎锡山的“守土抗战”和蒋介石的有限度的积极抵抗方针相结合的产物，而直接领导这次抗战的傅作义的方针在其中起了主要作用。绥远抗战正处于国民党政府对日政策趋于强硬的时候，绥远当局的抗战态度坚决、作战准备充分、战略战术指导正确、参战官兵抗日情绪高涨，遂取得了这次抗战的胜利。六是中共领导的以人民游击战争为特征的局部抗战，东北人民革命军和抗日联军的斗争是它的集中表现。由于有了正确的政治纲领和政策，依靠人民群众，建立了游击根据地，东北人民游击战争在异常艰难的条件下得以生存发展，不仅在局部抗战时期成为绝无仅有的始终坚持不息的抗日武装斗争，而且在尔后的全国抗战时期继续英勇奋战，直至抗战的最后胜利。

（二）中国局部抗战的历次作战，无论是在战争地域上，还是在参战成分上，都是局部性的，这是局部抗战的一个主要特点。从九一八事变到西安事变，南京政府始终实行"攘外必先安内"政策，国共两党的内战从未停息，国民党政府以其主要军事力量使用于"剿共"战争。当时中国这一基本的军事政治格局，决定了其时中国不可能形成全国抗战局面，而只能是此起彼伏、时起时伏的局部抗战。作为局部抗战，它有两个基本特征：抗战地域的局部性和参战成分的局部性。从九一八事变到七七事变前，无论是东北抗战、淞沪抗战、长城抗战，还是察哈尔抗战和绥远抗战，都是在某一地区进行的；虽然这些战争总起来说，曾遍及了中国的南北广大地域，但其中无论哪一次抗战都只是地区性的，并未有任何一次抗战直接演变为全国广大地域的抗战，这显然是与后来的七七卢沟桥抗战不相同的。这就是战争地域和范围的局部性。

在当时国内特殊的军事政治格局下进行的局部抗战，在参战成分上也是局部性的，始终未能形成全国规模的抗战。在全国拥有最强大的军事实力的国民党政府，其军事力量的主力并未参战。局部抗战中规模最大的一次战争——长城抗战，参战兵力也只占当时南京政府总兵力的六分之一左右；中央军调动了 11 个师，其中有 4 个师直接参战，只占当时全部中央军的八分之一上下。同时，中国共产党领导的工农红军由于处在被国民党军队"围剿"的环境之中，并未参加历次局部抗战。此外，为数众多的国民党地方实力集团的部队，除东北军、西北军（第二十九军）和晋绥军一部一度参加过局部抗战外，桂系、粤系、川系等各部军队都未参战。这一状况与七七事变后，在国共合作的基础上，全国各军全面参战，形成举国一致、抗日御侮的全国规模的抗战局面，是显然不同的。

（三）局部抗战主要有三种各具特点的战争形式：对日本军队的大规模的抗击战，对伪军的反击战，对日伪军的反"讨伐"、反"扫荡"战。这实际上是全国抗战在战争形态上的预演。对日本一部分主力部队进行较大规模的抗击战，是兵力和火力最为集中、作战程度较高的战斗，采取了正规战特别是阵地战的形式。一·二八淞沪抗战和长城抗战，都属于此种战争。淞沪抗战，中国以 5 个主力师和 1 个独立旅，抗击日本陆军 3 个师团（其中 1 个师团大部未投入作战）、1 个旅团、海军陆战队一部以及 1 个海军舰队。长城抗战，中国以 36 个师以及部分骑兵和炮兵，抗击日本陆军 2 个师团又 3 个旅团和部分空军，以及伪满军 5 万余人。这两次抗战的共同特点，是正规部队以阵地战为主要战斗形式，对抗日军精锐部队的进攻。局部抗战的另一种形式，是反击伪军的作战，采取的是运动战的战法。察北之战，吉鸿昌指挥的3个师兵力以远距离奔袭战法攻击伪军张海鹏、崔新五等部。绥远之战，傅作义指挥4个步兵旅和2个骑兵师对伪蒙军李守信部和王英伪军进行战役战斗上的外线、速决的运动战。第三种形式是对日伪军进行反“讨伐”、反“扫荡”作战，这就是东北义勇军、人民革命军和抗日联军的抗日游击战争。“这个英勇的游击战争，曾经发展到很大的规模，中间经过许多困难挫折，始终没有被敌人消灭。”①局部抗战的上述三种形式，各具自己的特点，从抗日战史上观察，实是尔后全面抗战作战形态的雏形。综观这一时期的全过程，间断的正规战和无间断的游击战共同组成了局部抗战的基本形态，由于当时的历史条件，局部抗战的各种作战形式和各次战役呈现相互分割、分散孤立、时起时伏的状态，始终未能形成统一的战略布局。

（四）在局部抗战中，国民党政府领导和指挥的战争，基本上是单纯的政府和军队的抗战；共产党独立领导或参与领导的战争，则是军队与人民群众相结合的抗战。是否发动和依靠人民群众，成为上述两种抗战的显著区别。全国抗战时期国民党的片面抗战和共产党的全面抗战这两种抗战路线，在这里已显露其端倪。长城抗战是这一时期南京政府领导的规模最大的一次战役，在中国近代反侵略战史上亦可称为屈指可数的重大战役之一，但除有部分义勇军参战外，却是没有人民群众参加的单纯的政府和军队抗战。南京政府对内实行反共反人民的专制统治，从未放松对人民运动的镇压。就在长城抗战期间，国民党当局对北平、天津、河北等地的民众抗日民主运动进行了血腥镇压，又扼杀了轰轰烈烈的察哈尔民众抗日运动。淞沪抗战时，上海和全国人民以各种方式支援第十九路军和第五军，工人、学生、职员、市民纷纷组成民众义勇军，奔赴前线参战。上海资产阶级也表现出高涨的抗战热情，积极声援抗战，并以物力、财力支援前线。但是，国民党当局对上海民众救亡运动却是竭力予以限制和压迫，甚至明令查封上海各界的抗日救亡团体。与此相反，中国共产党领导的东北抗日游击战争则是沿着人民战争的道路发展的。中共在东北的各地组织，在战争实践中逐步提高了认识，积极组织广泛的抗日民族统一战线，团结一切可以团结的抗日力量，并把工作的重点转移到农村，发动群众，开展游击战争，从而长期地坚持了东北的抗日武装斗争。

四、从消极到积极的局部抗战指导方针

在六年局部抗战中，国共两党采取的指导方针是互不相同的，而各自又有其

① 毛泽东：《论联合政府》，《毛泽东选集》（一卷本），第1035页。

发展的过程。就国民党政府而论，它的指导方针实际上经历了从“消极抵抗，积极谋和”，到“积极抵抗，以战迫和”的演变；在军事上则经历了从消极防御到积极防御的变化。淞沪、长城、绥远这三次局部抗战，则是此种指导方针演变的最为集中的表现。剖析南京政府指导方针的变化，可以进一步揭明局部抗战曲折发展的历史轨迹。

从历史上看，自九一八事变到西安事变，南京政府对于日本的侵略采取了不抵抗政策，但这并不排斥它在不违反“攘外必先安内”基本政策的前提下，进行有限度的局部性的抵抗，也不意味着这个政策是一成不变的。事实上，在九一八事变后，南京政府曾实行了“绝对不抵抗”政策，但从一·二八抗战开始，它的政策已稍有变化。南京政府从绝对不抵抗到参与、领导局部性抗战，中日两国政府统率的正规部队正式举行大规模的战役，是从淞沪战役开始的。这次战役是南京政府从绝对不抵抗转向抵抗——消极的、短暂的、有限度的抵抗的分水岭。这一变化是南京政府在“绝对不抵抗”政策完全失败和抗日民主运动高涨的情况下，所不得不作出的选择。淞沪抗战发生在蒋介石、汪精卫开始合作执政之时。“攘外必先安内”前提下的“一面抵抗，一面交涉”，一开始就成为蒋汪政府的对日政策，其基点是对日妥协：为了争取不是在接受最严苛的条件下达成妥协，需要进行有限度的抵抗；而抵抗又以不扩大战事，有利于通过交涉实现妥协为目的。

淞沪抗战就其总体而言，是第十九路军在爱国主义基础上的自动的抗战行动和南京政府对日“一面抵抗、一面交涉”政策这两种因素综合作用的产物。南京政府从此不得不开始参与、领导局部抗战的行动。但它依据“一面抵抗，一面交涉”的对日政策，在淞沪抗战中贯彻了“消极抗战，积极谋和”的指导方针。它一方面不得不对日本在上海的武装进攻作一点有限度的局部抵抗，但在另一方面又竭力避免战事扩大，力图通过积极的求和活动，寻求在一个不危及自身统治的条件下，实现妥协停战。南京政府对抗战的态度是被动、消极的，用兵作战是极有限度的，其军事力量基本上仍置于“剿共”战场；而寻求妥协的交涉谋和活动则是主动的、积极的，并且对妥协条件不惜一再退让。此种对抵抗和求和的截然不同的态度，一直贯穿于淞沪抗战的始终。

在淞沪抗战中，实际上存在两种不同的指导方针。如前所述，以蒋介石、汪精卫、何应钦为代表的南京当局最高决策层奉行的是“消极抵抗，积极谋和”的指导方针，他们从“攘外必先安内”的基本政策出发，主张尽量避免沪战的发生，在战事打响后则力求避免冲突扩大，谋求依靠国联和英美等国的调停，迅速与日本达成妥协停战。另一种方针以第十九路军领导者蒋光鼐、蔡廷锴为代表，主张对日本的侵略必须进行坚决的抵抗，要求全国一致对外，抗日御侮，在积极抵抗的基础上迫使日本不得不停止进攻，以平等、公正的原则解决中日间的问题。第十九路军不顾南京中央当局的闸北换防命令，毅然发起淞沪抗战，在作战中采取了战略上防御、战役战斗上进攻的方针，在上海和全国人民的支援下，与前来增援的第五军一起，一次次给了敌军以打击，这正是这后一种方针的实际体现。而蒋介石除调动第五军增援外，任凭淞沪战局陷于危急，再也不调援兵来淞沪前线，同时却通过各种途径，频繁地与日本开展谈判，谋求尽快停战，这也正是体现了前一种方针。可是，蒋介石、汪精卫掌握着中央政权，也控制着淞沪抗战的最高决策权，他们的方针占有统治地位，显然压倒了第十九路军的方针，这就决定了淞沪抗战失败的命运。但是，也因为第十九路军以及第五军实行了积极抗战的方针，才使淞沪抗战避免了彻底失败的结局，使日本未能完全达到它原定的战略企图。

长城抗战是南京政府直接领导和指挥的一次规模最大的局部抗战，“一面抵抗，一面交涉”的政策得到了全面的实施，“消极抵抗，积极谋和”依然是南京政府指导长城抗战的根本方针。与淞沪抗战不同的是，南京当局完全掌握了战争的领导权，不再存在上次那样两种不同方针之间的矛盾和斗争。在长城抗战中，南京政府以何应钦为首的北平军分会指挥全军作战，实行消极抵抗和单纯防御的指导方针，同时以黄郛为北平政整会首脑，负责对日交涉谈判，积极谋求停战议和。何、黄直接秉承蒋、汪的旨意，互相配合，共同的目标是在不正式承认“满洲国”和保全平津的条件下，尽快与日本达成妥协，结束战争。在战事发展过程中，“抵抗”日益趋向消极和被动，而“交涉”“求和”则日益走向积极和活跃。到长城抗战的后期，以何应钦为首的北平军分会甚至已根本不再组织有效的对敌作战，而把希望完全寄托于黄郛的秘密谋和活动之上。“消极抵抗”走到了尽头，“积极谋和”导致了接受城下之盟——《塘沽协定》，而铸成了中国抗战史上的奇耻大辱。

长城抗战的军事战略是与南京政府的上述消极抵抗的指导方针相适应的，贯彻了一条单纯防御的战略方针。如果说南京政府指导局部抗战的单纯防御战略在淞沪抗战中尚未得到全面贯彻，那么它在长城抗战中则得到了全面的实施。在这次抗战期间，南京政府的军事力量的基本方面仍然置于“剿共”战场，但参加长城作战的中国军队在数量上仍达到了日军和伪军总数的三倍以上，若能采取积极防御战略和主动、灵活的作战方针，则完全有可能给日军以重大打击，至少不致出现一败涂地、全线溃退的结局。

蒋介石、何应钦在长城战役中采取了分兵把口、死守据点、消极防守和以阵地阻击战为主体的单纯防御的作战方针。中国军队三四十个师被北平军分会分散配置于从榆关到察东的500多公里长的战线上，分兵于长城线上数十个关隘，企图依靠古老的长城打一场阵地战，挡住日军的进攻。数十万军队大部被动地陷于冀察热边境的长城战壕和关隘道上，以劣势装备与在火力上占压倒优势的敌军拼消耗，处处陷于被动挨打的地位。分兵防守和阵地战的错误方针，使自己完全丧失了战场上的主动权和灵活性，导致中国军队每每作战失利。时任陆军大学校长、主张积极抗战的军事家杨杰有鉴于此，曾向蒋介石、何应钦提出在密云地区集中兵力，诱敌深入，利用有利地形，从敌之翼侧发动进攻，各个击破敌军的正确建议，但遭到了蒋、何的否定，因为这个建议无论是在政治上还是在军事上都不符合“消极抵抗，积极求和”的指导方针。

但是，应当看到，南京政府对局部抗战的指导方针后来曾发生变化。绥远抗战正反映了这一变化。绥远抗战发生在南京政府的内外政策产生若干变化，对日态度趋向强硬的时候，其指导方针已与长城抗战时有很大不同。绥远抗战的胜利，正是南京政府对局部抗战的指导方针发生变化的结果。从长城抗战到绥远抗战，国内外形势发生了重大变化，中日民族矛盾在华北事变后进一步激化，以一二·九运动为标志的抗日救亡运动的新高潮随之在全国范围掀起，国内各阶级各党派之间的关系正在经历着重新调整的过程。中国共产党发展了在三个条件下愿与任何武装部队订立对日作战协定的政策，于一九三五年提出了建立最广泛的抗日民族统一战线的策略路线，并确立了从国内革命战争向抗日民族战争转变的任务。国民党的内外政策也开始出现新的动向，一九三五年冬蒋介石在国民党“五大”提出对日抗战的“最后关头”说，翌年夏在五届二中全会上又进一步对“最后关头”作了界定，表明对日妥协政策已开始发生变化。虽然从根本上说，国民党尚未抛弃“攘外必先安内”的政策，但“攘外”的比重显然是在上升。“一面抵抗，一面交涉”政策虽仍然维持着，但其立足点正在从“谋和”逐步转到抵抗上来。即一方面对于日本今后可能发动的武装侵略，将予以比以前更坚决的抗击，同时在另一方面为避免立即与日本全面开战，仍继续与日本进行“调整国交”的谈判，但在谈判中采取较为强硬的态度，在重大问题上不作任何让步。

在上述背景下进行的一九三六年下半年的绥远抗战，虽然仍属局部抗战，却具有淞沪、长城两次抗战未曾有过的新姿态。南京政府的指导方针，此时已由“消极抵抗，积极谋和”转变为“积极抵抗，以战迫和”。当伪蒙军在日军指挥下向察北、绥东进攻时，蒋介石虽然并不准备就此对日军全面开战，只是求得把伪军逐出绥察地域，达到局部性反击的胜利，以军事上的胜利迫使日伪停战议和，所以这仍是有限度的抵抗，但这种抵抗却是积极的和坚决的。晋绥地方实力派首领阎锡山在新形势下正倡导“守土抗战”，表现了一定程度的抗日积极性。而绥远军政首脑傅作义的抗日立场一向鲜明，伪军对绥境的侵夺，更使他决心坚决抗战到底。这样，国民党中央当局和晋绥地方当局在绥远抗战问题上达成了共识，形成了南京、山西、绥远三位一体的抗战军事格局。绥远抗战可以说是蒋介石的有限度的积极抵抗、阎锡山的“守土抗战”和傅作义的坚决抗战这三方面因素综合作用的产物，而其中傅作义的态度起了关键的作用。

绥远抗战在作战方针上也表现了新的姿态，一扫三年前何应钦在长城抗战时采取的单纯防御和阵地战的错误方针，而从敌我双方的客观条件出发，扬我之长击敌之短，实行积极防御战略和运动战的作战方针。傅作义不采取分兵把守的方法，而是把主力部队组成东、西两个突击集团，集中兵力前后分别使用于主攻方向，在战略内线的态势下，采取战役战斗上的外线作战，集中优势兵力攻敌一路，抛弃阵地抗击战方法，有计划地组织机动性很高的速决的运动战役。这一正确的作战方针的实施，加以全军团结一致，军民协力奋战，造成了局部抗战中绝无仅有的一个较大规模战役的完全胜利。绥远抗战的胜利，标志着局部抗战中大规模战役的结束，中国正在从局部抗战转向全国抗战的战场。

五、 局部抗战的历史地位

从九一八事变到七七事变前夜，中国进行了长达六年的局部性抗日战争。根据客观的历史事实，实事求是地对这六年局部抗战在世界反法西斯战争和中国抗日战争中的地位和作用，作出科学的公正的评价，应当是抗日战争史研究中需要认真探讨的课题。由于受到历史条件的限制，特别是由于国民党政府“攘外必先安内”政策的制约，我国历次局部抗日之战大都遭到了挫折和失败。无可否认，局部抗战带有曲折性、片面性和局部性的历史特点。从总体上说，局部抗战并没有、也不可能担负起战胜日本帝国主义、实现民族独立的历史任务，只有把局部抗战发展成为全国抗战，建立举国一致的抗日民族统一战线，进行全国的全面的民族解放战争，才能实现这个伟大任务。但是也应当指出，局部抗战作为中国抗日战争中一个不可或缺的阶段，也是民族抗战事业中的重要组成部分，在抗战历史上自有它应有的不可抹煞的位置。

（一）中国局部抗战揭开了世界反法西斯战争的序幕，是反法西斯战争序战的主要组成部分。第二次世界大战的全部历史表明，世界反法西斯战争不同于第一次世界大战的一个显著特点是，在这次世界大战全面爆发之前，有一个时间很长的序战。在亚洲，是中国首先开展了反对日本法西斯侵略的战争。在非洲，意大利法西斯于一九三五年十月发动了侵占阿比西尼亚（埃塞俄比亚）的战争，阿比西尼亚人民举行了保卫民族独立的自卫战争。在欧洲，德国和意大利法西斯支持以佛朗哥为首的西班牙反革命势力，于一九三六年七月发动了对西班牙民主政权的武装进攻，西班牙人民在国际反法西斯力量的支援下，进行了英勇的民族解放战争。世界反法西斯战争是从一九三七年中国全面抗战爆发，而正式开其端的，而从九一八事变开始的中国、阿比西尼亚、西班牙等国的反侵略的局部战争，则构成了世界反法西斯战争的早期发展阶段，也就是反法西斯大战的序战。

中国的抗日战争从一开始就是有世界意义的战争。局部抗战既是为国家独立、民族自卫而战，同时也具有为遏制法西斯势力在世界东方发展而战的意义。中国局部抗战是全世界反法西斯战争中最早进行的战争，可以说，它打响了反法西斯战争的第一枪，揭开了反法西斯战争的序幕。在早期的反法西斯战争中，中国的局部抗战发动时间最早，战争的规模最大，坚持的时间也最长，对法西斯力量的打击也最为有力。无论从哪一方面来说，中国的局部抗战都称得上是世界反法西斯战争序战中的主要组成部分。

（二）局部抗战揭开了抗日民族解放战争的序幕，是中国抗日战争的序战。中国抗日战争是以局部抗战开其端的。九一八事变是日本帝国主义对中国武装侵略的开始，标志着日本企图殖民地化中国新阶段的到来。从此，反对日本帝国主义的侵略战争，为争取民族独立而斗争，已成为中国人民的主要历史任务。抗日救亡则成为当时中国社会历史进程中的主题。抗日民族战争也就愈来愈成为中国民族解放运动的主要斗争形式，局部抗战正是在上述历史潮流中勃兴的民族自卫战争。我国爱国军民在国难当头、民族危机空前深重的历史关头，高举起了爱国主义的旗帜，开辟了以民族自卫战争反对日本法西斯侵略战争的伟大斗争，从而揭开了抗日民族解放战争的序幕。

当然，局部抗战时期的对日战争还不具备全国规模，也未开辟全国战场，更不带战略决战的性质。当时，全国抗日民族统一战线尚未形成，国共两党以及全国各派军事力量还以主要力量在从事国内战争。因此，局部抗战在抗日战争史上居于序战的地位，还不能说那时已存在全国性的抗战了。有的论者认为，“九一八事变是全国抗战的开端”，其根据是九一八事变开始的抗战，“从区域上，东北、淞沪、华北占全国三分之一，不是局部，从参战者和支持者看，包括中央军、地方军、游击队、民众武装，带有全国性质”。但征之客观历史过程，上述提法是不够准确的。因为在事实上，只是到了西安事变以后，在全国范围内，“停止内战，一致抗日”的政治军事格局才得以出现，七七事变标志着日本全面侵华战争的开始。“卢沟桥中国军队的抗战，是中国全国性抗战的开始。”①从此，以国共合作为基础的抗日民族统一战线正式形成，全国抗战的局面终于到来了。应当指出，说九一八事变至七七事变前的局部抗战是抗日战争的序战，并不会贬低其地位，而是把它置于历史的本来地位。六年序战和八年全面抗战，构成中国抗战的全部历史，但前后两段是各有其不同的地位和意义的。只有把前后两段抗日战争联系起来进行考察，才能说明中国抗日战争的总的进程。

（三）局部抗战打击了日本侵略者，在民族自卫的正义事业中作出了贡献。

---

① 毛泽东：《为动员一切力量争取抗战胜利而斗争》，《毛泽东选集》（一卷本），第339页。

历次局部抗战的作战，其成败得失各不相同，但它们都在不同范围内和不同程度上给了日本侵略者以打击。东北义勇军的抗战，迟滞日军的进攻，歼灭了敌人的不少有生力量，延缓了日本侵略军对东北的占领。东北人民革命军和抗日联军的游击战争，对于打击日本在东北的殖民统治，牵制和消耗日本的军事、经济力量，滞阻关东军对关内的进攻，掩护苏联远东边疆，都起了不可磨灭的作用。淞沪抗战和长城抗战虽然最后都失败了，但日军在此两役中遭到的沉重打击，是甲午战争以来从未有过的。如果没有中国军队在这两次战役中的英勇抗击，日军则会轻易地占领上海周围地区和长城以南直至平津一带地域。察哈尔抗战收复了察北四县失地，歼灭伪军千余人。绥远抗战历时 5 个月，歼灭和瓦解伪军 1 个师又 4 个旅，收复了内蒙古重镇百灵庙等地。

在评价局部抗战的历史作用时，对于国民党军队进行的局部抗战还应当采取分析的态度。国民党当局领导的局部抗战诸役，大都由于国民党军事主力集中于“剿共”战场而未参战，由于国民党政府在政治上的对日妥协政策、军事上的单纯防御方针、对民众抗日运动的压制以及其他原因，而屡遭失败。但这些抗日之战，也是属于中华民族反对外敌入侵的民族自卫的正义之战，多数军官和广大士兵在作战中表现了献身为国的民族精神。此时抗战行动虽是很不彻底、很不全面的，但它与民族投降主义是不可同日而语的，它是有利于民族自卫的战争事业，理所当然地要在民族抗战史上占有其应有的地位。

（四）局部抗战推动了民众抗日救亡运动的发展，振奋了全国人民的民族精神。局部抗战诸役，在当时的历史条件下，是中国武装抗日的主要行动，为全国民心之所系，马占山、蔡廷锴、冯玉祥、傅作义等先后成为饮誉一时的抗日风云人物，而为全国各界所崇敬，决非偶然。局部抗战的武装斗争和民众抗日救亡运动，是当时中国抗日民族运动中两个主要潮流，两者之间的直接联系，虽然由于国民党政府的错误政策而常常被隔绝和阻断，但在事实上，却是息息相关、相互影响、互为推动的。六年的历史发展表明，局部抗战中每一重大进展，都带来了民众救亡运动的热潮，给了人民抗日斗争以强大的推动力。东北义勇军抗战曾给了全国为抗日救亡而奔走呼号的各界民众以极大的鼓舞，两者汇成了抗日民族运动的第一个高潮。淞沪抗战一起，全国抗日救亡运动的声势为之大振，新的热潮从而勃发，各界民众的民族精神空前高昂起来。长城抗战和察哈尔抗战的熊熊战火，促使淞沪抗战失败后一度趋于沉寂的民众救亡运动，又重新高涨起来，终于形成一个新的高潮。随着绥远抗战而掀起的全国援绥运动，则成为七七事变前夜一次蔚为壮观的抗日救亡热潮。绥远抗战的胜利，推动了自一二·九运动以来的救日救亡运动新高潮向着更广阔和深入的方向发展，迎来了西安事变及其和平解决。全国范围的“停止内战，一致抗日”的新局面终于到来了。

九一八事变与亚太地区国际关系的重大变动*

今年是九一八事变九十周年。一九三一年九月十八日，日本帝国主义在沈阳制造了震惊世界的九一八事变。在短短的几天时间里，日本关东军侵占了沈阳、长春等 20 多座城市。4 个多月内，辽宁、吉林、黑龙江三省全部沦陷于日本法西斯铁蹄之下。这是一个关系中国命运和前途的重大事件，也是一个深远地影响了亚洲和太平洋地区国际关系的世界性事件。从中国近代史和第二次世界大战史的视野观察，九一八事变是日本帝国主义武装侵略中国，实现其独占中国、称霸东亚企图，走向世界大战的开端。中国人民以九一八抗战为起点，以民族自卫战争反对日本帝国主义的侵略，开启了十四年伟大的抗日民族解放战争，打响了世界反法西斯战争的第一枪，揭开了世界反法西斯战争的序幕。

九一八事变对于远东国际关系和亚太地区军事政治格局产生了重大而深远的影响。九一八事变是第一次世界大战结束、凡尔赛—华盛顿体制确立以后，在远东发生的第一个具有世界影响的军事政治事件。显然，我们不应把九一八事变视为仅仅具有局部性意义的中日两国间的地区性军事冲突。从世界历史全局的视域来观察，从九一八事变开始，在亚太地区围绕着维护或是推翻华盛顿体制这个中心问题，有关各国之间开展了一场持续的斗争，从而发生远东国际关系的变动、调整与改组。这一过程大体上历经了十年上下，到一九四一年十二月太平洋战争爆发才告一终结。

显然，日本挑起珍珠港事件，标志着华盛顿体制的最后归于崩溃。从这个意义上来说，九一八事变可以算是这一轮亚太国际关系的大变动的起点，而珍珠港事件则是其终点。以下，我想从四个方面作进一步的说明。

一、日本发动九一八事变，侵占中国东北三省，接着在华东挑起一·二八事变攻打上海，不久又占领热河，越过长城进攻冀东、平北，然后又发动华北事变。这一连串侵略扩张行动，既是对中国的悍然进犯，也是对以《九国公约》为核心的

---

* 2021 年 9 月上海淞沪抗战纪念馆九一八事变九十周年学术讨论会论文。

华盛顿体制的公然挑战。众所周知，第一次世界大战曾经在一个时期内给了日本帝国主义独霸中国的机会，当时日本在华的权益和势力范围急剧扩张，力图操纵袁世凯政府和段祺瑞政府，左右中国政局。然而，一九二一年到一九二二年间由美国主导的华盛顿会议缔结的以《九国公约》为核心的条约体系，解消了日本独霸中国的局面，又使中国回复到几个帝国主义国家共同支配的局面。日本对此无可奈何，但强烈不满，处心积虑地要推倒华盛顿体制的所谓旧秩序，企图建立以日本为霸主的东亚新秩序。一九二七年日本政府召开的东方会议，抛出所谓“满蒙积极政策”，已发出明显的挑战华盛顿体制的信号。一九三一年九一八事变，日本终于开始以军事行动突然向华盛顿体制发起挑战。尽管当时美英统治阶层并未清醒地认识到日本的这个战略意图，但是日本方面发动九一八事变的策划者却是明确地抱着这个意图的。这已被“二战”结束后披露的日本的大量官方档案资料，包括板垣征四郎资料、石原莞尔资料等所证明。

二、以九一八事变为开端的远东国际关系大变动，始终是以中国问题为斗争的焦点，围绕着维护还是推翻华盛顿体制而开展博弈。在长达十年左右的变动中，日本始终是既存秩序的挑战者、破坏者和战争的发动者。九一八事变、一·二八事变、华北事变、七七事变、八一三事变、珍珠港事件，没有一次不是由日本首先挑起和发动的。美英法等西方大国，则是既存国际秩序的维护者和对来自日本的挑战的应对者。日本独占中国、称霸东亚的基本国策，与华盛顿体制下美国的“门户开放、机会均等”的对华政策，两者之间的矛盾是不可调和的。日本发动九一八事变，是有计划有准备的对远东华盛顿体制的第一次猛烈冲击。它向西方列强表明，日本决心破坏这个体制，背弃“门户开放、机会均等”原则，企图把中国化为日本独占的殖民地。显然，九一八事变向全世界发出了要用武力重新瓜分世界的信号。可是，在当时，对于日本的这一突然挑战行为，国际社会没有作出强有力的反应，基本上是以无可奈何的心情默认了日本对中国的侵略。号称世界头等强国、华盛顿体制的倡导者和维护者的美国，发表了一个不承认主义的政策声明，虽然这其中包含有抵制日本对华侵略扩张的意向，但在实际上更多的却是对日本侵略行径的姑息和纵容。由英法主导、美国支持的国际联盟通过了一个没有约束力的日本撤兵劝告议案、派出了一个李顿调查团、作出了一份不痛不痒的报告书。这些都远远不足以制止日本的侵略扩张，而相反日本却在一九三三年以退出国际联盟作为回答。九一八事变标志着远东地区华盛顿体制瓦解的开始。

它还表明，美英西方列强既无实力也没有远大的政治智慧来维护这一国际体制。尽管从一九三八年冬开始，美国对日本的政策趋于强硬，但为时已晚。一九三七年日本挑起卢沟桥事变、发动全面侵华战争后，英美西方大国在几年中并未作出有力的反击，直到一九四一年珍珠港事件中美国遭到日本的突然袭击。这不能不说是一个至深且巨的历史教训。

三、在日本以九一八事变为契机，于世界东方挑战华盛顿体制的同时，法西斯德国和意大利在西方向凡尔赛体制连连发起冲击。德国政府发出所谓建设欧洲新秩序的口号，以否定由英法等国主导和美国支持的凡尔赛体制。东西方的法西斯国家对华盛顿体制和凡尔赛体制的冲击，在客观上形成了对现存世界秩序的挑战，以及东西方两个挑战势力互相呼应的态势。为适应走向新的世界战争、重新瓜分世界的需要，日、德、意三国日益走近、互相配合。一九三六年十一月，日本和德国缔结《反共产国际协定》，意大利于次年也加入这个协定。东西方法西斯国家由此结成了反动的"神圣同盟"。

四、在中日两国之间的矛盾和冲突急剧上升的同时，中国与美国、英国之间日益靠拢和接近，中国与苏联之间的关系明显有所改善，走向恢复中苏之间正常的外交关系。以上这两个方面，可以说是九一八事变以后远东国际关系变动和调整的重要组成部分。这一时期，为了限制日本日益扩张的势头，美英法开始加强与中国政府的关系。一九三三年中美棉麦协定和一九三六年中美白银协定相继签订。一九三五年英国协助中国政府进行货币金融改革。英美还支持中国进行海军和空军建设，积极调停一·二八事变等。尽管这一切都是从西方大国的国家利益出发，使用的实力和产生的影响也极其有限，但对于中国对付日本侵略仍不失为一个国际上的有利的牵制力量。同时，苏联对于日本的扩张也高度警惕，苏联一方面不断增强在远东地区的国防军备，另一方面，迈开了与中国、与西方大国之间改善关系的步伐。九一八事变从外部推动了中国与苏联恢复外交关系。一九二九年由于中东路事件触发了张学良东北军与苏联远东红军之间的一场武装冲突，中苏两国随即宣布断绝外交关系。九一八事变后的新形势下，一九三二年六月，中苏双方即开始两国之间的复交谈判，同年十二月，两国政府宣布恢复正常的外交关系。一九三三年，一向对苏联采取敌视态度的美国，也与苏联建立了外交关系。一九三四年，苏联加入了国际联盟。后来在七七事变后，中国全面抗战的头两年，苏联是国际上给予中国抗战实际援助最多的国家。

毛主席曾经说过：历史的经验值得注意。九一八时期国际关系的调整和外交斗争的历史，对于我们现今是极有价值的借鉴。当今，我们正处在世界百年未有之大变局加速演进的历史进程之中，世界也正经历在一个新的大动荡、大变革、大发展时期。亚太地区再度成为世界各大国博弈的一个中心。与九十年前相比，政治地缘结构基本并无变化，但是参与博弈的各国的情况与力量对比已发生了翻天覆地的变化。回顾和梳理九一八事变以后远东国际关系的大变动及其经验教训，有助于我们更为清醒地认识当今亚太地区形势及其发展趋势，牢牢地掌握历史主动权，在斗争中夺取更大的胜利。

论长城抗战的序幕*

——榆关抗战

一、 风云紧急的山海关前线

揭开一九三三年中国历史的帷幕，便是中华民族危机新的深化阶段的展开。元旦那天，日本帝国主义者的大炮轰击山海关，打响了武装进攻华北的第一枪，成为日本企图殖民地化中国的一个新的信号。

紧接着九一八事变和一·二八事变，日本侵略者首先选择在山海关点燃起侵华战争的战火，这当然不是偶然的。山海关又称榆关，是一座古老的名城，位于燕山山脉东端。明洪武十四年（公元一三八一年），朱元璋派大将军徐达率兵修永平、界岭等三十二关，秦皇岛东北的山海卫成为万里长城的东部起点。徐达鉴于这一带枕山襟海，实辽蓟咽喉，乃移关于此，连引长城为城之址，于是命名为山海关，筑起了山海关城。从此，山海关便成为长城东端的军事重镇，更具有十分重要的战略地位。在古老的榆关城楼上，人们可以望见“天下第一关”五个大字的匾额，这就是说明榆关这个地方，在历史上就负有对中华民族安危的重要关系。

可是，这个在历史上素有“两京锁钥无双地，万里长城第一关”之称的要塞，在一九〇〇年八国联军侵略中国，签订《辛丑条约》以后，便在不平等条约的束缚下，大大地丧失它的防御外敌入侵的作用。按照《辛丑条约》，山海关成为一个复杂的国际军队屯戍的所在。从此，它不单是中华民族用以防御外国侵略的一个堡垒，而又是各国帝国主义者借以进攻中国的一个前哨据点。日本帝国主义者正是利用《辛丑条约》所给予的驻兵权，经过长期准备而发动榆关事变的。榆关事变时担任临永警备司令兼东北军独立第九旅旅长的何柱国，在当时十分感叹地说：“慨自辛丑缔约，榆（关）秦（皇岛）允驻外兵，日军在榆秦两地，筑有坚固堡垒。三十年前，敌已早置攻势据点，迨至九一八后，以至锦州不守，兴（城）绥（中）沦亡，加以榆

* 本文原载《军事历史研究》1988 年第 4 期。

关地方，所以复杂情形，况因近世战术之变迁，武器装备之改善，盱衡国军与敌国军备之比较，及陆海空军之情形，除非国军有主动企图外，则榆关附近之形势，军略上之价值，已非昔比。”①

在九一八事变前后，日本军队在榆关设有日本宪兵队分遣所，由天津日本宪兵队管辖；又驻有日本守备队，由天津日本驻屯军司令部指挥。在榆关战争前的一年间，日本侵略者就凭借不平等条约的掩护，在榆滦一带到处活动。中国的兵车开行，日本官兵可以随时上车检查。日本的军事侦探可以在平榆路上自由行动，日本军人可以在平榆线上特开专车，日本密探、关东军司令部和伪满洲国政府所派的联络人员，以及浪人、走私者，皆麇集榆关。日本特务及浪人时而改换中国装束，往中国驻军地点侦察，甚而进行挑衅。日本浪人公开开设铺号贩卖毒品，大肆走私。这一切都是在日本驻军的掩护下进行的。当时的榆关，诚如《大公报》所说：“吾之利刃，不能加于彼之头，而反仰首以就之也。”②

可是，中国军事当局部署在榆关方面的防御力量却非常薄弱。当一九三一年与一九三二年之交日军进占锦州时，敌于山海关至秦皇岛间，从海面到空中肆行武装威胁。锦州陷落后，敌以大军进占兴城、绥中，节节西进，以致榆关震动。但此时中国“最高统帅部仍以排除万难，避免冲突为方针”③，对榆关前线未作出有力部署。东北军第九旅区区不足万人，却散驻于北宁路沿线，在榆关者仅旅部及两个营兵力。至一九三二年三月，张学良始批准将第九旅驻唐山一带的一个团东调，进驻海阳镇及石门寨，但这根本改变不了前方空虚的防御态势。其时，北宁铁路沈榆段被日伪方面改称奉山路，内外旅客之往返，均须在榆关停留一夜，转车登程。日军为谋截断东北义勇军与关内各方的联络，对奉山路的中国旅客检查极严，每一车站均派有日本和伪满洲国方面人员实行检查。奉山路在榆关设立车站，除日本宪兵及守备队外，复派大量伪满警察在榆关车站检查运行，日本军事情报人员密布，对中国前方军事情形了如指掌。我方几无军事秘密之可言。

关东军的步步进逼，使山海关一线的中国军队面临兵临城下之势；天津驻屯军的不断骚扰，又陷山海关防线于腹背受敌之境地。对于此种军事态势，中国驻守山海关地区军队的最高指挥官、临永警备司令何柱国，于一九六三年曾作过这样的回忆：“山海关这样重要的关口，如在通常的国家，无疑要划为军事禁区，不容外人窥视。可是由于八国联军之役，《辛丑和约》的签订，北京经天津直到山海关，沿路战略要地如廊坊、天津、塘沽、滦州、秦皇岛和山海关等，都曾经驻有英、法、

---

① 临永警备司令部：《榆关抗日战役经过详报》，中国国际宣传社编印：《榆关抗日战史》，1934年，第76页。

② 《榆关抗日战史》，第22页。

③ 国民政府参谋本部：《华北抗日战纪》（第1卷），中国第二历史档案馆藏国民政府档案。

意、日、俄等外国军队。我当时的司令部所在地临榆县城，南门外车站就驻有日本的守备队，车站南不远则是日本兵营，东门外距前俄国兵营不远又是关东军，因此榆关的南门和东门都在日本驻军的监视下，我们只有北门和西门可以自由出入。此外，城内外又有不少在治外法权和日本驻军的掩护下做情报工作的日韩侨民。以此种种，我军一切军事行动，哪怕是极微小的动作，都瞒不过敌人的耳目。另外，榆关既在沿海日本海军的大炮射程之内，西南不远又有秦皇岛的日本驻军可以随时切断我们的后路。同时，榆关东北有五眼城至吴家岭之线掌握在关东军手中，这一线地形高于长城之线，居高临下可以控制榆关。我就是把守这样一个关口，所带部队初期仅有一个旅，而且不能不分兵九门口和秦皇岛等处，榆关城内实际只有两个营。这就是我在榆关防御日本在任何时候可能突然发动的海陆空军联合进攻的军事形势。"①此种形势，正完全是"前有重兵压境，中有心腹之患，后有掖背之痛，虽有雄关，虽踞险要，何足以言防守"②。

中国军队在榆关所处的危险地位，从我国方面来说，是国民政府实行对日不抵抗政策造成的一个恶果。临永警备司令部在榆关战斗结束后，在一份总结中曾经记述了榆关前线中国守备部队，是怎样在最高当局的不战不和政策之下陷于困境的。这份被称为《榆关抗日战役经过详报》的报告写道："自九一八后，迄榆关事变，其间历时年余之久；在此期间，榆关驻军无日不在受日军威胁挑衅之中，向乏和战方针之指示，处兹危疑震撼之中，陷于不战、不和、不走之状态。地方受不平等条约之束缚，动受挟持。关外与关东军逼近对峙，叵测之变，随时可发。迄北宁(路)与奉山(路)联运，伪(满)警随来，名关险阻，事实已与敌共有，加之地方日韩侨民杂居情形，彼方蓄意挑衅，万端压迫。一年之余，纠纷时起，与日应付交涉，煞费苦心。盖我如委曲求全，彼则欲望无穷；我如漫为激动，实坠彼谋。窃思年余之内……经过困难情形，殊难缕指。"这一报告，自然不便公开抨击国民党政府的对日政策，却以曲折的语言指出了南京当局不战不和政策造成的恶果。

二、 榆关前线中日两军的态势

榆关战役前夕，前线的军事形势已是一个兵临城下的局面。这完全是日本侵略军挟其军事优势，处心积虑、步步进逼所造成的。九一八事变前，山海关和秦皇岛两地共驻有日军守备队步兵二百余名，宪兵共有十余名。九一八事变以后，日

---

① 何柱国:《榆关失陷前后》,全国政协文史资料委员会编:《文史资料选辑》(第 37 辑),文史资料出版社,1980 年,第 51 页。

② 关邦杰:《榆关抗战与何柱国》,《传记文学》第 29 卷第 5 册。

军守备队经过多次换防，榆秦两地驻军共增加到三百余名，并附有少数炮兵和工兵。这支守备队由落合甚九郎充任队长，原为驻于日本北海道的第七师团第十四旅团第二十八联队。守备队兵营周围，均构筑有永久性重层阵地，形成坚固据点。榆关南面海面及秦皇岛海面，经常有日本海军兵舰停泊，其大炮火力能予陆上兵力以有力支援，海军陆战队更能在秦皇岛随时登陆参加作战。此后，驻榆日军继续增加步、炮、工兵，接连运到大批军械及弹药。山海关与秦皇岛之间海面上，日军兵舰增至十艘以上，并有航空母舰，每日航空编队飞行，围绕榆城大肆威胁。山海关的正面，沿北宁线的东北方向，日本关东军的前锋部队正向西实行步步进逼。自关东军占领锦州、兴城、绥中一带战略要地以后，辽西走廊的我军屏障尽失。榆关当面，北宁路沿线锦县至绥中方向，至一九三二年十一月，已进驻日军陆军第八师团第四旅团的第三十一联队和第五联队，另有炮兵第八联队、骑兵第三旅团之一部，并配备有空军飞行第二中队、铁甲列车三列、坦克车十余辆、装甲汽车和载重汽车六十余辆，总兵力四千余人。①第八师团及第四旅团司令部均驻锦县，直接指挥对榆关的进攻。其前锋部队直逼榆关城下。“兴(城)绥(中)不守，事实上榆关之日军，已与关外日军连成一气矣。”②号称“天下第一关”的山海关，已处在日本侵略军的前后夹击、陆海空军包围的态势之下。

面临着日军的进逼，榆关前线中国防御部队的主力依然是东北军独立第九旅。该旅辖三个团，六二六团驻守榆城，六二五团驻防唐山，六二七团驻于秦皇岛及海阳镇，由旅长何柱国统一指挥，旅部设于榆关。一九三二年七月军委会北平分会委员长张学良为加强秦榆前线的防务，命令成立临永警备司令部，任命何柱国兼司令，辖区为临榆、抚宁、昌黎、卢龙、迁安五个县和都山设治局地域。在这个地域内的驻军独立第九旅、第二十旅、骑兵第三旅、炮兵第七旅第十五团的山炮营和工兵第七营，统归临永警备司令部指挥。以何柱国为首的警备司令部在“处境困难，经费无着”的情况下，“一面力谋充实地方组织，监督警察及行政官吏之尽职，努力保护侨民，严密警戒……一面积极着手于军事计划，及辖区内诸般设施的整理”。可是，由于一年来南京政府的不抵抗政策和张学良在和战之间摇摆不定，待临永警备司令部成立、着手进行榆滦地区防御体系的建设时，日本关东军第八师团已逐次向辽西移动，中国军队的行动已丧失先机，且防御工程之进展亦困难重重，进展缓慢。③

何柱国根据敌我态势和榆关一线地理状况，制订了一个防御计划，并依此计

① 临永警备司令部:《锦县绥中一带日军兵力调查表》(1932 年 11 月)，《榆关抗日战史》，附表第二。

② 《榆关抗日战史》，第 78 页。

③ 临永警备司令部:《榆关抗日战役经过详报》，《榆关抗日战史》，第 85 页。

划兴建军用道路和通讯网，以及其他一切必要的防御工事。至十月间大体完成。这一防御计划的特点，是企图用阵地抗击的战法挡住日军的进攻。在战场部署上，把“山海关……作为警戒阵地，而不作为主阵地”。“主阵地是选择在北戴河至界岭口东侧大山这一线。”山海关在地理位置上，西面受到来自黄土岭和义院口等处攻势的威胁，正面则有角山寺大山隔开山海关和九门口两地，难以形成一个有机的防守整体；关前既有五眼城一线地形高于山海关，背后又有秦皇岛之敌可能断我守关部队之后路。因此，何柱国没有把榆关本身作为用兵重点，只作为警戒阵地，而以北戴河之线作为主阵地。何柱国在分析这一部署时说：“山海关内过了滦河就是华北平原，滦河以东山区对于华北平原好比是个牛鼻子，只要拿住这个牛鼻子，就可以牵动整个华北平原；而北戴河之线多平坡地，死角少，乃是滦河以东地区最理想的易守难攻的一条线……因此我把主力布置在北戴河之线，预备在这里同敌人展开决战。”①这个作战部署，是以日军攻夺榆关后从滦河以东地区直下平津的作战企图为前提的。但是，后来日军进犯时，是先占榆关，再进攻热河，然后越过长城线，进入关内的。临永警备司令部部署的由北戴河至界岭口东西一线主阵地，在热河战争以前并未打响。

日本侵略军在进攻山海关的战争发动之前，多次进行挑衅，制造一连串事端，目的是制造战争空气，试探中国方面的反应，相机挑起战争。日军首先挑起“义勇军事件”。一九三二年五月初，临榆县公安局捕押了曾参加过东北义勇军的赵国恩。日本驻军宪兵队以赵系义勇军，曾袭击绥中为词，强迫县长将赵提往日本宪兵队。谈判时，日军复援引《辛丑条约》向中国六月十六日复函，硬说沿平榆铁路两侧二英里内日军享有弹压治罪权。我国驻军方面以条约未明文规定予以拒绝，并仍将赵提回，按盗匪治罪。日本宪兵队在当月三日以一份未经双方协商的所谓“协定”提交何柱国及临榆县长，限于当晚七时前答复，并声言如不签字，日方将自由行动。其“协定”第二条谓：今后，“依照中国官宪之希望，于中日逮捕义勇军或拘禁时，中日官宪双方须通知其状况，有必要时，须协力援助。本协定虽超越国际公法及条约以外，但仍出于双方之好意者”②。何柱国后来回忆说：“这当然是我所万难接受的，因此断然予以拒绝。”③与此同时，日军天津驻屯军一部移驻山海关，关东军复向关外前所一带增兵。日军进行频繁的演习，不断向我国军队挑衅。

五月十日上午，伪满洲国山海关警察队长杉山虎雄率领警士约二十名，前来山海关车站寻衅。下午五时占领我国山海关铁路站电报公寓及电报房，经中国驻

① 何柱国：《榆关失陷前后》，第52页。

② 《张学良致罗文干电》(1932年5月9日)，《革命文献》(第38辑)，台湾“中央文物供应社”，1968年，第2057页。

③ 何柱国：《榆关失陷前后》，第56页。

军提出交涉后始退出。

五月十五日夜十一时，日军举行军事演习，向山海关东南城角中国驻军监视哨射击。五月十七日，日军指使伪满洲国武装警察多人，赴临榆县东八里的乐善堡村，围困中国所设的保卫团所，抢夺枪支、电话、服装，并捕去该所人员四名。临榆县政府向日本宪兵队提出交涉，宪兵队队长赤领却回复说："长城以外皆属（"满洲国"）国境，故有赴该村缴械之举。"①

六月二十四日，伪满洲国武装警察四十名强行从九门口进口。同日，强占乐善堡村之伪警强迫当地居民迁移关内。其目的"欲迫我将二里店驻军及操场撤至长城之内"，"使榆关受五眼城之瞰制"。②

日军在九、十月间又挑起"伪警事件"，十月一日晚五时，伪满洲国警察十余人企图闯入山海关北面的东罗城，我哨兵闭门禁阻。另有伪警十人混入南门，打开东罗城门，将城外伪警放入，强占东罗城门楼，并占据中国警察分驻所。何柱国以情况未明，下令暂持镇静，准备待命。伪警继之欲强占山海关第一关城楼，登城击毙中国守军一人。中国军队为自卫计，当即还击，击毙日籍伪警一名。日本驻南关之守备队闻讯出动。关外日军铁甲车也开抵长城缺口。中国军队遂封闭城门，构筑工事，双方形成对峙。后经何柱国与日军守备队长落合甚九郎往返交涉，第二天，双方达成协议："此后'满洲国'国境警察队方面，武装队员不得进入山海关城内；更换城内的中国军队；中国方面对死者支付赔偿费，保证今后不再发生类似事件。"③事件始暂告停止。但是，榆关上空已是战云密布，大有黑云压城城欲摧之势。

三、 中日两军鏖战榆关

当时，东京日本军部还只作出攻占我国热河的计划，并未有占领滦东的决定，但日本在华侵略军在其军国主义政府和军部的向中国扩张的一贯方针鼓舞下，却以其法西斯的战争狂热，张牙舞爪地向山海关开刀了。山海关守备队长落合甚九郎不满东京迟疑不决的态度，又深知关东军跃跃欲动的意图，更受到坂垣征四郎与石原莞尔在东三省制造既成事实，获得天皇褒奖之先例的鼓励，早已在谋划发动袭击榆关的事件。关外的关东军也同样地力图捷足先登，抢在天津驻屯军之前

---

① 《张学良致罗文干电》（1932 年 5 月 9 日），《革命文献》（第 38 辑），第 2059 页。

② 《张学良致汪精卫电》（1932 年 6 月 27 日），《革命文献》（第 38 辑），第 2059 页。

③ 日本参谋本部：《满洲事变作战经过概要》（第 2 卷），中华书局，1982 年，第 64 页。另据临永警备司令部《榆关战役战斗详报》记载，双方协议："对死亡之日籍伪警及我方阵亡军士，互相抚恤。"其余条件则未提到。

占据山海关。于是，一场攻夺榆关的大战终于不可避免地爆发了。

关东军和天津驻屯军进攻榆关的军事目的是什么呢？中国政府参谋本部当时曾作了如下判断："侵榆实为图热之张本，图热亦即侵榆之主因。"①把日军进攻榆关与攻略热河联系起来加以观察，正确地指明了日军攻榆的企图。首先，日本攻夺榆关的主要目的，是以少数兵力掩护攻热大军侧背的安全，使中国军队无法从榆关方向对日军实行侧面的牵制；第二，占领榆关，可扼辽冀之咽喉，封锁东北边境，阻止义勇军从这一带通过，防止东北军对辽西一带可能的进袭，使日军攻热之战无后顾之忧；第三，以攻占榆关之行动，佯示攻略滦东，窥视平津，转移中国军事当局的视线于冀东平原，使之不敢抽调大部兵力进援热河，以期攻热作战之容易；第四，在占领榆关和攻取热河以后，则榆、热双方互相呼应，包围河北，撼动平津，为尔后发动更大规模的侵华战争造成有利的战略态势。

一九三二年十一月至十二月间，关东军沿辽西走廊向山海关方向转用兵力。由皇姑屯至山海关之间的每一个车站，均分驻重兵，又在沿线设置若干机场，作飞机起落之用，坦克车、铁甲车和骑兵部队频繁地举行演习。旅顺的日本津田第二遣外舰队派出军舰十余艘，游弋于山海关与秦皇岛外之海面。十二月八日，关东军挑起了炮击榆关事件，揭开了榆关战役的序幕。

十二月八日夜十时，关外日军步兵第五联队装甲列车一列开至榆关车站东端长城缺口，突然向城内射击，发炮四发，旋即西进至石河桥西端，继续向城内发炮二十余发，炮弹均落于临永警备司令部及公安局附近。何柱国以电话询问落合甚九郎，彼佯装不知，但表示希望勿使扩大。何柱国旋派外事科主任陈瑞明往日本宪兵队诘问，彼方诡称开炮之铁甲车系由前所追击义勇军，见有少数逃入城内，车进至长城缺口外又遭中国操场上步哨射击，故发炮还击。中国方面当即据实驳斥：当时并无义勇军退入城内，我操场亦无步哨，何来发枪射击。由于日军蛮横无理，双方交涉毫无结果。九日晨六时，关东军派出军机两架，飞临榆关我军司令部上方低空侦察，同时关外八里堡方面，日军约二百余名向九门口方向运动。上午九时，落合访问何柱国，提出由其介绍关东军第五联队长谷仪一，中日进行交涉。何柱国当即派出幕僚赴日本守备队，与谷仪一会谈。因日方提出无理要求，迫我方接受，并扬言否则将以关外已展开之步炮兵力采取自由行动，我方坚决予以拒绝。日军步炮联合兵力约一团，向榆关西北侧面制高点五眼城、馒头山之线展开。何柱国调驻海阳镇和北戴河的部队两个营进至石河前线。这时，日本驻北平公使馆武官永津佐比重致函军委会北平分会参谋长荣臻，反诬中国军队射击日军铁甲

---

① 国民政府参谋本部：《华北抗日战纪》（第1卷），中国第二历史档案馆藏国民政府档案。

列车,并威胁说要采取必要行动。①当晚七时,落合又进城会见何柱国进行交涉。十日中午,何柱国应日本宪兵队长之约定,赴南关日宪兵队驻地,与谷仪一、落合及关东军参谋吉冈、天津驻屯军参谋三浦举行会谈。结果,“我方忍辱,与之以(何柱国)私人名义签定对榆关地方驻军,允取缔排日抗日行为”之协议②。据日方记载,会议确定:“由中国方面进行赔礼道歉,保证以后取缔一切抗日排日行为和取缔义勇军。”③至此,炮轰榆关事件告一段落。这次事件之所以暂时停息,主要是因为关东军与华北驻屯军尚未能一致行动。天津《大公报》当时曾作过这样的分析:“榆关本归落合防地,受华北驻屯军司令中村之指挥。该铁甲车未得落合之同意,遽欲挑战,落合颇不赞成,遂出面调和,并介绍何旅长与第八师团联队长谷仪一会见,致其挑战目的未能实现。”④

落合甚九郎蓄谋已久的企图,在于抢在关东军之先袭夺榆关。还在炮击榆关事件前,十一月底,落合已向何柱国进行策反。他向何提出:由日方提供足够的军饷和武器装备,“帮助”何“拿下热河”,“实行独立自治”,并支持何“进取平津”。这一计划正如何柱国后来回忆时所说,“显然,这是要我取代东北军的首脑地位,并逐步走上汉奸的道路”⑤。何柱国当即向张学良报告此事,并虚与委蛇,加以拖延,积极加强了自己的防务。炮击榆关事件结束后不数日,落合再次施展诱降一手,妄图不战而下榆秦。他约何柱国司令部人员谈话,指责“中国政府及张学良仍执行操纵义勇,抗乱‘满洲国’之策略”,又发出恫吓说:“如此情形,延续下去,将不免引起日军根据日‘满’议定书,为肃清‘满洲国境’,而与中国军队直接冲突,虽因此而牵动华北,攻占平津,也在所不惜。”然后提出在滦东“建立缓冲地带”的要求,说“代表军部意旨,希(何柱国)在滦东出任中立,一切军费武器弹药等项,彼方均允担任协助”。不久,日方又提出由何柱国“出任滦东及热河之缓冲,将此地带成为自治区,仍由中国政府管辖,但须绝对取缔义勇军及抗日排日行为”⑥。

何柱国判断当时的形势,认为日军已图穷匕见,不战、不和、不守之局面,绝不足以维持,最后之冲突在所不免。乃前赴北平,向张学良当面报告,并以本人之去力促统帅部作出抗战决策。北平军分会召开高级将领会议,张学良决定了备战方针,着手战斗序列的编组。但是,当何柱国尚未返回榆关时,十二月二十九日即接前方紧急报告,谓“日方表示,鉴于东北军数个旅之开入热河,足证华北当局仍无

---

① 《张学良致罗文干电》(1932 年 12 月 9 日),《革命文献》(第 38 辑),第 2071 页。
② 临永警备司令部:《榆关抗日战役经过详报》,《榆关抗日战史》,第 83 页。
③ 日本参谋本部:《满洲事变作战经过概要》(第 2 卷),第 65—66 页。
④ 《张学良致罗文干电》(1932 年 5 月 9 日),《革命文献》(第 38 辑),第 2057 页。
⑤ 何柱国:《榆关失陷前后》,第 56 页。
⑥ 临永警备司令部:《榆关抗日战役经过详报》,《榆关抗日战史》,第 84 页。

采取和平解决之诚意，关东军极为愤慨，缓冲案之进行为时已晚”[①]。日本侵略军策动所谓“自治”未成，迫不及待地要发动榆关战争了。

一九三三年元旦这一天，当人们怀着希望的心情迎接新的一年来到的时候，日本帝国主义者在榆关点燃了侵略战争的新的战火。当天下午二时，日军守备队通知日本在榆关的侨民，在五小时以内悉数退入南海日军兵营。晚上九时半，日军兵车一列由绥中开到榆关，日军下车后即分布车站附近。这时，日军把事先制成的内装炸药的铁皮罐头点燃后分别投掷于南关日宪兵队院内、伪警察所门前及火车站日兵哨所附近。铁罐爆炸，其声如炸弹。日伪军并发枪数次。日军以此为借口，诬蔑中国军队向其发起挑战。日军便衣队先从榆关南门外向城门中国哨兵射击，意欲冲入城内，一举占领临榆县城。我哨兵开枪将其击退。这是双方大战的开始。当晚十二时，日军步炮联合部队约三千余名占领榆关车站至二里店之线，日军守备队向南门发起进攻。

临永警备司令部当即命令驻秦皇岛的六二五团、昌黎的六二七团、抚宁的骑兵第三旅、滦县的第二十旅等各部待命出动。驻守榆关的六二六团奉命全团出动，将四门封锁，官兵全部进入阵地。该团以第一营防守山海关城自西南水门起，经南门、东南角楼，至天下第一关之线，并对南关车站及长城缺口方向施行警戒。第三营防守由西南水门起，经西门、西北水门、北门，至天下第一关之线，并担负东罗城之守卫及对五眼城、二里店方向警戒。第二营则沿西关村缘占领阵地，予以固守[②]。同时，六二五团以主力位于角山寺、九门口、沙河寨、石门寨，掩护榆关左侧翼。六二七团主力配置于海阳镇、秦皇岛至古城一线，保卫秦皇岛，并掩护榆关右侧翼。

当日军在一日晚上首先鸣枪时，临永警备司令部派人前往日宪兵队交涉。日宪兵队长竟反诬中国兵士向日宪兵开枪射击，并向中方提出“抗议”，还要临榆城内中国住民撤出。一月二日凌晨一时余，“日方提出四项条件：(1)南关归日方警戒；(2)撤退南关中国驻军；(3)撤退南关中国警察及保安队；(4)撤退山海关城上中国守兵。限即时答复，否则开始攻击”。[③]中国方面言称，须俟天明查清真相后，再行交涉。但日军守备队于三时通知说，本事件无须调查，并修改原提的第四项要求：须将榆关南门开放，门里及城墙上均归日军警戒。迫令我方须绝对承认，立时答复。这时，日军扣留了南关公安局长，把南关警察缴械。至此，交涉已成僵

① 临永警备司令部：《榆关抗日战役经过详报》，《榆关抗日战史》，第 85 页。

② 石世安：《榆关战役经过报告书》，《榆关抗日战史》，第 45—46 页。

③ 《张学良致宋子文、何应钦、罗文干电》(1933 年 1 月 3 日)，《革命文献》(第 38 辑)，第 2074 页。

局。临永司令部下令驻滦东第二线部队向前方推进。骑兵第三旅三十九团等部由海阳镇向大高庄、崔家庄一线推进。第二十旅六五七、六五六团，分别由迁安、卢龙向榆关镇集中待命，六五八团移至北戴河待命。二日上午九时，日军以吴家岭、馒头山、五眼城、二里店、火车站至南关一线阵地为出发点，从东北、东、南三个方向，向山海关攻击前进。

一月二日白天，日军向榆关发起猛烈攻击。这天，日军第八师团发出通牒于我军临永司令部，竟然要求中国军队放弃山海关。临永司令部当即断然予以拒绝。当天上午九时许，日军七十余名在南关以机枪及平射炮向城上我守军射击，掩护登城。三十余名日军用木梯攀登城墙，向城墙内抛掷手榴弹。守城军以手榴弹还击，将攀登日军击退。至上午十时许，敌军三千余名，野炮四十余门，沿石河铁桥东端、南关、二里店、五眼城、吴家岭之线展开，向中国守军阵地进行猛攻。日机八架，沿城墙投弹轰炸，并用机枪向守军扫射。铁甲车三列，配置于长城缺口外、石河桥及车站。坦克车二十余辆向中国军队阵地实施攻击。日军炮兵以车站东南及长城外操场附近为主力阵地，向城内集中轰击，发炮四百余发，城内一片火海。日军进攻的重点在南关，上午十一时，日军炮火集中于南门，掩护步兵攻击前进，企图突入城内。守城部队沉着反击，击毙日军数十名。至午后四时，率将进攻南门的日军击退。

二日晚上十时，由榆关移至秦皇岛附近西富店的临永警备司令部，在何柱国的主持下召开作战会议，讨论作战计划。北平军分会判断日军总的作战企图是侵占滦东地区，进窥天津、北平，因此还在何柱国留北平时已提出了如下的作战方针："滦东驻军，以掩护华北军集中之目的，对滦东地区务努力保持，以迟滞敌之西侵；受敌攻击时，对滦东地区最少须保有两星期之时日。"①显然，这个方针是一个消极防御的作战方针，企图以单纯的固守来阻滞敌之西进，争取时间，掩护华北地区军事力量的集结。何柱国据此方针，在作战会议上作出了以下部署：(1)在华北"我军于战略展开完成之前，务努力保持榆城"，"山海关支队(六二六团)仍极力固守该地(榆关)"；(2)"以骑兵旅主力及步兵一团，占领石河之西线，拒止敌之西进"，"以掩护(滦东)军之占领阵地"；(3)"九门口方面派骑兵一团，并指挥守备该地区之步兵营，扼守诸山系，以掩护军主力侧背之安全"；(4)秦皇岛方面"务努力维持现状，并对港湾严行监视"②。这一部署的基本精神，乃是以固守山海关为中心，实行分兵把守，节节抗拒。这与何柱国原先制定的以榆关为警戒阵地，以北戴河至界岭口一线为决战阵地的部署不同。而

① 临永警备司令部：《榆关抗日战役经过详报》，《榆关抗日战史》，第91页。

② 临永警备司令部：《榆关抗日战役经过详报》，《榆关抗日战史》，第92页。

且，按当时敌我兵力及武器装备，中国军队采用死守的办法是难以守住榆关的。在北平军分会消极防御作战方针之下，榆关战役刚揭开战幕，中国军队已处于被动的态势。

一月三日，日军投入新的兵力，向榆关发动了更为猛烈的进攻。三日凌晨，日军第四旅团由关外驻地开到山海关车站，投入进攻行列。上午十时，日军开始猛烈炮击榆关南门一带及城东南隅，日机八架向我军守兵爆击轰炸，南海敌兵舰两艘亦发炮向榆关城缘射击。日军步兵受炮火掩护，向南门及东南城角炮击之破口猛攻前进。我守军以步枪、机枪、迫击炮迎头痛击，誓死抵抗。至十一时，敌攻势顿挫，战场一度沉寂。当天中午，日军发起第二次攻击。先以炮火集中于南门及东南城角，飞机十余架沿城墙猛炸，并低空扫射。南门内外房屋多为炮火摧毁。日军战车五六辆掩护步兵数百人，向南门猛冲，以烧夷弹将南门破坏。我守军前仆后继，英勇抗击，但防御工事多被炮火毁坏，兵员伤亡过半。敌军一部突进南门，我军虽拼死堵击，未能挡除攻势。六二六团第三连、第二连相继伤亡殆尽。日军五十余名遂从东南城角占领魁星楼。团长石世安当即调两个连，分别从西门向南门、自东门向东南城角进行反攻。我军以刺刀、大刀、手榴弹与敌格斗拼搏，歼敌三十余名。战至下午一时许，将魁星楼克复，并击退进入南门之敌。三日午后二时，日军发动总攻，东南角、南门、西南水门各处均展开激战。在敌炮兵及空军的轰击下，我军电话通讯线路被毁。南门守兵悉数战死。敌军战车由南门冲入。六二六团第一营营长安德馨率兵两班，奋勇堵击，在激战中全体阵亡。同时，东南城角复被敌占领。城外二里店、馒头山方向之敌，也已迫近东北城下，未几东北城角也相继失陷。这时，石世安率领预备队一个连从鼓楼向南出击，与冲入南门的敌战车和步兵展开巷战。可是，敌战车掩护优势兵力攻击前进，我军已无力阻挡。这时，北门、西门也相继失守。午后三时，石世安忍痛下令城内残部由西水门撤到城外，退守西关后，向石河右岸之线撤退。至此，榆关保卫战经过壮烈的搏斗后结束了。日本侵略军占领了榆关。

榆关之战，中国守军的失败，其原因完全不在于作战的不力。此次榆关战斗之激烈，及第九旅将士抗战之忠勇，在中华民族抗日斗争中，实为一·二八淞沪战争以来所仅有。这一战，充分表现了中华民族伟大不屈的精神。当时，《大公报》记者客观而公正地评价了第九旅将士们的英勇作战："该旅官兵，均深明大义，所有军官咸受过相当军事教育。平日防驻东北，目睹日寇凶横行为，九一八以后，更无时无刻不与日寇立于敌对地位，揆以明耻教战之意，该旅官兵受环境之压迫，于雪耻复仇之意感受最深，抱负最久也。故榆关战役，奋勇杀敌，全营官兵，慷慨赴死。……守城将士，虽在四面受敌之中，无一兵一卒，束手被俘。三日之守御，固嫌其短，但能抱必死之决心。处于战略上绝不能战之地势，慷慨殉城，亦不负守土之责矣。……其壮烈之事迹，足以彪炳千秋，永为我民族之纪念。”①

四、 石河西岸的防御战

日本关东军和天津驻屯军发动攻夺榆关的战争，事先并未取得东京军部和政府的指令。攻占榆关后，日军暂时也尚无进兵滦东的计划。然而，按照东京的既定方针，攻略热河的计划却已提到它的侵略战争的日程表上来了。关东军这时急需为转用兵力于热河方面作好准备。在这样的形势下，侵华日军遂采取以下的行动计划：一方面竭力向榆关以西、以北扩展占领地域，巩固其对榆关的侵占；另一方面，在逼迫中国承认占领榆关的前提下，通过外交途径，将这一事件作为“地方事件”，予以“就地解决”。同时，日本放出所谓“地方事件”和“不扩大”的论调，也是玩弄政治欺骗的一种手段，“此种企图转移国际注意的政治烟幕，乃日贼之惯技，因为借此可以减轻事变之严重性，及缓和我国抗日之高潮”②。

榆关被占领后，一月四日，日本陆军省在对新闻界的谈话中，即首先表示了“不扩大”的姿态，说“战事定为局部的，不久即可终止，不致引起严重发展”。三天后，日本陆军参谋本部又宣称：“陆军当局已决定方针，不使事件扩大，如华方表示诚意，拟派中村司令（天津驻屯军）交涉善后办法。”③但又说“日军将留居目下之阵地，与华军（在石河）隔岸对峙”④，公然表示要长期占据榆关。一月六日，日本驻国联代表团在日内瓦表示：“山海关事件应该认为纯粹局部问题，绝不致引起对中国本部军事行动。”日本方面同时向张学良、何柱国进行“交涉”。天津驻屯军司令官中村于同日晚向张学良提出三项要求，作为谈判的条件：“（1）张学良、何柱国向日本道歉，（2）奉山路车站扩展至山海关车站，（3）山海关地带宣布为中立地带。”⑤一月六日，驻秦皇岛的英国海军舰长访问何柱国，转达日本方面所谓“和平”解决的意见，并表示英方愿出面调解。对此，张学良、何柱国一一予以拒绝。同日，张学良对中村的三项条件断然予以严正驳复，并指出“榆关事件，决不能由地方解决”。何柱国也在一月九日声明：“关于榆变交涉之进行，权在中央，本人不能越俎，日方宣传，显系在外交上的烟幕弹。”⑥

日本陆军中央部、关东军与天津驻屯军司令部经过多次商谈后，于一月八日

---

① 《石河前线劳军记》，天津《大公报》，1933 年 1 月 20 日。
② 《榆关抗日战史》，第 170 页。
③ 《榆关抗日战史》，第 163 页。
④ 《榆关抗日战史》，第 164 页。
⑤ 《榆关抗日战史》，第 172 页。
⑥ 《榆关抗日战史》，第 125 页。

决定了《关于山海关事件处理方针及纲要》，责成天津驻屯军与关东军第八师团第四旅团加以执行。这个“方针及纲要”捏造事实，颠倒黑白，诬蔑中国军队“妨害”了日本军队“根据义和团事变认定的和约采取的行动”，从而发生了山海关事变，说日军守备队对中国的进攻是“为了保护侨民”，而关东军之所以参战是“为了紧急营救中国驻屯军”。这个文件提出了占领山海关的要求：“今后为保持山海关附近的平静，不得侵入距离山海关的一定范围（由当地决定）之内。”规定在完全实现这个要求之前，日军“在山海关的兵备维持现状”。并坚持处理这一事件以“不可限制以后用兵”为原则。①这一切，赤裸裸地暴露了日本帝国主义者长期占领榆关，准备入侵华北的野心。

日军为巩固山海关一带阵地，扩大战果，为尔后进攻热河和滦东开辟道路，遂向石河西岸扩展攻势，并企图夺取榆关北面长城线上的军事要塞九门口。石河是河北省东北部边缘的一条河流，它从北面流向东南，在山海关以西、秦皇岛以东之间注入渤海湾。从榆关向西，越过石河就进入了滦东的前沿地带，可以进窥滦东平原。石河形势重要，乃是中国历代兵家必争之地。明末吴三桂引清兵入关，李自成即御之于石河，不幸一战而败，清兵遂长驱直入幽燕腹地。临永司令部深知石河之重要，所以当三日下午榆关失守、六二六团余部由榆关撤出以后，立即部署了石河西岸的防御战。其作战部署是：“以骑兵旅全力，附步兵团一团及一营，固守石河之线，拒敌继续西侵，以掩护军主力占领阵地。”②由骑兵第三师师长王奇峰负责指挥石河西岸左右两地区的作战。骑兵三十九、四十团保卫茶栅—七星寨—古城—向河寨之线。六二六团全部占领平山营、曹庄、碣家庄、大深港地区。同时，在九门口方向，由六二五团占领沙河寨东方阵地之线，警戒响水和九门口。石河西岸和九门口遂成为中国军队抗击日军的最前线。

一月三日下午三时许，日本步炮混合部队四五百名，自小西关沿平榆大道向南孟店阵地发起攻击。中国守军拼命抗击，歼敌五六十名。同时，另一支日军二百余名沿北宁铁路向西攻击前进，在铁甲列车的掩护下西进至石河桥下，经我守军六二七团一个营的堵击，激战到黄昏将敌打退。次日拂晓，日军战车数辆，掩护步兵五六百名，沿平榆大道向我军五里台阵地附近数度猛攻，我军六二七团奋战，将进攻之敌击退。同日下午，日军在榆关西北向回马寨方向进犯，旨在进攻九门口，被中国驻守回马寨的骑兵部队击退。

一月六日，临永司令部进一步制定了作战计划。对于作战方针，作了这样的

---

① 日本参谋本部：《满洲事变作战经过概要》（第2卷），第67页。

② 临永警备司令部：《榆关抗日战役经过详报》，《榆关抗日战史》，第98页。

规定:“以长期保持滦东之目的,拟极力维持本阵地之线,相继摧破敌之攻击。”①这一方针以保卫滦东地区,掩护平津为作战目的。这在当时无疑是正确的。根据这个方针,在作战部署上分为第一、第二两线。第一线设在石河左岸,以平榆大道以北地区为主要阻敌方向,部署主力部队。同时,于九门口、秦皇岛两地各配置一个支队,以保护左右翼侧的安全。计划在第一线摧破敌之攻击。第二线为卧龙山经碾盘山、起云寺亘北戴河一线阵地,若第一线主阵地被敌突破,经反突击未能恢复,则以据守第二线来抗击敌人。根据这个部署,临永司令部以骑兵第三旅、步兵六二七团、六二五团一部,配置于向河寨—古城—徐家岭—疙瘩岭—东峰顶山之线,作为前方警戒部队,掩护第一线主阵地的部队。

但是,这时日军却并无大举侵入滦东的作战计划,而进攻热河的军事行动却正在开始部署。一月八日,日本参谋本部召开军事会议,部署侵略热河的军事计划,并决定派总务部长梅津美治郎赴天津传达。对于关东军,攻占九门口乃是当务之急,因为九门口地处山海关城东北约三十五公里的长城线上,是榆关的一个重要外围据点,占据九门口,不仅对巩固榆关阵地极有意义,而且可以西向进取石门寨,为尔后进入热河作战开辟一条道路。于是,日军把进攻的重点从石河沿岸移到九门口方面。一月九日,日军一部,附有炮兵,向九门口移动。十日上午七时,伪满军骑兵先向九门口进攻,被我军警戒部队击退。九时许,日军步炮混合部队近千人,在六架飞机的协同下,猛攻九门口,守军骑兵连不支后撤,退至响水阵地。当天中午,日军一部进占九门口,并以大部兵力集结于口外五六里之李家堡附近,午后,敌在九门口筑工固守,并将通九门口的道路封锁。至此,九门口陷于敌手。同月二十五日,东北义勇军独立第八梯队王慎庐部会同东北民众救国军第四路郑桂林部,联合进攻九门口,日军固守阵地,未敢出击。义勇军与日军在九门口周围交战近十日,曾一度占领九门口东西城,击毙不少日伪军,但未能攻占该口。日军在大举进攻热河前夕,为扫除攻略热河的牵制,于二月二十六日调步骑兵八百余名,在九门口外进攻义勇军郑桂林、王慎庐等部。

一月十日以后,迄三月中旬日军进犯滦东,其间中国军队前方部队据守响水—东峰顶山—古城—向河寨之线,与在九门口—角山寺—临榆城—王家坊—马头庄之线构筑阵地的敌军呈对峙状态。临永警备司令部统率的第二线部队则于滦东地区进行防守。二月二十日,北平军分会委员长张学良发布命令,将临永警备司令部所属部队改组为第五十七军,下辖一〇九师、一一五师、一二〇师、骑兵第三师及炮兵第十五团,由何柱国任军长。同时,以商震任军长的第三十二军和第五十七军两个军组成华北第二军团,商震任军团总指挥,担任滦东及热河东部

① 临永警备司令部:《榆关抗日战役经过详报》,《榆关抗日战史》,第102页。

长城线一带的守备。

这次榆关保卫战的失败，从根本上来说，是国民政府的不抵抗政策和不战不和的消极态度造成的，从战场作战来说，则是北平军分会的单纯防御方针所导致的。(1)战前缺乏必要的准备。自一九三二年一月锦州失守以后，榆关已成中日两军对峙的焦点。可是，南京和北平军事当局却幻想与日方和平妥协，消极避战，以致榆关各项防御准备，迁延拖拉，直到大战已至尚未完成。临永司令部在战役总结中说："为防优势敌人，须先作周到之准备，实为重要。于榆关战事开始前数月，本部曾将汤河右岸本阵地编成计划及构筑阵地应需材料数目，附以图表呈请……惟迄榆关交战后，我军应需材料尚未得运送前方。"阵地准备迟迟未成，战斗指挥部的组织亦复如此。榆关大战前，山海关和滦东地区驻军将近五个旅，但却无一个统一指挥的前线司令部；临战前指令由临永警备司令部指挥，但无司令部之组织，一切业务，仅第九旅旅部兼办，战争一起，不能适应需要。其他"如马匹、车辆，虽于战前迭经呈请，但终未能充足编制"，"榆战发生，本无兵站组织，给养补充，均不能应时适切"①。凡此种种无准备的状况，完全是国民政府和北平军分会的错误政策造成的。(2)我军兵力和武器居于劣势。日军攻榆兵力，除原驻榆关的守备队三百余名及伪警百余名外，主力是从锦县、绥中一带调来的第四旅团的第五、第三十一两个联队，总兵力近五千人。中国守卫榆关的部队，只有六二六团一个团，兵力共计为二千二百余人。日军配备有野炮四十余门、坦克车及装甲汽车二十余辆、铁甲列车三列，并有空军战机八架、海军兵舰两艘直接参战。中国守城部队全为步兵，只装备有迫击炮二门，毫无海、空军支援。所以"敌人之编制装备，以及兵器之精良，人马之雄厚，均较我军为优势"。而且，"敌人之平时演练、战时编成均以我国东北三省及河北平原为预期战场……所以榆关之战，敌之飞机、大炮、战车等新兵器均能发挥其特效"②。(3)消极防御的作战方针。北平军分会决定的"固守榆关"的方针，导致我军守城部队陷入了消极防守、被动挨打的态势。这个方针，是同榆关前线敌我兵力和火力对比状况不相适应的，而且也是违背了榆关一带的地形特点的。战斗开始前，榆关周围的高地已操于日军之手，"要害之地全在敌军，角山、馒头山、五眼城三处险要，势难阻御"③。显然，按照兵力、火力、地形和制空权，中国军队以"固守"的战法是难以保住榆关的。榆关虽有高大城墙，但在现代战争的条件下，以劣势的兵力和武器装备，采用节节抗击、拼消耗的方法，是绝难守得住的。当然，榆关这样的军事要地是不应轻易放弃

① 临永警备司令部：《榆关抗日战役经过详报》，《榆关抗日战史》，第 91 页。

② 临永警备司令部：《榆关抗日战役经过详报》，《榆关抗日战史》，第 92 页。

③ 《石河前线劳军记》，天津《大公报》1933 年 1 月 20 日。

的。但作战的目的应是以攻势作战消灭敌人的进攻力量、而后求得保卫地方。对此，临永警备司令部在“对敌防御之经验”中，作了深刻的总结：“以兵器不良，素质较劣，准备不充分之军队，为防优势敌人之侵入，欲达成其目的，战略上虽取守势，但须控置必要兵力，于所望时机，所望正面，能转移攻势实为重要。”①

① 临永警备司令部：《榆关抗日战役经过详报》，《榆关抗日战史》，第92页。

国民党中央军与长城抗战*

长城抗战是中国局部抗战中规模最大的一次战役，国民党中央军、东北军、西北军、晋绥军，以及民众抗日义勇军，都有部队参加这次抗战。蒋介石为什么调集部分中央军参加长城抗战，中央军有哪些部队投入了长城抗日战场，它在这次抗战中具有怎样的地位和作用？长期以来，我国史学界几乎未有人对这些问题作过全面和客观的论述。时至今日，很有必要以实事求是的态度对此作一考察，这对推进抗日战争史和民国史的研究是十分有益的。笔者根据现存的长城战役历史档案、此役亲历者的忆述，以及相关历史文献和报刊史料，尝试对上述问题作一探讨，以求教于海峡两岸的同行学者。

一、蒋介石对于中央军参加长城抗战的决策

国民党中央军是黄埔系的嫡系部队，由以蒋介石为首的南京中央军事当局直接统率和指挥，并由黄埔系将领直接掌握。这支部队是在大革命时期黄埔军校教导旅和国民革命军第一军的基础上发展和扩充而来的，向来是蒋介石黄埔系的基干力量。南京国民政府成立以后，黄埔系的军事力量急剧发展。至二十世纪三十年代前期中央军已拥有 30 多个步兵师，并控制南京中央军事当局直辖的空军、炮兵、骑兵和部分海军部队。这一军事力量是以蒋介石为代表的大资产阶级反动统治的最强大的军事支柱，在反对工农红军的“围剿”战争和新军阀混战中，在推行南京政府的内外政策中，历来是蒋介石最忠实的武装力量和工具。中央军参加长城抗战，是南京政府实行“一面抵抗，一面交涉”的对日政策的一种结果，是在中日矛盾不断上升的过程中，国内诸方面抗日因素共同作用的产物。南京政府和蒋介石调动部分中央军投入抗日战场，其决策过程始于一九三二年一·二八事变前后，长城抗战则是此种决策的延续和发展。

九一八事变以后，南京政府在“攘外必先安内”的基本政策之下，对于日本的武

---

* 2004 年 5 月手稿。

装侵略，实行军事上不进行抵抗、外交上积极谋和、依靠国联仲裁的政策。这也就是所谓“绝对不抵抗”政策。蒋介石不顾全国舆论的强烈呼吁和各界抗日团体的一再敦促，拒绝调动中央军的任何部队北上抗日。中央军除以部分兵力担负京沪杭地区和武汉、徐州、郑州、洛阳等战略要地以及部分水陆交通要道的卫戍以外，倾注全力于共产党领导的革命根据地，连年不断地对工农红军进行“围剿”战争。直到一·二八事变爆发，蒋介石才下令调动中央军第八十七、第八十八两个师和中央军校教导总队组成的第五军在张治中统率下参加了淞沪抗战，为中央军参加对日抗战开了先河。

中央军以区区二三个师的兵力参加淞沪抗战，从军事上说还称不上是一个大规模的抗战举措，在政治上却是迈出了带有重要意义的一步，它标志着南京政府的对日政策由“绝对不抵抗”转变到了“一面抵抗，一面交涉”。南京政府的这一政策转变并不具有根本的性质，因为它依然坚持“攘外必先安内”的基本政策不变，但这一变化导致了部分中央军参加抗日战争等一些前所未有的举措，所以应当认为是一种政策上变动的信号。这一变化的原因在于：日本的进攻从东北地区扩展到了长江下游，武装的侵略甚至指向华东心脏地区，从而构成对国民党统治的新的威胁；依靠国联仲裁的努力并未奏效，依赖西方列强干预日本侵华的希望每每落空；全国抗日救亡运动的广泛兴起，强烈要求政府出兵抗日；国民党内一些上层人物如胡汉民、孙科、冯玉祥等和一部分地方实力派要求抵抗日本侵略的主张，对蒋介石的“绝对不抵抗”构成了一种不同政见的争论而日益公开化；在国民党军队内部，不仅地方实力集团的部队不断发出抗日呼声，而且在中央军系统的不少中下级军官、甚至高级将领如张治中、杨杰、徐庭瑶等也要求出兵抗日。除了这些因素，还由于南京当局在九一八事变后坚持的拒绝与日本“直接交涉”的政策因为国联的无力干预也不得不作出修改，即由“间接交涉”改变为“直接交涉”。于是，以国民党内蒋介石、胡汉民、汪精卫三派的上海“和平”会谈和四届一中全会为契机，宣告了“一面抵抗，一面交涉”的对日政策的正式登台。继第五军参加淞沪抗战之后，调动中央军参加长城抗战就是这一政策得到贯彻的重要表现。

“一面抵抗，一面交涉”是一种过渡性的政策，反映了从对日“绝对不抵抗”到“抵抗”的过渡状态。但从根本上说，它依然在不抵抗政策的范围之内，它的“抵抗”是极有限度的、消极的；而“交涉”则是积极的、主动的；从两者的关系而言，“抵抗”是为了有利于“交涉”，通过“交涉”求得与日本达成妥协，以便为“攘外必先安内”的总目标服务。因此对日妥协是这个政策的灵魂和基调，归根到底“抵抗”和“交涉”都是为了达到妥协而采取的手段。显然，这一政策与九一八事变时的“绝对不抵抗”相比，抵抗的成分有所增加，应当肯定这是一个积极的变化，但这种变化是很有限的，并不带有根本的性质。这个政策贯穿于长城抗战的全过程，也是中央军北上参战的政治基础。如果说“一面抵抗，一面交涉”政策决定了中央军之可能参加抗战和参战的可能规模及其发展趋势，那么以下几方面的因素却是直接促成了中央军的北上参加长城抗战。

其一，张学良屡屡要求南京当局调兵增援华北，促使蒋介石不得不派兵北上。长城抗战的前期是由以张学良为首的军委会北平分会直接负责指挥的。一九三三年一月初的榆关抗战揭开了长城抗战的序幕。接着，在同年二月下旬至三月上旬举行的热河抗战，则是长城抗战的第一个阶段。从榆关事变前夕到热河战争开始前后，张学良不断致电蒋介石，要求他调兵北上增援。张先是提出调驻守河南的晋军商震所部第三十二军增援滦河一带，并要求其他部队如中央军等迅速集中待援。榆关事变爆发后两日，张发电说："务乞钧座（指蒋介石）迅示机宜，并乞迅饬启予（商震，字启予）所部火速出动，其他军队速行集结。"①热河战役开始之前，张又多次电请蒋介石派兵，并直接指明中央军要出兵增援，说，"热边情况日趋紧急……大有箭在弦上一触即发之势……良为未雨绸缪，力图周密计，拟请迅赐电调中央军及晋军即日开赴热东一带，以增实力"，并强调"事机迫切，间不容发，职部军队实不足分配，热边之战，恐即在目前，万乞迅赐裁夺，即日实行"。②对于张学良的请求，蒋介石虽然并未完全同意，下令调动的中央军数量也很有限，但也未拒绝，增援部队逐步有所增加。

其二，全国各界人士和社会舆论强烈要求南京当局派出主力部队北上参战，也是促使蒋介石调派部分中央军的一个因素。榆关抗战爆发后，自一·二八抗战失败后一度陷于低潮的民众抗日救亡运动再度勃发，要求全国动员、支援热河长城抗战，则是广大爱国民众和舆论的共同呼声。要求调动中央军北上参战，成为全国各界最强烈的呼吁之一。例如，东北民众抗日救国会一九三三年一月四日作出决定，呼吁全国人士团结起来，一致督促南京政府抗战。及至热河战起，全国舆论沸腾，各界为之震动，要求国民党中央派兵北上的呼声愈来愈强烈。上海各团体救国联合会、南京各界抗日救国会、北平各团体救国联合会、华侨抗日救国总会、北平人民自卫指导委员会、广东后援义军会、察哈尔各界自卫救国会、天津民众自卫会、江西民众救国会等44个救国团体于一九三三年一月底发出通电，呼吁军队将士奋勇抗日，为中华民族争独立。上海各团体救国联合会在致南京当局的电报中，严厉指责其贻误国事，强烈要求其"速下决心，即日宣布对日绝交……简派劲旅，会师热榆，进击辽沈，收复失地"。③

---

① 《张学良致蒋介石电》（1933年1月3日），秦孝仪主编：《中华民国重要史料初编·对日抗战时期（绪编）（一）》（以下简称《绪编（一）》），台湾中国国民党党史会，1981年，第567页。

② 《张学良致蒋介石电》（1933年1月17日），《绪编（一）》，第580—581页。

③ 《上海各团体救国联合会呈中央电》，《革命文献》（第38辑），台湾"中央文物供应社"，1968年，第208页。

其三，南京政府内部的有些军政要员主张调动中央军北上抗战，这对蒋介石作出出兵决策起了推动作用。代理行政院长兼财政部长宋子文对于热河长城抗战采取积极的态度，几次向蒋介石建议，要从财政上和军事上积极支援张学良进行抗战。他特别提出：要派中央军参战，蒋介石本人也应当北上指挥。一九三三年二月十四日宋子文从北平致电蒋介石，其中着重提出："弟（宋自称）意政府应全力对付热河，兄（指蒋介石）可否出二师（中央军）为总预备队。"为打消蒋的后顾之忧，宋还指出"以国际情势，日人必不向其他区域攻击"。同时要求蒋，在"热河发生战事时，兄务须放去一切，北平一行"。在这电报中，宋子文为促使蒋决策中央军出兵，还提出由属于财政部建制的中央税警团主力先行北上，说"弟意如中央军一时不能北来，可否开税警团一、二、三团来（北）平"。①陆军大学校长杨杰、军委会常驻北平军分会代表蒋伯诚等人，根据华北前线的实际情况都直接向蒋介石进言，主张调中央军部队北上参战。此外，立法院长孙科、外交部长罗文干、国民党中常委李烈钧、出席国联代表颜惠庆和顾维钧等人，也都不同程度地主张出兵北上，抗日御侮。这些主张和建议来自蒋介石政权内部，有的人如宋子文在当时是参与南京当局最高决策的人物，他们的意见对蒋介石产生了重要影响。

其四，在中央军内部有不少中下级军官甚至有些高级将领也主动要求北上抗日。以徐庭瑶为军长的第十七军，辖第四、第二十五两个师，属中央军系统，该军主力原在江西参加"围剿"战争。一九三三年二月底，第十七军"军部奉令开至江西上饶，担任赣东北区'清剿'指挥，正拟出发，适值承德、滦平相继失陷，日军逼近长城，直入长驱，华北危在旦夕。军长请缨北上抗日，奉委员长蒋电令照准"。②虽然蒋介石决定调第十七军北上参战是出于多种考虑，但是徐庭瑶请缨抗日对促成这一行动无疑是起了积极作用。当时中央军系统的军、师、旅、团各级军官中，发出请缨抗日呼声的，为数不少。

其五，在国民党其他派系势力中，桂系李宗仁、白崇禧，第十九路军蒋光鼐、蔡廷锴，西北军系宋哲元，晋绥军系傅作义等，都表示了抗日的愿望，有的要求率部开赴前线，有的呼吁南京中央速行动员抗日。原西北军首领、爱国将领冯玉祥四月初自张家口上书蒋介石，提出"抗日建议十二项"，其中要求南京当局"迅速设法抽调军队百分之八十，开往前方，分区集中"；"拨军费百分之八十作为抗日之费用"。③

当然，以客观形势而言，榆关失陷后，日军攻势直指关内，华北岌岌可危，已对

---

① 《宋子文致蒋介石电》（1933年2月14日），《绪编（一）》，第595页。

② 第十七军司令部：《十七军抗日战斗要报》（1933年12月1日），国民政府参谋本部档案，第二历史档案馆藏。

③ 朱汇森主编：《中华民国史事纪要》（1933年1—6月），台湾"中华民国史料中心"，1984年，第558—559页。

平津构成威胁，这就迫使蒋介石不得不下决心调兵增援。及至热河陷落，日军两次突破长城一线进入平北和滦河东西地区，蒋介石先后十余次发出构筑平、津外围防御阵地和死守平津的命令，同时也促使他进一步下决心调派中央军北上。①

二、 中央军第十七军等部的北上参战

在“攘外必先安内”的军事政治总格局和“一面抵抗，一面交涉”政策之下，中央军参加长城抗战具有局部性、渐进性和临时性的特点。

从参战规模来说，中央军的基本力量被置于“剿共”战场，一部分主力担任若干重要都市和交通要道的守卫，奉调参加长城抗战的部队为数不多，约占全部中央军的十分之三。显然，这一参战具有局部性的特点，这与七七事变以后中央军全部投入抗日战场的情况有很大的不同。

从参战的过程来说，中央军是从一九三三年三月上旬至五月下旬这一段时间里，断断续续地北上进入前方的，每次增调的兵力都很有限，呈现为一次又一次地渐次增兵，而非集中兵力投入战场。此种渐进性反映了蒋介石和南京最高军事当局对长城抗日战役事先并无全盘规划，更无集中优势兵力，主动、积极地举行战役进攻的作战方案，而是在被动地、消极地应付日军进攻的态势下被迫渐次增兵。这是南京政府实行消极抵抗、积极谋和方针在军事部署上造成的必然结果。

从参战的时间来说，中央军参战部队大都是临时从陇海线和长江以南被抽调进入华北战场的。各支部队事先毫无准备，仓促上阵，也无长期在前线作战的打算。此种临时性的用兵特点，正是反映了在蒋介石等决策者的心目中，长城抗战只是临时性、短暂性的一次作战，并不打算长期坚持下去，而企图在中途妥协停战。

中央军参加长城抗战的上述基本特点，在其参战的全过程中都有明显的表现。中央军参战部队的北上，大体上可以分为三个阶段。从一九三二年十二月至一九三三年二月中旬为酝酿阶段。蒋介石在一九三二年十二月下旬已判明日军即将大举进攻热河，乃于当月二十五日自上海致电张学良，首次提出准备调动六个师增援华北的决定：“倭寇北犯侵热，其期不远，此间自中（中，为蒋自称）回京后，已积极筹备增援，期共存亡，并已密备六个师随时可运输北援。”②同日，蒋介石在给军政部长何应钦、军委会办公厅正副主任朱培德和林蔚的电报中，对准备北调增援的六个师的具体单位作了规定，指出：“对北援部队，如……华北发生战

---

① 参阅《蒋介石致何应钦、黄绍竑电》等电报（1933年4—5月），《绪编（一）》，第632—664页。

② 《蒋介石致张学良电》（1932年12月25日），《绪编（一）》，第563页。

事时，则决拟以第二、第四、第二十五、第三十二、第五十六、第八十三各师任之。”①在这六个师中，第二师（师长黄杰）、第四师（师长徐庭瑶）、第二十五师（师长关麟征）、第八十三师（师长刘戡）均系中央军嫡系部队，上述命令是蒋介石第一次作出的中央军北上参战的决定，但他一再拖延，迟迟未下令正式发兵。翌年一月初，日军侵占榆关，兵临热河，中央军仍然未北运。一月三十日，陆军大学校长杨杰奉蒋介石之命抵达北平，可视为中央军北上之前奏，但此时蒋尚未最后下决心立即调动中央军，盖是时他对热河战局尚抱有幻想。

一九三三年二月下旬至三月下旬，为中央军第十七军和第二十六军等部队出动北上的阶段。二月二十一日，日本关东军发动对热河的大规模进攻。蒋介石遂于二十五日发出命令：“第二、第二十五两师速集中洛阳、徐州二地，限本月二十八日由集中地开始输送北运，预定在北通州下车候令……并限于下月八日前输送完毕。”②同月二十七日，蒋下令中央军第四十四师（师长萧之楚）主力北上参战。③第二、第二十五、第四十四师等部正在集中输送之际，热河战局急剧恶化，省会承德于三月四日被日军袭占。至热河全境陷落，中央军尚未有一兵一卒越过长城。第二十五师是最先进入长城战线的，但该师于三月五日在河北通县集中完毕时，承德已告失陷。蒋介石闻承德失守、日军南侵，于三月六日离南昌北上，在八日抵石家庄后即下令调中央军第八十三师北上参战。④

中央军是自成体系的，指挥大权操于黄埔系将领之手，不与其他派系和地方的部队混合编组。蒋介石为统一指挥北上的中央军，于三月初下令，调在江西上饶的以徐庭瑶为军长的第十七军军部北上，统率北上的中央军主力部队。第十七军除指挥原辖的第二十五师外，还先后奉令指挥第四师特种兵一部、第一师、第八十三师等部。萧之楚第四十四师北上后随即升编为第二十六军，萧任军长。蒋介石于三月十二日下令由第十七军和第二十六军组成第八军团，由杨杰任总指挥（东北军第六十七军王以哲部亦暂归该军团统率）。至三月底，抵达前线的中央军计有第二、第二十五、第四十四、第八十三师等四个师，第四师特种兵三个营（含炮兵、骑兵、辎重兵），交通兵第二团电雷队，这些部队组成一个军团，成为长城前线实力最强的军团。此外，奉调北上抵达北平城郊、尚未进入前线的中央军部队有骑兵第四师、陆军第三师特务团、骑兵第十三旅、骑兵第一旅和工兵交通队一部。

一九三三年四月至五月长城抗战结束，为中央军继续北上的阶段。四、五两

---

① 《蒋介石致林蔚、朱培德、何应钦电》（1932年12月25日），《绪编（一）》，第563页。

② 《蒋介石致林蔚、何应钦、刘峙电》（1933年2月25日），《绪编（一）》，第601—602页。

③ 《蒋介石致曹浩森、萧之楚电》（1933年2月27日），《绪编（一）》，第606页。

④ 《蒋介石致刘峙电》（1933年3月8日），《绪编（一）》，第615页。

月，日军先后两次越过长城线举行“关内作战”，中国军队防守无力，反攻更无希望，南京政府通过多种渠道积极谋求妥协停战。在此情况下，这一阶段中央军并无整师的主力部队北上参战。蒋介石在三月二十四日于北平西山召开的军事会议上，早已确定：“要以现有兵力竭力抵抗，不能希望再增加援军。”①但以后形势的发展迫使他继续增兵。在四、五月为守卫已受日军攻势直接威胁的北平和天津，南京当局不得不继续调集一些中央军部队北上。这些部队有的是一些主力师的一部分，有的是特种部队。四月上旬，中央军迫击炮营、宪兵第四团、独立炮兵第四团和第五十五、第二十一师各一部进入北平、通县和保定。五月初至月底停战之间，中央军北上的部队较多，因为其时北平已危在旦夕，而蒋介石是主张死守北平的。这时，中央军第四十二师、第八十七师一部、第八十八师一部、第三师第九旅、独立炮兵第七团等各部，都被调北上，进抵保定、北平、通县等地。②直至五月三十日，第八十七师主力一部由浦口抵达长辛店，才最后宣告中央军北上参战的结束。

三、 第二十五师保卫古北口之战

中央军第十七军、第二军等部在长城抗战期间，先后进行了古北口战役、南天门战役、新开岭石匣镇战役以及兴隆之战。以第二十五师为主力的保卫古北口之战是最先打响的一次战役，成为中央军参加长城抗战的第一仗。

古北口位于北平东北约 100 公里，是长城线上由承德通向北平的一个交通孔道和战略要点，其地扼冀热之咽喉，居潮河中游之北岸，东西两面皆有崇山峻岭，形势堪称险要。日军于一九三三年三月四日袭占承德后，以第八师团第十七联队挺进于滦平方向为牵制，以第四旅团第三十一联队和第十六旅团之骑兵第八联队向古北口外之黄土梁及其以西地带进攻，企图一举夺占古北口。东北军王以哲第六十七军之一〇七师从七日开始在口外青石梁一带阻击日军，掩护后方各部队向古北口增援。至九日午后 2 时，一〇七师在敌猛攻下不支，向古北口以南撤退。第二十五师奉令挺进前线，保卫古北口之战由此揭开战幕。

北平—古北口方向为长城抗战的主战场之一，蒋介石、何应钦调集的中央军部队集中于这一方向，先后进入这一战场的共有四万余人。第十七军军部及第二十五师于二月二十五日奉令集中徐州北上抗日。三月五日，第二十五师到达通县

① 黄绍竑：《长城抗战概述》，全国政协文史资料委员会编：《文史资料选辑》（第 14 辑），第 12 页。

② 中央军北上各部番号、抵达前方的时间和地点，均根据国民政府参谋本部编纂的《华北长城抗日战纪》，第二历史档案馆藏。

后即向密云前进。古北口外战斗打响后，该师于十日凌晨进至古北口。同时，东北军第五十三军一一二师已于七日部署于古北口附近将军楼、二道沟之线。第六十七军一一〇师于九日进抵古北口后方石匣镇，第五十三军骑二师主力一部到达白马关。

日军在青石梁受阻四日，第八师团长西义一亲赴古北口前方督战，三月七日，该师团命令“第十六旅团的主力击退古北口方面之敌，夺取该地附近的主要关口”①。三月九日，一〇七师战败南撤，一一二师与敌接战于太平庄、三岔口。十日午后，日军以炮兵掩护步兵主力，向第二十五师右翼龙儿峪阵地和一一二师右翼猛攻，经反复激战，敌强占右翼阵地长城各炮楼的计划终未成逞。十一日拂晓，敌军即开始总攻，以飞机及火炮掩护其主力向第二十五师右翼一四五团及一一二师攻击。将军楼以西阵地被突破，一一二师不支，古北口正面，沿长城之第一道防线亦被突破。其时，第二十五师在古北口南城东西两侧高地布置了第二道防线，另以一个团占领龙儿峪阵地，将军楼阵地失守后，一一二师守卫古北口正面的部队纷纷后退，日军占领古北口关口。敌向南城猛攻，并以主力向第二十五师右翼一四五团阵地实行包围，该团受侧背夹击，伤亡甚重。第二十五师师长关麟征令七十三旅旅长杜聿明指挥南城正面的战斗，自己率领师部特务连赶赴右翼阵地，指挥七十五旅主力恢复将军楼阵地。关在途中遭日军潜伏哨狙击受伤，仍指挥一四九团与敌拼搏。至上午十一时，敌军以猛烈之步炮火力将第二十五师一四五团与一四九团之交通线予以封锁，经一四九团向敌反击，肉搏冲杀，始将交通恢复，该团团长阵亡，其余官兵伤亡甚多。杜聿明在关受伤后以代理师长之职指挥全师继续战斗。全师将士与敌“激战竟日之结果，该师仍保有原阵地，敌未越雷池一步”②。

第二十五师仅有两个旅四个团的兵力，在十至十一日的激战中，除位于河西镇的一五〇团伤亡较小外，其余各团均伤亡惨重，后继部队又尚未赶到，现有各团都在第一线与敌军形成胶着，全师已无法调整战线，实行机动。十一日晚，杜聿明与七十五旅旅长张耀明会商后，决定各团在原有阵地继续战斗，迟滞敌之前进，以待我后续部队到达，同时以仅有的两连预备队及师部特务连，当晚在古北口以南高地及南天门一带占领预备阵地，在不得已时掩护师主力逐次转移到预备阵地，与敌作持久战斗。

十二日拂晓，敌军复以主力向一四五团阵地进行正面攻击，同时以大部兵力向第二十五师右翼延伸包围。全线战况，益形惨烈。第二十五师虽伤亡甚众，仍

① 日本参谋本部：《满洲事变作战经过概要》（第2卷），中华书局，1982年，第77页。

② 《第十七军抗日战斗要报》，第4页，国民政府参谋本部档案，第二历史档案馆藏。

与敌拼搏，连续击退敌人三次攻击。但敌军占领长城第一线阵地后，居高临下，我军全线处于敌瞰制之下，敌机数十架更番轰炸，重炮又不断射击。第二十五师一四五团阵地遭敌集中炮击，一四九团受敌包围，死伤奇重，不少连之战斗兵员伤亡已达百分之八九十。激战至午后，这两团的战斗力已消耗几尽。这时，该师的电话总机及无线电报机均被敌机炸毁，前后方失去联系，前方各部陷于各自为战。午后2时，敌军迂回到古北口东关附近，用机枪封锁了设于关帝庙的第二十五师师部。杜聿明等撤离司令部，转移至古北口南高地预备阵地指挥。至午后3时以后，第二十五师第一线部队自右翼起且战且退，已逐渐崩溃。不久，除河西镇阵地外，两个旅的所有阵地呈现全线崩溃，沿潮河支流向南败退。十二日傍晚，第二十五师右翼（七十五旅）部队经北店子，向黄土梁亘潮河南岸高地之线转移，左翼（七十三旅）各部及师直属部队向南天门左右高地之线转移，午后7时全部到达新阵地，隔潮河与日军对峙。这时，第十七军军部已进抵密云，徐庭瑶接杜聿明报告后，当即命令第二师星夜向南天门急进。

古北口之战，第二十五师与敌激战三昼夜，全师官兵前仆后继，冒着日军猛烈炮火，不怕牺牲，勇敢冲杀，表现了强烈的民族精神。我军准备缺乏，在兵力和火力上又处于劣势，又无空军和炮兵之支援，以致未能击退敌之进攻，丧失了古北口天险。第十七军司令部在战后总结此战时，作了较为合乎事实的评价："是役第二十五师集中甫毕，仓促应战，仅以步兵四团之兵力，独当优势之敌，又无坚固阵地可为凭借，邻接之友军复不能共同进退，以故损伤极大，师长负伤，团长阵亡一员，受伤一员，营长伤六员，连排长死伤四分之三，士兵死伤五分之三。计激战三昼夜，参加战斗之步兵四团，官兵伤亡竟达四千余人。然敌因我苦战恶斗之结果，死伤亦达二千余人。诚如敌军所谓激战中之激战也。"①

四、 第二师和第八十三师保卫南天门之战

古北口于三月十二日失守后，南天门遂为这一方向上北平的最后屏障。中国军队沿潮河南岸地区布阵，战线由八道楼子亘南天门、红二沟至义和台，正面40余里。敌我两军在此战线相持达一月余。北平军分会为加强这一战区的指挥、巩固北平以北的战略屏障，在古北口作战后，调整了作战指挥系统。其时，中国军队在此方面的兵力，约有步兵两个师、骑兵一个师、炮兵一个团。一一〇师及一〇七师之一部担任阵线右翼，第二师接一一〇师的左翼，骑兵第二师在第二师之左为左翼。所有部队，均由第六十七军军长王以哲指挥。三月十八日，军委会发布命

① 《第十七军战斗要报》，第5—6页，国民政府参谋本部档案，第二历史档案馆藏。

令，以第十七军、六十七军、二十六军合编为第八军团，由杨杰任总指挥。该军团担任顺义、平谷、东庄一线以西，顺义、昌平、南口一线以东地区的作战，以及延庆、赤城东方沿长城各口的警戒，但杨杰不为何应钦所容，故由徐庭瑶于四月二十日继杨任代军团总指挥之职。①不久，南天门战斗就开始了。

三月下旬，日军第六师团进行滦东作战。四月中旬，滦东地区中国军队退至滦河以西。这一战，日军越过了长城线，侵入关内。关东军在事先未获东京军部的批准，以其惯例先行日本最高当局可以默认之步骤，下令越过了长城线。在第六师团入侵滦东的同时，“关东军司令官四月十八日午后，令军参谋长通知第八师团长，希望该师团采取一切手段，对古北口南方地区之敌给以威胁，允许对古北口以南地区之敌进行攻击”②。此时，日本军部和关东军都无进攻北平的决策，日军向古北口以南地区的作战行动，目的并不在于占领北平，而是为了配合其“内变策应”的政治谋略。

关东军在军事上大举进攻华北，但限于日本国内和国际的诸种因素，其攻势只能以达到长城一线内外为限，并不能深入华北内地。与军事进攻相配合的政治谋略，是企图在平津等地策动叛乱，制造亲日政权，造成华北分裂局面。这就是所谓“内变策应”。四月十八日，在天津主持策反活动的关东军特务机关长板垣征四郎致电关东军司令部：张敬尧③预定于二十一日在北平发难，要求加紧进攻长城线，以造成前方紧急形势，配合平津“内变”。关东军司令官武藤信义于是命令第八师团进攻南天门。

南天门位于古北口以南 5 公里的隘道上，中国军队阵地右自潮河岸之黄土梁起，左至长城上之八道楼子止，正面宽约 10 里，中以 421 高地为据点。防守南天门的是以黄杰为师长的中央军第二师。该师原驻潼关、洛阳一带，三月八日北上集中通县，归第十七军指挥。十二日晚由密云挺进南天门，翌日凌晨，其第四旅郑洞国部先行到达南天门阵地，接着第二师全部接替第二十五师防务。四月十九日，第八师团命令第十六旅团在“二十日夜以一部攻击三个敌楼高地附近之敌”，“二十一日向南天门东西线挺进”。④二十日深夜，敌军发动的南天门之战开始了。这次战斗主要在八道楼子、421 高地和南天门附近高地展开。

关东军为配合“内变策应”的计划迅速实现，以其在长城一线的主力集中于古北口—南天门方向，企图击破中央军，威慑北平。自一九三三年四月十五日前后

---

① 参谋本部：《华北抗日战纪》第 2 篇第 2 章，国民政府参谋本部档案，第二历史档案馆藏。

②④ 日本参谋本部：《满洲事变作战经过概要》（第 2 卷），第 99 页。

③ 张敬尧（1880—1933），字勋臣，安徽霍邱人。皖系军阀。历任北洋军第七师师长、湖南督军兼省长、直鲁联军第二军军长等职。北伐战争结束后失势，退居平津。1933 年与关东军特务机关勾结，图谋发动叛乱，被国民党力行社特工人员暗杀于北平六国饭店。

开始，日军即将滦东兵力逐渐向古北口方向转移，除了第八师团之第四、第十六旅团，还有第六师团之第十一、第三十六旅团和直属关东军的第三十三旅团，全部兵力4万余人，火炮百余门，飞机70余架，装甲车50余辆，坦克车30余辆，另有伪军约6 000人。第十七军自古北口战斗后，鉴于此前之教训，加强了阵地的构筑，修建了阵地内的交通，并于南天门阵地后方构筑六道预备阵地。这些防御工事以连续十余个晚上彻夜施工，又经三十余夜之加工，始告完成。这时，独立炮兵第四团、重迫击炮第一营等炮兵部队已北上参战，进入南天门阵地，增强了中国军队的火力配备。

南天门之战的第一仗是八道楼激战。南天门左翼制高点有八座碉楼，建于险要的山上，名为八道楼子。四月二十一日凌晨3时，敌军伪蒙敢死队千余名向八道楼子猛扑，并以另一部千余名由龙潭沟西北绕八道楼子侧面，利用死角接近我十一团一营一连阵地，该营其余两连当即增援，我炮兵亦协同向敌射击。守军沉着应战，俟敌接近山腰始以机枪扫射，继以大刀、手榴弹猛烈出击，激战三小时，率将敌敢死队500余名歼灭。伪蒙敢死队在日军督战队的驱赶下，虽死伤枕藉，仍于炮火及飞机掩护下继续进攻，节节逼近。此时守卫八道楼子的两个连伤亡惨重，十一团第二营由八道楼子东南高地驰往增援，情况稍缓。中午12时许，敌再度向八道楼子猛攻，战况较前尤烈，十一团守军三个连伤亡殆尽。增援部队在敌炮火封锁下运动困难，八道楼子东麓之炮楼两座陷于敌手。

第二师师部鉴于八道楼子山高势峻，足以瞰制古北口、南天门，且为我军阵地左翼之重点，势在必争，乃除下令第六旅坚守外，又调第四旅四个营归第六旅指挥，赶往增援，要求于当日黄昏后将已失之炮楼收复。二十一日午后，我增援部队由界牌峪左侧高山前进，向八道楼子反攻，激战至午后4时许，反攻官兵大部伤亡。黄昏后，十一团团长率两个营再次反攻八道楼子。同时该团另一个营由龙潭沟出而夹击。自下午9时起，反攻官兵奋不顾身，与敌肉搏十余次，卒以敌炮火猛烈，我阵地全被荡平，出击官兵伤亡奇重，三个营长一亡两伤，阵亡官兵达1 500余名。直至二十二日拂晓，该高地得而复失数次，我军反攻终未得手。但我军在猛烈炮火之下，仍扼守八道楼子西端之炮楼，屹然不动。当日午前，敌机三架及炮火猛击八道楼子一带我军阵地，另一部千余人向我军左翼迫近，炮楼守军受敌侧射伤亡殆尽。炮楼为敌机炸平，至11时乃撤至界牌峪、上堡子东北高地。八道楼子至此全部失守。①

八道楼战斗结束后，421高地之战又展开了。421高地在八道楼子高山之脚下，系南天门左阵地的支撑点。四月二十三日晨，敌以陆空联合部队向421高地

---

① 国民政府参谋本部：《华北抗日战纪》第2篇第2章，第二历史档案馆藏。

进攻，同时以步兵一个旅团之一部由黑龙潭向田家庄进犯，一部由八道楼向界牌峪前进，威胁421高地之侧背。日军在一天内连续四次向421高地发动猛攻，第二师守军浴血奋战，一次又一次击退了敌之进攻。二十四日凌晨，敌又以飞机十余架，并集中炮火继续向421高地冲击，步兵在空军和炮兵掩护下接近421高地。我守卫部队第十一团第三营与敌激战三小时，肉搏六七次。敌军虽付出惨重伤亡，犹节节进迫。至上午10时许，我守军营官兵伤亡殆尽，致421高地陷于敌手。第二师补充团一部旋即以快速动作向敌发起反攻，经多次冲击，激战至正午，将敌击退，收复421高地。二十五日，敌继续以炮火向该地射击，终日未止。“第二师苦战五昼夜，伤亡甚大，疲劳不堪。于二十五日夜间，由八十三师刘戡部接替南天门阵地的防守任务。”①

二十六日拂晓前，八十三师接替南天门阵地防守任务，敌攻击之猛烈，一如前两日。敌军集中火力向421高地猛攻，防御工事全毁。敌继以步兵猛扑。八十三师四九七团拼力抗击，激战至下午，伤亡过大，阵地遂遭失守。敌占421高地后，二十八日上午5时以炮兵集中射击南天门附近的372高地及425高地，步兵分三路向守军冲击，同时以坦克掩护骑兵向南天门左右两翼展开迂回。四九七团及补充团一营与敌激战竟日，营长三员均负重伤，阵地工事悉被摧毁。当晚，八十三师转移阵地，撤退至南天门以南600米的预备阵地。

第二师和第八十三师保卫南天门的“八昼夜的血战，敌人伤亡之大，为九一八以来所少有。而战线仍胶着在南天门附近，殊出敌预期之外”②。敌我双方均受重大伤亡。“敌人伤亡5 000余人，为历次损失最大者。”③中国两个师的“伤亡共3 000余人”。④日军付出如此代价，“所得不过八道楼子之四座碉楼及南天门附近之三个山头。以此结果，殊出敌预期之外”⑤。

南天门保卫战正在激烈进行之时，中央军第二十六军也举行了兴隆之战。兴隆原为河北蓟县北区的一个镇，民国成立以后，始划原属遵化、蓟县、密云、滦平等县的边区，与该镇合为兴隆县。兴隆虽为一小镇，但其地北通承德，南越长城可至蓟县，东达喜峰口，西经樯子路至密云，形势颇为重要。日军为配合古北口、南天门、喜峰口之战，决定进占兴隆，以重兵进出将军关、黄崖关、马兰关，袭扰中国军队的侧背。四月中旬，日军第八师团在部署南天门作战计划时，已提出了进占兴隆的要求。南天门战斗一打响，第八师团即向第三十一联队第三大队发出命令：

①② 杜聿明、郑洞国、覃异之：《古北口抗战纪要》，《文史资料选辑》（第14辑），第98页。

③ 黄杰：《抗日战争的回忆》，《传记文学》第31卷第2期。

④ 《徐庭瑶致蒋介石电》（1933年5月15日），《绪编（一）》，第640页。

⑤ 第十七军司令部：《第十七军抗日战斗要报》，第17页。

在“四月二十一日拂晓赶走兴隆县附近之敌”①。

进攻兴隆的敌军，以第三十一联队第三大队为基干，附以伪军，共3 000余人。在参加古北口作战后，该敌于四月十九日南进，翌日击退中国骑兵第五师之一部，二十一日占领兴隆，随即分兵镇北兴隆山固守。中国第八军团为保障南天门、龙井关的侧背安全，命令第二十六军萧之楚部派兵收复兴隆。二十六日，二十六军在蓟县军部发出进攻命令，由骑兵第五师、独立第四旅、第一三二旅等部担任攻击任务。其时，兴隆日军千余人。二十七日上午9时，骑五师等部队攻入兴隆镇内，将敌残部包围于兴隆县署内和兴隆山上。二十八日起，双方呈对峙状态。据日军材料记载：中国军队“逐步迫近我大队占据的房屋，以迫击炮向我猛烈射击……还对我发出劝降书，强令我军投降”。

在兴隆之敌已陷入绝境，行将被消灭时，南京和北平的军政当局正开始了与日本的停战议和活动。四月二十日和二十二日，北京大学校长蒋梦麟受北平军分会何应钦的委托，先后两次造访英国驻华公使蓝浦生，央请英国出面居间，安排中日之间的停战谈判。同月二十七日，南京政府军政部次长陈仪与日本驻上海武官根本博洽谈华北停战问题，根本博提出的停战条件中，包括要求何应钦“将包围岛村支队（即十三联队第三大队）之部队，先予解围”②，陈仪同意转告北平军分会。二十九日，北平军分会下令兴隆前线部队“以一部监视”县署之敌，“而将主力向樯子路转进……应避决战”。至五月一日何应钦电令萧之楚撤回围攻兴隆的部队。兴隆之战于是结束。“倘非我方志在停战，自动撤围，该队（日军岛村支队）全体就歼，亦非意外。”③

五、新开岭、南香峪、石匣、九松山之战

南天门之战，关东军采取“以谋略为主，作战为辅”的方针，以配合坂垣征四郎的“内变策动”的阴谋颠覆活动。但至四月底，南天门方面攻势作战进展甚缓，坂垣的策反活动也并无结果，关东军与东京参谋本部始渐失望，而进攻北平和天津又无足够的兵力和准备。于是，经过参谋本部、陆军省和关东军三方会商，确定了“沿长城作战”，以“迫和为主，内变策动为从”的关内作战方案，企图通过第二次关内作战，迫使中国当局按照日方的条件接受城下之盟。一九三三年五月三日，关东军发出关作命第503号命令，其中规定：“第八师团仍然继续实行攻击，直至石

① 日本参谋本部：《满洲事变作战经过概要》（第2卷），第101页。

② 《根本博致关东军参谋长电》，《现代史资料》（七），第535页。

③ 梁敬錞：《日本侵略华北史述》，台湾《传记文学》第10卷第5期。

匣镇附近”,“第六师团应以一部占领永平及迁安一带,控制敌人的滦东地区作战,另以主力从迁安上游地区痛击敌人”。①日军第二次关内作战从此开始,作战方向分为密云—怀柔、溧阳—遵化、迁安—丰润等三个方面,其主攻方向置于密云地区,以中方的中央军第十七、第二十六军为主要打击对象。

密云地区为北平东北面的外围屏障,是从热河南下北平的必经之地。新开岭位于南天门西南平热大道附近,为南下摇亭、石匣,西进南香峪的要道。五月三日,敌第八师团制订了攻击新开岭、石匣镇和南下密云城的计划。同时调集兵力于古北口—南天门一带,计有兵员17 000万余人,火炮60余门,坦克30余辆,飞机10余架。中国第八十三师以二四七旅守卫新开岭之右翼地区,二四九旅守卫其左翼地区,第二师则配置于新开岭后方摇亭和石匣,新从南方调来的中央军独立炮兵第七团于五月九日进入兵马营及九松山阵地。

五月十日,日军火炮向我前方阵地射击多时,当晚步兵向车头峪—大新开岭—上堡子—笔架山一带阵地猛攻,经守兵阻击约2小时,敌始停止进攻。次日凌晨,敌以主力向双山村—小桃园—笔架山一带阵地进攻,我守兵奋勇阻击,往返争夺,至上午10时许,守兵伤亡殆尽,小桃园阵地为敌突破。中午12时许,笔架山相继陷落,同时涌泉庄、上堡子、郝家台一带阵地亦受敌炮火及飞机的轰击,所有工事悉为荡平。敌步兵在坦克掩护下猛冲,午后2时占领郝家台阵地。敌军另一批坦克则进至大新开岭以南,迂回我补充团,该团拼死抗击,将敌击退。

八十三师乃一面令右翼部队死守原阵地,一面令左地区部队在北香峪以南亘半城庄之线固守。同日下午5时,敌军在左面已进至香水峪,与我北香峪以北之四九四团及辎重营骑兵连相对峙,右面之敌以坦克为先导,沿平热大道及潮河进至新开岭以南,向八十三师之后侧威胁,被我炮兵击毁数辆,始停止前进。四九四团在激战中伤亡惨重,团长受重伤,团附阵亡,士兵伤亡达三分之二。战至下午6时,八十三师全线崩溃,无力再战,徐庭瑶下令由第二师接替前线的战斗任务。八十三师后撤兵马营—不老屯—庄禾屯一带,为第十七军总预备队。

日军侵占新开岭以南阵地,中国第二师以摇亭、南香峪之线为主阵地阻击敌军。十一日午后,第二师首批部队进入阵地未毕,敌即向磨石山、新开岭、香水峪一带大举进攻。当夜敌猛攻小新开岭左翼405高地,被击退。十二日拂晓,敌军2 000余名在坦克、炮兵掩护下复向405高地猛攻,经激战后守兵伤亡殆尽。下午3时,敌向摇亭、南香峪之线猛攻,火炮五六十门集中射击上述两要点,坦克及装甲车30余辆冲过摇亭至芹菜岭附近,第二师竭力拒止。激战至晚,敌坦克十余辆冲至南茶篷我炮兵阵地,炮兵四团九连之官长战死,大炮4门被毁。同时,位于潮

---

① 日本参谋本部:《满洲事变作战经过概要》(第2卷),第102页。

河西岸小槽村和在茶篷以南的炮兵阵地亦被敌坦克和空军摧毁。十三日上午，双方在南茶篷、团山子等地展开争夺战，至下午因伤亡过大，第二师后撤王冈峪—不老屯之线，第二十五师接替前线之防守。

五月十三日下午1时，二十五师以七十三旅开始向左移动，接替第二师撤出之阵地，七十五旅在城子村、小槽村与敌激战。七十三旅在移动中未及占领新阵地，即受优势敌军之攻击。旋敌坦克越过石匣镇3里，冲至山南口附近。七十三旅与石匣城内之守军向敌夹击，歼敌一部。下午4时，敌炮兵集中轰击石匣，将城垣摧破，坦克由缺口冲入，步兵随之前进。我守城部队与敌展开巷战，伤亡殆尽，该镇遂陷敌手。接着敌我在镇外山南口阵地进行了争夺战，至当晚12时，守军无力再战，退往后方。石匣镇及其外围终于失守。

至石匣失陷，第十七军的三个师经连日轮番作战，死伤已达4 000余人，武器损失亦大，已难再战。北平军分会下令调第二十六军接防。十四日晚，第二十六军进入九松山—石井村阵地，担任第一线作战。第十七军除二十五师一部担任石钱峪、五座楼一线的警戒外，其余各部调回密云整理。十七日，调回怀柔、顺义之线。接着，九松山之战就开始了。九松山位于密云城东北30里，当平古大道之要冲，为密云之屏障。十七日晨，北平军分会命令第二十六军："应以步兵两团、炮八门，在九松山、石骆驼之线任警戒，主力占领牛栏山、高各庄之线为要。"①十八日拂晓，敌向二十六军四十四师第二六二团南省庄阵地绕袭，同时向二六四团石骆驼阵地猛扑，均未得逞。上午11时，敌军在两处中地雷，被毁坦克1辆。下午2时，敌以坦克20余辆、炮10余门及步兵3 000余人发起全线总攻。中国军队虽经抗击，但无力遏制敌之攻势，于当晚放弃了九松山阵地。十九日，从石匣南下的日军第八师团主力攻占密云城。

这时，蒋介石、汪精卫指派的黄郛于十七日抵达北平，竭力向日本方面寻求停战妥协，以何应钦为首的北平军分会对于抗日军事已丧失信心，也寄希望于黄郛的和谈一手。但是，无论是蒋介石还是何应钦当时都不了解日军并无攻占平津的计划，相反却十分担忧日军很可能会进攻平津两市；而如果平津陷落，将会在全国造成巨大震动。蒋介石在五月二十日前后几天，多次电令何应钦务必死守北平。二十一日，北平军分会为保卫平津，再次调整全盘战线，将前线各军调集于平津外围。军分会命令第十七军调集北平城内外担任城防，第二十六军与新近北上的中央军第七军冯钦哉部担任通县至牛栏山一线防务。同时，由北调的中央军第八十七师和八十八师各一个旅，第三师一个旅，编为第十三军，以主力进驻北平，一部于保定待命。二十一日当天，何应钦任命徐庭瑶兼任北平城防司令。何应钦等人

① 《北平军分会铣戌会战电》(1933年5月17日)，见《长城抗日战纪》第4篇第2章。

对于保卫北平并无信心与决心，何本人已准备撤离北平，转移保定。但他的这一行动尚未付诸实行，黄郛就已在二十三日凌晨与日本方面达成妥协条件，接受停战议和。于是，长城抗战最后结束了，中央军保卫北平城之战也成了一个并未实行的构想而已。

综观中央军参加长城抗战的全过程，可以得出以下几点结论：

（一）中央军是长城抗战中的一支劲旅，其实力仅次于东北军而占第二位。长城抗战是在国民政府领导下进行的一场反对日本侵略的民族自卫战争，参加这次抗战的除东北义勇军以外，正规部队为国民党四个方面的军事力量：中央军、东北军、西北军（第二十九军等部）和晋绥军。其中东北军的规模最大，参加这次抗战的共有 22 个师又 7 个旅；西北军作为一个整体此时早已解体，其部队参加长城抗战的分为三个集团：第二十九军、第四十军和第四十一军，共有 5 个师又 3 个旅；晋绥军共有 8 个旅参战。中央军在四个方面军事力量中，实力仅次于东北军而大于西北军和晋绥军，调集至前方参战的部队共有 7 个师又 6 个旅和 2 个炮兵团以及其他特种部队，如果以师为单位折合，总数相当于 12 个师的兵力。而且，中央军各部的兵员较为充足，武器装备优于其他各军。在这次对外战争中，中央军无疑是一支最有战斗力的、占有举足轻重地位的重要军事力量。

（二）中央军广大官兵在这次抗战中表现了高昂的爱国精神。在 80 天上下的战斗中，各部广大官兵怀着一腔热血，为民族自卫、抗日御侮而战，士气之高涨为国民党军在北伐战事以来所罕见，而浴血奋战之激烈则远远超过了中央军第五军于一·二八淞沪抗战。古北口保卫战、南天门阻击战，大小新开岭、南北香峪、石匣、九松山守卫战，第二十五师、第二师和第八十三师以及第四十四师等部，面对日军的强大炮兵和战车的轰击，在制空权完全操于敌手的不利情况下，无所畏惧，坚守阵地，反复拼搏，表现了不屈不挠的民族精神。在各次重大战斗中，涌现过不少可歌可泣的动人事迹。古北口保卫战中，第二十五师七十三旅一四五团守卫该口之右翼龙儿峪一带阵地，该团派出的一个军士哨远离主力固守一个据点，当大部队崩溃后撤，该军士哨 7 名士兵仍继续坚守据点，他们不怕敌军之包围攻击，奋勇还击，先后毙伤日兵百余名，日军以大炮和空军轰击，始将该哨消灭，①由此可见参战部队士气高昂之一斑。

（三）中央军担任的古北口—九松山战场，为长城抗战的关内作战主战场，第十七军举行的古北口、南天门、新开岭、石匣等三次战役，是长城抗战中最激烈的战斗之一。从一九三三年一月榆关事变至同年五月《塘沽协定》签订，在整

① 杜聿明、郑洞国、覃异之：《古北口抗战纪要》，《文史资料选辑》（第 14 辑），第 94 页。

个长城抗战过程中，主要的战役有榆关战役、热河战役、滦河东西战役、喜峰口战役、罗文峪战役、古北口战役、南天门战役、冷口战役、怀柔战役等，而古北口—南天门之战是其中最为激烈持久的战役。就各个战线而言，喜峰口遭遇战、铁门关暨沣家口夜袭战、罗文峪保卫战、石门寨暨海阳镇阻击战、抚宁和昌黎收复战、高台子暨东峡口阵地战、冷口三次保卫战等，都表现了中国军队抗日御侮的英勇气概，而第十七军在古北口、南天门诸战中的战斗精神和顽强拼搏，绝不下于其他各军，实有过之而无不及。古北口、南天门、新开岭、石匣一线，地当(北)平—热(河)大道之要冲，为拱卫北平之屏障，日军两次关内作战，虽在滦河东西及平北两翼展开攻势，但均在这一战线配置重兵，借以构成对北平的最大威胁。从这一意义上说，古北口—南天门战场可谓长城抗战的主战场。第十七军司令部在战后的总结中，断言“此次战事，日军专对中央军，竭其全力，势必置于消灭而后已”①。此说虽不无夸大其词之处，但也确实从一个侧面反映了中央军实为日军之劲敌。

（四）中央军参战部队在这次战事中作出了巨大的牺牲，伤亡人数都超过了其他各军。第十七军和第二十六军，共计阵亡 3 500 余人，负伤 6 600 余人，伤亡总计为 10 100 余人。②以军为单位而言，第十七军是参战各个军之中伤亡最大的一个军。据南京参谋本部在战后的统计，第十七军共阵亡 3 300 余人，负伤 6 000 余人，伤亡合计为 9 300 余人。其次为东北军第五十三军，阵亡 4 200 余人，负伤2 800 余人，伤亡合计为 7 100 余人。但第五十三军是以 8 个师又 1 个旅编成的，第十七军则是以 3 个师为主编成，因而以每个师的伤亡计算，第十七军远远超过第五十三军。再以在长城战役中闻名全国的第二十九军为例，其伤亡总数为4 300 余人，只及第十七军伤亡总数的一半。③从以上史实，可以确认中央军在长城抗战中的牺牲是巨大的，在各军之中是首屈一指的。还应当进一步指出，中央军的这种牺牲不可与“剿共”战争和军阀混战中的死伤同日而语，而是为反对外国侵略者而战，为民族自卫而战，在中国的反侵略战争史中自当享有其应有的地位。

（五）然而从历史的另一方面看，中央军则是实行南京当局对日“一面抵抗，一面交涉”政策的最忠实的工具。中央军参战的时机、规模之大小，每一战役的具体计划和目标，以及最后在密云九松山执行停战，无不是以南京当局的决策为转移的。在这一政策之下，长城抗战最后以中国当局接受城下之盟而结束，中央军参战部队也在难以忍受的屈辱态势之下结束了这一场历时 80 天的血战。虽然绝

① 第十七军司令部:《十七军抗日战斗要报》，第 6 页。

②③ 国民政府参谋本部:《华北长城抗日战纪》第 4 篇第 3 章，附表第 38。

不能说参战部队的血是白流的,但战斗的结局却再次揭示了这样一条值得国人记取的道理:没有正确的政治与军事的领导和正确的方针政策,单凭部队的勇敢作战,是不可能夺取民族战争的胜利的。

论热河抗战及其历史教训*

六十年前的热河抗战，以中国军队的急速溃败和退出热河全境而被载入史册。这一场反对日本侵略的民族自卫战争，为什么会迅速归于失败，在这里蕴藏着一些什么值得发人深思的历史教训？这是一个至今仍然很值得深入探讨的问题。

一、 蒋介石、张学良对热河抗战的态度

热河抗战处于九一八抗战与长城抗战之间的过渡阶段，它既是九一八抗战的尾声，又是长城抗战之前奏。在中国抗日战争历史上，它是由南京国民政府领导和指挥的局部抗战之中的一役。

热河是当时我国的一个省，其领域包括今河北省东北部、辽宁省西南部和内蒙古自治区东南部，地势险要，资源丰富，在战略上具有极为重要的地位。日本军国主义很久以来一直把侵占热河列入其在亚洲大陆上实行扩张的第一步目标。一九二七年田中义一内阁的"满蒙积极政策"已包含有侵占热河的要求。九一八事变后，日本政府"在一九三一年十二月，已计划将中国的热河省包括在'伪(满)国家'之内"①。日本侵夺热河，兼用军事进攻和政治谋略。从一九三一年至一九三二年秋，置重点于诱降热河省政府主席汤玉麟；此后，乃以武装进攻为基本手段。于是，一场侵略热河的战争由日本方面发动起来了。

事实上，自东北三省陷落后，热河已成为盘踞东北的关东军与驻守华北的中国军队之间的战略中间地带。一·二八淞沪抗战一经结束，热河问题立即上升成为中日关系的焦点，保卫热河遂成为中国国防全局中最为紧迫的任务。怎样对待日本对热河的进攻，全国上下议论纷纷，一时成为时局的热点。以坚决抗战来保卫热河，或是以不抵抗政策断送热河，或者是企图以不战不和拖延下去？对此，无

---

* 本文原载《民国档案》1993 年第 2 期。

① 《远东国际军事法庭判决书》，张效林译，群众出版社，1986 年，第 62 页。

论是蒋介石，还是张学良、汤玉麟，都不能不作出抉择。

以蒋介石和汪精卫为首的南京政府这时正在以全力推行“攘外必先安内”的基本国策，对于日本的进攻，则是采取以妥协退让为基轴的“一面抵抗，一面交涉”的政策。在蒋、汪的政治和军事的天平上，热河问题决不可与“剿共”问题相提并论。然而，热河如果沦陷，华北门户洞开，就将对南京政府在华北的统治造成严重威胁。当时全国民众甚至国民党内主张抗战的人士，要求保卫热河、反对不抵抗主义的呼声，已呈现相当强劲的趋势。而蒋、汪一贯寄予甚大希望的国际联盟和西方列强的干预，又每每落空，并无实际作用。面对这一形势，南京当局既不能照旧推行九一八事变时的“绝对不抵抗”政策，当然也决不会改变“先安内、后攘外”的基本政策。于是“一面抵抗，一面交涉”政策，遂在热河事变时进一步实行起来。

对于热河问题，南京当局的对策主要有两条：一是对日本的进攻采取消极应战，进行有限度的抵抗，同时寻求妥协停战；二是以“中央”的名义命令张学良全盘负责处置热河问题并主持军事作战，而以南京的基本军事力量从事“剿共”战争。

一九三二年五月，关东军以辽宁义县为前进基点，向热河北票、朝阳发动攻势。热河驻军撤出朝阳寺车站。七月十七日的朝阳寺战斗标志着热河战争的前哨战揭开战幕。但是在同一个月，由蒋介石自任总司令的对工农红军的第四次“围剿”战争也开始了。他这时在给军事委员会北平分会的电报中却对热河局势作了错误的估量：“以中（中正）判断，倭寇未敢即以主力进扰交通不便之热河。”①对于汤玉麟与日“满”方面暗通款曲，热河政局不稳的情形，蒋介石是有所察觉的，从七月初开始，即接连电催张学良出兵热河，派人取汤玉麟而代之。七日，蒋在密电中要求张“先派兵三旅用夜间动作到热河附近。使倭与汤皆不及防，一俟我军接近热河，再调汤至察省”②。二十三日，蒋又致电张学良，要其预备五个旅集中于热河边境，“迅速预定计划解决热河，以安北局”③。张曾一度秘密调集三个旅，出古北口向热河推进，但此事被汤玉麟所察觉，致使双方部队形成对峙状态。张学良担心激成事变，因而迟延不决。及至年底，整整半年多时间内，蒋介石对于挽救热河危局从未采取任何实际的措施。

至一九三二年年底，蒋判明日军即将以主力进攻热河，在十二月二十五日致张学良电中指出“倭寇北犯侵热，其期不远”，要求张“照预定计划火速布置，勿稍犹豫”，并强调“今日之事，惟有决战，可以挽救民心，虽败犹可图存”。他还表示，

---

① 秦孝仪主编：《中华民国重要史料初编·对日抗战时期（绪编）（一）》（以下简称《绪编（一）》），台湾中国国民党党史会，1981年，第561页。

② 《蒋介石致蒋伯诚电》（1932年7月7日），《绪编（一）》，第559页。

③ 《蒋介石致张学良电》（1932年7月23日），《绪编（一）》，第561页。

“已密备六个师随时可运输北援”①。显然，他把这场“决战”的责任全盘推给了张学良。但在事实上，张难以担当此项重任，而且驻华北的许多将领也敦促蒋北上直接指挥热河抗战。北平军分会蒋伯诚向蒋介石报告道：“宋明轩（哲元）、冯治安、张自忠、刘汝明暨启予（商震）、梗忱（庞炳勋）等均以此次对日作战，非钧座北来，前途不堪设想、言时声泪俱下，意极恳切。”②但蒋置之不理，专心致志于在南方“剿共”。他当时在日记中写道：“‘剿除’长江流域之‘赤匪’，整理政治，为余之工作中心；如至不得已时，亦必先‘肃清’‘赣匪’以后，乃得牺牲个人以解决东北。——此余深思熟虑经千百回而决定之方针也。”③一九三三年一月二十九日，热河大战已经揭开战幕，蒋介石却从南京赶到南昌，坐镇指挥对中央苏区的新的进攻。

张学良的态度又是如何呢？九一八事变后，以张为首的东北军全部退踞关内，占有冀、察两省和平、津、青（岛）三市，热河汤玉麟部亦属东北军系统。一九三二年八月，北平绥靖公署改组为军委会北平分会，蒋介石兼任分会委员长，张任代理委员长，主持一切，统一指挥热、察、冀和平、津等地的军事。作为华北的最高军事统帅，他对热河抗战的关系，是十分重要的。

张学良在九一八事变时执行了蒋介石的不抵抗政策，断送了东北三省，遭到各界爱国民众和社会舆论的猛烈抨击。以他为首的东北军领导集团这时正陷于不战不和、进退失据的彷徨、矛盾状态。一方面，他们中许多人历来就有爱国思想和民族观念，日本侵占东北更激起了他们的抗日意愿；但在另一方面，他们依然对蒋介石的不抵抗政策作为中央的方针加以奉行，又认为仅仅靠东北军是抵抗不了日本进攻的。他们有一定的抗日积极性，在榆关事变后日本进攻的矛头指向热河和关内的形势下，更感到非抵抗不可，但又自认为力量不足、后援无继，南京当局也不会真正支持，同时又对国际联盟的干预存有幻想，从而迟迟下不了抗战的决心，也未采取真正有力的抗战准备，而是徘徊于抗战与退避之间。

同时，张学良深感东北军单独抗日力不从心，一再向蒋介石求援。榆关战斗前夕，张学良电蒋说“此间部队不敷分配……拟请饬启予（商震）率所部速移驻滦河一带”④。不久，又电蒋介石，请调中央军及晋军增援热河，说：“我方入热部队只东北军四旅……但其凌源防线均在凌南一带，大都偏于南部，至东部开鲁赤峰一线，则全由吉（林）、（黑龙）江退回之杂军、义勇军、热军一部防守，而各军杂处，

---

① 《蒋介石致张学良电》（1932 年 12 月 25 日），《绪编（一）》，第 563 页。
② 《蒋伯诚致蒋介石电》（1933 年 1 月 24 日），《绪编（一）》，第 585 页。
③ ［日］古屋奎二：《蒋总统秘录》（第 9 册），台湾“中央日报社”，1975 年，第 20 页。
④ 《张学良致蒋介石电》（1932 年 12 月 29 日），《绪编（一）》，第 566 页。

意见分歧。统率无人…… 日军倘由各处乘虚进攻，则前途变化洵属在在可虑。……拟请迅赐电调中央军及晋军即日开赴热东一带。”①至二月初，张又电蒋：“自榆关北至开鲁，西至北(平)(天)津，在在均须设防，原有军队实属不敷分配……一旦衅开，其将何以应付。”②蒋介石在榆关事变前夕虽有从黄河以南抽调中央军六个师北上的打算，但犹豫未决，对张学良请求援兵的电报，竟作如下批复：“吾人处此忧患横逆之来，惟有尽其心力而为之，只求此心无愧，并以扩然大公示众。则成败存亡，听之而已。”③直到二月二十五日，才下令中央军第二、第二十五两个师集中洛阳、徐州北调通县。蒋介石在赴南昌前，只决定派出陆军大学校长杨杰，率幕僚 20 余人赴北平，襄助张学良，指挥对日作战。张学良还因财政拮据，军费缺如，向南京请求拨款。榆关战事开始后，张致电蒋介石说：“前经宋(子文)部长汇借五十万元，业已用尽，现时急需汇二三百万元不敷支应，务恳迅赐筹拨四五百万元。”但蒋批转宋子文说：“请设法准备一二百万元，以备急时拨付。”④其时，东北军的财政是极为困难的，不足以支持一场大规模战争。宋子文曾向蒋介石报告此种情形：“日军已集中完毕，不日将攻热河，如目前北方之散漫，财政之无办法，粮食之不继，一攻即破。弟接汉卿电，知其诸事皆因财政束手，不能进行。”⑤

总之，张学良是在既缺乏坚定、明确的方针，又十分困难的情况下，走上指挥热河抗战之路的。

二、 热河抗战的发动

热河抗战是在全国民众抗日救亡运动的推动之下，在以张学良为首的北平当局的主持和组织下发动起来的，是由北平当局、南京当局和热河当局以及抗日救国团体等几方面力量汇集而成的。

张学良在一九三三年一月中旬鉴于“热边情况日趋紧急，日军进向该处之积极活动，大有箭在弦上一触即发之势”，乃调第一〇六师沈克部赴热河增援已于一月初先期入热的东北军四个旅；调孙殿英部开往热北，并联络义勇军冯占海等部；同时急电蒋介石“请迅赐电调中央军及晋军即日赴热东”⑥。一九三三年一月二十四日，张学良赴南京与蒋介石密商华北作战问题，初步商定了“确保热、冀、平、

① 《张学良致蒋介石电》(1933 年 1 月 17 日)，《绪编(一)》，第 558 页。
② 《张学良致蒋介石电》(1933 年 2 月 5 日)，《绪编(一)》，第 591 页。
③ 《蒋介石对张学良电之批复》(1933 年 2 月 5 日)，《绪编(一)》，第 591 页。
④ 《张学良致蒋介石电》(1933 年 1 月 5 日)，《绪编(一)》，第 573 页。
⑤ 《宋子文致蒋介石电》(1933 年 2 月 1 日)，《绪编(一)》，第 588 页。
⑥ 《张学良致蒋介石电》(1933 年 1 月 17 日)，《绪编(一)》，第 580—581 页。

津"的基本方针,并决定由张学良统率参加热河和华北作战的东北军,以及节制指挥西北军、晋绥军和北上的中央军等部队。同月二十九日,阎锡山所派代表抵平与张学良商定晋军骑兵集团开赴热河作战,但晋方不同意派出步兵集团进入热河。三十日,杨杰抵达北平后,代表蒋介石与阎锡山、商震、宋哲元等各方面联络和协调支援热河作战,协助张学良筹划军队饷粮等事宜,并共同确定张作相为热河各军之最高指挥官,拟定热河作战部队战斗序列,及联络和整编热河境内各路义勇军等。二月四日杨杰抵太原,与阎锡山商定,晋军调步兵两个军、骑兵两个旅、炮兵三个团出省参加抗战。

三、 热河战场中国军队的败退

热河战役开始前夕,以张学良为首的北平军分会统一编组了参战各部队,匆匆确立了作战部队的序列,制订了作战计划。华北参战部队共编为两个集团军。第一集团军由张学良兼任总司令,由北平军分会直接指挥,其所辖部队有第一、第二、第三、第四四个军团,前三个军团担任津沽、榆滦、冀北的防务,第四军团进入热河作战。以万福麟为总指挥的第四军团,辖六个步兵师、一个炮兵团,担任凌南、叨尔登、喇嘛洞、平泉、叶柏寿、凌源等地的守卫。

第二集团军由张作相、汤玉麟分任正副总司令,全部配置于热河战场。其下辖两个军团,第五军团由汤玉麟任总指挥,有四个步兵旅、三个骑兵旅、一个骑兵团和一个炮兵团,担任承德、平泉、朝阳、建平、赤峰、开鲁等地的防守。第六军团由张作相兼总指挥,其部队分为四个部分:孙殿英为军长的第四十一军、冯占海为军长的第六十三军、挺进军(义勇军各部)和张廷枢为师长的第一一二师。该军团主力是第四十一军,共有三个旅,集结于围场、隆化一带。

抗日义勇军在名义上隶属于第六军团,这些义勇军大都是从东三省转辗入热的。人数总数约有5万人,在抗日救国会和抗日后援会的指导和支援下,战斗热情甚为高涨。热河战争开始前,冯占海部及其他一些义军合编为第六十三军,兵力约为一个师,担任赤峰以东下洼一带的守备。刘震东、李忠义两部任开鲁地区的防务。邵斌山、邓文、檀自新三部则在林东、天山和经棚一带担任守卫。义勇军各部在名义上统归张作相第六军团统率,但实际上是各自为战,并无统一指挥。

热河抗战部队的编组还未完竣,张作相的第二集团军司令机关尚未正式组建,日军的大规模进攻就开始了。早在一九三三年一月二十八日,关东军司令官武藤信义已发出《关于作战准备的命令》,要求第六、第八师团和伪满张海鹏等部向前方集结,作好进攻热河的准备。二月九日,关东军司令部修订了进攻热河的作战方案，具体构想是："以第六师团及伪满洲国的张海鹏部队首先向热河省东境方面作战，在平定该方面兵匪的同时，尽可能把反'满'分子牵制在北方。""以第八师团向热河省南部进攻……把华北和热河真正割断。"然后"再将敌人压向西面或南面聚而歼之"。该计划并规定，"这一作战要从二月下旬开始"。①

热河作战的主战场，在凌南、凌源、平泉、承德一线迤北地区。按北平军分会命令，该区由张作相统一指挥作战。但张作相却迟至二月十六日才接到张学良要他担任第二集团军总司令的通知。他在北平仓促上阵，临时拼凑，勉强组成司令部，于二十七日驰赴承德。但这时离日军发动全面进攻已有7天之久了。张作相的承德司令部是个空架子，万福麟不听指挥，孙殿英观望不动，汤玉麟心怀贰志，以致指挥热河主战场的总司令陷于进退维谷、一筹莫展的境地。②热河保卫战就是在如此被动和混乱的情形下进行的。

二月二十一日，日军的攻势正式揭开。日军分北路兵团、中路兵团、南路兵团三路，同时发起进攻。中国军队在三个方面迎战敌军。

（一）北路日军由第六师团长坂本指挥，计有第六师团主力、第四骑兵旅团和伪军张海鹏等部。日伪军分成四个纵队由东向西南方向进攻。

（1）通辽—开鲁—赤峰方向。

（2）通辽—下洼—赤峰方向。

（3）彰武—阜新—桃林口方向。

（4）彰武—朝阳—赤峰方向。

（二）中路日军的主力为西义一的第八师团主力，附有伪军邵本良部，另有第六师团的松田旅团归其指挥。

（三）南路日军第八师团第十四混成旅团，以绥中为出发地，向热河南线发动进攻。其攻击方向是沿着绥中—凌源—平泉公路前进。

中国热河各军从二月二十一日开战起，不到10天时间，在北路、中路、南路三个战线遭到严重失败。至三月三日前，所有战线悉数被敌攻破，汤玉麟、万福麟、孙殿英三支主力部队完全丧失了反击能力，纷纷向河北、察哈尔境内溃退。三月三日，日军第八师团长西义一在凌源发出命令，由第十六旅团以两个联队经平泉进袭承德。此前"承德风声鹤唳，乱成一团，富室巨商，军政眷属，纷纷向平津逃窜，汤(玉麟)本人于三月一日也开始向平津征雇大批汽车，抢运私产，向天津租界输送，置军事于不顾"③。张作相眼看孙殿英部远退察东，冯占海部败退热西，万

---

① 日本参谋本部编：《满洲事变作战经过概要》(第2卷)，中华书局，1982年，第71页。

② 赵毅：《长城抗战前热河形势一瞥》，全国政协文史资料委员会编：《文史资料选辑》(第4卷第14辑)，中国文史出版社，1961年，第29页。

③ 《社论》，天津《益世报》1933年3月19日。

福麟部又向长城线各口南撤，只能呆坐在承德总司令部里流泪，束手无策。当时，汤玉麟在承德附近尚控制有步兵和炮兵、工兵、辎重、卫队等约两旅之众，承德以东，有险可守。但汤惊慌动摇，在张作相催促下才令部队出动，随即又发生部队哗变，以致丧失战斗力。三月三日晨，在全城一片混乱声中，张作相带着几个幕僚匆匆撤向古北口。四日黎明，汤玉麟弃守承德，经丰宁退入察哈尔沽源一带。日军于四日早晨以 128 人之先遣骑兵队，袭占了承德。接着，热河全省陷落。

热河迅速失陷，全国群情激愤，抨击蒋、张的舆论骤然沸腾，南京当局面临新的政治危机。蒋介石为了稳住政局，摆脱危机，也为了乘机掌握华北军事大权，遂决定迫使张学良辞去北平军分会代理委员长之职。三月九日，蒋在保定车站召见张学良，当面要张辞职。十一日，张发出下野通电，宣布“引咎辞职”。十二日，国民政府任命军政部长何应钦兼代军委会北平分会委员长。至此，热河抗战以失败而告终。

四、 民族自卫战争史上的深刻教训

热河抗战迅速归于失败，铸成了我国抗日战争史上的奇耻大辱，同时从反面向我们提供了深刻的历史教训。这一场民族自卫之战为什么会遭到如此惨败，这里又蕴含着哪些发人深思的问题?

对于热河抗战，不应否认南京当局曾经作过一些努力，这也是它与九一八事变不同的地方。蒋介石多次催促张学良加强战备，进行抗击；宋子文代表南京当局亲赴前方襄助张学良，筹划了部分财款支持抗战；蒋介石派出杨杰为军委会代表，率参谋班子协助张学良策划军事，并协调张与阎锡山、宋哲元、商震、张作相之间的关系；蒋介石多少调动几个师中央军北上增援；在外交方面也作过若干努力。但这一切并不能减轻蒋介石和南京政府对于热河陷落所应负的责任。无可否认，在热河万分危急之时，蒋介石并未挥师北上，或檄调兵力增援，相反却是倾其基本力量，亲自督师江西，全力“围剿”红军。至日军大肆进攻已经开始，蒋介石才于二月二十三日指示何应钦抽调六个师北上，但迟至二十八日，中央军第二、第二十五师方始集中于洛阳、徐州输送北运。待这些部队于三月八日到达河北通县时，承德早在四天前陷落，日军已经南下突击长城各口。

蒋介石既专志于“剿共”，自己决不真正想在热河进行一场抗战，而是将责任委于张学良。这在二月五日致张学良电中有明白的表述：“北方军事已全权托付吾兄，并请吾兄负其全责……吾人处此忧患横逆之来，惟有尽其心力而为之，只求此心无愧，并以扩然大公示众。则成败存亡，听之而已。”①由此可见，在热河抗战

① 《蒋介石对张学良电之批复》(1933 年 2 月 5 日)，《绪编(一)》，第 591 页。

的体制中，蒋介石南京当局虽然处于最高领导地位，然而却并无多少实际行动，大多是些空话以搪塞舆论。这就不能不使这次抗战早已伏下了失败的危机。

其次，张学良东北军缺乏明确、坚定的抗战政策。他自己对能否战胜日本亦无信心，又对国联方面干预日本侵略存有幻想。他及其周围的一批高级将领，以为“过去既有俄、德、法三国干涉还辽的历史，当时又有九国公约的保证，以为西方列强无论如何不会袖手旁观……九一八事变后，又有国际联盟的多次开会和决议以及所谓（李顿）调查团，等等”，因此总是认为“不抵抗是上策”①。加之，他深知蒋介石并无真正的抗战决策，又认为仅仅由东北军抗日是无济于事的。虽然他积极支援东北义勇军抗战，榆关事变以来也下令何柱国、汤玉麟进行抵抗，但在当时，这并不占其政策的主导地位。实际上，他是在“不战、不和、不守、不走”的状态中徘徊着。这就决定了张学良东北军作为热河抗战体制中的主体，是虚弱和摇摆的。

第三，汤玉麟反动统治丧失人心，其所部大多不战而退，成为热河抗战体制中瓦解最为迅速的一部分。热河战场上除了许多义勇军参加作战，正规部队共有汤玉麟第五军团、万福麟第四军团和孙殿英第四十一军三支部队，而汤军长期驻防热河，对此次作战负有最主要的责任。热战之所以如此迅速归于失败，与汤军之不堪一击关系极大。这首先是因为汤在热河的统治早已丧失人心，陷于与广大民众完全对立的地位。因此战事一起，内外矛盾交织，汤即迅速陷入孤立无援之境地。当时有的评论一针见血地指出：“汤玉麟主热数载，横征暴敛，任意宰割，怨声载道，民不堪生。民心既失，期难共守，是以日军进犯，非特不得后方民众之协助，动辄发生阻碍，行军御敌，诸感困难。”“此次热战失败，固有种种原因，军阀政治之不良，亦为最重大原因之一。”②不但人民对汤的统治痛恶已极，热河军队中不少官兵也纷纷离汤而去。汤在战前暗中勾结日“满”方面，对其部下不少暗通敌军的官长不加惩处。及至热战一起，有的部队，如崔新五旅、邵本良团等即阵前倒戈，投降日伪；有的部队不战而哗变逃散；有的则要求汤先发多年积欠的军饷，否则不接受作战任务。如此等等，不一而足。这样的部队完全是不堪一击的，更不用说汤直接掌握的部队不战而退往察东了。此外，孙殿英部为保存实力，犹豫观望，消极避战；万福麟部军心不振，作战不力，未经多少战斗便纷纷后撤，也是热战失败的重要原因。

第四，作战指挥的混乱和作战方针的错误。热河战场作战指挥上存在一系列错误和异常混乱状态。从开始作战至最终失败，热河作战并未确立真正的统帅机

① 何柱国：《榆关失陷前后》，《文史资料选辑》（第 37 辑），第 53 页。

② 《亡羊补牢之热战评论》，《军事杂志》1933 年第 52 期。

关和统一的指挥体系。张学良是华北中国军队最高统帅，其实只是在北平发了几通命令，并未对热河作战进行有效的指挥。张作相名为热河前线最高指挥官，却只是带着几个幕僚人员在承德总司令部里坐了几天冷板凳。无论是对汤玉麟部，还是万福麟部、孙殿英部，张作相都从未真正实行过指挥，上述各军都不接受其指挥。热河作战实际上是没有统一指挥，各打各的一场混战。当时，军事评论家们曾指出："热战在爆发之后，双方规模之大，实类似大兵团作战。但我方却无统一作战计划，未几既通盘瓦解，遂使此有极端可能的亚洲最大的山地战，仅变成日军之行军演习。"①在作战方针上是分兵把口、固守据点，只防不攻的消极防御。日本军方在事后指陈中国军队的错误战法说："以广大之地域而散置兵力，随处皆有弱点，甚至以延亘百里之战线而用 8 000 人守其正面，在军事上实为怪事。"②此种分散兵力，在粗陋的战壕里甚至在荒漠上以简单的武器作散沙似防守的方法，根本无法抵挡占有优势火力和机动性很强的日军的攻势。

热河抗日战役失败的教训是值得永远记取的。要夺取反侵略的民族自卫战争的胜利，必须建立正确的政治、军事领导和作战指导，实行全民族团结一致对外，政府与民众相结合，充分发动和依靠人民，确立坚强的抗战体制，等等。这就是热河抗战对后人的启示。

---

① 黄震遐：《抗日战争之回顾》，《申报月刊》1933 年第 2 卷第 6 期。

② 《宋哲元部血战长城》，天津《大公报》1933 年 3 月 16 日。

一·二八淞沪抗战述论*

从九一八事变至七七事变，中国进行了反对日本侵略的局部抗战。发生在一九三二年的一·二八淞沪抗战，是局部抗战的第一个重大战役，也是抗日救亡运动中一次波澜壮阔的高潮。淞沪抗战在九一八事变后第一次冲破了南京政府的不抵抗政策，在国难当头、民族危亡之际，毅然地举起了反侵略的民族抗战的旗帜，为以后的抗日战争开辟了道路。淞沪抗战中，第十九路军和第五军在全国人民和海外侨胞的支援，特别是在上海人民的直接援助和配合下，万众一心，同仇敌忾，给了日本侵略军以迎头痛击。这是自济南事件和九一八事变以来，中国军队第一次对日本侵略军的沉重一击，在中国近代反侵略战争史上写下了光辉的一页。淞沪抗战表现了中国人民不畏强暴，敢于打败占有军事优势的侵略者的英勇气魄，显示了中国人民的伟大民族精神，从而有力地改变了当时我国社会上存在的惧外恐日心理，大大地增强了全民族的御侮救亡的自信心。淞沪前线中国军队，在蒋介石、汪精卫的"攘外必先安内"和对日妥协政策之下，在敌我力量对比十分悬殊、敌之两翼包抄的战场态势业已形成的情况下，最后被迫退兵而归于失败。上海停战谈判和《淞沪停战协定》的签订，是中国近代史上又一个城下之盟，中国再次蒙受痛苦的屈辱。60年前发生在上海的这悲壮激烈，又令人心碎的一幕，其中蕴含着十分深刻的历史教训，至今仍然是发人深思的。

一、 日本发动淞沪战争的战略企图

60年前的中日淞沪战争，紧接着九一八事变而爆发，历时34日，双方动用兵力在15万人上下。虽然，以军事而论，此战规模不大，为时不长，还称不上一场大规模的会战，然而在上海进行的这次战争，由于它体现了国内外错综复杂的政治关系及其深刻影响，由于它在中国局部抗战的进程中占有特殊地位，而举世瞩目。

半个世纪多以来，除当时的日本政府和以后那些坚持日本军国主义立场的人

---

* 本文原载《上海研究论丛》(第六辑)，上海社会科学院出版社，1991年。

死抱淞沪战争是“由于中国正规军突然开枪挑衅,我(日)军不得已应战”①而爆发的论调外,中外各界大概没有人会质疑这次战争是由日本军队蓄意挑起的。事实上,日本发动淞沪之战,是它长期以来推行独占中国、称霸东亚的侵略扩张政策的必然产物,也是它为应对九一八事变后出现的中国和国际的新形势而采取的一个重大的军事政治行动。那么,贯穿在这次战争中的日本的战略企图是什么呢?

日本挑起上海之战,首先是为了掩护其侵占中国东北三省,便于使“满洲国”傀儡政权出台。信夫清三郎的《日本外交史》写道:“上海事变是为了把各国注意力从满洲转移到上海,以完成对满洲的侵略而发动的一种策略。由于事变的爆发,世界的关心转向各国权益交错的上海,关东军乘此时机一步步地推进了满洲建国的计划。”②这一论断,指明了九一八与一·二八事变之间的内在联系,一针见血地揭示了日本发动上海之战的主要目的。

日本侵略军继占领沈阳、长春、吉林和齐齐哈尔等东北要地后,于一九三二年一月初又侵占联结关内外的战略要地锦州。在这前后,日本一方面向东北广大城乡扩大武装进攻,另一方面又加速进行筹建伪满傀儡政权的所谓“满蒙建国运动”。为掩护在东北的军事进攻和制造伪满政权的政治阴谋,转移欧美列强和中国的视线,关东军力图在举世瞩目的上海挑起事件,制造战端。在关东军司令官本庄繁的决策下,关东军参谋板垣征四郎策划了这一活动。板垣委托日本驻华公使馆驻上海助理武官、上海特务机关长田中隆吉去执行这项任务。一九三一年十月一日,田中应板垣的电召,从上海赶赴沈阳。板垣对田中说:“我们下一步行动要占领哈尔滨,使满洲独立。我们已派土肥原大佐去接溥仪来。如果我们办成了,国联要大吵一番,东京政府将感到头痛。我要请您在上海搞点事,以转移各国的注意力。当你(在上海)引起骚动的时候,我们将拿下满洲。”③田中向板垣表示,他能执行这项任务,说“他正在训练一个极好的间谍(指川岛芳子),能在上海收买中国的闹事者,来发动这场假战争”④。为此,板垣向田中提供了一笔为数可观的经费。

随着炮制伪满政权步伐的加紧,在上海挑起事端的日子也愈来愈临近了。一九三二年一月四日,本庄繁召集三宅、板垣、石原等人,讨论“满蒙独立”的构想,把它作为关东军司令官的“指示”,由板垣带往东京,向日本政府报告。日本陆军、海军、外务三省根据板垣的报告,制定了《中国问题处理方针纲要》,决定在东北建立

① 《日本政府关于上海事件的声明》(1932 年 1 月 29 日),《日本帝国主义对外侵略史料选编》,上海人民出版社,1975 年,第 48 页。

② [日]信夫清三郎:《日本外交史》(下册),商务印书馆,1980 年,第 571 页。

③④ [美]戴维·贝尔加米尼:《日本天皇的阴谋》(上册),商务印书馆,1984 年,第 585 页。另据[日]田中隆吉:《上海事变是怎样发动的》,《知性》增刊《未公开的昭和史》,第 182 页。

一个脱离中国的伪政权。为掩护这一阴谋计划的出笼，板垣于同月十三日回到沈阳后，当即致电田中，要他寻找借口，挑起上海事件。田中于是在上海制造了日本僧侣事件和三友实业社事件，这些事件成为上海战争的导火线。

日本挑起上海之战的另一个目的，是通过战争手段，逼使中国军队撤出上海市区及其周围地区，由日军予以占领，从而扩大日本在上海的势力范围，妄图使上海成为其殖民地化中国之企图的另一基地。

日本对上海的扩张侵略是它的整个侵华政策的重要组成部分。上海是中国最大的工商业都市和对外贸易港口，这里的工业生产、进出口贸易、银行和金融实力、商品流通和财政税收的数额，都居全国各大都市的榜首，而成为举足轻重的全国经济中心。上海又是一个国际化都市，它与世界上一切重要城市都有着十分密切的联系，是世界上几个举世闻名的国际化都市之一。上海在战略上的重要地位，不仅在于它是从海上进入苏浙皖赣地区的大门，而且它又是溯长江西上、深入我国内地的水路咽喉。在半殖民地的中国，外国帝国主义列强在这里经过长期经营而建立起来的权益和各自的势力范围，盘根错节，根深蒂固。被称为“冒险家的乐园”的上海，历来是帝国主义在华的最大的侵略基地。日本帝国主义从来不放松在上海扩张其侵略权益，并与英、美、法等西方列强进行长期的角逐。

二十世纪二十年代后期以来，日本在上海的租界区域已建立了自己的势力范围和地盘。由近代历史上外国列强对华不平等条约所形成的租界，在上海有两个区域：一为“公共租界”（International Settlement），一为“法租界”（French Concession），前者为英美两国租界组合而成，后者为法国的租界。日本在上海并无专有租界（Concession）或居留地（Settlement），日本人广泛居住于公共租界、法租界或与租界毗连之地。其中大多又居住于公共租界的苏州河以北，黄浦江以西，浙江北路、武进路、长阳路一线以东的虹口和杨树浦地区，以及四川北路越界筑路地带和闸北部分地区。

日本人聚居较多的上海公共租界东北部区域，从二十世纪二十年代后期开始，就有日本军队驻扎，俨然成为日本在上海的势力范围。还在一九二七年三月，当北伐军接近上海时，帝国主义列强就已企图以武力干涉中国革命，纷纷增兵上海。租界当局的防备委员会①决定由租界各国驻军实行分区驻防，法租界由法国军队负责，公共租界西部由英、美、意三国军队负责，毗连市区的从北火车站和闸北一直延伸到租界北部边界的商业中心，由上海“义勇队”负责，被称为虹口的公

---

① 防备委员会成立于1862年1月太平天国战争期间，由上海租界各国驻军指挥官组成。它的任务是维护租界的法律和秩序，防止租界内的敌对军事行动，排除中国军队，维护租界的所谓“中立”，并协商和制定各国驻军分区驻防的计划。其防备计划，在公共租界工部局参事会主席就非常事态发表声明后，方可实行。

共租界东北部由日本军队负责驻防。蒋介石率军进入上海后，实行保护外国列强在上海权益的政策，外国军队大部分撤离上海，但日、英、美三国在公共租界内仍有驻军留于兵营，法国也于法租界留有驻军。迨至九一八事变发生，日本又乘机扩大其驻军区域。在一九三一年十二月十八日召开的防备委员会上，根据日本提出的要求，修改了一九二七年的防备计划，“即在一九二七年的计划中，日本海军陆战队负责设防的区域被严格限制在北部越界马路—北四川路，而这次修改计划中，扩大到北四川路以西约640公尺，也就是扩大到淞沪铁路的堤防为止”①。这在表面上的理由是，这一带有很多日本侨民居住，实际上是为尔后对虬江路至天通庵一带铁路沿线的中国军队作战抢占一个有利的阵地。

但是，日本当局完全懂得上海地位的极端重要，不满足于在虹口和北四川路一线的势力范围，处心积虑地妄图扩大其占领区域，以便以后在中国进行更大的冒险。这正是它挑起一·二八之战的一个重要动因。尽管日本当局在当时和事后对这一目的始终秘而不宣，但日本参谋本部和陆军省在开战之初发出的作战秘密命令中，却直截了当地提出了这一目的。一九三二年二月八日，日本陆军中央部制定的《上海方面军事行动指导要领》关于上海作战的目的，有这样的规定：“第九师团到达上海附近后，首先与各国一起要求中国方面把它的军队撤至一定地区(例如离上海租界及吴淞炮台20公里以外地区或者昆山—青浦—松江线[包括这些地方]以东地区)之外，如中国方面接受这一要求后，将各国警备区扩大到上述地区，由各国军队共同守备之。”②这里提出的，是用武力手段逼使中国军队撤出上海市区周围及昆山—青浦—松江一线以东至黄浦江以西的地区，由各国军队共同予以占领。但日本当局的目的却在于力求由日军实现单独占领，而且它估计西方列强也不会轻易地与之采取一致行动。于是，在上述指导要领中，又作了进一步的规定，它写道：“若英、美、法不轻易同意上述要求，则尽量使英、美、法承认我第九师团提出的关于中国军撤出上海附近的单独要求，然后向中国提出撤退要求。如不答应，则予以打击，将其击退至昆山—青浦—松江线以西，并保障性地占领该线。”这就更彻底地表述了日本侵占上海周围地区的野心。

日本发动淞沪之战，还有一个居于更深层的目的和企图：用战争手段来维护和推进它在上海的经济势力，并为尔后独霸上海开辟道路。日本是一个后起的帝国主义国家，其在上海的经济势力本来远远不及英国。清末民初以来，日本挟其在甲午战争和日俄战争中胜利的声势，竭力扩张在中国的经济势力，上海则是其实施经济扩张的重要目标。第一次世界大战时西方列强忙于战争，在一个时期内

① [日]关宽治、岛田俊彦：《满洲事变》，上海译文出版社，1983年，第372页。

② 转引自[日]关宽治、岛田俊彦：《满洲事变》，第382—383页。

给了日本以独霸中国的机会。大战期间，直到二十世纪二十年代末，日本资本大量涌入上海，其经济势力急剧上升。英国资本虽在总体上还保持优势地位，但已呈现滑坡的趋势，而上海的日本经济势力却大有后来居上之势。

以上海工业中的主要行业纺织工业而论，从欧洲大战以来，日资企业的发展势头不仅远远压倒中国民族资本企业，也大大地超过英资企业的发展。到一九三一年，上海的日资内外棉会社、日华纺织会社、公大纱厂、大康纱厂、上海纺织会社、裕丰纱厂、同兴纱厂、丰田纺织会社、东华纺织会社等，共拥有工厂 35 家、织机 13 278 台、纱锭 1 578 920 枚。①日本资本在中国棉纺总锭数中的比重也呈连年上升趋势：一九一二年为 11.5%，一九一九年为 22.0%，一九三〇年为 39.6%。而英国资本的纱锭数相对下降：一九一二年为 21%，约为日资纱锭之一倍；至一九三〇年降为 19%，所占比重比日本少了 20.6%。②此种情形，正如日本人自己所称道的：在上海，“日本人所经营的纱织工厂，逐年繁荣，直线上升”。③

日本垄断资本主义与军国主义是互相结合、狼狈为奸的。垄断资本滋养了军国主义，又借助军国主义向外实行经济扩张。当资本主义世界在一九二九年爆发经济危机后，日本垄断资本急需转嫁危机的后果于中国，上海当然地成为主要目标。同时，因为英美法等西方列强在上海的经济势力具有深厚的根基，又受到华盛顿体制的庇护，日本垄断资本有必要运用军事手段同西方势力相角逐。同时，九一八事变以来上海抗日浪潮风起云涌，给了日资企业以沉重打击，日本垄断资本界竭力鼓动军方出兵，以打击上海抗日救亡运动。因而，日本继九一八事变后，又在上海挑起淞沪之战，既是企图殖民地化中国的开始，也是企图打破华盛顿体制、驱逐欧美势力出中国的发轫。日本的经济扩张和军事进攻主要针对着中国，同时也威胁着西方列强尤其是英、美的在华既得利益和尔后的发展。一·二八事变和淞沪战争显露了日本独霸上海的战略企图，这是毋庸置疑的。

二、 日军在上海的挑衅与第十九路军奋起抗战

日本军队对上海的进攻是以挑起一连串事件为先导的。这些事件是日本方面制造的有计划的阴谋挑衅活动，目的在于挑起事端，引起中日之间的冲突，造成紧张局势，为出兵上海、发动战争制造借口。

首先挑起的是一九三二年一月九日开始的上海《民国日报》事件。接着，同月十八日至十九日田中隆吉等人又制造了三友实业社事件。二十日，日本法西斯团体“青年同志会”制造了华德路（今长阳路）事件。同日，日本暴徒又掀起了北四川

---

①②③ ［日］东亚同文会编：《对华回忆录》，商务印书馆，1959 年，第 445 页。

路暴乱事件。日本方面挑起这些事件后，乘势从外交和军事两方面对中国当局施加压力，并为发起武装进攻进行准备。

在外交方面，日驻沪总领事一月十九日向上海市政府抗议三友实业社事件，提出缉拿凶手，并申言保留其他各项要求。二十一日，又就此事件向市政府提出四项要求：(1)上海市长公开向日方道歉；(2)逮捕和惩办凶犯；(3)赔偿日方受害人；(4)取缔抗日运动和解散抗日团体，限期迫中方承认。但对日人纵火焚烧三友厂案，则仅口头表示遗憾。二十二日，东京外务省讨论上海事件，决定由驻沪总领事加紧向上海市长吴铁城交涉，要求达到："绝灭反日会等以排日行动为目的之团体""中国官宪之正式陈谢""赔偿损失""处罚暴徒及责任者"，并迫使中国方面保证以后不再发生反日活动。二十五日，日本总领事约见吴铁城，逼迫中国当局答复日方二十一日所提抗议书。并指责中方"无诚意"，扬言日本政府已予驻沪总领事全权采取任何步骤。

军事方面，驻上海的日海军第二遣外舰队司令官盐泽幸一在一月二十二日以军方身份向报界公开宣布，要求上海市府解散抗日团体及取缔抗日运动，如中方答复不能圆满，则该舰队将取严厉之对付行动。二十二日，日本内阁决定调派海军兵舰赴上海。当天，停泊在佐世保军港的巡洋舰、驱逐舰共四艘出港开赴上海。同时，日本驻沪海军陆战队在虹口地区频频出动，剑拔弩张，跃跃欲试。二十三日，日本驱逐舰四艘驶入吴淞口，航空母舰一艘由旅顺驶近长江口。二十五日，日本海军省与外务省主官召开联席会议，双方协议：如中国方面不实行日本的要求，决以实力务期要求之贯彻。二十六日，日皇裕仁的最高军事会议，在参谋长闲院宫的主持下，训令在上海的海军部队"行使自卫权"。同日，日海军省最高会议又议决：驻沪兵力如不足，可派遣第二舰队，就地保护留沪日侨；自吴淞至上海航路由日方控制；在吴淞口外拘留一切华籍轮船；加派军舰赴南京、汉口、广州、汕头、厦门。二十八日，海军军令部命令"加贺号"和"凤翔号"航空母舰、巡洋舰三艘及驱逐舰队准备开驶上海。

面临日本的狂妄挑衅和咄咄逼人的外交攻势，蒋介石、汪精卫的南京政府采取了什么政策呢？这时，以行政院长孙科为首的政府已陷于困境，行将下台，蒋、汪共同入主南京。蒋、汪坚持以"攘外必先安内"为基本国策和所谓"一面抵抗，一面交涉"的对日妥协政策。三友实业社事件等一连串事端发生后，一月二十二日，蒋、汪召集孙科、何应钦等于南京会商内外方针，蒋继续强调实行"先安内、后攘外"，说"对日外交无论和与战两办法，惟须国内真正实现团结一致，总之金瓯不能有一点缺损，否则殊难御他人"。①二十三日，蒋、汪和孙科等在南京北极阁宋子文

① 《国闻周报》第9卷第6期，1932年1月30日。

私宅再次会商对日政策,“蒋、汪二氏咸主先行安内,方可攘外”。会议决定“命上海市长吴铁城制止民众抗日”,为防止第十九路军对日开战,会议还指命“由军政部长何应钦将第十九路军于5日内调离上海,派宪兵第六团接防”。①

在蒋、汪的指令下,上海市府和南京军事当局在一月二十六日至二十八日下午采取了三项行动,企图通过接受日本提出的屈辱条件,调离十九路军、取缔上海民众抗日团体,向日本献媚,求得妥协苟安。

一月二十六日,日驻沪总领事向吴铁城提出最后通牒,限中方于48小时内(二十八日下午6时止)对日本前此提出的四项要求作出圆满答复,否则日军将自由行动。当天下午,吴铁城与何应钦(军政部长)、居正(司法院代院长)、张群(前上海市长)、叶楚伧(国民党中执会常委)在市府会商对策,“决定采取避免冲突方针”,接受日方全部要求。南京当局旋即批准吴铁城等人的意见。二十八日下午2时,市府秘书长俞鸿钧将书面答复送达日本总领事馆,表示完全承认日方的四项条件。

同时,上海市府下令由公安局和社会局负责取缔各抗日团体。二十八日凌晨开始,将设于河南路桥天后宫的上海各界抗日救国会,以及各区日货检查处一律予以查封。吴铁城在命令中竟然指责“各界抗日救国会……措施失当”,宣布“……将该会即予取消”②。

除接受屈辱条件和取缔抗日团体外,南京军事当局为阻止十九路军对日抗战,采取了紧急措施。一月二十七日,参谋总长朱培德、军政部长何应钦向宪兵司令谷正伦、京沪卫戍司令长官陈铭枢、淞沪警备司令戴戟发出命令:“兹为力图避免彼(日)我双方军队发生冲突起见,着派宪兵一团,即刻开往上海闸北一带,接替防务……以资缓冲。”③闸北一带当时由十九路军驻防,与北四川路及越界筑路地段之日本海军陆战队处于对峙状态。南京军事当局深恐抗日情绪高涨的十九路军部队奋起反击日军的挑衅,遂根据蒋介石指令,调宪兵第六团接防闸北,调离十九路军驻防部队。宪兵第六团于二十七日下午8时在南京登车,二十八日中午抵达真如,决定于二十九日早晨抵闸北与十九路军驻在部队换防。

在蒋汪政府和上海地方当局节节退让、承诺日本的无理要求的时候,驻防上海及沪宁线一带的以蒋光鼐、蔡廷锴为首的十九路军,正以高昂的爱国精神进行着对日抗战的动员和准备。

十九路军起源于粤军第一师第四团,曾是孙中山广州军政府的一支革命武

---

① 朱汇森主编:《中华民国史事纪要》(1932年1—6月),台湾“中华民国史料研究中心”,1984年;邱国珍:《十九路军兴亡史》,台湾文海出版社影印本,第30—31页。

② 华振中、朱伯康编:《十九路军抗日血战史料》,神州国光社,1947年再版,第68—69页。

③ 朱汇森主编:《中华民国史事纪要》(1932年1—6月),第107页。

装，北伐战争时先后扩编为第四军第十师、第十一军，在反对北洋军阀的战争中屡建奇功。一九二七年国民党背叛革命后，这支部队亦走入歧途，为蒋介石所用，先后在广东、湖南、山东、河南等地参加新军阀混战，复被蒋调至江西，参加反共内战。九一八事变后民族危机的空前深化和国内政治形势的新变动，使十九路军领导人蒋光鼐、蔡廷锴和广大官兵的政治态度发生变化。他们强烈要求停止内战、一致对外、抗日御侮，这就为这支部队抵制蒋汪政府的不抵抗政策，奋起抗战，造成了政治基础。一九三一年十一月以国民党内宁粤双方的和议为契机，十九路军从江西调至宁沪一带担任卫戍任务。在这里，该军官兵又深受波澜壮阔的抗日救亡运动的影响和鼓舞，抗日情绪不断高涨起来。

这时，十九路军的三个师由沈光汉、毛维寿、区寿年分任师长，全军共计近 4 万人。京沪卫戍司令长官部及十九路军总指挥部均驻南京。第六十一师驻防南京至镇江间地区，第六十师分驻丹阳、常州、无锡至苏州间地区，第十九军军部及六十师师部驻苏州，第七十八师分驻上海、吴淞、昆山及嘉定间地区，师部驻昆山。同时，十九路军总部参谋长戴戟出任淞沪警备司令。淞沪地区的警备原由财政部税警总团担任，七十八师开抵后，归该师接防。该师以第一五五旅的三个团分驻南市、吴淞、真如；以第一五六旅三个团分驻南翔、嘉定、太仓。闸北防务仍由税警团负责。闸北是苏州河以北、淞沪铁路以西、与公共租界虹口地区毗邻的上海市区的一部分，地当京沪铁路终点和总站之所在。这里，与日本驻沪海军陆战队总部相距不过一条马路，中日两军隔街驻守。随着上海形势日紧，一九三二年一月六日，十九路军调一五六旅第六团赴闸北接替税警团防务，该旅旅部也于十一日由嘉定进驻大场。

十九路军的抗日军事部署是在一月十五日以后全面展开的。三友实业社事件后，进一步加紧了作战准备。一月二十三日，蒋光鼐、蔡廷锴在龙华淞沪警备司令部召开了驻沪部队营以上干部参加的紧急军事会议，到会人员统一了思想，确立了与日本侵略军血战到底的决心，“所有参加会议的人，都表示决心保卫上海，矢志不渝”①。会议讨论并决定了一切必要的应变措施，包括准备军粮物资等。这次会议不但解决了在日军进攻时抵抗与不抵抗的问题，而且也初步确定了如何抵抗的原则，即在闸北、吴淞等原驻防线实行抗击，而不是退出上海市区后移真如、南翔、昆山一线抵抗。当天下午，总指挥部向全军发出密令，指出：“我军以守卫国土，克尽军人天职之目的，应严密戒备。如日本军队确实向我驻地部队攻击时，应以全力扑灭之。”②并指令七十八师一五六旅担任京沪铁道以北至吴淞、宝

---

①② 蒋光鼐、蔡廷锴、戴戟：《十九路军淞沪抗战回忆》，中国人民政治协商会议全国委员会文史资料研究委员会编：《文史资料选辑》（第 37 辑），文史资料出版社，1963 年，第 3 页。

山之线，扼要占领阵地，一五五旅担任京沪铁道线以南至虹桥、漕河泾之线的防守。吴淞要塞司令率原有部队固守要塞。驻丹阳之六十师一个团即调南翔待命。沈光汉、毛维寿两师为全军总预备队。一月二十四日，蔡廷锴与区寿年（七十八师师长）、谭启秀（七十八师副师长）、黄固（七十八师参谋长）、翁照垣（一五六旅旅长）到达苏州，召集十九路军驻苏州将领沈光汉（六十师师长）、李盛宗（六十师副师长）、邓志才（一二〇旅旅长）等举行紧急会议，传达了前一天龙华会议的决定，作了相应的部署。此后，十九路军各部进入紧急动员和备战，准备迎击来犯之敌。这时，日军准备进攻的活动日甚一日。一月二十六日，日本海军省次官左近司政三中将对陆军炮兵总监畑俊六中将表示："陆军在满洲大显了身手，这次在南边轮到海军了。"①一月二十七日，日本海军陆战队在北四川路设立临时兵营三处，置有机枪与火炮，作为发动进攻的据点。日本海军连续增兵，"先后紧急派往上海的：二十三日有巡洋舰和第二十五驱逐队（包括吴镇守府第一特别陆战队457名）；二十四日有航空母舰'能登吕号'；二十八日有第一水雷战队（旗舰'夕张号'，第二十二、二十三、三十各驱逐队）和佐世保镇守府第二特别陆战队"②。至一月二十八日晚，日本驻沪海军陆战队地面部队共计3 000名③，在乡军人3 000余人，停泊沪滨的军舰20余艘，飞机约40架，另在长江各处的军舰共14艘，统归第一遣外舰队司令盐泽幸一指挥。

一月二十八日是日军发动淞沪战争和中国军队奋起抗击的开端。日军利用租界各国驻军防备委员会于当日下午4时发布的戒严令，以负责公共租界虹口和杨树浦地域的戒严为掩护，进行临战准备。当晚9时，停泊于黄浦江的日舰上的海军陆战队实行登陆，会同陆上部队，一起开始进攻前的紧急行动。晚上11时25分，盐泽幸一将致上海市长和公安局长的信函各一件送达中国方面，该件略称："帝国海军鉴于多数邦人住居闸北一带，为维持治安计，欲以兵力配备该处，以负保安之责，本司令希望中国方面应将闸北方面所有中国军队及其敌对设施从速撤退。"④狂妄的侵略野心暴露无遗，竟然要中国军队和军事设施从闸北撤走！盐泽这一最后通牒式的函件送达上海市府5分钟之后，即当晚11时30分，日军就悍然向闸北中国守军开了第一枪，挑起了淞沪战争。

这时闸北的防务由七十八师一五六旅第六团担任，正处在即将向南京调来的宪兵第六团交防之际。一月二十七日晚，何应钦、朱培德给十九路军发来三次急

---

①② ［日］关宽治、岛田俊彦：《满洲事变》，第369—370页。

③ 日军在沪地面部队人数记载不一。华振中、朱伯康的《十九路军抗日血战史料》的记载为3 000余人。日本防卫厅战史室的《大本营陆军部》一书为1 400人。日本国际政治学会编的《走向太平洋战争之路》一书，则记载为1 833名。本文系根据《十九路军抗日血战史料》所记。

④ 朱汇森主编：《中华民国史事纪要》（1932年1—6月），第169页。

电:“着该军忍辱求全,避免冲突,万勿妄动,以免妨害国防大计。”并命令七十八师将闸北防地火速移交宪兵第六团。①二十八日下午5时左右,宪兵第六团先头部队到达北站。其时,北四川路、武进路一带日军调动频繁,战争有一触即发之势。十九路军闸北前方各部队官兵纷纷决心对日军一拼,不愿交防。经区寿年请示蔡廷锴同意,延至第二天交防,并下令如当夜日军来攻,即行抵抗。这就断然变更了何应钦的不抵抗和交防的命令。

当晚11时7分,日军在北四川路底、天通庵车站以南一带集合,以千余名向虬江路、宝兴路、广肇路口进攻,另以600余名向横浜路、天通庵路、青云路各路口进袭。11时30分日军首先对天通庵车站发起进攻,挑起了战火。接着,从北四川路至虹口公园一线向虬江路、广肇路、宝山路、横浜路、天通庵路,直至青云路各口,发起全线进攻。至此,淞沪大战终于被日本侵略军挑起了。十九路军七十八师一五六旅第六团团长张君嵩当即向旅长翁照垣报告,翁立即下令坚决还击。伟大的一·二八淞沪抗战从此揭开战幕。

三、中日两军闸北巷战与英美开始调停

淞沪之战,从街道巷战为其始,以后演变成为大规模的野外阵地战,历时30余日,其间又可划分为四个阶段。

从一月二十八日开战到二月七日止为第一阶段,战场主要在闸北地区,另在吴淞要塞区、江湾亦有战斗。我军以极为简陋的装备,运用步枪和手榴弹英勇杀敌,遏制了敌军的进攻。

当日军向上海闸北发动进攻的时候,驻防闸北的只有第七十八师一五六旅第六团千余人。该团第一营附步兵炮一排,位置于虬江路、广东路、西宝兴路各口;第二营附步兵炮一排,位置于横浜路、天通庵路、江湾路、青云路各路口;第三营之一个连协同宪兵第六团之一个连及铁道炮队,防守北站;其余三个连集结于太阳庙路(今太阳山路)嘉群会馆,为团预备队。一·二八之夜日军打响第一枪后,首先占领天通庵车站,旨在切断我军闸北和吴淞两地部队的铁路联系。同时,从宝山路、虬江路、广东路、宝兴路、横浜路、青云路等各路向我军防地全线发起进攻,企图一举攻占闸北。前线我军奋起还击,至次日13时左右先后击退日军六七次攻势。天通庵车站为争夺之要点,日军进攻的第一枪就是在这里打响的,开战之初一度为日军夺占,我军冒着激烈的炮火,于第二天拂晓前,把它夺了回来。广东路、虬江路等路口阵地亦被敌军铁甲车所突破,但经我军苦战,终于迫使敌军退

---

① 李以劻:《关于淞沪抗战的片断》,《文史资料选辑》(第37辑),第45页。

却。二十九日凌晨4时40分左右开始,从“能登吕号”航空母舰起飞的日军飞机对闸北广东路、横浜路、宝山路、宝兴路及北站一带狂轰滥炸,商店、民房、工厂纷纷着火,火势迅速蔓延,闸北上空浓烟滚滚。我国最大的出版机构商务印书馆总厂和藏有46万余册珍贵图书和大量报纸杂志的东方图书馆在敌机的炸弹之下付之一炬,火焰冲天,烟幕蔽空,历史遗产和文化精华遭到空前洗劫。

战幕揭开后,蒋光鼐、蔡廷锴、戴戟当夜集合于真如车站,设立临时指挥部,命令前线部队抗击敌之进攻,后方部队迅速向上海推进。二十九日上午1时,十九路军向全国各界各军发出抗日通电,宣布了抗战的决心。同日,原驻无锡、苏州、常州之第六十师,已大部到达南翔,一部进抵真如;原驻南京、镇江之第六十一师,一部已向上海输送;第七十八师一五五旅坚守龙华、南市、北新泾,一五六旅除第四团驻守宝山、吴淞外,第五、六团皆加入闸北前线战斗。

闸北前线敌我两军经过近15个小时的巷战,挑起战端的日军被赶回原来出发的阵地。正如日本方面所记载的,日军“遭到十九路军的激烈抵抗,战况不佳”①。这时,上海市长吴铁城为寻求停战之途径,于二十九日下午商请英、美两国驻上海总领事出面调停战事。②日本方面因初战未达目的,十九路军抗击之猛烈出乎意料,需要暂停战火,重行准备,以便发动更大规模的进攻,遂接受英、美总领事的调停,同意在二十九日下午8时开始休战。但在停火以后的几天里,日本却不断从国内增兵上海。一月三十日,增派佐世保镇守府第三特别陆战队470名。二月一日,增派横须贺镇守府第一特别陆战队525名。二月二日,以“出云号”为旗舰,新编了以野村吉三郎中将为司令官的第三舰队,上海陆战队、汉口陆战队、第一外遣舰队、大井第十五驱逐队、第三舰队、第一水雷队、第一航空队、“能登吕号”飞行队都在其统一指挥之下。日本扩大对淞沪地区进攻的企图,由此部署更形明朗。

在上述各部队正在集结输送的过程中,上海日军不顾一月三十一日暂停战火三天的口头协议,不断地向闸北进行小规模的攻击,至二月四日发动了第一次总攻。这时,日军除继续进攻闸北外,又开始发起对吴淞和江湾的进攻,从而把战场扩大了。四日开始,日军以闸北为总攻的重点,从青云路、天通庵车站到虬江路、北站一线猛烈进攻。十九路军部队凭借街道和建筑物沉着抗击。闸北街道纵横

---

① [日]关宽治、岛田俊彦:《满洲事变》,第378页。

② 关于这次停战是何方首先提出的,说法不一。蒋光鼐、蔡廷锴、戴戟在《十九路军淞沪抗战回忆》中,说是“敌方因进攻没有得手,通过英、法、美各国领事向我提出停战要求”。何应钦1月29日致各省政府电中,亦称“上海冲突,由日方申请停止,各国领事居间调停”。本文根据1932年2月6日《上海各国领事委员团致国际联盟报告书》的记述:“29日下午因上海市长之请,英、美两国总领事完成休战之局面,以下午8时为始。”

交错，建筑物鳞次栉比，日军的重兵器威力受阻。我军士气旺盛，利用街巷及建筑物实行近战。日军投掷大量炸弹和炮弹，焚毁宝山路一带的房屋，可是就在这废垣残砾上，我军逐屋争夺，奋勇抗击。日军的攻势一直胶着于宝山路一带，寸步难进。三义里住宅群和东方图书馆的残垣成为我军固守的堡垒，使日军经受了壕堑苦战的教训，也大大增强了我军士兵的勇气。二月三日至六日，日军对闸北、天通庵、八字桥的进攻，都被浴血奋战的我军击退。

日军对闸北的进攻并未得手，乃利用其海空军的优势，向吴淞要塞区域发起攻击。二月三日上午，正当闸北一带炮火连天之际，吴淞口日本战舰 6 艘以舰炮猛击吴淞炮台，日机 6 架同时轰炸炮台等设施。吴淞要塞大炮当即发炮还击，驻守炮台湾的七十八师四团一营亦以机枪和步兵炮对敌舰开火。经 2 小时激战，敌舰 1 艘受创沉没，我炮台火炮 3 门被击毁。次日中午，敌舰 13 艘、飞机 24 架再次袭击吴淞炮台，要塞炮台施设被摧毁，要塞司令部参谋长滕祺等官兵阵亡。但当敌海军陆战队乘机登陆，妄图占领炮台时，我七十八师四团守军不顾伤亡累累，仍死守阵地抗击进占之敌，日军率不能得逞。

面临已经燃烧起来的这场战火，南京政府的对策又是什么呢？蒋汪合作的南京政府一登台，就以“一面抵抗，一面交涉”为对日基本政策，如今中日之战已经揭开，南京当局是如何实行“抵抗”，又怎样进行“交涉”呢？蒋介石在一月二十九日拟定的《京沪防卫与军政部署》中提出了两项方针：“(1)十九路军全力守上海，(2)前警卫军全力守南京。”①这个方针与九一八事变时的“绝对不抵抗”相比是有所变化的，但其抵抗是极有限度的，即不调别的部队增援上海，只让十九路军单独对日作战，就连近在京杭两地的前警卫军(第八十七、八十八师)也只使用于南京而不予来沪参战。

南京当局的“抵抗”是消极的、被动的，准备随时半途而废的，而“交涉”却是积极的、主动的，因为求得与日本达成妥协，是蒋、汪的首要目的。这在蒋一月二十九日手订的《对日交涉的原则与方法》中已定下了基调。他定下的对日本进攻上海的对策是，“原则：一面预备交涉，一面积极抵抗”。在这里，“交涉”已被列为首要的一个“原则”。至于交涉的“方法”，蒋提出两项要点，一是全力依赖国联，“交涉开始前，对国联及九国公约国先与接洽，及至交涉开始时，同时向九国公约国声明”；二是通过私下谈判，以秘密外交与日方讨价还价，“对日本先用非正式名义与之接洽，必须得悉其最大限度”。②

蒋定下的这些原则，后来南京当局实际上都是奉行的。

①② 《蒋中正手订对日交涉的原则与方法》，秦孝仪主编：《中华民国重要史料初编・对日抗战时期(绪编)(一)》，台湾中国国民党党史会，1981 年，第 431 页。

国民政府外交部于一月二十九日发表《对淞沪事变宣言》，向国内外宣告："中国当局处此情形，为执行中国主权上应有之权利，不得不采取自卫手段，并对于日本武装军队之进攻，当继续严予抵抗。"但是这一宣言的基调却在于祈求英、美、法各国出面干预。"宣言"请求华盛顿《九国公约》、凯洛克《非战公约》等"签约国家采取有效行动，履行其条约上神圣之义务"，①即希望这些国家出面调停日本对中国的军事进攻。同日，外交部长罗文干通过美国驻南京总领事，提请美国政府设法使中日在沪的敌对军事行动立即停止。中国出席国际联盟会议的代表颜惠庆受本国政府之指示，在同一天举行的国联行政院（理事会）第六次会议上，向国联提出申诉，并联系东北事件，主张国联章程第 10 条（关于尊重联盟各国的领土完整和政治独立的条款）和第 15 条（关于联盟理事会对有断交之虞的纠纷进行审查的条款）应适用于日本的侵略行动。对此，国联理事会不顾日本的反对，受理了中国的提案。次日，国联行政院第七次会议上，国联秘书长提议组织"国联委员团"赴上海调查中日冲突，三十日决定成立上海调查委员会。对此，中国代表当即表示同意。南京当局对国联干预抱着很大的希望。

蒋介石本来并不准备回击日本的挑衅，曾经调动宪兵来沪，意在防止十九路军与日军开战。及至十九路军不顾南京当局的旨意而奋起抗战，全国各界民众抗日救亡浪潮再次勃兴，国民党内不少人对十九路军抗战也表示支持的态度，日本在上海的进攻又直接威胁到国民党统治的心脏地区时，他于是转而向全国表明抗战的姿态，于一月三十日发表《告全国将士书》。但在实际上却通过何应钦于二十九日和三十一日向全国各地军政当局发出密令，指出对于上海事变"中央决定方针，一面从事正当防卫，不以尺土寸地授人，一面仍遵用外交方式，要求各国履行其条约上之责任"。要求各省各部队"军政长官深体中央意旨，确切明了正当防卫之意义，即对于此次上海冲突，勿涉嚣张，启日寇借口宣战之机，失国际同情之利"。②并断言中国目前不应对日作战，说"我国目前一切均无准备，战事延长扩大，均非所利"。南京当局还指令十九路军，未奉命令不得对日军作战："望蒋总指挥、蔡军长、戴司令通令所部严守纪律与秩序，非有上官命令，不得任意射击，在前线部队，尤须遵守。"③

南京政府本着上述方针，在沪战一开始即致力于通过外交途径寻求与日本妥协。国民政府西迁洛阳办公后，外交部长罗文干仍留于南京，特种外交委员会成员宋子文、孔祥熙、顾维钧等以及外交次长郭泰祺均集居上海租界内，而英、美、

---

① 《国民政府外交部对淞沪事变宣言》(1932 年 1 月 29 日)，《中央周报》第 191 期。
② 《何应钦致各省电》(1932 年 1 月 29 日)，军委会档案，中国第二历史档案馆藏。
③ 《何应钦致吴铁城等电》(1932 年 1 月 31 日)，军委会档案，中国第二历史档案馆藏。

法、日等国公使也在上海，蒋汪政府对日妥协谋和活动遂以上海为主要舞台而展开。上海是一个国际大都市，世界各大国都与这里有着密切的政治和经济联系。资本主义列强的势力在这里盘根错节，形成错综复杂的关系。尤其是英国，向来视上海和长江流域为其“势力范围”。日本在上海挑起战事，引起了英、美等西方列强的严重关注，从事变一开始，它们就从外交途径介入了这场战争。英国首相麦克唐纳、外交大臣西门和美国总统胡佛、国务卿史汀生，都纷纷参与其事。西方列强自然是从维护自身在上海权益的角度介入这次事变。中国当局本来期望西方列强对日本在上海的行动进行制裁，但英、美从不主张用武力制裁，史汀生主张经济制裁，胡佛和西门又都持反对态度。然而，英、美等国却担心日本在上海的扩张将会损害它们的利益，而战争的延续也会影响各国的贸易和侨民的生命财产安全。于是，英、美等国乃发起调停上海战事。一月三十一日，英、美两国总领事在英国驻沪领事馆约请中日双方代表商讨停战之事，中方出席者为吴铁城、区寿年，日方为盐泽幸一、村井仓松，英国和美国驻沪军队司令及公共租界工部局总董亦参加会商。中方提出四项条件：“(1)日军除依条约退回原地外，一律撤回兵舰；(2)日军应负战争责任，赔偿损失；(3)英美法各领事保证日军不再发生同样事件；(4)日方向我政府道歉。”①日方拒绝中方条件，反要求中国军队退出闸北20公里，闸北由英美法各国派兵驻守。双方意见无法接近。英国驻军司令乃提出调停建议：“(1)日军退回租界线内；(2)退出区域由中立各国驻防；(3)中国军队亦同时退至相当距离；(4)事变之解决，待外交交涉。”②日方反对英方建议，声称须“俟向本国政府请示”才能决定，意在拖延时间，以利于从国内增兵。结果议定以三日为期，暂时休战。蒋介石对英、美等国居间的调停抱有很大的希望，认为“只要……日寇不提难以忍受之条件，我方即可乘英美干涉之机，与之交涉；不可以各国干涉，而我反出以强硬”。③但日驻沪总领事馆却于二月二日下午通知上海市政府，宣告日本政府拒绝接受英、美在上月三十一日提出的调停条件。

在日本拒绝上述调停的同一天，英、美、法、意又开始进行第二次调停。美国驻东京大使和驻南京公使受命分别向日、中两国政府提出停止双方敌对行动的建议：“双方依照下列条件，立即停止一切暴力行为”，“(1)两国勿再有任何敌对行为之行动或准备；(2)在上海地区内，中日各将其接触地区的战斗人员撤退；(3)设立中立区域，隔离交战人员……由中立国人员警卫该区域内之治安，其办法由领事团订定之；(4)两国一经接受此条件后……由中立观察员或参与员之襄助，立即进

---

① 《中华民国史事纪要》(1932年1—6月)，第214页。

②③ 《中华民国史事纪要》(1932年1—6月)，第215页。

行谈判，以解决一切悬案的纠纷。”①英、法、意三国驻南京和东京的使馆以相同的照会分别送交中国、日本外交机关。对于上述有损中国主权的建议，南京当局却认为“颇属正当公道”，“外交部当即接受”。②二月四日，中国外交部复照英、美等四国驻华使馆，表示中国政府“对于贵国政府所通知之提议，特行接受”，并希望英、美、法、意各国以参与者之资格而不是以观察员之资格参加调停。③

四、吴淞、江湾战场的开辟与第五军的参战

日本驻沪海军陆战队出乎意料地受到十九路军的迎头痛击，自感兵力不足，难以实现侵略目标。日本海军当局遂要求陆军方面派兵参战。一月三十一日，日本海军大臣大角岑生提请外务大臣芳泽谦吉和陆军大臣荒木贞夫调动陆军。二月一日，经海、陆、外三大臣会商，陆军省决定派遣第九师团赴上海。次日，日本内阁正式决定派兵，命令第九师团应急动员。同时，陆军参谋本部和海军军令部达成了《关于上海方面陆海军联合作战指导协定》。二月四日，参谋总长载仁亲王发布《临参委命第十四号》命令，并得到日本天皇的批准。这一命令中，派往上海的部队除第九师团外，还有第十二师团的一旅团（上海派遣混成旅团）、独立第二坦克中队、野战重炮兵第二连队一大队、第三师团第一和第二野战高射炮队、飞行第二大队、独立飞行第三中队、攻城重炮兵第一连队一中队以及其他特种兵部队。“命令”规定由“第九师团长（植田谦吉）指挥上述部队，在上海附近登陆，与海军配合”作战。④二月六日，上海派遣混成旅团（久留米旅团）及陆战队一营先行到达上海。

以日本陆军正式参战为标志，开始了淞沪战争的第二阶段。这个阶段以二月七日为起点，至二月二十日日军总攻开始为止。这一阶段的前期，即二月七日至十五日，日本参战部队为海军第三舰队、陆战队约 8 000 人，陆军为久留米混成旅团及在乡军人；后期即二月十六日起，日军第九师团登陆上海，兵力大为增强，空军飞机也增至 50 余架。我军方面，十九路军除在上一阶段已直接参战的第七十八师和六十师外，第六十一师亦加入了战斗。其一二一旅集中于大场、江湾，一二二旅集中于刘行。同时，第五军所部的第八十七、八十八师从二月十二日至二十二日期间，先后进入淞沪地区参战，财政部税警总团改称的八十八师独立旅亦加

---

① ［美］威罗贝：《中日纠纷与国联》，第 298—299 页。

② 《何应钦致何成浚电》（1932 年 2 月 1 日），国民政府战史会档案。

③ 《外交部接受英美等国提出停战条件之复照》（1932 年 2 月 4 日），《中央日报》1932 年 2 月 5 日。

④ 日本参谋本部：《临参委命第十四号》，［日］关宽治、岛田俊彦：《满洲事变》，第 381 页。

入了战斗。另有宪兵第一、六团在南市、龙华布防。这一阶段不仅作战规模大大扩展，而且作战重心从闸北移到了江湾、庙行地区。

日军开战以来的近 10 天的进攻屡遭挫折，东京军事当局乃派海军第三舰队司令野村吉三郎接替盐泽幸一来上海负责指挥。二月六日，野村乘旗舰“出云号”抵沪。野村抵沪后，强调改变作战方针，置重点于吴淞与江湾方面，先以海空军总攻吴淞炮台，并限 24 小时内攻占。意欲先占领吴淞炮台，冀得自杨树浦沿黄浦江，至吴淞口外，均成为日军的根据地，同时夺占江湾要冲，切断吴淞与闸北的联系，然后再以全力攻占闸北。二月七日，敌以飞机 10 架、军舰六七艘、步兵 2 000 余人，协力会攻吴淞。嗣复三度增援猛攻，但均被守军击退。另部敌军 4 000 余人，以江湾为主攻目标，并以一部对闸北、八字桥方面施行助攻。初以炮火对我一二〇旅阵地猛轰，继以装甲车为前导掩护步兵冲锋。我守军沉着应战，待敌进至近距离，奋起反击，展开肉搏。激战数小时，敌伤亡枕藉，终未得逞。二月八日，敌陆海军再次猛攻吴淞、江湾，均受重创。二月九日至十三日，因日军遭受伤亡颇大，急待援兵到来，除九日偷袭蕰藻浜被击退，十日炮击吴淞要塞，十二日进攻曹家桥、纪家桥等战斗外，未举行大规模进攻。二月十一日下午，敌军再次向蕰藻浜、曹家桥一带猛攻，我军勇猛抗击，展开肉搏战。战况的激烈，为开战以来所仅见。至当晚 7 时，我军将进犯蕰藻浜之敌全部击退。

这时，由植田谦吉指挥的第九师团等部队正在向上海输送途中，淞沪战场上一场更大规模的战斗正在酝酿之中。二月九日和十日从日本宇品出发的船队运载日军第一梯队，于十三日抵达吴淞口和黄浦江。当晚，植田谦吉、野村吉三郎、植松练磨(海军陆战队新任指挥官)、重光葵(驻华公使)和村井仓松等在植田坐舰进行秘密会商。第一梯队于十五日全部在杨树浦至张华浜各码头登陆。第二梯队于十四日抵达上海港，十六日登陆完毕。至此，日军第九师团全部投入了淞沪战场；日军全部兵力约有 3 万人，野炮六七十门，兵舰数十艘，飞机 60 余架。

在日军增援上海、扩大淞沪战争的同时，中国国内的形势也在发生急剧的变动。这一变化的显著特点是：民众抗日救亡运动重新勃发，国民党内主张抗日的倾向有所发展，蒋介石不得不调动一些部队增援淞沪。一·二八事变的爆发，促使各界民众抗日救亡运动再度高涨起来，以上海为中心，汇成了一个轰轰烈烈的巨大热潮。主张抗日的舆论响彻全社会，成为民众意愿的基调。上海等地的许多报刊纷纷发表言论，主张全国一致对外，坚决抗击日寇的侵略。各界民众不畏艰险，挺身而出，组织和扩大抗日救亡团体，发动抗日斗争。上海出现了空前规模的民众救亡运动。

日本侵略者的疯狂进攻，人民抗日热潮的勃兴，十九路军的英勇抗战，这都不能不对国民党统治集团产生强烈的影响。国民党一部分上层人物不同程度地表示了主张抗战的态度，并对蒋介石、汪精卫的不抵抗政策进行公开的抨击，便是在民族矛盾激化的情况下，国民党内发生某种分化的表现。以孙科为代表的国民党一部分留沪中央执行委员首先发出增援十九路军、坚决抗日的呼声。孙科、李宗仁、程潜、方振武、陈友仁，以及张发奎、熊克武、刘芦隐、甘乃光、马超俊、薛笃弼等19人，于一月三十一日致电何应钦，抨击蒋、汪政府对淞沪抗战不加援助，指出上海"抗战以来，至今尚未见政府派一飞机助战，派一师兵增援，岂犹视上海战事为局部问题乎"。要求蒋汪"迅下决心，速令近畿劲旅及军用飞机，火速应援，以御强寇"。①二月一日，孙科等留沪中委公开指责蒋汪迁都洛阳是"仓皇出奔"，表示坚决反对，并宣布在上海建立留沪中委办事处。②二月十三日，孙科、孔祥熙等中委25人在上海召开会议，致电蒋、汪，公开抨击自九一八事变以来的不抵抗政策和蒋介石的"我与日战，三日可以亡国"的谬论，要求中枢速定坚决彻底之抗日方针，并提出对时局的四项主张："(1)决定彻底抵抗政策，毋再游移；(2)萃陆海空军力量固守上海，予十九路军以充分援助；(3)即令北方各军乘机向外反攻，收复失地；(4)外交方面，提出非日兵全部撤回，不即交涉上海问题，当与东三省问题同时解决。"③

粤派领袖、国民党中常委胡汉民亦公开主张对日抗战。二月十四日，他在香港发表谈话，针对汪精卫的"一面抵抗，一面交涉"政策指出：在日军退出上海前，无交涉之可言。并提出了四项主张："(1)对沪战为确实之应援，务将暴日逐出上海；(2)撤销解散各地义勇军之命令，切实组织民众成为抗日之中坚；(3)迅速檄调以抗日为主义之劲旅，收复东北失地；(4)严整沿海各省战守之备，真实谋长期抵抗。外交，至少限度，亦当确认东北与沪案为整个问题，务求整个解决，在日本未退出上海前，无交涉可言。"④西南派主要军事实力人物李宗仁、白崇禧以第四集团军正副总司令名义，在二月十七日发出通电，主张抗战，命令所部从速准备，共赴国难。在此前的二月十日，广东空军宣布开赴沪宁参战。

就在蒋介石的嫡系部队中，抗日潮流也在勃发。陆军第八十七、八十八师是黄埔系的精锐之师，原为警卫军第一、二师，可谓蒋介石的"御林军"。淞沪抗战爆发后，两师官兵对十九路军的英勇抗战深抱同情，许多人感到非奋起抵抗将无以图存，他们纷纷要求开赴上海参战。第八十七师二一六旅旅长宋希濂以及营长以上军官于一月三十日曾自发赴何应钦处，同何当面争论，表示了开赴上海参战的

---

① 《中华民国史事纪要》(1932年1—6月)，第213页。

② 孙科等人原拟在上海组织临时政府，与迁移洛阳的蒋汪政府相抗衡，后经孔祥熙从中劝说，改称"留沪中委办事处"。

③ 《申报》1932年2月14—15日。

④ 蒋永敬：《民国胡展堂先生汉民年谱》，台湾商务印书馆，1981年，第516页。

强烈愿望。时驻京杭线的第八十八师亦有同样的呼声，师长俞济时于二月一日致电蒋介石，要求开赴上海参加抗战。中央军校教育长张治中为蒋介石之亲信、黄埔系重要骨干，他对国民党内主张让十九路军孤军战斗，按兵不救的意见，明确表示反对。二月初，他在浦口与蒋介石见面时，就提出："我们中央的部队必须参加淞沪战斗才好，如果现在没有别的人可以去，我愿意去。"敦促蒋介石调中央军赴沪。①

蒋介石在日军攻势不断扩大，十九路军奋勇抗击，民众救亡运动风起云涌，国民党内主张抗战的呼声不绝于耳，对国联制裁日本的期望每每落空的情势下，对九一八事变以来的绝对不抵抗政策不能不作出某些有限度的修改。从二月上旬以来，他在加紧通过外交途径谋求妥协的同时，也不断发出抗日御侮的呼声，并下令征调一些部队赴沪增援。二月八日，下令第八十七、八十八师及中央军校教导总队组成第五军，从南京、杭州驰援淞沪。二月九日，下令驻于郑州一带的第一师准备前来南京附近。后来又在二月二十一日下令调第十师和第八十三师从江西樟树等地入浙增援（后第八十三师未调）。二月二十三日，命令第九十一师从江西移往杭州。二月二十六日，下令将驻浙赣一带的第三十六旅移至沪杭铁路沿线。

但是，蒋介石并未改变"攘外必先安内"的政策，其军事重点置于对内"剿共"的方针亦未更变。一九三二年年初淞沪抗战开始前后，蒋介石继续以大量部队对中央苏区和鄂豫皖苏区进行"围剿"，进攻中央苏区的正规部队多达 25 个师（不含地方部队），进攻鄂豫皖苏区的也有 15 个师。当十九路军在上海孤军奋战时，蒋介石未从"剿共"战场的几十个师中抽调部队增援。何应钦二月十二日致吴敬恒密电中，承认在"赣、鄂两方，为匪所牵制之部队（指"剿共"部队）在 30 余师，且均较称精良者，一时俱难抽调"②。为"剿共第一"的军事方针作了最好的说明。

蒋、汪在增调第五军前后，又继续竭力寻求各种和谈途径，谋取对日妥协。这时，国民党外交委员会主要成员聚集于上海租界，专事对外谋和活动。二月四日，南京外交部照会英、美、法、意政府，同意以四国所提五项调停办法作为谈判停战之基础。外长罗文干主动出面邀英使蓝浦森从中斡旋。军政部长何应钦作为在南京直接主持军事的最高长官，竟然频频发出"沪事于军事上有接受调停之必要"和尽快结束沪战的指令。③他还另辟蹊径，派出军政部次长陈仪和步兵学校校长王俊，赴沪从事秘密和谈，企图疏通日本军方，与之达成停战妥协。但是，依仗军事优势的日本外交当局却断然拒绝了蓝浦森居间的四国提案，也拒绝了英国驻沪

---

① 张治中：《第五军参加淞沪抗日战役的经过》，《文史资料选辑》（第 37 辑），第 16 页。
② 《何应钦致吴敬恒密电》（1932 年 2 月 12 日），军委会档案，第二历史档案馆藏。
③ 《罗文干致顾维钧等电》（1932 年 2 月 7 日），外交部档案，第二历史档案馆藏。

海军司令克莱的调停条件。陈仪和王俊在上海与日本原田熊吉和田代皖一郎的秘密谈判,也因为日方坚持严苛的条件,以毫无结果而告终。

第五军的参战是蒋介石在这一阶段作出的最重大步骤。二月初,张治中提出中央军应当派部队赴上海参战,获蒋介石同意后,何应钦奉命将分驻于京沪、京杭两线上的中央军第八十七、八十八师组成第五军。二月五日,第八十八师主力进至苏州待命。二月六日,何应钦电呈蒋介石,以张治中为第五军军长兼第八十七师师长,统率八十七、八十八两师。第八十七师二六一旅于二月九至十日进抵南翔。第五军除八十七、八十八两师以外,另率中央军校教导总队(相当于师)和独立炮兵第一团山炮营。八十七师以王敬久为副师长,辖第二五九、二六一两个旅;八十八师以俞济时为师长、李延年为副师长,辖第二六二、二六四两个旅;中央军校教导总队以唐光霁为总队长。二月十四日,军政部正式发布第五军的任命,次日又命令该军归十九路军总指挥蒋光鼐指挥。二月十六日,张治中率军部抵达南翔。至十八日,八十八师部署于由江湾北端经庙行镇、周巷至蕰藻浜南岸之线,八十七师担任胡家庄沿蕰藻浜北岸经曹家桥至吴淞西端之线,教导总队之一部担任狮子林南北闸洞、川沙口、浏河口、杨林口、七丫口沿江一带警戒。第五军从此作为淞沪前线左翼部队,与右翼部队十九路军并肩作战。淞沪抗战的规模从此扩大了。

五、江湾之战与击破日军“中间突破”计划

淞沪战争的第三阶段,以二月二十日日军第二次总攻开始为起点,至三月一日第三次总攻开始前为止,战局重心是在江湾地区。在日军第九师团等部队抵沪后,一场新的大战就揭开了。二月十八日下午8时,植田谦吉、村井仓松分别向蔡廷锴、吴铁城发出“最后通牒”。“通牒”共分七项,主要者为第一项:要求中国军队“立即中止战斗行为”,“于二月二十日午前7时以前,将现据之第一线撤退完了,于二月二十日午后5时以前,从黄浦江西岸,由租界西北端联络曹家渡镇、周家桥及蒲淞镇之线起算,黄浦江东岸由联络烂泥渡及张家镇之线起算,各从租界境界向北20公里之地域(包含狮子林炮台)外撤退”。还要求将上述地域内的炮台及一切军事设施撤毁,今后不得重行建筑。并扬言如各项要求不能实行,日军将对中国军队采取自由行动。蔡廷锴、吴铁城当即复函拒绝了日方的要求。次日,中国外交部发表对日宣言,指出日本通牒各项要求危及中国主权及国格,中国绝对不能接受,表示如日军再行进攻,中国在沪驻军唯有奋斗到底。十九路军总指挥部在接到日军通牒后,立即召集高级长官会议,指挥部立即下令前线部队集结炮火,向日军阵地猛轰,表示对植田通牒的强烈抗议。

日军的第二次总攻在二月二十日正式开始。这天早晨7时半，日军以江湾为主攻方向开始发动进攻，同时对闸北实行助攻，并对吴淞进行轰炸和炮击。日军这次采取"中央突破"的计划，以重点指向庙行镇南端地区，企图于突破该地后以主力向南席卷，将十九路军歼灭于江湾、闸北地区；以主力一部向北席卷，将第五军主力歼灭于杨行、吴淞地区。其部署是，以海军陆战队主力位于江湾体育场以北，进攻江湾镇北面十九路军六十一师与八十八师结合部小场庙一带；以第九师团及久留米旅团由张华浜、颜家桥、南孙宅、金穆宅一线，向八十七师和八十八师阵地进攻，主攻点指向庙行及其周围之竹园墩、周巷等地。敌在二十日拂晓先以飞机10余架猛轰八十八师正面庙行镇阵地，同时以重炮猛击，另一部向八十七师纪家桥、曹家桥一带阵地攻击。接着以步兵向庙行镇附近冲锋，均被我军击退。二十一日和二十二日上午，敌军继续向庙行一带进攻，同时以一部欲强渡蕰藻浜，八十八师和八十七师奋勇抗击，与敌血战两整天，初挫敌锋。二十二日下午，敌集中兵力猛攻庙行以南八十八师阵地。张治中调八十七师主力宋希濂旅由蕰藻浜北面渡河增援庙行，进攻第九师团之左侧背；八十八师及八十七师孙元良旅由庙行及以南地区反击敌军。

同时，十九路军六十一师副师长张炎亦率兵二团由竹园墩出击，突击敌军的右侧背。敌军在三面夹击之下，伤亡枕藉，死伤约3 000人，被迫停止进攻。血战至当晚，残留于金家宅、小大麦家宅一带之敌也被全歼。"这一天的庙行战斗的激烈，为开战以来所未有，中外报纸一致认为是沪战中我军战绩的最高峰。"①"植田谦吉的中央突破计划，至此完全落空了。"②

日军的第二次总攻虽然被击破了，但我军连日苦战，伤亡亦大。第五军在二十二日的战斗中，全军两个师几乎全部投入了战斗，一日之内，伤亡达1 000余人，二六二旅正副旅长都身负重伤。八十八师由于伤亡过重，自庙行镇至胡家庄一线防务分由六十一师及八十七师接替。十九路军经20余天的连续作战，人员伤亡和武器的损失更为严重。这时，淞沪之战的关键，是从后方增调强大部队增援前线，乘敌之新的援兵未到达，集中力量于吴淞—庙行—江湾—虹口公园—军工路这一马蹄形阵线三面包围敌第九师团，将其歼灭于江湾至黄浦江沿岸地区。这是中国军队击败敌军的现实道路，然而要实现这一方案，除现已参战的十九路军和第五军以外，至少须从后方增调5—8个师的主力兵团投入淞沪战场，还需调集10个师左右的兵力作为二线兵团。反之，仅凭现有两个军的力量，要守住目前的阵线亦是十分艰难的，敌军新的援兵一到，则战局将出

---

① 张治中：《第五军参加淞沪抗日战役的经过》，《文史资料选辑》（第37辑），第19页。

② 宋希濂：《我参加一·二八淞沪抗战的回忆》，《文史资料选辑》（第37辑），第37页。

现更为严峻的局面。

当时，正在前线视察的陈铭枢有鉴于上述情况，于二月二十二日致电蒋介石，再次提出，“为持久抵抗之计，务请俯照前记，迅调江西陈(陈诚)、卫(卫立煌)、谭(谭道源)各部，兼程前来”，并要求调上官云相所部前去担负南翔至浏河之第二防御地带之任务。①可是，蒋介石却于当天复电陈铭枢说“上官部因渡江困难，今日止，尚只渡过一营(指从长江北岸由浦口附近南渡)”至于“陈、卫各部，分防赣西，更非短时日所能集结”，即在赣西“剿共”，无由调动。蒋介石却指责陈铭枢说：“军事最重确实。上述办法，以难预期之事，求其适应机急，必至贻误戎机。”那么蒋介石的应急方针又是什么呢？在这一电报中他说得很明白：“请仍照在京面定之原计划实行。”②陈离京赴沪前，蒋介石等曾与之商议沪战前途，蒋主张把前线军队西撤浏河—南翔之线，以待从外交途径中寻找转机。陈在前线与蒋光鼐、蔡廷锴等会商后，一致主张“决不宜撤退”，并催蒋介石增调援兵。但蒋介石决不会让抗日来影响他的“剿共”计划。这样，淞沪之战的前途就十分危险了。此种情形，正如《十九路军抗日血战史料》的作者沉痛地追述的：“我军方面当此敌我兵力众寡悬殊，而敌方且继续增加之际，可谓千钧一发，若不早为之计，其危险当然不堪设想。但是我军(指中央军事当局)除忙于第二线的阵地构筑外，还是空谈抵抗，而无切实准备和整个计划。此我军以后所以终不免于撤退也!”③

正当战局的关键时刻，在蒋介石不肯增援前线的同时，日本政府和军事当局却在酝酿第二次大规模增兵上海。第九师团进攻江湾、庙行受挫后，虽然仍以为“相信能以现有兵力对付第十九路军”，但不能不甚为担忧地承认，“从江湾附近敌前沿阵地之抵抗情况来判断，估计部署在从真如附近到大场镇附近的第二线主阵地，其抵抗情况将相当顽强”④。而且担心尔后在攻势达到距租界 20 公里一线时，中国军队继续坚决抗击，形成旷日持久，又不签订协定的不利局面。于是，第九师团率先向东京参谋本部提出了增兵要求。至二月二十二日下午，第三舰队司令野村也向东京海军军令部发出增兵请求，强调“上海郊区之敌的抵抗亦还相当顽强，在此情况下，迅速增援大量兵力非常必要”。日本内阁在二十三日下午召开会议，陆军大臣荒木贞夫提议向上海增兵，会议决定火速增派 2 个师团以内的兵力赴上海。日本参谋本部据此决定，立即组建上海派遣军司令部，提高参战部队的序级，以白川义则大将为司令官，并决定调派第十一和第十四 2 个师团赴上海。二十四日下午，上述计划报奏日本天皇，获批准。

---

① 《陈铭枢致蒋介石电》(1932 年 2 月 22 日)，军委会档案，中国第二历史档案馆藏。

② 《蒋介石复陈铭枢电》(1932 年 2 月 22 日)，军委会档案，中国第二历史档案馆藏。

③ 华振中、朱伯康：《十九路军抗日血战史料》，第 279 页。

④ [日]关宽治、岛田俊彦：《满洲事变》，第 384 页。

于是，日本一方面在国内调集部队，征集船只，组织运输舰队，准备增兵上海，另一方面在淞沪前线暂停大规模进攻，改为重点突击。第九师团二十日以来三天战斗中遭到碰壁后，不得不放弃全线出击的战法，决定“按照‘攻坚战术’”，限制目标，首先突破一点，然后扩大战果。二月二十五日，日军发起重点进攻，攻势指向江湾北端至庙行南端之线。原守卫这一带的八十八师因伤亡过大，已调后方，改由六十一师一二二旅及税警总团防守。是日拂晓，敌以各种火炮及飞机 30 架向我军阵地猛烈轰击。上午 6 时半至中午 12 时前后，敌军猛攻六十一师第五团严家宅、郭家宅、小场庙、谷家宅阵地，第四团金家塘、竹园墩阵地，以及独立旅(税警团)第二团金家码头、沈家宅、塘东宅、严家桥阵地。攻势火力之猛，为开战以来所罕见。第五团官兵伤亡达三分之二，第四团及独立旅等 2 个团亦伤亡过半。谷家宅、小场庙、郭家宅阵地均被敌突破。至二十六日拂晓 5 时许，因我右翼军死伤过大，兵力不足，预备队已用尽，乃自动放弃江湾镇，改守夏家荡—广肇山庄—竹园墩—杨家楼之线。上午 9 时，敌军千余人进占江湾镇，因不明虚实，旋即退去。日军同时加强空中袭击，二十三日炸毁虹桥机场，二十六日又出动飞机 15 架，轰炸杭州笕桥机场。

至二月底，前线形势日趋严重。十九路军伤亡总数已达 5 000 余，第五军伤亡亦有 3 000 余人，指挥人员中下级军官伤亡尤大，武器损失亦多，部队疲惫不堪，战斗力日益下降。蒋光鼐从本月下旬以来，几乎天天发电请求援兵，除连续向蒋介石、何应钦发电外，又分别向四十七师师长上官云相、浙江省主席鲁涤平、三十六旅旅长戴岳等致电求援，并派十九路军参谋长邓世增赴南京向蒋介石求援，陈铭枢也一再向蒋介石、何应钦、汪精卫进言，敦促派兵增援上海，但这一切都毫无结果。直至二月二十八日奉调上海的上官云相一师，只调 2 个营前达黄渡参加筑工，其余 3 个团分别被留在南京和镇江，至战争结束从未参战。淞沪我军遂陷于“前有强敌，后无援兵”的态势。

六、 中国军队退守第二道防线

淞沪战争的第四阶段，是从三月一日日军进攻浏河开始的。以白川义则为司令官的日本上海派遣军组成后，迅即向上海输送。二月二十七日白川率第十一师团先遣部队从日本小松岛起航，二十九日早晨到达吴淞口。鉴于前此第九师团在淞沪铁路正面攻击迭遭挫折，白川遂决定从中国军队左翼之侧面进军，实行迂回战术，以十一师团从浏河登陆。三月一日拂晓，日军兵舰 20 余艘、飞机 80 余架、步兵近万人发起登陆战。

浏河在中国守军的左侧背。沿长江的七丫口、杨林口、浏河新镇及小川沙一带，需要警戒的岸线绵延数十里。这里距离上海西北约40公里，面临长江的河岸，是一个十分适宜登陆作战的河滩地带。日军如在这里登陆成功，构筑桥头堡，则吴淞要塞地区及主战场蕴藻浜两岸和庙行地区将被敌迂回，我左翼军即陷于腹背受敌之势。十九路军总部并不是不明了浏河地位之重要及敌可能突击该地，曾请军政部速调两师兵力驰援浏河，但蒋介石、何应钦置之不理。而当二十九日庙行方向战情危急时，驻浏河的一个团又被抽调，以致只有教导总队的一个营会同少数冯庸义勇军担任守备。三月一日晨敌军在舰炮掩护下，首先在六浜口、杨林口、七丫口登岸，随即向茜泾要塞猛扑。我教导总队一个连死力搏斗，伤亡殆尽。张治中立即下令八十七师宋希濂旅派出2个团驰援。但因途程过远，又乏运输工具，直至当天下午6时才有3个营分批到达浏河，激战至深夜，未能挽回危局，与敌相持于浏河镇与茜泾营之间。同时，敌第九师团亦向庙行至江湾一线西侧我左翼军正面阵地进攻。至当天下午3时，七十八师阵地被突破，第五军右翼被敌包围，乃退守杨焕桥、水车头、谈家宅、孟家角之线。

十九路军总指挥部鉴于淞沪我军左侧面与正面都遭严重威胁，并有可能被敌包抄，遂于三月一日21时下令后撤，命令右翼的第十九军六十师从宝山路、天通庵路、青云路撤至黄渡、方泰镇之线，七十八师之一部从张三桥、竹园墩一线撤退，驻南市、龙华的六十一师一部及税警旅、宪兵团分向真如、松江方面西撤；左翼的第五军第八十八师从竹园墩—庙行—纪家桥—泗塘之线向嘉定方向撤退，八十七师从浏河一带向太仓、葛隆一带西撤，吴淞守军七十八师一部从杨行、罗店向嘉定撤退。全军以黄渡—嘉定—太仓之线为新的防线。三月二日，六十师转移至黄渡，七十八师主力后退至方泰，六十一师移至方泰以北一带，八十八师转至嘉定，八十七师则后移太仓。这时，从后方前来增援的第四十七师才前出昆山青阳港，第九、第十师也只前进至沪杭线嘉兴一带，第一师则滞留于镇江附近。与中国军事当局按兵不动、玩忽戎机的情形相反，日军增援部队却源源而来。敌十一师团的后续部队于三月三日晚在七丫口登陆，十四师团也在三月二日至八日间从大阪出发，六日至十四日在吴淞登陆。至此，淞沪战场的日军兵力已达7万人上下，其主力计有：第九师团1.6万余人，第十二师团混成旅团3 500余人，第十一师团1.3万余人，第十四师团2万人(未全部登陆)，海军陆战队1.2万余人，飞机150余架，航空母舰3艘，战舰30余艘。日军总兵力几近我军两倍，空军和海军以及地面部队重兵器则占有压倒优势。

日军发动的这次总攻，目标是攻占浏河—嘉定—南翔—真如一线以东地区，歼灭十九路军和第五军，以取得停战签约的有利地位。三月一日下午日本参谋本部向上海派遣军司令官发出的电令中，就指出了歼灭中国军队的要求：“火速包围敌军，不使西逃，不失时机地、主动地给敌人以沉重打击”，然后，“先将我主力暂时撤至并集结于苏州河以北和要求(中国方面)撤退的地区(包括浏河镇方面)。直至在接受停战期间,尽力破坏该地区内的敌人防御设施”。①三月二日,敌十一师团进占浏河镇,九师团前出沪太公路以西。从三日开始发起追击,九师团沿沪宁路进犯南翔,十一师团向太仓嘉定间进攻,企图从南北两翼包抄中国军队并予以围歼。但中国军队未待日军合围,已向第二道防线西撤。十一师团接着向嘉定方向进犯,九师团进至小南翔、真如一线。北线敌军为突破我嘉定、太仓中间地区,直下沪宁铁路,截断我军退路,于三日上午向葛隆镇附近的娄塘、朱家桥一带发动进攻。当日凌晨,敌军先头部队首先进攻娄塘镇、朱家桥、四竹桥,至上午 8 时以主力 4 000 余人向我军阵地突击,我军八十七师二五九旅一个团坚守的阵地,被敌突破,情势危急。张治中急派旅长孙元良赴前方督战,并下令八十八师独立旅主力迅速增援,二六一旅掩护二五九旅左翼,八十八师固守嘉定,相机策应葛隆方向的战斗。下午,敌军七八千人突破娄塘一带阵地,包围我五一七团。被围我军在独立旅援兵的策应下,前赴后继,于黄昏前冲破重围,将敌军击退。当晚葛隆前线我军移到外冈,经昆山转赴新阵地。葛隆一战粉碎了敌军合围的企图。这时,我军遂在黄渡—方泰—嘉定—太仓之线建立了第二道防线,敌军此后几次向黄渡、嘉定、太仓进行攻击,但未再向这一线发动大规模进攻。三月三日下午 2 时,白川义则发表声明,宣称“现在中国军队已撤至帝国(日本)陆军当初要求之距离之外,帝国臣民的安全与上海租界的和平已恢复……中国军如不采取敌对行为,日本军也希望停留在现地,中止战斗行为”。②

当日本组成上海派遣军,调动十一师团和十四师团准备大举进攻上海之际,蒋汪政府仍然不事增援前线,却害怕战争进一步扩大,甚至进一步从原来的停战条件立场后退。这一新的步骤是由汪精卫下令作出的。在此前的二月十六日,国联理事会主席彭古向日本驻国联代表部发出通知,再次进行呼吁,要求日本制约自己的行动。十九日召开的理事会接受中国的要求,根据国联章程第 15 条第 9 款,决定把中日之间的纠纷问题移交国联大会受理,并把召开大会的日期定为三月三日。南京当局认为在国联中出现了有利于中国而不利于日本的情势,又鉴于日本大举增兵在即,遂决定再次试图与日本谋和,于是,在二月二十五日,汪精卫以手令下达淞沪停战条件四项:“(1)双方须同时撤退;(2)日军撤回租界,我军撤至真如之线;(3)撤兵区域由中国警察维持;(4)须有第三国有效保证双方各不追击。”汪精卫指出“以上要点经商得军事委员会蒋中正、何应钦、朱培德、陈铭枢诸

① [日]关宽治、岛田俊彦:《满洲事变》,第 390 页。

② 《日本外交文书》,[日]关宽治、岛田俊彦:《满洲事变》,第 198 页。

委员之同意"。①

这时，日本政府乘其军队即将发动新的大规模进攻的有利时机，在外交方面抛出所谓"上海圆桌会议"方案，企图引诱中国当局入其圈套。二月二十六日，日外务大臣芳泽谦吉致电重光葵和驻日内瓦国联理事会的佐藤尚武，命令他们探求停战谈判，以便促使在上海召开有关各国参加的圆桌会议。二十八日，驻国联的日本代表机关公布了"芳泽备忘录"，其中提出"日本政府准备同各国协调，为寻求上海事变的解决办法，同各国一起召开圆桌会议"。即企图诱导西方列强与日本一起，逼迫中国参加圆桌会议，接受屈辱条件。"备忘录"并说："日本政府无意在上海设置专管侨民区，只为日本谋求利益。"这就表明了在西方列强不同意日本在上海设立专管租界的情况下，日本企图利用圆桌会议，实现扩大公共租界地域的目的。"备忘录"又说什么"要使上海发挥国际城市的作用"，其真正含义是要宣布上海为所谓"自由港"。至于"备忘录"说什么日本"向为发展上海作出贡献的英、美、法三国表示敬意，尊重工部局"②，只不过是想掩盖日本与西方列强之间在上海的利害冲突，让英美等国不妨碍它在华的扩张活动。国联理事会曾在二十九日按日本愿望，提议组织上海圆桌会议，后遭中国方面的拒绝。

正是在上述日本和中国两国当局的各自的意图之下，由英国方面的居间联系，产生了"肯特号"上的非正式停战会谈。

二月二十八日，英国驻沪海军司令克莱居间，在英舰"肯特号"上会商休战办法，中国方面代表顾维钧(代表外长罗文干)、黄强(十九路军参谋长)，日本方面代表野村吉三郎(第三舰队司令官)、松冈洋右(日本首相特使)出席。这次谈判中，顾维钧等按照南京当局的旨意，已表示同意中国军队从现有防线后撤 20 公里，只是要求日军同时从租界及现有阵地退出；日方虽不反对日军后撤，但坚持中国军队先行后撤 20 公里，然后再由日军后撤。谈判结果，达成了谅解事项五项："(1)双方同时撤退；(2)不得提议永久卸除吴淞或狮子林等炮台问题；(3)双方之撤退由中日委员会会同中立国视察团监视之；(4)撤退区域，照旧由中国官吏治理，并由中国警察维持治安；(5)中国军队退至真如，日本军队退至公共租界及越界筑路地段，俟双方上述撤退完竣后，中国军队退至南翔，日本军队退至舰上。"并议定如双方政府赞同上述谅解事项，则由双方派出正式外交和军事代表，举行正式会议以完成上述协议。"肯特号"会谈的次日，中国方面通知英方，说中国政府对五项谅解已经同意，希望转达日本当局。南京当局此种行动可谓一厢情愿。其实，日本方面这次参加会谈，一方面是为抛出其圆桌会议方案作准备，另一方面是

① 《汪兆铭签署之停战条件要点》(1932 年 2 月 27 日)，外交部档案，第二历史档案馆藏。

② 《芳泽谦吉备忘录》，见[日]关宽治、岛田俊彦：《满洲事变》，第 403 页。

为了缓和世界舆论，以期在三月三日召开的国联特别大会上占有有利地位。

果然，当中国军队正在后撤第二道防线时，日本方面于三月二日通过英国海军司令向中国方面提出四项停战条件，提出召开圆桌会议的要求。日军以为两天来军事上获了大胜，乃得寸进尺，以大举进攻为压力，提出新的比二月二十八日所提更为苛刻的条件，其四项条件为："(1)若华军撤退，日军当于某一定时期内停止攻击，在休战期内，双方军事当局对于停战之详细办法，加以决定；(2)在休战期内，中日双方应开圆桌会议，由中立国代表参加讨论双方军队之撤退及维持上海现状之办法；(3)中国军队撤至相当地点后，日军即撤回淞沪区域，一俟上海情形恢复原状，日军即由淞沪区域撤退；(4)双方若某方破坏和约，则其他一方面得采自由行动。"①三月三日，中国外交部次长郭泰祺与英国公使蓝浦森和海军司令克莱会谈，表示中国无法接受日本提出的四项条件，并拒绝圆桌会议的方案。三月四日，外长罗文干在记者招待会上又宣布中国不接受丧权辱国条件，说日本"二日晚向我方提出之基本条件四项，较之二月二十八日之五项基本条件，彼此迥不相同"，中国只能"严予拒绝"。南京政府此时所持的基本条件为汪精卫二十五日所定四条，与日本当局的争执在于以下几个问题：一是中方要求双方同时撤兵，日方坚持由中方先行撤兵，至于日方撤兵时间则不作限定。二是中方要求日军立即停止战斗，日方却提出在中国军队撤退后的"某一定时期内(日军)停止攻击"。三是中方要求双方停战后在第三国方面监视下各自撤军，日军先退回公共租界及越界筑路地段，然后撤回兵舰，日方则提出"俟上海情形恢复原状"后，日军再由淞沪区域撤退。四是中国方面要求在中国军队撤出区域仍由中国政府负责行政治理和警察事务，日本方面却提出要重新讨论和确定"维持上海现状之办法"，即含有在停战区内今后中国不予驻军、撤毁军事设施和设立日本租界的企图。五是中国完全拒绝日本的召开圆桌会议方案，拒绝讨论停战以外的问题。日本方面提出的各项要求，正如郭泰祺向英使蓝浦森表示的那样，是"有类战胜者向战败者所提出的条款"，无异于要中国递上降表。中国当局出于诸种考虑，自然不愿接受上述各项条件。至此，上海的中日谈判再度陷于僵持而告停顿。

我军撤退至第二道防线后，三月四日，国联大会通过了上海停战决议，三月六日，蒋光鼐按南京当局指示，发表停战通电，指出："国联大会业经决议，请中日双方实行停战，自应依照办理。倘日军不向我攻击，我军亦不向彼攻击，如日军违背国联决议，施行攻击，我军仍须抵抗。"②但是，日本一面接受国联停战议案，一面仍向中国新的地区进攻。除前述三月四日日军炮击南翔并进犯嘉定、太仓，五日

① 《中央日报》1932年3月4日。

② 《申报》1932年3月7日。

复攻夺黄渡、嘉定外，六日占领嘉定，进攻安亭，并空袭苏州、常熟。七日又进攻鹿河。八日攻陆渡河、朱家桥，再度轰炸苏州、昆山。九日，日军再攻黄渡。十日，攻太仓、焚嘉定。十一日，进犯娄塘、兰阛、黄渡。十二日，复攻安亭。至十三日占领黄渡。十五日，国联调查团抵上海，日本诡称撤兵。十六日至三十一日，敌我在太仓、虹庙、牌楼展开战斗。四月一日至十日，又在岳王市、浮桥、葛隆、张家泾等地发生零星战斗。四月十六日以后，日军划定浏河至嘉定为第一防线，嘉定至南翔为第二防线，南翔至闸北为第三防线。战斗遂最后终止。

七、 民众抗日救亡运动与淞沪抗战

一·二八淞沪抗战是一次卫我中华的反侵略战争，同时也是一场波澜壮阔的民众抗日救亡运动。爱国军队的抗日武装斗争振奋了广大人民的抗日爱国精神，推动了民众救亡运动的蓬勃发展；而民众的抗日运动又极大地鼓舞和支持了军队的抗战。军民一致，同仇敌忾，我军官兵英勇作战，广大民众在物质上、精神上和战勤服务上全力支援，终于使这场神圣抗战坚持了30多天，给了日本侵略者以沉重打击。

上海的抗日救亡运动，自九一八事变以来日益高涨，形成了风起云涌、席卷全市的声势，在全国产生了重大影响。日军在沈阳挑起事变后的第三天，上海各界反日援侨委员会即发出抗日宣言。一九三一年九月二十二日，上海各界民众团体举行代表大会，呼吁南京当局下令陆海空军总动员，驱逐日军出境，主张组织救国义勇军，号召全国团结一致抗日。次日，上海抗日救国会正式宣告成立。二十六日，上海各界八百余团体举行抗日救国市民大会和全市抗日游行示威，共有20余万民众参加。在各界抗日救国团体广泛组织的基础上，上海民众反日救国联合会于十二月五日宣告成立，参与发起的团体达60余个。一九三二年一月十七日，救国联合会在南市西门体育场召开抗日救国群众大会，通过了反对南京政府的不抵抗政策、组织民众义勇军、各地人民武装起来抗击日本军队等28项决议。

在各界群众的抗日活动中，青年学生最为活跃。九一八事变发生后的第5天，上海22所大专院校的学生代表集会，决议成立上海各校抗日救国联合会。二十五日至三十日，上海学生近4 000人分两批赴南京请愿。十一月二十四日，上海大中学生6 500余人第二次进京请愿。十二月十四日和十五日，上海各大学学生示威团分两批第三次进京请愿。学生们的口号是对日宣战、武装民众、援助抗日军队、反对国际共管东北、打倒日本帝国主义等。上海学生还进行了广泛的抗日宣传，开展抵制日货、募捐支援抗日前线等各项活动。

富有反帝爱国传统的上海工人始终站在抗日斗争的前列。特别是日资企业中的中国工人,不计自身安危,挺身而出。上海日资纺织厂工人有8万余人,他们在九月二十六日成立上海日商纱厂工人抗日救国会,发表抗日宣言,组织义勇军。不少日资工厂工人纷纷退业。一九三二年一月八日起,日资同兴、日华、喜和等纱织厂华工1万余人相继罢工。此外,上海码头工人拒卸日货,日资轮船船员罢运,日商洋行职员退职的运动也迅速发展。上海的新闻、文化、出版、教育、科学各界的抗日救亡运动,也以前所未有的声势开展了起来。

日军在上海发动侵略战争以后,民众抗日救亡的怒潮更是迅猛勃发。一·二八事变爆发后的第5天,中共中央发表《中国共产党关于上海事件的斗争纲领》,号召民众罢工、罢课、罢岗、罢操,反对日本帝国主义,反对国民党出卖上海,为争取民族的独立解放而斗争。同日,中共江苏省委发表《告十九路军兵士弟兄书》,鼓励爱国士兵英勇抗日。二月二十六日,中共中央又发表《关于一·二八事变的决议》,号召工农兵武装起来,成立革命军事委员会,开展民族革命战争。在此之前,中华全国总工会也发出宣言,号召上海工人举行总罢工,反对日本帝国主义进攻上海。中共中央也指示各地党的组织,迅速在工人、农民、学生中组成反日会和义勇军,使民众和革命士兵联合起来,驱逐日本侵略军。富于光荣革命传统的上海人民,怀着悲壮热烈的心情振臂而起,终于汇成了一个声势浩大的抗日救亡运动的高潮。

这次民众运动的基本特点是民众的斗争与抗日军队的武装斗争紧密结合,民众运动以支援前线、直接间接地参加抗战为中心。民众抗日救亡活动主要在以下几个方面热烈展开。

一是声援抗战。各界民众广泛声援十九路军抗战,强烈谴责日本侵华。二月三日,鲁迅、茅盾、郁达夫、何丹仁(冯雪峰)、胡愈之、陈望道等43人发表《上海文化界告世界书》,抗议日本进攻上海,声援十九路军抗战。二月七日,鲁迅、茅盾等129名爱国人士又签名发表《为日军进攻上海屠杀民众宣言》。

二是慰问前线将士。上海民众团体、知名人士、各界代表以及广大学生和市民,纷纷赴前线慰问作战部队,赴医院慰问伤病员。宋庆龄曾赴闸北、吴淞和真如等地,何香凝除赴真如外,还去常熟劳军。上海市商会会长王晓籁,上海著作家抗日会代表丁玲,上海大学教授、抗日救国会代表陈望道等,都曾奔赴前线慰问。著名京剧表演艺术家梅兰芳率"承华社"全体艺员在北平为淞沪抗战部队义演三天。

三是捐款支援前线。上海和全国不少城市以及海外侨胞踊跃捐献钱物,其参加者之广泛,数量之众多,影响之巨大,在我国历次局部抗战中是绝无仅有的。捐献的除现金外,有粮食、食品、被服、药物、鞋袜、毛巾、香烟、汽油、交通工具、通信器材,以及手榴弹、防毒面具、炸药等。其中现金一项,十九路军共收到1 068万余元,第五军共收到近6万元。

四是组织各种战地服务队伍。上海学生、工人、职员、知识分子等组织了许多敢死队、情报队、救护队、担架队、通信队、运输队等，有的进入前线配合军队作战，有的担任部队后勤任务，有的负责伤员的医疗和救护。如前线需要大量的手榴弹，南京军政部不肯发给，就由总工会动员募集几万只空烟罐，赶制“土炸弹”运往前线。连前线每天两顿伙食，也是由郊区群众分地炊制和输送的。

五是救护和治疗伤兵。上海各界和在沪国际和平人士先后共组织和动员70多所医院，收容和救治我军伤病员。宋庆龄、何香凝、颜福庆、王一亭、刘鸿生、史量才、陆伯鸿、方液仙、牛惠生，以及孔祥熙、孙科、杜月笙等，都创办了伤兵医院，或将自己主办的医院改作伤兵医院。

六是组建义勇军参战。上海的工人、学生、市民等民众还组成了许多支抗日义勇军，开赴前线直接参战或参加战地工作。上海学生组成的，有上海各大学义勇军、复旦大学学生义勇军、上海法政学院义勇军、上海中学联青年义勇军等。上海工人组成的，有上海市总工会义勇军、招商局职工义勇军、上海市水木职工义勇军、邮工义勇军等。上海市民也纷纷组成义勇军，有上海特区市民联合会义勇军、上海市民联合会义勇军、市民义勇军先锋大队、上海义勇团、上海市民抗日决死队等。全国不少地方也组成义勇军前来上海参战，主要的有北平冯庸大学义勇军、南京抗日救国义勇团铁血军、南京中央大学义勇军、中国退职军人抗日义勇军、四川抗日义勇军、天津义勇军，还有华侨救国义勇军等。由中共江苏省委通过上海民众反日救国会组织的上海民众反日救国义勇军，在全市组织了二三千基层群众，建立了义勇军总部和各区办事处，其中闸北和沪西两支义勇军经常活跃在前线阵地。复旦大学学生义勇军也进入闸北、吴淞前线，配合翁照垣旅作战。上海市民义勇军210余人与十九路军士兵18人，曾于三月一日傍晚在宝山城附近对敌登陆部队激战一个多小时，打退了敌军的进攻。冯庸义勇军在宝山至浏河一带长江沿岸，担任了对敌警戒，配合军队作战。爱国工商业家胡厥文还主持制造了一颗大型水雷，送交浦东驻军，由水手偷渡接近停泊于黄浦江面的日海军旗舰“出云号”，引爆轰炸该舰。闸北巷战时，在宝山路有一支由400个青年组成的义勇军，他们只有50支毛瑟枪，当日军进犯时，一齐奋起，与敌抗击，曾打退敌人的进攻。

上海民众的援军、参战活动，给了前线的抗日军队以有力的支援和配合，正如十九路军将领所指出的，“人民群众对于我军的热烈支援，鼓舞和激励了前线官兵舍身抗敌的决心和勇气，这是我军之所以能以少胜多，以劣势装备抵御全副现代化军队的关键所在”①。淞沪抗战由于处在南京政府的错误政策之下，没有能够

① 蒋光鼐、蔡廷锴、戴戟：《十九路军淞沪抗战回忆》，《文史资料选辑》(第37辑)，第11页。

发展成为一场真正的人民战争。但是,在这场战争中,人民群众与爱国军队团结一致,军队为民族的利益而战,人民全力支援军队,以至军民并肩作战,从而产生了强大的战斗力。这一切是一·二八抗战的伟大精神之所在。

八、 上海停战谈判与《淞沪停战协定》的签订

日军进攻淞沪之战的目标,至三月上旬在军事上已经达到了——逼使中国军队退出闸北、江湾、吴淞、浏河地区,所剩下的是通过外交手段从条约上予以确认,于是在三月总攻告一段落后,日方注意力的重点就移到了外交方面。这时,日本对华的侵略扩张重点仍然置于我国东北地区,在那里正在忙于组织新成立的“满洲国”傀儡政权,调集军力进攻抗日义勇军,并从经济、文化、社会各个领域扩展与确立殖民统治。日军在淞沪遭到中国军队的沉重打击后,虽然经过第三次增兵而把中国军队压到第二道防线,但它自己也已无力量把进攻扩大至整个华东地区。为此,日军当局在对上海的企图达到既定目标后,便转向收缩战局,结束事态,并把上海方面的陆军主力调往东北。

同时,日本在上海的进攻已引起欧美资本主义国家的不满。上海战争一开始,一月三十日,英、美两国驻日大使立即向日本外务大臣芳泽提出警告。二月十五日,美国国务卿又对日军利用上海公共租界作战,两次提出抗议。国际联盟多次谴责日军在上海的行动。国联理事会于二月十六日照会日本政府,申明日本通过军事行动在华造成的形势,不能被认为“既成事实”,并提醒日本勿在上海扩大事变,以武力所得之土地,不能享有。英、美、法、意等国驻华外交和军事代表,尤其是英国方面,一再出面居间调停,虽然主要出于保护其在沪权益的目的,但也表示了西方列强对日本行动的不安,反映了它们之间的某种矛盾。“随着事变的长期化,日本统治阶层开始怀起深刻的危机感。这种危机感首先是在国际关系方面,尤其是担心对英美关系的恶化。”①大藏大臣高桥是清当时表示:“我国海外信誉正在急剧下降,目前在海外筹划资金几乎已不可能,这样下去,军费连三个月也维持不了。”②日本统治阶层还担心国际联盟把东北事件和上海事件都包含在“中日纠纷”这一范围之内,一并予以解决,因为这会损害在东北的扩张权益。内务大臣牧野伸显不无忧虑地说:“如果我们在上海失败了,则直到现在的满蒙问题也将统统化为乌有。”③高桥是清也说:“如果在各国中孤立了,是否连迄今苦心经营的

---

① [日]信夫清三郎:《日本外交史》(下册),商务印书馆,1980年,第570页。

② [日]木户幸一日记研究会:《木户幸一日记》(上卷),东京大学出版会,1966年,第136页。

③ [日]原田熊雄述、近卫泰子笔记:《西园寺公和政局》(第2卷),岩波书店,1950年,第201页。

满蒙结果也会丢得一干二净？真是令人不胜担心。”[1]因此，日本当局力求把上海事件与东北事件截然分开，对于前者则尽可能及早“就地解决”。正是在上述背景下，日本当局遂着力谋求通过外交途径，逼迫中国就范，以结束上海事件。

这时，中国政府继续要求国联对上海停战进行干预。三月三日，中国出席国联第二次全体会议的代表颜惠庆向大会提出，日本业已拒绝二月二十八日英舰“肯特号”上所议停战建议，继续向中国军队攻击。因此，国联的最迫切任务为按国联盟约第15条，建立上海停战秩序。日本代表松平反诬中国之反日运动引起上海事件，诬责中方违反一月二十九日的休战办法。对于日本政府为何拒绝二月二十八日建议，松平不表示意见，但表示日本已接受国联理事会二月二十九日建议，同意召集一个会议，由中日两国及其他有关各国代表组成，商议停战问题。同时，英、美、法等西方列强不愿它们各自在上海的利益受到损害，不愿日本继续增兵扩战，而力求熄灭上海战火。于是，受西方列强主宰的国联遂再次进行干预。国联大会总委员会在三月四日讨论上海停战问题，根据大会主席的提案草案，在当天下午作出了关于上海停战的决议。这一决议案主要有三项：(1)请中日两国政府立即采取必要步骤，保障切实履行双方军事当局已发的停止敌对行为的命令；(2)各关系国及中日政府应将如何实行前条事项的情形，随时通知大会；(3)中日双方代表应于各关系国军事当局协助之下，谈判停止敌对行为及日军撤退办法，并盼各关系国将谈判情形随时报告大会。[2]三月五、七、八日，国联总委员会又先后召开三次会议，讨论中日停战问题，并于十一日全体会议上通过了相应的决议。国联并根据十一日决议成立十九国委员会，专门处理中日问题。国联的这一切行动，也促进了日本政府走向停战谈判之路。

在国内和国际的诸种因素制约下，日本政府遂决定接受停战谈判。三月九日，重光葵致函郭泰祺，表示日本愿意按国联四日决议与中国进行停战和撤兵谈判。十四日，重光葵与郭泰祺在上海举行停战谈判首次会晤，有英美法意四国公使列席。十九日举行停战会议预备会议。二十四日，中日停战会议第一次正式会议在英国驻沪领事馆举行，中方首席代表郭泰祺，军事代表戴戟、黄强；日方首席代表植田谦吉和重光葵，军事代表田代皖一郎、岛田繁太郎，英美法意使馆代表亦出席与会。至四月九日，共举行正式会议14次，以及非正式会谈和军事小组会议多次。双方围绕着日军撤兵的地区、撤退的时限以及中国军队的驻扎地域问题，展开了反复、激烈的争论。直到四月三十日，国联理事会正式通过了十九国委员会所拟上海停战决议案及蓝浦森折衷案，遂告定局。上述决议案是一个既约束日

---

① 《西园寺公和政局》(第2卷)，第216页。

② 参见[美]威罗贝：《中日纠纷与国联》(第1编)，第14章。

本,使其不再在上海扩大战事和在指定地域以外驻兵的方案,又是牺牲中国领土和主权利益,与日本实行妥协的方案。

上海停战谈判经过40天的反复争执,终于在四月底达成了五项协议和三项附件。中日双方在无可奈何的情况下,于以下基本点达成了妥协:日本方面把军队撤至公共租界及虹口越界筑路地域,中国方面把军队留驻于"现在地位"。显然,中国方面是被迫接受了一个丧害主权的屈辱条约;日本方面,也只能无可奈何地撤回军队。日本所以出此一策,主要是由于下列原因:(1)日本的作战目标——在上海周围设立一个"永久""中立地区",中国永不驻兵——已经达到;(2)英、美、法等国不同意日本在上述区域驻兵,否则,公共租界和法租界将处于日军的包围之下,这是西方列强绝不赞成的;(3)日本也不同意让上述其军队撤出区域由英、美等国派兵驻扎,因为这样对它在上海的扩张也是不利的;(4)中国坚持日军必须撤回公共租界及越界筑路区,如果日本不接受此条件,则上海之战可能继续下去,而当时所处的国内国际条件,特别是因侵占我国东北所引起的矛盾,使日本难以在上海方面长期打下去,因此只能选择撤兵、停战一途。这样,中日两国终于在前述几点条件下达成了协议,使上海停战协定得以正式签订。五月三日,国民党中央政治会议在南京召开第29次临时会议,决定批准外交部呈报的停战协定草案,交行政院负责办理。

中日上海停战协定于五月五日在上海正式签字。上午在英国驻沪总领馆举行停战会议第15次会议。出席代表:中方为首席代表郭泰祺,代表张似旭,军事代表戴戟、黄强,秘书殷汝耕、邓中莹、李铁铮、张益东;日方为首席代表重光葵,代表守屋,军事代表田代、岛田,秘书冈崎、有野、水野、喜多、阿部;第三国方面为英国公使蓝浦森、美国公使詹森、法国公使韦理德、意国代办齐亚诺。在英领事白克明宣读停战协定全文后,中日双方代表正式签字。至此,《淞沪停战协定》正式成立。在签字前宣读协定条文过程中,中方代表张似旭宣读了中国政府声明书两项,日本代表岛田繁太郎向会议宣布日军将于明日(六日)开始撤退。会议并决定由中、日、英、美、法、意六国代表组成的共同委员会于七日正式成立。

《淞沪停战协定》全称《中日上海停战及日方撤军协定》,共有五条。第一条为正式宣布:"自中华民国二十一年五月五日起,确定停战。双方军队尽其力之所及,在上海周围,停止一切及各种敌对行为。"第二条规定中国军队的驻扎区域:"中国军队,在本协定所涉及区域内之常态恢复,未经决定办法以前,留驻其现在地位。"第三条规定日军撤退的程序:"日本军队撤退至公共租界,暨虹口方面之越界筑路,一如中华民国二十一年一月二十八日事变之前。但鉴于须待容纳之日本军队人数,有若干部队,可暂时驻扎于上述区域之毗连地方。"第四条规定了共同委员会的组织和职权:"为证明双方之撤退起见,设立共同委员会……该委员会并协助布置撤退之日本军队与接管之中国警察间移交事宜，以便日本军队撤退时，中国警察立即接管。”第五条宣布“本协定自签字之日起，发生效力”。①

协定的附件有三号。第一号附件规定了协定第二条关于中国军队“驻留现在地位”的具体位置，为“由安亭镇正南，苏州河岸之一点起，向北沿安亭镇东最近小浜之西岸至望仙桥，由此北过小浜至沙头东四公里之一点，再由此向西北至扬子江边之浒浦口，并包括浒浦口在内”。第二号附件规定了协定第三条关于日本军队“暂驻”的“毗连地方”之具体地域：一为吴淞地区，规定“吴淞镇不在此地段之内”，“日方不干涉淞沪铁路暨工厂之运用”；二为江湾地区，规定“万国体育场东北约一英里许之万国公墓，不在日本军队使用地段之内”；三为引翔地区，规定“曹家寨及三友织布厂不在此地段之内”；四为闸北地区，规定“使用地段包括日本公墓及东面通至该墓之路在内”。此附件并规定：“日本军队向上列地方之撤退，于本协定生效后一星期内开始，并于开始撤退起，四星期内撤完。”②第三号附件则是关于共同委员会的组织、职权及办事程序的规定。

协定的签字人，中国方面是：外交部次长郭泰祺，陆军中将、淞沪警备司令戴戟，陆军中将、第十九路军参谋长黄强。日本方面是：驻华全权公使重光葵，陆军中将、第九师团师团长植田谦吉，海军少将、第三舰队参谋长岛田繁太郎，陆军少将、上海派遣军参谋长田代皖一郎。作为见证人签字的是：英国驻华公使蓝浦森、美国驻华公使詹森、法国驻华公使韦理德、意国驻华代办齐亚诺。协定副本因修改译文名词，延至五月十五日始签字。根据协定建立的共同委员会由委员 12 人组成，中、日、英、美、法、意各派出委员 2 人，公推美方委员克银汉为委员长。中国方面的委员为俞鸿钧（上海市政府秘书长）和黄强。日本方面的委员为村井仓松和原田熊吉（日本驻上海武官）。同时，中国方面组成日军撤出区域接受委员会，以殷汝耕（中国停战谈判代表之秘书）为主任，办理各项接管事宜。

中国代表在签字前，在通过协定条文时，当场宣读两项声明，但其并未作为附件而附属于协定文件。中国方面的声明，一是关于协定第二条的声明，说中国方面在停战会议讨论此条时，曾声明：“双方了解，本协定内，对于中国军队在其领土内之调动，并不含有任何永久之限制。”并说“当时双方同意，此项声明于该次会议时业经接受”。③二是关于协定第三条的声明，说“双方了解，按照第三条，日军暂驻区域内之市行政权，包括警察权在内，仍由中国当局行使之。日军之暂用该项

① 秦孝仪主编：《中华民国重要史料初编·对日抗战时期（绪编）（一）》，第 539—542 页。另据日本外务省编：《日本外交年表和主要文书》（1840—1945），下卷《文书》，第 205—206 页。停战协定中文本和日文本在文字上有出入，本文以中文本为准。

② 秦孝仪主编：《中华民国重要史料初编·对日抗战时期（绪编）（一）》，第 541 页。

③ 朱汇森主编：《中华民国史事纪要》（1932 年 1—6 月），第 708 页。

地点，于上海市政府之工作，不得有任何妨害”①。此外，中国方面同日在南京发表了一个有关协定的书面声明，宣布将设置特别警察队，以维持临近上海租界的撤兵区域内的治安与秩序。

日军的撤退分为四批实施。第一批，五月六日开始，主力部队向连接狮子林—杨行—大场—真如之线以东地区撤退。第二批，至五月九日中午止，撤出嘉定、南翔、浏河等地。第三批，至五月十日正午，撤出罗店。第四批，从狮子林—杨行—大场—真如之线全部撤退。五月十二日，中国保安队接管闸北。十九日接管江湾。二十三日接管真如。翌日沪宁铁路全线通车。二十四日，中国方面接管吴淞炮台。三十一日，日军除海军陆战队及宪兵共 2 500 人以外，全部撤离上海。至六月十七日，淞沪铁路以东、沙泾港以西、公共租界以北，虹口方面越界筑路周围地域的日军海军陆战队，全部撤入越界筑路地域以内。至此，除停战协定所允日军暂驻的丁区（闸北日本坟山）内的警察权尚未恢复外，所有日军退出地区已完全由上海市公安局行使警察权。至七月十七日，日军最后撤清。

《淞沪停战协定》对中国来说是一个丧权辱国的协定，中国政府在战败、退兵的条件下，被迫接受了这个屈辱的条约。中国近代被侵略、被奴役的历史上又增添了惨痛、屈辱的一页。协定首先以国际协议的形式限制与剥夺了中国在上海周围地区驻军的权利，规定“中国军队，在本协定所涉及区域内之常态恢复，未经决定办法以前，留驻其现在地位”。从此，中国军队被禁止越过由安亭镇附近起，经望仙桥向西至长江边的浒浦口为止之线，这是对中国主权的严重损害。同时，协定所谓“常态恢复”与“决定办法”两项规定，亦为明目张胆地践踏中国主权。按此规定，中国并无权宣布“常态”是否已经“恢复”，更无权决定中国军队不再“留驻其现在地位”，这一切都必须经过日本及英、美、法、意各国共同协议一致才能作出决定，这就把这些纯属中国领土主权范围以内的权力，拱手让给几个外国政府来共同掌控了。其次，协定给了日本在上海驻军的权利与地位，虽然规定“日本军队撤退至公共租界，暨虹口方面之越界筑路”，但又给了日军在上述区域以外驻军的权利：“有若干部队，可暂时驻扎于上述区域之毗连地方。”这“毗连地方”按“附件”第二号规定，共有 4 个地区，而所谓“暂时驻扎”并未限定时日，因而实际上就是承认日本不仅可以在公共租界及虹口越界筑路地区驻兵，还可以在“毗连”的 4 个地区驻兵。由此，日本实际上在上海取得了变相的驻军权。第三，协定决定设立的“共同委员会”，有“监视”协定的“履行”及“查明”中、日军队驻扎情形的权力，该委员会的决定以过半数成立，主席有投票取决权。这就把属于中国领土主权之内的军事调查、监察之权交给了外国列强，是对我国军事和行政主权的又一个公然践踏。

---

① 朱汇森主编：《中华民国史事纪要》（1932 年 1—6 月），第 708 页。

这个协定反映着日本帝国主义从甲午战争以来对中国的侵略和扩张又跨进了一大步。协定的产生，是南京蒋汪政府推行“攘外必先安内”和“一面抵抗，一面交涉”政策造成的又一恶果。协定的成立，标志着中国的民族危机进一步深化了。

九、 在中国抗战史上的重要地位

一·二八淞沪抗战在我国近代反侵略战争的历史上是永远值得纪念的光辉灿烂的篇章。可是，上海的停战和签约，又是近代史上屈辱的一页。淞沪抗战的毅然发动和轰轰烈烈的展开，它的悲壮、激昂的斗争历程，它对日本侵略者的沉重打击，使受尽欺凌和侵略的中国人民扬眉吐气，伟大的民族精神为之一振。可是，淞沪抗战最后失败的结局，《淞沪停战协定》城下之盟的成立，却在中国近代被侵略的历史上又增添了屈辱的一页。尽管至今海峡两岸的史学界对这一事变的评价尚不尽一致，但是，这幕曾经震惊中外的，风云起伏、悲喜交织的历史活剧，无论从什么方面来看，在我国抗日战争史上的地位都无疑是重要的。

（一）淞沪抗战的历史意义，在于它在民族危亡的关头举起了爱国主义的旗帜，冲破了国民党政府的不抵抗政策，以反侵略的民族战争反对日本的侵略战争，成为我国局部抗战过程中影响巨大的重要一役。这次抗战虽然最后以失败而告终，然而在战局发展中曾给了日本侵略军以沉重打击。我国参战部队以劣势装备对付优势之敌，在没有海军和基本上也无空军配合、支援的条件下，抗衡敌军的陆海空军联合进攻达一个多月。我军勇猛、顽强的抗击，粉碎了盐泽幸一“一旦发生战争，四小时即可了事”的迷梦，迫使敌军三次增兵、四易主帅，伤亡万余人①，付出了惨重的代价。日军进攻一月，并未歼灭我军任何主力部队，也突破不了我军主要防线，直到二月二十九日，敌军仍处于沿江的狭窄地带，未能越过吴淞—庙行—江湾—闸北之线。敌以海陆空军协攻吴淞炮台区，直至三月一日我军自动撤出，始终未能攻占。闸北一带，敌我屡进屡出，战地一片废墟，但直至我军最后撤退前，主要阵地仍在我军手中。日本军事当局本来以为只要动用海军陆战队几千人，就可以逼迫中国军队退出闸北，接受城下之盟。事实教训了狂妄的日本侵略者，东京军部不得不调动全国陆军的四分之一来上海参战，才最后得以结束这一事变。从这个意义上说，淞沪抗战是获得重大胜利的。著名爱国人士章太炎当时曾极为兴奋地说道：“自清光绪以来，与日本三遇，未有大捷如今者也。”②淞沪一

① 据《十九路军抗日血战史料》所载敌军伤亡统计表，日军伤亡共 3 184 人，该书认为此数字系据日本军方公布者，已被缩小，实际上敌军死伤人数为 1.2 万—1.3 万人。

② 转引自邱国珍：《十九路军兴亡史》，第 83 页。

战，一扫自九一八事变以来日军在我国如入无人之境的局面，狠狠地打击了日本帝国主义的侵略气焰，增强了中国抗战的信心，为武装反对日本侵略树立了一面光辉的旗帜。

淞沪抗战在我国抗战史上占有重要的历史地位。它是继东三省抗战后，一部分爱国军队再次冲破国民党的不抵抗政策，奋起举行的一场反侵略战争。如果说，东北一部分爱国军队在九一八事变后奋起抗战，是对国民党的不抵抗政策的自发的违异，那么，淞沪抗战则是第一次直接打破不抵抗政策的伟大抗战行动。淞沪抗战虽然最后并未实现自己的目标，但它体现的民族团结、一致抗战、救亡图存的精神，却代表了历史发展的方向。它起了激发人心、转移方向的作用，成为后来的长城抗战、察哈尔抗战和绥远抗战的先导。尔后，从西安事变到七七抗战，率能打破不抵抗局面，形成全面抗战局面，有由来矣。从这个意义上说，没有一·二八淞沪抗战，也就没有长城抗战、察哈尔抗战和绥远抗战，也就没有西安事变和全面抗战的到来。

（二）淞沪抗战显示了为民族独立而战的爱国主义精神的伟大力量。淞沪之战，在黄浦江和长江沿岸狭小地带，我军坚持抗击达 34 天之久，重创敌军，是我参战部队团结一致、奋勇拼搏的结果，也是民众抗日救亡运动支援的结果。这是一场正义之战，我军师出有名，深得民心，士气始终昂扬不衰，愈战愈勇。十九路军从总指挥到普通士兵，全军上下团结一致，“抗日御侮”“团结对外”的强烈意志把全军紧紧地凝聚在一起，正如该军宣言堂堂宣示的，全军“本捍患之天职，自卫之正义，洞胸断首，万众一心，牺牲最后之一弹一卒”，在所不惜，抱着“奋斗者不灭亡，服正义者得胜利”的信念，誓与敌人血战到底。①高昂的士气转化为强大的战斗力，有力地弥补了我军武器装备的劣势。“我军士气殊壮，初虽为敌飞机大炮所苦，久且司空见惯，毫不介意，外人惧惊叹我军为神兵。上海有称我士兵为‘铁足、夜眼、神仙腹’者，意谓善走路(行军)；长夜战；虽不吃饭，亦能打仗(前线士兵受敌飞机大炮炸轰，每日在拂晓前早餐，入黑后始再能得食)。”②同样，第五军将士们的爱国精神与战斗意志也极为高昂，十九路军将士称赞其“战斗能力，远远超内战时十百倍”。两军虽属不同派系，然在民族大义的感召下，始终兄弟般地亲密配合，并肩战斗。十九路军和第五军广大将士以血肉之躯，浴血奋战，与敌寸土必争，才换来了重创敌军和坚守月余的战果。十九路军每日伤亡达一二百人，至战役终止，全军伤亡已达 8 750 余人上下。③第六十一师原有 7 个团，战斗至二月底，

---

① 《十九路军将领致全国军民电》(1932 年 2 月 2 日)，《申报》，1932 年 2 月 3 日。

② 华振中：《抗日血战经过》，《读书杂志》第 2 期，第 214 页。

③ 华振中、朱伯康：《十九路军抗日血战史料》，第 350 页。

因大量减员，只缩编为7个营，个别连队只剩下士兵3名，余悉或死或伤。第五军伤亡亦大，至停战时全军伤亡已达5 300余名。①

淞沪抗战中出现的军民团结，一致抗战，枪口对外，为民族独立而战的精神，以事实证明了爱国主义的强大力量。这场战争表现了中国人民不畏强暴，敢于打败外国侵略者的气概，显示了中国的伟大民族精神。

（三）淞沪抗战是在南京政府“一面抵抗，一面交涉”政策的制约和束缚之下所进行的一场局部抗战。这次抗战，是十九路军官兵在高昂的抗日爱国精神鼓舞下，在上海以及全国民众抗日民主运动的推动和支援下，违反国民党最高当局的意志和不抵抗命令，而发动起来的。十九路军以区区3个师，在势单力薄的条件下，敢于抵制南京军事当局的命令，毅然决然地举起抗日御侮大旗，发动并坚持了对日作战。第五军虽为黄埔系嫡系部队，但广大官兵主动积极地响应抗日义举，开赴前线，与十九路军英勇地并肩作战。蒋光鼐、蔡廷锴、张治中、戴戟等将领以及他们统率的十九路军和第五军的抗战合乎民族大义，顺应人民愿望，理所当然地受到了全国人民和海外侨胞的同声赞扬和热烈拥护。

但是，无论是十九路军还是第五军，都是受国民政府统率的。蒋光鼐、蔡廷锴等将领虽然对南京当局的命令实行有条件的抵制，但在主要方面仍然不可能不受南京当局的指挥和调度。在当时的条件下，十九路军还不可能同蒋介石、汪精卫公开决裂，而自行进行独立抗战。因而，在南京政府坚持推行“攘外必先安内”的情况下，淞沪抗战终究不能避免成为一次短暂性的和局部性的抗战的命运。

这次抗战是在国民政府的“攘外必先安内”的基本政策之下，在“一面抵抗，一面交涉”的对日政策之下进行的，这就在相当程度上决定了它在战争规模上的局部性、参战成分的有限性和战争过程的短暂性，而这些成为这次抗战的基本特征。从九一八事变到一·二八事变，日本侵略军先后在我国东北和上海挑起战火，我国理应在东北和淞沪两个战场展开对日作战。可是，在不抵抗政策之下，东北军不战而退入关内，当淞沪抗战爆发，国民党军在东北毫无反攻行动。南京最高当局未有把东北之战与上海之战联为一体、在南北两线粉碎日军侵略的计划与部署。这就从根本上限制了淞沪抗战，以致其始终处于局部抗战的地位。淞沪之战在参战成分上也是有限的和片面的。由于蒋介石置军事重点于“剿共”战争和“绥靖地方”，以致在国民政府统率的100多个师中，只有5个师另1个独立旅和1个教导总队参加淞沪作战。而且，在国民党的反人民统治之下，人民群众无法有组织地、广泛地动员起来参加抗战，虽然上海人民以各种方式直接和间接地支援军

① 张治中：《第五军参加抗日战役经过》，《文史资料选辑》（第37辑），第27页。

队作战,但淞沪之战从根本上说,依然是单纯的军队作战,而不是一场真正的人民战争。由于南京当局从战争之始起就竭力谋求对日妥协停战,限制增援,随时准备中途终止这场抗战,因而也就决定了淞沪之战不可能是持久的,也不会直接发展成为全面抗战的序幕,相反,只能是短暂的、半途而废的。

(四)淞沪抗战最后以失败而告终,这个失败是以中国被迫退兵和签约为标志的。淞沪前线中国军队的退兵,是在正面的闸北、江湾、庙行、杨行、吴淞阵线未能击破敌之攻势,左翼之侧背浏河一带遭敌迂回,在腹背受敌的态势下主动采取的后退行动。这个行动虽出于被迫,然而对于保存军力、以利再战却是必要的。由此十九路军和第五军的主力均未受损失,完整地转移于第二道防线。如果南京政府决意抗战,调集足够兵力实行反攻,则此两军仍可作为转入反攻的第一线部队。但蒋介石计不出此,以妥协而最后结束了这场战争。

综观淞沪抗战的全过程,实际上存在两条不同的指导方针。爱国将领蒋光鼐、蔡廷锴等掌握着十九路军的领导权,实行了团结御侮、坚决抗战的方针。南京政府以蒋介石、汪精卫、何应钦为代表,掌握着战争的最高领导权,他们推行了一条消极抵抗、积极谋和、寻求妥协的方针。蒋、汪掌握着中央政权,也控制着淞沪抗战的最高决策权,他们的方针占有统治地位,显然排斥和压倒了十九路军的方针,这就决定了淞沪抗战挫折和失败的命运。

一场悲壮激烈的抗日之战失败了。这失败的原因何在?至今人们的回答并不一致。蔡廷锴在其回忆文章中说道:“十九路军在全国人民支援下打了一个多月,伤亡万余人,最后为蒋介石叛卖而结束。”①李新等人在其论著中指出,“上海军民的抗战是遭到蒋介石、汪精卫为首的国民党反动派的破坏而失败的”②。许多史学工作者基本上持同样的看法,认为这次抗战由于“蒋介石等人实行了妥协退让政策,竟以屈辱的停战协定而告终”③。只要不抱任何偏见,尊重客观历史,上述论断无疑地应当被认为是恰当的。

但是也存在另一种相反的看法,这主要是在台湾史学界一些同行之中。他们认为淞沪抗战最后以退兵签约而告终,并非国民政府的政策和领导有何不当,而是由于以下原因:“一是增援与运输的困难”;二是地方军队不听指挥,“北方军队庞杂……无法输调”,“四川省军人私心太重,并不听中央调遣”,“广东当局拒不遵命”;三是工农红军“趁势出击,与淞沪日军东西呼应”。④因而,他们的结论是:“在

① 蔡廷锴:《回忆十九路军在闽反蒋失败经过》,《文史资料选辑》(第59辑),第74页。

② 李新等主编:《中国新民主主义革命时期通史》(第二卷),人民出版社,1962年,第144页。

③ 刘敬坤:《一·二八淞沪抗战》,《学点民国史》,人民日报出版社,1984年,第123页。

④ 李云汉:《九一八事变前后蒋中正先生的对日政策》,《抗战胜利四十周年论文集》(上),第470—472页。

当时的情势下，中国实不能对日从事全面的战争。”①也就是说，中国没有条件同日本打仗，屈辱议和是最佳选择。显然，对这一史事作这样的解释，是为蒋介石的臭名昭著的“攘外必先安内”政策作辩解的，而于历史事实却鲜有根据。如果人们没有忘记历史的话，就不难看出，当今在台湾史学界占优势的上述观点和看法，其发明者正是国民党最高当局，而且早在半个世纪前已经产生了。一九三四年一月二十日，国民政府军委会在向国民党四届四中全会作的军事报告中，评价淞沪抗战中途挫折的原因说：“中枢鉴于十九路军、第五军之孤独抗战，分檄各路援师，兼程前进；然以敌舰沿江满布，敌机进炸腹地，赣中‘共匪’复中途牵制截击，因之，援军不能如期到达，以致前线损失甚大，势颇危殆。故为避免孤陷起见，乃移防于太仓、昆山之线。”②败于孤军作战、援兵不至，这是符合事实的。问题在于为什么在30多天中援军迟迟未到？南京军委会的回答是：敌舰布满长江，敌机又轰炸内地，部队无法前进。但谁都知道，这完全是不值一驳的欺人之谈。至于说什么援军被工农红军牵制截击而不能赴援上海，这更是颠倒黑白，因为当时国民党40多个师的主力部队正在全力“围剿”苏区，而置淞沪抗战于不顾。

事实上，就当时中日两军总的战略态势和淞沪战局的实际状况而论，如果中国当局当时改变其“先安内，后攘外”的错误政策，集中军事力量于对外作战，凭借空前高涨的抗日士气和声势浩大的民众抗日救亡运动，充分利用政治、外交、后勤等有利条件，则完全有可能在淞沪地区击败日军的进攻，使日本的侵略阴谋难以得逞，至少不至于出现签订丧权辱国的停战协定这样的结局。正如郭沫若后来所指出的，“当时，假使中国能够全面动员，对日本作长期的决战，日本在当时是还没有十分准备周到，我们可能挫折了它的野心，使它不得不稍加戢敛”。③中国在一·二八抗战中的失败，非败于参战部队的作战不力或指挥失当，也非败于中国无力抗战，而是败于国民政府最高当局的“攘外必先安内”的误国政策。淞沪抗战从反面提供给后人的这个历史经验，是永远不应被忘记的，更是不能被歪曲的。

① 李云汉：《九一八事变前后蒋中正先生的对日政策》，《抗战胜利四十周年论文集》（上），第470—472页。

② 国民政府《军委会向四届四中全会报告——淞沪抗战作战经过简报》（1934年1月20日），《革命文献》（第36辑），第1613页。

③ 郭沫若：《民族解放的先锋——纪念一·二八》，《新华日报》，1946年1月28日。

"一面抵抗，一面交涉"政策与一·二八淞沪抗战*

从九一八事变至七七事变前，中国曾经在不同地区和不同程度上进行了反对日本侵略的局部抗战。发生在一九三二年春天的淞沪抗战，是局部抗战中震动中外、可歌可泣的重大一役。淞沪抗战高举起反对日本侵略的爱国主义旗帜，毅然冲破了蒋介石和南京政府的不抵抗政策，为民族抗战的伟大斗争开辟了道路。淞沪抗战给了狂妄不可一世的日本侵略军以迎头痛击，使敌军三次增兵、四易其帅，遭受了自甲午战争以来从未有过的打击。淞沪抗战在国难当头、民族危亡的严峻时刻，有力地振奋了中华民族不畏强暴、敢于打败侵略者的伟大精神，强烈地体现了停止内战、一致对外、抗日御侮的历史潮流。这次抗战，中国军队经过近四十天的浴血奋战，最后在敌我两军力量对比悬殊和敌之两翼包抄的战场态势业已出现的情况下，终于被迫退兵。中国政府接受了屈辱的城下之盟——《淞沪停战协定》。

这场伟大的民族战争，从毅然发动和轰轰烈烈地展开，直到最终归于失败，成为中国近代反侵略战争史上一幕风云变幻、悲喜交织的活剧。这延宕起伏的发展历程，从中国方面的战争指导方针而论，实系第十九路军等爱国军队的坚决抗战和南京政府的消极抵抗、积极谋和，两种不同方针之间的相互斗争和影响消长的结果。从总体上说，淞沪抗战始终处于南京政府"攘外必先安内"的基本政策和"一面抵抗，一面交涉"的对日政策之下，而无法摆脱它的制约和束缚。以蒋介石、汪精卫为首的南京政府，在淞沪抗战时采取的是"一面抵抗，一面交涉"，即消极抵抗、积极谋和的政策，它的对日妥协谋和活动，是与淞沪战争同始终的，而贯穿于事变的全过程。研究这一期间南京政府的对日谋和活动，有助于剖析"一面抵抗，一面交涉"政策的本质及其历史作用，也可以更清楚地揭示一·二八淞沪抗战最终失败的深刻根源。这对于理解和总结近代中国反侵略战争的历史经验，是很有

---

* 本文原载《军事历史研究》1992 年第 1 期。

裨益的。

一、南京政府“一面抵抗，一面交涉”的对日政策

一·二八淞沪战争是日本帝国主义紧接着九一八事变而在上海挑起的。日本挑起这场战争的战略目标，可以归结为以下三项。(1)在上海这个世界著名的都市、南京政府统治的心脏地区、东西方列强利益交错的在华最大基地发动这场战争，以便转移世界各国和中国的视线，从而掩护日本在我国东北的侵略扩张，配合其建立伪满傀儡政权的活动；(2)通过战争手段，在上海市区周围地区扩展一个由日本直接控制的地盘，以扩大其在上海的势力范围；(3)以军事侵略保护和扩张经济侵略，使日本自第一次世界大战以来在上海等地急剧膨胀的经济势力得以巩固和继续发展，以便在尔后压倒英美在华经济势力，实现独占中国的目的。显然，日本发动淞沪之战，是其殖民地化中国的一个严重步骤，它是九一八事变的扩大和延续，是又一个新的更为广泛的扩张行动。

日本对中国得寸进尺的侵略，把中华民族推到生死存亡的危急境地，也成为南京政府对外关系中面临的最严重的问题。如何对待日本的进攻，如何处理抗击外敌与反对国内政敌的关系？从九一八事变以来，这个问题愈来愈尖锐地被提到了国民党和南京政府的面前。一·二八事变爆发时，南京国民政府形成了蒋介石与汪精卫合作执政的政治格局，提出了“一面抵抗，一面交涉”的政策。这是这一时期中国政府对日的基本政策。

“一面抵抗，一面交涉”政策的形成，有着十分深刻的国内外形势的背景。它是南京政府推行“攘外必先安内”基本政策的产物，从总的方面说，它是九一八事变以来对日不抵抗政策在新形势下的表现。众所周知，蒋介石自九一八事变以来，顽固地推行着“攘外必先安内”政策。还在九一八事变后不久，他就向全国一再鼓吹“攘外必先安内，统一方能御侮”的论调。说什么：“今日之对外，无论用军事方式解决，或用外交方式解决，皆非先求国内统一，不能为功。盖主战固须先求国内之统一，即主和亦非求国内之统一，决不能言和，是以不能战，固不能言和，而不统一，更不能言和与言战也。”①“攘外必先安内”政策有两个基本点：对内实行“剿共”和打击各派反蒋势力，以求得所谓“国内统一”，而首要的是消灭共产党和革命根据地；对外实行对日妥协退让的不抵抗政策。这个对外政策，蒋介石后来作过这样的说明：“九一八事变发生后，我们国民政府为了‘清剿’‘共匪’，进行建

① 蒋介石：《外交为无形之战争》，《先总统蒋公全集》(第1卷)，台湾中国文化大学，1984年，第626页。

设，对于日本，不惜委曲忍痛，暂维和平。”①即对日本的进攻采取不抵抗政策。

对日不抵抗政策，在其实行的过程中，随着形势的发展，具体内容和限度是有所变化的。从九一八事变到一·二八事变前夕，蒋介石当政的国民政府对日本的进攻采取“完全不抵抗”或称“绝对不抵抗”、同时“依靠国联解决”中日纠纷的政策。蒋介石宣布对东北问题的对策，是“以公理对强权，以和平对野蛮，忍辱含愤，暂取逆来顺受态度，以待国际公法之判决”②。国民政府一九三一年九月二十二日发表的《告全国军民书》，正式宣布：“希望全国军队对日军避免冲突。”同月二十一日，蒋介石在南京中山陵园官邸召集中央党政军首长会议，决定对外“镇静忍耐”，“依赖国际联盟公理处断”③作为对日基本方针。同时，会议决定设立特种外交委员会，作为对日外交的决策机构。

国民党内宁粤两方自一九三一年年初公开分裂后，在九一八事变爆发之初，迫于内外形势，乃高唱“团结御侮、共赴国难”，谋求双方的和平统一。一九三一年十月下旬，蒋介石、胡汉民、汪精卫在上海会见，宁、粤各方其他要员亦在此前后举行了会谈。上海和平会议时，蒋派和汪派关于对日外交，达成了四项共识：(1)外交问题由南京当局统一办理；(2)日军来攻，应当抵抗；(3)不对日宣战；(4)依靠国联。这四项意见的基本格局仍然是对日妥协退让和依赖国联，但由于当时全国抗日呼声的高涨，提出了“日军来攻，应当抵抗”的主张；同时又强调“不对日宣战”，即把这种抵抗严格限制在局部的暂时的范围之内。虽然胡汉民并不同意上述政策主张，但蒋介石与汪精卫却是一致主张这个政策的。这是国民党决策层中，最早对于“一面抵抗，一面交涉”政策的酝酿。

以戴季陶、宋子文为正副委员长，顾维钧为秘书长的特种外交委员会，经过长时间的研究，于十一月间向国民党中政会提出《处理时局之根本方针》的报告。虽然“报告”根据两个月来的事实，指出“国联(对日)不能采取任何有力的制裁”，但仍然一味寄希望于对日妥协外交，认为“此次对日交涉，中国在国际上，必得最后胜利”，并就对日政策提出三项意见：“第一，中国无论如何，决不先对日本宣战；第二，须尽力维持各国对我之好感；第三，须尽力顾虑实际利害，但至万不得已时，虽在军事上为民意而牺牲，亦所不恤，惟必须筹划取得真实之牺牲代价。”④这是一个对日不宣战和依赖外国的方针，但已提出在“万不得已时”进行有限度的军事抵抗。这一政策建议，实为后来的“一面抵抗，一面交涉”政策之先声。蒋介石和国

---

① 蒋介石：《苏俄在中国》，《先总统蒋公全集》(第1卷)，第349页。

② 蒋介石：《在南京市党员大会上演讲词》，《中央日报》1931年9月23日。

③ 梁敬錞：《九一八事变史述》，台北世界书局，1968年，第108页。

④ 特种外交委员会：《处理时局之根本》，罗家伦：《革命文献》(第35辑)，台湾“中央文物供应社”，1968年，第1228页。

民党中政会当时是完全同意外交委员会这一建议的。

“从绝对不抵抗”到“一面抵抗，一面交涉”的正式转换，发生于蒋介石下台到蒋与汪精卫合作上台执政之时。一九三一年十二月十五日，蒋介石在粤系势力的压力下通电辞职。同月二十一日，国民党四届一中全会选任林森为国民政府主席，孙科为行政院长。新任国民党中央特种外交委员会委员长伍朝枢向四届一中全会的外交方针报告，继十月上海和平会议之后，进一步说明了抵抗与交涉并行的政策。说对日方针要点为：“(1)竭力从外交方面活动，以防止日本侵略之扩大，如国际联盟、非战公约各国，及太平洋会议各国，均以正义及利害说之。(2)日本军队无论向中国何处侵扰，守土军队应实行正当防卫，但政府此时不必宣战。”①这即是一面从外交上进行间接交涉，另一面从军事上进行局部抵抗，但决不对日本进行全面作战的政策。

蒋介石与汪精卫互相利用，共同排斥胡汉民，摒弃孙科政府。宁粤对立，以蒋、胡分裂开始，以蒋、汪联合告终。一九三二年一月十六日至十八日，蒋、汪等人在杭州烟霞洞举行秘密会议，达成了蒋、汪联合执政，主持国民政府的内部分赃协议。一月二十四日，孙科政府被迫宣布辞职。二十八日，蒋介石在南京主持召开临时中政会，选举汪精卫为行政院院长。二十九日，又推选蒋介石为军委会常委(三月六日任军委会委员长兼参谋本部参谋总长)。从此，形成了以蒋介石为首的，蒋主军、汪主政，蒋汪合作执掌南京政府的局面，开始了全面推行“攘外必先安内”基本政策和“一面抵抗，一面交涉”对日政策的新阶段。

“一面抵抗，一面交涉”政策，是在全国抗日潮流高涨，不抵抗政策遭到猛烈抨击，依赖国联又无指望，国民党内部就对日方针发生纷争的情况下产生的，是对“绝对不抵抗”政策的修改。一九三二年二月七日，汪精卫对记者宣称：“对日一面抵抗，一面交涉，系余向所主张，今仍未变。”②他解释这一政策说：现在国民政府“一面抵抗，一面交涉，同时并行。军事上要抵抗，外交上要交涉”③。“政府今后的措置，应严格规定最低限度的标准”，“最低限度以上，我们忍受，即是交涉，最低限度以下，我们拒绝，即是抵抗”。④此种“两面”政策与不抵抗政策，并无实质上的不同，但也略有差别。“两面”政策把“一面抵抗”列为对日政策的一个组成部分，而在此前并未这样提出过。同时，把“一面交涉”置于政策地位，为对日谈判开了方便之门，实际上修改了九一八事变时国民党政府坚持“间接交涉”而拒绝“直接

① 《中国国民党中央执行委员会致中央政治会议通知及抄附原案》(1931 年 12 月 29 日)，国民党中央党史会档案。

② 《汪精卫对记者谈话》，北平《晨报》1932 年 2 月 8 日。

③ 汪精卫：《政府对日方针》(1932 年 2 月 15 日)，《革命文献》(第 36 辑)，第 1572 页。

④ 《汪精卫在国难会议上的补充报告》，《国闻周报》第 9 卷第 15 期。

交涉”的政策。

但是,这里的所谓“抵抗”,并非全国人民要求的彻底和全面的抗日。按照汪精卫的说明,“抵抗”有两种。一种就是“最低限度以下,我们拒绝,即是抵抗”,在这里,“抵抗”实际上是被无限期地拖延下去的。什么是“最低限度”呢?汪精卫从未公开宣布过;他一次在记者招待会上诡称:“此种最低限度,亦殊不便明言。”但后来的事实却作出了明白的回答:在汪的政治字典里,让日本占领东北、分离华北,中国军队不准驻扎于上海周围地区,都还远远没有达到“最低限度以下”,也就用不着去进行“抵抗”,只要去乞求“交涉”就可以了。这就是南京政府着力鼓吹的所谓“长期抵抗”,实际上却是长时期内不抵抗。另一种是与“交涉”并行的“抵抗”,即所谓“军事上抵抗,外交上交涉”。此种“抵抗”虽然不应一概否定,但就其基本倾向而论,只不过是“交涉”的陪衬品,“抵抗”是为了达成妥协,为实现妥协造成条件,即经过若干抵抗行动,求得一个不是最坏的条件,与日本停战议和,达成妥协。

“一面抵抗,一面交涉”政策,基本目的在于通过一定程度的抵抗,特别是通过谈判,求得在对南京政府最为有利的条件下与日本达成妥协。它的基调是以抵抗求妥协,以交涉为主,以抵抗为辅。妥协是其灵魂,抵抗是为实现妥协服务的,因而此种抵抗又必然是有限度的和暂时性的。从总体而论,“一面抵抗,一面交涉”政策虽然比“绝对不抵抗”前进了一步,但从根本上说,它依然并未突破不抵抗政策的范围,是不抵抗政策在新的条件下的局部修改和具体表现。南京政府正是以这一政策为淞沪战争的指导方针的。

二、 南京当局的有限度抵抗和积极谋和

“一面抵抗,一面交涉”政策贯穿于处置一·二八事变的始终。南京政府在这次事变中,除调动一些部队实行抵抗外,自始至终进行了妥协谋和活动,这与十九路军之间存在着原则分歧。

一九三二年一月二十八日晚11时许,日本驻沪海军陆战队向驻防上海闸北的中国第十九路军阵地发动进攻,挑起了第一次淞沪战争。十九路军奋起抗击,淞沪抗战于是揭开了战幕。二十九日凌晨1时,十九路军向全国各界各军发出抗战通电,宣布了与日本侵略者血战到底的决心。上海抗战一爆发,举国上下群情激奋,要求南京当局出兵抗日的呼声响彻全国。同时,国民党上层对在中国一再退让下,日本仍在华中挑起战争,颇感意外和震惊,深恐日军有攻占上海、威胁南京的企图。在内外双重压力下,在日军的进攻指向其统治之心脏地区的情势下,南京政府终于决定采取有限度的抵抗。蒋介石于同日在《京沪防卫与军政部署》

中，提出了“一面预备交涉，一面积极抵抗”的指导方针。这标志着“一面抵抗，一面交涉”政策从此成为处理对日局部战争的基本原则。

在这一方针之下，军事上的抵抗部署是极有限度的。蒋介石对于淞沪战争的军事部署提出了两项方针：“(1)十九路军全力守上海，(2)前警卫军全力守南京。”①即不调别的部队增援上海，只让十九路军单独在上海作战，就连近在京杭两地的前警卫军(第八十七、八十八师)也不予使用于上海。南京当局的“抵抗”是消极的、被动的，然而对日“交涉”却是积极的、主动的。这在蒋介石手订的《对日交涉的原则与方法》中已定下了基调。蒋定下的“一面预备交涉，一面积极抵抗”的原则之中，“交涉”已被列为首要“原则”，蒋对沪战的立场由此可见。对于交涉的“方法”，他规定两项要点：一是依赖国际联盟，“交涉开始前，对国联及九国公约国先与接洽，及至交涉开始时，同时向九国公约国声明”；二是通过非正式外交途径，与日方进行秘密谈判寻求妥协，“对日本先用非正式名义与之接洽，必须得悉其最大限度”②。

国民政府外交部于一月二十九日发表《对淞沪事变宣言》，虽然向全世界表示，“中国当局处此情形，为执行中国主权上应有之权利，不得不采取自卫手段，并对于日本武装军队之进攻，当继续严予抵抗”，但这一宣言的基调，却在于祈求英美法各国出面干预。“宣言”请求华盛顿《九国公约》、凯洛克《非战公约》等“签约国家采取有效行动，履行其条约上神圣之义务”③，即希望这些国家出面调停日本对中国的军事进攻。同日，外交部长罗文干通过美国驻南京总领事，提请美国政府设法使中日在沪的敌对军事行动立即停止，中国出席国际联盟会议的代表颜惠庆受南京政府之指示，在同一天举行的国联行政院(理事会)第六次会议上，向国联提出申诉，并联系到东北事件，主张国联章程第十条(关于尊重联盟各国的领土完整和政治独立的条款)和第十五条(关于联盟理事会对有断交之虞的纠纷进行审查的条款)应适用于日本的侵略行动。对此，国联理事会不顾日本的反对，受理了中国的提案。次日，国联行政院第七次会议上，国联秘书长提议组织“国联委员团”赴上海调查中日冲突，三十日决定成立上海调查委员会，对此，中国代表当即表示满意。南京当局对国联干预抱着很大的希望。

在这同时，在南京代表蒋介石、汪精卫主持全盘军政的何应钦于二十九日和三十一日向全国各省(市)当局和十九路军总部发出指令，宣布对淞沪事变之处理

① 《蒋中正手订对日交涉的原则与方法》，秦孝仪主编：《中华民国重要史料初编·对日抗战时期(绪编)(一)》，中国国民党党史会，1981年，第431页。

② 《蒋中正手订对日交涉的原则与方法》，《中华民国重要史料初编·对日抗战时期(绪编)(一)》，第431页。

③ 《国民政府外交部对淞沪事变宣言》(1932年1月29日)，《中央周报》第191期。

方针:“中央决定方针,一面从事正当防卫,不以尺土寸地授人,一面仍遵用外交方式,要求各国履行其条约上之责任。”什么是“正当防卫”呢?何应钦说,“查正当防卫之定义,为抵抗紧急不正当之侵略行为”。但他却认为在一月二十九日下午英美两国领事已出面居间调停,日军已同意停战,从而已不存在“正当防卫”的前提,也就是说中国军队在上海应停止作战,否则“误用正当防卫,转成诱起战争之口实,国际同情亦易随之而失矣”。何的指令还着重强调:“现国联已援用第十五条,采取较有效之制裁,是外交方面或有转机之望。”要求各地各军“对此次上海冲突,勿涉嚣张,启日寇借口开战之机,失国际同情之利”①,因为“我国目前一切均无准备,战事延长扩大,均非所利”②。

南京当局本此方针,乃致力于通过外交途径,寻求与日本妥协。国民政府西迁洛阳办公后,外交部长罗文干仍留于南京,特种外交委员会委员宋子文、孔祥熙、顾维钧等,以及外交部次长郭泰祺均居留上海,英、美、法、日等国公使也在上海,蒋汪政府对日妥协谋和活动遂以上海为舞台而展开。上海是国际大都市,世界各国都与这里有着密切的贸易关系。资本主义列强的政治、经济利益在这里盘根错节,关系错综复杂。尤其是英国,向来视上海和长江流域为其“势力范围”。日本在上海挑起战事,引起了英、美等西方列强的严重关注,事变一开始,它们就从外交途径介入了这场战争。英国首相麦克唐纳、外交大臣西门和美国总统胡佛、国务卿史汀生都纷纷参与其事。西方列强自然是因自身在上海的权益而介入这次事变。中国当局本来期望西方对日本在上海的行动进行制裁,但英、美并不主张用武力制裁,史汀生主张经济制裁,胡佛和西门又都持反对态度。然而,英、美等国却担心日本在上海的扩张将会损害它们的利益,而战争的延续也会影响各国的贸易和侨民的生命财产安全。于是,英、美、法等国乃发起调停上海战事。

一月三十一日,英、美两国总领事在英国驻沪领事馆约请中日双方代表商讨停战之事。中方出席者为吴铁城(上海市长)、区寿年(第七十八师师长),日方为盐泽幸一(日本驻沪第一外遣舰队司令)、村井仓松(日本驻沪总领事),英、美两国驻沪军队司令及公共租界工部局总董亦参加会商。中方提出四项条件:“(1)日军除依条约退回原地外,一律撤回兵舰;(2)日军应负战争责任,赔偿损失;(3)英美法各领事保证日军不再发生同样事件;(4)日方向我政府道歉。”③日方拒绝中方条件,却要求中国军队退出闸北二十公里,闸北由英美法各国派兵驻守,双方意见无法接近。英国驻军司令乃提出调停建议:“(1)日军退回租界线内;(2)退出区域

① 《何应钦致各省电》(1932年1月29日),国民政府军委会档案,中国第二历史档案馆藏。

② 《何应钦致吴铁城等电》(1932年1月31日),国民政府军委会档案,中国第二历史档案馆藏。

③ 朱汇森主编:《中华民国史事纪要》(1932年1—6月),台湾“中华民国史料研究中心”,1982年,第214页。

由中立各国驻防;(3)中国军队亦同时退至相当距离;(4)事变之解决,待外交交涉。"①日方反对英方建议,声称需"俟向本国政府请示"才能决定,意在拖延时间,以利于从国内增兵。结果议定三日为期,暂时休战。蒋介石对由英、美居间的调停抱有很大希望,认为"只要……不提难以忍受之条件,我方即可乘英美干涉之机,与之交涉;不可以各国干涉,而我反出以强硬"②。但是,日本之所以同意休战,只是为了争取时间,增兵再战。二月二日下午,日本驻沪总领事馆通知上海市政府,表示日本政府拒绝接受英美三十一日提出的调停条件。

在日本拒绝上述调停的同一天,英、美、法、意四国政府开始进行第二次调停。二月二日,美国驻东京大使和驻南京公使受命分别向日、中两国政府提出停止双方敌对行动的建议。提出"双方依照下列条件,立即停止一切暴力行为":"(1)两国勿再有任何敌对行为之行动或准备;(2)在上海地区内,中日各将其接触地区的战斗人员撤退;(3)设立中立区域,隔离交战人员……由中立国人员警卫该区域内之治安,其办法由领事团订定之;(4)两国一经接受此条件后……由中立观察员或参与员之襄助,立即进行谈判,以解决一切悬案的纠纷。"③英、法、意三国驻南京和东京的使馆以同样的照会分别送交中国、日本外交机关。对于这一有损中国主权的建议,南京政府因避战求和心切,却认为"颇属正当公道",由"外交部当即接受"④。二月四日,南京外交部复照英、美、法、意驻华使馆,通告中国政府"对于贵国政府所通知之建议,特行接受"⑤。这就正式接受并开始了西方四国对淞沪战争的调停。

三、"两面"政策下的妥协谋和活动

淞沪战争爆发后,南京政府被迫从退让转向抵抗,但是它的目标是以战求和,抵抗只是谋求妥协的一种手段。何应钦说得很清楚,抵抗的目的,是"本自卫限度,勿使事态扩大,而期得到各国同情,予暴日以悟境,稍戢凶锋,另图解决和平"⑥。为此,在十九路军浴血奋战的同时,南京当局继续积极寻求各种途径,谋

---

① 《中华民国史事纪要》(1932年1—6月),第214页。

② 《中华民国史事纪要》(1932年1—6月),第215页。

③ [美]威罗贝:《中日纠纷与国联》,商务印书馆,1933年,第298—299页。

④ 《何应钦致何成浚电》(1932年2月1日),国民政府军委会档案,第二历史档案馆藏。

⑤ 《外交部接受英美等国提出停战条件之复照》(1932年2月4日),《中央日报》1932年2月5日。

⑥ 《何应钦致吴敬恒电》(1932年2月12日),《"九一八"—"一·二八"上海军民抗日运动史料》,上海社会科学出版社,1986年,第276页。

取停战妥协。这一活动主要是由新成立的国民党中政会外交委员会主其事的，该委员会由蒋作宾、宋子文、孔祥熙、罗文干、顾维钧、戴传贤等人组成，蒋作宾任主席。外委会以上海法租界为基点展开活动，商议外交方针，筹划对日谈判，指导外交部的重要活动。

自英、美、法、意四国二月二日提出四项调停建议后，南京外交部于四日照会四国政府，同意以所提四项作为谈判停战的基础。二月六日，英国驻华海军司令克莱在上海会晤宋子文，表示愿意从中调停，建议"华军撤退至相当界线，退出之区域由第三国军队防守"①。日本军队则退回一·二八事变前原防线。克莱这一提议把四国建议具体化了，但未同意中国方面要求的日军退出虹口越界筑路地区，保证不再在上海其他地段挑起战端，一并讨论包括东北问题在内的中日间"一切悬案"。当天，外交委员会召开会议，讨论四国照会与英海军司令的建议。会议同意接受四国照会中的(2)、(3)两项，即中日两军脱离接触，设立中立区由第三国军队驻防；但会议提出必须同时保证(1)、(4)两项的实现，即保证此后上海方面一切地段之战斗不再发生，商议解决中日间一切悬案。同日，英国公使蓝浦森在南京访问外交部长罗文干，就英国海军司令克莱调停一事进行会商。罗文干原则上接受英方提出的停止战斗、划和平区域、由第三国军队驻防的建议，并提出了有关停战和中立区的一些具体方案。会后，罗文干会同陈铭枢致电洛阳汪精卫等人，建议接受英国的提议。

二月七日，外交委员会再次讨论四国照会及英国方面的建议，作出了关于上海息争办法的七点决议："(1)双方军队停止一切敌对行为；(2)日本军队退入公共租界(不得已时，以日陆战队司令部原驻地点之越界筑路为限)；(3)中国军队以北四川路为基准，向西撤退二千公尺，中国军队撤退区域内之京沪、淞沪路线及各车站均完全由中国路警照旧维持；(4)和平区域之行政及警察等职权应完全由市政府行使；(5)和平区域由第三国军队暂时驻扎；(6)上条所规定之第三国军队驻扎时间，至中日双方情势缓和时为止，但至久以三个月为限；(7)如日军仍从租界内外攻击我军民，第三国军队应即负责制止。"②至于上海事件与东北事件是否坚持一并解决的问题，外委会这次会议的立场有所后退。外交部次长郭泰棋在会前与英国海军司令克莱晤商时，后者提出"若将满洲问题牵入，则解决自属困难，不若……先就如何可以避免(上海)战祸一点加以研究"。二月七日的外委会"认为对彼提议在原则上可以赞同"，只是要求"须由中日及其他有关国代表即日开会

① 《外交委员会会议记录》(1932年2月6日)，国民政府外交部档案，第二历史档案馆藏。

② 《外交委员会会议记录》(1932年2月7日)，国民政府外交部档案，第二历史档案馆藏。

议，讨论九一八以来中日间各项问题，以谋整个解决之途径”①。

这时外交部长罗文干、军政部长何应钦等人在南京亦积极开展谋和活动。罗文干与英国公使蓝浦森二月七日晚再次会商，罗向英使表示接受英海军司令之提议，先求上海停战与和日方进行谈判，即不再坚持一并解决包括东北问题在内的中日间一切悬案。罗随后赴浦口向汪精卫报告，“汪亦主张一面令沪事及早停止，一面仍设法请英美等国令日本对于第四项（即整个谈判解决中日一切悬案）就范”。这后一方面的要求，谁都知道只不过是中国当局故作姿态而已，真正目的是在于求得上海停战。何应钦的态度则更为直截了当：“敬之兄亦认为沪事于军事上有直接调停之必要。”②汪精卫亦亲自出马，于二月七日对记者发表谈话：“最近英美等国之提议，余认为大体公允，故政府已大体接受。”③

但是，侵略成性又野心勃勃的日本却拒绝了四国建议和英国海军司令的调停。二月二日四国照会发出后不久，日本政府即作出了如下之答复：(1)中国军队须立即完全停止敌对活动，否则日本必须保留其军队之完全行动自由；(2)日本认为放弃敌对之行动及准备为不可能；(3)日本不反对就于闸北设立中立区一事进行谈判；(4)日本政府认为满洲问题与上海事件系截然不相牵连之问题，对于由中立观察员或参与者襄助下解决满洲问题，日本决不能接受④。显然，日本之所以拒绝四国照会，主要是因为它在两个问题上有着阴谋目的：一是关于中立区问题，日本企图在淞沪路以西、京沪路以北，嘉定、黄渡一线以东的地区建立其势力范围，不仅不许中国军队在此驻扎，亦不让英美等国插手其间；二是日本侵占东北三省为蓄谋已久之计划，且正在策划成立伪满洲国，决不允许中国将东北问题提出与其讨论，也绝不会同意英美等国和国际联盟干涉东北问题。

事实上，日本政府这时正在调动陆军，图谋扩大上海战事，以达到其既定的侵略扩张目标。二月七日，原隶属第十二师团的第二十四混成旅团到达上海。第九师团亦准备向上海输送。二月八日，日本陆军中央部制定了《上海方面军事行动指导要领》，规定它的作战目标是：“第九师团到达上海附近后，首先与各国一起要求中国方面把它的军队撤至一定地区（例如离上海租界及吴淞炮台二十公里以外地区或者昆山—青浦—松江线[包括这些地方]以东地区）之外，如中国方面接受这一要求后，将各国警备区扩大到上述地区”，并规定：“若英、美、法不轻易同意上述要求，则尽量使英、美、法承认我第九师团提出的关于中国军队撤出上海附近的

---

① 《外交委员会会议记录》(1932年2月7日)，国民政府外交部档案，第二历史档案馆藏。

② 《罗文干就接受英国调停事致顾维钧等电》(1932年2月7日)，国民政府外交部档案，第二历史档案馆藏。

③ 《汪兆铭就对日政策发表谈话》，《国闻周报》，1932年2月7日。

④ 《中日纠纷与国联》，第299—300页。

单独要求,然后向中国提出撤退要求。如不答应,则予以打击,将其击退至昆山—青浦—松江线以西,并保障性地占领该线。在此情况下,如有必要,再增加兵力。”①

就在日本陆军中央部制定上述文件的同一天,日本驻华公使重光葵正式拒绝英国的调停。二月八日上午,重光葵会晤英国海军司令克莱,当面拒绝了克莱提出的停战办法及转告的中国政府意见。并宣称中国军队须撤退十五至二十英里,方可谈判停战。②日本已把调停的大门关闭,决心发起一场更大规模的进攻,来达到它在谈判桌上不可能实现的要求。可是,蒋汪政府直到这时仍然一厢情愿地竭力谋求与日本立即停战,却不从军事上集中力量进行准备,去击败日军即将发起的新的进攻。二月八日至九日,何应钦从南京连发三电,向驻沪外委会委员宋子文、孔祥熙、吴铁城、张群等人提出谋和妥协之主张。他作为代表国民政府在南京主持全盘军事、政治的最高长官,却一再强调“我国对外一切军事,平时毫无准备……是以此次淞沪事件,弟曾迭电商酌适可而止”。他主张“先谋(上海)军事之结束、停止,俾局势安定,然后再进行中日交涉整个之协商”,即置东北问题于不顾;并指责驻沪外委会成员“多主张须根据各国通牒第四条,连同东省问题整个解决,以致毫无结果,失此斡旋良机,深为可惜”。他知道日本陆军增援上海后,致电吴铁城说,“日陆军源源而来,战争若再持久,我方必败无疑”,要求吴“力排众议”,“设法转圜”,与日本寻求妥协③。何应钦的“再战必败”与“适可而止”的论调,甚至遭到孔祥熙、吴稚晖的致电驳斥。

何应钦鉴于外交部顾维钧、郭泰祺及外委会一些成员在上海谋和未有成效,英美等国调停亦未被日方接受,乃报请蒋介石同意,派出军政部次长陈仪、陆军步兵学校校长王俊,秘密前往上海,通过日本军部在沪人员,探寻与日本直接谋和之路。王俊于二月十二日与日本第九师团参谋长田代皖一郎(后任上海派遣军参谋长)在上海举行密谈,陈仪也在同一天与日本公使馆武官原田熊吉进行了秘密会商。原田对陈仪说:“对上海停战,本愿中日彼此退让,不受英、美干涉。日本军队退回租界,中国军队退至相当地点。日军退出区域,由中国派得力警察维持治安,保护日侨,最好不用第三国军队介于其间。”④这个反映日本军方意见的建议,同意日军撤回租界,撤出区域不让英美军队插手,可同意由中国警察管理,都是为蒋介石所乐意接受的。虽然中国军队也必须后撤,但为了停战,也在所不惜了。二月十三日,蒋介石在浦镇与何应钦、罗文干等会商上海问题,完全赞同何应钦的意

① [日]关宽治、岛田俊彦:《满洲事变》,上海译文出版社,1983年,第382—383页。

② 《郭泰祺就日使拒绝英停战办法致罗文干电》(1932年2月8日),国民政府外交部档案,第二历史档案馆藏。

③ 《何应钦致吴铁城电》(1932年2月8—9日),国民政府军政部档案,第二历史档案馆藏。

④ 《罗文干致吴铁城电》(1932年2月13日),《革命文献》(第36辑),第1561页。

见，蒋提出：上海战事以“能趁此收手，避免再与（日）决战为主”。他针对原田提出的条件，指出：“如日本确无侵占闸北之企图，双方立即停战”，“停战条件，须双方各自撤退至相当地点，中国军队退出地方，由中国警察维持”①。要求吴铁城、宋子文等依原先英美暂停办法、陈仪及王俊的建议，“从速进行”停战议和。

但这只是南京当局的一厢情愿。二月十四日，日本第九师团抵达上海，战争规模进一步扩大，日本陆军从此成为淞沪侵略战争中的主导力量。日军狂妄嚣张，毫无停战之意。吴铁城在十四日致何应钦、罗文干的密电中，指出“昨今日陆军到齐后，日方态度突变强硬”，而且“日方似认为我政府无与彼大决裂之准备及决心，故有与我一战决胜而后收束之意图”。吴铁城列举连日与日本有关方面接洽情形，向何应钦等人指明：同日方“直接商洽停战之希望极少”②。二月十八日上午，中方代表、十九路军参谋长范志陆与田代皖一郎在上海法租界中日联欢社会商停战议和办法。田代蛮横无理地抛出三项要求和五点声明，并表示此项意见为日本军队司令官所制定，与日本政府之意见完全一致，决无商讨之余地。范表示对这些条件，“中国军队、政府及人民绝难承认”。当晚9时，第九师团长植田谦吉和总领事村井仓松分别向蔡廷锴、吴铁城发出最后通牒，要求十九路军在二十日午后5时以前按日方条件撤退完毕，否则日军将“采取自由行动”。至此，何应钦的直接交涉停战的计划，短短几天就告夭折。

四、从“肯特号”会谈到国联大会决议

日军第九师团投入淞沪战场和植田谦吉最后通牒的提出，超越了南京当局所能妥协的限度，迫使它不能不加强抵抗的一面。二月十四日，南京军事当局下令组成以张治中为首的第五军，增援淞沪前线。二十日至二十二日，十九路军与第五军并肩战斗，击破敌军“中央突破”计划，取得了庙行之战的重大胜利。在进攻遭受挫败后，日本于二十三日决定再次增兵，派出第十一、第十四两个师团来沪参战。二十四日，日本组成上海派遣军。淞沪战争进入了最后决定命运的时刻。第五军的参战，表明南京当局的抵抗态度一度趋于强硬，但这并不意味着它的“两面”政策有了根本改变。二月十六日，蒋、汪在浦口举行会议，讨论对日方针，一致决定仍以“一面抵抗，一面交涉”为政府的基本原则。何应钦也声称“抗日‘剿赤’，两难兼顾”，表示今后万难调兵增援淞沪。庙行之战以后，南京当局又一次展开了谋和妥协活动。前此，国联于二月十九日召开的理事会，接受中国的要求，根据国

① 《罗文干等致吴铁城等电》(1932年2月13日)，国民政府军委会档案，第二历史档案馆藏。

② 《吴铁城致何应钦、罗文干电》(1932年2月14日)，国民政府外交部档案，第二历史档案馆藏。

联章程第十五条第九款，决定把中日之间的纠纷问题移交国联大会受理，并把召开大会的日期定为三月三日。南京当局认为在国联中出现了有利于中国而不利于日本的情势，又鉴于日本大举增兵在即，遂决定再次试图与日本谋和。于是，在二月二十五日，汪精卫以手令下达淞沪停战条件四项："(1)双方须同时撤退；(2)日军撤回租界，我军撤至真如之线；(3)撤兵区域由中国警察维持；(4)须有第三国有效保证双方各不追击。"汪精卫指出"以上要点经商得军事委员会蒋中正、何应钦、朱培德、陈铭枢诸委员之同意。"①

这时，日本政府乘其军队即将发动新的大规模进攻的有利时机，在外交方面抛出所谓"上海圆桌会议"方案，企图引诱中国当局入其圈套。二月二十六日，日外务大臣芳泽谦吉致电驻华公使重光葵和驻日内瓦国联理事会的佐藤尚武，命令他们探求停战谈判，以便促使在上海召开有关各国参加的圆桌会议。二十八日，驻国联的日本代表机关公布了"芳泽备忘录"，其中提出"日本政府准备同各国协调，为寻求上海事变的解决办法，同各国一起召开圆桌会议"。即企图诱导西方列强与日本一起，逼迫中国参加圆桌会议，接受屈辱条件。"备忘录"并说："日本政府无意在上海设置专管侨民区，只为日本谋求利益。"这就是在西方列强不同意日本在上海的闸北、江湾和吴淞设立专管租界的情况下，日本企图利用圆桌会议，实现扩大公共租界于上述地域的目的。"备忘录"又说，"要使上海发挥国际城市的作用"，其真正含义是要宣布上海为所谓"自由港"。至于"备忘录"说什么日本"向为发展上海作出贡献的英、美、法三国表示敬意，尊重工部局"②，只不过是想掩盖日本与西方列强之间在上海的利害冲突，让英美等国不妨碍它在华的扩张活动。国联理事会曾在二十九日按日本愿望，提议组织上海圆桌会议。

正是在上述两国当局各自的意图之下，由英国方面的居间联系，产生了"肯特号"上的非正式停战会谈。

二月二十八日，英国驻沪海军司令克莱居间，在英舰"肯特号"上会商休战办法，中国方面代表顾维钧(代表外长罗文干)、黄强(十九路军参谋长)，日本方面代表野村吉三郎(第三舰队司令官)、松冈洋右(日本首相特使)出席。这次谈判中，顾维钧等按照南京当局的旨意，已表示同意中国军队从现有防线后撤二十公里，只是要求日军同时从租界及现有阵地退出。日方虽不反对日军后撤，但坚持中国军队先行后撤二十公里，然后再由日军后撤。谈判结果，达成了谅解事项五项："(1)双方同时撤退；(2)不得提议永久卸除吴淞或狮子林等炮台问题；(3)双方之

① 《汪兆铭签署之停战条件要点》(1932年2月25日)，国民政府外交部档案，第二历史档案馆藏。

② 《芳泽谦吉备忘录》，见[日]关宽治、岛田俊彦：《满洲事变》，上海译文出版社，1983年，第403页。

撤退由中日委员会会同中立国视察团监视之；(4)撤退区域，照旧由中国官吏治理，并由中国警察维持治安；(5)中国军队退至真如，日本军队退至公共租界及越界筑路地段，俟双方上述撤退完竣后，中国军队退至南翔，日本军队退至舰上。”并议定如双方政府赞同上述谅解事项，则由双方派出正式外交和军事代表，举行正式会议以完成上述协议。“肯特号”会谈的次日，中国方面通知英方，说中国政府对五项谅解已经同意，希望转达日本当局。南京当局此种行动可谓一厢情愿。其实，日本方面这次参加会谈，一方面是为抛出其圆桌会议方案作准备，另一方面是为了缓和世界舆论，以期在三月三日召开的国联特别大会上占据有利地位。

这时，淞沪前线的军事形势急转直下。三月一日，日军第十一师团从中国军队左侧背之浏河一带登陆，正面日军也发起大规模进攻。中国军队在腹背受敌的态势下，十九路军总部果断下令全线后撤，移师嘉定—黄渡—太仓一线。淞沪抗战至此基本结束。当中国军队正在后撤至第二道防线时，日本方面于三月二日通过英国海军司令向中国方面提出四项停战条件，并且提出召开圆桌会议的要求。日军以为从二月二十九日以来军事上获了大胜，乃得寸进尺，以大举进攻为压力，提出新的比二月二十八日所提更为苛刻的条件，其四项条件为：“(1)若华军撤退，日军当于某一定时期内，停止攻击，在休战期内，双方军事当局对于停战之详细办法，加以决定；(2)在休战期内，中日双方应开圆桌会议，由中立国代表参加讨论双方军队之撤退及维持上海现状之办法；(3)中国军队撤至相当地点后，日军即撤回淞沪区域，一俟上海情形恢复原状，日军即由淞沪区域撤退；(4)双方若某方破坏和约，则其他一方面得采自由行动。”①三月三日，中国外交部次长郭泰祺与英国公使蓝浦森和海军司令克莱会谈，表示中国无法接受日本提出的四项条件，并拒绝圆桌会议的方案。三月四日，外长罗文干在记者招待会上又宣布中国不接受丧权辱国条件，说日本“二日晚向我方提出……之基本条件四项，较之二月二十八……之五项基本条件，彼此迥不相同”，中国只能“严予拒绝”。

南京政府此时所持的基本条件为汪精卫二十五日所定四条，与日本当局的争执在于以下几个问题：一是中方要求双方同时撤兵，日方坚持由中方先行撤兵，至于日方撤兵时间则不作限定；二是中方要求日军立即停止战斗，日方却提出在中国军队撤退后的“某一定时期内，(日军)停止攻击”；三是中方要求双方停战后在第三国方面监视下各自撤军，日军先退回公共租界及越界筑路地段，然后退回兵舰，日方则提出“俟上海情形恢复原状”后，日军再由淞沪区域撤退；四是中国方面要求在中国军队撤出区域仍由中国政府负责行政管理和警察事务，日本方面却提出要重新讨论和确定“维持上海现状之办法”，即含有在停战区内今后中国不予驻

① 《中央日报》1932年3月4日。

军、撤毁军事设施和设立日本租界的企图；五是中国完全拒绝日本的召开圆桌会议方案，拒绝讨论停战以外的问题。日本方面提出的各项要求，正如郭泰祺向英使蓝浦森表示的那样，是“有类战胜者向战败者所提出的条款”，无异于要中国递上降表。中国当局出于诸种考虑，自然还不愿意接受上述各项条件。至此，上海的中日谈判再度陷于僵持而告停顿。

五、 上海停战谈判

日军进攻淞沪之战的目标，至三月上旬在军事上已经达到了——逼使中国军队退出闸北、江湾、吴淞、浏河地区，所剩下的是通过外交手段从条约上予以确认。于是在三月总攻告一段落后，日方注意力的重点就移到了外交方面。这时，日本对华的侵略扩张重点仍然置于我国东北地区，在那里正在忙于组织新成立的“满洲国”傀儡政权，调集军力进攻抗日义勇军，并从经济、文化、社会各个领域扩展与确立殖民统治。在淞沪战场，日军在遭到中国军队的沉重打击后，虽然经过第三次增兵而把中国军队压到第二道防线，但它自己也无力量把进攻扩大至整个华东地区。为此，日本当局在上海的企图达到既定目标后，便转向收缩战局，结束事态，并把上海方面的陆军主力调往东北。同时，日本在上海的进攻已引起欧美资本主义国家的不满。上海战争一开始，一月三十日，英、美两国驻日大使立即向日本外交大臣芳泽提出警告。二月十五日，美国国务卿又对日军利用上海公共租界作战，两次提出抗议。国际联盟多次谴责日军在上海的行动。国联理事会于二月十六日照会日本政府，申明日本通过军事行动在华造成的形势，不能被视为“既成事实”，并提醒日本勿在上海扩大事变，以武力所得之土地，不能享有。英、美、法、意等国驻华外交和军事代表，尤其是英国方面，一再出面居间调停，虽然主要出于保护其在沪权益的目的，但也表示了西方列强对日本行动的不安，反映了它们之间的某种矛盾，“随着事变的长期化，日本统治阶层开始怀起深刻的危机感。这种危机感首先是在国际关系方面，尤其是担心对英美关系的恶化”①。大藏大臣高桥是清当时表示：“我国海外信誉正在急剧下降，目前在海外筹划资金几乎已不可能，这样下去，军费连三个月也维持不了。”②日本统治阶层还担心国际联盟把东北事件和上海事件都包含在“中日纠纷”范围以内，一并予以解决。因为这会损害在东北的扩张权益。内务大臣牧野伸显不无忧虑地说：“如果我们在上海失败了，

① ［日］信夫清三郎：《日本外交史》（下册），商务印书馆，1980年，第670页。
② ［日］本户幸一日记研究会：《木户幸一日记》（上卷），东京大学出版会，1966年，第136页。

则直到现在的满蒙问题也将统统化为乌有。”①高桥是清也说：“如果在各国中孤立了，是否连迄今苦心经营的满蒙结果也会丢得一干二净？真是令人不胜担心。”②因此，日本当局力求把上海事件与东北事件截然分开，对于前者则尽可能及早“就地解决”。正是在上述背景下，日本当局遂着力谋求通过外交途径，逼迫中国就范，以结束上海事件。

这时，中国政府继续要求国联对上海停战进行干预。二月三日，中国出席国联第二次全体会议的代表颜惠庆向大会提出，日本业已拒绝二月二十八日英舰“肯特号”上所议停战建议，继续向中国军队攻击。因此，国联的最迫切任务为按国联盟约第十五条，建立上海停战秩序。日本代表松平反诬中国之反日运动引起上海战事，诬责中方违反一月二十九日的休战办法。对于日本政府为何拒绝二月二十八日建议，松平不表示意见，但表示日本已接受国联理事会二月二十九日建议，同意召集一个会议，由中日两国及其他有关各国代表组成，商议停战问题。同时，英、美、法等西方列强不愿它们各自在上海的利益受到损害，不愿日本继续增兵扩战，而力求熄灭上海战火。于是，受西方列强主宰的国联遂再次进行干预。国联大会总委员会在三月四日讨论上海停战问题，根据大会主席的提案草案，在当天下午作出了关于上海停战的决议。这一决议案主要有三项：(1)请中日两国政府立即采取必要步骤，保障切实履行双方军事当局已发的停止敌对行为的命令；(2)各关系国及中日政府应将如何实行前条事项的情形，随时通知大会；(3)中日双方代表应于各关系国军事当局协助之下，谈判停止敌对行为及日军撤退办法，并盼各关系国将谈判情形，随时报告大会。③三月五、七、八日，国联总委员会又先后召开三次会议，讨论中日停战问题，并于十一日全体会议上通过了相应的决议。国联并根据十一日决议成立十九国委员会，专门处理中日问题。国联的这一切行动，也促进了日本政府走向停战谈判之路。

由于国内的因素和国际联盟的推动，日本遂决定接受停战谈判。三月九日重光葵通过蓝浦森致函郭泰祺，表示日本当局“准备按照国联大会决议案的规定，与中国当局进行会商……立即于最早日期，达到一完全停止敌对行为的切实协定，然后讨论并决定日本军队的撤退办法。”④郭泰祺于次日复函重光葵，表示接受谈判意向，宣布“中国政府认为此项谈判已有开始进行之途径”。于是，日本公使重光葵遂于三月十四日约请蓝浦森居间，与郭泰祺在上海举行停战谈判第一次会

① [日]原田熊雄述、近卫泰子笔记：《西园寺公和政局》(第2卷)，岩波书店，1950年，第201页。

② [日]《西园寺公和政局》(第2卷)，第216页。

③ 《中日纠纷与国联》，第299—300页。

④ 《郭泰祺致罗文干电》(1932年3月9日)，《革命文献》(第36辑)，第1549页。

晤，英、美、法、意四国公使列席。这次会议初步商讨了停战会议的基本原则，共有三项：(1)中国军队暂在现时地位，以待解决时为止；(2)日本军队撤退至租界内及其附近；(3)第三国参加观察。三月十七日，日本政府指示重光葵，原则上同意以上述三条原则进行谈判，但仍坚持中国军队不得在上海驻扎。三月十九日，中日停战会议预备会议第一、二次会议在英国上海领事馆举行。郭泰祺和重光葵分别代表两国政府，英使蓝浦森、美使詹森、法使韦理德，意代办齐亚诺出席。第一次会议于上午召开，重议十四日会议的三条原则并加以确认，下午举行第二次会议，初步交换对撤兵细节的意见。二十一日下午，举行第三次会议，议定停战撤兵大纲三项："(1)中国军队暂时留驻现在防线；(2)日本军队按照一定之程序，撤至一月二十八日以前之原防，此项程序将由正式会议规定；(3)由参加会议各第三国代表参与的公共委员会证明第一及第二项之实行。"双方并商定，依据上述三项原则，于二十四日开始进行正式会议。

上海停战谈判从三月二十四日正式开始举行，前后举行15次正式会议和若干次非正式会议及军事小组委员会会议。经过40天的反复争论，在国联的干预和英、美等国代表的居间调停之下，终于达成了五项协议及三项附件。主要内容有：(1)中日军队自五月五日起确定停战；(2)中国军队在该协定所涉及区域内之常态恢复未经决定办法前，留驻其现在地位；(3)日本军队撤退至战前位置，即公共租界暨虹口越界筑路区域；(4)设立由中日双方及英、美、法、意四国推定之委员，组成共同委员会。五月五日，《中日上海停战及日方撤军协定》在上海英国总领事馆正式签字。南京政府终于以接受丧权辱国的停战协定，而结束了这次抗战。

综观一·二八抗战的全过程，事实证明了"一面抵抗，一面交涉"政策不是一个引导民族抗战走向胜利的政策，而是一个以对日妥协为基点的、具有抵抗和妥协两重性的政策，谋求妥协停战是其灵魂和归宿。因而在这一政策之下的抵抗，必然是不坚决的和不彻底的，也必然是有限度的和半途而废的。这一政策在战争中的具体表现，则是消极抵抗、积极谋和；它的消极后果，导致抗战走向中途夭折以至失败之路。一·二八抗战的失败，是这个政策造成的必然结果。

淞沪抗战就其总体而论，是既有失败面，又有胜利面的。从战争指导去剖析，这是因为这次抗战中实际上存在着两条不同的指导方针。以十九路军领导集团为代表，实行了团结御侮、坚决抗战的方针，发动和领导了淞沪抗战。以蒋介石、汪精卫、何应钦为代表的南京当局，实行的是"一面抵抗，一面交涉"政策，消极抗战，积极谋和，寻求妥协。这两条指导方针之间虽有其一致之处，但分歧和矛盾却是主要的。淞沪抗战的发动以至后来的起伏变化，始终是与上述两种方针之间的矛盾和斗争相联系的。南京当局的方针在国民党内占有统治地位，掌握着政治、军事和外交的实权，终于压倒十九路军的方针，导致了淞沪抗战以接受城下之盟而结束。

一·二八淞沪抗战至今已届六十周年。前事不忘，后事之师。实事求是地说明历史真相，科学地评价历史事实，正确地总结历史经验，是史学工作者的光荣使命，也是海峡两岸关心中华民族命运的每一个同胞的共同责任。淞沪抗战留给后人的正反两个方面的历史经验，在现在以至今后很长的历史时期都将保持其深刻的意义，是每一个中华儿女都不应忘记的。

抗日救亡斗争史上一座永不磨灭的丰碑*
——纪念一·二八淞沪抗战 83 周年

今年是一·二八淞沪抗战 83 周年。83 年前的今天，日本军国主义在上海挑起了一·二八事变，发动对淞沪地区的武装进攻。中国爱国军民奋起抗击，进行了英勇悲壮、威震中外的一·二八淞沪抗战。这次抗战给了猖狂进犯的日本侵略军以沉重一击，大大振奋了上海乃至全国人民的以爱国主义为核心的民族精神，并且为尔后的历次局部抗战开辟了前进的道路，成为中国局部抗战历史进程中承前启后的关键性一役。“九一八”和“一·二八”时期的抗日武装斗争和民众抗日救亡运动，在世界上第一个举起了反法西斯的旗帜，揭开了中国抗日战争和世界反法西斯战争的序幕，以其重要的历史地位而被载入史册，永放光芒。

中国抗战和世界反法西斯战争的一个重要起点

日本军国主义于一九三一年九月在沈阳发动九一八事变，走上了以武装侵略企图殖民地化中国，进而吞并亚洲、称霸世界的道路。中国人民从九一八抗战开始，进行了长达 14 年之久的伟大的抗日民族解放战争。

上海的一·二八事变是继沈阳的九一八事变后发生的，两个事变几乎同时登上历史舞台，成为二十世纪三十年代初期，日本军国主义在武装侵略中国的血腥之路上最早跨出的两大步伐。当时，日本和德国这两个军国主义国家，正分别在世界的东方和西方制造两个发动新的世界大战的战争策源地。世界法西斯力量正开始走上以奴役世界各国人民为目标的世界战争之路，而日本法西斯则是发动世界战争的急先锋。九一八事变以后，为了转移中国朝野和国际社会对东北事件

---

* 本文原载上海《解放日报》，2015 年 1 月 28 日。

的视线，掩护其在东三省的军事进攻和伪满傀儡政权的出笼，为了在上海扩大其权益和势力范围，以及试图向华盛顿体系发起挑战，日本政府和军部遂选择上海作为其用战争手段打击中国的一个新的目标，图谋逼迫中国政府就范，实现其南北呼应、一箭三雕的目的。

一·二八抗战紧接着九一八抗战而兴起。面对着日本侵略军的悍然进攻，中国第十九路军和第五军在上海以及全国人民的声援下，在波澜壮阔的民众抗日救亡运动的配合与支援下，英勇奋战，进行了一场气壮山河的民族自卫战争。一·二八抗战是在日本军国主义走上以武力进攻企图殖民地化中国道路之初，打响的一场反侵略之战，也是在日本法西斯走上新的世界战争之初打响的一场反法西斯之战。一·二八抗战与九一八抗战虽然发生的地域不同，但在实质上却紧密相连、互为呼应。一·二八抗战在发生的时间节点上略迟于九一八抗战，但这次抗日之役后来居上，其参战部队的数量与质量、作战规模、对日本侵略者打击的力度，以及在国内外产生的影响，大大地超过了九一八抗战。一·二八抗战是中日甲午战争以来，中国军队第一次以五六个正规师的军力，用相当大规模的战役作战，集中地给了日本侵略军以沉重一击。如果说，九一八抗战是中国14年抗战的起点，那么，一·二八抗战则是把最初已揭开的局部抗战，推进到一个新的阶段和扩大到一个新的范围，在更为完全的意义上揭开了中国抗日战争的序幕。同时，一·二八和九一八抗战的历史也表明，是中国在世界上第一个举起了反法西斯的旗帜，最早打响了反法西斯的正义之战，为世界反法西斯战争中参战最早的国家。

以民族自卫战反对日本侵略

一·二八淞沪抗战的历史意义在于，它在外敌入侵、民族危亡的重要关头，高举起爱国主义的旗帜，冲破国民党政府的不抵抗政策，以反侵略的民族自卫战争反对日本帝国主义的侵略战争，给了日本侵略者以沉重一击，为武装反对日本侵略树立了一面光辉的旗帜。

一·二八淞沪抗战以抗日御侮、共赴国难的精神相号召，抗日军民在缺乏准备、对己极为不利的条件下，毅然发动一场轰轰烈烈的抗日武装斗争和救亡运动。以蒋光鼐、蔡廷锴为首的十九路军经受过大革命的洗礼，在江西苏区受到过红色根据地革命军民的影响，调来上海、南京一带后又直接接受了抗日救亡运动的强烈感染，全军上下具有高昂的抗日意志和情绪。同时，上海地区自九一八事变以来，席卷全市的抗日救亡运动风起云涌，这就为淞沪抗战的发动和坚持奠定了深厚的基础。

这在国民政府所统率的军队中是前所未有的英勇行动。诚然，在九一八事变时，东北军小部分官兵曾经对日军的进攻进行了抵抗，还有马占山领导的著名的江桥抗战。但是，受南京政府直接统率的正规军队的大规模的奋起抗战，却是以十九路军和第五军的淞沪抗战为开端的。而淞沪抗战的规模和影响又大大地超过了部分东北军的抗战。如果说，东北军一些部队在九一八事变时的奋起抵抗，是对国民党不抵抗政策的自发的违逆；那么，淞沪抗战则是在更为艰难的条件下，第一次直接打破南京当局不抵抗政策的命令而奋起进行的一次大规模的抗日之战。

这次抗战给了不可一世的日本侵略军以迎头痛击。中国参战部队以劣势装备对付优势之敌，抗击敌陆、海、空军的联合进攻达一个多月，粉碎了日本侵略者"一旦发生战争，4 小时即可了事"的迷梦。中国军队不仅打退了日军对闸北和吴淞的进攻，而且还取得了庙行大捷，粉碎了日军"中间突破"的计划。东京军部不得不调动全国陆军的近四分之一和海军的近三分之一来上海参战，付出了伤亡约 15 000 人的代价，才最后得以把这次战争收场。从这个意义上说，这次抗战是获得过重大胜利的。爱国人士章太炎当时曾极为兴奋地赞扬这个胜利，说："自清光绪以来，与日本三遇，未有大捷如今者也。"

一·二八淞沪抗战悲壮激烈，显示了中华儿女不畏强暴、不怕牺牲、献身为国的英雄气概。参战部队浴血奋战，前仆后继，涌现了许多视死如归的英烈人物。在数十天的战斗中，十九路军阵亡 2 390 人、负伤 6 343 人、失踪 131 人；第五军阵亡 1 825 人、负伤 3 487 人、失踪 625 人。蒋光鼐、蔡廷锴、张治中，十九路军、第五军以及财政部税警总团、中央军校教导总队等参战部队全体将士，包括不少无名英雄，为中华民族的解放事业作出的光辉业绩，永垂史册。在一·二八战争结束后不久，一九三二年五月二十八日，在江苏苏州五卅公园举行了一场声势浩大的淞沪抗战阵亡将士追悼大会，有 5 万余军民聚集公园内外，悼念为民族抗战而壮烈牺牲的官兵们的英灵。当天，上海《申报》刊发题为《追悼淞沪殉国将士》的悼念文章，高度评价淞沪抗战的意义："此次淞沪之战，则为维护正义、争取我民族生存自由之光荣战争，沪战殉国将士之死，亦为光荣之死，伟大之死。"

民族觉醒和民族精神的一次升华

一·二八抗战是一场反对日本侵略的民族自卫战争，也是一场波澜壮阔的民众抗日救亡运动。上海民众抗日救亡运动是十九路军和第五军淞沪抗战的先导，又是与两军的抗日作战紧密配合，共同推进而贯彻始终的。上海自九一八事变以来是全国抗日救亡运动的一个强大中心，蕴藏着深厚又强大的群众抗日力量。当时，在战前担负卫戍京沪重任的十九路军，对民众抗日运动采取同情与支持的态度；战争期间军队与民众的关系更是空前紧密，在一定程度上形成了军队与民众团结一致、共同抗日的局面。

中国共产党及其在上海的党组织始终站在反对日本帝国主义斗争的最前列。中共中央自九一八事变以来就旗帜鲜明地主张以民族革命战争反对日本的武装侵略，一·二八事变一爆发，中共临时中央政治局就立即发出武装反对日本帝国主义占领上海的号召，并通过在沪地下党组织和共青团组织，发动和领导工人、学生、教师、职员以及文化、艺术界广大群众，开展各条战线的抗日活动。同时，指示党的组织和民众团体，给在淞沪前线与日军奋战的十九路军等部队以积极的声援和支持。上海民众反日救国联合会在中共江苏省委领导下组织成立，该会以赤色"工联""左联""左翼社联""大学联""中学联"等团体为核心成员，联合上海其他许多抗日爱国团体而组成。上海民众反日救国联合会的团体会员曾发展到300余个，在淞沪抗战时始终战斗在民众救亡运动的最前列，发挥了极为重要的作用。

上海各界广大民众、各方面各团体的爱国人士，在一·二八抗战期间声援抗战的活动，一浪紧接一浪，民众协力军队，后方支援前线，民心高涨，悲壮激昂，其影响遍及全国，远达海外。

宋庆龄、何香凝在一·二八事变爆发后当即挺身而出，旗帜鲜明地声援十九路军抗战。她们俩冒着严寒和炮火，同赴真如十九路军指挥部慰问抗日将士们。何香凝又亲自带领救护队员，携带慰问品和医药用品前往闸北十九路军前线指挥部进行慰问。宋庆龄赴吴淞前线慰问翁照垣部官兵，鼓励他们"继续奋斗，不使我中国有寸土入敌人之手"。何香凝后来还奔赴常熟东塘第五军驻地慰问，赠送题写"以血和泪换取我民族生存"的锦旗。

鲁迅、茅盾、郁达夫、胡愈之、陈望道等43位文化界著名人士，于一九三二年二月三日发表《上海文化界告世界书》，强烈抗议日军进攻上海，对十九路军抗战表示坚决的声援。二月七日，巴金、李达、许德珩、阳翰笙、周扬、胡愈之、胡秋原、丰子恺、田汉、陈望道、丁玲、王亚南、沈起予、周谷城、俞颂华、孙师毅、夏丏尊、张天翼、郑伯奇、谢冰莹等129位文化界爱国人士签名，发表《中国著作家为日军进攻上海屠杀民众宣言》，向世人揭露日本侵略上海的真相，呼吁全国民众以壮烈的决心，实行农工商学兵一致联合，与日本帝国主义做一决死的战争。邹韬奋等则以《生活》周刊为阵地，发表了大量声援抗日、宣传全国一致对外、共同起来为国家民族而奋斗的文章。

一·二八淞沪抗战显示了中华民族伟大的民族精神和强大的民族凝聚力。传承自中国悠久的历史传统和文化传统，产生于鸦片战争以来在帝国主义侵略下中国蒙受的民族苦难和中华民族反抗帝国主义侵略的长期斗争中的民族精神和民族凝聚力，在淞沪抗战中再一次获得升华，显示了无比强大的力量。在国难当头、民族危亡的重要时刻，民族精神空前高扬，全中国人民以及海外侨胞，不分天南地北，纷纷热烈声援淞沪抗战。上海更是全民奋起，工人、农民、市民、职员、青年学生、知识分子、民族工商业者、少数民族人士、宗教人士，乃至帮会分子等，无不同仇敌忾，万众一心，奋起为抗日救亡而战、为民族独立而战。近四年后，“我们万众一心，冒着敌人的炮火前进”，英勇悲壮、气势磅礴的《义勇军进行曲》发出了全民族抗战的最强音，这振奋华夏民族的史诗诞生在上海绝非偶然。这一时期，席卷淞沪的民众救亡运动，其声势之浩大，动员之广泛，为上海反帝斗争历史上前所未有，是强大的民族凝聚力的一次集中表现。在民族大义的感召下，上海以及南京、北平、天津、重庆等地民众纷纷组建抗日义勇军，前来上海参战，竭尽全力支援军队作战，其情景可歌可泣。人民群众与爱国军队团结一致，从而产生了强大的战斗力。这一切无不闪耀着伟大的民族精神的灿烂光芒。

一・二八淞沪抗战尽管最后以中国军队战败后撤和签订《淞沪停战协定》而告终，但是它在中华民族解放斗争史上的地位和意义是不可低估的。这次抗战虽然最后并未取胜，但它显现的民族团结、抗日御侮、为民族的独立和解放而奋斗的精神，却代表着民族的大义和历史前进的方向。

一・二八抗战是一段遭受外敌入侵的屈辱苦难的历史，也是一部民族觉醒与奋起的悲壮史诗。这段历史离今已有 80 多年了，但依然是我们后世的一部值得学习的教科书。今天，中华民族比历史上任何时期都更接近民族复兴的伟大梦想。在这样的时刻，我们更加要在铭记历史中砥砺民族复兴的坚强信念，弘扬以爱国主义为核心的民族精神，为实现中华民族伟大复兴的中国梦而奋斗。

英美列强与一·二八事变*

英、美、法西方列强和由英、法主导的国际联盟，几乎全过程地介入了一·二八事变，对于这一事变的演变进程及其结局产生了十分重要的影响。日本军国主义先后制造九一八事变和一·二八事变，是对美国主导的亚太华盛顿体系的猛烈冲击。它向列强表明，日本已决心挑战由华盛顿体系所确立的东方世界秩序，背弃门户开放、机会均等的原则，企图把中国变为它独占的殖民地。从九一八到一·二八，向全世界发出了日本要用武力重新瓜分世界的信号，但这个历史性的信号却并未被当时西方政治家和执政当局所认识。在一·二八事变过程中，日本、中国与英美法列强这几个方面，依据各自的立场和政策，在政治和外交战线展开了激烈的博弈。对于日本的公然挑战华盛顿体系的行动，英美法列强没有作出强有力的反应，基本上在维护自己的在华既得利益的基点之上，以无可奈何的态度默认了日本的侵略，在上海停战谈判中又对日本作出了有损于中国主权的妥协，以求得这场战争的结束。

一、 日本挑战华盛顿体系

在二十世纪初期，尤其是在第一次世界大战期间，日本乘西方列强倾注全力于欧洲战争之际，急剧地对中国进行侵略和扩张，力图超越列强在华势力，使自己居于支配和独霸的地位。日本一方面从政治、军事等各领域加紧影响和操纵北京政府当局，逼迫袁世凯政府接受灭亡中国的“二十一条”，出兵侵占中国山东半岛，诱迫段祺瑞政府签订旨在从军事上操纵中国的“中日军事协定”；另一方面，则大肆扩大在华投资，着力开办工厂企业和海上航运，扩占金融和商贸市场，排斥和打击英美法列强的在华权益。这一切必然导致日本与英美法等列强之间争夺中国的矛盾趋于尖锐。随着欧洲大战的结束，美日之间的矛盾更为激化，英日关系也

---

* 本文发表于在上海淞沪抗战纪念馆举行的海峡两岸一·二八淞沪抗战史研讨会，2016 年 1 月 28 日。

在恶化。于是，在一九一九年召开的巴黎和会确立了规定战后西方世界秩序的“凡尔赛体系”之后，在美国的倡导下，一个确立战后东方世界秩序的国际会议便应运而生。

一九二一年十一月十二日至一九二二年二月六日，在美国首都华盛顿举行了由美、英、法、日、中、意、葡、荷、比等九个国家政府代表参加的国际多边会议。会议在名义上的议题，为限制各国海军军备、处理远东和太平洋地区的大战遗留问题，实质上的中心问题是美英法列强与日本争霸远东、特别是争霸中国，也是双方争夺太平洋海上霸权的问题，是一次重新分割大战之后亚洲和太平洋地区殖民地与势力范围的会议。经过将近三个月的反复争吵和较量，这次会议达成三项多边国际条约，从而构建了“华盛顿体系”的基本准则和框架。美、英、法、日签订了《四国公约》，确立了共同支配远东殖民地统治的协议。美、英、法、日、意签订了《五国公约》，规定五国之间各自的海军力量（主力舰吨位）所占的份额比例，为 5∶5∶1.75∶3∶1.75。这次会议最重要的国际条约，是美、英、法、日、中、意、葡、荷、比等九国签订了《九国间关于中国事件应适用各原则及政策的条约》（简称《九国公约》）。美国倡导的所谓在中国实行“门户开放”“机会均等”的原则第一次被国际社会所接受，并具体化为一个国际条约，成为华盛顿体系的基轴。这是第一次世界大战结束后，继巴黎和会确立凡尔赛体系之后，确立战后国际秩序的又一个标志。毫无疑问，美国是华盛顿会议的最大赢家，会议基本上按照美国的意愿确定了列强在中国以及亚太地区的地位。日本在此前一个时期独霸中国的势头由此结束，各个帝国主义国家在华权益的某种均势得到恢复。正如毛泽东在全国抗战开始前夕指出的：“第一次世界大战曾经在一个时期内给了日本帝国主义以独霸中国的机会……一九二二年美国召集的华盛顿九国会议签订了一个公约，又使中国回复到几个帝国主义国家共同支配的局面。”①

然而，华盛顿体系的原则及其所确立的中国和亚太地区的政治军事格局，是与以独霸中国、称霸东亚为“国策”的日本互不相容的。日本虽迫于国力不足与西方列强相抗衡，但是它在侵略和扩张野心的驱动下，处心积虑、等待时机向华盛顿体系发起挑战却是不可避免的。华盛顿体系虽然暂时缓和了帝国主义国家之间在东方的矛盾，在一段时间内维持了亚太地区的均势，但它们争夺霸权的矛盾却是不可能从根本上消除的。日本凭借其在中国经历长期营造而建立的实力基础和有利地位，以及在西太平洋的海军优势，一俟时机到来，必将发动对中国的武装侵略，挑战华盛顿体系。

---

① 毛泽东：《论反对日本帝国主义的策略》，《毛泽东选集》（一卷本），人民出版社，1964 年，第 137—138 页。

事实上，华盛顿体系只维持了十多年时间。在这期间日本频频在东亚挑起事端，对中国进行接二连三的侵略扩张，肆无忌惮地向华盛顿体系所确立的列强在中国的均势地位发起挑战，日本蓄意制造的九一八事变和一·二八事变则终于成为华盛顿体系走向崩溃的开始。日本挑起九一八事变，侵占中国东北地区，标志着它要以武装侵略变中国为其独占的殖民地，尽管当时西方那些目光短浅的当权者对此并未洞察。紧接着由日本挑起的一·二八事变，矛头所向直指列强在华权益最为集中的东方国际大都市上海，妄图改变历来由英美西方大国占主导地位的上海的国际关系格局，明目张胆地挑战华盛顿体系。但是，从九一八到一·二八，西方列强的反应表明，它们既没有实力，也没有清醒的认识和正确的政策来维护这一体系。

二、 美国的“不承认主义”和英法的绥靖政策

面对日本军国主义对中国的武装进攻，在东亚挑起战争、威胁现存国际秩序的严重形势，国际社会，尤其是华盛顿体系的创导者美国以及国际联盟的主导者英国和法国对此采取什么态度和政策，无疑是至关重要的。因为这不仅关系中国的独立和领土主权的完整，而且也关乎东亚的和平和安定，同时也极大地影响着日本对外政策的走向。或者是囿于列强的自身利益和为保护在华既得权益的需要，对日本的侵略采取姑息纵容的绥靖态度和策略，用满足侵略者某种要求和牺牲被侵略者权益的办法应对挑战，谋求妥协；或者是洞察大局、顺应时势，对日本帝国主义的侵略扩张进行准确清醒的战略判断，形成制约法西斯侵略的有力的国际机制与力量组合。这是摆在国际社会面前的无可回避的选择。然而，历史表明，美英法列强在九一八、一·二八以及尔后相当长一个时期里，采取的不是后者而是前者的政策，即所谓“绥靖主义”。

九一八事变爆发后，南京国民政府企图依赖西方列强和国际联盟的干预和调解，迫使日本撤兵停战，但这种指望一再落空。西方列强和国际联盟软弱无力，毫无作为，甚至纵容侵略、袒护日本。当时，欧洲政界弥漫着对法西斯势力的绥靖主义，美国则沉浸于孤立主义和和平主义的迷梦。此际西方大国都陷于自一九二九年以来资本主义世界的经济大萧条的危机之中，竭力企求在东方与日本达成妥协，而避免与之对抗和冲突。当然，英美法列强在中国拥有诸多权益，中国又是一个大国，其局势的变动会对世界产生不可低估的影响，而日本在中国的侵略扩张又严重地削弱了西方列强在中国的地位和损害了它们在华的权益。这就必然引起西方列强的干预和抵制，随着日本侵华规模的步步扩大，西方列强的反应也随之一步步趋向强硬。正是在上述背景之下，英美法列强逐步介入了一·二八事变。

在一·二八事变前夕，当日本侵略军攻占辽宁锦州、侵占东北全境之际，美国率先作出抵制日本武力侵略中国的反应。一九三二年一月七日，美国政府正式向中、日两国政府发出同一内容的照会，这就是所谓美国的“不承认主义”声明。这一照会声明：“美国政府认为有责任告知日本帝国政府和中国政府，它不能认可任何事实现状的合法性；也无意承认中、日两国政府或其代理人之间缔结的可能有损害美国或其公民的在华权益的任何条约和协定，包括涉及中华民国的主权、独立或领土及行政完整，或通称为门户开放政策的这一有关中国的国际政策在内的条约和协定；也无意承认因违背中、日、美均为缔结国的一九二八年八月二十七日《巴黎公约》的条款和义务而导致的任何形势、条约和协定。”①这个照会发出的次日，美国国务院又发表一个补充声明：(1)美国无意争夺日本在满洲的权利；(2)不拟干涉中国和日本将来可能达成的解决事件的协议，唯此项协议不得损害美国在华利益。显然，“不承认主义”的主要着眼点是维护美国在华权益，但同时它也明确地向世界表明：美国反对日本用武力手段损害中国主权、破坏中国领土和行政完整，不承认日本的侵略所得。“不承认主义”声明提出的中、日两国政府不得缔结任何违反华盛顿体系的条约的警告，实际上是有利于中国的，因为这既是对中国政府的一种支持——如果它抵抗日本，也是一种制约——如果它出卖领土主权。这一声明可谓这一时期美国对华政策的集中体现，美国政府正是在这一政策之轨道上介入一·二八事变。

“不承认主义”声明在中、日两国得到的回应是截然不同的。中国政府在一九三二年一月十二日复照美国政府，表示欢迎美国政府的声明，并明确保证说：“来照所称条约或协定，中国政府本着主权独立及领土行政完整之原则，绝无订立之意。”②日本政府则与此相反，于同月十六日复照美国政府，以毫不示弱的、甚至带着几分冷嘲热讽的态度，回击美国的政策宣示。日本政府复照公然倒打一耙，说“现实中国之不安及分裂之状态”，使华盛顿条约(《九国公约》)“在实际上或将改变其(在中国)之适用，盖此项条约之适用，必须顾及现存之事实状况”。日本还污蔑中国领土和行政本来就不完整，来反驳美国维护中国领土主权和行政完整的主张，企图从根本上否定《九国公约》的有效性。日本借口“中国全境不安”，门户开放政策的实行“其效果因之大减”，而“日政府将尽力维持满洲门户开放政策”③。如此等等，完全没有消极的辩解和妥协的许诺，却处处表现出向华盛顿体系的明确挑战。

① 《我(国)决提十六条》，《中央日报》，1932年1月9日。
② 《外(交)部复美照会昨日送出》，《申报》，1932年1月13日。
③ 《时报》，1932年1月17日。

美国的“不承认主义”声明尽管还只是一种政策宣示，美方也并未采取干预日本侵华的实际行动，但在当时却是西方列强对日本作出的最为强硬的反应。与此相比，英法的态度显得更为软弱。美国国务卿史汀生发出“不承认主义”声明之前，曾把照会内容告知英、法和其他一些国家，希望英法两国能仿效美国采取行动，三国联合起来对日本施加外交压力。但英国却拒绝了美国的要求。一九三二年一月十日，英国政府公开宣布对美国的答复，说英国支持有利于满洲国际贸易并由《九国公约》所确保的门户开放政策，但既然日本政府已声明将尊重机会均等原则和门户开放政策，英国认为没有必要再向日本提出一个正式照会。英国是国际联盟的主导者，也是在中国拥有头等权益的西方大国，但是这个老牌帝国在欧洲大战后国力衰退，应对日本在东方的挑战明显地力不从心。英国还十分担心中国反帝民族解放运动的勃兴撼动其在华权益的基础，又幻想以消极退让缓和与日本之间的关系，来维护自身在中国和东亚的利益。事实上，英国及其主导的国际联盟自九一八事变以来一直采取了对日绥靖妥协的政策，如英国外交大臣约翰·西蒙在议会下院宣称的：英国政府对日本只能采取“友善与协调的方法”①。英国外交部远东司顾问麦基洛普针对史汀生声明指出，如果英国跟随美国行动，将对英日关系造成危险。他认为，史汀生照会涉及《九国公约》第一款有关外国在华权利的问题，但如果没有证据证明日本不打算尊重《九国公约》的尊重中国主权和门户开放原则，就不应对日本提出警告。②日本侵略军早已席卷中国东北三省大地，英国外交当局竟然认为“对日本提出警告”“没有证据”，这是绥靖主义派的荒唐逻辑。事实上，到一·二八事变爆发前英国主导的国际联盟处理中日纠纷已为时近四个月，英国和国联一味采取袒护日本的态度，从未作出对日本侵华的客观公正的评判和任何对侵略行为的干预和制裁举措。

三、从对日抗议到介入调停

日军在中国东北的大举进攻未受到中国军队的有力抗击，又得到西方列强的纵容姑息，于是日本又悍然发动了对上海的进攻，制造了震惊中外的一·二八事变。上海在中国和东亚的政治、经济和国际关系诸多方面占有独特的重要地位。它不仅是中国的经济中心和金融中心，是全国最大的工业基地和内外贸易港口，而且也是列强在华利益最为集中的地方。当时，英国在华投资的七成以上、美国

---

① 方连庆：《国际关系史》(现代卷)，北京大学出版社，2004年，第194页。

② [英]赫克特：《英国于1932年1月7日斯汀生照会》，《太平洋历史评论》1969年5月号，第130—140页。

的约六成半、意大利的七成，都集中于上海一地。①英国在上海的直接企业投资达7亿3 740万美元，约占其在华投资总数的76.5%。②居留于上海的外国侨民，当时总数也达10万人以上。显然，上海事变对西方世界的影响决非沈阳事变可同日而语。英美法列强的在华核心利益和最重要势力范围受到战争的威胁，日本在上海的挑战使他们产生了现实的危机感，这就不能不引起它们在九一八事变时未曾有过的强烈反应，而对日态度一时间也趋于强硬起来。于是，西方列强以维护自身权益为基点，以《九国公约》等国际条约为武器，以军事力量为后盾，从政治和外交战线一步步介入了一·二八事变。

西方大国中在上海拥有头等权益的英国率先作出反应。一·二八事变爆发的次日，英国政府以日军对上海闸北居民区进行大规模轰炸为由，向日方提出严重抗议，同时提请美国政府采取同样的行动；美方随即向日方表示，对日本“造成的这种爆炸形势”，美国政府“不能坐视不管”。一月三十日，英国外交当局再次向日本提出口头声明，反对日本利用上海租界进行战争。三十一日，英国首相召开有外交大臣、财政大臣和海军大臣参加的会议，讨论上海局势和向上海派遣海军舰队的问题。③同日，美国总统也召开了有海军长官和国务卿参加的军事会议，决定向上海派遣舰队。④当天，史汀生通知美国驻日本大使福勒斯，美海军部已下令驻菲律宾马尼拉的美国亚洲舰队司令泰勒上将率舰赴上海。在这期间，法国也从海上向上海增兵。二月四日，英国远东海军司令克莱乘“肯特号”旗舰到上海。美国海军驱逐舰7艘和运输舰“兆蒙号”载兵员1 000余人也抵达上海港。意大利远东舰队司令卡哈格利于同日率巡洋舰“特利德号”和驱逐舰“易斯多洛号”，从罗马出发驶赴上海。⑤至二月五日，英国在上海的海陆军总兵力已达6 600人，美国6 200人，法国3 400人，三国入港兵舰共17艘。⑥

英美等国在上海事变之初就直接介入了战争的调停。中国政府于一月二十九日发表了《外交部对淞沪事变宣言》，并向国际联盟提出申诉，次日中国政府向中、日两国以外的《九国公约》签字国和国际联盟发出照会，除将日本在上海的侵略行径通报各国外，该照会强调指出：自九一八以来日本的行为“违反国际公法、

---

① ［日］信夫清三郎：《日本外交史》（下册），商务印书馆，1980年中译本，第569—570页。

② 雷麦：《外人在华投资》，商务印书馆，1959年中译本，第72页（表11）。

③ 《英国外交政策文件》（第2辑第9卷），1960年，第257页。（*Documents on British Foreign Policy*, Second Series, Volume Ⅸ, p.257, London, 1960.）

④ 《英国外交政策文件》（第2辑第9卷），第253页。

⑤ 中国第二历史档案馆：《中华民国史料长篇》（第31卷），南京大学出版社，1993年，第202页。

⑥ ［日］日本外务省：《日本外交文书·满洲事变》（第2卷第1册），日本外务省史料馆，1977年，第96页。

凯洛格非战公约及国联盟约，并蔑视国联行政院迭次决议，而对华盛顿九国公约，尤属直接侵犯”，要求国联会员国和有关条约签字国政府，“本其在该公约上的神圣职责，采取有效之手段，严正制止日本在中国领土内之一切军事行动，以及违反该公约之一切其他行为”。①然而，对英美列强而言，处理上海事变的目的，首要的是最大限度地维护它们在上海的权益，同时也力图遏制日本在沪势力的扩张。为此，它们首先想做到的是把战火停息下来，然后促成中日双方进行和平谈判。一月二十九日，中日双方在英、美驻上海总领事的斡旋下，达成暂停战火 3 天的口头协议，于当天下午 20 时开始实行。这是英美两国正式调停上海战事的开端。

英国最早主动向中国外交当局表示了调停中日上海战事的意愿。1 月 29 日，英驻华公使代表应歌兰在南京向中国外交部长罗文干提出，如中国愿意与日本接洽和谈，则英国可设法请国联方面考虑。以蒋介石为首的南京国民政府，在沪战一开始在军事上进行迫不得已的有限抵抗的同时，就积极探寻议和停战之路。在应歌兰与罗文干谈话的同日，蒋介石就在内部拟定的《对日交涉之原则与方法》中确定：(1)对日交涉必须在各国和《九国公约》国家的干预下进行。“交涉开始以前，对国联与九国公约国先与接洽，及至交涉开始时，同时向九国公约国声明。”(2)先向日本进行私下接触和试探，然后考虑外交上的正式交涉。“对日本先用非正式名义与之接洽，必须得悉其最大限度。”(3)交涉和平的底线为“不妨碍领土与行政完整”。“交涉必须定一最后防线与最大限度，此限度至少要不妨碍行政与领土完整，即不损害九国公约之精神与不丧失国权也。”②中国政府对于上海事变的外交交涉就是按照上述原则进行的，这就为英美列强和国联的调停提供了广阔的空间。

于是，英美法列强积极展开外交斡旋，多次进行调停活动。英国政府的直接目标，主要有 4 项：“(1)中日两军停止敌对；(2)敦促日军撤离(战区)；(3)促成战争的最终结束；(4)在上海地区恢复和平状态。”③一月三十一日，英美两国驻上海总领事约请中日双方代表，在上海英国领事馆商讨停战问题。中方参加者有吴铁城、区寿年，日方有盐泽幸一、村井仓松，另有公共租界工部局总董事麦克方登等人。这次是中日上海开战以来，由英美外交当局居间的首次正式谈判。双方在会上唇枪舌战，进行激烈交锋，因日方坚持蛮横要求而无结果。英国上海驻军司令在会上提出上海停战三项建议，会后在二月二日被日方正式拒绝。

---

① 《外交部致国联及九国公约签字国驻华公使照会》，中国国民党中央党史会：《革命文献》(第 36 辑)，正中书局，1958 年，总第 8169 页。

② 《蒋中正手订对日交涉之原则与方法》，秦孝仪主编：《中华民国重要史料初编・对日抗战时期(绪编)(一)》，台湾中国国民党中央党史会，1981 年，第 431 页。

③ 王宇博：《英国与一・二八事变》，《江苏社会科学》1993 年 6 月号。

接着，美国政府于二月二日向中、日两国政府递交了《美国关于停止冲突的建议》的照会。其内容如下："(1)中日双方停止一切武力行动；(2)双方不再进行任何敌对行动的动员和准备；(3)双方战斗人员退出彼此作战地点；(4)设立中立区域，分离双方军队，以保护公共租界，中立区由中立国军队驻防，由各领事官员决定此项安排；(5)在上述条件被接受的基础上，劝告双方本着《巴黎公约》和十二月九日国联决议的精神，不事先提出要求或保留，在中立国代表的观察或参与下，就解决两国间一切冲突问题进行谈判。"①这一照会由美国驻华公使詹森和驻日大使勃鲁斯于同日分别向中、日两国政府发出，同时美国也向英、法、意三国提交了上述照会，并获得三国的响应。二月三日，英、法、意三国政府以同样内容的照会提交中、日两国政府。这就开始了西方列强对上海事变的第二次调停。美国政府这一调停方案，和上月三十一日英方代表在中日谈判中提出的三项建议大都是一致的，所不同的主要是正式提出了在上海设中立区，特别是提出中日停止敌对行动不限于上海地区，以及主张为解决中日两国间一切冲突问题进行谈判。二月四日，中国外交部复照美、英、法、意四国政府，宣布接受其提出的上述调停方案，并声称："国民政府热望各友邦与其以观察者之资格，不若以参与者之资格参加将来之商议。"②蒋介石与汪精卫在同日于洛阳商议对日外交，蒋明确其要旨在于"只要不丧国权，不失寸土，日寇不提难以忍受之条件，则我方即可乘英美干涉之机，与之交涉，不可以各国干涉而我反强硬，致生不利影响"③，表现了按英美等国调停的条件迅即进行谈判的意图。相反，日本政府外务大臣芳泽谦吉在二月四日下午的复照中，除对设立上海"中立区"一项表示基本接受外，对其他四项尤其是第五项一概予以拒绝。

美英法意四国调停建议遭到日本拒绝不久，英国军方随即直接介入了调停活动。二月六日，英国远东海军司令克莱在上海会晤中国政府外交委员会宋子文，提出了上海停战谈判的新建议。二月九日克莱在旗舰"肯特号"上与日本第三舰队司令野村吉三郎会见，就停战条件问题进行交谈。这是西方列强所作的第三次调停。克莱的调停方案比之此前的美国五项建议，除提出日军退回一·二八事变前原防线、中国军队退至相当界线、退出的区域由第三国军队驻守等项以外，最大的不同是不再提出这一谈判一并讨论包括东北问题在内的中日间"一切悬案"的要求。显然，这是英国对日本作出的一项重大妥协，也表现了它与美国之间在这

① 《美国驻华公使詹森致外交部照会》(1932年2月2日)，《革命文献》(第35辑)，第1054页。

② 《外交部接受英美等国提出停战条件之复照》(1932年2月4日)，南京《中央日报》，1932年2月5日。

③ 《蒋介石日记》(1932年2月4日)，斯坦福大学胡佛研究所：《1932年蒋介石日记摘要复印件》。

方面的一个重大分歧。同日，英国公使蓝浦森在南京往访外交部长罗文干，就英海军司令克莱方案进行会商。罗在原则上同意接受克莱提案。二月七日，南京外交委员会再次讨论四国照会和克莱提案，作出了“上海息争办法”七点决议。①其中实际上放弃了将上海事变与东北事变一并谈判解决的要求，接受英国提出的先就上海停战与日方谈判的建议。然而，尽管中国方面后退了一步，但日本侵略者却无意接受国际调停。这时，日本军部正在调派第二十四旅团和第九师团前来上海参战，陆军参谋本部已制定《上海方面军事行动指导要领》，以期在战场上取得重大进展，实现其既定的侵略目标。二月八日上午，日本驻华公使重光葵会见克莱，当面拒绝了英方的停战方案及其转告的中国政府意见，但又声称在中国军队后撤15—20英里后，可谈判停战，企图在战场上给予中国军队以决定性打击后再与之谈判。

四、国联上海停战决议和《淞沪停战协定》的签订

随着日本向淞沪不断增兵和中国第五军紧随十九路军坚持淞沪抗战，从二月中旬至下旬，沪战规模日益扩大，进一步引起国际社会的强烈反响。二月十六日，英国通过国际联盟理事会向日本政府提出呼吁，要求日本在上海事件上注意《九国公约》和《非战公约》，并公开承认了史汀生的“不承认主义”，向日本施加压力。同日，国联理事会十二个成员国(中日两国不含)向日本政府提出紧急照会，促其注意国联盟约第十条之内的应负的责任，并且声明对于日本“损害联盟会员国领土之完整及变更其政治之独立者，联盟各会员国均不应认为有效”。该照会提醒日本：“美国曾经抗议，谓以武力所得之土地，不能享有。”②十九日召开的国联理事会接受中国代表的要求，决定把中日纠纷问题提交国联大会受理。

日军虽一再增兵，却遭到中国军队的沉重打击。二月二十二日前后的庙行战役中，中国军队获得一次大胜，而国际舆论对日本的压力也越来越大。日本本来并无在上海进行长期战争的准备，也无力量在华东扩大战争。藏相高桥是清在内阁会议上不无忧虑地说：“本国之海外信用正急剧减低中，是以此际欲在海外获取资金事几不可得，而军费又难以继续三个月之久，国内形势令人不寒而栗。”③于是，日本一方面在二月下旬又增派第十一和十四师团赴上海，另一方面加紧外交活动，以求得一个体面的下场。与此同时，中国政府看到在国联出现了有利于中

① 《外交委员会会议记录》(1932年2月7日)，国民政府外交部档案，第二历史档案馆藏。

② 《国联大会报告书草案》，《中华民国重要史料初编·对日抗战时期(绪编)(一)》，第388页。

③ [日]本户幸一日记研究会：《木户幸一日记》(上卷)，东京大学出版会，1966年，第136页。

国的形势，又取得了庙行战役的胜利，蒋介石、汪精卫遂力图乘势收兵，停战谋和。二月二十五日汪精卫在蒋介石、何应钦等人同意下，以手令向外交部下达停战谈判的四项条件："(1)双方须同时撤退；(2)日军撤回租界，我军撤出真如之线；(3)撤兵区域由中国警察维持；(4)须有第三国有效保证双方各不追击。"①

于是，英国方面再度展开斡旋。二月二十七日，克莱向野村吉三郎提议中日双方代表举行非正式会议。二十八日中方代表顾维钧和黄强、日方代表野村吉三郎和松冈洋右在英舰"肯特号"上进行了非正式停战谈判。克莱在会谈中提出调停上海战事五项条件："(1)双方同时撤退；(2)不得提议永久卸除吴淞或狮子林等炮台问题；(3)双方之撤退由中日委员会会同中立国观察员监视之；(4)撤退区域，照旧由中国官吏治理，并由中国警察维持治安；(5)中国军队退至真如，日本军队退至越界筑路地段，俟双方上述撤退完竣后，中国军队退至南翔，日本军队退至舰上。"②这次调停条件与此前蒋介石、汪精卫内定的四项底线大致相同，所以中方同意接受；但日方因其第十一、十四两个师团登陆在即，准备发起一次新的进攻，遂以不同意"同时撤退"为由，拒绝了克莱的调停方案。

"肯特号"会谈的积极作用，在于导致国联理事会为上海停战撤兵采取进一步行动。由白川义则统率的日本上海派遣军第十一师团等部三月一日在江苏浏河长江南岸登陆，与第九师团构成对中国军队左、右两翼迂回合围之势。当日晚上，十九路军总部下令所部后撤至黄渡、方泰和嘉定、太仓之线。这时，日本政府和军部鉴于日军进攻的目标已达，而国联即将召开全体大会讨论上海停战问题，乃命令上海派遣军停止大规模战斗，白川义则于三月三日下午发布停战令。此前几天，国联理事会正为上海停战问题进行频繁的活动。二月二十九日，国联理事会召开第14次会议，理事会主席彭古提出一项调停上海战事的计划，主张在上海召开一个由中国、日本以及在上海有租界的西方列强代表参加的国际会议，依据国联所提出之原则，恢复和平状态。英、法、意、德、西班牙各国均表同意，中国代表极表欢迎。日本政府虽然在这次会议上口头表示有条件地接受彭古计划，却利用淞沪战局对其有利的时机，于三月二日通过克莱向中国政府提出四项停战条件，其中要求中国军队先行撤退，日军才在某一时期停止进攻等无理条件。特别是提出要召开上海圆桌会议讨论决定上海的地位和管治问题。③中方对此予以拒绝。三月三日外交部次长郭泰祺与蓝浦森、克莱谈话，表示中国无法接受日方四项条

① 《汪兆铭签署之停战条件要点》(1932年2月25日)，国民政府外交部档案，第二历史档案馆藏。

② 《中华民国外交部工作报告》(1932年3月)，中央档案馆等编：《日本帝国主义侵华档案资料选编·九一八事变》，中华书局，1988年，第608页。

③ 《日方所提条件与在其舰拟定不同》，《中央日报》，1932年3月4日。

件，也拒绝召开上海圆桌会议的提议。至此，由英国海军主导的非正式停战谈判陷于僵局。

国联在英法等国主导和美国的支持下，成为促成上海停战谈判的主要推手。三月三日，国联第二次全体会议召开讨论中日问题的特别大会。同日上午国联总委员会讨论通过了大会主席团所拟的上海停战决议草案，下午举行的第三次全体大会一致通过了该项决议："(1)大会于申述理事会二月二十九日所决议之提议，并声明不妨害提议中所包含之其他方法之后，申请中日政府立即采取必要之方法，使两方军事当局所发停战之命令变成有效；(2)请求在上海有特别利益关系之列强，以前办法实行之状态报告大会；(3)劝告中日代表以上述列强陆军、海军、民事当局之协助，开始磋商订立办法，此项办法须确立战事之停止，并规定日军之撤退。"①国联总委员会在三月五日至八日连续召开第二至第五次会议，讨论起草国联关于处理中日纠纷的决议草案，并在十一日的第六次会议上予以通过。随后成立了国联特别委员会(十九国委员会)，负责调查观察上海停战撤兵情况，监督国联决议的实行。

英美等西方列强和国际联盟的调停和干预，是促使日本政府走上停战谈判之路的国际因素，而中、日双方出于各自自身的状况和政策，也绝无可能把上海之战推向继续和扩大。于是，停战谈判和撤兵的政治外交斗争，继战场上的交锋而上升到主要地位，西方列强不仅介入了这当中的全过程，而且发挥了十分重要的作用。三月九日和十日，由英国公使蓝浦森居间，重光葵和郭泰祺互致照会，表示两国政府同意举行谈判。三月十四日，由蓝浦森邀约，郭泰祺与重光葵在上海举行首次非正式会谈。三月十九日至二十一日，双方举行停战会议预备会议，基本上按照中方提出的意见，大致确认了停战和撤军的三项原则："(1)中国军队暂时留驻现在防线；(2)日本军队按照一定的程序撤至一月二十八日以前之原防，此项程序将由正式会议规定；(3)由参加会议各第三国代表参与的共同委员会证明第一项及第二项之实行。"②

中日上海停战会议第一次正式会议三月二十四日上午在英国驻上海总领事馆举行。中国方面首席代表为外交部次长郭泰祺，军事代表为淞沪警备司令戴戟、十九路军参谋长黄强。日本方面首席代表为第九师团师团长植田谦吉、驻华公使重光葵，军事代表为上海派遣军参谋长田代皖一郎、第三舰队参谋长岛田繁太郎。第三方面出席者为英国驻华公使蓝浦森、美国驻华公使詹森、法国驻华公使韦礼德、意大利驻华公使馆代办齐亚诺，以及英、美、法、意四国驻华武官。有西

① 《中华民国外交部工作报告》(1932 年 3 月)，国民政府外交部档案，第二历史档案馆藏。
② 《停战撤军三原则商定》，《申报》，1932 年 3 月 22 日。

方四大列强直接参与的上海停战谈判，从三月二十四日开始到四月二十八日止，先后举行正式会议 14 次，另由军事小组委员会进行停战撤军的事务性谈判，历时近 40 天。由于日方蛮横无理、出尔反尔，企图从谈判桌上夺取更多权益，会谈历经谈判、僵持、调解、再谈判的曲折过程，其间数次几近破裂。中日双方围绕着这一谈判的性质与范围、日军撤兵的地域和完成时间、中国军队的驻留地域、停战撤军的监督与认定、双方军队撤出地区的治权和管理等问题，展开了反复的辩驳。四月十日，中国政府将日军撤兵期限和条件问题的争端，再次诉诸国联。经英、法等国的同意，国联在同月十六日起召开十九国委员会会议，讨论中日上海撤军争执案，十九日该委员会通过了《应付上海时局的议案》草案，共 14 条。①此项草案遭到日本政府的拒绝，但在蓝浦森等的斡旋折冲下，提出了一个折衷方案，蓝浦森修正案的关键是不再坚持日本撤军的最后期限，以及由共同委员会对此作出决定的规定，并允许日军得“暂驻”于租界地域以外的若干“毗连地带”，这是对日方作出的一种妥协。二十六日，重光葵向蓝浦森表示接受经此修改的国联决议草案。中国外交部也声明：“我方意见对英使折衷方案，虽对日兵尚无(规定)明确的撤退日期而不满，惟以尚不涉及政治范围，故勉强加以接受。”②二十八日，国联十九国委员会审议关于中日上海停战的决议草案。三十日，国联重新召开全体大会，通过了十九国委员会拟定的上海停战与日本撤军的决议，表决时，日本代表弃权，其他各国代表均表赞成。

一九三二年五月五日，在英国驻上海领事馆举行中日停战会议第 15 次全体会议。作为最后一次全会，它的任务是要宣读和通过停战协定文本及其附件，并完成签字程序。“协定”的正式名称是《中日上海停战及日方撤军协定》，共有五条，规定“自中华民国二十一年五月五日起，确定停战”；“中国军队在本协定所涉及区域内之常态恢复，未经决定办法以前，留驻其现在地位”；“日本军队撤退至公共租界，暨虹口方面之越界筑路……有若干部队，可暂时驻扎于上述区域之毗连地方”；“为证明双方之撤退起见，设立共同委员会”③。三个附件分别规定了中国军队驻留的现在地位的具体地域界限、日军暂驻的毗连地区的具体位置，以及共同委员会的组成及其权限。在英国驻上海总领事白克明于会上宣读协定全文及附件的过程中，中方代表张似旭先后宣读了中国政府声明书两件，其中特别宣布“本协定内，对于中国军队在其领土内之调动，并不含有任何永久的限制”。④当天

① [美]威罗贝：《中日纠纷与国联》，商务印书馆，1933 年中译版，第 331 页。

② 《我外(交)部接受英使方案》，《申报》，1932 年 4 月 28 日。

③ 《中日上海停战及日方撤军协定》，国民政府外交部档案，第二历史档案馆藏。

④ 《我国之声明》(1932 年 5 月 5 日)，秦孝仪：《中华民国重要史料初编・对日抗战时期(绪编)(一)》，台湾中国国民党中央党史委员会，1981 年，第 542—543 页。

下午，有关各方代表全部签字完毕。这里需要特别指出的是，在这一协定上签字的除中、日双方的正式代表以外，英国公使蓝浦森、美国公使詹森、法国公使韦理德、意国代办齐亚诺也都签了字，而且在 2 天后成立的共同委员会的 12 名成员中，上述 4 国各占 2 个委员名额。这些也从一个侧面说明了在一·二八事变的终结过程中西方列强的重要作用。

全国抗战之先声*

——绥远抗战

全国抗战的前夕，以绥军第三十五军和晋军骑兵军为主力的晋绥军，在绥远省政府主席兼第三十五军军长傅作义的指挥下，举起抗日御侮的旗帜，胜利地进行了绥远战役。首战红格尔图，击退入侵绥东的伪军；接着挥师北上，歼击伪蒙军第七师，取得百灵庙大捷；尔后袭击伪大汉义军，一举恢复锡拉木楞庙。绥远抗战，三战三捷，给了日本关东军指挥下的内蒙古伪军以粉碎性的打击，从而使日本帝国主义西侵绥远、夺占内蒙古西部的阴谋计划遭受严重挫折。中共中央毛泽东同志当时对绥远抗战曾给予高度的评价，称绥远抗战为"全国抗战之先声"，"四万万人闻之，神为之王，气为之壮"。①绥远战役，威震四方，成为全国抗战开始前一支振奋民族精神的前奏曲，响彻华夏大地。

一、 绥远抗战格局的形成

绥远抗战格局，是在中日民族矛盾急剧上升，南京国民政府转向抗日的过程中，在全国抗日救亡运动的推动下，在晋绥地方实力派"守土抗战"的政策下形成的。

日本帝国主义制造九一八事变、侵占我国东北三省后，变本加厉地推行其独占中国、争霸东亚的侵略扩张政策。继侵占热河全境、控制冀东、逼迫中国当局签订《塘沽协定》之后，又将其侵略势力推向华北和内蒙古西部地区。它利用南京政府"攘外必先安内"的反动政策和对日屈辱外交，成立《秦土协定》"何梅协定"，并策动华北五省"自治运动"，阴谋分割华北，同时又积极进窥内蒙古西部。

日本大致把它侵略我国内蒙古的计划分为三个步骤。第一步，占领内蒙古东

* 本文原载《军事历史研究》1987 年第 1 期。

① 董其武：《戎马春秋》，中国文史出版社，1986 年，第 108 页。

部，把这个地区置于伪满洲国领域之内。从九一八事变到占领热河，已实现了这头一步计划。第二步，在内蒙古西部地区策动“内蒙自治运动”，利用蒙古地方自治政务委员会秘书长德王为代表的一部分反动封建上层统治势力，制造和操纵内蒙古傀儡政权为其所用。一九三四年以后，日本正在加紧实现这第二步。第三步，以内蒙古西部为地域，建立一个“蒙古大元帝国”或“大元共和国”。这最后一步是“大蒙古主义”的一种鼓吹，而其实际的侵略步骤则是从热河西进，夺占察哈尔、绥远两省。

绥远在内蒙古西部，东临察哈尔，南界晋陕两省北部，西面与宁夏、甘肃相连接。在日本实行大陆政策的过程中，侵夺绥远是其重要一步。控制了绥远，有助于对华北、西北构成外线包围态势，从察绥而南，入侵冀、晋、陕等省，乃是日军进攻华夏的理想通道。以当时战略态势而论，“从东北经察绥，西至宁夏新甘，造成封锁中国、隔绝中俄的阵线，是某(日)方最近一、二年来努力的目标”。日军筹划的“这条封锁线，是从东北到西北，一条长蛇式的地形。这条长线的中心点，也可以说是封锁的津梁，是在绥远”。①从中国的国防形势考察，一九三六年的绥远实居于国防的前线。当时关东军操纵下的伪冀东防共自治政府以香河为中心，控制了冀东地区；伪蒙古军政府以化德为中心，控制了察北和察东地区。连接北平与绥远的平绥铁路则成为前方的重要军事动脉。平绥路西起绥境包头，东向横过察绥两省间之盆地，中至西山山中，而东出平原地带，沿线一带乃成为国防前线的重要作战地带。包头地处水陆交通中心，乃成为中国西北各省军队的集结点。平绥中段之大同，南接同蒲铁路，是晋北军事重镇。平绥东段之南口、张垣一带位于冀察晋绥四省边界，是进出华北与西北之锁钥。绥远的得失在战略上的影响无疑是十分重大的。

华北事变尚未结束，关东军已把侵占绥远的计划付诸行动。一九三五年七月，关东军制定《对内蒙措施要领》，规定了以政治谋略和军事进攻两手兼用夺占绥远的政策。它一方面规定，“对于绥远省的傅作义军，随着华北工作的进展，如果可能，或者先行收买，努力使其行动符合于关东军的意图”；同时又提出，“但如果认为无论如何(收买)难以实现时，就抓住有利时机，把他(傅作义)打倒，驱逐到山西省内”。②接着，关东军参谋长坂垣征四郎、参谋田中隆吉，天津驻屯军司令官多田骏，北平特务机长松室孝良，太原特务机关长和知鹰二等人，都纷纷窜到归绥，对绥远当局进行威逼利诱，妄图策反傅作义与日本“合作”，并一再要挟，声称

① 《百灵庙战役之经过及其教训》，范长江：《塞上行》，新华出版社，1980年，第8页。

② 关东军参谋部：《对内蒙措施要领》(1935年7月25日)，复旦大学历史系编译：《日本帝国主义对外侵略史料选编(1937—1945)》，上海人民出版社，1983年，第172页。

如傅不按日方的要求与其“携手”，则日本将支援德王以“武力解决”。但这一切都遭到了傅作义的拒绝。于是，关东军决定发动对绥远的武装进攻。一九三六年十月，田中隆吉接任驻化德特务机关长，直接指挥伪军的作战行动。十一月初，伪蒙古军副总司令李守信、伪大汉义军总司令王英赴天津，接受日军的侵绥指令。同月中旬，德王、李守信所属的伪蒙军一万余人和王英的“大汉义军”五千余人，在察绥边境和绥北集结。一场新的战火正在被日本侵略者点燃。

日益紧张的绥远局势，成为中国民族危机深化中的一个新的突出事件，引起全国朝野的极大关注。是实行抵抗、保卫绥远，还是妥协退让、听任日伪占领绥远？对此，蒋介石采取什么态度呢？九一八事变以来，他一直实行“攘外必先安内”的政策，对内“剿共”，对外不抵抗，多次与日本签订丧权辱国的协定。华北事变以后，在由于日本的步步进犯，英美对日态度有所变化、国民党内主张抗日的声浪日益上升，尤其是人民抗日救亡运动日益高涨的形势之下，蒋介石政府的内外政策开始呈现出两重性：一方面，继续坚持“剿共”，为此甚至不惜牺牲局部利益和日本谋求妥协；但另一方面，对日本无止境的侵略，主张实行有限度的抵抗，为此希望取得英美乃至苏联的援助，并希望苏联抑止中国共产党。它的基本趋势，是从对日不抵抗向着对日抗战方向发生变化。一九三五年十一月，蒋介石在国民党第五次全国代表大会上作外交报告，提出“最后关头”说，反映对日态度已出现了微妙变化。翌年七月，蒋介石在国民党五届二中全会上对“最后关头”说作进一步的解释，表示南京当局对日本入侵的“容忍”是有“限度”的。同年九月至十二月，外交部长张群与日本驻华大使川越进行多次谈判。中国方面在谈判中始则拖延，继而随着国内抗日声浪的高涨和英美对日态度的日趋强硬而表现了前所未有的不退让态度。

绥远事件正是发生在南京政府对日政策开始变化的过程中。这时，蒋介石虽然仍以主要军事力量来进攻工农红军，但在对日军事上也有所戒备。南京军事当局制定了三年国防计划，并令张治中在上海、南京地区构筑国防工事。一九三六年九月十八日，绥远军队和入侵的伪军初次交战后，南京政府选择“九一八”这个日子明令嘉奖傅作义，表彰他“剿匪安民，厥功尤伟”。十月二十八日，蒋介石在与《大公报》记者的谈话中说：“对中日交涉，政府始终本既定方针守必要限度，以竭诚周旋，而河北省内行政完整之恢复，察北绥东匪祸之取缔，在我方尤为必要。”①表明了要清除入侵绥远的伪军的态度。

绥远虽是南京政府所属的一个省，但从一九二八年以来一直处在阎锡山晋系军阀势力范围之内，蒋介石一派的势力从未统治过这块地方。因此，以阎锡山为

① 《蒋介石对〈大公报〉记者谈话》，《国闻周报》第13卷第44期。

首的太原绥靖公署和以傅作义为首的绥远省政府，对绥远抗战格局的能否形成具有关键作用。阎锡山既有勾结日本关东军的往事，又有反蒋的历史。但日军魔爪西伸绥远、觊觎山西，对他的统治构成了严重威胁，他深知如果绥远不保，山西决难苟安。晋军在红军东征山西时损失颇为严重，蒋系中央军五个师却乘机进入山西，盘踞不走。这时，中国共产党分析了阎锡山的政治态度，把他作为联合抗日的对象，进行统战工作。毛泽东在一九三六年数次致函阎锡山，提出双方“联合一致，抗日反蒋”①。晋绥两省民众和军队中主张团结御侮的呼声也越来越高。阎锡山于是不得不改弦易辙，开始采取联共、抗日、拥蒋的路线。他提出“恢复失地，固非当时之力所能胜，而守土抗战则为军人应尽之天职”，乃确定了“抱着弱国的态势，守土抗战，踢破经常范围，加强自强的方针”。②“守土抗战”政策尽管还很不彻底，但在当时“国破山河黑”的华北，总算是“点出了一支土蜡烛”，发出了一线光明。当日军挑起的战火烧到阎的势力圈内，他决心实行“守土抗战”，同意和支持傅作义举行绥远保卫战。

绥远省政府主席兼第三十五军军长傅作义的态度又是怎样的呢？作为一个地方军政长官，他是要维护国民党统治的利益的，也是要执行南京政府和太原绥署的既定政策的。但他有过长城抗战的历史，又富有爱国精神，力主抵抗外来侵略。日伪军的进攻直接危害其在绥远的统治，也不能不使他奋起反击。他主张联合国内各方力量，一致对外。长城抗战以后，他曾和中共方面的张经武、南汉宸有过接触。一九三六年八月和十月，毛泽东两次致书傅作义呼吁联合抗日，说“先生北方领袖，爱国宁肯后人？保卫绥远，保卫西北，保卫华北，先生之责，亦红军及全国人民之责也”。③这对傅产生了积极的影响。他认为如不抗击日伪军，绥远必将蹈东北覆辙。但如果与日伪军作战，又得不到南京当局的支持，将成为孤军奋战。这时傅的处境是相当困难的。但作为一个真正的爱国者，他认为自己有守土保国的神圣职责，决心拼死一战，抗击敌伪。这是绥远抗战格局得以形成的主要基础。

这就形成了具有以下特点的绥远抗战格局：这次抗战是局部性的抗战，是在南京政府同意下并在少量中央军参与下进行的，是以“守土抗战”为基调的，是以绥军和部分晋军为主力进行作战的，是在中国共产党的抗日统一战线政策影响下和在全国人民声援下展开的抗战。

---

① 毛泽东：《致阎锡山》(1936 年 5 月 25 日)，中共中央文献研究室：《毛泽东书信选集》，人民出版社，1983 年，第 34 页。

② 山西政协文史资料委员会编：《阎锡山统治山西史实》，山西人民出版社，1984 年，第 196 页。

③ 毛泽东：《致傅作义》(1936 年 8 月 14 日)，《毛泽东书信选集》，第 43 页。

二、 绥远前线的军事部署

在上述抗战格局之下，绥远前线进行了军事部署，同时发起对伪军的前哨战。一九三六年年初，日军唆使伪蒙军侵占察北六县后，六月间，盘踞在察绥边境的两支伪军向绥军发动试探性进攻。伪边防自治军三百余人在司令于志谦率领下，由张北县城移驻张北、兴和交界之三保沟，逼近绥边。傅作义部令驻守兴和的一个营，于七月一日晚实行突袭。绥军首战告捷，俘伪军副司令马子玉等六十余人，捣毁敌巢，是为绥远抗战的开端。七月二十六日，伪西北防共自治军总司令王道一率其部众两千余人，陆续由察北之商都经十苏木、半个苏木、甘格梁窜抵土城子、头股地一带及其以北地区集结。八月二日，王道一部主力从东南北三面进攻红格尔图。驻守该地的晋军骑兵第一师第三旅第三团一个连，当即实行抗击。骑三旅旅长彭毓斌命令骑三团悉数增援红格尔图。增援部队立即将敌军击退，进入红格尔图。傅作义和骑兵军军长赵承绶于当晚赶到集宁，决定歼灭王道一伪军。命令骑三旅第六团全部及旅特务连向红格尔图以东攻击，会同第二团内外夹击，求歼敌人。八月四日夜至五日凌晨二时许，晋军一部在红格尔图东面察哈尔境内之阳坡村、土城子一带将伪军歼灭，另一部袭击了头股地、小土城子的王道一司令部。此战共歼敌七十余人，俘二十余人。①歼击“边防自治军”和“西北防共自治军”之战，胜利地揭开了绥远抗战的序幕。

傅作义在这时判断敌军必将大举侵绥，遂一面督励各部队加紧抗击的准备，一面将敌情及我之判断向蒋介石、阎锡山作了报告。阎复电支持傅作义对入侵之敌实行抗击，并按前方情况对兵力部署及指挥关系作出了如下决定：“第十九军（王靖国部）在晋部队（该军原有四个团在绥）及六十八师（李服膺部）并独立第七旅（马延守部）、独立第八旅（孟宪吉部）、炮兵四个团，为先遣入绥增加挺战之部队，尔后视情况之必要，凡属晋省军队，全数入绥挺战。先以六十八师一部开绥，其余分驻晋北及大同附近集结，由……（傅作义）随时调用。”②这个决定使绥远前线的军事力量大大增强。八月九日，晋军第六十八师一部到达兴和、丰镇，担任前方战备。蒋介石为实行有限度的抵抗、支援绥军，也想乘机将自己的军事力量推入绥境，这时也决定调中央军一部入绥。九月十八日，中央军小炮部队一个大队开抵绥远。十月十二日，中央军第十三军（汤恩伯部）及骑兵第七师（门炳岳部）也

① 陆军骑一师师部：《骑三旅夜袭察境土城子、头股地、阳坡村一带王道一伪军战斗详报》，国民政府军委会档案，第二历史档案馆藏。

② 傅作义：《绥战经过详纪》，《军事杂志》1937 年第 100 期。

奉令入绥作战。

傅作义于十月二十四日赴太原，向阎锡山请示作战有关问题。阎虽不愿主动出击敌人，但决心以武力保卫晋绥势力范围。傅到太原时，阎再次以上述方针相告，并重申前电，同意将驻在绥远的赵承绶、王靖国部及驻冀北的李服膺部归傅指挥，以最近所筑国防工事为据点进行抗战。同月三十日，阎与傅同飞西安，转赴洛阳向蒋介石请示。傅表示决心对进犯绥远之敌给予还击。蒋仍坚持"攘外必先安内"政策，不同意主动与日伪军作战。傅又力陈绥远安危关系整个国家前途，至为重大。蒋仍认为不宜轻启衅端，以忍辱负重为是。①经过会商，蒋介石又向阎、傅表示：对日本的进犯，要以不亢不卑的态度，相机应付。对德王须以忍让为重，必要时给点地方也可以。如日军大举进攻，第十三军将入绥支援。②正如毛泽东、朱德当时指出的，蒋介石"仅派出汤恩伯之八个团向绥赴援，聊资点缀，而集胡宗南、关麟征、毛炳文、王均、何柱国、王以哲、董英斌、孙震、万耀煌、杨虎城、马鸿逵、马鸿宾、马步芳、高桂滋、高双成、李仙洲等二百六十个团，其势汹汹，大有非消灭抗日红军、荡平抗日苏区不可之势"③。洛阳之行，傅作义从蒋介石那里取得抗击日伪军的有限度的同意，但并未获得实力上的支援。

十一月四日，傅作义由太原返回归绥，即会同赵承绶赴前线检查战备。十一日，阎锡山以军委会副委员长、太原靖绥公署主任的身份，发布关于绥远作战部队序列的命令：

(1) 傅作义为晋绥剿匪军总指挥兼第一路军司令官，第一路所部为第三十五军，附第二〇五旅（欠四〇七团），独立第七旅，补充第十二团，炮兵第二十一、二十九两团，及小炮大队（欠一、三中队）。

(2) 汤恩伯为第二路军司令官，指挥所部第十三军，附第七十二师，及炮兵第二十七团。

(3) 李服膺为第三路军司令官，指挥所部第六十八师，附炮兵第二十四团，及小炮第一、三两中队。

(4) 王靖国为预备军司令官，指挥所部第七十师（欠二〇五旅四〇七团），附独立第八旅。

(5) 赵承绶为骑兵军司令官，门炳岳为副司令官，指挥骑兵第一师、第二师，及第七师。④

---

① 董其武：《戎马春秋》，第89—90页。

② 樊真：《抗日战争中的傅作义》，山西人民出版社，1985年，第65页。

③ 《毛泽东、朱德等致蒋介石书》（1936年12月1日），中国人民解放军政治学院党史教研室：《中共党史参考资料》（第7册），人民出版社，1979年，第438页。

④ 傅作义：《绥战经过详纪》，《军事杂志》第100期。

绥远参战部队主力，由傅作义的第三十五军和赵承绶的骑兵军组成。第三十五军辖两个旅、六个团：第二一一旅，下属第四一九、四二一、四二二团；第二一八旅，下属第四二〇、四三五、四三六团。该军和骑兵军两个师，各以一部分别驻绥东、绥北前线。第七十师王靖国部则驻于包头和绥西一带。第六十八师李服膺部集结于晋北阳高、天镇等地。中央军第十三军还在由陕西向绥远开拔途中，绥战开始后，十三军并未来得及参战。

在日伪军方面，关东军操纵下的伪军以德王和李守信为首的伪蒙古军为主力。伪蒙军由两个军、七个师组成，总人数在一万人以上。第一军军长李守信，辖第一、第二、第三、第四师和骑兵团、炮兵团等。第二军军长德王，辖第五、第六、第七师和炮兵团。另有王英为总司令的“大汉义军”，共分四个旅，总人数达六千以上。关东军策划成立伪蒙古军政府和拼凑“大汉义军”以后，以为进攻绥远的时机已经成熟，于一九三六年十月制定了侵绥计划。田中隆吉竭力鼓励德王下令出兵，利令智昏地吹嘘说：“九一八事变时，东北军一打就跑，我们没费多大力量，就占领了东北四省，建立了‘满洲国’。而绥远军更是不中用的，可能一吓唬就跑，很快就能拿下绥远。”他的计划是“王英部打前锋，利用汉人打汉人……蒙古军督后，作为第二线的支援”。①德王“为了早日占领绥远实现建立‘蒙古国’的野心，也就赞同他（田中）策划的进攻绥远的计划”。②王英过去在绥远五临一带活动，希望打回旧地称霸一方，乃甘心充当攻绥的急先锋。十一月五日，伪蒙古军正副司令德王和卓特巴扎布公开发出致傅作义的“通电”，为发动侵绥战争制造借口。八日，傅作义在复电中对德王的电文作了严正的驳斥。蒋介石也致电德王，进行规劝和责备，希望其悬崖勒马，但被关东军牵着鼻子走的德王，终于发动了入侵绥远的战争。

三、 红格尔图战役

田中隆吉与德王、李守信、王英等十一月五日在嘉卜寺召开军事会议，决定以李守信、王英两部进攻绥远。进攻计划，分兵三路：以李守信第一军，部署于绥东兴和一带为左翼，德王第二军部署于绥北土木尔台以北地带，并以伪蒙军第七师进驻百灵庙为右翼；另以王英伪军为主力，进攻红格尔图和土城子一带。计划先夺取红格尔图，然后从百灵庙和兴和同时出动，一举攻占归绥市，再分兵进占绥东

① 德穆楚克栋鲁普：《抗战前我勾结日寇的罪恶活动》，中国人民政治协商会议全国委员会文史资料研究委员会：《文史资料选辑》（第 63 辑），中华书局，1979 年，第 47 页。

② 德穆楚克栋鲁普：《抗战前我勾结日寇的罪恶活动》，《文史资料选辑》（第 63 辑），第 47 页。

集宁和绥西包头及河套地区。王英所部开离其商都驻地，逐步向西移动。同时，李守信率领第一军由张北移至商都，作为第二线；德王的第二军主力部署在尚义、化德一带，以为后援；其第七师穆克登保部早日由后草地，绕道向百灵庙进驻，作为北线的作战主力。伪军出动的总兵力为一万五千余人。①其作战部署，是以商都和百灵庙为据点，对绥军取外线包围态势，以便南袭归绥，攻取包头、固阳，西攫五原、临河，迫使绥军退守山西。

敌军进攻战的第一仗，选择在红格尔图。王英的"西北蒙汉防共自治军"在十一月三日改称"大汉义军"。自八月下旬以来，该伪军得日军的接济，以商都为根据地积极扩军，一面招收散匪，搜罗苏美龙、常子义、石玉山、曹凯、夏三子等股匪，一面纠集孙殿英旧部雷中田、金宪章等股散兵，又收编王道一余部赵奎阁、王子修等，并以张万庆为其副司令。至十月下旬，已编有骑兵两旅，均系土匪编成；又编有步兵两旅，大都系原孙殿英等之旧部。②田中隆吉以王英所部充当先锋，向红格尔图一带进犯。红格尔图属绥远陶林县，西距县城一百六十里，南离集宁一百八十里，东距敌人盘踞的商都不过六十里，为绥察交界之要冲。绥军驻兵，不过骑兵两连，人数两百余人。这个小镇，人口不下千余，是绥东北的门户，是商都通往百灵庙的必经之地，而又与百灵庙、大庙形成掎角之势。它因为具有重要的军事价值，成为日伪由察边西侵绥远的必争之地。敌军目的在于打开绥东门户，然后三路进兵，会师于归绥，进而占领绥远。

傅作义在十一月八日召开军事会议，部署作战事宜。会议讨论了作战方针和部署，并决定：绥东一带防务，由彭毓斌、董其武负责；绥北一带防务，由孙长胜、孙兰峰负责；绥西一带防务，由王靖国部负责。十一日，绥远省府任命达密凌苏龙为绥东四旗剿匪司令。十三日，傅作义、赵承绶与新任绥东保安司令董其武齐集集宁，同彭毓斌等会商作战部署问题。傅作义指出："红格尔图是敌人进犯的重点，因为它东与察北日伪巢穴紧密相连，西与百灵庙遥相呼应，要打通西犯的通道，必定要夺取红格尔图这个咽喉要地。我们的对策是一条黄瓜打中间——全断。红格尔图就是黄瓜的中间，我们不但要坚守住这个战略要点，还要在这里狠狠地挫败敌人。"

王英伪军于十一月十三日发出了进攻命令，其作战企图是："以占领包头之目的，拟分两路进攻。"一路是张复棠部，于十五日前从南壕堑出发，向兴和方面进犯。另一路为主力，由步兵第二旅，骑兵第一、二旅及骑兵支队和直属队组成，于

---

① 德穆楚克栋鲁普：《抗战前我勾结日寇的罪恶活动》，《文史资料选辑》（第63辑），第47页。

② 骑一师师部：《红格尔图一带剿击伪匪王英部战斗经过》，国民政府军委会档案，第二历史档案馆藏。

十四日从商都出发，企图经红格尔图、土城子、乌兰花、固阳，向包头方面进占。①十四日上午，王英伪军主力从商都倾巢而出，全力西犯，向红格尔图方向推进。当夜十二时，其先头部队进至距红格尔图四里之阳坡村，与绥军派出的前哨骑兵接触。十五日，王英部一千五百余人开始向红格尔图猛攻。驻军骑兵第六团两个连和步兵第四三六团一个连及当地民兵百余人，英勇奋战，坚守防地。敌以飞机四架、山炮六门向东、北两面围墙猛轰，掩护步骑兵，分由东北南三面，向里进攻。绥军据工事、堡垒抗击。"战斗二小时，匪死伤六七十名，被击退。"②午后，敌攻势顿挫。彭毓斌在集宁获悉战讯，即下令驻高家地之骑兵第六团，利用夜间增援红格尔图。当夜十二时，骑六团团长张培勋率该团两个连及机枪一排，由高家地驰来增援，从西门进入红格尔图。十五日拂晓，田中隆吉、王英指挥两个骑兵旅、一个步兵旅向红镇猛扑，先后冲锋七次之多。十六、十七两日，敌军复多次发动猛攻。张培勋率部拼力奋战，将敌击退。敌连攻三天，红格尔图始终在绥军手中。

敌军攻袭红格尔图，标志着对绥远大举进攻的开始。归绥总指挥部当时作如下判断："德王之伪第七师，向百灵庙增加，业于本(十一)月九日全部到达，李守信全部，已大半集中商都，敌于绥东绥北，在外线对我围攻之布置业已完了，计敌方兵力，李守信及德王，共为九个师，王英步骑各两旅，独立五个团队，仁静修、张俊抓部，亦开至察北……王英、张万庆两部，已分别同时向我进攻，敌之大举侵绥，已经开始。"③傅作义、赵承绶于十一月十五日半夜到达集宁前线，亲自指挥作战。他们根据各方面的情况，对战局作出了分析：(1)敌军的全面进攻已经开始，在绥东已经发起进攻，绥北之百灵庙方面也必积极行动，以图策应；(2)敌分路进攻，其兵力定有轻重，按绥远之地势及外线作战之利害，其主力所在方向，不在兴和，也不在百灵庙，而在于商都，其企图是待王英攻红格尔图得手，即南犯平地泉；(3)进犯红格尔图之王英伪军，虽非敌之主力，然其诸兵混合，部队庞大，挟其优势围攻我红格尔图的孤军。如敌得手，首战告捷，则可增长伪军的气势，威胁绥省之民众，影响我军之士气，并有可能西出绥西，形成对我军的严重危害。因此，对王英伪军"若不急于扑灭，使其任意活动，确最危害于我"。④

以对敌情的上述分析为前提，傅作义、赵承绶于是对以下几个重要问题作出了决策：

(1) 实行"守点攻击"的作战方针。在敌军全面进攻下，绥军作战方略是"取

---

① "大汉义军总司令部"：《命令》(1936年1月13日)，《军事杂志》第100期。

② 骑一师师部：《红格尔图一带剿击伪匪王英部战斗经过》，国民政府军委会档案，第二历史档案馆藏。

③④ 傅作义：《绥战经过详纪》，《军事杂志》第100期。

守”，不是“取攻”，即在敌之战略上进攻、绥军战略上防御的总的态势下，绥军应当采取单纯的防御战，还是实行攻势防御。他们认为：“按敌对我过去之经验，及敌视我之心理，并准备之工事，在敌判我必取守势。我为出敌不意，予敌以认识上之打击，及振作军民之志气，建设挺战之心理起见，必须采取攻势。惟按敌我之物质，及我当时准备之程度，积极攻击，实所不能，守势攻击，亦费兵力，遂决定采用凭借各城镇之既设工事，以民众守要点（县城及有工事之较大村镇），使正规军队活动击敌之守点攻击。”①

（2）集中兵力，机动作战，即灵活调动正规部队，集中使用于攻势作战。他们决定“绥省军队，必要得全数使用于攻击”。②

（3）采取“向敌迎击”，即主动出击的战法，而不用“待敌接近而后击”的方法。

（4）采用“先击一路，再及其他，个个击破”的方针。在分析、总结了“分路迎击”和“先击一路”的两种战法的优劣后，正确地提出了以下方针：“以绥省现有之兵力，若分路迎击，必致兵力分散，处处薄弱，又蹈过去长城抗战，各不相及之覆辙，难期成果。必须集结优势，先击一路，再及其他，期能个个击破。”③

（5）首战应先击破红格尔图方面之敌军。当时，当面敌军有百灵庙、兴和、商都、红格尔图诸路。绥东之敌已开始进攻，但未受若何打击。百灵庙有既设阵地，绥军若不顾绥东，先击该地，不仅予敌以隙，绥东敌军必更放胆前进。我军纵使在百灵庙一战成功，因距绥东甚远，回兵不及，绥东即可能陷入危境。兴和为绥东突出部，距铁路线二百余里，部队徒步，往返必须五日。我军若以主力先击兴和，则兴和以西数百里，处处空虚，商都、红格尔图等处之敌乘隙南下，对我危险极大。商都之敌既有工事，又集重兵，倘我攻击顿挫，可能呈现胶着，陷入被动。红格尔图离绥军前方集结地集宁约一百七十里，地形开阔，便于我军接敌运动，且为当前对我最具有要害之处，而歼击王英伪军，于我军把握亦大。于是，傅作义与赵承绶“经过审慎考虑，策定以最危害于我之敌，及其主力所在地为目标，击敌并诱敌，‘虚’则就敌之企图，以行我之企图，‘实’则依我之计划，求我之成功，期能各个击破敌之全盘，决心集结优势兵力，先击红格尔图附近之敌”。④

十一月十六日上午，傅作义与赵承绶发出作战命令：由骑兵第一师师长彭毓斌率骑兵四个团，由步兵第二一八旅旅长董其武率领步兵两个团及炮兵一个营，在彭毓斌、董其武统一指挥下，以秘密、迅速的行动，歼击红格尔图附近之敌，并限于十七日夜间发起袭击。同时，调驻守丰镇的六十八师四〇一团至大六号，掩护集宁东北一带，支援出击部队。骑一师和步二一八旅当时分驻集宁、大六号、旗下营、卓资山等地，距离指定集结地八苏木，近者一百十里，远者达二百七十里。但

①②③④ 傅作义：《绥战经过详纪》，《军事杂志》第100期。

这些部队平时训练有素，临战部署有方，汽车及马骑组织有序，卒于一夜之间，步炮部队跃出二百里内外，骑兵部队也发挥最大速力，一夜而至集结地区。十七日拂晓，进击部队步、骑、炮兵三部隐蔽集结于八苏木附近，距敌军集结地只二三十公里。当天上午九时，彭毓斌发布进攻命令："本师以奇袭该敌之目的，拟下今（十七日）夜行动，于明（十八日）拂晓向该匪侧背施行攻击，务期歼该匪于红格尔图以东、野猫沟以西一带地区。"①

这时，王英伪军在前线的有三四千人。除以一部围攻红格尔图，余分布于土城子、打拉村、台道湾等处。十七日夜十一时，董其武在红镇以南十二苏木召开部队长会议，下达作战命令：四二二、四三六两步兵团各配属炮兵一连，于十八日凌晨二时，向土城子、打拉村、二台子、七股地一带之日伪军进行分割包围，分别予以聚歼；令骑兵团秘密迂回于打拉村、土城子以东地区，截击溃退和增援之敌。②十二时，董其武率步兵四三六李作栋团、四二二王雷震团，山炮一营，向头股地、土城子、阳波村等处之敌进袭，骑兵第三、四团及炮兵一连，向三股地、打拉村之敌奇袭，骑兵第五团主力及装甲车队、特务连为师之预备队，并对商都方面警戒。十八日凌晨一时半，各部队疾进至不浪山腰，旋发起全线进攻。四二二团先在土城子以南与敌发生激战，随即攻占了阳坡村。我骑兵攻占三股地后，冲至打拉村。第四三六团先后攻占了头股地、小土城子。战至上午七时，土城子以北东西山腰也被我步兵占领。红格尔图东南北三面之敌向北方逃窜，南面之敌亦由东面向北绕道而撤。八时半，骑一师师部胜利进入红格尔图。此役，击毙敌军五百余人，俘敌二十余人，连同保卫红格尔图三天之战，共毙敌一千余人。③与红格尔图激战同时，驻守兴和的晋军李服膺部一个团，在十七日至十八日与敌展开了攻防战，至十八日中午卒将敌击退，二十日敌全部退出兴和。

红格尔图之战获胜的当晚，傅作义即决心乘红格尔图初战告捷之威势，敌一时难以集结再犯之机，先发制人，立即发起百灵庙战役。蒋介石也于十一月十六日从洛阳致电阎锡山："应即令傅作义主席向百灵庙积极占领，对商都亦可相机进取，对外交决无顾虑，不必犹豫，以弟之意，非于此时势，占领百灵庙与商都，则绥远不能安定也。"④于是，进攻百灵庙之战的直接准备从此开始了。

---

① 骑一师师部：《红格尔图一带剿击伪匪王英部战斗经过》，国民政府军委会档案，第二历史档案馆藏。

② 董其武：《戎马春秋》，第 93 页。

③ 红格尔图战役之战果，董其武《戎马春秋》一书记载为："是役，共毙伤敌伪军 1 700 余人，俘虏伪军 300 余名。"本文系采用傅作义《绥战经过详纪》一文所记载的数字。

④ 《西安事变史料》（下册），秦孝仪编：《革命文献》（第 94 辑），中国国民党中央委员会党史委员会，1983 年，第 422 页。

四、 百灵庙战役

百灵庙位于绥远北部，在省城归绥西北约三百三十里，距武川县城二百四十里，是乌兰察布盟草原上一个著名的召庙。四周群山环抱，居山环水绕之中心。百灵庙这个内蒙古西部的重镇，为喇嘛、蒙民聚集之中心，是汉蒙交易集合最盛之区，往来于新疆、甘肃、绥远驼商积货存驼之所，更为内蒙古人士一致信仰之地，即蒙民所称圣地。有公路北达外蒙古库伦（乌兰巴托），东通滂江、嘉卜寺，西南接包头，东南连归绥。德王控制百灵庙于自己势力之下，“近则以该地为中心，对绥蒙人士，威胁利诱，愚弄离间，以潜移默转其内向之心，远则以该地为根据，向西北延伸其政治侵略，期遂其蚕食鲸吞之欲”①。它在军事上的地位，正如《大公报》记者范长江指出的：日军企图造成一条“从东北经察绥，西至宁夏新甘，封锁中国，隔绝中俄的阵线。……这条长线的中心点，也是封锁的津梁，是在绥远。而在绥远本部未被占领前，东西策应的根据地就是百灵庙”②。其战略地位的重要由此可见。伪蒙军按照关东军之旨意，以主力一部驻屯在此，“对于绥垣，已形侧背包围，随时发动，南可拊绥垣，捣包固（包头、固阳），西可攫我五（原）临（夏），纵其不动，亦予我以相当之威胁，使我永远不能挣脱内线之痛苦，并可以掩护资助察北敌军之西迁，最小限度，亦足牵我绥北绥西一大部兵力”③。对于伪蒙军以百灵庙为西侵、南犯之前方基地的罪恶企图，绥远军事当局是有警觉的，正如傅作义所说：“我为遂行自卫，保全国土，数月之中，无一日不注视该地，无一日不计划收复。”④

蒙伪军发动进攻绥远之战，于绥东、绥北两个方向部署了主力。田中隆吉直接指挥王英伪军首先进攻绥东的红格尔图，李守信率伪蒙军第一军进驻南壕堑，为第二线作战部队以作策应。田中隆吉和德王以为百灵庙在名义上仍是南京政府隶属之下的蒙政会所在地，绥远军队不会前去进攻，而这里又距包头较近，可以随时发兵攻略。因此，他们既把百灵庙作为进行绥远战争的后方基地，又将它视为尔后进攻包头的前进基点。伪蒙军绥东之战发动前，十一月初，第二军第七师穆克登宝部由化德经嘉卜寺，绕后草地，开抵百灵庙，并运来大批粮秣、武器，屯结该地。“存在庙上的子弹有百万发以上，白面约有二三万袋。”⑤敌方兵力计有：伪第二军第七师（骑兵）一千八百余人，德王所属蒙古队七百余人，前叛扰西公旗逃匿该庙之骑兵三百余人，另有专任指导的日本军官四五十人，总人数约三千人。

①③④ 傅作义：《绥战经过详纪》，《军事杂志》第101期。

② 《百灵庙战役之经过及其教训》，范长江：《塞上行》，第8页。

⑤ 《百灵庙战役之经过及其教训》，范长江：《塞上行》，第7页。

伪军在红格尔图一役惨败后，以为绥军主力在东部，错误地判断绥北是绥军防线的薄弱环节，于是决定再次增援百灵庙，准备以该处为基地，从北线发起对绥军的进攻。十一月“二十日以来，伪军以汽车百辆，向百灵庙方面积极增兵”，“二十三日下午，百灵庙伪军数千，突分两路向武川、固阳方面出动”，①作进攻的试探。但是，中国守军棋高一着，在敌军毫无觉察之时完成了进攻百灵庙的准备。

夺取百灵庙、摧毁日伪在绥北的基地，本是傅作义的绥远作战计划中一个早已确定的组成部分。当十一月初绥远战争开始时，傅作义将作战重点置于绥东，而对百灵庙方向采取守势，这是十分恰当的。这不仅是因为绥军兵力有限，不应分兵两线同时出击，而且也是为了示形于敌，隐蔽我军进击百灵庙之真实企图，以便尔后发起出敌不意的攻击。还在红格尔图战役期间及其以前，袭取百灵庙的准备工作已在秘密进行。傅作义派第二一一旅参谋长袁庆荣化装成商贩，前往百灵庙作实地侦查。战役发起之前，又派旅长孙兰峰率团长以上干部化装成商人，秘密前往距百灵庙二十余里的高沙梁一带作战前侦查。红格尔图战役甫经结束，傅作义当即在十一月十八日上午于集宁发出电令，命令预定使用于百灵庙方向的各部队开始行动。二十日中午，傅作义返回绥垣，立即进行奇袭百灵庙的军事部署。

百灵庙之战，对于绥军来说决非轻而易举。百灵庙地势易守难攻，其四周环山，周围二十余里。各山距庙二三里不等。山外为未开辟之草地，地势平坦，七十里内无村落，其南面距有村庄地带亦有七十里之遥，足够步兵大半日行程。庙舍及商店皆在山内，故对攻击部队而言非常难于隐蔽接敌。庙被山河环绕，房约三千间，庙宇为砖石所垒，其他各房均系土墙筑成，镇中有高大僧房，均可充作街垒巷战工事之用，对于缺乏重武器的攻击部队也是一个障碍。敌军在百灵庙经营多时，作有相当准备，而且是以逸待劳。庙外有大小各山口九个，人称九龙口。伪蒙军在各山口修筑了坚固的防御工事，山顶、山腰、山脚均有分布。敌军粮储备充足，可充较长时间作战之用，绥军仅有随身携带的区区数量。绥军攻击兵力多于对方无几，且多数为步兵，敌人则多为骑兵，运动速度上敌优于我。“故从战争条件上研究，绥军远比敌军为差：以徒步疲劳之兵，当骄逸之马，仅果腹之备，当山积之粮；涉平荒之地，以攻环抱之险，以相等之兵力，以袭有备之敌。”②而在敌军，因“兵员足用，粮弹充实，我为攻夺，彼必拼守，非至万不得，决不放弃”③。

根据这些情况，绥军要达到“歼灭敌军”和“收复百灵庙”这两个目的，在作战指导上须遵循四个要领：(1)隐蔽接敌。要求以十分隐蔽的动作，迅速把攻击部队

---

① 《绥远抗战实录》，《绥远抗战集》，星华出版社，1937 年，第 5 页。

② 《百灵庙战役之经过及其教训》，范长江：《塞上行》，第 9 页。

③ 傅作义：《绥战经过详纪》，《军事杂志》第 101 期。

推进到百灵庙周围，而避免在离庙较远的草地上与敌骑兵交战。(2)正面攻击与迂回包抄相结合。要求绥军迅速运动到百灵庙周围各要点，实行正面攻击和多面包围，防止敌军突逃而去。(3)速战速决。要求以最迅速、果断的进攻，在数小时内解决战斗，而绝对避免与敌军相持多时，否则不但敌军将出动汽车和骑兵前来增援，而且绥军粮弹携带有限，饮水更无水源，势必陷入困境。(4)准备阻击援敌。当绥军攻击百灵庙战斗开始后，驻屯锡拉木楞庙(大庙)之敌可能来援，绥军必须有阻击援敌之准备，尤需控置预备队在手。

傅作义及其指挥机关，对于上述作战指导诸问题，都作了恰当的判断和部署。在他们制订的《收复百灵庙之机密作战计划》中，对作战方针、袭击方式、兵力配置、战斗指导及战后处置等各项重要原则，作出了正确的决定。(1)作战方针，“计划”规定为：“国军以收复失地之目的，拟以相当兵力，袭歼百灵庙之敌，收复该庙，而保守之。”把歼灭百灵庙守敌及收复该地作为此次作战的两个目的。(2)袭击方式，“计划”比较了“奇袭”“强袭”“强袭与奇袭结合”三种袭击方式之利弊，认为奇袭贵在乘敌不意，但当地我军距敌太远，汽车又少，若使用部队庞大，则企图易露，小则孤军远出，危险性太多，而强袭固属稳当，但兵力须大，损失较多，可能牵兵延时，为当时战局所不允。于是，“计划”提出：“以强袭之准备作奇袭之行为，此案去前二案之短，而取其所长，较为适当，决定采用此案。”(3)兵力配置及集结，决定调动步兵八个营、骑兵八个连、山炮一个营、装甲车和汽车若干辆参加战斗，要求各部以隐蔽方法进行集结，集结地不可距敌太远。骑兵集结于什拉哈达、厂汗席片、哈达兔等地，步兵与炮兵集结于乌兰忽洞、东达乌苏、玻璃、察察、后乌兰不浪等附近村落。(4)袭击部署，“计划”针对百灵庙及其周围地形及敌军防御态势，决定：“骑兵使用于庙之北方，以一部围袭庙之北面，主力围袭庙北之蒙政会，并对由庙东北逃窜之敌，迫行追击。”“步兵分在东南西三面围袭，互相联络，预期分别由西南、东南、东北各角突入。”“主力使用于东南角”，“预备队控置于东方……时时注意敌之大部增援”。①

十一月二十日，傅作义在归绥召集孙长胜、孙兰峰及袁庆荣，部署作战事宜，要求在二十四日前“以最迅疾动作，敏快手段，于增援之敌到庙以前，袭取成功，期能各个灭敌”。②同时，发布作战命令：“骑二师孙师长长胜为正指挥，步二一旅孙旅长兰峰为副指挥，袁参谋长庆荣为参谋长，指挥步兵四一九团(欠一营)、四二一团(欠一连)、(第七十师三一五旅)补充第一团(欠一连)，骑兵第八团及特务三个连，炮二十一团第三营(三十二连)及第六连小炮二门，无线电三台，汽车一队(计

①② 傅作义：《绥战经过详纪》，《军事杂志》第101期。

甲车二十辆、汽车二十四辆），以迅捷之手段，袭占百灵庙。”①当晚，孙长胜、孙兰峰等驰赴武川，三十五军副军长曾延毅也进驻武川指挥作战。二十一日中午，骑八团团长刘应凯、补充第一团团长刘效曾、第四一九团团长张成义、第四二一团团长刘景新等人集中于二份子，孙长胜、孙兰峰部署了军队战斗区分、集结地点及各部攻击目标。当即下达攻击命令：骑八团及特务一、二连组成骑兵纵队，对庙北围攻，主力先攻击蒙政会附近之敌；补充一团组成左纵队，对庙西南发起围攻；四一九团组成中央纵队，对庙东进行围攻；四二一团三营组成右纵队，向庙东北围攻；炮二十团三营及小炮队协同主攻方面的步兵，歼灭顽抗之敌；四二一团一部为预备队，先攻击庙东蒙古营盘之敌，然后位于庙东南待机。二十二日晚十时，各部队按指定地点集结完毕，这时除进击部队总指挥部及小部分队伍位于距百灵庙一百二十里的二份子外，所有攻击部队均已运动到距庙七十至九十里的前方出击地点。

按照我军指挥部的命令，攻击部队均须在二十三日晚十时前到达攻击准备位置，约在敌阵前约二千公尺之线、夜十二时发起攻击。我各部官兵战斗意志高昂，经过战前的教育动员，“士兵闻言，踊跃三百，虽数日疲劳，仍立时振奋，各自欢腾准备，候命杀敌”。②二十三日下午一时，我出击部队开始由集结地进发。是日，天晴日暖，风平气和，东南风徐徐微吹，颇适战士面北而行，入夜月明星稀，征途可识，这天时有利于绥军之进击。当夜十时许，中央纵队进抵敌蒙古营盘前三里处，与敌哨兵开火，打响了进攻百灵庙的第一枪。四一九团一营立即紧步前驰，将蒙古营盘之敌击溃，占领庙东南第一层山头。左纵队及右纵队和骑兵纵队，闻中央方向打响后，乃加紧急进，月光照路，虽地形生疏，而精神振奋，战士们一气前冲，已越过敌之第一道防线，进入百灵庙周围环绕的山丘之内。

二十四日凌晨一时，环绕百灵庙的山中，敌我两军展开全面激战。我四一九团占领第二层山头后进迫到第三层山头，左右两纵队也急急推进，预备队紧跟四一九团向前，敌军节节败退。日本特务机关长盛岛角芳拔出战刀指挥作战，并向女儿山阵地增加机枪十余挺，以炽烈火力阻挡我军前进。③二时至四时，攻击部队深入各山敌之阵地，战线呈现敌我交错。经过反复拼杀，四时以后，绥军已进至山之内线，向敌军主阵地发动进攻，战斗更趋激烈，敌据工事顽抗，战局进入苦战状态。至六时，四一九团及预备队两连向前突击，炮兵队也轰击前进，四二一团及预备队一营连同钢甲车队向东南角推进。上午七时，东方放明，战斗更烈。我军拼力进攻，敌亦死守，东南一隅，猛攻六次，敌仍未退。攻击官兵已陷于最苦之境。

①② 傅作义：《绥战经过详纪》，《军事杂志》第101期。

③ 董其武：《戎马春秋》，第101页。

四一九团机枪连长阵亡，钢甲车亦被击坏数辆。

这时，因天已转亮，若再无进展，敌机将飞来助战，敌援兵也会接踵而至，于我非常不利。孙长胜、孙兰峰鉴于情况紧急，当即在战地发出突击百灵庙的命令："(1)我军决心在拂晓前全歼百灵庙之敌，一举收复百灵庙。(2)山炮营及小炮队归参谋长袁庆荣指挥，推进到南山口以东高地，集中火力向女儿山实行摧毁性的攻击，掩护装甲车及步兵攻击前进。(3)拨给尖兵连卡车九辆，每班乘汽车一辆，由东南山口鱼贯向庙内冲击，务在必克。韩天春营与骑兵连随后跟进，扩大战果。"①孙兰峰亲赴第一线指挥作战，各路纵队密切协同，向敌发起总攻。团长刘景新率领一个连，以汽车开路，向百灵庙突击。张成义、刘应凯两团长各率所部从东西两翼于片片之杀声中冲下山来，迫近该庙。经过反复搏斗，终于突破敌阵，冲入庙内，与敌展开巷战。炮兵集中山炮十二门、苏鲁通小炮八门，一面跃进，一面延伸射击，向东北、西北两山敌背猛轰。我装甲车在炮火掩护下，从东南山口大路向敌猛冲。随后六辆汽车满载步兵也由最大的土山口冲入。骑兵主力在庙北蒙政会方向，与敌激战后，将敌歼灭大半，北山口遂被我军突破。当我数路部队奋力向庙内冲击时，盛岛角芳首先率部逃跑，日本军事顾问烟草谷与伪蒙第七师师长穆克登宝等人也分乘汽车狼狈逃窜。当绥军"进入庙内日本总顾问所住的房内时，屋内还点着灯，洋炉内的火还很旺，炉上炖着一小锅牛肉，咕嘟咕嘟地响"。②敌人的仓皇情景可见一斑。残敌鸡飞狗散，四处逃逸。至十一月二十四日上午九时三十分，伪蒙军大部被歼，我军收复了百灵庙。

百灵庙一役，"伪军伤亡七八百人，(被)俘虏三百余人，(绥军)夺获炮三门、重机枪五挺、步枪四百余支、电台三架"③，还缴获弹药一批，面粉两万余袋和大量汽油。我军以伤亡官兵三百余人的代价，取得了战役的全胜。这个胜利的意义是巨大的。它一举摧毁了日伪军在内蒙古西部的一个极为重要的政治和军事基地，从而拔掉了日伪侵略势力楔入绥远北部的一颗钉子，对敌人西侵绥远、宁夏，南下山西、河北的罪恶阴谋是一个沉重的打击。对此，傅作义在当时有过这样的论述："敌人在长城以北，从察哈尔东边多伦起，经过张北、商都、百灵庙，通西经过阿拉善而达青海直北之额济纳为止，划成一条联络线。……而百灵庙位置在全线的中部，给我打下以后，东西两方便没法联络起来。这一仗关系很大。"④

百灵庙大捷鼓舞了全国抗日救亡运动，推动全国抗日阵线更快形成。百灵庙大捷的消息，于十一月二十四日传出，各地报纸竞先发出"号外"，全国军民群情激

---

① 樊真：《抗日战争中的傅作义》，第79页。

② 刘效曾：《回忆百灵庙战役》，《文史资料选辑》(第100辑)，第108页。

③ 《傅作义致蒋介石电》(1936年11月24日)，《绥远抗战实录》，第6页。

④ 黄炎培：《绥远劳军一瞥》，《申报》每周增刊，1936年第47期。

昂，欢欣鼓舞。各界人士的抗日援绥活动汇成新的高潮。北平、上海、南京、西安等地的救亡团体，纷纷派出代表，争相赴绥慰问。中共中央及中国苏维埃中央政府于十二月一日向南京政府和各党各派各界发出《关于绥远抗战通电》，要求南京政府“调集大军增援晋绥前线”，“实行停止内战一致抗日”。“通电”号召“全中国人民不分党派、不分阶级、不分职业，更亲密的联合起来……自动的组织各种救国团体与武装力量，如救国会、后援会、义勇军、宣传队、救护队、慰劳队、募捐队等，努力扩大救亡阵线，加强抗日力量，援助现在绥远坚决斗争着的英勇将士”。①

百灵庙大捷促使南京政府的对日政策趋向强硬。百灵庙战役胜利结束的当日，南京政府即致电德王，斥责其轻启战祸，并指出百灵庙为绥蒙区域，应尊前令，一律迁出。十一月二十七日，伪满外交部与关东军共同出面发表公告，说什么如绥远之局势危及“满洲国”之“安宁秩序”，则日本与“满洲国”当局，不得不取适当办法，以“防患于未然”。该公告结语竟然宣称：“日军事当局，因盼望内蒙之成功，故对于足以妨害‘满洲国’之事变，不能漠不关心。”②对此，南京外交部于次日以谈话形式发表声明，针锋相对地指出：“此次蒙伪匪军大举犯绥，政府负有保卫疆土，戡乱安民之责。不论其背景作用为如何，自应予以痛剿。此为任何主权国家应有之行为，第三国无可得而非议。”③公开驳斥了日本方面的无理指责。蒋介石也在十一月三十日亲自出马赞扬百灵庙抗战，说：“百灵庙之收复，实为我国民族复兴之起点，亦即为我国家安危最大之关键。”④

五、 收复锡拉木楞庙之战

百灵庙为军事上政治上的要地，日伪数年来经营该地，既费巨量的金钱，又耗至夥之心血。此地被中国军队收复，其全盘企图与既定政策遭受严重挫折，自不会甘心。绥军在收复百灵庙之战开始前，已预料收复之后，敌必反攻，并预先作了对应部署。在《收复百灵庙之机密作战计划》中，规定了“袭击成功后之处置”原则：“袭击成功后，除留一部在庙构筑工事，向敌警戒外，应将主力立即撤出，控置于原集结地，故意示敌以庙方空虚，诱敌增加部队，向我反攻，则我主力临时进入，期能多杀敌人，并免初占庙时之敌机成队轰炸。”⑤战争的实际进程说明，这个退

---

① 《中共中央及中国苏维埃中央政府关于绥远抗战通电》，《中共党史参考资料》（第7册），第437页。

② 《日关东军荒谬宣言》，《国闻周报》第13卷第48期。

③ 《我外（交）部已严加驳斥》，《国闻周报》第13卷第48期。

④ 《绥远抗战实录》，《绥远抗战集》，第7页。

⑤ 傅作义：《绥战经过详纪》，《军事杂志》第101期。

兵诱敌、守庙打援的作战部署是十分成功的。

百灵庙收复后，为了部署歼击反攻之敌和进攻锡拉木楞庙之战，十一月二十八日，傅作义、王靖国、赵承绶在归绥进行会商，并制定了作战方案。他们首先分析了敌军反攻百灵庙可能采取的几种行动。针对敌之企图，傅作义等人当即“策定将敌遮断，各个解决之方略”，即将王英伪军和大庙之敌加以分隔，集中绥军主力，予以各个击破，以实现既歼灭敌军，又保卫百灵庙和攻占大庙的目的。

按照上述方针，作出了以下作战部署：“(1)以骑兵二师孙师长率该师(三个团)附炮两门，进出乌兰花，另以四二〇团附炮一连，乘汽车支援骑兵。(2)以二一一旅孙旅长，指挥第四二一团、补充第一团、炮兵两连、小炮四门，为固守百灵庙之部队，但除四二一团现在庙之部队外，余在庙外准备，临时进入。(3)以四一九团附炮一连，在后厂汗次老为伏兵。(4)以独立第七旅之两个团，由卓资山开驻武川、黑老各一个团。”①这个作战部署，把分割敌军、打敌援兵、守庙攻庙等几个方面加以全盘规划，充分发挥我之所长，攻敌之短，保证了作战的胜利。其部署的特点在于：(1)以骑兵第二师发挥运动迅速、作战力强的优点，迫击王英伪军，并相机攻袭大庙。“骑兵主力依乌兰花迎击王英，痛予打击，最小限度限其向西向南，将王英与大庙之敌遮断，使失其策应大庙敌人之用，而迫使大庙之敌不能不单独反攻百灵庙，使该敌离开大庙，则我相机袭占大庙。”②(2)以二一一旅指挥两个团，采取守庙阻击与庙外夹击的方法歼击来犯之敌，“守庙部队，主以诱敌接近，痛予杀伤，待敌胶着，则我庙外之伏兵张团由后夹击，同时守庙部队出击，与张团合力歼敌”③。(3)以独立第七旅两个团为主，准备进行野战，即当敌之攻庙部队后退，“返回大庙方向时，或麇集一隅，或与王英合股，则我之张团推进察察，黑老、武川之部队推进乌兰花，向敌包围，期能将敌歼于苦寒荒漠给养缺乏之地区”④。

按照预定计划，攻占百灵庙的绥军，除留刘景新团一个步兵营、两个骑兵连驻守庙区，修补工事、对敌警戒外，其余主力于十一月二十四日下午三时悉数撤回原集结地二份子镇一带待命。敌机十架旋即轮番来庙轰炸，绥军仅伤战马两匹。伪军随即发起对百灵庙的反攻。田中隆吉命令“大汉义军”副司令雷中田率领金宪章、石玉山、葛子原、赵奎阁等部向锡拉木楞庙集结后，向百灵庙反扑。十一月二十八日，敌以汽车百余辆陆续运兵三千余人至锡拉木楞庙。这时，伪军石玉山、金宪章已与傅作义方面建立了秘密联系，准备待机反正，因而这两部伪军到达锡拉木楞庙后，即借故未加入反攻行列。雷中田即率葛子原、赵奎阁等两部伪军一千余人，冒死反攻百灵庙。同时，王英直接指挥的伪军骑兵两千余人，为牵制我军向百灵庙增援，也在二十九日和三十日从商都以北绕过土木尔台，经草地窜到陶林

---

①②③④ 傅作义：《绥战经过详纪》，《军事杂志》第101期。

西北民地边、黑山子一带。十二月二日晚，敌以装甲车十辆为前导，以汽车载兵千余人从大庙出发，次日凌晨六时窜到百灵庙附近。敌军经过飞机侦察，得知守庙部队不足二团，防守重点在东北面，而疏于西南，乃决定先从西南方猛攻。绥军侦知敌军动向，判断敌之行动企图与预计的第一种可能一致，乃立即命令孙兰峰旅主力于十二月一日晚进驻百灵庙，准备防卫战；并令孙长胜率骑兵师七、八两团由二份子、察察向乌兰花推进，该师之第四团由集宁经大滩向乌兰花急进，截击王英骑兵。

防守百灵庙的绥军，从庙东南女儿山、东沙河西岸起，经东南面、东面、东北各山头，至庙东北山口、沙河西岸止，分为两个防区，西部防区由刘景新团守备，东部防区归刘效曾团守卫，两团各抽一个营为总预备队，炮兵由旅部集中使用。十二月三日凌晨三时，刘景新团阵地首先打响，敌军三百余人进攻，当即被我击毙四十余人，接着刘效曾团遭敌六百余人的进攻，经还击后敌向南移动。西南部被击退之敌复增至千余人，并炮数门向我阵地猛攻，刘景新团将敌击退两次，敌仍继续猛冲。绥军乃将计就计，令前方支撑点之守兵节节后退，诱敌进入我军预设的袋形阵地，随着三面夹击，步炮齐发，敌当场被击毙百余人，被俘二百三十余人。后继之敌经我炮击，亦纷纷溃退。当天下午一时，敌人七八百人复向庙之东面发起冲击，经我机枪及迫击炮从正面侧面同时阻击，敌未能前进。三时半，西面敌人约五百人滞留于我阵地前约三里之山凹内，刘景新团二营绕道侧背，步骑左右夹击，歼敌数十，残敌向东南逃窜。下午七时绥军发起反击，敌败退而去，我军追击六十里，击散其掩护部队后返回。战至四日上午九时余。二十四小时之战斗，毙敌“大汉义军”副司令雷中田及伪军五百余人，俘敌二百余人，彻底粉碎了敌军的反攻。经此一战，王英伪军主力一部遭到严重打击，使锡拉木楞庙敌军守备力量大为削弱，并将王英所部主力牵制于乌兰花一带，这就为绥军发起攻占锡拉木楞庙的战斗铺平了道路，成为锡拉木楞庙战役的序战。

锡拉木楞庙在百灵庙东面七十余里，位于四子王旗北部。伪蒙军第七师在百灵庙战役中遭到惨败后，残败之部退回锡拉木楞庙和布拉图庙两地休整。雷中田指挥的伪军反攻百灵庙失败后，残余溃兵也退回锡拉木楞庙。这时，德王为了保存其蒙军实力，又不愿其基本武力第七师与王英伪部同驻一处，特电令穆克登宝将伪七师驻锡拉木楞庙的部队调往布拉图庙集中。但德王的这个命令当即遭到王英伪军的日本顾问小滨大佐的强烈反对，伪七师的日本顾问野崎也抽出军刀进行威胁，强令穆克登宝听从小滨的指挥。虽然穆克登宝俯首表示服从，但小滨、野崎对其却不再信赖，并将伪七师所派的岗哨和警戒队伍全部撤下，改换王英伪军接防。于是，金宪章部担任了锡拉木楞庙的防务，石玉山部负责庙南三十里的哈拉伊力根的警戒。伪军内部争斗的激化，成为绥军进攻锡拉木楞庙的一个有利条件。

这时，金宪章秘密派遣其参谋长赴归绥，向傅作义接洽投诚，石玉山也暗中派人通过彭毓斌的关系转赴归绥要求反正。由于绥远当局早在开战前已设立专门机构和人员，卓有成效地开展对伪军的策反工作，又对投诚伪军立有适当的政策，由于红格尔图、百灵庙等几次作战中伪军一败涂地，军心动摇，呈现分崩离析之势，伪军阵前倒戈的时机已趋成熟。至此，绥军乘百灵庙大捷之余威，进击大庙，一部分伪军从内部起而响应，从而攻占锡拉木楞庙的战机终于到来了。十二月四日上午，傅作义召集孙长胜、李思温等举行会议，决定了如下部署：派孙长胜为收复锡拉木楞庙前敌总指挥官，指挥骑兵两个团、步兵李思温团，并附炮兵一营、装甲车四辆、汽车一队，于当晚出动，收复锡拉木楞庙。另以四一九团为总预备队。①此次作战，准备以政治瓦解配合军事进攻，以军事为后盾，而尽力争取以政治手段解决问题。

当百灵庙守兵与敌反攻部队奋战时，骑二师在乌兰花东北三十余里之南厢村、红房子一带与王英骑兵展开了激战。王英骑兵二千余人，于十二月二日窜至武川东北之三原井村，并继续进扰库伦图村。骑二师在孙长胜率领下，以七、八两团连夜奔袭乌兰花。三日晨，骑二师在南厢村、红房子一带与王英伪军开始交战，将敌击溃。王英骑兵向北面四子王府以东方向逃窜。这时，骑二师侦知大庙之敌已向百灵庙进攻，乃拚向北追击王英伪部，使之不能援助攻百灵庙之敌。四日拂晓，归绥总指挥部根据东西两线战况，认为从百灵庙前线败退之敌残余和王英伪军，极有可能麇集于乌兰花以北草地附近，乃决定抓住良好时机，调动军力予以围攻扑灭。鉴于当时前方仅有骑二师主力，步兵尚未赶到，难以合围，遂电令孙长胜设法缓攻，以滞留王英伪军，使其不窜不逃，以待我军全部进到前方。同时，傅作义又命令李思温团乘汽车立即开赴乌兰花，归孙长胜指挥，参加攻夺大庙之战。

十二月六日，孙长胜指挥的骑二师两个团及李思温团，在四子王府北黄草洼一带将王英伪军截断；独立第七师舒令延所部两个团，亦奉命在乌兰花以北向敌进迫。王英伪军退驻乌兰花西北七十八里之黄陶瓦。这时，王英为求得喘息之机，以摆脱孙长胜师，派人带信给孙说："我和孙大哥，我们老哥俩打什么！我投日本不是真心，不过是骗日本人点枪炮弹药。现在我要回包头以北，请孙大哥借道给我。"②孙长胜与王英本素相识，见他似有投诚之意，即派人持信去黄陶瓦见王，劝其反正，但王英顽固不化，王英部下的一些旅、师长，却正在酝酿大规模的反正。十二月七日，李思温团由乌兰花出发，向石玉山部前哨驻地进攻，歼敌一小股。八

---

① 傅作义：《绥战经过详纪》，《军事杂志》第101期。

② 孙长胜：《百灵庙战役亲历记》，《文史资料选辑》(第100辑)，第94页。

日，包围了石玉山部驻地哈拉伊力根。经过联络，石玉山部一个旅、共三个步兵团当即宣布在阵地反正。在大庙，九日凌晨，金宪章部也发起反正，其突击队一百多人攻入日本顾问住区，将小滨以下日本军官二十七人悉数予以击毙和砍杀。金部同时向穆克登宝伪军举行突袭，将其大部予以歼灭。十日，金宪章部伪第二师共两个旅、两千余人正式宣告反正投诚。十二月九日上午，李思温团进占锡拉木楞庙，大庙终于收复了。战局于是急转直下，伪军张万庆所部旅长安华亭率两个团，团长王子修率一个团，共二千三百余人，不待赴归绥联系投诚的代表返回，即于十二月十八日晨开往南壕堑以南，与绥军取得联系，宣布反正。南壕堑是绥东南部伪军的根据地，张万庆部主力反正，“至是南壕堑一带已无一匪军”。①十九日，伪军吕存义部闻安、王反正，即自动向兴和移动，尾随安、王两部向我军投诚。王英带着残余杨守程、常子义部逃回张北，被日军全部缴械。至此，“大汉义军”遭到彻底的覆灭。

六、 绥远抗战在军事上的总结

这次绥远抗战，历时五个多月，前后共歼灭和瓦解伪军一个步兵师、两个步兵旅和两个骑步旅，收复了百灵庙、锡拉木楞庙等战略要点多处，肃清了绥远境内的伪军，挫败了日军西侵绥远、妄图建立“蒙古帝国”的阴谋，大大地鼓舞了全国人民的爱国抗战热情，增强了晋绥军、第二十九军、东北军等地方实力派的抗战信心，也有力地推动了国民党政府走上对日抗战的道路。“绥远抗战作为中华民族的反侵略的光辉历史载入史册。”②中国军队在绥远战争中的胜利是巨大的，但由于这次战争是在国民党当局的领导下进行的，而带有明显的不足一面。(1)这次抗战具有不彻底性。傅作义的抗战态度虽属坚决，但受到阎锡山的“守土抗战”政策和蒋介石的对日妥协政策的影响。南京政府对绥远抗战的态度具有两面性，对日伪西侵绥远既主张抵抗，又害怕与日军作战，表现是畏首畏尾的。它对以日本关东军为背景的伪蒙军侵绥阴谋，不敢义正词严地加以揭穿，而谓之为土匪，更不敢公开揭起抗日旗号，只是把绥远作战说成“剿匪”。在军事上从未有在华北、内蒙古驱逐日本侵略军的全盘计划，只是把绥远作为一个局部问题加以处理。(2)将战役地区限制在绥远境内，未能乘胜扩大战果。锡拉木楞庙收复后，傅作义计划乘胜夺回商都，经向阎锡山请示，阎复电制止，派人面告傅作义：“商部不属晋绥管

① 《绥远抗战实录》，《绥远抗战集》，第 11 页。

② 薄一波：《序言》，政协文史资料研究委员会：《傅作义生平》，1985 年，第 2 页。

辖，与百灵庙原属绥远不同，我们若攻商都，恐日方有所借口，会对晋绥不利。”①傅作义只好作罢。这就说明“守土抗战”方针有积极的一面，也有消极的一面。(3)中国军队缺乏战略协同行动。绥战期间，中央军汤恩伯部、骑兵门炳岳师已从晋、陕进抵平绥铁路沿线，第二十九军刘汝明师驻于察哈尔张家口一带，该军主力亦在平津地区。如果这些部队乘绥战主动出击，不仅可以收复察东、察北失地，摧毁冀东伪政权，而且由此呼应绥军，将会取得更大胜利。可是，在南京政府的错误政策下，上述部队竟无积极动作，绥远之战遂失去了战略协同，限制了它的胜利的规模，从而成为一次局部性抗战。

但是，绥远战役的功绩不可磨灭，获胜也决非偶然。它的胜利，主要是由以下几个因素决定的。

（1）合乎民族利益和顺乎民心的抗战决策。同沈阳事变时东北军不战而退，热河事变时汤玉麟部急剧溃败，长城战役时中国军队节节败退，察东和察北事件中宋哲元部丧失国土等相比较，绥远抗战是以胜利而告一段落的。这一结局的出现，首先是由于以傅作义为首的绥远当局果断地决定实行武装抗战、保卫国土的决策。这个决策因为合乎民族利益和顺乎民心，深得绥远全省军民以至全国人民的支持。这是绥远抗战获致胜利的根本原因。傅作义富有爱国精神，也有对日作战的经验，向来不赞成蒋介石的“不抵抗政策”。全国各界爱国民众甚至地方实力派纷纷呼吁必须在绥远抵抗“某方”的侵略，各地民众甘为绥远的后盾，这更是给了傅作义以抵抗外敌的决心和勇气。阎锡山在“守土抗战”的原则下，也支持并以实力援助傅作义抗战。得道多助，傅的抗战决策深得人心，内部遂得团结一致，外部支援众多，乃保证了作战的胜利。

（2）军事上和财政上的准备。绥远当局对日伪作战是有准备的。在军事上，作战工事的修筑、部队的训练和武器弹药的储存，是他着力进行的三项准备工作。在战争开始前，沿察北接壤的集宁、陶林、红格尔图、土木尔台等地，都构筑了国防工事。部队训练，以爱国教育为官兵教育的根本，在激发爱国热情的基础上，培养旺盛的战斗意志和严肃的军纪。在战斗训练方面，强调从劣势装备对优势装备的要求出发，主要加强夜战和近战的训练。对全省壮丁，也进行了一至三个月不等的军事训练。在武器装备上，早在开战前也作了调度。但以绥远这样的地瘠民贫、只有一百七十七万人口的地区，进行规模较大的战争，没有相应的财政上的支援是不可想象的。除南京政府和太原绥靖公署对绥远军队在财政上提供支援外，绥远当局自身在财政上的励精图治，实为这次抗战胜利的一个重要因素。自一九三三年以来，傅作义对绥省财政及金融进行了整顿和改革，至一九三六年全省财

① 祝福：《中国人民抗日的先声》，《傅作义生平》，第189页。

政基本上得到好转，出现了建省以来绥远经济上的黄金时代，从而使这年的抗战获得了财政上的保障。

（3）实行攻势防御的作战方针。这次绥战在作战指导上，一扫三年前何应钦在长城抗战中实行的处处设防、被动挨打的消极防御的错误方针，采取了在战略内线作战中的战役战斗的外线作战，主动地、灵活地集结兵力，举行有利的战役决战，从而取得了胜利。

首先，掌握优势机动兵力在手，是克敌制胜的一个首要条件。绥军在内线、防御的总的战略态势下，避免了把有限兵力平均配置于从绥东到绥北的长达五百多公里的战线上、采取消极防御的方法，而是采取以少量正规部队会同地方团队，如绥东四旗剿匪司令达密凌苏龙所部，担任地方守卫，牵制敌军，以全军主要力量组成以彭毓斌、董其武为首的东集团和以孙长胜、孙兰峰为首的北集团，形成两支强有力的野战部队，配备有步骑兵及炮兵、汽车和装甲车，在归绥总指挥部的直接指挥下机动作战。这就为在战役战斗中实行外线的进攻战造成了必要的条件，表现了傅作义作战指挥的得法。按照他自己的说法，这叫做"守点攻击"。他说："按敌对我过去之经验及敌视我之心理，并准备之工事，在敌判我必取守势。我为出敌不意，予敌以认识上之打击，及振作军民之士气，建设挺战之心理起见，必须采取攻势。惟按敌我之物质及我当时准备之程度，积极攻击，实所不能，守势攻击，亦费兵力，遂决定采用凭借各城镇之既设工事，以民众守要点（县城及有工事之较大村镇），使正规军队活动击敌之守点攻击。为此，则绥省军队必要得全数使用于攻击。"①

其次，正确选定重点打击方向，主动地发起战役攻势。当十一月十三日侦悉敌军在绥东、绥北、绥西有全线发动之势，大举侵绥之战揭开战幕时，傅作义、赵承绥等人分析了兴和、百灵庙、商都、红格尔图四个方面之敌军态势及动向，认为：兴和方面，是敌"在作战进展无大把握之方面，不肯使用主力"。百灵庙方面，"敌仅有一师多人，若以之为主力，尚有待于增加"，"商都距集宁仅一百四十余里，地形开阔，骑兵急行，一夜可达，汽车行驶，仅数小时，敌人一动，直迫集宁，如得集宁俨有绥东，最小限度亦能破我铁路，断我交通，使我各方应战困难，就此种种关系，敌之主力似在商都"；但红格尔图方面"王英所部，虽非敌之主力，然其诸兵混合、部队庞大……我红镇仅少数骑兵"，如我军"增援不足，（敌）不费力即可攻下"。而对敌军来说，"期发动之始，先得绥土，以增长各部伪军之气势，威胁绥省之民众，同时并希望减少绥民对驻军之信仰，故攻红镇"，我军"若不急于扑灭，使其任意活动，确最危害于我"。于是，决定避开商都方面敌之主力，把首战的目标指向当前

① 傅作义：《绥战经过详纪》，《军事杂志》第101期。

对我危险最大而有敌主力一部的红格尔图方面。傅作义与赵承绶“经过审慎考量，策定以最危害于我之敌，及其主力所在地为目标，击敌并以诱敌，决心集结优势兵力，先击红格尔图附近之敌”。首战告捷后，当敌军尚未清醒过来，傅作义及时判断敌情，利用敌对百灵庙方面的麻痹及驻军的孤立态势，又果断地决策以我之北集团远距离奔袭百灵庙。这第二仗出敌不意地给了敌人以沉重一击，取得了比前一次更大的胜利。随后，我军有计划地诱敌来攻百灵庙，给以歼击，而以主力分割、攻击王英伪军，并夺占大庙，从而获得第三次大捷。这三仗都是主动地、灵活地发起的攻势战役，是攻势防御中的战役进攻战，集中表现了积极防御的作战方针的威力，实为绥远之战取胜之道。

第三，集结优势兵力，实行各个击破。当时伪军处于外线作战，以百灵庙、商都为据点，随时发动，南可袭归绥，取包头、固阳，西可攘五原、临河，使绥军陷于内线之苦。傅作义深知在这个态势下只有实行集中兵力、各个击破的方针，才能立于主动，求得胜利。红格尔图、百灵庙、锡拉木楞庙三战，都采取每战集中打一个方向之敌的策略，其余方向则采守势。进行红格尔图战役，对百灵庙之敌采守势；发起百灵庙之战，则对绥东之敌改取守势。集中兵力、各个击破的战法，使绥军每战居于优势。傅作义在当时明确地指出过“各个击破”战法的必要，说：“以绥省现有之兵力，若分路迎击，必致兵力分散，处处薄弱，重蹈过去长城抗战，各不相及之覆辙，期难成果；必须集结优势，先击一路，再及其他，期能个个击破。”①

第四，出敌不意，攻敌不备。绥军这次作战，往往出敌不意、攻敌不备，取得胜利。据董其武回忆，红格尔图战役打响后，敌军先后冲锋七次，战斗十分激烈。傅作义亲赴集宁，命令“我和彭毓斌出敌不意，抄袭敌后。我们便亲自率领部队星夜奔驰……打了日伪军一个猝不及防”②。进攻百灵庙之战，傅作义同样提出“要以奇袭制胜”。十一月十八日中午，红格尔图之战的枪声尚未停息，傅作义立即决定实行第二步作战计划——进攻百灵庙之敌。当即命令“彭（毓斌）师长酌留骑兵一部于红格尔图，率其余各部撤回绥境待机。所有汽车全回集宁备用”。同时，又“电包头田（树梅）旅转饬补充第一团，由固阳开至乌兰忽洞待命。电令归绥骑二师孙（长胜）师长、步兵第二一一旅孙（兰峰）旅长、炮二十一团李（春元）团长，转饬所部骑兵八个连、步兵两个团、炮兵一个营，凡山南部队先向东开拔，夜间转入山北，其山北部队夜间向西南移动，骑兵在乌兰忽洞西北，什拉哈达和厂汗席片附近集结，炮兵在二份子西北至乌兰脑包一带集结，统限于十九日开始行动”，并令“各

① 傅作义：《绥战经过详纪》，《军事杂志》第100期。

② 董其武：《傅作义先生生平概述》，《傅作义生平》，第6页。

部在后山(山北)之运动,均须昼伏夜行,竭力秘密”。①进攻百灵庙的绥军“进行了二百四十里雪夜奔袭。各部队严密伪装,行军时车、马、人统统披上白布单,借茫茫白雪作掩护,人无声、马不嘶地向百灵庙附近集结。这样,当我军全部进入攻击位置时,百灵庙守敌仍在酣睡,竟一点也未发觉”。②正是这个极端迅速和秘密又出敌意料的部署,保证了我军在百灵庙战役中立于不败之地。

(4) 对伪军策反工作的成功。傅作义及绥远当局清醒地看到,日军侵略我国,“以华制华,以华亡华,彼则收其利,享其成,实为敌之一贯手段”,对此我军“若不有所挽救,则敌之心理,难以打破,友邦之轻视,难以转变,民族之污点,难以洗刷”。他们又认为“虽然德王、李守信、王英等人可以说都是死心塌地的汉奸,是难以策反的,但是他们的绝大多数官兵,一般都有民族爱国思想,并不甘心当汉奸,为日本卖命,有这一思想基础,我们工作是容易开展的”。③于是,在傅作义亲自指导下,一九三六年“夏以来,本此宗旨,进行伪军各部之分化工作,由绥蒙指导长官公署石(华岩)参赞负责办理,接济运用,以‘中国人不打中国人’之口号,与伪军各部,皆有接洽”。④又任命绥远宪兵司令部参谋长刘澄为张垣办事处长,负责进行察北伪军策反活动。至绥战开始后,已分别通过四条渠道同金宪章、石玉山、安华亭、王子修等四部分伪军建立了秘密联络。绥远战幕一经揭开,傅作义认为伪军公开反正的时机已到,即派人与他们进行接洽。为分化、瓦解伪军,蒋介石、阎锡山在十一月二十六日发出《告匪伪军士兵书》,说:“我们希望你们猛省,恳求你们的头目赶早反正……盼望大家至低限度中国人不应忘中国……快快回到中国军队里边来。”⑤并公布了“伪蒙各军投诚赏格”,赏格最高额,为“军师长率全部携枪械投诚者赏洋五万元”,最低额为“携各种手枪二支投诚者赏洋二十元”。⑥加之绥军作战屡屡得胜,于是,在百灵庙大捷后,伪军旅长石玉山首先宣布投诚,率三个团于八日宣布反正。伪第二师师长金宪章率所部两千人于十二月十日反正。伪军张万庆部的旅长安华亭,团长王子修、吕存义等三部,共二千三百余人于十二月十八日、十九日先后反正。王英伪军另一股五六百人,也于十九日请求绥军予以收编。绥军策反伪军的工作成效卓著,从十二月八日、十日,伪王英部石玉山、金宪章两部在大庙等处反正,至同月二十日驻南壕堑伪军安华亭、王子修两旅投诚,

---

① 傅作义:《绥战经过详纪》,《军事杂志》第 100 期。
② 董其武:《傅作义先生生平概述》,《傅作义生平》,第 22 页。
③ 刘春方:《我所知道的傅作义先生》,《傅作义生平》,第 126 页。
④ 傅作义:《绥战经过详记》,《军事杂志》第 101 期。
⑤ 《当局劝匪伪军投诚》,《军事杂志》第 97 期。
⑥ 《当局规定匪伪军投诚资料》,《军事杂志》第 97 期。

"先后反正者，共为步兵一师，另两旅，骑兵一旅"。①其结果，"敌力大减，敌气沮丧"，成为绥军取胜的一个重要因素。

（5）汉蒙两民族的团结对敌。绥远省境蒙古族和汉族两个民族构成了居民的主要成分，这两个民族的一致对敌，为胜利进行抗战的不可或缺的条件。日本侵略者正是利用挑拨离间的伎俩分裂蒙汉之间的民族关系以售其奸的。在察哈尔省，蒙族中德王一类上层贵族受日本帝国主义的笼络，分裂蒙汉之间、蒙古民族内部的团结，这是日本侵略阴谋得逞的一个原因。在绥远省情况则不同，蒙汉民族是共同反对外来侵略的。当时新闻界就肯定了这一点，认为"在这次绥东战争中，还有一点可以充分看出来的，便是绥远全省合作的密切。前方作战多有赖于蒙军的指引，阿王、潘王以及许多蒙古王公，没有一个不努力参加抗敌的工作"。②绥境蒙政会与绥远省政府站在同一立场。各盟旗王公愿意支持抗战，有的更是率领蒙民自卫武装，配合绥军打击日伪。正黄旗总管达密凌苏龙率领的一支部队，在守卫绥东十二苏木一带防线、攻击王英伪军的战斗中起了积极作用。石王及其夫人也曾率领蒙兵在前方作战。蒙族上层有不少深明民族大义的有识之士，懂得中国各民族团结御侮的重要，说"大多数的蒙人，深深地坚信着中华民族是一个整体，只有团结凝固我们民族各个分子、各种民族，才能阻遏当前侵略者的进攻"。③抗日的蒙古人民和蒙民武装在绥远抗战中的作用是应载入史册的。

---

① 傅作义：《绥战经过详纪》，《军事杂志》第101期。

② 铸成：《绥局揭开》，《国闻周报》第13卷第47期。

③ 记者：《察绥道上》，《绥远抗战集》，第17页。

三、全面抗战和八一三淞沪抗战

中国正面战场对日战略的演变*

中国伟大的抗日民族解放战争，是由国民党战场（正面战场）和解放区战场（敌后战场）共同进行的。正面战场是战略防御阶段的主要战场；进入相持阶段后，其地位与作用下降了，但仍然是民族抗战的一个重要战场。它对抗日战争作出的贡献，自应在我国反侵略战争史上以其应有的地位载入史册。然而，就战场作战而言，正面战场除少数战役曾获得胜利的结局外，更多的战役却遭到了失败。为什么正面战场在作战中屡屡败北呢？为什么国民党军队在战争中的贡献远远不能符合民族抗战的需要和人民的愿望呢？其中自然蕴藏着发人深省的问题。当然，这是需要从多方面去进行探讨的，而军事战略则是其中一个十分重要的问题。正面战场实行的是什么样的军事战略？它的一般战略方针和具体战略方针是怎样的？在战争的各个阶段，其战略是怎样演变的？研究这些问题，对总结我国现代反侵略战争的历史经验，无疑是很有意义的。

一、 国民政府统帅部的基本战略

国民政府统帅部①的对日基本战略，是在国民党从国内战争向民族战争转变的过程中逐步形成的，是同国民党的政治路线相联系并从属于后者的。以蒋介石为首的国民党实行从国内战争到民族战争的转变并不是自觉的，而是被迫的；不是坚定不移的，而是动摇的。国民党领导集团中，恐日思想和轻敌思想又此起彼伏，对中日战争双方及国际形势的全局缺乏正确的全面的审察。因而，国民政府统帅部在中日战争全面爆发前未能全面提出对日战略的科学构想。然而，当国民政府走上对日抗战道路，经过一九三七年八月南京最高国防会议，及尔后最高统

---

* 本文原载《历史研究》1988 年第 5 期。

① 1937 年 8 月 12 日，国民政府在南京召开的国民党中央常务委员会暨国防会议上，决定推蒋介石为陆海空军大元帅，以军事委员会为抗战最高统帅部。同月 21 日，国民党中常会又决定授权军委会委员长组织大本营，行使陆海空军之最高统帅权。1938 年 1 月 17 日，大本营撤销，仍以军委会为最高统帅部。本文中的国民政府统帅部，均指军委会。

帅部一系列会议的决策，以迄一九三八年十一月南岳军事会议，其对日军事战略终于形成了。

国民政府统帅部把抗日战争基本战略即其所谓“最高战略”，称为“持久消耗战略”。明确宣布：“敌之最高战略为速战速决，而我之最高战略，为持久消耗。”①此种战略思想，在中日战争开始前已提出了初步的构想。一九三五年，蒋介石为“追剿”工农红军和把南京政府的势力推入西南各省，而在四川、云南、贵州等省作一系列活动时，曾对对日战略方针进行若干准备和酝酿。当时设想的对日战争指导方针是：“一面呼吁和平，期求集体安全；一面整备国防，充实军备，至和平绝望时期举全国力量从事持久消耗战，争取最后胜利。”②实行此种“持久消耗战”，在作战地域的布局上，提出过如下设想：“对日应以长江以南与平汉路以西地区为主要阵线。以洛阳、襄阳、荆州、宜昌、常德为最后阵线；而以四川、贵州、陕西三省为核心，甘肃、云南为后方。”这就是“举全国力量从事持久消耗战”最高战略方针的由来。③

全国抗战开始后，国民政府在一九三七年八月七日召开国防会议，首次正式决定了“全面抗战采取持久消耗战略”的基本战略方针。同月十八日，蒋介石在《告抗战全军将士书》中公开宣告了对日军事战略，说：“倭寇要求速战速决，我们就要求持久战消耗战。”④一九三八年八月蒋介石在纪念“八一三”一周年的讲话中，再次宣称：“我们的战略，是以持久抗战，消耗敌人的力量，争取最后决战的胜利。”⑤同年十一月第一次南岳军事会议，将抗日军事战略划分为两个时期。蒋介石说：“我们这次抗战，依照预定的战略政略来划分，可以说只有两个时期。”⑥“自广州失守、武汉撤退以前，是第一期。武汉退出以后是第二期。第一期的任务，在于尽量消耗敌人的力量，掩护我们后方的准备工作，确立长期抗战的基础，完成我们第二期抗战战略与政略上的一切布置。第二期的任务，就是要承接前期奋斗的成绩，实现我们第一期中所布置的一切计划，发挥我们抗战的力量，以达到抗战胜利与建国成功之目的。”⑦南岳军事会议关于持久消耗战略及其两个战略阶段的

---

① 何应钦：《临时全国代表大会军事报告》，《何上将抗战期间军事报告》，台湾文星书店，1962 年，第 107 页。

② 吴相湘：《中国对日总体战略及若干重要会战》，《八年对日抗战中之国民政府》，台湾商务印书馆，1978 年，第 54 页。

③ 张其昀：《中华民国史纲》（第 4 卷），台湾中华文化出版事业委员会，1954 年，第 211 页。

④ 蒋介石：《敌人战略政略的实况和我军抗战获胜的要道》，《蒋总统集》，台湾“国防研究院”，1961 年，第 971 页。

⑤ 蒋介石：《八一三周年纪念告战地民众词》，《蒋总统集》，第 2089 页。

⑥ 蒋介石：《第一次南岳军事会议开会训词》，《蒋总统集》，第 1058 页。

⑦ 蒋介石：《以事实证明敌国必败及我国必胜——国民党五届五中全会演说》，《蒋总统集》，第 1090 页。

规定,标志着国民政府对日军事战略的全面形成。

"持久消耗战略"作为正面战场的"最高战略",是一般的战略方针。那么,它的主要点是什么呢?在一般战略方针之下的具体战略方针又是怎样的呢?根据国民政府统帅部的历次规定,持久战略、消耗战略、两个时期划分的战略、阵地战为主运动战游击战为辅的战略等几个方面,是正面战场基本战略的主要组成部分。

持久战略作为一项基本战略,是被蒋介石等人一再强调的。战略持久战方针的依据是什么呢?它的具体方针又是什么?对此,国民政府统帅部从不同方面作过论述。

中日双方的实力和作战准备状况决定了中国必须采取持久战略。蒋介石说:"倭寇此次的企图,在倾其全国可能对华的兵力、运用飞机大炮战车的威吓,要求速战速决……因为倭寇所持的是它强横的兵力。我们就要以逸待劳,以拙制巧,以坚毅持久之抗战,来消耗它的力量。"①后来在第二、第三次南岳军事会议上,他再次强调了这个观点。何应钦也多次指出:"日本当开战初,其陆海空军无论在数量上与质量上均大占优势,不但在乡兵员甚多、而且训练有素,又兵工业发达,装备优良。"据此,"我(军)……在精密筹划之下,首先决定持久抵抗之方针"。②这就是说,中国按其实力和战备,只能采取以持久战略去对付日本的速战速决战略,才能取得最后胜利。

中国地广人众、山川险阻,适宜于进行持久战。何应钦代表军委会阐述这个战略说:"消耗持久,则适合我之国情,如国土、人口、物资、地形等皆利于消耗持久。"③李宗仁也强调说:"吾人必须避我之所短,而发挥我之所长,利用我广土众民、山川险阻等优越条件去困扰敌人,作有计划的节节抵抗的长期消耗战。"④蒋介石重视地域条件在战略上的意义,认为"我国面积广大,东西经度跨有六十五度以上,自北而南兼有寒温热三带的气候,所以我国论述军事的成败,就以天时地利并举。内地及西部,湖沼纵横,山岳错综,平原沙漠,无所不备,所以就面积言,过去无论任何外敌,皆只能占领我一部分一时期,而不能永久占我之全部"⑤。所以,他在武汉失守后宣称:"我们以后持久抗战的战场,要在平汉线与粤汉线以西

---

① 蒋介石:《敌人战略政略的实况和我军抗战获胜的要道》,《蒋总统集》,第971页。

② 何应钦:《八年抗战之经过》,台湾文海出版社,1972年,第54页。

③ 何应钦:《临时全国代表大会军事报告》,《何上将抗战期间军事报告》,第107页。

④ 广西人民政协文史资料委员会:《李宗仁回忆录》(下),1980年内部版,第683页。

⑤ 蒋介石:《以事实证明敌国必败及我国必胜——国民党五届五中全会演说》,《蒋总统集》,第1093页。

地区，更有胜利的把握。”①持久战略的具体口号是“以空间换时间”。中国需要通过长期抗战，才能转变敌我形势。而在这过程中，中国会丧失一批国土，用“空间”去换取持久作战的“时间”，以逐步耗散敌力，积蓄自己的力量。这就是李宗仁所说的：“我们抗战的战略重点便是以空间换取时间。”②也就是何应钦指出的：“我（军）……深知敌我强弱之异势，乃策定以空间换取时间之战略。”③

持久战略实施的过程，要分为两个阶段。如前所述，蒋介石把整个持久作战分为两期：第一期为战略退却时期；而“第二期抗战，就是我们转守为攻，转败为胜的时期”。④“两个时期”的思想，反映了国民政府统帅部的总的战略构想。

综上所述，国民政府统帅部的持久战略，在一定程度上认识到中日两国的国情及其军事力量的对比，认为抗战是长期的，中国有必要也有可能实行持久战的战略方针，通过削弱敌人壮大自己力量的过程，从战略退却转到战略反攻，去争取抗战的胜利。但是，它的持久战略却包含着错误的一面，而随着战争的延续和国民党反共反人民倾向的日趋上升，这错误一面是不断有所发展的。

蒋介石的持久战略具有明显的不彻底性和动摇性。抗战期间，国民党的抗日倾向与妥协倾向是同时并存的，尽管抗日倾向是其主要一面，但妥协倾向始终存在。此种政治上的两面性在军事战略上有着十分明显的反映。它的持久战略的总目标极不彻底，蒋介石在国民党五届五中全会上曾宣布“抗战到底”的“底”，是“要恢复七七事变以前的原状”。⑤欧洲战争爆发后，蒋介石修改了战略目标，说“恢复原状”说是“根据以中国为基准的说法，若以整个国际为范围来论断中日战争的归趋，就一定要坚持到世界战争同时结束，乃有真正的解决”。⑥蒋介石虽然看到了中国抗战不可能离开整个世界大战而单独结束，但对自己的战略目标并未作过明确而坚定的全盘规划。

依赖外力取胜，是蒋介石持久战略的一个重要依据。此种军事思想“把战争胜利寄托在日苏战争和太平洋战争上面，不寄托在自己的政治改革、军事改革和抗战努力上”。⑦在欧洲战争爆发前，蒋介石把中国抗战持久的关键置于“英美法俄各国”是否能“与我们共同一致来打日本”。武汉失守不久，蒋介石曾一度企图策动苏联，“在海参崴方面一次派机数百架，由义勇队驾驶出其不意飞往轰炸敌人（日本）重要城市及军事根据地”，企求“如此一举成功，东亚

---

① 蒋介石：《欧战发生后我国抗战的三大要务》，《蒋总统集》，第1176页。

② 《李宗仁回忆录》（下），第713页。

③ 《八年抗战之经过》，第54页。

④ 蒋介石：《第一次南岳军事会议开会训词》，《蒋总统集》，第1059页。

⑤⑥ 蒋介石：《中国抗战与国际形势》，《蒋总统集》，第1191页。

⑦ 朱德：《论解放区战场》，《朱德选集》，人民出版社，1983年，第15页。

大局急转直下”之局面出现。[①]太平洋战争爆发后，又企图依赖美、英盟军持久到胜利。

“以空间换时间”被视为持久战略之精髓，这有两面性。正如叶剑英在当时指出的，“抗战初期，为了建立长期抗战的精神基础所必需，为了建立长期抗战的物质基础所必需，为着诱敌深入造成作战上有利形势所必需，我们曾经正确地执行了以空间换时间的策略”[②]。在中国军队实行战略防御和战略相持的条件下，为了保存军力，诱敌深入，待机歼敌，一部分城市和地方被敌占领，是不可避免的。但是，持久战略的要道，在于实行积极防御的作战方针，一方面积极实行战役战斗上外线的速决的进攻战，另一方面积极改革政治、军事和经济，动员全国力量支持长期抗战。正如毛泽东深刻地指出的，战役战斗的速决战是战略的持久战的必要条件，实行持久战略的最有效的办法，是战略持久下的战役战斗的速决的进攻战。因而，“以空间换时间”作为战场作战的基本方针是不适宜的。而且，在持久战略之下，空间也是既有失又有复的，不仅仅是消极地拿去“换”的问题。“在长期抗战过程中，一方面可以放弃一些空间，一方面可以陆续收复一些空间，所谓边失边收。”[③]可见，“以空间换时间”的方针是带有片面性的，它并不能全面地反映持久战过程中失地与复地、复地与歼敌之间的客观关系。

蒋介石的持久战略是“两阶段”论的持久战略。蒋介石认为“防御的战略乃是第一期——前期抗战的战略。进到第二期——后期的抗战，我们的战略，应当是——采取攻势、决然攻击前进”[④]。在他的战略方针中，战略防御直接转到战略反攻，中间无需战略相持阶段。但这是同抗日持久战的客观过程不相符合的。中国抗日战争的一个显著特点，在于有一个很长的相持阶段。没有相持阶段的战斗，就谈不到转到战略反攻，只有“经过相持阶段有效的努力，准备了一切反攻条件，才足以说转到反攻”[⑤]，“三阶段论”反映了中日战争的客观规律。“如果承认持久战或长期战争，又不赞成三个阶段，那末，所谓持久与长期就是完全抽象的东西，没有任何的实际内容，因而就不能实现任何实际的战略指导与任何实际的抗战政策了。”[⑥]

消耗战略被国民政府统帅部视为与持久战略同等重要的“最高战略”。持久战与消耗战是同一过程的战争发展趋向，持久说的是战争的时间，消耗说的是战

---

① 蒋介石：《致杨杰电》(1938 年 10 月)，转引自杨德慧：《军事战略家杨杰将军》，《军事历史研究》1987 年第 2 期。

②③ 叶剑英：《在敌后的两年》，《新华日报》，1939 年 7 月 7 日。

④ 蒋介石：《第二次南岳军事会议训词》，《蒋总统集》，第 1184 页。

⑤ 朱德：《论解放区战场》，《朱德选集》，第 155 页。

⑥ 毛泽东：《论新阶段》，《毛泽东军事文选》(内部本)，中国军事科学院，1981 年，第 140 页。

争的内容。蒋介石在八一三事变爆发后的第五天，在谈到“我们的应敌战略是什么”的问题时，就宣布说：“我们就要求持久战、消耗战。”①那么，国民政府是怎样规定消耗战略的呢？又是如何实施消耗战略的呢？

在敌强我弱、敌欲迅速击灭我军主力的情况下，中国军队应当实行长期的消耗战逐步消耗敌力，避免过早与敌进行决战，这是国民政府统帅部提出消耗战略的基本思想。正如白崇禧所说：消耗战略的提出，乃是针对敌军“乘我战力未充之时，挟其优势之陆海空军，采取速战速决战略，冀以不断攻击，一举歼灭我野战军”的企图，以期“以广泛之空间，换取整备战力之时间，以达长期消耗敌力获得最后决胜之目的”。②

实行消耗战略的基本要求，首先在于要消耗敌人的力量，同时要保持和发展自己的力量。中日战争开始后，蒋介石提出消耗战略的这两项要求，说：“我国此次抗战，其要旨在于始终保持我军之战斗力、而尽量消耗敌人力量，使我军达到持久抵抗之目的。”③并且特别强调消耗敌军力量的重要性，说：“战局的关键，不在一城一地之能否据守，最要紧的是一方面选择有利地区以击破敌人主力，一方面在其他地区以及敌军后方，尽量消耗敌军的力量。”④在第一次南岳军事会议上，蒋介石又把上述两项基本要求作为战略问题提出来：“我们最高统帅部所定的这个战略，就是一面逐次消耗优势的敌军，一面培养我们自己的力量。”⑤消耗战略的实施方针是“积小胜为大胜”。国民政府统帅部认识到实行消耗战是一个持久的过程，敌人力量的被消耗将是逐步完成的，是由少量的局部的消耗积累而成为大量的总体上的消耗，于是提出了“积小胜为大胜”的口号，作为消耗战略的实施方针。蒋介石在第一次南岳军事会议上将这个方针概括为“逐次消耗”。在西安军事会议上继续强调“我军可以由小的胜利，积累而成大的胜利，由局部的胜利，扩展而为全部的胜利”，并认为这是“我军官兵要一致体认”的“战略要旨”⑥。这个方针同样也是持久战略的实施方针。但是，在国民党军队的作战方针中，“积小胜为大胜”主要是作为第二期抗战的作战方针的，而同第一期抗战中的“以空间换时间”相联系。这就是所谓：“在第一期‘以空间换时间’，俾便增强战力；在第二期

---

① 蒋介石：《敌人战略政略的实况和我军抗战获胜的要道》，《蒋总统集》，第 971 页。

② 白崇禧：《抗战八年军事概况》，《抗日战争时期国民党战场史料选编》，浙江省中国国民党历史研究组（筹），1985 年，第 215 页。

③ 蒋介石：《抗战军事与外交》，《蒋总统集》，第 2324 页。

④ 蒋介石：《论抗战前途》，《蒋总统集》，第 2326 页。

⑤ 蒋介石：《第一次南岳军事会议开会训词》，《蒋总统集》，第 1059 页。

⑥ 蒋介石：《西安军事会议讲评(三)》，《蒋总统集》，第 1449 页。

则坚持敌后游击战,以便'积小胜为大胜'。"①

从战略全局来说,消耗战略是适合中国抗战的发展过程及其特点的。从总体上看,对日战争是一个逐步消耗敌人、又逐步发展自己的过程,这种消耗和发展未累积到一定程度,就不可能改变中日之间的力量对比,使自己从劣势转变为优势,从而转守为攻,去夺取胜利。然而,消耗战作为战场作战的方针并不正确,因为"抗日战争是消耗战,同时又是歼灭战"②。敌之战略上的优势和主动,没有战役和战斗的歼灭战,就不能有效地加以灭杀,即予以逐次消耗;我之战略上的劣势和被动,没有战役和战斗的歼灭战,也不可能改变过来。"因此,战役的歼灭战是达到战略的消耗战之目的的手段。"③战役战斗的方针,一般应是歼灭战,而不应是消耗战。国民政府统帅部把消耗战略绝对化了,成为它实行消极防御战略方针的一种依据,历史已经证明,这是有害的。

在持久战略和消耗战略之下的中国正面战场,其战场作战的基本方针是什么呢?本来,抗日之战一开始是弱军对强军的一场战争,中国方面进行的首先是战略防御战。对此,国民政府统帅部是完全明确的,问题的关键在于:实行积极防御还是消极防御。国民政府由于它的片面抗战路线,由于其军队的固有素质,由于它的保守、落后的战略思想,统帅部采取的是消极防御的方针。这种消极防御战略,表现为以下三个特征。消极地被动地防守地方,不作积极的主动的攻势作战。在战略防御阶段的近两年中,除了台儿庄等个别战役进行了积极的攻势作战,几乎都是实行专守防御。正如蒋介石自己所说,"在湘北战争以前,我们的战略战术是取守势的","处处只是消极防守,陷于被动"④。虽然,蒋介石也察觉到消极防御的失误,于是在第二次南岳军事会议上提出:"从前是消极的防御,今后是要积极的进攻。"⑤但是,积极防御战略的实行是需要一系列条件的,国民党在政治上、军事上不作改弦更张,积极进攻的号召也就变成空话了。

分散兵力,分兵把守,是消极防御战略在兵力部署上的特征。处于战略上内线作战的军队,为要战胜敌人,必须最大限度地集中兵力,在战役战斗上以多胜少,实行内线中的外线,以优势兵力各个歼灭敌人。然而,国民政府统帅部缺乏战略头脑,常常被复杂的环境所支配,或为政治上某种目的所左右,未能主动、灵活地集中兵力。战略部署上,军队的使用,缺乏重点,没有组成强有力的机动作战的野战兵团,向敌军的翼侧和后方进击。在战役部署上,正如蒋介石自己所说,往往

---

① 陈诚:《八年抗战经过概要》,《抗日战争时期国民党战场史料选编》,第36页。

②③ 毛泽东:《论持久战》,《毛泽东选集》(第2卷),第490页。

④ 蒋介石:《柳州军事会议训词》,《蒋总统集》,第1206页。

⑤ 蒋介石:《敌人战略政略的实况和我军抗战获胜的要道》,《蒋总统集》,第971页。

是“兵力不集中使用，只是逐渐逐渐拿上去，逐步逐步来抵抗敌人”。

消极防御战略在战场作战上则集中表现为战役战斗上的内线的防御战。正面战场前期的淞沪、太原、徐州、武汉等诸战役，都打成此种被动的防御战役，后来的二次长沙战役，以及枣宜、豫南、上高、晋南、浙赣、鄂西等战役，依然如此战法。豫湘桂战役则更是从消极防御演变为大规模溃退。

在持久消耗战略和单纯防御方针统治下的正面战场，其战争形式则基本上表现为阵地战，辅之以运动战和游击战。但这个方针基本方面并不适合抗日战争的客观情况。国民党统帅部对运动战的重要性缺乏认识，一贯强调阵地战，视其为对日作战的主要形式。蒋介石在一九三七年八月十八日宣布的五项作战原则中，一开始就强调了阵地战的基本方针，说“我们要固守阵地……这是我们抗倭胜利唯一要诀”，“要多筑工事，层层布防，处处据守”。他着重强调：“敌人的利器是飞机、大炮、战车，我们的利器是深沟、高垒、厚壁。”①正面战场的一系列重大战役，几乎都是实行以阵地战为主体的方针，这一方针与战役战斗上的持久战和消耗战的方针互相联结在一起，给战局造成了严重的恶果。后来，第一次南岳军事会议虽然提出“游击战重于正规战”的“要旨”，但指导实际作战的方针依然是把阵地战置于首位。

二、“以空间换时间”的战略防御

在全面抗战的战略防御阶段，正面战场先后进行了平津、南口、涿州、忻口、娘子关、上海、南京、晋南、鲁南、武汉等十次较大的战役，尤其是淞沪、太原、徐州、武汉这四次会战，对整个战局影响十分重大。在这些战役中，国民党军广大官兵浴血奋战，几十万人在对日本侵略军的拼搏中为国捐躯。国共两军在全国民众的支援下，终于粉碎了日军速战速决的战略企图。但是，国民政府由于在战前近 6 年中实行“攘外必先安内”的反动政策，缺乏认真的反侵略战争的准备，开战后又实行了片面抗战路线，在战略指导上又有许多失误，招致了许多不应有的失败。

正面战场战略防御的指导方针的形成，经历了半年多的过程。七七事变后，南京政府终于走上对日抗战的道路。八月南京国防会议上，蒋介石宣布了“举全国力量从事持久消耗战以争取最后胜利”的军事战略方针。同月中旬，策定在战略防御阶段的作战指导原则：“国军精锐集中华东，扫荡长江敌舰及上海之敌，守备海岸，巩固首都。国军大部增援华北，协力当地驻军实施战略持久战，特注意确保山西，牵制敌人。另以一部守备华南各港口，以持久消耗战略，

---

① 秦孝仪：《总统蒋公思想言论总集》（第 14 卷），台北“中央文物供应社”，1984 年，第 609 页。

争取最后胜利。”①这时，南京统帅部的对日战略尚未全面形成，但已适时地提出了以持久消耗战略为总的作战方略，并提出了五条“应敌战术”，开始确立持久消耗战略下的单纯防御的阵地抗击战的作战思想。

正面战场战略防御的作战过程，经历了三个阶段。(1)从卢沟桥抗战到南京失守为第一阶段。在这期间，国民党军开辟了华北战场和华东战场，在华北战场进行了平津作战、南口战役、涿州战役、忻口战役、娘子关作战等；在华东战场先后举行了淞沪战役和南京保卫战。(2)从南京失陷到临汾、徐州撤退为第二阶段。这一阶段，国民党军队在华北战场进行了同蒲路之战和津浦路之战；在新开辟的华中战场，举行了徐州会战。(3)从徐州失守到武汉、广州失守为第三阶段。这个阶段的作战重心移到华中战场，国民党军举行了规模空前的武汉会战。武汉、广州的失守，基本上结束了战略防御阶段的作战。综观正面战场的战略防御，前后作战 16 个月，中国方面出动兵力从第一阶段的 170 万人，到第三阶段增加到 225 万人。日本方面，出动的兵力逐步增加，最后达 37 个师团、近百万人。日军自东(从我国东部沿海起)向西推进 900 余公里，从北(从平津到绥远一线起)向南推进 1 800 余公里。占领了我国 100 余万平方公里、1 亿多人口的广大地区。国民党军主力撤退到黄河、长江以南，平汉、粤汉以西地区。

这一时期，正面战场在战略上实行了以下几项对整个战局具有重大意义的决策。(1)实行从国内战争到抗日民族战争的转变，虽然这一转变是不自觉的，因而缺少主动性与计划性，但这个转变对民族战争的意义和作用是巨大的。(2)实行全国军事总动员，调动全国军队一致对日作战，建立了抗日战争的军事体制和作战指挥系统。(3)确立了持久战和消耗战的基本战略与“以空间换时间”的战略口号。(4)采取逐次抵抗，逐次消耗敌力，逐次把战局重心移到内地以至平汉粤汉线以西地区的方针，国民党军“把战场扩散了，分散了敌寇的优势”②。(5)避免与敌举行战略决战，保持军队基本主力不被敌人歼灭，同时迅速扩建和加强了军事力量。国民党军的兵力虽遭受严重的损失，但主力并未被歼灭，兵员总额仍增加了一倍多。(6)将抗战重心移向西南地区。沿海沿江地区的工业企业及其设备，科学、文化、教育机关等向内地转移。国民政府将其政治中心西迁四川，继续抗战。这样，日本的“速战速决”战略企图终于不能得逞。

然而，国民政府统帅部在战略指导上却有重大失误，从而招致正面战场不应有的严重失败。中国以无准备的弱军对抗日本的有准备的强军，在一定意义上

① 张秉钧：《察哈尔作战》，《中国现代历次重要战役之研究》(第 1 册)，台湾“国防部”史政编译局，1977 年，第 36 页。

② 徐永昌：《四年来敌我战略战术之总检讨》，《军事杂志》1941 年第 186 期。

说，丧师失地是不可避免的。但是，劣势而无准备的军队，如果主观指导正确，能做到以己之长击敌之短，最大限度地发挥自己全军上下的能动作用，最大限度地调动和利用敌人的弱点和错误，那么，仍然可以做到多打胜仗，少受损失。但正面战场的情况却并非如此。第一，在短短的16个月内，国土的大量丧失"遍及十三省，北起黄河流域察、绥、晋、冀、鲁、豫六省，中达长江流域苏、浙、皖、鄂、赣五省，南及珠江流域粤、闽两省"①。正面战场丧失的国土，除了那些非退不可的地方，许多是属于指挥失误，或属于作战不力所致，而且丢失得如此迅速，地域又如此广大，则是统帅部战略指导不当之过。第二，中国军队消耗过多，损失过大。16个月作战，正面战场共损失地面部队为：阵亡37万余人，负伤72万多人，合计伤亡高达110万人。②空军作战飞机和海军舰队，也大都丧失殆尽。国民党军的大部分是在消极防御方针下的阵地抗击战中遭到损失的。第三，消耗敌人过少。此阶段日军伤亡共4万余人。国民党军队实行战役战斗上的内线的阵地防御，极少举行运动防御；在战役上从外线包围，聚歼敌军，如台儿庄之战那样的歼灭战是绝无仅有的。因而，歼敌数量不多。第四，没有全面完成完整、合理的战略布局。至武汉、广州失守后，全部战线被敌军撕碎。从华北到华中的各战区，暴露面长度达3 500公里，从包头延绵到杭州。至防御阶段的后期，正面战场的全部作战线几乎均被敌军突破，已经组织不起一个完整的战线了。更重要的是，没有在敌军的翼侧和后方配置重兵，而未形成对敌反包围的战略态势。那么，从战略指导而论，导致此种不应有的严重失败的症结又何在呢？

首先，缺乏一以贯之的坚强的抗战决策。国民党最高当局存有侥幸心理，战前缺乏足够的战备：开战之初，和战举棋不定，幻想中途停战，寄希望于国际调停，因循失误。在军事上，时而畏缩不前，丧失战机，如七七事变之初迟迟不派重兵增援平津；时而孤注一掷，实行冒险主义。淞沪会战进入中期，中国军队按战局发展应及时转移主力，保存军力以作他图时，蒋介石出于政治和外交上的考虑，寄希望于国际干预，不顾战场实际情况，"以战略殉于政略"，数次延缓调整战线，进行没有取胜把握的阵地死守，以全国总兵力1/3多的70余万军队投入淞沪一隅，实际上是一种军事冒险主义。至日军进袭南京，死守南京显然属于下策的情况下，蒋介石依然下令死守，说："南京决守城抗战，图挽战局，一月以后，国际形势必大变，中国当可转危为安。"③这时，南京当局正在接受德国驻华大使陶德曼的暗中调

① 韩启桐：《中国对日战事损失之估计》，台湾文海出版公司，1974年，第7页。

② 《抗战各时期敌我使用兵力及伤亡人数一览表》，《抗日时期国民党战场史料选编》，第336页。

③ 《蒋介石致李宗仁、程潜、阎锡山、卫立煌、蒋鼎文、刘峙电》(1937年12月6日)，台湾《近代中国》1986年第55期。

停。蒋介石出于诸种考虑，举行全无胜利把握的死守南京之战。蒋介石总是寄希望于“国际形势的大变”，错误的军事决策往往是同此种“大变”的估量相联系的。

其次，以阵地战为主体的单纯防御的作战方针。国民政府统帅部不把着眼点置于组织以运动战为主体的攻势防御，只是让自己的主力部队在预定的阵地上摆着被动挨打的架势，等敌来攻。然后在固定的地域内同敌人作阵地抗击战，使自己的一百几十万大军陷入壕沟而处于被动，丧失了许多歼敌的机会。事实证明，阵地战一般是不适合对日作战的。这是因为中日两军的武器装备和组织素质相差很大，而制空权又在敌军手中。淞沪会战、忻口会战和南京保卫战的失败，都证明了这一点。阵地战方针的错误还在于使军队丧失了主动地位。防御战本来有被动之害，而国民党军又往往错误地用几十万大军固守在一个地区的战壕里，完全丧失了机动性。其结果，自己的行动往往被敌军所左右，不能集中优势，机动作战，发动攻势。中国共产党当时曾多次向国民党提出建议：改变单纯正面防御，采取以运动战为主，辅之以阵地战和游击战，实行攻势防御，机动灵活地向敌军侧后反击。还在八一三事变前夜的南京国防会议上，朱德代表中共中央就战略方针发出建议说：“抗日战争在战略上是持久的防御战，在战术上则应采取攻势。在正面集中兵力太多，必然要受损失，必须到敌人的侧翼活动。敌人作战离不开交通线，我们则应离开交通线、进行运动战，在运动中杀伤敌人。”①如果采纳这些建议，较多地歼灭敌人不是不可能的，至少不致出现屡战屡败、兵力大量消耗的悲剧。

第三，指挥机关不能提挈全军、驾驭战局，却屡屡决策失当，贻误戎机。国民党军屡遭失败，除弱军而无准备和政略上的错误外，指挥机关缺乏战略眼光，既不能提挈全军，又不能驾驭战局，也是一个重要原因。日军首先在平津挑起战端，完成了全面进攻华北的准备时，国民党军的战线尚未形成，战略支点没有建立，野战兵团没有组建，指挥机关没有全面的作战部署，各战区之间未形成协同，整个战线支离破碎，全军仓促应战。南京统帅部对整个华北作战迟迟未予全面部署，更无有力之指导。全军缺乏协同，各自分兵驻防，消极应战。当敌军分路纵深穿插、迂回作战时，未能以机动兵力突击其侧背与后方，丧失了许多运动歼灭战之战机，而使自己处于被动挨打之地位。不到半年时间，华北正规战遂告失败。

华北鏖战正酣之际，南京统帅部却漠视华北的战略地位，将作战重心移到淞沪战场，这个决策从政治上、外交上考虑多，从军事上说并非上策。对淞沪战役的指挥，前期是优柔寡断，逐次增兵，未能将上海市区敌军歼灭。日军在长江沿岸登陆后，又贻误战机，没有完成后续力量的组织和调动，进行坚决而有效的抗登陆作

---

① 中共中央文献研究室：《朱德年谱》，人民出版社，1986 年，第 168 页。

战，反而让日军在长江沿岸站稳了脚跟。后期以大量部队投入战场，却以劣势装备之军在狭小的阵地上与日军拼消耗，又未及时转移兵力，以致损伤兵力近一半。最后又疏于防卫杭州湾，致使日军在金山卫登陆，迂回成功。淞沪战役终于以失败而告终。

此外，分散兵力，固守一隅，不能集中优势兵力，也是战略指导上的失误。由于兵力分散，又缺少强大的战略预备队，一旦被敌突破防线，就无法弥补，而引起全线动摇。除了战略指导上的失误，国民党军队的政治、军事素质较差，武器装备落后，毫无制空权，又缺乏重兵器等，也都是作战失败的原因。

三、 守势消耗与攻势消耗相结合的战略相持

中国抗日战争进入战略相持阶段后，国民政府统帅部在继续实行“持久消耗”战略的基本原则下，根据欧洲战争和太平洋战争爆发后的世界战局以及中日战争的战略态势，调整和发展了军事战略。本来，战略上的这种调整和发展，是完全有可能朝着趋向日益完备和成熟的方向前进的。可是，进入相持阶段以后，国民党的政治路线和内外政策的错误日渐加剧，消极抗战、积极反共的倾向日益上升，致使其军事战略的发展，呈现出曲折和反复，保守性和消极性与日俱增。保存实力、单纯防御的消极战略，在相持阶段总体上是占统治地位的。

重庆统帅部在此期间举行的一系列军事会议，包括第一至第四次南岳军事会议、柳州军事会议、重庆参谋长会议、兴隆山军事会议、西安军事会议、恩施军事会议等，总结第一期抗战的经验教训，研讨第二期抗战的战略部署和作战方针，并对若干重要战役的指挥得失进行检讨，以及部署了军事建设和军队整编等项问题。军委会先后制订了《修正作战计划草案》（一九三八年十二月）、《国军第二期作战指导方案》（一九三九年一月）、《国军守势作战计划》（一九四〇年四月）、《国军攻势作战计划》（一九四一年）、《国军秋季攻势作战计划》（一九四二年五月）、《国军总反攻作战指导计划大纲》（一九四三年十一月）、《国军今后作战指导计划大纲》（一九四四年六月）和《中国陆军作战计划大纲》（一九四五年二月）等作战方案。重庆统帅部提出的关于第二期抗战在军事战略方面的决策，主要有以下几个方面：

（1）第二期抗战的基本战略方针，仍然是持久消耗战略。陈诚阐述蒋介石的有关决策时说：“第二期抗战，在战略上仍本持久消耗之目的，以空间换时间，实行节节抵抗之持久战”①。白崇禧也指出：第二期抗战，“在战略上，必须继

① 陈诚：《抗战方略》，军委会政治部印，1939年，第45页。

续持久的原则"①。国民政府统帅部在原则上承认此后抗战仍是持久战,但并不认为需要有一个战略相持阶段,而是企图径直转到战略反攻。

(2)重庆统帅部提出了第二期抗战的战略任务:"第二期抗战,就是我们转守为攻,转败为胜的时期"②,要"达到抗战胜利与建国成功的目的"③。蒋介石在首次南岳军事会议上宣称,提出上述任务有两个方面的根据。从敌人方面看,"敌人兵力的使用,到现在为止,已经到了最大限度,今后它再也不能有更多的兵力使用到中国来;而且,它已经派到中国境内的这许多部队,随战区之扩大而力量分散,且也疲敝不堪,没有什么大的战斗力量"。从中国方面看,"我们过去虽然遭受了挫失,但我们的挫失,客观上也只是到此限度为止,从今以后,由于作战经验的增加,战略布置的完成,以及军需的增加和敌我实力消长士气盛衰的对比……今后我们就要设法……转败为胜",④说明在相持阶段之初期,蒋介石对转入反攻的时间是预计得很早的。

(3)实行从守势消耗到攻势消耗的转变。从第一次南岳军事会议开始,重庆统帅部便一再强调要增加对日攻势作战的比重,主张逐步由守势消耗转变到攻势消耗战。它认为,"在武汉会战以前,我军完全取持久抵抗,逐步退军,向敌行退却消耗",而"到武汉会战后,我兵力已经增强,而敌人则已衰退,于是形势倒转",中国军队进攻的成分增加,"这便是我军由守势消耗战到攻势消耗战的过程"⑤。实行守势消耗和攻势消耗,总的目的在于"维持并造成我军有利态势,继续消耗敌人"⑥,并非要立即转到反攻;而首要的任务,还是"在第一线必须阻止敌军西进"。⑦

(4)提出"有限度之攻势或反击"并"广泛发动敌后游击战"的作战方针。这一方针的提出,是根据这样的形势分析:虽然敌之"战略攻势,已变为战略守势。但国军反攻力量,尚待建立,为达上项目的,并打破敌人企图……对敌主动发动有限度攻势或反击,以消耗敌人战力,同时广泛发动敌后游击,'变敌人后方为前方',以牵制敌军兵力,加重其消耗"。⑧重庆统帅部企图以其部队主力,在正面进行局部攻势或反击,以一部分部队在敌军后方开展游击战。正是在此种意图之下,蒋介石在南岳军事会议上提出了"游击战重于正规战"的口号。

---

① 白崇禧:《抗战两年来的回顾与前瞻》,《新华日报》,1939 年 7 月 1 日。

②④ 蒋介石:《第一次南岳军事会议开会训词》,《蒋总统集》,第 1059 页。

③ 蒋介石:《以事实证明敌国必败及我国必胜》,《蒋总统集》,第 1090 页。

⑤ 徐水昌:《四年来敌我战略战术之总检讨》,《军事杂志》,第 136 期。

⑥ 何应钦:《五届六中全会军事报告》,《何上将抗战期间军事报告》,第 278 页。

⑦ 何应钦:《五届五中全会军事报告》,《何上将抗战期间军事报告》,第 211 页。

⑧ 陈诚:《八年抗战经过概要》,《抗日时期国民党战场史料选编》,第 6 页。

(5) 整理军队，实行作战与整训之间的交替和轮番。一九三八年十一月，蒋介石提出了全面整训军队和轮番作战的计划："全国军队今后拟分三期轮流整训。限期完成，其法即将全国现有部队三分之一配置在游击区域——敌军的后方担任游击；以三分之一布置在前方，对敌抗战；而抽调三分之一到后方整训。"①军事委员会随即制订《国防军整理总方案》，规定自一九三九年一月起，在1年半之内，将参战部队分为三期，分期加以整理和训练。这就是实行"以军事为中心，以大部分的精神用在军事之整补训练上，从事准备反攻"②的方针。

综上所述，在由战略防御向着战略相持逐渐过渡以后，正面战场在继续坚持持久消耗战略的基本方略下，整训部队，增强战力，积蓄力量，对敌实行有限度的攻势和反击作战，并发动敌后游击战，扩大对敌攻势消耗，为尔后的战略反攻准备条件。这本是一条可行的转败为胜的道路，应当成为这一时期所应遵循的战略方案和作战方针。

以第一次南岳军事会议所制定的战略方针为标志的国民政府统帅部的抗战态度，是比较积极的；在增强自己力量基础上，争取主动反攻是它的战略方针中的主要一面。然而，随着国内外形势的变化，重庆政府的抗日态度渐趋消极，第二次南岳军事会议的方针则是其对日战略由积极转变为消极的重要标志。发生此种转变的根本动因，是国民党统治集团意欲维护大资产阶级一群一党的政治利益。促成此种变化的历史条件，在国际是欧洲战争爆发后的新的政治军事形势，被蒋介石看作利于对抗战取消极态度；在国内是中日战争开始以来，国民党力量的严重损失和共产党力量的迅速增长，被蒋介石视为对其统治非常不利。于是，国民政府的消极战略就应运而生，第二次南岳军事会议的方针，正是它的早期表现。从"积极整军，准备反攻"的方针，转变到"静观时局，保存实力，待机而动"的方针，是一、二两次南岳军事会议方针变化的实质。尔后，保存实力、依赖外力、单纯防御的消极战略越来越占据主导地位。正面战场出现了以守势消耗为主体、与部分攻势消耗相结合的战略格局；虽然其中各个阶段具体情况有所不同，但这种总体格局直到豫湘桂战役开始，基本上是没有变化的。而豫湘桂战役中的严重失败，乃是上述消极战略演变所产生的恶果。

从一九三八年年底到一九四四年年底的6年中，正面战场经历了4个发展阶段：武汉会战结束到一九四〇年春的冬季攻势结束为第一阶段，从冬季攻势结束到第三次长沙会战为第二阶段，从第三次长沙会战到豫湘桂战役开始为第三阶段，从豫中战役到桂柳战役为第四阶段。这4个阶段，从总体上说，都属于相持阶

① 蒋介石：《第一次南岳军事会议训词(四)》，《蒋总统集》，第1081页。

② 《抗战方略》，第57页。

段，但又各具不同特点。首次南岳军事会议后，正面战场调整军队指挥序列和部署，划全国为 10 个战区，同时进行作战和整训。至一九三九年年底，全军完成了两期整训，军力有了恢复和提高，基本上完成战略相持体制的整备。这时正面战场上，大体形成了在华北以包头、大同、太原、运城、博爱、开封、淮阳、亳县之线，在华中以合肥、黄梅、信阳、岳阳、武宁、芜湖、杭州之线为作战线的敌我战略相持态势。国民党军队主力退到西南和西北大后方，与日军进行正面的战略相持。其作战方略，除在敌后展开游击战，以牵制消耗敌人外，以“主力配置于浙赣、湘赣、湘西、粤汉、平汉、陇海、豫西、鄂西各要线，极力保持现在态势”①。在西北方向主要在于“利用既设阵地，固守黄河右岸，拒止敌之渡河”②。在华中和西南方向，则主要在于“确保长沙、曲江、衡阳，巩固华南交通枢轴”③；同时，“以拒止敌人（西进四川）之目的，始终确保三峡为作战枢轴”④。正面战场至豫湘桂战役之前的作战，虽有后退，但大体上保守住了上述相对稳定的战线，对全国持久抗战起了重要作用。

在这 6 年中，正面战场先后进行了 18 次较大的战役：南昌战役（一九三九年三月至五月）、随枣战役（一九三九年五月）、第一次长沙战役（一九三九年九月至十月）、桂南战役（一九三九年十一月至一九四〇年一月）、冬季攻势（一九三九年十二月至一九四〇年二月）、枣宜战役（一九四〇年五月至六月）、豫南战役（一九四一年一月至二月）、上高战役（一九四一年三月至四月）、晋南战役（一九四一年五月）、第二次长沙战役（一九四一年九月至十月）、第三次长沙战役（一九四一年十二月至一九四二年一月）、浙赣战役（一九四二年五月至七月）、大别山战役（一九四二年十二月至一九四三年一月）、鄂西战役（一九四三年二月至六月）、常德战役（一九四三年十一月至十二月）、豫中战役（一九四四年四月至五月）、长衡战役（一九四四年五月至八月）、桂柳战役（一九四四年八月至十二月）。其间，经历了第一次南岳军事会议积极准备反攻，到第二次南岳军事会议的消极应战，又由消极应战到第三次长沙战役的积极抵抗，再转变到常德战役时的保存实力、坐待胜利，到豫湘桂战役的消极退却等几个不同情况的演变。综观历次主要战役，正面战场的作战状况及其战略战术，呈现以下一些特征。

（1）“敌来我挡，敌退我停”，这是正面战场这一时期对日作战的基本趋势。

---

① 军委会：《国军第二期作战指导方案》，国民政府国防部史政局战史编纂委员会档案，中国第二历史档案馆：《抗日战争正面战场》，江苏古籍出版社，1987 年，第 32 页。

② 军委会：《修正作战计划草案》，《抗日战争正面战场》，第 24 页。

③ 军令部：《保卫粤汉路长沙曲江衡阳各战区协同作战计划》，《抗日战争正面战场》，第 99 页。

④ 军令部：《拱卫陪都作战计划》，《抗日战争正面战场》，第 106 页。

从南昌战役开始，至豫湘桂战役前，日军在正面战场从未举行过如战争初期那样的全局性、持续性的战略攻势，而是举行局部性、短暂性的战役攻势，主要战役平均每年为 3 次上下，每次一般不超过一个半月时间。18 次主要战役中差不多有 1/3 的战役集中在以湖南战场为中心的第九战区之内；而在不少战区，整整 5 年多时间中很少有同日军进行战役性的交战的。其间，由中国军队主动发起的攻势战役，对战局影响较大的只有一九三九年冬季攻势这一次；由敌军发动进攻，中国军队在防御战中发展为反攻的战役，如第一和第三次长沙战役、桂南战役、上高战役等，也只占少数；多数情况是日军达到预定作战目的后，自动撤返原防，中国军队大体恢复原有态势。因此，就总的趋势而论，国民党军队在这 5 年多时间内对日作战远不如全面抗战初期努力和积极；虽然，有的战场、有的战役的作战是坚决和有成效的，但是“敌来我挡，敌退我停”，乃是正面战场作战趋势的大体写照。毛泽东曾经指出：这一时期“国民党采取上山政策和观战政策，敌人来了招架一下，敌人退了袖手旁观”①。这正揭示了正面战场的基本状况。

（2）军事决策和作战行动上消极与积极之间的不断转换。在这期间，正面战场的作战积极性已远不如全面抗战初期，但这并不是一成不变的。事实上，积极与消极之间的转换和交替仍贯穿于这过程的始终，但消极倾向逐步占了主导地位。南昌战役、随枣战役、第一次长沙战役、桂南战役和一九三九年冬季攻势战役，是首次南岳军事会议方针在战争中的表现，说明国民党军队在这段时间内，还保持着对日作战的相当程度的积极性。一九四〇至一九四一年的两年，正面战场在第二次南岳军事会议方针之下，作战是消极的。太平洋战争一爆发，正面战场又从消极状态转换为比较积极的作战。第三次长沙战役的重大胜利，正是积极作战方针的产物。但是，英、美等国在太平洋战争初期的节节失利，以及盟军的“先欧后亚”战略，使重庆统帅部大失所望。此后，正面战场的作战方针又从积极向着消极方向转换。常德战役，就是此种消极方针的又一次表现。豫湘桂战役期间，此种消极方针已发展到“保存实力，坐等胜利”了。

（3）单纯守势作战的消极防御和固定地域的阵地防御。在战略相持条件下，战略态势对正面战场相比过去有利多了，敌我总兵力对比约为 1 比 8，我方装备有所改善，外援也增多了；特别是解放区战场的英勇作战，沉重地打击了日军，牵制了日军在华主力一半上下，是对正面战场的强有力的支援。战局的客观形势，给正面战场主动灵活地集结优势兵力于一定方向，举行外线的速决的进攻战役，歼灭敌军较大的集团创造了条件。但国民党军在 6 年多时间里几乎没有进行过这样的战役，基本上是各个战区分兵防守，摆着消极挨打的态势，等待敌军来攻。

① 毛泽东：《学习和时局》，《毛泽东选集》（一卷本），人民出版社，1964 年，第 948 页。

而且正面战场这一期间的防御战役，大都是没有反攻阶段的消极防御。以 18 场战役而论，桂南战役和第三次长沙战役等，尽管也属防御战役，但在防御中转入反攻，坚决进行反击作战，而能取得相当重大的胜利。相反，多数战役至多只是以短距离的反冲击、反突击，以求歼击入侵之敌一部，恢复原有态势。而且，正面战场的主力部队并未在相持过程中转用到运动战方面，实行主动出击，相反，却采取了固定区域的阵地防御。结果，把自己在兵力上的优势，变成了“全面散开，分散驻防”的劣势。这是抗战以来的单纯防御战略在相持阶段的继续及其发展。

四、 战略反攻的构想和反攻华南的计划

重庆统帅部在常德战役后，对战略反攻问题提出了基本的构想，这是其对日战略演变过程中一个新的重要问题。此种战略反攻构想产生的依据是什么，包含什么样的基本点，它与正面战场最后阶段作战的实际进程的关系又是怎样的呢？

国民政府统帅部的战略反攻构想，最早是由蒋介石在一九四四年二月的第四次南岳军事会议上提出来的。应当说，在这时提出战略反攻的基本构想，并在各个方面为反攻进行必要的准备，是合时宜的。经过一九四三年的一系列作战，世界反法西斯战争的历史进程，发生了根本性的转变，反法西斯同盟国军队在欧洲、北非和太平洋战场都转入了战略反攻和进攻。一九四三年是第二次世界大战进程中发生根本转变的一年，而即将到来的一九四四年则是世界反法西斯战争进程中具有决定意义的一年。蒋介石为首的国民党领导集团，对于世界战局的这种趋势是察觉到了的。

正是在这个形势下，蒋介石在一九四四年二月召集第三、四、六、七、九等战区的主要将领，举行了第四次南岳军事会议。这次会议首次讨论了战略反攻的有关问题，提出了战略反攻的基本构想。在这以后，重庆统帅部及其有关将领又在不同场合阐发了其关于战略反攻的观点和设想。

蒋介石等人认为，中国抗战的战略反攻的时机已经到来了。他在第四次南岳军事会议上说：“我们的抗战，经过这整整的五年的奋斗牺牲，到今天已经进到了一个新的转折点，就是第二期抗战已将结束，我军向敌反攻决战的阶段——第三期抗战开始的时候到了。”①自 5 年前第一次南岳军事会议正式宣布从那时起抗战进入第二期之后，蒋介石到此才首次宣称第三期抗战即将开始了。这反映了一九四四年春，国民政府统帅部对战局进程的基本估计。

蒋介石作出上述战略判断的主要依据，是太平洋战场和欧洲战场战略形势的

---

① 蒋介石：《第四次南岳军事会议训词》，《蒋总统集》，第 1484—1485 页。

根本变化,这符合他一贯的逻辑。但在这时,蒋介石对中国战场的形势也抱有乐观的态度。从敌我力量对比来看,他认为"敌人在我国境内的不过六个军,而我们用以抗战的有一百二十个军,以二十个军来对付敌人一个军"①,中国方面的优势至为明显。从战场态势来看,他认为:"以现在敌军正面之广,空隙之大,兵力之弱,与士气之衰落,我们真要打它那一点,就可以打它那一点。"②因而,在他看来,"今后的战局,敌我的形势已经完全转换过来了。在我们是处于主动的地位,处处要采取攻势,而敌寇是处处受敌,被迫退守"③。在蒋介石的心目中举行战略反攻的条件已是具备的了。

蒋介石还提出在一九四四年五六月间开始战略反攻的设想,说:"在今年五六月的时候,我们第一、三、四、五、六、七、九各战区一定要实行反攻。"在战略反攻开始的时候,蒋介石预计"可能遭遇两种不同的情况,因之……必须准备两种不同的方案"④。一是中国军队还未发起战略反攻,日军先发制人,先发动攻势;一是敌军不再发动进攻,中国军队在完成准备后即发起进攻。为对付前一种可能,要各个战区都抽调两个精锐的军加以训练,并预先指定攻击目标,如第九战区反攻武昌、第六战区反攻宜昌、第五战区反攻汉口,以三个月时间进行准备。待敌军发动进攻,中国军队除以主力在正面与之交锋外,即以上述预先准备的部队向敌侧后攻击前进,向预定的目标进军,实施战略反攻。这就是第一种反攻方案。对于后一种可能,蒋介石则提出了第二个方案:"敌不先来进犯,而我们到了五六月之间,准备完成之后,必须堂堂正正的实行反攻。"⑤

蒋介石的这个战略反攻构想,虽然还称不上一个拥有几百万大军的统帅部的战略反攻的完备设计,更不是一个直接付诸实行的战略指令,但总算提出了战略反攻的号召,作出了一些初步的设想,仍不失其积极的意义。但是,第四次南岳军事会议上蒋介石的上述构想性讲话,其实际意义,给美国等同盟国和国内各派政治力量作出表态是主要的,而并不准备就此实行。因为当时蒋介石实际上并未对战略反攻进行准备和实行部署,军事委员会也未作出任何一个准备和发动战略反攻的计划。

蒋介石的战略反攻构想除积极方面外,消极方面有两个特点。首先,它在很大程度上是建立在依赖盟军对日进攻之上的,并且片面地孤立地强调空军在反攻中的作用。还在太平洋战争初期时,蒋介石就设想要同盟国把"主要力量用在亚洲,从南太平洋、阿拉斯加、西伯利亚滨海边疆和中国沿海出动空军袭击日本,争取在一九四二年打败日本。先用空军切断日军的补给线,断绝亚洲大陆上的日军

---

① 蒋介石:《第四次南岳军事会议开会训词》,《蒋总统集》,第 1483 页。

②③④⑤ 蒋介石:《第四次南岳军事会议训词》,《蒋总统集》,第 1484—1485 页。

同外界的联系。然后,中国军队就能把他们消灭掉了"。①从一九四二年到一九四四年,重庆统帅部在宣传反攻的同时,却大谈其"先亚后欧"论的战略主张。蒋介石迭次向美英同盟国建议改变"先欧后亚"战略。一九四二年六月他指示中国驻美军事代表团团长熊式辉,向华盛顿太平洋作战会议提出重庆统帅部的战略主张,要求会议"接纳我方建议,迅速改变'先解决德国后解决日本'之战略",提出"英、美尤其是美国,宜乘此时机,运用优势之海空军,先击破日本"。蒋介石强调说:"余切望盟邦不以余之迫切呼吁为河汉,且能同意余之建议,速将太平洋上主动之战略,包括自印度、澳洲、中太平洋、北太平洋,以及至苏联在东方对日之战略,在各国陆、海、空军方面,即有一最高战略明确的决定,速取主动之攻击,则太平洋形势,即可大定,不待欧陆、北非战局揭晓,而日本必由主动而降为被动,由被动而趋于消灭。"②

"先亚后欧"论的战略构想是与美英两国的总战略不相一致的。鉴于欧洲是当时世界政治、经济的中心之所在,德国在轴心国中军事力量最强、野心最大,对美、英威胁最大,英、苏两国又是在欧洲对抗德国的两个最大的美国的盟国,美国必须先集中力量援助英、苏击败德国,才对全局有利;而美国先向欧洲进军,较之向亚洲进兵,从地理上和军事供应上来说,也最为有利。因而,在太平洋战争开始后,美、英两国在陷于两线作战的情况下始终坚持了欧洲第一,大西洋第一,先欧后亚,先大西洋、后太平洋的战略方针。这个决策对世界反法西斯战争的全局是有利的和必要的。在这个战略格局下,中国正面战场应当在自力更生的基础上,主动积极地配合盟军,在东亚大陆上打击日军、牵制日本陆军主力,壮大作战力量,准备和进行战略反攻。然而,蒋介石却企图把中国战场的反攻寄托在"先亚后欧"的战略格局之下。提出这一主张的实质,在于要美英盟军来替它打日本。这构成了重庆统帅部战略反攻构想的重要出发点。到一九四三年冬,欧洲法西斯国家的败局已定,蒋介石更是"以为欧洲解决,英美可以腾出手来替他们打日本"了。他"叫英美不要在欧洲闹什么第二第三战场,而把全力搬到东方先把日本打垮……国民党人起初大嚷'先亚后欧论',后来又嚷"欧亚平分论',就是为了这个不可告人的目的"③。

国民政府统帅部战略反攻构想的另一个特点,是它的轻敌思想。蒋介石把主要注意力放在依靠盟军的反攻上面,认为只要盟军击败日军,中国的反攻会轻而

---

① [美]巴巴拉·塔奇曼:《史迪威与美国在华经验》(下),商务印书馆,1985年,第328—329页。

② 《蒋介石致宋子文转驻美军事代表团长熊式辉电》,台湾《近代中国》第43期。

③ 毛泽东:《评国民党十一中全会和三届二次国民参政会》,《毛泽东选集》(一卷本),第918页。

易举地马到成功。此种观点表现在反攻的战略构想上自然是轻敌的。第四次南岳军事会议提出全国7个战区各抽出两个军，作为向敌实行全面反攻的主力，而未作出集中全军主力、准备和进行反攻的战略设想，这正是轻敌思想的突出表现。此种轻敌思想并非来源于对自己力量的估计过高，而是同依赖盟军战胜敌人和保存实力的思想互为因果的。当时，中国共产党方面就尖锐明白地批评说："决不应该把反攻描画得那么轻而易举，看成不费吹灰之力的事。""我们决不可认为在盟军的积极攻势之下，日寇会不战而降，或一战而亡。"①而且，强调提醒国民党：日本在中国和东亚大陆上尚保持有地面部队近200万兵力，空军拥有飞机1 000多架，海军有舰艇1 600艘。这些部队并未受到过与纳粹德国部队在欧洲任何一次相似的打击，在亚洲大陆上却还据有广阔的战场，足以进行长时间的机动防御。总之，战略反攻的计划须建立在对敌我情况的全面估量之上，排除任何轻敌和侥幸的成分。虽然，后来战争的实际进程，由于苏联进军东北和美军对日本的进击，提前实现了战争胜利的结局，而在中国大陆上并未出现大规模的对日战略反攻之战，但这并不能说明国民党的依赖外力、保存实力和轻敌的思想是正确的。

国民党战略反攻构想的基调是消极反攻。这种反攻所要达到的目标，一方面是要求赶走日本侵略军，另一方面又要求保存自己的实力，使之在反攻中不受大的损失，并力图独吞抗战胜利果实。从此种战略要求出发，在反攻中并不寻求与日军在华主力进行战略决战，而是企求敌军退出哪里，中国军队跟着进到哪里的战法，沿着收复地盘的方向前进。消极反攻是消极抗战的必然推移，它的反攻不是主动的，而是被动的；不是有计划、有准备、有决心，而且贯彻始终的，而是左右观望、投机侥幸、动摇不定，幻想不战而胜。在作战方法上，不是采取"敌进我进"的战法，大胆渗入敌人的翼侧后方展开大规模的运动战，并以广泛的游击战攻击敌人，在战场上歼灭敌之有生力量。显然，这种消极反攻，既是国民党的消极防御方针的继续，又是与它的保存实力、坐待胜利、独占抗战胜利果实的政治方针相适应的。由于日本的迅速投降，此种消极反攻并未在实际过程中全面出现于正面战场；但由中国陆军总部主持的、一九四五年春夏在广西广东等局部地区进行的对日反攻战，却是它的具体表现。

正是在国民政府统帅部的依赖盟军、保存实力、轻敌麻痹和企图以消极反攻取胜的战略思想统治下，正面战场在一九四四年不但没有发动什么战略反攻，相反却被日军乘虚而入、发动战略性进攻，而使自己遭到七七事变以来第二次最为严重的挫折。日军在一九四四年四月至十二月，对正面战场举行称为"一号作战"的大规模进攻。中国军队在河南、湖南和广西等地先后进行豫中战役、长衡战役

① 《新华日报》社论《中国应该怎样准备反攻》《打击敌人，争取胜利》等文章，1944年8—9月。

和桂柳战役。在这个通称豫湘桂战役的大战中，国民党军失地数千里，损兵近六十万。这次失败以严酷的事实对国民政府统帅部的战略反攻构想作出了检验。它的保存实力、坐待胜利、准备独吞抗战胜利果实的战略方针，是豫湘桂战役失败的基本原因。蒋介石自盟军转入战略反攻以来，“深信日本终将被击败”，因而更致力于保存和扩充自己的实力，使国民党在今后国内的政治和军事斗争中处于有利地位。这时的重庆政府，正如美国国务院一些官员所指出的那样，“彼等已渐趋腐败，只知争夺权位，依赖美国去战胜日本，以保持彼等在国内的权势”①。在这一政策下，当日军发动“一号作战”时，重庆统帅部根本就没有主动出击、调动优势兵力、求歼敌军的意图，只是消极地等待日军攻击一阵以后，以为像以前多次战役那样敌军会自动撤回原防。

蒋介石的消极战略在豫湘桂战役中造成了严重恶果。长衡战役时，薛岳曾向蒋介石建议在长沙与日军举行决战，拟定了决战计划，打算以长沙为吸引日军的诱饵，将主力埋伏在长沙周围，待日军进入长沙附近时实施反包围，将其歼灭。为此，他向蒋介石请求将第三战区的二十六军，第六战区的七十三、七十四、七十九、一百军，第四战区的四十六军，第七战区的六十二军等部调往湖南参战，但未获蒋介石的批准。蒋介石不愿在盟军胜利在望的时候，以损耗巨大实力的代价来进行如此大规模的战役。日军在对衡阳的第一次进攻受挫后，随即佯装败退，重庆统帅部却重温旧梦，以为这是日军实行主动自行撤退。日军对衡阳的第二、第三次总攻接踵而至，蒋介石依然抱着日军自动撤回的幻想，不采取任何有力的解围措施，以致第十军孤军苦战，遭到全军覆灭。衡阳保卫战由于守军英勇奋战，滞阻敌军达 1 个半月之久，本来重庆统帅部有足够的时间调集兵力，完成保卫桂林、待机反攻的部署，但蒋介石没有作出一个说得上是反击的方案，既无保卫桂林、解围衡阳的部署，更无对敌反攻的计划。“就在日军进击广西的同时，蒋介石为了封锁共产党而部署在华北的 16 个军都按兵不动。”②

从豫湘桂战役的全局来看，如果不是重庆统帅部错误的战略方针，正面战场完全有可能变“一号作战”为一场大规模的对日反击战。日军为发动这次进攻，不仅调动了“中国派遣军”所有能动用的兵力，还从关东军抽调一个多师团主力部队前来参战，其后方守备十分空虚。如果重庆统帅部采取积极的攻势防御，以第一、第八、第五战区部队在河南战场组织攻势；以第三、第六、第五战区部队乘敌第十一军在湖南作战，先行攻占武汉，切断日军退路；以第四、第七战区部队正面堵击；

---

① 《艾奇逊致杜鲁门的信》，《美国与中国的关系》，中国现代史资料编辑委员会翻印，1957 年，第 3 页。

② [美]巴巴拉·塔奇曼：《史迪威与美国在华经验》(下)，第 708 页。

以第九战区部队实行侧击截击，则不但在河南能歼灭敌军若干个师团，而且在湖南有可能将敌第十一军予以歼灭。但蒋介石完全没有此种攻势防御的积极作战的战略方案，因为在他看来，正如史迪威在桂柳战役期间所说："他认为华南的灾难性局势没有什么了不起，相信日本鬼子不会在华南地区进一步找他的麻烦，他觉得他可以撤到萨尔温江（即怒江）阵地以北，在那里坐等美国打完这场战争。"①

豫湘桂战役结束后，美军在西太平洋的进攻锋芒已直指日本的本土，中国解放区的局部反攻迅猛发展，日本大本营不得不在华南和西南实行战略收缩。在这一形势下，重庆统帅部遂决定成立中国陆军总司令部，制订反攻计划。一九四五年年初，日本大本营决定将在中国华南和西南的部队移至华中、华北集结，准备进行"大陆决战"。湘桂、粤汉铁路沿线的日军，实行战略收缩。为防止中国军队进行反攻、顺利实行收缩，摧毁豫西和湘西的中美空军基地，日军于一九四五年春夏差不多同时举行了豫西鄂北战役和湘西战役。湘西战役以日军的失败而告终，它标志着日军在华战役性进攻的结束，也标志着正面战场中日两军会战的结束。

在上述两战役开始前，中国远征军与驻印军为配合盟军攻势、迅速打通中印公路，于一九四四年九月开始发起了滇西缅北之战。至翌年一月二十七日，滇西、缅北两路军队在芒友会师，中印公路至此完全打通。这时，美国给国民党军装备的 36 个师的计划已大部完成。蒋介石接受美方的建议，命令一九四四年十二月在昆明成立的陆军总部，指挥滇黔湘桂各部队，将西南地区各部改编为 4 个方面军。该总部拥有 15 个军、44 个师，及特种部队，准备作为使用于战略反攻的机动的野战部队。一九四五年春，重庆统帅部"为适应今后之军事形势发展，协调邻接战区之作战，决于是年秋间，开始使用中国战区内所有之陆军及后勤机构，对在华之日军予以强烈紧密之进攻"②。同年四月至七月，陆军总部所属部队举行了桂柳反攻及追击战，乘日军战略收缩之际，收复了龙州、凭祥、河池、宜山、柳州、桂林等地。七月初，陆军总部制订了反攻广州的作战计划，提出"以打通广州海口之目的，先以有力部队攻略桂林，夺取雷州半岛，再分别攻击衡阳、曲江，并牵制越北之敌，以主力沿西江流域攻略广州"③。但在这一反攻广州的计划还未来得及实施时，日本政府就宣布投降了。于是在正面战场还未正式开始战略反攻时，就结束了这场历时 8 年的全面战争。

国民政府统帅部曾把其对日战略方针分为四个时期。第一时期从七七事变到武汉失守，"本期作战指导的总方针，在确立持久抗战的基础，不惜以空间换取

---

① ［美］巴巴拉·塔奇曼：《史迪威与美国在华经验》（下），第 708 页。
② 何应钦：《八年抗战之经过》，《抗日时期国民党场史料选编》，第 184 页。
③ 何应钦：《八年抗战之经过》，《抗日时期国民党场史料选编》，第 186 页。

时间，以消耗敌人兵力，并使敌备多力分，陷入泥潭而不能自拔”。第二时期从武汉失守到太平洋战争爆发，“本期作战指导的总方针，在完成持久抗战的准备，并争取与国，以待国际形势的转变”。第三时期从太平洋战争开始到豫湘桂战役结束，“本期作战指导的总方针，在牵制敌人的兵力，迟滞其南进，使盟国得确保印度、澳洲的策源地，一面联合盟军，打通国际路线，并保持兵力，以待欧洲战争的结束”。第四时期从桂柳战役结束到日本投降，其战略“已渐进入决战阶段”，并“开展全面反攻”①。但从军事战略的科学划分来看，实际上，只经历了战略防御和战略相持两个阶段。战略反攻阶段在正面战场并未出现。对上述两个阶段的战略方针，既不应一概否定，也不可一味崇扬；而应当以科学的态度给予实事求是的评析。这是抗日战争史和民国军事史研究中的一项重要课题。

---

① 何应钦：《第六届全国代表大会军事报告》，《何上将抗战期间军事报告》，第640—665页。

中国正面战场战略反攻问题述评*

中国抗日战争中的战略反攻，是整个对日军事战略中的一个重要问题，探讨抗日战史不可不注意对战略反攻的研究。正面战场的战略反攻问题，诸如国民政府统帅部有关战略反攻的方针和计划是怎样的，正面战场是否出现过战略反攻，对抗战结束前夜国民党军的反攻作战应作怎样的评价等，至今尚少研究。台湾史学界同行对此虽已发表不少著述，然其观点和结论不少是我们不能苟同的。本文对这一问题所作的若干评析，目的是抛砖引玉，与海内外同行们相互探讨，以对抗日战争史研究有所裨益。

一、 重庆统帅部的战略反攻构想

以蒋介石为首的国民政府统帅部，在对日战争开始后即确定其对日作战之“最高战略”为“持久消耗战略”。同时，又提出实施“持久消耗战略”、争取抗战胜利的进程分为两个战略阶段。蒋介石在第一次南岳军事会议和国民党五届五中全会上反复指出：“这次抗战，依照预定的战略政略来划分，可以说只有两个时期。”①“自广州失守、武汉撤退以前，是第一期。武汉退出以后是第二期。第一期的任务，在于尽量消耗敌人的力量，掩护我们后方的准备工作，确立长期抗战的基础，完成我们第二期抗战战略与政略的一切布置。第二期的任务，就是要承接前期奋斗的成绩，实现我们第一期中所布置的一切计划，发挥我们抗战的力量，以达到抗战胜利与建国成功之目的。”②并且强调：“第二期抗战，就是我们转守为攻，转败为胜的时期。”③蒋介石的这个战略构想，虽然揭示了抗日之战在战略退守以

---

* 本文原载《军事历史研究》1987 年第 3 期。

① 蒋介石：《第一次南岳军事会议开会训词》，张其昀编：《蒋总统集》，“国防研究院”、中华大典编印会，1968 年，第 1058 页。

② 蒋介石：《以事实证明敌国必败及我国必胜——在国民党五届五中全会上的演说》，《蒋总统集》，第 1090 页。

③ 蒋介石：《第一次南岳军事会议开会训词》，《蒋总统集》，第 1058 页。

后，经过积蓄力量，转到战略反攻的进程，但不认为需要一个战略相持阶段，而主张从战略退守直接转到战略反攻，这就背离了抗日战争的客观规律。

中日两国之间互相对立着的各种基本因素，规定了抗日战争必然要经过战略的防御、相持、反攻三个阶段，才能胜利结束。战略反攻必须以战略相持为前提和基础。正如毛泽东同志正确地指出的："三阶段是中日战争的规律"，三个阶段"战争的特点，在于有一个较长的或很长的相持阶段"，而这"相持阶段是战争的枢纽"，没有"第二阶段中增加上来的力量，没有伟大的新生力量之增加，反攻只是空唤的"。①

国民政府统帅部既否认相持阶段战略任务的必要，又企图把战略上相持的任务与反攻混为一体，因而在很长的一个时期里并未提出过关于战略反攻的设想。事实上，直到一九四四年年初，它也从未制订过举行战略反攻的方针和计划。然而，到了同年二月召开的第四次南岳军事会议，这种情况有了变化。蒋介石在这次会议上对战略反攻提出了一个初步的构想。应当说，在这时提出战略反攻的基本构想，并在各个方面为反攻进行准备，是合时宜的。经过一九四三年的一系列作战，反法西斯同盟国军在欧洲战场、北非和地中海战场、太平洋战场都取得重大胜利，转入了对轴心国的战略反攻，从而形成世界反法西斯战争历史进程中的根本性转变。一九四三年五月至十二月间，三叉戟会议、魁北克会议、开罗会议、德黑兰会议相继召开，"战局决胜之最后纡筹，战后世局之最先部署，皆在此一年内具其机杼"②。以蒋介石为首的国民党领导集团，对于世界战局的重大变化是有察觉的。正是在这一形势下，重庆统帅部召集第三、四、六、七、九等战区的主要将领，举行第四次南岳军事会议。蒋介石在会上首次提出了战略反攻的构想。在这以后，国民党军的有关将领又在不同场合阐述了关于战略反攻的观点。

蒋介石等人认为：中国对日之战战略反攻的时机已经来到了。蒋介石说："我们的抗战，经过这整整的五年的奋斗牺牲，到今天已经到了一个新的转折点，就是第二期抗战已将结束，我军向敌反攻决战的阶段——第三期抗战开始的时候到了。"③自五年前第一次南岳军事会议正式宣布从那时起抗战进入第二时期之后，蒋介石至此才首次宣称第三期抗战即将开始了。这反映了一九四四年春国民党对战局进程的基本估计。

蒋介石作出上述战略判断的主要依据，是太平洋战场和欧洲战场战略形势的根本变化，这符合他一贯的逻辑。但在这时，蒋介石对中国战场的形势也抱有乐

---

① 毛泽东：《论新阶段》，中国人民解放军军事科学院：《毛泽东军事文选》（内部本），1981年，第137—141页。

② 梁敬錞：《史迪威事件》，商务印书馆，1973年，第149页。

③ 蒋介石：《第四次南岳军事会议开会训词》，《蒋总统集》，第1484—1485页。

观的态度。从敌我力量对比来看，他认为“敌人在我国境内的不过六个军，而我们用以抗战的有一百二十个军，以二十个军来对付敌人一个军”①，中国军队占有显著的优势。从战场态势来看，他认为：“以现在敌军正面之广，空隙之大，兵力之弱，与士气之衰落，我们真要打它那一点，就可以打它那一点。”②因而，在他看来，“今后的战局，敌我的形势已经完全转换过来了。在我们是处于主动的地位，处处要采取攻势，而敌寇则是处处受敌，被迫退守”③。在蒋介石的心目中，举行战略反攻的条件已是具备的了。

蒋介石还提出在一九四四年五六月间开始战略反攻的设想，说：“在今年五六月的时候，我们第一、三、四、五、六、七、九各战区一定要实行反攻。”在战略反攻开始的时候，蒋介石预计“可能遭遇两种不同的情况，因之……必须准备两种不同的方案”④。一是中国军队还未发起战略反攻，日军先发制人，先发动攻势，一是敌军不再发动进攻，中国军队在完成准备后即发起进攻。为对付前一种可能，要各个战区都抽调两个精锐的军加以训练，并预先指定攻击目标，如第九战区反攻武昌、第六战区反攻宜昌、第五战区反攻汉口，以三个月时间进行准备。待敌军发动进攻，中国军队除以主力在正面与之交锋外，即以上述预先准备的部队向敌侧后攻击前进，向预定的目标进军，实施战略反攻。这就是第一种反攻方案。对于后一种可能，蒋介石则提出了第二个方案：“敌不先来进犯，而我们到了五六月之间，准备完成之后，必须堂堂正正的实行反攻。”⑤

蒋介石的这个战略反攻构想，虽然还称不上一个拥有几百万大军的统帅部的战略反攻的完备设计，更不是一个直接付诸实行的战略指令，但总算提出了战略反攻的号召，作出了一些初步的设想，仍不失其积极的意义。但是，第四次南岳军事会议上蒋介石的上述构想性讲话，其实际意义，给美国等同盟国和国内各派政治力量作出表态是主要的，而并不准备就此实行。当时蒋介石实际上并未对战略反攻进行真正的准备和实行实际的部署，军事委员会也未作出任何一个准备和发动战略反攻的计划。

二、 消极战略下的战略反攻

蒋介石的战略反攻构想，是与国民党的政治路线和片面抗战路线相一致、同国民党五届五中全会和第二次南岳军事会议以来的消极战略一脉相承的。此种反攻构想的显著特点，是企求依赖盟军取得反攻的胜利。蒋介石“历来把战争胜

---

① 蒋介石：《第四次南岳军事会议开会训词》，《蒋总统集》，第 1483 页。

②③④⑤ 蒋介石：《第四次南岳军事会议开会训词》，《蒋总统集》，第 1484—1485 页。

利寄托在日苏战争和太平洋战争上面,不寄托在自己的政治改革、军事改革和抗战努力上面”①。早在太平洋战争初期,蒋介石就设想过这样的反攻方案:同盟国军队以“主要力量用在亚洲,从南太平洋、阿拉斯加、西伯利亚滨海边疆和中国沿海出动空军袭击日本,争取在一九四二年打败日本。先用空军切断日军的补给线,断绝亚洲大陆上的日军同外界的联系。然后,中国军队就能把他们消灭掉了”。②后来,国民党又大肆鼓吹“先亚后欧”和“欧亚平分”论的主张,作为对日战略反攻的一项基本意见。在美国的“重庆的代表……提出了世界战争中的基本战略问题,他们不断提出要求,说日本比起德国来,更应成为第一号敌人,或者说,(美英两国)相等于用到欧洲的力量,应当用到太平洋上来”③。

蒋介石迭次向美、英统帅部建议改变“先欧后亚”战略。一九四二年六月,他指示中国驻美军事代表团团长熊式辉,向华盛顿太平洋作战会议提出重庆统帅部“先亚后欧”的战略主张。要求会议“接纳我方建议,迅速改变‘先解决德国后解决日本’之战略”,提出由“英、美尤其美国,宜乘此时机,运用优势之海、空军,先击破日本”。蒋介石强调说:“余切望盟邦不以余之这一切呼吁为河汉,且能同意余之建议,速将太平洋上主动之战略,包括自印度、澳洲、中太平洋、北太平洋,以及至苏联在东方对日之战略,在各国陆、海、空军方面,即有一最高战略明确的决定,速取主动之攻击,则太平洋形势,即可大定,不待欧陆、北非战局揭晓,而日本必由主动而降为被动,由被动而趋于消灭。”④从这一战略建议,可见“先亚后欧”论与蒋介石的战略反攻构想之间有着不可分割的联系。

“先亚后欧”论的战略设想是与美、英的总战略不相一致的。鉴于欧洲是当时世界政治、经济的重心之所在,德国在轴心国中军事力量最强、野心最大,对美、英、苏的威胁最大,英、苏两国又是在欧洲和大西洋对抗德国的两个最大的盟国,美国必须先集中力量援助英、苏击败德国,才对全局有利,而美国先向欧洲进军,较之向亚洲进攻,从地理上和后勤供应上也较为有利。因而,在太平洋战争开始后,美、英两国在陷于两线作战的情况下,始终坚持了欧洲第一、大西洋第一,先大西洋、后太平洋的战略方针。这个基本战略,对反法西斯战争的全局是有利的和必要的。在这个战略格局下,中国正面战场理应在自力更生的基础上,主动积极地配合盟军,在东亚大陆上打击日军,牵制日本陆军主力,壮大自己的作战力量,准备和进行战略反攻。然而,蒋介石却企图把中国战场的反攻寄托在“先亚后欧”

---

① 朱德:《论解放区战场》,《朱德选集》,人民出版社,1983年,第155页。

② [美]巴巴拉·塔奇曼:《史迪威与美国在华经验》(下),陆增平译,商务印书馆,1985年,第328—329页。

③ [美]毕生:《论中国在联合战争中的地位》,《远东研究》第12卷第14期。

④ 蒋介石:《致宋子文转驻美军事代表团团长熊式辉电》,《近代中国》第43期。

的战略格局之下。提出这一主张的实质，在于要美英盟军来替它打日本。这构成了重庆统帅部战略反攻构想的重要出发点。到一九四三年冬，欧洲法西斯国家的败局已定，蒋介石更是“以为欧洲解决，英美可以腾出手来替他们打日本”了，他“叫英美不要在欧洲闹什么第二第三战场，而把全力搬到东方先把日本打垮……国民党人起初大嚷‘先亚后欧论’，后来又嚷‘欧亚平分论’，就是为了这个不可告人的目的”①。

国民党战略反攻构想的另一个特点，是它的轻敌思想。蒋介石把主要注意力放在依靠盟军的反攻上面，认为只要盟军击败日军，中国的反攻会轻而易举地马到成功。此种观点表现在反攻的战略构想上自然是轻敌的。第四次南岳军事会议提出全国 7 个战区各抽出两个军，作为向敌实行全面反攻的主力，而未作出集中全军主力、准备和进行反攻的战略设想，这正是轻敌思想的突出表现。此种轻敌思想并非来源于对自己力量的估计过高，而是同依赖盟军战胜敌人的思想互为因果的。当时，中国共产党方面就尖锐明白地批评说：“决不应该把反攻描画得那么轻而易举，看成不费吹灰之力的事。”②“我们决不可认为在盟军的积极攻势之下，日寇会不战而降，或一战而亡。”③而且，强调提醒国民党：日本在中国和东亚大陆上尚保持有地面部队近 200 万兵力，其中关东军 75 万，中国派遣军总部所属约 130 万，空军拥有飞机 1 000 多架，海军有舰艇近 1 600 艘。这些部队并未受到过和纳粹德国部队在欧洲任何一次相似的打击，在亚洲大陆上却还据有广阔的战场，足以进行长时间的机动防御。总之，战略反攻的计划，必须建立在对敌我情况和国际形势的全局估量之上，排除任何轻敌和侥幸的因素。虽然，后来战争的实际发展，由于苏联进军我国东北，美军对日本海空军的沉重打击，提前实现了抗日战争胜利的结局，但这并不应用来为国民党的轻敌思想的错误开脱。

在蒋介石的战略反攻构想中，空中战略占有特殊的地位，成为它的一个重要特点。陈纳德航空队在夺取华中和华南的制空权、打击日军地面部队方面起过积极的作用，但空军对整个战局的影响毕竟是有限的，更不可能替代陆军的作用。陈纳德过高地估计了空军的作用，这正是他的空中战略的一个弱点，但这个空中战略却为蒋介石所全力支持。因为陈的空中战略正好适合了蒋介石依赖盟军、保存实力、消极抗战的错误政策的需要。一九四三年一月九日，蒋介石致电罗斯福，正式向美国提出中国战场对日作战的首要任务是空中进攻。他告诉罗斯福：“一支规模小、供应不足的空军已显示出在华空中进攻之可观潜力。本人相信，由于

---

① 毛泽东：《评国民党十一中全会和三届二次国民参政会》，《毛泽东选集》（一卷本），人民出版社，1964 年，第 918 页。

② 《中国应该怎样准备反攻》，《新华日报》社论，1944 年 9 月 19 日。

③ 《打击敌人，争取胜利》，《新华日报》社论，1944 年 8 月 20 日。

此间特殊战况，在华空军及早攻击实属可行。”他还强调指出：“在华空军之反攻将直接为我们盼望之总攻铺平道路。”①罗斯福虽一度支持陈纳德的空中战略，但后来的事实证明，由于蒋介石的消极抗日政策，国民党军队即使有了美国空军的空中支援，也没能挡住日军的进攻，更不可能依靠美国空军使自己转到战略反攻。

蒋介石的战略反攻构想中，贯穿着一条消极战略的轴线。正面战场几年来“主张和实施了单纯防御的消极战略”②，其战略反攻的构想正是此种消极战略的继续和发展。所以，可以说，国民党战略反攻构想的基调是消极反攻。这种反攻所要达到的目标，一方面是要求赶走日本侵略军，另一方面又力求保存自己的实力，使之在反攻中不受大的损失，并力图独吞抗战胜利果实。从此种战略要求出发，在反攻中并不寻求与日军在华主力进行战略决战，而是企求敌军退出哪里，中国军队跟着进到哪里的战法，沿着收复地盘的方向前进。消极反攻是消极抗战的必然推移，它的反攻不是主动的，而是被动的；不是有计划有办法有决心，而且贯彻始终的，而是左右观望、投机侥幸、动摇不定，幻想不战而胜。在作战方法上不是采取“敌进我进”的战法，大胆渗入敌人的翼侧后方，展开大规模的运动战，并以广泛的人民游击战攻击敌人，在战场上歼灭敌之有生力量。显然，这种消极反攻，既是国民党的消极战略在新形势的具体表现，又是与它的保存实力、坐待胜利、独占抗战胜利果实的基本政策相适应的。由于日本的迅速投降，此种消极反攻并未在实际过程中全面出现于正面战场；但由中国陆军总部主持的、一九四五年春夏在广西、广东等局部地区进行的对日反攻战，却是它的一个具体表现。

三、 迟迟未能来临的局部反攻

在国民党的消极战略之下，正面战场的对日战略反攻作战迟迟未能出现。本来，战略反攻是战略防御战最精彩最活跃的阶段，也是战略防御作战的最后阶段。根据中国抗日战争的具体特点，对日战略反攻应是在经过了较长时间的相持阶段之后，从各个已具备了条件的战区先举行局部反攻，进行战略反攻性质的攻势作战，然后过渡到全国规模的战略反攻，最后完全战胜敌人。解放区战场在中国共产党的正确领导下，正是沿着这条道路逐步转变到战略反攻的。从一九四四年起，解放区战场发动了局部反攻，在一年内毙伤日伪 6 万余人，收复国土 8 万余平方公里。一九四五年上半年，解放区各战场根据中共中央“削弱敌寇，发展我军，缩小敌占区，扩大解放区”的指示，展开了更大规模的反攻。在正面战场，就进行

① [美]罗马纳斯和森德兰：《史迪威私人档案》，1976 年，第 435—437 页。

② 朱德：《论解放区战场》，《朱德选集》，第 155 页。

局部反攻的条件而论，比解放区战场有利得多，但除中国驻印军和远征军与盟军进行了反攻缅北、打通中印公路的战役之外，整个国民党军在一九四四年没有举行任何一次局部反攻作战，相反却在豫湘桂战役中遭到严重失败。“敌人向国民党战场进攻，而解放区战场则向敌人进攻，这是一九四四年以来的新形势，是抗日战争相持阶段后期的特点，并与抗日战争相持阶段的前期相区别。”①

诚然，日军在一九四四年向河南、湖南、广西等地区发动了称为“一号作战”的大规模的战略性进攻，但是如果不是国民党的消极抗战、保存实力、等待胜利的错误政策，正面战场完全有可能把豫湘桂战役发展成为一场大规模的对日反击战，从而揭开局部性战略反攻之战。由此可见，拿日军“一号作战”来为正面战场迟迟不发动局部反攻作辩解，是没有根据的。

日军进攻豫湘桂的攻势作战，其战略目标是摧毁美军驻华空军基地，打通中国大陆交通线，开辟一条由日本本土，经中国东北、华中、华南，直达印度支那半岛的陆上通道，以利尔后支持南方作战和进行“大陆决战”。日军这次进攻分为三个阶段：第一阶段，突击平汉路南段，由华北方面军实施，使用 4 个师团兵力。第二阶段，进攻粤汉路，由第十一军实施，使用兵力为 8 至 10 个师团。第三阶段，打通湘桂线，由华南日军实施，使用 2 个师团兵力。针对这三个阶段作战，正面战场分别进行豫中战役、长衡战役、桂柳战役，总称为豫湘桂战役。国民党军队在豫湘桂战役中损兵约六十万，失地数千里，遭到了全面抗战以来第二次最为严重的失败。

豫中战役开始于一九四四年四月十七日。日军分别由新乡以南渡黄河占中牟，由开封越黄泛区西进，二十二日陷郑州。随后分兵二路：一路沿陇海线西侵洛阳，一路沿平汉线南下。西进之敌如入无人之境，连陷许昌、郏县、临汝，至五月二十五日，洛阳失守。南下之敌，亦连下漯河、西平。信阳日军也在五月初北上对进，占确山、遂平。五月八日，南北两路日军在西平会合，打通了平汉线南段。豫中战役国民党军在兵力上占绝对优势，第一战区部队约 40 个师、第八战区约 9 个师、第五战区策应作战约 5 个师，总计参战部队达 54 个师上下，而日军进攻兵力只有 6 个师团多。国民党军只有少数部队进行较顽强的抗击，大多数部队不堪一击，纷纷溃逃，在 21 天时间里，丧失了开封至潼关间 400 余公里、新乡至信阳间约 550 公里广大地域。日军发起进攻前，在华北和中原地区曾进行了四五个月的准备，到四月中旬，日军在豫东、豫北、晋南各地分途集结兵力。虽然当时国民党方面尚未判明日军进攻的具体计划，但已完全明了日军将有进攻行动。可是国民党统帅部却未作出必要的应敌部署。在河南的蒋鼎文、汤恩伯、胡宗南部数万兵力，官脱离兵，军脱离民，几年来不对日军作战，形成极为腐化的状态。豫中一役，汤

---

① 朱德：《论解放区战场》，《朱德选集》，第 141 页。

恩伯部不战而溃,损失兵力三分之二以上。

长衡战役在豫中战役还未结束时就揭开战幕。日军以9个师团兵力投入前线,其中以5个师团(湘江以东4个,湘江以西1个)齐头并进,另以3个师团配置于第二线,1个师团为预备队,企图一举攻占长沙,直取衡阳。第九战区直至开战前仍未弄清日军这次参战兵力及进攻部署,仍按第三次长沙战役的情况部署作战。五月二十六日,战役正式开始。日军以雄厚兵力步步进逼,对利用新墙河、汨罗江实行抗击的中国守军进行分割围歼。薛岳起初误认为日军进攻兵力不大,以为他的"后退决战"计划能保住长沙,待查明敌军有八九个师团后,并未重新组织力量,调整部署,却让第四军以区区3个师兵力死守长沙。第四军兵力单薄,孤军守城,指挥失当,以致被敌击败。六月十八日长沙陷于敌手。日军随即直扑衡阳。衡阳是粤汉、湘桂两条铁路的联结点,又是盟军在我国东南的空军基地和西南空军基地的中间联络点,具有重要的战略地位。日军攻陷醴陵、攸县后,进抵衡阳城郊。六月二十三日,中国第十军在郊外与敌军开始交战。敌同时西侵永丰,东陷茶陵,南占耒阳,形成对衡阳的包围态势。衡阳保卫战历时47天,第十军曾进行了英勇顽强的抗击,先后打退了日军的3次总攻势。六月二十八日到七月二日和七月十一日到十六日的头两次攻势,各进行了五天五夜,双方伤亡惨重。八月四日,日军以5个师团、百余门火炮向衡阳发起总攻。第十军广大官兵与日军展开了殊死的搏斗。八月七日,军长方先觉率残部向日军投降。八日凌晨,衡阳终于失守。

桂柳战役开始于一九四四年八月十六日。日军分兵三路从三个方向进攻。一路由衡阳向西进攻邵阳,一路由衡阳向西南进犯桂林,一路由广东向梧州、柳州进攻。在湘桂线作战的是第四战区部队,共约16个军39个师及特种兵,空军战机200多架。日军进攻开始后,国民党军接连战败。十一月初,日军逼近桂林,同时由桂林以西迂回柳州。当日军接近桂林时,国民党军实行所谓"焦土抗战",放火烧城。十一月十日,桂林失守,次日,柳州也陷于敌手。日军再从柳州南犯,与其从越南经龙州北犯的部队会攻南宁。二十四日,敌未经作战而占领南宁。第四战区拟在宜山一线以3个集团军组织防御,但防御准备尚未就绪,日军追击已至,便纷纷后撤。接着在南丹一线再组织防御,又未成功。十二月初,日军先头部队窜至贵州独山,国民党军在混乱中撤出都匀。日军进至独山后,因兵力不足,后继部队无力增援,形成孤军深入,乃由独山回撤。中日两军遂在南丹、河池之间的阵地一线形成对峙。

豫湘桂战役从四月开始,至十二月结束,共历时8个月。日军全部打通平汉线南段、粤汉线和湘桂线及越桂线,但没有歼灭国民党军主力。国民党军队战斗力空前低落,防御作战能力比之全面抗战初期大为下降,较之中期也相差甚远。

当时,世界反法西斯战争各个战场,发生严重危机的是在中国正面战场方面,其他各个战线都是十分有利的。至一九四四年夏,苏联红军已越过东欧,向德国胜利进军。美英军队在西欧登陆,开辟了第二战场。远东方面,盟军不仅突破了日军在太平洋的外防线,且已进占其内防线中的马里亚纳群岛塞班岛。在中国则有华北、华中等敌后战场八路军新四军向敌展开了局部反攻。只有正面战场却出现了自全面抗战开始以来的第二次大失败。

这次失败,以严酷的事实对国民政府统帅部的战略反攻思想作出了检验。它的保存实力、坐待胜利、准备独吞抗战胜利果实的战略方针,是豫湘桂战役失败的基本原因。蒋介石自盟军转入战略反攻以来,"深信日本终将被击败",因而更致力于保存和扩充自己的实力,力求国民党在今后国内的政治和军事斗争中处于有利地位。这时的重庆政府,正如美国国务院一些官员所指出的那样,它为了"争夺地位权力",需要"依赖美国为他们赢得战争,保留他们自己在国内的无上的地位"。①在这一政策下,当日军发动"一号作战"时,重庆统帅部根本就没有主动出击、调动优势兵力、求歼敌军的意图,只是消极地等待日军攻击一阵以后就像以前多次战役那样自行撤回原防。

豫中战役开始前,中原地区国民党军队重于反共,而疏于对日战备。日军为发动河南之战,在黄河南北中原地区进行了四五个月的准备,包括将平汉线北段南延至黄河北岸,限期修筑黄河铁桥,调集作战部队于豫东、豫北、晋南、鄂中及长江下游的战略要地,以空军实行频繁的侦察和轰炸,调运大批交通工具和作战物资于前进基地等。至一九四四年入春以后,已具有足够的情报证明日军将发动规模较大的攻势。但在河南情况日益紧张之际,重庆统帅部不仅不增兵河南,反从河南调出 3 个军回陕西参加反共。日军在华北调动频繁,黄河河防吃紧时,胡宗南却调驻防中原的 2 个军入新疆,"东入潼关,西出玉门",置抗战大局于不顾。豫中之战揭开后,汤恩伯部望风披靡,纷纷败退,暴露了国民党军的腐败不堪和战斗力的空前低落。重庆当局对于这一次惨败,不唯不敢正视其失败的政治军事原由,而谋所以挽救之道,却企图把责任推之于他,说盟军援助不力、反攻缅北之战牵制了中国军力、八路军新四军未予配合等。战争的实际进程,充分说明正面战场未能在有利形势下展开局部反攻,却在敌军进攻下招致失败,其真正的原因是国民党领导集团的错误政策。

长衡战役期间,第九战区司令薛岳曾向蒋介石建议在长沙与日军举行决战,拟定了决战计划,打算以长沙为吸引日军的诱饵,将主力埋伏在长沙周围,待日军

① [美]艾奇逊:《致杜鲁门的信》,美国国务院:《美国与中国的关系》,中国现代史资料编辑委员会,1957 年,第 3 页。

进入长沙附近时实施反包围，将其歼灭。为此，他向蒋介石请求将第三战区的二十六军，第六战区的七十三、七十四、七十九、一百军，第四战区的四十六军，第七战区的六十二军等部调往湖南参战，但未获蒋介石的批准。蒋介石不愿在盟军胜利在望的时候，以损耗巨大实力的代价来进行如此大规模的战役。日军在对衡阳的第一次进攻受挫后，随即佯装败退，重庆统帅部却重温旧梦，以为这是日军实行主动自行撤退。日军对衡阳的第二、第三次总攻接踵而至，蒋介石依然抱着日军自动撤回的企望，不采取任何有力的解围措施，以致固守待援的第十军孤军苦战，遭到全军覆灭。衡阳保卫战由于守军英勇奋战，滞阻敌军达一个半月之久，本来重庆统帅部有足够的时间调集兵力，完成保卫桂林、待机反攻的部署，但蒋介石没有作出一个说得上是反击的方案，既无保卫桂林、解围衡阳的部署，更无对敌反攻的计划。“就在日军进击广西的同时，蒋介石为了封锁共产党而部署在华北的十六个军都按兵不动。”①

从豫湘桂战役的全局来看，如果不是重庆统帅部错误的战略方针，正面战场完全有可能变“一号作战”为一场大规模的对日反击战。日军为发动这次进攻，不仅调动了中国派遣军所有能动用的兵力，还从关东军抽调一个多师团主力部队前来参战，其华中华南的后方守备十分空虚。如果重庆统帅部采取积极的攻势防御，以第一、第八、第五战区部队在河南战场组织攻势；以第三、第六、第五战区部队乘敌十一军在湖南作战，先行攻占武汉，切断日军退路；以第四、第七战区部队正面堵击；以第九战区部队实行侧击截击，则不但在河南能歼灭敌军若干个师团，而且在湖南有可能将敌第十一军予以歼灭。但蒋介石完全没有此种攻势防御的积极作战的战略方案，因为在他看来，正如史迪威在桂柳战役期间所说：“他认为华南的灾难性局势没有什么了不起，相信日本鬼子不会在华南地区进一步找他的麻烦，他觉得他可以撤到萨尔温江阵地以北，在那里坐等美国打完这场战争。”②

如果说，一九四四年是正面战场严重失败的一年，那么，中国驻印军和远征军的缅北滇西反攻战可算作例外。这次反攻战是中美两国共同促成的，美国陆军部和史迪威起了主导作用，蒋介石在较为勉强的情况下同意举行此次作战。一九四三年十一月，史迪威派出中国驻印军一部，由雷多出发，掩护修筑雷多公路，向缅北方向推进。驻印军新三十八师于一九四四年一月进抵大龙河西岸，新二十二师亦前出宁边、于邦等地。三月五日收复孟关要隘，随即进入猛拱河谷作战。中国远征军由滇西出动，先后参战的共有 17 个师。四月十三日强渡怒江。六月初前出腾冲。驻印军一部于五月中攻占密支那机场。八月三日全占密支那。同年九

---

① 《史迪威与美国在华经验》(下)，第 706 页。

② 《史迪威与美国在华经验》(下)，第 708 页。

月至十一月，远征军攻克腾冲、龙陵等地，驻印军在十二月攻占八莫。一九四五年一月，远征军与驻印军会师芒友。三月间，中印公路全线打通。

缅北滇西反攻战对解除日军从缅甸方面对中国西南的威胁，改善从印度到昆明的陆上运输线以增加美援，支援太平洋上盟军的攻势，都有着重要作用。在华中、华南和西南各战场上国民党军队一片溃败声中，它异军突起，在正面战场发出了一线胜利的曙光。可是，重庆统帅部很不愿意举行的这场反攻战，虽是在正面战场最先发动的局部反攻，但规模较小、延续时间过长、战地处于中缅边界之崇山峻岭，对中国战局的影响究属有限。它与解放区战场已展开的局部反攻，完全不可同日而语。

四、反攻华南的作战计划

正面战场的局部反攻尚未在我国大陆上展开时，日军却已开始从西南和华南实行战略收缩。豫湘桂战役中日军的暂时胜利，并不能改变它在亚洲和太平洋战场上全面败退的局面。美军以在太平洋的强大攻势，从一九四四年以来已牢牢掌握了中太平洋之制空制海权，并使日本本土处于战略轰炸的直接威胁之下。一九四四年春，美军的中太平洋部队在攻占了吉尔伯特群岛和马绍尔群岛后，向马里亚纳群岛发动攻势，六七月间攻占塞班岛、关岛等地，标志着美军的攻势已进入日军防卫的内圈。美军西南太平洋部队继占领俾斯麦群岛和阿德米雷耳提群岛后，将攻势直指菲律宾群岛。一九四五年二月，美军攻占菲律宾首都马尼拉。四月，苏联通告日本，废弃日苏中立条约，同时积极向西伯利亚东运兵力。五月，轴心伙伴德国投降。六月，美军攻下了重要军事基地冲绳岛。从此，登上日本本土的通道已经打开。日军大本营鉴于太平洋战局之危急，遂加紧日本本土及朝鲜与中国大陆沿海的作战准备，被迫把作战重心转向在本土实施最后决战，同时在中国战场实行战略收缩，准备进行“大陆决战”。

日本中国派遣军于一九四五年四月决定从西南、华南转用部队，着手收缩大陆西南方面之战线。其调整计划是：将驻广西南宁地区的第十一军 3 个师团转移至南京、上海，第二十军 1 个师团又 1 个旅团由湖南长沙调往华北，第三十四军 1 个师团由武汉地区转移至我国东北和朝鲜，第二十三军 3 个师团从广东、赣南调往南京和上海。其企图在于加强长江下游沪宁杭地区、武汉及华北防御，充实对美、苏的战备，抵抗中国的反攻。

日军在湘桂线及粤汉线进行战略收缩时，为防止中国军队展开反击，并摧毁豫西和湘西的中美空军基地，乃于一九四五年春夏几乎同时发动豫西鄂北战役和湘西战役。三月二十一日，日军 7 万余人分路向豫西之南阳、内乡、淅川，鄂北之老河口、襄樊进犯。第五战区部队未能击退来犯之敌，南阳、老河口于四月一日和十二日先后陷敌。中国军队举行反击，收复老河口。湘西战役从四月九日开始，日军从新化、邵阳、东安出击，分三路向芷江进攻，企图将第四方面军主力围歼于沅江以东雪峰山区。中国军队节节后退，诱敌深入。五月初，中国军队转入反击，对日军主力1个师团实行分割围歼。战至二十日，日军伤亡惨重，残部突围逃窜。湘西战役以日军的失败而告终，它标志着日军在华战役性进攻的结束，也标志着正面战场中日两军大规模会战的终结。

重庆统帅部鉴于“湘西会战我军胜算在握，广西敌军抽调，遂提前发动反攻桂柳作战”。一九四五年四月底，“决定提前攻略桂柳，与湘西方面相策应，开拓总反攻之机运，遂令陆军总部以第二方面军夺取南宁，第三方面军一部沿黔桂铁路直取柳州，主力沿桂穗路攻略桂林，将桂境之敌各个包围而歼灭之”①。

第二方面军在五月初以主力一部向都阳山脉进出，同月二十六日收复邕宁。七月三日先后进占龙州、凭祥，驱逐敌军于国境之外。第三方面军以一部于五月初向河池攻击。二十日占领河池，另以一部于六月十四日克复宜山。随即会攻柳州，于六月二十九日收复柳州。接着，沿桂柳路分向桂林前进，七月二十八日占领桂林。桂柳反攻及追击战，虽是局部反攻之战，收复了桂林、柳州、南宁等地，但此战系乘敌军实行收缩、撤兵调防之际进行的，沿着跟追敌军、收复失地的方向发展，并未经过围歼敌军主力的战斗，因而歼敌甚少。重庆统帅部的某些参谋人员也不能不承认此战未达歼敌之目的：“当时我军主力部队，或在湘西作战，或在昆明、贵阳优先战训中。反攻桂柳各部队原负警备任务，整补未毕，火力不足，故各战场各局地虽有绝对优势的步兵，并未能遇敌归路，捕捉歼灭之，历次战斗皆然。”②其实，此种结局，并非由于兵力不足或整训未毕，而是国民政府统帅部的消极战略的必然结果。

湘西战役结束、桂柳反攻战正在进行之时，亚洲和太平洋战场的形势急转直下，在中国大陆上展开对日大反攻之战已迫在眉睫。重庆统帅部至此才于一九四五年七月初责成中国陆军总部制定反攻广州的计划。此前，中国战区参谋长美国将领魏德迈曾提出反攻广州的战略构想，预定的方案是，“先收复雷州半岛，利用广州湾港口，由海路加强补给，然后以主力沿西江强袭广州”。如果不能先行夺取雷州半岛和控制广州湾，则采取以下方案：“先攻占衡阳、曲江，打通第九、七、三战区之联络，酌予补充，再围攻广州。”③陆军总部反攻广州的计划是以魏德迈的头

① 张秉钧：《桂柳反攻作战》，《中国现代历次重要战役之研究》（第3册），“国防部”史政编译局，1981年，第79页。

② 《桂柳反攻作战》，《中国现代历次重要战役之研究》（第3册），第81页。

③ 《桂柳反攻作战》，《中国现代历次重要战役之研究》（第3册），第90页。

一个方案为基础的。它提出的“作战方针”，是“以打通广州海口之目的，先以有力部队攻略桂林，夺取雷州半岛，再分别攻击衡阳、曲江，并牵制越北之敌，以主力沿西江流域攻略广州”①。这个方针的基点，在于攻略广州，打通对外海口，这是符合重庆当局保存实力、依靠盟军、等待胜利的要求的。

陆军总部的反攻计划，乃以第二、第三方面军合力会攻广州。第二方面军先以一部于九月一日前攻略雷州半岛，以主力部队由梧州攻击广州之西正面。第三方面军以一部向衡阳进攻，另以主力一部由贺县进攻曲江，再南下攻击广州之敌。同时，第一方面军以主力固守滇南，防阻日军从越北之出击。第四方面军以主力攻略宝庆、衡阳，以一部进攻湘潭，尔后协助第九战区攻略长沙。第三、第七、第九战区各以主力一部攻击赣州至曲江一带之敌，另抽调部分主力先集结于长沙附近，尔后向广东梅县、兴宁、五华地区推进，并在汕头一带攻占一个可通内陆之港口，接收由海上运来的外援装备，前出龙南、河源之线，从东面威胁广州之敌。这一反攻计划，对第一、二、五、六各战区并未作出反攻部署，只提出在反攻广州之同时，上述各战区均应攻击当面之敌以为牵制，阻止敌军转用兵力。综观这个作战部署，以夺占广州出海口岸为首位目标，以进攻广州等华南部分地区为作战范围的局部反攻，计划在一九四五年下半年开始实施作战，全国其他战区在一个时期内仍保持现有态势等，是它的显著特点。显然，它是重庆统帅部的消极战略的产物。

然而，远东战局发展之迅速远远超出重庆政府的预料。自德国战败，日本更陷于孤立。美国海空军在太平洋上发动的强大攻势，使日本本土危在旦夕。七月二十六日，中、美、英三国以共同宣言的形式发表《波茨坦公告》，要求日本立即宣布无条件投降。八月八日，苏联对日宣战，百万红军随即向关东军发动强大攻势。中国军队向日军发动全面大反攻。这一切，促使抗日战争胜利提前实现。同月十四日，日本正式宣布无条件投降。于是，中国陆军总部主持的反攻广州作战计划还未实施时，就结束了这场历时 8 年的全国抗日战争。终其结果，正面战场没有出现总体性的对日战略反攻。

---

① 何应钦:《八年抗战之经过》,《抗日战争时期国民党战场史料选编》,浙江省中国国民党历史研究组,1985 年,第 186 页。

国共两党抗日持久战略比较研究*

中国抗日战争的持久战略，作为中华民族战胜日本侵略的基本战略即最高战略，是在二十世纪三四十年代的特定历史时期，全国各抗日党派在对日基本战略问题上所达到的共识。中国共产党的持久战略和国民党的持久消耗战略，曾经左右着抗日战争的全局。但两党的持久战略有着不同的理论基础和政治取向，对中日战争发展规律的认识既有差异，拥有的军事力量的状况又大不相同，这就决定了两党的持久战是两种类型的持久战略，中共论定抗日战争是“三阶段”的犬牙交错的持久战，注重“向敌后进军”，实行防御中的进攻、内线中的外线、持久中的速决，以运动战作为转换全局的战略方针，把游击战提高到战略地位。国民党主张“两阶段”的持久战，注重“向国内退军”和“以空间换时间”，实行单纯防御，把阵地战置于首位，辅之以运动战和游击战，逐次消耗敌军，求得最后胜利。正面战场和敌后战场实施了两种类型的持久战略，导致了不同的结果。

中国伟大的抗日民族解放战争是一场全国规模的持久战，无论是正面战场还是敌后战场，都无例外地实行了持久战略。抗日战争的胜利是持久战略的胜利。持久战略，作为中华民族战胜日本侵略的基本战略或最高战略，不是某一党派独一无二的创造或为其所专用。而是在二十世纪三十到四十年代的特定历史时期，全国各抗日党派和爱国人士在抗战军事战略问题上所达到的共识，是抗日的各党各派各军的共同创造，是中华民族的民族智慧的结晶。当然，由于各党派在政治立场、基本政策和军事思想等方面的差异，抗日持久战略的理论观点和战略战术，呈现出五色缤纷、多种多样。本文试就国共两党的持久战略及其战略原则和作战方针，做一比较研究，以求教于海内外史学界同行。

一、 在历史转变关头形成的持久战略

对日抗战的持久战略的理论和战略构想，反映了中国朝野和各界有识之士对

* 本文原载《复旦学报》(社会科学版)1999 年第 5 期。

中日关系、两国的特殊国情和中日战争发展规律的理性认识，它经历了一个逐步发展和形成的过程。早在二十世纪二十年代，我国著名的军事学家蒋百里就高瞻远瞩地在国内率先提出了以持久战对付军国主义日本侵略的主张，这可谓持久战略思想的先导。九一八事变后，在民族危亡空前严重、局部抗战彼伏此起的历史条件之下，各种持久战略的主张和方略应运而生，他们在不同层面和不同角度揭示了对日持久战略的必要性和进行持久战的方法，但都未能完成关于持久战略的整体性理论。

国共两党的持久战略，经历了一个由酝酿、提出到发展形成的过程。大体上，这个过程开始于一九三五年，完成于一九三八年。这时，中国由国内战争逐步转变到抗日民族战争，国共两党由分裂走向联合，由内战转变到抗战，终于结成了抗日民族统一战线。以七七抗战为标志，开始了全国范围的全面抗战。抗日持久战略正是在伟大的民族战争的历史背景之下，得到全面发展并正式形成的。

国民党的持久战略，初步提出于一九三五年，而其萌芽则是在一九三四年。蒋介石在一九三四年七月对庐山军官训练团所作的《抵御外侮与复兴民族》的讲演，最早表述了持久战的主张，标志了国民党持久战略的萌芽。蒋氏在演讲中首先陈述了敌强我弱，“我事事不如人”的严重形势，说日本有“三天亡我中国”的可能；但他也指出中国通过长期抗战，定能战胜日寇。他对中日双方的基本条件作了对比，指出我方在战术、精神、统帅这三个方面都具有胜敌的条件；同时强调：“无论就历史之悠久，文化之高尚，民族之优秀，人口之众多，道德之完美，土地之广大，经济之丰富等来论，哪一项来比较，日本都绝对比不上我们。尤其是就国际的环境和外交的形势来讲，我们是公理正义之所归，日本乃疑忌怨恨之所集，只要我们能自强，天下都是我们的好友，不管日本武力如何强大，事实上它已处于孤立的地位。”①这就在一定程度上回答了为什么中国以持久战可以战胜日本的问题。

华北事变后，国民政府有鉴于中日之间的大战势不可免，遂全面推进了对日作战的准备。蒋介石对于抗日军事战略也作了更为明确的谋划。一九三五年，他考察了四川、云南、贵州等西南诸省，提出了以西南为抗战大后方，建立以四川为中心的抗日战略基地，以举行全国对日持久作战的设想，从而使抗日持久战略更形明确和具体。接着，国民政府初步提出了对日作战的战略构想，大体设定了全国国防战略和对日战争的指导方针，这在国民政府制定的《民国二十五年度国防计划大纲》和《作战计划》等文件中，有明确的表述。蒋介石后来对当时确定持久战略构想之经纬，曾作了以下的回顾：“自从‘九一八’经过‘一·二八’以至于长城战役，中正苦心焦虑，都不能定出一个妥当的方案，来执行抗日之战。……但后来

---

① 蒋介石：《抵御外侮与复兴民族》，《蒋总统集》，台湾“国防研究院”，1961 年，第 809 页。

终于定下了抗日战争的根本计划。这个根本计划什么时候才定下来的呢？我今天明白告诉各位，就是决定于二十四年入川‘剿匪’之时。到川以后，我才觉得我们抗日之战，一定有办法。因为对外作战，首先要有后方根据地。如果没有像四川那样地大物博、人力众广的区域作基础，那我们对抗暴日，只能如‘一·二八’时候将中枢退到洛阳为止。……到了二十四年进入四川，这才找到了真正可以持久抗战的后方。”①这就说明，国民党的抗日持久战略最初是在一九三五年奠定基础的。正如吴相湘教授指出的，“这就是……‘举全国力量从事持久消耗战’最高战略方针的由来”②。

国民党的持久战略的正式形成，是在全国抗战开始后。国民政府在一九三七年八月召开的国防会议上首次正式决定了进行“全面抗战，采取持久消耗战略”的基本战略方针。蒋介石随即发表《告抗战全军将士书》，公开宣告了对日持久战略，说：“倭寇要求速战速决，我们就要求持久战消耗战。”③1938 年 8 月，在纪念八一三抗战的讲话中，他对持久战略作了如下概括：“我们的战略，是以持久抗战，消耗敌人的力量，争取最后决战的胜利。”④同年十一月，蒋介石在第一次南岳军事会议上的讲话进一步阐明了持久战略，首次提出了抗日持久战的两个战略阶段及其战略任务的论断。他说：“我们这次抗战，依照预定的战略政略来划分，可以说只有两个时期。”⑤不久，他进一步指出：“第一期的任务，在于尽量消耗敌人的力量，掩护我们后方的准备工作，确立长期抗战的基础，完成我们第二期抗战战略与政略上的一切布置。第二期的任务，就是要承接前期奋斗的成绩，实现我们第一期中所布置的一切计划，发挥我们抗战的力量，以达到抗战胜利与建国成功之目的。”⑥这就使持久战略更具全面性和整体性。南岳军事会议关于持久消耗战及其两个战略阶段的构想，标志着国民政府对日抗战的持久战略的全面形成。

中共的抗日持久战略，同样是在从国内战争向着抗日民族战争转变的过程中逐步形成的。华北事变以后，中共提出了建立抗日民族统一战线的新的政治路线，同时也为提出和实行新的抗日军事战略进行积极的准备。一九三五年十二月，中共中央在瓦窑堡举行政治局会议，毛泽东在会后所作《论反对日本帝国主义

① 蒋介石：《国府迁渝与抗战前途》，《先总统蒋公思想言论总集》(第 14 卷)，中国国民党中央党史会，1984 年，第 653 页。

② 吴相湘：《中国对日总体战略及若干重要会战》，《八年对日抗战之国民政府》，台湾商务印书馆，1978 年，第 59 页。

③ 蒋介石：《敌人战略政略的实况和我军抗战获胜的要道》，《蒋总统集》，第 971 页。

④ 蒋介石：《八一三周年纪念告战地民众词》，《蒋总统集》，第 2089 页。

⑤ 蒋介石：《第一次南岳军事会议开会训词》，《蒋总统集》，第 1058 页。

⑥ 蒋介石：《以事实证明敌国必败及我国必胜》，《蒋总统集》，第 1090 页。

的策略》的报告中指出："打倒日本帝国主义和中国反革命势力的事业，不是一天两天可以成功的，必须准备花费长久的时间。"①这是毛泽东继遵义会议之后，在纠正党内的"左"倾冒险主义错误的基础上，对抗日战争和中国革命的长期性的再次肯定，也标志着中共抗日持久战的思想已经开始提出。接着，毛泽东于翌年完成了军事名著《中国革命战争的战略问题》，揭示了中国革命战争的特点和发展规律，确立了战略的持久战和战役战斗的速决战、战略的内线作战和战役战斗的外线作战、战略的防御战和战役战斗的进攻战的战略思想和战略方针，为抗日持久战略的形成奠定了理论基础。

全面抗战开始后，中共中央于七七事变后不久，即向南京国民政府提出了《确立全国抗战之战略计划及作战原则案》。提案全面分析中日双方的情况，提出了全国抗战所应采取的战略方针和作战原则：

(1) 战略的基本方针是持久的防御战，但应抓住适当时机，予全线之反击，而根本地把日寇从中国赶出去。

(2) 战役上应以速决战为原则。

(3) 作战的基本原则是运动战，应在决定的地点，适当的时机，应集中绝对优势兵力与兵器，实行决然的突击，避免持久的阵地的消耗战。

(4) 在必要的战略要点或政治经济的中心，设立坚强之工事，并配置足够的兵力，以钳制敌人。

(5) 一切阵地的编成，避免单线的构筑，而应狭小其正面，延长其纵深，在守备部队的作战要领，亦应采取积极的动作，一般地应反对单纯的死守的防御，只有积极地动作起来，才能完成守备的任务。

(6) 战略的内线，而在战役的指导上，应是外线作战，以求得歼灭敌人。

(7) 广大地展开游击战争，其战线应摆在敌人之前后左右，以分散敌人，迷惑敌人，疲倦敌人，肃清敌人耳目，破坏敌人之资财地带，以造成有利条件，有利时机，使主力在运动中歼灭敌人。②

提案强调指出："只有在上述作战原则之下，才是保持持久战的有效方法，和消灭敌人取得抗战(胜利)的手段。"③中共中央的这个提案，是对抗日持久战略和作战方针的全面的概括和阐述，标志着中共抗日持久战略的正式提出和持久战基本要点的确立。

---

① 毛泽东：《论反对日本帝国主义的策略》，《毛泽东选集》(一卷本)，人民出版社，1964年，第147页。

② 军事科学院军事历史研究部：《中国人民解放军战史》(第2卷)，军事科学出版社，1987年，第25页。

③ 《中国人民解放军战史》(第2卷)，第25页。

毛泽东接着在一九三八年五月发表了著名的《论持久战》一书，全面分析了中日两国相互矛盾的四个基本特点：敌强我弱、敌小我大、敌退步我进步、敌寡助我多助。指出抗日战争是持久战，最后胜利属于中国。抗日持久战争经过战略防御、战略相持、战略反攻三个阶段。抗日持久战应当实行防御中的进攻、持久中的速决、内线中的外线的战略方针。《论持久战》科学地回答了抗战为什么是持久战和怎样进行持久战去夺取最后的胜利的问题，标志着中共的抗日持久战略的全面形成。同年十月，毛泽东在中共六届六中全会作《论新阶段》的报告，标志着这一战略思想和战略方针为全党所接受，而确定为中共的唯一正确的抗战指导方针。

二、 持久战略的客观依据

抗日战争为什么是持久战？提出持久战略的客观依据是什么？这个问题关系到持久战略是主观臆想的产物，还是在对中日战争作客观分析后所得出的科学结论。对此，国共两党都作出了明确的回答。两党均在中国、日本和国际条件这三个方面揭示了持久战略的客观根据，认识和论断大体上也是相一致的，但也各有不同的特点。

蒋介石等人认为，中日两国的基本状况和国际环境，决定了中国对日战争是一场持久抗战。因为，日本是一个小国，资源少，但又是武器先进的强国；中国是一个大国，人力物力资源丰富，但又是落后的弱国。国际方面大都同情中国而谴责日本的侵略，但真正要以实力援助中国、制裁日本，却有待于相当长的时日，因为国际姑息主义还在作祟。中日之战中国想要取得最后的胜利，必须经过一场持久的抵抗。而在这过程中，中国不得不放弃不少作为政治、经济中心的大城市和战略要地，利用我国广阔的国土和众多的人力资源，逐次实行抵抗，在大西南建立抗战后方基地，利用持久战消耗战，取得最后胜利。

对于持久战略客观依据的分析，国民党方面的显著特点是着重强调“广土众民”。蒋介石多次指出，抗日战争一定可以得到最后的胜利，“主要的理由，就是说我们有广大的土地和众多的人民”，它们是“抗战必胜的最大武器”①。蒋介石在国民党五届五中全会上论述抗战前途时说：“我国面积广大，东西经度跨度有六十五度以上，自北而南兼有寒温热三带的气候，所以我国论述军事的成败，就以天时地利并举。内地及西部，湖沼纵横，山岳错综，平原沙漠，无所不备，所以就面积言，过去无论任何外敌，皆只能占领我一部分一时期，而不能永久占我之全部。”②

① 蒋介石：《抗战必胜的条件和要素》，《蒋总统集》，第1021页。

② 蒋介石：《以事实证明敌国必败及我国必胜》，《蒋总统集》，第1093页。

同时,蒋介石又说:“我们是一个有五千年悠久历史的民族,拥有全地球人类四分之一的人口——就是有四万万五千万的同胞!以如此历史悠久,人口众多的伟大国家,一个小小日本,要来吞并我们,要想全部消灭我们,是绝对办不到的事,凭我们四万万五千万的人口,前仆后继的来拼死抗战,该能发生怎么样的一种力量!只就这一个事实来看,就可以证明日本绝对不能灭亡我中国!”①何应钦、李宗仁等人也持同样的见解。何应钦代表军委会阐述持久战略说:“消耗持久,则适合我之国情,如国土、人口、物资、地形等皆利于消耗持久。”②李宗仁则强调指出:“吾人必须避我之所短,而发挥我之所长,利用我广土众民、山川险阻等优越条件去困扰敌人,作有计划的节节抵抗的长期消耗战。”③

中共的持久战略,则是建立在全面地历史地分析中日两国的基本国情、分析中日战争所处的时代特点和国际环境的基础之上。毛泽东在《论持久战》和《论新阶段》这两部著作中,对抗日持久战的基本问题作出了非常精辟和系统的论述。抗日战争是在敌强我弱、敌小我大、敌退步我进步、敌失道寡助我得道多助的条件下进行的。敌强我弱决定了战争的长期性和残酷性,决定了我国必须采取持久战的战略方针,并在持久抗战的过程中转变敌强我弱的形势,去夺取抗战最后的胜利。敌小我大,决定了敌经不起长期战争,必然凭借其暂时的优势,采取速战速决的方针,妄图达到其灭亡中国的目的。然而,敌人力、物力、财力先天不足,加之战争的非正义性,必然遭到世界极大多数国家的反对,失道寡助,这就注定了它必败的命运。而我国地大物博,人口众多,有着持久抗战的人力物力和广大空间,特别是我国处于进步的时代,加之抗战的正义性,得道多助,所以抗战的最后胜利是属于中国的。中共认为,正是中日两国这些互相矛盾着的基本特点,决定了抗战必须采取持久战的战略方针以及一系列相应的战略战术原则。

如果说国民党的持久战略主要强调的是广土众民和地理条件,那么中共的持久战略则更侧重于强调时代的特点和人民的作用。显然,两党对持久战略客观根据的分析,侧重点是各有不同的。在中共看来,中国抗战是在二十世纪三十年代开始进行的一场民族解放战争,在世界、在中国都处于一个新的历史时代,这是中国坚持持久战以战胜日本的主要根据。毛泽东特别看重这一点,他强调说:在这个时代,日本是“快要死亡的帝国主义”,处于大崩溃的前夜,因此不论日本如何猖狂、如何挣扎,终究逃脱不了灭亡的命运。而中国则“处于历史上进步的时代”,“如日方升”,“它已经不是完全的封建国家,已经有了资本主义,有了资产阶级和

---

① 蒋介石:《抗战必胜的条件和要素》,《蒋总统集》,第1021页。

② 何应钦:《临时全国代表大会军事报告》,《何上将抗战期间军事报告》(上册),台湾文星书店,1962年,第107页。

③ 李宗仁:《李宗仁回忆录》,广西政协文史资料委员会,1980年,第683页。

无产阶级，有了已经觉悟或正在觉悟的广大人民，有了共产党，有了政治上进步的军队即共产党领导的中国红军，有了数十年革命的传统经验，特别是中国共产党成立以来的十七年的经验”①。因此，中国尽管弱，但却具备坚持持久战的一切必要的条件，而且最终必定战胜日本。

国共两党对持久战略客观基础认识上的差异和着重点的不同，反映了两种不同的抗日观，引出了战争指导方针上的不同方向。中共注重“时代的特点”，认为“兵民是胜利之本”，从而强调发挥“新的人、新的政党、新的军队”在持久战中的主观能动作用，主张制定与执行“新的抗日政策”，实行人民战争的抗战路线。国民党强调“广土众民”，于是提出并实行“以空间换时间”的战略口号和作战指导思想。两党在战略问题上的异歧，对抗日战争的进程产生了重大而深刻的影响。

三、“三阶段论”与“两阶段论”

抗日战争是长期的，中国必须也一定能够通过持久战夺得最后胜利，国共两党在这方面是有共识的。“持久消耗”作为中国抗战的基本战略即“最高战略”，两党的认识也基本上是一致的。那么，持久战的发展趋势是怎样的呢，持久战在其发展历程中将呈现何种阶段性，如何在不同阶段的战争特点的基础上确定我国的具体战略方针？对于这些问题的回答，国共两党也有所不同；而其集中表现，则是中共的持久战“三阶段论”和国民党的“两阶段论”之间的区别。

毛泽东根据中外战史和各类战争的情况，从战争发展的趋势把战争分为三类。第一类，甲方进攻，乙方退败，战争以一个阶段完结。第二类，甲方从进攻到退却，乙方从退却到反攻，双方都有两个阶段。第三类，甲方进攻，乙方退却，为第一阶段；双方相持不决，为时甚长，为第二阶段；乙方反攻，甲方败退，为持久战的第三阶段。战争发展进程的不同阶段性，是特定的历史条件与战争指导集团的特性造成的。毛泽东认为，中日战争属于第三类战争，“中日战争的长期性表现于战争的三个阶段”②。“三阶段论”的战略构想，揭示了抗日持久战的发展形态和发展过程，成为中共的抗日持久战理论中极为重要的组成部分。

蒋介石的持久战略是“两阶段论”的持久战略。他认为抗日战争按照战略和政略来划分，“只有两个时期”，广州、武汉失守以前为第一期，武汉失守以后为第二期。他确定：战略“防御的战略乃是第一期——前期抗战的战略。进到第二

---

① 毛泽东：《论持久战》，《毛泽东选集》(第2卷)，人民出版社，1952年，第442页。

② 毛泽东：《论新阶段》，《毛泽东军事文选》(内部本)，第138页。

期——后期的抗战，我们的战略，应当是……采取攻势，决然攻击前进。”①在他的战略构想中，战略防御直接转变到战略反攻，中间无需战略相持阶段。

是否承认抗日持久战必须有一个战略相持阶段，这是国共两党持久战略的一个重大区别。中共的“三阶段论”认为，中国由劣势到平衡到优势，日本由优势到平衡到劣势；中国由防御到相持到反攻，日本由进攻到保守到退却，是中日战争的全过程、中日战争的必然趋势。相持阶段不是可有可无，而是抗战发展的关键。“相持阶段是战争的枢纽”②。“中国将变为独立国，还是沦为殖民地，不决定于第一阶段大城市之是否丧失，而决定于第二阶段全民族努力的程度。”③

中共的“三阶段论”的立论根据，是从敌强我弱、敌小我大、敌退步我进步、敌寡助我多助等四对矛盾的辩证演变中得出的。同时，中共还从国际上“先欧后亚”的战略格局中，揭示了“三阶段论”的现实根据。毛泽东在一九三八年指出：“世界的主要重心在欧洲，东方是环绕着它的重要部分。世界的主要和平阵线国家与主要法西斯国家，正在为着欧洲战争危机问题，在西方纠缠不清，无论是各大国间的战争前夜或战争爆发，西方的各大小国家都将解决欧洲问题放在议程的第一位，东方问题则不得不暂时放在第二位……三阶段是中日战争的规律，不但在敌我力量对比上有其根据，而且也在国际形势上有其根据。”④

国民党的“两阶段论”，反映了其对中日战争发展趋势缺乏完整的认识，带有相当的片面性和不确定性。而其战略阶段的划分，又往往主要依据作战地域的变化而定。武汉失守前，国民党把从抗战开始到南京失陷这一段时间称为“第一期”，把鲁南会战到徐州撤退称为“第二期”，把保卫武汉称为“第三期”，并准备“继续进行第四第五以至无数期抗战”⑤。武汉失守后，国民党虽然否定了以前的分期，但它的这个分期的标准并没有稍加改变。作战地域的变化，虽仍不失为一种分期标准，但它不能从总体上反映中日双方力量对比的消长。正因为这样，在国民党的文献中，“二期抗战”究竟始于何时，众说纷纭。有人说在武汉失守后或岳阳失守时，有人说在第一次湘北大捷之际。这就造成国民党对抗战形势估计的盲目性和不确定性。

同时，“两阶段论”与对国际形势的估量不无关系，如同“三阶段论”有其国际形势上之依据一样，“两阶段论”也在国际形势上找到了根据，问题在于两者的观察方法和观点各不相同罢了。在欧洲战争爆发前蒋介石就一再表示了以国际力

---

① 蒋介石：《第二次南岳军事会议训词》，《蒋总统集》，第 1184 页。

②④ 毛泽东：《论新阶段》，《毛泽东军事文选》（内部本），第 140 页。

③ 毛泽东：《论持久战》，《毛泽东选集》（第 2 卷），第 455 页。

⑤ 陈诚：《最后胜利的关键》，《新华日报》，1938 年 10 月 10 日。

量击败日本的论断,说:“虽然与它(日本)冲突得最厉害的英美法俄各国目前还没有参加战争,与我们共同一致来打日本,但这并不是国际不动,而是时机未到……一旦它的弱点暴露出来,各国就会毫不迟疑地加以打击……它就要失败,它的失败,就是我们的成功。”①此种形势判断亦不无其正确方面,但显然是把中国抗战的发展进程不适当地寄托于国际形势的演变,从而导致了抹煞战略相持阶段的极端重要地位。

四、“向国内退军”与“向敌后进军”

中日全面战争的战幕一经揭开,日本即挟其优越的军事武器与训练有素的军队,利用其邻近中国和长期在华经营的东北基地等有利条件,向中国发动全面的大规模的战略进攻。日本企图以速战速决的战略,一举击败中国,迫使中国政府屈服。中国的持久战必定先有一个“向国内退军”或战略退却的阶段。对此,国共两党的认识基本上是一致的,但是中共主张将这一阶段定位为“战略防御”,“不说退却而说防御,是说以战略的运动防御即节节抵抗的姿态而表现其退却”。②“向国内退军”和建立抗战的战略总后方,是国民党的持久战略的一个基本点。一九三五年,蒋介石曾设想:“对日应以长江以南与平汉路以西地区为主要阵线,以洛阳、襄阳、荆州、宜昌、常德为最后阵线;而以四川、贵州、陕西三省为核心,以甘肃、云南为后方。”③为此国民政府资源委员会拟定一个五年计划,“拟以湖南中部如湘潭、醴陵、衡阳之间,为国防工业之中心地域。并力谋鄂南、赣西以及湖南各处重要资源之开发,以造成一主要经济重心”④。同时制定开发西南、西北经济的计划。一九三六年年初,国民政府制定了《民国二十五年度国防计划大纲草案》《国防设施纲要草案》《作战计划》等文件。这些文件指出:“今日我国之预想敌国应以侵略我国最急,加我危害最甚之日本为预想敌国,故凡国防军事一切建设准备,当以日本为对象而筹划之。”⑤为此,国民政府确定对日作战的总方针是:“为保全国土完整,不得已时逐次占领预定阵地作韧强之抗战,随时转移攻势,相机歼灭之。”⑥并设想将来对日作战,“以四川为作战总根据地,大江以南以南京、南昌、武

---

① 蒋介石:《抗战检讨与必胜要诀》,《蒋总统集》,第983页。
② 毛泽东:《论新阶段》,《毛泽东军事文选》(内部本),第138页。
③ 张其昀:《中华民国史纲》(第4卷),台湾中华文化出版委员会,1954年,第211页。
④ 国民政府经济部:《廿八年上半期工作进度报告》,重庆档案馆藏档案。
⑤ 国民政府参谋本部:《民国二十五年度国防计划大纲》,中国第二历史档案馆藏档案。
⑥ 国民政府参谋本部:《一九三六年度作战计划》,中国第二历史档案馆藏档案。

昌为作战根据地，大江以北以太原、郑州、洛阳、西安、汉口为作战根据地”①。同年年底，国民政府参谋本部又制定了《民国二十六年度国防作战计划》甲、乙两案，除明确把全面抗战初期主战场定在华北外，其他无大变化。全面抗战前夕国民政府对未来中日战争的大体构想，虽未构成完整的系统，但其“向国内退军”的方针却是一以贯之的。

全面抗战爆发后，蒋介石继续对此问题加以阐述。一九三八年二月，蒋介石发表《抗战必胜的条件与要素》一文，指出：“我们这次抗战，是以广大的土地，来和敌人决胜负。是以众多的人口，来和敌人决生死。未来战争的胜负，就是决定于空间与时间，我们有了敌人一时无法全部占领的广大土地，就以空间的条件，已足以制胜侵略的敌人。……我们所有一切的土地，不作生产上的利用，就要作军事上的利用，要讲求种种有效的方法，使地能尽其利。这是我们抗战必胜的最大武器。与敌人打仗，就是争时间。我们就是要以长久的时间来固守广大的空间，要以广大的空间，来延长抗战的时间，来消除敌人的实力，争取最后的胜利。”这就是国民党持久消耗战略中最著名的口号——“以空间换时间”的由来。“以空间换时间”的实质，就是先“向国内退军，待到相当时日之后再行反攻”②。

按照国民政府的预想，“向国内退军”是向西南腹地和西北退军，构筑东西向的防御态势。但在全面抗战初期，由于各方面的原因，南京统帅部并未将这个设想贯彻于战争的进程之中。在上海、南京相继失守后，南京统帅部深察战争长期化的必然趋势，从而调整军事部署，决心实施持久战略的计划。并在武汉会战前后从理论上进一步对中日战争的长期性及其战略阶段作论证，部署向西南和西北退军，构筑对日抗战的东西向防御格局。

“向国内退军”，被德国军事理论家克劳塞维茨当作“一种特殊的间接的抵抗方式”，称“采取这种抵抗方式与其说是用我们的剑消灭敌人，还不如说是让敌人通过自己的劳累拖垮”。“在幅员辽阔的交战双方的兵力不太悬殊的情况下，防御者采用这种退却方法可以造成对自己有利的兵力对比，使自己比在边境附近决战时更有把握获得胜利。”③纵观古今中外，应该承认这种抵抗方式在军事上是有其重大的价值的。中国远古时代黄帝对蚩尤之战、古罗马大将费边对迦太基汉尼拔之战、俄国近代名将库图佐夫对法国拿破仑之战，都采用了这种抵抗方式，并取得最后胜利。全面抗战初期，国民政府基本上采用此种方针抗击暴日，声称：“中国持久战其最后胜利之中心，不但不在南京，抑且不在各大都市，而是寄于全国之乡

---

① 国民政府参谋本部：《民国二十五年度国防计划大纲》，中国第二历史档案馆藏档案。

② 蒋介石：《抗战必胜的条件和要素》，《蒋总统集》，第1022页。

③ [德]克劳塞维茨：《战争论》(简本)，军事科学院，1978年，第121、122页。

村与广大强固之民心。”①“向国内退军”，一定程度上打破了日军围歼中国军队主力、速战速决的战略企图。

但是也要看到，“以空间换时间”和“向国内退军”的方针，只是在一定的条件和一定意义上是正确的，它本身带有明显的局限性和消极性。“以空间换时间”突出强调的是“空间”即地域的作用，而忽略了积极防御的作用。它把“空间”与“时间”对立了起来，忽视了两者之间的统一性。它突出了失地的一面，而轻视了复地的重要性。事实上，在战争中空间有时是可以换时间的，有时是不能换时间的；并且空间是有限的，以有限的空间不可能换得无限的时间。在战略防御中，空间既有失去的，也有收复的；敌我在同一空间中还有相互渗透的。所以“以空间换时间”有正确的一面，但并不能全面地反映持久战过程中，失地与复地、复地与歼敌之间的客观关系。

“向国内退军”的方针也是这样。在中国军队实行战略防御和战略相持的情况下，为了保存军力、耗散敌力、待机歼敌，有必要实行诱敌深入，向内地退军。但是，持久战略的要道，在于实行积极防御，一方面积极实施战役战斗的进攻战，另一方面积极改革政治、军事和经济，动员全国力量支持长期抗战。实行持久战略的最有效的办法，是在战略持久下的战役战斗的速决的进攻战，以逐次歼敌为主要目标。“向国内退军”是实行战略防御的一种手段，而不是其目的。它没有突出运用攻势防御歼灭敌军这一中心点，因而把它作为战场作战的基本方针，更是不正确的。

中共赞同国民党的“向国内退军”方针的合理方面。中共认为，敌强我弱，拒敌于国门之外是不可能的，中国必定会有一个战略退却阶段。毛泽东指出：“一切有把握的战役和战斗应坚决地进行决战，一切无把握的战役和战斗应避免决战，赌国家命运的战略决战应根本避免。……不决战就须放弃土地，这是没有疑问的，在无可避免的情况下（也仅仅是在这种情况下），只好勇敢地放弃。情况到了这种时候，丝毫也不应留恋，这是以土地换时间的正确的政策。历史上，俄国以避免决战，执行了勇敢的退却，战胜了威震一时的拿破仑。中国现在也应这样干。”②

同国民党的“向国内退军”方针相比较，中共则更强调“向敌后进军”。按照中共的持久战略，在战略防御和战略相持阶段，国民党军队主要担负正面防御，实行节节抵抗，耗散敌军，人民军队则向敌后进军，深入敌之翼侧和后方，开辟敌后战场。这是在总的战略方针下的国共两军的合理分工。同时，中国政府的军队除以

---

① 蒋介石：《我军退出南京告国民书》，《蒋总统集》，第2081页。

② 毛泽东：《论持久战》，《毛泽东选集》（第2卷），第495—496页。

主力进行正面防御以外,也必须组织一部分主力转入敌后,在敌之后方、翼侧开辟战场,进行外线作战。

中共的这个战略构想建立在关于抗日战争的特殊发展形态的理论之上。中共认为:抗日战争呈现出“犬牙交错”的战争形态,这种特殊的战争形态表现为内线与外线、正面与敌后、有后方与无后方、有固定作战线与无固定作战线、包围与反包围等的相互交错。犬牙交错的战争形态,是抗日持久战颇为特殊的“突破历史纪录的东西”。它是由中日战争的特殊历史条件和两国特殊国情而产生出来的。具体地说,主要表现在以下几个方面。

内线和外线。毛泽东、朱德等指出:抗日战争中,我方是整个处于内线作战地位的。但主力军和游击队之间,主力军在内线,游击队在外线;各游击区又互为内外线,从而形成夹击日军之势。特别值得一提的是,中共特别强调游击队外线作战的重大意义。指出:在战争第一阶段,战略上内线作战的正规军是后退的,而在战略上外线作战的游击队则广泛地向着敌人后方大踏步前进,实行“在敌人战略进攻阶段上我方的反进攻”。于是形成了抗日战争正面战场敌进我退;敌后战场“敌进我进”的奇异状况。

有后方与无后方。有后方为国共两党公认,而“无后方的作战”则为中共所注目。中共强调脱离国家总后方,广泛发展敌后游击战争,创建山地、平原、河汊湖泊等根据地,把敌人后方变为前线的重要性。认为这种作战是“新时代中领土广大、人民进步、有先进政党和先进军队的情况之下的革命战争的特点,没有可怕而有大利,不应怀疑而应提倡”①。

包围和反包围。这是中共著名的“围棋”理论,也是犬牙交错的战争形态的最突出表现。毛泽东设想了三种包围与反包围的情况。中国整个地处在敌人的战略包围中,而敌人的一路或数路又处在中国的反包围中。这是第一种情况。敌后每个根据地处于敌人四面或三面包围之中,而各个根据地又联合把许多敌人反包围起来,这是第二种情况。侵略阵线的德、意、日又与和平阵线的中、苏、英、法等国又构成第三种包围与反包围。他认为,这种包围与反包围,“大体上好似下围棋一样,敌对于我我对于敌之战役和战斗的作战,好似吃子,敌的据点(例如太原)和我之游击根据地(例如五台山),好似做眼”②。不过围棋之“眼”是不能破坏的,这是围棋的机械论。战争之“眼”是可以破坏的,这是战争的辩证法。

总之,国共两党虽然都倡导或赞成“以空间换时间”的口号。但两党在持久战的战争形态上的看法并不一致。国民党主张“向国内退军”,虽含有在将来转入反攻的意义,但强调的是战略退却。中共不仅主张“敌进我退”,更强调要“敌进我

①② 毛泽东:《论持久战》,《毛泽东选集》(第2卷),第462页。

进”，实行“反进攻”，从而使持久战呈现出犬牙交错的战争状态。抗日战争的实际已表明犬牙交错的战争状态，是二十世纪三四十年代中国民族解放战争“特殊的形态”，是战胜日军的最好方法。

五、 持久战略下的战略方针和作战原则

持久战略是抗日战争的基本战略即战略总方针。那么，在基本战略之下的具体的战略方针和作战原则应当是怎样的呢，国共两党对此作出过什么回答，提出了怎样的方针？

中共一贯主张积极防御(攻势防御)，反对消极防御(专守防御)，认为在战略防御之下的战役战斗的“外线的速决的进攻战”，是实行持久战略唯一正确的方针，也就是抗日战争战场作战的基本方针。毛泽东指出，抗日持久战“在第一和第二阶段即敌之进攻和保守阶段中，应该是战略防御中的战役和战斗的进攻战，战略持久中的战役和战斗的速决战，战略内线中的战役和战斗的外线作战。在第三阶段中，应该是战略的反攻战”①。一九三七年八月四日，毛泽东、张闻天就抗日军事战略问题向国民政府提出建议，在致周恩来、朱德、叶剑英的电报中明确指出：“总的战略方针，暂时是攻势防御，应给进攻之敌以歼灭的反攻，决不能是单纯的防御，将来准备转变到战略进攻收复失地。”同月十一日，在南京国防会议上，周恩来、朱德、叶剑英代表中共就抗日战争的战略方针和作战原则进行阐述，指出全国抗战在战略上实行持久防御，在战术上应采取攻势。

在国民党方面，全面抗战八年，也有过“攻势防御”的设想。如白崇禧在武汉会战期间曾建议：“深思对敌之策，惟有取机动姿势，求敌侧背相机攻袭。而不限以一地一城之死守。如此，则能常保持有用之力量，获得作战之自由。”“正面仍以一部守御，主力集结敌之侧背，求其弱点，相机攻击，断其后方连络线，以此广大地域，运用广大面之运动战。如此，则易死路为生，转变被动为主动。”②蒋介石总结抗战前期消极防御失误的教训，在柳州军事会议提出：今后“一切战略战术，都应立于主动地位，采取积极攻势”，“从前是消极的防御，今后是要积极的进攻”。③正面战场有若干战役采取了积极防御的作战方针，实行战役战斗的外线进攻战，从而获得了胜利。如一九三八年三至四月的台儿庄战役、一九三九年九至十月的第一次长沙战役、一九四一年三至五月的上高战役、一九四一年十二月至一九四二

---

① 毛泽东：《论持久战》，《毛泽东选集》(第2卷)，第474页。

② 《白崇禧致蒋介石电》(1938年9月6日)，《抗日战争正面战场》(上)，江苏古籍出版社，1987年，第724页。

③ 蒋介石：《柳州军事会议训词》(一)，《蒋总统集》，第1206页。

年一月的第三次长沙战役等。

但从总体上看，正面战场所采取的则是“消极防御的战场作战方针”。表现在作战上则是：消极被动地防守，不作积极的攻势作战；分散兵力，分兵把口；进行战役和战斗的内线防御战。参加过武汉会战的苏联顾问亚·伊·切列潘诺夫有过形象的描绘。他说：国民党军队“在日本人可能发动进攻的狭窄战线上堵上防御‘塞子’，日寇打掉一个‘塞子’，防御者立即又堵上一个‘塞子’……充当‘塞子’的军队在打仗，而其余军队通常都在待命”。①

抗日战争的作战形态，基本上有阵地战、运动战和游击战这样三种，确定何种战争形式作为对日作战的基本形式，三种作战形式之间的关系又是如何，这是一个战略方针的问题。中共的方针，是主张对日作战以运动战、游击战为主，而配合以正面的阵地防御战。具体地说，在战略防御阶段，主要的是运动战，而以游击战和阵地战辅助之；在战略相持阶段，主要的是游击战，而以运动战辅助之；在战略反攻阶段主要的是运动战，但阵地战提高到了重要地位。中共认为，上述方针根据中日两国、两军的情况和各阶段战局的特点，以我之长击敌人之短，而采取适宜的作战形式，无疑是正确的方针。

毛泽东一再强调运动战对于正面战场以至整个抗战具有特殊的重要地位，确认运动战为战争之枢纽。他说：“我们的战略方针，应该是使用我们的主力在很长的变动不定的战线上作战。中国军队要胜利，必须在广阔的战场上进行高度的运动战，迅速地前进和迅速地后退，迅速地集中和迅速地分散。这就是大规模的运动战，而不是深沟高垒、层层设防、专靠防御工事的阵地战。”②他的结论是：“转换全局的战略方针，必然要是运动战。阵地战虽也必需，但是属于辅助性质的第二种的方针。”③

国民党的方针则刚好相反，把阵地战置于对日作战的主要地位，当作对日作战的主要形式。蒋介石在一九三七年八月十八日宣布的五项作战原则中，正式提出了阵地战的基本方针，说：“我们要固守阵地……这是我们抗倭胜利的唯一要诀。”他强调指出：“敌人的利器是飞机、大炮、战车，我们的利器是深沟、高垒、厚壁。”④正面战场一系列重大战役，几乎都是采取了以阵地战为主体的方针，结果一次又一次地打成了战役消耗战而丧师失地，淞沪会战则是实行阵地战方针的突出例证。

---

① [苏]亚·伊·切列潘诺夫：《中国革命军的北伐》，中国社会科学出版社，1981年，第617页。

②③ 中共中央文献研究室编：《毛泽东军事文选》(第2卷)，中央文献出版社，1993年，第272页。

④ 蒋介石：《敌人战略政略的实况和我军抗战获胜的要道》，《蒋总统集》，第971页。

国共两党对于抗日游击战的方针也是有大的区别的。中共认为抗日战争的胜利，最终要靠正规战，但由于敌强我弱以及由此产生的战争的长期性，由于抗日游击战将脱离国家总后方，在外线单独作战，敌后游击战争就具有重要的战略地位和作用。在战略防御阶段，游击战争担负着开辟敌后战场、创建根据地、牵制与打击敌人、配合正面战场作战的战略任务。在战略相持阶段，游击战争担负着坚持敌后抗战、发展与巩固根据地、消耗与削弱敌人、支持正面战场作战，并积蓄力量，逐步向正规战转变和准备反攻的战略任务。在战略反攻阶段，游击战争则转变为正规战，展开大规模反攻，收复失地。在整个抗战过程中，正面战场的正规战与敌后战场的游击战，在战略上对敌军构成夹击之势，陷敌于两面作战的不利地位。八年全国抗战，中共领导的敌后游击战争，就是沿着上述道路而发展壮大和取得胜利的。

在国民党方面，对于游击战争的作用不是没有认识，如白崇禧就说过："游击队不是土匪，而是建筑在政治基础上，有坚强的干部，很好的群众纪律的正当部队。游是手段，击是目的。游击队不是游来游去，而是击来击去。"①武汉会战期间，蒋介石也曾要求各战区指定担任游击的部分，"应积极行动，努力袭击敌人，尽量破坏交通、通信，以分散进攻武汉兵力"②。第一次南岳军事会议上，他更提出"游击战重于正规战"的口号。军委会还在南岳开办游击干部训练班，聘请共产党人叶剑英等讲授游击战理论与战略战术。在军事部署中，全面抗战初期，国民政府也确曾有意识地在敌后留下相当数量的军队。南岳军事会议又增设了鲁苏、冀察两大战区，担负敌后作战，其在敌后的武装多达七十万人，其中正规军有三十多万人。应该肯定，这些敌后武装，在华北坚持了相当一个时期的敌后作战，保持了在敌后的阵地。但是，从总体上看，国民党并没有改变以阵地战为主、游击战偶尔为之的格局。国民党在敌后的部队在战略战术上仍固守着正规军所用的那一套，更没有动员、训练与组织民众，甚至与民为敌。因此，国民党的游击战成效不彰也属必然。

总之，国共两党持久战方略各有自己一套作战方针与作战原则。中共实行积极防御的战略方针和战役上的"外线的速决的进攻战"，把运动战放在首位，将游击战提高到战略地位。国民党实行的是专守防御的战略方针和战役上的"内线的持久的防御战"，把阵地战放在首位，配合以运动战，辅之以游击战。

中国伟大的抗日民族解放战争的胜利，是全国实行持久战战略总方针及其战略战术的胜利。国共两党在民族危亡的历史关头，在实现由国内战争向民族战争

① 白崇禧:《抗战胜利之途径》,《新华日报》,1939 年 1 月 30 日。

② 《蒋介石致程潜等密电》(1938 年 7 月 5 日),《抗日战争正面战场》(上),第 684 页。

转变的过程中，根据自身对中日两国的国情和中日战争特点的认识和理解，逐步提出并形成了对日抗战的持久战略和作战方针。持久战略的确立，对坚持长期抗战、最后战胜日本帝国主义具有十分重大的作用和意义。对此，国共两党都作出了自己所特有的重大贡献。

国共两党的持久战略有着不同的理论基础和政治取向，两党对中日战争发展规律的认识也有很大的差异，加之两党军事力量的状况和过去的战争实践及其历史经验大不相同，这就决定了国共两党的持久战略是两种不同类型和不同体系的。中共是“三阶段论”的犬牙交错的持久战，注重“向敌后进军”，实行的是在战略防御、战略持久和战略内线中的战役战斗上的“外线速决的进攻战”，坚持攻势防御，把运动战作为转换战争全局的战略方针，把游击战提到战略地位。国民党是“两阶段论”的持久战，注重“向国内退军”和“以空间换时间”，实行消极防御的作战方针，把阵地战置于首位，辅之以运动战和游击战。

中共的持久战略是中共运用唯物辩证法的理论武器，对中日战争发展规律作出科学认识的结晶，是人民战争和人民军队独有的战略战术，具有全面性、系统性和连贯性。国民党的持久消耗战略，建立在单纯地依靠政府和军队抗战的片面抗战路线之上，又深受军事上的唯心论和机械论的影响，一般的解释多于系统的论述，缺乏理论上的完整性、严密性和政策上的稳定性。如果说，国民党的持久消耗战略和中共的持久战略都占着中国抗日持久战的指导地位，那么，可以说中共的持久战略在战争理论、战略原则和作战方针等方面，都比国民党的持久消耗战略更为科学、更为严密和更为完备，是中华民族对这场伟大的民族解放战争的最高认识水平和最高政治军事智慧的结晶。

抗日战争是在正面战场和敌后战场两个战场上进行的。这两个战场对于夺取抗战胜利都是不可缺少的。然而，两个战场实行了两种不同的持久战略和作战方针，因而，产生的结果及各自在抗战中所起的作用也就不同。抗日战争的客观进程及其结果，是对两种持久战略的最后的检验，历史已经作出了回答。

论中国正面战场初期的战略作战方向问题*

全面抗战初期，中国正面战场的战略作战主要方向和作战重心，经历了由华北转变至华东的过程。以淞沪会战的全面展开为标志，以华北战场为主要战场的战略格局发生改变。正面战场战略作战的主要方向，在此后的一个时期内转到了华东，华东战场由此上升为主要战场。这是一个带有战略全局意义的重大变化。这一变化是在什么背景之下发生的，又是经过怎样的作战过程而形成的？它对中国抗日战争的进程产生了什么影响和作用？如何评价中国统帅机关在这一重大变化中战略指导之成败得失？长期以来，海内外史学界中对这些问题存有颇多歧见，至今仍是众说纷纭。尤其是在台海两岸的中国史学界中，对这一史事甚至持有截然相反的论断。吴相湘教授的名著《第二次中日战争史》和蒋纬国将军主编的《抗日御侮》等论著，与中国社会科学院李新、陈铁健教授主编的《从内战到抗战》等论著，其中有关篇章似可被视为反映两种不同见解的代表作。笔者近几年先后于上海的《军事历史研究》和北京的《抗日战争研究》著文，就这一史事的研究略抒己见，以求教于海内外方家，而赞同者和商榷者的文章亦颇有新意。本文拟在前几年讨论的基础上作进一步的论析，以期有助于研究的深入。

一、 中国统帅部开战之初确定的战略作战方向

中国国民政府在全面抗战之初，把战略作战的主要方向和战略防御重心置于华北，而把华东和华南沿海一带作为战略作战的钳制方向和次要战场，这是抗战当初军事战略和作战部署的重要决策。这一战略部署，既立足于对日本侵华战争战略企图和战略态势的全面估量，也是全面抗战开始前后南京军事当局关于抗日

---

* 本文系提交于1999年1月在日本东京庆应大学召开的“中日战争军事史国际学术研讨会”的论文，原载复旦大学历史系编：《切问集》（上册），复旦大学出版社，2005年。

作战既定构想的具体体现。

日本全面侵华战争首先是在华北发动的。卢沟桥事变的爆发，是日本觊觎华北的必然结果；而在中日战争的整个历史进程中，它无可替代地成为日本全面侵华战争的起点。日本自发动九一八事变，侵占东北地区，炮制伪满傀儡政权起，其侵略矛头遂集中指向华北和内蒙古。《塘沽协定》《秦土协定》的签订和“何梅协定”的成立，为夺占华北和内蒙古打开了大门。对于日本的战略利益而言，占领华北和内蒙古，既极为有利于巩固其在伪满的统治，又可为尔后北攻苏联、南取长江南北构建强大的战略基地，因此志在必得。日本的这个战略构想早在卢沟桥事变前已经确立。日本参谋本部于一九三六年五月根据其国土狭小、人口不多、资源贫乏、兵员不富而难以支持长期战争的特点，以及出于力求避免国际干涉和准备对苏作战的考虑，在《帝国军队用兵纲领要旨》中提出“制敌先机，采取攻势，谋求速战速决”的战略方针。陆军省制定的《昭和十二年(一九三七年)度对华作战计划》，对作战方向和兵力部署作了如下规定：“在对华作战时，除过去(计划)的两个军(五个师团)外，根据情况再增加三个师团，必要时还可能在华北五省进行作战”；“对华中方面原来计划以第九军(三个师团)占领上海附近，但是这方面的中国军队增加了兵力，构筑了坚固的阵地网……因此，计划调新编第十军(二个师团)从杭州湾登陆，从太湖南面前进，两军策应向南京作战，以实现占领和确保上海、杭州、南京三角地带”；“对华南作战计划，仍按去年度计划大致为一个师团的用兵计划”①。这一计划虽然将华东京沪杭地区的作战置于重要地位，但是其用兵重点和战略作战的主要方向显然是华北地区。

日本在卢沟桥事变后倾注主力于华北战场，以此作为战略突击的重点，其直接目标为夺取华北，作为尔后南攻北进的战略枢纽。为配合华北主战场的作战，日军也积极准备在上海、青岛等地进行牵制性作战。一九三七年七月二十九日，日本参谋本部制定的《对华作战计划大纲》规定：“(1)以中国驻屯军进行作战，在平津地区，特别是在以上作战地区，对中国军队尽量加以沉重打击。(2)在情况不得已时，对青岛和上海附近进行作战”，并且要求中国驻屯军必须“占领平津地区，并策划持久占领”，“作战地区大概限定于保定、独流镇一线以北”，“根据情况，以一部分兵力在青岛、上海附近作战”②。

同年七月底日军占领平津后，其作战计划略有改动，但以华北为主、华东为辅的战略计划并无改变。八月五日，日本参谋本部决定：“帝国务须迅速对河北

---

① 转引自中国人民解放军军事科学院：《中国人民解放军战史——抗日战争》(第2卷)，军事科学出版社，1987年，第16—17页。

② 日本参谋本部：《对华作战计划大纲》(1937年7月29日)，《中国事变陆军作战史》(第1卷第1分册)，中华书局，1979年中译本，第201—202页。

省内中国军队以及中国的空军主力给予打击，随后占领华北要地，以期根本解决华北问题。”①同月七日，日本参谋本部修正第二期作战计划，决定在保定、沧州地区与中国军队主力进行会战，时间预计在九月下旬或十月上旬，作战界线大体确定在石家庄、德州一线以北。②

在日本陆军准备向华北发动大举进攻之时，日本海军也在上海跃跃欲试，然而陆军当局则并未同意陆军立即出兵上海，而在日本军部的作战计划中，上海也并未被视为对华作战的主要方向。八月四日，力主进攻上海的日本海军第三舰队司令长官长谷川清，向东京海军当局要求向上海逐次派遣特别陆战队，海军“军令部答称：今宜慎重，视形势发展再作考虑”③。同月九日，日本驻沪海军陆战队挑起上海虹桥机场事件。次日，日本内阁会议决定陆军出兵上海，陆军当局决定调遣两个师团进攻上海。八月十五日，日军以两个师团编组上海派遣军，其任务是“与海军协力扫灭上海附近之敌，占领上海及其北面地区要线”④。但是，日军战略进攻的重点依然指向华北，并未因进攻上海而转移方向。八月三十一日，日本编成华北方面军，下辖八个师团、一个旅团和关东军四个旅团，以及临时航空兵团，使用于向华北腹地的进攻。为了集中兵力于河北、察哈尔境内进行作战，日本参谋本部还同时取消了原定以一个军的兵力进攻青岛和山东半岛的计划。这时，上海派遣军已陆续在淞沪地区登陆并与中国军队作战，然而，当时其总兵力还不及华北方面军的五分之一。显然，以全盘战略态势而言，华北是日军战略进攻的主要方向。

中国军事当局对于日军的以华北为主，以华东、华南为辅的侵华军事战略部署是有明确认识的。在中日全面战争爆发前制订的一九三六年度和一九三七年度《国防计划大纲草案》中，已明确判断一旦大战揭开，日军的战略重点必将指向华北，淞沪地区亦将成为一个重要的作战方向，并分别提出相应的作战方案。七七事变揭开全国抗战的战幕后，国民政府军政部于七月下旬起草抗日军事战略方案，经八月间南京国防会议讨论确定。八月二十日，国民政府大本营颁发《国军战争指导方案》和《国军作战指导计划》，对全国抗战的战略方针、作战计划、战区划分和军力部署从总体上作出了全面的规定和部署。这两个文件对日军战略企图

① 日本参谋本部：《对华作战计划大纲》(1937 年 7 月 29 日)，《中国事变陆军作战史》(第 1 卷第 1 分册)，第 201—202 页。

② 日本参谋本部：《对华作战计划大纲》(1937 年 7 月 29 日)，《中国事变陆军作战史》(第 1 卷第 2 分册)，第 47 页。

③ 日本防卫厅战史室：《大本营陆军部》(上册)，四川人民出版社，1987 年中文摘译本，第 364 页。

④ 《大本营陆军部》(上册)，第 344 页。

和作战方向的判断基本上是符合实际的，认为日军将在或极有可能在以下五个方向发动全面进攻：(1)平汉线北段平津至保定、正定一带；(2)平绥线东段晋察绥边沿地区；(3)京沪、沪杭两线和长江下游京沪杭地区；(4)胶济线东段青岛、历城一带；(5)陇海线最东段海州至徐州一带。至于闽粤沿海方向，上述文件则作出如下判断：日军将以海空军进行骚扰，而陆军登陆作战则暂无可能。

南京大本营进而认定，日军将以主力使用于华北地区之作战，指出："敌国为使现在平津一带敌军之作战便利起见，将以有力之一部先进占平绥各要点（张家口、南口等处）。尔后或深入山西，以威胁我第一战区之侧背，或转进于正定、保定方面，以直接协力于其在平津部队之攻击。"①并且，十分强调平绥沿线和山西地区的战略地位的重要性，指出："平绥路为第二战区（晋察绥）之生命线，亦中苏连络之生命线，更为我国军旋回作战之能实施与否之中枢线"②，第一战区则为"华北惟一之屏障，务须永久固守，以为国军尔后进出之轴心"③。据此，南京大本营确认：全国对日作战的"主战场之正面在第一战区（河北、山东北部、河南北部）。主战场之侧背在第二战区（山西、察哈尔、绥远）"④。

国民政府统帅机关关于战略计划、作战方向和主要战场等问题的上述决策，并非像有的论著所认为的那样只不过是"一纸空文"，相反却是在战争过程中的一个时期内得到了贯彻和实施。这可以从军事力量的部署、武器装备的配置和战场态势等几个方面得到论证。南京军事当局为保证华北主战场作战的必要兵力，决定将全国第一线兵力的一半调集于河北方面。当时，代表蒋介石主持全国军事常务的军政部长何应钦，八月七日在南京国防会议上《关于中央之军事准备》的报告中陈述："全国军队列入抗战序列者，第一线约一百个师，预备军约八十个师……使用于河北者，共约五十个师，正源源向沧州、保定、石家庄一带集中。"⑤同时决定空军主力亦集中使用于华北，"中央空军，亦已全部准备出动，并已与阎（锡山）主任商定，以太原为根据地"⑥。关于武器弹药的配置也体现了华北为主的方针，军政部将存储的可供全军六个月之用的弹药，"依作战之要求，分设弹药总库若干及分库若干，约计在长江及黄河以北囤积三分之二，江南囤积三分之一"⑦。中国军事当局在平汉和津浦北段、平绥线东段和晋东北地区部署了大量部队，至八月下旬调集的主力有第一、第二、第六、第七、第十四等集团军和第八路军、第十三军

---

①②③　国民政府大本营：《国军作战指导计划》(1937年8月20日)，中国第二历史档案馆：《抗日战争正面战场》(上册)，江苏古籍出版社，1987年，第3—4页。

④　国民政府大本营：《国军战争指导方案》(1937年8月20日)，《抗日战争正面战场》(上册)，第12页。

⑤⑥⑦　何应钦：《关于中央之军事准备》(1937年8月7日)，《抗日战争正面战场》(上册)，第261页。

等部。南京军事当局准备在平汉北段集中主力一部，近迫当面之敌，实行柔性攻击。在平绥线以南口为旋回之轴，固守南口、万全之线，向赤城、沽源之线发动攻势，并厚积兵力确保晋东北。对山东半岛则力求缩小对青岛的围攻线。在这同时，淞沪战役也已经开始。但在战役起始时使用的兵力不多，还不及华北战场的十分之一。总而言之，历史事实说明，当时中国军队战略作战的主要方向是在华北战场，淞沪之战是处在战略的次要方向上，作为牵制性作战而登上抗战舞台的。

二、 战略作战主要方向转变之枢纽——淞沪会战

从八一三淞沪之战开始，中国正面战场出现了两个战场：华北战场（当时称北战场）和以淞沪地区为中心的华东战场（当时称东战场）。而在开始一个阶段，北战场是战略作战的重心和主战场，东战场则处于战略的次要方向上。虽然淞沪作战有着其自身的重大战略任务，但就其与北战场的关系而言，当时还处在战略上牵制性作战的地位。当然，随着全国战局的演变，中国军队的战略作战主要方向和主战场，逐步由北战场转移到东战场，而淞沪会战则是这一战略转变的枢纽。

淞沪会战为什么会导致中国军队战略作战主要方向的改变？又是怎么造成战略重心之转移的？中国统帅机关在发起淞沪之战以前或在开战之初，是否出于“高瞻远瞩”的“战略谋算”而预先设定了引诱日军改变战略进攻的主要方向、转换战略作战重心的战略计划？对这些问题，在海内外史学界中，见仁见智，颇有歧见。笔者认为，中国统帅机关主动发起淞沪之战，虽然含有吸引日军部分主力于华东以牵制日军在华北进攻的企图，但主要的是鉴于上海在国际国内的重要地位和长江下游京沪杭三角地区战略地位的重要。淞沪之战开战之初，南京统帅机关并无将全国战略作战重心由华北转移至华东的决策和计划。淞沪战场后来成为全国主战场，是战役进程中诸种因素作用下战局演变的结果；也正是在这个进程中，淞沪会战在实际上成为对日战略作战主要方向变换的枢纽。

国民政府当局对于上海和京沪杭三角地区在政治、经济、对外关系等各方面具有的重要地位，历来是极为重视的，对于它在军事上尤其是在对外战争上的重要性也有明确的认识。从一九三五年以来，南京军事当局在上海—南京战役方向上作了一些国防军事准备。一九三六年二月，南京军委会任命张治中为京沪区军事负责长官，统一主持该地区国防工程的建设和对日作战的筹划。到一九三七年年初，先后修筑了吴福线（吴县至福山）、锡澄线（无锡至江阴）、乍平嘉线（乍浦经平湖至嘉善）三道国防工事，并于淞沪外围各要点建筑围攻工事。国民政府参谋本部制定的《民国二十六年度国防作战计划》中，判断一旦大战发生，日军将把进攻的重点置于华北，同时指出：“长江下游太湖附近之地区，为我国最重要之经济

工业中心及首都所在地。敌今在上海已构成相当根据地,将以有力之部队在本方面登陆,协同海军而进攻,期挫折我国抵抗之意志。”①针对日军可能的进攻行动,参谋本部在制定的作战方针和指导要领中,除预定在华北平汉北段等地与日军会战外,并规定:在“长江下游地区之国军,于开战之初,应首先用全力占领上海,无论如何,必须扑灭在上海之敌军,以为全部作战之核心,尔后直接沿江海岸阻止敌之上陆。并对登陆成功之敌,决行攻击而歼灭之。不得已时,逐次后退占领预设阵地,最后须确保乍浦—嘉兴—无锡—江阴之线,以巩固首都。对杭州湾、江阴之江面,实行封锁,阻断敌舰之侵入”②。由此可见,在七七事变之前,南京军事当局已预设了一旦中日全面开战,在上海先发制敌的构想和行动方案。

日本发动全面侵华战争之后,中国统帅机关对上海和长江三角洲方面军事和作战问题的处置,是与战前的上述方针和预案一脉相承的。七七事变后,上海的战争气氛日盛一日。当日军大举增兵华北、平津危在旦夕之际,南京当局从各方面的情况判断日军将会在上海制造事端、挑起战火,淞沪之战势所必至。七月底,南京军事当局确定了对上海日海军陆战队的处置计划、对汉口日租界的扫荡计划、长江中下游各要塞的阻塞及对日舰的扫荡计划,以争取先机,歼击上海及长江的日军。张治中鉴于上海战火一触即发而敌军主力尚未到达之态势,于七月三十日向蒋介石、何应钦等人提出中国军队“宜立于主动地位,首先发动”的建议,蒋复电表示同意说:“应由我先发制敌,但时机应待命令。”③八月九日,日军驻沪海军陆战队挑起上海虹桥机场事件,成为沪战的导火线。十一日晚,南京统帅部向张治中等发出“决心围攻上海”的命令④。八月十三日,八一三淞沪会战终于揭开战幕。

中国统帅机关主动发起淞沪之战,其战略企图是什么呢?从政治上说,京沪杭地区是国民政府的心脏区域和政治中心之所在。上海—南京一带为一整体,敌军如攻占上海,将对南京构成严重威胁。正如南京大本营在八一三战争开始前后指出的,“敌国为牵制我国兵力之转用及从政略上威胁我国军根据地起见,将以一部攻我淞沪,窥视我首都”⑤。显然,发起淞沪之战的一个重要企图是为了保卫政治中心和“国军根据地”。从国际关系而言,上海是一个国际大都市,世界列强各种政治、军事、经济势力在这里盘根错节,形成错综复杂的关系。在这里举行会战,势必引起国际社会的严重关注和列强的插手干预。上海的得失为“中外观瞻

①② 国民政府参谋本部:《民国二十六年度国防作战计划》,《民国档案》1987年第4期。

③ 《张治中回忆录》(上册),文史资料出版社,1985年,第117页。

④ 《上海作战日记》(1937年8月11日),《抗日战争正面战场》(上册),第263页。

⑤ 《国军作战指导计划》(1937年8月20日),《抗日战争正面战场》(上册),第4页。

所系”①。无可否认，以淞沪之战促使美英法苏等大国出面干预中日战争，使中日战争“国际化”甚至促成国际社会进行和平调停，实现所谓“以战略促政略”，这也是蒋介石的战略意图的一个重要方面。从经济上说，上海是中国最重要的经济中心、工业基地和最大的国际贸易港口，也是南京政府最主要的财政和税收的来源地，对这个被南京当局视为“经济策源地”的上海，是决不能轻易放弃而要力图保护的。总之，淞沪之战的战略企图不单纯是在军事上，而是蕴含有广泛的多方面的内容和目的。否则，南京军事当局决不可能在这里投入如此众多的兵力，进行规模如此巨大的会战。

从军事战略的层面而言，中国统帅机关对于淞沪之战的战略和战役企图和目的，曾有过三次原则性规定。战役前期提出了“以扫荡上海敌军根据地，并粉碎在沿江沿海登陆取包围行动之敌，以达成巩固首都及经济策源地，作为作战指导之基本原则”②。在战役中期，规定以“保持经济重心，巩固首都”，对登陆之敌“限制其发展”，“打破其包围企图”，加以“各个击破”为作战目的。③战役后期，又提出以“打破敌由杭州湾方面包围我军之企图，并巩固首都”为作战目的。这说明，进行淞沪战役的直接的战略战役企图，主要是着眼于保卫上海、南京和京沪杭地区这个重大战略利益。

当然，中国统帅机关并未将东战场和北战场当成互不相关的作战。以淞沪之战来吸引日军相当部分主力部队于东战场，以牵制日军在华北的进攻，这无疑是发起淞沪战役的一个重要战略意图。在战役发动前后一个时期内，南京统帅部一方面以华北战场为用兵和作战的主战场，另一方面则企图通过在上海开辟第二战场吸引日军，分散日军在华北的主力，以利于减轻华北中国军队所受压力，延缓敌之攻势，并得以集积兵力、调整部署，进行抗击。蒋介石在淞沪战役结束后不久召开的开封军事会议上，曾对上述战略意图作过说明：“我们此次为什么要在上海作战呢？就是要打破敌人的战略，使他们不能按照预定计划，集中兵力侵略我们华北。”④淞沪会战期间担任大本营第一部（作战部）部长的黄绍竑，在抗战结束后发表的回忆录中谈到蒋介石关于这次会战的决策时，也证实了这一点。他说道：八一三事变爆发，“最高统帅的决策，是要以主动的姿态，先把上海敌军根据地摧毁，

---

① 陈诚：《八年抗战经过概要》，第9页。

② 国民政府大本营：《第三战区作战指导计划》（1937年8月20日），《抗日战争正面战场》（上册），第6页。

③ 国民政府大本营：《淞沪抗战第二期作战指导计划》（1937年9月6日），《抗日战争正面战场》（上册），第300页。

④ 蒋中正：《抗战检讨与必胜要诀》（1938年1月11日），《中华民国重要史料初编·对日抗战时期》（第2编）《作战经过》（第1册），中国国民党中央党史会，1981年，第65页。

然后再主动的向华北作战，即使不能将敌人根据地铲除，亦须吸引其兵力到这方面，以扰乱其既定计划”①。

在淞沪会战期间，蒋介石是否作出过以这次会战迫使日军改变其战略作战方向，从“由北向南”改为“由东向西”？沪战一开始，蒋氏是否已经作出将全国主战场由华北转移至华东的决策？台湾和大陆的一部分抗战史学者有一种见解，认为八一三战争一开始，蒋氏就决定把中国军队主力调集华东战场，进行淞沪会战，并以此诱使日军改变了主要作战方向。也就是说，中国军队战略作战的主要方向从华北到华东的主动转变，日军战略进攻的主要方向从“由北而南”到“由东向西”的被动改变，是蒋氏“高瞻远瞩”的“战略谋算”实施的结果②。笔者以为，上述结论近乎理想化的推测，并无史实根据。事实上，当时蒋氏虽有扩大沪战、牵制日军在华北进攻的战略意图，但并未作出过所谓诱使日军改变作战方向的决策，沪战开始时也并无把全国主战场转到华东的明确方针。淞沪之战进程中，在战争双方和其他诸因素互相作用之下，中日两方统帅机关不断调整部署，调集大量兵力逐渐扩大沪战规模，将其推到主战场的地位。因而，以淞沪战场为全国主战场的战略态势，是会战过程中逐步形成的，而非事先所设定。

三、 战略作战主要方向和作战重心之转移

中国军队战略作战主要方向和作战重心由华北转移至华东，是在中日两军交战之中在各种因素的互相作用下逐步演变的结果。这一过程与淞沪会战的发展进程是同步的。中国统帅部把淞沪战场作为全国主战场的作战指导思想，也是在淞沪会战过程中逐步形成的。海内外有些学者却认为蒋介石有先见之明，早在沪战开始时已预先设定了这个战略性转变。持这种意见的论者，大都举出陈诚一九三七年八月二十日向蒋介石的建议和同日南京军委会发出的关于作战方针的命令作为立论的依据。然而，在笔者看来，这两件史料都难以证明其结论是正确可信的。

八一三抗战爆发后，蒋介石于八月十八日派陈诚和熊式辉赴上海视察战局。陈、熊于二十日返回南京向蒋作汇报。熊认为上海之战不宜打下去。陈主张扩大沪战，向蒋建议说：“敌对南口在所必攻，同时亦为我所必守，是则华北战事扩大已

① 黄绍竑：《五十回忆》（中册），台湾龙文出版社，1989年，第403页。

② 参见蒋纬国：《八年抗战是怎样打胜的》，《中华民国重要史料初编·对日抗战时期》（第2编）《作战经过》（第1册），第546页；吴相湘：《中国对日抗战的总体战略》，香港《明报月刊》第27期；虞奇：《抗日战争简史》（上册），台湾黎明文化公司，1977年，第135页；马振犊：《开辟淞沪战场有无“引敌南下”战略意图？》，《抗日战争研究》1994年第2期。

无可避免，故敌如在华北得势，必将利用其快速装备沿平汉路南下直扑武汉，于我不利，不如扩大沪事以牵制之。”蒋对此表示：“一定打！”陈又说：“若打，须向上海增兵。”①蒋随即调任陈诚为第十五集团军总司令，率部增援淞沪。吴相湘、李云汉诸教授和马振犊等学者都以陈诚的上述忆述材料为依据，认为蒋氏接受陈诚建议，就已作出全国军队主力集中华东，把淞沪战场作为全国主战场，借以诱使日军改变作战方向的决策。

然而，笔者以为把蒋氏接受陈诚建议说成已经作出上述决策，未必是妥当的。显然，陈诚建议的基本精神在于：日军如在华北得势，必将沿平汉线南下直攻武汉，针对这个对中国极具危险的战局可能发展趋势，中国应当“扩大沪事以牵制之”。但是这一建议并未提出要把全国军队主力调集到淞沪地区，也未提出要把淞沪战场提升至全国主战场的地位，而是主张“扩大”淞沪战役的规模，以“牵制”日军在华北的进攻。众所周知，以一般军事原则而论，战略全局中的“牵制”方向和牵制性作战，是与主要作战方向和主力作战相对而言。陈诚的建议，对于淞沪战场的地位与作用是用“牵制”来表述，显然是以华北战场为主战场作为前提的。以当时陈诚的主张而言，淞沪战场对于华北战场的关系，还是处于“牵制”的地位，更何况当时日本华北方面军正在进行组建，华北战场大规模战争正在酝酿。蒋介石接受陈诚建议，确立了扩大沪战以牵制日军在华北进攻的作战指导思想；但是从陈诚的建议中，无论怎样也看不到有将全国军队主力集中华东、把淞沪战场作为全国主战场的主张。至于说，后来全国军队主力集中于淞沪，这里成为全国作战重心，那是在诸种因素交互作用下战局演变的结果，这与蒋氏接受陈诚建议有相当关系，但不能说蒋、陈在八月二十日就已作出了这样的决策。

在吴相湘教授的《第二次中日战争史》②、蒋纬国将军主编的《抗日御侮》③、虞奇先生的《抗日战争简史》④等著作中，在中国大陆的一些论著中⑤，都说到南京军委会在一九三七年八月二十日发布了一个关于作战方针的命令，并以此为立论的一大根据，用来佐证南京统帅机关当时已作出了全军主力集中华东、以淞沪为全国主战场的决策。据说这一命令规定的作战指导方针是：“国军一部集中华北，持久抵抗，特别注意确保山西之天然堡垒；国军主力集中华东，攻击上海之敌，

---

① 《陈诚私人回忆资料》，中国第二历史档案馆藏国民政府军事委员会战史会档案。

② 吴相湘：《第二次中日战争史》(上册)，台湾综合月刊社，1973 年，第 388 页。

③ 蒋纬国：《抗日御侮》(第 3 卷)，台湾黎明文化公司，1978 年，第 101 页。

④ 虞奇：《抗日战争简史》(上册)，第 135 页。

⑤ 马振犊：《开辟淞沪战场有无“引敌南下”战略意图?》；黄道炫：《淞沪战役的战略问题》，《抗日战争研究》1995 年第 2 期。

力保淞沪要地，巩固首都，另以最少限兵力守备华南各港口。”

但是，引用上述作战方针的所有论著都没有说明这一材料的原始出处；迄今为止，台海两岸有关档案机关和战史编纂机关都从未披露过一九三七年八月二十日上述作战方针的命令。征之史实可知，上述所谓作战方针的一段文字的最早出处，乃是何应钦的《八年抗战》一书。何应钦在一九四六年四月发表《八年抗战之经过》一书，其中并无关于上述作战指导方针的内容。一九五五年九月，何应钦在台湾将此书加以增补，增写了“战争之指导方针”的章节，更改书名为《八年抗战》重新出版。何应钦在此书中对战略防御时期的战略指导方针和战略态势作了回顾，表述为：“力保要地，消耗疲惫敌人，粉碎敌速战速决之企图。以国军一部集中华北，于平绥、平汉、津浦沿线各要点，重叠配备，多线设防，逐次抵抗，特别注意确保山西之天然堡垒；国军主力集中华东，攻击上海之敌，力保淞沪要地，掩护首都。迨民国二十六年末南京战后，以有力一部转用徐州方面，诱敌主力于津浦线，以分散敌兵力，并争取时间，俾国军主力在武汉外围积极整备，恢复战力，利用鄱阳湖、大别山地及长江两岸丘陵湖沼，持久防御，摧毁敌攻势之余力，奠定长期作战之基础。”其中部分内容后来被一些抗战史论著反复引述，并被说成一九三七年八月发布的作战方针。

中国第二历史档案馆公布的国民政府大本营一九三七年八月二十日以蒋介石名义发布的关于全国战略计划、作战方针和第三战区作战计划的正式命令，都明白无疑地规定全国主战场在华北，这是无可否认的。有的学者以为，大本营和军委会在同一天各自发布了命令，前者规定了“主战场在华北”，后者则规定“国军主力集中华东”。面对这不能自圆其说的矛盾现象，有的学者却解释说：“中国统帅部对‘主战场’和‘主力’的不同提法，准确反映了其实际决策。以华北为主战场是对当时战争客观态势的承认，而在华东集中出动主力则包含着力争主动，打破现有战争格局的意图。”①笔者认为，这一说法难以成立，因为在理论上把“主战场”与集中“主力的战场”说成两回事，是不科学的，在史事上也是不真实的，因为所谓的军委会一九三七年八月二十日的作战方针命令是子虚乌有之说，实际上并不存在。

事实上，淞沪战役在开始时对于中日双方都属于牵制性作战，它从规模较小的战役发展成为一场大规模会战，是一个相对较长的过程，中国军事当局的战役企图也有一个逐步发展的过程。黄仁宇教授在其所著的《从大历史的角度读蒋介石日记》中，也指出：“从现已公布之蒋日记看来，淞沪地区作战无全盘计划。”有的论著断定，中国最高军事当局一开始，甚至是在八一三事变前就决定要在上海打

① 黄道炫：《淞沪战役的战略问题》，《抗日战争研究》1995 年第 2 期。

一场大规模会战。蒋纬国将军在一篇专论中说道:蒋介石在八月七日作出了"集中主力于华东,对上海之敌采取攻势,以迫使日军转变其作战线为沿长江自东向西"的决策后,"自八月十三日起,国军在空军支持之下,先后投入七十个师及七个旅猛攻淞沪之敌",全国主战场就"由华北移到华中"①。美国齐锡生教授也认为,"中国政府在一九三七年'八一三'前夕,集结了数十万军队,其中包括由德国军事顾问团协助训练的所有精锐,全数投入淞沪战场"②。然而,根据各方面确凿的史料可以断定,上述论述是与历史事实不相符的。

蒋介石最初批准的淞沪作战计划的规模并不很大。八一三之战开始,由张治中直接指挥参加上海围攻作战的部队,只有第八十七、八十八两个师(第三十六师尚在津浦线上),两个多炮兵团。另在南翔、浏河、浒浦等地和龙华、虹桥、吴淞以及上海市区华界担任警戒的,也只有一个师、两个旅及上海警察总队和保安总团。张治中使用这些部队发起了上海围攻战。这就是淞沪之战起始阶段的规模。

战局的发展是敌我双方统帅机关的主观指导和与战争相关的客观因素相互作用的结果,并不以某一决策者的主观意志为转移。随着日本对华战争的急剧扩大,中国抗战潮流的日益高涨,国共两党新的合作的形成,南京统帅部对全国全盘战局的作战构想的发展,淞沪战场的地位和规模也被不断提升和扩大。

淞沪战场发展成为全国主战场,大体上经历了三个波段,这一历程也就是战略作战主要方向转变的过程。第一个波段是在八月下旬至九月初。上海攻围战展开后并未达到预定目标而陷入胶着状态。八月十八日前后,获悉日本陆军二三个师团增援上海。十八日蒋介石决定正在浦口至苏州之间待命的第十八军进入淞沪战场。二十日,蒋氏接受陈诚的扩大沪战以牵制华北日军进攻的建议。次日,蒋介石任命陈诚为第三战区前敌总指挥兼第十五集团军总司令。稍前张治中统率的京沪警备军改编为第九集团军,继续围攻上海市区之敌;张发奎统率的苏浙边区部队改编为第八集团军,守备杭州湾北岸,扫荡浦东之敌。八月二十三日起,日军两个师团在川沙口至吴淞张华浜间登陆,第十五集团军在上海东北郊长江沿岸展开阻击战。至此,战局已从虹口、杨树浦扩大到吴淞、宝山、罗店一带,真正演变为"淞沪"战役。至八月底,中国参战部队已增加到了三个集团军及若干独立师,空军、炮兵和海军主力也都投入京沪杭地区。一场大战役的局面已初步出现。

淞沪战役的第二次大规模增兵是在九月中旬前后,这可说是战役扩大的第二

① 蒋纬国:《八年抗战胜于开战之先》,《蒋委员长如何战胜日本》,第 19 页。

② 齐锡生:《抗战中的军事》,丘宏达:《抗战胜利的代价》,台湾联经出版公司,1986 年,第 7 页。

个波段。日本军部鉴于前次以两个师团增援淞沪后战局进展不大，遂决定再次调派三个师团、一个旅团和空军一个团前来上海。这些部队在九月中旬起分批在上海吴淞至虬江口一带登陆。至九月二十日前后，日军除在上海附近海面和长江的海军部队外，在上海附近集结有五个师团，另有十五个大队，共约十二万人的地面部队，拥有战车二百余辆、飞机二百余架、火炮三百余门。从日军方面来看，已拥有相当数量的地面部队和各兵种协同作战的条件，举行大规模会战的条件已趋成熟。

中国军队在上海北郊对登陆之敌血战两旬上下，虽阻滞了日军攻势，然而并未击破敌之进攻，被迫转入阵地防御。九月十二日，第九集团军退守北站—江湾—庙行—顾家宅之线；十七日，第十五集团军退守双草墩—罗店西南—庙行—大场之线。面对日益恶化的淞沪战局，蒋介石和南京当局出于政治上、经济上和国际外交战略上的需要，力求保住上海和长江三角洲地区，只有选择进一步扩大沪战，同日军举行大规模会战之一途。九月二十一日，南京统帅部改组第三战区统率机关，蒋介石自兼战区司令长官，顾祝同和陈诚分别继任副司令长官和前敌总指挥。参战部队组成左翼、中央、右翼三个方面军，总兵力为五十余个师、五个炮兵团。

淞沪战役继续扩大的第三波段是在十月间。自九月十七日起，中日两军在北站—庙行—刘行—罗店西南—浏河之线，进行互相争夺之阵地战。日军由北向南突击，实施中央突破。中国军队步步为营，英勇抗击。日军击破蕰藻浜防线后，攻势直指江湾、大场。十月二十六日大场陷落。中国中央作战集团于十月二十七日起退守沪西苏州河南岸。十月会战是一场规模巨大的会战。在这期间，双方继续增兵，战役规模进一步扩大。十月上旬日军地面部队兵力已增至近六个师团。中国方面，第二十一集团军、第十一军团、第二十三集团军、第二十五军团等部队也于这期间进入淞沪战场。至十月底十一月初，中国军队的兵力增加到七十三个师上下。中国战略作战主要方向遂终于移到华东。

日军统帅机关在十月间对上海战局作出新的判断，认为“由于中国主力在华中方面，我方虽在上海投入五个师团，但战况迄无进展，难望达到政府声明所示的目的”①。为尽快解决上海战事，逼迫中国政府就范，乃决定组建新的兵团，在杭州湾北岸实行登陆，与从上海北面南下的上海派遣军进行两翼迂回，围歼中国军队，攻占上海。日本参谋本部“决定将主作战由华北移至华中。……将在中国东北待命之第十八师团及华北方面军之第六、第十六师团及国内之第一一四师团，

① 《大本营陆军部》(上册)，第376页。

后备步兵两个联队,均准备使用于上海方面”①。

十月二十日,日本参谋本部以“临参命”第一一九号,下达组成第十军登陆杭州湾北岸进攻上海的命令。第十军由从华北战场抽调而来的第六师团、第十六师团、第五师团国崎支队、兵站部队和军直属部队,以及从中国东北转用的第十八师团和日本国内动员的第一一四师团等部队组成,预定在十月底十一月初实施登陆。“这样,华中方面兵力为两个军的九个师团,华北方面为两个军的七个师团。主战场显然转移到华中,敌我的主力形成对峙。”②由此可见,随着淞沪战局的逐步扩大,中日双方逐次、轮番增兵,至一九三七年十月间,中日两军战略作战的主要方向和战略作战重心终于从华北转到华东。

四、战略作战主要方向转移之得失

怎样评价战略作战主要方向和战局重心由华北移到华东对中国抗战的得失,这是一个至今仍然存在重大分歧的历史问题,值得研究抗日战史的同行学者们继续探讨。开辟淞沪战场为全国主战场,从军事战略层面而论,这一选择对中国军队是否有利?全国军队主力集中华东作战,这对于华北抗日军事的利弊和影响如何?淞沪战场成为主战场的结果,是不是真正把日军战略进攻的主要方向改变为由东向西,从而构成了中国持久抗战的有利态势?“以战略促政略”的策略方针之成败得失又是怎样?凡此等问题都需要加以深入的研讨。

开辟淞沪战场,把战略重心置于华东,对中国军队作战是否有利?有不少论者对此倍加赞赏,誉之为战略指导上的“高超杰作”。他们认为,“以我(军)装备关系,不能在华北平原行决战,因此……以主力毅然使用于淞沪方面”,因为“就全国地形言,如当时在黄河流域与敌作战,殊不若在长江流域,利用湖泊山地,较为有利也”③。“在淞沪开辟华东战场,因有一·二八抗战经验,河流纵横、湖沼密布、地形复杂的江南,对日本机械化部队的运动不便,而且有国防工事的构筑”④,更利于中国军队的作战。但是,持相反见解的学者却以为:“就军事地理而言,国民政府把军队主力投入淞沪地区与日军决战,更是失策。”⑤

当然,对这方面利弊得失的分析需要从两方面而论。在江南作战,在兵力集结、交通运输、后勤供应、海空军支持等各方面,比在华北作战有利得多。当时国

①③ 《抗日御侮》(第3卷),第137页。

② 《大本营陆军部》(上册),第376页。

④ 陈诚:《八年抗战经过概要》,第9页。

⑤ 刘凤翰:《陆军与初期抗战》,《抗战胜利四十周年论文集》(上册),台湾黎明文化公司,1986年,第89页。

民政府统率的精锐部队之大部分分布在黄河长江以南；江南地区军事装备和军队供应的补给较为便利和更有保障；西南、华南的兵员、物力对前线的支持，华东较华北要便捷得多，这些都是不可否认的。尤其是对于南京中央当局的作战指挥关系而论，华东地区相比地方实力派各自为政的华北地区是大有区别的。

但是，上海地处中国东南沿海，并不居于中国大陆的战略枢纽地带。因而以淞沪地区为主战场在战略上难以起到转换全局的作用。从这个意义上说，它是不能同居于东北地区与中原、华中、西北地区之间的战略枢纽地带华北地区相提并论的。因此，把全国主力投入淞沪地区，在战略方向上并未击中要害，并非有利。正如当时任八路军参谋长的叶剑英在淞沪会战开始后向南京统帅部明确指出的，“我(军)之重点在上海，虽胜利亦不能转移全战局，如在平绥线置重点，则可转移全战局而破坏敌人整个计划”①。

淞沪地区濒临东海，向内是一片地势平坦、河网交错的狭小地带。上海市区又长期驻有日军，占有海空军绝对优势的日军，便于在此内外策应下实施登陆，又可收陆海空军联合作战之效，中国军队在这里作战极为不利。上海左边濒临长江东端，右边紧靠杭州湾，形成一个“凸”字形边境，对于几乎没有海军、海防和强大炮兵的中国军队，日军有“凸”字形边境可资利用，极利于从上海的左右两翼实施登陆，进行战略迂回包围。以此而论，把主战场置于淞沪地区是很不适宜的。至于说日军机械化部队在江南河湖江汊地区运动不便，然江南地区公路交通网大大优于华北地区，而河湖江汊又便于日军水上汽艇部队快速运动，从这方面看，也不能认为东战场比北战场为有利。更不用说，上海是中国最大的港口，又有长江航道直通内地，最便利于拥有强大海军的日本从国内增援，这与华北腹地是不可同日而语的。因此，无论在战略上还是在战役战术上审视，以淞沪地区为主战场都是失策的。

那么，淞沪主战场的开辟对于华北战场中国军队作战的影响和作用又是怎样呢？本来，华北地理形势对中国军队有利，领域辽阔的华北战场便于耗散敌军主力，实行各个击破。山西全境、冀察西部、热冀边境，都是山地，极有利于扬我之长而击敌之短。华北有着极为广阔的山地和平原，只要实行正确的军事政治政策和战略战术，是有可能阻滞敌军攻势，使其深陷泥潭而不敢贸然南下的。如果中国统帅机关能充分认识华北战场的重要意义，主动地利用华北广阔领域和有利地势，坚持将主战场置于华北，并凭借黄河天险阻敌南下，是可能在华北消耗更多日军、保守更大地域和争取正面战略防御更长时间的。

开辟淞沪战场，调集重兵于华东，虽然使日军不得不转用兵力，部分地减轻了

① 李新、陈铁健:《从内战到抗战》，上海人民出版社，1995年，第206页。

华北战场中国军队所受的压力，但是这只是战略重点转移给华北战场带来的影响的一个侧面。从另一方面看，原定使用于华北的大量主力部队转用于淞沪战场，以致华北第一线兵力不足，平汉、津浦两线北正面防线空虚，亦给山西战局带来严重的负面影响。正如当年曾参与淞沪会战幕僚事宜的德国驻华军事顾问团在战后的总结中指出的，“战争的重点本是置于华北，也就是在该地，最高军事当局原来打算发动一次决定性的大攻势。如果采取此项方针，就应该避免将最好的部队投入上海战场达数月之久，而且大量地在此消耗”①。由于兵力不足，作战指导方针的失误和部队素质不良，华北正面防御难以为继，侧翼反击和进攻更无由实行。对于关系华北战局的关键之战——南口、张垣之战，未能投入重兵夺取胜利。南口防御兵力严重不足，平西山地又未囤积机动兵力，以致正面防御无力，右翼门户洞开。八月下旬，与淞沪战场大战掀起第一波高峰同时，日军先后攻占战略要地南口和张家口。接着，日军在北宁、平绥两路，平、津、张以南以西三百公里正面完成战略展开，造成全面进击华北的态势。九月间，正当淞沪战场第二次大规模增兵之际，华北日军突破同蒲路和平汉路，河北、山西两省战略走廊洞开，华北战场的中央战线宣告瓦解。这一过程是同中国统帅机关把战略重点由华北逐步转到华东的过程同时发生的。直到十月二十日，日本参谋本部决定组建第十军时，才下令从华北抽调两个师团和一个旅团转用于华东战场。这时，中国军队在华北战略枢纽山西已遭到严重失败，河北全境大部陷于敌手。

中国统帅机关把战略重心转到华东，是否改变了日军战略作战的方向，造成中国持久抗战的有利态势？有的作者认为：淞沪会战迫使敌人将“由北而南”的历史上攻略全国的有利作战方向（如元军对南宋、清军对明朝），改变为“由东向西”的不利的仰攻态势，使中国掌握了战争的主动权，得以从容地部署持久抗战的格局。蒋纬国将军在《抗日御侮》的绪论中写道：蒋介石“在野战战略指导上，当战争爆发之处，即诱导日军作战指向错误方向：八一三于淞沪集中国军精锐，采取攻势，迫使日军追随国军行动，改变其作战线由北向南方向为由东向西方向，因此中国获得换取时间之空间……在大后方建立持久抵抗战力”②。然而，证之于当时战局的实际状况，这一结论是难以成立的。

从长达三个月的淞沪会战的作战情况考察，笔者认为，当时南京统帅部并无从淞沪地区通过主动的作战行动来“诱敌西进”的迹象和意图，相反倒是表现了步步为营、节节抵抗、“阻敌西进”的强烈意图。这可从战局发展的以下基本状况获得佐证：中国军队在上海东北郊不惜任何代价，用阵地战对抗日军西进和北上；当

① 德国驻华军事顾问团：《关于上海战役的报告》，傅宝真译，德国军事档案局档案。

② 《抗日御侮》（绪论），《抗日御侮》（第1卷），第3页。

大场陷落，淞沪战场中央阵线完全崩溃时，中国军队仍不主动西撤，而依然要死守沪西苏州河南岸；当日军在上海右翼杭州湾北岸大举登陆以后，仍未当即决策西撤，而是调动部队阻击敌军西进；在长江航道，当沪战开始时就调集大量船只和砂石，自沉江阴航道，旨在堵塞航行，阻止日舰西进江阴以西等。这一切无不说明南京当局的企图全在于“阻敌西进”。如果蒋介石当时就有明确的引诱日军改变作战方向为“由东向西”、使敌溯长江西攻的计划，那么，中国军队上述一系列作战行动是不可思议的。淞沪会战的结果，也并未把日军的战略作战方向改变为从上海和长江口西向武汉仰攻。日军从上海西向攻下南京后，前锋即止于安庆以东。这时，日军在中国战场上两大战略集团的态势是：长江以南的华中方面军占领了上海、杭州、南京、芜湖这四点之间的地区，控制了沪宁路、沪杭路、江南铁路和芜湖以下的长江航道；华北方面军占领了包头、太原、安阳、德州这四点之间的地区，前出至西自包头以东、东至济南以北黄河右岸。日军下一步的战略企图并非“由东向西”直攻武汉，而是要打通同蒲、津浦两线，攻夺临汾、徐州两地，控制徐州、开封、郑州、洛阳一带这个在战略上最富机动的地区。然后，或南下武汉，夺取华中；或西窥潼关，进击西北。正是在这个战略企图下，日军在一九三八年二、三月间发起晋南之战，攻占临汾；同时于津浦线，南北对进，并发起鲁南战役。五月间又进行徐州会战，攻占徐州和开封。事实上，日军攻占上海、南京以后，并未在全盘战略主要方向上改变为“由东向西”。

徐州会战后，日军统帅机关遂准备夺取武汉。沿陇海线西进的日军和沿平汉线南下的日军，企图在攻占郑州、洛阳后，南下武胜关直攻武汉，会同沿长江西进的日军夺取武汉。中国军事当局下令炸开花园口附近黄河大堤，中牟、尉氏以东尽成泽国。日军前进路线被阻，由陇海路西进夺占郑州、洛阳，以及由平汉路南取武汉的企图，均无法实现。从平汉线南下的日军，因兵力不足，又受华北游击战争的牵制亦无力南下。日军乃不得不改变作战轴线，决以主力溯长江两面西上进攻武汉，一部越大别山区向南助攻。上述战局演变过程说明，日军最终选择的进攻武汉的作战路线，并不是中国开辟淞沪战场为主战场、主动诱敌所造成的。

有的论者断定，要避免日军主力沿平汉线南下直攻武汉，把中国纵切为东西两半局面的出现，就必须开辟淞沪战场为主战场，引诱日军主力到华东。然而笔者却认为，如果中国将足够的主力部队使用于华北，控制平绥、同蒲、正太诸线，掌握冀、察、晋、绥四省之枢纽，这对保卫中原和武汉比以主力集中淞沪更为有利。这样既可撼平津日军之背，又可屏障山西；山西是中原腹地的天然屏障，确保山西可对日军沿平汉线南下作战构成侧翼的严重威胁。日军在占领山西以前，是不敢贸然南下，直取武汉的。中国统帅部以大量兵力集中淞沪，既削弱了华北抗日战力，又未保住京沪杭地区；而上海、南京失守，长江门户洞开，对武汉和华中腹地，犹如户破堂危、唇亡齿寒，威胁极大。这不能被视为战略上的成功。

对开辟淞沪战场为主战场的必要性和正确性持肯定态度的学者，大都认为蒋介石的这个战略决策，是与以四川和西南后方为总基地、进行持久抗战的构想直接相联的；甚至断定，集中全军主力举行淞沪会战，是实施上述战略构想的必经步骤和必要前提。吴相湘教授写道：由于淞沪会战，“蒋委员长诱使日军主攻方向由‘自北南下’改变为‘自东西上’的战略终于成功，中国从此……一切可按一九三五年七月（持久抗战）计划了”①。李云汉教授也认为：“就原定计划而言，（日本）决不能将其兵力用在长江流域，如今却调集十个师团以上的兵力到了长江流域，而使中国初步达到持久战略的目的。”②黄道炫先生持同样的观点，说：“由于蒋介石对日战略构想中于长江流域及川、黔、陕以重要地位……抗战爆发后，中国统帅部主动出击上海之敌，和这一点密切相关。”③

诚然，蒋介石在一九三五年作出过以四川为中心的西南为持久抗战的后方根据地的构想，但是这一构想是不是已在淞沪战役期间付诸实施，举行这次会战又在多大程度上与上述构想有着联系，是一个尚待探究的问题。前述论著并无确实的历史事实足以佐证这两者之间的“密切联系”，而只是作了一种理想化的推测。以笔者之见，以四川为中心的西南为持久抗战总后方的战略构想，与淞沪战场为全国主战场的战略举措两者之间并无必然联系；蒋介石决定主动发起淞沪之战时，也未必已经把沪战视为向西南内陆退兵、实行持久抗战战略的必经步骤。

从军事的战略而言，向西南退兵、诱敌深入、“以空间换时间”，以实行持久抗战的战略方针，是与集中全国主力于沿海地区的淞沪战场，进行一场长达三个月的战役持久作战的大规模军事行动相矛盾的。对于这种基本的军事原则，蒋介石是不可能不了解的。向来为蒋介石所推崇的军事家蒋百里将军，是主张以西南诸省为抗日后方基地的代表人物，早在抗战前论述对日战略方针时，就撰文指出：对于“近邻富于侵略性的国家（指日本）”，“我们……制胜的唯一方法，就是事事与之相反，就是他利于速战，我则用持久之方法来使他疲惫。他的武力中心放在第一线，我们则放在第二线，而且在腹地内深深地藏着，使他一时有力无用处”④。在八一三战争开始后，蒋百里在向蒋介石提出的关于对日作战方针的建议中，也明确主张，在“沪宁方面，敌人不利于使用大部陆军，我方应取速决主义，不宜多控制预备队于后方，使敌能得以少数兵力，牵制我大部兵力。平津方面，敌人仍将集中

① 吴相湘：《中国对日总体战略及若干重要会战》，《八年对日抗战中的国民政府》，台湾商务印书馆，1978年，第65—66页。

② 李云汉：《对日抗战的持久战略》，《中国论坛》第6卷第7期。

③ 黄道炫：《淞沪战役的战略问题》，《抗日战争研究》1995年第2期。

④ 《蒋百里先生全集》（第4辑），台湾传记文学出版社，1971年，第152—159页。

优势兵力，我方应取持久主义，兵力应有纵长之配置。山东方面，敌人所以尚未发动者，大约因平津方面未有南下企图之故，则此时正宜竭力构筑阵地”①。这位主张“以空间换时间”、以西南为抗日后方总基地的战略家的建议，主张我国当时用兵重点应置于华北方面，实行“纵长配置”；至于淞沪战场，则主张实行战役上的速决战，即所谓“速决主义”，而避免被敌人牵制我军大部兵力。

显然，向来主张实行持久战略、以西南地区为抗战后方总基地的蒋百里，是绝不会主张在淞沪这样一个第一线的前沿地带，集中全军主力打一场旷日持久的战役持久战的。蒋介石当然深明此中道理，他之所以要倾注全军主力于淞沪战场，坚持达三个月之久，是被政治上、外交战略上、财政经济上和军事上的诸种因素所左右，而“以战略促政略”的指导思想在其中起了主要的作用。

从中国抗战的战争发展进程来看，蒋介石和中国统帅机关是在上海、太原和南京失守以后，真正审察中日战争已不可逆转地长期化，同时也认识到由于日军攻占我国东部沿海地区以及长江和黄河下游地区，敌我双方已形成东西向对峙的战略态势。在太原、上海陷落后，中日战争的“战火扩展得非常迅速，而且是漫无际限”，“此时，中国方面为谋长期抗战，必须有盱衡全局的战略部署”②。十一月十三日，蒋介石在日记中写道：“抗战最后地区与基本战线，将在粤汉、平汉两铁路以西。”③十一月十九日，国民政府决定迁都重庆。根据这个战略形势，中国统帅机关乃决定向华中腹地和西南后方退兵，构建立足西南西北、守备中南、东西向防御的持久抗战的战略格局，武汉会战遂成为转变到这个新的战略格局的枢纽。

---

① 蒋百里：《对日战局判断》，《蒋百里先生全集》（第1辑），第7页。

②③ ［日］古屋奎二：《蒋总统秘录》（第11册），台湾“中央日报社”中译本，1978年再版，第2435页。

中国正面战场初期的作战方向问题*

——评台湾方面对抗日战史的一个重要论点

正面战场战略防御阶段的初期，国民政府最高统帅部是怎样策定对日作战的战略方向的？在七七事变和八一三事变后相继开辟的华北和华东两大战场中，它是怎样确定主要战场的？作战重心由华北转移到华东地区，对整个对日作战产生了怎样的影响和后果？这些问题，是对日作战初期战略指导上的重大问题；而在战后，则成为我们研究抗日战争的战略防御时不能不加以深入探讨的课题。最近十多年来，台湾史学界和军事学界络续发表论著，着重提出了对这些问题的见解。本文拟就作者的粗浅之见，对这一问题进行探讨，并与台湾方面的同行们商榷。

一

从二十世纪七十年代中期以来，台湾军事学界和史学界陆续发表了许多论述上列问题的文章和著作，探讨和论证国民政府统帅部在抗战之初关于战略作战方向决策的意义和作用，成为抗日战史研究中一个热门的课题。

台湾的抗日战史作者们十多年来在为数众多的论著中，一再强调以蒋介石为首的南京统帅部在开战之初关于战略作战方向问题作出的战略指导的意义和作用：在八一三事变时，蒋介石即决策扩大淞沪战争的规模，把中日两军的作战重点主动地由华北移到沪宁杭地区，引诱日军改变作战方向，从由北向南改变为由东向西；这个决策的实施和获得成功，奠定了抗日战争胜利的基础。首先对这一历史问题提出上述结论的，是曾任台湾三军参谋大学校长、大型战史《抗日御侮》一书总主编的蒋纬国。他在《抗日御侮》一书的绪论中写道：蒋介石“在野战战略指

---

* 本文原载《军事历史研究》1987年第4期。

导上，当战争爆发之初，即诱导日军作战指向错误方向：八一三于淞沪集中国军精锐，采取攻势，迫使日军追随国军行动，改变其作战线由北向南方向为由东向西方向。因此中国获得换取时间之空间，从容将华东华中人力物力，撤迁西南，在大后方建立持久抵抗战力。此一野战战略指导，打破日军'速决战略'，使中国抗日战争，持久到了与第二次世界大战结合。中国乃由独立奋战，演进为与同盟国联合抗日，遂造成必胜之势”①。何应钦回顾抗日战争的战略指导决策情形说：八一三战火一起，南京统帅部“以大军对淞沪日军采取攻势，不惜牺牲，迫使日军将主力作战由华北移于华东方面。因此，日军将其原可由北平南下汉口最有利的作战线，改采由上海西向汉口最不利的作战线，使国军获得一年又两个月时间。中国以此十四个月时间，将华东、华中凡可供应建设抗战基地——民国二十四年选定之民族复兴根据地之人力物力，概行西迁。中国凭借抗战基地持续不绝之供应，作到力能'持久'，遂将日本'速决'企图打破。日本既不能'速决'，因而导致与中国政治、经济有密切关系之国家支援中国。于是，抗日战争胜利之基础，确切奠定”②。何应钦和蒋纬国虽然都没有举出任何足以置信的史实，以说明南京统帅部是在何时、何地，怎样作出“迫使日军将主力作战由华北移于华东”的决策，但他们高度评价这一战略决策的意义，谓之为“奠定”了“抗日战争胜利之基础”。

台湾著名的现代史学者吴相湘和李云汉，也在自己的论著中肯定地阐述了上述战略指导的意义和作用。在《中国对日总体战略及若干重要会战》一文中，吴相湘以“诱使日军作战正面由南下变成西上”为题，系统地论述了将作战重心由华北南移华东的必要性与重要性，指出：如果“日军利用其快速部队沿平汉铁路直趋汉口，并出洛阳填塞潼关，则中国势将被东西纵断为二，长江下游军队民众及物资设备都无法西运。西北、西南大后方建立工作也徒劳无用，持久抵抗战略自然也不能实现。故中国军队必须诱使日军主力使用于华东而不在华北”③。他认为蒋介石当时实行了这一战略决策，诱使日军转换了作战方向，获得了巨大的成功，说“蒋委员长诱使日军主攻方向由'自北南下'改变为'自东西上'的战略终于成功，中国从此再不必忧虑有被日军东西纵断为两部分的危险，一切可按一九三五年七月的(持久抗战)计划了”④。李云汉的《对日抗战的持久战略》一文，在叙述了一九三七年九月起淞沪战局扩大之后，指出：“就原定计划而言，(日本)决不能将其

① 蒋纬国：《抗日御侮》(绪论)，《抗日御侮》(第1卷)，台湾黎明文化事业公司，1978年，第3页。

② 何应钦：《抗日御侮》(序)，《抗日御侮》(第1卷)，第4—5页。

③ 吴相湘：《中国对日总体战略及若干重要会战》，《八年对日抗战中之国民政府》，商务印书馆，1978年，第65—66页。

④ 《中国对日总体战略及若干重要会战》，《八年对日抗战中之国民政府》，第65—66页。

兵力用在长江流域，如今却调集十个师团以上的兵力到了长江流域，而使中国初步达到持久战略的目的。从此，日军随着中国军队的撤退，愈陷愈深。”①他认为南京统帅部的这个战略指导的实现，乃是贯彻抗日持久战略的关键。

台湾的抗日战史论著，对上述战略决策所作的评价极高。军事学家徐培根认为，蒋介石“窥破”日军“由华北进攻华中与华南”的“诡计”，“以主力军猛攻上海之日军”，从而迫使日军“转移其作战重点于长江方面，遂将其原定由北向南之战略，改为由东向西之进攻”。中国方面棋高一着，“使日军陷入泥沼，八年而不能自拔。所以此一改变，实为中日两方面胜败之转折点，亦为总统蒋公最高之战略运筹……古今中外历史上实罕有其匹俦也”。②蒋纬国更推崇说，这是“战略指导上的杰作”，“这一杰作，打破了日本速战速决的企图，造成了中国持久抗战的条件；奠定了最后胜利的基础；拯救了中国的命运”。③那么，实行这个战略的结果，其实际的成效又是怎样呢？据他们的论述，在以下四个方面获得了成功。

（1）使中国军队避免在当时与日军进行决战。蒋纬国认为：“日军作战线被迫改变为由东向西，只能压迫国军向循通至大后方的补给线撤退，无法强迫国军与它决战，日军的速决战略就被否定。”④吴相湘也有相似的见解，说“中国在持久消耗战略指导下，一方面必须阻止日军攻势，消耗日军战力；一方面又须保持本军之主力，迁延决战时机，俾得与日军长久相持。中国军因武器装备均具劣势，尤须避免与日军在华北平原决战”。⑤他认为诱使日军改变作战方向，正是达到了保持中国军队主力、迁延决战时机的目的。

（2）有利于中国军队实行“以空间换时间”。在蒋纬国看来，“以战前日军在关东地缘位置之势，国军于战争之初期，明知既无可能阻敌于平津之北，故全国领域虽大，但其可能作战的空间，将为黄河以南的地区，该地区为一南北窄而东西长的空间。若能迫敌取东西向的作战线，国军可以获得较多的空间，以换取较长的时间”。⑥日本学者今井骏持同一论点，说：“黄河与长江之间，南北距离短而东西距离长，在这个狭小的空间以消耗战阻止南下之敌，似乎也不能争取时间。……怎样做才好呢？这就要活用地形，使日本的侵略线改变成横向的长长的东西方向。”⑦

---

① 李云汉：《对日抗战的持久战略》，《中国论坛》第6卷第7期。

② 徐培根：《抗日御侮》（序），《抗日御侮》（第1卷），第57页。

③ 《八年抗战胜于开战之先》，蒋纬国：《蒋委员长如何战胜日本》，台湾黎明文化事业公司，1987年，第19页。

④⑥ 蒋纬国：《八年抗战胜于开战之先》，《蒋委员长如何战胜日本》，第19页。

⑤ 吴相湘：《中国对日总体战略及若干重要会战》，《八年对日抗战中之国民政府》，第65页。

⑦ ［日］今井骏：《对日抗战与蒋介石》，《中国国民政府史研究》，第365—366页。

(3) 便于沪宁杭地区的工商企业、物资器材、文教设施和人员向内地转移。吴相湘认为作战重心的改变,使中国得以完成“内迁”的任务。“上海南京地区军需及民用工厂机器及熟练技工和重要物资在战火中抢运往汉口转西安或重庆,这对于持久抗战发生极大贡献。”①美国的戴德华也这样指出:蒋介石“诱迫日军将进攻路线由北向南改为由东向西;如此一来,日军就不能沿平汉线和粤汉线把中国切作两半,中国的人员物资就能设法迁至内陆地区”。②

(4) 增加了日军在补给上的困难。蒋纬国认为:“国军若作自北向南持久作战,日军一则可用其海军支援自北向南的作战线,再则可封锁自海上输入战需品之补给。若我西向持久,则日军之补给线将越感困难。”③

自从七十年代中期蒋纬国等人提出这些结论以来,它至今一直在台湾的抗日战史研究中占有统治地位。对于这个问题,诸如:八一三事变爆发后是否作出过迫使日军改变作战方向的决策?当时作战重心是怎样南移的?扩大淞沪战役规模的原因及其得失又是如何?很有必要揭示其历史真相,并进行实事求是的探讨。

二

为了认真、严肃地研究这一历史问题,首先有必要如实揭示这个战略决策形成和实施的历史过程,因为这是评价这个问题的前提和基础。就目前已看到的著作来说,无论是蒋纬国将军,还是吴相湘、李云汉教授,以及戴德华、今井骏教授,在有关论著中谁也没有提供过确凿可信的史料,用以佐证蒋介石和南京统帅部是怎样作出这个决策的。就连当年在南京统帅机关中地位仅次于蒋介石,又始终参与最高决策的何应钦将军,在生前也从未披露过这一事关全局的重大决策形成的情况。至今,台湾也没有披露过任何一件反映这一决策形成过程的足以令人置信的档案材料。正因为如此,国外一些研究中日战争史的学者,虽然赞同蒋纬国的《抗日御侮》和《蒋委员长如何战胜日本》等论著对这一问题所持的结论,却也存有疑问——改变日军作战方向从北而南为从东向西,是当时制定的战略方针呢,还是在战争结束后、总结战争时追加的一种概括?日本学者今井骏写道:“对照日中战争的实际经过,我认为(蒋)纬国所介绍的蒋(介石)的野战战略的构想(按:指蒋介石关于诱使日军改变作战方向的决策)非常合理,有说服力。”但在同时,他带着怀疑的口吻提出:“遗憾的是,纬国所说的蒋介石八月七日的命令,以及八月二十

① 《中国对日总体战略及若干重要会战》,《八年对日抗战中之国民政府》,第 66 页。

② 转引自台湾《中央月刊》第 20 卷第 7 期。

③ 《八年抗战胜于开战之先》,《蒋委员长如何战胜日本》,第 19 页。

日国民党政府军事委员会的同样主旨的决定等原始资料，无论是在中国(大陆)还是在台湾，均未公开发表。因此，严格地说，蒋(介石)是最初就持有这样的构想走向抗战，还是这只不过是已得结果的合理化？对于这一点尚有探讨之余地。"①对所谓蒋介石作出改变日军作战方向决策的真实性表示怀疑，这不是没有道理的。

那么，按照台湾作者的说法，蒋介石作出这个战略决策的情形又是怎样的呢？吴相湘、李云汉等学者的文章，是以台北出版的《陈诚传记》中所披露的有关史料作为说明这个决策过程的依据的。为了便于读者研究，现把《陈诚传记》这段叙述转录如下：

> 八月十三日，淞沪战事爆发，陈诚这时负责庐山训练的事，蒋委员长电召陈氏来京，商讨厘订战斗序列。陈于八月十六日赴沪视察，十八日返京。这时北方战场的战事日渐扩大，陈氏认为日军如在华北得手，必将利用其快速部队沿平汉路直趋武汉，武汉一旦失守，则中国将东西纵断为二。故不如扩大淞沪战事，诱敌至东战场，可实施去年所原定的持久消耗战略。委员长称善。于是命陈为第三战区(淞沪区)前敌总指挥兼第十五集团军总司令，统率第十八军、第五十四军、第六师、第十一师，及在太仓附近之江防守备军，实施此一战略。到八月二十日晚间，淞沪战役遂告扩大。从此双方均檄调大批军队增援淞沪战役。②

《陈诚传记》这一记载，所依据的应是陈诚在抗战结束后提供给国防部参谋总长办公室的回忆资料。中国第二历史档案馆不久前公布了《陈诚私人回忆资料》，现将有关内容转录如下：

> "八一三"事件发生后二日——八月十五日，陈(指陈诚，下同)在牯(岭)接奉领袖(指蒋介石，下同)及钱慕尹等电话，召陈赴京，策定抗战计划与战斗序列。遂于十七日离牯，十八日抵京。……于十九日偕熊天翼赴沪视察，二十日返京。……返京后，领袖询问视察情形，熊云："不能打。"又问陈，陈云："非能打不能打之问题，而是打不打的问题。"领袖问："何意？"陈云："敌对南口，在所必攻，同时亦为我所必守，是则华北战事扩大已无可避免。敌如在华北得势，必将利用其快速装备沿平汉路南下直趋武汉，于我不利。不如扩大沪战事以牵制之。"领袖遂云："一定打。"陈又云："若打，须向上海增兵。"遂发

---

① [日]今井骏：《对日抗战与蒋介石》，《中国国民政府史研究》，第366—368页。

② 转引自李云汉：《对日抗战的持久战略》，《中国论坛》第6卷第7期。

表陈为第十五集团军总司令，并增调部队赴沪参战，而整个中日战争亦即由此揭开。①

陈诚作为国民党的一位高级将领，抗战之初曾参与南京统帅部的军事决策，他的回忆录具有较高的史料价值，这是毋庸置疑的。然而，从他的回忆材料能不能得出蒋介石在一九三七年八月十九日至二十日作出了“扩大淞沪战事”，“诱敌至东战场”，以避免日军“将中国东西纵断为二”战略指导决策的结论呢？我以为是不能的。因为当时陈诚的建议，只是说到“扩大沪战”“以牵制之”，即牵制日军在华北的攻势，绝未提出改变日军作战主要方向为由东向西的问题。而且，战局的实际进程，并不是如《陈诚传记》所说那样的。我们只要考察淞沪战役逐步扩大、战局重心从华北南移华东的历史过程，就不难得出正确的结论。

卢沟桥事变爆发后，日军首先侵占北平和天津。到八一三前夕，日军在平津地区的部队共有三个半师团，在南口、张家口地区的部队共有一个师团和四个独立混成旅团另两个支队，总计在华北参战的兵力十万余人。八月二十四日，日本参谋本部决定组建华北方面军司令部，继续增兵，至同月底，华北方面共拥有兵力八个半师团，十七万余人。这时，日本侵华的作战重心显然仍置于华北战场。八一三事变爆发、淞沪战幕揭开后，在上海地区首先开辟了华东战场。但淞沪作战在其开战之初规模并不大。八月九日，京沪警备司令张治中在向蒋介石的报告中指出：“日军在沪兵力，近日来迭有增加，总合各方情形，计陆战队官兵约五千人，业经组织健全之在乡军人约三千五百人。……由长江上游抵沪之日舰，计九艘，连原有在沪之日舰三艘，合计十二艘。各舰可随时登陆之水兵，共计约三千人。”②陆海军部队总数近一万人。八月十二日，日本陆军省和参谋本部决定组建上海派遣军，到二十三日，其所辖两个师团部队在宝山川沙口和吴淞张华浜登陆。至八月底，日军在淞沪战场的部队总数近五万人。当时，日军全部常备兵团共有十七个师团，分为五个战略集团。到九月初，其分布为：关东军共四个师团，驻我国东北；朝鲜军一个师团驻朝鲜，华北方面军六个师团，驻我国华北；上海派遣军二个师团，驻淞沪地区；国内常设军四个师团在日本国内。其用兵重点在华北，是显而易见的。

从中国军队的部署来看，作战重点的情形同样如此。八月七日，国民政府在南京召开首次最高国防会议，讨论战略方针和作战部署。会议确定了华北的防御

---

① 《陈诚私人回忆资料》，《民国档案》1987年第1期。

② 《张治中致蒋介石密电》(1937年8月9日)，中国第二历史档案馆：《抗日战争正面战场》(上册)，江苏古籍出版社，1987年，第251页。

部署:以保定—沧州之线为主要防线;以彰德—济南之线为第二线;以洛阳—郑州—开封—徐州—淮阳之线为第三线。上海抗战爆发后,八月十五日国民政府统帅部划分全国为五个战区,其兵力分布如下:第一战区,平汉路方面,共辖二十五个步兵师、两个步兵旅、两个骑兵师及部分特种兵。第二战区,晋绥方面,共辖二十八个步兵师、三个骑兵师、七个步兵旅及其他特种兵。第五战区,津浦路方面,共辖二十七个步兵师、三个步兵旅及其他特种兵部队。以上第一、第二、第五战区的兵力基本上配备于陇海路以北、同蒲路至绥远一线以东的华北战场,总兵力为八十个步兵师、六个骑兵师、十二个步兵旅,外加中央直属兵团十个步兵师。这样,部署于华北战场的部队,折合计算为一百零二个师。当时,国民政府所辖部队列入抗战序列者包括第一线部队一百个师、预备军约八十个师,共一百八十个师。华北战场配备的兵力,占第一线部队的绝大多数。在华东战场,根据第三战区八月二十日的部署,直接参加淞沪战场的有步兵五个半师、一个旅,警备部队约二个师,炮兵四个团及特种兵;江南守备区有步兵三个师、炮兵一个团,杭州湾北岸守备区有步兵四个师、一个旅,炮兵一个团;江北守备区有步兵一个师及炮兵若干;浙东守备区有步兵五个师、四个旅。总计第三战区兵力约为步兵二十个师、六个旅,炮兵六个团及其他特种兵①。

从以上作战部署过程,我们可以看到:南京统帅部直到九月上旬即淞沪战役开战后一个月间,尚无把全国战局重心主动地移到东战场,诱使日军改变作战方向的实际部署。这在南京大本营的作战方案中,也可找到答案。八月二十日,大本营发出第二号训令《国军作战指导计划》,在作战"方略"中明确规定:"将全军区分为四(个)战区。主战场之正面在第一区,主战场之侧背在第二区。"②南京统帅部在这时将河北境内之平汉路方面确定为主战场之正面,山西和绥远方面作为主战场的侧背面,淞沪战场亦为一重要战区,但并未列为主战场。

事实上,淞沪战役规模的急剧扩大和全国作战重点南移华东战场,是发生在九月中旬到十一月初的三十多天内。上海之战打响后,八月十三日至二十二日,中国军队旨在围歼上海市区之敌军,南京统帅部尚未完全摆脱对西方大国调停上海事变的幻想,以致战略指导上优柔寡断,在八月十三日拂晓、十四日傍晚和十八日先后三次向张治中发出停止进攻的命令,③加以攻击部队准备不足,以致未能歼灭敌军,战局呈现胶着状态,陷入被动。八月二十三日,日军两个师团在宝山县、吴淞间长江南岸登陆成功,南京当局调集第十五集团军陈诚所部举行反击,但

---

① 《第三战区作战指导计划》(1937年8月20日),《抗日战争正面战场》(上册),第7—9页。

② 国民政府大本营训令第2号《国军作战指导计划》(1937年8月20日),《抗日战争正面战场》(上册),第3页。

③ 张治中:《张治中回忆录》(上),文史资料出版社,1985年,第123—125页。

兵力不足，仓促上阵，后续部队又未及时增援，结果该集团军奋战二十天上下，仍被敌军击退。中日两军遂在北站—江湾—庙行—罗店—双草墩一线对峙。日本参谋本部为迅速击灭淞沪中国军队，在九月十一日决定增派三个师团、炮兵一个旅团和其他特种部队赴上海参战。至此，日军以五个师团地面部队投入作战。至十月下旬，日本又将华北方面的一个师团和一个旅团、东北方面的一个师团、国内新动员的一个师团，联合组成第十军，转用于淞沪战场；又将华北方面的一个师团调归上海派遣军指挥。于是，日军在上海方面地面部队的兵力，增加到九个半师团，十一月上旬其总兵力近三十万人；而华北方面的兵力则下降为七个多师团。十月二十日，日本参谋本部正式发出命令："向上海方面增派第十军及必要的配属力量"，"第十军司令官应与海军协力，在杭州湾北岸登陆"，"上海派遣军司令官继续执行现行任务，并应完成第十军登陆"。这样，日军"将主作战转移到华中"。①

中国军队方面，从九月中旬开始才以前所未有的规模扩大了淞沪战役的兵力部署。九月二日，南京大本营发出《淞沪抗战第二期指导计划》，决定以陈诚集团为江岸防守军，张治中集团为上海攻围军，张发奎集团为浦东防守军，担任淞沪战场作战。至同月中旬，到达淞沪前线的部队为五十个师和五个炮兵团。但上海抗战自最初十天起陷于被动，在日军于长江沿岸登陆后又贻误战机，到九月中下旬战局日益恶化。南京当局这时已面临敌军占领上海，进窥南京，夺取沪宁杭地区的严重危局。于是为挽回战局，乃决心大规模地增兵淞沪战场。同时，九月十三日起，国际联盟召开全会，十月六日通过咨委会第二报告书，宣称日本为侵略国；并决定在布鲁塞尔召开《九国公约》国家会议。国际上的这些动向，使南京当局一向抱有的对"国际干涉"的期望上升，从而也促成了蒋介石加强淞沪战场，守住上海的决心，以待国际局势的变化。于是，南京大本营重建第三战区司令长官部，九月二十一日起由蒋介石自兼总司令，以顾祝同为副总司令。十月初开始，陆续调集部队增援淞沪战场，参加淞沪会战的部队总数已达七十多个师。中央军嫡系部队参战的占其总数五分之三。顾祝同、陈诚、张发奎、薛岳、罗卓英、朱绍良、胡宗南等人云集上海。蒋介石以全国总兵力的三分之一多的部队投入淞沪战场。十月份的会战是规模巨大的、空前激烈的、英勇悲壮的，汇成了淞沪会战之最高潮。

那么，淞沪战场形成主战场的结果，是不是把日军进攻中国的主要战略方向改变为由东向西，而不再是从北到南呢？实际上战局的发展并非如此。上海、太原、南京失陷后，日军在中国战场上两大战略集团的态势是：长江以南的华中方面军占领了上海、杭州、南京、芜湖四点之间的地区；黄河以北的华北方

---

① ［日］防卫厅战史室：《大本营陆军部》（上），四川人民出版社，1987 年中文摘译本，第 374—375 页。

面军则占领包头、太原、安阳、德州四点之间的地区，前出至西自包头以东、东至济南以北的黄河右岸。日军下一步的战略企图，并不在于加强华中方面军，溯长江而上西攻武汉，而是要打通同蒲、津浦两线，攻夺临汾、徐州两点，控制洛阳、郑州、开封一带这个战略上最富机动的区域。然后，或西窥潼关，进击西北；或南下武汉，夺取华中。正是在这个战略企图之下，日军在一九三八年二三月间发起晋南之战，攻占了临汾，同时于津浦线南北对进，并发起鲁南战役。接着，又在五月间进行徐州会战，先后攻占徐州和开封。在这以后，才把攻略武汉的行动提到日程之上。可见，淞沪战役并未就此改变日军作战方向为"由东向西"，即从上海到武汉的西进。

从对以上战争发展进程的分析，我们可以得出以下三点结论。(1)淞沪战役是逐步扩大的。中国方面在八月下旬、九月中下旬尤其是在十月上旬进行比较集中的增兵，到十月间这里才真正成为中日双方的主战场。所以，李云汉所引《陈诚传记》记述的"八月二十日晚间，淞沪战役遂告扩大。从此双方均檄调大批军队增援淞沪战役"，作战重心转到淞沪地区的说法，并不符合史实。吴相湘所说南京当局在八月六日就已"策定""国军主力集中华东，攻击上海之敌"的作战指导原则，①也难令人置信。(2)中国军队一再扩大淞沪之战的规模，主要是为了对付当面之敌。随着日军的逐步增兵，中国军队也一次次增援。所以，淞沪战役扩大到十月间这样的巨大规模，是南京统帅部始料所不及的。本来，在战局进程中，作战规模的扩大超过统帅机关的预计，也是不足为奇的，但南京统帅部在沪战之初即便在华东地区开辟一个大战场的科学的战略构想也从未有过。那么，沪战为什么会演变成如此巨大的规模？当时，何应钦在南京统帅机关的一次会议上有这样的论述："沪战胶着，双方无限制增兵。我(军)为确保江南腹地，又不能不以精锐部队与敌周旋。因之，我战略重点无形中已转移于江南。此时北正面只有采守势作战，逐次抵抗，与敌持久。"②何应钦虽单纯从军事作战上分析原因，"无形中"的说法却是一语中鹄。由此可见，淞沪战役扩大的当时，南京统帅部还并无把全国作战重心南移华东，诱使日军作战方向由从北而南改变为由东向西的战略指导原则。(3)淞沪战役确是在一段时期内把日军的主攻方向引到了沪宁杭地区，但从全国战局而言，它并未起到转换日军的战略作战方向为"由东向西"的作用。台湾的一些战史论著所说的日军战略作战从此改变方向，事实上并不存在。

① 《中国对日总体战略及若干重要会战》，《八年对日抗战中之国民政府》，第65—66页。

② 《何应钦在军政部召集的汇报会上讲话》，中国第二历史档案馆藏国民政府军令部战史会档案。

三

南京统帅部举行淞沪战役的战略企图，既然并非如台湾的一些史学专家所说的那样，是为了诱使日军改变战略作战方向为由东向西，那么，它的实际的作战企图又是什么呢？就当时把战略重点从北战场转移到东战场的得失又应作怎样的评价呢？

其实，在八一三事变爆发前后，对于中国全面抗战初期的作战重点应置于什么方向的问题，在南京统帅机关内部，在国共两党之间，都曾经作过研究，作出过比较正确的构想。七七抗战开始后，南京当局虽尚未完全摆脱和平妥协的企图，但同时也进入了全面作战的准备。中国军队一面增援华北作战，对于日军可能对长江和青岛、海州方面的进攻也作了准备。增援华北，准备华东，全国军队进入临战状态，可以说是从“七七”到“八一三”之间南京统帅部采取的战略格局。这应当说是一个适当的军事部署。八月七日开始，南京召开国防会议议决抗战大计，研究战略方针。国民政府中央军事首脑和地方主要军事长官参加会议，中共中央代表周恩来、朱德、叶剑英出席了会议。接着，周恩来、朱德、叶剑英与何应钦、白崇禧、唐生智、黄绍竑、卫立煌、陈继承等国民党高级将领就抗日军事问题举行谈话会。八月十一日下午的谈话会上，周恩来、朱德就抗日战略方针等许多重要问题，作了精辟的分析，提出了正确的主张和建议。关于全国作战的战略重点方向，周恩来分析说：“敌之主要者为吞并整个华北，他处则扰乱及武装挑衅，但仍以华北问题为中心。”因此，他明确指出：“主战场在华北方面……他方面如上海敌有武装威胁之可能，即福建方面及青岛、海州皆有夺我海口之可能，惟主战场仍在华北。”并赞同国民党加强华北战线，说：“中央方针系全局布置，加紧华北抗战，委座决心甚为正确。依此坚强决心整个部署，动员全国军民方可得最后胜利。”为此，他还提出：“第一第二战区须培养可独立持久之能力，在华北由阵地战转为平原与山地之广大运动战。”①朱德也明确地提出：“第一第二战区为主战区”，而“最大活动方面仍为第二战区，此区可用大兵团策动敌之后方”②。显然，中共方面建议的基点，是坚持华北抗战，把华北作为主要战略方向。

这时，国共两党对于主要作战方向的意见是一致的。八月二十日，南京大本营发出的《国军作战指导计划》中关于主战场的规定，与周恩来、朱德的建议是大体吻合的。该计划判断日军攻击重点在黄河以北，“将以有力之一部先进占平绥

---

①② 《何应钦筹划军事有关会议的记录和文件》，中国第二历史档案馆藏国民政府军令部战史会档案。

各要点(张家口、南口等处),尔后或深入山西,以威胁我第一战区之侧背,或转进于正定、保定方面,以直接协力于其在平津部队之攻击”。同时指出:“敌国为牵制我国军兵力之转用,及从政略上威胁我国军根据地起见,将以一部攻我淞沪,窥视我首都。”①对于日军以少量兵力进犯胶东、徐海,和以海空军扰袭闽粤的可能性,该计划也作了恰当的估量。据此,这个计划确定“主战场之正面在第一战区,主战场之侧背在第二战区”,并对全国各战区的作战方案作出了适当的部署。

可是,南京统帅部后来并未真正坚持和实施八月二十日的战略计划,而是把主战场移到淞沪地区。因为,就军事上的利弊而言,蒋介石、陈诚等人认为,“以我(军)装备关系,不能在华北平原行决战,因此……以主力毅然使用于淞沪方面”,因为“就全国地形言,如当时在黄河流域与敌作战,殊不若在长江流域,利用湖沼山地,转为有利也”。②但这个决策并非得当。诚然,黄河流域平原地带自不利中国军队与敌之机械化部队作战,尤其不宜进行阵地战,这本来已为国共两党之一致认识。但对于能否在华北持久地与敌周旋,并创造对我军有利的战略态势,坚持华北持久抗战,双方的认识却大相径庭。中共方面的战略主张是明确而坚定的,认为虽然巩固华北恐一时不能,但若利用平西与晋察山地之天然屏障,实行攻势防御,确保战略要地南口和张家口,当能威胁平津和平汉线敌之侧背,牵制其主力南下;即便是黄河以北沿平汉线实行防御的中国军队,也不应以正面抵抗为主,而必须由侧面转进,进行运动防御的战役攻势。更主要的是,华北有极为广阔的山地和平原,只要实行正确的政策,军队与民众相结合,完全可以坚持运动战和游击战。根据上述认识,中共方面曾建议把华北作为主要战略方向。可惜,蒋介石并未真正采纳这一极为重要的建议,却是将主战场南移淞沪地区,这不能不说是一大失策。

华北战场由于降到次要地位,原定使用于该方面的第十五集团军、十八军等主力部队纷纷转用于淞沪战场,以致华北第一线兵力不足,加之战场指导方针的严重失误和部队素质不良,结果正面防御难以为继,侧翼进攻也难以实行。对于关系华北战局关键的南口—张家口之战,未能倾注重兵夺取胜利。南口防御兵力严重不足,平西山地又未囤积机动兵团,以致正面防御无力,右翼门户洞开。张家口方面各军协同不力。八月二十四日和二十七日,日军先后攻占南口和张家口后,便在北宁、平绥两路,平、津、张以南以西三百公里正面完成了战略展开,造成全面进击华北之态势。九月间,日军突破同蒲路和平汉路,河北、山西两省战略走

---

① 国民政府大本营训令第2号:《国军作战指导计划》(1937年8月20日),《抗日战争正面战场》(上册),第3—4页。

② 陈诚:《八年抗战经过概要》,《抗日战争时期国民党战场史料选编》(第1册),浙江省中国国民党历史研究组(筹)编印,1985年,第7页。

廊洞开，华北战场的中央战线宣告瓦解。接着，中国军队又在华北战略枢纽山西遭到失败。如此广阔的华北正面战场陷于失败如此之迅速，实是国民党在战略指导上的严重失误所致。

华北战线崩溃的过程，是与南京统帅部把战略重点逐步转到华东的过程同时发生的。对于南京当局把战略重点向淞沪战场转移的问题，叶剑英在八月间向国民党军事当局明确指出："我（军）之重点在上海，虽胜利不能转移全战局，如在平绥线置重点，则可转移全战局而破坏敌人整个计划。"①这一正确意见切中时弊地指明了国民党战略指导上的要害，与周恩来、朱德在国防会议上的战略建议是一以贯之的。控制了平绥线，掌握冀、察、晋、绥四省之枢纽，既可撼平津敌军之背，又可屏障山西；而确保山西，又对日军沿平汉线南下构成侧翼之严重威胁。这样，日军打通平汉线，把中国东西纵断为两部分的局面就难以出现。南京军事当局并非不懂得华北战线的重要性，它之所以把作战重心移于淞沪战场，是被政略战略上的一些因素所左右，以致不能正确地驾驭战争全局；而不是如台湾一些史学专家所说的那样，是为了诱使日军改变战略作战方向、就我范围。

那么，南京统帅部为什么要把作战重心移到淞沪战场，倾注近八十个师的部队举行规模巨大的会战呢？一是出于保护上海地区经济政治利益的需要。上海是南京政府统治下的全国经济中心之所在，政府的财政税收和经济命脉、四大家族和江浙资产阶级的经济利益，以及西方英美列强的在华利益都集积于此。在南京当局看来，如上海失守，其后果远远超过失去晋、绥、冀、察等地，因而势在必保。正如陈诚所说，"上海乃我经济重心，中外观瞻所系，故我不惜任何牺牲，予以强韧作战，双方作战重心，乃由华北移至华中"②。二是为了拱卫首都南京和守卫长江。上海地处宁沪杭三角地区之东沿，上海—南京战役方向是一个整体。上海在当时是世界第五大，也是中国最大的军港，它不仅是进入江浙皖地区的海上门户，而且又是溯长江进入我国内地的水路咽喉。南京统帅部是完全明白这个重要性的。大本营在八月二十日颁发的《第三战区作战指导计划》，就指明了上海作战的战略企图是："该战区应以扫荡上海敌军根据地，并粉碎在沿江沿海登陆取包围行动之敌，以达成巩固首都及经济策源地，为作战指导之基本原则。"③三是为争取国际干预，借以造成孤立日本、和平解决沪事的契机。上海既是中国经济中心又是一个国际都市，世界各大国尤其是英、美、法、德、意等列强的权益在此错综复

---

① 《何应钦筹划军事有关会议的记录和文件》，中国第二历史档案馆藏国民政府军令部战史会档案。

② 陈诚：《八年抗战经过概要》，《抗日战争时期国民党战场史料选编》，浙江省中国国民党历史研究组编印，1985年，第7页。

③ 国民政府大本营训令第4号：《第三战区作战指导计划》，《抗日战争正面战场》上，第6页。

杂，盘根错节。南京当局正是有鉴于此，深知上海战事扩大，将直接损害英、美、法列强在华权益，必将震惊世界，引起列强关注，从而极有可能导致美、英、法等国插手干预、调停中日之战。“一·二八”淞沪停战的旧梦，对于蒋介石、汪精卫等人来说，并不是不想重温的。正是在这种指导思想之下，当国际联盟会议发出了谴责日本为侵略国的呼声、布鲁塞尔《九国公约》国家会议召开在即的时候，蒋介石遂于九、十月之交调集大量部队进入淞沪战场。正如当时任职于南京大本营作战部的刘斐指出的：“上海会战后期没有贯彻持久消耗战略精神，没有适时调整战线保存部队有生力量……在敌海陆空军便于协同作战的长江三角洲胶着太久，并依靠《九国公约》，把战略作了政略的牺牲品，致自陷于被动。”①

显然，南京统帅部开辟和扩大淞沪战役是受上述几个因素制约和决定的。南京当局之所以以比华北战场高得多的积极性和使用多得多的兵力，来举行这场会战，其真正原因就在于此，而不是什么引诱日军改变作战方向的战略意图。这些基本因素也就是指导淞沪会战的战略目的和企图。这些战略企图，有值得肯定的正确的方面，也有错误的方面，应当加以分析，而不应一味崇扬。

由于上海在军事、经济和政治上占有极为重要的地位，在日军发动全面侵华战争的情况下，主动地有计划地发起和进行淞沪战役，是完全必要的。保卫上海，拱卫南京，守卫长江，是民族抗战大局的需要，理所当然地获得了全国各界民众和各爱国党派的热烈拥护和支援。淞沪抗战振奋了中华民族争取独立、反抗侵略的伟大精神，汇成了全国抗日救亡运动空前高涨的热潮。淞沪抗战给了日军速战速决战略以沉重一击，使日本陆军和海空军遭到从七七开战以来从未受到过的打击和损失。淞沪抗战迫使日本军部迭次增派援兵，把二十多万日军吸引到长江三角洲地带，从而减轻了其他战场的压力，对全国抗战是一个强有力的支援。淞沪抗战也为沿海工业内迁、物资设备和企事业机关的转移、保存经济实力赢得了时间。中国广大官兵浴血奋战，几十万人在与日本侵略者的拼搏中为国捐躯，他们的英勇业绩永远是中华民族解放斗争史上光辉的篇章。

当然，上海地处我国东南沿海，并不居于中国大陆的战略枢纽地带，因而上海之战在战略上难以起到转换全局的作用。从这个意义上说，它是不能同华北作战的意义相提并论的。上海地区接近海岸，向内是一片地势平坦、河网交错的狭小地区。上海市区又驻有日军，占有海空军绝对优势的日军，便于在此实施登陆，又可收陆海空军联合作战之效，这也是对中国作战不利的。上海左边濒临长江口，右边紧靠杭州湾，形成一个“凸”字形边境。对于日军的优势兵力而言，有“凸”字形边境可资利用，就可以从上海的两翼实施登陆，进行战略包围，容易迂回成功。

① 唯真：《抗战初期的南京保卫战》，《文史资料选辑》（第12辑），中华书局，1960年，第5页。

因此，上海抗战应当夺取先机，以果断的行动和优势兵力在敌未大动时一举彻底歼灭市区之敌。中国统帅机关认识到这一点，在日军大动前主动对市区之敌发起进攻。可惜，南京统帅部和战不定，优柔寡断，在战斗发起后三次下令前线部队暂停攻击，加之攻击力量不足，以致丧失先机，未能达成初战之目标。其次，应有足够的兵力和火器的准备，部署于长江口沿岸和杭州湾沿线及其附近岛屿，并组织好后继力量，进行抗登陆作战，在敌军登陆过程中就给予歼灭性打击。但是中国方面在事前既无抗登陆作战之准备，又未组织好足够的后继力量，以致让日军在长江口沿岸登陆成功，逐次扩展攻势，造成对中国军队的致命威胁。第三，以中国军队的综合条件，完全不应当在上海郊区与敌军进行持久的阵地抗击战。但在消极防御战略和阵地战方针之下，中国几十万大军却同敌军进行了长达几十天的阵地战，以致几十个师的主力部队遭到惨重的损失。第四，进行旷日持久的大规模会战，尤其是在淞沪这个特定地区，对中国是不适宜的。在达到一定的战略和战役目的后，应当适时转移兵力，使自己立于主动地位。但南京当局在战局逆转已不可挽回时，仍然大规模地增兵，而自陷于被动。最后，在“凸”字形边线两翼疏于防卫，特别是在最易实现战役展开、对上海形成迂回之势的金山卫地区未作防卫措施，以致日军登陆成功，促成淞沪之战最后失败。历史的教训告诉我们，如果南京统帅部在上述战略指导问题上不犯错误，淞沪战役的结局会是另一种局面。今天，作为中华儿女，我们在探索民族抗战的血的教训时，对于抗日战争作战指导上的这些问题，是完全用不着回避的。实事求是地总结反侵略战争的历史经验，对于海峡两岸的中华同胞都是有益的。粗浅之见，疏漏必多。欢迎台湾同行们与我们各抒己见，相互探讨，共策前进。

从局部抗战到全面抗战：两次淞沪抗战之比较研究*

在中国伟大的抗日民族解放战争中，在淞沪地区先后举行了一·二八抗战和八一三抗战。这两次轰轰烈烈的抗日之役，英勇悲壮，震惊中外，影响深远，在抗日战争史上占有重要地位。一·二八与八一三有着许多相似之处，又各具不同的历史特点。它们之间存在着深刻的历史联系，然而并不是历史的重演，两者在历史上的地位与作用不可同日而语。本文试图从这两次淞沪抗战的历史背景、南京国民政府的政策、中国共产党的地位和作用、两次战役的战略企图和作战方针、战役发展历程以及淞沪抗战的历史地位等问题，作一比较研究，以求深化对淞沪抗战的认识，进一步揭示蕴含于其中的历史经验，并以中国抗战历史全局的层面来审视它们的意义。

一

一·二八抗战和八一三抗战是长达十四年之久的中国人民为反对日本侵略、争取民族解放的伟大民族战争的重要组成部分。两者可以说是在同一战争历史过程中，在同一地区先后发生的两个重大战役和两场民众抗日救亡运动。它们都处在中国民族民主革命新时期的时代背景之下，所不同的是：一·二八发生在中国局部抗战时期，那时，国共内战正在进行，抗日民族统一战线还未出现，国际方面也尚未形成广大的世界反法西斯运动。而八一三则发生在中国由局部抗战转变到全国抗战的时期，这时，以国共合作为基础的抗日民族统一战线已经形成，世界性的反法西斯运动已初步展开，因而处在新的战争环境。

从局部战争演变成为全面战争，这是抗日战争也是第二次世界大战发展历程的一个基本特征，一·二八和八一三乃是这一历史特点的一种表现。从一·二八

* 本文原载《上海党史与党建》1995 年第 1 期。

到八一三,反映了日本侵华战争的扩大和深化。

一·二八是紧接着九一八而爆发的,八一三则是紧接着七七而发生的。九一八标志着日本帝国主义以武装侵略中国,企图变中国为其独占殖民地的新阶段的开始,但由于中日两国的特殊国情和当时远东的政治军事格局,战争暂时还限于局部的性质和范围。七七则标志着日本走上了全面侵华战争的道路。对于日本来说,八一三是在新的历史条件下一·二八的重演。一·二八主要是为了配合日军在中国东北的侵略战争和掩护伪满傀儡政权的出台。八一三则是为了与日本在华北的进攻相配合,在上海开辟新战场,钳制中央军并攻占上海、南京,进犯华东,逼迫中国政府订立城下之盟,以实现其速战速决战略。九一八和七七都发生在北方,前者在我国东北,由日本关东军策划和挑起,后者则进入了华北,由日本华北驻屯军策划和挑起。一·二八和八一三都发生在上海,由日本海军首先挑起和发动,以海军为先锋、陆军为主力共同进行。一·二八以日方制造的日僧事件为导火线,八一三则以日本挑起的虹桥机场事件为导火线,其手段如出一辙。总之,一·二八和八一三都是为配合在北方已经发动的战争,而选择在上海这样一个在中国在国际上都具有多方面重要性的地方开辟新的战场。一·二八对于九一八主要在于策略上的配合,而八一三对于七七的配合则具有战略配合的性质;因而,两者引出的结果是大不相同的。

中国抗日战争经过了由局部抗战到全国抗战的发展历程,从基本历程而论,八一三抗战乃是一·二八抗战的继续和发展。但就战争的具体进程而言,一·二八抗战是九一八抗战的继续,八一三抗战则是七七抗战的继续。九一八事变后的抗战首先是由部分东北军爱国官兵发起的,继而发展成为包括一·二八抗战在内的六年局部抗战。七七抗战首先是由原为西北军的第二十九军发起的,继而演变成为举国上下长达八年之久的全面抗战。一·二八抗战是由第十九路军抵制南京中央当局的不抵抗指令而毅然发动的,然后由中央军第五军前来参加而共同进行。八一三抗战的发动则有所不同,它是中央军系统的京沪警备军奉南京中央当局命令,主动地有计划地发动和进行的,然后逐步演变成为有中央军主力和全国各主要军事实力集团的部队参加的一场大规模会战。从九一八到一·二八,从七七到八一三,这一系列历史事变的发展,绝不是偶然的巧合,它表明了日本对华侵略战争的扩大和深入,更反映了中国抗日潮流的不断高涨和抗日民族战争的日益发展。

八一三抗战是在与一·二八抗战不同的历史条件和国内外背景之下发动和进行的:日本的侵略已从局部战争扩大为全面侵华战争;中国的内战业已停止,以国共合作为基础的抗日民族统一战线正式形成;全国各党各派各军各界在抗日御侮的旗帜下联合了起来,汇成了前所未有的全民族的抗日救亡的高潮;国民政府从实行“攘外必先安内”转变到走上对日抗战的道路；抗战动员之广泛、深入都远远超过了一·二八时期。这一切决定了八一三抗战以一·二八所未有过的主动性、全面性和彻底性，出现于抗日民族解放战争的历史舞台。它不是重复旧的历史，恰恰相反，英勇的中国军民，在这次新的战争中，谱写了崭新而光荣的历史一页。

二

淞沪抗战主要包含两个相互联系的组成部分：中国军队进行淞沪战役和人民群众开展抗日救亡运动，而前者则是抗战的主体。无论是一·二八还是八一三，南京国民政府都是淞沪战役的组织者和指挥者，它所采取的方针政策，是同淞沪战役的命运息息相关的。南京政府对这两次战争的政策有着重大的原则区别。前者，十九路军和上海民众自动抵抗日军进攻，抗战已经爆发，南京政府想不抵抗也不行了，其政策是在“攘外必先安内”的基本政策之下确立起来的。后者的政策则是在团结御侮、抗战到底的基本政策的基础上建立起来的。两者的区别，反映了国民政府对日政策和对内政策的重大变化，对两次淞沪战役产生了至关重要的影响。

一·二八抗战是在蒋光鼐、蔡廷锴为首的十九路军在团结御侮、一致抗战口号之下的坚决抵抗，上海民众抗日救亡运动的推动，以及南京政府在“一面抵抗、一面交涉”政策之下的有限度的抵抗等诸因素综合作用的基础上发动和进行的。十九路军领导人与南京政府决策者，在一·二八抗战中实际上实行了两种不同的指导方针，对战争的发展起了不同的作用和影响。

爱国将领蒋光鼐、蔡廷锴掌握着十九路军的领导权，负有卫戍京沪、警备上海的责权，在一定程度和一定地域内得以实行其不同于南京中央当局的方针。他们从维持民族利益、保卫国家独立的立场出发，不同意南京当局对日妥协退让，主张对内团结、一致御侮，对日坚决抵抗，采取以民族自卫战争反对日本侵略的方针。

蒋介石、汪精卫、何应钦等南京当局的决策者们，掌握着淞沪战役的最高领导权和指挥权，他们推行着同十九路军不同的方针和政策。由汪精卫提出、得到蒋介石完全赞同，被国民党中央确定的“一面抵抗，一面交涉”的对日政策，在一·二八战争时开始得到贯彻，成为处理这个事变的指导方针。这一政策与九一八时的“绝对不抵抗”政策有所不同，因为它主张对日本的武装侵略要进行有限度的局部的抵抗，这表现了南京政府对日政策的某些变化。这就是它对淞沪战役的某种程度的赞同和支持，以及调动中央军第五军前来上海参战在政策上之由来。在这一政策之下的抵抗，虽然是有限度的、短暂的和局部性质的，但也是属于为民族自卫的正义的战争事业。然而，“一面抵抗，一面交涉”政策终究是一种具有两面性的政策，就其实质而言，乃是一种消极抵抗、积极谋和、寻求妥协的政策，对日妥协仍是它的灵魂和基轴。在这一政策下的抗战，不可能是坚决和彻底的，也绝不会是持久的；相反，却深深地潜伏着在中途妥协议和，接受城下之盟的危险。

两种不同的指导方针在一·二八抗战中居于不同的地位。虽然十九路军领导人掌握着淞沪战场的指挥权，但在一切重大问题上，他们不得不听命于南京中央当局。因而，由陈、蒋、蔡为代表的团结御侮、坚决抗战的方针，其作用归根到底受制于南京当局，其能实现的范围和程度是有限的。相反，掌握南京中央权力的蒋、汪、何操纵着淞沪战争最高领导权和指挥权，以他们为代表的方针在淞沪抗战中占着统治地位。这就在根本上左右了这次抗战发展的方向及其结局。一·二八实际上是一曲抵抗和妥协的“两重奏”：一方面是十九路军和第五军爱国官兵在民众抗日救亡运动的支持下英勇悲壮地奋战在抗日战场，另一方面是中国外交当局在英、美、法、意等国驻华外交机关的斡旋下，在国际联盟的直接干预下，不断地与日方谋求妥协停战。抵抗与谋和这两方面同时贯穿于一·二八战争之始终，最后以妥协而告终，这是一·二八抗战的一个基本特征。

如果说一·二八是一部抵抗与妥协的“两重奏”，那么八一三则是一部全面抗战的“进行曲”。一·二八以十九路军抵制南京当局的命令，自动奋起抗战为开端，以签订城下之盟《淞沪停战协定》而告终。八一三以南京政府作出“先发制敌”决策，命令京沪警备军主动进击驻沪日军为开端，以中国军队战败，南京政府不接受妥协、继续坚持抗战而告终。

南京政府对于八一三的政策与一·二八是大有区别的。一·二八时南京政府的抵抗是被动的和消极的，用兵作战是极有限度的，而且准备随时实行妥协停战。八一三时南京政府采取的是团结御侮、抗战到底的态度。南京当局对于淞沪作战是有预见的、主动的和积极的，用兵作战是倾注全力的，虽然并未完全抛弃通过国际干预调停中日战争的企图，但抗战的倾向自始至终占着主导地位而未曾动摇。

三

一·二八和八一三作为先后发生在同一地区的两次抗日战役，两者之间存在着一些共同的特征。但是，由于客观条件和主观指导的不同，两个战役之间更多的是存在着重大的差异。以下我们对这两次战役的战略企图、作战方针、战役规模、战役过程等问题作一横向比较，以求在军事的层面上对淞沪抗战获得进一步的认识。

两次淞沪战役的规模，大小十分悬殊。第一次淞沪战役就其规模而言，是一次中小型的战役，第二次淞沪战役则是一场大规模的会战。一·二八时，中方参战的部队有十九路军的三个师、第五军的两个师以及中央军校教导总队和财政部税警总团等部，总计约六个师；日本参战兵力最高时有陆军三个师团（其中一个师团未投入作战）又一个混成旅团，海军一个舰队。八一三时，战役过程较长，中日双方都逐次增兵，作战规模不断扩大。中国方面参战兵力总数达陆军七十五个师、八个旅，另有财政部税警总团、中央军校教导总队、炮兵、辎重等特种部队，吴淞、江阴、镇江要塞部队，上海保安部队和警察总队，以及空军和海军的主力部队。日本方面参战兵力最高时有陆军九个师团又两个旅团（支队），伪军三个旅、海军一个舰队，另有两个舰队参加运兵，空军则分属于陆、海军。八一三淞沪会战，中日双方投入兵力之众多，作战规模之巨大，战役过程之持久，不仅远远超过一·二八淞沪战役，而且在八年全面抗战中也只有武汉会战等几个大战役可同它相比，在一百多年的中国近代战争史上也是罕见的。

第一次淞沪战役时，日本方面尚无攻占上海和南京、进犯华东和华中的作战意图，中国方面更无在华东开辟一个战场，吸引日军把主战场转移于长江方面的作战企图。第二次淞沪战役是在中日全面战争的条件下进行的，双方的上述战略意图业已确立，因而这次战役不仅在规模上是空前的，而且其持续时间和发展过程也与一·二八大不相同。第一次淞沪战役从一九三二年一月二十八日开始，至同年三月六日十九路军宣布停战而结束，历时 39 天。第二次淞沪战役从一九三七年八月十三日开始，至同年十二月二日江阴要塞陷落而告终，战役时间长达 3 个月另 19 天。

两次战役的发展历程也各有不同的特点。前者的发展历程呈现为两个阶段：一月二十八日至三月一日为敌之进攻和我之防御阶段，三月一日至三月三日为我之退却和敌之追击阶段。在战役进程中，中国军队始终没有一个战役进攻阶段，而日军的追击阶段为时十分短暂。此种特殊情况，是由当时中日双方的政略和战略所决定的。后者的状况则大不相同。八一三淞沪会战呈现为四个阶段：八月十三日至二十二日，中国军队对虹口、杨树浦地区日本驻军进行围攻，此为我之进攻、敌之防御阶段。这种战役进攻阶段是一·二八时未曾有的。从八月二十三日中国军队开始在吴淞、宝山、罗店、浏河之线抗击登陆日军起，至九月十六日中国军队退守双草墩、罗店西南、庙行、大场一线为止，是敌我相持阶段，这一阶段，经历了浏河—吴淞沿江阻击战，罗店、月浦、宝山、吴淞、杨行、刘行等地攻防战。从九月十七日至十一月五日日军在金山卫登陆，为我之全线防守、敌之进攻阶段，发展成为阵地战的高潮，经历了蕰藻浜南北阵地攻防战、大场周围争夺战、苏州河沿岸防御战等作战。中日双方不断增援，轮番增兵，战役规模日益扩大，作战程度愈来愈高，高度的阵地防御战不但是一·二八时所从未有过，在八年全面抗战中也是罕见的。从十一月五日日本第十军在金山卫登陆，至十二月二日江阴要塞失陷，是我之撤退、敌之追击阶段。淞沪会战以中国军队的失败而告终。综观这次会战，其参战兵员数量之众多，战役过程之持久，作战情况之复杂，战斗情景之激烈，在中国的反侵略战争史上可谓屈指可数，堪称抗日战争中一个著名的大战役。

八一三淞沪会战的战略企图和作战目的，也比一·二八淞沪战役广泛和复杂得多。根据蒋介石、汪精卫等人的历次讲话和电令，南京政府对于第一次淞沪战役的战略意图和目的，是消极的和有限的，主要可以归结为以下几项：(1)使上海局势恢复到一·二八事变以前之原状，即日军退回上海公共租界和虹口越界筑路地段；(2)保持上海之闸北以及江湾、吴淞等地区，不受日军侵占；(3)争取国际联盟和英、美、法等西方列强的调停，通过外交途径力求达成一个公平的停战协定。一·二八抗战的结果，上述三项目标中，第一、第二两项实现了，第三项没有。我方获得的不是一个平等和公正的停战协定，而是丧权辱国的《淞沪停战协定》。

八一三淞沪会战的战略意图和目的，是积极的和宏大的，是立足于对日全面抗战的战略目标的。南京政府对这次会战的意图和目的经历了一个逐步发展和形成的过程。南京大本营于一九三七年八月二十日、九月二日、十一月十六日先后发布《第三战区作战指导计划》《淞沪抗战第二期作战指导计划》和《淞沪抗战第三期作战计划》，蒋介石还发布了其他一系列命令和指示，提出了淞沪会战的战略目标、作战意图和方针。归纳起来，主要有以下几项：(1)以先发制敌的作战方针摧毁日军在上海的根据地，使敌尔后作战在陆上无所凭借；(2)击退沿海沿江登陆之敌，保卫经济中心上海，拱卫首都南京；(3)扩大沪战吸引日军相当部分主力，以牵制敌在华北的进攻，打乱其作战计划；(4)掩护上海和华东沿海诸省的工业和其他事业内迁；(5)使国际上对中国抗战产生良好的观瞻，促使日本与英、美等国之间矛盾加剧，借以造成国际方面干预日本侵华、斡旋中日停战议和之契机。这些目标和意图大部分是符合民族抗战大业的需要的，经过重大努力，也有可能予以实现，有一部分则是错误的。如果说，南京政府对于一·二八的战略意图，在于通过有限度的军事行动和外交方面的努力，求得在一定条件下的对日停战妥协，那么，对于八一三则是把它作为对日全面抗战的绪战，为战胜日本而作出的一个重大战略举措。

南京统帅部提出的八一三抗战的战略目标，有一部分达到了，有的没有或未能完全实现。从军事上说，这是因为，一方面，日方军力强盛、武器装备精良和正面进攻与两翼迂回相结合战法的成功；另一方面中国军力衰弱、武器装备落后，特别是战略和战役指导上的严重失误导致失利。淞沪会战中，中国军队以如此巨大的规模，坚持三个月之久，主要是依靠了优势的兵力、旺盛的士气和人民群众的支持。就南京统帅部和第三战区对战争的指导而言，在作出淞沪会战的决策、从全国调集参战部队和组织指挥一系列作战等方面，其功不可没。然而，毋庸讳言，在战略战役指导上是有严重失误的：战略上的专守防御、战役战斗上的持久战、以阵地战为主体的作战方针、在敌陆海空联合作战之优势得以充分发挥的地带进行旷日持久的消耗战、无胜利把握的主力决战，以及对两翼防御的严重疏忽，等等。如果在战略战役指导上不犯这些错误，淞沪会战的结局会是另外一种情况，至少中国军队伤亡30万人这样的巨大损失，决不是不可避免的。

四

中国共产党及其领导的上海革命队伍，是淞沪抗战中最坚定最英勇的抗战力量，成为人民抗日运动中团结的核心，发挥了政治领导的作用。中共在淞沪抗战中始终高举爱国主义的旗帜，为反对日本帝国主义、争取民族独立和人民解放而英勇斗争。在这两次抗战中，由于国共关系、中共自身的状况、上海民众抗日运动的觉悟程度和组织程度等情况的不同，中国共产党在抗战中的地位和作用是大有区别的。

一·二八抗战时，国共两党处于敌对状态，中共在国统区没有合法地位，国民党对中共及其领导的抗日民主运动采取取缔和镇压的政策，这就严重地限制了中共及其领导的人民革命力量在抗战中的作用和影响。但是，中共在上海的组织和广大党员在极端困难的条件下，不畏艰险，冲破重重障碍，发动和组织基本群众投入抗日斗争。

中国共产党从九一八事变起就坚决主张对日抗战。一·二八事变爆发，中共中央立即发出了武装反抗日本帝国主义占领上海的号召；还就上海事变作出决议，主张以武装民众的民族革命战争反对日本的侵略。中共江苏省委根据中央的指示精神，全力以赴地发动和领导上海全市党、团组织，工会和民众反日团体，开展各种形式的抗日救亡斗争。中共在上海组织和领导了上海民众反日救国联合会等一批民众抗日团体，联系和团结为数不少的各阶层民众参加抗日斗争。组织和领导了拥有2 000余人的义勇军，奔赴战区协助十九路军等部作战。发动和团结文化界、教育界、新闻界、文艺界，开展抗日宣传，慰劳军队，捐献财物，支援前线。发动和领导了沪西日资工厂数万工人的反日大罢工，给了日本帝国主义以沉重一击。但由于王明“左”倾冒险主义的领导，在一·二八抗战期间实行不少“左”的政策，未能利用当时有利于革命的客观形势，把抗日民主运动向前推进。

中国共产党在八一三抗战中以崭新的姿态登上了历史舞台。此时，党的抗日民族统一战线政策在淞沪抗战中发挥了巨大的威力，成为整个抗日斗争的指路明灯。这时，第二次国共合作宣告形成，中共在国统区取得了基本的合法地位，党的活动环境大为改观。上海民众抗日救亡运动经过几年来的锤炼，觉悟程度和组织水平也有显著提高。而最重要的是，中国共产党已经纠正了王明“左”倾错误的领导，确立了以毛泽东为核心的党中央的正确领导。中共中央对上海抗日斗争和民众救亡运动作出了一系列正确和及时的指示和部署。中共在上海的组织，在政治上、思想上和组织上实行了新的转变，以坚强有力的姿态投身于领导上海人民的抗日运动。

早在八一三事变前，中国共产党关于建立抗日民族统一战线的主张和“停止内战、一致抗日”的号召，以及在西安事变前后作出的一系列重大政治决策和行动，在上海各界人士和广大民众中，获得了强烈的反响和热烈的拥护。在中共抗日民族统一战线政策的影响和指引下，在上海党组织的积极推动下，上海广大工人、学生、市民、职员、教师，以及文化界、工商界、妇女界、科技界、医护界等各行各业人士，愈来愈一致要求停止内战、团结抗日。上海文化界救国会、上海妇女救国会、上海各界救国联合会、全国各界救国会等民众救亡团体相继成立。到八一三前夕，上海的各种抗日救亡团体组织已发展到 140 多个，全市人民在抗日御侮的旗帜下，结成了浩浩荡荡的队伍，为淞沪抗战奠定了广泛的群众基础。

八一三上海军民团结、全民抗战，是在中国共产党关于抗日战争和抗日民族统一战线的一系列理论、方针、政策的指引下实现的。一九三七年七月初，周恩来等赴庐山同蒋介石谈判国共合作时，途经上海，向党在上海的负责同志就抗战形势、党的统一战线政策、上海地下党的工作方针等问题作了重要指示。八月中旬在南京政府召开的国防会议上，中共中央代表周恩来、朱德、叶剑英就抗日战争的战略原则和作战方针提出了重要建议，以后叶剑英在南京又对淞沪抗战有关问题提出了精辟的论断和主张。

在八一三抗战的整个过程中，中国共产党在上海的组织进行了一系列宣传抗战、引导舆论、动员群众、组织群众、支援前线的工作，对民众抗日救亡运动进行了积极有力的领导。十月，中共江苏省委按照中央的指示宣告成立，全面领导上海各方面的地下斗争。在此之前，八路军驻上海办事处已经成立，成为中共在上海对外活动的公开机关。由中共实际领导的国共合作举办的《救亡日报》，也在八一三事变爆发后的十天在上海正式创刊。上海的党组织在淞沪抗战期间，动员了大批的工人、学生、社会青年和知识分子支援前线，发动文化界、教育界、新闻界开展声势浩大的抗日宣传动员活动，对上海各方面上层人士和民族工商界进行了广泛的抗日统战工作，并派出许多干部赴上海周围农村，发动抗日游击战争。

五

一・二八抗战和八一三抗战有着不可磨灭的历史意义，但是两者的历史地位却是很不相同的。它们各自位于从局部抗战到全面抗战的不同的历史位置之上。

一·二八抗战是局部抗战中承前启后的重要一役。这次抗战在九一八事变后第一次直接冲破了南京政府的不抵抗政策，在国难当头、民族危亡之际，毅然地举起了反侵略的民族自卫战争的旗帜。我国军队和上海人民在全国人民和海外侨胞的支援下，同仇敌忾，给了日本侵略军以迎头痛击。日军被迫四易其帅，三次增兵，伤亡达3 000余人。一·二八抗战是甲午战争和九一八事变以来，中国军民首次对日本侵略军的沉重一击。它表现了中国人民不畏强暴，不怕牺牲，为救亡图存而勇于血战到底的伟大爱国主义精神。淞沪抗战大大地激发了全国人民为民族解放而斗争的决心，使团结御侮、一致抗日的呼声深入人心，为后来的抗日民族统一战线的形成和全国抗战的发动开辟了道路。

八一三抗战是全国全面抗战的绪战。这次抗战，在中国共产党倡导建立的抗日民族统一战线的基础上，全国各党各派各界各军在抗日御侮的旗帜下形成空前的大团结。国民政府以前所未有的抗战积极性，调集70余万部队投入淞沪战场。中国共产党积极发动和领导上海各界民众的抗日救亡运动，人民抗日斗争风起云涌，汇成了空前高涨和壮阔的抗日热潮。淞沪抗战给了气势汹汹的日本侵略军以沉重打击，有力地阻遏了日本军国主义的速战速决战略，在三个月的交战中，击毙击伤日军5万余人。八一三抗战推动了全国的军事、政治、经济转变到对日抗战的轨道，对全国抗战大局的形成起了积极的作用。中国军队在淞沪战场的强韧作战，吸引了20多万日军，从而减轻了华北战场的压力，对全国抗战是一个有力的支持。淞沪抗战为上海和东南沿海地区的工业内迁、物资设备和企事业单位的转移赢得了时间。中国军民在八一三抗战中浴血奋战、勇于为国捐躯的光荣业绩，极大地振奋了中国人民保卫祖国、捍卫民族独立的爱国主义精神。

八一三抗战虽然最后是以中国军队的战败和撤退而告终，但不应由此而否定这次会战的历史意义。我们充分肯定淞沪抗战的历史意义，是给予当年千千万万奋战在淞沪战场上的广大爱国军民和民众救亡运动以应有的历史地位，而不应当对战略战役指挥上的失误不加分析地予以颂扬。

同样地，一·二八抗战虽然是以中国政府接受城下之盟而告终，但它并未由此而丧失其历史意义；也不应以中国军队的撤退而抹煞其曾经取得的胜利。我们肯定一·二八抗战的意义，是给予当年浴血奋战、为国献身的广大军民的爱国主义业绩以应有的历史地位。与八一三不同的是，一·二八抗战中贯穿着两条不同的指导方针，两者在历史上有着不同的意义和作用，这是不应当被混淆的。

淞沪会战述评*

八一三淞沪战役，是全面抗日战争初期正面战场的一次重大战役。中国军队在上海和全国抗日救亡运动的支援下，同仇敌忾，英勇奋战，抗击日本侵略军达三个月之久，在中华民族反侵略战争的历史上谱写了极其光辉的篇章。淞沪战役给了疯狂地向着中国进攻的日本军队以迎头痛击，有效地遏制了日本军国主义的速战速决战略。淞沪战役掩护和推动了全国的军事、政治和经济迅速走上对日抗战的轨道，对奠定全国团结御侮、持久抗战的局面起了积极的作用。中国军民在淞沪抗战中浴血奋战，勇于为国捐躯的壮举，大大地振奋了中华民族保卫祖国、反对侵略的爱国主义精神。淞沪战役是一场大规模的会战，参战兵员数量之众多，战役过程之持久，作战情况之复杂，在中国近代战争史上是极为罕见的。由于敌强我弱的客观形势和中国统帅机关在战略战役指导上的严重失误，中国军队在淞沪战役中遭到了惨重的损失，最后以失败而告终。综观这次会战的过程和结局，其中蕴藏着的许多发人深思的历史经验，值得我们进行深入的探讨和总结。

一、 攻略上海——日军一个蓄谋已久的战略企图

在日本帝国主义武装侵略中国的战略计划中，攻略上海是其中一个十分重要的组成部分。这是因为上海无论在军事上、政治上还是经济上，都具有十分重要的地位和作用，成为日本侵华军队所必攻之地。

上海，从军事上来说，是中国一个十分重要的战略枢纽地区，也是中国最大的海港。上海的军事战略地位不仅在于它是从西太平洋和东海进入苏浙皖地区的门户，而且它又是溯长江西进我国中南腹地的水路咽喉。上海外围的淞沪地区位于长江下游入海处与黄浦、吴淞两江汇合处，扼长江之大门。以淞沪地区为东线边缘的江南地区和长江三角洲地带，其战略意义特别重要。攻占上海，进而控制华东—华中战略方向，造成在战略上连结华北和中南的枢纽，不仅会对中国的国

---

* 本文原载洪泽主编：《上海研究论丛》(第 5 辑)。

防安全形成严重威胁,也可为日军进攻华南和西南地区,以及尔后实施“南进”计划、夺占东南亚地区创造一个重要的后方基地。

上海,从经济上来说,是我国最重要的经济中心、工业基地和最大的国际贸易港口,也是南京政府最重要的财政和税收的来源地。全国抗战开始前,上海全市人口约有三百三十万,是中国最大的都市。在战前的十多年中,上海的工业产值和对外贸易,约占全国总数的一半以上。关税收入几近全国的一半。日军统帅机关完全懂得上海在经济和财政上的极端重要性,其占领上海的目的之一,正是在于“使其(上海)丧失经济中心的机能”,“切断其对外联系”,促成中国“军队及国民丧失战斗意志”,①迫使中国政府屈服。

上海,从政略上来说,是世界闻名的一个国际大都市,又与当时的中国首都南京毗邻,为全国政治的副中心,东西方各种政治、经济力量在这里形成错综复杂的关系。上海的变动,为世界观瞻之所系,牵动世界各大国在华的利害得失。上海与中国首都南京相近,上海—南京战役方向构成一个整体。攻占上海,将会对南京构成严重威胁。在日本军国主义看来,这对摧毁中国的抗战意志、造成对中国的政治压力、逼迫中国政府屈服,有着十分重要的作用。正如南京国民政府大本营在八一三事变之初所指出的,“敌国为牵制我国军兵力之转用,及从政略上威胁我国军根据地起见,将以一部攻我淞沪,窥视我首都”。②

日本军部为攻略上海作了长期的谋划和准备。它的政略和战略企图的形成,是与侵华战争的整个战略计划的发展密切相联的。日本是一个小而强的国家,侵华之战是以小国临大国、强国对弱国;其战略企图庞大,但国力和军力不足以与之相适应;日本陆军和海军不仅以中国为主要假想敌国,并且准备北进对苏作战、南进对英美开战,从而要力求避免把军力长期陷于中国战场。根据上述情况,日军设想的对华作战战略,是以强大兵力袭占中国要地,给中国以沉重打击,迅速逼迫中国政府屈服,与之订立城下之盟,而避免长期作战。在三十年代中期,日本军部提出的“对华作战计划”,正是以这种战略构想为依据的。它确认“由于虽在一方面作战,亦无充足之兵力可用,故不能期待以武力消灭中国之武力”③。即不采取全面歼灭中国军队的方针。于是,提出了如下的对华作战的战略方针:“我之方针

① [日]防卫厅防卫研究所战史室:《中国事变陆军作战史》(第1卷第2分册),中华书局,1980年中译本,第18页。

② 《国军作战指导计划》(1937年8月20日),中国第二历史档案馆:《抗日战争正面战场》(上册),江苏古籍出版社,1987年,第4页。

③ 《对华作战的设想》(1935—1936年),日本防卫厅战史室:《大本营陆军部》(上册),四川人民出版社,1987年中文摘编本,第269—270页。

为占领其(中国)要地,并坚持下去,予中国以痛苦,迫使中国不得已向我屈服。"① 日本军部以为采取这一方针,既不需要使用其全部兵力,又可避免旷日持久的长期作战,而达到中国政府向日本屈膝投降的目的,这对日本最为有利。

上海是日本的战略计划中所要"占领"的一个"要地"。军部的对华作战计划中,对这一战略目的作了明确的规定。它提出:"对华作战之目的,即确定为占领华北、华中以及根据情况亦包括华南之要地。"②在一九三五年度陆军作战计划中,则具体地规定,对华战争开始后,在华中方面的作战,以"第九军(以三个师团为基干)与海军协同,在上海附近长江下游地区登陆,占领上海附近地区"。同时,把占领上海与向华中腹地进攻的作战企图相联系。"计划"提出:"根据情况,可由华北方面沿京汉线南下与之呼应,(从上海)沿长江向汉口作战。"③

日本军部的一九三六年度对华作战计划,大体上沿袭了上年度的计划。但是,在二二六政变后,日本军内的"统制派"压倒了"皇道派",使"南进"战略的势头大为增强。因为,"统制派"在战略上除主张"北进"之外,特别强调"南进",即向东南亚和南洋群岛广大领域扩张。一九三六年六月日本参谋本部制定的《国防国策大纲》,"出现了南进的意图"。这"对陆军来说"是一个新的动向,因为"在此以前从未有过南进的趋势"。④同年八月,日本政府五相会议按军部要求,制定了全面推行战争政策和扩张政策的"国策准则"。这次会议确定了"一方面确保帝国在东亚大陆的地位,另一方面向南方海洋发展"的方针。其战略方向虽未放弃"北进"企图,而重点却是强调"南进"。此后,日军的战略构想是准备南北并进,而以"南进"为重点。

无论"南进"还是"北进",都必须先征服中国,实行中间突破的战略。日本参谋本部制定的一九三七年度对华作战计划,进一步扩大了上海方向的作战规模,具体规定:"对华中方面原来计划以第九军(三个师团)占领上海附近,但是这方面的中国军队增加了兵力……因此,计划调新编第十军(两个师团)从杭州湾登陆,从太湖南面前进,两军策应向南京作战,以实现占领和确保上海、杭州、南京三角地带。"在这一战略计划之下,攻略上海更加突出地成为日本侵华战争计划中一个非同寻常的目标。

从日本的战略全局来说,"上海是日本陆军与海军的接触点,也是联络点"。在日本军方看来,进攻上海,可以促成"产生陆海军共同的立场。在上海及长江口

①② 《对华作战的设想》(1935—1936 年),《大本营陆军部》(上册),第 269—270 页。
③ 《对华作战的设想》(1935—1936 年),《大本营陆军部》(上册),第 270 页。
④ 《对华作战的设想》(1935—1936 年),《大本营陆军部》(上册),第 283 页。

沿岸一带共同作战，将使陆军和海军得以相率南进而不断扩大战事”。①陆军和海军(空军分属于陆、海军)是日本军国主义的两大支柱，是进行对外扩张侵略的两个主要力量。海军自第一次世界大战以来，一向主张以“南进”为战略重点。对于日本海军来说，攻占上海是它矢志以求的既定目标。当时，日本海军在长江驻有舰队，在上海市区驻有海军陆战队。在制定一九三七年度对华作战计划时，海军方面要求将“出兵上海”列入陆军对华作战计划，认为在日华冲突的情况下，陆军仅仅出兵华北是不充分的，在上海也必须出兵。陆军方面作出积极的反响。“陆军导用了‘必要时得向上海出兵’的提议，并且完成了上奏(天皇)。”②这是在中日大战前夜日本陆军和海军合谋共同进攻上海的铁证。

七七事变爆发之初，日本陆军的注意力集中在华北，但海军的视线却始终朝着上海。正如后来担任日本外务大臣的重光葵所指出的，“陆军在北方制造事件，在上海的海军也必然要挑起某些事端”。③日本参谋本部、陆军省和海军军令部、海军省经过频繁的磋商，作出了向上海增兵，待机进攻上海的决定。七月十一日，在日本政府作出向华北增兵决定的同时，陆军参谋本部与海军军令部共同签署了陆海军“作战协定”。这个“协定”，规定了“陆海军协同作战”的方针，提出现时“对华中、华南方面，主要由海军负责警戒”，在“华中、华南情况恶化……时”，“青岛及上海附近，有陆海军的必要兵力协同担当(作战)之”。从而作出了所谓“在不得已时，陆海军共同向上海派兵”的正式决定。④在七七事变四天后签署的这个“协定”，是全面侵华战争开始后，日本准备攻略上海的头一个正式决定。

二、 南京统帅部对上海抗战最初的决策

八一三事变前的上海，对中国来说，可以说是一座“不设防的城市”。由于历史原因，上海市区租界林立，在这里当然也就不可能建立什么国防军事设施。一・二八抗战失败后订立的《淞沪停战协定》，又划上海为非军事区，中国军队不能在上海市区以及其周围驻防；同时却承认日本军队可以驻留上海。直到七七事变爆发，上海市区仅有淞沪警备司令部所属的警察总队，及上海保安总团两个团兵力担任守备。上海市区中国的军事力量只够维持地方治安，毫不具备国防军事的防卫体制。

---

① [日]重光葵:《昭和之动乱》,《日本侵华内幕》,解放军出版社,1987年中译本,第138页。
② [日]重光葵:《昭和之动乱》,《日本侵华内幕》,第83页。
③ [日]重光葵:《昭和之动乱》,《日本侵华内幕》,第130页。
④ 《关于华北作战之陆海军协定》,《大本营陆军部》(上册),第312页。

南京政府鉴于上海的重要地位和外部局势的发展，自一九三五年冬起在上海—南京战役方向上，作了一些军事准备。一九三六年二月，军事委员会任命张治中为京沪区军事负责长官，统一指挥该区国防工程的建设和对日作战的筹划。到一九三七年年初，先后修筑了吴福线（吴县至福山）、锡澄线（无锡至江阴）、乍平嘉线（乍浦经平湖至嘉善）三道国防工事。在淞沪外围各要点，龙华、徐家汇、虹桥、北新泾、真如、暨南新村、北站、江湾、庙行、大场等地，建设围攻工事。同时，调中央军第三十六、八十七、八十八三个师，分别进入苏州、常熟、江阴、无锡等地待命，以应付突然事变。

日军在一九三七年七月底攻占平津两市后，上海的形势愈益紧张。七七事变以来，日军在上海和长江一带加紧了战争动员。七月十六日，驻沪日本海军第三舰队司令官长谷川清在给东京的《对华作战用兵意见书》中提出："欲置中国于死命，以控制上海和南京最为重要。"二十八日，在日军进攻平津的同一天，长江沿岸汉口等地的日本侨民开始撤退。八月四日，长谷川清要求东京中央统帅部向上海派遣陆战队。八月六日，日本政府向长江流域全体日侨发布撤退命令，上海日侨全部撤入公共租界东北部日本控制的地区。次日，日本海相向陆相提出按七月陆海军作战协定向上海派遣陆军。八月八日，长谷川清根据中央统帅部的命令进行新的作战部署，命令在佐世保待命的部队迅速开往上海。其时，驻于上海市区虹口、杨树浦一带的日本海军陆战队约五千人。上海附近江面停驻有日军战舰共达十二艘，各舰兵员约三千人。日军的陆上部队日夜修筑工事，在虹口横浜桥一带抢占阵地，实行战术展开。日军的兵舰和飞机在长江口和杭州湾频繁地进行侦察活动，炮击我海岸，陆战队多次向中国方面挑衅。日军剑拔弩张，大战一触即发。

八月九日下午五时许，日军海军陆战队的中尉大山勇夫带一士兵，驾军用汽车沿虹桥路闯入虹桥机场附近我军警戒线以内，向机场方向直驶。中国卫兵守土有责，当即示意其停车。大山等人不顾劝阻，反向我守兵开枪。旋该车向碑坊路开入，复向我机场保安队开枪射击。机场保安部队被迫还击，将两人击毙。我方士兵亦被击毙一名。是谓虹桥机场事件。①日方乘机要求中国当局立即撤出市内保安部队，拆除军事设施，并以武力解决相威胁。第二天，在日本内阁会议上，海相米内光政和陆相杉山元以虹桥机场事件为借口，一致表示要向上海派兵。八月十一日，日海军第三舰队主力以临战姿态开进上海，陆上日军也已进入阵地。日本参谋本部十二日决定以第三、第十一师团为基干组成上海派遣军，立即派往上

① 据史说（时任京沪警备司令部作战科长）的回忆文章，当时守卫虹桥机场的中国士兵并未被击毙。事后，淞沪警备司令部为了便于对日交涉，将一名死囚犯换上保安队服装，击毙在机场大门外。本文对虹桥事件的记述，系根据上海市长俞鸿钧、淞沪警备司令杨虎在事件发生当时给南京军委会的密电。

海长江口和黄浦江。同日，参谋本部和海军军令部达成了陆海军协同作战的协定，以及陆海军关于华中作战的航空协定。当日晚上召开的首相、陆相、海相、外相出席的四相会议，一致决定向上海派出陆军和海军。于是，由日军挑起的一场大规模的进攻上海的战争，像即将爆发的地雷一样，已开始冒烟了。虹桥机场事件，遂成为淞沪战争的导火线。

上海的战争危险日甚一日，大战不可避免，这本是在中国政府及其统帅部意料之中的。七七事变爆发后，以蒋介石为首的国民政府走上了对日抗战的道路，虽然并未完全放弃妥协的倾向，但抗战倾向已占着主导地位。南京统帅部在战前曾经预计到，一旦中日大战爆发，上海及长江三角洲地区可能形成一个重要战场，指出“敌今在上海已构成相当根据地，将以有力部队在本方面登陆，协同海军作战”①。至平津战起，战局重心是在华北，但中国军事当局在上海方面也做了若干作战准备。七月底，南京统帅部确定了对上海日军海军陆战队的处置计划、对汉口日租界的扫荡计划、长江上下游各要塞的阻塞及对日舰的扫荡计划，以争取先机，打击上海及长江的日军。张治中根据上海军事形势，主张采取“先发制敌”的原则，于三十日向蒋介石、何应钦等人提出了中国军队“宜立于主动地位，首先发动”的建议。蒋介石复电表示：“应由我先发制敌，但时机应待命令。”②这就定下了中国军队在日军发动进攻之前主动进击上海市区日军的决策。

八月七日，国民政府在南京召开首次国防会议。这次会议确定了动员全国力量对日抗战的方针，并对华北的作战问题提出了方针和部署。八日，蒋介石以“告全体将士”为题发表讲话，表示要不惜最大牺牲坚持抗战到底，争取最后胜利。十日，周恩来、朱德、叶剑英由西安赴南京参加国防会议。周恩来在军政部谈话会十一日的会议上，就中共关于全国抗战的战略方针和作战原则作了阐述。南京国防会议决定以“持久消耗”为抗战的基本战略。十一日晚，南京统帅部作出决定：“决心围攻上海”，“令张司令官治中率领第八十七、八十八两师于今（十一日）晚向预定之围攻线推进，准备对淞沪围攻”。③张治中部主力从苏州、无锡一带出动，十二日清晨挺进至吴淞、北站、江湾及杨树浦一带。并定于十三日拂晓对虹口和杨树浦日军两个根据地发起攻击，将上海市区敌主力歼灭。

但是，蒋介石却在十二日二十四时向张治中发出“等候命令并须避免小部队之冲突”的密电。④这是因为，八月十一日，美、英、法、意四国驻华大使发表通告，提出战祸不要危及上海的要求。十二日，由美、英、法、德、意、日、中等七国

① 《民国三十六年度作战计划》（甲案），中国第二历史档案馆藏国民政府军委会档案。

② 《张治中回忆录》（上册），文史资料出版社，1985年，第117页。

③ 《上海作战日记》（1937年8月11日），《抗日战争正面战场》（上册），第263页。

④ 《蒋介石复张治中密电稿》（1937年8月12日），《抗日战争正面战场》（上册），第265页。

于一·二八战争后组成的停战协定共同委员会召开会议，为避免上海战祸发出呼吁。蒋介石由此企望为和平作最后之努力，下令暂不发起对上海的进攻。蒋介石这时已决心进行抗战，南京政府全盘工作已开始向战时体制转变；但又准备谈和停战这一手，对国际调停仍抱有幻想。他的这一摇摆，影响了对上海的进击。张治中后来甚为惋惜地说："这样耽搁了两天，却给了敌人一个从容部署的机会。"①

三、中国军队进击上海市区日军

日本侵略军向上海的战争挑衅活动，终于导致八一三事变的爆发。至八月十三日，麇集黄浦江及吴淞口的日舰已达三十二艘，除原驻市区的日军外，又有陆战队千余人登陆增援。日军以坐落在北四川路底天通庵车站附近的海军陆战队司令部为核心据点，东北面与六三花园和日本坟山连成一线。由陆战队司令部向东，接连着的是日本女中—公大纱厂—汇山码头，对着虹口，构成一条弧形防线。我八十八和八十七师据北站—天通庵车站—爱国女校—持志大学—复旦大学—新市区市政府—吴淞，构成了一条弧形战线。八十八师警戒部队与日军在横浜河、宝山路、水电路、八字桥一带对峙。十三日上午九时十五分，盘踞在虹口公园附近日本小学内的日陆战队士兵一小队，从天通庵站附近越过淞沪铁道，冲入横浜路东宝兴路地段我警戒线内，并射击我守军，继用小炮发起轰击。中国军队奋起还击。淞沪抗战正式爆发。

中国政府于十四日发表自卫抗战声明，向全世界宣布："中国为日本无止境之侵略所逼迫，兹不得不实行自卫，抵抗暴力。"十五日，南京统帅部向全国军队发出动员令，并划分全国为五个战区，上海属于第三战区作战境域。冯玉祥任第三战区司令长官。同月十八日，陈诚担任战区前敌总指挥。二十六日，顾祝同出任战区副司令长官。蒋介石作为南京大本营的最高统帅，统一指挥淞沪抗战，顾祝同和陈诚则秉承蒋的指示，负淞沪前线最高指挥之责。蒋介石命令将京沪警备部队改编为第九集团军，张治中任总司令，担负淞沪围攻区作战，攻击虹口及杨树浦之敌；苏浙边区公署所属部队改编为第八集团军，张发奎任总司令，守备杭州湾北岸，并扫荡浦东之敌；陈诚直接统帅的第十五集团军，于八月二十二日前后集结于南翔、苏州、常熟一带，待机增援上海。八月二十日，蒋介石颁发名为"第三战区作战指导计划"的大本营训令，规定淞沪方面的作战指导方针是："以扫荡上海敌军根据地，并粉碎在沿江沿海登陆取包围行动之敌，以达成巩固首都及经济策源地，

---

① 《张治中回忆录》(上册)，第122页。

为作战指导之基本原则。"①这个方针无疑是正确的，问题是后来中国军队既未能实现扫荡上海敌军之目的，又未完成粉碎敌登陆作战之准备，以致形势逆转，陷入被动。

八月十三日至二十二日，在淞沪战役最初的十天中，第九集团军主力对上海虹口和杨树浦的日军驻军举行攻围战。旨在歼灭该敌，摧毁日军在上海陆上的根据地，为尔后的作战创造有利条件。战斗在十四日正式揭开，张治中以王敬久指挥的八十七师置重点于右翼，向杨树浦之敌进攻；以孙元良指挥的八十八师置重点于左翼，向虹口之敌攻击，以期在空军和炮兵火力掩护下，"猛勇攻击，进占其根据地，压迫至苏州河及黄浦江而歼之"。②第三十六师稍后赶到上海，控置于江湾及新市区。八十八师和八十七师在十四日下午发起进攻，战至日没，多有进展。当晚，蒋介石电令"今晚不可进攻，另候后命"。③于是，攻击又停止。十五、十六日两天，前线部队奉令作攻击准备，并未实行全线进攻，仅将五洲公墓、爱国女学、广东中学各点攻占。显然，蒋介石暂停进攻的命令，中途延缓了对敌之攻势。

淞沪抗战揭开战幕后，年轻的中国空军为配合地面部队和整个战局，几乎倾尽全力，奋勇打击敌人。七七事变后，中国空军主力集中于华北战场。八月十三日南京统帅部发出"空军急速转移北方之部队"，"到达京、沪、杭地区集中"，攻击敌人的命令。十四日晨，中国空军首次出动，袭击日军在上海的陆上基地，其汇山码头、公大纱厂、陆战队司令部均被炸中。同时，对停泊在黄浦江的敌舰发动攻击。当日下午起，日军大队飞机先后向南京、杭州及浙赣各大城市轰炸。当日军"木更津"海军航空队战机十四架袭击中国空军基地杭州笕桥机场时，刚从河南周家口紧急转场至笕桥的空军第四大队战机九架，在大队长高志航的率领下升空迎战，激战半小时，击落敌机三架。次日，日机六十余架，分袭杭州、嘉兴、南京等地，我空军在钱塘江上空击落敌机三架。十七日至十九日，又向日军上海虹镇阵地和舟山群岛花鸟山洋面日舰进行袭击。当时，中国空军约有飞机二百五十架，大多参加了淞沪会战。从八月至九月底，据不完全统计，共击落敌机六十架，并对日军地面据点及兵舰进行了多次袭击。

张治中在前线深感"对虹口、杨树浦的攻击，有于敌援军登陆以前奏功之必要"，于是，征得蒋介石同意，在十七日拂晓继续开始全线总攻击。八十八师以主力分向日本坟山、八字桥、法学院、虹口公园等处日军阵地攻击前进。八十七师对

---

① 《大本营颁第三战区作战指导计划训令稿》(1937 年 8 月 20 日)，中国第二历史档案馆藏国民政府军令部战史会档案。

② 《张治中致蒋介石、何应钦密电》(1937 年 8 月 14 日)，中国第二历史档案馆藏国民政府军令部战史会档案。

③ 蒋介石致张治中《寒酉侍参京电》，《张治中回忆录》(上册)，第 123 页。

踞守海军俱乐部、海军操场、沪江大学、公大纱厂的日军发起进攻。广大官兵奋勇拼搏，猛烈冲杀，惜因攻击兵器和火力不足，进展缓慢。敌踞守坚固据点，不断发动反扑，多处战线呈现拉锯状态。十八日，蒋介石又命令前线部队暂停进攻。这时，第九十八师、第三十六师、第十一师先后到达淞沪战场。十九日傍晚，再度发起全线进攻。第三十六师（宋希濂部）、九十八师（夏楚中部）于当天进入第一线。以八十八师为主力，将攻击重点指向日海军陆战队司令部，但该处系日军核心阵地，设有坚固防御工事，我军虽付出重大牺牲仍未能攻破。同时，八十七师一部突入杨树浦租界至岳州路附近，指向日军重要据点汇山码头。二十日起，以三十六师和八十七师为主力，将攻击重点移向汇山码头，拟实行中间突破，将日军截为两段，再分别予以歼灭。经一昼夜激战，三十六师攻占梧州路、塘山路，前锋攻抵百老汇路（今大名路），八十七师进占东熙华德路（今东长治路）。二十一日晚，三十六师一部经勇猛突击，在新调来的战车掩护下，又攻抵汇山码头，该师正面由保定路以西地区进至黄浦江边。八十七师主力也攻至汇山路。三十六师迫近汇山码头时，九十八师尚未到达，以致兵力薄弱，不能扩张战果。二十二日拂晓，在敌海军炮火猛烈射击下，三十六师进至汇山码头的前锋部队被迫退回。汇山码头终未能攻下。虹口和杨树浦之敌，遭我军连续数日的攻击，退守海军陆战队司令部和汇山码头等处待援，已被包围。但中国军队因兵力和火力未能集中，攻势顿挫。战局遂呈胶着状态。

淞沪之战最初十天，我军连连发动攻势作战，逐次攻占敌外围各要点，如八字桥、持志大学、沪江大学、爱国女校、广东中学和日海军俱乐部等处，战局呈现出于中国军队有利的形势。可是中国军队却未能攻下虹口和杨树浦敌核心阵地，没有实现摧毁敌军根据地的目的。这首先是因为最高统帅部优柔寡断，并未适时、果断地调集足以一举歼灭敌军的兵力和兵器，以致前方攻击力不足，出现胶着局面。战斗打响前后，蒋介石三次发出暂停攻击命令，也延误了战机。南京当局限于客观条件未在沪战开始前后封锁吴淞口，没有足够的炮兵控制江面，使日舰在黄浦江上得以给予日军陆上部队有力的炮火支援，从而给中国军队的作战行动造成严重威胁。汇山码头之所以屡攻不下，直接原因在于“受敌海军炮火的猛烈攻击”，“我们的步兵虽极勇猛地跟上，但挡不住黄浦江面敌舰炽烈的炮火”。①作战部署也有失误。“不能彻底集中兵力，形成重点，及步炮没有协同动作，都是比较显著的事实。”②面对城市中坚固设防的敌军踞守的建筑群，却未作攻坚战的部署和准备。前方指挥机关的“最初目的原求遇隙突入，不在攻坚”，但作战实际情况却是

① 《张治中回忆录》（上册），第126页。

② 《陈诚私人回忆资料》，《民国档案》1987年第1期。

“每一通路，皆为敌军坚固障碍物阻塞，并以战车为活动堡垒”，结果，“不得不逐点目标实施强攻”①。但事实证明，在兵力、火力和战术上缺乏攻坚准备的部队，对大城市中坚固设防的建筑群的进攻是难以奏效的。此外，空军和炮兵力量不足亦是一重要原因。张治中在战后的回顾中说过：“在开战前，蒋（介石）问我：‘有没有把握？’我的回答就是：‘一定要有空军和炮兵的配合？’而开战以后，因为这一个条件的缺乏，以致未能达到占领全沪的目的。”②这一切，导致中国军队最初十天的作战未能达到预期的目标。

四、 浏河—吴淞沿江阻击战

当中国军队向上海日军进击时，日本在国内完成了组建上海派遣军、向淞沪发起大规模登陆作战的准备。日本为实现其攻略上海的既定战略目标，在八月十三日经内阁批准，决定向上海派遣一个军的陆军兵力。十四日，日本参谋本部继向华北派兵的第一、二次动员令后，下达第三次动员令。十五日，日本参谋本部制定《上海派遣军作战要点》：以第三师团及军直属队在吴淞口登陆，以第十一师团从浏河镇方面登陆，各部队于八月二十三日凌晨抵达预定登陆地区。日本政府在同一天发表代替对华宣战诏书的声明。

八月二十二日，上海派遣军司令官松井石根到达邻近长江口的舟山马鞍群岛，指挥登陆作战。第三师团在二十三日三时从吴淞铁路码头登陆，第十一师团于同日五时在宝山县小川沙口开始登陆。至二十四日，敌军两路部队登陆的已有三个联队，并在沿江一带滩头阵地完成了战术展开。日军企图于登陆成功以后，一面迅速占领罗店，尔后直指嘉定、南翔、截断沪宁铁路，威胁淞沪中国军队之侧背；另一面由吴淞前出军工路，与杨树浦日军打通联系，对中国淞沪围攻集团形成反包围态势。

敌第十一师团在小川沙上岸后，分三路前进：一路直指浏河镇，作为右翼之警戒；一路指向罗店镇，旨在迂回我军侧后；一路指向月浦、宝山，为主攻方向。敌第三师团登陆后，一路进入军工路，企图与市区日军联成一线；一路攻夺吴淞镇；一路进攻宝山城。当时，这一带守备力量十分薄弱，沿长江岸边守备的第五十六师战力不强，在吴淞系由上海市保安团担任防守，在张华浜也只有市警察总队驻守。上述各处守军，虽对登陆之敌作了顽强的抗击，但势单力薄，无以阻止敌人进犯。

---

① 《张治中致蒋介石、何应钦密电》（1937 年 8 月 17 日），中国第二历史档案馆藏国民政府军令部战史会档案。

② 《张治中回忆录》（上册），第 133 页。

张治中闻讯后，除令市区各部固守阵地外，当即指令“教导总队第二团抗击张华浜之敌，第八十七师调一个旅支援吴淞，并抽出第九十八师向宝山、刘行、杨行、罗店前进，由该师师长夏楚中指挥该师及第十一师阻止上陆之敌”。①二十三日下午，第十一师进至罗店西南，立即对进入罗店之敌发起攻击，恢复了罗店镇。第六十一师和第六师向登陆吴淞附近之敌发起反击。

陈诚指挥的第十五集团军之第十一、十四、六十七、九十八师，二十四日起向登陆之敌发起全线反击。其部署是：第十一、十四、五十六师由陈诚直接指挥，歼击沿长江和黄浦江已上陆之敌；第六十七、九十八师和第十一师一部由第十八军军长罗卓英指挥，为右翼军对狮子林、川沙口继续登陆之敌行歼灭战；第五十六、十四师各一部由第三十九军军长刘和鼎指挥，为左翼军协同右翼军作战，并守备浏河口以西沿江要点；第九十八师会同其他部队，袭击进至吴淞镇外围和宝山城的敌军，收复宝山。第十一师于次日在新镇附近与敌激战。第六十七师在罗店以北向敌进行猛烈攻击。第三十六、八十七师主力转向张华浜，将敌压迫于该处沿江一带。二十七日晚，第十五集团军再由月浦、新镇、罗店、蒲家庙之线，向敌发起进攻。敌在飞机、大炮轰击下，于二十八日攻入罗店。守军与日军浴血巷战，但未能克复罗店。

第十五集团军与日军血战数日，全军士气高昂，奋勇冲杀，给登陆之敌以迎头痛击，滞迟了敌之攻势。但因仓促上阵，既无工事依托，又受长江上敌舰炮火的严重威胁，制空权在敌之手，地面火力又远远不如敌军，连日来伤亡和疲惫有增无减，战斗力日渐低落，从而攻势顿挫。全军以宝山、月浦、刘行、吴淞四点为支柱，构成一个菱形防御地带。其右侧面为宝山—吴淞一线，抗击日军第三师团；左侧面为月浦—刘行一线，抗击敌军第十一师团；正面为宝山—月浦一线，控制长江沿岸。这个菱形地带极为重要，成为沿江阻击战的主要战场。这时，胡宗南第一军的两个师、周岩的第六师及中央军校教导总队进入这一战场。

日军攻占罗店后，在罗店附近被我第十八军所阻，乃将攻击重点指向吴淞镇、狮子林、宝山城和月浦。三十一日，日军第三师团一个联队在海空军的支援下在吴淞登陆，守军第六十一师一个团伤亡惨重，吴淞镇遂告失守。九月一日，敌以海空炮火猛烈轰击后，以浅间支队围攻狮子林炮台。中国守军第九十八师一部与敌激战达四小时，全部为国捐躯。敌军占领狮子林炮台后，向杨家桥、月浦之间阵地发起进攻，中国军队顽强抗击，屡挫敌锋，敌受阻未能南进。九月二日，由青岛调来增援的敌第十一师团天谷支队，沿吴淞—月浦—罗店公路攻击罗店以北中国军

① 《张治中致蒋介石电》(1937 年 8 月 24 日)，中国第二历史档案馆藏国民政府军令部战史会档案。

队，同时，另一股日军从军工路突破守军阵地西进，五日与进攻月浦的日军会合。日军随即向宝山城发起猛攻。守城的第九十八师一个营，在营长姚子青率领下誓死拼搏，决心与城共存亡。敌军久攻不下，竟用重炮轰击，使用硫磺弹。守军全营壮烈殉国。九月六日，宝山城陷于敌手。吴淞镇和宝山城，是中国军队菱形阵地的两个突出部，两处既失，防御体系即告解体。由张华浜沿淞沪铁路南犯的日军，九月二日，与我军第三十六、八十七师对峙于南泗塘河两岸。至十二日，我第九集团军退守北站—江湾—庙行—顾家宅之线。九月十七日，第十五集团军退守双草墩—罗店西南—庙行—大场一线。我军转入守势。

至此，在上海市的北面、长江和黄浦江沿岸地区，日军占领了正面三十公里左右、纵深十公里左右的滩头阵地，其左翼已与市区日军沟通。从北站经江湾，至吴淞抵浏河镇一线以东的沿江地带，已被日军所掌握。随着宝山、吴淞的陷落，菱形四角地带与沿岸滩头阵地连成一片，日军登陆部队业已开辟了一个日益扩大的陆上战场，并为第二线兵团的继续投入战场、扩大战役规模，创造了条件。九月中旬日军又从华北方面军抽调十个步兵大队，转用于淞沪战场。这样，日军登陆部队两个师团、十个大队，连同上海市区原有海军陆战队，总兵力已达六万人上下。

从八月二十三日至九月十七日的二十五天，中国军队举行规模巨大的反登陆作战，最大限度地迟滞了登陆日军的进展，却未能将日军击退，我军被迫后退。其间，五万日军登陆上岸，抢占了七十多平方公里的阵地。战局的发展，对中国军队是十分不利的。前线将士浴血奋战，连续作战二三十天，却未能击退敌军，其症结主要在于统帅部的指挥失策。首先，中国军队未能在开战最初十天完成反登陆作战的准备。南京统帅部在八一三事变后虽在关于上海作战计划中提出，要准备“粉碎在沿江沿海登陆取包围行动之敌”，事实上却并未取任何实际行动。既未设防崇明岛和白龙港沿岸，又未控制长江口江面，在吴淞至浏河沿江一线也无反登陆的措施和准备，以致日军在无阻碍的条件下顺利上岸。在敌军登陆之初，中国军队仍然有可能击败敌于滩头。这一带系浅水江岸，敌军只能以小艇分散上岸，一时难以集结成强大的进攻集团，这就提供了我军歼敌于滩头阵地的有利时机。当陈诚集团与敌争夺于滩头之时，如果南京统帅部及时调动足够数量的部队前来增援，突击登陆日军，摧毁登陆点，则歼敌于滩头并阻止敌之继续登陆是有可能的。可惜，陈诚集团与敌苦战二十多天，增援部队为数区区。最后，就该集团自身而言，仓促上阵，缺乏准备，临时选择阵地，急促构筑工事，在一片平原上与火力上占压倒优势之敌作阻击战，取胜的希望本来是很小的。而“敌阵地构筑之迅速、铁丝网之坚固、海军之炮击、空军之轰炸，与我战术上之错误”，①则导致中国军队无

① 《第三战区淞沪会战经过概要》，中国第二历史档案馆藏国民政府军令部战史会档案。

法阻止敌之攻势。而在片面抗战路线之下，无视民众动员的重要。陈诚在战后说道，长江沿岸“各县地方负责者，事先不组织民众，训练民众，事后不知动员抵抗，这也是我们作战中极大的缺点”。①战区民众既无动员和组织，军队孤立作战，胜利的把握就很少了。

五、 蕰藻浜南北阵地战

中国军队自八月下旬至九月中旬进行了沿江阻击战，前仆后继，英勇抗击，但未能粉碎敌之进攻，被迫转入防御。至九月中，中国军队在滩头一线击退日军已无可能，面临的紧迫任务是在日军第二批部队登陆前，完成后继力量的组织和调集，迅速集结生力军，举行战役反击，击败长江沿岸地区的敌军。这是决定淞沪之战发展前途的关键。

这时，日军虽已在长江和黄浦江沿岸地带集结了五万上下兵力，但以这些部队要与中国军队在淞沪地区举行大规模会战，并把攻势指向南京方向，其兵力仍是远远不足的。因而，日本军部于九月中旬集中注意力于增集第二批部队，以迅速增强淞沪兵力，创造全面进攻的必要条件。九月五日，日本首相近卫在施政演说中大肆鼓吹扩大对华战争，声称：“政府认为采取从来消极、局部之手段已不能收拾时局”，“今日帝国可能采取之手段，只有彻底打击中国军，使之丧失战斗意志”。②日本参谋本部于九月七日将由台湾守备队编成的重藤支队调往上海，十四日到达战场。十一日下令派遣第九、第十三、第一〇一师团，重炮兵一个旅团，空军一个团以及其他部队，赶赴上海参战。第一〇一师团和第九师团先后在九月二十二日和二十七日在吴淞、杨树浦间登陆。第十三师团随即于十月一日登陆。至此，日军在长江和黄浦江沿岸集结了五个师团，另十五个大队，共约十二万人，拥有战车两百余辆、飞机两百余架、炮约四百门。日军各兵种协同作战的条件已趋形成，大规模会战的各种条件日益成熟。这一形势的出现，对今后战局的影响是巨大的。

这时，淞沪战役规模大大扩展的趋势已经呈现，日军占领上海、进窥南京的企图也已昭然若揭。对此，南京统帅部关于淞沪抗战第二期作战计划已作出明确的分析，指出敌之企图是：“迅速击破我军，完全占领上海……甚或以此为其扩大战略之根据地，再由其国内增加兵力，继续分向昆山、吴县及松江方面发展，以图威胁我首都。”③蒋介石有鉴于此，决心增调重兵与日军举行大规模的淞沪会战。而

---

① 《陈诚私人回忆资料》，《民国档案》1987 年第 1 期。

② 《大本营陆军部》，第 357 页。

③ 《淞沪抗战第二期指导计划》（1937 年 9 月 6 日），中国第二历史档案馆藏国民政府军令部战史会档案。

国内以国共两党合作为基础的抗日民族统一战线的发展和正式形成，也使蒋介石在抗日问题上前进了一大步。九月二十二日，中央社公布了《中共中央为公布国共合作宣言》，第二天，蒋介石发表了承认中共合法地位的谈话，宣布国共合作，一致抗日。国际联盟从九月十三日起召开第十八届会议，会中对日本侵华问题展开了热烈的讨论，同情中国抗战的呼声有所上升。

国内国际的种种因素，促使南京政府以新的更大的规模举行淞沪会战。九月二十一日，南京统帅部改组第三战区领率机关，由蒋介石自兼战区司令长官，顾祝同继任副司令长官，陈诚继任前敌总指挥。全战区以五十余个师部队参加淞沪战役，划分为右翼作战军团、中央作战军团、左翼作战军团三个方面的作战军。左翼军团由陈诚兼任总司令，由第十九集团军（总司令薛岳）、第十五集团军（正副总司令陈诚、罗卓英）组成。中央军团由朱绍良任总司令，辖第十八师和第九集团军（总司令朱绍良兼）。右翼军团由张发奎任总司令，辖第八集团军（总司令张发奎兼）、第十集团军（总司令刘建绪）。中国军队除新调集的中央军部队以外，粤军、桂军、湘军、鄂军、川军、东北军等地方部队陆续调来上海参战。顾祝同率战区司令长官部驻苏州，秉承蒋介石的指示，执行指挥任务。

自九月十七日起，我左翼和中央两大作战军在北站—庙行—刘行—罗店西南—浏河之线，两翼依托租界及江滨，开始与敌互相争夺的阵地战。九月中旬，战斗主要在杨行至刘行间展开。十四日，陈诚鉴于杨行已在十一日失守，乃向蒋介石提出“转移阵地，逐次抵抗”的建议，但蒋“为要取得国际同情与认识”，下令“死守刘行”。敌军以第十一、第三师团之主力于刘（行）罗（店）公路间发起猛攻，旨在夺取刘行。但因我增援部队的强烈抗击，进展甚为缓慢。二十三日拂晓，日军对陆福桥至杨家桥之间阵地发起进攻。中国军队与敌反复肉搏，双方伤亡惨重。中国左翼集团于次日调整阵线，以江家桥、孟湾、顾镇、太平桥、万桥、罗店南面经施相公庙、朝王庙至浏河为主阵地；以江家宅沿蕰藻浜至陈行，沿杨泾河、广福、孙家宅至施相公庙为二线阵地。日军在二十五日以两个师团兵力继续进攻。中国第六十六军、第四军、第十五师也陆续到达战场。三十日，敌全线向我猛攻。中国军队第七十七师正面的万桥、严宅及第五十七师正面的陆桥等处，均被敌突破。刘行方面的第十五师也陷入苦战，全师伤亡过半，仍死守阵地。至此，中国军队在蕰藻浜北面的主阵地已被攻破。左翼集团为整顿阵容，将阵地转移至由杨家宅、唐桥沿蕰藻浜南岸，经陈行—广福—罗店西南侧—施相公庙—双草墩之线。

中国军队十月一日撤出刘行后，敌向广福方面跟踪前进，猛攻广福。中国军队抗击约一周之久，将敌挫败。十月初，日军上海派遣军调整部署，以主力沿沪太公路南下，向蕰藻浜进犯，企图实行中间突破方针。其计划是集中主力指向大场，前出苏州河一线，歼灭上海市区以北的中国军队，然后向南翔进攻。①

十月上半月，战斗主要在沪太公路东西、蕰藻浜至大场之间进行。十月五日起，日军以两个师团兵力向蕰藻浜地区发动进攻。七日，第十三、第九师团在强大炮兵的掩护下，由蕰藻浜北岸向中国军队第八师正面的黑大黄宅和第一军正面的西六房开始强渡。我第八师、第十六师、第五十七师对敌展开激战，损失惨重，第八师官兵伤亡殆尽，未能将渡过蕰藻浜之敌歼灭。正在整理的第一军及新到的第十九师、第二十六师、第二十师与税警总团陆续增援，仍不能挫阻敌势。至十月九日，日军在黑大黄宅至东西赵家角之线，构成宽约二公里的蕰藻浜南岸桥头堡阵地。敌借其南岸部队的掩护，继续南渡，将攻势指向大场。

六、 大场附近攻防战

淞沪会战发展到九、十月之交，战争全局的突出变化，是中日双方都把全国作战重心转到了华中，淞沪战场成为当时中日作战的主战场。自淞沪抗战爆发以来，从九月中旬起，中国军队已从攻势转到守势作战，节节后退；日军日益加强了进攻的势头。然而，中国军队士气之高涨，作战之勇猛，抗击之激烈，是日本军方所完全没有预计到的。当时，日本参谋本部军事课长在作战日志中写道："在上海作战中，中国军的抗战意志和步兵的战斗力，完全超出三宅坂（指参谋本部和陆军省，三宅坂为陆军省部所在地）的预料。"②日军每前进一步，都须付出惨重的代价。更主要的是，随着战争形势的发展，九月中旬以来，中国统帅部陆续调集大量部队进入淞沪战场，至十月中旬总数已增加到近七十个师。日本参谋本部认为"由于中国军的主力在华中方面，我方虽在上海投入五个师团，但战况迄无进展，难望达到政府声明所示之目的"。③从而，要求把对华作战的主要作战方向转向华中。

日本军部在十月初根据上月二十日上奏天皇的"作战计划大纲"和上海战局，重新研究作战方案。参谋本部和陆军省提出了"应迅速谋求在上海取得预期战果"的决定，为此，一方面命令上海派遣军加紧进攻，"继续执行现行任务"；另一方面准备组建第十军，"在杭州湾北岸登陆"。并决定再从东北、华北和日本国内抽调总数为四个师团的兵力投入淞沪战场。这是日本从挑起七七事变和八一三事变以来，在侵华道路上迈出的一个新的严重步骤；也预示着进入十月以后，淞沪会

① 参阅《中国事变陆军作战史》（第1卷第2分册）。

② 《大本营陆军部》（上册），第371页。

③ 《大本营陆军部》（上册），第375页。

战将以空前的规模进一步展开。

十月上旬，日军急剧向蕰藻浜南岸增兵，以大场为主要攻击方向，企图一举突破我阵地，进占大场、南翔，截断闸北、江湾、庙行方面中央集团的归路。这时，主要战场移到黄浦江西岸的横浜河以西，苏州河北岸的沪宁铁路以北、沪太公路以东地区。中国军队的战线从市区北部边缘的闸北（中央集团）至近郊的大场（左翼集团）经刘行和罗店以西，至浏河一线。大场是中央集团与左翼集团阵线的结合部。为粉碎敌军中央突破的企图，保持市区与郊区在作战上的联系，大场成为中国军队整个阵地的钥匙。

中国军队左翼集团和中央集团以大场为中心构成了一个环形防御地带，日军则对中国军队形成了一个由西北而东南的马蹄形包围圈。日军以第九、第三、第一〇一师团为主攻部队，以第十一师团为助攻部队，第十三师团为预备队。十月十六日，日军右翼第十一师团突破刘行以西中国军队阵线，向大场阵地的右侧后实行包抄。中国军队逐地争夺，战况十分激烈。在大场以北正面战线上，至十七日止的五天中，经反复争夺，“敌之进展仅数百公尺至千尺而已”①。

这时，陈诚、顾祝同、白崇禧等为击破蕰藻浜南岸之敌，恢复刘行，缓解大场所受的威胁，征得蒋介石同意，决定由左翼集团和中央集团发动一次全线反击。参加反击战的主力是新进入淞沪战场的广西部队第二十一集团军所属第一七一、一七三、一七四、一七六师。反击部队分三路组成，以韦云淞的第四十八军为第一路，由黄港北侯宅、谈家头附近向蕰藻浜南岸之敌攻击，进出唐桥、田都之线。以叶肇的第六十六军为第二路，由赵家宅附近向东攻击，进出杨家宅、徐宅之线。以第九十八师为第三路，由广福南侧地区向孙家头至张家宅之线进出。此外，原任守备的各师，各编成一个至三个突击队，向当面之敌发动攻击。十月二十一日晚开始总攻，二十一集团军出动攻击军共十个团、三万余兵力发动攻击。反击部队浴血奋战，前仆后继，反复拼杀。在连续三天的惨烈拼搏中，大量官兵战死疆场。以刺刀、大刀和步枪所组成的血肉阵容，终难突破以重兵器布防的日军火力网。蕰藻浜南岸各部攻击军，“牺牲极大，而进展反难，旋于二十三日全线停止攻击”。②

二十三日起，日军倾尽全力向中国军队举行决定性的反攻。蕰藻浜南岸之敌向我第二十一集团军阵地猛攻，北侯宅、沈宅、谈家头一线被攻破。第九集团军左翼各师也随后撤至大场附近。这时，第十九、十八、二十六、二十三各师从杭州调至大场方面，同时将第三、第五十三师加入，并将左翼之第十一、十四师及正在太仓整理的第十五师调来，始得暂时维持战局。大场及其以西走马塘南岸阵地由第

①② 《第三战区淞沪会战经过概要》，中国第二历史档案馆藏国民政府军令部战史会档案。

十八、第二十三师担任守备。二十四日，敌军攻势直指大场。在强大炮兵及空军火力袭击下，十八师苦战竟日，阵地大部被毁。二十五日，敌由东西两侧突进大场，接着，闸北阵地也告失守。至此，中央集团因从江湾、闸北一带西撤的归路将被切断，为避免被歼灭，遂作战略上的撤退，从十月二十六日夜晚开始，主力转移到沪西苏州河南岸北新泾一带，与北岸之江桥镇—小南翔之线相连接。第八十八师五二四团一营官兵，奉命在苏州河北岸今西藏北路、北站附近担任掩护，及至主力后撤完毕，该部由团附谢晋元指挥奉令坚守四行仓库大楼，彰显中国军民抗战到底的决心和信心，演出了上海抗战中最为英勇悲壮的一幕。我中央作战集团从大场、庙行、闸北、江湾一线向市区西部后撤后，二十七日起在沪西苏州河南岸的北新泾东西一线布防，与苏州河北面的江桥镇、小南翔一线的左翼作战军相联结，抗击南下、西进的日军。左翼集团则固守从南翔、广福、嘉定、太仓到常熟一带阵地。

当中国军队“由大场、走马塘撤退前后，适值九国公约国家开会。我（南京统帅部）为增进国际间同情，原拟在该线死守，后因被迫溃退，无法维持，始转移到苏州河”。①日军约三个师团南下，于十月二十九日晚开始，分别在北新泾、申纪浜、周家桥、姚家渡各处发动渡河战斗，攻击重点指向北新泾及其左右两侧一带。十月三十日，敌开始从周家桥、刘家宅两处强渡苏州河。十一月一日至四日前后，敌我两军沿沪西苏州河一线展开了一场惨烈无比的攻防战。我参战的第八十八师、第三十六师、税警总团、第四十六师、第六十七师、第一军以及一〇一师等部，前仆后继，勇猛杀敌，终因兵力火力不足、阵地工事简陋、仓促应战，组织不起有力的突击力量，而敌之重型武器占有压倒优势等，未能守住苏州河防线。至十一月六日，日军在刘家宅、吴家库、厅头镇、北新泾、姚家渡等地建立了桥头堡，在苏州河南岸开辟了若干个前进阵地，其攻势直指虹桥、七宝地区。

以大场保卫战为主轴的十月鏖战，把阵地战推向了高潮，出现了淞沪会战中空前壮烈的一幕。中国军队奋勇拼搏二十余天，给了日军以沉重的一击，但最后却以失败而告终。南京统帅部把占全国总兵力三分之一多的七十余个师的部队投入淞沪战场，中央军的精锐部队大多被调来参战。经过十月的恶战，中国军队损失兵力近一半，十一月初撤到新阵地后，中央和左翼两大集团只剩下残缺不全的三十余个师的兵力了，并且已遍体鳞伤，战斗力严重削弱。

这一失败，除前此进击市区之战和沿江阻击战的贻误外，十月之战在战略战术指导上也有严重失误。在战略上违反了持久战和消耗战的基本方针，实行的是战役战斗上的持久战和消耗战。沪战至十月中旬已血战两月余，中国军队死伤甚

---

① 《陈诚私人回忆资料》，《民国档案》1987年第1期。

巨。敌军十余万人已登陆集结近郊，并占有空中、海上和炮兵以及其他重兵器的绝对优势。中国军队完全不适宜在敌陆海空军便于协同作战的淞沪地区胶着太久，举行十月间那样的大规模的持久的战役决战是完全失策的。李宗仁有鉴于此，在十月十二日稍后，曾向蒋介石建议："淞沪不设防三角地带，不宜死守。为避免不必要的牺牲，我军在沪作战应适可而止。"①但蒋介石却坚持死守淞沪三角地带，甚至宣称"要把敌人赶下黄浦江去！"十月下旬，军委会第一部（作战部）及第三战区负责长官鉴于日军已攻占沪郊各要点，后方已无可以抽调的增援部队，均建议迅速将上海战场的主力部队，有计划地后撤吴福线和锡澄线。这一主张无疑是正确的，蒋介石也同意批准。十月底，这一方案正在开始实施时，蒋介石在十一月一日的南翔军事会议上，却突然改变决策。他强调为配合《九国公约》会议，提出在上海至少再坚持十天到两周时间。于是重新改变部署。他这一选择，主要是出于外交战略上的需要。他的"战略促政略"的策略，是以作战来促使美英等国干预上海战事，借以造成逼迫日本停战议和的契机。但这是完全不现实的，其结果正如陈诚在战后总结时痛惜地指出的，是"战略为政略殉"。

十月之战，打的是单纯防御战略下的阵地抗击战。这个错误的作战方针直接导致中国军队遭到不应有的惨重损失。在这一方针下，中国军队陷于战壕里，处于被动挨打的地位。几十万大军困死在狭小阵地上，完全丧失了机动性和主动权。在大场、庙行、江湾一带的狭小阵地上，左翼集团和中央集团先后使用近四十个师兵力，与敌军拼消耗。敌军进攻往往以重炮和飞机的轰击为前奏，连续猛烈轰击后施放烟幕弹，然后以坦克冲击我阵地，步兵跟进，待冲锋得手，便一拥而上。在陆上和舰队大炮的轰击、空军的猛烈扫射、战车的如入无人之境的冲击之下，中国军队以血肉之躯，拼死抗击，却大量消耗在敌人现代化火力之下，大场周围成了"血肉磨坊"。英国驻上海军队司令史摩莱将军当时惊叹道："从来没有看见过比中国的敢死队，最后保卫闸北更壮烈的事了！"大场、江湾、闸北作战近二十天，中国军队平均每日伤亡数千人，伤亡率之高在八年全国抗战中也属罕见。十月苦战中的惨重损失，是单纯防御战略下的阵地战方针造成的恶果。

七、 中国军队从淞沪前线全面败退

日本政府和军部为迅速击败淞沪地区的中国军队，尽早结束上海战事，以迫使中国政府屈膝投降，还在十月初已决定再次向上海增兵。十月六日，参谋本部在上奏天皇的作战计划中称："返观上海方面之战况，预料在最后完成任务之前，

---

① 李宗仁：《李宗仁回忆录》（下册），广西政协文史资料委员会，1980年，第694、703页。

今后还不能不花费相当的时间和付出损失，而且这已成为国内外注目之的。……目前刻不容缓的紧急任务，是迅速结束上海战局。”为此要求：“以第十军在杭州湾北岸登陆，以利上海派遣军完成任务。”①二十日，参谋本部正式下令，“向上海方面增派第十军及必要的兵力”。规定第十军的任务是：“与海军协同在杭州湾北岸登陆，尽速前进到上海市西南地区，同上海派遣军一起消灭上海周围的敌人。”②

日军第十军由柳川平助中将为司令官，所部为由华北方面转用的第六师团和第五师团主力国崎支队、由东北南调的第十八师团、国内新动员的第一一四师团等。同时，从华北抽调第十六师团，列入上海派遣军。至此，使用于华中的部队达到两个军的九个师团，比整个华北战场日军全部兵力还多两个师团。十一月七日，以上海派遣军和第十军合编为华中方面军，以松井石根为司令官。日本参谋总长此时给华中方面军规定的任务是“扫灭上海附近之敌”，作战地区大体为连接苏州、嘉兴一线以东。

日军选定的登陆地点，不再是在八九月间实行登陆的吴淞、张华浜、宝山、川沙口和黄浦江、虬江口等地，而是在上海市区西南方的杭州湾北岸金山卫一带。这是因为日军已在上海市区左侧的北郊站稳脚跟，如今则实行迂回战术，从右侧后包围上海前线的中国军队。杭州湾金山卫一带，海岸线平直，近岸海面有四十尺以上的水深，可供大型兵船停泊，北岸内陆地势平坦，广阔舒坦，非常适宜于大兵团实行战役登陆。这里有通往上海的三条公路，并有通往杭州的水、陆交通，还有经太湖南面，西向穿越苏、浙、皖边区通向芜湖、南京的便利通道。在金山卫登陆成功，不但在战役上将会威胁中国军队上海防线的侧后，而且也将使南京陷入敌军的战略迂回之中。抗战前南京参谋本部以为金山卫附近难以登陆，把乍浦作为设防重点。沪战开始后，第八集团军以四个师一个独立旅担任浦东以及杭州湾北岸从奉贤至乍浦一线的守备。后因上海战事吃紧，将一部分部队调往浦西协助正面作战，又误认为敌第三次登陆也必在长江方面，以致从乍浦、金山卫、漕泾至柘林、全公亭几十公里长的海岸线，仅有战斗力较弱的第六十二、六十三师等部担任守备。这是南京统帅部及淞沪前线指挥机关的严重失误。

十一月五日拂晓，敌第六师团和第十八师团从奉贤漕泾至平湖全公亭之间的金山卫西东两侧地区登陆，国崎支队（相当于一个旅团）也从金山卫城西上岸，展开于漕泾、金山嘴、金山卫、金丝娘桥、全公亭、白沙湾等处。面对占有压倒优势的敌军的突然进攻，在第十集团军刘建绪和第二十八军陶广的指挥下，我第六十二师、第六十三师和独立第四十五旅各部，在第一线奋起阻击，各自为战，进行了不同程度的抵抗，给了进犯之敌以一定的打击，但未能遏制敌之进攻。第三战区前

①② 参阅《中国事变陆军作战史》(第1卷第2分册)。

敌总指挥陈诚当即决定调第二十六师进占松江、六十一师占领闵行,又令第六十七军经松江向金山县前进,以第七十九师由嘉兴下车进占平湖新埭镇。同时令第六十三师由乍浦方面,六十二师由南桥方面,向登陆之敌进行东西两面夹击。但这已是失却先机,难以组成有效的抗登陆作战。奉令抗击的部队仓促受命,尚未集结,未及布阵,便与登陆后向内陆推进之敌遭遇,被敌各个击破。日军在未受有力抗击的情况下,顺利登陆并向纵深推进。蒋介石闻讯后,电询陈诚如何处置。陈主张立即调整战线,在阻击进犯之敌的同时,主动实行有计划的退却,但后来蒋命令陈诚再支持三天,以致陷入更大的被动,蒙受不利之溃退。

敌以第十八师团主力沿沪杭铁路进犯枫泾、嘉善、嘉兴,第六师团主力进犯松江,国崎支队北犯直指昆山。五日晚进抵金山县城朱泾、松隐镇、亭林镇一线。次日,渡过黄浦江,直扑松江。我第六十二、七十九师于七日分别向亭林、朱泾之敌发起进攻,但均被击退。第十集团军为避免被各个击破,乃下令黄浦江右岸各部渡江转到左岸。八日,敌第十军主力渡过浦江,占领松江城。十日又占领枫泾,攻势直指平望、嘉兴。

这时,从上海北郊南进的日军第三、第九师团于九日傍晚进抵龙华、高家湾,前出虹桥地区和七宝一带,并且完成了对南市的封锁;而从金山卫一带登陆之日军已截断沪杭铁路。淞沪地区的中国军队已腹背受敌,面临被围歼的危急境地。第三战区司令部于八日晚决定中央集团向青浦方向、左翼集团向吴福线撤退。九日晨,中央集团开始向青浦白鹤港之线后退。各部仓惶开拔,准备未周,行军秩序混乱,以致未能稳住白鹤港一线,十一日该线被敌军占领。左翼集团于是不得不与中央集团同时向吴福线撤退。

中国军队从淞沪地区西撤,是几十万大军的一次大规模的转移,本应审时度势,掌握先机,有计划有秩序地予以实施。如果在十月二十五日大场失守时当即有计划地开始西撤,则会主动得多。蒋介石改变决策,贻误了时机。至敌迂回杭州湾北岸,遂仓惶下令西撤。这次大规模撤退,事先并未进行组织和准备,后撤过程中又未组织逐次的抵抗以迟滞敌军的行动,各支部队又无明确的退却目标。前线统率机关对许多部队不明其位置,部队长官对自己的队伍失去了掌握。各部队各自为政,争先恐后地向西奔窜,遂使敌军如入无人之境。西撤大军越过吴福线和锡澄线溃退,以致这两道经多年经营的国防线毫未发挥作用。乍平嘉国防线虽然进行了若干抗击之战,但兵力薄弱,仓促应战,十余天就被敌军突破。在一片溃退声中,中国军队损兵折将,再次遭受严重损失。第六十七军军长吴克仁在从松江向青浦后撤途中,所部失控散乱,在混战中渡河不及而牺牲于野外。第十七军团司令部在南翔以西遭敌偷袭,司令官胡宗南只身逃出。第十九集团军总司令薛岳自南翔后撤昆山途中,遭敌突袭,从所坐车上跳到河沟里,幸免于难。后撤部队溃败之情形，由此可见一斑。

十一月九日中国军队的全线撤退，标志着淞沪近郊战争的结束。十一日晚中国军队最后退出上海南市，宣告了淞沪会战在市区战斗的终止。接着，昆山、嘉兴、常熟、苏州、无锡、吴兴等地都陷于敌手。十二月二日，江阴要塞和江阴城陷落，淞沪会战至此最后结束。敌军攻占上述各地后，以上海派遣军沿沪宁铁路向南京进攻，以第十军沿太湖南侧，经湖州、长兴、广德、郎溪、溧阳向芜湖、江宁进攻，从西南方向迂回南京。越苏皖边境西进的第十军，与从沪宁线正面进攻的上海派遣军，形成对南京的包围态势。

八、淞沪战役的历史意义和深刻教训

（一）当时，上海是中国首都南京的门户，是中国最大的军港，又是全国的经济中心和最重要的工业基地，是中国与世界各国通商贸易的主要港口，在军事、经济和政治上占有极为重要的地位。日本政府和军部为了迅速击败中国，决策在华中挑起战端，攻略上海，逼迫中国政府屈服，以实现其速战速决战略。七七事变后，上海之战势不可免。中国政府决定举行淞沪会战，保卫上海，拱卫南京，守卫长江，淞沪会战是民族抗战大局的需要，是对日战略全局中不可或缺之战，理所当然地获得了全国各界民众和各爱国党派的热烈拥护，也得到全国各方面军队的坚决响应。淞沪抗战中广大军民抗战热情之高涨，战斗意志之坚强，参战部队作战之英勇，在中国近代对外战争史上极为罕见，这决不是偶然的。有一种观点认为"中国军队在淞沪地区与日军进行会战没有必要"，应把兵力使用于其他战场。作者不认为这一看法是正确的。

（二）淞沪抗战给了日军速战速决战略以沉重一击，使日本军队遭到自七七开战以来从未受到过的打击和损失。在三个月的作战中，日军战死一万余人、伤三万一千余人。淞沪会战迫使日本军部四次增派援兵，二十多万敌军被吸引于淞沪战场，从而减轻了其他战场的压力，对全国抗战是一个强有力的支援。淞沪抗战也为上海和江浙沿海地区工业内迁，物资设备、工商企业和文教机关向内地转移，保护经济与文化实力，凝聚了共识，赢得了时间。淞沪抗战振奋了中华民族争取独立、反抗侵略的伟大爱国主义精神，汇成了全国抗日救亡运动空前高涨的热潮。富于光荣革命传统的上海工人、学生、农民、教师、店员、职员等以及广大知识分子和工商各界人士，以各种方式积极投身抗日斗争，与淞沪作战汇成一条全民抗日战线。中国七十余万官兵浴血奋战，约三十万人在与日本侵略军的拼搏中或为国捐躯，或身负伤残。他们的英勇业绩是值得我国人民引为骄傲的，也应当永远受到崇敬和纪念。以蒋介石为首的国民政府统帅部和第三战区司令长官部，指挥这次会战尽管存有严重失误,但积极抗战、团结御侮、为保卫民族和祖国而战的决策和行动,是合乎人民愿望、顺应民族大义的,其功绩理应在抗战史上得到肯定,占据应有的地位。

(三)淞沪抗战是继卢沟桥和平津抗战后,中国揭开了全国全民族抗战的又一个标志,也是以抗日民族统一战线为基础的全国抗日高潮形成的一个重要标志。七七卢沟桥抗战的历史地位,在于它是中国全国抗战的起点。还在淞沪战役正在进行期间,毛泽东就明确宣告:"卢沟桥中国军队的抗战,是中国全国性抗战的开始。"[①]半个多世纪以来的历史进程,完全证明对七七抗战历史地位的这一论断的正确性。八一三抗战是继七七抗战后,显示全国抗战业已开始的又一个标志。当然,淞沪抗战与卢沟桥和平津抗战不同,它发生在中国的政治和经济中心华东地区;它的规模比七七抗战远远为大,时间持续更长,动员更为广泛;它更为全面地体现了以国共合作为基础的抗日民族统一战线的全国范围的抗战阵容;它产生的影响也远远比七七抗战更为巨大和深远。淞沪抗战使得从七七事变开始的全国抗战,在内容上、地域上、参战成分上和战争形态上以及在国内外的影响上更具有全国的性质、带有全国的意义和在全世界的影响力。

(四)淞沪会战中作战双方客观力量对比,从总体上说是敌强我弱。敌军装备精良,在重武器上居于压倒性优势,训练有素,经过充分准备,又占有陆海空三军联合作战的优势。中国军队参战部队在八十个师上下,总兵力近敌军总数四倍,[②]我军在数量上占有优势,并有各界群众的有力支援。上海地处长江三角洲东端,左边濒临长江,右面紧靠杭州湾,形成一个"凸"字形边境,向内是一片地势平坦、河网交错的狭小地区。这个地理条件,便于敌海空军和地面火力优势的发挥,也极易从两翼实施登陆,实行战略包围,迂回我军。在这些客观条件下,上海作战的目标选择,应当是避免与敌军进行战役持久战和阵地抗击战,而应采取战役战斗上的速决战和进攻战,以歼灭敌有生力量,消耗敌军,钳制敌一部主力,掩护华东和全国进入持久战为目的。上海要不要死守的问题,应着眼于整体战略利

---

① 毛泽东:《为动员一切力量争取抗战胜利而战斗》,《毛泽东选集》(第2卷),人民出版社,1952年,第339页。

② 中国军队参加淞沪战役的部队,为陆军75个师,又财政部税警总团(相当于2个师),中央军校教导总队(相当于1个师),独立第20、34、37、45、201旅,暂编第11、12、13旅,以及炮兵,辎重等特种部队,吴淞、江阴、镇江要塞部队,上海保安部队和警察总队,空军作战部队和海军部队。作为作战主力的75个师,其番号系:第1、3、6、8、9、11、13、14、15、16、18、19、23、26、32、33、36、40、41、44、45、48、51、52、53、55、56、57、58、59、60、61、62、63、67、76、77、78、79、87、88、90、98、102、103、105、106、107、108、111、112、121、128、133、134、135、144、145、146、147、148、154、155、156、159、160、170、171、172、173、174、176、195师,预备第11师,新编第34师。

益，而不应以一城一地的得失，或以一时的外交策略上的需要和运作为依据。

军事力量的对比是敌强我弱，但敌我双方的强弱、优劣不是绝对的、不变的。在这里，主观指导的作用十分重要。战争就是两军指挥员在客观力量的基础上，互争优势和主动的主观指导能力的竞赛。中国军队在淞沪会战中歼敌太少，战役时间持续过长，自己的损失又异乎寻常的惨重，最后出现大溃败的局面，虽不无客观原因，但主要是由战略和战役指挥上的严重失误造成的。蒋介石和南京统帅部，在沪战之初，实施“先发制敌”决策很不坚决，由于对国际调停抱有幻想，三度犹豫摇摆，以致丧失先机，前线的组织指挥也有不当，加之攻击力量不足，未能达成初战之目标。对抗登陆作战这个在淞沪会战中至关紧要的重大问题，并无通盘筹划。事先既无抗登陆作战的准备，临事又未组织好足够的后继力量去对付登陆之敌，以致敌军在长江沿岸登陆成功，逐次扩展攻势，形成对中国军队的致命威胁。接着，又以几十万大军密集于沪郊长江南岸狭长地带，进行长达几十天的阵地战，在敌陆海空的强大火力下倍受摧残，以致几十个师的主力部队遭到惨重损失。而当阵地已经崩溃时，在期望国际干预的指导思想下，不及时调整战线，适时转移兵力，使自己立于主动地位，却继续与敌军拼消耗，自陷被动，种下了尔后大溃退的祸根。这实际上是“以全国兵力的精华在淞、沪三角地带作孤注的一掷”。①最后，在“凸”字形边线两翼疏于防卫，特别是在最易实现战役展开、对上海形成迂回之势的杭州湾北岸未作足够的防卫措施，以致日军登陆成功，促成淞沪之战最后失败。历史的教训告诉我们，如果南京统帅部在上述战略指导上不犯错误，淞沪会战的结局会是另一种局面。

（五）淞沪会战的历史教训说明，适应以弱胜强的要求，实行积极防御的作战方针，是中国反侵略战争战略指导上唯一正确的方略。中国抗日战争在全局上属于防御性的战争。在战争过程中，中国军队首要的问题，是如何通过防御性的军事行动，击败日军的进攻。防御性的战争和防御性的军事行动是两个不同的问题。在军事行动上，“防御不应当只是消极的，而应当从机动中吸取力量，并且只要一有机会，防御者就应当采取进攻行动”。②中国共产党在抗日战争开始后即明确指出：中国军队应当实行积极防御的作战方针。在抗战初期和中期，战场作战的基本方针应是“战略防御中的战役和战斗的进攻战，战略持久中的战役和战斗的速决战，战略内线中的战役和战斗的外线作战”③。作为战争内容的外线的速决的进攻战，“在战争形式上就表现为运动战”，“其中包括了辅助作用的阵地战，

① 《李宗仁回忆录》（下册），第702页。

② 恩格斯：《山地战的今昔》，《马克思恩格斯全集》（第12卷），人民出版社，1965年，第125页。

③ 毛泽东：《论持久战》，《毛泽东选集》（第2卷），第474页。

又包括了‘运动性的防御’和退却”①。淞沪会战开始前夕，周恩来、朱德、叶剑英在南京参加国防会议时，根据党中央和毛泽东的抗日战略思想和作战方针，就已向国民政府统帅部提出了关于全国抗战的战略方针和作战原则的正确建议。

可是，南京统帅部却采取了单纯防御即消极防御的作战方针。在淞沪战役中，实行单纯的死守的防御，以持久的阵地战和消耗战与敌对抗，企图依靠单纯的阵地防守挡住日军的进攻。中国军队采取的是单线式的阵地防御，无重点，无纵深，无突击力量，从未集中优势兵力与兵器，进行主动灵活的运动战。只作正面的阵地固守，而不作任何迂回包围，求得在战役战斗上以外线作战歼灭敌人。这一单纯防御的作战方针，导致了中国军队遭到不应有的惨重损失。

诚然，来自海上的日本侵略军首先攻击的目标是沿海沿江的要地和上海市郊，在这种情况下，在一定的条件和环境下，进行阵地防御是完全必要的。但是，决不能单纯地采取这一战法。只有把运动战、阵地战和人民群众以各种形式参加的战斗结合起来，把防御与进攻结合起来，才能扬己之长、击敌之短，战胜装备上占优势的敌军。特别是当日军向我纵深推进时，出现兵力分散和侧翼暴露等弱点，中国军队如能一面依托既设的吴福线、澄锡线阵地抗击敌人，一面以足够兵力从侧面对敌实行突击，则迟滞和制止敌之长驱直入，各个灭歼敌人，一口一口消灭敌人有生力量，不是不可能的，至少不会造成一片溃败的历史悲剧。

（六）军队的优良素质和坚强的战斗力，是胜利地进行反侵略战争的首要条件。淞沪会战中中国军队数量虽超过敌人几倍，但素质却远远落后于敌军。这也是作战失败的一个重要原因。当时中国政治经济落后，南京政府在战前推行“攘外必先安内”政策多年，一向倾注重兵于“剿共”战争，国民党各派军事集团之间又连年混战，以致国防建设长期废弛，各个军事集团各自为政，部队训练大多只着眼于内战而不顾对外反侵略战争。参加淞沪之战的桂军、粤军、东北军、西北军、川军、湘军等地方部队，战志昂扬，不怕牺牲，但他们往日所经历的，大多数为地方冲突和内战的局部战斗，对如此战线绵延，数十万兵员参与的规模巨大的会战，毫无准备。尤其是对于对付坦克、装甲、大炮、空袭、舰上火力的作战，从未受过训练。战术上沿袭老一套，心理上处于劣势。指挥混乱，后勤不济。中央军，如第一军、第九集团军、第十五集团军、第十八军、中央军校教导总队、税警总团等部，是国民党军队中的精锐之师，战斗力比较强，但从总体上看，部队素质也不如日军。

中国军队的质量不高，战斗力不强，除了武器装备落后，还有官兵素质不佳。高级将领和中下级军官中，虽不乏优秀人才，在战斗中也涌现了一批批抗日英雄人物，但总的看来，能知彼知己、熟识战争规律、指挥有方和智勇兼备的指挥人员

---

① 毛泽东:《论持久战》,《毛泽东选集》(第2卷),第486—487页。

为数不多。军队的基础在于士兵。在淞沪会战中，广大士兵表现了极为高涨的爱国主义精神，但平时缺乏训练，战术和技术水平普遍低落。他们与战术技术上训练有素的日军对阵，往往受制于人，为敌所败。兵贵精，不贵多。只有素质优良的官兵与先进的武器装备结合、部队的质量和数量相统一，才能形成强大的战斗力，战胜侵略者。

伟大的淞沪抗战，英勇的中华儿女*

今年，是中国人民抗日战争暨世界反法西斯战争胜利七十周年，也是八一三淞沪抗战七十八周年。七十八年前，中国军民在中国共产党倡导建立的以国共合作为基础的抗日民族统一战线的旗帜下，进行了气壮山河、英勇悲壮的淞沪抗战，成为中国全民族抗战的壮烈一幕，在世界的东方打响了世界反法西斯战争的第一场大规模战役。八一三淞沪抗战为中华民族独立和解放、为世界反法西斯战争胜利的伟大事业，作出了彪炳史册的贡献。

中国抗日战争从局部抗战转变到全面抗战的主要标志

中国人民抗日战争从一九三一年到一九四五年，历经十四年艰苦卓绝的斗争，跨越了从局部抗战到全面抗战即全民族抗战的历史进程。一九三一年九一八事变是中国人民抗日战争的起点，中国的抗战揭开了世界反法西斯战争的序幕。一九三七年七月，日本军国主义制造七七事变，发动全面侵华战争。中国人民在中国共产党倡导的以国共合作为基础的抗日民族统一战线旗帜下，万众一心，众志成城，发动全国全面抗战。中国抗战从此从局部抗战开始转变到全面抗战。七七事变成为中国全民族抗战的开端，并由此开辟了世界反法西斯战争的东方主战场。

七七事变后，在向华北发动大规模进攻的同时，日本政府和军部迫不及待地加紧策划和准备，蓄意发动对上海的进攻。当时的上海，是远东最大的国际大都市，是中国最大的工业基地和联结世界的最大海港，是全国的贸易中心和金融中心，也是全国的一个文化中心。上海地处东海之滨，毗邻长江和杭州湾入海处，是中国最重要的军港之所在，是从西太平洋和东海进入长江，深入华东、华中腹地的咽喉和大门。上海又是日、美、英、法、德等各大国在华权益的集中地和互相争夺的焦点。上海在政治、军事、经济和国际关系等各方面具有独特的不可替代的重

* 本文原载《解放日报》，2015 年 8 月 13 日。

要地位，遂成为日本在全面侵华战争开始以后实行战略进攻的一大重点；同时，也决定了淞沪抗战在中国抗战全局中的重大战略意义。

一九三七年八月十三日，日本侵略军在上海闸北向中国守军发起进攻，中国军队奋起抗击，八一三淞沪会战由此爆发。日本侵略者的图谋，是由其海军和陆军联手，以重兵进攻和夺占沪（上海）宁（南京）杭（杭州）这个极富战略意义的长江三角洲地区，控制中国政府统治的心脏地带，进而窥长江流域，给中国以致命一击，逼迫中国政府接受其城下之盟。国民政府出于对政治、经济、军事，特别是国际关系等各方面利害关系的考量和战略利益的需要，作出了进行淞沪会战的决策，并于随后决定以淞沪为中心的东战场为全国对日作战的主战场。

在中国共产党和各个爱国党派的积极推动下，在强大的民众抗日救亡运动的支持和配合下，由国民政府军事委员会组织和指挥的淞沪会战，是全面抗战初期最重要的战役和最重大的事件。八一三抗战是七七抗战的继续和发展，然而，它具有与七七抗战不同的独特历史地位和意义。八一三抗战极大地发展和推进了以七七抗战为开端的全国全面抗战的总体局面，成为从局部抗战转变到全面抗战的主要标志。首先，国民政府在八一三抗战时正式和明确地确立了在七七事变时还未曾有过的关于全国抗战的决策和部署。如果说，七七事变时，国民政府决策者还没有完全放弃对日媾和的幻想，仍寻求在“地方事件”的范围内使事变获得解决，那么，在八一三事变的新形势下，国民政府决策者不能不改弦更张，决心接受中国共产党和广大民众的建议和呼声，终于确立了全国抗战的基本政策。八一三抗战成为全国战局转换的枢纽，从此，全国真正转入全面抗战的轨道。第二，抗日民族统一战线在八一三抗战期间正式形成。在此期间，国共两党合作抗日的谈判取得重大突破和进展，双方达成改编成立国民革命军第八路军和新编第四军等项协议。在淞沪会战进入高潮期间，国民党中央通讯社于九月二十二日发表了《中共中央为公布国共合作宣言》，蒋介石于次日发表实际上承认中共合法地位的谈话，由此宣告国共两党重新合作和抗日民族统一战线正式形成。以国共合作为基础的抗日民族统一战线的建立，标志着举国一致的全国抗战阵线的全面确立和全民族抗战局面的真正开始实现。第三，淞沪会战继华北战场之后在华东开辟了抗日第二战场，并且在战局发展过程中一度成为全国对日作战的主战场。淞沪会战在沪宁杭地区进行，无论是在政治、经济、外交，还是在国际关系等各个方面，其在国内外的影响远非七七抗战可相提并论。淞沪会战在参战成分上，投入了国民党中央军的基本部队、空军和海军的全部主力，还动员了全国大部分地方实力派的军队参战，比华北抗战具有更大的广泛性和全国性。淞沪会战的战争规模在抗日战争的进程中是空前的，比华北战场任何一次战役更为巨大与持续。它从军事上体现全国全面抗战真正揭开战幕，开辟和引领了正面战场尔后的历次重大战役，具有开创性的意义，在历史上被称为八年全面抗战的序战。第四，与淞沪会战几乎同时登上抗日历史舞台的上海民众抗日救亡运动新高潮，是淞沪抗战的重要组成部分，是与军事战线相配合的另一个十分重要的抗日战线。以上海为中心汇成的一个空前规模的、声势浩大的抗日救亡运动，把自一九三五年冬以来的民众救亡斗争推进到前所未有的新高潮。上海成为这一时期全国抗日救亡运动的中心，其作用与影响遍及全国，有力地推动了全国性抗日运动高潮的到来。

民族抗战与世界反法西斯战争重要一役

八一三淞沪会战是为保卫上海、拱卫南京、守卫长江，鼓舞和动员全国军民为打败日军的进攻而进行的一场民族自卫之战，也是为世界反法西斯斗争的大业而战。国民政府统率和指挥的陆、海、空军和前来增援的各省地方部队，云集淞沪，高扬民族抗战精神，以大无畏的英勇气概，抗击日本侵略者。上海和全国各界民众，各个爱国党派团体，以极大的热忱和勇气支援前线，齐心协力投身于淞沪抗战。在这场民族自卫战争中，千千万万军民民族精神之高昂，战斗意志之坚强，作战之英勇悲壮，在中国近代对外反侵略战争史上留下了光辉的一页。

淞沪会战是在以淞沪地区为中心的长江三角洲地域进行的一场规模巨大的抗日战役。淞沪会战战役规模之巨大，战场范围之辽阔，作战之持续，战斗之英勇惨烈，作战样式之多样，以及这一战役在国内外产生的影响之广泛与深远，在中国抗日战争历史进程中是极为罕见的。

淞沪会战在全面抗战战略防御阶段正面战场四大会战（淞沪、太原、徐州、武汉）中位列首位，打响时间最早，规模数一数二，陆海空立体作战的样式独一无二，全国从中央到地方的各派军事力量的参战部队最为广泛，是名副其实的抗日战争的第一个大规模战役。同样，以世界反法西斯战争的全局而言，在淞沪会战之前，一九三五年至一九三六年阿比西尼亚（今埃塞俄比亚）人民进行了抗击意大利法西斯侵略的战争；一九三六年至一九三七年西班牙人民进行了英勇的抵抗德国和意大利法西斯勾结佛朗哥集团发动的干涉的战争。然而，分别在非洲和欧洲进行的这两场在西方最早打响的反抗法西斯的战争，其规模和影响远远不及随即发生在东方的淞沪会战。淞沪会战作为世界反法西斯战争东方主战场的第一个大规模战役的历史地位，是无可置疑的。

淞沪会战中日双方参战的兵员总数多达 100 万人上下。中国参战部队在 3 个多月战役期间先后投入的地面部队，折合为陆军师级单位，约为 85 个师，兵力总数达 75 万人以上。中国空军参战部队有 8 个战斗大队和 1 个暂编大队，海军参战的有 2 个舰队和 1 个练习舰队等部队。日本帝国政府和军部为实现其“速战速决”降服中国的战略目标，动员海、陆、空军相当大部分主力部队投入淞沪战争，并在一个时期里把对华作战的战略重心由华北战场转移到华东战场。日军参战部队总兵力在25万人以上。陆军部队先后组成上海派遣军和第十军两大作战集团，并于十一月统一组成华中方面军，下辖有9个师团又2个支队(各相当于一个旅团)。日本海军部队参战的有第三舰队和第四舰队；空军分属陆军和海军，投入淞沪战场的有海军航空飞机180架、陆军航空飞机210架，共有作战飞机约390架。

淞沪会战主要是在当时中国的政治和经济中心所在地沪宁杭地区进行的，淞沪地区是会战的中心区。一九三七年十月底以前，淞沪会战的主战场，是在苏州河以北、黄浦江以西、新泾及杨泾港以东、长江以南的地域。而淞沪会战整个战场范围则比淞沪地区远远为大。从会战的全过程而言，除上海市区(不含公共租界苏州河以南区域和法国租界)外，还遍及其时江苏省所属的宝山、嘉定、川沙、崇明、南汇、奉贤、金山、青浦、昆山、太仓、苏州、吴县、无锡、宜兴、江阴等县市，浙江省的平湖、嘉善、海盐、海宁、桐乡、崇德、嘉兴、余杭、长兴、吴兴、泗安、杭州等县市，安徽的广德等县，以及江浙两省沿海的一部分岛屿。在这个广阔地带，中国军民同仇敌忾，一致奋起，对猖狂进犯的日本侵略军展开大规模的抗击。淞沪会战中国军队以劣势装备对抗优势装备的日军，在完全没有制空权和制海权、几乎没有大炮和坦克等重型武器的条件下，以大无畏的精神抗击当时号称世界军事强国的日本陆海空军达3个多月、110余天之久。这一会战一九三七年八月十三日在上海闸北揭开战幕，先后经过了上海市区攻围战(八月十三日至二十二日)、长江南岸抗登陆作战(八月二十三日至九月十二日)、蕴藻浜南北阵地阻击战(九月十三日至十月二十六日)、苏州河南岸阻击战(十月二十七日至十一月八日)、杭州湾北岸和太湖南北撤退战(十一月九日至十二月二日)等5个阶段的持续作战。十一月十二日中国军队退出上海市区南市，标志着上海市区及其周边地区会战的结束；同年十二月二日，江阴保卫战的结束，宣告淞沪会战的终结。

参加这场会战的中国广大官兵和人民群众前仆后继，浴血奋战，为战胜日本侵略者而战斗不已。在一百多天的战斗中，涌现了一批批威武雄壮、可歌可泣、在当时就为国人广泛传颂的英烈人物和英勇悲壮的战斗事迹。第八十八师进攻日本海军陆战队司令部之战，三十六师进攻汇山码头之战，九十八师姚子青营宝山城保卫战，十一师、十四师、六十七师四次反攻罗店之战，十一师东林寺战斗，第一师五次反攻王家宅战斗，三十二师火烧场和小朱宅战斗，九十师反攻狄泾东岸之战，税警总团保卫唐桥站之战，一三四师和一三五师顿悟寺、陈家行保卫战，六十七军松江保卫战，第七军吴兴、长兴阻击战等，以及空军的八一四空战，阎海文跳伞身陷重围而临危不惧、杀身成仁，沈崇诲驾机撞击敌舰与敌同归于尽，海军鱼雷快艇“史181号”江阴金鸡港袭击日舰战斗等，都在抗日战争史上谱写了熠熠生辉的篇章。淞沪会战后期，第八十八师五二四团谢晋元率“八百壮士”进行气壮山河的四行仓库保卫战，固守孤楼四天四夜，与数倍于己的日军拼战，击退敌军十余次进攻，击毙敌人200余名，全国军民为之振奋，同情中国抗战的国际人士为之动容。英国驻沪军队司令史摩莱少将目击中国军人英勇无比的战斗情景，发出了寓意深长的惊叹：从来没有看见过比中国“敢死队”最后保卫闸北更伟大的事情了。淞沪会战这一百多个日日夜夜，是自卫与侵略之间的对决，是正义与邪恶之间的较量，也是光明与黑暗之间的生死搏斗。尽管中国军队最后归于战败而被迫西撤，但是他们在这场会战中铸造的英勇壮烈的抗战业绩、崇高的民族精神和为国献身的牺牲精神，是永垂不朽的。

波澜壮阔的抗日救亡运动与战事交相呼应

八一三淞沪抗战是一场大规模的抗日武装斗争，同时也是一场波澜壮阔、声势浩大的民众抗日救亡运动。上海各界民众面对日本军国主义的大举进攻，义无反顾地奋起抗战，团结在抗日民族统一战线的旗帜下，以各种方式动员和组织起来，开展广泛而持久的抗日活动，全力支援军队作战。民众抗日救亡运动的战线广泛而全面，组织救亡团体、团结动员民众、开展抗战宣传、捐输财物支援前线、进行战地服务、救护难民抚慰流亡等，是这个运动的主要内容。轰轰烈烈的民众救亡斗争与前线爱国将士的浴血奋战交相辉映，铸成了中华民族全面抗战历史中光辉夺目的篇章。

上海是中国现代产业和先进文化的中心，是中国工人阶级最集中的城市，又是中国共产党的诞生地，上海人民有着深厚的反帝爱国斗争的光荣传统。一九三二年一·二八淞沪抗战时的民众抗日斗争热潮，开了上海抗日救亡运动的先河。一九三五年一二·九运动之后，上海民众抗日反帝斗争新高潮曙光再现，各界民众群起组织救国会，救国运动如火如荼，上海成为全国抗日救亡运动的大本营。七七事变和八一三事变揭开了上海抗日救亡运动新高潮的帷幕，在全国全面抗战的大背景下，伴随着淞沪会战的发动和展开，一场规模空前，比以往的救亡运动更具群众性、全面性、组织性和持久性的民众抗日运动，登上了上海抗战的历史舞台。

八一三抗战时的民众救亡运动，是在中国共产党倡导建立、以国共合作为基础的抗日民族统一战线的旗帜下发动和进行的。中国共产党及其在上海的党组织，始终坚持中央关于抗日救亡运动的正确方针政策，以坚定彻底的爱国抗战立场、艰苦深入的群众工作和模范的抗战行动，成为救亡运动中团结战斗的领导核心，引领和影响民众救亡运动向前发展，并与国民党当局和中间党派团体合作，共同把救亡运动推向前进。一九三七年五月，中共中央委派刘晓来上海整理和恢复党的组织。刘晓离延安赴上海前，毛泽东、张闻天、刘少奇都与他作了重要谈话，对党在上海的工作和民众运动的领导问题作出指示。七七事变爆发后，中共中央指示由刘晓、冯雪峰、王尧山组成三人团，作为上海党组织的领导核心。为适应抗日救亡运动新高潮的到来，三人团决定成立工人运动委员会和群众工作委员会，积极开展抗日救亡的群众运动。七月上旬周恩来在上海会见潘汉年和刘晓，并作了谈话，对党在上海的秘密工作和民众抗日救亡运动的恢复和发展，作出了重要指示。同年八月，原中共驻上海办事处改为八路军上海办事处，先后由李克农、潘汉年任主任。十一月，中共江苏省委在上海成立，刘晓、刘长胜分任正、副书记。江苏省委根据中央指示，在工人、职员、文化、学生、妇女、难民等几大系统设立党的委员会，领导上海各界民众的抗日救亡斗争深入持久地向前发展。

在抗日民族统一战线的旗帜下，上海各阶层各行各业的爱国力量万众一心，迅速聚集，各种救亡团体如雨后春笋般地涌现。自七七事变爆发，至淞沪战役结束，上海各界民众的抗日救亡团体约有180个，组成了民众抗战的强大阵容。这是救亡运动新高潮的一个主要标志。救亡团体是民众救亡斗争的组织中心和活动中心，联系的群众极为广泛，从政府机关的公务人员到外商洋行职员，从产业工人到民族工商业者，从教师到学生，从艺人到报人，从城市贫民到乡间农民，从企事业职员到家庭妇女，从基督信徒到寺院僧侣，数量之多，范围之广，动员面之大，为上海人民革命运动中前所未有。这一切表明，八一三时期的救亡运动具有全民性的特征。

上海文化界的救亡团体，是众多救亡团体中最为活跃、最具影响力的组成部分。在中共三人团的指导和推动下，上海文化界由胡愈之、蔡元培、钱俊瑞等发起，在原文化界救国会的基础上组建救亡协会。一九三七年七月二十八日，全国最早的群众救亡协会——上海市文化界救亡协会宣告成立，蔡元培、潘公展、胡愈之、沈雁冰、钱俊瑞、张志让、巴金等83人出任理事。这是上海文化界抗日民族统一战线的救亡团体，共产党人在其中居于政治领导核心地位。文协成立后，文化界及与文化界有联系的救亡团体纷纷参加进来，成为团体会员。至八月底九月初，文协已成为上海文化界及有关的各个救亡团体的大本营。它拥有73个团体会员，5 000名以上的基本群众。以文协为中心，上海文化艺术界的救亡团体风起云涌，上海文艺界战时服务团、中国诗人协会、上海青年作家救亡宣传团、上海文艺界救亡协会、国民歌咏救亡协会、漫画家救亡协会等纷纷成立，开展各种抗日文化活动。与此同时，上海工界成立的工人救亡团体达到40余个，职业界成立了上海职业界救亡协会，教育界成立了上海教育界战时教育服务团。青年学生们组织了上海学生界救亡协会和青年救国服务社等团体。

声势浩大的抗日救亡宣传是上海救亡运动中最具影响力的组成部分,发挥着动员群众、引领社会舆论、团结教育军民、揭露和打击敌人的作用。在抗日民族统一战线的旗帜下,上海全市各方面宣传大军,以高昂的爱国激情和强大的力度开展抗日救亡宣传,其威力之盛,声势之大,在上海历史上从未有过。在新闻战线,国共合作主办的由郭沫若和夏衍主持的《救亡日报》、邹韬奋主编的《抗战》三日刊,由于其坚定正确的抗日爱国立场、旗帜鲜明的时事评论和生动活泼的新闻报道,成为救亡报刊的旗帜。茅盾、巴金主持的《呐喊》周刊,金仲华、沈兹九、张志让、郑振铎等主办的《战时联合旬刊》,艾思奇、施复亮等主持的《文化战线》旬刊,章乃器、夏征农、章汉夫等主持的《前线》三日刊,华君武主编的《救亡漫画》,柯灵主编的《民族呼声》周刊,职业界救亡协会主办的《救亡周刊》等大批刊物,都以新锐之势轻装上阵,成为抗日救亡宣传的生力军。《申报》《大公报》等历史悠久的大报,也旗帜鲜明地举起民族解放大旗,为抗日救亡鼓与呼。在文艺战线,话剧界救亡协会发动和组织上海电影、戏剧、曲艺各界演员,成立了13支演剧队,深入淞沪前线和大后方,演出《保卫大上海》《为自由和平而战》等剧目。音乐界由冼星海、何士德、沙梅、周巍峙等主持的国民歌咏救亡协会,广泛开展抗战歌咏宣传活动,《义勇军进行曲》《救亡进行曲》《大刀进行曲》《保卫中华民族》等歌曲响彻上海的大街小巷和公共场所,强烈地激励着广大民众为民族解放而战。在历时4个多月的持续推进的救亡宣传活动中,上海宣传战线还根据淞沪战局的发展,组织了几次集中性的大规模宣传活动,掀起全市性三次宣传高潮。九月中旬在"九一八"6周年纪念时,开展了精神国防运动宣传高潮。十月上旬发动了国防纪念日宣传高潮。十月下旬掀起了保卫大上海运动宣传高潮。第三次宣传高潮中,全市115个救亡团体参与发起,出动983个宣传队,近5 000人投入各项活动。这些集中性宣传活动,规模浩大、影响广泛,显示了上海抗日救亡的强大声势。

民族抗战精神产生世界性的积极影响

八一三淞沪抗战在中国近代反对外国侵略的战争史上是一次壮举,在世界反法西斯战争历史上也是一场重要战役,谱写了中华民族解放斗争史上灿烂的篇章。中国军队在这场会战中最终是被击败了,中国军民作出的牺牲和遭受的损失也极为严重。然而,淞沪抗战为民族独立和人民解放作出的重大贡献是不可抹煞的,它在中国抗日战争和世界反法西斯战争中重要的历史地位是永远不可磨灭的。

淞沪抗战给了不可一世地向着华东要地和长江战略地带疯狂进攻的日本侵略军以迎头痛击,狠狠地打击了它的嚣张气焰,消耗了其相当一部分有生力量和武器装备,毙伤日军5万余人,延缓了日本侵华战争的进程,打破了日本统帅机关

"速战速决"的战略计划。

淞沪抗战迫使日本军部前后 4 次增调援兵，不得不将侵华战争的主战场从华北战场转移到华东战场，从而分散和牵制了日军兵力在华北的集中使用，减轻了华北战场中国军队所受的压力，并有利于保护中苏两国之间的陆上交通线，也迫使日本统帅机关改变进攻山东的计划，"暂时取消山东作战"，这一切对于正在展开的全国抗日作战是一个切合时机的有力支援。

淞沪抗战强有力地促进了国共两党的合作与抗日民族统一战线的正式形成和发展，推动了全国抗日运动高潮的到来。淞沪抗战更是直接地促进了上海各界民众在抗日御侮、共赴国难的号召下广泛地团结和联合，汇合成上海抗日救亡运动空前的新高潮。在淞沪抗战血与火的洗礼中，聚集和锤炼了一支坚强有力的抗日爱国力量，为尔后上海"孤岛"抗日斗争，为上海人民支援华中抗日根据地和西南、西北大后方的抗日斗争，准备了条件，奠定了基础。

淞沪抗战极大地振奋了伟大的民族精神，鼓舞了全国人民打败侵略者、夺取抗战胜利的斗志，增强了民族自信心和自尊心。淞沪抗战以千千万万军民的鲜血和生命彰显了伟大而崇高的抗战精神——天下兴亡、匹夫有责的爱国情怀，视死如归、宁死不屈的民族气节，不畏强暴、血战到底的英雄气概，百折不挠、坚忍不拔的必胜信念。淞沪抗战成为一部活生生的爱国主义教科书和一条令人崇敬的座右铭，在民族解放斗争中发挥了强大的精神力量。

淞沪抗战为上海和华东沿海沿江地区工业的内迁，物资、设备和企业单位的转移，文化、教育、科技事业和人员向后撤退，赢得了时间和条件，有助于掩护长江下游地区的抗日爱国力量向中南和西南腹地转移，这对全国持久抗战的坚持起了重要作用。

淞沪抗战在国际上也产生了积极的影响，为中国实行抗日外交战略，孤立日本，争取国际社会支持抗战，创造了一定的条件和环境。中国军民在这场震惊世界的大战役中表现出来的伟大民族精神、坚忍不拔的战斗意志和强大的战斗力，使世界各国刮目相看。淞沪会战有力地促使国际社会开始重新认识中国，获得了更多人对中国的同情和支持，以及对日本侵略行径的谴责。

伟大的淞沪抗战，英勇的中华儿女，铸就了民族解放斗争史上一座巍巍丰碑。今天，在纪念中国人民抗日战争胜利七十周年的重要时刻，我们怀着无比崇敬的心情，向在淞沪抗战中英勇献身的英烈，以及一切为淞沪抗战作出贡献的人们，表示深切的缅怀和真挚的敬意。当今，中国人民比过去以往任何时期，都更接近实现中华民族伟大复兴中国梦的宏伟目标。站在新的历史起点上，我们重温淞沪抗战的历史，就是要铭记历史，缅怀先烈，珍爱和平，开创未来，为实现中华民族伟大复兴中国梦而努力奋斗！

淞沪会战若干问题的再探讨*

——兼与魏宏运教授商榷

八一三淞沪会战是中国抗日战争历史上一场震撼中外的重大战役。这场会战规模之巨大，前后方动员之广大，参战兵种之众多，战役过程之持久，战斗之激昂惨烈，战场之辽阔，以及它在国内外产生的影响之广大，在中国正面战场20多次重要战役中是极为罕见的，在许多方面甚至是独一无二的。淞沪会战以其独特的历史地位和深远意义，被载入中国近代民族解放战争的史册而熠熠生辉。正如魏宏运教授不久前在《民国档案》杂志发表的《关于八一三淞沪抗战的几个认识问题》一文中指出："八一三淞沪抗战，在中国抗击日本战争史上占据着极重要的地位，承载着沉甸甸的历史"，"从对外战争的角度上讲，上海战争和卢沟桥战事都是里程碑式的事件，是永远研究不完的课题"。[①]在魏先生的文章里，我们读到了关于淞沪会战的不少真知灼见，真可说获益匪浅；而且魏先生提出对这一史事的"有些问题需要再评估再认识"，这对继续深化淞沪会战的研究无疑地是有积极意义的。但笔者以为魏文关于淞沪会战若干问题的叙述和论断似乎还需要探讨和商榷。本着实事求是、尊重史实、尊重科学的精神，本文就若干问题略抒己见，以就教于魏先生，也恭请史学界同行和读者们不吝指教。

一、 虹桥机场事件是不是八一三战争的导火线

关于虹桥机场事件在八一三淞沪会战全局过程中的历史定位，虽然不能说是一个十分重要的问题，但却是研究这场会战不能回避、不可不考察清楚的一件史事。因为这一事件是八一三战争发生和发展进程中的一个历史节点，带有一定的

---

* 本文原载《军事历史研究》2012年第4期。

① 魏宏运：《关于八一三淞沪抗战的几个认识问题》，《民国档案》2011年第4期。本文以下凡是引述该文内容，其出处均简称"魏文"，不再一一注明。

历史标杆性意义。从75年前淞沪会战结束以迄于今,关于淞沪会战的论著中比较普遍的见解,都认为虹桥机场事件是八一三事变的导火线,也是淞沪会战的导火线。当时直接指挥这场会战的第三战区司令长官部在会战结束不久的一九三八年年初,在《第三战区淞沪会战经过概要》一文中,明确写道:“自八月九日虹桥机场事件发生后,淞沪方面战云弥漫,中日大战,大有一触即发之势……至十三日双方前哨开始接触,全面战争遂告爆发。”①虽然这份文献并未使用“导火线”一词,然而在这里,是虹桥机场事件直接触发了八一三战争的爆发,这个含意是十分清楚的。一九三八年在上海编写的《文汇年鉴》,在回顾总结八一三抗战全过程的基础上,给了这个事件以“战争导火线”的确切的历史定位:“新的上海战争,是以虹桥飞机场事件为导火线而扩大开来的。正如华北战争是以卢沟桥事件为导火线一样,都是日本军阀有计划的挑战行动。这和日本侵略者历年来在中国制造的地方事件,以诈为借口来对中国政府施以恫吓或威胁的阴谋,是完全一致的。”②抗日战争结束后,时任国民政府国防部参谋总长、当年淞沪会战的主要决策者和指挥者之一的陈诚,回顾总结这场会战时明确指出:“中日战争之必然爆发早在吾人意料之中,淞沪战争的导火线是虹桥机场事件。”③一九四六年冯子超所著的《中国抗战史》,作为一部颇具影响的战史,也明白表述:“日本侵占淞沪之战的导火线——‘虹桥事件’。”④一九八六年台湾学者王平编著的《抗战八年》一书,也明确表述:八一三淞沪“战争的直接导火线,起于八月九日虹桥事件”。⑤一九八七年,淞沪抗战的亲历者、时任张治中统率的第九集团军司令部作战科科长的史说,在回忆文章中也明确指出:虹桥机场事件是“八一三淞沪战役的引火线”⑥。一九九九年出版的《上海通史》,同样确认虹桥机场事件是“日军在上海挑起战端的导火线”⑦。二〇〇〇年,余子道、张云的专著《八一三淞沪抗战》一书,再次指出:“日军挑起的虹桥机场事件,虽未由此直接开始中日双方之间在上海的大战,但却成为大战的导火线。”⑧

显然,关于“导火线”的论定是有其充分的根据和符合淞沪会战的客观历史进程的,因而是正确的。现在,魏文提出要对此进行“再评估再认识”,说“论者常以

① 中国第二历史档案馆:《抗日战争正面战场》(上册),江苏古籍出版社,1987年,第377页。

② 《文汇年鉴》,文汇有限公司,1939年,第15—16页。

③ 陈诚:《关于七七事变后上海南京作战回忆资料》,中国第二历史档案馆藏国民政府军令部战史会档案,档案号:(二十五)2864。

④ 冯子超:《中国抗战史》,台湾文海出版社,1946年,第41页。

⑤ 王平:《抗战八年》,台湾文海出版社,1986年,第20页。

⑥ 全国政协文史资料委员会:《八一三淞沪抗战》,中国文史出版社,1987年,第90页。

⑦ 熊月之主编:《上海通史》(第7卷),上海人民出版社,1999年,第327页。

⑧ 余子道、张云:《八一三淞沪抗战》,上海人民出版社,2000年,第73页。

此(指虹桥机场事件——引者注)作为八一三的导火线,也是不恰当的,因为没有虹桥事件,也必然会发生其他事件"。并且认为,"无论从什么样的角度上讲,都不能讲虹桥事件……是八一三上海抗战的导火线"。那么,否定"导火线"说的论据是什么?通观魏文,我们发现它提出的唯一论据是,"因为没有虹桥机场事件,也必然会发生其他事件"。这个说法着实令人费解,因为它是以推理而非以事实作为论说的前提,而且在逻辑上也是说不通的。诚然,如果当时没有发生虹桥机场事件,当然或迟或早也会发生其他事件,从而引发上海的中日两军的一场战争,那么"导火线"的角色就会由那个事件来充当了。但是,研究历史不应以假设作为依据。用假说中会发生的事件,来否定在历史上实际发生的事件的历史地位和作用,这无论如何是不能成立的。

虹桥机场事件"导火线"说,之所以长期以来为史学界和舆论界普遍认同,是因为此说符合这个事件本来就具有的性质和地位。这个事件是一个具有深刻的军事政治背景的突发事件,其发生的时机、地点和情节无不具有非同寻常的性质和特点。日本制造卢沟桥事变,发动全面侵华战争,华北驻屯军和关东军在北方大举进攻,意欲鲸吞整个华北。在南方,攻略上海、南京和长江三角洲地区,是其既定的一个主要战略目标。游弋于东海、黄海和长江水道,以上海为主要基地的日本海军第三舰队和驻沪海军特别陆战队,在七七事变后已进入准备发动上海之战的临战状态。七月初,第三舰队主力在台湾海峡举行军事演习;七七事变爆发,该舰队司令官长谷川清按照东京海军军令部的指令,率舰队驶回上海、青岛等港口"警戒"备战。七月十一日,日本政府内阁首相近卫文麿召开有陆、海、外、藏四相参加的会议,决定向中国增派陆军和海军,以击败中国军队,逼迫中国政府投降。

日本军部规定海军的任务是除第三舰队和旅顺、马公要港部队所属舰艇做好作战准备外,其海军陆战队和海军航空兵也各自集结待命。另外又下令联合舰队所属第二舰队配合在华中华南沿海的作战,主要作战方向为上海。七月二十五日,日本海军军令部下达准备进攻上海的命令。次日,日本海军联合舰队司令官永野修身下达"第一号作战命":由第一舰队主力驶赴上海,联合第三舰队在上海和长江作战。在此前后,日本海军大大小小的舰艇接二连三地开进黄浦江,海军陆战队一批批登陆上海,会同原有驻沪部队,在虹口、杨树浦据点构筑工事准备作战。八月四日,长谷川清根据东京海军军令部指示,制定了《关于上海登陆作战计划》。八月八日长谷川清正式下达了作战部署的指令。八月九日的虹桥机场事件就发生在这个关键时刻,这一事件中,七七事变之后,在上海首次发生了中日两军士兵的正面交火,双方出现了人员死亡,而且由此引起的中日双方当局在谈判过程中的外交斗争以及谈判的最后破裂,迅速引发了八一三战争的爆发。

虹桥机场事件的发生地和事件的情节也是非同寻常的。它不同于此前一九三五年十一月在上海市区虹口、闸北发生的日本水兵中山秀雄狙杀事件和一九三六年二月日侨萱生镰作枪击事件；也与发生在七七事变后的七月二十四日日本水兵宫崎贞雄失踪事件大不相同。虹桥机场是当时上海最大的机场，又是上海唯一的军用机场。此前不久，机场经过扩建，延长了飞机跑道，以适应新型军机的起降。中国军事当局鉴于原先担任机场警卫的上海保安总团所属的一个连队兵力单薄，乃于一九三七年七月十三日决定调派第二师补充旅（同月二十四日改称独立第二十旅）赴苏南，准备改装为保安队进驻机场。据该旅旅长钟松回忆："七七事变之后，为了积极备战，把我的第二十独立旅（驻苏州）第一团改为宪兵第十三团，开驻松江，第二团化装为保安团，秘密进驻上海虹桥机场。"①机场事件发生前，中方驻守机场的军警部队已处于高度警备状态。同样，日本驻沪海军陆战队也加紧对机场进行侦察。当时驻沪日军侦察的要点有两处，一个是中日两军对峙的闸北与虹口之间的边沿地带，另一处就是虹桥机场。②对于日方侦察虹桥机场的活动，中方早已多次提出抗议。在这之前，上海市政府就曾经为日方军人屡次窥探虹桥飞机场事，屡向日方提出书面抗议。③八月五日中午，正当中方一架飞机在虹桥机场降落时，乘坐有日军官兵 8 人的一辆汽车突然出现在虹桥机场边沿，机场卫兵当即拉响了警报，直到日方车辆离去。显而易见，虹桥机场当时为极为敏感的军事警戒区域。日军在这里挑起冲突，制造流血事件，意味着放出了一个战争即将打响的气球。这必定会引起中国最高军事当局的高度关注，从而决定对上海日军采取断然措施。

上海市政府和淞沪警备司令部的代表与日本驻沪总领事馆和海军陆战队司令部的代表，在八月九日晚上开始至十二日为止的围绕着机场流血冲突事端进行的外交交涉和谈判，是虹桥机场事件的延续和进一步恶化，这实际上成了走向八一三战争的一个短暂的过渡。对于日本当局来说，交涉和谈判是为了扩大虹桥机场事件在政治外交上的效应，迫使中国当局退让，为在上海发动武装进攻制造借口和造成有利的态势。对中国当局来说，是要通过谈判揭露日本侵略上海的野心以及它的种种非法行动，从政治和外交上打击日本，同时也是想摸清日方的企图和目的。日方在谈判中狂妄地提出中方撤退驻沪保安部队、清除防御工事的要求。"蒋介石认为，撤退保安队，上海将与北平一样，为日军占领，决定拒绝日方要

---

① 彭广恺：《访钟松将军谈八一三淞沪抗战》，台北《传记文学》第 73 卷第 4 期。

② ［日］日本防卫厅战史室：《大本营陆军部》（上册），四川人民出版社，1987 年中文摘译本，第 347 页。

③ 《文汇年鉴》，第 16 页。

求，同时下令准备作战。”①而在日本当局方面，当双方谈判还在进行时，日本东京军部就作出了调遣陆军部队赴上海作战的决策。八月十日即事件发生的次日，日本政府内阁召开会议，海军大臣米内光政就虹桥机场事件作说明时，强调要求“在当前希望陆军做好动员准备”，陆军大臣杉山元对此表示“同意”。最后，“内阁会议……同意陆军做好派兵准备”②。会后，杉山元与参谋本部次长梅津美次郎、参谋本部作战部长石原莞尔等人会商，决定先向上海派遣陆军两个师团。日本内阁和军部的上述决策是全面侵华战争中迈出的重大一步。七七事变之初，日本陆军打击重点在华北战场，并无在近期出兵上海、开辟第二战场的计划和部署。虽然在七月十一日由参谋本部和海军军令部共同签署的《关于华北作战之陆海军协定》已有规定：“对华中华南方面，主要由海军负责警戒。在情况恶化……时，仅限于青岛及上海附近，由陆军海军的必要兵力协同担当之。”③但这还是原则性的预案。虹桥机场事件使日本海军当局找到了一个借口，借此推动陆军当局以及政府内阁同意立即向上海调派陆军部队。八月十日内阁会议以后，日本军部迅速调兵遣将，“陆军于十四日动员两个师，编成上海派遣军，并于十八日以后陆续地紧急派往上海，加入战斗”④。这就使得日本进攻上海的这一场大战真正启动了。

在政府和军部的决策之下，日本一方面在国内立即开始陆军出兵上海的动员和集结，另一方面加紧增派海军舰队和陆战队来沪。八月十一日中午，从佐世保开来的第二舰队所属舰艇 16 艘驶抵上海，随舰队而来的陆战队 2 000 人随即登陆。次日，又有日舰 5 艘进入吴淞口。至此，在黄浦江和长江的日舰已增至 31 艘。此外，还有 9 艘日舰停泊于吴淞口外海面，其中包括航空母舰一艘。日军在沪海军陆战队这时也增至 5 000 人以上。

综上所述，虹桥机场事件之所以成为八一三事件的导火线，是因为这一事件直接促使了侵略野心勃勃、对上海觊觎已久的日本军部和政府决定向上海派出陆军和增调海军，立即向上海大举进攻；同时，也促使中国最高军事当局更清醒更坚定地断定，日军进攻上海的战争已迫在眉睫，从而下决心调动京沪警备部队进军上海，发起对驻沪日军的围攻战。由此可见，其“导火线”的历史定位完全符合历史本来面貌，魏文以“没有虹桥机场事件，也必然会发生其他事件”为由来加以否定，在史实上和理论上都是站不住的，如此“再评估再认识”也是

---

① 杨天石：《一九三七年：中国军队对日作战的第一年》，《蒋介石真相之二——奋起：抗战及战后》，台北风云时代出版公司，2009 年，第 48 页。

② 《大本营陆军部》(上册)，第 341—342 页。

③ 《大本营陆军部》(上册)，第 312 页。

④ ［日］森松俊夫：《日本大本营》，黄金鹏译，军事科学出版社，1985 年，第 135 页。

不正确的。

二、 淞沪会战是否由中方首先发动

魏文第三部分讨论的是“上海战争是由谁挑起的”问题，其中写道：“八一三战争是谁首先发动的，这本来不是问题，日本军队在中国领土上开战，还问谁先开战？不过事实上存在两种观点。”那么，存在哪两种观点呢？魏文认为，“一种说法是中方”首先发动的，这以黄绍竑《五十回忆》一书和马仲廉《论淞沪战役》一文的见解为例；另“一种说法是日方”首先发动的，这以冯子超《中国抗战史》一书的见解为例。魏文明确表示不同意黄绍竑和马仲廉的观点，而赞同冯子超的观点，认为八一三战争是由日本军队首先发动的。

以笔者之见，魏先生在这里是把有关淞沪抗战的两个不同含义、不同层面的问题混为一谈了。我们如果客观地采取分析的态度和方法考察淞沪会战起始阶段的历史，就不难发现这里存在两个不同含义、不同层面的问题：一个是八一三战争是由中方还是日方首先挑起的，即通常所说的是谁先打第一枪的；另一个是淞沪战役（淞沪会战）是由哪一方首先发动的。后者属于战略和战役层面上的问题，而与何方先打第一枪含意不同。如果把这两者不作区别地加以混淆，不仅在逻辑上会发生混乱，而且会对历史真实面貌作出误判。

无论是黄绍竑还是马仲廉，都是从整个淞沪会战的战略战役层面上观察和认识八一三开战问题，认为是中方首先和主动地发起了淞沪战役。笔者同意他们的见解，因为这是符合历史事实的。黄绍竑是淞沪会战的亲历者，时任国民政府陆海空军大本营第一部（作战部）部长，直接参与了南京最高统帅部的作战决策和指挥。他在战后的一九四六年出版的回忆录中作过如下陈述：“八一三事变的发生，是出乎日本意料之外的，亦可以说日本是被动的，而我国是主动的。最高统帅的决策，是要以主动的姿态，先把上海敌军的根据地摧毁，然后再主动地向华北作战，即使不能将敌人根据地铲除，亦须吸引其兵力到这方面，以扰乱其既定计划。”①马仲廉作为一个抗日战史的研究学者，也认为淞沪战役是中国军队首先发起的，在《论淞沪战役》一文中，他指出，“淞沪战役是中国方面采取‘先发制敌’的方针，首先主动地发动了向驻上海日军的攻击……这既是战前的预定，也是根据当时敌人的动向而决定的作战方针”。②显而易见，上述黄、马两位论断的都非中国军队打第一枪的问题，而是说中国方面首先主动地发起了淞沪战役。至于魏先

---

① 黄绍竑：《五十回忆》（中册），台北龙文出版社，1989 年，第 403 页。

② 马仲廉：《论淞沪战役》，《军事史林》1989 年第 3 期。

生赞同的冯子超的见解，那说的是日本军队首先挑衅，即打了第一枪，从而引发了八一三淞沪战争。冯氏《中国抗战史》写道：一九三七年"八月十三日晨三时，日军向我闸北横浜桥以东及青云桥(路)一带守军开枪挑衅，我守军并未予以还击。到了九时三十分，日陆战队七八十人图越淞沪铁路，冲往宝山路，我守军乃忍无可忍，当予猛烈还击"。淞沪会战就此打响了。①这里关于日本驻沪部队蓄意挑衅、首先向中国守军开枪的记叙是符合历史事实的。几十年来，大量的确凿可靠的历史资料已无可争辩地证实了是日军首先打响了进犯中国守军的第一枪。所以，以笔者之见，黄、马、冯三位的见解都是正确的，而魏先生误读了黄、马两先生的论著，把主动发起淞沪战役望文生义地误读为首先挑起战端打响第一枪，这显然是不妥的。

如果历史地考察一下南京最高军事当局关于淞沪地区对日作战的战略和战役构想，就不难发现，其实在七七事变之前，南京最高军事当局已基本上确立了当日本发动全面侵华战争时，我方应在上海实行"先发制敌"的战役方针。一九三六年，国民政府军事委员会参谋本部制定的《民国二十六年度国防作战计划》，明确决定了淞沪对日作战的方针："长江下游地区之国军，于开战之初，应先用全力占领上海，无论如何必须扑灭上海之敌军，以为全部作战之核心。尔后直接沿长江、海岸阻敌上陆，并对登陆成功之敌，决心攻击而歼之。不得已时，逐次后退占领预设阵地。最后须确保乍浦—嘉兴—无锡—江阴之线，以巩固首都。"②一九三六年十月四日，按照南京军事委员会的指令，负责统筹上海、南京地区国防战备和对日作战事宜的京沪长官张治中，在致蒋介石的密电中，即已提出一旦上海形势突变，中国军队应主动进击驻沪日军的主张："在事变之初，(我军)必先以充分的兵力进驻淞沪，向敌猛攻，予以重创，至少亦须保持我与租界交通，取攻势防御。若自甘被动，虽占苏福线或澄锡线，亦属非宜。"③这一作战指导思想，获得了蒋介石的首肯。后者还下令张治中为扫荡日军驻沪海军陆战队预作筹划和准备。据时任京沪警备司令部作战科长的史说回忆："蒋介石亲下手谕给张治中，如战事发生，我军应先扫荡这些据点及在虹口、杨树浦的日海军陆战队，使它无法策应登陆的日军。张治中命我拟订扫荡计划，我的主要设想是陆空军配合强袭，张批准了，转报给蒋。"④

七七事变爆发后，张治中进一步申述并积极主张实施"先发制敌"的作战指导思想。他说："这时我有一个基本观念：这次在淞沪对日作战，一定要争先一着。

① 《中国抗战史》，第44页。

② 国民政府参谋本部：《民国二十六年度国防作战计划》，《民国档案》1987年第4期。

③ 全国政协文史资料委员会：《八一三淞沪抗战》，第15页。

④ 全国政协文史资料委员会：《八一三淞沪抗战》，第89页。

我常和人谈起，中国对付日军，可分作三种形式：第一种他打我，我不还手，如九一八东北之役；第二种他打我，我才还手，如一·二八战役、长城战役；第三种我判断他要打我，我就先打他，这叫做'先发制敌'，又叫做'先下手为强'。这次淞沪战役，应该采用第三种。"①张治中本着这一战役作战思想，审察当年七月中、下旬的中日关系和上海的形势，于七月三十日向军委会委员长蒋介石、军政部长何应钦、参谋总长程潜和训练总监部总监唐生智提交了上海对日作战我方"宜立于主动地位，首先发动，较为有利"的建议。②蒋介石当即于次日复电，同意张治中"先发制敌"的建议："应由我先发制敌，但时机应待命令。"③由此可见，在八一三开战前 12 天，从淞沪战区的司令部到南京最高统帅部已一致地确立了"先发制敌"、主动发起淞沪战役的作战方针。虽然，后来在八月十二日至十八日之间，蒋介石出于外交和政治上的考虑，曾有过三次短促的暂停进攻的处置，对实施先发制敌的方针有些延误，但从总体而言，首先主动发起战役进攻、围歼驻沪日军的决策并未改变。当然，蒋介石决定主动发起淞沪之战，有着内外远近诸方面的深刻背景，是在衡量军事、政治、外交、经济等各种利害关系的基础上而作出的抉择。

除从中国军事当局的决策层面进行剖析外，对淞沪会战初始阶段的实际进程加以考察，也不难得出是中方首先发动的结论。事实上，自虹桥机场事件发生、中日双方在上海的谈判陷入僵局，南京统帅机关已清醒地作出判断：日军即将对上海发动进攻。决定在日本陆军师团到达上海之前，迅即主动发起在上海的进攻战役，首先歼灭日军驻沪部队。为此南京统帅机关当即下令在沪宁线一带待命的京沪警备司令部所部进军上海。八月十日，独立第二十旅主力奉命开抵沪郊。据旅长钟松回忆："我于八月十日晚上 10 时左右接到命令，将驻在苏州的部队于八月十一日清晨进入上海市郊的真如。"④八月十一日，南京统帅机关正式决定向上海日本驻军发动进攻，当日其《上海作战日记》记述："中央决心围攻上海。"并于当日晚作出以下部署：命令"张司令官治中率领第八十七、八十八师于今晚向预定之围攻线推进，准备对淞沪围攻"。同时决定，"令蚌埠之第三十六师星夜开苏州，归张治中指挥"。⑤张治中后来回忆道："八月十一日下午 9 时，我接到南京统帅部的电

---

①③ 全国政协文史资料委员会：《八一三淞沪抗战》，第 17 页。

② 《张治中致蒋介石密电》(1937 年 7 月 30 日)，中国第二历史档案馆：《抗日战争正面战场》(上册)，江苏古籍出版社，1987 年，第 259 页。

④ 彭广恺：《访钟松将军谈八一三淞沪抗战》，台北《传记文学》第 73 卷第 4 期。

⑤ 国民政府军委会办公厅：《上海作战日记》(1937 年 8 月 11 日)，《抗日战争正面战场》(上册)，第 263 页。

话命令，将全军进至上海附近。”①张治中乃于当晚下令第八十七、八十八师等部运用汽车和火车输送，快速挺进上海。八月十二日，国民党中央常委会秘密决定，自本日起，全国进入战时状态②。何应钦在会上表示：在上海“如果他（日军——引者注）稍有动作，就要打他，否则等他兵力集中，那就难了”。③

八月十二日黎明之前，京沪警备军各部进抵上海市郊，向市区对敌围攻线推进，开始实行战役展开。第八十七师一部进驻吴淞；主力进至大场、江湾一带，当日上午前出江湾新市区之中心区，将进攻矛头指向虹镇和杨树浦日本海军陆战队沪东根据地。第八十八师主力进至真如、大场之线，准备前出江湾、闸北，将攻势指向虹口公园附近的日军驻沪海军陆战队司令部。独立第二十旅一团由松江转进至南翔待命。炮兵第十团一部和炮八十团进入真如、大场占领阵地。原隶属于淞沪警备司令部的上海保安总团和警察总队，以主力固守真如、闸北、吴淞和江湾新市区中心区，一部警戒沪南与沪西，掩护八十七、八十八师向围攻线推进。

其时，日本驻沪海军陆战队及其部署，据张治中八月九日致蒋介石的电报称：“总合各方情形，计陆战队官兵约 5 000 人，业经组织健全之在乡军人约 3 000 人，壮丁义勇队 3 500 人。各种轻重炮约 30 余门，高射炮 8 门，战车及装甲汽车各约 20 余辆；本日长江上游抵沪之日舰，计 9 艘，连原有在沪之日舰 3 艘，合计 12 艘，各舰可随时登陆之水兵共约 3 000 人。”④⑤八月十一日至十二日之间，日本海军加紧增调兵舰和陆战部队来沪，兵舰达 30 余艘，陆上部队达五六千人。日军的部署，置重点于东江湾路的海军陆战队司令部及其周围地区和杨树浦东端浦江沿岸的公大纱厂及其周围的军事据点。为收缩兵力，八月十二日，日方自行放弃沪西中山路的丰田纱厂和戈登路（今江宁路）、宜昌路的同兴纱厂、日华纱厂的军事据点。

综上所述，八一三战争打响前夕淞沪战场的总体态势，呈现为以下基本特征：(1)日本军部和政府已确立进攻上海、攻略宁沪杭地区的决策，日海军已下达准备进攻上海的作战指令，陆军正在组建上海派遣军，准备开赴上海。中国

① 全国政协文史资料委员会：《八一三淞沪抗战》，第 19 页。

② 《王世杰日记手稿本》（第 1 册）（1937 年 8 月 12 日），台湾“中央研究院”近代史研究所印，1990 年，第 87 页。

③ 《国民党中常会第五十次会议速记录》（1937 年 8 月 12 日），台北国民党党史馆藏。

④ 在张治中此电发出后的 8 月 10 日至 12 日的三天里，日本海军连日增兵上海，至八一三开战时，驻沪日军的兵员、兵器和舰艇数量均有相当的增加。

⑤ 国民政府军委会办公厅：《上海作战日记》（1937 年 8 月 11 日），《抗日战争正面战场》（上册），第 251 页。

最高统帅机关已发布围歼上海日本驻军的命令，京沪警备军已开抵上海市区附近围攻线。淞沪地区一场大战已是箭在弦上，处于一触即发之势。(2)上海及其周边地区的战场态势，日本海军舰队分布于黄浦江、长江末段水面和吴淞口内外海面，在水上占有绝对的优势，处外线包围态势。然而在地面，中国军队占有相当大的优势，而且后续部队正在向战区调动，完全处于外线进攻态势，“当时我军兵力超过日方在沪陆军和海军陆战队兵力约八九倍，进攻力量绰有余裕”。①相反，日本海军陆战队居于劣势，处于内线防御之态势。(3)日本陆军其时正倾注全力在华北战场作战，虽然在八月十日至十一日已作出组建上海派遣军，调动 2 个师团出兵上海的决定，但部队动员、集结和经海上输送，至少需要 10 天时间才能到达上海。因而，日本陆军当局并不主张立即在上海开战。与此相反，中国军事当局鉴于日本驻沪海军陆战队处于劣势，为争取主动，争取时间在日本陆军抵沪前将对方歼灭，因而决心立即发起淞沪之战。(4)日本海军当局特别是第三舰队视上海长江一带为其行使武力的范围，在亡华灭华的侵略野心驱动下，不甘心落在陆军之后，急于在南方挑起战火。然而驻沪海军陆战部队仅凭它自己的力量无法在淞沪地区与中国军队打一场大的战役，直至八一三战争爆发，它没有也不可能做出举行淞沪战役的全盘计划和部署。相反，中国京沪警备部队(八月十三日改称第九集团军)已在八一三之前做好了围歼驻沪日军的战役计划和作战部署了。

面临着上述局势，南京统帅机关和京沪警备司令部乃按照既定的先发制敌的作战方针，抢在日本上海派遣军抵沪之前主动地发起淞沪战役，先歼灭日本驻沪地面部队，摧毁日军在上海的陆上根据地，并尽可能地给其海军舰船和航空兵以打击，以便为尔后的淞沪作战构筑有利于我的良好基础。然而，张治中为了使我国在政治上、外交上立于更为有利的地位，力求避免中国军队先打响第一枪。八月十二日早晨，淞沪警备司令部参谋刘劲持和参谋处长朱侠当面向张治中建议不待日军开枪，在当天就动手攻打日军，不料张治中回答说：“委员长指示，等敌人先动手打我们，我们才能回击，否则国际舆论对我们不利。”②他要等待日军先打第一枪，然后立即发起进攻战役。日本驻沪海军部队既狂妄轻敌又鲁莽冒进，更不甘心落在陆军之后才动手，不待其国内陆军兵团到达，也未做好战役作战的准备和部署，更谈不到实行了战役展开，就以小股兵力向中国闸北驻军进行挑衅，先打响了第一枪。

八月十三日上午 9 时 15 分左右，日军对闸北的武装挑衅，就日方而言本来是

---

①② 全国政协文史资料委员会：《八一三淞沪抗战》，第 43 页。

大战前的一次“火力侦察”和“火力搜索”行动，①还不是一场战役的开端。然而战争形势的发展是不以日本侵略者的意志为转移的。玩火者必自焚。中国军队奋起还击，八一三淞沪战役由此正式揭开序幕。这第一枪是日本军队首先打响的，中国军队随即发动进攻，主动发起淞沪战役，后来在诸种因素的作用下，又发展成为一场大规模的会战。历史事实是，淞沪之战开始之初，中国军队立于主动地进攻的地位，正如杨天石先生所言：“卢沟桥事变是日本挑衅，淞沪抗战的特点是中国政府中国军队首先向日本军队进攻。当时蒋介石和国民政府的目标是，把日本在上海的海军陆战队统统赶下海去。淞沪之战是蒋介石在华北战场之外开辟的第二战场。”②

三、淞沪会战期间汉奸起了怎样的作用

魏先生在文章中，以“上海地区汉奸知多少”为题，论述了自八一三事变至上海“孤岛”时期的汉奸活动及其危害。在这里，对淞沪会战结束以后上海地区的汉奸活动和日伪政权问题，笔者暂且不论，先就会战期间的汉奸活动问题作些探讨。日本侵略者在进行淞沪战争期间，竭力实行“以华制华”和“以战养战”政策，以种种卑劣的手段和阴谋活动，笼络收买汉奸亲日分子，组织操纵汉奸团体，扶植汉奸傀儡政权，为其所用。沪战三月，随着日军占领地的日渐扩大，日敌先是在一些地方纠集汉奸和形形色色的社会反动势力，拼凑“维持会”一类的汉奸组织，继而在市区的闸北、南市、浦东以及宝山、嘉定、川沙、南汇、奉贤等郊县组织名目不一的汉奸组织和傀儡政权。汉奸活动和傀儡组织的作用主要是：为日军刺探军情，搜集情报；在战地为日军探路、开道、架桥；为日本空军轰炸扫射指引目标；破坏我军的工事设施和武器粮秣；在居民区投毒、放火，散布谣言，扰乱后方；拉拢社会上各种反动、黑暗势力与日敌勾结，拼凑伪政权充当日方代理人，如此等等不一而足。对此，在与日军展开生死交战的同时，京沪地区的中国军警部队、地方政府、民众团体和广大群众，持续不断地开展了反奸肃奸的斗争，给了汉奸势力以狠狠的打击，汉奸黄浚父子通敌叛国案的侦破就是其中一个显例。

然而，记叙这一史事，也必须按照历史的本来面貌加以说明。近几年来，一些抗战史论者不顾事实地任意夸张汉奸的作用，甚至把少数汉奸的破坏作用夸大为

① 全国政协文史资料委员会：《八一三淞沪抗战》，第92页。

② 杨天石：《一九三七年：中国军队对日作战的第一年》，《蒋介石真相之二——奋起：抗战及战后》，第31页。

决定某些重大战役胜败的关键，而误导读者。虽说任意夸大汉奸的作用与蓄意抹煞汉奸的罪恶，两者的出发点和本意是不同的，但都有违于历史事实。因而，是不可取的。笔者以为魏文对于汉奸在淞沪抗登陆作战中的活动及其作用的叙述和论断是很值得商榷的。因为它大大地夸大了汉奸的作用，有的说法甚至以讹传讹，与客观事实相去甚远。以下，笔者以魏文着重论述的日军先后两地登陆作战为例进行讨论。

魏文说道："考察上海战争，日军抵沪时，屡次登陆，均未得逞。后来得到汉奸之助，突破了中国的防线，日军获得了立足点，其援军不断开来，战争形势因而逆转。"如果我们实事求是地"考察上海战争"，那么不能不说，魏文的上述叙述和论断是没有根据的子虚乌有之说，是完全不能成立的。综观淞沪会战的全过程，历次日军登陆作战，可以说没有一次是因为"得到汉奸之助，突破了中国的防线"。日本上海派遣军的任何一场登陆战，包括一九三七年八月下旬第十一师团和第三师团在宝山县境长江沿岸川沙口、石洞口、狮子林和吴淞、张华浜等地的登陆；九月间第九师团、第十三师团、第一〇一师团在吴淞、张华浜、虬江码头等地的登陆；同年十一月上旬日本第十军所属第六师团、第十八师团、第一一四师团和国崎支队在杭州湾北岸金山卫一带的登陆；以及十一月中旬第十六师团和重藤支队在常熟附近长江白茆口、浒浦口的登陆，都从未发生过如魏文所说的"屡次登陆，均未得逞"的情形，更没有出现过什么"得到了汉奸之助，突破了中国的防线，日军获得了立足点"，从而导致"战争形势的逆转"的战况。不知道魏文的上述说法根据何在，而拿来说事的史料是否可靠。

魏文在作出上述判断之后，着重以日军在宝山川沙口、石洞口登陆和杭州湾金山卫登陆这两次登陆作战为例证，说明由于汉奸的作用，日军登陆得逞。然而这两次日军登陆与中国军队抗登陆作战的真实情况，都证明魏文无论在史料上还是在论断上都与历史事实完全不符，其说法根本不能成立。关于八月下旬日军在宝山川沙口等地登陆的战况，70多年来已披露过大量的各种不同来源、不同样式的史料。中日双方的史书都有明确的记载，其基本情况已得到真实的再现。笔者以为，日本防卫厅战史室编著的《大本营陆军部》一书的有关记载，总的来说是符合史实的。它写道：第三、第十一师团于八月二十日前后在舟山群岛西北的"马鞍群岛集结，为了登陆时容易靠岸，都改乘了小舰艇"；"第十一师团于二十三日0时进入川沙河口海上锚地，5时在川沙镇以北地区开始了强行登陆，击退江岸敌人，于午后占领川沙镇附近，并准备攻击罗店镇"；"在第三师团方面，登陆掩护队于二十二日半夜在海上分乘汽船，由驱逐舰前行，以舰炮射击压制敌军，二十三日3时，在吴淞铁路栈桥附近强行登陆，驱逐江岸之敌，进入军工路一线，师团主力跟随登陆，逐次向西南方扩大战果"。以上"两师团的第二梯团继第一梯团之后，于二十三日午后至二十四日登陆参加了战斗”。①

中国军队为什么没有击退敌军而让日军登陆得逞呢？其时，张治中指挥的第九集团军正倾注全力在虹口、杨树浦围攻区，战局艰险而陷于僵持状态，陈诚指挥的第十五集团军刚前出太仓、罗店之线以西地区，离宝山长江沿岸尚远，以致并无有力部队防守江岸。从浏河口、川沙口、杨林口、石洞口、狮子林至宝山城一线几十公里的沿江防地，仅仅部署了战斗力较差的第五十六师分兵把守，无以形成坚强的抗击力量。在日军第十一师团登陆的要点地带川沙口、石洞口、狮子林，防卫兵力十分薄弱，据张治中回忆：“那里的守军仅有第五十六师步兵一个连（因兵力不够支配，这里只配了一个连）。”②同样，在吴淞和张华浜也只部署了从未打过仗的上海市保安总团之一部担任防守。中国守军江防如此虚弱，对日军登陆行动事先又毫无觉察，完全处于被动挨打状态。日军武器精良，配置有各种登陆装备，又经过充分准备，以重兵集结突击抢滩。更为重要的是日方拥有海空军的绝对优势，舰炮的猛烈轰击和空军的轰炸扫射，对岸上守军造成致命的威胁。由此可见，当时守军只依靠如此弱小的兵力，要在长江沿岸拒止日军登陆、打退日军的进攻是不可能的。历史的真实情况，完全不是像魏先生说的那样“日军抵沪时，屡次登陆，均未得逞”，而是相反，每次登陆无不是一举得逞。

然而，在魏先生的笔下，日军之所以登陆成功，被说成汉奸的配合协助起了关键性的作用。魏文说道：“日军于八月二十五日以石洞口（即小川沙口）为孔道登陆成功了③。石洞口江水距岸三四里，平时泊有渔船 140 余艘。渔民对江边水陆交通极为熟悉，他们的民族和国家观念淡薄，受当地汉奸的煽惑，由日方维持其生活，全部渔船资敌利用，乘潮水大汛，水岸相接时，沙船登陆方便，乘夜里偷渡登岸，随即向罗店镇进犯。”照此说法，川沙口、石洞口一带在汉奸的煽惑之下，有多达 140 余艘渔船及其渔民受日方收买，渔船全部资敌，遂使日军登陆得逞。此说的根据何在？据笔者调查，魏文此说依据的史料是上海《申报》一九三七年八月二十八日《夕刊》发表的一则消息。这是一则并无确切来源的消息，其开头称“本报记者视察战区……据某军官言”云云，随后披露了魏文引用作为依据的材料④。其中为申报记者提供信息的“某军官”也是无名无姓的，但不论这位记者和军官披露这条消息是出于何种目的，这则消息所说的宝山 140 余艘渔船协助日军登陆是子虚乌有之事，这是确定无疑的。

---

① 《大本营陆军部》（上册），第 348—350 页。

② 全国政协文史资料委员会：《八一三淞沪抗战》，第 25 页。

③ 这里对日军登陆的时间和地点的记述有误。登陆时间应是 8 月 23 日至 24 日，地点在川沙口、石洞口、狮子林等处，川沙口与石洞口系两个地方，两者东西相距四五公里。

④ 《申报》，1937 年 8 月 28 日。

据笔者了解，迄今为止的几十年来，没有任何一份可靠的史料记载宝山川沙口一带有 140 余艘渔船资敌，协助日军登陆之事。自二十世纪八十年代以来，上海市宝山县（今宝山区）地方史志机构、上海淞沪抗战纪念馆等单位以及许多上海抗战史的研究者，作过广泛深入的调查研究，包括对各类文字材料的查阅和对当地亲历者的访问，绝未发现有魏文所说川沙口、石洞口渔民在汉奸的煽惑下为登陆日军效劳之事，在狮子林、张华浜等登陆地也未有类似情形发生。而且，当时川沙口、石洞口几个小村的渔船总共只不过 20 艘上下，所谓 140 余艘云云纯属虚构；而所谓当地渔民由“日方维持其生活”云云，更是无中生有的无稽之谈。同时，日方的史料也可以证明，第十一师团和第三师团在宝山、吴淞登陆时，并未利用过当地渔民的渔船。据日本《中国事变陆军作战史》的记载，“两个师团……为了登陆时便于靠近陆地，乘坐大舰艇的部队都换成小舰艇”①，靠近江岸后，士兵是涉水抢滩上陆的。

魏文着意叙述的所谓得到汉奸的协助，遂使日军登陆成功的另一战例是金山卫登陆战。魏文写道：一九三七年“十一月五日，日军由杭州湾北岸金山卫附近之全公桥（系全公亭之误——引者注）、金丝娘桥、金山嘴、柘林等地登陆，袭击淞沪战场侧背，造成上海成为孤岛，也是得力于汉奸的帮助。当地耆绅为敌通风报信，敌扣留利用大小流船（系沙船之误——引者注）数百艘为其运输始能得逞”。历史事实果真是如此吗？非也。日军第十军 3 个师团又 1 个旅团，在金山卫及其东西一带海岸登陆成功，从敌我两军的基本要素对比和战场环境而言，是因为敌我双方力量对比高度悬殊，日军在兵力、武器、火力等各方面无不占有压倒性的绝对优势。登陆作战开始时，杭州湾北岸金山、平湖沿海中国守军总兵力不足 2 个师，他们面临的日本第一梯队登陆部队就达 2 个师团又 1 个旅团，近 5 万人的兵力；日军训练有素、装备精良，而守军则是战斗力较差、装备简陋的地方部队。而且，日军拥有强大的海军舰队为依托和强有力的空军作掩护，中国守军既无海军又无空军，在近 30 公里的海岸线上能够参战的炮兵也只有区区 1 个连队。日军登陆作战经过 1 个月左右时间的准备和组织，中国守军直到日军登陆上岸、战斗打响时还被蒙在鼓里，事先毫不知情。依战场地理而言，金山卫及其东西一带岸线硬滩居多，适宜于登陆日军抢滩推进；向内地势平坦且开阔，利于敌机械化部队的快速运动和兵力展开，而对于守军则无任何天然屏障可资凭靠。在上述诸方面条件之下，中国守军绝无取胜的可能，抗登陆战斗的失败快速而不可避免。当时的实际情况就是如此。我们论析这一史事，如果置敌我双方互相对立的基本条件于不

① ［日］日本防卫厅防卫研究所战史室：《中国事变陆军作战史》（第 1 卷第 2 分册），中华书局，1981 年中译本，第 13 页。

顾,却毫无根据地突出强调汉奸的作用,就不但有违历史真相,而且也不可能从中引出真正的经验教训而启迪后世。

那么,魏文所说“当地耆绅为敌通风报信,敌扣留利用大小流(沙)船数百艘为其运输”是否确有其事?答案也是否定的。据笔者了解,几十年来没有一件可靠的史料有这样的记载,许多杭州湾北岸战场的亲历者也从无一人说过如此史实。当时日军登陆过境的江苏省金山、奉贤两县(今属上海市,改设为县级区)和浙江省平湖县(今改县级市)的地方史志机关,从二十世纪八九十年代以来,曾对日军登陆杭州湾北岸事件进行全面深入的调查研究,均未发现当年日军登陆过程中(一九三七年十一月五日至十日)有“当地耆绅为敌通风报信”之事,更无什么为敌提供“大小流(沙)船数百艘为其运输”兵员登陆的事情。事实上,仅凭几个区区“耆绅”汉奸分子,要在短短三五天中征集到数百艘沙船也是可能性极低的,况且当地已驻守有第六十二、六十三师部队和警察保安队,负责当地巡逻,汉奸分子几乎没有可能进行调动数百艘船只提供于日军如此大规模的活动。魏文所说的历史情节,从一般常情来说也难以令人置信。至于日军登陆使用的船艇,据《金山县志》记载,十一月五日拂晓,日军第十军第六师团、第十八师团和国崎支队分乘运输船155艘,在金山卫东西15公里沿海登陆。这150余艘用于换乘靠岸登陆的小型船艇是和负责海上输送第十军的第四舰队一道,在十一月四日夜由东海进入杭州湾金山卫海面的,也就是说并不是在当地临时征用的。①

四、 怎样评价蒋介石在淞沪会战中的功过是非

魏文第六节提出的是关于“上海战争的经验与教训”的问题。然而,通览这一节全文,笔者发现,魏文并未对淞沪会战的经验教训进行探讨和分析。事实上,魏文这一节的主旨和基本内容是抨击和批判蒋介石在淞沪会战时的错误及其责任。

如何评价蒋介石在淞沪会战中的功过是非,是一个长期以来一直存有争议的历史问题。淞沪会战是抗日战争史研究的一个十分重要的课题。研究淞沪会战不应回避蒋介石与淞沪会战的关系,需要研究蒋对于这次会战的功过是非问题,这是题中应有之义。

淞沪会战是在中国共产党的抗日民族统一战线政策的指引和影响之下,以国共两党的合作为基础,全国各爱国党派团体、中央和地方各系抗日军队、各界爱国民众以及海外侨胞,在抗日御侮、共赴国难的旗帜下发动和进行的。在全国范围

---

① [日]日本防卫厅防卫研究所战史室:《中国事变陆军作战史》(第1卷第2分册),第728—729页。

的抗日民族统一战线的形成过程中，在波澜壮阔的民众抗日救亡运动的推动和配合之下，这一场在中国近代历史上罕见的声势浩大的在国内外产生广泛影响的大会战，终于发动和开展起来了。如果没有上述历史条件，就不可能有这一伟大会战的发动和坚持。蒋介石作为国民党和国民政府的主要领导人、国民党军队的最高统帅，在淞沪会战中居于非常关键的地位，与这场会战的关系至关重要。对于蒋介石在这场会战中的功过是非，需要采取分析的态度来进行评析。实事求是地说，蒋介石对于淞沪会战既有功，也有过。

蒋介石在西安事变到七七事变前后，终于放弃了以往推行的“攘外必先安内”的错误政策，实行联共抗日，走上对日抗战道路，这是一个历史性的转变。领导和指挥淞沪会战，是蒋介石这一历史性转变在全面抗战初期最重要最集中的表现。蒋介石定下了发动淞沪会战的决策。在七七事变爆发后日军在华北发动大规模进攻时，蒋介石决定主动发起淞沪战役，在华东开辟第二战场。这是全国抗战初期国民政府作出的一个具有全局意义的重大决策，其中蒋介石起了最重要的作用。

蒋介石自始至终领导和指挥了淞沪会战，是这场大会战的最高领导者和指挥者。在淞沪会战期间，蒋的抗战态度是比较积极的和努力的。他檄调黄埔系中央军基本力量和空军、海军投入淞沪战场。积极主动调整和改善与冯玉祥、李宗仁、白崇禧、阎锡山、刘湘、龙云、何健、余汉谋等地方实力派的关系，动员和组织地方部队出兵上海，川军、桂军、粤军、湘军、黔军、鄂军以及东北军、西北军的部队，都纷纷登上淞沪战场，这是近代以来从未有过的举国一致反对外敌入侵的宏伟局面。这体现了抗日民族统一战线的强大威力，是整个民族觉醒和民族凝聚力空前上升的一大表现。在这次会战中，在作战指挥上，蒋尽管犯有不少错误，但应当看到他也有过正确的谋划和决断，起过好的作用，是一个既有正确的决断和指挥，又犯了若干严重错误的决策者和指挥者。

蒋介石在淞沪会战中的主要错误是在以下几个方面：

一是在会战中实行了单纯防御即专守防御战略。单纯防御战略之下，战役战斗的作战方针上采取的是内线的持久的防御战。如此方针导致几十万中国军队被牢牢地困死在分散的阵地上，死守战壕，摆着被动挨打的架势，消极地等待敌人来攻，并与之死拼消耗。整个会战期间，除最初的虹口和杨树浦的市区攻围战，十月的南翔以东蕴藻浜南岸短暂的反击战以外，几乎只有战术性的反击战，从未进行战役性的反击战，打的都是战役战斗上的内线的、持久的防御战，从未举行在战役上的外线的、速决的进攻战，完全处于战略战役上的消极防御态势。这就使得中国军队在战场上丧失主动权，不可能主动创造和捕捉战机，在一个个具体战役中集中绝对优势兵力歼敌一路，相反却使自己一天天地付出比敌人高出数倍的消耗，而无法阻止敌人的进攻。正如毛泽东指出的："如果战役和战斗方针也同样是'内线的持久的防御战'，例如抗战初起时期之所为，那就完全不适合敌小我大、敌强我弱这两种情况，那就决然达不到战略目的，达不到总的持久战，而将为敌人所击败。"①

二是采取阵地战方针。蒋介石不顾敌我双方各方面的状况和条件，主张并要求实行深沟高垒、步步为营、死守硬拼的阵地战。八月十八日，蒋发表《告抗战将士第二书》，号召"要固守阵地，坚韧不退，以深沟高垒厚壁，粉碎敌人进攻"②。在阵地战中，中国军队只有招架之功，而无反手之力，付出了惨重代价，而且未击退西进南下之敌。十月间以大场攻防为中心的十月会战，蒋介石依然热衷于阵地的不计代价的死守，达到了阵地战的最高潮。中国军队左翼集团和中央集团的主力40余个师被投入以大场为中心的蕰藻浜、走马塘中间地带的狭小阵地，兵力密度之大为中外战史所罕见。几十万大军在日军优势火力之下倍受摧击，平均每日伤亡数千人。十月二十八日苏州河以北阵地战已告崩溃，蒋在松江召开的军事会议上，依然强调"要严密纵深配备，强固阵地工事"，"要不怕阵地毁灭，不怕牺牲一切"。③十月阵地战高潮，中方损失兵力近一半。阵地战方针违反了有什么军队打什么仗、有什么武器打什么仗、有什么地形打什么仗的一般原则，在部队状况、武器装备和地理条件都不适宜打阵地战的上海近郊坚持打旷日持久的阵地战，这无疑是一个严重错误。

三是实行战役战斗上的持久战。蒋介石和南京最高统帅部在八一三抗战前夕已确定全国对日作战的总战略即基本战略是"持久消耗"。实行这个总战略的战场作战方针，在战役战斗中应与此相反，实行战略持久战之下的战役战斗的速决战方针，方能克敌制胜。但是，蒋介石总是寄希望于英美等国制裁日本，调停中日战争，想从国际形势的变局中寻找出路，从政治和外交方面的利害关系着眼，一再等待苏联对日开战，又期待英美法等西方大国和《九国公约》签字国干预中日之战，而多次拖延上海战局，以致演变成一场旷日持久的战役战斗上的持久局面。从而一再贻误战机，多次丧失调整战线转移阵地的有利时机。

四是对于淞沪战场南北两翼毗邻杭州湾和长江的"凸"字形边境疏于防范，这是一个严重的战略性错误。日本上海派遣军八九月间在淞沪战场的长江南岸登陆得逞，已暴露出统帅机关忽视了抗登陆作战的问题。特别是日军最易实行战役展开，从上海西南方面对淞沪战场形成迂回包围之势的杭州湾北岸这个战略要

① 毛泽东：《论持久战》，《毛泽东选集》（第二卷），人民出版社，1991年，第475页。
② 秦孝仪编：《总统蒋公大事长编初稿》卷4（上），中正文教基金会，1978年，第1148页。
③ 秦孝仪编：《总统蒋公大事长编初稿》卷4（上），第1179页。

地，未引起统帅部的重视，未作出应有的防御部署，以致日军第十军在金山卫一带轻易登陆成功，造成淞沪抗战的最后失败，这不能不说是一个重大的失误。后来蒋介石自我反省说："由大场撤退至苏州河南岸以后，以张发奎为指挥官，使金山卫、乍浦一带负责无人，不注重侧背之重要，只注重浦东之兵力不足，调金山、乍浦大部移防浦东，乃使敌军得乘虚而入，此余战略最大之失败也。"①

五是决策和指挥淞沪前线大军西撤一再摇摆不定，多次延误战机，最后又仓促下令，以致这场大规模撤退演变为一场纷乱失序的大溃退。刘行失守前后，蒋未能接受陈诚、张发奎等人的建议，主动调整战线，是丧失退却的最佳时机于先。大场陷落以后，形势虽比以前大为不利，但迅速后退吴福、乍平嘉既设国防线，仍不失为有利于我的明智选择，但蒋左右摇摆，为配合《九国公约》国家布鲁塞尔会议上的外交斗争，仍然不接受白崇禧、刘斐等人的退却建议，却下令在沪西苏州河南岸实行固守，这是丧失退却有利时机于后。殆至日军金山卫登陆，敌军南北两翼迂回的态势业已形成，蒋未能接受陈诚等人的立即调整战线的建议，仍要求"再坚持三日"②，从而丧失了最后一次比较有利的退却开始时机。直到十一月八日，蒋才下令全线西撤。退却的命令突然下达，仓促实施，造成全军一片纷乱，以致西撤大军队伍失控，一路溃退，损失极为严重。

任何历史人物的功过是非都要经受历史的检验。淞沪抗战离当今已经有70多年了，对于这场会战及其领导者的功过是非的评价，治史者宜立足于现时代的高度，冷静地审视几十年来积累起来的各个方面的史料和以往的经验，以更加理性和更为科学的态度，力求作出实事求是的结论。对历史问题作"再评估再认识"，沿着这个方向去努力，才是正道。

---

① 蒋介石：《省克记》原稿，该稿摘抄自蒋介石日记，台北"国史馆"藏。此段文字转引自杨天石：《一九三七年：中国军队对日作战的第一年》，《蒋介石真相之二——奋起：抗战及战后》，第77页。

② 《陈诚关于七七事变后上海南京作战回忆资料》，中国第二历史档案馆藏国民政府军令部战史会档案，档案号：(二十五)2864。

淞沪会战的主战场*

——左翼战场研究

一九三七年的淞沪会战，是中国抗日战争和世界反法西斯战争的第一个大规模战役，其作战规模之巨大、参战兵员之众多、战场地域之辽阔、交战时日之持久，在第二次世界大战史上也是较为罕见的。这场会战的一个显著特点，就是会战是在三个战场——中央战场、左翼战场和右翼战场几乎同时展开和进行，形成既统一部署和指挥，又各自相对独立作战的格局，而其中左翼战场则由于诸种因素作用，成为这场大规模战役的主要战场。本文以淞沪会战期间担任第三战区前敌总指挥兼左翼作战军总司令的陈诚的有关档案为史料基础，试就左翼战场的若干问题进行探讨，以有利于深化淞沪会战的研究。

一、 左翼战场的形成和演变

淞沪会战的左翼战场，起源于会战开始时由南京国民政府大本营划定的淞沪战场长江南岸守备区。一九三七年八月二十一日，甫任第三战区前敌总指挥兼第十五集团军总司令的陈诚在苏州电呈蒋介石，建议"第三战区应区分为四个区：浙江分为浙东区、杭州湾北岸区，江苏分为上海区、江防区"，主张"规定明确指挥系统，以一事权"①。蒋介石采纳了陈诚的建议。同时，南京大本营颁发的《第三战区作战指导计划》中，规定全战区划分为五个作战区：淞沪围攻区、长江南岸守备区、长江北岸守备区、杭州湾北岸守备区、浙东守备区。②与陈诚的建议略有不同的是，大本营的作战指导计划中增加了一个长江北岸守备区，而长江南岸守备区作为一个重要战区则被明确肯定。按照上述战区划分，长江南岸守备区地跨当时

* 载《军事历史》2018 年第 4 期。

① 第十五集团军总部：《淞沪战役阵中日记(一)》，陈诚"石叟资料室"档案，第 8 页。

② 国民政府大本营：《第三战区作战指导计划》，第二历史档案馆：《抗日战争正面战场》(上册)，江苏古籍出版社，1987 年，第 7—8 页。

的江苏省宝山、嘉定、太仓、常熟、昆山等县，地处上海市区以北方向从东到西一带、长江终段南岸地区。根据上海的军事地理形势和一·二八淞沪作战的经验，这里是日本侵略军进攻淞沪、实施大规模登陆行动的主要方向，是上海和淞沪地区北部的战略屏障，南京军事当局把它列为一个重要战区无疑是适当的。

在淞沪会战的最初阶段，即一九三七年八月十三日至二十二日，长江南岸地区中国军队虽作了一些防御部署，但该区并未形成一个战场。当时，以张治中为总司令的第九集团军在上海市区的虹口、杨树浦进行对日本驻沪海军陆战队的攻围战，战局的重心是在淞沪围攻区，即后来的中央战场。在江南守备区，第三战区只配备了第十四师于常熟一带、第十一师于昆山和吴县一带、第五十六师于太仓浏河地区，该区是准备“以积极行动彻底歼灭敌军之登陆部队为其作战之主要任务”①。其时，江南区以第五十四军军长霍揆彰为指挥官，所辖部队除第十一、第十四两个师已进入该区外，第六十七师进驻无锡、苏州一带待命。江南守备区的备战行动，当时是由指挥淞沪围攻区作战的张治中进行统一指挥和部署，其本身并未组成一个独立的作战指挥系统。

从江南守备区到左翼战场呈现为一个逐步演变的过程，而从一九三七年八月二十三日到九月五日则是其中的一个过渡阶段。日本政府和军部为击败上海一带的中国军队，入侵京沪杭地区，于八月十五日组成以松井石根为司令官的上海派遣军。八月二十三日开始，日军第十一师团和第三师团分别在宝山境内长江沿岸的川沙口、狮子林和吴淞、张华浜实行登陆。第十五集团军和第九集团军一部随即发起抗登陆作战，前者作为抗登陆作战的主力，在长江南岸守备区地域作战，后者主要从事市区淞沪围攻区作战。其时，第十五集团军主力尚未集中，第九集团军所属第八十七师主力一部和第九十八师分别部署于张华浜和吴淞、宝山一带，由张治中指挥。八月二十四日早晨十八军军长罗卓英在太仓下达反击登陆日军的作战部署：“军决对登陆之敌攻击，以九十八师攻击杨行、宝山线以左地区之敌，以十一师攻击月浦、狮子林线以左地区之敌，以六十七师为军预备队，并以有力一部由罗店聚源行东王庙以左地区连系十一师，攻击当面之敌。”②这是左翼战场第一个作战部署命令。

以陈诚为首的第十五集团军全部进入长江南岸战区和《淞沪宝浏附近围攻计划》的确立，标志着淞沪会战左翼战场的开始形成。一九三七年八月二十四日，陈诚与张治中在苏州商定，在继续进行市区攻围战的同时，由前者统率的基本部队

---

① 国民政府大本营：《第三战区作战指导计划》，《抗日战争正面战场》（上册），第9页。

② 《罗卓英致陈诚电》（1937年8月24日），《淞沪战役战况副电集（一）》，陈诚“石叟资料室”档案，第32页。

第十八军在长江南岸开辟第二战场。①八月三十日，第三战区前敌总指挥部颁发《淞沪宝浏附近围攻计划》，规定第九集团军继续"围攻虹口、杨树浦及张华浜之敌"，第十五集团军"于狮子林、月浦、杨行、澄桥、浏河之线构筑坚固阵地，围攻川沙口上陆之敌"②。由此，左翼战场成为一个独立战区的战斗境域，作战任务明确划定。随着九月初前后在长江沿岸大规模抗登陆作战的展开和增援部队源源不断地进入这一战区，淞沪会战的作战重心也随之从市区虹口、杨树浦地区转移到蕰藻浜以北、长江南岸的左翼战场。九月五日，第三战区总部下令划定第九集团军与第十五集团军两者作战地境的界线，为"南翔—蕰藻浜—吴淞镇南端之线，线上属第十五集团军"③。九月六日，南京大本营颁发的《第三战区第二期作战指导计划》，首次将淞沪战场的全部兵力编组为三大作战集团："(1)张发奎集团(称右翼军)"，"(2)张治中集团(称中央军)"，"(3)陈诚集团(称左翼军)"。同时，大本营的指导计划明确划定左、中、右三个战场的作战方位和战斗任务。左翼战场担任长江以南、宝山、浏河、嘉定、太仓、昆山、常熟一带地区作战，以阻击和歼灭从长江沿岸登陆的日军为主要任务。中央战场在黄浦江以西、蕰藻浜以南、苏州河以北地区作战，以继续围攻虹口、杨树浦之敌和阻击从黄浦江登陆之敌为主要任务。右翼战场担任杭州湾以北、沪杭线南北以及黄浦江以东地区的作战，以阻击沿杭州湾北岸登陆之敌和配合浦西中央集团作战为主要任务。④南京统帅部上述指令的下达和实施，标志着左翼战场及其指挥系统的正式形成。

从一九三七年八月下旬至九月初左翼战场的逐步形成，到十月二十六日大场保卫战的结束，日本上海派遣军先后在这个方向投入了第十一、第三、第九、第十三、第一〇一师团等共 5 个师团和其他特种部队，中国第十五、第十九集团军以及第十七军团和第二十军、第四军等部共 30 余个师的兵力也陆续投入这一战场，敌我双方在这里展开规模巨大、高度密集的交战。淞沪会战的决战高潮在这里聚焦汇集，一场场英勇惨烈的战役战斗在这里轮番登场，左翼战场由此成为名副其实的淞沪会战的主战场。

左翼作战军和中央作战军于同年十月中下旬联合进行的大场战役的失败和大场的陷落，对淞沪会战的全盘态势造成了严重影响，左、中、右三大战场的格局由此发生重大改变。苏州河以北、南翔以东中国军队的防御体系由此瓦解，中央作战军转移于沪西苏州河以南，以闸北、江湾、庙行为中心的中央战场从此已不复

---

① 《淞沪战役阵中日记(一)》，第 8 页。

② 台湾"国防部"史政编译局：《抗日战史——淞沪会战》，史政局印行，1964 年，第 41 页。

③ 《抗日战史——淞沪会战》，第 41 页。

④ 国民政府大本营：《第三战区第二期作战指导计划》，《抗日战争正面战场》(上册)，第 299—302 页。

存在。左翼战场也全线向西退缩，到十月底据守于浏河—广福—南翔—江桥镇一线以及以西地区。①第三战区总部于是在十一月四日发出指令，决定撤销中央战场和中央作战军的建制，将淞沪战场调整和重组为左、右两个战场和两大作战军②。右冀战场进行沪杭线南北地区作战，左翼战场进行沪宁线南北一带作战。这时左翼战场也开始由上海西北郊向苏南地区西延，这是左翼战场演变的一个重要节点。

左翼战场的最后阶段，出现在十一月九日开始从浏河、太仓、嘉定、南翔一线全线西撤，到十二月二日澄锡国防线失陷之间。与此前的在宝山、嘉定、浏河一带大规模的抗登陆战和阵地阻击战不同，这一阶段左翼战场的基本态势是急速地沿着沪宁线南北地带向西转移，先后退越昆支线、吴福线和澄锡线。西撤过程中除进行了若干次规模不大的阻击战之外，始终未建立过稳定的战场，而是处于急速的流动之中。至十二月初，左翼作战集团除一部主力退守南京方向外，大部分主力撤退到以宣城为中心的苏皖边境地区，左翼战场遂告最后结束。

二、 左翼作战军：淞沪战场一支最具实力的方面军

左翼战场在淞沪会战的三大战场中居于主战场的地位，这是它的一个主要的历史特点，与此密切相关的另一个重要特点，就是它拥有淞沪战场上一支最具实力的军事力量——左翼作战军。这支力量无论在部队规模上，还是在作战实力上，都在三个作战集团中占据首位，是淞沪战场上中国军队的一支最为强大的方面军。

左翼作战军是由以第十八军为基础的第十五集团军逐次增编扩大，以及第十九集团军、第十七军团、第二十一集团军等部队陆续编入而形成的。它是在蒋介石和南京最高统帅机关“扩大沪战”的战略意图之下组建起来的，是随着淞沪战役的作战规模日益扩大和战局的不断延续，而一次次增编形成的。左翼作战军的发展和扩大是与淞沪战役的扩大和左翼战场上升为主战场的过程同步的。

一九三七年八月十一日至二十二日，左翼军处于它的初始状态。这时，以罗卓英为军长的第十八军奉令调入淞沪战场长江南岸守备区，为尔后左翼军的组成奠定了初步的基础。七七事变后平津战役打响，南京军委会原拟将驻于粤汉铁路沿线的十八军调往华北战场作战，八月上旬该军已开始由平汉路向保定方向输送。蒋介石决定发起淞沪之战后，乃重新下命调十八军转用于淞沪战场。八月十

① 第十五集团军总部：《淞沪战役阵中日记(三)》，第1—2页。

② 《抗日战史——淞沪会战》，第178页。

一日军委会下令原属十八军的第九十八师从武汉船运南京开赴上海①。同月十三日，军委会发布命令："第十八军罗卓英部第十一、第十四、第六十七师由平汉线方向转向(江苏)吴县输送。"②这3个师在八月十五日稍后进入了左翼战区，九十八师进入市区参加了杨树浦攻围战，之后也归还左翼方面。在这前后，第六师、第五十一师和第五十八师等部也奉调进入左翼战区，到八月底，左翼战线部队的总量已超过中央战场的张治中集团。八月十九日军委会任命陈诚为第三战区前敌总指挥。八月二十二日由陈诚兼任总司令的第十五集团军正式组成，这成为左翼作战军的基干部队。

八月二十三日至九月十五日这20多天中，随着增援部队不断进入左翼战场，左翼军遂告正式形成。从八月二十三日开始，日本上海派遣军陆续在长江沿岸淞沪战场的左翼实施登陆，十五集团军和第九集团军主力一部发起了强力反击。第十八军强击川沙口、狮子林上陆之敌，对占领罗店之敌展开争夺战。九十八师进出宝山城一带，第六师在吴淞、三官堂一带奋勇抗击。至八月二十七日，左翼战场已集中了第九十八、第十一、第六十七、第十四、第五十六、第六、第五十一师和第六十一师之一部参战。③接着，淞沪战局急剧扩大，军委会遂调集大量部队进入左翼战场，其中有以胡宗南为军长的第一军、以叶肇为军长的第六十六军、以吴奇伟为军长的第四军、以阮肇昌为军长的第六十九军等部。至九月十二日后，长江沿岸抗登陆作战告一段落，左翼战线阵地后移到浏河—罗店西面—刘行—蕰藻浜之线时，左翼作战军总司令部适时调整部队编成。经第三战区总部批准，陈诚将其时左翼战场全部兵力组成三个兵团。(1)右翼兵团：指挥官胡宗南，副指挥王东原，下辖第一师、第十五师、第十六师、第三十二师、第七十八师、第一五九师、第七十七师、第八师、第五十七师、炮兵第十六团第三营。(2)中央兵团：指挥官罗卓英，副指挥官霍揆彰，下辖第十一师、第十四师、第六十七师、第九十八师、第六十师、第九十师、第五十九师、第六十六军教导团、迫击炮第一营。(3)左翼兵团：指挥官刘和鼎、副指挥官俞济时，下辖第五十一师、第五十六师、第五十八师、迫击炮第二营、战防炮第一连。(4)左翼集团直属部队：炮兵第十六团、高射炮第二连、第十连。④以上战斗部队序列和指挥体系的确立，标志着以陈诚为总司令的左翼作战军的正式形成。

九月十五日以后，直至十月二十六日大场战役结束，是左翼作战军继续增编扩大的阶段；其中以薛岳为首的第十九集团军的组成和被纳入左翼作战军的序

① 《上海作战日记》(1937年8月13日)，《抗日战争正面战场》(上册)，第337页。

②④ 《抗日战史——淞沪会战》，第186页附表之一。

③ 《淞沪战役阵中日记(一)》，第24—25页。

列，可谓这一阶段该作战集团发展中最具重要意义者。同时，以罗卓英为首的第十六军团的组成以及以万耀煌为首的第二十五军和以杨森为首的第二十军的归入左翼军序列，也构成这个作战集团发展过程中的另一个重要方面。左翼战场这阶段作战地域从沿江一带西向转移至潘泾、狄泾、杨泾间一带，接着南移蕴藻浜南北和大场周围地带，战局呈现日益扩大和持久的趋势。从九月下旬至十月上旬日军第九、第十三、第一〇一师团等部在长江和黄浦江沿岸登陆，这些部队中的三分之二以上兵力集中投入了左翼战场。同时，南京军委会也继续从四川、湖南、湖北等地征调部队增援淞沪战场。四川部队第二十军的两个师和第四十三军的一个师于十月十日前后进入蕴藻浜沿岸陈家行一带。湖南部队第十五、第十六师于十月初前后进入顾家镇一带。贵州部队独立第三十四旅也在十月中投入作战。

蒋介石在九月二十二日颁发关于淞沪战场战斗序列的命令，规定“左翼军以第十九、第十五集团军编成之”，“右翼军仍以第八、第十集团军编成之”①。九月二十五日，陈诚正式确定第十九集团军的编成及其序列：“陈兼总司令……规定第十九集团军薛岳总司令指挥之部队如左：一、第六十九军阮肇昌军长，指挥第八、第十六、第五十七师。二、第六十六军叶肇军长，指挥第一五九、第一六〇、第十五、第七十七师及教导旅。三、第四军吴奇伟军长，指挥第九十、第五十九师。四、第七十五军周砉军长，指挥第六师、独立第三十七旅。五、第十三、第三十二师，归该（十九）集团军总部直辖。”②至此，以陈诚为总司令的左翼作战军由第十五、第十九两大集团军组成的基本格局遂告正式形成。

此后，随着战役态势的变动，第三战区于十月九日又部分地调整了左翼军的编成，其时该作战集团共辖有 22 个师、1 个独立旅和 6 个炮兵团，仍是淞沪战场上中国三大作战集团中规模最大、最具实力的一个作战集团。十月十五日，正当蕴藻浜—走马塘中间地带激战之际，第三战区总部在当日发布的作战命令中，再次调整全部参战部队编成及作战地域分布，其中规定左翼作战军所辖部队为“（一）第十九集团军，辖第五十七、第十三、第九、第六、第一三四、第一三三、第一五九、第一六〇各师及教导旅。（二）第十五集团军，辖第四十四、第六十、第五十一、第五十八、第五十六、第十一、第六十七、第十四、第九十八、第九十、第十五、第七十七、第八、第十六各师，独立三十四旅、苏保第四团、炮兵第十六团”③。此外，江防军和炮兵指挥部不属于左翼军的建制，但也归左翼军总部节制指挥。其中，“江防军总司令辖第一〇二、第一〇三、第一一一、第一一二、第五十三各师，海军

---

① 《蒋介石规定淞沪会战序列电》（1937 年 9 月 22 日），中国科学院历史研究所南京史料整理处编：《中国现代政治史料汇编》（第 3 辑第 31 册），1958 年，第 6230 页。

② 《抗日战史——淞沪会战》，第 94—95 页。

③ 《抗日战史——淞沪会战》，第 124—125 页。

司令、江防司令、江阴要塞司令、镇江要塞司令、苏保第二团、炮兵第八团第一营、炮兵第十团之一营”;“炮兵指挥官刘翰东,辖炮兵第三团第一营,及炮兵第四团、炮兵第十团之一营、炮兵学校练习队两连”。①

从十月二十六日大场失守到十一月二十六日撤过澄锡国防线,是左翼作战军的最后阶段,而其从最后一次的增编扩大到最终的结束,构成这一阶段的基本特征。大场战役是由中央作战军和左翼作战军共同进行的。大场之战以中国军队的失败而告终,中央作战军第九集团军等部从大场、庙行、江湾、闸北地区转移到沪西苏州河以南一带。第三战区总部撤销中央作战军的建制,将淞沪战场参战部队重新编组,组成左、右两个作战军,将此前隶属于中央作战军的广西部队第二十一集团军编入左翼作战军。这样,左翼军有了最后一次的增编和扩大,由原有的两个集团军扩编为三个集团军。以廖磊为总司令的第二十一集团军于十月中旬进入淞沪中央战场参战,归中央作战军总司令朱绍良指挥。改隶左翼军后,其所辖部队有第四十八军的第一七三、第一七四、第一七六师,第七军的第一七一师,第三十九军的第五十六师和独立第三十四旅、第一三五师等部。从此,淞沪战场组成两大作战集团:左翼作战军,总司令陈诚,下辖第十五、第十九、第二十一等三个集团军;右翼作战军,总司令张发奎,下辖第八、第九、第十等三个集团军。这时,尽管左、右两大集团各拥有三个集团军,但在兵员规模、武器装备和作战能力等诸方面考量,左翼集团的实力远远地超过右翼集团。

同年十月底,左翼作战军在淞沪前线从长江南岸到苏州河北岸部署了一条最后的防线,阻击日本上海派遣军由东向西的全面进攻,从北面的浏河、太仓起,中经曹王庙、施相公庙、广福、南翔、小南翔,直达苏州河北岸的纪王庙、江桥镇,30多个师级部队构成一条南北向的防线,进行纵深配备。左翼作战军总司令部和第十五集团军总部以昆山附近为指挥中心,第十九集团军和第二十一集团军分别以安亭附近和嘉定附近为指挥中心,第六军团、第十六军团、第十八军团则分别在纪王庙、外冈、石冈门设指挥部,进行作战指挥。②这条左翼战线与在苏州河南岸作战的右翼战线,构成中国军队大撤退前夕的最后阵地。

一九三七年十一月八日开始,淞沪前线中国军队全线西撤苏南地区和苏浙皖边境。左翼作战军于十一月十日下午开始行动,沿着太湖北走廊向苏州、无锡、常州一带转移。这时,薛岳升任左翼作战军代总司令,上官云相继薛岳担任第十九集团军代总司令。罗卓英统率的第十五集团军于十一月十九日西撤至无锡附近,奉令率第十一、第十四、第六十七、第九十八、第十三、第四十师等六个师向宜兴、

① 《抗日战史——淞沪会战》,第124—125页。

② 《淞沪会战阵中日记》(三),第1页。

广德、宁国方向转移。十一月二十五日，军委会和第三战区总部下令撤销第十五集团军建制，其原所部主力第十八军等部此前已组成第十六军团，由罗卓英任军团长，继续指挥苏皖边境的作战①。这是左翼作战军从体制上宣告终结的主要标志。

第二十一集团军也在这时解除了原来与左翼作战军的统属关系。“第二十一集团军自十一月十九日由常(熟)福(山)线转移，及到达锡澄线后，即奉令解除第三十九军及配属部队，同时脱离左翼作战军之统辖，直接归陈(诚)前敌总司令的指挥。”②此时，二十一集团军统率指挥的部队有第七军第一七一师和第四十八军的第一七三、第一七四、第一七六等四个师，原计划向武进、南京方向撤退，后奉令由无锡、武进一带向宜兴、长兴转移，最后经广德撤至孝丰西南。该集团的脱离指挥是左翼作战军终结的另一个标志。

第十九集团军是在十五集团军撤销和二十一集团军脱离统属关系后，左翼作战军保留的最后一支主力部队。十二月初，十九集团军拥有两个军团：第十八军团下属第五十九、第九十、第五十六、第六十、第六十一师；第十一军团下辖第六、第十八、第五十七、第十五、第五十三、第一〇五、第九师。此外第十六军团这时亦临时归十九集团军指挥。这可以说是左翼作战军的最后阶段的阵容。当这支部队从太湖西南岸的苏浙皖边境向宣城、芜湖方向撤退时，淞沪会战已经宣告结束，左翼军也就此最后归于终结了。

三、 淞沪会战主战场地位的主要标志

左翼战场作为淞沪会战中主战场的地位，是在一九三七年八月下旬中国军队在宝山县境内的长江南岸抗登陆战揭开战幕后逐步形成的。综观淞沪会战的全过程，其第一阶段即上海市区攻围战阶段，主战场在当时称为“淞沪围攻区”的中央战场，左翼的长江南岸守备区处于配合的地位。抗登陆作战开始后，敌我双方逐步以主要兵力投入左翼战场，这里的作战规模日渐扩大，一连串影响巨大、具有决定性意义的战役战斗在这一战场轮番登场，双方主力兵团在这里展开了生死较量。战局的客观进程，无可避免地把左翼战场推到了主要战场的地位，这个态势一直到十月二十六日大场战役结束为止是没有改变的。十月二十七日由右翼作战军进行的苏州河南岸阻击战开始，至十一月九日淞沪前线中国军队全线西撤，

① 《抗日战史——淞沪会战》，第237页。

② 《蒋介石规定淞沪会战战斗序列电》(1937年9月22日)，《中国现代政治史资料汇编》(第3辑第31册)，第6230页。

在这短短的十余天时间里，苏州河战役一度成为淞沪战场作战的焦点，由此而来的是主战场暂时转移于右翼战场。然而，在十一月九日以后左、右两大作战集团同时西撤的过程中，左翼战场始终汇集了第三战区的主要兵力，进行了阻击日军追击的主要作战，直至越过澄锡线、进入太湖西南。在此近一个月中，它继续担当了主战场的角色，以至淞沪会战的结束。

作为淞沪会战的主战场，它在战场作战上呈现出以下三个重要标志：首先是敌我双方在这里投入了主要的兵力和兵器。整个淞沪会战期间，日军陆军共投入了 9 个师团和 2 个支队（支队相当于旅团）；日本海军参战的基本部队为第三舰队，一度参与作战的为第四舰队；此外，日本驻沪海军特别陆战队也始终投入作战。上述部队中，投入左翼战场作战的地面部队有属于上海派遣军的第十一、第三、第九、第十三、第十六师团和重藤支队等部，共计 5 个师团和 1 个支队，占日军使用于淞沪战场总兵力的百分之六十上下。日军投入中央战场的计有海军特别陆战队和陆军第一〇一师团等部，总计兵力不足 2 个师团。在右翼战场，日军迟迟未投入具有联队（相当于团）以上规模的地面部队，至第十军杭州湾北岸登陆，才投入了第六、第十八、第一一四师团和国崎支队等部共计 3 个师团和 1 个支队。至于日本海军第三舰队支援地面作战，也是主要指向贴近长江的左翼战场。

中国方面使用于淞沪会战的主要兵力同样也投入于左翼战场。一九三七年九月二十二日，南京军委会发布正式组成三个作战军的命令时，淞沪战区地面部队总计为 34 个师和 7 个旅，其中左翼作战军拥有 22 个师和 2 个旅，其兵力在三个作战军中遥遥领先①。同年十月上半月，淞沪战场进入阵地战高潮时，左、中、右三个战场中方地面部队共有 37 个师（含师级单位的税警总团等部）、8 个旅团和炮兵 4 个团。其中，左翼作战军的部队达到了 23 个师、3 个旅和 1 个炮兵团，占淞沪全战区兵力的百分之六十以上。②至淞沪会战后期的同年十一月初，全战场共有地面部队 46 个师和 5 个旅。其中左翼作战军拥有 26 个师，中央作战军有 14 个师（含师级单位中央军校教导总队），右翼作战军有 6 个师和 5 个旅③。显然，这时，左翼战场的兵力超过中央和右翼两个战场的总和，居于领先的地位。而从参战部队的素质和构成而言，左翼战场也更具优越性和多样性。当时堪称一流的黄埔系中央军除一部分在华北战场外，大部分都投入了淞沪战场，其中除第三

---

① 《蒋介石规定淞沪会战战斗序列电》（1937 年 9 月 22 日），《中国现代政治史资料汇编》（第 3 辑第 31 册），第 6230 页。

② 《淞沪会战阵地战时期我军防御系统表》（1937 年 10 月 1—14 日），《抗日战史——淞沪会战》，第 186 页附表。

③ 《淞沪会战阵地战时期我军防御系统表》（1937 年 10 月 27 日—11 月 3 日），《抗日战史——淞沪会战》，第 186 页附表。

十六、第八十七、第八十八师等部在中央战场外，投入左翼战场作战的有罗卓英系统的第十一、第十四、第六十七、第九十八师等部，胡宗南系统的第一、第七十八师等部，俞济时系统的第五十一、第五十八师等部，李延年系统的第三、第九师等部，以及以黄杰为首的税警总团和以桂永清为首的中央军校教导总队。而且，来自四川、湖南、广东、湖北、贵州、广西等地的各路地方部队，大都也集中于左翼战场。

左翼战场作为主战场的第二个标志是，淞沪会战中一系列重要的战役战斗都是在这里进行的，而其中不少是带有决定意义的。一九三七年八月下旬至九月初首先发起对川沙口、狮子林登陆之敌的反击战，同时进行吴淞争夺战，接着进行的是英勇悲壮的宝山城保卫战，以及月浦、杨行间战斗。八月底至九月上旬，前后四次进行反攻罗店之战，以"血肉磨坊"而威震全国，闻名于抗日战场。九月中旬至十月初，左翼战场进入前期阵地战，进行了潘泾、杨泾战斗和刘行至蕰藻浜战斗。十月上旬又进行了蕰藻浜沿岸阻击战。同月二十日前后，左翼军与中央军发动南翔以东大规模反击战，接着在十月下旬又会同中央军进行大场保卫战。在十月底到十一月上旬，中央作战军转移于苏州河南岸作战时，左翼军从浏河—广福—南翔—陈桥之线，对西进的日军进行全线阻击。此后，从昆支线、吴福线到澄锡线，左翼军进行了最后的退却战。纵观淞沪会战的全过程，可以说左翼战场担当了主要的带有决定性作用的战役战斗任务。然而，从另一个方面观察，以三个战场比较而言，左翼战场作战正面过宽、作战单位过多、指挥层级太繁，这就造成了作战指挥和部队运作上的诸多问题。在陈诚的左翼军总司令部的作战日志中，多次记录着诸如"正面太宽""单位过多""指挥不便"等，并一再提出各部队要"确实保持联系，不使混乱，免为敌所乘"①，便是明证。

左翼战场作为主战场的第三个标志，是这一战场为淞沪会战在战略上转换的枢纽。左翼战场北枕长江、东临吴淞口、南联上海市北郊，京沪铁道和太湖北走廊在这里连通淞沪、苏南地区和首都南京，构成上海—南京相联系的重要战略地带。毫无疑问，这一战场上敌我双方的较量以及其成败得失，关系着整个淞沪会战的全局。同时，左翼战场是日军的海上力量与地面部队相互连接的主要枢纽地带，从吴淞、炮台湾、狮子林、宝山、川沙口、石洞口到浏河口，有多处适宜于大兵团登陆的口岸和地段，日本上海派遣军几乎都是从这一带登陆的，而吴淞口又是长江和黄浦江进入东海的咽喉，是日本海军进犯上海的必经通道，这就从另一方面构成了左翼战场在战略全局中的枢纽地位。再者，淞沪会战的实际进程也表明：战争规模从局部范围发展为大规模会战之中心环节在于左翼战场；战争形势从我之进攻、敌之防御，到敌我相持，再到敌之进攻、我之退却，这个变化转换的枢纽是在

① 《淞沪战役阵中日记(一)》，第72—57页。

左翼战场;作战形态从运动防御战到前期阵地战,再到阵地战高潮的转变也发生在左翼战场。这一切无不表明它在这场会战进程中战略转换上的枢纽地位。

总而言之,淞沪会战的左翼战场与中央战场和右翼战场相比较而言,它具有三个基本特征:一是它拥有一支规模最大、最具实力的左翼作战军;二是它进行了一系列规模巨大、具有决定性作用的战役和战斗;三是它在整个会战全局中是战略上转换全局的枢纽。由此可见,左翼战场研究对淞沪会战历史的研究具有不可替代的特殊意义。

淞沪会战中一次独一无二的大规模反击战*

——南翔以东反击战述论

在淞沪会战的进程中，中国中央作战军和左翼作战军于一九三七年十月下旬在南翔以东的蕰藻浜南北地区举行了一场颇具规模的反击战。这场为时不到5天的战役，是淞沪会战过程中绝无仅有的由中国军队主动发起的反击战，最终却以中国军队的战败而告终。南京最高统帅部和第三战区总部策定这一战役的意图是什么，反击之战是怎样部署和进行的，最终又是什么导致中国军队遭到惨败？这是淞沪会战史研究中一个不可回避的重要问题。

一、临危一搏：蒋介石、顾祝同、陈诚“攻势转移”的决策

中国政府军事统帅机关和淞沪战场高层指挥机关策定举行南翔以东反击战，是在一九三七年十月初至十月二十日之前、半个月多的时间里。最初是以陈诚为首的左翼作战军总司令部的参谋机关首先提出反击战的构想，中经前敌总司令陈诚、第三战区副司令长官顾祝同、南京大本营副参谋总长白崇禧等人的多次会商并拟定作战方案，最后由蒋介石予以审定。

蒋介石、顾祝同、陈诚、白崇禧等作出举行南翔以东大规模反击战的决策，乃是由于淞沪会战到一九三七年十月初对于中国军队来说形势已是十分严峻。此时，战局急剧恶化，苏州河以北主战场的防御阵线面临被敌全线突破的危险；同时，被南京政府看重的《九国公约》签字国布鲁塞尔会议又召开在即，亟需中国军队在淞沪战场打开局面，以利在外交战场上的博弈。为此，他们认定必须在南翔以东、蕰藻浜南北这个要害地带，转守为攻，“转移攻势”，临危一搏，以求挽救危局。

---

* 2017年5月手稿。

这时，淞沪会战已进入第四阶段，即以左翼战场蕰藻浜南岸对敌阻击战为标志的新阶段。淞沪会战从一九三七年八月十三日揭开战幕后，最初的10天是以张治中为总司令的第九集团军等部队开辟中央战场，对市区虹口、杨树浦的日本驻沪部队发动攻围战。八月二十三日起，日本第十一师团、第三师团在长江、黄浦江沿岸的左翼战场登陆，以陈诚为总司令的第十五集团军等部随即发起沿江抗登陆作战。同年九月十二日前后，中国军队退守北站—江湾—大场—刘行—罗店西南—浏河镇之战，由此前的攻势作战转变为守势作战。九月十二日至十月五日前的20天左右，中国左翼作战军在蕰藻浜以北、潘泾—狄泾—杨泾间地区进行大规模的持续的阻击作战，是为淞沪会战的第三阶段。日本上海派遣军继八月下旬以其第三、第十一两个师团登陆淞沪战场后，在九月上旬至十月初又增调第九、第十三、第一〇一师团，以及重藤支队、天谷支队和炮兵第五旅团等部登陆左翼和中央战场。九月二十九日，上海派遣军司令官松井石根正式发布其"中央突破"作战计划，部署其主力在上海市区的东北方向，以沪（上海）太（太仓）公路为主轴南渡蕰藻浜。日军的企图是：由北向南，于中国左翼作战军和中央作战军两大集团之间展开突击，在南翔以东到江湾之间进行突破，直取大场、闸北和苏州河北岸地区，彻底击败淞沪战场中国军队主力。十月二日开始，日军发动南渡蕰藻浜之战，至同月七日，日军在蕰藻浜南岸占据宽约两公里正南的桥头堡阵地。十一日以后全线突破中国军队蕰藻浜防线，攻势直指大场、江湾、闸北。

南翔以东反击战的构想和计划，正是在上述战局的背景下酝酿和产生的。面对这个空前严峻和险恶的形势，第三战区总部明确地认识到，当务之急是要击破越过蕰藻浜南下的日军主力部队的攻势，守住蕰藻浜—走马塘中间地带，以免我第九集团军被敌包围歼灭和苏州河以北上海市区落入敌手。显然，这一问题已成为当时淞沪战场，特别是左翼战场上指挥机关要破解的焦点。于是，在前敌总指挥陈诚总部的参谋机关，率先提出了发动反击战的建议书。

一九三七年九月二十六日，左翼军第十五集团军总部第一处处长郗恩绥向陈诚提呈一份题为《对于本军方面作战之意见》的报告，明确建议：本军"应于本月月底以前转取攻势"①。这份建议书首先评析当时战场形势，认为日军虽然于此前发动强大攻势，但至当前"敌军之攻击确已顿挫"，"近日敌之伤亡尤甚于我，已无反攻能力"，所以"敌……在后援部队未到达之前完全处于劣势"，"我军应乘敌增援部队未到达之前迅速转取攻势"②。该建议书对于作战方针和战术问题，主张

① 郗恩绥：《对于本军方面作战之意见》，见《淞沪战役作战计划及意见》，陈诚"石叟资料室"档案，档案号：008000001938A。

② 郗恩绥：《对于本军方面作战之意见》。

改变“步步抵抗之战略”，而转取攻势战法，认为“我军自来即陷于被动，过去(后方增援)生力军之到达，多以战况危急故，随时填补战线，如第四军之使用，殊觉可惜。应俟生力军之到达后，一鼓作气，为彻底之使用”。此外，还主张参加反击的各部应“连络协同”作战，而不应各行其是。①陈诚于十月初即策划制订反击战的作战计划，于十月四日向蒋介石、顾祝同上报《第三战区中央军左翼军方面攻击计划概要》。这一计划第一次正式提出“我军应乘敌攻击之顿挫，乘机积极转取攻势，务打破其占领淞沪之根本企图”的反击战作战方针。“计划”确定反击战的重点为：“以在庙行、唐桥站间进出之部队为主，以期切断宝(山)刘(行)公路，痛击敌之侧背。”并提出从三个战线实行反击的作战部署，一是中央作战军第九集团军等部“直接从正面转取攻势，夺取市中心区敌之根据地”，二是左翼作战军第十五集团军“向陈家行附近及广福以北地区对刘行方向夹击”，三是左翼作战军第十九集团军“向杨行、顾十房线上进出，切实斩断敌之主联络线，截获敌之主力而歼灭之”。②陈诚提出此项反击战计划时，还未将广西部队第二十一集团军列入，也尚未获悉日军的“中央突破”计划，因而反击战的基本方针尔后虽未改动，但作战部署却有过较多的调整和修改。十月七日，蒋介石复电陈诚，指出“此阵俟敌攻击顿挫时我军转移攻势，此见甚是。对于市中心区方面要慎重从事，以能始终保持原有阵地为主。对于夹击刘行一节，如能紧密协助，确实实施，则效果自当不少”。③

陈诚、顾祝同等在十月十日稍后已大致获悉日军以攻击大场、闸北为目标的“中央突破”计划。十月十三日中央作战军总司令朱绍良在致陈诚的密电中通报，在缴获的日军文件中得知，日军已判明中方“主力部队在大场附近”，敌军“采取中央突破战略，总攻之期日盖逼近”。朱绍良并由此判断：“此云中央突破与敌军近日行动颇相切合。”④何应钦十月十八日致陈诚的密电中，也通报说：“佳(十月九日)日敌方会议，拟再举行第五次总攻，并倾全力攻我闸北、罗店。”⑤

在日军向蕰藻浜以南大举进攻和实施“中央突破”计划、左翼军参谋机关对反击战有利形势的判断以及广西部队4个师即将投入淞沪战场等众因素的促成下，第三战区总部进一步调整和修改了“转移攻势”的计划。十月十一日，在苏州召开

---

① 郗恩绥：《对于本军方面作战之意见》。

② 《第三战区中央军、左翼军方面攻击计划概要》(1937年10月4日)，《十五集团军总司令任内沪上作战》，陈诚“石叟资料室”档案，档案号：008000001940A，第82—86页。

③ 《委座(蒋介石)虞己一作元电令》(1937年10月7日)，第十五集团军总部：《淞沪战役阵中日记(二)》(上册)，陈诚“石叟资料室”档案，档案号：008000001942A，第83页，

④ 《朱绍良致陈诚电》(1937年10月13日)，《淞沪战役战况副电集(六)》(上册)，陈诚“石叟资料室”档案，档案号：008000001927A。

⑤ 《何应钦致陈诚电》(1937年10月18日)，《淞沪战役战况副电集(六)》(下册)，档案号：008000001927A。

的第三战区参谋会议上，已知悉广西部队4个师即将从陇海路东段调入淞沪战场的南京大本营副参谋总长白崇禧，提出使用广西部队在蕰藻浜两岸发动反击战的计划。陈诚、顾祝同等人在此前十月四日报请南京统帅部的反击战方案的基础上，将这次反击战的主要任务置于击破南下大场一线的日军，置作战重点于南翔以东、蕰藻浜以南。陈诚在十一日当天致电蒋介石，报告有三种方案可供选择。十五集团军总部这天的《阵中日记》有如下记载："十月十一日20时，（陈诚）与委座（指蒋介石）电话……研究广西军之用法：第一案，由广福、陈家行间转移攻势；第二案，由陈家行附近蕰藻浜北岸转移攻势；第三案，先将蕰藻浜南岸站稳，再转移攻势。顾（祝同）主任意以用第三案，先将大场陈家行之线站稳，再乘机转移攻势。"①

陈诚和顾祝同接着对上述三个方案加以具体化，作出较为完备的作战方案，报请蒋介石从中裁定。第一方案是以蕰藻浜以北为反攻之重点，同时在南岸协同进攻，"以第五路军（广西部队）由蕰藻浜北岸，同时以两个师由蕰藻浜南岸，各以一部由南岸及罗（店）嘉（定）公路以北转取攻势，对敌行歼灭战"。第二方案是以蕰藻浜南岸以反攻要点，"以第五路军据守蕰藻浜南岸，以第十六军团及第六十六军之一部，再由另外抽出几个师，由蕰藻浜北岸出击，将突过蕰藻浜南岸之敌包围歼灭"。第三方案是"暂取守势，待（第五路军）集中后，再相继出击"。②由原第五路军主力组成的第二十一集团军因为在十月十一日才正式组成，在十四日之前还未开抵淞沪战场。

蒋介石和南京统帅机关极为赞成进行一次规模较大的反击战，"认为欲打破危局，非反攻不可"③。对于反攻的重点方向和发动的时机，则主张需待担任反攻的兵力完成集结和敌军疲惫之时，再行决定。后来"经统帅部决定，采用第二方案"。十月十三日，在昆山召开的作战会议鉴于形势的紧迫，认为反攻之战不宜久延，"乃决心乘敌攻击疲惫之时，突予猛击，以求突破渡过蕰藻浜南岸之敌"④。

二、 转移攻势：第三战区总部关于反击战的部署

第三战区总部把这场反击战的主要作战置于南翔以东、大场一线以北、蕰藻浜以南、庙行一线以西的地区。这里也正是日本上海派遣军实行其"中央突破"计

---

① 《陈诚致电蒋介石》（1937年10月11日），《淞沪战役阵中日记（一）》，档案号：008000001941A。

② 《陈诚关于七七事变后上海南京作战的回忆》，中国第二历史档案馆藏国民政府军令部战史会档案，档案号：（二十五）2864。

③ 邹作华：《上海作战之经过与所得之教训》，中央炮兵学校印行，1938年，第14页。

④ 《陈诚关于七七事变后上海南京作战的回忆》。

划的主要进攻方向。这个地区虽属于中央作战军的战区范围,但却是它与左翼作战军互相联结的接合地带。这场反击战乃由中央和左翼两大作战集团联合进行,陈诚作为战区前敌总司令,负责作战的统一指挥。

这场反击战的预先命令是在一九三七年十月十四日发出的。当时,"第三战区司令长官部鉴于敌连日不断向我蕰藻浜南岸攻击,十四日深夜敌复在唐桥站以南之坍石桥、西塘桥、乔亭宅之线猛烈进攻,西塘桥、陈家行两处尤为激烈,而我第二十军加入作战,亦失阵地数处,广福以南阵地……一度被敌占领"。为此,反击战迫在眉睫,而已内定的担任反击战主攻的广西部队也于十四日开始抵达淞沪战场;于是,第三战区总部在十四日晚上下达了"作战命第四号"。

上项"命令"规定这次战役总的作战任务和目标是:"先行巩固现阵地,再行扑灭蕰藻浜南岸的敌军,恢复刘家行、罗店之阵地。"①按此规定,这次反击战的目标有两项,一是"扑灭蕰藻浜南岸敌军",二是"恢复刘家行、罗店之阵地"。上项"命令"分别确定了两大作战集团的作战任务:"中央作战军,应先行巩固蕰藻浜南岸之阵线,并迅速加强彭浦至大场及江湾至大场、老人桥、新泾桥、陈家行一带预备阵地,再以主力由唐桥站以西地区转移攻势,扑灭蕰藻浜南岸之敌,向刘家行以南地区进展";"左翼作战军,应先以一部分担任江岸之守备,主力先巩固原阵地线,并加强南翔至马陆镇、登桥镇沿新泾河、浏河镇之预备阵地,再同中央作战军转移攻势,向刘家行、罗店一带地区进展"。②

十月十四日至十八日,日军主力继续进犯蕰藻浜南岸,"指向我大场、南翔间猛攻,有遂行中央突破之计划,使我闸北、江湾一带阵线,悉受其侧背威胁,以达成占领南翔、嘉定之企图"战局的严峻态势,推动南翔以东反击战迅速发起。以蒋介石的名义发出的《第三战区作命第四号》命令,指出日军当前的企图是:"敌以主力由唐桥站、陈家行间地区向蕰藻浜南岸进犯,似有攻取大场、威胁我中央军左侧背,达成其占领上海之企图。"③这一命令正式确定了南翔以东大规模反击战的方针和基本部署。蒋介石十月十五日致顾祝同、陈诚的"电令",更使第三战区总部最后决心发动这场战役并作出部署。蒋介石在这天下午发下的关于"对淞沪作战应着眼之点"的"电令",对这次反击战役作出多项要求和指示,明确提出"对蕰藻浜南岸阵地非确守不可,退后一步则对我军以后作战有莫大不利",要求尽可能

---

① 《第三战区司令长官部作战命令》(1937年10月15日),台湾"国防部"史政编译局:《抗日战史——淞沪会战》,史政局印行,1964年,第125页。

② 《第三战区司令长官部作战命令》(1937年10月15日),《抗日战史——淞沪会战》,第125页。

③ 《第三战区作命第四号》(1937年10月14日17时),《淞沪战役阵中日记(二)》(下册),档案号:08000001942A。

“夺回刘行附近之路叉”，并用火力固守“罗店至大场公路”，提出在主攻之外在“攻击区两侧各师应随同参加攻击”，还要求“对敌阵地之详细侦察及攻击细节之规定应速开始”①。十月十七日，蒋介石“由南京赴苏州，召集左翼兵团总司令陈诚，决定出击部署”。②

于是，第三战区总部继十月十四日发布预筹命令之后，于十月十八日正式下达“转移攻势”、发起反击战的作战命令。“战区司令长官鉴于(战局)状况，决以击破蕰藻浜右岸敌军之目的，于十月十八日 21 时下达转移攻势命令。”③如果说，第三战区十四日命令还以“巩固现阵地”作为首要作战任务，将反击作战列为准备步骤，那么，十八日的命令则把反击战视为当前最急迫的战斗任务。十八日的“命令”指明：“在战区以击破蕰藻浜右岸敌军之目的，决由蕰藻浜两侧地区转移攻势。”④第三战区作出反击战部署时，深受蒋介石信任的德国驻华军事顾问团首席顾问法肯豪森也直接参与了策划。十月十九日晚上，法肯豪森从苏州致电蒋介石，通报说他“今日与白将军崇禧及顾总指挥祝同缜密商讨攻击之准备”。⑤可见，德国顾问团也是支持这个反击战计划的。

十月十八日“转移攻势”的命令，对这次反击战役作出了全面部署。(1)中央作战军方面，“以六个团编成攻击军，由谈家头、陈家行之线攻击前进，保持重点于左翼。第一攻击目标为盛宅、乔亭宅、顿悟寺之线。第二攻击目标为西塘桥、东赴家角、西六房之线”。(2)左翼作战军方面，“以四个团编成攻击军，由陈家行(不含)、新陆宅之线攻击前进，保持重点于右翼。第一攻击目标为沈宅、杨家宅、唐桥头之线。第二攻击目标为朱家衖、田都、孙家头之线”。(3)中央和左翼两个作战军其他正面各师，“除守备阵地部队外，应编成四个突击队，向敌阵地要点出击，策应攻击军之战斗”。(4)“邻接攻击军之各师，应抽调预备队连系攻击军前进，以掩护其侧背。”⑥上述命令规定，各部队须于十月二十一日薄暮前，完成一切攻击准备。

中央作战军担负这次反击战的主攻任务，总司令朱绍良于十月十九日 10 时

---

① 蒋介石：《对淞沪作战应着眼之点》(1937 年 10 月 15 日)，《淞沪战役阵中日记(二)》(下册)，第 167 页。

② 郝柏村：《郝柏村解读蒋公八年抗战日记》(上册)，台湾远见天下文化出版公司，2013 年，第 160 页。

③ 《北站、江湾、大场、陈家行、浏河线之转移攻势》，《抗日战史——淞沪会战》，第 133 页。

④ 《第三战区作战命令》(1937 年 10 月 18 日 21 时)，《抗日战史——淞沪会战》，第 133 页。

⑤ 《法肯豪森致蒋介石电》(1937 年 10 月 19 日 19 时)，秦孝仪：《中华民国重要史料初编——对日抗战时期》《作战经过》(一)，国民党中央党史会，1984 年，第 207 页。

⑥ 《第三战区作战命令》(1937 年 10 月 18 日 21 时)，《抗日战史——淞沪会战》，第 133—134 页。

以第18号作战令下达作战部署。其时，中央作战军共辖第九、第二十一两个集团军，朱绍良的命令规定“以第二十一集团军所到之部队（即广西部队4个师）编成攻击军，协同左翼作战军转移攻势”，并指定“第九集团军应以有力部队，于大场以北地区转移攻势，策应攻击军之作战，并特须注意攻击之同时，全线各部应行出击，以牵制敌军行动”。①不过，按照蒋介石在十九日1时下达的电令，这次反击战由陈诚统一和直接指挥，因而朱绍良只指挥第九集团军各部之作战，并未指挥担任反击战主攻的第二十一集团军的作战。

陈诚以第三战区前敌总司令兼任左翼作战军总司令，为这次反击战役的前方最高统帅。左翼作战军当时辖有第十五、第十九2个集团军以及第七十三军等部，并节制指挥江防军、第十一军团等部，是淞沪战场一支规模最大、最具实力的方面军，因其主力部署于蕴藻浜以北、长江南岸一带，在这次反击战中并未担任主攻之责，而以协同中央作战军进行反击战为主。十月十九日，陈诚下达转移攻势的作战命令。其中规定：“本军以击破当面之敌之目的，决由广福南北两侧地区及蕴藻浜右岸侧击，转移攻势。”“命令”指定第十九集团军，“以第六十六军编为第二路攻击军，由孟家宅、马家宅正面攻击前进，第一攻击目标为杨家宅、徐宅、唐桥头之线，第二攻击目标为田都、孙家头之线”；第十五集团军“以第九十八师编为第三路攻击军，由广福、费家宅正面攻击前进，保持重点于右翼，向正南方向压迫敌人，第一攻击目标为彭宅、张家宅、仉家宅之线，第二攻击目标为老宅、张家宅（张家东侧）之线”；此外，“其他第一线正面各师，除守备阵地部队外，应各编成数个有力突击队，向敌阵地要点出击，策应攻击军之战斗”。②

总计这次直接投入反击作战的部队，第二十一集团军有4个师、第九集团军约有3个师、第十五集团军有1个师、第十九集团军有2个师，另有炮兵第一至第四营，总兵力为近10个师。此外，作为牵制性作战而参加反击的部队在10个师上下。其部署特点是在中央战场和左翼战场分散使用兵力，各自为战，只是在中央战场的南翔以东蕴藻浜南岸反击进攻正面突击地带部署6个团兵力。显然，这反映了第三战区当时在前线50多个师兵力，都在消极防御战略的左右下分兵把口，与敌军相持在阵地上，从而使前线指挥机关已无多少机动兵团可供调动使用了。

从第三战区总部对这次反击战的计划和部署而言，其企图是很为积极和广大的，至少也要击破南渡蕴藻浜的日军，消除南翔—大场—庙行—江湾一线中国军

---

① 《中央作战军作战命令第八号》（1937年10月19日10时），《抗日战史——淞沪会战》，第136页。

② 《左翼作战军下达各集团军命令》（1937年10月19日），《抗日战史——淞沪会战》，第154—155页。

队阵地所受威胁，而如果进而能克复刘行、罗店，则淞沪战局将为之一变。然而，以中国军队投入反击的部队数量和战斗力来看，却并无取胜的把握，蒋介石、陈诚、顾祝同显然是在走一步险棋。

三、 重点出击：二十一集团军的反击作战

淞沪战场中央作战军和左翼作战军按照第三战区总部的统一部署，在一九三七年十月二十一日下午发起了南翔以东大规模反击战。这场反击战役由第二十一集团军第一七一、一七三、一七四、一七六师 4 个师编成第一路攻击军，第十九集团军第六十六军编成第二路攻击军，第十五集团军第九十八师编成第三路攻击军，分别从 3 个不同战线展开反击。

第一路攻击军是这次反击战的主力军，担任主攻任务，由广西部队第七军的 1 个师和第四十八军的 3 个师合组而成，由二十一集团军总司令廖磊指挥。这支部队在九月间离广西北上抗战，原定编入第五战区。十月上旬，各师大部到达陇海路徐州至海州间。十月十一日，蒋介石下令由第七、第四十八军组成第二十一集团军，划归第三战区序列，调入淞沪战场参战。十月十四日至十七日，第七军一部和第四十八军各师陆续进入蕰藻浜南岸陈家行、谈家头、沈宅、北侯宅至大场以西，走马塘南岸一带。广西部队 4 个师的到来，被战区统帅机关视为一支可以机动的新锐力量而寄以厚望，用作这次反击战的主力军。

十月二十一日 19 时，第一路攻击军全部炮兵先行向敌阵发起破坏射击，至 20 时地面部队发起进攻。该路攻击军分左、右两翼展开。“左翼指挥官为一七六师师长区寿年，以谢鼎新团为前导，由陈家行以东地区，经陈宅向顿悟寺、乔亭宅攻击前进，甫越出阵地，即与敌接触，迭经我军奋勇冲击，敌卒不支，纷纷溃退，遂将顿悟寺收复。但因河流交错，后续部队通过不易，先头部队未敢孤军深入，且经长夜之攻击，进展未能如望，即将后续部队撤回，仅留先头营担任陈家行前方攻占地区之守备。”①第一路攻击军的“右翼指挥官为第一七四师师长王赞斌，以黎式谷团为前导，从丁家桥以南向桃园浜攻击，企图收复被敌攻占不久的丁家桥、桃园浜和北侯宅，但因敌凭河抗拒，攻击部队未能架桥，无法进展，为顾虑天明后遭敌机炮之轰击，遂撤回原阵地”。②第一路攻击军首次反攻战收效不大，只是一度将顿悟寺收复。

---

① 《北站、江湾、大场、陈家行、浏河线之转移攻势》，《抗日战史——淞沪会战》，第 150—151 页。

② 第二十一集团军司令部：《上海、南翔、陈家行之役》，《二十一集团军关于淞沪会战的战斗详报》，中国第二历史档案馆藏国民政府军令部战史会档案，档案号：(二十五)3254。

十月二十二日是反击战斗的第二天，二十一集团军继续发起进攻，而当面之敌也在同一日发动猛烈攻击。这天早晨，日军的后续部队到达，即以机枪、火炮、战车，并释放毒气，向我军冲击，双方搏杀异常惨烈。二十一集团军的战斗详报记述这天的战斗，作如下概括："本日全线遭敌总攻，炮击轰炸异状惨烈，经我官兵奋勇抵抗，牺牲之巨较前数日尤为甚。"

第一七四师方面：原投入丁家桥、桃园浜、北侯宅之线作战的2个团，战斗至二十二日晨，因伤亡惨重，不堪再战。师部乃在二十二日上午调五三一旅的2个团接战。日军复以机枪、火炮集中该线猛攻。8时后，敌战车多辆掩护步兵冲击。激战至当晚，该旅3个营长和团长、团附各1人均先后负伤，然我官兵奋力拼杀固守阵地。至二十三日拂晓，北侯宅一带阵地几被突破，经我军三四次反复冲锋夺回。但我反击部队无力突破敌之火力网发展攻势，几经反复，阵地幸未失陷。

第一七三师方面：陈家行之战在二十二日也空前激烈。这里的最前沿阵地原由一七六师谢鼎新团前锋部队1个营留守。当日晨敌发起进攻，战斗至上午10时，我军营长及以下官兵均壮烈牺牲。敌攻击矛头指向一七三师守卫的陈家行阵地，激战至当日下午1时，陈家行小镇被日军炮火夷为一片焦土，守卫该地的1个营伤亡惨重而被迫后退，陈家行遂告失守。当晚7时，一七三师五一九旅旅长庞汉桢率领1个团对敌夜袭，又将陈家行克复，但团附阵亡，营长1死2伤，全团伤亡惨重。

第一七六师方面：二十二日下午4时，该师第五一四旅展开反击，于老人桥、新泾桥之线进占预备阵地，对来犯之敌予以痛击，双方伤亡均极惨重。敌军遭到打击后，攻势顿挫。

第一七一师方面：在反击战发动前的二十一日早晨，日军向张家楼、湾宅之线发动猛攻，激战至当天12时，湾宅被敌突破。敌乘机以战车绕阵地两侧，向我军冲击，我阵地顿形混乱。一七一师以预备队向敌逆袭，毁敌战车3辆，敌随伴步兵亦伤亡众多，阵地遂被我军收复，惜我方团长1人负伤，营长3人阵亡，官兵战死者达300余人。二十二日，日军继续以强大火力掩护步兵向张家楼、湾宅之线猛攻。我军拼死阻击，团长颜僧武负伤，在惨烈战斗中得以保持原阵地。

十月二十三日，反击战进入第三天，也就是最终决定胜负的关键时刻。二十一集团军的战斗详报以异常沉重的语调概括了这天的战况："本日敌之陆空步炮、战车、毒瓦斯等诸种火器，如狂风暴雨急剧向我阵地进攻，亦为本集团参战以来最为惨烈的抗战之日。"第一路反击军的4个师，这天对进攻之敌展开全线激战。

第一七一师张家楼、湾宅之线，"二十三日拂晓，敌机枪、火炮的轰击比前一天更趋猛烈，工事整个被毁，敌战车掩护步兵2 000余人冲锋，我官兵与敌反复肉搏。激战至13时，秦霖旅长阵亡，黎式谷团长负伤，官兵伤亡惨重。幸该师皆属老兵，咸能沉着各自为战，始终保持原阵地。20时，该师长奉中央作战军朱(绍良)总司令电话，将防务交由第三十二、第十四、第五十三等师分别接替”。①

第一七三师陈家行、孟家宅之线，二十三日晨复遭日军空军和炮兵的轰击，阵地工事几全为倾覆，(五一九旅)旅长庞汉桢阵亡，团长黄法睿负伤，官兵伤亡奇重。因兵力单薄，援队不济，只得自行撤回陈家行之南岸死守。

第一七四师北侯宅一带，二十三日拂晓，阵地几被日军突破，经我军三四次奋力反击，才重新夺回。师参谋长龙炎武负伤，营长曾鉴时阵亡，连排长以下官兵伤亡尤多，但战斗犹未停止。激战至当日下午4时，阵地未失，敌卒未得逞。

第一七六师谈家头一带，二十三日上午，敌我双方在谈家头前方李家宅展开争夺战，敌军被谢鼎新团击退。敌复增援猛攻，我官兵反复与敌肉搏，激战至当日下午5时，谢鼎新团长阵亡，营长以下官兵伤亡众多。但是，该团余部仍坚持战斗，敌军未得前进。

十月二十三日的激战，成为二十一集团军这次反击战的最后一战。广大官兵同仇敌忾，奋勇拼搏，给了凶横骄狂的日军以相当沉重的打击，也守住了一部分原有的阵地，但自己的损失十分严重，特别是原定的反击战的目标几乎全未达到。战至这天傍晚，二十一集团军在第一线参战的4个师，兵力损失已经达到五分之三以上，已无继续在第一线作战的力量。朱绍良、陈诚于当天下午先后电令廖磊，将前线阵地交予第三十二、第十四、第五十三师等部接替，将所部后撤京沪铁路以南、苏州河北岸进行整理。当晚8时以后，广西部队参战的4个师开始撤出战场，从而结束了这一场历时三天三夜的反击战。

四、左翼反击：六十六军和九十八师的反击作战

在中央作战军进行反击作战的同时，左翼作战军按第三战区的统一部署也发起了反击战。十月二十一日11时，负责左翼战场反击战一线总指挥的十九集团军总司令薛岳发布作战令，命令第二路和第三路攻击军“由广福南北地区及蕴藻浜右岸(展开)侧击，转移攻势”，规定“第二路攻击军由第六十六军编成，归叶(肇)军长指挥，由孟家宅、马家宅正面攻击前进，保持重点于右翼”，“第三路攻击军由第九十八师编成归夏(楚中)师长指挥，由广福、费家宅正面攻击前进，保持重点于右翼”；而本集团“第一线各师，除守备阵地外，应编成数个突击队；突击敌阵地要

---

① 《北站、江湾、大场、陈家行、浏河线之转移攻势》，《抗日战史——淞沪会战》，第150页。

点，策应攻击军之战斗”。①

第二路攻击军由第六十六军一六〇师3个团和一五九师各团抽集部分兵力组成，由一六〇师旅长邓志才率领。十月二十一日下午9时，该队1个营由李家宅架桥偷渡，至晚10时全队渡河完成，并与左翼第九十八师反击部队取得了联系。当晚11时进至老陆宅东北与敌发生遭遇战。不久，向东南杨家宅前进，因被河流所阻，乃转向彭宅方向进行进攻。激战至二十二日凌晨2时，敌我双方都颇有伤亡，天明前我攻击军返回三家村阵地固守。一六〇师二十一日晚“将唐桥头及新三家当面河岸占领”，是反击战开打后第一个胜绩。②可是，六十六军二十一日至二十二日晨的初战，即“伤亡官长8员，士兵100余人”。③

二十三日下午，六十六军军长叶肇令一六〇师将三家村、老陆宅阵地的防务，交由一五九师接替。一六〇师以1个旅控置于方家湾、金邱宅附近，策应三家村、老陆宅一带之作战，以另一个旅一部坚持原阵地。该部因伤亡严重于当夜开赴封家村以西整理。一五九师主力后移石岗门、第二塘之二线阵地。二十四日晨敌军继续发动进攻，“敌不断以重炮向我阵地及后方轰击，并以搜索部队向我阵地挑战。我守兵不为所惑，沉着应付，待其接近，始以大刀夹击之，敌知难而退”。④二十五日晨，一五九师一线部队在东小宅、马家宅间构成第二线阵地，炮兵营撤回马陆镇阵地，反击战遂告结束。

第三路攻击军由九十八师夏楚中部编成，十月二十一日下午3时师部下达攻击令。7时我军炮兵向戴宅、新水桥、西二房一带之敌轰击后，第二九二旅展开于广福、费家宅之线，在炮火掩护下架设杨泾河便桥。当晚8时，该旅即向戴宅、士桥、新水桥、南梅宅之线敌警戒阵地攻击。我攻击队一部于晚上8时许已驱逐敌之警戒部队，攻势直指敌主阵地。我进击戴宅的1个营遭敌疯狂抵抗，营长战死，反击各部虽各有进展，但都有重大伤亡。除九十八师外，左翼战场的四十四师、六十师、三十一师、五十八师、五十六师等部也都派兵参加反击战。

二十二日凌晨，敌集结兵力由戴宅附近转移攻势，向我反扑，江森寺和红庙复被敌占领。二九二旅后方通道被遮断，遂与敌反复冲杀，演变成一场惨烈的混战。二十二日上午，九十八师奉命接替第十三师马家宅、广福、费家宅一线阵地的守卫。上午8时后阵地接替甫告完毕，即遭敌机猛烈轰炸。11时许，敌300余人在炮兵掩护下，向我三家村、老三家阵地进攻。经过我军奋勇冲杀、给敌打击，我军

---

① 《北站、江湾、大场、陈家行、刘河线之转移攻势》，《抗日战史——淞沪会战》，第156页。

② 《薛岳致陈诚电》（1937年10月23日），《淞沪战役战况副电集（七）》（上册），档案号：008000001928A。

③ 《叶肇致陈诚电》（1937年10月22日），《淞沪战役战况副电集（七）》（上册）。

④ 《叶肇致陈诚电》（1937年10月24日），《淞沪战役战况副电集（七）》（上册）。

被迫退守杨泾河右岸桥头堡。二十三日上午，敌再度向我广福一带阵地发动进攻，战斗至晚，经师部派队增援出击，敌始一度退击。二十四日拂晓开始，敌机和炮兵不断向广福及其以北阵地狂轰滥炸。当天下午 6 时，敌兵再度由新水桥、南梅宅之线向广福及其以北我军阵地进攻，我守兵与敌展开争夺，战至当夜 11 时，经我炮兵协力逆袭，敌之攻击顿挫而退去。至此，经 3 天多日日夜夜的战斗，执行反击任务的第三路攻击军与当面之敌陷入一场持续的拉锯战，而未能达成当初的反击战的目标。

五、 反击落幕：战局恶化和大场陷落

中央作战军和左翼作战军的 3 支突击部队蕰藻浜南北反击战遭到失利后，淞沪战局急剧恶化。日军遂行其“中央突破”计划，集中重兵向以大场为中心的走马塘南北之线疾进。右翼日军第十一师团从刘行南下，对大场守军的左翼进行攻击。同时，日军主攻部队第九、第三师团向大场阵地的右侧实行包抄，第一〇一师团则从吴淞泗塘河两岸和江湾新市区一带，向江湾和庙行推进，从中国中央集团的右翼发起进攻。从十月二十三日起，日军倾其全部主力，在空军的掩护下，向走马塘沿岸发起决定性的进攻，至二十四日和二十五日在多处突破了走马塘防线。

第三战区总部鉴于走马塘防线被敌突破，战场态势已趋危殆，乃于十月二十五日晚下达“作战命令”，确定战区当前的中心任务是“击破走马塘右(南)岸之敌，恢复原阵地”。“命令”规定：“中央作战军应以一部据守北站、江湾、大场阵地，主力由大场以南地区，连系左翼作战军攻击当面之敌军，进出走马塘之线”，“左翼作战军应以一师以上兵力，由金家角、严家浜、张家弄、杨马弄附近地区，连系中央作战军攻击当面的敌军，进出走马塘之线，其余主力仍据守新泾桥、广福，施相公庙、浏河之原阵地”。①

这时，从东部的江湾、庙行沿走马塘南北一线向西，中经大场，西至南翔的这一阵线，已成为中国军队守卫苏州河以北上海市区的最后一道防线。如果此线不守，淞沪战场苏州河以北整个防御体系就将崩溃，形势对于中国守军而言已是危在旦夕。为稳住大场东西一带走马塘之线，中央作战军总司令朱绍良在十月二十三日下午调整部署，以第八十七、第三、第十八、第三十二师共 4 个师据守庙行、许巷、大场、小石桥、郁公庙之线，作为抗击日军南下的第一线阵地；另调三十六师之

① 《第三战区作战命令》(1937 年 10 月 25 日 21 时)，《抗日战史——淞沪会战》，第 152—153 页。

1个旅于大场南侧待命。①同时，左翼作战军也调第十四师和第十一师之一部，部署于南翔至新泾桥一线以南地区，协同中央作战军防卫走马塘西段，以牵制日军对大场的进攻。

十月二十五日，日军发动总攻。十九集团军总司令薛岳于当日傍晚给陈诚的电报叙述当天的战况："本日敌对我大场、彭泾桥线开始总攻，其飞机群亦亘日不断轰炸。其炮火密炽猛射，皆空前激烈，三十三师小石桥、老人桥、郁公庙阵线，敬（二十四日）晚即开始受敌猛攻。有（二十五日）未（早晨）阵地受敌机轰炸，已退至张家桥、九王庙附近。第三师之一团受其影响，亦撤至严家浜与十四师会合。……五十三师新泾桥、盛家宅、孟家宅防线，敬（二十四日）晚敌已迫近。五十七师唐家桥、孙家行、葛家头、孟家宅阵线亘日受敌猛攻。未（16时）刻葛家头、孟家宅阵地被突破。一五九师、九十八师、第九师阵线，敌炮击亦烈。判明日敌必继续南犯或向东西扩张其突破面。"②

第十五集团军在南翔至新泾桥一线的第十四师和第十一师一部亦同时遭敌猛攻，被迫节节后退。二十六日拂晓后，十四师全线激战。上午8时，陆家窑阵地因营长阵亡而被击破，退守军马衖、袁家桥各据点。10时我军羊马衖阵地又被敌攻入。下午4时，敌又以烧夷弹向袁家桥攻击，各村落尽行着火，守兵退据两侧工事坚持，至下午5时转移至南翔以南的双庙、水车头、姚家宅地区。十一师的六十一团于二十六日下午5时退守李家桥、王家宅、小张家桥之线，掩护十四师转移。

中央作战军这时除以八十八师、六十一师等部守卫闸北、江湾、庙行一带以外，倾注全力阻击进攻大场走马塘一线的日军。在此稍前，战局已趋恶化，中央作战军大场走马塘之战已是临危受命、死中求生的一场恶战。十月二十四日拂晓后，八十七师主力留置于庙行的一部受敌空军和炮兵的轰击，伤亡官兵达三分之二以上，主力转移至无名英雄墓、庙行亘李家楼宅之线。第三师也于同日晨受敌猛攻而伤亡惨重，转移至李家楼宅、许巷之线。第十八师主力一部在东湖家桥、陆家堰附近于二十四日晨被敌机炮集中轰击，两营官兵伤亡殆尽，至黄昏敌突破该阵地，进入马桥宅、季项宅附近。三十三师当面之敌，二十四日整天以战车20余辆、步兵2 000余人一次次发起进攻。我官兵前仆后继，战况极为惨烈，老人桥以西阵地一度被敌突破。

十日二十五日凌晨开始，日军猛攻十八师的姚家塘、洛河桥、小石桥警戒阵

① 《朱绍良调整蕰藻浜两岸阵地部署》（1937年10月23日），《抗日战史——淞沪会战》，第141页。

② 《薛岳致陈诚电》（1939年10月25日12时半），《淞沪战役战况副电集（七）》（上册），档案号：008000001928A。

地。战斗至4时顷，守兵伤亡惨重，后退主阵地。敌复猛攻十八师大场镇和小石桥主阵地。激战至黄昏，守兵卒以伤亡惨重而退至大场镇西南与敌对峙。同日，第三十三师当面之敌也一早发动进攻。拂晓后，守军小石桥、老人桥、郁公庙一线阵地工事被敌摧毁，守兵伤亡惨重。激战至下午3时，敌以战车掩护步兵突击，“我三十三师老人桥阵地被敌突破，官兵伤亡甚众，冯师长兴贤已负伤”，①该师已无力再战，不得不后退至张家桥、九王庙附近。第三师于二十五日晨甫行集结于小石桥南方地带时，第十八、三十三两师阵地已被敌突破，该师即占领王家宅、葛家桥、周家桥之线堵击敌军。激战至下午6时，终被迫撤至严家浜附近。

十月二十六日晨，日军在大场镇西边以大批战车向第三、第八十七两师葛家桥、周泾桥阵地猛冲。激战至下午3时，阵地被敌突破一部，敌军长驱直入冲向国际无线电台附近。在大场镇正面，我守卫该镇的第十八师和八十七师之一部，从二十六日晨开始即遭日军重兵猛攻，同时日军战车突击至大场镇南侧地带，与我三十六师之一个旅在浦宅、杨家木桥附近展开激战。日军从正北面的进攻，都遭到十八师和八十七师一部的顽强阻击而未得手。最后，敌才集中兵力，以40辆战车为前锋，向大场西边1公里多的地方突破，胡家宅、塔河桥等据点遂告陷落，守军全线动摇。十八师和八十七师抗击至当日午后，阵地全被摧毁，人员伤亡大半，余部突围转移。日军从东西两侧攻入一片火海的大场镇。二十六日下午5时，大场终于陷落于日军的铁蹄之下。

六、 成败得失：淞沪会战史上一个值得反思的战例

大场的陷落，直接导致在中央战场的第九集团军等部9个师的部队，面临被日军包抄合围和歼灭的现实危险。于是在十月二十六日晚至二十七日晨，中央作战军迅速撤向沪西地区、南渡苏州河，在北新泾、虹桥镇一带河南岸部署新防线。南翔以东、苏州河以北、蕴藻浜以南的中国军队防御体系由此解体。淞沪战局的这个重大逆转，实际上是南翔以东大规模反击战失败的继续和延伸，是这场反击战的消极后果的集中表现。这场反击战役无论从战场效果还是以全局影响来看都是不成功的，尽管参战广大官兵英勇悲壮的浴血奋战和前仆后继的献身精神永远值得后人崇敬和发扬，然而从一个战役的总体评价而言，其决策是失误的，作战是失败的，留给后世的是一个惨痛的深刻的教训。

当然，这场反击战役也不是毫无战绩。一是反击部队在十月二十一日和二十

① 《朱绍良致陈诚电》(1937年10月26日23时)，《淞沪战役战况副电集(七)》(上册)，档案号：008000001928A。

二日两天的晚上从敌军手中夺回过一批前沿的小村庄，据不完全统计，被收复的村落有二三十个。例如，二十一日晚，一七四师攻占桃源浜，一六〇师攻占塘桥头及新三房河岸阵地，四十四师进占北梅宅西端小村和肖家宅，六十师攻占林家宅及其以东小村，五十一师进攻吴家宅，占领张宅以东之刘家村和王村，五十七师攻占朱三房、董宅、朱宅，五十六师进占许村、野沟桥、杨宅、沈宅，八十七师攻占江湾仙水庙等。二是突击部队在一部分战线于二十一日和二十二日夜主动出击，虽未夺占敌军据点，但把我军前沿阵线向前推进了一步。例如，“我广福以北至浏河阵地，经马（二十一日）养（二十二日）两夜之突击，进占一公里”。①一七六师二十一日夜将姚家池后宅之敌击退，将我方阵线向前推进。九十八师同日晚驱走长桥、新水桥之敌，扫荡敌军至南梅宅。三是歼灭了少量日军。二十一集团军在陈家行反击战中给了日军第九师团以沉重打击，在宽约 3 公里的作战正面，敌军采取强攻，结果伤亡惨重，二十一集团军屡屡发起反冲锋，以密集火力杀伤敌人。第九师团投入作战的步兵中队一般每队有 180 人，但许多中队战至最后仅剩 20 人上下，敌军伤亡之重由此可见。十五集团军罗卓英部二十二日晚“出击部队击毙敌川崎大尉、田中中尉各一员”，缴获武器若干。②以上这些战绩都是用广大官兵的鲜血和生命换来的，得来不易，代价亦大。然而，对于整个战局而言，并未产生转变局势的作用。

这场反击战的预定目标是要歼击入侵蕰藻浜南岸的日军，恢复浜河南北的阵地，进击刘行、罗店，逼敌于长江沿岸。可是，终其反击作战结束，上述目标没有任何一项是实现的。而且，参战的反击部队伤亡惨重，耗损巨大，对这些部队造成了严重的后果。二十一集团军的 4 个师是这场反击战的主力军，遭受的损失极为严重。据该集团总司令廖磊在十月二十六日的报告，该部“自删（十月十五日）晚至梗（十月二十三日）早共八天，在陈家行、谈家头亘丁家桥、湾宅至张家楼之线抗战，反复抗击，失而复得几四五次……嗣以牺牲过大，奉命撤回整理……计是役伤亡旅长五员、师参谋长一员、团长十员，团附、营长、连长约一百五十员，排长伤亡约四百余员，班长伤亡殆尽，兵卒伤亡约三分之二”。③以第一七三师为例，据该师师长贺维珍在反击战结束后向军委会第一部的报告，全师人员和武器的损失的具体情况有如下记载。（1）官佐 524 人（反击战开始前）减至 318 人（反击战结束后），（2）列兵 7 030 人减至 2 040 人，（3）后勤兵 381 人减至 313 人，（4）七九式步

① 《何应钦致陈诚电》（1937 年 10 月 25 日），《淞沪战役战况副电集（七）》（下册），档案号：008000001928A。

② 《罗卓英致陈诚电》（1937 年 10 月 23 日），《淞沪战役战况副电集（七）》（上册）。

③ 《廖磊致陈诚、蒋介石、顾祝同、李宗仁、白崇禧、朱绍良电》（1937 年 10 月 26 日），《淞沪战役战况副电集（七）》（下册）。

枪 4 273 支减至 2 158 支，(5)轻机枪 216 挺减至 54 挺，(6)重机枪 48 挺减至 19 挺，(7)手枪 919 支减至 558 支，(8)步兵炮 22 门不变①。以上各项中只有步兵炮因未参战而未受损失，其他各项无不遭到严重损失。同样，作为第二路攻击军的第六十六军 2 个师，在这次反击战中也受到了严重损失，其一五九师全师近 6 000 人参战，经 4 天多战斗，到二十三日晚，只剩下“官佐三四七名，士兵三〇二〇名”②，一六〇师损失亦重。经此一战，六十六军损兵折将，严重减员，以致在反击战结束后的第四天，不得不从后方调来新兵 6 个营共 3 134 名予以补充③。

这场反击战是淞沪会战三个多月进程中，唯一一次使用 15 个师上下兵力进行的一场较大规模的反突击战役。蒋介石、白崇禧、陈诚、顾祝同等人曾企图以此战扭转战局而对其寄予厚望，但出乎意料，以短短三四天的作战，就遭到严重失败。在败局已定之际，战区前敌总司令陈诚总部的参谋机关，在十月二十四日曾就广西部队这一失败的原由作过一些探究，认为桂军 4 个师“作战时间不及一周，而伤亡之大，为数罕见，究研其原因，约有下列数端”：一是“加入战斗太仓促，地形情况均未熟悉”；二是“桂军为征兵制，为各方召集即出发……以致上下不相识，因此团结力大为减少”；三是部队“召集后(没有)加以训练然后(再)开赴前线”。④然而，这一总结并未触及问题的实质和关键。事实上，参战部队新兵太多、缺乏训练、仓促上阵等都非失败的主要原因，这一失败，也不是由于前线战斗部队作战不力，而主要是战略战役指导和作战方针的失误造成的。

首先，中方统率机关策定这次反击战的作战计划时，对战场形势判断有误，过低估计敌方实力，过高估计自己的突击力量。反击战发动前一段时间里，第三战区总部对当面日军力量和状态的总的判断是认为敌人处在“进攻顿挫”和“战力疲惫”的状态，短期内难以组织和发动大规模攻势。陈诚十月四日向蒋介石提出的反击战方案，判断日军已陷于“攻势顿挫”，一时无力发动强大攻击作战。在反击战开战前夕，何应钦对日军攻势作出过低的估量，说“上海方面敌军连日猛攻，迄未得逞，今日攻击力已衰颓，如无援军到达，难望进展”。⑤但事实上，到十月上旬，日本上海派遣军已在左翼战场和中央战场集中有 5 个半师团的地面战队，以及拥有相当强实力的海军和空军，虽然经过近 60 天的连续作战，兵力兵器受到不少消

---

① 《一七三师师长贺维珍致军委会第一部作战组电》(1937 年 11 月 4 日)，中国第二历史档案馆藏档案，全宗号 787，案卷号 7443。

② 《叶肇致陈诚电》(1937 年 10 月 23 日)，《淞沪战役战况副电集(七)》(上册)。

③ 《叶肇致陈诚电》(1937 年 10 月 28 日)，《淞沪战役战况副电集(七)》(下册)。

④ 第十五集团军总部：《阵中日记——1937 年 10 月 24 日第 9 项》，《淞沪战役阵中日记(一)》，第 87—88 页。

⑤ 《何应钦致陈诚电》(1937 年 10 月 20 日)，《淞沪战役战况副电集(七)》(上册)。

耗，然而其主力并未受损，仍保持着强大战斗力，也未陷入“顿挫”和“疲惫”状态。与对敌军战力的低估的同时，却是对自己战力的高估，这主要是过高地估计了广西部队的战斗力。广西部队在全国地方部队中一般认为有比较强的战斗力，以骁勇悍强、善于野战而著称，抗战精神亦被视为高昂。但广西部队武器陈旧，全无重兵器，新兵却占有相当比例，以往只有在省内外进行内战的经验，对于与装备精良、训练有素、拥有重兵器和制空权的日军作战，胜负完全是一个未知数；而且对敌情、地形完全生疏，仓促上阵作战，打的是无把握之仗。白崇禧和第三战区总部没有清醒地认识广西部队的弱势方面，盲目地以为广西军战斗力强，有取胜可能。在急于挽救危局和冒险一搏的心态下，赋予它难以担当的反击战主攻任务，我们不能不认为这是一个决策错误。

第二是反击战役的作战企图过大，兵力未能集中，形成作战面广、兵力分散，“胃口大、实力小”的矛盾，这是作战计划和兵力部署上的错误。按照第三战区的作战计划，“我军为求乘敌攻击疲惫予以猛烈攻击，以求击破渡过蕴藻浜南岸之敌，并进而恢复刘行，乘胜追敌（长）江边而歼灭之”①这个战役目标的要求，不仅包括歼击蕴藻浜以南之日军，收复蕴藻浜、走马塘之间已失阵地，而且要攻击蕴藻浜北岸一带的日军，收复沪太公路中段的军事要点刘行，最后还要追敌至长江沿边而予以歼灭。如此庞大的战役企图和作战目标，依靠当时第三战区所能调动参战的军事力量，企求击败当面之敌第三、第十一、第九、第十三师团等 4 个师团多的地面部队，显然取胜的概率甚低。而且，在作战部署上，直接投入反击战的十余个师的兵力，并未集中使用，而是分为三个作战方向各自为战，在战役战斗上无以形成优势。正如国民党当局编著的战史指出的，“基于当时之状况，及敌我两军战力之比较，是时我军之转移攻势，实为失策”。②

第三，反击战役在突击要点方向的选择上也是失策的，即选择了敌军的强点而非弱点作为进攻的重点。日本上海派遣军在十月初攻占刘行以后，即将主攻方向由杨泾河一线，转向沪太公路东西的蕴藻浜一线，集中第三、第九、第十三师团等主力，由北向南，向以大场为中心的地区实行“中央突破”计划。在反击战役筹划时，作战重心也集中于南边的蕴藻浜沿岸一线。西边的广福南北一线，日军只留置了十一师团，成为其战线薄弱环节。可是，第三战区的反击战部署，未将反突击的重点指向日军的翼侧和薄弱部位，相反却以反击主力指向敌军重兵集结的方向。这不能不说是一个不应有的失误，反映出指挥阶层被眼前的危机形势所迷惑，而失去了战略眼光。时任第十四师参谋长的郭汝瑰将军在回顾此战时说过：当时，“如果不只在南翔以东对敌人的主要突击方向实施反突击，而是保持主要突

①② 《（淞沪会战）检讨》，《抗日战史——淞沪会战》，第 297 页。

击于广福前线，由南翔到罗店全面反攻，敌人侧背到处有弱点，给敌人以一定打击是可能的。事后有人告诉我，原来也准备由广福方面反击，但南翔以东正面坚持不住了，故匆匆忙忙对着敌人主攻方向反击。这是以主力对主力的顶牛，不要说以劣势装备对优势装备，即使对等装备也会失败的”。①

第四，阵地攻坚战的战术运用上的错误。面对敌军重点密集的阵地进行反突击，在战术部署上，“首先要有空军和炮兵协助，压制敌人的火力，要有精炼的工兵开路，突击扫荡敌阵地前的障碍。其次要选定突破点，从敌人最薄弱部位接近敌阵地。同时，突破正面小，以免在第一线使用过多兵力，才能做到突破一点，动摇全线。第三，须控置强有力的预备队，以便再接再厉，支援第一线；同时，准备突破有效时，从两翼扩大战果”。②以上这些阵地攻坚战的战术要则，是亲历这场反击战的广西部队的一个军官从惨痛的教训中梳理出来的。他认为：白崇禧等人“并未考虑中央突破应具备的条件和灵活运用的战术。当时，我军缺少空军，炮兵处于劣势，坦克很少，各兵种不能协同作战，步兵得不到支援”，而“当时白（崇禧）在地图上新划定的出击面很大……却将桂军全部使用于第一线，又未对敌突前阵地施行严密的侦查，纯凭主观的推断”。如此缺乏反突击基本条件的作战，自然潜伏着失败的危险。而且，“在攻击实施前，桂军也未腾出防域，集结兵力，作好部署，控置有力的预备队。加上桂军兵员来自卫团，战斗技术不熟练，且缺乏战斗经验。如果部署适当，指挥有方，虽无优势火力支援，一鼓作气，勇往直前，未尝不可以奏功。但白崇禧既不知彼，又不知己，盲目主张，廖磊跟着盲目指挥，以致桂军遭受重大牺牲，未取得任何战果”。③

第五，这次反击战的失败，归根到底是消极防御战略下阵地战作战方针导致的。消极防御的战略方针和阵地战的作战方针，导致淞沪战场上数十万中国军队分散兵力，处处设防，处处薄弱，被动地困守在漫长的战壕里应付日军的进攻。数十天来打的是战役和战斗上的内线战和消耗战，完全丧失了战场上的主动权，无法组织起战役战斗上的绝对优势兵力去各个歼灭敌人。而阵地战的作战方针，又致使自己的作战部队在武器装备处于绝对劣势，既无强力的炮兵和战车，又无空军保障，甚至处于敌军舰炮的火力之下，以血肉之躯去死拼硬打，倍受摧残，却无由取胜。

这次反击战本来是企求在被动中争取主动，以主动的反击行动扭转战局，可是南京统帅部和第三战区总部并未从此前的作战失败中汲取教训，而是继续采取

① 郭汝瑰：《第十四师杀敌见闻》，全国政协文史资料委员会：《八一三淞沪抗战》，中国文史出版社，1987年，第349页。

② 蓝香山：《桂军参战见面》，《八一三淞沪抗战》，第319—320页。

③ 蓝香山：《桂军参战见面》，《八一三淞沪抗战》，第320页。

老一套的消极防御和阵地战的错误方针。它的集中体现就是分散使用兵力、四面出击，打消耗战，以弱势兵力和兵器向敌之坚固阵地进行没有胜利把握的进攻。特别是使用装备简陋、战斗力不高又毫无准备的广西部队，仓促上阵去攻打拥有重武器的日军精锐部队设防的阵地，是极不明智的，可谓阵地战错误方针的一种恶性发展。

以敌我两军各种基本要素的对比而言，正面的阵地攻坚战不但为二十一集团军、六十六军这类地方部队所难以胜任，即使国民党中央军一流部队也极少取胜可能。这次反击战中担任第三路攻击军的第九十八师，是陈诚系中央军第十八军的四大主力师之一，堪称一流部队。这个师十月二十一日晚上在广福南北地区投入反击作战，虽略有进展，把前沿阵地推进了几百米，但不到 3 个多小时即遭日军强力反突击，以致该师“五八三团二营和五八四团二营顿时陷于包围，几乎全部阵亡。该二营营长蒋伟才、梁瑞均阵亡，武器之损失亦特大，计失去 30 节重机枪 3 挺、各种轻机枪共 28 挺、中正式步枪 253 支、自来得手枪 35 支、左轮手枪 11 支、信号枪 12 支”。①九十八师经三夜二天的战斗也未达到反击战预定目标。显然，此种战法的后果是得不偿失的。

当时在南京大本营第一部(作战部)担任作战组组长的刘斐，对白崇禧等人策划这场反击战的失误颇不以为然，多年后还毫不掩饰地指责说：“这些人不知道现在战法，只凭一股勇气，拿着刺刀向坦克冲锋，自招死亡，不败何待。”②当然，在这里问题的关键并不在于那一批批拿着刺刀向着坦克冲锋的战士，而是指导着广大战士们行动的错误的作战方针。

① 《夏楚中 06.18 代电》(1937 年 11 月 6 日)，《淞沪战役阵中日记(三)》，档案号：008000001443A。

② 刘劲持：《淞沪警备司令部见闻》，《八一三淞沪抗战》，第 50—51 页。

淞沪会战沪西苏州河战役述评*

全面抗战初期，发生在淞沪会战后期的沪西苏州河战役，是中国军队在苏州河以北主战场已告瓦解、全军全面西撤前夕进行的一场规模最大的战役，通常被称为苏州河南岸阻击战。南京统帅机关和第三战区总部组织这场战役的战略意图是什么，战役作战指挥上有何得失，中国军队进行了怎样的战斗，怎么评价这场战役的作用和意义？依据全面而确实的史料，对这一战役进行实事求是的考察和评析，是淞沪会战史研究中一个不可或缺的课题。长期以来，由于种种原因，至今在上海抗战史研究中，几乎缺乏对这些问题的认真、深入的探究。为此，本文试图根据有关档案和回忆史料，对此作一探索，以求教于同行学者和广大读者。

一、 大场战役后淞沪战场的战略态势

由八一三事变揭开战幕的淞沪会战，历经虹口—杨树浦市区攻围战、宝山—吴淞长江沿岸抗登陆战、潘泾到杨泾阵地抗击战、虬江沿岸和新市区阻击战、蕰藻浜沿岸阻击战、南翔以东大规模反击战等一系列战役战斗，中国军队前仆后继、英勇抗击，给了进犯之敌以沉重打击。然而，以战役全局而言，经过近两个月的交战，敌我之间的力量对比和战场形势正在日益向着不利于我的方向发展，中国军队已基本上丧失了战场主动权，陷于全面的防御和节节后退的境地。战至一九三七年十月中旬，日本上海派遣军已攻占了北自浏河—太仓（不含）一带起、南至蕰藻浜南岸，东自长江、黄浦江右岸起、西至沪太公路东西一带之间的一大片地区，同时攻占了黄浦江虬江口至张华浜之间的沿江地带和江湾新市区的大部地区。日军五个师团余的地面部队，在50天上下时间内不仅在上述地区建立了一个稳固的登陆场，而且在沪太公路与蕰藻浜两者交汇处一带周围地区开辟了一个前进阵地。十月上旬，上海派遣军主力陆续越过蕰藻浜，沿沪太公路南下，实行其“中央突破”的作战计划，以大场为重点发动攻势，企图席卷苏州河以北这个在军事上

* 2018年5月手稿。

和政治上具有重要意义的地区。

中国中央作战军和左翼作战军在当年十月十九日至二十六日联合进行了大场保卫战，这是苏州河以北淞沪会战主战场进行的最后一场重要战役，关系整个会战局势的走向。大场战役是以中国军队主动发起的南翔以东大规模反击战为前奏的，而这场反击战的失利又直接导致大场保卫战迅速陷于危殆。时任第三战区前敌总司令、直接负责淞沪主战场作战指挥的陈诚，在战后回顾这场战役时说："我（军）为击破渡过蕰藻浜南岸之敌，决行全线反攻……于十月十九日晚，在谈家头、陈家行、广福之线，就攻击准备位置，于二十日晚开始总攻。适遇敌之主力亦向我进攻，遂演成大规模之遭遇战，激战三日，伤亡甚大。而我广西部队各师，限于运输不能如期集中，且因各部新兵过多，装备亦劣，终遭挫折。至二十四日退守大场、走马塘之线。敌继续猛攻大场，我军苦战竟日，至二十五日大场被围，敌由大场东西两侧突入。我守军第三十三师措手不及，溃不成军。至是，闸北、江湾、庙行方面之军已成被敌包围之势。迄二十六日，情况益形不利，非及早调整战线不可。"①十月二十六日上午，大场陷于敌手。

大场作为苏州河以北上海市区的北大门、沪太公路上的一个重要军事枢纽点、中国左翼与中央两大作战集团的接合部被日军攻占，其影响带有全局性意义，成为淞沪会战进程中一个转折点。大场战役结束，淞沪战场出现了新的战略态势，主要呈现在以下几个方面：

（1）中国军队在苏州河以北，嘉定、南翔以东，蕰藻浜南北至走马塘地区的防御体系已告瓦解。日军攻占大场，也就打通了从长江边上的太仓南边到上海闸北之间的南北间陆上交通线，控制了淞沪主战场陆上枢纽带。同时，日军也控制了南翔以东至黄浦江的蕰藻浜和走马塘这两条水面通道。中国军队在苏州河以北上述地区的二三十个师的阵地也已丧失，再也不可能构建和保持防御体系了。

（2）中国中央作战军陷于被日军包围之势，除迅速向沪西转移之外已别无选择。日军攻占大场后，攻势直指市区的闸北地区，包抄我中央作战军之侧背，企图对我军实行围歼。以第九集团军为主力的中央作战军10个师上下的部队原先作战和守备的庙行、江湾、新市区、闸北等地区，以及虹口、杨树浦的部分地区，其北面、东面已被日军围堵，南面为公共租界和越界筑路地带而不可逾越，只有全军西撤沪西才能突出包围圈。"我中央军团归路将断，欲求避免歼灭，不得不为战略上之撤退。"②而中央作战军从大场、庙行、江湾、新市区和闸北等地撤出后，中央

① 陈诚：《中日战争上海战役回忆录》，陈诚"石叟资料室"藏档，档案分类号004.64，著者号2163，登录号：008000001937A。

② 《第三战区淞沪会战经过概要》（1937年8—12月），中国第二历史档案馆编：《抗日战争正面战场》（上册），江苏古籍出版社，1986年，第380页。

战场也就随之不复存在。因而,大场的失守和中央作战军的西撤,在事实上改变了淞沪会战原先的左翼、中央、右翼三大战场的战略格局,而演变为左、右两个战场。

(3)左翼作战军和中央作战军从高度结合、联合作战转变为两条战线、分别作战的新的基本态势。以陈诚为首的左翼作战军和以张治中(九月二十日后为朱绍良)为首的中央作战军,是淞沪会战中,我军的两大主力集团,特别是陈诚集团是淞沪战场最为强大、最具实力的大兵团。从八一三开战以来,这两大集团虽然各有自己部队建制和指挥系统,但两者在作战部署和行动上是密切协同的,在作战地境上是直接联系和高度贴近的,有许多重要战斗是联合进行的。大场的失守和中央作战军的西撤,改变了上述的直接协同作战态势。左翼作战军在大场之战以后,全军主力退守北自浏河、太仓,中经嘉定、广福,南抵南翔、江桥镇之线及其以西地区,中央作战军则转移至沪西苏州河南岸。从此,两大作战集团只在江桥镇一带苏州河南北之间一度保持直接联系和协同作战关系,而基本上在南北两条战线各自为战。这一战场格局的出现,对于中国军队显然是不利的。

总之,中国军队南翔以东反击战和大场保卫战的失败,导致苏州河以北地区防御体系的瓦解,中央作战军的被迫西撤,中央战场的消失,以及左翼、中央两大作战集团联合作战架构的解体,淞沪抗战从而出现了空前严重的危机。沪西苏州河战役正是在这一形势下登上淞沪战场的。

二、 第三战区总部策定进行苏州河战役

日本上海派遣军在攻占大场,进而席卷庙行、江湾、新市区和闸北之后,以第十三师团和第一〇一师团等部西向南翔镇—马陆镇—广福镇—嘉定城之线进攻,企图沿沪宁线南北地带进犯苏州和南京;同时以第九师团和第三师团主力指向沪西江桥镇、北新泾、周家桥镇等地,企图南渡苏州河沿沪杭线西攻,协同即将在杭州湾北岸登陆的第十军进犯松江、枫泾、嘉兴和吴兴等地,沿太湖南走廊从苏浙皖边境前出长江南岸,迂回南京。

第三战区总部面对日军在北线和南线同时并进,进而以南线为重点的攻势,一方面,以左翼军陈诚集团守卫浏河、嘉定、南翔之线;另一方面,以原中央作战军朱绍良集团在沪西的北新泾、法华镇、虹桥镇一带苏州河以南地区组建新防线,以图在一个时期内守住这一地区,并阻止日军向沪杭线的进攻。

第三战区部署苏州河战役的第一个举措,是下令朱绍良集团迅即向沪西苏州河南岸转移。一九三七年十月二十六日傍晚,大场失守不久,战区司令长官部下达命令:“战区以持久战之目的,除以一部据守铁路附近诸要点外,将南翔以东阵

地逐次转移于苏州河右岸。中央作战军应……于上海西站、丰田纱厂、北新泾、姚家湾之线，沿苏州河右岸与右翼作战军联系，布置新阵地。”①中央作战军总司令朱绍良于当晚下令部署全军立即向苏州河南岸转移，命令规定：“第八十八师、（上海）保安总团、税警总团，集结北新泾镇附近地区待命”，“第三、第三十六、第六十一、第八十七等师，集结虹桥镇西北附近地区待命”，而“总司令部在真如镇附近，尔后转进至青浦以东北干山附近”。②

其次，第三战区为因应南北两线作战的形势和中央战场业已解体的状况，决定调整原先的左、中、右三大作战集团的格局，于同年十一月二日下令撤销中央作战军建制，将淞沪会战各部重组为左翼和右翼 2 个作战集团。左翼作战军由陈诚继任总司令，下辖第十五、第十九、第二十一等 3 个集团军，担任北线和沪宁线方面的作战。中央作战军与原右翼作战军合并，组成新的右翼作战军，由原右翼作战军总司令张发奎任总司令，下辖第八、第九、第十等 3 个集团军，担任浦东、沪西、杭州湾沿岸和沪杭线方面的作战。张发奎临危受命，于十一月五日起正式担任新的右翼军总司令，并兼第八、第九集团军总司令。他一接任，最紧急的任务就是指挥正处于危境的苏州河南岸阻击战。

第三，原中央集团和左翼集团在苏州河战役打响前夕，在十分匆忙的情况下，草草完成了作战部队的展开和阵地的构筑。十月二十七日至二十八日，中央集团各部初步进入和据守以下各地：第八十八师在法华镇至丰田纱厂之间，税警总队任丰田纱厂（不含）至北新泾镇（不含）之间之守备，第一军（第一师和第七十八师）在北新泾镇（含）至屈家桥（不含）之间，第六十一师任屈家桥至姚家宝之守备，第三十六师部署于罗别根路（今哈密路）以东地区，第八十七师由太平村推进至姚家宝、华漕镇以南地区，第三师由蟠龙镇进至姚家宝以南地区之屈家桥、华漕镇间，第十八师在七宝镇附近集结。由中央战场转移而来的上述各部，成为苏州河南岸阻击战的基本力量。同时，为策应第九集团军等部苏州河南岸作战，保障左翼军右侧的安全，左翼作战军的以薛岳为总司令的第十九集团军，在苏州河北岸江桥镇至周家桥镇以北以西一带部署了兵力。十月二十七日夜晚，薛岳致陈诚密电中称，该部之“第十九、第十六、十五师及第六等师，已于感（二十七日）晚进入姚家宝、江桥镇、上行上、竹园、墙头门、小南翔、钟家桥间之阵地，并赶筑增强各工事中”。③

---

① 《第三战区司令长官部命令》（1937 年 10 月 26 日），台湾“国防部”史政局编：《抗日战史——淞沪会战》，1964 年，第 165—166 页。

② 《朱绍良关于中央作战军向苏州河右岸转进的部署》（1937 年 10 月 26 日），《抗日战史——淞沪会战》，第 166 页。

③ 陈诚总部：《淞沪战役战况副电集》（七下），陈诚“石叟资料室”藏档，档案号：008000001928A，第 138 页。

第三战区总部在大场失守后的近5天时日里作出的上述部署表明,除在北线由陈诚集团据守南翔、广福、嘉定至太仓、浏河之线外,决定在南线由朱绍良—张发奎集团集中10个师上下的兵力,进行一场苏州河战役。那么,南京统帅机关和第三战区为什么在战局岌岌可危之时,仍然决定进行这场毫无取胜把握的作战,它的战略战役企图又是什么呢?

首先,进行苏州河战役是为了在一个时期内尽可能守住沪西苏州河沿岸一线阵地,以掩护和保障沪杭线的安全;同时,以此战保障陈诚集团左翼作战军右侧的安全。这是蒋介石和第三战区组织这一战役的根本意图和目的。大场失守和中央战场解体后,中国军队随即组成北线和南线两条防线:北线为沪宁线方向,陈诚集团以浏河、太仓、嘉定、南翔、江桥之线为第一线阵地,以吴(县)福(山)国防线为第二线阵地;南线为沪杭线方向,朱绍良—张发奎集团以沪西苏州河沿岸和浦东为第一线阵地,以嘉兴为中心的乍(浦)平(湖)嘉(善)国防线为第二线阵地。南线和北线以江桥镇、北新泾一带为第一线的连接点,以苏(州)嘉(兴)铁道和公路为第二线的连接线。苏州河战役从全盘战场态势来看正是为阻敌西进,保卫沪杭线和掩护北线右侧之安全而进行的。事实上,第三战区总部当时已从情报上获悉:"敌拟分两路进攻,一路进攻南翔及其南北附近;一路进攻苏州河南岸,该路如能顺利前进,可切断我军右翼与上海之联络,其方法系沿沪杭路及沪西向南推进,俾其左翼至龙华黄浦江岸。"①显然,进行沪西苏州河之战,就是针对日军上述企图而发的。尽管这一战役是临危组织,仓促上阵,基本的参战部队是从中央战场突围而来的,显然是一场缺乏准备的作战,但以战役意图和构想而言,事先是有其预案的。国民政府大本营一九三七年九月六日下达的《第三战区第二期作战指导计划》中,已对沪西苏州河作战的任务和目的作出原则性的明确的部署,其中规定:"张发奎集团(称右翼军)以主力(一师以上)在浦江左岸,由公共租界经曹家渡、北新泾镇至张家宅之线(沿苏州河右岸)占领阵地,防止敌人向苏州河以南发展,并威胁苏州河以北地区之敌人左侧,以使在苏州河北岸我军之战斗容易。"②尽管后来十月底打响的这个战役,其规模比原先的设想大得多,但其作战地域和作战意图的构想,却是前后一脉相承的。

其次,守卫沪西这一地域,是为了在尽可能的范围内,在上海市区周边保住最后一块最大的与租界相接的地域,以维护淞沪我军战场与租界之间的直接的联系,这是蒋介石和第三战区决策沪西之战的另一个重要目的。"与租界保持联

---

① 《顾祝同致陈诚支戌参电令》(1937年11月4日19时),第十五集团军总部《阵中日记》(三),陈诚"石叟资料室"藏档,档案号:008000001942A。

② 国民政府大本营:《第三战区第二期作战指导计划》(1937年9月6日),第二历史档案馆编:《抗日战争正面战场》(上),第301页。

系”，是淞沪会战开战以来蒋介石作战指挥一直注重的一项原则。这不但是出于军事作战上的考虑，更主要还在于有利于政治上、外交上的斗争。早在当年当月中旬，第九集团军兼中央作战军总司令张治中在离职赴南京前夕，就受命草拟过沪西作战预案。据时任第九集团军司令部作战科长的史说回忆，“张治中……九月中旬，曾受蒋介石最后也要保持与租界之间的联系之授意，命我草拟在苏州河南岸沪西之防御计划，并派参谋侦察，准备构筑阵地”。①由此可见，当主战场还在蕴藻浜以北一带时，蒋介石已从“与租界保持联系”着眼，在预筹沪西苏州河南岸的防守事宜了。同年十月十五日蒋介石在致陈诚的电令中，提出“对淞沪作战应着眼之点”八项，其中第一项规定：“对足以威胁公共租界之阵地（如虹口、杨树浦等）应永久保持。”②这再次重申了蒋介石的“与租界保持联系”的原则。及至大场失守，南翔以东苏州河北岸防御体系瓦解，闸北、虹口、江湾一带与公共租界北部及越界筑路地带接壤的地域已被日军占领。到十月底，中国军队作战地域“与租界保持联系”的只有市区的南市和沪西的苏州河沿岸地带了，而其中只有沪西一地有可能集结兵力，进行一场较有规模的作战，并且有坚持一段时日的条件。由此，蒋介石决心在这里打一场阻击战，也就符合他的一贯的战略意图了。

第三，以沪西之战配合《九国公约》签字国布鲁塞尔会议的外交斗争，也是蒋介石和第三战区进行苏州河战役的一个重要意图。国际联盟主导的《九国公约》签字国会议预定在十一月三日于比利时首都布鲁塞尔举行，尽管从军事上衡量，到十月底，淞沪战场中国军队已经到了须立即后撤吴福线和乍平嘉线，否则即会陷于全面被动的危急境地，但是蒋介石为了配合这场外交斗争，仍然决定在这个西方列强在华利益最为集中的中国最大的工商业都市上海，再死拼一段时间，以期以布鲁塞尔会议为契机，引起列强的同情甚至插手干预，至少也可使列强不致认为上海抗战已遭失败而失去援华的信心。蒋介石于十月二十二日向各战区司令长官及全体将士的密电明确指出：“世界各国之同情，亦随我奋勇坚决的抗战而日益普遍。……当此九国公约会议即将举行之际，敌必倾全力，以期获得军事上的胜利，而转移国际之形势。我全体将士尤当特别努力，加倍奋励，使敌人速战速决之企图，不能侥幸得逞，且当于此时机表示我精神力量，以增加国际地位与友邦同情。”③苏州河阻击战打响之初，蒋介石还亲赴前线向高级将领强调此战对配合

① 史说：《八一三淞沪抗战纪略》，全国政协文史资料委员会编：《八一三淞沪抗战》，中国文史出版社，1987 年，第 98 页。

② 蒋介石致陈诚《委员长删酉参京电令》（1937 年 10 月 15 日 17 时），第十五集团军总部《阵中日记》（二下），陈诚“石叟资料室”藏档，档案号：008000001942A。

③ 秦孝仪主编：《中华民国重要史料初编・对日抗战时期（绪编）》，《作战经过》（一），台湾中国国民党中央党史会，1981 年，第 55 页。

布鲁塞尔会议的意义。据时任第七十八军军长兼三十六师师长的宋希濂回忆，“蒋介石于(一九三七年)十一月一日晚十时左右，乘专车来到南翔附近一个小学校里，随来的有白崇禧、顾祝同等人，随即召集师长以上的将领会议”，蒋除了赞扬前线官兵奋勇抗战，讲话的“后一部分是他此行的目的，他说‘九国公约会议，将于十一月三日，在比利时首都开会，这次会议，对国家命运关系甚大，我要求你们作更大的努力，在上海战场再支持一个时期，至少十天到两个星期，以便在国际上获得有力的同情和支援……”①这一讲话，可以说是蒋介石对于苏州河作战政治意图的直接和明确的表述。蒋介石之所以如此坚持要在沪西作战，是由于他一直认为“解决中倭问题，惟有引起国际注意与各国干预”。②在《九国公约》签字国会议召开在即之时，他力求在上海租界的边缘再坚持几天，以利国际视听。在他看来，“此乃抗战牺牲之效果也”。③

三、 从沪北撤退到沪西阻击

沪西苏州河战役始于一九三七年十月二十九日，战至十一月九日中国军队全线西撤而告结束，前后共历时 12 日。战役发展进程又分为前后两个段落。前段在十月二十九日至十一月三日之间，主要是在苏州河沿岸阻击越河南渡的日军和围歼河南岸小股渡河日军的据点。后段从十一月四日至九日，主要是继续攻击渡河日军的已占阵地，以求歼灭渡河日军，力阻敌在河南岸扩张其占领地。最后由于日军第十军在金山卫一带登陆，我右翼军陷于腹背受敌，而在十一月九日全面西撤。

苏州河之河口在上海外滩北端，于外白渡桥东向注入黄浦江。由东向西上溯，从潭子湾向西，流经中山西路以南地区蜿蜒西行，经梵皇渡路(今万航渡路)、曹家渡一带进入沪西地区，在中山公园北面地带转弯，向西直奔周家桥镇和北新泾镇，流向南翔、江桥镇以南地区。苏州河南岸阻击战的主要战场在东自周家桥镇一带、西至北新泾镇一带的沿岸地区。“这段苏州河面较阔，只在东端有沪杭铁路桥及中山公路桥，西端南翔附近有通汽车的木桥，中间过渡全靠船只，交通颇为不便利。铁路桥及中山路桥，由(淞沪)警备(司令)部工兵彻底炸断。”④东段河面较阔，约 100 米，向西则河面趋于狭窄，周家桥、姚家渡一带河幅只有三四十米。日军乃采取以炮兵火力掩护，用军用小船渡河，逐次向南岸进攻。

---

① 宋希濂:《血战淞沪》，全国政协文史资料委员会编:《八一三淞沪抗战》，第 175 页。

②③ 《蒋介石日记》，1937 年 10 月 31 日。

④ 刘劲持:《淞沪警备司令部见闻》，全国政协文史资料委员会编:《八一三淞沪抗战》，第 51 页。

日军攻占大场后，先头部队沿中山北路—中山西路西犯，十月二十八日已进至苏州河北岸一带，与在河南岸的我原中央作战军各师隔河对峙。这时，第九集团军第一军各部已于南岸展开。从法华镇、曹家渡、上海西站、周家桥镇一带，经朱家巷、家宅、王家宅、李宅至北新泾镇，西至夏家头一带的河南岸东西一线，依次由第八十八师、税警总团、第三十六师、第一师、第七十八师、第四十六师等部担任守卫；在第一线阵地之南面的虹桥地区集结待命的，有第三师、第六十一师、第八十七师等部；在姚家渡西面，苏州河北岸的江桥镇至小南翔一线，则由左翼作战集团的第十九集团军担任守卫。该集团军总司令薛岳致陈诚的电报中说："第十九、十六、十五及第六等师已于感（二十七日）晚进入姚家宝、江桥镇、上行上、竹园、墙门头、小南翔、钟家桥间之阵地。"①十九集团军苏州河北岸布阵与第九集团军在河南岸的阻击阵地形成南北呼应的态势。十月二十八日，日军进抵沪西苏州河北岸，在西面于同日越过沪宁铁路，攻占真如镇，推进至苏州河北岸陈家渡、夏家宅一带。十月二十七日，日军开始发起强渡苏州河之战。当日，松井石根发出苏州河沿岸作战部署："主攻保持在北新泾—陈家桥公路两侧地区，以第三、第九师团十一月二日前渡河，第一〇一师团集结在上海西北侧，准备继第三师团渡河，第十一师团面对南翔方面的敌人，掩护（上海派遣）军主力的右侧。"②

十月二十九日是日军向苏州河南岸偷渡开始的一天。日军施放烟幕掩护步兵渡河，大部都被我守军击退。这天下午，"北新泾北岸之敌以小炮、机枪隔河向我射击，并用汽船载敌多人，企图偷渡，经我击退"，"敌小货轮 2 艘由苏州河下游处载兵数十名，向上游开驶，被英（国）守兵制止"。当晚，在"侯家埭以西、西浜口有敌小船 3 只企图偷渡，经我守军击沉 2 只，1 只逃去"。③十月三十日，日军攻击重点指向由税警总团守卫的苏州河南岸周家镇和刘家宅。第八军军长兼税警总团团长黄杰在前线督战，他后来回忆道："十月三十日晨，敌集中炮兵，向我苏州河右岸丰田纱厂、北新泾镇、屈家桥等处猛烈轰击。十二时，敌主力借炮兵之弹幕射击及烟幕掩护，强行渡河。苏州河南岸之周家镇，因地形隐蔽，被敌利用南窜，当即与税警总团发生激战。另股强大敌军，亦向税警总团苏州河南岸之刘家宅阵地猛烈进攻，我亲至前线指挥守军奋勇抵抗，数度肉搏。终以敌不断增援，形成敌众我寡，我军伤亡颇重……刘家宅遂被敌占领。是日……守军士气高昂，咸抱必死

① 《薛岳致陈诚感亥参战电》（1937 年 10 月 27 日），《淞沪战役战况副电集》（七下），第 138 页。

② 日本防卫厅防卫研究所战史室编：《中国事变陆军作战史》（第 1 卷第 2 分册），中华书局中译本，1981 年，第 80 页。

③ 《朱绍良致陈诚艳戌参二电》（1937 年 10 月 29 日），《淞沪战役战况副电集》（七下），第 186 页。

决心，逐屋必争，一墙不让，敌尸横枕藉，血流成渠，一日之间，伤亡二千以上。虽幸占刘家宅一村，所付代价至大。”①

同日早晨起，第八十八师在苏州河南岸丰田纱厂一带阵地遭敌军炮火轰击，但敌迄傍晚未发动渡河行动。第一师当面之敌，在北新泾至屈家桥间当日乘夜暗企图偷渡，但被击退。该师连夜在河内装置水雷 6 个，以防敌之战车渡河，并将河南岸的公路破坏。

日军抢渡苏州河的大规模作战是在十月三十一日开始的。据日本陆军当局的记述：“沿租界外廓追击溃敌之我各部队，十月三十日均进出苏州河北岸。鹰森、石井、田上各部队，三十一日午前三时，利用暗夜自真如站出发，正午对苏州河沿岸之敌开始总攻击。于是，田上、石井、鹰森三部，在武田、西田两炮兵掩护射击之下，开始敌前渡河，当松井、中岛两工兵队，冒敌弹架桥之际，各部队随即齐放烟幕实行渡河……至正午十二时许，各部已完全渡过敌持为最后防线之苏州河，一举越过龚家宅之阵地。其他各部亦陆续渡河。于是，苏州河南岸之敌，自十一月一日正午起，开始退却，纷向五百公尺后方之越界筑路林肯路溃走。”②

十月三十一日，“敌终日不断以炮火向我苏州河南岸丰田纱厂、北新泾、屈家桥等处猛烈射击，我工事被毁多处。……周家桥、姜家宅两处，今本敌借炮火及烟幕掩护，架桥强渡，经我守军阻击，毙敌两百余”③。阻击战斗主要在周家桥镇、刘家宅等地继续展开。在周家桥镇，敌利用地形隐蔽已有几百人渡河上岸，在刘家宅至本日晚渡河日军已达数百人。税警总团在这两地奋勇阻击，伤亡惨重而不支后撤，第三十六师增援反击，但敌因凭坚固之西式建筑顽抗，未被驱逐。此时，第八十八师奉命向左翼延伸，遂派出一团兵力向周家桥镇之敌发起进攻，虽略有斩获，然未能将当面之敌击退。

十一月一日，“刘家宅渡河之敌经我军昨日彻夜围攻，已被驱逐。今午敌复借飞机、炮兵、烟幕掩护渡河，又将该处以西之无名村占领”。当日下午 2 时，陈家渡方面敌军渡过四五百人，并企图在南岸建立和扩张桥头堡阵地，税警总团竭力拒止，但因伤亡过大，薛家墅东各村落遂被敌军占领。同日，吴家库一带遭到渡河之敌攻击。“今晨敌以机炮向我屈家桥、吴家库、姚家宅之线轰击甚烈。午刻有敌约三四百人借烟幕掩护渡河，与我吴家库守兵激战，至晚尚未击退。”④据松井石根

---

① 黄杰：《蕰藻浜、苏州河战斗》，台湾《传记文学》第 31 卷第 2 期。

② 日本陆军省恤兵部编：《中国事变战迹之刊》（中卷），中央军校第四分校中译本（内部版），1941 年 5 月，第 74—75 页。

③ 《朱绍良致陈诚世亥参二电》（1937 年 10 月 31 日），《淞沪战役战况副电集》（八），第 12 页。

④ 《朱绍良致陈诚东亥参二电》（1937 年 11 月 1 日），《淞沪战役战况副电集》（八），第 36—37 页。

日记记录，这一天，日军第九师团一部渡河至南岸，另一部被守军击退，他写道："今天一大早，第九师团就开始了渡河行动。其右翼方面，在较远的上游河流转弯地区用船渡河，最终顺利地渡过了河。约有三个步兵大队，向姚家宅、张家宅附近推进，最后占据了自己的地盘。不过左翼方面由于渡船遇到激流，又因不断遭到敌军火力攻击而受到损失。因此，渡河中途受到挫折。"①而其第三师团同一天的渡河行动因遭到中国军队的猛烈阻击，不得不在中途放弃。

在苏州河北岸江桥镇一带，十九集团军对西向进攻之敌也展开英勇的阻击，配合南岸我军作战。自十月三十一日至十一月一日，枪火连天，奋战不止。薛岳在致陈诚的一份密电中说道："(1)我十九师姚家宅、江桥镇阵地有敌小股接触，其西浜、范家宅各据点，仍在我军手中。(2)十六师范家宅前进阵地，拂晓起受敌猛攻，我官兵伤亡殆尽，至未刻(13时至14时间)被敌突破，其斗门桥阵地亦相继失守，我全排官兵殉国。(3)十五师阵地竟日受敌猛烈炮击，并有敌战车三四辆掩护步兵沿公路猛扑我金家、竹园阵地。我以炮火集中制压，毁战车1辆，其余逃去。至晚，我陆宅守兵仍与陈家店、郭家宅之敌坚持激战中。"②

在苏州河南岸十一月一日战局的一个重要变化，是吴家厍的失守。当天上午6时起，日军以重炮向我六十一师张家渡、吴家厍、姚家宅一带阵地纵横轰击。10时50分，其步兵在炮火和烟幕掩护下架桥渡河，突破守军阵地，吴家厍被敌攻占。六十一师乃下令第三六五团第三营前往堵击。下午2时，王敬久下令八十七师二六一旅迅即派队夹击吴家厍及厅头东端之敌，敌我双方为争夺吴家厍反复冲杀，然而，我军未能将这一重要据点收复。

十一月二日，税警总团当面敌军连连发动进攻。凌晨1时30分，敌先后将左翼第一支队的阵地突破，第五团当面之敌也从浮桥上向南岸冲击。晨6时，蒋介石在南京用电话指示黄杰，速将入侵南岸之敌歼灭。黄杰赶到第二支队司令部督战，二支队司令孙立人则前出第五团指挥。黄杰回忆这天的战斗情形，写道："六时十五分，敌再以强大空军支援地面作战，向税警总团第五团阵地猛烈攻击，该团奋勇抗拒，团长丘之纪上校于激战中饮弹阵亡，官兵亦伤亡过半，情况危急。我乃令第四团前往接替，同时亲率官兵，出敌意表，向刘家宅反攻，企图将进犯苏州河南岸之敌一举歼灭。九时三十分，我军冒死犯难，奋勇攻击，将刘家宅南区之房屋攻克一部，惟敌仍据守其他房屋进行顽抗，演成逐屋逐室之争夺战。"③

---

① 《松井石根阵中日记》(1937年11月1日)，见张宪文主编：《见证与记录：南京大屠杀史料精选(日方史料)》，江苏人民出版社，2005年，第19页。

② 《薛岳致陈诚世午参战电》(1937年10月31日11时)，《淞沪战役战况副电集》(八)，第17—18页。

③ 黄杰：《蕰藻浜、苏州河战斗》，台湾《传记文学》第31卷第2期。

这时，第三十六师于当日3时半获悉税警总团方面战况紧急，宋希濂命令该师二一六团由黄家宅东西之线向陈更附近之敌攻击，经2个小时的恶战，至5时许攻占陈更，敌军退据池圈顽抗。下午2时，日军继续渡河增援，屡次接近我方阵地，被守军击退。二一六团奋勇反击，卒将池圈收复。敌乃退据沿河洋房与刘家宅之敌连成一线，利用坚固墙垣固守。下午6时，税警总团阵地奉命交与三十六师接防，但第二支队在周家桥西端的防区中有一小红楼入夜被一小股日军侵占。孙立人正在该支队第五团指挥所，乃下令将小红楼日军彻底消灭，再行交防。至十一月三日凌晨3时许，当他正在检点从军部运来准备用来炸毁敌占小红楼的地雷时，日军一颗榴霰弹在他的上空爆炸，孙立人身受重伤。①

十一月三日，八十八师对盘踞周家桥镇的敌军发起攻击，将该敌肃清。日军又在东陶滨偷渡数次，均被我七十八师击退。第六十一师将厅头一带防务交由六十七师接替后，即于本晨3时向吴家厍之敌发起进攻，其一八一旅和一八三旅攻至吴家厍阵地，与敌军经4次激烈的争夺，我官兵伤亡达3 000余人，各部连长死伤殆尽。但因敌炮火猛烈，攻击未能奏效。在姚家宅、姚家宝方面，上午6时半，敌步兵千余人向姚家宅南端第四十六师右翼阵地发动进攻，与该师二七三团发生激战。同时，敌以火炮猛烈轰击我姚家宝阵地，工事悉被摧毁。二七三团第一营营长在激战中被冲散失踪，第二营营长负重伤，连排长和士兵伤亡过半，奋战至下午，姚家宝为敌军攻占。

姚家宝居北新泾镇之西面，为苏州河南岸重要据点，是右翼作战军与左翼作战军在沪西的接合部，它的失守对战局影响颇为严重。担任苏州河右翼指挥官的第七十一军军长王敬久遂决心发动反攻，于三日下午4时下达命令："(1)第六十七师以一部反攻厅头东端之敌，恢复原阵地，左翼延伸至姚家宅之线。(2)第四十六师以有力之一部反攻姚家宝，恢复原阵地，占领后务死守之。(3)教导总队之炮兵连暂归第六十七师黄师长指挥。"②第四十六师即于当晚7时开始向姚家宝之敌发起攻击。敌我短兵相接，战斗极为惨烈。我军前仆后继，反复冲杀，至午夜12时，姚家宝阵地为四十六师二七一团克复，敌向厅头方向败退。

十一月四日，占领刘家宅之敌整日向三十六师阵地进行炮击，并以步兵不断发动进攻，均被击退。薛家墅对岸之敌百余人，施放烟幕，以橡皮艇等企图偷渡，亦未得逞。在罗别根路(今哈密路)一带我第一军阵地，当日亦遭敌军射击，七十八师右翼下午被敌猛攻，战至当晚，敌攻势遂告暂停。四十六师姚家宝正面阵地

---

① 郑殿起：《孙立人将军智勇报国》，全国政协文史资料委员会编：《八一三淞沪抗战》，第196页。

② 台湾"国防部"史政编译局编：《抗日战史——淞沪会战》，第171页。

复遭优势敌军攻击，从当日 4 时至 7 时，数次被敌突进阵地，虽经反复拼搏逐退敌人，自身亦伤亡过半，遂于当晚 9 时转移至陈巷上和华漕镇，所遗阵地由一五四师接防。

四、 血战苦撑苏州河南岸

从一九三七年十月二十九日苏州河南岸阻击战揭开战幕以来，经过连续六日六夜的艰苦战斗，我各部守军给了渡河之敌以相当大的杀伤，滞迟了敌军的进攻势头，未让敌军在河南岸的占领地联成一片。日军“于二十九日晚分别于北新泾、中纪浜、周家桥、杨家渡诸处开始渡河，攻击至十一月三日，上述数处之渡河作战次第完成。然当时我军在苏州河南岸之截击异常激烈，敌虽竭力猛攻，殆无所成”。①然而，我方的税警总团、第三十六师、第四十六师、第八十七师和第一军等部亦遭严重耗损，敌军不断增兵渡河，已在吴家库、刘家宅、龚家宅，以及厅头等地开辟了若干块阵地作为桥头堡。于是，作战重心逐渐由沿河岸阻击转向对河南岸敌军已建据点的歼击。十一月四日，中国守军在苏州河南岸的阵线，构成以下态势：“(1)第八十八师在丰田纱厂东西及以北，沿苏州河东岸之线。(2)第三师、第三十六师由周家桥镇至金家宅，沿苏州河南岸之线。(3)第一军为蔡家宅、北新泾镇、屈家桥之线。(4)第六十一师、第八十七师、第六十七师自张家湾亘姚家宅之线。(5)第四十六师自姚家宅亘问津亭、吴淞江南岸之线构筑工事。(6)第二十军自王家滨亘纪王庙，沿吴淞江南岸之线构筑工事。(7)沪保安总团在梵皇渡车站至徐家汇车站，沿沪杭铁道之线。(8)税警总团在王家楼附近整理。(9)第一〇二师在中新泾镇以北地区。(10)第一五四师在纪念碑路以西地区。(11)炮三团在虹桥飞机场以北地区，炮四团之一营在永安公墓以西地区。”②第三战区为坚持沪西地区，非至万不得已而不退，除继续指挥第九集团军和第一军等部轮番作战外，又从十一月五日前，调动第六十七师(师长黄维)至苏州河南作战，两天后又调南京中央军校教导总队(总队长桂永清)接替六十七师作战。这两支黄埔系劲旅前来苏州河南岸参战，表明第三战区总部力图守住苏州河防线。

十一月五日，第三十六师继续在薛家墅和池圈等地坚持保卫战。上午 9 时许，约有 2 个大队的日军向薛家墅阵地夹击，并以另一部 200 余人企图由金家

---

① 《苏州河南岸会战记》，中国第二历史档案馆编：《中华民国史史料长编》(1937 年第 3 册)，南京大学出版社，1993 年，第 124 页。

② 《张发奎关于第九集团军淞沪战役报告书》(1937 年 11 月 4—10 日)，中国第二历史档案馆编：《中华民国史档案资料汇编》第 5 辑第 2 编《军事》(二)，江苏古籍出版社，1994 年，第 256—257 页。

宅渡河，均被我军击退。10时许，敌复增援猛扑池圈阵地，我守备该地的一个连全部阵亡，11时半池圈陷于敌手。三十六师随即派队逆袭，池圈失而复得3次。与此同时，薛家墅东南的斜交阵地亦受敌攻击，激战至下午1时，该处阵地被敌突破。后经派出1个营兵力拼死反击，于下午3时许将阵地恢复。可是，三十六师本日又遭重创，其二一六旅两个团仅存战斗兵力150余人。战至次（六）日，日军再度向池圈猛攻，从6日晨以迄于暮，失而复得再凡4次。至当日23时，守军自营长以下悉数伤亡，池圈终被敌攻占。又该师薛家墅阵地六日晨起继续遭敌猛攻，经师部派队增援，反复拼搏，战至下午5时，仍保持了薛家墅西半部阵地。

第六十七师在此前属左翼作战军十九集团军指挥，驻守于沪西苏州河以北江桥镇至南翔镇之间。十一月一日，陈诚鉴于苏州河南岸作战之需，向蒋介石、何应钦、顾祝同提出调用六十七师的意见："第六十七师于本晚开赴华漕镇以东地区，归中央军朱（绍良）总司令指挥。"①十一月三日，该师推进至苏州河北岸华漕镇附近，这里与河南岸的北新泾镇相距不远。同日，十九集团军总司令薛岳在致陈诚密电中有如下陈述："吴淞江（苏州河）南岸吴家库被敌突破，我右翼感受威胁，已饬一六〇师沿江北岸顾巷、徐家桥、姚家渡之线构筑工事，掩护侧背，并以六十七师、一四五师、五十八师转移于华漕镇附近及其东侧蔡家桥、八字桥、施家衖、钱家湾、夏家宅一带，相机转取攻势。"②六十七师作为陈诚集团的主力部队之一，经陈诚报请蒋介石等人同意，调到苏州河南参战，这显示他们在战局岌岌可危的态势下，依然力图把局面再维持一段时间。

六十七师随即投入北新泾一带阻击战。黄维自称此战为"四天五夜的北新泾战斗"。他后来在回忆中写道："十一月五日，我第六十七师奉令由南翔附近增援苏州河南岸的作战。当夜以第四〇二团、第四〇一团、第三九九团接替北新泾方面的厅头……以第三九八团控置于八字桥作为师预备队。"③六日拂晓，敌军除继续对六十七师左面姚家宅守军第四十六师进攻外，把主攻指向六十七师阵地，发动猛攻。敌军以炮兵连续射击，飞机助战滥炸，并以战车掩护步兵阵阵冲击。六十七师官兵士气高昂，坚决阻击，双方伤亡惨重。同时，据守姚家宅的四十六师被敌打击而溃败。日军于是直插厅头六十七师四〇二团左侧阵地，包围该团。在八

---

① 《陈诚东戌亥呈蒋介石、何应钦、顾祝同》(1937年11月1日)，《第十五集团军总部阵中日记》(三)，第21页。

② 《薛岳致陈诚江西参一电》(1937年11月3日17时)，《第十五集团军总部阵中日记》(三)，第30页。

③ 黄维:《一寸山河一寸血的淞沪战争》，全国政协文史资料委员会编:《八一三淞沪抗战》，第236页。

字桥的三九八团措手不及，只得在原地应战，两团各自为战，形势十分危殆。奋战终日，至十一月七日，第一五四师巫剑雄部赶来增援，稍解危局。战斗的第三天即十一月七日，四〇二团仍坚守厅头阵地，与敌人逐屋争夺，誓死不退。团长负伤，团附一死一伤，营、连长基本上伤亡殆尽，士兵们前仆后继，伤亡更为惨烈。尽管所剩能战的官兵甚少，最后仍死守厅头之一角，屹然不动，直到战至第五天，才把阵地移交给教导总队接替。在激战厅头的同时，六十七师三九八团也在八字桥奋勇阻击敌军，团长曹振铎负伤后，仍带伤指挥作战。四〇一团因其受右面厅头危局的影响，一度发生动摇，战至七日下午，师部派工兵营赶去增援，阵地遂趋稳定，继续坚持战斗。正如黄维所说，“（六十七师）官兵就是在这样的激烈战斗中坚持下来，使敌人的攻势徘徊不前，再衰三竭，这次战斗坚持了四天五夜，才由教导总队接替全部阵地”。①

六十七师这一场恶战，黄维于十一月十一日致陈诚的密电作了综述：“本师此次奉命参加沪西作战，于本月江（三日）晨接任屈家桥、八字桥、蔡家宅、张宅、厅头之线阵地守备。于拂晓时甫经接替完毕，敌即开始集中炮火猛烈攻击，以当时友军交代不确实阵地工事，又极简单，我官兵咸以血肉抗敌炮弹，伤亡惨重。幸我官兵奋勇苦战三昼夜，敌终未得逞，尤以八字桥、厅头两处之战斗为最壮烈。我守备八字桥之三九八团团长曹振铎负伤督战，守备厅头之三九七团覃团长受敌四面包围，犹沉着苦战，孤军奋斗达一昼夜，仍能遵令突围而出。该旅旅长胡琏于情况极危急之际，督饬所部沉着应战，有勇有方，俱属难能可贵。是役，计伤亡校官十九员、尉官四分之三以上，士兵约三千余名。”②

第六十七师与四十六师为保卫北新泾并肩作战，在厅头、八字桥等地血战四五天，反复争夺阵地，敌我双方形成僵持之势。在六十七师伤亡惨重难以再战之际，从南京赶来增援的中央军校教导总队迅急进入北新泾一带接战。与此同时，第一师、第四十师、第七十八师、第一〇二师等部也都坚持对渡河登岸的日军进行阻击和围攻。

中央军校教导总队是国民党军队中的一支劲旅，装备精良，训练有素，规模大于一个师。教导总队共辖 3 个团，第二团早在八月底已投入淞沪战场，在张华浜一带作战。这次从南京前来驰援的是第一团和第三团，以及炮兵、工兵、特务、军士等各个营。这支部队在苏州河南岸阻击战的最后时刻，以新锐之师登上即将解体的战场，连续血战三天。桂永清在开战后的第二天晚上，给陈诚的报告中陈述

---

① 黄维：《一寸山河一寸血的淞沪战争》，《八一三淞沪抗战》，第 237 页。

② 《黄维致陈诚“一一·〇九”电》（1937 年 11 月 11 日 9 时），《第十五集团军总部阵中日记》（三），第 63 页。

战况道:“(1)职总队微(五)日黄昏接替屈家桥、八字桥、方家之线阵地,彻夜战斗,颇形激烈,夜雨倾盆。我集中炮火向敌方村落猛烈射击。(2)鱼(六)日拂晓,敌以主力犯我屈家桥、八字桥阵地,经敌炮击,(阵地)多处被毁。我守军待敌迫近,沉着射击。截至现刻止,屈家桥方面毙敌数百,陈尸战地,刻正清除敌尸,搜虏战利品中。八字桥方面,敌屡犯不逞,已向后撤退。(3)我阵地异常巩固,士气旺盛。”①

教导总队这场阻击战斗,从十一月六日早晨开始揭开战幕,到九日下午5时左右撤出阵地,前后历时近5天。在正面开战的头一天即十一月五日晚上,总团第一团第一营即乘夜色掩护袭击了入侵八字桥之敌,夺回了六十七师失守的桥头堡阵地。六日早晨,敌机出动侦察,敌炮施行威力搜索。当日“午后,敌机一阵轰炸之后,敌炮也开始了猛烈的射击……这时我高射火器和炮兵开始了猛烈的还击……不一会,敌步兵在坦克的掩护下陆续出动……向我第一线发起了猛烈的冲击,展开了激烈的搏斗。经过几番拉锯战,第一团团长李昌龄不幸负伤,敌人攻破了第一营的防线,迫近到第三营阵地前沿。……(第三营)官兵人人振奋,轻重火器及时加入了战斗……终于重创了入侵之敌,粉碎了敌人的进攻。”②十一月七日晨,日军再次发动进攻,从厅头、吴家库向八字桥、施家弄之线扩张攻势,战况之烈,比头一天更甚。尤其是敌人掌握制空权,炮兵火力也占压倒性优势,给我军造成很大威胁。第一团八字桥前线第一营各连队遭严重伤亡,虽经第三营迅速增援,把进犯之敌击退,暂时保住了阵地,但战局正在急剧恶化。当天,敌我争夺张港,得而复失三四次。八字桥为敌主攻的目标,我第三团第一营营长陈裕濂阵亡,连、排长以下伤亡过半。下午5时,张港和八字桥陷于情况不明。桂永清命令第一团派第二营前往增援,展开彻夜激战。十一月八日一早,敌机、敌炮又进行疯狂的轰击,前线阵地遭到严重破坏,守军不得已撤入稍后的沟渠内死守,形势已岌岌可危了。至八日下午,教导总队仍坚持在屈家桥、八字桥一线阵地。当天桂永清向蒋介石的报告写道:“(1)数日来,敌倾全力争我屈家桥、八字桥阵地,密集炮火集中射击,守军伤亡过众,敌屡突入,我屡逆复,彼此均以八字桥为争夺焦点,我马团、李团两团,均使用加入战斗,李团长及欧阳营长负伤,马团王营长受伤,陈营长阵亡,下级军官以下伤亡约在三千以上。(2)总队抱定与阵地共存亡决心,刻乃固守屈家桥、八字桥之线,与敌激战中。(3)虞日黄昏战斗最烈,几濒于危。旋奉张总司令电话,饬五十八师向旅归职指挥。……(4)庚辰何旅进入第二线阵地,以其

① 《桂永清致陈诚鱼酉参电》(1937年11月6日),《淞沪战役战况副电集》(八),第117—118页。

② 严开运、刘庸诚、李慕超:《张华浜、八字桥战斗》,全国政协文史资料委员会编:《八一三淞沪抗战》,第209—210页。

一营加入八字桥西端施家巷之线，刻屈家桥、八字桥仍由总队誓死固守。”①

与教导总队在八字桥、屈家桥、厅头等地奋勇阻击同时，第三十六师和五十八师一部在陈更和薛家墅等地也与进攻之敌展开血战。十一月七日早晨，敌以增援部队向陈更正面进攻，激战半日，敌未得逞。下午1时，敌改向陈更与薛家墅之间隙进攻。2时左右，敌以主力一部攻占曹家宅，节节南下。三十六师二一六团守卫陈更的160余人受敌三面包围，全部战死沙场。随即敌又以优势兵力向北转攻薛家墅，经我五十八师三四八团奋力抗击，官兵伤亡200余人，卒将敌击退。当晚，第十七军团军团长胡宗南指令宋希濂统一指挥三十六师、一〇二师主力、五十八师一七四旅与税警总团第三团等部，继续在北龚家宅、杜家宅、小更金、薛家墅、蔡家宅一带阻击南下之敌。

正当苏州河南岸阻击战陷于困境，战线被敌突破，消灭敌军在河南岸的据点已无可能之际，日军第十军从十一月五日凌晨开始，在杭州湾北岸实行登陆，向淞沪战场右翼战线发动大规模进攻。其第一梯队的第十八师团、第六师团和国崎支队，在东起奉贤柘林、西至平湖、乍浦之间的崇缺、金山嘴、金山卫和全公亭等地上陆，迅速向黄浦江、沪杭铁路一线推进。十一月八日，国崎支队占领沪杭线重要城市松江。十日，乍平嘉国防线的大门枫泾镇被第十八师团攻占。第六师团也在十月九日前出青浦白鹤江一带。至此，在浦东和沪西地区的我右翼作战集团迅速陷入腹背受敌的危境。第三战区总部遂决定立即实行全线西撤。陈诚在战后回顾说：“迄十一月九日，苏州河南岸之战势仍未挽回，而右翼各险象又生，松江、枫泾同时被陷，战况益濒危殆，内线作战之利已不可期。为解除战略上之不利，谋尔后长期抗战计，惟有迅速转移，重行部署，遂决以右翼扼守即设之乍嘉阵地，苏州河方面则于当晚向青浦、黄渡之线撤退。”②

蒋介石、顾祝同于十一月八日策定《第三战区第三期作战计划》，并于当日凌晨向全军下达转移阵地部署的命令，同时在当夜9时发出右翼作战军转移命令。张发奎当即在当日深夜作出前线各部于十一月九日拂晓前开始转移的部署：第三师、第八十七师占领七宝镇（不含）、虹桥机场、顾家宅、潘家巷之线，掩护第一线部队的后撤，第三十六师、第八十八师、市保安总团，以及第一师、第七十八师、第一〇二师和第五十八师一部，经由北新泾镇、陈家桥镇、虹桥飞机场沿青浦大道一带西撤，教导总队经西蒋上、刘家桥、诸翟镇、轿龙镇经青浦向安亭镇附近撤退。十

① 《桂永清致蒋介石代电》（1937年11月8日），中国第二历史档案馆编：《抗日战争正面战场》（上），江苏古籍出版社，1986年，第376—377页。

② 陈诚：《沪战经过及教训》，《十五集团军总司令任内沪上作战》，陈诚“石叟资料室”藏档，档案号：008000001940A，第156页。

一月九日这一天，右翼军各部在敌机低空轰炸扫射下，在日军的尾随追击下，匆忙而纷乱地向西转移，从而结束了历时12个日夜的沪西苏州河之战。接着，日军入侵上海南市和浦东。从此，以公共租界和法租界为中心的上海市区也就沦为“孤岛”，正如论者所说：“十一月八日夜间，苏州河南岸阵线因敌军在杭州湾北岸之登陆，松江之告急，而不得不向西撤退。敌军进占了沪西，进图南市、浦东，于是上海到内地之旧有交通线，至此完全断绝。上海渐由‘半岛’之形势转化而成‘孤岛’。”①

五、 对苏州河之战的若干评析

沪西苏州河战役是淞沪会战中国军队全线西撤前的最后一场战役，这一战役结束之日，也就是淞沪战场中国军队全线后撤开始之时。此役紧随着大场、江湾、闸北大撤退之后而揭开战幕，随着沪西大撤退而告终结，以此似可称之为淞沪会战的“退兵一战”。这场战役是在淞沪会战的后期发生的，此时这场会战的大规模战役已告结束，决战高潮也已退去，作战地境又在离上海市中心地区较远的沪西郊野，而且此战一结束上海即成“孤岛”。这种种原因使得这一战役长期被人们忽视，就连在上海史学界也很少有人加以关注。今天我们为了全面地、深入地研究淞沪会战历史，重新梳理和审视苏州河战役，似应视为题中应有之义。

苏州河战役敌我双方投放的兵力总数达17万上下。日本上海派遣军从十月二十七日起即将淞沪作战重心指向沪西苏州河南岸，投入第九、第三师团和第十一师团一部及空军，总兵力约为5万人。中国军队参战部队是新组建的右翼作战军，其中大部分为中央系的部队，包括第一师、第三师、第三十六师、第五十八师（一个旅）、第六十七师、第七十八师、第八十七师、第八十八师、财政部税警总团、中央军校教导总队及炮兵两个团等部，上海市保安总团也参加了战斗。地方部队参战的有第四十六师（湖南部队）和第一〇二师（贵州部队）。左翼作战军系统的第十九集团军则在苏州河北面的江桥镇、南翔镇间从左侧协力和配合河南岸的作战。

这场苏州河沿岸之战前后历时12天，第三战区投入兵力在12万人以上，作战地域东起梵皇渡、曹家渡，西至江桥镇西南，战场跨苏州河两岸，主战场在苏州河南岸，南北纵深近10公里，正面战线东西近20公里。此战的基本特点，是阻击南渡苏州河的日军和歼击河南岸的日军据点，称之为“苏州河南岸阻击战”应是恰当的。但是，从此战的总体状况来看，它事实上是一场相对独立、具有相当大规模

① 王叔明编：《抗战第一年》，商务印书馆，1938年，第140页。

的战役，而并非仅仅为一场战斗。现有的关于淞沪会战的史书对此战的地位与作用的评价显然是不足的。

中国参战部队大都在此前的两个月上下时日连续作战，官兵和武器装备遭受严重损耗，兵员几经补充，战斗力明显下降，转移至沪西时未经调整补充而仓促上阵，在沪西缺乏既有防御工事，又无地理屏障的凭借和空军的掩护的态势下，英勇悲壮地阻击来犯之敌。这场阻击战中不少次战斗之激烈并不亚于此前蕴藻浜两岸的战斗。税警总团总团长兼第八军军长黄杰说过，“就第八军来讲，蕴藻浜唐桥站的争夺战和苏州河刘家宅的争夺战，最为残酷，最为激烈”。①日军遭到中国守军的拼死阻击，其攻势进展缓慢。正如《文汇年刊》在此战一年半后所总结的，日军开始时“在周家桥、陈家渡等处渡河，均被华军歼灭”，接着“日军再在陈家渡、陆家埭两处偷渡，仍未得逞”，随后日军在江桥镇西南方苏州河西岸强渡，从侯家埭、屈家桥、西浜、申纪浜以越厅头，而向田壮宅推进，才在苏州河西岸获得了立足点。“同时，又分别在中山路桥、刘家宅、北新泾、吴家库等处渡河。但是，由于南岸华军防御力的坚强，所以从北新泾到丰田纱厂这一线，日军的迭次强渡或偷渡，均未能得手。……直至十一月四日，渡苏州河的日军，方始取得联络，而以虹桥为其进攻的目标。但是它的进展，依旧是非常迂缓。”②日军进攻沪西遭到节节阻击，进展缓慢，穷凶极恶的松井石根在其日记中也不能不发出哀叹：“今天（十一月三日）是明治节日，我原先计划是，首先占领嘉定、南翔，然后占领全上海，以此来欢庆这个节日。但事与愿违，特别是我们至今才千辛万苦地得以扫荡了上海西部敌军，现在好不容易才夺取了苏州河南岸的一小块地区，而南市和浦东地区依然在敌军手中。这个节日就在目前这种局势中到来了，真是羞愧至极。”③应当说，此战我军作战之勇、牺牲之烈、阻击敌军达 12 天之久，其艰苦卓绝足以载入史册。

苏州河战役从战略层面上加以评析，我们不难看出，南京统帅机关和第三战区总部在战略指导和作战方针上是有失误的。在战役作战意图上，未能立足于战场实际，着眼于消灭敌军有生力量，在淞沪会战主战场业已瓦解的形势下，及时调整战场格局，营建和部署京沪、沪杭之间的中间地带的新战场，以利于主动地歼击西进之敌。相反，却以毫无胜利把握的战役作战去直接配合外交斗争的需要，而背离了“持久消耗”的战略总方针。正如本文已指出的中国军事当局组织进行苏州河战役的三项意图，其中“与租界保持联系”和“配合《九国公约》布鲁塞尔会议”两项都是着眼于所谓为“政略”而战。第三战区前敌总司令陈诚后来回顾、总结淞

① 黄杰：《蕴藻浜、苏州河战斗》，《八一三淞沪抗战》，第 191 页。

② 《苏州河沿岸的战争》，《文汇年刊》，文汇有限公司，1939 年，第 23 页。

③ 《松井石根阵中日记》（1937 年 11 月 3 日），中译本，《南京大屠杀史料集》（第 8 册），第 118 页。

沪会战教训，不无痛惜地指出，淞沪作战失败的原因之一，是以“政略而掣肘战略”，“以战略作政略之牺牲”。①可以说，苏州河战役是这个教训的一大例证。

蒋介石和第三战区总部在指挥苏州河战役期间，对于当面日军的战略企图的认识和判断也有失误。在日本上海派遣军攻占大场、江湾、闸北，前锋直指沪西苏州河南岸之际，中国统帅机关没有清醒地认识到在沪杭线方向日军下一步的战略作战意图将是突进沪杭全线，席卷杭嘉湖地区，从西南方面迂回南京。而是相反，在一个时期里判断日军不会尽占沪西地区，也不至于进攻嘉兴。对于沪西地区，第三战区司令长官部在一九三七年十一月四日致陈诚的密电就显示了这一认识及由此作出的部署。该电说：“我军为永保上海，增高战争意义起见，应以最大努力迅速于徐家汇、虹桥镇、陈家桥镇、虹桥飞机场、诸翟镇至纪王庙之线，构筑强固地带。”②该电并指令淞沪警备司令部指导上海市保卫团负责构筑徐家汇至虹桥镇间阵地工事，由各集团军抽调工兵部队赶筑其余各段工事。显然，这反映了战区统帅机关固守沪西地区的企图。

南京统帅机关和第三战区在大场战役结束后，选择以沪西苏州河沿岸为主战场，显然也是失策的。以淞沪战场在十月底的全盘态势而言，中国军队在上海市区及其周边地区击败敌军已无可能，为争取战略上的主动，需要迅速调整战线，及早脱离敌军重兵集团的攻击，转移主力于既设的国防阵地，重新集结力量，利用有利地境，有准备地打击西进之敌。这就是说，以左翼作战集团的第十五、第十九、第二十一等3个集团军主动转移于吴福线和澄锡线国防阵地，以右翼作战集团的第八、第九、第十等3个集团军主动集结于乍平嘉国防阵地，而由苏嘉铁道和公路联结左右两大作战集团，分别组成沪宁和沪杭两大作战方向，这样既有利于打击日本上海派遣军，也有利于阻击尔后从杭州湾北岸登陆的日本第十军。可是，中国军事当局未能盱衡全局，争取先机，一再被动应付，在将近半个月的时日里置重点于打一场既无胜利把握，更无扭转全局作用的苏州河战役，这不能不说是一个战略上的失误。

最后，苏州河战役撤退过迟，事先又缺乏准备，导致纷乱和溃退，这也是战役指挥上的一大失误。统帅机关不切实际地寄希望于“国际干预”，而以战役作战服从于外交斗争的需要，又被日本方面的所谓上海作战“不越过苏(州)嘉(兴)线”的指令所迷惑，③不能审时度势，盱衡全局，在大场失守后，先后两次丧失主动西撤

① 陈诚：《沪战经过及教训》，《十五集团军总司令任内沪上作战》，陈诚“石叟资料室”藏档，分类号004614，著者号3322，第116页。

② 《第三战区司令长官致陈诚支午亥参电》(1937年11月4日)，《第十五集团军总司令部阵中日记》(三)，第34页。

③ 蒋介石在11月16日上午7时致刘建绪电话称“敌不致进攻嘉兴”。见《刘建绪致李本一电令》(1937年11月16日17时)，《第十集团军总司令部阵中日记》，第110页。

的时机，最终导致大溃退的恶果。众所周知，大场战役失败，苏州河以北、黄浦江以西的中国军队防御体制已告瓦解，在这一态势下，应当不失时机地迅速将淞沪战场主力部队后撤吴福线和乍平嘉线，使自己在战略上立于主动地位。可是蒋介石却舍此方针而另谋他途。据时任淞沪警备司令部参谋的刘劲持回忆，“我军由闸北、大场撤退时，传说陈诚曾建议，应考虑长期抗战，保全部队战力，有秩序地逐步退守吴福线、锡澄线，保卫南京安全，不必退守沪西。但蒋介石以国际联盟及九国公约开会在即，能守住沪西、南市两地，可壮国际视听，因此决心要守住沪西”。①同样，日本第十军十一月五日在金山卫一带登陆后，沪西中国右翼作战军也未迅即后撤乍平嘉国防线，却是奉统帅机关之命继续苦撑前线数日之久。陈诚在其回忆录中说道：“敌在杭州湾登陆之时，委员长电话问我，‘如何处置?’我答：‘急宜缩短阵线，苏州河部队应速转进武进一带之国防线中。’委员长经半小时之考虑，准照此议办理。但旋因此时九国公约国正在比京开会，委员长为争取国际声誉，令再支撑三日。”②直到十一月九日，沪西前线部队才奉命撤退。据当时担任沪西后撤大军的后卫任务的第三十六师师长宋希濂的回忆，“九日下午 6 时，张发奎和我通电话，说‘委员长命令我军务必在沪西再支持几天’，但到了 8 时，张又突来电话，命本师于当晚立即向昆山方向撤退。九日这一夜的撤退，简直是混乱极了”。③《沪战经过及教训》中，陈诚回顾总结这方面的得失指出：“此次淞沪作战……我军损失极大，增援已穷，反攻无望时，犹且勉力支持，待部队溃乱、战线动摇时，始实行被迫之撤退，因此不能实施整然而有计划之撤退，(为)成混乱之原因。”这是“退却时机之捕捉与行动之失当”。④

---

① 刘劲持：《淞沪警备司令部见闻》，全国政协文史资料委员会编：《八一三淞沪抗战》，第 51 页。

② 《陈诚回忆录——抗日战争》，东方出版社，2010 年，第 42 页。

③ 宋希濂：《血战淞沪》，全国政协文史资料委员会编：《八一三淞沪抗战》，第 176 页。

④ 陈诚：《沪战经过及教训》，《十五集团军总司令任内沪上作战》，第 163 页。

以讹传讹的四行孤军“掩护主力撤退”说应予澄清*

淞沪会战后期，日军攻占大场后，中国中央作战集团由闸北、江湾、庙行、大场一带向沪西的北新泾、江桥镇和虹桥地区西撤，在苏州河南岸构建新的阻击阵地之际，属于第九集团军的八十八师二六二旅五二四团第一营共420余人，在团附谢晋元、营长杨瑞符的率领下，据守苏州河北岸西藏路桥北堍西侧的四行仓库大楼继续进行战斗。四行孤军临危受命，面对强敌压境而毫无畏惧坚守4个日夜，先后击退日军6次进攻，击毙日军200余人。四行仓库大楼屋顶上国旗迎风飘扬，千千万万上海民众欢声雷动。四行孤军视死如归的英雄气概和英勇悲壮的浴血奋战，大大地鼓舞了广大民众的爱国情怀和抗战精神，强烈地激发了全民抗战到底的决心和抗战必胜的信念。

中国抗日战争史上这一震惊中外的事件距今已经80年了。历来的史书对于四行孤军进入这座大楼据守作战的原由，大都认为是为了“掩护主力撤退”。时至今日，这个“掩护主力撤退”说依然在普遍流行，似乎成为定论。但是，征诸史实，这个说法是与历史不符的，是一个以讹传讹的似是而非的说法。为尊重历史，尊重科学，还历史以本来面目，笔者以为有必要对这个问题的有关史实作进一步的考订，以作出实事求是的说明，给予应有的澄清。

一、“掩护主力撤退”说的由来和扩散

四行孤军“掩护主力撤退”说由来已久，至今已有80年的迁延过程，层层积累，代代相传，似乎人们对此很少有过疑问而习以为常。为了探明这一说法是怎样产生和出现的，是怎样传播开来的，又是怎样被各方面所接受而似乎成为一种定论的，很有必要对这一说法的由来及其扩散进行一些回顾和考察。

---

* 2017年10月手稿。

“掩护主力撤退”说之起源，来自上海几家颇有影响的报纸根据中央通讯社电讯稿所作的报道。其实，在这一说法见诸报端之前，还有一个“失却联络”说；而这“失却联络”之说，事实上充当了“掩护主力撤退”说的前奏曲。上海媒体报道这一信息时，四行孤军正同仇敌忾坚守于仓库大楼与敌作战。一九三七年十月二十九日，上海《立报》登载一则淞沪战况消息说：中国军队八十八师守卫闸北的一个营，“到(十月)二十六日晚上，奉令担任掩护右翼撤退……前晨(指十月二十七日晨)4时，右翼撤退完毕，该营以等候撤退命令，与全军失去联络。该营七百多人，即以四行仓库为保卫闸北最后的依据，与敌作最后的抗争”。①照此报道，八十八师的这个营在十月二十七日4时前，已完成掩护主力撤退的任务，后因等候上级撤退命令未果，而与全军失去联络，从而退据四行仓库作最后斗争。这可以称为“失却联络”说，但这一说法仅系《立报》一家之言，且无权威的信息来源作支撑，很快就被“掩护主力撤退”说所排斥。

上海《大公报》和《申报》最早推出四行孤军“掩护主力撤退”说。《大公报》一九三七年十月二十八日第二版，根据中央社二十七日电讯报道称：“闸北我军虽于二十七日拂晓前大部安全撤退，但此非为谓闸北已全无我军踪迹。盖我八十八师之一营以上之忠勇壮士八百余人，由团长谢晋元、营长杨瑞符率领，尚在烈焰笼罩敌军四围中，以其最后一滴血与最后一颗子弹，向敌军索取应付之代价，正演出一幕惊天地泣鬼神，可永垂青史而不朽之壮烈剧战也。此一营以上之忠勇将士，系奉命扼守要点，掩护大军撤退者。”②从现有史料似可以判断，上海《大公报》于二十八日刊登的、以国民党中央社“上海二十七日”发出的电讯稿为依据的报道，是“掩护主力撤退”说和四行孤军有800人之说的最初来源。上海《申报》在二十八日第三版上，也根据中央社电讯稿作了基本上内容相同的报道。③

显然，谢晋元部据守四行仓库作战是为了“掩护主力撤退”之说，并非出自中国政府当局或军事当局的正式宣示，也不是出自孤军的指挥者谢晋元、杨瑞符的声明或表态，而是由中央通讯社发布电讯稿，通过上海《大公报》《申报》等几家有影响的报纸披露于社会公众的。由于中央通讯社是官方的权威新闻机构，《申报》《大公报》等媒体的广泛影响和信息的迅速传播，“掩护主力撤退”说遂无可争夺地掌握了话语权，在广大民众不掌握资讯的情况下，一锤定音，成为诠释这一事件的通行说法，而且不断流行于社会，以致影响学界。

淞沪会战结束后的上海“孤岛”时期，上海抗日爱国舆论界在热烈颂扬四行孤

---

① 上海《立报》，1937年10月29日，转引自上海社会科学院历史研究所：《八一三抗战史料选编》，上海人民出版社，1986年，第70页。

② 上海《大公报》，1937年10月28日。

③ 上海《申报》，1937年10月28日。

军英勇抗战时，几乎无例外地认同“掩护主力撤退”说。例如，一九三九年五月出版的《文汇年刊》，叙述淞沪会战历史过程时写道：“大场的退却，影响淞沪战局至巨。日军既向大场以西突进，闸北华军的左翼就直接受到威胁，于是华军就不能不从闸北前线撤退。这一撤退，并且光荣地表现着华军底士气的坚决，这就是为了掩护主力部队撤退，而据守四行仓库的谢晋元、杨瑞符部的‘孤军’。”①

当时，在国民政府所在地重庆，无论是各界民众还是各党各派，对于四行孤军抗战事迹，无不予以高度崇扬，而引为民族之光和国家之荣。然而，关于四行孤军抗战之原由，各方面也都接受了“掩护主力撤退”之说。例如，重庆国民政府教育部长陈立夫一九四一年五月在《中央日报》发表的《孤军不孤》一文中写道：“谢团长与八百壮士之孤军奋斗，其最足以鼓舞人心、树立军人之楷模者，为其达成任务之责任心，以八百人负荷掩护大军转移阵地之艰巨任务。”②这里同样用了“掩护大军转移”之说，反映了国民党高层官员中一种带有普遍性的认识。

抗日战争胜利后，上海、南京等地出版的抗日战争史论著，对于上海四行孤军抗战英勇悲壮的光辉业绩都有较为充分的叙述，然而在诠释孤军营据守四行仓库的起始动因时，几乎都承袭以往“掩护主力撤退”之说的定论。例如，一九四六年八月在上海出版的冯子超所著《中国抗战史》，是当时颇具影响的中国抗战史著作，其中这样写道：“十月二十六日之夜，闸北我军八十八师忠勇将士八百余人，由团附谢晋元、营长杨瑞符领导之下，掩护主力部队撤退。……八百孤军要其全力布防于闸北新坝桥以北附近各要隘，向长驱而来之敌人作迎击。”③

在台湾学界研究四行孤军抗战的论著为数颇多，其中最具代表性和系统性的，当首推姚晓天所著《上海的守护人——谢晋元传》一书。该书叙述谢晋元率部据守四行仓库的原由，同样人云亦云地采取“掩护主力撤退”说。其中写道：“十月二十六日大场阵地遂告陷落……蒋委员长下令上海各作战部队于二十六日晚间转移至第二道防线。闸北地区仅留八十八师五二四团，掩护大军西撤。……十月二十六日……早晨9点，上海战区最高指挥官顾祝同上将打电话给八十八师师长孙元良，决定留下一个团，死守闸北，掩护大军的转进。……孙师长（将此任务）下达给（五二四团）团附谢晋元”，“谢晋元接到命令后，乃抽出（该团第一营）一、二两连，由营长杨瑞符率领，先向四行仓库转进；留下第三连与机枪连担任掩护，由机枪连连长雷雄指挥，遂后跟进。这时已是深夜11时左右。……到达四行仓库时，差不多已是二十七日凌晨1点钟”。④按照这本传记的说法，谢晋元率部进入四行

① 《文汇报》社：《文汇年刊》（1939年），文汇有限公司，1939年，第22页。

② 陈立夫：《孤军不孤》，重庆《中央日报》，1941年5月10日。

③ 冯子超：《中国抗战史》，台北文海出版社影印本，1978年，第54—55页。

④ 姚晓天：《上海的守护人——谢晋元传》，台湾近代中国出版社，1982年，第174—176页。

仓库，似乎是在执行顾祝同通过孙元良下达的"掩护大军转进"的命令。特别值得注意的是，台湾当局官方出版的一些具有权威性的史书，也未作严格考订而袭用"掩护大军撤退"说。例如，秦孝仪主编的《先总统蒋公大事长编初稿》，记叙一九三七年十月二十六日时写道："大场被敌攻陷，国军转移阵地。闸北方面由第八十八师五二四团谢晋元团附率部固守位于公共租界苏州河对岸之四行仓库，吸引敌军，掩护大军撤退。"①

在中国大陆，出版的各类关于淞沪抗战的论著，记述四行孤军抗战事迹，大都仍沿袭"掩护主力撤退"的说法。一九八九年出版的《上海辞典》一书，由上海市地方志办公室一批专业人员编著，其中"八百壮士"条目释文说："1937 年淞沪抗战后期，中国军队奉命撤退。10 月 26 日晚，国民革命军八十八师五二四团一个营，在团附谢晋元指挥下，坚守四行仓库掩护部队后撤。"②

这个众口一词的传统说法，也在具有权威性的大型综合性辞书《辞海》《中国大百科全书》等有关条目中得到肯定。二〇一〇年出版的新版《辞海》，在"八百壮士"条目释文中写道："1937 年八一三淞沪抗战后期，在沪中国军队奉令撤退。为掩护大部队撤退，第二六二旅第五二四团，由团附谢晋元率第一营战士 452 人（号称八百）守卫上海四行仓库。……孤军奋战四昼夜，击退日军六次围攻，后奉命退入公共租界。时称'八百壮士'孤军奋战。"③二十世纪九十年代出版的《中国大百科全书》"中国历史"卷，关于"淞沪会战"的释文中写道："中国守军第八十八师五二四团团附谢晋元，奉命率部八百名官兵坚守四行仓库，掩护主力撤退。"④

受多年来各类有关史书的影响，谢晋元烈士的家属和子女都认同了"掩护主力撤退"说。谢晋元烈士的夫人凌维城女士和哲嗣谢继民先生，在他们的回忆材料和悼念文章中，都表述有"掩护主力撤退"说。例如，谢继民先生的《八百壮士，革命典型》一文，作如下的表述："10 月 26 日，大场防线被攻破，我军全线西撤。为掩护大军撤退，八十八师受命选派一位坚定果断的军官，率领一支部队据守要点，担任掩护，并要坚决死守到最后，父亲接到孙元良师长'死守上海闸北最后阵地'的手令后，决心以生命报效国家，誓死完成任务。"⑤此文的观点即是：谢晋元

① 转引自《抗战中可歌可泣的一页——纪念谢晋元团长殉国 40 周年》，台北《近代中国》第 22 期，第 168—169 页。

② 上海市地方志办公室吴云溥、曹宪镛：《上海辞典》，上海社会科学院出版社，1989 年，第 32 页。

③ 辞海编辑委员会：《辞海》（上卷），上海辞书出版社，2010 年，第 81 页。

④ 《淞沪会战》，《中国历史》（二），《中国大百科全书》，中国大百科全书出版社，1992 年，第 969 页。

⑤ 谢继民：《八百壮士，革命典型》，上海淞沪抗战纪念馆：《淞沪抗战遗迹大观》，上海人民出版社，2005 年，第 14—15 页。

奉命率1个营据守四行仓库的目的，是为西撤大军“担任掩护”。谢晋元烈士的夫人凌维城女士在《怀念抗日英雄谢晋元》一文中，也作了同样的表述：“10月26日，日军突破大场防线，由该团掩护退却，晚上11时（谢晋元）奉命率第一营坚守四行仓库。”①

综上所述，关于“掩护主力撤退”说的有关记载，大体似可归结为以下几点。一是此说的最初来源为一九三七年十月二十八日见诸上海报端的“中央社十月二十七日上海电”；二是抗日战争期间和战后70多年来，一般史书和社会各界的文字记载大都持“掩护主力撤退”之说，沿袭至今；三是台海两岸有关史书和一般作品，也大都认同这一说法，没有发生过公开的争论；四是持“掩护主力撤退”说的书著，除个别作品外，几乎都是就既有说法人云亦云、予以沿袭和照录，几乎没有人对此说法作过认真、严实的考订和探究。

二、“掩护主力撤退”说与史实不符不能成立

在以往几十年里，四行孤军“掩护主力撤退”说似乎已成定论，而为各界所接受的情况下，也有一些史学论著和重要的亲历者的忆述资料，对这一说法或表示异议、不予认同，或作出新的诠释。他们或以其亲历亲见说明并无“掩护主力撤退”之史实；或以基于历史事实之依据的史学分析指明“掩护主力撤退”说的不能成立。淞沪抗战时直接领导和指挥谢晋元部的八十八师师长孙元良，一九七二年在台湾发表回忆录《亿万光年中的一瞬》，他不认为当年有过“掩护主力撤退的命令”和作战行动。八一三时期担任上海市商会童子军团团长、曾亲自率领团队向四行仓库送达国旗和慰问物品的叶春年，一九八二年在其回忆文章中，也不认为四行孤军奋战是为了“掩护主力撤退”。余子道、张云合著的《八一三淞沪抗战》一书，全面考察了四行孤军抗战的历史过程及其重要意义，并明确否认“掩护主力撤退”一说。此外，《上海百科全书》二〇一〇年新版中，“八百壮士”条目释文，与此前《上海辞典》和《辞海》的有关条目释文不同，不再提“掩护主力撤退”。二〇一五年建成开放的上海“四行仓库抗战纪念馆”，在展览的文字说明和图像表述中，对四行孤军抗战的原由和意义，也以历史事实为依据，作出实事求是的科学的叙述，没有采用“掩护主力撤退”的说法。由此可见，由来已久的这一说法已受到挑战，正在得到澄清和扬弃，归结于如实的、准确的提法，而还这一事件以历史的本来面目。

四行孤军抗战“掩护主力撤退”之说与历史事实不符，有关的史学工作者有责

① 凌维城：《怀念抗日英雄谢晋元》，《20世纪上海文史资料文库》（第1辑），上海书店出版社，1999年，第367页。

任本着尊重历史、遵循科学的原则，实事求是地理清这一事件的来龙去脉，澄清历时已久的似是而非的流行说法，而为后世立下信史。

（一）“掩护主力撤退”，是局外人的虚构或猜测形成的说法，完全没有事实根据。众所周知，谢晋元率领五二四团第一营退入并据守四行仓库，是一个奉有正式命令、有计划、有目的的军事行动，不是当时上海有些媒体所猜测的所谓“与主力部队失却联络”，在无路可退的情况下撤入四行仓库作“最后的抗争”；也不是奉上级“掩护主力西撤”的命令而进入四行仓库据守的。事实上，至今为止，在国民政府有关淞沪会战的军事档案中，从未见有指示谢晋元率五二四团一营“掩护主力撤退”的命令。第三战区副司令长官顾祝同、中央作战军兼第九集团军总司令宋绍良、八十八师长孙元良等也从未说过，他们发出过指示谢晋元率部“掩护主力撤退”的命令。作为黄埔系中央军的一个组成部分，五二四团的一切作战行动，从来都是严格地在体制内、根据指挥系统的命令进行的。既无“掩护主力撤退”之命令，又何来退守四行仓库“掩护主力撤退”的行动，这是不言而喻的。

那么，谢晋元当时率部退守四行仓库作战，是奉了谁的命令，被赋予的是什么任务，又为什么会选择四行仓库作为作战基地呢？对此，孙元良曾在其回忆录中作了明确的说明。一九三七年十月二十六日早晨，顾祝同打电话通知孙元良：“（蒋）委员长想要第八十八师留在闸北，死守上海。”孙元良当时认为在闸北留下全师没有必要，也难有取胜和保全兵力不受歼灭的可能，经双方商讨，“最后终于奉命留下一个团，死守闸北。——这就是‘八百壮士’的由来”。①当天下午临近傍晚，孙元良在设于四行仓库的八十八师师部向谢晋元、杨瑞符当面交代任务，“亲自交给他们‘死守上海最后阵地’的命令”②。孙元良的手令写道：“着第五二四团团附谢晋元率该团第一营（加强）杨瑞符部于本晚先在北火车站附近占领掩护阵地，掩护师主力转进后，迅速进入四行仓库固守待命。韩团长宪元、谢团附晋元。元良10月26日下午6时30分。”③孙元良的这一手令说明，第一营在北站附近“掩护师主力转进”与“进入四行仓库固守待命”是两个前后有别、要求不同的任务。十月二十九日孙元良致谢晋元暨孤军营的慰问信中，重申“（我）以最后守卫闸北之责付托我忠勇之诸同志”④。显而易见，孙元良下达给谢晋元、杨瑞符据守四行仓库的命令和任务，并非“掩护大军西撤”，而是“死守闸北”“死守上海最后阵地”。

五二四团第一营官兵以集中据守四行仓库为作战基点，这一选择也是由孙元

---

①② 孙元良：《亿万光年中的一瞬》，台北坤记印刷公司，1972年，第221—222页。

③ 《孙元良1937年10月26日下午6时30分手令》，见上海四行仓库抗战纪念馆所存“手令”影印件。

④ 《亿万光年中的一瞬》，第221—222页。

良作出决定，并于二十六日当面向谢晋元、杨瑞符交代的。孙元良很清醒地认识到，闸北全境很快会陷于敌手，如果以区区一个加强营的兵力散布于闸北的市区街巷之间，很快会被占有压倒性优势的日军消灭殆尽，而收缩兵力于四行仓库，则可以仓库建筑为屏障，进行一个较长时段的坚守与阻击作战，以待局势的演变。而且，四行仓库这幢大楼的建筑物不只是坚固易守，集中兵力于此地也更易于掌握部队。这里粮弹存储很多，饮水也有保障。同时，四行仓库大楼贴近苏州河北岸，河之南岸即公共租界最繁华的市区，日军不便于对大楼使用重炮轰击和从空中进行轰炸。孙元良的这一切考虑和部署，显然都是着眼于"守卫闸北"这一中心目的，而不是要实施"掩护主力撤退"的任务。

（二）"掩护主力撤退"说，把五二四团在闸北北站一带的掩护主力西撤作战，与该团第一营四行仓库保卫战这两个不同时段、不同任务的作战混为一谈，是张冠李戴。史实表明，八十八师五二四团确实在十月二十六日下午 9 时左右至二十七日凌晨 1 时左右在北站一带参加过掩护主力西撤的行动，这与从二十七日上午 6 时以后开始的四行仓库保卫战虽有前后联系，却是有着明显区别的两回事。

八十八师五二四团先是参加了北站一带掩护主力西撤的作战。十月二十六日下午 5 时，大场被日军攻占，据守于闸北、虹口、江湾、庙行地区的中央作战军面临被日军围歼的危局。于是，顾祝同在当日黄昏发布将"南翔以东阵地逐次转移于苏州河右岸"的命令，其中规定："中央作战军应派队固守北站附近、彭浦、暨南新邨、真如镇，倪家弄诸要点，妨害敌军之前进；北站附近据点，着由八十八师派兵一团担任之。"①同时，"中央作战军朱（绍良）总司令决于二十六日晚由现阵地向苏州河右岸转进，并为如左之部署：……第八十八师应以一团留置闸北、彭浦，掩护我左翼部队撤退。12 时后转进至真如（不含）、江桥间，疏开占领各村落拒止敌人"。②

按照上述命令留置北站附近、担任掩护主力西撤的一个团，就是由韩宪元、谢晋元分别担任团长和团附的八十八师五二四团，十月二十六日 21 时左右开始，八十八师两个旅的全部主力从闸北、虹口向西撤退，从闸北与彭浦之间地区西向真如转移，再向南边沿中山西路以北西撤，二十七日早晨到达沪西的北新泾附近。随后按朱绍良的指令，八十八师担任法华镇、丰田纱厂一带的守卫。至二十七日晨 4 时前后，八十八师等中央作战军已都转移到沪西苏州河沿岸。八十八师五二四团正是在八十八师主力西撤过程中在北站一带担任掩护行动的。

五二四团共有 3 个营的兵力。团长韩宪元直接指挥了这一夜的掩护战。该

---

① 《顾祝同 1937 年 10 月 26 日 18 时命令》，台湾"国防部"史政编译局：《抗日战史——淞沪会战》，史政局印行，1964 年，第 165 页。

② 《抗日战史——淞沪会战》，第 167 页。

团掩护八十八师主力西撤的战斗，发生在十月二十六日晚 9 时(21 时)至二十七日凌晨 4 时之间。在这个时段之后，没有也不可能进行所谓“掩护主力撤退”的战斗。谢晋元率领的五二四团第一营是在参加了二十七日 4 时之前掩护作战之后，才进入四行仓库的；这后一个作战部署和行动，与前一个掩护作战具有不同的任务。而在事实上，谢晋元所率第一营是在八十八师主力撤出闸北之后三四个小时才陆续进入四行仓库的。这时，已完全不存在掩护主力的问题，因为此项任务已结束了。孙元良的回忆录《亿万光年中的一瞬》一书中附录的《谢晋元烈士传》，对此也有明确的交代，其中写道：“10 月 26 日，友军失利，大场被陷。第五二四团奉命最后离开阵地，掩护大军西向苏州河南岸退却。任务达成后，奉命留一部死守闸北。”①由此可见，“掩护主力撤退”之战在前，四行仓库保卫战在后，这两者是并不相同的两回事，不应混为一谈。

（三）以谢晋元部作战地境和作战实况而言，它打的是一场以四行仓库大楼为依托的特殊形态的阵地保卫战，而不是抗击敌人追击部队对我退却部进攻的野外或街巷阻击战。五二四团本来是奉命在北站附近至彭浦之间的地区阻击敌军、掩护主力撤退的。按军事常规和当时战场实况，掩护战的地境必须是在北站附近至彭浦附近这个南北向一带，以及由此向西到真如镇周围一带，也就是在敌之追击部队必经之地。然而四行仓库却并不处于我方主力退却的必经之地，也不是敌军对我追击部队的必经之地。四行仓库大楼是一座毗邻苏州河的中高层建筑，坐落在北站战场之外，没有任何一支中国主力部队通过这座大楼所在处光复路等通道西撤；也没有任何一位头脑清醒的军事指挥者，会把这幢大楼当成“掩护主力撤退”的阵地和堡垒、而将部队开进大楼去打掩护战的，因为如果按此部署兵力，那完全是无的放矢。

三、 第三战区总部派兵据守四行仓库大楼的动因

谢晋元率五二四团第一营进入四行仓库大楼据守作战，既不是为了执行“掩护主力撤退”的命令，更非因为与主力部队“失去联络”，临时退入此大楼权作暂息之地。根据战后几十年来披露的各方面的史料，我们可以清楚地看到，这是国民政府军事当局出于政治上、外交战略上和舆论宣传上的需要，而在大场失守、淞沪战局急剧恶化、《九国公约》签字国布鲁塞尔会议即将召开的情况下，紧急采取的一个特殊举措。这一行动最初是由蒋介石提出，中经顾祝同、朱绍良等人的部署，通过孙元良而下达于谢晋元和杨瑞符，而加以执行的。

① 《亿万光年中的一瞬》，第 289 页。

蒋介石面临苏州河以北中央战场中国军队防御体系全面崩溃，闸北、江湾、虹口、杨浦等地完全沦陷的局面，决定在中央作战集团西撤沪西苏州河南岸的同时，留下一支部队于闸北继续坚持作战。这一决定实际上就是四行孤军抗战在政策上和军事上的最初的来源和依据。蒋介石的这一决定含有几个方面的意图。首先是面临淞沪会战主战场解体、上海作战濒临失败的危急关头，亟需鼓舞士气和民心、挽回国内外的视听。

蒋介石的另一个目的，是以保持闸北最后一块阵地，向国际上表明中国军队并未完全丧失苏州河以北阵地，淞沪战场上中国军队将坚持到底，以有助于在即将于比利时布鲁塞尔召开的《九国公约》签字国会议上取得有利地位。正如《战上海——1937》一书作者所指出的："就在中国军队放弃闸北江湾后撤时，《九国公约》的签字国代表正齐集比利时首都布鲁塞尔，计划 11 月初召开会议，而会议的主题就是讨论中国对日本侵略的控诉案。这是一次国民政府寄予厚望的会议……中国只有依靠自己向国际社会证明自己抵御外侮，坚持抗战的决心和信心，才有可能使九国公约会议做出对中国有利的裁定，进而获得国际社会的支持和援助。而国际化大都市的上海几乎就是当时国际社会了解中国的唯一窗口……因此军事委员会委员长蒋介石决定在上海市区仍坚持保留最后一个阵地，以向世界显示中国军队并未放弃上海。基于这种考虑，蒋介石……指示第三战区代司令长官顾祝同直接部署将八十八师留在闸北……目的最明显不过，就是不惜牺牲八十八师，以达到'争取时间，唤起友邦同情'的意图。"①

同时，蒋介石也企图以据守闸北最后一个阵地，保持住中国军队的阵地与上海公共租界之间的直接联系。"与租界保持联系"，这是蒋介石部署淞沪作战的一项重要原则，曾多次提醒前线将领予以注意。就在大场保卫战前不久，蒋在致顾祝同、陈诚、朱绍良等人的《对淞沪作战应着眼之点》的电令中，再次重申："对足以威胁公共租界(虹口、杨树浦等处)之阵地应永久保持。"②因为在他看来，保持这样的阵地就能对公共租界形成威胁，以中国军事力量直接影响于公共租界；由此也就可以进而影响租界当局以及西方英、美等列强。四行仓库所在地，其东面西藏北路以东直抵黄浦江边，属于公共租界地境，大楼南临苏州河，河之南即为公共租界南京东路一带上海市区最为繁华的区域。在这一地域选择据点固守，无疑十分契合蒋介石的意图。

---

① 《四行仓库八百壮士纪实》，戴峰、周明：《战上海——1937》，通宝文化事业有限公司，第 217 页。

② 《(蒋)委员长删酉参京电令》(1937 年 10 月 15 日)，第十五集团军总部：《淞沪战役阵中日记(二)》(下册)，陈诚"石叟资料室"档案，第 167 页。

四、 决策和部署过程分析

蒋介石关于留驻八十八师于闸北择地据守的决策，最初是直接下达于第三战区副司令长官顾祝同，与后者商讨后，由第三战区总部加以部署实施的。在二十个世纪七十年代，顾祝同曾对此事作过一些回忆，他说道：淞沪会战“一直到（一九三七年）十月下旬，达成预期的战略任务后，大军向西转进。事先，委员长蒋公指示，要守备闸北核心阵地的八十八师，留置于上海郊区（闸北）游击，或分散据守村庄要点，构筑迟滞敌军行动。我把这个意图传达下去后，该师师长孙元良将军，派师参谋长张柏亭将军，前来报告战场实况，并陈述意见，认为上海市郊地形平坦，无所依托，不适于游击活动。至于分散据守村庄要点，在敌我众寡悬殊的情况下，亦难达成任务。不如选守坚固要点，以一部兵力坚守更有意义。经请示委员长同意后，该师五二四团谢晋元团附率领一个加强营，坚守苏州河北岸的四行仓库”。①

从在闸北留驻一个师到最后缩小为一个营，这是一个使用兵力的变化和调整的过程，也是对这一举措的目的和作用的认识更符合实际的过程。这个变化是在蒋介石、顾祝同、孙元良三者的互动中实现的，其中孙元良起了关键性的作用；而最后由五二四团第一营担负了留驻据守的任务，团附谢晋元临危不怯、勇于担当、知难而上的态度，无疑地具有关键性的作用。

当顾祝同在十月二十六日上午以电话传达蒋介石留置八十八师于闸北据守的命令时，孙元良根据战场实际态势和部队情况，考虑蒋介石这一句话的根本意图，以及留驻部队作战的可能结局等问题，当即向顾祝同提出不同意见，认为将八十八师全师留驻闸北没有必要，从军事上说也绝无取胜的可能。孙元良为向顾祝同当面陈明情况，指派师部参谋长张柏亭前往第三战区前线指挥所谒顾祝同。张柏亭除说明“闸北除市街之外，市郊一片平坦，毫无隐蔽，地形上不具备游击战的条件，至于分守据点，事实上也有困难”等之外，着重指出：“委员长训示的目的，是要强调日本军阀的侵略行为。上海是一个国际都市，中外视听所系，要在国联开会时把淞沪战场的实况带到会场去。既然如此，似乎不必要硬性规定兵力，也不要拘泥方式。尽可授权担任的部队斟酌状况作适当处置。”顾祝同对此表示赞同。张柏亭转达孙元良的意见说：“留置闸北最后阵地的部队，兵力多是牺牲，兵力少也是牺牲。同时，守多数地点是守，守少数地点也是守，意义完全相同。”他最后提

---

① 《顾祝同在电影“八百壮士”开拍仪式上的讲话》（1973 年），见上海四行仓库纪念馆所藏“讲话”影印本。

出以一个团的兵力守备一二个据点的主张，获得顾祝同的同意。①顾随即以电话通知孙元良按上述方案进行部署。

由此可见，经孙元良、张柏亭的力争和顾祝同的同意，留置闸北的部队由一个师的兵力缩小为一个团。然而，在张柏亭返回四行仓库师部驻地面报孙元良后，“孙元良且对留下的一个团的兵力仍然感到可惜，最后决定只留下一个加强营坚守一个据点——也就是师部所在地四行仓库”。②

由五二四团第一营担当最后留置闸北的任务，是在孙元良于师部召开的部分团以上军官会议上决定的。十月二十六日下午，八十八师主力撤离闸北之前，五二四团第一营守卫在北站至天通庵车站一带阵地，这里贴近西藏北路四行仓库所在地，而该团第二、第三营则驻守在北站至彭浦间一带，这是师部选择第一营据守四行仓库的一个重要原因。但是，作为该团团附的谢晋元在师部会议上敢于担当的态度，是促成第一营留置闸北、据守四行仓库的最主要原因。在师部当日下午的会议上，“孙元良说明了留守闸北的任务和情况，询问谁愿意担当这一委任，这时……谢晋元站起来，表示自己愿意指挥这支最后的留守部队。于是，孙元良便向谢晋元下达了最后留守的任务，以二六二旅五二团一营为基干，组成一个加强营……死守四行仓库。同时将四行仓库里的所有物资都移交给谢晋元”。③孙元良于是在当日下午 6 时半左右写下手令给予谢晋元。

这一决定和命令是在非常紧急的情况下作出的，对于第一营来说，完全是临危受命。在此前的二十六日晚 22 时，营长杨瑞符还接到团部下达的向沪西撤退的命令。当晚 23 时，五二四团团长韩宪元接师部下达的由该团第一营据守四行仓库的命令，于是杨瑞符立即被召到团部受命。谢晋元不久从师部匆匆赶回团部，将孙元良的手令交给了杨瑞符，并交代说：“你赶快下命令集合部队，我先到四行仓库去。”谢晋元于是迅急赶去四行仓库。

杨瑞符返回营部已是十月二十七日 0 时 20 分。此时这个营的各连都已按二十六日 22 时下达的西撤命令开拔后撤。杨瑞符当即派出传令兵分头去追回部队。结果，传令兵只追回第二连和第一连的 2 个排。杨营长立即率领这一个半连率先开进四行仓库。第三连、机枪连和第一连第三排在撤退途中获悉第一营的任务已经改变，乃立即返回赶赴四行仓库，于二十七日上午 9 时向营部报到。这样，五二四团第一营四个连共 420 余人，至二十七日上午 9 时全部进入四行仓库及大楼周边据点。

---

① 张柏亭：《八一三淞沪会战回忆》，台湾《传记文学》第 41 卷第 2 期。

② 《四行仓库八百壮士纪实》，《战上海——1937》，第 219 页。

③ 《四行仓库八百壮士纪实》，《战上海——1937》，第 220 页。

这个营是八一三淞沪战役最早在闸北投入作战的部队之一，从八月十三日开战以来，经过 70 余日的奋战，原先的官兵伤亡殆尽。进入四行仓库前，这个营已在火线上整补过五次，尤其是在第三次整补时，除少数军官外，几乎都由湖北省保安部队第五团第一营补充而成。然而，以新兵为主组成的这支部队，于西撤途中毅然返回，明知最后死守四行仓库绝难有生还的希望，而视死如归、慷慨赴战、义无反顾地抵进四行仓库战场。这一切，处处闪耀着以爱国主义为核心的民族精神的伟大力量。

余子道文集

中卷

余子道 著

上海人民出版社

杭州湾战役及其对抗日战局的影响*

全面抗日战争初期淞沪会战时，日军采取“两翼迂回、速战速决”的作战方针，日军第十军在淞沪战场的右翼杭州湾北岸实行登陆，与从左翼迂回的日本上海派遣军合围中国淞沪守军，进攻上海和南京。中国军队在杭州湾北岸和太湖南走廊进行对日阻击战，这是淞沪会战后期最重要的战役之一。中国军队未能阻敌进攻，阻击战最终陷于失败，导致淞沪战场防御阵线的完全瓦解和上海的陷落。太湖南走廊的被打通和苏浙皖边境门户的洞开，造成日军从南面和西面迂回南京的态势。抗日战史上这惨痛和悲壮的一幕，给后世留下了十分深刻的历史教训。

一、 杭州湾北岸地区在军事战略上的地位

在日本全面侵华战争初期，日本政府和军部于淞沪会战后期组建了一个拥有3个师团和1个旅团、总兵力达11万人的新的主力兵团——第十军，在原先已在淞沪战场作战的上海派遣军和海军第三舰队的协同下，一九三七年十一月在杭州湾北岸江浙交界的平湖和金山沿海一带实行登陆，进攻浙江的杭（州）嘉（兴）湖（州）地区和江苏的松江地区（今属上海市）。这是全面侵华战争初期日本采取的一个重大的军事行动，其目的是从南北两翼对淞沪地区进行战略迂回，企图围歼淞沪战场的中国军队，尽快攻占上海，进而进击国民政府首都南京，逼迫中国政府接受城下之盟。而第十军之所以选择在当年十一月间在杭州湾北岸登陆，这是由杭州湾北岸地区在军事战略上的重要地位所决定的，同时，也是淞沪会战全盘战局的形势发展使然。

杭州湾位于浙江省东北部杭嘉湖平原和宁（波）绍（兴）平原之间，当时的江苏省金山、奉贤两县东南方。源出皖浙赣边境的钱塘江，自杭州闸口以下扩大为东奔大海的杭州湾。呈现喇叭形的杭州湾，由西向东，港湾逐渐扩展舒张，湾口汇成为海洋，称王盘洋，东临东海，外有江苏省的嵊泗列岛（今属浙江）和浙江省的舟山

---

* 本文原载《军事历史研究》2009年第1期。

群岛。杭州湾北岸地区地跨江浙两省，主要为浙北杭嘉湖平原构成。自西而东，依次为浙江省的海宁、海盐、平湖和江苏省的金山、奉贤等县，其北面为桐乡、嘉兴、嘉善、松江和上海等县；太湖南岸为长兴、吴兴（湖州）和宜兴的一部分。平湖、金山以南杭州湾海上分布有王盘山、大金山、小金山等大小岛屿。

以杭嘉湖为中心的杭州湾北岸地区，位于长江三角洲的东南部，地处中国南北海岸线中部，东临大海，南倚钱塘江和杭州湾，北负太湖，西接天目苕霅，大运河贯穿境内，居江、海、湖、河交汇之位，扼太湖南走廊之咽喉。区位冲要，距上海、杭州、苏州、无锡均不到百公里，相互之间彼此相联、唇齿相依。全境隔杭州湾与南岸之宁波、镇海、慈溪、余姚、绍兴相呼应。境内沿杭州湾北岸岸线长达 121 公里，其中平湖海岸线长为 29.5 公里、海盐为 53.4 公里、海宁为 53.6 公里。全线适宜于建港的岸线长达 41 公里，水深滩阔，腹地广袤，吞吐便利，可资建设深港，适宜于巨轮停泊。平湖县境内的乍浦，历来为浙北著名海港。中国伟大的民主革命先行者孙中山在其手著《建国方略》中，曾提出在中国中东部建设一个“中国东方世界商港”即“东方大港”的构想，认为“此种商港最良之位置，当在杭州湾中乍浦正南之地”①。

从对日抗战的军事层面而言，杭州湾北岸地区在战略上和战役上的意义和价值亦极为重要。日军要攻占上海和南京，这里是其必攻之地。

首先，从杭州湾到长江口，是中国东南沿海最重要的对日作战的防御地带，是抗击从海上入侵之敌的大门。长江口和杭州湾，一南一北，互为犄角，唇齿相依。它们像两扇大门向浩瀚无际的东海和太平洋敞开着。杭州湾北岸的海宁、海盐、平湖、金山、奉贤，与长江终段南岸的常熟、福山、太仓、浏河、宝山、川沙、南汇，在地理上是连成一片的一个整体。这半环形地带，以上海为中心，底部北起长江南岸的福山，中经常熟、苏州、吴江、平望，南至嘉善、平湖，抵于杭州湾北岸的乍浦，由吴福线和乍平嘉线这两条国防线，中经苏（州）嘉（兴）铁路联结南北。长江为中国第一大河，自西向东流经九省，联结西南、中南和华东广大地域。从上海附近长江口溯江西进，即可深入中国腹地近千公里，在军事上至关重要的作用不言而喻。杭州湾虽然并不深入中国腹地，却是从海上进入江浙地区，登陆浙北、浙东地区和淞沪地区南翼外围的门户；而杭州湾北岸又是打开太湖南走廊，开辟向苏浙皖边境进军之路的一道大门。因而，日军要进攻长江，必然也要进攻杭州湾；要攻占上海，控制太湖，进击南京，也必定无疑地要攻略杭州湾北岸地区，特别是要占领杭嘉湖地区。

第二，杭州湾北岸和长江口南岸，是上海和淞沪战场的南北两翼，从右左两个

① 孙中山：《建国方略》，黄彦：《孙文选集》（上册），广东人民出版社，2006 年，第 132 页。

方面拱卫着上海市和整个淞沪地区的安全，对于上海—南京战略作战全局至关重要。日军图谋迅速攻占上海，就不仅要在长江终段南岸登陆和发动进攻，而且也必定要在杭州湾北岸发动进攻，实行南北两翼合围。上海和淞沪地区位于长江三角洲东部，其边缘呈现为一个"凸"字形边境，东端南汇全境和川沙、奉贤的部分地区，东滨东海；北部宝山和吴淞一带北枕长江；南部奉贤、金山、平湖一带南临杭州湾。"凸"字形边境的突出部位三面临水，极便于拥有强大海上军事力量的日本部队实施登陆，而最为适宜于登陆的地段，是在长江终段南岸和杭州湾北岸这两个方面的若干地点。

上海和淞沪地区的海岸线和长江岸线，总长达350余公里。从入侵日军的登陆场而言，这350余公里岸线的各个段落，其条件和利弊是大相径庭的。从杭州湾北岸海宁的新仓、海盐的澉浦、平湖的乍浦，到长江南岸太仓浏河口，全部海岸和江岸线，按其不同情况，大致可分为8个地段。新仓到澉浦段，这里的海岸条件，不适于登陆兵上岸。澉浦到平湖的乍浦段，虽可容纳1个师上下的兵力上陆，但上陆以后并不便于向内陆纵深推进，因而也不能作为一个理想的登陆点。全公亭、白沙湾到金山嘴一带岸线，硬滩岸线居多，港湾水深。金山嘴、白沙湾，可同时容纳3个师上下兵力登陆，且上陆后便于实施战役展开，向上海南翼和杭嘉湖平原推进。在这里上陆后，有通向嘉善、嘉兴、金山枫泾、松江米市渡和奉贤南桥的公路可以利用，敌可进而沿沪杭公路和沪杭铁路进击上海和杭州，又可利用黄浦江以轻舟部队溯江西进，进击太湖周围地带；同时又有经太湖西南通往苏皖边境、前出芜湖和南京的交通线路。奉贤柘林以东以北到南汇老港，沿海一带暗礁和浅滩较多，上陆后又缺乏通往内陆的良好道路，不适于联合兵团上陆作战。川沙的白龙江，面向长江口外海面，可供登陆部队实行战术性登陆，虽可对上海浦东地区形成一定的威胁，但并不适于大兵团的登陆和展开。白龙江到吴淞口，海岸水深，但沙滩很多，航道狭窄，不宜于大兵团的登陆和展开。吴淞口，在黄浦江与长江交汇处，水深港阔，而且建造有深水码头，便于重兵上陆和展开。吴淞口到浏河口，在长江南岸，有宝山、狮子林、小川沙、七丫口、杨林口等多处岸线，便于大兵团登陆和向纵深发展。但这一岸段除宝山可供大型舰艇靠岸外，其他各点多为浅水区，大潮时水深在3米，小潮时不足1米，退潮多呈浅滩，登陆部队须在江心换乘小船，徒涉上陆。

由此可见，在上海北翼，吴淞口到浏河口长江南岸，是最适宜于大兵团登陆的地段。一九三二年一·二八淞沪抗战时，日军2个师团曾先后在这里的吴淞口、七丫口登陆；八一三淞沪会战开始后，日军5个多师八九月间也正是先后从这一带上陆的。而在淞沪战场的南翼，最适宜于日军以大兵团实施登陆和展开的是在金山卫、全公亭之间的地区。杭州湾北岸的军事战略地位，正在于它是整个淞沪战场南线的一道屏障，拱卫着中国军队的右翼，不仅对上海和淞沪战争全局的胜败至关重要，而且于维护南京、杭州以至苏浙皖边境的安全息息相关。由此可见，日军调动重兵进攻杭州湾北岸地区决非偶然。

第三，杭嘉湖地区为太湖南走廊之所在，与苏州、无锡、常州一带之太湖北走廊遥相呼应，共同构成从上海和淞沪地区通往南京和浙苏皖边境腹地的东西向大通道。日军攻略杭州湾北岸地区的一个重要目的，就在于企图从这里突破阵线，打通太湖南走廊，进击苏浙皖边境，从西南方面对南京进行战略迂回。

日本在全面侵华战争中实行“速战速决”，以武力迫使中国屈服的战略。日军发动八一三事变，首要目的是攻占上海，在军事、经济、外交关系诸方面给中国以致命一击；同时又积极谋划和准备进攻中国首都南京，迫使南京政府接受日本的亡华灭华条件。在淞沪会战期间，在日本政府和军部内坚持在攻占上海后立即进击南京的政策主张愈来愈占上风，成为主导性的力量。日本上海派遣军司令官松井石根早在离开东京，到上海作战前夕，就当面向陆军大臣杉山元提出，应该以迅速进攻南京为目的，向华中派遣必要兵力（约 5 个师团），必须一举推翻南京政府。①此后，松井石根在淞沪前线不下于 5 次之多向东京军部力陈尽快进攻南京的主张。驻上海的日本海军第三舰队司令官长谷川清在向东京军部提出的《对华作战用兵意见书》中也强调：“要想用武力打开中日关系现状，只有惩罚中国，使中央势力屈服”，“欲置中国于死命，以控制上海和南京最为重要”②。日本军部的侵略战争狂热一发不可收拾，乃于当年十到十一月间最终作出并下达攻占南京的决策。

日军进攻南京是沿着 3 条通道推进的。松井石根指挥的上海派遣军沿着沪宁铁路一带从太湖北走廊，向南京进行正面进攻。海军第三舰队从上海溯长江西进，突破江阴、镇江长江封锁线，配合地面部队进攻南京。柳川平助指挥的第十军作为进攻南京的另一个主力兵团，开辟的是与上海派遣军不同的另一条进军路线，即突破杭州湾北岸，沿太湖南走廊西进。日军进攻南京，采取“两翼迂回、速战速决”的作战方针。仅凭上海派遣军的兵力，难以实行“两翼迂回”，也难达“速战速决”的目的。第十军登陆杭州湾北岸，打通太湖南走廊，正是为了适应上述作战方针的需要。该军的任务是从湖州、长兴、宜兴一带西进，主力分为两路：一路出溧阳、溧水、江宁，从南京南侧进攻金陵；一路西进泗安、广德、郎溪、芜湖、当涂，从

① ［日］松井石根：《阵中日记》（1937 年 8 月 15 日—1938 年 2 月 28 日），日本“南京战史编辑委员会”：《南京战史资料集》（二）；中译文见《南京大屠杀史料集》（第 8 册），江苏人民出版社、凤凰出版社，2005 年，第 23 页。

② ［日］长谷川清：《对华作战用兵意见书》，《现代史资料》（9），日中战争（2），东京みすず书房，1964 年，第 186 页。

西南方面实行迂回，在南京以西切断长江并以一部进占浦口。上述两路日军，与沿沪宁线西进的上海派遣军共同合围南京。由此可见，日军第十军登陆杭州湾北岸，除参与最终解决淞沪战局外，更主要的是要会同上海派遣军尽快攻占南京。

第四，日军进占杭州湾也是为了控制沪杭铁路、杭甬铁路和浙赣铁路东段，为尔后进攻中国华东、华中腹地作准备。杭州湾北岸的沪杭铁路、南岸的杭甬铁路，在杭州与浙赣铁路相交会，构成我国从东南沿海地区向华南、西南后方的一条陆上大动脉，极具军事战略价值。浙赣铁路全长 1 000 余公里，横亘于长江与东海之间，为东南铁道网之主要干线。杭州湾南北的铁路居这个铁道网的东端，从陆上把中国东南最大的出海口与中南、西南后方连接起来。浙赣铁路杭州至南昌段于抗战前夜的一九三六年一月十五日全线通车。浙赣线的延伸，西接萍乡，连接株洲，与粤海铁路和尔后的湘桂铁路相互贯通。对于此铁路网在军事上的意义，蒋介石在一九三四年六月曾评说道："萍玉路（即浙赣路玉山至萍乡段）由赣省萍乡至玉山。西接株萍、粤汉，东通杭江（浙赣路杭州至江山段），转达沪杭甬。倘速筑铁道，则湘、黔、粤、桂，皆可不经长江而有陆路交通与京沪联为一气。忆前年援沪抗日之棘手，即知此路在国防上位置极为重要。计全长仅六百公里，而能贯通西南东南诸省。首尾相应，效用綦宏。"①日军登陆杭州湾北岸的一个目的，乃是控制沪杭铁路，占领杭州进而控制浙赣铁路东段，以造成尔后沿此线西进的战略态势。这已为以后日军的行动所证实。

二、 日本第十军进攻杭州湾北岸

淞沪会战开始后，日本政府和军部为了迅速击败中国军队，夺占上海和长江三角洲地区，除运用原先在中国东南海上活动的海军第三舰队和常驻上海的海军特别陆战队等部队以外，特别于一九三七年八月十五日组成了以松井石根为司令官的上海派遣军，对上海发动全面进攻。同月下旬，松井石根指挥第十一师团和第三师团分别在上海市区之北的宝山川沙口和吴淞登陆，这是日本第一次大规模增兵淞沪战场。自九月三日起，日军天谷支队、重藤支队等 3 支各相当于旅团规模的部队，又在宝山、吴淞等地登陆，这是日军第二次增兵上海。接着，从九月上旬到十月初，日本又从国内派出第一〇一、第九、第十三等 3 个师团和重炮兵 1 个旅团，分别在吴淞和黄浦江西岸的张华浜、杨树浦、虬江口等地登陆。这是日本第三次大规模增兵淞沪战场。至十月上旬，日军已在上海市区北面、长江终段南岸、

① 转引自张其昀：《党史概要》（又名《近八十年中国革命史》），台北"中央文物供应社"，1979 年，第 749 页。

黄浦江西面的淞沪主战场上，集结了第三、第九、第十一、第十三、第一〇一师团等5个师团，又15个步兵大队和重炮兵1个旅团，以及其他特种部队，另有海军第三舰队，仅地面部队总兵力已达12万人以上。日军以长江和黄浦江沿岸登陆场为基地，由北而南向中国守军连连发动进攻，企图首先攻占上海苏州河以北地区。

然而，日军的进攻遭到了中国军民的强有力的抗击。八一三事变以后，在中国共产党的抗日民族统一战线政策的指引和影响下，第二次国共合作正式形成，以蒋介石为首的国民政府终于走上了联共抗日的道路，全国各党各派各军以及各界民众在抗日御侮、共赴国难的旗帜下，一致奋起，汇成了空前的抗日救亡斗争的高潮。南京最高统帅机关为保卫大上海、保卫首都南京、守卫长江三角洲，不断调集重兵举行规模巨大的淞沪会战。自八一三开战到九、十月间的近2个月时间里，约有60多个师的部队和海空军的全部主力前来淞沪参战。中国军队士气高昂，英勇奋战，前仆后继，寸土必争，进行节节抗击。其规模之巨大，战斗之激烈，在中国反侵略战争史上极为罕见，形成了空前的民族抗战的壮举。日军尽管付出了惨重的伤亡代价，但进展极为缓慢，直到十月上旬，日军的攻势仍被中国军队阻压在沪太公路以东、蕴藻浜以北，长江和黄浦江沿岸这一狭小地区。

日本军部对于淞沪之战僵持不决万分焦虑，乃决定采取新的大规模增兵行动。东京参谋本部认为，华北战场的进攻发展甚快，而“上海方面战斗则处于胶着状态”；华北方面军在九月下旬至十月上旬已攻占保定、石家庄、沧州、德州等地，而上海派遣军却对一条不大的蕴藻浜和一个小镇大场久攻不克。如果“上海方面就那样让它下去，(那就)无法取得结束战局的结果”。因此，参谋本部确认：“为了打开这种局面，有必要采取新的措施。”①日本最高当局为了迅速逼迫中国政府屈服、尽快结束中国事变，为了准备应对当年冬季可能爆发的日苏军事冲突，也为了在即将召开的《九国公约》国家布鲁塞尔会议上立于有利地位，乃策定组建新的主力兵团，投入华东战场。

从十月上旬开始，日本参谋本部即着手为第四次大规模增兵淞沪、登陆金山卫进行准备。首先是组建新的与上海派遣军平行的兵团。十月四日，参谋本部发出“临命”第555号命令，指令在中国东北待机的第十八师团，为准备在杭州湾方面登陆进行演习。十月五日，参谋本部指令华北方面军：在石家庄附近会战结束后，以约2个师团兵力集结于平津地区，准备转用于其他战场。这时参谋本部已内定抽调在华北战场的第六、第十六师团转用于华东战场。十月二十三日，又命令华北方面军以1个师团的兵力在平津地区集结，准备使用于其他方面。同时，

① 日本防卫厅防卫研究所战史室：《中国事变陆军作战史》(第1卷第2分册)，中华书局，1981年中译本，第83页。

在十月十日前后，参谋本部从东京派出铃木中佐等人至上海，会同上海派遣军的少将田尻、参谋芳村等人，秘密地在金山卫一带进行详细的实地侦察。

十月二十日，日本参谋本部发出“临参命”第119号命令，正式下达组建第十军，在杭州湾北岸登陆，会同上海派遣军攻略上海的命令。其中规定：“(1)向上海方面增派第十军及必要的配属兵力。(2)第十军司令官应与海军协力，在杭州湾北岸登陆，以利于上海派遣军司令官完成任务。(3)上海派遣军司令官继续执行现行任务，并应援助第十军登陆。”①“命令”特任柳川平助为第十军司令官、田边盛武为参谋长。该军下辖第六师团、第十八师团、第一一四师团和国崎支队(相当于1个旅团)，以及独立山炮兵第二联队、野战重炮兵第六旅团，第一、第二后备步兵团等部队。为配合第十军在杭州湾北岸的作战，十月三十日，参谋本部又以“临参命”第134号令，调第十六师编入上海派遣军序列，准备在江苏常熟附近长江南岸的白茆口登陆。

为统一指挥上海派遣军和第十军，日本军部决定将所有在华东、华中作战的地面部队及其所属航空部队，合编为华中方面军。十月三十日，以“亲补”令②任命松井石根为方面军司令官兼上海派遣军司令官。十一月七日即杭州湾北岸登陆战开始第三天，参谋本部又以“临参命”第138号命令，正式编成华中方面军，下辖上海派遣军和第十军两大作战集团。除由松井石根任司令官外，参谋本部调派原该部第三部部长冢田攻任参谋长，原参谋本部第一部作战课课长武藤章为副参谋长。海军方面，日本海军军令部于十月二十日编成第四舰队，由丰田副武为司令长官，与在上海和华东沿海作战的第三舰队联合编组为中国方面舰队，由长谷川清任司令长官。海军军令部还决定以第四舰队担任连云港以南中国海上的作战，并协助第十军实施登陆杭州湾之战。

日本参谋本部在发出了关于组建第十军的命令后，立即与海军军令部制订了陆海军协同作战协定，于十月二十日向上海派遣军、第十军和中国方面舰队发出了有关指令。同日，参谋本部制定了《第十军作战要领方案》。关于作战方针，“方案”规定：“(第十)军应协同海军在杭州湾北岸登陆，并尽快向上海市西南方地区前进，与上海派遣军共同扫灭上海周围之敌。”③

关于作战行动计划，“方案”将杭州湾北岸作战分为两个阶段。第一阶段，从登陆到上海市西南的黄浦江南岸一线进攻。“预定登陆日期——10月末或

---

① 日本防卫厅战史室：《大本营陆军部》(上册)，四川人民出版社，1987年中文摘译本，第375页。

② “亲补职”，日本官职旧制，指由天皇直接任命之官员，如国务大臣、宫内大臣、陆海军大将等最为重要的高官。

③ 《大本营陆军部》(上册)，第375页。

11月初”,“预定登陆地点——金山卫附近”。第二阶段,“渡过黄浦江及向上海西南方向前进”,“以一部由闵行方面,以主力由松江西南方渡过黄浦江,向上海西南地区前进”①。关于兵力配备,“方案”把第十军兵力划为两个梯队,计划分为两波实施登陆。第一梯队由第十八师团、第六师团、国崎支队组成,先行“于金山卫东西海岸敌前登陆”。第二梯队由第一一四师团和第一、第二后备步兵团以及军直属部队主力等组成。第一一四师团和第一、第二后备步兵团,分别继第十八师团和第六师团的登陆点实施登陆。全军以3个师团又1个旅团向上海西南和黄浦江方向进攻,另以2个后备步兵团分别对乍浦和金山卫一带登陆点进行警戒。

日本统帅机关孤注一掷派出第十军,视此为打开久拖不决的上海战局的一个决定性行动。参谋次长多田骏在与第十军参谋长田边盛武的谈话中,特别强调出动该军的战略意义及其与日本天皇的关系,说明其重要性非同一般。多田骏“明确表示了中央对该军的期待和该军的性质”,向田边盛武指出:出动第十军“是为了打开目前时局,在上海附近夺取一个大的战果,乃是迫切而绝对必要的”,要求该军“在全世界注视的战场上发扬我军武威”②。多田骏还强调了第十军地位的特殊性,说它虽然与上海派遣军处于相互密切协同的地位,却是由统帅机关直接指挥的一支独立的军团;即使尔后两军合组为华中方面军,第十军“在很大程度上……仍具有属于天皇直接统率之性质”③。作为日本侵华的又一个主力兵团,第十军是奉日本天皇裕仁这个侵华武装力量的最高统帅的命令,走上这条血腥的自掘坟墓之路的。

这时,淞沪战场上以大场为中心的苏州河以北会战正处于高潮,日本参谋本部万分焦急,要求第十军迅速出动,但由于部队集结未成,武器装备和给养的运输尚需时日,以及海洋状况与气候等因素,登陆时间一再被拖延。直至十月二十五日,才最后决定从十一月五日起,发动杭州湾北岸登陆作战。

第十军登陆的地域选定在金山卫、全公亭一带。这是日本参谋本部和上海派遣军经过多次周密的侦察,确认这一地带具备适宜于大兵团登陆的各项基本条件,符合从南翼迂回淞沪战场,又可西向进击南京的作战需要而作出的选择。从军事、地理、交通等诸方面条件而言,首先,这一带全公亭、金山卫、白沙湾、漕泾等地具有可供大兵团登陆的地形条件。其实,战前南京军委会情报机关曾派出“战地调查勘测组”作过侦察,认为“金山卫硬滩地带居多,港湾水深,乃明清两朝严防

① 《大本营陆军部》(上册),第375页。

② 《中国事变陆军作战史》(第1卷第2分册),第91页。

③ 《中国事变陆军作战史》(第1卷第2分册),第92页。

倭寇入侵之重点设防区域”①，从地理和历史两方面指出这里是日军最可能登陆之处。其次，从这一地带上陆后的重兵集团便于向纵深推进，实施战役展开。这里既有通向上海、杭州、苏州的公路，又有控制沪杭铁路中段，进击苏嘉铁路南段，以及北上切断沪宁铁路之便利。第三，极有利于实施日军惯用的“两翼迂回”战略。从这里登陆的日军，东北方向可包抄上海市区西南边缘，合围淞沪战场；西向可沿太湖西南地区前出苏浙皖边境，从西南方面迂回南京，与上海派遣军共同进攻南京。第四，杭州湾北岸是淞沪会战中国军队防线的最薄弱的环节，而且又一直被南京统帅机关所忽视，疏于防范。从这里实施登陆，可收攻其弱点、攻其不备之效，而稳操胜券。

日军第十军的第一梯队为第六师团、国崎支队和第十八师团。这三支部队于十一月二日分别从日本八口浦和五岛出发，由第四舰队输送，至朝鲜济州岛附近海面集结。然后经浙江舟山群岛东面之马鞍群岛海面，在四日晚进入杭州湾大小金山海域，当夜在金山卫和漕泾海面换乘登陆船艇。五日凌晨至拂晓，杭州湾沿岸小雨蒙蒙，大潮汹涌，海浪拍岸，洋面与陆上大雾迷漫。日军舰炮和航空兵率先开火，连续轰击达 4 小时之久，揭开了进攻杭州湾之战的罪恶的第一幕。凌晨 4 时许，当中国军民还蒙在鼓里之时，日军的大规模登陆行动开始了。为虚张声势，日军在海岸上空升起所谓“百万日军登陆杭州湾北岸”的宣传气球。上陆部队分乘 150 余艘船，编列为 3 个登陆船队，在全公亭、金山卫至漕泾、崇缺一带东西 20 余公里的沿岸地带实行登陆。日军分别从 3 个登陆点上岸。第一登陆点在江苏金山县金山卫城以东之金山嘴、戚家墩海滩一带，第六师团主力和国崎支队在这里上陆。第二登陆点在江浙交界处浙江平湖之全公亭、白沙湾、裴家弄沿海一线，以第十八师团主力一部为登陆部队。第三登陆点在金山与奉贤两县交界处的奉贤崇缺和金山塔港沿海一带，第十八师团主力在此登陆。

十一月五日 6 时许，大批日军陆续登岸。6 时半左右，日军全线登陆，分兵三路向内陆推进。右路为第十八师团主力，从漕泾越亭林、叶榭，经奉贤直指黄浦江南岸，攻击矛头指向闵行。中路为第六师团主力，由金山卫北上，经张堰、松隐，直指黄浦江米市渡，其企图是渡江夺占松江和青浦。左路为第十八师团主力一部，由全公亭直攻金山城关(朱泾)，攻击矛头指向枫泾和嘉善、嘉兴。松井石根因第十军顺利登陆而自鸣得意，在当天的《阵中日记》中写道：“今晨 5 时 30 分，第十军的第六师团和第十八师团的一支部队在金山卫城南侧海岸强行登陆了。……海岸几乎没有守卫兵力，因此，几乎没有遇到敌军的任何抵抗。第一线部队就这样

① 文强：《戴笠领导的抗日别动队和反间谍斗争》，全国政协文史资料委员会：《八一三淞沪抗战》，中国文史出版社，1987 年，第 73—74 页。

顺利登陆了。当天9时,登陆部队占领了金山卫城。傍晚,部分部队又占领了离该城北部约8公里的张堰镇。”①

第十军的第二梯队为第一一四师团,因为海上运输船队的不足、登陆场的拥挤不堪、通向内陆的道路泥泞不畅,以及后勤供应的困难等原因,这支部队到了十一月九日才开始在全公亭和白沙湾一带登陆,至十日和十一日其步兵、工兵之大部分上陆完毕。然后,从十二日开始,一一四师团把进攻方向指向平湖城和嘉兴。差不多同时,从华北战场调来的第十六师团和此前已在淞沪战场的重藤支队,也在十一月十三日由海军舰队输送,从江苏常熟附近长江南岸白茆口一带登陆,向支塘、常熟、福山进攻,企图协同沿京沪铁道西进的上海派遣军主力,围歼正在西撤的中国左翼作战军。

第十军为1个主力兵团,共有3个师团、1个支队(相当于1个旅团)、2个后备兵团(共12个大队),以及大量特种部队,包括炮兵、装甲兵、防空兵、工兵、通讯兵、架桥队、渡河队、化学部队、瓦斯部队(毒气部队)、辎重部队、筑城部队和兵站部队,全军总兵力约11万人。日军1个主力兵团在杭州湾北岸一带登陆,造成淞沪战场战局的急剧变化,较之大场的失陷,其影响于淞沪全盘战局更为巨大。中国右翼作战集团为了避免后路被阻断,不得不放弃沪西与浦东的阵地而向太湖南岸走廊西撤。至此,淞沪战场的重心,已不再是沪西的苏州河沿线,而转移到了右翼的黄浦江中上游和沪杭道上,以及左翼的京沪路沿线。战局的这一巨变,使中国军队自十月底以来进行的近十日的苏州河南岸阻击战,也就随之而告终结。

三、 杭州湾北岸阻击战

淞沪战场的中国军队为击退日本第十军的入侵,挽救右翼战线的危局,保卫杭嘉湖地区和太湖南走廊的安全,奋起进行杭州湾北岸地区和太湖南走廊阻击战。此役始于一九三七年十一月五日金山卫、全公亭、白沙湾、漕泾一带杭州湾沿岸抗登陆战斗,终于同年十一月二十九日最后保卫长兴之战。这场阻击战是在毫无准备的情势下,完全被动地仓促而起的一场消极防御的作战,是中国军队在部队数量、质量、装备等各方面均处于劣势,又完全没有海空军配合的条件下展开的一场危疑震撼之战,也是在淞沪战场我军阵线已呈现全面瓦解,大规模退却势所必至的背景下进行的一场殊死之战。尽管战局如此险恶,敌我双方力量对比又如此悬殊,第三战区右翼作战集团和杭州湾前线广大官兵以及地方保安团队和警察

---

① 《阵中日记》(1937年8月15日—1938年2月28日),《南京战史资料集》(二);中译文见:《南京大屠杀史料集》(第8册),第120页。

人员，依然无所畏惧，奋起抗击，以高昂的抗日爱国精神誓死阻击日本侵略军。

（一）金山、平湖、奉贤沿岸阻击战

这场阻击战是由在杭州湾北岸最前沿驻守的少量部队首先打响的。十一月五日凌晨，第六十二师的留守部队和第六十三师一部以及地方警察队、炮兵第二团第二营一部，分别在自己的驻守之地发现在海滩登陆进犯的日军，乃奋起抗击，各自为战，揭开了杭州湾之战的序幕。日军登陆战的第一个目标，是在杭州湾北岸、黄浦江以南、金山卫东西海岸地带开辟一个登陆场，以便楔入内陆，向纵深地带推进，实现其战役展开。同日上午，日军第六师团、国崎支队、第十八师团分别在金山嘴、戚家墩、全公亭、白沙湾、崇缺、塔港等地上陆，在西起平湖全公亭、中经金山金山卫、东至奉贤崇缺这一东西向沿岸地带，开辟了一个登陆场。当日，第十八师团主力一部在侵占金丝娘桥、全公亭、衙前、新仓等地后，把攻势指向朱泾，其主力从漕泾向亭林、叶榭进袭；第六师团主力和国崎支队由金山卫北上，直攻张堰和松隐。日军按照东京参谋本部颁定的“不给敌人应付的时间，在登陆点附近不整顿态势，一举向黄浦江北岸”①进攻的行动方针，一路向北突进。至十一月五日晚，日军主力窜至朱泾、松隐、亭林之线。六日上午，日军占领张堰和广陈，午后进占黄浦江米市渡。七日又攻占朱泾。由奉贤漕泾向内陆进犯的日军，于八日占领南桥镇。

日军挟其兵力和火力上的绝对优势，掌控了制空权，又占着突然进攻的有利态势，中国军队完全无力组织起任何具有规模的抗击战。杭州湾北岸近 20 公里的海滩门户洞开，上陆之敌蜂拥而上，如入无人之境，向北推进的速度之快，出乎中国军队预料。但是，在敌军重兵压境的危难时刻，驻守在前沿的少量军警，本着守土有责、有敌无我的英勇气概，誓死抗击登陆之敌，大无畏地揭开了神圣的战幕。几乎在五日早晨同时首先打响的，是平湖白沙湾东司城和裴家弄海月庵战斗、奉贤崇缺战斗、漕泾塔港战斗、平湖全公亭炮兵战斗、金丝娘桥战斗、陆家埭和金山卫城战斗。接着，中国守军又进行了叶榭和亭林战斗、松隐战斗、朱泾战斗。这些战斗规模很小，各自分散作战，每仗为时很短，在占有压倒优势的敌军打击下，很快都归于失败。参战军警大都壮烈牺牲，为国捐躯。他们宁可玉碎，不为瓦全，尽管不能阻挡敌之进攻，但也给了敌人以一些杀伤，而更大的意义在于以自己的英勇行动唤起杭嘉湖地区广大军民，奋起保卫国土、打击日本侵略者。

（二）松江保卫战

在杭州湾北岸阻击战的前哨战正在展开之时，第三战区总部陆续作出了抗击登陆日军的初步作战部署，主要有以下几项：第六十三师和第六十二师主力分别

① 《中国事变陆军作战史》（第 1 卷第 2 分册），第 97 页。

从平湖乍浦和奉贤南桥两个方向，对金山卫地区登陆之敌进行左右夹击；以守备浦东的独立第四十五旅向杭州湾方面攻击前进；以此前调至西渡、闵行一带的第六十二师一个旅返回奉贤、柘林阻击登陆之敌；以集结于青浦白鹤港附近的第六十七军2个师，速经松江向金山方向前进，阻击日军北上；以第六十一师占领闵行，警戒黄浦江之左岸；命令原拟由河南新乡开往苏州河南岸前线的第七十九师，中途在嘉兴下车，开往平湖广陈镇，增援新棣、新仓之线；第一〇七师由青浦南下金山、松隐；第十一预备师开往嘉兴。①

这时，淞沪战场的全盘态势发生了重大变化，日军基本上占领了上海市区（租界除外）和嘉定、南翔以东，苏州河以北的地区，中国军队的作战形成互相联系又相对独立的两个战场，大体上以苏州河南北为界，原中央作战集团的战域已不再存在。据此，南京最高统帅部在一九三七年十一月四日决定调整第三战区指挥系统，撤销中央作战集团的建制，将淞沪战场部队编组为两个作战集团。左翼作战集团以陈诚为总司令，下辖3个集团军：第十五集团军，总司令由陈诚兼任，副总司令罗卓英；第十九集团军，总司令薛岳；第二十一集团军，总司令廖磊；总计兵力在30个师左右。左翼集团以苏州河以北、长江以南、太湖以东以北、京沪铁路南北地区为作战地域。右翼作战集团以张发奎为总司令，下辖3个集团军：第八集团军，总司令张发奎兼，副总司令黄琪翔；第九集团军总司令张发奎兼；第十集团军总司令刘建绪；总计兵力为21个师又7个旅上下。右翼作战集团的作战地域为杭州湾南北两岸、苏州河以南、太湖东南、沪杭铁路南北地区。

与此差不多同时，日本东京军部根据华中地区已存在上海派遣军和第十军这两个作战集团的状况，为统一作战指挥，协调两军行动，乃决定编组华中方面军。十一月七日，日本参谋本部以"临参命"第138号下达编成华中方面军的命令，规定成立华中方面军司令部，统率上海派遣军和第十军，"华中方面军的任务是，以挫伤敌之战斗意志获得结束战局的机会为目的，与海军协同消灭上海附近的敌人"。同时，以"临命"第600号规定了"制令线"："华中方面军作战地区大概定为联结苏州——嘉兴一线以东。"②

第八集团军于是紧急组织部队力图构成黄浦江防线，以阻击北上日军越过黄浦江、截断沪杭线，与上海派遣军合围中国军队。十一月六日晚，第八集团军副总司令黄琪翔赴松江部署，下令第七十九师、第十一预备师、第六十七军、第二十六师、第六十一师等部，在新棣镇、孙家角、闵行之线，固守各渡口，拒止日军渡江。

---

① 第三战区司令部：《沪战经过及教训》，中国第二历史档案馆藏国民政府军令部战史会档案，档案号：（二十五）3206；陈诚：《关于七七事变后上海南京作战回忆资料》，中国第二历史档案馆藏国民政府军令部战史会档案，档案号：（二十二）2864。

② 《中国事变陆军作战史》（第1卷第2分册），第94页。

可是，从七日深夜开始，日军由得胜港以西各渡口抢渡黄浦江，其一部进至松江城西南的李塔汇。

这时，日军进攻的主要目标为松江和嘉兴。十一月七日，柳川平助作出以下部署：以即将登陆的“第一一四师团及军直辖部队在金山附近集结；第六师团以一部占领平望镇、主力在松江东北地区集结；第十八师团一并指挥左侧支队（按：该支队为该师团所属第三十五旅团）夺取枫泾镇，准备向嘉兴前进”①。于是，从十一月八日开始，第六师团主力和国崎支队向松江发起进攻，第十八师团也对枫泾发动进攻。

松江保卫战于是在十分危急的形势下打响。松江与嘉兴为沪浙咽喉，如日军攻占松江和嘉兴，就切断了中国军队在太湖以南的通道，日军就打开了进犯杭州、苏州和苏浙皖边境的门户。当时，驻守松江的只有川军郭汝栋的第四十三军残部和松江专区和县的保安队，形势岌岌可危。十一月六日晚，黄琪翔在松江向松江专区行政专员兼保安司令王公屿面交手令：“着该保安司令协同四十三军郭军长汝栋，六十七军吴军长克仁死守松江县城三日，违者军法严惩。”这时，日军已抵黄浦江米市渡，离松江城只有十多华里。郭汝栋部分兵防守县城四城门。吴克仁所部六十七军原为东北军，甫由河南新乡南调，到达青浦后当即增援松江，于六日晚到达县城。

吴克仁命令第一〇七师（师长金奎璧）出新东门向南阻击北犯之敌，重点指向米市渡；第一〇八师（师长张文清）守卫城防及至李塔汇沿江一线。阻止敌军的进攻。七日一早，日军猛攻松江城。一〇七师在米市渡痛击来犯之敌：吴克仁亲临战线，率领官兵打退了进攻西门的日军。午后，日军增援部队赶到，发起更猛烈的攻势，城南战况最烈。吴克仁又亲上战场指挥，士兵们在南门外一次又一次地与敌军反复搏斗。第四十三军与专区保安队也一起投入血战。八日，日军攻势更为凌厉，直扑松江城下。一〇八师在城西拼死阻击，在李塔汇一带敌我血战竟日，阵地三失三复，但在敌人的猛烈炮击和连续冲锋下终于不守。激战中，东北军官兵们奋勇异常，白刃冲杀，许多营、连官兵都战死疆场。

八日傍晚，日军逼近松江西门，吴克仁下令向青浦撤退。这时，松江城之东、南、西三座城门都破日军封锁，仅剩北门尚可通行。吴克仁让郭汝栋率部先撤，他带领一〇七师等部，在一片火光和枪炮声中，从北门撤出血战了三天的松江古城。九日凌晨，松江陷于日军铁蹄之下。沪杭铁道遂被截断。

（三）枫泾和嘉善阻击战

在日军第六师团和国崎支队进攻松江的同时，第十八师团也向枫泾和嘉善发

---

① 《中国事变陆军作战史》（第1卷第2分册），第97页。

起进攻。中国军队迎战于沪杭线中段一带，进行了英勇悲壮的枫泾和嘉善阻击战。

枫泾是沪杭线上的一个镇，位居松江与嘉善之间，东距嘉善 11 公里，为嘉善、嘉兴之门户。日军第十八师团主力在十一月六日进入亭林镇附近后，为尔后进攻嘉兴，即派出其“左侧支队”即步兵第三十五旅团和野炮兵第十二联队主力，由朱泾、新埭前出枫泾镇东西，准备进攻该镇。十一月八日，第十八师团左侧支队发动攻击枫泾之战。中国第三战区和第十集团军为保障乍平嘉线和苏嘉线的安全，乃下令抽调部队守卫枫泾、嘉善和嘉兴。十一月七日，第十集团军命令第十一预备师（师长胡达）置主力于嘉善外围、枫泾地区的潮泥滩、石堰、南叶荡之既设阵地，并以 1 个团驻守枫泾镇。同时，原驻嘉定的第一〇九师（师长赵毅）奉令调至嘉善，其 1 个团调枫泾增援。十一月八日，原驻浙东宁波地区的第一二八师（师长顾家齐）奉令从宁波车运至嘉善，参加枫泾、嘉善一带阻击战。同日，第十集团军总部下令调暂编第十三旅 1 个团由江西玉山开抵嘉兴。

北旺泾前哨战揭开枫泾阻击战的序幕。八日下午，日军 2 000 余人，由金山经新棣向枫泾进攻。在枫泾东南北旺泾守卫的预十一师警戒连，当即开火阻击，毙敌 30 余人。但因三面受敌，弹尽援绝，而全部壮烈牺牲。同日晚，日军在北旺泾得手后，紧接着以优势兵力向守卫枫泾的预十一师阵地进击。该团彻夜血战，团长张纬负伤，团副方学苏接替指挥，坚持至次日上午，全团伤亡大半，方学苏也英勇阵亡。

接着，第一〇九师等部进行陈登桥战斗。九日上午，一〇九师六五四团从嘉善赶到枫泾，与十一师十一团余部在枫泾镇北端对进犯之敌展开阻击。同时，六五四团一部在枫泾镇以西、铁路以南地带，也与敌军进行激战。入夜，战局趋于恶化。团长黎荫棠中弹负伤，团副王达之继续指挥战斗。日军企图从两翼包围，六五四团向西南方向且战且退，东至沿枫泾镇铁道、右至陈登桥侧面一带，双方展开一场犬牙交错之恶战。十日午前，日军攻占枫泾镇。至此，枫泾阻击战结束，战局转向嘉善县城。

嘉善阻击战由一二八师南昱桥战斗揭开战幕。十一月十日凌晨，一二八师主力到达嘉善城，该师以第三八二旅七六四团前出西油车浜、陆家浜、包家浜一带国防工事据守。这时，一〇九师六五四团从枫泾方面后退而来，代理团长负伤，2 个营长一死一伤，连以下官兵伤亡过半。一二八师七六四团眼看友军危殆，欲挺前增援，无奈敌军战机低飞轰炸扫射，前进途中 4 华里多的开阔地带完全被敌军火力封锁而无法通过。上午 11 时，六五四团残部撤过七六四团防地，日军衔尾追击，七六四团当即奋起拦击。官兵们面对 2 个联队的强敌，镇定沉着，端枪上刀，用近战以避开敌军飞机、火炮的优势，以血肉之躯作悲壮的拼搏，给了疯狂进犯的敌人以迎头痛击。三八二旅旅长谭文烈又调第二梯队七六三团前来接战。激战至下午18时,我军阵地依旧岿然屹立。敌军伤亡惨重,攻势顿挫。

十一月十一日,交战的重点移至陆家浜一带。这日凌晨,从江西上饶赶来的暂编第十三旅的1个团(团长欧阳烈)到达嘉善,集结于县城西南。接着,一二八师后续部队七六八团和一〇九师六五三团也开抵嘉善。这天拂晓前,在县城铁路和公路正面就开始激战。4时左右,日军突破七六三团防线,沿铁道攻击前进到达陆家浜。据守陆家浜至南桥一线的七六七团顽强反击。敌军以空军和火炮摧毁了我方大部分阵地工事。暴露在田野上的官兵们,不怕牺牲,寸土必争,反复冲锋,与敌展开肉搏。鏖战至下午15时,七六七团阵线呈现动摇,师部下令师直属排投入战斗,随即又调十三旅1个营参战。战斗至黄昏后,遂将敌军驱逐于陆家浜以东地带。

两天多的战斗,一直以右翼为正面而展开,陆家浜一带成为作战的重点。日军在正面战线的进攻受阻后,遂改向从左翼进行迂回。十一月十一日上午,小股敌人向一二八师阵地左翼西塘方向迂回,作侦察性进攻,但被击退。十二日上午,敌军2 000余人向一二八师左翼南祥符荡进窥,从西塘镇以南地带偷渡河港,窜犯嘉善西北长生塘、中欢坎一带。一〇九师主力一部当即实行阻击。同时,陆家浜正面之敌,在十二日继续增兵进攻,并向左翼延伸迂回。同日上午10时,日军攻至县城北门外,战局危急。一二八师调动最后之预备队1个团,奋力逆击。一〇九师六五〇团甫到嘉善也立即投入战斗,协同阻敌。战至日暮,虽将敌军击退至朱家库附近,挽回了颓势,但参战部队已伤亡过半。而由于敌向左翼迂回包抄,原来东向构建的纵深防线,被迫变为向东向北两面,从而造成面广兵少的局面,防御更趋薄弱。

十一月十三日至十四日,战局急剧恶化。十三日凌晨,日军猛攻城北一二八师师部,经2小时血战,将敌击退,然我军伤亡亦大。上午11时左右,一二八师七六三团阵地被突破,日军从县城东北进击。七六四团2个营分别被围,伤亡惨重。而七六五团与千余敌人反复冲杀,兵员已尽,至此从火车站至北门外3华里已无兵防守。在县城西北方面,一〇九师2个团也与敌军激战竟日。入夜在朱家库附近唐桥镇一带,展开了一场空前激烈的争夺战,阵地得而复失,2个团的军官大都阵亡。

十四日凌晨3时半,日军向一二八师七六四团阵地进攻。上午近6时,位于北面的一二八师与一〇九师之结合部换防,由甫行到达的第六十二师三六八团(团长钟筱新)接替欧阳烈团,敌军乘机猛攻,不足2个小时,防线被敌突破,2团官兵虽奋力反击,但终未成功。同日上午10时,长生塘附近一〇九师2个团陷于重围,敌我短兵相接,又展开了一场血战。守军伤亡殆尽,不少官兵投水殉国。至此,整个战场的阵线崩溃,已经无力继续进行抗击了。顾家齐与赵毅联名上书第十集团军总司令刘建绪:“请速派大军以挽危局,职等身边仅余卫士数人。”刘建绪下令撤出战斗。十四日下午 17 时至 19 时,一〇九师和一二八师先后撤至嘉兴七星桥。其时,嘉善城已陷敌军之手。嘉善保卫战至此告终。此役中国军队参战部队共 15 500 余人,日军投入兵力约 10 000 人。中国方面阵亡官兵近 5 800 人,负伤官兵近 2 900 人。枫泾和嘉善阻击战历时七昼夜,延缓了日军对苏嘉线和乍平嘉线的进攻,牵制了北上迂回中国从太湖东南西撤大军的敌第十八师团主力,并给该敌以沉重打击。

四、 乍平嘉线的撤守和太湖南走廊阻击战

正当中国右翼作战军为保卫松江、枫泾、嘉善等地,阻击由杭州湾北上的日军对杭沪线和太湖南走廊的进攻,而展开一场英勇悲壮的血战之时,淞沪会战的总体形势却正在发生重大的变化,中国淞沪参战部队的全局性的大规模的撤退行动正在发生。淞沪会战进至一九三七年十一月八日前后,日军第十军攻占了金山、松江,前锋直指嘉善、嘉兴和青浦、昆山,上海派遣军从苏州河一线南下,直指莘庄、七宝、泗泾、洞泾。南北两路日军,在淀山湖以东围歼中国军队的态势已经开始呈现。中国军队从淞沪战场全线西撤已是刻不容缓,再也无法犹豫拖延了。本来,从淞沪前线把主力部队后撤至苏南和苏浙边境既设国防线,诱敌深入,在比较于我有利的地理环境对敌作战,是早在十月大场战役时就该作出的战略决策,但是蒋介石出于国际国内各方面因素的考虑,一再未下决心而遭到延误。直到日军登陆金山卫,蒋介石获悉后即以电话征询陈诚如何处理,陈以须调整战线作答,意即主动后撤既设国防线,重新部署战线,蒋命令陈“再支持三日”①。这是因为,《九国公约》有关国家布鲁塞尔会议刚于十一月三日揭开帷幕,蒋介石依然想在淞沪战场再坚持几天,以有利于争取会议有一个好的结果。到了十一月七、八日,战局急剧恶化。蒋介石和南京最高统帅部有鉴于形势的严峻,最终下定决心,命令第三战区当即实行全线后撤。十一月八日晚,蒋介石批准顾祝同、陈诚关于开始组织实施向后方既设国防线转移的决定。当日,第三战区司令长官部策定新的作战计划,规定新的作战方针:“战区以巩固首都之目的,先期向平嘉、吴福线既设阵地转移,以节约并保持战力,拒止敌人,待后续兵团到达,再以广德为中心,于钱塘江左岸方面转移攻势。”②九日凌晨开始,右翼作战集团主力从沪西苏州河南岸地

---

① 陈诚:《关于七七事变后上海南京作战回忆资料》,中国第二历史档案馆藏国民政府军令部战史会档案,档案号:(二十二)2864。

② 转引自张秉钧:《中国现代历次重要战役之研究(抗日战役述评)》,《淞沪会战》(四),台湾“国防部”史政编译局印,1978 年,第 138 页。

区向青浦方向西撤；十日开始，左翼作战军从长江南岸的江苏太仓、浏河、嘉定一带，向昆（山）支（塘）线和吴（县）福（山）西撤。一场大规模的西撤行动从此开启。

第三战区的全军转移计划，设定的新的部署方案是：以左翼作战集团沿京沪线南北西撤至吴（县）福（山）线既设国防阵地，以右翼作战集团沿沪杭线从太湖东南地区西撤至乍（浦）平（湖）嘉（兴）线既设国防阵地，左右两大集团由苏（州）嘉（兴）线相互联结，把日军“拒止”于常熟—苏州—嘉兴、嘉善—平湖—乍浦之线以东；同时，抽调一部分主力，后移于锡（无锡）澄（江阴）国防线上，预作抗击西进敌军的准备。①

顾祝同在大规模撤退已经开始后，于十一月十日和十三日先后发出作战行动命令，规定左右两大作战集团转移和新阵地的具体部署。关于右翼作战集团，上述命令规定：“右翼作战军应坚固占领乍平嘉本阵地，拒止敌军前进。”其时，以张发奎为总司令的右翼集团，辖有第八、第十两个集团军，共有 9 个师又 5 个旅，以及直属预备部队 5 个师。根据第三战区关于转移的指令，其中第三十五师从沪西转移至平望，第六十二师西撤苏州转至嘉兴，第三十九师和第九十师由唯亭、正仪转移嘉兴和盛泽，第十九师、第十六师经苏嘉线转至嘉兴，第一〇七师和一〇八师集结青浦转进松江，第五四五旅集结苏州，再向嘉兴方向推进，第六师待昆山阵地撤出后，亦向嘉兴集结，而预备第十一师、第一二八师和第一〇九师则于此前已开赴嘉善和枫泾一线。显然，第三战区司令部的作战企图，是以嘉兴为中心，集中右翼集团全部主力，防守乍平嘉国防线，阻击自杭州湾北上和西进的日军第十八师团和一一四师团的进攻。

张发奎在九日凌晨下令右翼作战集团在沪西苏州河南岸的军队撤出阵地，向青浦、白鹤港一带转移；同时命令沪杭线守军保卫松江、枫泾、嘉善等要地。可是，这一大规模撤退在事先毫无准备，南京统帅部和第三战区司令部迟迟未下决心，丧失了有利时机，在南北两路日军即将合围之际仓促下令，以致形成了全局的被动局面，不可避免地出现了一场大溃退。这时正在争先恐后西撤的部队已处于失控状态，秩序混乱，道路拥挤，桥梁损毁，指挥系统陷于瘫痪，加之敌军运动快速，空中袭击猛烈，以致许多部队都未能按照第三战区和右翼集团总司令部的指令进入阵地，有的甚至在中途改变了方向。于是，原先计划中的以嘉兴为中心的一场规模较大的阻击战，就无法组织起来了。

十一月十一日，日军第十军命令第六师团继续由松江前出青浦，向昆山方向追击；第十八师团在攻下嘉善以后，会同第一一四师团向嘉兴进攻。十四日和十

① 《第十八军、第十六军团及第十五、十九集团军关于东战场沪常及苏皖转进诸战役的战斗详报》，中国第二历史档案馆藏国民政府军令部战史会档案，档案号：（二十五）3228。

五日，第十八师团和第六师团分别攻占嘉善和昆山。同时，日军为截断苏嘉铁路，切断中国左、右两大作战集团之间的联系，乃由第六师团和国崎支队分别派出一部兵力，进攻位居太湖东岸、苏嘉线中段的平望镇。第六师团一部十日自松江附近出发，依靠汽船等工具由水上机动，于十四日占领了平望镇。国崎支队主力在十四日前后亦自松江向平望开进，于十六日占领该镇。青浦、嘉善、昆山、平望等要点的几乎同时的失陷，造成右翼作战军主力无法向以嘉兴为中心的乍平嘉线集中，而不得不向吴县方面转移。顾祝同还在十三日深夜下令，指令右翼作战军主力(9 个师又 1 个旅)由吴县方面沿苏嘉线向嘉兴方面增援，可是时机已迟，转移未毕，日军已攻占了嘉善和平望。同月十七日，日军又攻占了太湖东南岸边的南浔镇。至此，嘉兴已经三面受敌，中国军队从沪杭线和苏嘉线转用兵力已无可能，再也无力阻击日军的进攻了。

日军华中方面军总司令松井石根已在十一月十四日发布攻占嘉兴、苏州的命令："一、方面军决定占领常熟、苏州、嘉兴一线，准备尔后的作战。二、上海派遣军应占领福山、常熟、苏州一线，以约 2 个师团在昆山、太仓附近集结。三、第十军须占领平望、嘉兴、海盐一线。"①从十四日开始，"第十八师团和第一一四师团逐渐集结兵力，做进攻嘉兴的准备"②。十一月十五日，日军进至王江泾、新塍，嘉兴已陷入被半包围态势。同日，张发奎在濮院指挥作战。第十集团军此时已无有力的作战部队用以保卫嘉兴，只仅仅临时调用第一七〇师的一个团的兵力，勉强守卫嘉兴城。进攻嘉兴的敌军凭借炮兵火力的强势，又利用早已准备的汽艇等水上工具，穿插突进，实行"超越追击"战术，运动快速。十七日，由嘉善西进之敌已达七星桥、塘汇一线。十八日，日军一一四师团侵占平湖城厢。当日，日军"第十八师团及第一一四师团的主力在重炮兵部队抵达后，从……早晨开始进攻嘉兴"③。上午，日军迫近嘉兴城厢，守军在东栅口、菱塘桥、秋泾桥等处，进行了顽强的阻击。下午 15 时，敌一部攻入城内，一七〇师李本一团撤出阵地，向濮院退却。十九日，日军分别从沪杭线、苏嘉线和平嘉线进入嘉兴，嘉兴沦陷。同日，从平望进占南浔的敌军进犯乌镇。二十日，海盐陷于敌手。二十三日，敌军沿杭善公路进攻桐乡，县城陷落。同日乍浦亦告陷落。第十集团军主力向杭州方向退却，在钱塘江两岸布防。日军第十八师团和一一四师团以少量兵力监视杭州方向，主力则沿太湖南走廊西进。

上海派遣军和第十军在北南两线几乎同时突破吴福线、苏嘉线和乍平嘉线，

① 《中国事变陆军作战史》(第 1 卷第 2 分册)，第 98—99 页。

②③ 《阵中日记》(1937 年 8 月 15 日—1938 年 2 月 28 日)，《南京战史资料集》(二)；中译文见：《南京大屠杀史料集》(第 8 册)，第 120 页。

在十一月二十日前后攻占了北自长江南岸的福山、常熟，中经苏州、吴县、平望，南至嘉兴、平湖和杭州湾北岸的乍浦、海盐等地，中国左、右两大作战集团沿着太湖北走廊和南走廊向无锡、常州、镇江和苏浙皖边境的吴兴、长兴、宜兴和泗安、广德等地后撤。日军在淞沪战场的得势，大大地激起军国主义政府和军部侵略扩张野心的进一步膨胀。他们利令智昏，以为中国经济中心上海已落入自己的手中，中国首都南京也已唾手可得，只要攻占南京，蒋介石政府就不可能不屈服，势必接受城下之盟，日本从而达到结束“中国事变”、征服中国的目的。

松井石根和柳川平助这两个侵略成性、狂妄不可一世的军国主义将领，是推行日本上述战略企图的急先锋，在侵华战争的某些行动步伐和具体目标上，他们甚至比东京军部走得更快更远。在攻占常熟、苏州、嘉兴的前后，正是日军这两个在华东战场的最高指挥官，率先提出进攻南京的作战计划，而且在东京参谋本部作出正式决定之前，就行动了起来，实行“先斩后奏”。松井石根早在就任上海派遣军司令官之初，就在八月十六日向陆军大臣、海军大臣、军令部长和参谋总长提出日本“军应该以迅速进攻南京为目的……必须一举推翻南京政府”的政策主张。以后在九、十月又多次向东京军部强烈要求增兵上海，建议“用派遣军的主力部队，从江南地区的太湖两侧地区及南京东面和南面，以包围之势攻打南京。再用一部分兵力占领杭州”①，而且反复强调：“现在的战略要点归根到底就是攻打南京，并推翻南京政府。”②

其时，东京军部出于各方面的考虑，尚未作出攻占南京的决策。直到第十军发起杭州湾登陆战之时，日本参谋本部十一月七日以“临参命”第139号发布的组编华中方面军的命令中，规定上海派遣军和第十军的任务还是“与海军协作挫败敌军战斗意志，为寻找结束战争的际遇而歼灭上海附近的敌人”③。并且在同日以“临命”第600号规定了作战地域的“制令线”：“华中方面军的作战区域大体是苏州—嘉兴一线以东地区。”④但是，无论是松井石根，还是柳川平助，对上述规定都极为不满，而且将其置于不顾。事实上，第十军一部十一月十七进攻平望以西、太湖南岸的南浔镇，已经越过了苏嘉“制令线”。两天后的十九日晨，柳川平助在

① 《阵中日记》(1937年8月15日—1938年2月28日)，《南京战史资料集》(二)；中译文见：《南京大屠杀史料集》(第8册)，第63页。

② 《阵中日记》(1937年8月15日—1938年2月28日)，《南京战史资料集》(二)；中译文见：《南京大屠杀史料集》(第8册)，第104页。

③ [日]《日本参谋本部临参命第138号(1937年11月7日)》，《南京大屠杀史料集》(第11册)，江苏人民出版社、凤凰出版社，2005年，第4页。

④ [日]《日本参谋本部临参命第138号(1937年11月7日)》，《南京大屠杀史料集》(第11册)，第6页。

金山发出“丁集作命甲第 31 号”命令，下令全军“要不失时机地追击敌军至南京”①。次日，松井石根以华中方面军司令官名义下达了“新的命令”：“方面军在保住苏州、嘉兴一带的基础上，计划占领无锡和湖州一带。”②显然，其企图是从太湖南北两个地带进攻和包抄南京。松井石根又在二十二日向参谋本部提出，建议“于十二月中旬以后开始攻打南京。”虽然，松井石根、柳川平助与参谋本部一部分首脑在作战的具体目标和行动步伐上存有歧见，但从根本上说，两者在侵华目标和战略方针方面是一致的。所以，尽管东京参谋本部在十一月二十日晨还致电华中方面军参谋长，指出第十军“经湖州向南京全力追击”的行动，被认为已超越了原先规定的苏嘉“制令线”，而在二十五日却下令撤销了这条限制令。松井石根在日记中不无得意地记下了这一命令：“今天，参谋本部来了电报。解除了对方面军在苏州—嘉兴一线作战的限制。”③

于是，一场以攻占南京为目标的战争行动揭开战幕。在太湖南走廊，日本第十军首先发动了对吴兴（湖州）、长兴的进攻，企图打开通向金陵的苏浙皖边境的门户，从南面和西面对南京实行战役迂回，与沿京沪线和长江西进的上海派遣军和海军第三舰队，共同合围南京。华中方面军在十一月二十四日颁发的《第二期作战计划大纲》，除了正式确定以“方面军与中国方面舰队协同，迅速攻克南京”为“作战方针”外，还具体规定了进攻南京的三条路线：“方面军以一部自扬子江左岸及芜湖方面进至南京背后，其主力自丹阳以东之京沪铁路—丹阳—句容方面，以及湖州—宜兴—溧水方面相呼应，于南京要塞外，歼灭敌之野战军。攻克南京。”④敌第十军在这时以攻占吴兴和长兴为作战重点，而以第一一四师团和国崎支队先行进攻吴兴。一一四师团于十八日下午以主力进入枫泾，另一部进入平湖。此后，师团经枫泾—嘉兴公路和平湖—嘉兴公路，日夜兼程快速前进。十九日，进抵嘉兴及其东北方地区。但按照军（部）的命令，应持续向南京追击。于是二十日又前出进击，经平望镇及南浔镇首先猛扑湖州（吴兴）⑤。

这时，中国右翼集团的刘建绪第十集团军主力已后撤杭州附近及钱塘江左

---

① 《阵中日记》（1937 年 8 月 15 日—1938 年 2 月 28 日），《南京战史资料集》（二）；中译文见：《南京大屠杀史料集》（第 8 册），第 119 页。

② 《阵中日记》（1937 年 8 月 15 日—1938 年 2 月 28 日），《南京战史资料集》（二）；中译文见：《南京大屠杀史料集》（第 8 册），第 132 页。

③ 《阵中日记》（1937 年 8 月 15 日—1938 年 2 月 28 日），《南京战史资料集》（二）；中译文见：《南京大屠杀史料集》（第 8 册），第 136 页。

④ ［日］《日本参谋本部临参命第 138 号（1937 年 11 月 7 日）》，《南京大屠杀史料集》（第 11 册），第 20 页。

⑤ ［日］《日本参谋本部临参命第 138 号（1937 年 11 月 7 日）》，《南京大屠杀史料集》（第 11 册），第 221 页。

岸，太湖南岸吴兴、长兴一带防务由新从陇海线东段南调的广西部队第七军担任。该军原在江苏海州、连云港一带担负海岸守卫，军长周祖晃，辖第一七〇师（师长徐启明）、第一七一师（师长杨昌俊）、第一七二师（师长程树芬）等3个师，其中一七一师已于十月中旬调往淞沪前线蕰藻浜沿线陈家行参战。杭州湾形势危殆之际，南京统帅部下令第七军的另外2个师急调吴兴，阻击沿太湖南岸西进的日军，掩护从淞沪前线向苏浙皖边境转移的部队退却。十一月十七日至十九日，一七〇师和一七二师经长途跋涉到达吴兴、长兴。十九日，蒋介石电令周祖晃，着第七军向吴兴推进，所遗长兴、宜兴间太湖之警备，由刘湘第二十三集团军所部接替。同日，蒋介石又电令刘建绪："兹着右翼作战军总司令张发奎来前方指挥，在张总司令未到以前，第七军暂归刘（建绪）总司令指挥，右翼作战军必须死守马牧港、崇德镇、青镇、南浔镇之线。"①刘建绪当即指令第七军夺取青镇、南浔镇之线。

十一月二十日，张发奎到吴兴，部署第七军在吴兴东西地区的阻击战。此前，周祖晃、徐启明、程树芬等经研究，"决定作纵深配备之计划"：以一七〇师为右翼，沿浔吴公路占领南浔为第一线；派主力各一部，分别据守升山市和吴兴城为第二、第三线；另以一部兵力在吴兴后方李家巷丘陵地带为第四线。以一七二师为左翼，据守太湖南侧山林地带为第一线；以主力各一部，在太湖南侧山林地带分别与升山市和吴兴城相联结为第二、第三线；以一部兵力在太湖南侧与李家巷之间为阵地作第四线。十八日，日军国崎支队进犯南浔镇附近。二十日拂晓，日军在空军和炮兵配合下，向南浔发动进攻。经整日激战，至傍晚守军不支，边打边退，转移到升山市之线。南浔镇乃陷于敌手。二十一日，蒋介石向第三战区以及各个集团军总司令等高级将领发出急电，强调指出"第三战区现在阵线，右翼临平、吴兴之线，为国军主力之后方，左翼锡澄之线，为我首都及长江之屏障，有良好地形，坚固阵地，可资抢守。此两方如辅车之相衣，苟缺其一，均足倾陷我军整个之阵线，关系重大"，要求前方官兵务必"继续努力，无论如何困难，必须确保现有阵地，及适时予敌以打击"②。尽管蒋介石对前方的期望十分殷切，可是吴兴的战局却在急剧恶化。

二十二日，日军一一四师团猛攻升山市之线守军阵地，敌军在数量和火力上都占有绝对优势，守军拼死阻击，仍难挡敌之攻势，在激战中，旅长夏国璋阵亡。一七〇师乃转移至吴兴城之线。二十四日，战斗更趋激烈，敌我双方为攻守吴兴城展开了生死搏斗。在前线亲临指挥的徐启明师长回忆当时的战况道：这天，"敌

---

① 转引自张秉钧：《中国现代历次重要战役之研究（抗日战役述评）》，《淞沪会战》（四），第149页。

② 《蒋介石致刘湘等密电（1937年11月27日）》，《抗日战争正面战场》（上册），江苏古籍出版社，1986年，第334页。

复以陆、空、炮、坦克向太湖南侧山林地带及吴兴城之线猛攻，敌机往来穿梭轰炸我左翼山林地带、程(树芬)师受强敌压迫，向左后方吴兴城侧三角地带转移，我右翼部队徐(啟明)师漆道澂旅急速集结守卫吴兴城。……敌……集中向吴兴城猛攻，我与周军长即在吴兴城后背高山上督战指挥。旋接漆道澂旅长电话报告：我守军及外围部队损失甚巨，战斗激烈，请增援”①。可是，这时第七军已无兵增援了，一七〇师无奈只得于二十四日夜放弃吴兴城，一七二师也同时被敌压迫后移，退守李家巷丘陵地带。

吴兴陷落，第七军伤亡惨重，日军又跟踪追击而至，二十五日对长兴发动进攻。周祖晃与徐、程两师长会商，鉴于兵力用尽，无力阻敌前进，乃决定由军部电告南京统师部，请火速派兵增援。其时川军已有 3 个师到达浙皖边境泗安，离李家巷约四五十里，前来增援应属适时。但统帅部并未明确答复。在此紧急关头，周祖晃乃亲向川军直接求援，但川军却以尚未集结完毕为辞，不予支援。一七〇师和一七二师在增援无望又伤亡近半的危境之中，面对占绝对优势之敌，被迫于二十七日弃守长兴城，转移李家巷丘陵地带，作最后一次的拼搏。

十一月二十九日，又一场血战到来了。徐启明回忆道：“二十九日拂晓，敌出动飞机多架，沿公路两侧作穿梭侦察轰炸，嗣炮火亦开始向李家巷前后炮击。亦见步兵亦分波次附坦克出动，向我阵地前进。我急传令用预备队增援出击冲锋，士兵冒死蚁集，爬上战车用手榴弹集中轰击，毁敌战车 2 辆，我军伤亡甚众，敌势亦稍杀，其余战车后退停止，不敢前进。我与程师长在丘陵高地督战，目睹此战况激烈非常，不禁举手大声呼喊冲杀，以壮士气。此时我军死伤狼藉，仍死守阵地。乃至下午 2 时，敌似增援，强力压迫程师左翼，用飞机及炮火轰炸我阵地后方，以七八辆战车直冲中央阵地，并用小部队向我右翼高地攻击，作包围势。因此中央被突破，两翼被包围，已无预备队可用，遂全线动摇，不支溃退。”②第七军于二十九日下午向泗安、孝丰方向撤退，吴兴、长兴阻击战遂告结束。

南浔、吴兴、长兴之战，从十一月十九日至二十九日历时十昼夜，作战纵深达八九十里，阻滞了日军的快速前进，掩护了淞沪后撤大军向苏浙皖边境的转移。第七军 7 个团浴血奋战，英勇拼杀，可歌可泣，全军伤亡大半，为神圣的抗战事业作出了重大的牺牲，虽战败而士气未馁。此战乃淞沪会战最后阶段中的重要战役之一，也是杭州湾战役之最后一战。

---

① 徐启明：《桂军第七军掩护淞沪大撤退作战回忆》，全国政协文史资料委员会：《文史资料存稿选编：抗日战争(上)》，中国文史出版社，2006 年，第 550 页。

② 徐启明：《桂军第七军掩护淞沪大撤退作战回忆》，《文史资料存稿选编：抗日战争(上)》，第 550 页。

五、 在抗日战局上的影响和教训

日本第十军以 11 万余兵力登陆杭州湾北岸，袭占浙江杭嘉湖地区和江苏松江地区，对淞沪会战以及整个江南抗日战局造成了重大的影响。这是全面抗战战略防御阶段的一个重大事件，影响广泛而深远。它迅速改变了淞沪战场上中日两军的力量对比，导致当时中日战争的主战场由华北转到华中。它造成了日军从左右两翼对淞沪战场中国主力部队实行迂回合围的格局。它使日军打通太湖南走廊，协同由太湖北走廊西进的日军合围南京。其影响分别而言，可归结为以下几点。(1)中日战争的作战重心由华北转移至华中。第十军以 3 个师团和 1 个旅团的兵力投入华东地区，同时，日军第十六师团在江苏常熟附近的长江白茆口登陆，由此淞沪战场新增了 4 个师团又 1 个旅团，连同此前已参战的上海派遣军 5 个师团余的兵力，总兵力达 9 个半师团多，超过了其时华北战场日军的总兵力。正如日本官方战史所说："这样，华中方面兵力为两个军的九个师团，华北方面为两个军的七个师团。主战场显然转移至华中，敌我的主力形成对峙。"①这是第十军参战直接造成的一大影响。(2)日本华中方面军"两翼迂回"作战方针得以实现，淞沪战场的战局急剧恶化。第十军的登陆杭州湾北岸，与上海派遣军左右两翼合围淞沪之势的出现，直接导致了中国军队不得不迅速从淞沪战场进行全线大撤退。(3)沪杭铁路和苏嘉铁路的被切断，松江、青浦、枫泾、平望等地的陷落，造成了第十军在战略上的主动地位，中国右翼集团丧失了从沪西转用兵力、依托乍平嘉国防线组织以嘉兴为中心的新的战役的时机和条件。(4)太湖南走廊被第十军打通，致使通向南京的苏浙皖边境门户洞开，中国首都由此陷于敌军的战略迂回之中。可以说，抗日战局上的上述重大变化，无不与日本第十军登陆杭州湾北岸有着密切和直接的关系。

淞沪战局的这个大变动的出现，应当承认这是由于当时敌我双方军事力量对比的悬殊。杭州湾沿岸地区，中国既无海军又无空军，地面部队只留守不足 2 个师的部队，更无坚强的沿岸防御阵地，基本上是一个无防的前线地带，被强敌一攻即破，亦不足为奇。而淞沪主战场这时已面临危殆、继而全线溃退的形势，更造成杭州湾北岸守军进退失据，无法取胜。然而，以中国军队的战略战役指导而言，其失误不少亦无可否认，无疑是一个惨痛的历史教训。

首先，就淞沪地区整个国防军事部署和布局而论，南京军事当局主要的着眼点是以沪宁铁路为基轴的上海、南京战役方向以及长江水道的防卫，为此而构建

---

① 《大本营陆军部》(上册)，中文摘译本，第 376 页。

了吴福线和澄锡线两道国防工事，修建了江阴、江宁要塞炮台阵地，重视这一战略作战正面，无疑是正确的，但忽视了上海左右两个翼侧，特别是杭州湾北岸这个重要的右翼，则不能不说是个不小的失误。从总体而言，杭州湾北岸并未构建起一个完备的防御体系，有的只是若干处零星的防御工事。尤其是金山卫及其左右地区未被纳入设防重点，也是失之于偏颇。一九三三年时，南京陆军大学学员到金山卫进行野外战术实习和调查，误认为这里水浅涂深，大小船只靠岸困难，向内又是水网地带，河港纵横遍布，登陆后活动困难，此处就被排除在设防视线之外。一九三五年南京“警卫执行部”主任唐生智，曾带领参谋人员到金山卫进行实地观察。“他们视察后，也认为（这里）登陆不利，就未筑工事，不设防，反认为乍浦重要，选筑乍浦至嘉兴线据点工事。因此，（淞沪）警备司令部也未在这一带设监视哨或瞭望哨。这是事先犯下的错误。”①

第二，国防工事的构建和布局深受单纯防御的战略思想和作战方针的影响，比较适宜于进行阵地战，不宜于运动战；适宜于战役战斗的消耗战，而不适于实行歼灭战。柘林、金山卫、乍浦、澉浦等第一线据点之间，乍平嘉线和苏嘉线各据点之间互不联系，各自孤立地分兵把守，一旦开战势必形成单纯的一个个据点的阵地作战，与在火力上占绝对优势的敌军拼消耗。战场的布局上，只是持有限的兵力分置于各个据点，分兵把守，等着敌军来攻，而完全未作在一定条件下集中优势兵力，对敌实行战役战斗上的进攻战和歼灭战的准备和事先的计划部署。

第三，蒋介石和南京统帅机关在八一三开战后，对日军登陆方向的判断有所失误，认为日军不会在杭州湾北岸大举登陆。虽然蒋介石等人也在一定程度意识到日军有可能在杭州湾北岸登陆，但更为主导的认识，却是根据一·二八淞沪抗战的经验和八一三开战后日军多次在上海左翼长江南岸登陆的现实，以为日军大规模登陆一般必会选择在长江终段。及至“敌人在罗店、吴淞登陆，突破大场阵线后，又认为不会有第二次登陆，要登陆也必在长江方面”②。

第四，对于日军偷袭金山卫东西地区、迂回淞沪右翼的企图和动态，南京军事当局并非一无所知。早在八月一日，张发奎就以“特急”密电向蒋介石、何应钦、程潜报告：“日舰炮击（南汇）泥城”“日机飞川沙低空侦察”“日舰五艘在金山海面探照……向乍浦方向移动”“平湖全公亭方面，到日舰一艘、夜深移动”等情，并判断日军“似于杭州湾有新企图”③。8 月 11 日，张发奎向蒋介石报称，当日“发现杭州

①② 文强：《戴笠领导的抗日别动队和反间谍斗争》，全国政协文史资料委员会：《八一三淞沪抗战》，第 53 页。

③ 《张发奎致蒋介石、何应钦、程潜密电（1937 年 8 月 1 日）》，《抗日战争正面战场》（上册），第 249 页。

湾出口洋面停泊敌舰约廿艘……并有敌舰三艘，先后驶泊金山卫，用探照灯向乍浦一带探视”，他据此“判断敌有以海空军扰乱我沿海及杭州湾企图”①，希望引起最高统帅部的重视。蒋介石对于日军如以重兵进攻杭州湾北岸，会选择在金山卫地区登陆，是有认识的。他在九月二十日致张发奎的密电中指出，“敌若使用强大部队企图登陆，则由杭州湾北岸亘柘林以南登陆，可截断沪杭连络”②，因而登陆点的选择应在这一带无疑。但蒋介石一直倾注全力于正面战线和长江沿岸，对日军登陆杭州湾北岸的现实可能性和危险性却被严重地忽视了。十月二十二日，顾祝同向何应钦发出情报：“闻敌将有三师团来沪增援，其先头部队宥（二十六）日可抵沪。”③此中虽未断定在何处登陆，但统帅部理应作出正确判断而采取相应措施，可是这一重要情报却并未引起重视。以致至十月底、十一月初，不仅未能增强杭州湾北岸的兵力部署，相反却从浦东和金山卫地区抽调一部分兵力转为他用。而对日军的登陆行动，直到第十军先头部队上陆时，还一直蒙在鼓里而不知大战已经降临。蒋介石后来在第一次南岳军事会议上特别以自责的口气总结教训说：“上海开战以后，我忠勇将士在淞沪阵地正与敌人以绝大打击的时候，敌人以计不得逞，遂乘虚在杭州湾金山卫登陆。这是由我们对侧背的疏忽，且太轻视敌军，所以将该方面布防部队，全部抽调到正面来，以致整个计划，受了打击，国家受了很大的损失。这是我统帅应负最大的责任！实在对不起国家！”④

第四，杭州湾北岸守备兵力过于弱小，沪杭交通线上未保持战略预备部队，这是兵力部署上的严重失策。日军登陆前夕，从海宁、海盐、平湖、金山至奉贤和南汇，东西100多公里的沿海地带，只部署了步兵2个师、1个独立旅，另有炮兵2个连。至日军登陆战打响前夕的十一月四日，第六十二师的1个旅又从柘林一带调往沪西虹桥地区增援苏州河南岸作战。而且，在沪杭铁道和乍平嘉国防线一带又未保持必要的机动兵力，缺乏战略预备力量以应对敌军的突然进攻。日本第十军向内陆推进时，黄浦江、沪杭线一带防务形同虚设，几乎无任何主力部队可资运用。第三战区临时调用从陇海路东段赶来参加沪战的东北军第六十七军和广西部队第七军，投入该方面作战，部队长途跋涉，仓促上阵，难以奏效。敌第六师团

---

① 《张发奎致蒋介石、何应钦、程潜密电（1937年8月1日）》，《抗日战争正面战场》（上册），第254页。

② 《张发奎致蒋介石、何应钦、程潜密电（1937年8月1日）》，《抗日战争正面战场》（上册），第274页。

③ 《张发奎致蒋介石、何应钦、程潜密电（1937年8月1日）》，《抗日战争正面战场》（上册），第283页。

④ 蒋介石：《第一次南岳军事会议训词》（四），《总统蒋公思想言论总集》（第15卷），台北：中国国民党中央委员会党史委员会印，1984年。

攻占松江，国崎支队直下青浦、昆山，拊沪西苏州河南北阵线中国军队之侧背，并遮断我右翼集团向平嘉线转移的通道；敌第十八师团又击破仓促上阵的中国守军，攻占嘉善、嘉兴。淞沪右翼战线缺乏机动兵力，又无战场布置，完全丧失战场主动权，导致杭嘉湖防御的出乎寻常的迅速瓦解，这不能不说是一个惨痛的教训。

日军在杭州湾北岸登陆及其对平湖地区造成的人口伤亡和财产损失*

淞沪会战时，日本政府和军部组建了一支拥有 3 个师团和 1 个旅团、总兵力达 11 万人的主力兵团——第十军，在原先已在淞沪战场作战的上海派遣军和海军第三舰队的协同下，于一九三七年十一月在杭州湾北岸江浙交界的平湖、金山和奉贤沿海一带实行登陆，进攻浙江的杭(州)嘉(兴)湖(州)地区和江苏的松江地区(今属上海市)。这是日军采取的一个重大军事行动，其目的是从南北两翼对淞沪地区进行战略迂回，企图围歼淞沪战场的中国军队，尽快攻占上海，进而进击中国首都南京，逼迫中国政府接受城下之盟。日军第十军在杭州湾北岸登陆后，打开了侵略浙江的大门，给平湖县造成了大量的人口伤亡和财产损失，严重影响了平湖县社会经济的发展。

一、 日军登陆杭州湾北岸地区的因由和经过

日军第十军之所以选择在杭州湾北岸登陆，是由淞沪会战的战局发展和杭州湾北岸在军事战略上的重要地位所决定的。

一九三七年八月十五日，日军组成了以松井石根为司令官的上海派遣军，加上原先在中国东南海上活动的海军第三舰队和常驻上海的海军特别陆战队等部队，对上海发动全面进攻。八月下旬至十月上旬，日本又先后两次大规模增兵淞沪战场，此时，日军仅地面部队总兵力就达 12 万人以上。日军以长江终段南岸和黄浦江沿岸登陆场为基地，由北而南向中国守军连连发动进攻，企图首先攻占上海黄浦江以西、苏州河以北地区。然而，日军的进攻遭到了中国军民的强有力抗击。淞沪抗战开始后，在中国共产党抗日民族统一战线政策的指引和影响下，第

* 本文原载平湖市史志办公室编：《平湖市抗战时期人口伤亡和财产损失调研成果汇编》，中共党史出版社，2010 年。

二次国共合作正式形成，以蒋介石为首的国民政府终于走上了联共抗日的道路，全国各党各派各军以及各界民众在抗日御侮、共赴国难的旗帜下，一致奋起，汇成了空前的抗日救亡斗争的高潮。南京最高统帅机关为保卫大上海、保卫首都南京、守卫长江三角洲地区，在近 2 个月时间里，调集 70 个师上下的部队和海空军的全部主力前来淞沪参战。中国军队士气高昂，英勇奋战，前仆后继，寸土必争，进行节节抗击，其规模之巨大，战斗之激烈，在中国反侵略战争史上是空前的。日军为此付出了惨重的伤亡代价，进展极为缓慢。日本军部对于淞沪之战僵持不决万分焦虑，着手在杭州湾北岸实施登陆。

（一）杭州湾北岸的战略地位

就区位而言，杭州湾北岸地区地跨江浙两省，但主要地境为浙北杭嘉湖平原。自西而东，依次为浙江省的海宁、海盐、平湖等县，其北面为桐乡、嘉兴、嘉善等县，太湖南岸为长兴、吴兴(湖州)；平湖、嘉善以东，为当时江苏省的金山、奉贤、松江三县。这一地区区位冲要，距上海、杭州、苏州、无锡均不足百公里，相互之间彼此关联、唇齿相依。全境隔杭州湾与南岸之宁波、镇海、慈溪、余姚、上虞、绍兴相呼应。杭州湾北岸岸线长达 121 公里，其中平湖境内海岸线长为 29.5 公里。平湖县境内的乍浦，历来为浙北著名海港和海防要地。

从对日抗战的军事层面而言，杭州湾北岸地区在战略上和战役上的意义和价值极为重要。第一，从杭州湾到长江口，是中国东南沿海最重要的对日作战防御地带，是抗击从海上入侵之敌的大门。日军要进攻长江、进犯苏浙皖腹地，必然也要进攻杭州湾；要攻占上海，控制太湖，进击南京，也必定无疑地要攻略杭州湾北岸地区，特别是要占领杭嘉湖地区。第二，杭州湾北岸和长江口南岸，是上海和淞沪战场的南北两翼，从右左两个方面拱卫着上海市和整个淞沪地区。日军图谋迅速攻占上海，除了要在长江南岸登陆和发动进攻，也必定要在杭州湾北岸发动进攻，以实现南北两翼合围。第三，杭嘉湖地区为太湖南走廊之所在，与苏州、无锡、常州一带之太湖北走廊遥相呼应，共同构成从上海和淞沪地区通往南京和浙苏皖边境腹地的东西向大通道。日军第十军登陆杭嘉湖地区的一个重要目的就在于从这里突破阵线，会同上海派遣军尽快攻占南京。第四，日军进占杭州湾北岸也是为了控制沪杭铁路，占领杭州，进而控制浙赣铁路东段，以造成而后沿此线西进的战略态势。这已为以后日军的行动所证明。第五，日军第十军将登陆地域选定在漕泾、金山卫、全公亭一带，是日本参谋本部和上海派遣军经过多次周密侦察，确认这一地带具备适宜于大兵团登陆的各项基本条件而作出的选择。从军事、地理、交通等诸方面条件而言，首先，漕泾、金山卫、全公亭、白沙湾这一带具有可供大兵团登陆的地形条件，是最适宜于日军登陆之处。其次，日军在这一地带登陆后，便于向纵深推进，实施战役展开。这里既有通向上海、杭州、苏州的公路，又有控制沪杭铁路中段，进击苏嘉铁路南段，以及北上切断沪宁铁路之便利。再次，极有利于实施日军惯用的“两翼迂回”战略。日军从这里登陆，向东北方向可包抄上海市区西南边缘，合围淞沪战场，西向可沿太湖西南地区前出苏浙皖边境，从西南方面迂回南京，与上海派遣军共同进攻南京。最后，日军情报机关早已查明，杭州湾北岸是淞沪会战中国军队防线最薄弱的环节，而且又南京统帅机关一直忽视此地，疏于防范，从这里实施登陆，可收击其弱点、攻其不备之效，而稳操胜券。

（二）日军在杭州湾北岸登陆的谋划

日本军部为实现在杭州湾北岸登陆，着手进行一系列的准备。首先是组建作战部队，指令在中国东北待机的第十八师团进行登陆演习，参谋本部从东京派出铃木中佐等人至上海，会同上海派遣军少将田尻、参谋芳村等人，秘密在金山卫、全公亭一带进行详细的实地侦察。十月二十日，日本参谋本部正式下达组建第十军、在杭州湾北岸登陆、会同上海派遣军攻略上海的命令。“命令”特任柳川平助为第十军司令官。该军下辖第六师团、第十八师团、第一一四师团和国崎支队（相当于 1 个旅团），以及独立山炮兵第二联队、野战重炮兵第六旅团，第一、第二后备步兵团等部队，还有大量特种部队，包括装甲兵、防空兵、工兵、通信兵、架桥队、渡河队、化学部队、瓦斯毒气部队、辎重部队、筑城部队和兵站部队，全军总兵力约 11 万人。为统一指挥上海派遣军和第十军，日本军部尔后在登陆战开始后不久，下令将所有在华东、华中作战的地面部队及其所属航空部队，合编为华中方面军，下辖上海派遣军和第十军两大作战集团，任命松井石根为方面军司令官兼上海派遣军司令官。

日本参谋本部在发出关于组建第十军的“临参命”后，立即制订了《第十军作战要领方案》，对作战方针、作战行动计划，特别是兵力配备等作了具体部署。这时，淞沪战场上以大场为中心的苏州河以北会战正处于高潮，日本参谋本部焦急万分，要求第十军迅速出动。但由于部队集结未成，武器装备和给养的运输尚需时日，以及海洋与气候等因素，登陆时间一再推迟。直至十月二十五日，才最后决定从十一月五日起，发动杭州湾北岸登陆作战。

（三）日军在杭州湾北岸实施登陆

一九三七年十一月二日，日军第十军第一梯队的第六师团、国崎支队和第十八师团分别由日本八口浦和五岛列岛出发，由第四舰队输送，至朝鲜济州岛附近海面集结。四日晚，部队进入杭州湾大小金山海域，当夜在金山卫和漕泾海面换乘登陆船艇。五日凌晨，杭州湾沿岸小雨濛濛，大潮汹涌，海浪拍岸，洋面与陆上大雾弥漫。日军舰炮和航空兵率先开火，连续轰击达 4 小时之久。凌晨 4 时许，日军大规模登陆行动开始。为虚张声势，日军在海岸上空升起所谓“百万日军登陆杭州湾北岸”的宣传气球。登陆部队分乘 150 余艘船只，编列为 3 个登陆船队，在漕泾、金山卫至全公亭一带的沿岸地带实行登陆。日军分别从 3 个登陆点上岸。第一登陆点在江苏金山县金山卫城以东之金山嘴、戚家墩海滩一带，为第六师团和国崎支队。第二登陆点在江浙交界处浙江平湖之全公亭、白沙湾、裴家弄沿海一线，主要为第十八师团左侧支队(第三十五旅团)。第三登陆点在金山与奉贤两县交界处的奉贤崇缺和金山塔港，为第十八师团主力。

十一月五日 6 时许，大批日军陆续登岸。6 时半左右，日军全线登陆，兵分三路向内陆推进。右路为第十八师团主力，从漕泾越亭林、叶榭，经奉贤直指黄浦江南岸，攻击矛头指向闵行。中路为第六师团和国崎支队，由金山卫北上，经张堰、松隐，直指黄浦江米市渡，其企图是渡江夺占松江，并前出青浦和昆山。左路为第十八师团左支队，由全公亭直攻金山县城关(朱泾)，攻击矛头指向枫泾和嘉善、嘉兴。松井石根因第十军顺利登陆而自鸣得意，在当天的《阵中日记》中写道："今晨 5 时 30 分，第十军的第六师团和第十八师团的一支部队在金山卫城南侧海岸强行登陆了……海岸几乎没有守卫兵力，因此，几乎没有遇到敌军的任何抵抗。第一线部队就这样顺利登陆了。当天 9 时，登陆部队占领了金山卫城。傍晚，部分部队又占领了离该城北部约 8 公里的张堰镇。"①

五日上午，在全公亭登陆的日军占领平湖县金丝娘桥、衙前等地；中午，又占领新仓。日军第十军的第二梯队为第一一四师团，因为海上运输船队运力不足等原因，这支部队到了十一月九日才开始在全公亭和白沙湾一带登陆，至十日和十一日，其步兵、工兵之大部分登陆完毕。从十二日开始，第一一四师团把进攻方向指向平湖城和嘉兴。十四日，日军侵占平湖县泗里桥。十七日，日军侵占平湖县广陈镇。十八日，新埭陷于敌手；下午，平湖县城陷落。二十三日，乍浦亦陷于日军铁蹄之下。

日军第十军登陆后，淞沪战场的中国军队为挽救右翼战线的危局、保卫杭嘉湖地区、维护沪杭线和苏嘉线的安全，奋起进行杭州湾北岸地区阻击战。但是，由于上层指挥机关的失误，这场抗日阻击战既无战前准备动员，更无统一的作战计划和部署，是中国军队在部队数量、质量、装备等各方面均处于劣势，又完全没有海空军配合的条件下展开的一场战斗，也是在淞沪战场中国军队阵线已呈现全面瓦解、大规模退却势所必至的背景下进行的一场殊死之战。战斗由驻守在最前沿的个别连营一级部队首先打响，驻守金山、奉贤沿海的第六十二师留守部队，驻平湖的第六十三师一部、炮兵第二团第二营，以及平湖、金山、

---

① ［日］松井石根：《阵中日记》(1937 年 11 月 5 日)，日本"南京战史编辑委员会"：《南京战史资料集》(二)；中译文见：《南京大屠杀史料集》(第 8 册)，江苏人民出版社、凤凰出版社，2005 年，第 121 页。

奉贤等当地军警，奋起阻击，揭开了杭州湾沿岸抗日之战的序幕。第三战区张发奎右翼作战军司令部以及刘建绪第十集团军司令部获悉日军登陆后，随即下令调集部队增援杭州湾前线，除下令原担任杭州湾沿岸守备的第六十二师、第六十三师和独立第四十五旅等部迅即投入战斗外，从十一月五日起，先后增援这一战场的有第七十九师、第一二八师、暂编第十一师、第一〇九师和由吴克仁为军长的第六十七军等各部。从十一月五日沿岸各处分散的战斗开始，至十九日嘉兴陷落，这场阻击战前后历时半个月左右，零星的战斗规模不大。首先是奉贤崇缺抗击战、漕泾塔港战斗、平湖白沙湾东司城和裴家弄海月庵阻击战、平湖全公亭炮兵第六连阻击战、金丝娘桥抗击战、陆家埭和金山卫城阻击战；然后是叶榭和亭林战斗、松隐战斗、朱泾战斗；最后是沪杭线中段地区保卫战，包括枫泾保卫战、嘉善保卫战、松江保卫战、嘉兴保卫战、平湖保卫战等。参战的广大官兵，在敌军兵力火力占着绝对优势的情况下，不怕强敌，奋勇拼搏，作出了极大的牺牲，5 000 余名官兵拼死疆场，为国捐躯。这场可歌可泣的阻击战，给了入侵日军以一部分杀伤，一定程度上延缓和阻滞了日军进攻的势头，对淞沪主战场中国主力部队的西撤起到了一定的掩护作用。

(四) 日军在杭州湾登陆后对战局的影响

在淞沪战场，日本上海派遣军虽说这时已处在全面进攻态势，然而两个多月来也付出了重大的代价，各个师团都已极为疲劳且战力下降。这个局面在十一月五日后的一周多时日里从根本上改变过来了。日本第十军的 3 个师团和 1 个支队(相当于 1 个旅团)在金山卫、全公亭一带登陆，另外有 1 个师团在长江白茆口登陆，由此淞沪战场上日军新增了 4 个半师团的兵力。其结果，连同上海派遣军已在参战的 5 个师团多的兵力，总兵力达到 9 个半师团多。“这样，华中方面兵力为两个军的九个师团，华北方面为两个军的七个师团。主战场显然转移到华中，敌我的主力形成对峙。”①

日军第十军杭州湾北岸登陆后，迅速出现在淞沪战场南翼，由南向北发动进攻，与上海派遣军在北翼由北向南进击相呼应。十一月七日起，日军第十军第六师团和国崎支队向松江发起进攻，同时，第十八师团也出击枫泾和嘉善，九日凌晨陷松江，截断沪杭铁路，十四日傍晚陷嘉善。接着，第十八师团与第一一四师团合力进犯嘉兴。十八日，第一一四师团侵占平湖城厢，十九日，第十八师团攻占嘉兴。二十日，海盐陷落。二十三日，日军侵入桐乡县城。

抗日战局急转直下，南京统帅机关决定淞沪战场全军西撤。十一月八日晚，

---

① [日]防卫厅战史室编:《大本营陆军部》(上册)，四川人民出版社，1987 年中文摘编本，第 376 页。

蒋介石批准第三战区副司令长官顾祝同和前敌总司令陈诚关于组织实施向吴福线、乍嘉线既设国防阵线撤退的决定。九日凌晨开始，先是右翼集团，随后是左翼集团，共40余个师的大军，从北起长江南岸太仓、浏河一带，南至沪西虹桥、江桥地区，展开了一场大规模的西撤行动。中国军队淞沪大撤退，决策过迟，事起仓促，缺乏准备，指挥失灵，部队失控，以致演变成为一场大溃退。

日军第十军在杭州湾北岸登陆，造成从太湖东南到西南地区直通苏浙皖边境的太湖南走廊被攻破。为了切断苏嘉铁路，割裂中国左右两大作战集团之间的联系，开辟太湖南走廊，日军第六师团于十一月十四日向位于太湖东南岸、苏嘉铁路中段的平望发起进攻，国崎支队亦在十六日进占平望。十一月十七日，日军向太湖东南岸的南浔镇发动进攻。十九日，第十军第十八师团以太湖南岸的吴兴及其以西的长兴为目标，发动新一轮攻势。二十日，日军第一一四师团由嘉兴及其东北前出平望，第六师团和国崎支队进至南浔镇以西地区。这时，国民政府军右翼军总司令张发奎到吴兴，部署第七军第一七〇师和第一七二师在吴兴东西一带阻击西犯日军。第七军两个师在南浔、吴兴、长兴进行了近10天的阻击战，伤亡大半，二十四日吴兴陷落。二十七日和二十八日，日军第一一四师团攻占长兴和宜兴。二十九日，第七军余部向泗安、孝丰方向西撤。至此，日军第十军打通了太湖南走廊，将攻势推向到了苏浙皖边境。

攻占南京为松井石根一贯坚持的主张，也是其既定计划。松井石根在十月二十二日的日记中写道："必须迅速整顿军容，于十二月中旬以后开始攻打南京。估计最迟也要在两个月内达到目的。"①而日军第十军在杭州湾北岸登陆后，只用了半个月时间，就达到了上述目标。

由于第十军参战，加上中国军队在西撤过程中出乎意料的大溃退，日军进逼南京的势头极快。十一月二十八日，东京参谋本部正式向上海派遣军和第十军下达进攻南京的命令。从十二月初开始，第十军分兵三路，从南面和西面迂回南京。第一一四师团为右路，从长兴、宜兴一带北上，准备从南面进攻南京。第十八师团和国崎支队为左路，从湖州向广德西进，准备从西面包抄南京。第六师团为中路，从广德经郎溪进犯江宁，从南京城西面实行进攻。十二月十日，松井石根下令总攻南京城。十二月十三日晨，第一一四师团、第六师团分别攻破南京中华门和水西门。当天下午，上海派遣军的第十六师团和第三师团也攻入南京。

南京战役一结束，松井石根和柳川平助立即决定夺占杭州。其计划是以第十军第一一四师团为主力，从南京循京杭国道南下，越苏浙皖边境进袭杭州。另以上海派遣军第一〇一师团从松江、嘉兴沿沪杭线西进予以配合。十二月十七日，

---

① 《阵中日记》(1937年11月22日)，《南京大屠杀史料集》(第8册)，第135页。

第一一四师团从南京出发，二十二日抵武康，二十四日与第一〇一师团会合后向杭州进逼。这时，国民政府军第十集团军从淞沪战场撤到杭州和钱塘江两岸的部队只有不足5个师的兵力，各师都已丧亡大半，不得不放弃守城计划，改为退守浙赣铁路东段和浙东绍兴至宁波一带杭州湾南岸。为切断浙赣铁路，阻敌利用该路深入华中腹地，中国军事当局决定下令炸毁钱塘江大桥。十二月二十三日黄昏，才建成通车不到4个月的一座现代化大桥，在一声巨响中轰然断开。十二月二十四日，日军占领杭州。至此，我国最富饶的宁沪杭地区的大好河山，沦陷于日本法西斯的铁蹄之下。

二、日军入侵给平湖造成的军民伤亡情况

第十军司令官柳川平助是一个侵略成性的军国主义分子，他曾经向其部下鼓动实行广泛的屠杀和镇压，说“中国的山川草木都是敌人!”①在淞沪会战时担任日本同盟通讯社上海分社社长，与日本军方保持密切联系的松本重治，在回忆录《上海时代》中也说出了一句真话：“柳川兵团（第十军）的进击之所以迅速，可以说是由于在官兵中间有一种‘可以随意进行掠夺和强奸的默契’。”②其实，日军的屠杀、劫掠、强奸、焚毁等暴行，又何止军内之“默契”呢？而这是在日军“给养就地征发”军令之下有组织进行的。日军在杭州湾北岸登陆后，东京参谋总长向第十军发出指令：“部队为求得补给，应尽量利用现地物资。”③于是，杀烧淫掠等暴行就在这一军令之下展开了。

（一）抗日军队、警察和地方保安团队人员的伤亡

日军在平湖登陆时，尽管在全公亭一带无任何一支中国的主力部队，只有来自湖南的地方部队第六十二师少量留守连级部队。当时，守卫杭州湾沿岸的几个连队和地方警保人员积极投入战斗，英勇阻击日军。

十一月五日早晨，驻守白沙湾东司城的第六十二师留守连队首先进行阻击。“守在司城的六十二师一连官兵发现（日军）登陆，奋起抗击，因寡不敌众，大部分壮烈殉国，突围而出者仅28人。守在裴家弄海月庵一个连的哨兵，忽听到西南方向枪炮声响，在晨雾中望见前面有大批敌军匍匐而来，急忙鸣枪报警。该连连长在工事里亲自把住重机枪向前猛扫，日军大量伤亡。激战至6时左右，枪筒发热爆裂，无法再战。此刻，日军机枪已封锁我军工事，一连兵力只剩20人左右，突围

① ［日］高梨正树：《目击者叙述的日中战争》，新人物往来社，1989年，第69页。
② ［日］松本重治：《上海时代》，中央公论社，1975年，第210页。
③ ［日］吉田裕：《天皇的军队南京事件》，青木书店，1985年，第67—80页。

北撤至张堰、钱家圩一带。”①在新仓，日军也遭到阻击。据一九三八年八月编撰的《沦陷前后之平湖》一书记述，“五日上午10时许，六十二师补充连会同该镇（新仓）镇长，统率武装壮丁，予以有力之抵抗”②。同时，驻当地的盐政机关的缉私营1个小队，在新庙以北也奋起抗击，队长和盐警共15人全部阵亡。③

布防于全公亭、金丝娘桥间的炮兵第二旅第二团第二营也奋不顾身地阻击登陆之敌。该营辖3个炮兵连：第四连驻守于海盐县澉浦，第五连驻守于平湖县乍浦，第六连驻守于全公亭与金山卫之间。十一月五日晨，第六连在连长郭文河指挥下，打响阻击战。郭文河在战后回忆道：“当时日军人数众多，从多个地点登陆，先闻枪声，后见海上火光（发炮火光），继闻炮声，我一面向步兵联系，派人奔赴前线进一步了解情况，一面指挥全连迅速射击。此时，日本飞机蜂拥而至，俯冲轰炸前线及炮兵阵地。我炮兵即向日军登陆点猛烈射击，颇见成效，但因敌登陆点多势强，虽遭我炮兵猛烈轰击而迟滞不前，可两翼敌人仍进展迅速。我步兵因人员大量伤亡，寡不敌众，初现动摇，继则受到两翼迂回敌人威胁，随向炮兵阵地两侧溃退，形势危殆。我一面令所有榴弹统用零线子母弹发射，一面组织勤杂人员用马、手枪掩护炮兵阵地，延缓敌之进攻。但由于两翼空虚，援兵不至，缺乏步兵掩护，炮兵终不能持久。在敌海陆空协同猛力攻击下，炮连人员死伤过半，我也负伤，被上兵挟着撤出，阵地遂失。”④

在10多天的分散战斗中，平湖县境内的第六十二师一部队和地方团队警员大部分阵亡，小部分负伤，伤亡总数400多人，各次战斗的具体状况见表1：

表1　平湖境内阻击战官兵伤亡概况⑤

部队名称	作战地点	作战时日	参战人数	伤亡情况
六十二师留守连	白沙湾东司城、裴家弄	一九三七年 十一月五日	100余名	大部阵亡
炮兵第二团 第二营第六连	全公亭海天寺	十一月五日早晨	100余名	大部阵亡
乡公所人员	金丝娘桥	十一月五日早晨	10余名	全部阵亡

① 张亚萍：《白沙湾东司城抵抗》（2007年5月23日），平湖市抗战损失课题调研资料社会调查第62卷，第148—149页。

②③ 平湖县政府：《沦陷前后之平湖》（1938年8月），平湖市档案馆馆藏档案，档案号：298-1-71，第6页。

④ 孙志平：《日军金山卫登陆与浦东炮兵的撤退》，全国政协文史资料委员会主编：《文史资料存稿选编》第6卷，中国文史出版社，2004年，第559页。

⑤ 根据庄文生《平湖县志》、史念《嘉兴市志》、全国政协文史资料委员会《文史资料存稿选编》等有关篇目材料编制。

续表

部队名称	作战地点	作战时日	参战人数	伤亡情况
六十二师补充连	新仓	十一月五日中午	近200名	大部阵亡
平湖缉私营盐警	新庙	十一月五日午后	15名	全部阵亡

（二）各界民众大量伤亡或失踪

血腥屠杀平民，是侵华日军对中国民众实施恐怖威慑，并消灭中国人民抵抗意志的重要手段。日军第十军一经登陆，犹如一架巨大的屠杀机器，立即开始运转而一路不停。“凡敌所经处，其首要任务为杀人、放火、奸淫。男无论老幼，非强迫充当伙子，即为杀死。女不论年龄，胥被奸淫，或被奸后杀毙。”①平湖县全塘、新仓、新埭、城关镇、广陈、黄姑等地都遭受日军血腥屠杀，居民死伤和失踪为数极巨。兹根据现有史料分述于下。

全塘镇。十一月五日晨，日军从金丝娘桥、白沙湾、全公亭等处登陆，“对手无寸铁的老百姓施展了枪击、刺杀、砍头、肢解、剖腹、水淹、火烤、活埋等极其残忍手段，制造了骇人听闻的‘十月初三惨案’”②。在金丝娘桥北面金桥村，日军登陆当天上午就杀害9人。农民周小弟（周夫山）在其家屋后被1名日兵抓捕，周反抗夺枪，被当场刺杀。农民周阿金年届花甲，日军强制他仰卧在地，身下垫稻草，被当作练习刺杀的活靶，用刺刀当胸穿刺而过；其50岁的妻子张爱珍当晨逃难离家，放不下心，返家探望丈夫，在半路也被日军枪杀。因张姓婆婆开门放走了被日军关捕的几名妇女，她和身边的4岁小孩张龙秀都被日军刺死。当天，住在金丝娘桥镇陈雪林家中的20名盐警向北逃离，被日军发现后枪杀，其中10人枪杀在金沙河东，10人枪杀在小界河北。③同日，渔业村纪家河蔡阿补、蔡阿四等18名村民被日军用一条绳子连着，有的被枪杀，有的被砍头，有的被刺死，有的被烧死，纪家河成了血河。在渔业村大头浜，日军将从各地抓来的老百姓50多人全部杀害，当时浜里的水都染成了红色。④前进村程家宅基的金阿六、俞阿三、俞月如、俞月和、俞阿二、俞阿二妻子、程保生、程伯华父亲也被日军枪杀。另据《沦陷前后之平湖》一书记述：“全公亭大小营乡、衙前、白沙湾对面街、烂缺口等处，屠杀更烈。对面

① 平湖县政府：《沦陷前后之平湖》（1938年8月），平湖市档案馆馆藏档案，档案号：298-1-71，第7页。

② 项四龙：《全塘镇抗战时期人口伤亡和财产损失调研报告》（2007年5月25日），平湖市抗战损失课题调研资料社会调查第62卷，第77页。11月5日为农历十月初三。

③ 全塘镇金桥村周宪2007年3月28日口述材料，平湖市抗战损失课题调研资料社会调查第60卷，第122页。

④ 全塘镇白沙湾渔业村沈进法2007年3月28日口述材料，平湖市抗战损失课题调研资料社会调查第61卷，第19页。

街附近居民，当敌犯境，年壮者相率暂避，所留看守之老弱无一存矣。其尸体后在该处池塘内觅得72具。全公亭有陆镜心暨吴振士者，年俱逾不惑亦难幸免，并惨被剖腹而死。”①

11月5日日军登陆当天，全塘镇被杀平民288人，见表2。

表2　全塘镇平民遇害情况

分类	金沙村	金桥村	三八村	优胜村	前进村	星华村	穗轮村	渔业村	小计
男	6	46	30	3	32	20	2	11	150
女	3	28	5	1	6	8	1	3	55
童		7	3		2	3			15
不明								68	68
合计	9	81	38	4	40	31	3	82	288

在十一月内，全塘镇死亡、受伤，失踪共计516人②，其中死亡460人（男277人，女94人，儿童21人，性别不明68人）；受伤21人（男8人，女12人，儿童1人）；失踪35人（男34人，女1人）。另外还有1人被俘，17人被强迫做劳工。

新仓镇。十一月五日上午，从全公亭、白沙湾登陆的日军分两路入侵新仓。一个小小的石路村，这一天被杀害的村民就有13人。宋家宅基黄关荣、黄来荣父子俩在家里同遭枪杀。宋杏生被日军从床底下拖出枪击而死，宋富荣眼见住屋被烧，向日军求情，却被日军用刺刀直捅胸脯而死。在秦沙村张家埭，年仅5岁的张金秀、3岁的张文秀以及60岁的银和婆均遭惨杀，45岁的张五宝被日军斩断双臂后又遭残杀。法华庵19名和尚中有18人丧生于日军机枪扫射之下。赵裕盛百货店7人被杀。当天，日军乘小汽艇沿放港河由南向北，到达杨盛村的涂家宅基旁边，与新仓区保卫队的船相遇。保卫队长陶小大被日军开枪打死，队员王保良被日军击中后泅水到港滩，出血过多而死。日军停船上岸后又枪杀涂仁福等4人，还用机枪射杀在新仓讲演厅防空洞里避难的30名群众。《沦陷前后之平湖》一书记述，当日，“新仓镇附近被杀民众逾200人。事后无户属认领，经该镇唐百和收敛者86具”③。尤为惨烈的是，这天日军到三叉河乡（今新星村），对当地手无寸铁的百姓大肆屠杀，杀死陈阿毛、周祥生等82人，其中包括宋阿秀等妇女19人及干阿美、庄大姐等儿童8人。“三叉河北横桥有农民16人匿居墓穴，被敌搜出，缚住两手，令排队站立，依次枪杀，仅最后一人伺险脱逃。”④自十一月五日至

①③④　平湖县政府：《沦陷前后之平湖》（1938年8月），平湖市档案馆馆藏档案，档案号：298-1-71，第8页。

②　根据平湖市抗战损失课题调研资料社会调查第62卷材料汇总统计。

十日不到一周的时间内，新仓镇新星村被日军残杀111人，见表3①。

表3　新仓镇新星村村民遇害情况

时间	男	女	童	小计
十一月五日	55	19	8	82
十一月六日	8		1	9
十一月八日	11	1	1	13
十一月九日	1		2	3
十一月十日	2	2		4
合计	77	22	12	111

十一月六日，日军来到新仓月桥小学，刺死郭孝慈等6名教师。八日，日军接连到三叉河乡将村民陆阿补、俞义观等13人刺死，死难中的小女孩李小宝只有4岁。

在十一月内，日军入侵共造成新仓镇人口伤亡383人②，其中死亡318人，伤残29人，失踪36人。另外还有20人被俘，4人被强迫做劳工。

广陈镇。十一月五日，日军途经广陈三兴村半路桥南的孙家宅基、陆家桥、陆家浜时，滥杀民众，刺死孙阿九等6人。六日，日军在泗泾村金家浜跳板桥刺死曹阿大、曹阿荣、曹阿补等9人，刺伤杨永金和曹富元。七日，日军把前港村沈德明家作为宿营地，第二天临走前，将他家中18个人全部杀害，妇女先强奸再枪杀，小孩子活活烧死，男人则刺死或枪杀。③十三日，一队日军路经广陈镇高新村，枪杀了杨春荣、顾和尚等7人。十六日，盘踞在高新村的日军，无故刺死钱其梅、钱永全等5人。

黄姑镇。十一月五日，渡船桥村西横泾王保根一家在场上打稻，被日军炮弹击中，炸死12人。日军侵入赵家桥村，开枪打死正在天主堂里的张大宝、盛平娟和张来根母亲，刺死盛小弟、盛阿荣妻子及吃奶的小孩5人。当天，在赵家桥村陆家沼，日军枪杀了郭阿寿一家三口、郭阿生、郭小姑娘和3个孩子，以及郭奎仁的母亲、姐姐。在虎啸桥，日军枪杀了顾秉贤的外公和万富祥。④十日，日军侵入秀平桥村朱家浜，杀害沈仁德，江阿二、王桂生，顾保生。十一日，日军侵入小营头

① 根据平湖市抗战损失课题调研资料11-05-02-38，第2—38页材料编制。

② 根据平湖市抗战损失课题调研资料11-05-02-38，第2—69页材料汇总统计。

③ 广陈镇前港村张阿四、张阿补2007年4月4日口述材料，平湖市抗战损失课题调研资料社会调查第63卷，第188页。

④ 黄姑镇虎啸桥社区顾秉贤2007年4月6日口述材料，平湖市抗战损失课题调研资料社会调查第54卷，第2页。

村，在西面田里发现许阿根一家六口，或枪杀，或刺死，不留一个活口。

平湖县城。日军对平湖县城进行多次空袭。十一月初，平湖袜厂 20 名女工隐藏在老东门口避难，正遇日机轰炸，被当场炸死。进城农民顾大宝、顾进德、顾阿二、顾玉兴、顾二宝、顾五宝、顾付昌 7 人，也在老东门城门洞被日机扔下的炸弹炸死。十一月六日，县城南河头南水门居民沈吉修媳妇和张厚本夫妇等 5 男 5 女均被炸死。城南河头张姓、陈姓两家乘船欲到乡下逃难，行至石晖漾河中间时，遭日机轰炸，船上 8 人全被炸死。城内一富户为避难，雇农民刘祥把其家人和家具用网船运往乡下，行至南水门桥边时，也被日机炸弹击中，船上 5 人全被炸死。当天，县城遭日机空袭，死伤百余人①。据《当湖蒙难录》记载，十一月十九日，在县城西门至万程桥一段路上，日军还杀死了 13 人。

新埭镇。十一月十五日，日军北渡广陈塘入侵，至新埭镇石桥村，杀死于家埭村民金照福等 7 人。日军至萧家浜后，又刺杀 4 人，烧死 1 人。村民胡海梅被日军绑在竹子上，刀劈其颈，当场昏厥，醒来后爬回家中，发现自己身上 7 件衣服的衣领全部被砍断，只因穿衣多而没被砍死。日军在于家坟坟洞里发现 5 名村民，就地枪杀。在张家埭，日军将来不及逃走的村民张留根等 12 人围在 1 户农家中用火烧死。在李家坟，日军枪杀村民叶小大等 6 人。陆阿三因反抗夺枪，被日军连刺数十刀而死。在曹家浜，日军刺死村民 8 人，枪杀 17 人。在走马塘，日军杀死计阿全等 10 人。当天，日军因遭国民政府军第六十二师顽强抵抗，被击毙 1 名军官。次日，日军疯狂报复，在于家坟、曹家浜、张家埭杀害村民金阿夫、张阿金等 31 人②。

日军在平湖登陆的十一月内，就造成平湖县死亡 2 318 人，其中当湖 296 人，乍浦 10 人，新埭 206 人，新仓 318 人，黄姑 127 人，全塘 460 人，广陈 198 人，林埭 6 人，钟埭 13 人，曹桥 6 人，还有 678 人所属乡镇不明。

（三）大批妇女惨遭凌辱和摧残

登陆日军除血腥屠杀外，还丧心病狂地对妇女实施性侵犯。日军入侵时，平湖境内“妇女之被蹂躏者，为数更多。敌每三五成群，四处寻觅，不幸被遇，即在室外，并被露天就地奸淫”③。

十一月五日，日军经过新仓王家宅基，剥光农妇朱某全身衣服，强迫给日军拉

① 当湖街道园乐新村王龙弟 2007 年 3 月 26 日口述材料，平湖市抗战损失课题调研资料社会调查第 8 卷，第 1898 页。

② 新埭镇石桥村张金余、叶连奎、张龙根 2007 年 3 月 28 日口述材料，平湖市抗战损失课题调研资料社会调查第 32 卷，第 36 页。

③ 平湖县政府：《沦陷前后之平湖》（1938 年 8 月），平湖市档案馆馆藏档案，档案号：298-1-71，第 8 页。

夫的薛姓男子与她发生关系。薛不从，想逃跑，被日军当场击毙。日军并用铲刀柄玩弄朱某下身。朱某横遭摧残，久病不起①。同日，在新仓芦湾村，日军强奸了两名从海边逃难过来的妇女。在新仓双红村纪家宅基，日军公然调戏3名妇女时遭反抗，日军随即枪杀2人、刺死1人，其中两人有身孕，怀里还抱着小孩。更有甚者，日军连精神失常的女子也不放过。双红村顾家堰顾杏宝患有精神病，头发蓬乱在外面游荡，被8个日本兵拖去轮奸②。在新仓集镇，日军抢掠了西当铺，还强奸了账房马伯寿的女儿，最后将父女俩残杀。十五日，日军侵入新埭镇石桥村曹家浜时，强奸1名妇女，并在其乳房上刺了一刀，所幸女子衣服穿得多幸免于难。同日，日军侵入石桥村尖角泾，轮奸村民吴某，逼她光着身子在场上边拍手边兜圈跑，日军则围睹浪笑，最后用刺刀捅进了吴某私处，致其惨死③。在泖口镇，日军轮奸了陆某的祖母。她撕心裂肺的叫喊声，即使躲得很远的村民也能听到。待日本兵走后，邻居及家人回来一看，陆某的祖母不仅被日本兵剥光衣服强奸，还被刺死在血泊中④。

三、日军入侵给平湖造成的财产损失情况

（一）损毁城镇公共设施及盐业渔业

（1）城镇市街遭到毁灭性破坏。从十一月六日起，平湖县城迭遭日机轰炸，恒泰祥、源丰盛、义顺昌、老鼎元、新鼎元5家绸布呢绒店和裕大茂、元太恒、异泰顺3家南货店被炸毁，楼房201间化为灰烬。西小街、东小街、西孟家桥、臭弄，水洞埭等地房屋被炸毁焚烧，沿街开设的烟纸店、米店、绸布店、茶馆店等全部被毁。同裕增记钱庄、同裕赓记钱庄、志成钱庄也同时被炸。县城主要街道和建筑俱被夷为一片废墟，仅六日当天被毁房屋就多达五六百幢。"县城东门内大小街最为繁荣，兹已全部化为焦土，一片瓦砾之场。"⑤十日，日军侵入黄姑镇秀平桥，大肆焚烧，整个集镇仅2户幸免于难。新仓镇街东西俗称长三里，店宅林立，商业鼎

① 新仓镇双红村马友明2007年3月30日口述材料，平湖市抗战损失课题调研资料社会调查第37卷，第16页。

② 新仓镇双红村马士明、朱香宝2007年4月1日口述材料，平湖市抗战损失课题调研资料社会调查第37卷，第22页。

③ 新埭镇石桥村胡珍宝2007年3月30日口述材料，平湖市抗战损失课题调研资料社会调查第32卷，第49页。

④ 新埭镇潭口村黄佰琴2007年4月3日口述材料，平湖市抗战损失课题调研资料社会调查第30卷，第106页。

⑤ 平湖县政府：《沦陷前后之平湖》（1938年8月），平湖市档案馆馆藏档案，档案号：298-1-71，第8页。

盛，自东至西，被日军先后纵火延烧达 4 昼夜，烧毁房屋 1 233 间，整个集镇仅余 6 幢房屋未被焚毁。全公亭、衙前，都为沿海集镇，商业繁荣，但都在日军入侵中横遭蹂躏，除遮蔽风雨之草屋数间外，无一完整之房屋①。

（2）教育文化等公共设施惨遭损毁。学校破坏损毁十分普遍。无论是平湖县城，还是各乡镇，日军所到之处，校舍无不被焚，设施无不被捣毁。十一月五日，日军烧毁新仓镇三叉河下桥南的三叉河小学，平房 13 间、教学设备 158 件悉数被毁。接着，日军又烧毁新仓区中心小学平房 5 间、楼房 3 间、教学设备 191 件。日军登陆全塘镇时，该镇 3 所小学悉数被毁，全公亭小学被毁房屋 16 间、课桌 96 套；衙前小学被毁房屋 6 间、课桌 90 套；金桥小学被毁房屋 4 间、课桌 49 套②。宗教文化设施、图书文物也是日军毁坏的重要目标。十一月五日，日军烧毁了新仓镇友联村天主堂平房 2 间、楼房 6 间。之后，黄姑运港村姚家廊下的天主堂 10 间平房也被日军炸毁。六日，日机炸毁了设有 984 个座位的新民戏院，以及快乐园书场三楼三底房屋 20 间及附属物。县城松风台东南面北寺的观音殿也遭日机轰炸，大殿 3 间、偏殿 6 间、两厢房殿 18 间被炸毁。二十三日，日军见“稚川学堂”门外墙上贴有反日标语，即将这所创办于光绪廿八年（一九〇二年）的私立学校付之一炬，烧毁教室 9 间、办公室 6 间和一大批教学仪器。同时烧损建于清同治年间的“守先阁”藏书楼。不久，再次纵火，将藏书楼 40 万余册图书、各种方志及大批宋元以来历代珍贵名家字画等焚烧殆尽③。

（3）盐业、渔业遭受严重损失。平湖濒临海湾，内陆河港密布，盐、渔两业为居民收入之重要来源。日军入侵，盐业和渔业同遭毁灭性打击，损失惨重。这里仅就全塘镇的初步调查材料略作记述。十一月五日日军登陆时，全塘镇沿海盐田成为战场，盐场制盐设施全部受损，存盐全毁。其中星华盐业损失 1 500 担，朝红盐业损失 2 700 担，三八（白沙湾）盐业损失 50 担，友谊盐业损失1 360 担。

全面抗战初期 4 年，全塘盐业平均每年损失 12 522.5 担，见表 4④。

---

① 平湖县政府：《沦陷前后之平湖》（1938 年 8 月），平湖市档案馆馆藏档案，档案号：298-1-71，第 8 页。

② 根据全塘镇全公亭村蒋玉麟、何庚华、朱如玉，建中村钱文祥，江子祥和金桥村潘阿勇、周宪、冯全根等人口述材料汇总而成，平湖市抗战损失课题调研资料社会调查第 75 卷，第 179、184、189 页。

③ 当湖街道朝阳社区城南新村葛余观 2007 年 3 月 23 日口述材料，平湖市抗战损失课题调研资料社会调查第 76 卷，第 249—285 页。

④ 宋志龙：《全塘镇抗战时期沿海各村盐产损失调在列表》（2007 年 5 月 20 日），平湖市抗战损失课题调研资料社会调查第 62 卷，第 76 页。

表 4　全塘镇全面抗战初期盐业损失情况

历年数量(担)	星华	朝红	三八	友谊	小计
正常年产量	4 800	8 000	480	7 200	20 480
一九三七年损失量	1 500	2 700	50	1 360	5 610
一九三八年损失量	2 400	8 000	480	3 600	14 480
一九三九年损失量	1 920	4 640	400	3 600	10 560
一九四〇年损失量	4 320	8 000	480	6 640	19 440
年平均损失量	2 535	5 835	352.5	3 800	12 522.5

日军登陆造成的渔业损失也甚为惨重。日军在登陆时遭到国民政府军顽强抵抗，以致伤亡惨重，便纵火焚烧渔船以泄恨。经战后(一九四六年)“浙江省平湖县渔业调查统计表”反映，仅十一月五日这一天，全塘镇白沙湾、西港湾损失长 5.5 丈、宽 1.2 丈、载重量为 15 吨的渔船 17 艘和舢板 17 条。按当时渔船渔具价值 200 石米每艘计算，共计损失渔船价值 3 400 石米，按每年每艘捕鱼 300 担计算，以马鲛鱼、海蜇、杂鱼为主，一年即损失 5 100 担。另外，从舢板船、渔网、篙子、铁锚、网轮等渔具来看，当年即损失 1 160 件，绳索损失 1 050 米①，以致全塘沿海渔业生产陷于停顿。

(二) 损毁城乡民房、居民生产工具和生活用品

日军在平湖登陆时，“民房之被焚毁最烈，仅存百分之一二者，为全公亭、新兴镇、方家埭堰、长安桥、叉路桥、乍浦之西巷及南河头、包家埭、虹霓堰、秀平桥、虎啸桥、衙前、新仓、泗里桥、四顾桥，沪杭、平乍、平嘉三公路两旁二、三里内乡村；存十之三四者，为广陈、赵家桥、对面街、大小营头、水口、西年浜、高地上、三里桥、南褚巷浜、十人家浜等处”②。据一九三八年八月不完全统计，仅在日军登陆的半个月上下，平湖境内“被焚民房在万幢以上，值国币二三百万元。其他财产之损失，当十百倍于此”③。居民生产工具和生活用品损失也十分惨重。日军所到之处，烧杀抢掠无所不用其极，居民的生产工具、生活用品、粮食、禽畜等概难幸免，不是被损毁，就是被劫掠。其祸害之广、数量之大，极难统计。以下仅就全塘镇社会调查所得材料作些记述。

---

① 宋志龙:《全塘镇抗战时期人口伤亡和财产损失调研报告》(2007 年 5 月 20 日)，平湖市抗战损失课题调研资料社会调查第 62 卷，第 78—79 页。

② 平湖县政府:《沦陷前后之平湖》(1938 年 8 月)，平湖市档案馆馆藏档案，档案号:298-1-71，第 8 页。

③ 平湖县政府:《沦陷前后之平湖》(1938 年 8 月)，平湖市档案馆馆藏档案，档案号:298-1-71，第 9 页。

兹将十一月五日日军在全塘镇损毁居民财产摘要如下：在星华村，日军焚毁林家宅基唐根和等12户村民房屋83间、树木22棵、服饰128件、生产生活用品56件；焚毁史家埭张来生、史阿补等15户村民房屋58间、耕牛6头，树木19棵、禽畜52只、粮食26石、服饰136件；在新华村江门潭，日军焚烧方长根等29户村民房屋74间、树木25棵；禽畜82只、粮食53石、服饰221件、生产生活用品97件；在白沙湾、黄家浜，日军烧毁许月月等8户村民房屋86间，树木53棵、禽畜125只、粮食34石、生产生活用品386件；在全公亭、金丝娘桥，日军烧毁陆志坚等160户平房360间、楼房34间、粮食224石，服饰554件、生产工具和生活用品971件、树木242棵，并毁坏土地9亩；在金桥村，日军焚烧姚阿四、王文魁等22户村民房屋96间、耕牛13头、粮食85石、服饰171件、生产工具和生活用品450件、猪11头；在金沙村，日军烧毁陆祥云等17户村民房屋95间、树木32棵、禽畜56只、粮食73石、生产生活工具93件①。

新仓镇也难逃厄运。登陆当天，“全镇被烧房屋，平房400.5间，草房46间”②。其他乡镇如黄姑、城关镇、新埭等居民财产也遭到巨大毁损。据平湖市抗战课题调研材料汇总统计，日军登陆的一九三七年，全县居民财产损失折算成当年七月币值为1 429 928.6元，包括损毁土地562.5亩、房屋11 535间、树木2 130株、禽畜5 649头(只)、粮食7 540.9石，服饰33 110件、生产工具13 376件(艘、套)、生活用品27 874件，其他2 574件。

据《沦陷前后之平湖》一书记载，日军第十军从平湖上陆和“先后过境者(日军)，当在五万左右”③，即占了第十军兵力总数的一半左右。第十军从登陆的那一刻起，就对平湖人民犯下了大量的、极端丑恶的、灭绝人性的、令人发指的血腥罪行，给平湖经济社会带来了巨大而深远的严重负面影响。

(1) 造成大量人口伤亡。第十军入侵平湖后，极其残忍和野蛮地对无辜平民和非战斗人员进行杀戮。据统计，抗战期间平湖县共伤亡7 292人(不包括国民政府军、伪军汉奸和平湖籍在外地伤亡人员)，其中一九三七年人口伤亡2 436人，占总数的33.41%，主要是由日军登陆白沙湾后一路上烧杀造成的。从人口伤亡地点来看，以全塘、新仓和当湖为主，而全塘、新仓正是日军登陆时与国民政府军激战之地，导致周边群众伤亡甚众。

(2) 社会财富损失惨重。日军自登陆后就大肆抢烧，导致平湖县大量房屋被

---

① 根据平湖市抗战损失课题调研资料11-05-02-39，第1—24页材料汇总统计。

② 新仓镇抗战课题调研小组：《1937年11月5日日军入侵我镇纪实》(2007年6月10日)，平湖市抗战损失课题调研资料社会调查第38卷，第263—266页。

③ 平湖县政府：《沦陷前后之平湖》(1938年8月)，平湖市档案馆馆藏档案，档案号：298-1-71，第5页。

毁，大批物资被抢，许多珍贵文物被烧，无数居民世代积累的家产横遭洗劫。据统计，抗战期间平湖县共损失财产值 6 920 399 元（一九三七年七月法币币值），为一九三七年县政府财政总收入的 15 倍之多。其中，日军登陆的两个月内就造成财产损失 3 952 281 元（一九三七年法币币值），占 8 年损失总数的 57.11%，是当年县政府财政总收入的 8.4 倍。

（3）社会风气日益恶化。由于日伪占据了几个大集镇，国民党临时县政府署呈地下状态，许多僻远乡村处于政权真空地带，盗贼四起，社会秩序严重混乱，人民群众生活在乱世之中，大量平民在死亡线上挣扎。还有，日军对群众进行奴化教育，麻痹人民的意志。广大民众目睹亲人惨死，财产受损，日伪专横跋扈，国民政府软弱无能，看不到希望，精神颓废，社会风气严重恶化。

（4）经济社会发展遭受严重影响。大量人口伤亡和生产资料的毁损，使社会生产力受到严重破坏；为应付战争，消耗了巨大的财力、物力，使平湖工业、农业、财政、金融、商业、文化、教育、交通、水利、海塘等社会各方面陷入深深的危机，加上日、伪军的横征暴敛和巧取豪夺，社会再生产条件遭到严重摧残。

淞沪抗战与宝山*

抗日战争是近代中国从衰落走向振兴的转折点，是中华民族复兴的枢纽，是中国五千年文明史上最为波澜壮阔的一个篇章。抗日战争经历了由局部抗战到全面抗战的演变过程。主要在上海宝山（当时属江苏省）境内进行的“一·二八”和“八一三”两次抗日之役，是从局部抗战到全面抗战历史进程中的两个聚焦点。如果说，“一·二八”淞沪抗战是局部抗战中承前启后的重大一役，那么，“八一三”淞沪抗战则是全面抗战的绪战，是从局部抗战转变到全面抗战的一个主要标志，是中国全面抗战的伟大序幕。

两次淞沪抗战在中国抗日战争史上占有十分重要和独特的地位，这早已为我国史学界和许多了解抗战史的人们所认知。然而，关于宝山和两次淞沪抗战之间的关系，对于不少人而言，还是不甚了了的，甚至我们一些抗战史的研究者也忽略了这个问题。这不能不说是淞沪抗战史研究中的一个不足。其实，宝山是两次淞沪抗战的主要战场，“一·二八”和“八一三”战争的绝大部分重要的战役战斗都发生在宝山境内，抗日军民一幕幕英勇悲壮、可歌可泣的战斗，都是在宝山这块大地上登上历史舞台的。

宝山位于上海市的东北部，北枕长江，东临黄浦江，南跨蕰藻浜、走马塘南北，西与嘉定相毗邻，扼长江与黄浦江之咽喉，历来为兵家必争之地。吴淞口地位尤为重要，它作为由黄浦江进入上海的水上大门，作为从海上溯长江西进的一个门户，素为一大军事要塞。在淞沪战场的全盘态势中，从吴淞、宝山、嘉定至浏河、太仓为中国军队的左翼战线，它与从乍浦、金山、奉贤、川沙、浦东至松江的右翼战线，共同构成淞沪战场之左右两翼。只要其中任何一翼被敌攻破，上海必不能保。

两次淞沪战争中，从海上入侵的日军主力部队，都是从宝山的长江南岸实施登陆的。中国军队的抗登陆作战和沿江阻击战，也主要在宝山境内展开。从吴淞口至浏河口东西一线，长江南岸的狮子林、石洞口、小川沙口，以及浏河以西的七

---

* 本文原载上海市宝山区史志办公室编：《泣血吴淞口：侵华日军在上海宝山地区的暴行》，上海社会科学院出版社，2000 年，第 1—6 页。

丫口、杨林口等处，都有适宜于相当规模的兵团实行登陆的登陆点。在这里实行登陆，既有连接东海的宽阔的长江航道可供利用，西进则可跨越沪太公路，又可直指上海北郊和苏州河以北市区，截断沪宁铁路，夺取战场的主动权。因此，在淞沪战场的左、右两翼中，日军历来更为看重左翼战线，每每把用兵作战的重点置于左翼的宝山一带。

“一·二八”战争时，日军投入淞沪战场的地面部队，共有3个师团和1个旅团，其中第二十四旅团在上海杨树浦和吴淞张华浜码头登陆，第十一师团在杨林口、七丫口、浏河口至小川沙口登陆，第九师团和第十四师团主力都是在张华浜、吴淞至宝山一带登陆的。“八一三”战争时，日军使用于淞沪战场的地面部队，总数达9个师团和2个旅团，其中除第十军的3个师团和1个旅团在金山卫及其东西地区登陆，另有隶属上海派遣军的1个师团在江苏常熟附近的白茆口登陆以外，其余属于上海派遣军的5个师团和1个旅团，绝大部分是在宝山的小川沙口、石洞口、狮子林、宝山城附近以及吴淞镇一带实行登陆的，并在境内开辟了进攻基地。由此可见，两次淞沪之战，日军主力进攻的主要目标，首先是攻占宝山地区。

中国军队主力的大部分，同样也集结于宝山境内。“一·二八”抗日之役，中国军队的两支劲旅，以蔡廷锴为军长的第十九路军，主要担负上海市区的闸北、南市、江湾、新市区、龙华、虹桥等地的防务，也派出以翁照垣为旅长的第七十八师一五六旅，在吴淞要塞区至宝山城一带担任守备作战。以张治中为军长的第五军所属2个师和1个教导总队，主力全部使用在宝山境内，而以刘行和杨行为中心，在蕴藻浜南北地区进行作战。“八一三”淞沪抗战的情形亦复如此。从一九三七年八月下旬，日军在宝山小川沙口一带登陆，中国军队揭开抗登陆和沿江阻击战的序幕，至十月二十六日大场失守，以陈诚为首的中国左翼作战集团始终以基本力量置于宝山境内。左翼集团的基本部队由第十五集团军和第十九集团军组成，第二十一集团军一度亦使用于左翼战线。在“八一三”淞沪会战的阵地战期间，中国方面调集在宝山境内参加作战的部队经常保持在25个师上下。在一个并不大的地域之内，调集如此众多的兵力，这在中国近代战争史上是极为罕见的。

两次淞沪抗战，尤其是“八一三”淞沪会战，中国军队在宝山境内抗击日本军队的侵略，其时间之长、规模之大、战斗之烈、牺牲之重，都是淞沪战场上别的地区所不可比拟的。淞沪抗战中许多为世人所瞩目的战役战斗，大都是在宝山境内进行的。宝山战场作为淞沪抗日战役的主要战场，这是不争之事实。

“一·二八”抗战期间，中国军队在宝山境内进行的几次重大的战役战斗，尤其是庙行大捷，足以载入中国局部抗战的史册，而与长城抗战时的山海关保卫战、喜峰口之战，绥远抗战时的百灵庙大捷相媲美的。此外，吴淞抗登陆作战和吴淞要塞保卫战、曹家桥—纪家桥阻击战、江湾之战、小场庙和竹园墩战斗、八字桥战斗等,都是在"一・二八"抗战中发生在宝山的威震敌胆的著名战斗。

"八一三"淞沪会战,是八年全面抗战中规模最大、持续时间最长、战斗程度最高,在国内外影响最为广大和深远的一场大战役。这场会战的最初阶段,战场主要是在闸北、虹口和杨树浦地区,最后阶段是在沪西的苏州河以南地区和杭州湾北岸一带;而作为决定这次战役胜败的主要战斗,则是在宝山境内展开的。在这里,英勇壮烈、震惊中外,在抗日民族解放战争历史上熠熠生辉的战役战斗,一场接着一场地登上战争舞台。吴淞、张华浜抗登陆战,罗店争夺战,宝山城保卫战,月浦、新镇、杨行阻击战,東里桥、南北塘口之战、陆福桥之战,东林寺战斗,刘行、顾家镇之战,潘泾、荻泾、杨泾间阻击战,蕰藻浜、走马塘中间地带激战,广福南北突击战,江湾争夺战,以及大场保卫战等,无不在"八一三"抗战史上谱写了一页页可歌可泣激动人心的篇章。从八月二十二日至十月二十六日的 2 个多月里,敌我双方二三十万部队,在宝山的大地上展开了在中国战史上罕见的、空前惨烈的生死搏斗。第九十八师姚子青营 600 名官兵为保卫宝山城全部壮烈殉国;第十八军等部前仆后继,奋勇拼搏,以自己的极大牺牲,在罗店一带血战达 30 余天,罗店战场被当时舆论界称为"血肉磨坊"。第二十一集团军蕰藻浜南岸反击战,第十八师、十九师、二十六师等部保卫大场之战,乃是中国军队在宝山境内举行的最后两场战斗,也是淞沪会战后期关系这场会战胜负的战斗。

回顾两次淞沪抗战的历史,不应忘记宝山人民为反对侵略、捍卫民族独立而作出的牺牲和贡献。当年,处在炮火之下的宝山人民,在力所能及的条件下,为打击日本侵略军、支援抗日军队作了各方面的巨大努力。他们有的踊跃捐献财物,甚至毁家纾难,支援抗战;有的为抗日军队运送弹药粮秣,制作饭菜;有的帮助部队挖掘战壕,构筑工事;有的为守军传递情报,通风报信;有的救死扶伤,救护和转移伤病官兵;有的在战场上迷惑敌人,掩护我军,凡此等等,自应在淞沪抗战史上留下不可磨灭的光辉一页。

我们更不应忘记,日本侵略战争给宝山人民造成的深重灾难和巨大损失。在侵华战争中,侵略成性、残忍暴虐的日本法西斯军队,在宝山犯下累累罪行。他们残杀百姓、焚烧房屋、奸淫妇女、破坏公共设施和文化古迹、强占民地、奴役劳工,到处无恶不作,构成宝山历史上最野蛮、最黑暗的一页。

"一・二八"战争期间,侵沪日军在宝山残杀大量平民。据一九三二年上海社会局调查统计,"一・二八"战争中宝山境内死于日军暴行的平民 763 人,受伤 201 人,失踪 204 人,日军还制造了大张家宅集体屠杀案、小沈家宅淹杀老人案等惨案。一九九九年八月,宝山区对侵华日军暴行重点调查,查实"一・二八"战争中被日军杀害的查实姓名的遇难者 235 人,不知姓名的遇难者 740 余人。日军在战地焚烧房屋、摧毁村镇,炸毁吴淞要塞,毁坏同济大学、复旦大学、中国公学、劳动大学、吴淞商船学校等许多学校，以及永安纱厂等不少工厂。公私财产损失极为严重。据不完全统计，江湾、吴淞、殷行、引翔、彭浦、闸北和真如(除最后两处外，均属宝山)等集镇，在“一·二八”战争中，住房损失 48 687 万元，商店损失 12 859 万元，房屋损失 20 117 万元，工厂损失 4 532 万元，加上间接损失，总数达 98 521 万元之巨。

“八一三”战争时，日军制造了更为广泛、更为残忍、更为深重的暴行，为宝山历史上所旷古未有。请看以下几个方面的很不完全的材料，足见日军的暴虐令人发指，罄竹难书。

残杀平民。宝山全境被日军杀害的居民，多达 11 200 余人。日军屠刀所指，男女老少，概莫能免。其中老人被杀的有 4 700 余人，青壮年有 3 900 余人，儿童和小孩有 2 500 余人。连同这一期间因日本侵华战争造成的瘟疫、饥荒等而死亡的居民，总数达 2.3 万余人，占战前宝山总人口的近 20%。日军从八月下旬在小川沙口登陆，至十月下旬攻占大场，一天也没有停止过屠杀。小川沙口登陆后，在月浦、新镇沿江一带，就挥动其罪恶的屠刀，杀害无辜百姓 2 700 余人。在罗店争夺战之时，日军残杀罗店居民 800 余人。攻占大场镇时，日军又杀害平民 440 余人。一九九九年八月，宝山区查实“八一三”战争中被日军杀害的查实姓名的遇难者 7 450 人，其中被害老人和儿童占 68%。战争期间，日军屠杀惨案遍及全境，在杨行有石家堰惨案，在罗经有徐家阁、石家宅惨案，在刘行有严家宅惨案，在月浦有大徐宅惨案，此外，日军还制造了泗塘惨案、杨东惨案，等等。

焚烧房屋和集镇。日军对居民点、村庄、集镇和公共设施，肆行狂轰滥炸，纵火焚烧，造成宝山全境一片焦土，满目疮痍。一个个村庄被日军的炮火夷为平地，一个个集镇被轰击成为断墙残壁。仅蕴藻浜以北各乡，被烧毁的房屋就达 87 000 余间，占原有房屋总数的 81%强。境内 78 家工厂均遭破坏，损失机器和厂房占工业投资的 53%。罗店、吴淞、大场、杨行、刘行、江湾，以及宝山城厢等集镇，遭到毁灭性的摧残。这些地方，几乎整条街道被摧毁，店铺民房大都荡然无存，水陆交通都遭破坏。战前市面热闹、有“金罗店”之称的罗店镇，在延绵数日的大火中，7 200 余间房屋焚毁，全镇顿时变成一片瓦砾场。大场镇东起康家桥，西迄西街马路，长约 500 公尺的大街，几乎全部被夷为一条黑色的焦带。

奸淫妇女。日本侵略军如同禽兽，灭绝人性，其铁蹄所至，成百上千的无辜妇女顿时成为性奴役的对象。根据不完全的材料统计，“八一三”战争期间，宝山境内遭日军强奸的妇女达 1 600 余人，其他遭受种种蹂躏的妇女则为数更多。日军侵占宝山后，还在宝山城厢、吴淞镇、五角场、江湾镇和杨行镇等地开设慰安所，实行血腥、残暴的性奴役。

毁坏文化古迹。日军炮火和屠刀所到之处，除许多学校付之一炬，师生横遭屠杀之外，境内许多文化设施和名胜古迹也难逃厄运。古代的建筑，如城厢的孔庙等；现代的纪念性建筑，如坐落在江湾的孙中山奉安纪念碑、“一·二八”忠烈墓、五卅殉难烈士墓，庙行的无名英堆纪念墓等；佛教寺庙，如广福顿悟寺、月浦净信寺、罗南东林寺等，无不毁于日军罪恶的炮火之下。园林建筑，如罗店镇的罗浮等园林，也在“八一三”战火中毁于一旦。

泣血吴淞口，血泪染宝山。“一·二八”“八一三”淞沪抗战在宝山的历史，是一部英勇悲壮、可歌可泣的民族解放斗争的历史，同时也是一部遭受侵略和奴役的悲惨的血泪史。历史是绝不应该被忘却的，更不应被歪曲和篡改。历史是最好的教科书和清醒剂。一个民族如果不能从自己的历史中获取政治智慧和精神力量，这个民族也就不会有生命力了。当我们站在世纪之交的门槛上，回眸半个世纪以前的这个充满着血与火的史事，无疑地是可以从中获取许许多多发人深省的启迪和教益的。

巴山蜀水出雄师，血沃淞沪卫中华*

——四川部队参加淞沪会战综述

中国抗日战争时期，在以淞沪为中心的长江三角洲地区进行的淞沪会战，是中国对日抗战历史上一场罕见的重大战役，以其独特的重要历史地位被光荣地载入史册而熠熠生辉。淞沪会战规模之巨大，兵民动员之广泛，参战兵员兵种之众多，战役地域之辽阔，作战时间之长久，以及这场会战在国内外产生的影响之深远和广大，都几乎是在八年全面抗战正面战场二十多场对日主要战役、以至整个抗日战争进程中绝无仅有的。

淞沪抗战之所以形成如此宏大的规模和如此高昂的气势，乃是因为它是一场觉醒了的民族为国家独立、民族解放而战的民族抗战，是一场由最广大的军民在抗日救国的共识下奋起而战的全民抗战。在中国共产党的抗日民族统一战线方针政策的影响和指引下，在南京国民政府抗日御侮、共赴国难的号召下，在上海以及全国民众抗日救亡运动的声援和支持下，在全国各个地方派系军事力量的一致拥护下，中国毅然决然地举行震惊中外的淞沪抗战。在伟大的爱国主义旗帜下，参加这场大规模战役的部队和民众，同仇敌忾、浴血奋战。抗日健儿以他们的血肉铸成淞沪战场的钢铁长城，给了气势汹汹的日本侵略军以沉重打击，大大地振奋了正在进入全面抗战的中国人民的民族精神。

淞沪抗战作为民族抗战和全民抗战，它的一个基本特征就在于汇集了全国从中央到地方，各派、各系、各地区的大部分武装力量前来参战。来自祖国四面八方的抗日部队，有的出自巴山蜀水，有的从湘江资水走来，有的从珠江粤北挺进淞沪，有的自桂林南宁千里北上，有的从中原腹地辗转南下，有的从黔东山区跋涉北进，而原在浙东、浙西、苏北、苏南、皖东、皖南，以及赣江南北的部队，更因其所在位置与淞沪地区较为临近，而率先戎装出发，登上淞沪战场。淞沪抗战就全过程而言，参加这场会战的部队，除南京国民政府直辖的中央军主力及空军、海军、炮

---

* 本文原载上海淞沪抗战纪念馆:《川军与淞沪抗战》，上海人民出版社，2009 年。

兵等特种部队外，地方实力派和地方军系的部队，有四川军队、广西军队、湖南军队、广东军队、贵州军队、湖北军队、安徽军队、江西军队、浙江军队等省地方部队，以及原东北军和西北军的一部分部队。为举行这场大规模会战，南京最高军事当局“兵力征调的范围，可说遍及全国。国府在战役初期，先是以德国装备的中央嫡系部队应战，前后动员达十七个师。中期以后，罗店、蕰藻浜争夺激烈，何键的湘军、余汉谋的粤军、李宗仁和白崇禧的桂军相继投入。蒋委员长还不断手令各省主席派兵增援。于是各‘地方军’，从旧皖系、直鲁军、西北军、东北军，到浙、鄂、赣、黔、陕、豫各路部队，也都前来共赴国难。刘湘的川军在上海撤退后不久，加入了南京外围的战斗。甚至远在西南的龙云滇军，也奉到开拔的命令，只因路途遥远，才没赶上这场”①会战。

全国各派系、各路军队，在以爱国主义为核心的民族精神的感召下，终于停止了战前二十多年连绵不断、祸国殃民的军阀混战恶局，抛弃前嫌，从内战转变到抗战。各路军队云集淞沪战场，七十多万部队英勇作战，谱写了一场大会战的光辉诗篇。这是全国全面抗战的一个缩影，体现了自近代以来空前未有的一致对外的军事政治格局，是中华民族新的觉醒和团结战斗的一个标志。四川部队（简称川军）以十个师之众参加了淞沪抗战，是这场大会战中的一支劲旅，为保卫神圣的国土，为民族的独立和解放，奋勇作战，作出了巨大的牺牲。川军抗战的光辉业绩和崇高精神，是永远值得敬颂和发扬光大的。本文拟就川军参加淞沪抗战的史实作一综述。

一、从内战到抗战：川军的历史性转变

川军出川，参加对日抗战，是日本推行独占中国、称霸东亚的“国策”，大举进攻中国，中日矛盾上升为主要矛盾，国内阶级矛盾、包括南京中央当局与地方实力派之间的矛盾下降为次要矛盾的大背景下，四川地方实力派的政治态度发生重大变化的结果。由于民族危机的空前加深，中国共产党抗日民族统一战线政策在全国的影响日益加强，国民党和南京国民政府政策的重点由“安内”转为“攘外”，国共两党第二次合作逐步实现，全国人民的抗日救亡运动风起云涌，强有力地推动了四川地方实力派和川军发生从内战到抗战的历史性转变，终于走上了对日抗战的道路。

四川地处中国西南腹地，山河秀丽，物产丰殷，人民勤劳勇敢，素称“天府之国”。但是从近代以来，四川与全国一样也处于半殖民地半封建社会。辛亥革命

① 李君山：《上海南京保卫战》，台北麦田出版公司，1997年，第87页。

和中华民国成立不久，四川也陷入了四分五裂的军阀割据和混战的昏天黑地局面。从一九一二年的“成都兵变”到一九三五年蒋介石南京中央当局势力入川前，短短的二十几年间，四川发生的规模不同的军阀混战就达数百次。据《申报》于一九三二年十一月十六日披露的材料称：“综述自民元以来，川中共起战乱四百七十八次，平均每月两战。”①到全面抗战爆发前的所有战乱中，尤以一九三二年至一九三三年间的“两刘之战”规模最大，为害最烈。经过多年混战与兼并，到二十世纪三十年代初，四川形成了两个最大的军阀集团：以四川善后督办刘湘为首的集团和以四川省政府主席刘文辉为首的集团。这两个集团为争夺四川全境的统治权，展开了一场历时一年的内战。刘湘以接受蒋介石的统一调遣为条件，换得后者对自己统一四川军民财政的支持。他又联合川中田颂尧、邓锡侯、杨森、李家钰等部大小军阀组成联军，彻底击败了对手。刘文辉只得率仅余的几个团兵力退踞西康。刘湘夺取了全省的统治权，统一了四川，其实力在四川各军阀中占有绝对优势，成为四川霸主。一九三四年十二月，刘湘被南京国民政府任命为四川省政府主席兼川康绥靖公署主任，川军从此也基本上归于刘湘统率。

以刘湘为首的四川地方军阀集团及其军事力量，作为四川反动统治阶级的集中代表，长期站在人民的对立面，对四川人民为害甚大。他们也曾经与中国工农红军作战，“围剿”川陕革命根据地和进攻长征途经川境的红军部队。然而，在民族存亡的局势空前严重、抗日潮流势不可挡、国内阶级关系和政治形势发生变动的情况下，刘湘及川军在七七事变前后，从国内战争转向了抗日战争。这不能不说是顺应历史潮流、合乎民族大义的一个重大举措。而这个历史性转变，是内外诸种因素、近由远因等各方面条件共同作用的结果而绝非偶然。

在中华民族生死存亡之际，刘湘等川军将领民族精神的高涨和为维护自身统治地位而日益提升其抗日倾向，是四川地方实力派和川军从内战转到抗战的根本原因。九一八事变，尤其是一九三五年华北事变以来，在国民党将领甚至地方军阀中，大多数人的民族精神和抗日热情呈现日益高涨的趋势，这是不争的事实。正如毛泽东一九三五年十二月在陕北所指出的：“在日本炸弹的威力圈及于全中国的时候，在斗争改变常态而突然以汹涌的阵势向前推进的时候，敌人的营垒是会发生破裂的。”“国民党营垒中，在民族危机到了严重关头的时候，是要发生破裂的。这种破裂，表现于民族资产阶级的动摇，表现于冯玉祥、蔡廷锴、马占山等风头一时的抗日人物。”②虽然，刘湘等川军将领与冯玉祥等人所处的地位和具体特

---

① 《申报》，1932年11月16日，见废止内战大同盟会：《四川内战详记》，中华书局，2007年，第28页。

② 毛泽东：《论反对日本帝国主义的策略》，《毛泽东选集》（四卷合订本），人民出版社，1964年，第142页。

点并不相同，但却同样存在转变为“风头一时的抗日人物”的现实可能性。这是因为，“当时中日开战之势已成，举国抗日热情高涨，川军及其将领也迫切期望国家统一，团结对外，共赴时艰”。①从拥蒋（介石）到暗中反蒋再到拥蒋抗日，从反共“剿共”到开始向共产党靠拢，从内战转向抗战，“不能说刘湘完全是为了保全他在四川的地位。应当说，在相当大的程度上，也是出自他与国人同仇敌忾，抗击日本侵略者的信心与决心”。②日本侵略军的进攻，当时虽然暂时尚未直接威胁到四川的安全，然而，东北、华北大片国土的沦丧，不可避免地对刘湘等川军将领造成愈来愈严重的震撼。华北事变以后，日本逼迫南京国民政府同意在成都设立日本领事馆，企图把侵略的触角伸向四川。对此，刘湘的态度虽一度有所动摇，但总的来说是采取抵制的立场。一九三六年九月，成都各界民众为反对设立日本领事馆而发动大规模的抗日示威运动。刘湘几经摇摆，但最终还是致电南京中央，表示反对日本在成都设领事馆。在成都事件发生后，刘湘又顶住压力，致电南京中央政府说：“这是由于地方爱国群众愤恨日本侵略中国，占领东三省……屠杀我们中国人，现又侵略华北，又想将侵略势力伸展到四川来，引起爱国群众愤恨所激发的爱国热情所致……主要责任由日本人负的。”③西安事变以后，当刘湘获悉南京方面可能对张学良、杨虎城的东北军和西北军用兵讨伐时，于一九三七年一月十七日正式致电中央当局，表示反对，指出西安事变问题既已解决，张学良也待罪南京，“不能逼之太急，致外患未殷，内忧又起”；希望中央当局在“抗日救国大前提下，弃小异而就大同”。④这都反映了刘湘等人民族精神和抗日倾向的上升。

四川地方实力派在政治上具有两面性的基本特征。他们既同中共及其领导的人民革命力量存在矛盾，但又同企图削弱、分化地方实力派，直接掌握四川的蒋介石中央当局存在矛盾；他们与蒋介石中央势力之间，既有控制与反控制斗争的一面，又有相互依存的一面；同样，他们与中共及人民力量之间，既存在相互斗争的一面，但也有在一定条件下为对付共同敌人而相互支持和合作的可能。因此，刘湘为首的川军将领的政治态度，是以最大限度地有利于维护自身的统治利益为基轴，随着国内外形势的变动而不断改变的。当中日关系日益恶化，民族危机不断加深，中共号召实现全国抗日统一战线，蒋介石中央的政策重点由“安内”转向“攘外”，国共两党走向再度合作，全国人民抗日救亡运动蓬勃兴起的时候，他们的

---

① 赵永康：《川军抗战新论》，李仕根：《四川抗战档案研究》，四川交通大学出版社，2005 年，第 92 页。

② 《川军抗战新论》，《四川抗战档案研究》，第 993 页。

③ 马宣伟、温贤美：《川军出川抗战纪事》，四川省社会科学院出版社，1986 年，第 9 页。

④ 《刘湘就西安事变善后处理致军政部长何应钦电》（1937 年 1 月 17 日），周国庆：《民国川事纪要》，台北四川文献研究社，1974 年，第 380 页。

政治态度即向着参加抗战的方向转变。事实上，刘湘等人也愈来愈清楚地看到，在上述全国大局之下，只有举起抗日大旗，迈向抗日战线，才能团结巩固川军内部，才能争取四川广大民众的支持和拥护，才能同中共方面改善关系而获得后者的支持，也才能在与蒋介石中央之间的控制和反控制斗争中立于主动地位而争取更多的利益。总之，对刘湘他们来说，走上抗战之路是大势所趋，既合乎民族大义，又是利于维护自身在四川的统治和在全国争得政治地位上升的最佳选择。他们正是有鉴于此，乃决定由内战转向抗战。

中共对四川地方实力派的统战工作，有力地促进了刘湘和川军走向抗战。一九三五年，中共上海临时中央局派遣张曙时到重庆，开展上层统战工作，争取刘湘反蒋抗日。通过刘的好友向刘提出重要建议，说明日本要灭亡中国，国际形势会有许多变化，中国的抗日战争一定要打起来，四川在抗日战争中居重要地位，希望刘湘准备做抗日民族英雄，团结抗日的势力……在军事、政治、财政、外交、民众等方面皆要有准备。①张曙时还通过刘湘周围的亲信人士，推动刘支持四川抗日民众团体的活动和救亡报刊的创办。一九三六年，王昆仑根据中共关于抗日民族统一战线政策思想，先后在南京和成都与刘湘面谈，分析了形势，指明了方向，指出只有与中共合作、促蒋抗日，才对刘湘本人和国家均有前途。后来王昆仑通过中共地下组织介绍共产党员冯雪峰入川，直接与刘湘建立了联系。西安事变后，刘湘指派高级幕僚张斯可赴桂林，代表他与中共及桂系代表签订《红、桂、川军事协定》，一致商定如蒋介石仍不抗日，还要打内战，三方就联合反蒋。②一九三七年春，中共地下工作者与各方协同，通过刘湘的参谋长傅常和张斯可等人，向刘建议派遣王干青作为代表前往延安。王干青的身份为川康绥靖公署顾问，实为中共地下党员，他在延安受到毛泽东和周恩来的接见。同年九月，中共中央派罗世文从延安到成都，化名在刘湘部当参谋，后被任命为川康绥署顾问。他向刘湘、潘文华、邓锡侯等川军将领讲述中共的抗日主张和民族统一战线政策，鼓励和引导他们开放民主、积极抗日，并为之出谋划策，推进四川的抗日救亡运动。

中共的“停止内战、一致抗日”的号召和建立抗日民族统一战线的主张，颇受刘湘的赞赏，刘给予相当积极的响应。西安事变期间，刘湘始闻共产党不杀蒋时，十分诧异，后来事变果真和平解决，他不由得深为赞叹，说：“共产党真是以国家大局为重，不计恩怨……抛弃历年和蒋的积怨，标举外御其侮的大义，并且有当家作

① 张曙时：《我在四川是怎样进行统战工作的》，《四川现代革命史研究资料》，四川省社会科学研究所发行科，1981 年第 12 期。

② 参见甘绩丕：《川康整军会议的形形色色》，全国政协文史资料委员会：《文史资料选辑》（第 11 册第 33 辑），中国文史出版社，1963 年，第 133 页。

主的风度，非有伟大的眼光和气魄，决不能做到这步。”①当时，刘湘即决定派人去西安，与中共方面沟通，还准备发表通电响应张学良、杨虎城两将军团结抗日的主张。

四川民众抗日救亡运动是推动四川地方实力派及川军走上抗战之路的另一个重要因素。早在九一八事变以后，重庆、成都等地人民群众抗日救亡的斗争就开始兴起。各地民众纷纷集会游行，数以百计的各界各类救亡团体纷纷成立。他们创办各种救亡刊物，广泛宣传抗日，要求国民党政府停止内战、一致对外。重庆、成都、自贡、广安、泸州、南充、万县、涪陵、西昌等地举行了民众抗日游行，并要求川军停止混战，出川抗日。一九三六年秋，围绕着反对日本政府在成都设立领事馆的斗争，成都、重庆、万县等地再次掀起了一场大规模的抗日运动。七七事变爆发，四川全省迅速爆发抗日救亡运动的新高潮。“四川省各界抗敌后援会”等一大批新的救亡团体的成立，标志着全省抗日救亡运动新阶段的到来。九一八事变以来，六七年的抗日救亡运动虽然历经起伏曲折，但斗争从未停息，反而逐步壮大成长，从而形成一股冲击川军统治，促其走向抗日的强有力的潮流。“面对日本帝国主义的侵略，在民众奋起，要求抗日这一强大的潮流面前，川军要维护其统治地位，就不能不顺应民众停止内战，一致抗日的强烈意志，民族危机的加深和人民抗日救亡运动的发展，是促使川军由内战转向抗日的根本因素。”②

二、 川康整军：川军迈向近代化与国家化的重要一步

四川地方实力派和川军从内战转变到抗战的历程，几乎是与四川实现军政统一、蒋介石中央势力进入四川的进程同步的；而四川全省军政的统一、川军经过整编正式被纳入国民政府的军事系统，则为川军出川抗战提供了必要的前提和奠定了现实的基础。

“两刘大战”以刘湘的胜利而告结束，为四川统一局面的出现开辟了道路。在蒋介石中央当局的支持下，刘湘由此统领四川全省的军事、政治、财政等各项大权，统一了四川。至此，持续二十余年的四川以“防区制”为名的各派军阀割据局面和军阀混战终于结束了。然而，一九三三年九月，“两刘大战”结束后，刘湘既面临连年混战造成的生产凋落、财源枯竭、社会破败不堪的困局，又在对川陕革命根

---

① 邓汉祥：《刘湘与蒋介石的钩心斗角》，《文史资料选辑》（第 5 辑），中华书局，1960 年，第 65 页。

② 霍庆宏：《由内战到出川抗日——川军出川抗日原因浅析》，《四川省纪念抗日战争胜利四十周年学术讨论会论文暨史料选》（一），四川省社会科学院，1985 年，第 161 页。

据地工农红军作战中连遭败北，从而陷入全面的危机。为了维护在四川的统治地位，为对付川境正在迅速发展的工农红军，刘湘遂进一步靠拢蒋介石，加强与南京中央当局的合作关系，以求得后者对自己的支持。其时，掌握国民党全国政权的蒋介石也采取步骤加强与刘湘之间的关系，对后者采取支持、利用和控制的策略。蒋的企图，首先是想乘机改变四川在名义上为全国的一个省、实际上保持独立的状态，促使四川"中央化"，接受南京中央当局的全面控制；其次，是利用刘湘的军事力量，配合中央军"围剿"川陕边的革命根据地和长征过境的红军；第三，蒋介石鉴于中日全面战争的不可避免，正在设想在以四川为中心的西南建构一个总的后方战略基地，为此要求直接插手经营四川。这就是他的"围共图川"的三重目的。

为此，刘湘与蒋介石于一九三四年十一月在南京进行会谈，双方达成以下协议：刘湘同意蒋介石派出军委会"参谋团"和"别动队"入川，同意"中央军"驻川"围剿"红军；蒋介石改组四川省政府，任命刘湘为省政府主席兼四川"剿匪"总司令，统领四川军政；川军各部队军费和武器弹药由南京中央政府负责拨给；同意刘湘发行公债，并由中央当局拨发部分现金，以解决川省财政困难。这个协议，是双方各自从利害关系出发、在当时所处的不同地位和力量对比的条件下实行的妥协，其实质是刘湘以同意蒋介石势力进入四川、四川开放"中央化"大门、川军国家化为条件，换取蒋介石中央当局对自己的支持，维护自己在四川的统治地位。尽管其中始终贯穿着双方之间控制与反控制的斗争，但此举大大推进了四川地方与中央政府之间关系的接近，使川军逐步纳入全国统一的军事体制和指挥系统，为尔后的川军出川抗战构建了前提条件和有利的基础。

川军的整编是蒋介石中央当局势力进川和"经营四川"的一项最为重要和迫切的任务，其目的在于通过裁撤、改组和整顿促使川军精干化，提高其战斗力，特别是要促使川军国家化，将川军纳入国民政府军事委员会的统一号令和指挥。一九三四年十二月，蒋介石决定成立由他直接指挥的"军事委员会委员长南昌行营参谋团"并令其入川，实行督导川军进攻工农红军，推进四川军政统一和川军国家化的任务。一九三五年一月，以贺国光为团长的"军委会参谋团"到达重庆。同年三月和六月，蒋介石先后到重庆和成都，直接进行督导和调控。由此，在中央当局的直接操控之下，由刘湘主持的川军第一次整编开始了。

这次整编，川军按全国统一的陆军整理方案进行改编，改编后，部队组成情况如下：第二十军，军长杨森，下辖两个师；第二十一军，军长唐式遵，下辖三个师；第二十二军，军长王缵绪，下辖三个师；第二十三军，军长潘文华，下辖三个师；第二十四军，军长刘文辉，下辖三个师；第四十一军，军长孙震，下辖三个师；第四十三军，军长郭汝栋，下辖一个师；第四十五军，军长邓锡侯，下辖三个师。此外，还有一些独立编组的师：新编第六师，师长李家钰；暂编第二十三师，师长罗泽州。一九三六年一月，南京中央军事当局命令第二十军杨森部队从刘湘的川康绥靖公署划归蒋介石的重庆行营，由后者直接指挥。杨森的部队遂成为第一支“中央化”“国家化”的川军。南京中央当局又推出一系列措施，如川军的军费由中央财政统一筹发、举办“峨眉军官训练团”、建立中央军校成都分校、发展军委会别动总队组织、规定团以上军官由南京中央政府军政部任命，以及实行部队的军衔制、授予川军将领以正式军衔，等等，竭力把中央势力渗入四川，加速川军“中央化”的进程。

蒋介石鉴于首次整编作用有限，不少问题并未解决，还看出刘湘或明或暗地对中央举措进行抵制和对抗，乃认为有必要对川军再次进行整编。而在西安事变前后，随着中日关系的日益紧张和国内政治关系的重大变化，国民党和南京政府也正在调整内外政策，从“攘外必先安内”向着联共抗日的方向转变。为准备应对即将来临的全面对日战争，蒋介石亟需加紧营建以四川为中心的西南战略后方基地，而进一步统一川政、整编川军则是其中一项最为迫切和重要的举措。对此，蒋介石后来曾作了这样的追述：“因为对外作战，首先要有后方根据地。如果没有像四川那样地大物博，人力众庶的区域做基础，那我们对抗暴日……仍不能算作安全。……到了二十四年进入四川，这才找到了真正可以持久抗战的后方，所以从那时起，就致力于实行抗战的准备。”①为此，蒋介石策定进行川军第二次整编。

军政部长何应钦奉蒋介石之命，于一九三七年三月十九日，在南京与重庆行营代主任贺国光，刘湘的代表邓汉祥和卢作孚举行会商，提出改善四川军事政治的六项办法。②四月十四日，贺国光在成都“与刘湘恳谈”，共同制定了《川康整军计划》。六月二十八日，蒋介石以国民政府军事委员会之名，电重庆行营，公布军委会特发川康军事整理委员会组织大纲，并发表该委员会人选名单。何应钦为该委员会主任委员，顾祝同、刘湘为副主任委员，贺国光、邓锡侯、刘文辉等 19 人为委员。七月三日，何应钦在南京提出川康整军原则各项要点。其主要内容是：“(一)川康军队的军(或独立师)为单位，直隶于中央，由军事委员会指挥，但为绥靖之必要，川康绥靖公署主任得呈准军事会委员委员长指挥军队，归其指挥。(二)川康军队之整军原则，其要领如左：甲、军队数量，依照原有军费范围，划一整编，并求质量之逐渐充实。乙、各师编制，以二十六年订颁之编制为准。丙、整编以前，各部队须停止补充兵额。(三)军队经理，以中央统一经理为原则，其方法如左：甲、给养，以现有之经费，能照国难饷章之发给为目的。乙、经理机构，暂由重庆行营经理处掌握，嗣后设置军需局，统筹办理。丙、各军军费，由行营直接拨发。

---

① 蒋介石：《国府迁渝与抗战前途》(1937 年 11 月 19 日)，秦孝仪：《先总统蒋公思想言论总集》(第 14 卷)，台北中国国民党中央党史会，1984 年，第 653 页。

② 周开庆：《民国刘浦澄先生湘年谱》，台北商务印书馆，1981 年，第 149、156 页。

丁、各军服装费，应有原有经费内提出，划归中央统一制发。（四）关于人事事项，依照陆军人事法规办理……（八）军需工业及兵器制造事业，由中央统筹办理，所有制造修理各厂，由中央接办。”①

由何应钦主持的川康整军会议，于一九三七年七月六日在重庆召开。会议主要商议川康军队的整理和改组事宜，历时4天，最后议定川军各军一律缩编三分之一，整编期限为一个月，并制定了人事安排和军费支配的方案等。整军会议以后，川康各军陆续进行了各项整编工作，调整、改组和完成了新的编制，其要点如下：

（一）川康绥靖公署主任刘湘直辖部队，编为三个军、二个独立师、七个独立旅。

第二十一军，军长唐式遵，副军长范绍增，下辖第一四五、第一六四、第一六二师。

第二十三军，军长潘文华，下辖第一四六、第一四七、第一四八师。

第四十四军，军长王缵绪，下辖第一四九、第一五〇、第一六三师。

两个独立师：第一六一师、第一四四师。

七个独立旅：第十一旅、第十二旅、第十三旅、第十四旅、第十五旅、第十六旅、第十七旅。

（二）刘文辉部队编为第二十四军，军长刘文辉，副军长陈光藻。下辖两个师：第一三七、第一三八师。另设一个独立团。

（三）孙震部编为第四十一军，军长孙震，副军长董宋珩。下辖三个师：第一二二、第一二三、第一二四师。另设一个独立团。

（四）邓锡侯部编为第四十五军，军长邓锡侯，副军长马毓智。下辖三个师、两个独立旅：第一二五、第一二六、第一二七师；独立第一、独立第二旅。

（五）李家钰部编为第四十七军，军长李家钰，下辖第一〇四、第一七八师。

川军的先后两次整编，积极意义是显而易见的，对于促进四川军事和政治的统一、推进川军的近代化和国家化、建设抗战的西南后方战略基地和川军出川抗战等方面，都有其重要的积极作用。正如《抗战时期的四川》一书所指出的：“经过两次整编后的川军，虽然人数减去约三分之二，但部队的编制却更加精干、合理，许多军官亦接受过培训，军队的战斗力有所提高，而且，川军从此已由原来四川大小军阀所控制的地方武装转变为国民政府军事委员会统一指挥的国家常备军，这为其后川军出川参加全国抗战提供了有利的条件。”②

---

① 《民国刘浦澄先生湘年谱》，第154页。

② 段渝：《抗战时期的四川》，巴蜀书社，2005年，第153页。

三、 出征前奏：抗战动员与部队编成

一九三七年七、八月间，日本先后挑起七七事变和八一三事变，发动了全面侵华战争。中国人民伟大的全国全面抗战由此揭开战幕。在中国共产党倡导的抗日民族统一战线的旗帜下，以国共两党合作为基础，全国各民族、各阶级、各党派、各界民众同仇敌忾，奋起抗击日本帝国主义的侵略，开始了伟大的全民族抗日民族解放战争。

当北平附近的卢沟桥一带中国军队奋起抗击日军进攻之时，川康整军会议正在重庆揭开帷幕。七七事变的消息传来，顿时使正在进行的整军议题与对日抗战直接联系了起来。七月八日，何应钦在会上宣布了北平方面日本发动进攻的消息和南京当局对形势的初步判断，说："昨日华北日军向卢沟桥我二十九军进犯，对日全面战争，势难避免。"与会川军将领闻讯后，无不义愤填膺，纷纷表示要求率部出川抗日。这时刘湘等川军将领认识到民族危亡已系于千钧一发，对日抗战已是无可避免的选择。而且，他们也已清楚地了解，蒋介石和中央政府正在号召抗日御侮、共赴国难，动员全国走上对日抗战之路。而对中共的抗日民族统一战线政策，他们同样有了相当的了解并表示赞同。七月十日，刘湘从重庆回成都后，致电蒋介石，吁请一致抗日。十四日，刘湘向全国各省军政首长发表通电，指出日本侵略绝非一省一部之问题，主张全国总动员，拼与一决，希望全国上下同德一心，在全国整个计划之下，共赴国难。二十五日，刘湘召集川军各军长官，筹商整军抗日事宜，并令各军、师长于三日内驰赴原防，开始整军。二十七日，蒋介石复电刘湘："志虑忠纯，实深敬佩；务希加紧整编完竣，共捍外侮为要。"①为贯彻此一意图，刘湘要求川军加紧整编之步伐，为出川抗战做好准备。

蒋介石为号召和动员全国各方面共同抗战、商议抗日军事战略方针，在南京召开最高国防会议。中共中央代表周恩来、朱德、叶剑英应邀于八月十日由西安飞抵南京参加会议。刘湘在八月七日奉南京中央电召，由成都飞抵南京与会。会议期间，他和白崇禧、龙云等地方实力派将领以及冯玉祥将军等，纷纷与周恩来、朱德、叶剑英会晤。②在最高国防会议上，刘湘的发言，积极主战、慷慨激昂，使会场空气为之一振。他明确地表明以下主要主张和意见：要抗战才能救亡图存，才能深得民心，要攘外才能安内。日本的军事力量虽然较我军更为优，但它必须利用交通线，才能展其长，它的军队离开了交通线，不但军队运动困难，而且给养补

---

① 《民国刘浦澄先生湘年谱》，第 161 页。

② 金冲及：《周恩来传》，人民出版社、中央文献出版社，1989 年，第 366 页。

充也不容易解决。我们的军队只要采取正规战与游击战相配合,在交通线的两侧及其前后,与它尽力周旋,就可以作持久战。再其次,就国际形势来说,日、德、意三个法西斯国家,想独霸世界,英、美、法、苏不会坐视不理,由中日战争的发展,演变成国际战争,是可能的。抗战最后的胜利,必然属于我国。刘湘最后在发言中表示了坚强的决心,说:"抗战,四川可以出兵三十万,提供壮丁五百万,供给粮食若干万石。"①刘湘的顾全大局,积极抗日的态度,获得了与会者的赞许,对中央当局确定抗战国策产生了积极作用。

七七事变后,全国范围的抗日热潮迅速兴起,声势之浩大为前所未有。四川的成都、重庆、南充、广元、叙永、南溪、通江、绵阳、奉节、云阳、雅安、江油、昭化等各地抗日救亡团体奋起号召,各界民众连日集会、游行,抗日呼声响彻巴山蜀水,并电请四川军政当局,要求川军出川抗日,表示四川民众誓为后盾。在成都,八月中旬前后,民众频频举行大规模集会,强烈呼吁国民政府发动全面抗战,恢复失地,保卫国土。许多学生、职工、市民到川军各军驻地游行宣传,要求川军迅速出川抗战。川中各家报刊也纷纷发出一致抗日的呼声。这一切也为川军出川抗日造成了良好的氛围。

八月十八日,刘湘约集邓锡侯、刘文辉、孙震、李家钰等川康主要将领会商,决定对首批出川抗日的部队进行编组和准备,并决定亲自率部出征。二十一日,蒋介石密电刘湘,指令川军出川抗日。二十四日,刘湘召集其直辖的部队首长唐式遵、潘文华、王缵绪和川康绥署参谋长傅常,以及在成都的师、旅长,指示有关出兵事宜。二十六日,刘湘发表《为民族救亡抗战告川康军民书》,号召川康军民"同仇敌忾毁家纾难,在国家统一指挥下,整齐步调,严整阵容,在整个民族解放战线上作最前进之先锋,在实际战事上为前方之后盾"。而"我各军将士,应即加紧训练,厉兵秣马,奉令即开赴前方,留卫则力固后防"。指出:当前形势"国家民族之生命系于此时,非可再容吾人之瞻顾与假借。而必须军民一心,上下共济,全国家民族之意识,掷身家性命于脑外,只知抗敌是目前唯一的中心,只知抗敌解放中国是唯一的坦道,排除一切歪曲的认识,克服一切事实的障碍,前赴后继,百折不挠,则最后胜利必属于我民族"。②八月三十日,川康绥靖公署作出决定,出川抗战部队限九月五日以前开始开拔。所需开拔费 480 万元,由四川省自筹:向中央、中国两银行共借贷 200 万元,由重庆金融界及绅商借垫 280 万元。

---

① 任一民:《抗日战争时期的四川地方实力派》,《四川省纪念抗日战争胜利四十周年学术讨论会暨史料选》(二),第 106—107 页。

② 《川康绥靖公署主任刘湘为民族救亡抗战告川康军民书》(1937 年 8 月 26 日),四川省档案馆:《川魂——四川抗战档案史料选编》,西南交通大学出版社,2005 年,第 219—220 页。

全面抗战开始不久，国民政府军委会当即着手将全国武装部队置于统一调度与指挥之下，并编制抗战部队之战斗序列。何应钦奉蒋介石之命，在南京主持召开统帅部会报会议，在七月十二日的第二次会报会上，即已确定了"通知粤、桂、川省部队准备，必要时，抽调部队北上"的预案。①至八月初，已编定全军战斗序列之方案，"将全国军队列入抗战序列者，第一线约一百个师，预备军约八十个师"。②列入"预备军"的主要为广西、四川、云南、湖北和湖南等省的部队。八月二十日，蒋介石颁布的《国军战争指导方案》中，向高层军政长官宣布任命四个"预备军"的司令长官，除李宗仁、龙云、何成浚分任第一、第三、第四预备军司令长官外，刘湘和邓锡侯分别被任命为第二预备军的正副司令长官。③刘湘将经过整编的川军主力共五个军编组为第二预备军，下辖两个纵队。第一纵队由三个军组成，司令官邓锡侯、副司令官孙震、参谋长朱瑛；下辖：第四十一军，军长孙震、副军长董宋珩；第四十五军，军长邓锡侯，副军长马毓智；第四十七军，军长李家钰，副军长罗泽州。第二纵队由两个军组成，司令官唐式遵、副司令官潘文华，下辖第二十一军和第二十三军。后来，随着战局的变化和部队的改组，第一纵队在进入华北战场作战时，于同年十月二十三日改编为第二十二集团军。第二纵队在参加淞沪会战的后期，也于十二月三日改编为第二十三集团军。

川军参加淞沪会战和东战场作战的部队，为第二预备军第二纵队的两个军、第二十军的两个师和第四十三军的一个师。各部的战斗序列如下：

国民政府第二预备军，司令长官刘湘，副司令长官邓锡侯，参谋长傅常

第二纵队司令官刘湘(兼)，副司令官唐式遵

第二十一军　军长唐式遵(兼)，参谋长刘熙鉴

第一四五师　师长饶国华，参谋长曾南飞

第四三六旅　旅长孟浩然

第四三七旅　旅长佟毅

第一四六师　师长刘兆藜，参谋长张六师

第四三八旅　旅长梁泽民

第四三九旅　旅长廖敬安

独立第十三旅　旅长田冠五

① 《卢沟桥事变后统帅部历次会议记录》(1937年7月)，中国第二历史档案馆：《抗日战争正面战场》(上册)，江苏古籍出版社，1987年，第211页。

② 何应钦：《关于中央军事准备报告》(1937年8月7日)，《抗日战争正面战场》(上册)，第260页。

③ 国民政府大本营：《国军战争指导方案》(1937年8月20日)，《抗日战争正面战场》(上册)，第16页。

独立第十四旅　旅长周绍轩

第二十三军　军长潘文华，参谋长杨百昌

第一四四师　师长郭勋祺，副师长范子英，参谋长林华均

第四三〇旅　旅长唐明昭

第四三一旅　旅长黄伯光

第一四七师　师长杨国桢，参谋长胡志潜

第四三九旅　旅长章安平

第四三三旅　旅长石照益

第一四八师　师长陈万仞，参谋长吴念僧

第四三四旅　旅长达凤岗

第四三五旅　旅长潘佐

此外，川军杨森部第二十军和郭汝栋部第四十三军已在此前由四川调往贵州省境，脱离川康绥靖公署的统属，而归南京军委会直接指挥。这两支川军也是第一批开离西南，奔赴华东战场参加抗战的。其战斗序列如下：

第二十军　军长杨森，副军长夏炯，参谋长鲜光俊

第一三三师　师长杨汉域，副师长叶济，参谋长冉裔

第三九七旅　旅长周翰熙

第一三四师　师长杨汉忠，副师长李朝信，参谋长王渔磻

第四〇一旅　旅长罗德润

第四〇二旅　旅长杨干才

第四十三军　军长郭汝栋

第二十六师　师长刘雨卿，副师长王镇东，参谋长刘公笃

第七十六旅　旅长朱载堂

第七十八旅　旅长马福祥

一九三七年九月至十月间，第一批出川抗日的川军各部陆续开赴前线。九月五日，四川省各界民众欢送出川抗日将士大会在成都少城公园大光明电影院内举行，部队官兵代表、各界人士和青年学生 1 000 余人到会，军民一致表示誓死抗战到底的决心。十月十八日，重庆和江北、巴县各界民众在夫子池举行欢送出川抗日将士大会。川军在仓促组成、缺乏演练、装备简陋、军费不足的情况下，义无反顾地出征抗日。九月上旬开始，第一纵队各部从川北越秦岭，出陕西，挺进华北；第二纵队各部从川东沿江而下，进入武汉地区待命。至此，出川将士们踏上了伟大的抗日民族解放战争的征途。

四、 二十军血战宝山陈家行

川军进入淞沪战场的第一批部队，是第二十军的两个师和第四十三师的一个师。这两支部队在一九三七年八月和九月，分别从贵州出发，于十月十日过后开抵上海近郊。这时，中国军队在淞沪战场上与日本侵略军的血战，已连续不断地坚持了足足 60 个日日夜夜了。两个月来的鏖战，战斗异常激烈，战线日渐扩展，伤亡空前巨大。中国军队从最初的进攻逐渐转到了防御，战局也一天天地趋于恶化。川军登上淞沪战场那一刻，对中国军队来说，正是淞沪会战非常艰难和十分险恶之时。

八一三之战打响以后，日本统帅机关为了迅速击败中国军队，攻占上海和长江三角洲地区，除就近调动在东海一带活动的海军第三舰队和常驻上海的海军特别陆战队参战外，经天皇裕仁批准，于一九三七年八月十五日，组成以松井石根为司令官的“上海派遣军”，侵犯淞沪地区。同月下旬，松井石根指挥第十一师团和第三师团，分别在上海市区之北的宝山县川沙口和吴淞、张华滨登陆，此为日军第一次大规模增兵淞沪战场。九月初，日军天谷支队、重藤支队等三支各相当于旅团规模的部队，在宝山等地登陆。这是日军第二次增兵上海。接着，从九月上旬至十月初，日本统帅机关又从国内调派第九、第十三、第一〇一等三个师团以及重炮兵 1 个旅团，分别在黄浦江西岸的张华浜、杨树浦虬江口和吴淞镇等地登陆。这是日本第三次大规模增兵淞沪战场。至十月上旬，日军已在上海市区之北、长江南岸、黄浦江西岸、蕴藻浜以北这个淞沪主战场上，集结了第三、第九、第十一、第十三、第一〇一师团等五个师团，又十五个步兵大队、重炮兵一个旅团，以及其他特种部队，另有海军第三舰队，仅地面部队之总兵力已达 12 万人以上。日军开辟了长江终段南岸和黄浦江西岸、蕴藻浜南北为登陆场，由北而南，向淞沪左翼战线连连发动进攻。

自八月下旬以来，日军五个主力师团在上述地区登陆，与中国守军展开激战，左翼战线成为淞沪会战的主战场。中国统帅机关陆续调集了近三十多个师的部队，进入左翼战场作战。日军凭借其占有绝对优势的武器装备，特别是强有力的炮兵、装甲兵以及制空权，一步步扩展其攻势。到十月上旬，日军已攻占了吴淞镇、宝山城、罗店镇、月浦镇、杨行镇、张华浜、刘行镇等地。中国左翼军的阵线，在川军到达淞沪战场时，部署在东起黄浦江西岸的上海新市区、江湾、庙行一线以北，中经蕴藻浜南岸一带、大场、彭浦、广福、南翔、嘉定、浏河、太仓、昆山，西至长江南岸的常熟、福山等地。

位于祖国西南腹地的四川、贵州与地处东海之滨、长江口附近的上海之间，相距数千公里，相隔着万水千山，路途遥远。川军第二十军踏上这漫长而崎岖不平之路，奔向抗日战场。二十军在全面抗战前曾奉命由川入黔，参加“围剿”长征途中的红军，后驻防贵州安顺等地。据杨森自述：八一三事变起，“闻淞沪中日大战剧烈，亟需增援部队，余乃急电蒋（介石）委员长，请缨抗日。中央接电颇为嘉慰，命余率二十军全部，由黔经湘鄂赣（应为豫）皖苏而至上海”。①九月一日起，二十军从贵州黔西和安顺开拔，沿着湘黔公路徒步行进。一路上几乎每日翻山越岭，前进百余公里，风餐露宿，磨破草鞋，足底出血，出征健儿依然是士气高昂。他们这样说道：“为了抗战，杀日本鬼子，我们吃点苦也是愿意的。”步行到达湖南辰溪，乘船经洞庭湖于九月二十四日抵达长沙。然后改乘铁道列车到武昌。杨森在汉口对部分官兵发表讲话，略谓：“我们过去打内战，对不起国家民族，是极其耻辱的。今天的抗日战争是保土卫国，流血牺牲，这是我们军人应尽的天职。我们川军决不能辜负人民的期望，要撒尽热血为国争光！”②然后，全军由平汉铁路转至河南郑州。登陇海铁道经徐州转入津浦铁路南下京沪。一路受沿途民众的热烈欢呼，在车站、码头都有大批人群前来送茶水、食品，演唱抗日歌曲。车过陇海路时，杨森心潮起伏，感慨万千，赋诗一首：

陇海道上感怀

才消炎暑试新凉，沃野欣闻禾稼香；

为挽艰危征万里，不教倭寇事披猖。③

全军由浦口渡过长江，从南京乘列车疾驰上海，开抵嘉定黄渡待命。十月八日，抵达嘉定南翔下车，迅即进入淞沪主战场蕰藻浜沿岸一带阵地。

这时以大场为中心的淞沪会战的新高潮正揭开战幕。日军实行“中央突破”作战方针，企图沿沪太公路东西两侧地区，横渡蕰藻浜，由北而南，攻夺大场镇，进而席卷除租界以外的整个上海市区。十月八日，松井石根带领他的前线指挥所人员进到杨行镇，“在那儿召集各师团长和其他部队长，就进攻大场镇行动下达了命令”。④十月十日，上海派遣军指挥部正式进入杨行，开始了向蕰藻浜南岸地区的全面进攻。除以第十一师团主力向西面的嘉定方向进行警戒，以保障左侧安全外，松井石根调动第三、第九、第十三、第一〇一师团等四个师团和全部炮兵部队，

---

① 杨森：《九十忆往》，台湾传记文学出版社：《传记文学》第31卷第4期。

② 向廷瑞：《洒尽热血，为国争光》，《原国民党将领抗日战争亲历记——八一三淞沪抗战》，中国文史出版社，1987年，第334、336、338页。

③ 杨森：《陇海道上感怀》，台湾四川文献月刊社：《四川文献》，1955年2月第41、42期合刊。

④ ［日］松井石根：《阵中日记》（1937年10月8日），《南京大屠杀史料集》（第8册），江苏人民出版社，2005年7月中译本，第90页。

猛烈突击以大场为中心的中国军队阵地。

以陈诚为总司令的中国左翼作战集团，以主力部署于东起殷行、西至南翔和方泰，以大场为中心的战线上，全面阻击南下的日本上海派遣军主力。左翼集团又分为三个作战区：右作战区，总指挥胡宗南（第十七军团军团长），下辖第一、第三十二、第六十一、第八师和税警总团；中作战区，总指挥薛岳（第十九集团军总司令），下辖第五十七、第十三、第九、第六、第一三五师；左作战区，总指挥罗卓莫（第十五集团军总司令），下辖第四十四、第六十、第五十一、第五十六、第二十八、第十一、第十四、第六十七、第九十八师，独立第三十四旅，江苏保安第四团，步兵炮团，高射炮连等。此外，还有总预备队总指挥所属的第十五、第七十一师。①

川军二十军于十月九日编入上述中作战区的第十九集团军第六军团战斗序列，归薛岳指挥。其防地在大场以北、蕰藻浜沿岸的顿悟寺、桥亭宅、陈家行一带，右翼与大场阵地七十一军王敬久部、左翼与第六十九军阮肇昌部相互衔接。“十月九日，我二十军主力在上海附近老人桥、郁公庙、新泾桥、谈家头、池后宅、姚头桥之线，构筑第二阵地带工事，一部在输送中。时敌……企图由大场中央突破……故蕰藻浜附近之战斗甚为激烈，我在塘北宅地区之友军第七十八师死伤惨重。军团（按：当时为第二十军）曾遵十九集团军总司令薛岳电令，以先到之第一三四师集结谈家头、新泾桥，准备增援，余仍续行筑工原任务。”②进入前线阵地，为避日军飞机空袭，部队不许在白天生火做饭，官兵们只得在天亮前吃早饭，待到天黑后才就晚饭，一天只吃两顿。临战前夕，士气高涨，大家在战壕里，高唱《大刀进行曲》《义勇军进行曲》等抗战歌曲，“大刀向鬼子们的头上砍去，杀！”的洪亮歌声，在阵地上空久久回荡。杨森等军部长官从南翔奔赴前线阵地，进行动员。他们说道：“我们二十军是川军的铁军，是全国闻名的勇敢部队，所以才调到上海来对日作战。我们这次是打的国际战，是最光荣的，我们一定要抵住敌人的进攻。如果上海这一仗抵不住，就要亡国！我们要为国牺牲，这是最光荣的！”③

陈家行位于沪太公路西面、蕰藻浜北岸，离大场镇西北不足 20 公里，与其正东面近 20 公里左右、大场镇北面沪太公路线上之刘行，同为大场背面之屏障。刘行、陈家行和大场三足鼎立，中国军队在此构成一个品字形的防御阵地。实行“中央突破”计划的日军，乃集中主力攻夺这三地，而陈家行则为继刘行之后要夺占的目标。“十月十日，南翔西北地区敌攻势亦极猛烈，当晚军团（二十军）尚未全部集结完毕，即奉命接替税警总团及三十二师盛宅、桥亭宅、顿悟寺、陈家行之守备，遂

① 《陈诚致蒋介石等密电》，（1937 年 10 月 8 日），《抗日战争正面战场》（上册），第 319 页。

② 《陆军第二十军与淞沪会战》，中国第二历史档案馆藏国民政府军令部战史会档案，转引自《川魂——四川抗战档案史料选编》，第 278—279 页。

③ 转引自《川军出川抗战纪事》，第 32 页。

进入阵地，直接与敌发生血战。”[①]当杨森所部进入第一线阵地之时，陈家行已陷于敌手。十日“下午，敌以主力围攻我西南赵家角、盛宅、北宅、顿悟寺、陈家行一带。第一师、七十八师、三十二师阵地战斗颇为猛烈。入晚，我第一师先后退出西南赵家角”。[②]刘家行于当天下午被日军攻占。

为争夺顿悟寺—陈家行阵地，从十月十日至十六日，二十军对日军连续展开了五次血战，阵地五进五出，得而复失，失而复得，反复争夺。川军健儿以血肉之躯，作寸土必争一战。第一次血战发生在十二日，二十军如出鞘之利剑，锋芒初试，趁敌立足未稳，当即发起反击，将敌军逐出陈家行。“十二日拂晓起，(敌)以我一三四师迎头痛击，反复冲杀，激战至 14 时，敌势不支，陈家行失而复得。”[③]是为第一次血战。敌军不甘心陈家行被我军收复，遂又发起猛攻，第二次血战随即展开。二十军的“战报”中这样写道：“十三、十四两日，敌再与攻势，增援一部，在优势炮(兵)空军掩护之下，向我原线以排山倒海之势继续进犯。我亦增加一三三师(缺在输送之三九九旅)猛烈出击，官兵们前仆后继，视死如归，其壮烈牺牲之精神，洵足惊人。不意苦战至十四日十五时，我各兵种未协调，顿悟寺西侧工事被敌摧毁，守军先纠华营全部殉国，一点突破，全阵几为之震撼。”[④]顿悟寺—陈家行阵地再度陷落后，二十军再次组织反击，是为第三次争夺阵地之血战。十四日下午，“军团长(当时为军长)在小南翔，本着与阵地共存亡之决心，令一三四师长杨汉忠率部努力施行逆行。该师长忠勇奋发，在敌机俯冲轰炸与扫射下，虽弹穿左股，亦能不顾一切，裹伤前进，遂致全军感奋，而于是日傍晚恢复原阵地”。[⑤]

第四次血战也是在十月十四日午后打响的，为一三三师反攻陈家行之战。对这次战斗，该师三九七旅副旅长向廷瑞作为一名亲历者，有过生动具体的忆述：“第五天(即十月十四日)午后，王修身师(西北军第三十二师)陈家行阵地被突破。薛岳命杨森派部队反攻。杨森命杨汉域率一三三师火速前进，执行任务。……于是杨汉域以第三九七旅为第一线向敌攻击前进，徐昭鉴团为预备队。蕰藻浜左岸至陈家行，全系棉花地，旅长周翰熙和我命蔡慎猷团和李介立团分左右两翼，散开队形向敌急进。前面枪声密集，我们眼见王修身师残余士兵逃跑乱窜，但官兵们拼命向前，毫无迟疑与惧色。许多士兵还说：‘我们这次是打国际战，就是牺牲了也值得！’越过王修身师残部后，先头部队立即变为散兵队形，用机枪步枪向追来日军猛烈射击。原来日军以为他们胜利了，正追击王师残兵，冷不防忽然出现这

① 《陆军第二十军与淞沪会战》，转引自《川魂——四川抗战档案史料选编》，第 278—279 页。

② 《顾祝同致蒋介石密电》(1937 年 10 月 11 日)，《抗日战争正面战场》(上册)，第 320—321 页。

③ 《陆军第二十军与淞沪会战》，转引自《川魂——四川抗战档案史料选编》，第 278 页。

④⑤ 《陆军第二十军与淞沪会战》，转引自《川魂——四川抗战档案史料选编》，第 279 页。

么多兵力，于是停滞不前，双方对峙。接着，我们发起冲锋，全线冲杀，与日军展开肉搏。双方伤亡都很大，但我们是生力军，前仆后继，上去的人越来越多，日军飞机大炮不能发挥作用。经过一小时（战斗），敌遂不支，向后溃逃，阵地完全收复，并缴获一批枪支弹药。”①这次收复陈家行之战，二十军军部在后来的总结报告中，也作了正式的记述：“十四日夜，军团（当时为二十军）当面敌再度增援，再度猛进，锐不可当。我二十军夏副军长炯、一三三师杨师长汉域均在第一线坑壕指挥督战，寸土必争。故陈家行、顿悟寺一带阵地形成焦土。当第三次告失守，而终于十五日黄昏前由盛宅反复施行逆袭，迅速夺回原地，全线屹立。”②二十军投入战斗五六天，陈家行一带火光冲天，杀声震地，血肉横飞，部队伤亡惨重，然而官兵们的斗志并未因战友的纷纷倒下而有所动摇，他们誓死战斗到底。十月十六日那天一早，第五次血战打响了，“十六日晨，敌又作第四次侵犯，然已一鼓作气，再而衰，三而竭，与我争夺半日”。③战至此时，二十军已遭严重伤亡，战力消耗过度，形势危急。李介立团防守的蕰藻浜阵地更是濒临动摇。陈家行阵地只剩下数名士兵在那里死守。杨汉域已无兵可派，只得动用师部的警卫队手枪连了。

十月十六日下午，杨森传达薛岳的命令，由广西部队廖磊第二十一集团军接替二十军的防务。接着，二十一集团军第四十八军派队进入蕰藻浜、陈家行阵地，接替了川军的岗位。二十军官兵们忍痛告别了曾经以自己的血肉捍卫的这片土地。

陈家行之战，二十军初上战场，给了敌人以迎头痛击，打出了川军的威力，谱写下一页页可歌可泣的篇章。向文彬团收复顿悟寺之战，便是许多惊心动魄的战斗中的一例。以下是《铁血川军》一书和战斗亲历者的忆述中，关于这一战斗情景的若干记叙。

> 10 月 15 日黄昏，天空突然下起了秋日里少见的瓢泼大雨，萧瑟的秋风裹杂着豆大的雨点打落在抗日将士的身上……一场更为惨烈的战斗正在悄然拉开。（一三四师四〇二旅八〇四团团长）向文彬正带领营连长，冒着大雨侦察地形。他刚接到杨干才旅长命令，今夜出击，收复友军（三十二师）失掉的桥亭宅、顿悟寺阵地！
>
> 八〇四团实际上只有两个营。以两个营的兵力去对付装备精良的日军，其难度可想而知，只有死拼了！向文彬也知道，八〇四团的官兵早已将生死

① 向廷瑞：《洒尽热血，为国争光》，《原国民党将领抗日战争亲历记——八一三淞沪抗战》，第 336 页。

② 《陆军第二十军与淞沪会战》，转引《川魂——四川抗战档案史料选编》，第 278 页。

③ 《陆军第二十军与淞沪会战》，转引《川魂——四川抗战档案史料选编》，第 279 页。

置之度外……他紧锁眉头，在心中把作战部署再次温习了一遍：在兵力分配上，采取纵深配置，两个营交替作战。雨幕中的秋夜来得更早……他将手臂奋力一挥："开始出击"。

如战鼓雷动，冲锋号响。向文彬一马当先，带领一营的士兵率先跳出战壕，向敌军的阵地扑去。

日军以比雨点更为密集的枪炮弹疯狂扫射，不少士兵应声倒下，鲜血飞溅。但官兵们前仆后继，丝毫不减冲锋的锐气。有一个排冲杀到敌人的阵地前时，竟只剩下一名士兵。他毫不犹豫地拔出刺刀，跳进敌军战壕，连续与四五个日本鬼子英勇搏杀，最后拉响手榴弹与蜂拥而上的敌军同归于尽。

向文彬……深知，川军的武器相当低劣，要战胜日军，唯有舍命逼近敌人，靠肉搏战拼出一条血路。日军吓破了胆，他们不知道哪里冒出来的队伍，仿佛打不退、杀不完，只能接连后退，一下让出了好几道防线。日军不可战胜的嚣张气焰被一举扑灭。川军士气大为振奋。

日军见短兵相接不能占上风，便尽量脱离与川军的接触，利用装备精良的优势，集中火炮向川军阵地猛烈轰击。无数颗炮弹呼啸而至，火光冲天！与此同时，日军又出动一架接一架的飞机，轮番轰炸。阵地前尘土飞扬，硝烟弥漫。

向文彬在日军炮击时，脚部负了伤，行动已很困难，但他决不下火线，坐着担架或由士兵扶持着继续指挥战斗。

日军想用密集的炮火夺回阵地，但他们失算了。向团战士毫不退让，两营交替出击，越战越勇。有的士兵被弹片炸飞了胳膊、脚腿，就匍匐在地上继续还击。用来作为工事的沙包早已被炸平，活着人就将身旁战友的尸体垒起来做成掩体……有的官兵身受重伤，就请求战友在自己身上捆上手榴弹，集结最后一丝力气，大喊着冲向敌群。

夜，一点点地隐去，迎来了10月17日的凌晨，喧嚣了整整二十多个小时的战场终于沉寂了下来……向文彬清点全团官兵，营长只剩一人，连长全部殉难，排长只剩四人，士兵只剩下120余人！……向文彬……拨通了旅部电话："报告旅长，阵地（乔亭宅、顿悟寺）收复了！"①

---

① 林海、陶英：《铁血川军》，解放军出版社，2005年，第19—21页。胡忆初：《川军一三四师在南翔战斗中》，《文史资料存稿选编——抗日战争》（上册），中国文史出版社，2002年，第530页。

像向文彬团这样浴血奋战的部队，绝非绝无仅有。事实上，令人肃然起敬的英勇事迹，各师各团都不在少数。一三四师八〇二团团长林相侯，在蕰藻浜南岸的战斗中，指挥全团打退日军十余次进攻，激战了一整天。他头部中弹，倒在地上，仍不顾鲜血涌流，用手臂指向前方，示意官兵们向敌人冲击。当林相侯失去知觉之时，全团不但没有产生混乱，而是斗志高昂，阵地上响起了"为团长报仇，向敌人冲啊"的喊杀声。怒火冲天的官兵们像猛虎扑羊群似地冲向敌人，与敌人展开激烈的厮杀，最后把阵地前的日军大部分予以消灭。

杨森在南翔军部日夜指挥作战，也不时赴第一线与坚守阵地的官兵们共赴危难，心情颇为激荡。他以《在前线》为题，写下诗篇一首，抒发心怀。

在前线

满天烽火遥相望，切齿倭奴势正张；

指点三军杀敌处，刀光如雪月如霜。

二十军交防撤离陈家行后，转移至嘉定纪王庙附近进行了整编。全军缩编为两个旅，统由杨汉域指挥。然后开赴常熟、苏州一带待命。十一月中旬，中国左翼作战集团由淞沪战场向吴福线和澄锡线西撤时，二十军三九九旅主力在常熟梅李附近，与从长江白茆口登陆的日军十六师一部遭遇。为掩护大军西撤，川军在明显处于劣势的情况下，勇敢地阻击日军达一日之久。接着，二十军进入常熟、辛庄、巴城镇一线进行阻击，在常熟城郊战斗尤为激烈。二十军官兵们凭借国防工事，配合友军，与敌激战两昼夜，伤亡二百余人，完成了掩护任务。接着，全军奉蒋介石之命，西移句容等地，随后进入安徽安庆一带。①

二十军在淞沪会战中作出了重大的牺牲。十月二十日，第三战区副司令长官顾祝同在致军政部长何应钦的密电中，特别报告了该军的损失情况："二十军在盛桥、顿悟寺之部队，被敌陆空主力攻击，全部殉国。自元（十三日）至篠（十七日），（全军）伤亡达7 000余人，师长杨汉忠亦负重伤。"②二十军军部在战后的总结里，说此役"中将师长杨汉忠，中校参谋主任薛开桐，上校团长赵嘉谟、李介立、李麟昭、唐武城，少校营长鲁伯林、罗光荣、何学植、陈亮、陈德高、罗星福、刘伯昌等十三位负伤；上校团长林相侯，少校营长先纠华、王笔春、戈厚培、蒋廷宣等五员阵亡。其余连长以下军官伤亡亦多至二百八十余员，士兵八千余名。战斗之惨烈，牺牲之重大与乎！各官兵同仇敌忾，视死如归之精神，可为概见"。③

① 向廷瑞：《洒尽热血，为国争光》，《原国民党将领抗日战争亲历记——八一三淞沪抗战》，第334、336、338页。

② 《顾祝同致蒋介石密电》（1937年10月20日），《抗日战争正面战场》（上册），第370页。

③ 《陆军第二十军与淞沪会战》，转引自《川魂——四川抗战档案史料选编》，第278页。

五、 四十三军二十六师鏖战大场镇

第四十三军二十六师是在第二十军稍后几天进入淞沪战场的另一支四川部队。四十三军军长郭汝栋，下辖二十六师一个师，师长刘雨卿。这支部队一九三五年被蒋介石从四川调至贵州境内，参加阻击长征过境的红军之战。翌年驻防黔南都匀、独山一带。七七事变爆发，全师官兵抗日激情空前高涨，纷纷请缨抗战。在事变前夕，蒋介石鉴于中日开战之势日益逼近，乃下令调整和加强军事部署，以应对突然事变的发生。一九三七年七月四日，蒋介石作出的十项军事部署中，决定将“贵州第二十六师调沅陵接防”，①即把该师由贵州都匀一带东调湘西沅陵，已含有待命东进，投入抗日战场的意图。然后，该师一步步东调，至八一三事变爆发前后，二十六师已调至湖南省境内常德等地。同年九月十八日，蒋介石向参谋总长程潜、军政部长何应钦等人发出指令：“第四十三军郭（汝栋）军长所属二十六师及独立第三十四旅，调南京集中待命。”②蒋介石准备将这支川军使用于淞沪战场，所谓“在南京集中待命”乃是将该师从湖南调移南京，待命挺进上海。十月初，二十六师到达长沙，随即由铁道转运武昌。

二十六师长途跋涉，三千里驰援，从武汉乘轮沿长江东下，在南京稍作停留，迅即由沪宁铁道车运上海，于十月十六日到达昆山车站。当晚，进入蕰藻浜以南、闸北以北的大场镇一带。当二十六师到达大场之时，敌我两军以大场的攻守为中心的决战高潮已逐步形成，战场的态势正趋于白热化。自大场以北蕰藻浜沿岸的军事据点刘行、顾村、陈家行、盛桥、唐桥等地被日军攻占后，日本上海派遣军的四个师团的主力，已在十月中旬南渡蕰藻浜，攻势直指江湾镇、大场镇和澎浦镇，大有席卷苏州河以北整个地区之势。为阻击日军南下，保卫大场等地，第三战区司令部决定以大场镇及其西侧地区为重点，以中央作战集团为主力，进行一场大规模抗击战。其时，以朱绍良为司令官的中央作战集团，兵力约二十个师，分为三个部分：“(1)第九集团军，辖第八十七、第八十八、第三十六、第三、第六十一、第十八师，税警总团、上海保安总团、炮兵第二旅三团一营、淞沪警备司令部；(2)第二十一集团军，辖第一、第七十八、第一七一、第一七三、第一七四、第一七五、第十九、第三十二师；(3)直属第二十六师。”③二十六师作为淞沪战场中央作战集团司令部的直属部队，参加了保卫大场的战斗。

---

① 《蒋介石致何应钦密电》(1937 年 7 月 4 日)，《抗日战争正面战场》(上册)，第 257 页。

② 《蒋介石致程潜等密电》(1937 年 9 月 18 日)，《抗日战争正面战场》(上册)，第 312 页。

③ 《顾祝同致蒋介石密电》(1937 年 10 月 15 日)，《抗日战争正面战场》(上册)，第 322 页。

刘雨卿率部进入大场俞家宅、朱家宅、季家宅一带阵地，眼看阵地周围地势平坦，河港交错，村落棋布，我军的阵地全部暴露在敌军火力之下。原先在这一带作战第三十六师、第八师和财政部税警总团等部队，都遭受相当严重的损失，还失去了一些据点。显然，战局形势十分严峻。刘雨卿召集全师军官作战斗动员，要求大家牢记民族大义，认清淞沪抗战的光荣使命，抱定“有敌无我，有我无敌”的英勇牺牲精神，与敌寇作殊死的战斗。大家纷纷留下遗嘱，决心拼死疆场。军长郭汝栋也亲赴火线，鼓励士兵们奋勇杀敌，坚守阵地，不辱使命，不愧为四川的铁军。

从十月十七日起，到二十六日大场最后陷落，二十六师在这里与进犯的日军连续鏖战七个昼夜。以大场为中心的十月会战是淞沪会战中阵地战的高潮，既惨烈，更悲壮。在生死搏斗中，中国军人崇高的民族精神和视死如归的献身精神，如涌泉迸发而显现到了极致。川军二十军和四十三军各部无不高扬中国军人的此种伟大精神而不落兄弟部队之后，而二十六师则堪称其中的佼佼者。《铁血川军》一书描述了二十六师大场战斗英勇悲壮的情景，兹录其一些片段：

> 大场阵地上战斗正酣，日军攻势越来越猛。川兵们眼睛血红，毫不退缩。可当时一个连八九十个人只有一挺轻机枪和五六十支步枪，有的枪使用过久。连来复线都磨平了，还有的步枪机柄要用麻绳系着以防脱落。不少士兵的枪膛打得通红，如烙铁一般，开始时他们用水浇，没水了就用尿，最后竟是割开手臂，往上面滴血……一个排长腹部中弹，肠子流了一地，但他仍挣扎着要爬起来举枪射击，刚站起来，踉跄了一下，就倒地死了……（日军）一辆坦克冲过来，一名士兵用绑腿把一大捆手榴弹系在腰上，爬出战壕，越过铁丝网，径直向敌人坦克滚去，拉响了手榴弹，“铁甲虫”被炸穿了肚子瘫在一旁。依靠坦克作掩护的日本兵吓得仓皇逃窜，而那名炸坦克的战士连姓名都没有留下。①

二十六师七十六旅一五二团团长解固基喋血大场，堪称众多可歌可泣的事迹中最为壮烈的一幕。这个年方三十九岁的四川血性汉子，出川时就已抱着誓死报国的决心奔赴前线。行军途中，他常对部下说：“此次一役是为报效国家，我辈纵万死也不辞。军人如怕死，民族何以复兴？”进入大场阵地，解固基率领全团官兵日夜奋战。这天，“阵地告急！解固基怒吼一声：‘弟兄们，阵地不能丢啊，为国家拼死命的时候到了，绝不能后退，冲呀！’他提起 20 响驳壳枪带上第一连预备队，向阵前冲去！”

---

① 《铁血川军》，第 34—36 页。

“解固基不顾安危冲在队伍的最前面，一颗炮弹飞来，在他不远处掀起冲天的尘硝，待烟雾散去，士兵才看清解团长的左臂已被炸飞半截，但解团长丝毫没有理会，仍继续向前冲，一边狂吼着：‘冲啊！杀啊！’话音未落，有一颗炮弹飞来，落在他身边，巨大的爆炸声，让整个阵地都随之颤抖，解团长的身影消失在漫天的尘土中……解固基已被炸飞，没有一块完尸。士兵们在战场上只捡回他的一顶钢盔和半截血衣。”①解固基在淞沪战场为国捐躯，后来他的故乡四川崇宁乡亲为他修建了“衣冠冢”，川军将领邓锡侯亲撰的挽联写道：

枕戈以待，破斧而来，撑持半壁河山，黄浦滩头催鼓角。

裹革无尸，沉沙有铁，留得一抔净土，青枫林下葬衣冠。

大场一役，二十六师狠狠地打击了疯狂进攻的敌人，最后因部队损耗严重，不得不于十月二十五日撤出战场，开赴青浦休整。大场之战，全师的损失极为惨重：师属两个旅的指挥部都遭敌机炸弹击中，指挥部官兵绝大部分被炸身亡，旅长朱载堂和马福祥两人仅以身免。全师四名团长中两名阵亡，十四名营长中伤亡十三名，连排长共伤二百五十余名。各个连队留存下来的士兵只有三五人，至多不超过八九人。全师参战的 5 000 余人，换防后，清点结果，包括炊事员、饲养员等在内仅生还 600 余人。②这一仗打出了二十六师的凛然正气，在抗日军民中激起了广泛的回响，也引起了最高军事当局的关注。一九三八年春，在武汉召开全国军事会议，检讨第一期抗日作战得失，蒋介石嘉奖二十六师的出色表现，宣布该师为参加淞沪会战的部队中战绩最优的五个师之一，③并“以（刘雨卿）所部参加淞沪战役中战绩优异叙奖”。④

六、 松江保卫战和太湖西岸阻击战

在淞沪战场上，自八一三开战以来，日本先后调集五个师团多的主力兵团，经过近七十天的激战，先在吴淞至宝山川沙口一带长江沿岸由东向西开辟了陆上基地，然后由北向南，把攻势推展到南翔以东、江湾以西、蕰藻浜至走马塘南北地带。进入十月以后 20 多天的激战高潮，决定了淞沪左翼战场的命运。至当月二十六日，上海市区以北的军事要点、沪太公路上的南北交通枢纽大场镇被日军攻陷。这一重大变化，导致在南翔以东、黄浦江以西、苏州河以北战场的中国中央作战军

---

① 《铁血川军》，第 34—36 页。

② 《川军出川抗战综述》，《川魂——四川抗战档案史料选编》，第 210 页；何聘儒：《英勇不屈，奋力拼搏》，《原国民党将领抗日战争亲历记——八一三淞沪抗战》，第 349 页。

③ 周开庆：《四川与对日抗战》，台北商务印书馆，1971 年，第 100 页。

④ 周开庆：《刘雨卿传》，《四川文献》（第 102 期），台北四川文献月刊社，1971 年，第 7—9 页。

队，不得不后撤至上海市区西面的苏州河以南地区。十月二十八日至十一月九日的十多天时间里，南下追击的日军，连续进行强渡苏州河、进攻沪西地区的攻势作战。战局的发展，对中国军队是愈来愈加险恶了。中国军队在十月会战中遭到了十分严重的伤亡，许多部队撤到苏州河以南时，已是遍体鳞伤，战斗力大大下降，人员和武器装备比之以前大幅减少了。然而，中国军队的士气并未低落，战斗意志依然高昂。为最后保卫大上海、保卫长江三角洲，他们继续战斗，不惜任何牺牲，英勇地进行苏州河南岸阻击战。

日本上海派遣军虽说这时已处于全面进攻的态势，然而，两个多月来受到中国军队的打击也十分沉重，兵员和兵器遭到了大量的消耗，各个师团都已疲惫不堪而战斗力明显下降。对上海派遣军来说，要迅速在淞沪战场完全击败中国军队，并进攻南京，威慑中国屈服，绝非易事。

事实上，从十月二十八日开始，上海派遣军使用近4个师团的兵力，发动对虹桥、北新泾到小南翔一带、苏州河南岸的进攻，遭到中国军队十分顽强的抗击，进展十分缓慢。松井石根在十一月三日的阵中日记中，无可奈何地发出了这样的哀叹："今天是明治节日，我原先计划是，首先占领嘉定、南翔，然后占领全上海，以此来欢庆这个节日。但事与愿违，特别是我们至今才千辛万苦地已扫荡了上海北部敌军。现在，好不容易才夺取了苏州河南岸的一小块地区，而南市和浦东地区依然在敌军手中。这个节日就在目前这种局势下到来了，真是羞愧至极。"①

日本政府和军部为了及早解决"中国事变"，逼迫中国政府接受城下之盟，同时，也为了对付可能突发的日苏军事冲突，以及在国际关系上争取立于主动地位，乃决定再次大规模增兵淞沪，首先求得解决久拖不决的上海战局。经日本天皇裕仁的批准，日本军部于同年十月上旬开始组建与上海派遣军平行的新的主力兵团——第十军。十月二十日，日本参谋本部发出"临参命"第119号命令，正式下达组成第十军，在杭州湾北岸登陆，会同上海派遣军攻占上海的指令。第十军由柳川平助任司令官，下辖第六、第十八、第一一四师团和国崎支队（相当于一个旅团），以及各种特种部队，共十万余人。日军企图实行"两翼迂回"战略，由上海派遣军和第十军分别从淞沪战场的左、右两翼进行大范围迂回，切断中国军队西撤之路，在常熟—苏州—嘉兴—乍浦一线以东地区围歼中国军队。

一九三七年十一月五日至十四日之间，日本第十军以第六、第十八师团和国崎支队为第一梯队，第一一四师团为第二梯队，先后在杭州湾北岸实行登陆。在西起浙江平湖全公亭、中经江苏金山金山卫、东至奉贤、漕泾这一东西向沿海地带，日军开辟了若干个登陆场。然后，向内陆突进，袭占杭州湾以北、黄浦江以南

① 《阵中日记》(1937年11月3日)，第118页。

的朱泾、亭林、叶榭、松隐、张堰、柘林、南桥等城镇。接着，第十军的攻势指向黄浦江北岸地区，攻夺松江、枫泾、嘉善、嘉兴等地，控制沪杭铁道之枢纽，以利于尔后在战略上的机动。

第三战区司令部为阻击杭州湾登陆之敌，保卫淞沪右翼的安全，于十一月六日起，陆续作出紧急的若干作战部署，主要有以下几项：第六十三和第六十二师，分别从平湖乍浦和奉贤南桥两个方向，对金山卫一带上陆之敌进行左右夹击；以守备浦东川沙、南汇的独立第四十五旅，向杭州湾柘林方面攻击前进；以集结于青浦的第二十六师进驻松江；以集结于青浦附近的第六十七军速开松江，向金山方向阻击日军北上；以第六十一师据守闵行，警戒黄浦江左岸；命令原由河南新乡调来增援苏州河南岸的第七十九师，改为使用于平湖方面；第一〇七师由青浦向金山方向进击；第十一预备师开赴嘉兴布防。①

杭州湾北岸、黄浦江南北和沪杭铁路沿线地区，属于以张发奎为首的右翼作战集团的防区，第八集团军则是这一地区作战主力。十一月六日晚，第八集团军副总司令黄琪翔奉张发奎之命，到松江进行作战部署。这里，从杭州湾北上的日军运动速度极快，其前锋已向黄浦江进犯。黄琪翔于是紧急组织力量，力图构成黄浦江防线，以阻止日军渡江北上、截断沪杭线，并保卫松江、嘉兴等要点。松江会议作出紧急部署，着第七十九师、第六十七军、第二十六师、第六十一师和预备第十一师等部，在新棣镇、孙家角、闵行之线，固守各渡口，拒止日军渡过黄浦江，同时尽力加强松江和嘉兴的防卫。

松江和嘉兴为浙沪咽喉，如果此两地失陷，中国军队在太湖以南的东西通道就将被切断，日军就打开了从南面进攻杭州、苏州、吴兴和苏浙皖边境的门户。位于黄浦江北岸的松江，这时成为日军首先进攻的目标。十一月六日晚，黄琪翔在松江向松江专区行政公署专员兼保安司令王公屿面交手令："着该保安司令协同四十三军郭军长汝栋，六十七军吴军长克仁死守松江县城三日，违者军法严惩。"十一月七日，柳川平助发出进攻松江的命令，当日，日军第六师团主力和国崎支队发动对松江城的进攻。

于是，松江保卫战在万分危急的态势下打响了。守卫松江的是川军第四十三军第二十六师和东北军第六十七军第一〇七、第一〇八师。二十六师在上月参加保卫大场之战后，一度移师青浦进行休整和补充，十一月六日奉调松江，担任城防。第六十七军此前不久从河南新乡东调参加淞沪抗战，十月三十一日到达安亭

① 第三战区司令部：《沪战经过及教训》，中国第二历史档案馆藏国民政府军令部战史会档案，档案号：(二十五)3206；陈诚：《关于七七事变后上海南京作战回忆资料》，中国第二历史档案馆藏国民政府军令部战史会档案，档案号：(二十五)2864。

车站后，集结在青浦附近，十一月六日进驻松江城。两支素不相识的部队，各自从千里之外的西南和中原地区来到上海，为了一个共同的目标，他们站到了同一战壕，并肩战斗。

二十六师由军长郭汝栋直接指挥，会同松江专区保安部队，部署于城厢的四个城门，阻击日军对县城的进攻。六十七军由军长吴克仁指挥，置防守重点于城外，以一〇七师出新东门，向南阻击北犯之敌，重点指向黄浦江米市渡；以一〇八师守卫松江城至李塔汇沿江地带。日军在六日深夜已进至米市渡，七日一早对松江发起猛烈的进攻。一〇七师首先在米市渡与日军展开血战，官兵们奋勇逆袭，阻击渡江而来的日军。郭汝栋督令川军健儿们据城打击，居高临下，用机枪和手榴弹攻击在城外运动中的日军先头部队。吴克仁亲赴城外第一线，率领部队打退了日军对西门的进攻。战至当日午后，日军增援部队源源而至，攻势逼近松江城垣，而以南门交战尤为猛烈。吴克仁再次亲上火线，东北军官兵们在南门外一次又一次地与日军反复进行搏斗。川军二十六师与地方保安部队也投入血战，一面死守四处城门，一面抽调兵力，赶赴南门外，与东北军官兵们协力阻击来犯之敌。

十一月八日，松江保卫战进入决定胜负的第二天。日军的攻势比前一天更为凌厉，直扑松江城下。一〇八师在城西拼死阻击敌军。李塔汇一带敌我血战竟日，阵地三失三复。但在日军炮兵的猛烈轰击、步兵的连续冲锋之下，阵地终于不守。进攻的敌兵向城门发起冲击，川军和东北军并肩战斗，在城门内外与敌军展开白刃搏击，给了来犯之敌以相当严重的杀伤，但自身的伤亡更是惨重，许多营、连官兵大部战死疆场。八日傍晚，松江城之东、南、西三座城门都被日军火力严密封锁，敌人合围全城的危局已经迫近了。这时，只剩一个北门尚可供守军通行。吴克仁与郭汝栋共同决定，一边在各门继续步步抗击，一边组织城内战斗部队和地方政警人员撤出城外。吴克仁请郭汝栋率二十六师先行撤退，他率一〇七师等部，在一片火光和阵阵枪炮声中，从北门撤出血战了近三天的松江古城。九日凌晨，日军侵占松江，二十六师和六十七军撤向青浦方向。淞沪会战结束后，二十六师奉调至江西湖口、马当一带驻防。

正当淞沪会战进入十月激战高潮和随之而来的杭州湾北岸阻击战斗之时，川军的主力部队第二纵队的第二十一军和第二十三军告别了川中父老乡亲，由水路乘轮东下，出夔门，经宜昌，至武汉，正在开赴抗日战场。第二十一军军长唐式遵，下辖第一四五、第一四六师两个师。第二十三军军长潘文华，下辖第一四四、第一四七、第一四八三个师。此外，独立第十三、独立第十四旅两个旅，作为纵队的直属部队也随上述两军行动。十月中旬，上述各部队先后从原驻地到达重庆、万县一带集中，随即东下武汉。当时，南京统帅机关的原定计划是将上述川军五个师和两个旅使用于第一战区，作战境地在河南省境平汉路沿线一带。十月十五日，南京军事委员会任命刘湘为第七战区司令长官，作战境域初定为以河南郑州为中心的中原地区，集中川军主力，由刘湘统一指挥。同时，军委会又命令将川军二十一军和二十三军合编为第二十三集团军，由刘湘兼集团军总司令，唐式遵、潘文华为副总司令。刘湘最初计划将第七战区司令长官部设在河南许昌。于是，第二十三集团军的先头部队第一四八师，首先于十月三十日由平汉路北上到达郑州，旋即至新乡。第一四四和一四七师随即也到达郑州、新乡一带。第一四五、第一四六师及两个独立旅其时正在重庆至汉口输运之中。第二十三集团军司令机关在十一月八日也到达新乡附近。

但是，整个淞沪战场的形势在十月下旬至十一月上旬发生了急剧的变化。大场的陷落和日军登陆杭州湾北岸，导致中国军队在淞沪战场的左、右两翼战线迅速归于瓦解。十一月九日开始，淞沪战场中国军队全线西撤，向南京方向和苏浙皖边境的广德、宣城、宁国方向转移。十一月十二日，上海陷落。接着，日本第十军和上海派遣军分别沿太湖南北两道走廊西进，把攻势指向中国首都南京。

在这战局急转直下之际，南京统帅机关乃决定改变原先关于使用川军第二十三集团军于中原地区的方案，将该部东调江南地区，参加淞沪会战最后阶段之作战和南京保卫战。

十一月二十五日，蒋介石以最高统帅的名义，发布《第三、第七战区及首都卫戍之战斗序列》的命令，其中规定“第七战区司令长官（为）刘湘，副司令长官（为）陈诚”，下辖第十五集团军、第八集团军和第二十三集团军。“第二十三集团军总司令刘湘兼，副总司令唐式遵，辖第二十四军团（即川军第二十一军）唐式遵部、第二十五军团（即川军第二十三军）潘文华部。”①由于南京统帅机关调整了第七战区的作战部署，其作战境域改为苏浙皖三省交界的边境地区，刘湘遂于十一月二十二日赶到南京，进驻第七战区司令长官驻京办事处。事实上，在刘湘到达南京之前的十一月十三日，南京军委会已通过第七战区长官驻京办事处向第二十三集团军下达命令，将该集团军调往南京附近，集结待命。第一四四、第一四七、第一四八师即在十一月十四日，由河南取道陇海铁路转津浦铁路，十八日前后到达浦口、下关一带。在武汉待命的第一四五和第一四六师，则由汉口乘轮直航芜湖登岸待命。十一月十九日，第二十三集团军奉命向广德、长兴之线前进，策应桂军第二十一集团军第七军在吴兴方面之作战。

这时，日本第十军正倾其主力由太湖南走廊向苏浙皖边境进攻，以实现其从西南侧面迂回南京的企图。十一月八日至十九日，第十军首先以主力进袭沪杭铁

---

① 国民政府大本营命令：《第三第七战区及首都卫戍之战斗序列》（1937 年 11 月 25 日），《抗日战争正面战场》（上册），第 302—303 页。

道中段各要点，继九日攻占松江之后，十日又侵占枫泾。十四日，嘉善被敌攻占。十九日，嘉兴也陷于敌手。到十一月二十日，日本第十军已在杭州湾北岸，太湖东南地区攻占了金山、松江、嘉善、嘉兴、平湖、海盐、平望、乌镇、南浔等地；上海派遣军则沿京沪线西犯，攻占了昆山、福山、常熟、苏州、吴县等地。中国左右两大作战集团，分别由太湖北走廊和南走廊向西转移。在太湖南岸，日本第十军在攻占南浔镇之后，即将攻势指向吴兴（湖州）和长兴，以图打开进入苏浙皖边境的大门。

川军第二十三集团军这时甫由中原地区和武汉地区转移至南京附近，并奉命进入苏浙皖边境布防。这支有六个师规模的部队，当它进入江南战场时，淞沪会战已近尾声，但其出场的意义却显得格外重要。这不仅是因为当时南京已面临强敌的进攻，而且从淞沪战场撤退而来的六十多个师的部队，都已消耗过甚、疲惫不堪而元气大伤，而新到的川军却是生气勃勃、斗志昂扬地初上战场，被视为新锐的主力军而被寄予格外的厚望。十一月二十一日，蒋介石致电刘湘、唐式遵、顾祝同、陈诚等高级将领，强调指出："第三战区现在阵线，右翼临平、吴兴之线，为国军主力之后方，左翼澄锡之线，为我首都及长江之屏障。有良好地形坚固阵地，可资扼守。此两方为辅车之相依，苟缺其一，均足陷我军整个之阵线，关系重大，莫过于此。……务望我忠勇将士，各奋神威，继续努力，无论如何困难，必须确保现有阵地，及适时予敌以打击。"①

刘湘在十一月二十二日下午 17 时，向第一四四师郭勋祺部发出指令，指出在杭州湾金山卫登陆的日军，正在向浙江境内进犯。"我们有阻击该敌之任务，重点保持于广德、泗安方面。"命令"该师（一四四师）现在京杭国道长兴、宜兴间占领阵地，右与泗安、广德一四五师切取联系，左与宜兴一四七师切取联系"。②三天后，蒋介石以大本营第三号训令，正式划定"第七、第三两战区之作战地境"为"（浙江）遂昌—淳安—昌化—（安徽）广德—（江苏）蜀山镇之线"，"线上属右（第七战区）"。并规定：刘湘"第七战区以一部确保许村、博鹿、洛合镇、埭溪镇阵地，以新锐之川军攻击吴兴方面之敌，并各以一部确保广德、孝丰"。③

日本第十军凭借优势装备和快速的机动能力，在太湖南岸迅速向西推进，其一一四师团在十一月二十日经平望和南浔向吴兴发动进攻，国崎支队也在南浔西犯吴兴。这时，中国右翼集团之第十集团军为守卫杭州地区，已将主力后撤杭州及钱塘江两岸，太湖南岸吴兴、长兴一带防务由新近从陇海铁路南调的广西部队第七军担任。该军一七〇师和一七二师十一月十八日前后进入吴兴、长兴未及部

① 《蒋介石致刘湘等密电》（1937 年 11 月 21 日），《抗日战争正面战场》（上册），第 334 页。

② 转引自《川军出川抗战纪事》，第 54 页。

③ 国民政府大本营命令：《第三第七战区及首都卫戍之战斗序列》（1937 年 11 月 25 日），《抗日战争正面战场》（上册），第 302—303 页。

署就绪，二十日日军在空军和炮兵的火力掩护下，即向吴兴外围阵地升山市至大钱镇之线发起进攻。第七军初登战场，武器简陋，但勇猛异常，节节抗击。二十四日，日军突破升山市之线，第七军退守吴兴城，战斗更趋激烈，我军为保卫吴兴城展开生死搏斗。敌军以占绝对优势的兵力和火力突破守军防线，吴兴于当日陷落。

正当吴兴战斗正酣，长兴面临强敌压境之时，川军一四四师作为二十三集团军的先头部队，于十一月二十三日由宜兴到达长兴附近。在这里，师长郭勋祺受第七战区副总司令长官陈诚发出的指令："（一四四）师务要彻底掩护向南京背进各部通过，一面在长兴附近的李家巷、新塘间，竭力抵御由吴兴方面尾追我军之敌；一面由太湖西岸布防，构成三角形的坚固阵地，尽力据阻由太湖截击我军的日寇。"①宜兴和长兴之间，为江浙两省毗邻之地，居太湖西岸，面临太湖，背靠群山，为一片丘陵地带，是从太湖西岸进入泗安、广德、郎溪、宣城的必经之地。郭勋祺按照陈诚之命，以该师主力沿太湖西岸的金村、夹浦、新塘一线布防，并以一部协同一四六师在李家巷、新塘间向南构成阵地，拒阻由吴兴北上的日军。这时，刘湘已命令一四五师在广德东面的界牌、泗安之间构成纵深配备，并确保泗安机场；令一四八师和十三、十四两独立旅，在红星桥至长兴附近东向协同一四四师和一四六师，西向协同一四五师阻击来犯之敌；并令一四七师为总预备队。

吴兴之战，广西部队第七军伤亡惨重，后撤至长兴，未经片刻休整，又未得到任何补充，他们又义无反顾地打响了保卫长兴的战斗。二十四日下午至二十五日，日军一一四师团又发动了对长兴的进攻。桂军第七军在长兴正面阻击由吴兴西进的敌军，川军一四四师在长兴右侧面连结宜兴之线，以及在左侧后南山、金村一线，策应第七军作战。郭勋祺以八九五团之前卫营在夹浦附近及公路沿线实施警戒，掩护全师主力开进。然后，部署四三〇旅担任长兴西面左翼作战，占领朱砂岭之线；四三一旅担任长兴西面右翼作战，占领南山之线；八五八团与师特务营为全师预备队。日军在二十五日整天猛攻长兴，另外以少量部队对夹浦方面川军阵地进行火力侦察。当日傍晚，日军攻占长兴城，桂军第七军西撤李家巷一带山地。川军一四四师宜兴以南和长兴西面地带，乃成为日军正面进攻的目标。川军广大官兵斗志昂扬，同仇敌忾，做好迎战日军的准备。被郭勋祺慰留于宜兴的中央炮兵第二旅的两个连山炮战队，也与川军共同战斗。

蒋介石于十一月二十五日中午发出"限一小时到"的密电，其中特别指出："长兴之一四四师郭勋祺部及泗安的一四八师陈万仞部，归唐军长式遵指挥，迅速协

① 转引自《川军出川抗战纪事》，第54页。

同第七军攻击该方面之敌。”①但是，战局的发展比蒋介石的部署更快。二十六日清晨，宜兴丁蜀以南之夹浦发生激烈的战斗，一四四师守夹浦的一个营奋勇阻击。上午10时左右，日军800余人向一四四师和一四六师的阵地发动猛攻，装甲车为前锋进行冲击。川军部队隐伏于两侧掩体待机，当敌军进至一千米以内时，我炮兵火炮齐发，隐伏的机枪、步枪也猛烈开火。敌装甲车三辆当即被击毁，三个大队的日军被击溃而后退。

二十七日一早，日机两架从太湖方面飞来，先向一四四师阵地投弹扫射，又对金村和一四四师师部进行轰炸，日机投掷了大量燃烧弹，一时浓烟滚滚，火光四起。阵地成为一片焦土。接着，日军地面部队汹涌而上，以众多兵力从右翼发动进攻。一场更为惨烈的恶战又展开了，川军官兵们奋勇异常，反复冲杀，敌军并未得逞。设在金村的一四四师师部被日机炸弹削去了房顶的一角，师指挥人员不顾满身都是尘硝，继续指挥战斗。但战至下午15时，八六〇团团长张昌德电告师部：“八五七团受敌大部队攻击，战斗很激烈，该团似已稳不住，已向后撤，以致本团侧背受到威胁，不能支持。”接着，八五九团团长张定波也用电话报急，说“敌人已向本团进攻”。郭勋祺据报，果断下令：八五九团要死守阵地，八五八团立即增援八六〇团，并电告四三〇旅旅长唐明昭要坚决督饬八五七团坚守阵地，不许后退。在师部的战斗号令下，各部官兵无不奋勇拼杀，誓死阻击敌军。

西进的日军除在陆上沿太湖南走廊推进以外，还利用汽艇等运输工具在太湖水上实行机动，从苏州、吴兴等地跨越太湖偷渡至西岸。二十七日傍晚，日军即以大批汽艇运输部队，向夹浦、金村之间的太湖西岸公路一带阵地袭击。事起突然，战况紧急，郭勋祺赶赴前沿阵地了解战情，督促八五八团要不惜一切牺牲，拼死阻击。当他转向一阵地督导，跨越公路时，埋伏于湖边的日军汽艇上的机枪突然向岸上扫射，击中他的左腿。他不顾伤痛，也不接受卫士们要他退出火线进行治疗的劝告，坚持继续留在阵地，坐在担架上，指挥作战。师长负伤不下火线，坚持在阵地督战，给了广大官兵以极大的鼓舞，他们的斗志更加高涨。尽管川军战斗得十分艰苦，却也给了来犯之敌以重创。守卫夹浦的一个营，装备甚为简陋，各连没有机枪，步枪也是川造的七九式，使用起来常出故障，敌人冲上来了，枪弹往往打不出去。战士们于是跳出战壕，用刺刀相拼，给了敌人以相当大的杀伤。

可是，经自十一月二十五日以来连续三天的战斗，一四四师的战力消耗甚为严重，官兵伤亡已达二三百人，药品和担架缺乏，大批伤员得不到医治，尤其是粮食供给严重不足，又无处可就地采购，以致部队只能每天勉强地供应两顿饭。战局却在一天天恶化。日军的攻势十分凌厉。二十七日，日军一一四师团攻占了宜

---

① 《蒋介石致顾祝同等密电》(1937年11月25日)，《抗日战争正面战场》(上册)，第334页。

兴南面的夹浦镇和长兴西南的朱沱桥、南山一带，接着将进攻的矛头指向宜兴和泗安。川军官兵们尽管斗志坚强，英勇抗击，但在日军的火炮轰击和装甲车的冲击之下，已难以守住阵地。二十七日晚，第十一军团司令官上官云乡派出部队前来接防。一四四师在二十八日上午全部西撤至张渚镇进行休整，太湖西岸阻击战至此告一段落。

七、二十三集团军奋战广德、泗安

日本上海派遣军和第十军在一九三七年十一月二十六日和二十七日，分别突破中国军队的锡(无锡)澄(江阴)线和长兴—宜兴防线后，即开始直接进击南京。十一月二十八日，日本参谋本部正式向以松井石根为司令官的华中方面军下达了攻占南京的命令。除海军第三舰队由长江西犯外，日军地面部队分三路向南京进攻:右路上海派遣军主力沿京沪路西进;中路第十军一一四师团由宜兴经溧阳、句容进攻南京;左路第十军第六师团和十八师团由吴兴、长兴沿太湖西进，攻打泗安、广德、宣城，分别趋江宁和芜湖，合围南京。

泗安和广德位居浙皖边境，既连结太湖南走廊，又可直趋南京外围以及皖南与赣东北，具有重要的军事价值，历来为兵家必争之地。泗安镇在浙江省境内，东距长兴约五十华里，西与皖东的广德相距约六十华里。这里地势平坦，仅在镇之南北有一些并不高的山岭。泗安为广德以东的前卫据点，西进的日军欲占广德，下宣城、郎溪，必先攻泗安。十一月二十六日，二十三集团军司令部在广德获悉，前方我军第七军于二十五日晚因受敌军强力进迫，在长兴之界牌附近被猛攻而不支，已后退至泗安镇前方的大灵寺附近，形势十分紧张。唐式遵、潘文华当即发出命令:"令一四六师自安吉向进攻泗安之敌侧击，并令方到广德之一四五师四三七旅的四个营，由团长戴传薪率领，赴往泗安前方占领阵地，以策应友军作战。"①当晚，一四八师到达广德，即受命在广德前方之十里岗一带构筑阵地，并以一部位置于槐花坳、先锋岭、八都等处，以掩护集团军的左侧。这时，一四五师四三七旅也及时前进至广德以东，该旅旅长佟毅乃受命赴泗安前线，负责指挥作战。

十一月二十七日中午，敌军少量先头部队进至泗安前沿。二十八日，敌十八师团步兵、炮兵、骑兵组合之部队四千余人，配备坦克二十余辆，向四三七旅阵地发动进攻，并以大炮和战机猛烈轰击。四三七旅全体官兵不顾敌军火力之凶猛，奋力抗击，但自身伤亡很大，势难支撑。日军的炮兵和空军的轰击，又把四三七旅与四三六旅之间联系的通道截断了。敌军以优势兵力集中攻击四三七旅，战至当

① 《第二十三集团军抗战经过要录》，转引自《川魂——四川抗战档案史料选编》，第254页。

日21时，该旅伤亡惨重，且阵地全毁，不得不向泗安后方大界牌一带地区转移。泗安的大部分阵地遂被敌军攻占。

与此同时，日军向泗安机场发动进攻。守卫机场的是一四五师四三六旅八七〇团，团长刘孓生。二十八日上午，八七〇团在机场当面的阵地被敌军突破。八七〇团退至机场边沿继续战斗，与日军恶战几近一天。当夜，一四五师师长饶国华通令全师官兵要血战到底，号召大家在阵地宣誓："国家养兵是为了保国卫民，人谁不死，死有重于泰山，有轻于鸿毛。今天是我们报国之时，要不惜一切的努力报国，以争取我川军为谋人民的利益而献身。"①八七〇团与日军在泗安机场展开肉搏血战，日机又进行空中扫射，团长刘孓生身负重伤，全团官兵损失四分之三以上。饶国华见已无力守住机场，便下令将飞机器材与汽油桶击毁焚烧，然后全师后撤。至此，泗安失陷。

二十三集团军司令部鉴于经过此战，"四三七旅兵力(已趋)薄弱，乃调一四八师四三四旅附(归)饶(国华)师长指挥，向敌反攻。限二十九日将泗安原阵地完全恢复。另令一四六师由泗安以南地区侧击敌人，以收夹击之效"②。二十八日深夜，饶国华率四三七、四三四旅，向甫行占领泗安之敌发起反攻。到达泗安附近，天已渐明。敌军出动坦克、大炮和飞机。疯狂地向我军反击。我参加反攻的官兵苦战整夜，十分疲劳，且夜间行动不顺，攻击队形不免混乱，经敌猛攻而不支，被迫后退。当日午后，一四五师与敌接触于大界牌附近，双方乃展开激烈的战斗。大界牌在泗安与广德之间，东距广德五华里。一四五师官兵为保卫广德誓死固守大界牌，前仆后继，死伤枕藉，战局十分危急。饶国华为挽救危局，亲自赶往誓节渡向唐式遵报告战况，请求支援。唐答复说："广德作战关系重大，应决心与城共存亡，否则提头来见。"饶国华返回界牌，继续指挥作战。他在紧急关头，下令调动尚未投入战斗的八七一团参加反击，但该团团长竟不服从命令，未出兵而后撤，对战局发生了极为不利的影响。二十三集团军司令部鉴于前方战况不利，"当令一四八师在十里岗、大塘口之线，拒止敌人"。③

十一月二十九日夜，日军继续进犯一四八师十里岗、大塘口一带阵地。我守军拼死坚守阵地阻敌前进，激战至当天深夜。敌军然后对一四八师之左右两翼进行包围，卒因阵地工事构筑时间太短，左右两面又都无友军之联系与支持，阵地终被敌军突破。一四八师遂被迫向广德附近撤退。二十三集团军司令部当即命令在广德整理的一四五师四三七旅迅速前往阻击来犯之敌。一时间，在广德前方又

① 转引自《川军出川抗战纪实》，第60页。

② 《第二十三集团军抗战经过要录》，转引自《川魂——四川抗战档案史料选编》，第255页。

③ 《第二十三集团军抗战经过要录》，转引自《川魂——四川抗战档案史料选编》，第254页。

展开了一场血战。“一时战况极为激烈，敌我肉搏血战，往复冲锋不下十余次，一四五师师长饶国华亲临前敌督战，士气为之大振，虽伤亡甚重，仍拼命不退。”①日军集中第六师团主力一部和国崎支队全部兵力，以占有绝对优势的火力发动猛攻。三十日下午，广德陷于敌手。眼见广德保卫战失利，饶国华悲痛万分。他对部下说：“身为军人应该人在阵地在。兄弟们，跟我去把阵地夺回来！”他亲自率领一个营的队伍，毅然发起反击，奋不顾身地冲杀在前，与敌人浴血奋战。然而，敌我力量悬殊，反击难以奏效，不得不且战且退。是夜，他带着留于身边的余部被迫退至十字铺。

正当一四五师血战广德之际，一四六师在泗安以南一带向泗安至广德问的日军侧背发动了攻击。此前，二十八日，当一四五师在泗安与敌鏖战之时，一四六师即奉集团军之令自泗安以南侧击进攻泗安之敌。因该师电台被敌机轰炸，部队联络发生困难，未能达成协同夹击敌军的目的。二十九日至三十日，当广德之战处于十分激烈之时，一四六师在泗安以南向敌进行侧击。二十九日，四三九旅八七五团等部，“由安吉阵地突然向泗安日军进击。先以手榴弹轰击，继则使用马刀肉搏，白刃相向，杀日军如砍瓜切菜一般。日军仓皇溃逃，阵地上遗下不少血淋淋的日军官兵头颅。日军二女护士被俘，一名军官来不及退逃，剖腹自杀”②。战至当晚 21 时半左右，八七五团克服了泗安镇和尖山等高地，八七六团正由龙岭向界牌进攻，八七三团也由东亭湖向广德观音堂攻击前进。这次反攻泗安之战，一四六师“各团共毙敌数百人，夺获大炮一门，毁敌装甲车三十余辆，缴获机步枪、防毒面具、钢盔、大衣等无数”③。

泗安虽然失而复得，但是广德却是陷于敌手了。这对一四五师师长饶国华造成了十分沉重的压力。这短短的三天三夜，对充满爱国情怀的饶国华来说，是他有生以来心情最为激荡、面临的考验最为严酷、所受的痛苦最为深重的三天三夜。他深深地陷入了无法解脱的痛苦，内心一直处在煎熬之中：泗安从自己指挥的部队手中丢失，又失掉了界牌；令刘儒斋团反攻，刘却竟然不听指挥，擅自后退；兄弟师反攻泗安旗开得手，为国立功也为川军争得荣光；而广德的保卫战又告失利。他深感作为一师之长，有亏于国家，有亏于全军，也有亏于四川父老乡亲姐妹。爱国心、责任心、荣辱心，极为深刻地刺痛了他，终于使他走上了自戕之路。三十日深夜，饶国华在战地淋浴后焚香祷祝，给刘湘写了一封绝命书，“于三十日凌晨二时(应为十二月一日凌晨 2 时)。单独一人步入树林中以手枪自戕殉职”④。战

①③ 《第二十三集团军抗战经过要录》，转引自《川魂——四川抗战档案史料选编》，第 255 页。
② 《川军出川抗战纪实》，第 59—60 页。
④ 《川军出川抗战纪实》，第 62 页。

后，有《饶国华将军殉国记》一文记叙其事，兹录该文有关内容如下："第七战区司令长官刘湘，令(饶国华)将军进驻广德。于十一月下旬到达，其部属佟旅(四三七旅)戴团，即于广德前方约六十华里之泗安，与敌前锋遭遇，奋战三昼夜，因武器较劣，泗安失守。敌主力直趋广德，将军亲率刘团(八七〇团)，拒敌于广德前方五里之界牌，官兵奋勇向前，以一当十，血战两昼夜，死伤枕藉。而所属之孟旅(四三六旅)尚在途中，友军之支援不前，遂致孤军困守，陷于危殆。时第二十五军团军团长唐式遵，更勉以广德得失关系重要，应决心与城共存亡。将军于广德沦陷前夕，见所余部属精力疲竭，和城之不能守，乃于沐浴后，焚香祷祝毕，于民国二十六年十一月三十日晚自杀殉职。"①年四十四岁。

饶国华忠烈殉国，是抗战中以身殉国的第一位川军高级将领。国民政府明令褒扬，追赠他为陆军上将。重庆、成都各界民众沉痛追悼饶国华将军。蒋介石为其亲写挽联："虏骑正披猖，闻鼓鼙而思良将；上都资捍卫，冒锋镝以建奇勋。""秉节之来，捍国卫民方倚畀；存仁而达，唁生吊死倍哀思。"中共领袖毛泽东高度评价饶国华为民族解放事业而献身的崇高精神，称他"给了全中国人以崇高伟大事业的模范!"②

广德失守后，一四五师等部后撤广德以西近三十华里的誓节渡一带。十二月一日，二十三集团军司令部决定向占领广德之敌进行反攻，同时策应一四八师四三五旅在广德西侧之作战，"当令一四五师佟代师长毅为前敌指挥官，率所部并指挥一四七师之章安平(四三九)旅、一四八师之潘左(四三五)旅，于二日五时向广德及其以南地区攻击前进"③。这时，日军第六师主力与国崎支队正向誓节渡一带发动进攻。一四五师四三六旅作为我方的先头部队，首先在广德东郊地区与敌发生遭遇战。参加反击广德的其他各部也相继投入战斗。这是又一仗为争夺广德的血战，川军官兵尽管连日来日夜奋战，消耗极为严重，然而勇气未减，英勇无比。他们用大刀、刺刀拼杀，抢着成捆的手榴弹炸装甲车，炸断桥梁阻敌坦克和炮车前进。此战杀伤不少日军，击毁敌坦克六辆，击落敌机一架，"敌我伤亡均重，我攻击未竟全功，仍撤回誓节渡附近，与敌对峙"④。

泗安、广德战役结束，淞沪会战也随之画上了最后的句号。二十三集团军各部陆续移至皖南太平一带休整。这时，刘湘因病已从南京转到武汉，入住汉口万国医院治疗。陈诚以第七战区副司令长官代理长官之职，在太平他召集川军营长以上军官，举行军事总结会议。陈诚对太湖西岸金村、南山作战和泗安、广德战役

---

① 戴传新：《饶国华将军殉国记》，见孙震：《八十年国事川事见闻录》，台北四川文献研究社，1979年，第264—265页。

② 《铁血川军》，第82页。

③④ 《第二十三集团军抗战经过要录》，转引自《川魂——四川抗战档案史料选编》，第255页。

作了讲评，认为泗安之战兵力调动和战术运用都很灵活，作战指挥应以此为例。他对泗安、广德战役给予好评。然后，川军部队分别开往南陵、繁昌、铜陵、大通、青阳、贵池一带，担任皖南和长江江防防务。

八、川军参加淞沪会战的历史功绩

抗日战争在中国历史上占有特殊的重要地位，是近代中国由衰落到振兴转折的关键，是中华民族复兴的枢纽。中国历史上有过多次大规模战争，中国近代有过多次反对外国侵略的战争。但像抗日战争这样的规模、性质和取得胜利结局的战争，却是前所未有。淞沪会战在完全的意义上揭开了中国全面抗战的伟大序幕，是八年全面抗战中一场独一无二的持续时间最久、作战规模最大，在国内外影响最为广泛和深远的大会战。在中华民族处于生死存亡的危难关头，川军毅然举起爱国主义的旗帜，响应抗日御侮、共赴国难的号召，数千里长途跋涉来到上海和苏浙皖边境，参加淞沪会战。在非常艰难的条件下，前仆后继，浴血奋战，奋勇抗击，给日本侵略者以狠狠打击，创造了不可磨灭的辉煌战绩。川军以自己的鲜血和生命为淞沪抗战谱写了悲壮而光辉的一页。这是川军的光荣，是四川人民的光荣，也是中国军队的光荣。

（一）川军是淞沪会战中抗日军队的一支劲旅，作战勇猛，战绩卓著。

川军先后参加淞沪会战的部队，总共有八个师和两个独立旅。其中第二十军有两个师：第一三三师和第一三四师。第二十一军有两个师：第一四五师和第一四六师。第二十三军有三个师：第一四四师、第一四七师和第一四八师。第四十三军有一个师：第二十六师。另外，第二十三集团军还辖有两个独立旅：独立第十三旅和第十四旅。中国地面部队参加淞沪会战的总兵力，约为七十八个师另十个旅，达七十余万人。川军参战兵力为七万余人，占淞沪会战总兵力的十分之一多。从一九三七年十月上旬开始陆续进入淞沪战场，到同年十二月初淞沪会战结束，川军参加了淞沪会战的中后期作战的许多重要战斗和战役。其中十月中旬的桥亭宅、陈家行、顿悟寺之战和大场镇外围之战，十一月间的松江保卫战、常熟阻击战和太湖西岸长兴与宜兴间阻击战，以及十一月底至十二月初的泗安、广德战役，均为这一期间会战进程中几次极具影响的作战。

川军登上淞沪会战这个大战场之时，中国军队已从开战之初的主动进攻的态势，转变到后退防御的态势，战局的形势正在急剧逆转。川军，在南京最高统帅部和第三战区司令长官部的心目中，被视为一支“新锐”的劲旅；川军的到来，为挽救淞沪战局注入了新的精锐力量。同时，也是对抗日民众给予了一个新的希望。川军确未辜负国家的重托和人民的厚望，他们英勇顽强，喋血疆场，累挫凶顽，以自己的勇猛的拼搏，赢得了“川军能战”的声誉。川军的参战虽然其作用是有限的，更不足以影响会战的全局，但其积极作用决不应低估。一三三师和一三四师在陈家行一带的阵地阻击，从敌人手中重新夺回了陈家行、顿悟寺阵地，滞迟敌军突破蕰藻浜防线的进程，给了进犯之敌以相当大的杀伤，一度固守住了陈家行这个重要的军事据点。二十六师与兄弟部队协力作战，在大场镇西北阻击优势敌军的进攻，奋力作战，延缓了敌对大场和闸北的攻势；尔后该师与六十七军协同作战，以连日血战保卫松江，完成了张发奎、黄琪翔下达的“死守松江三日”的战斗任务。二十三集团军在上海已经陷落、南京即将被围的危急关头登上战场，面对日本第十军的强大攻势，在苏浙皖边境英勇顽强地进行阻击战，杀伤了相当数量的敌军，有力地掩护了从淞沪战场向皖南和浙西转移的中国西撤大军，迟滞和延缓了日军对南京的迂回和合围。这一切，作为不朽的抗日战绩，将永垂史册。

（二）川军参加淞沪抗战，是国家走向统一、民族趋于团结的一种象征，是中国全民族凝聚力上升的一种标志。这不仅对于争取抗战胜利至关重要，而且于民族的复兴也具有深远的意义。

川军出川抗战，在政治上和军事上是以抗日民族统一战线和国共合作的建立为基础的。在淞沪战场上，蒋介石的嫡系中央军，与川军、桂军、粤军、湘军、东北军、西北军以及其他各省的地方部队，为了一个共同目标，针对同一敌人，枪口一致对外，兄弟般地坚守在同一战线，并肩战斗。中华民族如此举国一致、共赴国难、抗日御侮的政治军事局面，是十九世纪末中日甲午战争以来从未有过的，更是民国成立以来所仅见。这是国家走向统一、民族趋于团结的一个标志，是中国全民族凝聚力上升的一个体现。这个局面是由中国共产党、中国国民党以及各方面抗日的民主的政治力量共同铸成的，以刘湘为首的四川地方实力派和川军在其中起了十分重要的积极作用。而川军参加抗战正是其积极作用的一个集中表现。

近代以来，由于外国帝国主义对华的分裂剥削政策和国内封建、半封建的地方农业经济，中国实际上长期处于政治上的不统一，甚至分裂状态。民国北洋政府以来更是形成各派军阀之间的连年混战，地方割据局面则愈演愈烈。那时，四川是以军阀混战和政权分裂割据而称著于全国的。然而，民族危机的空前深重，国土的一天天沦丧，外敌的大举入侵，不但是广大人民群众再也无法忍受下去，就是中央和地方的统治阶层也愈来愈深感自己的统治受到了外来的威胁。而且，愈来愈多的人都认识到，抗日救亡已成为不可抗拒的时代潮流，顺之者昌，逆之者亡。历史的这一发展趋势，唤起了全民族的新的觉醒，也强有力地促进了全民族的大团结。

在历史进程的这个重要转折关头，川军将士顺应时代前进的步伐，深明民族大义，幡然醒悟，投入抗日战场，其意义和作用足以使其载入史册。在中国共产党抗日民族统一战线政策的影响和指导下，在抗日救亡运动的推动下，川军官兵们的民族精神得以高扬，以过去长期在川打内战、争地盘、危害人民为耻辱，以投身抗日、效命国家、保卫国土为无上光荣。刘湘在病危中还表示："我现在只要能撑持，决赴前线督师，以赴川民之望。"并且在遗嘱中谆谆勉励川军袍泽抗战到底，"敌军一日不退出国境，川军则一日誓不还乡，以争取抗战最后之胜利，以求达到我中华民族独立自由之目的"。川军在淞沪作战过程中，从原先的地方部队改为正式纳入国民政府统一的军事体系，成为国家军队的一个组成部分。川军将士以国家民族利益为重，顾全大局，服从统一部署和调遣，勇于担负上级指挥机关赋予的战斗任务。这一切都以事实表明，川军以自己的行动促进了国家的统一和民族的团结，为增加民族凝聚力作出了贡献。

（三）川军将士为国家民族大业，义无反顾、视死如归之献身精神，足以为爱国军人之表率，永远值得发扬光大。

参加淞沪会战的川军各部，上至军长师长，下至普通士兵，大都抱有一颗为国献身的赤子之心。大多数军官在离川出发前，都留下遗嘱在家里，表示了准备为国献身的决心。尽管生活艰苦，装备简陋，但是他们能吃苦、能耐劳、能负重，忍饥挨饿也不影响士气。川军奔赴淞沪前线，历经长途跋涉，千里行军，需要克服给养、经费、交通等重重困难。士兵们大都仅有粗布单衣两件、绑腿一双、单被一条、小单席一张、草鞋两双、斗笠一顶。配备的步枪百分之八十系四川土造，质量很差。机关枪和迫击炮一个师仅有十余门，口径较大、射程较远的野战炮和榴弹炮几乎一无所有。这样一支身着单衣短裤，足蹬草鞋，手握"老套筒"步枪，身背大刀、斗笠、竹背夹，胸前挂着仅有的两颗川造麻花手榴弹的草根之师，面对装备精良、训练有素，拥有坦克和大炮，掌握着制空权的日军，不但毫不胆怯，而且以大无畏精神奋勇冲杀，给了敌人以狠狠打击。在这里，士气之高昂、作战之勇猛，对战斗起了最重要的作用。

从淞沪近郊的蕰藻浜、大场、陈家行作战，到沪杭线松江和长江沿岸常熟附近作战，再到苏浙皖边境长兴、宜兴、泗安、广德之战，川军无不留下了足以标榜史册的事迹。四千余人的二十六师，血战七昼夜，仅生还六百余人。该师一五二团团长解固基率部插入日军阵地，左臂被打断，仍忍痛指挥战斗，战死沙场。二十军八〇四团团长向文彬率部与日军恶战，夺回了失去的阵地，全团官兵仅剩一百二十余人，其战绩受到国民政府高层领导的特别嘉奖，在一天内三小时中，由中校升为上校，由上校晋升少将。大场之战、广德之战时，不少士兵身绑成捆的手榴弹爬上敌军坦克与敌人同归于尽。二十军八〇团团长林相侯身先士卒，与营长先纠华、彭泽生、魏巨川指挥全团千余官兵英勇杀敌，守住了阵地，一直战斗到增援部队前来接防，全团几乎全部壮烈殉国。二十三军一四五师师长饶国华，亲自率部与敌军昼夜激战，反复冲杀，在阵地难以保住之时，他“不忍视陷入敌手，决与城共存亡”，最后自杀以死报国。川军以自己的英勇无畏、视死如归的作战行动，赢得了抗日阵营和广大民众的同声赞誉：“其临战之勇，奋斗之烈，较国内任何部分军队而无愧色。”

八桂劲旅共赴国难　抗日御侮血战淞沪*

——广西部队参加淞沪抗战综述

在中国全面抗战的战略防御阶段，在以淞沪地区为中心的长江三角洲地域进行的淞沪会战，是中国近代反侵略战争历史上一场规模宏大、影响深远的重大战役。纵观中国全面抗战的历史长卷，在正面战场举行的二十多次重要会战中，淞沪会战在军事、政治、经济、文化、社会以及国际关系等诸多方而产生的作用和影响力，可以毫不夸张地说，远远超过其他任何一次会战。淞沪会战规模之巨大，军民动员之广泛，参战兵员之众多，陆海空各兵种之协同，战场地域之辽阔，战役过程之持久，以及它在国内外发生的影响之广泛和深远，在抗日战争的历次战役中，是绝无仅有的。这场大会战以其独特的重要历史地位被光荣地载入史册而熠熠生辉。

淞沪抗战之所以形成如此千军万马的宏大规模和波澜壮阔的浩大声势，乃是因为它集中体现了这是一场觉醒了的民族为国家独立、民族解放奋起而战的民族抗战，是一场由最广大的军民在抗日救国、共赴国难的共识之下而团结战斗的全民抗战，是全国各抗日爱国的党派、军队、团体以及各个阶层和各个民族组成联合阵线的抗战，而绝非一党一派的抗战。

淞沪抗战是在中国共产党倡导的、以国共两党合作为基础的抗日民族统一战线的旗帜下发动和进行的。中国共产党的抗日民族统一战线方针政策和全国全面持久抗战的战略原则，中国国民党和国民政府的联共抗日政策和抗日御侮、共赴国难的号召和军事部署，国共合作的成立和全国各党各派各军各界抗日联合阵线的结成，为淞沪抗战构建起政治和军事的基础。

显然，这是自鸦片战争以来的近百年中、中国历次反对外国侵略的战争中从

---

* 本文原载上海淞沪抗战纪念馆编：《桂军与淞沪抗战》，上海人民出版社，2011 年。

未出现过的政治军事格局。正是在这样的基础之上，才得以汇集成波澜壮阔、经久不息的民众抗日救亡运动，才得以实现全国军队的总动员，全国各派系军事力量在统一的总体战略和作战部署之下投入淞沪战场，举行历时一百余天的大规模会战。

淞沪会战的一个基本特征，正在于它不仅调集了蒋介石黄埔系掌控的中央军的主力部队，而且汇集了众多的地方实力派的武装力量共同参战。就这场会战的全过程而言，参战的部队，有七十个师、十个独立旅、三个整编旅、七个炮兵团、空军九个大队、海军三个舰队又一个大队，以及其他特种部队和上海、江苏、浙江等省市的保安部队与警察部队，兵力总数达七十五万人上下。国民政府直辖的中央军陆军和空军、海军无不倾其主力投入这场会战。各个地方实力派和各派系杂牌部队，包括川系、湘系、桂系、粤系、鄂系、皖系、黔系，以及东北军、西北军的一部分部队，都在"抗日御侮，共赴国难"的号召下，按照国民政府军事委员会的指令前来参战。

为举行这场大会战，南京最高统帅机关以最大的可能调动全国可用的军事力量。"兵力征调的范围，可以说遍及全国。国府在战役初期，先是以德国装备的中央嫡系部队应战，前后动员达十七个师。中期以后，罗店、蕰藻浜争夺激烈，何键的湘军、余汉谋的粤军，李宗仁和白崇禧的桂军相继投入。蒋委员长还不断手令各省主席派兵增援。于是各'地方军'从旧皖系、直鲁系、西北军、东北军，到浙、鄂、赣、黔、陕、豫各路部队，也都前来共赴国难。刘湘的川军在上海撤退后不久，加入了南京外围战。甚至远在西南的龙云滇军，也奉到开拔的命令，只因路途遥远，才没赶上这场"会战。①从祖国四面八方奔赴淞沪战场的抗日部队，在出发地父老兄弟姐妹的热烈欢送、沿途各地民众的欢呼之下，意气风发，斗志昂扬，日夜兼程来到上海市郊。他们有的从湘江资水走来，有的从巴山蜀水跨出夔门东下，有的从桂林南宁借道湘境千里北上，有的从岭南粤北挺进江南，有的从豫皖大地进军东海之滨，有的从黔东山区北上杭州湾两岸。而一部分近在钱塘江两岸，京沪、沪杭甬沿线，赣江南北以及闽浙赣边区的部队，更因所在位置与淞沪地区较为临近，乃率先戎装荷枪，登上淞沪战场。

全国各派各系的武装力量，在抗日民族统一战线的旗帜下，在民族精神的号召下，终于停息了以往长达二十多年的内战，抛弃前嫌，团结抗日，实现了顺应民族大义的从内战到抗战的历史性转变。来自全国的七十多万抗日健儿，以自己的浴血拼搏演出了抗击日本侵略的威武雄壮、可歌可泣的一幕，谱写了一场震撼中外的大会战的光辉篇章。这是全面抗战的序幕，也是八年全国抗战的一个缩影，

① 李君山:《上海南京保卫战》，台北麦田出版公司，1997年，第87页。

体现了自近代以来空前未有的一致对外的军事政治格局，成为中华民族新的觉醒和团结战斗的一个标志。

广西部队(桂军)是参加淞沪会战的一支劲旅。自两广事变到七七事变前后，以李宗仁、白崇禧为首的新桂系与蒋介石国民党中央当局之间关系的基本面，由过去的分裂和对抗转变为合作和抗日。桂系军事力量纳入了全国统一的抗战军事体制和作战序列，北上参战。作为桂系主力部队的第七军和第四十八军首先参加了淞沪会战。第四十八军的一七三、一七四、一七六师和第七军的一七一师参加了上海北郊以大场为中心的十月会战。第七军的一七〇、一七二师在十一月间进行了太湖南走廊吴兴、长兴间的阻击战。广西部队军事素质比较良好，抗日精神高昂，作战英勇，不怕牺牲，许多官兵为抗日救亡献出了宝贵的生命。广西部队英勇抗战赢得社会各界和国际友人的好评："彼等之勇敢，组织之良好，军事技术之优越，及持久耐战。"国内外军事观察家"深表羡慕"①。广西部队奋战淞沪战场的光辉业绩和崇高精神，永远值得敬颂，于世世代代发扬光大。

一、 新桂系军事力量的兴起

参加抗日战争的广西部队，史称桂军，是以李宗仁、白崇禧为首的新桂系的武装力量。新桂系是民国时期继旧桂系而起，兴起于第一次国内革命战争前夜，以广西为基本地盘，以李、黄、白为首的一个政治军事集团，是国民党统治时期始终比较稳固团结和颇具实力的地方实力派。新桂系崛起于大革命的北伐战争时期，在中国的政治军事舞台上纵横捭阖二三十年，最终覆灭于人民解放战争的后期。作为半殖民地半封建社会的一个地方军阀统治集团，新桂系在政治上具有两面性的基本特征。一方面，它与广大人民群众和人民革命力量存在统治与被统治的矛盾，具有反对人民反对革命的性质。另一方面，它与外国侵略者和掌控全国政权的最高统治者之间，也存在侵略与反侵略、控制与反控制的矛盾。同时，他们也不乏颇为强烈的民族主义思想和爱国情怀，在历史上又亲历反帝反军阀的国民革命的洗礼。于是，在抗日救亡的历史大背景之下，在"抗日御侮，共赴国难"成为时代最强音的大潮之下，新桂系军事力量毅然参加抗战，可谓势所必至。

新旧桂系都崛起于广西，历史上前后衔接，在近代中国的政治军事舞台上扮演过重要角色。尤其是新桂系的军事力量，在民国时期的内战和对外战争中的作用更是举足轻重。它在抗日战争中的表现，是其此前走过的历史道路在新的历史条件下合乎逻辑的发展。辛亥革命后，广西的陆荣廷、陈炳琨、谭浩明等以原清军

---

① [苏]《消息报》,《评论》,转引自《救亡日报》,1939 年 2 月 16 日。

头目为首领的军事集团逐步兴起。陆荣廷及其周围的重要骨干，青年时代就以社会上流氓歹徒身份闯荡江湖，流落边关。尔后，他们投身清军防营，以镇压会党和同盟会在广西边境举行的武装起义而发迹。辛亥革命的浪潮，原本如同秋风扫落叶般地就要将已就任清末广西提督的陆荣廷席卷而去。可是，广西资产阶级革命党人的软弱性和妥协性给了陆荣廷以可乘之机，使他能够利用手中那支边防军建立起军阀政权。一九一二年二月，陆荣廷就任广西都督，从此开始了旧桂系在广西长达十三年的统治。旧桂系军阀集团利用护国战争和护法战争大肆扩张军事力量和统治地域，至一九一七年前后兵力发展到约七个军、一个独立师，共约九万人。其军事势力由广西推展至广东，成为独霸两广、坐控西南的一个重要的军事实力派。

旧桂系代表广西封建地主豪绅阶级，实行地方割据，与北京中央政权若即若离，处于半独立状态。与北洋军阀各系互为利用，既互相争斗，又彼此勾结。利用北洋军阀与西南地方军阀之间的矛盾和西南军阀内部的矛盾，纵横捭阖，左右开弓，对内镇压，对外抗争。旧桂系残酷镇压农民起义，特别是对以孙中山为首的广东革命政府，虽然有时出于政治上的利用也有过合作，但在根本上却是敌对的，尤其是对孙中山的武装力量始终采取敌视的态度，亟欲加以消灭而后快。孙中山把旧桂系与北洋军阀相提并论："南与北如一丘之貉。"孙中山为准备发动反对北洋军阀的北伐战争，力求先行平定两广，奠定后方根据地，并为此进行了不懈的努力。

孙中山在一九二〇年夏命令陈炯明统率的粤军从福建回师广东，驱赶驻粤桂军。同年冬，桂军退回广西。一九二一年夏，孙中山领导的粤军和滇、黔、赣、湘联军讨伐陆荣廷，击败旧桂系部队，桂军大部溃散。同年七月，陆荣廷通电下野。十二月间，孙中山到桂林，在这里设立大元帅大本营，筹划北伐事宜。一九二二年二月，在孙中山的领导下，北伐军在桂林举行誓师典礼。正当孙中山积极调动力量、实施由两广经湖南进行北伐的既定计划之际，粤军总司令陈炯明竟然勾结直系军阀、湖南省省长赵恒惕破坏北伐部署，从而导致孙中山经湘北伐的计划受挫。同年四月，孙中山将大元帅大本营从桂林移到广州。粤军主力也纷纷撤回广东。陈炯明于同年六月指使部分受其控制的粤军部队，在广州发动武装叛乱，进攻孙中山的非常大总统府。

陈炯明的叛变和粤军主力从广西撤回广东，造成广西局势迅速发生逆转。粤军退出后，广西境内旧桂系先前一度分散潜伏的各路部队，又纷纷起而聚集。他们号称"自治军"，卷土重来，抢夺地盘，互相火拼，造成一片混战局面。已宣布所谓"下野"的陆荣廷乘乱再起。同年九月，陆荣廷从国外返回龙州，就任由北京政府任命的广西边防督办，不久又改称广西善后督办。然而，以陆荣廷为首的旧桂系虽然企图死灰复燃，重建其旧统治，但是广西以至全国的形势正在发生重大变化，黑暗、残暴、腐败的旧桂系已走到尽头，他们的反动统治再也不能继续下去了。而新桂系势力的兴起，正是预示着旧桂系的覆灭即将到来。

新桂系是以李宗仁、黄绍竑、白崇禧(一九三〇年蒋阎冯李大战结束以后为李宗仁、白崇禧、黄旭初)为首的一个军事政治集团。新桂系的首领们大都在护国战争前夕到护法战争时期开始作为年轻军人步入广西军界，充当初级军官。他们都接受过近代新式的军事学校的教育和训练，具有一定的科学文化知识和近代民族国家观念。在广西陆军小学，李宗仁、白崇禧、黄绍竑接受了辛亥革命时期资产阶级革命思想的熏陶。广西在辛亥起义宣告独立后，白崇禧、黄绍竑参加过广西援鄂北伐学生军，开赴湖北，与清军相持。南北议和后，他们进入高一级的军事学校学习。李宗仁毕业于广西陆军速成学校，黄绍竑与白崇禧则同时毕业于保定军官学校。新桂系首领们虽然早年都栖身于旧桂系营垒，在陆荣廷部队里充当过中下级军官，但是他们不是依靠打压孙中山资产阶级革命派起家的，而是在后来的历史发展中向孙中山领导的广东革命政府靠拢，并与之密切合作，取得后者的积极支持，直至后来把自己也纳入了中国国民党。

尽管李、黄、白等人并未跳出旧军人营建自己小集团的军队、占据地盘、建立政权这条老路，然而这批具有革新思想和民族主义精神的青年军人要求推翻腐朽落伍的旧桂系军阀统治，结束广西的混战纷争局面，实现全省统一，并与以孙中山为首的南方革命力量相呼应的政治需求和所作的努力，无疑是顺应了历史前进的潮流，而为广西内外民众所欢迎。正因为如此，在南方护法战争后期，新桂系作为新兴军事力量崭露头角，较快地站到了广西的军事政治舞台之上。二十世纪二十年代之初，李宗仁凭借旧桂系的粤桂第一路边防军中的十余个连约两千人枪起家，黄绍竑则以旧桂系的广西陆军模范营的一千人枪为起家本钱，投奔李宗仁并与之联合。一九二二年陈炯明粤军主力退出广西，陆荣廷重返广西企图东山再起。李、黄所部适时地打出“自治军第二路”的旗帜，决心问鼎广西。

李、黄合作，形成新桂系的最初阵容。部队编制[1]如下：

广西自治军第二路	总司令	李宗仁
第一支队(相当于师)	司令	李石愚
第一统领(相当于团)		俞作柏
第一营	营长	李明瑞
第二营	营长	林竹舫

① 《李宗仁回忆录》(上册)，广西政协文史资料委员会，1980年，第185—186页。

第二统领		钟祖培
第一营	营长	钟祖培(兼)
第二营	营长	刘志忠
第二支队	司令	何武
第一统领		伍廷飏
第一营	营长	伍廷飏(兼)
第二营	营长	尹承纲
第二统领		陆超
第一营	营长	陆超(兼)
第二营	营长	
第三支队	司令	黄绍竑
第一营	营长	夏威
第二营	营长	陆炎(华甫)
第三营	营长	韦云淞
机关枪连		
炮兵连		

李、黄经过一年多的苦心经营,努力发展,实力迅速壮大。至一九二四年五月联合讨伐陆荣廷之前,两部合计共有人枪一万余。李宗仁部据有玉林、陆川、博白等九个县,黄绍竑部据有苍梧、滕县、容县等六个县。整个西江上游,亦即广西最富庶的玉林、浔州、梧州三府已完全为新桂系所掌控。新桂系遂成为广西一支举足轻重的军事政治力量,军事"实力乃冠于(广西全省)各部",①为统一广西打下了初步的基础。

新桂系于是在一九二四年进行消灭旧桂系、统一广西的战争。这时第一次国共合作已经形成,席卷全国的国民革命高潮正在兴起,这对广西的统一战争造成了极为有利的外部环境。而且,孙中山和广州革命政府还对新桂系和广西统一战争给了有力的支援。早在一九二三年年初,黄绍竑、白崇禧已派人赴广州,与廖仲恺、朱培德(孙中山大元帅府参军长)建立了联系,表明新桂系拥护孙中山和国民革命的立场。不久,白崇禧到广州,先后面见廖仲恺、朱培德,并进谒孙中山,约定了桂军讨陆计划。同年冬,黄绍竑亲赴广州,面见孙中山。孙对黄给予政治上的指引,廖仲恺在广东财政十分困难的情况下,仍拨款二万元、子弹五万发予以支援。一九二四年夏,黄绍竑与陈济棠从梧州到广州,廖仲恺在粤军总部会见时,鼓励李、黄、白积极参加国民革命,并介绍黄加入国民党。

---

① 文公直:《最近三十年中国军事史》(上册),台北文星书店,1962年,第345页。

李、黄、白审时度势，利用旧桂系陆荣廷、沈鸿英两个主要军阀集团发生内斗，在桂林、柳州地区交战的机会，采用先联沈倒陆，再合力灭沈的政治、军事策略，予以先后各个击破。一九二四年五月至八月，李、黄、白等击败陆荣廷部，占领省会南宁。同年十二月，胡汉民以孙中山的名义任命李宗仁为广西绥靖督办兼广西陆军第一军军长，黄绍竑为广西绥靖合办兼第二军军长，白崇禧为广西绥靖公署参谋长兼第二军参谋长。一九二五年二月至四月，在李宗仁统一指挥下，消灭了沈鸿英部，占领了桂林。五月至七月又将侵桂图粤、反对广州革命政府的唐继尧滇军击败，将其逐出广西。由此，新桂系统一了广西全省，开始了对广西的长达二十多年的统治。

广西统一战争加速了国共合作的广州革命政府领导的两广统一的进程，为举行北伐战争造成了重要的基础。一九二六年三月在广州召开了两广统一会议，同月十九日，广州国民政府正式宣布《两广统一案》，其中规定广西现有军队全部改编为国民革命军。国民政府下令将桂军改编为第七军，李宗仁为军长，于五月间宣告编成。全军共有九个旅二十一个团，37 500 余人。其编制如下：

第七军　军长　李宗仁　党代表　黄绍竑　参谋长　白崇禧

第一旅	旅长	白崇禧（兼）
第一团	团长	陶钧
第二团	团长	吕演新
第二旅	旅长	俞作柏
第三团	团长	李明瑞
第四团	团长	李朝芳
第三旅	旅长	刘日福
第五团	团长	张国柱
第六团	团长	龚寿仪
第四旅	旅长	黄旭初
第七团	团长	许宗武
第八团	团长	林畅茂
第五旅	旅长	任廷飏
第九团	团长	陆受琪
第十团	团长	梁朝玑
第六旅	旅长	夏威
第十一团	团长	韦云淞
第十二团	团长	叶丛华
第七旅	旅长	胡宗铎
第十三团	团长（缺）	

第十四团	团长	杨腾辉
第八旅	旅长	钟祖培
第十五团	团长	尹承纲
第十六团	团长	周祖晃
第九旅	旅长	吕焕炎
第十七团	团长	杨义
第十八团	团长	蒙志
独立第一团	团长	陈济桓
独立第二团	团长	罗浩忠
入伍生团	团长	吕竞存
炮兵营	营长	罗传英
工兵营	营长	马典符①

以上就是北伐战争开战前新桂系军事力量的阵容和实力，正如黄绍竑后来回忆说："这就是新桂系武力资本的主要来源，以后就利用它来发展。"②

二、 在国内战争中异军突起

从一九二六年北伐战争开始，到一九三六年两广事变结束的十年间，新桂系军事力量数度跨越省境，参与国内的重大军事行动，部队规模和实力迅速增长，在国民党各个实力派中异军突起，成为当时中国的军事和政治舞台上一支举足轻重的力量。它先是作为国民革命中的一支劲旅，参加了反对直系军阀吴佩孚、孙传芳和奉系军阀张作霖的北伐战争。后来又作为一个新兴的国民党军事实力派，参加国民党新军阀之间的内战，包括对武汉唐生智集团的战争、反蒋的蒋桂战争、对湖南何键集团的战争，特别是联合阎锡山、冯玉祥等集团进行的反对蒋介石集团的战争，成为民国时期规模最大的一场军阀之间的大混战。此外，新桂系还发动过"围剿"中共领导的红七军、红八军和左、右江革命根据地的战争。在这十年内，新桂系军事力量跌宕起伏，有过多次向蒋介石一派发起挑战的惊人之举，也遭到过严重的失败。但李、白等桂系基本队伍始终保持内部的团结一致，军事、政治的政策和策略较为稳健和明智，始终牢牢地掌控广西全省作为巩固的根据地，整军经武，励精图治，终于得以保持和发展自己的实力而不败。这也为后来参加全国

① 《李宗仁回忆录》(上册)，第 289—290 页。

② 黄绍竑：《新桂系的崛起与两广统一及大革命北伐》，广西政协文史资料委员会：《广西文史资料选辑》(第 6 辑)，1964 年，第 85—86 页。

对日抗战构建了坚实的基础。

在第一次国内革命战争的进程中，桂军屡战屡胜，立下过赫赫有名的战绩。一九二六年五月，李宗仁第七军一部与第四军叶挺独立团作为北伐的先遣队，率先入湘出击，揭开了伟大的北伐战争的序幕。接着，第七军主力会同第四军陈铭枢师和张发奎师组成为北伐的先锋部队进军湖南，援助唐生智第八军，讨伐吴佩孚直系。同年七月十一日攻克长沙，二十二日占领岳阳后，第七军和第四军、第八军乘势北上会攻直系军阀固守的武汉三镇。第七、四两军先后发起汨罗江之战、汀泗桥之战、贺胜桥之战和武昌攻城战，所向披靡。桂军在两湖战场上作战英勇，战功颇为卓著。九月间，李宗仁奉令从武昌城下移师江西，进击孙传芳军。在不到一个月时间里，第七军以少击众，三战三捷，连挫箬溪、德安、王家铺之强敌，歼灭孙传芳军精锐谢鸿勋部。随后，第七军又击破马回岭防线，肃清赣北之敌。一九二七年一月，李宗仁任北伐军中路江左军总指挥，率军东下攻取安徽和江苏南部。三月初进驻安庆，当月下旬占领南京。北伐开始后，桂系的另一个首领白崇禧的势力也有快速上升之势。他出任国民革命军副总参谋兼总司令部行营参谋长，协助蒋介石运筹帷幄，参与拟定作战计划。一九二七年一月，白担任北伐军东路军前敌总指挥，率部进军上海。接着，李、白、黄在上海参与蒋介石策动的反共“清党”的四一二反革命政变。

在反对北洋军阀的北伐战争中的出色表现，无疑反映了新桂系具有反帝反封建的进步性的一面，而参与发动四一二政变和在广西镇压共产党及工农运动，则是无可掩饰地反映了它的反共反人民的一面。由此也说明，当新桂系高举“国民革命”的旗帜，反对北洋军阀，进击长江中下游之时，显然还隐含着扩张实力扩大地盘，问鼎中原的企图。很显然，它没有也不可能跳出半殖民地半封建中国的军阀主义之路。

当第一期北伐结束的一九二七年秋，李宗仁、白崇禧已拥有第七、第十三、第十九军三个军的兵力。新桂系实力上升，与国民党内正在处心积虑加紧扩大与巩固在中央的最高权力的蒋介石之间的矛盾也日渐加剧。李、白乃乘蒋介石在徐州与北洋奉张部队作战失利，武汉政府汪精卫、唐生智又要求蒋介石下台之机，联合何应钦实行“逼宫”，促成了蒋介石的下野，一度控制了南京国民革命军总部的实权。接着又以武力为后盾，成为国民党中央临时最高领导机构中央特别委员会的台柱。武汉汪精卫不满南京中央特别委员会掌控国民党中央，策动第四集团军唐生智部起而反对桂系控制的南京当局。李、白有抢夺两湖地区的意图，乃联合程潜所部第六军对唐生智开战。一九二七年十月宁汉战争（又称李唐战争）爆发。十一月唐生智兵败下野，残部退往湖南。一九二八年年初，白崇禧到武汉，主持征湘计划，指挥西征军入湘作战，收编了唐生智各部。湖北和湖南遂为新桂系所掌控。

蒋介石于一九二八年一月东山再起，出任南京政府军委会主席、国民革命军总司令，重掌国民党中央党政军大权。为最后消灭北洋军阀，统一全国，蒋不得不对桂系、冯系、晋系等地方实力派采取联合对奉（张）的策略。正如毛泽东指出的，“国民党新军阀蒋桂冯阎四派，在北京天津没有打下以前，有一个对张作霖的临时的团结”。①同年二月，李宗仁统率的部队整编为第四集团军，李宗仁任集团军总司令，白崇禧任副总司令兼前敌总指挥。同年三月，桂系主力及其此前在湖南收编的李品仙、廖磊、叶琪等部，参加了蒋介石领导的第二次北伐。同年六月，白崇禧部进占北京。九月，桂军在冀东地区消灭了张宗昌直鲁联军残部，进据唐山一带，直抵山海关长城一线。

北伐出师后的两年半左右时间里，新桂系乘着第一次国内革命战争的大潮，军事实力急剧发展。从第七军扩张为第四集团军，成为国民党四大军事实力派之一。“从镇南关（今友谊关）打到山海关”，进军数千里，扩军数十万。白崇禧统兵十万，盘踞华北，志在掌控华北军政。李宗仁坐镇武汉，控制两湖地盘，据长江中游而虎视江南。黄绍竑看管广西基地，联合广东李济深，据守两广而雄踞华南。北伐战争结束时，新桂系的军事实力发展到八个军，共有兵力二十万人上下，是为抗战以前新桂系军事力量的全盛时期。

以在全国建立专制独裁统治为职志的蒋介石，不能容忍桂系陈兵长江和黄河数省，占据华中和华北地盘而不受中央控制。新桂系实力壮大，羽翼渐丰，对蒋介石的压制和控制并不屈服，而是分庭抗礼，不惜以武力进行挑战。双方明争暗斗，数度激化为内战。一九二九年上半年，双方为争夺湖南湖北的地盘而爆发第一次蒋桂战争。桂系遭受严重的失败，不得不将其基本部队退缩广西。同年下半年，李宗仁等响应汪精卫改组派反蒋的“护党救国”运动，联合粤系张发奎部，再次发动反蒋战争。桂张联军从广西出兵进攻广东，与拥蒋的陈济棠部、何键部和蒋军朱绍良部交战。但为时不久，这次反蒋之战又以桂军的战败而告终。

新桂系未几又参加了国民党四大军事集团之间的一场空前绝后的大混战。一九三〇年春阎锡山晋系和冯玉祥西北军系联合反蒋，新桂系为了乘机倒蒋起而响应。李宗仁被推为中华民国陆海空军副司令。桂军和张发奎部合编为第一方面军，李宗仁任总司令，白崇禧任总参谋长。五月，以中原地区为主战场的一场大战爆发，李、白、张决定破釜沉舟，以全军主力离桂入湘，企图北上攻占武汉，控制长江中游，与冯、阎军会师中原。桂张军攻势凌厉，六月间连克长沙、岳阳，前锋直

---

① 毛泽东：《中国的红色政权为什么能存在？》，《毛泽东选集》（一卷本），人民出版社，1964年，第49页。

指湖北。蒋介石决心先集中力量于南方战场,就歼孤军深入却对武汉造成威胁的桂张军,乃从广东和长江下游调集重兵进入两湖战场进行围追堵截。桂军战线太长,翼侧失去保障,后继部队因黄绍竑行动迟缓,丧失先机,以致军事重镇衡阳被拥蒋的粤军占领。桂张军被截为两段,首尾不顾,形势陡变。李、白、张被迫回师,与黄绍竑部会合再攻衡阳,仍未得胜。桂张军不得不由进攻转为退却,于七月初撤回广西,以求自保。

蒋阎冯李这场大战以蒋介石的胜利而告终。由此就确定了蒋桂之间双方关系的基本格局:广西当局在名义上为蒋介石南京国民政府统领下的一个地方政府,实际上却保持着其半独立状态,政治、军事、财经等各方面都不受南京中央的干预而自成体系。蒋介石一时无法改变广西的割据状态,但却时时力图削弱以至消除广西的半独立状态,以其亲信势力取而代之。李、白虽然一时无力向蒋介石发起大的挑战,但积极联合各方反蒋势力特别是西南各地方实力派,保护广西地盘,并对蒋进行抵制和反击。一九三一年,以胡汉民为首的粤系势力与蒋介石之间的矛盾激化,粤系实力派陈济棠起而反蒋,李宗仁通电响应。两广地方实力派由此开始结成反蒋联盟。同年五月,反蒋的一部分国民党中央执监委员在广州召开"非常会议",宣布成立反蒋的广州国民党中央党部和广州国民政府,与南京国民政府南北对峙。李、白被广州国民政府任命为第四集团军正副总司令。九一八事变爆发后,国民党宁粤两个中央通过"和议"达成某种妥协。广州国民政府自行宣告解散,另行成立国民党中央西南执行部和国民政府西南政务委员会。李宗仁和陈济棠掌控了这两个委员会的实权。以李、白为首的广西军政当局乃是上述西南当局重要的台柱和军事后盾。

一九三二年宁粤"和议"达成后,李宗仁和白崇禧分任广西绥靖公署正副主任,黄旭初任广西省政府主席。在"李白黄体制"下,新桂系在七七事变之前的这六年上下时日里,乘着暂无大战的时机,整军经武,励精图治,锐意经营广西,提出"建设新广西"作为号召,在广西独树一帜,并获得了显著的成效。

为加强政治上的团结和统一,凝聚核心力量,对付外来的分化离间,新桂系组建了秘密的政治团体。一九三〇年李、白和张发奎一起组织"中国国民党护党救国青年团"。一九三二年张发奎离桂后,该团体改称"三民主义革命同志会"。一九三四年秋又改名为"中国国民党革命同志会",均由李、白任正副会长。新桂系的骨干分子都加入该团体为秘密会员,一律向正副会长宣誓效忠。

制定和实施《广西建设纲领》。一九三四年三月,广西省党政军联席会议通过的《广西建设纲领》,规定了广西的政治、军事、经济、文化"四大建设"的方针。确定以遵循孙中山的三民主义为原则,提出了改革政权体制、改善税捐制度、组织民团、发展交通、垦荒造林、改革教育、改进保健等项计划,作为推动全省建设的具体目标。宣告这个“纲领”为广西建设的“根本大法”，党政军各机关都必须遵照执行。

推行新型民团制度。李、白、黄在“建设广西、复兴中国”的口号下，提出“三自政策”（自卫、自治、自给）和“三寓政策”（寓兵于团、寓将于学、寓征于募）作为政策措施。“三寓政策”是实施“自卫”政策的具体办法，而推行新的民团制度则是实施“三寓政策”的组织形式和具体途径。一九三一年七月开始在全省范围内普遍推行民团制度，其基本特点是民团组织与行政机关紧密结合，实施“全省皆兵”。省设广西民团总指挥部，由省政府主官兼任指挥，将全省划分为十二个民团区，一般由区行政专员兼区民团指挥部指挥官。县设民团司令部，县长兼民团司令。县以下民团组织，区编为联队，乡（镇）编为大队，村（街）编为中队，依次由区长、乡（镇）长、村（街）长兼队长。凡在省内居住两年以上，年在十八岁至四十五岁之间的男子均有被征为团兵的义务。①团兵又分为常备队、预备队、后备队三种，进行不同层级的训练。全面抗战前广西全省“约有团兵三百万”②。“卢沟桥事变爆发后，广西在两个月内便装备了四个军，共四十八个团，开上前线。其动员之迅速，居全国之冠，这与民团组织的建立大有关系。”③

全面加强军事建设。除组建民团之外，还着力进行军队整理、开办军官学校、更新武器装备、兴办兵工厂、创办航空队、在大中学校实行军训等各项军事建设。正规军队裁减数量，提高质量，实行精兵政策。一九三二年重新开办南宁军官学校，李品仙、白崇禧先后兼任校长，培训了大批初级军官，“抗战时期的桂军，中、下级干部，几乎完全是白崇禧在三十年代一手培养起来的”④。一九三一年后在柳州成立航空处，培养飞行员。一九三五年成立广西航空学校，购进英、日制造的飞机，共有战斗机约二十架。先后向德、日、英、法等国买进山炮、机关枪、步枪、子弹、钢盔、工兵装备和通信器材等军火。这一切使桂军的近代化水平得以显著提高。

新桂系主导的广西“四大建设”，以军事建设为中心，其次是政治建设，这两个领域成效较为显著。经济和文化建设亦有一些进展。新桂系推进广西建设的主要目的，是增强自己的实力，提高其与蒋介石抗衡的力量，巩固广西割据统治，并为尔后向外发展作准备。但是，不可否认，这些建设举措对促进广西进步和发展是有积极意义的，特别是对于后来全国抗战的发动和坚持是有重要作用的。

---

① 第四集团军总司令部、广西省政府：《广西民团条例章则汇编》，1934年，第5页。

②③ 卢世熙：《新桂系的民团组织》，广西政协文史资料委员会：《广西文史资料选编》（第3辑），1963年，第110页。

④ 程思远：《政坛秘辛》，香港南粤出版社，1988年，第72页。

三、从国内战争转向抗日战争

一九三一年九一八事变后，尤其是在一九三五年华北事变以后，由于日本帝国主义变本加厉地扩大对华武装侵略，推行其独占中国、称霸东亚的侵略扩张政策，中日民族矛盾逐步上升为中国社会的主要矛盾。中国的民族危机空前严重，中华民族已经到了生死存亡的关头。李宗仁、白崇禧等新桂系首领们在民族危亡的新形势下，逐步调整其内外政策，向着停止内战、准备抗战的方向迈进。七七事变前后，广西军政当局终于实现了从国内战争到抗日民族战争的具有历史意义的转变。新桂系首领们这一重大政治转变，是他们的民族精神和抗日意识日益高涨的表现，是广西及全国民众抗日救亡运动强烈影响推动的结果，是中共抗日民族统一战线政策的指引和对桂系的统战工作的结果；同时，也是与蒋介石放弃"攘外必先安内"、实行联合共产党和各地方实力派共同抗日的政策分不开的。

李、白等人在青年时期接受过资产阶级民主思想和民族主义精神的熏陶。后来又亲历反帝的国民革命的洗礼，并不乏民族精神。九一八事变以后，新桂系与蒋介石中央当局之间在对日政策问题上一直存在严重分歧。蒋介石坚持"攘外必先安内"，首先是要消灭共产党和工农红军；同时也要翦除各个地方实力派，桂系为其主要目标之一。李、白等人不满蒋对日妥协退让、对内镇压，每每呼吁对日抗战，抨击南京当局的不抵抗政策，被当时一般舆论认为是对日主战派。李宗仁多次在报刊发文，申述其抗战主张。一九三六年四月十七日，他在广州发表谈话，呼吁"发动整个民族解放战争，本宁愿全国化为焦土亦不屈服之决心，用大刀阔斧来答复侵略者"。此后他们又发表《焦土抗战与民族复兴》《抗日救国》等一系列文章，阐述关于抗战的基本主张。李宗仁提出了著名的"焦土抗战论"：在政治上，必须下最大的政治决心，发动举国一致的对日战争，不惜流血牺牲，纵使全国化为焦土，也要与暴敌血战到底，不获全胜不收兵；在军事上，必须是总动员的全面战，而非局部战，是主动的进攻战，而非单纯的防御战，是游击战、运动战、坚壁清野相结合的长期消耗战而非速决战。"中国之生死存亡，全系于中国本身之能否抗战。""全在我国大多数军民之能否觉悟，与军政当局之能否领导，上下一致，本焦土抗战之精神，毅然决然为民族解放战争而牺牲奋斗。"①

新桂系对九一八事变以后的多次局部抗战，大都进行积极地声援和支持。"两广不仅在军事和财经方面完全保持割据局面，而是在对外政策上也另树一帜，

① 李宗仁：《我对中日问题的观察与主张》，《南宁国民日报》，1936 年 4 月 18 日。

每每抨击蒋汪政府对日妥协退让……呼吁对日强硬。”①李、白的抗日言行，尽管有着孤立蒋介石，举抗日旗帜以争取人心，使自己在反蒋斗争中处于有利地位的目的，然而也不可否认，确有其反对外来侵略，维护民族独立的意图和目的。一九三二年一·二八淞沪抗战兴起，李宗仁等人主张派兵增援十九路军，并发表通电反对蒋介石、汪精卫向日本妥协。一九三三年二月西南当局成立以李、白等人为首的西南国防委员会，声言“抗日实重于‘剿共’”。同年，冯玉祥、方振武、吉鸿昌组织抗日同盟军，发动察哈尔抗战，李宗仁和陈济棠致电南京政府，要求制止蒋介石对抗日同盟军用兵；同时，李宗仁还汇款冯玉祥，从财力上支持抗日同盟军。

随着民族危机的深化和抗日救亡潮流的勃发，新桂系对抗日的认识不断有所提升，把以往主张的“护党救国”改变为“抗日反蒋”。李宗仁等人清醒地认识到，抗日救国不能把希望寄予国际联盟，“只有靠中国自己的力量”。中华民族自立起来，“用自己的鲜血和头颅去同敌拼命，才能图谋生存”。他们认为九一八事变以来多年事实证明，想依赖国联制止日本侵华，只能是画饼充饥。他们指出：那种企图坐待国际列强之间的矛盾冲突的爆发，来保全中国的主张也是错误的。他们批评蒋介石等人牺牲局部权益于日本，以求得苟且偏安的主张，指出：日本得陇望蜀，欲壑难填，若以土地事日，“犹如抱薪救火，薪不尽，火不灭”。所以，“要图存，就非抗日不可”②。而且，能战始能言和，欲求中日关系的调整，中国必须坚持抗战，独立自存，然后才能在平等的原则下，确立两国之间的正常关系。

新桂系首领们对中日关系的认识和抗日救亡的主张，是他们从国内战争转变到对日抗战在思想上和政治上的基础，而民众抗日救亡运动的兴起和发展，则是推动这一转变的强大动力。华北事变后，以北平为中心的一二九运动的爆发，标志着全国规模的抗日救亡的民众运动的新高潮已经到来了。一二九运动的强大风暴迅速席卷全国，影响所及，遍于全国上下。祖国西南的八桂大地，蕴藏于广大民众中的抗日怒火，瞬间像火山一样喷发出来了。一九三五年十二月十八日，广西省全体学生援助北平学生救亡运动大会在南宁体育场举行。广西国民基础教育研究院、南宁高中等校学生八千多人参加了大会。会议通电全国，表示“誓愿领导全桂三百万青年”，“誓死反对任何分裂中国领土主权之自治运动及政治组织”，“援助北平学生奋起救国、首树风声之民族争斗，并警告当局，停止对爱国学生之非法迫害”。会后，学生们列队向国民党广西省党部、省政府、第四集团军总司令部请愿，并在市内举行示威游行，沿途散发抗日传单。二十一日，南宁各校学生自治会举行联席会议，发起组建广西省学生救国会。会后，以广西省学生救国联合

① 程思远：《政坛秘辛》，第70页。

② 李宗仁：《我们应当坚持抗日救国主张》，《正路》第3卷第1期，1936年8月。

会名义向北平学生发出慰问和声援电。在此前后，梧州、桂林、陆川、柳州、百色、龙州、崇善、贵县、桂平、天保、宜山、武鸣、合浦等地学校师生也闻风而动，纷纷举行集会游行，敦促政府出兵抗日，声援北平的爱国抗日斗争。

一九三六年二月，广西全省学生救国联合会首届代表大会在南宁召开。大会修正通过了《广西全省学生救国会章程》，确定以唤起民众，集中全省学生救国力量，从事抗日反帝的民族解放运动为宗旨。五月底，全国学联在上海成立，广西省学联被推为全国学联常委单位。广西学生救亡运动与全国学生运动建立了更为紧密的联系。至同年十月，广西各地已经成立了六十多个县的学生救国分会，会员达四万余人。

广大民众的抗日救亡运动波澜壮阔，持续高涨，给了广西军政当局和新桂系首领们以很大的影响和震惊。虽然，他们与人民群众之间始终存在统治与被统治的矛盾，然而在民族危亡的严重关头，抗日救亡作为头等大事已成为社会上下共识的情势下，广西当局并不对民众救亡运动进行压制，而是顺势而为，把抗日与反蒋结合起来。在两广事变期间，李、白就明智地高举抗日的旗帜，宣布解除以往发布的取缔抗日救国运动的禁令，公开主张开放集会、结社、言论、出版等民主权利。这就使得广西民众抗日救亡运动进一步高涨起来。一九三六年六月三日，由广西文化界救国会发起的广西各界抗日救国联合会在南宁成立。马君武、李任仁等十七人当选为理事会理事。该会发表成立宣言，通过了全省学生抗日救国计划、抗日救国指导大纲等议案。六月四日，南宁各工会、妇女救国会以及农、学、商各界——三个单位共四万五千人举行抗日救国示威游行大会。梧州、桂林、柳州也举行了抗日救国的民众大示威。广西省教育厅还指令全省各级学校停课，利用暑假分散到民间宣传抗日。一时间，学生抗日宣传队遍布全省城乡。工人、商人、妇女、儿童等各种救亡团体也随之而起，纷纷建立。

广西各界救国联合会还与在上海的全国各界救国联合会建立了联系，他们共同努力，积极推动广西当局走上抗日道路。李、白为高举抗日旗帜，扩大自己的影响，也不时邀请省外的爱国人士来广西参观、访问和讲学。两广事变前后，张澜、杨东莼、徐悲鸿、薛暮桥、千家驹等爱国进步人士和著名学者都应邀进入广西，陈望道、邓初民、马宗融、熊得山等民主进步教授曾在广西大学任教。张澜一九三三年在广西考察后，对李、白的抗日主张给予了很高的评价。两广事变后，李、白又邀请李济深、蔡廷锴、章伯钧、彭泽湘等民主人士到南宁，共商抗日反蒋问题。李宗仁还邀约各地抗日救国会的代表举行会议，商讨成立“中华民国国民救国委员会”等问题。

中国共产党的抗日民族统一战线方针政策和对广西的统战工作是指引和推动新桂系走上抗日道路的关键性因素。为了争取新桂系进入抗日民族统一战线，中共方面做了许多工作。新桂系尽管没有改变他们在广西地方打压共产党的反共立场，但出于加强自己同蒋介石抗衡的力量和共商抗日的需要，表示了愿意与中共中央保持联系的诚意。一九三四年以后，新桂系逐步地转向对中共中央采取联合的态度。中共中央对新桂系上层的统战工作从一九三四年秋就开始了。其时，中共中央特科派遣原先在察哈尔抗日同盟军工作的共产党员宣侠父、谢和庚到广西进行上层统战工作。一九三五年冬至一九三六年春，李、白派出的对外联络代表刘仲容，先后在天津、西安和中共方面建立了联系，中共对新桂系的抗日倾向表示赞赏。两广事变发生，中共中央对桂系的抗日反蒋行动公开予以肯定和支持。六月八日，毛泽东以中华苏维埃政府主席名义，向"红色中华社"记者发表讲话，指出："西南抗日反蒋的军事行动，客观上是革命的与进步的行动，虽然这中间有个别分子夹杂有权位地盘等不正当的动机。因此，吾人准备在军事上及其他方面给西南以各种可能的援助。"①中共从全国联合抗日的大局着眼，主张桂蒋双方在团结对外、一致抗日的原则下和平解决事变。为此，中共中央派出云广英以红军代表的身份到广西进行统战工作。云广英从陕北经西安、天津、香港，于同年七月抵达南宁，先后会见李宗仁、李济深等人，表明中共对两广事变的态度，以及"停止内战，逼蒋抗日"的政策。李宗仁等表示赞成中共的抗日民族统一战线政策，说蒋不抗战，我们要抗日救国，就不能等蒋介石。②在此前后，在广西从事工作的宣侠父、胡鄂公、王世英等同志，也都积极开展对新桂系主要人物的统战工作。中共方面又通过全国救国会推动李、白和平解决两广事变，一致抗日。救国会派遣杨东莼为代表到南宁，向李、白和广西各方人士耐心阐明：在民族危亡面前，应真正从抗日救国出发，以国家民族利益为重，团结一切抗日力量，而且要设法说服蒋介石接受抗日主张，共同对外。③中共广西地方党组织也大力进行群众工作，造成拥护抗日、反对妥协的群众声势，推动广西抗战局面的实现。

两广事变和平解决后，中共中央进而与广西当局就订立抗日救国协定事宜进行磋商。一九三六年九月，李、白等派钱寿康到陕北，向中共中央提交一份抗日救国协定草案征求意见。毛泽东托钱将中共八月二十五日致国民党书带予桂方，申明中共建立抗日民族统一战线的主张和建立国共第二次合作的愿望。九月二日，毛泽东亲笔致函李济深、李宗仁、白崇禧，指出："当前急务，在于全国范围内停止内战一致对日。……全国各党派各界各军向南京当局一致呼吁，请其将仇恨国人

---

① 《毛泽东关于西南事变的谈话》，《红色中华》，1936 年 6 月 9 日。

② 云广英：《"六一运动"前后我党在南宁活动的片段》，广西政协文史资料委员会：《广西文史资料选辑》（第 9 辑），1992 年，第 46 页。

③ 沙千里：《回忆救国会的七人案件》，全国政协文史资料委员会：《文史资料选辑》（第 89 辑），文史资料出版社，1983 年，第 50 页。

之心移以对外，蒋介石氏及中国国民党一律参加抗日统一战线，实为真正救国政策之重要一着。”对于中共与桂系订立抗日救国协定事，毛泽东在信中表示“贵我双方订立抗日救国协定，实属绝对必要”。希望“一俟确定之后，双方根据协定一致努力，务达抗日救亡之目的而后已”。①这是中共与新桂系建立抗日合作关系的开端。

两广事变的和平解决，避免了蒋桂之间一场新的内战，为广西地方实力派与国民党南京当局之间关系的调整造成了一种契机，有利于全国一致对外抗战局面的形成。中共对新桂系的统战工作，促使了这次事变的和平解决，也推动了桂系进一步走到“停止内战，一致抗日”的立场上来。不久，西安事变爆发，新桂系态度明朗地站到了主张逼蒋抗日的张学良、杨虎城一边。一九三六年十二月十六日，李、白通电全国，提出以政治解决西安事变，反对内战；建立抗日统一战线，立即对日作战；反对独裁政治，确立举国一致的政府；出动攻击西安之中央军，从速开往绥远抗日；广西军一部北上援绥等主张。②西安事变和平解决，出现了走向建立第二次国共合作的政治态势，中共与各个地方实力派积极联系，洽谈抗日。一九三七年一月，周恩来邀约桂系代表刘仲容到延安。毛泽东接见刘时，表示赞同广西的抗日主张，要刘向李、白转达中共关于联合各方力量逼蒋抗日的政策。

为进一步推进与桂系的合作抗日关系，中共中央在一九三七年四月指派时任中央军委委员、原红一方面军副参谋长的张云逸，从延安赴华南和西南进行抗日统战工作，以促成全国抗日局面的尽快形成。同年五月，张云逸到达香港，以中共中央代表身份对在港爱国人士进行联络和洽谈，随后到达桂林。六月十二日与桂系的初次正式会谈中，李、白表示同意中共的抗日民族统一战线主张，愿意共同团结抗战。再次会谈时，李宗仁原则上已同意中共提出的巩固国内和平、实现民主和团结抗战等项主张，并同意由张云逸和桂方几个高级军政官员具体研讨实行上述原则的方案。③

这时，四川省政府主席刘湘为同桂系商讨对蒋对日的策略问题，派出张斯可为代表在广西联络。经李宗仁介绍，张云逸又在桂林与张斯可见面会谈。六月二十四日，毛泽东、朱德、周恩来电复张云逸，同意张在香港、桂林的活动方针，并对谈判作了具体指示，要求向李、白坦诚说明：只有以抗日与民主与蒋介石比进步，

① 《毛泽东致李济深、李宗仁、白崇禧》(1936 年 9 月 22 日)，《毛泽东书信选集》，人民出版社，1983 年，第 70—71 页。

② 《西安事变中李宗仁、白崇禧通电》(1936 年 12 月 16 日)，西安《解放报》，1936 年 12 月 25 日。

③ 《张云逸致毛泽东、朱德、周恩来电》(1937 年 6 月 16 日)，转引自《张云逸》(中国共产党史人物传军事卷)，中共党史出版社，2010 年，第 568 页。

才能生存发展;如以军阀的政策与蒋比前后,则只有失败。我们联蒋也只有在抗日民主的道路上去推动。并建议桂、粤、港各方政治人物应邀去参加蒋召开的庐山谈话会,请他们在与蒋谈判中注意宣传中共的救国纲领:要求开放爱国言论,释放政治犯,召开国民大会讨论救亡任务等。①

张云逸按照中央指示,多次与桂系当局和四川代表会商,就三方联合为巩固国内和平、实现民主和团结抗日的问题,拟订出纲领草案七项。其要点是巩固国内和平和统一,实现民主政治,团结抗日,收复失地,充分接纳各方抗日领袖主张,召开国民会议;树立抗日旗帜,扩大抗日宣传;开放民众抗日运动,改善人民生活,释放政治犯,开展国民会议制宪运动;抗日力量彼此之间进行互助;以充分力量推动中央领导实现抗日,不得含有分裂民族统一战线的意图。这个纲领草案于六月二十六日电告毛泽东后,中共中央于次日复电表示:"纲领草案是对的,我们赞成本此去做,并促请桂方和粤、港、沪各方也努力去做。"②这样,新桂系的首领们终于在全国抗战开始前,正式加入到中共所倡导的抗日民族统一战线中来了。

中共对新桂系卓有成效的抗日统战工作,不仅对于促成两广事变和西安事变的和平解决产生了积极的作用,而且,对于推动新桂系进入抗日民族统一战线、参加第二次国共合作、形成全国抗战局面,都有其极为重要的作用和意义。

四、 桂军出师抗战

一九三七年七月七日,侵华日军挑起卢沟桥事变,由此开始了日本的全面侵华战争。中国军队奋起抗战,揭开了长达八年的全国全面抗战的序幕。面对这个关系中华民族生死存亡的大事变的到来,李宗仁、白崇禧等新桂系首领们对全盘形势的认识是比较清醒的,对日抗战的态度是相当坚决的,是国民党内坚决的抗战派。在各个地方实力派中,桂系的抗战动员和组织,可以说是最为迅速、有力和扎实的。

七七事变爆发后的第三天,蒋介石在庐山致电李、白,称中央决心抗日,请李、白速赴庐山,共商大计。李宗仁当即复电,态度鲜明地表示:"中央既已决心抗战,我辈誓当拥护到底,崇禧当即遵命首途,听候驱遣。我本人则暂留桂林,筹划全省动员事宜,一俟稍有头绪,亦即兼程北上,共效驱驰。"③此时,李、白对蒋是否真正下了决心实行抗战,尚存疑虑,因此并未立即应命去庐山。但他们对战争的形势

---

① 《毛泽东、朱德、周恩来致张云逸电》(1937年6月24日),《张云逸》(中共党史人物传军事卷),第568—569页。

② 《毛泽东致张云逸电》(1937年6月27日),《张逸云》(中共党史人物传军事卷),第569页。

③ 《李宗仁回忆录》(下册),第688页。

有清醒的认识，李宗仁认为：日军此项行动，“不只是蚕食而已，而是实行其一举征服中国的政策。相信中枢已无忍让的余地”。七月十三日，他在桂林召集各界代表讨论局势，并向全国发表通电，要求中央立即发动全国抗战。七月十六日，李宗仁发表对日抗战谈话，表示“惟有对日立即应战，我们的民族才有生路，惟有立即发动全民族总动员的对日战争，我们才能应付日本当前的侵略”①。十七日，蒋介石在庐山发表谈话，向国内外表明中国政府准备对日抗战的方针。李认为蒋已下定抗日决心，于是不再犹豫，决定由白崇禧先行北上。二十一日，李、白、黄致电国民政府表示：“宗仁等欣聆国策已决，誓本血忱，统率全体将士及广西一千三百万民众，拥护委座抗战主张到底，任何牺牲，在所不惜。”②

蒋介石看重白崇禧的军事才干，更是为了在抗战的大旗下使地方实力派团结在他的指挥下，有意调白赴南京参加最高统帅机关。七月三十日，庐山军官训练团教育长陈诚奉蒋介石之命，约晤时在庐山受训的桂系高级将领黄旭初和夏威，转达蒋要白入京共参戎机之意。八月二日，蒋又亲电李、白，邀白入京就任副总参谋长。李、白认为时机已经成热，遂复电同意。八月四日，白从桂林飞抵南京。李暂留桂林，主持实施广西抗日动员计划。白对抗日持有坚定的态度，且具持久抗战的战略眼光。在南京他对桂系高级将领说：“这次抗战是国际战争，我们是国家培养出来的军人，守土有责。我们过去打的都是内战，现在是对外抗战，一定要拼老命，好好地打。”他阐述自己关于抗日军事战略的主张，说：“抗战是长期的，要全面动员进行全面战争，不但要打军事战，还要打政治战、经济战、文化战。日本侵略者想速战速决，而我们幅员广大，人口众多，就是要长期拖住它。‘以空间换时间’，即争取时间，积蓄力量，结合外援，最后把它打败。不要和敌人打阵地战，要打运动战、消耗战，‘积小胜为大胜’，消耗敌人的兵力、财力、物力，一定会取得最后胜利。”③

白崇禧于八月六日参加蒋介石在南京召开的军事会议。这时，在“抗日御侮，共赴国难”的号召下，全国军事首领大都聚集在南京，冯玉祥、阎锡山、程潜、何应钦、朱培德、黄绍竑、张治中等人出席这次会议。蒋介石将七七事变以来的军事形势，以及七月中旬国共双方代表在庐山会谈经过作一概括报告，认为平津沦陷，国家命运已到最后关头。陕北红军正式编为八路军。现在全国团结对外的形势已经形成，亟应奋起抗战，一致御侮。④八月八日，蒋介石在南京

① 《李、白两中央委员最近言论三集》，中国国民党广西省党部编印，第1—2页。

② 上海《大公报》，1937年7月22日。

③ 张义纯：《忆白崇禧其人》，全国政协文史资料委员会：《文史资料存稿选编》（第18册），中国文史出版社，2002年，第42页。

④ 程思远：《政坛秘辛》，第116—117页。

励志社会见白崇禧、阎锡山、刘湘、余汉谋、何成濬和顾祝同，就时局和抗日军事问题交换意见。八月十一日，国民政府在南京召开国防会议，讨论和制订抗日战略方案，确定抗日战场的划分和全军战斗序列。八月二十日，国民政府大本营发布《国军战争指挥方案》，以蒋介石为大本营大元帅，程潜为参谋总长，白崇禧为副参谋总长。大本营下辖五个战区。这时，桂系军队尚处于西南后方，未列入第一线战斗序列，大本营将其列为全国第一预备军，以李宗仁为司令长官，白崇禧任副司令长官。①

随着全国抗战局面的逐步形成，广西的抗日动员工作也在热火朝天地发展起来。首先是广泛、深入地宣传抗战的伟大意义，号召广西全体军民树立为国献身的崇高精神。李、白联名发表《告广西军政全体同志暨全省同胞书》，指出"民族之存亡，决定于此次自卫之战争"，号召全体广西军民要努力"负起我们光荣的任务，争取战争的最后胜利"②。其次是开展征兵动员，迅速扩建军队。在战前民团制度的基础上，广西征兵工作开展得相当顺利。一时间，广西出现应征入伍的热潮。据广西省政府统计，在全面抗战最初的两个年头，广西共征兵三十四万人，以广西人口总数计算，征兵率居全国之首。再次，广西当局组建了"广西建设研究会"，以这个带有统一阵线性质的组织来团结各方，延纳各方人才，商议政经文教事宜，安定后方，支援抗战。

新桂系的军事力量在两广事变后作过一次整编，将全军编为国民革命军第五路军，原来的第七、第八、第十五军等三个军，缩编为两个军。撤销第八军，保留第七军，第十五军改称第四十八军。七七事变爆发前后，桂军共编成两个军，七个师，其序列如下：

第五路军	总司令	李宋仁	副总司令	白崇禧	总参谋长	李品仙	
第七军	军长	廖　磊	副军长	周祖晃	参谋长	刘清凡	
第一七〇师	师长	徐启明	副师长	颜任毅	参谋长	李盛忠	
	辖两个旅、四个团：旅长		罗　活	庞汉祯			
		团长	黎式穀	秦　霖	牛秉鑫	黄法睿	
第一七一师	师长	杨俊昌	副师长	王景宗	参谋长	方　钦	
	辖两个旅、四个团：旅长		王景宋	高仰如			
		团长	谭何易	颜僧武	秦　靖	张文鸿	
第一七二师	师长	程树芬	副师长	张光玮	参谋长	陈大敦	

① 国民政府大本营：《国军战争指导方案》，中国第二历史档案馆：《抗日战争正面战场》（上册），江苏古籍出版社，1986年，第43—49页。

② 罗鹏飞：《李宗仁与白崇禧》，建国出版社，1938年，第43—49页。

辖两个旅、四个团：旅长　张光玮　苏新民

团长　李瑞金　陈树森　褚兆月　马伟新

第四十八军　军长　夏　威　副军长　韦云淞　　参谋长

第一七三师　师长　贺维珍　副师长　周　元　　参谋长　吕楚才

辖两个旅、四个团：旅长　周　元　史蔚馥

团长　李绍安　张承芳　陆继炎　李本一

第一七四师　师长　王赞斌　副师长　莫德宏　　参谋长　龙炎武

辖两个旅、三个团：旅长　莫德宏　夏国璋

团长　庞金龙　王振朝　夏国璋(兼)

第一七五师　师长　莫树杰　副师长　凌压西(兼)　参谋长　李倜生

辖两个旅、四个团：旅长　凌压西　覃　兴

团长　李达禧　杜定芳　覃兴(兼)　张　权

总司令部直辖第一七六师　师长　区寿年　副师长　黄　固

参谋长　潘　锦

辖三个团：团长　谢鼎新　汤毅生　姚　槐①

八一三事变爆发前后，桂系部队进行了扩编。一九三七年九月，按照南京军委会的命令，广西部队统编为第十一集团军，其编制和序列如下：

第十一集团军　总司令　李品仙　参谋长　何宣

第七军　军长　廖磊　副军长　周祖晃　参谋长　张淦

辖第一七〇、第一七一、第一七二师

第三十一军　军长　刘士毅　副军长　覃连芳　参谋长　韦布

辖第一三一、第一三五、第一三八师

第四十八军　军长　韦云淞　副军长　张义纯　参谋长　刘清凡

辖第一七三、第一七四、第一七六师

广西部队于八九月间基本上完成了兵员的动员、集结和组编工作，整装待发。按照南京统帅机关的部署，广西部队首先被配置于军事重镇徐州及江苏海州的连云港南北一带沿海战略要地。全面抗战一开始，南京统帅机关判断，中国东部沿海除上海和青岛两地以外，侵华日军最有可能发动登陆进犯的地域在陇海铁道东端、连云港及其南北一带，而其进攻的方向则会指向徐州。南京大本营一九三七年八月二十日颁发的《国军作战指导计划》中，对此有明确的表述："敌军在浙沪及青岛与我对阵期间，或以一部由海州登陆，窥视徐州，亦在应有之行动。"②为此，

---

① 刘凤翰：《抗战前的陆军整编》，刘凤翰：《中国近代军事史丛书(上册)》(第4辑)，台北黄庆中出版，2008年，第228—229页。

② 国民政府大本管《国军作战指导计划》(1937年8月20日)，《抗日战争正面战场》(上册)，第4页。

广西部队中的精锐之师——第七军和第四十八军受命北上，担任上述地区的防务。而且，南京统帅机关于八月下旬已制定津浦路南段以徐州为中心的苏皖鲁地区为第五战区，由李宗仁任战区司令长官，广西部队进驻这个地区亦为顺理成章。

八桂子弟兵肩负着抗日救国的重任，告别故乡，千里北上。一时间，八桂大地处处汇集着一群群欢送子弟兵出征的男女老少，一列列队伍誓师出征。中央社记者陆铿记述当时的情景道："广西军出征了！老母、娇妻、幼弟，弱子，排成行列，送别了他们的（或她们的）儿子、丈夫，哥哥或父亲，带着悲愤的微笑。广西军出征了！军长、师长、旅团营长们，对着自己的部队下着誓师，发出动员令。又热烈，又悲壮，又诚恳。是的，他们是广西军，他们是从地瘠民贫的广西来的，同时，他们是中国军的一部分，他们是不分地域、不分阶层的统一整体的一部分，是整个民族统一抗日战线上的一部分。……我们要北上抗敌，非争到最后的胜利，绝不回来！"①

李宗仁、白崇禧在广西部队北上参战时发出了《训勉全体将士书》，熔政治动员与精神激励于一炉，高屋建瓴，情谊深切。其中写道："我英勇的将士们，这是民族自卫的战争！我们不甘亡国，我们不甘灭种，我们要为保国卫民而战！为拯救我们自己而战！从这一战，争取我们民族的生存，发展我们中华的国运！同时，这又是世界上神圣的战争！日寇侵略我们，违反公理，破坏人类和平，已激起全世界的公愤，我们为拥护世界公理而战，为保卫人类和平而战，打倒日本帝国主义，维护人类和平，发扬我中华民族义勇光荣的使命！"②

八月中旬，第四十八军作为北上先遣部队，从桂林出征。八月下旬，第七军一七二师一部先行从梧州开拔北上。各部队除小部由梧州乘船至广州，转粤汉路至武汉，大都徒步前进到达湖南衡阳，乘火车沿粤汉铁路至武汉，再由平汉铁道北上，经郑州转陇海铁路抵达徐州。从西南边陲到中原大地，眼见抗日声浪一路涌动，官兵们心潮澎湃。时任一七〇师团长的沈治回忆道："沿途所经各地，群众都组织了慰问团，男女青年学生到车上热烈慰问，与各官兵亲切握手，赠送鲜花、罐头、水果、饼干、香烟等慰劳品，官兵颇受感动。有些士兵说，'我当兵十多年，内战打了几十仗，都是自己人打自己人，实在没有意思。现在打日本侵略者，保卫国家，这是我们最大的光荣。我们一定要痛痛快快地打，把敌人赶出去！'当时的民气士气都很激昂，因此沿途虽受到敌机轰炸骚扰，士兵中无一贪生怕死的。"③九月底至十月初，四十八军军部和主力一部到达江苏铜山。十月上旬，两个军的大

① 陆铿：《广西军远征记》，汉口新生出版社，1938年，第1页。

② 李宗仁、白崇禧：《训勉全体将士书》（1937年8月），陆铿：《广西军远征记》，第3页。

③ 沈治：《寸土不让，尺地必争》，全国政协文史和学习委员会：《八一三淞沪会战——原国民党将领抗日战争亲历记》，中国文史出版社，1987年，第297—298页。

部进驻徐海地区，一部正从武汉一带向徐州输送途中。第七军军部驻于海州车站，第一七〇、一七一和一七二师分别驻防于新浦、连云港和赣榆。第四十八军主力到达徐州后，各部分别进入日照、赣榆等地驻防。同时，桂系在战前苦心经营的空军和兵工厂也交给国民政府中央军事当局实行统一指挥和管理。广西空军由南京航空委员会编组为空军第三大队所属第七、第八两个中队，加入中国空军抗战行列。年轻的广西空军不畏强敌，千里北上，在上海和浙江一带上空与侵华日本空军交战，屡立战功。

广西北上抗日部队士气高昂，军容整齐，武器装备比较精良。广西在战前设有兵工厂生产枪支弹械，还逐年从国外购置不少武器，至北上抗战时，全军已拥有德国制造的步枪五万余支，捷克生产的钢盔五万余个。全省军需被服厂日夜开工赶制军用服装，省内民众捐献的军鞋达二十万双。此外，南京军政部也拨发了动员费以及军服五六万套。“当时（北上的）桂军的装备相当完善，每团约一千五百人，大多数都是老兵，班长以上的都久经训练并参加多次战役，乃广西的精锐部队，战斗力很强。”①在出师抗日的各个地方部队中，广西部队军容堪称一流，官兵气势强盛。他们肩负着广西父老乡亲们的重托，为抗日救亡奔赴战场。

五、 陈家行、谈家头、洛河桥阻击战

广西部队从徐州、海州地区转调淞沪战场参加淞沪会战，是南京最高统帅机关在一九三七年十月上旬决定的。当时，对日抗战的华北战场和华东战场的作战正在全面展开，而战略作战的重心也从华北战场逐渐转移到华东战场，淞沪会战正面临着十分严峻的局面。第二十一集团军司令部对于该部登上淞沪战场的背景和由来是这样记述的：“本集团军自广西出师，原为第七军团，隶属第五战区第十一集团军。十月上旬，各军师大部已到达徐海线上，一部正在运输中。此时在敌迭次增援之后，上海战局日形急剧，敌我重兵均集于此，决战之机迫于眉睫。本集团军奉命组织，当即利用平汉、津浦铁道分别由徐海及武汉等地向上海输送，参加第三战区作战。”②十月十一日，蒋介石发布组建第二十一集团军及其参加淞沪会战的命令：“兹升任廖磊为二十一集团军总司令，归第三战区司令长官指挥。该预备军司令所兼第七军军长职，着以该军副军长周祖晃充任。所遗副军长职，以该军一百七十师师长徐启明升充，仍兼师长。廖总司令磊（除率四十八军外）应由

① 沈治：《寸土不让，尺地必争》，《八一三淞沪抗战——原国民党将领抗日战争亲历记》，第297页。

② 第二十一集团军总司令部：《淞沪会战战斗详报》，中国第二历史档案馆藏国民政府军令部战史委员会档案。

第七军抽调一师，速开京沪路昆山集中。"[1]于是，从十月十二日开始，二十一集团军统辖的四个师即陆续从徐州沿津浦路南下，转京沪铁道向上海挺进。十月十三日，二十一集团军总部和四十八军军部已到达江苏吴县，十月十四日，一七三师进抵黄渡以东之洛阳桥和胡家宅、梅园一带。一七四师抵达黄渡车站，一七六师到达吴县，一七一师在海州登车南下。

这时，中国第三战区参战部队在淞沪战场上对日本侵略军的战斗，已夜以继日地坚持了足足六十几天了。两个月余的鏖战，战线日渐扩展，作战规模愈来愈大，远远超过双方统帅机关的预计。战斗惨烈异常，伤亡兵员数量众多，为抗战开战以来所未有。广西部队登上淞沪战场之际，对中国军队来说，正是这场会战非常关键和十分险恶之时。

八一三抗战打响之后，日本统帅机关为迅速击败中国军队，攻占上海和长江三角洲地区，除了就近调动在东海一带活动的海军第三舰队和常驻上海的海军特别陆战队参加战斗，经日本天皇裕仁批准，日本军部于八月十五日下令组成以松井石根为司令官的"上海派遣军"，向淞沪地区发动大规模进攻。同月下旬，松井石根指挥第十一师团和第三师团，分别在上海市区东北的宝山县川沙口和吴淞镇、张华浜登陆，此为日本第一次大规模增兵淞沪战场。九月初，日军天谷支队、重藤支队等三支各相当于一个旅团规模的部队，在宝山、吴淞等地登陆，是为日军第二次增兵。接着，从九月上旬至十月初，日本统帅机关又从国内调派第九、第十三、第一〇一师团以及重炮兵一个旅团，分别在黄浦江西岸的张华浜、杨树浦、虬江口和吴淞镇等地登陆。这是日本第三次大规模增兵淞沪战场。至十月上旬，日军已在上海市区以北、长江南岸、黄浦江西岸、嘉定和南翔以东、蕴藻浜以北这一淞沪主战场上集结了第三、第九、第十一、第十三、第一〇一师团等五个师团，又十五个步兵大队，有重炮兵一个旅团以及其他特种部队，仅地面部队的总兵力已达十二万以上，此外还有海军第三舰队和空军部队。日军开辟了长江浏河口以东之南岸和黄浦江西岸沿江若干地段地区为登陆场，由东向西、从北向南，向中国军队的左翼作战集团和中央作战集团连连发动进攻。

日军五个主力师团在上述地区的集结和攻势作战，乃成为淞沪会战中对中国军队最为严重的威胁，关系着整个会战的命运和结局。为此，南京最高统帅机关和第三战区总部从八月下旬以来，不断增调部队增援中央集团和左翼集团。至十月初，陆续进入这个地区的作战部队已有近五十个师。参战各部同仇敌忾，奋勇作战，前仆后继，作出了巨大的牺牲。日军凭借其占有绝对优势的武器装备，特别

① 《蒋介石致廖磊真一作有电》(1937年10月11日)，中国第二历史档案馆藏国民政府军令部战史会档案。

是强有力的炮兵、装甲部队以及绝对的制空权，一步步地推进攻势。至十月上旬，日军已攻占了吴淞镇、宝山城、罗店镇、月浦镇、杨行镇、张华浜、刘行镇等要点。中国中央集团和左翼集团的主力，据守在东起黄浦江西岸的上海新市区、虬江两岸、五角场、江湾、庙行，中经蕴藻浜南岸一线，西向大场、彭浦、北新泾、南翔、广福、嘉定、浏河、太仓、昆山，至长江南岸的福山、常熟等地。

当桂军第二十一集团军进入淞沪战场时，以争夺大场为中心的淞沪会战的新高潮正揭开战幕。十月六日，日军转移主力，不再置攻击重点于刘行、广福，西向嘉定，而是实行“中央突破”作战方针，沿沪太路及其两侧南下，横渡蕴藻浜，攻占大场镇，以威胁中国中央作战集团之侧背，进而席卷除租界以外的整个上海市区。十月八日，松井石根带领其前线指挥所人员进入杨行镇，“在那儿召集各师团长和其他部队长，就进攻大场镇行动下达了命令”。①十月十日，上海派遣军指挥部进入杨行，部署向蕴藻浜南岸地区的全面进攻。除用第十一师团主力向西面的广福、嘉定方向进行警戒，以保障右侧之安全外，松井石根使用第三、第九、第十三、第一〇一师团和全部炮兵部队，突击蕴藻浜以南以大场为中心的中国军队阵地。

中国中央集团和左翼集团，以主力部署于东起上海新市区、江湾、虬江两岸，中经闸北、大场，西向南翔和方泰，以大场为中心的战线上。其中南翔以东为中央集团作战地域，南翔以西以北直至太仓、常熟为左翼集团作战地域。以朱绍良为总司令的中央作战集团这时辖有两个集团军，又一个直属师②：第九集团军由朱绍良兼总司令，下辖第三师、第十二师、第十八师、第三十六师、第六十一师、第八十七师、第八十八师、税警总团、炮兵第二旅三团一营、淞沪警备部队、上海保安总团等部；第二十一集团军由廖磊任总司令，下辖第一师、第十九师、第三十二师、第七十八师、第一七一师、第一七三师、第一七四师、第一七六师。第二十六师作为预备部队直属中央集团。廖磊除了实际指挥广西部队四个师，还临时负责对胡宗南部李铁军、李文两个师，湖南部队李觉一个师和原西北军王修身师实行指挥。十月十三日，一七三、一七四、一七六师陆续展开于蕴藻浜南岸之南翔至大场一线阵地。

十四日蒋介石、顾祝同电令廖磊：“第四十八军及第七军之一师到达南翔后，应即以两师兵力位置于大场以西，沿走马塘至老人桥、新泾桥之线，对马桥宅、陈家行方面构筑预备阵地，其余部队控置于周泾桥、严家滨、洛阳桥一带地区。该集

① ［日］松井石根：《阵中日记》（1937 年 10 月 8 日），《南京大屠杀史料集》（第 8 册），江苏人民出版社，2005 年中译本，第 90 页。

② 《顾祝同致蒋介石电》（1937 年 10 月 15 日），《抗日战争正面战场》（上册），第 322 页。

团军即归中央军朱(绍良)总司令指挥。”①次日晨,蒋介石和顾祝同首次发布关于第二十一集团军作战的命令,规定“第二十一集团军……位置于陈家行、谈家头、沈宅、北侯宅、朱宅及新泾桥一带地区,策应第一军及二十军之作战。”②廖磊当即下令“一七三师进入陈家行、谈家头、沈宅之线,增援第二十军作战”,“一七四师……进占北侯宅、朱宅及新泾桥一带地区,增援第一军之作战”。

广西部队在淞沪战场的首战,是由一七三师在陈家行、谈家头一带于十月十五日晚至十六日打响的,一七四师主力一部随即于十七日也投入陈家行之战。陈家行位于沪太公路西侧、蕴藻浜北岸,离大场镇西北不足二十公里。它与其正东面二十公里左右、大场镇以北沪太公路线上之刘行,同为大场北边之屏障。刘行、陈家行、大场镇三足鼎立,中国军队凭此三点构成一个品字形防御阵地。实行“中央突破”方针的日军,乃集中主力攻夺这三地,而陈家行是刘行夺取后日军的必争之地,日军攻占大场前必先进攻陈家行。事实上,十月初以来,中日两军在陈家行一带已进行了近两周的血战,双方多次拉锯,阵地不断易手,交战之惨烈连许多久经沙场的老兵都从未见过。胡宗南部的第一师、第七十八师和西北军第三十二师在陈家行、顿悟寺一带与日军鏖战旬日,给了敌人以沉重一击,但自身也遭到严重伤亡,不得不后调第二线进行休整。十月十日至十六日,川军第二十军登上陈家行、顿悟寺一带阵地,对日军连续展开五次血战,阵地五进五出,得而复失,失而复得,反复争夺。战至十六日下午,川军二十军伤亡过大,已无力再战,陈家行阵地只剩下数名士兵在那里死守,眼看快要陷于敌手了。这时,二十军军长杨森传达第十五集团军总司令薛岳的命令,由广西部队二十一集团军接替二十军的作战任务。十月十五日9时,廖磊在黄渡镇向韦云淞下达接防陈家行的战斗命令。当天12时,四十八军军部下令:“第一七三师即日将现有部队推进至朱宅、北侯宅、东沈宅、赵宅、谈家头、陈宅一带地区,策援第一军及第二十军之作战”,“第一七四师即将现有部队推进至张宅西端郁公庙、新泾桥、朱家宅、钟行、陈家宅之线”,“第一七六师位置于大场以西沿走马塘南岸塔河桥宅—老人桥—张宅之线,与一七四师联接”。③

子弹上膛,刺刀出鞘,以勇猛著称的八桂健儿与进犯的日军展开了一场生死搏斗。从十月十五日至二十日,连续血战六天,蕴藻浜两岸炮声隆隆,火光冲天,

---

① 《蒋介石、顾祝同致廖磊元酉电》(1937年10月14日),中国第二历史档案馆藏国民政府军令部战史会档案,档案号:(二十五)3254。

② 《蒋介石、顾祝同致廖磊酉卯电》(1937年10月15日),中国第二历史档案馆藏国民政府军令部战史会档案,档案号:(二十五)3254。

③ 《第四十八军淞沪会战战斗详报》,中国第二历史档案馆藏国民政府国防部战史会档案,档案号:3255-13、3255-14。

喊杀之声不绝于耳。《二十一集团军战斗详报》十分简略地记录了这五六天的战斗历程：

十月十五日："本日黄昏前，敌向我陈家行阵地猛攻，并将陈家行北口外两处据点攻破。我三十二师现尚据守陈家行街道，与敌对峙中。我五十七师之两营已奉命于拂晓前由陈家行西北反攻。二十军之一部亦同时由陈家行之东南反攻。当时得此情况后，即以电话令一七三师派兵一团（一〇三四团）共同于拂晓前由陈家行正面实行逆袭，务协力友军将陈家行北口外两据点夺回，并固守之。"

十月十六日："一七三师之陈（昭汉）团长奉命后即率领所部乘夜进入陈家行友军阵地附近后面，策应三十二师之作战，并协力举行逆袭。……已近天明，三十二师防守陈家行之部队奉令撤回后方整理……移交甫毕，即遭敌机轰炸及绵密之炮击，敌步兵亦乘机猛攻。当时团长陈昭汉负伤，该团官兵亦伤亡颇重。后即以一七三师李团（一〇三三团）增加战线，战斗仍甚激烈。激战终日，团长李绍安、苏武扬相继负伤，团附唐华英、营长黄玉超阵亡，下级干部伤亡殆尽，士兵死伤三分之二，仍固守阵地，迄未动摇。"

十月十七日："一七三师在陈家行阵地激战中，该师五一〇旅经推进至谈家头以南之预备阵地。一七四师一〇三九团之丘俊营已参加一七三师作战……。因顿悟寺以南之一三五师方面战斗已久，疲劳过甚，即以一〇四〇团接替该师之任务。一七六师沿大场以西走马塘河南岸洛河桥、老人桥、张宅之线……构筑第二线预备阵地。一七一师（到达）黄渡车站。"

十月十八日："一七三师陈家行方面战况仍剧烈，阵地无变化，（副师长）兼旅长周元负伤，但仍在阵地督战。一七四师之阵地无变化……丘俊营在陈家行方面与敌激战终日，伤亡颇众，营长阵亡。一七六师仍在原阵地，策应第一军作战。一七一师已进入老人桥之预备阵地，沈治第一〇一六团接替丁家桥宅以东七十八师左翼阵地之一部。"

十月十九日："一七三师五一七旅因陈家行之战斗伤亡过众，疲劳不堪，而敌仍继续猛烈进攻。陈家行防务交由五一〇旅接替，五一七旅调回第二线整理。一七四师（接替）第七十八师丁家桥、桃园浜、张堰、谈家头以东地区之防线。……敌除以炮击空炸外，其步兵亦不断进攻。一七六师（因）第七十军十九师黄港、湖里宅之阵地遭敌突破，官兵伤亡极众，接李觉军长报请增援，当即……派谢鼎新团（一〇五一团）驰往，与敌激烈冲突，旋将阵地夺回，仍交与十九师重新配备防守。"

十月二十日："一七三师五一〇旅之一〇一九团在陈家行作战，营长蓝宏培负伤。至午后，战况益烈。敌终日空炸炮击，我连长以下伤亡颇众。五一七旅则在阵地后方整理中。一七四师在丁家桥附近战斗激烈，营长蒙玉坤阵亡，官兵伤亡亦众，阵地无变化。一七六师因十九师正面之湖里宅、小池园、苏家宅三处又被敌突破，经派谢鼎新团数次争夺，始获克复，仍交与十九师接守。一七一师张家楼、湾宅之阵地，敌曾反复突击，均遭我击退。”①

这六个日夜，广西部队在淞沪战场初显身手，打得勇敢，守得坚定，拼得壮烈，在桂军的历史上写下了英勇悲壮的一页。当时在一七一师五一一旅第一〇二二团先后担任团附和代理团长、亲历这场血战的刘维楷五十年后回忆洛河桥战斗的情景道："我团于十月中旬接替胡宗南第一军防务……接防后的翌日，敌人开始向我阵地攻击，先是用飞机侦察，放气球指示炮兵射击目标，继而敌机协同炮兵猛烈向我阵地轰炸扫射和炮击。接着，敌人的轻重火器一齐发射，用坦克开路，步兵一齐向我阵地猛扑。随后，敌炮兵延伸射击，阻击我增援部队前进，敌机协同炮兵，扫射及轰炸我增接部队。而我第一线守兵，在敌机敌炮轰炸、扫射和袭击的时候，都进掩蔽，避免牺牲，等到敌步兵发动进攻时，迅速进入阵地，猛烈射击敌人。”

“这天……当敌进到我阵地时，为了加强火力，第一线各营将预备队中的一个连，加入火线，把敌人击退。战斗中，敌机数架在我阵地上空轰炸、扫射，团预备队派出几个班，用轻机枪按照平时训练对空射击的方法，向低空飞行的敌机猛烈射击。……团迫击炮连也向前进之敌猛烈射击。……第二天，敌人倾巢而出，重点指向我左翼，战斗的激烈数倍于头一天。过去我对‘枪林弹雨’‘弹如雨下’体会不深，经过这天的战斗，我才深有所感。炸弹声、枪炮声，胜似除夕的鞭炮，战场顿时变成火海，烟雾漫天。由于敌人猛攻，战况紧急，团长颜僧武指挥预备队出击，脚部负伤。右翼线营长农有济，指挥部队出击负伤。左翼线营长陈经楷指挥部队出击，身先士卒，臂部负伤，仍坚持战斗，后被击中腹部阵亡。预备队营长覃锄平，指挥部队出击负伤。第四连的一个班长李达愚，自告奋勇，抱着集束手榴弹，奔向敌军坦克投掷，毁敌坦克，自己也壮烈牺牲。这天战斗，反复冲锋肉搏，杀声震天动地，阵地忽得忽失三次，最后稳住了阵地。”②三天后，当该部后调嘉定进行休整时，全团原有的一千五百人只剩下不足五百人了，伤亡三分之二。这个团血战洛河桥，历时三天，“将士用命，不怕牺牲，勇于杀敌，轻伤不退，继续战斗，决心与阵地共存亡”，表现了八桂军人的英雄气概，是广西部队初战淞沪的一个缩影。

六、 南翔以东、蕰藻浜南岸大规模反击战

在广西部队勇猛阻击向蕰藻浜南岸进犯的日军之时，淞沪会战的全局态势且

---

① 第二十一集团军总司令部：《淞沪会战战斗详报》，中国第二历史档案馆藏国民政府军令部战史会档案，档案号：（二十五）3254。

② 刘维楷：《洛阳桥血战记》，《八一三淞沪抗战——原国民党将领抗日战争亲历记》，第311—313页。

在一天天趋向恶化。日军自十月六日自北而南突破蕴藻浜防线以后,第三战区总部先后增调十余个师会同原有的守军进行阻击,虽延缓了敌军推进的速度,然而仍然难以遏制其攻势。至当月十八日前后,日军已经在蕴藻浜南岸建立了比较巩固的阵地,而且节节南进,大有突破走马塘一线,席卷江湾、庙行、大场、闸北,尽占苏州河以北之趋势。面临日益恶化的战局,南京统帅机关和第三战区司令部遂于十月十一日前后开始筹划新的作战方案,以图为扭转战局作一新的尝试。鉴于蕴藻浜与走马塘之间的地带正面临日军进攻的巨大压力,而近十日以来陆续增援若干个师的兵力,轮批分散使用、专事防守的办法,难以击破敌之攻势,同时判断日军也正陷于战力疲惫之机,顾祝同、陈诚、白崇禧等人遂提出发动一次集中几个师兵力的大规模反击战的方案,目的是把已侵入蕴藻浜南岸的日军驱逐回浜北,并相机夺回刘行和罗店。

十月十一日,在苏州召开的第三战区司令部参谋会议上,已知悉广西部队四个师即将进入淞沪战场的大本营副参谋长白崇禧,提出使用广西部队在蕴藻浜两岸发动反击战的计划。陈诚在此前已提出过从广福南北之线,东向罗店一带进行反攻的方案。但陈诚的方案对击破沿沪太路两侧地区南下大场一线的日军缺乏直接的抗击作用,未被会议所采纳。白崇禧的方案因主张将反攻的重点置于蕴藻浜南岸,而为与会的大多数人所接受。蒋介石和南京统帅机关也极为赞成发动一次集中的反击战的设想。“认为欲打破(南下之敌),非反攻不可。”①十月中旬,在昆山召开的军事会议鉴于战局之危急,认为反攻之举措不应久延,“乃决心乘敌攻击疲惫之时,突于猛击,以求突破渡过蕴藻浜南岸之敌”。②

十月十八日,蒋介石、顾祝同在吴县发布《第三战区作战命令第五号》,正式向中央作战集团和左翼作战集团下达在南翔以东、蕴藻浜南北举行反击战的任务、目的和作战部署。十九日,二十一集团军的上级指挥机关中央集团总司令朱绍良在真如发布《第三战区中央军作战命令第八号》,直接为二十一集团军参加这次反击战的有关事项下达规定,指出:“本军基于委座(指蒋介石)意图,协同左翼军由蕴藻浜两岸转移攻势,以达成扫荡蕴藻浜南岸敌军之目的,应以第二十一集团军新到之部队编成攻击军,协同左翼军转移攻势。”③由于这次反击战是由中央和左翼两大作战集团协同进行,所以左翼军总司令陈诚在同日也发布了《左翼军作战命令第四号》对有关作战事项作出全面部署。

---

① 邹作华:《上海作战之经过与所得之教训》,内部本,第 14 页。

② 陈诚:《关于七七事变后上海南京作战的回忆》,中国第二历史档案馆藏国民政府军令部战史会档案,档案号:(二十五)6235-1。

③ 《第三战区中央军作战命令第八号》,中国第二历史档案馆藏国民政府军令部战史会档案,档案号:(二十五)3254。

这次大规模反击战分为三个方面展开，置重点于南翔以东、蕰藻浜南岸。上述几个作战命令规定："第二十一集团军应以步兵六个团为基干，编为第一路攻击军……由谈家头、陈家行正面攻击前进。保持重点于左翼。第一攻击目标为盛宅、桥亭宅、顿悟寺之线。第二攻击目标为西塘桥、东赵家角、西六房之线。""第十九集团军应以第六十六军编为第二路攻击军，由孟家宅、马家宅正面攻击前进，保持重点于右翼。其第一攻击目标为杨家宅、徐宅、唐桥头及以北之线。第二攻击目标，为田都、孙家头之线。""第十五集团军，应以第九十八师编为第三路攻击军，由广福、费家宅正面攻击前进，应保持攻击重点于右翼。第一攻击目标为彭家宅、张家宅、倪家宅之线。第二攻击目标为老宅、张家宅之线。"除以上三路攻击军外，"其他第一线正面各师，除守备阵地部队外，应各编成数个突击队，向敌阵地要点出击，以策应攻击军之战斗。邻接攻击军之各师，应抽调预备队联系攻击军前进，掩护其侧背"。①为统一指挥这次反击战，顾祝同、陈诚征得蒋介石的同意，指定第十九集团军总司令薛岳为前线总指挥。第二十一集团军除由总司令廖磊负总的指挥之责外，指定由第四十八军军长韦云淞统一指挥参加第一线反击战的六个团广西部队。

对廖磊而言，这是广西部队投入淞沪战场后的第一个大仗，他全力以赴，精心组织与指挥。虽说广西部队自十五日首战以来已连续战斗六天，但是即将打响的这次战斗却非同寻常。为此，廖磊于二十日午后 4 时在章家巷总部发出《第二十一集团军第二号作战命令》，部署了担任出击和守卫两类部队的力量配置及作战任务。广西部队第一七一、第一七四和第一七六师的共六个团作为攻击军，担任反击任务；第一七三师主力和湖南部队第十九师统归第七十军军长李觉指挥，担负陈家行—湖里宅之线和张家楼下宅—桃园浜之线的守卫任务。并要求各个出击"部队应迅速侦查敌阵地状态，地形及前进道路，并搜集通过小河用之架桥材料，关于阵地之接收等等。攻击之一切准备，务于二十一日薄暮前完毕"。②

正当中国军队发动大规模反击的前夕，日军方面也在准备发动一场对蕰藻浜与走马塘之间阵地的新的全面攻势，而且日军指挥机关对中国军队正在酝酿的反击战已有所察觉。十月十九日，松井石根作出了若干判断："看上去敌军正在逐步从左翼及后方调遣兵力增援前线。广西的第一七六师也出现在陈家行前方了。……总之，敌军好像正在暂时将兵力逐步部署到第二线。就像最近敌军再次将兵力集结到上海附近，特别是大场镇一样。"十月十九日至二十一日下午，日军

---

① 《左翼军总司令陈作命第四号》，《第十五、第十九集团军关于东战场淞沪战役的战斗详报》，中国第二历史档案馆藏国民政府军令部战史会档案，档案号：(二十五)3228。

② 《第二十一集团军第二号作战命令》(1937 年 10 月 20 日)，中国第二历史档案馆藏国民政府军令部委员会档案，档案号：(二十五)3254。

四个师团齐头并进，向蕰藻浜南岸节节进攻。松井石根在二十一日的阵中日记中记述了进攻的概貌："总的情况是：第十三师团夺取了新木桥；第九师团夺取了谈家头；第三师团夺取了张家楼下宅；第一〇一师团夺取了西部李家镇。"就在同一天，松井石根判明："敌军今夜也在全线发起了反攻，主要进攻计划好像针对蕰藻浜南部。"同时作出"于十月二十七日开始进攻大场镇"的决定，并"命令各师团在十月二十四日前进入预备阵地"①。

中国军队这场反击战，几乎是与日军总攻大场镇的战役同时揭开战幕的。十月二十一日夜晚来临时，以第二十一集团军为主力的反击战打响了。当晚 19 时，炮兵开始火力准备，向日军阵地进行破坏性轰击。20 时，担任反击的各路部队开始出击。广西部队分为左、右两翼同时揭开了反击战的战幕。左翼由一七六师师长区寿年指挥，以谢鼎新团为前锋，由陈家行向顿悟寺、桥亭宅进攻。部队甫行越出本阵地，当即与正欲攻击前进的日军发生短兵相接的遭遇战。初上出击战阵的广西健儿，奋勇杀敌，一阵阵向敌突击，逼敌后退，遂将顿悟寺收复。可是在进一步推进途中，因河流交错，道路曲折，后续部队向前运动受阻，先头部队未敢孤军深入。而战斗已历通宵，天色将明，敌空军出动后，出击战将更形不利。于是，保留一个营兵力守卫陈家行前方新收复之阵地，将主力撤回，待当晚再行出击。

右翼由第四十八军副军长兼一七四师师长王赞斌指挥，以黎式谷团为前锋，从丁家桥以南向桃园浜进攻，以图收复被敌甫行攻占的丁家桥、桃园浜、北侯宅。但敌凭河顽抗，攻击军对渡河未有准备，无法架桥，而终未越过。为避免天明后遭敌机和大炮的轰击，遂撤回原阵地。

这天，广西部队除参加反击的各部以外，担任守备和钳制任务的部队也浴血拼搏，激战竟日。一七一师守卫的"张家桥、湾宅两处，敌人攻击甚为剧烈。至下午湾宅为敌突破。敌即以坦克车绕出阵地右侧方向我攻击。我阵线顿形混乱。旋经该(营)长派兵一连，卸去枪弹，专以手榴弹对付战车。同时与敌步兵搏击。是时，敌之步兵伤亡过众不支而溃退，阵地始克恢复。敌之战车五辆，一辆被毁，二辆陷于河渠，余二辆遁去"。②广西健儿凭着手榴弹与敌军坦克编队对阵，将敌击退，可谓英勇无比，气壮山河。同一天，一七四师守卫的丁家桥一线，"激战甚烈，桃园浜、丁家桥、北侯宅均为敌突破，敌之步炮空复同时攻击。我一〇四〇团牺牲殆尽。经王团长率特务排及工兵两排强行逆袭，遂将北侯宅之线夺回。王团长振朝即于是时负伤。刘旅长振平复率一〇三九团继续逆袭，企图收复原来阵

① 《阵中日记》(1937 年 10 月 19—21 日)，《南京大屠杀史料集》(第 8 册)，第 103—111 页。

② 第二十一集团军司令部：《关于淞沪会战之战斗详报》，中国第二历史档案馆藏国民政府军令部战史会档案，档案号：(二十五)3254。

地，终因敌机轰炸剧烈，伤亡续出，刘旅长、陆团长均同时负伤。故与敌对峙于朱宅、北侯宅、沈宅、赵宅之线。然敌仍猛攻不已，未几团附倪仲涛、营长彭鸣皋等，亦相继负伤，仅固守现有阵地，以待增援”。①

十月二十二日，二十一集团军继续展开反击战，而日军也在同日发起以大场为中心的大规模进攻，一场惨烈的激战再度展开。该集团军战斗详报记述道：“本日全线遭敌总攻，炮击轰炸异常惨烈，经我官兵奋勇抵抗，牺牲之巨较前数日为尤甚。”②

在陈家行方面，第一七六师谢鼎新团前锋一个营坚守一线阵地阻敌前进，至当日午前被敌包围，经反复冲杀，营长刘玉池及其以下全部壮烈牺牲。陈家行小镇被日军炮火夷为一片焦土，原在此地守卫的一七三师之一个营伤亡大半，被迫后退，阵地陷于敌手。当晚 19 时，一七三师五一九旅旅长庞汉祯率一〇二〇团进行夜袭，再次夺回陈家行，但团附和营长各一人在夜战中阵亡，营长二员负伤，连以下官兵伤亡更多。当晚一七三师主力与敌相持于孟家宅至陈家行一线。

在张家楼、湾宅之线，第一七一师阵地受到敌坦克部队攻击，几经搏斗，阵地失而复得。然而该师损失惨重，团长颜僧武负伤，营以下指挥系统在战斗中被打乱，已难以发动反击作战，但仍不后退，死守原阵地，而敌军一时亦未能再攻。

在谈家头方面，第一七六师除以一部支援一七三师作战外，其余全部投入反击。敌我双方血战通宵，伤亡均极惨重。敌遭我军痛击而一度停止进攻。该师第五一四旅当日开进战地，配备于新径桥、老人桥之线。

在丁家桥、桃园浜、北侯宅方面，一七四师经连日战斗，其两个团损失殆尽，不堪再战。师部调动五一三旅的一〇二五团和一〇二六团接防。日军的炮兵和空军进行猛烈轰击，并以坦克助战，战斗激烈异常。广西官兵前仆后继，不怕流血牺牲，决不后退。一〇二五团团长秦靖、团附林密负伤，营长钟福标阵亡。官兵奋力血战，阵地幸未失陷，但已无力反击了。

十月二十三日，反击战进入第三天，也是最为关键的一天。这天的战斗未能扭转战局，把反击作战向前推进，相反却在敌军前所未有的大规模的猛烈的进攻下，发生逆转。二十一集团军的战斗详报以异常沉重的语言概括地记述了这天作战情形：“本日敌之陆空步炮、战车、毒瓦斯等诸种武器，如狂风骤雨急剧向我阵地

① 第二十一集团军司令部：《关于淞沪会战之战斗详报》，中国第二历史档案馆藏国民政府军令部战史会档案，档案号：(二十五)3254。

② 第二十一集团军司令部：《上海、南翔、陈家行之役》，中国第二历史档案馆藏国民政府军令部战史会档案，档案号：(二十五)3254。

进攻，亦为本集团参战以来最惨烈抗战之日。”①担任反击的四个师，这天与进攻之敌展开全线激战，伤亡空前严重，以至丧失了整体的战斗力，不得不终止这场大规模反击战。以下是二十一集团军战斗详报关于各师二十三日作战情形的记载：

“陈家行、孟家宅之线，遭敌之空炸炮击，阵地工事几全倾覆，旅长庞汉祯阵亡，团长黄法睿负伤，官兵伤亡奇重，陈家行几形不守。因兵力单薄，援队用尽，只得自动撤回陈家行之南岸死守。”在一七三师陷于危急之时，一七六师和一七四师派出部队前来支援。“一七六师谢鼎新团由谈家头反攻，一七四师由赵宅协力将敌驱回盛宅一带。”

“北候宅之阵线又几为敌突破，经三、四次之反复冲击，得而复失，失而复得，(一七四师)参谋长龙炎武负伤，营长曾鉴时阵亡。官兵伤亡虽多，然我屹然不动，敌卒未得逞。”

“谈家头前面，李家宅之敌，被谢鼎新团死力击退，团长谢鼎新阵亡，营长江晶熙、陈立卿重伤，所部顿时混乱，但敌仍未敢前进。”

张家楼、湾宅之线，一七一师“遭敌之强烈攻击……反复搏战，旅长秦霖阵亡，团长黎式谷负伤，官兵伤亡甚众。幸该师皆属老兵，能沉着各自为战，卒能始终保持原阵地。”②

第四十八军军长韦云淞于战斗结束后的第五天向蒋介石、顾祝同、朱绍良、薛岳和廖磊的报告中，追记了那天的战斗景况：十月二十三日“九时起，敌炮兵飞机向我全线前后轰击异常猛烈，旅长以下官兵被炸或埋没土中者甚夥。我一七四师阵地已入混乱状态。加以敌火力所及不仅第一线，而第二、三线尤为剧烈。故新泾桥方面所配置之新兵受创至大，间有昏昧散走向小南翔西去者。敌乘虚突进沈宅、赵宅。一七四师前线少数部队为炮兵及烟幕包围，预备队机枪被毁，干部伤亡殆尽，无法拒敌。(敌)竟闯至新泾桥前端。王(赞斌)师长亲率死守，鏖战移时，仅保持走马塘南岸。十四、五时，杨湾宅、谈家头、陈家行等处亦频告危急，通讯联络几全中断，然仍努力支撑。……是役计死旅长二(人)、伤亡团长六(人)，营连排长约数十(人)，士兵约二千(人)，武器弹药损耗甚巨”。③

二十三日的惨烈血战，成为这次反击战的终战。二十一集团军从二十一日晚打响反击战的首战以来，在第一线作战的部队兵员损失已达五分之三以上，

---

① 第二十一集团军司令部：《关于淞沪会战之战斗详报》，中国第二历史档案馆藏国民政府军令部战史会档案，档案号：(二十五)3254。

② 第二十一集团军司令部：《上海、南翔、陈家行之战》，中国第二历史档案馆藏国民政府军令部战史会档案，档案号：(二十五)3254。

③ 《韦云淞致蒋、顾、朱、薛、廖电》(1937年10月28日)，中国第二历史档案馆藏国民政府大本营第一部档案，档案号：787-7493。

幸存的官兵也已是筋疲力尽，大量营、连、排的建构已被打乱，已无继续在第一线作战的力量。朱绍良和陈诚于二十三日 18 时先后电令廖磊，着二十一集团军将前线防务交给第三十二、第十四、第五十三师等部接替，广西各部队撤回京沪铁路以南、苏州河北岸进行整理。当晚 20 时开始，第七军和第四十八军的四个师开始撤离战场，从而结束了这一场历时三天、在淞沪会战中绝无仅有的大规模反击战。

这场反击战给了正在向着以大场为中心的地带发动总攻的日军以狠狠一击，一度夺回陈家行等几个阵地，可惜并未实现预定目标，而在中途归于失败了。这主要并非广西部队作战不力所致，而有其他诸多原因。这首先是南京统帅机关和第三战区司令部一直实行消极防御战略和阵地战、消耗战的作战方针导致的恶果；在战役组织指挥上，白崇禧、顾祝同、陈诚等人有轻敌情绪，急躁冒进，事先又未作过严密的侦察和研究，也未进行充分的准备而下令出击部队仓促上阵；反击战的主攻方向未置于敌之薄弱环节的广福以东，而是不适当地指向敌军重兵集结的南翔以东；而且，从敌我双方的兵器、火力和兵员状况而言，依靠广西部队的力量向敌军纵深阵地进击，即使付出巨大的代价也是难以取胜的。战前，“白崇禧主张中央突破（指从陈家行一带正面反击）是想在国际上显示我军的战斗力，并未顾虑中央突破应具备的条件和灵活运用的战术。当时，我军缺少空军，炮兵处于劣势，坦克很少，各兵种不能协同作战，步兵得不到支援。……又未对敌突前阵地施行严密的侦察，纯凭主观的推断。在攻击实施前，桂军也未腾出防域，集结兵力，作好都署，控制有力的预备队。……白崇禧既不知彼，又不知己，盲目主张，廖磊跟着盲目指挥，以致桂军遭受重大牺牲”。①

然而，参战的广西健儿不怕牺牲。英勇拼搏，给了敌军沉重一击，使侵略者付出了惨重的代价。日军第九师团在陈家行向南攻击前进时，遭到广西部队的猛烈反击，在东西宽约三公里的作战正面，敌军采取平推式强攻，我军一次次地发起反冲锋，阵地上杀声震天，枪炮声不断轰鸣，一批批敌人倒下。第九师团投入这次战斗的每个步兵中队原为一百八十人，最后仅剩二十人上下。日军冒死突击，组织这些尚存的士兵作决死的战斗。各联队集合这些残存者在军旗前举手宣誓，向天皇裕仁所授的军旗作最后的告别，以表示誓死作战的决心，因为他们知道在中国军队如此猛烈的反击之下，自己很少有生还的希望。这情景从对手方面反映出广西部队的作战是多么英勇和顽强，敌军的伤亡又是何等惨重。

---

① 蓝香山：《桂军参战见闻》，《八一三淞沪抗战——原国民党将领抗日战争亲历记》，第 320 页。

七、从昆支线到常福线：西撤途中的阻击战

第二十一集团军所辖的广西部队四个师结束了历时三天的反击作战，退出南翔以东、蕰藻浜南岸战场以后，在短短的二三天里，前线的形势发生急剧的变化。十月二十六日，淞沪主战场的军事重镇大场陷于敌手，随即敌军攻势直指彭浦、闸北一线。我方守卫庙行的第八十七师、守卫闸北的第八十八师、守卫江湾的第三十六师以及第九集团军其他部队，面临着被南下之敌包抄围歼的危险，遂不得不放弃上述阵地，于十月二十六日晚上至二十八日之间向沪西苏州河以南撤退，准备在河南岸构建新的防线。以朱绍良为总司令的中央作战集团从此把主战场转移到了沪西的苏州河南岸。

以陈诚为总司令的左翼作战集团，则将全力置于苏州河以北、姚家渡、江桥镇、南翔、广福、罗店以西，至嘉定、浏河、太仓、常熟一线，抗击日军的西进。廖磊所部此前二日甫行后调至南翔一带，整理部队。十月二十五日，二十一集团军司令部按照顾祝同的"移驻嘉定附近整理"的命令，发出第三号作战命令："本集团军以恢复战力，待机再行攻击之目的，拟向嘉定附近集结整理。"①当天，顾祝同又向廖磊发出新的命令："二十一集团军除第一军、第十九师、第三十二师各部外，着即移驻石岗门、嘉定、浏河之间整理，并加强该地之预备阵地工事，归左翼军陈总司令指挥。"②从此二十一集团军归陈诚(后为薛岳)直接指挥，由中央集团转入左翼集团，也不再指挥第一军的第一师和七十八师、第十九师、第三十二师等部。

日军自十月二十六日攻占大场、江湾、闸北一带以后，作战重点置于沪西苏州河一线，以其主力第三、第九、第一〇一师团等三个师团共五万人上下的兵力投入苏州河沿岸作战；而对南翔以北、嘉定到浏河一线，只配置第十一师团，用以掩护主攻方面苏州河战线的右侧。因而，从这时至十一月六日前的十余天里，左翼战场未发生大的战斗，这给了左翼集团各部一个极为难得的整理、补充、调整的机会。当时，左翼集团拥有三个集团军作为主力：以薛岳为总司令的第十五集团军、以罗卓英为总司令的第十九集团军和以廖磊为总司令的第二十一集团军。十月三十日，二十一集团军奉陈诚之令，逐次将所属各师展开于嘉定附近的张家、周家、新泾桥、许家宅一带既设阵地，左与第十五集团军阵地连接，右与第六十六军并肩，警戒和阻击从罗店、川沙口、刘家港方面西犯的日军。十月三十一日，陈诚

---

① 《第二十一集团军作战命令第三号》(1937 年 10 月 25 日)，中国第二历史档案馆藏国民政府军令部战史会档案，档案号：(二十五)3254。

② 《顾祝同致廖磊电》(1937 年 10 月 25 日)，中国第二历史档案馆藏国民政府军令部战史会档案，档案号：(二十五)3254。

下令划定左翼集团三个集团军的“作战地区为方秦、石岗门、张家、加泾、广福至刘行相连之线”，二十一集团军与十五集团军共同担负上述作战线的左侧地区的防守和作战。

十一月一日至二日，二十一集团军总司令部按照左翼集团命令，指派第一七一师接替第六十七师的防务，支援第四十四师和第六十师的作战，同时构筑由加泾亘小杨家一线的工事。一七三师接替第五十八师的阵地，进入东陈巷、吕家村、东李村亘薛宅一线。到二日晚，二十一集团军总司令部在顾家宅驻守，四十八军军部在封家村，一七三师驻守于东陈巷、吕家村附近，一七四师在东李村、薛宅附近，一七六师驻守嘉定西门附近，一七一师进入石臼堰、吴家堰、瞿村之线。

在十一月上旬，广西部队据守广福、施相公庙、嘉定以北一带防线时，一面整理部队，调整战线，一面严密警戒当面之敌，并进行了几次小规模的阻击战，将进犯之敌击退。十一月三日，一七一师派队破毁了施相公庙以西一段的罗（店）嘉（定）公路，以阻碍日军从罗店向嘉定的进攻。同日，“晚九时起，敌炮击由施相公庙至东陈巷一带之我阵地，我阵地坚固，守兵沉着，伤亡尚少。我炮兵亦予还击，迄至天明炮战始停，敌亦未敢进犯”。十一月四日，为策应十五集团军的作战，廖磊指令各部派遣少量部队攻击当面之敌。一七一师“遵命派队出击，于五日晨二时派兵一营向当面之敌攻击，激战二小时，将盘踞吴宅、周宅、张宅、唐宅之敌完全击溃，敌向双草墩方面退去”。同日，“四十八军出击部队之一营至施陆宅附近与敌遭遇，激战二小时，肉搏冲锋，将敌击退”。这天午后，一七一师的对空射击部队击落敌机一架，该机坠地焚毁，创造了广西部队以步枪击落日机的首例战绩。十一月五日，一七一师五一一旅派兵将在正面活动的敌军击退，并将刘家村敌军一个据点烧毁。一七三师在晚间将企图偷袭的日军约千人痛加打击，敌“经逆袭后向后逃窜，敌伤亡数十人”。这一阶段的战局，正如二十一集团军总司令部在事后追记的，“连日来，战事重心在苏州河方面，嘉定、浏河一带稍形沉寂，每日均不过小部之接触，伤亡亦鲜，惟空炸与炮击时相交替。我始终不为所动，固守原阵地”。①

正当中央作战集团在江桥镇、北新泾、姚家渡一带苏州河两岸夜以继日地抗击日军渡河，左翼作战集团在广福、嘉定、浏河一线与日军正面相持之际，由日本最高统帅机关新近组建的继上海派遣军之后的又一个主力兵团——第十军，在淞沪战场的右翼展开了大规模的进攻。十一月五日至十一日，以柳川平助为司令官的第十军第六师团、第十八师团和第一一四师团先后在杭州湾北岸的漕泾、金山

① 第二十一集团军司令部：《关于淞沪会战之战斗详报》，中国第二历史档案馆藏国民政府军令部战史会档案，档案号：（二十五）3254。

卫、全公亭等地实行登陆，向内陆突进，攻势直指金山、奉贤、青浦、枫泾、嘉善、嘉兴、松江等地，企图突破黄浦江，截断沪杭铁道，与南下的上海派遣军相呼应，实行南北对进，把淞沪战场的中国军队围堵于淀山湖以东、沪宁和沪杭两线南北地区予以歼灭。面对战局的这个重大突变，南京统帅机关和第三战区司令部在十一月九日以前曾以力挽狂澜的姿态，尽力调动力量，力图阻击由杭州湾北岸入侵之敌和继续抗击由苏州河南渡之敌。

可是，这时战场上敌我力量对比已发生有利于敌人的重大变化，中国军队已陷于腹背受敌的境地，作战主动权完全丧失，短短的几天里，形势急转直下，陷于空前的危局。蒋介石、顾祝同乃不得已在十一月九日至十日发布撤退命令，指令左翼集团向吴（县）福（山）国防线西撤，右翼集团保持沪杭线阵地并据守乍（浦）平（湖）嘉（兴）国防线，以苏（州）嘉（兴）铁路连接左右翼两大作战集团，拒止日军于太湖以东一线。廖磊于十一月十日下午接到蒋介石、顾祝同发布的《第三战区作字第十号命令》，其中规定左翼集团西撤定于十日晚上开始。西撤的第一步，由二十一集团的有力一部占领外岗、嘉定附近诸要点，掩护该集团大部和第十五集团军之后撤；另以第五十六师占领娄塘、浏河附近诸要点，掩护第二十一集团军的后撤。西撤的第二步是占领昆（山）支（塘）线阵地，拒敌西进，以掩护大军占领吴福国防线，强力阻击西犯日军。为此，上述命令要求“第二十一集团军应以有力一部在支塘、白茆口占领阵地”，“第十九集团军应以第六师、第十四师在青阳港附近占领阵地”，“第十五集团军应以第四十四师、第三十二师在青阳港、周墅镇、纪阳镇附近与十九集团军联系占领阵地”。①

十一月十日下午，廖磊在集团军司令部所在地顾家村召开会议，与会的四十八军正副军长韦云淞、张义纯，各师长杨俊昌、贺维珍、王赞斌、区寿年等人共同商定执行上项命令的部队行动计划。当晚 18 时，左翼集团总司令薛岳鉴于第十九集团军已开始西撤，但部队在移动中“态势混乱异常”，亟须友邻部队加以掩护，遂紧急命令二十一集团军和十五集团军西撤开始时间延后至十二日晚。这时，战场情况万分危急，日军正节节西进，迫近我方部队，而上级在一日之内数道命令又前后矛盾，推迟后撤又会给自己的部队带来很大风险。这一切，着实使廖磊左右为难，踌躇再三。然而，他学养优秀，久经沙场，经验丰富，而且敢于承担风险，终能与十五集团军总司令罗卓英密切配合，共定决策，妥善指挥。二十一集团军战斗详报记述这一情景说：“因薛（岳）总司令命与第三战区命令所规定开始转进时间相差两日，致原定之转进计划遂不得不变更。然一方面顾虑尔后脱离敌之困难，

① 《第三战区作字第十号命令》（1937 年 11 月 10 日 13 时），中国第二历史档案馆藏国民政府军令部战史会档案，档案号：（二十五）3254。

与昆支线之占领不易，一方面又顾虑命令之奉行，深费研究。经迭次与罗总司令协商之结果，直至(十一日)夜20时始决定方案。”①二十一集团军司令部在十一日下午8时和10时30分先后发布第三号和第四号命令，规定了所属各部从十二日晚至十四日晚之间西撤的具体路线、时间和目的地等事项。十二日晚，广西部队终于忍痛告别了近三十天日夜奋战的淞沪主战场，向常熟支塘镇、白茆口一线转移。

十一月十三日上午，廖磊的司令部到达支塘西南端之西四头，四十八军军部亦进入西四头；一七一师进驻陆渡桥、横沥桥之间；一七三师主力一部进驻直塘、双凤镇之间，另一部主力在太仓一带掩护友军后撤；一七四师进至归家庄附近；一七六师进入任阳镇、陆家、支塘以南一带。广西部队这次撤退，秩序井然，队伍整齐，并未发生混乱溃退和失控现象，按预定计划在十三日下午到达了昆支国防线的支塘、白茆口一带。在这里，他们协同原先在此守备的隶属江防军的第四十师，一起进行了一仗抗登陆作战。

日本最高统帅机关在组建第十军、策划在杭州湾北岸实行登陆的同时，又调动第十六师团加入上海派遣军序列，准备在江苏常熟东北方向的长江南岸白茆口一带登陆。这是日军为策应第十军金山卫登陆、上海派遣军西进，实施南北两翼迂回和东西夹击战略的一个组成部分。日军十六师团以及重藤支队和永津支队在十一月十二日晨从吴淞登船沿长江西航。十三日一早，重藤、永津两个支队首先在白茆口西面的浒浦口上陆。同日下午3时，十六师团主力一部在白茆口附近登陆，向支塘方向进犯。于是敌我双方展开了登陆与抗登陆的血战。

当二十一集团军甫行进入这一带时，江防军第四十师刘培绪部已打响了这场战斗。十三日晨，四十师在长江南岸的新泾口，白茆口对登陆之敌展开阻击。“此时，白茆口方面炮声及飞机轰炸声异常浓密”，“徐六泾口、鹿鸣口之江面停泊敌舰约六十余艘，已作(继续)登陆准备。四十师之前线已在激战中”。战至十三日下午2时前后，我江防部队虽曾一度击退部分登陆之敌，但日军凭借其各方面的优势，已占领浒浦口、徐六泾口，白茆口和新泾口也岌岌可危。我四十师伤亡惨重，已无力拒止敌之进攻。登陆之敌一部已迫近老吴市，一部向徐家市、周泾口窜进。面临这一突如其来的危局，二十一集团军司令部临危不惧，决不为保护实力而消极避战，虽无上级指挥机关下达的作战任务，却临危主动出击。廖磊经与罗卓英电商后，一致认为，虽因战局速变，昆支线已无法据守，但为了保护常(熟)福(山)国防线的安全，为了掩护第十五集团军等兄弟部队的安全后撤，决定向当面登陆

① 第二十一集团军司令部:《关于淞沪会战之战斗详报》，中国第二历史档案馆藏国民政府军令部战史会档案，档案号:(二十二)3254。

之敌发起攻击。“此时，本集团军为顾全大局，自应尽全力掩护而予我友军转进之安全，且敌之登陆各口接近常福国防线阵地，若过受威胁，则刘国防线之占领，势难从容布置，恐将危及全局，遂断然作左（以下）之处置。”①

当日，廖磊发布战斗命令：一七六师即完成攻击准备，于黄昏时协同一七三师迅速越过徐家市西北，向周泾口镇，对该敌攻击前进；一七三师协同一七六师先后占领前渡桥至徐家市之线，再向当面之敌攻击前进；一七四师即向前渡桥方面前进，策应一七三师对该敌攻击前进；一七一师星夜兼程，速就常熟国防线之位置。十三日晚10时，一七六师与敌军接战，一七四师对敌展开激战。十四日上午，日军登陆部队向徐家市附近增援，我进攻各师勇猛突进，将攻入徐家市之敌驱逐而占领之。十四日中午，敌我双方在徐家市前方与前墩桥之间反复冲杀，形成拉锯之势。此战滞迟了敌之进犯，给敌以一定杀伤，而且十五集团军和十九集团军的不少部队经过经日之转移，均已到达吴福线一带。当日下午，支塘、徐家市等地遭日军空军猛烈轰炸，我军行动严重受阻。敌复以战车数十辆掩护其步兵向我前线各师的侧背进行袭击。一七六师据守于董滨市之部队拼力抗击，牺牲众多。为使前线各师不受威胁，乃奋力作战，使一七三、一七四师及友军各师逐次转移至支塘西南，一〇一一团团长褚兆月于当晚受重伤而阵亡。一七三、一七四、一七六师在黄昏后向常熟撤退，一七一师在完成断后任务后向常熟归还建制。支塘于当晚失守，昆支线作战遂告结束。

日军攻占昆支线后，即向福山、常熟一线窜犯。二十一集团军与十五集团军协同作战，自十一月十五日起进行了保卫福山和常熟的战斗。常福线系吴福国防线之北段，南起常熟，北抵长江南岸的福山，为预设的沪宁间重要的国防重要阵地之一。十一月十四日，第三战区司令部发布的第十号作战命令规定，二十一集团军在“昆支阵地奉命撤退后，转进于常熟—萧家桥间地区”，左侧与十五师、一〇五师萧家桥、福山镇间阵地相连接，右侧与六十七师、十一师莫城镇、常熟城间阵地相接。十一月十六日，一七一师进抵常熟城北李家桥至四方桥之线，一七四师进入四方桥至黄土金桥之线，一七三师进驻杨家至福山之线，一七六师进驻黄土金桥之线，共同担负保卫常福线的作战任务。十七日晨，日军分向一七三师福山阵地、一七四师谢家桥阵地、一七一师李家桥阵地发动进攻，尤以福山方面攻击最烈。我军各师全线打响，战况异常激烈。敌军陆续增加兵力，借炮兵之掩护，竭力向谢家桥进攻。守军四十八军特务营营长夏演生阵亡，官兵损失极重，谢家桥遂为敌人突破。四十八军军部即令一七六师派兵反攻，该师代团长蔡朝锟率队奋起

① 第二十一集团军司令部：《关于淞沪会战之战斗详报》，中国第二历史档案馆藏国民政府军令部战史会档案，档案号：（二十五）3254。

逆袭，卒将阵地恢复，敌乃溃退，而蔡代团长却于此战中为国捐躯。

随即，日军复行增援，两次发动进攻，而且较前益烈。韦云淞即令军部工兵营出击，并令一七一师催四十四师接替阵地后，即向谢家桥增援，务将进攻之敌击退，以保我军全线的安全。一七一师因接防部队未到，一时无法抽调主力增援谢家桥，只得向四方桥之左延伸阵地，以图牵制日军。敌乃乘隙向一七一师发动猛攻，该师谢志恒团长奋身督战，官兵同仇敌忾，向日军拼死冲击，敌不得逞。可是，谢团长竟中弹殉国。这是此战中为国捐躯的第二位团长。之后直到夜幕降临时，李家桥、谢家桥、福山等地均在激战之中。因谢家桥为常福线的关键，虽失而复得，但为预防敌人再度反扑，二十一集团军下令调三十九军派兵增援，但增援部队未到，谢家桥镇东岸之街市已被敌攻占。敌我双方沿该镇小河形成对抗之局。

十一月十八日至十九日晨，广西部队继续苦苦地坚守在常福线上，“李家桥、谢家桥、福山等处仍在战斗中……。十八日午后 2 时，敌于谢家桥……对我阵地用炮多门绵密射击。我步兵炮阵地虽经迭次变化，间亦被其摧毁”。“一七三师一〇二〇团于此时颇有伤亡，然犹依据阵地与敌抗战。迄至黄昏前，敌运搬架桥器材，先派部队冲击，企图强行渡河，遭我军三面射击，死伤极众。敌遣此顿挫后，虽对我军施行强烈之炮击，迄至十九日晨，(我)各处(阵地)无异状。”①但在十九日上午 5 时许，日军突破李家桥守军阵地，前锋直达常熟虞山脚下。罗卓英眼看战局危殆，电请廖磊采取措施。廖磊“以虞山得失关系重大，乃电韦(云淞)军长(派兵阻击)，并就近转告(三十九军)刘(和鼎)军长，迅派队向虞山侧击敌人”。②这时，同广西部队一起投入保卫虞山之战的，还有十五集团军的四十四师、六十师和十九集团军的三十二师各一部。可是，在全局大撤退的混乱状态下，部队战斗力空前下降，指挥系统失序，临阵仓促应战，难以击退敌之进攻。战斗到十九日下午，虽经多次争夺，关系着常熟安危的虞山仍然失守了。同时，日军一部以快艇由昆城湖水面西进，在常熟以北登陆，与福山方面南下之敌形成夹击之势。

这时，沪宁线正面的第九集团军和第十九集团军已越过苏州地区，向西撤向锡(无锡)澄(江阴)国防线。在常福线东西一带的十五集团军和二十一集团在十九日下午 14 时接到薛岳的手令：“本翼军决放弃固守吴福阵地之计划，逐段撤退，以掩护锡澄阵地之占领……第二十一集团军转进至武进附近待命。”③当日下午 15 时，廖磊发布二十一集团军第八号作战命令，规定所属四个师于当晚开始向锡

①② 第二十一集团军司令部：《关于淞沪会战之战斗详报》，中国第二历史档案馆藏国民政府军令部战史会档案，档案号：(二十五)3254。

③ 《薛岳致罗卓英、廖磊手令》(1937 年 11 月 19 日)，中国第二历史档案馆藏国民政府军令部战史会档案，档案号：(二十五)3254。

澄线转移，司令部移至无锡惠山镇。尔后，在到达锡澄线附近时，又奉命先后经无锡、宜兴、长兴等地，进入浙江孝丰，最后驻军桐庐、分水、于潜一线。至此，四十八军和第七军一七一师结束了参加淞沪会战的光荣历程。

八、 从吴兴到长兴：太湖南走廊阻击战

广西部队第二十一集团军第七军的一七一师和第四十八军的一七三、一七四、一七六师在廖磊的指挥下，奋战淞沪主战场，参加了南翔、大场间悲壮激昂的十月会战高潮，以及随后的西撤吴福国防线途中的阻击战。与此同时，第七军的一七〇师和一七二师一直奉命驻守在东海岸国防要地江苏连云港、海州一带。是时，周祖晃为第七军军长，徐启明为副军长；一七〇师师长由徐启明兼任，下辖五一九旅和五二二旅；一七二师师长为程树芬，下辖五一四旅和五二八旅。广西部队这两个师在淞沪会战的最后阶段奉南京最高统帅机关的命令，从东海驻地开赴浙皖苏边境，在太湖南走廊进行了一场壮烈的阻击日军西进的作战，其战斗之英勇，牺牲之惨烈，与其他广西部队一样，足以彪炳史册。

自一九三七年十一月五日至十一日之间，日本第十军以第六师团、十八师团等部为第一梯队，第一一四师团为第二梯队，在杭州湾北岸浙苏边境先后登陆后，凭借其绝对优势的兵力和武器装备，在强有力的空军和海军的支援下，迅速实施战役展开，向黄浦江、沪杭铁道一线攻击前进。杭州湾北岸的中国守军曾进行了一些小规模的零星的对上陆日军的抗击，但已无济于事，丧失了拒止敌人攻势的能力。金山、奉贤、平湖、南汇、川沙等县纷纷陷于敌手。十一月九日和十日，沪杭线上的枢纽松江和枫泾先后失守。十一日，青浦被敌攻占。十四日，太湖东南岸的平望失守。十三日起日军从枫泾、平湖、嘉善一带向太湖南岸的南浔、吴兴方向进犯。敌第十军企图与从沪宁线南北西进的上海派遣军南北呼应，共同迂回和合围中国首都南京。

在战局急转直下之际，为了尽可能延缓和阻挡日军沿太湖南走廊西进的势头，掩护淞沪西撤大军通过苏浙皖边境宜兴、长兴、广德这一通道，打击日军第十军从西南面迂回南京的企图，蒋介石乃紧急下令桂军第七军的两个师和川军二十三集团军的六个师开赴太湖南走廊和苏浙皖边境布防。第七军副军长徐启明回忆道：日军第十军于杭州湾登陆后，南京统帅部“急调集结在苏北东海的周祖晃第七军我之第一七〇师及第一七二师星夜驰赴吴兴，堵击日军”①。

---

① 徐启明：《桂军第七军掩护淞沪大撤退作战回忆》，《文史资料存稿选编》（第 18 册），第 549 页。

十一月十一日晚，徐启明率先头部队一七〇师由海州乘火车转津浦线南下，经南京于十三日到达武进集结。十四日，蒋介石命令一七〇师迅即开往吴兴。十六日，该师各部陆续到达吴兴城。十一月十三日，程树芬率一七二师从徐州南下，经过南京至武进、丹阳下车，十八日到达宜兴一带。蒋介石十分关注吴兴保卫战的胜败，在二十一日直接下达手谕给第七军，强调“吴兴为今日抗战全局之重心，即为第三战区之枢纽”，要求“不惜任何牺牲，死守阵地”①。同日，蒋介石在致顾祝同、陈诚、刘湘、张发奎、薛岳、廖磊等高级将领的密电中，从第三战区的全盘战略层面，强调了守卫吴兴的重要性：“第三战区现在阵线，右翼临平、吴兴之线，为国军主力之后方，左翼锡澄之线，为我首都及长江之屏障，有良好地形、坚固阵地，可资扼守。此两方如辅车之相依，苟缺其一，均足倾陷我军整个之阵线，关系重大，莫过如此。”要求各军“必须确保现有阵地”②。

日军第十军凭借优势装备和快速的机动能力，在太湖南岸迅速向西推进，其一一四师团在十一月二十日前经平望直指南浔和吴兴、国崎支队（相当于一个旅团）也从南浔以西进犯吴兴。这时，原来担负杭嘉湖地区守卫的中国第十集团军已弃守嘉兴，将主力后撤杭州附近及钱塘江西岸，广西部队第七军的两个师临危受命，担负起保卫吴兴，长兴的重任。十一月十七日至十八日，一七〇师和一七二师进入吴兴及其外围地区，周祖晃、徐启明、程树芬经会商后，“决定作纵深配备之计划：以（一七〇师）为右翼队，沿浔吴公路占领南浔为第一线；派有力部队占领升山市作第二线；还派有力部队占领吴兴城作第三线；另选吴兴后方李家巷丘陵山地一带作第四线。（一七二师）为左翼队，占领太湖南侧山林地带，与（一七〇）师南浔阵地连接为第一线；另派有力部队于太湖南侧山林地带，与（一七〇）师升山市之线连接作第二线；另派有力部队于太湖南侧山林地带，右与（一七〇）师吴兴城连接作为第三线；以后转移，仍沿太湖南侧山地带与（一七〇）师李家巷丘陵地带连接作第四线。”③

十一月十七日开始，日军首先向南浔发动进攻。我一〇四三团奋起反击，激战终日。十一月十八日拂晓，日军地面部队以坦克为前导在空军掩护下向南浔发起进攻。我军猛烈阻击，经一天血战，入暮时，一〇四三团被优势敌军击溃，乃放弃南浔，后撤至升山市之线。十一月十九日下午，张发奎、黄琪翔在吴兴召集周祖晃、徐启明、程树芬会商作战问题，决定我军防御之主阵地之选定，必须推进至独

① 转引李君山：《上海南京保卫战》，第220页。

② 《蒋介石致顾祝同、陈诚、刘湘等密电》（1937年11月21日），《抗日战争正面战场》上，第334页。

③ 徐启明：《桂军第七军掩护淞沪大撤退作战回忆》，《文史资料存稿选编》（第18册），第549—550页。

树村、佘安山、升山市之线。二十一日起，敌我两军在升山市之线展开激战，“在敌寇飞机大炮的猛烈轰击下，经两昼夜的奋战，（我军）损失修重（五二二旅）旅长夏国璋阵亡”①。守军退守吴兴城之线，节节阻击。二十二日，敌复以陆、空、炮诸兵种联合向太湖南侧山林地带与吴兴城之线猛攻。一七二师被敌优势火力压迫，向左后方吴兴城侧翼三角地带后退。一七〇师之一〇四三团作为吴兴城的守备队，拼死守卫吴兴城。二十四日，敌我攻守吴兴城的血战打响了。一七〇师师长徐启明回忆道：“敌以陆、空、炮、坦克集中向吴兴城猛攻，我与周军长即在吴兴城后背高山上督战指挥。旋接（五一九旅）漆道澂旅长电话报告：我守城及外围部队损失甚巨，战斗激烈，请增援。我与周军长面商，即嘱以无力增援，可放弃吴兴城，留少数有力部队据城环作掩护，速率大队沿吴兴城边公路向后转移到李家巷丘陵地带，占领阵地。当该队后撤时，炮火炽烈，我夏旅韦团长健森不幸被炮击阵亡。”②一七二师是日亦遭强敌攻击，后撤至吴兴城后方李家巷。当日，吴兴陷于敌手。

当晚，徐启明与程树芬等在李家巷山地进行紧急会商，一致认为依靠现有不足两师兵力决难阻敌西进，战局已陷入危境，乃决定一方面命令所部不惜一切牺牲战斗到底，一面由周祖晃急电统帅机关，请火速派兵增援，并向已到苏浙边境的川军二十三集团军求援。可是，南京统帅机关并无明确答复，川军方面又以部队尚未集结完毕为词不予支援。于是，外来的援兵一时间已无指望，只有依靠自己仅有的力量血战到底了。他们料定次日敌将大举进攻，于是连夜进入阵地，准备战斗。

不出所料，二十五日的战况空前惨烈，决定了这场阻击战的命运。徐启明追忆那天的战斗情景说：“果然，二十九日（系二十五日之误记）拂晓，敌出动飞机多架沿公路两侧作穿梭侦察轰炸，嗣炮火亦开始向李左家巷前后炮击。未几步兵亦分波次随坦克出动，向我阵地前进。我急传令用预备队增援，出击冲锋，士兵冒死蚁集，爬上战车用手榴弹集中轰击，毁敌战车两辆，我伤亡甚众，敌势亦稍杀，其余战车后退停止，不敢前进。我与程师长在丘陵高地督战，目睹战况激烈非常，不禁举手大声呼喊冲杀，以壮士气。此时我军死伤狼藉，仍死守阵地。及至下午2时，敌似增援，强力压迫程师左翼，用飞机及炮火轰炸我阵地后方，以七八辆战车直冲中央阵地，并用小部队向我右翼高地攻击，作包围势。因此，中央被突破，两翼被包围，已无预备队可用，遂全线动摇，不支而溃退。”③当夜，我军向长兴附近后退。

---

① 王卫苍：《忆第七军吴兴阻击战》，《文史资料存稿选编》（第18册），第555页。

② 徐启明：《桂军第七军掩护淞沪大撤退作战回忆》，《文史资料存稿选编》（第18册），第549—550页。

③ 徐启明：《桂军第七军掩护淞沪大撤退作战回忆》，《文史资料存稿选编》（第18册），第550—551页。

然后撤至苏浙皖边境泗安，转移至浙江孝丰境内，与四十八军等部会合。至此，广西部队参加淞沪会战的历史，画了一个句号。

第七军吴兴、长兴间阻击战自十一月十七日起，至二十五日止，血战九日。两个师参战官兵共二万三千九百余人，伤亡官兵达九千七百余人。一〇五三团伤亡官兵达总数的五分之四，一〇五六团伤亡达三分之二。五二二旅旅长夏国璋于吴兴八里店为夺回阵地，亲率预备队向敌反攻时中弹阵亡。一〇四三团团长韦健森为守卫吴兴城南门，遭敌炮击而牺牲。①第一七〇和一七二师以装备简陋的七个团兵力，抗击装备精良、拥有坦克和大炮的日军一个师团多兵力，以如此巨大的牺牲，迟滞日军西进的势头，节节抗击，给了敌人以相当的打击，并以自己的拼力奋斗掩护了从淞沪战场向苏浙皖边境转移的大量兄弟部队。虽说，这场阻击战最后是以失败而告终，但这是客观上的诸多原因所致，而非在于作战不力。第七军虽败犹荣，历史将会永远记住他们用鲜血和生命铸成的光辉业绩。

九、 桂军淞沪抗战：近代反侵略战争史上熠熠生辉的一页

抗日战争在中国历史上具有特殊的重要地位和伟大意义，是近代中国由衰落至振兴之转折的关键，是中华民族由半封建半殖民地地位走向复兴的枢纽。淞沪会战继七七抗战之后，在完全的意义上揭开了中国全国全面抗战的伟大序幕。广西军队在中华民族生死存亡的危急关头，挺身而出，响应抗日御侮、共赴国难的呼唤，背井离乡，数千里长途跋涉，挺进上海和苏浙皖边境，参加淞沪会战。八桂健儿与国内兄弟部队共同结成一条血肉长城，在非常艰难的条件下，前仆后继，浴血奋战，给了日本侵略者以狠狠打击，创造了不可磨灭的赫赫战绩。广西军队以自己的鲜血和生命谱写了中国近代反侵略战争历史上熠熠生辉的一个篇章。

（一）广西部队是淞沪会战中抗日部队的一支劲旅，作战勇猛，战绩卓著，被当时舆论界誉称为“铁军”。

广西军队参加淞沪会战的部队，总共有六个师。其中第七军有三个师：第一七〇、第一七一、第一七二师；第四十八军有三个师：第一七三、第一七四、第一七六师。两军总兵力约为六万五千人，组成为第二十一集团军，总司令廖磊是广西军界公认的作战最为勇猛的一位将军。在淞沪会战期间，廖磊除直接指挥广西部队四个师作战外，还数度受命在战场指挥中央系的第一军、湖南部队第十九师、西

① 《第七军浙江吴兴战役之战斗详报》，中国第二历史档案馆藏国民政府军令部战史会档案，档案号：3256-36、3256-37。

北军第三十二师和四川部队第二十六师，是当时与薛岳、朱绍良、罗卓英、张发奎等著名将领齐名的战场指挥官。

广西部队北征之初，受命担任陇海线东段、连云港南北一带的沿海守备，也作为淞沪战场的战略预备部队之一，处于待命状态。自一九三七年十月十日前后开始，主力陆续进入淞沪战场，到同年十二月初淞沪会战结束，广西部队参加了淞沪会战中期和后期的许多重要战役和战斗。其中十月中旬的陈家行、丁家桥、洛河桥之战，十月下旬南翔以东、蕰藻浜以南大规模反击战，十一月中旬的昆支线和常福线阻击战、常熟虞山保卫战，以及十一月下旬太湖南走廊吴兴、长兴间阻击战，都是这一期间会战进程中极具影响的作战。

广西部队在各个地方实力派军队中，武器装备比较齐全，官兵素质和训练较好，士气旺盛，战斗作风勇猛，有好的军纪军风。他们英勇顽强，喋血疆场，累挫敌顽，以自己的血肉之躯冲锋陷阵，赢得了“铁军”的美誉。在大场以北、蕰藻浜南岸的激战中，刀锋初试，接力川军部队反攻陈家行，狠狠地打击了立足未稳的日军，旗开得胜。南翔以东、蕰藻浜南岸大规模反击战，广西部队中的六个团担负了作战的主力，连续作战近四天，全体官兵视死如归，勇猛进击，作出了巨大的牺牲。这是淞沪会战中唯一的一次主动的大规模的反击作战，尽管最终并未成功，但给予了敌军以沉重一击，使日军指挥机关松井石根等人也深感震惊。常福线阻击战和常熟虞山保卫战，广西部队临危不惧，退而不乱，创造了大规模撤退中犹能组织反击的罕见战例。吴兴、长兴间阻击战，面临在各方面占有压倒优势的强敌进攻，广西部队宁死不屈，寸土必争，以大刀对刺刀，以集束手榴弹对坦克，拼死阻击西犯之敌。此战以自身的重大牺牲，滞迟敌军的攻势，掩护淞沪战场西撤大军向苏浙皖边境转移。

（二）广西部队参加淞沪抗战，是广西广大军民以爱国主义为核心的民族精神高扬的体现，是全省长期以来在政治、军事、经济、文化、教育诸方面积极准备的结果。

广西军队在淞沪战场的英勇征战，集中体现了中华民族追求和平与正义、捍卫民族独立和自由的伟大民族精神，也是广西军民长期以来实行对日抗战准备的结果。正如《广西军远征记》一书在当时所指出的：“广西军的远征，是我们雪耻御侮的抗日战争中的一种最光荣的、最伟大的壮举……罗马城不是一昼夜之力所能造成的。广西军之所以成为铁军，李（宗仁）白（崇禧）诸氏之所以成为虎将，也正是成年累月，一点一滴地历练出来的。数年以来他们矢志奋发，埋头苦干，抗战和建设，俱有突飞猛进之势，尤其对于训练民众一举，他们的成绩和功劳，使我们感到惊讶和钦佩。自全面抗战揭开以来，地瘠、民贫、人口稀少的广西，竟能立刻动员三四十万之众的精锐的兵力到前线，实行远征，努力杀敌，更不能不使我全国军民一致地倾其热情地拥戴。”①

以李、白为首的广西军政当局在全省的建设和动员工作，在战前一直是以“抗日反蒋”和“建设新广西”为号召的。一九三六年的“六一运动”中，“抗日反蒋”依然是动员和团结全省的中心口号，而“抗日”则是居于第一位的。两广事变和平解决后，到西安事变前后，李、白放弃了“反蒋”口号，更加突出了“抗日”的地位，这无疑是合乎国内外形势发展、顺应民族大义而采取的明智之举。广西当局在全省十分广泛而深入地进行抗日思想动员和民族精神的宣传教育。中国共产党在广西的地方组织、广西各界进步人士、各界抗日救亡团体，也都在中共抗日民族统一战线政策的指引下，开展了声势浩大的抗日宣传动员。民族精神空前高涨，民族凝聚力空前增强，抗日热潮遍及城乡，这就为广西军队的编组、动员和出征奠定了坚实的基础，也为这支部队高昂的士气提供了精神支柱。

（三）广西部队参加淞沪抗战，是国家在抗日民主的基础上走向统一，全民族趋于团结的一种象征。这说明面临外国的侵略，为争取民族的独立和解放，必须坚持民族的团结和国家的统一。这不仅对于实现抗战胜利至关重要，而且对民族复兴也具有深远的借鉴意义。

广西军队出桂抗战，在政治上和军事上是以抗日民族统一战线和国共合作的建立为基础的，是以桂系与蒋介石一派之间的重新合作为前提的。在淞沪战场上，桂军、川军、湘军、粤军、东北军、西北军等地方实力派部队与蒋介石嫡系的中央军，为了反对日本的侵略、捍卫国家的领土主权和民族独立这个共同目标，兄弟般坚守在同一战线，并肩战斗。这是国家走向统一、民族趋于团结的一个标志。如果没有这样的政治局面，就不会有淞沪抗战的发动和坚持。这个政治局面是由中国共产党、中国国民党以及各个方面抗日的民主的政治力量共同铸成的，而地方实力派在其中的作用至关重要。以李宗仁、白崇禧为首的广西地方实力派和桂军在其中起了突出的重要作用，这个历史功绩应当实事求是地加以肯定。

桂军淞沪抗战在政治上具有标志性的意义，对于推动全国抗战局面的形成起到了积极的作用。这是因为，在全国各个地方实力派中，李、白向来被公认为坚定的抗战派，倡导对日抗战最力；他们也是在全国各个地方当局中最先公开举起抗日旗帜，向全国发出抗日号召的，“六一运动”便是最为显著的表现。七七事变爆发后，蒋介石发表“庐山谈话”，向中外宣告中国政府决心抗战的立场和态度，而在地方实力派首领中刘湘、龙云、何键、余汉谋等人对蒋介石“共赴国难”的号召尚心存疑虑之时，是以李宗仁、白崇禧为首的桂系率先响应中央政府的抗战决策，动员全省之力投入抗战，并积极联络和推动其他地方实力派共同参加抗战大业，桂军

---

① 陆惬：《广西军远征记》，新生出版社，1938年，第1—2页。

北征抗战乃是其一系列抗日举措中的一个集中表现。新桂系在广西内部长期保持团结一致，多年来积极推行许多新政，励精图治，增强了实力，实际上为抗战作了准备，这在各个地方实力派中堪称标杆。这一切使广西军队的参加抗战带有了与众不同的特殊的意义和影响，第五路军的声名远扬也就不足为奇了。当中国的历史巨轮从国内阶级战争转向抗日民族战争之际，以李、白为首的广西地方实力派顺应历史前进的大方向和民族大义，站到了抗战的前列而创造了具有历史意义的功勋。这再次表明，任何一个政治家、军事家，只要他们站在历史前进潮流的前头推动历史前进，只要他们作出有益于民族和民众的贡献，人民就会永远记住他们，给予他们以应有的评价。

三湘大地出劲旅　抗日救亡战淞沪*

——湖南部队参加淞沪会战综述

中国全面抗战初期，在以淞沪为中心的长三角洲地区进行的淞沪会战，是抗日战争历史上一场规模巨大、影响深远的重大战役。淞沪抗战给了日本侵略军以沉重一击，延缓了日本侵华战争的进程，打破了日本统帅机关"速战速决"的战略意图。淞沪抗战迫使日本将侵华战争的主战场由华北转移于华中，从而分散和牵制了敌方兵力的集中使用，减轻了华北战场中国军队所受的压力。淞沪抗战为上海和华东沿海地区工业的内迁，设备和资财的转移，文化、科学和教育事业及其人员向后方的撤退，赢得了时间，有助于掩护沪宁杭地区的抗日力量向中南和西南腹地集结，支持全国持久抗战。淞沪抗战强有力地推进了全国民众抗日救亡运动的新高潮，动员起千千万万民众投入伟大的民族解放运动。淞沪抗战不仅大大地激扬了中国人民的爱国主义精神，鼓舞了全国军民的斗志，增强了民族自信心和自尊心，而且，向全世界展示了中华民族伟大坚强的民族精神和不可征服的力量，使世界各国对中国重新刮目相看，也赢得了国际社会更多的同情和支持。

纵观中国抗日战争历史的长卷，在正面战场的二十多次重要会战中，淞沪会战在军事、政治、经济、社会以及国际关系等各个方面发生的作用和影响力，可以毫不夸张地说远远超过其他任何一次会战。淞沪会战规模之巨大，军民动员之广泛，参战兵员之众多，战场地域之辽阔，战役过程之持久，及其在国内外产生的影响之广泛和深远，在抗日战争的历次战役中是绝无仅有的。这场大会战以其独特的重要历史地位被光荣地载入史册而熠熠生辉。

淞沪抗战之所以形成如此宏大的规模和无比高昂的气势，乃是因为它集中体现了这是一场觉醒了的民族为国家独立、民族解放奋起而战的民族抗战，是一场由最广大的军民在抗日救国的共识之下团结战斗的全民抗战，而绝非一党一派的抗战。淞沪抗战是在中国共产党倡导的、以国共合作为基础的抗日民族统一战线

---

* 本文原载上海淞沪抗战纪念馆编：《湘军与淞沪抗战》，上海人民出版社，2010 年。

的旗帜下发动和进行的。中国共产党的抗日民族统一战线政策和全国全面抗战的号召，中国国民党与国民政府的联共抗日政策和抗日御侮、共赴国难的号召，国共合作的成立和全国各党各派各军各界民众抗日联合阵线的形成，为淞沪抗战奠定了政治和军事的基础。

显然，这是自鸦片战争以来的近百年中，中国历次反对外国侵略的战争中从未出现过的政治军事局面。正是在这样的基础之上，才得以汇成波澜壮阔、经久不息的民众抗日救亡运动，构建起淞沪会战的强大后盾；才得以实现全国军队的总动员，全国各个派系军事力量在统一的总体战略和作战部署下，筑成共同对日作战的钢铁长城。淞沪抗战的一个基本特征，正在于汇集了全国从中央到地方，各派、各系、各地区的众多武装力量前来参战。来自祖国四面八方的抗日部队，无不在当地人民群众热烈欢呼下，以高昂的战斗精神日夜兼程奔赴淞沪战场。他们有的从湘江资水走来，有的从巴山蜀水跨出夔门东下，有的自桂林南宁千里北上，有的从珠江粤北挺进江南，有的从豫皖大地进军淞沪，有的从黔东山区跋涉北进，而一部分近在钱塘江两岸、京沪沪杭沿线、赣江南北以及闽浙赣边区的部队，更因所在位置与淞沪地区较为临近，而率先戎装荷枪，登上淞沪战场。

淞沪抗战就其全过程而言，参加这场会战的部队，有七十八个师、七个独立旅、三个暂编旅、七个炮兵团，以及空军九个大队，海军三个舰队又一个大队，以及其他特种部队和地方保安团队，兵力总达七十五万人上下。国民政府直辖的中央军和空军、海军都倾其主力于这场会战。地方实力派和各派系的杂牌部队，包括湘系、桂系、粤系、鄂系、皖系、黔系，以及东北军、西北军的部分军队都在“抗日御侮，共赴国难”的号召下，按照南京国民政府军事委员会的号令前来参战。为举行这场中国近代历史上规模空前的大会战，南京统帅机关以最大的可能调动全国军事力量，“兵力征调的范围，可说遍及全国。国府在战役初期，先是以德国装备的中央嫡系部队应战，前后动员达十七个师。中期以后，罗店、蕰藻浜争夺激烈，何键的湘军、余汉谋的粤军、李宗仁和白崇禧的桂军相继投入。蒋委员长还不断手令各省主席派兵增援。于是各‘地方军’从旧皖系、直鲁系、西北军、东北军，到浙、鄂、赣、黔、陕、豫各路部队，也都前来共赴国难。刘湘的川军在上海撤退后不久，加入了南京外围的战斗。甚至远在西南的龙云滇军，也奉到开拔的命令，只因路途遥远，才没赶上这场”会战。①

全国各派系的武装力量，在抗日民族统一战线的旗帜下，在以爱国主义为核心的民族精神的感召下，终于停止了战前长达近二十年的内战，抛弃前嫌，团结抗敌，实现了顺应民族大义的从内战到抗日的历史性转变。来自全国各方面的七十

① 李君山：《上海南京保卫战》，台北麦田出版公司，1997 年，第 87 页。

多万武装部队，汇集淞沪，以自己的血肉，演出了抗击日本侵略的威武雄壮、可歌可泣的历史性壮举，谱写了一场震惊中外的大会战的光辉篇章。这是全国全面抗战的序幕，也是八年全国全面抗战的一个缩影。

湖南部队是参加淞沪抗战的一支劲旅。从十年内战时期的第四路军发展为抗日战争时期的第十集团军，呈现了这支部队从内战到抗战的历史性转变的轨迹。由湖南部队组成的第十集团军和以原先的湖南部队为基础发展组建的第八师、第十八师等部队，为淞沪抗战中基干部队的组成部分。从八一三抗战起始阶段到会战后期的杭州湾北岸阻击战，湖南部队几乎经历淞沪抗战的全过程。为民族的独立和解放，三湘健儿浴血奋战，英勇杀敌，不愧为中华民族的英勇儿女。特别是第十九师、第八师、第十五师，第十六师、第十一预备师和第一二八师等部，更是战功卓著，足以彪炳史册。湖南部队参加淞沪抗战的光辉业绩和崇高精神，永远值得敬颂和发扬光大。本文拟就湖南部队参加淞沪抗战的史事作一综述。

一、 在内战中崛起的“新湘军”

南岳巍巍，湘水悠悠，“八百里洞庭”像一颗颗闪闪发光的明珠，镶嵌在湘北美丽富饶的大地之上，无不闪烁着湖南的夺目光彩。湖南人民在中华民族中具有特殊的性格，他们勇敢侠义，刻苦勤朴，代出贤能，史不绝书。近代著名学者和爱国志士杨度曾经说过：“中国于今是古希腊，湖南当作斯巴达，中国将为德意志，湖南当作普鲁士。”尽管此说未必十分精确，确是颇为形象地道出了湖南在近代中国历史上某种特殊的作用。而当伟大的抗日民族战争以雷霆万钧之势兴起之时，湖南人民和军队在爱国主义精神的感召下，在抗日民族统一战线的旗帜下，以新的姿态登上历史的舞台，肩负起了时代赋予的使命。

参加抗日战争的湘系军事力量，是在辛亥革命以后的20多年间，在特定的国内军事政治格局之下逐步形成的，是从长期的国内阶级战争转变到抗日民族战争的。辛亥革命的成功和失败的结局，导致北京的中央政权被北洋军阀集团所掌控，国家却在实际上陷入了分裂状态。在云南、四川、贵州和广东、广西等省区，则形成了与北洋军阀相抗衡的西南军阀。两大军阀势力既互相争斗又彼此利用，各自内部又派系林立，为争夺权势而纷争不已，从而演绎出一场场大大小小规模不等的内战。湖南地处南北要冲，领域广阔，资源丰富，为南北军阀势力必争之地，又是南北两军对峙和交战的前沿地带，于是省境之内战火连绵不断。孙中山领导的广东护法军政府、非常大总统府以及国共合作的广东革命政府，为反对北洋军阀而举行北伐战争，也往往以湖南为前方基地，在这里打响前哨战。在湖南内部，又因革命与反动、共和与保皇、统一与分裂，以及拥护北军与拥护西南之间的对立和斗争，激化为此起彼伏的省内各派系之间的战争。湘系军事力量正是在上述军事和政治的反复不断的斗争中催化而生的。

在民国前期，在浩瀚的“八百里洞庭”之滨，在三湘四水之间，一支与晚清时期曾国藩统领的湘军不同的新的湘军在这里纵横驰骋。这支兴起于北洋政府时期的新的湘系军事力量，有治史者称之为“新湘军”。面对实力远远超过自己的北洋军阀和西南军阀，它不得不在夹缝中谋求生存发展，时而依南，时而附北。而南北对峙的军阀势力，如北洋的段祺瑞、吴佩孚，西南的唐继尧、陆荣廷，为了扩大自己的势力范围和消灭对方，也无时不运用种种手段，拉拢和联合湘系军事力量中的某一派系，借以加强自己的阵线，掌控湖南这块至关重要的中间地带。

当第一次国共合作形成、北伐战争开始前后，湘系军事力量中绝大部分都接受了广东革命政府和武汉国民政府的领导，投入国民革命的行列，参加了推翻北洋军阀统治的北伐战争。长沙的光复、武昌的攻克、江西的作战，以及北伐军进军长江下游和中原河南地区，湘系部队都有出色的表现，作出了不可磨灭的贡献。但是湘系部队终究是一支未经改造的旧军队，掌握这支部队的各级军官，特别是中上层军官几乎是清一色的旧军官。他们一向与地主豪绅阶级和资产阶级保持着千丝万缕的联系，而与工农大众相对立。在大革命的洪流滚滚向前之际，湘系部队受大势所趋，纷纷归附革命阵营。而当中国共产党领导的工农革命斗争锋芒触及湘系部队军官及其所代表的社会阶层之利益之时，尤其是在蒋介石、汪精卫先后背叛革命，实行反共“清党”之时，这支军事力量乃迅速投入反革命阵营，不惜屠杀工农，镇压革命。以何键为代表的湘系军队制造了长沙“马日事变”，充当了进攻井冈山革命根据地的急先锋，多次参加了对中央苏区和湘鄂西苏区的“围剿”战争。在中央红军向西突围进行长征之时，何键的湘军又由刘建绪直接指挥，按照蒋介石的统一部署，进入贵州和云南，对红军实行追击。

湘系军事力量在国民党新军阀混战中可谓无役不从，是一个积极参加者。从蒋（介石）唐（生智）战争、蒋桂（李宗仁、白崇禧）战争、蒋冯（玉祥）战争，到蒋阎（锡山）冯大战，湘系军队都在不同程度上参与其间。湘系军队自身也在反共战争和新军阀混战中日渐发展壮大。以何键为首的湘系军事集团时而依附桂系，时而拥蒋，纵横捭阖，左右逢源，而在最后选择了拥蒋自固之途。新军阀之间的混战和反共战争，不断促使湘系军事力量中各派势力的消长起伏。经过多次的斗争、分化和重组，其中程潜集团和唐生智集团遭到蒋介石的打击和分化，最后都归于解体和消亡。唯有何键集团，紧紧掌握和巩固了第三十五军作为基干力量，在省内笼络各派地方势力，牢牢抓住湖南地方民团；在全国积极拥蒋反共，获得了蒋介石中央政府的支持，从而使自身的力量迅速壮大，成为独霸湖南、自成体系的一个军阀集团。从一九二七年到一九三三年不足八年间，何键集团的实力急剧上升，从一个不到两万人的三十五军，发展成为以第四路军为主干的总数达十万之众的在全国屈指可数的一个地方军事集团。

何键军事集团是以北伐战争时期的国民革命军第八军第二师为基础，吸纳和兼并湘系军队中程潜第六军旧部和唐生智第八军各师一部分部队，扩充演变而成。北伐战争开始前夕，湘军第四师师长唐生智倾向革命，起而反对依附吴佩孚的时任湖南省省长兼湘军总司令赵恒惕。一九二六年五月，唐生智率部加入国民革命军行列，其第四师改编为国民革命军第八军，广东革命政府委任其为军长兼北伐前敌中路总指挥。第八军下辖七个师：第一师，师长李品仙；第二师，师长何键；第三师，师长刘兴；第四师，师长叶琪；第五师，师长贺龙；独立师，师长周斓；教导师，师长夏斗寅。

第八军作为北伐军的一支前锋部队，参加两湖地区和赣皖一带进击吴佩孚和孙传芳的作战，队伍随之急剧扩大。一九二七年一月第八军扩编为四个军：第八、第十八、第三十五、第三十六军。何键所部扩编为第三十五军，何升任师长，刘建绪任副军长。下辖四个师：第一师，师长戴斗垣；第二师，师长刘建绪；第三师，师长陶广；教导师，师长王东原。三十五军的建成，为尔后何键军事集团的形成奠定了初步的基础。第一次大革命于中途夭折失败后，国民党新军阀之间的混战接踵而来。一九二七年底至一九二八年一月蒋唐战争之时，受唐生智节制指挥的何键三十五军也全军投入战斗。唐生智战败下野，李品仙、叶琪、刘兴等部均先后为联蒋的桂系所收编，唯何键所部获得时任湖南省主席、受桂系支持的程潜之支援，又与地方封建势力掌控的各县民团深相结纳，得以独树一帜而不倒。何键本为唐生智部下，倒唐之后，他因桂系势力在湖南占统治地位，乃采取拥护桂系，一面与桂系修好，一面与蒋介石靠拢，以保存实力、徐图发展的策略。

一九二九年春爆发的蒋桂战争，给何键军事集团的急剧发展和崛起，提供了一个至关重要的契机。在这场战争中，何键看准蒋介石占有显然的优势，乃积极靠拢蒋方，接受蒋介石进攻桂系军阀的密令，从而取得了蒋介石对他的信任和支持。蒋桂两派为争夺两湖地区的地盘和统治权，由明争暗斗演变成为一场内战。蒋介石为打败桂系，竭力拉拢和利用唐生智旧部，实力最强的何键三十五军无疑是利用的主要对象。何键在蒋桂讨唐战争中支持桂系，但并未取得湖南的主要统治权，相反，桂系却推举了对何键持排斥态度的鲁涤平出任湖南省政府主席。于是，何键转而进一步依附蒋介石，企图利用讨桂战争将桂系势力逐出湖南，进而夺取湖南全省军政大权。一九二九年三月，蒋介石发动讨桂战争时，南京政府发布何键为湖南省政府代主席的任令，并委任何键为第四路军总指挥。何键依靠第三十五军的军事实力，采取两面派手法，在蒋桂两系之间双向利用，在政治纷争和内战中窃取了湖南军政大权，成为国民党新军阀混战中靠左右逢迎自固的一个典型代表。

第四路军以原第三十五军为基础，吸纳和并编湘系军事力量中原程潜第六军和唐生智第八军的一部分旧部，并收编了相当数量的湖南地主武装民团和绿林队伍，组成了一支四万余人的部队。何键军事集团以武装力量为基础，掌控湖南全省军政大权，成为一个既有军队，又有地盘的地方军阀集团。第四路军下辖三个师、两个独立旅，另有一个全省警备司令部。第十九师，由原三十五军缩编而成，师长刘建绪，由三个旅组成：第五十五旅，旅长罗树甲；第五十六旅，旅长陶广；第五十七旅，旅长戴斗垣。新编第七师，由原程潜第六军第十七师张其雄部和十二军叶琪部第二、第三师合并编成，师长周斓，由三个旅组成：第四十六旅，旅长章亮基；第四十七旅，旅长成铁侠：第四十八旅，旅长刘济人。独立第六旅，由武风、新宁地区土匪绿林部队陈光中部被收编改组而成，旅长陈光中，下辖三个团。独立第八旅，由湖南洪江、溆浦绿林部队陈汉章部改编而成，旅长陈汉章，下辖三个团。

第四路军在一九三〇年进行了两次编整，进一步扩大和加强了部队的实力。这年，阎锡山、冯玉祥、李宗仁三大军阀集团联合起兵反蒋，国民党新军阀之间展开了一场规模空前的大混战。何键乘机利用矛盾，公开表示拥蒋，又与桂系暗通款曲，着力扩展自己的军事力量。一九三〇年春，第四路军进行第一次整编。新七师改编为第十五师。新八师改编为第十六师。独立第七旅扩编为第三十三师，独立第八旅与十九师一部合编为三十一师。同年冬，四路军进行第二次整编，第三十一师改组为第六十二师。第三十二师改组为第六十三师。湘西地方部队陈渠珍部改编为新三十四师，第十五、第十六、第十九师三个师合编为第二十八军，军长刘建绪，为第四路军主力。一九三三年，第四路军为建立后备兵团以为扩充正规部队之准备，组建了一个补充总队，下辖五个步兵团。

在国民党军队对工农红军进行第四次和第五次“围剿”期间，何键作为赣粤闽湘鄂“剿匪”军西路总司令，率部积极参加“剿共”战争，同时又乘机加强自己的武装力量。一九三三年至一九三六年间，何键军事集团包括第四路军和湖南全省保安部队，总数已达十余万人；主力部队编成六个师、一个独立旅、两个暂编旅。一九三三年三月设全省保安司令部，保安部队拥有二十四个团、五个独立营。

第十五师，师长王东原、副师长彭松龄，下辖第四十三旅，旅长侯鹏飞；第四十四旅，旅长张彀中；第四十五旅，旅长汪之斌；全师共六个团。

第十六师，师长彭位仁，下辖第四十六旅，旅长章亮基；第四十七旅，旅长杜道周；第四十八旅，旅长刘济人；全师共六个团。

第十九师，师长李觉，下辖第五十五旅，旅长段珩；第五十六旅，旅长邓南骥；第五十七旅，旅长陶柳；全师共六个团。

第六十二师，师长陶广，下辖第一八四旅，旅长钟光仁；第一八五旅，旅长李国钧；第一八六旅，旅长王育瑛；全师共六个团。

第六十三师，师长陈光中，下辖第一八七旅，旅长王德彰；第一八八旅，旅长陈子贤；第一八九旅，旅长赵梦炎；全师共六个团。

新编三十四师，师长顾家齐，副师长戴季韬，辖两个旅，旅长谭文烈、刘文华，共四个团。该师于一九三六年年底改编为第一二八师，顾家齐继任师长。

独立第三十二旅，一九三四年一月由湖南警务第一、二团和特务营合编而成，旅长胡达，辖步兵两团。

暂编第十一旅，一九三六年六月由新编第三十四师第三旅改组而成，旅长周燮钦（亦作“卿”），副旅长耿亮采，辖步兵两团。

暂编第十二旅，一九三七年一月由第六十三师一八八旅改组而成，旅长李国钧，副旅长杨诚斋，辖步兵两团。

在十年内战时期形成和崛起的第四路军，其主力部队尔后组成以刘建绪为总司令的第十集团军，归入第三战区右翼作战集团序列，参加了淞沪会战。

二、 出师淞沪：湖南部队初登抗日战场

湖南部队从国内阶级战争转向抗日民族战争，是当时中国所处的国际关系，特别是中日关系和国内政治关系发生重大变化，南京国民政府和湖南地方军政当局的内外政策实行历史性转变的结果。一九三五年华北事变以来，日本军国主义变本加厉地推行独占中国、称霸东亚的既定国策，中华民族面临着空前严重、十分险恶的民族危机。中日民族矛盾愈来愈上升为中国的主要矛盾，这就不能不降低了国内阶级矛盾的地位，从而促使国内各党各派各军调整自己的政策。西安事变前后，中国共产党抗日民族统一战线政策在全国的影响日益扩大和加强，国民党和国民政府政策的重点也由“安内”逐步转向“攘外”，国共两党开启了接触与对话的渠道，为共同抗日走向了第二次合作。“共赴国难，抗日御侮”成为响彻全国的时代最强音。以何键为首的湖南地方实力派和湘系军事力量，在这个政治大局之下，出于全国形势的推动，出于其自身的民族精神和民族立场，尤其是出于维护自身统治利益的需要，遂决心调整和改变自己的政策，从“剿共”战争转变到对日抗战。

以蒋介石为首的南京中央当局，在七七事变前后以比较积极和坚定的步伐走上联共抗日之路，这对湖南军政当局起了极为重要的引领作用。虽然，何键对于“联共”始终持有保留态度，反共的立场和态度始终未变，但是对于蒋介石抗日救国的号召确实积极地起而响应。尽管在抗日战争全面爆发前何键一直把政策的重点置于“剿共”方面，但自一九三五年年底以后，也按照南京中央当局的统一部

署,对国防军事准备的建设做出了一些举措。七七事变爆发后,蒋介石于一九三七年七月十七日在庐山发表谈话,向国内外宣布了准备抗战的方针。何键对蒋介石的对日政策表示拥护。八月上旬,蒋介石召集全国各个地方实力派的主要领导人和中共中央代表,在南京举行国防会议,讨论抗日的国防和军事战略方针。八月二日,何键由长沙抵南京出席国防会议,当日"晋谒蒋委员长,请示抗日机宜"①。八月八日,蒋介石"在京召集白崇禧、刘湘、何成浚、顾祝同、何键商谈抗日问题,冯玉祥、何应钦,程潜等出席作陪"②,何键拥护抗战,对于湘系军事力量参加抗战起了至关重要的作用。

在第四路军中的地位仅次于何键的另一位湘系将领刘建绪,抗日态度比前者积极得多,其与蒋介石中央当局的关系也远远比何键密切。刘建绪长期襄助何键统领部队,为何之主要副手。一九三二年起,刘担任第二十八军军长,直接指挥何键军事集团的主力部队第十五、第十六、第十九等三个师。一九三三年刘建绪升任由何键任总司令的粤赣闽湘鄂"剿匪"军西路的第一纵队司令。蒋介石为了更有利于控制湖南,对何键实行既合作又钳制、既支持又限制的策略,乃积极离间刘建绪与何键之间的关系,拉拢刘建绪依附南京中央,以削弱何键对第四路军的掌控力。一九三五年,蒋介石以"军民分治"之名义,要何键专任湖南省政府主席,交卸第四路军总指挥一职;同年九月,刘建绪继任总指挥。刘按蒋介石的部署,率部"进剿"红军第二、第六军团。一九三六年又追击长征途中的中央红军进入贵州和云南。两广事变发生时,何键乘机向蒋介石提议将第四路军调回湖南,蒋不允许何重掌四路军,予以拒绝。经过蒋介石与刘建绪在南京的商定,一九三六年八月,刘建绪率第十六、十九师等第四路军主力调往以浙江衢州为中心的浙闽赣边区一带驻防。蒋介石此举的意图,一方面是利用这支部队,对闽浙赣边区的工农红军游击部队进行"清剿";另一方面是鉴于中日大战正在逼近,将其部署在临近京沪杭地区的便于机动的地带,作为战略预备队以供运用。

日益高涨的湖南民众抗日救亡运动,是湘系部队从内战转向抗战的一个强大的推动力量。早在九一八事变后,素具反帝爱国传统的湖南各界民众纷纷起来,发动了轰轰烈烈的抗日救亡运动。后来,运动虽经历起伏曲折,然始终未有停息。七七事变后,湖南民众抗日救亡运动以前所未有的浩大声势重新高涨起来。

首先,抗日救亡团体在全省纷纷成立。七月二十四日,在由平、津、沪、宁等地高校回湘学生中的中共党员和长沙工商学各界代表的推动下,长沙人民抗敌后援会成为组织和指导全省民众的最大的抗日救亡团体。它一经成立,就推动各县组

① 南京《中央日报》,1937年8月4日。

② 南京《中央日报》,1937年8月9日。

织分部，并派出代表到各地进行帮助指导。到八月下旬，平江、益阳、浏阳、衡山、醴陵、芷江、长沙、常德、武冈、邵阳、宁乡、新化、零陵、桃源、湘乡等县，先后组建了县级抗敌后援会。十月七日，湖南另一个抗日救亡团体——湖南省文化界抗敌后援会宣告成立。该会宣布以团结抗战、持久抗战为宗旨，动员和组织全省文化各界参加抗战。接着，湖南妇女各界，学生界、职业界的抗敌后援会也纷纷建立起来。

其次，救亡刊物大量创刊。省文化界抗敌后援会等团体创办了《抗战文化》《中苏半月刊》《前进》《民族呼声》《火线下》《大众日报》等多种报刊。至一九三七年年底，全省出版刊物达四十余种。它们筑成了影响广泛的抗日舆论阵地，拥有为数众多的读者。

第三，各种形式的抗日宣传活动广泛展开。文化界抗敌后援会组织了演讲队、歌咏队、街头剧团、壁报团、读书会、实事座谈会、战时常识训练班等，向广大人民群众进行抗日宣传活动。省抗敌后援会组建了八个宣传队，分赴长沙四乡开展宣传动员。长沙邮电职工“救国十人团”集资订购抗日书刊，向各界民众赠阅。醴陵、茶陵、安仁的工人组织抗敌宣传队，沿醴、攸、安、来公路作为期一月的扩大宣传，一路散发《抗日救国问答十条》十万份。

第四，捐献财物，慰劳前线抗日将士。七月二十九日，湖南学生援助前方将士委员会所属各校开始募款劳军活动。他们冒着酷暑，奔走大街小巷，挨户劝募，并散发告各界同胞书，呼吁支援抗战。八月五日，省抗敌后援会发布各界征募捐款办法，发动各界民众踊跃捐助。从八月十八日至十月二十六日，募得捐款六十八万余元、布鞋四万双、毛巾十三万条、棉背心三千件、棉鞋一万双、成药三十余箱。衡阳、新化、祁阳、宁乡等县以及粤汉铁路员工，也都捐献了为数可观的现金、被服、鞋帽、毛巾和防毒面具等财物。

第五，组织汽车队、敢死队、义勇队、服务队奔赴前线支援作战。八月中旬，省公路系统员工组成“北上抗日运输队”，编为两个中队，分批北上投入战区运输。省内组织军运装卸队、运输队，支援抗日部队军需运输。粤汉铁路衡阳员工组成七个军运装卸队，专门负责装卸军用物资。长沙、益阳、湘潭、湘阴、宁乡、桃源等地的码头工人组建运输工作团和接待站，协助过境部队的物资转运。攸县、茶陵、安仁等地船工合组航运队，沿湘江开展支前航运。

在波澜壮阔、声势浩大的民众抗日救亡运动席卷三湘大地的过程中，湖南各界以各种方式，或通电或发函或撰文，表达对前方抗日将士们的敬意和支持，敦促南京国民政府、湖南省军政当局，坚定抗战态度，实行全面动员，坚持抗战到底。七月二十九日，湖南人民抗敌后援会以全省三千万民众的名义，致电南京政府，指出“现在和平已告绝望，牺牲已到最后关头，舍全国总动员与之周旋，不足以谋取民族生存”，强烈要求南京当局“当机立断，出师北上，扫荡强寇，固我河山，勿再希望不可得之和平”。八月三日，省后援会发表宣言，号召全省人民“抱定军心，长期抗战，捐款劳军，毁家纾难”。八月六日，该会再次电请南京政府明令对日宣战。八月十日，长沙商人抗敌后援会通电蒋介石，要求迅速发动全面战争。在广大民众的抗日呼声和爱国激情的影响和感召下，国民党湖南省党部和长沙市党部也致电南京政府，要求中央“当机立断，抗敌雪耻，勿再委曲求全”①。

以刘建绪为首的第四路军，在这全国局势大变动的历史关头，在中华民族生死存亡的关键时刻，在内外各种因素的推动下，终于踏上了对日抗战之路。在七七事变前夕的一九三六年冬，南京政府军委会任命刘建绪为闽浙赣皖边区“绥靖”公署主任。这一军事机构与以张治中为首的京沪警备司令部、以张发奎为首的苏浙边区公署三足鼎立，共同构建了在京沪杭地区抵御日军入侵的军事防卫体制。八一三事变前夕，第四路军奉令改组为第十集团军，刘建绪改任该集团军总司令，随即划归第三战区战斗序列。一九三七年八月二十日南京政府大本营颁发《第三战区作战指导计划》，规定将第三战区作战境域划分为五个作战区：(1)淞沪围攻区，以张治中第九集团军为作战主力；(2)杭州湾北岸守备区，以张发奎第八集团军为作战主力；(3)浙东守备区，以刘建绪第十集团军为作战主力；(4)江南（苏南）守备区，以霍揆章第五十四军为作战主力；(5)江北（苏北）守备区，以东北军缪征流部为作战主力。②刘建绪部守备的地区，西起浙赣铁路金华至杭州之间，向东沿杭州湾南岸，经绍兴、宁波、台州，至浙南温州一带。

第三战区司令长官部于八月二十日下令划定第十集团军的战斗序列：

第十集团军总司令　刘建绪

　　第二十八军军长　陶广

　　　　第十六师师长　彭松龄

　　　　第六十二师师长　陶柳

　　第七十军军长　李觉

　　　　第十九师师长　李觉(兼)

　　　　暂编第十三旅旅长　杨永清

　　第六十三师师长　陈光中

　　暂编第三十四师师长　顾家齐

　　暂编第十一旅旅长　周燮卿

　　暂编第十二旅旅长　李国钧

① 转引罗玉明：《抗日战争时期的湖南战场》，学林出版社，2002年，第12—13页。

② 中国第二历史档案馆：《抗日战争正面战场》(上册)，江苏古籍出版社，1986年，第6—9页。

宁波防守司令部司令　王皞南①

这时，淞沪会战的帷幕已经揭开。第九集团军首先打响了市区攻围战，向盘踞在上海市区虹口、闸北和杨树浦地区的日军发起勇猛的攻击。第十五集团军稍后在上海市区北面、长江南岸对登陆的日军进行沿江阻击战。第十集团军各部日夜兼程向杭州、萧山一带集结，并向杭州湾南岸沿海地带开进。至八月三十日前后，第十集团军主力陆续展开于指定位置。刘建绪八月二十八日在致蒋介石密电中报告了第十集团军各部进入淞沪战场的情况："一、第十九师李觉部担任温(州)台(州)宁(海)海(门)象山方面海防，现驻鳌江左岸至象山港南岸之线……。二、新三十四师(一二八师)顾家齐部担任宁波方面防务，从象山北面起，止曹娥江止，明艳(二十九)日可到齐。三、第十六师彭松龄部正向萧山集结，陷(三十)日可到齐。四、第六十三师已于本日全部到达杭州湾集结，五十二师于世(三十一)日前亦可全部到杭。五、第六十二师陶柳部(归向华即张发奎指挥)已全部到达溆浦、乍浦、金山一带阵地。六、第十五师王东原部先头部队十日到达(湖南)桃源之邓家驿，梗(二十三)日可到达长沙，向九江集结待命……七、暂编第十一旅、第十二旅、第十三旅均在京贵、浙赣两铁道线及闽赣边境担任维持交通与仓库。"②同年九月上旬，第六十二师和第六十三师相继进驻杭州湾北岸自海宁、海盐、平湖至金山、奉贤一线，暂属第八集团军总司令张发奎统率，并由湘系将领陶广以第二十八军军长在平湖设军部进行指挥。同时，第十五师和第十六师亦被从第十集团军调出，作为第三战区总预备队的组成部分，由战区总部作为机动部队直接使用。

三、第十五、十六师刘行—陈家行阻击战

正当第十集团军向杭州湾南岸和浙东沿海进军时，在淞沪主战场，中日两军之间一场规模愈来愈大的攻防战正在激烈地进行着。中国军队开辟了两个战场：以第九集团军为主力展开的上海市区攻围战，以第十五集团军为主力进行的浏河、吴淞间沿江阻击战。如果说，在八月二十五日以前，作战重心是在市区攻围战，那么，在此以后，作战重心便逐步转向沿江阻击战方面。当战局重心转移的重要时刻，湖南部队第十五、十六师登上了淞沪主战场，与日军直接交锋，成为湘系军事力量中最早与日军交战的部队。这两个师和第十九师是湖南部队中的三个

① 第三战区司令长官部：《第三战区抗战纪实》，中国第二历史档案馆藏国民政府战史会档案，档案号：2819-5。

② 《刘建绪致钱大钧转蒋介石电》(1937年8月28日)，《第三战区第十集团总司令部有关淞沪会战文电》，中国第二历史档案馆藏档案，档案号：789-7440。

主力师，官兵素质比较优秀，装备优于一般部队，有相当丰富的作战经验。刘建绪此前曾向蒋介石建议："如十五师能调至浙境，与十六、十九等师集中使用，配备以较好武器，便可发挥相当之战斗力。"①蒋介石并未采纳此项建议，而是把十五、十六师直接调入淞沪战场的左翼战线，参加沿江阻击战。第十五师一九三七年八月底从湘西芷江开拔，徒步行军，千里北上，经辰溪、桃源、常德、益阳、宁乡，水陆兼程，前出南京。再经京沪铁路抵达上海。九月六日前后，该师进入罗店附近之广福和刘行一带。第十六师在八月二十八日前后经浙赣铁道东移，集结于杭州、萧山间，九月五日前后进入上海龙华、闵行一带，十日前后集结于南翔、大场附近。两师均归第十五集团军指挥。

这时，左翼战线敌我两军鏖战正酣。自八一三之战打响后，日本统帅机关为迅速击败中国军队、攻占上海和长江三角洲地区，除就近调动在中国东海一带活动的第三舰队和常驻上海的海军特别陆战队参战外，于一九三七年八月十五日组成以松井石根为司令官的"上海派遣军"，进攻淞沪地区。同月下旬，松井石根指挥第十一师团和第三师团，分别在上海市区之北的宝山川沙口和吴淞镇登陆，九月初，日军天谷支队、重藤支队等三支各相当于旅团规模的部队，再次在宝山、吴淞登陆。至此，日军已在左翼战线集结了近六万人的部队，展开于宝山、罗店、杨行、月浦、吴淞地区。面对登陆进犯之敌，中国军队发起了勇猛的阻击，但未能粉碎敌之进攻。对入侵罗泾、罗店之敌，经几次猛烈的攻击，虽给敌以重创，然未能达到扫荡之目的。而从宝山、吴淞上陆之敌进犯杨行南北地区，张华浜上陆之敌亦对泗塘河两岸守军阵地发动攻击。

以陈诚为总司令的左翼作战集团，部署于东起江湾，西至南翔，北抵浏河、太仓，南迄蕰藻浜北岸的战区，全面抗击从长江南岸登陆西进、南下的松井石根部队。九月中旬，作战中心转移至蕰藻浜北岸沪大路两侧的刘行和陈家行一带。第十五集团军在蕰藻浜北岸部署了近十五个师投入战斗，组成三个作战区：马陆镇、唐家桥、贾家桥、浦尖桥之线以东为第一作战区，以胡宗南、王东原为正副指挥官，参战部队有第一师、第七十八师、第十六师、第十五师、第三十二师、炮兵十六团第三营；唐家宅、胡家宅、小徐宅、杨家宅、孟朱宅之线以东为第二作战区，以罗卓英、霍揆彰为正副指挥官，参战部队有第十一师、第十四师、第六十七师、第九十八师、迫击炮第十一营；上述之线以西为第三作战区，以刘和鼎、俞济时为正副指挥官，参战部队有第五十一师、第五十六师、第五十八师、炮兵十六团第二营。②

① 《刘建绪致钱大钧转蒋介石电》(1937 年 8 月 28 日)，《第三战区第十集团总司令部有关淞沪会战文电》，中国第二历史档案馆藏档案，档案号：789-7440。

② 《第三战区抗战纪实》，第 35 页。

日军在南起虬江码头、张华浜，中经吴淞镇和宝山城，北至罗泾、川沙口的沿江地带，开辟了若干登陆场，初步站稳了脚跟，并以此为基点由东向西攻击前进，企图在夺占罗店、月浦、杨行后，集中进攻刘行和陈行，截断沪太公路，然后南下越过蕰藻浜，把攻击的矛头指向大场，而席卷苏州河以北。九月十五日前后，日军主力沿着三个方向，连连发动进攻：一路由月浦向罗店进击，一路由杨行进攻刘行，一路由虬江码头、引翔港向江湾进攻；而夺占刘行则是松井石根首先所要达到的目标。

以胡宗南为指挥官的第一作战区，肩负着保卫刘行及其周围一带的光荣任务。这里由来自三个方面的部队共同构筑起一个抗日阵地：黄埔系中央军第一师和第七十八师、湘系部队第十五师和第十六师、原西北军第三十二师，为了共同的抗日目标，这三支素不识的部队站到了同一个战壕里并肩战斗。已升任第七十三军军长的原湘系第十五师师长王东原，作为这一战区的副指挥协助胡宗南指挥作战。对初登淞沪战场的十五师和十六师的作战，第三战区总部甚至蒋介石都作出了具体的指令。九月十三日上午，蒋介石令十六师“于本晚开始移动到大场附近集结，与胡军长宗南切取连系随时策应”。同日，第三战区总部命令“第十五师之一旅，沿宝（山）刘（行）公路两侧前进攻击”。十四日，蒋介石再次电令：“着第十五师派一部担任刘家行镇据点之固守，无命令不得放弃。”①

第十五、十六师进入第一线阵地之前，第七十八师和第三十二师已于九月十日前后在刘行附近的东杨宅、永安桥、北杨宅、窦家弄等地，与进犯的日军展开激烈交火。九月十四日凌晨，第一师和七十八师冒雨反攻，夺回窦家弄阵地。十六师四十八旅在王东原指挥下，当即从大场附近向北疾进，移师蕰藻浜北岸公路附近迄顾家宅西南之线，策应第一师和七十八师作战。次日，日军全线发动更为猛烈的进攻，十五、十六师迅速挺进火线参战。九月十六日，这两个师在淞沪战场上的第一仗恶战打响了。第三战区总部根据各部的阵中日记，以纪实的方法描述了这一天战斗的实况：“本晨，敌由大朱宅方面先以炮击，继以步兵向我杨家沿秦家塘、杨木桥、朝王庙一带攻击，第十六师四十八旅……即开刘家行，准备接替第三十二师金家湾、朝王庙、李店、北杨宅之线的防务。四十六旅九十一团准备于本日午前9时到达窦家弄、孟湾、中兴一带，接替九十五团防务。……接防部队尚未到达，敌已向我十五师八十六团秦家塘后弄、独立三十七旅七〇九团杨家沿西盛桥之线猛攻，被其突破。十六师九十五国即不待交防，以第二营附第九连由孟湾东北增援十五师八十六团、向敌反攻，即将西盛家夺回，旋敌我反复冲击，失而复得者三。该团固守中兴宅之线，拒止敌人，即以第一营、第三营固守孟湾，第二营撤

① 《第三战区抗战纪实》，第33页。

至中兴宅整理。此战击毙敌五百余,并击落战斗机一架,我亦伤亡官兵两百七十余。三十二师迫退杨木桥、金家湾、朝王庙之线,第十五师八十五团及八十九团增援,阻敌前进。午后4时,金家湾被敌攻占。5时,第十六师九十六团增援反攻,以第三营攻敌正面,第二营一部任杨家宅防守,一部沿杨家宅前进,攻敌右翼,第一营为预备队。7时,第三营即将(刘行)国际无线电台附近之敌肃清。8时,第三营迫近金家湾,敌凭借村落森林,集中火力,向我猛攻,营长李秾负伤,所部伤亡过半。九十六团团长即重新部署,期于本晚收复金家湾。"①

第十五、十六师初登战场,锐气方刚,给了日军以迎头痛击。日军在西盛宅的攻势受挫后,乃移主力西窥沪太公路上的重要据点顾家镇。九月十七日,日军约两万人向十五师、十六师窦家弄、孟湾附近阵地,第一师、七十八师胡家宅、顾家宅附近阵地,第一五九师杨木桥、金家湾、朝王庙附近阵地,第三十二师北杨宅附近阵地发动全线进攻。第十六师九十六团再次猛烈出击,于凌晨三时夺回金家湾阵地之一部。双方激战竟日,直至当晚,与敌军形成相持。九十六团广大官兵士气高昂,不怕伤亡,不顾疲劳,经彻夜奋战,于十八日凌晨一时终于将金家湾之敌悉数予以歼灭,阵地完全恢复。此战打出了湖南部队的威力,显示了三湘子弟们的英勇气概。同时,四十八旅九十五团于同日傍晚前出五九房接替第一师第四团阵地,敌军乘机发动袭击,该团官兵临阵不乱,沉着应对,当即进行逆袭,将敌击退。次日午后,第一师四团王宅阵地被日军攻占,九十五团再次出击,恢复原阵地,毙伤敌人在五百人以上,又一次给了进攻之敌以狠狠一击。

可是,左翼战线的态势却在日益恶化。同年九月上旬至十月初,日本统帅机关又从国内调遣第九、第十三、第一〇一师团等三个师团和重炮兵一个旅团,分别在黄浦江西岸的张华浜、杨树浦、虬江口和吴淞镇登陆。这是继八月下旬第十一师团和第三师团登陆后日军在淞沪战场的第二次大规模增兵。日军凭其武器装备的优势和海空军的支援,步步推进。我方左翼战线所受压力日趋严重。正如右翼总司令张发奎所说:"左翼方面自九月上旬以来,战况已逐渐不利,阵地亦逐渐后移,虽不时接受增援部队逐次加入,亦仅能维持'寸土必争'的状况。"②

九月二十五日前后,左翼军全线退守北站、江湾、庙行、罗店以西、施相公庙、浏河之线,宝山、罗店、杨行、月浦、吴淞等重要据点以及蕴藻浜北岸刘行附近不少阵地,都被日军陆续攻占了。敌我两军在罗店以西和刘行一带夜以继日地、反复地展开拼搏,第十六师的阵地在窦家弄、孟湾,十五师坚守刘行镇主阵地,他们与

---

① 《第三战区抗战纪实》,第35页。

② 张发奎:《英勇战士,血肉长城》,全国政协文史资料委员会:《八一三淞沪抗战——原国民党将领抗日战争亲历记》,中国文史出版社,1987年,第219页。

第八师、第五十七师、第一五九师、第七十七师、第一六〇师、第九十师、第六十七师、第十一师等部，组成一条条相互联结的纵深的防御阵地，以江家宅、窦家弄、顾家宅、刘行、太平桥、万桥、樊家桥亘罗店南站为主阵地，以陈家行以东至沈家行、沈家宅北迄施相公庙为预备阵地，阻击日本上海派遣军主力的进攻。①十六师和十五师都部署在主阵地上，前者守卫着江家宅、窦家弄、孟家弄、孟湾、顾家亘酸浦南岸之线，后者坚守着刘行至太平桥一线阵地。

这时，中秋时节已过，连绵的秋雨飘洒在阵地的上空，萧瑟的秋风给战地里的士兵们带来了一阵阵的冷意。上海近郊临江靠海，河浜交叉纵横，地下水位高，壕沟掘进不到一米，水即涌出而无法排除。来自南国的三湘子弟，许多还穿着单衣短裤，双腿泡在水里往往几个小时甚至几个昼夜。他们身上沾满泥浆，白天往往吃不上饭，喝不到水，到天黑敌人的空袭和炮击较为稀疏后，伙食才得以送上前线，官兵们才能吃顿饭。他们没有怨言，更不流泪，为了打击日本侵略者，他们早已把个人的生死置之度外了。

九月下旬至十月初，十五、十六师连日浴血奋战，以下是顾祝同致蒋介石的密电中的一些极为概略的记载：

九月二十四日："敌以炮兵及坦克掩护其步兵，向我刘行及罗店以南阵地猛攻，经激烈之战斗，彼我损失均大，但敌仍未得逞。"

九月二十五日："敌以步兵一营，向我十五师阵地攻击，激战至午后六时仍在对峙中。"

九月二十七日："本日拂晓，敌以战车几辆掩护步兵，向我十六师顾家镇附近阵地攻击，剧战甚烈。至十时许，敌以飞机八架轰炸我军阵地，我军迄未动摇，至午后四时，仍在对峙中。"

九月二十九日："（当日）夜，敌炮兵对我顾家镇附近十六师阵地射击。破坏铁丝网，为敌步兵开拓进路，至敌二十余人突进我阵地内，我军沉着应战，遂将突入之敌完全歼灭。"

九月三十日："我十六师在顾家镇、孟湾、张宅之线，于今日上午三时起与当面约千余之顽敌对峙，敌以飞机大炮攻击甚烈，至下午三四时，始将残敌击溃，击毙残敌五百余名，内有官长五名，一名系敌少佐林森木八脁，缴敌轻机枪一支，步枪十余支。"②

日军付出了惨重的代价，却疯狂地继续进攻。九月三十日至十月一日之间，

---

① 《顾祝同致蒋介石密电》(1937年9月26日)，《抗日战争正面战场》(上册)，第315页。

② 《顾祝同致蒋介石密电》(1937年9月24—30日)，《抗日战争正面战场》(上册)，第313—318页。

敌以强大的炮兵和空军进行凶猛的袭击，致使我左翼军刘行、太平桥、万桥之线阵地全被摧毁，敌步骑兵向刘行东北我军阵地猛冲，突入阵地约三公里。我军乃转移于唐桥、陈家行，沿蕰藻浜南岸，经广福、施相公庙之线阵地。从此，十五师和十六师也从此前以刘行中心的阵地，向南转移到陈家行和蕰藻浜南岸的新阵地。十月一日，刘行保卫战的最后一战到来了。十五师为最后保卫刘行镇与敌军展开了空前惨烈的生死拼搏。是日拂晓，已攻入刘行北部的日军向刘行南侧十五师九十团阵地猛攻，阵地被突破，形势十分危急。十五师在五十七师的协同下，迅即组织反击，拼死夺回了阵地。上午十时许，敌军再次发起进攻，刘行镇被敌侵入。十五师血战十余小时，伤亡惨重，然而，官兵们丝毫不退缩，愈战愈勇，一时间杀声震天，战士们手端刺刀，杀向侵入刘行的敌人。尽管刘行并未夺回，但十五师可歌可泣的战斗却足以彪炳史册，永垂千秋。

十六师于十月一日撤至西塘桥后，进入陆家桥至陈家行一线阵地固守，其左面为五十七师，右面为第八师，三个师并肩战斗，为保卫陈家行、阻止日军南渡蕰藻浜而展开一场血战。十六师四十六旅守备陆家桥至陈家行阵地，四十八旅部署于谈家头、沈宅、赵宅、侯行附近。陈家行至陆家桥，东迄唐桥站一线，地处沪大公路两侧，紧贴蕰藻浜北岸，是日军实行"中央突破"作战计划，由罗店、刘行南下，沿沪太公路进击大场、闸北的必经之路。十月上中旬，十六师和友邻部队在这一带横跨蕰藻浜南北两岸，夜以继日地阻击日军南下。十月三日，四十六旅勇猛出击，将浜北沈宅、朱宅日军予以驱逐，敌两度反击，均被打退。次日，日机对四十六旅第一线阵地进行狂轰滥炸，四十八旅官兵冒着炽烈的火焰奋勇前进，增援陈家行右翼和南岸阵地。十月五日上午，四十八旅派兵攻击朱三房、杨家宅之敌，未能得手。下午9时，敌对我军进行夜袭，被我军击退。双方的攻防形同拉锯，一天天反复地进行着。

十月六日，"敌借飞机、炮兵掩护，强渡蕰藻浜南岸，占领石驳岸，复积极以图扩大突破口，我军以迅速扑灭该敌为目的，即以胡宗南为总指挥……指挥第一军、第十六师、第三十二师……第八师、第六十一师、税警总团……向蕰藻浜南岸之敌扫荡。经战旬日，敌虽受重创，然挟其优越之机炮火力，复节节进逼"。①十六师在这将近半个月的战斗中，愈战愈勇，以高昂的士气反复拼搏，许多战士为国捐躯。六日上午，日军攻占石驳岸，向浜南扩张之时，十六师九十六团冒着日军猛烈的炮火迅速进行反击，当天中午，以五个步兵连、两个机枪连从陈家行前出丁家桥，会同第八师四十四团击退石驳岸西北之敌，战至当晚8时，终将蕰藻浜南岸之敌击

① 《蕰藻浜战斗》，《第三战区抗战纪实》，中国第二历史档案馆藏国民政府战史会档案，档案号：2819-58。

回北岸。次日,一场更大的血战又展开了。《第三战区抗战纪实》记述道:"第十六师方面,本(七)日午前二时该师右翼陆家桥、须宅之敌,渡过蕰藻浜南岸,向郭宅南、桥亭宅猛攻,顿悟寺当面之敌,又增至千余,向我进逼。该师令九十五团增援右翼,该团遂派第二营经桥亭宅向陆家宅方向之敌攻击……至四时第二营击破当面之敌,收复陆家桥南岸阵地。八时敌反攻,该营伤亡过半。团长唐肃率第三营驰援,战至九时,将敌击退。此时,九十六团伤亡仅余步兵不足一营……十时,顿悟寺守兵与阵地同亡。该师因四十六旅伤亡过多,即令陆家桥至顿悟寺之阵地,归四十八旅担任;顿悟寺至陈家行之阵地,归四十六旅担任。"①

在以后的近二十天中,十六师先后参加了蕰藻浜、走马塘中间地带激战,南翔以东反击战和大场以北阻击。十月二十六日,苏州河以北、南翔以东中国军队开始撤向沪西苏州河南岸。十六师转移于沪西江桥镇至苏州河沿岸姚家宝一带守备,接着又投入苏州河南岸阻击战。同时,第十五师在十月初刘行血战后,调至太仓附近进行整理补充,同月中旬转移至嘉定茜泾一带,支援江防军作战。这两个师在刘行、陈行战斗中战功卓著,声名远扬。十六师受军委会委员长蒋介石通令嘉奖,颁发奖赏二万元。十五师坚守刘家行阵地二十八天,全师一万五千余人,伤亡四千余人,达四分之一以上。四十四旅旅长张彀中身患病痛,不顾医生劝说,毅然抱病上阵督战,以致眼睛充血,双目失明,仍用电话指挥战斗,因彻夜未寐,几次晕厥于战壕中,在向太仓转移时病逝于阵中。许多官兵视死如归,为保卫祖国献出了宝贵的生命。

四、第八师血战蕰藻浜两岸

第八师是淞沪战场上左翼作战集团的另一支湖南部队。这支部队并不属于第四路军和第十集团军的序列,而且从二十世纪三十年代以来一直由南京军委会直接统率,不受何键军事集团指挥,并非严格意义上的湘系军队。然而,第八师是由北伐战争前的湘军第一师演变而来,士兵和中下层军官大多为湘籍子弟,部队兵源的补充也来自湖南地方团队,它依然保持着鲜明的湖南部队的传统和特色。西安事变以前,这支部队受南京军委会征调,连年参加内战,眼看祖国山河破碎,国家分裂,外敌入侵,民族危亡日甚一日,官兵们从而愈来愈激发起要求停止内战、一致抗日的愿望。师长陶峙岳当时的思想在全师极具代表性:"我每想到日本军国主义者践踏东北数省,复入侵中原,杀我同胞,焚我庐舍,掠我资源,激愤之情

---

① 《蕰藻浜战斗》,《第三战区抗战纪实》,中国第二历史档案馆藏国民政府战史会档案,档案号:2819-66。

不能自已……经常以明代抗倭名将戚继光的大无畏精神教育和鼓舞官兵。当时，士气振奋，真是闻鸡起舞，枕戈待旦，无不以先赴战场杀敌为快。”①

八一三事变后，第八师由陕西凤翔开赴河南安阳，然后由陇海路转津浦路南下，千里跋涉奔向淞沪战场。官兵们志高气扬，以一腔热血，出师抗日，“部队经过南京那天，正是九一八事变纪念日，到处都有青年男女在作抗日宣传，群情甚为激愤，我师官兵也沿途高唱抗日救亡歌曲，歌声此起彼落，气壮山河”。②九月二十日下午，师部和首批部队第二十二旅抵达南翔火车站。次日，第二十四旅也开抵南翔。其时，全师编制如下：

第八师师长陶峙岳　副师长向超中　参谋长骆斌

第二十二旅　旅长史策　辖第四十三、四十四团

第二十四旅　旅长曾致远　辖第四十七、第四十八团

这时，日本上海派遣军已陆续在上海左翼宝山川沙口至吴淞张华浜一带登陆了近五个师团地面部队，攻占了宝山城、吴淞、月浦、张华浜、杨行和罗店等要点，正集中主力进攻刘行和陈家行一带，企图截断沪太公路，南下进窥大场和闸北，席卷苏州河以北地区。中国左翼作战集团以主力部署于东起江湾、泗塘、罗店以西，北至浏河，西跨沪太公路两侧，南抵蕰藻浜北岸地带，节节阻击来势汹汹的日本侵略军。第八师进入战场时，归属于第十五集团军，部署在蕰藻浜以北、沪太公路东侧的周家宅、南王宅、紫藤海、朱家冈、袁宅之线。同时，部署在江湾、庙行一带的有中央集团的第三十六师、第八十七师、第六十一师等部；在蕰藻浜以北一带的有左翼集团的第十六师、第五十六师、第十五师、第九十八师、第十四师、第一师、第七十七师和第十三师等近十五个师的部队。一场大规模的阵地攻防战正在这里夜以继日地进行着。

第三战区司令部于九月二十日晚发出指令：“着第八师于二十一日晚到顾家宅附近，接替第一军第七十八师之防务。”③此时，七十八师正布阵于杨家宅、紫藤海、袁宅之线，与已攻占许庙、窦宅、新宅的日军对峙着，该师经数日奋战，伤亡甚大，奉令移至第二线休整。八师二十二旅立即进入一线阵地，于二十二日晨接替了七十八师阵地。二十四旅于二十三日接替了十六师在窦家弄、中兴宅、孟湾之线的阵地。

九月二十四日，二十二旅的两个营为支援六十六军的作战，于凌晨向与我方

---

① 陶峙岳：《第八师在蕰藻浜的日日夜夜》，《八一三淞沪抗战——原国民党将领抗日战争亲历记》，第285页。

② 《第八师在蕰藻浜的日日夜夜》，《八一三淞沪抗战——原国民党将领抗日战争亲历记》，第285页。

③ 第八师师部：《沪太公路东侧之作战》，中国第二历史档案馆藏国民政府战史会档案。

对峙的当面之敌主动出击，分别进攻窦宅和徐宅。“敌我阵地相距甚近，（敌军）警戒极严，凭据坚固之工事，以炽盛火力猛烈扫射。我官兵反复袭击，突入其（敌）第一线工事，终因死伤枕藉，无力扩张战果，迄天明仍归还原阵地。”①这次夜袭虽未获大的战果，但表现了湖南部队善于夜战和敢于近战的战斗作风。同月二十七日午后，敌军向八师袁宅、窦家弄、项宅阵地发动猛烈攻击。我军沉着应战，毙敌甚多，战到夜十时许，终于打退进攻之敌。

此后三天，日军连续向八师阵地进袭，八师官兵不顾伤亡，以简陋的老旧步枪和手榴弹拼死抗击。“九月二十八日黄昏起，敌先进犯我江家宅阵地，旋项宅、窦家弄之线亦发生激烈战斗。迄二十九日天明至黄昏止，敌以飞机及炮兵掩护步兵前进，反复冲击，（我军）血肉拼搏，（敌）终未能得逞。我阵地前，敌之遗尸不下百余具，伤者约四五百以上。在其（被）击毙之中队长市原三郎身上搜获作战命令一本。”②九月三十日，“晨3时，敌以步兵向我第八师江家宅、汪宅阵地攻击，颇为猛烈，其一部进至我阵地前，被我军以手榴弹击毙十余名，掳获步枪八支，余不支退去”。③同日午后，敌军一部复向胡家宅阵地猛攻，守卫该地的二十二旅四十三团一部英勇抗击，伤亡殆尽，阵地遂告失守。驻守江家宅的我军当即出兵反击，打了敌人一个措手不及，阵地亦告收复。

十月一日，日军集中主力把攻势指向刘行，打响了总攻刘行的战斗。第八师守卫的蕰藻浜北岸、沪太公路顾家镇至唐桥站一线以东的地带，虽非位于刘行的正面，却处于进攻刘行的日军主力的左侧，而对其侧翼形成威胁。“因敌主攻指向顾家镇刘家行，防我攻其左侧背，遂对该（八）师加以猛烈之攻击，复以飞机大炮不断轰炸，（我军）伤亡颇多，敌步兵数次冲锋直至阵地前沿，均经（我军）逆袭击败。”④这一天，八师健儿终日奋战，前仆后继，阵地失而复得，得而复失，敌人一批批倒下去，我军也遭到惨重的损失。日军凭借其武器装备，特别是炮兵与坦克的强大攻击力，突破我军刘行、太平桥、万桥之线。第三战区乃调整战线，调集一部分重兵于蕰藻浜南岸构建新的防线。十月一日晚10时，第八师奉命“按新部署留少数步兵于原阵地线，主力转移至唐桥站，亘陈家行之线，沿蕰藻浜南岸，占领阵地”。⑤

十月初，松井石根按其“中央突破”作战计划，调集其主力三个师团展开于罗店南端、顾家镇亘刘行之线。然后，移其主力方向于蕰藻浜沿岸的唐桥以西至陈

①② 《沪大公路东侧之作战》，中国第二历史档案馆藏国民政府战史会档案。

③ 《顾祝同致蒋介石密电》（1937年9月30日），《抗日战争正面战场》（上册），第317页。

④⑤ 《蕰藻浜战斗》，《第三战区抗战纪实》，中国第二历史档案馆藏国民政府战史会档案，档号2819-58。

家桥一带。中国军队跨蕰藻浜南北两侧构筑阵地，抗击企图渡河南下的日军。十月二日，第八师两个旅进入新的阵地：二十二旅部署于陈家行以东之陆家桥、须宅、墙门头之线；二十四旅部署于唐桥、姚家弄、西六房、王家、石驳岸之线。该师阵地之东侧面，沪太公路贯通南北，由第六十一师担任守卫。西侧面为陈家行主阵地，由第十六师和第十三师担任守卫。从十月二日至九日，第八师在这里与敌军展开了一场空前惨烈的战斗。此前十余日，在沪太公路东侧的战斗中，全师的人员和武器已受不少损失，这里的新阵地又处于易攻难守的河道弯曲部，这场新的战斗，对第八师而言，形势十分严峻。然而，这一切并未动摇他们的抗战意志，正如师部所记："本师官兵虽经十余日之作战，在极度疲劳与困难之地形下，士气仍非常旺盛，皆抱有与阵地共存亡之决心。"①

十月二日，战斗序幕揭开。日军首先进攻守右翼十六师与八师阵地的结合部，四十八团率先打响战斗。十月三日至四日，日军先行攻击浜北我军的警戒阵地，步步推进。守军避其锋芒，撤至得胜庵、张宅、东六房之线，在郭宅、须宅、姚家弄等地逐村进行阻击。同时，师都指令各团对当面之敌进行夜袭，给敌以杀伤，并打乱其攻击部署。四日晚，四十三团一部乘黑夜突击日军第九师团第三十五联队一个阵地，该敌陷于混乱，我军"乘势突入，大肆砍杀，混战约二小时，敌军或死或逃，(被)扫荡尽净。计夺获步枪六十二支，手枪一支，掷弹筒三个，轻机枪三挺。……敌方死伤约二百余"。

十月五日，从拂晓到半夜，展开了一场惨烈的激战。第八师师部作战报告如实地记述了这天的战斗情景："自拂晓起，敌机数十架在我阵地上作低空飞行，投掷炸弹不下二三百枚。同时，白杨宅附近之敌炮数十门向我郭宅、石驳岸、西六房、姚家弄数点集中射击，烟尘弥漫天空，阵地守兵死伤累累。迨十一时许，我河北岸各据点工事全毁。敌炮即延伸射程，对我南岸阵地后方行阻止射击，敌机轰炸范围亦渐由前方向后方推移。同时，敌步兵对上记数据点猛扑，幸我守兵沉着奋勇死力抵抗，激战至午后三时许将敌击退。姚家弄之阵地，因守兵死伤过半，一时几濒于危，幸赖……第四十八团第二营……毅然离阵地与敌步兵近接肉搏，使敌炮兵失去效用。同时，守备河南岸之机枪二连连长……目击北岸危急，乃奋身渡河加入冲锋，身负五伤犹不退，工兵第一连……亦不待命令自动参加战斗。敌兵受此意外之反击，狼狈后退，遗尸遍野。姚家弄阵地始得转危为安。……是日毙敌甚多，本师死伤亦达五百余人。"②

十月六日上午，敌军调来坦克八辆，冲击第八师左翼二十二旅阵地，掩护步兵在蒋家坟南面架桥渡河。"河岸守兵虽拼死抵抗，因受敌战车上机枪及炮火之射

①② 第八师师部：《蕰藻浜两岸之作战》，中国第二历史档案馆藏国民政府战史会档案。

击，工事摧毁无余，士兵死伤殆尽，致有约一营之敌进出于蕰藻浜南岸，在石驳岸西北之弯曲部占领纵横半公里之地域。”①为了迅速歼灭渡河之敌，不让敌人在南岸立稳脚跟，四十三团与四十团当即派出仅有的预备队进行逆袭，在墙门头与石驳岸之间占领了一新阵地，堵阻过河敌人的扩张。西六房、石驳岸两处得四十七团的勇速驰援，也得以转危为安。同时，税警总团第五团、十六师九十二团亦赶来加入战斗，师长陶峙岳亲临第一线指挥战斗。这天，蕰藻浜沿岸杀声震天，枪炮声轰鸣，刀光剑影，鏖战终日，战至当晚八时，将渡河之敌驱逐回北岸。这天的苦战，四十四团伤亡达四分之三，四十三、四十七、四十八团伤亡也在二分之一以上。

十月七日以后，战况日益恶化，第八师所剩兵员无多，阵地也一天天缩小了。经陈诚批准，八师缩短战线，从七日起负责固守姚家弄至王家边之线。这几天“战斗极为惨烈。敌饱兵弹幕反复移动于蕰藻浜至葑村塘南岸间地区，朱宅亘西塘桥之线均在敌步炮火笼罩之中。后方粮食弹药几致无法送至第一线”。面临如此危局，“我前线官兵仍奋勇苦战，与敌肉搏，虽死伤如麻，士气仍未稍减，伤病官兵凡能执枪者仍在第一线作战”。②十月八日，王家边守军伤亡大半，阵地动摇，胡宗南令第一师派兵前往增援，第八师余部全力固守姚家弄、沈家池。十月九日，战斗益激，轻重机枪大都已遭损毁，士兵们纷纷展开白刃战。敌以优势兵力三面猛攻，王家边、孙家池、姚家弄等处相继陷敌。八师余部转移至西塘桥占领阵地，协同第一师、税警总团、三十六师等部阻击追击之敌。下午四时，八师奉命后移江桥镇和昆山进行整理。

第八师在蕰藻浜两岸连续奋斗二十一天，在兄弟部队的协同下，克服难以想象的困苦和险恶，坚守阵地，寸土必争，狠狠地打击了敌人，迟滞了敌军的攻势，再次表现了三湘健儿的英勇气概。二十一天战斗，有一千四百余名官兵为国捐躯，二千九百余名官兵负伤，师长陶峙岳后来忆述道：“这支部队开到上海战场时，使用的还是二十年代的汉阳枪以及各色杂牌枪支，根本没有重武器。以这样一支劣势装备的部队，要与拥有海空军优势、装备精良、训练有素的敌军交锋，其困难是可想而知的，我……深知这一仗很难打，我们唯一的优势，是具有民族自尊心和爱国心的高昂的士气，我师能在顽敌猛攻下坚守二十一天……这是第八师广大官兵用鲜血换来的结果。”③

---

①② 第八师师部：《蕰藻浜两岸之作战》，中国第二历史档案馆藏国民政府战史会档案。

③ 陶峙岳：《第八师在蕰藻浜的日日夜夜》，《八一三淞沪抗战——原国民党将领抗日战争亲历记》，第283—286页。

五、 第十九师血战蕰藻浜—走马塘中间地带

淞沪战场的作战重心，在十月十日前后逐渐转移到蕰藻浜以南，敌我两军在蕰藻浜—走马塘中间地带进行历时半个多月的激战，形成了十月阵地战高潮，其规模之大，战斗之烈，为淞沪会战过程中所罕见。日本上海派遣军在十月五日前后陆续突破蕰藻浜多处渡口，向河南岸进攻，其左翼指向江湾、庙行，右翼指向真如、南翔，而沿沪太公路南下直指大场，则是整个攻势的重点。中国左翼作战集团和中央作战集团先后调集了约四十个师的兵力投入作战。原驻防于浙东沿海的湘系部队第十九师，正是在十月会战的高潮来临之际进入淞沪主战场的。

第十九师为何键军事集团的基本部队，起源于湘军第四师，后来演变为国民革命军第八军和第三十五军，尔后成为第四路军和第十集团军的主力部队。一九三七年九月，李觉以第七十军军长兼第十九师师长，出任温台防守司令。十九师主力驻防浙江温州一带，五十五旅守备海门椒江口和永嘉瓯江口，五十七旅集结于宁波附近。第三战区司令部赋予该师的任务，是防卫宁波至温州间的海岸线，抗击日军可能的登陆，同时作为战区的一支机动部队待命调遣。同月十六日，蒋介石电令刘建绪，十九师全部集结宁波附近，准备向上海方面实行机动。同月底，五十五旅开抵杭州，五十七旅随即也集结杭州向上海进军。十月十日前后，全师分批抵达上海真如车站。这时，该师有官兵一万二千余人，编制如下：

第十九师　师长　李觉　副师长　段珩　参谋长　宋英仲

　　第五十五旅　旅长　唐伯寅　副旅长　汤固

　　　　第一〇九团　团长　刘湘辅

　　　　第一一〇团　团长　邬乐和

　　第五十七旅　旅长　庄文枢　副旅长

　　　　第一一三团　团长　秦庆武

　　　　第一一四团　团长　周昆源

十九师为湘系部队中的精锐之师，历史较久，富于实战经验，官兵团结，深受抗日民族精神的鼓舞，士气高昂。但是，部队武器装备陈旧落后，轻重机枪甚少，步枪大都为杂牌货，更无炮兵，连钢盔也无一个，在上海远郊一片平坦的水网地带的狭小阵地上，该师善于野战和运动战的长处难以得到发挥。面对装备精良，拥有强大炮兵和坦克兵的敌军，他们唯一的优势就是广大官兵们的同仇敌忾、与敌人血战到底的战斗意志和决心为国捐躯的献身精神。在集结宁波、杭州期间，如火如荼的民众抗日救亡运动给了官兵们以强烈的影响，“在他们的感召下，官兵们个个失声痛哭，义愤填膺，一致表示，决心用自己的血肉洗血国耻，团、营、连、排长

纷纷写血书，写遗嘱，作必死的决心，保卫大上海。”①

十月七日前后，十九师全师进入大场附近，归属中央作战集团总司令朱绍良指挥。担任蕰藻浜沿线麦桥宅、陈家宅、季项宅、陆家堰、孙家宅、郭家牌楼之线的守卫，五十五旅部署于孙家宅至郭家牌楼一线。在正面东西不到五公里宽的阵地上，贴近蕰藻浜南岸布防的是税警总团，为第一线，其后是第三十六师，为第二线，十九师位于后面的第三线。如此纵深配备，是当时中国统帅机关实行阵地战、消耗战的消极防御战略的一种产物。尽管这大大地限制了湖南部队特长的施展，但是他们依然最大限度地发挥出自己的战斗力。

十九师对日军的第一仗，是十月十一日的坍石桥之战。这天下午3时，第一线守卫的税警总团第二团坍石桥阵地遭敌军袭击，税警二团未能阻敌前进，沿真(如)大(场)公路向南退却。敌军三百余紧紧尾随，逼近公路南端。处于二线的三十六师因事出突然，未能及时展开进入阵地，日军向真如国际无线电台方向突进。十九师五十五旅临危不惧，机动灵活，未待请示上级即主动出击，打了进攻之敌一个措手不及。当时参战的该旅代参谋长回忆道：“这时，唐旅长接到邬团长书面报告敌情，并请行动，乃口头命令速向突入之敌侧击，支援友军。当我随唐旅长驰赴第一〇九团，令其向敌出击时，刘湘辅团长已指挥全团各就隐蔽位置，以十几路纵队高喊杀声，向日军侧背出击……一千五百多斗士，人人奋勇，个个争先，以排山倒海之势，向入侵之敌猛冲猛打。日军正以主力向纵深突击，扩张战果，后续部队也跟随深入，满以为可以一举攻占真如电台。突然遭我大部队侧击，以为遭我埋伏，一时慌乱，纷纷向来路溃逃，刘团长率部乘胜追击，直抵蕰藻浜南岸。”②

在五十五旅一〇九团协力下，税警二团随即收复了塌石桥一线阵地。第十七军团军团长胡宗南闻讯后，当即电令：“第十九师部队当机立断，主动支援友军恢复阵地，应予传令嘉奖。”③十九师旗开得胜，士气为之大振。

十月十三日后，防守蕰藻浜南岸一线的税警总团受敌空军、炮兵的轰击和步兵强攻，伤亡过大，以致河防被敌突破，该部后撤大场附近休整，三十六师当即挺进一线，与进犯之敌展开激战。十九师乃奉命在三十六师之后，横贯真大公路东西之钱宅、湖里宅、黑大王宅、郭家牌楼之线占领阵地，构筑工事。战区“长官部强调纵深配备，防敌深入突进，一个师的战斗正面不过两公里多，虽然阵地坚固，但前后重叠密集，在敌军优势炮火轰击下，增大了伤亡。阵地无可供给掩体和掩蔽部之树木，掩体无坚固支撑，抗力甚小，若被敌弹击中，官兵压在下面，不死即伤。

① 汤启圣：《郭家牌楼狮子桥血战记》，全国政协协文史资料委员会：《文史资料存稿选编(抗日战争)》(上册)，中国文史出版社，2002年，第537页。

②③ 罗文浪：《车运上海参战记》，《八一三淞沪抗战——原国民党将领抗日战争亲历记》，第292—293页。

虽然环境如此艰苦，补给又不能及时送到，但是官兵在保家卫国精神支持下，从无怨言，更无逃亡，一心以杀敌守土为荣，表现出中华儿女的英雄气概”。①

尽管中国军队士气高昂，又在战术和战斗上发挥了最大的效用，但是敌我战力、火力对比十分悬殊，战略战役指挥上严重失误，渐次消耗了有生力量，终未达到挽回战局的目的。蕰藻浜—走马塘中间地带拉锯战，中国军队伤亡十分严重。三十六师为参战部队中最精锐的部队之一，经过近半个月的血战，元气大伤，已无力再战，在十九师的掩护下，转移防线后方进行休整和补充。十九师进入第一线，与进犯之敌展开激战，十月十三日中午起，日军以飞机、大炮向五十七旅郭家牌楼、黄港、湖里宅一带阵地进行轰击，继之以步兵进逼。守军奋力反击，激战至下午5时，终将敌军击退至蕰藻浜沿岸，毙敌一批。我方亦伤亡官兵六百余人。十月十四日晨，日军对五十五旅右翼一〇九团季项宅附近阵地进行袭击，至中午敌以步兵向守军发起冲锋。下午3时，敌一部七十余人渡河逼近阵地，一〇九团官兵纷纷跃出战壕，手持刺刀和大刀杀向敌人，一场短兵相接的肉搏战持续达一个小时之久，渡过河南的敌人悉数被歼。该团亦伤亡六十余人。同日，十九师左翼阵地五十七旅终日遭日军空军和炮兵的轰击，伤亡达两百余人。十月十五日，当面日军集中以炮火和空袭，向五十五旅阵地实行毁灭性轰击，前后达五小时之久。一〇九团阵地前后六十米的地带被击成一片焦土。至中午，敌军在机枪火力掩护下向我军阵地反复冲锋。一〇九团官兵抱着与阵地共存亡的决心，奋起抗击，将进攻之敌击退。阵地前倒下的是敌人一批批的尸体。我五十五旅是日伤亡官兵一百五十余人。

从十月十二日起近半个月的时日里，十九师与进攻之敌的攻防战夜以继日，从未停息，形成拉锯和胶着状态。一批批湖南英雄儿女在这里献出了自己的生命，一批批三湘子弟身负伤痛而不得不退出战场。如此惨烈的战斗不到十天，人员已伤亡过半，有的连仅存二三十人，但阵地仍保持在我军之手而不被突破。与此同时，在作为大后方的湖南，抗日救亡运动风起云涌，民众奋起支援前线抗战部队。湖南省保安部队不断向淞沪战场输送新的兵员，补充湘系的十九、十五、十六等师，有力地支援了前线。

十月十六日至二十日连续五天，战斗更为惨烈。十月十七日，敌军攻击重点指向五十七旅一一三团郭家牌楼一带阵地，在空军和炮兵火力掩护下，以两千余步兵连连进行冲击。阵地火光冲天，枪炮声轰鸣。当时，狮子桥成为敌我争夺的焦点。师长李觉指令一一三团死守狮子桥桥头阵地，并令一一〇团和一一四团各

---

① 罗文浪:《车运上海参战记》,《八一三淞沪抗战——原国民党将领抗日战争亲历记》,第292—293页。

派一部兵力，加强郭家牌楼守备。一一三团团长秦庆武临危不乱，沉着指挥，命令第二、第三营守卫狮子桥北岸阵地；团部直属部队和第一营固守郭家牌楼主阵地；归该团指挥的一一四团第二营为预备队，集结于郭家牌楼附近待命。敌军企图突破狮子桥，一举攻占敦家牌楼，对北岸的桥头堡集中炮火猛攻。“我各守备部队凭借工事与旺盛士气，沉着应战，并以炽烈的火力射杀敌人，待敌人冲至我阵地前沿时，忠勇为国的官兵，抢着跃出战壕，先是甩手榴弹猛炸敌人，继之手持马刀冲入敌阵，乱砍乱杀，刀光弹影，血肉横飞，敌军遗尸累累，狼狈溃退。”①团长秦庆武两次负伤，仍裹伤督战。战至下午五时，团附张季麟、营长刘演竞等以次全团官兵均先后伤亡殆尽。二线和三线部队因敌机敌炮的火力封锁，向前运动受阻，无法增援。从早到午时，桥北岸桥头堡工事全毁，守兵百余人无一生还。眼看狮子桥行将被敌突破，秦庆武毅然带领几十个士兵冲出桥去，与敌人展开白刃格斗。当时随团长一起战斗的连长汤启圣，在四十八年后，回忆这场血战道：“秦团长目睹情况危急，便手持马刀，率领我连冲出狮子桥，高呼‘杀呀！杀呀！’的口号，同敌人展开了肉搏战。他深有武功，体魄雄伟，连续砍死三个敌人后，未及猝防侧背，突被一敌猛刺一刀，伤中要害，壮烈殉国。我连官兵都勇猛绝伦，用马刀和手榴弹同敌人肉搏，使敌人多次攻势顿挫。但是我连官兵已大部光荣牺牲。”②

这时，师部令五十五旅一一〇团一营和五十七旅一一四团一连分路反击，郭家牌楼几度得而复失。至当晚十一时，一一四团守住陈家宅、黄港、湖里宅之线，连接第一师张家楼下宅，稳住了阵地。十七日这天，可谓十九师历史上最惨烈的恶战，全师共伤亡官兵一千四百余人。③然而，这天的恶战，既是惨烈的，更是悲壮的，特别是郭家牌楼、狮子桥之战，三湘健儿以鲜血和生命铸成了十九师一座光荣的丰碑。当时上海许多报刊都纷纷发文颂扬。蒋介石曾通令全军予以表彰，并追赠秦庆武为陆军少将。

当十月下旬到来时，蕴藻浜—走马塘地带的战局正在急剧恶化。自大场、江湾以北，蕴藻浜沿岸的军事据点刘行、顾家镇、陈家行、唐桥、盛桥等地被日军攻占，日本上海派遣军的四个师团的主力，在十月中旬已南渡蕴藻浜，攻势直指大场镇、江湾镇、彭浦镇一线，大有席卷苏州河以北整个地域之势。第三战区司令部为遏制敌之攻势，趁南下之敌立足未稳，决心调集重兵给予日军一次集中的打击。于是，顾祝同、陈诚、白崇禧等人制定了南翔以东反击战的方案，报经蒋介石批准。

---

①② 汤启圣：《郭家牌楼狮子桥血战记》，《文史资料存稿选编（抗日战争）》（上册），第538—539页。

③ 第三战区司令长官部：《第三战区抗战纪实》，第85页，中国第二历史档案馆藏国民政府战史会档案，档案号：8219。

这一大规模反击战以新到淞沪战场的桂系军队第二十一集团军的三个师、六个团为第一路攻击军，以第十九集团军六十六军为第二路攻击军，以第十五集团军九十八师为第三路攻击军，以求大量歼灭南翔以东、蕰藻浜南北的日军，将敌军驱逐到刘行、罗店一带，借以扭转战局的态势。

十月二十日晚，南翔以东反击战揭开战幕。中国左翼和中央作战集团投入二万余兵力参加这场大规模反击作战。十九师未列入反击部队序列，按照第三战区下达的命令“其他第一线正面各师除守备阵地部队外，应编成数个有力突击队，向阵地要点突击，策应攻击军之作战”，以及“原固守第一线阵地邻接攻击军之各师，应抽调预备队联系攻击军前进，掩护其侧背”的命令①，十九师于十九日至二十日，一方面“于陈宅、湖里宅之线守备原阵地，制止敌之前进”，另一方面，在反击战“攻击开始之同时，编成突击队向黄港、郭家牌楼夹击，以策应攻击军之战斗”。②此后数日，十九师对当面之敌展开勇猛的阻击与反击。五十七旅阻止敌对湖里宅、苏家宅的进攻，并在炮兵的掩护下向敌发起反击。五十五旅在陈家宅一带也给进攻之敌以狠狠打击。可是，连续十余日的血战，十九师的战力受到过度的消耗，人员大量伤亡，武器弹药毁损严重。到这时，五十五旅两个团所剩人员已不足一个团，五十七旅损失更大，所余兵员不足一个营。

南翔以东反击战是淞沪战场中国军队在战局趋于恶化时，为挽回战局形势、争取局面好转而作出的一个重大举措。参加反击的部队，特别是精锐之师第二十一集团军的广西健儿们，更是勇猛无比，他们前仆后继，日夜作战，一波接着一波地向敌阵发动冲击。然而，这次作战采取的依然是阵地攻坚战和战役战斗消耗战的方针，在狭小而又平坦的地面上，以血肉之躯去与敌军占有压倒优势的强大火力和重武器对抗，这就又难以避免伤亡惨重而无法击败敌人的结局。虽然，在开战的头一天，凭借官兵们灭此朝食的勇气和视死如归的献身精神，杀伤了相当一批敌人，也攻下了一批村落和一些据点，然而进到第二天，我军在一线的突击队大部遭到伤亡，成百上千的士兵们在短短的时间里就纷纷地倒在战场上了。二线部队前仆后继，过不了多久也大都遭到伤亡。第三天，日军的大炮和坦克以强大的火力封锁住中国军队前进的道路，地面部队连连发起攻击。中国军队攻势顿挫，反击战未能达到预期目标。日军以三个师团多的兵力展开全线进攻，直指大场镇、江湾镇和彭浦镇。

十月二十五日，南下日军突破真大公路。十九师和十八师在大场的阵地先后

---

① 《陈诚致蒋介石等密电》(1937年10月19日)，《抗日战争正面战场》(上册)，第322页。

② 第三战区司令长官部：《第三战区抗战纪实》，第93页，中国第二历史档案馆藏国民政府战史会档案，档案号：2819。

失陷。中央作战集团从二十六日晚起,向沪西苏州河南岸转移。十九师按十九集团军总司令薛岳的命令,撤向昆山附近进行休整和补充,同时担任对上海后撤部队的掩护和收容任务。至此,十九师结束了在淞沪左翼战线对日作战的光荣任务。

六、第六十二、六十三师杭州湾北岸阻击战

蕰藻浜—走马塘中间地带十月阵地战高潮,决定了淞沪战场左翼和中央战线的命运。上海市区以北的重要据点、沪太公路上的交通枢纽大场的陷落,成为战局逆转的关键。它直接导致在南翔以东、黄浦江以西,苏州河以北战场庙行、江湾、虹口、闸北等地的中国中央作战集团面临被敌军围歼的危险。于是,第三战区司令部当即下令,上述战场的部队迅即后撤至上海市区西面、苏州河南岸地区。十月二十六日晚至次日,后撤部队向沪西北新泾、周家桥、姚家渡、虹桥镇一带苏州河以南转移。十月二十八日至十一月九日前的十多天里,日本上海派遣军主力南下西进,矛头直指虹桥、北新泾、江桥镇、小南翔等地,连续进行强渡苏州河、进窥沪西南的攻势作战。

中国军队在苏州河南岸迅即构建新阵地,举行了苏州河南岸阻击战斗。战局的发展,对中国军队而言是越来越险恶了。在十月阵地战中遭到了十分严重的伤亡,许多部队撤到苏州河以南时,已是遍体鳞伤,人员和武器装备比之前大幅减少,人马疲惫不堪,战斗力大为下降。然而,中国军队的士气并未因后退而低落,战斗意志依然高昂,而南京统帅机关也在积极从后方征调部队,增援苏州河以南的作战,为最后保卫大上海、保卫长江三角洲,他们再接再厉,不惜任何牺牲,英勇地展开苏州河战役。

日本上海派遣军虽然这时已处于全面进攻的态势,但在两个多月来的作战中受到中国军队的打击十分沉重,兵员和兵器遭到大量的消耗,部队疲惫不堪,战局久拖不决,这一切都出乎其意料之外。对日本上海派遣军来说,要迅速在上海附近完全击败中国军队,并进攻南京,威慑中国政府屈服,绝非易事。事实上,从十月二十八日开始,日军使用近四个师团的兵力,发动对北新泾到小南翔一线、苏州河两岸的进攻,遭到中国军队十分顽强的抗击,渡河之战进展十分缓慢。

日本政府和军部为了及早逼迫中国政府接受城下之盟,同时,也为了对付可能突发的日苏军事冲突,以及力求在即将召开的《九国公约》签字国会议上立于主动地位,乃决定再次大规模增兵淞沪战场,以首先解决久拖不决的上海战局。日本参谋本部于同年十月上旬开始组建与上海派遣军平行的新的主力兵团——第十军。十月二十日,日本参谋本部发出“临参命”第 119 号命令,正式下达组建第

十军，在杭州湾北岸登陆，会同上海派遣军攻占上海的指令。日本第十军由柳川平助任司令官，下辖第六、第十八、第一一四师团和国崎支队（相当于一个旅团），以及各种特种兵部队，共十一万人。日军采取的是"两翼迂回"战略，由日本上海派遣军与第十军分别从淞沪战场的左右两翼进行大范围迂回，切断中国军队西撤之路，在常熟—苏州—嘉兴—乍浦一线以东地区围攻中国军队。

日本第十军以第六、第十八师团和国崎支队为第一梯队，第一一四师团为第二梯队，从十一月五日至十一日之间，先后在杭州湾北岸实行登陆。在西起浙江平湖全公亭、中经江苏金山金山卫、东至奉贤漕泾这一线东西向沿海地带，日军开辟了数个登陆场，袭占滩头阵地，并向内陆推进。其企图是先行攻占杭州湾以北，黄浦江以南的朱泾、亭林、叶榭、松隐、张堰、南桥等城镇，进而突破黄浦江，攻夺松江、枫泾、嘉善、嘉兴等地，并以一部兵力北出青浦、昆山，以控制沪杭铁路之枢纽，包抄中国左翼战线，为进攻南京和杭州打开通道。

第三战区司令部为阻击杭州湾登陆之敌，保卫淞沪战场右翼的安全，于十一月六日起，相继作出若干紧急部署，主要有以下几项：第六十三师和第六十二师，分别从平湖乍浦和奉贤奉城两个方向，对金山卫一带上陆之敌进行左右夹击；令守备浦东的独立第四十五旅，向杭州湾北岸柘林一带挺进，阻击日军；以集结于青浦的第二十六师进驻松江；以新近集结在青浦白鹤港的第六十七军速开向松江，阻击从杭州湾登陆北上的日军；以第六十一师据守闵行，警戒黄浦江北岸；命令原由河南新乡调来增援苏州河南岸的第七十九师，改为使用于平湖方面；第一〇七师由青浦向金山方向进击；预备第十一师由杭州附近开赴嘉兴布防。①

杭州湾北岸至上海浦东一带为淞沪战场的右翼战线，由右翼作战集团兼第八集团军总司令张发奎负责指挥。大场之战结束后，根据战场态势的重大变化，南京统帅机关在十一月二日下令撤销中央作战集团的指挥系统，其所辖部队归并于右翼作战集团，由张发奎兼任第九集团军总司令，负责统一指挥。十一月一日，张发奎司令部由奉贤南桥镇移居青浦北固山，贴近指挥苏州河南岸的作战。杭州湾北岸和浦东方面的作战改由第十集团军总司令刘建绪负责指挥。十一月二日，刘建绪奉张发奎之命将司令部由杭州萧山移驻奉贤南桥，又于五日转移至嘉兴。第六十二师和六十三师乃从第八集团军归还建制，统属刘建绪集团，投入杭州湾北岸之战。

当时，这两个师正驻防杭州湾北岸沿海一带，其编制如下：

① 第三战区司令部：《沪战经过及教训》，中国第二历史档案馆藏国民政府战史会档案，档案号：（二十二）3206；陈诚：《关于七七事变后上海南京作战回忆资料》，中国第二历史档案馆藏国民政府战史会档案，档案号：（二十二）2864。

第六十二师　师长　陶柳　副师长　张订顽　参谋长　邵舞

第一八四旅　旅长　谢龙　辖第三六七团、第三六八团

第一八六旅　旅长　刘建文　辖第三七一团、第三七二团

第六十三师　师长　陈光中　副师长　李穆明　参谋长　李仲任

第一八七旅　旅长　李伯蛟　辖第三七三团、第三七四团

第一八九旅　旅长　陈齐　辖第三七七团、第三七八团

杭州湾北岸地跨江浙两省，为淞沪战场右翼之屏障、抗击从海上入侵之敌的一条重要战线，对于保障沪杭铁路和沪杭公路以及黄浦江水陆交通的安全至为重要，而且对于防止敌军从海上前出太湖南走廊、进窥苏浙皖边境和迂回南京亦具重要作用。南京最高统帅部和第三战区司令部对此虽然有所认识，然而，淞沪中央战线和左翼战线高度激烈、紧张和持续的会战吸引了他们的注意力，又由于以往的经验，判断日军通常会选择在淞沪左翼的长江南岸和吴淞一带登陆，而忽视了日军登陆杭州湾北岸的现实危险性，以致在这里的兵力部署严重不足。

八一三开战以来，第六十二师和六十三师即部署在杭州湾北岸，担任海岸防卫。以陶广为军长的第二十八军在浙江平湖城厢设立军部，直接指挥上述两个师的防务活动。第六十二师担任自海盐、独山经金山卫、奉城、泥城镇向左延伸至南汇、川沙吴家路一线的防卫任务，置重点于金山嘴、柘林、奉城、南汇城等地。第六十三师担任自海盐澉浦经海盐城厢、乍浦向左延伸至独山一线的防卫任务，置重点于澉浦、海盐、场前、乍浦等地。这两个师共有八个团的兵力，除一个团的兵力作为军部的预备队以备机动外，部署于第一线的只有七个团。地广兵稀，势单力薄，又平分兵力，两个多月来并未构建起有力的防御体制。陶广在一九三七年十月三十日致刘建绪的密电中对此追诉道："以（第六十二师和六十三师）七个团之兵力担任澉浦至吴家路间正面宽约一百五十余里之防守，力薄愈益可虑。"①不仅如此，当十一月初苏州河南岸作战趋于紧张，兵力不敷运用时，第三战区司令部又下令征调第六十二师增援沪西前线。十一月二日，顾祝同电令张发奎、刘建绪："着调第六十二师之一旅，即开沪西地区，归右翼直接指挥。"十一月三日，第三战区司令部再次下令："第六十二师全部集结沪西……遗防由第六十三师派队接替。"②十一月三日，六十二师一八六旅开始从杭州湾北岸金山卫柘林一带开拔，经奉贤南桥向闵行方向移动。六十三师一部当夜由乍浦向金山卫一带东移，接替

① 陶广：《本军奉令担任海宁及川沙吴家路间海防及与金山嘴、全公亭间登陆之敌作战经过情形》，见《第十集团军总司令刘建绪有关淞沪会战电文》（1937年8月—1938年2月），中国第二历史档案馆藏国民政府战史会档案，档案号：（九八七）7440。

② 第三战区司令部：《苏州河战斗》，《第三战区抗战纪实》，第126—127页；中国第二历史档案馆藏国民政府战史会档案，档案号：2819。

防务。

正在这时，日军第十军在金山卫及其东西一带沿岸地区开始蓄谋已久的登陆之战。十一月五日凌晨 4 时，陶广得六十二师一八六旅旅长刘建文和六十三师师长陈光中的紧急电告，获悉日军在漕泾、金山嘴、全公亭等地登陆，当即下令刘建文将已开抵奉贤南桥的一个团迅速折回柘林一带阻击上陆之敌，同时命令陈光中派兵从乍浦向金山卫方向出击；并电告陈诚、张发奎，要求将六十二师已向闵行开拔的部队全部调回，参加杭州湾之战。于是，这两支湖南部队作为杭州湾之战中最先投入作战的部队，对登陆日军展开了勇猛的阻击。

六十三师一八七旅的两个团在日军登陆前已接防乍浦全公亭、金丝娘桥、金山卫之线。十一月五日拂晓，日军兵舰上的探照灯照射守军海岸阵地，用远程舰炮对金山卫、金丝娘桥阵地集中袭击，敌机实行轰炸扫射达数小时之久，阵地工事、通信设备和交通要道大都被摧毁。日军上陆部队在海空军的掩护下，以装甲开路，向金山卫、金丝娘桥沿海滩地上陆突进；另从海上和空中向乍浦、澉浦一带进行炮击和空袭，以压阻我军增援金山卫。六十三师师部即令三七八团一部从乍浦向全公亭方向进击，另由师参谋长李仲任率特务连并调驻海宁的工兵连车运独山附近增援。“我第一七八旅在金山卫、金丝娘桥的守备部队，整日浴血苦战，甚至短兵肉搏，给敌人以重大杀伤，我官兵也颇多壮烈牺牲。”①该旅旅长李伯蛟适于四日夜出巡柘林未归，陈光中乃下令该旅长指挥三七三团死守阙里、金山嘴、金山卫、金丝娘桥之线，务与阵地共存亡。师部派副官乘师长的汽车将命令驰送柘林，中途汽车被敌炮击毁。命令虽然未达，前方官兵仍各自为战，拼死抗击。

师部特务连和工兵连这时在独山至虎啸桥一带对上陆之敌进行阻击。特务连坚守独山至小营之线，工兵连控制独山以北至虎啸桥南端之线，对全公亭方面进行警戒，阻敌西进。经两小时激战，击毙敌军百余人，获轻机枪一挺、步枪十三支。然而，敌人源源而上，我特务连长阵亡，兵员大多伤亡，未能阻敌登陆。同时，三七三团在全公亭担任守卫的第二营也受登陆之敌三千人的攻击，陷入苦战，三七八团乃以第二营从乍浦前来增援。该营循沪杭公路左侧向全公亭、金丝娘桥方面之敌发起猛攻，协同守卫全公亭、金丝娘桥的三七三团的一部，向海滩进逼，驱逐上陆之敌。可是，战至当日上午十时，三七三团二营的联络被截断，陷入混战，官兵伤亡过半。登陆之敌遂经金丝娘桥以东越沪杭公路向北急进。下午 1 时，三七八团二营再次发起反击，虽毙敌军一部，然无力阻敌前进。下午 3 时，该营到达黄姑塘附近，敌军在飞机和大炮的掩护下，从金丝娘桥向我军发起攻击，双方激战

---

① 胡啸华：《忆第六十三师金山卫阻击战及其前后》，《文史资料存稿汇编（抗日战争）》（上册），第 547 页。

一小时许。营长和机枪连长均受重伤，连排长官兵伤亡三分之二，轻重机枪大都被毁。

这一天，三七三团的主力也经历了一场空前的恶战。据《第三战区抗战纪实》的记载，该团“第三营以第九连配置于金丝娘桥，第七连及机枪连并迫击炮连配置于金山卫附近，第八连配置于金山嘴。该营晨起被敌四五千借飞机大炮掩护，轰炸猛攻，迫击炮、重机枪多被击毁，营长罗景庆负伤，所部伤亡过半。黄昏后向全公亭西北冲出重围”。同时，三七三团第一营亦与登陆之敌展开激战。“同（日）晨第一营在金山嘴、漕泾、柘林间，受敌二三千与飞机、大炮之轰击，激战至10时，第二连连长李友德、第三连连长谭芝浦均阵亡，该团团长李伯蛟（应为旅长）即率该营向金山卫攻击。经十余次肉搏，毙敌数百，该营伤亡过半，因未奏效。”①同日，第三战区司令部调已进至嘉兴的第七十九师，前出金山与平湖之间，协同六十三师作战。十一月六日至八日，七十九师主力到达独山东北至新仓、广陈一线，并向北上进犯朱泾的日军进行侧击。六十三师则集中主力于独山以西至澉浦一线，阻击从金山卫西犯之敌，并警戒乍浦沿海地带，防止日军从此登陆。战至十一月中旬，六十三师一八七旅奉命转移至海宁硖石附近。第一八九旅转移至海宁城厢附近。师部与师直属部队早在六日利用浓雾转移，到达杭州东北的乔司。随即全师进行整补，驻防于海宁城、硖石、长安之线，堵击日军西犯杭州。

第六十二师的抗登陆作战是在金山卫以东的漕泾、阙里、柘林等地展开的。十一月五日，六十二师师部于早晨6时半下达作战命令，要求所属的两个旅迅速出击，扫荡从柘林、阙里、漕泾、山阳一带登陆之敌，并竭力拒其继续上陆。师部当即部署一八六旅向阙里及其附近沙洲之敌进击，将其驱逐后，再由阙里、胡家桥向漕泾之敌出击；一八四旅三六七团主力一部和六十三师的两个连固守柘林至阙里的防线，拒敌上陆，该团主力集结柘林，作为师预备队。上午“9时，一八六旅抵阙里附近与敌接战，11时，三七二团攻占阙里，敌向漕泾撤退。阙里附近沙洲之敌，凭借工事，与我顽抗。午后1时，该旅分向漕泾及阙里附近沙洲出击。往复冲击十余次，历四小时之久。三七一团团长朱再生中弹负伤”。②一八四旅三七二团第一营是日一早正奉命从柘林胡家桥向奉贤南桥转移，准备增援沪西。在途中，该营获悉日军登陆胡家桥，即不等上级下令，立即返回投入阻击日军的作战。在营长王子隆的带领下，全营官兵英勇拼搏，气壮山河：在胡家桥朱家村，“登陆的日寇受到守军阻击，死伤数十，遂用炮轰击沿海地带。8点钟，日军飞机开始大肆轰炸，一排守军同日寇进行了殊死战斗后，只剩下二三个人。这天随大部队撤出沿

①② 第三战区司令部：《第三战区抗战纪实》，第131页，中国第二历史档案馆藏国民政府战史会档案，档案号：2819。

海的王子隆营，正步行到新市附近，接到通讯兵特急战报后，停止撤退。……营长王子隆果断下令，命令全体官兵立刻跑步奔向朱家村前沿阵地。……他们奔向石护塘，用步枪、手榴弹打击日寇，还用三挺机关枪扫射登陆的敌人。双方交战五六小时之久。……子弹打光之后，就拼刺刀……牺牲的二十多个士兵周身血肉模糊……王子隆进入阵地后，指挥士兵英勇抗敌，奋不顾身，不幸左臂中弹，经包扎后，仍然坚持战斗，直到被炮弹击中腹部，方离开战场。王营长身负重伤，流血过多，担架送到胡家桥时已奄奄一息，到法华桥时壮烈牺牲”。①

这天下午至六日，六十二师一八六旅反攻漕泾之战和一八四旅与敌争夺亭林、叶榭之战，虽杀伤了一部分日军，但都未得手，战局迅速趋于恶化。这时，日军前锋部队已直指黄浦江南岸米市渡附近。一八六旅奉命阻敌向奉贤、闵行进犯，即于六日晚向南桥附近转移。一八四旅继续在叶榭、亭林附近阻击北进的日军，六十二师野战补给营则在平湖新仓镇与北上之敌展开激战，从六日上午 7 时至午后 5 时血战终日，遭受严重伤亡，于当晚向泗里桥转移。

在短短的二三天之内，杭州湾北岸门户洞开，防线迅速趋于瓦解。六十二师和六十三师装备简陋，武器陈旧落后，沿海一带几乎没有一处坚固的工事可供依托，更无炮兵的支援。面对日军的陆、海、空军联合进攻和占有压倒优势的重兵集团的突然袭击，这两个师的官兵虽然竭尽全力，拼死抗击，作出了惨重的牺牲，但无法阻挡敌军的前进。为挽救危局，第三战区司令部于是下令第六十一师从沪西向闵行开进，第二十六师由青浦前出松江，第七十九师从嘉兴向平湖乍浦和海盐独山开进，第一〇七师由青浦开赴金山。预备第十一师从嘉兴向枫泾、新埭一带增援。

日军第六师团和国崎支队向松江突进，十一月五日夜进至朱泾镇、松隐镇、亭林镇之线。六日中午，敌军一部进占米市渡，傍晚渡过黄浦江。另一部敌军进占广陈镇。六十二师先后在亭林镇和广陈镇阻击北进的敌军，均未奏效。七日晨，六十二师奉命经奉贤南桥前出黄浦江北岸闵行附近向青浦转移。该师历时三天的英勇卓绝的抗登陆作战遂告结束。

七、 预备第十一师和一二八师枫泾、嘉善保卫战

日本第十军第六师团、第十八师团和国崎支队，在金山卫及其东西两侧全公亭、金丝娘桥、金山嘴、漕泾、柘林一线陆续登陆后，按照其“急速推进纵深，不受沿

---

① 奉贤县胡桥乡编志组：《王子隆抗击日军》，上海市政协文史资料编委会：《上海文史资料存稿汇编》(第 3 册)，上海古籍出版社，2001 年，第 109—110 页。

途阻挠”的预定方针迅速北上，实行战役展开。其攻势指向三个方向：一路经漕泾、柘林指向黄浦江北岸的闵行；一路由金山卫出松隐镇经米市渡，越黄浦江进攻松江；一路由全公亭经朱泾镇越新埭疾驰枫泾，企图夺占嘉善和嘉兴，截断沪杭铁路和控制苏（州）嘉（兴）铁路南段。

嘉善与嘉兴位居沪杭线交通之枢纽，是淞沪战场与后方之间的一个连接点，也是从杭州湾北岸通向太湖南走廊的必经之地。乍（浦）平（湖）嘉（善）国防线从杭州湾北岸起，到嘉兴经苏嘉铁路与吴（县）福（山）国防线相连接，构成上海与南京、杭州之间南北向的第一道国防阵线。南京统帅机关和第三战区司令部在杭州湾北岸抗登陆战之初，曾力图固守住这条国防线，阻止日军进犯苏南和杭嘉湖地区。于是，为保卫嘉善、嘉兴作出了若干紧急部署。十一月七日，征调预备第十一师，从杭州附近前出嘉善前方的枫泾、新埭。同日，原驻守嘉定附近的一〇九师奉令开赴嘉善。十一月八日，暂编十三旅第一团奉命从浙赣边境的上饶和玉山调往嘉兴。同日，原驻守浙东宁波一带的第一二八师奉令迅速向嘉善开进，相机策应预备十一师阻击来犯之敌。

由此，湘系部队预十一师、一二八师和暂编十三旅登上了淞沪战场。预十一师前身为湖南地方保安部队，一九三四年一月，湖南省警备第一、第二团和特务营合编为独立三十二旅，一九三六年年底该旅升编为预十一师。一二八师前身亦系湖南地方保安部队，一九三〇年警备第一军改组为新编第三十四师，一九三六年年底该师改编为第一二八师。暂编十三旅原为六十二师一八五旅，一九三七年一月，由该师分出整编而成。这三支部队的编制如下：

预备第十一师　师长　胡达　参谋长　周翰

　　第四十一团　团长　张纬

　　第四十二团　团长　李相琳

第一二八师　师长　顾家齐

　第三八二旅　旅长　谭文烈　下辖第七六三团、七六四团

　第三八四旅　旅长　刘文华　下辖第七六七团、七六八团

　暂编十三旅　旅长　杨永清

　　第一团　团长　欧阳烈

嘉善保卫战由预十一师枫泾保卫战揭开序幕。枫泾坐落在沪杭铁路中段，位居松江与嘉善之间，为嘉善、嘉兴之门户和乍平嘉国防线的一个前方阵地。日军第十八师团主力十一月六日入侵亭林镇附近后，为给进攻嘉善开辟通道，即派其第三十五旅团和炮兵第十二联队主力，前出枫泾东面，准备进攻该镇。八日下午，日军两千余人经新埭进犯枫泾。预十一师在此前两天已从嘉善调至枫泾附近的潮泥滩、石堰、南叶荡一带设防，其四十一团于七日进驻枫泾，警戒连则前出该镇

东南约两公里的北旺泾。八日下午5时左右，日军前哨部队进至北旺泾一带，预十一师警戒连当即开火。他们凭借匆忙构筑的单人掩体，迎头痛击，击毙日军三十余人、战马四匹，但终因势单力薄，三面受敌，弹药耗尽，而全部战死沙场。当夜，日军以优势兵力和猛烈的炮火向四十一团主阵地进攻，至九日拂晓攻占了枫泾镇的一部。四十一团官兵继续浴血奋战，寸土必争。团长张纬负伤，团附方学苏接替团长指挥战斗。经一天一夜的激战，至十日上午，全团伤亡大半，方学苏在与敌人搏斗中阵亡。四十一团余部面临危局，依然继续拼搏不止。

与此同时，第一〇九师六五四团也在枫泾投入战斗。十一月九日凌晨，该团从嘉善出发增援预十一师四十一团。上午6时抵达枫泾镇北端，即与步骑混合的日军数百人打响遭遇战。苦撑待援的四十一团余部也奋力协同作战。战至下午5时，在日军猛烈炮火轰击下，守军已无力据守，镇区乃陷落于敌手。六五四团正面受数百日军猛攻，左翼受三四百名敌骑兵进逼，处于包围之中，右翼在镇西铁路以南一带与数百名日军展开激战。入夜，团长黎萌棠中弹负伤，团附王达之继续指挥战斗。日军企图包围六四五团两翼而聚歼之，该团遂沿铁路和陈登桥两个方向且战且退。作战重心移向嘉善。

接着，一二八师发起南星桥战斗，揭开了嘉善保卫战的战幕。一二八师的士兵大多是来自湘西凤凰县的苗族、土家族的子弟，全师有官兵五千八百余人，装备低劣，大都为陈旧的步枪，机枪极少，然而，士气旺盛，作战勇猛。该师从浙东宁波挺进前线，主力于十一月十日晨到达嘉善。随即以第三八二旅七六四团前出西油车浜、包家浜一带国防工事据守。这时，从枫泾方面撤退而来的一〇九师六五四团残部情况危殆，追击的日军衔尾而至。七六四团当即掩护友军通过自己的阵地向后转移。上午11时，日军在空军的掩护下，以步骑混合部队发起冲击。一二八师的健儿们面对两个联队的强敌，沉着镇定，端枪上刀，屏息以待。敌军两百余人沿此路向七六四团左翼进攻，张健营官兵从战壕突然跃起，用近战以避开敌之优势，用血肉之躯作悲壮的拼搏，经猛烈的回击将敌击退。陈绍武营在中路勇猛阻击敌人。右翼张靖华营处于国防工事前的突出部位，面对敌军七八百人冲击，全营官兵毫无畏惧，与敌白刃搏斗。战斗十分惨烈，该营营长负伤，两个连长阵亡，只剩下营附一人，士兵二十余人。旅长谭文烈当即调七六三团前来一线参战，当日激战至下午6时，第一线国防工事阵地依旧岿然屹立。

十一月十一日，一二八师和暂编十三旅合力进行陆家浜之战。这天凌晨，暂编十三旅第一团从江西上饶赶来增援，归一二八师指挥。上午，一二八师后续部队七六八团和一〇九师六五三团也先后到达嘉善。日军于拂晓前开始在铁路和公路正面发起进攻，4时左右，敌突破七六三团防线，沿铁路前出陆家浜。据守陆家浜至南星桥一线国防工事的一二八师七六七团奋起反击。敌军以空军和火炮实行火力压制，工事被摧毁殆尽。暴露在田野上的官兵们冒着炽烈的炮火，反复冲锋，与敌展开肉搏。鏖战至午后3时，六七六团阵线呈动摇之势。师部下令师直属排投入战斗。随后又抽调暂十三旅一团的一个营前来增援，与七六七团合力抗击。田野上往返拉锯冲杀，战至黄昏后稳住了阵脚，将敌人驱赶至陆家浜以东。

在陆家浜受挫之敌，在十一日夜继续向一二八师正面阵地猛攻后，一方面，十二日增加兵力，调动重兵器，甚至施放催泪瓦斯弹，发动更凶猛的进攻；另一方面，同日午前，又派出两千余人向一二八师左翼南祥符荡进犯，从西塘镇以南地区实行越港偷渡，迂回嘉善城西北长生塘、中欢圩一带。顾家齐当即调暂十三旅一团加强左翼兵力，会同一〇九师阻击敌之进攻。[1]敌军继续展开，向左侧后延伸，十二日上午8时前后，楔入三八四旅防线，10时侵入城北门外。战局危急，一二八师乃调动最后之预备队奋力逆击。这时，甫行到达县城的一〇九师六五〇团接顾家齐师部报告，立即投入协同作战。一二八师师部直属的工兵、辎重、特务等各连，也悉数冲上战场，作拼死的搏斗。至日暮，终于将敌人击退至朱家厍附近。这次喋血恶战，暂时挽回了全线颓势，但全师已伤亡过半。

十一月十三日至十四日，战局趋于恶化。十三日凌晨，日军猛攻县城北面一二八师师部，经两小时血战，将敌击退，然守军伤亡亦大，师部兵力已所剩无几。上午11时左右，七六三团阵地被敌突破，日军从县城东北向内突进。七六四团两个营分别被围，伤亡惨重。七六五团与千余敌人交战，反复冲杀，兵员锐减，临于危殆。在县城西北方面，一〇九师两个团也与敌激战竟日，营、连、排长大都阵亡。十四日凌晨3时半，日军向一二八师六七四团阵地进攻，敌我呈相持状态。上午6时左右，位于城北的一二八师与一〇九师阵地结合部的暂十三旅阵地，由甫行到达的六十二师三六八团接防，敌军发觉后乘机猛攻，不到两小时，阵地被突破。虽经两团奋力反击，但终未奏效。三六八团沿公路后退，暂十三旅立即回援，血战多时，阵地得而复失多次，未能挽回危局。敌打开缺口，乘势展开，而一二八师兵力已经用尽，再也无力组织起反击了。同日上午，一〇九师也陷于危境，其在长生塘附近的两个团陷入重围，短兵相接，伤亡殆尽，不少官兵宁死不屈，纷纷投江殉国。顾家齐和一〇九师师长赵毅向刘建绪报告说："请速派大军以挽危局，职等身边仅余卫士数人！"刘建绪乃不得不下令撤出战斗。十四日下午5时余，一〇九师和一二八师开始向嘉兴七星桥撤退。

枫泾—嘉善保卫战历时七昼夜，延缓了日军对苏嘉线和乍平嘉线的进攻，给了进攻之敌相当的杀伤，牵制了日军十八师团北上太湖南走廊的行动进程。中国

[1] 《刘建绪致蒋介石密电》(1937年11月12日)，《刘建绪有关淞沪会战文电》，中国第二历史档案馆藏档案，档案号：(七八七)7440。

参战部队英勇拼搏,三千八百余人为国捐躯,近三千人负伤。大多来自湘西的一二八师官兵们,坚忍顽强,前仆后继,谱写了抗日战史上光荣的一页。出生于湖南凤凰的作家沈从文在《一个传奇的本事》一文中,记述这悲壮的情景道:“淞沪之战展开,有个一二八师,属于第四路军刘建绪调度节制,奉命守嘉善唯一那道国防线,即当日所谓‘中国兴登保防线’,……八天的固守,全师大部牺牲于敌人优势日夜不断炮火中,下级干部几乎全体完事,团营长正副半死半伤……而死去的全是那小小(凤凰)城中长大的青年。”①

以湖南部队为主力的第十集团军杭州湾北岸作战,始于十一月五日在金山卫东西沿海一带的抗登陆作战,中经亭林、松隐、新仓、朱泾、广陈、新埭等战斗,至枫泾、嘉善保卫战诸役,至十四日告一段落。十余日的血战,起伏曲折,三湘健儿为淞沪抗战作出了重大贡献,也付出了巨大牺牲。刘建绪于十一月十六日致蒋介石密电,报告了其间各部损失状况:“一二八师顾家齐部在嘉善、枫泾间经七昼夜苦战,所剩官兵不足百人”;“暂十三旅欧阳烈团(第一团)增援顾师,数日来损失奇重,所剩不足几十人”;“预备十一师胡达部牺牲约一团,现剩留两团”;“六十三师陈光中部除死伤外,现尚剩两团”。②至此,第十集团军指挥的作战部队,除留守浙东的少量部队和尚未归还建制的第十五、十六、十九师以外,尚可勉力作战的已不足七个团的兵力了。

十一月十八日前后,乍平嘉国防线遭敌全线攻击,第十集团军主力在节节抵抗的态势下,后撤至马牧港、长安镇、崇德、石湾镇、青镇、南浔镇之线,并由六十三师和一七〇师等部各留一部“死守乍浦、平湖、新丰镇、嘉兴之线斜交阵地”,即由六十三师一部守乍浦,七十九师一部守平湖,预十一师一部守新丰,一七〇师一部参加守卫嘉兴城。③十一月二十日,乍平嘉线被敌突破,守卫乍浦、平湖、新丰、嘉兴等地的部队向海盐、硖石、桐乡、濮院之线转移。第十集团军主力各师在二十一日后陆续后撤至沪杭铁路以西、钱塘江以北,杭州、乔司、笕桥、余杭、新市至湖州以南一线,从而结束了历时半月余的杭州湾北岸阻击战和沪杭路中段保卫战。

八、三湘健儿铸造的一座历史丰碑

抗日战争在中国历史上占有特殊的重要地位,是近代中国由衰落到振兴的转

① 沈从文:《一个传奇的本事》,《沈从文集》(散文卷),花城出版社,2007年,第419页。

② 《刘建绪致蒋介石密电》(1937年11月16日),《刘建绪有关淞沪会战文电》,中国第二历史档案馆藏,档案号:(七八七)7440。

③ 《刘建绪致蒋介石密电》(1937年11月19日),《刘建绪有关淞沪会战文电》,中国第二历史档案馆藏,档案号:(七八七)7440。

折之关键，是中华民族走向复兴的枢纽。中国悠久的历史上，曾经发生过无数次大规模的战争，中国近代有过多次反对外国侵略的战争。但像抗日战争这样具有全国的规模、与国际上反法西斯同盟国结为一体、取得完全胜利的民族解放战争，却是前所未有的。这个胜利，是中国千千万万爱国军民团结一致、浴血奋战的结果，是数千万军民以自己的鲜血和生命换来的。湖南部队是这浩浩荡荡的抗日大军的一个重要组成部分。在中华民族生死存亡的危难关头，湖南部队举起爱国主义旗帜，响应抗日御侮、共赴国难的号召，从国内反共内战转变到抗日民族战争，是顺应民族大义和时代潮流的历史性壮举。湖南部队奋战淞沪战场，在非常艰难的条件下，抗击强敌，给了日本侵略者以狠狠打击，创造了不可磨灭的赫赫战绩。湖南部队喋血淞沪，作出了巨大牺牲，以自己悲壮的拼搏谱写了抗战史上光辉的一页。这是湖南部队的光荣，是湖南人民的光荣，也是全国军民的光荣。

（一）湖南部队是淞沪会战中抗日军队的一支劲旅，在参战的各支地方部队中规模最大、作战过程最长，战绩卓著。

湖南部队先后参加淞沪会战的部队，总共有九个师和三个旅，还有数以万计的湖南地方保安团队，在会战期间多次从省内输送至淞沪前线补充一线部队。参战部队中，属于原第四路军、后归属于第十集团军序列的有七个师：第十五师、第十六师、第十九师、第六十二师、第六十三师、第一二八旅、预备第十一师。另有三个旅：暂编第十一旅、暂编第十二旅、暂编第十三旅。此外，第八师和第十八师会战时期虽已不属第十集团军编制，但系从湘系部队演变而来，部队组成中湘籍人员占有多数，一定意义上而言，也可视为湖南部队。中国地面部队参加淞沪会战的总兵力，约为七十个师另十个旅，达七十余万人。湖南部队参战的兵力在八九万人，占淞沪会战总兵力的十分之一多。云集淞沪战场的全国各个地方部队，以湖南部队的规模最大、人数最多。它不仅远远超过东北军、西北军、湖北部队、广东部队，也比广西部队（桂军）和四川部队（川军）的数量略多，而居各支地方部队之首。

湖南部队参与了淞沪会战的全过程，这也是所有参战地方部队中绝无仅有的。以刘建绪为总司令的第十集团军为淞沪会战起始阶段的三大作战集团之一，也是这次会战最后阶段的参战者之一，前后历时五个月，见证了这个伟大会战之始末。第六十二师则是最早登上淞沪战场的为数不多的几个师中的一员。一九三七年八月十一日至十二日，即在八一三事变爆发的前夕，六十二师主力一部已沿浙赣铁道从金华开抵杭州和嘉兴，其另一部主力于同月十日前从长沙开拔，千里北上直奔杭州、嘉兴。至同月二十日过后，六十二师全部进入杭州湾北岸乍浦东西一带阵地。第十五师和第十六师稍后登上淞沪主战场，于九月十日前后进入罗店、刘行间作战，历时一月半余。第八师自九月二十日进抵南翔，参加蕰藻浜北岸沪太公路两侧的作战，连续战斗达二十余日之久。第十九师在十月初由浙东驻地出师，挺进大场以北，参加了十月间的会战高潮，而后又转移沪西参加苏州河南岸阻击战。六十二师和六十三师进行了杭州湾北岸抗登陆作战。预十一师、一二八师和暂十三旅在沪杭铁路中段进行了英勇卓绝的枫泾、嘉善保卫战。最后，在淞沪会战结束后不久，当中国军队撤离杭州的最后时刻，为阻断日军西进浙赣铁路的通道，六十三师忍痛炸断了连接沪杭铁路与浙赣铁路的杭州钱塘江大桥，见证了京沪杭抗战史上这刻骨铭心的一页。

（二）湖南部队在淞沪会战期间担负了双重任务，作出了其他地方部队未曾有过的特殊贡献。

一方面，它以其主力陆续投入淞沪主战场，参加对日作战；另一方面，它以一部分部队在渐东、浙南和浙北沿海各县进行要塞、港口和海岸的守卫，而这两方面的任务在淞沪会战期间是贯彻始终的，为其他参战的地方部队所未有。第十集团军主力部队中，第十五师和第十六师在九月上旬最早登上淞沪主战场，其指挥关系先后归属于以陈诚为总司令的第十五集团军和以薛岳为总司令的第十九集团军。第十九师为该集团的另一主力部队，在浙江担任两个月之久的守备任务后，于十月上旬进入淞沪主战场，归属于左翼作战集团指挥。预十一师、第一二八师和暂十三旅等部则在十一月初进入淞沪主战场投入作战，由第十集团军直接指挥。

第十集团军的湖南部队，除第十五师和第十六师以外，都曾执行沿海防卫之责，为保护杭州湾南北两岸和浙江沿海地区的安全作出了贡献。淞沪会战一开始，该集团军即负责浙东守备区防务的任务，并指挥宁波防守司令部和温（州）台（州）防守司令部，守卫宁波港（甬江口）、象山港和温州港（瓯江口）。在一个时期内，十九师驻守于永嘉、台州、宁海、象山等地，一二八师驻防于鄞县，宁波、镇海、慈溪、余姚、曹娥江口一线杭州湾南岸一带。暂编十一、十二、十三旅则以维护浙赣路东段和京杭公路的安全为主要任务。这些部队驻防地方，就总体而言，是执行了以下五项任务：一是防守海岸港口和要塞，警戒日本军队从海上入侵；二是防空作战，包括观察日军飞机的入侵活动、对空射击、组织民众防空等；三是构筑工事，兴建防御设施；四是开通道路；五是保卫机场的安全，主要是保卫杭州笕桥机场和安徽广德机场。这一切无不直接或间接地支援和配合了淞沪主战场的作战，成为淞沪抗战的不可或缺的重要组成部分。

（三）湖南部队广大官兵作战之勇猛、牺牲之壮烈，足以为爱国军人之表率而彪炳史册。

在抗日爱国的民族精神鼓舞下，湖南军人长期以来忠勇壮烈、勇猛剽悍的精神风貌和战斗作风获得了新的提升，军人们个人的前途和命运与国家的前途和民族的命运，因为抗日军兴，而日益紧密的联系起来。七七事变后，在湘的第四路军官兵纷纷致电政府和在闽浙赣边境的湘系部队，表示“枕戈待旦，誓为后盾”，要求开赴前线对日作战。抗日救国的时代大潮强烈地振奋起湖南部队的战斗精神。

投入淞沪战场的湖南部队官兵们，不怕牺牲，同仇敌忾，英勇作战，以简陋的武器与日本侵略者浴血奋战，谱写了一曲曲壮烈的爱国主义凯歌，受到抗日军民的同声赞扬和国民政府军事当局的多次嘉奖。

第十九师在蕴藻浜两岸苦战二十天上下，击退日军疯狂的进攻，其一一三团在郭家牌楼、狮子桥与日军反复争夺阵地达七昼夜之久。团长秦庆武身先士卒，冲锋陷阵，带伤作战，壮烈殉国，全团自团长以下一千四百余人阵亡。此前，第一〇九团在团长刘湘辅率领下，支援税警总团灵石桥阵地，以快速勇猛的作战收复失地，受第三战区司令部的嘉奖。第十九师在大场失守后，撤至北新泾休整，仅缩编为不足一个团，全师伤亡官兵六千余人。该师战绩卓著，被国民政府军事委员会评为淞沪会战中战绩最佳的师之一。

第十六师参加淞沪会战，出色地完成作战任务，受军事委员会蒋介石的通令嘉奖，并颁发奖赏两万元。军委会派人至前线对该部予以慰问。

第六十二师杭州湾北岸抗登陆作战，在日军陆海空军联合攻击下，虽力量对比处于绝对劣势，然而仍不畏强暴，不怕牺牲，奋力抗击。该师一八四旅三七二团一营营长王子隆临危不惧，知难而上，献身为国，战死在奉贤胡桥海岸。死事之壮烈，至今仍传颂于杭州湾沿岸。该师三六七团冒雨堵截入侵金山亭林镇之敌，歼灭日军一部。该师又在松江天马山、凤凰山一带阻击日军，掩护主力部队西撤，三六七团自团长张空逸以下八百余人壮烈牺牲。

预备十一师在枫泾保卫战中力顶强敌，其警戒连率先打响，悉数战死疆场，无一生还。四十一团团附方学苏在进军淞沪战场之前，就已在浙江致书老家，立下遗嘱，表示与侵华日军决一死战，为保卫国家在所不惜。他在枫泾接替负伤的团长指挥作战，牺牲在敌人的炮火下，以鲜血和生命践行了自己庄严的誓言。

第十三师守卫刘行阵地，血战二十八个日日夜夜，全师伤亡过半。四十四旅旅长张彀中抱病督战，以致眼睛充血，双目失明，仍用电话指挥战斗，一再嘱咐官兵“要学岳飞精忠报国，学文天祥誓死抵御侵略”，该师第八六团连长李九如，身负重伤，仍坚守阵地不退，号召负伤的官兵们准备一批手榴弹，待日军接近时纷纷投弹，炸死日军数十人，自己也壮烈牺牲。

第一二八师主要由湘西苗族、土家族子弟组成，官兵勇于夜战、近战、白刃战，在嘉善保卫战中，与日军反复展开肉搏格斗，多次打退日军进攻，击毙日军五百余人，全师伤亡二千八百余人。第十集团军司令部传令予以嘉奖，并颁发奖励四万元。

三湘健儿一个个、一批批倒在了战场上，然而，他们的爱国主义精神却永远昂然挺立在祖国历史的长卷之上，这种精神是不死的！

论七七事变后的庐山谈话会*

一、 庐山谈话会的召开——共赴国难、准备抗战

庐山谈话会是在西安事变和平解决，国共内战基本结束，中国由国内战争向着抗日民族战争转变的形势下，决定召开的。这是蒋介石和南京当局为转变政策，贯彻“精诚团结、共赴国难”的号召而作出的一大举措。国民党长期以来厉行一党专政，压制民意，控制舆论，对抗日民主运动设置重重障碍，早已为全国民众所强烈不满。西安事变时张学良、杨虎城两将军向全国发出通电提出的八项政治主张中，就列有“开放民众爱国运动”“保障人民集会结社一切政治自由”和“立即召开救国会议”等三项主张。①一九三六年十二月二十三日，张学良、杨虎城、周恩来与宋子文谈判时，周恩来代表中共提出的六项主张中，也包括对国民党当局“保障民主权利”“召开各党各派各界各军救国会议”的明确要求。蒋介石在离开西安以前，对这些条件在口头上都作了承诺。这是蒋介石考虑召开庐山谈话会的最初的由来。

西安事变和平结束，国内战争基本停止，国民党在一九三七年二月十五日至二十二日召开了五届三中全会。为促使国民党内外政策向着抗战方向转变，中共中央于二月十日发出致国民党三中全会电，提出了五项要求和四点保证，作为实现国共合作的条件。其中第三项要求，重申了西安事变以来的一贯主张，提出“召集各党各派各界各军的代表会议，集中全国人才，共同救国”②。当时全国各界爱国人士也纷纷呼吁，要求开放民主，广开言路，保障人民的民主和自由，并迅速召开有各界代表人士参加的救国会议，共商抗日救亡大计。在国民党召开五届三中全会前夕，《大公报》发表《国民对于三中全会之希望》的社论，着重提出：“吾人切

---

* 本文原载《档案与史学》1995年第3期。

① 中国第二历史档案馆、陕西省档案馆、云南省档案馆：《西安事变档案史料选编》，档案出版社，1985年，第3页。

② 《中共中央给国民党三中全会电》，《六大以来》（上册），人民出版社，1980年，第789页。

望中央今后贯彻和平阔大政策，开放言论，容纳结社。”①国民党地方实力派也表示了要求开放言路的主张，就在三中全会上，四川实力派刘湘发出呼吁，主张“集中人才，精诚团结；开放言论，发扬民主”。

在新的形势之下，蒋介石也不得不在政治上作出某些调整，有限度地放宽专制统治，开辟一些反映民意的渠道，对抗日救亡运动的压制也有所松动。他在三中全会闭幕后对记者的谈话中，表示要“开放言论”“集中人才”，说“希望全国一致尊重合法之言论自由”，宣称“中央极尊重言论自由，断不致有意外之限制”。并表示国民党“不但要集中人才，而且要多方征集人才”，“尤其是对国内具有真实学问与爱国热忱之知识分子与大学教授，更是虚心咨访，极意尊重”。②但是蒋介石对国民党一党专政是绝对不允许有丝毫触动的。国民党当局也绝不会接受在平等的地位上与其他各党各派共同商议和决策国事。于是，国民党设计了由它主持召开“谈话会”的方案。周恩来后来对此作过这样的回顾：“那时我们主张召开各党派会议，但国民党来了个庐山谈话会，不是大家坐下来开圆桌会议，一道商量，而是以国民党作主人，请大家谈话一番。”③

蒋介石决定召开谈话会的另一个目的，是在国内战争结束、全面抗日战争即将开始的关头，力图建立与加强自己与全国各党派各政团领袖、社会闻人、知识界与实业界代表人物和各方面头面人物之间的关系，把全国各方面可供运用的力量吸引到国民党的周围。蒋介石由西安返回南京后，力图摆脱由西安事变带来的在政治上的被动，他一方面以养伤为名告假数月，另一方面同时积极筹划召开庐山谈话会，正是为了上述目的。一九三七年六月四日，蒋介石在庐山牯岭接见《大公报》记者，首次公开披露了召开谈话会的设想。他说：“国内军事已结束，本人健康已恢复，此正集思广益、迈进建设之时，国家前途惟赖自强。”他通过《大公报》向全国宣称：“决心以全副精神领导建设，现在注意点集中于求人才、求方案、求办法，望全国后援政府以求实效，而尤渴望全国专门家、知识界与政府合作。”④并宣布他与汪精卫将在暑期招待大学教授来庐山畅谈，各界中坚人士亦将被邀参加谈话，座谈主题为政治问题、经济建设和教育方针等，而以共赴国难、准备抗战为主旨。

蒋介石和汪精卫在一九三七年六月决定在庐山牯岭召开各党派各界代表人物的谈话会，以国民党中央政治会议的名义出面召集，被邀与会人士均以个人身

① 《大公报》社论《国民对于三中全会之希望》，1937 年 2 月 14 日。

② 《蒋介石对记者谈话》，《大公报》，1937 年 2 月 23 日。

③ 周恩来：《论统一战线》，《周恩来选集》（上册），人民出版社，1980 年，第 194 页。

④ 《大公报记者访蒋介石于牯岭》，《大公报》，1937 年 6 月 5 日。

份出席会议。六月中旬，谈话会参加者名单在中政会主席汪精卫主持下初步拟定，由蒋介石在庐山核定，被邀者和陪客（国民党中央和政府的官员）共 231 人。国民党中政会秘书长张群负责主持会务。

庐山谈话会是由汪精卫（中政会主席）、蒋介石（中政会副主席）联名邀请并主持召集的。参加会议的分为来宾和陪客两种，有以下几个方面的人员。

（1）国民党中央党部和国民政府各院、部的主管人员，除蒋、汪两人为会议召集人以外，其他中央党政官员均称为陪客。主要的有：监察院长于右任、司法院长居正、考试院长戴传贤、军委会副委员长冯玉祥、中政会秘书长张群、国民党中央常委陈立夫、立法院副院长兼中央党部秘书长叶楚伧、中央宣传部长邵力子、民众训练部长陈公博、中央组织部长张厉生、侍从室第二处主任陈布雷、国民党中执会委员周佛海、中政会副秘书长曾仲鸣、教育部次长段锡朋和周炳琳、财政部次长邹琳、交通部次长彭学沛、立法院秘书长李文范、司法院秘书长谢冠生、考选委员会委员长陈大齐、全国经济委员会秘书长秦汾、军委会政训处处长刘健群等。

（2）在野各党派各社团的领导人员。其中主要者有国家社会党张嘉森（君劢），中国青年党曾琦、李璜、左舜生，全国救国会杜重远，中华职教社黄炎培、江问渔，上海律师公会江一平、抗日后援会朱庆澜等，他们均系以个人身份出席。

（3）高等教育界和学术界的知名人士。有清华大学校长梅贻琦、教务长潘光旦，院长陈岱荪、冯友兰、顾毓琇，教授吴有训、张奚若、浦薛凤、萧公权、陈之迈等；北京大学校长蒋梦麟，院长胡适，教授梁实秋、陶希圣、张忠绂、曾昭伦、赵乃博、张佛泉等；北平师范大学校长李蒸，院长李建勋，教授黄国璋、杨立奎、熊梦飞、邱椿等；北平大学校长徐诵明，教授王之相、石志泉等；燕京大学校长陆志韦，教授张东荪、顾颉刚、梁士纯等；中法大学校长李麟玉；辅仁大学校长陈垣；朝阳学院院长张知本；北京研究院副院长李书华、秘书长崔敬伯；北平图书馆馆长袁同礼；复旦大学法学院院长张志让、教授章益；南开大学校长张伯苓，教授方显庭、张彭春、林同济、黄子坚等；上海光华大学校长张寿镛；上海大夏大学教授范寿康；前广西大学校长马君武；暨南大学校长何炳松；四川大学校长任鸿隽；武汉大学校长王星拱，院长皮宗石，教授周鲠生、陈源；浙江大学校长竺可桢，教授张其昀；上海商学院院长裴复恒；前沪江大学校长刘湛恩；中央大学教授方东美、萨孟武、高君珊等；前湖南大学校长胡庶华；厦门大学教授庄泽宣等。此外，还有著名学者丁燮林、蒋百里、吴贻芳、吴经熊、李剑农、李协、马寅初、欧元怀、廖世承、傅斯年、张西曼、洪深、萧一山、胡定安等人。

（4）新闻出版界人士。有上海《大公报》社王芸生、杭州《东南日报》社胡健中、汉口《武汉日报》社王亚明、上海《申报》社马荫良、上海商务印书馆王云五、南京《中央日报》社程沧波、《外交评论》杂志社吴颂皋、上海中华书局陆费伯鸿等。

(5) 工商财经界人士。有吴蕴初、荡旭东、荣宗敬、虞洽卿、穆藕初、林康侯、赵棣华、曹惠群、龚学遂、谷春帆等。

此外国民党元老经亨颐、茅祖权、陈其采等，立法院立法委员吴尚鹰、凌冰、楼桐荪、张西曼、程中行、杨公达、卫挺生、陈长蘅等，以及前南京临时政府和北洋政府的一些官员，如陈锦涛、林志钧、戴修瓒等，也参加了谈话会。

按照蒋介石和汪精卫的计划，这个会议是由国民党方面作为会议主人，召集社会各界人士举行座谈，征询对国事的意见。国民党中政会对会议的方针和方法作了如下规定："谈话会的进行方式，计划先由政府方面对政治、经济、教育等问题作一概要报告，然后由应邀出席人士各抒己见，遇有疑间，则由政府官员依问题内容，分别予以答复。政府对于谈话结果，固然有所期待，但其性质与一般会议式的集会不同，完全在交换彼此的意见，及联络感情，并不作任何决议。"①

庐山谈话会原定分为三期举行，后第三期会议未及举行。会场设于庐山牯岭图书馆。被邀与会人士是分批参加会议的。

第一期谈话会于一九三七年七月十五日开始，实际到会者共 158 人。十六、十七日召开全体会议。举行共同谈话，由蒋介石、汪精卫共同主持会议。十六日上午第一次共同谈话在牯岭图书馆礼堂举行，汪精卫首先发表"引论"，就开会的宗旨和谈话的方法作了说明，希望就政治、外交、经济财政、教育等问题交换意见。接着，张君劢、张志让、王云五、杜重远、王亚明、何基鸿、张寿镛、曾琦、江问渔等相继发言。十七日上午举行第二次共同谈话，蒋介石首次就卢沟桥事变和国民政府的对日态度，发表政策性声明。然后，胡适、梁士纯、江一平、方东美、崔敬伯、林志钧、马君武、张君劢、刘健群等人围绕着对日抗战问题和蒋介石的声明发表意见。

十九日开始举行分组谈话，上午首先进行政治组谈话，约 140 人到会。汪精卫在"引论"中提议以宪法问题为主题进行谈话。接着，张君劢、刘大钧、左舜生、浦薛凤、赵正平、张素民、刘湛恩、张寿镛、陈长蘅、朱经农、楼桐荪、欧元怀、徐永祚、胡适、徐庆誉、卫挺生、江一平、梁士纯依次发言。当日下午，举行经济组谈话，汪精卫在"引论"中对国民党五届三中全会经济建设决议案作了说明，到会者着重对五年经济建设计划、统制经济、战时财政等问题发表了意见。二十日上午进行教育组谈话，汪精卫的"引论"对政府关于义务教育、普及民众教育、师范教育、中等教育、职业教育、高等教育和其他特殊教育的政策措施作了说明。江问渔、朱经农、陶希圣、刘湛恩、吴贻芳、高君珊、傅斯年、廖世承、胡适等人相继发言，特别是对国防教育提出了许多建议。二十日中午，第一期庐山谈话会议结束。

第二期谈话会于七月二十六日开始，因中日战争日益扩大，局势急剧变化，部

---

① 《庐山谈话会会议记录选辑》，台湾《近代中国》杂志，1992 年第 4 期(总第 90 期)。

分应邀人士未能如期到达，遂先举行非正式的分组谈话。蒋介石已于七月二十日返回南京。谈话会由汪精卫主持召集。二十六日上午，汪召集已到的来宾举行团坐式自由谈话。参加会议的有经亨颐、王芸生、胡庶华、周炳琳、洪深等 31 人。汪精卫首先就中日关系作了报告，刘彦、燕树棠、洪深等人发言，表达了抗日的要求。二十八日和二十九日两个上午进行共同谈话，到会者近 80 人，这两次谈话的内容几乎全都集中于对日抗战问题。二十八日下午，又分经济、财政、教育三个组进行分组谈话。二十九日中午，第二期谈话会宣告结束。原定的第三期谈话会，因全国抗战的展开，原定的与会人员已难以集中，而未举行。

庐山谈话会除上述共同谈话和分组谈话两种基本方式外，会外的分散交谈也是一种重要方式。蒋介石曾分别邀请在庐山的各党各派的领袖和社会各界著名人士进行交谈，国民党上层的各方面负责人之间，以及他们与在野的各方面人士之间，也广泛地就国内外政策问题交换意见，一时间在庐山出现了一次空前热烈而集中的政治讨论。由于参加会议的有各党派的领袖和不同政治立场的人士，有一大批著名的知识分子，而这种谈话又为十年来所从未有过，谈话会理所当然地被当时舆论界视为国内政党合作和团结御侮的新起点，当作在共赴国难的号召下，开放言论、朝野对话的象征。可是，蒋介石和国民党当局在一党专政格局下召开的这次会议，并未让其他各党各派在平等地位上共同协商决定问题。特别是对中国共产党，当时蒋介石虽然正在与之进行两党正式谈判，但还未承认中共的公开、合法地位，也未邀请中共代表公开参加庐山谈话。七月十五日，中共中央代表团周恩来、秦邦宪、林伯渠为与国民党方面进行谈判抵达庐山，十七日与蒋介石、邵力子、张冲举行谈判。当时庐山谈话会正在进行。但正如周恩来后来所回忆，“庐山谈话会的时候，共产党没有份，我同林伯渠、博古同志三个人不露面，是秘密的”①。

二、 庐山谈话会的基调：团结对外，抗日御侮

庐山谈话会原定的主题，是宪政、经济、教育等问题。但是，在会议开幕前夕爆发了震惊中外的卢沟桥事变，大多数与会者的注意力迅速聚集于对日问题，谈话主题不可避免地被置于同抗日直接有关的问题上面。这多少是出乎国民党最高当局之意料的。无论是共同谈话还是分组谈话，应邀出席者的发言大多集中于对日和战问题，基调都是主张团结对外、抗日御侮。那些主张对日妥协退让的人如汪精卫、周佛海之流，也不敢在会上正面地反对抗战，而只能以隐晦曲折的语言

① 周恩来：《论统一战线》，《周恩来选集》（上册），第 195 页。

表露他们的主和观点，或在会外暗底下散布妥协论调。他们把抗战主张贬为“唱高调”，而把主和妥协主张称为“说老实话”。然而，事情与他们的愿望相反，在谈话会上，却是“高调”愈来愈占了明显的优势，从几次主要的会议来看，发言者从不同程度上表述了以下一些意见。

(1) 卢沟桥事变爆发，谈话会之主题应转到对日抗战问题。张志让在发言中说：“当我们接到汪、蒋两先生请柬的时候，北方时局还没有紧张，所以谈话会可以从容来讨论安邦定国的大计。但是现在敌人在华北的军事行动，已经开始，国事危急万分，我们环境的前提已经不同，所以讨论的问题，也应当随事实为转移，就是如何来应付我们紧急的困难。……所以现在这个时候，我们谈话要点，当然以如何对付这个难关为前提。”①崔敬伯也明确提出：“在卢沟桥战事已发生了一星期的今天，我们谈话必须把抗日问题作中心。”

(2) 卢沟桥事变不是局部性质问题，而是关系整个国家生死存亡的大问题。胡适在发言中分析了华北的形势，认为“华北时局的日趋严重，实在不是偶然的事，而是敌人有计划的行动。……卢沟桥事件已不是局部的问题，而是整个国家的存亡所系。也许这个问题要牵动整个世界”。他提醒北平当局，也暗喻南京当局，说：“如若我们以为日本这次是含有投机成分，又以为是局部问题，可以和平方法解决，存在这种侥幸心理去应付这件事情，一定会失败到底。”他强调指出，“卢沟桥的失与守，乃是整个华北存亡的关键”，这是因为，“北平，东、南、北的门户，都已在人家(日军)的手里了，只是西边通卢沟桥的一条活路，假设卢沟桥失守，不但平汉、津浦两路隔断，平绥路也同时被阻，北平就成了死城，北平一失，华北不保，察北不能孤守，绥远、山西都受极大威胁，南京也将成了现在的北平”。何基鸿发言说，在北方“现在日本人已觉得图穷而匕首见了，所以才有这次卢沟桥事件的发生”。“华北问题已不是局部问题，如果政府再不下最大之决心，华北势将不保，到那时政府将怎样对得起人民呢?”江一平也在发言中反映了许多与会者的看法，说：“大家一致认为现在华北的问题，决非局部的问题，而是整个中华民国、中华民族生死存亡的关键。”

(3) “最后关头”已经到来，团结一致、抗日御侮是全国当务之急。绝大多数发言者都认为卢沟桥事变的爆发，表明时局已发展到“最后关头”，再也不应犹豫摇摆了。梁士纯说道：“我们切不可像以前畏首畏尾怕事的样子，现在我们是到了最后关头，是朝野一致共同应付国难的时候了。”杜重远也指出，在当前，“统一团结，救亡图存，乃是全国一致的要求”。张君劢也认为，“在时局严重的目前……我

① 《庐山谈话会会议记录选辑》，台湾《近代中国》杂志，1992 年第 4 期(总第 90 期)，以下凡所引共同谈话会的发言，均同此出处，不再一一注明。

们要注意现时期是已到最后的关头了。”

(4) 南京政府应调集军队，迅速扩大增援华北。张志让指出，在华北前线，“我军虽奋勇抗战，但是没有有系统的抵御……这是一件深可考虑的事”。他建议：“中央军队应该尽速并尽可能的开赴战线，一面增加我军作战的能力，一面助长已在战线上的我军士气，这是……目前在军事上最要紧的一点。”胡适也要求说：“我们希望中央在调派军队北上之外，还有更大更明显的表示，以更大的实力向北方增进。”在蒋介石于会议中宣布已调动三个师北上之后，胡适当即表示希望扩大增援，说：“蒋先生说已派三师到了保定，我想还是不够，应该大量的增加，更需要以精良的军备，供给前线抗敌将士。同时，希望一面由津浦路进兵，一面令驻绥(远)汤恩伯军开往前线加入抗战。”

(5) 全国对二十九军要放心，要支持，同时希望二十九军领导人要警惕日方的阴谋。一些同二十九军有直接联系的人士，在谈话会中转达了该军的抗战决心。二十九军旅长何基沣的胞兄何基鸿①说：“本人离开北平以前，舍弟电话告诉我说，在庐山……请说明并转达二十九军是有抗敌的决心的。”梁士纯在谈话会上转达了二十九军副军长秦德纯的话：“北平绝对不会做奉天第二……决不与人家(日本)订立任何协定。”江一平认为“我们应该给予站在最前线的二十九军和主持人(宋哲元)先生以无限的同情，并应用民众的力量，去督促他们”。但在谈话会中也有不少人担心二十九军会陷入日本方面的圈套，或脱离南京政府而贻误抗战大局。蒋梦麟、梅贻琦、胡适、徐诵明、傅斯年、梁实秋、顾毓琇等特于七月十七日从庐山密电秦德纯等人，说“同人在(庐)山谈话与观察之结果，深知中央对宋(哲元)委员长及公等，确完全信任，并已切实布置，以全国实力为后援”。同时以恳切的语言提出，“同人切盼诸公洞悉此形势，决不可堕入敌人不战而获之投机策略，必须坚持不求战不避战原则”。②第二期谈话会全体与会者在七月二十九日又致电宋哲元，这时二十九军已退出平津，电文希望二十九军“与中央所派各军同心协力，抗战到底”③。

(6) 对中日谈判不抱希望，但也有认为谋和可能仍是存在的。在共同谈话会上，并无人提出要求通过与日方谈判解决事变问题；相反，发言者大都认为在当时的情况下，与日本已无和谈之可言。崔敬伯的话颇具代表性，他说：“在现阶段的

---

① 何基鸿，时任北京大学教务长，系二十九军第三十七师一一〇旅旅长何基沣的胞兄，来庐山之前曾在平津前线与该军将领有过接触。

② 《蒋梦麟等致秦德纯、邓哲熙电》，《庐山谈话会会议记录》，台湾《近代中国》杂志，1992 年第 4 期(总第 90 期)。

③ 《第二期庐山谈话会全体同仁致宋哲元电》，《庐山谈话会会议记录》，《近代中国》杂志，1992 年第 4 期(总第 90 期)。

中日情况之下，中国除了抗日外，根本无外交（指与日本谈和）可言……想在炮火压迫下进行交涉，这是我们绝对不能接受的。”但是，以胡适、周佛海、陶希圣为代表的一部分人，除表示主张对日本的进攻要进行抵抗外，又认为还存在通过外交途径解决中日争端的希望，只是此种和平交涉主张并未在会上公开表明，而是在会外犹如一股暗流在牯岭游荡着。周佛海在庐山时即认为“和平似未绝望也”①。胡适则在庐山谈话会甫行结束，返回南京当面向蒋介石提出了对日“外交路线不可断”的建议。②

（7）开放民主为抗日御侮、共赴国难所必需。在谈话会上，发言者中发出了不同强度的要求国民党当局开放民主的呼声，尤其是一些左派学者对实行民主的呼唤十分强烈。张志让在发言中旗帜鲜明地指出，要进行全国抗战，就必须开放民主。为此，他提出了三项最迫切的要求：一是“开放言论自由”，“改变新闻检查制度”，二是“宽免政治犯”，三是“取消特别刑法”，“例如危害民国治罪法，现在似可取消”③。洪深在会上提出沈钧儒等“七君子”一案，要求南京当局予以答复。他认为抗日爱国是无罪的。当时处于中间党派的国社党张君劢则表示：希望宪政早日实施，并且“希望政府在合法的范围之内，有使政党发表正当意见的机会，获得相当的保障”。

（8）加强国民特别是青年的国防教育与训练。江问渔对国防教育与训练提出意见，要求从中央到地方建立统一训练机关，由军事机关和教育行政机关共组委员会办理，青年的教育要兼顾职业教育、公民教育和军事教育三个方面，并重视在职人员的补习教育；军事训练应普及于全国。胡适发言说，国防教育是常态教育，教育的中心目标应为国家高于一切；注意对人才的培养，教育独立，政府官吏不可兼公私学校的校长或董事长。④

（9）要有独立自主的外交政策，不应一味依赖外国。方东美对此作了专门发言，他回顾九一八事变以来的外交政策，提出，“过去中国的外交，往往失自主的立场，专想靠人家……其实这都是幻想。”他分析了英国的外交政策，认为英国的战略重点是在欧洲，特别是在西欧，对于远东未必会有什么积极的行动，因此，中国在对日问题上不应对英国寄予不切实际的幻想。同时“对于将要进行的英日谈

① 《周佛海日记》（上册），中国社会科学出版社，1986年，第9页。

② 《胡适的日记》（1937年7月31日），中华书局，1985年；另据《近代史资料》（第2辑），1955年版，第211—212页。

③ “新闻检查制度”是指1934年8月国民党政府为统制舆论而制定的《检查新闻办法大纲》，其中规定“新闻原稿必须送检”。《危害民国治罪法》是指1931年1月国民党政府公布的镇压爱国民主运动的《危害民国紧急治罪法》。

④ 天津《大公报》，1937年7月21日。

判，不可不予严密注意，而且也应有严重的表示”。对于中日关系，他认为中国对日本绝不是文字口舌之争，必须以国家实力基础去对付它。对它的侵略野心要有足够的估计，对日本的进攻，不应只作消极应战，而要采取积极的反攻，攻其无备，使它首尾不能相顾。

（10）提出南联英美、北结苏俄的外交战略，以对付日本。吴康在发言中对此作了系统的论述。他指出日本除大陆政策外，还有其南下政策即海洋政策，目标在于“造成其理想中太平洋上帝国”。而“如此则将来太平洋战争，必难避免，而尔时与日本正面冲突之主角，必为英美两国；而苏俄从远东利害关系，亦必加入。故中国今后对付日本侵略，在外交主要政策上，应南联英美，北结苏俄”。他分析说：“英为海上帝国，无论如何决不放弃其在远东的各种权利；美欲保持太平洋海上权利，亦以日本为将来最大敌人。故我国抗战外交政策，竭力确立联美联英，以抵制日本在太平洋势力之发展。至于苏俄，对于远东利害关系，尤为密切。日本占据东四省后的势力膨胀，已直接使苏俄寝食不安。故联俄以抗日本，不仅为吾人所必取之途径，亦为苏俄欲保持其远东权利所必取之途径。”①

此外，中间党派的右翼表现出了拥蒋反共的政治倾向。这次庐山谈话会上各党各派对国内政治关系问题是有不同立场和主张的，值得注意的是一些右翼党派表现出拥蒋反共和以抗日否定民主的倾向。青年党曾琦在会上提出处置中共的两条原则，一是要中共“放弃军事的组织”，“解除武装”，二是中共须是“国内政党”，而不许为“国际政党”，不许中共与国际共运保持联系。国社党张君劢竭力拥护国民党一党专政，宣称在现在的中国，“除了希望中国国民党救国的志愿完成以外，决不希望再把这一工作换在第二个团体去完成”。他还主张在抗战的条件下要取消各党各派之间的争论，而只要一致拥护国民党，说：“现在国难的时候，党与党之间，个人与个人之间决无争执之必要，亦无争执之可言。”

除关于上述几个问题的发言以外，在分组谈话中不少与会者还就宪法草案、国民大会、党派关系、言论自由、战时财政、经济建设、教育政策、地方自治、宣传和舆论工作等各个方面的问题，发表了意见和主张。

三、 蒋介石的庐山谈话：不求战，必应战

在庐山谈话会上，国民政府对于抗战问题作出的唯一重大举措，就是蒋介石七月十七日所作的后来称为《对于卢沟桥事件之严正表示》的政策性声明。这个

---

① 转引自蒋永敬：《抗战初期之外交与国联及德使之调停》，《中国现代史论集》第九辑《中国抗战》，台湾联经出版社公司，1982年，第365页。

声明是在第一期第二次共同谈话会上蒋的即席谈话，于同月十九日正式向国内外公开发表。

卢沟桥事变爆发时，蒋介石、汪精卫和国民党政府其他首脑正云集庐山，对日政策问题成为他们研讨的中心。蒋与汪的态度显然不同，前者主张以强硬的不后退的态度对待日本的进攻。虽然，蒋介石当时对于通过外交途径，将卢沟桥事变当作地方性事件，求得和平解决而结束事变，尚抱有一定的希望，但是其决策的基点显然已经转移到准备对日开战方面，军事、政治、经济各方面全盘部署也开始转向战时轨道。七月九日，蒋下令调孙连仲部两个师，庞炳勋、高桂滋两部各一个师北上保定和石家庄，增援第二十九军。同时，电令何应钦从重庆速回南京，负责主持筹划全国对日作战各项事宜。对于作战与谈判的关系之处置，在同日致秦德纯、张自忠、冯治安的密电中，蒋介石指出："应先具决死与决战之决心及继续准备，积极不懈，而后可以不丧失主权之原则与之交涉，方能贯彻主张，完成使命。"①十日，蒋介石向全国各行营、各绥署、各省（市）发布密电，命令"一体戒备，准备抗战"，并就冀察当局与日军进行谈判之事，指出："日人诡诈，用意莫测。我全国各地方、各部队仍应切实准备，勿稍疏懈。"②

蒋介石十七日在庐山的谈话，正是从立足于打但不放弃和谈的基本态度出发的。他在谈话中论析了卢沟桥事变，指出"这一项事件并不是偶然的"，而是"对方处心积虑，筹之有素的行动"。因此，和平的希望已经很小了。"从这次事变的经过，知道人家处心积虑了谋我之亟，和平已非轻易可以求得。"蒋的这一判断，是比较符合当时的实际形势的，说明他对日本挑起事变的企图有比较清醒的认识。

蒋介石于是严重地警告说，卢沟桥事变能否结束，就是"最后关头"的界线。这是因为，"如果卢沟桥可以受人压迫强占，那末我们五百年故都北方政治文化的中心与军事重镇的北平，就要变成沈阳第二。今日的北平，若果变成昔日的沈阳，今日的冀察亦将成为昔日的东四省，北平若可变成沈阳，南京又何尝不变成北平。所以卢沟桥事变的推演，是关系中国国家整个的问题，此事能否结束，就是最后关头的境界。"这是蒋对日提出的告诫，如果日军不结束挑战，恢复事变之前的状态，中国就认为"最后关头"已到，决然起而抗战，就以此向国内外表明了中国政府的底线。蒋在12天以后对这一态度作过进一步的说明，二十九日他在南京对记者发表谈话，说："自卢沟桥事变发生，余在庐山谈话会，曾切实宣言，此事将为我最后关头之限界，并列举解决此事之最低立场，计有四点，此中外所共闻，绝无可以

---

① 《近代中国》杂志社：《抗战史料选辑》，台湾《近代中国》杂志，总第2期。

② 《七七事变至平津沦陷蒋何宋等密电选》，中国第二历史档案馆选编：《历史档案》杂志，1985年第1期。

更变。当时余言我不求战，只有应战，今既临此最后关头，岂能复视平津之事为局部问题。”①

蒋介石提出了中国政府对于解决事变的“四点立场”，这就是：“（一）任何解决，不得侵害中国主权与领土之完整；（二）冀察行政组织，不容任何不合法之改变；（三）中央政府所派地方官吏，如冀察政务委员会委员长宋哲元等，不能任人要求撤换；（四）第二十九军现在所驻地区，不能受任何约束。”这是南京政府第一次向国内外宣示的解决卢沟桥事变的“最低限度”条件，把蒋介石上一年在国民党五届二中全会上关于“最后关头”的界定进一步具体化了。如果日本政府拒绝这“最低限度之立场”，蒋介石表示：中国政府“再没有妥协的机会”，“我们不能不应战”②。

据此，蒋介石提出了“应战而不求战”的方针。“因为我们是弱国，又因为拥护和平是我们的国策，所以不可求战。”“我们固然是一个弱国，但不能不保持我们民族的生命。不能不负祖宗先民所遗给我们历史上的责任，所以到了必不得已时，我们不能不应战。”“我们希望和平而不求苟安，准备应战而决不求战……如果战端一开，那就是地无分南北，年不分老幼，无论何人，皆有守土抗战之责任，皆应抱定牺牲一切之决心。”

蒋介石的上述谈话于七月十九日由中央社向国内外公开发表。对于蒋介石庐山谈话所表示的抗战态度，中国共产党是明确表示支持的。在蒋介石发表这一谈话的前二日，中共中央代表周恩来在庐山向蒋面交《中共中央为公布国共合作宣言》。七月二十三日，毛泽东发表《反对日本进攻的方针、办法和前途》一文，其中指出，蒋介石在庐山的“这个谈话，确定了准备抗战的方针，为国民党多年以来在对外问题上的第一次正确的宣言，因此，受到了我们和全国同胞的欢迎”。③参加谈话会的绝大多数人士，对蒋宣示的抗战决心都表示欢迎和支持。胡适在蒋介石谈话结束后当即起立发言，说：“我们对于蒋先生刚才的表示，完全同意；我们对于蒋先生刚才的态度，非常兴奋。”张志让回沪后对记者说：“蒋……对此次华北事件及今后抗敌御侮等，除已发表之书面报告外，对各谈话人员且有更简明坚定的表示；故当时到会者对政府抗敌之决心，均表热诚拥护。”④同月二十日，李宗仁、白崇禧、黄旭初致电南京政府，宣布拥护蒋介石的十七日谈话，表示要“抗战到底，

---

① 《蒋介石29日向记者发表谈话》，《申报》，1937年7月30日。

② 蒋介石：《对于卢沟桥事件之严正表示》，《蒋总统思想言论集》（第14卷），台湾国民党党史会，1984年，第582—585页；参阅前揭《庐山谈话会议记录选辑》。两份材料在文字上略有出入。

③ 毛泽东：《反对日本进攻的方针、办法和前途》，《毛泽东选集》（一卷本），人民出版社，1964年，第330页。

④ 《上海参加庐山会代表返沪后谈话》，《申报》，1937年7月24日。

任何牺牲在所不惜”①。冯玉祥二十一日在庐山对记者的谈话中，也表示赞成蒋介石的谈话，号召“全民团结一致……为民族生存为国家复兴而坚决奋斗”②。

蒋介石庐山谈话的基调是决心对日抗战，谈话在传到东京后，被日本当局视作宣告了“国民政府对日全面战争的明明白白的决心”，而引起了极大重视。③但这一谈话仍然是带有两面性的，除主导方面即作出了应战决策，对抗战具有重大意义外，也有其不足的一面。蒋介石这时提出的对日条件，是恢复卢沟桥事变之前的状态，作为“最低限度”的“四点立场”正是表述了这一基本要求。那么超越这“最低限度”的“较高限度”甚或“最高限度”是什么呢？他并无表示，取消《淞沪停战协定》《塘沽协定》《秦土协定》和“何梅协定”，取消伪满洲国和冀东伪政权，收复东北四省失地等，在庐山谈话中均未提及。此外，他在谈话中提出“在和平根本绝望之前一秒钟，我们还是希望和平的，希望由和平的外交方法求得卢事的解决”。这反映了他当时仍然没有彻底抛弃通过和平交涉结束事变的幻想，而在事实上，事态演变到当时，事件和平解决已不可能了。

庐山谈话会自七月十一日第一期预备会至同月二十九日第二期结束，前后共十几天。在此期间，庐山道上轿舆如梭，牯岭市街冠盖云集，一时成为全国政治中心。谈话会的动向，为全国各界民众所密切关注，成为各地报刊报道的热点。虽然这次谈话会没有也不可能作出什么决议，但它在我国抗日战争史上有着不可磨灭的意义。庐山谈话会对于推动国民政府走上对日抗战道路起了积极的作用。西安事变和平解决后，全国内战基本停止，国民党从“先安内，后攘外”向着“团结御侮”的方向转变，但在前进道路上仍然存在若干摇摆和曲折。国民党五届三中全会显示联共抗日主张在党内已逐渐占着主导地位，但坚持对内反共、对日妥协的逆流仍然占有相当的势力。在这一形势下召开的庐山谈话会，虽然还远远没有充分反映全国各阶层民众要求团结抗日的强烈愿望，但是到会的各界代表人物在不同程度上表达了团结对外、抗日御侮的意愿和主张，发出了要求抗日的呼声。这次谈话会汇集了国内各方面的抗日主张，直接与国民党最高当局作了对话。它有助于加强国民党内主张抗日的势头，抑制对日妥协投降的倾向，实际上成了一次抗日的动员会和促进会。

庐山谈话会是抗日时期各党各派各界代表人物共商国是的最早的一种方式，成为后来国民参政会议政的先声。这次谈话会由于中国共产党没有正式参加，第

---

① 《李宗仁、白崇禧、黄旭初致电国民政府》，《大公报》，1937年7月22日。

② 《冯玉祥对记者谈话》，《申报》，1937年7月23日。

③ 日本防卫厅防卫研修所战史室：《战史丛书·大本营陆军部》(一)，朝云出版社，1967年，第454页。

三方面的民主力量当时尚未形成，而成为由国民党一党包办的座谈会。但是，从另一方面看，它也是对十年内战以来，国民党压制民主、堵塞言路、控制舆论的专制统治的一种微小的却又十分有意义的革新和调整。这是在民族矛盾上升到统治地位的形势下，国内政治关系变动的一种表现，有利于国内民主力量的发展。各党各派各界人士通过谈话会的形式，在一定程度上表达了自己的主张和要求，参与对国事的讨论。谈话会的参加者中，包括了各党各派领袖人物及不同政治立场的人士，更被视为在抗日旗帜下政党合作及民族团结的起点。由庐山谈话会导致了同年八月国防参议会的成立，国民党在国防最高会议之下建立国防参议会，从参加庐山谈话会的人士中选聘了二十分之一的人士为国防参议员。国防参议会以后又发展为国民参政会，成为抗日时期各党各派各界向政府当局提供意见和沟通政见的一个渠道。庐山谈话会可以说是国民参政会的前导。

庐山谈话会提出了许多主张和建议，其中不乏真知灼见和匡时济世之言，有助于国民党当局内外政策的重新调整和确立。这些主张和建议包含有广泛和丰富的内容，涉及抗战军事、战时动员、国防建设、外交政策、国际战略、经济建设、战时财政、民主宪政、党派关系、救亡运动、教育政策、新闻自由等各个方面。这些问题上的一系列建议，对正处于局势大变动之际的国民党当局的政策取向产生了积极的影响。

当然，谈话会上各种主张和意见之间也存在原则的分歧，但在中华民族生死存亡的关头，谈话会向国内外发出强烈的呼声，其基调是团结御侮、对日抗战。这就是这次会议的主要意义。

德国军事顾问团与淞沪会战的总结

以法肯豪森为总顾问的德国军事顾问团自始至终参加了八一三淞沪会战，以中国政府军事委员会外籍顾问的地位参与会战的决策、部署和作战指挥。他们或为南京最高统帅机关和第三战区司令长官部等高层机关提供建议和接受咨询，或为集团军一级和个别师级前线指挥机关出谋划策、为作战指挥提供支持。德国军事顾问团对淞沪抗战产生过积极的影响，作出了一定的贡献。淞沪会战结束后，法肯豪森和其他几位顾问曾在不同场合对这场震惊中外的会战进行回顾和总结，以他们的观点和认识梳理会战的全过程，评价和论析其中的经验教训。

一、以军事顾问的地位参与淞沪会战的决策和指挥

早在中国全面抗战开始之前，法肯豪森在为国民政府军事当局设计国防建设和对日作战方案时，就已承续其前任总顾问塞克特的《陆军改革建议书》中关于华中和长江中下游一带对日作战的战略构想，提出了包括淞沪地区和长江一带作战在内的中国国防和抗日军事战略的总体方案。法肯豪森于一九三四年四月追随塞克特来华，接替顾问团前总顾问佛采尔的职责，成为塞克特的参谋长、军事顾问团的负责人。一九三五年三月，塞克特离华返德，法肯豪森作为顾问团的负责人全面执掌该团工作。这时，日本继侵占我国东北、炮制伪满洲国之后，正大举入侵华北，策动所谓“华北自治”运动。正当中日两国之间的全面战争正在日益迫近之际，法肯豪森应蒋介石之托，于一九三五年八月二十日提交了《关于应付时局对策之建议》，适时地分析了华北事变以来日本对中国的侵略扩张政策和军事动向，批评了中国当局对日妥协退让的不当，全面阐述了他对中国国防及抗日军事战略的构想。

法肯豪森上述建议书对上海和长江中下游一带的战略地位给予高度重视，并提出该方面作战设想。他根据历年来的观察和研究，认为中日大战一旦揭开，日军会从三个方向对中国发动进攻：“第一部，驱（驻）伪（满洲）国之日本军队（两师

团），用伪国军队增强，占领河北，破坏郑州之铁道交叉点，于以后作战过程中对我沿平汉路第一主抵抗线之左翼；第二部（约三师团）兵力，由朝鲜及日本两部占领山东暨新筑港之东海，先破坏铁路交叉点之徐州，然后占领之；第三部（约四至五师团），进出长江，攻击首都，沿江向上进至武汉。”①中国在总体上“作战取战略上守势”，处于内线作战态势，“在内线主要威胁由东、北两方”而来。在北部，“目前战略情况，一旦军事上发生冲突，华北即直受危险，若不战而放弃河北，则长江北岸、华北两干路（指平汉线和津浦线）唯一之横贯连络线、极占重要之陇海路暨其重要城市（洛阳、巩县、开封等），起首即陷于最前战区。对黄河区防线，（敌军）不难由山东方面取席卷之势”。②在东部，他指出，日军“由海上方面之进攻方向有三处，即海州、上海、乍浦和镇海诸处，该三处俱向长江流域……故对海正面有重大意义者，首推长江。敌苟能控制中国最重要之中心点直至武汉一带，则中国之防力已失一最重要之根据”。③

针对上述预判的日军北、东两个方面的进攻态势，法肯豪森提出中国地面部队的部署和作战设想：(1)除地方部队“分驻各区”外，“凡（中央）作战所用部队宜集中于徐州—郑州—武汉—南昌—南京区间，由该区可以速向各方集中”。(2)“北方则须掩护陇海路”，“最初抵抗区务必向北推进，是以沧县、保定之线宜绝对防御，为保全通山西之主要交通，不使于初战时即失陷起见，此举实有必要”，北方的“最后战线为黄河，宜作有计划之人工泛滥”。(3)“东部有两事极关重要，一为封锁长江，一为警卫首都”，“长江封锁于中部防御最关重要，亦即为国防之最要点，防御务须向前推进，江防须封锁江阴……推进至上海附近”。(4)“南昌、武昌可作主支撑点，宜用全力固守，以维持通广州之联络。”(5)“山东用局地兵力防御，徐州宜位置预备队，海州宜暂设防御。”(6)“南京为全国首都，必应固守。”(7)“四川为最后防地……宜设法筹备使作最后预备队。”④从以上可见，保卫上海、南京，守备长江，在法肯豪森的对日作战总体方案中不仅是一个重要组成部分，而且是一个具有全国意义的战略重点，“即为国防之最要点”。

德国顾问团参加了国民政府参谋本部关于京、沪、杭长江三角地区对日作战方案的设计，还直接参与长江下游和杭州湾南北国防工程建设的规划与监督施工。一九三四年下半年，法肯豪森先后赴浙江甬江口的军事重镇镇海和杭州湾北岸的乍浦，以及江苏的长江军事要地江阴和东海之滨的海州连云港进行实地考

①②③ 《总顾问法肯豪森关于应付时局对策之建议》(1935年8月20日)，中国第二历史档案馆编：《中德外交密档(1927—1947)》，广西师范大学出版社，1994年，第173—174页。

④ 《总顾问法肯豪森关于应付时局对策之建议》(1935年8月20日)，《中德外交密档(1927—1947)》，第175—176页。

察，就海岸与长江防御和军事要塞工程的建设提出建议。①其中关于杭州湾的防御问题，当时南京政府军方“预测，一旦日本来犯，它的海军兵力有在杭州湾的平坦海岸登陆的可能性，因此我们已经在那里侦查并标定好了防御阵地，并由（德国）工兵顾问韦伯尔少校设计了若干的永久工事”。②一九三五年十二月二日至六日，国民政府军事当局为准备江浙一带对日作战，举行了一场有5个师上下兵力参加的军事实战演习，模拟入侵敌军自杭州湾登陆，循沪杭铁路和京杭公路向南京进攻，中国军队进行正面抗击的作战。法肯豪森率领德国顾问团主要成员参加了这次演习，并给予高度评价。一九三七年六月，在中日大战爆发前夕，法肯豪森应军政部次长陈诚之邀，与意大利籍海岸防御专家诺达尔多洛一起对南京以下长江沿岸所有各要塞炮兵阵地作了战前最后一次巡视，还在江阴要塞观看了要塞守军阻击长江江面快艇的演习。同年七月五日，法肯豪森向国民政府军政部提出《关于整理军平时驻地暨弹药补给准备之建议》，鉴于中日大战迫在眉睫的形势，就全国陆军和炮兵主力部队的部署和配置提出方案，其中对上海及长江下游地区主力兵团的总体部署提供了计划。③

八一三淞沪会战期间，德国顾问团以全团主要力量投入这场震惊中外的大规模战役，当时进入战区参与这场会战的顾问总数前后达71人次之多。在会战进程中的大部分时间里，总顾问法肯豪森常驻苏州的第三战区司令长官部，直接参与前敌机关的作战决策咨询，提供作战指挥的建议，并且通过纳魏格中校等联系渠道与蒋介石之间互通信息，交换意见和提供参考方案。同时，在一部分在战前按德国制式训练和武装的中央军部队里，如第三十六师、第八十七师、第八十八师、中央军校教导纵队等部也派遣有德国军事顾问在师部工作。

在淞沪会战进程中，法肯豪森和其他顾问们提出过哪些建议和意见，他们是通过何种途径、对中方的何种军事层级提出自己的主张的，这些主张和建议产生过怎样的作用和影响？由于有关军事档案大都至今未有披露，有关当事者也未留下完整真实的回忆资料，治史者难以认识其全貌。本文根据一些不完整的史料加以记述。一九三七年八月二十四日晚至二十五日，法肯豪森在苏州参加了第三战区前敌总指挥陈诚、第九集团总司令张治中、第十八军军长罗卓英关于宝山境内长江南岸抗登陆作战计划的会商。根据德国顾问的记录，会议“首先激励有些胆怯的上海集团军总司令（指张治中），接着进行讨论，是否欲将（我军）从上海（虹口

① 辛达谟：《法肯豪森将军回忆中的蒋委员长与中国（1934—1938）》（二），《传记文学》第19卷第6期。

② 王洽南：《德国顾问在南京时期工作的回忆》，《传记文学》第27卷第4期。

③ 《法肯豪森关于整理军平时驻地暨弹药补给准备之建议》（1937年7月5日），《中德外交密档（1927—1947）》，第187—192页。

和杨浦)全线实施撤退。最后做成了以下之决心:目前已经投入与登陆之敌作战中的部队,待其所有的单位全数抵达后,将对敌发动一次集中的攻击;原先的上海战线将继续坚守,并致力于将敌予以压迫围困。本决心的形成,冯·法肯豪森将军在其中发挥了具有权威性的影响与作用”。①随即,法肯豪森于八月二十九日向蒋介石和南京最高统帅部提呈了一份关于上海作战的建议书。这份从苏州发出的报告,全面而准确地分析了淞沪战场的态势,提出中国军队宜采取的作战方针、兵力部署、战场的划分和用兵的重点,并且就统一和加强淞沪战场的指挥体系提供建言。②第三战区总部在相当程度上采纳了法肯豪森的意见,于次日制定了《淞沪浏嘉宝附近围攻计划》③,通令各部队实施。在后来的战役发展过程中,德国顾问不断地提出一些富有价值的建议。十月中旬,蕰藻浜南北阵地战期间,“德国顾问纳维格中校曾经提出了一件攻击的提案,该案极富成功的希望,但却未能付诸实施”。④十月二十四日大场保卫战时,德国顾问也提出极有价值的建议,如法肯豪森事后所说:“查去年淞沪之战,日军集中主力向大场进攻,当时我军除了在大场尽力死战外,并应于南翔方面施行主攻,同时以广福方面为助攻,使敌感受到侧背威胁,借解大场之危,当时虽定此项计划,惜因时间不许,未能实施,殊为遗憾。”⑤十月底至十一月初,沪西苏州河南岸阻击战展开时,德国顾问针对日军主力师团集中南下沪西苏州河沿岸一线,其右后侧出现兵力空虚,提出组织兵力在浏河、罗店之间发起一次攻势,“建议动用5个师在必要的炮兵支援下实施一次攻击……这个建议在理论上受到肯定,但却从未交付认真考虑”。⑥十一月上旬中国军队从淞沪全线西撤时,在法肯豪森以及一些高级将领的建议下,蒋介石于十九日曾一度放弃保卫南京之战,但后来他又改变主意,下令进行南京保卫战。由此可见,德国顾问参与淞沪作战指挥的谋划贯穿于战役的全过程,在某些关键时刻发挥过重要作用。

---

① 德国驻华军事顾问团撰:《淞沪会战的作战过程与经验教训》,滕昕云译,未刊稿,第17—18页。

② 《德籍总顾问法肯豪森呈蒋委员长报告》(1937年8月29日),秦孝仪:《中华民国重要史料初编——对日抗战时期》(第2编)《作战经过》(第1册),中国国民党中央党史会,1981年,第181—183页。

③ 《第三战区淞沪浏嘉宝围攻计划》(1937年8月30日),《中华民国重要史料初编——对日抗战时期》(第2编)《作战经过》(第2册),第186—188页。

④ 《淞沪会战的作战过程与经验教训》,未刊稿,第70页。

⑤ 法肯豪森:《最高指挥官对工作计划的实施》(1938年3月17日总顾问演讲纪要),中国第二历史档案馆:《德国军事总顾问法肯豪森演讲纪要》(上),《民国档案》2005年第1期。

⑥ 《淞沪会战的作战过程与经验教训》,未刊稿,第65页。

二、 从会战全局回顾和总结淞沪会战

淞沪会战结束后，深受蒋介石信任的以法肯豪森为首的德国军事顾问团随国民政府军事当局从南京转移到武汉，继续作为蒋介石的军事顾问班子，参加中国抗战工作。但在不久后，情况却发生了变化。一九三八年二月二十日，希特勒改组后的德国政府宣布承认伪满政权。四月二十七日德国政府下令禁止将武器及作战物资运往中国。五月十三日，德国政府发出训令召回全体在华德籍军事顾问。七月五日，法肯豪森和顾问团其他成员启程归国。顾问团经历了淞沪会战这场大战役，成为他们在华活动中最重大事件。这场规模巨大、影响深远的战役也引起了许多国家军事界的关注和重视，纷纷对其加以考察和研究。在顾问团回德后，德国军事当局也要求前者提供关于淞沪会战的书面报告与总结。于是，在武汉期间和回到德国以后，德国顾问前后两次对淞沪会战进行了回顾和总结。

这头一次总结，是法肯豪森在武汉进行的。这并非对淞沪会战的一次系统和全面的总结，而是他在讲授军事理论和作战指挥问题时，结合淞沪会战的实战经验加以点评，从中我们可以了解他对这场会战经验教训若干问题的认识和见解。一九三八年二月十五日至四月二十八日，法肯豪森应军委会参谋本部(军令部)的邀请，在武汉向一批国民党高级将领和参谋首长做了 17 次演讲，对国家动员、军事体制、参谋组织、作战指挥和战时交通等理论和实际问题进行讲述，并对淞沪会战等重要战役的战略战术问题进行了若干总结。法肯豪森在其 17 次演讲中虽然并未对淞沪会战作全面总结，然其评析范围甚为广泛，从战略全局到战术操作问题都有涉及；而其基本特点在于就战争理论、战略学、战役学和参谋作业等层面进行总结和阐述。在这次总结约一年半以后，原顾问团的两位成员在柏林又进行了一次总结。一九三九年八月，于德国进攻波兰、第二次世界大战全面爆发的前一月，他们分别写就两篇关于淞沪会战的总结报告，“可能呈送给德国陆军总司令，作为研究中日两国军力与在远东所进行之战争的真相或特留之参考……也可能是用作准备进攻波兰时的参考”。①与法肯豪森在武汉时所作的总结有所不同，这次总结是以战史的分析方法与叙述形式做出的，更具有系统性、全面性和完整性的特征。前后两次总结的基本观点和对会战的评价是一致的，但具体内容却大不相同。综合两次总结的内容，在以下几个问题上，德国顾问的见解对我们研究淞沪会战的历史是颇具借鉴意义的。

---

① 《德国赴华军事顾问关于八一三战役呈德国陆军总司令部报告》(上)，傅宝真译，《民国档案》1988 年第 3 期。

(1) 德国顾问从军事层面对中国在淞沪会战中得失的总体评价，可谓得失并见，但总的来说是得大于失。法肯豪森指出："在淞沪方面，当中日战争开始时，日军最初本不愿作主力战，但因中国重兵死力相拼，故敌不得不以主力相对。外人评中国在淞沪作战每以数倍于敌之兵力相拮抗，此种比例方式作战殊不值得，但中国在精神上之所得，以及淞沪之战绩已博得全世界的荣誉与尊敬，其价值较所失则又超过十百倍矣。"①另一份总结也指出："打了三个月的上海战役，虽然遭受无数的挫败，却产生了一部光荣的历史，中国军队的英勇战斗与不计牺牲代价的精神为中外人士所敬佩，但南京所培育出最精良的德式装备的部队几乎丧失殆尽。"②德国顾问的评价大体上是客观、公允和实事求是的。

(2) 德国顾问认为中国政府主动发动和扩大淞沪会战，其目的除上海在经济、政治和国际关系诸多方面的重要地位和利益需要维护外，在军事上本来是为了配合华北战场的对日作战，而蒋介石也以为江南地区具备比华北战场优越得多的制胜日军的必要条件，而主动发起了淞沪之战。法肯豪森等人在七七事变前后一个时期一直认为，日本侵华战争的进攻方向有两个：北正面在塘沽—天津—北平—张家口—大同之线，由北向南进攻；东正面在杭州湾南北—沪京杭—长江下游—海州连云港一线，由东向西进攻，而进攻的重点在北正面。七七事变后，主战场是在华北，日军"的作战行动，其目标为将察哈尔、绥远，河北，很可能还包含山东，以及河南之一部予以分割"。③而在他们看来，中方当初是为了配合华北主战场作战而发起上海之战的："到了八月初，中国指挥高层还做了如下的打算，借由扩大战事范围至长江，以减轻华北国军的负担，并使华北国军的部署在不受阻扰的情况下完成。国军方面了解到，经过这几年的秘密建设，(在江南)其有能力击退日军的进攻。"④根据顾问们的所见所闻，他们在总结中对中国当局发起沪战的直接目的，有如下的叙述："淞沪会战与虹桥机场所发生的偶发事件并无直接的因果关系，而是中国军事指挥当局所主动采取的行动。中国方面试图以快速的打击行动，运用兵力上的优势，对日军展开攻势，借以占领上海并歼灭驻扎于该处的日本海军特别陆战队，以解除日军由此对南京的侧翼威胁。该决心是合理的。使用极度优势的兵力迅速展开行动，以期获致在民心、士气、军事甚至政治上均具有重大意涵之初战胜利。"⑤

---

① 法肯豪森：《最高指挥官对工作计划的实施》(1938 年 3 月 17 日)，《德国军事总顾问法肯豪森演讲纪要》(上)，《民国档案》2005 年第 1 期。

② 《德国赴华军事顾问关于八一三战役呈德国陆军总司令部报告》(续完)，傅宝真译，《民国档案》1999 年第 3 期。

③④ 《淞沪会战的作战过程与经验教训》，未刊稿，第 3 页。

⑤ 《淞沪会战的作战过程与经验教训》，未刊稿，第 68 页。

(3) 在总结报告中，德国顾问梳理淞沪会战的全过程，将其划分为五个阶段，为人们了解这场历时一百多天的大战役画出了一条路径。一九三七年八月十三日至二十二日为第一个阶段，即为“虹口与杨树浦一带的战斗”。“八月十三日，第一场战斗在上海北站以北地区爆发”，至“八月二十三日晨，强大的日本陆军部队，在舰炮与航空兵力的协同支援下，于浏河至狮子林之间的宽广地段实施登陆。至此，淞沪会战的第一阶段即告一段落”。①八月二十三日至九月十二日为第二阶段，即“(从)日军登陆至桥头堡连成一线”的阶段。这期间中日双方大规模增兵，展开20多天的登陆与抗登陆作战：包括日本上海派遣军的登陆，中国上海集团军、长江集团军和浦东集团军的组成，罗店—浏河战斗，张华浜—吴淞—狮子林地段战斗，宝山—吴淞以西的战斗，等等。在德国顾问团看来，至九月十二日，日军登陆部队占领了从浏河、狮子林到杨树浦这一带沿长江南岸和黄浦江左岸的狭长地区，从而将桥头堡连成一线，标志着第二阶段的结束。九月十三日至十月五日为第三阶段，即中国军队主力军以刘行为中心阻击从罗店—杨行—月浦一线由东向西进攻之敌的阶段。日军的目的是攻占江湾—庙行—大场—刘行—罗店—浏河之线以东地区。十月三日，日军攻占刘行。十月五日，日军沿刘行—大场公路南进，在蕴藻浜北岸占领一个桥头堡，第三阶段由此结束。十月六日至二十六日为第四阶段，即以大场为中心的蕴藻浜南北阵地战和大场保卫战阶段，日军由先前的由东至西的进攻，改变为集中主力由北向南进击，以二十六日大场的失陷和中国中央作战集团撤往沪西苏州河南岸而告结束。十月二十七日至十一月十五日为第五阶段，即“苏州河战斗、日军乍浦登陆、国军自上海撤退”的阶段。在他们的总结中，以十一月十五日作为淞沪会战的下限，认为“至十一月十五日，上海国军主力成功地撤至以下之线：嘉兴—苏州—常熟—福山，就目前抵达之线对部队进行整理和重组，并采取防御”，会战至此告一段落。②当然，以十一月十五日为整个会战的终点之说似可商榷，但也为后人提供了一个可供研讨的说法。

(4) 德国顾问对中国军队士气的高昂、作战的勇敢和为国献身的精神作出赞赏和肯定的评价。法肯豪森战后总结时说过：“东战场方面，中国军队忠勇激烈的抗战，屡次给以日本(军队)重大的打击……尤其是中国军队耐苦和忠勇的精神都比日本强甚。”③对中国军队在实际作战中的表现，他们的总结也有不少正面的评论，如记叙罗店战斗时说：“国军部队在罗店地区成功地遏止了日军向嘉定方向的攻击，并对日军自宝山向西的攻击突进给以足够久的有效强韧抵抗，就这点而言，

① 《淞沪会战的作战过程与经验数训》，未刊稿，第12页。

② 《淞沪会战的作战过程与经验数训》，未刊稿，第58页。

③ 法肯豪森：《集中全民力量以应付战争》(1938年3月3日)，《德国军事总顾问法肯豪森演讲纪要》(上)，《民国档案》2005年第1期。

国军步兵的表现可圈可点。”①日军主力十月上旬沿沪太公路东西一带南下进攻大场时，“日军花费了从十月六日至二十五日的时间，其攻势仅只自蕰藻浜向南前推了三公里半。”②由此足见中国军队抗击的强韧。“这场会战尽管最后失利，但国军部队的英勇已经谱写了光辉的一页。”③

（5）对中国最高统帅机关和前方指挥机关的战略战役指挥作了较为客观和全面的评价。与中国军事当局自身在战后所作的“官样文章”式的总结不同，德国顾问的总结直面战争实际，毫无忌讳地触及各层领导和指挥的实情，对上至蒋介石和第三战区总部顾祝同、陈诚等人，以至集团军总司令和一部分军、师长的决策与指挥的成败得失予以评析。尽管他们的评析并不全是准确无误的，但给后人留下了研究淞沪会战作战指挥问题的颇有价值的参照。

在德国顾问看来，蒋介石发起和扩大淞沪之战，既有其正确的一面又有其失误的一面，而这失误一面对一个真正高明的统帅而言本来并不是不可避免的。在上海主动采取行动，“该决心是合理的”，但是“这场由中国决策层峰所开启的会战，国军方面在其中投入了极大量的兵力，其规模之大，远远超过了原来的估算。当这场会战已经演变成艰苦且希望茫然的防御战时，国军高层指挥当局并未及时下决心以脱离之。蒋介石委员长对于保有上海给予了过大的评价，为此将战争指导中的重心，从原先期望的华北移往华中方面，违背了初始的构想。如此一来，原先计划中颇有胜算的华北攻势，将因此而无法实施。三个月的会战以国军陆军遭到惨重的损失收场……而南京之失陷，也产生了严重的政治影响”。④《总结报告》认为，“中国的失利，并不仅仅是起因于国军陆军在训练、组织与武器装备上的巨大劣势，也在于中国高层指挥方面的不妥当”。⑤蒋介石作为最高层的决策者和指挥者，“对于本次战役的指导上，他的统御效能主要仰赖……其远大的眼光，他的精力和决断力，以及最重要的，他超乎寻常的坚定不移的意志”。然而，“就他的野战统御作为，在高阶指挥效能方面……无论在心智上或军事上均欠缺指挥现代化战争的本职素能，或许也欠缺高阶指挥的天赋。在本次战役中有好几次场合，都证明了委员长无此才能——自主指挥大规模之决定性作战行动”。⑥

至于国军的各级将领，《总结报告》肯定他们中大多数是忠于国家的，“这类老

---

① 《淞沪会战的作战过程与经验教训》，未刊稿，第 27 页。

② 《德国赴华军事顾问关于八一三淞沪战役呈德国陆军总司令部报告》（下），傅宝真译，《民国档案》1999 年第 1 期。

③⑤ 《淞沪会战的作战过程与经验教训》，未刊稿，第 74 页。

④ 《淞沪会战的作战过程与经验教训》，未刊稿，第 73—74 页。

⑥ 《德国赴华军事顾问关于八一三淞沪战役呈德国陆军总司令部报告》（续完），傅宝真译，《民国档案》1999 年第 3 期。

派将领通常都很勇敢”，也有吃苦耐劳的能力。可是，“中国高级将领对现代新式战争指挥缺乏真正的理解，外表上体现在指挥系统之组织架构无法发挥其应有的力量”，“他们缺乏指挥不同军兵种武器的实际经验”，“他们的经验多来自内战中，对于现代战争显然并不充分适用”，“他们大多因为私人关系与政治因素，在不考量其个人能力的状况下，而取得其职务，他们的指挥行为普通而言并不积极，且目标不够明确，也缺乏必要的坚决态度”。德国顾问甚至断言，“在上海战场上的诸将领中，仅只有陈诚将军具有名副其实的指挥官人格特质，充满着活力、冒险犯难以及慎思等特点，但只是即便是陈诚，其也欠缺现代化的军事教育基础”。①同样在德国顾问的笔下，对顾祝同不无赞赏，说他“具有军人的正直人格，良好的军事本职学能，其能力也强”。但是，“欠缺的是克服困难状况的坚决自信”，并且多次指陈他作战指挥的失误，例如日军在金山卫一带登陆后，“对于战区司令长官部是突然的出乎意料，且被长官部视作为以轻微兵力所作之无关轻重的佯动”。②对张发奎，德国顾问认为这位北伐战争的“铁军”名将在淞沪会战中鲜有作为。张发奎集团军“会战过程中……在浦东的部队如所知者，乃是处于完全的消极状态”。十月以后，“在张发奎将军接掌上海战线的南部作战区之后，其右翼作战军内先前即归其指挥的庸庸碌碌的指挥官们，由于他们缺乏相当的控制，又隶属于某个上层指挥，而使得这支部队成为‘酣睡的大军’——一支只会打瞌睡的部队”。③

(6) 对淞沪会战中国军队作战指挥关系作了评析，指陈其种种不当之处。如果说，法肯豪森在武汉对国民党将领作的演讲，是以《最高指挥官对工作计划之实施》《高级指挥与中级指挥》等为题，从正面说明他所见到的中国军队作战指挥关系问题上的经验教训，那么，他们回德以后所作的总结报告则是直截了当地指陈了淞沪之战在指挥关系上的种种问题。《总结报告》认为，“淞沪会战期间蒋委员长对于战役的干预相对而言颇为有成效”，但是，蒋介石作为最高统帅却越级过多干预战役的指挥。蒋甚至直接指挥团一级的兵力的调动与部署。这“是由于军中上下隔离所致，正因为此种内部因素使未来全面战争的指挥问题，产生了若干令人叹惜的结局。再者此种干预所形成的效果更会制约陆军将领日渐缩小的主动性与独立判断之精神。元帅（指蒋介石）偶然也乘飞机或乘汽车到前线视察，希望用个人直接影响力以图改善战局，但是很难获得显著的改变”。④蒋的不少干预，“由于距离（前线）过远或者对状况了解的过迟等原因，而无法经常适当”。而且

① 《淞沪会战的作战过程与经验教训》，未刊稿，第 74 页。

② 《淞沪会战的作战过程和经验教训》，未刊稿，第 66 页。

③ 《淞沪会战的作战过程和经验教训》，未刊稿，第 71 页。

④ 《德国赴华军事顾问关于八一三战役呈德国陆军总司令部报告》（续完），傅宝真译，《民国档案》1999 年第 3 期。

“这类干涉最主要的似乎仅只是针对部分以及细部的作为上，甚少攸关全般之作战指挥”。①

《总结报告》指出：淞沪战场上在头一个多月的时日里，中国军队并未真正建立统一的指挥体制，而这对作战是十分不利的。八一三打响时，张治中是战场最高指挥官，但他只可指挥其所统率的第九集团军和淞沪警备司令部的部队，而无权指挥部署在浦东和杭州湾北岸的以张发奎为首的第八集团军，造成这两大集团军之间难以统一行动和密切配合。不久，第三战区司令长官部成立。“上海战线系由冯玉祥元帅的第三战区司令长官部所指挥……下辖在上海作战的两个集团军……会战过程中，冯玉祥元帅并无法统合这两个集团军的有效行动。”②冯玉祥被蒋介石和南京最高当局推了出来担任形同虚设的战区司令长官，这让不太了解中国政治内情的德国顾问大惑不解。“八月底时，顾祝同将军被派往上海战场，以统一指挥苏州河以北的两个集团军：张治中的第九集团军与陈诚的第十五集团军……也要统合张发奎将军位于黄浦江以东与以南现有的部队。”但在事实上，直到九月底，“终于将张发奎将军的集团军纳入在顾祝同将军的指挥之下，于是顾祝同始成为名副其实的司令长官。……但也未能在会战期间，对于其下之三个集团军产生显著的影响，使其能够针对明确的目标进行协同一致的作为”。③

（7）德国顾问对日军指挥机关作战指挥的评析，为人们研究淞沪之战开辟了另一个视角。《总结报告》对日军作战指挥的评价明显高于对中方作战指挥的评价。据德国顾问的了解，日军淞沪“作战之全般指导方针，似乎是由东京的陆军省部所授予，一直到一九三七年十一月成立了大本营，始由大本营严格统合陆军参谋本部与海军军令部，以制定高层的指挥方针”。淞沪战场的指挥权，在“会战第一阶段，日军的指挥权由海军第三舰队司令长谷川清掌握。到了八月二十三日日本陆军……登陆上岸后，指挥权即于同日转移至甫抵达的陆军松井石根大将。松井除了指挥陆军地面部队外，海军特别陆战队以及支援地面战斗的日军舰炮也都在其统率之下。海军第三舰队以及在上海地区作战的海军航空兵，则仍由海军长谷川清指挥”。④然而，以上两个指挥系统之上的高层统一指挥体制，直到淞沪会战结束仍未建立。令德国顾问“感到惊讶”并给予肯定的，是这两个自成体系又无统一架构的“指挥体系竟然未出现严重的摩擦”，而双方的“协同合作”“均能妥善处理”。

①② 《淞沪会战的作战过程和经验教训》，未刊稿，第 75 页。

③ 《淞沪会战的作战过程和经验教训》，未刊稿，第 76 页。

④ 《德国赴华军事顾问关于八一三战役呈德国陆军总司令部报告》（续完），傅宝真译，《民国档案》1999 年第 3 期。

对日军战场作战指挥的特点和优点，有较多的肯定。《总结报告》指出："日军的作战指挥……其目标明确、大格局，以及富有活力与决断力。会战期间，其战争指导以及高层之指挥，并未看出有反复不定和拘泥于教条的迹象。"①德国顾问特别赞赏日本陆、海、空诸兵种之间协同作战的成功，认为"协同作战的问题，在所有战争中都会是个考验，而京沪战役期间，证明了日本陆军与水面舰队之间能够进行毫无摩擦的协同合作"，"日本陆军、海军以及航空兵之间在战场上的协同作战，表现得相当好。尤其是航空兵，除了进行作战层面的行动，在地面作战的所有大规模战斗中，航空兵作为辅助军种直接参与行动……往往创下了具有决定意义的战果。日军水面舰队也有同样的作用，其在登陆行动及对江阴要塞的战斗中，也都深具价值"。他们指出："高昂的祖国意识，还有传统地无条件的对天皇的效忠，都为所有日本军官团成员所服膺，这些观念取代了对抗，成为军种间建立协同合作的纽带。"②

三、 对淞沪会战中若干重要战役战斗的评析

德国顾问总结报告的大部分内容是关于淞沪会战作战过程的描述和对历次重要战役战斗胜负得失的评析。从第三方立场和视角所提供的比较连贯和贴切的史实，以及用德方军事观点所作出的战役战斗评析，对我们研究淞沪会战不乏其史料价值和认识价值。

淞沪会战第一阶段历时 10 天，中国军队主动进行上海市区攻围战。张治中指挥第八十八、第八十七、第三十六、第九十八师 1 个旅、独立第二十旅，共 3 个师、2 个旅的精锐部队，进攻并求歼盘踞于虹口与杨树浦的约 8 000 人的日本驻沪海军特别陆战队。中国军队勇猛进击，歼灭了一部分日军，攻占了日军据守的大部分外围据点，并一度切断了虹口与杨树浦两地日军之间的联系。可是，国军始终未能攻占北四川路日本海军陆战队司令部和虹口公园兵营，也未攻下杨树浦黄浦江沿岸的汇山码头和公大纱厂日军核心阵地，以致陷入僵持而功亏一篑，未能达到攻围战的预期目标。对这个出乎中国军方意料的结局，德国顾问较为中肯地分析了其中原因。一是作战指挥的决心与能力问题，"中方指挥高层欠缺必要的决心"，"国军最终功亏一篑，这是由于指挥能力的不足"。二是中国军队的素质和训练难以胜任对城市中坚固设防的阵地和据点进行攻坚战，"在高比重的市街战斗中攻击一个盘踞在设防良好的阵地之敌，即便是由南京开来一开始就投入的这

① 《淞沪会战的作战过程和经验教训》，未刊稿，第 85 页。

② 《淞沪会战的作战过程和经验教训》，未刊稿，第 86—87 页。

几个最好的师，其训练亦不足以达成此类任务”，“部队的训练未能保证其与武器密切协同，缺乏这些，则一次对着盘踞于系统性防御阵地的现代化装备之敌的攻击，则无成功的可能，尽管该敌在数量上系居于劣势”。三是在战场兵力调度上，存在逐次增兵和未能集中兵力的问题，未能“将所有可供调遣的部队进行协同一致的投入”。四是日军始终掌握制空权和制海权，“日军航空兵力不但是拥数量上的优势，最主要的还是飞行路线的简短，使得从战斗开始，日军获有空中优势”，其“海军航空兵力则成功地影响了中国军队的战斗行动与移动，使之被限制在夜间始能进行，并使国军攻击的实施成效不彰”。①

中国军队在长江沿岸的抗登陆作战，从八月二十三日至九月十二日历时 20 日。对这场以第十五集团军全军和第九集团军主力一部，以及第一军等部参加的淞沪会战中的第一场大战役，德国顾问作了得失互见的评析。对中国军队在罗店镇及其周围地区战斗、吴淞与张华浜战斗、宝山保卫战、月浦与杨行战斗中的表现，都有赞赏和肯定。八月二十三日拂晓，日军开始在川沙口一带登陆后，“第十八军最先头部队，在其前往接替后撤的海岸守备部队途中，于八月二十三日正午，与登陆之日军进行了首度的战斗接触。八月二十三至二十四日夜间，国军部队成功地拒止了日军的推进”。在蕴藻浜河口两侧地区，二十三日“整个晚上至二十四日午前的这段期间，日军登陆部队遭到国军的拒止，被拘束于一个极小的桥头堡内”。八月下旬至九月上旬，“双方在罗店镇以及周边地区爆发了激烈的战斗，彼此均蒙受了惨重的损失”。在九月初争夺狮子林的战斗中，“第九十八师表现特别卓越”，该师的“一个营在宝山遭到包围后，仍坚守该城数日”。到九月十日前后“国军步兵在这最后一段时日中，面对着日军逐级升高的强大攻势，其打得可圈可点，表现出坚强的坚守反击能力。尽管在武器装备上居于劣势，可资使用的步兵重武器的短缺、炮兵与防空武器的几近阙如、日军舰炮格外猛烈的轰击，以及日军绝对的空中优势，然而他们的抵抗意志并未动摇”。“国军部队在罗店地区成功地遏止了日军向嘉定方向的攻击，并对日军自宝山向西的攻击突进，施以足够久的有效强韧抵抗，就这点而言，国军步兵的表现可圈可点。”②

长江和黄浦江沿岸抗登陆作战至九月十二日告一段落，从这天起，“国军新的主战线由北站开始，至江湾东缘，再到杨行以西 2 公里处，然后在罗店以南与以西 2 公里处向内弯曲，再沿罗店—浏河公路以西直到浏河”。登陆日军占领了沿江地区幅宽 35 公里、纵深 7—10 公里的一个地带，“日军首要的目标，就是将彼此不

---

① 《淞沪会战的作战过程与经验教训》，未刊稿，第 12、13、14 页。

② 《德国赴华军事顾问关于八一三战役呈德国陆军总司令部报告》(上)，傅宝真译，《民国档案》1998 年第 3 期。

相连接的桥头堡建立起联系，并与杨树浦作战地区构成一条连接的阵线”。至九月十二日，日军打通了浏河—川沙口—狮子林—宝山—吴淞—张华浜—杨树浦虬江口之间各个桥头堡的联系，实现了其登陆战的目标。

在德国顾问看来，中国军队没有击败日军登陆行动，除中方全无海防和空防，地面部队又缺少炮兵和其他重型武器，沿江地带的地理条件不利于防守等原因以外，就战役战术的指挥层面而言，也有失误之处。一是当日军最初登陆时，中国军队未能以最迅速的动作和最适宜的时机以配备有重武器和炮兵的部队投入战斗，丧失了战机，“从而给予了日军以机会，使其能够布置防务，进而予以增强，甚至有时还能转移攻势”。二是中国军队“由于为了避免敌人舰炮的轰击以及日军战机的轰炸，攻击总在日军登陆后乘黑夜进行，于是基本的攻击准备及必要的协同均付阙如，是以攻击总是以失败收场”。三是“国军所拥有的能够对阵地据点发挥作用的重武器和炮兵，均位于后方过远”。四是“中国空军的战斗任务与地面的作战指挥是互相独立的，战机的使用是以攻击黄浦江和长江上的战舰为首要任务，在地面战斗时实地攻击则几近于无”。五是中国军队各级指挥机关在组织上的“不适切”和运作上的无序与迟钝，等等。

从九月十二日抗登陆作战结束到十月二十六日大场失守的45天里，先后以刘行战役和大场战役为中心进行了大规模持续的阵地战。据德国顾问的统计，至九月二十二日，中日两军在第一线的地面兵力，中方有26个半师，共约13.5万—14万人，日方有5个师团，共约9.1万人，“但是日军保有巨大的武器装备和空中优势，还有能够涵盖国军战线主要部分的海军舰炮”。这一阶段的作战是淞沪会战中规模最大、持续时日最久、战斗最为激烈的阵地战高潮。“刘行的战斗，以及其后日军占领刘行，再到国军撤过大场—罗店公路以西，继之而来的日军越过蕰藻浜向南发动攻击，这一连串的战事，双方均以极大的韧性进行了决定性的阵地战。”①

对这场大规模战役，德国顾问指陈的“经验教训”主要有以下几点：一是认为中国军队缺乏现代化阵地战的基础条件，“中国军队方面的情况，显示出了其并未具备从事现代化防御战斗所需的甚多基础条件”。这也就是说，采取高度的阵地战战法对中国军队来说是不合适的。二是在作战兵力的调度和运用上存在失误，特别是“在所有的防御作战的战术战法中，国军最欠缺的，是预备队的投入”。三是中国军队采取宽正面的阵地防御，未能扬长避短、避实击虚，而往往被日军的重点进攻所击破。相反，“日军指挥高层十分清楚国军作战遂行上在防御方面的弱点，故其很快就归结出自己的作战方针……日军攻击能够成功的原因，就在于他

① 《淞沪会战的作战过程和经验教训》，未刊稿，第46页。

们所采取的攻击模式,其攻击的实施是在战线地段的窄正面上,突破其较弱部位,放胆将其余战线上所有可动用的部队抽调出来,扩大突破口而席卷战线之全部……攻击总是在充分准备之后,由窄正面呈纵深部署的步兵予以实施,针对敌人的弱点进攻,如此就使得自己的攻击处在巨大的优势状态”。①四是中国空军未能直接配合地面作战,“空军从未攻击日军的战斗部队与炮兵”,中国炮兵与步兵之间也未能协同一致,等等,也是值得注意的教训。

从大场战役结束到中国军队开始全线西撤期间,淞沪会战的重心转移到沪西苏州河两岸,中国中央作战集团和左翼作战集团主力一部共同进行了历时 13 天的苏州河南岸阻击战。根据德国顾问的记载,至十一月四日,中日双方在前线的部队,中方为 32 个师,共约 16 万人;日方为 6 个半师团,共约 11.5 万人。在德国顾问看来,中央作战集团从大场、江湾、庙行、闸北地区向沪西苏州河南岸的转移是成功的。“日军在大场向南的大攻势,几乎动用了其所有可投入的战斗部队,企图达成一具有决定性的战果,然而其并未达到歼灭国军上海兵团主力的效果。国军部队于十月二十六日自阵地撤离,在二十六日至二十七日夜成功地与敌脱离接触,主力向南撤退,并将其重新组合,准备建立新的抵抗线。”②

在总结报告中,德国顾问提供了他们所了解的南京统帅机关对于进行苏州河战役的政略意图:“苏州河以南的战线,已是中国军队欲维持与上海市区之间联系的最后一道防线。一旦中国军队被迫撤退,战斗必然将从上海周边发展进入至江苏和浙江省的内陆。国军作战的目标,就是要维持与上海市区的联系,假如这个联系丧失了,则就会是在世界的目光注视之下中国方面很显著的失败。故国军指挥高层的企图,就是无论如何要尽一切可能坚守阵地到底。”③“与上海租界保持联系”,这本来就是蒋介石规定的淞沪会战战场作战的一项原则,德国顾问的回忆应是符合事实的;然而在这里他们却忽略了一个重要背景,即是当时关于中日战争的《九国公约》签字国布鲁塞尔会议正在揭幕,在蒋介石的心目中,苏州河作战也是直接为了配合这一场外交战线的斗争。

根据总结报告提供的材料,中国军队投入苏州河战役的兵力约为 20 个师,战线从北边的南翔、真如、小南翔,到南面的江桥镇、北新泾、周家桥一带,就战场作战而言,“苏州河上的战斗,一如此前在蕰藻浜、大场、刘行以西及西南的战斗,均呈现出坚韧之阵地战特色”,“自国军撤退至苏州河后方以后,部队的抵抗力量并未消退……国军指挥阶层的抵抗意志在这个时机上,很明显地仍和过往一样”。

① 《淞沪会战的作战过程和经验教训》,未刊稿,第 47—48 页。

② 《德国赴华军事顾问关于八一三战役呈德国陆军总司令部报告》(续一),傅宝真译,《民国档案》1999 年第 2 期。

③ 《淞沪会战的作战过程和经验教训》,未刊稿,第 49 页。

在苏州河以北，小南翔以南的前沿阵地带被敌攻占后，中国军队节节抗击，在江桥镇一带反复进行桥头堡争夺战。十一月四日，“在周家桥方面，国军对着日军桥头堡发动了一次成功的攻击。……步兵在猛烈的炮兵攻击准备射击之后，发起了攻击，成功地将渡过河的日军大部分加以歼灭，仅余下少数残余，并几乎将日军桥头堡全部夺回”。在德国顾问看来，“上海全线的崩溃，起因于乍浦登陆之敌出乎意料地迅速向西北方向上推进，直至占领松江”。如果不出现日军金山卫登陆部队向内陆纵深进击的情况，苏州河南岸的防线是不至于迅速瓦解的。①

在德国顾问的评析里，日本第十军杭州湾北岸登陆和中国右翼作战军的抗登陆作战，是日军的一场十分成功的奇袭和国军不应有的严重失败。“具有决定性的包围行动，系十一月五日由柳川兵团于杭州湾北岸所实施的登陆，获得了全然的奇袭效果。该计划在东京制定，交由参谋本部与海军军令部共同执行。”②而在中国军队方面，“日军的登陆对于战区司令长官部是全然的出乎意料，且被长官部视作为日军以轻微兵力所做之无关轻重的佯动”。③“由于中国最高当局的缺乏决断，中国部队战斗力太低，敌人所面临之抵抗极少，乍浦一带日军进展神速，这里的作战结果颇令人惊讶。”④驻守杭州湾北岸的右翼作战军对日军登陆行动全然蒙在鼓里，“这支部队看来连最单纯的警戒措施都做不到！同样的，经常性的空中侦察——如对长江口地区的情形，亦极少实施。日军舰队的开进并未被察觉，日军登陆部队先头突进时所遭遇到的，仅是微不足道的抵抗”。⑤那么当日军登陆之初，右翼战线是否毫无兵力可资投入阻击呢？德国顾问的回答是否定的：“事实上一开始国军就有相当强大的部队（3个旅）可以动用，这些部队兵力完整，适足以在敌军完成集结前，将其逐下海去。虽然此区的地形平坦宽阔，但其中遍布大小不等的河流，且完全缺乏道路，而日军的炮兵与重武器亦尚未送上岸来。”⑥

在德国顾问的总结中，日军于这场登陆战计划周密，准备充分，陆海空诸兵种协同一致，战斗行动迅速，急袭效果显著。日军陆军与海军在“海上运输的执行上合作无间”，海军舰队为“日军所曾执行的大量高强度的登陆行动发挥了效用，尤其是在乍浦登陆的决定性行动，准备完善且执行迅速”；当登陆部队向内陆推进时，“类此的协同合作，也表现在日军利用战区庞大的水道网路，以进行部队及其

---

①④ 《德国赴华军事顾问关于八一三战役呈德国陆军总司令部报告》（下），傅宝真译，《民国档案》1999年第1期。

② 《淞沪会战的作战过程和经验教训》，未刊稿，第81页。

③ 《淞沪会战的作战过程和经验教训》，未刊稿，第66页。

⑤ 《淞沪会战的作战过程和经验教训》，未刊稿，第71页。

⑥ 《淞沪会战的作战过程和经验教训》，未刊稿，第54页。

给养的运输之上”。[①]相反，中国军方指挥机关于杭州湾战役则是情况不明，仓促应付，决策迟钝犹豫，组织不起一个有力的反击战。在德国顾问看来，“按当时的情势，只有动用一切可用的部队，在协同一致的指挥下，针对进逼之日军实施及时的集中反击，否则大局很少有改善的可能。此一攻势其实有成功的希望。即便无法达成上述目的，至少也能将其登陆进度向后拖延……但战区司令长官部仍未能勉为其难地做成如是的攻击决心”。[②]

中国军队自十一月九日开始从淞沪前线全面西撤后，这场会战的重心也沿着南北两个通道急剧地由东向西转移：北线沿长江水道和京沪铁道经苏南地区指向南京方向；南线从杭州湾北岸经杭嘉湖地区向苏浙皖边境转移。中国军队的大规模西撤和日军的南北两线追击，几乎是同时展开的。在德国顾问的总结中，上述作战过程是淞沪会战的延伸，而南京保卫战也是淞沪会战的继续。在他们看来，日军的直接目标是“促使上海国军的抵抗全面崩溃，然后对经由太湖以北仓促撤离的国军部队实施追击……转而在太湖两侧向南京实施深远的超越追击……他们希望能够借由此一歼灭性的追击进而攻略南京，获致对战争有决定性的胜利”。[③]

据德国顾问记述，“日军为了执行由太湖两侧进行的超越追击行动，编组了两个兵团：在北路实施正面追击者，由 5 个半师团组成，由上海派遣军司令官松井石根指挥；在南路实施超越追击者，由柳川平助中将指挥……由 3 个师团组成”。同时“北路兵团的突进，其右翼是由海军第三舰队的一部超越伴随，该舰队沿着长江向南京开进，以支援北路兵团的战斗，并阻止国军部队向长江左岸撤离”。[④]此外，松井石根为了配合对沪宁线的正面进攻，又部署了从右侧面“对国军位于长江与太湖之间的两道防线（指吴福线和澄锡线）遂行包围进攻”，“为了达到此目标，由华北战场转用的第十六师团，在海军水面兵力及海军航空队的掩护下，于十一月中旬登陆福山以东的一带地区”。[⑤]对日军指挥机关的上述部署，以及地面部队与海军舰队之间、空军与地面及水上作战之间的协同，德国顾问作了肯定的评价。但此外，他们认为日军歼灭中国退却部队的目标并未达到，“尽管日军的行动极有活力，但日军实施追击的目标并未达成，那就是在南京一带歼灭国军野战军……蒋委员长成功地将其野战军主力，经由长江南岸向西南方向转进”。日军方面并未集中“松井兵团全部以及柳川兵团有力一部，朝西南方向转进，以对中国主力行

① 《淞沪会战的作战过程和经验教训》，未刊稿，第 86 页。

②④⑤ 《德国赴华军事顾问关于八一三战役呈德国陆军总司令部报告》(续完)，傅宝真译，《民国档案》1999 年第 3 期。

③ 《淞沪会战的作战过程和经验教训》，未刊稿，第 81 页。

超越追击。如是的作战行动规模宏大,有可能因此而获致决定性的战果”。①日军没有采取这一作战方针,德国顾问认为这是日军指挥机关的一大失策。

对中国军队的撤退行动,德国顾问作了两方面评价。据他们了解,第三战区总部原先的计划,是将淞沪前线部队转移到“后方设防良好的防御阵地上,重新实施具有决定性的防御为止。这条主防线预定之走向为:乍浦—平湖—嘉兴—苏州以东—常熟—福山一线”。十一月八日中午,撤退的命令下达了。“鉴于上海战线的后方交通线遭到威胁,国军的指挥高层下达决心,先行将战线右翼的部队实施撤退。”②由于撤退的准备已被日方所侦知,日方空军在国军后撤道路上猛烈轰炸,后撤部队行动的混乱,国军不时蒙受了相当严重的损失。从“十一月十日夜间开始,国军指挥机关已经无法对整个右翼的撤退进行掌控,而日军则开始循着公路,向转进中的国军部队实施追击。”③在左翼战线,德国顾问则认为,“国军在青浦—安亭—太仓一线,不久后又在昆山以北以东地区,对着由各条公路追击撤退国军而来的日军,实施了短暂的抵抗”。④

德国顾问在总结中多次批评中国高层指挥机关在应对日军全线进攻时的消极态度。在日军登陆杭州湾北岸,苏州河南岸防线也面临严峻局面时,第三战区长官拒绝接受德国顾问提出的调集兵力坚守松江的建议,“国军指挥机构认为局势将难以维持,他们似乎并不了解,要能恢复松江一带的情势,对于计划中自上海的撤退,是有着决定性的作用”。⑤“司令长官对于绝对必要的恢复原态势兴趣缺失,他比较属意实施撤退,其缺乏对即将来临的事件之连贯发展做前瞻性思考的能力。”⑥在德国顾问看来,当时“上海战线南翼仍有强大的预备队可资调遣,战区司令长官部未能勉为其难地做成如是之攻击决心,相反地却造成上海国军仓促中采取对其无论是在战术上或者是在战役层面上均为不利的方向撤退,那就是经由太湖以北的路线。乍浦—吴江一线之国防阵地仓促中放弃,致使日军得以毫无障碍地经由太湖以南实施超越追击”。⑦

在德国顾问的视野里,南京保卫战是淞沪会战的最后一幕。他们从军事上审视,并不主张进行这场无法避免失败结局的战役。而蒋介石也在十一月十九日接受前者的建议,“决心放弃在南京实施作战”。可是,在德国顾问看来,蒋介石是“为了面子问题”不久又改变主意,“几个微弱的师在唐生智将军的指挥下,被赋予

① 《淞沪会战的作战过程和经验教训》,未刊稿,第83页。

② 《淞沪会战的作战过程和经验教训》,未刊稿,第57、56页。

③④⑤ 《德国赴华军事顾问关于八一三战役呈德国陆军总司令部报告》(续一),傅宝真译,《民国档案》1999年第2期。

⑥ 《淞沪会战的作战过程和经验教训》,未刊稿,第66页。

⑦ 《淞沪会战的作战过程和经验教训》,未刊稿,第72页。

守卫首都的任务”。“日军经过数日的战斗，夺取了重要的城门后，于十二月十三日攻略南京城。国军由微弱的几个师组成的守军近乎全被歼灭，而日本人仅获得了政治上与军事上的巨大胜利，但却非其所希望的决定性战果。”①

值得注意的是，德国顾问在总结中回答了这样一个问题：日军攻下南京后为什么没有沿长江两岸继续西进，向安庆、九江、武汉进击？从战略决策层面来看，是由于“日本战争指导阶层禁止继续向汉口方向实施追击”；从战场作战实际层面来看，是因为“历经了三个月在上海的战斗，并向南京实施了超过300公里的追击行动，松井兵团的战力已接近其所能够发挥的极限了。欲在中国内陆从事下一场更深入的攻势，则需要大规模的休息与整备”。②

综观德国顾问关于淞沪会战的回顾与总结，我们不难发现，它既是这场会战的亲历、亲见、亲闻者的忆述之作，又是军事专家对这场会战的系统性梳理、对战事双方主客观各方面因素的比较和分析、对双方互争胜负中的成败得失以及蕴含其中的经验教训的揭示。虽说这是一家之言，而且主要还限于军事层面论事，但仍不失为研究淞沪会战的一份不可多得的富有文献价值的历史文稿。如果把它与国民党高级将领顾祝同、陈诚、张治中、张发奎、朱绍良、薛岳、罗卓英等人的相关回忆、总结相比较，德国顾问的特殊地位和视野是不可替代的。对顾问们而言，在这场会战中他们既是局中人，又是局外人；也没有如顾祝同、陈诚等将领那样与蒋介石之间以及他们相互之间存在政治上、体制上的关系，这场会战与自身更没有利害关系。顾问们对世界军事学说的了解较国民党将领更胜一筹。而从某种程度而言，他们在总结中还以中、日双方之外的第三者的视角审察历史。因而，德国顾问的总结报告比较客观、真实和理性，这正是其具有特殊的历史文献价值之所在。

---

①② 《德国赴华军事顾问关于八一三战役呈德国陆军总司令部报告》(续完)，傅宝真译，《民国档案》1999年第3期。

美国亚太军事战略与中国战区的战略地位*

太平洋战争期间，美国的亚洲太平洋军事战略经历了一个变化的过程。在亚太军事战略变动的过程中，中国战区的战略地位也随之发生变化。剖析美国亚太军事战略和中国战略地位变动的原由及其过程，有助于认识太平洋战争期间的中美军事关系，从中引出必要的历史结论。

一、 亚太军事战略："维持中国作战"

太平洋战争爆发后，中美两国正式结成军事同盟，共同对日本法西斯作战。在这之前，中国已经独力对日作战达四年半之久。在这期间，美国虽然在一个时期内对日本侵华采取姑息、妥协的政策，但随着日本侵华战争的不断扩大、南进趋势的日渐明显和美日矛盾的日益激化，其对日政策中绥靖性质的一面日益消退，遏制日本侵略扩张的强硬性质的一面不断增强。最后，在珍珠港事变前夜的美日谈判中，美国坚持要求日本从中国和印度支那撤出全部军队，不支持伪满洲和汪伪政权，要求日本不能参加与保持太平洋地区和平相抵触的协定，实际上是要求日本退出德意日三国军事同盟。这表明，强硬的不妥协的立场已成为美国对日政策的基轴。同时，对中国的抗战，虽然美国在七七事变后的一个相当长的时间里，并未作出积极的援助，但是随着中国和亚太地区形势的发展，美国逐步加强了对中国的援助。这一方面是由于日本独占中国、加紧南进的态势，已经对美国在远东的利益形成严重的威胁，美国认识到需要利用中国的抗战来牵制日本的南下，把日军的主力困在中国。另一方面，中国军民的不屈不挠的全面抗战，已独力抗击日本法西斯达四年多，显示了中国的伟大力量。美国从中、日两个方面看到了中国抗日战争在其远东战略中具有重要的地位和作用。于是，从一九四〇年下半

---

* 本文原载《军事历史研究》1995 年第 3 期。

年起，美国逐渐在财政和军事物资上加强了对中国的援助。

虽然，在太平洋战争爆发前，美国尚未形成系统的对日对华军事战略，但美国决策层当时已经制定了处理这些问题的基本方针，构成其亚洲太平洋战略的基础。一九四〇年九月二十八日，即在德、意、日三国军事同盟条约签订后的第二天，罗斯福召开了高级决策性的会议，确定了"先欧后亚""大西洋第一，太平洋第二"的军事战略，在欧洲和大西洋对德国的侵略扩张采取攻势，先求得击败德国；在太平洋方面对日本采取守势，待击败德国后再集中力量进攻日本。在这个总战略之下，美国确认中国战场具有重要的战略意义。一九四一年九日，美国军方在制定的《对世界战争和综合基本战略的估计》中，提出对付日本的战略方法之一是推动"中国人对日本占领军发起进攻"，就是对中国战场战略价值认同的表现。美国驻日大使格鲁也明确指出，援助中国是美国最有利的"自卫方略"①。罗斯福更是强调说："保卫中国即是保卫美国的关键。"②因此，在珍珠港事变前，并不是像某些史书所说的那样，"中国从来没有被纳入美国战略讨论"。③

日本挑起太平洋战争后，美国陆军参谋总长马歇尔任命艾森豪威尔主持陆军部作战计划处。在远东采取怎样的对日军事战略，是当时迫切需要回答的重大问题。艾森豪威尔随即提出了对付远东危机的战略方针：南翼以澳大利亚为基地，北翼以缅甸、印度和中国为基地，东守菲律宾、荷属东印度，挡住日本在西南太平洋的攻势，保卫从美国本土经夏威夷、斐济群岛、新西兰到澳大利亚的海上和空中交通线，西守印度和缅甸，保卫中东和通往中国的陆上通道，以便向中国提供物资装备，发挥中国战场的作用④。在这一战略方针中，中国战场显然处于重要地位，是在亚洲大陆上抵抗日本的基地。

太平洋战争初期，日军攻势凌厉，美国的防守战略遭受挫败。一九四二年五月二十六日，美国陆军部作战计划处根据战局的变化，重新确立了对华军事战略，即"保持中国作战"的战略，目标是要求中国军队牢牢困住日本陆军主力，使其不能转用于太平洋战场。一年以后，在一九四三年五月召开的华盛顿会议(代号为"三叉戟"会议)上，美国认为要促使日本投降，终非进攻日本本土不可，而进攻日本又应先行大规模地轰炸日本，以摧毁日本的工业，并打击日本人的抵抗意志。

---

① ［美］格鲁：《东京归来》，中外出版社，1943 年，第 9 页。

② 《中美关系资料汇编》(第 1 辑)，世界知识出版社，1957 年，第 99 页。

③ ［美］格雷斯·珀森·海斯：《第二次世界大战时参谋长联席会议史：对日作战》，美国海军学院，1982 年，第 155 页。

④ ［美］艾森豪威尔：《远征欧陆》，生活·读书·新知三联书店，1975 年，第 24—25 页；艾尔弗雷德·D. 钱德勒：《艾森豪威尔集·战争年代》(第 1 卷)，约翰·霍普金斯大学，1970 年，第 155 页。

而空袭日本的最佳基地是中国华东,因此盟军必须反攻缅甸,打开中国陆上交通线,以大量支援中国。然后中、英军队从西面,美军从东面,夹击广东、香港一带,以便进而迅速收复华东。“三叉戟”会议期间,英美联合参谋长委员会通过了美军参谋长联席会议提出的《击败日本的战略计划》。这个计划把对日战争大体分为六个阶段,在前三个阶段,美、英、中三国分别收复菲律宾、马来亚、新加坡和缅甸;在后三个阶段,美、英、中等国盟军会合于香港—广州地区,在中国大陆击破日军主力,最后以中国大陆为基地,或轰炸日本,或继之以两栖进攻。该计划还对进攻日本的时机和条件作了分析,指出,“由于进攻日本是一次巨大的行动,因此在日本的抵抗力量和意志被削弱到有利于进攻的条件形成之前,进攻日本的行动是不能予以考虑的”;然而,“日本的抵抗力量和意志的削弱,也许只能通过对日本本土进行持续的有计划的大规模的空中攻击才能做到”,而“这种大规模的空中进攻只能从中国基地发起”①。这个战略计划表明,在美国的亚太战略中,中国不仅是击灭日军地面部队的主战场,而且也是最后进攻日本本土、击败日本的基地,其战略地位和作用无疑是十分重要的。

综上所述,美国在太平洋战争爆发后,与中国结成军事同盟,逐步形成了与英国一起联合中国、抗击日本的亚太军事战略。这个战略的显著特点,在于贯彻了“先欧后亚”战略的基本精神,在远东首先采取对日防御战略,待击败德国后,再转变到对日实行战略进攻。早在珍珠港事变之前,美国就已经确立了“先欧后亚”的战略方针,太平洋战争开始后,美国仍然坚持这一战略不变。这是因为,美国在面临着德日两个军国主义国家分别从大西洋和太平洋两个方面的军事威胁、处于两面作战的战略态势之下,必须选择其中一个方面作为战略重点,集中主力于战略重点方向,而不能同时把两个方面都作为战略重点,这是显而易见的。美国在海外的经济、政治利益主要在欧洲而不在亚洲,欧洲是它首先要确保的战略地区。而且,德国在击败法国后,以武力称霸欧洲和世界的野心已昭然若揭,在它夺取了工业发达的西欧广大地区后,已对美国造成现实的威胁。相比之下,日本在亚太地区的侵略扩张,特别是挑起珍珠港事变之后,虽然也严重地损害了美国的利益,但暂时还未对美国本土造成直接的威胁。所以,美国确认德国是最危险的主要敌人,必须把它置于头号重点打击对象的位置上。

再从军事策略方面来看,正如艾森豪威尔所指出的,“欧洲轴心国是两个被分割的敌人中唯一能同时受俄、英、美三大盟国攻击的对象。美国又是盟国中唯一能自由选择首先攻击某一敌国的国家。如果我们全力以赴地立刻去抗击日本,就会使盟国力量分散,另外两个盟国就会有战败的危险,或者最多只能与这个强大

---

① [美]路易斯·莫顿:《战争与指挥:头两年》,华盛顿,1962年,第645—646页。

的欧洲堡垒作胜负难决的斗争”。“如果美国单独对日本作战，那么在太平洋取得胜利后，也势必是与已经筋疲力尽或者严重削弱了的盟国一起去征服希特勒帝国”，而这显然不是上策。同时，“对日本作战的任何努力都不可能帮助俄国进行持久的战争。(美国)除运输物资给这个国家外，能援助它的唯一办法就是尽可能以最有效的方式参加欧洲战争”。最后，“打败欧洲轴心国会把英国部队解放出来使之和日本作战”①。这样，盟国对日作战就能更快地取得胜利。

基于上述这些认识，美国决策层始终把“先欧后亚”“大西洋第一、太平洋第二”作为反法西斯战争的战略原则。据此，一九四一年十二月二十二日的阿卡迪亚会议上，美国陆军参谋长马歇尔和海军作战部长斯塔克代表美国提出美英军事战略的重点是：“德国是轴心国的首要成员，因而大西洋和欧洲战场被认为是具有决定意义的战场”；“尽管日本参加了战争，我们的观点仍旧认为打败德国依然是胜利的关键。只要德国被打败，意大利的崩溃和日本的失败就必然接踵而来”②。罗斯福也在一九四二年七月给霍普金斯、马歇尔等的指示中重申：“我反对在太平洋为了尽速将日本打败，而由美国发动对它的全力进攻。极端重要的一点是，我们应当充分认识到打败日本并不等于打败了德国：美国如集中全力在今年或一九四三年对付日本，则就会增加德国完全控制欧洲和非洲的可能性。反之，我们可以明显看出，打败德国就是打败日本，而且可能不发一弹，不损一兵。”③显然，在战胜德国以前，美国在亚太地区是采取防御战略，由此它对中国的军事目标是“帮助中国在军事上实现自立”，使“中国军队能逐步采取攻势牵制日军”，“使日军无法进行新的冒险”④。

美国亚太战略的另一个显著特征是十分重视中国在其对日防御战略中不可替代的作用，把中国置于防御战略中的重要地位。这种作用主要是在以下四个方面。其一是中国战场牵制住了日本陆军的主力和海军的相当大的一部分力量。中国伟大的抗日战争，在亚洲大陆上规模最大，持续最久，钳制了大量日军，对日本的打击最为有力，使日军深陷战争泥潭而不能自拔，从而大大地减轻了对英美等盟国的压力。对此，罗斯福是有清醒的认识的，他曾经明确指出：“假如没有中国，假如中国被打垮了，你想一想有多少师团的日本兵可以因此调到其它方面来作战？他们马上可以打下澳洲，打下印度——他们可以毫不费力地把这些地方打下来，他们并且可以一直冲向中东。”⑤

---

① 《远征欧陆》，第31页。

② [美]W. 艾夫里尔·哈里曼：《特使》，生活·读书·新知三联书店，1978年，第132页。

③ [美]舍伍德：《罗斯福与霍普金斯》(下)，商务印书馆，1980年，第205—206页。

④ [美]巴巴拉·塔奇曼：《史迪威与美国在华经验》(上)，商务印书馆，1985年，第309页。

⑤ [美]伊利奥·罗斯福：《罗斯福见闻录》，上海新群出版社，1947年，第49页。

其二,中国处于未来美军太平洋攻势、英军东南亚攻势和苏军东北亚攻势的交汇区域,能够最大限度地汇集反轴心同盟国的力量,发挥远东对日作战之战略枢纽的作用。在美国决定采取从中东太平洋以海空军进击日本本土的作战方略之前,美国参谋长联席会议曾经计划在向日军举行战略进攻时,美、英、中等国盟军会师于香港—广州地区,然后北上夺取上海、消灭华中和华北地区的日军,从东北亚打击日本。在一九四三年一月的卡萨布兰卡会议上,美国在促使英国同意发动收复缅甸的战役时,就强调:"这个行动的目标在于重开通往中国的陆上通道,中国将被作为攻击日本本土的基地。"①罗斯福也认为,在"对日战争的最后阶段,中国因其地理位置将证明是具有重要的战略意义"②。

其三,中国是美国空军向日本进行大规模空中攻势的出发地。美国军方认为,对日本本土的"这种大规模的空中进攻只能以中国基地发起"。众所周知,美国国境与日本之间横隔一个太平洋,珍珠港事变后,美国海军力量退缩到阿留申群岛、所罗门群岛和珊瑚海以东。因为航程过远,美国空军从东太平洋上起飞攻击日本本土已难实现。日本的近邻是中国和苏联,所以要攻击日本,在中、苏设置空军基地是最理想的。然而苏联并不同意给美国以对日军事上的便利,不许美国在东西伯利亚设置机场。从太平洋战争开始到一九四三年二月,美国先后四次向苏联提出要求,均遭斯大林拒绝。于是美国能够从亚洲大陆上出发空袭日本的基地,就只有中国了。

其四,美国需要中国巨大的人力资源。中国人口众多,士兵能吃苦耐劳,战斗意志坚强,为美国军方所深知。美国对日作战的动员,虽然可到一百万人,然而必须横渡太平洋,所费人力财力都甚浩大。美国虽然经济发达,财力富裕,但人力却甚缺乏,因此中国的大量兵源就成了美国对日战略的一个要素。《纽约时报》在珍珠港事变爆发后不久,便在一篇社论中满怀希望地说道:"我们有像中国那样忠诚的盟友,它有着取之不尽的人力资源……中国依靠吃苦耐劳、足智多谋的人民,将可信地报偿我们以前给他的援助。有了这些盟友,我们就会找到太平洋战略的钥匙。"③美国决策层对中国广大的人力资源寄予着厚望,认为"只要他们得到适当的装备、训练和领导,中国军队可以像其他任何国家的军队一样有战斗力"④。美国海军上将金氏在卡萨布兰卡会议上论述对日作战问题时,就郑重地强调了中国兵源对美国亚太地区作战的重要意义。

但是,美国并不准备,而且在整个太平洋战争期间也没有派遣地面部队来中

---

① [美]查尔斯·F. 罗曼纳斯、顿利·桑德兰:《史迪威赴华使命》,华盛顿,1953年,第223页。
② 《第二次世界大战时参谋长联席会议史:对日作战》,第72页。
③ 《社论》,《纽约时报》,1941年12月9日。
④ 《第二次世界大战时参谋长联席会议史:对日作战》,第198页。

国参战，它的政策是从军事上和财政上支援中国，武装和训练中国军队，抵抗和牵制日本军队，以便美国集中力量与英法等国去击败德国；在太平洋战场尔后转入对日战略进攻时，把中国作为一个前进的战略基地。这就是美国“维持中国作战”的战略方针。

二、 从魁北克会议到开罗会议：亚太战略的重大变化

美国的亚太军事战略，在开罗会议前后经历了一次重大的调整和变化，其结果是在美国高层的战略视野下，中国战区的战略地位显著下降，最终被视为美国亚太战略中一个配合太平洋作战的辅助性战场。海外和港台不少研究中美关系史的学者，认为“开罗会议乃是中美关系由高峰转入低潮的分水岭”。而“造成开罗会议时代中美关系分水岭的因素，是因为美国对日战略的改变”①。在这里，由高峰转入低潮的分水岭之说并不尽然，但是由于美国对日战略的改变等原因，开罗会议之后，中国战区的战略地位确定性地下降了，却是不争之事实。

美国的这一战略改变，开始于魁北克会议，完成于开罗会议和德黑兰会议，而开罗会议则是确定这一战略改变的关键。

一九四三年八月，罗斯福、丘吉尔以及美、英两国统帅机关参谋官员在加拿大魁北克举行会议，双方就远东战略进行了讨论。这时，意大利已经要求投降，英美参谋人员预计对德战事在半年左右时间内可能结束，而对日作战必须加紧。于是，会议作出了“在击败德国后十二个月内击败日本”的最高军事原则。关于进攻日本的方略，美方主张盟军应东由太平洋、西由亚洲大陆，两面夹击日军，为此应反攻缅甸，打开滇缅公路，大量援助中国，以使在华南、华中建立强大的盟军力量，就近攻击日本。但是英方并不赞同此议，相反认为缅甸之战困难重重，同时又轻视中国的作战能力，又力图保护战后英国在远东的利益，故力主舍缅甸而取苏门答腊。双方讨论的结果，一致认为进击日本的最合理路线是中太平洋。按照以中太平洋路线为主攻方向的要求，美国空军司令阿诺德提出了“击败日本的空中计划”，主要在于利用中国大陆作为美国轰炸日本本土的空军基地，中国战场主要是配合美军在太平洋的作战。魁北克会议的结果表明，中国在美国亚太战略中的地位，已由反攻日本的基地下降为配合太平洋对日作战的空军基地。而且，魁北克会议已经出现了这样的一种战略动向：盟军“对日最后发动空中和地面攻击，很可能不会自中国出发，而是以正在逐渐收复的太平洋一系列岛屿为基地”②。

---

① 余坚：《中美外交关系之研究》，台湾正中书局，1975 年，第 53 页。

② ［美］查尔斯·F. 罗曼纳斯、顿利·桑德兰：《史迪威指挥权问题》，华盛顿，1956 年，第 53 页。

美国既不再认为中国大陆是攻击日本的基地，而英国又一向不同意美国重视中国作战潜力的观点，于是魁北克会议后，由于美国快速航空母舰特混舰队与B—29型远程轰炸机的发展，美国对日战略逐渐改为以中太平洋路线为主，中国战场的重要性遂为之下降。在美国军方的心目中，中国战区已不再具有以往那样的战略价值了。

同年九月二十八日，美国陆军部搁置了装备中国第二批30个师的方案，认为此案既无事实上之需要，又过分增加美国的负担，因而只同意再行装备3个师。十月八日，美国陆军部作战计划处明确指出，在打败德国后短期内迅速击败日本将主要依赖太平洋上的推进，在制定对日作战计划时应强调“从太平洋而不是从亚洲大陆进取”的方针①。

同年十月二十五日，美英参谋长联合会议拟订的可供选择的四条攻日路线，都不经过中国大陆。他们认为，经由马绍尔群岛与加罗林群岛的太平洋攻势，可望于一九四四年七月进抵马里亚纳群岛，并在该岛建造轰炸机基地，以便从空中袭击日本本土；至于中国战区方面，他们只建议打通经由缅甸的对华交通线，支援有限的B—29型轰炸机、第十四航空队和中国陆军②。同月，美国参谋人员提出，夺取中国南部口岸、继续北上攻击日军的方略，与太平洋由马里亚纳群岛轰炸日本的海上方略有矛盾。利用中国的基地和人力，就要训练中国军队，而训练中国军队需要时间，非至一九四六到一九四七年不能使用，显然属于缓不济急。

同年十一月四日，美国陆军总参谋部作战司更强调指出：鉴于对经由太平洋的对日主要攻势的预测，从马里亚纳群岛起飞的轰炸机，可于一九四五年一月开始轰击日本，而且盟军可能于一九四六年中期以前登陆日本本土。因此，无论由东西两个方面夹击香港、广州地区，然后进军华北，或者反攻缅甸、打通滇缅路，充分利用中国基地轰炸日本的计划，其所花费的代价既高，为时又长，完全不能及时配合太平洋的主要攻势。因而作战司建议，美国除目前维持中国继续作战、由中国发动有限的轰炸机攻势，以及训练和装备33个师中国陆军的计划外，不宜对中缅战区作任何进一步的承诺③。按照上述意见，中国作为美国进袭日本的空军基地的作用，基本上也失去其意义了。

十一月八日，美国参谋长联席会议的战略观察联合委员会也提出了如下建议：在不贬低经由中国攻击日本的重要性的前提下，早日击败日本的主力需从中太平洋发动全面攻势，并以南、北太平洋两翼助攻，无需中国作为进攻之基地。该

① 《史迪威指挥权问题》，第53页。

② 《史迪威指挥权问题》，第53—54页。

③ 《史迪威指挥权问题》，第54—55页。

委员会认为美国迄未充分承认及强调上述原则，以及辅之以经由新加坡从西面牵制日军的战略。这个建议对中国战区的作用同样是持消极态度的。

总之，从魁北克会议到开罗会议召开前夕，不论是美英参谋长联合委员会的作战计划人员，还是美国参谋长联席会议的战略观察委员会，以及美国陆军总参谋部的作战部门，都主张盟军对日战争应以中太平洋的美军攻势为主，南、北太平洋为辅，至于亚洲的中印缅战区与东南亚战区虽亦需采取攻势，但其作用仅限于牵制性质。因而，中国战区的地位与作用已不为美国军方所重视。而在英国军方，轻视中国战场则更甚矣。美方就是带着上述关于亚太地区战略观点走向开罗会议的。

美国总统罗斯福邀请蒋介石参加开罗会议，其用意主要着眼于政治方面，在于继续支持中国来对付日本，并扩大美国在华势力，加强对国民党政府的影响与控制，积极促成中国在国际上取得与英、美、苏同等的大国地位，以便在战后稳定地控制中国，使中国成为美国左右远东局势的一个举足轻重的因素。而在军事战略和作战计划方面，美国并不打算在开罗会议上与中国方面进行具体的切实的讨论，也不准备达成什么实质性的协议。据美国国务院一九六一年出版的《一九四三年美国对外关系·外交文件——开罗会议与德黑兰会议》一书所公布的档案材料，美国为这次会议准备的实质性文件共有85份，其中有关中国的仅有七份。在这七件中，有关对日军事战略和作战计划问题的，有以下几项，集中表明了美国对华军事关系上的以下动向。

（一）美国领导人无意与中国方面讨论对日作战计划。罗斯福于前往开罗途中，一九四三年十一月十九日在“爱荷华号”兵舰上与随行官员举行了一次会议。当美国总统特别助理霍普金斯说到蒋介石可能要求与罗斯福讨论所有对日作战计划时，罗斯福作结论道：他“只准备把这些对日本的战事‘大略地’告诉（蒋）委员长，而不作具体详细的说明或提出特定的日期”。这就是说，罗斯福不但不准备与蒋介石共同研究对日作战计划，就连美国对日作战的计划也只同意“大略地”告知中方，而不愿作具体、详细的说明。

（二）美国对中国作战能力的评价很低。美国参谋长联席会议为罗斯福参加开罗会议，于十一月十八日提出的备忘录，对今后中国的作战能力作出了评估。该项备忘录认为：“一九四四年日本在大体上仍将采取守势。”苏联则唯有于击败德国后，并自认能以极少的代价击败日本时，方可能介入远东的战争。至于中国的能力与意向，美国估计中国有320个步兵师、16个骑兵师和30个独立步兵旅。每一步兵师的兵力约7 000人，每一个骑兵师与步兵旅各约3 000人。备忘录的结论是，中国军队除美国所训练者以外，几乎没有可采取攻势者，所以中国仍将继续采取守势。十一月十九日，罗斯福在“爱荷华号”兵舰的会议上，向其随行人员询问中国远征军的情形时，参谋总长马歇尔回答说，据史迪威报告，中国军队缺乏装备与食物，营养不良，史迪威只接到他需要的兵额的极少部分。中国每一师军队只有四五千人，都是新兵，食物不足，在开始训练前，都非先促进其身体健康不可。马歇尔还说英国对远征军亦感失望。

（三）美国需要利用中国的机场对日本进行空袭。在开罗会议酝酿期间，罗斯福于十一月十日致电蒋介石，其中提出："美国估计可提早对日本本土发动大规模轰炸，因此请中国于一九四四年三月底以前，在成都附近完成五个远程轰炸机机场。美国愿提供技术与资金的援助。"美国参谋长联席会议的作战计划部门，也于十一月十一日提出建议，要求在一九四四年五月以前，在成都附近建造五个B—29型轰炸机机场，以便攻击日本本土。显然，美国军方对中国作战能力不抱多大希望，但对于利用中国作为其远程轰炸机的一个基地，仍然寄予一定的希望。

（四）美国不准备派遣军队前往中国战场。在赴开罗途中，马歇尔向罗斯福提出，美国不应向中国派遣军队，并认为美国如再增派美军前往中印缅战区，将是一项严重的错误，而且如果加派大量美军赴华，必将更加增加"驼峰"空运的困难。对此，罗斯福未表示异议。

（五）对蒋介石的抗战积极性表示怀疑。认为蒋介石保存实力，不愿积极抗战的，不仅是马歇尔和史迪威。赫尔作为美国总统的特别代表，奉罗斯福之命于一九四三年十一月上旬抵达重庆，了解中印缅战区的实况，为开罗会议作准备。十一月二十日，赫尔在开罗向罗斯福提出书面报告，其中特别指出："在估量（蒋）委员长的谈话时，最好带几分存疑的态度，来考虑中国对攻势作战实际所能贡献的能力或准备。同样的，我们也应该考虑中国中央政府认为保存实力以维持战后在国内的优势，以及击败日本的比较直接的目标，两者之间何者较为重要的问题。"赫尔的言外之意是，蒋介石和国民政府为了保存实力，以维持战后在国内的统治地位，并未积极致力于对日战争。

（六）美国不愿与蒋介石商讨苏联对日参战问题。开罗会议召开之前，斯大林关于苏联对日参战的口约，早已为罗斯福所具知。一九四二年八月，斯大林向美国驻苏大使哈里曼首次提出苏联对日参战的意向。同年十月，斯大林又向美国国务卿赫尔提出在击败德国后，苏联决定参加对日战争。然而，罗斯福与马歇尔都不愿在开罗会议期间将此通报于蒋介石，更不准备与中方讨论苏联参战的有关战略和作战计划问题。

总而言之，从美国为参加开罗会议准备的对策来看，美国已不再重视中国战区的战略作用，也不再增加对中国战场的援助承诺，只拟与中方笼统地交换对日作战的意见，而不作具体、切实的商讨。

三、第一次开罗会议到第二次开罗会议：中国战区的战略地位下降

开罗会议讨论的涉及中国的问题甚为广泛，举凡政治、军事、外交、国际关系、国内政治等诸问题，均有讨论。其中主要的有中国国际地位问题，日本皇室存废和战后政体问题，盟国对日本军事的占领，日本在太平洋所强占岛屿的处置问题，朝鲜、印度支那和泰国问题，中国收回被日本强占的领土问题，日本对中国的战争赔偿问题，战后中美军事合作问题，战后美国对华经济援助问题，以及中苏关系问题，等等。在这里，本文仅就有关中国战区和对日作战的若干问题，加以叙述和论析。

（一）中国参加美英参谋首长联合会议问题。中国当局前此一直要求参加美英参谋首长联合会议，以进入盟军高层指挥和参谋机构，与美、英两国在平等的地位上参与重大军事和作战决策的讨论。一九四三年十月中国作为四强之一参加《莫斯科宣言》的签署后，此种要求乃更为强烈。开罗会议期间，马歇尔在十一月二十二日美英参谋首长联合会议上，提出了讨论该联合会议与中、苏两国关系的建议。该会讨论的结果，美、英双方同意，以后该联合会议讨论有关中、苏战场及利益的问题时，分别邀请中、苏代表出席与会，但会议未作最后决定。次日，美方又在美英参谋首长联合会议上提出一项提议：本会议仅限于美、英两国，不准其他任何国家参加；另外设立一个由美、英、苏、中四国共同组成的联合参谋首长机构。但是蒋介石对此并不满意，乃于当日晚上向罗斯福当面建议设立美中联合参谋首长会议，然而罗斯福不表同意，只允与参谋首长商量后再作决定。

英国在二十四日提出备忘录，赞成美国关于美英参谋首长联合会议仅限于美、英两国，不准其他国家参与的意见，但反对另行设立四强联合参谋首长机构。英国建议仍按二十二日原议，即于美英参谋首长联合会议讨论有关中、苏的问题时，分别邀请中、苏代表参加。对此，美英联合参谋首长会议于当日表决通过。同时美国对于中方提出的建立美中联合参谋首长会议的建议，却不予置理。至此，中国政府争取在军事上与美、英等国平等参与决策的努力，终成泡影。

（二）美国协助中国训练和装备 90 个师的部队问题。蒋介石要求美国协助训练与装备 90 个师的部队，在史迪威向开罗会议提出的军事方案中，按照蒋的意旨，对此项要求作了具体的陈述。史迪威的方案写道，蒋介石的计划是分三批训练，每批 30 个师，另加一或二个装甲师。第一批包括中国驻印军和驻云南的中国远征军，拟于一九四四年一月以前完成训练与装备，第二批预定在一九四四年八月以前完成，第三批则于一九四五年一月以前完成。这些部队的装备，要求由美国供给。蒋介石在开罗又当面向罗斯福提出了训练与装备 90 个师的要求，罗斯

福当时表示同意,但并未言明进行此项训练与装备之具体进程,实系一笼统的口头承诺。迨至德黑兰会议后,一九四三年十二月,美国即作出了“装备中国军队九十师案,应缓实行”的决定,这离开罗会议罗斯福、蒋介石会谈还不到一个月。接着,美国陆军部作战司于一九四四年一月八日重新考察中国战区的作用,认为中国战区只应成为支援太平洋战场之基地;为此,中国空军力量可于培养,中国陆军装备则宜从缓。在《中国战场的未来价值》的报告中,作战司强调指出:“鉴于中太平洋及西南太平洋之战局即将迅速扩展,史迪威的任务宜专以支援空运为限。其所需的空军基地,亦宜以中国陆军兵力所能防守者为限。贪多务得,自不相宜。因中国陆军的战斗力非至一九四六年或一九四七年不能利用。”①

(三)十亿美元贷款问题。蒋介石在开罗与罗斯福会谈时,要求美国除一九四二年对华五亿美元的贷款外,再给予中国以十亿美元贷款。罗斯福表示,美国将自行负担在华美国军事人员的费用,但是大量贷款不易获得国会的同意,所以十亿贷款一事拟返国后与财政部长商讨。蒋介石返回重庆后,于十二月九日致电罗斯福,再次提出十亿美元贷款的要求。这时,美国政府中大多数决策人物由于中国战场战略地位的降低,并鉴于国民政府的官员腐败、抗战消极、经济恶化、政局不稳,以及其军队战斗力低下,都不主张再行贷款于中国。就在蒋介石致电罗斯福要求贷款的同一天,美国驻华大使高思致电国务院,反对再行向重庆政府贷款。他认为这不能抑制重庆政府局势的最后恶化,而在同盟国快要胜利时,也没有理由惧怕中国单独和日本媾和。十二月十八日,财政部长摩根韬向罗斯福提出,这个时候向中国贷款是不必要的。同时他提出建议:为了不过于激怒蒋介石,更为了使中国不至于倒向苏联,力争中国在战后成为美国在远东的可以运用的力量,美国应当避免采用公开、断然拒绝的办法,而是把十亿美元贷款之事搁置起来。罗斯福于是接受了摩根韬的建议,不作任何进一步的决定。

(四)国共两党关系问题。罗斯福当时比较清醒地了解中国的真相,对蒋介石消极抗战、积极反共的情况深感不满。在开罗会谈时,罗斯福当面向蒋介石指出中国政府军抗日作战不力,蒋介石以他的军队缺乏装备和军火为词,进行辩解,罗斯福乃指出蒋介石故意阻挠史迪威训练和装备中国军队的计划。罗斯福又指责重庆当局以装备精良的部队封锁共产党领导的区域,监视共产党军队,而不去从事对日作战,他希望国民政府与中共合作,一致积极抗日。当蒋介石歪曲事实,告以共产党军队根本未致力于抗战时,罗斯福表示不能相信。不但如此,罗斯福还当面指出,国民政府“在理想上仍非现代的民主政府”,他希望国民党方面在抗日期间与中共组织联合政府。此外,罗斯福在其他场合也说过:蒋借口部队缺乏

① 吴相湘:《第二次中日战争史》(下),台湾综合月刊社,1973年,第957页。

训练和装备而不去打日本人，却去封锁共产党。可共产党游击队与蒋介石所说的正好相反，在积极抗击着日本人。他还说，“这种政府决不能代表现代民主”，要求蒋“在战争尚在继续进行的时期与延安方面握手，组织一个联合政府”①。

（五）反攻缅甸问题。第一次缅甸战役失败后，中国远征军主力退入印度，经过整训、补充，组成中国驻印军，同时在云南境内另组中国远征军，准备反攻缅甸。这时，滇缅公路这条中国与海外联系的至关重要的唯一通道，正被日军截断，国际对华军用物资和武器装备的输送，只能通过从印度英泊尔到中国昆明的飞越喜马拉雅山的“驼峰”航线，数量有限。因而重庆当局急欲反攻缅甸，打通滇缅公路国际陆上通道。同时，蒋介石为了吸引美、英盟军把远东对日的战略重点转到中国战场，利用美、英的军事力量来击败日本，而力图在缅甸开辟战场。蒋介石在开罗会议上说：“敌人（日本）生死关头有三：一为缅甸，二为华北，三为东北四省，可见缅战之重要。”②这是把击败日本的战略重点置于中缅战场之战略观点最明确的表达。

然而，随着太平洋战争整个形势的变化，美军主要从中太平洋进攻日本的战略构想逐步确立，在美、英军事当局的心目中，缅甸战役的重要性逐渐下降，显得不那么重要了。虽然，美国仍然迫切希望中、英军恢复缅甸的攻势，重新打开滇缅公路，给中国输送军事物资和武器装备，以便美国空军从中国出发去袭击日本，但英国的注意力集中在欧洲，它正在集中力量准备一九四四年夏实施诺曼底登陆；在亚洲，它更多的考虑是如何保持自己战后在缅甸等地的殖民统治。它不愿让美国军队在缅甸作战，担心美国取代其在缅甸的地位；它也不希望中国军队在缅甸作战，以避免激发这一地区民族主义情绪的高涨。所以，英国对中、英、美联合反攻缅甸的计划持消极态度。

在蒋介石的指令和同意下，史迪威向开罗会议提出了一个反攻缅甸的方案。它计划在一九四四年雨季之前克复缅甸。中国必按经过同意的计划参加作战，驻印军由雷多进击，远征军由保山前进。这一战役应获得孟加拉湾海上作战的支援，所以在战事发动前，英国海军应如期集中，充分准备，以便参战③。史迪威的计划还提出，在重新打通滇缅交通、中国战场得到大量补给之后，中国军队将在一九四四年十一月——一九四五年五月间占领广州、香港地区，一九四五年十一月进攻上海；如有需要，一九四五年五—十一月间进攻台湾④。

---

① ［美］伊里奥·罗斯福：《罗斯福总统见闻秘录》，春光新闻社，1947年，第135、154、155页。

② 《第二次中日战争史》（下），第865页。

③ 李荣秋：《珍珠港事变到亚尔达协定期间美国对华关系》，台湾商务印书馆，1978年，第286—287页。

④ 《史迪威指挥权问题》，第57—58页。

中国方面的这个计划与英国的缅战方略分歧甚大。一九四三年十一月二十三日上午，在开罗会议第一次全体会议上，盟军东南亚战区总司令、英国海军上将蒙巴顿报告了缅甸作战方略，提出要从翌年一月中旬开始反攻北缅，从阿拉干、英场、雷多三面进攻，目标为密支那、八莫与腊戌。显然，蒙巴顿方案的目标只限于北缅，不打算攻占曼德勒、仰光，克复南缅，亦无孟加拉湾海军作战行动和登陆南缅的两栖作战计划。为此，蒋介石表示：蒙巴顿方案与中国的反攻全缅、打通滇缅路的目标相距甚远。丘吉尔不以为然，说蒙案系东南亚战区空前规模的作战计划，并认为盟军力量无论在陆上或在海上均占优势，攻缅计划有成功的把握。蒋介石则表示，缅战成功的关键不在印度洋的海军力量，而在海军能否配合陆军同时作战。丘吉尔反驳说：孟加拉湾的海军行动并无与陆上攻势配合之必要，因为英国海军的优势即足以保障盟军交通线的安全，并可对日军构成威胁。他还表示不同意地面攻势的成功全赖海军力量同时集中的说法。双方遂相持不下。

二十三日和二十四日两个下午，美英参谋长联合会议开会，中国军事代表们由军委会办公厅主任商震率领应邀与会，讨论蒙巴顿方案。商震按照蒋介石的指令强调三点要求：(1)缅甸陆上攻势必须有海军行动及孟加拉湾海军力量集中的配合；(2)缅战目标，第一期应以腊戌和瓦城为目标，第二期则以仰光及全缅为目标；(3)“驼峰”空运每月必须达到一万吨，不得受缅战影响。对中国方面的意见，蒙巴顿认为缅战目标难以全部实现，马歇尔则表示“驼峰”空运无法达到每月一万吨的目标，会议遂无结果而散。

二十四日晚和二十五日上午，蒋介石与丘吉尔两度晤谈，丘吉尔说明英海军参加缅战舰艇数目，并表明拟于一九四四年五月实施两栖攻势。蒋介石要求提早实施登陆，丘吉尔未应允。二十五日下午，蒋介石与罗斯福举行会谈，罗斯福向蒋介石保证：北缅攻势与南缅两栖作战必同时实施，并将尽速付诸实行。次日，蒋介石再访罗斯福，罗斯福再次保证尽早实施孟加拉湾两栖作战。蒋介石因为有了罗斯福的这个保证，乃同意接受蒙巴顿的北缅作战方案。同时，美英参谋长联合会议遂完全通过了蒙巴顿方案。虽然，罗斯福在丘吉尔和他的参谋长们固执地反对缅战计划的情况下，力排众议，向中国保证于一九四四年三月发动缅甸战役，但他的保证事先并未征得丘吉尔的同意。

开罗会议结束后，罗斯福、丘吉尔、斯大林于一九四三年十一月二十八日开始，在伊朗首都德黑兰举行三国首脑会议。斯大林在会上正式宣布，在德国崩溃后，苏联将增加西伯利亚的军力，参加对日战争。本来就对缅甸之战抱消极态度的丘吉尔，于是更认为英国不应选择这一最坏的时候，在东南亚战区实行水陆反攻缅甸的计划，因为斯大林的报告是提早击败德国，并加速进行太平洋战争的非常重要的保证。英国参谋首长于三十日向美英参谋长联合会议建议研讨斯大林的承诺对水陆反攻缅甸计划的影响。英国参谋总长布律克和空军总司令波特尔，都在美英参谋长联合会议上强调，斯大林宣布苏联将参加对日作战对欧洲和太平洋战局有重大关系，并表示在西欧登陆和反攻缅甸同时展开时，登陆艇不足需用，其意在于推迟南缅两栖作战计划的实施。

德黑兰会议结束后，十二月三日罗斯福、丘吉尔返回开罗再度开会，是为第二次开罗会议。丘吉尔在四日的美英参谋长联合会议上提出：美英参谋首长必须考虑苏联决定对日参战下的新形势，对太平洋与东南亚作战的影响。丘吉尔提议孟加拉湾的两栖作战应推迟到一九四四年秋季去进行。他的理由有两点：(1)由于苏联答应参加对日作战，盟军将在西伯利亚得到比中国更好的基地，东南亚的军事行动便失去了部分价值；(2)为了进行横渡(英吉利)海峡作战，英国不能调集足够的登陆艇和海军力量进行孟加拉湾两栖作战。罗斯福表示不能赞同丘吉尔的意见。在改日举行的美英参谋长联合会议上，美国的参谋首长李海、金氏和马歇尔都不同意夹击缅甸的计划，但英国方面坚持己见。双方争论了四天，最后罗斯福为了协调英美战略关系，终于不顾自己不久前向蒋介石作出的保证，向英国作出让步，同意了丘吉尔的提案。美国当局出尔反尔的态度，恰好说明了它对中国战场战略作用的轻视。一九四三年十二月五日，罗斯福致电蒋介石，建议或者在没有大规模两栖作战配合的情况下照原计划举行缅北作战，或者把缅北战役推迟到一九四四年十一月与孟加拉湾两栖作战同时进行。蒋介石当然不愿意在没有英国海军配合作战的配合下发动缅北反攻。他于十七日复电罗斯福，表示宁愿推迟缅甸战役。

四、 中国战区战略地位变化的背景

从魁北克会议到开罗会议，在美国亚太军事战略中，中国战区的战略地位逐步下降，从抗击日本陆军主力的主战场和最后击败日本的基地，降低为配合太平洋作战的一个辅助战场。这一变化之所以出现，是以下几个方面的因素造成的结果。

(1) 美国“越岛作战”新战法的采用和海空武器装备的新发展，导致了美军攻击日本本土的进军路线的改变，这是其亚太军事战略变化和中国战区战略地位下降的一个重要原因。

在太平洋战争的第一阶段，美军完全处于防御态势，日军攻占了这个海洋区域的整个西部和西南部，连同那里的所有岛屿，并且也占领了东南亚的一些地区。在第二阶段，美军力图守住夏威夷群岛和澳大利亚，阻止日军东进和南下。日军则企图把占领的地区扩展到美英两国在夏威夷群岛和澳大利亚的那些基地。然而，日军在一九四二年六月的中途岛战役和一九四二年八月至一九四三年二月的瓜达尔卡纳尔岛战役中，却遭到了决定性的失败。在第三阶段，美军在太平洋战场上由守势开始转变为攻势。在向日本进攻的作战中，日本由于其地理位置在战略上的有利条件而处于优势地位。日本在前两个阶段迅速占领许多地方，使它可以用一连串的同心圆的防御环节去掩护其本土，而成为美军进攻的很大障碍。美军向日本本土进军可选择的路线并不多。北太平洋路线，由于缺少必要的基地以及沿途经常有风暴和迷雾而被排除在外。从苏联的远东地区出击的路线也不成，因为只要苏联还处在德军的强大攻势之下，苏联是不愿意参加对日作战，而使自己处于两面作战的境地的。同盟国军队通过中国向日本进攻的路线，也行不通，因为当时中国对外通道被封锁，供应有困难，而且在西方盟国的心目中，中国也不见得能承担如此重任。至于通过缅甸进行反攻，更不具备条件。

于是，在美国军事当局看来，进攻日本非靠他们自己的力量不可，而且要由一条适合美军的路线进行反攻。以西南太平洋总司令麦克阿瑟为代表的一批将领，主张采取西南太平洋路线，即沿着西太平洋，从新几内亚到菲律宾的进攻路线，而美国的海军长官们却赞成中太平洋路线。一九四三年五月在华盛顿召开的“三叉戟”会议上，终于作出了采用“双叉冲击”的反攻路线战略的决定，即沿着西南太平洋和中太平洋两条路线进军，最后两路在菲律宾会合，这样会迫使日军处于无所适从的状态，分散其兵力，并防止其后备部队集中或从一条路线调往另一条路线。这样，美军从两条路线进行攻击，开始对日军占领的直径数千英里的圆形区域内数以千计的岛屿，展开逐岛争夺作战。

在“双叉冲击”战略中，中国是美军进击日本的基地，尤其是美国空军的前方基地。“当时，华盛顿联合参谋部的基本看法是：在收复菲律宾群岛以后，美国部队即将开往中国，并在那里建立强大的空军基地，美国飞机将从那里起飞，从而取得美国对日本本土的制空权，除了切断其补给线外，并粉碎其抵抗力量。”①然而，一九四三年下半年太平洋战局的新发展，导致了美军进攻路线的重点之改变。

一九四三年夏季，美国以所罗门群岛为分界线，把战场区分为中太平洋地区和西南太平洋地区。美军的战略目的是要摧毁由俾斯麦群岛所形成的堡垒，并占领日军在西南太平洋的主要基地腊包尔。但是，逐岛攻击战进行得十分艰苦，进展也十分缓慢。在攻下所罗门群岛中部的特罗布里德群岛和新乔治亚群岛后，美军南太平洋总司令哈尔西和参谋长联席会议的首长们意识到逐岛推进战术的不足取。因为这样将给予敌军以充分的时间来加强他们的下一道防线，而这一战法也抵消了美国在海空军方面的巨大优势。于是决定越过由一万多名部队据守的

① ［英］利德尔·哈特：《第二次世界大战史》(下)，上海译文出版社，1980年，第171页。

科隆邦加拉岛，将该敌予以封锁，听其"自生自灭"，美军则攻占了面积极大但防守薄弱的韦拉拉韦拉岛。同时，美国参谋长联席会议也提出，占领腊包尔并非必要，对这个顽强固守的据点尽可以跳越过去，把守敌孤立起来。这种有计划的"越岛作战"，打破了日军逐岛争夺、死拼硬守的作战方法。使美军有可能选择进攻目标，置大量日军地面部队于无用之地，避实击虚，出奇制胜，以最快的进程和最近的距离向日本本土进击。"越岛作战"的新战法，使得由美军太平洋总司令尼米兹指挥的本来已进展迅速的中太平洋路线，犹如如虎添翼，跳跃式地前进，迅速把战线向北转移。同年九月间，日军后退到所谓"绝对国防圈"的加罗林群岛和马里亚纳群岛一线；美军则把攻势指向马里亚纳群岛，十一月，占领中太平洋的吉尔贝特群岛。

远程航空母舰和远程轰炸机的大量生产和参加实战、以远程航空母舰为主干的特混舰队的编成，也使美国军事当局倾向于以中太平洋为主攻方向。B—29 型远程轰炸机航程达 6 000 公里，载弹量有 10 吨，大大地扩展了美国空军的作战范围，使其可以自中太平洋海岛出发直接轰炸日本本土。以往使用普通轰炸机轰炸日本，只能以中国的机场为起降地，或者从太平洋上的航空母舰起飞，实施轰炸后飞往中国机场降落，而 B—29 型轰炸机则可以离日本本土不到 1 400 英里的马里亚纳群岛起飞，直接袭击日本。远程航空母舰特混舰队有利于长途奔袭作战，在中太平洋以广大和数量众多的快速航空母舰，控制太平洋的制海权制空权。这两种新式武器都不需要大量的陆军和邻近日本的基地来作根据地，中国的地理位置和人力资源对美国亚太战略的作用也就降低。显然，"由于'跳岛作战'成功和艾塞克斯级航空母舰诞生，乃确定了由马里安纳方面直接进窥日本本土的战略；是故中国大陆基地在战略上的价值遂被轻视"①。

到开罗会议前夕的一九四三年十一月四日，美国作战司提出的报告中，将从中太平洋和从中国进攻日本的战略加以比较后指出：如欲实现充分利用中国基地的计划，必须收复全缅甸，夺取仰光。但中国既是无力之盟邦，其驻印军队又不能发动大规模的攻势，而美国也未尝拟有在一九四六年战胜日本确定计划。因此该报告不认为从中国出发进攻日本是一条可行的道路。于是，报告提出了四点建议："一、维持中国作战的战略暂不变动，二、选择在华基地轰炸日本，配合太平洋作战，三、不必增加中印缅战区现有约束，四、装备华军以三十五个师为限。"②这一建议显然已将中国战区降为太平洋战场的辅助的地位。

（2）苏联保证在战胜德国后参加对日作战，是美国改变亚太军事战略的另一

---

① ［日］古屋奎二：《蒋总统秘录》（第 13 册），台湾"中央日报社"，1978 年，第 126 页。

② 《第二次中日战争史》（下），第 956 页。

个原因。

太平洋战争开始后，美国多次要求苏联参加对日作战，但苏联由于正在对德国交战，不愿同时进行对日作战，以避免两面作战的不利地位，因而拒绝了美国的要求。到了一九四三年八月，斯大林首次向美国驻苏大使哈里曼提及苏联准备参加对日作战之意向。同年十月，在美、英、苏三国莫斯科外长会议期间，斯大林告诉美国国务卿赫尔："苏联迟早终将对日作战。"①十一月二十八日，在德黑兰会议上，斯大林亲自向罗斯福、丘吉尔表示，在击败德国后，苏联将增加西伯利亚的军力，参加对日作战，协助盟军打击日本。虽然在开罗会议以前罗斯福就知道了苏联的这个许诺，但是这次由斯大林亲自在最高级会上加以重申，就增加了保证的分量。

美、英得到苏联的上述保证后，对亚太军事战略迅速进行了重新规划，正如丘吉尔在第二次开罗会议期间的美英参谋长联合会议上指出的："美英参谋首长必须考虑这个新形势对太平洋与东南亚作战的影响。"一九四三年十二月三日，罗斯福、丘吉尔召集美英参谋长联合会议，讨论对日战略。会议取得以下几个主要结论：由于苏联准备对日作战，美军乃加强在北太平洋的进攻准备，决定在北太平洋用远程轰炸机轰炸日本本土的计划继续准备，但登陆千岛群岛要待苏联进攻滨海省时再作配合。超级空中堡垒 B—29 型远程轰炸机的基地应设在中太平洋的马里亚纳群岛，但当前成都和加尔各答的基地仍予维持。在西南太平洋，从新几纳亚经荷属东印度，到菲律宾之间的弧形战略，应积极推动。加强在中国的空军，配合太平洋作战。上述各项决策之下，中国战场只是被置于配合太平洋作战的空军基地的地位上，而且还不是远程轰炸机 B—29 型超级空中堡垒的基地。这超级空中堡垒的基地移往太平洋，中国战场的价值就更低了。从美国亚太军事战略的视角来看，"不论是苏联参战的诺言，还是岛屿战役，都将使中国在军事上的地位变得不太重要"②。

以蒋介石为首的国民政府抗战消极、腐败无能又拒绝改革，使美国决策层对中国战场的力量愈来愈感到失望，也是美国日益轻视中国战区战略作用的一个原因。

美国与中国建立军事同盟之初，曾经对中国寄予较大的期望，把中国视为战胜日本的最得力的盟国。美国以积极的态度从经济上、军事上、政治上援助中国政府，其中包括前所未有的五亿美元的对华贷款，其目的是要中国积极对日作战，牵制住一百几十万日军，使日本在美国集中主力于欧洲战场时，无法全力出动，为

① ［日］古屋奎二：《蒋总统秘录》(第 13 册)，第 126 页。

② ［美］M. 沙勒：《美利坚在中国》，南方丛书出版社，1987 年，第 168 页。

害太平洋及澳大利亚。但是,美国通过与蒋介石政府的一系列的接触和交涉,通过对中国战场实际情况的了解,逐渐发现蒋介石政府远非美国所希望的那样能积极对日作战、改革军政、与国内各方面力量合作抗战;相反,却是一个作战消极、官员腐败、效能低下,又拒绝任何改革的专制政权。情形正如美国学者所指出的:"美国决策人员希望利用中国的人力作为一股抗击日本的巨大力量,而国民党政府却想利用它同美国的结盟,拐取金钱、武装以及帮助他们赢得国内最高权力的影响力。美国人认为他们能移把援助当作一种手段,鼓励中国领导人进行必要的改革,而中国领导人却相信,有了外援就根本不必进行改革。"①

在国民政府统治下,国民党军队战斗力低下,保存实力,消极避战,在军事上极少作为;经济上通货膨胀日益加剧,物价飞涨,人民生活连年恶化;政治上实行专制统治,压制民主运动,拒绝任何改革,反共活动接连不断。一九四三年发动了第三次反共高潮。一九四四年又出现了中国政府军队在豫湘桂哉役中的大溃败。这一切愈来愈引起以罗斯福为首的美国决策人物的失望。

其实,早在太平洋战争初期,驻在重庆的美国军事和外交官员就不时提醒华盛顿当局,不要过分看重同中国政府的盟友关系。美国驻华军事代表团团长约翰·马格鲁德,曾在一九四一年年底至翌年春给陆军部几次提出的报告中,指出:期待中国人发动对日攻势是一种不切实际的幻想,蒋介石把他的士兵和装备看作"固定资产"必须保存下来,用以支援其对同胞们的战斗,去谋求经济和政治的最高权力。美国驻华大使高思向国务院建议,美国不要提高中国为一个有效的军事盟友,不要支持重庆的统治集团,例如准予漫无限制地使用贷款、权力等等。史迪威将军来华后,美国当局对蒋介石政府消极抗战、腐败无能的状况有了更为具体和实际的了解。

到一九四三年开罗会议前夕,美国军方已明确认定"中国是无力的盟邦"。在开罗会议期间,罗斯福当面向蒋介石指出中国政府军队对日作战不力、调动精锐部队封锁共产党区域,并且对此表示不满。他在别的场合指责道:"为什么蒋介石的军队不打日本人……他说他的部队没有训练……没有装备……可是却不能解释他为什么极力阻止史迪威训练中国军队,而这也不能解释他最精锐的军队屯在西北——红色中国的边境上。"②后来,"到一九四四年十月马里亚纳群岛被占领之时,美国联合参谋部已经意识到,在最近的将来,要指望中国国民党方面的帮助,或指望英国进军中国南部,都是没有希望的"③。这就进一步促使美国不再把

① 《美利坚在中国》,第103页。
② [美]伊利奥·罗斯福:《罗斯福见闻秘录》,第135页。
③ [英]利德尔·哈特:《第二次世界大战史》(下册),上海译文出版社,1980年,第171页。

中国作为进攻日本的基地，而坚持从太平洋向日本进军的路线，作为对日作战的战略重点。

当然，战略重点方向的转移，并非意味着美国不再重视中国，也不等于它要抛弃蒋介石政府。美国为了彻底打败日本并在战后维持一个有利于美国的远东政治军事格局，它的对华政策，仍然继续围绕着维持中国作战，并造成战后保持一个依附美国、抗衡苏联、稳定远东的中国政权这个基轴运转。因此，美国虽然对国民党政府腐败、专制的现状不满，但依然对它予以支持和援助。

日本的南进政策与英国封闭滇缅公路事件*

中日战争进入战略相持阶段以后，日本侵华军事力量深陷长期战的广阔战场而逐步丧失战略主动权，日本与美英之间在远东的矛盾日益尖锐，德国在欧洲大战初期暂时得势，这一切促使日本军部和政府提出了所谓“世界规模解决策”的战略构想，企图实行征服中国与向印度支那半岛和西南太平洋地区进击相结合的战略方针。在继续打击中国并实行南进的过程中，日本力求切断中国西南国际交通线。在绥靖政策道路上走过相当时日的英国政府，为避免英国东西两线作战，不惜牺牲中国的利益，在日本的压力下，决定关闭滇缅公路 3 个月。中国政府为阻止关闭和重新开放滇缅路，与英方进行反复的交涉。日本的南进进一步打破了远东原有的战略格局，日美两国的矛盾全面升级，日英关系日益恶化，中国与美英之间共同对抗日本的战略关系空前接近；特别是在与德国的大规模空战中，英国挫败德军的进攻，得以渡过本土军事危机；同时，德、日、意三国军事同盟成立，轴心与反轴心两大阵营的对抗已露端倪。国际形势的重大变动，促使英国政府决定重新开放滇缅公路。

一、 日本确立结合世界战争解决中国事变的方针

中日战争在日军攻占武汉和广州以后，逐步进入战略相持阶段。经过自七七事变以来 16 个月的全面战争，侵华日军占领了中国的主要工商业城市和经济比较发达的地区。到一九三九年冬，日军对中国正面战场的作战线，自北而南大致保持从西苏尼特百灵庙、安北、黄河中段、黄泛区、庐州、芜湖到杭州一线，长江中、下游地区的岳阳、武汉、信阳、九江、南京、上海一线，以及广州、汕头沿海一带，桂南沿海地区和海南岛北部。但是，日军的战略进攻并没有摧毁中国的抗战力量，

* 本文原载《军事历史研究》2008 年第 1 期。

更没有动摇中国人民的抗战意志。相反，随着日军在中国占领区的扩大、战线的延长、战局的迁延，日本的兵力、财力、物力不足的根本弱点日益显露，困难有增无减，已无力再发动全面性质的战略进攻。

日军主力深陷侵华战争的泥潭，机动兵力严重不足。侵华日军(不含关东军)分布在北方的长城内外到南方的珠江三角洲和北部湾沿岸，兵力捉襟见肘。一九三九年九月成立的设于南京的“中国派遣军总司令部”共统率在华地面部队5个军，其中华北方面军所属的第一军和第十二军由该方面军直接指挥，华南的第二十一军相对独立;华东的第十三军和华中的第十一军由派遣军总部直接指挥。以全局而言，日军已呈现分兵把守的态势，只能在一定的地域和时间内，有限度地发动对中国正面战场的战役进攻，并以相当大规模的兵力对付深入其后方的八路军和新四军。至一九四〇年，日本仍有多达85万之众(不含关东军)的主力部队深陷于中国战场的看不到结局的长期消耗战之中。同时，日本的财力和物力的困难也日趋严重。一九四〇年二月召开的日本第七十五届议会，通过的军费累计已达120亿日元，如果加上下一年度军费，则约为170亿日元。战争造成日本国力穷困、物资奇缺，战略资源的供给难以为继。

日本当局为了及早征服中国、解决“中国事变”，以图独占中国、进而在远东进行更大的军事冒险，采取军事打击和政治诱降并用的方针。军事打击方面，从一九三九年春到一九四〇年夏，对正面战场发动了若干次战役进攻，旨在歼击中国军队主力，切断中国西南国际交通线，逼迫中国政府屈服。在华南，一九三九年二月，日军进攻海南岛，六月进犯广东汕头、潮安地区，十一月至次年二月进行桂南会战。在华中，一九三九年二月至五月初进攻南昌，九月至十月进行第一次长沙会战，一九四〇年五月至六月进行枣宜会战和侵占宜昌。在政治诱降方面，日本策动汪精卫集团叛国投敌，一九三九年五、六月汪精卫等汉奸头子在东京与日本当局达成在南京建立傀儡政权的协议，一九四〇年三月，伪国民政府在南京粉墨登场。

然而，无论是军事进攻还是政治诱降，都未达到解决“中国事变”的目标。虽然日军攻占了海南岛、潮汕、南昌、宜昌等地，但中国军队的抗击十分坚强，日军付出的代价十分惨重。重庆政府不仅未予屈服，而且在一九三九年组织和发动了规模巨大的冬季攻势，在广大战线上反击日军。中共领导的敌后战场更是迅猛发展，致使日军四面受敌，穷于应付而陷入人民战争的汪洋大海。汪精卫汉奸政府的成立，日本当局原以为是其政治谋略的一大成功，然而此举并未导致国民党和重庆政府的分崩离析，相反整个抗日阵营依旧巍然不动。日本策划“汪蒋合流”的谋略终于化为泡影，而以诱降蒋介石为目的的“桐工作”，也于一九四〇年九月半途中止而毫无结果。

于是，日本军事当局对中国战场的局势愈来愈感到忧虑，对战争发展前途焦虑不安。他们不能不看到，在一九三九年从“年初的在华 24 个师团和 4 个混成旅团(合计换算为 26 个师团)，增加为年末的 25 个师团 20 个混成旅团(合计换算为 35 个师团)”，但结果却是：一方面“确保治安地域的安定，也未按期望的进展”，另一方面，对华“作战的主动权均未掌握”。他们无可奈何地承认：一九三九年“这在整个中国事变中成为(日本)陆军最暗淡的时代”①。日本最高决策层为此重新探寻解决“中国事变”的新的出路。

在此期间，欧洲局势发生重大变动，美、英与日本之间的矛盾趋向激化。一九三九年九月一日，法西斯德国以大军入侵受英、法保护的波兰，英、法两国于三日对德宣战，第二次世界大战在欧洲大规模展开。同年七月二十六日，美国政府向日本发出了半年后中止美日通商航海条约的通告。欧洲大战的爆发，特别是出现德军势如破竹、连连告捷，英、法军队节节败退，危机四起的形势后，日本更是热衷于推行其“利用欧洲乱局，借助德意实力”以实现“东亚新秩序”的国际战略。而美国的废约通告，虽然并不意味着美国立即对日本实行禁止或限制出口，但它使美国在国际法律关系上立于无论何时都能单方面实施对日禁运或限运的立场。对于在战略物资上和国际经济关系上严重依赖美国的日本，这是一个十分重大的打击。这意味着美日之间的矛盾趋向激化和美中两国之间前所未有的接近，以及美国对中国抗战的支持。

日本决策层面对中日战争陷于僵持局面、日美矛盾趋于激化、欧洲战争中法西斯国家一路得势的新形势，开始重新审视其解决“中国事变”的既定方针和传统模式。以往的方针和模式包含有两个基本点。一是“孤立直接原则”，即坚持中日问题必须孤立地置于日中两国范围之内，由中日双方直接予以解决，排拒任何第三国或国际组织的参加和干涉。②二是“先中国后世界原则”。日本的对外侵略扩张总体计划包括“征服中国”“南进”和“北进”这三大部分。九一八事变和七七事变以来，日本在总体战略顺序上，始终坚持“先中国后世界”的方向，即先集中力量解决“中国事变”，征服中国，以此为基础，然后实行“南进”或“北进”，与英、美、苏等国争夺世界性霸权。欧洲战争爆发之初，阿部信行内阁发表的声明“日本不介入在欧洲已经爆发的战争，专注于解决中国事变”，③就是上述既定方针的再次表白。

---

① ［日］日本防卫厅战史室：《大本营陆军部》(上卷)，四川人民出版社，1987 年中文摘译本，第 552—553 页。

② 日本政府：《关于不参加九国公约国会议的政府声明》(1937 年 9 月)，日本外务省：《日本外交年表与主要文书》(上)，东京：原书房，1965 年，第 372—375 页。

③ 《日本外交年表与主要文书》(上)，第 129 页。

正在既定方针和传统模式仍在发挥作用的同时，一种新的战略计划在逐步形成之中，而且愈来愈成为日本军事当局的主流主张，这就是“结合世界战争解决中国事变”的所谓“世界规模解决策”。时任日本参谋本部次长的泽田茂对此有过如下回忆：“本人（一九三九年十月）就任参谋次长后，首先即为察清中国事变拖延不决，日本尚有若干余力问题，从各方面进行了研究。”他研究的结论是：“中国事变如全面撤兵，姑当别论，但欲取得美满结果，则仅在中日两国之间不能解决。必须结合世界性事件加以解决。”①其时，“泽田次长的意见是参谋本部主流的想法”②。

这个新的政策主张是根据以下几个论断而提出的。首先，他们断定，中国之所以坚持抗战不止，全靠国际上的援助。这种援助包括：第三国直接向中国提供资金、物资、武器以及精神上的支持；第三国利用日本在经济上和战略资源上的对外依赖性，向日本施压，牵制和阻挠日本的对华施策，削弱和限制了它本来可能产生的效果；第三国利用“残存于中国的国际旧秩序”即租界以及在金融、财政、海关、航运、工矿等方面的既存条约权益，向中国提供“庇护”和“方便”；等等。没有这些国际支援，中国决难抗日至今。不切断这些援助，日本在军事上难以征服中国，政略上无法诱降中国。③因而，认定“中国事变”必须结合世界战争来解决。其次，他们认为日本所谓“建设东亚新秩序”的战略与英、美、苏等大国存在根本的利害冲突，为抑止日本的扩张，这些国家“均采用援蒋以抑日的战略”，“在利害一致的基础上与中国结成了反日国际共同战线”。除非日本同意退出中国和放弃“东亚新秩序”战略计划，重返华盛顿体制“旧秩序”，第三国援华压日决不会自动中止。因而，日本军政当局中上述主流的观点逐渐形成并推动政策上的转换，认定“中国事变已经世界化”，它“已经失去了在日中两国之间直接解决的可能性”，日本必须把它和世界战争结合起来，通过与“援蒋第三国”的较量，“作为世界战略的一环来解决”。

到一九三九年年底以至进入一九四〇年，上述“世界规模解决策”已经成为日本军部和政府的主导思想。一九三九年十二月二十八日日本陆军、海军、外务三省共同制订的《对外施策方针纲要》，首次以正式的政府文件初步确立了上述方针政策。这一“纲要”规定日本的对外基本目标，是“因势利导国际形势，以促进处理中国事变，并造成建设包括南方在内的东亚新秩序”④。这是自中日战争爆发以来日本第一次提出准备“南进”的方针，它把以往的包括日、华、“满”范围的“东亚

① 《泽田茂回忆》，《大本营陆军部》（上卷），第524页。

② 《大本营陆军部》（上卷），第524页。

③ 《关于次期世界战争的基础调查》，日本外务省外交史料馆藏。

④ 《大本营陆军部》（上卷），第526页。

新秩序”扩大为“包括南方在内的东亚新秩序”，成为尔后提出的“大东亚共荣圈”的前奏，也是一九四〇年以后日本对外政策的基础。

二、日本力求切断中国西南国际交通线

为了尽快“解决中国事变”，实行“南进”政策，“建设包括南方在内的东亚新秩序”，日本急欲阻断国际上对中国抗战的支援，而切断中国西南国际交通线则被视为其中至关重要的一着。事实上，中国政府这时的抗战，在一定程度上是从一部分外国政府和海外华人的财经和物资支援中得到动力的。日本占领中国沿海各个要地之后，中国的海上对外通道基本上已被封锁，切断陆上对外通道遂成了日本进行战略封锁的主要一环。但是，在持续几年时间之后，这种封锁并未收到预期的效果。中国仍然从兰（州）新（疆）路、滇缅路、滇越路，以及香港、福州、潮汕等港口从海外运进大量物资和军火。但欧洲大战开始后，情况却发生了变化。

就陆路而言，中国当时能够使用的通往国外的运输通道只有以下 3 条：一是中苏陆上通道，从甘肃兰州，经过新疆，到达苏联境内，全长 1 700 英里。全面抗战初期，苏联支援中国的军火和物资，部分经由此路；中国运往苏联交换的物资，几乎全部经由此路。不过，这一通道路途遥远，沿途地理和气候条件不佳，因而苏联只以部分物资由此输入中国，而将大部物资由海运从印度支那半岛和香港运进中国内地。

二是滇越铁路。该路从云南昆明，经老河口进入越南河内，到达海防。越南当时属于法国势力范围，该路由法国殖民当局所控制。中日战争开始后不久，日本当局就逼迫法国当局阻止由此路将军火运入中国，但直至一九三九年九月一日欧洲大战爆发前，法国并未切断这条通道。同年八月二十四日苏联与德国签订了互不侵犯条约，尤其是在法国对德宣战之后，法国在远东的实力地位明显下降，其对日关系的态势趋于弱化。因此，法国政府对日政策转向软化，避免采取任何可能刺激日本的行动。在日本的压力之下，法国当局宣布从九月六日下午 5 时起，禁止任何物资从印支出口，这就使得从海外过境印支的物资无法输入中国。九月二十三日，法国印支总督向中国驻河内领馆宣布，此后将禁止中国军火、汽车、汽油从印支过境，从即日起将停止中国上述物资的入境，已经运抵印支的存货要限期出清。①后经中方与法方交涉，法国政府私下同意：货物“假道一切如旧，实际决

① 秦孝仪编：《中华民国重要史料初编・对日抗战时期》（第 3 编）《战时外交》（第 2 册），中国国民党中央党史会，1981 年，第 757—758 页。

不留难”①。此一局面大体上维持到法国维希政府成立之前。

第三条通道就是滇缅公路。该路自云南昆明至缅甸境内之腊戍，全长 1 146 公里，中经云南省境之楚雄、镇南、凤仪、下关，直达毗连缅甸之畹町。由畹町越过中缅边界进入缅甸，至滇缅公路的终点腊戍，此段共长 187 公里。腊戍至缅甸的最大港口仰光，有良好的公路及窄轨铁路。仰光位于新加坡军事要塞之西，其安全程度较越南海防为优。一九四〇年七月滇越铁路被日军切断后，滇缅公路成为中国西南后方唯一国际交通线。

一九三八年十二月二日，中国政府宣布滇缅公路全部修筑完成。全线通车后，沿途运输日夜不绝。昆明、下关、畹町、腊戍等地聚集大量交通车辆和人员，军运民运相当频繁，每日往来汽车达 300 辆至 800 辆上下。中国自国外采购的战略物资和外援货物不断经由此路运入国内，对坚持抗战、安定大后方起了重要作用。据不完全统计，一九三九年至一九四一年，由该路运入的货物共 369 161 吨，平均每月为 3 700 余吨，其中汽油等能源物资居于首位，约占 1/3，军火物品平均每年 73 000 余吨②。关于军品输入的情况，据英国领事多克莱给英国驻重庆大使卡尔的报告，从一九三九年二月十九日至同年十月底，通过滇缅公路由腊戍运入中国的武器装备和弹药，总数达 17 164 余吨③。

日本切断中国南方国际交通线的行动，是从军事、外交等等各个方面进行的。日军攻占广州，从某种意义上说，也是为了这个目的，正如《大本营陆军部》一书所述，“一九三八年十月，为了切断中国的主要对外联络补给路线，占领了广州附近要地”。一九三九年一月，日军攻略海南岛，其战略意图，是“为了取得海军期望之南进政策的基地，同时也是为了获得海南岛的铁矿资源”④，而切断中国南方海洋通道，也是其中一个重要目的。一九三九年十月日本大本营策划桂南战役时，就明确提出如下作战意图：“鉴于英法进入（欧洲）大战无暇顾及远东，因而攻取南宁，可使法国打消援蒋意图”，同时“必要时占领法属印支北部，作为彻底切断援蒋路线的跳板”⑤。同年十月十六日，日本大本营“大陆命”第 375 号中规定：“大本营企图加紧切断敌西南补给线。”同时发布的“大陆指”第 582 号中指示的关于这次作战的《陆海军中央协定》，宣布：“本作战之目的，在于直接切断沿南宁—龙州敌补给联络路线，并强化切断沿滇越铁路及滇缅公路敌补给联络路线之海军航空

① 《中华民国重要史料初编·对日抗战时期》(第 3 编)《战时外交》(第 2 册)，第 762 页。

② 夏光南：《中印缅交通史》，中华书局，1948 年，第 112 页。

③ 英国政府档案室藏外交部档案，档案号：F0371/24666[Z]。

④ 《大本营陆军部》(上卷)，第 498 页。

⑤ 《大本营陆军部》(上卷)，第 499 页。

作战。”①

进入一九四〇年春，欧洲战局发生急剧变化，德国军队从四月到六月不过2个多月时间，接连占领丹麦、挪威、荷兰、比利时、卢森堡、法国，迫使英国军队撤出欧洲大陆。日本乘势加紧实施南进政策的步伐，同时进一步采取措施切断国际援华路线，迫使重庆政府屈服。为此，同年七月二十七日，日本大本营与政府联络会议决定了以下对外基本政策：“对外施策须推动解决中国事变，并以解决南方问题为目标。”同时，对印度支那和香港问题的行动方针作了以下规定：“对法属印度支那（包括广州湾），期待彻底切断援蒋行为，迅速使之承认担负我军之补给，允许军队通过及使用机场等项，并为获得帝国所需资源而努力”；“对香港须结合彻底切断在缅甸之援蒋路线，首先为铲除其敌对性，强力推进各项工作”。②这后一项对香港问题的方针，同时也提出了切断滇缅公路的要求，这是针对英国而提出的，因为香港和缅甸其时都系英国的势力范围。

实际上，在六月十六日，即法国战败投降的前一天，日本政府就已经向法属印支当局提出了关于中止通过滇越铁路向中国运输军需物资的要求。同日，日本驻南宁的第二十二军为切断滇越铁路，下令第五师团派出一个支队进入法属印支国境。六月二十日，法国当局迫于压力，同意全面封锁印支国境线，以及由日本派出军事专家赴法属印支视察运输情况。六月二十五日，在印支当局的允诺下，日本组成以西原一策少将为首的常驻印支的监督机关。日军第五师团一部也于七月一日进入印支龙州一带。日军随即拆除了滇越铁道老街铁桥上的钢轨，在国境附近破坏并隔断了通往谅山的公路，“实行杜绝援蒋物资的运输”。七月二十日西原机关在河内成立了常驻办事处。日本运用武力威胁和反复交涉，在九月四日与印支当局签署了《西原—马尔丁协定》，规定日本军队有权派部分兵力进驻法属印支北部。此举无疑为日本具体实施南进政策迈开了第一步。

三、 日本逼迫英国封闭滇缅公路

日本在向法国政府和印支当局施压，提出关闭滇越铁路要求的同时，又向英国政府提出封闭滇缅公路的问题。日本此举既是有鉴于中日战争爆发以来英国一贯的对日妥协政策，更是针对欧战开始后英国处境危险，无力在远东与日本抗衡的新形势而发。日本侵华战争对英国在华权益造成危害，英国为此作了一些抵制和抗争。然而，总的说来，这个日益衰落的大英帝国面对日本无止境的对华侵

① 《大本营陆军部》（上卷），第499页。

② 《大本营陆军部》（上卷），第555—557页。

略和扩张，实行了一种以牺牲中国换取与日本妥协，从而保住自己在华既得利益和在远东地位的绥靖政策。一九三八年五月，英国出卖中国海关权益，与日本签订了英日海关协定。一九三九年七月，英国驻日大使克莱琪与日本外相有田八郎签订了《有田—克莱琪协定》，英国政府承诺在中国协助日军解除中国人的一切反抗行为，并声明无意鼓励任何帮助中国人反抗日本的行动。欧战开始后，英国再次对日妥协，于一九四〇年六月与日本签订牺牲中国权益的《天津协定》。英国对日绥靖政策纵容和鼓励了日本的侵略扩张野心，不仅严重地损害了中国的抗战，到头来对英国自身也是有害无益。

滇越铁路的关闭对中国抗战造成了巨大损失。据日方统计，仅一九四〇年六月，该铁路的月输入量即为25 000吨①，是海外运输援华物资的主要交通线。该路被切断后，中国只剩下滇缅公路和西北公路两条从国外运入军用物资的通道。滇缅公路的重要作用不言而喻，它在一九四〇年六月份的月输入量占当时中国总输入量的16%。所以，它的重要性立即凸显，不仅是今后运输军用货物的主要线路，而且对于鼓舞中国坚持抗战也有相当作用。日本对此了如指掌，抓住英国在德国大军强大攻势之下陷于本国危机之际，向英方要求立即关闭滇缅公路，企图迫使英国让步。

日本军部首先揭开逼迫英国封闭滇缅公路的序幕。一九四〇年六月九日，日本参谋本部情报部长土桥勇逸向英国驻东京武官指出：英国对日本在华行动的敌意，迫使日本靠近德国。绝大多数的日本民众，尤其是武装部队是反对英国的。并恫吓说，避免日本对英国宣战的方法只有：(1)关闭滇缅公路；(2)关闭香港边界；(3)英军从上海撤退②。次日，日本外相有田正式向英方提出了上述要求，并声称：如果滇缅公路不被关闭，他将不能控制日本的极端派③。英国外交大臣哈里法克斯于当夜指示克莱琪与日方交涉，向日方指明日本如此行动只会对德国和苏联有利，以此来打动对方。但日方仍然坚持原来的要求。六月二十二日，克莱琪报告英政府：日本的极端分子认为日本能够永久控制它能夺取的任何领土，而且如果蒋介石失去了所有的海外物资供应，其地位将是维持不住的。日本驻英大使重光葵也对哈里法克斯说，“目前不仅是军人，就是在日本人中间，对英国援蒋政策和滇缅公路问题，也颇有反感”，要求英方“审慎致虑”④。六月二十四日，日

① [日]日本国际政治学会：《通向太平洋战争之路》(第6卷)，东京朝日新闻社，1963年，第28页。

② [英]《克莱琪给英国外交部的报告》(1940年6月19日)，Wood ward, Op. Cit，第92—93页。

③ [英]伍德沃德：《第二次世界大战期间的英国外交政策》(第2卷)，1962年，第93页。

④ [日]重光葵口述、天津市政协编译委员会编译：《重光葵外交回忆录》，知识出版社，1982年，第176—177页。

本外务省以正式外交途径要求英国政府采取行动，停止通过滇缅公路运送武器弹药以及燃料、卡车、铁路器材等物资。同时，为了对英方施加压力，日本在毗连九龙的边界上集结了5 000人的部队。

面对日本的步步进逼，克莱琪首先建议外交部实行妥协。他在六月二十五日致外交部的电报中，主张英国"应该同意日本的要求并迅速地这样做"。这时英国内阁还未同意接受日本的要求，它希望借助美国的支持来牵制日本的行动。同日，英国外交部指示驻美大使洛西恩向美国政府说明英国的立场和对策；表明英国无法独自无助地在东西两战场同时作战，为美国的利益着想，美国最好设法阻止日本在远东对英国发动攻击。并且指出英国在滇缅公路问题上处于进退两难的境地，如果英国关闭这条公路，便会引起美国和中国的不满，如果不予关闭，英国又不能在没有美国支持的情况下面临拒绝关闭的后果。显然，英国的目的，是希望无论英国对日本采取强硬态度还是妥协态度，都得到美国的同意。英国还向美国提出由美国直接参与的解决事态的两种可供选择的办法。

英国外交部的上述指示，表明英国希望把处理滇缅公路危机的主要责任推给美国，从而使美国在远东担当主角。然而，美国出于自身的利益考虑，此时并不想为了英国使自己与日本的关系更加恶化，也不希望在此时与日本发生直接冲突。美国同时认为，如果对日本采取绥靖政策，必将导致日本提出新的扩张要求。于是美国采取中间立场。六月二十七日，洛西恩向美国国务卿赫尔提出了英国的建议。次日，赫尔作出答复："美国不能派舰队到新加坡，因为这样做将使美国在大西洋的海岸线可能受到攻击。……美国本身在远东并无什么实质性的东西可以奉献给日本，同时它也不愿意牺牲第三国的利益来向日本作出让步。"赫尔虽然表示，"对于日本推行(东亚)新秩序的原则，必须予以抵制，至少也要大加修改，同时不得以牺牲中国的利益来作让步"，但是对于解决眼前的危机，"他认为的上策是，既不向日本作重大的让步，也不采取任何反对它的行动，惹它发动战争"。①

美国的答复等于是拒绝了英国的建议。于是英国外交部建议对日本实行局部妥协，在六月二十九日向内阁提出一份备忘录，提出了应对日本关于英军撤出上海、关闭香港边界和切断滇缅路等32项要求的方案。关于滇缅路问题，外交部认为，除从新疆到西伯利亚的通道外，关闭滇缅路将切断通向中国的最后一条主要道路，而在此路上运输的物资主要是美国的，关闭此路的政治影响将大大高于实际的经济影响，蒋介石可能被迫同日本妥协或倒向苏联等。因此，它主张对日本作有限的让步，但不关闭滇缅公路。七月一日，英国内阁基本同意外交部的上述意见。但是，英国三军参谋长力主与日本妥协，七月一日，三军参谋长召开会

---

① "中华民国外交问题研究会"：《抗战时期封锁与禁运事件》，台北，1967年，第933—934页。

议，认为欧洲局势相当严重，英国面临德国入侵英伦三岛的危险，因而英国不应坚持反对日本的要求，最重要的是要避免同日本的战争。

军方的主张暂时未使内阁改变原议，英政府仍指示克莱琪向日方表明拒绝关闭滇缅公路。克莱琪强烈反对内阁的决定。七月四日和五日，英内阁再次讨论，其间各方依然存在分歧，三军参谋长继续坚持对日妥协，而首相丘吉尔支持三军参谋长的主张。但哈里法克斯建议，再度摸清日本真正打算把它的要求提到什么程度。战时内阁最终决定，无论如何也不能完全接受日本的要求，要设法在不完全接受日本要求的条件下，与日本达成一项协议，并尽可能拖延时间。据此，英国外交部指示克莱琪对日本的要求作出正式答复，其中指出了不同意关闭滇缅路的各项理由。七月八日，克莱琪向日本外相说明英国政府的答复后，日本外务省当即发表公报说，有田已通知克莱琪，英国关于滇缅公路问题的答复是不能令人满意的。日本外相要求英国立即重新考虑其态度，并以最后通牒式的口气声称："我方要求英国政府在一周或十天之内解决问题。"①

面对如此危机，本来就担忧因此而引发对日战争的英国政府就乖乖地屈服了。七月九日，克莱琪向外交部提出一个折中方案，建议采取一个暂时关闭滇缅公路3个月的临时办法；在此期间英日双方为解决中日战争努力寻找一个"公平和公正的和平"，如果努力失败，英国将自由决定是否重开滇缅公路的问题。七月十一日，英国内阁正式同意了上述方案，并通知克莱琪向日本政府说明这一决定。这一方案既在一定程度上满足了日本封闭滇缅公路的要求，对中国政府造成了一种国际上的压力，又表示出英国干预中日关系、诱导蒋介石接受所谓"公平和公正的和平"之意愿，无疑地都有利于日本尽快解决"中国事变"政策的实施。因此，日本政府于七月十二日就表示可以接受英国政府的方案。于是，有田八郎与克莱琪在七月十七日达成了《英日关于封闭滇缅公路的协定》。其中规定：(1)由香港向中国内地输出武器、弹药一事，自一九三九年一月以后，已经禁止，今后日本政府所重视的任何军需资材，也将不由该地输出，即以后禁止缅甸输出之物资，在香港亦禁止输出。(2)英国政府，本年七月十八日起以后三个月内，禁止武器、弹药及铁道材料之通过缅甸输送。(3)英国官宪将在香港及仰光协助日方官宪对此一禁运措施进行检验。②七月十八日，丘吉尔在议会下院宣布了这一协定。二十日，英国政府将这一协定内容正式向中国政府作了通报。缅甸政府奉英国政府之意旨，由其国防部在七月十八日发布公告，宣布自即日起，禁止(1)摩托汽油，(2)铁或钢

① ［日］上村伸一：《日本外交史》(第2卷)，东京：鹿岛平和研究所出版会，1974年，第90页。

② 复旦大学历史系：《中国近代对外关系史资料选辑(第2册)》(下)，上海人民出版社，1977年，第164页。

质铁轨材料,(3)铁路车厢或其组合零件,(4)摩托、载重汽车、拖拽车、汽车、车身,(5)军火、军用品零件及军用炸药等货物,经缅甸运往中国。

英国以牺牲中国的利益换取与日本之间的暂时的妥协,在两难的选择中,它把眼前的自身利益放在首位。正如英外交大臣哈里法克斯私下所言:"在滇缅公路问题方面,我们处在日本人和蒋介石之间,左右为难,我本有意要揭穿日本人的虚伪,并叫他们滚蛋,但是参谋本部大为震惊,而丘吉尔也不准备冒这个险。"①而问题的关键是"在这个关键时刻,我们不能冒着与日本敌对的危险"②。英国害怕其时与日本开战,显然,它无力保护极可能遭到日本进攻的香港、新加坡、澳大利亚、新西兰等地。由此可见,"对英国来说,这项协定的主要价值是使它度过了又一次危险的英日危机,防止了立即发生战争的危险。英国赢得了时间,在这关键的三个月中,进行着不列颠之战,战争的结果表明,希特勒不能取得迅速的、全面的胜利"。③

四、 中英之间关于滇缅公路事件的交涉

在滇缅公路事件的过程中,中国政府在外交战线上进行了持续不断的努力,力图使局势向着有利于中国抗战的方向发展。在滇缅公路被封闭之前,力求推动英国坚持立场、拒绝日本的封路要求。在滇缅公路遭到关闭以后,在外交上继续展开不懈的努力,以促使英国及早重新开放此一通道。

当重庆当局获悉日本向英国提出关闭滇缅路的要求之后,外交部当即电令驻英大使郭泰祺向英方进行交涉,要求其坚持立场,勿屈服于日本的压力之下。此时英国当局对此决策未定,态度犹豫,不肯作肯定的表示,仅以外交辞令谓英方决不牺牲中国利益作答。六月二十八日,郭泰祺面见英国外长后报告道:"彼亦了解其问题关系我抗战之重大","但彼不愿作答复,拟于数日内提交阁议"。④七月一日,郭泰祺往访英国外交次长,"重申缅运与我抗战及英自身利害关系之重大,在道义及现实政治各方面而论,万不可不维持",要求自英方"得一保证"——滇缅路不予关闭。英方虽表示英国"不致出卖中国而自毁立场,且失中国之助",但以内

---

① Halifax To Hoare, 17 July, 1940, Templewood Papers[J]. p.16.

② 英国政府档案室外交部档案(FO):F0371, 24667[Z][18],"中华民国外交问题研究会":《抗战时期封锁与禁运事件》,第 17 页。

③ [英]阿诺德·托因比:《国际事务概览——轴心国的初期胜利》(下),上海译文出版社,1983 年,第 936 页。

④ 《抗战时期封锁与禁运事件》,第 129 页。

阁的讨论仍无结论为词，不作“正式答复”①。

可是，尽管中国从外交途径一再对英国施加影响，英国却在日本的压力下步步退让。七月八日，郭泰祺面询英外交次长，英方的表态开始发生变化。他虽说明英国对日本的要求“尚未作最后答复”，但着重强调的是“英国处境极端困难，不愿与日本正面冲突，其他有关之国，应分负责云云”。郭泰祺指出英与美、苏各国当为此事已有接洽，英方答称：对美、对苏，英国虽已接洽，请求对日施加压力，“两方均表关心，但无具体办法”。郭则指出，“日本深陷中国，不能自拔，除空言恫吓外，实无力敌对英国”，“反之，如日本万一拔起泥足，可自由南进，将贻患无穷”②。中国政府判明英国已倾向接受日本要求，但对英方仍存一线希望，七月十日，外交部指示郭泰祺转知英方：“目下英方对我抗战之协助惟滇缅运输一路。我方命脉所寄，不得不请英方坦白告我。”③

此后不久，英日之间的谈判形势急转直下。七月十二日，日本政府就关闭滇缅公路事表示接受英国政府所提方案。郭泰祺当天获悉后，立即向重庆当局作了报告。中国政府明确指示郭向英政府提出强烈抗议。七月十五日，郭往访英国外交部，以中国政府名义提交书面抗议。英国外交次长面对中方的抗议“再三表示歉意，谓英方实出不得已，但仅为迁延待时办法，不妨害其将来之行动自由，无负我之意”。当郭提出英国有“停运议和”之说，要求予以澄清，英外交次长当面加以否认。面对英方如此态度，郭一面正告说，中日目前完全没有议和可能，一面痛言：“八年来致力增进中、英友谊，所有对我政府报告，总以为英国重道义决不负我为言，此次英方处置，使祺痛惜深于愤懑……现视英方果能不负我否，最多三数月后可了然，如不幸使祺无以对我政府与国人，惟有引咎辞职，一面为对英之抗议。”④

中国政府为挽回事态的发展，于七月十六日正式发表声明，对英国政府的行动表示严重不满。“声明”称：“关于缅甸运输问题……英国政府业对日本之压力表示屈服，并接受其无理要求……中国政府对于英国政府所作之决定，不得不表示最严重之关切，并认为此种举动，不独极不友谊，且属违法。”“声明”指出，滇缅公路“运输之继续维持，对于中国之抵抗侵略至关重要……英国接受日本要求，已给予侵略者以巨大利益。故英国之举动无异帮助中国之敌人”；而且，英国此一决定，“实已违反国际公法之原则、中英各项条约及国联之历届议决案”。⑤

---

① 《抗战时期封锁与禁运事件》，第129—130页。
② 《抗战时期封锁与禁运事件》，第130—131页。
③ 《抗战时期封锁与禁运事件》，第131页。
④ 《中华民国重要史料初编·对日抗战时期》（第3编）战时外交（第2册），第115页。
⑤ 《抗战时期封锁与禁运事件》，第132—134页。

中国的劝告和声明,并未阻止英国对日妥协。七月十七日,英日达成关于封闭滇缅公路的协议。除此之外,英日之间还达成了一个关于和平解决"中国事变"的秘密备忘录,其中认定,在3个月当中,双方将作出特别的努力,以便在远东达成"公平与公正"的和平协定。显然,英国政府企图担当劝说中国政府接受日本和平解决"中国事变"的责任。丘吉尔于十八日在议会下院的讲话,对此有明确的表述:英国与日本的协议是暂时的,在此期间应达成"一项对(中日)两方公正而平等的解决,且完全由双方自由地接受的一项解决"①。对于要求中国接受所谓"公正而公平"的和平,中国政府在十六日的声明中也表明了自己严正的立场:"如果有人以为中国通海贸易路线受有梗阻后,中国即将被迫而求和或竟接受日本所提出之任何条件,即判断错误,无有逾于此者。我国长期抵抗侵略之战争,进行于种种重大阻碍与困难之中,其艰苦奋斗,可谓绝无仅有,但我国并未于任何一时期内感觉颓丧……无论遭遇何种困难,我仍当勇往前进,无论有负我者与否,我胜利之信念决不稍为动摇也。"②对此,丘吉尔在4天后给蒋介石的密电中,除申述英国在滇缅路问题上所处之困难外,特别许诺:英国"永不强请执事(指蒋介石)接受违反贵国利益或贵国政策之和平"③。

英日两国协议关闭滇缅公路之事一经公布,立即遭到中国朝野的一致抨击。中共在重庆出版的机关刊物《群众》杂志于七月二十五日发表社论,指出这个协定是"助桀为虐的协定,不管以后是不是可以改变,但从当前看来,分明是在帮助日寇,迫胁中国投降的",英国的行动是"损人利己、弃信背义的行为","是英国更进一步出卖中国的行动"④。重庆《大公报》和《中央日报》都在社论中对英国的行动进行抨击。《大公报》十六日的社论指出:"英国此举,显然是一个违法背义的屈让。……英国这一着,甚不聪明,既伤了四亿五千万中国人的心,更将失去美国的信任。"⑤《中央日报》十六日以《问英国立场》为题发表社评,指斥说:"关于缅甸限制运输到达中国的问题,从国际公法的法理上,从国际联盟的决议案,从英国本身利害上说,英国没有丝毫理由应对日本屈服而限制中国在条约上应享的权利。不管英国对滇缅公路停止对华运输的时间,为三天或三个月,英国对日本这种无理要求一次表示屈服,英国的立场到哪里去了!"⑥

---

① 363 Parliamentary Debate: Official Report(House of Commons). Cols. 399400. pp.399—400.

② 《抗战时期封锁与禁运事件》,第132—134页。

③ 《中华民国重要史料初编——对日抗战时期》(第3编)《战时外交》(第2册),第116页。

④ 《关于英国切断西南交通问题》(1940年7月25日),《群众》社论,第5卷第1期。

⑤ 《大公报》,1940年7月16日。

⑥ 《中央日报》,1940年7月16日。

对于英国政府欲在关闭滇缅路期间促成中日“和平”的提议，中国官方亦公开地予以抨击。蒋介石七月十六日以应中央社记者之请的方式，特地向外界声明，说：“如果以滇缅路运输问题与中日和平并为一谈，即无异英国协助日本迫我对日屈服。……须知中国抗战三年屹立不动，决非任何第三国胁迫所能摇撼。如英国果有此行，余可断言，英国必获极端相反之结果……中华民族今日之抗战，决非任何压力所能阻止。”①在国外，中国驻法大使顾维钧于七月二十六日在维希对合众社记者发表谈话，他明确声明，中国决无对日屈服之意，反之，中国对日抗战非至日本放弃侵略政策不止。英国此次封闭缅甸路线，对华虽不失为一种打击，但中国决不因此而屈服。②

同时，中国政府又积极地与英方交涉，要求及早重新开放滇缅公路。同年七月二十八日，蒋介石在致丘吉尔的一个复电中首次以政府首脑对话形式提出了这一要求，他指出：“余非不知贵方之困难，但和缓日本之政策必将危及贵国自身……惟有中国战胜并保持其独立，英国远东利益方能保存。故余迫切的声请阁下，为贵我两方利益计，从速恢复缅甸运输路线。”③此前的二十五日，郭泰祺约见丘吉尔，询问3个月后英国究将采取何种政策，但后者只是回答说：“一切要看届时之情形而定，本人不能作任何预测。”④同年八月中，郭泰祺再访英外长，表明中国重开滇缅路的期望，指出：滇缅路关闭“绝不可展期，如展期一日，则以后开禁必加倍困难”。⑤九月十三日，郭泰祺又访英外交次长，提出要求在“本月终至迟下月初，拟访(英)首相，请其对重开缅路问题切实答复”，然英方却回答说：“已与首相言及祺拟访问事，但此时尚早，下月初当愿洽谈。”⑥甚至到了九月下旬，距关闭3个月期满只剩3周时间，当询及期满重开问题，英外长仍答郭泰祺说：“尚未与首相商谈，故不能即答，但现仅三星期即期满，华方似可不亟亟。”⑦在重庆，中国外交部长王宠惠亦数次对英国大使提出重开滇缅路问题。十月三日，王宠惠对英国大使卡尔重申：“此事现已刻不容缓，应请英国政府勿再犹豫。”卡尔却答道：“前次与部长晤谈后，即已急电伦敦，建议缅路重开。”不过，他认为：日方可能要求重开谈判⑧。由此可见，到此时英国决策层还在就此事进行内部磋商，而不作正式对外答复。

---

① 《中央日报》，1940年7月17日。

② 《中央日报》，1940年7月28日。

③ 《中华民国重要史料初编——对日抗战时期》(第3编)《战时外交》(第2册)，第116页。

④ Prime Minister to Foreign Secretary[Z]. 26 Aug. 1940, W. S. Churchill, Op. Cit. P650.

⑤ 《抗战时期封锁与禁运事件》，第138页。

⑥ 《中华民国重要史料初编·对日抗战时期》(第3编)《战时外交》(第2册)，第117页。

⑦⑧ 《抗战时期封锁与禁运事件》，第142页。

五、滇缅公路的重新开放

在滇缅公路被关闭的3个月时间里，远东战场和欧洲战场的形势急剧变化，整个国际关系正在发生重大变动。中国在极为艰难的形势下坚持抗战不息，正面战场顶住了日军的进攻，敌后战场八路军发动了著名的百团大战，予敌人以重创。英国挡住了德军的凌厉攻势，在双方大规模空战中挫败了德军的原定计划，使自己度过了最危险的时刻。美日关系和英日关系空前恶化。德、意、日法西斯国家建立三国同盟，中、美、英、苏等国在反法西斯旗帜下走向联合。这一切因素汇成了一种强大的力量，推动了英国政府决心重新开放滇缅公路。

首先，英德战局的走势是英国政府决策滇缅路问题的首要因素。英国外交部在九月二日提供给内阁的一份相关的备忘录中说道："此一决定很显然地将依约定的期限届满之时，我们的战争地位而定。假如我们遭遇严重的挫败，我们在远东的地位将变为更加危险。在这种情况下，我们将考虑到期限届满时，是否够重开缅甸路的问题。"①八月二十四日，英外交部远东司也在题为《缅甸路重开》的备忘录草案中提出，"假如我们能击败德国对英国之攻击"，为重新开放滇缅路的四项理由之一②。

事实上，英国正是在德军入侵英伦三岛的直接威胁业已解除的情况下，决定重开缅路的。德军在席卷西欧大陆后，希特勒在一九四〇年七月十六日下令，准备以"海狮作战计划"为名大规模进攻英国本土。后因缺乏决胜把握，希特勒改而采取先行空战的作战方针，以消灭英国的空军和摧毁其空军基地、取得制空权，作为入侵英伦的先决条件。从同年七月到十月底，英德两国空军在英吉利海峡和英国上空进行了持续的规模巨大的空战。八月十三日至十八日的首次空战高潮，德军损失236架飞机，英国则损失95架。九月十五日，德国空军作最后的一次出击，结果这一天德军损失60架飞机，英国只损失26架。在长达4个月的空战中，英国终于占了优势，摧毁了德军1 733架飞机，自己一方则损失915架飞机③。十月十二日，希特勒决定搁置"海狮作战计划"，所有准备工作全部停止。由此，英国在对付日本方面具备了比以前大大增强的实力地位。

其次，日美关系空前恶化、英美合作大为增强和中美之间日益接近，国际关系中这种种重要变化，为英国对日本采取较为强硬的政策提供了基础。一九四〇年

---

① 英国政府档案室外交部档案(FO)：F0371/24670. p.155。
② 英国政府档案室外交部档案(FO)：F0371/24669. p.27。
③ [英]利德尔·哈特：《第二次世界大战史》(上)，上海译文出版社，1978年，第151页。

冬季以前的大半年,东西方军事政治局势发生激烈变动。德国法西斯军队横扫欧洲大陆,意大利向英、法宣战,法国战败投降,英国面临本土决战而局势岌岌可危。西方法西斯势力的高涨气焰,大大地刺激了日本军国主义的扩张野心。至同年七月初,日本军政当局对形势的判断更趋乐观,认为“现在是日本千载一遇之良机”,必须不失时机地实行“南进”政策,建立“大东亚新秩序”。为此,日本决定推出“更能推动国运发展”的近卫文麿再次组阁。七月二十二日登台的第二次近卫内阁与军部立即制定了“在迅速促进解决中国事变的同时,捕捉良机解决南方问题”的战略方针①。日本接着利用德国打败法国的“良机”,以军事力量强行进驻法属印支北部;利用荷兰投降德国的“良机”,在经济和政治上控制荷属东印度;利用泰国与法属印支发生边境冲突的“良机”,加强对泰国的控制,取得对南方作战的前进基地。

然而,一九四〇年七月开始的日本的“世界规模战争”的新政策和南进行动,大大地触犯了美国在东南亚与太平洋地区的战略利益,造成了日美两国之间矛盾的全面升级,从而导致了美国采取空前的对日强硬态度,跨出了前所未有的援华步伐,而中美关系也同时大大地靠近了。正如驻英大使郭泰祺九月二十八日在致驻美大使胡适的电报中所说:“美制日助我政策渐趋积极由事实表现。”②美国支持重开滇缅公路,正是其“制日助我(中国)”政策的一个具体表现。胡适于十月十二日致重庆政府电报中,对最近美国和英国政府的对日政策动态作了以下的描述:“最近一个月中,重大变化多端:一为美国实行建造两大洋海军,增加海军实力一倍。二为日本侵入安南,使美国立时宣布对华三次借款及(对日)废铁全部禁运。三为德、日、意三国同盟,使美国人民更明了此三个侵略者对美之同心仇视。四为十月四日近卫、松冈同时发表威吓美国之狂论,使美国舆论大愤,使美政府令远东各地美侨准备即时撤退以示决心。五为美国海军部十月五日增调海军后备员 35 000 人,使海军现役员总数增至近 24 万人。六为日本忽变态度,先否认松冈谈话,后又声明近卫谈话亦只是随口答报界质问,并非事先预备之谈话。七为十月八日英国正式宣布十七日滇缅路重开。八为美政府连日遣送海军新员 4 200 人,陆军防空炮队千人,赴檀(香山)岛增防。九为上月(美国)国会通过空前之平时兵役法……”③

日本妄图建立“大东亚新秩序”的新的扩张行动,从反面推动美国跨出积极的援华步伐和支持英国重开滇缅路。同年九月二十五日,美国政府宣布向中国贷款

---

① 《日本外交年表与主要文书》(下),第 437—438 页。

② 中国社会科学院近代史研究所中华民国史组:《胡适任驻美大使期间往来电稿》,中华书局,1978 年,第 72 页。

③ 《胡适任驻美大使期间往来电稿》,第 74 页。

2 500 万美元。次日，美国又宣布一项针对日本的出口禁令，即除非获有美国当局颁发的许可证，禁止各类废铁出口。此前的九月十六日，美国国务卿赫尔向英驻美大使洛西恩明确提出美国“非常希望……重新开放缅甸路”①。

第三，德、日、意“三国同盟”的成立，导致世界范围内军事政治格局大变动的来临，即开始走向轴心国与反轴心国两大阵营之间的对立和斗争。这是英国和美国一致决心恢复滇缅公路的国际大背景。日本最高决策层为了实行“世界规模解决策”和“南进”政策，竭力要求与另外两个法西斯国家建立同盟关系，以凭借德、意的支持实现自己的目标。一九四〇年七月十二日，日本陆、海、外三省联合制定《日德意提携强化案》。近卫内阁登台后，把“加强日、德、意枢轴心，东西策应”列为新内阁“对世界政策”之首。九月二十七日，三国在柏林签订军事同盟条约，规定“日本承认并尊重德、意在建立欧洲新秩序中的领导地位”，“德、意承认并尊重日本在建立大东亚新秩序中的领导地位”；同时确定，三国“彼此合作”，“保证签约国之一，当被目前尚未参加欧战或中日争端的国家（指美国）攻击时，彼此应以政治、经济及军事各种方法互相援助”②。三国轴心军事同盟公然把进攻的矛头首先指向一切被它们侵略的国家，特别是把美国列为下一步主要的打击对象，极大地震惊了美英西方民主国家。

美国随即作出了强烈反应。十月五日，美国宣布决心还击三国同盟的任何挑衅。同年十一月，美国国会决议向中国提供 1 亿美元贷款，总统罗斯福随后指示政府各部门寻找适当途径向中国提供军援。世界局势的动向，不能不使美英两国朝野一步步认清坚持中国对日抗战对它们的战略利益至关重要，而且比以往任何时候更为重要。重新开放滇缅路毫无疑问地成为支持中国、打击日本的题中应有之义。英国外交部同年十月一日的备忘录，就首先提出：三国同盟的成立，是“增强重开滇缅公路论据的两大重要发展之一”③。克莱琪在三国同盟条约签订的次日就致电伦敦外交部指出，“滇缅路协定的废除一事，因（三国盟约）而大为增强”。而外交部高级官员班奈特也认为轴心盟约成立，增强了英国采取对日强硬行动的必需性。

形势的发展是不以人们的意志为转移的，多时以来一直对日本实行绥靖政策的英国当局，至此终于认识到有转换政策的必要了。十月三日，丘吉尔面告来访的郭泰祺：英国政府决定于 3 个月期满时重新开放滇缅路。丘吉尔声明此项决定的背景时，着重指出：目前“英国处境远胜于三月前……现决期满重开”。他借用

① 英国政府档案室外交部档案(FO)：F0371/24670[Z]。

② 《日本外交年表与主要文书》(下)，第 459—462 页。

③ 英国政府档案室外交部档案(FO)：F0371/Z4670[Z]。

克莱琪的话，说当时如不作让步，日本有对英宣战可能，“三个月前有此危险，现则无之”；美国的态度发生改变，因为产生“日、德、意同盟，国际空气一清，而美孤立派益失势”；英美在“美总统选举后，(有望)更加强合作，益以苏联、中国(的合作)，轴心国家不足敌也”。①丘吉尔从英国当时所处的国际环境，道出了滇缅公路由关闭到重开的缘由。

一九四〇年十月八日，英国正式向国内外宣布重开滇缅路的决定。上午，克莱琪在东京向日本外相松冈洋右通报，英国政府认为关于关闭该路3个月的协定至十月十七日期满时，并无续订之必要。丘吉尔于同日在议会下院报告中宣称，英日滇缅路协定，在3个月期满后，英政府决定不予续订。英国外长哈里法克斯也于同日在议会上院正式宣布：英政府已决定重行开放滇缅路；关于此项决定，美国的意见与英国完全一致，而英国政府亦及时将此项行动通知了苏联政府。

中国政府对英政府的决定表示欢迎。蒋介石十月九日致电丘吉尔，郑重表示：“顷读阁下在国会演词，指斥三月以来日本对华暴行有增无已，中国民族痛苦日深，因而决定恢复滇缅路之一切运输，中正闻之，欣慰无量。”蒋介石特别强调，对日本侵略者决不应企求妥协的和平，指出，“日本军阀政府好言武力，亦惟畏惧武力，和平正义之言，决不能入耳，一切妥协之策复长其氛，此中正十数年之苦痛经验，固亦阁下所洞察无遗者也”。②郭泰祺也于同日向新闻界表示对英政府的决定“深可满意”，而且他就此特别指出：英国“开放滇缅路将使中国人士产生一新希望，即英国对远东之外交政策，殆将改弦更张”。③

一九四〇年十月十八日凌晨零时，关闭了3个月之久的滇缅公路重新开放。从昆明至仰光的这条中国西南通向印度洋的国际陆上大动脉从此恢复了勃勃生机，运输迅速进入高潮。当月由该路运入国内的物资即达7 329吨。一九四一年全年运输处于高峰期，平均每日奔驰于途的运输车辆达七八千辆。这年运入中国的货物总量达132 193吨④。一九四二年一月至二月间，日军进击缅甸，仰光告急。在这局势紧急之际，滇缅公路在50天中仍抢运物资52 000吨入境。同年三月八日仰光失守，中缅交通中断。此后，西方援华物资改由中印缅航空运输⑤。

滇缅公路的重新开放，对中国战时的对外关系极具积极意义。(1)此举在相当程度上改变了中、英、日之间的关系，对中国抗战是一个有力的支持，对日本是

---

① 《中华民国重要史料初编·对日抗战时期》(第3编)《战时外交》(第2册)，第118页。

② 《中华民国重要史料初编·对日抗战时期》(第3编)《战时外交》(第2册)，第119页。

③ 重庆《中央日报》，1940年10月10日。

④ 龚学遂：《中国战时交通史》，上海商务印书馆，1947年，第99页。

⑤ 中国公路交通史编审委员会：《中国公路史》(第1册)，人民交通出版社，1990年，第299—300页。

一个沉重的打击。正如《中央日报》社论指出的，“英国政府决定开放这条国际交通要道，从英日关系看来，固可以表现英日邦交的恶化；从中英关系看来，更可以表现中英邦交的敦睦”。①(2)这是英国改变远东绥靖政策的重要开端。当时国内外舆论都认为，“英国开放滇缅路，可以代表英国终止远东妥协政策之开端”。②《中央日报》社论对此分析道：“滇缅路的开放，是英国抛弃绥靖政策画龙点睛的开端。绥靖政策从九一八起发其端倪，到慕尼黑而登峰造极。一九三九年春捷克灭亡之后，英国开始觉悟到，无论东西欧或远东，绥靖政策都绝对不能解决问题。去年波兰被侵，英国毅然宣战，放弃西欧对德、意的绥靖。本月九日，丘吉尔首相宣布重开滇缅公路，同样地放弃在远东的对日本的绥靖。这是英国历史的大转折，也是世界历史的大关键。”③(3)这是英美两国开始携手对抗日本、支持中国的一个标志。中外舆论一针见血地指出：“英国不顾日本与轴心国家之反对，而毅然重开滇缅路，实由于美国对远东采取强硬政策之鼓励所致。”④而且，“滇缅公路的开放，证明英美在远东的平行外交政策，已到成熟的阶段。英美在远东的休戚利害本是完全一致的。……两国为保持并发展其利益，必须有一个独立自由强盛的中国”。⑤滇缅路事件再次说明，英美两国必须携手支持中国、抗击日本的侵略。

封闭滇缅公路事件为时不长，但其在国际上的影响却相当广泛，它反映了第二次世界大战全面爆发的初期，中、日、英、美在远东的错综复杂的关系，是各国之间军事政治利益的一次博弈。从这里，人们不难看到：日本从侵华战争走向世界战争，从“东亚新秩序”走向“大东亚新秩序”；英国对日绥靖政策已走到了尽头；美国孤立主义即将退出历史舞台，而代之以对日强硬政策；中国在最困难的形势下依然坚持抗战不已，而期待着从独力抗战走向反法西斯国家的联合作战。从某种意义上说，滇缅公路事件是当时中国抗战局势的一个聚焦点，国际战略形势正在向着有利于中国而不利于日本侵略者的方向发生重大转变。

---

① 《开发滇缅公路感言》，《中央日报》社论，1940年10月18日。

② 《中央日报》，1940年10月4日。

③⑤ 《中央日报》社论，1940年10月11日。

④ 《大公报》，1940年10月19日。

中国抗战和日本的南进政策*

日本帝国主义对外扩张侵略的总的战略企图，分为侵占中国、“南进”和“北进”三个组成部分。实现这个战略企图的次序则是“先中国，后世界”，首先进攻和独占中国，实行“中间突破”，然后实行“南进”或“北进”，或者“南北并进”。中国抗战粉碎了日本的“中间突破”计划，困住了日军的主力，钳制了日军“北进”计划的实施，延缓了其“南进”的步伐。在中日战争长期化、日美矛盾尖锐化和德国侵略战争扩大化的世界战略态势之下，日本终于铤而走险，实施“南进”政策，经过从“良机南进”到“有限南进”和“南北并进，优先南进”，以及从“优先南进”到“专事南进”三部曲，走上了发动太平洋战争之路。

日本“中间突破”战略的破产

日本帝国主义对外侵略扩张的总的战略构想，包括全面夺占中国以及“南进”和“北进”这三个部分，以确立在中国和整个亚洲—太平洋地区的霸权为目标。日本企图通过对外侵略战争，以及相应地运用外交、政治、经济等手段，建立一个在日本主宰之下的，囊括中国、东南亚、西南太平洋和苏联远东地区的大帝国。

日本的所谓“南进”，是指在侵占中国大陆的基础上，南下与英美法等西方列强争夺太平洋上及其西岸的殖民地和附属国，占领东南亚和西南太平洋广大领域。因而，“南进”常常被称为“海洋政策”。日本的所谓“北进”，是指在夺占中国东北和中国大陆其他地区的基础上，北上侵占苏联远东地区等。因而“北进”常常被称为“大陆政策”，虽然这两者并不是完全相同的。

无论是“南进”还是“北进”，都是以首先独占中国作为前进的基础，把中国作为从事更大军事冒险在亚洲大陆上的基地。然后，或北上西伯利亚等地，进攻苏联，或南下东南亚和南洋各岛国，排除英美法荷诸国势力。日本如果不首先征服中国、建立其北上或南下的战略基地，就无从夺取亚太地区的霸权和称霸远东。

---

* 本文原载《江海月刊》1995年第2期。

显然，侵占中国是日本对外侵略计划的基轴和中心环节。正如毛泽东指出的："日本地主资产阶级的野心是很大的，为了南攻南洋群岛，北攻西伯利亚起见，采取中间突破的方针，先打中国。"①

当然，在各个不同时期，日本政府和军部以及决策层中的不同派系，对对外侵略扩张的具体策略和步骤时有分歧，对于在侵占中国以后，是先行"南进"还是"北进"，或者是"南北并进"，也是有争论的。但是，对于采取"先中国，后世界"的战略次序向外扩张，最终建立日本的"大东亚帝国"这个基本道路和目标，是没有分歧的。这样一个总体性的战略构想的形成绝非偶然，它是由第一次世界大战以后的国际基本形势和远东的战略格局、中日两国的特定国情，以及日本统治集团对内外形势的认识和建国理念等诸种因素决定的。

中日战争开始后，日本按照"先中国，后世界"的战略次序，先集中力量进攻中国，企图先实现"中间突破"，"解决中国事变"；同时也进行"南进"和"北进"的准备。然而，形势的发展却出乎日本政府和军部的意料。日军不但未能实现其"中间突破"战略，相反，其主力却深深地陷进了中国抗战的汪洋大海而无法脱身。"中间"既然无力"突破"，那么它就无法腾出力量实现"北进"，展开对苏战争行动；也难以在"中国事变"解决前贸然南下，与英美正面开战。于是，日本在战略上陷入了被动和混乱之中。经过一九三八年至一九四〇年近三年的时间，无论是军事的进攻、政治的谋略还是外交的折冲，都找不到出路。结果，在一九四〇年秋，日本进一步铤而走险，作出"南进"决策。但这恰恰加速了日本侵略者灭亡的过程。

战局的这个重大变化，首先和最根本的是由于中国抗战给了日本以沉重打击。日本的速战速决战略被中国粉碎后，到一九三八年年底，日军在中国战场的战略进攻已达饱和状态。其时日本陆军共有 34 个师团，除各以 1 个师团留驻朝鲜和日本本土外，其余 32 个师团全部投入中国战场，占其陆军总兵力的 94%。日军伤亡已达 44 万余人，消耗军费 92 亿 3 000 余万日元。日本使用了它可能动员的一切力量，不仅没有能够征服中国，相反其主力却被钳制于中国战场，而丧失了战略上的主动权和自由权。

军事进攻未能达成结束"中国事变"的目的，和平诱降的一手也未得逞。一九三八年年底到一九四〇年春，日本政府策动汪精卫集团叛国降日，建立汪伪政权，妄图以此瓦解中国抗日阵营，结束"中国事变"。但是，这一目的完全落空了。一九三九年下半年，日本政府又致力于推动"汪蒋合流"，企图树立在日本控制下的中国"新中央政权"。为此，日本政府对重庆政府进行了所谓"桐工作"，企图以和平手段诱使蒋介石停止抗日，与汪伪集团同流合污。但是"桐工作"最后以毫无结

① 毛泽东：《论持久战》，《毛泽东选集》(合订本)，人民出版社，1964 年，第 499 页。

果而告终。

中国伟大的抗日战争打乱了日本“先中国，后世界”的战略步骤，粉碎了其在解决中国问题以后实行“南进”和“北进”的战略企图，困住了日本的基本军事力量，迫使其陷于进退维谷的困境。日本统治集团乃企图在“南进”中寻求出路，并且切望借助“南进”解决“中国问题”。当时日本军国主义高层频频发出呼声：如果政府仅仅醉心于大陆政策而忽视海洋，不迅速以南洋丰富的战略物资作补充，不以“南进”政策作为大陆政策的辅助，则大陆政策将有失败的危险。日本参谋总长杉山元就说道：“中国事变照这样下去，没有解决的希望，只有向南伸出脚去。”①

日美两国矛盾的尖锐化，也是日本决定实行“南进”政策的一个主要背景。日美为争夺亚太地区的霸权而形成的矛盾和争斗由来已久。中日战争开始后，美国没有对中国抗战予以任何切实的援助，但它反对日本对华的侵略要求，拒绝承认日本侵华造成的既成事实，坚持其奉行的国际政策和华盛顿体制之各项原则在远东和中国的适用性。因而，日美两国在中国问题上矛盾的尖锐化是不可避免的。

日本在中国肆无忌惮地扩大侵略、放肆地侵害美国在华权益，使美国当局逐步认识到日本谋求控制中国和亚太地区霸权的野心，并看到其中所涉及的利害关系远远超过单一的中国问题。一九三八年十一月三日，日本政府发表“建设东亚新秩序”的声明，公然否认《九国公约》及既存条约体制，要求由日本来主宰东亚，对此，美国政府在三天后立即提出抗议。十二月三十日，美国政府对日本十一月十八日的“有田声明”作出强硬的回答，表明完全反对日本的“东亚新秩序”，也反对日本在中国扶植傀儡政权的任何努力。美英法三国于一九三九年一月四日发表声明，一致反对日本的所谓“东亚新秩序”。

但是，日本依然坚持“东亚新秩序”的目标不变，并针对英美对日政策的变化，在一九三九年上半年采取了以下几个步骤：加紧缔结日德意三国同盟条约的谈判；加紧消除美国等国家在华权益；侵占中国海南岛；宣布“领有”“新南群岛”；封锁天津英国租界，在东京英日谈判中要挟英方接受日本的“绝对要求”。这一切加深了日美之间的矛盾并促进了中美两国的接近。美国终于在同年七月二十六日向日本宣布在半年后“终止美日通商航海条约”，这对在经济上和战略资源上十分依赖美国的日本，是一个极其严重的打击。从同年下半年至一九四〇年上半年，日本在阿部信行内阁期间一度实行“对美缓和”政策，但很快为对美强硬派和主战派所推翻。在日本政府和军部的决策层中，“南进”和准备对英美开战的主张逐渐占据了主导地位，终于导致了第二次近卫内阁的“南进”决策。

---

① [日]田中新一：《进入大战的真相》，见《岩波讲座日本历史》第21卷，岩波书店，1963年，第163页的注11。

法西斯德国在欧洲的得势,对于日本确立"南进"决策起了鼓舞和促进的作用。一九三九年九月德国进攻波兰,英法对德宣战。翌年,德国把攻势指向西北欧,四月占领丹麦和挪威,五月侵占荷兰、比利时和卢森堡,六月法国战败,宣布投降。欧洲局势的剧变,对远东和太平洋地区的力量对比产生了重大影响。日本统治集团为德国在欧洲的"闪击战"的赫赫战果所鼓舞,认为日本实施"南进"的"天赐良机"已经来临。一九四〇年六月,日本外务省作出形势判断:"鉴于目前的世界情势,即使我(国)闪电般地占领荷属东印度,美国也不会进行武力干涉。"①七月初,在陆海军协议会上,日本陆军代表提出:"依附英美的经济不能再持续下去,无论如何应先下手为强,取得南洋,摆脱我七十年来对英美的依附。"②这一主张得到海军方面的支持。这时,日本军部对世界战局的分析是:德、意至迟在十月以前即可达成对英国本土的作战目的;法国在战败后对日本已变得"十分妥协";苏联对德深怀恐惧,难以对远东采取积极态度;美国忙于对英援助、对德防卫,故"其远东政策趋于消极"。军部据此认定:"现在是日本千载一遇之良机。"

近卫内阁和军部的"南进"决策

在中日战争僵持化、日美关系尖锐化和德国侵略战争扩大化的形势下,日本统治集团中产生了调整战略次序和战略方向的意向,主张实行"南进"的意见日益强烈起来,终于形成了"南进"决策。

在日本统治集团中逐渐形成了这样的政策观点:"中国事变已经世界化","中日问题客观上已同世界问题纠缠在一起",在这种情况下,"中国事变已经失去了在日中两国之间直接解决的可能性"。必须通过对"援蒋第三国"的较量,"作为世界战略的一环来解决"。这第三国,日本指的主要是美国和英国。进入一九四〇年以后,上述观点和主张已成为日本军部和政府的主导思想,这就为"南进"决策的出笼造成了前提。

日本政府和军部企图把中国问题与对美对英问题一并加以解决,改变"先中国,后世界"的战略次序,达成"一举解决对中对美问题"的目标。在它们看来,"南进"是达到这个目标的最理想的道路。首先,从解决"中国事变"的要求来看,日本认为必须切断第三国援华物资和武器的运输通道,这些通道主要集中在印度支那和南亚,实行"南进"则可切断这些援华通道,使中国无力继续抗战。其次,从解决

---

① 日本外务省:《国际形势的预测》(1940年6月1日),日本外交史料馆藏档案。

② 日本大本营陆军部、海军部:《关于〈适应世界形势演变的时局处理纲要〉的陆海军协议》(1940年7月4日),《走向太平洋战争之路,别卷,资料编》,朝日新闻社,1963年,第315页。

对美问题的要求出发，日本占领了东南亚和南洋之后，就可以获得丰富的战略资源，从而尽快“摆脱对美依存关系”，“实现自给自足”，再不必害怕美国实行禁运，反过来还可以在橡胶等战略物资上对英美实行反制。第三，从“世界争霸战”的需要出发，东南亚和西南太平洋是美英在东方的战略资源主要供应地，是它们在远东的军事战略基地之所在，也是由西方通往亚洲大陆最重要的交通要道。日本认为如果既占中国又获南洋，它就将在人力、物力、财力等各方面奠定“举世无争”的地位，具有足够的实力与英美较量，成为无可战胜的“东亚盟主”。

在日本决策层的心目中，“南进”具有“一石三鸟”的功效。于是他们积极地进行策划和准备，决心把“南进”政策推上前台。经过日本“欧洲对策审议会干事会”和外务省等机关的一系列策划，一九三九年十二月二十八日，外务、陆军、海军三省联合制定《对外施策方针要纲》，正式决定：为适应处理对华、对美关系和其他国际关系的需要，今后应在“促进处理中国事变”的同时，“采取措施，造成对建设东亚新秩序（包括南方在内）的有利形势”。一九四〇年春夏，欧洲战局的剧变，使日本迅速加快了走向“南进”的步伐。七月十六日，日本米内光政内阁在坚决主张“南进”的陆军势力的压力下宣告下台，翌日日本天皇下令由近卫文麿组阁。二十二日，在陆军的支持下，第二届近卫内阁宣告成立。它登台后所采取的头一件重大决策，就是把酝酿已久的“南进”计划正式确定为“国策”和应付时局的方针。

在近卫内阁上台的同一天，日本陆、海军统帅部联合向内阁提出一份理由书。它强调“南进”是当务之急，主张“以毅然态度对待援蒋国家，以求得（中国）事变之迅速解决，为此不辞长期作战”；同时强调“摆脱本国对英美国家的依存态势，确立以日满华为骨干的，以印度之东、澳大利亚和新西兰之北的南洋为一环的自给态势，乃帝国当务之急，而其实现之良机惟在今日”。①七月二十六日，日本政府正式制定了《基本国策纲要》。次日，大本营陆海军部将陆海军首脑决定的《适应世界形势演变的时局处理纲要》提交大本营和政府联席会议审议。当天，联席会议正式通过了这个纲要。

《基本国策纲要》大大地扩展了日本的扩张目标，由“建设东亚新秩序”扩大为“建设大东亚新秩序”。在这里，从“东亚”到“大东亚”并非一字之差。按照日本外务省一九四〇年七月二十七日《帝国外交方案》的规定，“大东亚”的范围，除日、华、“满”以外，还包括“以法属印度支那、泰国、缅甸、马来亚、菲律宾、荷属东印度、葡属帝汶为中核圈，以澳大利亚、新西兰、新喀里多尼亚、大洋洲诸岛为外围圈”的广大领域。《适应世界形势演变的时局处理纲要》则根据上述“国策”规定了“促进

---

① 日本大本营陆军部、海军部：《〈适应世界形势演变的时局处理纲要〉提案理由》（1940 年 7 月 22 日），《走向太平洋战争之路，别卷，资料编》，第 324 页。

迅速解决中国事变，并抓住良机解决南方问题”的方针。它强调“对南方施策应利用形势演变，抓住良机努力推进”。纲要规定：对南方行使武力时，“尽量只限于以英国为战争对手”，但是“在此（对英开战）情况下，对美开战将难以避免，故须做好充分准备”。①至此，日本终于修改了“先中国，后世界”的战略原则，确定了解决“中国事变”与“解决南方问题”同时并进，以“南进”为重点一举解决对华、对美、对英问题的“基本方针”。

在确定“国策纲要”和“时局处理纲要”的同时，日本加紧了与德、意两国建立军事同盟的步伐。对德、对意关系，自中日战争之初就被日本定为“帝国外交的枢轴”。一九三九年八月德国与苏联订立互不侵犯条约，此举被日本视为“背信行为”，日德关系一度出现冷淡。但是，随着日美之间矛盾的激化，日本确定了提前“南进”、从世界规模一举解决对美对华问题的决策以后，日本从对抗美国和打破“援华反日包围阵”的需要出发，重新确定以“提携德意”为“外交枢轴”，并把借助德意之力，作为弥补自力不足、实现“南进”的一个重要前提。

一九四〇年七月十九日，近卫在正式登台前夕，召集即将出任陆相、海相、外相的东条英机、吉田善幸、松冈洋右举行“荻洼会谈”，确定把“加强日、德、意枢轴，东西策应”作为新内阁“对世界政策”之首。七月二十七日，大本营和政府联席会议正式确认了这个方针。同年九月二十七日，日本正式与德、意两国签订了“三国同盟”条约。该条约规定：日本确认并尊重德意两国在建设欧洲秩序上的领导地位；德意确认并尊重日本在建设“大东亚新秩序”上的领导地位；缔约国中任何一国遭到现未参加欧洲战争和日中战争的国家攻击时，三国有以政治、经济及军事手段相互援助的义务。在这里，美国明确地被日、德、意三国列为未来的主要敌对国家。

从“良机南进”到“有限南进”

从近卫内阁的“南进”决策到东条英机内阁决定对美英开战，这一年半内日本积极推行其“南进”政策，步步走向太平洋战争。一九四〇年七月至一九四一年春，是日本推行“南进”政策的第一阶段，即从日本军事当局所谓的“良机南进”到“有限南进”阶段。

这一阶段，日本一方面强调“在东亚新秩序建设上，应以排除美国实力干涉的坚强决心实现我方方针”，另一方面又决定暂时避免采取直接的对抗行动，以防止

---

① 日本大本营和政府联席会议：《适应世界形势演变的时局处理纲要》（1940 年 7 月 27 日），《大本营陆军部》（上册），四川人民出版社，1987 年中文摘译本，第 556—557 页。

过早触发日美之间的战争。其策略是以利用所谓“良机”为特征，这反映了日本的国力军力不足与“南进”计划之间的矛盾，而不得不强调利用“良机”进行投机性的军事冒险。

在“良机南进”阶段，日本首先利用欧洲战场英法荷等国战败的形势，向东南亚进占，印度支那则是日本扩大侵略的头一个目标。一九四〇年八九月间，日本向印支法国殖民当局要求允许日军经过印支开往中国西南边境，并取得使用印支陆海军基地以及在河内和老街修建日本空军基地的权利。仰德国鼻息的法国维希傀儡政权，接受了日本的最后通牒。九月二十三日，日军进占印支北部。日本利用法国战败的时机，占领印支北部，以此作为“南进”的桥梁和北攻中国的根据地。

接着，日本利用荷兰投降德国的“良机”，以军事威胁为后盾，逼迫荷属东印度殖民当局与之进行谈判。日本要求荷印“在经济上密切对日关系，在政治上承认日本的优越地位”。①一九四〇年十一月，强迫荷印殖民当局签订售油协议，规定荷属东印度每年供应日本石油 180 万吨，较过去增加一倍。

日本又利用泰国与法属印支发生边境冲突的“良机”，通过“怀柔与恐吓交相使用”的所谓“调停”，要求“实现日、泰、法印三者的共同防卫和促进取得对南方作战的基地”。②日本并挑动泰国与法属印支的边境冲突。一九四一年三月，在日本的直接干涉下，强迫印支将 2.5 万平方英里的土地割让给泰国，从而进一步扩大了日本在泰国的势力。

“良机南进”使用的是趁火打劫的办法，以武力威胁和外交谈判为手段，达到向东南亚进占的目的。其直接对象是法属印支和荷属东印，而未直接入侵美国和英国的势力范围。迨至一九四一年春以后，国际局势方面，欧洲战局呈现长期化的趋势，而美国于三月间确立了“租借法案”，对日态度更趋强硬。就日本自身而言，陆海军两方面的首脑机关都趋向于“英美不可分”的判断，担心日本的国力难以承受对英美两国同时长期作战。特别是由于中国坚持抗战，困住日军主力，使日本陆军难以从中国战场抽调兵力转用于南方。在这些因素制约下，日本军部对南方行动方针，倾向于在目前应避免刺激对手(英、美)，而主张继续利用“英美圈”的资源培养本国国力。在这一背景下，日本大本营陆军部和海军部于一九四一年四月制定了《对南方施策要纲》，这标志着“南进”政策的实施步入了“有限南进”的阶段。

---

① 日本内阁会议:《对荷属东印度交涉方针案》(1940 年 8 月 27 日),《大本营陆军部》(二),第 116—117 页。

② 日本四相会议:《对泰国及对法属印支施策》(1940 年 11 月 21 日),《走向太平洋战争之路》(第 6 卷),第 108—109 页。

“有限南进”与前一阶段相比，在政策上有两项变化。一是改变了原来的企图一举建成“大东亚新秩序”的计划，提出了“分阶段建设”的方针，把当前阶段“南进”的范围限定于法属印支和泰国两地。二是规定了对英美荷等国行使武力的条件，即在日本遭到所谓“全面禁运”和“全面包围”的情势下，才向南洋行使武力。

德国于一九四一年六月二十二日向苏联发动进攻，苏德战争爆发。日本受到德国在欧洲战场新的大规模攻势的鼓舞，加快了“南进”的步伐，把其政策转变到第二阶段即“南北并进，优先南进”阶段。日本大本营陆海军两部于六月二十三日联合制定了《关于从军事、经济、政治上考虑绝对需要迅速向南北法属印度支那同时进驻必要的兵力之理由》，强调派兵进驻法印南部既有助于解决“中国事变”，又有利于加强对南方全域的战略态势，对于尔后同英美交战，攻略新加坡、英属马来亚、菲律宾和荷属东印度等都是必要的。六月二十四日，大本营陆、海军部通过了《适应形势发展的帝国国策纲要》，这个文件再次肯定了此前提出的进驻法印南部的决定，并决定进一步作好对苏联诉诸武力的准备。六月二十五日，大本营和政府联席会议正式通过《关于促进南方政策的决定》，终于确认了以军事进驻法属印度支那南部的方针，要求“在法属印度支那特定地区建立并使用航空基地及港湾设施，以及在南部法属印度支那驻扎必要的军队”①。

接着，日本大本营和政府联席会议、政府内阁连日举行会议，围绕着苏德开战后日本的战略方针问题进行讨论。会上出现两种意见的激烈争论，结果以陆相东条英机为代表的“南北并进，优先南进论”压倒了以外相松冈洋右为代表的“北进先行论”。七月二日，日本举行御前会议，审议并通过了《适应形势发展的帝国国策纲要》，对连日来的讨论作出结论，规定：日本必须“坚持建设大东亚共荣圈”，在“为处理中国事变而迈进”的同时，“加快南进步伐，并根据情势推移解决北方问题”。这一决定的确立，标志着日本的“南进”政策由“有限南进”阶段进入了“南北并进，优先南进”的阶段。

从“优先南进”到“专事南进”

在“南北并进，优先南进”的策略下，日本在对苏方面，以举行“关东军特种演习”为名，积极集结兵力，进行对苏作战动员。在对英美方面，则是加紧实施进驻法属印度支那南部的计划。

从一九四一年六月下旬开始，日本以“关特演”的名义作对苏武力准备。日本

① 日本大本营和政府联席会议：《关于促进南方政策的决定》(1941年6月25日)，日本外务省：《日本外交年表与主要文书》(下)，东京：原书房，1973年，第531页。

参谋本部在七月七日和十六日先后发布第一、二次动员，关东军总兵力集结了85万人。日本统帅部原来准备在“关特演”的态势下，等待时机到来时向苏联发动进攻。然而，日本期待的“良机”却始终没有来临。在苏德战场，苏军挡住了德军在开战以来的汹涌攻势，德国看来难以征服苏联。在中日战场，两方之间的战争持久化，日本极难从中国战场抽调兵力转用于对苏作战。在日美关系上，美国已宣布冻结日本在美资产、禁运石油，日本现有能源储备不足以支持一场对苏持久战。由于以上几方面的原因，日本大本营陆军部不得不于八月九日作出放弃在年内对苏行使武力的决定。而在同一天，制定了专门指导对南方作战准备的《帝国陆军作战纲要》。

在作出放弃对苏开战的决定之前后，日本着力加紧“南进”的步伐，首先是实行对法属印度支那南部的军事进驻。七月二十三日，法国维希政府接受了日本关于在印支南部驻军的要求，印支当局也以所谓尊重领土和主权为条件，同意日方的要求。同日，美国国务卿赫尔表示：“日本对南部法属印度支那的侵略，可以认为是对西南太平洋发动全面进攻前的最后一步。”①七月二十五日，美国总统罗斯福与日本驻美大使野村吉三郎谈话时指出，由于日本进驻法印南部，美国将断然实行石油禁运。同日，日本悍然拒绝美国关于“法属印支中立化”的建议。七月二十六日，美国宣布冻结日本在美的资产，英联邦各国也采取了同样的行动，荷兰亦于二十七日宣布实行冻结。美国在二十六日设立远东陆军司令部，以麦克阿瑟为司令官，加强对日军事准备。七月二十八至二十九日，日本第二十五军从中国海南岛出发，在印支南部登陆。

以日军在印支南部登陆和日本大本营作出“中止年内对苏动武”的决定为标志，日本结束了“南北并进”的计划，“南进”政策的实施进入了第三阶段，开始走上了“北守南进”“专事南进”的道路。在这期间，日美两国之间的谈判正在紧张地进行之中。早在一九四〇年年底，两国之间的半官方半正式性质的谈判已经开始。当时美国为了延缓与日本之间矛盾的激化，推迟战争的爆发，以便集中力量应付德国在西方的进攻，对日本作出了部分的妥协和让步。一九四一年四月十六日，双方形成了一份非正式的《日美谅解案》，其条款明显地有利于日本，并且有损于中国抗战的利益。但以美国政府的立场而论，同意这份谅解案作为进行正式会谈的基础，其策略性的意图远远超过实质性的目的。然而，日本政府和大本营却错误地作出了美国因慑于德日意三国同盟的威力而接受“谅解案”的误判。一九四一年五月十二日，日本政府向美国提出了《对美回答案》。

一九四一年六月二十一日，美国政府提出了对日本“回答案”的“修正案”，在

① ［日］实松让：《珍珠港事件前的日日夜夜》，新华出版社，1984年，第146页。

关于德日意三国同盟、中国抗战、日美通商贸易、西南太平洋经济关系、太平洋政治安定等五大问题上，针对日本的方案，提出了与日方不同的原则与要求。日本政府和大本营联席会议在七月十日和十二日连续召开会议，外相松冈洋右严厉抨击美国的“修正案”，指出它“从根本上颠覆了日本建立大东亚共荣圈的主张”，因而必须予以拒绝，与会的大多数人都赞成松冈的意见。九月三日，大本营与政府联席会议通过了《帝国国策遂行要领》，决定在不辞对美(包括英、荷)开战的决意下，大致以十月下旬为限，作好战争准备；与上述方针并行，全力对英美运用外交手段，贯彻帝国的要求；若至十月上旬仍无依靠外交手段贯彻要求的希望，应立即决心对美(英、荷)开战。①同月六日，日本召开御前会议，正式通过了上述要领，从而作为最高国策将其确定下来。

日美两国之间的谈判涉及的问题十分广泛，最关键的却是中国问题。日本要“建设大东亚共荣圈”，基本的前提是必须独占中国，“中国不服从日本，日本将无法生存”，而要独占中国就必须在中国驻军。美国政府为了自身的国家利益，为了在全世界击败法西斯势力的进攻，必须支持中国抗战，而决不愿意以牺牲中国去换取同日本的妥协。十月二日，美国政府针对日本九月三日提出的《日美谅解草案》，向日本政府发出了备忘录，拒绝日方有关中国问题的全部要求。

在这对美和战问题的紧要关头，日本决策集团终于选择了向南方扩大战争冒险、对美英开战的道路。十月十二日，日本召开五相会议，十四日又举行内阁会议。首相近卫文麿和外相丰田贞次郎主张在“不对驻兵问题及以此为中心的各项政策作实质变动和不动摇中国事变成果的前提下”，对驻兵要求“略作修正”，以“舍命求实”。东条英机代表军部表示“驻兵问题一步也不能退让”。他强调“以撤兵为主旨，本身就是荒唐的，决不能以退却为基础，否则陆军就会瓦解。中国事变只有从驻兵中求终结，故必须按日汪条约办”②。结果，军部的主张压倒了近卫和丰田的主张。十月十六日，近卫内阁宣告总辞职。十八日，东条英机为首相的新内阁成立。

东条内阁一上台，就加速走向太平洋战争的步伐。从一九四一年十月二十三日到三十日，日本连续举行八次大本营和政府联席会议，围绕着日、美、中关系，对美英荷战争的短期和长期预测等问题展开讨论。十一月一日，日本举行长达17个小时的大本营和政府联席会议，就对美政策作出了最后决定：(1)决定对美、英、荷开战，预定发动攻击时机为十二月初，据此完成作战准备；(2)继续外交谈判至

① 日本大本营与政府联席会议：《帝国国策遂行要领》(1941年9月3日)，《日本外交年表与主要文书》(下卷)，第544页。

② 《走向太平洋战争之路，别卷，资料编》，第533页。

十二月一日零时，在该时以前如外交成功，即停止作战准备。

十一月五日，日本再次召开御前会议，对最高国策作最后决定。东条就日美交涉与中国的相互关系问题作了陈述："美国十月二日备忘录的要害是强迫日本接受四项原则。这四项原则是《九国公约》的缩影。我若容忍第一条原则（尊重领土和主权的完整），中国事变自不待言，连满洲国都将不获存在。我若容忍第二项原则（不干涉内政），则以前与南京政府（指汪伪政府）所订诸条约皆有遭受废除危险。第三项原则（机会均等与无差别待遇），虽属一般通则，但触及我之自存自卫，亦不可接受……第四项原则（不以武力破坏现状），若仅指西南太平洋尚可，但涉及像中国这样国防与资源上的重要地区，日本无法接受。……说穿了，满洲事变和中国事变本来就是为了脱离上述原则的羁绊而发动的。"①这段话道出了日本在中国问题上的真实野心，反映了它同美国之间不可调和的矛盾。御前会议据此制定了第二次《帝国国策遂行要领》，决定对美交涉若至十二月一日仍不获成功，日本决心发动对美、英、荷的战争。日本终于从侵华战争走向太平洋战争。

---

① 《第七次御前会议质疑应答概况》（1941年11月5日），《日本大本营和政府联席会议笔记》（上），第407—408页。

抗日战争与国民政府的整军和建军*

在中国伟大的抗日民族战争的历史舞台上，国民政府的陆军扮演了保卫祖国、抗击日本侵略军的神圣角色。陆军是正面战场对日抗战的基本军事力量，是历次重大会战和国民党敌后战场的主力军。同时，这场历时八年、在中外战争史上罕见的全民族全面抗日战争，以极为广泛和深远的影响力反作用于军队建设，成为陆军变革和振兴的最强大的动力，有力地推进了国民政府陆军近代化建设的进程。

一、 对日抗战条件下的整军

(一) 全面抗战开始时的陆军

南京国民政府在战前近十年时间里，主导了一场全国规模的军事近代化运动。这场运动以陆军的统一和建设为中心，主要内容是学习西方资本主义国家的军事学术，革新军事制度，改革旧有的军事领域各方面内容，更新武器装备，划一全国军队编制，整理和改进军队的组织结构，以求建立正规化、近代化的军队。然而，由于国民党内部的分裂、新军阀混战和连年的"剿共"战争，以及国家财政经济的薄弱，这一军事建设运动步履艰难，进展缓慢，成效也是十分有限。不过，它毕竟迈开了军事改革的步伐，对军事领域各个方面进行了不同程度的革新，初步形成了国民政府最为完备的一套军事体制。

陆军方面建设的重点是整理军队，改进武器装备，划一军队编制，调整军队的组织结构。一九三〇年国民政府确定师为战略单位，军为指挥机关，以师为单位逐步进行整理。一九三二年选择 10 个师为重点加以整理。一九三五年明确以日本为假想敌，加紧国防建设；并决定分年整编全国陆军 60 个师，按照德国陆军模式实行编成与训练。一九三六年将已就国防位置的 10 个师与一九三二年的 10

* 本文原载复旦大学亚洲研究中心、韩国近现代史学会:《纪念中国抗日战争胜利 60 周年、韩国光复 60 周年国际学术研讨会论文集》,2005 年。

个整理师加以调整，制定调整师体制，作为国防常备军。同年年底，国民政府制定《国军整理原则》，以5项原则为标准进行军队整理。同时提出了实行“调整师”与“整理师”并进的建军计划。定于一九三六至一九三八年间调整60个师，采用德式装备，称为“调整师”，以作国防军基干部队；另整理60个师，称为“整理师”，作为全军预备部队及后方绥靖部队。七七事变的爆发，中断了这个计划实施的进程。到中日全面大战开始，只完成15个调整师、24个整理师。另外，与此同时，南京政府还初步完成了东北军10个师、广东部队10个师、川康部队26个师又9个旅的整理工作。

全面抗战开始时，中国陆军计有步兵师183个（内含中共部队3个师、调整师35个师、整理师24个师），独立步兵旅58个，独立步兵团43个，骑兵师8个，独立骑兵旅5个，独立骑兵团3个，炮兵旅4个，独立炮兵团15个，独立炮兵营13个，工兵团2个，交通兵团3个，通信兵团2个，宪兵团11个，独立宪兵营2个，装甲兵团1个，总兵力约203万人。

中国地面部队就人数而言在当时世界上是一支屈指可数的庞大军队，然而就军队官兵的素质、武器装备、军事训练和战斗力而论，则落后于当时各个军事强国的陆军部队的水平甚远。军队的正规化建设起步不久，统一编制和集中指挥的体制尚未完全建立，大部分部队武器装备落后，官兵普遍缺乏严格、正规的训练，更缺乏陆、海、空协同作战的经验。

（二）抗战整军的前奏

中国军队在抗日战争战略防御阶段进行了淞沪、太原、徐州、武汉四次规模巨大的会战。初登抗日战场的国军，大部分部队士气昂扬、作战英勇，面对装备精良、训练有素、编配健全的日本军队，奋起抗击，给了敌人以沉重打击。但是，中国军队在大多数战役中却遭到了严重的失败。一场场严酷的战争是对中国军队一次全面的深刻的检验。丧师失地的惨痛战局的出现，从客观上而言，是由于中日双方国力和军力的差距甚大，从军事作战层面而言，不仅是最高统帅机关的单纯防御战略和以阵地战为主的作战方针所致，而且也暴露了军队自身的一系列严重问题。

国民政府为继续抗战，一面扩建部队，一面决定整理作战部队。还在武汉会战以前，军委会即启动了整军的部署，揭开了抗战时期整军的序幕。

一九三八年年初，军委会根据抗战以来战争的经验教训，确定了从编成、装备、技术三个方面着手的军队整理方针。编成方面改善充实部队各级单位。装备方面力求更新改善，尤其尽量补充高射机枪、榴弹炮、战防炮等。技术上则严格实施各部队的军事训练。同时，制定了以部队参加抗战的表现和人事历史关系为依据的军队整理原则。

同年二月,军政部拟定“一九三八年陆军暂行编制表”,着重增强步兵师的火力编成。同时贯彻“陆军各师须减少步兵,加强特种兵,增设预备兵”的原则。

同年六月,武汉军事会议决定以军为战略单位。七月,军政部制定“一九三八年陆军军暂行编制表”和“军属师编制表”。不久又颁发“战时陆军部队整训大纲”和“战时陆军部队整理实施办法”,下达各战区逐步加以实施。

(三) 整军纲领:《国防军整理总方案》

武汉会战结束后,抗日战争逐步向着战略相持阶段过渡。国民政府最高军事当局于一九三八年十一月先后在长沙、南岳召开军事会议,检讨和总结第一期抗战之得失,决定第二期抗战的战略方针和整军建军方略。会议确认,整军建军为第二期抗战的重大战略任务,是准备反攻、战胜日本的军事基础。

南岳军事会议通过了新阶段整军建军的纲领和规划——《国防军整理总方案》。它规定:“参战各师务于1年内分3期轮流整补,积极训练。”全军每期整理60至80个师,每期整理期限4个月。整理原则仍按一九三六年整军原则办理。并规定“军之编组分为甲、乙2种,甲种军以3个步兵师及直属部队编成之,乙种军以现有系统单位编成”。同时,对增强特种兵和炮兵部队的措施也作了规定。

《国防军整理总方案》总结抗战以来整军经验,适应对日作战的实际需要,确立了分期轮流整军的办法。主要内容是按实战需要调整编制,充实战斗兵员,改善武器装备,以提高部队战斗力。

二、 战时整军历程

(一) 第一期整军

一九三八年十二月,军政部制定《第一期整编部队实施办法》,同时颁发经过重订的“一九三八年陆军甲种军暂行编制表”,第一期整军由此开始。

整军范围初由军令部选定16个军44个师,其中长江以南地区部队21个师,江北地区23个师,由军委会直接指导进行整训。一九三九年初,根据蒋介石“乘此战争停顿之际,提早整训”和“由各战区负责”的指令,军政部于一九三九年二月发布《各战区直辖部队整补办法》。此期整军便扩大为军委会直辖与战区直辖2种。各战区共选定17个军、44个师参加整编。总计参加第一期整军的部队有33个军、88个师。

该期整军未能达到预期要求,效果不佳。至同年七月底始告结束。

(二) 第二期整军

一九三九年六月,第二期整军开始筹划,军委会制定了《第二期整军实施纲要》。鉴于上期整训计划不周,步调不一,成绩不显的教训,纲要对列入整军范围的部队之编制、装备、教育训练及作战准备都作出详细规定和严格要求。

第二期整军的范围，属于军委会直辖的部队有 17 个军、42 个师，各战区直辖的部队为 14 个军、38 个师，总计 31 个军、80 个师。

该期整军成效显著，按时完成。大部分部队于一九三九年十二月参加了当年的冬季攻势作战。

（三）第三期和第四期整军

一九四〇年四月至八月进行第三期整军。针对上年冬季攻势中作战情况，对整训部队规定了加强攻击能力训练等各项要求。该期列入整军的部队，军委会直辖的有 5 个军、15 个师，各战区直辖的有 16 个军、42 个师。

一九四一年一月至四月又开展第四期整军。参加这期整军的部队，属于军委会直辖的有 10 个军、30 个师，各战区直辖的为 15 个军、38 个师；总计 25 个军、68 个师。军委会指定其中 15 个军、28 个师着重进行阵地战、山地战、游击战的训练。同年二月，又选定第一、第二、第五、第七十四军 4 个军为攻击军，扩大军属特种部队，专门进行攻坚作战训练。同时命令各战区的集团军和军挑选精干官兵，组建突击队，以为攻击小据点之基干部队。

上述 4 期整军，共整训 74 个军、198 个师，达全国军、师总数的五分之三。与此同时，军委会自一九三九年一月至一九四〇年年底，还整编了其他地方部队 35 个军、84 个师。

（四）一九四二年至一九四三年的整军

一九四二年年初，国民政府陆军已增至 300 余个师。全军队伍庞大，但斗志日渐消退，作战不力，加之军费开支浩大，官兵待遇下降，部队素质与日俱下。国民政府乃决定再次进行整军，要求“充实战略单位，加强作战力量”，“调整师组织，统一人事经理，提高官兵待遇，以期精兵主义之实现”。

一九四二年上半年按照《陆军各部队调整大纲》等文件进行整军，至七月底结束。其中按照“一九四二年军师加强编制”进行整编者共 72 个军、202 个师；按照“一九四二年军师编制”整编者共 20 个军、43 个师。

一九四二年七月，军政部和军令部制订《陆军各部队改进大纲及实施计划》，以一面紧缩、一面充实，使各军、师人马、火力、装备等均予加强，具有攻坚拔锐之力量为要旨。一九四三年二月，上述大纲正式颁行，预期分 2 期完成。因湘北、鄂北、太行山等地战事紧张，这次整军延至一九四四年四月才达成 55 个军的整训任务。

（五）一九四四年至一九四五年的整军

自一九三八年冬以来的历次整军，对于整训和健全部队、提高官兵素质和训练水平、改善武器装备和后勤保障等各方面，都在不同程度上产生了积极作用。

但是，整军的成效并不彰显，国民党军队长期存在的种种根本性问题更是远未解决。抗战后期，在蒋介石的错误的政治、军事、经济政策之下，随着整个国家政权日益腐化，军队整体状况趋于恶化。全军队伍庞大、机构臃肿、冗员众多，许多高级军事长官以军谋私，部队战斗精神日渐消沉，战斗力下降。一九四四年豫中战役、长衡战役、桂柳战役的相继失败，暴露了军队的深刻危机。

于是，再次整军被提上议事日程。一九四四年七月军委会在重庆黄山召开军事会议，研讨提高部队战斗精神，增强战斗力量，整肃军风军纪，改善军事业务等问题。会议决定大力裁减军队兵员，首先在年内裁减 30 万，使全军兵员缩减至 500 万。后来又决定削减兵员至 350 万人。同年年底，军委会决定全面改组军队，制定了《一九四五年整军计划》。抗战时期最后一次整军正式展开。

这次整军的方针是“一为配合反攻——充实作战力量；二为配合国家预算——顾及人力物力”。以下列 4 项作为整军的主要内容和目标：(1)划一编制，汰弱留强，整编军队；(2)配合国家财力，改善官兵生活；(3)裁并骈枝，简化系统，调整军事机构；(4)合理安置编余军官。全军整编分 4 期实施，每期 3 个月。

至一九四五年年底，全军共裁减 36 个军、111 个师、27 个旅、83 个团，以及军事机关和学校，总计 1 500 余个单位，共计裁减 110 万人。同时，完成整编者有 87 个军、235 个师、8 个旅、35 个团。是时，全军共有 89 个步兵军、2 个骑兵军、253 个步兵师。

三、 仿效美国模式建设新军

（一）美国援助国民政府建军

抗日战争强烈地驱动了国民政府的整军运动，同样也以近代历史上空前强大的动力和前所未有的条件造成了建设新军的契机，推动了国民政府的新军建设。抗战开始以后，以蒋介石为首的最高军事当局逐步确立了整军为建军之基础，建军为建国之要素的理念，在整军的同时，着手进行建军的工作。所谓建军，即是建设一支武器装备先进、军事制度符合近现代体制、官兵素质优秀、训练有素、战斗力强的军队。国民政府在一九四〇年制定的《国军建设五年计划》，是在战时建设新军的较早提出的一个总体构想。

新军建设计划的真正实施，是在美国参加反法西斯战争、中美两国建立军事同盟以后。全面抗战开始后，中国政府曾积极谋求美国援助，但直到一九四一年三月，美国国会通过《租借法案》后，美国才开始对华军事援助。中美双方制定了在美国援助下配备与训练中国军队的计划。国民政府据此拟定《国军三年建设方案》和《计划大纲》，计划于 3 年内运用美援军火，建设新的主力部队 20 个军、60

个师和若干特种部队。太平洋战争爆发造成上述方案未及实施而中断。

美国正式加入反法西斯阵线,中美成为军事同盟国家。美国为了支持中国坚持对日抗战、打败日本,也为了在战后维护其在远东的战略利益,乃积极援助并直接参与国民政府建设一支强大的军事力量。以史迪威为首的一批美国军官来到中国,帮助国民政府改组和整训陆军部队,协同对日作战。仿照美国模式的新军建设由此迈开步伐。

(二)中国驻印军

日军在珍珠港事变后,迅速南进侵占东南亚地区。为保卫当时中国唯一的陆上国际通道——滇缅公路,中国与英国签署了《中英共同防御滇缅路协定》。国民政府由此决定编组中国远征军,由中国战区参谋长史迪威指挥。一九四二年三月,中国远征军第一路司令长官部成立。远征军由第五、第六、第六十六军组成,共9个师,自二月开始先后入缅作战。同年五月,缅甸战役失利。远征军新二十二师、新三十八师先后退入印度,其余各部退回云南。

由此为契机组建的中国驻印军,迈出了战时建设新军的第一步。一九四二年四月,史迪威提出《在印度组织训练中国军队计划书》,建议精选中国官兵10万人赴印,拨用美国租借物资加以装备,由美国军官负责训练;赴印受训部队拟组成2个军、6个师,另有1个师和伞兵部队作为预备队,并组成若干炮兵部队和坦克部队。史迪威还建议以上述部队为基干,组建新军30个师。中美双方批准在印度训练新军的计划。

中国驻印军于一九四二年七月正式成立,史迪威、罗卓英分任正副总指挥。驻印军以蓝姆伽为整训基地,陆续从国内抽调部队入印受训。全军采用美国装备,按美援武器和美国陆军制式重新编组,由美方负责全部训练工作,并由美方提供部队的全部供应。至一九四四年七月,驻印军共辖新一军、新六军2个军、5个师,以及坦克、炮兵、工兵、辎汽、通讯、宪兵等特种部队,是当时国民政府的第一流陆军部队。

(三)中国远征军

在中国驻印军组建的同时,国民政府在一九四二年年底根据史迪威的建议,为协同盟军反攻缅甸,决定重组中国远征军。一九四三年二月,任命陈诚为司令长官,不久在云南楚雄成立司令长官部。同年四月,陈诚制定《远征军作战部队整备计划》。军政部选定驻云南、四川等地共30个师参加整编和训练。远征军一律按照新编制加以改组,按新编制配备武器,武器不足之数由美械补充。美方负责提供训练教官,组织实施训练和供应武器装备。与驻印军不同的是,远征军的指挥权由中国军官掌握。同年四月,军委会驻滇干训团在昆明成立,蒋介石、陈诚为正副团长,专门负责训练远征军及驻滇部队各级军官。

至一九四四年九月，远征军编练完成 24 个师，其中第十一集团军辖第六、第七十一军和第三十六师；第二十集团军辖第二、第五十三军；长官部直属第五十四军、第九十三师、炮兵指挥部、交通兵指挥部和兵站总监部等。另有督练部队第五、第八、第五十二军。远征军经过整编训练，人马武器装备得到充实和改善，火力大为加强，士气与战斗力显著提高，成为仅次于驻印军的一支新军。

（四）青年远征军（青年军）

抗战后期，国民政府建设新军的另一个重大举措是组建青年远征军。以蒋介石为首的国民党最高当局鉴于军队兵员素质低劣，知识水准过低，而通过役政渠道又无法保证征集优良的兵源，遂决定从动员知识青年从军入手，推进新军建设。征集大量知识青年从军，有助于提高兵员素质，改善部队的军兵种结构，使之易于掌握新式武器、接受新式训练，发挥出先进武器的效能；同时也有利于改革兵役制度，推进“文武合一”的教育训练。

一九四四年八月，蒋介石两次指示党政军有关机关策划知识青年从军运动。十月召开“发动知识青年从军会议”。会议拟定《全国知识青年志愿从军征集办法》，随即成立“全国知识青年从军指导委员会”。同时，通令全国各省、市、县及专科以上学校设立知识青年从军征集委员会，自十一月十一日起，统一办理报名登记事宜。十一月四日，军委会全国知识青年从军编练总监部成立，负责青年军的编组和训练。至一九四五年年初，青年军报到入营者 86 000 余人，编成第二〇一到第二〇九师，共 9 个师。

青年军是国民政府以知识青年为主体组建的一支新军，它以受过较高水平教育的青年为兵员，经过正规军事训练，又配备有较精良的武器装备，是一支素质较高的新军，虽然由于抗战结束而并未完全建成，但仍不失为国民政府陆军中一支后来居上的新兴之师。

（五）中国陆军总部

抗日战争时期国民政府建设新军的一次规模最大的实践，是成立中国陆军总司令部以及在其主持下开展建军活动。一九四四年十二月，新任中国战区参谋长魏德迈鉴于国民党军队的严重危机，向蒋介石提出彻底整顿军事行政和整编部队的建议。这一计划既针对整军而设，也注重新军建设。蒋介石同意将全军由 327 个师缩编为 84 个师，由美国负责训练 39 个师。魏德迈制定的代号为“阿尔发”（Alpha）的军事改革计划为中国最高军事当局所接受，据此决定成立中国陆军总司令部。此举一方面是为了担负保卫昆明、贵阳和拱卫重庆的任务，更为主要的是在美国的全面协助下，组建一支规模较大的现代化陆军，以协同盟军打败日本，并在战后维护国民政府的统治。

中国陆军总部一九四四年十二月二十五日在昆明成立，何应钦任总司令，下辖中国远征军、黔湘桂边区军、滇越边区军、第四战区和第五集团军。同时,美国在昆明成立以麦克鲁为司令官的中国作战司令部,协助陆军总部工作,麦克鲁兼任陆军总部副参谋长。美国并于昆明设供应司令部,负责在华美军地面部队和陆军总部所属各部的后勤供应。美军在陆军总部及其下辖各级司令部派遣总联络官和联络官,担任联络、训练事宜。

按照"阿尔发计划"的蓝图,中美双方协议组建新式编制的36个师,并配属炮兵、交通兵和勤务部队,由美方负责训练和提供武器装备。魏德迈与何应钦商定,在次年九月以前运入全部武器装备,其间先行装备和整训20个师,同时补充驻印军5个师,其余11个师待美械运到后再行整编训练。陆军总部及所属各部的整编,按照美国陆军轻装备师的编制陆续编成。一九四五年四月初,已完成美械装备的各部队开始正式训练。

陆军总部下辖部队于一九四五年三月组成4个方面军、23个军。第一方面军辖第五十二、第六十、预一、预二等4个军;第二方面军辖第四十六、第六十二、第六等3个军;第三方面军辖第十三、第七十一、第九十四、第二十、第二十六等5个军;第四方面军辖第十八、第七、第七十四、第一〇〇等4个军;总部直辖第二、第五、第八、第五十三、第五十四、新六、新一等7个军。上述部队中实施美械装备的共计18个军、49个师,经过改编重组,建成为12个军、36个师。这12个军至抗战胜利时已完成装备训练者为6个军,至一九四五年年底又完成3个军。

陆军总部的整军建军是国民政府仿照美国陆军模式,接受美械装备,建设现代化陆军的一次大规模尝试。这不仅仅限于更新武器装备、改善军事训练,而且广涉改革军事体制、革新军事行政和军事经理等各个方面。它初步组建了一支规模较大、现代化程度较高、战斗力较强的陆军部队,从而将自中国驻印军开始的仿效美国模式的建军运动推进到更为广阔的阶段。

四、 结语

抗日战争是中华民族的伟业,战争史上的奇观。在规模巨大、旷日持久的战争进程中,军事力量的强弱无疑具有第一位的重要性,直接决定着战争的发展趋势与结局。正面战场在整个抗日战争中具有举足轻重的作用。为赢得战争的胜利,军事力量的建设乃是一项关系全局的首要任务。国民政府根据抗日作战客观形势,从全国军事力量的实际情况出发,提出了整军建军的战略任务,领导和组织实施历次整军,尔后又致力于建设新军,把整军与建军两者相互结合。这一切为坚持抗战、战胜日本侵略者提供了重要的保证,符合抗日大业的历史使命的需要。

抗战时期的整军建军,是近代以来中国为抵御外国殖民主义、帝国主义侵略,振兴强大的近现代国防力量的历史性运动的延续和新的发展。这一时期的整军建军运动，推进了军事力量——主要是陆军——的近现代化、正规化建设。正面战场地面部队的组织结构有了变化，开始全面地向新的编制过渡。部队的教育与训练，从内容到形式引进了一套全新的模式。陆军的兵种趋于多样化，步兵、炮兵、坦克兵、工兵的组建，各兵种之间的协同作战能力都有新发展。武器装备接近第二次世界大战期间先进国家的水准。作战方式和战术也有新变化。军需独立的实施和直接补给制度的确立，大大改进了军队后勤工作，是陆军后勤史上一次重要改革。各级司令部的组织体制的革新和业务水平的提高，显著地增强了指挥效能。这一切，把中国军事近代化推进到一个新的历史阶段。

国民政府的整军建军和整个陆军建设，是服从于以蒋介石为首的国民党的政治路线和内外政策的，它不可避免地具有两面性的矛盾性格。综观战时整军建军运动，一方面，当时的主要着眼点是为了战胜日本、争取国家的独立；另一方面，又是为了维护国民党的统治、反共反人民的政治需要。就整军建军的内容和实质而言，它一方面革新了军队的各项制度、调整了组织结构、改善了武器装备、改进了部队的训练、提高了军事业务水平，在某种程度上也对军风军纪作了整顿。但是在另一方面，它强化了整个军队国民党化的性质和依赖美国的倾向，而指导这场军事近代化的军事思想、军队内部的官兵关系、军队外部的军民关系等根本问题，并未有任何实质性的改变。显然，这场整军建军运动不可避免地存在着难以逾越的历史局限和种种无法根治的痼疾。它留下的历史教训，也足以发人深思。

上海：全国抗战文化的策源地和发祥地*

上海抗战文化是"五四"以来中国新文化在新时期的承继和发扬光大，更是在中国共产党领导下，由"左联"创导的革命文化运动的直接转型和发展，而在尔后以第二次国共合作为基础的抗日民族统一战线的旗帜下，进一步广泛地团结各界一切抗日爱国的文化力量而汇成近代历史上空前宏大激昂的爱国文化运动。上海在近代以来铸成了深厚的先进文化底蕴，造就了一支拥有相当实力的文化新军，特别是由于中国共产党的正确领导，诞生于民族解放战争熏陶下的上海抗战文化，历史地被逐步推向了全国抗战文化的前列和中心地位。

中国抗战文化是中国人民为民族独立和解放而斗争的一条不可或缺的重要战线，也是世界反法西斯文化中的重要组成部分。作为中国抗战文化的一个重要组成部分，上海抗战文化以其独特的地域文化底蕴，在抗日救亡运动中历经血与火的考验，英勇奋战，异军突起，作出了特殊的贡献，在上海乃至中国抗战史册上留下了光辉一页。

上海抗战文化为全国提供经验和样板

上海抗战文化的兴起和投入抗日救亡运动，是在中国共产党的组织、领导和推动下进行的。从九一八事变直至迎接抗战最后胜利的14年时间里，中国共产党始终站在民族解放斗争的最前列，直接引领上海抗战文化的斗争方向。

为领导上海的革命文化运动，特别是为领导上海的抗战文化斗争，中国共产党建立了专门的文化领导机构。二十世纪二十年代末，中国共产党在上海成立文化工作委员会，直属中共中央宣传部领导，由潘汉年任书记。二十世纪三十年代，在"文委"的组织下成立了中国左翼文化界总同盟，负责具体领导各左翼文化联盟

---

* 本文原载《解放日报》，2015年5月9日，系作者与国防大学政治学院张云教授共同完成。

的活动。一九三五年八月，“文委”重新组建，周扬任书记，胡乔木任“文总”党团书记。全面抗战爆发后，“文委”仍负责上海抗战文化的领导，但直接出面负责组织推进的是八路军驻上海办事处。中共江苏省委重建之后，上海抗战文化斗争归其下设的文化工作委员会领导，直到抗战的最后胜利。

上海抗战文化是五四以来中国新文化在新时期的承继和发扬光大，更是在中国共产党领导下，由“左联”创导的革命文化运动的直接转型和发展，而在尔后以国共合作为基础的抗日民族统一战线的旗帜下，进一步广泛地团结各界一切抗日爱国的文化力量，汇成了一支史无前例的、浩浩荡荡的抗日文化大军。由于上海在全国政治、经济、文化、军事和对外关系等各个方面占有独特的重要地位，上海在近代以来铸成了深厚的先进文化底蕴，造就了一支拥有相当实力的文化新军，特别是由于中国共产党的正确领导，诞生于民族解放战争熏陶下的上海抗战文化，历史地被逐步推向了全国抗战文化的前列和中心地位。

上海是全国抗战文化的策源地和发祥地，在全面抗战爆发前后一个时期又一度成为全国抗战文化的强大中心，为全国抗战文化的形成和发展起了先导作用。上海文化界的抗日救亡斗争由来已久，大规模的抗日活动从九一八事变以后就开始了。一九三一年九月，在上海成立不久的左联发表《告国际无产阶级及劳动民众的文化组织书》，抗议日本的侵略暴行，呼吁革命人民奋起抗日。同年十二月，上海文化界知名人士夏丏尊、周建人、傅东华、叶绍钧、丁玲、郁达夫等20余人集会，发起组织上海文化界反帝抗日联盟，这是“团结全国文化界，作为反帝抗日之文化运动及联络国际的反帝组织”。一·二八淞沪抗战爆发后，鲁迅、茅盾、叶绍钧、郁达夫、丁玲、胡愈之、陈望道、冯雪峰、周扬、田汉、夏衍、阳翰笙等43人，于一九三二年二月三日联合发表《上海文化界告全世界书》，谴责日本帝国主义的侵略行径。此后，上海抗战文化初试锋芒，一大批脍炙人口的小说、话剧、电影、歌曲，在抗日救亡的火热斗争中产生。

一二·九运动以后，随着全国抗日救亡运动新高潮的到来，上海抗战文化运动又走在了全国的最前列。一九三五年十二月十二日，即一二·九运动发生的第三天，上海文化界马相伯、沈钧儒、陶行知、邹韬奋、章乃器、李公朴、沙千里、王造时、郑振铎、史良等283人联合发表《上海文化界救国运动宣言》，宣言指出：“在这生死存亡间不容发的关头、负着指导社会使命的文化界再也不能苟安偷生而应当立刻奋起，站在民众的前面而领导救国运动。”同月二十七日，上海文化界救国会宣告成立，并发表《上海文化界第二次救国宣言》，推选马相伯、沈钧儒、邹韬奋、陶行知、艾思奇等35人为执行委员。以文化界救国宣言的发表与文化界救国会的成立为标志，上海文化界把抗日救亡运动作为自己的中心任务，完成了革命文化历史角色的转型与替代，上海也由此成了中国抗战文化的发祥地。七七事变和八一三抗战爆发后，全国抗日爱国文化力量云集上海，在全面抗战的大局之下，各界各派的文化队伍携手合作，团结战斗。一九三七年七月二十八日，上海文化界救亡协会正式成立。文协成立后，团体会员发展到 73 个，个人会员达到 250 多人，成员总数 5 000 人以上，成为上海文化界救亡团体的大本营。在文协的组织下，上海发动和汇成了声势浩大、波澜壮阔的抗战文化运动，其影响所及，遍于全国，并且与全国各地的文化界保持密切的联系，上海遂成为全国抗战文化的强大中心。

上海抗战文化为全国提供了经验和样板，是全国文化抗战的引领者。从上海文化界救国会到上海文化界救亡协会，上海在全国率先组成了联系和团结文化领域一切主要力量的文化界抗日统一战线。八一三抗战期间，国共两党在上海的文化战线形成联合作战的阵势，原先的左翼文化战线与其他各个抗日党派团体的文化力量，在“抗日御侮，共赴国难”的使命下，联合起来并肩战斗。上海文化各界不仅以鲜明的民族抗战精神呼喊文化界的团结合作，而且以实际行动建立了文化统一战线的各种组织，发动和进行了大规模的持续的抗战文化和宣传活动。上海文化各界坚持面向人民大众、与最广大的人民群众相结合的方向，并且在斗争实践中创造了许多成功的方法和形式。广大文化人冲破“亭子间”和文艺的“象牙塔”，把民众喜闻乐见的文化作品提供于社会，使文化从少数文化人的手中解放出来，使之成为人民大众的抗战利器，从而使文化有机地与抗战融为一体。上海抗战文化在这方面也为全国抗战文化的发展提供了极有价值的经验。

上海抗战文化力量具有强劲的辐射力和延伸性，成为推动许多地方抗战文化事业发展的生力军和领军人物。从八一三抗战到上海沦为“孤岛”前后，大批的上海文化人和文化团体，由盛极一时的上海抗日文化战场陆续转移到抗战大后方和抗日民主根据地，把抗战文化从特大城市上海撒播到祖国的东西南北。他们当中，郭沫若、茅盾、阳翰笙、田汉、冯乃超、胡风等人，先后转移到了武汉、重庆等地。丁玲、周扬、艾思奇、冼星海、沙汀、贺绿汀、吕骥、袁牧之、吴印咸、光未然、陈波儿等人，进入了延安和华北抗日根据地。丘东平、任光、夏征农、钱杏邨等人，进入了新四军和华中抗日根据地。这是上海抗战文化的一次大规模转移，也是抗战文化新阵地的开拓。上海文化人以战斗的姿态与当地的抗战文化相结合，谱写了各地抗战文化的光辉篇章。

全面抗战时期的上海抗战文化

抗战文化顺应争取民族独立和解放的时代大潮，呼应了广大民众反对侵略、保卫祖国的强烈愿望，从一开始就具有强大的生命力。随着抗日战争新高潮的到来，中国抗战由局部抗战转变为全面抗战，上海抗战文化的新时期也随之到来。

抗战报刊纷纷涌现，构筑起强大的抗日舆论阵地。因“七君子”事件而刚刚出狱回到上海的邹韬奋，一九三七年八月十九日创办了《抗战》三日刊。同月二十五日，由茅盾主编的《呐喊》周刊创刊。随之，又有胡风主编的取名《七月》的文学旬刊出版。他们把宣传和推动神圣的民族革命战争作为自己的光荣使命。据统计，至淞沪会战结束，上海出版的救亡刊物达53种之多。其中，上海文化界救亡协会的机关报《救亡日报》，是国共合作创办的一份大型抗日报纸。《救亡日报》实际上是以共产党人为政治领导核心的，它旗帜鲜明地坚持宣传党的抗日民族统一战线政策、全面抗战路线和持久战的战略方针，在抗日军民中产生了广泛的影响。此外，上海原有的一些影响广泛的报纸，如《大公报》《申报》等，也都大大地加强了关于抗战的宣传报道，努力营造同仇敌忾、抗日救亡的舆论。

戏剧、电影界在全面抗战的隆隆炮声中挺身而出，在上海戏剧界救亡协会、上海话剧界救亡协会、中国电影界救亡协会等团体的组织下，一致奋起战斗。戏剧作家一马当先，由夏衍等人集体创作了反映爱国军队抗击日本侵略者的3幕话剧《保卫卢沟桥》；于伶创作了《“皇军的伟绩”》《省一粒子弹》《我们打冲锋》和《以身许国》4部独幕剧；朔风的《壮烈的牺牲》、李一的《姚子青将军及其部下》等，直接表现了淞沪抗战中军民英勇杀敌、献身为国的悲壮情景；石凌鹤的《再上前线》、夏衍的《咱们要反攻》等，则讴歌了中国军人舍身成仁、保家卫国的英勇气概。上海话剧协会先后成立13支救亡演剧队，动员和组织上海演剧界的基本力量，纷赴华北、西南、中南、西北等各地区，长途跋涉开展抗日宣传。袁牧之、宋之的、陈波儿、崔嵬、贺绿汀等组成战地移动演剧队，奔赴抗日前线演出。陈白尘、沈浮、白杨等30余人组成影人剧团，演出救亡话剧。

音乐和歌咏活动是上海抗战文化阵线中特别引人注目的重要一翼。早在全面抗战的序幕行将揭开之际，一九三五年在上海首映的电影《风云儿女》中，由聂耳谱曲、田汉作词的主题歌《义勇军进行曲》，“以奔放豪迈的热情，高亢激昂的旋律和群众喜闻乐见的形式”，随着影片的情节唱出了民族的危亡、唱出了全民族抗战的悲壮、唱出了民族独立和解放的最强音。此外，《大刀进行曲》《松花江上》《抗战的一天来到了》《保卫华北》等歌曲，传唱于烽火连天的中华大地，成为动员和教育人民、鼓舞军民斗志、打击敌人的强有力武器。

美术和漫画界拿起笔作刀枪，踊跃投身于文化抗战行列。上海漫画界救亡会派出叶浅予、张乐平、特伟、胡考等漫画家参加的漫画宣传队，冒着日机的轰炸进行抗战宣传。他们在南京举办了“抗战漫画展”，参观者达数万人之多。上海文化界救亡协会动员50多个会员团体，组成100多个宣传队，共2 000多人，携带《告民众书》及连环画等宣传品，分赴伤兵医院、难民收容所和居民区，进行抗日宣传；

并且同上海各界抗敌后援会等几十个团体共同发动了“保卫大上海”的宣传运动。

在上海抗战血与火的洗礼下，诗歌从文质彬彬的诗人那里走向人民大众，成为文化抗战队伍中的一支轻骑兵。由中国诗歌会改组而成的“中国诗人协会”发表的宣言中，诗人们发出“我们是诗人也是战士，我们的笔杆就是枪杆”的誓言。全面抗战初期，上海发表各类新诗 200 多首，其中中长篇诗作 20 多首，作品数量创下了空前纪录。文学界是上海抗战文化阵线中一支强大的主力军。八一三事变以前，上海的主要文学刊物有王统照主编的《文学》、靳以主编的《文丛》、黎烈文主编的《中流》、黄源主编的《译文》等。淞沪抗战开始不久，四刊联合出版了由茅盾主编的《呐喊》文学周刊（后改名为《烽火》），茅盾在发刊启事中说，作家们要“为我前方忠勇之将士，后方义愤之群众，奋其秃笔，呐喊助威”。这些作品都在浴血奋战的军民中产生了积极作用和广泛影响。

“孤岛”与全面沦陷时期抗战文化依然保持声势

上海抗战文化运动在淞沪抗战结束后，先后进入“孤岛”时期和全面沦陷时期。这时，抗战文化所处的政治和社会环境完全发生变化，原先的抗战文化队伍，主要力量向大后方和敌后根据地转移，一部分坚持在上海继续战斗。在“孤岛”阶段，爱国的文化工作者利用租界的特殊环境，使抗日文化宣传仍能保持相当强劲的气势。在全面沦陷阶段，抗战文化犹如地火潜行，在极为艰险的环境下巧妙曲折地继续战斗。

面临“孤岛”的特殊形势，中国共产党根据上海所处的新环境，及时提出策略方针的转变，迅速改变大规模抗日运动的斗争模式，由集中转向分散，由公开转向半公开或隐蔽。提出要采取各种斗争艺术，“注入抗日反汉奸的内容”，利用租界尚未被日军占领的特殊环境，壮大发展力量，重建进步文化阵地，开创了“盛极一时的孤岛文化”。一九四一年太平洋战争爆发后，上海全面沦陷。根据上海出现的新形势，中国共产党再次调整斗争策略，强调“严格执行长期埋伏、积蓄力量，等待时机的工作方针”，对上海抗战文化给予明确指导，使其在内容和形式上，贯彻“灰色化”“大众化”和经营管理“事业化”的方针，在政治上和经济上争得立足和生存地位的同时，隐晦曲折地、不屈不挠地开展抗日救国的斗争，既积蓄了力量，又发展了自己，并以新的战斗姿态迎接抗日战争的最后胜利。

“孤岛”阶段抗日文化斗争中，上海爱国新闻界担当了主力军的角色。中共上海党组织和爱国人士，利用租界和日军不检查外商报刊的特殊情况，以外商名义在租界内创办了一批爱国报刊，进行抗日宣传，产生了广泛的影响和作用。先后出版的有《译报》《每日译报》《华美周报》《文汇报》《导报》《大英夜报》《循环报》《中美日报》等,《申报》和《新闻报》后来也加入了这个行列。至一九三九年四月,上海租界内的这种以宣传抗日为主旨的被称为“洋旗报”的报纸达17种之多,其他还有20多种期刊丛刊。这些报刊尽管各自的政治背景和倾向不一,但抗日爱国的基本立场是一致的,共同组成了颇为强劲的抗日舆论阵势。戏剧以新编历史剧和“孤岛”现实剧的题材和样式,曲折地呼唤人们发扬民族精神,坚持抗战立场。

上海全面沦陷时期,面对空前险恶的环境,抗日爱国文化工作者没有停止活动而放弃战斗,他们变换了活动方式和表现手法,选择适宜的题材,隐晦曲折地进行战斗。有的则打入敌伪文化机关团体内部,利用合法的外衣开展特殊手段的战斗。倾向鲜明的抗日宣传,虽然被隐晦的喻义或曲笔所替代,但弘扬爱国和民族气节,伸张正义与和平,对沦陷区社会现实的丑陋、黑暗进行揭露与批判,对侵略者和卖国者进行控诉和谴责,依然是这个时期上海进步文化的主题。黑夜走到尽头,黎明也就到来了。

上海成为世界了解中国抗战的窗口

上海抗战文化运动是与国际上反法西斯力量和一切进步的文化运动息息相关、互为支援的。上海是中国近代以来中西文化交汇的中心,也是连接全中国、连接中国与世界的桥梁和纽带。抗战期间,上海中外报刊等舆论战线,以其身临其境的独特优势,对两次淞沪抗战和上海抗日救亡运动作了及时报道和大力宣传,让全中国和全世界了解上海的抗战,并通过了解上海的抗战,进一步了解中国的抗战、了解中国军民同仇敌忾、万众一心,誓与侵略者血战到底的坚强决心,引起全中国和全世界的极大关注。同时,上海报刊以大量篇幅,分析了国际形势与世界各国政府的立场和态度,及时报道全国民众、海外侨胞和世界各国人民的声援和支持。沪上舆论普遍认为,这场中国反对日本帝国主义的战争,绝对不是孤立的,强调“中国抗战必须联合苏联、联合英美,如此,中国的最终胜利与日本的最终灭亡是必然的”。这些都进一步坚定了国人抗战的决心,增强了打败侵略者的胜利信心。

上海是中国共产党的诞生地,也是中国抗战文化的中心。在中国共产党的组织、领导和推动下,上海抗日救亡运动与淞沪抗战的丰功伟业交相辉映,完整书写了上海在民族解放斗争史上的光辉篇章。作为上海抗日救亡运动和上海反法西斯运动一个重要的组成部分,上海抗战文化作为反对日本军国主义斗争的锐利武器,配合抗日的政治斗争和军事斗争,在提升民族精神和民族凝聚力,推动军民团结抗敌,揭露和声讨日伪罪行,争取世界各国人民的支持等各方面发挥了重要的历史作用。上海抗战文化功不可没!

在改革开放大潮下创新发展*
——上海抗战史研究的回顾和展望

上海抗日战争史研究是中国抗日战争史研究的一个重要的组成部分，与全国抗战史研究一样，是一个较为年轻的史学领域。从严格的意义上来说，上海抗战史研究是在新中国成立以后才开始起步的。七十年来，以改革开放开端为界标，上海抗战史研究可分为前后两个阶段。在前三十年，上海抗战史研究处于初创状态，还未来得及形成一个相对独立的学术部类，其研究被置于上海现代革命史的框架和范围之内，纳入研究者视野的课题显得十分单一和狭小；而在当时特定的形势下特别是在“文革”期间存在的思想的禁锢和学术的禁区也使研究工作举步维艰、难有大的进展。虽说这一时期产生过关于上海抗战史的一些粗浅的论著和回忆作品，也披露了一部分有价值的史料，却未有真正具有理论深度和学术质量的作品面世。在后四十年，上海抗战史研究进入了一个新时代，走上了未有过的蓬勃发展的道路。四十年来中国改革开放的伟大历史进程和综合国力的空前提升，中国的崛起以及国际地位的提高和日益走向世界舞台的中心，使当今的国人比以往更为需要了解世界反法西斯战争和中国抗日战争的历史及其当代意义。抗日战争史的研究比以往任何时候更为社会各界的重视。抗战史研究的地位在提升，研究者的队伍在壮大，研究的理论、视野、领域和方法等各方面都取得了长足的进展，逐步实现思想上的解放，学术上的创新和发展。这一期间，各类研究成果迭出，学界氛围生动活泼，出现了前所未有的欣欣向荣的局面。

解放思想　树立科学精神

党的十一届三中全会重新在全党确立了马克思主义的实事求是的思想路线，这对抗日战争史的研究走上正确道路和创新发展，具有非常重要的、根本性的影

* 本文为《上海抗战研究》杂志发刊词(2019年)。

响和意义。在思想解放的进程中，上海抗战史研究逐步克服了教条主义、片面性、绝对化和所谓“以论代史”等倾向，在辩证唯物主义和历史唯物主义的指引下，坚持“尊重历史，遵循科学”的学术理念，求实求真，开拓创新，推动了上海抗战史研究新局面的到来。

在改革开放的进程中，上海抗战史研究新局面的开辟和发展，也是以思想解放运动为先导和基础的，而其中的关键则是使研究者真正树立了实事求是的科学精神。上海抗战史作为史学领域中的一个部类，与一般史学研究既有着共同性，但也有其特殊性。抗战史研究具有极为强烈的政治性和现实性，特别需要正确地全面地认识和处理政治与学术、历史与现实，政治宣传与学术研究、主流观点与非主流观点等问题的关系。毫无疑问，抗战史研究必须坚持正确的政治方向，高举爱国主义旗帜，弘扬民族精神和抗战精神；但这一切归根到底都必须以对客观历史的科学研究为依据，而不能违背科学精神，滑向片面化、绝对化和“以论代史”倾向，甚至丧失其科学性。这一错误倾向在“文革”期间为害最烈，严重影响了抗战史研究的健康发展。思想解放运动极为有力地端正了上海抗战史研究者的学风，使这一研究重新走上了科学的轨道。抗日战争研究的一切学术结论，都必须是在占有全面可靠的史料基础之上、以客观历史事实为根据的科学研究的结果，评判历史事件、历史人物都必须从历史事实出发，而不应从某种政治利益或个人好恶出发，这已成为史学界的共识。思想的解放和对以往研究的反思，使研究者对抗日战争的一些重要历史问题的认识更趋向全面，也更为深入。例如，评判各党各派各军和各类代表人物在抗战中的功过是非的标准，逐渐由以往的以阶级关系为重转向以民族大义为重，确认抗日战争是中国全民族的抗战，而非一党一派的抗战；同时也确认抗日阵线中的各党各派特别是国共两党无不例外地实行着自己的抗战路线，从而对抗日战争的进程以及战后中国发生重大和深远的影响。在思想解放的大潮下，上海抗战研究逐渐摒弃绝对化、片面化和简单化的思维方法，认识到上海抗战的复杂性、曲折性和多样性。上海抗日历史进程中，国共两党从完全对立到联合抗战，抗日民族统一战线中既非一切联合、否认斗争，又非一切斗争、否认联合，而是又联合又斗争。上海是中国民族资产阶级和上层小资产阶级及其知识分子最为强大和最为集中的地方，他们的抗日斗争毋庸置疑地是上海抗战史的重要组成部分，而不应被抹煞。上海抗战史上，既发生过规模巨大的会战，又有分散的小规模的郊县游击战。既掀起过声势浩大的民众抗日救亡运动，又坚持了“孤岛”时期和全面沦陷时期分散的日常斗争，既与全国抗战紧密相联，又与世界反法西斯战争互通声气、相互支援。随着思想的解放和视野的开阔，抗战历史不再被看成简单的敌我两极对立，研究者更注重于揭示历史发展的多面性和复杂性，也使人们更为具体、深入地理解上海抗战的艰苦卓绝和英勇悲壮，更加深刻、更为全面地认识上海抗战的历史经验和中国共产党在上海抗日运动中的中流砥柱作用。

开阔视野 拓展研究领域

改革开放以来四十年，上海抗战史研究的开拓创新不仅表现在思想路线上的端正和科学精神的确立，还体现在研究视野和研究领域的拓展。随着思想的解放和理念的更新，对外开放和海内外文化学术交流的开展，史学各部类之间和史学与其他学科之间的日益交叉融合，以及抗日战争史学术团体和学术交流活动的蓬勃发展，上海抗战史研究的领域也不断地得到前所未有的拓展。在以往相当长的一段时间里，上海抗战史研究被置于上海新民主主义革命史和地方党史的框架之内，并未构建一个相对独立的专门领域，其研究的范围和课题比较狭小和单一，这是与改革开放以后的状况不可同日而语的。众所周知，传统的上海抗战研究基本上集中于三个方面的课题，即通常所说的所谓“三大块”：一是一·二八淞沪抗战研究，二是八一三淞沪会战研究，三是一·二八和八一三时期的上海民众抗日救亡运动研究。而且对上述三个领域抗战史的研究，主要也是着重从中共党史和中国革命史的角度进行考察和评析，缺少对这三大事件的全方位、多视角的考察和研究，难以从多方面多领域揭示这些史事的纷繁复杂的丰实内容。

改革开放以来上海抗战史研究领域的拓展，基本上表现在以下两个方面：一是传统领域课题研究的拓宽和加深，二是新领域新课题的开辟。传统领域的几项课题，其研究的意义十分重要，是不言而喻的，在新时期的继续研究中，其内涵和外延都大大地得到扩充和展延，而呈现出全新的面貌。例如关于一·二八淞沪抗战研究，以往主要是单纯地记叙十九路军违抗国民党政府的命令奋起抗战的事迹，而对与这一重大事件紧密相关的诸多重要领域并未进行探索和研究，以致留下了许多空白点。当今的研究者则大大地拓展了一·二八抗战研究的领域，注入了前所未有的丰富内涵，诸如南京政府“一面抵抗，一面交涉”对日政策与一·二八抗战的关系，十九路军领导集团对以蒋介石、汪精卫为骨的国民党中央既接受其领导又进行抵制的关系，第五军的参战以及它与十九路军之间的关系，英美法西方列强和国际联盟介入一·二八事变及其影响，中日停战谈判及其结局，日本的“上海自由市”计划，以及一·二八抗战在中国抗日战争和世界反法西斯战争中的历史地位等课题的发掘和重新研究，都可以说是过去从未作过的。同样，八一三淞沪抗战作为上海抗战史研究的一个传统的课题，新时期的研究者也开拓了许多新的研究领域。诸如蒋介石和国民政府统帅机关举行淞沪会战的战略意涵和企图，淞沪会战的作战方针、战役发展历程及其各阶段特点，四川、广西、湖南等省地方部队和东北军、西北军的参加淞沪会战，上海租界当局与淞沪抗战的关系，以及淞沪会战的左、中、右三个战场，战役阶段和作战方针，西方列强介入淞沪之战等新问题的开拓和探索，无疑地为八一三抗战的研究开辟了新局面。

除上述原有的研究领域注入了新的内容、扩展了研究范围以外，改革开放以来上海抗战史研究的拓展更体现在开拓了许多新的领域上。上海抗战史的研究领域发展得更为广阔了，更为多样化了，由过去的较偏重于抗战军事史、救亡运动史，拓展到上海抗战文化、抗战经济、抗战社会生活、抗战国际关系等各个领域；而且在时限上贯通了从一九三一年至一九四五年的全过程，把局部抗战与全面抗战融为一体加以研究。正是在日益拓展的过程中，一步步地呈现出一个全方位、全过程的上海抗战史学术格局。

战时上海文化和战时上海经济，是新时期上海抗战史研究开拓创新中两个最为令人注目的领域。上海是全国抗战文化的发祥地，也曾在一定时期内形成为全国抗战文化运动的中心，在文化抗战战线上引领全国，影响遍及海内外。近十几年来，上海抗战文化研究得益于改革开放的政治社会环境和生动活泼的学术文化氛围，呈现出生气勃勃的势头。抗战文化的各类历史资料的整理和刊发，文化抗战亲历者的回顾和总结，对抗战文化各门类的专题研究等方向，都获得了显著的成果。上海一批学者以“抗战时期的上海文化”为题进行了综合性的研究，对上海抗战文化的时代背景及其演变历程作了史的考察，着重就新闻、出版、文学、艺术、电影、教育和社会科学等各个文化领域进行具体深入的记叙和论析。这一研究工作是上海抗战史领域首次对文化抗战的带有全面性和系统性的研究。

上海是世界东方的国际大都市，是中国最大的工业基地、金融和贸易中心，其经济地位在全国举足轻重，对中国抗战全局的影响至为重大。但与此很不相称的是，战时上海经济问题长期以来成为上海抗战研究中的一个薄弱环节，少有成果问世。然而可喜的是这种状况在改革开放年代也发生了积极的变化。学界的探索首先指向全面抗战初期上海工厂企业的内迁、上海“孤岛”时期经济的畸形繁荣、日军侵华战争对上海经济的破坏、日伪在上海的经济统制和掠夺等问题，为研究战时上海经济开辟了处女地。接着，上海一批研究经济史、金融史的学者开始对战时上海经济进行比较全面和系统的分析研究，主要是以专题研究的形式，对战时上海的工业、商业、公用事业、金融、保险、证券和外汇市场等各个领域的发展演变状况进行了梳理分析。并且对国民政府当局、上海工商界、日伪当局等各方经济势力之间的博弈和较量，以及中日双方以上海为舞台的金融货币战进行深入的考察和评析。这可以说是首次对上海抗战经济进行系统性、有深度的学术研究，其开拓性意义不言而喻。

上海“孤岛”时期抗日斗争研究是开拓上海抗战史领域的一个重要方面，带有填补空白的意义。进入新时期以来，一部分学者几乎是白手起家，开拓进取开辟了一片处女地。诸如"孤岛"戏剧和电影研究、"孤岛"新闻舆论战线的抗日爱国活动、"孤岛"时期的上海工业研究、"孤岛"时期的贸易研究、"孤岛"中的上海市民生活，以及"孤岛"时期的上海特工战，等等，都进入了史学工作者的视野，成为上海抗战史研究的新课题。

拓展上海抗战史研究领域的一个重要方面，是开辟了关于日伪统治和日军暴行的研究。这是从中国人民的敌人这个侧面，也就是从反面来研究抗战历史。这有助于人们更为深切更为全面地了解和认识中国抗日战争是一场正义与邪恶、光明与黑暗、进步与反动之间的殊死较量。上海有关学者在这方面主要开拓了四个研究领域。一是"日军在上海的罪行与统治"研究，对日本军国主义在 14 年侵华战争中，在上海犯下的罪恶进行全面、系统的揭露。从暴行、统治、掠夺三个侧面对日本侵略者的种种罪行进行一次整体性研究，在大量史实材料的基础上，对日本法西斯军国主义的本性进行分析揭示。二是侵华日军慰安妇制度和日军上海慰安所研究，以苏智良教授为首的上海师范大学中国慰安妇研究中心在这一领域进行了大量的前人从未进行的调查研究工作，并获得丰硕成果，具有开拓性意义，在国内外产生广泛影响。三是关于上海地区汉奸政权的研究，这一课题的研究开辟时间不长，成果却相当显著。研究者发掘和整理了有关伪上海市大道政府、伪上海市政公署，以及历届伪上海特别市政府的档案史料，梳理了日本占领当局策划扶植傀儡政权的活动，从政治、军事、经济、文教和社会治理等各方面揭示其反动统治活动及作用。这项研究成为进入新时期后开辟的研究日伪统治的一个最富成果的方面。四是审判日本战犯和惩治汉奸的研究。抗日战争胜利后，国民政府有关军事当局和在华美军当局曾分别在上海设立军法庭，对在押日本战犯进行审判。国民政府有关司法机关对关押于上海的一大批汉奸头目进行了审判。上海抗战史研究者将这一史事纳入视域，列为一个新课题而作出了一定的研究成果。

深入研究　创造丰硕成果

近四十年来，在改革开放大潮的推动下，上海抗战史研究的新课题不断被开拓，海内外特别是台海两岸史学界之间的交流日益频繁，更多的新史料被发掘利用，研究深度也大为加强，创造的学术成果堪称丰硕。从宏观层面来说，以下三个方面比较具有影响：一是专题性学术论著成果显著；二是学术论文的质和量均为可观；三是历史资料选编工作成绩突出。

上海抗战史的开拓研究和学术水平的提高，关键在于推进通贯 14 年抗战全过程的、涵盖上海抗战一切主要领域历史内容的、具有完整的理论体系的通论性著作的编研；同时，也必须对上海抗战的特定历史领域、历史事件、历史人物等专门问题，开展深入细微的探索和研究，从而创造专题性学术著作。通论性著作贵在总揽全局、构建上海抗战史的学术理论体系，专题性著作贵在对上海抗战的各个具体史事作出深入具体和精到的记叙论析；而后者实际上为前者提供坚实的学术和史料上的基础。在这一方面最为引人注目的成果，当推十卷本的上海抗日战争史丛书。这批专题性著作是由上海一部分学者在统一规划之下分工编撰而成。各卷及其作者是：唐培吉《上海抗日战争史通论》，余子道《一·二八淞沪抗战》，余子道、张云《八一三淞沪抗战》，张铨、庄志龄、陈正卿《日军在上海的罪行与统治》，陈丽凤、王瑶、周耀虹《上海抗日救亡运动》，薛振东、柴志光《上海郊县抗日武装斗争》，邬正洪、张文清、傅绍昌、吴海勇《上海人民支援新四军和华中抗日根据地》，吴景平等《抗战时期的上海经济》，齐卫平、朱敏彦、何继良《抗战时期的上海文化》，徐剑雄、杨元华《上海抗战与国际援助》。这套丛书于二〇〇〇年出版，二〇一五年经全面修订后推出新版。与此相配套，出版了韩洪泉的《中国共产党与上海抗战》一书。这批专著是中华人民共和国成立以来首次推出的较为全面和系统的研究上海抗战史的学术成果，基本上涵盖了上海抗战的一切主要领域。

两次淞沪抗战和上海民众抗日救亡运动，是上海抗战史研究中的热门课题，这方面的研究成果可谓丰富多彩。除上述丛书中的有关书著外，国内学者推出的专著，关于八一三淞沪抗战的有：马振犊、陆军《八一三淞沪会战》，戴峰《血肉磨坊：淞沪会战》，徐智勇、王少华《鏖战淞沪——上海抗战纪实》，雷献和《剑啸浦江——淞沪抗战纪实》，徐志耕《浴血淞沪——"八一三"大上海保卫战》，肖诗斌《淞沪之战》，张宪法、俞中《"八一三"淞沪会战》，佟明忠、周翔、果立《御寇悲歌——淞沪会战》，江建文《上海·一九三七》，吴美华《淞沪抗战》，葛业文的《淞沪抗战——喋血黄浦江》等。关于一·二八抗战的有：余子道《抵抗与妥协的两重奏——"一·二八"淞沪抗战》，肖如平《南京国民政府与"一·二八"淞沪抗战研究》，谭忠、梁昭的《淞沪狂澜——十九路军1·28淞沪抗战》等。关于上海抗日救亡运动的著作为数也很为可观，主要的有：温济泽主编《九一八和一·二八时期抗日运动史》，中共上海市委党史研究室编《上海抗日救亡史》，陈彩琴、侯桂芳、赵菲编著《中国抗日战争全景录·上海卷》，上海市总工会编《抗日战争时期上海工人运动史》，上海市委党史资料征集委员会编《抗日战争时期上海学生运动史》等。

改革开放以来上海抗战史研究的成果中，史料的发掘、整理和出版是一个十分突出的方面。史学研究是一门实证的科学，除了需要科学的理论和方法作指导，还必须要掌握全面与可靠的史料，这已经愈来愈成为大家的共识，从而使史料工作受到各方面的重视。

抗战史料中，档案史料是一种原始史料，其权威性不容置疑。中国第二历史档案馆和上海市档案馆近30年来陆续整理和出版的有关上海抗战的史料，对研究工作具有无可替代的作用。“二档”的史料主要是关于战史方面的，如大型的多卷本的《抗日战争正面战场》中，收录有多达近十万字的关于八一三淞沪会战的军事档案材料；在《中华民国史档案资料汇编》中也收录有关于两次淞沪抗战的近三十万字史料。“二档”还刊出过《一·二八淞沪抗战史料选》《八一三淞沪抗战史料选》和陈诚关于淞沪会战的回忆资料，以及德国军事顾问团关于淞沪会战的总结报告等档案材料。上海市档案馆整理出版的则主要是关于日本侵沪战争罪行和日伪统治的档案史料，主要有《日本侵略上海史料汇编》(上、中、下册)、《日本帝国主义侵略上海罪行史料汇编》(上、下册)和《日伪上海市政府》等。此外，还有若干种富有特色的关于上海抗战的专题史料问世，其中比较重要的有上海社会科学院历史研究所编《“九一八”——“一·二八”上海军民抗日运动史料》和《八一三抗战史料选编》，中共上海市委党史资料征集委员会选编《上海郊县抗日武装斗争史料选编》和《一·二九以后上海救国会史料选辑》，上海市档案馆编《上海抗敌后援会》，上海淞沪抗战纪念馆编《川军与淞沪抗战》《桂军与淞沪抗战》《湘军与淞沪抗战》《黔军与淞沪抗战》等。

最近5年来，民国时期出版的关于上海抗战的书著颇受学界的重视，被发掘、整理而重新面世。这主要有三个品种。上海科技文献出版社推出的淞沪抗战史料丛书，自二〇一五年以来已先后出版50辑，共收录民国版有关淞沪抗战著作共120余册，其中有战史著作、大事日志、战地采访报告、军政文电、日记笔记、回忆录、报告文学作品、调查报告、外国报刊译文材料，以及战时摄影作品等。这套丛书是迄今为止规模最大、收录最为完备的一套民国版的淞沪抗战史书著，而且还有一批这类图书将继续推出。此外，上海三联书店于二〇一五年影印出版的民国版抗日战争史图书中，也收录了一批有关上海抗战的各类书著，共60余册，主要汇集关于一·二八和八一三两次淞沪抗战的相关图书。河南大象出版社二〇〇九年和二〇一二年先后影印出版的《民国史料丛刊》及其续编，收录了有关上海抗战的史书数十册。

上海抗战亲历者的回忆和口述史料，大都是由全国政协和各个地方政协的文史资料委员会组织撰写整理和出版。此项工作很有成效，获得的史料也颇有价值，有助于弥补档案资料和报刊史料的不足。全国政协文史委选编出版《八一三淞沪抗战——原国民党将领抗日战争亲历记》之后，又在《文史资料存稿选编》“抗日战争”等分卷中发布了一批颇具价值的关于上海抗战的回忆材料。上海市政协文史资料委员会也推出了《抗日风云录》和《上海文史资料存稿汇编》中收录的“抗战资料”。上海淞沪抗战纪念馆曾多次派出研究人员赴各地寻访当年参加淞沪抗战的老兵，将访谈记录编成多卷本的《口述淞沪抗战》，提供了不少鲜为人知的生动的战史资料。

继续奋进　创造上海抗战史研究的新局面

回顾过去是为了更好地推动现实，面向未来。我们需要清醒地看到，上海抗战史研究在大踏步前进的过程中，还存在不足之处，产生了一些值得注意的问题和倾向。近十几年来，研究上海抗战史的各类论著时有问世，形成了一定的学术声势和规模，但富于创新性的精品力作尚嫌不足，缺乏一批具有高水平的理论深度和学术内容的论著，这与上海在中国抗日战争和世界反法西斯战争中的重要地位和卓越贡献相比，显然是不相称的。在研究领域方面，改革开放前期开辟了一批新课题之后，最近20年来新课题开拓较少，表现为老的题材多而新的题材少，反映出拓展新的研究课题的后劲不足。在研究的方法和理念方面，对于如何正确认识和处理史实与理论、宏观与微观、历史与现实的关系等问题，片面化、绝对化、忽“左”忽右的消极倾向时有发生。特别是历史研究中的虚无主义和碎片化倾向，更值得注意。此外，社会上甚至在文化和学术界也出现了任意虚构、剪裁、编造上海抗战历史故事的所谓“戏说”现象，尽管绝非主流，但其消极影响不可低估，也应当予以积极引导、加以克服。

回顾改革开放以来的上海抗战史研究，历史向人们显示，上海抗战史研究已在新的历史条件下一步步地走上繁荣与发展之途，开创了多领域全面推进的局面。毫无疑问，过去的40年是上海抗战史研究工作进程中一个十分重要的阶段，为这一研究未来的发展奠定了坚实的基础。当然，上海抗战史研究尚有许多新的任务要做，还有很长的路要走。习近平同志在二〇一五年七月指出：“同中国人民抗日战争的历史地位和历史意义相比，同这场战争对中华民族和世界的影响相比，我们的抗战研究还远远不够，要继续进行深入系统的研究。”我们要再接再厉，加倍努力，积极贯彻落实习近平同志关于抗日战争研究的重要指示，推进上海抗战研究更上一层楼，向更深入更广阔的方向前进。

第一，做好上海抗战研究的规划设计和力量整合。上海抗战在中国抗日战争与世界反法西斯战争中具有独特而重要的地位和意义，对上海抗战研究的重要性绝不应低估，有关的各方面要继续给予积极的支持。这一研究涵盖抗日战争全过程，广涉各个学术部类，内容十分丰富，需要进行全面规划、持续推进。除了目前市内各有关研究院校正在进行的各项课题，应在全市范围内制订一个中长期规划，明确各类别各项研究课题及其目标任务，以便分门别类地有计划地加以推进。同时，需要在全市范围内调动和整合各单位的研究力量，分工合作和更有效地开展研究工作。

第二，更广泛更深入地进行史料的发掘、搜集、整理和出版。有关上海抗战的各类史料尚有许多未被开发使用，加强此项工作在所必需。首先要促进本市和国内有关档案馆所藏资料的整理和开放；也要积极推进台海两岸档案史志工作者之间的交流合作，让两岸学者更好地共享史料。同时，要加强外文资料尤其是日文资料的编译与出版，发掘和搜集欧美各国特别是美、英、德、法诸国档案机构收藏的有关上海抗战的各种资料。

第三，注重研究人才的培养和学术团队的建设。继续推进上海抗战研究繁荣发展的关键，在于要有一支学养深厚的、有战斗力的、老中青结合的学术研究队伍。就上海本身而言，上海抗战研究的力量是由全市范围内的高等院校人文和社会科学有关系科，社会科学院有关研究所，地方党史、档案和史志机关，以及抗战纪念场馆等几个方面的有关研究人员组成的。队伍不能说不大，但专业的精英力量不足，老中青梯队配套不齐，有的部门和院校后继无人。为此，要十分着重中青年学术人才特别是新生力量的培育，有计划地造就上海抗战史研究的一批骨干力量和专家学者。并且在一部分院校系所设置若干基点，在领军学者的带领下组成学术团队，担当上海抗战研究主力军的任务。

第四，进一步推进国内和国际的学术交流合作。近几十年来上海抗战史研究的繁荣发展，是与坚持开放态度、开展国内外的学术交流分不开的。我们要继续以开放促发展，一方面要以更大的步伐走出去，另一方面要以更为深入的程度引进来。上海抗战史研究要有宏观的视野，立足于世界反法西斯战争的全局，更全面地了解和吸纳国外在这方面的学术信息和研究成果；同时，要以我们自己的研究对接和参与国际学界的有关研究，而且要以积极的态度提升我们在第二次世界大战史研究领域的话语权。为此需要继续积极推进国内外的交流和合作，诸如互相交换史料和史学论著，共同举办学术论坛，开展学术互访，建立学术平台等。

第五，办好一个学会和一个学刊。为凝聚和团结全市抗战史研究力量，联络和协调有关各方面的学术活动，推进上海抗战研究的繁荣发展，二〇一七年八月成立了“上海抗战与世界反法西斯战争研究会”（上海抗日战争史研究会）。这是首次成立的以推进上海抗战史研究为中心任务的一个学术团体，受到了学界的欢迎和支持。我们要同心协力，办好这个学会，使她发挥应有作用。同样，办好一个专门的学术刊物，对推进学术事业的发展也是十分重要的。上海抗战史研究会决定创办一份学刊——《上海抗战研究》。我们十分期待也满怀信心，我们的学会和这份学刊必将在以下几个方面担当它的责任和发挥它的作用:引领正确学术方向、推出优秀学术作品、培育青年学术人才、推进国内外学术交流。我们热切地希望学界同仁们和各界朋友们共同努力,把学会和学刊办好,进一步开创上海抗战史研究工作的新方面。

上海抗战的历史特点与上海抗战研究的当前任务*

二〇二〇年是中国抗日战争暨世界反法西斯战争胜利75周年。75年前，中国人民经过长达14年艰苦卓绝的斗争，彻底打败了日本帝国主义，取得了抗日民族解放战争的最后胜利。抗日战争的胜利，成为中华民族近代以来从衰落走向复兴的重大转折，为人民解放战争的胜利和新中国的成立准备了必要的条件和奠定了坚实的基础。

上海作为世界东方一个国际大都市，中国的经济中心、文化中心和国际交流中心，在抗日战争和世界反法西斯战争的历史进程中，无论是在政治和军事层面，还是在经济和文化层面，无不具有带有战略意义的地位与作用，而上海抗战军民以长期英勇斗争，作出了无愧于她的重要战略地位的贡献。上海抗战作为全国抗战的一个组成部分，它具有中国抗日战争的一般的发展历程和基本特征。同时，上海抗战又带有它自身的历史特点和地区特点，有它独特的演变历程。我们历史地审视上海抗战的全部进程及其在各个领域进行的斗争，揭示其历史特点和地区特点，有助于更为深入地认识上海抗战的意义，加深理解蕴含其中的历史经验，更好地传承发扬伟大的民族精神和抗战精神。

第一，上海抗战历经14年之久，跨越了六年局部抗战和八年全面抗战两个时期。在这前后两个时期中，分别出现了一·二八抗战和八一三抗战这两次在国内外发生重大影响的、在抗日战争历史进程中具有重大意义的标志性的抗战高潮。而每一次高潮都是由武装部队的抗日战役和民众抗日救亡运动这两个基本方面所汇合。这是上海抗战的一大历史特点。我们必须按历史本来面目确认上海抗战有14年之久，从局部抗战到全面抗战的14年是一个整体，高潮与低潮之间转换交替是发展的常态，在上海表现得特别明显。这说明上海抗战的长期性与曲折

---

* 本文发表于在上海召开的海峡两岸纪念中国人民抗日战争胜利75周年座谈会，2020年9月3日。

性，上海抗战走过了一条艰难曲折的道路。我们需要把握上海抗战与淞沪抗战这两个概念之间的区别与联系，把握军事抗战与救亡运动之间的区别与联系，把握抗战高潮与低潮之间的区别与联系。

第二，上海抗战的一个基本特点，就是在爱国主义的旗帜下结成了以中国共产党为政治领导核心的广泛的抗日民族统一战线。同时由于上海的独特地位和条件，上海又历史地成为全国抗日民族统一战线的一个重要策源地、中国抗日阵线与世界反法西斯阵线之间的一个重要联络点。上海抗日统一战线一开始就具有全国的影响和全国的意义，它兴起于一·二八事变前后的局部抗战时期，在八一三事变前后发展到全盛时期。第二次国共合作形成过程中，上海开启了国共两党最初的对话和联系的渠道，从宋庆龄受党的委托派出中央特科人员去陕北面见中共中央领导人，到潘汉年在上海与陈立夫、张冲会谈，毛泽东同志、周恩来同志与国统区民众救亡运动领袖人物之间的不同方式的联系和对话，也是以上海为中心展开的。全面抗战开始前后，上海抗日统一战线气势之旺盛、阵容之广大，在全国绝无仅有，有力地推进了全国抗日统一战线的形成。在“孤岛”时期和全面沦陷时期，国民党上海地方势力以及上海工商界和知识界中一小部分脱离抗日阵营，投入汪伪“和平”运动，上海抗日统一战线出现了一次分化，然而其基本力量始终坚持斗争直到抗战胜利。

第三，在抗日军事和武装斗争方面，上海抗战的一个重要历史特点是先后进行了第一、第二两次淞沪抗战和坚持了大城市郊县的游击战争，这在全国所有中心城市中是绝无仅有的。特别是在全面抗战时期，开辟了正面战场与敌后战场相结合、沦陷区的城市斗争与农村游击战争相结合的抗战模式。众所周知，在上海这样的敌军重兵驻守的大城市周边，又是一片平原地带，是没有可能建立巩固的抗日根据地的，但由共产党领导的分散性流动性的游击战争和小块游击区，始终坚持不息，直到抗战胜利。特别是由我们党领导的上海抗日力量，先后大力支援新四军皖南根据地和苏中、苏北根据地。尤其是新四军浙东纵队和浙东抗日民主根据地，从无到有、从小到大，完全是由上海党组织派遣的干部和武装力量与浙东人民相结合而发动和开辟起来的。从一定意义上说，浙东抗日游击战争是上海抗战的延伸和扩展，这可以说是上海抗战的一个历史特点。

第四，上海抗战文化和文化抗战，阵容之强大、形态之完备、战力之坚韧和影响之深远，都居全国之前列。上海曾经在一个时期里成为全国文化抗战的大本营，这是上海抗战一个显著的特点。郭沫若曾经以《抗战文化和文化抗战》为题发文，立足于上海而着眼于全国，彰显了上海抗战文化的地位与意义。上海抗战文化阵容强大，以中共领导的左翼红色文化为核心力量，在抗日民族统一战线的旗帜下，广泛团结各方面爱国的文化团体、艺术流派和舆论阵地，动员广大文化人和知识界投身抗战。上海抗战文化构成部类完备，在全国首屈一指，文化形式和载体比较齐备，包括新闻、出版、戏曲、电影、话剧、音乐、美术、广播，等等。上海拥有一批名闻中外的杰出的文化精英，他们成为抗战文化的领军人物，起到了无可替代的作用。上海抗战文化的影响遍于全国许多地方，文化力量从上海走向华中的苏浙皖赣，华中的武汉和长沙，西南大后方的重庆、昆明和桂林，华北的晋察冀根据地和西北的陕甘宁边区。

第五，上海曾经是全国抗战的重要经济基地，是在经济领域抗击日本侵略者及汉奸政权的重要战场。这一历史特点表现在三个方面，一是作为全国工商业中心和最大的工业基地，上海一度在财政上、工业产品和战略物资供应上支援了全国抗战；二是上海的工厂企业和技术力量向大后方内迁，有力地支援了全国进行持久抗战；三是在金融和货币领域反对日伪金融统制，在反对汪伪中储券的斗争中作出了不少重要举措，起到了其他地区不可替代的作用。

第六，上海整整四年之久的“孤岛”抗日斗争，在全国抗战历程中是独一无二的。这是在特殊的军事政治环境下，在特殊的国际关系格局之下进行的抗日斗争。上海人民在十分复杂艰险的条件下，以许多新的战斗方式和斗争策略，勇敢机智地坚持斗争。“孤岛”抗战是上海抗战的又一个亮点。

上海抗战是中国抗日战争史上的奇观，是世界反法西斯战争中一个光辉篇章，也是上海城市发展史上的一座丰碑。前事不忘，后事之师。上海抗战史研究的重要而深远的意义是不言而喻的。我们史学工作者应当奋发有为，加倍努力，长期坚持，创造无愧于上海抗战的作品和成果。当前，我以为要抓紧做好以下三项工作。第一项，努力完成上海抗战史正在进行的三大工程，一是要编写一部通贯 14 年抗战全过程、全方位地涵盖各个领域的《上海抗战史》；二是要编修一部完整准确的《上海抗战志》；三是建设好一座全面展示上海抗战的“上海抗战纪念馆”。第二项，深入开展上海抗战史的各种专题史研究。第三项，建设上海抗战的综合性数据库和史料中心，广泛征集整理国内相关资料。

上海地区抗日战争口述历史调研工作报告*

纽约中国近代口述史学会与上海复旦大学历史系合作进行的关于中国抗战的口述历史调查研究工作，一九九三年七月由中国近代口述史学会创议，复旦大学历史系积极支持，并负责实施。一九九四年九月，双方对在上海地区开展口述历史调研工作的有关问题达成共识，签订了合作计划协议书。双方议定，当前一个时期的口述历史调研工作，以抗日战争历史为主题，以上海地区为调查访问的基本范围，并确定中国远征军缅甸抗战等八个专题为第一期工作的具体课题。

一九九四年夏，复旦大学历史系开始进行第一期工作的各项前期准备工作。各个专题确定调查采访的范围，物色和选择访问对象，组织各专题参加调研工作的教师和学生队伍，购置调查访问工作所需之器材。同年十月，对参加口述历史第一期工作的教师（共九人）和学生（一九九五届毕业班，共十九人），进行了专业培训。系里开设了“口述历史的理论与实践”讲座课程；同时，各专题组介绍有关史事和查阅有关文字材料，为访问、整理采访记录作准备。

一九九四年十一月至一九九五年五月，各专题组分别在上海市区和近郊进行调查访问。其中“日军侵华时破坏、掠夺上海图书情况”和“中国远征军与中国驻印军”两个组，分别赴北京和南京进行了访问。至六月间访问工作基本结束。同年六月至八月，全面进行后期工作，整理访谈文字记录，复制录音磁带，撰写综合报告，复制书面材料。预计至九月份新学期开学，全部工作即可结束。

现将第一期计划内的八个专题调查访问情况、访谈内容以及其他一些情况，简述于下：

---

* 本文系复旦大学历史学系所存作者 1995 年 7 月手稿。

一、 中国远征军与中国驻印军以及缅战情况

（一）访问人物

（1）曹艺（中国驻印军辎重汽车第六团少将团长，黄埔六期生）；

（2）王楚英（史迪威将军之联络参谋）；

（3）段吉升（中国驻印军第二十二师参谋，黄埔十七期生）；

（4）戴广德（中国驻印军随军记者）。

（二）口述内容

（1）中国驻印军在印度时史迪威、郑洞国、孙立人、廖耀湘以及其他军官的情况；

（2）第一次缅甸战役亲历记；

（3）跟随史迪威工作的见闻；

（4）中国远征军初期在昆明情形；

（5）二十二师参加反攻缅甸情况；

（6）辎汽六团的组建和参加作战情形；

（7）辎汽六团官兵的战斗、工作和生活；

（8）在缅甸、印度随军采访的经历和军中见闻。

二、 日伪时期的中储券

（一）访问人物

（1）朱博泉（上海著名银行家，曾任浙江实业银行总经理。日伪时期任上海票据交换所主任，与伪财政部长、伪中央储备银行总行行长周佛海关系密切）；

（2）史惠康（上海银行家，日伪时期任浙江兴业银行襄理。与伪中央储备银行日本顾问木村增太郎、伪中储上海分行经理戴蔼庐有师生之谊）；

（3）盛慕杰（原上海金融研究所所长，中国金融史研究工作专家）；

（4）胡宣同（曾任国民政府中央银行高级职员，著有《我所知道的汪伪中央储备银行》）；

（5）屠得隆（日伪时期任职于上海证券交易所）；

（6）顾宝坤（日伪时期在上海开设杂货店，熟悉中储券流通情形）。

（二）口述内容

（1）伪中央储备银行之缘起，该行的组织结构、人员情况；

（2）中储券发行情况，通货膨胀情况；

(3) 中储券与中国法币、日本军票、维新政府联银券之间的关系;

(4) 伪中储银行与日本横滨正金银行、上海各家商业银行的关系;

(5) 日伪时期上海的黄金市场、证券市场的情况;

(6) 伪中储银行总行行长周佛海、副行长钱大櫆、日本顾问木村增太郎等与伪中储行之关系;

(7) 中储券与沦陷区的市民生活。

三、 一·二八淞沪抗战

(一) 访问人物

(1) 朱伯康(复旦大学经济系教授,一·二八抗战时先后任十九路军总部参谋、十九军七十八师政治部主任);

(2) 陆诒(一·二八抗战时任上海《新闻报》记者,现为上海市政协委员)。

(二) 口述内容

(1) 十九路军的历史沿革;

(2) 十九路军将领陈铭枢、蒋光鼐、蔡廷锴、戴戟以及区寿年、毛维寿、沈光汉、翁照垣等人情况;

(3) 陈铭枢与蒋介石之间的关系,两者对淞沪抗战的态度;

(4) 十九路军发动上海抗战的背景与经过;

(5) 十九路军与张治中第五军的关系;

(6) 十九路军士兵的来源、训练、装备和素质,士兵抗日精神和作战情形;

(7) 十九路军与上海民众抗日救亡运动;

(8) 福建事变的经过情形;

(9) 十九路军解体经过。

四、 日伪统治下的上海教会大学

(一) 访问人物

(1) 沈继恩(圣约翰大学学生,日伪时期圣约翰大学校长沈嗣良之侄子);

(2) 张祖锴(日伪时期圣约翰大学注册部主任);

(3) 陈震中(日伪时期圣约翰大学学生、学运领袖);

(4) 陈锟(圣约翰大学学生);

(5) 倪廷椿(圣约翰大学校部中文秘书);

(6) 谢树森(圣约翰大学教师)。

（二）口述内容

（1）日伪统治下圣约翰大学的基本情况；

（2）教会大学学生抗日宣传及参加抗战等情况；

（3）教会大学的学生学习和生活情形；

（4）沈嗣良与日伪当局的关系；

（5）日伪当局对约大的政策及其措施。

五、 日军侵华时破坏和掠夺上海图书的情况

（一）访问人物

（1）顾廷龙（原上海图书馆馆长，现上图名誉馆长，一九三七至一九四五年任上海合众图书馆馆长，中国著名文博图书学专家）；

（2）李芳馥（原上海图书馆馆长，现上图名誉馆长，一九三七至一九四五年任北平图书馆上海办事处主任）；

（3）邓葆光（抗战时期任军统局局本部经济研究室主任，少将。抗战胜利后，任中央信托局逆产组组长，负责在上海接收日本上海满铁事务所、日本工商会议所、日本驻上海总领事馆等单位所藏大量我国图书刊物，并没收汉奸梁鸿志、褚民谊、赵尊岳等人所藏图书资料和古籍善本）；

（4）林斯德（图书馆学专家，长期在上海从事图书工作。抗战结束后，任上海东方图书馆副馆长，协助馆长陶希圣工作）。

（二）口述内容

（1）日军侵占上海时掠夺、破坏上海市图书馆的情况；

（2）日军占用、掠夺上海各大学图书馆的情况；

（3）上海商务印书馆和东方图书馆被毁情况；

（4）上海“孤岛”时期，国民党、中共、汪伪、日本各方面秘密搜购古籍善本的情况；

（5）关于“玉海堂”“丽字楼”“群碧楼”等图书机构藏书在日伪时期失散情况；

（6）关于复明图书馆贝壳学志被劫情况。

六、 日伪统治下的上海市民生活

（一）访问人物

（1）姜豪（八一三抗战时任淞沪抗战后援委员会主任、国民党上海市党部执行委员）；

(2) 何非光(话剧、电影导演);
(3) 沈立行(新闻记者、上海史研究者);
(4) 汪葆楫(律师、银行家);
(5) 张洪仁(银行家、上海工商史研究者);
(6) 陆久之(蒋介石、陈洁如之女蒋瑶光之夫婿,秘密工作者);
(7) 祝文光(翻译家、上海著名工商业家祝世康之子);
(8) 蒋孝义(工商业家、中华职教社主要成员);
(9) 江湾镇住户王根松等。

(二) 口述内容

(1) 日军占领上海租界前后,上海中、下层居民的生活情况;
(2) 日伪时期上海社会经济生活的变化;
(3) 日军对上海物资的管制和移动。

七、八一三战争时罗店、江湾两镇情形

(一) 访问人物及单位

(1) 宝山区政协、方志办及有关研究者孙铁群;
(2) 闸北区政协、方志办及关研究者陆飞群;
(3) 黄埔同学会上海分会甘德茂、曾坚忍;
(4) 黄浦区政协、方志办及有关研究者陆森泉、杨国梁;
(5) 南市区政协、方志办;
(6) 上海文史馆《世纪》副主编孙飞德;
(7) 姜豪(八一三时淞沪抗战后援会主任);
(8) 江湾镇方志办及朱泽民、唐翰章、唐文琴、吴永康;
(9) 罗店镇人民政府及范进龙、潘本禹;
(10) 杨行镇人民政府及叶林根;
(11) 静安区政协毕玉红、张寿龄。

(二) 口述内容(略)

八、日伪统治时期上海"跑单帮"

(一) 访问范围

(1) 上海西南地区:原上海县七宝镇;
(2) 上海东北地区:原宝山县罗店镇。

（二）访问人物

（1）七宝镇原“跑单帮”人员六名；

（2）顾村乡原“跑单帮”人员六名。

（三）口述内容

（1）“跑单帮”的基本含义：指日伪时期上海四郊乡民单个地贩运日常生活用品（主要是大米及其他粮食）到市郊接合部转手卖给市区来的米贩子，以供大米及食粮供应空缺的市区居民。在特定时间、特定通道中偷运，往往成群结队通过封锁线。

（2）“跑单帮”的基本形式：以单个为主体，从产粮区收购，通过熟悉的路线和哨卡，进入一定的集市出售货物，换取现钞或日常生活用品如肥皂、布匹、香烟等。

（3）“跑单帮”的目的：赚钱养家糊口，单纯的营利是基本的。每次获利为成本的1—1.5倍。

（4）“跑单帮”的人员构成：极为复杂，四乡农民、城镇贫民、外地流落于上海者都有。当地农民以此为副业，偶尔为之；外地人以此为主业者较多。大都为青壮年，男性居多。

（5）“跑单帮”的高潮与低潮：日军占领上海时就开始出现；“孤岛”时期当地人很少参加；太平洋战争开始到“清乡”时形成高潮。

（6）“跑单帮”的风险：风险极大，不少人为之被日军杀身，是一个以生命为代价的特殊行业。

一年多来，在各方面的共同努力之下，特别是纽约中国近代口述史学会与复旦大学历史系亲密合作，一致推进了口述历史的调查研究工作。上述第一期八个主题，除“八一三战争时罗店、江湾两镇情形”一题未能获得预期目标外，其他各专题都取得了较为丰富、扎实的口述史料，发掘出了不少过去鲜为人知的史实，开拓了抗日战争史研究的新课题，对于深化和拓宽抗日时期历史问题的研究，具有积极意义。

最近，复旦大学历史系参加该项口述历史工作的师生，除善始善终地完成第一期工作的最后阶段任务外，准备对此项工作进行一次全面总结，以利发扬成绩，纠正缺点，并制订第二期工作计划，继续与中国近代口述史学会携手合作，共策进行。

一九九五年七月十日

中国抗日战争在世界反法西斯战争中的重要地位和伟大贡献*

今天，我们本着铭记历史、缅怀先烈、珍爱和平、开创未来的精神，在这里纪念中国全面抗战爆发80周年。一九三七年日本军国主义制造七七事变和八一三事变，挑起全面侵华战争。中国人民在中国共产党创导建立的以国共合作为基础的抗日民族统一战线的旗帜下奋起抗战，由此揭开了全民族抗战的伟大序幕。中国人民抗日战争从一开始就具有拯救人类文明、保卫世界和平、维护国际社会公平正义的重大世界意义，是反法西斯的第二次世界大战的重要组成部分，在这场世界战争中占有特别的重要地位。反法西斯战争是二十世纪世界最重大的历史事件，也是人类历史上最伟大的事件之一。大战的战火遍及亚洲、欧洲、非洲、大洋洲，有80多个国家和地区、约20亿人口卷入其中，有61个国家直接参战。中国是世界反法西斯的四大盟国之一，中国战场是世界反法西斯四大主战场之一。在这场人类历史上规模空前、决定着人类前途和命运的战争中，中国人民进行了艰苦卓绝的英勇斗争，付出了巨大的民族牺牲，为战胜日、德、意法西斯，赢得世界的和平、民主和进步作出了伟大的贡献。

第一，中国是世界上最早起来反抗法西斯侵略的国家，首先揭开了世界反法西斯战争的序幕，开辟了世界上第一个反法西斯战场。反法西斯的第二次世界大战的一个基本特征是从局部战争走向全面战争。日、德、意法西斯国家发动的世界战争，是在世界的东方和西方分别酝酿，通过发动一系列局部战争逐步演变升级而成的。法西斯军国主义国家的第一场侵略战争之火，是一九三一年九月日本帝国主义在中国东北制造九一八事变而点燃的。从此，开始打破第一次世界大战后由英、美、法列强确立和主导的凡尔赛—华盛顿体系，在世界的东方形成第一个战争策源地。其后，德、意法西斯又在欧洲和非洲形成西方的战争策源地。德、日、意法西斯结成“柏林—东京—罗马”三国轴心同盟，成为全世界人民共同的最

---

* 本文系2017年7月作者在于上海召开的纪念全面抗战80周年座谈会上的发言稿。

危险的敌人。当整个世界已面临被法西斯奴役的危机，英、美、法等西方大国对日本的扩张侵略实行妥协纵容的绥靖政策时，中国第一个举起了反法西斯侵略的旗帜，打响了反法西斯战争的第一枪，揭开了世界反法西斯战争的伟大序幕。中国抗日战争历经6年局部抗战和8年全国抗战，长达14年之久，中国成为世界反法西斯战争中参战时间最早、作战时间最长的国家。至一九三九年九月第二次世界大战全面爆发时，中国已独立进行了8年的抗战，到一九四一年十二月太平洋战争爆发时，中国独立抗战则已整整坚持了10年之久。历史事实表明，是中国在世界上率先开辟了反法西斯战争之路。

第二，中国开辟和坚持了世界反法西斯战争的东方主战场。日本发动七七事变和八一三事变，开始了以灭亡全中国、称霸亚太地区为目标的全面侵华战争。中国人民奋起抵抗，进行举国一致的全国全面抗战，在世界的东方率先开辟了大规模的反法西斯战争的战场。中国抗战作为在世界东方反对日本法西斯侵略的主战场，是世界反法西斯战争的一个十分重要的组成部分，具有举足轻重的地位。在中国战略防御时期，中日双方投入总兵力达400余万人，战线长达1 800多公里，战场遍及中国18个省区，战区面积约有160多万平方公里，被卷入战争的人口达4亿之多。中国开辟的东方主战场，是一九四一年苏德战争和太平洋战争爆发前，世界反法西斯战争的主要战场。到一九三八年，日本投入中国战场的兵力已达24个师团、100万人以上，其国内本土留守的只剩1个师团。太平洋战争开始时，日本陆军总数51个师团中的78%被牵制和困守在中国战场上。一九四五年日本战败时，向中国战区投降的日军共128万余人，占日本在海外的投降总兵力的50%以上。事实胜于雄辩，在这场不可分割的世界反法西斯战争全局中，中国作为东方主战场，开始时间最早，持续时间最长，抗击和消灭日本侵略军最多，对彻底战胜日本法西斯起到了决定性作用。

第三，中国在世界反法西斯战争的整体战略格局中具有无可替代的重要作用，中国抗战制约着日本的“北进”战略和“南进”战略的实施，有力地捆住了日本世界战略的展开，保障了反法西斯同盟国“先欧后亚”大战略的贯彻推进。在第二次世界大战全面爆发后，中国战场抗击和牵制了日本三分之二以上的地面部队和相当部分的海军与空军力量，牢牢地捆住了日本法西斯的手脚，迫使日军陷入中国战场的泥潭而不能自拔。中国持久抗战，遏止了日本蓄谋已久的进攻西伯利亚的“北进”计划，使苏联得以避免东西两线作战，有效地支援了苏联的抗德卫国战争。斯大林说过：“只有当日本侵略者的手脚被（中国）捆住时，我们才能在德国侵略者进攻时避免两线作战。”中国抗战同样也牵制并推迟了日本进攻西南太平洋和东南亚的“南进”计划，而且使日军被迫背着中国战场的巨大压力实行“南进”，始终陷于腹背受敌的困境。中国抗战使日本难以实现其与德国、意大利东西对进、会师中东地区的战略图谋。正如美国总统罗斯福所说:“假如没有中国,假如中国被打垮了,你想一想有多少师团的日本兵可以因此调到其他方面来作战?他们可以马上打下澳大利亚,打下印度……并且可以一直冲向中东。”“日本可以和德国配合起来,举行一个大规模的夹攻,在中东会师,把苏联完全隔离起来,割吞埃及,斩断通过地中海的一切交通线。”中国不但为苏、美、英等反法西斯国家赢得了宝贵的战争准备时间,而且使它们有可能首先集中主要军事力量消灭德国法西斯,为保障反轴心同盟国实施“先欧后亚”的大战略起了重要作用。大家知道,由罗斯福、丘吉尔、斯大林等一致确定的“先欧后亚”战略,即先集中反法西斯同盟国主力击败法西斯德国,然后在亚洲太平洋战场打垮日本,这是世界反法西斯战争的整体性战略。而要实行这个大战略的前提是必须将日本军事力量牵制在中国战场,切断德国与日本两国军队之间的直接联系,以便先将法西斯阵营的头号强国德国打垮。否则,一旦日德两军会师,东西方法西斯联成一个整体,同盟国的先欧后亚战略就难以实施,无以达到各个击破之目的。中国抗战责无旁贷地担当起了这个关系世界反法西斯战争成败的历史重任。此外,中国还派出远征军开赴缅甸,与盟军共同对日作战。作为亚太地区盟军对日作战的重要战略基地,中国为同盟国提供了大量战略物资,在人力、物力、财力和信息上支援了同盟国的反法西斯斗争。

第四,中国积极倡导和推动世界反法西斯统一战线的建立,并为创建联合国、确立战后世界秩序作出了历史性的贡献。反法西斯战争是一场国际性的战争,建立广泛的世界反法西斯统一战线,是夺取胜利的重要保证。中国不但在世界东方率先建立抗日民族统一战线,而且为推动建立国际反法西斯统一战线进行了长期不懈的努力。一九四二年元旦,由中国、美国、英国、苏联 4 国领衔,有 26 个国家政府在华盛顿签署《联合国家宣言》,由中国作为首创国之一的这一宣言的签定,标志着国际反法西斯统一战线的正式形成。一九四三年十月,中国与美、英、苏 3 国共同签署了《关于普遍安全的宣言》,迈出了创建联合国的关键性一步。一九四四年八月,中国代表团参加了首次筹建联合国的四大国会议——敦巴顿橡树园会议。一九四五年四月至六月,中、美、英、苏 4 国共同发起在旧金山召开联合国立宪会议,世界上 50 个国家的代表与会,制定了《联合国宪章》,中国为制定《联合国宪章》的基本原则作出了重要贡献。中国因为在世界反法西斯战争中的重要地位和举世公认的贡献,不仅成为联合国创始会员国,而且还被确定为安理会 5 个常任理事国之一。这标志着中国的世界大国地位得到国际法上的确认,使中华民族重新自立于世界民族之林。

习近平总书记曾经指出,抗日战争研究要从总体上把握中国人民抗日战争与世界反法西斯战争的关系,“要推动国际社会正确认识中国人民抗日战争在世界反法西斯战争中的地位和作用”。这可以说是摆在我们史学工作者面前的一个重要而迫切的任务。事实上,在过去相当长一个时期里,在国际社会,中国在世界反法西斯战争中的地位和作用及其重大贡献是远远地被低估了,尽管最近一个时期以来情况有所变化,但还是远远不足的。为此,我们要加倍努力,迎头赶上,做好这个至关重要的历史大文章,向全世界彰显中国抗战在世界反法西斯战争中的重要地位和伟大贡献。

2017 年 7 月 5 日于上海

把抗战史研究提高到一个新水平*

今年是中国抗日战争取得伟大胜利的50周年。对从事抗日战争史研究的学术工作者来说，努力把抗战史研究提高到一个新水平，进一步繁荣抗日战争史学术事业，也许是对这一伟大历史性胜利的一种最好的纪念。

抗日战争是近代中国历史的一个根本转折，在中国近代历史上占有独特的重要地位，在中华民族的历史进程中也具有极其伟大的意义。抗日战争史的研究引起史学界的广泛兴趣和热切关注，不是偶然的。

最近一段时期，抗战史研究的学术水平有了较为显著的提高：学术风气逐步趋于实事求是；扩大了研究领域；研究成果，无论是在数量上还是在研究的深度上均有很大提高，有些论著论析精深，见解独到，或者填补了空白，具有较高学术水平；对不少基本问题提出了新的见解，或者给予一些重要问题以重新评价。

抗战史的研究要继续坚持实事求是、解放思想、忠于历史、遵循科学的原则，贯彻百家争鸣方针，这是前一时期获得丰硕成果的根本原因，也是进一步推动抗战史学科繁荣发展、提高抗战史研究水平，应当遵循的正确方向。

如何提高抗日战争史的研究水平，我认为关键在于对抗战史的专题研究和通论性著作的开拓，而其基础则在于对有关史料的系统发掘、整理和研究者理论素养的提高。目前以整个研究状况而论，主要的问题是：研究领域还不够广泛，许多新的领域和新的课题尚待开拓；许多重要问题的研究尚处在概念性的争论和一般的定性分析的水平上，有些则停留在描述历史过程的实证阶段，还未建立起系统的理论体系；大量的基础性工作亟需加强，抗日时期的历史档案和其他史料的系统的发掘和整理，至今仍是一大问题。此外，研究者的思路还不够开阔，知识面不广，理论和方法不够精当，这都须要着力加以改进。

在抗战史研究的取向上，似乎应当向拓宽研究领域与深化对已有课题的研究这两个方面同时进军。多年来形成的研究领域狭窄的局面近年来虽有所改进，但还没有得到根本改变。抗战时期的国际关系与外交、经济与财政、内贸与外贸、金

---

* 本文原载《抗日战争研究》1995年第1期。

融与货币、文化与教育、舆论与宣传、民族与宗教，党派与团体、民众生活与民众心态、移民与人口等许多领域，有的刚刚起步，有的鲜有人涉猎，有的至今仍属空白，无人问津。即使研究基础较好、成果较多的战争史，也有不少课题有待开拓和深化。因此，应当不断开拓抗战史研究的新领域，探索新的课题，同时深化对已有研究问题的认识，以便全方位、多层次地展现抗日战争历史的全貌。

处理专题性研究和通论性研究的关系，似宜从专题研究入手，以专题性论著为基础，再推出具有更高质量的通论性著作。抗战期间的军事、政治、经济、文化、外交、社会等各个方面，有大量的具体史事需要有志者作过细的专题研究，而专题研究贵在精深和专到，如果没有足够的专题研究作基础，就很难从整体上建立抗日战争史的理论体系。但专题研究并不能代替通论性研究，因为通论著作的根本特点在于具有完整的理论结构和逻辑体系，而目前关于抗战史的通论性著作仍是比较薄弱的。

目前更加迫切的是要组织力量，有计划地开展专题研究。努力克服专题研究的课题过少、过狭的情况，大力提高和加深专题研究的基础和水平。在专题的选择上，应当支持和鼓励向薄弱的和空白的领域开拓，从各方面积极促进更多更高水平的专题著作问世。同时，也要有计划地着手组织编写多卷本的抗日战争通史著作，这件事无论如何不应再拖延下去了。

加强抗战时期历史资料的发掘、整理和提高研究队伍的素质，是抗战史学科繁荣发展的两项基本建设。历史是实证的科学，除需要以正确的理论和方法为指导外，还需要有系统而可靠的史料。全国各地、各方面保存的抗日时期的历史资料十分丰富，数量极为可观，可惜这个无可替代的历史宝藏还远远没有得到开发和利用。抗战史研究中许多问题之所以难以深化和突破，是与缺乏系统而扎实的史料可资运用直接有关的。为促进抗战史研究的发展，建议中国第二历史档案馆和全国各省（市）档案馆系统地选编出版抗战时期档案材料；社会科学研究系统和高等院校分工协作，选编出版抗日时期各类专题资料，翻译国外有关专题资料；加紧进行抗战史的口述史料的调查访问工作；等等。

抗战史研究乃是一个综合的研究领域，其中涉及社会科学的多门学科，需要研究者具有多方面的知识。要把抗战史研究提高到一个新水平，首先必须提高学术队伍的素质。所谓素质，它是一种综合的研究能力。它包括研究者的理论素养、专业知识、专门技能和经验，乃至观察和解决问题的才识与能力。提高素质的关键在于提高理论水平，因为理论水平从根本上决定着研究成果的生命。抗战史的研究者首先要努力掌握马克思主义的理论与方法，同时要努力扩展自己的知识面，力求克服过去那种学科分割的研究方法。

在纪念抗日战争胜利50周年的时候，祝愿抗战史研究出现新的局面。

四、汪伪政权

回眸与展望*

——新中国成立以来关于沦陷区和伪政权的研究

当一九四九年十月一日第一面五星红旗在北京天安门广场冉冉升起时，中国人民终于告别了一百多年来受帝国主义和封建主义压迫和剥削的悲惨历史，走上了建设社会主义现代化国家的道路。新中国的诞生，开辟了中国历史的新纪元。社会历史的发展变化决定了历史学的发展变化。在新中国50年翻天覆地的巨大变革和发展前进中，历史学也获得了举世瞩目的辉煌成就。当新中国成立50周年这个具有历史意义的时刻来临时，对半个世纪以来沦陷区和伪政权史的研究进行回顾，检阅其成就得失，探究其经验教训，展视其发展前景，应是必要的和有益的。

一、 50年来的学术进展与主要成果

抗日战争时期的沦陷区和伪政权的历史，是日本殖民地化中国的历史，是日本帝国主义与中国汉奸反动派相互勾结，在沦陷区实行法西斯统治的历史，是中国近代史上最黑暗的一页。同时，也是中华儿女前仆后继，不屈不挠，反抗日本侵略者及其帮凶，为争取民族解放而斗争的历史。研究沦陷区和伪政权的历史，是抗日战争史研究中的一个重要组成部分，也是中国近代史的一个不可或缺的重要课题。

中华人民共和国成立以来，这一课题研究虽然取得了前所未有的丰硕成果，但走过了一条起伏曲折的道路。从人民共和国成立到"文化大革命"前，是起步和缓进的阶段。在这17年中，关于这方面的研究论著，据不完全统计，发表有论文

---

* 本文原载《抗日战争研究》1999年第3期。

40余篇、专著五六部；在中国现代史的断代通论性著作和专门史著作中，列有专门章节和篇目论述沦陷区和伪政权的著作共有10余部；此外还出版了有关的史料集多部。这一阶段的研究重点和主要成果，分布在沦陷区和伪政权的综合性研究、日本侵略者在沦陷区的暴行和罪行的研究、日伪在沦陷区进行经济掠夺和经济统制的研究以及关于沦陷区和伪政权史料的开发、刊布等方面。

我们不应低估新中国成立后17年这一研究领域所取得的成绩，把这一时期的沦陷区和伪政权史研究说成"一片荒漠"是与事实不符的。当然，也无需讳言，这一研究工作总的来说是缓进的、分散的和初步的，而且受到过"左"倾错误的多次干扰和消极影响。

从"文化大革命"开始到二十世纪七十年代末，是停顿和复苏的阶段。在十年动乱中，沦陷区和伪政权的研究遭到严重的破坏，如果说，整个历史学研究工作在这10年中遭到新中国成立以来最为严重的挫折，那么沦陷区和伪政权的研究，受到的打击就更为严重，而陷入全面停顿状态。

"文化大革命"结束到中共十一届三中全会前，沦陷区和伪政权的研究终于走出危境，步上复苏之路。粉碎"四人帮"以后，整个抗日战争史的研究迎来了百花盛开的春天，史学界经过拨乱反正，清理了"左"倾思想的流毒，重新学习马克思列宁主义和毛泽东思想，史学研究队伍开始重新聚集，以前所未有的高昂斗志开辟史学研究的新局面。这一切都为沦陷区和伪政权研究在新时期的突破和飞跃发展，作了思想上和组织上的准备。

八十年代以来的20年是大步迈进和走向繁荣的阶段，在中共十一届三中全会的"解放思想、实事求是"方针指引下，沦陷区和伪政权的研究进入了新中国成立以来最为兴旺的时期。20年来，据不完全统计，发表有论文500余篇、学术专著60余部，出版资料集30部，翻译出版国外的学术专著、史料集和回忆录10余部。新时期研究的发展呈现了以下几个显著特点：

（一）在学术研究的指导思想上，逐渐摆脱了主观性和片面性的偏向，强调研究工作要尊重历史、遵循科学，从历史事实出发而不是从概念和原则出发。在实事求是的思想路线指引下，对许多史事已有的结论重新加以审视，积极探明历史的本来面目，例如对抗日战争初期蒋介石与汪精卫的"双簧"说和抗战胜利后蒋伪"合流"说的重新评价，就是这种指导思想上的转变所产生的积极成果之一。

（二）新的史料的大量开发与广泛使用，使沦陷区和伪政权的研究立足于坚实的基础之上。进入新时期以来，伪满洲国政府、汪伪国民政府、伪华中维新政府、伪华北临时政府以及东北"满铁"的档案都陆续开放，其中主要的史料分别选编出版。抗战胜利后，审判陈公博、周佛海、王揖唐、梁鸿志等一大批汉奸的案卷也有不少部分已经刊布。日伪时期报刊资料开始分门别类地得到辑录。外文资料也不断译载而得到广泛的应用。这就使这一研究获得了丰富的、具体的和可靠的资料，大大地推进了研究工作的扩展和深入。

（三）研究领域多方面拓宽，研究课题更趋多样化。以往的研究大都局限于日军在沦陷区的军事镇压和日伪的政治统治，其他领域极少有人问津。如今“禁区”已不复存在，研究者纷纷向着前此从未探索过的领域进军，诸如日满、日汪时期的金融、货币、商贸、工矿以及物资统制，各个傀儡政权的军队和特工机关，沦陷区的文化、教育、新闻、出版，东北协和会、华北新民会、华中和华南的“新亚建国运动”等日伪奴化团体，各个伪政权之间的相互关系和汉奸集团的内部关系，汪伪国民政府与重庆国民政府之间的关系，各个傀儡政权与日本和轴心各国之间的关系，以及汉奸人物的研究等新的课题。填补空白领域的开拓性论著纷纷问世，成为新时期这一学术领域的一大特色。

（四）学术水平显著提高，对不少历史问题的认识达到了相当的深度。历史学是历史事实和历史认识的文字载体。随着许多重要史事的第一手材料不断被发掘，研究者的理论水平和研究方法的提高和改进，对沦陷区和伪政权的研究深度也不断推进，许多有关史事的真相已被一个个探明。在对伪政权的通论性研究和专题研究两个方面，都出现了有较高质量和深度的佳作，前者有姜念东、伊文成、解学诗、吕元明、张辅麟撰写的《伪满洲国史》（吉林人民出版社一九八〇年版）、解学诗所著《伪满洲国史新编》（人民出版社一九九五年版）、蔡德金撰写的《历史的怪胎——汪精卫国民政府》（广西师范大学出版社一九九三年版）、卢明辉撰写的《蒙古“自治运动”始末》（中华书局一九八〇年版）等著作，后者有复旦大学民国史研究室撰写的《汪精卫汉奸政权的兴亡》（复旦大学出版社一九八七年版）等著作。

（五）从事这一史事研究的学术力量，在近20年中，无论是在数量上还是在水平上都有显著的上升。全国几十所高等院校和社会科学研究机构均有研究人员参加这一研究工作，并且在中国社会科学院近代史研究所、北京师范大学、上海复旦大学、吉林省社会科学院、中国第二历史档案馆等单位形成了若干个学术群体，其中涌现了一批很有潜力和发展前途的中青年研究工作者。

综观半个世纪以来的沦陷区和伪政权研究，前30年从起步到缓进，又遭到严重挫折，总体而言，虽有所进展、有所创造，但成果不显。学术上的重大进展和主要成果，产生在改革开放以来的20年。新时期的成果在数量上是前30年的10倍以上，在质量上以视野开阔、选题多样、论析深入、考订周密、论点新颖而呈现全面跃升之势。以下从资料研究、通论研究、专题研究和学术争鸣等诸方面作一概略性的回顾。

（一）资料研究成果。历史资料的发掘、整理与编纂，是学术研究赖以开展的基础，而其本身也是一项科学研究工作。这愈来愈成为史学者的共识，而且已进行了卓有成效的工作。这方面已出版的资料大致有以下几类：

有关汪精卫汉奸政权的资料已出版多种。蔡德金、李惠贤编写的《汪精卫伪国民政府纪事》（中国社会科学出版社一九八二年版），是第一次全面系统地记述汪伪政权产生、发展与覆亡的历史过程的出版物，它是一本工具书，也是一本研究汪伪政权的重要参考资料。余子道、黄美真主持选编的大型资料丛书“汪伪政权史资料选编”，选辑了汪伪政府档案、日本政府内阁和军部档案、亲历者忆述记录、汉奸审判档案，以及当时的报刊和国内外有关著作中的大量资料，为这一研究提供了丰富和系统的资料。这套史料丛书已出版了黄美真、张云选编的《汪精卫集团投敌》（上海人民出版社一九八四年版）、《汪精卫国民政府成立》（上海人民出版社一九八四年版）和余子道、刘其奎、曹振威选编的《汪精卫国民政府“清乡”运动》3 册（上海人民出版社一九八五年版），另有关于汪伪政权的政治、外交、军事、文教和汪伪政权覆亡与汉奸审判的资料，分别编为 4 册，将陆续问世。在档案资料的发掘和出版方面，中国第二历史档案馆选编了汪伪《国民政府公报》（江苏古籍出版社一九九二年版）和《汪伪政府行政院会议录》（档案出版社一九九二年版），中央档案馆、第二历史档案馆和吉林省社会科学院选编了《日汪的“清乡”》（中华书局一九九五年版）。南京市档案馆选编了《审讯汪伪汉奸笔录》（上、下册，江苏古籍出版社一九九二年版），北京市档案馆也选编了《日伪在北京的五次治安强化运动》（北京燕山出版社一九八七年版）和《日伪北京新民会》（光明日报出版社一九八九年版）两部档案资料。上海市档案馆选编的《日伪上海市政府》（档案出版社一九八六年版），辑录了历届伪上海市政权的更迭，以及政治统治、经济统制、宣传教育等方面的大量馆藏档案。此外，《历史档案》《民国档案》和《档案与历史》等刊物，都陆续披露了有关汪伪政权的一些专题史料，如《历史档案》刊载的《抗战时期南北两伪政权合流档案选》（一九八三年第 2 期），是研究这一史事的极有价值的第一手资料。汉奸巨头的日记因为具有特殊的史料价值而引起研究者的格外重视。蔡德金编注的《周佛海日记》（起于一九三七年七月一日，止于一九四五年六月九日，其中一九三九年全年日记缺失，该书由中国社会科学出版社一九八六年出版）、中央公安部档案馆编注的《周佛海狱中日记》（起于一九四七年一月一日，止于同年九月十四日，系关押于南京老虎桥监狱时所记，该书由中国文史出版社于一九九一年出版），分别收录了汪伪集团核心头目周佛海抗日时期和战后一段时间的日记，它不仅为研究这个巨奸的历史，而且更为研究汪伪集团和汪伪政府的一系列重大史事，提供了许多鲜为人知的内情材料，弥补了档案文件和报刊资料的不足。黄美真选编的《伪廷幽影录》（中国文史出版社一九九一年版），收录有汪伪集团重要人物罗君强、陈春圃等人在狱中的书面交代材料，因为这些人当年曾参与机要,他们以亲历者身份所写的材料具有其他材料不可替代的作用。蔡德金、王升编著的《汪精卫生平纪事》(中国文史出版社一九九三年版)、姚福申等编写的《汪伪新闻大事记》等(《新闻研究资料》第48—49期),也为研究汪伪政权提供了丰富的史料。

有关伪满洲国资料的研究成果。以孙邦、于海莺、李少伯为正副主编的"伪满史料丛书"(吉林人民出版社一九九三年版),是国内第一部记叙伪满洲国历史的大型系列丛书,收录有关日本侵占东北,伪满政权的军事、经济、文化、社会、人物和日伪暴行,以及人民抗日救亡和伪满覆灭等各方面的资料,涵盖东北沦陷十四年的各个主要方面。中央档案馆、中国第二历史档案馆、吉林省社会科学院合编的大型资料丛书"日本帝国主义侵华档案资料选编",收录了为数众多的关于伪满洲国和日本在东北殖民统治的材料。这套丛书以选录馆藏的档案史料见长,具有权威性的史料价值。其中《伪满傀儡政权》(中华书局一九九四年版),披露的许多材料都是首次公开的。关于"满洲铁道株式会社"的资料研究成果,主要有吉林大学和吉林省社科院合编的大型多卷本史料书《满铁史资料》(中华书局一九七九、一九八七年版),辽宁省档案馆、辽宁社会科学院合编的《九一八事变前后的日本与中国东北——满铁秘档选编》(辽宁人民出版社一九九一年版)等。这些书所编的资料,都属首次披露的"满铁"档案,弥足珍贵。伪满宫廷的秘档近年来也开始开发出版,《溥仪私藏伪满秘档》(档案出版社一九九〇年版)是其中一种。它收录了记述溥仪及其追随者的政治动态和秘密活动,在当时属于"密札",有助于人们了解伪满上层的内幕。有关华北沦陷区的资料,除《日伪北京新民会》以外,经济类资料有居之芬主编的《日本对华北经济的掠夺和统制》(北京出版社一九九五年版),综合类资料有《日伪统治下的北平》(北京市政协文史资料委员会编,北京出版社一九九五年版)。前者汇编有从一九三五年至一九四五年日本在华北进行经济侵略的政策、计划、机构以及"国策会社"和各个财阀集团的资料,后者则辑录了一批亲历者忆述的反映沦陷时期北平社会状况的材料。

(二)通论性研究论著。提高沦陷区和伪政权史研究水平的关键,在于对这一史事的通论性著作和专题性研究的开拓。通论性著作重在对伪政权的始末进行完整的系统的叙述和论析,并构建完备的逻辑体系。目前,尚未有涵盖全国所有伪政权的通论性著作问世,但对4个伪政权分别作出的开拓性著作已出版了若干种。姜念东等编著的《伪满洲国史》是最早问世的一部通论性著作。它第一次对伪满洲国从出笼到覆亡的历史过程作出完整、全面的叙述,特别注重对日本在伪满的殖民统治及其军事镇压、政治压迫、经济统制和文化奴役的论析,力求多侧面、多层次地揭示这个傀儡政权的历史面目。该书内容丰富,叙述全面,虽然于论析方面显得不足,但仍不失为一部关于伪政权的开创性的学术论著。解学诗的

《历史的毒瘤——伪满政权兴亡》(广西师范大学出版社一九九三年版)和《伪满洲国史新编》是研究伪满的两本最新的通论性著作,作者在书中吸收了最近10多年来这方面许多新的研究成果,把这一研究提高到一个新水平。

以汪伪政权为研究对象的通论性著作,具有全面、系统的内容和完整的理论形态的书著至今尚在创造之中,目前已出版的主要有两部开拓性的著作。蔡德金撰写的《历史的怪胎——汪精卫国民政府》,是国内第一部关于汪伪政权史的著作。该书梳理出了汪伪政权历史过程的基本脉络,在简要、清晰的叙述中阐明了关于这一政权历史的立论准确的基本观点,是作者多年研究的精心之作。复旦大学历史系中华民国史研究室余子道等撰写的《汪精卫汉奸政权的兴亡》,是一部以专题形式表述的关于汪伪政权史的专著。作者分别对该政权的形成和演变,以及它的政治、经济、军事、文化和各项重大活动,直至其最后覆灭的全过程,作了较为全面、系统的论述。这部著作试图以专题论述的形式,来构建一部通论性史书的内涵,是对汪伪政权史通论性研究所作的一个有益的探索。

有关内蒙古地区伪政权的研究,卢明辉的《蒙古"自治运动"始末》一书,是迄今为止最具分量的一部通论性著作。该书对以德穆楚克栋鲁普(德王)为首的部分蒙古封建上层统治者打着民族"高度自治"的幌子,进行分裂祖国、出卖民族利益的活动作了系统的记述。对于在日本关东军一手操纵下,伪蒙古联盟自治政府的出笼以及与伪察南自治政府和伪晋北自治政府的合流,从伪蒙疆联合委员会到伪蒙疆联合自治政府的演变始末,该书都有连贯性的叙述和恰如其分的论析,是研究内蒙古伪政权史的一个重要的通论性成果。

伪冀东防共自治政府是一个地区性的伪政权,早在七七事变前日本策动华北"自治运动"时就已出笼。张洪祥等编著的《冀东日伪政权》(档案出版社一九九二年版),是近年出版的关于这一政权历史的第一本通论性著作。它记述了冀东伪政权成立、发展和衰亡的过程,尤其是对其的政治控制、经济掠夺、奴化教育及与日本的关系都有详尽的叙述。

此外,费正、李作民、张家骥撰写的《抗战时期的伪政权》(河南人民出版社一九九三年版),论述了伪满洲国、伪蒙疆自治政府、伪维新政府、伪临时政府和汪伪政府等各个伪政权的建立、演变与覆亡的过程,内容简明扼要,叙述全面,有助于广大读者全面了解抗战时期傀儡政权的概况。

(三)专题研究论著。对具体的历史问题进行的专题研究贵在精深。如果没有专题研究作基础,就很难对沦陷区和伪政权进行整体性研究。这方面已发表的论著数量可观,考察的笔触已深入这一史事的许多领域。

关于伪政权的成立及其基本状况的著作有:黄美真、张云的《汪精卫集团叛国投敌记》、黄友岚的《抗日战争时期的"和平"运动》(解放军出版社一九八八年版)

等。主要的论文有:蔡德金的《汪精卫集团叛国投敌的前前后后》(《近代史研究》一九八三年第2期),黄美真、张云的《抗战时期汪精卫集团的投敌》(《复旦学报》一九八二年第6期),闻少华的《试论汪精卫集团的形成及其演进》(北京"抗日战争时期的汪精卫与汪伪政权研究学术座谈会"论文,未刊)、张同新的《日本亡华战略与汪伪政权》(北京"抗日战争时期的汪精卫与汪伪政权研究学术座谈会"论文,未刊)、沈家善的《汪精卫叛国投敌初探》(《杭州大学学报》一九八二年第2期)、柳蕴琪的《汪精卫通敌卖国原因初探》(《贵州大学学报》一九八二年第2期)、何绍缘的《汪精卫国民政府的建立和基本特征》(《零陵师范专科学校学报》一九八七年第2期)、苏宗辙的《汪精卫叛国投敌原因再探》(《民国档案》一九九三年第3期)、李侃的《郑孝胥与伪满洲国初期傀儡政权》(《抗日战争研究》一九九五年第4期)、姚洪卓的《略论华北伪政权》(《历史档案》一九九六年第2期)、徐立刚的《伪临时政府与伪维新政府政治关系演变浅析》(《民国档案》一九九六年第3期)、沈燕的《伪满〈国本奠定诏书〉剖析》(《社会科学探索》一九九五年第2期)、史潮的《试论汪精卫集团投降主义理论之发展》(《湖北大学学报》一九九五年第4期)、王希亮的《试论伪满傀儡政权的历次调整及其实质》(《黑河学报》一九九一年第4期)、张辅麟的《伪满政权傀儡性再认识》(《社会科学战线》一九九一年第2期)、吴庆仁的《伪满政权机构沿革概述》(《历史档案》一九八八年第4期)等。

关于日伪在沦陷区的经济掠夺和经济统制的论著为数最多,内容也较丰富深入。《伪满洲国史》和刘惠吾、刘学照的《日本帝国主义侵华史略》(华东师范大学出版社一九八四年版)、杜恂诚的《日本在旧中国的投资》(上海社会科学院出版社一九八六年版)、居之芬等的《日本在华北经济统制掠夺史》(天津古籍出版社一九九五年版)等专著中,均以较多篇幅叙述这一问题。发表的论文,成果斐然可观。关于东北沦陷区的,主要有姜铎的《略论东北沦陷时期的殖民地经济》(《学术学刊》一九九〇年第3期)、李作权的《伪满洲国的经济统制》(《博物馆研究》一九八三年第1期)、解学诗的《评伪满的经济"统制和五年计划"》(《社会科学战线》一九八一年第3期)、孔经纬的《伪满时期的东北经济状况》(《社会科学辑刊》一九七九年第4期)、苏崇民的《满铁在日本侵略中国过程中的地位与作用》("中日关系史论丛",辽宁人民出版社一九八二年版)和《日伪统治东北时期的"满铁"》(《中国经济史论文集》下卷,东三省经济史学会一九八二年印行)、郑敏的《试论东北沦陷时期殖民地经济的畸形发展》(《社会科学战线》一九九五年第4期)、刘艳秋的《日伪对东北经济的掠夺》(《黑龙江教育学院学报一九九六年第2期)、郭素美的《伪满的劳动统制政策》(《学习与探索》一九九四年第2期)、赵力群的《日本对中国东北移民侵略始末》(《社会科学辑刊》一九九二年第2期)、朱绍文的《九一八后日本帝国主义对我国东北经济的疯狂掠夺》(《教学与研究》一九九一年第2期)、张传杰的《日本对中国东北牧业资源的掠夺》(《齐齐哈尔师范学院学报》一九九五年第5期》)、张凤鸣的《日本移民对中国东北土地的掠夺》(《齐齐哈尔师范学院学报》一九九五年第5期)、辛培林等的《在我国东北的“开拓团”始末》(“中日关系史论丛”,辽宁人民出版社一九八二年版)、张云樵等的《日伪时期东北土地占有关系》(《社会科学辑刊》一九八六年第2期)、李作权的《“北边振兴”计划及其实质》(《博物馆研究》一九八六年第2期)、桑润生的《日本军国主义对我国东北农业的掠夺》(《社会科学战线》一九八七年第2期)等。关于华北沦陷区的主要有居之芬的《抗战时期日本对华北经济的统制和掠夺》(《党史文汇》一九九五年第2期)、曾业英的《日本对华北沦陷区的金融控制与掠夺》(《抗日战争研究》一九九四年第1期)、王士花的《伪华北交通股份有限公司及其交通统制》(《历史研究》一九九六年第3期)和《日本侵华战争时期对华北工矿资料的控制与掠夺》(《抗日战争研究》一九九三年第1期)、王龙耿的《伪蒙疆时期经济的殖民地化》(《内蒙古社会科学》一九八八年第2期)、徐行的《抗日战争时期日本在华北的经济侵略机构:华北开发株式会社》(《历史教学》一九八四年第2期)、刘世泽的《日伪掠夺华北劳力资源始末》(《辽宁省社会科学院学术论文选》,一九八三年印行)等。关于华中和华南沦陷区的,主要有程洪的《汪伪统制经济述论》(《汪精卫汉奸政权的兴亡》,第181—216页)、张根福的《论汪伪战时经济统制》(《江海学刊》一九九六年第3期)和《汪伪全国商业统制总会述论》(《档案与史学》一九九七年第3期)、黄美真的《1937—1945:日伪对以上海为中心的华中沦陷区的物资统制》(《抗日战争研究》一九九九年第1期)、陆仁贤的《抗战时期日军对上海钢铁工业的三次大掠夺》(《经济学术资料》一九八二年十一月号)、李琳的《日本占领海南及其对资源的开发和掠夺》(《海南大学学报》一九九七年第2期)、周章森的《抗日战争时期日伪对浙江的经济掠夺》(《浙江学刊》一九九四年第1期)和张守富、马福震的《抗日战争时期日本对山东的经济掠夺》(《发展论坛》一九九五年第6期)等。总论性的文章有徐新吾的《抗战时期日本帝国主义对华经济侵略概述》(《经济学术资料》一九八二年十月号)、王莹先等的《日本在中国沦陷区经济掠夺的特点》((江汉论坛》一九九六年第11期)和刘万铮的《抗战时期日本帝国主义对中国经济金融的掠夺》(《银行与经济》一九九五年第11期)等。

关于沦陷区军事政治统治的论著,全面考察伪政权的政治形态、政治体制和政治统治运作过程的研究成果尚未见到,目前大都集中在对日伪几个重大军事政治活动的研究。论文主要有余子道的《日伪在沦陷区的“清乡”运动》(《近代史研究》一九八二年第2期)、王国华的《从档案材料看日伪的五次治安强化运动》(《北京档案史料》一九八七年第3期)、武锦莲的《汪伪政权的“新国民运动”剖析》(《上海师范学院学报》一九八三年第3期)、石源华的《汪伪时期的“东亚联盟运动”》

(《近代史研究》一九八四年第6期)、杨元华的《试析日伪对华中的"清乡"活动》(《上海师范大学学报》一九九七年第3期)等。论述伪政权体制和统治模式的文章,有潘健的《浅析抗战时期福建的汉奸政权组织》(《福建师范大学学报》一九九五年第4期)、俞辛焞的《伪满的殖民体制与日本外务省》(上、下)(《首都师范大学学报》一九九五年第4、5期)、赵冬晖的《日本统治东北方案的形成》(《社会科学战线》一九九五年第2期)、车霁虹的《试论伪满政权的地方基层统治机构》(《齐齐哈尔师范学院学报》一九九五年第5期)、张济顺的《沦陷时期上海的保甲制度》(《历史研究》一九九六年第1期)等。

关于伪政权的军队、特工、警察的论著从无到有、陆续出现。研究军队的论文有余子道的《汪伪军事力量的发展和消亡》(《汪精卫汉奸政权的兴亡》,第127—180页)、石源华的《汪伪和平救国军的建立、发展和消亡》(《军事历史研究》一九八七年第1期)、顾莹惠等的《汪伪和平军述论》(《苏州大学学报》一九九二年第4期)、李文昌的《华北伪军初探》(《北京档案史料》一九九六年第3期)、王文锋的《略述伪满国军的覆灭》(《社会科学探索》一九九五年第1期)。对伪警的研究也开始有人涉猎。吉林省公安厅公安史研究室编译的《满洲国警察史》(一九九〇年长春内部版),是国内出版的第一部研究伪政权警察的专著。李继星的《抗战时期的北平伪警察机构》(《中国人民警官大学学报》一九九八年第3期)和肖炳龙的《伪哈尔滨警察厅概述》(《北方文物》一九九〇年第1期),分别对大城市伪警机构作了个案研究。伪政权特工机关和特务活动是极为阴险残暴又非常隐蔽的,但随着史料的深入发掘,其真实面貌渐被揭开。目前较多的论著是研究汪伪特工的,主要有蔡德金、尚岳编写的专著《魔窟——汪伪特工总部七十六号》(中国文史出版社一九八六年版),黄美真等的论文《汪伪特工总部始末》(《汪精卫汉奸政权的兴亡》,第350—392页)等。

关于日伪在沦陷区的文化统治与思想奴役的研究,多年来被史学者所关注,已获一批成果。肖效钦、钟兴锦主编的《抗日战争文化史》(中共党史出版社一九九二年版)一书专设"沦陷区文化概况"章节,对全国各个沦陷区的新闻、报刊、广播、出版、电影、教育、文学、戏剧等各个领域作了全面的叙述和论析。研究日伪文化专制和思想奴役的文章为数众多,如刘其奎的《汪伪汉奸文化概述》(《汪精卫汉奸政权的兴亡》,第127—262页)、马光仁的《日伪在上海的新闻活动概述》(《抗日战争研究》一九九三年第1期)、赵锡麟的《伪满的奴化教育》(《教育研究通讯》一九八三年第3期)、齐守成的《血腥的日伪奴化教育》(《理论与实践》一九九七年第17期)、王颖的《伪满殖民教育方针的演变及其影响》(《社会科学辑刊》一九九五年第6期)、高峻的《论日本帝国主义对中国的文化侵略》(《福建党史月刊》一九九五年第12期)、张峻的《日寇的奴化教育》(《光明日报》,一九九五年七月二十五日)、吕元明的《论伪满的文化》(《学习与探索》一九七九年第5期)、肖安鹿的《简析日本军国主义在东北推行的奴化、同化政策》(《甘肃理论学刊》一九九五年第5期)等。王春南的《侵华战争中日本对中国文化的摧残》(《抗日战争研究》一九九三年第1期),对日军在沦陷区摧毁我国教育、文化和科研事业,劫掠图书、文物等进行较为全面的揭露。东北的"协和会"、华北的"新民会"、华中和华南的"东亚联盟中国总会"等团体是日伪进行殖民统治和思想奴役的工具,霍燎原的《略论伪满协和会》(《社会科学战线》一九九四年第5期)、唐志勇的《日伪"新民会"始末》(《山东师范大学学报》一九九四年第3期)、李慎兆的《伪华北新民会和新民主义汉奸理论》(《北京档案史料》一九八六年第3期),以及石源华的《汪伪时期的"东亚联盟运动"》和史桂芳的《评东亚联盟论的内容与实质》(《抗日战争研究》一九九九年第1期)等论文,对这些团体作了初步的研究。

(四)汉奸人物传记。历史是由人的活动构成的,研究历史离不开对人物的研究。十多年来,汉奸人物研究已成为伪政权研究中的一个热点。《汪伪十汉奸》(上海人民出版社一九八六年版)一书,辑录了黄美真等撰写的汪伪巨奸汪精卫、陈公博、周佛海、诸民谊、陈璧君、罗君强、王克敏、王揖唐、梁鸿志、李士群等人的传记。汪精卫作为头号巨奸并由于其一生经历辛亥革命以来一系列重大史事,自然为史家所偏重,已问世的有:蔡德金的《汪精卫评传》(四川人民出版社一九八八年版),李理、夏潮的《汪精卫评传》(武汉出版社一九八八年版),闻少华的《汪精卫传》(吉林文史出版社一九八八年版)以及程舒伟的《汪精卫和陈璧君》(吉林文史出版社一九八八年版)等。关于陈公博和周佛海的传记,有蔡德金撰写的《汪伪二号人物陈公博》(河南人民出版社一九九三年版)和《朝秦暮楚的周佛海》(河南人民出版社一九九二年版),闻少华的《周佛海评传》(武汉出版社一九九〇年版)和《陈公博传》(东方出版社一九九四年版),石源华的《陈公博这个人》(上海人民出版社一九九七年版)。伪满政权首领溥仪的自传《我的前半生》(中华书局一九九七年版)成书于六十年代,在七十年代正式公开出版。传记作品有于友发编著的《由皇帝到公民》(吉林人民出版社一九八〇年版)、孙喆甡编著的《中国末代皇帝爱新觉罗·溥仪传》(华文出版社一九九〇年版)等多种。

(五)翻译出版海外学者的著作和日本侵华当事者的回忆录。外国学者的专著,首推美国斯坦福大学约翰·亨特·博伊尔研究汪伪集团的作品《中日战争时期的通敌内幕》(陈体芳等译,商务印书馆一九七八年版),尽管作者的观点和立论与我们不相一致,但许多内容与研究方法依然是值得学习和借鉴的。日本有关当事者的回忆录,出于种种原因,其内容不尽真实和确切,但披露了许多鲜为人知的情况,为别的材料所不可代替。这方面已出版的有今井武夫的《今井武夫回忆录》(原名《中国事变的回想》,上海译文出版社一九七八年版)、犬养健的《诱降汪精卫秘录》(原名《扬子江还在流》,任常毅译,江苏古籍出版社一九八七年版)、西义显的《日本“和平工作”秘史》(原名《悲剧的证人》,任常毅译,江苏古籍出版社一九九二年版)和晴气庆胤的《沪西七十六号特工内幕》(原名《上海恐怖机关——76号》,朱阿根译,上海译文出版社一九八五年版)等。

学术工作的推进和学术成果的创造,都离不开学术界的互相交流、切磋和争鸣。进入新时期以来,解放思想成为时代的强音,学术空气趋于活跃,有关沦陷区和伪政权研究中的许多学术问题都得以展开自由的讨论。例如关于汪精卫和汪伪集团叛国投敌的原因,汪精卫投日是否在事前与蒋介石共同密谋、两人合唱“双簧戏”,汪精卫是于何时和在什么情况下决定由他出马组建伪中央政权的,汪伪国民政府与重庆国民政府之间的关系,日本投降后蒋伪两方是否实行了“合流”,以及对汪伪“和平运动”的历史评价等问题,都有不同见解之间的争鸣。正是在尊重历史、遵循科学的精神之下,通过学术讨论,对不少同题逐渐取得共识。

这种学术交流和讨论,比较集中地反映在各次学术研讨会上。八十年代初以来,在多次中华民国史、中国现代史、抗日战争史、中日关系史等学术研讨会上,都提出过关于沦陷区和伪政权史的学术问题并进行了热烈的讨论。在北京召开的两次汪伪政权史学术讨论会,是共和国成立 50 年来仅有的关于这一史事的全国性专题学术会议。一九八六年五月,在北京师范大学召开首次全国性的汪伪政权问题学术讨论会,国内学者 30 余人与会,4 位日本学者也到会进行了学术交流。这次会议 12 年后,一九九八年九月,由中国社会科学院近代史研究所《抗日战争研究》编辑部和台湾《近代中国》杂志社共同主办的“抗战时期的汪精卫与汪伪政权研究”学术座谈会在北京怀柔举行,这次会议的显著特色是台海两岸学者首次共同就汪伪政权学术研究相聚一堂,在欢快活跃的气氛中切磋研讨,而学术探讨的深度和涉及问题的广泛性都超过了前次会议。毫无疑问,这两次会议对促进汪伪政权史研究都起了积极作用。

二、 逐步向着研究的广度和深度进军

沦陷区和伪政权史研究历经曲折而走向繁荣,经过几十年的努力,发展成为一个相对独立的课题,逐步成为一项专门的学问,特别是在最近 20 年来,这一研究的内容日益广泛,对不少史事的研究达到相当深入的程度。以下择其要者作一鸟瞰式的评说。

(一) 日本在沦陷区的殖民统治

最近 20 多年来,对沦陷区殖民统治的研究一步步走向深入,内容也愈来愈丰富。这方面的研究,包括殖民统治的建立、沦陷区社会的性质和特点、殖民统治发

展的阶段和各个沦陷区殖民统治之间的比较，等等。许多研究伪满史的学者指出，日本帝国主义在我国东北的殖民统治，完全是以军事占领为前提，日本帝国主义是以刺刀维持其统治的。日本对东北的殖民统治，始于二十世纪初，止于一九四五年日本投降，其中九一八事变是划分东北为日本独占殖民统治历史阶段的标志。九一八事变后，日本武装侵占东北全境，以此为前提，从政治、军事、经济、文化等各个方面，建立起全面的殖民统治。在经济和社会领域，完全控制了东北的工业、铁道、农业、金融、贸易，并且建立了文化奴役的统治系统。这种殖民统治建立的基本特征，在其他沦陷区也是如此，只是程度不同而已。

研究者普遍认为，日本侵略者维持其殖民统治的政策和手段，具有军事、政治、经济、文化一体化的特点，而以军事镇压和政治控制为主体，以经济统制和精神奴役为重要组成部分。不少论著研究了东北的“治安肃正”运动、华北的“治安强化”运动和华中华南的“清乡”运动，认为这些所谓运动正是日本侵略者推行上述政策的集中表现。目前对这些运动的研究已相当深入。吕明灼剖析了“治安强化”运动的演化过程，指出它经过了三个形态：“治安肃正”是它的雏形，仅限于政治、思想范围；“治安强化”是前者的扩大和发展，范围扩展到军事、经济等各个方面；继后的“新国民”运动则是“治安强化”的回光返照，但特别着重于政治思想和文化方面。并认为日伪在华中、华南沦陷区的“清乡”，在内蒙古的“施政跃进”，在东北的“国民协力”，都是“治安强化”的表现形式。它们带有政治、经济、军事、思想一体化总体战的特征，目的都在于巩固其在沦陷区的法西斯统治。余子道对“清乡”的特征作了较为全面的论析，认为“清乡”在军事上是突袭式的“扫荡”作战和囚笼式的封锁“清剿”相结合；政治上是软硬兼施、整肃与怀柔并用；经济上是竭泽而渔式的横政暴敛和养鸡生蛋式的剥削榨取交替使用；文化上是日本法西斯文化和中国封建买办汉奸文化的结合。并指出“清乡”具有综合性和总体战的特点。

史学者中有人对东北沦陷区和华北、华中、华南沦陷区的殖民地化的程度进行比较研究。有一种见解认为，东北的殖民地化程度高于关内地区，因为日本侵略势力在东北不但掌握了城市，而且深入大部分农村，殖民势力的根基较深；而在华北、华中和华南，日本侵略势力只占领了主要的城市、交通干线及其附近的乡村，殖民统治的基础较为薄弱。这一分析的总的论断被认为是符合历史的，但目前这种比较研究还是浅层次的，有待继续深入。

（二）汉奸集团和傀儡政权

八十年代以来，一批批有文有质、史论并茂的论著纷纷与世人见面，使这方面的学术研究呈现生动活泼的景象。在整个沦陷区研究中，关于汉奸集团和傀儡政权的研究也是最为活跃和最富成果的。研究者们考察的对象相当广泛，诸如日本关东军策划所谓“满蒙独立”运动、以溥仪为代表的清皇族中的反动复辟势力成为日本侵略势力的附庸、伪满傀儡政权是如何建立的、日本对国民政府的政治诱降政策、汪精卫等人叛国投敌的背景和内外原由、汪精卫汉奸集团的形成和演变、南京汪伪政府是如何建立的、日本对南北各地各个傀儡政权的严密控制和分而治之政策、汪伪政权与伪临时政府和伪维新政府以及伪蒙疆自治政府的关系、汪伪集团与重庆国民党的关系、日本对各个傀儡政权的操纵利用、日本“对华新政策”与汪伪政权的“独立”“统一”活动，以及伪政权的覆灭与汉奸的审判等课题，无不被纳入学术研究的视野，而且对有些问题的探索考察已向着纵深的方向发展。在这里，首先被研究者注视的是日本对傀儡政权的扶植、操纵和利用的问题。系统考察日本在这方面一贯推行的若干政策，是研究这一问题的关键。“以华制华”政策是日本侵华的一项长期的基本政策，伪政权正是这一政策的产物。《伪满洲国史》的作者认为，日本关东军在设想的对东北实行殖民统治的各种方案中，最终选择了扶植傀儡政权，实行“以华制华”一途。这就既可避开国际规约的约束，又可达到“避名就实”的目的。“以华制华”的本质不变，但在不同的形势下其实现形式是变化的。余子道在文章中考察了日本在太平洋战争处于节节败退的形势下推行起来的“对华新政策”，指出这一政策仍然是“以华制华”的继续，只是改变了实施的策略和手段。与前此不同的，是它更强调发挥伪政权的作用，赋予它以形式上的“独立自主”的权利，并用大傀儡去制约小傀儡，以表面上的“统一”达到日本对沦陷区的控制和利用。

日本的政治诱降政策是配合着对华军事进攻而实施的，主要用以分化国民党政策，策动汉奸亲日派叛国投敌。汪精卫集团的投敌和南京伪国民政府的建立，被认为是实施这一政策的最大“成果”。这一问题已由不少论著作了阐述，而蔡德金、黄美真、闻少华等学者的研究尤为精深。黄美真、张云的文章剖析了七七事变后日本对国民党政府进行政治诱降的三个发展阶段，具体揭示了日本的诱降政策与汪精卫集团叛国投敌的关系，从而从一个重要方面探明了汪伪政权产生的历史。还有论著研究了日本对吴佩孚、唐绍仪、梁鸿志、王克敏等人，以及对上海的帮会头子黄金荣、张啸林等人的诱降活动，使这一研究更加丰富。

日本对傀儡政权实行的是严密控制、分而治之的政策，许多研究者从各个傀儡政权进行论析。解学诗等指出，日本对伪满在外观上给以“独立国家”的幌子，在内部则实行严密控制，关东军是这一政策的执行者，成为伪满洲国的最高统治者。溥仪只是在关东军操纵、控制下的一个工具。蔡德金等认为，依据日汪密约规定，日本，表面上未向汪伪政府派遣政治顾问，以示对其“内政”不予干涉，但派有最高军事顾问和军事顾问团、最高经济顾问和经济顾问团，还有中国派遣军总司令部、驻汪伪“大使馆”和兴亚院联络部等，它们实际上操纵、控制了汪伪中央和地方各级政权。“分而治之”也是日本对傀儡政权的一贯政策。伪满政权一向由关东军操纵利用,与其他傀儡政权毫不相干。汪伪政权成立后,伪蒙疆政府即以“高度自治”的名义,由日本驻蒙兵团直接实施统治,无异于伪满第二。伪临时政府虽宣布取消,改组为伪华北政务委员会,但不改变其实质,一切都在日本华北方面军的“指导”之下,在汪伪中央政府之外自成系统。唯一被取消的是伪维新政府,但汪伪中央政府不过是取代伪维新政府的权力而已。不仅如此,就连汪伪区域内各省、市伪政权,汪伪中央大都也无权过问,而被当地日本驻军所操纵。

在对汪伪汉奸集团和汪伪政权的研究中,一个时期以来,以下三个问题成为讨论的热点:汪精卫集团叛国投敌的原因是什么、汪伪政权是如何建立起来的、汪伪集团与重庆国民政府的关系是怎样的。围绕这些问题发表了为数可观的文章进行探讨,历史真相也随之愈辩愈明。研究者都认为汪精卫及其追随者投敌叛国是多种因素共同作用的结果,至于是何种因素起了主要作用、内因与外因的关系又是如何,则尚存在不同见解。黄美真等认为:日本的诱降政策是汪精卫集团投敌的外因,汪精卫的抗战失败主义和民族投降主义思想的恶性膨胀是其内因,亦是根本原因;而蒋介石的抗战两面政策则为汪精卫的投降开辟了道路。蔡德金等认为,虽然这里有多种因素,如日本的诱降、抗战的失利和国际对华援助不力、汪精卫周围亲信的纵容、高宗武等人的穿针引线等,但除这些客观因素外,就汪本身而言,主要原因可概括为三个方面:一是民族投降主义,二是顽固的反共立场,三是权力欲的高度膨胀。还有人认为主要是由于汪蒋之间的政策分歧,或主要为两者之间的权力之争。此外也有文章认为,汪精卫出走的一个重要原因是“出于其妥协图存的幻想”,即“妄求偏安之局”。结果事与愿违,汪的“和平运动”沦为“卖国运动”。不过,这一说法因离史实太远,很少有人赞同。关于汪伪政权成立的问题,学术界对于汪精卫是何时决定由他出马建立伪政权,以及汪伪国民政府为何一再被延迟成立这两个问题,作了颇为深入的讨论。

(三)沦陷区经济

沦陷区经济是一个包含着众多丰富内容、涉及许多专门领域的大课题,目前已有相当多的题目被研究者逐步开拓,其中对伪满洲国经济的研究尤为深入。这方面,被研究者们着力考察的主要是以下各种问题:日本对沦陷区的经济掠夺、日伪的经济统制政策及其实施、沦陷区金融与货币、日伪对交通运输的垄断、日本对农业的掠夺和向沦陷区移民、日伪的物资统制、对工矿企业的统制和掠夺、在沦陷区的日本国策会社,以及沦陷区经济的性质和特征等。

日本进行侵华战争时,在政治上推行“以华制华”,在沦陷区扶植操纵傀儡政权,同时在经济上推行“以战养战”,进行全面的掠夺,已有不少论著对此作了系统的研究。日本帝国主义的战争机器和经济垄断性必然导致经济掠夺,而为了经济掠夺必不可少地要实行经济统制。研究伪满历史和汪伪历史的学者都认为,经济统制政策始终是日本对沦陷区经济的基本政策。有的学者指出，日本在伪满实行经济统制政策的目的，一是使伪满经济全面殖民地化，而成为日本的附庸；二是为了确立"国防经济"，把伪满建成日本的兵站基地；三是满足日本建立以它为中心的所谓东亚经济新秩序的需要。经济统制政策始终贯彻以下各个要点：确保平、战两时的军需资源；实行"日满一体的计划经济"，将日"满"经济融为一体；建立国防经济；实行移民，扶助日本在东北的人口势力；不使伪满经济放任自流，而把其置于日本统制之下。研究者全面分析统制经济的各个领域，指出金融统制、物资统制、产业统制是经济统制的三大支柱。最近10多年来，不少学者对这三大统制作过较为深入的研究。在金融统制方面，研究者考察的有日本在沦陷区实行金融垄断的过程与特点，伪满中央银行、北平中国联合准备银行、南京华兴银行以及汪伪中央储备银行的成立及其金融活动，以伪满中央银行、汪伪中储行为中心的金融统制网的建立；日伪在沦陷区建立"新货币体系"，操纵货币发行权和流通权，伪满纸币、"联银券"、"华兴券"和"中储券"的滥发以及恶性通货膨胀等课题。在物资统制方面，研究者关注的问题主要有：日军对沦陷区各类物资的管制和搜刮，日伪统制物资的政策、法令和机构，东北、华北和华中实行物资统制的不同推进过程，物资统制的作用及其社会后果等。汪伪"全国商业统制总会"及其下属米粮、棉业、粉麦、油粮等统制委员会，在物资统制活动中占有独特的地位，扮演过特殊的角色，这几年备受研究者的重视，有关的论著也更多。在产业统制方面，较多地研究了以下一些问题：日本对占领区"统制企业"与"自由企业"的划分，伪满的各类特殊公司，华北开发公司、华中振兴公司、国策公司在沦陷区经济中的地位与作用，对企业的"军管"、委任经营、"合办"、租赁和收买，以及产业统制对中国经济造成的影响等。

同一切事物一样，沦陷区统制经济有其发展过程而呈现一定的阶段性，剖析其发展阶段乃是学术研究的题中应有之义。比较而言，伪满和汪伪两种统制颇有不同发展历程。一些学者把伪满经济统制分为三个阶段。从伪满建立到一九三六年：制定统制政策、确立统制体制、奠定经济统制的基础。一九三七年至一九四〇年：对伪满产业进行大规模开发，对东北经济实行全面统制和掠夺。一九四一年至日本投降：实行全面彻底的统制，对东北实行疯狂的物资掠夺。汪伪统制经济历史较短，但也有其阶段性，有的研究者把它区分为三个阶段加以具体分析。此外，关于沦陷区殖民地经济的性质问题已提出了几种不同的见解，近几年来正经历着一场持续的争鸣。

（四）沦陷区文化

在沦陷区和伪政权研究中，对文化领域历史的研究最为薄弱，成果不显。目前已有的研究只涉及日伪的文化专制政策和文化奴役政策、沦陷区的奴化教育、日伪的新闻出版统制、伪满“协和会”“东亚联盟运动”“新国民运动”等若干课题，一般都是浅层次的探讨，尚缺乏足够的深度。

日本在沦陷区思想和文化领域里实行的是怎样的政策，已有一些论著对此作了研究。《伪满洲国史》等书的作者认为，法西斯主义的文化专制是其基本政策，在这一政策下，伪满的文化具有高度的集中和垄断的特征，而一切文化活动都是服务于侵略战争的。从文化的内容而言，则可称之为文化奴役政策，殖民主义的思想灌输和精神奴役是其基本点。文化奴役的内容主要有三个方面：一是日本民族特殊优越论，鼓吹日本大和民族是所谓优秀人种；二是“满洲国”“王道乐土”论，宣扬伪满是实行“王道政治”的“新国家”；三是“日满密不可分”论，制造东北不属于中国，却与日本“密不可分”的舆论。总之，文化奴役旨在消除中国人民的民族意识，充当屈服于日本侵略者的顺民。

沦陷区教育的研究主要考察的是教育的性质、教育的目的、教育制度和日伪对教育事业的控制等问题。研究者大都揭示了日伪在沦陷区推行的教育是十足的殖民教育、奴化教育和愚民教育。这种教育的目的，是为日本亡华灭华培养奴才和顺民，同时也为殖民统治机构和殖民经济社会事业培养专业人员。汪伪政府的教育活动带有比较完备的形态和体制，刘其奎从沦陷区教育事业的所谓“恢复”和“整顿”、教育机构之设立、教育方针及其实施纲要的制定、教育内容和各类教科书的审定以及对学校、家庭、社会渗透奴化教育等五个方面作了比较系统的论述。

汉奸新闻事业和新闻宣传作为一个新的研究课题，近年来已得到开拓，黄士芳的《汪伪的新闻事业与新闻宣传》(复旦大学博士论文，未刊稿)、孙贵的《东北沦陷十四年日伪的新闻事业》(《新闻研究资料》一九九三年第3期)和黄河的《北平沦陷后的敌伪报纸》(《新闻研究资料》一九九一年第3期)等文是这方面的代表作。黄士芳认为，伪满洲国新闻统制机构“弘报处”及其他新闻机器的建立，标志着日本卵翼下的汉奸新闻的正式出笼。伪华北临时政府、伪华中维新政府和伪蒙疆政府建立了若干新闻宣传机构，形成了初具规模的新闻统制体系。汪伪汉奸集团通过炮制汉奸新闻理论、制定新闻法规、调整并创办一大批新闻机构，建立了所谓“国家计划新闻制度”和“战时新闻体制”，把汉奸新闻事业推到更为完备的阶段。作者对汪伪的新闻政策、新闻制度、报刊、通讯社、广播机构、新闻宣传等的研究，为沦陷区文化研究开辟了新生面。

对沦陷区文艺的研究起步较晚，目前只有一些关于抗战文化的通论性著作以素描式的笔触就沦陷区文艺进行叙述，另有一些专题论文对一些作家、作品、文艺团体及刊物作了初步的研究。论者认为，在沦陷区既有日本殖民主义文艺，以及对它亦步亦趋带有浓厚的封建买办色彩的卖国投降的汉奸文艺，同时也存在抗日爱国的进步文艺。它们之间存在着或明或暗的斗争。在文学、电影、戏剧、音乐等各个部门,都呈现五光十色、错综复杂的景况。已有的论著对以下史事进行了探索:文艺政策方面,有伪满的《文艺指导纲要》、汪伪的《战时文化宣传政策基本纲要》;文艺机构和团体方面,有"满洲电影公司"、汪伪"中华电影公司"、伪满文艺家协会、汪伪"中日文化协会"等;汉奸文人方面,有东北的郑孝胥、罗振玉等,华北的周作人等,华中的张资平、胡兰成等;在文学创作方面,有伪满的皇民文学、华北和华中的清闲文学和消闲文学等。此外,在八十年代和九十年代,先后出现了周作人研究和张爱玲研究的热烈景象,虽然周、张两人情况大不相同,但都成了沦陷区文艺研究中的热点。

三、 对沦陷区和伪政权研究的展望

中华人民共和国成立以来,沦陷区和伪政权研究走过了一条崎岖不平的道路,历经坎坷而终于走上了繁荣发展之路。综览半个世纪来所取得的成绩和经验教训,我们有理由相信,在未来的岁月里,这一研究将会获得更健康更全面的发展。站在新世纪的大门之前,我们就这一研究的发展方向、研究领域和研究课题等问题略陈管见,以求教于同行学者。

以总体发展方向而言,应是更坚定地在马克思主义理论的指导下,坚持历史唯物主义的观点和方法,把沦陷区和伪政权的研究在现有基础上全面地推进到一个新水平;而整个研究工作应当着眼于继续向广度和深度进军。为此,似应选择以下几个发展目标。一是倡导多层次多侧面的专题研究,同时又注重总体性综合性的通论研究。目前沦陷区和伪政权研究中,一方面是还有许多重要的专门问题并未作过深入的专题研究,甚至还处在空白状态;而在另一方面,总体性综合性的研究又很薄弱。专题研究贵在精深,通论研究重在构建理论体系。今后,专题研究并非要削弱,而是要与综合性通论性研究互相促进。二是从各个沦陷区、伪政权研究的互相割裂状态,转变为既有分工又互相结合的研究。同时,从沦陷区研究与国统区、解放区研究的互相割裂,转变到三个区域研究的互相联系。事实上,沦陷区并非孤立存在的,相反却是与解放区、国统区有着密切的关系。各个伪政权之间的关系亦是如此。完全分割的研究方法亦不科学,应当逐步接近、互相结合。三是既要重视史料,又要重视理论,要做到两者的统一。10 多年来,轻视史料、言之无据的倾向已有很大的改变,今后必须继续十分重视史料工作,提倡忠于历史、尊重史实,把研究工作建立在坚实可靠的史料基础之上。但与此同时,也必须看到,一个时期以来在某种程度上存在轻视理论的偏向,这对历史研究是十分有害的。因此,要提高学习理论的自觉性,坚持以马克思主义指导学术研究工作。同时,在上述前提下,注意借鉴和吸收当代一切有益的新学说和新的研究方法。

研究领域应当继续拓展，研究的视野要向着更广阔的领域延伸。目前，以下三点似是考虑这一研究领域问题需要着意注意的。一是从比较单一的领域向着多方面的领域发展。长期以来形成的历史研究中政治史包揽一切的现象，近几年来虽有所改变，但研究领域较为单一、狭窄的问题并未从总体得到解决，沦陷区和伪政权研究的状况也不例外。今后，在继续重视政治领域史事研究的同时，要着力向着沦陷区的经济、军事、文化、社会等各个领域进军，要探索新领域，研究前此尚未阐明的新问题。二是在继续加强对沦陷区中心地域研究的同时，把探索的注意力推及边缘地区。如对汪伪政权研究，至今仍集中于苏浙皖和沪宁地区，对湖北、广东、江西、福建等地沦陷区日伪统治的研究甚为薄弱，对伪临时政府及其后的伪华北政委会的研究也不多，都亟需加强。此外，对伪蒙疆政府的研究亦应大大加强其力度。总之，既重视研究中心地区，又不忽略边缘地区，才能揭示沦陷区和伪政权的全貌。三是在研究沦陷区日伪统治的同时，要重视研究社会普通民众和社会基层，把沦陷区的被统治阶层也纳入研究对象。

基于对研究方向和研究领域的上述一些分析，关于沦陷区和伪政权研究课题，大体上可作以下设想。第一，傀儡政权通论性研究，除《伪满洲国史》等著作已问世外，要着手编著关于伪国民政府、伪维新政府、伪临时政府、伪蒙疆自治政府等伪政权的通论性著作；第二，沦陷区政治研究，主要课题有日本政府、军部与伪政权之间的政治关系，伪政权的政治体制，沦陷区政治统治模式，伪政权的对外关系，汪精卫汉奸集团等各个汉奸集团的形成与演变，汪伪集团与重庆国民政府的关系，肃奸斗争与汉奸审判，等等。第三，沦陷区经济研究，有以下一些问题：沦陷区的日本殖民经济，日伪的经济掠夺与统制，东北的“满铁”、“华北开发公司”和“华中振兴公司”，伪满中央银行、伪中央储备银行等的金融活动，沦陷区与国统区、解放区的经济关系，沦陷区的农村经济，沦陷区的民营企业，沦陷区城市居民的经济生活，沦陷区的经济结构，等等。第四，沦陷区军事研究，以下一些课题尚待进一步探索：日本侵华军事战略格局与中国伪军的地位，伪满洲国军、汪伪和平军、伪蒙古军等伪军的组建与演变，各个伪军的战争活动，伪军将领和兵源，伪军的派系，等等。第五，沦陷区文化研究，包括日本殖民文化和汉奸文化及其相互关系，沦陷区的文化结构，沦陷区的社会心理，沦陷区的教育制度和教育事业，沦陷区的文学、电影、戏剧，沦陷区的报刊、广播、通信事业，以及协和会、新民会、大民会、青少年团、东亚联盟运动、新国民运动等课题。第六，沦陷区内人民的抗日斗争的研究。第七，沦陷区社会性质和阶级关系的研究，诸如从半殖民地到殖民地社会的演变，各个沦陷区殖民地化程度之比较，伪政权与沦陷区内社会阶级阶层的关系，沦陷区内社会各阶级的分析等。第八，汉奸人物研究。

汪派“和平运动”前期的两大舆论阵地*

——香港《南华日报》和上海《中华日报》

一、初期“和运”宣传的两个阶段

汪精卫汉奸集团主导的所谓“和平运动”，自始至终伴随着投降主义、卖国主义的舆论造势和宣传活动。这一舆论宣传活动是“和平运动”的重要组成部分，为汪精卫集团推行其媚日亲日、投降卖国的所谓“和平救国”的政治路线开辟道路和提供舆论上的支持。

全面抗战开始以来，在全国范围内逐步形成了抗日民族解放运动空前的新高潮，以爱国主义为核心的民族精神空前高涨，以抗日民族统一战线为旗帜的爱国、民主、进步的舆论成为时代的最强音。汪派的投降主义、卖国主义舆论宣传活动，是作为爱国、抗日、民主与进步的舆论之对立面而登上政治舞台的。汪精卫、周佛海、陈公博等人深知，要瓦解抗日阵营、分化国共合作、消解广大民众的抗战意志，诱使抗日军民放下武器、响应“和平运动”，首先必须制造舆论，炮制一种适宜的政治和思想上的气候。于是，在舆论战线，一场没有硝烟的持续不断的战斗就是不可避免的了。

同时，汪精卫集团在政治资源上的优势，显然也是在操纵文化工具、掌握新闻报刊和制造舆论等方面。汪派汉奸头目原先在国民党和国民政府中，全都属于政务和党务系统，有的则直接从事新闻宣传活动和文化教育事业。他们从未掌握过军事力量和情治机关，在推展“和平运动”的过程中，难以直接借助和运用武装力量；而且也无一个实际的地方政权机关可资利用。相反，在掌控舆论宣传工具、左右舆论导向方面，他们不仅拥有丰富的经验和人脉关系，而且在实际上已经掌握

---

* 本文系作者 2007 年 5 月在于复旦大学召开的《汪伪政权全史》出版座谈会上发表的文稿。

了一部分文宣机构的实体，如武汉时期的“艺文研究会”，香港的《南华日报》、《自由日报》、“蔚蓝书店”、“国际问题研究所”和“国际编译社”等，上海的《时代文选》《中华日报》等，以资运用。而林柏生、梅思平在香港时还是国民党中宣部驻港特派员，他们正是利用此种身份进行“和平运动”的舆论宣传活动。

再者，汪派汉奸头目中，汪精卫、陈公博、周佛海、林柏生以及反正以前的陶希圣等，都有从事新闻宣传活动、操控舆论的经历，富有从事此项工作的实力和经验。这也是汪精卫集团格外注重舆论宣传的一个原由。汪精卫早年曾在东京参与创办同盟会机关报《民报》，后来一度成为该报的主要撰稿人，其间还在新加坡创办过《中兴日报》，与保皇派康梁展开论战；后来在国民党中央数度主管过宣传工作。陈公博早年曾主办宣传新思潮的《广东群报》，以后追随汪精卫主持国民党改组派机关刊物《革命评论》。周佛海擅长文笔，是国民党 CC 系在文宣方面的一员干将，曾主持过《社会评论》等反共刊物；七七事变后，在军委会委员长侍从室第二处充当副主任时，每每为蒋介石和国民党中央执笔起草文稿，不久又担任国民党中宣部副部长、代理部长职务。林柏生在战前曾先后主持汪派报刊《南华日报》和《中华日报》，为汪派在舆论战线上的一员主将。陶希圣虽长期从事学术和教育工作，但栖身于政学两界之间，曾是改组派要员，不断参与政论，还曾是《食货》杂志的台柱之一，主编过不少论著和书刊。汪派首要人物的这些履历和经验，无疑会在“和平运动”中产生其重要作用。

最后，汪派的“和平运动”舆论宣传活动，因为完全适应了日本政府对华“政治诱降”的需要，与日本当局的诱降策反的“政治谋略”活动相呼应，而获得日本方面的支持，这也是汪派在香港、上海着力进行舆论宣传活动的一个重要原因。日本驻香港、上海的使领机关和特工机关，都是汪派上述活动的有力的支持者和庇护者。

从一九三八年十二月汪精卫等潜离重庆、发表《艳电》，到一九四〇年三月在南京成立伪国民政府，为汪精卫主导的“和平运动”的前期，也是汪伪汉奸政权的准备阶段。这一时期，汪派先后以香港、上海为基地开展投日叛国的“和平运动”，其舆论宣传活动也先后以上述两地为中心而展开，其过程大体上可以分为两个阶段。

第一阶段，从一九三八年十二月至一九三九年五月为《南华日报》时期。汪派以香港的《南华日报》为“和平运动”宣传中心，大肆宣扬所谓“和平”的必要性，劝告抗战地区的党政军人物投奔“和平运动”，“弃暗投明”。在这一阶段，汪伪还用金钱等手段诱买了几家香港报纸，为其播扬“和平”、诋毁抗战的宣传服务。另外，又创办了《自由日报》，鼓吹公开讨论和战问题，以贩卖其对日投降的“和运”主张。但从影响上看，《南华日报》无疑是居于领导地位的。

第二阶段，从一九三九年五月至一九四〇年三月汪伪政府成立，可称为《中华日报》时期。香港究竟不是汪精卫等汉奸“和运”宣传的理想之地。一则香港受英国殖民统治,“言论还不大‘自由’”;二则“香港地处华南,影响亦不能普及全国”①。但上海则不同,除“孤岛”以外地区,上海已在日本势力完全控制之下,对汪派来说,自然是“言论自由”的天堂。因此,一九三九年五月汪精卫等人在日本方面的护送下抵达上海后,上海即成为汪精卫集团宣扬汉奸投降理论,积极从事“和平运动”实际活动的大本营。此时,在上海的汉奸新闻宣传旗帜,是复刊后的《中华日报》;另外则是在汪精卫集团指使下一些汉奸文人主办的刊物及小报,如《时代文选》《抗议周刊》等。

二、《南华日报》的“和平运动”舆论宣传

汪精卫、周佛海、陈璧君、陶希圣等人按照日汪双方在上海达成的《重光堂协议》,于一九三八年十二月十八日潜离重庆,次日到达越南河内。陈公博也在二十日潜离成都,于二十一日到河内与汪精卫等人会合。同月二十九日,汪精卫在香港《南华日报》发表《艳电》(十二月三十一日见报),响应日本首相近卫文麿的第三次对华声明。从此,汪精卫集团在国内外公开地举起了所谓“和平运动”即投日卖国活动的白旗,叛国投敌,步入日本军国主义的“建设东亚新秩序”的行列。对汪精卫集团而言,此时,投日叛国的白旗已经公开亮出,接受日本近卫内阁和军部亡华灭华的“近卫三原则”的方向已定。然而,“和平运动”的具体目标和实际步骤以及具体行动计划却举棋未定。例如,要不要建立一个以汪精卫为首的依附于日本的“新政府”,这个政府何时成立,在何处建立,依靠什么政治、军事和财政上的力量来维系这个政权?这个政权与业已成立的傀儡政权是什么样的关系?特别是这个“新政府”与日本之间的关系又如何确定。如此等等问题,因为汪派尚未与日本最高当局具体地进行会谈,日本方面也还未给出明确的答案,还因为蒋介石和重庆国民政府的态度和反应会是如何,云、贵、川、粤、桂等地方实力派将作何选择等,都需要经过相当一段时间的形势演变才可能趋于明朗,由此,这一时期,汪精卫蛰居河内,窥测方向,以求一逞。周佛海、陈公博、林柏生、梅思平、陶希圣、高宗武等汪派干将则以香港为基地,全面推展“和平运动”。《南华日报》正是在这个背景下,扮演了汪派“和平运动”的舆论中心的角色。

对香港以及《南华日报》等文宣舆论工具的地位,汪派新闻界重要人物金雄白后来作过回忆。他写道:“当汪氏还留驻在河内的期内,香港成为汪系活动的最早发祥地。周佛海等也已先后由越(南)来港,陈璧君则不时往返于港越之间……陈公博、周佛海、陶希圣、梅思平等则合住在九龙约道五号。汪系在港的原有机构,

---

① 千家驹:《消除汪逆的思想毒素》,《国民公论》第2卷第1期。

一是创刊于民国十八年由林柏生主持的《南华日报》……；一是……蔚蓝书局，本是国民政府战时研究国际情势的机关，亦以林柏生为主任，梅思平、樊仲云、胡兰成等为干事，李圣五、朱朴等为研究员。其性质也就等于汉口时代由周佛海、陶希圣主持的艺文研究社。而且林柏生、梅思平两人当时还是驻港的（国民党）中宣部特派员。所以汪的艳电发表，港方就由林、梅两人俱各负责分送，几乎所有的港报都一律全文照登。”①

《南华日报》于一九三〇年二月在香港创刊，一向为汪派在海外的一个喉舌。汪精卫叛离至河内后，“汪方在宣传上，也以香港为根据地，展开活动，所有有关汪氏之主张，完全由《南华日报》为大本营，向国内外发表。《南华日报》（以）林柏生为社长，颜加保为经理。在这一个短时期中，社论则由周佛海、陶希圣、梅思平轮流负责。……一切对外是由林柏生出面”。②

这时，汪精卫集团在舆论方面的企图是，“以国民党员为中心，在国民中间掀起和平热潮。使国民政府改变抗日政策”，也就是汪精卫后来在从河内到上海的转移途中对影佐祯昭和犬养健所说的：“以前，和平运动的计划是：企图以国民党为中心组织和平团体，通过言论指出重庆抗日理论的错误，宣传和平是救中国救东亚的唯一办法，逐渐扩大和平阵营，在最后，使重庆转变方向。”③《南华日报》作为在香港的汪派舆论大本营，担当起汪精卫的提出的上述使命。它迅速成为汪派“和平运动”的吹鼓手和喇叭筒，“首先发动和平运动之宣传”④。它利用香港较为自由的言论环境，大肆鼓吹“和平”有利、卖国有理、抗战必败、联共必错的投降卖国论调，竭力美化集日本帝国主义侵略扩张计划之大成的“东亚新秩序”。同时，对中国共产党和抗日民族统一战线进行恶毒的攻击和污蔑，并煽动重庆国民党停止抗战、清除共产党和一切抗日党派，与他们共同走上“和平救国”之路。《南华日报》极尽其能，运用各种手段，从各方面为“和平运动”制造舆论。

第一，发表汪精卫等汉奸首要的声明、文告、书信和论著，打出汪派卖国主义的政治旗帜和政治纲领，兜售“和平”投降理论，号召全国各党各派竞相效法，共同走上“和平救国”之路。

《南华日报》首先发表的是汪精卫响应日本首相近卫文麿第三次对华声明的《艳电》。这是汪精卫及其党羽叛国后首次向国内外发出的一份政治宣言书。汪精卫在《艳电》中公开响应和接受日本集九一八事变以来亡华灭华、独占中国计划

① 朱子家（金雄白）：《香港成为最早的发祥地》，《汪政权的开场与收场》（第1册），香港春秋杂志社，1963年，第24页。

② 朱子家：《香港成为最早的发祥地》，《汪政权的开场与收场》（第1册），第26页。

③ 《影佐祯昭供词（节译）》，益井康一：《汉奸裁判史》，原书房，1977年，第303—304页。

④ 汪伪《宣传部第一届全国宣传会议报告汇编》，《报社杂志报告——南华日报》。

之大成的“近卫三原则”，即所谓“善邻友好”“共同防共”和“经济提携”。汪精卫公然提出中国政府和中国人民应放弃抵抗、停止抗战，以“近卫三原则”为依据，与日本政府交涉而达成“和平”。汪精卫声言：“以上三点，兆铭经熟虑之后，以为国民政府即以此为根据，与日本政府交换诚意，以期恢复和平。……如国民政府根据以上三点，为和平之谈判，则交涉之途径已开。”“中国抗战之目的在求国家之生存独立。抗战年余，创巨痛深，倘犹能以拿正义之和平而结束战事，则国家之生存独立可保，即抗战之目的已达。”①

由此可见，汪精卫的所谓“和平”乃是中国承认和接受亡华灭华的“近卫三原则”之下的“和平”，而其所谓“救国”，实为卖国。在《艳电》里，汪精卫不仅公开宣布了所谓的“和平”之原则和条件，而且还把向敌国“求和”投降说成可以获得“国家之生存独立”，而“求和”投降和抗战的目的是一样的。并以“抗战年余，创巨痛深”来诋毁抗战已经失败，声称只有按“近卫三原则”对日谋和，才是争取“国家生存独立”的唯一出路。汪精卫的《艳电》在诱降蒋介石国民政府的同时，再次对共产党和国共合作进行攻击和污蔑：“中国共产党人既声明愿为三民主义之实现而奋斗，则应即彻底抛弃其组织及宣传，并取消其边区政府及军队之特殊组织，完全遵守中华民国之法律制度。三民主义为中华民国立国之最高原则，一切违背此最高原则之组织与宣传，吾人必自动的积极的加以制裁，以尽其维护中华民国之责任。”②

《南华日报》发表《艳电》后，汪精卫为进一步申述其“和平”之政见，表示其决不回头的决心和态度，又在一九三九年一月九日在《南华日报》上披露其上年十二月二十八日致重庆最高当局的一份书信，即《致国民党中央常务委员会国防最高会议书》，重申其对日谋和投降的主张。汪精卫在这份书信中向国民党最高层劝说，声称近卫第三次声明所提和平条件，又比以前陶德曼调停时的条件有了大的降低，说什么“今日方既有此觉悟，我方自应答以声明，以之为和平谈判之基础，而努力折冲，使具体方案得以相当解决，则结束战事以奠定东亚相安之局，诚为不可再失之良机矣”。③与《艳电》不同，此文着重从国际关系方面立论，诱劝蒋介石和国民党中央接受“近卫三原则”，与日本停战谋和。汪精卫断言，英、美、法西方大国对中国的“助力”，只能有用于对日“和平”，而不可能有助于中国对日战争。他写道：“英、美、法之助力，今已见其端倪，惟此等助力仅能用于调停，俾我比较有利，决不能用于解决战事，俾我得因参战而获得全胜，此为尽人所能知。”④

---

①② 汪精卫：《艳电》(1938 年 12 月 29 日)，《南华日报》，1938 年 12 月 31 日。

③④ 汪精卫：《致中央常务委员会国防最高会议书》(1938 年 12 月 28 日)，《南华日报》，1939 年 1 月 9 日。

汪精卫进而断定苏联也会以与英、美、法一样的态度对待中日战争，而德、意两国必定会“协助”中日之间的“和平谈判”。他认为，“苏联不能脱离英、美、法而单独行动，德、义见我肯从事和平谈判，必欣然协助，国际情势，大致可见”。①总之，在汪精卫看来，英、美、法西方民主国家不会支持中国抗战，中国也不可能得到这些国家的援助而获取抗战的胜利；苏联不会脱离英、美、法的既定政策，而对中日关系采取单独行动；德国和意大利则会“协助”中国接受日本独占中国的“谈判”条件。由此，在汪精卫的视线之下，中国抗战在国际上已毫无凭借和依靠，只有向日本屈服投降，才能为东西方各大国所乐于接受。这是汪精卫公开叛国投敌后，首次抛出的抗战失败主义和民族投降主义的国际关系论。

汪精卫接着以《答问》为题在《南华日报》刊文，宣扬其所谓“中日合作”是中国唯一出路的投降卖国谬论。他声言摆在中国面前的只有“抗战”和“议和”两条路，“前年七月为什么主张抗战呢？为的是不如此不能保卫国家之生存独立。如今为什么主张议和呢？为的是如此才可以保卫国家之生存独立”。②他宣称：发表《艳电》旨在“首创和议”，而要走“议和”这条路，中国方面的关键在于要“相信日本”；也就是说对日本政府提出的中日关系“三原则”，必须深信不疑，因为它开辟了中日两国“互相尊重”、“站在平等地位”“以谋互助”的“中日合作”之路。那么，为什么“议和”之路会遭到国人反对呢？汪精卫乃以答问形式大放其亲日、降日之厥词。他说：“据我看来，其中有一理由，就是不相信日本。他们以为日本除了灭亡中国没有第二条路，所以我们除了抗战没有第二条路。他们有了这样的肯定，所以听见议和，以为危险。究竟日本是否除了灭亡中国没有第二条路呢？……日本除了灭亡中国，还有第二条路，并且必须走这第二条路。这第二路是什么？是中日合作。所谓中日合作，即以善邻防共、经济合作为基础，彼此互相尊重，各自了解其需要，站在平等的地位，以谋互助。……这第二条路是中日双方所应共同致力的，日本如果不选择这第二条路，日本必陷于绝大的困难。中国如果不选择这第二条路，中国将无以保其生存独立而进为现代的国家。”③

汪精卫在这里炮制了一个在“近卫三原则”基础上建立“平等”“互助”的“中日关系”的政治神话，这与其是说他陷进了日本侵略者设置的政治圈套，倒不如说他在制造谎言，用以对国人进行政治欺骗。当然，汪精卫十分明白，对日抗战已成为全民族的共识，而对日议和则鲜有人支持。于是他故伎重演，以共产党为靶子，大肆污蔑抗战是为了中共和苏联的私利，妄图借以封杀一切抗战派之口。他说：“共

---

① 汪精卫：《致中央常务委员会国防最高会议书》（1938 年 12 月 28 日），《南华日报》，1939 年 1 月 9 日。

②③ 汪精卫：《答问》（1939 年 1 月 30 日），汪伪宣传部编：《汪主席和平建国言论集》，第 7—9 页。

产党人所以反对(议和),主张抗战,第一因为中日战事一日不息,苏联一日安枕无忧。为的使苏联安枕无忧,应该使中日战事一直的打下去。第二因为战事延长,中国国民愈穷,财愈尽,共产人愈有所凭借。"①

汪精卫眼看"和平救国"论调在国内并未引起什么响应,相反却遭到许多报刊的强烈抨击,声讨和批判之声一浪接着一浪,他转而用欺骗的言论引诱海外侨胞支持其对日议和、停止抗战的主张。一九三九年三月三十日,汪精卫发表《复华侨某君书》,利用《南华日报》进行鼓吹,企图造成由外而里的"和平运动"声势。在《复华侨某君书》中,汪精卫又抛出种种谬论,企图蒙骗侨胞。其一,宣扬中国已经到了"和平"之机,日本的和平条件是可以接受的,不至于亡国。"如果日本定要灭亡中国,我们除了战下去,更无他法。如今日本已将和平条件提出来,这些和平条件,既然不能说是亡国条件,那么我们为什么不可以言和平?"②其二,夸大抗战进入相持阶段后的困难,攻击焦土抗战和敌后游击战。《复华侨某君书》说:"老实告诉你罢,如今抗战实实在在一天比一天艰难了。""抗战以来,所失地方,其幅员之多,时间之短,历史上宋亡明亡的时候,都无其例。"③他蓄意歪曲国民政府的"焦土抗战",说这种抗战,只有两个字:"一个是丢,一个是烧。""广州是丢的最著之例,长沙是烧的最著之例,扩而充之,及于各处,丢得越快越好,烧得越光越好。"④而共产党领导的敌后游击战则被他污蔑为"流寇"。⑤其三,汪精卫提出只有对日"讲和"才是唯一的出路。他说:"抗战到底,必致变成抗战伊于胡底了。如果除了抗战还有和的一条路,只要和的条件,不是亡国条件,我们就应该拿出抗战的决心与勇气来讲和……不要使可以得到的结果,白白的送掉。"⑥

第二,通过社论,引导"和平救国"舆论。社论是传播意见性信息的报刊文体。其在报纸中的作用在于通过传播一定的带有观点性、倾向性的信息,追求引导舆论、向导社会之目的。《南华日报》的汪派集团人物很注重利用意见性信息,配合汪精卫的亡国论,争取"和平"宣传之效能。每天的社论分别由周佛海、陶希圣、梅思平、林柏生等负责。《艳电》发表后,该报社长林柏生在次日发表题为《汪先生之重要建议》的社论,煽动国人响应汪的"和平"建议。

林柏生写道:"汪先生爱护国家民族之苦心,亦既与天下共见。""必如此而后能起衰救弊,使一线之国脉不致断送于不切实际的大言炎炎之中。"这篇社论公然篡改历史,把汪精卫抛出《艳电》说成是根据一九三八年四月国民党临时全国代表大会的宣言,企图以假乱真,欺世惑众,说什么"(汪)先生之建议,实所以求既定国

① 汪精卫:《答问》(1939 年 1 月 30 日),汪伪宣传部编:《汪主席和平建国言论集》,第 7—9 页。

②③④⑤⑥ 汪精卫:《复华侨某君书》(1939 年 3 月 30 日),汪伪宣传部编:《汪主席和平建国言论集》,第 21—24 页。

策与大会宣言之贯彻”。该文还歪曲孙中山对外方针的真意，声称汪精卫的“和平”理论来源于孙中山先生的主张，说孙中山先生曾经说过我国应当去除排外主义，“持和平主义，与我友邦益增亲睦”。社论声称汪精卫之建议“亦即所以阐述总理之意而已”。①

《南华日报》还在该报展开和战问题的连续讨论，以说明中国目前所以与日本讲和的必要性与意义，其中谈论最力的就有汉奸胡兰成。这个充当汪派汉奸集团吹鼓手的汉奸文人，摇动笔杆为制造“和平运动”舆论而不留余力。胡兰成在《南华日报》抛出《战难和亦不易》等文，为汪精卫推销“和平救国”路线极尽其能事，而受到汪精卫、陈璧君的连连称赞。这些和战问题之讨论后来编成《和战问题之讨论》及《续和战问题之讨论》两本书，公开发行。

第三，《南华日报》力图改进编排，调整版面，以吸引读者，扩大所谓的“和平”宣传效果。该报的体育版在香港各报中有一定的影响，为此，便把版面调整，将体育版刊在第一张第四版，“以期引起体育版读者对于和平运动之注意”。②另外，即通过副刊，贯彻“和平”理论。该报的副刊《前锋》和《一周文艺》即着意渗透这方面内容，前者“以专载爱好和平之青年作品为中心，侧重于训练”，后者则“从事于和平文艺与鼓吹”③。

《南华日报》为“和平运动”的宣传竭尽全力，但收效甚微，连汪精卫自己也承认：事实证明“只用言论很难使重庆政府转变方向”。④而且，该报在销售与出版上受到正义的爱国工人的抵制。排字房和印刷部的工人不愿为汉奸驱使，辞职离开报社。林柏生后来供称：“我们的同志间有好几天，便不能不从写原稿起，一直到自己来排字和印刷了。”⑤同时，报贩也不愿为其效劳，掀起“罢卖”风潮。

一九三九年八月，香港的两家汉奸报纸《南华日报》《天演日报》的工人，以离职辞工的方式实现事实上的罢工，抗议汪精卫集团的卖国行径。参与罢工的计有《南华日报》社 47 人、《天演日报》社 20 人，他们在给国民政府的通电中说：“汪逆凭借《南华》《天演》两日报，传播汉奸理论，实行危害祖国，全港报贩激于义愤，拒绝卖报。我全体工友六十余人，由八一三起，一律停工，脱离该报，实行将两汉奸报封闭。”⑥

八月十五日，又有《自由日报》工人 15 人离职罢工。这三家汉奸报纸工人罢

---

① 林柏生：《汪先生之重要建议》（1938 年 12 月 31 日），《南华日报》，1938 年 12 月 31 日社论。

②③ 汪伪宣传部：《第一届全国宣传会议报告汇编》，《报社杂志社报告》。

④ 《影佐祯昭供词（节译）》，益井康一：《汉奸裁判史》，第 305 页。

⑤ 《中日交涉秘话之二（节录）》，《和运史话》，新中国报社，1943 年，第 21—24 页。

⑥ 《港汪逆报纸工友全体罢工辞职》，重庆《新华日报》，1939 年 8 月 15 日。

工的消息“传至每个爱国同胞的耳中，都异常鼓舞与兴奋”。①《新华日报》为此发表社论《援助香港反汪罢工工人》，给予高度评价，指出“这真是一件大快人心的事”，“不仅给了汪派汉奸一个严重的打击，而且还给了所有沦陷区的被迫为敌利用的广大同胞以最大的觉醒，更给全国人民以极大的振奋”。②汪派汉奸报纸受此打击，出版发行上遭受很大的困难，使得汪逆们不得不以每日 7 元的高价雇用了一些临时散工来苟延这些汉奸报纸的命运。

三、《中华日报》为“和平建国”制造舆论

继香港《南华日报》而起，成为汪精卫汉奸集团舆论中心的是上海《中华日报》。一九三九年五月，汪精卫在日本军部和外务当局指派的影佐祯昭等人护送下，由河内潜入上海。在这前后，周佛海、陈公博、陶希圣、高宗武、梅思平、林柏生等汪派核心人物也先后陆续从香港转移到上海。从此，汪精卫集团在日本军政当局的直接卵翼下，在日本军队占领地区开始进行组建伪国民党、树立伪国民政府的活动。汪精卫、周佛海等人在东京与日本政府和军部初步达成了建立傀儡政权的协议，并在上海签订了《关于日中新关系调整协议书》。汪精卫集团在上海召开伪国民党“六大”会议，公开抛出“和平、反共、建国”的反动政治纲领和筹建政权的方针。随后，与南京伪维新政府和北平伪临时政府的梁鸿志、王克敏等，会商成立伪“中央政府”，并就权力分配问题达成协议。这一切活动，都是在日本的导演下，以上海为基地而展开的。《中华日报》正是适应了汪精卫集团的上述投日卖国的政治需要，而登上舆论舞台的。

《中华日报》创刊于一九三二年四月，原为以汪精卫为首的国民党改组派的机关报，由汪的亲信、时任国民政府立法委员的林柏生任社长。八一三事变后，一九三七年十一月该报停刊。一九三九年七月十日，经汪精卫、周佛海等决定，《中华日报》在上海复刊。成为汪精卫集团机关报的《中华日报》，由林柏生任社长，郭秀峰任总编辑，叶雪松任总经理。当时，汪精卫通过林柏生直接操控《中华日报》，该报的“社论”主要是由梅思平主持。金雄白回忆说：汪精卫到上海后，“汪方的《中华日报》，也已经恢复出版，由梅思平等轮流主持着社论。在特工战之前，当二十八年（一九三九年）的秋季，首先展开的是与重庆方面的言论战”。③

《中华日报》在七月十日《复刊词》里说明其复刊宗旨。《复刊词》先回顾了该

① 谷溪：《正义的火炬》，重庆《新华日报》，1937 年 9 月 7 日。
② 《援助香港反汪罢工工人》，重庆《新华日报》，1939 年 9 月 21 日。
③ 朱子家（金雄白）：《在沪积极开展政治活动》，《汪政权的开场与收场》（第 1 册），第 37 页。

报的历史，表明该报一直在为“和平建国”而努力，为汪精卫“和平运动”寻找历史根据。如说：“当（一·二八事变）淞沪失守之后，正人心彷徨之际，犹幸和议终成，如约撤兵。”以后又“济之以和平外交，用能再弭战祸，重建和平”。只是因为七七事变，“和平建国之机缘，遂随而中断”。自称“然同人等救党救国之志，初未稍懈”。《复刊词》然后吹捧汪精卫的《艳电》，说汪的“和平建议”可使国家得到“和平”，“建国大业可期，而我将士我民众之血泪，终不致白流矣”。因此，该报的宗旨在于，“同人等瞩目时艰，不忍国家民族断送于独夫之手，默察大势，难安缄默，爰集志士，共谋复刊，以和平救国，反共救党。前此本报为共赴国难而诞生，为殉难而停刊。自兹以往，当更为解除国难而继续努力”。也即要为汪精卫集团的投降卖国而继续呼吁和倡导。①

《中华日报》宣称以“和平建国”“反共救党”为其宣传宗旨。所谓“和平”，即反对抗战，对日投降；“建国”即要建立一个充当日本傀儡的汉奸政权。“反共”则是汪派的一贯立场和主张；“救党”就是要反对实行联共抗日的蒋介石国民党，另立一个对外亲日媚日，对内反共反人民的汪精卫国民党。《中华日报》的整个舆论宣传活动，无不贯穿着上述政治目的和政策走向。

（一）《中华日报》以显要位置、尽可能多的篇幅登载汪精卫集团首要的论文，图谋使“和平建国”深入人心。复刊第一天的《中华日报》，即在第一版以整版的篇幅登载了汪精卫的广播讲话《我对于中日关系之根本观念及前进目标》。从一九三九年七月十日至九月三十日两个多月中该报发表的汪派首要人物的论文及编排的位置，即可看出该报宣传“和平建国”论调之强烈。

表 5 《中华日报》发表汪派首要人物论文一览表
（一九三九年七月十日至一九三九年九月三十日）

时　间	作　者	题　目	版面
一九三九年七月十日	汪精卫	我对于中日关系之根本观念及前进目标	一版整版
一九三九年七月十一日	汪精卫	敬告海外侨胞	一版
一九三九年七月二十一日	梅思平	和平运动之如是我闻	二版
一九三九年七月二十二日	汪精卫	两种怀疑心理之解释	一版
一九三九年七月二十二—七月二十四日	周佛海	回忆与前瞻	二版、一版
一九三九年八月十日	汪精卫	怎样实现和平	一版
一九三九年八月十五日	汪精卫	答问（一）	一版

① 《复刊词》，《中华日报》，1939 年 7 月 10 日。

续表

时　　间	作　者	题　　目	版面
一九三九年八月十九日	周佛海	中国国民党过去的功罪与今后的地位	一版
一九三九年八月二十一日	汪精卫	答问(二)	一版
一九三九年八月二十二日	林柏生	撤兵问题	一版
一九三九年八月二十四日	汪精卫	对沈次高先生殉难——汪精卫先生答某君谈话	一版
一九三九年八月三十一日	汪精卫	中国国民党六大开幕词	一版
一九三九年九月一日	林柏生	展开革命的和平反共复党建国运动	一版
一九三九年九月二日	汪精卫	致海内外诸同志东电	一版
一九三九年九月五日	汪精卫	欧战与中国之前途	一版
一九三九年九月十七日	汪精卫	致重庆诸同志电	一版
一九三九年九月二十二日	汪精卫	声明	一版

从表中可以看出,《中华日报》作为汪派机关报,是将汪派首要人物的言论置于重要地位的。汪精卫、周佛海、梅思平、林柏生等在报上先后登场亮相,为其“和平建国”呐喊呼吁。从复刊到九月底仅 80 天的时间,汪精卫等就发表有关“和平建国”言论 17 篇,平均每 4 天就有 1 篇论文见报,且几乎全占一版,频率之高前所未有。

从这些论文的内容来分析,无非有四个方面:一是鼓吹“和平”为中国目前之必需,抗战下去只有亡国。二是肆无忌惮地攻击蒋介石国民政府的抗日建国政策,攻击国共合作,诬蔑共产党的抗战。三是呼吁重庆国民党人和海外侨胞响应“和平”。四是说明汪精卫伪国民党的合法性,声称它继承了所谓党统法统,为其建立伪党和伪政府炮制党统和法统上的依据。

中国此时为什么必须走“和平”之路?《南华日报》上的论述效应不广,此刻汪精卫又再次“谆谆告诫”民众。他在《我对于中日关系之根本观念及前进目标》中说道:“日本是东亚一个强国,经济军事文化著著先进,最近几十年,可以说无日本则无东亚。中国……如果要强盛起来,日本必然要知道中国的强盛对于日本会发生什么影响,对日本有利呢还是有害?如果有利,日本当然愿意中国强盛,愿意与中国为友;如果有害,日本必然要将中国强盛的动机打消了去,决定以中国为敌。以一个刚刚图谋强盛的中国来与已经强盛的日本为敌,胜负之数,不问可知。”①

① 汪精卫:《我对于中日关系之根本观念及前进目标》(1939 年 7 月 10 日),《中华日报》,1939 年 7 月 10 日。

在这里，汪精卫的恐日论和抗战必败论暴露无遗。根据他的逻辑，既然中国要强盛必须先获得日本的“愿意”，如果未取得日本的“愿意”，即使中国只是有点“强盛的动机”也“必然”被日本“打消了去”，更不用说中国敢于对日本抗战了。“一个刚刚图谋强盛的中国”去与“已经强盛的日本”交战，在汪精卫看来当然是必败无疑。那么，中国的出路何在呢？汪精卫开出的药方是：“我的和平建议，是赞同日本近卫内阁声明。”他写道：“今日有两条路摆在面前：一条是跟着蒋（介石）高调继续抗战，以蒋现有的兵力，不但不足以抵抗日本，并且不足以控制共产党……这样下去，只有以整个国家民族跟着蒋为共产党的牺牲。另一条路是……对于日本，本着冤仇宜解不宜结的根本意义，努力于转敌为友。第一步恢复中日和平，第二步确立东亚和平。这两条路，前一条是亡国灭种之路，后一条是复兴中国复兴东亚的路。”①

汪精卫攻击蒋介石和国民政府的抗战，说蒋介石的主战是“以国家及民族为儿戏”②。说游击战是“流寇”。而焦土抗战被他们说成“杀光烧光”：“放一把火，烧个精光”，如此抗战，只会“抗战不足，国亡种灭有余！”③

汪精卫的“和平”“救党”“建国”无不与反共紧密相连。《中华日报》的宣传基调之一，就是不断地对共产党进行污蔑和攻击。他们攻击中共的抗日民族统一战线政策是“利用民族意识”而“摧残民族”，胡说什么“这种民族意识，如今已被共产党完全利用了。利用民族意识，在民族意识的掩护之下，来做摧残民族、断送国家的工作，在共产党是以为当然的”。他们又卑劣地采取造谣污蔑的手法，说共产党主张抗战是为了第三国际：“共产党是只知有第三国际，不知有中国的，他受了第三国际的秘密命令，将阶级斗争的招牌收起，将抗日的招牌挂起。……推动中日战争。”中国对日交战，“中国固然牺牲个精光，日本也不免要受多少创伤，这在第三国际看来，真个是一举两得”。④

为了给汪伪国民党制造历史上的依据，为其树立伪党伪政权构建法统上的基础，周佛海在《中华日报》上发表长篇论文《中国国民党过去的功罪与今后的地位》。这是汪派汉奸为即将召开的伪党“六大”所要通过的卖国纲领，以及由汪精卫领导的“和平运动”组织“新中央政府”制造舆论。周在文章中就国民党的一党专政和对日抗战问题大发谬论。他否认国民党推行一党专政，为其伪党所谓联合“各党各派”组织“中央政府”制造理论依据。“无论从理论方面或事实说明，国民

①② 汪精卫：《我对于中日关系之根本观念及前进目标》（1939 年 7 月 10 日），《中华日报》，1939 年 7 月 10 日。

③ 汪精卫：《敬告海外侨》（1939 年 7 月 9 日），《中华日报》，1939 年 7 月 11 日。

④ 汪精卫：《我对于中日关系之根本观念及前进方向》，《中华日报》，1939 年 7 月 10 日。

党决没有主张一党专政。”又宣称国民党的功罪可以这样判断:“过去抗战是功,不抗战是罪,现在主和是功,不主和是罪”,“过去非战不可,当然要不顾一切的战;今后非和不可,当然要不顾一切的和,为甚么今后不能再战而讲和,因为如果再战,就要走上上面所说的第一条路,就是死路”。号召伪党党员在汪精卫的领导下,与其他党派一起共同担负“救国建国”的责任。

(二)《中华日报》运用“社评”,妄图诱导国民倾向“和平建国”,试图打击蒋介石国民政府和共产党,动摇全国人民的抗战信念,为建立伪政权、取代国民党政府的地位制造舆论。《中华日报》是汪伪集团从事“和平建国”工作的喉舌,而该报的“社评”则可谓这一喉舌的“眼睛”。关于其“社评”的特点,从下表的一些统计可见其一斑。

表 6 《中华日报》社评统计表
(一九三九年七月十一日至一九三九年八月十日)

时　间	题　　目	版面	主题
一九三九年七月十一日	把握时机	二版	“和平建国”
一九三九年七月十二日	救国的责任	一版	“和平建国”
一九三九年七月十三日	法币安定与和战大计	一版	“和平建国”
一九三九年七月十四日	关于和战问题的言行心理	一版	“和平建国”
一九三九年七月十五日	如何打破循环论	一版	“和平建国”
一九三九年七月十六日	当前的三大问题	一版	“和平建国”
一九三九年七月十七日	国难责任者与其应有之反省	一版	反对国民党
一九三九年七月十八日	共产党的抗日阴谋	一版	反共
一九三九年七月十九日	“拥蒋抗日”与“抗日倒蒋”	一版	反共
一九三九年七月二十日	和平与反共	一版	反共
一九三九年七月二十一日	英日谈判与远东和平	一版	国际问题
一九三九年七月二十三日	英日谈判与中日谈判	二版	国际问题
一九三九年七月二十四日	伟大的爱国心——中日友好的基础我人主张和平之真义	一版	“和运”
一九三九年七月二十五日	和议与权术	一版	“和运”
一九三九年七月二十六日	敬告撤退的同胞	一版	“和运”
一九三九年七月二十七日	撤兵问题	一版	“和运”
一九三九年七月二十八日	阵线论者的悲哀	一版	反共
一九三九年七月二十九日	美日航约的废止	一版	国际问题

续表

时 间	题 目	版面	主题
一九三九年七月三十日	对英国外交的再认识	一版	国际问题
一九三九年七月三十一日	英美与远东	一版	国际问题
一九三九年八月一日	中国国民党的责任与前途	一版	反对国民党
一九三九年八月二日	来函总答复	一版	“和运”
一九三九年八月三日	对于大亚洲主义的认识	一版	“和运理论”
一九三九年八月五日	和议与政权	一版	“和运”
一九三九年八月八日	在沦陷区工作的意义	一版	“和运”
一九三九年八月九日	救党救国应有的认识	一版	“和平建国”

注：七月二十二日、八月四日、八月六日、八月七日社论缺。

由上表可见，《中华日报》社评在一九三九年七月十一日至八月十日一个月间，除4天未发外，其余时间每天一篇。其社评内容可归结为3个类型：一是配合汪伪集团首要人物发表的“和平”言论而阐发的评论，目的在于扩大汉奸头目的言论传播效果。这类社评一般与论文同时或随后配发，有正面阐解评析的意义。如《把握时机》。二是以汪伪集团所发的言论中的一些论点为基础而撰发的社评。这些社评采取旁敲侧击的方式说明抗战与“和平”的利害。如《如何打破循环论》《国难责任者与其应有之反省》《共产党的抗日阴谋》等。三是以国际问题为题，阐明所谓国际大势下“和平”的迫切性与必要性。如《英日谈判与远东和平》《英日谈判与中日谈判》《英美与远东》等。

在这些社评中，除继续高唱汪精卫的“和平”理论以及攻击抗战外，最引人注目的莫过于他们对中国共产党抗日的诬蔑了。《中华日报》对坚持抗战的中共发起连续性的攻击。一九三九年七月十八日、十九日、二十日三天的社评都以共产党为攻击对象。这三天的社评分别为《共产党的抗日阴谋》《“拥蒋抗日”与“抗日倒蒋”》与《和平与反共》。《共产党的抗日阴谋》一开头就诬陷共产党：“共产党……竭其全力，宣传抗日……以期造成抗日潮流，挑起对外战争，乘社会秩序混乱之际，共产党即图浑水摸鱼。此种阴谋是显而易见的。”又诬蔑说抗战开始后，共产党是假抗日招牌的掩护，“次第实现其预定的阴谋”，“进行三种目标：一是钻入民众团体中积极活动。影响他们、组织他们，造成共产党的武装群众，成为无产阶级的力量，以为夺取政权的基础。……二是共产党在抗日口号掩护之下，进行阶级斗争。……三是借着抗日的掩护，实行土地革命”。①

① 《共产党的抗日阴谋》，《中华日报》，1939年7月18日社论。

（三）利用专载、专论、专稿、来论、转稿、特载、译稿等形式，登载一些呼应式的“和平”论文，以加深对“和平建国”的宣传。

《中华日报》经常发表一些署名的“和平”论文，以上述几种形式出现，一般安排在一版或二版。如“专稿”《真话与假话》《争取危急时的言论自由》《从“联共”到“抗日”》等，“来论”《反共和平的意见补充》《觉悟过去警惕来兹》《最后的机会和唯一的前途》《我们的主张》《上海市民复蒋介石书》等，“转稿”《斥共产党僭窃三民主义》，“专论”《建议和议的全体》，“专载”《被压迫的和被摈弃的民众联合起来》，“特稿”《闲话重庆》以及“译稿”《汪兆铭与日本的关系》等。

一九三九年七月十二日的专稿《真话与假话》攻击说：重庆控制的香港机关报说假话，隐瞒本月九日、十一日日本飞机袭击重庆、成都的损失，把死者甚众说成死者很少，前后矛盾，无疑是“虚伪”的宣传，敬请注意。①而十四日以“政之”署名的“来论”《反共和平的意见补充》，则以响应“和平”人士的身份指出“和平”的意义：“为什么要和平？汪先生说得很透彻的，我也补充过了。总而言之，和平是中国复兴的光明大道。反之，便无疑地自掘坟墓，前途越弄越黑暗。”②

这些“专载”“专论”的“和平”言论，还以社会团体及民众的名义提出各种主张。如《上海市民复蒋介石书》就是一份冒名的请愿书信，盗取全体上海市民之名，要求蒋介石放弃抗战，改从“和运”③。而署名“和平运动促成会”的“来论”《我们的主张》则公开呼应汪精卫的所谓“和平”：“同志们，共产党的阴谋灭亡国民党，挟中央以自重的重庆当局的拼命勾结共产党而出卖国民党，……当前的危机已是严重的有目共睹。”要求所谓的“真正的三民主义的信徒”响应汪精卫的和平建议，以“挽救国民党”。④

（四）开辟“读者呼声”专栏，反映所谓的读者的“心声”。“读者呼声”的宗旨可见该栏创始号“怎样战得下去”的刊首语：“本刊复刊以来，叠接读者来论，对本报主张辱承表示同情与激励，除该致谢之外，特开辟读者呼声，作为读者对时局自由发表意见之园地。”⑤说明该专栏是为读者提供一个所谓的“自由”发表意见之地方。事实上，这种“自由”只是允许发表与该报主张一致之言论的自由，反之则是不自由的。

“读者呼声”经常登载的是一些名为该报忠实读者的响应“和平建国”的论文。有《中日和战平议》《国人对于今日和战问题应有之认识》《铲除和平大道上的恶

① 《真话与假话》，《中华日报》，1939 年 7 月 12 日。
② 《反共和平的意见补充》，《中华日报》，1939 年 7 月 14 日。
③ 《上海市民复蒋介石书》，《中华日报》，1939 年 8 月 1 日。
④ 《我们的主张》，《中华日报》，1939 年 8 月 5 日。
⑤ 《怎样战得下去》，《中华日报》，1939 年 7 月 9 日。

魔——中国共产党》《希望、失望和绝望》《从易卜生“国民公敌”谈到汪先生的和平运动》《我们需要正义的和平》，等等。作者署名诸如“江风”“思放”“千里”“政之”“竹君”“影沉”等。值得注意的是署名“千里”的作者多次出现在“来论”及“呼声”专栏中，而事实上，“千里”乃是《中华日报》的编辑。“读者呼声”中的“读者”是谁由此可知，这也说明了该报的虚伪性。

“读者呼声”还采取有问有答的方式，回答读者的提问。一九三九年七月二十四日，该栏发表《答复三件大事》，以回答该报前一星期的社评《当前的三大问题》所提出的有关“和平”的3件事。这3件事为：(1)我们用什么方法来实现我们的和平主张？(2)我们用什么方案可以定媾和条件？(3)我们用什么方法来谋国家的善后与复兴？该报对第一件事的回答明显贯彻汪伪集团提出的“和平建国”主张。其中说：“在重庆政府无能为力，蒋介石不能出任和日本谈判和平的时候，我们的民众的‘全民政权’产生的新政府是一件急不待缓的事。我们全国民众把全权交给新的、健全的、主和的政府，好使他来解放我们的困苦，俾战事早日结束，得再有复兴的机会。这个强有力的新政府的领导者，当然要请解民倒悬的汪精卫先生担任是无疑的了。”①

（五）在该报的各种副刊、专刊中，渗入“和平建国”的内容。《中华日报》的这种副刊、专刊可以分为两类，一类是每日见报的经常性副刊，有《华风》《小采集》和《中华画刊》，另一类是每周一次的专门性周刊，有《文艺周刊》《文史周刊》《妇女周刊》《国际周刊》《法律周刊》《戏影周刊》《经济周刊》《青年周刊》等。

《华风》副刊发刊的宗旨，编者在《何谓“华风”》的编首语中解释了取名“华风”的意义。指出定名“华风”有3种意义：第一是站在中国的立场上来发表言论。第二是坦白地、真实地、言必由衷来发表思想。第三，要从文化上努力，以固有的文化为本位尽力发扬，同时很审慎地采纳外来的思想。在解释“风”之义时，编者又说“现代文化界的风气，差不多完全给人家操纵着，把持着，我们要跳出这范围”，“也就是要造成一种超出界外特立独行的作风”。②可见，《华风》的办刊宗旨是为宣扬所谓的“和平”文化即汉奸文化而努力的。

《华风》怎样实现其方针，姑举一例：一九三九年十一月重庆国民党的“六中全会”闭幕后，《华风》即发表一评论性文字《所谓“六中全会”闭幕矣》。文中攻击“六中全会”以后的国民党非但没有新气象，而且进一步走向没落，日暮途穷。“蒋介石主持的所谓六中全会已于十八日闭幕了。事前大吹大擂，似乎闭幕以后，一定另有一番新气象，但结果是如何呢？烟消火灭。”又攻击国民党发表的宣言“寿星

① 《答复三件大事》，《中华日报》，1939年7月24日。

② 《何谓“华风”》，《中华日报》，1939年7月10日。

唱曲子，完全是老调”。劝诫国民党元老们“不必痛哭，不必流涕，快快投到护党救国的和平之大旗下来吧！”①评论不放在社评栏内，却移在副刊发表，足见“华风”的副刊性质。诸如此类的题目还有《人同此心》《和平的保障》《谈“和平”宣言有感》等。

《中华画刊》是以漫画等形式颂扬汪伪“和平运动”的另一种传播形式。画刊经常登载一些日本占领军、汪伪人物以及“和运”开展情况的内容。在漫画选辑中，一九三九年七月十九日的题为《和平之声》的漫画是这样安排的。一则漫画画着一尊大炮，从炮管里轰出的一只鸽子，嘴里衔着一支橄榄枝，表示停止战争，走向和平。另一则漫画是一群中国百姓，一同坐在一个场地上，齐声高喊“我要和平”，题名为“大家都爱和平，奈均未得和平之道何”②。另有题为《一片渴望和声》的画刊，也以“要求和平”为主题。《梦寐以求》喻示着中国民众做梦也要“和平”。《和平大道》图示是一条大道，有两个指示牌，一个是“复兴中国”，一个是“复兴东亚”。《若大旱之望雪霾》图示一片冬小麦盼望着下大雪，暗示中国人向往“和平”③。

各种周刊也以讨论“和平”为主题，如《妇女周刊》就大谈“妇女与和平运动”的问题，号召中国妇女在所谓的“和平运动”中承担责任。《戏剧周刊》以历史为例，说明《中日和平当以辽宋为鉴》，讲杨氏政策在北宋取得同意后两邦都获得停止残杀多年，但以后由于两国累战不绝，结果亡于第三国，喻指应停战“讲和”，不要被共产党及苏联利用。《青年周刊》发刊宗旨在《告全国青年书》代发刊辞里，清楚地得到说明：“我们要绝对拥护汪先生和平救国的主张。”号召青年“反对继续抗战国策”，“打倒第三国际的走狗共产党”。④登载内容也不外乎“和平运动”，如《现阶段青年应有之觉悟》《文化青年对和平运动应有之认识》等。

《中华日报》在上海复刊后，尽管不遗余力地为汪精卫集团的“和平建国”“反共救党”活动大肆鼓噪，其宣传手段可谓无所不用其极，但直至汪伪政府成立前夕，其发行数量甚小，在社会上产生的影响极为有限，而且遭到了上海抗日爱国舆论界的强烈抨击，也被广大深明民族大义的民众所抵制。

上海沦陷后，市区苏州河以南的公共租界和法租界成为“孤岛”。中共在沪地下组织和爱国人士，利用英、美、法与日本之间的矛盾和租界的“中立”态度，以外商名义为掩护，创办了一批抗日报刊如《译报》《每日译报》《文汇报》《导报》《大英夜报》《中美日报》等，在“孤岛”坚持进行抗日爱国斗争。汪伪机关报《中华日报》复刊后，这些报纸即与汉奸报纸展开了长期的舆论战，使《中华日报》的宣传伎俩

---

① 《所谓“六中全会”闭幕矣》，《中华日报》，1939 年 11 月 23 日。

② 画刊《和平之声》，《中华日报》，1939 年 7 月 17 日。

③ 画刊《一片渴望和声》，《中华日报》，1939 年 8 月 6 日。

④ 《告全国青年书》，《中华日报》，1939 年 8 月 5 日。

和阴谋难以得逞。如日汪密约签订后,《中美日报》按照国民党中央社电讯,以该报香港特派员名义报道,将密约全文刊登在第一版显著地位,逐条加上按语,并著论指斥,又将密约影印本照片制成锌版,逐日连载。连日本情报机关也承认上海两租界市民"受抗日分子及文化界、新闻界的熏陶,抗战及反汪空气当然浓厚"。①

而且,《中华日报》的发行量非常有限。一方面该报在上海以外的地区的发行由于汪派没有建立全面的发行网络,并缺乏用行政手段推销的能力而受到限制;另一方面其在上海的发行也受到爱国报贩的抵制。《中华日报》出版的第一天,把报纸送到望平街分派给各报贩时,就为爱国报贩所抵制,各报贩拒绝贩卖该报,以至市面上看不到该报的影子。上海报纸推销工会也对该报进行拒销。日本特务机关的情报调查称:"《中华日报》复刊广告在《新闻报》《申报》刊载之际,上海各中文报纸对此没有攻击。而正式复刊时,《大美晚报》首先对此发起攻击。市党部方面派邢琬去报纸推销业工会,唆使他们拒绝销售该报,而且以一千元奖金奖励各报纸推销会员,使《中华日报》在市场上一时陷入不能销售的境地。"②由于该报受到抵制,发行量十分有限,钱俊瑞等的报告即说:"自从两租界报摊渐有代贩《中华日报》之后,其在租界销路约五六百份左右,其中大多为好奇读者所购买,共主要机关刊销路如此,余者更不堪问矣。"③

四、 结语

从《南华日报》一九三八年十二月三十一日发表汪精卫的《艳电》,到《中华日报》一九四〇年三月二十四日刊出汪精卫的《国民政府还都的重大使命》,在这近一年又三个月时间里,这两家报纸先后分别以香港和上海为基地,持续不断地进行了"和平运动"的舆论宣传活动。从历史的眼光来观察,这实际上是汪伪政权成立的最重要的舆论准备。它与政治上、军事上、组织上和财政上的准备一样,对汪伪政权的树立同样都是重要的和不可或缺的。这是研究汪伪政权史不可不注意的一个重要方面。

舆论是政治的工具,又是政治的先导。凡是要树立或推翻一个政权,都必须先进行舆论战线的斗争,造成舆论,并把这一战线的斗争贯彻到底,革命的阶级和

---

① 日本上海海军特务机关:《有关在上海中国方面对汪精卫工作的情报》(1939 年 7 月 17 日),见《汪精卫国民政府成立》,上海人民出版社,1984 年,第 189 页。

② 《有关在上海中国方面对汪精卫工作的情报》(1939 年 7 月 17 日),见《汪精卫国民政府成立》,第 188—189 页。

③ 钱俊瑞等:《汪派在上海各界活动的真相》,《我们的檄书》,集纳出版社,1940 年,第 19—21 页。

党派是这样，反动的阶级和党派也是这样。汪精卫、周佛海、陈公博等汪伪汉奸集团首要人物向来十分重视舆论宣传战线，注重利用和引导舆论来实现自己的政治目的。早在全面抗战开始后不久的南京和武汉抗战时期，他们作为国民党上层的主和派，除在少数主和人物中进行“低调俱乐部”活动之外，就已不时地利用报纸、刊物、广播等舆论工具，散布抗战失败主义和民族投降主义论调，并且在武汉组建了制造对日妥协投降和反共舆论的大本营“艺文研究会”。香港《南华日报》和上海《中华日报》初期的舆论宣传，正是汪派以往舆论宣传逻辑的发展。但是，香港和上海的活动与南京和武汉时的状况有很大的不同，因为前者是在汪精卫集团公开叛国投敌之后，其舆论更具有直接的目的性、公开性、系统性和更富有计划性，成为“和平运动”的组成部分。

“和平运动”的舆论宣传是与汪精卫集团和汪伪政权的全过程相始终的，从汪派叛国投敌，一直持续到汪伪政权的覆灭。一九四〇年三月南京伪府成立以前的宣传活动是承前启后的一个阶段。汪伪的“和平运动”舆论宣传，其基本精神在于图谋使所谓“和平、反共、建国”的“国策”深入民心，促使更多的民众响应“和平运动”，促使重庆国民党和国民政府分化瓦解，促使国共合作破裂，以完成汪精卫的“和平建国”和实现日本的建设“东亚新秩序”的目标。但是，随着内外形势的变动和具体政治目标的变化，“和平运动”舆论宣传在思想内容上、宣传重点上、方法和手段上，也在作不断的调适。香港《南华日报》和上海《中华日报》的宣传是各有重点和特点的。

汪精卫集团的舆论宣传是日本侵华战争和对华“政治诱降”的产物，也是汪派汉奸投日卖国活动的产物。其政治和思想内容为中国汉奸亲日派的卖国主义和日本帝国主义掠张侵略思想的混合物，渗透着反共、反人民、亲日、媚日以及抗战亡国论和“和平救国”论的政治和理论的基调。理所当然，《南华日报》《中华日报》这类舆论在广大人民中鲜有市场，而且也遭到蒋介石国民党的强烈反对和抨击，而全国抗日爱国的舆论界则与之对其进行针锋相对的舆论战。

日伪在沦陷区的“清乡”活动*

“清乡”是日本帝国主义及其傀儡汪精卫政府，于一九四一年至一九四五年间在华中、华南占领区进行的一个法西斯主义和殖民主义的军事政治活动。它发端于汪伪政权的中心地区江苏南部，扩展于浙江和江苏两省大部分及安徽、广东和湖北三省沦陷区的一些县，上海和南京两市也不同程度地进行了“清乡”。“清乡”前后延续四年之久，它给华中、华南沦陷区人民造成极为深重的灾难。

当时，深陷于侵略战争泥潭中进行垂死挣扎的日本侵略者，把“清乡”当作一根救命稻草，以为靠了它，就能加强汪伪政权，确保占领区，掠夺更多的战略物资，支持其在太平洋地区从事更大的军事冒险。然而，历史的发展同日本帝国主义者和汪精卫反动派的愿望相反，“清乡”终究不能挽救它们败亡的命运。在中国共产党领导的新四军、华南游击纵队和广大抗日人民的抗击下，各地的“清乡”连连破产，最后终于彻底失败。本文拟对“清乡”的始末和它的基本特征，作一历史的考察。

一、“以华制华”“以战养战”政策和日伪“清乡”的企图

“清乡”活动，是日本帝国主义妄图灭亡中国，进而实现其“大东亚共荣圈”的狂妄野心，在中国沦陷区推行“以华制华”“以战养战”政策的产物。日本侵略者在一九三七年七月发动全面侵华战争后，由于受到中国抗日军民的英勇抗击，它的“速战速决”的战略计划迅速走向破产。一九三八年年底以后，中日战争进入相持阶段，日寇陷入了抗日人民战争的汪洋大海，再也无力举行大规模的全局性的战略进攻了。从此，日寇更加着重地推行其“以华制华”的政治进攻和“以战养战”的经济进攻。一九四〇年三月，在日寇的导演下，在南京成立以汪精卫为首的傀儡政权。同年十一月，日本御前会议作出《处理中国事变纲要》的决定。纲要要求坚持侵略中国的“长期作战体制”，并强调要推行其“建设大东亚新秩序”的侵略计

* 本文原载《近代史研究》1982年第2期。

划；为此，提出要在华中、华南和华北占领区"彻底整顿……治安状况"，并要求在这些地区"彻底开发并获取国防资源"①。一九四一年一月，日本中国派遣军总司令部制定了《昭和十六年以后长期战政治策略指导方针概要》，首次提出了以长江下游地区为起点，逐次进行"清乡"的方案。在这前后，日本中国派遣军第十三军团司令官泽田茂和派遣军总部参谋、汪伪政府军事顾问晴气庆胤，具体谋划了"清乡"计划。不久，晴气与汪伪政府警政部长、特工总部主任李士群正式提出了"清乡"建议，获得了汪伪政府最高军事顾问影佐祯昭的赞同和支持，汪精卫和日本中国派遣军总司令畑俊六批准了这个计划。"清乡"计划出笼的历史过程，说明日本侵略者发动这一运动的目的，是实行"以华制华"和"以战养战"，巩固其在华中华南的占领区，掠夺战略物资和经济资源，以支持侵华战争和在太平洋地区进行军事冒险。

日伪的"清乡"活动在华中和华南地区进行，重点又置于华中地区，是与华中的军事政治形势相关的。

第一，华中地区具有重要的战略地位，日寇企图通过"清乡"，把华中占领区变成它进行"大东亚战争"的一个稳固的后方战略基地。

抗日时期的华中地区，北枕陇海铁路，南跨长江三角洲，西起汉水，东临黄海和东海，包括江苏、浙江、安徽三省的全部，江西、湖北、河南三省的各一部，上海、南京、杭州、武汉、徐州、南昌等重要城市和战略要点都在其内，面积约五十万平方公里，人口约一亿。华中地区，在政治上、经济上和军事上，都具有极其重要的地位和作用。八一三事变后，日寇侵占上海、南京、杭州、徐州、武汉等城市和苏、浙、皖、赣、鄂等省的部分地区。华中沦陷区遂成了日本侵略者掠夺我国人力、物力的主要场所，是它在战略上连结华北、华南的枢纽，也是它实施南进侵略计划，进行太平洋战争的一个重要的后方基地。"清乡"以这里为重点，正是企图巩固这个基地。对此，汪精卫说得很明白："在大东亚战争中，中国所处是后方的地位，必须确立治安，加强军事力量，并且改善经济生活，增加生产，节约消费，这样才能尽后方的责任，清乡工作便是注重于这些的。"②需要特别指出的是，华中的长江三角洲地带，包括江南地区在内，其战略意义特别重要，堪称华中的心脏。江南地区，东起淞沪、西至宁芜、南襟太湖、北带大江，这里原是中国资产阶级和英、美帝国主义在华利益最集中的地区，也是国民党长期反动统治的中心，沦陷后又成为日寇战略基地的重心。日伪"清乡"的矛头，首先指向宁、沪、杭及其周围地区，目的显然

① 日本御前会议：《处理中国事变纲要》，见《中国近代对外关系史资料选辑》下卷，第2分册，上海人民出版社，1977年，第119页。

② 汪精卫：《三期清乡的特点》，《政治月刊》第3卷第5期。

是巩固这个战略基地。

但是，对日寇及其走狗来说，在江南和华中占领区虽已盘踞多年，可是统治却极不稳固。一九三八年以来，以新四军为主力的抗日游击战争，在这里蓬勃发展。这年夏，陈毅、张鼎丞率领新四军第一、第二支队，先后挺进苏南敌后，创立了以茅山为中心的抗日根据地。一九三九年，新四军第六团进军无锡、江阴、常熟、苏州、太仓地区，开辟了苏（州）常（熟）太（仓）地区和澄（江阴）锡（无锡）虞（常熟）地区。谭震林率领的新四军第三支队，在芜湖至大通一带开展对敌斗争。同年十一月，新四军江南指挥部在江苏溧阳水西村成立，统一领导第二团、第四团、新三团、新六团、江抗（江南人民抗日义勇军）、丹阳游击纵队及地方武装。江南指挥部派出挺进纵队，渡江北上，开展扬州、泰州地区的游击战争；并组成苏皖支队，向扬州、仪征、天长、六合地区发展。新四军第四、第五支队开辟了皖东根据地，第六支队与八路军一部创建了豫皖苏根据地。大江南北燃起了抗日游击战争的熊熊烈火。

从一九三八年至一九四一年，日寇对我游击根据地进行了频繁的“扫荡”。然而，这些“扫荡”并没有扑灭抗日游击斗争，相反，抗日力量在战斗中发展壮大了。单纯的“扫荡”难以奏效，于是日寇又采取一套新的办法，这就是：首先“从事清剿，继以政治，辅以党务，以矫正其观念，了解和运之真谛，整理之建设之，以健全之行政机构恢复乡村秩序，则地方之治安庶可确立”。①这套新办法就是所谓“清乡”。

第二，华中沦陷区是汪精卫政府的基本地区，日寇企图以“清乡”来强化汪伪政权，引诱蒋介石投降，实现其“以华制华”的策略。

汪精卫政府成立后，华北、华中和华南的伪政权，形式上业已统一。但是，由于日本政府“分而治之”的政策和日本军阀内部的派系争斗，以及中国亲日派封建买办势力内部各派系之间的矛盾，华北、华南和华中一些地方的伪政权同汪伪南京政府之间，依然是貌合神离，各自为政的。尤其是华北政务委员会，名义上受南京政府领导，实际上独立于汪伪政府之外，而受华北日本占领军的支配。汪伪政府当时所能管辖的区域，只不过是原属伪维新政府的不完整的苏、浙、皖三省与南京、上海两市而已。而且，汪伪政府当时统治权力能够达到的地方，仅仅是上述地区的“点”与“线”，即大、中城镇及铁路、公路等交通要道；对广大农村，根本无力占领。于是，它企图通过“清乡”把自己的统治扩展到面上去。以苏南为例，“在苏南一万七千余平方公里的面积内，敌人据有公路干线二十条、支线六十四条、据点近四百个。然而，广大的乡村与地区仍在抗日人民与新四军手中。……日寇企图将苏南地区由梅花式的点线占据，展开到面的占领，强化伪政府，以伪军代替日军的

① 《清乡委员会第一次筹备谈话会记录》（晴气在会上的讲话），中国第二历史档案馆藏汪伪清乡委员会档案。

守备,以达到从中国战场上抽调军队,遂采取最毒辣的手段,向我苏南地区实行‘清乡’”。①

通过“清乡”强化汪伪政权,以此来引诱蒋介石政府投降,这是日寇的另一个企图。“清乡”中,日寇在“强化育成国府”的口号下,把汪伪政府扶到前台,除以武力配合伪军“扫荡”作战外,其他如行政、治安、财政、文教、宣传等,都只采取“协助”姿态,而让汪伪出面主持。它给汪伪政府涂上一层“独立”的油彩,要求在汪精卫主持下“树立和平模范区”,真正的意图就在于给蒋介石集团“树立”一个“模范”,引诱蒋介石步“汪精卫的后尘,与日寇握手言欢,实行‘全面和平’”。

汪伪政府在“清乡”期间,反复鼓吹所谓“从局部和平扩展为全面和平”的论调,就是日寇上述企图的反映。汪精卫在“清乡”一周年时宣称:“清乡目的固在树立局部和平模范,尤其在促进全面和平。”②所谓“全面和平”,就是要蒋介石政府同他一起实行全面投降。汪精卫把这种诱降的新阴谋,称为“清乡”的“政治的运用”。他说:“清乡工作,在政治的运用上,有一个更远大的任务,那便是树立局部和平的模范,由此贡献于国民政府的强化,也由此以贡献于全面和平之促成。”③显然,在汪精卫和他的主子看来,诱降蒋介石是“清乡”的“一个更远大的任务”。

第三,华中沦陷区是我国最富庶的地区,日伪“清乡”的一个主要企图是搜括战略物资和掠夺经济资源,以供给其侵略战争的需要,达到“以战养战”的目的。

华中沦陷区,在中国经济中占有极重要的地位。上海更是沦陷区的工商业中心。日本侵略者占领华中后,到处贪得无厌地掠夺财物。但是,“新四军的抗战,大大破坏了敌掠夺的计划。加上日寇处于战争危机、经济恐慌、资源枯竭、粮食缺乏的极端危急状况,加紧对江南的搜括是必然的,而清乡则是‘确保占领区’保障掠夺财物的手段”。④在汪伪政府看来,为“清乡”即是为“大东亚战争的资源”。汪精卫说得很明白:“努力于清乡,就是努力于大东亚战争之一种重要工作,保障治安,以安定大东亚战争的后方,增加生产,以培养大东亚战争的资源。”⑤

在汪伪政府看来,“清乡”正是大发横财之机。汪伪政府登场,一开始便碰到财政困难。它的开办费没有着落,还是由它的财政部临时向日本横滨正金银行上海支行借用的,计四千万元。⑥成立后财政的大宗收入,首先是海关的关税,但战争造成对外贸易锐减,至太平洋战争爆发,关税几等于零;其他如盐税、统税等,大

---

① 杨迪:《苏南反“清乡”斗争》,《解放日报》,1942 年 7 月 6 日。

② 汪精卫:《委长训条》,《政治月刊》第 4 卷第 1 期。

③ 汪精卫:《清乡一周年》,《政治月刊》第 4 卷第 1 期。

④ 张鼎丞:《为粉碎江南敌寇“清乡”而斗争》,《解放日报》,1941 年 10 月 21 日。

⑤ 汪精卫:《清乡与大东亚战争》,《政治月刊》第 6 卷第 2 期。

⑥ 金雄白(朱子家):《汪政府的开场与收场》,香港春秋杂志社,1963 年 1 月,第 36 节。

部分操于日本占领军手中。一九四一年，汪伪政府的全年财政预算为三亿一千二百万元，①可是，就在这一年，它向日本政府的借款，却高达三亿元之巨，一九四二年又借款一亿元。②汪伪政府的财政，千疮百孔由此可见。于是，它企图通过"清乡"，把自己的统治渗入到面上和下层去，以便更多地向沦陷区人民进行掠夺和搜括，"改善"它的"财政"局面。

二、"清乡"的准备和发动

日本华中派遣军总司令部和汪精卫伪政府，于一九四一年二、三月间，开始了"清乡"的各项准备工作。这年二月，日军第十三军开始研究和制订用于"清乡"的"肃正讨伐"及封锁纲要，并在十三军团头目中进行了"清乡干部教育"。三月间，在苏州设立了第十三军团"清乡"司令部，在它的指挥下，成立了以金子金治为机关长的从事经济掠夺的"清乡"特务机关，和以重藤宪文为机关长的执行宪兵工作的重藤机关，开始进行"清乡"的各项活动。华中派遣军以影佐为头子的特务机关梅机关，也派晴气及小笠原到苏州，"担任全面的指导连络工作"。

汪精卫在一九四一年三月二十四日召开的伪中央政治委员会上，决定成立"清乡委员会"，汪精卫为"清乡委员会"委员长，副委员长为陈公博（伪立法院长、上海市长）、周佛海（伪行政院副院长、财政部长），秘书长为李士群（伪特工总部主任、警政部长），委员有：陈群（伪内政部长）、梅思平（伪工商部长）、杨揆一（伪参谋总长）、鲍文樾（伪军政部长）、任援道（伪海军部长、第一方面军总司令）、林柏生（伪宣传部长）、丁默邨（伪社会部长）、李圣五（伪教育部长）、罗君强（伪边疆委员会委员长）等十四人。"清乡委员会"在汪伪政府系统中同"行政院""军事委员会"相并列，占有很高的地位。这个机构的实际负责人是李士群，他的秘书长职务，表面上由汪精卫任命，但实际上却是由汪的最高军事顾问影佐指定的。

同年四月十四日到五月十五日，在李士群主持下召开了"清乡委员会"筹备谈话会，一连开了八次。该会正副秘书长及各处、室主要负责人，伪警政部和伪特工总部的负责人都参加了会议，日军方面，晴气、小笠原、中岛、冈田等到会直接指挥。会议秉承华中派遣军总部的旨意，确定"清乡"的目标，一是"确立治安"，二是"改善经济"。会上对"清乡"的基本方针进行了讨论，李士群提出"清乡"要"军政并进，剿抚兼施，由城而乡，遍及全区"③，晴气强调"清乡工作军政相辅而行，可谓

---

① 廖今天：《汪逆参战与敌寇对沦陷区的经济掠夺》，《解放日报》，1943年3月25日。
② 挹清：《汪伪政权在太平洋大战后的动态》，《解放日报》，1942年9月6日。
③ 《清乡委员会第一次筹备谈话会记录》，中国第二历史档案馆藏汪伪清乡委员会档案。

三分军事七分政治，以政治为中心而以军事推动之，且特工又从旁协助”。①谈话会还讨论和确定了实施“清乡”的各项方法和手段。他们把日寇在朝鲜和我国台湾、东北以及华北推行过的种种法西斯殖民统治的方法，蒋介石反革命“围剿”的一套办法，包括军事的、政治的、经济的和思想文化的各种伎俩都搬了出来。为推行这一套办法，会议决定在“清乡委员会”之下设立各种专门委员会，有宣传、民众训练、特种教育、经济设计、党务指导、招抚整编等委员会，并成立“清乡政治工作团”，作为从事反革命政宣工作的专职机构。对于运用特务组织和特务手段于“清乡”运动中，日伪当然是决不会放松的。会上决定汪伪特工总部在苏州设立江南“肃清工作委员会”办事处，统一指挥江南清乡区特务活动，原设于江南各地的汪伪特工站，统归这个办事处管辖。日特影佐机关也向苏州派出分驻机构，直接指挥“清乡”区特务及情报活动。

根据“清乡”的目的和方针，日伪双方在谈话会中还密谋了实施“清乡”的步骤。第一步是“军事清乡”，即进行血腥的“扫荡”和“清剿”；第二步是“维持治安”，也就是所谓“政治清乡”；第三步是“整理建设”，即实行“经济清乡”和“思想清乡”。要推行这一套综合性办法，最主要的条件是有足够数量的军队，但是日伪抽调不出多少军队。晴气在会上哀叹伪军能参加“清乡”的“兵力有限”。那么日军呢？“在一区内(相当于一个县)办理清乡之军队，敝国可派军力约有两联队。”②日伪在兵力配备上既捉襟见肘，“清乡”计划只得先“局部实施”。首先从哪里开始呢？汪精卫在会前提出过“以京(南京)沪路沿线作一个示范性的实验区，先把力量集中在这里试搞一下。因为这个地区最易看出成绩，日本人对这条线也很重视；特别是可以减少南京所遭受的威胁”。③第二次谈话会于是确定：“清乡地区先划定京沪铁路沿线之北十县为肃清区，并以铁路为界，候实施有效后再行扩展。”

“清乡”打击的对象主要是中共领导的新四军和地方人民武装，这在暗地里得到蒋介石政府的支持。蒋介石视“清乡”为假手敌伪消灭新四军的一个绝妙办法，而顺势予以利用。还在“清乡”发动前，蒋介石就秘密指派唐生明④由重庆潜赴南京，参加汪伪政府。临行前，军统特务头子戴笠向唐传达蒋介石的命令说：对江南地区新四军部队，“你去了以后，要运用一切办法，尽量限制他们发展，随时予以打

① 《清乡委员会第四次筹备谈话会记录》，中国第二历史档案馆藏汪伪清乡委员会档案。

② 《清乡委员会第二次筹备谈话会记录》，中国第二历史档案馆藏汪伪清乡委员会档案。

③ 唐明生：《我奉蒋介石命参加汪伪政权的经过》，全国政协文史委员会编：《文史资料选辑》(第40辑)，1963年，第22—23页。

④ 唐生明原系国民党长沙市警备代司令、湖南常(德)桃(源)专区警备司令。1940年10月，由蒋介石、戴笠直接指派，参加南京汪伪政府，任伪军委会和伪清乡委员会委员。

击”。①一九四一年五月，汪精卫筹备“清乡”时，蒋介石密电唐生明，指使他“去干这项工作，并……利用日本军队和伪军去消灭新四军”。②唐生明担任“清乡委员会”委员兼该会第三处处长，又兼任“清乡委员会”苏州办事处副处长和伪江苏省保安副司令，直接掌管苏南“清乡”军事工作。蒋介石和戴笠经常把获得的有关江南新四军的情报，密电通报于唐生明，再由唐通过其情报人员转报日寇驻军和伪军，日伪军即据此向新四军进攻。蒋介石还指使在苏南的忠义救国军，在“清乡”期间，“要不着痕迹地对被日军攻击的新四军部队予以堵截和夹击”③。忠义救国军阮清源、郭墨涛等部，根据蒋介石、戴笠的反共指令，配合日伪“清乡”，多次对新四军发动袭击。更有甚者，国民党顽固派的一些将领，在蒋介石“曲线救国”的号召下，率领部队公开叛国投敌，加入“清乡”行列。国民党李长江部④和杨仲华部⑤共四万余人，在一九四一年春先后降日，在苏北“清乡”中充当日寇的得力帮凶。国民党顽固派与日伪在反共的默契下携起手来，或明或暗地通过“清乡”妄图消灭大江南北一带的人民武装力量。

三、“清乡”的基本过程

日伪的“清乡”运动前后经历了四个阶段。

第一阶段：一九四一年夏至一九四二年夏，在苏南的苏、常、太地区和锡、武、澄地区进行“清乡”。

苏南“清乡”由“清乡委员会”苏州办事处直接指挥。一九四一年六月十日，汪伪在南京召开清乡地区行政会议，划定了“清乡”区域，对实施“清乡”的各项行政措施作了部署。同月二十六日，苏州办事处成立，李士群、汪曼云⑥分别兼任正副主任。七月一日，苏州办事处及苏州地区“清乡督察专员公署”在苏州正式成立，接着在各县设立“清乡特别区公署”。苏南“清乡”的罪恶活动从此正式开场。这时，日军第十三军团加强了原先已在苏州设立的“清乡”指挥部。汪伪政府的日本“伪军事顾问部也设立了出张所，主其事的便是……李士群的‘靠山’日寇晴气中佐与小笠原

① 唐生明：《我奉蒋介石命参加汪伪政权的经过》，《文史资料选辑》（第 40 辑），第 10 页。

② 唐生明：《我奉蒋介石命参加汪伪政权的经过》，《文史资料选辑》（第 40 辑），第 20 页。

③ 唐生明：《我奉蒋介石命参加汪伪政权的经过》，《文史资料选辑》（第 40 辑），第 26 页。

④ 李长江原系国民党苏鲁皖边游击军副总指挥，于 1941 年 2 月率所部七个纵队投敌，编为伪第一集团军。

⑤ 杨仲华原系国民党江苏常备第八旅旅长，于 1941 年 3 月率部投敌，后编为伪第二集团军。

⑥ 汪曼云系汪伪政府农矿部政务次长、特工总部副主任，“清乡”开始后先后任“清乡委员会”副秘书长、“行政院清乡事务局”局长等职。

少佐，名义上他们是担负苏州办事处与日寇清乡指挥部之间的联系工作的，实际上却是按照清乡指挥部的意旨，牵着李士群的鼻子跑”①。“至于各个特别区公署，则由日寇的江苏联络部派有联络官常驻在署。名曰‘联络’，实际还不是同样地牵着署长的鼻子跑。”②李士群与日军第十三军团参谋长在六月十八日签订了《关于苏州地区清乡工作之日华协定》，规定由该军团司令官担任日方“清乡”最高指挥官，日方担负“关于作战及封锁事项”，伪方担负“政治工作”，伪军、保安队及警察在“清乡”期间由日军调遣与指挥，③从而把“清乡”完全置于日寇控制之下。

这一阶段的“清乡”又分为三期。一九四一年七月到九月为第一期，是在吴县、常熟、昆山和太仓四个县的部分地区进行的。七月一日，日军小林师团的一个旅团、伪军第一方面军第十三师和伪清乡警察总队第一大队，共一万五千人，开始向苏常太地区的新四军第六师第十八旅和游击根据地发起进攻。日伪首先采取闪电战术，从四面八方向该区反复进行梳篦式的“清乡”，搜索我部队及党政机关。接着大量建立据点，构成封锁网，继而进行“政治清乡”。由于缺乏反“清乡”斗争经验，我十八旅在“清乡”开始前，只作了一般反“扫荡”的准备，待敌发起“清乡”后，我军主力在外线发动袭击，攻势直达无锡、苏州和江阴近郊，但仍然未能调动“清乡”区内的敌军。我在内线坚持的部队，奋力作战，给予日伪以迎头痛击，但由于力量对比悬殊，很难在原地坚持下去。八月下旬，十八旅主力奉命北渡长江，留下少数主力同地方武装一起继续坚持原地斗争。

同年九月到十二月为第二期，日伪把“清乡”的重点移到无锡、常熟、江阴三县的部分地区。九月下半月，敌对我澄、锡、虞地区发动“清乡”。我抗日军民接受了苏、常、太反“清乡”斗争的经验教训，采取以合法斗争为主的方针，进行了充分的准备和周密的部署，基本上达到了隐蔽坚持的目的。

一九四二年二月到六月为第三期，是在昆山、吴县、无锡三县沪宁路以南地区和江阴、武进两县部分地区进行的。这年年初，伪江苏省政府改组，李士群兼任伪省主席，“清乡”改由伪省府统一掌管。二月，敌对我锡武澄地区发动进攻。三月间，敌对昆山以西、北沿沪宁铁路、南至太湖及吴江县以北、西至常州一带地区实行封锁，实施“清乡”各种反动措施。我抗日军民进行了英勇的反击。

第二阶段：一九四二年春至一九四三年夏，日伪着重在太湖东南地区和上海郊区进行“清乡”，同时对苏淮特别区④也实施了“清乡”。

---

①② 汪曼云：《千里哀鸿说“清乡”》，上海市公安局藏汪伪案犯材料。

③ 《清乡委员会秘书长与登集团军参谋长关于苏州地区清乡工作之日华协定》，中国第二历史档案馆藏汪伪清乡委员会档案。

④ 汪伪政府于一九四二年一月将江苏省的徐州、铜山、睢宁、涟水及安徽省的宿县、泗县等，共一市二十一县，划为苏淮特别行政区，1944 年 1 月又将苏淮特区改设为淮海省。

苏州地区“清乡”一年，收效甚微，抗日力量不但未被“肃清”，而且在斗争中创造出了反“清乡”的办法，开展卓有成效的战斗。于此，日伪被迫提出在上述地区进行“清乡刷新工作”，以图挽回其失败的局面。同时，太湖东南苏浙边界一带和上海浦东地区，抗日游击斗争日益发展，日寇于是策划把“清乡”的重点转移到这个地区。一九四二年六月四日，汪精卫召开“清乡”工作会议，决定将“清乡”区由江苏扩展到浙江省及上海市。

先是发动了太湖东南地区第一期“清乡”。七月一日，太湖东南地区第一期“清乡督察专员公署”在嘉兴成立，下辖松江、吴江、青浦、善兴四个“特别区公署”。“清乡委员会”在嘉兴设立了驻嘉办事处，由汪曼云任主任。接着对苏嘉线以东、沪杭铁路以北、至上海市西端的地区进行“清乡”。这个地区包括青浦全县、吴江和松江两县之大部及嘉兴、嘉善、昆山、吴县的各一部。由于伪浙江省主席傅式说与李士群争夺这一地区“清乡”的领导权，李士群在同年九月被迫草率收兵，将队伍撤回苏州，所谓太湖东南地区第一期“清乡”，尚未充分展开，便中途夭折。

太湖东南地区第二期“清乡”在同年十月开始。“清乡”区域划分为两嘉（嘉兴、嘉善）、平湖、海宁、海盐、松南、金山等六个特别区，包括平湖、海盐、金山三县之全部和松江、海宁、嘉兴、嘉善四县的部分地区。“清乡委员会”在杭州设立驻浙办事处，由傅式说兼主任，并在嘉兴设立太湖东南地区第二期“清乡督察专员公署”。十一月间，日军小林部队二千人、伪军一千人和各县“保安团”，开始进行“扫荡剔抉”，随即推行各项“治安”措施，至翌年四月收场。

上海郊区的“清乡”始于一九四二年八月，重点在浦东地区。以南汇、奉贤、川沙为中心的浦东，紧靠日伪政治、经济中心上海。这里我党领导的抗日游击战争已经发展起来，敌人迫不及待地想以“清乡”来扑灭游击战争。八月一日，“清乡委员会”上海分会成立，伪上海市长陈公博兼主任。十六日，陈公博与日军小林部队长小林信男签订《关于上海地区清乡工作中日协定》。九月一日，上海第一期“清乡”在南汇、奉贤、北桥等三区开始实行。十月间，“敌人调集了矛字三八二四、三八二五等主力部队（相当于三个团的兵力），配合伪匪刘铁成部和伪税警队约五千人，对浦东的奉贤、南汇、川沙三县实行全面封锁。……然后，自南向北，有计划的全面行动，分区‘清乡’”①。我游击队采取隐蔽坚持方针，机敏地打击了日寇，保存和发展了自己，以后并向黄浦江以西及平湖、海盐等地发展了新的游击区。上海第一期“清乡”遂于一九四三年春结束。后来在一九四三年四月至十月间，复在崇明、嘉定，宝山三区进行了“清乡”。

第三阶段：一九四三年春至一九四四年年初，日伪除继续在苏州地区、太湖东

① 朱亚民：《浦东反“清乡”》，《星火燎原》第6卷，第473页。

南地区和上海郊区进行“清乡”外，把重点置于江苏的镇江地区和苏北地区，同时在浙江的杭州地区和余姚庵东实行“清乡”。

镇江地区“清乡”开始于一九四三年三月。这个地区，包括镇江、丹阳、扬中三个县和武进、金坛、无锡等县各一部分，政治和军事上的地位很是重要。尤其是镇江一带，地处大江南北的出入要冲，北靠长江，与我苏北根据地隔江相望，南临新四军茅山根据地，因而成为革命力量贯通南北的交通要道。继苏州地区后，日伪把“清乡”重点移到了这里。三月一日，成立镇江地区“清乡主任公署”。四日，李士群与山内正文签订《关于镇江地区清乡工作之中日协定》。三月至八月间，敌伪出动部队，先后在丹北、金丹武、茅山、长福、太福等地区进行“清乡”。我军民采取以隐蔽斗争为主的游击坚持方针，顽强地进行了斗争。当日伪向我中心区“清剿”时，我主力部队即转到边缘区积极活动，击破封锁线，并向苏常太、澄锡虞地区开展恢复工作。中心区地方党政组织领导武工队就地坚持，打击“清乡”人员。日伪的“清乡”活动遭到沉重的打击。

苏北地区的“清乡”是在一九四三年四月开始的。日伪的目的是破坏我苏中抗日根据地。四月八日，李士群与日军签订了《苏北第一期地区清乡工作实施之协定》。十一日，苏北“清乡主任公署”在南通成立。敌伪首先选择临江濒海、易于分割封锁的南通、如皋、海门、启东，作为“苏北第一期清乡实验区”。四月间，南通、如皋、海门、启东境内各据点之敌伪倾巢出动，向我苏中四分区分进合击。我抗日军民，内线与外线密切配合，积极开展反“清剿”、反封锁斗争。六月初，敌人开始进行“政治清乡”，我军采取以武装斗争为主、结合群众性的隐蔽斗争和合法斗争的方针，发动全民开展反对编组保甲和封锁的斗争。七月初，我主力一部进到南通地区，开展大规模的破击战，迫使集中于启东、海门“清乡”之敌回援，打乱了日伪分区分期进行“政治清乡”的计划。八月以后，敌伪改而采取所谓“机动清乡”；遭我打击后，十月开始，日伪又实行“延期清乡”三个月，企图以烧光、杀光、抢光的“三光”政策，摧毁我根据地。苏中军民经过三个月的艰苦斗争，终于挫败了“延期清乡”的计划。

日寇为了掠夺浙江余姚庵东盐场及其周围地区的盐和棉花，切断上海浦东游击区与浙东游击区之间的联系，于一九四三年二月开始在庵东地区进行“清乡”。“清乡委员会”浙东办事处处长由伪浙东行政长官沈尔乔兼任。余姚伪军在日军指挥下，封锁了庵东地区，随即进行“扫荡”和“整肃”。新四军浙东部队在人民的支持下，进行了针锋相对的斗争，并以主力向四明山区发展，在外线打击敌人，制止了日伪的扩张。在杭州周围一带，日伪划定崇德、桐乡两县，海宁的大部及嘉兴、吴兴、德清、杭县之一部，为杭州地区第一期“清乡”区。同年九月底，在长安镇成立浙江省第二“清乡”区“清乡督察专员公署”。伪浙江省长傅式说与日寇枪部队长内田孝行于同月二十九日签订《浙江省第二清乡区清乡工作协定与工作实施要领》。十月初，日伪在这个地区开始实行“清乡”的各项反动措施。

第四阶段：一九四四年初至一九四五年夏，是“清乡”在抗日军民的猛烈反攻下终于最后失败的阶段。日伪前几年的“清乡”屡遭失败后，进行垂死挣扎，一方面提出“刷新清乡”和“高度清乡”，在原“清乡”区对抗日军民实行疯狂反扑，另一方面又在安徽、广东、湖北占领区的一些县份推行“清乡”。但是，随着解放区战场一九四四年展开局部反攻，各地的“清乡”运动迅速走向破产，至一九四四年年底，华中地区的“清乡”基本上被新四军、各地游击队和广大人民所粉碎。

在“清乡”运动败亡过程中，汪伪政府于一九四三年五月二十日决定撤销“清乡委员会”，改在伪行政院设立“清乡事务局”，继续“办理清乡”。这是日伪两年来推行“清乡”屡遭失败的一种结果，也是汪伪内部派系势力之间矛盾争斗的尖锐表现。内外交困的形势，迫使日伪不得不承认“要是把‘清乡’再像过去那样，大吹大擂地搞下去，不仅得不到好处，反而更暴露了自己的弱点，同时为使‘清乡’所引起的汉奸内部的矛盾缓和一下，于是决定将清乡委员会撤销，把所谓‘清乡’工作改由各该省市政府自行办理”。①至此，日伪被迫收缩了它的“清乡”计划。

一九四四年二月十日，汪伪在南京召开“清乡”会议。以前曾四次窜到苏州地区，又奔到嘉兴、上海、镇江等地，声嘶力竭地鼓吹“清乡”的汪精卫，这次却泄了气，连会议也不来出席，而是叫周佛海替他主持了。“这次会议的主要目的，是为了掩盖两年多来‘清乡’罪恶活动所遭到的失败；并以之粉刷(汪伪)中央对‘清乡’仍属重视，为今后各地方政府推行这一罪恶活动鸣锣开道。它只是一种伪装的姿态和骗人的宣传工具而已，所以并没有突出的提案。”②这次会议反映了到这时“清乡”已成强弩之末、秋后之蝉了。

广东和安徽的“清乡”，就是在日伪急剧衰败的形势下进行的，可以说是“清乡”运动的回光返照。一九四三年，日伪把伪广东绥靖军的兵力由两个师扩大为五个师，准备向中共领导的东江纵队发动进攻。这年四月底，李士群到广州，与伪广东省长陈耀祖密谋“清乡”计划。同年十二月，广东省成立“清乡事务局”，划定东江纵队重要活动地区东莞、宝安两县为第一“清乡”区。一九四四年春，敌伪开始了“清乡”，以伪军五十七师一部，配合伪广东绥靖军四个师，集中于广九路西侧，向我东(莞)宝(安)地区进攻。东江纵队英勇反击，“他们一方面配合广大的人民坚持着原有阵地，打击敌伪的‘清乡’部队及特务，一方面则以主力挺至敌后以先发制人的手段，向敌之交通线展开出击”。③东江纵队曾攻入广九路林村车站，

---

①② 汪曼云：《千里鸿说“清乡”》，上海市公安局藏汪伪案犯材料。

③ 张樾：《屹立在南海上的东江与琼崖抗日根据地》，《解放日报》，1944 年 8 月 1 日。

突袭横沥车站与平潮车站，袭击九龙市，炸毁铁桥，造成香港九龙日寇空前的恐慌，给了“清乡”以沉重的打击。

安徽的“清乡”也是在一九四四年春开始的。三月底，在芜湖成立了安徽第一区“清乡督察专员公署”，定芜湖、当涂两县为“清乡”区，首先在西至扬子江、东至丹阳湖、北至姑溪河、南至清水河的四角地带实施“清乡”。此外，在湖北的汉阳、鄂城、武昌、黄陂等县，也进行了“清乡”。但是日伪在这些地区的“清乡”，大都是早出晚归，如同土匪，下乡抢劫掠夺后就窜回据点，连原来那一套“确立治安”的办法，也无力全部照搬了。

到一九四四年冬，华中“清乡”终于被抗日军民所粉碎。它的主要标志就是，苏南和苏北“清乡”被我军彻底击败。我苏中军民为打破敌伪“扩展清乡”和“屯垦”计划，于同年春以高邮、兴化、泰州、泰兴，如皋地区为重点，发动攻势作战，攻克据点十七个。三月间，新四军第一师取得车桥战役重大胜利。从此日伪“扩展清乡”的活动一蹶不振。六月至九月间，我苏中主力部队和地方武装为彻底打垮敌伪“清乡”活动，连续发起攻势作战，到十月间基本上恢复了在“清乡”中被敌伪侵占的地方。至此，日伪在苏北的“清乡”以失败而告终。在苏南，抗日军民也发动了反“清乡”的攻势。八月下旬新四军攻入长兴城，攻克金坛以西之薛埠镇及南京市郊六郎桥，并一度解放溧水、溧阳两城。十月至十二月间，在溧阳、高淳、郎溪之间和宣(城)、长(兴)公路上，连歼伪军近两个团，又在扬中境内攻占据点八处。这些胜利，使苏南“清乡”急剧溃败，终于最后破产了。

四、“军事清乡”

日寇和汪伪发动“清乡”的罪恶企图，是想达到“确立治安”“改善民生”和“肃正思想”这三个目的。还在“清乡”发动之初，汪精卫就叫嚣说，“清乡”的目的是“确立治安，改善经济”；后来，他又一再鼓吹：“清乡的意义，不只在确立治安，尤其要改善民生。”①在“清乡”的第二年，汪精卫又抛出“思想清乡”的阴谋诡计，到了第三年，更是大弹其“清乡必先清心”的滥调，②把“思想战”提到重要的地位。“清乡”运动不是单纯的军事“扫荡”，而具有所谓“总体战”的特点，它渗透到政治、经济、思想、文化等各个领域，而军事则是这个运动的支柱。以下，从军事、政治、经济、思想四个方面，对“清乡”运动的主要内容及其特征进行一些剖析。

“清乡”，首先是一个血腥的、残暴的法西斯军事镇压活动。每一地区“清乡”

① 汪精卫:《清乡一周年》,《政治月刊》第4卷第1期。

② 汪精卫:《实行清乡必先清心信条》,《政治月刊》第6卷第3、4期合刊。

运动的第一步，就是所谓“军事清乡”。“清乡”开始前，日伪对我根据地、游击区及其外围地区，依傍交通线、河流、山川、据点分布状况，和军事力量的配置情况，划出一定的地域，定为“清乡区”。接着，在“清乡区”周围增设大量据点，以河流、公路、铁道、湖面等为依托，构成大面积的包围。“除原有碉堡之外，在交通要道及各市镇增筑堡垒，加设营棚。水陆要道口，扩张铁丝网、电网。除用堡垒及营棚驻兵围困之外，用兵车、兵船、快速部队，加紧铁路公路和水道的巡逻。”①包围圈形成后，日伪随即调动部队，深入“清乡区”进行“扫荡”，“以强大兵力寻我主力决战，兜剿包抄，使我军无法转移，被迫作战，对反抗进军之村庄，实行大烧大杀，警一以戒百”。②敌在进攻时，往往采取梳篦、拉网式的战术，十几路、几十路地向我中心区分进合击，进行反复搜索，寻歼我武装部队和党政机关，妄图“肃清”我抗日武装力量。

随着闪电式“扫荡”而来的，是用篱笆、铁丝构筑封锁网，并在各个要口设立大小不一的检问所，实施“封锁政策”。这完全是一种赤裸裸的军事法西斯统治。按汪伪封锁法规规定，“凡人民”“通过封锁线”，“须领有各种证明书”方得进出；凡“运输物资”，“须申请发给搬出入证”。③各种证件名目繁多，什么“良民证”“渔民证”“旅行证”“限期旅行证”“归乡证”“身份证”等，像一条条绳索把居民捆得紧紧的，把人民的行动自由剥夺殆尽。

“军事清乡”同日寇一般的“扫荡”一样，具有凶恶、狡猾、持续的特点。日寇常以占压倒性优势的兵力，机动多变的战术，篦子梳头发式的态势，进攻狭小地区的我军，这是其凶恶性。利用汉奸叛徒，编练便衣人员，利用夜晚、拂晓突袭我军，这是其狡猾性。构筑封锁网，设置大小据点和检问所，实行常驻作战，这是其持续性。这些就构成了“军事清乡”的基本特征。

五、“政治清乡”

在“军事清乡”之后，“政治清乡”作为“清乡”运动的第二步，便被日寇提到了它的刺刀尖上来了。所谓“政治清乡”，乃是日本法西斯主义和中国汉奸反动派反革命政治的综合体。它包括以保甲制度为中心的反动行政统治、以警察保安机关为中心的反动警察统治、以特务情报组织为中心的反动特务统治，以及以社会团体为中心的反动社团统治。

---

① 张鼎丞：《为粉碎江南敌寇“清乡”而斗争》，《解放日报》，1941年10月21日。

② 陈毅：《苏南反清乡斗争的总结》，解放军政治学院：《中共党史参考资料》，第9册。

③ “清乡委员会”封锁总办事处：《封锁解说》，《清乡日报》，1941年7月31日。

“政治清乡”的内容，首要的一项是编组保甲。然后强迫居民实行“连坐切结”制度，规定每若干户为连坐连保，订立连坐切结。“如该结内藏有要匪及匪物，先未报告，后经军队、团体或(清乡区公署)署长查出者，同结者与匪同罪。”“与匪暗通消息者，一经查实即应处以极刑。”①这里所谓“匪”者，是敌伪对爱国抗日者和革命者的污蔑。敌伪企图通过编查保甲、贴制门牌、严格身份证明、建立户口制度、实行连坐切结，来清查我党的党员、干部、民兵及群众团体的成员，切断人民群众与我党我军的联系，摧毁我党政军民一切组织。

举办壮丁训练，编组自卫团、爱乡会等反动组织，是“政治清乡”的另一个组成部分。自卫团是由各县“清乡公署”指挥的所谓“民间”的反动武装，在上海市称为警防团、安徽省称作自警团。它以当地的恶霸、地痞、流氓为骨干。在保甲编查告一段落后，日伪即实施壮丁训练，强迫“清乡区”内十八岁以上、四十五岁以下之壮丁参加训练。一俟训练完毕，即编组自卫团的总团、团队、大队、中队等组织。自卫团的反动作用是，协助日伪正规军和警察部队，“防剿”抗日军民，“增进”基层汉奸政权的“自卫能力”，“编查保甲，辅助(日伪)军警维持地方治安”。②

推行自首政策，策动密告检举，收买、利用叛徒，是敌伪推行“政治清乡”的又一鬼蜮伎俩。日伪将清乡区内不愿做亡国奴，有过抗日言行，或同我军有过联系的居民，一律列为“自新户”，限定在十五天内办理自新登记。“自新户”中凡被日伪视为有嫌疑者，“一律送专员公署交由俘虏营予以感化”③。未入俘虏营的，必须办理联保手续，按期接受“谈话”、“测验思想”、“考核行动”。这一套法西斯主义的残暴统治，把“清乡”区变成了一个庞大的集中营。推行自首政策的另一重要目的，在于策反我党我军被俘人员。日伪“抓住我方工作人员，则勒令自首，供出我军活动地点、埋藏物资、群众团体负责人及会员姓名、地方党组织，务求彻底破坏”。④敌人自首政策之恶毒，由此可见。

建立警察保安系统，强化伪政权，是“政治清乡”的又一个组成部分。汪伪政府在“清乡”地区的省和专区两层，分别设立了保安司令部和保安处，下辖保安大队分驻于各县。同时，汪伪又强化警察机构，除“清乡委员会”直属的“清乡警察总队”外，各地区又编组警察大队，增加伪警人员。仅江苏一地在一九四三年三月即增编了三千名。汪伪扩编伪警察及保安部队时，除“招抚”大批土匪和地痞流氓

① “清乡委员会”:《清乡地区整理保甲肃清零匪暂行办法》，中国第二历史档案馆藏汪伪清乡委员会档案。

② “清乡委员会”:《清乡地区各特别区自卫团组织暂行条例》，《中华日报》，1941 年 7 月 31 日。

③ 清乡委员会:《清乡地区各特别区管理自新户暂行办法》，《清乡日报》，1942 年 8 月 11 日。

④ 陈毅:《苏南反清乡斗争的总结》，解放军政治学院:《中共党史参考资料》第 9 册。

外，更大量的是“收编”蒋介石指使戴笠派驻在苏南一带的“忠义救国军”。在苏南“清乡”的第一年里，由“招抚整编委员会”收编的杂色部队有二十四支，共一万六千三百多人。①汪伪反动派和国民党顽固派以及地方封建反动势力沆瀣一气、狼狈为奸，形成了一个从日本侵略者到汉奸反动派和地方反动势力的政治军事统治网，这是“政治清乡”的一个显著特点。

六、“经济清乡”

“改善经济”(又称“改善民生”)，被汪伪标榜为“清乡两大宗旨”之一。汪精卫对“经济清乡”是很看重的，他“巡视清乡”时，“每到一个特别区公署，都要提出两个问题：一、清乡前后人口比较；二、清乡前后赋税收入比较。汪精卫是把清乡区人口增加和税收增多，看作为‘治安确立’‘民生改善’的标志的”。②显然，人口愈多，被统治被剥削的对象也就愈多；赋税收入愈多，汪伪的“经济”也就“改善”愈多。可见，“经济清乡”乃是对“清乡”区人民进行掠夺和剥削的代名词，它的各种手段和办法，无一不是服务于榨取财物这个目的。

在“清乡”过程中，经济掠夺的方法随着“清乡”本身的发展而有所不同。大体上说，在军事“扫荡”和“清剿”阶段，主要采取露骨的直接的抢劫，或直接用武力抢劫财物，或公开没收与霸占；在所谓“确立治安”以后的阶段，则以征发赋税和统制物资为主要方法。综观“经济清乡”全过程，可以说是抢劫、封锁、税捐和统制四者的互相结合。

经济封锁是日伪进行“经济清乡”的一项重要政策。“清乡”一开始，“清乡委员会”即宣布对苏州、常熟、昆山、太仓地区实行物资统制与运销管理。凡是日伪认为属“绝对禁运品”的物资，一律被禁止“在境内运输或运出运入”。粮食、棉花、蚕丝、皮革、金属、矿石等十四类物资，从封锁线内运输出境，须经日寇登集团军(第十三军)指定的“支那派遣军总司令部第七号上海出张所”的批准。对物资入境同样实行封锁：除上述几类物资外，凡石油、汽油、机器、棉纱、布品、棉织品、盐、糖、医药用品及食油等十三类物资，由上海等地运入封锁线内，也必须经第七出张所及当地“清乡主任公署”的许可。③此种经济封锁政策，后来也被推行到其他“清乡”区。日伪实行这一政策，一方面是企图禁堵“清乡”区物资外流，如苏南、杭嘉湖、芜湖等地区都盛产大米，苏淮区小麦甚多，浙东的庵东是著名的盐场，日伪自

① 唐生明：《清乡军事工作》，《清乡日报》，1942 年 7 月 4 日。

② 汪曼云：《千里哀鸿说“清乡”》，上海市公安局藏汪伪案犯材料。

③ “清乡委员会”：《清乡地区物资统制及运输管理暂行办法》，《中华日报》，1943 年 7 月 11 日。

然要严加封锁,不准物资外流,以保证供其搜括。另一方面,是为了切断对我根据地和游击区的物资流通,从经济上扼杀我抗日军民。如镇江地区同我苏中根据地只有一江之隔,日伪十分害怕“恐有物资,运往江北一带资敌”,因而“训令各特区封锁管理所慎密注意”①,严禁物资流入新四军江北根据地。

抢劫搜括、敲诈勒索可以说是“经济清乡”的一种主要的手段。下乡抢劫是第一种。“清乡部队(清乡警察与当地保安队)平时在日寇率领下,常借搜查‘坏人’为名,下乡骚扰,翻箱倒柜,为所欲为,把老百姓的东西不问皂白,拿了就走。所以当时大家把‘清乡’叫作‘清箱’,可见其行径比强盗还凶。”②经过“清乡”的地方,往往被洗劫得十室九空,人民的财产物资尽入日伪手中。检问所敲诈勒索是第二种。据镇江“清乡主任公署”副主任张修明供认:“汉奸头目在‘鬼门关’(检问所)上,得到大量赃款。例如袁×和我,在镇江地区时,每月从三个县近四十个大小检问所上,得到的赃款就有四十多万元(合大米一千三百石),至于上了二百多个检问员、检问所主任腰包的财钱更是无法统计了。”③用武力勒派的手段强取豪夺是第三种。日伪在“清乡”的旗号下,以“献金”“罚款”“摊派”“捐助”等各种名目,贪得无厌地进行勒索。例如一九四三年三月,镇江“清乡”开始后,伪专区头目通过“城区爱乡后援会”,在工商界“搞所谓‘清乡献金运动’,一次就捞到三百万元(合大米一万石),十一月间第二次又捞到了三百万元。这些钱是各行业同业公会向各商店硬性摊派的”。④

增收赋税是“经济清乡”的一个主要内容。首先是田赋,它被汪伪各省地方政府视为“最大之税源”,列为“清乡财政”的首要项目。江苏“清乡”一开始,汪伪政府即提出了所谓“整顿田赋”的计划。“督征旧欠”是其一。所谓“旧欠”,是指八一三事变至“清乡”开始时未交的田赋。“清乡”时全然不顾当时战火弥漫、田园荒芜的状况,下令限期交清。如在太仓县,汪伪在一九四二年上半年开始,强令收缴一九三八年至一九四〇年三年的田赋。“租赋并征”是其二。“租赋并征是合官所与业主之力共同征收田赋与田租,即由官所先协助业主征收田租,再由官所将收到之田租内,划分应得之田赋及征收用费。”⑤“并征”制度实行于一九四三年以前,此种办法实际上是“清乡”赋税机关除收去田赋外,也把地租的全部或大部一并收去了。实行“租赋并征”,地租和田赋同产值的比例,一般情况下各占每田产量总数的百分之三十左右,也就是说,租耕地主土地的农民,每亩产值的百分之六十左

---

① 李士群:《清乡两年来之江苏》,中国第二历史档案馆藏伪清乡委员会档案。

② 汪曼云:《千里哀鸿说“清乡”》,上海市藏汪伪案犯材料。

③④ 张平(张修明):《敌伪的“清乡”》,上海市公安局藏汪伪案犯材料。

⑤ 余百鲁:《清乡一年来之财政》,《清乡新报》,1942年7月8日。

右被“清乡”机关“并征”去了。①这种制度极为恶毒，大大地加重了对农民的剥削，也损害那些爱国的、不愿与敌伪合作的地主的利益，但可以用来笼络那些包揽“并征”的汉奸。“改订赋率”是其三。经过改订的田赋征收率，达抗战前的五倍至十倍，甚至二十倍左右。常熟县战前每亩税为一元多，一九四一年十月，赋税与并征费合计每亩高达九元(均以旧法币计算)。②到一九四二年，江苏“清乡”各县每亩提高到二十元。此外，当时在部分地区实行田赋征实办法，汪伪赋税机关规定的实物折价率，往往不及市价的二分之一甚至不到三分之一。汪伪通过这种种巧取豪夺的手段，从人民手中搜括了大量钱财。仅据江苏伪政府公布的材料，吴县、昆山、太仓、常熟，无锡、江阴、武进等七县，“清乡”前的一九四一年一月至五月共收田赋五十八万余元，“清乡”开始后，一九四二年同期共收二百三十二万余元，前后相比，收数增加四倍之多。③而以江苏全省而言，一九四二年度的田赋收入，“比去年(一九四一年)度的收入增多十几倍”。④从田赋一项，就可见“清乡”中汪伪征敛之暴烈了。

汪伪对营业税和其他各种捐税的勒索也是骇人听闻的。从汪伪政府公布的大大缩小了的数字来看，江苏太仓等七县“清乡”头一年征收的营业税额，比“清乡”前一年增加十倍以上。⑤浙江“清乡”地区的营业专税额，一九四二年下半年为六万九千余元，到翌年上半年即增加到四十七万四千余元，增加约七倍。⑥

在“经济清乡”中，日伪还在各地设立所谓“合作社”，以合作之名，行掠夺之实。他们强迫城乡居民出资参加合作社，在苏南七县，到一九四二年六月止，被迫参加的就达十五万人。在苏州成立“清乡地区合作社”，由日寇经济特务机关操纵。日伪凭借手里掌握的物资，利用合作社以高价出售人民生活和生产必需品，如火油、蜡烛、火柴、肥皂、香烟等当时所谓“五洋”货品以及农具、种子等，而以低价收购大米、棉花、小麦、蚕丝等农产品，并且规定农民卖给合作社多少币值的农副产品，就得从社里购买同等价值的物品。合作社使日伪牟取了暴利，使人民更加重了贫困。

但是，对日寇来说，“经济清乡”的更主要的目的是大量搜刮粮食、棉花、油料等战略物资。其办法主要是强行实施物资统制政策。“清乡”地区的物资统制，重点在粮食、棉花和粮棉制品方面。一九四三年六月，汪伪全国经济委员会决定在苏、浙、皖三省和沪、宁两市实施对物资的统制，从粮、油开始，推广到其他物资。

---

① 余百鲁:《谈清乡情况》，复旦大学历史系调查材料(1980 年 12 月 24 日)。

② 申兰生:《清乡区实行租赋并征制度实况调查记》，《清乡实况》，第 27—28 页。

③⑤ 余百鲁:《清乡一年来之财政》，《清乡新报》，1942 年 7 月 8 日。

④ 李士群:《在江苏财政会议的讲话》，《清乡新报》，1942 年 12 月 8 日。

⑥ 刘星晨:《最近浙省财政之整理》，《中国经济评论》第 6 卷第 6 期。

同年九月伪行政院公布“清乡”区米粮封锁办法，宣布苏南、杭嘉湖、皖中等地区米粮全部由“米粮统制委员会”和当地日军联络机关实行统制。①粮食的收购及运销全被日伪垄断了。日伪在生产区大量收购粮食，首先提供给日军。一九四四年“米粮统制委员会”计划在苏浙皖三省收购米粮五十三万九千吨，其中一半供应华中日伪军警，一半运到上海、南京作为户口米出售，从中牟取暴利。②

如果说，实行统制政策是通过物资的收购、运输、分配、销售等途径进行经济掠夺，那么，实行资源开发则是通过直接控制和掌控工农业生产来增加掠夺了。日寇在“清乡”地区的开发活动，主要指苏南的纺织业和面粉业、杭嘉湖一带的蚕丝业、苏淮地区的棉花和小麦生产和浙东的制盐业等部门。在日本兴亚院在各地的联络部控制下，通过设立生产机构、吸收游资、扩大生产、提高工人劳动强度和强迫农民种植某些作物等办法，增加产量，以掠夺更多的资源。

七、“思想清乡”

在日本侵略者和汪伪汉奸的计划中，“清乡”不仅是“政治战”“经济战”，而且是一个“思想战”。汪精卫一直鼓吹“清乡必先清心”。周佛海也叫嚣说：“清乡工作之根本，不仅为军事上之扫荡，抑且为思想上之斗争；不仅在治安上的确立，抑且在心理上的建设。”③在“清乡”地区，日伪对居民的思想控制和精神奴役空前地加强了。他们从以下四个方面，掀起了“清乡思想战”的阵阵恶浪。

“清乡宣传”，这是最早伴随着军事、政治“清乡”掀起来的一股法西斯主义和卖国主义的思想恶浪。在“清乡委员会”下面，成立了“宣传委员会”“宣传总队”和“政治工作团”；在各级伪政府中也设立了宣传机构。他们到处逼迫居民接受“清乡”宣传的种种集会，举行“清乡”讲演；印刷、散发“清乡”报刊，仅苏州一地出版的报刊就有《清乡新报》《清乡日报》《清乡旬报》《清乡前线》《清乡画报》和《清乡实验特刊》等多种；举办“清乡展览”和“清乡征文”；张贴和刷制“清乡”标语、口号、漫画和各种传单；映演“清乡”的幻灯、戏剧和电影，什么弹词“清乡开篇”“电影明星清乡会演”等；在各种出版物、商品包装纸、娱乐场所票券、甚至药方和发票上都印上“清乡”的标语或文字。一时里，思想文化领域群魔乱舞，小丑跳梁。他们大肆鼓吹什么“大东亚精神”“中日共存共荣”“东亚新秩序”“东方共有道德文化”。这一切反革命宣传的目的是妄想以反共、卖国、崇拜日本法西斯、甘当亡国奴的思想，

① 汪伪行政院：《扬子江下游清乡地区米粮封锁暂行办法》，《申报年鉴》，1944 年，第 939 页。

② 米统会：《关于一九四四年度苏浙皖米粮采购实施要纲草案》，中国第二历史档案馆藏汪伪政府档案。

③ 周佛海：《行政院清乡会议上的讲话》，《中华日报》，1944 年 2 月 10 日。

来毒化和腐蚀沦陷区人民，摧毁中国人民的反帝、爱国和革命的精神。

紧接着“清乡宣传”的是所谓“清乡特种教育”。在日伪所谓已“确立治安”的地方，“特种教育”就成为“思想清乡”的一个主要内容。用汪伪的胡话来说，“特种教育……即是感化特殊区域民众的教育”。①显然，它是赤裸裸的奴化教育，其罪恶目的在于“宣传和平反共建国之理论，增强国人对于（汪伪）国民政府之信仰”。②这种教育由清乡委员会特种教育委员会和各省教育机关在“清乡”区强制推行。根据汪伪政府规定，“清乡”区的中小学教师“一律须接受特种教育短期训练”，对他们施行“和运理论”“清乡要义”“三民主义”等课目的训练，灌输“和平反共建国之大道”。同时，为向学生进行“清乡教育”，汪伪教育机关编印通用的“特种教育”的教材十余种，有宣扬“大东亚共荣圈”的“大亚洲主义”讲义，有贩卖汪精卫汉奸卖国谬论的“领袖言论”、鼓吹“清乡”的“清乡讲义”等。实施“特种教育”的据点是所谓“建国民校”。汪伪规定：“凡清乡军队势力已达到之县份，每县应设立建国中心（学校）、民众学校若干所，为实施特种教育之动力机关。”在偏僻地区，建立“流动教育区”，设置“流动教员”，对分散的居民进行“清乡教育”。在普通小学，也强行增加“清乡”的内容，并逼迫师生举行所谓“清乡”单元活动。日伪梦想通过上述“特种教育网”，把反共奴化思想灌输到各阶层群众当中。

对青少年的奴化教育还利用“青少年队”来进行。在“清乡区党务办事处”的策划下，一九四二年十一月成立“清乡区青少年队”，在江苏、浙江、安徽等省区，采取欺骗和强制并用的手段，在青少年中发展组织。青少年队奉日本法西斯主义的“大日本青少年团”为榜样，以卖国贼汪精卫为“最高领袖”，鼓吹学习“斯巴达精神”和“武士道精神”，叫嚣要抛弃“共产主义的诱惑”，“为和平反共建国而奋斗”。③这一套从日本法西斯主义到汉奸卖国主义的大杂烩，目的还是要蛊惑青少年跟着他们充当日本侵略者驯服的奴才。

“思想清乡”在其推行过程中与“新国民运动”合流，造成了“清乡”区人民精神上更加深重的灾难。一九四一年十一月，汪精卫效法蒋介石“新生活运动”的故伎，发起了一个“新国民运动”。翌年元旦，汪精卫颁发《新国民运动纲要》，七月在南京成立“新国民运动促进委员会”。“清乡区党务办事处”也成立了“新国民运动指导委员会”，分别在各行、各业和各阶层建立“新国民运动促进团”。汪精卫鼓吹要把“清乡运动”和“新国民运动”结合起来，说：“清乡运动好比一个病人服药调理，新国民运动便是病治好之后，将他的元气培养，使之精神强健，身体结实。”④

---

① 轶士：《特种教育与农村运动》，《江苏教育》第3卷第2期。

② “清乡委员会”：《特种教育实施计划纲要》，《清乡日报》，1941年7月27日。

③ “清乡区党务办事处”：《为青少年总队部成立宣言》，《清乡日报》，1942年11月28日。

④ 转引自“新国民运动指导委员会”：《清乡周年纪念宣言》，《清乡新报》，1942年7月8日。

妄图以反革命的思想毒化来配合反革命的武装镇压。“清乡”要造就什么样的“新国民”呢？汪精卫于一九四二元旦提出了八条，主要的有：(1)“把爱中国爱东亚的心，打成一片”，就是要中国人去爱日本帝国主义；(2)“团体要组织化，行动要纪律化”，就是要把各种团体都置于汪伪汉奸控制之下，大家都听从日本侵略者的“纪律”；(3)“要以铢积寸累的精神，来发达国家资本”，就是要中国人把一切财物都奉送给日本强盗及其走狗，让日本财阀的垄断资本和汪伪汉奸买办官僚资本更加“发达”起来；(4)“个人对于国家贡献要多，享受要少”，也就是要中国人做牛做马，把一切劳动果实都献给日本强盗和它的走狗；(5)“节约消耗，增进生产”。①目的是要增产军需物资，以满足日本侵略者的需要。这些条目被汪伪汉奸们称为“怎样做一个新国民的明白指示”，说明所谓“新国民运动”是一个驱使中国人去作日本侵略者忠实奴才的运动。

综上所述，“清乡”是日本在全面侵华战争期间，在其华中华南占领地区推行的一种总体性的法西斯军事镇压和殖民侵略政策，它在军事上是突袭式的“扫荡作战”和囚笼式的“封锁清剿”两种措施的综合；在政治上实行硬软兼施，“整肃”和“怀柔”并用；经济上的特征则是“竭泽而渔”式的横征暴敛和“养鸡生蛋”式的剥削榨取两种方法交替使用；在思想文化领域，日本法西斯主义文化和中国封建买办性的汉奸文化结成反动同盟，对沦陷区居民进行思想上的奴役和精神上的麻醉。在日本帝国主义侵略中国的罪恶史上，“清乡”是无数黑暗、无耻和血迹斑斑丑剧中的一幕。

---

① 汪精卫：《新国民运动纲要》，《申报年鉴》1944 年，第 1095 页。

"汪伪文化"研究的若干问题*

汪伪政权在它存在的近六年时间里,在意识形态领域炮制了具有汪伪特色的理论观念、方针政策和统治体制;而且营建过宣传、新闻、出版、文艺和教育等文化各部门的实体。这是汪伪政权史研究中的一个极富意义的不可或缺的重要课题。"一定的文化(当作观念形态的文化)是一定社会的政治和经济的反映,又给予伟大影响和作用于一定社会的政治和经济。"①毫无疑问,在研究汪伪的政治、军事和经济的同时,也必须对汪伪的文化加以全面深入的研究,进而探讨它们之间的相互关系,从而更为全面地揭示汪伪政权的统治。

汪伪意识形态的理念、政策及其实体,是日本帝国主义、殖民主义文化与中国封建半封建文化相结合的产物,既为日本侵略战争和在华的殖民统治服务,又适应了汪伪汉奸政权统治的需要。在中国近代历史上,它是一种畸形的、独特的文化现象。其代表性、典型性不仅在于它在理论上、体制上远远超越了前此以及同时期的伪满、伪蒙疆政权的"文化统治",而且在实践上也形成了较为完备的文化实体及其运作体制。显然,研究这一文化现象,应当从理论到实践、从政策到实体、从形式到内容,全方位、多视角地进行考察和探索。

那么,从研究的方法而言,可以从哪些视角来探索这一文化历史现象呢?首先,从剖析汪伪文化的理论基础入手,揭示汪精卫的"和平、反共、建国"理论和"三民主义"的实质,从而把握住汪伪文化的灵魂。二是分析汪伪的文化政策。除了要研究"和平、反共、建国"这个汪伪的文化基本政策及其演变的过程,还必须按照汪伪文化的各个具体部类,考察其各项具体政策,如宣传政策、新闻政策、出版政策、文艺政策、教育政策等,分析各项政策的实质、目标及其实施过程。三是透析各类文化统制体制,如汪伪的"宣传工作体制""计划新闻制度""广播管理制度""出版管理制度""电影统制制度""戏剧管理制度",以及所谓"新教育制度"等。"管理"即统制。研究汪伪文化统制制度,乃是揭示日汪法西斯文化专制主义统治

---

* 本文系在日本早稻田大学"汪伪政权研究"学术研讨会上发表的论文。

① 毛泽东:《新民主主义论》,《毛泽东选集》(一卷本),人民出版社,1964年,第656—657页。

的一个重要方面。四是从文化事业的实体上，具体论析汪伪的宣传、报刊、通讯、广播、出版、电影、戏剧、音乐、文学、学校教育、社会教育，以及各种文化社团，透视形形色色的汉奸文化事业的发生、发展和流变的过程，揭露汉奸文化的具体特点和实质。五是解剖汪伪汉奸文化的内外历史渊源和文化源流：一方面，剖析汪伪文化与日本帝国主义、殖民主义文化之间的附庸与主子的关系，汪伪各类文化在多大程度上与范围内，受到日本的主导、操纵、制约和影响，日汪之间的“文化提携”“文化结合”是怎样的性质；另一方面，剖析汪伪文化与中国传统文化之间的关系，封建半封建文化在汪伪文化体系占有何种地位和作用，汪伪政府又是在多大程度上、在哪些方面承袭和吸取了抗战前国民党政府在宣传、新闻、出版、文艺、教育等方面的政策和制度。如此等等，都是值得重视的研究方法和途径。

根据汪伪政权史学术研究的需要和目前国内外的研究状况，以下若干课题，似可作为现阶段探索和研究汪伪政权意识形态领域历史的重点。

一、汪伪政权在宣传、文化、教育领域的主导思想。这里有以下一些主要问题：(1)“和平、反共、建国”的理论纲领和政治纲领；(2)“三民主义”和大亚洲主义的基本理念；(3)“东亚联盟”思想；(4)“东亚文艺复兴”的文化观；(5)“中日文化提携”论和“中日文化融合”论；(6)“恢复中国固有文化”论；(7)“肃清西洋思想”论。

二、汪伪政权的宣传政策和宣传体制。(1)宣传政策的历史演变；(2)从中央到地方的宣传系统的结构和特征；(3)中央宣传机关监控意识形态领域各个部门的网络体系；(4)对重要宣传活动的部署和指导；(5)专业宣传团体。

三、汪伪政权的新闻出版事业。这方面主要有以下一些问题：(1)“计划新闻制度”的新闻统制体制；(2)新闻检查制度；(3)“直属报社”制度；(4)汪伪政府的报纸和期刊；(5)从“中华通讯社”到“中央电讯社”；(6)“中国广播事业建设协会”和“广播事业设计委员会”；(7)“中央书报发行所”；(8)“出版法”和出版业、出版物的统制。

四、汪伪政权的文化统制与汉奸文化。(1)汪伪政府的文化统制政策；(2)“中日文化协会”及其上海、广州、武汉分会；(3)北平的“华北作家协会”“东亚文化协议会”和南京的“中国作家联谊会”；(4)从中华电影公司到中华联合电影制片公司；(5)“和平文学”和《文艺周刊》《华风》《作家》《文友》《古今》《风雨谈》《中国文艺》等汉奸文艺刊物；(6)“电影检查”“戏剧检查”和“歌曲检查”；(7)大东亚文学者大会与汉奸文学之关系；(8)“和平反共歌曲”和“兴亚建国”歌咏活动。

五、汪伪政权的教育事业。这方面需要研究的主要问题：(1)汪伪政府构筑的教育体制及其特点；(2)从中央、省(市)到县(区)的三级教育统制系统；(3)汪伪的普通教育；(4)汪伪的高等教育；(5)汪伪的社会教育；(6)汪伪政权的最高学府伪中央大学、北京大学、上海大学、浙江大学和广东大学等；(7)汪伪奴化青少年的青少年团和童子军。

六、汪伪汉奸头目中的文化人物。汪伪汉奸集团中，具有所谓“文人”身份的人占有相当大的比重，并且处于举足轻重的重要地位。汪精卫、周佛海、陈公博、诸民谊、梅思平、林柏生等人，为其中最主要的代表。这些人在汪伪政权的宣传、文化、教育、新闻、文艺等各个领域中，充当了决策者、指挥者的角色。研究这些人物在文化诸领域中的活动，是研究汪伪意识形态历史的一个重要方面和不可或缺的内容。同时，汪伪政府在文化领域实际掌控权力者和一批影响较大的文化汉奸，也是我们研究这个课题时不可忽视的。这类人物，择其主要者有：(1)宣传机关系统的林柏生、胡兰成、郭秀峰等；(2)新闻报刊系统的许力求(中华日报社)、陈彬禾(申报社)、穆时英、刘呐鸥(国民新闻社)、袁殊①(新中国报社)、金雄白(平报社)、朱朴(古今杂志社)、管翼贤(北平武德报社)等人；(3)电影界的张善琨等人；(4)教育系统的赵正平、李圣五、樊仲云、钱稻孙、林汝衍等人；(5)文学界的周作人、张资平、苏青、陶亢德、柳雨生、柳龙光②、潘序祖、龙沐勋等人。

目前，国内外对汪伪政权史的研究已取得可观的成绩。然而，相对而言，对汪伪文化的研究至今仍然是一个最为薄弱的环节，其中不少课题甚至还是未被开垦的处女地。为此，需要先从基础性的工作着手，做好史料的征集和汇编工作，系统地、周密地占有各种历史资料，为学术研究打下坚实的基础。而学术研究宜先从专题性研究入手，对意识形态各部类作分门别类的专题研究，然后以此为基础进行通论性研究。这项研究工作需要学术界、史学界各方面的分工合作、共同努力。同时，也亟需日本史学界同仁们与中国学者友好合作，互相支持，交流互鉴，紧密携手，把这项学术事业推向前进。

---

① 袁殊，日伪统治时期，在中共华中情报系统领导下，以汪伪官员和文化人的身份为掩护从事地下情报工作。

② 柳龙光，日伪统治时期，曾在中共北方局城工部领导下，以华北伪政府新闻官员和作家的身份为掩护，在北平从事地下情报工作。

汪伪军事力量的发展和消亡*

对日抗战时期，以汪精卫为首的南京伪国民政府组建了一支庞大的军事力量，如果把伪华北政务委员会所属部队也计算在内，其总数最高时达一百万人上下，①正规军有六十余万人②。这支军事力量是汪伪政权的武装支柱，它伴随着汪伪政权而产生、发展和消亡。它是日本侵华政策的产物，是汪精卫汉奸集团推行"和平、反共、建国"反动政策的工具，而从某种关系而言，也是蒋介石政府实行消极抗战、积极反共政策所产生的一个恶果。按照历史唯物主义的原理，军队的组建和发展，从一定意义上说，是一定的社会经济发展状况以及归根到底由这种发展所决定的一定的政治状况的一个缩影。所以，对军队和战争史的分析和研究，有助于我们了解社会的政治、经济的发展史。研究汪伪军事力量发生、发展和消亡的历史过程，揭示它与日本军国主义、蒋介石政府、国民党地方军阀之间的关系，剖析其发展变化的规律，有助于人们认识外国帝国主义和国内反动派的反动统治及其本质特征，了解半殖民地半封建中国的社会特点。

一、 汪伪军事力量的性质和特点

毛泽东同志在抗日战争时期论述军队的性质和作用时说道："从马克思主义关于国家学说的观点看来，军队是国家政权的主要成分。谁想夺取国家政权，并想保持它，谁就应有强大的军队。"③作为汪伪傀儡政权主要成分的伪军，是一支

---

* 本文原载复旦大学历史系中国现代史研究室：《汪精卫汉奸政权的兴亡——汪伪政权史研究论集》，复旦大学出版社，1987 年。

① 关于汪伪军队兵员总数，几种材料说法不一。这里采用的数字，是根据中央人民政府人民革命军事委员会 1951 年公布的《关于抗日战争时期中国人民解放军的五个统计材料》，见《新华月报》，1951 年 9 月。

② 汪伪正规军总数是根据国民党政府陆军总部在抗日战争结束后公布的材料，见《中国陆军总部受降报告书》，1946 年 5 月。

③ 毛泽东：《战争和战略问题》，《毛泽东选集》(第 2 卷)，人民出版社，1977 年，第 535 页。

带有封建军阀部队性质的投降日本的汉奸军队，是日本侵略军的一支附庸军。它对外投降日本帝国主义，背叛祖国；对内向沦陷区广大人民施以高压，把反动的军事统治指向除汉奸亲日派以外的一切人们；在其内部则实行军阀制度的统治。

（一）“和平、反共、建国”的建军目的

“和平、反共、建国”是汪精卫集团和伪国民政府的反革命政治纲领和基本政策。在汪伪政权建立前召开的伪国民党第六次全国代表大会上，汪伪集团把“和平、反共、建国”确定为树立伪政权的三个中心口号，宣称：“自今之后，当易抗战建国之口号为和平建国。……以反共为和平建国之必要工作。盖和平所以顺利建国之进行，反共则所以扫除建国之障碍。”①伪国民政府建立后，汪精卫又一再鼓吹说：“国民政府本于中央政治会议的决议还都南京，宣布以和平反共建国为施政根本方针。”②汪伪政府组建军队，就是以这个根本方针为基本点的。汪精卫在说明“建军之目的”时，毫不掩饰地说道；“我们为什么要建军，为什么要在这个时候建军，便是要在现阶段中，本着这个（和平、反共、建国）方针，努力奋斗，完成现阶段的使命，以达到最终目的。”汪精卫要求其伪政权努力地去“建立国家化现代化的军事力量，来担负现阶段的革命任务：和平、反共、建国”。③这就是汪伪政权建军的政治目的，这个目的也就决定了伪军的性质。

在汪伪建军的目的中，“和平”占有首要的地位。汪伪所谓的“和平”指的是什么呢？它同建军又是什么关系呢？汪精卫一伙汉奸卖国贼的“和平”是有其特定的含义的，它指的仅仅是在日本帝国主义全面侵华战争条件下的中日两国关系，是同中国的对日抗战相对立而言的。汪精卫一伙竭力反对抗日战争，说什么“中日两国，无论在历史的地理的关系上，在现在的形势上，彼此都有和平的必要”④。这就是说，在日本侵略军大举入侵、实行武装灭亡中国的形势下，中国的抗战是不必要的。那么，按照汪伪汉奸的逻辑又是怎样去实现“和平”和实现怎样的“和平”呢？对此，汪精卫在同中外记者的一次谈话中说得很明白：“关于实现和平，过去为条约之签订，今后为条约之实行。”⑤这里所说的“条约”，是指一九四〇年十一月汪伪与日本签订的《中日基本关系条约》。在日本侵略者面前屈膝投降，与之“签订”并“实行”出卖祖国主权和领土的所谓“基本关系条约”，这就是汪精卫一伙心目中的所谓“实现和平”。所以，这个所谓“和平”，不折不扣地乃是向日本侵略者投降、出卖祖国领土主权的代名词。当然，汪精卫一伙完全知道，要实行对日投

① 汪伪国民党《第六次全国代表大会宣言》，《申报年鉴》，1944年，第397页。

② 汪精卫：《国民政府还都一年》，《国府还都周年纪念实录》，新中印刷公司，1941年，第19页。

③ 汪精卫：《建军之目的》，《三民周刊》第2卷第2、3期，第84页。

④⑤ 汪精卫：《对中外记者谈话》（1941年3月22日），《国府还都周年纪念实录》，第1页。

降、卖国的“和平”,必须要有一支为其服务的武装力量作为保障。正如汪伪头目自己说的,“建军之最大目的,就是要以实力来支持和平,维护和平,保障和平”。① 建军为了卖国、为了日本殖民地化中国,这是汪伪建军的首要的目的和宗旨。

反共是汪伪建军的另一个目的。汪伪集团深知:中国共产党领导的中国人民抗日力量,是它和它的主子灭亡中国道路上的最大障碍,而八路军、新四军等人民武装力量的抗日斗争,则是对其反动统治的最大威胁。它之所以要建立一支军队,就在于妄图用军事力量来扫除这个障碍,消除这个威胁。汪精卫在谈到建军与反共的关系问题时,直言不讳地宣称:“我们……要拿军事力量来反共。”②而且,汪伪傀儡政权作为日本的“东亚新秩序”和“大东亚共荣圈”中的一个小伙伴,还企图参加日本帝国主义操纵的所谓“共同防共”活动。汪精卫说过,“论起反共,有国内的反共,有国际上的反共”,这所谓“国际上的反共”,即参加日本的“共同防共”,而这两者都需要军事力量。所以,汪精卫宣称:“我们既然要分担共同防共的责任,就要有分担共同防共的力量。建军目的,即在于此。”③显然,实行并坚持反共乃是汪伪建军的一个重要目的。

“建国”与建军又是什么关系呢?汪精卫说道:“建军是建国的手段,建国是建军的目的。”④汪精卫一伙是通谋敌国、背叛祖国的汉奸卖国贼,他们要“建”一个什么“国”呢?不言而喻,就是要在日本帝国主义卵翼下建立一个卖国主义和法西斯主义的傀儡政权,巩固其作为儿皇帝的反动统治。为了这个目的,必须建立一支军队,以作为这个反动统治的支柱。汪精卫说过:“中国建军之目的,就远大说,是国防,就切近说,是确立治安。”⑤所谓“建军是建国的手段”,就是要以法西斯的军事镇压为手段来确立汪伪政府所需要的“治安”。因为这关系到汪精卫政权的生存,而成为它的最为迫切的问题。对此,汪伪政府的重要军事头目任援道说得很清楚:汪伪“国家新建之秋,一国之政治,千头万绪,丛脞待兴,而治安之确立,尤为百政之基干,治安良好,则财政充裕,交通畅利,凡百庶政皆上轨道,反之则满目棼丝,无从着手。至治安之良好与否,其责任端在军人,故谓治安之维持,乃军人之天职”。⑥这就为汪精卫的“建军为建国”作了具体的说明。

“和平、反共、建国”的建军目的,集中地体现了汪伪军事力量的性质。军队的性质取决于它是按照什么政治目的组织起来的,取决于它的军事行动的政治目的。汪伪政府规定的伪军建军目的,说明它是一支卖国的、反共反人民的、法西斯

---

①② 汪精卫:《建军之目的》,《三民周刊》第2卷第2、3期,第85页。
③④ 汪精卫:《建军之目的》,《三民周刊》第2卷第2、3期,第86页。
⑤ 汪精卫:《国民政府还都一年》,《国府还都周年纪念实录》,第33页。
⑥ 任援道:《国府还都初周纪念感言》,《国府还都周年纪念实录》,第113页。

主义的军队，是日本帝国主义和亲日派大地主大资产阶级实行殖民地化中国企图的反动政治纲领的工具。

（二）日本侵略军操纵下的一支傀儡军队

汪精卫政府是一个以“国民政府”的躯壳掩盖起来的汉奸傀儡政府，它的一切重要决策和活动无不受日本政府和军部的操纵，而军事方面的权力更是始终操于日本侵略者的手中。汪伪军队则完全处于日军的操纵、指挥和监控之下。

汪精卫集团在筹组伪府和伪军时，在同日本举行日汪军事关系的谈判中，就已经从原则上确定了伪军的傀儡和附属地位。一九三九年六月，汪精卫在东京向日本提交的《对日本实行尊重中国主权原则之希望》中，关于军事方面，曾提出要求“在（汪伪政府）最高军事机关设立顾问团，招聘日、德、意三国的军事专家组织之”①。汪精卫还提出，军事“顾问人数，日本占二分之一，德、意占二分之一，由日本顾问为顾问团领袖，辅佐设计国防计划及军事设施”②。至于伪军的各个部队，汪精卫为了给自己的政权保留一层薄薄的外衣，希望日本同意，不以任何名义任用或聘用日、德、意专家担任职务，但是他同时向日本提出保证说：“中央最高军事机关派遣顾问分赴各部队作临时之视察者，不在此限。”③这在实际上是同意日军有权从汪伪的中央军事机关派出人员进入伪军各个部队，直接进行控制。同时汪精卫又提出，“各种军事教育机关得聘请日德意军事专家为教官”，“各种兵器制造厂得任日德意专家为技师或工程师”。④汪精卫这个拍卖军事主权的所谓“希望”，并没有满足日本侵略者贪得无厌的要求。同年十月，日本在对“希望”的答复中，断然拒绝除日本以外的任何国家插手汪伪政府的军事，并坚持要派遣军事顾问到“特别关键的地区”和“特定部队”。所谓“特别关键的地区”和“特定部队”是指的什么，日方却有意不作规定。⑤汪精卫集团是不可能不按其主子旨意行事的。最后，双方确定以下几项原则：(1)在汪伪政府最高军事机关设立日本军事顾问，有权策划“国防军事设施”及“防共军事协力事项”；(2)日本在华北、内蒙古等“防共驻兵地区”，有权策划伪军的军事作战活动；(3)日本在华北伪治安军中有权直接指挥作战部队；(4)汪伪政府的军事教育机关和军事技术部门，设置日本的军事教

---

① 蔡德金、李惠贤：《汪伪国民政府纪事》，中国社会科学出版社，1982年，第22页。

② 陶希圣：《日汪伪约十论》，《中国近代史论丛》（第1辑第9册），台湾正中书局，1981年，第238页。

③ 《日汪伪约十论》，《中国近代史论丛》（第1辑第9册），第246页。

④ 《日汪伪约十论》，《中国近代史论丛》（第1辑第9册），第246、250页。

⑤ [美]约翰·亨特·博伊尔：《中日战争时期的通敌内幕》（下册），商务印书馆，1978年中译本，第370页。

官和军事技术官;(5)伪军的武器由日本方面供给。①总之,按照这个规定,汪伪军队除兵员来源外,军队的教育、训练、管理,军队的武器装备和技术指导,特别是军事计划和作战指挥,都操于日军手中,伪军完全被置于傀儡的地位。

汪伪军事力量就全局而言,是受日本的最高军事顾问部操纵和指挥的。日本派驻在伪国民政府的最高军事顾问部,是日本政府和军部直接控制伪府的"太上皇",是日本军部派在汪伪最高军事机关的直接指挥者。从一九四〇年三月汪伪政府成立起,最高军事顾问部即由以影佐祯昭为首的"梅机关"改组而成,由日本大本营直接指挥,一九四四年起改隶于日本的中国派遣军总司令部。日本先后派出影佐祯昭(陆军少将)、松井太久郎(陆军少将)、柴山兼四郎(陆军中将)、浅海(海军少将)、矢崎堪什(陆军中将)等法西斯军人担任最高军事顾问,而策划和指挥汪伪政府的军事活动则是他们的一个主要任务。此外,日本在华的派遣军总司令部、各方面军军司令部、海军舰队司令部,直至各级日军部队,都是对汪伪各地伪军实行直接操纵和指挥的机关。伪军的一切活动,归根到底都是听命于日本军方的。

汪伪军队的指挥系统在表面上看是独立的,从伪国民政府军事委员会到各地各支部队保持着一个上下隶属的指挥系统,但是在事实上,都是由日本占领军的各级军事机关和部队头目负责指挥的。日本参谋本部于一九四一年一月制定的《中国方面武装团体配备及指导要纲》规定,伪军的配备、指导及使用等方面,实质上应由日本军队统辖。②这就是说,汪伪军队的统辖权在"实质上"由日军掌握。上述要纲还具体规定了日军对伪军的具体指挥关系:汪伪"国民政府的武装团体,应根据(日本)中国派遣军或有关军司令官的命令或指示,由国民政府军事委员会的(日本)顾问,或属于他领导的机关等来指导"。伪"华北政务委员会及蒙古联合自治政府的武装团体,应根据华北方面军司令官、驻蒙军司令官的命令,由该军所派出的顾问、教官等来指导"。③至于作战行动的指挥,则规定"由日本军队必要的指挥官在实际上得指挥中国方面的武装团体"④。这些规定从军事统率权和指挥关系方面确定了汪伪军队的傀儡性质。

(三)日本侵略军的一支附庸军

汪伪军不仅是一支十足的傀儡军队,而且还具有附庸军的性质。在前述日本参谋本部的《中国方面武装团体配备及指导要纲》中,明确地规定了伪军作为日军

---

① 《日汪伪约十论》,《中国近代史论丛》(第1辑第9册),第246、250页。

② 日本大本营陆军部:《中国方面武装团体配备及指导要纲》(1941年1月30日);堀场一雄:《中国事变战争指导史》,时事通信社,1952年,第548—549页。

③④ 日本大本营陆军部:《中国方面武装团体配备及指导要纲》(1941年1月30日),《中国事变战争指导史》,第548—549页。

附庸军的地位。这个要纲给伪军规定了以下的基本任务:“以协助我国(日本)在占领地区内治安肃正为主。”而在将来,在伪军具备了一定条件后,则要求“以日本军队为后盾,达到独立地担任维持治安工作,在可能的情况下,得协助日本军队作战”。①显然,日本军部明确规定不准伪军独立地去进行作战,而只准予它在沦陷区内担负所谓“治安肃正”的任务,至多也只是把伪军摆在“协助日本军队作战”的地位上。作为附庸军,日军要充分地利用伪军作为自己帮手的作用,但在同时又对其力量的发展作出多方面的限制。在数量上,上述要纲把汪伪在华中和华南的军队数量,分别限制在十万人和一万人以内,华北伪军则限制在十万人以内。在部队规模上,只准许编成中、小型的部队,“避免大规模的编组”。在武器装备上,“以步枪手枪为主,还有轻重机枪和迫击炮”②,不予配备重型武器。对伪军的这些限制,后来虽然有所突破,但是日军始终把伪军限制在附庸军的范围以内,而不让其得到相对独立的发展。

从伪军在战场上的作用来说,它在战争行动中,是作为日军的助手依附于日军而出现于战场上的。一九四〇年六月,经过汪精卫、周佛海、陈公博与影佐祯昭等人的谈判,伪军委会代参谋总长杨揆一与日本派遣军总参谋长坂垣征四郎签订了《关于治安肃清上日本军与中国方面治安机关(军队、宪兵、警察)间相互关系之协定》,规定汪伪军队与警宪机关必须在日军指挥下,协助日军负责维持行政区域内的“治安肃清”,日军大队长得指挥伪军团长及其下属官兵。伪军的附庸军地位在这里也得到确认。后来的军事活动也完全说明了这一性质。叶剑英同志在一九四四年六月说过:“伪军在敌后起了什么作用,换句话说,许多伪军在敌后担负了什么任务呢?大概说来是:1.配合‘扫荡’;2.守备据点;3.进行‘清乡’;4.补充缺额。”③日本进攻八路军、新四军的“扫荡”和“清乡”,一向是由日本军队担任主力,伪军作为仆从进行配合和协助。华中部分地区的“清乡”活动中,伪军一度成为作战的主力,但这属于局部的、一时的现象。伪军的守备据点,是为汪伪政权安定地方、“确立治安”,为日军维持占领区,从军事上说更重要的作用在于使日军缩短战线,把用于守备的兵力减少到最低额度,以便集中更多的机动部队用于作战。“补充缺额”是以伪军去补充日军兵员的不足,“例如敌(日军)第三十七师团自一九四三年春季以来,补充三批伪军,第一批三百余人,第二批由石家庄补充来一千五百人,第三批由解休补充三千人”。④伪军这些特定的作用,正是它的附庸军性质的表现。

---

①② 日本大本营陆军部:《中国方面武装团体配备及指导要纲》(1941 年 1 月 30 日),《中国事变战争指导史》,第 548—549 页。

③④ 叶剑英:《中共抗战一般情况的介绍》,《解放日报》,1944 年 8 月 10 日。

（四）一支特殊形态的军阀部队

汪伪军队从本质上来说也是一支带有封建性的军阀部队，在这一点上是同中国的新旧军阀部队并无多大差别的，但它所处的社会历史条件有所不同，因而又有它的特殊性。同北洋军阀和国民党新军阀一样，汪伪军队中各个军事实力集团的头目，拥兵自重，自成一系，各占地盘，称霸一方；整个伪军呈现四分五裂、各自为政的状态，从未得到统一。和以前的新旧军阀不同的是伪军内部没有发生军阀之间的混战，这是因为当时中国沦陷区已沦落为日本独占的殖民地，过去那种各派帝国主义指使自己的走狗用武力争夺权益的现象暂时不存在了。但是，军阀制度的基本特点在伪军中依然保持着。

汪伪军事实力集团的头目们大都拥有自己的部队，以军队为私人争夺权力和地盘的工具。汪伪军队主要实力集团之一伪第一方面军，始终被控制在“总司令”任援道及其亲信的手中，长期盘踞江苏的苏南、浙江的杭嘉湖和皖中的部分地区。江苏的另一个主要军事实力集团伪第一集团军，则是其“总司令”李长江的私人武力，长期以苏北的泰州、泰兴、江都地区为自己的地盘。汪伪在中原地区最大的军事实力集团伪第二方面军，其“总司令”孙良诚原为国民党西北军的一个军阀，全面抗战初期在鲁西发展私人武装。在他同日汪方面谈判叛国降日的条件时，就当面向伪开封绥靖主任刘郁芬提出了要占有地盘的要求。“孙（良诚）表示当伪军是不名誉的，不仅必须换得军队番号，而且必须换得地盘。刘（郁芬）说：‘番号地盘皆不成问题。’”①这笔交易遂告完成。孙良诚充当伪军头目后，先是以冀鲁豫地区和开封地区为地盘，以后转调苏北，又称霸苏北的部分地区。伪第二十四集团军则是原国民党军阀庞炳勋、孙殿英等人控制的一个实力集团，投敌后长期以豫北地区为其地盘。伪第三方面军是吴化文等人控制的一支部队，投日前后长期盘踞鲁中地区，成为统治当地的一霸。伪苏豫地区绥靖军（后改称“第二集团军”“第四方面军”），则是张岚峰依仗日本军队，在豫东一带勾结地方反动势力，招降纳叛，逐渐地纠集而成的。这支部队成为掌握在张岚峰手中的私人武力。张岚峰靠着这支部队，盘踞豫东，成为当地的“土皇帝”。此外，规模较小一些的军事实力集团，如伪第二集团军杨仲华部、伪闽粤绥靖军黄大伟部、伪第十军荣子恒部，伪第七方面军郝鹏举部等等，也无不是少数军事首领霸据军权，把军队当作私人的工具。就连伪财政部所属的伪中央税警总团，也成为财政部长周佛海的私人武力，始终由周及其亲信罗君强、熊剑东直接控制。至于伪华北治安军，与汪伪军事委员会仅有名义上的隶属关系，实际上完全自成系统；而伪治安军本身，在形式上由

① 黄广源：《孙良诚投敌及其下场》，全国政协文史和学习委员会《文史资料选辑》（第 54 辑），文史资料出版社，1981 年，第 189—190 页。

伪华北政委会治安总署统率，事实上其各个集团军又各自为政、自成体系。

与拥兵自重、占据地盘相联系的是，伪军的各个实力集团在财政上也往往自成体系。它们往往自设关卡，截收税捐，鱼肉地方，垄断市场，投机贩卖，甚至抢劫勒索，以此作为它们的一项基本活动。伪军正规军的粮饷除由伪财政部和伪经理总监署统一支付一部分外，大部是"自筹军饷"，用种种野蛮的手段掠取财物作为维持军队的财政来源。它们的军事力量所到之处，即成为其征收税捐的划定地区，伪军在当地层层设卡，巧立名目，强行收缴。它们经常用"劳军费""治安费""草料费""开拔费"等名目，向地方强制摊派费用，勒索居民。它们以武装力量掩护其从事投机倒把，贱买贵卖，获取暴利。甚至不惜生产和贩卖鸦片等毒品，作为军队的财源。如张岚峰部长期驻守河南归德一带，"在该县强迫农民种植大量鸦片。张(岚峰)个人挥霍与扩充军队都依靠鸦片收入"①。而许多伪军如同土匪，或今日为军、明日为匪，反复无常。如伪第十军第三师就是由鲁南著名惯匪刘桂棠为首的土匪编成的。

汪伪的各个军事集团表面上虽由汪伪军事委员会统辖，但在实际上，它们只听命于各自的军事首领，汪伪南京政府并无干预其事务的权力，凡各个部队内部的人事、军饷、训练、扩编，以及部队调动，汪伪政府很少有权决定。李长江公开向其部队宣称："我犹如你们的老子，你们要听我的话。李××总指挥犹如我的老子，我要听他的话。"②军事头目用封建的帮会式的办法统御军队，实行"将贵智，兵贵愚"的愚兵政策和个人绝对独裁的残暴制度。伪军中派系林立，互相倾轧。一九四五年夏，伪税警总团部分士兵与上海的一些警察发生一次武装冲突。周佛海事后说："我辛苦经营税警团四五年之久，随时准备用着它，这次……作出了一个考验，他们有作战能力，而且充分发挥出各自为战的精神，这几年的训练是成功的，我放心了。"③赤裸裸地反映出伪军中的私人武装信念和派系争斗。拥兵自重、派系倾轧的局面，同汪精卫的以"中央"名义对伪军实行"统一领导"的要求，当然是有矛盾的，他一再强调要做到"军队国家化"，正是此种矛盾的反映。汪精卫手订《军事训条》的第一条，即突出地强调"矢忠矢信，贡献一切于国家"④。汪精卫向伪军头目们大声疾呼："要把军队造成国家的军队，把以前军阀及个人独裁的形迹，扫除得干干净净。"⑤但是，在沦陷区变成了日本的殖民地和封建半封建经

① 朱忠民：《汤恩伯与伪军孙良诚的勾结》，全国政协《文史资料选辑》(第54辑)，第199页。

② 陈春圃：《蒋介石、汪精卫争当"儿皇帝"的内幕和汪精卫傀儡戏班底的拼凑与灭亡》，上海市公安局藏汪伪汉奸供述材料(未刊稿)。

③ 朱子家：《汪政权的开场与收场》(第2卷)，春秋杂志社，1961年，第25页。

④ 汪精卫：《军事训条》，《政治月刊》第1卷第4期，第2页。

⑤ 汪精卫：《建军之目的》，《三民周刊》第2卷第2、3期，第30页。

济占优势的条件下，在日本对伪政权采取“分治合作”政策的情况下，分裂和不统一恰恰是汪伪军阀部队的必然产物，是同汪伪军事力量相始终的。

二、 汪伪政权的军事机构及其演变

作为汪伪傀儡政权重要组成部分的军事机构，是一架庞大的法西斯主义的军事机器，它的组织体制是沿袭蒋介石政府和仿照日本军队的。伪国民政府一九四〇年三月成立时，即设立伪军事委员会，直属伪国民政府，同行政、立法、司法、考试、监察等五院并列。“军事委员会为全国军事最高机关，其职掌为关于国防绥靖之统率事宜、军事章制、军事教育方针之最高决定，军费支配、军备重要补充之最高审核，军事建设军队编遣之最高决定及中将及独立任务少将以上任免之审核。”①伪军委会常务委员有陈公博、周佛海、刘郁芬、齐燮元、鲍文樾、杨揆一、任援道、叶蓬、肖叔宣等九人，除“常委”外还有陈群、唐蟒、丁默邨、胡毓坤、李讴一、郑大章、臧卓、申振纲、富双英、李士群、张岚峰、缪斌、罗君强等人，至一九四一年年底共有三十一人，以汪精卫为“委员长”、陈公博、周佛海为“副委员长”。②以后除“常委”成员基本未动外，“委员”陆续补充，最后增加到近五十人。一九四四年十一月汪精卫死去后，由陈公博兼任伪军委会委员长。伪国民政府成立之初，“军委会”下设：“参谋本部”，为最高参谋机关，“参谋本部直属国民政府并受军委会之统辖，掌理国防及用兵事宜”③，“部长”杨揆一（代理）；“军事参议院”，为军事最高咨询建议机关，“院长”任援道（代理）；“军事训练部”，“部长”肖叔宣（代理）；“政治训练部”，“部长”陈公博（兼）；“航空署”，“署长”陈昌祖；“办公厅”，“主任”杨揆一。汪伪军事机构体制，开始一个时期实行军令与军政分权的制度。军令权属于“军委会”，由“参谋本部”职掌，掌管军事情报、参谋、部队调遣、作战指挥、部队训练等事项。军政权则归属“行政院”，在“行政院”设置“军政部”，“管理全国陆军行政事宜”④，“部长”鲍文樾（代理）；“海军部”，“管理全国海军行政事宜”，伪部长一职先由汪精卫兼任，后由任援道、凌霄相继担任。凡属军需、军制、军械等事项均归军政、海军两部掌管。但这两部又受“军委会”的统辖。“军委会”另设“海军军令处”，掌管海军军令。汪伪军事制度和军事法规，除上述外其余大多也袭用国民党政府的规定。对此伪军政部长鲍文樾曾说道：“国府还都伊始，即遵照中政会之决

---

① 顾仲韬：《政治制度》，《申报年鉴》，1944 年，第 424 页。

② 汪伪军委会办公厅：《军事委员会职员录》（1941 年 12 月），中国第二历史档案馆藏汪伪政府档案。

③ 《修正参谋本部组织法》（1940 年 7 月 16 日），中国第二历史档案馆藏汪伪军委会档案。

④ 《军政部组织法》（1940 年 5 月 18 日），中国第二历史档案馆藏汪伪军委会档案。

议，通令各军事机关，根据二十六年十一月十九日以前一切法令，按照现在情形，详密审查，其无滞碍者，一律沿用。”①

汪伪军事委员会在地方设置的最高军事机构为绥靖主任公署和绥靖总司令部，其职责“为办理各省区及协商邻接边区绥靖事宜……隶属军事委员会，凡各管区内之军队及地方团队均归其指挥”。②一九四〇年至一九四一年陆续成立的有：伪苏浙皖绥靖总司令部，总司令任援道，总部设于南京；伪苏豫边区绥靖总司令部（由原伪和平救国委员会委员长开封行辕主任公署改称），总司令胡毓坤，总部设于商丘；伪开封绥靖主任公署，主任刘郁芬；伪武汉绥靖主任公署，主任叶蓬；伪闽粤边区绥靖总司令部，总司令黄大伟，总部设汕头；伪苏皖边区绥靖总司令部，总司令杨仲华，总部设在东台。在广州，设“军事委员会委员长驻广州办事处”，以李讴一为主任。此外，在华北设“华北绥靖总司令部”，齐燮元为总司令，总部驻北平。在南京设立“首都宪兵司令部”，以申振纲为司令。

汪伪中央和地方的军事机构建立以后，按照日本侵略者在军事上的需要和汪伪招降纳叛的要求以及其他因素，多次进行调整和改组。一九四一年三月，改任杨揆一为伪参谋本部部长，肖叔宣为伪军事训练部部长，鲍文樾为伪军政部部长。同年八月，将伪行政院警政部撤销，在伪军委会下设立“调查统计部”，由李士群任部长。同时又撤销伪军委会委员长驻广州办事处，成立“广州绥靖主任公署”，以陈耀祖为主任。十月，汪伪军委会“为就近调度苏北一带部队起见，特于（江苏）泰县设置军委会委员长苏北行营”③，臧卓任行营主任，郝鹏举任参谋长，统一管理和指挥苏北各地的伪军。同年十二月，撤销伪军委会第一办公厅（负责作战、谋略）和第二办公厅（负责人事），其任务由伪军委会办公厅直接办理，由杨揆一任办公厅主任。伪军委会第三办公厅（负责军需）改组为伪经理总监署，由何炳贤、岑德广先后充任经理总监。一九四二年七月，撤销伪武汉绥靖主任公署，设“军委会委员长驻武汉行营”，行营不设主任，由伪湖北省政府主席扬揆一兼行营参谋长。“航空署”由姚锡九继陈昌祖为署长。

随着日军在太平洋战争中由进攻转为防守，一九四二年八、九月间，汪伪政府对伪军委会进行了一次重大的改组和调整，加强对汪伪政权统治区的军事法西斯统治，以适应日本帝国主义“以战养战”和“以华制华”的需要。伪中央政治委员会在八月二十日决定的调整军事机构方案，其主要点有以下几项：（一）“实行强化军

① 鲍文樾：《还都一年来之军事》，《国府还都周年纪念实录》，第 54 页。

② 顾仲韬：《政治制度》，《申报年鉴》，1944 年，第 425 页。

③ 汪伪军委会“设置军事委员会委员长苏北行营”命令（1941 年 9 月 18 日），中国第二历史档案馆藏汪伪军委会档案。

事委员会委员长的统率权”①，以抬高汪精卫的独裁地位。（二）由伪军委会集中军政、军令等各项权力，“将（原属行政院）的军政部及海军部改隶属军事委员会，以集中其权力”。②（三）“将军委会办公厅、参谋本部、军政部、军事训练部及政治训练部等各组织，加以调整合并，改设总参谋长一人，为军事委员会之幕僚长，设次长二人、总务厅长一人辅助之。”③（四）“军政、军训及政训三个部，改设为陆军部及陆军编练总监公署。”④（五）“海军部、经理总监署、调查统计部、航空署等则仍旧。”⑤汪伪政府成立了军事机构改组委员会，由刘郁芬、鲍文樾、叶蓬、任援道为委员，对有关机构进行改组，至十月间改组完毕。这时，“总参谋长”为刘郁芬，黄自强为“参谋次长兼总务厅长”，许建廷为“参谋次长”，肖叔宣为“军事参议院院长”，鲍文樾为“陆军部部长”，李士群为“调查统计部部长”，叶蓬为“陆军编练总监”。除上述已经调整的机构外，增设伪参赞武官公署，作为安置编余军官、收买失意军人的机构，以郝鹏举为伪公署武官长，所谓参赞武官最多时达二百多名。

日本政府提出所谓“对华新政策”以后，汪伪政府为适应日本在太平洋战争中进行垂死挣扎、同美英进行决战的需要，于一九四三年年初开始实行“战时体制”，进一步强化军事法西斯统治机器。根据这一要求，对军事机构又作了调整。一月九日，汪伪中央政治委员会召开临时会议，通过设立“最高国防会议”及《最高国防会议组织纲要》。纲要规定：“最高国防会议，决定关于国防之重要事宜”，“中央政治委员会……闭会期间，其职权由最高国防会议执行”⑥，这就把伪军委会置于“最高国防会议”之下。同年十月又决定部分地变更伪军委会组织机构：将伪陆军编练总监公署撤销，所有该署职掌移交伪陆军部；将伪航空署缩编为“空军司”，隶属于伪军委会总务厅，并于该会总参谋长之下，增设次长一人专管空军事项；将伪调查统计部撤销，另设“政治部”。汪精卫一九四四年十一月死于日本后，伪军事委员会及其所属机构作了部分改组。陈公博继任伪军委会委员长，副委员长由两名改设为一名，仍由周佛海充任。一九四五年二月又撤销伪军委会政治部，改设“军委会政治保卫部”，陈公博兼“政治保卫总监”、丁默邨为副监，六月增补万里浪为副监。四月任胡毓坤为伪总参谋长。五月，伪军委会成立了“军令部”，由胡毓坤兼部长。

一九四三年以后，汪伪的地方军事机构随着战局的变化又几经改组，其特点是进一步加强军政结合，推行“军政一体化”，以军队控制地方行政，在大部分地方

① 《一年来之建军与协力大东亚战争》，上海《中华日报》，1943年1月3日。

② 《汪伪国民政府纪事》，第170页。

③④ 顾仲韬：《政治制度》，《申报年鉴》，1944年，第412页。

⑤⑥ 《汪伪国民政府纪事》，第186页。

实行伪省长与伪绥靖公署主任由军事头目兼任的体制。一九四三年五月，汪伪最高国防会议决定撤销伪军委会委员长苏北行营，设立伪苏北绥靖主任公署，汪精卫兼主任，张北生兼参谋长，以后由项致庄、孙良诚先后任主任。同年十月撤销伪苏豫边区绥靖司令部。这时汪伪政府在日本"对华新政策"的支持下，取得了徐淮地区的部分军事权力，于是在同年十一月设立伪徐州绥靖主任公署，由伪淮海省长郝鹏举任主任。一九四四年四月，撤销伪军委会委员长武汉行营，改设伪武汉绥靖主任公署，由伪湖北省长杨揆一兼主任。同年九月，在汪伪安徽省会蚌埠设"蚌埠绥靖主任公署"，先后由伪安徽省长罗君强、林柏生兼主任；又在浙江设"杭州绥靖主任公署"，由不久任伪浙江省长的项致庄任公署主任，后由丁默邨以伪省长兼主任。十一月，在汪伪江苏省会苏州设立了"苏州绥靖主任公署"，由伪江苏省长任援道兼主任。一九四五年三月，成立"九江绥靖主任公署"，由伪江西省长黄自强兼主任，由叶蓬继杨揆一任伪武汉绥靖公署主任。同月，汪伪军事委员会为统一指挥对茅山抗日根据地的进攻，成立伪京畿地区"剿匪"总指挥部，任命郑大章为总指挥官。此外，汪伪为加强对华北的军事统一活动，于一九四三年十月，在北平设立伪军委会驻华北委员办事处，由胡毓坤为驻华北委员。一九四五年四月，又把办事处改为伪军委会驻华北军务长官公署，胡毓坤为军务长官。但这一切只不过是徒有形式而已，南京傀儡政府始终也没有统一管理和指挥过伪华北政务委员会的军事活动。

三、 伪军的建立及其初期发展

汪伪军事力量的正式形成和大量发展，是在南京伪政府建立之后，但汪精卫集团的军事活动则是随着它的对日投降活动的进行而在伪府成立前早已开始了。建立军队、发展军事力量，是汪精卫集团蓄谋已久的计划。在公开叛国前，汪精卫一伙最初曾计划依靠云南、四川和广东、广西的地方军阀部队，来建立其伪政权，然后再组建伪军。一九三八年十一月，汪精卫集团的高宗武、梅思平与日本陆军省的影佐祯昭、参谋本部的今井武夫等人在上海的重光堂举行会谈，双方秘密签订了《日华协议记录》和《谅解事项》，并且确定了关于汪精卫从重庆出逃河内，相机成立伪政府的行动计划。这一"行动计划"规定，汪精卫外逃并发表响应日本"建立东亚新秩序"的声明以后，"云南军队首先响应汪的声明，反蒋独立；其次，四川军队起来响应"。"广东军队以及其他战线上的军队，有不少也是谅解这一运动的。因为受到中央军的监视，尽可能使他们的起义从缓进行。""日本军队对上述军事行动予以协助，并为中央军的讨伐制造困难。"①"行动计划"还确定，"汪精卫

① ［日］今井武夫：《今井武夫回忆录》，上海译文出版社，1978 年，第 97 页。

将……在云南、四川等日本军队尚未占领的地区成立新政府,建立军队",而这个伪政权本身则计划"建立五到十个师的军队"。①汪精卫集团提出这个计划的时候,以为云南、四川和两广的地方军阀将会公开地以军队支持其对日投降、建立伪政权的行动。所以,重光堂的"谈判者们对于汪精卫能够获得广泛支持这一点是非常乐观的",因为当时在汪精卫一伙看来,"三位一体的四川军阀刘文辉、邓锡侯和潘文华一贯反对蒋介石的立场也是人所共知的,所以他们在可能支持汪精卫的名单中是名列前茅的。基于同样的理由,云南的龙云将军、广东的张发奎将军及陈济棠将军、桂系的头目白崇禧等等,也被看重说成是有希望(甚至很可能)成为汪精卫的支持者。甚至传闻军政部长何应钦也愿意加入汪派"。②

然而,事实的发展却出乎汪精卫一伙的意料。当他们响应第三次《近卫声明》,发表《艳电》公然叛国投敌以后,国民党西南地方军阀并无起而响应的行动,预定的龙云等人的行动也未兑现,而"广东军阀张发奎没有跟重庆反目相视,特别使汪失望"③。同时,日本军队也并未从原定要让给汪精卫的广东和广西地区撤出。因而汪精卫集团的预定计划破产了。于是,一九三九年六月汪精卫在东京与日本首相平沼骐一郎等人会谈时,改变以前的设想,提出在日军占领下的南京建立其傀儡政权,在日军卵翼下自行组建军事力量,这一计划获得了日本的许诺。同年七、八月间,汪精卫赴广州活动,企图为拉拢张发奎、邓龙光、李汉魂和李宗仁、白崇禧作再次努力,但这一企图也未能得逞。于是,在这以后他们不能不把注意力主要转到自行编组军队上面。而在事实上,汪伪拼凑和组建伪军的活动,也就在这前后开场了。

一九三九年年初,汪精卫在河内时已着手拼凑其最初的军事组织。"到了河内之后,就开始筹起组织来了,首先成立了政治、军事和财务三个委员会。政治委员会、军事委员会均由汪精卫自任主任委员……陈公博、周佛海……是军委委员。""周佛海还兼了政治、军事两委的秘书长","军委在香港发展了两个委员,一个是叶蓬……另一个是杨揆一"。④这年二月,汪精卫向日本提出:如由他组建政府,要求"重新建军,组编十二个师的军队"⑤。因为汪精卫成立伪政权一事当时尚未获得日本的正式批准,所以伪军委会虽已成立,除了网罗汉奸军事人员,组建伪军的活动实际上并未进行。同年八月,汪伪国民党在上海召开"六大"以后,随着筹建伪政权活动的开展,汪精卫一伙也开始了组建伪军的活动。同年秋,伪军

---

① 《今井武夫回忆录》,第98页。

② [美]约翰·亨特·博伊尔:《中日战争时期的通敌内幕》(下册),第278、312页。

③ 《中日战争时期的通敌内幕》(下册),第313页。

④ 罗君强:《汪记汉奸集团的初步雏形》,上海市公安局藏汪伪汉奸供述材料(未刊稿)。

⑤ 《汪伪国民政府纪事》,第17页。

事委员会移到上海愚园路汪精卫住宅,“由汪氏自任主席,委员有周佛海、刘郁芬、鲍文樾、杨揆一、叶蓬、肖叔宣、臧卓、杨毓坤、郑大章诸人”。①,主要从事收罗原北洋军阀和国民党新军阀的失意军人、兵痞头子、杂牌部队头目。对原西北军方面人员的策反活动,由刘郁芬,郑大章负责;原东北军方面由鲍文樾、杨毓坤负责,武汉和江苏地区则分别由叶蓬和臧卓进行联络。同年十二月,在上海江湾开办“中央陆军军官训练团”,共八百余人,由汪精卫任团长,叶蓬任教育长。同时在上海建立了一个警卫旅,以为伪政府成立后警卫之用。

这时,汪伪集团一方面开始建立自己的特务武装,另一方面,着手拼凑“和平军”。一九三九年夏,在日本特务机关的撮合下,原由土肥原机关操纵的以丁默邨、李士群为头子的特务机关与汪精卫一伙合流,成立伪国民党中央特务委员会和特工总部。从此,汪伪建立了特务机关和特务武装。同时,汪精卫、周佛海在上海成立了一个“和平建国军总指挥部”,由投靠日伪的原军统特务王天木任总指挥,负责收罗江、浙、皖一带的游杂部队、国民党溃兵、土匪,编为“和平军”。

伪国民政府在南京成立后,加速了收编、改编和组建伪军的步伐,扩大了它的军事力量。“汪政权的部队来源,除接收‘维新政府’所已编者外,大致为(一)原有国军部队,遗散在沦陷区自请收编者;(二)接收日军所已经收编者;(三)不及撤退之散兵游勇或小单位之携有枪械而无所统辖者;(四)上项游兵散勇,已有人利用之而编成较大单位者;(五)巧立名目,无正式系统委任者;(六)由日军移交之国军俘虏;(七)极小部分,系向各地招募者。”②收编国民党政府的部队和改编原有的各地伪军,则是当时汪伪组军的两个主要途径。从一九四〇年春汪伪政府建立迄一九四一年年底,是伪军的初期发展阶段,这一时期组建的伪军主要有以下几个部分:

(一) 伪第一方面军。这是由原南京维新政府的绥靖军改编而成的。以梁鸿志为首的南京维新政府是日本侵略军扶植起来的华中第一个傀儡政权,所属伪军由伪绥靖部长任援道掌握。这支部队是任援道在日军的支持下,纠合国民党政府留散在江南的溃兵、太湖一带的土匪武装、地主反动武装以及帮会势力等所组成,分驻在从湖州至合肥一带地区。汪伪政府成立后,从原维新政府接收了这支部队,一九四〇年四月改称为“苏浙皖绥靖军”,任援道为“总司令”,总部驻南京,下设南京、湖州、杭州、庐州、蚌埠、苏州、芜湖七个“绥靖区”。翌年一月,汪伪军委会将它改编为伪第一方面军,仍以任援道为“总司令”,下辖七个师、两个独立旅、一

① 《汪政权的开场与收场》(第2册),第11页。
② 《汪政权的开场与收场》(第2册),第17页。

个教导旅、两个独立团①。第一师约三千人，大多是由太湖水上警察和散兵游勇组成，驻杭州、嘉兴一带，师长徐朴诚。第二师约二千人，是以太湖土匪和国民党溃兵为基础编成的，驻江苏常熟地区，师长徐凤藻。第三师约二千人，驻苏州地区，师长龚国梁。第四师约二千人，驻扬州地区，系地方杂牌军残部，师长熊育衡。第五师五六千人，由国民党溃军为基干组成，驻湖州地区，师长程万军。第六师千余人，系由地方游杂部队和民团武装组成，驻安徽巢县一带，师长沈席儒。第七师四五千人，纠合土匪、溃兵而成，驻合肥附近，师长王占林。第八旅旅长沈玉朝，驻南通。第九旅旅长陈炎生，驻南京。教导旅旅长任祖萱，驻南京。独立第十、十一两团，分别驻于芜湖、安庆②。

（二）“和平救国军”第一军。这是汪伪政府改编张岚峰部伪军而组成的。张岚峰原为西北军将领。一九三八年九月，接受日军北平特务机关委派的“豫东招抚使”名义，以河南商丘为基地，搜罗土匪武装，拼凑伪军。翌年夏成立“豫皖剿共军司令部”，张任司令，下辖第一、二、三路，共五六千人，称“和平救国军”第一军，隶属日本华北派遣军司令部。一九四一年七月日军把张岚峰部交与汪伪政府。八月伪军委会将该部改编为“和平救国军暂编第一军”，张岚峰任军长，李学舜任副军长，下辖三个师：第十六师，师长王新民；第十七师，师长杨茂林；第十八师，师长潘伯豪；日本顾问松室正宽。③同时，将原“和平救国军”第二军刘启雄部改编为第十四师，和平救国军刘绍琨部改编为第十五师，归属第一军。④

（三）伪第一集团军。这一部队是由收编国民党军李长江所部组成。李长江原系国民党苏鲁皖边区游击纵队副总指挥（总指挥李明扬），其部队活动于江苏扬州、泰州一带。“早在一九三九年冬周佛海在上海时就几次三番派人往苏北做李明扬的工作，要他降伪……可是就没有谈成功。”⑤这是因为当时李长江向日、汪提出的要求枪械、经费的条件过高，同时李明扬尚持观望态度，而未达成协议。一九四〇年十月汪精卫指派“缪斌往晤李明杨，才商定由李长江来出面，而他自己则躲在幕后，他向李长江保证，一切由他掩护，重庆方面也由他疏通，一切对他的供应照旧有效”。⑥一九四一年二月，李长江在泰州发表“和平宣言”，宣布率部投汪，其所部改编为伪第一集团军，共一万余人，李长江任总司令。伪第一集团军组成四个师，即暂编第二十四至二十七师，另有两个独立旅，“以颜秀五为暂编陆军第

① 汪伪《国民政府军事委员会训令》，第119号，《绥靖公报》第9期。

② 徐向宸、杨蔚云、张耀宸：《汪伪军事组织和伪军的变迁》，《江苏文史资料》（第5辑），江苏人民出版社，1980年，第205页。

③ 王翔九：《我所知道的张岚峰》，《河南文史资料》（第3辑），第129—131页。

④ 汪伪中央宣传部：《一年来之军事建设》，《国府还都周年纪念实录》，第164页。

⑤⑥ 陈春圃：《打着“曲线救国”旗号者之先后踊至》，上海市公安局藏汪伪汉奸供述材料（未刊稿）。

二十四师师长、秦庆霖为暂编陆军第二十五师师长、陈才福为暂编陆军第二十六师长、何林春为暂编陆军第二十七师师长、丁聚堂为暂编陆军独立步兵第十旅旅长、孔瑞五为暂编陆军独立步兵第十一旅旅长”①,分驻泰州、江都、靖江地区。翌年四月第十旅升编为第三十七师,丁聚堂任师长。②

(四)伪第二集团军。该部由收编国民党杨仲华部组成。杨仲华原任国民党江苏省保安第八旅旅长,属于韩德勤的地方保安部队。一九四〇年夏,“杨……来上海,见了周佛海,周嘱他回转苏北,与旧部联系成立(伪军)队伍,后来汪精卫以他在江苏军界有历史,且又属正规的地方团队,颇为器重,因给予伪第二集团军司令名义”③。一九四一年三月,杨仲华公开投降日伪,被任命为“苏皖边区绥靖总司令”。翌年一月“苏皖边区绥靖总司令部改称为第二集团军总司令部,仍以杨仲华为总司令……其所属部队改编为四个师”④,即暂编第三十二至三十五师,分别由徐绍南、孙建炎、陈同、田铁夫任师长,总部设于江苏东台。

(五)伪第十九、二十二、二十八师。汪伪政府在苏北地区不仅收编了国民党苏鲁战区副总司令韩德勤所属的部分地方部队,而且也把其一部分正规部队收编了过去,组成为两个师。一九四一年四月,国民党第八十九军第三十三师的团长潘干亟、苏鲁战区独立团团长刘相图率领所部投降日伪。潘干亟部改编为暂编第二十八师,刘相图部改编为暂编第二十二师,⑤分驻于江苏高邮、宝应和兴化。一九四一年春汪伪将国民党的忠义救国军蔡鑫元部收编为“和平建国军”第七路,十一月又将该部改编为暂编陆军第十九师,以蔡为师长,驻泰兴。⑥

(六)伪第二军。这一期间,汪伪还在苏南和淞沪地区收编了两支和平军,组成为暂编第二军。在苏州地区活动的谢文达部,原属“忠义救国军”,后由李士群的特工总部收编、掌握,后交与伪军委会,改编为暂编第十师,以谢文达为师长。活动于上海浦东奉贤一带的和平军丁锡山部,原来也属于“忠义救国军”,称该军第八支队,一九三九年秋投降日伪,改称“和平建国军”第十二路。汪伪政府成立

---

① 汪伪军委会关于改编第一集团军致国民政府呈文(1941 年 7 月 15 日),中国第二历史档案馆藏汪伪军委会档案。

② 汪伪军委会关于成立第三十七师致国民政府呈文(1942 年 4 月 15 日),中国第二历史档案馆藏汪伪军委会档案。

③ 陈春圃:《蒋介石汪精卫争当儿皇帝的内幕和汪精卫傀儡班底的拼凑和灭亡》(未刊稿)。

④ 汪伪军委会关于改编第二集团军致国民政府呈文(1942 年 1 月 8 日),中国第二历史档案馆藏汪伪军委会档案。

⑤ 汪伪军委会关于改编第二十八、第二十二师致国民政府呈文(1941 年 9 月 6 日、8 月 29 日),中国第二历史档案馆藏汪伪军委会档案。

⑥ 汪伪军委会关于改编第十九师致国民政府呈文(1941 年 11 月 18 日),中国第二历史档案馆藏汪伪军委会档案。

后，即收编为暂编第十三师。一九四一年五月，汪伪军委会"常务会议决议将暂编陆军第十师及第十三师编为暂编陆军第二军，并任命刘培绪兼暂编陆军第二军军长"①。该军除上述两个师外，还辖有独立第四、五、六等三个团。

（七）伪第二十九、十一、十二师。武汉地区的伪军，汪伪首先收编的是这三个师。第二十九师系由"黄卫军"改编而来。一九三九年，军统特务、军委会别动队淞沪特遣支队支队长熊剑东在上海被捕后，旋即投降日军。一九四一年四月，在驻武汉日军的指使下，熊剑东纠合湖北沔阳一带土匪和国民党散兵共一千四百余人，组成"黄卫军"，自任军长（后称总司令），部队编成三个团，活动于监利一带。②一九四二年年初，"黄卫军"并编其他几支和平军，组成两个师：第一师师长汪步青，第二师师长邹平凡，共八千余人。同年八月，汪伪政府征得日方同意，将"黄卫军"改组，其主力留武汉组成暂编陆军第二十九师，邹平凡任师长③。此外，"皇协军"李宝琏部，系国民党桂系军队败退时所留一部分溃兵组成，汪伪政府将该部改编为暂编陆军第十一师，李宝琏为师长，驻随州。张启黄部伪军五六百人，为地方团队与溃兵凑集而成，驻信阳地区，汪伪政府将其收编为暂编陆军第十二师，张任师长。④

（八）伪闽粤边绥靖军和第二十、三十师。一九四〇年五月，盘踞广东番禺一带的伪军曹辉林部、市桥的伪军李辅群部，由日本军方拨归汪伪军委会收编。曹辉林部改编为伪陆军第三路，一千七百余人。李辅群部编为伪陆军第四路，约二千人，⑤翌年五月改编为暂编第二十师第四十旅，李任副师长兼旅长。⑥在广东汕头、潮安一带，国民党军官黄大伟纠合游杂部队，组成"和平建国军"第一集团军，自任总司令。一九四〇年七月，汪伪军委会命令撤销上述番号，改组为"闽粤边区绥靖总司令部"，任黄大伟为总司令，⑦后来部队扩大到六千人。这一时期，汪伪军委会驻粤办事处、广州绥靖公署先后把收编的伪军组成两个师、一个独立旅：暂编第三十师，由郑光熏任师长；第二十师，由李讴一兼师长；独立第二旅，由彭济华

---

① 汪伪军委会关于成立第二军致国民政府呈文（1941 年 5 月 29 日），中国第二历史档案馆藏汪伪军委会档案。

② 朱绍文：《汉奸熊剑东和黄卫军》，《武汉文史资料》（第 6 辑），武汉市政协文史资料研究委员会，1982 年，第 67 页。

③ 《汉奸熊剑东和黄卫军》，《武汉文史资料》（第 6 辑），第 71 页。

④ 《汪伪军事组织和伪军的变迁》，《江苏文史资料》（第 5 辑），第 206 页。

⑤ 上海《中华日报》，1940 年 5 月 13 日。

⑥ 汪伪军委会关于改编第二十师第四十旅致国民政府呈文（1941 年 6 月 3 日），中国第二历史档案馆藏汪伪军委会档案。

⑦ 黄大伟致汪伪国民政府呈文（1940 年 7 月 19 日），中国第二历史档案馆藏汪伪军委会档案。

任旅长。①

(九) 伪第三十一师,独立第三、四、十一旅。日军侵占皖中后,合肥一带的地方反动武装由李宗盛纠集组成“和平建国军”第十一路,汪伪政府将其收编后,改称独立第三旅,李宗盛为旅长。山东泗水于惠民部,自称山东第十一旅,临清冯寿彭部,自称山东独立第四旅,都系当地股匪组成,于一九四一年春分别被汪伪政府收编。②一九四一年十一月,国民党第三十九集团军所属第六十九军军长毕泽宇、教导师师长文大可,在山东韩城率部投敌③。文大可部改编为暂编第三十一师,文任师长。④

(十) 伪南京警卫部队。一九四一年九月,汪伪在南京设立“中央陆军军官学校”,为伪军培训骨干。汪精卫自兼校长,何炳贤兼秘书长,刘启雄为教育长。一九四二年一月,以军校一部分毕业生为骨干,成立了警卫师,由李讴一任伪首都警备司令兼警卫师师长。一九四二年九月,伪军委会制定了直辖军队整备要纲及警卫军整备要领。按要领规定,将伪警卫师与独立第十四旅合并,编为伪警卫第二师,由秦汉清任师长。汪伪政府成立后,还在南京成立了伪宪兵指挥部,由日军从北平调来华北伪宪兵一营充作基本队伍,以张诚为指挥。一九四一年春组成伪宪兵司令部,由申振纲任司令,士兵扩充到一个团。“其主要任务系担任南京各伪院部衙门和伪官住宅的警卫……配合日本宪兵、特务守卫城门、车站、码头”。⑤

(十一) 伪海军和空军。汪伪海军部成立后,将原南京维新政府水巡学校改为“中央海军学校”,到一九四三年先后共招生三百余人,日军将小型兵舰九艘和小炮艇六艘交与汪伪海军部,作水上巡逻和军校学生教练之用。汪伪在南京、广州、威海卫三处分别设立“要港司令部”。南京要港司令部由尹祚乾任司令。广州要港司令部原为广东江防司令部,是国民党海军将领招桂章在日寇的卵翼下组织起来的。一九四一年冬改组为广州要港司令部,招桂章为司令。威海卫要港司令部成立于一九四二年七月,由威海卫基地部改称而来,鲍一民任司令。总计汪伪海军力量,只不过几十只小舰艇、不足一个旅的兵力而已。汪伪空军力量更是微弱。伪军委会虽成立了“航空署”,但无一架飞机。一九四一年五月,日军给了汪伪三架教练机,过后在常州成立了“中央空军学校”。翌年秋,日本赠给教练机十余架,“航空署”成立了空军教导队。但始终未建成一支作战机队。一九四三年十

---

① 汪伪军委会关于广东全省地方部队组成第三十师致国民政府呈文(1941 年 8 月 16 日),中国第二历史档案馆藏汪伪军委会档案。

② 汪伪军委会办公厅:《缔约一年来军事方面之进展》,《中央导报》第 2 卷第 18 期。

③⑤ 《汪伪军事组织和伪军的变迁》,《江苏文史资料》(第 5 辑),第 206 页。

④ 汪伪军委会关于改编第三十一师致国民政府呈文(1942 年 1 月 24 日),中国第二历史档案馆藏汪伪军委会档案。

月，“航空署”缩编为一个司，后来又缩小为“航空科”。

四、伪军的猛烈发展

汪伪军事力量在一九四二至一九四三年期间，有过猛烈的发展，这一发展，主要是蒋介石政府留在河南、河北、山东、江苏、安徽等省敌后地区的部队大量叛国投敌的结果。在太平洋战争初期，日本暂时得势，国民党营垒中妥协投降倾向甚嚣尘上，一些将领对抗战前途越来越丧失信心。日本侵略者为把中国占领区变成“太平洋战争的兵站基地”，加紧了对敌后战场的“扫荡”和“清乡”，除着重进攻八路军和新四军外，对留在华北、华中敌后的国民党军队也加强了军事进攻和政治诱降活动。日本抛出“对华新政策”，强化汪伪政权，推行所谓“政治独立”和“经济合作”。敌后的国民党军队，多年来执行蒋介石的“消极抗战、积极反共”的政策，已无多大战斗力，在日汪的软硬兼施之下，纷纷叛国投敌，摇旗一变成为伪军。如果说，汪伪军队在发展的初期主要是通过接管原维新政府的“绥靖军”，和改编日军移交的“皇协军”等一类游杂部队，那么，从一九四一年春李长江、杨仲华两部投降日伪开始，收编蒋介石军队则成为汪伪军队扩展的主要途径，而到了一九四三年及其以后一个时期，这一状况就更为明显了。正如叶剑英同志一九四四年六月指出的：“伪军的猛烈发展，是从一九四二年春开始，也可以说是从孙良诚投敌开始的。从那个时候起，在抗战营垒中投敌将领共有将级军官六十七人之多。”①

汪伪政府这一时期新扩展的伪军，其主要的部队有以下几部分：

（一）伪第二方面军。由国民党孙良诚部投敌后组成。孙良诚原系西北军将领，曾任山东省政府主席，一九三〇年中原大战中西北军失败后失势。一九三九年，孙良诚任冀察游击总指挥，翌年任鲁西行署主任。后任国民党第三十九集团军副总司令，率赵云祥、王清瀚两部驻山东定陶、曹县一带。一九四二年年初，孙良诚部派人去开封、南京，先后与伪开封绥靖主任刘郁芬、伪参谋总长鲍文樾接洽投降日伪。不久，孙良诚与刘郁芬在归德会谈投降日伪的条件。同年四月二十一日，孙良诚发出叛国投敌通电。六月鲍文樾到定陶、曹县一带点编孙良诚伪军。经汪伪政府收编后，“孙部的编制番号如下：孙（良诚）为第二方面军总司令，参谋长甄纪印，总参议郭念基。辖第四、第五两军，第四军军长赵云祥，第五军军长王清瀚。第四军辖三十八、三十九两师，三十八师师长潘自明、三十九师师长戴心宽。第五军辖四十、四十一两师，四十师师长王和民、四十一师师长宋荣馨。另外总司令部还直辖一个三十七师和一个特务团、一个教导团。直辖三十七师师长孙

① 叶剑英：《中共抗战一般情况介绍》（1944年6月22日），《解放日报》，1944年8月10日。

雨田。以上各部共计三万多人。”①不久，孙良诚继刘郁芬任伪开封绥靖公署主任。其部队分驻定陶、曹县及河南濮阳、东明、考城一带。从此，孙良诚所部就成为中原地区汪伪的一支规模最大的部队。

(二) 伪山东方面军(第三方面军)。由国民党军吴化文部投敌改编而成。吴化文抗战初期为韩复榘部手枪旅旅长，曾任济南警备司令。韩复榘被蒋介石枪决后，吴化文部隶属国民党苏鲁战区和山东省政府。一九四〇年任苏鲁战区新编第四师师长兼山东保安师师长，驻山东临沂、沂水地区。一九四三年一月吴化文在山东莱芜、新泰地区率部投降日伪，随吴投敌的有新编第四师副师长于怀安、山东省政府保安处处长宁春霖、②山东省政府保安第二师师长张步云。③吴部等投敌后，改编为伪山东方面军，吴化文任总司令，宁春霖为副总司令，辖三个师，总兵力一万二千人。同年七月，改称为“第三方面军”，辖第六、第七两军及直属第五十师；第六军辖第四十六、四十七师，第七军辖四十八、四十九师，均为暂编师，④仍以吴化文、宁春霖为正副总司令。

(三) 伪第四十三师。由国民党军王劲哉部改编而成。一九四三年二月，国民党军第一二八师师长王劲哉在鄂中咸宁地区被俘投敌，其所部第三八一、三八二、三八三旅及独立第一、二、三、五旅等七个旅均随之投降日伪。该师被改编为“和平建国军”第四十三师，仍由王劲哉任师长。⑤

(四) 伪第二十四集团军。原为国民党军第二十四集团军。这个集团军的叛国投敌是从孙殿英所部投敌开始的。孙殿英是一个寡廉无耻的流氓军阀。早在一九三六年春就在天津与日本特务勾搭，企图赴内蒙古担任伪蒙古军总司令。全国抗战开始后，孙殿英任冀北民军司令，收罗国民党溃兵和土匪部队组成自己的武力。一九三九年移驻河南林县，通过戴笠的关系，由蒋介石给予暂编第五军的番号，辖第七、第八两师，孙为军长，兵力一万余人。孙殿英一方面与国民党军统局沟通，另一方面又暗中同汪伪政府勾搭，曾派代表前往上海与汪精卫联络，还指使其部属路朝元公开率部投降日寇。一九四〇年国民党军第二十四集团军庞炳勋部开抵林县后，新五军即归该集团军指挥，孙任集团军副总司令。一九四二年开始，孙殿英同太原、新乡等地日军暗中勾结，日军授意他在太行山国民党驻军中

---

① 黄广源：《孙良诚投敌及其下场》，全国政协《文史资料选辑》(第54辑)，第191页。

② 《渝军师长吴化文等率四万健儿来归》，上海《中华日报》，1943年1月20日。

③ 牟中珩：《我所接触的沈鸿烈》，《山东文史资料》(第7辑)，山东人民出版社，1979年，第112页。

④ 汪伪军委会关于改编第三方面军致国民政府呈文(1943年8月2日)，中国第二历史档案馆藏汪伪军委会档案。

⑤ 张执一：《驰骋襄南，威慑武汉》，《武汉文史资料》(第6辑)，第11页。

进行投日叛变、拥汪反共的阴谋活动。一九四三年四月日军对太行山国民党军进行大规模"扫荡"，孙殿英即率新五军在林县临淇镇公开向日寇投降。随即到新乡将所部改编为"和平反共救国军新编第五军"；并配合日军诱捕了国民党河北省政府主席、第二十四集团军总司令庞炳勋。庞于五月十日叛国投敌。这时，第二十四集团军所辖三个军，除第二十七军残部一千余人外，新五军和第四十军都随孙殿英、庞炳勋先后投敌了。同年五月十四日，庞、孙联合发表投降日伪通电。汪伪政府在同年六月二十二日任命庞炳勋为伪第二十四集团军总司令，孙殿英为副总司令。"辖伪第四十军、伪第二十七军、伪新五军等三个军，总兵力两万五千人。总部设于汤阴，所属各部分驻于滑县、淇县、林县地区。"①"新五军除原有第三第四两师外，并将第二十三师(路朝元部)拨入该军以三师编成之。"②第四十军、第二十七军当时只有番号，实际上只编成一个独立师和一个特务团。③此外，国民党第二十四集团军第二十七军所属预备第八师，也在同年八月在师长陈孝强率领下全部投降日伪，不久调至南京，改组为警卫师。④

(五) 伪第十军。一九四三年六月，国民党鲁苏战区鲁南总指挥部所属第一一二师师长兼第三三四旅旅长荣子恒，率所部四千人投敌，被改编为暂编第十军。翌年五月，汪伪军委会发出《暂编陆军第十军编成命令》，派荣子恒为军长，将该部编成两个师：第五十二师，师长荣子恒兼；第五十三师，由刘国桢任师长。⑤

(六) 伪第二集团军。一九四一年冬，由日本华中军方策动成立"苏豫边区绥靖总司令部"，胡毓坤、张岚峰为正副总司令，以张岚峰所部为主要军事力量。翌年十月，杨仲华的伪第二集团军总司令部被撤销。一九四三年十月，伪苏豫边区绥靖总司令部宣布撤销，同时成立伪第二集团军，以张岚峰为总司令。下辖两个军：暂编第一军由张岚峰兼军长，辖第十六、十七两个师；暂编第八军由王新民任军长，辖第十四、十八两师；⑥另外，暂编第十五师直隶于集团军总司令部，⑦以窦光电为师长。

(七) 伪第二十一、三十六师和警卫第一、第三师。一九四二年五月，伪军陈

---

① 《中国共产党抗击的全部伪军概况》，《解放日报》，1943年8月24日。

②③ 汪伪军委会：《渝方第二十四集团军复员后编成要旨》(1943年6月23日)，中国第二历史档案馆藏汪伪军委会档案。

④ 文强：《孙殿英投敌经过》，全国政协《文史资料选辑》(第64辑)，第146页。

⑤ 汪伪军委会：《暂编陆军第十军编成命令》(1944年5月)，中国第二历史档案馆藏汪伪军委会档案。

⑥ 王翔九：《我所知道的张岚峰》，《河南文史资料》(第3辑)，第132—133页。

⑦ 汪伪军委会：《第二集团军编成要旨》(1943年12月20日)，中国第二历史档案馆藏汪伪军委会档案。

玉瑄部由汪伪军委会收编，组成暂编第二十一师，以陈为师长。①同年二月，伪淮海地区保安司令部所属第五旅及第十二旅，并编为暂编第三十六师。②一九四三年春，汪伪军委会扩编广州伪军和南京警卫军。二月间，伪广州绥靖公署增编了第四十三、四十四、四十五师三个师，③由彭济华，高汉宗等为师长。这时，伪军委会继编组警卫第二师之后，又以伪中央军官学校学员为基干，在南京组建了伪警卫第一师和第三师，以刘启雄为第一师师长，钟剑魂为第三师师长。

（八）调整第一方面军。一九四二年一月，伪军委会以“京丹地区驻军分立指挥上诸感不便，兹为统一指挥起见”，将伪第一方面军之独立第八、九两旅及独立第一团等三部并编，成立第九师，以陈发生、沈玉朝为正副师长，仍归该方面军指挥。④翌年三月，伪军委会又将伪第一方面军缩编成两个军、四个师，规定“第一方面军辖陆军第二军与第三军及独立步兵团”，“第二军辖陆军第一、第二师”，“第三军辖陆军第三、第四师”。⑤

（九）伪财政部税警总团。这支部队是在汪伪财政部中央税警学校的基础上发展起来的。“一九四〇年七月，梅机关长影佐祯昭少将找周佛海，要他在上海南市先搞一支三千人的武装部队，直属于伪财政部，由周统率。”⑥周佛海为便于控制，把这支部队称为“中央税警学校”和“税警团”，置于财政部指挥之下，不隶属于伪军委会。兵源由日军从被俘的蒋介石军队的士兵中拨充，并收编忠义救国军和国民党税警团残余人员，武器则由日军供给。七月十七日，伪中央税警学校在上海成立，周佛海任校长及校委会主任委员，李士群为副主任委员，罗君强为校部办公厅主任。“一九四〇年——一九四三年底，中央税警学校曾先后设立过干部训练班四期，特训队一期，班长集训队两期，军士教导队一期，电讯队一期，学兵营一期，入伍生队一期，督察队训练班一期，学生总队一期，连同学兵五百名在内，训练了……千余人之多。”⑦一九四二年八月，武汉地区的“黄卫军”改组后，“熊剑东将黄卫军残兵败将及伪（黄卫军）军事学校全部人员约三千余名，枪三千支，抵达上

---

① 汪伪军委会关于改编第二十一师致国民政府呈文（1942年5月11日），中国第二历史档案馆藏汪伪军委会档案。

② 《一年来之建军与协力大东亚战争》，上海《中华日报》，1943年1月3日。

③ 汪伪军委会关于暂编第四十三、四十四、四十五师致国民政府呈文（1943年4月26日），中国第二历史档案馆藏汪伪军委会档案。

④ 汪伪军委会关于成立第九师致国民政府呈文（1942年1月17日），中国第二历史档案馆藏汪伪军委会档案。

⑤ 汪伪军委会关于整编第一方面军致国民政府呈文（1943年3月29日），中国第二历史档案馆藏汪伪军委会档案。

⑥ 罗君强：《关于伪税警总团》，上海市公安局藏汪伪汉奸供述材料（未刊稿）。

⑦ 《关于伪税警总团》（未刊稿）。

海……改组成税警总团”①。翌年三月,伪税警第一总团和第二总团合并,组成伪中央税警总团,罗君强和熊剑东、李丽久分任正副总团长。一九四四年一月,周佛海自兼总团长。这支部队是汪伪军中的一支特种部队,因为周佛海力图将其建成为伪军之精锐,装备和训练都优于汪伪一般正规部队。其主力驻于上海,一部驻守浙江余姚庵东,一部驻于江苏海州,另有一部于一九四四年间一度随伪安徽省长罗君强驻蚌埠,次年二月又随罗调驻上海。伪税警总团兵力最多时达一万多人。

这一时期,伪军的一部分师以上建制单位被撤销,有的改编为地方保安队。一九四三年一月,第十三师撤销后,改编为伪浙江省保安队。同月,第三十六师建制撤销,改编为两个独立旅,第七十一旅,李亚藩任旅长,第七十二旅,李实甫任旅长。二月间,伪第二军所辖独立第四、五、六团分别改编为江苏、浙江两省伪保安队,该军其余两个师,或撤销或脱离军的隶属,第二军亦被撤销。第三十二师这时改组为伪江苏省保安队。第二十一、二十三、三十一等三个师也于同年四月改组为伪保安队,划归华北地区伪军建制。

据汪伪政府公布,“迄三十二年(一九四三)底为止,综计国军实力已达四十二个师、五个独立旅及十二个独立团,华北方面有十二个集团军及八个独立旅”。②

五、伪军的恶性膨胀和“联蒋反共”部署

进入一九四四年,汪伪军事力量已处于全面覆灭的前夜。从这时到日本投降的一个时期内,伪军的数量虽然继续有所增长,军事机构恶性膨胀,军级正规部队增加到十四个(不含伪华北绥靖军),方面军一级建制增加到七个,但是它的总的发展趋势,却是收缩战线,调整部署,急剧败退。一九四四年,苏联红军对德国法西斯军队作战取得了决定性的胜利,美英军队在西欧开辟了第二战场,美军在太平洋战场上对日军展开了强大的攻势。中国解放区战场也开始了对日军的局部反攻。世界反法西斯战争的胜利发展,严重地威胁着日本法西斯军队的命运。这时,日本华中占领军既要防备八路军、新四军向陇海线和长江以南挺进,又要准备对付美国军队从海上和空中向中国大陆东南地区的进攻。同时,日本为了加强太平洋战场上的兵力和向国民党战场再度举行一次战略性进攻,从华中抽调了部分主力师团及大批老兵,而代之以新编师团、补充兵团及许多新兵。这就使华中日军的兵员更加不足,战斗力大为下降。日军一面收缩战线,把部分据点交伪军防

① 《汉奸熊剑东和黄卫军》,《武汉文史资料》(第9辑),第77页。

② 李琪:《军事》,《申报年鉴》,1944年,第1053页。

守，自己则相对集中兵力，另一方面对伪军进行大规模的整编、调防和改组，以加强控制，强化伪军，实行垂死挣扎。但是，由于整个形势对日军越来越不利，它的这些措施不仅没有挽救其危亡，反而加速了自己和伪军的败亡。到了一九四四年下半年，日本“大本营当前最重视的是加强中国东海方面的防御，要求派遣军迅速作好中国东南沿海和华中三角地带（长江下游南京上海杭州地区）对美作战的准备”。①翌年一月，日本大本营向中国派遣军总部发出第1228号“大陆令”，要求“以确保华中和华南，特别是长江下游重要区域为加强战备的重点”②。

在这一战略态势下，汪伪集团眼看它的日本主子行将覆灭，为救自身计，一方面纷纷向蒋介石政府表示输诚，接受重庆发来的“指示”；另一方面，利用日军调整军事部署的意图，调整伪军的部署，以便应付时局的突变。它的主要企图在于加强“联蒋反共”，准备在日本败亡时，阻止新四军、八路军向敌占城市及交通要道进攻，特别是向江南的进军；并积极聚集自己的军事力量，以便一旦局势发生突变时另谋出路。汪伪政府首先对伪军的部署进行调整，其重点在于缩短战线，增加宁、沪、杭地区的军事力量。陈公博在后来被审判时谈到一九四四年开始的调整伪军部署的背景：“我收到情报，共产党以延安为第一根据地，苏北阜宁为第二根据地，并且以苏北为基地，推进江南，以实行所谓‘三山一湖’③计划。我为中国前途计，为使蒋（介石）先生容易统一计，不能不作出一个对东南的全盘考虑。”④一九四四年十二月，陈公博向戴笠报告对时局的方针说：“决（心）尽力剿共，务求在本区域内根绝赤祸，希望中央同时发动。”按照戴笠的反共军事部署，伪军委会立即着手“布置三省防务”⑤。陈公博、周佛海当时拟定的部署计划，是要把陇海铁路以北、商丘以东的伪军，尽可能地集中到陇海路以南、徐州以东的地区，以加强长江以南的军事力量，确保南京及沪宁一线的“安全”。同时，汪伪政府还力图集中伪军主力一部，增强上海及杭州周围地区的军事力量，以便一旦有需要时以武力控制上海于自己的手中，并据守杭州作为与国民党第三战区部队联结的一个枢纽。

与上述“联蒋反共”军事部署相联系的，是周佛海一伙竭力插手操纵军事和发展自己一系的武力，这是这一时期汪伪军事力量演变中的一个重要特点。周佛海一伙是汪伪政府中最主要的实力派，当时又成为蒋介石在汪伪汉奸集团中的首要代理人。到日本投降前，周佛海“可以掌握的部队，有孙良诚、吴化文、任援道、李

---

① 日本防卫厅战史室：《华北治安战》（下册），天津市政协编译组译，天津人民出版社，1982年，第434页。

② 《华北治安战》（下册），第435页。

③ 陈公博所说的“三山一湖”，系指天目山、茅山、四明山和太湖。

④ 《汪政权的开场与收场》（第4册），第16页。

⑤ 李励庄（陈公博之妻）：《刑事申请复决状》，1946年4月20日。

长江、郝鹏举、张岚峰，以及他可以直接指挥的财政部税警团，与上海保安部队"①。如前所述，周佛海建立和发展伪税警总团，其企图正在于把它打造为自己一系的私人武力，而随着形势的变化，他们又加紧了操纵其他军事力量的活动。周佛海与从顾祝同方面前来投汪的项致庄相勾结，拼凑伪第十二军，从幕后加以操纵；还暗中同河南的张岚峰保持密切的联系；又联络孙良诚和吴化文两部，使之接受自己的支配。"周佛海原阴谋在日寇投降后，即控制京沪杭铁路沿线，以便帮助蒋介石强夺胜利果实。"②对孙良诚、吴化文两部伪军，周佛海一伙认为，"吴(化文)部在鲁南，孙(良诚)部在鲁西，都是在八路军和新四军的包围之中，处境很困难，最好能使他们向南京靠拢，以保存实力"。同时，因为这两支部队"那时是分别在日军各个兵团控制之下"，周佛海"因而计议……南调脱离日军羁绊"，以便将其置于自己控制之下，并"将这一调动安排及时向重庆作了报告"。③

汪伪政府运用日军调整华中、华北军事部署的时机，积极进行"联蒋反共"的军事布局。一九四三年五月，将伪苏北行营改组为伪苏北绥靖公署，先由汪精卫自兼主任，同年九月"周佛海调项致庄为主任"④。十二月，撤销伪第一集团军，改编其部队为伪第五集团军，以项致庄兼集团军总司令，以加强周佛海对该军的控制。翌年六月，驻苏北伪军第三十六、三十七、三十四等三个师合编为伪第十二军，由项致庄兼任军长。同时，对刘相图、何庆林、秦庆岭、胡冠军等部进行扩编，以图增强苏北伪军实力。汪伪"编成十二军是为了便于调动，因为项(致庄)曾受陈立夫命要回浙江家乡创立一个据点，以迎接(抗日)胜利"⑤。而周佛海又企图把它变成自己的嫡系部队。同年九月，项致庄被调任伪浙江省长兼杭州绥靖公署主任，伪第十二军也由苏北调往杭州地区。十一月开始，原驻开封一带的伪第二方面军孙良诚部调防苏北扬州、泰州一带，孙良诚在扬州就任伪苏北绥靖公署主任。苏北为南京的大门，在陈公博、周佛海看来，"在苏北，仅有李长江部的兵力是不足的，因此才调孙良诚部南下，以作东南的屏障"⑥。同时，在周佛海等的策划下，庞炳勋部移驻开封，庞任伪开封绥靖主任。十一月间，为增强宁沪线和上海外围的军事力量，任援道的伪第一方面军总司令部由南京移到苏州，任援道兼任伪江苏省长和苏州绥靖主任。一九四五年二月，汪伪军委会决定，将吴化文伪第三方面军从济南调往安徽蚌埠地区，担任津浦路南段的护路任务。伪警卫第二师和第一方面军第四师则从安徽调防南京。同月二十三日，陈公博、周佛海召集军事

① 《汪政权的开场与收场》(第3卷)，第45页。
② 《汪伪军事组织和伪军的变迁》，《江苏文史资料》(第5辑)，第218页。
③ 张耀宸：《汤恩伯勾结敌伪的一个例证》，《江苏文史资料》(第3辑)，第6页。
④⑤ 《汪伪军事组织和伪军的变迁》，《江苏文史资料》(第5辑)，第216页。
⑥ 《汪政权的开场与收场》(第4册)，第16页。

长官会议，庞炳勋、孙良诚、孙殿英、张岚峰、项致庄、任援道、郝鹏举、杨揆一、鲍文樾、叶蓬等参加会议，讨论日汪军事协定。“协定规定：如果美军在中国登陆，日军将以全力进行抵抗，汪方军队则集中兵力全力对付八路军、新四军，对国民党军队不采取主动进攻的姿态。”①但是，由于整个形势对伪军越来越不利，汪伪的这些措施不仅不能挽救其危亡，反而显露出其被动挨打、顾此失彼的架势，日伪之间的矛盾也随之尖锐起来。

扩充伪军兵力和充实武器装备，作为“联蒋反共，另立局面”反动计划的一个组成部分，也提到了汪伪军事活动的日程之上。一九四四年三月，汪精卫在病重赴日治疗前夕，在南京召集的高级军政长官会议上，即提出要“对广东、武汉、淮海三地区扩军”②。在这以前，重庆军统局戴笠已派人通知“周（佛海）把重点摆在共同防共上，更要积极扩建军队，准备将来在京沪杭地区配合反攻作战”③。陈公博、周佛海这时致力扩军，新建了伪警卫第一师及第三师，扩编了伪税警总团，并扩大各伪绥靖公署和省属地方部队。为此，周佛海先后召见项致庄、郝鹏举、任援道等，陈公博也对孙良诚、吴化文、刘启雄、杨揆一、刘国钧等作了布置。陈公博、周佛海提出“整军扩军”的任务。但日军并不支持这个计划，汪伪头目哀叹道：“日本不能及不愿供给弹械，建军殊无望也。”④而汪伪政府“兵员、物资两俱缺乏”，“整军”困难重重，“益感虽急起直追，亦无把握，况牵制多端，岂能望有成绩?”⑤直至日本投降，伪军的扩建虽有某些成效，但始终未实现其原定计划。

汪伪军委会为适应其调整伪军部署，便于调度军队，于一九四四年十月将伪正规军统一编组为六个方面军。原有的“第一、第二、第三方面军一切仍旧不变”，“第二集团军番号撤销，改为第四方面军”，“第二十四集团军番号撤销，改为第五方面军”，“豫北剿共军名义撤销，改为第六方面军”⑥。后来又把伪徐州绥署郝鹏举部改为伪第七方面军。

经过调整和并编，到一九四五年八月汪伪政权覆灭前，伪军正规部队组成为七个方面军、四个绥靖公署，三个警卫师及一些其他部队。伪第一方面军（任援道部），辖有第二军第一、第二师，第三军第三、第四师，另有三个独立旅，驻苏南、皖中地区。伪第二方面军（孙良诚部），辖有第四军第三十九、第四十师，第五军第四

---

① 《汪伪国民政府纪事》，第 266 页。

② 张耀宸：《汤恩伯勾结敌伪的一个例证》，《江苏文史资料》（第 3 辑），第 6 页。

③ 徐肇明：《汉奸周佛海勾结军统及其下场》，全国政协《文史资料选辑》（第 64 辑），第 203 页。

④ 周佛海：《周佛海日记》（1944 年 5 月 26 日），上海人民出版社，1984 年，第 430 页。

⑤ 《周佛海日记》（1945 年 4 月 20 日），第 569 页。

⑥ 汪伪军委会关于划一国军最高单位名称致国民政府呈文（1944 年 10 月 7 日），中国第二历史档案馆藏汪伪军委会档案。

十一、第四十二师，第九军第二十四、第二十五、第二十六师，另有三个直属师和两个独立旅，驻苏中、苏北地区。伪第三方面军（吴化文部），辖有第六军第四十六、第四十七师，第七军第四十八，第四十九，第五十师，驻蚌埠地区。①伪第四方面军（张岚峰部），辖有第一军第十七、第十八师，第八军第十四、第十五、第十六师，另有一个直属师，驻豫东、淮北地区；②到一九四五年夏发展为三个军、九个师，三个独立旅和三个直属团。③伪第五方面军（庞炳勋部），辖有第一、第二十二师和第十四独立旅等部，驻开封、东明地区。伪第六方面军（孙殿英部），辖有第十一军，第三十一、第八、第二十三、第七师，以及独立第一、第二旅等部，驻于安阳、汤阴、新乡一带。伪第七方面军（郝鹏举部），辖有第二十八、第三十三、第三十五等三个师和三个独立旅，驻苏北、淮北地区。伪杭州绥靖公署，辖有第十二军第三十四、第三十六、第三十七等三个师，一个独立师，两个独立旅，驻浙江杭州和浙东地区。伪武汉绥靖公署（叶蓬部），辖有第十一、第十二、第二十九师，第五、第六师和独立第十三旅，驻武汉周围地区。伪广东绥靖公署辖有第二十、第三十、第四十三、第四十四、第四十五等五个师。④此外，汪伪国民政府的警卫军，共有三个师，警卫第一师和第三师驻南京及其附近地区，警卫第二师于一九四五年二月随伪安徽省长林柏生由南京调驻蚌埠地区。另有伪皖南独立军共三个师，系驻于皖南地区的国民党第三战区所属之川军的一个师于一九四四年叛国投日后改编而成，原为三个团，改称三个师，共五千余人，驻南陵一带。⑤汪伪军总计近六十个师（少数为旅），一百七十个团。

六、 伪军的溃败和覆灭

汪伪军事力量从建立到消亡，只经历了一段短暂的时间，反映着它的衰败过程的急剧；导致这种衰亡的根本原因，是它的反动、腐朽、卖国的本质和其所从事的战争的反革命性质，这使它决不可能避免彻底失败的命运。中国共产党领导下的八路军新四军和广大人民群众的波澜壮阔的抗日人民战争，给了伪军以致命的打击，使它的力量日益削弱，不断地走向衰落，而到了中国抗日民族战争取得最后

---

①② 汪伪军委会关于第三、四方面军编制致国民政府呈文（1944 年 11 月 17 日），中国第二历史档案馆藏汪伪军委会档案。

③ 王翔九：《我所知道的张岚峰》，《河南文史资料》（第 3 辑），第 134 页。

④ 黄启华：《蒋、汪、日在广东的勾结及汉奸变成先遣军的经过》，《广东文史资料》（第 17 辑），广东人民出版社，1964 年，第 79—80 页。

⑤ 李用宾：《安徽沦陷地区日伪组织实况》，《安徽文史资料》（第 1 辑），安徽人民出版社，1964 年，第 168 页。

胜利时，汪伪军队终于同它的日本主子一起遭到了完全的覆灭。

（一）伪军的大量被歼

伪军的溃败和消亡，表现为一个逐步但越来越加速的过程。这首先是由于中国人民抗日军事力量的不断壮大和她对伪军的有力的打击。伪军建立以后，总的说来，它的数十万部队同蒋介石军队之间从未作过战，蒋汪两军双方不但“互不侵犯”，而且蒋介石军队中相当多部队，例如东南地区的顾祝同部、中原地区的蒋鼎文部和汤恩伯部、山西的阎锡山部、山东的沈鸿烈部、苏鲁战区的李仙洲部，以及受军统局指挥的苏浙一带的“忠义救国军”等，无不与伪军暗通款曲，有的信使往返，有的互设电台，有的交流物资和人员，有的甚至相互配合协同进攻新四军和八路军。正如汪伪汉奸头目自己所说的，“汪系军队，终汪政权之局，从未与表面上敌对的重庆军队打过一次……所以（抗战）胜利之后，仍复紧守岗位，听候处置，既从无发生与国军冲突之事，而且在国军开抵沦陷区接收以前，犹不断与共军作战”。①真正抗击伪军的是八路军、新四军和华南抗日纵队。根据延安总部一九四三年八月公布的信息，当时，“全国伪军六十二万余人，大部为国民党军队所伪化，其中百分之九十（五十六万人）以上为共产党所抗击”，“而国民党方面所牵制（不是抗击）者，仅华南伪军六万人，不过占全部伪军百分之十弱而已”②。一九四四年和一九四五年上半年，人民军队抗击的伪军上升到伪军总数的百分之九十五。从抗战初期到一九四五年十月，八路军、新四军、华南抗日纵队依靠自己的浴血奋战，毙伤和俘虏伪军累计达一百万人以上，③全面抗战第八年（一九四四年六月至一九四五年五月），我军毙伤伪军十万余人，俘虏伪军十三万二千余人，加上向我军反正投诚的伪军，仅仅一年内伪军损失总计达二十七万三千余人。④我军给予伪军的十分沉重的打击，成为促使伪军溃败和消亡的一个最主要的因素。

敌后战场的作战状况，直接反映了伪军在人民军队的不断歼击之下逐步走向消亡的过程。我抗日根据地和游击区军民，除以广泛的游击战袭击、困扰和歼灭许多伪军外，还相机集中主力部队，对伪军进行运动歼灭战。在鄂豫地区，我新四军第五师早在一九四一年十一月到次年二月间，就对襄南地区的伪军连续发动进攻，“我军共作战十四次（对伪军和日寇各七次），除全歼伪定国军第一师外，还击溃伪定国军第二师千余人”⑤。在晋冀鲁豫地区，我军有力地打击了伪第二十四

① 《汪政权的开场与收场》（第2册），第40页。

② 新华社：《中国共产党抗击的全部伪军概况》，《解放日报》，1943年8月24日。

③ 中央人民政府人民革命军事委员会：《关于抗日战争时期中国人民解放军的五个统计材料》，《新华月报》1951年9月号。

④ 新华社：延安总部公布第八年抗日战绩，《解放日报》，1945年7月7日。

⑤ 张执一：《驰骋襄南，威慑武汉》，《武汉文史资料》（第6辑），第10页。

集团军庞炳勋、孙殿英部。一九四三年七、八月，我军先发起卫南战役，一举歼灭伪暂编第二十七军的第四十六师和独立一、二两旅，全歼伪军五千六百余人。接着又进行林南战役，歼灭第二十四集团军前敌总指挥部和林县保安司令部、伪新五军暂编第四师和独立旅。仅此两役，共歼灭伪军七千余人。卫南和林南两个战役首开大规模歼灭伪军的范例，“这一胜利，给了庞（炳勋）、孙（殿英）以歼灭性的打击”①。九月间我军又在濮阳一举歼灭孙良诚的伪第二方面军总部及其特务团，生俘总部参谋长甄纪印。一九四五年六、七月间，我军发起安阳战役，在豫北平汉路两侧地区，对伪第六方面军孙殿英部发动强大攻势，歼灭伪军六千二百余人。同年八月至九月的全面反攻中，晋冀鲁豫解放军又歼灭伪军六万余人。山东是华北地区伪军数量最多的一个省份，荣子恒、吴化文等部长期盘踞境内。山东军区我军英勇奋战，在抗战胜利前已给予伪军以毁灭性打击。首先于一九四三年十一月攻克赣榆的战斗中，全歼伪军李亚藩部二千余人。我军先后举行三次讨荣战役，消灭了伪第十军荣子恒部。一九四三年十一月发起第一次讨荣战役，将其第三师歼灭，击毙其师长、大土匪刘桂堂。翌年五月发起第二次讨荣战役，歼灭其第二师。一九四五年二月又进行第三次讨荣战役，一举歼灭伪第十军军部及直属部队，击毙军长荣子恒。②一九四五年五月，山东滨海军区部队讨伐伪军张步云部，歼敌四千余人。同月，鲁中我军进击伪军厉文礼部，歼敌六千余人。对伪第三方面军吴化文部，山东鲁中军区部队于一九四三年一月、十一月和一九四四年三月，连续发动三次讨吴战役，第三次战役一举歼灭吴化文部七千余人。“吴逆二万余人的部队，被打得七零八落，至四四年底，仅余残兵败将六千人，今年（一九四五）初又扩充三千五百人，合计九千余人。”③以后吴化文部南移蚌埠地区。一九四五年十一月初，其第一、第六两个师主力三千余人被我军全部予以歼灭。④同年九月，我滨海、鲁中部队一举歼灭驻临沂的伪军王洪九部二千余人。从日本宣布投降到这年十一月，山东我军共歼灭伪军六万余人。⑤

在苏中和苏北地区，被我军歼灭的伪军为数更多。一九四一年二月李长江部公开投汪时，新四军第一师主力当即发起讨李战役，“我共俘李部官兵三千余人，并争取了两个支队战场反正，沉重地打击了反共投降势力”⑥。一九四四年年底，伪第二方面军孙良诚部由河南调到苏北后，当即遭到我军迎头痛击。翌年四月我

① 《一二九师暨晋冀鲁豫军区抗日战争战史》，1961年，第169页。

② 《解放日报》，1945年2月19日。

③ 《解放日报》，1945年7月13日。

④ 《解放日报》，1945年11月7日。

⑤ 《罗荣桓年谱》（初稿），《中共党史资料》（第6辑），中共党史资料出版社，1983年，第243页。

⑥ 《新四军抗日战争史》，1963年，第119页。

军发起阜宁战役，歼灭孙部第五军二千三百余人，接着又进行了三垛、河口伏击战，歼敌伪一千八百余人。六月又发起睢宁战役，歼伪军两千余人。华中地区一九四四年我军歼灭伪军五万余人，一九四五年一至八月又歼灭伪军三万余名。日本投降后的大反攻中，浙东的伪第十师、淮北的伪第十五师，苏中的伪独立第十九旅、皖中的伪第四师，均受到我军的歼灭性打击。苏中的伪第二十二师和第十九师、第三十九师、第四十师和第四军军部、第四十二师，共三万五千余人被我军全歼。苏北的伪第二十八师一万余人也同时被我军全部歼灭。总计在一九四五年八、九两个月的大反攻中，八路军、新四军、华南抗日纵队共歼灭伪军二十余万人，其中大都是伪正规军的主力，我军给了伪军以毁灭性的打击。

（二）部分伪军向八路军新四军反正投诚

促成伪军消亡的另一个因素乃是伪军大量向我军反正投诚，转到抗日阵线。随着世界反法西斯战争的胜利发展，日本侵略者日益走向衰败，日军与伪军之间的矛盾也随之加剧，伪军内部的失败情绪一天天激化，同时，我解放区军民抗日力量愈来愈强大，攻势作战一天天更为凌厉。中国共产党和八路军新四军对伪军采取区别对待的政策，“对于死心塌地为敌作张，屡次劝告无效的伪军，应该干脆地加以消灭，对于具有民族意识，但被国民党内反动派所蒙蔽而投敌的一部分伪军官兵，则要宣传争取，把他们从万恶的泥潭中挽救出来，重回祖国的怀抱”。①我军对伪军的正确政策和强大的政治攻势，促使伪军内部反正抗日的趋势日益发展了起来。尤其是从一九四四年以后以迄日本投降前后，这种反正的行动在各地接踵而至，成为促使伪军迅速归于败亡的一个重要因素。这一期间，从零星、小股的反正，发展为数千人，甚至上万人的大批伪军反正，从下层军官波及中上层军官。一九四四年“一年伪军反正者三万四千余人，比一九四三年增加一倍以上”。②一九四四年七月，原在渤海地区活动的山东“灭共救国军”第一师第八团王道部反正抗日，向我军投诚。该部不久编为山东军区独立第一旅。同年十一月驻守山东莒县的伪军莫正民部三千五百余人全部向我军反正，该部不久编为山东军区独立第二旅。一九四五年一月，山东滨北伪军张希贤部一千五百余人宣布抗日反正。③九月五日，伪第四方面军独立师魏凤楼部在豫中地区全部向我军投诚。接着，该方面军第十八师师长杜新民率部四千余人，于同月二十日向我军投诚。④同时，反正的伪军从陆军扩展到了海军和空军。一九四四年十一月五日，驻守刘公岛的伪海军、威海卫要港司令部、其直属基地队及练兵营，共六百余名士兵发动武装起义。

① 朱德：《论解放区战场》，《朱德选集》，人民出版社，1983 年，第 174—175 页。

② 《解放日报》，1945 年 3 月 17 日。

③ 《解放日报》，1945 年 8 月 10 日。

④ 《解放日报》，1945 年 9 月 10 日、20 日。

“反正抗日士兵击毙伪威海基地队上校司令李起崐等军官，击伤伪威海要港司令部少将参谋长孟观朴及日寇首席辅导官滨川大佐。起义人员开往我东海军分区防地。”①同年十一月十日，伪第二方面军第四军赵云祥所部一万多人在苏北起义，开赴东坎(今江苏滨海)接受华中新四军的整编，不久，该部改编为华中人民解放军第四军。②

伪陆海空军向我反正投诚趋势的发展，进一步波及了汪伪政府反动政权的核心部门。一九四五年八月二十日，曾为汪精卫座机的汪伪空军“建国号”飞机，机组人员六人起义，驾机从扬州飞抵延安机场，参加人民军队行列。③这一时期，向我反正的伪军，从地方军杂牌部队到正规军，发展到汪伪政府的警卫军。日本宣布投降后，“南京伪军最精锐之警卫第三师，在其师长钟剑魂率领下，于八月十三日，率领所部三千余人，分别在江苏江北之六合与江南之句容向我新四军自动反正，全体人员进入我新四军罗炳辉师之防区”。④这就表明，连汪伪政府的御林军的许多官兵，也不愿再为其汉奸主子殉葬了，汪伪军队已分崩离析，走到了它的穷途末路。

(三) 伪军大量被收编为蒋介石军队

日本宣布投降后，汪伪军事力量中相当大的一个部分被八路军、新四军歼灭了，一部分向我军反正投诚，还有一部分自行溃散了，但是，大部分伪军却被国民党政府军事机关所收编，纷纷列入蒋介石军队的行列。收编伪军以扩大反共军事力量，这是蒋介石的一项既定政策，还在日本投降前就已经决定并开始进行准备。一九四四年冬，蒋介石即在军委会作战汇报会上提出：“剩我军反攻期近，对于伪军策反应有统一办法。”⑤并决定将军统局、中统局及各战区长官部进行的联络伪军的活动由参谋总长统一指导。翌年三月，“军委会参谋总长办公室增设宣导组，军令、军政、军训、政治四部各调高级参谋一人，会办全国(伪军)策反业务”。⑥汪伪政府中央及地方握有军事实力的周佛海、任援道、孙良诚、孙殿英、张岚峰、叶蓬、鲍文樾，庞炳勋、郝鹏举、吴化文、招桂章、门致中等人，当时都与蒋介石方面建立了联系，不少人就已接受蒋介石的指令或委托。日本宣布投降时，蒋介石军队主力远在西南和西北，日伪占领下的上海、南京、武汉、杭州、徐州、开封、济南、北

---

① 《解放日报》，1944 年 11 月 30 日。

② 江华、江东、季友文：《策动汪伪第二方面军第四军起义经过》，《上海文史资料》(第 40 辑)，上海人民出版社，1987 年，第 102 页。

③ 欧阳如华：《汪伪飞机“建国号”起义记》，《星火燎原》1983 年第 1 期。

④ 《解放日报》，1945 年 8 月 15 日。

⑤ 熊斌：《华北宣抚概略》，台湾《传记文学》第 13 卷第 3 期。

⑥ 田齐：《〈华北宣抚概略〉跋》，台湾《传记文学》第 13 卷第 3 期。

平、天津等重要城市和津浦、平汉、同蒲、正太、陇海东段等交通要道大都处于新四军和八路军的直接的攻势之内。蒋介石为防止人民军队进占上述城市和铁路干线、阻止伪军向八路军新四军投降，以最快的速度，给伪军头目以各种名义的委任。日本投降后的第二天，蒋介石的军事委员会即委任周佛海为军委会上海市行动总队总队长(八月十三日改为上海市行动总指挥部总指挥)。一九四五年八月十一日，蒋介石向全国伪军发出通令："各地伪军，应就现驻地点负责维持地方治安，保护人民……乘机赎罪，努力自新，非本委员长命令，不得擅自移动驻地，并不得受非经本委员长许可之收编。"①从此公开发出了收编伪军的信号。同日，蒋介石手令军令部副部长、负责收编长江以北伪军的熊斌，"以宣抚使名义执行职务"。熊斌于当天在南郑发表广播，以军委会宣抚使名义分别任命庞炳勋、孙良诚、张岚峰、孙殿英、吴化文、郝鹏举、叶蓬、门致中、李守信为新编第一、二、三、四、五、六、七、九、十路军总司令。②接着，蒋介石向陆军总司令何应钦发出训令，提出"对封锁地伪军，应策动反正"③。

一九四五年九月以后，陆军总部统一负责收编活动。蒋介石批准了何应钦、白崇禧所提出的收编伪军的报告，并下达命令说："尔后伪军给委与处理运用诸问题，经核定均由陆军总部统筹办理。"④还在八月二十四日，陆军总部就秉承蒋介石的旨意，发出"伪军处理暂行办法"，规定了收编伪军的原则和步骤。"办法"明确规定，"各地投诚伪军已由军委会委派新职者，暂由各战区指挥"，这就正式确定了那些已受国民党军事当局委任的伪军的指挥关系。同时又提出："伪军曾由我策反人员接洽投诚或现在接洽尚未经军委会委派者，由各战区先行准其投诚，以待日后处理编遣。"⑤这实际上是要求以更大的规模和更迅速的步伐去收编伪军。这一收编活动，在日本投降前后一段时间里，是由军委会军令部和调查统计局负责进行；而在国民党军开进到华中、华北前线以后，则主要由各战区和方面军司令部主持。国民党军的第二、第三方面军和第三、第五、第六、第十一战区，以及郑州、徐州、广州绥靖公署，武汉、北平行营，都收编了各自辖区内的汪伪军队。

上海、南京地区。汪伪第一方面军任援道部，先由国民党军委会通过军统局戴笠收编为先遣军，任援道由蒋介石委任为先遣军司令、江苏行动总队总指挥。

---

① 《蒋介石对沦陷区日军及伪军颁布之命令》，中国陆军总部：《处理日本投降文件汇编》(上)，台湾文海出版社，1972年，第17—18页。

② 熊斌：《华北宣抚概略》，台湾《传记文学》第13卷第3期。

③ 《蒋介石未灰亥令一亨电》，中国陆军总部：《处理日本投降文件汇编》(上)，第18页。

④ 中国陆军总部：《受降报告书》，1946年，第11页。

⑤ 中国陆军总部：《未回训琰代电》(1945年8月24日)，《处理日本投降文件汇编》(上)，第32页。

后来其主力并编进国民党军第七十一军，任援道被委为汤恩伯第三方面军总部的高参。①周佛海的伪税警总团和伪上海市保安部队，则由军统局收编，并入交通警察总队。②汪伪南京警卫军，其第一师和警卫旅，被国民党军第五十一师并编，第二师则被国民党军第五十七师并编。③

苏浙皖地区。浙江的伪第十二军由顾祝同的第三战区收编，改组为两个纵队，于一九四五年十一月调往陇海路东段，划归徐州绥靖公署。④苏中和苏北地区的伪第二方面军孙良诚部，先由国民党政府军令部收编为第二路军，委任孙良诚为总指挥，其大部主力被新四军歼灭后，余部由国民党军李品仙部收编，改组为徐州绥靖公署所属暂编第五纵队，孙良诚为司令。⑤鲁南的伪第十军残部，被徐州绥署收编后改为一个独立团。⑥蚌埠的伪第三方面军吴化文部，先由军委会改编为第五路军，后被徐州绥署收编，改组为山东保安第二纵队，吴化文任司令。⑦徐州的伪第七方面军郝鹏举部，日本投降后先由国民党军徐州绥署改编。一九四六年一月山东解放军反击国民党军在峄县、枣庄地区的进攻时，郝部在我军军事压力和政治争取下，在徐州附近举行起义，参加我军。一九四七年一月底，国民党军发动“鲁南会战”，大举向我山东根据地进攻时，郝鹏举率部叛变，投降国民党，并被收编为第四十二集团军。同年二月初，山东解放军发起讨郝战斗，将郝部总部及所属两个师一举予以歼灭。⑧

中原地区和武汉地区。伪第四方面军张岚峰部，被国民党郑州绥靖公署收编，改组为暂编第四纵队，张岚峰任司令。伪第六方面军孙殿英部，也由郑州绥署收编，改组为暂编第三纵队，孙殿英任司令，仍驻豫北一带。伪第五方面军庞炳勋部，并编于国民党军第十一战区马法五部的第四十军，庞炳勋离开部队，其部队因系并编而未给予番号。⑨伪武汉绥靖公署主任兼湖北省长叶蓬早已与戴笠暗中勾结。日本投降后，八月十九日国民党政府军委会军令部次长熊斌奉蒋介石命致电

---

① 唐生明：《我奉蒋介石命参加汪伪政权的经过》，全国政协《文史资料选辑》（第40辑），第61页。

② 陈春圃：《自建“团”“校”培训干部与收编受敌豢养的“和平军”》（未刊稿）。

③ 刘措宜：《抗战胜利后蒋介石收编伪军经过》，全国政协《文史资料选辑》（第36辑），第162页。

④ 《抗战胜利后蒋介石收编伪军经过》，全国政协《文史资料选辑》（第36辑），第162页。

⑤ 《抗战胜利后蒋介石收编伪军经过》，全国政协《文史资料选辑》（第36辑），第165页。

⑥ 张耀宸：《汤恩伯勾结敌伪的一个例证》，《江苏文史资料》（第3辑），第9页。

⑦ 田向前：《我与吴化文相处的回忆》，《山东文史资料》（第8辑），第125页。

⑧ 根据《毛泽东军事文选》（内部本）注释，第407页。

⑨ 《抗战胜利后蒋介石收编伪军的经过》，全国政协《文史资料选辑》（第36辑），第165页。

叶蓬:“经委座决定,派兄为第七路军司令。”①同时,又委任汪伪第十四军军长“邹平凡为武汉守备军总指挥兼新编第二十一军中将军长”②。不久,国民党军第六战区部队进入武汉,该区伪军李宝琏师、张启璜师、古鼎新师、金亦吾师、李吉苍师等部队,都被第六战区所并编。

广东地区。广东伪军在一九四五年六月即由蒋介石军委会予以认可。当时,“重庆军委会的联合任命电,把当时广东方面的汪伪军全部照原番号加委:如二十师师长陈孝强、三十帅师长黄克明、四十三师师长宋全、四十四师师长李少庭、四十五师师长彭济华等全部照原番号任为师长,又招桂章为广东要港司令,郭卫民为广州市公安局局长,郑光熏为广州军事特派员公署中将顾问,黄启华为特派员公署少将参议,蒋希云为特派员公署上校咨议”。③日本投降后,张发奎的第二方面军进驻广州,将广东伪军予以收编,伪军的各个师分别改编为“暂编支队”。陈孝强的第二十师改编为第二方面军暂编第一支队,李剑群部改编为暂编第二支队,李辅群部改编为暂编第三支队,彭济华的四十五师改编为暂编第四支队,黄克明的第三十师改编为暂编第五支队,等等。④

华北地区。伪华北政务委员会所属的绥靖部队,共有十三个集团军(相当于旅级建制),由伪治安军总司令门致中统率,分驻于北平、石景山、保定、南口、石家庄等地,总兵力为五万五千余人。一九四五年“八月十五日日本宣布向盟军投降后,伪华北绥靖军总司令部就在当天接到了国民党反动政府的命令,改称为‘华北先遣军总司令部’。其命令中还指示:固守现地,等待国军”。⑤蒋介石于同年九月一日在重庆接见了门致中从北平派去的代表。十一月初,蒋介石政府发出命令,“把‘华北先遣军总司令部’改称为‘陆军第九路军总司令部’,并将伪军所属各师,一律改为暂编师的番号,由蒋军第十一战区所属高卓东等指挥”。⑥第十一战区司令长官孙连仲向伪军头目颁发了新的委任状。至此,华北伪军全部纳入国民党军队的系统,除第九路军总部由第十一战区指挥外,其所属各师则分别隶属于该战区所属的高卓东等各军统率。

根据国民党政府陆军总部的统计,到一九四六年四月,由该总部系统收编的

---

① 张孟青:《日本投降后武汉日伪动态纪要》,《武汉文史资料》(第6辑),第115页。

② 《日本投降后武汉日伪动态纪要》,《武汉文史资料》(第6辑),第110页。

③ 黄启华:《蒋、汪、日在广东的勾结及汉奸变成先遣军的经过》,《广东文史资料选辑》(第17辑),第79页。

④ 《广东伪军为蒋军收编》,《解放日报》,1945年11月3日。

⑤ 邵青:《日寇投降后蒋介石勾结利用华北伪军的经过》,全国政协《文史资料选辑》(第42辑),第205页。

⑥ 《日寇投降后蒋介石勾结利用华北伪军的经过》,全国政协《文史资料选辑》(第42辑),第209页。

伪军正规部队共达二十二万八千余人(不含东北地区),编成六个纵队(军级单位)、二十七个总队(师级单位)、六十七个团。①与此同时,国民党还从伪军游杂部队中收编了大量人员充作地方保安团队,总数达七十七万九千余人,其中三十二万六千余人编组成三十九个补充团和一百三十三个保安团,其余则用来"拨补国军"。②总起来说,根据不完全的统计,国民党政府在日本投降后,以各种不同方式收编的伪军正规部队和游杂部队总数达近一百万人。③

在中国现代史上,汪伪军队是一支最庞大的外国帝国主义的傀儡军和附庸军,但它的暴发式兴起和急剧崩溃,都为时不长。它的迅速消亡,取决于日本帝国主义在战争中的败亡,当然也是由其自身的反动性和腐朽性所决定的,而从根本上说,它是被中国抗日战争和世界反法西斯战争所消灭的。汪伪军队对外卖国投降,对内镇压人民,这是导致它必然灭亡的根本原因。汪伪军队的兴亡史告诉我们:对外投降帝国主义,出卖民族利益,甘心充当外国侵略者工具的军队,是不可能有战斗力和生命力的;同样,对内镇压人民群众,与全民族为敌的军队,也必然是要被消灭的。只有高举爱国主义的旗帜,紧紧地与全民族中最大多数人站在一起,为人民的利益而战斗的军队,才是不可战胜的。中国抗日军队的胜利和汪伪军队的灭亡,又一次证明了军事史上的这个真理。

---

① 根据《现存自新军主官姓名及驻地一览表》,《中国陆军总部受降报告书》附表第九。

②③ 根据《现存自新军主官姓名及驻地一览表》,《中国陆军总部受降报告书》附表第十。

日本“对华新政策”与汪伪政权的“独立”“统一”活动*

一、日本政府“对华新政策”的形成及其实质

日本东条英机政府提出的“对华新政策”，是在一九四二年下半年初步形成、一九四三年年初开始全面推行起来的。这时，日本发动的全面侵华战争已进行了将近六年之久，太平洋战争也持续了一年左右了。当时，日本在太平洋战争中的军事形势正处于从进攻到防守的转变过程中。在中国战场上，抗战最困难的史页正在逐步翻过，战局也正在向着有利于中国抗日军民的方向发展。“对华新政策”不是日本帝国主义侵略战争前进的产物，而是其为挽救自己的败局而进行的一种挣扎。中国共产党当时就一针见血地指出：“东条的所谓‘新政策’，不是任何什么有利于日本法西斯的情况的反映，而仅仅是日本法西斯在国际地位上已陷入完全孤立状态这一种情况的反映。”①

太平洋战争初期，日本帝国主义在军事上获得了巨大的进展。它凭着多年的准备和海盗式的突然袭击，在不到半年时间内完成了对南洋各岛的军事占领，把西南太平洋变成了自己的内海。它首先偷袭太平洋上的美国海军基地珍珠港，给了美国主力舰队以致命的打击。紧接着日本又袭击了英国在太平洋的战略基地新加坡。一九四一年十二月到翌年四月间最初五个月的攻势作战的结果，日军占领了马来亚和新加坡、印度尼西亚的各主要岛屿、西伊里安的一部分地区、缅甸、菲律宾和中国香港，攻占了关岛、威克岛、新不列颠群岛以及其他地方，并从缅甸入侵我国云南省的一部分地区，同时把越南和泰国置于它的控制之下。日本武装力量以速决战的战略，在短短的时间里攻占了在太平洋地区内它预定要占领的一

---

* 本文原载复旦大学历史系中国现代史研究室：《汪精卫汉奸政权的兴亡——汪伪政权史研究论集》，复旦大学出版社，1987 年。

① 《中国共产党中央委员会为抗战六周年纪念宣言》(1943 年 7 月)，见中国人民解放军政治学院：《中共党史参考资料》(第 9 册)，人民出版社，1979 年，第 280 页。

切地方，进攻的矛头直指印度和澳大利亚的大门。

日本帝国主义继发动全面侵华战争之后，又挑起太平洋大战，不但把自己放在同中国人民和亚洲与太平洋地区广大人民为敌的地位，而且又同英国、美国、荷兰、澳大利亚等国家形成交战状态。法西斯侵略的猖獗，促进了世界反法西斯各国的联合，使中国与亚洲各国的抗日战争，同美、英、荷、澳等国的对日作战，以及欧洲的对德、意反法西斯斗争汇合成一条空前强大的战线。一九四二年一月一日，美、英、苏、中等二十六个国家在华盛顿签署了反法西斯侵略的《联合国家宣言》，签字国保证用自己全部的经济、军事力量与法西斯国家作战，并不单独与敌国缔结停战协定或和约。世界反法西斯统一战线正在形成和发展，日本侵略者愈来愈陷入空前孤立的困境。

整个军事战略形势，对日本帝国主义来说，也出现了非常险恶的局面。一九四二年与一九四三年之交，世界反法西斯战争的态势发生根本的转变，反轴心同盟军在西方和东方两个战场上开始了对德、意、日军队的反攻。苏联红军在粉碎了德国法西斯军队向列宁格勒和莫斯科的进攻后，从一九四二年八月到一九四三年二月，进行规模巨大的斯大林格勒战役，全歼德军精锐部队三十三万余人，给了德国法西斯以致命的打击。从此，苏德战场的形势完全改观了。英、美两国利用斯大林格勒会战的有利时机，在北非和地中海向轴心国军发动攻势。一九四二年十月，英国在埃及阿拉曼战役中获胜，十一月初，美英军队在阿尔及利亚登陆成功，到一九四三年五月完全控制了北非海岸。七月间，意大利发生政变，墨索里尼被逮捕。九月初，英美军队在意大利南部登陆，意大利巴多里奥政府向英美投降，宣布退出法西斯同盟。柏林—罗马—东京三国轴心的一角瓦解了。

在中国战场，日军占领印度支那半岛后，切断滇缅公路，中断了我国西南国际交通运输线，对我国正面战场举行浙赣路战役、滇边战役等局部性攻势作战，并把进攻矛头着重指向我敌后战场，对抗日民主根据地进行残酷的“扫荡”和“清乡”。然而，我国抗战阵线依然巍然屹立，愈战愈强。中国共产党领导的解放区军民，在辽阔的土地上英勇卓绝地抗击侵华日军和伪军的大部分主力，到一九四三年已战胜了前两年最困难的局面，并开始有了新的发展。国民党战场的广大战线，牵制了日本侵华的大量军队，同时进行了若干局部战役抗击日军。同时，朝鲜、越南、老挝、柬埔寨、缅甸、泰国、马来亚、印度尼西亚、澳大利亚各国人民的抗日烽火遍地燃烧。妄想实现“大东亚共荣圈”迷梦的日本侵略者，愈来愈发现自己已经走进了亚洲和太平洋地区抗日军民的包围圈之中。

在东起夏威夷、西至新加坡、南迄澳大利亚的太平洋战场上，从一九四二年夏季开始，军事形势也出现了重大变化。一九四二年五月，日、美两军珊瑚海一役，参战日军遭到美国海空军的顽强抗击而失利，被迫中途撤出战场。接着日本在六月间发动了以诱歼美国太平洋舰队主力为目的的中途岛战役，但是日本海军主力舰队在战斗中一败涂地，遭到太平洋战争开始以来最惨重的损失。从此，太平洋上的军事主动权开始由日本转向美国。中途岛之战终于成为日本在太平洋上从进攻走向防守的转折点。同年八月至一九四三年二月，和欧洲战场上举行斯大林格勒战役同时，日美两军在西南太平洋举行瓜达尔卡纳尔岛争夺战。日本在这一战役中陆续投入并损失了它可能调动的所有陆海空军兵力。从此以后，日、美两军的攻守地位倒转了过来，日军完全丧失了作战主动权。接着，日军在新几内亚、所罗门的战斗中被击败。在北太平洋战线，一九四三年五月，阿图岛也被美军攻占。面临美军及其盟军的强大攻势，日军被动挨打，再也没有力量发动有力的进攻战了。

以东条英机为首的日本政府和军部在严酷的战争形势面前，被迫改变战略方针，从进攻转到防御。虽然，他们决不会承认自己的失败，但是事实逼迫着他们再也不敢像太平洋战争初期那样，得意忘形地叫喊要“树立长期不败的体制”了。到一九四二年下半年，东条英机只得无可奈何地叫嚷要“准备决战体制”，以应付美、英“业已迫近的决战”。日本帝国主义这时竭尽全力地要动员其本国和占领区的全部力量，支持同美、英的“决战”。它在军事上、政治上对中国占领区的依赖也就更多，尤其是从中国搜括物力、人力的计划更需要加紧实行起来。这就促使日本政府重新审订其对华政策，以便充分利用汪精卫政府等傀儡政权的作用，谋求同蒋介石政府的“和平”，尽早“解决中国事变”，集中力量对付美、英的进攻。日本“对华新政策”正是它在战争中节节败退时，为继续坚持其侵略战争的需要而提出来的。

这个政策从确定到推行，经历了一个不太长的过程，反映了日本军国主义的急剧败亡。大体上说来，它自一九四二年秋天开始提出，到同年年底正式形成，于翌年开始便全面地推行了起来。一九四四年七月东条英机内阁倒台，这个短命的“新政策”也就随之归于破产。

（一）“贯彻大东亚圣战”是提出“新政策”的根本目的

长期以来，日本军国主义把实行对外侵略和扩张、灭亡中国、独霸东亚，作为自己不变的“基本国策”。卢沟桥事变以来，日本历届政府和法西斯军部更是以规模空前巨大的侵略战争，变本加厉地推行这个政策。一九四一年十月，东条英机在组阁之初就毫不掩饰地宣称：“解决中国事变，确立大东亚共荣圈，跻世界于和平，是日本确定不变的国策。”①但是日本侵略者推行其“基本国策”的策略和方法，是随着形势的变化而改变的。“对华新政策”从根本上来说，只不过是上述“基

① 黄和材：《日寇“对华新政策”的分析》，《新中华》复刊第2卷第1期。

本国策"的延续。日本御前会议就"新政策"所作的决定明确规定:"对华新政策"要"以日华提携之根本精神为准则"①。所谓"日华提携",乃是一个臭名昭著的老调,是日本殖民地化中国企图的代名词。这个"准则",日本政府当然是不会改变的。但是,"新政策"并不是什么"新"的东西也没有。日本陆军省军务局长佐藤贤了一九四三年二月说过:"以前对华处理方针,均系大东亚战争发生前制订的,故尽量考虑避免与英美冲突,或诱导之以解决事变,那种方针或有不彻底之处。"②这就是说,日本过去还未完全扫除在其占领区的美英的权益,对蒋介石政府也采取过"诱导"的方针,而对汪精卫政权则还未予以充分重视和运用。这些都是以往政策的"不彻底之处"。因此,随着太平洋战争出现危机,日本需要采取一种新的策略:"当大东亚战争之今日,帝国即须举全大东亚之民族,以所有之资源,集中于贯彻圣战之一途,依日华提携之根本精神,以加强国府(指汪伪政权)之政治力,覆灭重庆抗日之根据地,及同盟统一后进中国,以期贯彻圣战。"③显然,加强并更大地利用汪精卫政权是"新政策"的中心环节,对蒋介石政权则要求清除其抗日基地,根本目的乃在于从中国和亚洲的全部占领区掠取"所有之资源",以保障日本侵略战争的进行,实现"大东亚共荣圈"的迷梦。由此可见,"对华新政策"是东条内阁为推行其"确定不变的国策"而采取的一种策略和手段。它表现了日本军国主义者的狂妄的野心,又是它为挽救败局而不得不采取的强调依赖占领区的政策。

(二)"大东亚经济体制"的制定是"对华新政策"的前奏

日本的"大东亚共荣圈"战略,要求在亚洲和太平洋地区建立以日本为宗主国的殖民统治,对占领区进行残酷的掠夺和剥削。东条英机在发动太平洋战争之初,谈到战争的直接目的:"帝国现在正在进行的大东亚战争的指导方针,是一方面确保大东亚的战略据点,一方面把出产重要资源的地区收于日本的管辖之下,以此扩充日本战力。"④日本在太平洋战争初期尽管在南洋地区获得了新的富饶地盘,但是对日本的经济来说,中国仍然是非常重要的。日本依靠华北和内蒙古的优质焦煤,一九四二年上述地区煤产量达二千四百八十九万吨,运往日本的计四百五十万吨,占日本进口总数的一半。⑤日本钢铁工业的主要原料铁矿石,也依赖于中国占领区,中国一九四一年供应日本进口总数的一半,一九四三年则占三分之二以上。化学工业所必不可少的盐,同样大部分从中国掠取。太平洋战争开

---

① 日本御前会议:《为完成大东亚战争而决定的处理中国问题的根本方针》(1942年12月1日),[日]《今井武夫回忆录》,上海译文出版社,1978年,第202页。

②③ 黄和材:《日寇"对华新政策"的分析》,《新中华》复刊第2卷第1期。

④ 《面临着大东亚战争——东条英机演说集》,1942年,第4页。

⑤ [美]科思:《战时和重建时期的日本经济》,明尼苏达大学出版社,1949年,第163—164页。

始后，中国成了日本的唯一的原棉来源地。①为实行全面掠夺计划，日本政府在金融财阀与军部的合作、支持下，于一九四二年七月成立殖民统治决策机构“大东亚建设审议会”，由企划院总裁铃木贞一任干事长。该会根据东条英机二月间宣布的统治南洋等殖民地区的四条原则，即确保重要作战物资的获得、禁止南方资源输出敌国、确保作战军队的当地自给、诱导外人经营的企业与日本合作，先后制定了“大东亚建设基本纲领”等“八大基本方策”。②铃木贞一宣称“八大基本方策”“乃指导大东亚经济建设的根本方针”，强调“建设大东亚新秩序必须以皇国为中心，指导确立强固的合作体制，使一方面可以从事战争，一方面可以从事建设，以经济建设为基础，以尽速确立自主国防经济为目标”。③“基本纲领”和“八大方策”，勾画了一幅以日本为宗主国的殖民经济体制的蓝图：“日本为精密工业、机械工业、兵器工业等重工业的基地；中国东三省为制铁工业、化学工业与林业、畜牧业的重心，并使之成为‘国内的粮仓’；华北占领区，则发展治水发电，与‘振兴依存于石炭电力的制铁事业，化学工业等’，而重点则放在植棉事业；华中沦陷区，则发展轻工业。”④在这个殖民体制中，我国东北、华北和华中成了日本帝国主义的原料和劳动力的取给地、部分辅助工业的生产地和商品市场。“对华新政策”就是以这个殖民体制为经济背景的，前者的部分内容也正是从后者演化而来的。“大东亚建设基本纲领”及各个方案的提出，就成了“对华新政策”登台的前奏曲。

（三）大东亚省对占领区政治事务统一管理的确立是实行“对华新政策”的开端

日本政府内阁于一九四二年九月一日决定成立大东亚省，十一月一日发布“大东亚省官制”，宣布该机关正式成立。为了加强在日本和“大东亚共荣圈”内被征服地区之间的特殊关系，东条英机决心成立一个特殊机构，来主管并调整对这些地区的政策。一九四二年三月对此采取了第一个步骤，成立了大东亚审议会；大东亚省的成立则是这种特殊机构的正式形成。这也是日本实行“对华新政策”所采取的第一个重大实际步骤。日本最高战争指导集团决定建立大东亚省，是为了统一指导各占领地的政治事务，加强对傀儡政权的扶持和利用，以便充分利用一切物力、人力，来适应侵略战争的需要。东条英机说过，大东亚省的建立，是“为

① ［英］琼斯：《战时的远东》，《国际事务概览〈1942—1946 年的远东〉》，上海译文出版社，1979 年，第 24 页。

② 八大基本方策是：1.大东亚建设基础要纲，2.大东亚建设基本方策，3.大东亚文教政策，4.大东亚人口政策，5.大东亚农业林业水产业畜牧业之具体方策，6.大东亚交通具体方策，7.大东亚工矿业电力建设基本方策，8.大东亚金融财政交易基本方策。

③ 李林：《日本设置大东亚省》，《解放日报》，1942 年 9 月 21 日。

④ 黎韦：《日寇“大东亚经济政策”》，《解放日报》，1942 年 10 月 22 日。

了完成大东亚战争、建设大东亚，将共荣圈内的各种派出机关统一起来，对各项政治事务实行一元化的统一的速效的领导”。①东条的企图在于调和日本各种势力在华的争斗，弥补各个傀儡政权之间的巨大裂痕，以利于对付美英的反攻。因为，“过去日寇在占领区进行掠夺和统治有许多分歧的地方：在机构上有外务省、拓务省、兴亚院的摩擦，对中国采取的‘分治政策’，使‘现地军人’之间，傀儡政权之间纠葛颇深，而各大财阀又竞相渔利。大东亚省的成立，就是企图调和这些矛盾”。②日本内阁决定，“大东亚大臣管理有关大东亚地区（除日本本土、朝鲜、台湾、库页岛以外）的各种政务的实施（除纯外交以外）”。“大东亚大臣……得指挥监督驻在大东亚地区的外交官及领事官。”③在大东亚省成立的同时，日本内阁宣布废除原有的拓务省、兴亚院、对满事务局以及外务省所属的东亚局与南洋局，拓务省的拓南局与拓北局，而将它们的业务一并划归大东亚省主管。

日本侵华陆军内部、陆军与海军、政府派出机关与现地军事机关等相互之间的矛盾和互不统一，是各个傀儡政权之间无法统一的根本原因。“对华新政策”的提出，企图使这一状况有所改变。大东亚省的设置，其目的正在于以一个统一的机关，对占领区的政务实行统一的指导，从而促使各个傀儡政权之间形成某种统一。为此，在东条英机的策划下，陆军、海军、外务省进行磋商。一九四二年十月一日制订了《大东亚省驻华机构及其运用》，接着又达成驻华派出人员分配的协议：特命全权大使、驻上海特命全权公使由文官担任；驻北京、张家口特命全权公使由兴亚院联络部长担任。各地机构人员暂由原来的联络部、领事馆职员留任，但尽量使陆海军人员退出。特务机关除治安以外的事项移交大东亚省派出机关。这就在一定程度上由大东亚省统一了政务，并且由此造成提高和加强居于中央地位的傀儡政权——汪精卫政府的条件。首任大东亚大臣青木一男，当他还在南京担任汪精卫政府最高顾问时，就认为实行“新政策是绝对必要的”，并且，“提议设立大东亚省作为第一步的措施”④。这正是出于上述意图。

大东亚省成立后的第七天，日本第八十一届议会开幕，随即发表关于“对华新政策的转换”的议会声明。这年十二月二十日，汪精卫第三次访问日本，与东条英机进行会谈，密商实行“新政策”的有关问题。

（四）十二月御前会议决定标志“对华新政策”的正式形成

一九四二年十一月二十日，日本内阁为取得政府、军部等各方面对汪精卫政

① 日本防卫厅战史室：《华北治安战》（下），天津人民出版社，1982年，第269页。

② 启常：《日寇对占领区统治一元化的企图》，《解放日报》，1942年11月16日。

③ 日本内阁：《大东亚省官制》（1942年11月1日），《日本帝国主义对外侵略史料选编》，上海人民出版社，1983年，第414页。

④ 《今井武夫回忆录》，第201—202页。

权的统一意见，由东条英机与海相岛田、大东亚相青木一男、外相重光葵以及山本五十六、平沼骐一郎进行会谈，决定：在日本与汪政权关系方面，“今后当共同协力”，“努力促进总力战体制”；在中国搜括物资及扩大生产，“当以国府（汪政权）政治力及经济力之增强为前提，日本自当与国府积极协力”①。陆军、海军、外交诸方面对“新政策”取得共同支持的态度。十二月二十一日，御前会议作出了《为完成大东亚战争而决定的处理中国问题的根本方针》的决定，在这前三天即十二月十八日，大本营和政府联席会议通过了“以《为完成大东亚战争处理对华问题的根本方针》为基础的具体策略”的决定。这两个文件，是日本军部和垄断财阀相勾结的产物，特别是获得了陆军方面的支持，规定了“对华新政策”的“根本方针”和政治、外交、经济、文化等方面的具体政策，以及对蒋介石政府、汪精卫伪政府和其他傀儡政权的策略。从此，“对华新政策”正式形成了。这两个决定强调要“加强”汪精卫政府的“政治力量”，加强其对各地伪政权的“领导”，宣称要“交还”日本在华的“租界”，“撤销治外法权”，让汪伪“处理在华敌（英美等同盟国）产”；经济政策方面，提出要在中国沦陷区“增加获取战争必要的物资”，使中国“官民”在经济上“实现积极的对日合作”，同时，还声称日本要“及时考虑对《日华基本条约》及其附属协定加以必要的修改”，等等。②

总之，“对华新政策”是用“尊重主权领土”一类谎言装饰起来的侵略政策，是利用大傀儡去制约小傀儡的“以华制华”政策，是在“经济合作”幌子下的掠夺剥削政策，也是以“结束中日事变”为目的的对蒋介石政府的诱降政策。以下，我们就“新政策”下汪伪政权在政治、经济、文化、军事诸方面的活动及其特点作一考察。

二、汪伪政府的“参战”和实行“战时体制”

“对华新政策”在中国占领区实施的第一幕，便是汪精卫伪政府对英美“宣战”、参加“大东亚战争”。这是日本侵略者在急剧败退、穷极无聊中导演的一幕令人发笑的猴子戏。这一丑剧，是由东条英机和汪精卫在东京共同密谋后确定的。一九四二年十二月间，正当日本御前会议、大本营和内阁最后讨论并决定实行“对华新政策”的时候，汪精卫以伪国民政府主席兼行政院长的身份，偕同周佛海（伪行政院副院长兼财政部长）、褚民谊（伪外交部长）、梅思平（伪实业部长）、萧叔宣（伪军事参议院长）等，于是月二十日赴东京“访问”。日本天皇和内阁首相东条以

① 上海《中华日报》，1942年11月21日。

② 日本御前会议：《为完成大东亚战争而决定的处理中国问题的根本方针》（1942年12月21日），《日本帝国主义对外侵略史料选编》，第421页。

及各方面首脑人物都纷纷出马，亲切“接见”这位中国的“儿皇帝”，并与之进行“重要会谈”。汪精卫等这次与日方密谋的主题，根据汪伪官方宣布的，“是就两国如何协力大东亚战争，如何使国民政府有效地发挥其意志和力量，分担完成战争责任等问题”。①同月二十五日，汪精卫在东京发表广播讲话，宣称“决与友邦日本同心协力，共安危同生死”，使“大东亚战争”得到最后胜利，②由此公开发出了“参战”的信号。

这时，日本方面已改变了原先的不准“让国民政府参战”的方针，准许汪精卫政府“参战”。早在珍珠港事变后不久，汪精卫即表示愿追随日本对英美开战，一九四二年七月周佛海在东京再次表示了“参战”希望。③同年九月平沼骐一郎到南京，汪精卫又再三表示要求“参战”。平沼回答说，此事御前会议未定，予以拒绝。此前日本军队曾下达过为攻略重庆的五号作战进行准备的命令，并且设想在五号作战以后的某个时机，诱迫蒋介石政府订立“和平条约”，因而不许汪伪政府“参战”。但是，到了这年十月，太平洋战局日趋恶化，日本军部认为五号作战势必中止，诱降蒋介石也无希望，从而改变策略。十月二十九日，大本营与政府联席会议决定准许汪精卫政府“参战”，具体时间待定。十一月二十七日，联席会议又决定“参战”时间定于次年一月中旬。接着重光葵通知汪精卫，要汪访日，并与东条会谈“参战”有关问题。汪精卫按照其日本主子的安排，于十二月中旬赴日本。汪精卫恬不知耻地宣称要与日本“共生同死”，并表示实行“参战”，将进一步竭尽全力为日本效劳。日本派遣军总司令畑俊六在日记中记述道：“汪在东京表示，参战后将努力于：1.国民训练兵役之设立，2.军队之再训练，使日本军之后方责任可以减轻，3.经济方面之协力。”日本还为汪伪傀儡规定“参战”日期为一九四三年一月十五日。汪精卫自东京返回南京后，日本从情报中获悉：美国国会订于一月八日审议“中美平等新约”，即日公布。为抢在美国之前，宣布“废除”日本在华治外法权、“交还”租界，同时公布汪伪政府对英美“宣战”决定，日本政府命令重光葵于一月七日夜半访问汪精卫，指令汪政府配合东京行动，迅速办理日汪改订关于治外法权和租界的条约手续，并提早宣布“参战”。汪精卫按照日本主子的指挥棒赶紧行动起来，在九日上午接连召开伪中央政治会议及伪国民政府会议，通过了参战案等项决定。

一九四三年一月九日，伪国民政府发出对英美两国《宣战布告》，宣布：“自今日起，对英美处于战争状态。”汪伪外交部同时通知轴心各国政府，从此以后，汪精

① 林柏生：《在东京答日本记者问》，上海《新中国报》，1942年12月23日。

② 汪精卫：《告日本国民》，上海《中华日报》，1942年12月29日。

③ 《周佛海日记》，上海人民出版社，1986年，第217页。

卫政府与日本乃由前后方关系进至并肩作战的关系。汪精卫与日本驻南京大使重光葵在同一天签订《中日共同宣言》，宣称“为完遂对美国及英国之共同战争，兹以不动之决意与信念，在军事上、政治上、经济上作完全之协力”。①这就表明，日本同意汪精卫政府参战，其目的完全在于运用这个傀儡作工具，在中国占领区动员更多的力量，从军事、政治、经济等各方面“协力”日本对付英美的进攻。日本统治集团完全明白，汪精卫政府这具政治僵尸并无什么力量，要依靠它同自己对英美军队“并肩作战”，只不过是一句空话。对日本来说，汪伪“参战”在政治上和经济上的作用远远超过军事方面。虽然，汪伪军队在沦陷区作为日军的附庸，担负着一部分维持治安、守备据点和交通要道、配合“扫荡”和“清乡”等任务，但日本政府和军部却从未考虑过抽调伪军赴太平洋战场、对英美军直接作战的问题。那么，汪伪对英美宣战，要替日本主子做些什么呢？就是要实施“对华新政策”所规定的要求，除在政治上达到欺骗舆论和摇旗呐喊的作用外，主要的目的，便在于使汪伪政权走上“战时体制”，“把沦陷区的政治与经济完全适合于日本的需要”②。汪伪参战后第二天，《东京每日新闻》发表一则上海专电，把日本的上述企图暴露无遗。该电说道：“国府参战之实质”在于“大东亚的战力培养”，因为汪政权的“实力”，不能要求它“参了战就派兵到第一线去，前线的武力战争依然不能不成为日本的单独战争。而如果没有大东亚的战力培养，则长期的武力战将发生困难，这重大的使命应由国民政府负担起来”。③

对汪精卫政府来说，“参战”的目的除了适应其主子的需要，也还有着它自己的企图。太平洋战争开始以后，汪精卫政府内部对于是否直接参加这一战争是存在分歧的。根据当时日本驻华派遣军总司令畑俊六的记述，“国民政府主要首脑间，关于国府参战问题有两种议论。一种是认为没有实力的参战是没有意义的，一种是为了统一并振作民心，而且从与日本同甘共苦的观点出发，认为可以参战。……汪主席似乎就属于后者”。④汪精卫一派为什么主动要求“参战”呢？首先是为了谋求他们所企望的“统一”，即抬高汪伪政权的地位，使它得以“统一”指导华中、华北、华南的伪政权。汪精卫伪政府幻想通过“参战”来达到它自成立以来一直要求实现的这个目的。同时，汪伪政府还打算以“参战”为条件，从它的主子那里分享一点权利，用陈公博的话来说，“用参战名义可以要求收回租界，可以要求撤销治外法权，更希望因此而要求政治与军事之自由独立”⑤。并且进而谋

① 汪兆铭、重光葵：《中日共同宣言》，《申报年鉴》，1944年，第11页。
② 《评汪伪对英美宣战》，《解放日报》时评，1943年1月13日。
③ 廖今天：《汪逆参战与敌寇对沦陷区的经济掠夺》，《解放日报》，1943年3月25日。
④ 畑俊六：《畑俊六日记》，《华北治安战》(下)，天津人民出版社，1982年，第61—62页。
⑤ 《汪政权的开场与收场》，春秋杂志社，1961年，第281页。

求日本废除《中日基本关系条约》，另订新约，从它的日本太上皇那里取得一些“独立”的权利。正如博伊尔所述，作为“参战”，“汪的条件是废除他所厌恶的一九四〇年十一月的基本条约”①另一个企图，“是想（通过‘参战’）由国民政府接收英美（在沦陷区）的权益”②。另外，汪精卫一派认为日本终将战胜英美，“参战”可以使之“在战后和平会议上占一席位”③，所以，当有人向汪精卫提出不宜向日方自动要求对英美“宣战”时，他回答说：“万一抗战失败，吾人非此不能取得战后之国际地位。”④所以，汪精卫一再公开宣称，对英美宣战是“以独立自主完全自由之立场，与东亚诸邻邦，及世界诸友邦，同心协力，步入保卫大东亚战争之联合战线”。⑤周佛海也声明说：汪精卫政府“‘参战’完全是自动的参战”⑥。

汪精卫政府按照日本主子的指使和它自身的需要，在“参战”后开始把其统治区的政治、经济、军事和文化教育，引上所谓“战时体制”的轨道。首先实行的是“战时政治体制”，包括设置最高国防会议、改组中央政治机构、调整地方行政机构，等等。一九四三年一月九日，伪中央政治委员会召集临时会议，决定设立“最高国防会议”，并通过了《最高国防会议组织纲要》。纲要规定：“中央政治委员会在战时设最高国防会议，决定关于国防之重要事宜”，伪中央政治委员会“闭会期间其职权由最高国防会议执行”⑦。伪最高国防会议由汪精卫（伪中政会主席、军委会委员长、国民政府主席兼行政院长）、陈公博（伪立法院长、军委会常委）、周佛海（伪行政院副院长兼财政部长）、王揖唐（伪华北政委会委员长）、鲍文樾（伪总参谋长）、叶蓬（伪陆军部长）、任援道（伪海军部长）、陈群（伪内政部长）、诸民谊（伪外交部长）、梅思平（伪实业部长）、林柏生（伪宣传部长）等人为委员，以汪精卫为主席、周佛海为秘书长。伪最高国防会议的设立，增强了汪精卫政权的军事法西斯色彩，同时也是推行“统一”活动的一个重要步骤。这是同“对华新政策”关于“加强国府政治力”的要求相适应的。为此，伪国防会议一经成立，便在一月十三日起对中央及地方政府机构实行改组。首先决定把原属于伪行政院管辖的伪全国经济委员会和伪新国民运动促进委员会，改隶于伪国民政府，并指定王揖唐兼任伪全国经济委员会副委员长和伪新国民运动促进委员会委员。这一改组的一个重要目的，是企图把汪精卫集团控制的这两个组织的活动范围，扩展到伪华北政委会管辖的地区，因为伪华北政委会按照其地位是不受伪行政院管辖的，而直

---

① 《抗日时期的通敌内幕》（下），商务印书馆，1978年，第425页。

②③ 《畑俊六日记》，《华北治安战》（下），第61—62页。

④ 诸民谊：《参加和运经过自述》（1945年11月11日）（未刊稿）。

⑤ 汪精卫：《告将士书》，上海《中华日报》，1943年1月19日。

⑥ 周佛海：《关于中国参战问题的释疑》，上海《中华日报》，1943年1月16日。

⑦ 上海《中华日报》，1943年1月10日。

接隶属于伪国民政府。同时，将伪行政院所属社会运动、赈务、边疆、侨务、水利等委员会，分别予以合并或撤销，成立伪社会福利部、粮食部、建设部。伪最高国防会议还决定调整省一级行政机构，废除省政府委员制，改设省长制，实行省长集权；在县一级"将一切权力集中于县长"，以此来加强伪政府的个人集权，以适应进一步进行"清乡"活动、厉行法西斯统治的需要。

在经济方面则由"参战"开始实行所谓"战时经济体制"。先从组织机构上改组了伪全国经济委员会，其职能从原来的经济政策审议扩大为设计、计划、咨询、审议和调查，还网罗了一批金融界和实业界的附汪人物，如原交通银行董事长唐寿民、中国银行经理吴震修、金城银行董事长兼总经理周作民等充当该委员会委员，参加汪伪经济统制活动。同年二月十三日，伪最高国防会议通过了由伪全国经济委员会拟订的"战时经济政策纲领"，它提出了"增加生产""调剂物价""节约消费""稳定币值""调剂金融"及"改造经济机构"等五项政策与要求，成为全面实行经济统制的纲领。"纲领"规定，"各种旧有经济机构，不适合战时经济体制者，一律予以调整或改组"，"各种产业部门，自生产以至于配给之各个阶段，务使其联合组成一贯的机构，作计划的运营"等①，要求对经济体制进行所谓"改造"，以适应经济统制的需要。

"战时经济体制"和经济统制主要是由伪全国商业统制总会等三大物资统制机构来执行。一九四三年三月十五日，根据伪最高国防会议的决定，伪全国商业统制总会在上海成立。该会的业务为"办理物资统制事宜"，包括"统制物资之收买配给"，"国内各地域物资交换之营运"，"输出物资之供给，输入物资之配给"，"军需物资之采办"，等等②。继伪商业统制总会建立之后，汪伪政府又于三月二十日决定设置由日本和汪伪联合组成的伪物资统制审议委员会。该会由周佛海任委员长，"以从事督导商统会完善地运用其机能，强化物资统制"为任务③。五月十三日又决定建立由日、汪双方联合组成的伪物资调查委员会，以陈公博为委员长，专事物资情况的调查。上述三个机构，形成了汪精卫伪政府进行物资统制的三大杠杆，而伪商业统制总会则是其中的中心机关。伪全国商业统制总会以唐寿民为理事长、闻兰亭为监事长。该总会为实行对粮食和棉花的统制，于同年十月和十一月先后成立米粮统制委员会和棉花统制委员会，前者由袁履登任主任委员，后者由闻兰亭任主任委员。"凡属米粮之收买、运输、储藏、配给以及价格之决

---

① 最高国防会议:《战时经济政策纲领》(1943 年 2 月 13 日)，《申报年鉴》，1944 年，第 618 页。

② 《全国商业统制总会暂行条例》(1943 年 3 月 11 日)，《申报年鉴》，1944 年，第 770 页。

③ 《战时经济机构及其设施》，《申报年鉴》，1944 年，第 613 页。

定"①,由粮统会负责;而"棉花之收买配给,中日军需及输出棉花之供给,一般消费用棉花之配给,价格之规定"②等均有棉统会负责。这样,汪精卫政府便初步地建立起了推行"战时经济体制"的一套机构。

同"战时政治体制"和"战时经济体制"相呼应的,是所谓"战时文化教育体制"。一九四三年六月十日,伪最高国防会议通过的《战时文化宣传政策基本纲要》,是汪精卫伪政府的"战时体制"在文化、教育和宣传方面的具体政策。"纲要"规定:"战时文化宣传政策之基本方针,在动员文化宣传之总力,担负大东亚战争中文化战思想战之任务……一面促进大东亚战争之完遂,一面力谋中国文化之重建与发展,及东亚文化融合与创造。"③依照这个方针,汪伪政府要求在整个思想文化领域,"发扬东亚文化,巩固东亚轴心","清算英美侵略主义","防止国际共产主义","建立全体主义文化","调整文化事业,确立文化宣传总力体制"④。为此,提出要"充实及强化现有关于出版、新闻、著述、广播、电影、戏剧、美术、音乐各部门之机构",并且要"调整充实强化现有各种检查机构",加紧对"图书、新闻、杂志、电影、戏剧、唱片、广播等有关文化宣传作品,严格审查及检查"。显然,所谓"战时文化宣传体制"乃是厉行法西斯主义的文化专制主义和文化统制政策。

三、 汪精卫政府的"独立自主"活动

"对华新政策"同过去日本对占领区的政策相比较,它的特点首先表现在提出了"尊重中国主权和领土""不干涉内政"等一类口号和许诺。日本军务局长佐藤贤了在日本第八十一届议会上说明"新政策"时说道:"这一次日本转换对华新政策,是表示不干涉中国内政的诚意,无论中国(指汪伪政权)的中央和地方的诸务,凡是可以委托中国的,都决定由中国自理。"⑤这不能不说是日本对汪精卫伪政府在政策上的一大转变。众所周知,汪伪政权是在日本帝国主义卵翼下产生的一个汉奸傀儡政权,在日本侵略者的心目中,它只不过是一个可供利用的工具、一条可以随意驱使的走狗,丝毫没有"独立""自主"可言。日本政府先是迟迟不正式承认汪精卫伪政府,不向后者派出正式"大使",直到一九四〇年十一月底才签订了所谓"中日基本关系条约",正式"承认"南京汪伪政府,派遣第一任"大使"。但是,这一"条约"只不过是汪伪政府的一份卖身契,它虽然号称"国民政府",但一切都受

①② 吴家煦、刘怀谷:《商业及中外贸易》,《申报年鉴》,1944 年,第 731—733 页。

③ 《战时文化宣传政策基本纲要》,《申报年鉴》,1944 年,第 979 页。

④ 《战时文化宣传政策基本纲要》,《申报年鉴》,1944 年,第 981 页。

⑤ 黄和材:《日寇"对华新政策"的分析》,《新中华》复刊第 2 卷第 1 期。

日本方面摆布，处在日本占领军的直接控制之下，成了一具名副其实的政治僵尸。汪精卫集团一方面甘心叛国投敌，充当日本侵略者的鹰犬；另一方面，儿皇帝同其主子之间也不可避免地出现了争吵和摩擦。日本方面视汪精卫政权为“满洲国”第二，一切以对“满洲国”之态度对待汪伪政府，然而汪精卫伪政府却不满于把它自己放在和伪满政府同等的地位，要求保持一定的“独立”和“自主”，以便傀儡的地位得到某些改善。汪伪政权局促一隅，声名狼藉，内部矛盾重重，政治、军事力量微不足道。日本政府和军部需要利用这个傀儡，但并不把“解决中国事变”的希望寄托于汪伪政权。在后者成立以后，日本仍不断向蒋介石政府诱降，而且深恐汪伪政府的巩固和健全会破坏它同重庆之间的和谈。①因而，日本对汪精卫伪政府采取了既利用又抑制，既给予“政府”的名义，又不给实际地位的策略。对此，汪精卫集团是深为不满的，并且不断向日本提出自己的要求。随着太平洋战局的逆转，日本统治集团需要更多地运用汪精卫伪政府和中国占领区的力量，重新提出了修改对汪伪政府的政策。日本大东亚大臣青木一男在一九四二年担任汪伪政府最高顾问时，就提出了这一问题。他认为：“当地日本方面的措施徒然招致中国(指汪伪政府)官民的不满，在日华合作上处于使人忧虑的形势之中。”②他深感“中国的民心日益反对日本，(汪伪)国民政府日益削弱，长此以往，后果不堪设想”③。因此，“为了体现日华合作，(对华)新政策是绝对必要的”④。这就是说，日本侵略者已看到对它的傀儡汪政权的政策有修改的必要，给汪伪政府以某些有限度的“独立”和“自主”的权利，是于日本侵华总的战备和战争需要有利的。

日本实行这种“新政策”，“除了骨子里使(汪精卫)这个政权傀儡化以外，必须采取与利用李守信、王揖唐之辈的不同的方式，来利用汪精卫，就是说，必须给予汪逆在形式上的一定程度的地位和权利，来充分发挥它的作用”。⑤正是从这种政治需要出发，日本帝国主义变换了手段，改铸汪伪政府的面目，力求把它打扮成为一个“独立”的拥有“主权”的政府。于是，在确定“对华新政策”的决定中提出：要“加强国民政府的政治力量”，使它“在各方面讲求自强之道，广收人心”，而且还规定：日本“帝国对于国民政府尽量避免干涉，极力促进它的自发活动”⑥。

在推行这一策略时，日本政府把向汪精卫政府“交还租界”和“废除治外法权”

---

① 《汪政权的开场与收场》，第220页。

②④ 《今井武夫回忆录》，第201页。

③ 青木一男在大本营政府联席会议上的发言(1942年12月17日)，日本历史学研究会：《太平洋战争史》(第3卷)，商务印书馆，1962年，第192页。

⑤ 挹清：《太平洋战争以来汪伪政权的动态》，《解放日报》，1942年9月6日。

⑥ 日本御前会议：《为完成大东亚战争而决定的处理中国问题的根本方针》(1942年12月21日)，《日本帝国主义对外侵略史料选编》，第420页。

作为主要的两项活动来进行，虚张声势，大肆鼓吹，企图给汪伪政府涂上一层“主权独立”油彩。在开始推行“新政策”时，日本当局便提出“对于中国的租界、治外法权和其他特殊的各种形态，应以尊重中国主权和领土的精神为基础，设法尽速予以撤销，或者予以调整”。①外国在华的“租界”和“治外法权”，本是近代历史上外国殖民主义、帝国主义践踏中国主权的产物，反映着中国被侵略的屈辱地位。日本侵略者企图利用这个问题进行政治欺骗；同时，当时美国和英国也正在同重庆蒋介石政府谈判取消在华治外法权及其有关特权和交还租界的问题，也使日本政府更认为有必要大肆玩弄这一政治把戏了。

这出政治欺骗的滑稽戏是与汪精卫政府宣布对英、美“参战”同时开场的。正如当时延安《解放日报》揭露的，“汪逆参战猴戏演出之后，敌寇的‘新脚本’遂连珠而至。于是汪逆及其手下的猢狲，便在所谓‘独立自主’的舞台上面，乱翻起筋斗来了”。②当时，日本从情报中获悉，美英两国决定于一九四三年一月十一日同蒋介石政府签订废除在华治外法权，交还上海、厦门公共租界及北京公使馆区行政权，交还天津、广州的英租界的协定，于是迫不及待地抢在美、英之前同汪伪政府签订协定。汪伪外交部长诸民谊供述：“当时日本原定于一月十五日交还租界，忽又以紧急之通知，改为一月九日举行。……乃知系与英美等国争两日之先也。”③是年一月九日，汪精卫与日本驻南京大使重光葵签订《关于交还租界及撤废治外法权之协定》，规定“日本政府应将日本国在中华民国之内现今所有之专管租界行政权交还（汪精卫）政府”，日本政府“承认（汪精卫）政府尽速收回上海公共租界行政权，及厦门鼓浪屿公共租界行政权”，“日本国政府对于日本国在中华民国国内现今所有之治外法权业经决定速行撤废”④。日汪双方接着举行关于实施交还租界的活动。二月九日，伪行政院成立以伪外交部长诸民谊为主任委员的“接收租界委员会”，日本成立以崛内干城公使为首的“交还租界委员会”。三月十四日，在东条英机访宁之际，日汪签订了《日本交还在华专管租界的实施细目条款》和附属谅解事项，规定“在杭州、苏州、汉口、沙市、天津、福州、厦门及重庆之日本专管租界行政权，定于中华民国三十二年三月三十日实施交还”，“专管租界内之道路、桥梁、阴沟、沟渠及堤防等诸设施，应无偿移交中国方面”。但是，这个条款却指定汪伪“政府应按照现状，尊重并确认日本国政府及臣民在专管租界地域内，所有关于

① 日本御前会议：《为完成大东亚战争而决定的处理中国问题的根本方针》（1942 年 12 月 21 日），《日本帝国主义对外侵略史料选编》，第 420 页。

② 《什么是敌寇的“对华新政策”》，《解放日报》时评，1943 年 4 月 27 日。

③ 诸民谊：《参加和运经过自述》（1945 年 11 月 11 日）（未刊稿）。

④ 《中日两国关于交还租界及撤废治外法权之协定》，《申报年鉴》，1944 年，第 500—501 页。

不动产及其他之权利利益”①。同月三十日，杭州、苏州、汉口、沙市、天津、福州、厦门等各地的日本专管租界分别“移交”与各地伪政府“接管”。同时，重光葵与诸民谊于三月二十日签订关于北京使馆区“收回”实施条款，规定从同月三十日起北京使馆区由汪伪政府“收回”。三月二十七和六月三十日日本和汪伪政府又先后签订了“交还”厦门鼓浪屿公共租界和上海公共租界的实施条款，决定于八月一日正式“交还”上海公共租界。随着日本政府采取上述行动，德意志和意大利两国法西斯政府、法国维希政府等也纷纷如法炮制，宣布“交还租界”。二月二十三日，法国维希政府通知汪伪政府，表示将上海、天津、汉口，广州的法租界，及上海、厦门的公共租界予以“交还”。五月十八日，法汪双方签订“交还”津、粤、汉三地法租界的实施条款，七月二十二日，又订立法国“交还”上海专管租界条款。意大利、法国、西班牙等国又追随日本，声明放弃在北京公使馆区的行政权，由汪伪政府实行“收回”。在“收回”租界的喧嚣声中，日汪双方还演出了一幕“接收”英美在华专管租界的插曲。英、美在上海的租界在太平洋战争爆发后，即由日军占领，称为“代管”，到这时又宣布“移交”汪伪政府“接管”。至于所谓“撤废日本在华治外法权”，经日汪之间的多次会谈，至七月三十一日在南京签订了《在华日本臣民课税条约》，规定嗣后日本在华臣民，应服从汪伪政府的课税法令，缴纳各种捐税。

“交还租界”和“撤废治外法权”，被汪伪头目吹嘘为“中日亲善史上最光荣的一页”②，但是，这是日本侵华史和汪精卫集团卖国史上无耻的一页，这不过是一场骗局。正如当时延安《解放日报》的评论所说的，“谁都知道，今天沦陷区的汪伪政权是完全在日寇控制下，在南京，有由大东亚省派来的直接指挥伪政权的‘大使’，在沦陷区，有数十万日本‘皇军’，在伪政权里面，还有可以掌握实权，颐指气使的日本人的次长或顾问官之类，连汪逆自己的一言一行都无不受日本鬼子的监督。在此种情况下，所谓‘交还租界及废止治外法权’，不是最可笑的骗局吗?”

日本政府导演的汪伪政权“独立自主”活动，以签订《中日同盟条约》而达顶点。在一九四二年十一月二十七日，日本大本营与政府联席会议讨论对华政略问题，东条英机提出“中日基本关系条约”是否“应加以修订”的问题，企划院总裁铃木贞一在会上说：目前的根本目的是对美、英的战争“战胜第一，对于以前条约，也不妨重新加以检讨”。大藏大臣贺屋兴宣也认为“既有条约，苟有不当之处，即应加以修正”③。显然，在日本军阀和财阀看来，只要有利于对付美、英的进攻，“修

① 《日本交还在华专管租界实施细目条款》，《申报年鉴》，1944年，第501页。

② 褚民谊在日汪交还租界及撤废治外法权两委员会首次会议上讲话，上海《中华日报》，1943年3月5日。

③ [日]服部卓四郎：《大东亚战争全史》(第2卷)，商务印书馆，1984年，第77页。

正”过去的条约的政治欺骗手段，也“不妨”要采用的。汪精卫伪政府方面，则企图乘日本不利之机达其自己的目的。早在一九三八年十一月上海重光堂会谈、一九三九年十一至十二月上海愚园路会谈，直到一九四〇年谈判“中日基本关系条约”，日汪双方围绕着“满洲国”地位问题、日本在华驻军问题、在华经济特权问题、华北地区主权问题、“蒙疆政府”地位问题等，一再发生争吵。汪精卫集团按其日本主子的需要，不惜出卖国家主权和民族利益，签订卖国条约；但是，作为一个汉奸集团，它必须保持用以欺骗国人的某些条件，还要便于对蒋介石政府谈判，并且要力争对自己较为有利的傀儡身价，因而对日本在谈判中提出的它认为难以接受的条件表示十分不满。当它宣布“参战”之际，即要求日本作出让步，废止“中日基本关系条约”及秘密协定和附件。

一九四三年九月二十一日，汪精卫偕同陈公博秘密访日，在东京会见日本天皇裕仁，与内阁首相、外相、海相和大东亚大臣等进行会谈，着重讨论改订日汪同盟条约问题。十月三十日，汪精卫与日本驻南京大使谷正之签订了《中日同盟条约》及附属协定书。“条约”主要内容为：1.“永久维持两国间善邻友好”，“互相尊重其主权及领土”；2.“为建设大东亚并确保其安定起见，应互相紧密协力，尽量援助”；3.“实行两国间紧密之经济提携”。①并宣布《中日基本关系条约》及其一切附属文书等一并失效。除了这个所谓“同盟”条约，还在附属议定书中规定：“日本国约定于两国间恢复全面和平，战争状态终了时，撤去其派在中华民国领域内之日本国军队”，“放弃”在中国的驻兵权。②日汪之间这个条约，被它们吹嘘为“中国近百年来的独一无二的平等条约”。陈公博在汉奸审判时还辩解说：日汪“同盟条约内容，已取消一切密约附件，更取消所谓华北驻兵及经济合作，而且更将内蒙返还中国。所剩下来的，只有一个东北问题了”。③但是，不论日本军国主义者如何吹嘘，也不论汉奸卖国贼又是如何辩解，在日本以上百万大军武装侵占中国大片领土、实行法西斯统治的事实面前，所谓“尊重主权及领土”“放弃驻兵权”等，完全是一钱不值的骗人的空话。

四、“以伪制伪”和汪精卫政府的“统一”活动

“对华新政策”对于处理汪伪政权与其他傀儡政权之间关系问题的方针，是突

① 《中日同盟条约》及附属议定书（1943 年 10 月 30 日），《中国近代对外关系史资料选辑》（下册第 2 分册），上海人民出版社，1977 年，第 198—199 页。

② 《中日同盟条约》及附属议定书（1943 年 10 月 30 日），《中国近代对外关系史资料选辑》（下册第 2 分册），第 198—199 页。

③ 朱子家（金雄白）：《汪政权的开场与收场》，第 352 页。

出地强调要加强汪伪政权，要“树立(汪伪)国民政府的中心势力”，确立汪精卫的傀儡领班地位，由其来“统一”华北华中和华南的伪政权。这是“新政策”的一个显著特点。汪精卫伪政府建立两年多来，名义上虽号称“中央政府”，但在实际上不过是一个地区性的伪政权。它的统治所到之处，只限于上海、南京两市和苏、浙、皖等省的沦陷区，以及广州、武汉及其附近的狭小地区。管辖河北、山东、河南、山西、平津等地沦陷区的伪华北政委会，形式上受汪伪政府领导，事实上却是一个自成体系的“独立王国”，成为伪政权中的“国中之国”。德王的伪蒙疆联合自治政府则统治内蒙古、绥远、察哈尔等沦陷区，更是独立于汪伪政府之外，俨然“满洲国”第二。此种状况，一方面是由于日本在中国占领区实行“分而治之”的政策，制造各地傀儡政权，使其各霸一方，并使之互相摩擦，互为牵制，便于“太上皇”操纵、利用；另一方面，也反映了日本军阀和财阀内部、中国亲日派地主买办阶级内部的利害矛盾和冲突。这种局面曾经是对日本统治占领区有利的；可是，在太平洋战争中日本已退居守势的形势下，却已经不完全符合日本的要求了。因为这时日本需要一个“统一”的有力的伪政权，为它看守后方、搜括财物，使中国沦陷区成为“日本大东亚战争中进行的兵站基地”；同时也有利于日本拉拢“大东亚共荣圈”内的各个傀儡政权。为此，东条内阁决心修改以往的策略，对汪伪政权加以扶植，支持汪伪使之成为傀儡中的“中心势力”。汪精卫伪政府本来是作为“中央政府”而由日本侵略者一手建立起来的，“扶植汪逆，本来就是重臣们‘解决中国事变’的主张，过去军部曾经反对过。但太平洋战争爆发后，东条却逐渐看重起汪逆来，特别是在目前日寇集中力量，准备对英美决战的时候，更需要加强汪逆的统治”①。而汪伪政权占据的华中地区在军事上和经济上的重要性，汪精卫集团在政治上对蒋介石国民党所能引起的影响和作用，更非其他傀儡政权所能比拟。因而，着重扶植汪伪政权，实行“以伪制伪”，就成为“对华新政策”的重心。

为此，在一九四二年年底日本御前会议关于“对华新政策”的决定中，确立了由汪精卫伪政府“指导”华中、华北、华南各地伪政权的原则，提出了“调整国民政府对地方政府的关系”的政策措施。强调要极力“调整”占领地区内的地方特殊性，“加强国民政府对地方政府的指导”②。“特别要消除中央和地方之间无意义的摩擦”，并且规定：“关于省政府以下各地方政府的人事，一任中国方面自由处理，帝国不加干涉。”“关于省政府以下的措施，日本方面的指导乃至要求，限定于作战、警备方面。于此之外，其他行政方面，应广泛委之于中国方面”，“帝国帮助

---

① 《什么是敌寇对华新政策?》,《解放日报》时评，1943年4月27日。

② 日本御前会议：《为完成大东亚战争而决定的处理中国问题的根本方针》(1942年12月21日),《日本帝国主义对外侵略史料选编》，第420页。

中国(汪伪政府)方面,贯彻上级政府对下级政府的政令,但必须防止由于下级部门的抗拒,而使中国方面的行政系统似有中断现象"。①"新政策"的决定中还对汪伪南京政府同华北伪政权、华南地方伪政权之间的关系,作了一些新的规定,例如提出要对"华北政务委员会和中央政府的权限关系……作必要的调整",关于武汉及厦门,"在以广东仁(州)为标准的范围内,使国民政府的政治力量渗透进去"。"关于海南岛的管理权限,决定也要求作必要的调整。"②显然这些规定的目的,是要抬高汪伪政权的地位,确立其对其他伪政府的监督、指导作用,把汪伪政权在外表上装扮成为中国占领区的一个"统一"政府,从而确立"东亚新秩序"在中国的傀儡体系。

于是,在推行"新政策"的过程中,日本帝国主义导演了一场促进中国各个傀儡政权之间"统一"的活动。日本当局知道,欲求傀儡之间的统一,日本方面对占领区指挥的统一是一个不可缺少的前提;对此,东条内阁早在太平洋战争开始后不久便着手进行了。一九四二年年初,"调重光葵任驻汪伪大使,便含有调整(日本)各方对傀儡指挥的意义"③,大东亚省成立后,把派驻在伪政权方面的全权大使和公使作为该省驻华的代表,和其他日本驻华的"现地机关"一并受大东亚省管辖,开始建立日本对傀儡政权统一指挥的最高机构。同时,日本在华占领区的外事机构也作了调整:"扩充大使馆之权限,特命全权大使不仅掌握监督所属各领事馆之权力,并得直接指挥各领事馆"④;废止原兴亚院在华机关,"兴亚院在青岛、天津、太原、汉口、广州等地的事务所,均归并于当地的领事馆"⑤,"为适应保持大东亚省在外机关与陆海军现地机关之紧密联络起见,特在南京、北京、上海、张家口等地设大使馆事务所"⑥。日本企图依靠这些措施来求得对傀儡政权指挥的"统一"。

为了树立汪伪政权的"中心势力"地位、使各地汉奸政权听命于汪精卫政府,日本政府和军部的主要头目纷纷窜到南京"访问"。一九四二年九月二十二日,日本内阁派遣前首相平沼骐一郎,前外相有田八郎,大政翼赞会兴亚局长、前递信相永井柳太郎三人"答访"汪伪政府。日本外务省宣称:"为求国民政府发展计,(日本)不惜全面予以协助,而此次派遣特使之旨趣亦在于斯。"⑦东条英机随后亲自出马,于一九四三年三月十三日到南京"访问",除直接督促日本在华陆海军执行"对华新政策"外,其重要使命就在于"抬高汪逆身价,以亲临屈就之姿态,沐猴而

①② 日本大本营、政府联席会议:《以〈为完成大东亚战争处理对华问题的根本方针〉为基础的具体策略》(1942 年 12 月 18 日),《日本帝国主义对外侵略史料选编》,第 417—418 页。

③ 傅弭、启常、黎韦、李林、挹清:《太平洋战争一周年来的日本》,《解放日报》,1942 年 12 月 8 日。

④⑤⑥⑦ 潘恩谷、钱仲华:《外交》,《申报年鉴》,1944 年,第 495 页。

冠，把汪逆装成‘元首’模样，以打破华北派遣军及老牌汉奸（如王揖唐之流）之反汪反‘统一’之抵抗”①。

汪精卫及其一伙得到日本主子的“册封”，俨然以傀儡政权中的“那摩温”自居，做起“统一”的黄粱美梦来了。汪精卫一伙最为不满的，是华北伪政府自成一体，与南京分庭抗礼。“武汉、广州之不能实行国府统一管理，因为战争关系，接近前线，尚可理解，而华北俨如独立国，最不能令人信服。”②所以，这次“统一”活动的矛头主要指向了伪华北政委会。汪伪最高国防会议建立后，在第二、第四两次会议上作出伪华北政委会委员长兼任汪伪全国经济委员会副委员长和新国民运动促进委员会常委的决定，企图从经济和思想两个方面着手对华北伪府加以控制。在“统制经济”的口号下，掌握华北经济的指挥权；在一个主义（“大东亚主义”）、一个党（伪国民党）、一个领袖（汪精卫）的旗帜下，从政治和思想方面“统一”华北。这时，华北的法西斯主义思想奴役团体新民会在第二次全体联合协议会上“推举”汪精卫为该会名誉会长。接着，伪华北政委会于二月八日改组，朱琛取代王揖唐为委员长。因为汪（精卫）希望把王（揖唐）统一到他的伪组织之下，而王却要维持他的独立天下。这种情形，在日寇是年改变了政策之后，便不可能再行继续了。而“这一改变，当然与王揖唐的私愿相背，如是日寇就把他摔掉了”③，这就为汪精卫的“统一”扫除了一个障碍。对此，周佛海在日记里写道：“虽朱（琛）与我（汪）党素无好恶，但较识大体，或不致妨碍华北之中央化也。”④朱琛上台后干的头一件事，是在就职后第二天，即一九四三年二月九日宣布此后禁止悬挂五色旗，改悬汪伪政府使用的青天白日满地红旗帜。这一行动被汪伪方面吹嘘为“从此不但在实质上，并且在形式上表现了南北的统一”⑤。六月二十六日，伪华北政委会“为与中央取得紧密联络起见”，决定在南京设立“驻京办事处”。七月十四日，继朱琛任伪华北政委会委员长的王克敏专赴南京“晋谒”汪精卫，他在南京宣称：“华北为中央之华北，华北政委会系属国府统制下之机构，今后一切庶政措施，自当秉承中枢意旨办理。”⑥十月四日，汪伪政府任命胡毓坤为伪军事委员会特派驻华北委员，以“统一中央军事机构”。但是，所有这一切都只不过是表面文章，实际上华北伪府依然“独立”于汪伪南京政府之外。

汪精卫伪政府另一个重要的“统一”活动，就是建立伪淮海省。汪伪政府和华

---

① 《东条访宁》，《解放日报》时评，1943年3月19日。

② 上海《中华日报》社论，1943年4月15日。

③ 《傀儡的悲喜剧——朱王两逆的更迭》，《解放日报》，1943年2月25日。

④ 《周佛海日记》，第231页。

⑤ 汪正禾：《一年间的国内大事》，《申报年鉴》，1944年，第9页。

⑥ 王克敏在南京对记者谈话，上海《中华日报》，1943年7月17日。

北伪政权之间管辖地区的划分，多年来一直是一个双方你争我夺、争吵不休的问题。早在一九三九年上海愚园路会谈中，周佛海就竭力反对伪华北临时政府的后台日本华北方面军提出的华北疆界方案，不同意华北伪府的辖区朝南延伸到安徽和江苏两省的北部。对此，影佐祯昭作了一些让步，同意将华北疆界以南延至山东省为限。一九四〇年三月，伪华北政务委员会成立时，宣布它“在河北、山东、山西三省及北京、天津、青岛三特别市辖区内处理防共、治安、经济及其他由中华民国政府委任的各项任务，并监督辖区内的各省、市政府”；同时，发出对内指示说，“（北平）临时政府时期管辖区域内实施的政治、经济、金融、建设等各项工作，一如既往进行处理，不得因设立委员会有所变更”①，表示出寸步不让的架势。汪伪政府成立后，双方在这方面争夺的焦点，集中于江苏、安徽、河南三省交界的淮海地区的管辖权问题上。“在南京政府方面，并不喜欢根据华北的特殊性强调其自治，而是想要在将来将华北切实掌握在中央统辖之下。当前之计，首先……将华北政务委员会的管辖地区，从临时政府时期的版图中，划除华北、华中接壤地带的江苏、安徽、河南各省北部地区。然而，实际上，有关接壤地带的所有工作，几乎不得不全部委由华北政务委员会承办。在华北方面，则采取‘舍名就实’的态度，表面上虽然作了很大让步，但对缩小华北自治权和移交淮海管辖地区表示了强烈的抗议。”②淮海地区接近南京，富有农产品、盐和煤矿资源，又是铁路和运河的交通枢纽，经济和军事上具有重要的价值，为汪精卫伪政府所必争。

从一九四一年年初开始，日本的中国派遣军总部、华北方面军总部、兴亚院联络部，以及汪伪政府和华北伪府，围绕上项权益问题，几经争吵，问题悬而未决。直到太平洋战争爆发，日本军方才作出了有利于汪伪政府的决定。同年十二月十日，中国派遣军发出《华北、华中接壤地带处理纲要》，其中规定：“华北、华中接壤地带中，华北方面军作战地区内的河南省北部，在目前仍维持现状，徐海道及淮北地区，在一九四二年年初从华北分离，改为（汪伪）国民政府的直辖区域。”③一九四二年一月十五日，汪伪政府决定设置伪苏淮特别区，将江苏的徐州市及砀山、宿迁、淮安、淮阴等十七个县和安徽的宿县、灵璧等四个县，共一市二十一个县划为辖区范围。二月十九日在徐州成立伪苏淮特区公署。但是，这个所谓特区，只是在行政上隶属于南京伪府，而“财政、治安、教育、交通、通讯事业、通货等仍保持现状”，“由华北方面担任，实际情况并无变化”。④这当然是为汪精卫伪政府所极为不满的，在“对华新政策”之下，它再次向日本当局提出交涉，要求把淮海区的管辖

①② 《华北治安战》（下），第 63—64 页。

③ 《华北治安战》（下），第 65、69 页。

④ 蔡德金、李惠贤：《汪伪国民政府纪事》，第 239、243 页。

权全部抓到自己的手里。获得日方同意后，一九四四年一月十三日，汪伪政府将伪苏淮特区改设为伪淮海省，设伪省政府及省保安司令部于徐州。二月十九日，周佛海以伪财政部名义发表声明，宣布自三月一日起在伪淮海省停止发行华北联合准备银行的纸币"联银券"。四月开始实行汪伪"中储券"与"联银券"的全面兑换，一切公用开支及银行存放款，一律采用"中储券"，至十月"联银券"停止在市面流通。①从此汪伪政府攫取了淮海地区的金融统治权。当然，汪精卫的"统一"活动的命运完全取决于日本侵略者的需要。但是，日本主子是永远也不可能让汪伪政府真正实现华北和华中的"统一"的。事实也是如此，"直到战争结束为止，在华北华中一体化问题上仍是一个悬案"。②

如果说汪精卫"统一"华北伪政权的活动实质上并未解决任何问题，但还是取得了某些表面的和局部性质的进展，那么，它"统一"伪蒙疆联合自治政府的活动，连表面文章也一无所得。汪伪政府成立时，德王的伪蒙疆联合自治政府表面上宣称汪精卫伪政府为"中央政府"，但却强调它自己"基于其特殊性，坚持高度自治"③，与汪伪政府分庭抗礼。汪精卫为扩大其伪府权力，妄想统领全国伪政权，当然不愿让德王搞"蒙古独立建国"。一九四一年春，日本为确定两个伪政权的关系，在青岛举行汪伪政府与伪蒙疆联合自治政府的秘密会议，双方签订了协定书，"承认新中央政府是继承中国法统的正统政府"，同时，认为"蒙疆联合自治政府是地方政权，但在它全面施政既成事实的基础上，承认其高度自治"④。这一协定肯定汪伪的"中央"地位虽属表面文章，但却同德王一向谋求的妄图实现"蒙古建国"的愿望相违背，引起其强烈不满。此后，不但汪伪政府对伪蒙疆联合自治政府的大小政务一丝一毫不能干预，就连汪精卫在日本军部的允许下，以"国民政府"主席的身份于一九四一年六月"视察"张家口时，也遭到德王的冷遇。一九四三年春，汪伪政府由于得到"对华新政策"的支持，企图将它的"统一"活动推及于伪蒙疆政府。七月十二日，汪精卫、陈公博，周佛海与日本派遣军总司令畑俊六会谈时，汪方提出了"统一蒙疆"的要求。周佛海说："蒙疆虽称自治，但另有年号，另有旗帜，俨然为一独立国，盼日方援助，促成中国统一，勿令此分裂状态长此下去。"⑤这时，汪伪政府拟出了"蒙古自治法"草案。其中规定"蒙疆联合自治政府

---

① 《华北治安战》(下)，第65页。

② 《华北治安战》(下)，第69页。

③ 德穆楚克栋布鲁：《伪蒙疆联合自治政府成立与瓦解》，卢明辉：《蒙古"自治运动"始末》，中华书局，1980年，第241页。

④ 卢明辉：《蒙古"自治运动"始末》，第241页。

⑤ 《周佛海日记》，第305页。

应隶属国民政府行政院"，"尊重国民政府之职权及其各部、院首长"①，并且提出"南京国民党中央党部得限至民国三十二年年底止，在绥东、察南、雁北分设国民党省、市、县、区党部"②，"蒙疆银行及所属分行，一律改为中央银行蒙疆区分行"③，等等。但是，当一九四三年三月汪伪政府把这个草案送到张家口时，当地日本占领军对"汪伪政权越权干涉他们在'蒙疆'的既得利益，深表不满"，草案"还未与德王见面，就被日本军部所否定"④。从此，日本再不许汪精卫政府过问"蒙疆"的事情，"统一蒙疆"的活动完全破产。

五、"战时经济体制"和物资统制

"对华新政策"推行时，东条内阁正在垄断财阀与军部的合作之下，实施其"大东亚经济体制"，梦想确保日本"占领圈内自给自足的战争经济"，来同美英进行长期战。在日本政府看来，中国占领区是"大东亚战争进行中的兵站基地"⑤，也是最终向美英决战的末一道防线。这就决定了"经济政策"在"对华新政策"中被作为一个十分重要的问题而被提了出来。这一经济政策，既是"以战养战"一贯政策的继续，又具有新的特点。它继续把掠夺战略物资的要求放在首位，毫不掩饰地提出："当前的对华经济措施，以增加获取战争必需的物资为主要目标。"⑥在我沦陷区掠夺战略物资，原是日本的一贯政策。"七七"事变后，"敌寇五年来对我沦陷区的经济掠夺，获得不少东西，如没收了我二百余处工厂，采掘了一亿吨以上的煤，一千万吨以上的铁矿，掠夺了大量棉花和粮食"。⑦随着太平洋战争规模的扩大，战争的长期性和消耗性的增长，对战争资源的企求与日俱增。除了在南洋广事搜括石油、橡胶，粮食等物资，日本还把掠夺的魔爪集中伸向我国沦陷区。这从一九四二年十二月大本营和政府联席会议的决定中可以看出。这一决定提出要在中国占领地"取得为完成帝国的战争所必要的更多物资，确保军队的自给，并有助于维持民生，谋求于占领区域内重点地并有效地取得重要的国防物资，同时积极地获得敌方的物资"。⑧一九四三年五月，日本陆军、海军和大东亚三省制定了

---

①②③ 《蒙古自治法》草案，中国第二历史档案馆藏《蒙藏委员会档案》，卷1188号。

④ 卢明辉：《蒙古"自治运动"始末》，第257页。

⑤ 东条英机：《攻陷新加坡一周年纪念的演词》，黄和材：《日寇对华新政策的分析》，《新中华》复刊第2卷第2期。

⑥ 日本御前会议：《为完成大东亚战争而决定的处理中国问题的根本方针》(1942年12月21日)，《日本帝国主义对外侵略史料选编》，第420页。

⑦ 廖今天：《汪逆参战与敌寇对沦陷区的经济掠夺》，《解放日报》，1943年3月25日。

⑧ 日本大本营，政府联席会议：《以〈为完成大东亚战争处理对华同题的根本方针〉为基础的具体策略》(1942年12月18日)，《日本帝国主义对外侵略史料选编》，第418页。

《对华获得物资要领》,它规定:“关于确保中国提供的对日输出物资,由大东亚省负责,在中国的陆海军,根据各地情况,予以大力支援。”“我(日)军当地自给物资,由军负责,但应尽量利用中国机关。”①既要保证侵华日军的军需供给,又要输送物资往日本国内,这就是日本对华经济政策的中心目的。可见,“对华新政策”在经济方面首先是一个掠夺我国物资的政策。

在掠夺的方法上,“现地收买”“获得敌方物资”和“产业开发”三者并用,这是“新政策”在经济方面的一个特点。从日本经济侵略的发展过程来看,大体上七七事变后的一年多时间里,日本对占领区采取露骨的抢劫式的掠夺,实行的是“竭泽而渔”“杀鸡取蛋”的政策。当中日战争进入相持阶段以后,则把工矿业和农业的所谓“开发”提到了重要地位,设立“华北开发会社”和“华中振兴会社”,垄断华北和华中的煤炭、钢铁、盐业、发电、航运、水产等实业。后来又把这两个国策公司改为所谓“中日合作”,吸收中国的汉奸买办资本作为附庸。这是一种“养鸡生蛋、待肥而杀”的政策。到了太平洋战争发动以后,为了更多地满足战争的需要,单靠原来的力法已远远不够。转而采取软硬兼施、巧取豪夺、综合运用的方法。于是,在一九四二年年底确定的“新政策”中,继续注重“开发”政策,提出要在中国占领区进行“重点开发”②,并且明确指出:“关于铁、棉及其他等等的重要资源,前竭泽而渔的主义,应予放弃。”③同时又强调要在“占领区域内重点地并有效地取得重要的国防物资”④,这实际上指的是用强制办法在沦陷区用“收买”一类方法取得战略资物,如粮食、棉花、化工和轻工业产品等,为此,相应地规定要“特别谋求物资调拨的合理化,以及物资收购价格的恰当”⑤,以便尽可能多地通过“收买”来搜括物资。此外,日本政府和军部这时还特别注意向国民党统治区和解放区取得物资,一再强调要“积极地获得敌方的物资”⑥,以弥补沦陷区物资的不足,并借以破坏国统区和解放区的经济。日本侵略者用以向国统区收购物资的货币,是伪中央储备银行发行的“中储券”、兑换回笼的国民党法币,加上自己秘密伪造的法币。这种“以法币(向国统区)搬运物资,在敌人以前的经济战略上,只占辅助的地位,但此后成为敌寇对我经济攻势的主要策略了”。⑦综合运用以上几种方法,“强化

① 日本防卫厅战史室:《华北治安战》(下),第327页。

② 日本御前会议:《为完成大东亚战争而决定的处理中国问题的根本方针》(1942午12月21日),《日本帝国主义对外侵略史料选编》,第420页。

③ 青木一男在大本营政府联席会议上的发言(1942年11月27日),服部卓四郎:《大东亚战争全史》第2卷,第176页。

④⑤⑥ 日本大本营、政府联席会议:《以〈为完成大东亚战争处理对华问题的根本方针〉为基础的具体策略》(1942年12月18日),《日本帝国主义对外侵略史料选编》,第418页。

⑦ 许涤新:《现代中国经济教程》,新知书店,1948年,第51页。

两国之综合战力”，正是这一时期日本掠夺政策的显著特点。

在“中日经济合作”的幌子下，以“欲取先予”的手段达其侵略目的，这是日本“新政策”在经济上的另一特征。众所周知，日寇要在占领区开发战略资源，增产煤炭、钢铁、粮食、棉花等物资，起码必须维持劳动力再生产和具备必要的资金。这就需要实行一些有利于形成这些条件的经济政策，如一定程度地恢复被战火和抢劫破坏了的沦陷区的轻工业，给予傀儡政府以财政上的支持，安定其货币和金融，确保适当的物价水准，以及保持城乡之间、各地区之间的商品、原料和劳动力的流通，等等，同时还需要更多地聚集和利用“土著资本”即华人资本，以补充日本资金的不足。日本政府深知：要做到上述这一切，单凭原来一套办法是达不到目的的。因此，和“对华新政策”在政治上采用怀柔政策相一致，日本政府在经济上着重推行所谓“中日经济合作”政策。它强调要“促进中国方面官民积极的经济活动及对日合作”，目的是要把汪伪和其他傀儡政权、汉奸买办资本家，特别是上海、江浙一带的大资产阶级推到沦陷区经济的前台，按照日本的要求，“积极”地活动起来，并且给予汉奸资本以一定的利益。它提出要“加强（汪伪）国民政府的财政”，要求“国民政府为自行加强其财政而采取一切措施”，并决定“调整”日本在华居民“关于课税的特权”，维持汪伪储备银行纸币的价值，“改订”关税、转口税及统税等税率，等等①。同时，为了有效地实行上述各项政策，它规定：在“实行经济措施时，一面力戒日本方面的垄断，一面利用中国方面官民的责任心和创造精神”②，避免日本单方面经济垄断和控制一切。“对华新政策”的制订者之一大东亚大臣青木一男，就直接向日本最高统治集团提出“在华经济统制现在都是日本人在搞，日本社团获得暴利，是否可以交给中国人去办”的问题③。他主张日本为了战胜美英，最终取得在中国和东方的霸权，眼前应放宽政策，让出一部分经济权益给予汪伪政权和中国资本家，并且主张执行“不要夺取中国人的衣食”的政策。这个老谋深算的帝国主义分子劝说那些主张在占领区囊括一切的日本军方人士说：日本对美英之战“如果战胜，美英势力自不能在中国复活，故在今日，似无囊括一切，尽归我有，连根拔尽之必要。万一战败，无论今日如何搜罗，结局总归乌有。

① 日本大本营、政府联席会议：《以〈为完成大东亚战争处理对华问题的根本方针〉为基础的具体策略》（1942 年 12 月 18 日），《日本帝国主义对外侵略史料选编》，第 416、419 页。

② 日本御前会议：《为完成大东亚战争而决定的处理中国问题的根本方针》（1942 年 12 月 21 日），《日本帝国主义对外侵略史料选编》，第 420—421 页。

③ 大东亚大臣青木一男在大本营政府联席会议上的发言（1942 年 11 月 27 日），服部卓四郎：《大东亚战争全史》第 2 卷，第 131 页。

现在之先决问题在赢得战争，其他不足考虑”。①“对华新政策”下的一系列经济措施，就是为了战争而“欲取先予”的经济策略的反映。

汪伪政府的“战时经济体制”，就其主要方面来说，正是在日本上述经济政策下产生的。这个体制，包括所谓“增加生产”“调剂物价”“节约消费”“稳定币制”“调整金融”“改造经济机构”等内容。它虽然从属于日本殖民主义的“大东亚经济体制”，但却由汪伪政府和汉奸资本家出面主持，具有相对的“独立性”和“自主性”，可以说，它是日本帝国主义经济与汪伪统制经济相结合的特殊形态的殖民地经济体制。汪伪政府又是怎样实行这个经济体制的呢？

物资统制是实行这个经济体制的主要措施。日本侵略者为了在占领区更多地搜刮物资，改变以往由自己直接掠夺、抢劫的办法，采取物资统制政策，通过汪伪政府的统制机构去掌握物资，自己主要在幕后进行操纵。汪伪政府在日本主子的授意下，在一九四三年三月五日的伪最高国防会议上通过了“实施战时统制主要物资及管理物价政策”的决定，同月十一日，该会议又决定设置伪全国商业统制总会，又制定“战时物资移动取缔暂行条例”“苏浙皖米谷运销管理暂行条例”，规定自十六日起在苏、浙、皖三省及宁、沪两市实施。日本则重新订立“扬子江下游地域物资移动统制暂行规则”，开始实施物资的全面统制。伪全国商业统制总会（商统会）、物资统制审议委员会和物资调查委员会，则成为推行经济统制政策的三个主要机构。商统会直属伪行政院，主要由一批汉奸买办资本家和依附日汪的上海大资产阶级分子组成，其任务为办理“统制物资之收买配给”“各地域物资交换之营运”“军需物资之采办”“输出物资之供给”②等事项，即通过商业渠道搜刮物资，供给日本占领军和输往日本国内，并为汪伪政府维持上海等大城市居民的最低生活水准提供食粮、棉布等物资。伪物资统制审议委员会负责统制物资之审核及与日方联络，是商统会的审定、监督机关，由汪伪政府有关部长、经济顾问和日方大使、海陆军代表等组成，周佛海为委员长。伪物资调查委员会则为调查统计机关，专事搜集经济情报，由日汪两方有关机关共同组织，陈公博为委员长，其任务“为彻查上海中外商民非法囤积大量主要物资”的情况，③以供日伪搜刮时抉择。在这些统制机构中，伪商统会的规模与作用最大，成为华中沦陷区物资统制的中心。它包括核心组织和基层组织两个层次，还在武汉、广东设立分会。核心组织又有两个系统：伪方组织为监督官办事处、收买棉纱布办事处等，日伪联合组

① 大东亚大臣青木一男在大本营政府联席会议上的发言（1942 年 11 月 27 日），服部卓四郎：《大东亚战争全史》第 2 卷，第 176 页。

② 《全国商业统制总会暂行条例》，《申报年鉴》，1944 年，第 770 页。

③ 《物资调查委员会组织大纲》，《申报年鉴》，1944 年，第 778 页。

织如油粮、面粉、糖业、棉业等专业委员会。基层组织，属于伪方的有各地区同业公会及各业同业联合会，共有二十四个，属于日方的有各业联合会。伪商统会及其外围米粮统制委员会和棉花统制委员会，表面上由汉奸占主要地位，实际大权则操于日方手中。它们自设庞大的粮食等物资采购机构，同时又把私营的加工工厂和运销行号都控制在自己手中，形成了一个采购、运输、储藏、供给和输出统制物资的网络系统。然而，物资统制对日本侵略者而言并不是什么新方策，早在几年前已经开始在华中占领区推行起来，只不过是这次扩大了统制的范围和地区，并且由汪伪政府出面主持而已。它的成效如何，连日本的华中派遣军总司令畑俊六也是怀疑的。他在日记中哀叹道：物资统制“实行起来很不顺利，例如对于囤积造成的问题，全国商业统制总会的基层部门迟迟不能采取行动，一部分已经表现出悲观失望情绪……在大东亚省内，大臣次官级、局长部长级、课长以下中坚干部之间，思想互有矛盾，中坚干部有悲观情绪，认为前途困难重重”。①

伪商统会于一九四三年三月十五日在上海成立，唐寿民为理事长，闻兰亭为监事长。伪粮统会及棉统会也在同年十月和十一月先后成立，前者以袁履登为主任委员，后者以闻兰亭为主任委员。从这年春天开始，汪伪政府和伪商统会接替原日本兴亚院在华机关，出面主持经济统制。

第一，实行物资移动管理。首先在苏、浙、皖三省及上海、南京两市实行物资移动签证办法。汪伪政府颁布的“对物资移动取缔暂行办法”规定：禁止一切物资运往抗日民主根据地，兵器、弹药、火药、鸦片等三类物资不准移动，米、麦、豆类、棉花未经伪商统会许可不准由外地运进上海，汽油、机械、金属、药品、棉纱布及其制品、火柴、肥皂、糖等十二种物资未经伪商统会许可不准由上海运至外地。同时，又对出入上海者随身携带之物资数量作严格规定，进入上海者所带粮食最高限额，米为二公斤，小麦为五公斤；由上海携出的最高限额，棉布为三码，火柴为五小盒，砂糖为一斤。并且又规定从长江下游区域将统制物资运往华北、“蒙疆”、华南及汉口、南昌、九江者，概须取得伪商统会之移出证明。总计，被伪商统会、伪实业部、伪粮食部宣布为统制物资的物品，共达三十七项，几乎包括了全部生活资料物品、工业原料、燃料、运输工具和通讯器材。

第二，实行物资登记。日汪为了掌握华中最大的物资集中地上海的物资情况，便于“限价收买”和实行管制，防止物资拥有者隐匿不卖，控制物价，于一九四三年五月开始进行主要商品登记。伪实业部规定：“凡主要商品（包括原料及制品）之存贮买卖制造，均须……登记”，“主管官署得随时派员检查仓库，及公司行

---

① 《畑俊六日记》，日本防卫厅战史室：《华北治安战》（下），第 325—326 页。

号主要商品之存货”。①在上海即于四、五月间对十九种商品实行登记。

第三，实行棉纱棉布的统买与配给。同年五月，日本政府感到华中的经济状况“极堪忧虑”，针对“急剧趋向崩溃的实际状况”，要求“日华(汪)双方应互相协力采取各种紧急措施，迅速而坚决地防止中国经济的崩溃于未然”②。于是，提出了《对华紧急经济施策》，其中头一条规定：“对中国市场的棉纱，棉布，以公正价格强制购买，并运用它作为获得紧急物资的回头物资。”③同年八月，汪伪政府通过《收买棉纱棉布暂行条例》及实施纲要，并将执行权指定授予伪商统会及其下属机构。在上海以二十支蓝凤纱每包一万元、龙头细布每匹三百七十五元的价格，强行收购。收买价只达当时市价之四分之一。条例及纲要还规定，凡棉纱棉布占有人拒绝或妨碍收买的，处一年以上五年以下徒刑，并科五万元以下罚金，货物没收；收购纱、布“应付价款之半数按标准金(每条十两)四万元之价格折算，在一年内分两期付给标准金，其余半数，以中储券分三年付清”。收购所得的纱、布，绝大部分运往日本，少量“配给”市民。继上海实行这一政策后，南京、镇江、苏州、无锡、杭州、江阴、南通、蚌埠、芜湖等地，也实行棉纱、布的登记与收购。这种借手汉奸的半抢半买的掠夺方法，比之以往的办法更为狡猾，把大量的纱布强制地变为日本侵略者的囊中物。

第四，推行口粮及日用品的配给制度。日军进占上海租界后，为攫取全市所藏粮食，即于一九四一年十二月十六日通过工部局宣布限制购米数量，每人限购二或三升。不久为控制粮食市场、保障日伪在苏浙皖地区搜括粮食计划的完成，于一九四二年三月九日禁止上海郊区米市场的营业。同月十四日宣布中国国产米不论数量多少一律严禁运入租界。但这些措施未见成效，日伪又在一九四三年七月初开始在上海推行“计口授粮制”，规定市民可凭“市民证”领取购米证，定期按人口购米。此种被人们称为“户口米”的，不仅数量很少，一个月的配给量还不够食用半个月，而且质量极为低劣。一九四三年下半年开始，由伪米统会办理食粮配给制度。除食米外，上海的配给制还推行到各项日用品，香烟、火柴、肥皂、食盐，食糖、食油、煤球等均先后实行配给。④

第五，对食米、小麦、面粉、油料、杂粮实行统买。搜括粮食是汪伪经济统制的最重要目的。早在一九四〇年七月，汪伪政府即设立伪粮食管理委员会，在产米地区设置区办事处采购粮食，当时只限于皖南、镇江、湖州三个地区。另外在南洋

---

① 实业部：《主要商品登记规则》(1943年5月11日)，《申报年鉴》，1944年，第775页。

②③ 日本防卫厅战史室：《华北治安战》(下)，第328页。

④ 汪禾正：《一年间的国内大事》，《申报年鉴》，1944年，第20页。

及上海采购国外的粮食进口，当年"国米收三万余吨、洋米收五万余吨"。①太平洋战争开始后，日本对粮食的需求倍增，国外食米又停止进口，乃变本加厉地向华中地区搜括粮食。一九四二年开始，粮食"实际管理产区并实施统一收购者，已及于皖南、宁属，苏北、镇属，湖属等五大区域，任何商民，不得在上列五区域内收买米谷"。②从这年三月至一九四三年一月，粮食管理委员会从上述地区收购了十五万吨食米。而苏州、松江、常熟、嘉兴、平湖、嘉善及芜湖北岸各县等产米区，则划为日本华中派遣军军需米收购区，由日方直接收购，其数量更大。汪伪政府实行"战时经济体制"后，粮食的收购及储运、配给移交伪粮统会办理。同时，从一九四三年年初开始，日本华中派遣军为扶植汪伪经济"独立"，将原日军军需米区域的苏浙皖三省十五个县，宣布交由汪伪政府"接管"，连同原有的收购区，由伪方实行粮食统一收购。伪粮统会根据一九四三年《苏浙皖三省米粮收购实施要领》，在日伪军事力量的支持下进行规模空前巨大的粮食搜括活动，并把收购范围由米谷扩大到麦子、面粉、豆类、杂粮、油料等。在"清乡区"采用所谓"分担制"即赤裸裸的摊派方法，在非"清乡区"则取用所谓"收买制"，以低于市价百分之五十左右的价格实行强制收购。这一年据汪伪官方公布，"收买数量共计六十三万吨"③。

汪伪政府的"战时经济体制"在金融方面则企图实现以下目标：统一通货发行权，调整金融机构，积极强化伪中央储备银行的职权，"以期确保金融的支配力"。④汪伪区域的通货，除日钞外，尚有中储券，蒋介石政府的法币、联银券和日本占领军发行的军票。中储券与法币开始时是以等价一起流通的。一九四二年三月，汪伪政府宣布废止它们的等价流通关系，同年五月宣布取消法币的法定货币资格，六月起，按一对二的比例以中储券收回法币。六月八日起，先后在上海、南京、江苏"清乡区"、广东、厦门、杭州、浙江"清乡区"及武汉三镇，禁止使用法币，并规定长江下游三省二市以同年十一月为法币兑换中储券的最后期限，广东和武汉以次年一至二月为最后期限。军票的发行开始于一九三七年八一三事变后，它是日寇占领军发行的毫无准备的废纸，只不过是用来掠夺物资的工具，但六年来却成了华中沦陷区的一种主要的"流通工具"，其地位是压倒汪伪货币的。在汪伪方面看来，这是"实现币制统一"的一大障碍。一九四三年，日本根据"对华新政策"，决定"于四月一日起，停止华中军票的新发行，以促成通货发行权限的统一"⑤。同时，日寇支持汪伪政府扩大中储券流通的范围。这年一、二月间，中储

①② 周乃文：《粮食管理》，《申报年鉴》，1944年，第910页。

③ 汪禾正：《一年间的国内大事》，《申报年鉴》，1944年，第18页。

④ 斯继唐、李权时：《财政与金融》，《申报年鉴》，1944年，第630页。

⑤ 斯继唐、李权时：《财政与金融》，《申报年鉴》，1944年，第631页。

券即进入华南地区，成为华南沦陷区的主要货币，并且也拓展到了武汉地区。同年十二月，中储券在苏淮地区开始使用，与伪华北联合准备银行发行的联银券共同流通。但是日钞与军票在沦陷区继续流通，中储券也不可能把流通范围扩大到所有沦陷区。所谓“统一币制”在日寇只不过是一场骗局，对于汪伪却永远是一个梦想而已。

所谓“移交新旧敌产”、实行“合办实业”是日本政府玩弄的“经济提携”阴谋，是同“独立自主”政治把戏相呼应的。在工矿业上，日寇的一贯政策是拼命地吸取我国的资源，但手法上却常常花样翻新。侵华战争进入相持状态以来，日寇为适应“以战养战”的需要，已开始改变其对中国国家和私营工业企业实行“军管理”的办法。在华中地区，实行“军管理”的工业企业范围甚广，有面粉、树胶、造纸、缫丝、纺织、造船、机器、水泥、染织、金属制造等企业，“计一百四十家，内纺织厂六十七家，其他工厂七十三家”①。从一九四〇年三月开始，日寇改换方法，逐步“解除”“军管理”工厂，其中一部分发还中国资本家，一部分实行所谓“中日合办”“委任经营”，以此为诱饵，引诱中国一部分资本家上钩。发还中国资本家的共一百零二家工厂，一九四〇年至一九四二年的三年中共“发还”六十家。一九四三年在“对华新政策”下，日寇更感到有加速“经济提携”的必要，在这年上半年即“发还”四十二家工厂，②并宣称已将华中工业企业全部解除“军管”。同时，日本侵略者也不放过利用英美在华产业来进行“尊重中国主权”的欺骗活动。一九四三年二月到十月间，分三批宣布把日军没收的英美产业“移交”汪伪政府，共计一千五百五十一件。③但所谓“发还”工厂也好，“移交英美敌产”也好，实际上都不过是一场骗局。因为“交还”的只限于“军管理”下的工厂，这样的工厂为数不多，且有一部分已并入“华中振兴会社”和“华北开发会社”，不在“交还”之列。属于原国民党中央和省政府的企业，“交还”给了汪伪政府。把私营企业归还“正当权利者”，但原主须通过与汪伪政府谈判，交付莫须有的费用后才能收回。至于那些重要的大的企业，或已由“振兴”“开发”两会社经营的，以及日本财阀不愿放弃的，均不在交还之列。

六、“解决中国事变”的企图和对重庆的“诱和”

在对蒋介石政府的政策上，“对华新政策”的特点在于所谓着重于“诱和”。在外务省任职期间与重光葵密切合作过的加濑俊一说：“‘对华新政策’的目标首先

---

① 刘云舫：《工业》，《申报年鉴》，1944 年，第 230 页。

②③ 汪正禾：《一年间的国内大事》，《申报年鉴》，1944 年，第 23 页。

是实现与蒋介石媾和。重光葵希望这将成为全面媾和的序幕。”①日本对蒋介石政府的政策，从七七事变到攻占武汉、广州这一时期，是以军事打击为主、以政治诱降为辅；占领武汉、广州以后，开始改变为以政治诱降为主、以军事打击为辅的政策，直到太平洋战争爆发前的三年时间里，基本上是没有变化的。这从日本大本营和政府联席会议一九四一年十一月十五日的决定中可以得到证明。这个决定对重庆方面的基本方针，规定为“以积极的措施促进蒋政权投降”②，即不是以打倒蒋介石政权为目标，而是要求它停止抗战，向日本妥协投降。用什么方法达到这一目的呢？“决定”提出的是：“加强对蒋作战的政治、军事攻势，从而促使重庆政权投降。”③在这里，“政治攻势”，是放在“军事攻势”之前来考虑的。

但是，太平洋战争开始以后，随着战争初期日本在军事上的重大进展，东条政府部分地改变了上述“决定”的政策，也就是说，在又打又拉这两手中，“打”的一手被提到主要的地位上来了。珍珠港事变后不到一个月，大本营和政府联席会议便提出要“利用（对美英）作战的成果，乘机促使重庆政府屈服”。④当然，它并没有放弃诱降的一手。它规定：“要注意有效地利用国民政府（指汪伪政府）”⑤去招降蒋介石。在这以后不久，东条英机在日本第七十九次议会上作了更为明白的表示。他以战胜者的骄横姿态，嘘声恫吓，说对重庆政权的抗战，“帝国将彻底加以击溃”，突出地强调运用“打”的一手来对付蒋介石。同时，他在演说中表示希望蒋介石“正视世界形势的这种大变化，回过头来，抛弃依靠美、英的老一套，跑来参加大东亚共荣圈的大事业”⑥，表示和谈之门还是开着的。然而，总的说来，“日本的对华政策，在太平洋战争爆发之后不久，就从以往的诱和政策进而采取了迫使中国屈服的强硬政策”⑦。一九四二年春，日本统帅机关鉴于太平洋战局日益恶化，企图尽早“解决中国事变”，即结束中国战场的作战，以集中力量对付英美，于是再次策划对蒋介石统治区的进攻。陆军准备于当年秋天进行西安方向的作战，翌年春向四川举行战略进攻。七月九日，参谋本部起草了“五十一号作战（四川作战）准备纲要”。八月二十五日，向天皇上奏了“根据目前形势陆军方面的作战准备”。这一计划提出：一九四三年陆军“要以对华积极作战为指导战争的最大目标”，“本作战的目的在于消灭敌中央军的主力，占领四川省的主要地区……以促使重庆政

---

① ［英］琼斯：《战时的远东》，《国际事务概览〈1942—1946 年的远东〉》，第 26 页。

②③ 日本大本营、政府联席会议：《促进结束对美、英、荷、蒋的战争内部方案》（1941 年 11 月 15 日），《日本帝国主义对外侵略史料选编》，第 362—364 页。

④⑤ 日本大本营、政府联席会议：《促使重庆屈服的工作方案》（1941 年 12 月 24 日），《日本帝国主义对外侵略史料选编》，第 384 页。

⑥ ［日］东条英机：《大东亚建设的构想》（1942 年 1 月 21 日）。

⑦ 日本历史学研究会：《太平洋战争史》（第 3 卷），第 192 页。

权屈服或崩溃”。①这就是所谓“五号作战计划”。当时，日本大本营对这个计划持摇摆不定的态度，既同意进行作战准备，又未最后作出决策。

然而，到了一九四二年秋，所罗门群岛战役恶化，大本营于九月二十二日决定延缓五号作战准备。十一月四日，参谋本部发出停止五号作战计划的指令。同月七日，日本军部又决定：“对中国事变的处理问题从根本上重新进行研究。”②形势迫使日本改换方法，又放弃了对蒋介石政府的大规模军事进攻的计划。从这以后，“诱和”又被提到了主要的地位，“对华新政策”正是此种转变的标志。一九四二年十二月二十一日御前会议的决定，虽然重弹“帝国不……以重庆为对手”③的老调，但完全放弃了东条政府原先宣布的要击溃蒋政权、使它“屈服”的要求，相反，却提出要通过加强汪伪政权，来“消灭重庆借以抗日的口实”④，这就是说，只要求“消灭”“抗日的口实”，而不要求“消灭”“重庆政府”。如果重庆方面收起抗战的“口实”，停止抗战，那么日蒋之间即可“实行和平”。

这种诱和的政策，在一九四三年五月的《大东亚政略指导大纲》中，有进一步的规定，它强调要加强汪伪政权，同时“应伺机加以领导，使国民政府对重庆进行政治工作”⑤，着重确定了运用汪精卫政府来诱和蒋介石的策略。日本的此种策略，一方面是利用汪伪政府的“独立自主”作广告，引诱蒋介石与日本言和。重光葵说过：交还租界、废除治外法权，订立中日同盟条约等，实行此种“政策之意义，即为对中国（蒋介石政府）之政治策略工作，它与武力的压迫相策应，同为对中国政府之极大压力”。⑥当时日本政府的判断是“中国（蒋介石政府）对于日本对华新政策之实施，表面上虽守沉默，但对彼内部确有影响”⑦，以为蒋介石政府在“新政策”的“影响”下，可能同日本谈和。另一方面，这一策略的重点在于指使汪精卫伪政府向蒋介石诱和。在日本政府和军部看来，当时“由蒋……统率之中国抗战阵营之核心，在反轴心国之战局有利之现况下，仍具有强国之继战意志”。⑧同陶德曼调停、公布近卫三原则那时不同，要蒋介石订立城下之盟是不能再提了。然而，日本又认为，蒋介石政府正面临许多困难，所以“视条件之如何，亦难谓为并无实

---

① 日本防卫厅战史室：《华北治安战》（下），第169页。

② 日本防卫厅战史室：《华北治安战》（下），第197页。

③④ 日本御前会议：《为完成大东亚战争而决定的处理中国问题的根本方针》（1942年12月21日），《日本帝国主义对外侵略史料选编》，第420—421页。

⑤ 日本大本营、政府联席会议：《大东亚政略指导大纲》（1943年5月29日），《日本帝国主义对外侵略史料选编》，第427页。

⑥ 重光葵1944年8月19日在御前会议上的说明，服部卓四郎：《大东亚战争全史》（第3卷），第247页。

⑦⑧ 日本大本营、政府联席会议：《今后对外方策决定》（1943年9月15日），服部卓四郎：《大东亚战争全史》（第3卷），第19页。

现和平之可能性"①。因此,日本仍极力谋求利用汪伪对重庆谋和获取成效。

一九四三年四月,前此在上海被捕的国民党中央组织部副部长、上海党政统一委员会常委兼书记长吴开先,由日本和汪伪决定派回重庆,"向蒋介石当面转达日本政府的一些意见"。日伪企图"让吴……去说服蒋介石,应当早日停止抗战"。②但是,伪府头目一方面按照其日本主子的指令,向重庆探求和议,另一方面,他们深信日本战败的命运已定,各自暗中纷纷向蒋介石表示输诚,以便为自己留下后路。周佛海早已于一九四二年十月秘密派人去重庆,面见蒋介石和戴笠,转达"效忠蒋先生"的愿望。次年五月,在上海设立秘密电台,周佛海与军统局戴笠建立了电讯联系,并接受重庆的指挥。陈公博也遣使入川,向蒋介石要求悔悟。丁默邨、鲍文樾等人也通过多种途径同戴笠建立了联系。汪伪政府中拥有主要军事力量的任援道也已向戴笠要求反正,并接受了后者的指令。对此,就连当时日本派遣军副总参谋长今井武夫也不能不承认:"日本政府对南京政府的这个提议(指由南京向重庆诱和),南京方面明白看出日本的战意消退,除了只派遣一名表面形式上的使者到重庆以外,政府要人无不是各自争着想方设法以保全自己,似在煞费苦心地寻求同重庆方面的要人进行联系。"③显然,奴才与主子之间,各怀鬼胎,同床异梦,互相欺骗,又无可奈何。

经过一年时间,诱和活动毫无结果。一九四四年七月,东条英机内阁倒台,小矶国昭内阁为尽快"解决中国事变",乃迫不及待地要以更大的步伐对重庆谋和,并强调运用汪伪政府同蒋介石方面取得沟通和联系。小矶国昭面临的危局,比其前任东条英机更为严重。战局每况愈下,使日本战争指导集团急不择路,把诱和重庆的希望置于分崩离析的汪伪政府身上。同年八月,日本制定了《对重庆政治工作实施纲要》,确定对蒋介石政府的诱和活动,"由总理大臣与外务大臣取得联系,通过南京国民政府在其自发形式下进行工作"④,驻汪伪大使和在华陆海军最高指挥官不得直接进行诱和。九月五日在小矶国昭主持下,日本最高战争领导会议通过了这一纲要,决定立即"使(汪伪)国民政府进行活动,制造(汪伪与蒋介石政府)彼此之间直接会谈的机会",并要求由汪伪政府"派遣适当人员到重庆去"⑤,以此作为诱和的第一步目标。至于"和平条件",日本提出:除"满洲国,不

---

① 日本大本营、政府联席会议:《今后对外方策决定》(1943 年 9 月 15 日),服部卓四郎:《大东亚战争全史》第 3 卷,第 19 页。

② 唐生明:《我奉蒋介石命参加汪伪政权的经过》,全国政协《文史资料选辑》第 40 辑,第 75、74 页。

③ [日]今井武夫:《今井武夫回忆录》,第 221 页。

④ 日本防卫厅战史室:《华北治安战》下,第 430 页。

⑤ 日本最高战争领导会议:《实施对重庆政治工作方案》(1944 年 9 月 5 日),《日本帝国主义对外侵略史料选编》,第 474 页。

改变现状”外，其他都可考虑让步，只要美、英撤出在华军队，日本“帝国也撤退全部军队”，不但华北(包括冀东)交还中国，“蒙疆”也可“作为中国内政问题处理”，而且“同意蒋介石返回南京，建立统一政府”。①这显然是在玩弄“欲取先予”的策略。为了集中力量同美英进行决战，日本最高战争领导会议以廉价的条件“拍卖”属于中国的主权，企图引诱蒋介石政府与英美断绝关系，同日本实现停战。但是，就在这个诱和条件中，日本仍然坚持:“为了反对美、英军队再度侵入中国，使中国承认(日本向中国)派遣必要的军队。”②这就是说，要蒋介石政府承认在中日停战以后，日本仍然有在中国派驻军队之权。

日本为推行上述计划，九月十三日派出陆军省次官柴山兼四郎到南京，向陈公博、周佛海进行“传达”，并说明对蒋介石的诱和活动，今后“由首相和外相联系，一切要南京政府采取措施，不让当地军方干预”③。陈公博向柴山表示“当努力求其贯彻”，周佛海也说要“遵命办理”。并决定由陈公博返上海后同周作民、李思浩商讨办法，选择适当人员去重庆，转达日本新提出的实现“中日和平”的条件。十月十四日朱文雄受陈、周指派离上海转道去重庆。陈公博、周佛海对日本诱和蒋介石能否成功，虽然不抱多大希望，但又力图加以促成。按照当时日本的诱和条件，是由“蒋介石返回南京”，宁渝双方以合并的方式“建立统一政府”，这个方案如能实现，对汪伪汉奸们当然是十分有利的。因此，陈公博“极力主张蒋汪重新合作，蒋不抗战，汪也不再和蒋闹分家，集中力量进行反共”。他向重庆方面表示，“只要能这样，日本人保证恢复‘七七事件’前的形势”。④陈公博、周佛海通过派人赴渝、密电联系等途径，向重庆探求实现“统一”。但由于日本败局已定，蒋介石拒绝接受，尤其是“鉴于一九四三年十二月中国在开罗所得到的许诺，中国指望重新获得过去丧失于日本的一切”，特别是东北和台湾，“因此蒋介石不准备同日本人讲和，甚至也不肯在恢复一九三七年战前状态的基础上讲和”。⑤

与柴山兼四郎来华同时，日本还派出了和蒋介石政府中的张群以及和其他不少要人有深刻历史关系的宇垣一成来华活动，“以一个私人名义试探同重庆政府进行谈判”⑥。宇垣一成“假借视察为名，一九四四年九月中旬和坂西利八郎中将

---

①② 日本最高战争领导会议:《实施对重庆政治工作方案》(1944 年 9 月 5 日)，《日本帝国主义对外侵略史料选编》，第 474 页。

③ [日]今井武夫:《今井武夫回忆录》，第 221、210 页。

④ 唐生明:《我奉蒋介石命参加汪伪政权的经过》，全国政协《文史资料选辑》(第 40 辑)，第 58 页。

⑤ [英]琼斯:《战时的远东》，《国际事务概览〈1942—1946 年的远东〉》，第 36 页。

⑥ [日]今井武夫:《今井武夫回忆录》，第 210 页。

同行，从满洲开始，旅行于华北、华中，后因一无所得而回国。”①宇垣一成曾经在上海、南京、北平等地同陈公博、周佛海、周作民、颜惠庆、缪斌、郑洪年、王克敏、王揖唐等人进行会谈，回日本后向日本政府建议：“重庆工作需要开辟新路线，南京政府的存在对工作反有妨碍。”②日本政府深感通过汪伪政府进行诱和无望，于是小矶国昭决定由“日本政府自己直接进行缪斌工作”，企图由缪斌居间，直接同重庆谋和。缪斌自称负有受重庆政府委托谋和的使命，他提出：如果日军撤离中国，抛弃南京政府，蒋介石就抵制任何美军在中国登陆，并同日本合作反对共产党的威胁③。但是，“缪斌工作”引起日本统治集团内部严重的争吵和分歧，很快停止了下来，小矶内阁也随之倒台。继之而起的铃木贯太郎内阁在军部的压力下改变谋和途径，决定采取由日本政府直接与蒋介石政府谈和的策略，而由在华派遣军总司令官担当执行。至此，这一场由日本政府导演的，通过汪伪政府诱和蒋介石政府的丑剧，终于被迫收场。

日本“对华新政策”下的汪伪政权的“独立”“统一”活动，在喧闹了一阵之后，像肥皂泡一样迅速地归于破灭。在中国近代历史上，这只不过是中外反动派炮制的许多丑剧中的短暂一幕。不过，它再一次从反面说明了近代历史进程中一条不可移易的发展规律。帝国主义及其走狗在中国策划的所谓“独立”和“统一”活动，不论它的言辞多么美丽，许诺又是如何慷慨，只能是侵略中国的一种手段而已。帝国主义及其走狗愈是处于不利的情况下，就愈需要玩弄“独立”“统一”的幌子，进行政治欺骗活动。当这种政治欺骗同它的军事进攻同样归于破产的时候，等待着帝国主义及其走狗的就是失败的命运。日本帝国主义和汪精卫反动派同样没有违背这个规律。

---

① [日]今井武夫：《今井武夫回忆录》，第210页。

② 日本防卫厅战史室：《华北治安战》(下)，第431页。

③ 东京国际军事法庭：《记录》，第3115—3116页，《国际事务概览〈1942—1946年的远东〉》，第196页。

《汪精卫汉奸政权的兴亡》前言*

这本论文集，是研究汪伪政权史的一部习作。我们把它提供给国内外从事这方面学术工作的专家、学者和史学界的同行朋友们，以供研究和讨论。

一九三七年日本帝国主义全面发动的侵略中国的战争，是近代帝国主义侵华史上使用兵力最多、持续时间最长、给中华民族造成的灾难最深重的一场侵略战争。日本侵略者开动其全部战争机器，在实行野蛮血腥的军事侵略的同时，又竭力进行“以华制华”的政治进攻和“以战养战”的经济侵略。在占领区建立和操纵傀儡政权，则是实行“以华制华”“以战养战”政策的主要手段，而成为日本全部侵华活动中的一个重要组成部分。一九三七年十二月，日本扶植王克敏等在北平建立所谓“中华民国临时政府”；一九三八年三月又指使梁鸿志等于南京成立所谓“中华民国维新政府”；一九三九年九月继而策动所谓“蒙古联盟自治政府”和“察南自治政府”“晋北自治政府”三个傀儡政权实行合流，在张家口成立以德王为首的所谓“蒙疆联合自治政府”。一九四〇年三月在南京成立的以汪精卫、陈公博、周佛海等为首的伪中华民国国民政府，则是在日本帝国主义卵翼下的一个最主要的汉奸傀儡政权。

汪伪政权虽然产生于伪华北临时政府和伪华中维新政府之后，存在的时间也不及伪满洲国和伪蒙疆联合自治政府长，但它具有更为重要的地位和作用。它在南北诸傀儡政权中，冠以“中华民国国民政府”的名目，居于所谓“中央政府”的地位。它实行统治的地域，包括以宁沪杭为中心的长江下游地区、武汉地区、广州地区以及后来的淮海地区，在战略上和经济上都极为重要，是其他傀儡政权无法比拟的。这个伪政权，以汪精卫、陈公博、周佛海等一批原国民党政府和国民党新军阀的高级头目为核心，以汪伪“中国国民党”为政治体制的轴心，以汪伪“三民主义”为思想纲领，袭用蒋介石政府的政权组织形态。因而它不同于以清朝余孽为核心的伪满洲国和以前北洋政府少数政客、军阀为主体的华北、华中伪政权以及

---

* 本文原载复旦大学历史系中国现代史研究室编：《汪精卫汉奸政权的兴亡》，复旦大学出版社，1987 年。

以部分蒙古上层封建王公贵族为核心的伪蒙疆自治政府。正因为汪伪政权纠集了一批曾经混迹于革命而中途又背叛了革命的投机政客、军阀，且又抬着国民党的招牌、打着三民主义的旗号，所以它欺骗性更强：对日本侵略者来说，其分化抗日阵营、消磨中国人民的民族精神的作用也就更大一些；对中国的抗日民族解放斗争就具有更大的危险性。因而日本帝国主义不仅把汪伪政权作为灭亡中国的一个工具加以利用，而且一度给了它傀儡“领班”的地位。

汪精卫汉奸集团是亲日派大地主大资产阶级的代表，它背叛民族利益，出卖国家主权，分裂抗日阵营，充当日本的鹰犬，残酷地统治沦陷区人民，支持日本军国主义的“大东亚共荣圈”侵略计划，与整个中华民族和世界反法西斯国家为敌，它的灭亡是不可避免的。随着伟大的抗日战争的胜利，中国人民早已把它永远扫进了历史的垃圾堆。

当汪伪政权作为日本侵华战争的工具而在历史舞台上出现的时候，它就引起人们严重的关注。国内以至国外的各个方面，都要研究它。中国抗日的党派和人们更是特别重视了解它、研究它；而研究的目的则是为了更有效地同它作斗争，战而胜之，直至最后把它消灭。毛泽东在当时就号召全党全军要注重“研究沦陷区”，说“我们对于这个问题有唤起注意的重要性与必要性”①，这就包含了要重视研究汪伪汉奸集团和傀儡政权这个课题。同那种把汪精卫一伙叛国投敌仅仅视为个别人的失节、叛变或只是蒋介石与汪精卫之间互相倾轧的结果的观点相反，毛泽东以马克思主义观点剖析了汪精卫集团的社会基础，指出：“在抗日战争中，大资产阶级的一部分，以汪精卫为代表，又已投降敌人，表示了大资产阶级的新的叛变。”②精辟地揭示了抗日相持阶段到来后，大资产阶级的新的政治动向、部分大资产阶级的降日和大资产阶级在历史上叛变革命这两者之间的深刻的内在联系。毛泽东还指出了大资产阶级的投降、卖国活动和日本诱降政策之间相互不可分割的关系：“敌人目前的主要政策是‘以华制华’的政治进攻和‘以战养战’的经济侵略……这就极大地加重了中国大部投降和内部分裂的危险。”③毛泽东还全面地分析了沦陷区的阶级关系，指出：“在沦陷区，则是日本帝国主义及其傀儡的统治。”④这就指明了汪伪政权是日本在占领区实施反革命统治的重要组成部分。据此，毛泽东明确宣布：“在日本武力侵入中国以后，中国革命的主要敌人是日本帝国主义和勾结日本公开投降或准备投降的一切汉奸和反动派。”⑤“现在的革命对象是什么？一个是日本帝国主义，再一个是汉奸。要革命一定要打倒日本帝国

① 毛泽东：《研究沦陷区》，《毛泽东新闻工作文选》，新华出版社，1983 年，第 45 页。

② 毛泽东：《新民主主义论》，《毛泽东选集》（第 2 卷），人民出版社，1953 年，第 667 页。

③ 毛泽东：《关于国际新形势对新华日报记者的谈话》，《毛泽东选集》（第 2 卷），第 573 页。

④⑤ 毛泽东：《中国革命和中国共产党》，《毛泽东选集》（第 2 卷），第 628 页。

主义，一定要打倒汉奸。”①这就非常清楚地指明：汪伪反动派是当时中国人民革命的主要敌人之一，是中国革命的对象之一。毛泽东的一系列科学论述，是研究汪伪政权史必须遵循的指导思想。

汪伪政权覆灭的过程和抗日战争胜利的过程，是同一历史过程的不同侧面。我们不仅需要研究革命方面的历史，也有必要研究反革命方面的历史。汪伪政权是存在于沦陷区的日本侵略者的代理人，是站在人民对立面的反动统治者、压迫者和剥削者，是在当时的政治生活、经济生活和社会生活的一切方面发生过重大影响的政治、军事和经济实体。这就决定了研究汪伪政权史是研究中国近现代史和中华民国史的一个组成部分，而且具有重要的意义。

第一，中国的抗日战争，是在中国共产党倡导下的以国共合作为基础的抗日民族统一战线旗帜下进行的民族解放战争。汪伪政权是日本帝国主义和中国亲日派大资产阶级相结合的产物，是抗日时期革命的对象。要总结革命的历史经验，也应当从革命与反革命两方面的联系上去进行总结。对抗日战争史，不仅需要从抗日民族解放战争和抗日民族民主运动方面去研究，也有必要从日本帝国主义侵华史和汉奸亲日派的投降卖国史方面进行研究，只有这样，研究才是全面的。所以，汪伪政权史的研究，既是中华民国史研究的一个组成部分，又可以成为中国新民主主义革命史、中国抗日民族解放战争史研究的一个重要侧面。

第二，在中国近现代历史上形形色色的傀儡政权中，汪伪政权是其中最为典型的一个。它在政治上、军事上、经济上和思想文化上具有较为完备的形态，是其他傀儡政权概莫能比的。研究汪伪政权，对于了解近现代史上一切伪政权，显然是很有好处的。汪伪政权是外国帝国主义与中国封建阶级、买办阶级相结合而产生的一个政治怪胎。剖析这一政治怪胎发生、发展和覆灭的过程，揭露日本侵略者蹂躏我们伟大祖国、妄图把中国变为日本殖民地的血迹斑斑的罪恶行径，有助于进一步认识殖民地、半殖民地、半封建社会的性质和特点，进而推动对帝国主义侵华史的研究。

第三，汪伪政权是被中国共产党领导下的抗日群众，联合包括国民党爱国将士在内的国内外一切抗日力量共同战斗所推翻的。它的覆灭呈现出一个历史过程。日本帝国主义发动侵华战争和随之而来的扶植伪政权，实行军事侵略、经济掠夺和思想奴役，造成了中华民族空前的灾难，激起了中国人民对日本侵略者及其走狗的无比仇恨，从而促使广大人民觉醒起来，奋起抵抗，救亡图存，走向全民族的团结和斗争。“战争教育了人民，人民将赢得战争，赢得和平，又赢得进

① 毛泽东：《青年运动的方向》，《毛泽东选集》（第2卷），第550页。

步。”①从一定意义上说，以人民力量为主体的中国抗日力量的发展、壮大和胜利的过程，是与汪伪政权覆灭的过程同时发展的。侵略必败，汉奸必亡。一切侵略者及其走狗都没有好下场，人民的力量是不可战胜的。汪伪政权史的研究，对于人们了解这个历史规律，启迪后人，指导将来，唤起海峡两岸亿万人民的爱国主义精神，实现祖国统一、振兴中华大业，是很有教益的。

第四，汪伪政权史的研究，是分工合作研究中国近现代史和中华民国史的一个方面。毛泽东在抗日战争时期就号召我们：“对于近百年的中国史，应聚集人材，分工合作地去做，克服无组织的状态。应先作经济史、政治史、军事史、文化史几个部门的分析的研究，然后才有可能作综合的研究。”②汪伪政权史的研究，既涉及政治史、军事史，也涉及经济史、文化史，应当成为中国近现代史研究的一个组成部分。近年来对伪政权史的研究虽然已引起史学工作者的重视，但从总体上来说，这一研究还基本上处于落后状态，这就需要我们予以格外注意，加倍地努力去做。

研究汪伪政权史，要从政治上、军事上、经济上和思想文化上剖析其产生、发展、覆亡的过程，总结它从出笼到垮台这个发展过程的历史规律。这一研究具有多方面的丰富的内容，主要可以列举如下几个方面：

日本帝国主义是怎样扶植、操纵和利用汪精卫傀儡政权的。这就需要具体剖析日本“以华制华”政策的历史演变，日本在占领区策划、建立伪政权的过程及其扶植汪伪政权的政治、军事、经济背景和目的；分析日本怎样利用汪伪政权统治中国沦陷区，压迫、掠夺、奴役中国人民；还要进一步研究汪伪政权在日本“东亚新秩序”“大东亚共荣圈”的侵略计划中，占有何等地位，具有什么作用；等等。

以汪精卫集团为代表的亲日派大资产阶级是怎样投降日本帝国主义的。汪精卫集团叛国投敌是在怎样的历史条件下出现的。汪伪集团的投降主义、卖国主义具有何种特点，有什么样的“理论”观点，提出过什么样的政治、军事、经济和文化政策，怎样对外出卖民族利益、对内实行法西斯主义的统治。通过对汪伪集团的剖析，可以进一步了解中国大资产阶级的经济地位、政治态度、阶级性格以及与欧美资产阶级相比所具有的不同的特点。

代表亲日派大资产阶级的汪精卫集团和代表英美派大资产阶级的蒋介石集团的关系，也是值得研究的一个问题。两者同属于大地主大资产阶级，本是一体，在第二次国内革命战争时期中是革命的对象。但两者又有区别，因为它们各自以不同的帝国主义为背景，在日本大举进攻、实行独占中国的历史条件下，它们公开

① 毛泽东：《论联合政府》，《毛泽东选集》（第3卷），第1031页。

② 毛泽东：《改造我们的学习》，《毛泽东选集》（第3卷），第802—803页。

破裂，前者投降了日本侵略者，成为中华民族的公敌，而后者留在抗日阵营之内，是工农大众抗日的同盟者。它们既公开分裂、相互对立，又或暗或明地相互勾结、互为利用。剖析两者既对立又勾结的关系及其演变，有助于深化对中国大资产阶级内部各个派别、集团之间共同性与差别性的研究。

以汪伪集团为代表的亲日派大资产阶级与民族资产阶级的关系，也是值得研究的一个问题。民族资产阶级没有大资产阶级那样多的买办性和地主阶级那样多的封建性，且日本的侵略和汪伪的统治又严重损害了它的利益，它和汪伪之间处于对立状态，它始终是参加反汪伪政府斗争的。但是，由于它具有两面性的特点，在日本和汪伪的威胁利诱下，这个阶级中的一部分，主要是上海和江浙地区的部分民族资本家，特别是其中的金融资本家，同日本资本的关系较多，在一个时期内依附了汪伪政府，在不同程度上同汪伪实行勾结。研究两者之间既对立又依附的关系，有助于了解中国民族资产阶级的两面性。

研究汪伪法西斯主义和卖国主义的政治统治，也是不容忽视的一个课题。汪伪反动统治虽然也属于买办的封建的军阀官僚统治，但它不同于北洋军阀，更不同于国民党新军阀的统治。它的最大特点首先表现为它是日本卵翼下的殖民地傀儡政权的统治，对内实行法西斯主义，对外实行卖国主义。决定这种性质和特点的，主要是日本帝国主义的侵略势力，同时也与旧中国社会的特点有着密切的关系。还需要探讨的是，在当时日本操纵的几个傀儡政权中，汪伪政府与伪满洲国、伪华北临时政府、伪华中维新政府相比较，既有共同的本质，又有自身的特点。这一方面是因为日本军国主义的入侵及其在占领区实行所谓“分治合作”政策；另一方面是因为当时的中国还是封建半封建经济占优势的农业国。汪精卫集团中占主导地位的成分，是从国民党分化出来的，他们曾经混迹于革命阵营，充当汉奸以后又紧紧拉住“国民党”和“三民主义”的旗帜不放。汪伪政权所具有的种种政治特点是很值得研究的。

汪伪政权军事力量的发展和消亡，在这一研究中也应占有重要的地位。汪伪政权实行军队、特务、警察三位一体的法西斯军事专政，军事力量是这个政权的武装支柱，它的兴亡是和这支军队的兴衰相始终的。按照历史唯物主义的观点，战争是政治的继续，军队的组建和军事活动的状况是一定的政治和经济的一种表现。研究汪伪政府建军的目的和政策，伪军的产生、发展和消亡的过程，伪军的性质和特点及其与日军、蒋介石军队的关系等，是研究汪伪政权史不可缺少的一个组成部分。

经济是政权的基础，要重视对汪伪时期经济史的研究。如果说，汪伪政权史的研究在中国近现代史的研究中是一个薄弱环节，那么，关于这一时期经济史的研究，可以说是这一薄弱环节中最薄弱的一环了。有关这一问题的专著至今尚无一本，就连论文也极少见。作为汪伪政权的经济基础的殖民经济，是颇值得研究的。汪伪统治的特点，是政治与经济的日益结合，利用和依靠政治的力量支配经济，运用政权控制和操纵经济命脉，形成汪伪垄断资本。这个垄断资本又彻头彻尾地依附于日本垄断资本，为后者所支配和控制，并为日本侵略战争服务。汪伪统治区经济，是日本推行"大东亚共荣圈"的殖民帝国经济体系中的一环。汪伪的财政、金融、货币、商业、产业、税收、物价等各项经济政策和经济活动无一不是被这个殖民经济体系所决定的。汪伪垄断资本主义经济，和帝国主义国家的垄断资本不同，也与蒋宋孔陈四大家族官僚资本相异，而带有自己的特征。研究汪伪统治地区的美、英帝国主义资本在当时有什么变化，同战前相比较、同日本资本相比较，它的发展趋势如何、有什么特点，有助于我们了解在日本殖民统治的中国占领区，帝国主义各国在华经济势力的消长，认识帝国主义各国相互关系的经济背景。同时，还可以从汪伪统治地区的农村经济、民族工商业、金融货币、物资统制、税收等方面，研究由半殖民地经济沦为殖民经济的演变过程及其特征。对汪伪时期经济史的研究，将开拓研究中国近现代经济史的新课题。

研究汪伪汉奸文化，是研究汪伪政权史的又一重要内容。一定的文化是一定社会的政治和经济在观念形态上的反映；而汪伪汉奸文化，正是汪伪在政治上经济上对沦陷区人民实行法西斯奴化统治的反映。日本的"大东亚共荣圈"不仅具有政治和经济上的含义，而且也包括文化上的含义，它把日本置于亚洲的伦理上和文化上主宰的地位，对汪伪汉奸文化发生过巨大影响。汪伪汉奸文化的思想基础是什么，它同中国封建的文化和伦理道德有什么关系，日本是怎样利用中国封建半封建文化为其服务的；汪伪汉奸文化的各部门，如哲学社会科学、教育、新闻、出版、电影、戏剧、音乐等，它们之间的共性是什么，又各具什么不同的特点，这一切都需要认真地进行研究。毛泽东说过："帝国主义文化和半封建文化是非常亲热的两兄弟，它们结成文化上的反动同盟，反对中国的新文化。"①汪伪汉奸文化给我们提供了帝国主义文化与封建、半封建文化相结合的一个不可多得的较为完备的典型，对它的研究，将大大加深我们对这种反动文化同盟的认识。

研究"清乡"运动和"新国民运动"，是研究汪伪政权史又一个不可缺少的部分。从一定意义上说，这两个运动是汪伪政治、经济、军事、文化的一个缩影。汪伪政府曾倾注全力推行"清乡"运动，调动军事、政治力量之庞大，推行地区之广泛，持续时间之长，是这个傀儡政权进行的各种活动中绝无仅有的。"清乡"具有多方面的内容，既有"军事清乡"和"政治清乡"作为这一运动的主体，又有"经济清乡"和"思想清乡"作为其组成部分，因而它具有综合性和总体战的特点。它在军

① 毛泽东：《新民主主义论》，《毛泽东选集》(第2卷)，第688页。

事上，是突袭式的“扫荡作战”和囚笼式的“封锁清剿”两种政策的结合；在政治上，则实行软硬兼施，“肃整”与“怀柔”并用；经济上的特征，在于把“竭泽而渔”式的横征暴敛和“养鸡生蛋”式的剥削、榨取两种方法交互运用；在思想文化领域，日本法西斯主义文化和封建买办性的汉奸文化结成反动同盟，对“清乡”区人民进行思想上的奴役和精神上的麻醉。“清乡”运动给华中沦陷区人民造成极为深重的灾难。但是，“道高一尺，魔高一丈”，新四军和抗日人民的反“清乡”斗争，经过艰苦卓绝的历程，最后终于取得了彻底的胜利。剖析汪伪“清乡”运动，有助于我们深入了解汪伪的法西斯主义和卖国主义，深化对汪伪政权史的研究，同时又是研究新四军和华中抗日根据地反“清乡”斗争史的一个不可或缺的侧面。

研究汪伪汉奸人物，是研究汪伪政权史中不容忽视的一个重要内容。过去相当长的一段时间里，由于种种原因，对汪伪汉奸人物的研究几乎还是一个空白领域。要从正反两方面总结历史的经验教训，必须重视对汉奸人物的研究。汪伪汉奸人物为数不少，而且是很丰富多样的。对汪精卫、陈公博、周佛海、梁鸿志、王克敏等一批巨奸，要详细地占有材料，然后进行深入的分析研究，撰写出他们的传记。对不同类型的汉奸人物，也宜作分别的专门研究。汪伪人物并不是千人一面的，他们虽都是汉奸，但又千姿百态、各具特色。汪精卫、陈公博、周佛海、梅思平等一批从国民党分化出来的汉奸，与梁鸿志、王克敏、王揖唐、齐燮元等由北洋军阀政府余孽变成汉奸的人物，各有不同的特点。汪精卫、陈公博等人原是国民党改组派的首要人物，而周佛海、丁默邨等人本是国民党CC派的干将，他们之间也是有着不同的政治特点的。汪伪军事头目中，相当一部分人是民国军事史上著名的将官，他们当中少数人原属国民党军黄埔系，大多数来自原西北军和东北军系统。前者如刘郁芬、孙良诚、孙殿英、庞炳勋、张岚峰等，后者如鲍文樾、胡毓坤、杨毓珣、富双英等。这些汉奸军阀与汪精卫一类政客相比，又各有自己的特色。此外，汪伪汉奸中一批江浙财阀头面人物和海上闻人，如傅筱庵、唐寿民、袁履登、闻兰亭、林康侯等，又反映了半殖民地、半封建中国的错综复杂的社会关系，都是需要我们着力研究的人物。

抗日战争胜利以来的四十年中，汪伪政权史的研究虽然长期未引起人们的重视，但也发表过一些史料和若干专著。国内外陆续披露了关于这个政权的一批文献资料、汉奸头目的回忆录、个人日记、当事人的信札、工作笔记、汉奸审判材料，以及研究者的调查报告，等等。日本在二十世纪六十年代发表过有关这方面的许多历史文献资料，具有较高的史料价值。汪伪政府和日本政府当年参加这一事件的一些重要的当事人、国民党政府中同汪伪政府关系较多的人，也发表过一批回忆录、传记、自述和史料长编等。观点自然需要分析，披露的史料却有助于弄清历史真相，对研究工作是有参考价值的。关于汪伪政权史的专著，已问世的作品虽然很少，但也有一些具有一定质量的著作。美国斯坦福大学约翰·亨特·博伊尔的专著《中日战争时期的通敌内幕》，采用的观点和方法与我们不同，仍不失为关于这一课题的一部富有价值的著作。总的说来，这方面的著作实在太少了。二十多年前，斯坦福大学胡佛图书馆就所藏图书、资料编成一部《有关一九三七至一九四五年间日本卵翼下的中国政府之书目》，在书目导言中，编者以战后中国学者没有写出一部有关这一问题的著述为憾事，反映了人们渴望看到这方面著作的迫切心情。

近几年来，在党的十一届三中全会正确路线指引下，作为中华民国史的一个组成部分的汪伪政权史的研究，越来越引起史学界的重视，并取得了一些新的有意义的成果，大型的综合性的多卷本《汪伪政权资料选编》正在分工合作地进行汇编，其中《汪精卫集团投敌》《汪精卫国民政府成立》和《汪精卫国民政府"清乡"运动》等三卷已先后出版。此前，《汪精卫伪国民政府纪事》也已发表。中国第二历史档案馆开始陆续公布汪伪政府档案。汪伪地方政权的档案史料，如伪上海特别市政府的档案材料，也正在整理编选之中。研究汪伪政权史的专题论文，数量比过去多，探讨的范围和深度也有明显的扩大和进展。这都为推进汪伪政权史的研究提供了有利的条件，开拓了新的局面。虽然这一研究目前仍处于落后状态，但是，新的良好的前景已展现在我们面前。乘着学术研究蓬勃发展的形势，我们汇编了这部《汪精卫汉奸政权的兴亡——汪伪政权史研究论集》。这是复旦大学历史系中国现代史研究室从事这一研究工作的几位同志的习作，拿出来只能起到抛砖引玉的作用，以期得到大家的批评和指正。

《汪伪政权全史》绪论*

二十世纪四十年代，在日本侵华战争期间，以汪精卫为首的伪中华民国国民政府出现于中国历史舞台。这是个彻头彻尾的汉奸政权，它是日本帝国主义亡华灭华政策和“以华制华”政治谋略的产物，是日本侵略者与汉奸亲日派相勾结而滋生的历史怪胎。汪精卫汉奸集团和汪伪政权，背叛民族大义和民族利益，破坏抗战大业，出卖国家主权，充当日本侵略者的走卒和鹰犬，对沦陷区人民实行血腥镇压和残酷统治，并且把自己绑在日本侵略战争的战车上，与全世界反法西斯同盟国家为敌。

如此反动、残暴、黑暗的一个政权，它的灭亡自是不可避免。半个世纪多以前，随着世界反法西斯战争和中国抗日战争的伟大胜利，中国人民早已把它扫进了历史的垃圾堆。汪伪政权从出笼到覆亡，是一幕独特的不可多得的历史丑剧，蕴含于其中的诸多发人深思的历史大是大非，足以警示世人，鉴戒来者。显而易见，时至今日，它仍然不失为中国近代史上一个值得深入研究的课题。

正是本着这个宗旨，我们编撰了这部关于汪伪政权的史学论著。根据我们的认识，汪伪政权的历史，是以汪精卫、陈公博、周佛海为首的汉奸集团叛国投敌，在日本帝国主义的操纵和卵翼下，纠集沦陷区的汉奸亲日势力和形形色色的社会渣滓，组织各级汉奸政权，在政治、军事、经济、思想、文化等各个领域，实行日伪相勾结的法西斯统治的历史；也是这个政权从产生、发展，到急剧衰败，直至最后覆灭的历史。研究汪伪政权的历史，在政治、学术、教化等各个方面，都有着其他史学课题不可替代的重要意义。

第一，汪伪政权史的研究，是中国抗日战争时期社会历史研究的不可或缺的组成部分。抗日战争时期的中国社会，按其地域和性质而言，其显著的历史特点是全国区分为三个不同的领域：中国共产党领导下的抗日民主根据地（解放区）、国民政府统治下的地区（国统区）、日本帝国主义及其傀儡政权统治下的地区（沦陷区）。一部抗日时期的中国历史，如果缺乏其中任何一个区域的历史，显然不能

---

* 本文原载余子道等著：《汪伪政权全史》，上海人民出版社，2006年。

被认为是完全的，而只能被认为是残缺的历史。如果不是从国统区、解放区和沦陷区三者之间的既相互斗争又相互联系的关系上，去考察和认识当时中国的社会，就难以对这一时期纷繁复杂的历史作出科学的分析和综合的论断。

其实，早在抗日战争年代，毛泽东就曾经发出过要注重“研究沦陷区”的号召，说“我们对于这个问题有唤起注意的重要性与必要性”。延安和解放区各大战略区曾对沦陷区的许多重要问题作过调查研究，获得的研究成果对当时的对敌斗争产生了积极的作用，也为后世留下了珍贵的历史资料。同样，在大后方的重庆、成都、昆明等地，部分政府机关、学术研究机关和高等院校对敌占区即沦陷区的研究亦颇具规模而从未间断，所获成果亦很可观。诚然，当时提出研究沦陷区，主要是指研究现状和现实问题而言的，时至今日，沦陷区作为社会历史现象早已尘埃落定；作为已经终结的史事加以研究，让治史者以更为冷静、更具客观的心态和眼光来审视它，从学术研究的视角而言，不是更有着它的重要性与必要性了吗？

汪伪政权是存在于沦陷区的最大的一个傀儡政权，是日本帝国主义在其占领区的一个最重要的帮凶和代理者。它的直接统治地域为以南京、上海、杭州、蚌埠为中心的苏浙皖地区，武汉及其周围地区，广州及珠江三角洲，江西的南昌、九江地区，以及后来的以徐州为中心的淮海地区。这些地区，在政治上、战略上和经济上都极具重要性。汪伪政权是在这些地区站在人民和一切抗日阶层对立面的反动统治者、压迫者和剥削者。它在一定程度上掌握过这些地区的政治、军事、经济、文化等各个领域的权力和实体，在社会的政治生活、经济生活、文化生活等各方面产生过重大的影响。这就决定了汪伪政权史的研究是中国近现代史特别是抗日时期历史不可或缺的重要组成部分。我们没有任何理由轻视对汪伪政权的研究，如果以为它是一个汉奸政权而把其排除在学术研究的视野之外，那更是不可思议的。

第二，汪伪政权史研究是抗日战争史研究的一个重要侧面，对于拓宽和加深抗战史的研究具有重要的意义和作用。中国伟大的抗日战争的历史进程，是与日本侵华战争和日伪政权的历史过程同时存在的。汪伪政权及其主子的败亡过程和抗战胜利的过程，可以说是同一历史过程的不同侧面。中国抗日军民与汪精卫汉奸集团及其汉奸政权的斗争，是中国抗战的重要组成部分。侵略与抵抗、卖国与爱国、反动与革命、黑暗与光明，历史的不同侧面，是如此泾渭分明，又彼此不可分离。既要看到历史的光明面，又不能不注视历史的黑暗面；无视任何一个侧面，一部抗日战争的历史，便会变得不可理解了。

不言而喻，对抗日战争的历史不仅需要从抗日民族解放战争和抗日民族民主运动方面去研究，也有必要从日本帝国主义侵华和汉奸亲日派的投敌卖国方面加以研究。尽管作为专史研究，两者的对象各有不同，但只有把上述对立的两个方面联系起来，作为一个统一体进行考察与分析，这样的研究才是科学的、全面的。

第三，研究汪伪政权的历史，对于认识近代中国的汉奸傀儡政权这一历史现象，有着独特的意义。自从外国资本主义帝国主义入侵中国，近代意义上的汉奸群体和汉奸政权，在中国大地上屡见不鲜，而又形态不一。这种历史现象，理所当然地被纳入史学研究的对象。在形形色色的汉奸傀儡政权中，汪伪政权可谓是后来居上者。九一八事变以后，在日本侵华战争过程中，伪满洲国政权、伪冀东防共自治政府和伪蒙古军政府先后粉墨登场，开了日伪政权这种政治怪胎之先河。及至七七事变开始的日本全面侵华战争的推进，伪中华民国临时政府、伪中华民国维新政府和伪蒙古联合自治政府，又相继被日本当局炮制出笼。随之而起的汪精卫汉奸政权，其统治的范围更广、规模更大，形态也更趋完备，是日伪政权这种政治怪胎演变过程中的新阶段。

汪伪政权虽然产生于伪北平临时政府和伪南京维新政府之后，存在的时间也比伪满政权和伪蒙疆政权更为短促，但它在日伪傀儡政权中处于后来居上的地位。在南北诸汉奸政权中，它居于所谓"中央政府"的位置，在某种程度上也起到过此种作用。汪伪政权的政治体制、军事体制、财经体制和文教体制，基本上袭用战前国民党政府的一整套规制，这在南北诸傀儡政权中也是绝无仅有的，而较其他傀儡政权具有更为完备和更趋于近代的形态。汪伪政权权力所及的华东、华中和华南的主要地区，为当时中国经济和文化发展水平最高的地区，又是社会财富和人才资源最为集中的地方。这一切，也使得它有可能、事实上也起到了其他傀儡政权所起不到的特殊作用。研究汪伪政权的历史，揭示这个政权的独特的地位、作用及其历史特征，对于提高这类课题的研究水平，是极为有益的。

第四，汪伪政权史的研究，在政治上的意义显然也是重要的，而明辨忠奸、教化当代、警示后世，应是题中应有之义。本来，"汉奸"这一政治丑类在中国早已为人们所熟知，在近代中国的历史上，此类奸贼不乏其人。每当外敌入侵，民族面临危亡之际，总有那么些丧失民族气节、毫无廉耻的败类，出于种种企图和目的，认贼作父，卖身投靠侵略者，充当敌人灭亡中国、奴役中国人民的工具和帮凶。汪精卫汉奸集团，就是其中最为臭名昭著的一群。历史是无情的，历史又是公正的。虽然，半个世纪多以来，在一次次道义的审判、法律的审判，也是历史的审判之下，汪伪汉奸集团早被牢牢地钉在历史的耻辱柱之上，但蕴含于其中的历史教训却需要后世不断地加以揭示，直到今天它的意义仍未淡出。

汪精卫集团叛国投敌已成为历史，但汪精卫及其一伙所走过的道路却给世人留下了许多值得深思的问题。研究汪伪政权史，正是要在已有的研究成果的基础上，以新的历史材料和新的历史认识，从更为深入的层面上揭示汪精卫及其党羽们是怎样走上叛国投敌之路、沦落为汉奸卖国贼的，是怎样危害自己的民族、肆虐于人民的，又是怎样自掘坟墓而走向覆亡的。卖国必败，汉奸必亡，这是一条不可移易的客观历史规律。汪伪政权的历史，无疑为人们提供了发人深思的历史教训，足以教化当代、警示后世。

对汪精卫汉奸政权的历史和政治的定性和定位，本来早已盖棺论定。然而，人们对历史事物的认识和评价，在不同的情况下，或出于不同的立场和理念，常会出现不同的见解甚至产生反复和变化，这本不足为奇。在一定的历史环境和历史条件下，历史上的沉渣往往也会重新泛起而散发其臭气。更不用说，海外那些死守着日本军国主义立场不放的少数右翼分子为汪精卫一伙及其汉奸政权罪行翻案的言行，就从未停息。汪精卫集团的“和平运动”是“救国”活动还是叛国投敌活动？是有利于真正的和平，还是有利于侵略战争？汪精卫政府是给中华民族带来了福祉，还是带来了灾难？是有利于中国人民的抗日伟业，还是有利于日本帝国主义的侵略扩张？汪精卫等人是“用心良苦”“忍辱负重”的仁人志士，还是出卖国家主权和民族利益的民族败类？是怀抱“我不入地狱，谁入地狱”的“烈士情结”，还是民族失败主义思想恶性膨胀而“奴颜事敌”？毋庸讳言，无论在海外还是在国内，都还存在着歧见。历史事实并未变化，但有些人的认识却有了变异，有的则从来也未敢直面历史。显然，对汪伪政权的历史，必须进行再研究。这一研究的现实意义是至关重要的。

汪伪政权是非常短命的。从一九四〇年三月三十日在南京宣布“还都”而登台，到一九四五年八月十六日宣告“解散”，它共计只存在 5 年 4 个月又 17 天。与漫长的中国历史相比，这是非常短暂的一瞬间。同其他在日本卵翼下的傀儡政权一样，汪伪政权的命运依附于日本侵华战争。它随着日本侵华战争进入战略相持局面而登台，又随着日本战败投降而覆亡。它如此短命，当然也绝非偶然。从它的出笼到灭亡，连同它在登场前的准备，大体上经历了 4 个阶段。

第一阶段（一九三八年十二月至一九四〇年三月）从汪精卫集团叛国投敌到汪伪国民政府成立，这是汪伪政权的准备阶段。汪精卫集团原为国民党上层的主和派，“低调俱乐部”的活动是它叛国投敌的前奏。汪精卫、周佛海、陈公博等人按照日汪双方的《重光堂协议》叛离重庆，潜抵河内，发表《艳电》，响应近卫文麿对华声明。从此，汪精卫集团公开举起所谓“和平运动”即卖国投降活动的白旗。接着汪精卫以上海为基地，进行卖国组府活动。汪精卫等人在东京与日本政府初步达成建立汪伪政府的协议，并在上海签订了《关于日中新关系调整协议书》。汪精卫集团在上海召开伪国民党“六大”会议，抛出“和平、反共、建国”的反动政纲和筹组伪府的方针。随后，与南京伪维新政府和北平伪临时政府的汉奸首领，会商成立伪中央政府，并就权力分配问题达成协议。汪伪国民政府的丑剧，于是在日本的导演下正式登台。

第二阶段(一九四〇年三月至一九四一年十二月)。从汪伪政府成立到太平洋战争爆发,这是汪伪政权的所谓"时局奠定时期"。这一阶段,汪伪政权形成了它的基本格局,并竭力从政治、军事、财政、金融、文化、党派和外交等各个领域确立其统治,力图推展其"和平、反共、建国"的基本政策。它的主要活动有以下几个方面:

"建立中枢与地方机构"。南京伪府的各院、部、委机关以及伪军事委员会各机关陆续建立,伪华北政务委员会在伪北平临时政府的基础上改组而成。苏、浙、皖 3 省和南京、上海 2 市的伪政权,也以原伪维新政府的省(市)政权为基础改组拼凑而成;另在广州和武汉分别组成了广东、湖北两省的伪省政府。各级伪政权招降纳叛,网罗汉奸亲日分子和形形色色的社会政治渣滓,初步形成了从上而下的伪政权的组织体制。

"确定建国方案"。根据伪国民政府的 10 条"政纲",汪伪政权陆续炮制了有关内政、财政、治安、军事、金融、文化、宣传等各个方面的政策、法规、法令、条例和规章制度,力图构建其政权的"法统"体系,在社会各个领域确立和实施傀儡政权的统治秩序。

"强化中心势力"。汪伪政府在政治上标榜实行"国民党"的"以党治国""以党训政"的理念,在权力分配上竭力扩大汪精卫集团的派系势力,强化以汪精卫为中心的伪国民党的"一个党、一个主义、一个领袖"的体制。伪国民党相继建立中央党部、省(市)党部和若干县(区)级党部;同时,"解消""大民会"、"共和党"、"兴亚建国运动本部"等汉奸小党派,将其头目大都拉拢入伪国民党。

"增厚军事力量"。汪伪政府在苏、浙、皖地区大力收编和组建伪和平军,筹组伪警卫部队和警察,拼凑伪宪兵和海军等军事力量,伪军获得了初期发展。将原伪维新政府的"绥靖军"先后改编为苏浙皖伪绥靖军和伪第一方面军;收编李长江部和杨仲华部,分别组成伪第一、第二集团军;收编张岚峰部为伪第一军。在苏南和淞沪地区收编组成伪第二军;扩充伪南京警卫师,设立"首都宪兵司令部";设立南京、广州伪要港司令部。

"调整经济制度"。在经济和财政方面实行以下主要举措:成立伪中央储备银行、发行"中央储备券",首先在上海、南京和苏、浙、皖地区推行"中储券",打压重庆政府的法币;设立中央与地方的税收机关,逐步掌握统税、盐税和地方税收,并从日本横滨正金银行取得部分"关余";竭力向金融、产业部门渗透势力;开始插手物资统制,参与芜湖等地的粮食收购与在南京、上海的粮米运销。

"拓展文化势力"。开始实行新闻统制,监控舆论。建立"直属报社"制度。设立伪中央电讯社、公布《出版法》等法规和建立电影检查机关,开始统制文化事业;在各类学校和社会教育中推行奴化教育;成立伪中日文化协会等汉奸文化团体。

“开始举办清乡”。汪伪政府在日本“中国派遣军”总部的指使下发动“清乡”。成立以汪精卫为首的“清乡委员会”。一九四一年六月开始。先在江苏的吴县、常熟、昆山、太仓地区，接着又在无锡、江阴地区进行“清乡”运动。

“敦睦中外邦交”。汪伪政府与日本政府签订了伪府成立后的第一份卖身契《中日基本关系条约》。汪、日与伪满发表《中日满共同宣言》，标志着汪伪政府正式承认伪满洲国。汪伪宣布加入《国际防共协定》，并先后与法西斯德国、意大利、罗马尼亚、西班牙、匈牙利、保加利亚、克罗地亚等8国建立所谓外交关系或获对方的“承认”。登台初期的汪伪政府已表明，它不仅是日本军国主义政府的奴仆，也是国际法西斯阵营的一个走卒。

第三阶段（一九四一年十二月至一九四三年一月）。从太平洋战争开始到日本“对华新政策”的登台，这是汪伪政权的所谓“协力战争时期”。在这一年左右的时间里，汪伪政权进一步把自己绑在日本“大东亚战争”的战车上，借助其日本主子在战争初期的暂时得势，更加疯狂地在各方面推展其卖国、反共、破坏抗战和奴役民众的政策。这一阶段有以下主要活动。

“励行新国民运动”。以培养日伪忠顺奴仆为目的的“新国民运动”，在汪伪“协力大东亚战争”的口号下，在一九四二年至一九四三年间被全面推展起来。

“继续举办清乡”。太平洋战争开始后，汪伪政府先后在太湖东南地区、上海郊区、浙东地区，以及苏淮地区进行“清乡”运动。

“实施统一货币”。伪财政部宣布废止“中储券”与法币之间的等价流通，并不断打压法币的比价地位，一步步缩小法币使用和流通的范围，强制推广伪中储券的使用和流通领域。至一九四三年二月，在上海、南京、江苏、浙江、安徽等市、省以及广州、武汉等日伪地区，法币先后被全面禁止流通使用。

“调整金融机构”。随着日军侵占上海两租界，汪伪当局乘势营造伪中储行在华中、华南沦陷区金融领域的统制地位。汪伪封闭了原在上海租界运营的重庆当局的中央银行和中国农民银行，并予以废止。同时将中国银行和交通银行予以改组，使其与重庆当局断绝关系，置于汪伪政府监控之下。并改组和控制上海的四明银行、中国通商银行、中国实业银行、中国国货银行等“小四行”。通过一系列金融立法，确立伪中储行对汪伪区域金融业的统制。

“调整军事机构”和“扩充军队”。一九四二年汪伪对军事机关实行一次大的改组与调整，强化伪军委会委员长的统率权，将军政、军令，军训、政训各部集于军委会，增强了汪精卫及伪府中央对军事力量的控制。以重庆政府的孙良诚部投降日汪为标志，伪军在这一阶段出现较大规模的发展。一九四二年四月组成以孙良诚为总司令的伪第二方面军。

“紧密东亚团结”。汪伪政府在“协力大东亚战争”的旗号下，与伪满政府一起

“加强以(日本)帝国为中心的日满华相互之间的结合”;并与泰国、缅甸、印度和越南等印支国家的傀儡政权相互加紧勾结。汪精卫先后赴长春和东京,访问伪满和日本。

第四阶段(一九四三年一月至一九四五年八月)。从汪伪政府宣布对英美“宣战”到日本战败投降和伪府覆亡,这是汪伪政权的所谓“参加战争时期”。汪伪政权在日本政府“对华新政策”的诱导和刺激下,出现了短暂的覆灭前夜的回光返照,对外宣布“参战”,“收回”租界和“撤废”治外法权;对内推行以汪政权为中心的所谓“统一”活动,加强经济统制和文化统制,竭力发展并重新部署其军事力量。在地方政权方面,先后建立伪江西省政府和伪淮海省政府。同时汪伪政府也企图利用“参战”之时机,力求从日本主子方面争得些相对“自主”的“权益”。但是,覆灭前的疯狂,只不过是垂死挣扎的表现而已,并未挽救其必然失败的命运。随着日本的战败投降,这个汉奸政权顷刻土崩瓦解,归于覆亡。在行将灭亡的最后阶段,汪伪的主要活动可归结为以下几个方面。

“确立战时体制”。一九四三年一月汪伪政府对英美“宣战”后,声言进入“参战时期”,并宣布建立“战时体制”。伪府设伪最高国防会议,再次调整中央与地方军政机构,改省政府委员会主席制为省长制,普遍推行行政督察专员公署制。在县一级将一切权力集中于县长等,强化了在各个领域的法西斯专政,这就是所谓实行“战时政治体制”。

“实行物资统制”。所谓实行“战时经济体制”的主要标志,是进行“物资统制”。汪伪政府笼络勾结上海和江浙资产阶级若干头面人物,组成伪全国商业统制总会,日汪联合组成伪物资统制审议委员会和物资调查委员会,为推行物资统制活动的三大机构,而以“商统会”为执行机关。日伪以超经济的强制行动,实行物资移动管理和物资登记,粮食、油料的统买和棉花、纱布的统买与配给。控制和操纵市场,大量收购粮食、棉花、纱布、油料等物资,供给日本充作军用民需。同时,在占领区的上海、南京等大城市,实行对居民的口粮和日用品的“配给制度”。生活资料和生产资料的严重短缺,伪中储券的滥发,造成汪伪区域物价的持续暴涨。

“收回租界”和“撤废治外法权”。在日本“对华新政策”的导演下,日伪双方签订关于“交还”租界及“撤废”治外法权的协定。日本政府将在华所有租界行政权“交还”汪精卫政府,日本承认由汪政府“收回”上海公共租界,汉口、天津、苏州、杭州的日本专管租界,以及厦门鼓浪屿公共租界行政权。日本宣布“撤销”在华治外法权。法西斯德国和意大利宣布向汪伪“交还租界”,“交还”北平使馆区行政权,“撤销”治外法权。法国维希政府声明“放弃”北平使馆区,厦门鼓浪屿公共租界及上海、天津、汉口、沙面租界行政权。

“扩军整军”。南京伪府在这一阶段继续力图扩充军事力量。原国民党军新编第四师吴化文部投降日汪后，组成伪山东方面军。原国民党军第二十四集团军庞炳勋、孙殿英部投降日汪后，组成汪伪军第二十四集团军。原国民党军鲁苏战区第一一二师荣子恒部投降日汪后，改编为伪第十军。伪军委会又将伪苏豫边区绥靖部队张岚峰部改编为伪第二集团军。以上 4 部成为这一阶段组成的汪伪军 4 支最大的建制部队。一九四四年十月，汪伪正规军统一编组为六个方面军，尔后又增编了一个方面军，共为七个方面军。汪精卫提出在广东、武汉、淮海三地区扩军，周佛海、陈公博企图在宁、沪、杭地区“整军扩军”，但均成泡影。

“实行战时文化宣传体制”。在“战时体制”的格局下，汪伪政府全面加强了意识形态领域的法西斯统治，以“动员文化宣传总力，促进统一，完遂战争，为其最大课题”。这时出台的《战时文化宣传政策基本纲要》，是在文化、宣传、教育、新闻、出版等各方面实行“战时体制”的集中表现，是汪伪文化专制主义和文化统制政策的最后一个版本。

“联蒋反共”的军政部署。南京伪府在其最后阶段倾注极大的注意力于“联蒋反共”的军事和政治部署，成为汪伪政权败亡过程中一个显著的特点。陈公博等汉奸头子不遗余力地鼓吹“党不可分，国必统一”的政治口号，频频向蒋介石国民党发出信号，图谋实行“宁渝合流”；而以“反共”作为双方联合的基点和走向这一合流的桥梁。周佛海、陈公博、任援道、丁默邨等纷纷向重庆当局输诚，暗通款曲，表示效忠。同时，全面调整军事部署，将伪军的大部兵力调集于沪宁线、津浦线南段、陇海线东段的沿线地带，以及苏北和杭州地区，特别是加强了上海的军事部署，以适应“联蒋反共”的需要。

历史潮流，浩浩荡荡，顺之者昌，逆之者亡。一九四五年八月十五日，日本宣布无条件投降。汪伪政权的末日到了。十六日，南京伪府决定“自行”解散。同日发表的“解散宣言”，成为这个恶贯满盈的汉奸政权覆亡的一纸自供状。

撰写本书的目的，是要在系统的全面的史料基础上，梳理和叙述汪精卫集团和汪伪政权的产生、发展和覆亡的历史过程，从政治、军事、经济、文化、外交等各个方面陈述与论析它的基本状况及其历史特征，总结它从出笼到灭亡的必然的命运及其在历史上的教训。这一课题具有多方面的丰富的内容，涉及许多历史问题，需要作深入的研究和探讨。本书作为一家之言，祈求与史学同行们互相交流、共同探讨。如果对这项学术研究有所创造、有所推进，那就是达到了我们所最热切的愿望了。以下，就关系本书立论基础的若干主要问题，作一些简要的阐述。

一、汪伪政权是日本帝国主义亡华灭华和“以华制华”政策的产物，是日本进行侵华战争和实行殖民统治的工具。这是无可否认的汪伪政权的基本史实，是梳理汪伪政权历史的一条基本线索。“以华制华”是日本侵华的一项长期的政策，扶植与操纵傀儡政权则是实施此项政策的集中表现。日本在其占领区的统治，是以军事镇压为前提，统合政治经济、文化和意识形态各个方面，构建其殖民统治的体系，而傀儡政权的登场是建立其殖民统治的主要杠杆之一。先是纠集汉奸亲日派和各种社会渣滓，成立形形色色的地方“治安维持会”一类组织，为傀儡政权的雏形。然后，日军操纵下的各类各级“维持会”归并扩大，地区性的各级傀儡政权继而粉墨登场。日本炮制北平伪中华民国临时政府和南京伪中华民国维新政府，并竭力促使这两者的所谓“联合”；同时，又力图促使唐绍仪、吴佩孚等人“出山”充当“新政府”的首领，其本意是要“树立全国性的新政权”，以取代蒋介石国民政府。但这一企图并未得逞。

汪精卫集团的投降日本和汪伪政权的出笼，是日本对国民党和国民政府实行“政治诱降”的结果，对于以蒋介石、汪精卫为首的国民党和国民政府，七七事变后日本的基本方针，是在军事打击和政治诱降两手政策并用之下，逼迫蒋、汪“转向”，完全接受日本的条件，由国民政府签订城下之盟。但是，日本诱逼蒋介石投降的目的未能达到，而诱降汪精卫却有了结果。当日本认定蒋介石拒绝接受日本的条件和要求、也不放弃抗战和联共的政策，而汪精卫则热衷于在日本的“善邻友好”“共同防共”“经济提携”三原则和“东亚新秩序”的基本政策下，同意接受日本的亡华条件，遂转而采取“倒蒋立汪”的分化政策。汪精卫集团的叛国投敌，被日本视为其“政治谋略”的一大成功。然而，汪精卫一伙在国民政府内并未掌握实权，特别是毫无军事实力，他们转向叛变并未导致“倒蒋”局面的出现，更未使国民政府瓦解。于是，日本又改换策略，企图推动“蒋汪合流”，与之签约，共同接受其亡华条件。日本以诱降蒋介石和促成“蒋汪合流”为目标的“桐工作”和“钱永铭工作”的失败表明此计又未得逞。日本最后乃扶植接受其亡华条件的汪精卫集团，正式承认了汪精卫南京傀儡政权。

二、汪精卫集团走上叛国投敌、组建伪府之路，有其内外原因，是主客观因素共同作用的结果。这是一步步的沦落过程。从七七事变前后起，在日本发动全面侵华战争，中国形成以国共合作为基础的抗日民族统一战线，全国规模的抗日高潮兴起的条件下，汪精卫一伙是国民党统治阶层内主张对日妥协、反对抗战、反对国共合作的主和派，汪精卫一伙潜离重庆、逃往河内后，他们已成为公开叛离抗日阵营，同日本侵略者携手的投降派。到了在日本的导演下，沐猴而冠，在南京组建傀儡政府时，汪精卫集团遂最后沦落为汉奸卖国贼，走上了万劫不复之路。

这一步步地走向深渊，当然不是偶然的。就客观条件而言，日本的军事进攻所造成的压力和政治诱降所带来的诱惑，是汪精卫一伙走向投敌卖国之路的外部环境；中国半殖民地性质的社会和国民党内部的不统一以及派系斗争的长期存在，则是其内部环境。就主观条件而言，汪精卫一派对远东和世界战略形势及其发展前景的错误认识，对中华民族持久抗战伟力之熟视无睹，抗战失败主义和反共思想的恶性膨胀以及权力欲的作祟，则是他们堕落为汉奸卖国贼的内在原因和主观因素。

汪精卫等人在九一八事变，尤其是在长城抗战以后，滋生起一种恐日病。他们死抱着完全错误的中日关系观，既误判了敌国日本，又错看了自己的国家和民族，视日本为国力强盛而不可战胜，反视中国为落后贫弱而不堪一击；视日本帝国主义无亡华之心，又视中国无抗日之力、更无战胜日本之可能。他们完全看不到中华民族的日益觉醒，看不到觉悟了的团结战斗的人民群众的力量是不可战胜的。他们将中国抗战的国际环境看成漆黑一团，完全无视国际关系有利于我而不利于敌的前景，也完全看不到世界民主力量战胜法西斯力量的必然趋势。这种民族失败主义，实为汪精卫一伙走上叛国投降之路的重要思想基础。正如毛泽东当时指出的，“投降主义根源于民族失败主义，即民族悲观主义，这种悲观主义认为中国在打了败仗之后再也无力抗日”①。在他们看来，中国抗战必败无疑，与其战败而亡国，倒不如停止抗战，接受日本的条件和要求，而与之达成“和议”，即使是接受何等的屈辱条约也在所不惜。

根深蒂固的反共思想，是汪精卫集团叛国降日的另一重要思想基础。汪精卫长期以来坚持反共立场，在全面抗战以前，是国民党推行“攘外必先安内”政策的主要决策者和主持者之一。七七事变以后，他仍然持反共第一的立场，反对国民党转向联共抗日，反共必然要亲日降日。“共同防共”，本来就是日本向国民党政府“政治诱降”的基本条件之一，日本帝国主义用反共作为诱饵、借反共作为条件，来分化国民党、分化抗日阵线。而汪精卫一伙也认定，要反共就必须与日本携手合作。“反共为投降之准备步骤，盖反共之极，势必至于投降，而投降之前，尤必倡言反共，汪精卫之覆辙，其明证也。”②这是抗日民族统一战线条件下，那些坚持“反共之极”的政治人物通常必走之路。反共，是日本当局与汪精卫一伙在政治上的联结点，是汪精卫之流走向卖国之路的一座桥梁和终极目标之一。

汪精卫、陈公博、周佛海等人都极富政治野心和个人权力欲，汪精卫更具有强烈的领袖欲。企图在中日大战这个时势大变动之中，乘机夺取更大的个人权势与更高的地位，这是他们沦落为汉奸卖国贼的另一个内在原因。汪精卫对于自己在国民党内处于蒋介石以次的地位，是极为不满的。因而，当日本排斥蒋介石，实行“倒蒋立汪”政策，支持他“出山”组建政府时，他就一步步投入日本当局的怀抱。

---

① 毛泽东：《和英国记者贝特兰的谈话》，《毛泽东选集》（第2卷），人民出版社，1953年，第382页。

② 朱德、彭德怀、叶挺、项英：《八路军新四军讨汪救国通电》（1940年3月15日），《毛泽东新闻工作文选》，新华出版社，1983年，第53页。

陈璧君说过:“难道当汉奸也坐第二把交椅吗?”恰是汪精卫此种心态的写照。汪精卫其人政治性格多变而反复无常,气度之狭窄也迥异常人,而且往往好走极端:由慷慨激昂的革命烈士,变异为联袁制清的妥协者,由极端反共转为联共,最后又坚决反共;由对日本的主战者,转向为对日投降派;时而联蒋(介石),又时而反蒋,最后又与蒋决裂;由与胡汉民为生死之交的挚友,而分道扬镳转变成视如仇敌。如此等等,不一而足,足证其翻云覆雨之政治性格。当然,汪伪政权之下,大大小小汉奸为数不少,他们之所以走上这条道路,往往各有不同的个人动机和具体环境,主客观原因大不相同,其中的政治观念也并非简单划一,情形甚为复杂,这是需要具体分析的。

三、汪伪政府是一个彻头彻尾的卖国、傀儡政府,它的全部历史为确定这个政权的性质提供了不容置疑的客观依据。评价一个政权是卖国还是爱国,主要是看它是否维护民族独立和民族利益,维护国家的主权和领土。汪伪政权用它自己的言行,写下的是一部为国人痛斥的卖国史。首先,汪伪政府与日本政府之间所达成的一系列条约、协定,说明它出卖国家主权、权益和领土的广泛性和严重性,在中国近代历史上是空前绝后的。其次,汪伪政府作为一个所谓“中央政府”,在形式上是保持着其“独立”性的,也掌控着一部分权力,汪伪政府为了争得自己更多的权益,也与日本当局进行过一些抗争;但是,它把自己的主要权力,包括政治权、军事权、治安权、财经权、外交权、教育权以及舆论宣传控制权等,无不置于日本的指挥和操纵之下,这说明它把整个政权基本的最高的权力都拱手交给日本这个外国侵略者了。第三,汪伪政府充当了日本的附庸和工具,其各方面的施政,大都按照日本当局和日本占领军的意志而行动,一切以服从于日本侵略者的需要为转移。第四,汪伪政权在其统治所达到的地域,竭力搜括社会财富、工农业产品、人力资源和物质资源,供给日本从事侵略战争和维持殖民统治。第五,对外卖国附日、对内反共反人民,是汪伪政权一切活动的两个基本点。卖国必然反共反人民。汪伪政权始终死心塌地地充当日本侵略军镇压共产党,进攻八路军、新四军的帮凶和鹰犬,同时也是对沦陷区人民实行法西斯统治的工具。以上种种方面,是确认汪伪政权为卖国傀儡和反动政权的主要依据。

汪精卫集团和汪伪政府与日本政府和军事当局之间,签订过为数众多的各种类型的条约和协定。其中最基本的有以下四个条约:一九三八年十一月在上海签订的《日华协议记录》及其谅解事项等文件、一九三九年十二月在上海签订的《关于日中新关系调整协议书》、一九四〇年十一月在南京签订的《中日基本关系条约》等文件、一九四三年十月在南京签订的《日本国与中华民国同盟条约》及附属议定书。这些条约和协定,都是汪伪政权卖国罪行的铁证。

这里,仅就《关于日中新关系调整协议书》为例,解剖汪精卫集团的卖国情形。

一九四〇年一月，直接与汪精卫的代表拟订和炮制上述协议书的日本陆军省军务课，在一份名为《日本通过现地交涉成立案所获得的重要权益》的内部秘密报告中，对日本从上述“协议”中所获得“权利与利益”，作出以下概述。①

（一）地域性实权的掌握

1. 蒙疆的总括性的实权；

2. 华北的国防上和经济上的实权；

3. 对上海、厦门的支配权；

4. 海南岛及附近岛屿的军事权及资源开发权。

（二）军事实权的掌握

1. 防共驻屯权；

2. 治安驻屯权；

(1) 厦门、海南岛及附近诸岛屿海军部队的驻屯；

(2) 其他驻屯。

3. 在驻屯区及与之相关地区，日本在军事上对铁道、航空、通讯、主要港湾及水路的要求得到确保。

4. 通过军事顾问及教官，对中国军队内部领导权的确保。

（三）经济权益的获得

甲、全中国

1. 关于航空的支配性的地位；

2. 关于开发与利用国防上必要的特定资源的企业权（华北日本优先，其他地方日华对等）；

3. 日华之间及中国沿海主要海运的参与权；

4. 关税和海关手续上的亲日政策；

5. 通过招聘日本财政、经济、技术顾问进入中央政府而确保执行日本政策。

乙、蒙疆

对于经济的全面的经济领导权及参与权。

丙、华北

1. 关于铁道的实权；

2. 关于通讯（不含有线电讯）的日华共同经营权（日本优先）；

---

① ［日］陆军省军务课：《日本通过现地交涉成立案所获得的重要权益》(1940年1月4日)，日本みすず书房编：《现代史资料》(第9卷)，1964年，第691—692页。

3. 特定资源特别是国防上必需的埋藏资源的开发利用权；

4. 国防所必需的特定事业的合办参与权(日本优先)。

丁、扬子江下游地区

1. 通过设置日华经济协议会而确保对贸易、金融、产业及交通等等的日华协议权；

2. 通过招聘技术顾问及技术员而确保对上海特别市建设上的领导权。

(四) 政治、外交及文化上的权益

1. 承认“满洲国”；

2. 外交、教育、宣传及文化等方面的协作；

3. 军事以外的防共协作。

汪精卫与日本订立的上述条约，正如当时重庆《大公报》予以严厉声讨的，是日本灭亡中国的“万无一失的”“天罗地网”，“我们纵读四千余年的历史，实在找不出这种屈辱无耻的文件，一字一句，都像无数把尖刀，刺入中国人的心脏”。①毫无疑问，汪伪政府是中国历史上出卖主权最全面最彻底的卖国政府。

四、汪伪政权是在日本卵翼下的，一群反动官僚、政客、军阀、党棍和堕落文人的集合体。亲日派大地主大资产阶级是这个政权的阶级基础。研究一个政权，必须分析“社会阶级在国家中的地位”，剖解掌握国家政权的是些什么社会力量。政府的性质，是由掌握政府权力的主导集团的阶级属性决定的。汪伪政府是由大地主大资产阶级亲日派主掌的。在日本侵华战争这个炸弹的威力圈之下，中国的各个阶层、各党各派和各种社会势力，发生了广泛而深刻的分化和改组，出现了社会政治势力重组的局面。物以类聚，人以群分。在这场大分化、大改组的汹涌波涛中，大地主大资产阶级亲日派的势力急剧膨胀起来。为数不少的官僚、政客、军阀、党棍和堕落文人，出于种种目的，沿着亲日、卖国之路，在日本侵略势力的卵翼下相互聚合，组成汪伪政权的核心和基本班底。构成这个集合体的成分，大体可分为以下几类。

第一类，是从国民党内分离出来的以汪精卫为首的叛国集团，他们是汪伪政权的核心力量和主导集团。其中汪精卫、陈公博、林柏生等人，是原国民党改组派的头目。汪精卫此人，曾是孙中山左右著名的革命党人、大革命时期国民党的主要领袖人物，一度与共产党有过政治合作关系，战前曾与蒋介石在南京国民政府合作主政，而以坚持反共和亲日著称于世，是国民党内亲日派的领袖。周佛海、梅

① 《揭露亡国的“和平条约”——日阀的毒辣与汪逆的万恶》，重庆《大公报》社评，1940 年 1 月 24 日。

思平、丁默邨、李士群、周学昌、汪曼云等人，原为国民党CC系和中统的骨干分子，周佛海是一个善于弄文舞墨又惯于钻营的反动政客。褚民谊是汪精卫的亲信党羽，在战前曾数度与汪精卫在政治上共进退。陈璧君早年加入同盟会，战前是国民党中央监察委员会委员，罗君强则是一个寡信善变、好弄权术的国民党官僚。这些人中有不少曾在国民党及政府中身居要职，如汪精卫曾任国民政府主席、行政院长、中政会主席、国民党副总裁、国民参政会议长。周佛海是国民党中央执行委员会委员兼中央党部宣传部代部长，军委会侍从室第二处副主任。陈公博曾任国民党府实业部部长、中央党部民众训练部部长、国民党四川省党部主任委员。这些人曾一度混迹于民国政府，又打着信奉“三民主义”“继承孙中山遗志”的旗帜，具有较大的政治欺骗性。因而，日本把汪精卫称为“第一流人物”，特别给予重视。他们从而成为南京伪府中执掌实权的核心力量和主导集团。

第二类，是原北洋政府一部分残余的官僚、军阀和政客。伪北平临时政府和伪南京维新政府几乎都是以这类人物为核心，后来他们大多成为汪伪政权中央或地方的重要头目。王克敏、梁鸿志、王揖唐、汤尔和、董康、朱深、王荫泰、陈锦涛、陈箓、高凌霨、齐燮元、殷同、苏体仁、张仁蠡、何佩瑢、张英华、石星川、倪道烺、马良等人，是这类汉奸的主要代表人物。其中不少人曾是北洋政府的高官，如王克敏曾三度出任北洋政府财政部总长；梁鸿志曾任北京国会参议院秘书长、北京执政府秘书长，为安福系著名政客；王揖唐历任北京政府内务部总长、安福国会众议院议长；汤尔和曾任北洋政府教育、内务、财政等部总长；董康曾三度担任北洋政府大理院院长，并先后任司法部总长、代理财政部总长；齐燮元曾任江苏督军、苏皖赣巡阅使；高凌霨曾在北洋政府担任财政、农商、内务等部总长。温宗尧虽并非北洋政府中人物，但在清末曾先后出任清政府驻藏大臣、外务部副总长。这些人政治上的共同特点，是对外亲日、崇日，对内既有强烈的反共意识，又对蒋介石国民党怀有或多或少的敌意，其中许多人是老牌的亲日派。在战前已在政坛失势的这些官僚和政客，竭力想借助日本之力，东山再起，重掌权力。于是，他们在日本的笼络和利诱之下，重新聚集，奴颜事敌、组织伪府。

第三类，是从国民党新军阀中分化而出，投敌叛国的反动将领。参加汉奸行列的伪军上层人物，大都出自原国民党军队，而在军事实力派中以出身于西北军和东北军系统的为多，也有一些是来自其他地方杂牌军系。伪第二方面军总司令孙良诚、伪总参谋长刘郁芬、伪第三方面军总司令吴化文、伪徐州绥靖公署主任郝鹏举、伪第五方面军总司令庞炳勋、伪参赞武官长郑大章、伪第六方面军总司令孙殿英、伪第四方面军总司令张岚峰、伪第二军军长刘培绪等人，均出自原西北军系统。伪军政部长、陆军部长、总参谋长鲍文樾，伪军事训练部部长、陆军部部长萧叔萱，伪苏豫边区绥靖总司令、总参谋长胡毓坤，伪军事参议院副院长富双英、伪海军部部长凌霄，伪航空署署长、参谋次长姚锡九，伪第十军军长荣子恒、伪山东省省长杨毓珣等人，都出自原东北军系统。从国民党政府地方军事机关和地方部队中分化而来的，有叶蓬、任援道、杨仲华、杨揆一、李长江、黄大伟、门致中等。军阀一般是以封建帮派关系作为维系相互关系的纽带，而“有奶便是娘”“谁的势力大就投靠谁”，则是左右他们行动的准则。在嚣张一时的日军大举进攻的形势下，以往备受国民党中央系排挤的原西北军、东北军系和其他一些地方实力派的一些将领，纷纷落水当了汉奸，也就不足为奇了。

第四类，是从国民党中统、军统两大特务系统叛离而来的特务骨干分子。特工机关在汪伪政权机器中具有特别重要的地位和作用，这是由这个政权的反动、残暴和腐朽的本质所决定的。汪伪特工机关的上层和骨干分子，大多来自国民党中统和军统两大特务系统，而原中统特务则成为其中的主要成分。伪特工总部主任丁默邨和李士群、副主任唐惠民均来自中统。丁默邨战前曾任中统前身国民党中央组织部调查科上海区直属情报组组长、以陈立夫为首的军委会调查统计局第三处处长，为CC系特务之干将。李士群曾任国民党中央组织部调查科下属在上海的一个特务组织的情报组主任、调查科南京区侦查员、中统所属株萍铁路特别党部特务室主任等，伪特种警察署署长、伪首都警察厅厅长、伪警察总监苏成德，战前曾是CC系的“中央特工总部”行动总队长，投降日伪前是中统局东南督导区副区长。伪特工总部南京区区长、政治保卫部政治警察署署长马啸天，曾在中统南京实验区当过侦察股长。汪伪特工总部副主任兼第二处处长唐惠民曾在中统担任谍报主任。此外，汪伪特工的重要骨干胡均鹤、石林森、邓达谧、姜颂平、饶筠伯、姜志豪等，战前都是中统特务骨干分子。汪伪特工总部机关的主要人员以及其在各地分支机关的一部分头目，也都是前中统特务。汪伪特工机关的另一部分重要班底，则是原军统特工。汪伪特工总部苏浙皖赣四省行营副总指挥、特工总部国际情报组组长陈恭澍，原为军统上海沪二区区长，被捕后叛变而投入日伪阵营。伪政治保卫局金华分局局长傅胜兰，原为军统青岛站站长。伪特工总部高级顾问王天木，原为军统华北区副区长、上海区区长。汪伪特工总部第一处处长、上海区区长、政治保卫部秘书长万里浪，原为军统上海区重要骨干。此外，汪伪特工总部负责人傅也文，以及林之江、毕高奎等汪伪特务骨干，也都出自军统特务系统。这批叛国投敌的特务分子，有的对抗战前途丧失信心、对在日伪区从事地下斗争心灰意冷；有的在国民党特务机关遭到冷落而失意，有的经不起日伪的威逼利诱，于是纷纷“落水”，转而成为日本侵略者和汪精卫汉奸集团的鹰犬和走卒。

第五类，是一些在野小党派的党魁和政客。民国政坛上，有些在野的小党派的党魁和一些以所谓“无党无派人士”面目出现的政客，既无政治资源，又无经济支柱，更缺乏军事实力，他们主要通过投靠和依附于某种政治军事势力，为自己谋取权益，这些人并无正当的政治操守，亦极少民族气节，只图一时一己的利害得失而不顾是非忠奸。在日本侵华、政治势力出现新的分野和重组的大背景下，这类人当中一些在蒋介石政权之下未曾获得政治需求的人，遂起而响应日本和汪精卫的招降，投入汪伪政权。担任伪考试院副院长的中国社会党江亢虎，任伪农矿部部长的青年党赵毓松，任伪交通部部长、次长的国家社会党诸青来、李祖虞，所谓“无党派人士”的伪教育部部长赵正平和伪建设部部长傅式说，曾任伪宣传部部长的赵尊岳，以及原为国民党人、战前已失势在野的伪考试院副院长、立法院副院长缪斌，伪内政部部长、江苏省省长陈群，均为这类人物中的主要代表。

第六类，是在日本侵华战争的烽火中变节的堕落文人。汪伪政权上层人物中，有一部分本是从事文化、教育和学术事业的知识分子，其中不少人有留学日本的经历，亲日情节挥之不去，也有少数人曾负笈欧美，接受过西方的教育；民族失败主义思想则是他们的共同特点。他们在民族危难关头变节投日，沦落为汉奸。在战前为北京大学教授的周作人，清华大学教授钱稻孙，曾任暨南大学校长的赵正平，大夏大学教授傅式说，中国公学教授樊仲云，曾任复旦与暨南等大学教授、商务印书馆编译所主任、《东方杂志》主编、《中央日报》主笔的李圣五，曾在浙江、广西等地学校任教和在上海充任报社主笔的胡兰成，《申报》编辑陈彬龢，暨南大学教授、作家张资平，曾任上海《中华日报》编辑的郭秀峰，曾经担任《论语》《人世间》《宇宙风》等刊物编辑的陶亢德，曾任中山大学国文系主任的龙沐勋，原新华电影制片公司总经理和编导张善琨等，都是汪伪政权著名的汉奸文人。这些人堕落为汉奸，有种种复杂的内外原因。如在五四以后的新文化运动中卓有成就、颇具盛名的周作人，因为有着根深蒂固的亲日情结、浓厚的恐日病和抗战失败主义思想，以及对个人安适生活的留恋追求，终于经不住日伪势力的利诱和威逼，竟然不顾民族大义，变节叛国。

第七类，是上海和江浙资产阶级中少数“落水”出任伪职，与日汪合作的头面人物，傅筱庵、唐寿民、袁履登、闻兰亭、林康侯，以及吴震修、叶扶霄、江上达、郭顺、吴蕴斋等人为其中主要代表。汪精卫集团始终十分重视笼络上海和江浙资本家与其合作、为其所用。为此，汪伪当局对后者软硬兼施，利诱和威逼并用，促使资本家就范。上海和江浙资本家中绝大多数对日汪采取不合作态度。但是，他们当中少数头面人物，从其所代表的阶层、企业甚至一己的私利出发，为了维护其在金融、产业、贸易方面的利益，置民族大义和国家利益于不顾，在日军占领上海两租界以后，出面与日伪结成经济上的联盟，出面主持汪伪“经济统制”事业。不可否认，其中也有一部分人是迫于当时环境，无可奈何地堕落于与日汪合作的境地。在沦为汉奸的资产阶级头面人物中，傅筱庵直接听命于日本占领军，而与汪伪的关系却是若即若离。唐寿民、袁履登、林康侯、闻兰亭、叶扶霄等人在相当程度上与汪伪政府相结合，成为被称为“经济汉奸”的特殊汉奸群。上海资产阶级头面人物中，还有个别人如周作民等虽并未在日伪的政治经济舞台上抛头露面，却在暗中深深地参与了汪伪集团的政治、经济和财政金融方面的活动，是一种“灰色”的与日伪合作者，特别是他们还充当了汪伪集团与重庆当局之间秘密联系的一种桥梁。这些资本家与汉奸是有区别的，这也是汪伪政权与上海资本家关系中的一个重要方面。

然而，汪伪政权是一个由复杂的成分组成的集合体，参与这个政权并在其中服务的人，并非都是清一色的汉奸。这个政权虽被日本侵略者和汉奸卖国集团所统治、所控制，却并不是其中每一个分子都认同日本的侵略和汉奸的卖国行径。事实上，有相当部分的人并不满意这个政权的统治阶层，有些甚至是厌恶和抵制它的领导的。在汪伪政府、伪国民党、伪军以及汪伪文化教育机关和经济机关中，都存在这种情形。在这个政权各类机构从事工作的人，其动机、目的和态度也是复杂多样的，死心塌地为日伪卖命的人只是其中一部分。这个汉奸政权，其中又分为几个派系，如以周佛海为首的所谓“CC 派”、以陈璧君为首的所谓“公馆派”、以陈公博为首的所谓“改组派”等；在军事实力派中更是各结帮派，各有首领。汪伪各派系既相互依存又相互倾轧争斗，汪伪政权并不是一个严密的统一体。这个政权中也有个别骨干成员在一定的条件下从中分化而出，投向革命阵营。

五、汪伪政府是一个用“国民政府”的外壳装饰起来的、实行日本帝国主义和汉奸专政的反动政权。从政治统治的层面来考察，汪伪政权与伪满政权、伪蒙疆政权、伪临时政府和伪维新政府相比较，同为日本操纵下的傀儡政权，对外出卖民族利益，对内压迫和剥削人民，在这些根本点上是共通的。但在政治理念、政治制度和政治运作的程序上，汪伪政权在总体上是承袭了国民党政府的规制，显然有着不同于其他几个傀儡政权的特点。

汪伪政权在形式上“奉三民主义、五权宪法为本”，标榜“以党治国”“以党训政”的政治理念。实行“以国民党为中心势力”，把汪伪国民党置于主政执政的地位，以伪中国社会党、青年党、国家社会党和所谓“在社会上负有重望之人士”共同参政为点缀，给自己涂上一层薄薄的“共和政治”的油彩，披上一袭“政权开放”的外衣。但在实际上，汪伪国民党并不干政，伪党与伪府之间显无密切联系，伪中央政治委员会亦非由伪国民党一党人员所组成。这反映了日本在幕后的控制作用和汪精卫伪国民党的政治资源之不足，以及“临时”“维新”两个伪府早于汪伪存在的既成事实。汪精卫还声言要制定和颁布“宪法”，召开“国民大会”，“结束训政，实施宪政”，并成立了以他自己为首的“宪政实施委员会”。这一切，虽是玩弄政治把戏的欺骗，却反映了汪精卫的政治理念，以及把战前国民党政府的政治模式移植于伪府的企图，这也是为别的傀儡政权所未有的。

汪伪政权宣称其统治具有“法统”上的依据，把其政权的渊源联系于一九三〇年南京政府制定的《训政时期约法》，为自己制造法律上的合法依据。为此，它采取所谓“还都”的方法，将“首都”设于南京，“国旗”仍用“青天白日满地红”旗帜，只是由于日本的坚持而在旗上加了一条黄色三角飘带，“国歌”也采用“三民主义，吾党所宗”。这些，可谓与原国民党政府同为一个模式。

汪伪政府的组织形态，伪中央政府采用“国民政府”的名号，实行主席制和五院制，分设伪行政、立法、司法、考试、监察五院；由各部、委组成的伪行政院为最高行政机构；中央军事机关与五院同格，设伪军事委员会。伪地方政府分为省（特别市）、县（市）、区、乡（镇）四级，亦与国民党政府的体制大致相同。但所谓“国民政府”的体制，其实只是一个外壳。就权力结构而言，汪伪国民政府设立的由日方人员组成的“最高军事顾问部”和“最高经济顾问部”，设置于各部委的日本“顾问”“辅佐官”，地方政府的日本“联络官”等，虽然都不属于伪府的正式建制，却拥有至高无上的权力。而日本在各地的军事占领当局、使领机关、兴亚院联络部，都处于汪伪政权的体制之外，却有权干政，甚至决定一切重要问题。

在“三民主义”旗号和“国民政府”外壳的掩盖之下，汪伪政权统治的本质，却是日本帝国主义及其傀儡的法西斯专政。凡是日伪统治达到之处，除了极少数汉奸亲日分子和依附于日伪政权机体之上的社会恶势力，几乎全部社会成员，从工人、农民到知识分子，从小资产者到资本家，从富农到地主，都成了日伪专政的对象。日伪的专政遍及各个领域，从血腥的武装镇压到特工和警察机关的恐怖统治，从控制金融和税收到“统制”物资，从控制舆论工具到操纵文化教育，以至“统制”整个意识形态领域。虽然，在一定的时间与地方、在一定的领域，汪伪政权也做过某些客观上有益于辖区居民的事情，但是，这是以不影响日伪的法西斯统治为限度的，而在其看来正是为了维持和巩固其反动统治的需要，显然，即使做了这些事情，丝毫也没有改变其汉奸卖国政权和反动统治的性质。

六、横征暴敛性的财政政策和高度统制性的经济政策，构成汪伪政府财政经济活动的基本特征。而无论是汪伪的财政还是经济，无不是依附于日本政府和日本垄断资本主义机体之上而得以生存和维持的。

财政税收是汪伪政权在经济上赖以维持的基础，但它的财政并不是建立在生产增长、经济发展的基础之上，而是以对各阶层居民的横征暴敛和滥发纸币为基础，具有强烈的掠夺性特征。税收是财政的主要来源。汪伪当局逐步从日本占领当局手中取得上海、南京以及苏浙皖三省占领区的统税、盐税和地方税收等项税收的权力，与日本达成从日本横滨正金银行提取部分“关余”的协议，然后又取得武汉、广州和华中占领区的部分税收权力，以及从华北提取小部分关税和盐税的权力。然而，汪伪政府始终未能实现其所标榜的“财政独立”和“财政统一”。关税、盐税、统税以及特税（鸦片等毒品税），遂成为伪府财政收入的一个主要来源，统税、盐税等税收的税率一次又一次地提高；而鸦片等项毒品税收，则在其中占有相当重要的地位。此外，发行各类债券近20种，是其财政收入的一种补充。

通过伪中央储备银行，大量发行纸币，在汪伪政府财政收入中的地位愈来愈显得重要，到后期逐渐上升为财政的主要来源。伪中储券总计发行额约为38 800亿元。汪伪当局采用强制性的手段强迫居民以原国民政府的法币兑换伪中储券，滥发伪中储券导致其急剧贬值，造成通货膨胀，以及各类债券不断缩水，甚至只发不还，结果纸币形同废纸，造成汪伪区民众财富的大量被掠夺和流失。伪中储银行先后对日本方面借贷21 030亿伪中储券，供日方在中国占领区收购各种物资。日伪又以收兑回笼的重庆政府的大量法币，向国统区抢购物资，在上海等地外汇市场套购外币。日伪大量收购各种物资和产品，供给日本充作军需民用，沦陷区生活品和物资奇缺，物价飞涨，广大民众陷入空前贫困，处于水深火热之境地。

汪伪政权在金融和商业领域，逐步建立不同程度的统制体制。伪中储券作为流通和收支工具，取代法币和华兴券的地位，逐步推广于汪伪直接管制的华东、华中、华南沦陷地区。尔后在日军军用手票新发行终止，汪伪利用日军占领上海租界之际，封闭重庆政府金融系统在沪的中央银行、中国农民银行，改组并控制中国银行和交通银行，进而改组和监控中国通商银行等"小四行"，标志了汪伪金融统制的逐步确立。

汪伪政府从一开始便试图从日方手中分享一部分"物资统制"的权力，并尽可能缩小"物资统制"的范围，以维持上海和江浙一带的经济，但未获日方同意。"物资统制"大权仍操于日本占领军和兴亚院之手。在日本"对华新政策"的背景下，汪伪当局得以与日方共同参与"物资统制"，日方退居幕后，由汪伪政府出面操控。以唐寿民、闻兰亭、袁履登、林康侯等为代表的上海和江浙资产阶级头面人物出面组成"物资统制"机关，与伪当局合作，充当关键的角色。但上海资产阶级头面人物介入合作，是从维护自身利益出发，乃是权宜之计，他们与日伪方面的矛盾冲突自是贯穿始终。伪全国商业统制总会及其分支机构"米粮统制委员会""棉花统制委员会"等的建立，各类粮食、棉花及棉纱棉布、各类日用品以及其他重要物资的采购、搬运、库藏和配给的被统制和管制，标志了汪伪物资统制的确立。汪伪统制经济直接服务于日本侵略战争的需求，依附于日本垄断资本主义经济，处于日本当局和垄断经济的强烈影响和控制之下，明显地表现出它的殖民地经济特征。

七、汪伪军事力量是汪伪政权的主要成分，是汪伪反动统治的武装支柱，它由汪伪政府军委会所属的"正规"军队、伪地方保安部队、伪警察、伪特工部队和伪税警部队等几个部分组成，汪伪"正规"军队是汪伪军事力量的主体，伪陆军分正式部队和暂编部队两种，另有少量的伪海军部队，空军则从未成军，此外，还设立了“中央陆军军官学校”“中央海军学校”和“中央航空学校”等一些军事教育训练机构。

“和平、反共、建国”是伪政府建军的宗旨。伪军的主要作用，在于维护伪府的统治秩序，打击八路军、新四军和一切抗日军队，镇压人民群众，协助日本侵略军守卫占领区，有时则配合日军作战。它是侵华日军的附庸军，其一切重要行动直至自身的变动发展，无不受日军的控制、指挥与操纵。伪军各个集团自成派系，各自独立而互不统一。在伪军内部，凡较大的军事集团无不以某个军事头子为中心，通过封建性的帮派一类关系来维系其机体。并往往盘踞一方，形同割据。伪军是一种特殊形态的军阀部队。伪军实力集团的权势来源于其本身的武力与地盘，而非在汪伪政权中之职位。伪军头目之参加“和平运动”，通常并非出于对汪派“和运”理念之认同与拥护，而在于自保权势与地盘而已。因而，伪军许多手握实权的军事头目与重庆当局暗通款曲，“脚踏两条船”，也就不足为奇。汪伪的军政关系，就中央层面而论，可谓政不能领军，军也无能干政；但就一些地区而言，盘踞一方的军事实力集团却完全操控了当地的一切军政大权。

汪伪政府成立初期，伪军获得初步发展，形成了汪伪军事力量的基础。太平洋战争开始后的一个时期，伪军借助日本的暂时得势，获得了猛烈的发展和恶性的膨胀。伪军最后编成第一至第六等 6 个方面军，另有 4 个伪绥靖公署所属的 17 个师和 6 个独立旅、伪南京警卫军的 3 个警卫师，汪伪军总计有近 60 个师、170 个团；伪海军组成南京、威海卫、广州 3 个要港司令部，有小型舰艇数十艘。到战争的最后阶段，在陈公博、周佛海体制下，伪军收缩战线、调整部署，集结主力于上海、南京、杭州、泰州、蚌埠、徐州、开封等地，以适应其“联蒋反共”的政治军事部署的需要。

伪军最后随着其日本主子的战败投降而归于分崩离析。伪军的暴发式兴起和急剧覆灭，都为时不长。它的迅速消亡，取决于日军在战争中节节败亡，更取决于中国人民军队对它的有力打击。伪军的相当一部分主力被八路军、新四军歼灭，也有一小部分主力反正投诚，而其大部分部队，在抗战胜利后被蒋介石政府所收编。

八、汪伪汉奸文化，是日本帝国主义、殖民主义文化与中国封建半封建文化相结合的产物，既为日本侵略战争和殖民统治服务，又适应了汪伪政权统治的需要。汪伪政权在意识形态领域炮制过它自己的理论观念、方针政策和统治体制，而且营建了宣传、新闻、出版、文艺、电影、广播、教育等各部门的实体。在中国近代历史上，这是一种畸形的、独特的文化现象。

汪精卫炮制的“和平、反共、建国”理论和伪三民主义，是汪伪汉奸文化的灵魂。“大亚洲主义”理论、“东亚联盟”思想、“东亚文艺复兴”论、“中日文化提携”论和“中日文化融合”论、“恢复中国固有文化”论、“肃清西洋思想”论和“铲除共产思想”论等，构成引领汪伪政权在意识形态领域一切行动的理论支柱。

汪伪政府的文化政策，分为文化宣传基本政策和文化各部类的具体政策两大类。前者所规定的是汪伪文化宣传工作的纲领、目标、方针和任务，设计汉奸文化的基本格局。后者则具体确定了宣传政策、新闻政策、出版政策、文艺政策和教育政策，等等。

汪伪政府对各项文化事业实行严厉的统制，同政治上的法西斯统治一样，在意识形态领域实行的是文化专制主义。伪府制订和推行的所谓“宣传指导制度”“计划新闻制度”“新闻检查制度”“广播通讯管理制度”“出版管理制度”“电影检查制度”“戏剧审查制度”“教育管理制度”等，无不是文化专制主义和文化统制政策的具体体现。

汪伪营建的文化事业的实体，虽为时不长，规模不大，但已渗入文化各种门类。汪伪汉奸文化具有较为完备的形态，由五类组成。一是报刊和通讯事业。报纸如《中华日报》《平报》《中报》《新中国报》《上海时报》《国民新闻》等和后期的《申报》《新闻报》，以及各省市伪府的机关报，如杭州的《浙江日报》、武汉的《大楚报》、广州的《中山日报》、苏州的《江苏日报》、蚌埠的《安徽日报》等；期刊如《中央导报》《政治月刊》《中华月报》《教育建设》《中日文化》《清乡前线》《东亚联盟》等数十种；通讯机关如“中央电讯社”，广播机关如“广播事业协会”及各地方的广播电台。二是文艺部门，包括文学、电影、音乐、戏剧、歌咏，等等。刊登汉奸文学作品的阵地，有《文友》《古今》《风雨谈》《天地》《艺文》《作家》《新影坛》等刊物；演映和制作电影的，有伪中华电影公司、中华联合制片公司、中华电影联合公司；在汪伪当局的策划指导下，摄制过为数不少的影片，《万世流芳》和《春江遗恨》为汉奸电影的代表作。“远东剧团”“建国剧团”和伪中国剧协会演出队等，为汪伪政府宣传部门直接掌握的演剧团队，它们炮制的《火烛之后》《和平之光》《大东亚万岁》等剧目以及《大上海进行曲》《兴亚歌》《保甲歌》《清乡歌》等，则为汉奸话剧和歌曲之代表。三是学校教育和社会教育。汪伪控制了一批高等院校和专科学校，如伪国立中央大学、伪国立北京大学、伪国立上海大学、伪广东大学等；监控广大中小学校，编纂教科书，掌握了一批图书馆、民教馆、夜校。四是出版和发行部门。日伪组建了一批书局和出版社，成立了伪中央书报发行处等。五是文化团体。其中主要的有伪中日文化协会和华北作家协会，以及伪中国音乐协会、中华画片剧协会、上海洋画学会等。上述这些文化部类都是汉奸文化的载体。然而，无论是何种形式的汉奸文化，在广大民众中都鲜有市场，而遭到了普遍的抵制。

汪伪政权史的研究，在我国源远流长、群星闪耀的史学大家庭中，实在还是一个十分年轻的小字辈。我国史学界对这一课题在学术上作系统、深入的探索和研究，为时很短。从中华人民共和国成立到二十世纪六十年代上半期，是在草创的年代和艰难的环境下缓慢前进，取得过一些研究成果。但这一课题一直处于"冷门"状态，整个研究工作是较为冷寂的、缓进的和初步的。"文化大革命"期间，同其他史学部门一样，这项研究工作也遭到严重挫折而濒于危境。八十年代初中国进入改革开放新时期以来，汪伪政权史研究工作终于走出低谷，逐步走上健康发展的康庄大道。新时期20余年来，这一研究作为中国近代史和中华民国史的一门专史，已引起全史学界的广泛重视。致力于这一研究工作的学术队伍空前扩大，涌现了一批颇具实力的中青年学术骨干。学术成果不断问世，专著、论文和史料选辑等形式的研究成果，数量甚为可观，其中不乏佳作精品。全国几十所高等院校、社会科学研究机构、文史和方志研究部门中，都有一部分有志于此者投入这一课题的研究工作；并且在中国社会科学院近代史研究所、北京师范大学、复旦大学等单位，形成了若干个学术群体，其中涌现出了一批很有潜力和发展前途的中青年研究工作者。

汪伪政权史这项学术工作，历经艰难曲折而终于步入佳境，这使我们感到分外庆幸，为我们的研究工作构筑了赖以跳跃的平台。新的学术局面的形成，为我们提供了开展这一研究事业的广阔而坚实的舞台。诸多学术前辈和同行们的卓有成效的工作，为我们开拓了更为丰实的思路，给了我们许多可供学习、借鉴的科学成果，建造了让我们继续向上攀登的台阶。本书的得以产生，是与上述各方面的条件分不开的。

我们这一个学术群体，正是在上述历史进程中逐步形成和发展起来的。复旦大学历史系在国内较早开展了对汪伪政权史的学术研究工作。是历史系中国近现代史教研室一群年轻的学术工作者，在二十世纪七十年代中期，率先叩开了研究汪伪政权的学术之门，初步查阅了有关的历史档案、报刊、文书以及当事者的忆述资料，翻译了当时所能见到的一部分日文资料，着手全面积累和梳理关于汪伪政权的史料，从而为这一研究提供了一定的现实基础。其时的若干专题研究和发表的少量论著，自是刀耕火种之作。尽管是在荒漠般的土地上艰难开垦，却在那特殊年代史学界万马齐喑、一片萧瑟的景象下，开拓了研究汪伪政权史的探索之路。

在史学研究全面复苏、春意盎然的八十年代及其后一个时期，我们扩充了研究队伍，拓宽了研究领域，开展了若干重要的专题研究，并与海内外研究汪伪政权史的同行们不断进行学术交流。这一时期，有计划地进行了史料的发掘、整理和选编，更系统地深入进行了几项主要的专题研究，陆续出版了一批研究成果。大型多卷本《汪伪政权史料选编》的编辑出版工作全面展开，次第编成了涵盖汪伪政权各个方面基本史实的共10卷史料集，其中《汪精卫集团投敌》《汪精卫国民政府成立》和《汪精卫国民政府清乡运动》等3卷首次问世。作为汪伪政权史专题研究首批成果的集纳,《汪精卫汉奸政权的兴亡》一书也继后出版,其中探讨了汪精卫汉奸集团的形成及其叛国投敌,汪伪政府的成立,汪伪政权的军事、经济、文化、特工、“清乡”运动、“东亚联盟”运动,日本对华新政策下的汪伪政权,以及汪伪政权的覆灭等历史问题。接着《汪伪特工总部76号》《汪伪十汉奸》和《汪精卫集团叛国投敌记》《陈公博全传》等专著,以及译作《1937—1945日本在中国沦陷区的经济掠夺》(浅田桥二等著)、《上海时代》(松本重治著)等也相继出版。此外,在国内外学术刊物上发表了数十篇关于汪伪政权史的学术论文。

现在与读者见面的这本《汪伪政权全史》,可以说是我们在承接已往研究的基础之上,作了一番归纳、综合和提高的工作。当然,这是一次新的探索,是一次在新的台阶上的向上攀登,力求有所创造、有所前进。至于说它在多大程度上达到了我们的初衷,自然需要经过历史的检验。可以肯定,本书还存在不少缺漏和不足之处,甚至也有一些错误。但是,不管怎么说,这本书之得以问世,不仅仅是我们这个学术集体努力的结果,而且是与台海两岸和国内外同行们的支持和帮助分不开的。在这里,我们向直接和间接对我们的研究工作提供帮助、予以关怀和支持的专家、学者和各方面人士,表示衷心的真诚的感谢。

汪精卫“和平救国”论批判*

汪伪政权这个近代中国历史上的政治“怪胎”，它自一九四〇年三月三十日出笼，到一九四五年八月十六日最后覆亡，总共只存在了短短的5年又5个多月时间。这个由日本政府和军部一手扶植、全面操纵和利用的汉奸政权，说到底不过是日本为了实现征服中国、独霸东亚的战略目标而运用的一个工具。它的产生、存在以至最后覆亡的命运，无不与日本发动的侵略战争及其结局紧密相连。汪精卫在日本死去前曾经多次在南京信誓旦旦地向国内外声言：他的“国民政府当前的任务是……协力日本完成大东亚战争”，为此南京伪府誓与日本当局“同生共死”。自以为绝顶聪明的汪精卫只说对了半句话：“同生”，对日本侵略者和汪伪汉奸们而言，虽然存在过短暂的一段时日，但终究是在白日做梦，“共死”倒是确实实现了的。日本的彻底战败和无条件投降，是与汪伪政府被迫宣布解体同时到来的。这可以说，是它们共同的末日的来临，倒是应验了“共死”这半句话。

汪伪政权存在的5年半，是日本帝国主义从侵略中国的战争到发动太平洋战争的5年半，是为虎作伥的汪伪政权出卖祖国权益、协力日本侵略者在中国占领区进行殖民统治的5年半。日本侵华战争及其在占领区的血腥统治，造成了中华民族深重的灾难，使中国人民蒙受了空前的巨大的屈辱和牺牲，而这也是与汪伪政权等一类汉奸政权的叛国助敌的行径分不开的。理所当然，在抗日战争胜利之后，昔日汪伪政权的一批大大小小的汉奸，以叛国之罪，受到国人的一致声讨和法律的惩罚。全国范围的肃奸斗争，对汉奸的审判和惩处，表明民族大义、民族尊严不容玷污，显示了中华民族不仅是一个不畏强暴、敢于反抗侵略、勇于捍卫独立和自由的民族，而且也是一个敢于洗涤自身污垢、割除肌体毒瘤的伟大民族。

英勇悲壮、艰苦卓绝的抗日民族解放战争，是中华民族历史上最伟大的反对外国侵略的壮举。波澜壮阔的抗日战争的洪流，唤起了中华民族空前的大觉

---

* 本文原载余子道等著：《汪伪政权全史》，上海人民出版社，2006年，第1403—1415页。

醒，铸成了全民族空前的大团结和大动员，筑成了保卫祖国的万里长城。伟大的抗日战争锤炼了拥有四亿五千万民众的整个中华民族，从中涌现出千千万万为民族解放而战的英雄儿女。无数抗日民族英雄的光辉业绩，在中国历史上树立起一座座光荣的丰碑。与此截然相反，逆抗日潮流而动的汉奸、卖国贼只是极少数人，他们与滚滚向前的民族抗战洪流相对抗，是由日本侵略者催化而成的寄生在中华民族肌体内部的癌细胞，而汉奸政权则是民族肌体之中的一个毒瘤。汪伪政权究竟起了什么作用，尽管至今人们还存有歧见，但是历史早已给它作出了定论。

不可抗拒的举国一致、抗日御侮的伟大潮流兴起时，汪精卫、周佛海、陈公博等少数投降派策划于密室，奔走于谋和通敌之路，这乃是一场极具危险的政治赌博。究竟有几分是出于考虑国家命运的公心，有多少是出于争权夺利的私欲，又有多少是由于政治上的迷误而陷落到日本设置的陷阱？任凭陈公博、周佛海、褚民谊、陈璧君等巨奸们，在战后被押上审判庭时为自己所作的“辩护”如何说得好听，但至少有一点是可以断定的，那就是民族大义不可违背，时代潮流不可逆转。而汪精卫一伙正是在这个头等重要的问题上逆向而动，堕入了深渊。正如史学家唐德刚所言：八年全面抗战是中华民族生死存亡的重大关头，“而在这一战争最惨烈的阶段，抗敌圣师伤亡殆尽，精华国土，泰半沦陷，亡国灭种的最后关头，我们全民族第一元老、全军的第一副统帅、国民党副总裁汪精卫，经过长期与敌国暗相勾结，忽然背叛祖国，投向敌人，并主动组织伪军伪府，与祖国对抗。汪氏这一叛国行为，细查 5 000 年国史，显然也是绝无仅有的一宗”。①

对于汪精卫充当汉奸首领、组织汉奸政权的言行，无论其动机如何复杂，或者其初衷也未必是甘心充当日本军国主义的走狗、向敌国拱手出卖祖国权益，然而，历史不会对其网开一面、无原则地加以宽恕的。因为最重要的是取决于汪精卫和汪伪政权的政治实践及其社会历史后果。汪精卫伪政权的历史，是他们那个党派政府和这一批政治代表人物自己写下的。一部抗战史，对以汪精卫为首的汉奸们及其伪政权而言，乃是不折不扣的反对抗战，背叛祖国，充当日本帝国主义帮凶的历史。

中国有句古训，叫作“以史为鉴”。史是过去，鉴则警示今人而推及后世。尽管汪精卫及其一伙叛国投敌“不足为训”，但那是一部不可多得的反面教材，极有利于从反面给予人们以深刻的教益。应当说，在这里留下的教训是多方面的，很

---

① 唐德刚：《〈高陶事件始末〉序三》，陶恒生编：《高陶事件始末》，湖北人民出版社，2003 年，第 11 页。

值得国人深思。

首先是爱国与卖国的问题。近代以来,中国人民深受帝国主义和封建主义的压迫和剥削,外国帝国主义的侵略和奴役更使中华民族蒙受深重的灾难。帝国主义与中华民族的矛盾乃是近代中国社会最主要的矛盾,而自甲午战争特别是从九一八事变以来,以亡华灭华、独占中国为国策的日本帝国主义,成为威胁中国的民族生存和国家独立的最危险的敌人。"灾难深重的中华民族,一百年来,其优秀人物奋斗牺牲,前仆后继,摸索救国救民的真理,是可歌可泣的。"① 在新的历史条件下登上历史舞台的抗日战争,关系到中华民族的生死存亡,这场严酷的民族斗争不可避免地把爱国还是卖国的问题更尖锐、更现实地提到了人们的面前。

当民族危亡、国难当头之际,是奋起救国,还是甘当"顺民",是团结御侮,还是分裂抗战阵营,是同仇敌忾,还是奴颜事敌?归根到底,摆在人们面前的,是爱国还是卖国这个头等重大的问题。任何一个政党、团体和派别,任何一个政治人物,都必须作出明确的抉择,决定自己应该走什么道路。汪精卫及其一伙正是在这个根本问题上陷入歧途,走上了背叛民族利益、出卖国家主权的不归之路。人们说他们是"千古罪人",其立论之依据正在于此。爱国主义是中国人民伟大民族精神的集中体现,是中华民族团结自己、战胜外敌、振兴国家的最强大的精神支柱。作为一种意识形态,它代表着民族的尊严、民族的自信心和自尊心,代表着中国传统文化的主流和精华。中国人民的爱国主义精神在抗日战争中获得了空前的高涨和升华,成为抗日战争胜利发展的精神动力和源泉。爱国主义是一切主张抗日的党派、军队、团体和各阶层民众最基本的政治准则和行为信条,是与卖国主义水火不相容的。爱国与卖国是对待国家民族利益的两种截然不同的立场和态度,泾渭分明。一部抗战史说明,对祖国的热爱和对自己民族的献身精神与对汉奸卖国行径的憎恨,是爱国主义精神两个不可分割的侧面。

从汪精卫汉奸政权的历史中,人们可以从反面领悟到爱国主义价值观念的至关重要的意义,它绝不应当被"淡化",更不可以被"遗忘"。我国老一辈马克思主义史学家刘大年说得好:"爱国主义的要义是忠诚地热爱自己的祖国。力行者令人起敬,背反者不为人所齿。到现在为止,中国外国概莫能外。法国大革命把'天赋人权'作为信条,路易十六被以通敌叛国罪送上了断头台。这表明人权尽管神圣,但谁也不能拿它作为护身符去干背叛祖国的勾当。第二次世界大战中,法国元帅贝当组织政府,向德国政府投降,戴高乐起来领导了抵抗运动。贝当是第一

① 毛泽东:《改造我们的学习》,《毛泽东选集》(第 3 卷),人民出版社,1991 年,第 796 页。

次世界大战时法国的英雄，至今众多的法国人并不因此就原谅他。……中国外国的事实充分证明爱国思想是文明社会的通则。……在抗日战争中把全中国人的意志集中起来战胜了民族强大敌人的爱国主义，现在和今后，将会在新的环境下，汲取新的因素，继续放射出它的光辉。"①

其次，是坚持民族抗战的路线还是实行所谓"和平救国"的路线。在近代中国，每当民族矛盾尖锐、外国侵略者武装入侵而民族处于危亡的时候，往往出现主战与主和之争，也就形成主战派与主和派的政治分野，鸦片战争以来的历次民族战争都不例外。一般而言，主战就是抵抗派，是爱国者；主和就是妥协派，主和的妥协派在一定的条件下，就会堕落成为投降派和卖国者。当然，爱国者不必也不应当拒绝对国家整体利益有利的有原则的对外妥协。在特定的国内和国际条件下，采取这种妥协而获得成功者在历史上并不乏先例。这就是以退为进的迂回策略，与投降主义政策是根本不同的。

汪精卫一派与抗战派的对立，从政策层面上来观察，起始阶段乃是两条不同的政治路线之间的分歧和斗争。九一八事变以后，面对着日本军国主义的武装进攻，中国朝野始终存在着是抵抗还是妥协、是主战还是主和，这两种主张、两条路线之间的争论和斗争。汪精卫历来是主和派的首领，是主和主张的集大成者。他继承和大大地发展了鸦片战争以来历代主和派和投降派的对外妥协退让思想，在南京国民政府主政时参与主导了一连串对日妥协的政策和行动。汪精卫一伙的叛国投敌，正是由于他们顽固地坚持对日妥协谋和政策。他们就是因此从主和派一步步滑向投降派，最后沦落为汉奸卖国贼的。

汪精卫一伙把他们的通敌叛国、组建汉奸政权的活动称为"和平运动"，把卖国主义的汉奸论调标榜为所谓"和运理论"。他们的汉奸政府也贴上了"和平政府"的标签，伪军则通称为"和平军"，等等。这一切，用他们自己的话来说，美其名为"和平救国"。陈璧君曾声言："汪（精卫）先生（的言行）是和平救国。"汪精卫坚认中国实行对日抗战只能导致国家的失败和毁灭，无论如何必须避免，须改走"和平之路"。如他所言，"余确信（中日）战则两伤，和则共存"，因而他要"根据艳电，而贯彻和平主张"。②周佛海的汉奸论调有过之而无不及，他一再鼓吹"和平救国"的论调，说："重庆（政府）各人自命民族英雄，而目余等为汉奸，余等则自命为民族英雄。盖是否民族英雄，纯视能否救国为定。余等确信惟和平足以救国，故以民族英雄自居。但究竟以民族英雄而终，抑以汉奸而终，实系于能否救国。"③在他

---

① 刘大年：《〈抗日战争时代〉题记》，《抗日战争时代》，中央文献出版社，1996 年，第 2—3 页。

② 汪精卫：《重要声明》，《汪精卫集团投敌》，上海人民出版社，1984 年，第 395 页。

③ 《周佛海日记》上，1940 年 5 月 13 日，中国社会科学出版社，1986 年，第 303 页。

看来,“和平救国”是唯一正确的选择。

汪精卫的“和平救国”论,在当时确实迷惑过一部分不明底细的人;时至今日,在国内,尤其是在国外,仍然还有一些人以为“和平救国”是一条可供中国选择的理想之路。“和平”,看上去似乎是个十分诱人的口号,但世界上并无抽象的“和平”,它与“战争”一样,都有其特定的具体的政治内容。战争是政治的继续。战争有正义战争和非正义战争之分。国与国之间的“和平”,有平等、友好、互利的和平,也有征服与被征服、奴役与被奴役的“和平”。

中华民族向来酷爱和平,中国政府当时实行的是对内求自存、对外求共存的和平外交政策。中国人民渴望和平发展自己的国家,也热切希望中日两国平等友好、和睦相处。是日本军国主义政府长期以来推行征服中国、称霸东亚的国策,把侵略战争强加于中国人民的头上,中日之间又有什么和平可言。中国人民热爱和平,但决不会忍受处于亡国奴地位上的“和平”。中国的领土主权决不能任人宰割,民族独立决不容外国的侵犯,如果用尽一切和平的手段和方法不能达到目的,那么,中国人民毫不犹豫地会拿起武器,以民族战争与外国侵略者战斗到底。

显然,问题的关键并非在于要不要和平,而是在于祈求什么样的和平,以什么办法达到和平。汪精卫“和平救国”论的回答是这样的:(一)中国接受和承认“近卫三原则”作为实现中日和平的基本条件,并以此为基础谈判解决两国之间的各项争端问题。这是“和平救国”的实质。汪精卫在战前力主以“广田三原则”作为调整中日关系的基础,七七事变以后又接受“近卫三原则”为“中日和平”的基础。但事实是“广田三原则”和“近卫三原则”是九一八事变以来日本亡华灭华政策的总汇,如果中国接受这些“原则”并据此解决中日关系一系列“悬案”,则无疑使日本不战而征服中国。这样的“和平”绝非可以“救国”,而是足以导致亡国。(二)中国停止抗战、与日本进行和平谈判,这是汪精卫“和平救国”的前提。汪坚持认为中国对日“战必败”“战必亡”,战的结果只能是亡国灭种,指责抗战是“唱高调”“以国家及民族的利益为儿戏”。因而,他主张“高调”必须收起,抗日之战要尽快停息。汪精卫反对抗战,迷恋于与日本进行秘密谈判而求得他所企求的“和平”。与蒋介石在谈判中坚持让步必须有一定限度的态度不同,汪精卫在与日本当局的交涉中,却不计代价,不惜出卖国家领土和主权。他自觉自愿地跳进了日本当局谋设的“和平”陷阱,这是坚持“和平救国”的一个必然结果。(三)中国参加日本主导的“东亚新秩序”、承认日本为东亚盟主,这是汪精卫“和平救国”论在亚太国际关系方面的基本主张。汪精卫所要营造的中国“和平”局面,是“东亚新秩序”和尔后的“大东亚共荣圈”之下的“和平”,是中国成为日本的仆从和附庸的“和平”,是中国充当东西方法西斯国家小伙伴的“和平”。汪精卫企图以中国充当这个角色,换取日本承诺不威胁国民党政府的统治地位，维持苟安局面，来保住他们的既得权益。很显然，汪精卫的“和平救国”绝非真正的救国，而是为“救”他们一群一党一阶级的私利；而照此办理，中国就会沦落为日本在东亚最大的殖民地。（四）依靠日本，在日军占领区建立一个与抗日政府和抗日民族统一战线相对立的“和平政府”，这是汪精卫“和平救国”路线恶性发展的结果，也是其实行“和平救国”最集中的表现。当汪派的“和平救国”主张在武汉、重庆四处碰壁而日本又竭力向他招降之时，他们终于执迷不悟地越过了主和与投降这条界限，叛离重庆、背叛抗日阵营。在西南地区建立所谓“第三势力”政权的政治幻梦很快被事实粉碎之后，汪精卫及其同伙乃在日军的直接“保护”下，在日本占领区树立起一个“和平政府”。尽管汪伪汉奸们一再标榜“实现和平”和“实施宪政”是这个政府的两大施政方针，声称要建设一个“独立”和“民主”的国家，但在事实上，这个政府却是日本推行侵略政策和战争政策的一个工具，是日本帝国主义在中国占领区实行法西斯统治的帮凶，而所谓“和平”云云只不过是一块自欺欺人的遮羞布而已。

汪精卫、周佛海等人的“和平救国”，其实是一条不折不扣的投降主义路线、卖国主义路线。历史已经证明，如果让这条路线得逞，中国的抗战政治军事格局就会被彻底颠覆，中国就会沦丧为日本的殖民地。历史也已经证明，只有坚持抗日民族解放战争、坚持抗日民族统一战线、坚持人民战争和持久战的战略，才能战胜日本帝国主义，才能真正救中国，而“和平救国”乃是一条亡国之路。

“和平救国”路线经历了一个演变的过程，主和、投敌、组府是其演变过程中相互联系又各不相同的阶段。在这过程中，以汪精卫为首的汉奸势力不断发生分化和重组，在一个时期内，汉奸势力曾有过相当大的膨胀。这个变化，是日本侵略者对汪精卫等人软硬兼施的结果，是日本对抗日阵营实行又打又拉两手策略的结果，也是抗日阵营对汉奸势力不断进行斗争的结果。对汪精卫等人来说，乃是他们出于种种目的，刚愎自用、一意孤行，顽固地坚持“和平救国”路线而愈陷愈深的结果。在抗战大潮中汪精卫等人“落水”而陷入深渊，其中的历史教训至深且巨，值得后人深思。

对汪精卫的“和平救国”路线，不应当看成出于个别政治人物的一时失误；也不可以为其动机是好的和路线本身并非错误，只是未有条件获得实现而已。事实上，“和平救国”有其长期存在于中国社会的亲日、恐日思潮作为思想基础，有战前的对日不抵抗主义和对日妥协的外交政策作为历史背景。而且，这条路线还有其生长的社会土壤。亲日派大地主大资产阶级及其与抗日阵营的分裂，乃是这个“和平救国”路线赖以生存发展的阶级基础。而长期以来中国政治经济发展的不平衡，中国内部的不统一和政治分裂局面的存在，又为这条路线发生影响和作用提供了一定的社会条件。正如毛泽东当时精辟地指出的，“在抗日战争中，大资产阶级的一部分，以汪精卫为代表，又已投降敌人，表示了大资产阶级的新的叛变”。①“和平救国”可以说是叛变抗日的大资产阶级亲日派的政治纲领与政治路线。而日本的军事进攻和政治诱降政策，则是“和平救国”路线登台的外部条件。日本的侵华政策引发了汪精卫的“和平救国”路线，而这条路线又适应了日本侵华的需要。

第三，是否正确地认识和判断中日关系和国际关系及其发展前景。汪精卫“和平救国”路线的一个主要依据，就是他们对当时的中日关系和远东国际关系的错误理念。日本自明治维新以后经过社会革新，效仿西方，实现工业化，成为亚洲第一强国。但具有浓厚封建性和军事性的日本资本主义在其发展中形成富有侵略性的军国主义。它对外扩张政策和侵略政策的目标，主要便是中国。从甲午战争到全面侵华战争，日本已成为威胁中国独立和生存的最危险的敌国，这已是不争之事实。中国必须打败日本的侵略，捍卫国家主权和民族独立，在完全平等和互利的基础上重新确立正常的中日关系，这也是绝大多数国人的共识。然而，具有浓厚的媚日思想和亲日情结，又有严重的恐日思想，并对日本统治阶层抱有极大幻想的汪精卫等人，却对此视而不见，认敌为友，主张中国去与处心积虑要征服中国的日本实行“共存共荣”。并且，进而要求被侵略被奴役的中国与日本“同生共死”。

汪精卫阉割孙中山先生“大亚洲主义”所具有的反对帝国主义侵略、日本应与亚洲各国平等亲善相处的思想，别有用心地鼓吹“大亚洲主义”“无日本便无中国”“和平、奋斗、救中国”，以及中日“共同生存”“共同发展”等一系列主张，表现了他在中日关系上的根本理念。汪精卫还认为，中国对日本的关系是以弱事强、以落后对先进，所以充当日本的附庸亦为理所当然。他不仅认为日本之所以侵略中国，是由于害怕中国的强盛会对日本造成威胁的所谓“兄弟阋于墙”，而且竭力主张以日本亡华灭华的“善邻友好，共同防共，经济提携”三原则，实现中日两国的“结合”，走上“共同生存共同发展的道路”。他要求中国的对外政策应力求适应日本对外关系的要求，即达到“中国与日本外交方针一致，军事方针一致”，进而实行“经济合作”。他声言：中日两国“有了一个共同努力的目标，则利害一致，冲突自然无从发生”。如此，不仅“中日和平途径即可开展”，而且“东亚永久和平之基础，即可确定”，等等。②汪精卫这些论调，完全是关于中日关系和东亚国际关系的一派胡言乱语。

---

① 毛泽东：《新民主主义论》，《毛泽东选集》(一卷本)，第667页。

② 汪精卫：《我对中日关系的根本观念及前进目标》，《汪精卫国民政府成立》，上海人民出版社，1987年，第177—180页。

汪精卫既误断中日关系，又歪曲了围绕着中日战争问题的日、德、美、英、苏之间的关系。他认为日本对中国的侵略不会受到西方列强的干涉，英、美、法等西方大国决不会援助中国抗战，而将会袖手旁观，任凭日本为所欲为。在他看来，日本与英、美之间的矛盾并无激化的可能，美国和英国也不会与日本开战。汪精卫对中、苏、日关系的认识也是谬误百出，他认为苏联出于自身的利益，不会援助中国抗日，也不存在苏联对日本开战的可能性，而是相反，日苏终会妥协，苏联可能串通日本共同瓜分中国。汪精卫是个政治上的近视病和色盲症的患者，他完全看不到由日本侵华战争引发的亚洲和太平洋地区国际关系的大变动及其有利于中国而不利于日本的发展前景，也不相信世界的民主力量终将结成世界范围的反法西斯阵线。对德、意等法西斯国家与西方民主国家的关系，汪精卫的认识和判断同样也是错误的。他认为：美国与日本极有可能相互妥协而共同对付苏联，如此则日本不至于失败；在国际上不会形成德、意、日与英、美、苏之间的对垒，世界大战不会爆发；即使出现上述对垒状态，胜利也不一定属于英、美、苏等国；如果英、美、苏得胜，也不至于移师东进，对日本来说也绝不会“除了屈服，只有灭亡”①。总而言之，在汪精卫的视线之下，国际关系和国际形势的前景对中国抗战不利，抗日战争绝无胜利的可能，只有同日本携起手来才是中国的出路。于是，投降日本的“和平救国”路线乃为顺理成章，充当日本的附庸才是最佳选择。

第四，是寄希望于中华民族的伟力还是丧失民族自信的民族失败主义。中国抗日战争既是民族战争，也是人民战争。这场决定着国家和民族命运的伟大斗争，它的发动、坚持和争取最后胜利，依靠的就是全民族的力量、全国人民群众的力量。“兵民是胜利之本”，“战争的伟力之最深厚的根源，存在于民众之中”②。中华民族空前觉醒、中国人民力量兴起壮大，乃是中国战胜日本帝国主义的根本保证、抗日战争胜利之本。这个坚定的正确的信念，建立在科学的历史观和战争观的理论基础之上，与民族失败主义思想截然相反。

根深蒂固的民族悲观主义、民族失败主义导致了汪精卫等人步步滑到了对日投降主义的泥坑。汪精卫见物不见人，盲目迷信日本的军事力量强盛、工业发达、科学技术先进。他认为：中日之战是科学之战，中国实业不发达，科学技术落后，经济基础薄弱，因而中国绝无可能战胜日本。“因为我们是弱国，我们是弱国之民，我们所谓抵抗，无他内容，其内容只有牺牲。”③汪精卫身为中国国民党的一个领袖人物，却对自己的一个拥有四亿五千万同胞、有着优秀的历史遗产和光荣的

① 汪精卫：《复华侨某君书》，《汪主席和平建国言论集续集》，伪宣传部，1942年，第388—389页。

② 毛泽东：《论持久战》，《毛泽东选集》（第3卷），第509、511页。

③ 汪精卫：《最后关头》，《汪精卫先生抗战论集》，独立出版社，1938年，第1页。

革命传统的伟大民族丧失了信心！他在政治上沦落深渊也就是不可避免的了。

民族精神是无比强大的精神力量，民族自尊心、自信心和民族凝聚力是民族精神的重要体现。对抗日战争的胜利和中华民族的命运具有决定意义的，是中国广大人民，包括工人、农民、知识分子、民族资产阶级以及其他阶级、阶层中间的民族自尊心、民族自信心和民族凝聚力。这种民族精神和民族凝聚力具有深厚的历史和社会的根基，产生于中国悠久的历史和文化传统，也产生于长期以来中国人民反对外国侵略和奴役的民族斗争之中。任何一个政党、任何一个政治人物，如果无视这种伟大的民族凝聚力，视自己的民族为草芥，视民族敌人为神物，就会在政治上犯不可饶恕的错误。汪精卫就是一个可悲的例证。

中华民族在抗日战争时代的觉醒是前所未有的，民族的大团结也是空前的。这是抗战最后胜利必属于中国的根本之点。近代以来，中华民族多次抵御外国侵略，但一次次都以失败而告终，不少人因而对自己的民族丧失了信心。统治阶层中确有不少人被打怕了，他们害怕抵抗，向外敌乞求妥协的"和平"，甚至力求勾结外国侵略者来保住自己的统治利益。汪精卫一伙正是这样想，也是这样做的。他们还以走这条所谓"和平救国"的道路为得计。然而，汪精卫等人无视抗战时的中国已完全不同于鸦片战争、甲午战争、八国联军侵华时的中国。中国有了马克思主义的政党中国共产党、有了以国共合作为基础的抗日民族统一战线、有了民族战争和人民战争的结合，有了中华民族的空前大觉醒，又有了新的国际环境。中国必能夺取抗日战争的胜利。汪精卫等人看不到这个时代的大变化，逆着这个时代潮流而动，他们的失败也就是不可避免的了。

中国各族人民，抗日的各党各派各军和各个阶层，结成伟大的抗日民族统一战线，举国一致在万分艰难的条件下坚持抗战。在太平洋战争爆发前，中国独力抗击不可一世的日本法西斯的进攻达四年半之久。及至太平洋战争开始，经历了"苦撑待变"的艰难岁月之后，中国终于与美、英、苏等国家结成了国际反法西斯统一战线，与反轴心同盟国家并肩作战。中国和整个世界战局的演变，完全出乎汪精卫一伙的意料。形势比人更强。他们愈来愈感到前途黯淡，惶惶不可终日。当日本的败局已定之时，汪伪政权的最大实力派周佛海，回首他们的这一场政治豪赌，怀着深深的慨叹，在日记中写道：当初"和平运动"的发起，"盖基于两种错误认识：当时以为日军必继续攻占渝市及西安、昆明等地；二、以日、美或日、俄战争必不致发生。今乃知两种认识均错误，故和平运动不能不认为失策"。①周佛海的这番心态，在相当程度上也反映了汪精卫等人的真实内心感受。这是历史对汪伪汉奸头目无情的嘲弄。

---

① 蔡德金编注：《周佛海日记》（下册），中国社会科学出版社，1986年，第742页。

抗日民族解放战争的胜利和汪伪汉奸集团与汉奸政府的失败，从正反两个方面提供的历史经验教训是具有历史意义和现实意义的。我们应当看到历史与现实之间的某种联系。前事不忘，后事之师。我们有充分理由珍惜并牢记这一段历史及其深刻的教训。

《汪伪政权全史》一书之缘起及其学术意义*

《汪伪政权全史》一书是十年前在上海问世的。它是中国大陆迄今为止绝无仅有的一部比较全面地和系统地记述与论析汪伪政权的史书，是该书作者们多年来对这一史事研究成果的结晶，又广泛吸纳了中国史学界对这一课题的研究成果，成为这一学术领域的一部奠基性的论著。尽管这部史书还存在这样那样的缺失和不足，但是它作为我们这一代史学工作者研究汪伪政权史的一部标杆性著作而存在，这似乎是没有疑问的。

一

复旦大学历史系对汪伪政权史的研究，从二十世纪七十年代中期开始，至今已历四十余年，其间走过了一条崎岖曲折的道路，获得了正反两个方面的经验教训，积累了史料和学术上的扎实底蕴，才在二十世纪末开启了《汪伪政权全史》的撰写进程。在这以前可以称为这部史书写作的准备阶段，在以下几个方面为以后的全面著述奠定了基础。

（一）理念的更新、思想的解放，引领了学术研究工作的方向。由于众所周知的原因，中华人民共和国成立以后很长一个时期里，汪伪政权史是史学研究领域的一个禁区，没有哪一个史学研究机构提出要研究这个课题，更没有哪一个史学作者敢于研究汪伪政权。一九七四年夏，还在中国"文革"期间，复旦历史系的几位中年教师打破禁区，在全国率先研究汪精卫叛国投敌问题，发表《汪精卫卖国记》一书，当时在全国知识界引起热议。然而说到底，这还是为了配合政治斗争的需要，把汪精卫这个大汉奸拉出来作为"反面教材"供批判。只是经过拨乱反正的

---

* 本文系作者 2016 年 5 月在美国斯坦福大学胡佛研究所召开的"汪伪政权史"学术研讨会上的发言稿。

思想解放运动，到了改革开放的新时期，史学研究走上了实事求是的思想路线的轨道，汪伪政权研究的科学之门才被打开。我们几个从事此项研究的同行们的研究取向和方法，才从单纯的“政治批判”转变到真正的学术研究。“尊重历史、遵循科学、实事求是、以史为鉴”，乃是我们撰著这部史书所遵循的原则，尽管我们的水平有限，但却是向着这个方向不断努力的。

（二）组成一支齐心协力的学术研究团队。从二十世纪八十年代初期以来，以复旦大学历史系中华民国史研究室为基础，聚集了五十年代和七十年代先后进入史学队伍的两代学者，也吸收个别于八十年代毕业的青年学者，组成一支从事汪伪政权史研究的学术队伍。这个团队的成员有少量的流动，但一般情况下保持在六至八人之数，知识结构和年龄结构比较合理和整齐，更重要的是大家有共同的学术志趣，又有和衷共济的意愿和团结合作的良好作风。《汪伪政权全史》一书及在此前后完成的多种作品，都是这个团队成员共同奋斗的产物和集体智慧的结晶。

（三）以极大的精力从事史料的征集、整理和研究。历史是实证的科学，除了需要科学的理论和方法，还必须依据可靠和丰富的史料，它是人们认识和研究历史的基础。在编撰《汪伪政权全史》之前，我们这个学术团队在将近二十年的时间里，坚持不懈地进行了这一课题的史料工作，广泛地发掘、搜集、整理和汇编各种类型的有关汪伪政权的资料。首先是征集中国大陆各地档案机关收藏的有关档案资料，着重查阅了中国第二历史档案馆、江苏省和南京市档案馆、上海市档案馆、上海市公安局和市高级法院档案馆、安徽省档案馆等单位多年征集的史料，其中包含大量鲜为人知的、从未披露过的资料。报刊资料也是我们关注的一个重要方面，我们对汪伪当局的重要报刊做了系统的翻阅，《中华日报》《新中国报》《南华日报》《国民新闻》《中报》《政治月刊》《兴建月刊》《中央导报》《大亚洲主义》《中日文化》《文友》等报刊，提供了大量的关于汪伪政权活动的信息。口述史料和回忆录方面，我们首先汇集了影佐祯昭、今井武夫、松本重治、犬养健、冈田酉次等日方人物的回忆录，周佛海、陈公博、梁鸿志、温宗尧、陈春圃、陈璧君、梅思年、丁默邨、林柏生、汪曼云等几十个汪伪重要人物在狱中的交代材料和审讯笔录往往提供了某些重要的历史细节和幕后情况，可补充档案和报刊材料之不足。此外，我们还注意搜集当时解放区和国民党统治区积累的有关汪伪政权的资料。在为数可观的史料的基础上，我们选用其中四百余万字的资料，按专题汇编为十卷本的史料集。

（四）从专题研究到综合研究。推进汪伪政权史研究的关键，在于专题性研究和通论性研究的开拓和相互结合。专题研究的特点和优点在于精深，而综合性的通论性著作则贵在有比较系统完整的学术体系。大体上，我们先是着力于进行专题研究，在此基础之上进行综合研究。在编撰《汪伪政权全史》以前的十余年时间里，我们分工合作，对汪伪政权的重要历史问题、历史事件和历史人物进行分门别类的研究。这一期间先后发表了三十余篇专题论文，四位攻读汪伪政权史的研究生完成了学位论文，主要的专题研究成果汇集成《汪精卫汉奸政权的兴亡——汪伪政权史研究论集》《汪伪十汉奸》《汪精卫集团叛国投敌记》等三部论著。上述专题研究几乎涵盖了汪伪政权史的一切主要问题，诸如日本扶植汪伪政权的背景和政策、汪精卫汉奸集团及其叛国投敌、伪南京国民政府的成立及其与伪北平临时政府和伪华中维新政府的关系、汪伪军事力量的发展和消亡、汪伪特工机关的组成和活动、汪伪政府的经济统制、汪伪汉奸文化、日伪的“清乡”运动、汪伪的“东亚联盟”运动和“新国民”运动、汪精卫“国民政府”与蒋介石国民政府的关系，以及汪伪政权的覆灭和对汉奸的审判，等等。这些专题研究既涉及政治史、军事史、国际关系史，也广涉经济史、文化史、社会史等各个方面，为汪伪政权的综合研究构建了坚实的基础。

《汪伪政权全史》一书的编撰工作启动于一九九九年年初，是由中国社会科学院中日历史研究中心立项资助的一个研究课题。复旦大学和南京政治学院的四位史学工作者组成的课题工作组担任了撰著任务。本着史家应有的历史责任和学术准则，努力以赴，五渡寒暑，三易其稿，终于完成书稿的撰写。这部史书含上下两卷，正文分列十四编、四十三章、一九六节，另在卷首和末尾分设绪论和附录，全书共有一二五万余字，由上海人民出版社于二〇〇六年十二月出版。

二

《汪伪政权全史》一书的作者尽心尽力作了很大的努力，然而，取法乎上，得乎其中，缺失和不当之处所在都有。但是，总的来说，这部史书比较全面地和翔实地记叙和论析了汪伪政权从产生到覆亡的全部过程，及其在各个阶段的历史特征，较为系统、深入地剖析了汪伪政权在各个领域实行统治的理论、政策和实际活动，在史料与观点相统一的基础上，对汪伪政权史事作出科学的历史的评价，使汪伪政权史的研究提高到一个新的水平。这是迄今为止问世的国内外最全面、最详尽、最完整的汪伪政权史著作，它在学术上的意义大体上似可概括为以下几点。

（一）在学术上构建了一个较为科学的和比较完全意义上的汪伪政权史框架结构。汪伪政权史作为一个学科它研究的对象是什么，它的基本线索和基本内容又是什么？这似乎是一个早已解决的问题，其实却不尽然。按照本书作者的认识，汪伪政权的历史，是以汪精卫、陈公博、周佛海为首的汉奸集团叛国投日，在日本军国主义政府和军部的卵翼和操纵下，纠集沦陷区的汉奸亲日派和社会上形形色色的反动势力，组建各级汉奸政权，在政治、军事、经济、文化、思想以及社会各个领域，实行在日本主控之下、日伪相结合的法西斯统治的历史，也是汪伪统治在中国抗日军民的不断打击之下，在世界反法西斯力量的共同打击下，一步步走向衰败，最后随着日本的战败投降而终于覆灭的历史。这是贯穿汪伪政权历史的基本线索和基本内容，也是构建汪伪政权史学术体系的基础。汪伪政权的基本特征在于它是被日本操纵和利用的一个汉奸傀儡政权。这个政权是日本亡华灭华和"以华制华"政策的产物，是日本进行侵略战争和实行对华殖民统治的工具。这也是构建汪伪政权史学术体系的一个基本点。汪伪政权的历史发展过程与这一时期日本侵华的历史过程两者牢不可分，构成为一个统一体。《汪伪政权全史》正是在确认日伪这个政治、经济、军事、文化统一体的基础之上，尝试构建一个学术框架结构。全书对汪伪政权历史的所有主要问题的述论，无不与日本侵略中国和图谋称霸东亚这个主线紧密相联，把握日伪这个矛盾统一体的全局及其演变过程，厘清历史脉络，确立其学术体系。

构建汪伪政权史学术框架体系的另一个具有重要意义的学术成果，是本书提出了汪伪政权历史"四阶段"论的观点，并且以这一立论为依据，连贯而完整地记叙了汪伪政权历史的全过程。毋庸讳言，以往已经存在的关于汪伪政权的史著，都还未作出对汪伪政权历史明确的阶段性特征的分析，而且就这一领域学术研究成果的总体而言，呈现出"头重""脚轻""中间空"的状态，以致难以构建一个完整的学术框架结构。所谓"头重"即大多数的论著集中于探究汪精卫集团叛国投敌这一段史事，有关作品不断问世，学术成果较为丰硕。"脚轻"是说关于汪伪政权后期的历史，即日本政府提出所谓"对华新政策"以后的汪伪史，多年来鲜有人问津，学术成果寥若晨星。虽然研究汪伪汉奸审判的论著为数可观，基本史实也已梳理得相当清晰，但这显然不能替代对汪伪后期历史的研究。所谓"中间空"，是指汪伪政府成立以后直至日本"对华新政策"提出这个时期的历史，长期以来成为学术研究的空白，除有少量论著略有涉猎，大量史实未被探究，空缺比比皆是，成为汪伪政权史研究中最为薄弱的环节。而不改变这个残缺和畸形的状况，构建汪伪政权史学术体系就无从谈起。

《汪伪政权全史》在一定意义上改变了上述总体态势，它第一次对汪伪政权历史的全过程作出系统的梳理与描述，按照其演变始末以及在各个阶段上的历史特点，划分为四个阶段加以论述。一九三八年十二月至一九四〇年三月为第一阶段，从汪精卫集团叛国投敌到汪伪政府成立前，这是汪伪政权的准备阶段。一九四〇年三月至一九四一年十二月，从汪伪政府成立到太平洋战争爆发，这是汪伪政府的所谓"时局奠定时期"，汪伪政权在这个阶段形成了其统治体系的基本格局。一九四一年十二月至一九四三年一月，从太平洋战争开始到日本"对华新政策”的登台，这是汪伪政府的所谓“协力战争时期”，这一阶段汪伪政权以太平洋战争为背景，全面拓展其在各个领域的统治。一九四三年一月至一九四五年八月，从汪伪政府宣布所谓对英美“宣战”至日本战败投降和汪伪政权覆灭，这是汪伪政府的所谓“参加战争时期”，这一阶段在日本“对华新政策”之背景下，汪伪政权实行“战时体制”，出现回光返照式的最后的疯狂，迅即转而开始分崩离析，日暮穷途，直到最后覆亡。

如果说，“四阶段”论的确立是从纵向构建起汪伪政权史全过程的学术框架结构，那么，对汪伪政权的从社会经济基础到上层建筑的所有领域，包括意识形态各个领域的统治，进行全面的考察和研究，拓展其范围，梳理其脉络，充实其内容，确立其结构，则是从横向构建起汪伪政权史的学术框架结构。这一工作，前人尚未完整地做过，其中许多领域的研究几乎是残缺的。现在，《汪伪政权全史》在这方面也作出了前人未来得及作出的成果。虽然，从纵横两面对汪伪政权史学术框架体系的构筑，是编写过程中逐渐完善的，至今尚属阶段性成果，但仍可视为一项具有重要意义的新进展。

（二）开拓了汪伪政权史研究中许多新领域，填补了学术上许多空白点，使一部汪伪政权史更为完备、更为系统、更为翔实，从而也更为符合历史实际。无可否认，长期以来，因为诸种因素的制约和影响，汪伪政权史研究比较注重其政治和军事方面，而忽略了其经济和文化方面。对其政治领域的研究着重日汪的勾结、破坏抗战、镇压民众、出卖国权、反共活动等方面，而对汪伪的政治理念、党派关系、政治制度、行政体制，以及政治运作机制等方面，极少有研究者进行探索和考察。在关于汪伪经济的研究方面，以往基本上集中于揭露日汪进行经济掠夺、物资搜刮和推行伪币等方面，但并未对汪伪经济体制和经济活动作出过真正称得上全面而深入的研究，诸如汪伪的财政、税收、金融、公债、货币，汪伪经营的各种经济实体，日伪统治下的市场等课题，多年来鲜有人问津。至于在文化领域，多年的学术研究也大都集中于日汪实施对民众的奴化教育方面，而对文化这个广泛的范围之内的一系列课题，诸如学校教育、社会教育、教育政策和团体等，新闻、报刊、通信、广播等，文学、艺术、电影、戏剧、文化团体等，出版、图书与发行等，广泛地存在着未被开垦的处女地。如此等等，研究工作中长期存在的畸形的不平衡状态，致使人们看到的汪伪政权史是残缺的、片段的，因而是不完整不全面的，使人难以了解历史的全貌。

为了改变上述局面，把汪伪政权史的研究提高到一个新的水准，本书作者竭尽所能，向这一研究中的薄弱环节和空白部位进军，力求有所突破和创造，这一努力在《汪伪政权全史》一书中得到了较为充分的体现。例如，在政治领域，该书较为系统地剖析了汪伪政权的政治体制，包括其所谓在“法统”上的依据、中央和地方各级政权的体制、伪中央政治委员会与伪最高国防会议、五院制的伪中央政府，并且对警政体制和警察机关作了专门的阐述。同时，对汪精卫的伪国民党和伪三民主义以及汪伪"实施宪政"的活动这些从来无人问津的史事，该书也都进行了拓荒般的考察和提出了自己的见解。关于汪伪政府发动和操纵的政治思想运动，如"东亚联盟运动"和"新国民运动"，以及由华北伪府操控、汪伪集团插手参与的"新民会"运动，本书亦有专门的论述，从而使这三个运动得以全面地展现于读者。在汪伪政权对外关系方面，除特别着重于日汪关系的论析记述以外，该书也对汪伪政府与德国、意大利、罗马尼亚、西班牙、匈牙利、保加利亚、克罗地亚、斯洛伐克等国受德意法西斯控制的政府，以及与印度、缅甸、泰国等亚洲国家的傀儡政府之间的关系，作出记叙，以反映汪伪政权对外关系的全貌。

在经济领域，除加深关于伪中储银行和伪中储券问题的研究外，把探究的触角广泛地伸向经济领域的各个方面，开拓了一批新的学术课题。诸如关于汪伪政府财经政策的研究，关于财政、税捐、田赋、公债等研究，关于汪伪以上海为中心确立金融统治秩序的研究，关于实行粮食、棉纱、油料等物资购销统制的研究，关于汪伪政府战时经济体制的研究，关于日汪产业关系和汪伪与江浙资产阶级关系的研究，以及关于日伪统治下城乡居民生活状况的研究，等等。对这一系列史事的开拓性研究，在不同程度上都获得了新的成果。

文化领域是汪伪政权史研究中最为薄弱的环节，其中许多重要课题乏人问津，留下诸多空白。本书作者对此的研究广涉汪伪文化各个领域和各个部类，不同程度地有所突破、有所前进。在汪伪的文化理念方面，着重研究了"中日文化提携"论和"东亚文化"论。在文化政策方面，剖析了汪伪文化统制政策的演变。在教育方面，对汪伪政府的"和平、反共、建国"的教育方针、教育机关和教育团体、高等学校、普通教育、社会教育等进行较为系统的分析和描述。在新闻宣传和新闻事业方面，对汪伪政府的"新闻统制"政策、新闻报刊的管理制度、广播管理制度、各级各类报纸杂志、伪中央电讯社、伪中国广播事业建设协会，以及日汪的新闻团体一一作了剖析。在出版业方面，着重研究了汪伪政府对出版的统制、主要出版实体和出版物，以及出版界的分化、组合与演变。在文学和艺术方面，剖析了汉奸文艺理论的种种体现，汉奸作家和汉奸文化人的基本状况，汉奸文学作品和其他艺术作品。特别是对汪伪政府统制电影的政策和汉奸电影的制作，作了较为系统和深入的论述。

在从政治、经济、文化等各个领域拓展对汪伪政权史的研究的过程中，我们开辟了一大批新的研究课题，厘清了一系列专门问题的历史真相，探究了以往尚未被治史者探索过的历史问题，从而提出了不少新的见解和新的论断，有的则是加深了前人的研究，或是纠正了以往研究成果中的偏颇不确之处。这些都有助于提高汪伪政权史研究的水平。

三

如前所述，我们这个学术团队始终十分重视史料工作，把它置于十分重要的地位并加以推进。在编著《汪伪政权全史》的前前后后，以极大的努力倾注于史料的发掘、征集、整理和研究，并且完成了多卷本的《汪伪政权史料选编》的汇编工作。

这部史料集由十卷组成，其中的三卷是在二十世纪八十年代出版的原书基础上，进行更新重编，考订原有史料，增补新的史料，以求其内容的充实和质量的提高。其他七卷则为在先前积累的史料的基础上，分别进行系统的汇集、改订、选编而成，尤其注重发掘和收录最近十余年来出现的新史料。现已编成的这部十卷本史料集，近四百万字，分别为：第一卷《汪精卫集团投敌》、第二卷《汪精卫国民政府成立》、第三卷《汪伪国民政府的政治》、第四卷《汪伪国民政府的军事》、第五卷《汪伪国民政府的对外关系》、第六卷《汪伪国民政府的经济》、第七卷《汪伪国民政府的文化》、第八卷《汪伪国民政府的“清乡”运动》、第九卷《汪伪国民政府的政治思想运动》、第十卷《汪伪政府的覆灭和审判汉奸》。这部史料集为至今已见的国内外有关汪伪政权的各类基本资料之集萃，广征博集，内容宏富，涵盖面广，富有研究价值。

收录于这部史料集中的资料，其来源为以下几个方面：(一)汪伪政府的档案资料，包括南京伪中央政府，江苏、浙江、安徽、上海等省(市)汪伪政府的档案，着重选录伪中央政治委员会和最高国防会议的档案，伪行政院及其所属各部、会、局的档案，伪军事委员会、伪清乡委员会、伪华北政务委员会等机关的档案材料。(二)日本政府内阁、参谋本部、陆军省、海军省、外务省、驻华使领馆的有关档案。(三)中国国民政府的有关档案史料，如台湾中国国民党中央党史会和“国史馆”收藏的有关汪伪政府的档案史料。(四)汪伪汉奸头目审判案卷，包括陈公博、周佛海、褚民谊、陈璧君、林柏生、丁默邨、梅思平、梁鸿志、王揖唐、周作人、唐寿民等一批汉奸的审讯笔录、自白、供词以及调查材料。(五)有关人物的回忆和口述史料，如日本方面的近卫文麿、土肥原、影佐祯昭、今井武夫、松本重治、西义显等人的回忆录和手记、书信等，汪伪集团方面的《周佛海日记》，罗君强、周隆庠、金雄白以及高宗武、陶希圣等人的忆述材料，各级各地政协文史资料刊物披露的汪伪政权各种当事人的回忆材料。(六)汪伪统治区出版的报纸、期刊、图书等资料，如《中华日报》《政治月刊》《中央导报》《申报年鉴》等。(七)有关书著披露的史料，如《大本营陆军部》《中国事变陆军作战史》《大东亚战争全史》《支那事变战争指导史》《汪政权的开场与收场》《高陶事件始末》等。(八)北京中国照片档案馆收藏的汪伪政府照片资料等。

《汪伪政权全史》的出版问世和《汪伪政权资料选编》的汇编完成,是汪伪政权史研究工作中的阶段性成果,也可以说,它为尔后继续推进这项研究工作构建了一个新的台阶。最近二三十年来,海内外汪伪政权史研究有了长足的进步,各类论著时有问世,其中不乏一些质量较高的精品力作。然而对各种作品作一比较,不难发现其中对一些重要的历史问题还存在歧见。怎样认识和评价汪精卫集团和汪精卫伪政府的历史作用和历史地位?汪精卫是个汉奸卖国主义者还是爱国的民族主义者?怎样评价汪精卫集团的"和平救国"路线?汪伪政权在中日战争和第二次世界大战中起了什么作用?如此等等,对这些带有根本性质的问题,在中国大陆、在台海两岸,尤其在日本史学界里是存在明显分歧的。在《汪伪政权全史》中,我们阐述了对这些问题的认识和主张,论述了我们的观点及其史实基础。我们秉持实事求是、忠于历史、探求真理的态度,热切期望继续与海内外史学界同行们互相交流,共同切磋,从而将汪伪政权史的研究进一步引向深入。

余子道文集

下卷

余子道 著

上海人民出版社

五、战时中日关系

敌乎？ 友乎？ 二十世纪三十年代关于中日关系的一场论争*

中日两国是势不两立的敌国，还是和睦亲善的友邦？两国关系的走向是战还是和？在二十世纪三十年代日本发动全面侵华战争的前夜，中国政治界和舆论界曾对上述关系着两国命运的重大问题，进行了一场全面、深入的论争。整个论争是围绕着下述问题展开的：(1)对当时中日两国关系的性质和形势的认识；(2)中日关系的严重恶化，原因与责任何在；(3)中日关系的走向，是战还是和；(4)怎样评价和对待日本政府的“日中提携”和中国政府的“睦邻敦交”的政策；(5)在当时的条件下，使中日关系正常化是否还有可能。论争过程显示：蒋介石一派力图化敌为友，避战趋和；汪精卫一派始终认敌为友，主张满足日方要求，求得两国间的“和平提携”；力主抗战的各派人士，则认为日本亡华灭华的政策已定，中日之间一场大战必不可免。历史的进程已对这场论争的是非作出了公正的检验，也给后人揭示了深刻的值得记取的历史教训。

在人类即将跨入二十一世纪的今天，回顾和审视这一史事，对正确认识现代中日关系的历史经验、推进两国友好关系的进一步发展是大有裨益的。

一、《敌乎？ 友乎？》的对日关系观和对日政策论

日本军国主义于一九三一年制造九一八事变，开始了以武装侵略殖民地化中国的新阶段。面对着日本的进攻，怎样对待中日关系问题、日本是敌还是友、对日是战还是和的问题严酷地摆在了中国的面前，成为全国朝野最为关注的大事，各党各派以至社会各界针对这些问题争论不已。在华北事变前夕，围绕“敌乎？友乎？”问题展开的论争，乃是九一八事变以来各派就中日关系问题的争论在新形势

---

* 本文是在1997年11月于东京庆应义塾大学召开的第四次中日关系史国际学术研讨会上宣读的论文。载《复旦学报》(社会科学版)1998年第2期。

下的又一次交锋；同时，也是国内不同政派对于以“协调外交”相标榜的日本广田外交作出的不同反应的集中表现。

从一九三四年下半年到次年上半年，正当日本政府内阁和军部积极准备对中国进行新的扩张、决定实行其分离华北的政策、一个新的侵华阴谋计划正在策划之时，日本政府与中国国民政府之间，却相互频频发出“友好”“亲善”的呼声，“中日提携”的高调在东京和南京一再登台，“调整邦交”的活动在外交部长和大使一级以上的官员中接连不断。正如《外交评论》杂志在当时的一篇评论中所说的：“最近中日两国间的空气，似乎从严冬转到温和了。”①这一奇特现象的推动者，是各有企图的中日两国政府当局。南京当局出于推行其“攘外必先安内”基本政策的需要，在《塘沽协定》成立、关内外通车通邮等协议达成以后，趁着中日关系相对平静的时机，企图进一步营造一个对日妥协、苟安的局面。当冈田内阁戴着“微笑外交”的面具招手时，它正适合南京当局的政治需要，被认为是“睦邻敦交”、推进“中日和平提携”的大好时机的来临，从而作出了积极的回应。东京当局推出广田外交，其侵略扩张的基本目标与历来的侵华政策并无二致，只是它更注重于采取外交、政治和经济的手段。广田外交高唱“中日提携”，向中国发出“亲善”的呼声，意在引诱中国就范，排斥英美，挑拨中苏，进而使中国依附于日本。

蒋介石和南京当局为了使日本方面理解它对中日关系的基本立场，也为了使国内各方面都赞同它的对日关系的理念和政策，于一九三四年十二月发表了一篇政策性论文——《敌乎？友乎？——中日关系的检讨》②（以下简称《敌乎？友乎？》）。此文成稿于一九三四年十月，由蒋介石口授要点，军委会侍从室第二处主任陈布雷执笔撰写，以侍从室第二处秘书徐道邻的名义发表，刊于同年十二月出版的《外交评论》杂志。当时《大公报》《申报》《中央日报》等国内不少报刊，全文转载或刊登了这篇文章的摘要，此文并被印成单行本出版。日本《中央公论》等报刊也刊登了此文的日文摘要。此文系统地阐发了蒋氏对于中日关系和东亚军事政治格局的基本观念，宣示了南京政府的对日政策。它是为响应广田外交、谋求对日妥协而发出的一个政治信号，同时也是针对国内对南京政府对日政策的抨击而作出的系统性回答。

在《敌乎？友乎？》中，蒋氏提出解决中日关系问题的基本政策是，依靠外交途径，通过两国政府之间的谈判，解决双方之间存在的争端和一切“悬案”，化敌为友，避战谋和，相互提携，共建中日两国和东亚的和平。蒋氏这一政治外交构想无

---

① 汤中：《中日邦交转变之关键》，《外交评论》第4卷第2期。

② 徐道邻：《敌乎？友乎？——中日关系的检讨》，《外交评论》第3卷第11、12期合刊。此文1961年编入台北“国防研究院”出版的《蒋总统集》，1984年又收入台湾国民党中央党史会出版的《先总统蒋公思想言论总集》第4卷。

疑是与虎谋皮。然而,他所代表的中国统治阶层的政治需求,使他对上述目标抱有最大的期望,不避来自各方面的抨击。正如他在五十年代初追思此事时所说:当时,“中日局势更趋危急,正进入最后关头,极思设法打开僵局”,遂发表《敌乎?友乎?》,“以此为中日两国朝野作最后之忠告”①。显然,蒋氏旨在为“打开”一条依靠外交途径解决中日问题的道路而进行“最后”的努力,但这条道路被事实证明只是一种幻想而已。

蒋氏的上述主张,是以对于中日关系的基本状况之错误论断为依据的。其时中日关系的性质和格局,是日本侵略中国和中国反对侵略,是中日之间业已存在着由日本发动的局部战争,是日本武装侵占了中国的东北和正在分割华北。无论从中日关系还是从东亚的军事战略格局而论,军国主义的日本是中国最危险的敌人。任何解决中日问题的方案都必须从这个基本事实出发。但《敌乎? 友乎?》却一再论证说:中日之间的关系是“友”而不是“敌”。甚至明确宣称:“首先我敢断言,一般有理解的中国人,都知道日本人终究不能作为我们的敌人,我们中国亦究竟须有与日本携手之必要。”②并且表示中国当局与民众的态度不同:“有许多国民,激于当前的仇恨,颇有愿与日本偕亡之气概”,但“如果中国从远大的将来着想,中日两国便应该相互提携”③。

《敌乎? 友乎?》一文着重强调的是,妥协高于一切、胜过一切,抵抗必遭失败的理念。在蒋氏看来,中日双方应当实行妥协,“合则两利,敌则两败”。两国如果开战,他断定其结果必将“同归于尽”,而中国则先遭重创。蒋氏认为,中日如果交战,日本在十天内便可灭亡中国,至少可以占领中国的重要都市与海港。由此,他断言:“我以为目前中国,只有尽力消弭战机,才是唯一可采之路。”④至于日本,该文认为:如对中国进攻,或是用海军封锁中国,或是肢解中国大陆,造成“华北国”“蒙古国”,或是正式出兵全面进攻中国,都不可能彻底打败中国,其结果只会是“两败俱伤”而“同归于绝灭”。因此,他的结论是:“和”为上策,“战”为下策,只有双方实行妥协才是唯一的出路。

《敌乎? 友乎?》详尽地论列了中国朝野以往对日本的政策、举措的七项所谓“错误与失计”,从中方来说,正是这些错误造成了现时两国关系的僵局。文章系统地回顾了北伐战争特别是九一八事变以来的中国对日关系,认为中国对日本态

---

① 蒋介石:《重刊〈敌乎? 友乎?〉前言》,《先总统蒋公思想言论总集》(第4卷),国民党中央党史会,1984年,第135页。

②③ 蒋介石:《敌乎? 友乎?——中日关系的检讨》,《先总统蒋公思想言论总集》(第4卷),第138页。

④ 蒋介石:《敌乎? 友乎?——中日关系的检讨》,《先总统蒋公思想言论总集》(第4卷),第139页。

度骄妄、意气用事而缺乏理智,“当屈不屈”,屡屡丧失了与日本打开僵局、达成妥协的机遇。例如,九一八事变时政府当局拒绝以日方提出的五项原则进行谈判,这是“失却时机的错误”;中国民众以为用抵货运动可以击败日本,这是“判断对方的错误”;民众对本国力量夸张过大、信赖过甚,“甚至自信短刀可以制飞机”,这是“审察自力的错误”;中国朝野对国际联盟、对英美列强干预和制约日本,期望过高,这是“观察第三者的错误”;等等。总之,蒋氏绝不认为南京政府在九一八事变以后实行不抵抗政策,签订《淞沪停战协定》和《塘沽协定》都是大错;相反,却断言由于中国方面“不但不知彼,实亦不知己”,不自量力,感情用事,以致酿成了当今中日关系的僵局。①

《敌乎? 友乎?》以徐道邻的名义,道出了蒋介石和南京当局为解决中日问题向日方提出的政治方案。其主要内容可归结为以下几点:

(一) 日本“应彻底扶持中国真正的独立”,中国则承认日本“在东亚之特殊地位与利益”,“独立的中国以平等地位与先进的日本相提携”②。

(二) “为彻底更新中日关系”,日本“应抛弃武力而注重文化的合作,应舍弃土地侵略而代以互利的经济提携,应唾弃政治控制的企图,而以道义感情与中国相结合”③。

(三) 日本“断然归还东北四省,使归属于中国的版图”④。

(四) 对“过去悬案,应以诚意谋互利的解决,一扫国交上的障碍,人民应深明大义,不作苛求,当局应忍辱负重,掬示忠诚”⑤。

(五) “中日之间并没有绝对不能转阔的情形”,两国当局有必要举行“直接谈判”,就上述各项问题达成协议,“定议以后,即由中国报告国联”,成为定案。⑥

综上所述,该文的基本结论是什么呢? 这就是:日本终究不是中国之敌而是中国之友;如果中日交战,双方只会同归于尽;中日两国合则两利,敌则两败,互相妥协是唯一可采之路;中日关系铸成僵局双方都有责任、都有错误,双方都应改正;中国对于日本应实行“革命外交”,“能伸则伸,当屈则屈”;中国极愿在政治、经济、文化、道义各方面与日本“共同提携”“恢复友好”;中国建议与日本举行直接谈

①② 蒋介石:《敌乎? 友乎? ——中日关系的检讨》,《先总统蒋公思想言论总集》(第4卷),第140页。

③ 蒋介石:《敌乎? 友乎? ——中日关系的检讨》,《先总统蒋公思想言论总集》(第4卷),第145—149页。

④ 蒋介石:《敌乎? 友乎? ——中日关系的检讨》,《先总统蒋公思想言论总集》(第4卷),第164页。

⑤⑥ 蒋介石:《敌乎? 友乎? ——中日关系的检讨》,《先总统蒋公思想言论总集》(第4卷),第162页。

判，解决双方之间存在的问题；只要日本停止土地侵略，归还东北，其他一切要求，中国均以诚意谋求解决；中国承认“日本在东亚的特殊地位与利益”；等等。这就是《敌乎？友乎？》所表述的，蒋介石的对日关系观和对日政策论。

二、《对日的两条路线》鼓吹的对日路线

《敌乎？友乎？》一文为南京政府的对日方针政策定下了基调，但它所表达的是蒋介石一派的观点和主张。虽然当时汪精卫、蒋介石合作执政，汪派赞同蒋派关于对日关系的上述立场，但前者仍然有着它自己不同的利益基础和政治主张。在这场关系重大的对日问题的论争中，汪派是不可能保持沉默的。他们很快在自己的舆论阵地上道出了在对日问题上的主张。汪派代言人林柏生①署名发表的《对日的两条路线——读徐道邻〈中日关系的检讨〉书后》一文，就是其代表作。林柏生为汪派喉舌《中华日报》的社长，他在此文中一再大段引证汪精卫的言论，甚至把汪氏未曾公开的在国府会议上的讲话作为此文的“附记”发表，足以显示其作为汪氏代言人的角色。他发表于《外交评论》和国内其他重要报刊上的上述论文，是汪派响应蒋派的对日路线而作出的政策性宣示，同时又是对蒋派的论点和主张所作的某些补充和纠正。

《对日的两条路线》开宗明义表示赞同《敌乎？友乎？》一文的立场和态度，说：“我以为到了今日，中日两国人士，都应该有徐（道邻）君一样的态度，不为环境所驱，不为情感所闭，诚意的，平心静气的，来求中日问题之根本解决。”②尤其是特别表明认同后者对中日敌友关系的观点，写道：“读了徐道邻君《敌乎？友乎？》一文之后，我所佩服的，他……说了日本人终究不能作为我们的敌人，我们中国亦究竟须有与日本携手之必要，进而提出中日两国所应采之途径。”③

如同蒋汪两人正在合作推行对日妥协路线一样，林柏生的文章赞同《敌乎？友乎？》提出的解决中日问题的基本政策。然而，对中国要求日本归还东北四省的问题，他不同意后者的主张，公开表明：这“一个先决问题，我认为有商榷之必要”。④他论证道，占领东北、树立“满洲国”，既是日本的根本国策，又已是日本的既得利益，日本绝无可能将东北归还中国。他问道：“先归还东北，再交涉悬案，日本不归还东北，我又对之可怎样呢？”⑤他认为徐道邻文中提出的，日本先归还东

① 林柏生，时任国民政府立法委员、上海《中华日报》社社长，为汪精卫之亲信。全面抗战开始后随汪投降日本，曾任汪伪国民党中央常委兼宣传部长、伪中央通讯社社长、伪安徽省省长兼蚌埠绥靖公署主任等职。

②③④⑤ 林柏生：《对日的两条路线——读徐道邻〈中日关系的检讨〉书后》，《外交评论》第4卷第2期。

北，双方再交涉“悬案”，进而实现睦邻友好这条路是永远走不通的。

那么，究竟怎样才能解决中日之间的僵局呢?《对日的两条路线》认为，摆在中国面前的只有两条路可供选择。一条路是决心保卫国土、收复东北失地，不惜与日本决一死战。但他断定“这是一条求死的路”，是万万走不得的。因为“中国今日真真正正的还是一只蛤蟆，尽现时全国所有的力量而一战，已是没有把握，能否集中全国的力量，更是没有把握”。中国在“政治上、经济上、军事上、科学上，以至社会组织上，样样都不如人”，“苦战的结果，假使有一块小小的土地，建立得一个小小的政府，为世界亡国史多添一件古董，也算好了，只怕土崩瓦解四分五裂，并非也不可能呢”。①汪精卫一类的亡国论在这里被林柏生发挥得淋漓尽致。汪氏的抗战失败主义比蒋氏更甚：蒋氏谓之为“同归于尽”，汪氏则认定为中国败亡，日本得胜。

汪精卫一派主张的是另一条路。《对日的两条路线》把它称为“忍辱图存之路”。即中国放弃收复东北的念头，“照汪、蒋屡电所说的，确立一个最低限度，所谓最低限度，即决心不承认伪满，在最低限度之内，可以忍让，可以委曲求全”。②这就是说，只要日本不逼迫南京当局在国际关系上承认“满洲国”，则对日本的要求都可以忍让，以求得与日本之间的和解。显然，在对日妥协退让的道路上，汪派比蒋派走得更远了。

《对日的两条路线》一文进而从南京政府对日政策的历史演变，来论证对日忍让路线是蒋、汪两人从九一八事变以来一贯的政策。文章指出一九三二年一月蒋介石提出的对日政策主张是“不绝交，不宣战，不讲和，不订约”，而“九一八以后汪精卫氏所提出‘一面交涉，一面抵抗’八个字，也正是这个意思”。“两种相较，没有不同，所不同的，‘不绝交，不宣战，不讲和，不订约’是从消极方面确定外交军事方针的范围，‘一面交涉，一面抵抗’是从积极面指出外交军事方针的动向。”③林柏生宣称，“三年以来中国所走的正是我上面所说的第二条路线”，即汪蒋主导下的以妥协退让为基准的“忍让路线”。那么，今后的出路何在? 林柏生的结论是：“今日以后中国还是(应该)守着三年以来始终不渝的汪蒋路线。”④

当前又如何打开中日之间的僵局呢? 林柏生根据来自东京的政治信息，据称是日本外务省对华新政策的要点，认为可以被接受作为中日谈判的基础，以打开两国的僵局。要点共有 9 项：1.日本维护中国领土的完整，但中国第一步须“剿灭”共产党，扫尽一切抗日运动；2.中日两国进行正式谈判，以恢复双方间正常关系；3.日本不干涉中国内政，对中国之政争保持中立，但中国如有人能负起统治全

①②③④　林柏生：《对日的两条路线——读徐道邻〈中日关系的检讨〉书后》，《外交评论》第 4 卷第 2 期。

国的完全责任，则日本将对其在政治、军事、经济及其他方面给予援助；4.中日两国比照日“满”议定书缔结中日协约，但中国必须承认日本在东亚的重要地位，不再依赖欧美；5.日本与中国就远东政治问题另订双边协约，日本不再承认《九国公约》一类由第三国参与的条约；6.关于军事方面，日本要求中国承认不再请援于国联，即使退出国联亦可，聘日本顾问以代替欧美顾问；7.日本要求组织日中“满”经济集团，并给中国以财政援助；8.中国如对以上各节表示诚意，则日本准备将《塘沽协定》改为永久条约，并在中国与“满洲国”之间设一中立区域；9.中日两国在三月二十七日后6个月就缔约问题进行谈判。对于上述亡华灭华条件，林柏生竟然宣称：“我认为中国方面，亦不宜优柔寡断，应该根据既定方针，予以考虑。”并说“中国政府应……开诚相见”，与日方进行“正式谈判”①。从林柏生的言论可见，抗战失败主义和民族投降主义已成为汪派对日关系观的基调，他们在对日妥协的道路上已走得很远。后来汪精卫、林柏生等叛国投敌，沦落为汉奸卖国贼，是有由来矣！

三、 日本舆论界对《敌乎？ 友乎？》的评论

《敌乎？友乎？》一文的发表，以及由此引发的关于中日关系问题的论争，在日本也引起了颇为强烈的反响。日本舆论界和各方面人士以其自己的立场和观点参加了这场论争。一九三五年春，日本《中央公论》《政经日本》等颇有影响的刊物纷纷发表评论文章，“东洋经济社”也召开了“中日亲善问题谈话会”，对中日关系问题进行了讨论。在日本舆论界占着统治地位的这些评论，以民间或半官方的形式反映了日本对华政策的意向，又是对蒋介石一方的政策主张作出了极具讽刺意义的回应。

日本舆论界对《敌乎？友乎？》的政治背景作了相当确切的论断。《中央公论》的文章指出：《敌乎？友乎？》“登载于《外交评论》专号卷首以后，中国各地之主要新闻，皆纷纷转载，且多加好意的评论；自其一普通杂志论文大受特别欢迎一点而观，遂令人不能不猜疑其文有类似中央党部之非正式的声明，其背景实为中国之军事当局”。并认为文章“系国民党某要人所作，而以徐（道邻）氏之名义发表”②。众所周知，当时国内外均称蒋介石为中国最高军事当局，在日本论者的心目中，谁是此文的政治背景也就很清楚了。

---

① 林柏生：《对日的两条路线——读徐道邻〈中日关系的检讨〉书后》，《外交评论》第4卷第2期。

② ［日］伊藤正德：《他山之石》，《中央公论》1935年4月号。

在日本舆论界看来,《敌乎? 友乎?》一文是中国当权者向日本发出的政治气球,显示的政治信号是“媚日”而不是“抗日”。《政经日本》的一篇评论写道:“满洲事变发生以来,在中国方面只听到感情的排日论之流行,最近……《敌乎? 友乎?》的大论文,冷静而大胆直率地痛论中日的关系,诚为晚近之名论。时适铃木中将、有吉公使赴南京与蒋、汪两氏晤见,使中日国交急转直下,打开了以前沉闷的僵局。”①认为徐道邻的文章不是感情用事的“排日论”,“诚为近来中国杰出的文章”。

《敌乎? 友乎?》的作者期望以中国当局的反省,去引发日本当局的反省,为化敌为友打开一条通道。然而,与中国当局一厢情愿相反,日本舆论界全然否认日本有任何反省的必要。在侵略有理的逻辑下,日本历来视对华种种侵略为理所当然,何需半点反省。相反,在日本舆论界看来,有必要进行反省的倒是中国。

《政经日本》只译载《敌乎? 友乎?》文中“中国方面的错误”这部分,而对于“日本方面的错误”一节却一字不登。该刊在评论文章中又大言不惭地宣称:“现在中国全体国民自己反省的时机已经到来。”②而《敌乎? 友乎?》的发表,则被他们视为反省时机已经到来的一个标志。这实在是对蒋介石和南京当权者的一个极为辛辣的讽刺。

中日关系是敌还是友? 针对《敌乎? 友乎?》提出的要化敌为友、恢复友好的建议,日本许多论者置日本长期以来把中国作为打击和灭亡的对象这一根本事实于不顾,却指责中国人民把日本当成了敌国。村田孜郎的文章写道:“一般中国的左翼阶级,都以日本人为最终之敌,这实在是不可的。”③“我对徐君之宏论,表示无条件的同感。我们日本人愿中国人士早一天听取这种话”④,即及早认同日本侵略者为朋友。

对于怎样打开中日之间的僵局的问题,日本的评论文章一致地断然拒绝《敌乎? 友乎?》提出的由日方先归还东北四省、中日举行直接谈判以恢复友好的方案,给了蒋介石以当头一棒。《中央公论》的评论指责徐道邻文章的最大错误在于提出要日本归还东北四省,说“此种结论,直无异蔑视满洲国的存在之事实,而对政治外交之现实,投下一巨弹也”。表示对此“不能不明白否定之”,并认为“任何日本政治家都决不能应此交涉也”。⑤这就再次证明,日本绝无可能主动交还东北和取消“满洲国”,企图通过外交谈判解决这一问题的设想,如果不是用来欺骗和应付舆论,那就只是一个幻想而已。

---

①②③④ [日]村田孜郎:《中日问题的新检讨》,《政经日本》1935 年 3 月号。

⑤ [日]伊藤正德:《他山之石》,《中央公论》1935 年 4 月号。

那么,中日关系的前途究竟会是怎样呢?对此,日本的评论文章与《敌乎?友乎?》之间的回答却有着惊人的相同。它们都认为,自冈田内阁和广田外交登台以来,中日关系已趋向缓和,两国正在一步步接近,两国关系的转机已经来临。长谷川如是闲写道:“因九一八事件,(两国)关系虽发生顿挫,然一观由于内田外交而进展至于广田外交,即可推知历史之真正之进向。”①村田孜郎也认为;“在我国广田外相之不威胁、不侵略的声明以后,中日当局已有正式会见,两国关系已一扫从来的恶感,走上了渐次的接近之途。”②而《敌乎?友乎?》则特别指出广田弘毅和日本外务省“保全中国统一”和“对于中国之独立或利益绝不予阻碍且无意加害”的言词,是对改善中日关系具有“诚意”的表示,为中日关系恢复常轨打开了闸门。双方如此合唱,绝非偶然的巧合,乃是两国当局正在导演一场“睦邻敦交”的政治话剧的一种表现。

代表日本统治阶层意向的日本舆论界的评论,从反面证明了这样一个基本事实:中国统治集团想以退让求妥协,但事实却是退让愈甚而妥协愈难;想以牺牲局部利益去换取与侵略者之间的苟安,但事实却是,放弃部分领土主权也难以获得这种苟安;想以道义、信义和利害关系去劝说侵略者,向不可一世的侵略者乞求和平,但事实却是越是不敢抵抗就越是没有和平可言。

四、 中国民间各界对《敌乎? 友乎?》的评析

《敌乎?友乎?》的发表绝非一孤立的事件,而是当时南京政府实行其内外政策中的一个重要举措,而在实际上成为推导其对日政策的理论纲领。一九三四年至一九三五年间,蒋汪政府进行了一连串与日本“睦邻敦交”的活动,高唱“中日亲善”,致力于“调整国交”,其声浪之烈,涉及政治层面之高,为九一八事变以来所未有过。这是蒋汪推行“攘外必先安内”和对日妥协政策的必然结果,也是日本政府推行广田外交在中国统治集团中引起的一种反响。

正当《敌乎?友乎?》问世之时,日本政府首相冈田启介和外务大臣广田弘毅一九三五年一月二十二日在日本国会发表演说,向中国抛出“不威胁、不侵略”,与日本“共负维持和平之重任”的橄榄枝。一月二十六日,蒋介石破例接见日本驻华武官铃木美通。次日,他又约见日本驻华公使有吉明,当面表示“中日应该亲善,是我的信念”,又说,“我认为今日时机已到”③。二月一日,蒋介石向中央社记者

① [日]长谷川如是闲:《中日关系与‘现实’之优势》,《中央公论》1935年4月号。

② [日]村田孜郎:《中日问题的新检讨》,《政经日本》1935年3月号。

③ [日]有吉明:《中日关系之再检讨》,《外交评论》第7卷第3期。

发表谈话，说广田在议会的演词具有诚意，“我国朝野对此当有深切之谅解”[①]。同月十四日，蒋介石在答日本朝日新闻社记者问时，再次强调“中日提携”，说“中日两国不仅在东亚大局上看来，有提携之必要，即为世界大局设想，亦非提携不可”，并认为“广田外相对华政策之演说……是中日关系好转之起点”[②]。汪精卫也不甘落后，于同月二十日在国民党中央政治会议上，发表“中日亲善”的政策性演说。二十七日，汪、蒋联名向全国机关、团体发布严禁排日运动命令。同月下旬，王宠惠奉蒋、汪之命，在东京与冈田、广田等日本政府首要进行改善中日关系的商谈。五月间，中日两国政府分别宣布把驻在使节由公使衔升格为大使，以示双方关系的改善。接着，南京政府于六月十日发布“睦邻敦交令”，把媚日活动推到了顶点。

《敌乎？友乎？》的发表，是南京政府上述一系列政治行动的一个组成部分，又是它们的舆论准备和理论纲领。它引起了国内各方面人士的高度重视，尤其是在舆论界，一时间更成为许多报刊评论的热点。国民党掌握和统制的舆论工具纷纷转载此文，并发表专论，都一致地给了《敌乎？友乎？》以充分肯定的评价。而国内各方抱着不同立场和观点的人士和报刊，则围绕着《敌乎？友乎？》展开了颇为尖锐的交锋。中间派和左翼人士对它进行了不同程度的甚至是极为严厉的抨击。

日本究竟是中国之敌国还是友邦呢？王芸生在《大公报》著文说，日本“她理想中的中国满洲是她的一个被保护国，如同过去的朝鲜，现在的‘满洲国’。日本人说满洲是它的‘生命线’，满洲拿在手上，华北又变成满洲的‘特殊地带’；设不幸这个‘特殊地带’再变了色，那时又将如何呢？人说‘日本的欲望是无止境的’，事实的情形确是如此。在这种高压下，中国怎么可以同日本讲邦交呢？”[③]针对中日之间通过外交途径解决争端、化敌为友的主张，《大公报》在一篇题为《读徐道邻文感言》的社评中指出，徐道邻文章“殆为最大胆的主张两国亲善共存者”，但在日本视中国为其鱼肉的情形之下，“中国人表示意见则可，而若希望实现则非”。该文对徐道邻文的作用持否定态度，说“国人此后不必多作此类劝日本觉悟之言论，以其距离事实甚远，于实际无益”。[④]

有些论者指出徐道邻文章混淆了日本帝国主义统治者与日本民众这两者的根本区别，也就根本说不清敌友问题。杜重远在《新生》杂志著文批评说：“记者（杜自称）以为‘敌乎友乎’是非认清不可的。可惜徐先生做了一万多字的长文，却

① 中国社科院近代史所民国史室编：《中华民国史资料丛稿・大事记》（第21辑），中华书局，1982年，第18页。

② 《蒋介石答日本朝日新闻社记者问》，《外交评论》第4卷第2期。

③ 王芸生：《关于中日问题的一些认识与感想》，《芸生文存》，大公报社，1937年，第235页。

④ 《读徐道邻文之感言》，《大公报》社评，1935年1月29日。

仍旧没有认清主题。中山先生遗教主张中日民族携手，记者以为应该是指中日民众携手而言。日本民众——受军阀武力压迫下的日本民众——是中国之友，但是日本帝国主义却是中国之敌人（而且也是日本民众之敌）。”①这是认清敌友问题的根本关键之所在，《敌乎？友乎？》在这根本问题上却是大错而特错了。

针对《敌乎？友乎？》一文与两国当局所鼓吹的“中日亲善”“睦邻敦交”的种种论调，许多爱国抗日人士纷纷著文予以批驳。北京大学教授、国际问题专家张熙若的《论所谓中日亲善》一文，可谓论述这一问题的代表作。请看他对“中日亲善”论的揭露和针砭：“天下事真是无奇不有：无端端的侵占了人家四省的地方，用飞机重炮轰毁了人家许多城市和人民，扰乱了人家许多地区，而且日日计划如何吞并，如何宰割，简单地说，就是处处要置人家于死地，人家无力抵抗，也就罢了，却还要进一步的强他和你讲亲善、讲提携，这未免太难了！天下事更奇怪的乃是：土地被人占了很多，人民被人杀了很多，劫后的性命还是朝不保夕，在此种岌岌可危的情势下，有些人竟然一闻人诱以亲善之词，谎以提携之说，便似乎欣然色喜，以为好了，有办法了。‘今日演说惟恐不亲，明日访问惟恐不善’。这么说来更难了！人于侵略之后来讲亲善，自然是于‘伤害之上加以侮辱’，我于被侵略之后甘心去和人家讲亲善，岂非表明不但无力抵抗，并且情愿受辱？若是这种甘受之侮是‘含垢忍辱’之类，有重大作用或特殊苦心在内，那还可说。不过在今日彼此悬殊形势之下，任何作用，假如有的话，都不能发生效力，任何苦心都不能达到目的；唯一的结果只是上当、受骗，使国难愈加严重，国运愈难挽回。”②

对于以广田外交为代表的日本对华政策的变动，又应当怎样认识和对待呢？不少文章指出，广田外交只不过是推行日本侵略扩张的基本国策的一种手段，切不可对它存有幻想。张熙若的文章写道：“我们中国人应该首先明白、彻底觉悟的就是日本人向来所讲的‘大陆政策’‘大亚细亚主义’一套，骤听之颇似梦呓的话，在现时并非少数人的理想，而是整个日本国家传统的‘国策’。政府可换，权臣可易，政党可朝三暮四，军阀可老少相倾，而此传统的‘国策’和所谓民族的‘使命’，在其人民心理上，国家政策上，是无论如何百折不回、颠扑不破的。伊藤也罢，大隈也罢，田中也罢，犬养也罢，内田也罢，广田也罢，他们的政策虽有缓急之分，他们的手段虽有软硬之别，但他们的目标是始终一致、彼此相同的，他们的政策是千变万化，但不离其宗的。……天羽声明如此，广田亲善何尝不如此。不同者，就是天羽声明是以强硬的语调向列强恐吓，广田亲善乃是以表面柔和手段向中国诱骗，使之软化，使之屈服。……而俎上鱼肉的我们自己，竟然‘愿以满腔热诚’跳入

① 杜重远：《〈敌乎？友乎？〉》，《新生》第2卷第2期。

② 张熙若：《论所谓中日亲善》，《大公报》，1935年3月10日。

这个圈套，能不令人咋舌！”①

对《敌乎？友乎?》提出要在中日之间实行平等互利的“经济提携”的问题，国内各大报纸杂志几乎都参加了论争。许多论者指出，日本当局高唱“中日经济提携”，其目的一方面是企图以此排斥欧美列强，以便独霸中国，另一方面是为了引诱中国陷入日本经济统制之下，成为其附庸。所谓“平等”“互利”云云，只不过是掩盖其经济侵略的一块面具。著名实业家穆藕初在《中日经济提携之商榷》一文中说，“我总觉得所谓中日经济提携，将免不了形成日本所高唱的大亚细亚集团经济”。而“如果在日本领导之下，实行中日‘满’的集团经济……就是要使中国和伪‘满’组织同样的受日本之支配。我们可以从日本许多言论中，看出日本此种野心”。“假如我们不明此点，徒附和中日经济提携的宏言，无异自愿加入中日‘满’集团经济，而受日本肆意支配。”②

中国究竟应当按照什么路线去解决中日问题呢？不少评论认为《敌乎？友乎?》所提出的方案有害无益，绝非一条救亡图存之路。摆在中国面前的有两条路：一条是“战”，一条是“和”，前一条立足于“抵抗”，后一条立足于“妥协”。中国唯一应该选择的是前一条路。李公朴在《读〈敌乎？友乎?〉书后》一文中指出，虽然中国的国防和经济实力远不如日本，“可是我们却不能因为国民力量不足，武装准备不充分，就自己灰颓……也不应该在不能对敌的时候而曲求为友”。“这就是所谓不能为敌，不配为友！”他提醒南京当局丢掉妥协幻想：“我们无论怎样委曲求全而‘全’终不可得”，“要想望‘日本悬崖勒马’至少是对牛弹琴！”③

杜重远也指出：“徐(道邻)先生代日本打算，虽然非常细致周到，但是劝日本帝国主义交还东北，如不是与虎谋皮，至少也是对牛弹琴。”④因此，李公朴指出“现在须拿定主意充实国力：一面整顿国防，准备必不得已时的自卫，一面要‘唤起民众’以为政府外交国防的后盾”⑤。

广大爱国人士大声疾呼：中国绝不可“还想在‘战’与‘降’之间另找什么‘守’的第三条道路”。“现在民族的危机，是到了无可再忍，无可再让的关头，我们也不能再错过时机了。”“我们现在还可回避不谈抵抗吗！”⑥“中国大众，在这关头，在自己的自救的领域内，怎样的来负起战斗的任务呢？是高举着民族解放的战旗，强化我民族的阵容，收复已失去的国土，驱逐侵略者，建筑一条自卫的长城！”⑦

---

① 张熙若：《论所谓中日亲善》，《大公报》，1935年3月10日。

② 穆藕初：《中日经济提携之商榷》，《大公报》，1935年3月4—6日。

③⑤ 李公朴：《读〈敌乎？友乎?〉书后》，《读书生活》第1卷第9期。

④ 杜重远：《〈敌乎？友乎?〉》，《新生》第2卷第2期。

⑥ 李公朴：《救亡图存的基础》，《读书生活》第3卷第3期。

⑦ 李公朴：《一九三六年》，《读书生活》第3卷第5期。

“只有反帝是我们中华民族的唯一出路，只有发动民族革命的战争，方能救中国的危亡与图存。”①

这场“敌乎？友乎？”的论争已过去了60多年，各种意见之是非也由历史作出了客观、公正的检验，治史者似不难作出正确的结论。然而在日本、在中国台海两岸的史学界中，至今对这场论争还存在着不同的认识，甚至是截然相反的见解，例如中国社会科学院近代史研究所名誉所长刘大年先生和台湾国民党中央党史会前主任委员李云汉先生最近发表的文章，就代表了对这场论争的两种不同的论断。刘大年先生指出：蒋介石“公开发表过‘敌乎？友乎？’的对日政策声明，希望日本不要逼得太紧了使他再也无法后退，基调仍是对日妥协。他所说的‘敌’与‘友’，确切地说，是他那个政权的敌与友，而非中国人民的敌与友”。他认为“蒋介石国民党与共产党这个敌人本来不能妥协，与日本那个敌人一直在妥协中”。所以，蒋介石的对日政策“与‘立足于打’相反，立足于‘和’，立足于对日妥协，保住自己的存在着严重‘内忧外患’，有倾覆危险的政权”②。李云汉先生则持截然相反的观点，认为蒋介石发表《敌乎？友乎？》一文，是为了实行“攘外必先安内”政策而采取的一种策略，目的还是为了抗日。他说：“蒋中正民国二十二年至二十四年间(1933—1935)发表的言论，谈攘外的策略并不少于安内部署，而且认定安内的目的就是攘外的胜利。”当时发表“有名的《敌乎？友乎？》一文……检讨了中日双方错误，也对日本提出了忠告，希望日本人能悬崖勒马”。李先生的文章认为蒋介石《敌乎？友乎？》一文提出的策略有利于民族抗战事业；同时他却指责说：“直至今日，中共党人仍固执蒋的‘安内攘外’是‘反共反人民’，是一项‘罪恶’。然就整个中华民族的生存和发展而言，安内攘外是当然的手段，任何人居于蒋的地位，也都不能不持相同的立场。”③由此可见，海内外史学研究者之间很有必要就这一史事继续互相进行探讨和切磋。我们相信，只要本着实事求是的态度，本着有利于民族利益的精神，是不难得出对这一问题的正确结论的。

中国有句老话：“前事不忘，后事之师”，“前车之覆，后车之鉴”。在近代历史上把中日两国推到了互相敌对的地位，并演变成为两国之间的一场大战的，正是日本军国主义对中国的侵略。是日本当时的统治阶层选择了错误的道路，以致两国长期的传统友好关系遭到破坏，不仅给中华民族造成了历史性的灾难，也给日本民族带来了严重的苦难。中国抗日战争的胜利，结束了两国关系的这段不幸时期。20年前，中日《和平友好条约》缔结，两国关系进入了和平友好的新阶段。今

① 杜重远：《沉痛的纪念》，《新生》第2卷第1期。
② 刘大年：《照唯物论思考》，《抗日战争时代》，中央文献出版社，1996年，第150—154页。
③ 李云汉：《国民政府战前对日政策之演变》，国民党中央党史会：《近代中国》杂志第119期。

天，在人类即将告别二十世纪，迈向新世纪的时候，我们不能不严肃地思考二十一世纪的中日关系问题。日中两国的正常关系能否进一步加深和发展，亚太地区能否获得持久的和平与稳定，在很大程度上将取决于日本选择一条什么样的发展道路。包括中国人民在内的世界各国人民，真诚地希望日本能够在深刻反省历史的基础上，积极奉行和平外交政策，为日中友好关系的深入发展和整个亚太地区的和平与稳定作出贡献。

《上海时代》：回忆和反思二十世纪三十年代的日本与中国*
——松本重治对华回忆录中译本序说

一

日本已故著名记者和政治活动家松本重治晚年撰写的《上海时代》，是他的几部回忆录中最为引人注目的篇章。这部蕴含着回忆和反思双重意义的书著，记叙了二十世纪三十年代，作者在上海从事新闻通讯事业和政治外交活动的历历往事，再现了那个危疑震撼的年代许多具有重要历史意义的历史画卷。它在政治上和文化、学术上的价值，自然是无可置疑的。在《上海时代》问世近 30 年之后，其中文全译本终于在上海首次面世，在中国读者见面。无论从哪方面来说，这都是一件很有意义的事。

这里说的"上海时代"，是一个极不平凡的年代。揭开二十世纪三十年代历史的帷幕，映入人们眼帘的是，世界正处在战争与革命的时代。国际局势急剧动荡，战争阴云笼罩全球。以凡尔赛—华盛顿体制为标志的世界政治秩序，正日甚一日地遭受着德国和日本两个军国主义国家的挑战，而一步步地走向解体。世界各大国从各自的目的出发，先后走上了或正在走上第二次世界大战之路。同时，殖民地、半殖民地国家被压迫民族争取独立和民主的民族解放运动，以前所未有的声势，风起云涌，方兴未艾，它与资本主义国家此起彼伏、连绵不断的工人运动和反法西斯运动，同声相应，相互激荡。两大革命洪流汇成世界范围的革命浪潮，成为三十年代的时代主流而被载入史册。《上海时代》展现的虽然不过是这个时代狂潮中的几朵浪花，却折射出特定的时代风云的变幻，让人们透视到历史脉搏的跳动。

---

* 本文是[日]松井重治著，曹振威、沈中琦译《上海时代》(上海书店出版社，2005 年)的序说。

《上海时代》展现的那个年代的历史波涛，离开今天已有了半个多世纪的时光，却以强烈的影响力和不同的色彩，留在人们的记忆之中。许多亲历过那段时光，曾经以各种不同的角色登上了那硝烟弥漫、充满着刀光剑影的历史舞台的活动家，更是从未间断过对它的思念、评说和研究。松本重治作为当时日本在国际新闻通讯事业和政治外交领域一个十分活跃的人物，他深深地介入和参与了许多重要国际事务，特别是参与了对华政治、外交和谋略工作。说到底，他是那个时期日本侵华政策的积极鼓吹者，是对华情报工作和谋略工作的重要参与者。看来，松本重治对这段历史颇为重视，正如他自己所说，“我的上海时代……是我人生的一个亮点”。他以自己的历史观和对二十世纪的三十年代中日关系的认知，于七十年代重新审视这段令他难以忘怀的经历，以新闻记者特有的笔法，娓娓诉说往事，字里行间每每发出深深的感慨。作者先后断断续续地花了八年时间才完成了这部书的写作。说这是作者倾注了极大心血而完成的一部忆述，大概是言不为过的。

松本重治是日本大阪人，出身在一个社会地位显赫的名门望族，是明治元勋松方正义的孙儿，其父松藏曾任日本九州电气轨道株式会社社长。松本重治一九二三年三月毕业于东京大学，升入该校研究生院攻读法理学专业。一九二四年一月至一九二七年十月负笈美国和西欧，先后就读耶鲁大学、日内瓦大学等校，留学期间萌发了当一名国际记者的志向。一九二八年一月进入东京大学法学部为“美国讲座”课程当助教。一九三一年十月至十一月，首次来上海，作为日本代表团成员之一，出席在上海召开的第四届太平洋会议。一九三二年十二月起，任日本联合通讯社上海支局长，常驻上海。一九三五年联合通讯社上海支局改成上海分社，松本任分社社长。同年十二月，日本同盟通讯社成立。一九三六年一月一日，联合通讯社上海分社改为同盟社上海分社，松本任分社社长。一九三八年一月一日，同盟社上海分社改组升格为华中华南总分社，松本升任总分社社长，总管上海、南京、武汉、广州以及香港等各大中心城市的同盟社业务。一九三九年一月起松本调回东京，历任同盟社编辑局局长、常务理事等职。一九四〇年第二次近卫内阁组阁时，外相松冈洋石曾力邀松本重治出任日本驻美大使，但为其本人所婉拒。第二次世界大战结束后，一九五二年至一九七〇年出任日本的美国学会会长，一九五二年至一九八八年，任日本国际文化会馆专务理事、理事长等职。一九八九年一月去世。

成长在大正和昭和时代日本主流社会上层的松本重治，二十世纪二十年代末、三十年代初即开始在学界、新闻界崭露头角，并且因为他的特殊身份，而在财界、政界和新闻界拥有广泛的人脉。自一九三二年冬被派驻上海后，在不算短暂的六年时间里，跻身中国的上流社会和国民党党政各界，活跃在世界各大国派驻在沪的人士之中，进行了广泛的联络与交往，成为中日关系舞台上的活跃人物。他充当的这种角色，日本人士曾经有过恰当的评述。全面抗战初期，参与对汪精卫诱降活动的主要人物之一、原“满铁”南京事务所所长西义显在他的《悲剧的证人——日华和平工作秘史》里说道：“松本重治，时任同盟通讯社上海支局长，因其地位和名望，被称为民间大使……特别使他受到重视的是他和新兴势力近卫文磨集团的关系，他是近卫文磨的智囊之一和其私人驻华代表。”日本历史学者藤井志津枝在《日本对华“诱和”与其参谋本部》一文中也写道：“松本重治是有名的记者……在财政、文化界均有深广的人脉。他又是近卫首相（第一次近卫内阁）的智囊‘昭和研究会’的一员。”“他……活跃在日本高层要人之间，是位超派阀的重量级人物。”

撰写《上海时代》这部回忆录，是松本重治晚年的一大心愿，他为此倾注心血，下了很大的功力。他的写作态度也值得赞赏。正如在本书《序章》中表明的：“把我在当地感受到的当时的情景从我的观点来描述，或许能提供一些参考”，“我的回忆也并不是学术性的总结。但是，目前这方面的研究还不充分的情况下，我的回忆也许能成为研究的资料”。为了写作这部书，作者查阅、考订了大量史料，如二十世纪六十年代日本三铃书房出版的大型多卷本资料集《现代史资料》《远东国际军事法庭审判记录文件》，日本外务省编撰的《日本外交年表并主要文书》等。参阅、对照了同时代日本政界有关人物撰写的回忆录，其中有崛内干城（曾任日本驻华使馆书记官、驻上海总领事）的《在中国的暴风雨中》，石射猪太郎（先后担任日本驻上海总领事、日本外务省东亚局局长等职）的《外交官的一生》，西义显的《悲剧的证人——日华和平工作秘史》，今井武夫（曾任日本参谋本部中国课课长、中国派遣军总司令部第二课兼第四课课长、总司令部副参谋长等职）的《中国事变的回忆》，神尾茂（曾参与对华秘密诱和工作）的《香港回忆》，犬养健（曾任日本国会议员）的《扬子江还在奔流》，又田八郎（曾任日本驻华大使、外务大臣）的《人称傻子——一个外交官的回忆》，等等。同时，作者还查阅了当时的一部分报刊及电讯，如《朝日新闻》、《每日新闻》、联合通讯社和同盟社当时从上海发出的一部分电讯文稿档案、当时日本外务省有关的工作报告。为了核实一些史实，探究一些事情的来龙去脉，作者还与一些当事人作过交谈，如西义显、犬养健、伊藤武雄、何廉、邵毓麟、高宗武、董显光、埃德加·斯诺、钱塞拉、苗剑秋等人，其中也有当事人的后代，如战前日本驻华大使有吉明的儿子有吉正等。此外，矢部贞知编的《近卫文磨》，松冈洋右传记刊行会编的《松冈洋右》，日本在华纺织同业会编的《船津辰一郎》，同盟社史刊行会编的《通讯社史》，日本国际政治学会编、岛田俊彦著的《走向太平洋战争之路》第三卷，上村伸一著《日本外交史》等史书，作者亦曾给予充分的参考和运用。

《上海时代》主要是一部政治和外交回忆录，又兼具新闻工作回忆录的特色。书中每每以浓墨重彩描写三十年代许多大权在握的中方官僚、军阀、财阀、买办、报业巨头、学术名流和著名记者，日本在华的少壮派军人、大陆浪人、陆海军长官，更多的则是活跃在外交战线上的足智多谋的资深官员、谈判高手、情报专家等人物。有头有脸，更富有各色人物的思想、心态和性格。从这方面说，这部书也可以说是一本人物掠影录。全书以叙事为主，夹叙夹议，于史事的回顾记述中倾诉了对历史的深沉的反思。当然，这种反思完全是作者依据自己的政治立场和历史观点来进行的。以此而言，本书也可归属于历史反思录一类的著作。

二

作为一部政治和外交回忆录，《上海时代》记述的是作者一九三二年年底至一九三八年年底在华工作期间，亲身经历、直接参与或亲自与闻的一系列重要政治、外交活动的情景。其中特别是关于中日关系的记述，作者不惜篇幅，重彩浓墨，使之成为贯穿全书的主题和基本内容。从这个意义上来说，把本书称作一部关于三十年代中日关系的回忆录，似乎也是恰当的。

在回忆录原书上册，作者首先追述了曾经亲历的与中日关系有着特别深切关系的两次太平洋会议：一九二九年日本京都第三届太平洋会议和一九三一年上海第四届太平洋会议。一九三二年夏，松本重治受到日本联合通讯社两巨头岩永裕吉和古野依之助的赏识，被邀请加入该社行列，于同年冬派驻上海。这时，一·二八事变已告结束，他没有来得及赶上日本侵略军在上海挑起的这场战争，在其书里记述了经过第一次淞沪抗战洗礼的上海之种种现象：中国民众高涨的抗日怒潮，日本人在上海的尴尬处境，日本与英、美、法等西方国家关系的微妙变化，战后上海的新闻战线，以及中、日以及各国势力的较量，等等。作为东方国际大都市的上海，汇聚东西方各国许多来华人士，构成小小的且颇为典型的“国际社会”，以英国在沪上层人士为主的“上海俱乐部”，以法国上层人士为主、却更具有国际性的“法兰西俱乐部”，和以美国上层人士及亲美或知美的中国财界名流为主的“罗塔里俱乐部”，可说是上海“国际社会”的缩影。作者来沪不久就融入这几个场所，在书中素描式记述了此中情形，尤其是穿梭其中的“民间外交”更引人注目。“上海俱乐部”的日本籍会员只有两个人，除日本在华纺织联合会理事长船津辰一郎以外，就是作者松本重治，可见他的记载就更有意思了。在正式的外交界，作者着重忆述了与几个大国驻华使节的访谈和交往。英国前后三任大使贾德干、许阁森和卡尔，意大利驻华大使科勒，苏联驻华大使鲍格莫洛夫等人，无不在作者的笔下一个个展现。他们在交谈中，道出了当时各国政府对远东国际关系的认识及其对华、对日政策。

松本重治当年被派驻上海的一个重要使命，就是利用其新闻通讯社负责者的身份和其他有利条件，广交国际朋友，互通信息情报，扩大日本对各国的影响，努力寻求和结交各国人士中的亲日势力。如作者说："在三十年代中期，上海越来越成为东亚的政治、经济、外交的一大中心。""同时也是中国与各国在政治、外交、经济、贸易等方面的沟通场所。""当时，各方学者、作家、记者等等都纷纷涌到了上海。"他利用"上海俱乐部"等场所，竭力联络那些同情与支持日本的外国人士，尤其是注重结交英国人，路透社的钱塞拉、大富商哥济库兄弟、汉斯·贝尔舒坦因等人都为其知交。相较而言，他的美国友人少些；在他看来，中国问题始终是日美关系中争持的焦点，从而把结交的重点置于英方，这是不足为奇的。

日本关东军于一九三三年发动长城战役，侵占热河和冀东，开始了日本武装侵略中国的新阶段。华北地区遂成为继东北之后日本侵华新的重点目标。作者怀着对"满洲"、华北进行实地考察，以评判日本政府和关东军、天津驻屯军政策行动之利弊得失的目的，于一九三三年夏初次出访大连、长春、哈尔滨、天津、北平等城市。在书中，作者一一回顾了他的考察见闻，录下"满洲国通讯社"负责人里见甫、关东军参谋长小矶国昭、伪满洲国政府实业部次长岸信介、南开大学教授何廉、联合通讯社北平支局长山上正义、美国驻中国公使馆一等书记官索尔兹贝利、苏联塔斯社驻北平记者斯雷巴克等人对中日关系和远东局势的见解，也诉说了作者本人对于"满洲国"问题和华北问题的与日本军方不同的主张，显现出他那广阔的国际视野和对国际关系的深邃的洞察力。

从一九三三年长城战役结束和《塘沽协定》签订，到一九三五年冀察政务委员会成立，只不过是短短两年半左右时间，却是战前中日关系进程中一个承前启后的重要阶段。就在这时，松本重治愈来愈在更深入的程度和更高的层次上进入了对华的政治外交活动。它以上海、南京为主要舞台，广泛采集和迅速掌握中日两国许多重要情报和信息，亲历中日关系中的一系列重大事件，与闻两国政府之间多次重要外交谈判的内幕……这一切在本书中都有种种追忆，有不少叙述颇为具体和细腻。作者详尽地回顾蒋、汪合作的南京国民政府，以一个日本观察家的眼光透视蒋介石、汪精卫、孔祥熙、孙科、宋子文等国民党当局高层人士，对日交涉的重要负责者黄郛、王宠惠、唐有壬、高宗武等人的政治理念，他们的对日态度和在谈判中的表现。在他的笔下，蒋汪合作的基础是在"攘外必先安内"路线下谋求国家统一的共同目标；而蒋汪政府实行所谓"一面抗敌，一面交涉"政策，即以退让妥协求和平的对日政策，正在于为了达到上述共同目标。作者认为，"蒋汪两雄都一致认为由于中国准备不充分，因此要尽量避免日中的全面冲突"。作者着力写到汪精卫主持下的以唐有壬、高宗武为主干的对日交涉班子的频繁活动和"出色表现”,中日之间关于关内外“通邮”“通车”“长城线设置税关”的谈判,修改对日关税税则以及整理中日两国间旧债谈判的情形,关于“藏本事件”的经过及外交当局的处理情形,等等。

日本冈田内阁于一九三四年登台后,外务大臣广田弘毅鼓吹的所谓“协调外交”被炒得火热。广田一次次地向中国抛出橄榄枝,伪装出满面笑脸,被当时舆论界戏称为“微笑外交”而闻名于一时。广田弘毅与其前任内田康哉“焦土外交”不同,改换手法,提出对华“亲善”政策,以及相应的一连串外交动作,与蒋汪合作的南京政府在“睦邻敦交”名义下推行的媚日妥协外交相互呼应,演绎出两国当局间一幕幕所谓“调整国交”的政治外交话剧。松本重治的回忆录费了不少笔墨,重现当年这多幕话剧的情景,读来颇使人有身临其境的感受。作者披露了《天羽声明》的背景和由来,日本驻华公使有吉明为这一声明赶赴南京与汪精卫举行会谈的内情,中国各界对《天羽声明》的“猛烈的批判”,英、美等国对“声明”的抵制以及日本外务省采取的“灭火”工作。作者在书中以正面的积极的口吻,详细记述了当年两国当局所谓推进“中日关系正常化”的一系列举措:汪精卫从一九三四年九月到十二月先后三次与日本公使有吉明进行会谈;蒋介石(署名徐道邻)发表《敌乎?友乎?——中日关系之研讨》政策性文章;广田弘毅一九三五年一月三十三日于日本议会发表外交方针演说;在这前一天汪精卫与唐有壬会见日本驻南京总领事须磨弥吉郎,双方就“改善中日关系”连续会见两天;一月二十九日,蒋介石破例会见日本驻华武官铃木美通,汪精卫与有吉明举行会谈;次日蒋介石、黄郛会见有吉明,蒋与有吉明进行会谈;二月二日,蒋介石向中外记者发表中日亲善方针的声明;二月十四日,蒋介石在庐山首次单独会见《朝日新闻》特派员宫崎世龙;二月二十日,汪精卫在南京国民党中央政治会议上发表“中日亲善”的演说;二月二十七日,汪精卫、蒋介石联名向全国各机关、团体发表严禁排日运动命令;同日,广田在日本议院声称“对蒋介石氏之真意毫不怀疑”;五月十七日,中日两国政府发布外交当局互派之公使升格为大使的公告;六月十日,南京政府发表献媚日本、压制民众抗日的“睦邻敦交令”。

松本重治对以王宠惠访日为契机的中国政府“开展对日外交”给予充分的肯定和赞赏,在书中列有专章详加叙说。在荷兰担任国际法庭法官的王宠惠,一九三五年二月由上海归任途中,受蒋介石、汪精卫的委托访问东京。他以事实上的中国政府特使身份与日本首相冈田启介、外相广田弘毅、陆相林铣十郎、海相大角岑生、海军军令部长加藤宽治、军事教育总监真崎甚三郎等高层首脑进行会谈,还广泛接触了日本各界人士。他在东京当面向广田表明中国政府对日政策的三项原则,而后被著称为“王宠惠三原则”。尽管作者当时并无机会亲自参与上述种种活动,然而他借助有利的新闻通讯和情报资源,得以洞察其中内情,写出来的回忆录依然是颇为充实和丰富。

蒋汪政府上述对日一系列政策举措，在作者的笔下被概括为中国“对日新政策”。事过几十年之后，他依然对这个政策称颂不已，而在书中详加评述。竭力实施“广田三原则”、以推行“水鸟外交”称著于世的驻华大使有吉明，对于蒋汪的“对日新政策”甚为赞赏，认为这是“日中关系好转”的“一个千载难遇的良机”，为此不惜与军方的鹰派人物和外务省中的一部分人展开唇枪舌剑。作者对有吉明“水鸟外交”推崇备至，用不少篇幅予以充分叙述，大加赞扬。有吉明一九三五年三、四月间连续三次赴南京与汪精卫会谈的情况，回东京述职后在外务省干部会所作的报告，五月间为河北事件向广田提出的建议等，无不在这本回忆录中占有重要的位置。

《上海时代》原书中册，叙述的是从华北事变到西安事变这个时期的中日关系，以及和两国相关的一些重大事件和重要人物的情形。按照作者自己的历史观和政治逻辑，他首先忆述了所谓“二元化的对华外交”：日本外务省和驻华使馆的“中日合作论”和“对华亲善政策”，关东军和天津驻屯军的“弱化南京中央政府”和对华“强硬政策”。前者以广田弘毅和有吉明为代表，后者以关东军和天津军的鹰派军官土肥原，以及驻华武官矶谷廉介等人为代表。作者为此具体描述和抨击了“矶谷、土肥原两少将的中国观与政策”，摘录了关东军一九三五年三月作出的《对华政策》文件。作者本人始终赞同、支持广田和有吉明的对华政策，也对竭尽全力推导“对日亲善政策”的汪精卫怀有深深的敬意。这年六月二十日作者在南京首次单独采访汪精卫，以倍感敬佩的心情倾听汪氏大谈“中日站在共同利益上进行发展”，并发出了独家新闻。并且，将有吉明、石射猪太郎与汪精卫、唐有壬双方所谓“顺利”解决上海《新生》周刊事件，说成“有吉外交生涯精彩一页”而写入本书之中。

接着，作者忆述了“广田三原则”形成的背景和经过，中日两国政府围绕着这一问题进行的初期交涉。文中追溯日本政府外务、陆军、海军三省一九三五年六月至十月间多次协调和拟订“对华政策”，最终由内阁会议通过了《外、陆、海三相关于对华政策的谅解》及其附属文书，“广田三原则”正式形成。作者表示他以为这个文件规定的对华政策目标，“只不过是一个梦想，是根本不可能实现的”，也“是对中国国内日益高涨的民族主义的轻视”。而且，作者认为“广田三原则”恰恰违背了广田本人的初衷。这个看法很值得读者们细细品味和辨识。

围绕“广田三原则”的中日初期谈判，在东京主要是在中国驻日大使蒋作宾与广田弘毅之间进行的，在南京是在汪精卫、唐有壬与有吉明之间进行；作为前奏的是唐有壬六月间在上海与有吉明的秘密会谈。作者根据当时他的了解并参照外务省的工作报告，较为详尽地记述了历次会谈的情形。唐有壬根据汪精卫的指示，向有吉表示中方的四项主张。蒋作宾与广田在六月至十月间陆续进行五次会谈。蒋作宾作为大使正式向日方申述曾由王宠惠提出过的中国对日三原则，而广田则首次正式向中方摊牌式地提出了“广田三原则”。对会谈进程中的具体情节和双方代表的心态，作者都有不少有血有肉的记载。

日本侵华的重点，自一九三三年以后就从侵占中国东北转到侵略华北地区。这时，日本的“华北政策”和所谓“华北工作”遂很快演变为导致中日矛盾尖锐化的一个新的焦点。作者当时虽身在上海，但敏锐地觉察到华北问题的紧迫性与严重性，并给予了极大的关注。在这部回忆录中，这一内容自然也占有重要的地位。他写道：“总的来说，我把华北问题定义为日军为保卫‘满洲国’而企图在华北建立缓冲地带的战略政策和中方维护主权要求之间的冲突。”作者把建立华北缓冲地带的战略行动分为五个阶段，分段加以叙述：进攻长城一线和签订《塘沽条约》为第一阶段，成立“何梅协定”为第二阶段，签订《秦土协定》为第三阶段，“滦州事件”和“香河事件”直至“冀东防共政府”成立为第四阶段，关东军和天津军策划建立华北五省“自治政权”为第五阶段。伴随着上述过程，书中还写到中国政府的币制改革与英国之间的关系，日本驻华武官矶谷廉介反对币制改革的声明，关于冀东停战区问题的争执，蒋介石与有吉明就华北问题举行的会谈，日本外务系统与陆军省在华北问题上的分歧，等等。

当一九三六年来临时，中、日两国及其相互关系都在酝酿着重大的变局，作者以“昭和十一年的新局面”等为题，记叙了这个期间纷繁复杂的政局演变。国民党“五大”以后，南京政府对日政策渐趋强硬，以汪精卫为首的亲日派在内外夹攻中终于失势。蒋介石组成以自己为首的政府阵容，张群、何应钦、蒋作宾、张嘉璈、吴鼎昌等著名的知日派人物组成政府的核心力量。蒋介石企图以此为避免中日战争作最后努力。作者却借用蒋百里的话，说“这次组阁是亲日派总动员”。接着，作者详细介绍了朝日新闻社于是年年初派遣来华的“中国视察记者团”，在上海、南京、北平、绥远、济南、南宁、广州等地，与蒋介石、黄郛、张群、宋子文、蒋作宾，以及宋哲元、傅作义、韩复榘、李宗仁、白崇禧、陈济棠等中央和地方的军政首脑进行访谈的情形，披露这些当权者对新一年时局的主张和他们的心境。并且记述了蒋介石一月底与矶谷廉介的一次会谈，以及后者与英国财经专家李兹·罗斯的两次谈话。在日本方面，二二六事件发生之初，作者恰巧赶回东京，有机会实地了解事变的发展及平息经过；对于这次事变对日本政局的影响也有亲身的感受，这些都在本书中有所反映。

二二六事件之后，日本政府整个对外政策发生重大改变，唯军部马首是瞻的广田弘毅内阁在八月间全面确立了日本侵略扩张的对外政策和对华政策，从而为发动全面侵华战争和太平洋战争奠定了基调。正是在这个背景下，日本当局一方面继续与南京政府进行谈判，力求用外交手段首先解决“华北问题”，实现其“分离华北”的目的，并且进而要求中方与之举行“调整国交”的谈判，企图逼迫中国一揽子接受“广田三原则”。另一方面，天津军和关东军加紧实行华北政策，陆军当局增兵天津，关东军策划了“绥远事件”。本书中册的基本内容就是作者根据其所见所闻对上述史事的追忆。

作者首先记述日本新任驻华大使有田八郎三月间与蒋介石的谈判情形，前者与新任外交部长张群的单独会谈，以及《朝日新闻》社上海支局长白川威海和南京支局长宫崎世龙采访张群的谈话记录摘要。张群的谈话显示南京政府的对日态度已趋向强硬，作者忆述他当时的心态说：“我感到形势紧迫，提出一个合理的解决方案已经到了刻不容缓的地步。”作者接着介绍同年七月召开的国民党五届二中全会的对日政策和南京当局解决两广事变的经过。他当时读到了张群在二中全会上的外交报告和蒋介石的讲话，当即“感到事态正一步步地走向危机”，认为蒋介石“一方面寄予对日和平谈判一丝希望，另一方面，一旦领土主权确实受到明显的侵害，将不惜对日武力抵抗”。

在分述中国政府对日政策变化的同时，作者又详细回顾了广田内阁上台后对外对华政策的重大变化。经过日本政府陆军、海军、外务三省的多次谋划，同年八月七日，广田内阁“五相会议”首先决定了“南北并进”向外全面扩张的《国策基准》；随后又召开“四相会议”，决定了《帝国外交方针》；十一日，广田内阁有关各省决定了《对华实行政策》和《第二次华北处理纲要》。作者在当时并未直接见到这些绝密文件，但通过各方面情报信息也有所闻，并结合尔后所见史料，在书中作了不少评析。作者写道：“《第二次华北处理纲要》的新内容是以《帝国外交方针》为大前提而写的。然而《帝国外交方针》的前提是《国策基准》。这是一个前所未有的扩军方案，是海军、陆军统帅部干部分子把所谓的‘北进论’和‘南进论’结合在一起起草的东西。”书中着重对第一次（一月十三日）和第二次（八月十一日）华北处理纲要作了比较分析，还记述了日本驻华外务机关与军事机关之间对上述纲要前后态度的变化及其背景。

接着，作者较为详细地记述了主要由张群和新任驻华大使川越茂之间进行的中日“调整国交”谈判的经过情形。这一谈判从一九三六年九月八日开始，到十二月三日基本上宣告结束，其中包括蒋介石和川越十月八日的会谈，张群与川越举行的八次正式会谈。中国外交部亚洲司司长高宗武与日本驻南京总领事须磨弥吉郎举行的多达20次的事务性谈判和交涉。他似乎希望把这一史事梳理清楚，他说：“关于这次会谈的细节大部分已经公布，但是我总觉得有点不太完整。所以我想通过我自己在上海和南京得到的印象以及从当事人那儿亲耳听到的情况……回顾一番这悲剧性谈判的全貌。”而且进而探究“日本外交究竟是在哪儿以及为什么会接连出错，以致造成中日关系走向破灭”。事实上，作者当时从侧面在一定程度上也可以说是参与了这次谈判。他在川越和张群正式开始会谈前夕，专程赶往南京与高宗武密谈了三次，后者还向他透露南京当局监听并破译了东京外务省对驻华使馆的密电内情。作者还专程访问吴鼎昌和张嘉璈，探摸两者对谈判的态度和意向。他与在上海的日本工商、文化、政军各界头面人物都保持着联系和沟通。他与川越、须磨多有接触，随时将所了解的信息情报向后者面告，并随时提出建议，如此等等。这些，都在本书中有所记载。

上述“调整国交”谈判，是中日全面开战前两国之间最重要也是最后一场的谈判。日本当局本来企图通过谈判逼迫中国政府全面接受其扩张侵略要求，然而遭到了中方的拒绝；而随着绥远抗战的兴起，谈判终于终止，日方的图谋归于破产。作者在书中以一个日本记者的观察所得，陈述了导致谈判破裂的诸方面原因：中国的民族主义浪潮空前高涨，一二·九学生运动和各界救国会运动兴起；国民党内部“对日强硬论”抬头；蒋介石解决了两广事变，稳住了阎锡山和韩复榘等人，统一中国的步伐进入了最后阶段；冯玉祥一派强烈反对对日妥协；日本政府提出的条件又过于严酷；等等。他的结论是：“在中国当时的形势下，蒋介石和张群等人已经不可能再作出让步，但东京方面对蒋介石和张群等人强烈希望的五条要求，连一条也没有认真对待过，仍然强硬地要求中方再作让步。我认为即使没有绥远事件，日方采取这样的态度，谈判也不会成功的。”作者正是沿着这一思路，在书中专列“日趋高涨的抗日运动”一章，一一叙述了北京大学、燕京大学等五十位教授发表的抗日宣言，救国会“七君子”事件，文化教育界、青年学生界、妇女界的救亡运动，国民党内戴季陶、王世杰、吴鼎昌、张嘉璈等的对日强硬态度，蒋介石先后召开的杭州会议、西安军事会议、太原会议和洛阳会议，绥远事变的发生和中国民众的援绥运动，等等。在上述背景之下，作者最后写到了“川越、张群会谈的落幕”，从而结束了回忆录的中册。

《上海时代》原书下册，展现的是从一九三六年十二月西安事变到一九三八年十二月汪精卫叛国投敌这一期间，中日两国关系史上一幕幕腥风血雨的历程：日本从局部侵华战争发展到全面侵华战争，中国从国内阶级战争转变到抗日民族战争。下册记录了作者置身其间的一系列重大史事的情景。

西安事变爆发前后，作者始终在上海。他主持的同盟社上海分社在十二月十二日当晚临近10时开始，用该社独用的无线电台连续向东京总社发出了关于西安事变的独家新闻，在各国在华通讯社之前，率先向全世界报道这一震惊海内外的重大事件。东京《朝日新闻》将这一信息印成整版号外广为散发。作者极为得意地在书中赞誉这是“世界性的独家新闻”。新闻采访的这一杰作，当然绝非偶然。读者可以在书中了解，作者作为一个“中国通”怎样在事变前明察蒋介石国民党、中共、东北军等各种政治力量之间的微妙关系，怎样从孔祥熙的亲信乔辅三、《大公报》总主笔张季鸾、军事学家蒋百里等人处获取有关西安事变的重要信息，南京中枢当局对事变的应对方策，日本外务当局和驻华使馆对事变的态度，等等。看来，作者十分重视对西安事变的研究，在书中列有"作为兵谏的西安事变"专章，陈述他的见解。他认为：对于这一史事，应当"将考察的焦点聚集在蒋介石和张学良，以及两人之间复杂的情感上"，而"中共、红军、第三国际、救国会、纪念'一二·九'运动、东北军、西北军（杨虎城）、南京国民政府、孔祥熙、何应钦、戴季陶、宋子文、宋美龄、端纳、蒋鼎文，还有张季鸾、蒋方震、张学良亲信黎天才和苗剑秋，更有周恩来等有关人士以及有关团体起了个各种各样的作用。由于这些人都与蒋介石或张学良有着各种各样的直接关系，因此，事件的中心人物依然是蒋介石和张学良"。作者按照这一见解所作的关于事变的述评，虽有不少还值得商榷，但不失为过来人的一家之言。

从西安事变到七七事变的半年，被作者称为"决定命运的半年"，是"决定日本命运的时期"。本书分别从中国和日本两国政局的演变，记叙他亲历的这半年风云。中国方面，首先写到西安事变打乱了蒋介石和南京政府"安内攘外"的时间表，不得不在"停止内战，一致抗日"的风潮下改变内外政策。但蒋介石"在'攘外'政策上极为谨慎"，想尽可能推迟中日战争。至于从巴黎赶回国内的汪精卫，重弹"攘外必先安内"的老调，他一九三七年一月十八日在南京的演说，被作者考定为"对一致抗战的汹涌论点泼了三斗冷水"。接着，写到同年二月召开的国民党五届三中全会，作者较多引述三中全会通过的"宣言"和《根绝赤祸案决议》，认为前者主要是申展了汪精卫的上述演说，而后者"从表面上，蒋介石和国民党声明了'共产党归顺国民党'的条件，但通读'决议'全文，可以发现国共合作之'门'虽然狭窄，不管怎么说总算是打开了"。对于日本方面，作者一贯的立场和观点是认为日本"军部过火行为"造成了中日关系的恶化，而"广田内阁始终苦于军阀的重压之下"。为此，在书中特别记载了日本政友会代表浜田国松在议会抨击军部的演说，以及浜田与陆军大臣寺内寿一在议会的当面争辩。广田内阁由于难于调和军部和政党之间的正面冲突，被迫宣布总辞职。二月二日，林铣十郎内阁登场。最后，佐藤尚武接任外务大臣，推行以中国为主要目标的"佐藤外交"。作者对"佐藤外交"作了充满敬意的叙述。

卢沟桥事变爆发时，作者正在上海，并无机会亲临现场观察。然而，通过同盟社北平支局与上海分社之间的密码专线电报以及上海与东京之间的电讯联系，他依然迅速掌握了许多信息。作者在书中根据他的了解，记叙了七七事变当天晚上卢沟桥附近的枪声是怎样打响的，日军北平特务机关长松井太久郎与秦德纯七月八日的会谈，宛平城内双方的军事冲突和现地谈判，天津军参谋长桥本群对事变采取“不扩大”态度，松井与张自忠十一日签订的停战协议，同日日本近卫内阁作出派兵华北的决议并上奏天皇获准，外务省东亚局局长石射猪太郎、参谋本部作战部部长石原莞尔、天津军参谋长桥本群、参谋本部总务部长中岛铁藏、陆军省军务课长柴山兼四郎等人主张“不扩大”方针，陆军大臣杉山元、参谋次长梅津美治郎、天津军司令官香月清司、朝鲜军司令官小矶国昭、第三舰队司令官长谷川清、关东军参谋长东条英机等人主张“扩大”方针，以及上述两派之间的争论，还有日本内阁七月十七日“五相会议”通过陆军方面提出的对华交涉三项强硬要求，日本驻华使馆参事官日高信六郎向中国外交部提交上述要求遭中方拒绝，等等。作者对于上述史事的忆述，根据的是他个人掌握的信息和所作的判断，当然也只是一家之言，是否真实和合理，还需证之于客观史实。

作者本人当时是日本的所谓“和平派”人士，他对当年日本方面一些人士所作的“和平努力”的深情真意，在在跃然纸上。书中首先着重写到的是石射猪太郎策划的“日中邦交调整和停战方案”与“船津工作”的情形。七月中旬，石原莞尔通过内阁官房长官风见章向首相近卫文麿建议由近卫去南京与蒋介石直接会谈，获近卫同意；但是这一计划遭陆军当局的阻止。七月底八月初，石原莞尔再次向陆军、海军首脑疏通，坚持“以外交手段收拾残局”。于是以外务省东亚局局长石射猪太郎为主，会同陆军省当局有关人员，提出了日中“全面邦交调整方案”和“停战条件”。这个方案获外、陆、海三省一致同意，近卫也立即表示支持。石射把这一方案委托于设于上海的日本在华纺织同业会理事长船津辰一郎，让后者将方案秘密地透露给南京国民政府外交部亚洲司长高宗武，试探中方的态度。这就是本书中透露的“船津工作之由来”。八月九日，船津与高宗武在上海进行会谈，同日川越与高宗武也作了一次会谈。

当“八一三”战火在上海燃起时，作者身临其境，亲历了这场战争的洗礼。使他难以忘怀的是，同盟分社同仁们在战火纷飞之下夜以继日地工作，同时也因在“大世界”娱乐场大门外和外滩南京路口一千二百多行人惨死在炸弹的威力圈内而伤感。然而，引起他格外重视并在书中记述甚详的，则是他为争取上海地区局部停战，直至调停中日战争所作的努力。八月下旬，作者主动约请李兹·罗斯的在华助手、英国财政部官员赫尔·帕齐，各自分别向驻华大使川越和许阁森进言，推动两大使直接会面，商谈上海停火问题。此议获许阁森和川越的首肯，二人约定在上海会面。后因许阁森的专车由南京赴上海途中被日本海军战机扫射，许受伤住院，英日会商未能举行。书中还写到在九月中旬，作者曾应他的老友、日本上海派遣军司令官松井石根之邀，赴吴淞司令部驻地面谈时局。他当面向松井石根建议：“不要去攻打南京，在去南京前停战就是上策。”同时，也记载了当时英国驻日大使克莱琪与日本外相广田之间为英国调停中日战争所进行的会谈，以及广田提出的对中方的五项条件。

充当川越与许阁森之间联系的桥梁，推动英国调停中日战争未果，但是他并未因此对于为“和平”的努力丧失信心，相反，却是在继续寻求新的和谈途径。从当年九月底开始至十一月中旬，他与江浙财阀巨头之一、浙江兴业银行总经理徐新六建立秘密联系，先后举行了七次密谈。据他自己忆述，“双方交谈的主要内容倒不是战况，而是有关国内情况的新闻，为捕捉和平的机会提供有益的参考”。他又于十一月十九日约请近卫文麿之密友后藤隆之助与徐新六密谈，并推动后藤回日本后直接向近卫提出“暂停进攻南京，进行和平工作”的建议。看来，作者非常珍惜这种种为“和平工作”所作的努力，在回忆录中着力予以描述。

当然，在作者的“上海时代”，最难以忘怀和引以自豪的是对汪精卫集团的所谓“和平工作”。回忆录最后一章主要记叙的就是这桩重要史事。他参与这个诱降汪精卫集团工作的开端，是一九三八年一月十七日应西义显之邀，在上海会见中国政府外交部亚洲司日本科科长董道宁，后者是奉亚洲司司长高宗武之命，为“陶德曼调停”事和联络日方“和平人士”，秘密来上海会见日本大使川越茂等人的。是西义显和作者共同策划了董道宁赴东京探和之行，并且首先设计和安排了日本参谋本部影佐祯昭—多田骏这一条谋和渠道，这成为董道宁东京寻求“和平之路”的突破口。这就是后来日方所谓“汪兆铭工作”的开端。接着于三月上旬作者与高宗武在上海秘密商议中日“和平”问题，作者提出“应该考虑国民政府的改组，或者设立第三政府”的意见。高宗武也认为“从彻底抗战转向和平，实际上就是改组”国民政府，并透露周佛海等“正在暗暗地考虑摸索和平的途径”。高宗武十分信任和看重松本重治，一开始就向他亮出了底牌。

在日本诱降汪精卫的所谓“和平工作”的前期，作者确实是一个举足轻重的人物。据作者自述，在董道宁自日本返回上海后，作者与高宗武、董道宁、伊藤芳男共四人在三月十六日进行了一次密谈，商议进展情况和下一步行动计划。他们首次确定了双方参加“和平工作”的一个小小的队伍，按照加入此项工作的时间顺序，各人的代号为：太郎——西义显、次郎——董道宁、三郎——伊藤芳男、四郎——高宗武、五郎——松本重治。作者虽列在第五位，其实却是其中一个核心人物，是他在会上提议把影佐祯昭作为“六郎”，还提出他们的活动除要向“满铁”总裁松冈洋右报告外，“还应该和首相近卫先生谈”。他又主张当月底在香港举行五人会商，获得大家一致赞同。同月二十七日，作者与其他四人聚集在香港浅水湾旅馆，会谈进行了七个小时。双方确认：在国民政府方面，“和平派”是以汪精卫为领袖，由周佛海、胡适、陶希圣、高宗武、梅思平等“低调俱乐部”的主要人员“组成一个集团”；日本方面，陆军中的“不扩大派”即所谓的“和平派”多田骏、影佐祯昭、今井武夫等人“决心背水一战”，为“和平”而努力。

作者与高宗武有着非同寻常的关系，在汪精卫走向投敌叛国的道路上，他们起了十分重要的作用。一九三八年六月中旬，高宗武在汉口与周佛海等人密商后，再次来到香港，准备潜赴东京，为汪精卫集团与日本通敌谋和开辟一道门户。在最后跨出这重大一步之前，高宗武央请作者由上海立刻赶来香港，共同加以决策。六月十七日，作者到达香港后，与高宗武至少有过四次会商。作者向高首次提出：让蒋介石“暂时”下野，由汪精卫“掌管”国民政府，日本方面则发表在一定期限内从中国撤兵的声明，以此作双方停战议和的第一步。他还坚决支持高宗武立刻去东京。七月三日，作者又在上海最后劝阻高的摇摆，而且亲自驾驶同盟社的轿车，掩护高宗武通过外白渡桥日军岗哨的盘查，送他登上“日本皇后号”客轮，走上通敌谋和之路。

送走了高的次日，作者本人乘飞机以最快速度赶到东京与高会合。他特地介绍同盟社首脑、近卫的密友岩永裕吉及国会议员犬养健与高会谈。作者本人还就“汪兆铭工作”分别与首相近卫、新任陆军省军务课长影佐祯昭、岩永裕吉会谈了二三次，取得了这些人的谅解和支持。同年八月下旬，作者应高宗武之约再次奔赴香港。后者因病而把与作者会谈的任务交予梅思平。同月二十九日至九月三日，作者与梅思平连续进行五次会谈，双方围绕着所谓实现“和平”的条件，主要是蒋介石下野问题和日本撤兵问题等展开谈判。最后还会商了汪精卫集团“和平运动”的行动计划问题。

松本重治的上海回忆录最后一节，描写的是他在“万分遗憾”的心情下，“离开了令人留恋的上海”。九月八日他从香港返回上海，突然一场大病袭来，进了虹口福民医院。到十二月初才跨出了医院大门。不过，使他万分遗憾的倒不是这场大病。当他于十二月二十九日乘船离上海回日本的前夕，已获知汪精卫潜离重庆的消息，也读到了近卫二十三日发表的《第三次对华声明》。可是，这声明中“只提到‘为防共在特殊地带需要日本军队驻屯’，而没有发现在这些区域以外日军从整个中国‘撤兵’这两个字”。这才使他深深感到“万分遗憾”。因为，在近卫声明的字里行间，他“仿佛看到了未来和平运动的阴影”。他的“上海时代”也在不祥的预兆下结束了。

三

《上海时代》融记事、写人和论史于一炉，把历史事件的记叙、人物的描述和对史事的评论融合于一体，其中记事和写人是全书的主体，也是这部回忆录的主要价值之所在。当然，作者的记事和写人也并非全部如实记录。隐而未见的内情，也许比彰显在书上的东西，更具有深度和重要价值。出于种种目的和原因，一些重要的史实被回避掉了,一些深藏于事件和人物背后的隐情被刻意淡化,甚至被抹去了。这里,笔者并无苛求、非难作者之意。事实上,当今许多回忆录几乎在不同程度上存在这类问题。《上海时代》的主要问题是,作者对三十年代的中日两国尤其是中日关系的许多史事的评论和反思并非妥当,不少重要观点是我们所不能苟同的。但是,尽管如此,作者这本书著对研究中日全面战争开始前后的中国历史、日本历史尤其是中日关系史,提供了许多重要的、极有研究价值的史料,其中有相当一部分史料尚未见诸其他文字或口述史书。以此而言,这无疑是对史学研究的一种贡献。

首先,本书提供了不少鲜为人知的、珍贵的第一手资料,有助于深化和拓展对有关史事的研究,有的则可以借以纠正以往因史料的残缺而作出的误断。例如,书中记述的关于一九二九年和一九三一年分别在京都和上海召开的第三、第四届太平洋学会会议情形——美国、日本、中国、英国以及其他一些国家出席的代表的多姿多彩的表现,会议进程中发生的种种争论,代表们于会内外发表的关于亚洲太平洋区域态势演变的种种见解,等等,写得细致而生动,这些都是在会议文章中难以读到的,这对研究当时的远东国际关系无疑是很有价值的史料。

本书透露的当时在华从事侵略活动的日本方面各色人等的言行,是研究三十年代日本侵华史的有用资料,其中不少史料是鲜为人知的。例如"满铁"总裁松冈洋右、联合通讯社的岩永裕吉、在伪满政权从事殖民活动的岸信介、关东军的小矶国昭和土肥原、驻华使馆武官矶谷廉介、日本在华纺织同业会理事长船津辰一郎、驻南京总领事须磨弥吉郎、驻华使馆书记官崛内干城、天津军参谋长桥本群、伪满通讯社负责人里见甫、驻上海总领事石射猪太郎、天津军司令官多田骏,以及上海派遣军司令官松井石根等,这些人既各具特点、形形色色又万变不离其宗的中国观、中日关系观和对华侵略扩张思想,都在书中有不少表述。如松冈洋右"满蒙是过去日本人用鲜血和金钱获得的特殊权益,现在和将来都是日本的生命线"的言论,岩永裕吉的"中国的谣言是世界有名的,希望你能去戳穿它"的对华新闻战观点,小矶国昭的"巩固满洲国才是最重要的"的观点,矶谷廉介的"膺惩中国以夷制夷外交政策"的观点,多田骏的"建立华北五省联合自治体"的主张,关东军和天津军认为中国实行币制改革后"英国将会在经济上控制中国"的观点,等等,都为治史者研究日本侵华提供了多种信息和视角。作者还透露了日方内部在对华关系上若干不同见解之间的争论,如矶谷廉介、土肥原与有吉明、崛内干城双方的争执,关东军头目讽刺作者本人为所谓"长江意识形态者"等,也有助于深入了解日本侵华活动的某些情节。

三十年代日本驻华公使(后为大使)有吉明的"水鸟外交",是现代中日关系史上的重要一幕。作者当时在上海与有吉明来往颇多,深入的交谈也达十次左右,他在书中披露的许多第一手史料,为人们研究有吉对华外交提供了新的视角。例如,有吉的外交理念和外交风格,有吉的中国观和中日关系观,有吉的“水鸟外交”与广田的“协调外交”之间的关系,有吉怎样认识和对待蒋汪合作政府的对日妥协政策,有吉与蒋介石、汪精卫多次会谈的内情,有吉与军方在对华政策上的分歧和争论,以及有吉对“何梅协定”的不同态度等记载,都有研究的价值。还有一些具体情节,也有助于治史者了解历史过程的某些细节,例如有吉如何在《天羽声明》发表前,按外务省的密电将“声明”的内容向汪精卫交了底,获得汪的认同。当天羽英二冒冒失失地将外务省密电内容公开抖了出来,立即遭到中国舆论的强烈抨击和在西方引起的巨大波澜后,有吉又如何“尽力弥补外务省及情报部长的差错”、“扑灭‘天羽声明’造成的火灾”,联合通讯社上海支局又是怎样密切配合有吉的行动,向东京发出有利于日本当局的新闻报道,等等。书中写到的在藏本事件发生时,有吉和须磨弥吉郎两人对事件有不同的判断和采取不同的态度,这一情节也是鲜为人知的。书中披露,作者和有吉就一九三五年二月二十日汪精卫在国民党中央政治会议上关于外交方针的演说,作过单独会谈——从中可以看到有吉对当时中日关系的判断。同年六月,上海发生《新生》周刊事件,作者着重记述外交部次长唐有壬与有吉、矶谷廉介的谈判内幕,以及有吉与矶谷之间对事件处置不同主张的严重争论,有助于人们对《新生》事件的深入了解。

在诱使汪精卫集团叛国投日的“汪兆铭工作”中,作者充当了关键的角色。他在本书中有关此事的忆述也甚为丰富详尽,为研究这一史事留下了不可多得的第一手材料。虽说当年日方参与这一工作的西义显、伊藤芳男、今井武夫和影佐祯昭等人,在战后都出版了回忆录叙说此事,但松本重治的忆述不仅有助于与上述诸人的回忆相互对照、考订校核,而且更为重要的是,其中一部分史实,作者为唯一的亲历者和见证者,是别人不可能提供的。例如,是作者第一个直接向董道宁建议对日秘密谋和不宜走外务省这条路线,而要打通参谋本部这条渠道;也是作者在上海与高宗武单独秘密会谈时第一个提出“国民政府改组”“设立第三政府”的设想。一九三八年六月,作者与高宗武在香港的第四次秘密会谈,也是单独进行的。同年八月底至九月初,作者又在香港与梅思平举行了第五次秘密谈判,其中所达成的初步共识,成为当年十一月上海“重光堂协议”的基础。正如日本学者藤井志津枝所说:“目前关于梅思平、松本重治香港会谈,松本重治的回忆录《上海时代》可说是唯一可靠的线索。”书中披露的这些为外人所不知的史实,对研究汪伪政权史极具价值。

第二,书中记叙作者当年对中日两国不少重要军政官员、实业巨头和文化名流的单独采访,披露的外人无从知晓的访谈内容,是在别的史料中难以见到的,其史料价值自然不可低估。作者作为一个著名记者和通讯社的负责人,特别注重单独采访和独家报道。他的回忆录也处处显现出这一特色，从而增添了本书在史料方面的研究价值。例如，作者一九三三年二月对时任国民党中央党部秘书长叶楚伧的访谈，后者认为“中国国民党的未来是一片黑暗”的议论，就是一则极为稀有的资料。作者先后对时任盐业银行董事长兼总经理吴鼎昌、金城银行总经理周作民、中国银行总经理张嘉璈、交通银行董事长钱永铭进行访谈，相关的忆述有助于研究江浙财阀和中国金融史。一九三三年五月，作者对关东军参谋长小矶国昭的访谈，为人们研究关东军的侵华政策提供了一种视角。一九三五年二月，作者与张嘉璈的再次单独交谈，分析的是中日经济关系和南京政府复兴经济的方针。同年六月作者对汪精卫作了初次单独采访，汪开怀畅谈他的中日共存共荣理念和对日亲善政策，这对研究汪精卫其人和蒋汪合作政府是颇具价值的史料。同年十月，作者访问英国政府派遣来华的特使李兹·罗斯，书中记载的两者的谈话，以及一九三六年一月和三月作者陪同李兹·罗斯与日本武官矶谷廉介的两次谈话，是研究中国币制改革以及中英、日英关系的有用材料。

一九三六年九月十五日正式开始的张群、川越会谈前夕，作者专程去南京访问实业部长吴鼎昌和铁道部长张嘉璈。书中披露的吴、张两人的谈话要点，为人们研究国民党“五全大会”以后南京政府对日政策的变化提供了一些新的材料。正如作者所言：“从中方的这些话里，我觉察出了一种以前从未有过的强硬态度。”正当成都事件和北海事件相继发生、中日谈判陷入僵局之际，日本《改造》杂志社于同年十月六日在沪举办了一个“在上海日本人座谈会”，讨论中日关系问题。上海日本侨民中各界头面人物共十二人出席会议，都有谈话。作者全程参与了座谈，他在书中详尽地叙述了各人的发言要点。虽然《改造》杂志不久已公开发表了会议内容，但一般中国读者难以了解。本书披露的会议材料，对研究战前中日关系是很有价值的。

作者善于捕捉重大时事新闻的内情，每每在事件发生之最初就深入采访切入主题，获得局外人所不知的信息，这在回忆录中随处可见。例如，西安事变爆发后，作者对孔祥熙的亲信谋士乔辅三的访问，尤其是在十二月二十八日对甫从西安返回上海的蒋百里的访谈，记录了后者在西安曾作为张学良与蒋介石之间的中介者，向蒋介石建议令南京中央军不要急于进攻，先停止轰炸三日，并从西安派一中央军将领（蒋鼎文）携蒋介石函去南京，此议获蒋介石同意。蒋百里的谈话材料，对研究西安事变是很有价值的。又如八一三淞沪会战中期，作者曾往吴淞日本上海派遣军司令部，对司令官松井石根进行单独采访。书中披露的后者的谈话，有助于研究日军在此次会战后要不要进攻南京这一决策问题。

第三，本书披露的中日关系史上一些重要决策、政策和举措，在其形成、推行过程中的背景、内幕和具体情节材料，丰富、充实了人们的已有认知，对更具体深入地研究有关史事，也有不可替代的作用。例如，一九三四年中日双方关于关内外通邮谈判这一史事，基本史实先前已经由一些研究者厘清，但中方的不少内幕仍鲜为人知。高宗武为当时中方谈判委员会的主席，一九七二年六月高在华盛顿与作者会晤时，道出了不少内幕。作者据此写入回忆录，从而使人们有可能更具体深入地了解通邮会谈的真相。又如，一九三五年五月中日两国政府宣布双方使节升格——由公使升格为大使，但这究竟是由哪一方首先主动提议的，不少史书语焉不详。作者与有吉明有密切关系，他在回忆录中明确记述，是汪精卫在一九三四年十月十一日主动向有吉当面第一次提出两国互相把公使馆升格为大使馆，但有吉当时并未正面回答。次年二月，王宠惠访日，二十六日与日本外相广田弘毅举行第二次会谈时，代表中方再次提议两国使馆升格，广田表示响应。上述史料，有助于人们弄清这个问题。再如关于一九三七年年底到次年年初的“陶德曼调停”，其起始为何方所主动？松本的回忆录证实了这是日本陆军内部一部分力量所发动的，而且进一步说明：这一调停的最初发端者是日本参谋本部第一部部长石原莞尔。一九三七年九月二十七日，石原被解除部长职务，转任关东军副参谋长，他在离开东京前，向他的部下奈木敬信布置了撇开英国、央请德国出面调停的任务，“这成为陶德曼中介交涉的发端”。

本书还在多处叙述了一些重要政策和决定形成过程的细节和内情。例如作者对“广田三原则”的形成经过有较细致的叙述，除借助于日本外务省的档案材料外，不少内情也是他在当年亲闻亲见的。一九三五年上半年，南京政府在由王宠惠向日方提出中国的三原则后，继续要求与日本调整两国关系，实行对日妥协退让政策。同年夏，日军制造河北和察哈尔事件，外交部次长唐有壬奉汪精卫之命，向日本大使有吉明表示，“不管华北事件如何，中国对日中亲善的方针从未改变，希望具体决定提携所必需的协定之轮廓”，从而向日方表达了全面调整两国关系的意向。随后，中国驻日大使蒋作宾也多次向广田表达这一愿望。此前，广田正在筹划以外务省为主、由陆海两省共同参与制订一个新的对华政策。作者写道：“正是唐有壬、有吉会谈给霞关带来了一丝鼓舞，促成了这次磋商。”以后，经过外、陆、海三省的多次磋商和协调，通过了一份《关于对华政策》的文件。十月四日，冈田内阁以《外、陆、海三相关于对华政策的谅解》的形式正式通过文件，这就是“广田三原则的雏形”。作者的回忆说明，蒋汪政府的亲日政策，在产生“广田三原则”的过程中起了互动作用。

第四，这部回忆录的一大特色是注重写人，当然这大多是与叙事相结合，人与事浑然一体，而为后人研究三十年代许多中外著名人物留下了可贵的材料。作者写人，情节细致而富有动感，却不落烦琐，评人论事无不处处表现出强烈的价值观念和历史认识。作者笔下中国方面有头有脸、有血有肉的人物为数不少，而且广涉社会各界。举其重要者而言，政治和军事界有蒋介石、汪精卫、孔祥熙、叶楚伧、宋子文、张学良、黄郛、何应钦、张群、孙科、张嘉璈、蒋作宾、王宠惠、吴铁城、宋哲元、周佛海、唐有壬、高宗武、杨云竹、夏奇峰、李圣五、李迪俊、沈觐鼎、董道宁、胡鄂公、乔辅三等；金融和实业界有徐新六、周作民、吴鼎昌、钱永铭、吴震修等；文化、教育和学术界有鲁迅、胡适、张伯苓、吴贻芳、余日章、丁文江、徐淑希、蒋百里、陶希圣、夏晋麟、鲍明栓、裴复恒、赵正平、傅式说等；新闻界有张季鸾、胡霖、萧同兹、程沧波、陈博生、董显光等。

作者当年在上海结识了一批外国驻华记者，在回忆录中留下了有关这些人的相当丰富的材料。这里主要有英国路透社记者克里斯多弗·钱塞拉、伦敦《泰晤士报》特派员迪彼得·福雷萨、英国《曼彻斯特卫报》记者田伯烈、英文《上海邮报》总编伍德海特、美国《纽约时报》记者哈雷特·阿班、美国《芝加哥日报》记者斯蒂法、法国哈瓦斯通讯社上海分社社长米歇尔·布雷阿尔、苏联塔斯社上海特派员加尔诺夫、美国记者埃德加·斯诺等人。此外，英国富豪托尼·哥济库和约翰·哥济库兄弟、德国商人汉斯·贝尔舒坦因，虽非新闻界中人物，却与作者结为知交，书中多有记叙。

驻华的各国使领官员和社会活动家，亦有一部分为作者所熟悉，他们当中有英国三任驻华大使卡董刚、许阁森和卡尔，意大利驻华大使科勒，苏联驻华大使鲍格莫洛夫，美国政治活动家布鲁库斯·爱梅尼，东方学家拉铁摩尔，美国公使馆书记官劳伦斯·索尔兹贝利等人。书中对这些人的忆述材料，折射出三十年代中、日、英、美各国之间相互关系的某些信息。

自然，书中写到上述许多人物详略有别，所用笔墨不尽相同，但都披露了一些有价值的史料，作出了可供研究的评价。例如关于唐有壬，此人为汪精卫当时推行亲日媚日外交的前台主将，是人们研究蒋汪合作政府对日外交历史不可忽略的一个关键人物，因早在一九三五年十二月被暗杀身亡，有关他的史料极为稀缺。作者书中对唐有壬赞扬备至，叙述颇详，有助于弥补这方面的不足。又如关于高武宗，他既是蒋汪政府对日外交的一员干将，又是为汪精卫开辟走向叛国投敌之路起重要作用的一个关键人物。高在一九四〇年年初从汉奸集团反正后赴美国定居，对其以往从政事迹守口如瓶，除晚年曾向旅美史学家唐德刚和极个别美国学者有过若干自述外，从未透露出任何史料。作者与高交往甚深，在本书中透露出不少鲜为人知的历史内幕，是很难得的。

作者的忆述材料，还每每透露出不少著名人物不为人知的另一面事迹和行状。例如徐新六、周作民、钱永铭、吴震修等人，作为民国时期的上海著名金融家，其事迹较多为人们所熟知。然而，他们与日本官方或半官方人物的秘密交往，特别是在中日战争时期他们在幕后进行的中日谋和活动，却甚少为人们所知晓。本书写到的在淞沪战场上血肉横飞的日子里，徐新六与作者于上海租界的密室里八次密谈的情形，为其他史料所未见。八一三事变前夕，周作民、徐新六、钱永铭、杜月笙等人曾与船津辰一郎就避免日中在上海发生战争，举行数次密谈，双方同意参照一九三二年的《淞沪停战协议》办法，立即制成新协议，并由周作民向南京当局作了报告和建议。近卫第二次出任首相时，曾向作者征询中方何人可作为向重庆最高当局谋求和谈的渠道，作者向近卫推荐了钱永铭，建议让钱写信给蒋介石。如此等等，均为了解这些金融资本家的有用材料。

第五，本书写了三十年代上海新闻界不少事迹和人物，为人们研究这一时期的新闻事业史提供了颇为有用的材料。首先当然是由作者负责主持的日本联合通讯社和同盟通讯社在上海的分支机构的演变和活动情形，这在书中有详细而连贯的记述。作为一家外国通讯社，它是怎样在上海落地生根的，是怎样把自己的触角深入上海以至中国政治、财政、文化各界的，又是如何千方百计从各方面获取有价值的独家新闻、捕捉深层次的内部消息的，以及它是怎样与第三国的新闻通讯机构，如路透社、美联社、哈瓦斯通讯社、塔斯社等互相交往、彼此运用的。它们之间既合作又竞争，互争雄长。这些，对研究外国在沪新闻通讯活动的历史，是不可多得的第一手材料。

书中披露了伪满洲国通讯社与英国路透社之间缔结通讯合同的经过情况，作者是这个合同成立的中介人，而岩永裕吉和吉野依次助则是伪满通讯社的设计者和创设者。日本浪人、伪满通讯社负责人里见甫在书中亦有所涉及。此外，还披露了关东军操纵建立伪满“大东通讯社”及其在各地设立支社的情形。尽管作者对伪满通讯事业及主持者深表赞赏之情，但读者不难从这里透视日本侵略者操纵和控制伪满通讯事业的情形。

对于中国新闻界，作者忆述较多的首推《大公报》及其两巨头胡霖和张季鸾的新闻事迹、《大公报》和“国闻通讯社”的兴衰演变。上海英文《中国日报》以及董显光的记者生涯，书中也有较多的叙述。同盟社还与中国中央通讯社建立了合作关系，中央社在东京设立了分社，这些都是值得在民国新闻史上留下一笔的。

在充分肯定本书史料价值的同时，也必须指出书中存在的一些史实上的差错。其中有的可能是因为当时作者获得的信息本身与事实有出入，以后也未被发觉而写入了回忆录。例如书中两次说到在西安事变爆发前半年，周恩来与陈果夫曾进行了秘密会谈，但征之史实，却并无此事。又如作者说一九三五年十一月一日南京刺汪事件与郭春涛和其部下郭知谋有关，但事实上这次刺汪行动是由王亚樵等人组织的，郭春涛并未介入此事。有的是由于时间久远，作者记忆不确而造成的差错。有的可能是作者撰写回忆录时参用的一些报刊资料、档案文件、工作报告等文字资料的记载不实，作者使用时未予重新核实而导致的差错。当然，也可能还有别的原因。例如关于卢沟桥事变爆发经过的现场情况，作者的记述与实际情形有很大的出入。又如八一三事变爆发，中国空军于次日向黄浦江一带日本舰队发动进攻，在躲避日舰高射炮的打击而作快速飞行中，由于失控，有数颗炸弹误落于公共租界，造成地面上重大伤亡，作者却把此事记述为“中国空军对租界的盲目轰炸”。这不仅与事实不符，而且严重扭曲了事情的性质。此外，书中对中国的一些事件和人物的来龙去脉、前因后果的说明和分析，也有些是与事实不符的。史实上的差错差不多各章都有，这里笔者不再一一列举。需要特别指出的是，书中记述的一部分史实，例如作者与他人的双方密谈，其中有的可以从其他史料得以鉴别或佐证，而有的则是在目前还无从考证其真伪或真实程度的。例如，作者在书中写到，一九三四年春，在他与蒋百里的一次私人谈话中，后者向他展示其近作《新建国方略》。该“方略”的中心思想是“谋求中日的共存共荣”，认为中国的国防外交战略应当是中日两国全面合作，协同防卫美国，北向抵御苏联，南向“谋求中日协同前进”。据说这是蒋百里向作者提出的新的国防与外交战略构想。然而，此说实在令人难以置信，因为这与蒋百里一贯的关于国防与外交战略构想大相径庭，几乎毫无共同之处，笔者绝难贸然相信。对此，作为一个读者，我以为只有存疑待考了。至于对于史事和人物的评价存在这样和那样的不同意见，那是另一回事了。

四

作为一部关于中日关系的政治外交回忆录，自然不可避免地会涉及对一些重大历史问题的认识和评判，也渗露着作者对历史的反思。是耶？非耶？友好耶？侵略耶？作者都有自己的评判。回忆历史意味着事过境迁之后的一种清醒，还是被历史表面现象所迷惑，或是对历史真相的掩盖，这主要取决于作者的历史观和政治态度。

从《上海时代》一书可以得知，作者一向对中国人民抱有同情心，希望全体中国人民共同努力建设一个新中国；而且对于现代中国特别是“九一八”事变以来日益高涨的民族主义运动，作者表示理解和同情，认为它有一定的必然性和正当性。作者也一向不赞成、不支持，甚至反对日本军部和军阀势力对中国进行武装进攻；在中日之间的战争业已爆发的情况下，也历来主张不扩大战争并寻求早日停战议和。他在书中一再谴责日本军队在中国的血腥暴行。作者一再表示他来到中国，“希望能够为日中关系的正常化与日中和平尽一份绵薄之力”。他始终认为保持日中和平对两国都是有利的，而中国问题又是日美两国关系中的一个举足轻重的关键问题，处理好日中关系，也是创造良好的日美关系的一个基础和前提，如此等等。笔者认为，这些都是值得赞赏的和肯定的，直至今天仍不失其积极意义。

然而，《上海时代》对于中日关系史上若干重要史事的观点和论断，却与我们存在着原则性的分歧，是我们所不能苟同的。在这里，就其中一些主要问题作些说明。

第一，关于二十世纪三十年代中日关系的主要问题。以笔者之见，日本侵略中国与中国反对日本侵华，是这个时期中日关系的主题，也是贯穿该期两国关系史的一条主线。这个历史认识已被一切忠于史实、尊重科学的史学家和有良知的人士所公认。可是，《上海时代》并未将这一别无选择的历史基本线索贯穿全书，忆述不少史事时不同程度地背离了中日关系的根本性质。作者在书中多次叙述“满洲事变”和伪满洲国问题，认为“满洲事变”是当时日本“鹰派核心的关东军”干出来的“对外扩张的野蛮行为”；“关东军用刺刀炮制出满洲国”；但是，“建设满洲国的工作，都将满洲与中国全体隔离开了……这与历史的大潮完全是背道而驰”。因而，作者不赞成日本用武装进攻占领“满洲”，也不支持以赤裸裸的军事力量建立一个“满洲国”政权。这说明作者的政治主张与被他一再抨击的军部鹰派势力有所不同。但是，不知作者出于何种考虑，在书中从未确认日本发动九一八事变占领中国东北地区，是对中国领土和主权的公然侵略。令人惊异的是，在书中他特意称颂有吉明对汪精卫说的一句话：“关于满洲问题日本做法太过分了。”说得多么轻松呀，离承认侵略又何止十万八千里！然而，事实总归是事实。九一八事变是近代日本对中国以及亚洲大陆推行侵略扩张的大陆政策的重要结果，也是日本推行侵略中国东北和内蒙古东部地区的所谓“满蒙积极政策”的必然结果。这是谁都无法否认的。

作者不赞成关东军用武力发动“满洲事变”和炮制“满洲国”，这是因为他认为这样做会激起中国抗日民族主义的浪潮，极易引发日本与美、英等西方国家的矛盾和冲突，也不易为国际社会所接受，结果会对日本不利。作者赞赏和推崇的是另一条路线，即所谓“和平地开发满洲”的“大陆经营”理想。当他在大连首次见到“满铁”第一任总裁、日本在“满蒙”进行殖民主义扩张活动的急先锋后藤新平的铜像时，无限崇敬的心情油然而生，因为在他的心目中，后藤正是日本在“满蒙”推展“大陆经营”之“伟大理想”的先驱。这是一条以和平的、渐进的和经济开发为主要方法，在“满蒙”实行扩张侵略的殖民主义路线。而在伪满政权出笼后，作者也曾主张：“反对日本政府正式承认满洲国，在承认中国对满洲的宗主权的基础上，建议使满洲成为高度自治的国家。”在这本书中，作者还依然声称上述主张“在当时国际政治上具有可行性”，可见他对于关乎中国领土主权的根本问题上处于何等立场。

同样，书中说到一·二八淞沪战事时，作者并未认为这是日本对中国发动的又一次侵略战争。他引用联合通讯社古野的话，说“上海事变是日本海军陆战队和中国的十九路军发生的冲突”。明明是日本侵略者挑起的侵略上海的这场战争，却被歪曲成为双方“发生的冲突”。至于“华北问题”，笔者认为“华北问题”是继“满蒙问题”之后，二十世纪三十年代前期中日关系的焦点，也是当时日本侵华的重点之所在。“华北问题”的实质是什么？作者写道：“总的说来，我把华北问题定义为日军（指关东军和天津驻屯军）为保卫‘满洲国’而企图在华北建立缓冲地带的战略政策和中方维护主权要求之间的冲突。”他还特地指出：“一部分中国人认为（正如《田中奏折》所写的那样），日本军阀一开始就有并吞中国的野心，这是错误的。”历史事实并非如作者所说那样。事实上，首先发动九一八事变，实现日本政府的“满蒙积极政策”，解决“满蒙问题”，进而推行“华北政策”，力图建立第二个“满洲国”亲日政权，从东北经由华北征服全中国，称霸东亚与世界，这是三十年代日本实现大陆政策的基本方针。作者的所谓“建立缓冲地带”之说，只不过是当时日本军方一些人的掩饰之词而已。

作者又是怎样论断卢沟桥事变和近卫内阁的对华政策呢？他认为：“华北问题最终导致了昭和十二年七月七日卢沟桥事变爆发，从而引发了全面日中战争。究其根源，在于关东军自认为担负着保卫‘满洲国’治安和防卫的重要任务，坚持要在与‘满洲国’接壤的华北地区建立一个缓冲地带。”不错，是华北问题直接导致了卢沟桥事变的爆发，但全面侵华战争真正的“根源”，却是近卫内阁坚持亡华灭华的基本国策，而非关东军建立所谓“缓冲地带”的要求。作者书中始终回避日本侵略扩张的基本国策，在叙述卢沟桥事变时，着重渲染的是日本政府、军部内部“不扩大派”与“扩大派”之间的反复争论。而且，在作者笔下，首相近卫本人并不主张扩大战争，还一心谋求与蒋介石进行直接和谈；近卫是在无可奈何，不得已而为之的处境下同意向中国出兵的；等等。

但是，大量史料业已揭明，正是近卫内阁，乃是发动全面侵华战争的罪魁祸首，长期以来特别是九一八事变以来日本的对华侵略扩张政策，才导致了这场战争之不可避免。而近卫本人就是一个打着“国际正义”论旗号的大陆扩张主义者，他在卢沟桥事变时支持陆军的“对华一击”论，不断扩大战局，为实现独占中国、称霸东亚的大陆政策而发动了全面侵华战争。至于当时的“不扩大”和“扩大”两派，固然在对华问题上发生过分歧和争论，但这只是策略性的，而非基本国策上的；也就是说，这种争执只在于何时、何地、如何发动全面侵华战争，而并非在于是否侵华、是否发动战争的问题。

第二，关于日本对华“二元外交”问题。本书关于三十年代日本对华政策的述评，始终贯穿了一个基本观点，即认为当时日本“没有一元化的对华政策”，相反却存在着两种对华政策，也就是所谓“二元化的对华外交”。在作者看来，这两种政策分别是以日军外务省和军部为背景的，他说："在日本，陆军、海军、外务三省对中国的认识各不相同，而且陆军和外务两省中，总部和驻华机构之间的意见也不相同。要想统一这些意见，那么遭殃的必定是弱者，即外务省和中方。"在两种政策中，他认为一种政策以军部、关东军和天津军中的鹰派势力为代表，其代表人物是矶谷廉介和土肥原等人，主张弱化和分裂中国。"矶谷、土肥原两少将的中国观与政策，实际上就是以维护'满洲国'为出发点，通过实施华北政策、华南政策，目的在于弱化南京政府。"而且，"驻华日军的目的是最终把南京的势力赶出华北，在华北建立一个独立政权。……他们想强迫陆军省总部接受这个方针"。另一种政策以外务省为主导，其代表人物是广田弘毅、有吉明、有田八郎、川越茂和佐藤尚武等人，主张"对华亲善""日中合作"，也就是作者所说："与他们(指军方鹰派)相对的是广田、有吉两外交官的日中合作论。"

其实，作者的上述观点并不使人感到陌生。众所周知，对如何认识日本对华政策与侵华行动的关系问题，战后日本史学界一直存在着两种颇具代表性的错误倾向。一是夸大统治机关内部(主要是内阁与军部之间)的矛盾与分歧，甚至认为"霞关(外务省)与三宅坂(军部)互不一致"，存在所谓"双重外交"现象。一是夸大日本驻华机关与东京中央机关的矛盾与分歧，认为存在所谓"下克上"现象。这两种倾向的共同特点，是片面地夸大上述矛盾双方之间的分歧，抹杀它们之间在根本问题和基本方向的一致性和统一性。这不但在学术上是不科学的，而且也有意无意地掩盖了日本统治集团的侵华罪责。

诚然，日本统治集团内部在对华政策上存在过某些分歧，由于当时日本的政治制度和权力结构及其运作的特点，其对华的具体政策和策略确实存在着不同调门、不同举措的"多头"现象，这是不可否认的。然而，"多元"之中有"一元"，一时、一事、一地的具体政策策略上的分歧，并不否定基本方针政策上的一致。军部与内阁之间、内阁和军部内部各部门之间虽有分歧争论，但在对华侵略扩张的基本政策和根本目标上是没有分歧的。从根本上说，其对华政策是统治集团共同意志的体现。从对华政策的决策机制和决策程序来看，是由内阁和军部共同掌握决策权力，采取由全体阁僚参加的"阁议"这一形式加以决定。自斋藤内阁起又形成"五相会议"的决策机制，其中外、陆、海三省主控了对华决策实权，首相是当然的最后决策者，故"五相会议"实质上取决于外、陆、海三省的决策。因此，日本政府对华政策的决策核心，实际上是内阁的外务省和形式上隶属于内阁但实质上代表军部的陆、海两省，形成"三省决定"的权力结构。这在"九一八"到"七七"期间对华政策的决策中是屡见不鲜的。这种决策机制体现了政府与军部之间在克服与协调内部矛盾的基础上，达成对华政策的统一性，从而使其政策体现出日本统治集团的共同意志。日本中央部门主要由外务省与陆、海军协议与决定的对华政策，表面看来有的主要是以外务省为主来拟制，有的又主要以陆军或海军为主来拟定，但都须经由三个方面协议一致，以“三省决定”的文件的形式出现，实则为政府与军部的共同意志的体现，是双方达成的统一政策。所谓“对华二元化政策”、“霞关”与“三宅坂”互相对立的观点，其论者只是看到了决策过程和实施过程中的某些现象，而无视最终的决策结果和政策的实质，是一种为外务省或军部开脱责任的见解。

事实是最好的见证。笔者就以作者一再在书中赞崇备至的“广田外交”和有吉明、川越茂对华外交为例，说明所谓外务省和军部的“二元化对华外交”的观点是难以成立的。众所周知，“广田三原则”是九一八事变以来至七七事变前一个时期日本历次各项对华政策的总和，是日本对华外交的指导方针。而这“三原则”的形成和推行，恰恰并非“二元化”的。斋藤内阁一九三三年十月以“五相会议”决定了对华外交方针，其中“在帝国的指导下，实现日满华三国的提携共助”，成为对华政策的核心内容。随后，为将上述方针进一步具体化，陆、海、外三省之间经过半年之久的协商，在一九三四年十二月由三省主管当局决定了《关于对华政策文件》，明确规定日本对华政策的“本义”，实际上是“广田三原则”的雏形。一九三五年十月，冈田内阁正式作出了《外、陆、海三相关于对华政策的谅解》的决定，这就是“广田三原则”，一九三六年一月外相广田在议会向外界公开加以宣布。这就说明，“广田三原则”为日本政府与军部共同意志的统一政策的集中表现，成为日本中央机关和驻华机关侵华行动的统一的指导方针。由此可见，作者所谓以广田为代表的“对华合作”政策与军部鹰派的对华强硬政策形成“二元化”对立的论断并不符合历史真相。

第三，关于日本对华政策与蒋汪合作政府的关系问题。如何认识和评价日本对华政策和南京国民政府的关系，是三十年代中日关系史上的一个重要问题。作者在书中着重评述的是蒋汪合作主掌南京政府这一时期的两者关系。对此，作者的主要结论似乎可以归结为以下三点：首先，如上所述，在所谓“二元化的对华外交”的论点之下，作者认为当时除了关东军、天津军内部以及驻华武官中的一些鹰派势力，日本政府以外相广田弘毅为代表，包括驻华大使有吉明、有田八郎和川越茂等人在内，一直坚持了一条“对华亲善政策”的路线，这与关东军的“对华政策”是大不相同的，甚至是对立的。“对华亲善政策”的主持者们信任蒋汪政府，也对中国的民族主义浪潮予以关怀，期望“中日关系正常化”，逐步确立起“中日合作”关系。他们肯定蒋汪对改善中日关系“具有诚意”，认为“日本方面也应该以诚相待”。作者特别是对有吉明及其“水鸟外交”赞不绝口，称赞“他在任的这三年，是艰苦卓绝的三年”，说“有吉明和陆奥宗光、小村寿太郎、币原喜重郎一样，都是日本外交史上的优秀人物”。

其次，作者认为蒋汪合作的南京政府对于日本广田外交表示出欢迎的态度，采取了积极的回应。他们不顾国内抗日力量的指责和反对，执着地推行一条亲日政策，有“努力改善中日关系”的“诚意”。作者认为南京政府的亲日政策，无论是对日本还是于中国自身都是有利的。作者在字里行间，每每赞赏蒋汪政府亲日政策及其种种举措，并对它的遭受挫折表示惋惜。尤其是对于当时主持外交的汪精卫、唐有壬等人，更是流露出由衷的敬佩之情。作者这样写道：“在抗日风潮高涨的时候，主动担当对日外交的汪精卫、唐有壬、高宗武等，都是具有真正勇气的爱国者。在当时对日交涉中，客观形势就是要么互相协助，要么单方面让步。在这种情况下能够挺身而出，他们的心志可谓壮勇。他们相信自己是为了祖国，敢于负责，不介意汉奸的骂名，而且不顾自己的安危，对于他们我深怀同情和敬意。”

最后，作者肯定，在日本政府的“对中亲善政策”与蒋汪政府的亲日政策之共同作用下，产生了积极的外交成果，“使中日关系的正常化能有所进展”。被作者赞美为“外交成果”的主要有：关内外“通车”“通邮”和“长城线设立税关”等悬案，中日间取得协议而终于解决；藏本事件的妥善处理；广田发表“不威胁，不侵略”的外交方针演说，“主张和平善邻主义”，而南京政府作出了积极的响应；王宠惠访日；蒋汪当局下令“取缔抗日活动”；南京政府发布“睦邻敦交令”；中日两国使馆升格；等等。

上述基本观点和结论，笔者以为是曲解了日本对华政策与南京政府之间关系的性质。显然，作者是站在侵略国的立场来看待这两者之间的关系，从而既掩盖了日本对华政策的侵略性质，又美化了蒋汪政府对日妥协退让政策的反动性质，无助于两国人民正确地从中汲取历史经验教训。历史事实证明，从九一八事变以来，日本以使用武力和以武力相威胁，伴之以政治、外交和经济等手段，侵略东北四省，将南京政府势力逐出东北；继而进攻上海和华北，逼迫南京政府与之签订《淞沪停战协议》和《塘沽协定》的城下之盟；接着又以武力为后盾，在华北以《塘沽协定》善后谈判的方式，迫使南京当局接受屈辱条件，日本从而取得一批实质性成果。随后日本又策动分裂华北，并逼迫南京当局与之成立“何梅协定”和签订《秦土协定》；继则又在“协和亲善”的幌子下，图谋以外交手段迫使南京政府承认和接受“广田三原则”，并与之“调整国交”。而以实行“对华亲善政策”相标榜的广田外交和有吉“水鸟外交”，只不过是在侵华的方式方法、步骤的缓急、条件的轻重等问题上，与军方鹰派势力有某些不同，而在对华侵略扩张的基本方针政策上并无二致。这就说明，当时绝不存在走向“日中关系日常化”的“蜜月时期”。

从南京政府方面而言，在“攘外必先安内”基本政策之下，蒋汪合作积极推行对日妥协政策，汪精卫成为亲日派的领袖，他们适应日本侵华的要求，以退让求和平，以接受丧权辱国的条件求得与日本之间的妥协苟安局面。蒋汪政府的对日妥协政策与当时风起云涌的抗日救亡运动背道而驰，因而遭到抗日党派、团体与广大民众的强烈反对。作者书中肯定的作为中日外交积极成果的那些举措，实际上不过是种种媚日行动，而在当时就遭到各界爱国人士的抨击。当然，南京政府对日政策也是逐步有变化的，它最后终于走上抗日御侮的道路。但是蒋汪政府的对日政策并非如作者所说，在历史上起着积极的正面的作用，而是具有双重作用：既有利于并助长了日本得寸进尺的侵华行动，这是主要的一面；同时它又在一定程度上制约着日本的无止境的侵略。

第四，关于日本对华“和平工作”问题。在发动全面侵华战争以后，日本的官方、半官方和一些“民间人士”多次进行了所谓对华“和平工作”；诱降汪精卫集团，策划建立汪伪政权是其中最为重要、最具影响的一大行动。作者作为关键的当事人之一，认为该项“和平工作”是出于停熄日中之间的战火，避免生灵涂炭，重建两国人民和平生活的崇高目的；虽然他们的初衷并未完全实现，也足以写入史册而供后人敬慕。对于响应日本“和平运动”的汪精卫，作者也另有评价：“如今被称为汉奸，被贬为卖国贼的汪精卫，如果打分的话，也许在零分以下，但事实上并不是如此。一百年后，一定会重新评价汪精卫。”

汪精卫作为一个汉奸卖国贼早已盖棺论定，无论是在当今或是如作者所断言“一百年后”，要想翻这个案，恐怕都是徒劳的。这里暂且不论。那么，日本对汪精卫的“和平工作”，其性质是否如作者所说呢，事实并非如此。

从作者的书中可以了解到，他之所以投身于对华“和平工作”，从其主观愿望而言，是不赞成日本军部和政府公然以大规模战争来征服中国，认为战争并不能解决中国问题，不论是对中国还是对日本，战争带来的都将是一场巨大的灾难，将给两国人民造成极大的不幸；而且日本对华战争极有可能引发日美两国之间的冲突，给苏联提供可乘之机。可是，松本重治等从事“和平工作”的人士，不是去揭露日本侵略者的罪行、反对和阻止日本对中国的武装进攻、支持中华民族的抗战，而是相反，是要分裂中国抗战阵营，分化中国政府，诱逼中国当政者接受日本政府的侵华、灭华条件，停止抗战。试问：这样的“和平工作”难道还要求中国人民乐意接受而在史书上刻意赞颂吗？

诚然，作者和一些参与对汪“和平工作”的人士，其初衷与那些一心想以武力击败与征服中国的军方法西斯狂热分子有所不同，他们初期提出的“和平条件”，在某些方面也低于日本军部或政府要求的条件。但是，他们同样是以侵略国日本的国家利益为“和平工作”的出发点和归宿的。他们的政治立场和理念，以及他们当时能够伸缩的政治空间，决定了他们绝无可能、事实上也没有离开日本政府和军部基本的方针政策去进行什么“和平工作”。他们虽然主张日本应在两年内从中国本土撤军，但却要求中国承认“满洲国”；中日缔结防共协议；中国承认日本在华经济特权;中国赔偿日侨的“损失”等。相反,对撤废《淞沪停战协议》《塘沽协定》《秦土协定》和“何梅协定”等问题却一字不提;至于日军在中国领土上犯下的大规模的令世人震惊的血腥罪行,似乎为理所当然,又何论对中国作出道歉和赔偿呢!事实胜于雄辩。不论参与“和平工作”人士的口头说法怎样,事实上他们的行动依然是为了日本军国主义的侵略扩张政策效劳,而深深地伤害了中国国家领土主权和民族利益。

显然,日方以“和平工作”途径诱逼中国当局就范,比起血淋淋的刀光剑影,在方式上有“和”“战”之别,在目标和要求上有宽严、缓急之分;但两者在根本性质上并无区别,都是日本实行侵华、灭华政策的工具而已。在这里,“和平”不过是一种形式,也是日本当局设置的一种陷阱,而不是实质。真正的中日之间的和平,必须是日本停止对华战争,从中国领土上撤出一切日军,废除由日本强加于中国的两国间的一切不平等条约,恢复两国间的平等、共处关系,而不应是在中国臣服于日本条件下的“和平”;和平的前提绝不应是中国停止对日本侵略的抵抗,而只能是日本停止对中国的侵略战争。作者当年热衷于并为之奔走的“和平工作”的目标和要求,离真正的和平局面又何止十万八千里。任何人只要不带偏见,敢于直面历史,对于日本的这类“和平工作”应当作如何评价,是不难得出正确的历史结论的。问题的关键在于,作者是站在侵略国的立场来回顾评述日本对华“和平工作”的历史。因此,他不可能承认,更不可能正确评价他在历史上所从事的“和平工作”的实质。

事实上,日本的“汪兆铭工作”一开始就是进行对华政治诱降的“谋略”活动。实施该项谋略活动的实际担当者,最初登场的是以“满铁”总裁松冈洋右为政治背景的西义显和以首相近卫及其密友同盟社社长岩永裕吉为政治背景的松本重治;以参谋本部次长多田骏和新任内阁陆相板垣征四郎为背景的参谋本部谋略课长影佐祯昭、中国班班长今井武夫等人,则于稍后加入。而“满铁”嘱托伊藤芳男为西义显的助手,参议院议员犬养健则是继松本重治而起,成为沟通和联络首相近卫、内阁官房长官风见章和影佐祯昭之间的桥梁。影佐和今井的参与,使该项谋略活动直接沟通了参谋本部和陆军省。这些人根据高层既定方针,通过中方的高宗武等人,向周佛海、汪精卫进行试探和交涉。以汪精卫取代蒋介石之议正是在这种试探和谈判中逐步确立的,日本当局随即决定了“倒蒋立汪”的政策。最后,诱降汪精卫集团的方案则由日本政府和军部最高当局批准定案。汪精卫集团叛国投敌,最后在南京成立汪伪汉奸政权,为日本对汪精卫的“和平工作”画上了一个句号。汪精卫终于跳进了日本“和平工作”的圈套,沦落为中国头号大汉奸,而在历史上留下永远的污名。作者参与的这项“和平工作”究竟是什么性质,不是最清楚不过了吗!

《上海时代》中文全译本即将出版,笔者有幸通读译稿全文,也略有感悟。前事不忘,后事之师。历史的经验教训必须正视,更值得牢记。站在新世纪的高度,反思历史,审视现实,展望未来,我们相信,二十世纪三十年代日本军国主义发动侵华战争,让中国人民遭受浩劫,也使日本人民深受其害的历史绝不会重演!我们对中日关系的前景充满信心。

二〇〇四年二月于美国波士顿

中日战争期间日本对国民政府的政策（一九三七至一九四一年）*

从七七事变到太平洋战争爆发，日本对中国国民政府的政策，经历了以逼迫国民政府接受城下之盟为基本目标的“逼其悔悟”阶段，到扶植傀儡政权取代国民政府的“不为对手”阶段，再转变到促使重庆国民政府与南京汪伪政府合流的“促其合流”阶段。剖析各个阶段日本对国民政府政策的演变及其因果联系，有助于揭露日本帝国主义进行侵华战争的目的，揭示日本当局对华政策的本质及其失败的原因，从而进一步认识中日关系演变的历史教训，从中汲取有益的启迪。

一、“逼其悔悟”：逼迫国民政府接受城下之盟

七七事变标志着日本走上了全面侵华战争的道路。在战争期间，在国际上代表中国、具有中央政府地位的南京国民政府，既是日本打击的对象，又是进行交涉和实行讹诈的对象。日本自然十分重视它对国民政府的政策举措。日本对国民政府的政策，来源于它的征服中国、“领导亚洲”、称雄世界的传统的对外扩张侵略政策，同时又是根据国民政府的对日态度，中日两国与英、美、苏等大国之间关系的变动，而不断进行调整和改变的。

从七七事变至第一次近卫声明发表，日本对以蒋介石为首的国民政府，实行的是所谓“逼其悔悟”的政策。即不否认、不推翻国民政府作为中央政府的地位，而是通过军事打击和外交谈判，逼使对方改变“联共抗日”和“依附美英”“接近苏联”的政策，按照日本所提各项条件，“一举解决日中之间的全部问题”，即由国民政府全盘接受自九一八事变以来日本历次所提对华全部要求。

这个“逼其悔悟”政策的第一步目标，是逼迫包括蒋介石一派在内的整个“现中央政府”与日本“订立城下之盟，全盘接受日方希望”。如果这一目标无法达到，

---

* 本文原载《军事历史研究》1998 年第 1 期。

第二步目标则是以“强大压力”迫使国民政府发生分化，“由其内部之亲日势力取代蒋介石执掌中央政权”，然后与日方直接交涉。①这后一步举措，是作为对国民政府政策的重大转换而预先设置的。

“逼其悔悟”政策的提出和实施，是以下述三个因素为直接背景的。

首先，战争初期，日本最高决策层根据九一八事变以来的经验，认定蒋介石和国民政府绝不会抗战到底，以为只要“予以一击”，“蒋政权”就会“举手投降”，“事态不出三个月就可收拾”。②而与一个屈服后的“现中央政权”来“调整国交”，无疑比把它打倒而另立新政权更为有利。③

其次，日本当局认为，要在当前解决中国问题，只有选择与蒋介石和国民政府打交道。因为，“蒋介石以军事委员会委员长兼行政院长的身份，掌握了军权与政权；又通过宋家掌握了财权”，“蒋、宋、孔一派所确立起来的军事、政治和财政上的统制力已为国内地方军阀所无法抗拒。以他们为中心的中国统一，基础愈来愈巩固”。④

第三，从国际关系来看，国民政府正在积极实行“依附英美”“接近苏联”的国际战略。在这一情况下，日本决策层认为过早否认“蒋政权”，把它置于加以推翻的地位，将“迫使蒋狗急跳墙，专意抗日”，进一步投靠欧美与苏联。显然，这对日本并不有利，不符合当时它在中日问题上采取的“避免刺激第三国”的策略。过早推倒国民政府也无疑会给国际干涉提供口实，造成中日问题的国际化，而这也是为日本所绝不愿意的。

为实现“逼其悔悟”，使国民政府不得不接受城下之盟，日本在七七事变之初，先是使用武力恫吓，以图促成中国政府不战而屈；继而实行“武力膺惩”，企图通过“行使兵力，占领要地”，“迅速使中国丧失斗志”，而达到速战速决的结果。⑤在着重进行军事打击的同时，日本还配合以政治诱降的一手，展开“和平”攻势。从七七事变之初日本在华北与冀察当局之间的现地谈判，到船津辰一郎、川越茂与南京外交当局的秘密谈判，以及一九三七年冬至翌年年初通过德国居间进行的“陶

① 日本政府外务省：《关于收拾华北时局的外务省意见》(1937 年 7 月 30 日)，日本国会图书馆藏，外务省文书缩微胶卷 sp305，第 218—223 页。

② 《石原莞尔中将回想应答录》(1939 年)、《下村定大将回想应答录》(1939 年)，日本原书房编：《现代史资料》(第 9 卷)，1964—1965 年。

③ 日本参谋本部第一部第一课：《对中国中央政权方案》(1937 年 11 月 21 日)，《现代史资料》(第 9 卷)，第 49—50 页。

④ 日本外务省情报委员会《关于中国的财政、经济统一状况》(1937 年 7 月 25 日)，外务省文书胶卷 wt57，第 46—47 页。

⑤ 《中国事变处理要纲》(1937 年 10 月 1 日，首相、外务、陆军、海军大臣决定)，日本外务省编：《日本外交年表与主要文书》(上卷)，日本原书房，1973 年，第 371—372 页。

德曼工作”，都是这后一手段的具体实施。

那么，“逼其悔悟”的实际目标是什么，日本所设定的城下之盟的条件又是怎样的呢？在战场上的暂时得势，使日本侵略者征服中国的野心日益膨胀。在战争的最初半年里，日本提出的条件呈现步步升级的态势，对国民政府“悔悟”的要求多次加码。

七七事变之初，日本当局暂时决定采取“局面不扩大，现地解决”的方针，以利于准备发动更大规模的进攻。它提出的“现地解决”方案的条件一开始就超出了事件本身的范围。七月十三日，东京当局指示平津前线日军向中方提出的条件多达七项，其中包括：“排日的中央各机关撤出冀察”“排日团体即蓝衣社、cc团等撤出冀察”“取缔排日言论”“取缔学校、军队中的排日教育”“北平警备将来由公安队负责，城内不驻军队”等。①七月十七、二十日，日本还先后要求南京政府不妨碍“现地解决”，停止中央军北上。显然，日本在七七事变之初的第一步目标，是要逼迫冀察当局接受城下之盟而实现华北的“满洲化”。

八月七日，日本外务、陆军、海军三大臣确定的《日华停战条件》，被认为是反映了当局决策层中“稳健”的意见。但是，即使是这个很快被强硬派否定了的“稳健方案”，一样要求“在连接德化、张北、龙门、延庆、门头沟、涿州、固安、信安、独流镇、兴农镇、高沙岭一线的以东及以北地区划分为非武装地带，中国军队不得在此地域驻军”，并提出冀察“地区的领导由可以实现日华融和的有力人物担任”，即要求由汉奸亲日派掌握冀察政权。②

八月十三日，日军在上海发动进攻。翌日，日本政府在声明中公然改变其七月二十七日声明中所谓“切望将局面限制在最小范围内速谋圆满解决”的调子，宣称“为膺惩中国军队的暴行，促进南京政府反省，决采取断然措施”，以实现“日‘满’华三国的融和提携”。③十七日，日本内阁决定“抛弃不扩大方针”。九月二日，内阁又决定将“华北事变”改称为“中国事变”。这些政策性决定表明，八一三事变以后，日本在军事上的打击目标，已从“膺惩第二十九军”上升为“膺惩中国军队”；而它对南京政府的要求，则已从华北地区的“满洲化”上升到“全面地根本地调整日中关系”。④十月一日，日本首相与外、陆、海大臣制定《中国事变处理要纲》，毫不掩盖地提出，日本处理中国事变的宗旨，是要“使中国(政府)放弃抗日政策及容共政策，在日中两国间树立明确而恒久的国交，实现日‘满’华融和共荣”；外交上的目标，是要“迅速促使中国(政府)反省，并诱导其致我所期待的境地”。

---

① 屈场一雄：《支那事变战争指导史》，日本原书房，1973年，第88—89页。

② 《日本外交年表与主要文书》(下卷)，《年表》，第104页。

③ 《帝国政府声明》(1937年8月15日)，《日本外交年表与主要文书》(下卷)，第370页。

④ 日本防卫厅防研所战史室：《大本营陆军部》(一)，朝云新闻社，1967年，第469—470页。

实施上述宗旨和目标的“国交调整”条件要点是：“中国抛弃抗日‘满’政策，与帝国协同防共，实行日中经济提携，即从全国的海运、航空、铁道、矿业等事业着手……实行日中共同开发，逐渐推进两国真正的经济提携，改正排日关税。”①这一决定又提出在与南京政府“调整国交”时，还必须交涉以下几项要求：(一)赔偿(直接损害)；(二)创办日华合办之大辛迪加，经营海运、航空、铁道等；(三)矿业，开发华北的金、铁、煤；(四)解决关税协定等悬案。②

同年十月间，中国军队在淞沪和华北两个战场连连失利，日军占有明显的有利地位。日本决策层中特别是军部决策人物，企图趁日军在战场上取得胜利的有利时机，谋求以外交手段将其侵略扩张要求条约化、合法化。十一月二日，日本外相广田弘毅向德国驻日大使狄克逊提出了《日中媾和交涉基本原则》。这是开战以来日本要求国民政府照单接受的各种条件的总汇。其要点共有七项：(一)内蒙古建立“自治政府”，国际地位相当于外蒙古。(二)华北设立非武装地带，由中国警察维持治安。和平成立后，华北政权掌握于南京政府手中，但日本希望由亲日人物任行政长官。若不能立即媾和，则日本必须创立新行政机构。其机能在和平后仍继续。经济问题，事变前交涉的矿产权利等问题应满足日本。(三)扩大上海的非武装地带，由国际警察队管理。(四)废止抗日政策。(五)协同向共产主义作斗争。(六)削减对日货的关税。(七)尊重外国权利。③这是日本首次经德国中介向蒋介石和国民政府提出的订立城下之盟的条件，即所谓“促其悔悟”的具体内容。

但是日本并不满足于上述条件。当日军攻占南京后，日本决策当局以为中国败局已定，蒋介石屈服在即，于是在狂热的“战胜气氛”中利令智昏，再次大幅度提高媾和条件。日本内阁在十二月二十一日为此作出决定，不仅全盘接受了陆军省、部于月初提出的《中国事变解决处理方针案》，而且对各项条件作出了更为详尽和苛刻的规定。

一九三八年一月十一日，日本举行御前会议。会议通过的《处理中国事变的根本方针》，对七七事变以来历次提出的对中国政府的要求和条件作了一次全面的归纳和汇总，并作为“根本国策”确定了下来。这个被称为《日中和平交涉条件细目》的文件，实为一份向国民政府抛出的“逼降书”。其内容为：(一)中国正式承认“满洲国”。(二)中国放弃排日反“满”政策。(三)在华北和内蒙古设定非武装地带。(四)华北在中国主权下建立适于实现日、“满”、华共存共荣的机构，赋予其

---

① 《日本外交年表与主要文书》(下卷)，第370—372页。

② 日本国际政治学会太平洋战争原因研究部：《走向太平洋战争之路(四)日中战争(下)》，朝日新闻社，1963年，第119页。

③ 《德国驻日大使致广田外务大臣照会》(1937年12月7日)，《走向太平洋战争之路(别卷)资料篇》，第256—257页。

广泛的权限，特别要使之能获得日“满”华经济合作的成果。（五）在内蒙古设立“防共自治政府”，其国际地位与现在的外蒙古相同。（六）中国确立防共政策，并协助日“满”贯彻同一政策。（七）在华中占领区设定非武装地区；在上海市区域，由日中合作维持治安和发展经济。（八）日、“满”、华在资源开发、关税、贸易、航空、交通、通信等方面缔结所需的协定。（九）中国对日本予必要的赔偿。此外，文件还规定，“在华北、内蒙、华中的一定地区，为保障的目的，应在必要期间内驻扎日军”，并确保日军对上述地区军事设施及主要交通的“管理”与“扩充”。①

日本御前会议确定的这个“条件细目”，是九一八事变以来日本向国民政府提出并逼迫其承认的所有条件的总结、发展与系统化。它的产生表明，日本最高当局至此已具体确立了它在全面侵华战争中所要达到的基本目标。

二、“不为对手”：扶植傀儡政权取代国民政府

历史的发展往往与侵略者的愿望相反。无论是军事打击还是政治诱降，都未能使日本实现其预期的目的。经过自七七事变以后半年的大规模的军事进攻，以及多次谈判，日本当局终于发现，中国政府并无接受城下之盟的“诚意”。于是，其面临一个重大抉择：要么为达成“逼其悔悟”而大幅度降低对国民政府的停战条件，要么为坚持对华条件而改变对南京政府的政策——推倒国民政府，另立能够听从自己意志的“中国新政权”即傀儡政府。选择前者显然与日本征服与独占中国的基本国策相违背，而且在开战以来日本当局实际上是在不断提高停战议和条件，非至山穷水尽之时，它是绝不会作出这一选择的。因而，后一种选择被提上日程。随着国民政府的坚持抗战和拒绝接受日方的条件，日本当局“不为对手”的政策遂正式登台。

还在一九三七年九月四日，作为侵华急先锋的关东军已率先提出了这一政策建议。关东军在给东京军部的上书中认为，“帝国政府必须根本改变对南京政府的认识”。它建议：为防止中国“赤化之祸”，应促进成立有望真正实现日“满”华提携的新的中央政权；目前首先应在华树立“以华北人建设华北”为目标的华北自治政府②。这一建议表明，日本在华军方早在那时已经积极主张推翻蒋介石和国民政府。

十月至十一月间，随着战局的进一步发展，不仅在中国战场上的现地军队，而

---

① 《处理中国事变的根本方针》(1938 年 1 月 11 日)，《日本外交年表与主要文书》(下卷)，第 385—386 页。

② 关东军司令部：《对于时局的意见》(1937 年 9 月 4 日)，《现代史资料》，第 39 页。

且在东京军部的某些部门，都已设想先在华北建立可在尔后取代南京政府的“新政权”。但是最高决策层当时尚处在犹豫之际。十月二十一日，东京参谋本部在《对中国中央政权方案》中提出，为避免“被欧美与赤化势力所趁”，应将等待蒋介石政府“悔悟”的时限延至“本年底”①。其时，日本参谋本部判断，中国和西方列强即将“被迫默认既成事实而希求事变之急速解决”②。而且更主要的是寄希望于“陶德曼工作”的成功和即将到来的“南京攻略战”的“威压”作用。

然而，到了十二月二日，蒋介石虽表示同意以陶德曼转交的“日本原先所提条件为和谈之基础”，同时仍然坚持“中国领土主权完整，正如华北主权不容损害一样”，以及“中国与第三国协定不受影响”两大原则，不允后退。③十二月十三日，南京陷落，中国政府不但仍无乞和屈服的表示，而且向全世界声明要继续抗战。于是，日本当局决定改变对国民政府的政策。十二月二十四日，日本内阁会议认定“南京政权毫无反省之意”，故“今后不一定期望与南京政府谈判成功，而另行考虑收拾时局”。④一九三八年一月十一日，日本御前会议正式确定对国民政府的政策：“如其翻然悔悟，诚意求和，则按日中媾和交涉条件与之交涉”；“若不来求和，则帝国今后对与之为对手解决事变不抱希望，而帮助建立新兴中国政权，与之调整国交”；对蒋介石政府，则“使之溃灭，或将其收容于新兴中央政权的伞下”。⑤在御前会议上，对于在何时正式从“逼其悔悟”转到“不为对手”的时限问题上，以首相近卫文磨为代表的一派与以参谋总长闲院宫为代表的一派发生激烈的争论。前者主张对蒋介石政权要在趁其一推即倒之时机，穷打猛追，“彻底解决”；后者则主张在现时应继续将“陶德曼工作”进行下去，以观后效。但无论是哪一派，都认为以国民政府为对手已无法解决中国问题，应在中国建立亲日政权。

一九三八年一月十六日，日本当局在收到中国关于“希望了解日本和平调停条件的具体内容”的回复后，认定中国“使用拖延战术”，“不愿悔悟求和”。日本政府遂于一月十六日正式发表政府声明即第一次近卫声明，宣布日本“今后不以国民政府为对手，而期望真能与帝国合作的中国新政权的建立与发展，并将与此新

---

① 日本参谋本部：《对中国中央政权方案》(1937年10月21日)。

② 大本营参谋部第二部：《中国进入长期抵抗场合的形势判断》(1937年11月23日)，日本国会图书馆藏，si.1.1.0-27，第6891—6923页。

③ 《陶德曼致德国外交部电》(1937年12月3日)，复旦大学历史系编：《中国近代对外关系史资料选编》(下卷第二分册)，上海人民出版社，1977年，第37—38页。

④ 日本内阁会议决定：《中国事变处理要纲》(1937年12月24日)，《日本外交年表与主要文书》(下卷)，第381页。

⑤ 日本御前会议决定：《处理中国事变的根本方针》(1938年1月11日)，《日本外交年表与主要文书》(下卷)，第385页。

政权调整两国邦交，协助建设复兴的新中国”。[1]两天后，日本政府又发表《补充声明》，宣称“所谓‘不以国民政府为对手’较之否认该政府更为强硬”，是“在否认同时予以抹杀”。以第一次近卫声明为标志，日本对国民政府的政策，已正式从“逼其悔悟”改变为“不为对手”，即转到“打倒蒋政权，另立新政权”的政策。

从一九三八年年初到一九三九年年底，是日本对国民政府实行“不为对手”政策的阶段，即推倒蒋介石和国民政府，另行树立“新政权”的阶段。作为这一政策起点的“不为对手”声明之含义是什么呢？日本外务相在内部文件中作了这样的说明：“‘不为对手’声明一方面是预告将树立及承认新政权，一方面既意识到南京政府的存在而又无视它的存在。这种做法在国际法上难以解释，只能作为事实上的行为或关系来对待。不明确其法律关系，以便作对我有利的解释。”对于中日外交关系，“在国际法上不断绝外交，但事实上同断绝外交一样”[2]。显然，日本的目的是既不在国家关系上公开宣布绝交、宣战，以避免在国际上引致不利后果，同时又在事实上起到断交、宣战的作用，以任意“处置”国民政府。对于蒋介石政权，则拒绝以它为交涉的对手，并坚持把它作为消灭的对象。

第一次近卫声明发出后，日本继续实行以军事打击为主、以政治谋略为辅、两手并用的方针，力图消灭以蒋介石为首的国民政府，达到其侵华灭华的既定目标。一九三八年上半年在华东发动了徐州会战，下半年又在华中和华南进行了武汉会战和广东作战，先后攻占了徐州、广州和武汉。一九三九年春至一九四〇年年初，又先后发动南昌会战、随枣会战、第一次长沙会战和桂南会战。在军事进攻的同时，日本还积极进行政治谋略活动，以求分裂和瓦解国民政府，树立傀儡政权，摧毁中国抗日阵线。

日本一方面积极制定和推行“倒蒋”谋略。一九三八年春，日本当局确定了四项“谋略重点”：(一)挑动白崇禧、李宗仁、陈济棠等西南实力派与国民政府断绝关系；(二)促使江浙财阀及资本家背离蒋介石；(三)在西北切断中苏联络线；(四)怀柔青帮促其反蒋。[3]同年七月，日本五相会议又制订了“六大谋略”，包括起用一流人物，削弱现中央政权；促进对杂牌军的分化工作，分裂和削弱敌战力；利用并操纵反蒋实力派，在敌内部树立反蒋、反共、反战政府等。[4]为加强对华谋略工作，同

---

① 《不以国民政府为对手的政府声明》(1938 年 1 月 16 日)，《日本外交年表与主要文书》(下卷)，第 386 页。

② 日本外务省：《在声明不以南京政府为对手后的处理方针》(1938 年 1 月 14 日)，日本外交史料馆藏，外交记录 ai.1.1.30-4，第 131—136 页。

③ 日本陆军省、参谋本部首脑会议：《关于打开对华时局的方案》，《现代史资料》(第 37 卷)，第 397 页。

④ 日本五相会议：《适应时局的对华谋略》(1938 年 7 月 12 日)，《日本外交年表与主要文书》(下卷)，第 389—390 页。

年七月和十二月日本先后成立了“对华特别委员会”和“兴亚院”。两者以“瓦解蒋政权”和“树立新政权”为工作重点，先后进行“吴佩孚工作”“唐绍仪工作”“广东广西工作”和“高宗武工作”等。

另一方面是在占领区树立傀儡政权。日本参谋本部在一九三七年十一月就提出，“在南京中央政权坚持长期持久抗战而在事实上成为一地方政权的场合，要暂时允许全国分裂主义，在各个方面树立反蒋反共政权”①。第一次近卫声明出台前后，日本在北平炮制了“中华民国临时政府”，在南京扶植了“中华民国维新政府”。此外在各占领地还扶植了一批地方傀儡政权。

在“倒蒋立新”的“谋略”工作中，诱降汪精卫是一项最为重大的活动。从一九三八年二月日本参谋本部次长多田骏、中国班长今井武夫、谋略课长影佐祯昭等人在东京与中国外交部亚洲司科长董道宁的秘密会谈开始，日本进行了一系列策动汪精卫一派叛国投日的活动。经过同年三月在香港浅水湾的会谈，在十一月上海虹口重光堂的会谈中，签订了被称为“重光堂密约”的《日华协议记录》和《日华协议记录谅解事项》。同年十二月十八日，国民党副总裁汪精卫等人逃离重庆，经昆明潜至河内，一九三九年四月，在日本参谋本部派出人员的保护下潜赴上海，投入了日本侵略者的怀抱。

然而，中日战争局势的演变，很快证明了“不为对手”政策是不可能得逞的。这一政策在很大程度上是出于近卫内阁对攻占南京后局势的发展作了盲目乐观的估量。虽然，对汪精卫集团的诱降获得成功，但整个局势的发展却远远背离近卫内阁的预料：中国抗日阵线并未因南京、武汉等要地的失守而解体，相反却是越来越为坚强；中国政府虽然撤出了首都，但依然保持着中央政府的地位与权威；中国军队虽然遭受严重损失，但依然保持着相当可观的力量，且继续抵抗不止。与此相反，由日本扶植起来的几个傀儡政权，既毫无实力又声名狼藉，完全没有条件充当同日本解决中国问题的交涉对手。形势比人更强，近卫也不得不承认：“一一六声明”是“内阁在政策上的失败”。②

一九三八年五月二十六日，近卫改组内阁，由主张“不拘泥于‘不为对手’声明”的宇垣一成出任外相。这一举动，意图是在坚持消灭蒋介石政府的前提下，在事实上恢复同它的“直接交涉”，企求以“和平”手段使对方不战而屈。宇垣上任后，通过日本驻香港总领事与国民政府行政院长孔祥熙的代表进行接触，进行了所谓“宇垣—孔祥熙和平工作”。在这次秘密谈判中，日方提出的“和平”条件大致与陶德曼调停的条件相同，但却特别增加了一个“绝对前提”，即“蒋介

① 日本参谋本部第一部：《对中国中央政权方案》，《现代史资料》（第9卷），第49页。

② 三宅正树等：《昭和史的军部与政治》（第2卷），第一法规出版会社，1983年，第221页。

石必须下野”。①这就表明，日本可以在事实上承认国民政府，但蒋介石必须下台。因而，宇垣外交所抛出的方案，是比陶得曼调停条件更为苛刻的“逼降书”。

宇垣方案坚持日本前此提出的全部侵华条件，只是在策略上改变为与国民政府进行“直接交涉”，在事实上承认国府为“对手”。但这一变动也遭到日本决策层的主流派的反对。同年七月，以军部为主导的五相会议作出多次决定，坚持不以现中国政府为交涉对手，坚持以“蒋介石下野”和“国民政府改组”为中国屈服的先决条件，坚持以“促使中央政权溃灭”为最低目标。②此外，宇垣方案也遭到中国政府的断然拒绝。于是，“宇垣和平工作”在同年九月底宣告破产。

在武汉、广州失守后，日本的战略进攻已达饱和状态，在军事上、经济上都陷入捉襟见肘的困境；美国开始改变对中日战争的政策，“援华”和“制日”的趋向日益加强。日本当局在看不到有解决中国问题的现实可能时，不能不宣布转入“政略攻势、战略持久”的时期。正是在上述情况下，日本政府不得不开始修正“不为对手”的政策。一九三八年十一月三日发表的近卫的第二次对华声明，是上述政策修正的第一步。它宣布：只要国民政府“抛弃以前的一贯政策，更换人事组织，取得新生成果，参加新秩序建设”，日本就可对其“不予拒绝”。③这一声明坚持要蒋介石下台，但同意在上述四项条件下可以与国民政府进行交涉，即承认没有蒋氏的国府为“对手”。同月十八日，日本当局再次修改对国府的政策。在大本营决定的《昭和十三年秋季以后战争指导方针》中，虽然仍然坚持“不以蒋介石为对手来全面调整日华新关系”，却规定：在停战交涉时，“如无人能取代蒋介石的话，日本可同意以蒋介石为交涉停战的对手”，待停战交涉成功后，再使蒋“立即离开负责地位”。④

三、“促其合流”：促使国民政府与汪伪政府合流

汪精卫集团的叛国投敌，曾一度使日本决策层对“以汪代蒋，另立中央”的计划产生了颇为热烈的希望。然而，没有多久，日本当局终于醒悟到这条路是不可能走得通的。汪精卫、陈公博、周佛海公开树起叛国旗帜，发动“和平运动”将近半

---

① 日本外务省东亚局：《关于中村总领事与孔祥熙代表乔辅三之间在香港的日中和平交涉会谈》，国会图书馆藏，imt609 号，第 1—17 页。

② 《走向太平洋战争之路（别卷）资料篇》，第 263—265 页。

③ 日本《近卫内阁第二次对华声明》（1938 年 11 月 3 日），《日本外交年表与主要文书》（下卷），第 401 页。

④ 日本大本营陆军部及省部决定：《昭和十三年秋季以后战争指导方针》（1938 年 11 月 18 日），《现代史资料》（第 9 卷），第 549—552 页。

年，除了几个毫无实力、微不足道的无耻政客、失意军人和北洋余孽前来依附，国民政府和国民党上层没有一个握有实力、占有地盘的人物起来响应。汪精卫曾寄以厚望的粤系军事首领张发奎、陈济棠，原改组派重要骨干顾孟余、谷正纲，都对汪的叛国行为嗤之以鼻。汪精卫原来要竭力争取的桂系李宗仁、白崇禧和身居中枢的何应钦、张群等，更是对汪的行径严词声讨。汪精卫原先设想的依靠南方某一地方实力派的地区，在没有日军占领的环境下建立其“和平政府”的计划很快成了泡影，只落得在日军的直接卵翼下，在上海、南京等地拼凑傀儡政权。

于是，日本当局对汪精卫集团的期望和信心日益下降。一九三九年六月，日本五相会议否定了此前以汪精卫集团为“新政权”“唯一主体”的设想，强调“新中央政府”应是包括“悔悟后的重庆政府”在内的各种附日势力的集合体。①从此，日本向着“汪渝合流”政策迈进了重要一步。这一政策变化在很大程度上又同国际形势的发展有关。当时，欧洲风云紧急，一场大战正在迫近。日本当局为应付世界局势新的重大变化，力求收缩中国战场，及早解决中国问题。它认识到，汪精卫集团并无实现对日停战的实力，“停战是日本与重庆之间的问题”。只有将重庆政府的力量“吸收进来”，才能建立起具备武力和财力基础，而真正有能力“实现停战、解决事变”的“新中央政府”。②“汪渝合流”政策正是适应了这个需要而登台的。

“汪渝合流”与“不为对手”一样，是把蒋介石排除在外的。这并不是日本决策者对蒋氏个人怀有特别的厌恶，而是他们过高地估计了蒋氏在中国抗日阵营中的作用和影响。然而，也正是因为这种原因，在形势发生变化后，日本又改变了对蒋氏的政策。

一九三九年七月二十六日，美国政府向日本发出了在半年后“中止美日通商航海条约”的通告。这标志着美日矛盾的激化和美国对日政策的重大改变。对于在经济上和战略物资上严重依赖美国的日本来说，这无疑是一个极其重大的打击。同时，在这前后美国对华援助正在一步步增强，中美关系日趋密切。同年九月，欧洲大战爆发后，日本最高决策层正逐步酝酿战略方针的重大改变——实行“南进政策”。为此，它急欲尽早结束中国事变，以便从中国战场的“泥潭”中拔脚，去对付美英和应付欧战后的国际局势。更主要的是，进入战略相持阶段以后，中国在十分艰难的情况下依然不屈不挠地坚持抗战。正面战场在一九三九年冬到一九四〇年年初发动了自七七事变以来最大的一次反攻作战——冬季攻势。敌

---

① 日本五相会议:《中国新中央政府树立方针》(1939 年 6 月 6 日),《日本外交年表与主要文书》(下卷),第 412—413 页。

② 日本参谋本部第二课:《事变解决秘策》(1939 年 7 月 5 日),《现代史资料》(第 9 卷),第 565—567 页。

后战场在一九三九年粉碎了日军的“扫荡”，又在一九四〇年发动规模空前的百团大战，给了日军以沉重一击。日本无法以战争手段压服中国，交涉的一手被提到更重的地位上；而要与国民政府交涉，撇开蒋介石是不可能实现的。于是，在经过了两年的徘徊后，日本当局终于放弃了逼蒋下台的政策，在一九三九年年底确立了同以蒋介石为首的重庆政府进行直接交涉的策略①。这就把“汪渝合流”改变为“汪蒋合流”。

“汪蒋合流”是在日本陷入既无力消灭国民政府，又无望另立名副其实的“新中央政权”加以取代的困境后，被迫作出的决策。其实质是保持对重庆政府的武力威慑的基础上，恢复与蒋介石方面的联系与谈判，以保留蒋氏及重庆政府当权人物在“新中央政府”中的地位为交换条件，诱使蒋方停止抗战，与汪伪方面同流合污；然后按照日本提出的条件，同日方“全面解决”中国事变，以便其从中国战场拔出脚来，去进行世界范围的新的扩张行动。

一九三九年九月，日本大本营决定在南京设立“中国派遣军总司令部”，统一指挥在中国战场的日军和统筹对汪、对蒋工作。同年十月，日本当局制定了《以树立新中央政权为中心的事变处理最高指导方针》，规定“汪与重庆合流”的三种方式：“事先合流方式”“事后合流方式”和“大持久战方式”。②中国派遣军总司令部的首要任务，是“迅速处理中国事变”和“加强对第三国战备”。推动汪渝合流、扶植“新中央政府”，则是它实现上述任务的第一要目。一九四〇年三月，在日本主子的策划下，以汪精卫为首的伪国民政府在南京粉墨登场。

“汪蒋合流”政策，是以日本的“桐工作”即“宋子良工作”为中心而推行的。“桐工作”从一九三九年年底开始，从阿部内阁末期，经米内内阁，一直延续到第二次近卫内阁初期，前后历时十月有余。日本当局对此寄予极大的期望，尽管它曾怀疑“宋子良工作可能是中方的谋略工作，目的是干扰汪政权的成立”，但为争取达成“事先合流”，仍不顾汪精卫等人的反对，一再延迟汪伪国民政府的成立。在汪伪政府成立后，日本当局仍然坚持把“努力获得重庆和收揽人心”作为“指导新政权的要谛”，而将正式承认汪伪政府的时间一再推迟，以“防止过早地导致新旧两政府对立的观念和事态”，争取实现“事后合流”。③一九四〇年八月，甫行组阁的首相近卫向蒋介石发出亲笔信，邀约他与中国派遣军总参谋长板垣征四郎直接

---

① 日本外、陆、海三省：《对外施策方针要纲》（1939 年 12 月 28 日），《日本外交年表与主要文书》（下卷），第 423 页。

② 《以树立新中央政府为中心的事变处理最高指导方针》（1939 年 10 月 30 日），《现代史资料》（第 9 卷），第 578—579 页。

③ 中国派遣军总司令部：《新中央政府指导方针》（1940 年 5 月 5 日），《现代史资料》（第 9 卷），第 591 页。

晤谈，“确立调整两国邦交的基础”①。在积极地向重庆政府和蒋介石发出停战议和的信息，在香港与重庆方面的代表举行谈判的同时，日本当局又运用以战逼和的手段，于一九四〇年五月发动宜昌战役，六月起对重庆反复进行轰炸。七月中又逼迫英国政府关闭滇缅公路，封锁了中国仅存的一条国际通道。

日本对重庆政府实行软硬兼施、又打又拉的两手，一时间造成了中国抗战的十分艰难的局面和重庆政府某些当权者严重的动摇。然而，国内各方面的情况表明，坚持抗战和坚持抗日统一战线的力量远远超过主张妥协和分裂的势力，绝不允许重庆方面中途妥协。美国对日态度的日趋强硬和援华的日益积极，使蒋介石等人对抗战的前途信心倍增。而日本提出的条件，除甘心对日俯首称臣外，也绝无可能为蒋介石所接受。

在推出“汪蒋合流”政策时，日本当局规定“合流”的条件，是“同对汪条件一样”，也即是蒋介石和重庆政府必须承认“帝国……同汪方确定的日华新关系调整事项”。②这个在一九三九年十二月三十日由日方与汪方在上海签订的《日华新关系调整纲要》，是汪伪汉奸集团的卖身契，是日本亡华灭华的契约书。日本在这个“纲要”的谈判中获取的“重要权利与利益”，根据日本军部档案的记载，主要有以下各项：

（一）地域性实权的掌握

1. 蒙疆的总括性的实权；

2. 华北的国防上和经济上的实权；

3. 对上海、厦门的支配权；

4. 海南岛及附近岛屿的军事权及资源开发权。

（二）军事实权的掌握

1. 防共驻屯权；

2. 治安驻屯权；

(1) 厦门、海南岛及附近诸岛屿海军部队的驻屯；

(2) 其他驻屯。

3. 在驻屯区及与之相关地区，日本在军事上对铁道、航空、通讯、主要港湾及水路的要求得到确保；

4. 通过军事顾问及教官，对中国军队内部领导权的确保。

---

① 《近卫亲书》(1940年8月22日)，《走向太平战争之路(别卷)资料篇》，第300页。

② 日本陆军省、参谋本部：《桐工作实施要领》(1940年3月17日)，《走向太平洋战争之路(别卷)资料篇》，第297—300页。

（三）经济权的获得

甲、全中国

1. 关于航空的支配性的地位；

2. 关于开发与利用国防上必要的特定资源的企业权（华北日本优先，其他地方日华平等）；

3. 日华之间及中国沿海主要海运的参与权；

4. 关税和海关手续上的亲日政策；

5. 通过招聘日本财政、经济、技术顾问进入中央政府而确保执行日本政策。

乙、蒙疆

对经济的全面的领导权及参与权。

丙、华北

1. 关于铁道的实权；

2. 关于通讯（不含有线电信）的日华共同经营权（日本优先）；

3. 特定资源特别是国防上必需的埋藏资源的开发利用权；

4. 国防所必需的特定事业的合办参与权（日本优先）；

5. 对于华北政务委员会的经济行政的内部指导权。

丁、扬子江下游地区

1. 通过设置日华经济协议会而确保对贸易、金融、产业及交通等等的日华协议权；

2. 通过设置招聘技术顾问及技术员而确保对上海特别市建设上的领导权。

（四）政治、外交及文化上的权益

1. 承认“满洲国”；

2. 外交、教育、宣传及文化等方面的协作；

3. 军事以外的防共协作①。

以上就是日本要蒋介石和国民政府接受“合流”的条件，也就是日本一再向全世界鼓吹的它要与中国共建的“东亚新秩序”的真实面貌。除已经叛国投敌而遭到全民声讨的汪精卫等极少数汉奸卖国贼以外，重庆政府最高决策层内还有谁愿意步此后尘，敢冒天下之大不韪去接受日本的亡华灭华条件呢！

---

① 日本陆军省军备课：《日本通过现地交涉成立案所获得的重要权益》（1940 年 1 月 4 日），《现代史资料》（第 9 卷），第 691—692 页。

一九四〇年九月，直接从事“桐工作”的中国派遣军总司令部政务参谋、日本驻香港特务机关长铃木卓尔向东京中枢报告道：“美国远东政策的强化，英国大使的访渝，苏联、中共的活跃等对外情势，促使处于最后关头的蒋介石迟疑不决。”① 于是，直接负责“桐工作”的中国派遣军总司令部第二课课长今井武夫等人向东京当局建议“自主地中止桐工作”。日本大本营遂于十月八日正式批准上述建议。同月十四日，日本参谋总长发出停止“桐工作”的指令。

此后，日本外相松冈洋右又进行“钱永铭工作”，试图通过江浙大资产阶级头面人物钱永铭、周作民等，与蒋介石谈判停战议和，但依然是以夭折而告终。同年十一月三十日，日本当局终于抱着无可奈何的心情，宣布“正式承认”汪伪“中华民国国民政府”，并与之签订《日华国交调整条约》。“汪蒋合流”的图谋虽然遭到了严重失败，但日本当局继续通过多种途径，寻求与重庆政府举行“和平谈判”，妄图实现并无可能的“汪蒋合流”。当然，每一次努力都以毫无结果而告终。

综上所述，从七七事变到太平洋战争爆发前，日本对中国国民政府的政策经过了三个阶段的历程，经历了四次策略上的转换。从总体上考察，人们不难发现：日本征服中国、独占中国的基本国策是一以贯之的；侵华战争所要达到的目的是不变的；而为实现它的基本国策和战争目的所采取的具体策略却是变动的，它对国民政府提出的具体要求和议和条件，呈现步步加码的趋势。

从“逼其悔悟”到“不为对手”，再到“汪渝合流”和“汪蒋合流”，日本当局对国民政府的政策及其推行，一次接着一次地以宣告破产而告终。日本当局历次政策的破产，归根到底是中国人民在中国共产党推动建立的抗日民族统一战线的旗帜下，结成最广泛的民族抗日阵线，动员千千万万民众，进行不屈不挠的全民抗战的结果。以蒋介石为首的国民政府对于日本提出的亡华灭华条件，虽然有过犹豫和摇摆，但最终还是拒绝接受，这是顺乎民族大义的。从日本自身来说，它的失败也具有很大的必然性。它从发动全面侵华战争以来所坚持的战争目的，以及由此而来的对中国政府提出的要求和条件，是对中国领土和主权全面的史无前例的侵略和掠夺，不仅要把中国亿万人民推向沦为奴隶的深渊，而且也将国民政府置于被推翻、被消灭的位置上。这就种下了它的必然失败的基因。在贯彻其战争目的的过程中，日本当局历次提出的具体要求和条件，不管内外形势如何，却是一味扩张与加码，直到太平洋战争开始以后一个时期，日方的条件和要求才有所下降。这种侵略扩张野心的日益膨胀，又加速了它自身的失败。日本侵略者的失败在历史上留下的反面经验，是值得后人深思的。

---

① 日本海军军令部资料：《桐工作关系缀》，日本防卫厅防卫研究所战史室藏。

蒋作宾与广田弘毅东京会谈述论*

奉行“攘外必先安内”基本政策的南京国民政府，为求得与日本的全面妥协，改变自九一八事变以来的对日“间接交涉”为“直接交涉”的政策，于一九三五年年初主动发起中日“调整国交”的谈判，与日本政府的“协和外交”遥相呼应。蒋介石企图以禁止民众抗日活动、默认“满洲国”、中日经济提携、在经济提携基础上协商缔结中日军事协定等四项条件，谋求与日本达成全面妥协，首先求得日本停止在华北等地的分离活动，并要求日本不再对中国进行军事进攻。日本政府对中方的上述提议不予考虑，相反却抛出“广田三原则”，逼迫中方接受。东京会谈表明，军国主义日本的侵略扩张目标是独占中国、称霸东亚，除非中国政府完全接受日本的条件，甘心充当其附庸，否则想谋求与日本达成全面妥协，只能是一个幻想。南京政府虽在若干重大问题上作了严重损害国家主权的让步，仍难满足日方的要求。但是南京政府的退让也是有限度的。它对“广田三原则”虽表示可予以谈判，但并未予以接受。东京谈判终于未能达成一致而陷于僵局，成为日本侵华史和国民政府外交史上极不光彩的一页。

中日全面战争爆发的前夜，中国驻日大使蒋作宾与日本外相广田弘毅在东京举行过一连串关于“调整国交”的谈判。这次会谈，是南京政府推行对日妥协外交路线的重要一幕，也是日本政府迫使中国接受“广田三原则”而采取的一个严重步骤。东京的这次谈判，为尔后张群与有吉明、有田八郎、川越茂之间的南京谈判揭开了序幕。东京与南京先后两次谈判，实际上成为中日大战开战前音调不同的前奏曲。考察这个谈判的由来和发展，探讨贯穿其中的两国外交政策，有助于全面认识中日关系史上的历史教训。

蒋介石、汪精卫寻求对日妥协之路

蒋作宾与广田弘毅一九三五年的东京谈判是由中国方面主动发起的。这表

* 本文原载《江海学刊》1990 年第 6 期。

明蒋介石、汪精卫合作的南京政府正在积极地探寻中日两国实行妥协的具体道路,决定把以往对日只作“间接交涉”改变为“直接交涉”的政策。蒋汪政府对日关系的这个新变化,是长城抗战以来国内外新的政治形势所促成的。南京政府一九三三年在对外的长城抗战和对内的第四次“围剿”战争中都遭到了失败,在国民党内又发生了察哈尔抗日同盟军抗战和福建事变这两大事件。面对内外交困的形势,蒋介石、汪精卫不思改弦更张,相反却变本加厉地全面推行“攘外必先安内”的政策,对外则全力实施对日妥协外交,企求与日本政府达成全面妥协,以便集中全力谋求“安内”问题的解决。这是蒋汪发起东京谈判的根本动因。再者,日本关东军和天津驻屯军自《塘沽协定》成立以来,正在竭力推行“分离华北”和策动“内蒙自治”的阴谋计划,使黄郛的北平政整会和何应钦的北平军分会陷于束手无策的境地。于是,蒋介石与汪精卫力图从高层的外交途径打开一条路,通过“调整国交”谈判,谋求一揽子的中日妥协方案。正如其时中国驻法大使顾维钧所指出的:“中国方面旨在谋求迅速改善两国关系,以期制止日本军方在北方各省进行的脱离南京管辖的公开和暗地的活动,并防止日本进一步在中国其他地区煽动分离运动,以免削弱国民党在全中国的统治地位。”①此外,从九一八事变以来的三年多时日,南京政府寄予厚望的国际联盟对日本侵华的制裁毫无成效,“南京对国际联盟的迟钝与无能感到失望。南京政府的领袖们对伦敦和华盛顿是否会迅速而有效地支持我们不妥协地反对和抵抗日本的政策,已不抱希望”。②这就促使南京当局决心对以往通过国联对日本进行交涉的所谓“间接交涉”政策作出修改,改变为实行对日“直接交涉”的政策,通过两国直接谈判,谋求实现对日妥协之路。

日本政府对华外交策略的变化,从外部促进了蒋介石、汪精卫对日妥协外交的步伐。一九三三年九月起,日本右翼团体“玄洋社”骨干、以狡猾称著的军国主义政客广田弘毅出任斋藤内阁外相,翌年七月又继任冈田内阁外相。广田以所谓“协和外交”代替前任外相内田康哉的臭名昭著的“焦土外交”,从表面上看来,对华关系呈现出一个缓和和协调的趋势。这是因为,日本在我国东北和华北连年举行侵略战争,扩张势力急剧膨胀,目前急需有一个巩固和消化的时机。同时,由于炮制“满洲国”,宣布退出国联,日本与英、美、法等国的关系趋于紧张,又面临着废除华盛顿海军军缩条约的问题,都需要在外交策略上作某些改变。军部在华北等地的赤裸裸的侵略活动,也需要以“协和”的外交姿态加以配合。而高唱“中日亲善”“中日提携”,有利于孤立英、美,拉拢中国,进而使中国屈从日本。事实上,以“协和”为名的广田外交与军部的对华强硬政策,是互为表里、殊途同归的。一面

① 《顾维钧回忆录》(第 2 分册),中华书局,1985 年,第 319 页。

② 《顾维钧回忆录》(第 2 分册),第 319 页。

由军事方面明攻暗袭，一面由外交方面威胁利诱，实行两面进攻。但是，蒋汪政府却把中日关系中出现的这一新的现象，看成是“调整中日国交”的千载良机，企图以此为打开中日关系“僵局”的契机，谋求取得一个对外苟安局面。

这时，蒋介石十分倚重汪精卫、何应钦、黄郛、唐有壬、张群、熊式辉、陈仪等主张对日妥协的一批高级军政官员即所谓东京路线派，依靠他们作为谋划对日关系的决策核心。军政部长、北平军分会代委员长何应钦于一九三五年一月二十日向蒋、汪正式提出：“关于对日外交，应请中央从速决定根本政策……。若中央对日外交政策，有一根本决定，则宜直接与日本中央部门恢复外交常态。”①张群、黄郛亦抱同样的主张。这一来自高层的要求恢复中日“直接交涉”的建议，得到了蒋介石的首肯，蒋自己主动作出的头一个重大行动，是在同年二月一日出版的《外交评论》杂志上发表了《敌乎？友乎？》一文。这篇由蒋介石口授要点，陈布雷执笔，以徐道邻的名义发表的文章，是为谋求对日妥协向日本当局发出的一个政治信号，同时也是针对国内的抗日主张而发。该文系统地阐发了南京政府的外交方针，认为中日两国关系不是“敌”，而是“友”，强调中日两国实现妥协是历史必由之路。蒋介石公然抹煞侵略与被侵略的根本区别，说中日双方之僵局延续下去对双方均为不利，指出中日双方过去各有错误，今后应各自自动更新态度与政策，并提出了实现妥协的途径与条件。提出对日本的希望是：“为彻底更新中日关系，应抛弃武力而注重文化的合作，应含弃土地侵略而代之以互利的经济提携；应唾弃政治控制的企图，而以道义感情与中国相结合。”并提出了中国当局对“调整国交”的条件：“中国只须要求放弃土地侵略，归还东北四省，其他方式不必拘泥；过去悬案，应以诚意谋互利的解决，一扫国交上的障碍。”②这就为全面推行对日妥协外交确定了基调。

东京谈判的前奏——王宠惠访日

于是，从一九三四年至一九三五年间，正当日本军国主义积极准备挑起新的事变、进行对华的更大扩张的时候，南京和东京两政府之间却相互频频发出“亲善”的呼声，高唱“中日提携”，开展了一连串“调整”两国关系的活动。一九三五年一月十五日，蒋介石在南京主动约见日本公使有吉明与武官铃木美通。“从前不要说武官，就是公使，蒋亦从未主动的接见过。所以一般认为蒋之对日态度已发

---

① 沈云龙：《黄膺白先生年谱长编》(下册)，台湾联经出版公司，1976年，第842页。

② 蒋介石：《敌乎？友乎？》，《蒋总统集》(第2册)，台湾“国防研究院”，1961年，第2061页。

生划期的变化。”①同月二十二日，广田在日本议会发表演说，鼓吹“中日亲善”，表示日本“政府极重视与东亚各国之和睦亲善……切望中国及早恢复安定及对东亚局势之觉醒，以付日本真挚的期望”。②

对广田的“和睦亲善”姿态，南京政府迅速作出响应。一月二十六日，蒋介石接见铃木美通，次日又约见有吉明，向日方表明自己的态度，说“中日应该亲善，是我的信念……中日关系如何调整？我不断加以考虑，我认为今日时机已到”③。二月一日和十四日，蒋介石先后在南京和庐山牯岭对中央社和日本朝日新闻社记者发表谈话，向国内外公开表示响应广田的演说，说广田的演说“是中日关系好转之起点”，并宣称：“中日两国不仅在东亚大局上看来，有提携之必要，即为世界大局设想，亦非提携不可。”④二月二十日，汪精卫在中央政治会议报告外交方针，欢迎广田演说，郑重声明：“愿以满腔的诚意，以和平的方法，以正当的步调，来解决中日间一切纠纷。”⑤正在成都指挥“剿共”军事的蒋介石，三月二日通电响应汪精卫的演说，宣称汪的演说与他在南京的谈话完全相一致，“中央同人既决定此方针”，他“要尽力协助此方针的实行”。蒋、汪与广田之间这一阵合唱，成为《塘沽协定》以来，两国当局披陈意见，彼此呼应的第一声。⑥

在一片“中日亲善”声中，南京政府作出了一连串所谓“睦邻敦交”的行动。二月二十七日，蒋、汪联名向全国各机关、团体发布严禁排日运动的命令。同日，国民党中央政治会议通报各报社和通讯社，禁止刊登抗日和抵制日货的消息。三月一日，广田在日本众议院会议上声言：“日本政府将改变以前与中国地方当局交涉的政策，而与中央进行外交谈判，以解决各悬案。”⑦并表示日本将对华予以财政与经济上的“协助”。三月七日，有吉明访问汪精卫，对中国政府取缔抗日活动的诚意表示感谢。南京当局为取悦日本政府，又主动调整海关进口税率，实行有利于日本资本的“新税则”。四月二十二日，南京政府以承诺重新支付前邮传部公债本息为起点，陆续整理各项对日借款。五月间，又宣布中日两国使节由公使升格为大使。六月十日，南京政府发布“睦邻敦交”命令，十五日又通令各省市一体遵守。至此，蒋、汪的媚日外交活动达到了空前未有的程度。

正当对日妥协声浪甚嚣尘上之际，蒋介石、汪精卫指派王宠惠赴东京进行一

---

① 《现代史资料》(8)，《日中战争》(1)。

② 《广田外相在67届议会的演说》，《外交评论》第4卷第2期。

③ [日]有吉明：《中日关系之再检讨》，《外交评论》第7卷第3期。

④ 《蒋介石答日本朝日新闻社记者问》，《外交评论》第4卷第2期。

⑤ 周开庆：《抗战以前之中日关系》，台湾学生书局，1973年，第23页。

⑥ 周开庆：《抗战以前之中日关系》，第23页。

⑦ 《中华民国史资料丛稿——大事记》(第21辑)，中华书局，1981年，第33页。

项秘密使命，就中日妥协的具体条件向日本当局作试探性的谈判。王宠惠时任国联的海牙国际法院法官，即将从上海赴日内瓦转海牙返任。二月九日，蒋介石决定委托王宠惠取道日本，去进行这项使命。二月十二日和十五日，黄郛、汪精卫先后在上海与王密商赴东京的有关对策问题。十九日，王宠惠抵东京，与驻日公使蒋作宾会商。次日，王赴外务省与广田作首次晤谈。王还先后访问了日本首相冈田启介、陆相林铣十郎、海相大角岑生、军事参议官（前陆相）荒木贞夫、海军军令部长加藤隆义、内大臣牧野、驻美大使出渊、外务次官重光葵以及民政党总裁若槻和政友会总裁铃木等人，对日方上层人物进行广泛的试探和游说。

王宠惠此行的任务并非进行对日正式谈判，但肩负着蒋汪妥协外交的使命，企图以对日妥协的原则条件，打开尔后对日直接谈判之门。他与广田的两次谈话，集中表明了此种意向。在二十日的谈话中，王向广田提出中国政府关于改善中日关系的三项原则："一、平等地位原则：双方尊重独立主权，日方取消不平等条约，并先抛弃领事裁判权。二、维护真正友谊原则：一切破坏政治统一及有害人民友谊之行为，概应禁止。三、外交一元化原则：中日外交应循正轨解决，不得使用和平以外之手段。"①广田未作明确的答复。东京第一次谈话的次日，南京当局立即作出反应，发布禁止抗日言论和抵制日货的命令。二十六日，王再次与广田晤谈。广田故作姿态，声称"日本以不威胁、不侵略为根本方针。和平处理两国关系，乃日本政府之方针。两国对等关系，乃理所当然"。但是他又强调为解决这些问题，"树立两国亲善关系，乃先决条件"。②东京第二次谈话后，南京又迅速作出反应，蒋汪向全国发出通电，命令停止并禁止一切抗日活动。三月一日，广田在议会宣称，将一反以前与中国地方当局交涉的政策，而与南京中央谈判，以解决两国间悬案。这表明，王宠惠此行已把中日两国外交当局直接谈判之门打开。

王宠惠与广田的东京谈话，实际上成为蒋作宾与广田弘毅东京会谈的前奏。正如顾维钧所指出的，"蒋（作宾）大使与日本外相和其他日本官员的会谈，仍沿着王宠惠的路线，但更为细致和深入"③。

蒋作宾与广田弘毅东京初期会谈

蒋介石、汪精卫此时以为通过直接谈判达到与日本之间的妥协的时机已到，遂指令中国驻日大使蒋作宾就"调整国交"诸问题，与日本外务省举行谈判。蒋作宾在南京政府中素以主张东京路线称著，同汪精卫、黄郛、何应钦、张群一样，积极

---

①② 转引自《日本广田外交与中国》，台湾《传记文学》第41卷第5期。

③ 《顾维钧回忆录》（第2分册），第320页。

推行对日妥协外交政策。当九一八事变发生后南京政府中主张通过国联进行“间接交涉”的势力占优势时，蒋作宾就已竭力主张对日“直接交涉”。据他自述，九一八事变初起，“余在东京初与币原商定，以外交途径谋解决……我政府正在国联进行，连电阻止”，而未果①。在蒋介石的心目中，蒋作宾自是在东京谋求对日妥协谈判的合适人选。

蒋作宾与广田的首次会谈是在六月二十二日。此前，日本军方挑起河北事件，逼迫何应钦接受日方提出的一连串侵略要求。汪精卫对日外交陷入困境，速电蒋作宾在东京向广田进行交涉，希冀广田出面干预，以缓解华北问题。五月三十一日，蒋访广田于外务省，希望后者疏解日本军方。六月一日，广田答复说：河北事件牵涉《塘沽协定》，属于日军统帅权的范围，应由中日双方军事当局就近商决。这无疑是给了对广田外交抱着热切期望的南京当局以一瓢冷水。但蒋汪政府妥协心切，仍令蒋作宾开始“调整国交”谈判。蒋于二十二日向广田提出日本停止分离华北、废除不平等条约、中日订立亲善条约等三点希望。广田答称对原则无异议，但如何实施，须与各方商议，过相当时日始可决定。七月一日，举行第二次会谈。广田提出中国承认“满洲国”的要求，蒋作宾答称：在现在的中国，舆论如此，任何人当局，均难承认。广田提出：纵然不能承认，为避免由于不承认“满洲国”所引起的各种纠纷，至少应讲求实际的处置。这即是要中国在默认伪满的前提下，按日方的要求“处置”华北的“实际”事务。

这时，南京政府内部发生政潮。欧美派联合倾向抗日的一派，向亲日的汪精卫派发起攻击，对日外交政策成为政争的焦点。汪精卫以退为进，称病先后避居上海和青岛。蒋作宾于是由日返国、向蒋介石力陈汪精卫对日外交的重要，为汪的妥协外交向蒋进言。七月十二日，蒋作宾抵成都见蒋介石。两蒋会商后一致认为，必须继续坚持寻求对日妥协的道路。蒋介石进一步提出了谋求两国妥协的具体方案，指令蒋作宾以此为依据与日本继续谈判。这就是被称为蒋介石四项提案的新方案，其要点是：“一、华北问题，中国暂置不闻；二、中日关系应立于平等基础之上，废除一切不平等条约；三、以平等互惠为原则，促进中日经济提携；四、在经济提携的基础上，缔结军事协定。”②八月七日，蒋作宾发表谈话，宣称蒋介石对中日外交，仍坚持原来主张，始终如一，“日方如以诚意谋中日亲善，我方自当推诚相与……双方更应互以诚恳态度，商洽一切”③。不久，汪精卫回南京复职，蒋汪在“攘外必先安内”的基本政策下再度携手。蒋支持汪继续推行对日妥协外交。八

① 《蒋作宾自传》，《传记文学》第6卷第3期。

② 沈云龙：《黄膺白先生年谱长编》（下册），第885页。

③ 《蒋作宾谈中日关系》，《国闻周报》第12卷第31期。

月三十日，蒋作宾衔命东渡日本。

“广田三原则”的提出与东京谈判的中止

汪精卫的复职与蒋、汪的重新合作，说明南京政府内抗日倾向还不足以压倒对日妥协倾向，预示着蒋汪的对日妥协外交仍将继续下去。一度停顿的东京会谈，正是在上述背景下由中国方面的主动而宣告恢复。九月七日，双方举行长达2小时的会谈。蒋作宾按照蒋介石在成都的提示，向广田提出关于调整“国交”的“三项原则”和“四项承诺”。这“三项原则”以二月间王宠惠的三原则为基础而充实了具体的要求，主要内容是：“一、中日两国彼此尊重对方在国际法上的完全独立，即完全立于平等地位，如对于中国取消一切不平等条约。二、中日两国彼此维持真正友谊，凡非真正友谊行为，如破坏统一、扰乱治安或诽谤诬蔑等类之行为，不得施于对方。三、今后中日两团间之一切事件及问题，均须以和平的外交手段从事解决。”①蒋作宾并正式表示，如果日本承认上述三条，则中国可答应以下四条：一、停止排日排货等抗日活动，二、置东北问题不谈，即默认伪满洲国，三、实行中日经济提携，四、在经济提携的基础上协商实行军事合作。②其时，日本政府和军部正在密谋新的对华政策，广田乃对上述提议不作明确的答复，但却提出以下三点要求：中国纵然不能立即承认“满洲国”，也必须在商务及其他各方面作出“切实妥当之办法”；中国不应联苏，也不应依靠英国，日本反对中国“以夷制夷”；国民党不应“容共”，“中日两国应极力发扬东方文化，消灭共产思想”。广田的上述三项要求，为日后抛出“广田三原则”埋下了伏笔。

这时，日本军方正在华北肆无忌惮地推进其扩张计划。“当在华日军制订预期中的华北军事行动计划时，另一方面，日本政府也正在筹备着利用外交手段征服中国的计划。”③这个计划的集中表现，就是后来被称为“广田三原则”的侵华灭华政策。一九三五年七月初开始，由日本外务省发起，外务、陆军、海军三省共同进行一连串密谋，炮制对华政策方案，至八月初由外务省作成综合结论。九月二十七、二十八日，首相冈田与外、陆、海各大臣就该案协商，获得协议。十月四日，日本内阁正式决定批准《外、陆、海三相关于对华政策的谅解》，共有三个基本要点，此即后来各国所习称的“广田三原则”。

在十月十七日的东京会谈中，广田第一次向蒋作宾正式提出了日本的“三原则”。当蒋作宾询问日方对中国提出的三项原则的态度时，广田不作具体回答，相

---

①② 《蒋作宾向外交部的报告》，《传记文学》第41卷第6期。

③ 《远东国际军事法庭判决书》，群众出版社，1986年，第323页。

反却提出必须由中国先履行日本的“三原则”，即：“第一点，中国须绝对放弃以夷制夷政策，不得再借欧美势力牵制日本，如仍旧阳与日亲善，阴结欧美以与日仇绝，无亲善之可能。第二点，中、日、‘满’关系须常能保持圆满，始为中、日亲善之根本前提，欲达此目的，须先中、日实行亲善。在日本方面，中国能正式承认‘满洲国’，方认中国确有诚意；在中国方面，或有种种关系有不能即时承认之苦，然无论如何，对于‘满洲国’事实的存在，必须加以尊重。一须设法使‘满洲国’与其接近之华北地区不启争端，二须设法使‘满洲国’与其接近之华北地区保持密切之经济联络。第三点，防止赤化，须中、日共商一有效之方法。赤化运动发源某国，在中国北部边境一带，有与日本协议防止赤化之必要。”广田宣称中国政府如能完全同意以上三点，“日本对于贵国所提三大原则，即逐渐商议实行”①。“广田三原则”的第一项，简言之即为“中日亲善”，其基点是要割断中国与欧美列强的联系，中国单独与日本“提携”，受日本控制，承认日本的盟主地位。第二项是要中国承认“满洲国”、承认“华北特殊化”。这是“三原则”的重点之所在，也是当时两国关系中冲突的焦点。第三项简言之即为“共同防共”，其实际目的是要控制内蒙古西部地区，将该地区置于日本军事力量占领之下，并离间中苏关系，孤立中国和苏联。由此可见，“广田三原则”是日本自发动九一八事变以来，历次提出的一系列对华主张和侵略政策及要求的总汇。

南京外交部对“广田三原则”的答复，是由蒋作宾在十月二十一日再次与广田谈判时提出的。在这以后，东京谈判的中心乃集中于这三项问题。蒋在当天指定大使馆参事丁绍伋宣读中国政府的答复说：“如日本照中国所提中、日亲善希望条件完全实行，则中国对日本表明下记之意见。”“关于广田所提第一点，中国本无以夷制夷之意。中、日两国以前之纠纷，皆由未能建立亲善关系而起，今为实行善亲起见，中国与其他各国关系事件，决不使中、日关系受不良影响，尤不使有消极的排除日本或积极的妨害日本之意思，日本与其他各国关系事件，亦须对于中国采取同样之方针。”“第二点，日本对于中国之不能承认‘满洲国’既已谅解，今后中国对于‘满洲’虽不能为政府间之交涉，对于该处现状，决不用和平以外之方法以引起变端，且对于关内外人民之经济联络设法保持。”“第三点，数年以来，中国已尽最大之努力，不惜以重大之牺牲从事赤匪之剿除，赤祸已不足为患。至于中国北边一带之境界地方应如何防范，若日本照中国所提中、日亲善希望条件业已完全实行，则中国在不妨碍中国主权独立原则下极与日本协议有效之方法。”②蒋作宾

① 外交问题研究会：《卢沟桥事变前后的中日外交关系》，中国国民党中央委员会党史委员会，1966年，第32—33页。

② 外交问题研究会：《卢沟桥事变前后的中日外交关系》，第32—33页。

还表示，中国政府要求：除满洲问题外，一切应回复九一八以前之状态。上海停战协定、塘沽停战协定及本年六月间华北事件中、日两国军人之商议（指“何梅协定”、“秦土协定”），盼日本立即撤销。[1]

广田将蒋作宾的上述答复轻蔑地称为“空无一物”，说，“日本所提三点及各项要求，中国均不能同意”，认为这“与日本政府之意见相差甚远”。[2]并就所谓“三原则”逐项予以质问。关于第一项，广田提出，“何以未提完全停止排斥日货、排日教育一节”，蒋作宾回答：“前会谈时，已经同意，故未提及。”关于第二项，广田提问了四点：（一）“中国复文说‘今后中国对于满洲虽不得为政府间之交涉’，则与现状并无不同。许多外国虽未正式承认‘满洲国’，但曾经缔结通信及经济协定，且有正在交涉中者，中国对此等事项，亦不与‘满洲国’交涉乎？”蒋作宾未作明确的答复，只言已与“满洲国”就通邮、通电（报）、通车等有所交涉。（二）“‘对于该处现状，决不用和平以外之方法引起变端’，是否暗示以前有以武力恢复失地之意？”蒋作宾回答说，中国对“满洲国”之考虑，较前已迈进一步。（三）“‘对于关内外人民的经济联络，当设法保持’，贵国仍视关外人民为中国人乎？”蒋作宾答称并无将关外人视为中国人之意。（四）“本大臣上次曾谈及经济联络与文化联络，此点如何？”蒋作宾答称上次已经同意。关于第三项，广田说：“日本对……赤祸之防止，有重大关心。赤祸对贵国之威胁，尤其对西北及蒙古方面之赤祸，（日本）非常重视。而贵国则谓‘目下赤祸已不足为患’……与日本所见完全相反。”又说“贵国谓‘中国北边一带之境界地方，应如何防范’，若日本照中国所提中日亲善希望条件业已完全实行，则中国拟与日本协议有效之方法。中国方面之三大原则，问题甚多，若谓须实行之后，则不知须等至何时，中国意思是否如此？”对此，蒋作宾未作明确的回答。

广田追问：中国方面坚持日本先实行中国之三原则，然后中国应诺日本之三原则，这是不可能的。中国究竟以何等实际方法解决问题？蒋作宾坚持中国政府的立场，说：“虽非以实行（中国）上述三原则之各项为条件，惟须先承认上述三原则之旨趣，方可就贵方所提三点进行协商。”[3]

十月二十八日，蒋作宾回国前再访广田。双方又作了一次简短的会谈。广田蛮横地坚持“三原则”，摆出一副人莫予夺的架势，说“希望贵国政府注意日方所提之三点，系经外、财、陆、海四省会议之根本方针，以后皆依此进行交涉，即令外务大臣更换，后继者亦必遵此而行”。对于中国所提希望条件中列举的取消租借地一事，广田用恫吓的口吻说：“日本惟在满洲国有租借地（旅顺口、大连湾），若中国

---

①② 外交问题研究会：《卢沟桥事变前后的中日外交关系》，第18—20页。

③ 日本外务省：《广田外相与蒋大使会谈要录》，见《日本广田外交与中国》。

以此为问题与日本交涉，则与日本之意见相左，且恐发生极恶之影响。”蒋作宾则作原则的回答：“关于取消租界，中国希望各国均表同意，非特指一国而言。”对于中国提出别国军队军舰，不经对方国同意，不得驻屯、停泊，或通过对方国领土领水，广田竟然不顾事实，任意辩解并蛮横地宣称：日本军队军舰等驻屯停泊通过中国领土领水的权利，系依《辛丑条约》与各国同时取得者，其取消尚须待至相当之时机。停战区内之日本驻军，在停战协定未取消以前，亦难撤退。蒋作宾反其意而提出要求：希望日本首先表示并提倡抛弃外国军队军舰驻屯、停泊、通过中国领土领水的特权①。

蒋作宾与广田的东京会谈至此结束，谈判虽未宣布破裂，但却以毫无结果而中止。这一事实无可否认地表明，除非南京政府愿意完全充当日本的附庸和接受日本所提全部条件，则想要与日本达成全面妥协，只能是一个幻想。南京当局虽然在不少问题上作出了重大让步，但双方的矛盾仍难以调和。日本政府要求中国只依附日本，停止联合英、美及苏联的行动，但南京政府为自身利害，既要与日本妥协，又要靠拢英美，并改善对苏关系。日本要求中国承认“满洲国”，蒋介石只同意默认而决不在外交关系上正式承认。日本要求“共同防共”，在内蒙古、华北驻军，南京当局拒绝接受，只同意以后在一定条件下就华北防共进行协商。显然，蒋介石同意就“广田三原则”进行谈判，作出局部让步，但在总体上不准备接受“三原则”。日本的目的是要使中国成为其附庸，决不允许对它的“三原则”讨价还价。东京谈判终于陷入僵局，这是必然的。

这次谈判中，南京政府提出了自己的三原则作为调整中日关系的原则，是完全符合国际关系准则的。但南京当局提出这些原则只是作出一种外交姿态而已，实际上并未真正贯彻于对日交涉。在许多重要问题上，南京当局作出了损害主权的退让和承诺。只是由于这种退让还未完全满足日本的要求，遂遭到日本方面的严厉驳斥。蒋汪政府在这次谈判中遭到严重挫折，它的妥协外交已到了走投无路的境地。蒋介石原拟在东京谈判获得成功后调蒋作宾回国出长外交部的计划，随着谈判的失败和中日关系恶化而归破产。但是日本政府通过外交途径迫使中国接受其侵略计划的企图，也未得逞。东京谈判以南京政府妥协外交的再次失败和日本政府强权外交的未得成功，而同时载入中日关系的史册，是颇为耐人寻味的。

东京谈判的中止，表明南京政府多年来推行的对日妥协政策已快要走到尽头。这次谈判不仅未能达到蒋汪原拟的妥协目的，相反却遭到“广田三原则”的压力。这三原则所要求的各项条件，已超过了南京政府所能承受的最大限度；如果

① 张群：《外交斗士蒋作宾》，《传记文学》第44卷第5期。

承认了它，就会引发国内外一系列后果，从根本上危及国民党的统治。事实上，南京当局已在这次谈判中基本上拒绝了“广田三原则”，虽然并非十分明确和坚决。从历史上看，一九三五年东京会谈陷入僵局，乃是一九三六年中日南京会谈破裂的先兆。

何应钦、黄郛与冈村宁次的北平会谈[*]

何应钦、黄郛与冈村宁次一九三三年十一月的北平会谈及其达成的协议，是中日华北停战谈判和《塘沽协定》的继续。日本通过这次谈判，利用所谓“停战善后处理”协议的形式，修改了《塘沽协定》的部分条款，扩大了它对中国主权的侵犯，为其在华北实行新的扩张开辟了道路。在北平会谈中，实行不抵抗政策的南京政府，再次接受了丧权辱国的条件。中日关系史上这一事件，给后人留下了值得记取的历史教训。

一、 中日双方围绕“停战区”问题的交涉

南京政府在《塘沽协定》签订后不久，准备接收“停战区”，恢复在这一区域的行政和治安权力。一九三三年六月十七日，以黄郛为委员长的行政院驻平政务整理委员会正式成立。黄郛在成立会上宣布该委员会“目前切要之图”之一，是“使战区恢复常情”①。七月一日，在河北省政府内成立了“战区接收委员会”，负责处理接收事务。可是，日军既强行逼迫中国当局签订《塘沽协定》，而它自己却无意履行协定规定的撤兵条件，继续陈兵长城各口，并在长城以内之河北省境的不少战略要点驻扎正规部队。榆关、秦皇岛、九门口、迁安、冷口、界岭口、建昌营、撒河桥、喜峰口、古北口、滦县、抚宁、马兰峪等地，都驻有日军，有的一地多达上千名。上述各地日本驻军，除榆关和秦皇岛两地所驻天津驻屯军部队共100多名系根据《辛丑条约》规定外，其他所有部队按《塘沽协定》的条款，都必须全部撤走，但日本方面却借故延宕，不予撤兵。同时，关东军又组织和操纵“停战区”的伪军和汉奸、匪帮，控制地方，阻挠中国当局之接收。于是，中日双方围绕着“停战区”问题形成了严重的争执。当时在北平主持军政大权的军委会北平分会委员长何应钦和北平政整会委员长黄郛，在致蒋介石的电报中这样说道：“接收战区，因李际春、石友

---

* 本文原载《北京档案史料》1994年第2期。

① 李云汉：《抗战前华北政局史料》，台湾正中书局，1982年，第37页。

三各部杂处其间，迟迟无法实施。”[①]这使得南京当局进退两难。

黄郛为求得与关东军之间的协调，以便处置“停战区”伪军，解决该地区接管等问题，于一九三三年六月二十三日指派殷同（北宁铁路局局长）和雷寿荣（北平军分会参议），会同日本驻北平武官永津比重佐赴长春。黄郛面授殷同的交涉事项共有五项，其中主要的有：“从速接收战区各县政”“撤兵区域内李际春等非法部队之处理”“北宁铁路之从速接收”[②]。黄郛不敢正面向日方提出日军撤兵和退出长城一线的问题，只是就“停战区”行政之收复和李际春等部的处理等事项，向日方提出交涉。在长春，关东军副参谋长冈村宁次和第三课课长喜多诚一等人与中方进行了会谈。在历时两天的谈判中，日方在实质问题上不作任何让步，却设置圈套，诱使中方默认“满洲国”。对于李际春等部伪军，日方诡称自己纯处于第三者立场，只是愿意进行“斡旋”，同意在大连商谈处理办法，关东军派幕僚人员参与谈判。其目的在于要挟中方收编“停战区”内伪军，使伪军披上合法之外衣，长期盘踞于该地。至于接收北宁铁路事，日方提出关内外恢复通车，由北宁铁路局与“满洲国”奉山铁路局直接会商，企图诱迫中国当局在事实上承认伪满。

大连会谈于七月三日至六日举行。华北当局派出殷同、雷寿荣和薛之珩（前北洋政府京师警察总监、李际春之世交）参加。关东军参加者为冈村宁次、喜多诚一和后宫（“满铁”嘱托），伪军头目李际春、伪奉山铁路局长阚铎及“满铁”代表亦与会。谈判的结果，据雷寿荣会后发表的谈话，主要有：“一、关于停战协定善后处置，由中国方面派接收委员，整理杂军；二、在战区内不许驻军，而由中国政府整理杂军，并将李际春部中优良分子改编为河北省警察队，对其他各部亦施以合法之整理；三、北宁尚未通车，得于日军撤退后，逐渐通车。”[③]这次谈判，中方再次实行妥协退让，接受了日方提出的收编李际春、石友三等部伪军的要求，才换得关东军同意由中国当局接收滦东、平北“停战区”，而这完全是在《塘沽协定》之外追加的条件。不久，何应钦、黄郛还竟然任命李际春为“战区杂军编遣委员长”，伪军纷纷被改编为河北省的地方保安部队。至于北宁路通车问题，芦台至山海关一段，[④]日本先是提出由日、中、“满”三方组织一个委员会，共同管理。经过谈判，双方同意在日军撤退后仍由中国方面管理，但日“满”方面要求中方同意实行关内外通车，中方表示接受。

中国当局在名义上接收了“停战区”。在北平政整会的主持下，河北省政府于

---

① 《何应钦、黄郛致蒋介石电》（1933 年 6 月 23 日），《抗战前华北政局史料》，第 44 页。

② 殷同：《故都新忆》，《黄膺白先生故旧感忆录》，台湾文星书店，1962 年，第 104—105 页。

③ 《一周间大事述评——大连会谈》，《国闻周报》第 10 卷第 27 期。

④ 北宁铁路关内段，在《塘沽协定》签订时，中国铁路当局管理的是北平至芦台一段，芦台至山海关一段则被关东军占领，至大连会谈时尚未归还中国。

七月中旬开始接收“停战区”各县。至七月十七日，接收了通县、香河、顺义、宝坻、三河、宁河等6个县。不久，昌平亦接收完竣。七月二十一日，河北省府决定即日起进行全面接收，分为平东、平北和滦东两线同时办理。陶尚铭负责接收平东和平北的密云、遵化、蓟县、怀柔、平谷等县；殷同负责接收滦东、滦西的滦县、昌黎、抚宁、乐亭、临榆、玉田、丰润、卢龙、迁安等县。临榆县城被日军占领，县府只得设于海阳镇。兴隆县在长城以外部分，日军阻止接收，县府只得移设于马兰峪。不久，日方竟将兴隆划归伪满青龙县。地处长城以外的都山设治局，日方强行划入伪满热河省，改名为青龙县，拒绝中方过问。

关东军虽不得不同意中国当局接收战区，但明目张胆违反其签字的《塘沽协定》的有关规定，继续以其部队占据冀东、平北之长城一线和沿长城线以南的不少军事要地。山海关及其以西之界岭口、冷口、潘家口、喜峰口、古北口等长城线上的重要关口，关东军都一一驻兵，不予归还中国。而在长城线以内的建昌营、抬头营、马兰峪、撒河桥等地，关东军部队亦踞守不撤。关东军深知其上述行径明显违反中日双方协定条件，遂图谋再次以软硬兼施手段，利用处置所谓华北停战“善后问题”的名义，逼迫中国当局接受其提出的条款，以便使其占据长城一线和长城以内各要点获得“合法”的依据。同时，企图通过新的交涉，迫使中国当局在事实上承认“满洲国”。于是，关东军向华北当局提出在北平进行“华北停战善后事项”的会谈。

二、冈村宁次提出“华北善后交涉案”

一九三三年十一月五日，冈村宁次偕高级参谋喜多诚一、日使馆书记花轮义敬和泉副官等，自长春飞抵锦州，翌日到达北平。当日下午与黄郛、何应钦会面，随即开始了北平会谈。这次会谈与长春会谈和大连会谈不同，非出自中方要求，而是纯由日方主动，并单方面携来协议“草案”，要求中方全盘承受。冈村宁次口是心非，阳一套阴一套，抵平当日对记者声称：“关于长城各口交还中国，亦无何问题。……现时山海关、撒河桥、古北口等处，尚有一部分关东军，因关外营房正在赶造，故须陆续撤退，二三星期后一定可以撤离完竣，届时长城各口即由中国方面接收。其实不待撤尽，目前接收亦未尝不可。”①但在其谈话后不到4个小时，日方立即抛出一份与其公开声言完全相反的“草案”。六日晚，冈村宁次指令武官根本博向黄郛提交日方于四日前在长春拟定的《关于华北善后交涉商定案》一份；并声明此案系关东军经再三审议所决定，中国方面只可作文字之修正，其实质则绝

① 《国闻周报》第10卷第45期。

对不容更动。这份草案的基本内容为：

第一，关东军因华北政权维持治安之机能渐见充实，希望（中方）从速接收不含长城线之长城以南及以西之区域。关于本项之细目，应谅解如左：（甲）长城线各关门之警备权，属于日、满方面。（乙）凡有日军驻屯之驻民地，不应配置武装团体。

第二，华北政权在其接受区域内，与长城接续或接近之地区内，容忍满洲方面设置必要之各种机关，以处理诸般事项，或谋经济上之便益，并对此项机关之业务，与以最善之援助。本项之主要地点，暂定如下：山海关、古北口、喜峰口、潘家口、冷口、界岭口。

第三，华北政权在接收地域内，对于日本军提供必要之土地房屋，以备日本军队暂时驻屯。本项之主要地点，暂定如左：山海关、石门寨、建昌营、抬头营、冷口、喜峰口、马兰峪、古北口。但在利用滦河水运，输送军需品期间之内，关东军得应乎必要，除滦州外，在迁安、撒河桥等处，施所要之施设及驻兵。

第四，华北政权为设定与"满洲国"间相互之通商贸易、交通、通讯、航空联络等起见，应从速决定必要之委员，开始交涉。本项交涉约涉及左列部门：甲、关于税关之件，乙、关于通商之件，丙、关于邮政之件，丁、关于电政之件，戊、关于航空之件，己、关于长城线警务及防疫等件。本交涉之地点在山海关。华北政权应即时或从速将左列各项交涉委员之衔名及开始交涉之日期，通告关东军。①

十一月七日上午，双方开始就日方提出的上述草案举行首次谈判。中方出席者为黄郛、何应钦、殷同（北宁铁路局局长兼战区接收委员）、殷汝耕（蓟密区行政督察专员兼北平政整会参议）、陶尚铭（滦榆区行政督察专员兼北平军分会参事）；日方出席者为冈村宁次、喜多诚一、菊池（天津驻屯军参谋长）、根本博、柴山兼四郎（日使馆武官）、中山详一、花轮义敬（日使馆书记官）。当日下午，进入具体谈判，由殷同、殷汝耕、陶尚铭与喜多诚一、根本博、花轮义敬参加。殷同提出中方对日方草案的修改意见，对于第一项提出改为："关东军对于长城以南及以西之地域，中方尚未接收完了之处，同意中方从速完全接收之，其长城之各关门，亦均交还中国。"并声明："若万不得已，最多可加但书一节如下：'对于长城之各关门之非由日军警备不可者，由双方协议定之。'"喜多反驳道："现在事实，长城各大口，俱

① 沈云龙：《黄膺白先生年谱长编》（下册），台湾联经出版公司，1976年，第638—639页。

由日本军警备，小口亦多数由‘满洲国’之警察管理，今全部一律交还，我敢断言，万难照办。”对于第二项，殷同表示，“如照原文决定，则何异事实上承认‘满洲国’”，他提议：“此条最好删除。”喜多断然反对，说：“第二项完全删除一说，敝方只能作为未闻其语。”对于第三项，殷同认为它“与第一项有联带关系，可并入修正之第一项，不必另列”。至于第四项，殷同表示，“通商贸易航空联络等种种事项，目前无谈之必要，亦无谈之可能……应不搀入”条文。①双方又就草案各条，尤以第一项(甲)、(乙)两细目，第二项中“满洲国”字样及机关，第四项通商、航空事项越出停战协定范围，长城警务、防疫等项侵犯地方行政诸问题，展开了反复的激烈的辩驳，未获结果。喜多遂摆出高压架势，扬言此次商谈，在日方均系已成之局，实无就商之必要，中国方面若固执己见，日方即罢议归去。会谈遂陷入僵局。

日方鉴于恫吓未能奏效，乃使用诱劝手段。十一月八日晨，根本博访问黄郛和何应钦，对中方劝说道：冈村宁次是关东军首脑中唯一同情中国之人，此次日方提出的草案乃冈村为中国着想而苦心所作，中方应体会冈村的处境，不要固执己见。上午10时，举行第二次会谈。喜多首先发言，道出了日本的主要企图：“昨日尊意业经请示冈村副长，本提案之精神，即在将长城警备权归于日满方面，此项主旨若欲推翻，则宁可破裂而去。”②他强词夺理，曲解《塘沽协定》有关条文，说：“盖(塘沽)停战协议只规定日军自主的大概撤至长城之线，所云大概者，即在长城线之左右近旁，并不必撤至长城线亦可。”③双方经过争论，综合整理成一草案——《关于停战协定善后处理之会谈》，共为四项。上午会谈结束前，由殷同提出中国方面要求条件五项。④喜多表示一、三、五项可另作为中国方面希望条项或追加事项，另行提出讨论；对二、四两项则不予考虑。

八日下午，双方举行第三次会谈，改拟了《关于停战协定善后处理之会谈》第二稿。此草案与日方最初提出的草案所不同的，主要是：第一项中，中国方面应接收的地区删去了“不含长城线”及“长城线各关门之警备权，属于日、‘满’方面”字样；第二项中，删去了“满洲方面”字样，并加上了“因关外房屋不足”及“暂时”字样；第四项中，删去了“满洲国”字样以及双方交涉的具体项目。这个草案修改稿，表明三天来日方在会谈中所作出的一点让步。黄郛在当晚发电向蒋介石、汪精卫作了报告。

---

①②③ 沈云龙：《塘沽协定后的所谓“北平会谈”》，台湾《传记文学》第11卷第1期。

④ 殷同提出的“五项要求”是：一、本会谈中所同意暂驻日本军以外，其他武装团体或武装警察一概禁止开入战区。二、应确认协定线为由芦台至延庆之线而尊重之。三、暂驻长城各关门及战区内之日本军，绝对不得干预中国行政。四、北宁铁路沿线之天津日本驻屯军须恢复榆关事变之前状态。五、为完成察东地方多伦诺尔之接收起见，承认我方对该地方之土匪及抗命部队，得自由“剿办”。

三、何应钦、黄郛接受屈辱条件

草案修正稿甫经拟定，关东军方面当即予以否定，重新回到它原先所提草案的立场。九日上午举行第四次会谈时，喜多诚一乃将上一天所拟草案诸要点推翻，说："昨夜关东军忽来训电，对于昨拟之稿，必须修正。其最要之点，则为第一项中必须加入'不含长城线'字样，并将谅解事项第一项①删除；次则第二项中临时机关诸字样，主张仍照原案改为'满洲诸机关'字样，万不得已，则可改为'关东军所承认诸机关'字样；再次则第四项中必须加入'航空联络'字样。"喜多诚一蛮横无理，声言在"第一项中如不能加入'不含长城线'字样，则宁将第一项全部不谈，或竟将本会谈作罢，即请贵方表示'可''否'可也"②。殷同表示不同意加入"不含长城线"字样，喜多诚一则声称这是关东军司令部训令，是不许讨论的，并当场宣读日方修改过的草案全文，要挟中方屈服，接受日方的草案。殷同单独离会，前往黄郛、何应钦处请示，经黄、何、殷三人商定，如日方坚持加入"不含长城线"字样，则中方要求于"不含长城线"之上加一"先"字，即改为"先将不含长城线之长城以南以西区域，由中国完全接收"。

九日下午，双方举行第五次会谈。殷同根据黄郛、何应钦的指示，对日方在上午所提的草案提出修改意见："第一项中，贵方如必须加'不含长城线'字样，我方并不再作奢望，只求于接收云云之上，加一'先'字，全部悉依原案，仅求增加一字，想贵方必能容纳也。此外各项略有文句修正而已。"③喜多诚一当即断然拒绝加入"先"字，并表示此事须请示关东军。殷同在会外将日方态度报告黄郛、何应钦，黄、何在日本侵略者的威迫下再次退让，当即决定："对彼方作口头声明，此案在华北当局勉为谅解，惟呈报中央尚须稍待。"④当晚，在冈村宁次宴请黄、何及中方全体谈判人员后，双方指定人员举行第六次也是最后一次会谈。喜多诚一再次声称："'先'字无论如何不能加入。'不含长城线'字样，亦必须保存。敝方言尽于此，贵方可则可，否则否，余等罢议而归，亦无不可也。"⑤殷同反复要求对方重新考虑，但毫无结果，乃当即请示黄郛和何应钦，经同意后向日方表示接受各项条目。最后，冈村宁次当场声明："顷间各委员所研讨最后之案，敝方无异议。"黄郛除不表示异议外，只是声明"敝方仍须保留请示中央意旨"。⑥

喜多诚一在当晚的会议上宣读了双方达成协议的书面记录——《关于停战协

① 1933年11月8日下午双方谈判代表所拟草案中，谅解事项第一项为："长城线各关门之警备，在另议之前，暂维现状。"

②⑥ 沈云龙：《塘沽协定后的所谓"北平会谈"》，台湾《传记文学》第11卷第2期。

③④⑤ 沈云龙：《黄膺白先生年谱长编》（下册），第653—656页。

定善后处理之会谈》。其主要内容为："第一，关东军以华北当局已充实其维持治安之机能，希望其将不含长城线之长城以南及以西之地域，从速且完全接收。第二，华北当局在接收地域内毗连长城地点，容认暂时设置为处理交通、经济等诸般事项、关东军所指定必要之机关，并予以便利。第三，华北当局同意日本军在接受地域内，租用军队暂时驻屯所必需之土地房屋。第四，华北当局为谋长城内外之交易、交通、通信等之设定起见，应派定必要之委员，与关东军所指定之委员，从速逐次协商。"同时宣读了《关于本会谈之谅解事项》："一、会谈第二项诸机关设置地点，暂定如左：山海关、古北口、喜峰口、潘家口、冷口、界岭口。二、会谈第三项之日本军驻屯地点，暂定如左：山海关、石门寨、建昌营、冷口、喜峰口、马兰峪、古北口。但在利用滦河水运，输送军需品之期间内，关东军除滦州不计外，得应乎必要，在迁安、撒河桥等，或有施所要之设施及配置警备部队等事。三、会谈第四项之所谓'交通'，包含'航空之连络'在内。"①

接着由殷汝耕宣读中方之《希望事项》："一、在接收区域内暂驻之日军，及暂置之关东军所指定诸机关，对所在地中国之一切行政，不得有干预或妨碍之情事。二、除依本会谈已经华北当局同意者外，其他任何军队不得开入接收区域内。三、为完成察东地区及多伦诺尔之接收起见，关东军同意中国对于察边抗命部队及土匪，得自由剿办。"②至此，会谈全部结束。

这次会谈在日方系运用诡诈手法，故谈判只作会议记录，并未换文，更无签字的程序。最后通过的记录文件，与日方最初提案相比较，除了某些文字上的改动，主要的修改只是在字面上未再使用"满洲国"一类字样，而用"关东军所指定之机关""关东军所指定之委员"来代替，但在实质上并无不同。同时，日方容认中方的三点希望。这"希望事项"三项中，一、二两项的规定本来系《塘沽协定》范围以内的既定原则，只是再次加以重申而已。冈村宁次在九日晚上遂毫不犹豫地当场表示："对于希望一、二两项，乃当然之事，可立时回答，完全同意。"③对于其中第三项，冈村则避而不作明确答复，说要待回长春关东军司令部讨论后，再作回答。

从会谈结果来看，日本的要求几乎全部达到了：在实际上修改了《塘沽协定》的部分条款，扩大了对中国领土主权的侵占，增加了日本在华北的军事占领地，并为尔后日方提出关内外"通车""通邮""通航"和在长城"设卡"等项扩张要求打开了大门。其具体内容，可归纳为以下几点：

（一）《塘沽协定》规定，在停战后日军"自动概归还长城之线"。这一"概"字可作"大体上"解说，本来就是日本方面玩弄的一个花招，是为它长期占据长城线而埋下的一个伏笔。通过北平会谈，日方逼迫中方明确地以文字记录承认：中国

---

①②③ 沈云龙：《塘沽协定后的所谓"北平会谈"》，台湾《传记文学》第 11 卷第 2 期。

接收的停战区“不含长城线”。这就修改了《塘沽协定》，规定日军可以占领长城线，而不撤兵。

（二）北平会谈确认，日军可以在山海关、冷口、石门寨、建昌营、喜峰口、古北口、马兰峪等七处“暂时”驻军，但并未明白规定具体时间，这就在事实上承认了日本在这些军事要地的驻军权。实际上，日本驻军的地方甚至超过了上述七处。北平会谈以后一年余，除山海关日本驻军外，长城线及其以南尚有九处有日本驻军，即九门口、滦县、冷口、抬头营、建昌营、撒河桥、喜峰口、马兰峪、古北口等九处，各地驻军少则四五十名，多则达三四百名。①

（三）北平会谈确认山海关、古北口、喜峰口、冷口、潘家口、界岭口等六个地方，由日本方面设置处理交通、经济等事项的“关东军所指定之机关”（即伪满派出的机关）。这在事实上承认了日本和伪满在河北“停战区”内有干预地方行政之权和从事经济活动之权。

（四）北平会谈确认，由华北当局与“关东军所指定之委员”（即伪满政府人员）从速进行“设定”关内外交通、交易、通讯等项谈判。这就开启了在事实上承认伪满洲国的大门，为尔后日本逼迫南京政府同意关内外“通车”“通邮”，在长城各口“设关卡”等，制造了依据。

北平会谈结束后，黄郛、何应钦于九日深夜致电蒋介石、汪精卫，报告会谈结果，其中还写道：“郛等殚精竭虑，仅乃获此，欲为国家多争尺寸之地而未能，彷徨午夜，相对凄其。”②显然，黄、何对于在这次谈判中的失败是深感痛惜的。台湾有的学者在评论此一史事时，也对他们深表同情。例如沈云龙教授曾写道：“综观以上历时三日，会谈六次的结果，就冈村所提出之原提案，与最后决定之案相比较，不仅在文字上有极重大之修正，而我方所力争挽回的亦已不少，负责折冲者并未因无实力后盾，而仍站在维护国家利益立场，竭尽其智能与舌辩的最大努力，似未可一笔抹煞。”③诚然，黄、何等在会谈中确实曾对日本方面作过抗争，力图压低对方的扩张要求；但是，也应当指出的是，黄、何对付日本侵略者的根本立场始终是软弱的，退让和妥协是其政策的基轴，在所有关键问题上每每屈服于日本方面的压力。这是无可否认的事实。

黄郛、何应钦并非不明白自己做了损害国家领土主权的事，这在他们给蒋介石、汪精卫的密电中已有表露。然而，蒋、汪不仅毫无责难之意，相反却对谈判结果完全予以同意并加以批准。这毫不奇怪，因为无论是黄还是何，都是在推行着

① 陶樾：《通车实行后之华北外交》，《外交评论》第3卷第8期。

② 《黄郛、何应钦致蒋介石、汪精卫电》（1933年11月9日），《黄膺白先生年谱长编》下册，第659页。

③ 沈云龙：《塘沽协定后的所谓“北平会谈”》，台湾《传记文学》第11卷第2期。

蒋、汪为首的南京政府“攘外必先安内”的基本国策和对日妥协政策。就在北平会谈期间，何应钦、黄郛在同冈村宁次进行私人谈话时，道出了南京当局的真实意图。冈村后来回忆道：“在北平会谈上的正式交涉，虽然进展不快，但一般气氛颇为和睦。特别是黄郛、何应钦和我三人，在没有其他人参加的情况下，得到了推心置腹谈心的机会。黄郛甚至把中国政府内部亲美派和亲日派的斗争情况都告诉给我。我们就今后日华问题，充分地交换了意见。何应钦是亲日派巨头之一，他对日华两国的将来甚为忧虑，在他的言谈中使我永远不会忘记的是：‘实际上我国现在最难办的是共产党势力的抬头，故而不愿引起对外问题。’”①南京政府为什么对日本的侵略一再退让，如此软弱无力，何应钦对冈村宁次的这一席话，可谓道出了问题之关键所在。人们循着这一线索去观察北平谈判这一类屈辱外交，也就不难了解其中之真谛了。

① ［日］稻叶正夫：《冈村宁次回忆录》，中华书局，1981年中译本，第449页。

六、历史人物

孙中山与三大政策的三民主义*

近代中国伟大的民主主义革命家孙中山先生，在他一生的革命活动中，经历了两种不同的民主主义革命，即旧民主主义革命和新民主主义革命。在中山先生的晚年，中国的历史发生了划时代的转变，五四运动和中国共产党的成立，标志着旧民主主义革命时期的结束和新民主主义革命时期的开始。在苏联和中国共产党的帮助下，他勇敢地采取了联俄、联共、扶助农工的三大政策，重新解说他所首创的三民主义；并在一九二四年，根据中国共产党的建议改组国民党为工人、农民、小资产阶级和民族资产阶级的革命统一战线的组织。“孙中山先生之所以伟大，不但因为他领导了伟大的辛亥革命（虽然是旧时期的民主革命），而且因为他能够‘适乎世界之潮流，合乎人群之需要’，提出了联俄、联共、扶助农工三大革命政策，对三民主义作了新的解释，建立了三大革命政策的新三民主义。”①

孙中山先生对三民主义作了原则性的修改。一九二四年一月国民党第一次全国代表大会通过的有共产党人参加起草的宣言——中国国民党第一次全国代表大会宣言，就是三民主义的新解说。所以这篇宣言就是新民主主义革命时期的三民主义，就是新三民主义。新三民主义的新内容，基本上有两个方面，即在革命的纲领和原则方面对三民主义作了新的规定，在行动方针、政策方面确定了三大政策。而这两方面的新内容，是与孙中山先生思想上的重大转变完全分不开的。

新三民主义的一个首要特点，就是它是三大政策的三民主义。毛泽东同志指出：“新三民主义或真三民主义，是联俄、联共、扶助农工三大政策的三民主义。没有三大政策，或三大政策缺一，在新时期中，就都是伪三民主义，或半三民主义。”②大家知道，三民主义是民族民主革命的原则和纲领，而三大政策乃是实现这些纲领正确的行动方针、政策和方法。因此只有把三民主义和三大政策结合起来，才能真正指导革命，沿着正确道路前进。孙中山先生根据他的革命经验，认为

---

* 本文原载上海《新闻日报》，1956 年 11 月 12 日。

① 毛泽东：《新民主主义论》，《毛泽东选集》（第 2 卷），人民出版社，1952 年，第 693—694 页。

② 《新民主主义论》，《毛泽东选集》（第 2 卷），第 683 页。

革命必须讲方法，在国民党改组时，他说："我们这次革命，是先讲方法然后再去实行。从前革命，因为没有好方法，所以不能大功告成，这次全国代表大会，便是要定一个好方法。"①三大政策是孙中山先生考察了世界各国革命的经验而提出来的，他曾经这样说过："这些方法的来源是本总理把先进的革命国家和后进的革命国家在革命未成功之前，已经成功之后，所得的种种革命方法用来参考比较，细心斟酌才定出来的。"②在吸取各国革命经验时，毫无疑问，孙中山先生主要取法于俄国革命。在改组时，他曾说："吾党此次改组，乃以苏联为模范，企图根本的革命成功。"③特别是在一九二四年的"与蒋介石书"中说得十分明确："盖今日革命非学俄不可。……我党今后之革命，非以俄为师断无成就。""以俄为师"，④这是这位伟大的革命家的明确指示。

三大政策中的第一个政策是联俄。孙中山先生从自己的政治经验中，在他革命的后期，认识到帝国主义国家与社会主义的苏联是完全不同的，要取得中国革命的成功，必须联合社会主义的苏联。他在国民党第一次全国代表大会上解说民生主义的时候，曾经讲到新俄罗斯，讲到中俄合作。他认为不明白俄国革命的意义，胡乱地反对中俄合作，这是中了帝国主义"宣传破坏俄国革命论调之毒"的结果。而他相信中俄合作对中国是大有好处的。孙中山先生在临终时还是念念不忘中苏的合作。他的致苏联中央执行委员会的信，乃是中苏友谊历史上千古不朽的文献，中国革命历史上的重要文件。在十月革命以后，世界分为两大营垒的情况下，对苏联的态度问题，成为革命与反革命的分水岭。孙中山先生欢迎十月革命，欢迎俄国人对中国人的帮助。他与中国共产党在一起，对中苏团结事业作出了巨大的贡献。

第二个政策是联共。孙中山先生在晚年认定共产主义是三民主义的好朋友，欢迎中国共产党对他的帮助。在国民党改组、实行国共合作时，国民党右派反对改组。中山先生对他们说："你们若不赞成，我将来可以解散国民党，我自己一个人去加入共产党。"由此可见他的联共主张的坚定。中山先生看到国民党已经退化了，因此要革命，就必须依靠新兴的战斗的中国共产党。后来，宋庆龄先生曾在《中国应当干什么》一文里作了这样的回忆："1924 年当国共合作问题进行着讨论的时候，我问中山先生为什么共产主义者有加入国民党的必要呢？中山先生回答

① 孙中山：《欢宴中国国民党第一次全国代表演说词》，《中山全集》(2)，上海孙文学说研究社，1926 年，第 82 页。

② 孙中山：《对中国国民党第一次全国代表大会演说词》(1924 年 1 月 20 日)，《中国国民党全国代表大会会议录》。

③ 孙中山：《海陆军大元帅大本营开会演说词》，1923 年 12 月 9 日。

④ 孙中山：《致蒋介石书》，《总理全集》(下册)，近芬书屋，1930 年，第 214 页。

道:‘国民党是退化得没有生气了,所以需要着新血液来滋补它。’”中山先生的这种联共政策,也是他的伟大的民族统一战线思想的表现和发展。早在组建同盟会时,同盟会就是当时的历史条件下民族统一战线的具体表现。到了第一次大革命时期,他的民族统一战线思想有了进一步的发展。一九二四年二月中山先生讲过:“列宁为什么受世界列强的攻击呢?因为他说了一句话,他说在世界上有两种人,一种是十二万万五千万人,一种是二万万五千万人,这十二万万五千万人,是受那二万万五千万人的压迫。……我们要能够抵抗强权,就要我们四万万人和十二万万五千万人联合起来,我们要能够联合十二万万五千万人,就要提倡民族主义,自己先联合起来,推己及人,再把各弱小民族都联合起来,共同去打破二万万五千万人,共同用公理去打破强权……”①从这里可以看到,中山先生一方面主张国内的反帝民族革命统一战线,另一方面主张国际的被压迫民族反帝统一战线。而三大政策也就是实行民族革命统一战线的政策。

第三个政策是扶助农工。这就是说要号召与吸收全国工农参加革命斗争,依靠工农的支持来进行革命。孙中山先生看到工农是全国的基本群众,而革命就是为了工农群众的利益。在国民党第一次全国代表大会宣言里明确指出:“盖国民党现在从事于反对帝国主义与军阀,反抗不利于农夫、工人之特殊阶级,以谋农夫、工人之解放。”中山先生看到要革命取得胜利,就必须取得工农群众的支持。他在“耕者有其田”的演讲中,曾经提出:“农民是我们中国人民之中的最大多数。如果农民不来参加革命,就是我们革命没有基础。……如果这个基础不能巩固,我们的革命便要失败。”因此,在国民党第一次全国代表大会宣言中,他给工农运动规定了两大原则:第一,吸收工农加入国民党;第二,用全力扶助工农团体的发展。这就是扶助工农的政策。

上述三大政策的确定,使国民党与三民主义有了它的行动纲领,使三民主义思想大大地跃进了一步,真正成为新的三民主义。

新三民主义的另一个重要特点,就是三民主义有了崭新的内容,在革命纲领中注入了带有新民主主义革命性质的规定。在国民党改组时,孙中山先生提出革命要“重新做起”,这是他从过去几十年多次革命失败的惨痛教训中得出的结论。那么如何重新做起呢?首先就是要修改已被证明是行不通的旧三民主义,规定三民主义的新内容。

新三民主义的新内容是这样的:1.新的民族主义有了对外反对帝国主义,对内主张各民族平等的新内容。国民党第一次全国代表大会宣言指出:“民族主义有两方面之意义,一则中国民族自求解放,二则中国境内各族一律平等。”而在此

---

① 《孙中山全集》(上),三民公司,1927年,第53页。

以前,民族主义没有反对帝国主义的主张,只是单纯排满的模糊意识(如在一九一一年以前)或大汉族主义的错误观点(如在一九二〇年)。2.新的民权主义主张普遍平等的民权,而规定帝国主义走狗及封建军阀则不得享受。宣言中说:"近世各国所谓民权制度,往往为资产阶级所专有,适成为压迫平民之工具。若国民党之民权主义,则为一般平民所共有,非少数者所得而私也。"同时指出"凡卖国罔民,以效忠于帝国主义及军阀者,无论其为团体或个人,皆不得享有此等权利"。这个规定,已经具有若干人民民主专政的性质。毛泽东同志曾指出:"除了谁领导谁这一个问题以外,当作一般的政治纲领来说,这里所说的民权主义,是和我们所说的人民民主主义或新民主主义相符合的。"①3.新的民生主义提出了"平均地权"和"节制资本"的办法,实际上是提出了农民土地问题和限制私人资本问题。关于土地问题,宣言规定"农民之缺乏田地沦为佃户者,国家当给以土地,资其耕作"。后来孙中山先生在"耕者有其田"的演讲中,又进一步主张废除地主土地所有制,以耕者有其田的政策作为"平均地权"的实际内容。关于节制资本,宣言规定,凡有独占性质的大企业、大银行由国家经营,使私人资本不能操纵国计民生。同时主张"制定劳工法,以改良工人之生活"。以上这一切,在旧三民主义中,实际上都是没有解决的。

三民主义的这种重大跃进,在当时的历史条件下有着很大的意义。正是这种三大政策的三民主义,才成了一九二四年到一九二七年大革命时期的国共合作的政治基础、民族革命统一战线的基本纲领和基本政策。这是中山先生对中国革命的重大贡献。中国人民永远会把这个历史性贡献深深地印在心里。

---

① 毛泽东:《论人民民主专政》,《人民日报》,1949年6月30日。

中国共产主义运动的先驱*

——纪念陈望道先生逝世二十周年

今天是中国共产主义运动的先驱，中国现代著名的教育家、语言学家、文学家和社会活动家陈望道先生逝世二十周年纪念日。望道先生离开我们已经有二十年了，但他留给我们的宝贵的精神财富，却是值得我们永远珍惜并努力发扬光大的；他一生的光辉业绩永远是耸立在我们心中的一座历史丰碑。陈望道先生的一生是革命的一生，是在马克思主义指导下，为民族独立、人民解放、国家富强和文化教育科学事业繁荣发展而英勇奋斗的一生。他在政治、思想、文化、教育、科学诸多方面，为我们的民族和人民作出了足以载入史册的许多重大贡献。其中，在早期传播马克思列宁主义，参与开创中国共产主义运动和创建中国共产党，则是他一生中最为光辉的丰功伟绩之一。五四运动以后的近八十年来，随着国内外局势的天翻地覆的变化，这个历史性的贡献愈来愈显现出它的伟大的时代意义。

陈望道先生是在五四时期由革命民主主义者转变成为共产主义者，而成为中国第一代共产党人的。这个转变是中国的先进分子在辛亥革命失败后，为寻求新的救国救民的道路而产生的必然归宿，是马克思列宁主义开始与中国革命相结合的必然结果。中国共产党的第一代革命家们，几乎没有例外地参加过辛亥革命或受过这场革命的深刻影响。陈望道先生也不例外，辛亥革命的成功与失败都对他产生了深深的影响。正如他在一九五二年填写履历表时所说，“有鉴于辛亥革命的失败，因此非常关心当时的政治”，也就是十分注视着探索救亡图存的大事，从他青年时期的“实业救国”“科学救国”的理念，发展到后来确立“社会主义救中国”的信念，是他接受马克思主义思想之后，在世界观方面发生的飞跃。他开始接受马克思主义是在十月革命之后，在日本留学期间，经过日本著名进步学者、早期的社会主义者河上肇等人介绍的。后来回国后，在五四运动的大风暴中，他在接受马克思列宁主义的道路上迈出了决定性的一步，从激进民主主义跃进到科学社会

---

* 本文系作者 1997 年 10 月在复旦大学召开的陈望道先生逝世二十周年纪念大会上的发言稿。

主义。从他的这个根本变化的内在动因而言，爱国主义思想则是这一变化的最强大最深厚的内在动力。陈望道先生一向怀有忧国忧民的民族责任感，关注着人民的命运，时时想着“要使国家强盛”起来，而为此孜孜不倦地寻求救国救民的真理。终于，在经历了辛亥革命失败之后的近十年左右的痛苦的反思和艰难的探索，在十月革命之后举起了马克思主义的旗帜，迈开了创导社会主义运动的步伐。

作为中国共产主义运动的先驱、中国第一代马克思主义的宣传者和传播者、中国共产党的创始人之一，陈望道先生和他的战友们，在五四时期以新文化运动的重要中心、中国工人运动的发祥地上海为基地，进行了在历史上从未有过的、前人所从未做过的、开天辟地的伟大事业。当时，以李大钊、陈独秀、毛泽东为代表的具有初步共产主义思想的知识分子，接受并宣传了马克思主义，使马克思主义开始在中国大地上传播，并使之与中国工人运动相结合，为中国共产党的建立作了思想上和组织上的准备。陈望道先生是在其中作出过突出贡献的卓越的一员。他为中国共产党的创建作出了重要的贡献。他的活动阵地主要是在上海，他的主要活动有以下五个方面。

一、翻译、出版《共产党宣言》第一个中文全译本。五四运动爆发后，一向关心祖国命运的陈望道先生毅然从日本返回祖国。在杭州浙江第一师范任教时，他积极投入并发动学生参加反帝反封建的新文化运动。在“一师风潮”的群众斗争中，成为浙江新文化运动的闯将、生气勃勃的革命文化生力军。一师的新文化运动和教育革新运动遭到军阀当局的镇压，从反面教育了陈望道先生，使他对中国革命的道路产生了新的认识。他领悟到要从根本上解决中国的问题，应该从制度上进行根本改革。而要进行对社会制度的根本改革，就必须掌握先进的革命思想武器。这就是他后来回顾这一史事时说的，必须“有一个更高的判别准绳，这更高的辨别的准绳，便是马克思主义”。根据这一认识，一九二〇年年初，他回到故乡浙江义乌分水塘村，潜心研究马克思主义。同时，他应上海《星期评论》周刊社的约请，根据编辑部和陈独秀提供的日文和英文原著，着手翻译《共产党宣言》。他在一间破陋的柴屋里，伏于昏暗的油灯之下，克服了缺乏中外文资料和工具书的困难，经过一百天上下夜以继日的努力，在一九二〇年二月至四月间，终于把《共产党宣言》译成中文本。同年八月，由上海社会主义研究社正式出版。这是马克思主义的第一部经典著作、国际共产主义运动第一个纲领性文件在中国出版的第一个中文全译本，也是中国出版的马、恩著作第一个单行本。这时距马、恩发表《共产党宣言》已有72年，当时望道先生年为30岁。

陈译《共产党宣言》的出版，是一件有着非凡意义的大事。它的重大历史意义，主要可归结为两个方面：一是它第一次完整地正式地把《宣言》的全部内容用中文公布于中国，从此中国人得以从中文本了解和研究《宣言》的全部内容。这就在马克思主义理论与中国革命之间架起了一座桥梁。这是中国马克思主义发展史、也是国际共产主义运动史上一件具有里程碑地位的大事。中国人知道有《宣言》这部书并把它在国内介绍,并不是从陈望道先生开始的。从一八九九年上海出版的《万国公报》中首次提到马克思和他的学说以来,资产阶级维新派如梁启超和革命派如朱执信、马君武等,都曾对马克思和《宣言》作过某些介绍。一九〇八年由无政府主义团体举办的《天义报》,登载过《宣言》第一章的中文译文和恩格斯为《宣言》英文版所写序言的译文。十月革命爆发后,《宣言》在中国开始广泛传播,但在初期还只限于摘译它的部分章节和介绍它的内容要点。一九一九年年底到一九二〇年年初,李大钊等组织北京大学马克思学说研究会时,由刘仁静翻译了《宣言》的节译本,并印出了一个油印本。毛泽东一九二〇年春第二次在北京时,经李大钊和邓中夏的介绍,阅读过《宣言》的油印节译本。同年夏天,毛泽东在上海时,才看到陈望道的中文全译本。后来,毛泽东曾经多次谈到他在一九二〇年读到陈望道译的《共产党宣言》,称它为"用中文出版的第一本马克思主义的书";而从未提到刘仁静译的《宣言》油印本。这不是出于偶然,因为刘仁静译的《宣言》只是一个油印的节译本,当时只限于在很少数人中传阅,而望道先生的中文本是正式出版的全译本,一经出版,风行于世,影响遍及全国,从五四时期到第一次大革命和十年国内战争时期,成为千千万万革命者的必读书。所以毛泽东从一九三六年同美国记者斯诺的谈话直到他晚年,多次提到陈译《共产党宣言》,这是对它的独一无二历史地位的高度评价。

《宣言》翻译出版的更重大的意义,在于它直接为中共的建立提供了理论指针和准备了思想基础,从理论上思想上武装了第一代共产党人。当时中国的先进分子一开始就不是把马克思主义当作书斋里的单纯的学理来探讨,出版《宣言》当然也不是把它作为一本学术著作供少数几个研究世界史的专家用作参考,而是为了中国的革命迫切地要求掌握科学的世界观和社会革命理论。这与以前资产阶级思想家和社团介绍《宣言》的情形有着根本的不同。正如后来毛泽东在《论人民民主专政》一文中所总结的,他们当时接受马列主义,目的是要"用无产阶级的宇宙观作为观察国家命运的工具"。《宣言》帮助一大批具有初步共产主义思想的先进分子进一步跃进到了马克思主义的思想境界之上。毛泽东回忆这一历史过程时说过,"到了一九二〇年夏天,我已经在理论上和在某种程度的行动上、成为一个马克思主义者"。而有三本书对他树立马克思主义的信仰起了关键性作用,其中第一本就是陈望道译的《共产党宣言》。刘少奇说过,他一九二〇年夏天在上海听过陈望道先生讲翻译《宣言》的情况,他回忆道:"当时我把《共产党宣言》看了又看,看了好几遍……经过一段时间的深思熟虑,最后决定参加共产党,同时也准备献身于党的事业。"朱德、董必武、林伯渠、陈潭秋、肖楚女等老一辈革命家都谈到过《宣言》第一个中译本对他们的深刻影响。同时,《宣言》直接帮助了各地共产主义小组举起革命的理论旗帜,使即将召开的中共第一次全国代表大会有了正确的方向,确定了正确的理论纲领和政治纲领。党的一大通过的《中国共产党第一个纲领》,就是直接按照《宣言》的精神制定的。这就使中共一开始就成为一个以马克思主义为理念基础的无产阶级政党。

二、编辑《新青年》杂志、宣传和传播马克思主义。一九二〇年四月底,陈望道先生应《星期评论》社之邀来上海,不久又应陈独秀的约请参加《新青年》的编辑工作。同年九月,他应聘到复旦大学中文系任教,开设文法、修辞课程。十二月,陈独秀离沪去广州后,陈望道负责《新青年》的编务工作。一九二〇年春天以来,上海成为当时中国社会主义运动的中心,陈独秀是这个运动的实际上的领袖。《新青年》编辑业务也已经由北京迁至上海,主持编辑工作的大权也由胡适为主逐步转到以陈独秀、陈望道等为主。一九二〇年五月,《新青年》出版了劳动节纪念专号,标志着马克思主义与工人运动相结合的鲜明倾向。在陈望道加盟《新青年》编辑工作之后,一九二〇年九月开始,《新青年》实际上已经改组成为中国共产党上海发起组的机关刊物了。这是《新青年》杂志划时代的变革,陈望道先生在其中的作用功不可没。他与李汉俊、李达等一起,以《新青年》为阵地,开始进行了一个有组织地向全国宣传马克思主义的思想运动。开辟了"俄罗斯研究"专栏,发表了列宁在当时写的主要著作,也登载李大钊、陈独秀的许多重要文章。陈望道先生旗帜鲜明地抵制了胡适对《新青年》马克思主义办刊方向的指责,并且写文章对胡适的实验主义、改良主义,张东荪的基尔特社会主义进行针锋相对的批评。

同时,陈望道先生还在一九一九年至一九二一年间,翻译了《空想的和科学的社会主义》一书,以及《马克思主义的唯物史观》《唯物史观的解释》《个人主义与社会主义》《产业主义和私有财产》《资本主义的发展》等许多介绍、研究马克思主义新思潮的文章,继翻译出版《共产党宣言》之后,进一步扩大马克思主义理论的宣传和传播。

三、参与组建上海共产主义小组——中国共产党上海发起组。一九二〇年五月至八月,陈望道在编辑《新青年》的同时,又与陈独秀、李汉俊、李达等一起,发起组建上海共产主义小组。这个在全国成立最早的共产主义小组在五月已开始组织,起初称为马克思主义研究会,陈望道是这个组织的核心成员。同年八月,上海共产主义小组即中国共产党上海发起组正式建成,上海发起组中陈独秀担任书记,是领袖人物,主要力量是那些在五四运动、六三运动中锻炼成长起来的年轻一代。最早参加这个组织的有从日本回国的留学生中具有初步共产主义思想的知识分子,如李达、李汉俊等,有在浙江五四运动和新文化运动中脱颖而出的精英陈望道、俞秀松、施存统等,也有少数原来属于资产阶级民主派的人物,如沈玄庐、邵力子等。李达、李汉俊、陈望道等一批革命新生代是这个小组中最活跃最有生气的中坚力量。上海小组是党的发起组织和联络中心，对全国的建党工作起着指导作用。陈望道先生在其中建立了足以彪炳史册的历史功勋。

四、组织工会、发动工人运动。陈望道先生在党的早期工人运动中也作出过重要贡献。他曾是上海小组的工会部长。他直接投身于工人运动，同上海共产主义小组成员一起，奔赴上海的一些工厂区，在工人运动中进行宣传工作，并先后帮助组建了上海机器工会、印刷工会，以及纺织和邮电工会。一九二〇年十月三日，上海第一个在马克思主义指导下的工会组织——上海机器工会，在上海发起组的公开活动地点上海霞飞路（今淮海中路）渔阳里外国语学社召开发起会议。这种由共产党发起组领导的工会组织，是在中国历史上从未有过的新事物，是中国工人运动史上的创举。陈望道还协助陈独秀举办了工人刊物《劳动界》，向工人群众进行通俗的马克思主义宣传。《劳动界》的创刊，是马克思主义指导下的中国现代工人运动开始的标志。

五、参与创建社会主义青年团。一九二〇年八月，在上海共产主义小组的领导下，中国第一个由共产党组织领导的青年团组织——上海社会主义青年团宣告诞生。陈望道先生直接参加了青年团的筹建工作。担任社会主义青年团书记的俞秀松是陈望道先生在杭州浙江一师任教时的学生，是一师风潮中涌现出来的学生运动领袖人物。俞秀松一九二〇年四月到上海后，和陈望道一起参加了马克思主义研究会的工作。望道先生的《共产党宣言》中译本极大地帮助了俞秀松最终摆脱无政府主义和新村主义的影响，转变成为马克思主义的坚信者，并参加了中国共产党上海发起组。俞秀松在陈独秀、陈望道、李达等的直接指导下，具体负责进行青年团的工作。这时党的上海发起组还创办了一所外国语学社，作为青年团的公开活动机构，用以吸收革命青年来社学习俄语和马列主义理论，从中培训青年干部赴苏俄学习。俞秀松担任学社的秘书，具体负责行政事务。陈望道先生多次到外国语学社讲课和发表演说。任弼时、刘少奇、肖劲光等同志都曾在外国语学社留俄预备班学习，随后由上海转赴莫斯科。

陈望道先生和上海共产主义小组的战友们，以及北京、长沙、武汉、广州、济南等地的共产主义小组的同志们，以坚韧不拔的努力进行着一件开天辟地的大事，从思想上和组织上为中国共产党的创立作了准备。到一九二一年夏季，正式建立中国共产党的时机已经成熟。同年七月下旬召开的党的第一次全国代表大会，宣告了中国共产党的成立。陈望道先生曾被推选为上海地区出席党的“一大”的代表，由于陈独秀的家长制作风，他与陈独秀之间在党内生活的一些问题上意见不合，终于未能出席党的“一大”。在“一大”以后不久，陈望道先生曾一度担任了中共上海地方委员会书记（当时称委员长）。所以，他是我们上海地方党组织的第一任党委书记。陈望道先生作为中国共产主义运动的先驱、中国共产党的创建人之一的历史贡献和历史地位，是永远不可磨灭和不可动摇的。当然，作为中国最早的共产党员之一，当时陈望道先生对马克思主义的理论还是知晓不多的，更缺乏对马列主义的普遍真理与中国实际之间完整的统一的理解和掌握，在理论上和实践上还存在这样那样的缺点和不足之处。这是党在初创时期的幼稚性的一种表现。毛泽东在评价孙中山时说过："像很多站在正面指导时代潮流的伟大历史人物都有他们的缺点一样，孙先生也有他的缺点方面。这是要从历史条件加以说明，使人理解，不可苛求于前人。"①毫无疑问，我们对陈望道先生的历史评价也应当采取这样的态度和方法。

陈望道先生在五四和党的创立时期的光辉业绩，光照后世，浩气长存，给了我们后人以许多深刻的启示。以我自己粗浅之见，有两点似乎可以认为是特别重要的。一是善于和勇于把握时代的脉搏，辨别各种思潮的风向，牢牢地掌握马克思主义理论。当时，实验主义、无政府主义、新村主义、基尔特社会主义等各类思潮都打着新思潮的旗号，纷纷登上中国思想界的舞台。在泥沙俱下、鱼龙混杂的情形之下，望道先生明辨方向，毅然决然地选择了马克思主义，从而成为现代中国大地上最早举起马克思主义旗帜的先锋战士之一。这很值得当今思想界的朋友们深思，并从中引出必要的结论。二是立足于人民群众，怀着一颗救国救民的赤子之心，献身于革命运动。不是为了个人的狭隘利益，也不是为了一群一党的私利，而热切追求的是民族的振兴、国家的富强。望道先生正是牢牢地立足于这个基本点上而投身于五四和党的创建活动的。这是望道先生留给我们的又一个具有深远意义的历史启示。

---

① 毛泽东：《纪念孙中山先生》，《毛泽东文集》(第7卷)，人民出版社，1993年，第157页。

民主的英烈　科学的先驱*

——纪念杨杏佛先生殉难七十周年

今天，是杨杏佛先生为民主为救亡而殉难的七十周年纪念日子。七十年前的今天，正当中国的民族危机空前严重，国内革命运动处于低潮，白色恐怖十分猖獗的年代，在上海发生了一件震惊中外的政治暗杀事件。一九三三年六月十八日上午8时许，中国民权保障同盟执行委员兼总干事、国立中央研究院总干事杨杏佛先生，在上海亚尔培路中央研究院国际出版品交换处大门口，遭到预先埋伏的国民党特务的枪击，不幸殉难。这是一起有目的、有组织、有预谋的政治暗杀事件。国民党的特工机关、力行社特务处处长戴笠，根据蒋介石的指令，直接组织指挥特务处华东区6名特务分子，经过2个月左右时间的谋划与准备，执行了这次暗杀行动。

这一事件，是二十世纪三十年代中国广大民众，特别是爱国的追求民族独立、民主自由的知识分子，与坚持专制独裁、对内镇压和对外妥协的蒋介石反动统治之间，矛盾斗争尖锐化的一个突出表现。蒋介石下令暗杀杨杏佛先生的目的，就是以此来打击以宋庆龄、蔡元培、鲁迅、杨杏佛、邹韬奋等为代表的，团结在民权保障同盟周围的爱国知识分子，借以扼杀民主运动和抗日救亡运动。正如宋庆龄先生六月十九日在《为杨铨被害而发表的声明》中严正指出的：蒋介石“这批人和他们所雇用的凶手，以为单靠暴力、绑架、酷刑和暗杀，就可以把争取民主自由的斗争扼杀。”“中国民权保障同盟就代表这样一个争取自由的运动，杨铨也就是因为他在这个队伍中的活动，而被残酷地杀害了。”①

然而，反动派的屠刀并没有也不可能吓退那些决心为民主和救亡而献身的爱国者。相反，他们踏着烈士的鲜血继续无所畏惧地奋进；而且，还唤起了更多的战

---

* 本文是作者2003年6月在上海市政协和市民革召开的纪念杨杏佛先生殉难七十周年座谈会上的发言。

① 《为杨铨被害而发表的声明》，《宋庆龄选集》，人民出版社，1966年，第79页。

士投入这伟大的行列。当时,上海等地各界人士为悼念杨杏佛先生的殉难,而掀起了一个声讨蒋介石专制独裁统治的很有声势的民众运动。就在六月二十日下午,在万国殡仪馆举行的杨先生大殓仪式时,宋庆龄在秘书和国际友人伊罗生的陪同下,亲自出席,她向外界宣布:中国民权保障同盟的事业还要继续下去。鲁迅已经知道自己的名字也已被列在黑名单之上。但他以大无畏的革命气概,参加了杨先生的大殓仪式。这天,他身上不带钥匙,完全作好了牺牲的思想准备。那天,天空飘忽着阵阵细雨,老天爷也禁不住表现出满腔悲愤。蔡元培、黎照寰、洪深、沈钧儒、刘海粟、叶企孙、王云五等赶来吊唁;何香凝、李四光、许寿裳、丁西林、王季梁、周子竞、傅斯年,以及孔祥熙、宋子文、孙科等各界人士送了花圈,表示哀悼。于右任在广慈医院向杨先生遗容作最后告别时,禁不住嚎啕大哭,悲愤之声动人心扉。第二天,鲁迅作《悼杨铨》诗一首,写道:

岂有豪情似旧时,花开花落两由之。何期泪洒江南雨,又为斯民哭健儿。①

鲁迅的诗,充满了万分的悲痛和无比的愤慨,是号召无数健儿奋起斗争的战歌。

杨杏佛先生是现代中国一个真挚的爱国主义者和杰出的民主革命家。他在短暂的一生中,经历了从旧民主主义到新民主主义的两个历史时期,他的革命步伐与时俱进。他顺应历史发展的潮流,追求救国救民的真理,在革命运动的实践中不断前进。

一、二十世纪初期,迎着辛亥革命的曙光,探索振兴中华之路

杨杏佛先生18岁时就投身民主革命,参加同盟会和孙中山南京临时大总统府的工作。辛亥革命后负笈美国,先后在康奈尔大学和哈佛大学学习科学技术和工商经济。一九一八年回国后,在实业界和教育界奋力探索,是二十世纪中国新的科学事业的先驱者之一。他经历了一段为救国救民而上下求索的艰难历程,曾一度致力于"科学救国""实业救国"和"教育救国",还未找到从根本上解决民族独立、人民民主和国家现代化的道路。但是,就在那时,爱国主义始终是杨杏佛先生思想的主线和行动的基本轨迹。

---

① 鲁迅:《集外集》,人民文学出版社,1973年,第129页。

二、 在第一次大革命中，成为民主革命的杰出战士和共产党的真诚合作者

一九二四年，杨杏佛先生离开东南大学，奔赴中国大革命策源地广州。在反对帝国主义、反对北洋军阀的旗帜下，杨杏佛先生成为孙中山新三民主义和三大政策的坚定的拥护者和实践者。在孙中山逝世后，杨先生作为著名的国民党左派人士，恪守中山先生的遗教，竭尽全力推进反帝反封建的革命运动。无论是在广州，或是在上海，他始终活跃在风雷激荡的大革命洪流之中。为推进国共合作，为革命的舆论活动，为上海工人第三次武装起义和统一战线性质的上海市临时政府的建立，作出了卓越的贡献。

三、 在民族民主革命的新时期，杨杏佛先生成为中国知识界民主与科学的爱国主义的一面旗帜

进入十年内战时期，杨杏佛先生面对革命低潮，毫无动摇，绝不退缩，救国救民的初衷不改。他一面以著名学者、国家最高学术研究机构主持者的身份进行公开活动，积极推进科学事业和教育事业；同时，以公开的或秘密的各种方式，进行反对国民党反动统治和反对日本侵略的民族民主斗争。他大声疾呼，为民主政治而奔走，为抗日救亡而奋斗。他投身“一·二八”淞沪抗日救亡运动和支援长城抗战的民众运动。他不畏艰险，支持邓演达的反蒋革命活动。他为营救共产党人陈赓、罗登贤、廖承志等同志，为保护和改善被关押在北平国民党监狱中的薄一波、刘澜涛、安子文等同志的处境，为营救丁玲、潘梓年等左翼文化人士以及国际共产主义战士牛兰夫妇，进行了不屈不挠的斗争。杨杏佛先生不顾个人安危，以顽强的革命精神和干练的组织才能，进行了大量卓有成效的工作，成为享誉国内外的爱国民主社会活动家。

从杨杏佛先生的一生，我们看到的，是现代中国革命知识分子，为民族独立、民主自由、国家富强而忘我奋斗、英勇献身的光辉历程。民主、科学的爱国主义思想，是贯穿其中的一条红线，也是他留给我们的最可贵的精神财富。继承和发扬爱国主义精神，应是我们对他的最好的纪念。

蔡锷《军事计划》和蒋百里《军事常识》两书的军事思想*

蔡锷的《军事计划》(以下简称《计划》)和蒋百里的《军事常识》(以下简称《常识》),是两部论述中国军事和国防问题的名著,在我国的军事界曾有过很大的影响。它们是民国初期中国一代军事学权威的代表作,系统地表达了我国民主主义者对军事和国防问题的基本观点和主张。它们代表了在我国马克思主义的军事学诞生前,中国民主派军事思想发展中的一个高峰,从而成为中国近代军事思想史上一个不可磨灭的里程碑。作为我国军事思想宝库中一份珍贵的遗产,这两部书似应引起军事史学界足够的重视,并对其作出科学的评价。

一、 蔡、蒋两将军亲密合作的结晶

蔡锷(一八八二——一九一六)和蒋百里(一八八二——一九三八),是我国近代杰出的军事家和爱国主义者,在近代军事史上占有极为重要的地位。蔡锷在辛亥革命时期,领导了云南的反清武装起义;在袁世凯复辟帝制时,发动和领导了反袁护国战争。蒋百里在民国初年担任保定军校校长,在抗日战争初期出任过国民政府军事委员会顾问兼代陆军大学校长。如果说,蔡锷以在辛亥革命和护国战争中的丰功伟绩而名垂史册,那么,蒋百里则是以在军事教育和军事学术研究上的卓越成就而闻名于世。从辛亥革命的准备时期到护国战争时期,直至蔡锷逝世,蔡、蒋两人始终是志同道合的挚友。在民国初期风云变幻的军事政治斗争中,他们以强烈的爱国热情和出类拔萃的才华,出众而起,成为军事领域中相互伴随的两颗银光闪耀的新星。

《计划》和《常识》是蔡、蒋两将军的主要军事著述之一,分别成稿于一九一五年和一九一七年。《计划》一书创作的酝酿和起草,始于辛亥革命前蔡锷在广西担

---

* 本文原载《复旦学报》(社会科学版)1990 年第 6 期。

任军职期间。一九一二至一九一三年，蔡在昆明任云南都督时，写就了此书的草稿。一九一四至一九一五年，蔡在北京担任陆军部编译处副总裁、陆海军大元帅统率办事处办事员、全国经界局督办等职时，正式定稿。这本书是继《军国民篇》（一九〇〇年）和《曾胡治兵语录》（一九一一年）之后，蔡锷在其一生中发表的诸多军事著述中一部最重要的军事著作。《常识》一书，是蒋百里于蔡锷逝世后，一九一七年在北京担任总统府顾问时撰写并完稿的，同年由商务印书馆出版。这本书，是继《孙子新释》和《孙子浅说》（一九一四年）之后，蒋百里在北京政府时期发表的最主要的军事著作，出版后很快“成为军中风行之书”①。一九三七年春，他的名著《国防论》发表，其中第四篇——“二十年前之国防论”，即为《常识》一书的主要内容。

《计划》和《常识》两书，在迄今为止的有关史书中，都认为是蔡、蒋两人各自撰写的著作②。但长期以来，人们并不清楚《计划》与《常识》两书之间关系之真相。当人们对照这两本军事著作，就会发现，两书在理论体系、逻辑结构、章节体例、各节内容，以至于在词章和文字上，基本上都是相同的，有许多章节从头至尾完全同一，如同一稿子。这是怎么一回事呢？如何看待这一现象呢？有的治史者不无偏见地指责说，是蒋百里抄袭了蔡锷的文章。台湾的民国史界中曾有人说过：蔡锷一九一三年八月“离滇前，曾以（《军事计划》）原稿交蒋方震（百里）润色，蒋竟袭取其中部分，自编为《军事常识》，于民国六年出版，文字毫无更易，掠人之美，殊可惊异！”③这显然是歪曲了历史真相。更多的研究者则对《计划》与《常识》两书的内容如此相同，感到疑惑不解。纽约圣诺望大学亚洲研究中心前主任薛光前在二十世纪七十年代初参与编辑《蒋百里先生全集》后，不无遗憾地说道：蒋的“著作中之若干难以尽如人意之处，亦因时日久远，无法考证。如《国防论》一书中，有若干章节（指《国防论》第四篇——二十年前之国防论）与《蔡松坡先生遗集》不无重复之处，不知是否为蔡氏采用百里先生之原稿，抑百里先生根据蔡氏原著加以引用，或扩而充之。因迄未发现蔡氏或百里先生之说明，后人当难意断。至《军事常识》中，百里先生或注明原委，亦未可知。但因无原书，亦无法证实”。④显然，要探究这两书间的关系，关键是要对照两书的全部内容，并弄清两书成稿的经过。

---

① 蒋复璁：《先叔百里公年表》，《蒋百里先生全集》（第 6 辑），台湾传记文学出版社，1971 年，第 33 页。

② 参阅谢本书：《蔡锷传》，天津人民出版社，1983 年；陶菊隐：《蒋百里传》，中华书局，1985 年；王冉之：《蒋百里将军与其军事思想》，台湾率真印刷社，1975 年。

③ 张益弘：《蔡松坡先生对中华民国之贡献》，《湖南文献》季刊第 6、7 期合刊。

④ 薛光前：《〈蒋百里先生全集〉后记之二》，《蒋百里先生全集》（第 6 辑），第 386 页。

《计划》一书自《蔡松坡先生遗集》出版以来，已有多种版本问世①，研究者亦不乏其人，近年来更有多篇论述此书的专文发表。可是，对《常识》一书，至今知者寥寥，更未见一篇研究此书的文章问世。这里的一个主要原因，是《常识》在一九一七年问世时，发行数量甚少，以后又从未再版，一些图书馆藏书几度佚失，至今极难读到。美国和中国台湾的一些学术部门在七十年代初编印《蒋百里全集》时，曾向普林斯顿大学、斯坦福大学胡佛研究所、哈佛大学、密歇根大学、哥伦比亚大学等各校图书馆和美国国会图书馆征集蒋百里的论著，并在东京、纽约等地登报公开征求《常识》一书，结果均未如愿。许多研究蒋百里军事思想的学者，都以为"《军事常识》两册，今已失传"②。《计划》与《常识》两书的关系，遂成为民国军事史上的一个疑案。

笔者近来发现和研读了《常识》一书，并同《计划》一书全文作了对照，也参阅了其他有关史料，对两书的关系及其成稿过程作了初步的探讨。蔡、蒋两将军具有共同的政治主张和军事观念，很早已是肝胆相照的挚友。这是他们合作研究军事和国防问题的基础。早在一九〇一年，两人在日本陆军成城学校同窗时，就开始互相结识，因为理想和旨趣同一，"他们一见面就成为志同道合之友，几乎达到形影不离的地步"。③翌年，两人都得梁启超之助，改入日本士官学校。一九〇三年十一月，蔡、蒋一起毕业于士官学校，连同张孝准三人，以优异的成绩获"中国士官三杰"之称。辛亥革命时期，蔡锷以云南都督向南京临时政府大总统孙中山和陆军总长黄兴推荐蒋百里，说"锷于蒋君相知最深"，称崇蒋"留学东西洋十年来，品行、学术、经验、资望为东西洋留学生冠"，建议"畀以参谋部总长或他项军事重要职务"，认为蒋"必能絜领提纲，措置裕如"。④在互相完全依赖的基础上，通力合作研究军事问题，亦属顺理成章之事。

辛亥革命失败后的国内局势和蔡、蒋的政治境遇，促成了《计划》和《常识》两书先后宣告诞生。一九一三年十月，蔡锷被袁世凯调至北京后，任职于陆海军大元帅统率办事处。蒋百里自一九一三年六月交卸保定军校校长后，亦在次年五月转任统率办事处参议。两位知己相会北京，"旧友重逢，互倾心腑"。这时，"二次革命"已告失败，北洋军阀袁世凯的统治已经建立，资产阶级共和国道路再次被事

① 《军事计划》最早收录于刘达武编的《蔡松坡先生遗集》而公之于世，时在 1943 年，由湖南邵阳亚东印书馆出版。近年来，以下图书都收录了该书：曾业英：《蔡松坡集》，上海人民出版社，1984 年；毛注青等：《蔡锷集》，湖南人民出版社，1983 年；蔡端：《蔡锷集》，文史资料出版社，1982 年。

② 陶菊隐：《蒋百里传》，北京中华书局，1985 年，第 8 页。

③ 《蔡锷集》，第 149 页。

④ 蒋方震(百里)：《军事常识》，商务印书馆，1917 年，第 5 页。

实证明是走不通的。但是，蔡、蒋两人当时对此并无认识。他们像不少参加过辛亥革命的志士一样，期望能为国家开辟一条富国强兵、振兴国防的道路。他们错认袁世凯为统一中国的象征，冀希在袁政权之下，改革军事，增强国力，为此积极地向袁提出关于军事问题的方案。对作为民族和民主主义的军事家，而又与正在拥袁的进步党领袖梁启超有深刻历史渊源的蔡、蒋来说，抱有上述政治倾向不足为奇。他们两人与青年军官阎锡山、张绍曾、尹昌衡等11人在北京组织了军事研究会，经常研讨和讲演各类军事问题，议论军事计划，还请外国军事学家讲学，谋图改革军事、兴革军队。正是在这个背景之下，蔡、蒋两人共同研究了蔡早年在西南起草的《计划》一书，并经蒋的悉心修改，作为国防计划的纲要，上报袁世凯。对此，后来蒋在《常识》一书序言的“述旨第四”中，有过明白的说明：“乙卯（一九一五年）秋，蔡公松坡述余以西南政略之大旨，又商所谓军事计划者，乃掇拾要旨，为事实上之研究。余于是乃得是书（指《常识》一书——引者）之纲领。”①显然，《计划》一书，事实上是经蔡、蒋两人一九一五年秋在北京共同进行商讨和研究的；同时也在这过程中，蒋的《计划》一书的纲要得以形成。可见，蕴藏在两书中的观点和主张并非是一个人的，而是蔡、蒋两将军的共同的思想、理念和主张。

后来，蒋百里一九一七年写作《常识》全文，其实是在北京的上述研究工作的继续，是他在护国战争后，一如既往地倡导两人的军事国防主张，也是他对已逝世的挚友的纪念。在袁世凯复辟帝制的时候，蔡、蒋与他们的老师梁启超多次密谋，先后赴南方谋划反袁护国。一九一五年十二月，蔡锷在昆明领导和发动了护国战争。翌年三月，蒋应梁启超之召抵广州，担任“两广护国军都司令部”出师计划股长（执行参谋长职）。七月，蔡被任命为四川督军兼省长，他因病乃商请蒋出任督署参谋长兼代督军，实任督军署总参议。八月，蔡由蒋陪同离成都，经上海赴日本福冈就医。十一月八日，蔡病逝日本。原来，蔡离川时两人商妥，预定他病愈回国后，自己赴京执行其改造北洋军队的计划，推荐蒋为四川督军，并以四川为基地，实施他们拟议中的西南国防计划。蔡逝世后不久，驻川的滇、川、黔诸军发生成都之战，蒋入川赴成都途中闻讯半途折回，“西南计划”终成泡影。一九一七年夏，蒋回北京任总统府顾问，次后，便致力于军事学术和新文化的研究。不久，《计划》一书正式完稿。他在该书序言中指明了它与蔡锷的深刻关系及其写作旨意：“蔡公病矣，死矣。即衔恤以归舟，复闻鸡而起舞。事实无可言矣，乃言其理论，以答诸友，并持此以临蔡公之葬，而慰其灵。”②“事实无可言矣”，指四川局势大变，“西南计划”业已无可实行。“言其理论”，则表明《常识》一书所阐述的即为“西南计

① 《军事常识》，第1—2页。

② 王冉之：《蒋百里将军与其军事思想》，台湾率真印制厂，1975年，第90页。

划”——“军事计划”的理论。

这就可以断言,《计划》一书的初稿是由蔡锷草拟的,经蔡、蒋两人共同研讨,并经蒋修改,就其成稿而言,实际上系两人合作创作而成。《常识》一书,是由蒋百里在蔡锷去世后,就《计划》书稿略加改组而成,虽为蒋独力完成,然就其基本内容而论,可说是《计划》的翻版,其思想内容实为两人所共有。

二、 富国强兵、振兴国防的一幅蓝图

从鸦片战争到五四运动前夜的70余年间,先进的中国人,经过了千辛万苦,向西方国家寻找真理,学习西方资产阶级民主主义的文化,其中包括欧美和日本的军事学说。西方资产阶级军事学说的引入中国,以林则徐开风气之先,经清末北洋海军和新建陆军的创立,逐步有所前进,但基本上停留在引进外国军事条令、介绍军事技术和翻译军事著作的水平。至五四运动前夜,《计划》与《常识》两书诞生,我国军事学说遂进到一个新的水平,标志着我国民主主义者提出了自己的关于军事和国防问题的理论体系。

《计划》一书分上、中、下三篇,共为七章,全文三万一千余字。除“绪论”外,第一至第七章分别为:练兵之目的、国力与武力与兵力、义务兵役制、兵器要纲、编制、教育、人事与经理,最后为蒋百里所作的“跋”。《常识》一书,不分篇,共为八章,全文三万五千余字。该书无“绪论”,第一至第八章分别为:政略与战略、国力与武力与兵力、义务兵役制、兵器要纲、编制、教育、军政总纲、近古军事纪要,末尾有附录“湘军以来世界变局年表”①。《计划》一书在章以下不分节,故无节之标题,《常识》一书则不同,在章之下设节,全书共分68节,各节均有标题。《常识》第一章包含了《计划》第一章的全部内容和文字,自然段落完全相同;不同的是,前者把后者的“绪论”移置于这一章之中。第二章,两书从内容到文字完全同一。第三章,两书文字论说部分完全相同,只是《计划》一书中插有“武器表”,而缺“兵器材料表”,相反,《常识》一书有后表而无前表。两书其他各章,内容亦都相同。蒋百里为《计划》写的“跋”,在《常识》中改组为第八章“近古军事纪要”,但除标题外内容和文字并未有何改动。

《计划》与《常识》两书广泛地论述了军事和国防的一切主要问题,是对中国民主派军事思想和国防观点的全面总结。两书融合西方近代军事思想和中国古代军事思想的精华,参照中外战史和世界各国军备的情况,系统地提出了关于我国

---

① 蒋百里在《中国五十年来军事变迁史》一文中说明,《军事常识》附表于1923年经作者增补修改,并填写史论部分,改称为上述“变迁史”,收入《申报五十国年纪念特刊》一书。

军事改革和国防军事建设的见解，概述了关于中国的政略战略、建军原则、国防体制、兵役制度、武器装备、军事教育以及军政军令制度等基本问题的方案，给国人描绘了一幅富国强兵、振兴国防的蓝图。

（一）关于军事与政治的关系。两书作者以广阔的战略眼光，精辟地论述了国是、政略、战争、战略、军队五者之间的关系，把军事问题置于国家政治中的应有的重要地位，阐明了振兴军事、增强国防必须立足于国家政治经济变革的基础。《计划》绪论和《常识》第一章指出："国是者政略之所出也。战争者，政略冲突之结果也。军队者，战争之所具用以实行其政略者也，所用以贯彻其国是者也"，"故政略定而战略生焉，战略定而军队生焉"。①作者虽然并非以历史唯物主义的阶级斗争和阶级分析的观点看待军事现象，但不是孤立地观察战争和军队，而是确认战争是交战双方政略冲突的结果，政略是由国家的根本利益和基本国策即"国是"决定的，战略受制和从属于政略，军队则是贯彻政略的工具。任何一个国家要"应之于国内外周围之形势，以策其自存"，首要的是确定正确的"国是"。"国是"确立的过程，也正是"政略之所出"的过程；而政略一经确立，战略也就由之决定。两位作者总结国内外战史和军史的经验，深知军事属于政治范畴，军事从来都从属于政治，国家军事力量的兴衰历来都离不开国家政治的状况。"军者，国之华，而有不培养其根本而能华能实者也。"要振兴中国的军事与国防，就必须以实行政治改革，振兴政治为先导和基础。

（二）关于治军原则。两书指出练兵之目的在求战，"练兵将以求战也。故先求敌而后练兵者其兵强，先练兵而后求敌者其兵弱"。作者分析欧洲的德、法两国，东方的日本，以及我国湘军和淮军的建军史后指出："凡治兵于四面楚歌之地，欲突起以成功者，其事较难，而成功者独多。制兵于天下升平之日，欲维持于不敝者，其事较易，而成功者绝无也。盖惟忧勤惕励之诚积于中，斯蹈厉发扬之致极于外。故曰：无敌国外患者，国恒亡。"②作者认为"以必战之志，策必胜之道者，治兵之原则也"。治军的要纲，一是"立必战之志"，"至刚之志"，做到"明耻教战"；二是"策必胜之道"，"以至刚之志，济之以至虚之心"；三是"入手治兵，首在择敌"，即首要的问题在于正确选择和确定假想敌国。

（三）关于国力、武力与兵力的关系。两书论析国力，武力、兵力的内涵与外延，提出了关于国防力量三个层次结构的思想。作者写道："武力者，国家所用以贯彻其国是之具也。就广义言，武力即国力也。就狭义言，则国力而加以军事的组织锻炼者，是曰武力。"而"武力与兵力不相同。兵力者，武力之主体，而兵力非

① 蔡锷：《军事计划》，《蔡锷集》，第300页。

② 《军事计划》，《蔡锷集》，第301—302页；《军事常识》，第1—3页。

即武力也。武力者，就其用而言也；兵力者，就其体而言也”。①在这里，作者已提出了类似当今的“综合国力”的观点。从根本上说，兵力之源在武力，武力之源在国力。所谓国力，不是单纯的军事力量，而是人力、地理、物质生产力、机械运动力和政治力五者之综合体。武力又以人力和材用两项为要素。人力，包括国民的体力、智力和道德力，以道德力为主。材用，则包含农业（粮秣）、工业（武器）、矿业（煤铁）、牧畜（马驴）和经济（财政）等项，以经济财政为主。

在国力的综合体之中，作者认为“国家政治之机能”（即政体、制度），又是构成国力大小强弱的“原动力”。作为政治原动力和国家制度的根本，为民主立宪制度；作为军事原动力和国家军事制度的根本，则为义务兵役制。这两者犹如车之两轮、鸟之两翼，相辅相成。在作者看来，改革政治，实行民主宪政，是增强国力、武力与兵力的基础，人民“既有与闻政治之权利，即当然有保卫国家之义务”。为此，他们提出了“农民当解放”“市民当予以自治权”“贵族当教”等项政治主张。这些思想，从政治民主化、政体共和制的高度论述了增强军事国防力量的问题，具有极为深远的意义。

（四）关于兵役制度。作者总结近代外国实行义务兵役的历史经验，强烈主张在我国实行义务兵役制。并对在我国推行义务兵役制，从“法律上之规定”“行政上之组织”“实行上之事务”，作了系统、周详的阐述。指出“征兵之要件有五”：“一曰征之能来，二曰来之能教，三曰教之能归，四曰归之能安，五曰临战焉，一令之下，应声而即至。”②作者设计的义务兵役制方案，在北洋军阀统治下的中国，虽属纸上谈兵，但它描绘了革新兵制、实行新的兵制的蓝图，仍富有其历史进步意义。

（五）关于兵器问题。人与武器，是军队战斗力的两个基本要素。“人授以器，使身与器相习，而能为一致之行动者，是曰兵。兵集为群，使兵与力相习，而能为一致之行动者，是曰军队。”③作者既重视人，又重视物，并指出重要的是要使两者“能为一致之行动”。两书详细阐述了兵器之种类（包括武器、弹药、器具、材料），武器之原质（包括药、金、革、木），武器之经营（包括制造、管理、使用）等方面，提出了一系列极有价值的意见和建议。并指出武器装备的先进与否，除需要具备雄厚的经济实力外，还必须具有“正确的学理，积甚久之研究”，即要掌握先进的科学技术，进行不间断的科学研究。

（六）关于军队的编制。在论述了人和器这两个“兵之原质”后，作者进而分

---

① 《军事计划》，《蔡锷集》，第 305 页；《军事常识》，第 14 页。

② 《军事计划》，《蔡锷集》，第 311 页；《军事常识》，第 36—37 页。

③ 《军事计划》，《蔡锷集》，第 313 页；《军事常识》，第 43 页。

别研究了“军事之组织”和“军事之锻炼”两大问题。因为仅仅有了人和武器这两个“原质”，并不就能形成战斗力，而军队的战斗力只有通过组织与锻炼两个方面才能体现出来。“所谓军事之组织者，编制之谓也。所谓军事之锻炼者，则教育之谓也。”军队编制的目标与意义是什么？作者认为，通过编制应当实现四个要点：“人与器合”“兵与兵合”“军与军合”“军与国合”，从而使全国军队“能统率于一人意志之下，若身之使臂，臂之使指，惟所欲之，无不如志”。①

作者系统地阐明了全军的编制原则和编成体系，规划了近代国家军队编制的一个完备的方案。以战时而言，全军应以大本营为最高统率机关。全国军队类别为野战军、守备军、补充军、国民军、特种军五种，各种军队都有其特定的作务、编成和在兵役制度上相应的规定。作者详尽地叙述了野战军的编制大纲，从纵横两个方面剖析了编制的体系。纵向方面，由军、军团、师、旅、团、营、连等自上而下组成。横向方面，由司令部（指挥作战）、战列队（实行战斗）、辎重（接济军需）和兵站（联络后方）四个部分构成。作者强调指出了军制与政体相一致的原则，主张以“军区制”为纽带，行政官与军政官同心协力，军队与地方互相结合，使军队“生生不绝”。

（七）关于军事教育。蔡蒋两人历来十分重视军事教育，他们也都是著名的军事教育家，在军事教育的理论和实践上都具有深厚的功底。在两书中，他们全面、系统地论述了关于军事教育的所有主要问题，提出了一系列富有远见卓识的主张。作者指明军事教育的作用和意义说：“人也，器也，军也，国也，各有其个体，其形式上之一致，则编制之责也；其精神上之一致，则教育之责也。”什么是军事教育的纲领和目标呢？“有一言而可以蔽教育之纲领者，则一致之说是也。故第一，求人与器之一致；第二求兵与兵之一致；第三，求军与军之一致，第四，求军与国之一致。”②达到了这四个一致，这支军队无疑地会是强大无敌的。至于军事教育的内容，除对军人进行军纪教育和军事知识教育外，作者特别强调了进行爱国主义教育的极端重要性，指出教育的崇高目标是要树立“全军一贯之爱国心”。

（八）关于军事管理。两书着重论述了军队的人事和经理两大问题。作者从国家政体的层面上把军事体制分为两大部类：军政和军令。前者执掌军事行政事项，后者执掌军队统率事项。“凡……征兵、制器、编制、教育，则皆属于军政者也。”那么，什么是提起军政全盘事业之纲呢？作者以高度的洞察力指出：“其纲焉：一曰人，二曰财。”用人之制，是为人事，用财之制，是为经理。“人事得其道，经

① 《军事计划》，《蔡锷集》，第319页；《军事常识》，第59—60页。

② 《军事计划》，《蔡锷集》，第330—331页；《军事常识》，第94—96页。

理得其法，而军政之义备矣，……乃能总絜全国军政之纲矣。”①用今天的话来说，正确的干部政策和财政政策是指导国家军政事业的两条总纲。

两书强调要建设强大的军队，必须“人事得其道”，实行正确的军事干部制度。因为，如果“人事不得其道”，“其祸”在“积极”方面“则侥幸心发达”，在“消极”方面“则希望心之绝灭”，这对于国家都是十分危险的。为此，作者认为不应沿袭“绿营之制”和“湘淮军之制”，而应实行一套新的军官制度，并详细地阐述了军官的培养、升补、拔擢，奖惩、退役等各项制度。作者在干部问题上强调要任人唯贤，知人善任；任用干部必须按照制度的规定，“权不操诸一人”；考察干部要从下而上，层层考核，年年进行，以做到任免干部“事不定诸一月”，“国家之进退人才，非私人所得而左右”，也“非中央一人所可私”，必须按制办理，在制度面前人人平等。这些思想和主张，即便是在今天，也仍然是非常可贵和值得借鉴的。

三、 军事思想史上一份珍贵的遗产

《计划》和《常识》两书是蔡锷和蒋百里这两位中国资产阶级杰出的军事家留给后人的珍贵的思想遗产。

中国民族资产阶级在军事上并无宏伟的业绩，它的经济力量和政治力量不足，基本上没有掌握过政权。如果说，法国在资产阶级革命时期，“革命的战争创造了像拿破仑这样的人物，他把这种新的作战方法发展为一套正规的制度”②，那么，中国并未为资产阶级准备这种历史条件。但是，它也有过自己的名垂史册的军事业迹。以孙中山为代表的资产阶级革命派的军事事业，曾在清末民初的年代辉煌于一时，自有其应有的历史地位。蔡锷、蒋百里在护国战争时期的军事活动，虽然是以梁启超为首的进步党为政治灵魂的，但在军事学术方面所作出的贡献，却远远超越了孙中山等人。这是治近代军事史者所不应忽略的。以《计划》和《常识》两书为代表的军事思想成果，在当时的中国军事思想界中是无与伦比的。尽管蔡蒋两人并不懂得在帝国主义和封建军阀统治下的中国，企图实现他们设想的军事和国防计划，只能是一个幻想。但这并不影响两书在军事学术上的重要价值。

第一，在增强综合国力的基础上，强化武力与兵力，建立总体性国防体制，以战胜外敌，保卫国家的国防思想，这是《计划》和《常识》两书创导的一种新的国防

---

① 《军事计划》，《蔡锷集》，第338页；《军事常识》，第118页。

② 恩格斯：《军队》，中国人民解放军军事科学院：《马恩列斯军事文选》，中国人民解放军战士出版社，1977年，第129页。

观念。它不仅在民国初期以超越历史上的地主阶级洋务派和同时期的资产阶级革命派的认识水平，而站在时代潮流的前面；而且直到今天，它对我们增强国防观念、加强国防建设，仍不失其积极意义。

蔡、蒋两将军都怀有一颗忠诚不渝的爱国之心，对灾难深重的祖国充满着赤忱之爱，生平以救亡图存、振兴中华为己任。他们的国防思想是以强烈的爱国主义为基础的。在《计划》和《常识》中，处处闪耀着富国强兵、抵御外敌、振兴中华的思想光辉，这决不是偶然的。蒋百里在《常识》一书序言中述其撰写"缘起"说："吾书既竟，而璀灿壮严之国家乃涌现于吾前。昆仑之高也，大江之长也，历史之悠久也，民族之富庶也。美哉国乎。"研究军事国防的目的，正是在于对祖国"爱之而欲强之"，而为此"求其道"。因为"此璀灿壮严之国家，惟我有之，惟我享之，惟我可以使之强，惟我可以使之富，此《军事常识》所为作也"。①他们的爱国主义精神，加上变革进取、寻机发展的进步思想，以及对中外军事学说和战史的深厚修养，孕育了新的国防观念。

在蔡、蒋的国防观念中，居安思危、备战御敌、敢打必胜的思想也是十分可贵的。他们认为在平时必须安不忘危，对于我国有侵略野心的国家之潜在威胁，保持高度的警惕，反对偷安苟且、侥幸轻敌。正是基于这个观念，他们每每强调"无敌国外患者，国恒亡"的道理。建设国防与军备，要立足于打，敢打必胜。"练兵之目的在求战。"战争既为政略冲突的结果，而政略之相持又非一朝一夕之事。"其端倪可先时与预测，故其准备可先事而预筹，夫而后可以练兵焉。"②

对于国防战略的指导方针，他们提出的正确"择敌"，集中战略打击方向于一个目标，力求消灭敌人，夺取胜利的主张，同样是值得后人借鉴的。两书特别强调"择敌"即确定首要的敌国，是战略的出发点。这就需要洞察世界的战略态势，善于识别敌友，指明主要危险来自何方，从而确定战略打击目标。"择敌"是一个长程的战略目标问题，同时又是一个随着形势变化而有所变动的策略问题，为此，作者提出了在不同情况下处理这一问题的原则。

第二，在国家的政治经济体制变革的基础上变革军事的思想。《计划》和《常识》两书从头至尾贯穿着蔡蒋两将军的军事变革思想，大的从战略原则、建军原则、军政体制，小至各项具体的典章制度和规定，几乎涉及军事建设的各个领域，体现了他们的军事变革思想的一个相当完整的体系。

两位作者提出的军事变革必须以政治经济变革为基础的观点，很富于远见卓识。他们认识到战争起源于政治冲突，认为"战争者，政略冲突之结果也"。军事

① 《军事计划》，《蔡锷集》，第 300 页；《军事常识》，第 1—2 页。

② 《军事计划》，《蔡锷集》，第 305 页；《军事常识》，第 5 页。

以政治为本，国防以国是、国力为本。军队历来是从属于一定的国家和政治集团的。这些观点本是世界近代历史上资产阶级军事学说的精华之一，具有一定的真理性。中国新兴的资产阶级军事学家以这种认识为工具，用来观察本国的军事问题，应当承认是历史的一大进步。

两位作者还深刻地剖析了军事、国防与国家经济之间的关系，指出军事发展依赖于经济的发展。一个国家的武力是以综合国力为基础，包括物质生产力、机械运动力等在内的经济力，则是国力的重要元素。这就决定了经济力量对于军队的数量和质量、武器装备的状况、国防设施的强弱、后勤供应的多寡，都具有广泛和直接的影响和制约作用。在作者看来，“富国”是“强兵”的基础，唯有做到国富，才有可能实现兵强。

作为资产阶级军事家，他们并未认识到在半殖民地半封建的中国，真正实现富国强兵，唯一的道路只有实行民族民主革命，实现国家的独立与民主。但他们深知改革政治与经济对于军事之重要，认为要建设强大的军事和国防力量，必须建立民主修明的政治体制，具有发达和富足的国民经济。为此，提出“政令修，财用足”的主张，作为革新政治和经济的目标。

“政令修”，就是要求建立民主宪政的政治制度和修明、高效的政府管理体系。首要的是要实现立宪政治。其次，对政府而言，则要求其“元首公明而有定力，其政府勇敢而极敏锐，其各机关又能各竭其能而互相为用”。①再者，对民众而言，更要求实行民主共和政治，让国民享受应得的权利和自由，履行应行之义务，并建立相应的法律和制度。

“财用足”，就是要实行经济制度的改革，发展国民经济，充实民用军需。《计划》和《常识》两书全面地分析了国家财用的来源，归列为农业、工业、矿业、牧畜业四大部门，并指出：“纲维是四者，而为之主者，则国民之经济，国家之财政是也。”②为发展工农业各部门的事业，关键是要革新国家的经济和财政的政策制度，为此，提出了整理经济，加强财政管理的主张。

第三，革新军制，建设崭新的资产阶级军队和军事体制的思想。蔡锷和蒋百里倾注极大的热情，以探索新的军事体制和新式军队的建设问题。他们在著作中，给人们提供了一份建设新军的蓝图，规划了资产阶级民主派心目中的新的军事体制和新式军队的建设大纲。其内容颇为丰富，诸如军政军令体制、军种兵种体制、军队编制、部队教育训练、后勤体制、军官制度、军风军纪等，无所不包，多有论列。在这里，许多论述不乏真知灼见，成为中国近代建军思想发展中的不可多

① 《军事计划》，《蔡锷集》，第 305 页；《军事常识》，第 15 页。
② 《军事计划》，《蔡锷集》，第 304 页；《军事常识》，第 13 页。

得的思想成果。

从《计划》和《常识》中，我们不难发现，蔡、蒋的军制学理和建军思想具有几个显著的特点。

一是创导军队国家化。与他们在政治上主张实行政体共和制相一致的，是军事上实行军队国家化，既否定军队为皇帝私有的封建军事制度，也反对军队为军阀个人操纵的军阀制度，把军队无例外地置于民主共和的国家政权统一领导和管理之下，使之成为统一的国家的军队。这个主张反映了建设资产阶级共和国和资产阶级新式军队的强烈愿望，对封建主义和军阀主义的军事制度来说，无疑是一个巨大的进步。

二是军政军令制度化。把国家军事权力和军事管理划分为军政和军令两大部分。“征兵、制器、编制、教育，则皆属于军政”，“以国务大臣负其责”，其机关则为军政部(或分设陆军部、海军部)。用兵作战的统率事宜属于军令，其最高权力归属于国家元首，其机关则为参谋部。军政和军令两大系统的划分及其制度的确立，是军事近代化的历史产物，为民主国家建设军事国防体制所必需。这一设想，在北洋军阀统治下是无法实现的，但却为我国革新军事制度提供了一个较为理想的方案。

三是创导新的兵役制度——义务兵役制。蔡、蒋借鉴西方资本主义国家的军事征集制度，吸取我国在兵源问题上的经验教训，在中国首次系统地阐述了实行义务兵役制的思想和方案。这一思想彻底否定了在我国沿袭已久的封建世袭制和“招兵买马”式的募兵制，为实施一种崭新的兵役制度展现了前景，具有重大的军事革新意义。在十九世纪中叶，欧洲出现了两种形式的兵役制度：征兵制和预备兵制度；法国是前者最明显的例子，普鲁士则是后者最成功的代表。“在 1870 年的普法战争中，法国的征兵制败于普鲁士的后备军制度。”①这对于对德国军事学和军事制度仰慕已久的蔡、蒋来说，深受启发。他们像历史上的德国一样，“试图把普遍兵役制和常备军制结合起来”②。他们关于义务兵役制的主张，尤其是寓兵于民、兵民结合的思想，反映了新兴资产阶级反对封建性军制、发展新军的要求，其历史进步意义是毋庸怀疑的。

四是主张革新军队的教育与训练。蔡、蒋对军队的教育与训练给予特别的重视，这是因为在他们看来，除了先进的军政制度和武器装备，要建设强大的新式军队，关键在于军队的教育与训练。这种见解无疑是正确的。他们在两书中设计的

---

① 恩格斯：《步兵战术及其物质基础》，中国人民解放军军事科学院：《马恩列斯军事文选》，中国人民解放军战士出版社，1977 年，第 242 页。

② 《步兵战术及其物质基础》，《马恩列斯军事文选》，第 241 页。

新的军队教育与训练的纲要，以其论述之深刻、方针之明确和方法之周详，实乃军事教育思想的一大跃进。革新教育与训练，在其内容方面，他们突出地强调爱国主义教育、道德教育和军人品格教育；同时注重军事技能与知识教育、军纪军风教育。在目标方面，提出四个一致（人与器、兵与兵、军与军、军与国之一致）作为教育训练的总纲。对于军队的训练，强调要建立严格、持久、经常的训练制度。

总之，《计划》与《常识》两书所体现的军事思想，是中国资产阶级军事思想武库中的一大瑰宝，其中许多方面对于我们当前和今后的军事国防建设仍有着重要的借鉴作用。重新认识和评价这一思想成果，无疑是大有裨益的。

从《军事计划》《国防论》到《国防新论》*

——论蔡锷、蒋百里、杨杰的国防思想

蔡锷的《军事计划》、蒋百里的《军事常识》和《国防论》，以及杨杰的《国防新论》，是民国时期国防思想发展历程中三座前后相继的丰碑，代表了一代杰出的军事家和爱国主义者富国强兵、振兴中华的强烈愿望，是对现代中国国防发展战略和国防建设道路的富有创新意义的探索，对增强人民的国防意识、唤起全国反对外国入侵、激发爱国主义精神等各方面，有着其不可磨灭的历史意义。同时，也为后世留下了一份珍贵的军事思想的遗产，在今天仍不失其积极意义。

从辛亥革命到中华人民共和国成立的民国时期，在中国历史上是空前激荡剧变的年代。对于中华民族和中国人民来说，这个时期是决定自己命运和前途的历史关键时期，是国家从极度衰弱、濒临灭亡的边缘，到奇迹般地重新站起来、缔造了人民共和国的时期。在这个历史进程中，实现中华民族的独立和解放、振兴国家，一直是无数志士仁人矢志以求的目标。振兴国防、抵御外侮、保卫国家，一直是时代潮流中的一个重要课题。许多爱国的军事家和政治家为此进行了艰难的探索。杰出的军事家和爱国主义者蔡锷、蒋百里和杨杰，是其中三个著名的代表人物。蔡锷的《军事计划》、蒋百里的《军事常识》和《国防论》、杨杰的《国防新论》，则是他们论述国防问题的代表作，是民国时期国防思想的丰碑。这些论著，对于当时处于危急存亡之际的国家和人民产生过积极的鼓舞和指引方向的作用；而在今天社会主义时代，仍然是富有价值的珍贵的思想遗产，而不失其现实意义。

---

* 本文原载《军事历史研究》2002 年第 4 期。

一、《军事计划》和《军事常识》：富国强兵、振兴国防的一幅蓝图

蔡锷的《军事计划》（以下简称《计划》）和蒋百里的《军事常识》（以下简称《常识》），是民国初期两部论述中国军事和国防问题的名著，是近代以来中华民族救亡图存、振兴国防的强烈的时代要求的产物。

《计划》和《常识》分别成稿于一九一五年和一九一七年。《计划》创作的酝酿和起草，始于辛亥革命前蔡锷在广西担任军职期间。一九一二至一九一三年，他在昆明任云南都督时，写就了此书的草稿。一九一四至一九一五年，他在北京担任陆海军大元帅统率办事处办事员等职时，正式定稿。《计划》是继《军国民篇》（一九〇二年）和《曾胡治兵语录》（一九一一年）之后，蔡锷在其一生中发表的诸多军事著述中最重要的军事著作。

《常识》一书是蒋百里于蔡锷逝世后，一九一七年在北京担任总统府顾问时撰写，并于同年出版。它是继《孙子新释》和《孙子浅说》（一九一四年）之后，蒋百里在北洋政府时期发表的最重要的军事著作，问世后很快“成为军中风行之书”。①一九三七年春，他的另一部名著《国防论》问世，其中第4篇——“二十年前之国防论”，即为《常识》一书的基本内容。

《计划》和《常识》两书，有着不可分割的关系，是蔡、蒋两将军亲密合作，共同研究结出的硕果。两人在政治上都倾向于梁启超和进步党，早在日本陆军成城学校和士官学校留学时，就已结成了志同道合的挚友。“二次革命”失败后，他们先后来到北京，供职于袁世凯政府的陆海军大总帅统率办事处。正是在这一期间，蔡、蒋两将军一起重新深入研究了蔡早年在西南草拟的《计划》的文稿。并且，经过蒋的悉习修改、润色，作为国防军事计划的纲要，由蔡上报总统府和袁世凯。蒋百里后来在《常识》一书的序言中写道：“己卯（1915年）秋，蔡公松坡述余以西南政略之大旨，又商所谓军事计划者，乃掇拾要旨，为事实上之研究。余于是乃得是书（指《常识》一书）之纲领。”②

显然，在他们两人合作研究和撰写《计划》之际，也是《常识》一书的思想和纲要形成之时。蔡、蒋两将军一起参加了反对袁世凯复辟帝制的护国战争之后，一九一六年十一月蔡病逝日本。蒋于次年夏重返北京，任职总统府顾问；而在实际上，他却致力于军事学术和新文化的研究和探索。《常识》一书此后不久即告问

---

① 蒋复璁：《先叔百里公年表》，《蒋百里先生全集》（第6辑），台湾传记文学出版社，1971年，第33页。

② 蒋方震（百里）：《军事常识》，商务印书馆，1917年，第5页。

世。他在序言中表述了该书与蔡锷的深刻关系和写作旨意:“蔡公病矣,死矣。即衔恤以归舟,复闻鸡而起舞。事实无可言矣,乃言其理论,以答诸友,并持此以临蔡公之葬,而慰其灵。”①这就说明,《常识》一书所阐述的即为《计划》的理论和主张。《计划》原为一份内部的军事条例,初由蔡锷草拟,经两人共同研讨,由蒋修改润色,而就其成稿而言,实际上为两人合作而成。《常识》一书,是蒋百里就《计划》文稿略加改组而成,并予公开出版,虽为他独力完成,然以其基本内容而言,实为《计划》的翻版。两书的理论观点、学术内容和体系结构,基本上是同一的,为蔡蒋两人共同智慧的结晶。

《计划》和《常识》两书,融合西方近代军事思想和中国传统军事思想的精华,参照中外战史和二十世纪初世界各大国的军备状况,系统地提出了关于我国军事改革和国防建设的理论和主张,概述了关于中国的政略战略、国防体制、建军原则、兵役制度、军事教育、武器装备以及军事管理等各项基本问题的方案,给国人描绘了一幅富国强兵、振兴国防的蓝图。

(一)阐明了新型的战争观,提出了中国建立近代化国防的理论根据。两书作者以广阔的战略眼光精辟地论述了国是、政略、战争、战略、军队五者之间的关系,把军事问题置于国家政治中的应有的重要地位,阐明了振兴军事、增强国防必须立足于国家政治经济变革的基础。《计划》绪论和《常识》第一章指出:“国是者政略之所出也。战争者,政略冲突之结果也。军队者,战争之所具用以实行其政略者也,所用以贯彻其国是者也”,“故政略定而战略生焉,战略定而军队生焉”②。作者虽然并非以历史唯物主义的观点看待军事现象,但却不是孤立地观察战争和军队,而是确认战争是交战双方政略冲突的结果,政略是由国家的根本利益和基本国策即“国是”决定的,战略受制和从属于政略,军队则是贯彻政略的工具。任何一个国家要“应之于国内外周围之形势,以策其自存”,首要的是确定正确的“国是”。“国是”确立的过程,也正是“政略之所出”的过程;而政略一经确立,战略也就由之决定。两位作者总结国内外战史和军史的经验。深知军事属于政治范畴,军事从来都从属于政治,国家军事力量的兴衰历来都离不开国家政治的状况。“军者,国之华,无有不培养其根本而能华能实者也。”要振兴中国的军事与国防,就必须以实行政治改革,振兴政治为先导和基础。

(二)提出了“国力与武力与兵力”三位一体的整体国防理论。两书论析国力、武力、兵力的内涵与外延,提出了关于国防力量三个层次结构的思想。作者写

---

① 《军事常识》,第1—2页。

② 蔡锷:《军事计划》,毛注青等:《蔡锷集》,湖南人民出版社,1983年,第300页;《军事常识》,第4页。

道："武力者，国家所用以贯彻其国是之具也。就广义言，武力即国力也。就狭义言，则国力而加以军事的组织锻炼者，是曰武力。"而"武力与兵力不相同。兵力者，武力之主体，而兵力非即武力也。武力者，就其用而言也；兵力者，就其体而言也"。①在这里，作者已提出了类似当今的"综合国力"的观点。从根本上说，兵力之源在武力，武力之源在国力。所谓国力，不是单纯的军事力量，而是人力、地理、物质生产力、机械运动力和政治力五者之综合体。武力又以人力和材用两项为要素。人力，包括国民的体力、智力和道德力，以道德力为主。材用，则包含农业（粮秣）、工业（武器）、矿业（煤铁）、牧畜（马驴）和经济（财政）等项，以经济财政为主。

在国力的综合体之中，作者认为"国家政治之机能"（即政体、制度），又是构成国力大小强弱的"原动力"。作为政治原动力和国家制度的根本，为民主立宪制度；作为军事原动力和国家军事制度的根本，则为义务兵役制。这两者犹如车之两轮、鸟之两翼，相辅相成。在作者看来，改革政治、实行民主宪政，是增强国力、武力与兵力的基础，人民"即有与闻政治之权利，即当然有保卫国家之义务"。为此，他们提出了"农民当解放"，"市民当予以自治权"，"贵族当教"等项政治主张。这些思想，从政治民主化、政体共和制的高度论述了增强军事国防力量的问题，具有极为深远的意义。

（三）提出了"以必战之志，策必胜之道"的治军原则。两书指出练兵之目的在求战，"练兵将以求战也。故先求敌而后练兵者其兵强，先练兵而后求敌者其兵弱。"作者分析欧洲的德、法两国，东方的日本，以及我国湘军和淮军的建军史后指出："凡治兵于四面楚歌之地，欲突起以成功者，其事较难，而成功者独多。制兵于天下升平之日，欲维持于不敝者，其事较易，而成功者绝无也。盖惟忧勤惕励之诚积于中，斯蹈厉发扬之致极于外。故曰：'无敌国外患者，国恒亡。'"②作者认为"以必战之志，策必胜之道者，治兵之原则也"。治军的要纲，一是"立必战之志"，"至刚之志"，做到"明耻教战"；二是"策必胜之道"，"以至刚之志，济之以至虚之心"；三是"入手治兵，首在择敌"，即首要的问题在于慎择和确定假想敌国，树立强烈的敌情观念。

（四）主张革新征兵制，实行国家的义务兵役制。作者总结近代外国实行义务兵役的历史经验。强烈主张在我国实行义务兵役制。并对在我国推行义务兵役制，从"法律上之规定""行政上之组织""实行上之事务"，作了系统、周详的阐述。指出"征兵之要件有五"："一曰征之能来，二曰来之能教，三曰教之能归，四曰

---

① 《军事计划》，《蔡锷集》，第305页；《军事常识》，第14页。

② 《军事计划》，《蔡锷集》，第301—302页；《军事常识》，第1—3页。

归之能安，五曰临战焉，一令之下，应声而即至。”①作者设计的义务兵役制方案，在北洋军阀统治下的中国，虽属纸上谈兵，但它描绘了革新兵制、实行新的兵役制的蓝图，仍富有其历史进步意义。

（五）阐明了关于武器的作用和建设武器装备的正确思想。人与武器，是军队战斗力的两个基本要素。“人授以器，使身与器相习，而能为一致之行动者，是曰兵。兵集为群，使兵与力相习，而能为一致之行动者，是曰军队。”②作者既重视人，又重视物，并指出重要的是要使两者“能为一致之行动”。两书详细阐述了兵器之种类（包括武器、弹药、器具、材料），武器之原质（包括药、金、革、木），武器之经营（包括制造、管理、使用）等方面，提出了一系列极有价值的意见和建议。并指出武器装备的先进与否，除需要具备雄厚的经济实力外，还必须具有“正确的学理，积甚久之研究”，即要掌握先进的科学技术，进行不间断的科学研究。

（六）确立了新型国防军的编制原则。在论述了人和武器这两个“兵之原质”后，作者进而分别研究了“军事之组织”和“军事之锻炼”两大问题。因为仅仅有了人和武器这两个“原质”，并不就能形成战斗力，而军队的战斗力只有通过组织与锻炼两个方面才能体现出来。“所谓军事之组织者，编制之谓也。所谓军事之锻炼者，则教育之谓也。”军队编制的目标与意义是什么？作者认为，通过编制应当实现四个要点：“人与器合”“兵与兵合”“军与军合”“军与国合”，从而使全国军队“能统率于一人志意之下，若身之使臂，臂之使指，惟所欲之，无不如志”。③作者系统地阐明了全军的编制原则和编成体系，规划了近代国家军队编制的一个完备的方案。以战时而言，全军应以大本营为最高统率机关。全国军队类别为野战军、守备军、补充军、国民军、特种军五种，各种军队都有其特定的任务、编成和在兵役制度上相应的规定。作者详尽地叙述了野战军的编制大纲，从纵横两个方面剖析了编制的体系。纵向方面，由军、军团、师、旅、团、营、连等自上而下组成。横向方面，由司令部（指挥作战）、战列队（实行战斗）、辎重（接济军需）和兵站（联络后方）四个部分构成。作者强调指出了军制与政体相一致的原则，主张以“军区制”为纽带，行政官与军政官同心协力，军队与地方互相结合，使军队“生生不绝”。

（七）阐明了“四个一致”的军事教育纲领和目标。蔡、蒋两人历来十分重视军事教育，他们也都是著名的军事教育家，在军事教育的理论和实践上都具有深厚的功底。在两书中，他们全面、系统地论述了关于军事教育的所有主要问题，提出了一系列富有远见卓识的主张。作者指明军事教育的作用和意义说：“人也，器

① 《军事计划》，《蔡锷集》，第311页；《军事常识》，第36—37页。

② 《军事计划》，《蔡锷集》，第313页；《军事常识》，第43页。

③ 《军事计划》，《蔡锷集》，第319页；《军事常识》，第59—60页。

也，军也，国也，各有其个体。其形式上之一致，则编制之责也；其精神上之一致，则教育之责也。”什么是军事教育的纲领和目标呢？“有一言而可以蔽教育之纲领者，则一致之说是也。故第一，求人与器之一致；第二求兵与兵之一致；第三，求军与军之一致；第四，求军与国之一致。”①达到了这四个一致，这支军队无疑地会是强大无敌的。至于军事教育的内容，除对军人进行军纪教育和军事知识教育外，作者特别强调了进行爱国主义教育的极端重要性，指出教育的崇高目标是要树立“全军一贯之爱国心”。

（八）提出了军事管理的方针和原则。两书着重论述了军队的人事和经理两大问题。作者从国家政体的层面上把军事体制分为两大部类：军政和军令。前者执掌军事行政事项，后者执掌军队统率事项。“凡……征兵、制器、编制、教育，则皆属于军政者也。”那么，什么是提起军政全盘事业之纲呢？作者以高度的洞察力指出：“其纲焉：一曰人，二曰财。”用人之制，是为人事，用财之制，是为经理。“人事得其道，经理得其法，而军政之义备矣，乃能总挈全国军政之纲矣。”②用今天的话来说，正确的干部政策和财政政策是指导国家军政事业的两条总纲。

两书强调要建设强大的军队，必须“人事得其道”，实行正确的军事干部制度。因为，如果“人事不得其道”，“其祸”在“积极”方面“则侥幸心发达”，在“消极”方面“则希望心之绝灭”，这对于国家都是十分危险的。为此，作者认为不应沿袭“绿营之制”和“湘淮军之制”，而应实行一套新的军官制度，并详细地阐述了军官的培养、升补、拔擢、奖惩、退役等各项制度。作者在干部问题上强调要任人唯贤，知人善任；任用干部必须按照制度的规定，“权不操诸一人”；考察干部要从下而上，层层考核，年年进行，以做到任免干部“事不定诸一月”；“国家之进退人才，非私人所得而左右”，也“非中央一人所可私”，必须按制办理，在制度面前人人平等。这些思想和主张，即便是在今天，也仍然是非常可贵和值得借鉴的。

《军事计划》和《军事常识》的问世，是中国近代军事思想发展中具有历史意义的里程碑。它标志着辛亥革命后，随着中国民主革命时代潮流的兴起，西方近代资产阶级军事思想与中国传统军事思想进一步交汇融合，经蔡锷、蒋百里的努力，初步形成了具有中国特色的国防理论体系和国防建设方略，从而把中国近代军事和国防思想的发展，推进到了一个前所未有的新高峰。

二、《国防论》：总体国防思想的杰作

蒋百里的《国防论》是继《军事计划》和《军事常识》之后，民国时期国防思想发

① 《军事计划》，《蔡锷集》，第 300—331 页；《军事常识》，第 94—96 页。

② 《军事计划》，《蔡锷集》，第 338 页；《军事常识》，第 118 页。

展史上又一座具有历史意义的丰碑。富于民族忧患意识和时代使命感的爱国主义军事家蒋百里，学贯中西，博古通今，具有广博深厚的军事学说素养。从第一次世界大战到抗日战争初期，他密切关注着中外各类战争的新态势，研究世界军事学说的新发展，不断丰富和发展关于军事和国防的理论。他在哲学、经济、文化、宗教方面的广博知识，更使其国防思想富有哲理的特色，并把经济、文化、道德、教育等要素引入国防问题的领域，全面地阐明了总体国防的理论。

蒋百里的国防思想是与时俱进的。一九一三年他的军事论著《孙子新释》问世，伟大的《孙子兵法》被他后来称为“中国国防论之始祖”。一九一七年发表《军事常识》，这本被他后来称为“二十年前之国防论”的论著，奠定了他的总体国防思想的基础。二十世纪二十年代初，《裁兵与国防》《军国主义之衰亡与中国》《义务民兵制草案释义》等文先后发表，他后来总称这些论著为“十五年前之国防论”。一九三四年发表的《从历史上解释国防经济学之基本原则》，提出了国防经济学的理论，成为他的总体国防思想的一个重要基石。一九三五——一九三六年，他致力于研究现代战争中空军的地位及其建设问题，以及中国的国防总动员问题，并写成若干富于理论价值的论文。当全面抗战即将揭开战幕的关键时刻，蒋百里将其历年关于国防问题的论著汇集而成《国防论》一书，贡献给全国抗日军民。

蒋百里融会中外军事与国防学说，结合二十世纪二三十年代中国军事与国防的实际，开拓创新，从各方面阐明适合中国国情的国防理论和建设国防的道路。指导国防问题的研究和制定国防方略的方法论、中国国防的目标与性质、国防的基础、国防发展的道路、国防建设的原则、国防军事战略原则、国防建设与民主政治之关系、国防建设与国民道德和纪律之关系等问题，都是蒋氏国防论中的重要议题，而总体国防思想则是其中心思想。

（一）提出并阐述了国防经济学理论，成为总体国防思想的一个基石。这是辛亥以来，中国国防思想一个极富意义的新发展。

（1）“生活条件与战斗条件一致”的原理，是国防经济学的核心。从中外历史的研究中，他得出这样一条规律：“生活条件与战斗条件一致者强，相离者弱，相反者亡。”①这个原理，用通俗的语言表达，即是蒋百里所说的要建立“既能吃饭，又能打仗”的国防格局。他认为欧洲大战中产生的总体战思想、战后列强各国确立起来的国家总动员体制，归根到底都体现了“生活条件与战斗条件一致”的原理。为此，他提出必须从总体上规划全国国防经济建设，把国家总动员的事业牢牢地置于整个国防经济之上。他还主张国家建设应当按照“民事与军事镕成一片”的方向进行；“文武合一”、兵民结合，寓兵于农、寓兵于学。并认为要“使国防设备费

① 蒋方震：《国防论》，《蒋百里先生全集》（第2辑），台湾传记文学出版社，1971年，第204页。

有利于国民产业的发展”，开辟一条花费最节约的建设国防的道路。

(2) 富国强兵是国防经济学的中心思想。他指出：“国防的部署是自给自足”，关键在于“使平战两时的国民经济发生根本的联合”。认为国防力量必须建立在自力更生的前提下，以自给自足为基础。从国防经济学的观点看来，“经济力即是战斗力”，“战斗力与经济力不可分，这原理的实行就是自给自足。不仅是买外国军火，不可以同外国打仗，就是吃外国米，也不配同人家打仗”。①国防建设的根基必须牢牢地建立在国家经济建设的基础上。富国才能强兵，“有强兵而国不富者矣；未有富国而兵不强者也”。他为此深刻论析，国家经济建设要把平时和战时结合起来，把民用与军用相结合，做到平战兼顾、军民两用、相互促进。

(3) 实行民兵制。蒋百里认为民兵制的基本精神，在于“军事生活与民事生活镕成一片”，“民兵制者最适于国民性之军事制度”，也“适于中国之历史与环境”。这是生活条件与战斗条件一致的最广泛、最具体的实施办法。他指出民兵制的两个基本特点，一是“以最少之费用，得最大之兵力”，二是通过“文武合一”的办法提高国民与军队的素质。这是富国强兵的一项重要政策。

（二）总体国防理论是蒋氏国防论的中心思想，是研究欧洲大战后世界军事新潮流所得出的正确结论。

(1) 总体战争的战争理念，是总体国防思想的前提。战争就其本质而言，是政治通过另一种手段的继续，正如蒋百里指出的，“战争者，政略冲突之结果也。军队者，战争之具，所用以实行其政略者也”。②而就战争的具体形态和实际内容而言，蒋氏认为现代战争已不同于以往的战争，已发展成为“全体性战争”。他指出：“未来的战争不仅是‘军队打仗’，而是‘国民拼命’；不是一定短时间内的彼此冲突，而是长时间内永久的彼此竞走。”“现代之战争非单纯兵力之战争，乃为全体民族之战争。”③他指的“全体性战争”，即是总体战的一种表述。他进而指出：“未来战争有三个方式：(一)武力战；(二)经济战；(三)宣传战。”④从而揭示了总体战的主要组成部分。

(2) 国防力量的三个层次。从对总体国防结构的分析，他对国防力量的组成层次作了剖析，发展了《军事常识》一书的论述，进一步阐明了国力、武力、兵力三个层次的理论。这就从立体的层面上论析了国防力量的构成，为综合国防力的建设指明了方向。国力是武力、兵力的基础和源泉。他分析国力的要素道：“溯国力

---

① 《国防论》，《蒋百里先生全集》(第2辑)，第167页。

② 《国防论》，《蒋百里先生全集》(第2辑)，第220—221页。

③ 《国防论》，《蒋百里先生全集》(第2辑)，第200页。

④ 蒋方震：《新兵制与新兵法》，《蒋百里先生全集》(第4辑)，台湾传记文学出版社，1971年，第318页。

之原而分之，人一也，地二也，物产之生殖力三也，机械之运动四也。是四者，孰纲维是，孰主张是，则有至重至要之政治力（即国家主权的发动也）五也。”①这五项要素中，他认为政治力最具重要性，而关键在于确立民主宪政制度。国力即武力，但就狭义而言，“国力而加以军事的组织锻炼者，是曰武力”。武力有赖于国力，但要将国力转化为武力，必须要有一系列正确的政策，而其关键在于国家的政治状况。他进而指出，兵力为武力的主体；并强调兵力与兵数不可混为一谈。“兵在精，不在多。”要从数量和质量两方面，综合无形有形两元素，衡量兵力之大小、强弱。为此，他提出要在全国实行义务征兵制，彻底革新军事教育。

（3）提出了综合军备论的思想。蒋百里关于国力五要素的论述，后来进一步概括为国力三原素的理论，说“国力有三个原素：一是人，二是物，三是组织”。在此基础上，他提出了国家总动员和综合军备论的思想，明确指出：“今世界论军备之要素，不外乎三，曰人，曰物，曰组织。”②只有将国家的这一切要素，统一熔铸锻炼起来，成功一国的国力，形成综合军备，才能使国家具有强固的国防。他在《国防论》中，全面系统地剖析了人、物、组织这 3 项要素的具体内容和要求，提出了建设综合军备的一系列精辟见解和主张，体现出他的在发展综合国力的基础上建设国防的思想。

（三）国防经济建设的方针和原则，是总体国防思想的重要组成部分。

（1）国防建设和经济建设相结合的方针。按照“生活条件与战斗条件一致”的道理，蒋百里提出了关于国防建设的两项方针性的构想。这就是：如何使国防费用有益于国民经济的发展；如何使国防建设的理论与国家的实际情况相统一。虽然他并未对这两项构想作出具体的论述，但国防建设与经济建设相统一、国防理论与国情相统一，却为后人处理国防建设提供了具有指导意义的观点和方法。

（2）坚持生产国防建设的方向。国防建设本来是消费性的，往往只有投入而无产出。蒋百里以国防经济学的理论，分析二三十年代西方列强国防建设的经验教训，主张中国国防建设应当走“生产国防建设”的道路。他以法国的马奇诺防线和德国的高级公路为例，指出前者为“消费国防建设”的典型，利少而弊多，后者则是“生产国防建设”的代表，利多而弊少。他深刻地揭示国防与经济两种建设之间存在统一性，认为国防建设的指导原则应着眼于两者之间的联系，按“生产国防”的方向进行规划和建设。

（3）国防建设必须立足本国，军需民用必须求其自足。《国防论》从各方面论证国防建设必须坚持立足本国的原则，主要依靠自己的人力、物力、财力。购买外

---

① 《国防论》，《蒋百里先生全集》（第 2 辑），第 224 页。

② 《新兵制与新兵法》，《蒋百里先生全集》（第 4 辑），第 268 页。

货，“要郑重斟酌，能省则省”。要通过政府和社会的有组织的力量，吸引建设资金，刺激本国资金的运转率。举借外债要采取谨慎的态度，主要是在建设重工业方面，他主张“经济周转，利用外债”。他非常重视农业建设，认为“从国防的立场说来，人口稠密的国家，农业必须绝对求其自足，即使比世界市场付出更高的代价也是在所不计”。①军需民用、特别是粮食，必须求其自足。为此，蒋百里提出国家要确立适当的农产品价格，诱导农民的生产积极性；政府当局应以劳动力、运输力以及机器等帮助农民；统制人造肥料的生产；提高粮米进口税，作为一种特别的国防税；等等。

(4) 积极研究新式武器，从严控制武器生产。对于武器装备，《国防论》也给予应有的重视，强调要掌握先进的军事技术，同时把武器的研究与大量生产加以区别，采取不同的方针。蒋百里提出如下原则：“研究唯恐落后，制造唯恐争先。”一方面，要力争武器的研究开发站在世界先进行列；另一方面，新式武器在平时不宜大批生产，不必在生产上争在别国之先，否则必将造成国家财政支绌，危及国家建设的发展。

(5) 国营和民营并举建设军事工业。《国防论》主张以国营和民营两者并用的方针，来加速中国的军事工业建设。“盖国家无论如何，决不能用如许财力，从事于兵器制造，所贵者在善用民财与民力是也。”②这样，又利于把军用与民用互相渗透和互相促进。为此，蒋百里向南京当局提出：建议“将国营事业划一部分，用合股公司制，财政公开”，转为民营。他认为以此办法“或可得民间助力，使兵器独立一事，能早日完成”。

(6) 军事工业与国防交通必须合理布局。早在二十世纪二十年代初，蒋百里根据国情和国家外部状况，就已提出军事工业、国防交通以及军事要塞在全国如何布局的构想。一为兵器，在山西太原、河南巩县、湖北汉阳设兵工厂，作为武器补充的根据地。二为装备，在武胜关和兖州，设辎重材料厂等，作为南方兵力向北移动时的装备补给地。三为交通，沿津浦、京汉两线之间的东西向国道和水路交通，应先着手整理。四为要塞，中国东部各据点，视形势之必要，得建筑要塞。抗战开始前夕，他又对国防工业和战略交通的布局问题提出构想和建议，其要点有：炼油、炼钢、炼铁等各项基础工业以置于内地为宜；以湖南为各项国防工业建设的中心地带；粮食生产亟需增加，湖南可设想成为“中国的乌克兰”，建成重要的粮食基地；沿海地区战时首当其冲，工业建设应着重置于山岳地带；南岳地区可作为战时工业核心阵地，重要产业部门宜分布于株洲至郴州之线。

---

① 《新兵制与新兵法》，《蒋百里先生全集》(第4辑)，第258页。

② 《新兵制与新兵法》，《蒋百里先生全集》(第4辑)，第277页。

（四）适合中国国情的国防军事战略。

《国防论》并无专门章节论述军事战略问题，但在对国防诸问题的论述中，从不同视角对军事战略作了探讨，提出过若干战略原则和构想。

（1）国防军事战略的首要问题，是判明主要敌国，确定主要打击方向。这个判断的客观依据是什么呢？蒋百里指出，要从国家关系的政略冲突中来确定。“战争为政略冲突之结果”，而“政略之相持非一朝一夕之故也，其端绪，可先时而预测，故其准备，可先事而预筹”。假想敌国的确定，需要对国家政略的矛盾冲突的历史与现状加以分析，而且须在战略上预作准备。他还提出了对待主要敌国的“两可”“两不可”的原则，要根据敌我双方的具体情况作出决策。而主要敌国不应同时选择两个或多个，切忌同时在战略上实行两面或多面作战。并认为主要敌国不是绝对固定和永久不变的。蒋百里以敏锐的洞察力指明军国主义的日本是中国的主要敌国，对中国安全最为危险的是日本的对外侵略扩张，并且相当准确地预见到日本发动侵华战争的进程。

（2）实行积极防御的国防军事战略。蒋百里不止一次指出，中国的国防是属于自卫性质的。中国必须拥有强大的国防，决心抵抗外来侵略，但绝不侵犯别国。中国军队“建制之主义——以自卫为根本原则，绝对排斥侵略主义”。但自卫指的是国防和战争的性质，并非军事战略方针。“自卫主义侵略主义之利害，不能以之作战略战术之攻击防御利害解。”自卫性质的国防和战争，并不等于在战场作战上一概采取防御的方针。“‘国民防御’‘国民自卫’乃指国家军事之大方针而言，与战略上战术上的攻势守势不可相混”，而“兵略上攻击精神是战胜唯一要件”①。在这里，他虽未正式提出“积极防御”的概念，但在实际上却蕴含着攻势防御即积极防御的思想。

（3）备战御敌的战略思想。“兵可百年而不用，不可一日而无备。”这一古人遗训被蒋百里赋予新的内容和意义。他把这个“备”字提到了国防战略的地位加以论析，认为可以把军队的战备与全民的动员两者均囊括于其中。他认为“备”有两种意义，一是预备之备，“预就胜，不预就不胜”，这是一条军事铁则。另一种意义是完备之备。“这个‘完备’的意义，也可以说是致胜的唯一条件。”②备战必须努力做到“无所不备”，临战时才可稳操胜券。在中日全面战争前夜，他提出的国防动员总体计划和实施纲要，就体现了上述备战御敌的战略思想。这里包括有五项要点：人力，包括体力、智力、道德力；物力，包括农业、工业的生产力；财力，包括财政、税收、金融、国际贸易等；地理力，充分利用地理条件与开发水陆交通；政治

① 《国防论》，《蒋百里先生全集》（第 2 辑），第 267 页。

② 《新兵制与新兵法》，《蒋百里先生全集》（第 4 辑），第 281 页。

力，政治制度的革新，组织指挥与领导能力的增强等。这是蒋百里为中国对日抗战而提出的备战御敌的总方案。

(4) 战略上持久主义与战术上速决主义相结合的战略方针。中国对外的反侵略战争，如对日抗战，是以弱国对强国，以防御对进攻。“我们对于敌人制胜的唯一方法，就是事事与之相反，就是他利于速战，我都用持久之方法，使他疲弊。他的武力中心放在第一线，我们都放在第二线，而且在腹地内深深地藏着，使他一时有力没用处。”①这就是理应采取持久战的战略方针。但蒋百里认为：“战略上的持久主义与战术上的速决主义，具有绝对不能相离的理由”，“看似相反，实似相成”。他指出现代战术的趋势是“向速决方面走去”，因为作战工具都在向着“速”字上用功夫。但从中国整个战略全局而言，仍应是持久战，而战略持久的目的是尽快地解决战争问题。对于弱国，在战场作战上必须实行速决，“我们的问题是不速则不久”。战役战斗上的速决，是国家实行持久战略的必要条件。战役上的速决战，其形式为运动战。他指出：“在一个持久战区之内，反是用了运动战可以达到持久的目的。简言之，这便是所谓的‘以攻为守’。”②

(5) 反侵略战争战略布局的构想。面对日本全面侵华战争的日渐逼近，蒋百里不失时机地提出了中国反侵略战争的战略布局问题，其基本设想是：“彼利急，我利缓，彼利合，我利分，彼以攻，我以守”③；“彼之武力中心在第一线，我侪则置之第二线，使其一时有力无用处”。④这个设想体现了知彼知己、以己之长攻敌之短、以分散对集中、持久抗战的精神。按照这个基本精神，他主张在战争初期，中国宜以空间换时间，诱敌深入，将主力后移到基本国防线，也就是敌我利害转换线上。他认为这条线大致宜于划定在东经 113 度线东西，大体上北起太原，经洛阳至武汉，南抵衡阳，这一我国东部平原与西部山地的连接带上。而且，明确提出对日大战应以“京汉铁道以西为总根据”地。

《国防论》继承发展了《军事计划》和《军事常识》的国防军事思想，进一步融会贯通外国近现代国防思想与中国传统军事思想，把当代各国一般的国防理论与中国国防实际相结合，不仅使中国国防思想更具理论的深度和较为系统的体系，而且以前所未有的深度和广度触及中国国防实际问题，提出了一系列关于国防发展的战略构想和军事战略原则，把民国时期国防理论推上一个新的高峰。

---

① 蒋百里：《裁兵计划书》，《蒋百里先生全集》(第 4 辑)，第 159 页。

② 蒋百里：《速决与持久》，《蒋百里先生全集》(第 1 辑)，台湾传记文学出版社，1971 年，第 307 页。

③ 《国防论》，《蒋百里先生全集》(第 2 辑)，第 257 页。

④ 《国防论》，《蒋百里先生全集》(第 2 辑)，第 276 页。

三、《国防新论》：总体国防思想的再升华

伟大的抗日战争和世界反法西斯战争，是对现代军事科学的一场最为现实和最为深刻的考验；而军事思想和军事学术也在这期间获得了前所未有的全面的发展。正是在此背景下，中国产生了为数众多的国防论著，国防学说有了新的长足的发展。杨杰的《国防新论》在一九四三年的问世，继《国防论》之后把民国时期的国防理论推进到了一个新高度。

杰出的军事家和爱国主义者杨杰，具有渊博的军事政治知识、丰富的多方面的军事斗争实践和卓越的军事才华。从辛亥革命到抗日战争，杨杰的军事生涯广涉内外战争、建军领军、军事院校教育、军事外交和军事学术研究等领域。①

在漫长的探索历程中，杨杰陆续撰写了一批关于国防军事问题的论著和讲稿，有《国防建设》（一九三二年）、《欧洲各国军事考察报告》《欧洲考察之所见》（一九三四年）、《攻势防御》（一九三三年）、《将帅与人格的修养》《列强国防之现状》（一九三六年）、《抗战建议书》（一九三八年）、《国防讲话》《国家总动员》（一九四〇年）、《现代战争的特质》《空军建设方案》《怎样才能练成打胜仗的军队》《国防要意》《国防建设》（一九四二年）和《苏联国防政策》（一九四三年）等。这些著述为《国防新论》的诞生作了准备。而出使社会主义国家苏联和与中共方面的联系交往，使杨杰初步接受一些马列主义的观点，用来认识国防军事问题。

（一）提出三个层次的国防理论框架。杨杰首先把国防思想置于时代环境中加以观察，认为国防理论是时代的产物。“一切学术都是时代的产物……军事方面的学术，尤其不能离开时代。孙子兵法是封建社会的产物，他的理论就带着农业经济的色彩；克劳塞维茨的战争理论，是初期资本主义社会的产物，他的思想也正确地反映着机械工业渐渐露头的蒸汽动力时代；国防新论产生在资本主义社会发展到最高阶段社会主义国家业已抬头的今天，它所反映的是农业机械化和工业电气化的时代。”②并指出，随着时代的发展，“国防已经成为一种独立的科学，它脱胎于军事科学，却和军事科学两样。它是综合一切科学的科学，将一切科学组

---

① 杨杰在民国时期历任军事重任，主要的军职有：沪军威武军第一团团长、护国军第三军第一纵队司令、北京总统府军事咨议兼陆军部顾问、靖国军中央军总指挥、国民军第三军参谋长、国民革命军第十七师师长、第六军副军长、第十八军军长、南京军委会办公厅主任、第一集团军总参谋长、陆军宪兵学校校长、陆海空军总司令行营总参谋长、陆军大学校长、第九军团司令官、国民政府参谋本部次长和代参谋总长、军委会军令部次长等。

② 《〈国防新论〉三版自序》，杨杰：《国防新论》，中华书局，1946年，序言第2—3页。

织起来，为达到国家生存发展的目的而协同动作”。①

国防科学不只是少数专家研究的学问，而应当普及于广大民众，这是杨杰国防思想的一个重要特点。杨杰本此目的，以深入浅出的大众化的语言写出《国防新论》，用人民群众熟悉的事物阐明深奥的军事学术原理，正如他为此书作序时所说：“军事学术与国防问题的研究，在今天的中国还是极少数专家的事，我万分期待着，从今以后，它渐渐地，不，很快地成为全国同胞的普通常识。”②

杨杰认为国防理论大体由三个层次构成，由此提出了其理论框架。第一部分是“国防的认识论”，主要是说明什么是国防，国防的历史演变，国防的本质与内涵，国防与战争、政治、经济、科技、外交等的相互关系，现代国防的构成要素，以及国防力量的表现与运转等。第二部分是“国防的本体论”，主要阐明现代国防的形式，国防的各种组织、国防的外形和内容，以及国防诸要素、各组织的相互关系等。第三部分是“国防的方法论”，主要论述中国国防建设基本问题，诸如国防发展战略、国防建设的道路与方针，特别是关于军事力量的建设问题等。

（二）整体国防理论——“全体性战争”要求“整体性国防”。杨杰继蒋百里之后发展推进总体国防理论，认为现代国防已发展为“整体性国防”，由此必须确立整体国防理论。他论证道，战争方式随生产方式而变化，新兵器又改变了战争和国防的性质，国防理念也必须随着更新，“立体化战争和全体性战争的炮火，改变了现代的国防观念”。③“全体性战争”是什么？他说：“现在的战争，不是兵与兵的战争，而是国与国的战争，是交战国国力的总决赛。战争在三度空间里进行着……从陆到海，从天空到地面，统统都是战场……这样的战争，叫做全体战争。”④“现在的战争，不是单纯的武力战，而是同时采用经济、政治、外交、思想等种种斗争方式的并用战。”⑤

杨杰进而论析了国防的范围和内容在现代战争条件下的变化。“战争是全体性的，国防也必然是全体性的；没有全体性的国防，就不能应付全体性战争。”⑥因而，“国防不是边防，国防的涵义，已经由国境内延到每一个国民的精神细胞，已由单纯的军备扩展到经济、政治、教育、文化和整个的社会生活”。⑦国防的各种组织日渐扩大，内容日渐复杂。而且，因为战争由国与国之间双边战争，发展成为几个

---

① 《〈国防新论〉三版自序》，《国防新论》，序言第 2—3 页。

② 《〈国防新论〉三版自序》，《国防新论》，第 3 页。

③ 《国防新论》，第 73 页。

④ 《国防新论》，第 61 页。

⑤ 《国防新论》，第 96 页。

⑥ 《国防新论》，第 123 页。

⑦ 《国防新论》，第 44 页。

国家集团之间的战争，从而产生了“现代国防的新思想——联合国防”。

（三）国防力量的“三要素”。根据整体国防的理论，杨杰把组成国防的要素剖析为三个部分，称之为“国防三要素”，为整体性国防力量的建设提供一种理论根据。人的要素是首要的，“人在国防建设上，自古就占着唯一的重要地位”。①但是，人口不等于国力，人口多的国家也不一定就是强国。他认为提高人口素质极为重要，“能够发生国防力的人，有三个条件：第一，身体健全；第二，有生产技能；第三，思想正确，遵守国家法令。三个条件完全具备，才能称之为国防人”。②有了“国防人”，更需要国防精神，就是民气和士气，这是人的要素中至关重要的。

物的要素也是重要的。土地、食粮、水源、能源等各种资源，以及机器、机械、武器、装备等，都是物的要素。特别是现代基础工业和农业，在物的要素中占有举足轻重的地位。“复杂的国防，基础建立在各种工业上。”“没有工业基础的国防，是空中楼阁。”③随着科学技术的发展，如果没有现代化的工业和农业，便没有真正的国防。

混合要素是国防力量的第三个要素，这包括经济、技术、组织三个内容。经济在这里指的是人力与物力的结晶体，是国家综合性的经济实力。杨杰认为：战争是消耗，现代战争的消耗越来越大，所以国防力量必须有强大的经济作为基础。技术是人力和物力结合所不可缺少的一种媒介剂。没有现代的科技，便不可能建设现代化的国防。杨杰认为，“国防是国民技术的结晶，也是一国工业的结晶”。“有独立的技术，才有独立的工业；有独立的工业，才有独立的国防。”④这说明科技力量是国防力量的一个十分重要的基础。组织是国防力量中的另一种综合力量，杨杰指出：“现在的战争是全体性的，国防也是全体性的，必须把全国的人力物力组织成一个有机的战斗体，才能作战。”⑤组织作为一项要素，是把各种国防力量联系和综合起来的纽带和杠杆，其重要性是显而易见的。

（四）国防力量表现和运用的“四面体”。杨杰提出了具有创新意义的国防“四面体”理论观点，指出具备了国防要素，还需要把它们发挥和调动起来，通过正确地处理各种要素之间的关系，使国防力量运用至最佳的状态，这就是国防力量运用的“四面体”：经济、技术、军事、外交。经济，包括财政、资源、金融、机械等；技术，包括创造、模仿、生产、使用、教育、宣传、训练、组织、交通等；军事，包括海、陆、空军，防空军及国防军事等；外交，是国家政治力量的扩充。“这四种东西，就是国

① 《国防新论》，第 124 页。
② 《国防新论》，第 127 页。
③ 《国防新论》，第 138—139 页。
④ 《国防新论》，第 153 页。
⑤ 《国防新论》，第 156 页。

防力量的结晶,也就是表现国防力量的四种手段。”①

四个方面之间是互相依赖、互相支持、互相渗透的关系。他认为,凡是国家范围的事,无论大事小事,都与这四面体有着紧密的联系。如果能够把它们适当地配合,机动地运用,贫弱的国家也有强盛的可能,强盛的可以更为盛强。为此,杨杰详尽地论析了四面体运用法则,以及在当代一些国家的实际运用情况。

(五)现代国防的模式和组织形态。杨杰详细考察西方民主国家、法西斯主义国家和社会主义国家的国防模式及组织,指出新型的国防组织有两个基本特征:一是“全体性的,就范围来说,包括着国民生活、生产的各个部门,可以名之曰‘全体总动员的国防型’”;二是“注重平时的,就时间来说,平时即是战时,随时可以动员,随时可以应战,可以名之曰:‘战时体制的国防型’”。②具备了以上两个特征的国防模式和型制的国家,可称之为“国防型”大,可列入强国之林;反之,“国防型”小的虽是大国,亦不可能成为强国。

要确立具备上述特征的国防模式和型制,杨杰认为必须要建立一整套国防组织,“完成国家总动员型的国防组织,是国家存在发展的先决条件”。在书中他提出了由军事、生产、参谋、政治、文化、国家总动员等 6 种组织合成的国防组织体系。这从组织形态方面进一步阐述和发挥了总体国防理论。军事组织被杨杰称为国防组织的核心,而科学和技术则决定了军事组织的内容。军事组织包括陆、海、空军,陆军又有步兵、工兵、炮兵、骑兵、辎重兵、交通兵等各兵种,而海军又有航空兵,空军又有陆战队,陆军也有航空队。他认为,最新的军事组织,将是各兵种互相配合的混合组织。这才能成为真正强大的国防军事组织。同时,他还对征兵制度、国民军事训练组织、学校军训和社会军训等作了论述。

大规模的战争需要大规模的生产组织。军事生产组织的范围几乎包括着全部的生产组织。杨杰极为重视生产组织在国防中的作用,认为备战的先决条件,是平时生产组织的军事化;而在战时则必需建立军事化的生产体系,实行军事化的消费制度。杨杰认为强大的国防还必须具备健全而严密的民众政治组织,全体民众中形成高度的亲和力和约束力。同时,要有良好的教育组织和文化组织,建设现代的“文化国防”和“教育国防”。

杨杰认为,一个国家对于国防问题必须有专门的机构进行调查、研究、规划和实行综合指导。这一组织机构就是国防会议、总参谋部及其下属系统。他提出有别于单纯的军事部门参谋业务的“国防参谋”设想,指出:“参谋组织的扩大和提高,是国家军事化国防现代化的基本条件;没有全体性统一性的参谋组织,一定产

---

① 《国防新论》,第 166 页。

② 《国防新论》,第 171 页。

生不出全体性的军事国防。”①“如果说，国防是一个有机的战斗体，那么，参谋组织就是它的神经系，国防会议是大脑，参谋组织就是脑神经。”②

杨杰提出了“国家总动员的国防形式”的理念：“新的全体性的战争理论，产生了一种国防新思想，这种新思想的结晶，就是国家总动员的国防型式。”③他把蒋百里在二十世纪三十年代阐述的国家总动员的理论向前推进一大步，对总动员的意义、目的、范围和内容，以及动员计划的编制、政策法令的制订、动员的组织指挥等，作了系统的论述。他认为国家总动员应是全面的、总体的，应包括军事动员、产业动员、交通动员、经济动员、政治动员以及其他各项动员。

（六）国防发展战略。《国防新论》在论述“如何建设中国国防”的问题时，提出了国防建设的指导思想和发展方向，说：“如何建设中国国防问题：第一，应该把握住时代；第二，应该把握住特殊；第三，应该把握住重心。”④国防建设必须紧紧跟上时代的前进步伐，力争超越时代，而关键在于掌握科学技术的新发展。国防建设必须从中国的特殊国情出发，在国防形式上、军队组织上、战争指导上、军事理论上和战略战术上，都应当尽量发挥中国的独创精神和特殊性。杨杰指出：“国防是政治、经济、文化、社会、军事等各种力量的结晶，军事是结晶体的顶点，经济是结晶体的基础。所以，国防建设必须和政治建设、经济建设、文化建设、社会建设同时并进。”⑤国防建设要以国家的其他各项建设为基础，但同时还要有自身的重心。他认为，“建设国防的重心在发展民族工业，完成中国国防建设的先决条件，是实现农业国家的工业化”。

关于国防建设计划，杨杰着重研究的是国防工业和国防军建设两大课题。早在抗日战争前，他已向南京最高当局提出《兵工业根本建设之计划》，就中国国防工业建设的各项基本问题，作出了全面的论析和规划。国防工业，尤其是重兵器、航空器和舰船的研制和生产，必须摆脱长期以来依赖外国的局面，而求其自力更生。为此，他特别强调，亟需实施“兵工业独立之计划”。国防工业分为两大部类，一是主要工业，陆军方面的特种钢厂、炮厂、枪厂、火药厂、化工厂、军用机械厂、军用器械厂，海军方面的造船厂、舰炮厂、要塞工程，空军方面的飞机制造厂等，均属此类，宜由国家直接经营。二是辅助工业，冶金工业、化学工业、机械工业、电器工业等，可由国家和民间分工经营，由政府实行监督和扶助。为此，杨杰提出了分期、分批地实施国防工业的计划。

---

① 《国防新论》，第 215 页。
② 《国防新论》，第 280 页。
③ 《国防新论》，第 265 页。
④ 《国防新论》，第 341 页。
⑤ 《国防新论》，第 400 页。

建设一支足以保卫国家、抵御外敌的强大的国防军，是国防建设中的重中之重。根据中国的特殊国情，杨杰认为：陆军和空军应是国防军的主力，海军处于辅助地位。中国陆军第一线常备兵力，至少需要 120 个师。这些常备军需要 3 年至 6 年时间逐步编配完备。国防军实行分区组训制度，目的在因地制宜、因人制宜，使生活条件与战斗条件相协调。中国的空军建设，应在 2 年至 4 年内完成最低限度的计划，达到拥有 8 000 架第一线作战飞机。海军的建设，要担负领海防卫，在最近的将来，需要建成拥有 30 万吨舰船的舰队。他审时度势，鉴于中国的经济、产业、技术种种限制，主张海军建设采取守势主义，先完成一支由多种舰艇编成的小型舰队，以保卫沿海沿江。大型主力舰需费太大，建造困难，宜暂时付缺。他认为从二次大战海空战经验来看，凭着一支小型混合舰队和优势空军，共同担任领海防卫是有可能的。

杨杰认为，要实现优良的现代化的国防军的建设，必须建立符合时代要求的军事制度，把军官的培养问题、军事院校的教育问题、兵士的训练问题，军队的武装编制问题、后备兵员的储备问题等，作一个根本的解决。此外，杨杰还提出国防中心区的问题，认为从地理、资源、民众、交通和周边国家等各方面条件而论，陕西西安是最为理想的国防中心区。他与蒋百里都认为中国反侵略战争应采取持久战略，要建立巩固的后方总基地即国防中心区。然而，对于国防中心区的选择，两者却抱有不同的主张。这是值得后人再加以深入研究的问题。

《军事计划》《军事常识》《国防论》和《国防新论》，是民国时期国防思想发展进程中一座座前后相继的丰碑，代表了一代杰出的军事家和爱国主义者富国强兵、振兴中华的强烈愿望，是对现代中国国防发展战略和国防建设道路的富有创新意义的探索。虽然，中国在帝国主义和封建主义的统治下，并不能从根本上解决振兴国防、富国强兵的问题，“军事救国”之路，被历史证明也走不通，但这些论著在历史上起过的积极作用和重要的历史地位，却为史家所公认。蕴含于这些论著中的宏伟远大的战略视野、周密全面的国防建设方略、深谋远虑的国防军事战略、真挚忠诚的爱国主义情怀，都是留给后世的珍贵的精神遗产，值得发扬光大。

民国时期国防思想的奠基石*

——《国防论》

杰出的军事学家蒋百里(一八八二——一九三八)是民国时期国防学说的奠基者。蒋百里的国防思想,代表了我国国防思想发展史上一个时代,是二十世纪初以后的三十多年中,中外军事思想互相交汇的结晶,是中华民族处于危急存亡的关头,中国的爱国主义者为民族自卫、抗敌御侮而设计的国防军事方略。他的国防思想的形成与演变,与现代中国救亡图存的民族斗争的进程息息相关;立足于民族的现实,为了民族的将来,是他研究国防问题的根本方向。他对国防问题的理论和观点,融会中外军事与国防学说中许多精华,凝结着精辟、独到的见解。关于国防问题研究的方法论、中国国防的目标与性质,中国国防的基础、国防发展的道路、国防建设的指导原则、国防建设与国民经济建设之关系、国防战略原则、国防建设与民主政治之关系,国防建设与国民道德、纪律建设之关系等基本问题,蒋百里无不致力考察,努力探索,进行了开拓性的研究,提出一系列前人未有提出过的理论、观点和主张。他的杰出成就为民国时期我国国防学说的发展奠定了基础,成为中国从半殖民地半封建地位走向独立和民主的过程中,国防思想发展中一块永不磨灭的里程碑。

一、 蒋氏国防论的时代背景和发展过程

马克思曾经用这样的话深刻地揭示了哲学与时代之间的关系:“任何真正的哲学都是自己时代精神的精华。”①全部军事哲学和军事学术发展的历史也完全证明了马克思这个论断的正确性。一切学术都是时代的产物,而不是某些人凭着

---

* 本文原载《军事历史研究》1988 年第 3 期。

① 马克思:《179 号“科伦日报”社论》,《马克思恩格斯全集》(第 1 卷),人民出版社,1956 年,第 121 页。

脑子空想所能造成的，军事学术尤其不能离开时代而发展。要把握民国时期国防思想发展的脉搏，无疑不能离开辛亥革命以来中国的历史特点和面临的国内外军事政治的全局。著名的战略家杨杰将军在说明《国防新论》一书的时代特征时说过：“《孙子兵法》是封建社会的产物，他的理论就带着农业经济的色彩；克劳塞维茨的《战争论》是初期资本主义社会的产物，他的思想也正确地反映着机械工业渐渐露头的蒸气动力时代；《国防新论》产生在资本主义社会发展到最高阶段，社会主义国家业已抬头的今天，它所反映的是农业机械化和工业电气化的时代。”①这里对时代划分的提法并不一定妥当，但指明了军事思想与历史时代的关系，是很有见地的。

蒋百里的国防思想发端于辛亥革命时期，形成和展开于抗日战争爆发前后。谁都知道，这是一个灾难深重的年代。他生活和战斗年代的中国，是一个民族危机日益深化、内忧外患纷至沓来的国家；是一个丧失了自己的领土和主权的完整，任凭帝国主义列强宰割的国家；是一个缺乏举国一致的国防思想和国防方针，没有完备的国防体制和国防力量的国家。蒋百里生长于忧患的年代，战斗于忧患的年代，最后逝去也是在忧患的年代。日本进攻中国的甲午战争、八国联军进攻中国的战争、日本和沙皇俄国争夺中国东北的战争、九一八事变开始的日本殖民地化中国的战争，最后以七七事变为开端的日本全面进攻中国的战争等，所有这一切侵略战争，加上政治上、经济上和文化上的侵略和国内的军阀统治，使中国的一切爱国者和仁人志士为寻求富国强兵、复兴民族的道路，而矢志不移地奋斗不息。富于民族忧患感和时代使命感的爱国主义者蒋百里，便是这仁人志士中非常杰出的一员。他富于军事学识素养，博古通今，学贯中西，为提出一种新的国防学说准备了理论条件。他从辛亥革命到抗日战争期间二十多年的军事实践活动和丰富的军事经验，为他的国防思想的发展造成了现实的基础。他在哲学、史学、经济、艺术、宗教方面的广博知识，更使其国防思想富于哲理的特色；并把经济、文化、道德、教育等因素引入国防领域，成为创立我国总体国防学说的先导。

国防科学脱胎于军事科学，但却与军事科学有着不同的对象和内容。在中国，国防作为一门独立的科学，是在辛亥革命以后才开始发展起来的。从十九世纪中叶以来，随着外国资本主义帝国主义侵略的日益加剧，中国许多爱国者不断探索抗御外敌、保卫国家的方略。国防问题成为关系民族存亡的大问题，各种国防观点和强化国防的主张应运而生。在地主阶级人物中虽有若干有识之士提出过一些不乏积极意义的主张，但没落中的封建阶级再也不可能产生新的国防理论了。软弱、幼稚的资产阶级虽有富国强兵的愿望和振兴国防的要求，但在长时间

① 《〈国防新论〉三版自序》，杨杰：《国防新论》，中华书局，1946 年，第 3 页。

中却提不出自己的国防理论。伟大的民主革命家孙中山在领导辛亥革命的过程中,阐发了建设资产阶级民主共和国的方案,同时也提出了关于中国国防建设的基本构想。孙中山的《十年国防计划纲要》,是他的关于国防问题的主要代表作,虽然这个“计划”是一份提纲,尚未来得及阐发成一部著作,却是确立了中国民主革命派国防思想的基本架构。

如果说孙中山是民国史上国防思想的开创者,那么蒋百里继孙中山之后,以他对国防学说的杰出贡献,成为国防思想的奠基者。《国防论》一书是他的国防思想的主要代表作。他的国防思想的形成与演变,按其重要著作和重要活动可分为四个阶段。

第一阶段,一九一三年以前的时期。从一九〇一年留学日本,到一九一〇年自德国归国,他是专门研究军事学术的,但还未形成自己对国防问题的独立见解。辛亥革命兴起,他热烈地投身于革命活动。革命失败了,他的志趣转向于试图融会中外军事思想,提出自己对于战争、国防和战略战术的看法。一九一三年他的军事论著《孙子新释》问世,孙子兵法被他后来称为“中国国防论之始祖”,这本“新释”表达了当时对国防问题的基本观念。这可以说是他的国防思想的雏形。

第二阶段,一九一四年至一九一七年。他自保定军校校长职务卸任后,出任总统府军事处一等参议。不久参加反袁护国运动。袁世凯称帝失败后,蒋百里返回北平,从事军事学术和人文科学的研究。一九一七年著《军事常识》两册。他的四篇重要军事论文陆续发表:《政略与战略(敌与兵),论战志之确定》,阐述政略、战略、战志的关系;《国力与武力与兵力》,论述国防力量的层次结构和军队建设问题;《义务征兵制说明》,介绍民兵制的特点;《军事教育要旨》,提出提高军队素质的方法。这四篇论文后来收录于《国防论》中,总称为“二十年前之国防论”,反映出他的国防思想的初步架构。

第三阶段,从一九一八年至一九二二年。一九一八年年底,他随梁启超去欧洲考察,回国后一个时期致力于新文化运动和省、宪制宪活动。当军阀混战日趋激烈和外敌威胁日益加剧时,他又转向军事政治舞台上活动。一九二二年撰写的《裁兵与国防》,虽为对裁兵之议而发,但却是“为国防大要所在”。《军国主义之衰亡与中国》批判了军国主义,指出日本是我国最危险的敌国,为国防目标指明了方向。《义务民兵制草案释义》是一篇序言,旨在阐发民兵制的意义和寓兵于民的国防思想。这些文章后来被他自己总称为“十五年前之国防论”。这个阶段,他对国防问题的一些基本观点有新的发挥和阐述,但尚未建立整体性的国防思想。

第四阶段,从一九二三年至一九三八年。一九二三年他与吴佩孚合作,到一九二七年同蒋介石合作,又一度被拘留于南京,到一九三二年被释放。在这长达十年的岁月中,蒋百里在军事著作方面可以说是空白的。九一八事变以后民族危机空前严重化，国防问题成为整个民族和国家的头等大事。这严峻的现实推动了蒋百里重新全面探讨国防问题，从以往的局部问题的研讨，扩大到全局性的无所不包的国防问题。一九三四年，发表《从历史上解释国防经济学之基本原则》，提出了国防经济学的理论，成为他的国防思想的核心。一九三五年和一九三六年，他致力于研究现代战争中空军的地位、作用及其建设问题，以及国防总动员问题。一九三七年，蒋百里将其历年有关国防问题的主要论著编成《国防论》一书，共有七篇十九章(讲)，约十五万字。抗日战争开始后的一年是蒋百里生命的最后一年，其间发表的十篇论文将他的军事国防学说进一步扩大和丰富了。可惜的是过早的逝世，他竟未来得及将国防学说写成一部具有理论形态的体系完整的著作。

二、 研究国防问题的方法

古今中外的各种国防思想，都是以一定的认识论和方法论为思想基础的。蒋百里自幼便深受儒家经典的熏陶，中国传统的历史与文化对他有着深刻的影响，这是没有疑问的。孔子、孟子、荀子、墨子以外，在先秦的军事与政治家中，对蒋百里的军事思想影响最大的，首先要数孙子，其次是管仲、商鞅、韩非子等。孙子十三篇就是他与《战略论》一书的作者、德国将军布鲁梅讨论过的“中国古昔之教训”，他认为应当为军队研究而发扬光大的。从秦汉至清代，刘邦、曹操、诸葛亮，特别是岳飞和曾国藩的军事思想和战争事业，也对蒋百里的思想发生较深的影响，但都不能与孙子对他的影响相比拟。贯穿于孙子兵法的朴素唯物论和朴素辩证法思想成为蒋百里军事国防学说重要的思想基础之来源。他虽然并未跳出历史唯心论的桎梏，但朴素的唯物论和辩证法，却成为其观察、研究军事和国防问题主要的认识工具和思想武器。

当然，蒋百里的思想具有复杂的因素。近代西方资产阶级的军事学说和社会及哲学思想对他产生的影响是不可低估的。蒋百里曾留学日本五年之久，后来又赴德国研习军事。他在日本所学的军事，其实也是日本人从西方，尤其是从德国学来的。如果说，他接受了日本的影响，倒不如说接受的是西方的影响较为符合事实，更不用说他后来多次亲自考察欧洲各国的军事、精研西方军事学理了。蒋百里对西方的史学和哲学都有深入的研究，康德的哲学思想、达尔文的进化论、广泛流行于十九世纪西方的人道主义，都引起过他的极大兴趣，他广阅博采，综罗百代，熔为一炉。而对他产生最为重大影响的，则是以德国为代表的西方近代资产阶级军事学说。德国军事哲学和军事史权威、近代西方资产阶级军事学术的奠基者克劳塞维茨的《战争论》、布鲁梅将军的《战略论》，都是蒋百里在日本留学时加以精读的。毛奇将军的《普法战史》和《普奥战史》也是他致力研究的书。他的早期的一部军事著作《孙子新释》，大量引用过克劳塞维茨《大战学理》、毛奇《普法战史》和《普奥战史》，以及布鲁梅《战略论》的论点，将这些西方军事论著与《孙子》细加比较，试图融会中西军事学说，提出自己的国防观点。然而，蒋百里收吸西方思想，仍然是以中国传统的文化为基础的。他把孙子的军事学说称为"中国国防论之始祖"，就是一个最好的明证。

孙子军事思想和克劳塞维茨军事思想两者产生相距两千多年，各自又有新兴地主阶级和新兴资产阶级军事思想的性质不同，但朴素的唯物论和辩证法却同是它们之精华所在。蒋百里善于从中外军事遗产中汲取精华，掌握军事哲学这个思想武器，去观察和解决新的历史条件下的军事和国防问题。研读了《国防论》等论著，我们不难发现：蒋百里之所以能在国防学说上作出杰出的贡献，是与他的科学的方法和态度分不开的。

（一）"从客观的事实中寻出主观的方向。"①这是蒋百里自己确定并努力坚持的研究方法。在这里，"寻出"即是研究，"主观的方向"是指人们在实践中应当遵循的方向、政策和方案等。从客观实际出发，而不是从主观臆想出发；通过对客观实际情况的科学研究，引出人们应当遵循的正确的方向、政策和方案。这就是蒋百里观察、研究国防问题的思想方法和态度。此种科学的实事求是的方法和态度，使他的思想充满活力和生机，使他的军事学术研究不致迷失方向。在他看来，为建设健全、完备的国防而求得一个正确的国防理论和方案，这就是"主观的方向"。为此，需要对有关的客观事实作科学的分析，这既是现实的客观事实，又包括以往的历史事实。他的国防理论是建立在对中外历史的深入研究的基础之上。正如他自己所说，"研究高深兵学的人，没有不感到历史研究的重要"，并以德国作为例证，指出："近世德国首先创造了历史哲学，历史的研究蔚成了一种风气，足征德国军事天才的优越，国防事业的坚实，确有学术上的背景的。"

蒋百里是十分重视"温故而知新"的道理的，他以军事学家称著，然而其史学方面的造诣却并不比许多史学家逊色。熟读史书，通晓中外史学，遂使他在国防问题上的见解往往高人一头。他提出的国防上的"主观的方向"，许多是从对中外历史，尤其是对军事史的研究中引出来的。当然，历史的研究与现状的研究是不能割裂的。蒋百里注重从历史与现实的联系与发展中去观察和分析问题。他曾为《军事杂志》著文，提出"兵学杂志之指针"三项，其第一项即是："一切既往的研究，如果不切于现在及将来的事实，是没有用的。"②他反对"好为玄想"，主张"重

---

① 蒋百里：《国防论》，文海出版社，1962年，第16页。以下引文，凡引自此书者，均不一一注明。

② 《蒋百里文集》，台湾"国防学会"辑印，第49页。

经验”“重历史”，但也反对“用过其度”，因而对经验论持批判态度。他认为只有从中国现实出发，才能开辟振兴国防的道路，提出“解决中国当前的国难问题，复古也不行，学新也不行，还是从新古两者中间再辟一条路”的主张。

（二）从事物相反相成的关系中提出解决国防问题的方针。蒋百里思想方法的一个基本法则，是分析事物两个方面相反相成的关系，既不走向极端，也不是实行折衷，而是在两极之间找到一个统一点，从而提出解决问题的方向和方法。他对国防问题的探索和研究也是遵循此种方法。从他关于国防诸种问题的分析，便可看到此种方法是贯穿在各个方面的。关于人类社会各个时期的生活条件与战斗条件，他说：“生活上之和平与战斗，本是一件东西从两方面看”，“生活条件与战斗条件一致者强，相离者弱，相反者亡”。关于国防的部署与作战精神，他说：“国防的部署是自给自足，是在乎持久，而作战的精神却在乎速决：但是看似相反，实是相成。”①关于兵器的研究与制造，他提出“研究唯恐落后，制造唯恐争先”。关于战略战术的继承与发展问题，他认为：“兵法的确定是必要的，兵法的固定是不行的。”关于国防战略方针，他认为在战略上是持久的，在战役战斗是速决的，说“我们要以持久为目的，须以速决为手段”，“我们的问题是不速则不久”。②关于部队的组织与运用，他指出“分”与“合”的关系，是“要‘合’才能‘分’”，“要‘分’才能‘合’”，一个师里步骑炮三种兵种“样样都有（合）才能独立（分）作战”。③凡此等等，说明蒋百里懂得事物诸方面、诸因素之间的相互联系、相互渗透的关系，正反两面互为作用、相反相成的道理，能较好地避免绝对化与片面性，从而在国防问题的研究上得出较为全面的结论。

（三）融会中外古今历史遗产之精华，求得国防问题的正确方案。作为蒋百里国防经济学核心的生活条件与战斗条件一致的原理，他认为这是发端于中国古代的井田制度。井田制度的特点，正如他所说是“既能吃饭，又能打仗”。所以，“世界上最先发明（国防经济学）这个原则的还是我们的祖宗”。但在同时，欧洲大战中产生的总体战思想，大战后发展的总动员办法，使蒋百里对他的“一致”原则更具信心，并大大地丰富和发展了它的内容。民兵制的提出，也是融合中外思想的结果。他一生倡导民兵制，这个思想可以说是从中国古代“寓兵于农”的思想，普鲁士军政部长沙恩豪斯的国民义务兵制度，以及岳飞、拿破仑等的战争经验中启发而来。在三十年代，他还著文专门介绍法国社会党领袖卓莱、德国哥尔紫将军与培莱中校的方案。他曾在欧洲考察一种新的军事理论——杜黑制空论，回国

① 《蒋百里文集》，第48页。
② 《蒋百里文集》，第184页。
③ 《蒋百里文集》，第257页。

后与过去对空军的理论和实践经验相对照，有分析地提出了现代空军的理论和建设空军的建议。综观其国防学说，可以说是不断发展前进的，而不是僵化不变的；是面向世界的和开放的，而不是封闭的；是洋为中用、古为今用的，而不是复古的媚外的。这正是他在国防学说上能够不断创新的重要原因。

三、国防经济学——国防理论的基础

蒋百里致力于国防理论的研究有着明确的目的，这就是为振兴中国国防去寻找一条正确的道路。他认为中国国防事业的建设，必先注意中国特有的历史传统和当今的时代环境，要创造自己的新路。“要解决中国当前的国难问题，复古也不行，学新也不行，还是从新古两者中间再辟一条路。”这里所说的新路线，其理论基础就是他的国防经济学。“生活条件与战斗条件一致”的原理，则是国防经济学的核心。由此出发，他又提出了民兵制原则、文武合一原则、国防经济建设原则等许多重要原则和主张。

（一）生活条件与战斗条件一致的原则。蒋百里研究中外历史，考察“世界民族兴衰”后，得出这样一条定律：“生活条件与战斗条件一致者强，相离者弱，相反者亡。”在此基础上，确立了国防经济学原理，正如他自己所说：“生活条件与战斗条件之一致，即是国防经济学的本体。”按照他的论述，这个原则是从中国历史和欧洲历史上引申出来的。他认为历史上实行“生活条件与战斗条件一致”的有两种情况：一是“有因天然的工具而不自觉的成功者，有史以来只有二种，一为蒙古人的马，一为欧洲人的船。因觅水草就利用马，因为营商业就运用船。马与船就是吃饭家伙，同时可以是打仗的家伙，因此就两度征服世界”。还有一类情况，是“因人为制度而成功者，也有两种，一为欧洲战时才发明，十年来才实行，西人的国家动员；一为中国三千年前已经实施的井田封建，他的真精神就是生活条件与战斗条件之一致”。从井田制到蒙古民族的马，从西欧、南欧的船到现代的机器装备，既是谋生的工具，又是战争的手段。这种“一致”的需要和趋势，到二十世纪则更加重要和更为广泛。而欧洲大战中产生的总体战思想，战后列强各国发展的总动员体制，更使蒋百里对于“一致”的国防定律，深信不疑。

“生活条件与战斗条件一致”，用通俗的语言表达，即是蒋百里说的要建立“即能吃饭，又能打仗”的国防制度。因为只有实行综合这两个方面的国防制度，才能确立真正强大的足以战胜敌人的国防。他认为德国在欧战中的失败，正是由于违背了“一致”原则，“经济生活根本的动摇了，社会的不平衡一天重似一天，而百战百胜的雄师（指德军）遂致一败涂地”。相反，他认为曾国藩办团练，采取“军事经济双管齐下的办法”，是成功之举。

在蒋百里看来，实行“生活条件与战斗条件一致”的国防制度，是振兴中国国防的必由之路。如何实行这个原则与制度？他作了系统的研究，特别是在一九三四年到一九三八年间，在公开的言论和向南京当局的建议中，提出了一系列深谋远虑的主张。他认为必须从总体上规划全国国防经济建设，明确“一国的总动员事业如何组成，这就是国防经济的全体”，他主张要全面谋划“建设国防经济应当从何处着手”问题，特别是工业各部门建设的顺序。他提出国家建筑应当按照“民事与军事镕成一片”的方向进行。他又提出“使国防设备费有利于国民产业的发展”，使“一个钱要发生二个以上的作用”，开辟一条花费最节约的建设国防的道路。他主张“文武合一”，兵民结合，寓兵于农，寓兵于学，等等。

（二）“国防的部署是自给自足”，关键在于“使平战两时的国民经济发生根本的联合”。这是国防经济学的一项重要原则。蒋百里强调国防力量必须建立在自力更生的前提下，以自给自足为基础。他说：“战斗力与经济力不可分，这原理的实行就是自给自足。不仅是买外国军火，不可以同外国打仗，就是吃外国米，也不配同人家打仗。”从国防经济学的观点看来，“经济力即是战斗力”，没有以经济实力为坚实基础的国防，是建筑在沙滩之上的楼阁。这经济力又必须建立在“自给自足”之基础上，而不能依靠买外国的武器装备，靠外国供应粮食去打仗。蒋百里指出发展本国经济对于国防的极端重要性，说：“我们现在可以说，有强兵而国不富者矣；未有富国而兵不强者也。”这是极有价值的见解。这个思想把中国民主派的“富国强兵”思想提高到一个新的高度。他还提出国防经济要实行“自给自足”，必须采取持久的方针，即以长期的持久努力来建设、发展国防经济力。这就是“国防的部署”是“在乎持久”，“而作战的精神却在乎迅决”。这就必须按照国防经济原理，把和平时期的和战争时期的国民经济统合起来，把民用和军用结合起来，做到平战兼顾、军民两用、相互促进。蒋百里认为，这样的国防体制才是符合国防经济学要求的。

（三）民兵制。蒋百里竭力提倡民兵制，说：“民兵制者最适于国民性之军事制度”，也“适于中国之历史与环境”。因为民兵制的基本精神在于“军事生活与民事生活溶成一片”，其基础乃在“文武合一”的教育。这是“生活条件与战斗条件一致”的最广泛、最具体的实施办法。民兵制的两个基本特点，是“以最少之费用，得最大之兵力”，通过“文武合一”的办法提高国民与军队的素质，以达到生活条件与战斗条件一致的目的。如何实施民兵制呢他认为关键在于要“将军队与学校之界限中沟通一条道路”。具体办法，首先是实行两项规定：其一，每个高中学生每年要接受两个月的军事训练，否则不准毕业；其二，只有在专门学校以上学校毕业者，才有担任军官的资格。他认为这样可促使文武合一、兵民相通，既提高军队素质，又利于寓兵于民。

此种民兵制的主张，实际上反映了“全民皆兵”的思想。在他看来，“护国义务非一部分专门人所能独占，尚当公之国民全体”。这种建立在文武合一教育基础上的民兵制，既可动员全体国民参加保卫祖国的斗争，建立强大的军事体制，又可促进政治民主化。民兵制的推行，有赖政府的组织能力。政府的组织机能，又取决于宪政的实行。只有在宪政体制之下，国民才能达到“自觉”的境界。蒋百里还对义务征兵制作了系统的论述，提出征兵制的五项基本要求：“征之能来，来之能教，教之能归，归之能安；临战焉，一声令下，应声而即至。”为了实现这些要求，政府当局要注重下列各项：地方政府的行政能力、新兵的训练设施、人民的生活与福利、计划与准备工作，等等。

四、 总体国防思想

蒋百里在讨论世界军事的新趋势时，指出当今世界“新军事的主流，是所谓全体性战争”，也就是总体战。这就指明了欧洲大战后世界军事的发展趋向，也就为国防建设的发展方向作出了恰当的估量。他对国防问题的主张是以军事发展的新趋势为前提的。他的国防思想，可以说是总体国防思想。

（一）总体战争与总体国防。蒋百里对战争与军事的基本认识，虽然并非建立在历史唯物论基础之上，然而却已具有相当的真理性。下面一段文字中，可以窥见其关于战争、军队、政略、战略等的基本观念。“国于世界，必有所以自存之道，是曰国本。国本者，根据民族历史地理之特性而成。本是国本，而应之于内外周围之形势，以策自存者，是曰国是。国是者，政略之所从出也。战争者，政略冲突之结果也。军队者，战争之具，所用以实行其政略者也……故政略定而战略生焉，战略定而军队生焉。军者国之华，未有不培养其根本而能华能实者也。”一个国家为了维护领土主权的完整、防止外来侵略，必须建立国防，甚至从事战争。因此，在蒋百里看来，国防问题从来并非一个单纯的军事问题，国防的手段和工具也历来是多种多样的。而且，随着时代的发展和战争的演变，国家图存之道已经发展到了几乎无所不用的状况。战争的领域已不再限于武装斗争，经济、外交、文化、思想、心理等领域的作战，都是战争的不可缺少的组成部分。一切现代国家的国防虽然都以军备为中心，但没有一个国家只凭借军事力量而不顾其他。战备和战争的多形态多方面发展，就是蒋百里所明确指出的军事新潮流。这使鲁登道夫的总体战思想黯然失色。蒋百里批评鲁登道夫“军事目标控制政策”的说法。他是一个更总体性的总体战论者，而不是绝对战争论者。

总体性战争要求建立与之相应的总体性国防。蒋百里有鉴于此，大力提倡总体国防。他说：“二十世纪之国防责任，乃不在精练之兵，而在健全之民。”又强调说:“未来的战争不是‘军队打仗’,而是‘国民拼命’;不是一定短时间内的彼此冲突,而是长时间永久的彼此竞走。”“现代之战争非单纯兵力之战争,乃为全体民族之战争。”①他提出的“全体性战争”,即是总体战的一种表述。他指出“未来战争有三个方式:(一)武力战,(二)经济战,(三)宣传战。”②揭示了总体战的三个主要组成部分。

(二) 国防力量的三个层次。从总体国防的要求出发,蒋百里对国防力量的层次结构作了剖析,提出了国力、武力、兵力三个层次的概念。这就从立体的层面上分析了国防力量的构成,为总体国防建设指明了方向。国力是武力、兵力的基础和源泉。国力所包含的因素是什么?蒋百里说:“溯国力之原而分之,人一也,地二也,物产之生殖力三也,机械之运动力四也……政治力五也。”这五项国力因素中,又以何者为本呢?他认为是政治力一国家主权的发动。所以要增强国力,必以改革政治为本。“政体也,制度也,行政也,告所以为武力之原动者也。”“政治力……为国家存在之原则,即为武力发生之本。”这就要求国家,“其元首公明而有定力,其政府勇敢而极锐敏,其各机关又能各竭其能而互相为用”。又怎样使一个国家富有这样的政治力呢?他认为根本的问题在于确立民主宪政制度。蒋百里视民主宪政为理想,甚国防学说与民主政治思想是不可割裂的。

“武力者,国象所用以贯彻其国是之具也。就广义言,武力即国力也。就狭义言,则国力而加以军事的组织锻炼者,是曰武力”,武力的特征是其有军事的组织锻炼,而就其功能而言,“武力者国力之用于战争者也”。武力有赖于国力,但要变国力为武力,蒋百里认为关键在于“国家政治之机能”的状况如何。国力中人的因素,农业、工业、矿业、牧畜业等等因素,国土及地理因素,交通因素等,都在一定的条件下转化为武力。

“兵力者,武力之主体,而兵力非即武力了。武力者就其用而言也,兵力者就其体而言也。”蒋百里强调兵力与兵数不可混为一谈,要从数量与质量两方面、综合无形有形两元质,衡量兵力的大小。强调“兵在精,不在多”,“兵力之大小,不在其数量,尤其在品质”。基于这一观点,蒋百里多次提倡要改变中国军队的兵源,在全国实行义务征兵制,彻底革新军事教育。

(三) 综合军备论。蒋百里关于国力五要素的见解,到抗日战争前夕又概括为国力三原素的论点,说“国力有三个原素:一是人,二是物,三是组织”。在此基础上,他提出了国家总动员的理论和综合军备论的思想,明确指出:“今世界论军

---

① 《蒋百里文集》,第284页。

② 《蒋百里文集》,第150页。

备之要素，不外乎三，曰人，曰物，曰组织。”①只有将国家的这一切要素熔铸锻炼起来，成为一国的国力，形成综合军备，才具有强大的国防。

关于人的要素，他认为要保持以下几项要求，才符合建设国防的需要。一是数量。中国人的数量在世界称著，在他看来“这是我们雄飞世界又是维持世界和平的基本”，主张“要十分利用这伟大的数量”。二是意志统一。人数虽多，如果内部不团结，并不能形成国力。因此，全国必须结成一个意志统一的整体。不过，在蒋百里看来，中华民族是历来具有统一性的。他对国家的分裂深恶痛绝，但却寄希望于南京国民政府之下实现全国统一。三是健康。提高国民的体魄素质，增强人民的健康，是总体国防的必要条件。四是道德力与纪律。他认为加强国民的道德力量与纪律性是国防事业中一项十分重要的原则。“武力中之最贵重者曰民力，即国民之体魄、道德、智识力也……然道德智识之力，实较体力尤为重，义务心、果断、克己、爱国精神等诸德性，其增加国民之武力者益伟，智识之程度亦然。”国民的道德力受历史传统、地理环境、民族性格、政治制度等条件的制约与影响，但道德力量的培养主要是靠教育与训练，对这一点蒋百里是十分强调的。纪律性的增强和纪律的建立也是如此；除了道德的培养，体育的加强，法律的制约，蒋百里认为纪律的最高境界，还需要建立于国民的自觉与自信之中。

人的素质被视为国力、武力、兵力的基本要素之一，这是蒋百里国防思想的一大特色。既见物，又见人，是全面的国防观点，它的正确性是无可怀疑地体现在《国防论》最后一篇中，蒋百里讨论了新人生观的创造问题。在军事著作中论述民族心理和新人生观的建设，在他看来这是题中应有之义。他提倡人生为大众、为未来的人生观：“锻炼个性以服务群众，努力现在以开拓将来。”主张承认个性，锻炼个性，但以服务群众为归宿；重视现实，努力于现实，但要以开拓未来为目标。他认为这两句话是人生哲学和民族精神的指南。

关于物的要素，蒋百里认为主要包括三类东西。一是原料。他认为中国的原料是相当多的，但决说不上丰富。必须珍惜国家的资源，合理的开发利用，切不可浪费。二是动力。这是军备的中心问题之一。针对中国其时情形，他认为其基础要件有：统一度量度，实行标准化；奖励保护工作机械的制造；平战两事转用之预备等。三是技能。这是人们运用原料和动力的技术能力。蒋百里认为这比任何原料和动力更为重要。中国在发展技能的要素方面，当务之急是要造就四类人才：设计家、管理家、技术研究家、熟练的工程师。蒋百里把国家的科学技术问题作为国力的基本要素之一，给予高度的重视，这一远见卓识对于国防建设是具有深远意义的。

---

① 《蒋百里文集》，第161页。

关于组织要素。组织问题在蒋百里的国防论著中占有很重要的地位，这是因为组织具有极端重要性，同时也是针对中国历史来缺乏良好组织而发。人的因素和物的因素固然重要，但若缺乏完善的组织则毫无效用。特别是在“中国之生死存亡之关键，完全在此‘组织’一事”。就经济力量而言，有组织，无钱可以有钱；无组织，有钱可以变为无钱。他以为中日战争到来前，外国所研究的是原料不足问题，中国所应当研究的首先是组织不健全的问题。

他认为组织要素包含纵横两个方面的系统，说：“我之所谓组织云云者，盖兼时间空间而言。”就是纵的延续与横的联系。他对中国的组织建设提出了许多设想。首先，是加强全国的社会组织。这是范围最大而根基最深的组织，要用两种办法同时并举。一是地域组织，划分中央直接管理和地方自治两种区划，予以组织管理。国家的战略要点和经济中心应直接由中央政府管理。一是职业组织，按行业组织同业公会，全国受国家最高经济会议指导。其二，是加强政府组织。从中央到地方都必须建立一定不移的秩序，公务人员职责分明，按制度办事，建立强大有力的组织体系。

五、 国防经济建设原则

国防建设的指导原则，是蒋百里十分关注的问题，他广泛地考察二十世纪三十年代世界各主要国家的国防建设，仔细分析中国的社会、经济特点，认为生活条件与战斗条件一致是国防建设所应遵循的根本道路。在此基础上，他提出了关于国防建设的两项方针性构想，这就是：(1)如何使国防费用有益于国民经济的发展。(2)如何方能使国防的理论与实际相统一。虽然他并未对这两个方针性构想作出系统的论述，但他的一系列国防论著中，处处都渗透着这种指导思想。关于国防经济建设的原则，也是以这个指导思想为灵魂的。

（一）坚持生产国防建设的方向。根据“使国防费用有益于国民经济发展”的原则，蒋百里主张中国的国防建设应当走“生产国防建设”的道路。他以法国和德国的经验为例。第二次世界大战前法国的马奇诺防线和德国的高级公路网，是“消费国防”与“生产国防”两种国防建设的典型。防御工程耗资巨大，造成法国财政的沉重负担，但在平时却毫无效益，而在一个相当时期之后，又会随着攻击技术的发展而减灭其效用；反观德国的高级公路，军民兼顾，平时与战时都有极高的效用。“消费国防”与“生产国防”的分别于此显而易见。国防建设本来是消费性的，往往只有投入而无产出。但蒋百里认为国防与经济两种建设之间存在统一性，国防建设的指导原则应着眼于两者之间的联系，按“生产国防”的方向去规划和发展建设。

（二）立足本国的原则。国防经济建设必须立足本国，主要依靠自己的人力、物力、财力。一个国家“不仅是买外国军火，不可以同外国打仗，就是吃外国米，也不配同外国人打仗”。所以，蒋百里对于本国自己生产和输入外货的关系提出两条原则，一条是：“凡是要用现金买的外国货，虽价值不过一毫一厘，都要郑重斟酌，能省则省。”另一条是：“凡是一件事业可以完全用国内的劳力及原料办的，虽几万万、几十万万，也尽量放胆做去。”本国的资金不足怎么办呢，一项巨大的国防工业建设往往需要投资几万、几万万，“拿中国预算的全部做一两件事还不行，那国家还有救吗？”蒋百里认为要靠组织的力量，有组织，无钱可以变成有钱。要通过政府和社会组织力量，提高资金运转的速度，刺激本国的金钱运转率。对于举借外债，他并不一般的持否定态度，曾提出在重工业方面，“经济周转，利用外债”①的主张。

（三）武器装备的研究和生产相区别的原则。科学技术在国防经济建设上的作用，虽并未为蒋百里所专门论述，但他极为重视新式军事武器的研制，强调国防经济建设中要掌握先进的军事技术；同时，把武器的研究和大量生产区别开来，采取不同的方针。他指出，军队的装备是随着诸方向情况的变化而予以更新。他估计陆军每二十年需要更新一次装备，空军每五年更新一次，海军是国家经济力量和科技力量的代表，更需要经常改换新的装备。随着科技的日益进步，武器装备更新的过程比以前加速了。武器装备的更新给国家财政带来沉重的负担，即使富裕的国家也为此感到困难，更不必说中国这样的贫穷国家了。对此，蒋百里提出如下原则：“研究唯恐落后，制造唯恐争先。”②这个原则把研究和制造加以区别。一方面，要力争军事武器的研究站在世界先进行列，因为如果自己不掌握先进的军事技术，就不能有强大的独立的国防。另一方面，新式武器在平时不宜大批制造，否则，必将造成国家财政支绌，危及国家建设。

（四）国营与民营并用建设军事工业。建设军事工业需要巨大的财力与物力，还要进行有效的管理，完全由政府来经营是不可能做到的。“盖国家无论如何，决不能用如许财力，从事于兵器制造，所贵者在善用民财与民力是也。”③蒋百里主张以国营和民营两者并用的方针，来加速中国的军工建设。这样做同时又利于把军用与民用两者互相渗透和互相促进。为此，他在抗日战争开始前向南京当局提出建议：“将国营事业划一部分，用合股公司制，财政公开”，转为民营。他认为如此“或可得民间助力，使兵器独立一事，能早日完成”。

① 《蒋百里文集》，第 130 页。
② 《蒋百里文集》，第 256 页。
③ 《蒋百里文集》，第 136 页。

（五）农业必须求其自足。农业生产是军队与国民之给养的基础。尤其是在战时，粮食的充分是特别必要的，因为它对于国防力和作战有很大的影响。因此，蒋百里非常重视农业的建设，对以下见解表示了完全肯定的态度："从国防的立场说来，人口稠密的国家，农业必须绝对求其自足，即使比世界市场付出更高的代价也是在所不计。"①粮食依靠从国外进口，这完全不符合综合国防的要求，对国防安全是不利的。为了求得粮食等之农产物的自足，他提出要确定适当的农产品价格，诱导农民的生产积极性；国家应以劳动力、运输力以及机器等帮助农民；国家统制人造肥料的生产；提高粮米进口税；作为一种特别的国防税；等等。

（六）军事工业和国防交通的合理布局。在二十世纪二十年代之初，蒋百里根据国情及国家假想敌国的判断，已提出了军事工业、国防交通以及军事要塞在全国如何布局的构想。一为兵器，在山西太原、河南巩县、湖北汉阳三地设兵工厂，作为兵器补充的根据地。二为装备，在湖北与河南交界的武胜关和山东兖州设辎重材料厂等，作为南方兵力向北方移动时的装备补给地。三为交通，沿津浦、京汉两线之间的东西行国道及河流，应先着手整理。四为要塞，我国东部各据点，视形势之必要，得建筑要塞。到抗日战争开始前夕，他又进一步对国防工业及交通的布局问题提出许多建议，其主要点是：炼油、炼钢、炼铁等各项工业基础以置于内地为宜；以湖南为各项国防工业建设的中心地带；粮食生产亟需增加，湖南可设想成为"中国的乌克兰"，成为重要的粮食生产基地；一旦战争爆发，沿海一带首当其冲，工业建设应着眼于山岳地带；南岳地区可作为战时工业核心地区，并将重要产业部门分布于株洲至郴州之线。

六、 国防战略的若干原则

关于国防战略问题，蒋百里并未作过系统的论述。他在国防经济、军事教育和军备建设的论著中，从不同侧面对战略问题作了探讨，提出过若干战略原则和构想。这些战略原则是从中国的国情出发，针对中国面临的外部侵略的威胁，特别是九一八事变以后日本的侵略而提出的。在二十多年中，他基本上是以在野身份对国防战略问题发出议论，并未参与国家军事当局的战略决策过程。他所讨论的战略原则大多属于构想性质，但却以远大的战略眼光，通观全局，展望将来，规划了我国国防战略的基本方向。

（一）国防战略的首要问题是判明主要敌国。国防战略作为军事战略，取决于国家政略。"战争为政略冲突之结果"，因为战争是政治的继续，而"政略之相持

① 《蒋百里文集》，第42页。

非一朝一夕之故也，其端绪，可先时而预测，故其准备，可先事而预筹”。蒋百里的这一正确论点，为判明谁是敌国，确定国防战略方向，阐明了客观依据。同时，他又从中外历史经验中阐发了判明敌国的重要意义。甲午之战失败后，中国政府决心重建陆军，但二十年无成。蒋百里探讨其原因说：“练兵二十年而适以自累者，本不正也，政不举也，志不立也。”“志不立也”，是没有选定首要的敌国。如此，则没有必战的目标，没有必战的意志，也就没有积极备战的方针。他认为，从外国历史而论，日本明治维新以后的对外作战，普鲁士对法国的战争，都是正确择敌而导致胜利的。再以法国来说，在欧洲大战中的胜利，也是判明主要敌国之后，经过半个世纪的惨淡经营而来。

蒋百里探讨确定主要敌国问题，认为有两可两不可原则需要决策当局注意。两可是：“有直接以至强为敌者，擒贼擒王之说也。至强者即对于我国本为至危害者也。有先择一易与者为敌，而间接以达其抗拒至强之目的者，偏败众携之说是也。”他认为，“政令修、财用足、民气强，则用前策”；“国家当积弱之余，威信未立，则当用后策”。这两可原则完全是“就军言军”，在运用时则必须与政略相配合。两不可是：“一则甲可战，乙可战，乃既欲战甲，又欲战乙，是则大不可，备多力分也。”“一则甲可战，乙可战，乃今日欲战甲，明日复欲战乙，则大不可，心不专，力不举也。”两种情况都违反了主要敌国不能同时有两个或多个、不应同时两面作战的原则。当然，确定主要敌国，这是一个较长时期中的战略方向问题。坚定的目标是胜利的主要因素，但在一个时期中主要敌国不是永远固定不变的。因此，目标应当随着情况的变化作出相应的调整和变换。

辛亥革命以后的二三十年中，中国的主要敌国是谁？蒋百里坚定而明确地指出：军国主义的日本是中国的主要敌国，对中国的安全最危险的是日本的侵略扩张。一九二二年，在《军国主义之衰亡与中国》中，他一针见血地揭示了日本的侵略主义及其危险性，说：“从中国现状言，我侪所最感危险者，即邻近富于侵略性的国家。”往后他每每揭露日本侵略中国的野心，并相当准确地预见到其发动侵华战争的进程。在近代中国的政治家和军事家中，很早已洞悉这一重大问题，并提起国人警惕的人为数寥寥，蒋百里便是其中杰出的一位。他的远见卓识由此可见一斑。

（二）积极防御的国防战略。蒋百里是一位真诚的爱国主义者，一生饱经沧桑，数度亲历祖国生死存亡的危急关头。为捍卫国家安全和民族生存，他致力于国防理论与方针的探索。放眼世界，审时度势，他深知中国的国防是属于自卫性质的。中国必须抵抗外来侵略，也能够打败外来侵略，但决不侵略别国。一九二二年，他就中国军事建设著文探讨，提出中国军队“建制之主义——以自卫为根本原则，绝对排斥侵略主义”，指明了中国国防的自卫性质。

自卫说的是国防的性质，那么国防战略方针又应是怎样的呢？他认为中国应当采取积极防御的战略方针。“自卫主义侵略主义之利害，不能以之作战略战术之攻击防御利害解。”自卫性质的战争，并不等于在战场上以防御为唯一方针，战略上防御方针也并非等于在战役战斗上也一律采取防御战。“‘国民防御’‘国民自卫’乃指国家军事之大方针而言，与战略上战术上的攻势守势不可相混”，而“兵略上攻击精神是战胜唯一要件”。他虽未正式提出“积极防御”的概念，实际上却竭力主张积极防御的战法。所以，他极为赞赏法国贝当元帅的两句话：“守御的任务，其目的在破坏敌人之胜利。攻击的任务，其目的在自己求得胜利。”认为守势的主要目的，是在战线的一点或数点上，节省兵力以取决战的行动。

（三）备战御敌的方针。“兵可百年而不用，不可一日而无备。”这个古人遗训被蒋百里赋予新的内容和意义。他把这个“备”字提到了国防战略的地位加以论证，认为它已经可以把军队动员与全民动员两者的容量均囊括其中。“备”有两种意义。一是预备之备，即所谓“凡事预则立，不预则废”。这是战略上的重大问题。孙子兵法第一篇结束时就说“未战而庙算胜者”云云，就是指要想夺取胜利，必须求之于未战之先。蒋百里说，“预就胜，不预就不胜”，这可说是军事历史的铁则。

备战御敌作为一项战略原则，还有另一层意思，就是完备之备。你也预备，我也预备，到底谁胜呢？这又有备字的第二义，就是看谁的准备最为完备。“这个‘完备’的意义，也可以说致胜的唯一条件。”①备战必须努力做到“无所不备”，临战时才可从容不迫，稳操胜券。正是在这个战略思想的基础上，蒋百里曾经向南京国民政府提出过国防动员的总体计划和实施纲要。他提出五项要点作为中国政府从事备战的主要目标：人力，包括体力、智力、道德力；物力，包括农业、工业的生产力；财力，政府的财政、税收、金融、国际贸易；地理力，充分利用地理条件与开发交通；政治力，政治制度、组织与领导能力的增强等。这是他在中日大战前所规划的一个备战御敌的总方案。

（四）反侵略战争战略布局的构想。第一次世界大战以后，面对日本侵华步伐的日益加紧，蒋百里思考过对日反侵略战争的战略布局问题，提出了若干原则性的构想。他的基本设想“彼利急，我利缓，彼利合，我利分，彼以攻，我以守”；“彼之武力中心在第一线，我侪则置之第二线，使其一时有力无用处”，这个构想体现了知彼知己，以己之长攻敌之短、避实击虚、持久抗战的精神，后来中日战争的历史发展，完全证明了它的正确性。

在中国广阔的疆域土，中国采取怎样的国防部署最利于战胜日本？蒋百里主张把主要的国防线划定在大约东经 113 度线上，这一线大体上北起太原，经洛阳，至武汉，南抵衡阳，这大致是中国东部平原与西部山地的连接带。在这一线以东

---

① 《蒋百里文集》，第 138 页。

地区，敌军的主力将被迫分散，遭受消耗，我国军队用空间换取时间，积累力量，增强后方，顶住敌之进攻。日军进抵这一线，其机动性将大大降低，第一线机动兵团力量已大大削弱，中国军队则较易守住这一防线。而且，这一线以西，仍然有广阔的幅员和相当的资源，足资坚持长期抗战。早在二十世纪二十年代初期，蒋百里已提出“京汉铁道以西为总根据”的主张，这与上述国防战略布局构想是一以贯之的。中日大战前夜，他又提出：战争一起，中国的大本营宜置于芷江、洪江一带，这一地区有森林，有矿产，而且有沃水流贯其间，是理想的国防后方地带。空军基地则以设置于云南昆明为宜。八年全面抗战中正面战场战略态势的发展，基本上是符合蒋百里的上述构想的。

（五）战略上的持久主义与战术上的速决主义。从世界战史来看，进攻一方利于速决，防御一方则利于持久。强军利于速决，弱军利于持久。因为攻防双方要最终决定胜负，都必须通过一定的时间与空间的条件才能实现。而防御一方或弱军一方转守为攻、转弱为强的条件的形成，是与时间、空间的数量成正比的。这就是蒋百里所指出的：速决是用于攻击性的战争，持久是宜于防御性的战争。中国的反侵略战争，例如对日本的战争，是以弱敌强，以防守对进攻，“彼利速战，我持之以久，使其疲弊”，理应采取持久战的战略方针。

但是，他并不认为战略上的持久意味着在战役和战斗上同样采取持久。相反，却认为“战略上的持久主义与战术上的速决主义，具有绝对不能相离的理由”。①在这里，持久与速决不仅不是相互矛盾的，而且是相辅相成的，“看似相反，实是相成”。他指出现代战略战术的趋势是“向速决方面走去”，这是因为作战工具都在向着“速”字上用功夫。但是从整个国家的立场来说，根本政策仍应是持久战。而持久战方针的目的，是力争尽快地解决战争问题，从这意义上说，“速决是目的，持久是手段”。中国对日作战，从战略全局说是持久战，然而在战场作战上却应当实行速决战。“我们的问题是不速则不久。”②作战上的速决，是国家实行持久战略的必要条件。

蒋百里的国防学说是我国军事思想史上一份极其珍贵的历史遗产。他关于国防问题的理论观点、国防经济原则、国防战略、国防政策和战略部署等一系列论著，不但是在中国历史上具有前所未有的开拓意义，就在今天社会主义时代也仍不失其现实意义。如果说，我国军事学和历史学界在以往因种种原因对军事思想史上这一瑰宝未给予应有的重视，那么现在似乎应当是时候了。对蒋百里国防思想的研究，对于更好地推进我国国防现代化的伟大事业将会是有益的。

---

① 《蒋百里文集》，第257页。

② 蒋百里：《〈新兵制与新兵法〉自序》，《新兵制与新兵法》，文海出版社，1971年，第5页。

蒋百里国防经济思想述论*

蒋百里(一八八二——一九三八)是我国近代杰出的军事思想家和爱国主义者,以军事理论研究和军事教育的卓越成就而闻名于世,有“一代军学权威”之称,在近代军事史上占有重要地位。终其一生,蒋百里的军事学术研究和军事实际活动无不贯穿着一条主线,这就是以建设现代化国防为中心思想,实现富国强兵的目标,使中华民族一扫被侵略、被奴役的地位,而屹立于世界各民族之林。

蒋百里在国防思想上的一个杰出贡献,是在中国抗日战争前夜首创国防经济学原理,并以此为基础提出了关于国防经济建设的一系列具有远见卓识的主张和建议。出版于一九三七年春天的《国防论》,是反映他的国防思想的基本著作,从这本书里,我们可以领略国防经济学原理之全貌。《国防论》收集有他自一九一三年以来所作的有关国防问题的主要论著,包括论文、讲演、意见书、序言等,论述国防经济学的论著乃是这部声名卓著的军事著作中最出色的组成部分之一。此书问世后,蒋百里又着手撰写关于国防经济的专门著作。在八一三淞沪战争爆发后奉命出访欧洲途中,他完成了国防经济一书的初稿,本来,此书计划作为《国防论》的续篇刊行,可惜此稿后来因毁于日本侵略军的战火而未能问世。

蒋百里的国防经济思想最早发端于第一次世界大战期间。一九一四年至一九一五年,他任职于北京陆海军大元帅统率办事处,为参议,与其挚友蔡锷将军一起,共同探索富国强兵、振兴国防的道路。两人亲密合作,共同研究、修改蔡锷早年在广西起草的《军事计划》一书。一九一七年,蒋百里将《军事计划》略加改组,出版《军事常识》一书,继续倡导蔡锷生前他们俩深入切磋而取得的关于国防问题的观点和主张。《军事常识》一书中,蒋百里在论述“政略与战略”“国力武力兵力”“义务兵役制”“兵器要纲”和“军政总纲”等专门问题时,已初步地表述了国防经济思想的观点和主张。

继《军事常识》之后,从一九一九年五四运动到一九二七年北伐战争这段时期,蒋百里发表了《裁兵计划书》《义务民兵制草案释义》《中国五十年来军事变迁

* 本文原载《军事历史研究》1990年第3期。

史》等论著。继续发展了国防经济的论点，从历史经验的总结和现实军事问题的探讨两个方面进一步阐发了这一思想。但直到此时，蒋百里还未提出国防经济学这一概念。九一八事变后，他把研究工作的重点重新回复到军事方面，而且从军事问题扩展到广义的国防问题，在一九三四年发表的《从历史上解释国防经济学之基本原理》一文中，蒋百里首次正式提出了国防经济学的理论，该理论成为其国防思想的核心，接着又发表《国防经济学》（导言第一种至第三种），进一步阐释他的国防经济思想理论。一九三五年至一九三六年，他致力于国家总动员问题，把国防经济学原理与我国抗日战争的准备和动员问题相结合，提出了一系列具有重大实践意义的方案和建议。

虽然蒋百里生前未能完成一部体系完整的国防经济学著作，他的国防经济书稿又被毁于战火，但他的《国防论》等著作仍不失为我们研究国防经济理论的最好思想资料。作为中国近代军事思想史上的一份珍贵遗产，它至今仍有重要的借鉴价值，是值得认真研究的。

一、 综合国力和经济对于国防的重要性

蒋百里的国防经济思想的产生和发展，是以总体国防思想为先导的，而国防经济思想的提出，又丰富和发展了总体国防思想。早在《军事常识》一书中，就已提出了类似今天的“综合国力”的国防观点。在增强综合国力的基础上，强化武力与兵力，建立总体性国防体制，以战胜外敌入侵，保卫国家的独立，这就是他的总体国防思想的基本内容。在这里，国防经济问题还未作为一个独立的主题来加以认识和论证，但却包含于他对国防、武力与兵力诸问题的论述之中。

蒋百里从总体性的战略眼光将国防力量划分为国力、武力、兵力三个层次，论述了三者之间的联系与区别，强调总体国力乃是整个国防力量的基础，军事力量的增强必须以国家的政治经济实力的增强为基础。这种见解，是建立在他的资产阶级战争观以及对近代中外战史作了全面总结之上的。他首先对国是、政略、战争、军队等基本问题作了精辟的论述。所谓“国是”，其实指的是国家的基本国策，是基于“国本”而又有所区别的。“国于世界必有所以自存之道，是曰国本。国本者，根诸民族历史地理之特性而成。本，是国本，而应之于内外周围之形势，以策其自存者，是曰国是。”①任何国家，要求得“自存”于世界舞台之上，都必须确定适应于“内外周围之形势”的“国本”和“国是”。“国是”指的是国家的基本国策，其确

① 蒋百里:《军事常识》，商务印书馆，1917 年，第 4 页。

立的过程,也然是与之担应的“政略”产生的过程。“国是者,政略之所以出也。”①所谓“政略”,即是一个国家为贯彻实施其“国是”而制定的大政方针。

战争是政治的继续,蒋百里正是根据这个基本观点认识战争的,“战争者,战略冲突之结果也”。指出战争是政治冲突演变的结果,认为日俄战争是俄国的远东政略与日本相冲突,欧洲大战是德国的世界政略与英俄相冲突的结果。他认为战略取决于政略,而军队则是实行一定的政略和战略的工具。“军队者,战争之具,所用以实行其政略者也,所用以贯彻其国是者也,所用以维持其国之生存者也。故政略定而战略生焉,战略定而军队生焉。”②正是基于此种认识,蒋百里十分深刻地指明军事力量的发展必须以国家的政治经济实力为根本,并有赖于正确的政略和战略。“军者国之华,而未有不培养其根本,而能华能实者也。”③

蒋百里精辟地剖析了国防力量的基本要素及其层次结构,论证了国防和军事的发展对于国家经济发展的依赖关系,十分重视经济在国防和军事问题上的极端重要地位。他指出,一个国家的兵力以武力为本,武力又以国力为本,而经济则是国力的基本“原质”之一。什么是武力?“国力而加以军事的组织锻炼者,是曰武力。”④就“武力”的作用和功能而言,“武力者,国家所用以贯彻其国是之具也”。⑤而就“武力”的本源和基础而言,“武力即国力也”⑥,也就是说,“武力者,国力之用于战争者也”⑦。国力的强弱,决定了武力的强弱。那么,“兵力”与上述两者是什么关系呢?蒋百里论述道:“兵力者,武力之主体,而兵力非即武力也。武力者,就其用而言也。兵力者,就其体而言也。”⑧两者皆以国力为根基。而兵力之强弱不仅取决于兵源和材料的数量,更重要的是决定于其质量,“力也者,则数量外加算以人马教育之程度,材料品质之精粗者也。故必综合无形有形之两原质,而兵力之真义乃见”。⑨显然,经济力量对于兵力之大小、武器装备乏优劣、材料设施之有无等,都具有直接的决定性的影响。

在蒋百里看来,一个国家的国力是政治、经济、军事、自然、人口等等诸种基本因素的综合体,武力则是国力综合体的表现。从这个意义上来说,“武力即国力”。⑩强大的武力,只能建立在强大的、富实的国力的基础之上。国力就其原质而言,他认为包含有五个要素:“人”“地”“物产之生殖力”“机械之运动力”和“政治力”。这些要素都是国家的武力赖以存在和发展的基础。在这里,除了地理等自然条件外,又可区分精神条件和物质条件两个方面,都具有重要性而不应偏废。

①②③ 《军事常识》,第4页。

④⑤ 《军事常识》,第11页。

⑥⑦ 《军事常识》,第14页。

⑧ 《军事常识》,第16页。

⑨⑩ 《军事常识》,第17页。

前者"以国民之体力、智力、道德力为主，而道德力之左右于武力则尤大。即节俭而忍苦、果敢坚毅、富于爱国心而重义务之国民，较之流于安逸、习为骄奢、陷于怯懦者，其数虽有天渊之差，而武力则有过之无不及者"。决不因强调经济于国防和军事的重要，而否定精神因素的极端重要性。既见物又见人，既重视物质建设又重视精神建设，这正是蒋百里国防思想的高明之处，反映了他的高人一筹的全面的洞察力。

从物质条件方面说，"次人心而为武力之原质者，则材用也"。①蒋百里把"材用"归纳为农业——粮秣、工业——武器、矿业——煤铁、畜牧业——马驴等四项，都是武力赖以生存和发展不可缺少的"原质"。在这里，他更具体地揭示了经济对于武力是如同布帛菽粟一样不可以须臾离开的。他进一步指出，发展农业、工业、矿业和畜牧业等的关键、在于实行经济制度的改革，采取适当的经济政策和财政政策。"纲维是四者，而为之主者，则国民之经济，国家之财政是也……故经济财政之整理法，亦为武力之重要原则。"②所谓"经济财政之整理"，用今天的话来说，即经济财政的制度与政策之改革，这在蒋百里看来乃是提起工农矿牧诸业，发展国民经济的一条总纲，也是武力赖以发展壮大的一个最重要的"原质"。如此重视工农业等各部门国民经济的发展对于国防军事的意义，并提出改革经济财政作为发展国民经济之纲，这在中国资产阶级军事家中是极为罕见的，就在今天来说，仍不失为富有价值的真知灼见。

二、 生活条件与战斗条件一致的原则

蒋百里国防经济思想的核心，用他自己的话来说，可以概括为"生活条件与战斗条件一致的原则"。这是他在九一八事变之后民族危亡迫在眉睫的形势下提出来的，也是他在五四时期国防思想的合乎逻辑的发展。蒋百里梦寐以求的建设现代化国防的事业，不是一个单纯的军事或军队的建设，而是总体性的国防；这总体国防必须以综合国力为自己的坚固基石。那么，什么是通向这个国防建设目标的道路呢？在他看来，"生活条件与战斗条件一致"乃是实现国防目标的最好道路。

蒋百里认为这个原则是人类军事历史发展的一个定律："我于民族之兴衰，自世界有史以来以迄今日，发现一根本原则，曰：'生活条件与战斗条件一致则强，相离则弱，相反则亡'。"③这个结论来自他对古今中外各民族兴亡史的科学考察，是

①② 《军事常识》，第13页。

③ 《从历史上解释国防经济学之基本原则》，蒋百里：《蒋百里先生文集》，台湾文海出版公司翻印本，1972年，第51页。

他多年来研究国防问题所得的深刻总结。

中外古代的历史,提供了生活条件与战斗条件相一致而获得成功的经验。蒋百里指出:“古代蒙古人因游牧生活而成功地利用了马(骑兵),欧洲沿海民族因经商而成功地使用了船(海军)。马和船本是吃饭的工具,同时又是战斗的工具,因此他们两度征服世界。”①他认为这是历史上不自觉地实行生活条件与战斗条件一致而获得成功的两个显著的例证。有计划、有认识地实行这两者相“一致”而取得成功的也有两个:一为欧洲大战时开始提出,战后在西方列强推行的国家总动员体制,一为中国三千年前已经实施的井田制。从中国古代历史上的经验而论,他认为,靠人为制度首先使战斗条件与生活条件相一致,而取得成功的,是井田制。“古时中国民族进入农业经济的时代,就遇着游牧民族的压迫,可是他们能利用治水术,编成方阵形的农田(井田),以拒骑兵及战车的突击。这一小方阵成为一个最小的抵抗单位,同时又成为共同劳动的经济团体,所以中国古代军制即包含于农制之中。”②蒋百里指出:中国古代不少有头脑的政治军事家早就懂得了“寓兵于农”“强兵必先理财”将军事与经济密切结合起来的道理,如周公的“封建”、管仲的“尽其东亩”、曹操的“屯田”等。古代与现代,经济、政治、军事的具体状况迥然不同,战争的情况也千差万别,但生活条件与战斗条件相一致才能取胜的原理却是共通的。所以,蒋百里如是说道:“国防经济学是一门最旧的、同时也是最新的学问。”③

这个“一致”的原理,也是他对近代战史,特别是对第一次世界大战及其后西方各国战备的深刻考察所得的结论。第一次世界大战中产生的总体战思想,大战以后直至三十年代列强的总动员体制,使蒋百里对“生活条件与战斗条件一致”的原理,更具有深刻的见解。他对德国在第一次世界大战中失败的教训,从这方面作过探讨,指出其失败正在于违反了“一致”的原则。德国“在战后,痛定思痛;深深了解了一条原理,是战斗与经济力的不可分”。④德国在战前对战争与经济的关系理解得很不充分,其参谋部只有一篇论金钱、一篇论粮食的文章,讨论战时经济。战争一经大规模展开,原料实行统制,物品供应奇缺,市侩囤积居奇,工厂主发财,农民倒运,农民放弃土地流入城市,这一系列问题使社会经济生活根本动摇,直接影响了军事。“经济生活,根本地动摇了,社会的不平衡一天重似一天,而百战百胜的雄师(指德军)遂至一败涂地。”⑤于是,“通过这教训,西方才渐渐成立

① 陶菊隐:《蒋百里传》,中华书局,1985年,第121页。

② 《蒋百里传》,第121页。

③ 《蒋百里传》,第160页。

④ 《世界军事之新趋势》,《蒋百里先生文集》,第47页。

⑤ 《国防经济学》,《蒋百里先生文集》,第66页。

了国防经济的新思想”①。

生活条件与战斗条件一致，是指一个国家的军事体制和战争机器必须同生产状况和国民经济生活状况相适应，使战争和军队的各项基本条件牢牢植根于生产和生活条件，而不是脱离，更不能违反这个条件，也就是有什么样的生产状况和人民生活状况，去建设什么样的国防军事，打什么样的仗。同时，国防军事建设又必须有益于国民生产的发展，促进人民经济生活的提高，这正如蒋百里所说的，是“既能吃饭，又能打仗”，目标是要建立一个既能发展经济，又能胜任作战的国防军事体制和国民经济体制，使两方面相辅相成。只有实行这样的原则，才能使自己的国家立于不败之地。

在蒋百里看来，生活条件与战斗条件两者相一致，是符合事物发展的客观逻辑的，是被人类历史发展所证明了的必然趋势。因为“生活与战斗本是一件东西从两方面看”，战争史告诉我们，生产工具与战斗工具本来是同一的东西，如“马与船就是吃饭（生产）家伙，同时也就是打仗（战斗）的家伙”②。在古代，马与船就一度成为生活条件与战斗条件相一致的“天然的工具”。后来，随着生产和战争的发展，战斗工具与生产工具日益分离，前者演变成为相对独立的武器系统及其一切附随物，这就是他所说的“依经济及战斗的状况之演进，（两者）时时有分离之趋势”③。但是，生产工具与战斗工具两者的分离，只是事物的一个方面，另一方面还必须看到，两者依然是相互依存和联系的，决不是互不相干的。事实上，生产工具与战斗工具两者之间，如同和平与战争、平时与战时、经济与军事等两者之关系一样，是既对立又统一，既互相分离，又彼此联系，而且在一定的条件下互相转化。正如恩格斯所深刻指明的：“暴力的胜利是以武器的生产为基础的，而武器的生产又是以整个生产为基础。”④不论武器装备发展得多么先进和精密，归根到底是依赖和取决于社会生产力的发展。把生产条件和战斗条件的分离绝对化，看不到两者之间的联系和一致，是片面的形而上学的观点。蒋百里提出的“一致”原则，正是他洞察生产和战争发展的内在规律而作出的理论表述。

这个“一致”原则，运用于国防建设与经济建设的关系问题，其结论就是：要加强国防建设，首先要加强经济建设；国防建设也必须注意有利于发展经济建设。蒋百里的国防经济思想始终是以此为基本线索的。他一再强调，现代国家的“富”与“强”两个字应当联缀起来，富的国家就是强的国家。“我们现在可以说有强兵

---

① 《蒋百里传》，第121页。

② 《从历史上解释国防经济学之基本原则》，《蒋百里先生文集》，第51页。

③ 《从历史上解释国防经济学之基本原则》，《蒋百里先生文集》，第52页。

④ 恩格斯：《反杜林论》，《马恩列斯军事文选》，军事科学院，1997年，第208页。

而国不富者，未有富国而兵不强者也。”[①]如果国民经济脆弱，军民生活贫困，驱一群营养不足及装备不全的兵士到前方，而后方却充满着啼饥号寒的群众，必至民心动摇而影响军心，这种仗打起来是很危险的。但是，他又认为，中国不是不富，但由于内战打个不停，政治管理不善，富藏委弃于地，国家预算又编制得极不合理，以致成了个民穷财尽之国。因此，出路在于革新政治，发展经济，改革军事，以富裕民生，振兴国防。

三、 国防经济与国防体制

国防经济学既是一种理论，又是一种方法。蒋百里认为，“生活条件与战斗条件之一致，即是国防经济学的本体”，而“经济是一件流转能动的事实，所以从事实上求当前解决方法，是治国防经济学的方法”[②]。以“一致”的原理原则作为理论武器，从发展和能动的现实状况出发，去研究、探求解决国防问题的道路，这就是他的国防经济思想之基本方向。他认为，中国的国防问题无疑地应当沿着这个方向去规划。为此，他曾经提出了适合中国国情的、以国防经济为基础的国防体制。其具体内容包罗甚为广泛，诸如国防体制的性质和类型、国民皆兵的体制、义务民兵制、文武合一体制、国防经济建设体制、全国总动员体制等。以下就其若干要点试作论述。

（一）“一出两便”的国防体制。中国应当建设怎样的国防体制？适合中国国情的国防体制应属何种类型？根据生活条件与战斗条件一致的原则，蒋百里明确指出，我们需要的是“既能吃饭又能打仗的国防制度”，也就是“一出两便的制度”[③]。这种制度的根本特点在于把国家的民生问题与国防问题统一起来加以解决，把和平的经济生活的建设与战斗的军事生活的建设联为一体。这种制度利于实现平时与战时相结合，民用与军用相结合，地方与军队相结合，经济建设与国防建设相结合。他一再倡导和积极推进的就是这样的“一出两便”的国防体制。

（二）“生产国防”型的国防类型。第一次世界大战以来，国际上有所谓“消费国防”与“生产国防”之争。国防建设本来往往需要花费巨大的资财，但并不产生经济效益，从而使许多国家不堪负担。蒋百里认为解决这个问题的方向，应当是按照生活条件与战斗条件一致的原理，坚持生产国防建设的原则。他曾经对比了法国和德国的经验。二十世纪三十年代的法国马奇诺防线和德国的高级公路网

---

① 《从历史上解释国防经济学之基本原则》，《蒋百里先生文集》，第 60 页。

② 《国防经济学》，《蒋百里先生文集》，第 66 页。

③ 《从历史上解释国防经济学之基本原则》，《蒋百里先生文集》，第 60 页。

是消费国防与生产国防的两大范例。法国的防御工事耗费巨大投资，在平时毫无经济效益，在相当时期之后又会随着军事技术的发展而降低效用，以至落伍。反观德国的高级公路，无论在平时或战时都有很高的效用。生产国防与消费国防的区别由此显而易见。于是，蒋百里在长城战役后就提出，“现在建设国防，有两个问题须提前解决”，其中头一个问题便是“如何能使国防设备费有益于国民产业的发展，我们太穷了，应当一个钱要发生二个以上的作用”①。

（三）自给自足的国防经济。蒋百里认为中国建设国防经济应当是自给自足的，“战斗力与经济力不可分，这原则的实行，就是‘自给自足’”②。他指出这是农业文化的必然表现。他不同意所谓“东方文化”与“西方文化”的划分，认为文化是由人类的生活方式为本而异的。所以他将世界历史上的文化分为两类来论述——农业文化与商业文化。“有无相通，供求相应”是商业生活的基调，“自给自足，无求于人”是农业生活的基调，基础相异，影响到思想、制度和习惯的不同，遂有两种文化。但农商两种文化之间既有调和，又有冲突，结果更有演变。过去两千多年以来，欧洲社会就是这两者之间循环转交：希腊人的商业文化，遇受北方野蛮人的侵扰，遂调整而转化为中世纪的农业文化，封建制度更予商业文化以重大打击。至十字军东征，欧洲才又有大批商人兴起。哥伦布发现新大陆，是欧洲再由农业文化转到商业文化的关键。文艺复兴以后，商业的力量在威尼斯、荷兰、西班牙、英吉利等地渐趋发达。拿破仑的失败，是商业文化发展的又一高潮。接着便是德国的兴起，成为新的农业文化的起点。第一次世界大战之后，蒋百里有鉴于自由通商受阻，政治经济集团形成，以货易货办法的采用等，认为商业文化将再度破产。而自给自足正是农业文化的新表现，也是“生活条件与战斗条件一致”的必然要求。他进一步指出，这种新农业文化的趋势，影响于政治经济制度有两个方面：“专制的政治”和“民主的经济”。“这种经济的议会制度，政治的专制办法，实为国民总动员的根据，也就是国防经济学上基本原则之实现。”③在这里，自给自足的国防经济原则无疑是正确的。但把政治上的专制说成国民总动员的依据和国防经济原则的实现，却未必是妥当的。当然，蒋百里并不认为“自给自足”与利用外援是互不相容的，相反他十分注意利用外资和外国先进军事技术，为发展中国国防之用。

（四）国民皆兵的武装体制。国防经济思想运用于武装力量体制问题上，除军队的建设外，主要是以民兵制为中心。民兵制的两个基本特点，是“以最少之费

① 《国防经济学》，《蒋百里先生文集》，第 63 页。

② 《世界军事之新趋势》，《蒋百里先生文集》，第 47 页。

③ 《从历史上解释国防经济学之基本原则》，《蒋百里先生文集》，第 51 页。

用,得最大之兵力”和通过“文武合一”的办法提高国民与军队的素质,改变长期以来军民对立的状况,实现国民皆兵的目标,以达到生活条件与战斗条件的一致。蒋百里认为,“义务民兵制,实为一种最进步的军事组织”①而且非常适合中国国情。他提出,中国建设国防武装,要遵循以下三个要求:“一、使国内永久不复发生或真或伪之军阀;二、军费依现在财政状态,至大不超过预算三分之一;三、于一定时期中得于一定作战区域内集合曾受教育而较优势之军队。”而要达此三项要求,以民兵制为最宜。“盖欲适合上文之三条件,舍此之外别无他法也。”②实行民兵制,就能动员全国民众来保卫祖国,以示“护国义务非一部分专门人所能独占,尚当公之国民全体”③。民兵制的要旨,在于教育与军事的结合,使民事生活与军事生活溶成一片,文武合一,既能提高军队与国民的素质,又能大大减少国家军费之负担。他提出学校教育与军事教育相结合的办法,以为实行民兵制的基础。如在小学、师范和中等学校中,对十岁至二十岁之间的学生实施军事教育,与学校教育夹辅并进、教育科目中如体操、行军、射击、乘马等悉在军人及教师指导下由学校进行,军事专门项目如部队联合战斗教程等,则以六个月之新兵学校负责进行。为使军与学相融合,蒋百里还提出要实行两项办法:每个高中学生每年要进行两个月的军事训练,否则不准毕业;只有大学毕业生才有任军官的资格。显然,文武合一的教育与民兵制相辅相成,是生活条件与战斗条件一致的最广泛、最具体的实施。

(五) 总体战的国防体制。蒋百里有鉴于现代战争的特点,强调提出:我国必须建设总体战的国防体制,以适应“全体性战争”的需要。他分析现代战争的发展趋势说,未来战争有三个方式:“(一)武力战;(二)经济战;(三)宣传战。”而“物质是胜利的决定工具,经济战于是成为全体性战争之完整部分”。④过去,陆军和海军的胜利就可以解决民族的命运,那时对于国内物质与精神的需要虽然很大,但未尝成为前方战事的决定因素,但未来战争的情况将会大不相同。因此,我们的国防建设必须是武力建设、经济建设和精神建设三者并举,造成一种全面的总体战的国防体制。

四、 按国防经济原理规划全国总动员

在二十世纪三十年代中期,东西方两个战争策源地形成,在世界战争风云日

---

① 《裁兵与国防》,《蒋百里先生文集》,第 90 页。

② 《裁兵与国防》,《蒋百里先生文集》,第 89 页。

③ 《裁兵与国防》,《蒋百里先生文集》,第 93 页。

④ 《现代空军力之基础》,《蒋百里先生文集》,第 161 页。

紧，各国争相展开军备竞赛，中国面临严重的战争威胁的情势下，蒋百里曾致力于国家总动员问题的研究，先后撰写了《总动员纲要》《总动员之意义及其实施办法纲要之说明》及《与全国总动员关联之作战部队的辎重组织纲要》等报告和建议，全面地论述了总动员的纲领及实施方案。这是他的国防经济思想的一次全面运用和重大发展，蕴含着十分广泛和深刻的内容。

蒋百里首先阐明了总动员的意义和目标。总动员与军队动员不同，它有着更广泛的意义。“军队动员是以军队为主体，向国内吸取一部分材料，而加以组织。总动员是以国家为主体，将国内一切的一切，熔铸锻炼起来，成功一国的国力。”① 只有实行总动员，国家才能自保，国民才能生存。总动员之实质，乃为“民事与事军之熔成一片”，使“民事之适于军事”和“军事之适用于民事”在全国范围更普遍和深入地实现生活条件与战斗条件的一致。为达到此目标，他提出了两大部类的实施要领：一为现有条件的改造，“凡国家现在所有一切生活工具，俱应利用以供长期战争之用”；二为未来设施的规划，“凡国家未来或正产在进行之一切设施，如铁路、治水等事业，均应按照军事目的，有高级军官指导，以备作战时可以利用”②。但不论是改造现有或指导新设，都必须无例外地贯串“经济”原则：“所贵乎总动员者，为其国之武力，使之可大可久也”，“军费之能一线两用，此总动员之要目也”。

蒋百里以国防经济学的观点全面阐明了总动员的基本要素，指出：“当今世界论军备之要素，不外乎三，曰人，曰物，曰组织。”③在他看来，这三个方面要素的确立，表明了“一国的总动员事业如何组成，这就是国防经济的全体”。

他指出，各国的国防经济学家对于人，大概一致注意三件事：数量、统一的意志、健康。蒋百里认为人口众多是中国的一项大资产，对于人口数量的看法是肯定而乐观的，“这是我们雄飞世界又是维持世界和平的基本……我们要十分利用这伟大的数量”④。众多的人口必须具有统一的意志才有力量。他强调要激发国民的爱国精神，提高全民族统一的自信力。同时，还要采取各种措施提高全国民众的健康水平，增强体质。

关于“物”可以分为三类：“第一是原料，第二是动力，第三是运用此种原料动力的工具即人类的‘能’。”从原料的大势而论，中国的自然资源是很丰富的，如果开发和利用得好，当可居于世界几个原料大国之行列，但也要看到我国资源不足的一面，切不可以地大物博而自骄。因此，蒋百里认为要注重原料的合理开采，充

---

① 《总动员纲要》，《蒋百里先生文集》，第 140 页。

② 《总动员纲要》，《蒋百里先生文集》，第 126 页。

③ 《总动员纲要》，《蒋百里先生文集》，第 129—130 页。

④ 《总动员纲要》，《蒋百里先生文集》，第 149—152 页。

分利用，制止浪费。动力包括能源和机械，具有极大的重要性。从一定的意义上讲，一国的强弱不在人的多少，地的大小，就看它的动力有多少。打仗是一种力的竞赛，动力多就强，动力少就弱。动力总动员的关键，在于能把平时的动力应用于战时。有关能源方面，他指出：世界上最重要的动力元素就是水、煤、油，实质上可归为电力和石油两项，因为水力和煤炭是电力的发动元素。强调现代战争如果没有充分的动力元素的准备，决然不能取胜。国家总动员的重要任务，就是要把诸种动力元素组织和准备起来。至于机械动力，蒋百里认为这要具备三个基础要件：统一工业基础诸元件之度量（标准化），奖励保护工作机械之制造，检查器和模范器之装备完全与统一。至于人的能力，他认为重要的不仅在发明，而在能运用，因此要注重培养四种人才：设计家、管理家、技术研究者和熟练的工业生产骨干。这几种人的才能各有特点，但缺一不可。

蒋百里对组织的意义给予高度的评价，指出“组织问题是总动员的根本”①。一个优良组织，能弥补人力物力财力的不足而加强国防，使一个人、一块钱发挥两个人、两块钱甚至更大的作用。反之，如果缺乏良好的组织，形同一盘散沙，就会成为没有力量的东西。他在论述总动员问题时，特别强调组织问题，一方面是因为组织的重要，另一方面也是针对中国向来缺乏组织的观念而发。组织首先指的是人的组织，其次才是物的组织，而物也是由人去组织的。蒋百里认为，中国在人、物、组织三者中，“处于‘人’有‘物’而组织不健全”的状况，而“中国乏生死存亡之关键，完全在此‘组织’一事”。那么，怎样加强组织呢？他提出首先要有好的国家行政组织，“故今日欲谈新建设，则内而中央，外而地方，皆当使一切公务人员有一定不移之秩序与保障，此为入手第一义”。除行政组织外，还要依靠社会组织，他认为“办法不外乎两条路，而应当同时并举，一条是地域的组织，一条是职业的组织”②。虽然，在他的观念中还不了解真正要把全国人民组织起来，就必须解放人民，让人民当家作主，但是，他把组织作为总动员的要素之一，置于十分重要的地位，至今仍不失其积极意义。

按照国防经济的原理实行全国总动员，是一项非常复杂而又十分巨大的事业，而且又是一场与敌性国家争速度抢时间的斗争。为妥善地进行总动员，蒋百里主张实行全面规划和分级领导的方针。总动员“必须有一机构而统御之”，这在德国采取集权制，在法国则采分权制，在中国他认为应兼取德法之长而采取参用制，即在每省择定一个战略要点，归中央直接指挥，其余各区归地方军事及行政长官负责办理，中央居指导监督之地位。中央与地方各机关实行统一规划，分工负

① 《总动员纲要》，《蒋百里先生文集》，第126页。

② 《国防经济学》，《蒋百里先生文集》，第66页。

责，分级指导。中央机关应按事业分科，如交通、铁道、农林、工业、银行等，须配备专门人才，并统之以军人，使经济、实业与军事互相沟通。同时，参谋本部及各司令部须派出人员赴各专业机关，使高级军官明了各种专门事业之情形。如此则能统一指导全国总动员的各项工作。地方机关按区域分设，其区域按总动员各项专业划分，以实施专业计划为主要任务，受中央计划的指导、国家对于铁道、船舶、治黄、导淮、西北水利、钢铁工业、兵器工业等大规模的生产事业，作军事上的指导，使生产事业与国防准备相互协调。为准确地计算国防经济及未来作战的各项人力、物力条件，预作准备，他提出从调查着手，由中央直接布一调查网于全国，以便作出全一国统一计划。举凡本国资源的开发与利用、国民日用品之生产与储备、军用材料的生产与运输、工业的军事统制、军事工业的生产、水陆运输的能量、军需民食的供应等，都需要作系统的调查研究，并拟制总动员计划。

五、 国防经济建设若干原则

在《国防经济学》的导言中，蒋百里提出两个要点，认为应当在指导国防建设时予以确定。第一是如何使国防费用有益于国民经济发展，第二是如何使理论与实际相贯通。又指出：经济与国防两件事是天然含有世界性的，既要适合国情，又要适于应付世界。至于如何解决当前中国国防问题，他认为："复古也不行，学新（照搬外国）也不行，还是从新古两者中间再辟一条路。"①这些精辟的见解，是他提出国防经济建设原则的指导思想。以下从蒋百里在抗日战争全面爆发前后的著述中，归纳出他对国防经济建设的几项重要原则。

（一）民用建设与军事建设融成一片。根据"使国防费用有益于国民经济发展"的原则，中国国防建设应当走民与军两种建设相统一的"生产国防建设"的道路。蒋百里举浅显的事例论证说："公园（为行人休息用）之长椅，可以装入火车以为运兵之用，此民事之适用于军事也。兵工厂以廉价发卖农具铁钉，及各种交通器材，此军事之适用于民事也。"②国防建设本来往往易于单纯地着眼于军事而忽略民事，但蒋百里认识到国防建设与国民生产建设之间存在统一性，强调国防建设的指导原则应着眼于两者之间的联系，按"生产国防"的方向去进行规划，这是非常有价值的见解。

（二）立足本国的原则。国防经济建设必须立足于本国，依靠自己的人力、物力、财力。一个国家，"不仅是买外国军火，不可以同外国打仗，就是吃外国米，也

① 《国防经济学》，《蒋百里先生文集》，第 63 页。

② 《总动员纲要》，《蒋百里先生文集》，第 157 页。

不配同人家打仗”。①蒋百里认为:“国防的部署,是自给自足,是在乎持久。”②强调立足本国、自给自足并非实行闭关自守,割断同外国的贸易和交往。但是,对外贸易也必须立足本国、以我为主。所以,对于本国自己生产和输入外货的关系,他提出两条原则,一条是:“凡是要用现金买的外国货,虽价值不过一毫一厘,都要郑重斟酌,能省则省。”另一条是:“凡是一种事业可以完全用国内的劳力及原料办的,虽几万万、几十万万,也尽量放胆做去。”③立足本国就要尽量调动本国的一切力量,为此,蒋百里强调要坚持贯彻节约、周转、效率等原则。关于节约,他说在国防建设中要达到“以少数之费用得确实之自卫方法”的目的。这是“国防上之经济效率,全世界均同此趋向”④。关于周转,他认为要依靠组织的力量,加速资金运转的速度,刺激本国金钱参加运转。他指出,假如一块钱在四亿人的口袋中走一圈,那么这一块钱就发生了四亿元的作用。关于效率,蒋百里强调必须树立高度负责精神,树立时间观念,深信“凡一民族为求战争之准备,当以‘时间’为第一最大之要素”⑤。

(三)军事工业的合理布局。早在二十世纪二十年代初,蒋百里根据对国情及国家假想敌国的判断,已提出了国防工业的合理布局问题,到了三十年代又进一步论证了这一问题。他认为无论从地理还是从民族性来讲,湖南都是中国的心脏。一旦战事爆发,沿海一带首当其冲,所以工业布局应当着眼于山岳地带。为了便利于防空及坚守险要,应以南岳为工业核心地区,而分布于株洲至郴州一线。对于作为工业基础的钢铁工业,他主张:初级小型工厂可设于安徽马鞍山,这样大冶的铁和淮南的煤,运起来都很方便。一旦对外作战,九江以下都非安全区,钢铁工业基点宜设于株洲以南、郴州以北,而以萍乡的煤,宁乡、醴陵、永兴的铁为配套。蒋百里还提出过兵工厂的布点意见,主张在山西太原、河南巩县、湖北汉阳三地发展兵工厂,作为兵器补充的根据地。在豫鄂交界的武胜关和山东兖州,设辎重材料厂等,作为南方兵力向北方移动的装备补给地。此外,炼油、炼铁等各项基础工业,也应置重点于内地。后来抗日战争的历史证明,这许多建议都不失为高瞻远瞩之见。

(四)国防交通的整建计划。对于战时交通的整建,包括铁路、公路、河川等,蒋百里都作了通盘研究,提出过整套计划。早先提出沿津浦、京汉两线之间的东西行国道及河流应先着手整理的意见,后来又拟订了战时交通运输的计划方案。

①② 《世界军事之新趋势》,《蒋百里先生文集》,第47页。

③ 《世界军事之新趋势》,《蒋百里先生文集》,第48页。

④ 《裁兵与国防》,《蒋百里先生文集》,第97页。

⑤ 《总动员纲要》,《蒋百里先生文集》,第138页。

提出黄河、长江两大河流需建筑用于道路交通之桥梁;铁道主要干线应逐步改筑为双轨;新修筑的铁道凡有战略上之关系者亦应筑成双轨;为防空需要,于铁路桥梁之外应另行建筑公路桥梁;主要公路的路面应予扩展,以来往两车同时通行为标准;着手组织全国水道的运输工具,筹划主要河流的码头,以便人马、车辆、物资的上下;大力发展马骡等牲畜运输工具;组织训练民间摩托运输工具,成立国民义勇团;等等。

(五)农业必须求其自足。农业生产是军队与国民给养的基础。尤其是在战时,粮食的保障是非常重要的。蒋百里高度重视农业建设,他在《总动员纲要》中提出,发展农业的资金,可利用内债;以教育机关为指导;重点置于开渠造林、改良土质;确立"耕者有其田"的自耕农的地位,使农民爱土地等。同时,在《国民皆兵新论》的译文中,介绍了农业政策的若干要点,诸如实行适当的农产品价格,以诱导农民的生产积极性;国家应以劳动力、运输力以及机器工具等帮助农民;国家统制人造肥料的生产;提高粮食收购价格,抑平食米、面粉等的市场价格,差价由国家补贴;提高粮食出口税,作为一种特别的国防税;等等。

(六)武器的研究和生产相区别的原则。武器的研制和配备是国防问题中的一个重要课题,它涉及国家的财政、科技和基础主业等各方面的因素,需要采取一条适当的方针政策。蒋百里极为重视新式武器的研制,强调国防经济建设中要发展先进的军事技术;同时,根据国家的财力和武器自身更新换代的规律,主张把武器的研究、试制与大量生产区别开来,采取不同的方针。他指出,军队的武器装备是随着相应的诸种条件的变化而予以更新的。他估计陆军每二十年需要更新一次装备,空军每五年要作一次更新,海军是国家经济实力和科技水平的一种标志,更是需要不断采用新的技术和装备。随着科技的日益进步,武器装备更新的进程比以前加速了,这给国家财政造成沉重的负担。对此,蒋百里提出了如下原则:"发明唯恐落后,制造唯恐争先。"①这个原则把研究、发明与正式投入生产加以区别。一方面,要力争武器的研究水平居于世界先进行列;另一方面,新式武器在平时不宜大批制造。这是符合国防经济学原则的正确方法。

(七)国营与民营并举建设国防工业。建设国防工业需要巨大的财力和物力,还要进行有效的管理,完全由政府来经营是不可能做到的。"盖国家无论如何,决不能用如许财力,从事于兵器制造,所贵者在善用民财与民力是也。"②蒋百里主张以民营事业补国家之不足,用国营与民营并举的办法来加速中国的军工建设。实行这个政策,也有利于把军用与民用两者相互促进和相互补充。为此,他

① 《速决与持久》,《蒋百里先生文集》,第256页。

② 《总动员纲要》,《蒋百里先生文集》,第157页。

曾向南京当局建议,“将国营事业划一部分,用合股公司制”,转为民营。认为采此办法“或可得民间助力,使兵器独立一事,能早日完成”①。

(八)掌权阶层与知识阶层的结合。在《国防经济学》前言中,蒋百里提出要进行国防建设必须首先解决两个前提问题,其中之一是“如何能使学理与事实密切地沟通”。这乍看起来,似乎是强调“理论与实际相结合”的原则,其实这里指的是掌握知识技术的人(知识阶层)与做官的人(掌权阶层)的关系问题。说到底,实质上是政治与技术的关系。建设现代化国防,必须让精通各门专业知识的专家参加决策与领导,这是国防经济发展的客观要求和一般原则。在当时的历史条件下,他不便公开、直接向南京政府提出该问题,而是以迂回曲折的方法抨击国民党的官僚军阀政治。蒋百里指出:在国防问题上,现在不是空谈就是盲动,盲与空有相互的关系,愈空愈盲,愈盲愈空。他在给军委会的建议中,提出“勇者受勋,能者在位”的意见。自民国建立以来,无论哪一派当权,都是重军功而不重人才:一个粗犷无文的武夫,为着忠于一人一系,立了一点战功,当局不论他懂不懂得军事和经济,就提拔他做个独当一面的大员,像把军人当作万能一样。蒋百里则主张“以荣誉酬军功,务使能者在位,而不以位置为酬庸之典”②。他觉得发展国防经济建设,只有启用各方面知识和技术专家,让他们“能者在位”,方能奏效。但在军阀官僚当权的国民党统治之下,他的这个富于远见卓识的建议,结果只能是纸上谈兵,给后人留下了颇堪深思的教训。

蒋百里的国防经济思想含有丰富、深邃的内容,涉及历史、军事、经济、科技等诸部门、学科,既富于科学哲理,又具有现实指导意义,是中国近代军事思想发展史上的一个丰碑。作为中国资产阶级民主主义和爱国主义军事家的杰出代表,他的国防经济思想处处渗透着强烈的爱国精神和民族精神,体现了救亡图存、富国强兵、振兴中华的时代精神特征,在军事学术上博采中外,融合古今,而又自成一家,成为近代中国军事理论中的一块瑰宝。虽然它不可避免地带有历史的局限,但它在理论上和实践上的意义是不能低估的。在加强社会主义的国防现代化建设的今天,是很有必要对它进行认真研究的。

---

① 《总动员纲要》,《蒋百里先生文集》,第138页。

② 《蒋百里传》,第160页。

一代军事学家蒋百里*

一

蒋百里是中国近代资产阶级杰出的军事思想家和军事教育家，也是一位在哲学、史学、政论等各方面博学多才的著名学者。名方震，字百里，笔名飞生，以字行，五十岁后又别号澹宁。浙江海宁硖石人。一八八二年十月十三日（光绪八年九月初二）生于浙江海宁（一说为浙江海盐）。蒋百里自幼聪明过人，又深受文史经典的熏陶。他的母亲是个知书识字的妇女。五岁起，“母杨太夫人授以唐诗及四子书，琅琅成诵，越宿不亡，疑悟迥异常儿”。①后从塾师倪勤叔读书，学习诗文。中国在甲午战争中的失败，深深地刺激了少年蒋百里的思想，阅《普天忠愤录》一类书籍，悲愤万分。于读书外留心国事，有志于为国自效。十七岁“应童子试，历州府院八考，均名列前茅，（一八九八年）夏补郡学生员”。②旋受维新思想影响，入上海经济学堂，学习法文、算术及中外史地。戊戌政变发生，学堂停办，返浙充任海宁伊桥孙姓家的塾师。③一九〇〇年秋就读杭州求是书院，学习成绩优异。因发表抨击清廷的文字，被书院除名，幸而得杭州知府林迪臣和桐乡县令方雨亭的资助，去日本求学。

一九〇一年，蒋百里东渡日本留学。先入专为中国留学生设立的东京清华学校。毕业后，他决心从事军事事业，先入初级军事学堂成城学校。“百里入成城学校时，脑子里闪动着的不是个人的功名富贵，而是国家整军经武，转弱为强的远景。”④一九〇三年在东京创办《浙江潮》，宣传民族主义，自任首届主编。这时，

---

* 本文原载《军事历史研究》1986年第1期。

① 蒋复聪：《先叔百里公年表》，《蒋百里先生全集》（第6辑），传记文学出版社，1971年，第2页。

② 《先叔百里公年表》，《蒋百里先生全集》（第6辑），第5页。

③ 《蒋百里》，浙江省社会科学院：《浙江人物简志》（下册），浙江人民出版社，1984年，第121页。

④ 陶菊隐：《蒋百里先生传》，中华书局，1985年，第12页。

结识湖南学生蔡锷(松坡),旋由蔡介绍谒梁启超。一九〇四年升入日本陆军士官学校,为第三期学生,与蔡锷、李烈钧、许崇智、蒋尊簋(百器)等为同期学生。在士官学校,蒋百里和蒋百器、张孝准三人,有"中国三杰"之称。蒋百里虽习军事,但仍注意研读文史以及各类社会学科。他既敬仰梁启超,与梁在感情上颇为融洽,也与《新民丛报》接近过,而思想却日益趋向革命,倾向革命派,常为《民报》撰稿。这一期间,他对军事学说发生了极大的兴趣,潜心研读《大战学理》及《战略论》,并将两书与我国军事名著《孙子》相对照,成为他融会贯通中外军事理论的开端。

一九〇五年,蒋百里以日本陆军士官学校第三期步兵科第一名毕业,因学业成绩优异,列为首榜,由日本天皇赐刀,在日本军事教育界为之轰动一时。翌年回国后,由东三省总督赵尔巽派为东北督练公所总参议。不久,因东三省新旧军的矛盾和冲突,蒋百里为张勋、张作霖等旧军将领所忌,其要求赵尔巽派蒋往德国学习军事。旋与张孝准、林摄等三人赴德后,蒋百里入德军第七军团充任实习连长。并在德、意参观军事设施。一九一〇年(宣统二年)随清朝出使德国大臣荫昌归国,参与筹备接待德国皇太子来华事宜。后由清朝政府禁卫军训练大臣良弼推荐,出任禁卫军管带(营长)。"时百里先生痛心国力之不振,强邻之环伺,亟思建军以御外侮,禁卫军为新军之冠,所以愿意参加,并且他认为营是军队的基础,自以担任管带。"①他的少年时代的同学、好友张宗祥有过这样的回忆:"这一时期,百里是一纯粹研究军事学的军人,对一切政治体制都不表示主张,但内心却是厌恶清廷,觉得他们颟顸、贪污,是无法可以支持下去的。"②

一九一一年,赵尔巽再次出任东三省总督,蒋百里奉调东北,复任东三省督练公所总参议。他积极主张建设军队,加强东北第一线国防。他对日本军事力量的发展和对它对中国的侵略野心,深有了解,认为建立东北国防刻不容缓,深感唤起人民觉醒与建立国防之重要。他在东北练兵,注重学力与现代经验,与蓝天蔚、张孝贞、吴禄贞、宁调元、张绍曾、林摄等积极训练新军,却招旧军和招抚改编的绿林队伍之忌。不久,武昌起义爆发,蒋百里一度与咨议局议长吴景濂等策动东北响应,但赵尔巽调旧军张作霖部进沈阳压制。其时新军张绍曾、吴禄贞等部均已调入关内,而旧军张作霖等夙不满于蒋,亟欲杀之而后快。蓝天蔚、蒋百里、吴景濂等先后被迫出走。蒋离沈阳南下杭州,受浙江都督蒋百器之聘,任浙江都督府总参议。

---

① 薛光前:《百里先生的军事思想》(上),《传记文学》第15卷第2册。

② 张宗祥:《蒋方震小传》,全国政协文史资料委员会:《文史资料选辑》(第10辑),中华书局,1960年,第90页。

二

中华民国成立之初，原设在保定的兵官学堂——保定东关大学堂改组为陆军军官学校。蒋百里经袁世凯的侍从武官长荫昌推荐，出任保定军校第二任校长。第一任校长赵理泰是陆军总长段祺瑞的红人，因老朽昏聩，遭到学员们的强烈反对而被迫下台。蒋百里继任军校校长，段祺瑞并不满意。一九一二年（民国元年）十二月，蒋百里到校就职。他怀着为国振军的一腔热忱，立志锐意改革军校教育，就任伊始，宣布办校目标说："我此次奉命来长本校，一定要使本校成为最完整之军校，使在学诸君成为最优秀之军官。将来治军，能训练出最精锐良好之军队。"并表示了他的坚强决心："我必当献身于这一任务，实践斯言！万一不效，当自戕以谢天下！"①蒋百里任用了一些留学回国的青年教官，进行了一些改革，但这一切却遭到军校内旧军官之反对。陆军总长段祺瑞支持旧军官，阻挠改革，他和陆军部军学司长魏宗瀚对蒋百里提请批准的报告，置之不理，甚至停发军校的经费。"蒋方震向陆军部请求马、炮等装备，是'十无一应'。军校内有速成系的消极抵抗，陆军部中魏宗瀚、丁锦一些人的故意捣乱，蒋方震觉得对不起国家与学生，因而演出了一场悲剧。"②他亲自去北京向陆军部交涉也无效，回保定后，电京辞职，又不准。一九一三年六月十八日，蒋百里向全校学生讲话后举枪自戕，幸而伤势不重而得以获救。他辞却军校校长之职，改任北京总统府军事处一等参议。在北京期间，蒋百里与刘邦骥合著了《孙子浅说》一书，于一九一五年夏出版。同时自撰《孙子新释》，逐期在《庸言》杂志发表。

一九一五年，袁世凯阴谋称帝，蒋百里与蔡锷因系夙好，且一致主张共和，遂密商反袁之计。蔡由北京摆脱袁的监视至天津后，袁派陈仪赴津追蔡归京。陈仪与蒋百里等商议后，派人去天津，示意蔡锷速离津南下。袁世凯派蒋百里去津，劝蔡回北京。蒋乘机去津与蔡彻夜密谈讨袁计划。一九一六年年初，蒋也摆脱袁世凯的监视，只身离京，至天津转车南下。到上海后即应梁启超之召赴广东，在肇庆任两广都司令部出师计划股主任。他曾建议以突击战法，出兵湖南攻武汉，进击袁世凯军。同年六月，袁世凯死去，蒋百里离广东到上海。旋应蔡锷之邀入四川，任四川省督署总参议。一九一六年八月初，护送蔡锷出川赴日本就医，十一月蔡锷病逝于日本，蒋百里安排了丧事后回国。年底，因四川局势突变，遂转赴北京，

① 史射陵：《保定军官学校沧桑史》（一），《春秋》杂志第63期。

② 刘莘园：《保定陆军军官学校学生生活回忆》，全国政协文史资料委员会：《文史集萃》第5期，1984年，第205页。

任黎元洪总统府顾问空衔。辛亥革命之后，北京政权落入北洋军阀的手中，资产阶级革命志士相继发起“二次革命”、反袁护国斗争，但中国仍处在帝国主义和北洋军阀的黑暗统治下面，政局纷争不已，全国满目疮痍。一部分具有民主爱国思想的新兴军事人物曾经抱着热烈的期望投身于辛亥革命的事业，也很想为中国的新式军队和国防的建设做出一番事业。但是，资产阶级在政治上的软弱性和缺乏科学的思想武器，使他们在歧途上徘徊不前，找不到正确的方向。这时的蒋百里也处于失望之中，眼看军阀当道，“虽挂着公府参议的衔头，实无意于政治”①，把兴趣暂时转向文史研究和社会文化活动，反映了对当时政局的不满。他参加了梁启超主持的“松坡图书馆”的工作，负责该馆图书部。同时，蒋百里还用很大精力进行军事论著的译述。一九一六年，翻译英国斯迈尔所著《职分论》一书。同年出版《孙子新释》，这是他单独撰写的在军事学说方面的第一部著作。他在这部书的“计篇”中，论述了战争的定义、建军的原则、开战前的准备、战略战术的要纲和导致胜负的原因。一九一七年，他撰写《政略与战略(敌与兵)：论战志之确定》及《国力与武力与兵力》，主张在政治上实行宪政，在军事上建立国防，实施义务兵役。同年，著《军事常识》两册，由商务印书馆出版，成为当时军中风行之书。

一九一八年，蒋百里晋升为中将。同年十二月，梁启超组织欧洲考察团，奉派出国考察，协助中国出席巴黎和会代表团工作。考察团由张君劢、蒋百里、徐新六、刘崇杰、丁文江等人组成，分别负责考察政治、军事、经济、外交、工业。梁启超、蒋百里一行于一九一九年二月初到达伦敦，开始了历时十个月的考察。考察团在巴黎充任中国代表团的咨询工作，又先后赴英、法、德、比等国。在法国时，蒋百里翻译过黑格尔的著作，撰写了《裁兵计划》和《精兵主义》两文。经过考察，对过去醉心的军国主义改取批评态度，主张寓兵于农，尤服膺瑞士的民兵制。

这时，五四新文化运动正在中国大地上蓬勃发展，各种思潮纷纷登台表演。新文化的舞台上，鱼龙混杂，泥沙俱下。蒋百里追随梁启超也加入了新文化运动的行列，他们致力于介绍、传播欧美现代资产阶级社会政治学说、军事思想和哲学流派。一九二〇年，蒋百里参与发起组织“共学社”，编译新思潮论著，由商务印书馆出版丛书。旋又参加由梁启超、蔡元培、汪大燮三人发起的“讲学社”，任总干事。该社邀请国际著名学者来华讲学，先后被邀来华的有美国哲学家杜威、英国哲学家和数学家罗素、印度作家泰戈尔、德国哲学家和生物学家杜里舒等人。一九二〇年九月，梁启超等创办《改造》杂志，蒋百里曾担任该刊主编。他常为《改造》和北京《晨报》上海《时事新报》撰稿。这时，蒋百里出版《欧洲文艺复兴史》一书，翻译了日人朝勇十三郎的《近世“我”之自觉史》，意在介绍国外新思潮，唤起国

---

① 薛光前：《百里先生的军事思想》(上)，《传记文学》第15卷第2册。

人的觉醒。一九二三年，胡适、徐志摩组织新月社，蒋百里也参加了发起活动。

当时，为了同段祺瑞的武力统一相对抗，“联省自治”活动正被一些地方军阀势力和资产阶级学者鼓吹得热闹非凡。蒋百里也为之推导。他曾被邀赴长沙，参加“联省自治”讲演会，参与制定“湖南省宪法”。在长沙以《军国主义之衰亡与中国》《军事与联省自治》为题，发表演讲。在谈到军国主义时，他提出要警惕“近邻富于侵略性的国家”（指日本等国），主张“我们对于敌人制胜的唯一方法：就是事事与之相反，就是他利用速战，我都用持久之方法来使他疲弊。他的武力中心放在第一线，我们都放在第二线，而且在腹地内深深的藏着，使他一时有力无处用。”①并暗中警告日本不可实行侵略主义，而自取灭亡。一九二一年，蒋百里被举为浙江省议会议员，参加了浙省制宪工作。同年，为《申报》创刊五十周年纪念，撰《中国五十年军事变迁史》一文。

一九二二年，蒋百里发表《裁兵计划书》，力主废督裁军，实行义务民兵制。对于国防方针，多有深刻的见解，认为不是侵略的方针而应该是自卫的方针。“自卫之策当奈何？以今日国家形势言，则是策也。当具备下之三条件：一、使国内永久不复发生或真或伪之军阀；二、军费依现在财政状态，至大限不能过预算三分之一；三、于一定时期中得于一定作战区域内集合曾受教育而较优秀之军队。”②为实现这三个条件，他竭力主张推行义务民兵制，使军事生活与民事生活溶为一体。

一九二二年第一次直奉战争中奉系被击败。由于蒋百里从辛亥以来一直主张反对张作霖，而倾向于反奉的以吴佩孚为首的直系军阀。一九二三年，蒋百里通过赵恒惕等湖南军人在岳州会见吴佩孚。一九二四年九月，第二次直奉战争开战前，吴佩孚在北京四照堂点将，蒋百里亦参与其事。吴邀百里同去山海关前线指挥，百里虽支持讨奉，但不愿介入太深，未同意前去。同年十月，第二次直奉战争期间，冯玉祥发动北京政变，吴佩孚兵败南下，蒋百里和吴在秦皇岛秘密会见，蒋力主联合各方打击奉系军阀张作霖，计划先团结在南方的直系残余势力，再设法促成与广东方面的合作，以奉军为共同攻击目标。时直系军阀孙传芳军入浙，当时蒋百里正寓居上海。孙传芳对日本士官学校先后同学竭力予以笼络和利用，先拉拢陈仪，然后又把蒋百里请了去，不久就委任他为总参议。这是蒋百里再一次与直系军阀合作。他自民国以来虽然是以军事家而称著，却与各系军阀并无固定关系，也从未直接带兵，掌握军队。这次同孙传芳的合作，同样是以“客卿”的身份成为入幕之宾。一九二五年十月，吴佩孚到汉口，自任十四省讨贼联军总司令。蒋百里应邀化装赴汉口，就任吴佩孚军的总参谋长，他力图实现其酝酿已久的联

---

① 《蒋百里先生全集》(第 4 辑)，第 152—159 页。

② 蒋百里：《国防论》，文海出版社，1962 年，第 110 页。

合孙传芳和广东军事力量共同倒奉的计划。他又通过在湖南的学生唐生智，企图组成包括广州政府在内的南方大部分领导人物的反奉联盟，但不为吴佩孚同意。一九二五年年底，吴佩孚又自行联奉反对冯玉祥。这一切深为蒋百里所不满，蒋遂托故回上海。翌年夏，自称五省联军总司令的孙传芳邀蒋百里出任他的总参谋长和浙江都督及上海市长等职，蒋未就。

从一九二四年起到一九二六年北伐战争，蒋百里充任过吴佩孚的高级幕僚，也为孙传芳出过力。这同他在辛亥革命前后的政治倾向相比，显然是一个倒退。从直接的原因来看，他主要是为了反对奉系张作霖，并不真正甘心充当军阀的工具。但从软弱的中国资产阶级在辛亥革命失败后徘徊歧途的矛盾惶遽状态来看，他的此种变化也是合乎逻辑的。而当反对帝国主义和反对军阀的斗争兴起时，他又倾向革命方面了。就在广东的国民革命军出师北伐前夕，蒋百里派出他的学生刘文岛、李拯中到广州，和国民革命军联络，以图联合各方力量共同打倒奉系军阀。当北伐军进入江西对孙传芳军作战，孙传芳与张作霖联合反对国民革命军时，蒋百里最后与直系军阀脱离了关系。

三

随着国内政治军事形势的演变，蒋百里与蒋介石一派开始发生关系。还在北伐战争发动前后，蒋介石就派人“三番四覆罗致他”①。一九二七年四月。以蒋介石、胡汉民为首的南京国民党政府成立，蒋介石即指派刘文岛赴上海，邀接蒋百里到南京晤谈，两蒋曾作一系列私下会谈，讨论国民党政府和外国的关系，特别是与日本的关系。蒋百里向蒋介石提出建议：北伐军统一全国后，外交问题最重要。中国外交第一线为日本，当前形势对日宜采缓兵之计，毋使有所疑虑。蒋介石赞赏这一见解，旋派蒋百里秘密赴日，去疏通和联络日本朝野有力人物。这年五月中旬，蒋百里在日本与田中义一首相及其他人士晤谈，对蒋介石的对外政策有所说明。这是蒋百里为蒋介石进行对外活动的开端。但蒋百里没有更深地参与蒋介石的活动，这个联络日本的任务后来是由戴季陶、黄郛来进行的。

一九二九年蒋介石与桂系的战争爆发，蒋百里因唐生智是他的学生，向来对他十分亲近，遂与何成浚等洽商联络唐生智，利用唐之旧部攻击桂系。经蒋百里等人的活动，唐生智重新为蒋介石所任用。但是，当桂系被蒋介石军击败后，唐生智又同阎锡山，冯玉祥联合捣蒋(介石)。同年十二月，蒋介石以蒋百里暗中助唐，策动反对南京政府为由，于一九三〇年一月下令予以扣留。先在上海、杭州两地

① 丁文江：《梁任公先生年谱长编》，上海人民出版社，1983年，第709页。

加以软禁，后关押南京总司令部军法处。蒋百里在狱中二十个月，至一九三一年十二月经陈铭枢等人向蒋介石疏通而获释。

经过这次曲折，蒋百里更体验了人生哲学，于是自号“澹宁”，取“澹泊明志，宁静致远”的意思。但是，从南京监狱中出来后，他看到的却是九一八事变以来民族危机的一天天深化，国土沦亡，人民流离失所。他完全明白了日本军国主义侵略野心的危险，深感中国加强国防的重要和迫切。虽然他在一九三二年出任上海农商银行常务董事，似有从事实业之意，然而他更为关心并投入精力的是国防问题。一·二八事变后，他曾以私人身份赴日访问，与前日本士官学校同学荒木贞夫(时任陆相)和小矶国昭(时任关东军参谋长)等人晤谈，对军国主义的侵华野心给以警告。他更多地注重研究的是国防与经济的关系。一九三四年五月，发表《从中国历史上解释国防经济学之基本原则》，阐发了“生活条件与战斗条件一致”的理论，说：“我于民族之兴衰，自世界有世以来以迄今日，发现一根本原则，曰‘生活条件与战斗条件一致则强，相离则弱，相反则亡’。”①他深感中日全面战争正在日益迫近，而战争一旦发生，必然是长期作战，如缺乏足够的经济实力，不足以支持长久的战争。他提出国防经济学基本原则，目的就在于唤起国人加强国防，注重经济，以国防与经济的结合着眼，准备条件去对付日本的侵略战争。

一九三五年，蒋百里经蒋介石之请，出任军事委员会高级顾问。他再次到日本考察，目睹日本少壮军人掌握了政府实权，认为中日之战不可避免。为了准备对付日本的侵华战争，蒋百里回国后拟了一个国防经济方案，包括炼油、炼钢、炼铁，主张以湖南为各项国防建设的中心地带，认为湖南又是“中国的乌克兰”，粮食生产亟需增加。中日战争一起，中国的大本营宜置于芷江、洪江一带，这一地区有森林，有矿产，而且有沅水流贯其间，是理想的国防地带。空军基地则以设置云南昆明为宜。

一九三五年夏，日本侵略者制造华北事变，中国大地上空战争乌云密布。蒋百里奉命北上平津视察。在北平，与第二十九军高级将领秦德纯、冯治安等人举行了会谈。在给蒋介石的条陈中，他提出了关于日本的敌情分析和对日作战准备的建议：“关于日人在北方情形，……综其大致要得三点：一、察绥暂时必无问题。以关东军目下尚无余力，可以出师。二、平津问题，则一部分财阀与驻屯军相勾结，重心全注于沧石一路，此可由外交交涉处理者也。三、山东目下虽无事，而日参部之少壮军人时时怀有野心，思援平津之例，进兵一旅乃至一师……此急宜慎重防范者也。窃维国际情势，日益紧张，时机最长亦不过三、四年，我中国国力现尚有限，若欲事事周备，事不可能，今惟集中力量于致胜之一二要点，使两三年内

① 《国防论》，第58页。

能完成一固体，则自余枝叶，可随时补救。”①

同年冬，蒋百里以中国政府军事委员会高等顾问名义赴欧洲考察。他先到意大利，注意研究当时盛行一时的“杜黑主义”。意大利的空军将领杜黑创导制空论，主张陆、海、空各军种应平衡发展，空军则应置于主要地位，三军之上，冠以统筹国防的总机构。蒋百里对杜黑主义的军事思想产生了极大的兴趣，在向蒋介石的报告中，他对中国建设空军的方针提出许多建议，说：“空军建设人才教育之法，不妨取材于美；物质研究之法，不妨取材于德；惟建设之顺序及一切组织法，万万不能不学意大利。”“尤有进者，治空军而不守杜黑主义，不如不治，即‘深入敌境破坏其抵抗力，为防空之唯一办法’，故以为节省各种财力，而集中于重、轻轰炸机一门，为今日唯一法门”。②

结束意大利之行后，又往奥地利、德国、捷克、南斯拉夫、匈牙利、法国、英国、美国进行考察。一九三六年十二月一日返回上海。这次考察，蒋百里先后向南京当局提出了七次报告，主要结论为：现代经济以及其他部门，无一不与国防有密切配合，各国技术不同，其以国防为中心的思想则一；过去为平面战争，今后将蜕化为立体战场；海陆空三军平衡发展中，应置空军为主要地位；国家用人应令勇者受勋，能者在位。谈到空军的作用时，他认为国家的领土越大，空军越应保持其速率与持久力，退能自守，进能攻击。在具有不同的地理和经济条件的国家，空军的作用及其作战方法应是不相同的。他还着重指出，未来战争不是单纯的武力战，而是包含有三种不同方式的战斗：武力战、经济战和宣传战。物质条件是争取胜利的决定因素。经济是总体性战争的最主要部分。要夺取战争的胜利，必须有经济的动员。经济动员应包括种种部署，诸如原料需要的确定，物资的输入与储藏，补充品的取得，军用工厂的迁移等，都应作有计划的安排，才能支持持久战争。

蒋百里从欧美考察回国，应召于十二月十一日到西安见蒋介石，刚巧遇上西安事变。不久，西安事变和平解决，国共两党的第二次合作终于初步形成，中国进入了全国性抗日战争的前夕。一九三七年一月，蒋百里到杭州与蒋介石晤谈后，旋奉命秘密视察南北防务。他先后到达青岛、济南、北平、太原、石家庄、郑州、汉口、长沙、衡阳、广州，又从广东转道香港去福州，沿途了解国防设施及地理形势。二月间，南京政府聘请的经济财政顾问、意大利前财政部长、罗马大学教授史丹法尼来华。此后，蒋百里奉命陪同史丹法尼前往各地视察，先后访问山东、湖北、湖南、河南、山西、河北、广东等省。这次视察，蒋百里主要是考察了经济和财政，同时也视察了防务。从一九三七年三月至六月，蒋百里将在考察中与史丹法尼磋商

① 《报告日人在北方情形》，《蒋百里先生全集》（第1辑），第3页。

② 《考察义国空军建设之顺序与意见》，《蒋百里先生全集》（第1辑），第19页。

的结果，先后向蒋介石提出了《关于研究财政改革之报告》六件。他还从实地研究中提出了关于抗日战争的许多卓有见识的主张。在各地的讲演中，他着重发挥了以下一些意见：(一)中日两国之战势所难免；(二)中国唯有长期抗战，利用农村为基地，以民兵为主力，打广大的游击战，才能取胜；(三)在农村要培养民兵制，发展游击战；(四)一旦战争爆发，沿海一带首当其冲，工业建设应着眼于山岳地带。从军事地理及经济条件来看，南岳可作为战时工业核心地区，而分布于株洲至郴州之线；(五)中国是被迫作战，但一定会制胜敌人。

一九三七年的上半年，是全面大战前夜的半年，也是蒋百里的军事学说长足迈进的半年。这年年初，他应《军事杂志》社之请，著《最近世界之国防趋势》一文，继续阐明了战斗力与经济力一致的道理，强调制胜之道在于“自给自足”，即依靠自己的“国力”。“经济力即是战斗力，所以我们总名之曰国力，这国力有三个原素：一是‘人’，二是‘物’，三是‘组织’。”[1]同年一月，他为张君劢译鲁屯道夫《全民族战争论》作序，指出“未来的战争，不是‘军队打仗’，而是‘国民拼命’，不是一个短时间内的彼此冲突，而是长时间永久的彼此竞走”。[2]指明了抗日战争的持久性和总体性。四月，蒋百里在杭州笕桥中央航空学校作《兵学革命与纪律进化》的报告，强调军事教育要注意精神训练，军队要有纪律。五月，他到庐山军官训练团，讲演义务征兵制问题，主张寓兵于农，说征兵制的要点有五：“一曰征之能来；二曰来之能教；三曰教之能归；四曰归之能安；五曰临战焉，一令之下，应声至即至。”他还以《军事教育之要旨》《总动员的要旨》等为题，发表演说。他的名著《国防论》，就在这次庐山讲学期间，着手整理并开始问世。

当时，中日大战迫在眉睫，中国朝野却在蔓延着一股十分有害的流行病——恐日病，尤其是在国民党的军政界里，恐日病为害尤烈。“举国皇皇，怵于日军之武力，不知所以为计。百里乃在庐山训练团发表其所著之《国防论》，置其端曰：‘万语千言，只是告诉大家一句话：中国是有办法的！’”[3]当抗日爱国的人们翻开《国防论》，眼见扉页上“中国是有办法的”这句醒目的话，莫不以为这话是何等切中时弊，又是何等意义深远呀。《国防论》原分上下两册，一九三七年五月由庐山军官训练团出版的是其上册，主要论述国防的理论。同年八月，蒋百里编写的《新兵制与新兵法》一书问世，它与《国防论》相辅而行。《国防论》上册分为七篇，分别阐述国防经济学、最近世界之国防趋势、从历史上解释国防经济学之基本原则、二十年前之国防论、十五年前之国防论、中国国防论之始祖、现代文化之由来及新人

---

① 薛光前：《蒋百里先生的军事思想》(中)，《传记文学》第 15 卷第 3 期。

② 《国防论》，第 91 页。

③ 《国防论》，第 1 页。

生观之成立等问题。下册写作的准备工作也已着手进行，主要论述国防经济，有关资料皆已具备。后来因七七事变爆发，暂时中断了著述计划。不久，蒋百里在赴欧洲考察途中，将下册原稿带于身边，以图改定付印，但因事未能完成。一年后蒋百里猝卒于广西宜山，《国防论》下册书稿寄存贵阳贵州省立图书馆，后遭敌机轰炸而竟致亡佚。

四

一九三七年七月七日，卢沟桥畔的隆隆炮声，震撼了华北大地，震撼了全中国。全国抗战的战幕揭开了。蒋百里热血沸腾，奋起投身伟大的抗日民族解放战争。他只身离开上海，奔赴南京。蒋介石虽然对他很为尊重，可是蒋百里从来不是蒋介石的嫡系，又是一位富有民主精神的社会人士，蒋介石是绝不会把军事指挥的重任交与他的，更不可能让他掌握兵权。蒋百里奉令去华北战地视察军情，到太行山实地考察山脉地形，谋对日作战之计划。八月十二日，国民党中央政治会议决定组织国防参议会。他担任国防参议员，出席了在南京召开的参议会会议。“他在会议上，说到学校动员，要求政府把大中学生留下读书，以供长期抗战中的工业生产与科学发展之用。他慷慨陈词，声随泪下，在座者都为之感动。”这时，八一三事变已经爆发，淞沪会战正在全面展开，华北战场的战斗规模也在日益扩大。蒋百里向蒋介石提出了关于沪宁、平津、山东等地区对日作战方针的建议：“现在战局扩大，各方情势不同，就大势而言之：沪宁方面，敌人不利于使用大部陆军，我方应取速决主义，不宜多控制预备队于后方，使敌能得以少数兵力，牵制我大部兵力。平津方面，敌人仍将集中优势兵力，我方应取持久主义，兵力应有纵长之配置。山东方面，敌人所以尚未发动者，大约因平津方面未有南下企图之故，则此时正宜竭力构筑阵地。”①这一期间，他还协助宋子文筹划战时经济、财政动员及安定上海金融等项工作。

当淞沪会战和忻口会战正在激烈地进行的时候，蒋介石在九月七日指派蒋百里作为他的私人代表去意大利和德国，试探这两国政府调解中日战争的可能性，并游说德、意不要支持日本侵华。十月十日到达意大利，半个月后在罗马会见墨索里尼，蒋百里当面指出：“日本侵华为正义所不容。日以反共为名，缔结日德防共协定，实为偷天换日。”又说：“近年义国加入日德防共协定之说，甚嚣尘上。……愿阁下郑重考虑，作英智的抉择，以勿加入日德防共协定为是。”②十一

① 《对日战局判断》，《蒋百里先生全集》（第1辑），第7页。

② 薛光前：《蒋百里先生的晚年》，《传记文学》第14卷第4期。

月一日，到柏林，约访希特勒未成。蒋百里在罗马和柏林还先后同意大利外长齐亚诺和德国外长里宾特洛甫会谈，并无结果。他了解到德、意对中国无诚意，却与日本为伍，即向国民政府军事当局提出报告，认为："德国与日本已缔结防共协定，义亦加入，轴心已成，势难分化。我国唯有加强拉拢英、美，联络苏联，促成英、美、俄合作，才能致日本于死命。"①在柏林期间，蒋百里为撰写《日本人——一个外国人的研究》一文，作好了必要的准备工作。接着，他考察了法国。

一九三八年夏，蒋百里从法国归国，五月抵香港，奉电召去汉口见蒋介石。这时的武汉为中国的战时政治中心，蒋介石在这里经常与蒋百里商讨问题。蒋百里除常常向国民政府最高当局提供抗战计策外，大部分时间用来写文章、作报告，宣传抗日。他以丰富的军事、国际知识和卓越的洞察力，撰文纵论天下大势，阐发了抗战必胜观念，批驳国内外的妥协、投降论调。在这一期间，他连续发表了《外交烟幕与宣传者自己中毒》（一九三八年七月三日）、《从国际上观察各国外交之风格》（一九三八年七月三十一日）、《为国联开会警告英伦人士》（一九三八年九月五日）、《抗战的基本观念》（一九三八年九月五日）和《抗战一年之前因与后果》（一九三八年九月十四日）等政论文章，着重指明了中国抗战的胜利前景，表明了他的高度的民族自信心，文章澄清抗日阵营中某些人的糊涂观念，抨击妥协倾向，并对张伯伦政府对日的绥靖政策进行批评。一九三八年八月，他在汉口《大公报》发表的《日本人——一个外国人的研究》，是一篇特别引人注目的文章，对日本的分析鞭辟入里，入木三分，归根到底说："日本政治家天天在火山上跳舞!"给了忘乎所以的日本军国主义头目以当头一击。对于中国，文章认为必须抗战到底，万万不能同日本中途妥协，表示了他的坚定不移的抗战信念。在这期间，蒋百里还发表《兵学革命与纪律进化》一文，"将岳武穆'运用之妙，存乎一心'之'一心'两字解为'自动自发，万众一心'之意，以唤起国人奋起爱国"。②

一九三八年秋，蒋百里被任命为军事委员会顾问、陆军大学代理校长。这时陆军大学设于湖南桃源。他很想把这所最高军事学府办好，培养出一批出色的高级军事人才。

他在接到代理陆军大学校长的任命后，十分兴奋地写了一首诗，来抒发他为国防和建军献身的一腔热忱：

犹有书生气，空拳张国威；
高歌天未白，长啸日应迴。

---

① 《蒋百里先生的晚年》，《传记文学》第14卷第4期。

② 徐培根：《蒋百里先生之思想与著述》，《传记文学》第20卷第2期。

旧学深沧海，新潮动怒雷；
老来逢我子，心愿未应灰。

对军队建设和将帅素养问题，蒋百里在陆军大学作了几次演讲，有《参谋官之品格》《知与能》《参谋教育的方向》《陆军大学的意义》等。他认为现代战争应重科学，非仅限于军事，曾与浙江大学文学院院长张其昀商谈陆军大学与浙江大学之合作，以建立现代高级国防人才教育的基础。同年十月，武汉沦于敌手，国民政府迁往重庆，陆军大学由桃源向贵州遵义迁移。在向后方转移的过程中，途经广西桂林时，蒋百里多次作抗战问题的演讲。不久，他由桂林出发去遵义，到达广西宜山时，心脏病复发，于十一月四日逝世。

一位才华横溢、经纶满腹又忠心为民族献身的杰出军事家，过早地离开了人世。当这一不幸的消息传到抗战的后方，又辗转传到各地，正在艰难困苦中对敌人浴血奋战的抗战的人们感到格外的悲痛。人民是不会忘记他的。十年以后，陶菊隐作成《蒋百里先生传》，他在《自序》中以万分惋惜的心情写道：蒋百里“他一生以国防为其中心思想，以建军工作及军人之精神教育为其不二职志，绝无个人权位之私，不愧为关心国家安危的民族先觉。民国初期他培育过不少的军事优秀人才，抗战时期他又发表过不少的不朽的言论，但终身未见大用，不能完成他建军和巩固国防的伟大理想，论者比之于贾谊、屈原一流人物”。又说：“国家需要这么一位志行忠洁和学识优良的军事人才，历来的当局也都很敬重他，但都不能用他，偶而用他时又只当作政治饰品，有名而无其实。”那么，这究竟是为什么呢？《自序》回答道：“学成不能问世，有志不克竟成，这责任一半应由他自己负，因为他的书生习气太重；一半应由历来的当局负，他们要狗才而不要人才。”然而，如果从历史的眼光看来，要由蒋百里自己担负一半的责任，也未免过于苛责他了。这位晚号“澹宁”的军事家在生前对自己是观察得颇为透彻的，他说过：“我之不得志，无待人言，自己也明白，不但一时，恐将终世。”可贵的是，他丝毫不为此而有所忧郁，说：“志不一定在得，要紧的还在传。”①他逝去已近半个世纪，但留传给后人的丰富而广博的军事学、哲学、历史学等思想和文化的遗产，却仍然在发出它夺目的光辉。

① 陆曼炎：《军学权威的蒋百里》，《蒋百里先生全集》（第6辑），第330、333页。

克劳塞维兹和他的《战争论》*

《战争论》的作者卡尔·冯·克劳塞维茨(一七八〇——一八三一),是十九世纪上半期普鲁士军事理论和军事史的伟大作家。他用十多年时间写作的这部著作,奠定了近代资产阶级军事思想体系的基础,是世界军事思想发展史上的一个光辉的里程碑。克劳塞维茨的《战争论》和我国古代军事家孙武的《孙子兵法》,虽然产生的时间相隔二千二百多年,但是它们在军事思想发展史上所占的显著地位,犹如两颗光芒夺目的明星,东西媲美,古今辉映。《孙子兵法》代表了新兴地主阶级进步的军事学说,《战争论》则在军事思想上反映了新兴资产阶级的进步倾向和革新精神。《战争论》问世以来,对军事思想的发展起过很大的促进作用,它至今仍在各国军事界受到广泛的重视,成为军事领导人物必读的古典,决不是偶然的。

恩格斯说过:"新的军事科学是新的社会关系的必然产物。"①《战争论》作为十九世纪新的军事思想的代表作,它也是那个时代的经济和政治发展的产物。这部著作写作于一八一八年到一八三〇年之间,这已是克劳塞维茨从事军事活动的晚年时期。克劳塞维茨亲身参加过普法战争和法俄战争,积累了丰富的战斗经验,他的思想受到德国古典哲学的很大影响,这就为他研究战争理论和写作《战争论》,提供了有利的主客观条件。他先后研究过一百三十多个战例,写了许多评论战史的文章,整理了亲身经历的几次战争的经验。一八三一年,当《战争论》尚未修改完成之时,克劳塞维茨去世了。他的妻子玛丽整理出版了《卡尔·冯·克劳塞维茨将军遗著》,共有十卷,《战争论》是其中的第一、二、三卷。

这部长达近七十万字的著作,包括论战争性质、论战争理论、战略概论、战斗、军队、防御、进攻、战争计划等8篇,共124章。第三卷书后收有作者一八一〇年到一八一二年间为普鲁士王太子(即以后的威廉四世)讲授军事课的计划和提纲。作者收集了大量的战史材料,力图用辩证方法研究战争理论,在十分广阔的范围

---

* 本文原载《书林》1980年第2期。

① 恩格斯:《1852年神圣同盟对法战争的可能性与展望》,《马恩列斯军事文集》(第1卷),战士出版社,1982年,第184页。

内，在一定程度上揭示了一般战争的规律和一系列作战原则。虽然由于作者所处的阶级地位和时代的限制，此书不可避免的包含错误的内容，但仍不失为资产阶级的军事理论名著。

《战争论》对战争的政治性质、战争发展规律、军队的编组和指挥、战略原则、作战形式、作战指导以及作战计划等一系列军事问题，作了详尽而具体的论述。它在军事思想史上最伟大的贡献，首先是在于运用辩证法分析战争现象，第一次提出了“战争是政治的继续”这一正确的论断。对此，列宁曾给予高度的评价。毛泽东同志也是从这个观点考察战争的，他在全面抗战初期就说过：“‘战争是政治的特殊手段的继续’。政治发展到一定的阶段，再也不能照旧前进，于是爆发了战争，用以扫除政治道路上的障碍。”①在克劳塞维茨看来，战争不仅是一种政治行为，而且是一种真正的政治工具，是政治交往通过另一种手段的实现。如果说战争有特殊的地方，那只是它的手段特殊而已。政治意图是目的，战争是手段。政治总是在手段（外交和战争）的本质中继续着，战争不过是“以剑代笔”的政治。任何时候都不应该把战争看作独立的东西，而应该看作政治的工具。战争只是整体的一部分，而整体就是政治。尽管政治在某种战争中完全隐没着，在别种战争中很明显地暴露着，但无论哪种战争都同样是政治性质的。他竭力主张根据上述观点来理解战史和建立战争理论基础。今天看来，他的见解仍然是正确的。

不过，克劳塞维茨终究不是历史唯物主义者，他的辩证法也是不彻底的。《战争论》虽然正确地指出了战争是政治的继续，却不能揭示战争同经济和阶级斗争之间的内在联系。在作者心目中，政治在国家对外关系上是代表整个社会的一切利益同外国的利害冲突，在国内关系上却完全相反，政治只是内部一切利益的统一的代表，而不存在任何冲突的。显然，克劳塞维茨的这种观点，正是反映了德国新兴资产阶级要求民族独立和民族统一的政治愿望。他所承认的政治，不外是资产阶级的政治，不过是被他说成代表全民族一切利益的政治罢了。

《战争论》系统地阐述了作战理论。按照作者的看法，作战理论即军事艺术，包括战术理论和战略理论两个类别。前者是关于运用武装力量于战斗的学说，后者是关于运用战斗而达到战争目的的学说。克劳塞维茨的高明之处，在于他确认人们能够认识存在于战争中的一般法则，这些法则能成为作战行动的指导，帮助人们去夺取战争的胜利。他说：“战争这个对象用研究精神也是能阐明的，它的内在联系也是或多或少可以弄清楚的，而且只要做到这一点，理论就是名副其实的理论了。”他是运用辩证法于军事领域的伟大先驱。《战争论》剖析了十八世纪到十九世纪初一系列战争，论述了战争的规律不是永世不变的，战略战术也是发展

① 毛泽东：《论持久战》，《毛泽东选集》（一卷本），人民出版社，1964 年，第 469 页。

的，战略理论的任务就是要研究战争和军事艺术的发展，阐明战争过程的基本原则与客观规律。

在论述战略理论时，《战争论》提出了夺取战争胜利的五个战略要素：精神要素、物质要素、数学要素、地理要素和统计要素，全面地分析了精神力量、军队的数量质量、战场态势、地理条件、后勤补给和武器装备等因素在战争中的作用。他过分夸大了精神因素和军事天才的作用，认为“物质的原因和结果不过是刀柄，精神的原因和结果才是贵重的金属，才是真正的锋利的刀刃”；他也不懂得战争的正义性与非正义性对战争胜败的重大作用。然而，他正确地指出了为争取战争的胜利，需要有一定的物质力量（包括军事力量），要善于选择良好的战场和利用地理条件，军队要有严格的训练、严肃的纪律和高昂的勇敢精神，将帅要有高超的指挥才能。这些都是克劳塞维茨对于战争和战略问题的可贵见解。

克劳塞维茨对战争中的进攻和防御这两种战斗形式也作了辩证的分析，同那种把进攻与防御看作完全对立的形而上学观点相反，他把这两方面的关系放在对立统一的观点上进行考察。他在进攻中看到防御，而在防御中又看出了进攻。在《战争论》中写道：“战争中的防御决不是绝对的等待和抵御……而只是一种相对的等待和抵御，因而多少带有一些进攻因素。同样，进攻也不是单一的整体，而是不断同防御交错着的。”他还认为进攻和防御可以在一定条件下相互转化。所以，克劳塞维茨实际上是主张积极防御的战略战术思想的。

《战争论》不仅对我们研究资产阶级军事思想极有帮助，而且对我们研究一般战争规律也是有益的。无产阶级导师一向重视这部著作。恩格斯一八五八年一月七日在致马克思的信中说：“目前我正在读克劳塞维茨的《论战争》。哲理推究的方法很奇特，但书本身是很好的。”列宁和克劳塞维茨相隔一百多年，他在一九一五年精细地阅读了《战争论》，并且作了不少摘录和笔记，这就是后来由联共（布）中央编印的列宁《克劳塞维茨〈战争论〉一书摘录和批注》。列宁这本书的全部注意力，集中在研究《战争论》中关于战争与政治的关系的学说，以及辩证法在军事领域中的运用问题。它为我们树立了用马克思主义态度对待资产阶级军事遗产的典范。我们党早在抗日时期就注意研究《战争论》，一九三九年，八路军抗日战争研究会在延安专门出版了列宁读《战争论》的笔记。一九六四年，人民解放军军事科学院翻译出版了《战争论》全书。毛泽东同志说过：中国应该大量吸收外国的进步文化，但对于一切外国的东西，应该排除其糟粕，吸收其精华。对于《战争论》，我们也必须采取这种态度。

从《西潮》到《新潮》*
——蒋梦麟的中西文化观

在辛亥革命和五四运动前后，从宁波这个有着“海滨邹鲁”之称的故土走向全国、走向世界的众多杰出人物中，蒋梦麟称得上是现代中国思想界、文化界和教育界的一个出类拔萃的著名人物。他在学术思想、教育思想方面给后人留下了丰富的遗产，值得我们注意并加以研究和总结。旅居美国的吴湘相教授(《民国百人传》的作者)曾经说过：“蒋梦麟先生在民国教育史上的地位仅次于蔡元培。”这是海外华人学者中对蒋梦麟历史地位颇具代表性的评价，虽然对此结论尚可继续探讨，但蒋梦麟在民国史上自应有适当的地位，而决不应该被遗忘，尤其是在海外宁波人研究中，他毫无疑义地应占有一席之地。

蒋梦麟一八八六年一月二十日生于浙江余姚西乡，离杭州湾约 20 华里的一个叫蒋岸的乡间小村。素有礼仪之邦之称的余姚，是姚江学派的发祥地，在明代曾诞生王阳明、黄梨洲、朱舜水三大思想家。蒋梦麟继承着浙东学术精思力践、经世致用的优良传统，从小深受四明山水的哺育和浙东父老的嘱咐，一步步从余姚江和钱塘江畔走向世界。他早年就读绍兴中西学堂、杭州浙江高等学堂和上海南洋公学。后赴美留学共七年，先后在加州柏克莱大学和纽约哥伦比亚大学攻读教育学和哲学，获哲学博士学位。五四时期，协助蔡元培主持北京大学，任北大代理校长。南京政府成立之初，曾任教育部长之职。又先后出任浙江大学和北京大学校长近十年。全面抗战时期，北大、清华、南开三校在昆明组成西南联大，蒋梦麟为西南联大主要领导人之一。一九四八年起，他担任由中美双方联合组成的中国农村复兴委员会主任委员，从大陆转赴台湾，致力于改革农村社会组织，改良农业生产技术，推进农田水利建设，振兴农业和复兴农村的各项事业，直到一九六四年六月去世为止。

---

* 本文原载海外宁波人研究会编：《海外宁波人研究》，宁波出版社，1998 年 8 月。

中西复合型的文化

蒋梦麟博古通今、学贯中西，平生研究领域极其广阔，遍及哲学、历史、教育、文化、宗教、艺术、社会等各个学科，而以教育家和思想家称著于现代中国社会。他一生服膺“教育救国”和“科学救国”，并为之奋斗了半个世纪。综观其一生，我们不难发现贯穿他的思想信念和社会实践的一条基本线索，这就是融合中西文化，推进中国的现代化。他去台湾后出版的最引人注目的两本著作——《西潮》(*Tides from the west*)和《新潮》(*Lift of new tides in China*)，可以说是他对中西文化和中国现代化问题的最好的表述。《西潮》一书，最早撰写于一九四三年的重庆，用英文写成，一九四七年由美国耶鲁大学出版，一九五九年在台湾首次出版中文本。《新潮》写于一九六四年，未及完稿就去世了，经台北传记文学出版社整理并出版。此外，一九五四年和一九五五年出版的《孟邻文存》和《谈学问》两本著作，以及一九六〇年他为《中西文化论集》一书所作的序言《中西文化之演进与现代思想之形成》，也都是他论述中西文化的基本论著。蒋梦麟曾经用以下一段话说明《西潮》与《新潮》两者的关系：“以前我写《西潮》，那是讲外来的文化，所给予我们中国影响；现在我在这本《新潮》里，要讲的是中国文化因受外来文化的影响，自己所发生的种种变化。”从这几本书中，我们可以探索蒋梦麟的中西文化观的概貌。

近代中国在西方势力的冲击和内部矛盾的激化之下，正处于中西文化互相激荡、新旧思潮不断交替的空前变动之中。中国的救亡图存和民族振兴，在很大程度上取决于如何对待中西文化，以适应此旷世巨变。一百多年来，在中西文化的问题上，始终存在着三种主张、三种选择。蒋梦麟也不可能是例外的。第一种选择和主张是自由派的全盘西化论，他们主张现代化就是西方化，认为中国传统文化一无是处，对于现代化毫无价值可言，中国文化的唯一出路就是全盘西化。第二种选择和主张是保守派的儒学复旧论，或者是抱残守缺的国粹主义。他们断定中国文化复兴就是儒家文化的现代复兴，认为中国传统古典文化，尤其是由孔子开创、宋明理学继承发扬的儒家文化，是天生优越的，本质上大大高于西方文化，因而他们主张中国文化的唯一出路在于复兴近代新儒学。儒学复旧论主张中国走“儒家资本主义道路”，即在经济上实行西方资本主义私有化的市场经济，文化上复兴以儒家道统为主的中国传统文化。第三种选择和主张是中西文化的复合创新论，或综合创新论，即主张以中国古典传统文化作为源远流长的母体文化，以西方近现代文化作为激发现代化活力的异体文化，立足于中国社会发展的需要，以中国现代化为主要目标，借鉴中西文化的精华，创造出中国自己的新型文化。

但在这一类主张中，又分为左右两大派。一派坚持以马克思主义理论为指导，在马克思主义思想体系下实现中西文化的综合创新，这是五四以来中国文化现代化的正确方向和思想主潮。另一派则是以资本主义思想体系为指导，实行中西文化的复合创新，或者是调和中西文化，这是包括蒋梦麟在内的现代中国资产阶级知识分子中相当一部分人所走的文化现代化之路。

蒋梦麟的中西文化观是怎样的呢？长期以来，由于众所周知的历史原因，我国学术界把蒋梦麟视为一个全盘西化论者。然而，当我们拨开历史的重重迷雾，还其庐山真面目时，我们会发现他其实是一个中西文化复合论者，而并不主张全盘西化。他的中西文化观，大致分为三个部分：一是对中国传统文化的认识；二是对西洋文化的认识；三是论中西文化之异同及其互相沟通融合之道路与方法。他多次向人表明：他自己是一"中西复合型的人物"。他主张的中国文化现代化，也是中西复合型的新文化。他曾说过："吾人目前讲学问，无论本国的或西方的，在有意或无意中，都在作一番中西比较功夫。前者以本国为主，把西方的拿来作比较。后者以西方为主，把本国的拿来作比较。讲中不讲西，终觉孤立。讲西不讲中，终觉扞格。能学兼中西，方知吾道不孤。"这就是说，讲文化要融贯中西，互相复合。

在蒋梦麟看来，中西文化的复合是指从中国文化和西洋文化中吸取其精华，加以融会贯通，创造适合中国需要的新文化。他曾以蜜蜂采花酿蜜用来比喻文化的复合，说："中西两者融会贯通，如蜂酿蜜，蜜成而花不见了。"蜜成即是创造出了新文化，花不见了是指原来的中国文化已逐步由新的文化所取代。而能融会贯通中西文化者必兼懂中西文化。他认为凡愈懂中国文化者，愈能懂西洋文化。愈懂西洋文化者，也愈能懂中国文化。从基本方面说，儒家学说实能与西洋人文主义合流。"西洋近世文化之输入中国，儒家文化实为迎宾馆中之主人，任殷勤招待之责。"这实际上是一中西文化的调和论。

他认为复合中西文化，需要采取一种混合的尺度，如他自述："在美国时，我喜欢用中国的尺度来衡量美国的东西。现在回国以后，我把办法刚刚颠倒过来，喜欢用美国的尺度来衡量中国的东西，有时更可能用一种混合的尺度，一种不中不西、亦中亦西的尺度，或者游移于两者之间。"不中不西、亦中亦西，即是蒋梦麟心目中的经过重建的中西文化的复合体的特征。

博古通今，融贯中西

蒋梦麟从中国悠久的历史演进中揭示了中国文化有浓厚的吸收性与适应性。他说道："我国文化本来是固有与外来（文化）两者融合而成的。这种伟大的吸收性，是中国文化具有永久活力的表现，如健康的人一样，胃口大而消化力强。这是我们足以自豪的。”西方“自希腊文化为基督文化征服后，千年之中，希腊文化为超自然的天国思想所笼罩；而吾国文化本先秦之自然主义（天）、人文主义（人）、理性主义（道）延绵前进”。佛教对中国为外来文化，但“虽于唐代佛教盛行之时，吾国思想的主流未尝改道”。佛教文化并未取代儒家文化之统治地位，相反却是儒家文化渗透了佛教文化之中。再以基督教教义传入中国为例，“明清之间，耶苏教士传播教义与科学，颇用一番功夫。惟吾国人收取其科学而遗其神学”。西方传教士带来的近代物理、化学、数学、天文、地理、生物学说，为中国文化所吸收，其基督神学却仅仅在为数甚少的教堂里作为一种宗教在传播，而在中国主流文化的大堂里并无其地位。蒋梦麟认为，这都证明中国文化具有伟大的吸收性和适应性。

他进而论证中国传统文化与西洋文化在思想内容上也有不少相同之处，可以沟通。“吾国先秦思想与古希腊思想，在基本上本来有不少相似之点。”“中国与古希腊均以识自然与道为限，不再上溯而讲超自然。因此，中国与古希腊均只想在现世里建理想的邦国。中国人讲大同世界，希腊人讲乌托邦，但均不想在世界以外建天国。”说明古代中西之间在政治理想上存在共同性。他还认为中西在道德典范上亦为相似，“中国固有道德之极则为忠恕两字。中国之忠与恕和西洋之忠与恕，可以说是神似的”。在政治治理方面，礼治为我国立国之本，“礼就是生活的准则、行事的规范、政治的制度、立国的精神”。蒋梦麟认为“礼者，在原则上实吾国之万民法也”，而“罗马法之原理与吾国以礼治天下之根本思想，有一贯的道理存乎其间”。

他指出中西文化的沟通与交流早已有之。“中国以天为出发点的自然主义，在十八世纪的欧洲，便成为反宗教的反超自然主义。以人为本位的人文主义，便成为反宗教的反天国思想。以道为中心的理性主义，便成为反宗教的反教条主义。”“元代的马可勃罗之游记已流行于欧洲。大部分的四书五经，在明代已经耶稣教士以拉丁文译成，已为欧西学者所共读。水到渠成，中国文化遂与欧洲十八世纪革命结不解之缘。”反之，西方文化也与中国发生了深深的联系，例如“博爱、自由、平等三口号，实均由耶稣教而来，不过去其超自然主义，而想在人世间建天国而已。在辛亥革命之前夜，这三个口号传入中国，亦与中国革命结了不解缘”。

蒋梦麟对近代西洋文化的特征作过精当的分析，认为科学化与工业化是近代西洋文化的基本特征，这种文化与资本主义制度相结合，产生了巨大的社会生产力，推动了整个社会的突飞猛进。他说：“以实验为基础的自然科学于十九世纪与资本主义携手而产生科学的技术。这技术经百来年不断的进步，至今成为世界生产激急增加的大关键。”他把二十世纪称作科学的时代、工业的时代。在这样的时代，中西文化的融合就要求把科学技术和工业革命的精神与中国文化相结合。

在蒋梦麟看来，融贯中西与博古通今两者必须并举，因为无论是中国文化或西洋文化都有一个源与流的问题。他说："因为好多现存问题，源远流长。不知源，难说流；不知古，难说今。我们现在的思想和制度，根本上是由先秦沿革而来。同样的，西洋的思想和制度是由希腊罗马而来。吾国文化已与西洋文化合流，故不能不各溯其源。"因此他主张从事中国文化教育事业者，必须有博古通今、融贯东西的器识。对于西方的科学方法和工程技术，要虚心学习，迎头赶上；对中国固有的经世致用、实事求是的精神，更要笃实践服，发扬光大。

以儒立身，以道处世，以墨治学，以西办事

蒋梦麟是一个深受中国传统文化熏陶和哺育的学者，但他接受的中国文化并不仅仅是儒家文化，而是以儒家文化为主流的儒、道、法诸家的混合体，在这一基础上又接受了西方文化，而成为一个中西合璧人物。他自称他的思想和行为的基本格调，是"以儒立身，以道处世，以墨治家，以西办事"，这是极为全面和确切的概括。

"以儒立身"，就是说他的思想观念的基础、人生信条的根基，主要在于儒家文化。他认为："儒家的学问是一种经世之学，归纳起来，只有两句话，一句是有益于'世道人心'，一句是有补于'国计民生'，此外是旁枝末叶。"小至个人的志向和人生理想，大至一个国家的立国之道，都不外乎"世道人心"和"国计民生"这两大目标。所谓"世道人心"用今天的话来说即是制度文明和精神文明，而"国计民生"即是物质文明。"经世致用"被蒋梦麟视为儒家学说的基本精神，目标就是要创造一个制度文明、精神文明和物质文明三大文明兼备的社会。建设一个民主、文明、富强的国家，这是他把儒家学说与近代西方资本主义文化相融合而得出的结论。台湾有的学者评价其一生，认为他前半生致力于发展现代教育，是为了有益于"世道人心"，后半生献身于振兴农业，旨在有补于"国计民生"。

"以道处世"，即以道家的学说作为他的处世哲学。蒋梦麟主张文化多元论，认为中国文化与西洋文化可以而且必须互相融合，中国传统文化儒家在其发展中也是儒、道、墨、法诸家互相渗透和补充的。他说："儒、道两家为我国思想之主干。""儒家从自然去求则，以此法则应用于人世，而道家则以自然之本体应用于人世，两家之道的意义不同即在于此，故一则主礼治，一则主无为之治……数百年来，这两种宇宙观，或彼此互为消长，或两者折衷并存。中国社会之基础，即建筑于此两者之上。我国学人，或彬彬有礼，或潇洒达观，或兼而有之，即受两者之影响。"中国儒学从先秦原始儒学发展到宋明理学的新儒学，成为儒、道、释的混合体。这诸家思想的混合体给了蒋梦麟以极大的影响。

“以道处世”是他的处世哲学。作为道家宗师的老子说过:“我有三宝,持而保之:一曰慈,二曰俭,三曰不敢为天下先。慈故能勇,俭故能广,不敢为天下先,故能成器长。”总起来说,道家的人生哲学被称为“无为”哲学。在蒋梦麟看来,“无为”并非无所作为,而是顺其自然地去作为,不要去做那种违反自然的事,要按照世界上事物的自然趋势去做,而有所作为。“无为”是以静制动的为,人生应当“致虚极,宁静笃”,对事保持清醒、宁静、超然的心态,才能洞察变化,对事物采取客观、冷静的态度。“无为”也就是不为私利而为,要做到淡泊名利,公正无偏。“不敢为天下先”,是说人们在进取过程中,不要妄自尊大,事事当头,轻举妄动,而是要时时保持一种谦虚、谨慎和求索的精神,要有那种虚怀若谷、急流勇退、功成身退的处世态度。蒋梦麟正是以这些准则作为他的处世之道的。

“以墨治学”是他研究学问和探索功事的信条。墨家提倡兼爱、非攻、勤劳、节俭。蒋梦麟对于墨家的“日夜不休,以自苦为极”的治学态度十分景仰,一生身体力行。

至于“以西办事”,指的是用科学的态度和方法办事。他以为办事必须按照一定的逻辑方可成功,而思想必先有逻辑。“我们谈思想问题,就会谈到逻辑,逻辑之于思想,犹文法之于文字。不过文法可以帮助作文,逻辑可以帮助思想。”办事与作文一样,必须遵循一定的逻辑,即须按科学的方法进行,这就是“以西办事”,因为在他看来,这科学方法是从西方学来的。但从广义而言,“以西办事”是指以西方近代的科学、技术、方法用来解决中国的问题,是一种类似“中体西用”的主张。

中国近现代史尤其是二十世纪以来中国现代化的历史进程告诉我们:在中西文化的方向问题上,全盘西化的自由主义方向是资本主义的死路,儒家复旧的保守主义方向是封建主义的末路,都是没有前途的。只有融贯中西、综合创新的方向,才能真正走向现代化。五四以来,在马克思主义世界观和社会革命论的指导下,沿着融贯中西、综合创新之路,中国创造了光辉灿烂的新民主主义和社会主义的新文化。历史已经并将继续证明这是中国文化现代化的正确方向。

蒋梦麟的中西文化观,不像陈序经那样提倡“全盘西化”,也不像主张“中国本位文化”的儒家复旧论,与胡适的折衷的“西化”也有所不同。他可以说是介于自由主义的全盘西化派与保守主义的儒学旧派之间的折衷派。“以儒立身”表明了他的保守主义性质的一面,“以西办事”则反映了自由主义性格的一面。他在中国文化遭受西方文化的冲击、产生严重的文化认同危机的情况下,主张重新确定中国传统文化的价值,用中国文化来整合西洋文化。他不主张简单地保守住中国传统文化,提倡要以“西方的尺度”来加以重新审视和阐发。即运用西方资本主义的思想理论观点,把它和中国传统文化融合在一起,把西方文化的价值与中国传统文化的价值协调起来，建立中西合璧式的文化。他主张西方文化与中国传统文化相结合，但是这种结合是以中国传统文化的基本价值为基础的，是试图用中国传统文化来整合西方文化。所谓“以儒立身”和“以西办事”就是这种结合的生动写照。

入则从政　出则为学*

——记蒋梦麟

蒋梦麟是民国时期著名的教育家和社会活动家，曾任北京大学校长，是西南联合大学主要领导人之一。他又担任过国民政府教育部部长和行政院农村复兴联合委员会主任委员。毕生服膺"教育救国""科学救国"和"改良胜于暴力"的理念，为发展教育事业和振兴农业奋斗了一生。

从秀才到洋博士

蒋梦麟原名梦熊，后改名梦麟，一作梦麐，字兆贤、少贤，号孟邻，笔名唯心。一八八六年一月二十日(清光绪十一年十二月十六)，出生在浙江余姚一个富裕的家庭里。他的故乡蒋岸，坐落在余姚西乡、曹娥江东面的沿海平原上。蒋家先世原先从安徽徽州迁至浙东奉化，以后再迁余姚定居，自迁余姚始祖传至蒋梦麟这一代已是第 17 世了。①他的祖父生前在上海经营钱庄，留给蒋氏父亲的遗产相当可观，加上投资得当，经营谨慎，持家俭朴，因而家庭逐渐富裕。他的父亲在余姚称得上是一个大地主，在乡间有几百亩良田，又是上海数家钱庄的股东。蒋梦麟拥有一个富足而愉快的童年生活。

从十九世纪中叶开始，在东西方文明的不断冲击和国内诸种矛盾的激化之下，古老的中国正在经历着一场深刻而巨大的变化。蒋梦麟的父亲虽崇尚中国传统文化，但却在上海较早接触西方的物质文明，"一心一意地要让他的儿子受现代教育，希望他们将来能有一天学会洋人制造神奇东西的秘诀"。②其父乐于接纳西方文明的态度和对新式教育的向往，对蒋梦麟的一生产生了重大的影响。

---

* 本文原载宁波市政协文史资料委员会编:《宁波文史系列丛书》(第 2 辑)，中国文史出版社，1998 年。

① 关国谊:《蒋梦麟先生年表》,《传记文学》第 40 卷第 6 期。

② 蒋梦麟:《西潮》,台北中华日报社,1959 年,第 24 页。

六岁的蒋梦麟，脑后拖着一条小小的辫子，跨进了乡间私塾的大门。在他的记忆里，私塾生活枯燥乏味，读的是三字经和四书五经一类的东西。他痛恨私塾里刻板、禁锢的生活，但是那种“万般皆下品，惟有读书高”“吃得苦中苦，方为人上人”的传统士大夫的信条，仍然在他幼小的心灵里铸刻成深深的烙印，驱策着他向着“学而优则仕”之途迈进。

还在私塾就读时，蒋梦麟的父亲即询问他将来的志向。他接受的传统观念已在思想上占着主导的地位，认为做官可以光宗耀祖；而当时新近发财的商人可以享受新颖奇巧的外国货，这些人的优裕生活对他也是一种强烈的引诱。他选择的是继续求学的路：“如果我去经商，那末将来不就与功名无缘了吗？……我当时对学问的意义并不十分了解，我只觉得那是向上层社会爬的阶梯。”①他自小目睹士大夫享有的社会地位和特权，自然视读书做官之路为锦绣前程。

一八九七年二月，十二岁的蒋梦麟入绍兴府中西学堂就读。这所学校不但教授传统的旧学，还设有外国语和西洋学科，这在当时还是很新鲜的事。师资在当时的绍兴为一时之选，教员中却有笃信进化论者。他入校后的次年冬天，正巧蔡元培因戊戌政变返回故里，出任学堂监督（校长）。在这里他第一次见到蔡元培，还读了蔡讲授的课程。在中西学堂，蒋梦麟选修英语，后加选日语。学科方面，虽然课程大部分还是传统的文学、经书和史书，但他开始知道地球是圆的而不是平的；闪电是阴电和阳电撞击的结果，而不是雷公菩萨的镜子里发出来的闪光；雷的成因也不是由雷公击鼓所产生了燃烧的原理以后，更放弃了火神的观念。蒋梦麟自称这是他了解科学知识的开始，也是他思想中乱神怪力信仰的结束。②

在绍兴中西学堂两年的学习生活结束后，一八九九年春，蒋梦麟随全家迁居上海。起初蒋在一所天主教会主办的教会学校就读英语，随后又跟他的二哥学英语。踏进十里洋场的上海，使少年蒋梦麟眼界大开。上海租界里，街道宽大整洁，市面熙熙攘攘，舶来货新奇先进，使他非常羡慕，但是洋人的趾高气扬和挂在外滩公园里“华人与犬不得入内”的牌子，又使他害怕。他后来回忆当时的心情，写道：“我觉得洋人真了不起，他们居然懂得电的秘密，他们发明了蒸汽机，又能建造轮船。他们在我的心目中已经成为新的神，原先心目中的神佛在我接受科学知识之后已经烟消云散了。但是有时候他们又像是魔鬼，因为他们不可一世的神气以及巡捕手中的木棒使我害怕。”③西方文明在蒋梦麟的精神世界里成了“半神半鬼的怪物，很像三头六臂的千手观音：三只手分别拿着电灯、轮船、洋娃娃，另外三只手

---

①② 《西潮》，第 28—29 页。

③ 《西潮》，第 31 页。

分别拿着巡棍、手枪、鸦片。从某一边看，是天使；从另一边看，却是魔鬼”。[①]在起初面对西方文明时，蒋梦麟多少怀着无可奈何的心态，把神灵与魔鬼一起加以接受。

不久，八国联军进攻中国，蒋父恐战火蔓延上海，遂携同蒋梦麟在一九〇〇年五月间返回余姚蒋岸。因乡间土匪猖獗，又迁入余姚县城。在那里他继续学习英语、算术和国文。翌年，他赴省城杭州一教会学校修习英文。次年，学生因学潮全体退学。一九〇二年，他考入浙江省立高等学堂（前身为求是学院），入学时改名梦麟注册。这时，正值中国遭受甲午战争和八国联军之役两次对外战争失败之后，空前严重的民族危亡激起了民族的新觉醒，反清革命的思想正在日渐兴起。浙江高等学堂既设于省城，又是全省的最高学府，自然便成为全省文化运动和激进思潮的主要中心。学堂内不断散发着《新民丛报》和宣传革命的书刊小册，蒋梦麟虽然也受到了影响，但他的家庭背景和浓厚的读书做官的思想，使他终于未能倾向于革命。正如他自己所说：“我们从梁启超获得精神食粮，孙中山先生及其他革命志士，则使我们的革命情绪不断增涨……但是我常常适可而止。为求万全，我仍准备参加科举考试。除了革命，科举似乎仍旧是参加政府工作的不二途径。”[②]

蒋梦麟虽然也接受了一些新式教育，受到一些新思潮的冲击，但孜孜以求的却是读书做官的道路。一九〇三年，他回绍兴参加郡试，并被录取为余姚县学附生，中了秀才，蒋氏家里自然是张灯结彩，热闹非凡，有好几百的亲朋好友齐来道贺，一连吃了两天的喜酒。郡试以后，他又回到浙江高等学堂接受新式教育。当时的中国正值“山雨欲来风满楼”，新旧观念不断冲突，立宪与革命的主张激烈论战。蒋梦麟被夹在不同思潮的激荡之中，常常闹得头脑天旋地转。新与旧、中学与西学、革命与立宪，使他无所适从，彷徨不安。究竟要选择什么道路呢？蒋梦麟日思夜虑的结果，终于肯定了“不论立宪或者革命，西化的潮流已经无法抗拒”。这时，传统士大夫的科举之路已在他的心目中发生动摇，直接到国外去学习西方文明的志趣正在强烈萌发。一九〇四年，当日俄战争正在进行时，他在暑假后考入上海南洋公学（交通大学前身）。这所学校由美国来华传教士福开森担任监院（校长），课程分为两类：一是中国旧学，一是西洋学科，实行中西学科、德智体三育并重。蒋梦麟在这里肄业约四年，一心一意“想给自己打点基础，以便到美国留学”。[③]他的父亲为他准备好了留美的费用。一九〇八年八月，23 岁的蒋梦麟剪掉辫子，在上海乘轮船赴美，踏上了梦寐以求的留学之路。经过 24 天的长途航

①② 《西潮》，第 31 页。

③ 《西潮》，第 44 页。

行，于九月下旬抵达美国西海岸的旧金山。旋即转赴柏克莱镇。这时加州大学秋季班早已上课，未能入学，乃专心补习英文。一九〇九年二月，蒋以南洋公学成绩单申请入学，经加州大学核准进入农学院。学农的初衷，主要是他认为中国的问题在于贫和愚，而中国既然以农立国，只有改进农业，才能使最大多数的中国人得到幸福和温饱，而他自幼生活在农村，对稻田草木、花草鱼虫之类亦有浓厚的兴趣。农科只读了半年，当年暑假以后，他又转到社会科学院，选教育为主课。他的一位中国朋友对他的劝说具有相当的作用，但主要的却在于中国社会尊重作育英才的教师之传统对他产生了影响，他自己的回答是这样的："我在这里研究如何培育动物和植物，为什么不研究研究如何作育人才呢？"①他认为若不解决政治社会问题，农业问题终将不可能改善，而解决政治社会问题的根本又在于人才的培育。这个选择，对他今后一生的影响是极为巨大的。

从一九〇九年秋季起，他开始选修逻辑学、伦理学、心理学和英国史，此后除教育方面的学科外，还旁及哲学、政治，文学等，以教育为主科，历史和哲学为副科，继续攻读。一九一二年（民国元年）六月，他毕业于加州大学教育系，获文学士学位，并获得名誉奖。

远在海外的蒋梦麟不时关心着国内的时局，他期望能够早日推翻清朝，建立一个民主共和的国家。就在加州大学求学期间，他积极地为这场革命呼号，并担任了旧金山《大同日报》的撰述。该报是拥护孙中山革命主张的旧金山致公党的宣传阵地，当时由同盟会成员刘成禹担任主笔。蒋与刘在《大同日报》工作约3年，初由两人轮流分担社论的撰写；武昌起义爆发后，他一人独立执笔该报的社论。在旧金山，他多次与在海外进行革命活动的孙中山晤谈。一九一〇年二月十日，孙中山自纽约、芝加哥行抵旧金山。蒋梦麟随刘成禹前往拜谒，这是他首次与孙中山会面。这次直接的晤谈，使他更加确信孙中山是一个"无可置辩的革命领袖"②。

告别了旧金山湾的柏克莱，蒋梦麟来到曼哈顿的哥伦比亚大学。在哥大研究院，蒋梦麟继续研究教育学。该校教育学院名闻遐迩，教授阵容强大，藏书丰富，学科齐全，以杜威的民本主义教育学说为中坚，此外还有桑戴克的教育心理学、孟禄的比较教育、克伯屈的设计教学法、勃格莱的人文主义教育等。有的是西方教育学界风行一时的新学说，有的是前沿学科，而且各派学说兼容并包。在这里，蒋梦麟作为杜威的入门弟子，学识和才力有长足的进步，知识的领域大大扩展了。在美留学期间，他极注意东西文化比较的问题，发现中西见解相一致的即加以肯

① 《西潮》，第53页。

② 黄季陆：《蒋梦麟先生与国父的关系》，《传记文学》第5卷第2期。

定，遇有歧见时，就深入研究，找出其中的原由。他特别注重的是找出中国究竟缺少些什么，然后向西方吸收所需要的东西。其间，他对于西方文化的优劣有了进一步的认识，对于中国文化的优劣也有了进一步的了解。一九一七年六月，蒋梦麟完成了五年的学业，获哲学和教育博士学位。其博士论文为《中国教育原理之研究》，该文运用西方学理考察、论析了中国历代教育原则。

创导教育革新运动

结束了在美国的留学生涯，一九一七年六月，蒋梦麟返回了阔别9年的祖国。这时，清政府已被推翻，统治中国两千多年的封建帝制也已结束。辛亥革命赶走了清朝皇帝，挂起了“民国”的招牌，但资产阶级共和国却并未在中国出现。国家政权落到了帝国主义和封建阶级的代表北洋军阀手中，大小军阀正在互争雄长，全国四分五裂，满目疮痍。这一切给刚刚学成回国的蒋梦麟提出了十分严峻的问题。在他看来，解决国家和社会问题的关键在于革新教育，他希望从教育上来做根本的改革。这一见解，对于一个深受西方文化熏陶的资产阶级自由派和主张社会改良的学者来说，是并不奇怪的。

一九一五年秋，国内兴起的新文化运动和继之而起的五四运动，高举反封建的批判旗帜，猛烈地荡涤着旧思想、旧文化、旧道德的污泥浊水。这一伟大的思想解放运动，同样给予教育的发展以强烈而深刻的影响。在教育领域与新文化相呼应的是资产阶级和小资产阶级知识阶层发动和推进的一场革新运动。他们空前广泛深入地批判传统的封建教育，宣传和引进西方资产阶级的教育理论、教育学说，经过反复讨论，由民间推动北京政府当局颁令全国改革学制，并且进行课程方面的深入改革。在这场教育改革中，全国教育会联合会、江苏省教育会、中华教育共进社、中华职业教育社、新教育杂志社、实际教育调查社、中华教育改进社等教育团体发挥了号召、组织和推动的作用；而一九一三年以后，一批从欧美留学陆续归国的知识分子，如任鸿隽、蒋梦麟、胡适、陶行知、郭秉文、陈鹤琴、廖世承、陆志韦等，则成为整个改革运动的中坚力量。

对中西教育作过深入的比较研究，又亲身经历过科举制度下的旧式教育和西洋现代教育的蒋梦麟，正值年富力强，血气方刚，很有为国家的教育事业作一番贡献的抱负。他以文化生力军的姿态，在这场教育革新运动中崭露头角，声名大振，而成为改革的创导者和推进者之一。他先在上海商务印书馆任编辑，并兼江苏省教育会理事，开始在商务印书馆出版的《教育杂志》上发表鼓吹革新教育的文章。一九一八年六月辞去商务印书馆之职，旋帮助孙中山校订《实业计划》(即《建国方略》之二："物质建设")的英文原稿，搜集资料，核对数据等。一九一九年年初，江苏省教育会、北京大学、南京高等师范学校、暨南学校、中华职业教育社五个单位共同组成“新教育共进社”，目的是直接输入东西洋学术，推动教育改革。该社出版《新教育》月刊，由黄炎培、蒋梦麟、陶行知主持，蒋担任主编。该刊销行全国，创刊后六个月，每期印数即达一万份。蒋任主编直至一九二一年十一月。一九一九年三月，他被北京教育部聘为教育调查会会员。同年暑假，自北京往天津、南京、上海、杭州等城市考察教育，历时一月。这时，他还担任《时报》“世界教育新思潮”专刊的主编，发表了大量介绍西方资产阶级教育思想的文章，如陶行知的《杜威先生的教育思想》等。

在上海刊行的《教育杂志》和《新教育》月刊是宣传、推进教育改革的最重要阵地。蒋梦麟鼓吹教育改革的言论大多是这两个刊物发表的。他主编的《新教育》，论述欧美资产阶级教育理论，评价欧美，特别是美国的教育思想和制度，翻译欧美教育家的著作，报道欧美各国教育情况更是不遗余力。一九一八年一月，他在《教育杂志》发表《历史教授革新之研究》《高等学术为教育之基础》，二月发表《过渡时代之思想与教育之关系》，四月发表《个人之价值与教育之关系》，五月发表《欧战以后的教育问题》，六月发表《进化社会的人格教育》，七月开始将英国 J. H. 巴德利(J. H. Badley)所著《欧战后英国之教育》一书译文在《教育杂志》连载，十月发表《世界大战后我国教育之注重点》，十二月在《东方杂志》发表《教育与职业》等文。一九一九年二月《新教育》创刊，发表《教育究竟做什么》，三月发表《今后世界教育之趋势》《英国教育之大宪章》。四月《新教育》刊出杜威专号，系统介绍杜威的教育思想，他发表《杜威之伦理学》一文。五月发表《改变人生的态度》。翌年一月，他在杭州浙江第二师范学校发表《教育思想的根本改革》的演讲。

蒋梦麟强调中国迫切需要进行教育改革。辛亥革命后初步建立起来的新教育体制，在经历了袁世凯复辟帝制的摧残之后，正承受着第一次世界大战期间经济结构变动和新生产力发展的巨大冲击。他看到了学校教育与社会需要之间的脱节、需才孔亟和缺才可用的矛盾，更感到冲破旧教育思想和制度的束缚已刻不容缓。他揭露现存教育之弊端，说：新事业需灵活之子弟，吾国之教育则重循规蹈矩。新事业需思力，吾国教育则重记忆。新事业需适应力，吾国教育则重胶固之格式。新事业需技能，吾国教育则重纸上谈兵。他指出，教育的目标是要培养“活泼泼的，能改良社会的，能生产的个人”①。

中国教育的出路何在，按照什么方向来改革教育呢？自然，蒋梦麟的教育改革是以西方文明、西方资产阶级的学说为最高标准的。他主张平民主义教育，强调教育的平民性，反对教育的贵族化；主张实用主义教育，强调教育的实用性，反

① 蒋梦麟：《什么是教育的出产品？》，《新教育》第 2 卷第 3 期。

对教育的空泛化;主张个性主义教育,强调发挥教育对象的主动性,发展个性,反对守成法求划一;主张科学教育,教育须以学术研究为基础,强调应用科学方法于教育;主张人权主义教育,以“人权为教育之目的”。他认为中国正处于过渡时期,“泥古之教育为过渡时代以前之教育,不可行矣。消极破坏之教育而无积极之进行者为过渡时代之教育,可暂而不可久。若为今日之教育图长久之计,当取中国之国粹,调和世界近世之精神,定标准、立问题,通新陈交换之理,察社会需要,采适当之方法以推行之”①。他认为高等学术为教育之基础,“今不光讲学术,而望有大教育家出,是终不可能也。无大教育家出,而欲解决中国教育之根本问题,是亦终不可能也”②。他强调要发展个性,指出:发展个性,养成特才,则文化得以发达。

于是蒋梦麟以简洁的语言,提出他的关于教育的意见:“(一)发展个性以养成健全之人格;(二)注重美感教育及体育以养成健全之个人;(三)注重科学以养成真实正当之知识;(四)注重职业陶冶以养成生计之观念;(五)注重公民训练以养成平民政治之精神,为服务国家及社会之基础。”③这体现了德、智、体、美、群五育相结合的教育思想。同时,对于教育制度与学校体制,提出了童子军教育、义务教育、职业教育与补习教育、大学教育与专门教育等六个部分、四个层次结构的设想和主张。这些,在中国近代教育史上都有着崭新的意义。

改革旧教育,提倡新教育,乃是五四新文化运动的一个组成部分。这种新文化运动同样也深入社会科学的各个领域,蒋梦麟对于革新史学研究和教学的主张就是其中突出之例证。他回国后即著文呼吁要建设平民的史学,认为以往记载帝王、伟人的历史的史学缺乏平等观念,是特权者的专利品,不符民主精神。虽然,他的历史观仍是唯心史观,但倡导平民史学,主张教授历史“当以平民之生活为中心点”,仍不失其历史进步意义。他指出:“吾国自鼎革以来,崇拜王侯将相草莽英雄之习惯,尚不知不觉隐伏于国民意识之中。野心家方将利用之,以图个人私利。若教授历史,沿袭昔日崇拜汉高明太之成法,不以平民之利害为论点,则他日国家或不幸而生祸乱,不将归罪于历史家乎?”④他在这里对旧史学以英雄、帝王为中心的传统进行批评,认为那种为帝王将相服务的旧史学会导致国家发生祸患动乱。这就把建立为平民服务的史学的重要性,提到关系国家兴亡的认识高度。

就在教育革新运动兴起之际,一九一九年三月,在胡适、蒋梦麟等人的推动下,北京大学、江苏省教育会、南京高师等联名邀约美国著名教育家和哲学家、蒋

---

① 蒋梦麟:《过渡时代之思想与教育的关系》,《教育杂志》第10卷第2号。

② 蒋梦麟:《高等学术为教育之基础》,《教育杂志》第10卷第1号。

③ 蒋梦麟:《世界大战后吾国教育之注重点》,《教育杂志》第10卷第10号。

④ 蒋梦麟:《历史教授革新之研究》,《教育杂志》第10卷第1号。

梦麟在哥伦比亚大学时的导师杜威来华讲学。四月间，陶行知、陶孟和代表胡适和蒋梦麟赴日本欢迎杜威来沪。四月三十日午后，蒋梦麟、陶行知与从北京先期南下的胡适同往拜谒杜威。五月十二日，蒋、胡两人陪同杜威前往上海莫里哀路（今香山路）孙公馆访问孙中山。杜威在上海、北京、南京、苏州等城市受到教育界的热烈欢迎，尤其是经过胡适、蒋梦麟等一批著名学者的推导，实用主义教育学说遂在中国风靡一时。这对于正在兴起的教育改革运动起了积极的推动作用。

以“学术救国”初掌北大

当伟大的五四爱国运动在北京爆发时，蒋梦麟正在上海忙于陪同杜威进行讲学和访问，他获悉北京学生运动的消息后，对他们表示同情和支持；上海大、中学生和六十余个各界团体成员约两万人，五月七日在南市公共体育场召开国民大会，声援北京的爱国行动。十一日，上海学生联合会在寰球中国学生会举行成立大会，蒋梦麟以来宾身份参加了成立大会。六月三日，北京二十余校学生在街头进行爱国宣传，遭到军警镇压，上海学生闻讯后奋起声援。五日起，上海全市的大规模“三罢”斗争逐渐地展开。上海工人阶级站到斗争的前列，当天上午，部分日商纱厂的六千多名工人为声援学生爱国斗争举行政治大罢工。继大学和中学之后，各小学师生开始罢课，各商店也陆续罢市。六月五日，上海工、商、学、报等各界代表两百余人举行联席会议，蒋梦麟、黄炎培以江苏省教育会代表身份出席。会议宣布成立上海商学工报联合会，通电全国表示：“卖国贼存在一日，商学工界即辍业一日，誓不反顾。”①会上由蒋梦麟宣读经会议推选的临时干事会名单，他亦为干事。同月十日，北京政府被迫罢免曹汝霖、章宗祥、陆宗舆三人职务。十六日，第一次全国学生代表大会在上海召开，蒋梦麟作为教育界的代表出席会议，在会上发表演说支持学生运动，但要求学生服从学校领导。

蒋梦麟是以资产阶级自由派学者的角色参加到五四运动中来的，在他看来，五四新文化运动应是一场以西方文化为导向的、以解放个性为目标的启蒙运动；而且，他认为中国正需要这样一场“文艺复兴”运动。他毫不迟疑地于六月间在《新教育》月刊发表《改变人生的态度》一文，将五四运动比作欧洲的文艺复兴。他引述丹麦哲学家霍夫丁的话说道：文艺复兴的起始，是要求人类本性的权利，后来引到发展自然界的新观念和研究的新方法。“这回五四运动，就是这解放的起点，改变你做人的态度，造成中国的文艺复兴；解放感情，解放思想，要求人类本性的

① 王敏：《上海学生运动大事记》，学林出版社，1985年，第25页。

权利。”①

中国资产阶级在辛亥革命之前没有力量能够发起一个像样的启蒙运动，现在他们感到应该有一个“文艺复兴”了。在一定的意义上，文艺复兴也还是当时的中国所需要的，但这决不应是蒋梦麟提倡的以“个性解放”“思想解放”“人权”为职志的文艺复兴。五四新文化运动是浓缩了从欧洲文艺复兴到十月社会主义革命的思想于同一时代中的运动。只有正确认识这个历史时代的演进，才能把握运动发展的方向。蒋梦麟力图按照西方资本主义的思想文化来引导中国新文化运动，这就不能不使得他自己站到了这个运动的右翼。这也是新文化运动中各种力量开始左右分趋的一个表现。

五四运动中，北京大学校长蔡元培因不满北洋军阀政府对学生采取镇压，于五月十日离京返回杭州。北大师生相率派遣代表南下慰问，并请蔡即日返校主持。七月中旬，蔡元培委托蒋梦麟代表他去北京大学代理校务。蒋受重托，遂与北大学生代表张国焘等离杭北上，于七月二十一日抵达北京。二十三日，他在北大学生欢迎大会上发表讲话，表示他上任伊始就力图按照自己的观念矫正五四以来青年运动的方向，并把“学术救国”作为匡世和办学的最高信条公之于世。他说蔡元培校长之伟大在于“有三种精神而熔合于一炉：(一)温良恭俭让，蔡先生具中国最好之精神；(二)重美感，具希腊最好之精神；(三)平民生活，及在他的眼中，个个都是好人，是蔡先生具希伯莱最好之精神”。②他认为，“此次五四运动所以能感动全国者，未始非此种精神于不知不觉间灌输于诸君脑海中之效果”，而这种精神“是从学问中得来的，故诸君当以学问为莫大的任务”。③接着，他向学生们指出，救国之要道在“增进文化”“研究学术”，说“救国之要道，在从事增进文化之基础工作，而以自己的学问功夫为立脚点，此岂摇旗呐喊之运动所可及？”他指责参加五四爱国斗争的青年们说：“现在青年作救国运动，今日反对这个，明日反对那个，忙个不了。‘真似年年压针线，为他人补破衣裳。’终不是根本办法。吾人若要救国，先要谋文化之增进。日日补破衣裳，东补西烂，有何益处？深望诸君，本自治之能力，研究学术，发挥一切，以期增高文化。”④只有如此，才能达到救国的目的。他代理北大校务后，采取种种措施，恢复北大原有的秩序，力图把学生拉回到“一心尽瘁学术”上面来。

蔡元培于同年九月回北大复职视事后，蒋被聘为教育学教授兼总务长。同

---

① 蒋梦麟：《改变人生的态度》，《新教育》第1卷第5期。

② 吴相湘：《蒋梦麟振兴北大复兴农村》，《民国百人传》(第1册)，台湾传记文学出版社，1971年，第60页。

③④ 《蒋梦麟振兴北大复兴农村》，《民国百人传》(第1册)，第60页。

月，发表《新文化的怒潮》《托尔斯泰人生观》，十月发表《学生自治》《学潮后青年心理的态度和利导方法》等文。他提出要以发展新学术去救中国，就是学习西学，整理中学（国故），发展哲学、教育、文学、美术、科学种种学术，认为这是五四学潮以后的中心问题，也是新文化运动的根本问题。一九二〇年五四周年纪念时，蒋梦麟与胡适联名发表《我们对于学生的希望》一文，诱导学生脱离反帝爱国的政治运动，说“这种运动是非常的事，是变态社会里不得已的事，又是很不经济的不幸事”；要学生们“从今以后要注重课堂里、操场上、课余时间里的学生生活。只有这种学生活动是能持久又最有效的学生运动”。①九月，在北大开学仪式上，蒋引胡适的话指责学生运动说：“现在的青年连一本好好的书都没有读，就飞叫乱跳地自以为做新文化运动，其实连文化都没有，更何从谈新！”他要青年“此后，总要立定志向，切实读书”。②

然而，蒋梦麟也并非“只讲教育，不谈政治”的。资产阶级民主、自由思想不可避免地导致他对北洋军阀政府的不满并起而抨击。一九二〇年八月，蒋梦麟与胡适、陶孟和、李大钊、高一涵等人发表了《争自由的宣言》，指出自辛亥革命推翻帝制以后九年来，“在假共和政治之下，经验了种种反自由的痛苦”，揭露了北洋政府的专制，并呼吁人民起来“为自由而战”。宣言认为，人民有几项最低限度的自由权是不应该受侵犯，而应予保障的，如言论、集会、出版、通信、人生等五项自由，在任何国家里都应受到可靠保障。宣言要求北京政府把袁世凯当政以来所颁布的损害人民上述自由权利的法律、条令全部予以取消。③一九二〇年十月，蔡元培为策划里昂中法大学之事赴法国，再次委托蒋梦麟代理北大校务。十二月十七日，北大二十二周年校庆时，蒋发表演讲，提出北大师生今后努力的三个主要方向：第一是要研究西学；第二是要整理国故；第三是要注重自然科学的研究。他还提出了“西学为体，中学为用”的主张，力主先学好西学，再用西洋的科学方法去整理中国的传统文化。对于中学和西学，他主张兼容并包，自由发展。在他的推导下，北大的《社会科学季刊》和《国学季刊》先后于一九二二年十一月和次年一月创刊。又设经济记录室，调查国内经济状况；成立考古学会，作古迹文物的调查和发掘。

这一时期，蒋梦麟作为教育界代表人物和著名学者参加了民间外交活动。一九二一年七月，美国总统哈定发起召开太平洋会议，确定在华盛顿举行，又名华盛顿会议。八月十六日，蒋梦麟与蔡元培、马叙伦、王世杰等发起组织“国立八校太平洋会议研究会”。九月二十五日，他受研究会之派赴上海与各团体接洽，为取得

---

① 蒋梦麟、胡适：《我们对于学生的希望》，《晨报副刊》，1920 年 5 月 4 日。

② 《蒋梦麟振兴北大复兴农村》，《民国百人传》（第 1 册），第 65 页。

③ 蒋梦麟等：《争自由的宣言》，北京《晨报》，1920 年 8 月 1 日。

南方的护法政府的同意，曾赴广州晋谒孙中山。十月十二日，全国商会联合会在上海开会，与出席全国教育会议代表举行联席会议，推定余日章、蒋梦麟以国民代表赴美，为华盛顿会议的中国观察员，借以宣传民意，监督中国政府代表。不久，即离沪赴美。一九二二年二月华盛顿会议闭幕后，取道欧洲归国。在英国停留时，与哲学家罗素、经济学家凯恩斯、政治学家拉斯基等人多次讨论中国文化问题。六月间经香港抵沪。

一九二三年一月，蔡元培因反对北洋军阀政府非法逮捕财政总长罗文干，愤而辞职，委托蒋梦麟代理北京大学校务。同月，蒋被推为“国立北京八校校长联合会”主席。十一月，北京8所国立大专学校教职员因政府当局积欠学校经费九个月，成立索薪团向政府索讨薪金，遭军警武力压制，乃决议罢课对抗。蒋梦麟不同意罢课，北大在他主持下，仍勉强维持上课。十二月二十七日，北京教育部正式任命蒋梦麟代理北京大学校长。

然而，反帝反军阀的大革命风暴这时已经在中国大地兴起。一九二五年在上海爆发的五卅运动揭了开大革命的序幕，广大学生和人民的斗争怒潮很快席卷全国，不可遏止。蒋梦麟虽然并不反对反帝爱国的要求，但却主张寻求和平改良的途径，尤其是他竭力要“维持北京大学生命不使中断”，而始终反对学生罢课，因而不断遭到学生的抵制和反对。

在中国共产党和国民党左派力量的鼓舞和组织推动下，北京的学生运动日益高涨。一九二六年三月十八日，北京各界群众两万余人为抗议日本帝国主义制造大沽口事件举行集会；会后有两千余人进行游行示威，并至段祺瑞的北京临时执政府请愿，遭到军警的武力镇压，造成了“三一八”惨案。蒋梦麟事先获知军警可能开枪的消息，并设法阻止北大学生参加游行未果。惨案发生后，他赶到出事地尽力抚恤伤亡。他谴责“三一八”惨案的制造者，支持各校师生的爱国行动，因而为奉系军阀和段祺瑞政府所怀恨。四月二十六日，《京报》主编、著名的进步报人邵飘萍被奉军捕杀，当晚，曾任北京政府国务总理的孙宝琦面告蒋已被列入黑名单。适司法总长王宠惠来访，蒋当即搭乘王的通行无阻的红牌小轿车，避往东交民巷六国饭店，在那里待了六个月，后经友人帮助逃离北京，从天津乘轮到达上海，随即返回杭州暂住。

从教育部长到北京大学校长

当蒋梦麟离北京南下、蛰居沪杭之际，从广东出发的，在国共合作的国民革命旗帜下进行的北伐战争，正在势如破竹地向长江流域挺进。一九二六年十月，北伐军抵达武汉三镇。十一月至次年三月，北伐军先后进占南昌、杭州、南京等地。

北洋军阀中，直系吴佩孚部队的主力已被歼灭，孙传芳部也被击溃，只剩下奉系张作霖部队盘踞在北方，长江中下游一带各省政权纷纷易手。对于蒋梦麟来说，以国民党政府取代北洋军阀政府是合乎他的政治理念和愿望的。这不仅是因为他与国民党有着深远的政治历史关系，曾经与孙中山、蔡元培一直保持着密切的联系，而更主要的还在于，在他的心目中，国民党是当时中国唯一有资格领导国家实现民主、自由和富强的一个政党。

蒋梦麟很快与国民党方面携手合作了。一九二七年年初，北伐军进入浙江。三月，以蔡元培为代理主席的作为浙江全省政治决策机关和权力机关的国民党浙江临时政治会议成立，蒋担任委员兼秘书长。这是他步入国民党政界的开始。不久，蒋介石在上海策划发动“四一二”政变，蒋梦麟应吴稚晖之邀前往驻上海龙华的蒋介石的总司令部，事先与闻“清党机要”。后来他追忆此事说：“清党之前后，蒋总司令驻上海龙华交涉员公署，即以该地为总司令部。当时吴稚晖先生约蔡孑民先生、邵元冲先生及余共四人与总司令邻室住宿。吴、蔡两先生与蒋总司令朝夕讨论清党大计，吴先生并约清党明令未宣布以前我们四人不得离此外出，以免外人探知吴、蔡两公行踪多所推测。”①四月十八日，蒋介石在南京成立国民政府。五月六日，蒋梦麟兼任浙江省政府教育厅厅长。

南京国民政府初期在教育行政制度方面试行大学区制。在中央设大学院，为全国最高教育和学术行政机关；将全国划分为若干大学区，每区设大学一所，以大学校长总理区内教育行政及学术研究事宜。一九二七年六月，国民党中央政治会议决定在浙江设第三中山大学（翌年改称浙江大学），以蒋梦麟为校长。七月，国民政府正式任命蒋梦麟为第三中山大学校长，负责浙江大学区，撤销省教育厅，由大学区执掌省内教育行政。八月，浙江省务会议决定，将浙江省立甲种工业专门学校和农业专门学校分别改组为第三中山大学工学院和农学院，另筹建文理学院，三院合组第三中山大学。一九二八年十月，大学院院长蔡元培辞职，中央政治会议任命蒋梦麟继任大学院院长。不久，大学区制停止试行，大学院改为教育部，蒋梦麟被任命为教育部部长，并继续兼任浙江大学校长。十一月七日，国民党中央政治会议任命他为政治会议委员。

出任国民政府教育部和进入中政会，使蒋梦麟一度步入国民党政界的高层。但是，他终究是一个学者，志向又不在于做官，南京从政自然带有“客串”的色彩。不过，他还是抱着勃勃雄心，想把教育事业振兴一番。在他主持下，于同年十二月七日召开第一次部务会议，讨论修正教育会条例草案。一九二九年七月二十六日，南京政府颁布《大学组织法》，规定全国大学分为国立、省立、市立、私立四类；

---

① 蒋梦麟：《一个富有意义的人生》，《新潮》，传记文学出版社，1967 年，第 94 页。

凡具备三个以上学院方得称大学，否则只称独立学院；大学除校长外，各院设院长一人；大学设校务会议、院务会议，为行政决策机构；大学修业期限四年，医学院为五年。同日，又公布专科学校组织法。从此，中国现代高等学校确立了完整、统一的体制。同年一月，他被推选为主持美国退还“庚款”事宜的“中华教育文化基金会”①副董事长，协助董事长蔡元培主持工作。是年，教育部与该基金会共同拟定组成北京图书馆的办法和组织纲要，以推动建设国内的大型图书馆。

为了整顿和改进全国教育，蒋梦麟主持了“教育方案编制委员会”的工作，于同年十月召开第一次会议。经过近一年的努力，一九三〇年三月，草拟完成《教育方案》。四月，在他的主持下，教育部在南京召开第二次全国教育会议，讨论通过了《教育方案》。“方案”共分十章：实行义务教育计划、实施成年补习教育计划、筹设各级各种师资训练机关计划、改进初等教育计划、改进中等教育计划、改进高等教育计划、改进社会教育计划、改进并发展华侨教育计划、实施蒙藏教育计划、确定教育经费计划。并制订了实施全方案经费概要。这是继两年前蔡元培主持召开第一次全国教育会议，作出关于教育事业的若干原则后，经教育方案编制委员会的反复研讨，而由新一次全国教育会议正式讨论制定的。它是民国成立以来，第一部由中央政府制定的全面规定教育方针和教育事业发展规划的基本方案。虽然，在当时的政治和社会环境下，这个方案难以真正实现，但它在中国近代教育史上的意义是不可磨灭的，他于教育部就任时，在全国推行国语教育，颁布《小学国语课程暂行标准》，通令各省市所属中小学教师一律以国语为教学用语。并对私立中等以上学校的招生、教会学校的办学、派遣公费留学生的外语条件、大学不招预科生，以及若干教会大学停办宗教系及神学科等作出了规定。此外，还公布了《大学课程标准及设备标准起草委员会章程》，成立了中小学课程标准起草委员会等。凡此种种旨在促使全国教育的制度化，提高教育的水平。

一九三〇年十一月，主持教育部只有短短两年的蒋梦麟，在与吴稚晖作了一次谈话后的次日，突然辞去教育部长之职。吴稚晖在谈话时目光炯炯地指责他“无大臣之风”，第二天他便辞职了。显然，这并非出于他的自愿，而是“以中央大学易长及劳动大学停办两事与元老们意见相左，被迫辞职”。②不日离京，回杭州去了。十二月四日，国民政府任命蒋梦麟为北京大学校长。其时，北大正处于经费拮据、师资缺失、人心浮动之际，如胡适所说“已差不多到了山穷水尽的时候”。

① 中国在八国联军之战中失败，1901 年清政府被迫签订《辛丑条约》，中国赔款银四亿五千万两，世称“庚子赔款”。1908 年起，美国开始退还“庚款”，用作设立清华学堂、选派留美学生和其他文教事业费用，由中美双方组成中华教育文化基金会，管理此项事宜。1929 年 1 月，蔡元培当选为该基金会董事长，蒋梦麟被选为副董事长。

② 关国煊：《蒋梦麟先生年表》，《传记文学》第 40 卷第 6 期。

他迟迟未下决心接受此项任命，只是在胡适、傅斯年等人的再三推动下，才北上就任的。

胡、傅两人其时都在北大任教，前者为蒋的挚友，后者则为其在五四时期北大的学生，他们积极为蒋出任北大出谋划策，尤其是为充实办学经费之事多有筹划。一九三一年一月九日，中华教育文化基金董事会在上海举行的常务会议决定，此后五年，该会每年拨款 20 万元，共以 100 万元资助北大；北大亦拨出同一数目款项；双方合计 200 万元，作为合作特别经费，专作设立研究讲座、延聘专任教授、购买图书仪器之用。蒋梦麟在出席了上述基金会会议后，乘车北上。胡适后来回忆这一往事说道："孟邻先生受了政府的新任命，回到北京大学去做校长，那时他有中兴北大的决心，又得到中华教育文化基金会的援助，他放手做改革的事业，向全国去挑选教授与研究的人才，在八个月的筹备时间，居然做到北大的中兴。"①

北京大学在南京国民政府建立后，曾一度改为大学院下属的北平大学的一个分院，此举受到各方面的反对，其中学生反对尤烈。一九二九年八月，南京行政院决定恢复北京大学，但复校后困难重重，惜无生气。蒋接任后决心重整北大，他和他的同事们花了八个月时间筹备北大的各项革新，他的计划包括大学内部体制的改革、重要人事的更动、著名学者的聘请、校舍的扩建等。他与胡适等人拟定了北大的发展计划，提出"教授治学，学生求学，职员治事，校长治校"的方针，学校设校务会议代替过去的校评议会，学校体制上改文法理三科为文法理三个学院。文学院院长开始时由蒋自兼，不久即请胡适出任文学院院长，兼任中国文学系主任。聘请周炳琳、刘树杞分任法学院和理学院院长。各系系主任由校长在教授中聘任。

设立"研究教授"是蒋梦麟为了重振北大学术阵容、提高学术水平的一项重要举措。"研究教授"人选，"以对于所治学术有所贡献，见于著述为标准"，并规定"研究教授每周至少授课六小时，并担任学术研究及指导学生的研究工作，不得兼任校外教务或事务"。首批发表被聘请为研究教授的共十五人：理学院为丁文江、李四光、王守竞、汪敬熙、曾昭抡、刘树杞、冯祖荀、许骧，文学院为周作人、汤用彤、陈受颐、刘复、徐志摩，法学院为刘志歇、赵乃博。这批教授都是当时中国的第一流学者，为"北大中兴"作出了很大的贡献。

为发展学术研究、培育高级专门人才，北大又在一九三二年设立研究院，招收高等学校毕业生入院研习。并明文规定，北大以研究高深学术、养成专门人才、陶融健全品格为职责。于研究院下设文史、自然科学、社会科学三个部，后改为文科、理科、法科研究所。蒋梦麟以校长兼研究院院长，刘复、丁文江、陶孟和分任文

① 胡适：《〈沈宗瀚晚年自述〉序》，台北正中书局，1976 年，第 2 页。

史、自然科学、社会科学各部主任。教授除设研究教授外，又设专任教授，均支全薪，不准在校外兼课。

蒋梦麟、胡适等主持北大时，广揽人才，增强师资队伍，这成为重整北大的一个关键。他接任北大第一年就聘请了丁文江、李四光、徐志摩、钱穆、孟森、陶希圣、汤用彤等三十余位学者来北大任教，当年即一九三一年在北大任教授的有沈兼士、马裕藻、钱玄同、魏建功、刘文典、傅斯年、俞平伯、余嘉锡、郑奠、商承祚、赵万里、余上沅、张颐、贺麟、马叙伦、稽文甫、林志钧、杨亮功、刘延芳、钱穆、孟森、马衡、毛准、陶希圣、蒋廷黻、梁思成、顾颉刚、燕树棠、浦薛凤、许德珩、张慰慈、钱端升、陈启修、张忠绂、秦瓒、周作人、樊际昌、卢郁文、何基鸿、竺可桢、江泽涵、杨武之、萨本栋、周培源等人。由这样一批学术权威和学界俊才组成的教师队伍，充分显示出北大在学术上的强大力量和高超水平。这又是与蒋梦麟等北大当权者的重视学术、广揽人才、唯才是举、破格录用新秀，并给予教师以优厚的待遇和充裕的研究经费等分不开的。

在他主持之下，北大继承和发扬蔡元培在五四时期创导的“思想自由”“兼容并包”的治学精神。如他回顾所述：“在职之年，但谨知守蔡校长余绪，把学术自由的风气，维持不堕。”①他为之推崇而力求发扬的蔡元培的“学术自由”的风气是怎样的呢？他后来作了这样的描述：“自古以来，中国的知识领域一直是由文学独霸的，现在，北京大学却使科学与文学抗礼了。历史、哲学和四书五经也要根据现代的科学方法来研究。为学问而学问的精神蓬勃一时。保守派、维新派和激进派都同样有机会争一日之短长。背后拖着长辫子、心里眷恋着帝制的老先生与思想激进的新人物并坐讨论，同席笑谑。教室里、座谈会上、社交场合里，到处讨论着知识、文化、家庭、社会关系和政治制度等等问题。”②

这种风气在人才的选择和任用上也得到了体现。如钱穆与胡适的学术观点不同，胡提倡白话文，钱一直用文言文著书立说；胡提倡向西方学习，钱则主张发扬中学传统；等等。只因钱国学根基深厚，著作精当，当他不被燕京大学续聘时，蒋梦麟、胡适却以比燕大高一级的职称，聘钱来北大任教。又如千家驹是以研究《资本论》称著、信仰马克思主义的，而且曾是北大学生运动中的活跃分子，因为他学有专长，著述见解独到，蒋梦麟、胡适仍然聘其为北大经济系兼任讲师，放手让千家驹用马克思主义观点讲授中国经济问题课程。

全面抗战前的北大是在危难中走过来的，日本法西斯的战争威胁，汉奸与特务的破坏，经费的紧缺，等等，满途荆棘。他终于坚持下来了。陶希圣曾作了这样

---

① 蒋梦麟：《新潮》(一)，《传记文学》第9卷第1期。

② 《西潮》，第87页。

的回忆：当时，“北京大学居北平国立八校之首。蒋梦麟校长之镇定与胡适之院长之智慧，二者相并，使北大发挥其领导作用。……北大六年的安定，乃至国立八校六年的延续，没有梦麟与适之的存在与活动，是想像不到的”①。

然而，蒋梦麟并非一个纯粹办学的教育家，更不是一个不问政治的书生子。在北大的六年半中，他与南京政府的关系日益密切。虽然他这一时期并未在国民政府担任什么官职，却是极受蒋介石等人的重视，而他对国民党的基本政策亦可谓亦步亦趋。如果说他过去对北洋政府是站在外边对当局进行批评指责，那么现在对南京政府则是处身幕内为当局献纳计谋，并以自己的活动加以配合。一九三二年四月，他赴洛阳参加国民政府召开的“国难会议”。一九三三年一月，他参加中国民权保障同盟，任北平分会执行委员，但在三月间他与任鸿隽、陈博生、成舍吾等致函该同盟全国执委会，对该盟揭露国民党统治的独裁、专制和对进步人士的残暴镇压表示不满，表明了鲜明的拥蒋（介石）态度，随即因与宋庆龄、蔡元培等意见分歧，与胡适一起退出了民权保障同盟。

“九一八”与“一·二八”事变后，蒋介石、汪精卫以“忍辱负重”“长期抵抗”相标榜，推行对日妥协退让政策。对此，蒋梦麟拥护和支持甚力。一九三三年四月，长城抗战危急，南京政府决策中途停战妥协。当月十九日，北平军分会代委员长何应钦约请蒋梦麟、胡适、丁文江举行商谈，谋划与日方接触，开辟停战谈判之路，议定由蒋梦麟往访英国驻华公使蓝普森，探讨可否由英方出面斡旋，安排停战谈判。蒋于二十日、二十二日先后两次会见蓝普森，告以南京政府的意向。他当时与胡适都认为中国眼前并无力量对日抗战，徒作抗击只会带来更大的损失，倒不如暂作让步，换来和平，以保全华北。这个主张与蒋介石、汪精卫的对日妥协政策可谓不谋而合。同年五月四日，南京政府宣布成立以黄郛为委员长的“行政院驻平政务整理委员会”，蒋梦麟被任命为委员。同月三十一日，中日签订《塘沽协定》，蒋梦麟虽然也认为这一协定有损国家主权，但他却坚信当时达成这一协定是十分必要的。

但是，他对于日本的侵略还是持反对态度的。一九三五年前后，日本华北驻屯军对他极力拉拢又不断进行威胁，他均未为所动。一九三五年十一月，日本策动“华北自治”，妄图炮制第二个“满洲国”。十一月二十六日，他与北平各大学校长访问冀察政务委员长宋哲元，表示坚决反对殷汝耕的冀东傀儡政权。同时，由他领衔发表了一个宣言，反对分裂中国领土的阴谋。二十九日，日本宪兵径至北京大学，“请”蒋去东交民巷日本使馆武官处“谈话”，他毫无畏惧，当即前往。日本武官质问他：为何反对“华北自治”，为何纵容学生进行反日宣传活动？他一一予

① 陶希圣：《记蒋梦麟先生》，《传记文学》第5卷第1期。

以辩驳。该武官乃要他当晚赴大连,当面向关东军参谋长解释,他坚决予以拒绝。日方无奈,只好放他回家。十二月二日,蒋梦麟与梅贻琦、胡适、陆志韦、徐涌明等数十位校长、教授联名,致电南京政府,再次反对“华北自治”。而在此前,北平日本使馆助理武官将蒋列入逮捕之名单,送交宋哲元。宋以私函劝他离平南下,他毫不动摇,坚持留守北平,主持北大校务,直至七七事变前夜。

在西南联合大学

当日本侵略军在卢沟桥挑起战火时,蒋梦麟正逗留南方京沪一带,准备赴江西庐山出席由蒋介石、汪精卫召开的庐山谈话会。他作为教育界的代表人物和社会名流,是第一期谈话会的与会者之一。七月十二日,谈话会在庐山牯岭开幕,他于十八日与胡适、梅贻琦、傅斯年、顾毓琇等十一人致电北平当局秦德纯等,力主对日军的进攻“必须坚持不求战、不避战原则”,“决不可堕入敌人不战而获之投机策略”。①七月二十日第一期谈话会结束。八月一日,他与胡适、张伯苓等平津教育界领袖在南京应蒋介石的邀宴,交换对抗日问题的意见。这时,平津相继陷落,北大、清华、南开等校已陷入日寇铁蹄之下。不久,“八一三”事变爆发,日军向上海发动了进攻。在中国共产党的抗日民族统一战线的伟大旗帜下,以国共合作为基础,全国各抗日党派、各阶层民众、各民族和海外侨胞一致奋起,一场关系到中华民族生死存亡的伟大的民族抗战开始了。

与抗日军民在前线浴血奋战的同时,在中华大地上出现了一批又一批工商企业、文化教育和科学机构由沿海向内地的迁移活动,千里跋涉,辗转西进,构成坚持持久抗战的悲壮雄伟的一幕。八月间,北大、清华、南开三校领导人蒋梦麟等与南京教育部几经磋商,决定三校西迁湖南长沙,联合成立长沙临时大学(简称长沙临大)。八月二十八日,教育部正式发令,宣布三校与中央研究院合组长沙临大,任命蒋梦麟、张伯苓、梅贻琦、胡适、周炳琳、傅斯年等十人为筹备委员;蒋、张、梅三人原系北大、南开、清华三校的校长,被任命为筹委会常务委员,蒋梦麟当时正在余姚老家省亲,乃当即返回上海,溯江西上汉口,赶赴长沙参加筹建。他数度致函困守北平的北大同仁,请他们尽快潜离北平,南来长沙共创大业。又与筹委会共同努力,争取到中英庚款委员会借支 25 万元,作为长沙临大的开办费。

长沙临大于十月五日正式开学,分在长沙、南岳两地上课,三校学生共 1 459 人,其中北大 342 人、清华 630 人、南开 147 人,另于武汉、长沙等地招收新生 114 人、借读生 218 人、教授 148 人,其中北大 55 人。在艰难困苦的条件下,蒋梦麟与

① 刘维开:《庐山谈话会会议记录选辑》,台湾《近代中国》1992 年第 4 期。

师生们揭开了战火下的第一课。不久，南京陷落，鉴于战争形势的发展和抗日之战长期化的趋势，武汉将会成为日军进攻的重要目标，长沙亦将成为抗战前线。蒋梦麟于是赴武昌访蒋介石，提议临大由长沙西迁昆明，获致批准。在他看来，昆明远处后方，又有滇越铁路可与海运相接，可保持安定又便于与海外的联络。

一九三八年一月，长沙临大师生迈开了长途西进的步伐，向云南昆明转移。全体师生分三路入滇：大部分师生和全部女生共800余人取道粤汉路，经广州过香港转海防，再经滇越铁路入滇；240余人组成湘黔滇旅行团，由黄子贤、闻一多、曾昭抡、袁复礼等教授带领下，从长沙步行1 600余公里前往昆明；另有一路由公路从长沙经桂林、南宁，入河内沿滇越路至昆明。蒋梦麟于迁校工作大致完成后，由长沙飞往香港，转乘海轮至海防，经河内进入昆明。同年四月，长沙临时大学改为西南联合大学，蒋梦麟、张伯苓、梅贻琦和秘书主任杨振声组成常务委员会，为全校领导机关。

西南联大设文、理、工、法商、师范5个学院，分设25个系、2个专修班，另有5个研究所，为抗日战争时期我国规模最大、院系体制最为完备、教授阵容最为强大的一所高等学校。蒋梦麟为筹建和办好西南联大竭尽艰辛，作出了巨大的努力。平津三校在国内外享有盛名的一大批学者、教授，为夺取民族抗战的最后胜利，为振兴中华，胸怀赤子之心，不辞艰难险阻，不受敌伪的威胁利诱，千里跋涉汇集昆明。他们当中，文史哲学科方面有胡适、冯友兰、朱自清、吴宓、闻一多、唐兰、游国恩、王力、汤用彤、金岳霖、贺麟、雷海宗、陈寅恪、毛子水、郑天挺、孟森、吴晗、罗常培等；数理化学科方面，有吴大猷、朱物华、赵忠尧、叶企孙、王竹溪、周培源、张文裕、杨石先、钱思亮、赵九章、饶毓泰等。他们历“八年之久，合作无间；同无妨异，异不害同。五色交辉，相得益彰；八音合奏，终和且平”，①为中华民族培育了大批人才。蒋梦麟在其中起了极为重要的积极作用。他多方筹集经费、延揽人才、协调内外，为西南联大的建设贡献良多。正如时任联大教授的叶公超所说：“整个抗战期间，大后方的高等教育没有间断，而能继续为政府培植人才，孟邻先生个人的贡献是不可磨灭的。”②

在西南大后方，蒋梦麟还担任了多项社会职务，多次出国从事民间外交和国际学术活动。一九四〇年，他继蔡元培出任中华教育文化基金董事会主席。一九四一年七月，兼任中国红十字会总会会长。当月，曾赴贵阳、桂林、衡阳等地，视察红十字会及壮丁收容所的情况。他一路上看到大批壮丁的悲惨遭遇和大批死亡

① 冯友兰：《国立西南联合大学纪念碑文》，《清华大学史料选编(第3卷)》(下册)，清华大学出版社，1994年，第572页。

② 叶公超：《孟邻先生的性格》，《传记文学》第5卷第2期。

的种种情形，极为震惊，上书蒋介石陈说实情："沿途所见落伍壮丁，骨瘦如柴，或卧病道旁奄奄一息；或状若行尸，踯躅山道；或倒毙于路任犬大嚼。……韶关解来壮丁 300，至筑（贵阳）只剩 27 人。江西来 1 800 人，至筑只剩 150 余。而此百余人中，合格者仅及 21%。龙潭区来 1 000 人，至筑仅余 100 多人。"①他的呈文虽然导致重庆政府兵役部门的负责官员遭到惩处，但他并不了解整个国民党统治机器已经病入膏肓、腐败不堪，壮丁问题只不过是腐烂躯体上的一个脓疱而已。

同年八月，他率领中国访缅团赴仰光等地访问。一九四二年十二月，太平洋学会国际会议在加拿大蒙特利尔举行，他代表中国出席会议，当选为学会副主席。一九四四年六月，欧洲反法西斯第二战场开辟后，他与张伯苓、胡适、于斌、胡霖、吴蕴初、钱永铭、林语堂等 20 人联名于十二月二十七日发表声明，要求美英盟国修改"先欧后亚"战略，立即采取有效之军事行动，在中国战场打击日军。一九四五年一月，太平洋学会在美国弗吉尼亚召开会议，他作为中国代表团首席代表，与胡适、张君劢、吴文藻、叶公超、张忠绂等人前往出席，会后，他留在美国考察教育。

一九四五年六月，国民政府行政院改组，宋子文出任院长。宋为加强国民政府与美国的关系，使自己更多地获得美方的支持，乃邀请蒋梦麟担任行政院秘书长，并要他继续兼任北京大学校长。这时，蒋梦麟正在美国逗留，经宋的一再催促，他未及回国与西南联大诸同仁磋商，就在美国接受了宋子文的邀约。本来，"北大教授们原希望他这次访美能洽购一些图书仪器，并物色新教授，以为胜利复员中的北大建设有所裨益。不料他访美途中，即应允就行政院秘书长职。此事他事先并未与任何人商量，事后又不来及与教授们解释，因而引起北大一些人的不满"②。周炳琳、傅斯年等不少教授情绪尤为激烈，不同意他兼任北大校长。同年七月，他辞去北大校长之职，专任行政院秘书长。从此离开了二十余年的教育工作岗位，走上了从政之路。

一个多月后，人们盼望已久的抗日战争的最后的胜利终于来到了。蒋梦麟率领行政院幕僚由重庆复员至南京，眼看金陵故都，满目疮痍，破败萧杀，战前的繁华景象已成明日黄花。紧接着胜利而来的，是国民党的达官贵人们狼吞虎咽般地"接收"日伪的财物，以及对权力的你争我夺。蒋梦麟自命清高，绝不卷入钱财和权力之争，但他身处幕内，所见所闻使他深深地感到"这个政府要僵掉了，什么事情也办不通，我们要做一件事，真吃力啊！简直推不动"。③他的近两个年头的秘书长生涯，随着一九四七年三月宋子文的去职，也终于结束。接着，他出任国民政

---

① 蒋梦麟：《新潮》（四），《传记文学》第 11 卷第 2 期。

② 郑克晟：《北大复校时期的傅斯年》，台湾《历史月刊》1996 年 3 月。

③ 蒋梦麟：《新潮》（二），《传记文学》第 9 卷第 2 期。

府委员，并担任行政院善后事业保管委员会主任委员，负责处理联合国在抗战后期援助中国剩余的物资和款项之有关事宜。

主持农村复兴联合委员会

蒋梦麟一生的最后十五年，是在“中国农村复兴联合委员会”的岗位上度过的。一九四八年夏，中、美两国政府达成了由美方资助中方增加农业生产，改进农村社会福利的协议，决定由双方共同组成联合委员会推行其事。八月十二日，南京政府行政院议决由蒋梦麟、晏阳初、沈宗瀚为农复会中方委员；美方委员两人，为穆懿尔博士和贝克博士。十月一日，农复会在南京正式成立，蒋梦麟被推选为主任委员。

这时，人民解放战争正以势如破竹的伟力，向着国民党军队举行战略进攻。南京政府摇摇欲坠，国民党统治区的国民经济一片混乱，濒临崩溃，如此形势下要着手推进农村复兴，未免过于天真。但蒋梦麟依然执着探索，不改初衷。在他的主持下，农复会首先研讨了农村工作的方针。沈宗瀚回忆道：“农复会成立以后，为了决定中国农村建设所应采取的途径，反复商讨，差不多花了二个月的时间。晏阳初先生主张应从扩大民众教育着手，然后进入农村经济的发展。孟邻先生和我则主张先积极增加农作物的生产，改革若干阻碍生产的重要因素，如不合理的租佃制度等——入手，以应中国当时情况的急需。”①即以增加农业生产和改革租佃制度为“农复会”的工作方针。

在蒋梦麟看来，复兴农村的目标，在于求得农、林、渔、牧各业的增产，以达改善农民生活，促进经济发展的目的。增产固然要依靠现代新的农业科学与技术的引进，试验、研究与推广，但更重要的是要靠农民增产的意愿。所以，他竭力主张：在改进农业生产的同时，应是实行农村社会的改革。这种改革的要旨在于实现“社会公道”或“公平分配”，务使生产增进所得能为生产者与社会多数人民所共享。生产者从这种享受中，发生勤劳激励作用。但是，他并不懂得在当时中国半封建半殖民地的制度之下，是难以进行真正的农村社会改革的。他更不赞成改革采取暴力的手段。他企求的是在美国的财政和技术的援助下，在国民党政府的领导下，采取和平的改良的办法，一点一滴地推进这种改革。

他在南京建立“农复会”的组织机构和班子，确定工作计划的时候，曾征得蒋介石的同意，计划划出江苏无锡县作为实验区，进行土地改革。他认为：“无锡是一个已经半工业化县份，那个地方有资本家、有地主，而无锡的地主不一定靠土地

---

① 沈宗翰：《悼念蒋梦麟先生》，《传记文学》第5卷第1期。

生活，所以把他们的土地拿来做土地改革，他们也不至于激烈反对。”①但为时不久，国共两军在辽沈、淮海、平津地区展开了规模空前的战略决战，以国民党军队的失败而告终。国民党败局已定，南京政府南迁广州。十二月四日，“农复会”也从南京转移到广州。此后的几个月时间里，他往返于广州、台北、厦门，成都、兰州和桂林等地，企图在广东、四川、贵州、福建、甘肃等省选择若干地区，进行计划中的农田减租、兴修水利、改良农作物品种以及水稻、小麦的增产等等。在成都，他与四川省政府会商，计划以四川为实施区域，推行“二五减租”运动。在福建，他选择闽西龙岩地区为改革土地制度的地域。可是，这一切努力都是徒劳无益，只成为农复会在撤离大陆前，为南京政府的覆亡唱出的一曲小小的哀歌。一九四九年十月上旬，他从成都飞往香港，旋即飞抵台北。他万万没有想到，此行竟是与祖国大陆的永别。此后，他再也未能踏上哺育了他的大陆故土。

蒋梦麟的农村复兴计划在大陆随着南京国民政府的覆亡而夭折，对于尔后台湾经济的起飞起过重要的作用。

在台湾主持“农复会”的十五年中，蒋梦麟脱下学者的服装，走出了学术的象牙塔，深入农村，探访民情，接近民众。除参与台湾当局推进和完成的资本主义性质的和平土改以外，他还改组了农会，使以往在地主、权贵掌握下的农会变成农民自己的组织；亲自推展“四健会”②工作，为台湾农村先后训练了近三十万的农村少年，使他们获得生产的技术和公民教育。此外，如森林资源的保护、水利灌溉的整修、农作物品种的改良与推广、病虫害的防治、肥料的改良与使用、农业贷款，以及节制生育与控制人口增长等，他无不全力以赴，砥砺迈进，获有丰硕成果。一九五八年他还兼任了“石门水库建设委员会”主任委员，主持完成了台湾岛上这项巨大的水利工程。同年八月，“农复会”工作的成就获菲律宾政府颁发的“麦格赛赛奖金”。

蒋梦麟一生笔耕不断，论著众多，主要著作有《西潮》《孟邻文存》《谈学问》《过渡时代之思想与教育》《新潮》等。

一九六四年六月十九日，蒋梦麟走完了他的七十九年的人生之路，在台北荣民总医院病逝。

蒋梦麟毕生所致力的是中国的现代化。他的前半生努力于教育事业，是要以教育的力量来培育人才，构筑中国现代化的根基；后半生从事农村复兴工作，是要

---

① 《新潮》(二)，《传记文学》第 9 卷第 2 期。

② 四健会：蒋梦麟主持的“农复会”于 1952 年开始在台湾推行的一项农村教育训练计划。凡 13 至 28 岁的农民，都要参加四健会的组织，学习文化知识和农业新技术，作为新农民的基础训练。

用科学与技术的力量，促使中国广大农村早日步入现代化。前后虽有途径和方法的不同，但目标却是一致的。可是，他一生的努力，却始终站在半殖民地半封建社会的基地之上，是在外国帝国主义和本国封建买办阶级的政治统治下一步步地去进行的。通过改良主义道路实行的某些社会改革，虽然也是有益于民众的，但是历史业已表明，这条道路终究不可能通往国家的独立、统一、民主和富强，对此，蒋梦麟在走完人生的最后历程时，恐怕也并未领悟到。他终于未能跨越这个历史阶梯而结束了自己的一生。

抗战时期国民政府国际宣传的主将*
——记董显光

董显光是中华民国时期著名的新闻记者和报业家,也是国民政府的新闻官员和宣传家。他主持过英文《北京日报》和上海《大陆报》,主办和经营天津《庸报》,参与上海《密勒氏评论报》等报刊,笔耕多年。全民族抗战开始前后步入政界,先后担任国民政府大本营第五部副部长、国民党中央宣传部副部长、行政院新闻局局长,是国民政府国际宣传工作的主要领导者。他追随蒋介石大半生,在国民党政府覆亡后还充当过台湾当局的"驻日大使"和"驻美大使"。晚年客死美国加州圣约瑟,结束了毁誉掺杂的一生。

克难苦学的早年生涯

董显光,英文名 Hollington K. Tong,一八八七年十一月九日(光绪十三年九月二十四日)出生于浙江鄞县的一个乡间农家。他的故乡董家渡,距宁波东南约30公里,属鄞县茅山乡。家境清寒,他在晚年撰写的《自传》里,有这样的记述:"我的家,即就当时当地的水准作估计,也应算作贫户。我们在镇外四里光景有三亩稻田,全家借以糊口。"①

董家渡是个蕞尔小镇,不到100户人家。但是,这里同那种几乎与世隔绝的内地或荒僻的乡间小村并不一样。这是因为它与宁波相距不远,两者联系颇多。"五口通商"以后,宁波作为一个向外开放的港口城市,正在经历着一个巨大而深刻的变化。虽说宁波自唐、宋以来就是我国东南沿海一个重要的内外贸易港口,但鸦片战争以后,在这里悄悄发生的与海外之间的交流却是前所未有的。欧风美

---

* 本文原载《政坛名人——民国政治舞台上的浙东人物》,《宁波文史系列丛书》,中国文史出版社,1998年3月。

① 董显光:《董显光自传》,曾虚白译,台湾新生报社,1937年,第27页。

雨漂洋过海而来。外国商船自东海溯甬江而上频频靠岸，洋货一批又一批地登上市场；租界区域在江北岸开辟出来了；新式学堂也办了起来；外国传教士纷纷踏上这片自古以来佛教盛行的浙东大地，开始传播起令宁波人大感新鲜的西方教义，如此等等。其影响所及已不限于宁波城区，而是向着四周远近乡村发出颇为强烈的辐射波，而这种势头因为宁波与上海之间的密切联系，更增强了它的影响力。乡间小镇董家渡正是在这种辐射波的影响下，逐渐发生着社会关系的诸多变动。

这种变化之中有一个令人注目的现象，就是有一些农民出于种种动机开始接受基督教的教义，参加到洋人举办的教会里去了。董显光的父母是较早步入教会的乡间农民，在中年都受了洗礼，成为虔诚的基督徒。这对于董显光以后的人生道路发生了极为深远的影响。他一生的最初阶段，是在贫穷的境遇中渡过的，借着教会的帮助才得以转入正式的学校就读。董 7 岁时入私塾读书，诵读《百家姓》《千字文》一类课本，练习描红写字。资质平常，对私塾生活又少兴趣，常受塾师责打，10 岁时开始务农，农忙时下田插秧，力不胜任。他后来回忆说："我确认种田不是我愿干的职业，我这才觉悟还是做一个读书人的好。"①于是重返私塾，发愤学习。

他的父亲因不甘困守家园，生活难以为继，借内地教会教友的关系在上海承包与教会有关的房屋建筑业务，于一八九九年携全家迁居上海。同年，董被送入上海一家教会学校——中西书院上学。不久因家境清寒，转读学费较低的学校。一九〇〇年，入美国长老会在上海县城南门兴办的清心中学就读。在这里，他一共读了四年。进入清心中学的第二年，因打"橄榄棒"球与校方发生冲突，被开除出校。北京路长老会教堂费吴生牧师的夫人为此向清心中学校长薛斯贝莱牧师说项，使董得以重返学校读书。这一经历，更使他深感自己的命运是与教会联系在一起的。正如他在晚年所说："假定我没有费吴生太太这一次的援手，我的一生会大大改观，决不会有现在这一点成就。"②

一九〇五年十二月，上海发生会审公堂事件。上海居民召开千人大会，抗议租界当局的暴行，公共租界内的中国商店联合罢市，部分市民上街围攻老闸捕房和租界工部局。清心中学学生罢课响应，董与部分同学愤而离校，转入民立中学读了一年。正当临近毕业之际，其父逝世。他不得不挑起全家生活的重担，辍学去浙江奉化龙津中学执教，担任英文和数学教员。在这里他初次认识了正在该校就读的蒋介石。

一九〇七年十二月，董辞去龙津中学教职，返沪与毕业于清心女子中学的赵

---

① 《董显光自传》，第 29 页。

② 《董显光自传》，第 32 页。

荫芗结婚，婚礼采用宗教仪式，由薛斯贝莱牧师主持。婚后，他在开办不久的商务印书馆谋到了一份职业，担任协助经理撰写英文信函兼管承制铜版的工作。董氏夫妇都是虔诚的基督教徒，经常参加宗教礼拜和星期查经班。教会的活动再一次给董显光的人生道路带来重大影响，他说："我就在这些宗教活动中认识了长老会孟德高莫莱牧师这一位影响我全部生活的人。"孟牧师不取分文地向董教授英文和拉丁文。董从工资积余中买了一辆旧自行车，每天下班后踏着车子赶往孟牧师家里学习英语，二三个小时后返回家去。同时，为了还清父债，董氏夫妇还兼了十几个小孩的家庭教师的工作。

长老会教堂的主持者向董显光提出愿不愿意去美国读书。正当董因家庭负担和经济困难而对留美之事犹豫不决时，孟牧师向他详细介绍了赴美就学的途径和办法。孟牧师本人是美国密苏里州长老会办的巴克学院的毕业生。这学院的全部学生都实行半工半读，以自己工作所得来支付学费和生活费。董于是决心赴美，孟牧师为他向巴克学院接洽入学。

商务印书馆也向他伸出了援助之手，经理夏瑞芳协助他顺利地取得了护照和签证，留学期间由馆方每月支借董家十元作为安家费，并提前发给年终奖金，以供凑足赴美的最低费用。董显光剪掉了从孩儿起就拖在脑后的辫子，置办了简陋的行装，从孟牧师那里借到一套旧西装和一袭旧大衣，踏上赴美工读之路。

从巴克学院和密苏里新闻学院到哥伦比亚大学

一九〇九年一月（宣统元年一月）的一天，黄浦江边寒风凛冽，行人稀少。那一艘停泊在江边码头的"西伯利亚号"轮船，在飕飕的寒风中起碇驶离上海。董显光站在轮船甲板上，挥手向前来吴淞码头送行的妻子和孟牧师告别。经过 20 多天的航行，轮船越过太平洋到达旧金山。一位以前曾在上海传教的劳伦斯牧师，帮助董从旧金山乘火车去密苏里州邻近的肯萨斯城。最后到了巴克村，开始了在巴克学院的学习生活。

巴克学院是一个只有不到 400 个学生的小型学府，整个校园充满着长老会宗教虔诚的空气。董显光一进巴克学院就发愤攻读，勤奋学习，经过一个学期的预备班训练后，升入大学本科，正式成为一年级学生。巴克学院是一所拜主的学府，除普通课程外，《圣经》是一门主要课程。董阅读《圣经》孜孜不倦，得了 94 分的高成绩，获得参加《圣经》竞赛的资格。在比赛时，他熟练地背诵全部《旧约箴言》，成绩高居旁首。

在巴克学院的两年半，董显光始终坚持半工半读。初到这里时，校长问他带了多少钱，他回答说只有 25 元美金。于是校长安排他每天打工 4 小时半，每周打工6天。起初，学校派他在发电厂充当司炉工，具体工作是用铲子铲煤进炉子。几小时干下来，两只手掌红肿发痛，到了第二天，满手磨起了浮泡。他咬咬牙齿，坚持了下来。几个星期以后，学校调他到印刷厂做印刷工。此后，其他各种工作，如整理园圃、采集苹果、埋装地下水管、发送牛奶等学校的各种杂务，无不一一轮到。当第一个暑假来临时，为了多挣一些钱，他走出校门，在肯萨斯城附近的一家中国餐馆充当打杂工。到了第二年暑假时，又在学院附近的一家农户做除草、犁田和喂骡子的工作。在美国的大学生涯，就是这样全靠自己艰辛的打工来支持学业而没有中断。

这时，中国的民族危机日益深重，反清革命潮流不断高涨，一场席卷全国的革命风暴正在兴起。董显光身在异国，却常常惦念国家和民族的命运。他后来回忆当时的志向说："中国在清朝统治下国难日深，我早抱着救国的决心。我第一个志愿要做军官，以为这是救国最好的职业。"①于是，他决心投考举世闻名的美国西点军校。但是，外国学生进入西点军校，须经本国政府保荐，董显光为此先后五六次上书中国驻美公使，却未得任何答复。

进入西点军校未成，董显光遂将志向转为从事新闻工作。一天，他从报上得悉密苏里大学主办了美国第一所新闻学院，当即决定转学去那里学习新闻。这时他在巴克学院已是三年级学生，再读一年即可取得学位，但转学新闻的决心已定，不顾老师们的热情挽留，终于告别了母校。

密苏里大学坐落在该州哥伦布城。一九一一年夏天，董显光成了新闻学院第一届学生中仅有的两个中国学生中的一员。在这里，他专攻新闻，辅修国际关系史和法律学。新闻学院教授阵容强大，其中不乏美国新闻界著名人士。院长威廉士博士是新闻学院的创办人，也是一个自力创业成为大学校长的奇人，后来担任密苏里大学的校长。罗士教授精于讲授新闻采访和写作，后来曾担任杜鲁门总统的新闻秘书。鲍威尔先生是位出色的记者，后来在上海创办了《密勒氏评论报》，成为闻名中外的在华外国报人。在密苏里大学，董显光如饥似渴地学习新闻知识和技能，由于先前在英文和文史学科方面已有了良好的基础，转而攻读新闻，更显得得心应手，日有长进。一年很快过去了，一九一二年(民国元年)夏天，董显光顺利地获得了新闻学学士学位。②

在密苏里新闻学院毕业后，他急于寻找工作，以求在新闻界学得些实际工作的经验。先在肯萨斯城一家报社当了一段时间的投稿记者。一九一二年八月，到了纽约。经过一再努力，他被当地一家名叫"独立"的杂志社接受，为该刊撰写书

---

① 《董显光自传》，第49页。

② 马星野：《董显光与密苏里新闻学院》，《传记文学》第42卷第2期。

评和社评，以及一些专题新闻报道。这时，适逢纽约哥伦比亚大学成立普利兹新闻学院。早在从密苏里大学毕业时，他已经向哥伦比亚大学提出入学申请，很快获得批准。一九一二年九月，董显光进入普利兹新闻学院，攻读硕士学位。

“我在哥伦比亚大学普利兹学院的攻读，可说是我一生中最具刺激经验的一个阶段。”董显光如此评价他在哥大的这段经历，决非夸张之言。哥大新闻学院的教授堪称一时之选，有著名的学者和教育家威廉士博士、前《纽约论坛报》编辑主任麦克阿拉纳教授、《纽约时报》采访主任马修斯教授等，他们都对董显光进行精心而热情的指导。他所在的这一班级只有 15 人，其中爱克门后来成为世界闻名的记者，欧吉士小姐以后当了《纽约时报》的发行人，傅曼瑟则成了美国政府的财政部次长。

普利兹学院重视新闻业务的实习和训练。麦克阿拉纳教授的新闻采访课程，经常训练学生到社会上去寻找新闻线索，并出难题目让学生前往采访，以培养学生的采访能力。董显光采访过审讯警官白克一案、纽约的几宗自杀事件，以及一些吸毒和贩卖毒品的事件。马修斯教授则指导他写长篇专栏，威廉士院长要他学习如何采访戏剧和艺术一类新闻。他经受了严格的训练，采写能力大有提高。这时他在《独立》杂志社继续担任特约书评撰稿人，并在市内一些报社兼做记者。一次，美国前总统西奥多·罗斯福来到纽约，一家报社让董前去采访，罗斯福接见了他。一到暑期，他又外出打工，端盘洗碟，清扫打杂，以资挹注，为节省宿费，甚至露宿坟头。可惜，在快要毕业时，他接到上海家里的来电，得悉其母病重，催他尽快回国。董显光念母心切，立即辍学东归。

在京津沪新闻界崭露头角

董显光筹足了回国的路费后，于一九一三年二月乘轮船离纽约到达日本。在从横滨驶往上海的“长崎丸”上，他有幸见到了已卸去临时大总统职的孙中山。董以美国一家报社记者的身份，向孙中山作了一次访问，还把谈话的内容写成一篇报道，寄给了纽约的一家报纸。孙中山乐于提携后辈，邀约董回上海后，去《中国共和报》社担任记者。①

别离四年回到上海，欢快地与家人团聚。不久，董显光为谋求职业向孙中山求助，孙介绍他去上海的一家英文日报《中国共和报》担任副编辑。这家报纸是由国民党主办的，孙中山的英文秘书马素任编辑，英籍人士荷博为总编辑。那时国

---

① 董显光讲述、曾虚白记录：《董显光回忆办英文报社经过并简述国内英文报小史》，《传记文学》第 47 卷第 3 期。

民党在上海公共租界和法租界经营的报纸有六家之多，《中国共和报》是其中唯一的一份英文日报。董显光从这里开始了长达二十余年的新闻记者和报纸编辑生涯。

这时，国民党以宋教仁为首，凭借在北京国会中掌握多数席位的优势，企图组建责任内阁，制衡总统袁世凯。坚持专制独裁的袁世凯，指使其爪牙在上海火车站刺杀了宋教仁。董显光就职《中国共和报》不足两周，就投入了对宋案的采访活动。他作为"一个初出道的记者，一下子跳进了国内政治的旋涡，面对这种现实感到十分兴奋"。①他和他的同事们都认为宋案是袁世凯排挤国民党、打击辛亥革命整套阴谋的开始。董显光以大标题在该报详载凶杀经过，并继续不断作深度报道，以暴露其真相。他在报上显要位置发表文章，揭露袁世凯是宋案元凶，还四出奔走采编，使该报"盈篇累牍的记载发动了全市的人心"。②不久，孙中山在上海莫里哀路（今香山路）住宅里召开秘密会议，商讨倒袁大计。董显光多次应邀出席，并奉孙中山之命代表上海几家国民党报社北上采访。行前，他接受孙中山亲手交给的一支手枪，作好了杀身成仁的准备。在北京，他住在友人魏听涛的家里以作掩护，魏当时正担任英国《曼彻斯特导报》和其他几家外国报纸驻北京记者端纳的助手。为了便于广泛接触国会里的国民党议员，董还担任了国会参议院副议长、国民党人王正廷的秘书。他利用擅长发英文电讯稿的便利，巧妙地躲过新闻检查，每天向上海发三四千字的新闻，译成中文后由国民党在沪各报刊登，及时披露袁世凯的各种阴谋。他还运用新闻的手段，利用外国的影响，使袁世凯不得不停止谋害王正廷的阴谋。当袁世凯与国民党公开决裂时，董不得不将几万份反袁宣传品和孙中山交给的手枪，埋藏在裱褙胡同的居所里。

"二次革命"很快以失败而告终。董显光在京津一带开辟了办报事业，于一九一四年开始担任英文《北京日报》（*Peking Daily News*）主笔。他注重采编政治新闻，维护民族利益。欧洲大战爆发后，日本乘机于一九一五年一月向袁世凯提出独占中国的"二十一条"。双方正在秘密进行交涉时，这一阴谋被警觉灵活的包括董显光在内的北京一些记者探听到了。日使日置益私下警告外交总长陆徵祥，说中方如将此项条款泄露予他国，尤其是美国，日本将立即采取报复行动。袁世凯乃授意顾维钧设法秘密将"二十一条"的一部分内容透露给美国。顾维钧就把这件信息告诉了董显光。董以美国《纽约时报》驻北京记者的身份，率先将日本这一阴谋活动的消息发到美国，作为《纽约时报》的头条新闻公开刊出，从而将日本独占中国的阴谋计划公之于世。③

①② 《董显光自传》，第 64 页。

③ 叶公超：《怀念董显光先生》，《传记文学》第 42 卷第 1 期。

英文《北京日报》经费拮据，又少广告支持，人手很少。董名为主笔，实际上编辑、排字、印刷甚至种种杂务都得亲自动手。他的办报作风大胆明快，富有开放和创新精神，尤其是敢于以锋利的笔触揭发日本侵华野心，更受舆论的注目，报纸销量也节节上升。可是，报社的发行人在政治压力之下，无法继续支持，竟辗转将《北京日报》售与段祺瑞的左右手、亲日派徐树铮。报社易主，与董的反日态度不相谋，董于是就此离开了《北京日报》社。

这时，适值熊希龄于一九一三年七月至一九一四年二月组阁出任北京政府国务总理，董显光经内阁秘书长魏冲叔的介绍，被推荐于熊氏。不久，内阁改组，熊希龄转任全国煤油矿务总署督办，董被任命为总署督办秘书。稍后，熊氏又任设在天津的顺直水利委员会督办，魏冲叔担任该委员会秘书长，董又随熊和魏一起转入顺直水利会工作。①这一期间，他继续与新闻界保持着联系，兼任《密勒氏评论报》的副编辑。在煤油矿务总署工作时，中国驻美公使顾维钧受命阻止美国协助日本开发中国东北的借款计划，向熊希龄商请借调董显光赴美，在美国进行反对上述借款计划的宣传攻势。董在华盛顿逗留 10 个月，在美国报纸上发表了不少揭露日本侵略扩张野心的文章，同时还兼任《北京日报》驻华盛顿记者。

袁世凯复辟帝制失败后，接着而来的是各派军阀为争夺和操纵北京中央政权而演出的一幕幕政潮，皖、直、奉各系军事力量又不断展开混战。作为《密勒氏评论报》的编辑，董显光与北京的许多政治头面人物保持接触，及时把握北京的政治动态。正如他自己所说："历任总统黎元洪、冯国璋、徐世昌、曹锟，我都有机会深入观察他们的政治活动，而多采多姿的军阀吴佩孚，我认识得最为透彻。"②一九二二年四月第一次直奉战争时，董与《芝加哥论坛报》驻华记者克罗斯一起，在廊坊车站登上吴佩孚的铁甲列车，当面向这位直系军阀首领采访直奉之战。此外，董还与他的一个做律师的美国友人福克斯，于一九一八年在天津合作创办了一份英文报纸，名为《华北之星》(*North China Star*)，董担任该报的董事之一。③

三年后，董显光用自己历年积蓄的数千元钱，在天津买下了一份中文报纸，定名《庸报》，这是他自己独资办报的开端。《庸报》于一九二五年六月正式出版，在天津大报中位居第三，仅次于《大公报》和《益世报》。董白天在顺直水利委员会工作，晚间以全部精力主持报业。次年，辞去水利委员会职务，专营报业。因人手甚少，他一个人几乎兼做了发行人、主笔、编辑、广告经理和外勤记者。起初一年，业务无大发展。后来董去上海求援于史量才，史决定给以支持。《申报》经理张竹平

---

① 沈剑虹：《魏景蒙与我》，《传记文学》第 45 卷第 5 期。

② 《董显光自传》，第 78 页。

③ 董显光讲述、曾虚白笔录：《董显光回忆办英文报经过并简述国内英文报小史》，《传记文学》第 47 卷第 3 期。

派出富有办报经验的蒋光堂接任《庸报》经理。又聘请曾任北京《晨报》副总编的张琴南和副刊编辑许君远来《庸报》主持编务，张琴南以后担任了总编辑。①董显光改革报纸的编排程式，用美国拼版方式来编排中文报纸，摒弃了把广告置于第一版的格式，并采用美国式大标题，使该报面目一新。在董显光、张琴南的主持下，《庸报》从内容、编排到印刷质量，都有显著提高。

董显光为革新《庸报》与史量才进行了很好的合作。当时因无力购置新式机器，他请史把上海《申报》馆的一架卷筒机拨交《庸报》馆使用，作为史入股该报的股本。史欣然同意，成了与董合伙的股东。同时，董显光受史量才委托，先后在北京与上海、与《新闻报》馆的最大股东、美国人福开森进行了成功的谈判，使史得以美金40万元收购福开森的全部股权，从而掌握了《新闻报》。《庸报》方面，由于获得《申报》的支持，在天津报界率先使用卷筒转轮机和无线电台；铜版房也是由《申报》馆派来技术人员设置了起来。②这一切使《庸报》的实力大增。

正当董显光在天津致力于经营《庸报》之时，国共合作的国民革命在南方正以迅猛之势兴起。一九二五年五月在上海爆发的五卅运动，影响遍于全国，中国大革命的风暴从此揭开了序幕。一九二六年六月，从广东出发的北伐战争，气势澎湃，迅速向着长江流域推进。武汉三镇成了革命运动的中心，武汉国民政府在革命群众的支持下收回汉口英国租界的行动，更引起国内外各种势力的高度关注。富于采访政治新闻经验的董显光当即从天津南下两湖地区进行访问，一九二六年八月，他先在长沙访问了北伐军总司令蒋介石。同年十月，又转赴汉口，先后两次访问了鲍罗廷。

这次南方之行，使董显光与以蒋介石为代表的国民党右翼之间的政治关系迅速接近了起来。他对于西方资本主义制度和意识形态，本来就怀有深厚感情和深刻的认同；相反，对共产国际和苏联介入中国革命，却一向抱有恶感。日益活跃的国民党右派的反共活动，自然使他感到把中国的局势纳入“正规”是非常适时的。对于北洋军阀，已绝不抱任何希望。现在，他把希望寄于北伐军总司令、他过去在龙津中学的学生蒋介石。董的这次长沙访蒋，是反共最激烈的国民党元老吴稚晖介绍和推荐的。这次访谈，增进了董与蒋之间在反共问题上的共识，正如他自己所说，在长沙“进谒了蒋总司令之后，加强了我对共产党的认识”③。到了第二年蒋介石在上海发动“四一二”政变时，董显光就毫不犹豫地表示拥护和支持。

一九二九年夏，董显光受聘为上海英文《大陆报》(*The China Press*)的总经

---

①② 俞志厚:《一九二七年至抗战前天津新闻概况》,《新闻研究资料》(总第14辑),中国展望出版社,1987年。

③ 《董显光自传》,第86页。

理兼总编辑。《大陆报》是民国初年任外交部长的伍廷芳与美国远东新闻记者、作家密勒合资，于一九一二年在上海创办的。它与英国人创办的《字林西报》(*The North-China Daily News*)，为上海两家最具影响的英文大报。如果说《字林西报》表现了伦敦《泰晤士报》的风格，那么《大陆报》则表现了《纽约时报》的气质。当董接手《大陆报》之前，上海的一个犹太资本家伊兹拉把该报抢买到手，而上海报业家史量才与张竹平又乘伊兹拉忙于做生意之时，把它购置了下来。董与史量才稔熟，遂被聘为总经理兼总编辑。于是董把天津《庸报》委托别人，来上海主持这家报纸了。

主掌《大陆报》不到 4 个月，一九二九年十一月，前北洋海军总长杜锡珪被任为国民政府特派考察各国海军专员，出洋考察海军，董显光被邀出任考察团秘书长。董随杜访问了东西方几个海军强国。在日本，他陪同杜谒见过日本天皇，参观了日本海军，会见了日俄战争时曾任日本海军统帅的东乡平八郎。在美国访问一个月后，到了英国，晋见了英皇乔治五世和首相麦克唐纳。接着访问法国和德国。德国总统兴登堡接见了考察团。最后到了意大利，除官方接触外，董还单独以记者身份访问了墨索里尼。考察历时三月，访问归来，董受到蒋介石的接见。蒋认出董是龙津中学的老师，关系又深了一层。董回忆此事说："这次出国间接地把我跟蒋总司令的关系拉近了。"①接着，董应蒋的邀请，与《申报》主笔、以"冷血"为笔名的陈景韩去奉化溪口镇，同蒋介石、宋美龄夫妇一起盘桓了半个月，这可以说是董后来成为蒋介石的入幕之宾的前奏。

董主持《大陆报》前后五年多，把这份报纸办成标准的美国式报纸。他聘用美国记者 10 余人之多，不少后来在美国新闻界成名的记者，在华时差不多都在《大陆报》工作过。例如纽约《泰晤士报》著名的远东记者窦奠安、以远东问题专栏作家而闻名的艾萨克、闻名全美的广播评论家阿尔谷德、《端纳传》的作者仰尔、纽约的著名公共关系专家巴德利克等。董显光致力于加强对政治和社会新闻的采访，编发独家新闻，力求与上海最具影响、历史悠久的英文《字林西报》一争高低。

从《庸报》到《大陆报》，董显光的活动中心从平津转移到上海。他所接近的上层人物，也从以往的北洋政府官员转换为南京政府的当权人物，特别是他同蒋介石的关系日益亲密。一九三四年，经蒋介石的介绍，他加入了国民党，这既显示蒋对他的特别重视，又表明董由一个报业人士向着国民党权力中心跨出了一大步。在这前后，董在《大陆报》的采编方针和言论主张，明显地贯彻着国民党的宣传方针，从舆论上积极配合南京政府的内外政策。从对一·二八淞沪抗战、华北长城抗战到福建事变的报道，从对共产党和工农红军的攻击到对冯玉祥和两广地方势

---

① 《董显光自传》，第 97 页。

力反蒋活动的谴责,无不表现了他主持的新闻机关和舆论工具是在竭力地为蒋介石和国民党充当喉舌。董的这一态度,甚至在《大陆报》社内部也遭到了美籍同仁们的责难。他后来回忆这段往事说:“为了要保持蒋委员长对我的信任,我不知受了大陆报美籍编采同仁们多少埋怨的委屈。”①

开辟抗日国际宣传工作

抗日民族战争的炮火把董显光带进了他一生的新阶段,也就是主持国民政府抗日国际宣传工作的阶段。在负责该项工作以前,约有近两年时间,他在上海主持过外电检查工作,这是全国抗战爆发后从事对外宣传工作的前奏。

日本帝国主义在一九三五年制造华北事变,向中国发动全面侵略战争的时机日益迫近,中华民族面临空前严重的民族危机。蒋介石已经感到一场对日大战的到来已为期不远,政府的对外宣传亟需予以统一管理并得到全面的加强。同时,为了巩固国民党的统治地位,在国际舆论阵地维护国民政府的形象,宣传自己的政策和主张,也必须严格管制发往国外的新闻电讯,为此,建立对外新闻电讯的统一检查,势在必行。蒋介石于是接受外籍顾问端纳的建议,任命董显光主持对外新闻电讯检查工作。端纳先蒋致函于董,说“目前中国正因为检查外电处理失当,在国际新闻界遭遇空前的挫折”,而“中日关系日转恶劣,中国需要国际间正确的了解比任何时期更为迫切”。②他力劝董出任此职。此后不久,蒋介石于一九三五年九月在四川成都召见董显光,当面委托了外电检查任务。

同年冬,董显光离开了《大陆报》社,同时也结束了《庸报》业务,将该报由其经理蒋光堂出售给天津红十字会。在上海建立的外电检查机关,公开名称为“军事委员会上海办事处”,董被任命为办事处主任。他组织了由3个助手组成的电检班子,他们是澳大利亚籍记者卜莱德,精通英文的董寿彭和精通俄文、法文的朱书清。凡是从上海发往国外的新闻电讯,都必须经过这一机构的审查批准。唯有日本记者,是经由设在上海租界的日本电台向外拍发而不受检查的。外电检查制度的建立,是实施国民党新闻统制政策的一个重要举措,对董显光来说,则是他步入国民党政界、直接为蒋介石管理对外新闻舆论工作的开始。与此同时,董显光受蒋介石委托,在上海与原《大晚报》总编辑曾虚白一起,草拟了一份抗日国际宣传工作的计划,由董于七七事变前在江西庐山面呈蒋介石,“蒋核阅后,面嘱不必等

① 《董显光自传》,第110页。

② 《董显光自传》,第112—113页。

政府命令立即开始筹备。”①

接着，七七事变和八一三事变相继爆发。全国抗日民族统一战线终于形成，伟大的全民族的全面抗日战争开始了。国民党中央和国民政府为适应战时形势，于一九三七年八月二十日发布命令，决定成立大本营，为战时党政军最高统率机关。大本营以大元帅为最高统帅，其办事机构在参谋总长之下设立第一至第六部。第五部职掌宣传工作，董显光被内定为副部长，主管对外宣传。并成立国际宣传处，直属第五部，担任国际宣传业务，由曾虚白任处长，董直接负责领导。八一三事变爆发之初，董已从国民党中央接获上述决定，未待正式任命和宣布成立机关，就当即在上海紧张地开展各项工作。他和曾虚白之外，又约请燕京大学毕业生魏景蒙前来加盟，加上办事处原来 3 个工作人员，组成了在董领导下的 5 人工作班子，这是国际宣传处早期的阵容。

上海是董显光主持的抗日对外宣传工作的最早的战场。董和曾都认识到：“做好国际宣传工作应从根本做起，上海是外国人集中居住的国际大都市，要国际间了解我抗战立场，自应从说服在上海的外国人着手。”②国际宣传处把在上海的外籍记者和外国通讯社作为首要的工作对象，向他们提供宣传中国抗战的文字和口头材料，通过后者传播到世界各国。在上海的外国记者来自五大洲，包括了英、美、苏、法、德、意各主要国家。要各国记者把中国抗战实情传播给世界，首先得让他们获得真实、全面的信息。因此，组织前线指挥官和地方长官经常举行外国记者招待会，就成为国际宣传的一项重要任务。董显光约请淞沪战场的几位高级指挥官陈诚、顾祝同、张发奎、朱绍良等提供战况，由国际宣传处的工作人员与他们保持密切联系，将中国军队作战的消息编成战报，每日分发外国记者和通讯社。同时，董显光又与上海市长俞鸿钧约定，每周举行一次记者招待会，由俞作为中国官方发言人向外国新闻媒体通报战况，公布中国政府的政策声明。淞沪抗战开始后的近 3 个月时间里，在上海国际饭店等处，董显光每次亲自主持记者招待会，会同俞鸿钧发布新闻，回答记者提出的问题。③“一直到上海沦陷……每星期定期举行招待记者会没有脱过一次，对国际宣传作了极有分量的贡献。”④

董显光主持的外宣工作的另一部分，是以文字和广播的形式向国外提供信息，宣扬中国抗战精神。他们以英、法、德、俄等国文字，编印介绍中国抗战情况的小册子，分发外国记者、报社和通讯社；编发申述中国对外政策的函件，寄发世界各国有影响力的传播媒体与舆论界的有力人物；编撰英文广播稿，约请社会知名

---

① 曾虚白：《曾虚白自传》（上），台北联经出版公司，1988 年，第 177 页。

②④ 曾虚白：《“八一三”忆往》，《传记文学》第 38 卷第 1 期。

③ 《复旦大学新闻系教授舒宗侨访谈记录》，1997 年 4 月 8 日，笔者访问并记录。

人士分别进行对外广播。①

淞沪抗战期间，董显光与国际宣传处同仁们广泛联络中外新闻界、文化界的人士，共同反对日本，协力抗战。当时，上海最畅销的英文报纸《字林西报》和另一份英文报纸《上海泰晤士报》，受日本势力的影响和干预，对日本侵华战争态度暧昧，也无声援中国抗战的鲜明言论。这显然不利于中国。董显光、曾虚白于是着重联络同情和声援中国抗战的《大美晚报》和《密勒氏评论报》。董、曾与两报主持人高尔德、鲍威尔素有交谊，抵抗日本法西斯的共同立场更使双方协力合作，在上海新闻界发挥了积极的影响。其时，上海租界里一部分曾留学欧美的知识分子出于爱国热忱，组织了一个"抗敌委员会"，沪江大学校长刘湛恩、英文《天下》月刊主编温源宁、麦伦书院校长夏晋麟为其中心人物。董显光等与他们建立了密切的联系。"抗敌委员会"配合国际宣传处向在华外籍人士和海外朋友宣传中国抗战，取得了意想不到的效果。

随着上海战局的日益恶化，董显光把国际宣传处的工作基地逐渐向南京转移。一九三七年十月中旬，董在南京正式就任国民政府大本营第五部副部长之职。据他自述："我这次被新任命，除蒋委员长的知遇提拔外，蒋夫人推荐尤殷。"②蒋介石夫妇的目的，是要通过外宣手段对美、英等国舆论界施加影响，争取西方国家特别是美国对中国政府的支持。第五部的部长是汪精卫一派的健将陈公博，在蒋介石看来，"这个重要宣传机构由汪氏心腹做了主持人，总觉有些不妥，由我（董）做副部长或可生平衡作用"。③这也是董参与主管第五部的一个原由。

那时，大批外国记者云集南京。他们都争先恐后地来获取关于中国首都守与不守、抗战前途如何的信息，坐落在南京新街口的中央饭店每天挤满了手提英文打字机的外国新闻人员。国际宣传处的迫切任务，就是向外国记者提供关于中国抗战的最新信息。可是，董显光找不到一个像上海市长俞鸿钧那样的政府官员与之合作，举行外国记者招待会。从淞沪前线退下来的大批部队又是一片混乱，也没有哪一个将领能从容不迫地向新闻界提供战况，分析战情。后来，国防最高会议秘书长张群支持董的建议，由他每天接见外国记者，董主持招待会并担任口译。国际宣传处编印的《新闻资讯供应稿》逐日向外国记者发送，亦收到宣传抗战的效果。此外，董显光还运用以往与外国新闻机构及其在华人员的交往关系，通过民间渠道向国外传播中国抗战的信息。

一九三七年十一月十二日上海陷落，日军沿太湖南北两线向南京进攻。十一月十五日，南京召开国防最高会议，决定国民政府西迁重庆，军事统帅机关第一步

---

① 曾虚白：《"八一三"忆往》，《传记文学》第38卷第1期。

②③ 《董显光自传》，第125页。

转移武汉，第二步移衡阳。国际宣传处也在同日奉令由南京向武汉转移。董显光当即决定该处全部人员和文件、器材，于翌日渡江由津浦线转陇海线，再从郑州转赴武汉，只留下曾虚白和他两人留守南京，进行撤退以前最后一步的工作。十一月二十五日，董显光召开南京弃守前最后一次外国记者招待会，在京的所有外国记者悉数应邀前来。蒋介石在宋美龄、董显光的陪同下，在茶会上与外国记者见面，宣读了《国民政府迁都宣言》。第二天晚上，董显光、曾虚白与侍从室主任陈布雷、中央社社长萧同兹等同乘侍从室征用的一只小轮，溯江西上，前往武汉。

上海、南京相继陷落，武汉一度成为战时中国的政治中心。一九三八年一月，大本营正式撤销，第五部随之取消，其职掌归中央党部宣传部办理。董显光转任国民党中央宣传部副部长，继续主管国际宣传处工作。同年四月八日，在武汉召开的国民党五届四中全会，推定董显光继续担任中央宣传部副部长。董直接领导的国际宣传处这时已拥有30多个工作人员，他们以武汉为舞台，全力投入新一轮的对外宣传。

鉴于中国抗战的规模日益扩大，战局逐渐持久化，现有国际宣传的规模和力量远远不能适应需要，而日本方面却在国际上进行大量歪曲宣传，国际舆论界不少人对中国抗战还缺乏应有的认识等情况，董显光强调外宣工作继续实行“不露痕迹”“利用外国人在各国推进宣传”的方针，除大力扩充外宣机构、加强官方的各种形式的外宣业务外，进一步努力联络和争取国际友人特别是外国记者，已成另一项刻不容缓的工作。他与曾虚白约请同情中国抗战的英国《曼彻斯特导报》驻华记者田伯烈和美国在华教授史迈士，以他们的直接所见，分别写出《日军暴行纪实》和《南京战祸写真》两书，在国内外公开刊行，有力地揭露了日军制造南京大屠杀的滔天暴行。①武汉时期，他与各国记者，尤其是那些毕业于密苏里新闻学院并在美国新闻界拥有影响的美国记者，保持了十分密切的关系，使他们都能为中国抗战而尽力宣传。

逐渐地来武汉活动的外国记者多起来了，国际宣传处竭尽全力向他们提供富有价值的中国抗战的资讯。董显光约请军委会政治部部长陈诚，经常出面接见外国记者，发表具有权威性的谈话。军委会军令部也派出徐培根作为国际宣传处的军事发言人，向外国新闻媒体发表战况报告。国际宣传处有时还组织外国新闻人员去前线实地采访，以揭穿日本方面的歪曲报道。一九三八年五月，中国军队取得了台儿庄战役的大捷。董显光为扩大显示中国抗战的意志和力量，商得陈诚同意，由军委会派出一架专机，满载外国记者到台儿庄战场采访。

不久，武汉会战开始了。董显光一面组织国际宣传处的一支精干力量坚持前

---

① 《曾虚白自传》(上)，第20页。

方的战斗，一面部署该处大部分人员向西南转移，直奔陪都重庆。至十月下旬，日军已逼近武汉，董显光部下的人员几乎已全部西撤，只留下他和科长沈剑虹两人。十月二十五日凌晨，他下令沈剑虹随武汉警备司令部人员撤退，自己则留守到最后时刻。上午 9 时许，日军已侵占武汉机场。他在美国记者窦奠安的协助下，召集在武汉的外国记者，从容地举行中国政府在武汉的最后一次记者招待会。他用英语宣读了中国政府的文告，向全世界宣告中国坚持继续抗战，决不屈服。傍晚，他与武汉警备司令林蔚等人离开汉阳，徒步前往长沙，一路昼伏夜行，历时十天，终于到达长沙。①

主持重庆时期的对外宣传

武汉、广州沦陷后，国际宣传机关随国民政府西迁重庆。一九三八年年底，国际宣传处的工作人员经各路入川，汇集重庆。董显光从长沙搭乘飞机抵渝，立即着手筹备恢复正常工作。重庆郊区两路口的巴果中学一部分校舍成了国际宣传处的办公处。这里都是一些泥涂竹墙的破旧建筑，房舍不够使用，就在校园觅地自建竹筋、土墙、泥地、稻草顶的房子，借充办公、栖身之地。董显光住的是校园里原有一座六角凉亭，用泥砖砌了墙，用纸糊起了窗，作为他和夫人的住所。曾虚白单身以办公室兼作宿舍。工作人员大都是大学毕业未久的未婚青年，十有八九都住在集体宿舍里。这简陋破旧的校园一再遭受日机的狂轰滥炸，泥巴、竹片、稻草筑成的房屋，一次次毁了又建。直至日本战败投降，这里始终是国民政府对外宣传的司令台。

董显光在名义上是国民党中央宣传部副部长，实际上其全盘工作并不受中央党部和中宣部的领导与指挥，而是由军委会领导的，更确切地说是由蒋介石夫妇直接指挥的。曾虚白对此有过以下的记述："抗战时期的国际宣传处，是具有党部机构的外形，实际其经费的核定与支拨与其人事的选拔任用，都是通过军事委员会由委员长直接督导支配的。在名义上，国际宣传处是国民党中央宣传部属下的四处中的一处，实际这个处的经费与编制是军事委员会第五部取消后全部经费与编制的移用，仍直接由军事委员会督导支配。董显光名义上是宣传部的副部长，实际上他是由蒋委员长亲自督导、专任主管国际宣传的一位长官，并不受任何宣传部长的指导。因此，在抗战八年之中，换了十位宣传部长，董显光这位副部长却没有动过。"②

① 曾虚白：《追思董显光先生》，《传记文学》第 42 卷第 1 期。

② 曾虚白：《"八一三"忆往》，《传记文学》第 38 卷第 1 期。

这一特殊的地位与条件，自然给董显光的工作带来许多便利。但是，国际宣传的推进，主要仍然是依靠他对工作的兢兢业业、调度指挥上的严密和有条不紊，以及他的献身精神。董显光始终重视建设一支精干、坚强的外宣队伍。他严格选拔人才，也乐于培育人才。他要求从事国际宣传工作的人员必须具有专门的知识和技能、良好的中外文素养和新闻采编的能力，而且能够熟练地运用中外文进行写作。被他选中的人都是新闻界、文化界的俊才，有的是具有卓越才干的新闻记者、报刊主持人，有的是学有专长的国内外高等院校毕业的高材生，有的则是在政府或公共机关从事相关工作的佼佼者。他还非常重视聘请支持中国抗战的外籍人员参加工作。在上海时期，他请了英国《曼彻斯特日报》的澳籍记者丁丕莱为国际宣传处的顾问。在武汉时期，又请澳籍记者范默担任编辑顾问。到了重庆时期，又有刚从哈佛大学毕业来华的白修德参加工作。而在国际宣传处工作最久的外籍顾问，则是董显光在密苏里大学的前后同学、曾在上海圣约翰大学任教的武道和出身英国牛津大学的汉学家马彬和。①

如果说在上海和武汉的一年半，这个对外宣传机构还处于草创阶段，那么在重庆的六年半，它由发展而趋于定型，这全部历程都是在董显光的自始至终的主持和带领下实现的。在曾虚白的全力襄助下，董显光励精图治，惨淡经营，竭尽全力推进重庆政府的国际宣传工作。他把外宣工作的队伍包括在海外工作的人员，从上海时的五六个人扩大到近 150 人。并把国际宣传处扩充为六科四室的规模：英文编撰科、外事科、对敌科、摄影科、广播科、总务科，以及秘书室、新闻检查室、资料室、日本研究室。

山城重庆成为董显光对外宣传的舞台。在这里，他们每天将国内重要新闻写成英文稿，用短波无线电向美国西海岸城市文图拉作定向播音。由一位美国友人收录后，经过美国国内有线电讯转送国际宣传处驻纽约办事处，然后传递给其他海外办事处，据以发布新闻稿。同时，他们向常驻重庆的外国通讯社和各国记者经常发布英文新闻稿和新闻图片，并协助后者进行采访工作。用四川土产的绿色草纸油印的、被外国记者称为“绿纸”(Green Sheets)的英文每日新闻稿，董显光最为重视，常常自己动手改稿。他们还每周举办记者招待会，约请军政部发言人徐培根和外交部发言人朱世明，向记者报告一周战况和公布重要政闻。他们日夜不停分班收听日本方面的新闻广播，译成中文后印发各个有关单位。此外，他们还负责检查驻重庆的外国通讯社和报刊记者发往境外的新闻电讯稿。后来，国际宣传处还接办了重庆的国际广播电台，董显光则成为电台的领导者。国际宣传处为了更为深入和广泛地向国外介绍对日抗战中的中国，还先后在香港、纽约出版

① 沈剑虹:《国际宣传处——一个很特殊的机构》,《传记文学》第 42 卷第 2 期。

英文《战时中国》(*China at war*)月刊,[1]编印英文中国年鉴——《战时中华志》,如朱抚松所说:"董先生也参加工作,他是我们的总编辑。"[2]

在重庆时期的头几年,在渝的外国记者为数不多,他们一个个地为上海和香港的安适生活吸引而去,在那里报道中国新闻。但上海的新闻机构已为日本所控制,香港的新闻来自采取中立态度的英国,实亦为日方所左右。董显光为打破此种局面,亲自前往香港和上海去开辟新闻通道。在香港,他组建了一个宣传办事处,调派董寿朋、魏景蒙和澳籍记者卜莱德等参加工作,后来又派温源宁去港负责其事。"透过这个香港办事处,我们可以把我们要发的消息和要说的话转达到全世界的新闻机构里去。一直等到珍珠港事变香港沦陷以前,我们的香港办事处永远是记者云集的新闻活动中心。"[3]

在上海,早在武汉时期他已在那边租界里建立了一个地下办事处,由他在派克学院的同学、美国记者潘尼斯登和朱书清共同负责。为实地了解上海情形,部署地下宣传和情报网,一九三九年年初,董显光化装为一个农夫,在香港搭乘一艘英国商船潜入上海。他秘密会见了滞留上海的英国驻华大使阿基鲍·卡乐,劝对方把大使馆移往重庆。他访问了《纽约时报》著名记者阿朋,在辞出时,原密苏里大学的同学、时任日本同盟社副主笔的崛内干城正与他同乘电梯,他险些被认出。[4]

为了推进国际宣传,必须在海外设立据点,其中尤以美、英两国最为重要,但当时能胜任此项工作又有实际经验者凤毛麟角。董显光先是于一九三八年夏邀请了夏晋麟,派他去伦敦主持国际宣传处的办事处。在美国方面,他聘请了三位美籍报人黎甫、艾文思、罗学特,请他们分别在纽约、芝加哥、旧金山设立办事处,初以"泛太平洋新闻社"名义对外发稿,以后在一九四一年九月,夏晋麟被调到美国后,伦敦办事处由叶公超接任。同时改组驻美机构为"中国新闻社",由夏晋麟担任纽约办事处主任;芝加哥、旧金山两地办事处改由郑宝南、沈剑虹分任主任。此外,在新加坡、加尔各答、仰光和香港等地,也都曾经设有分支机构。巴黎为盟军光复后,国际宣传处也在那里设立办事处。纽约办事处除担当全美总枢纽之外,并分设办事处五所于旧金山、芝加哥、华盛顿、蒙特利尔(加拿大)和墨西哥城(墨西哥)。另在南加州的文图拉设有无线电收听站。[5]纽约办事处从一九四一年开始出版《现代中国》杂志(*Contemporary China*),还出版《抗战五年的中国》《抗

① 任嘉尧:《董显光》,朱信泉、严如平:《民国人物传》(第4卷),中华书局,1984年,第143页。
② 朱抚松:《忆董显光先生》,《传记文学》第42卷第1期。
③ 《董显光自传》,第164页。
④ 魏惟仪:《我记忆中的董显光老伯》,《传记文学》第42卷第1期。
⑤ 夏晋麟:《海外宣传工作》,萧廉任译,《传记文学》第29卷第6期。

战七年的中国》两书;此外还举办了一个“中国问题”的演讲会,邀请各方面的知名学者,不定期地作时事报告。

董显光很重视战场的实地采访,认为让外国记者亲临前线、采写战地通讯、拍摄作战新闻图片,往往可以收到良好的宣传效果。每遇国民政府军队发动重大战役而获胜时,他总是不避艰险,亲自带领外国记者和驻华武官前往战场参观,动员他们撰写报道,拍发电讯,并为此提供有利于宣传的各种便利。在武汉时,他组织外国记者赴台儿庄战场采访。一九三九年秋第一次长沙会战时,他带着一批外国记者从重庆赶往长沙附近,在第九战区司令长官部受到薛岳的接见并进行热烈的访谈。然后,他与记者们抱着“不入虎穴,焉得虎子”的气概,在湘北、鄂南的崇山峻岭中跋山涉水,徒步好几个日日夜夜,考察战场。一九四一年,董显光还冒着被日军炮火击中的危险,乘军用小飞机陪同美国报业巨子亨利·鲁斯前往西安前线参观访问。由于他的精心安排和多方活动,鲁斯等人掌握的舆论工具为重庆政府做了不少宣传工作。

在董显光为反对日本侵略、争取国际社会对中国抗战的同情和支持而不遗余力地进行对外宣传活动时,贯穿在他的宣传活动中的另一个侧面,是毫不含糊地对中国共产党和国际共运采取批判态度,力图在舆论领域对中国共产党及其领导的八路军、新四军加以遏制。大量的事实表明,全面抗战时期董显光的全部宣传工作深深地蕴含着两重性的基本特征:抗日和反共。不过,在这期间,抗日一面还是占着主要地位,反共一面则居于次要的位置上。但这以后,其反共色彩表现为愈来愈强烈。坚定地贯彻蒋的决策,便成了他始终不渝的信条,八年中的宣传和舆论工作,无不表明他是战时国民党的宣传政策和新闻制度的自觉的推行者,由他领导的传播媒体始终仅仅向外部世界介绍国民党政府及其军队的抗战,对于中国共产党和解放区军民的抗日斗争,在他们的笔下几乎是只字不提。因为在他看来,“中共在蒋委员长划定给他们负责的战区里曾经打过表面的抗日战,其实不过是一些保存实力与扩充地盘的行动”。①抗战开始后,史沫特莱、斯特朗、爱泼斯坦等一批支持中国抗战、致力于反法西斯的进步作家来华,报道中国抗战,热情赞扬中共领导下的敌后军民的抗日人民战争,董显光把这些进步记者客观、公正而有利于中国团结抗日的报道,看成异端邪说,断定“这些外国作家与记者们之来华纯属投机趋时心理的促使”。在战后,他甚至危言耸听地说:早在“汉口阶段,他们开始诱蚀美国新闻界,后来扩展而影响全美民意,最后变本加厉造成一九四八年华盛顿袖手不问中国政策的杰作”。②

---

① 《董显光自传》,第162页。

② 《董显光自传》,第141页。

抗战后期，国民党消极抗战、积极反共、保存实力、等待胜利的倾向日益明显，国际进步舆论界和西方盟国中的有识之士对此不断提出批评。董显光想方设法，采取软硬兼施的手段，阻止外国记者的新闻采访，切断其消息来源，对发往国外的新闻电讯严加检查甚至予以扣压。他决不放过任何有利于在世人面前扩大中共和解放区正面影响的电讯，为此不惜与外国记者发生冲突。一九四三年五月，集聚于董显光兴建的重庆外国记者招待所里的外国记者们，不顾国民党官方的反对，成立了一个外国记者俱乐部，由《纽约时报》驻重庆记者艾金森任会长，苏联塔斯社记者叶夏明和美国《时代》杂志记者白修德为副会长。记者俱乐部为争取新闻公开和言论自由，向国民党当局进行交涉，董显光视他们为眼中钉，多方予以限制，遭到不少外国记者的抨击。一九四四年四月，外国记者俱乐部全体会员联名上书蒋介石，要求放宽新闻检查尺度。他后来回忆这段往事时，甚为慨叹地说道："检扣这些新闻无法避免他们的抗争，解除他们不满的责任，最后还得落在我的肩膀上，我夹在中层受尽无法辩白的苦痛。"①

一九四四年六月，重庆政府迫于国际国内的压力，不得不解除对延安的新闻封锁，一度允许外国记者赴延安采访。董显光严密布置，先后组织两批外国记者访问延安。临到第三批时，就奉蒋介石之命予以中止，再也不让外国记者去延安了。在这前后，他还在蒋的指令下出头露面，为在国际上"揭露共产党真相"积极出谋划策。他先后提出过若干个反共宣传计划，建议蒋介石向美国派遣特种反共宣传员，拟订旧金山会议期间对美宣传要点及注意事项。他还特别提出，注意利用各国教会中的反共力量，组织在华外籍传教士，或在国内和国外创办反共宣传刊物，刊发反共文章和书籍（如《天主教徒眼中之中国》画册、《中国的共产党》等），或分赴各国进行反共游说。②

充当蒋介石夫妇外事活动的随员

在重庆时期，董显光在政治舞台上扮演的另一个角色，是充当蒋介石、宋美龄外事活动的随员。虽然当时他在外交部门并未兼任任何职务，然而由于他与蒋氏夫妇有着非同寻常的关系，在美、英政界和新闻界有着广泛的个人联系，又具有良好的英文素养，格外受到蒋氏夫妇的青睐，常常被指派为进行重要外事活动的高级随员和助手。

这一方面的活动，首先是从蒋介石夫妇与尼赫鲁之间的接触开始的。尼赫鲁

---

① 《董显光自传》，第220页。

② 参见董显光与杨安然等人的来往函件，中国第二历史档案馆藏国民党中央宣传部档案。

是印度国民大会党的重要领袖，一九三九年八月来华访问，于二十三日飞抵重庆。董显光由蒋介石指定，负责整个接待工作。八月二十八日在蒋介石黄山别墅的防空洞内，蒋与尼赫鲁交谈3个小时，董显光自始至终担任翻译。第二天，尼赫鲁致函董显光，表示希望去延安考察，了解中共的真相和立场，说："这是了解中国最先应该了解的一个重要问题。……我到延安去接触那里的人，了解那里的真相，或者可以对中国有所贡献。"①但是尼赫鲁的这一愿望并未实现，董显光奉命借口"时间不许可"而不作安排，延安之行终未成行。欧洲战争爆发后，英国工党领袖史德福·克利泊斯爵士于一九四〇年春来华访问，蒋介石派外籍顾问端纳专程去缅甸仰光陪同前来重庆。董显光奉蒋之命负责接待事宜。他知道，增进中国与英国的关系是蒋介石当时一个迫切的外交目标，遂竭力要求对方设法改变英国新闻界对中国抗战的冷漠态度，克利泊斯接受了董的意见。一九四一年春，美国报业巨子、《时代》《生活》《幸福》三家杂志的发行人亨利·鲁斯和他的夫人来中国访问。鲁斯夫妇是蒋介石政府的热烈的支持者，又在美国新闻界很具影响力，他们访华自然引起蒋的特别重视。董显光奉命负责接待，并全程陪同各项访问活动。他冒着生命危险，陪着鲁斯夫妇从重庆飞越高山大河前去西安，进入陕西黄河前线的国民党军队驻地访问。

陪同蒋介石会见来重庆访问的外国著名记者和报业人士，也是董显光的一项经常活动。一九四〇年秋，美国报业巨子和著名记者、史格里丕斯—霍华德报系与合众通讯社主持人霍华德来重庆访问。当时，霍华德率领10个美国记者正在作远东各国之行，是经董显光向外交部长王宠惠建议，由重庆政府邀请来华的。蒋介石破例单独接见了霍华德，邀其共进早餐，行政院副院长孔祥熙和董显光作陪，董担任了蒋与霍华德长达一小时的谈话的口译。继霍华德之后，美国北美报业联盟主持人甘尼森抵重庆访问。蒋介石单独与甘尼森见面并进行交谈，董显光再次参加陪同，担任翻译。一九四一年十一月，董又安排五个外国记者单独访问蒋介石，他陪同参加谈话，并充当翻译之职。同时，董显光为蒋介石组织了一次接受23个外国记者的集体采访活动，这次是由宋美龄出场担任翻译，董充任招待会的组织者和蒋的陪同者。

董显光在外事活动方面的努力，愈来愈受到蒋介石的赞赏，在珍珠港事变爆发前的一年里，他再度接受蒋的委托，负责接待美国总统罗斯福的特使居里和以麦格鲁德将军为首的美国军事代表团。一九四〇年十一月，在日本政府宣布承认汪伪政府的当天，美国总统宣布向中国提供一亿美元的贷款，这是中国抗战开始以来美国援华的最大一笔贷款。罗斯福为了解中国抗战、交换援华有关问题的意

---

① 《董显光自传》，第172页。

见，派出白宫高级行政助理居里作为特使来华访问。一九四一年二月初，董显光奉蒋介石委派到香港迎接居里。蒋十分重视居里来访，连续接见、谈话十次之多，内容涉及军事、政治、外交、经济，乃至国共两党关系、遏制日本、战后重建等各种问题。董显光陪随蒋介石参加谈话，担任蒋的翻译。二月二十六日，蒋介石还向居里提交了一份包含十项要点的备忘录。居里访华对罗斯福扩大对华援助有相当大的推进作用，同时他代表罗斯福一再向蒋表示，美国政府希望蒋改善国共关系，加强国内团结。董显光对此却极为反感，说："居里此后跟蒋委员长谈话，每一次都提中共问题，其欲贯彻其主张态度的坚决，引起我们对他别有用意的怀疑。"①后来甚至蓄意攻击，说："居里本人就是战时挑拨中美关系的一个阴谋分子。"②

一九四一年三月，美国"租借法案"通过后，为处理、监督对华租借物资的分配、管理和运输等事宜，罗斯福批准派遣以陆军准将麦格鲁德为团长的驻华军事代表团来重庆。同年十月，董显光奉蒋介石之命，负责接待这个代表团。这是中日战争开始以来美国派来中国的最重要的军事使团。董显光使出浑身解数来执行这一使命，如他自己忆述："我为要表示对这个访问团特别重视起见，除亲自专程到香港去迎接他们之外，还安排了一个可得最大宣传效果的场面欢迎他们。"③十月下旬，麦格鲁德使团到达重庆，立即受到蒋介石的接见。董显光陪同接见，并担任翻译。此后，他还多次参加了蒋与麦格鲁德之间的谈话。

太平洋战争爆发后，董显光先是随同蒋介石夫妇访问了印度，不久又陪同宋美龄访问美国。一九四二年二月蒋介石对印度进行了历时半个多月的访问。这次出访是国民政府在战时的一次重要外交活动，也是蒋介石以中国政府最高领导人身份的首次出国访问。二月四日，董显光和王宠惠（国防最高委员会秘书长）、张道藩（前教育部次长）等人陪同蒋介石、宋美龄离开重庆，途经缅甸腊戍，五日飞抵加尔各答，在这里停留了两天。八日，蒋介石一行离开加尔各答，九日抵新德里，二十一日离印归国。在十几天中，董显光自始至终跟随着蒋介石夫妇，并担任了大部分的翻译任务。这时，日军在缅甸发动攻势，仰光危在旦夕。从印度返回昆明后，董显光和商震（军委会办公厅主任）、林蔚（军令部次长）等人又陪同蒋介石去缅甸腊戍。三月三日，蒋与罗斯福派来的担任盟军中国战区参谋长的史迪威将军初次会见。随即，蒋、史与英国驻印军总司令韦维尔等举行关于缅甸作战的军事会议。董作为蒋的随员和译员参加了上述活动。回重庆后不久，于四月五日

---

① 《董显光自传》，第 178 页。

② 《董显光自传》，第 179 页。

③ 《董显光自传》，第 175 页。

董再次陪随蒋氏夫妇以及史迪威去缅甸腊戌、眉苗等地，蒋向在缅中国将领宣布，史迪威有指挥中国远征军的全权。

访问印缅回国七个月后，董显光又作为宋美龄的随员出访美国。宋美龄这次访美虽系以私人身份出现，但实际上是作为蒋介石的特使，去美国从事对政府和民间的外交活动的，这是太平洋战争期间国民政府的一次重要的外交举措。董显光作为宋氏的主要随员，陪同她在美国访问了七个多月。但他“多在幕后接洽，不暴露(国民党中宣部副部长)身份”。①董显光还协助宋美龄在美国展开卓越有成效的宣传活动。当时，美国公众渴望了解中国，但美国大众传媒对中国抗战的报道很少。宋、董一致认为这是抓紧时机、运用特殊方法发动对美宣传的极好机会。宋美龄决定运用自己的有利条件，向美国朝野进行宣传工作，还在医院疗养期间就与董显光等一起着手作全美巡回演讲的安排。二月十八日，宋美龄在美国国会发表演说。接着在纽约、波士顿、芝加哥、旧金山、洛杉矶以及加拿大的渥太华等重要都市，多次发表演讲和举行盛大的记者招待会。这些演讲介绍了中国抗战的艰难历程，表达了抗战到底的决心，呼吁加强中美合作，对美国了解中国、增强援华起了积极作用。在四个多月的巡回演讲中，董显光以其出色的才能和不辞辛劳的努力，协助宋美龄进行工作，博得了宋的赞赏。

宋美龄、董显光一行于一九四三年七月四日返回重庆。不久，董又奉命随同蒋介石夫妇赴埃及开罗，参加美、英、中三国首脑会议。开罗会议是第二次世界大战期间反法西斯同盟国家三次首脑会议之一，是蒋介石参加的唯一一次盟国首脑会议。董显光以国民党中宣部副部长的身份和国防最高委员会秘书长王宠惠、军事委员会办公厅主任商震等人作为中国代表团成员参加这次会议。一九四三年十一月二十一日抵开罗，二十三日至二十七日正式举行会议。董显光在开罗陪随蒋介石夫妇与丘吉尔、罗斯福进行谈话。作为中国政府的发言人，“当时他负责和新闻记者之间的联络工作”②，“每天招待美、英记者，供给背景材料”③。他还担任了会议期间中、美、英三国宣传委员会的委员。十一月二十七日，董随蒋介石返国。会议期间，中、美、英三方曾达成协议，开罗会议的消息以及会议宣言不在开罗发表，将于会后在约定的时间从重庆、华盛顿、伦敦三地同时发表。开罗会议后，美、英有关当局指责中方违背协约，单方面提前披露会议消息。④董显光为维护中方的声誉，多次与英、美宣传和情报当局交涉，并一再发表声明，奋力辩驳，对

① 《董显光自传》，第 190 页。

② 黄仁霖：《开罗会议外纪》，《传记文学》第 42 卷第 2 期。

③ 《董显光自传》，第 194 页。

④ 开罗会议的消息是由英国路透社华籍记者赵敏恒，通过非官方渠道从葡萄牙首都里斯本抢先发表的。

英美方面不负责任的指责表示愤慨。

南京政府首任新闻局长

抗日战争结束后，董显光一度打算脱离政坛，从事汽车修理行业。他回首往事，不禁发出深深的感叹："抗战八年中永远给危险包围着，所负责任的繁重可能磨断我的神经，因此从战争中钻出来的我，身心俱惫。""现在战争得到了胜利，我一心只想跳出政治旋涡，还我初服。"①尽管蒋介石在一九四五年九月委派他去华盛顿，担任联合国远东研究委员会中方委员的闲职，他却偷偷地溜出华盛顿，改名换姓，移居洛杉矶的一家旅店，进入一个汽车修理学校学习，准备日后开一家修车铺。董那时受其妻子影响，"深感做了 10 年副部长，政府亏待了他，因此，万念俱灰，不想再入仕途"。②

但是，蒋介石并无让董显光归隐的意图，蒋氏夫妇的一些外事活动依然等待着董回国协助。一九四五年十二月，他奉蒋之命，随驻美大使魏道明返回重庆。蒋给予的使命，依然是为宋美龄的外事活动充任随员和助手。一九四六年一月，他随侍宋美龄从重庆去长春，访问驻我国东北的苏联红军总司令马林诺夫斯基元帅，随后访问了沈阳和北平。回到重庆不久，董显光又被蒋介石派往美国檀香山，代表蒋去探望在医院治疗的端纳。三个月以后，又陪同端纳返回上海继续治疗。同年夏天，董陪伴他的夫人从上海去纽约治病。一到美国，他又重新萌发了学习汽车修理技术的意愿，在这年十一月下旬在纽约青年会的机械学校注册入学。经过近半年学习，取得了毕业证书。他对前去看望的叶公超说："车子总可以修得好……要改革一个政府却不容易，你不知道从何处着手。"言词中不免流露出修车胜过浮游宦海的慨叹，表示出对政界的某种失望和对前景的惆怅。

当董显光在纽约学习汽车修理、购买了全套修汽车工具、准备回到上海开家修车厂的时候，国内的政治、军事形势正在发生重大变化。一九四六年六月，蒋介石发动对解放区的全面进攻，内战的炮火遍及黄河南北、关内关外。同年十一月，蒋介石不顾共产党和民主同盟等党派的反对，召开"国民大会"，通过《中华民国宪法》。蒋介石宣称"一党训政"业已结束，于一九四七年四月改组国民政府，成立所谓"多党政府"，并命令张群组阁。张在纽约与董显光面谈，以共产党力量日见强大、美国政府援蒋态度犹豫、拟加强国内外的宣传而对付中共的宣传攻势相告，邀董入阁主持新闻局。董以为"重返政治岗位，我虽兴趣不浓，但鉴于国事蜩螗，又

① 《董显光自传》，第 224 页。

② 《曾虚白自传》，第 413 页。

深感责无旁贷”,遂接受了张群的邀约。当然知道,张群这一安排也是征得蒋介石首肯的。

一九四七年四月三十日,董显光在南京以国民政府行政院新闻局局长的身份举行第一次记者招待会,五月一日正式就任新闻局长。南京政府设置新闻局这算是第一次,董显光做了首任新闻局长。但他万万没有想到,国内局势变化得如此迅速,不到两年半时间,南京政府就摧枯拉朽地覆灭了。董显光受命于国共内战方酣之际,抱着“跳火坑”的精神,充当了国民政府的新闻主官。行政院新闻局是由抗日时期的国际宣传处改组而成的,但其职掌已不限于对外宣传,而是兼管国内宣传了。除局长外,由曾虚白、邓友德任副局长;在上海、北平分设办事处,由魏景蒙、朱新民分任主任。全局的主要班底大都是董显光在重庆时期的旧部,运作起来颇使他驾轻就熟。

然而,尽管队伍依旧,指挥顺当,但外宣工作的状况却是今非昔比。如果说抗战时期的国际宣传主要是为民族抗战大业和世界反法西斯的正义事业而斗争,那么如今新闻局的外宣工作,却是为蒋介石的内战政策和独裁政策效劳。随着国内局势的急剧演变,昔日的光荣业绩再也掩盖不住今日的倒退了。作为新上任的新闻局长,他眼睁睁看着国民党军队在山东、东北、陕北和中原等地连遭败仗,上海、北平、南京、武汉等几十个大中城市又燃起了反内战反饥饿的熊熊烈火……这一切无不使他从心底里产生从未有过的沮丧。更使他感到难以忍受的是,西方国家尤其是美国舆论界的有识之士对蒋介石政府的腐败、专制、无能,所发出的毫不留情的抨击和指责。对此,他在以后写的回忆录中还发出了深深的感叹:“我尽我可能运用的人力、财力跟这错误观念掀起的浪潮作殊死斗争,但眼看这斗争在败退下来。”①尽管董显光掌握的宣传工具竭尽全力,力图改变国际舆论的观感,但收效甚微。

一九四八年五月行政院改组,董显光应新任行政院长翁文灏之请,任政务委员、新闻局局长。这时,南京政府已面临崩溃,内外交困,风雨飘摇,惶惶不可终日。同年十二月,束手无策的翁文灏内阁宣告总辞职。接着,蒋介石宣布“下野”。董显光也随同解除了在行政院的一切职务,“带着颓丧的心情回到上海”。

国民党败局已定,人民解放军即将进军江南。董显光面前有三条路可走:留在上海,等待解放,步入新中国的行列,这条路的大门是敞开了的,但对于他来说,这个决心无论如何也是难以下得的;到大洋彼岸的美国去,那里是他的第二故乡,自然不会有何问题,但他也难以了结与蒋介石国民党的情结,没有去美国;退居台湾岛,继续追随蒋介石。他选择了这最后一条路,从他毕生信奉的理念和以往的人生经历来看,这一抉择是不足为怪的。

---

① 《董显光自传》,第240页。

一九四九年二月，董显光带着妻儿从上海撤到台湾。同年八月，蒋介石在台北建立国民党总裁办公室，策划成立国民党中央改造委员会。十一月，董显光被任命为台北《中央日报》社董事长兼“中国广播公司”总经理。他把上述两项业务交与曾虚白主持，自己则奔走海外。同月，他奉蒋介石之命秘密去香港，访问美国第七舰队司令白吉尔上将，央求美国从军事和经济上援助蒋介石政权。此后的两年多时间里，董显光受蒋介石的委托，以非正式使者的身份多次出访美国、欧洲和日本，联络各国反共势力，寻求对台湾当局的支持与援助。一九四九年冬在美国活动了一段时间后，一九五〇年一月在东京访问了麦克阿瑟。四月间，蒋介石派他去欧洲。在巴黎访问了联合国托管委员会主席伽盛，在伦敦访问了前英军驻重庆联络官特怀德。五月下旬赴美国，与国务卿顾问杜勒斯、参议员诺兰、参议院秘书皮弗尔、前驻华大使司徒雷登、前驻法大使蒲立德、助理国务卿勒斯克、杜鲁门的新闻秘书卢斯等人士进行广泛的接触，还访问了时任哥伦比亚大学校长的艾森豪威尔将军。六月间，董在回台途中，在东京再度访问麦克阿瑟，并与正在那里访问的美国国防部长詹森和参谋长联席会议主席布来德雷见面。朝鲜战争爆发后，董又去美国进行活动，为促进美台合作寻求支持。

一九五二年四月，董显光正式成为台湾当局的“外交”官员，出任驻日“大使”。在日本，他对于那些反共人士包括历史上罪行累累的侵华政客，亲自登门一一拜访，极尽其拉拢联络之能事。他与日本首相吉田茂数次讨论成立太平洋反共联盟的计划，还从东京去汉城，代表蒋介石与韩国总统李承晚交换建立上述反共组织的意见。一九五六年三月，董显光继顾维钧任台湾当局驻美“大使”。当时，台湾当局外事部门负责人叶公超很想“出使”美国，但蒋介石却选择了董显光。驻美期间，他竭力为台湾当局争取军事和经济援助，维护台湾当局在联合国的地位，通过各种舆论渠道影响美国朝野对中国局势的视听。一九五八年七月，卸任“大使”之职。

“董显光交卸驻美‘大使’时，就公开表示将尽他生命的全部时间从事传道工作。”①回到台湾后，董住在台北荣民总医院的宿舍里，每周风雨无阻地为住院病人布道一次，还潜心研究台湾基督教发展的历史。一九六一年因患中风移居美国加州圣约瑟。一九七一年一月九日逝世。

董死后，曾虚白在整理其留台遗物时，发现董的一部英文手稿《一个中国农夫的自述》(即《董显光自传》)，将其译成中文出版。董的其他著作还有：《蒋总统传》《中国和世界报刊》《日笑录》《万年长青》和《台湾教会发展史》等。②

---

① 曾虚白：《追思董显光先生》，《传记文学》第42卷第1期。

② 邱奕松：《董显光》，刘绍唐：《民国人物小传》(第5册)，台湾《传记文学》出版社，1982年，第364页。任嘉尧：《董显光》，朱信泉、严如平：《民国人物传》(第4卷)，中华书局，1984年，第145页。

《上海通志·人物卷》概述*

从两汉历经两晋、南北朝诸代，上海地区代有名人见诸史册。东汉，出现以顾、陆两大姓为首的江东望族。三国，吴郡吴县华亭陆逊，为东吴丞相，封为华亭侯，并晋封娄侯。西晋“云间二陆”——江东名士陆机、陆云兄弟，以文才名重一时。南朝梁国文字语言学家顾野王，定居亭林里(今上海金山亭林镇)。唐代是上海地区早期经济文化发展史上的关键时代。天宝年间，名士陆贽是上海地区第一个进士，登博学鸿词科、翰林学士。两宋时，宋室南渡后，上海人口骤增，经济日趋繁荣，文化开始昌盛，“衣冠人物，萃于东南”。为数众多的名门巨族随宋室南渡，落户江南。流寓上海的文人、士大夫和本地文士、学者交相荟萃，蔚为东南之望，更为明清时期上海的繁盛奠定了人文基础。北宋有书画大家米芾治事青龙镇(在今上海青浦境)。瞿霆发先世为汴人，随宋高宗南迁，居下沙里(在今上海南汇境)，为下沙盐场副使、两浙都运盐使，舍田建西湖书院和上海县学。宋元之间，上海开始成为新兴海港，并以“文秀之区”而称誉江南。崇明朱清，开通太仓刘家港(今浏河)海运，琉球(今日本冲绳)、日本、朝鲜等地商船进港贸易。及至元代，书画家赵孟頫，流连于松江、鹤沙(在今上海南汇下沙)，本地画家任仁发、曹知白，诗人王蓬、杨维桢等亦名重东南。任仁发究心水利，主持疏浚吴淞江、乌泥泾，开江置闸。上海乌泥泾黄道婆，革新纺织技术、促进江南经济发展。

明清之际，上海为东南名邑，经济日益繁盛，学术文化长足发展，名士学者辈出。“西学东来四百年，问谁风气独开先。”明代徐光启开风气之先，学贯中西，开国人吸收西学、融化西学的传统。抗倭名将俞大猷、张经，明末抗清志士陈子龙、李待问、沈犹龙、黄淳耀，侯峒曾、侯岐曾兄弟，夏允彝、夏完淳父子，以民族气节和视死如归的气概，彪炳史册。嘉靖年间礼部尚书、东阁大学士松江徐阶，参与主持重录《永乐大典》。书画家、皖人李流芳寓居嘉定，为“画中九友”之一。松江陈继儒为知名文学家和书画家。明末，云间画派兴起，上海董其昌为巨擘，创立中国画

* 本文原载上海通志编纂委员会编:《上海通志》(第 10 册)，上海人民出版社、上海社会科学院出版社，2005 年。

南北宗说。清初，松江王宏翰博通儒理、天文和医学，为中国最早接受西医学说的医家。嘉定王鸣盛，乾隆年间内阁学士兼礼部侍郎，精于考史，著有多部传世史学和经学名著。松江王鸿绪，康熙年间总纂《明史》，又历时五年编成《明史稿》310卷。戏曲家和书画家张照，通法律、精音乐、工书法，尤多剧作。嘉定钱大昕通六艺，文字、训诂、音韵、天文、历算、舆地、氏族、官制、典章、金石之学，皆造其微，考史之功尤享时誉，为乾嘉学派重要代表。

进入近代以后，特别是五四以降，上海的人文历史和人物状况发生历史性的巨变。鸦片战争后，中国卷入"古今大变革之会"，上海处于风云际会、中西碰撞、新旧交替的中心。自明清以来人文荟萃的趋势，转为独占全国鳌头的态势。上海以其特有政治、经济、文化，造就一批又一批在中国近现代历史上扮演重要角色的杰出人物。同时，又为大批影响中国历史进程的人物提供舞台。随着经济、文化和社会生活的发展，城市近代化程度的提高，党派、政团和社团活动，妇女、宗教、民族、商贸、工业、交通、金融、财会、文化教育、科技、艺术、新闻、出版、医药、卫生、体育等领域涌现出大批在全国有影响的人物。其间，大批外国人怀着不同的目的和使命到上海，影响上海，又为上海所影响，在上海留下印记。

从鸦片战争到辛亥革命，在反对外国侵略和清朝封建统治的伟大斗争中，有吴淞抗英之战中壮烈殉国的陈化成，上海小刀会起义领袖刘丽川、周立春等，率军进攻上海的太平军将领李秀成、谭绍光等，撰写《革命军》鼓吹民族革命的邹容，参与发起组织光复会、策划反清起义的秋瑾，光复会会长、知名学者章炳麟，辛亥革命风云人物陈其美、宋教仁、陶成章、谭人凤等，参与领导上海光复之役的李平书、王一亭、李燮和等。

近代上海成为全国各种思潮和政派的汇集之地。鸦片战争之后，各种代表人物在上海提出政治主张，建立各种党派社团，开展各种活动。冯桂芬率先提出"采西学""制洋器"，建议实行改革。马建忠力倡"富民"说，主张设议会，发展新式工商业。王韬介绍西方政治制度，主张变法图强。郑观应发表《盛世危言》。康有为发起成立维新派政治社团强学会，聚集大批改革志士。梁启超主笔《时务报》，成为戊戌变法派的喉舌。唐才常、严复等组成中国国会。蔡元培、陶成章和李燮和等成立光复会。孙中山和中国同盟会领袖以上海为重要的活动中心。张謇等发起成立立宪派在国内的第一个政团预备立宪公会。宋教仁、谭人凤等成立中国同盟会中部总会。辛亥革命前后，江亢虎筹建中国社会党。徐企文等组建中华民国工党和中华民国农党。李平书等发起成立中华民国宪政党。章炳麟、张謇、蔡元培等创办南京临时政府成立后第一个有影响的政团——中华民国联合会。谭人凤、李经羲组织中华进步党。孙中山设中国国民党总部。

五四运动时期，上海社会发生深刻变化。各种新旧派人物就新文化运动的主题科学与民主以及社会主义等各学说进行大辩论。共产党人以崭新的姿态登上历史舞台，对上海以至全国的历史进程产生了重大的影响。五四前夕，陈独秀在上海创办《青年》杂志，倡导科学与民主，引导新文化运动。陈独秀、李汉俊、李达等在上海发起成立马克思主义研究会，组成中国共产党上海的早期组织。陈望道翻译并出版《共产党宣言》第一个中文全译本。俞秀松担任社会主义青年团的第一任书记。中共领导人和知名活动家陈独秀、毛泽东、周恩来、瞿秋白、刘少奇、张闻天、陈云、李立三、罗亦农、陈延年、恽代英、邓中夏等在上海从事革命活动，或参加创建中共，或领导与主持党中央工作，或领导反帝爱国的工人运动、农民运动和学生运动，或直接组织和指导党在白区的斗争，或领导和组织革命文化运动和革命统一战线等，足以载入中国史册而熠熠生辉。作为中共上海地方组织和情报战线的负责人，潘汉年、刘晓和刘长胜等在上海的特殊环境下进行艰苦卓绝、勇敢机智的战斗。陈毅、粟裕在历史上具有划时代意义的上海战役中，运筹帷幄，指挥部队夺取"军政全胜"。上海解放后，陈毅、潘汉年、柯庆施、陈丕显、曹荻秋等上海市领导人，排除各种困难，领导和组织全市人民建设社会主义新上海。

五四运动和五卅运动揭开了上海革命历史的新篇章，震动全国的重大斗争延绵不断，直至上海解放，产生了众多的为人民解放而英勇献身的英烈人物，涌现出大批在国内外声誉卓著的群众领袖人物。五卅运动时期献身于工人运动的刘华、顾正红等，上海工人武装起义和四一二政变前后为革命而捐躯的陶静轩、奚佐尧、杨培生、汪寿华、赵世炎、侯绍裘等，为革命文化运动而壮烈牺牲的左联五烈士，为抗日救亡而殉难的茅丽瑛等，在白色恐怖下为上海的解放献身的李白、张困斋、秦鸿钧、王孝和、穆汉祥、黄竞武等烈士，彪炳于史册而不朽。

上海是全国民族民主运动的中心之一。宋庆龄、蔡元培、鲁迅、杨杏佛成立中国民权保障同盟。在民族危亡迫在眉睫之时，爱国妇女运动领袖何香凝，救国会领袖沈钧儒、邹韬奋、章乃器、沙千里、王造时、李公朴、史良以及《新生周刊》的创办人和主持者杜重远等爱国人士，成为抗日救亡运动的风云人物。南社柳亚子，作为国民党元老，长期在上海从事爱国民主运动。上海是中国民主党派的发祥地和活动中心之一。各民主党派的不少创始者和领导人、爱国民主人士，以上海为活动基地，开展反帝反封建斗争和推进解放事业。国民党革命委员会王葆真、赵祖康等，民主同盟沈志远、陈望道、廖世承等，民主建国会黄炎培、胡厥文、盛丕华、汤蒂因等，民主促进会马叙伦、王绍鏊、周建人、许广平、吴若安等，九三学社褚辅成、卢于道等，台湾民主自治同盟谢雪红、李伟光等，以及农工民主党和致公党的主要领导人，都在上海留下历史的足迹，为中国的独立和解放作出贡献。

爱国将领在中华民族危亡之机，为保卫上海，保卫全中国作出了卓越贡献。一·二八、八一三淞沪抗战爱国将领蒋光鼐、蔡廷锴和张治中，四行仓库孤军英雄谢晋元是其中杰出的代表。上海解放后，中国人民解放军驻沪三军和武警部队的一批杰出军事领导者和英模人物，为保卫上海的社会主义建设、维护上海秩序的安定，作出卓越的贡献。陈毅、粟裕、宋时轮、郭化若、李士英、王必成、廖政国、陶勇、聂凤智等为保卫上海建立了丰功伟绩。

上海是中国近代民族工商业的摇篮。上海开埠后，有识之士力图革故鼎新，寻求中华富强振兴之道，涌现大批实业家、企业家。曾国藩、李鸿章以极大的精力在上海创办中国近代工业。叶澄衷致力于兴办近代工业，在上海开设火柴厂、缫丝厂，成为近代上海民族工商业先驱。上海总商会会长和全国纱厂联合会副会长聂云台，开创上海民族纺织工业。盛宣怀在二三十年间几乎总揽以上海为中心的早期民族工业。上海商业会议公所总理和上海商务总会总理严信厚，以盐务起家，从事商业，成为上海保险业、西药业、纺织业和金融业的早期开拓者。张謇在上海和南通创办全国最早的民族纺织工业。上海总商会总理和会长朱葆三，以经营进出口贸易起家而成为实业界领袖人物。虞洽卿建立航业集团，创办一大批新式企业。荣宗敬、荣德生成功发展荣家企业集团，有“面粉大王”“纺织大王”之称。陈光甫、宋汉章、张嘉璈、李铭、钱永铭、徐新六、秦润卿等，被公认为沪上金融界巨子。简照南创办南洋兄弟烟草公司，力排外国烟草公司竞争和挤压，发展民族烟草业。吴蕴初生产国货味精，和日本味精抗衡，被国人誉为“味精大王”。周作民以金融家涉足政坛，又投资工业和房地产业，在中国工商实业界有广泛的影响。刘鸿生成功开发民族煤炭业和火柴业，有“火柴大王”和“煤炭大王”之称。郭乐、郭琳爽创办和主持永安百货公司和永安纺织企业，善于经营，开创全国百货业新貌，使永安企业集团成为全国规模最大的民族资本企业之一。黄楚九是上海新药业创始人之一，开办中法药房、亚洲药房、中法药厂、九福制药公司，首创中国第一家民族资本制药厂——中华制药公司和医药器械制造厂。项松茂以自制成药“人造自来血”起家，以生产固本牌肥皂成名，所创的五洲联合企业集团名扬海内外。方液仙以生产三星牌蚊香、三星牙膏、三星调味品和剪刀牌肥皂而闻名全国，为中国化学工业创始人之一、中国近代日用化学工业的积极开拓者。陶桂林创办馥记营造厂，承建国际饭店大楼等一批城市建筑工程而名闻全国，成为上海建筑业巨擘。

上海独特的经济和社会条件，以及相对生动、活跃、开明和自由的文化氛围，为聚集人才、培育人才提供了适宜的土壤。学有专长、精于业务的专家学者涌入上海，大批思想、文化和学术界新秀脱颖而出，成名成家。人文荟萃，人才辈出，群星璀璨，是上海人才概貌的真实写照。

在教育界，蔡元培执教南洋公学，创办爱国女校和爱国学社，任中国教育会会长，举办留法勤工俭学活动。黄炎培首创职业教育。杨贤江发表论著，在中国第一个用马克思主义观点阐述教育问题。陶行知致力于推行科普教育和生活教育。陈鹤琴长期从事儿童和师范教育，创建幼稚师范教育体系，提出“活教育”理论。马相伯、胡敦复、张寿镛、孟宪承、朱经农、平海澜、潘序伦等满怀爱国激情，分别创建复旦大学、大同大学、光华大学和立信会计专科学校等高等院校。沪江大学校长刘湛恩，一生提倡教育救国，致力于公民教育。女教育家俞庆棠毕生从事社会教育和基层民众教育，创办和指导为数众多的实验民校和工人夜校。沈体兰悉心主持麦伦中学，声誉卓著。薛正长期主持蜚声中外的中西女子中学。

在科技界，李善兰在数学方面的一项杰出贡献，人称“李善兰恒等式”，是中国传统数学的殿军。华蘅芳精研数学，旁及地质、矿物等学，和徐寿设计制造第一艘国产轮船“黄鹄号”，又自造氢气球，是中国近代数学的开拓者。任鸿隽发起和参与成立中国科学社，担任董事会会长和社长三十年。赵承嘏是中国中草药化学成分研究的先驱者，对生物碱的分离和结晶方法的研究作出独特的贡献。纽经义为中国在世界上首次人工合成具有生物活性的蛋白质作出突出的贡献。黄鸣龙是中国甾族激素药物工业的奠基人。庄长恭长期从事有机化学研究，对麦角甾醇结构和生物碱结构的研究卓有成效。朱洗培育出世界上第一批“没有外祖父的癞蛤蟆”，在世界上首次从鱼卵中提取信息核糖核酸，是中国细胞生物学的开拓者，促使遗传型特性形成。高平子对天文学研究作出重大贡献，国际天文学会联合会将月球上的一座环形山命名为高平子环形山，成为在月球上留名的中国天文学家。周仁是中国冶金学的主要开创者。秉志是中国动物解剖学的权威。吴有训提出的理论被国际物理学界称为“康普顿—吴有训效应”。叶企孙是中国近代物理学的先驱者之一，为国内研究磁学第一人。罗宗洛是中国植物生理学的创始人之一。冶金学家邹元羲是冶金物理化学和半导体材料研究的权威学者。系统工程学家张钟俊是中国自动控制学科的主要创始人。神经和肌肉生理学家冯德培，是国际上公认的权威学者。中国汉字信息处理的开拓者支秉彝，创造“见字识码”汉字编码方法，在国内率先解决汉字进入计算机的重大课题。中国细胞生物学的奠基人和创始人之一庄孝惠，在胚胎诱导和分经、无神经蝾螈肢体再生和表皮传导现象的研究等方面取得开创性成果。机械专家张德庆，神经解剖学家卢于道，药物学家童村，植物生理学家殷宏章，化学家高怡生，化学工程学家苏元复，冶金学家周志宏，物理学家周同庆，天文学家李珩，鱼类学家朱元鼎，细菌学家汤飞凡、余贺，机械工程专家庄前鼎等，均为各学科开创者或权威。

在人文和社会科学界，哲学、历史、经济、政治、法律、语言文字各学科，人才辈出。哲学家熊十力晚年在上海完成《原儒》等一系列著作。历史学家顾颉刚、吕思勉从事史学研究和教学，撰写有多部史学名著。历史地理学家谭其骧主编《中国历史地图集》，第一次系统整理了中国历史地理，分解各历史时期中国的地理形势。历史学家周予同的经学研究、李亚农的中国古代史和甲骨金文研究，精深独到。胡朴安博通经史，精于文字学。陈望道以《修辞学发凡》开创国内古今语文修辞学研究。林汉达毕生致力于中国文字改革与文化教育。文物鉴赏家和版本目录学家徐森玉，抢救、保护国家珍贵文物图书。政治学家钱端升对民国政治制度史的研究尤为精到。经济学家许涤新著有多部用马克思主义观点撰写的经济学专著，其中《广义政治经济学》影响尤为广大。财经专家顾准历经坎坷，致力探索社会主义条件下的商品货币关系和价值规律，以及建设社会主义的一系列理论问题，在国内第一个提出在社会主义条件下实行市场经济。

二十世纪，上海是全国的文化中心之一，三十年代以降，又发展成为中国左翼文化运动的发源地。上海聚集了大批文化艺术领域成就卓著的杰出人物，许多人成为文学艺术大师。中国文化革命的旗手鲁迅，在上海度过人生的最后十年，创作、翻译了大量的文学作品，留下了被称为中国文学创作里程碑的杂文创作。郭沫若出版了《女神》等重要著作。沈雁冰创作了中国第一部现代长篇现实主义小说《子夜》。夏衍、周扬、丁玲、郁达夫、叶圣陶、郑振铎、钱杏邨，沈从文在上海创作出版他们重要的文学作品，奠定在中国现代文学史上的地位。戏剧家欧阳予倩、田汉、洪深、熊佛西、顾仲彝、李健吾、陈白尘、黄佐临等，进行戏剧创作和戏剧教育活动，推进中国现代戏剧运动。人民音乐家聂耳、冼星海、任光等则是革命音乐的先驱，聂耳在上海创作了《义勇军进行曲》。黄自、萧友梅、丁善德等谱写大量堪称中国二十世纪音乐经典的乐曲。黎锦晖为中国近现代通俗流行歌曲创作的第一人。黄宾虹、张聿光、吴湖帆、丰子恺、贺天健、关良、王个簃、林风眠、刘海粟等画界大师，都在上海创作过足以名垂史册的稀世珍品，留下艺术教育活动的足迹。傅雷、朱生豪等翻译优秀的外国文学戏剧名著。京剧表演大师梅兰芳、周信芳在上海革新京剧艺术，促使上海成为全国京剧舞台的重镇。郑正秋、张石川开创中国电影事业。蔡楚生、郑君里、沈西苓、洪深、应云卫、袁牧之、史东山等开拓中国电影导演艺术，创作了大批优秀的电影作品。阮玲玉、胡蝶、周璇、王人美、上官云珠、舒绣文、赵丹、金焰、石挥、蓝马、陶金等人的表演艺术，成为中国电影的经典。吴印咸、郎静山的摄影作品为后人留下了大量的社会真实记录。京昆剧表演艺术家俞振飞、言慧珠、童芷苓等，越剧演员姚水娟、马樟花等，沪剧演员筱文滨、丁是娥、石筱英、解洪元等，评弹演员徐丽仙等，以独特的艺术魅力为中国戏曲舞台塑造了难以磨灭的艺术形象。

新闻出版界涌现出颇具影响的报业家、出版家、新闻记者和编辑家。夏瑞芳、鲍咸昌等创办近代中国最大的出版机构商务印书馆。张元济以毕生精力发展商务印书馆事业。俞颂华在俄国十月革命后从上海第一个赴苏俄采访。史量才经营全国影响最大的报纸《申报》。张竹平集《时事新报》《大陆报》等四社于一家，成为沪上知名报业家。王云五完成汉字四角号码检字法。舒新城主编第一部《辞海》。章锡琛创办开明书店。邹韬奋以主编《生活》周刊而名闻遐迩。张季鸾、王芸生先后在上海主持《大公报》笔政。曹聚仁以学者投身上海新闻出版事业,成为活跃于沪上的知名记者和评论家。胡愈之、金仲华、恽逸群、刘思慕等,在上海的新闻出版战线为革命的胜利和社会的进步作出了卓越的贡献,而名垂史册。

医药卫生界、体育界名家荟萃。有中医名家,伤寒热病专家张骧云,中医理论家和中西医会通派代表人物恽铁樵,妇科专家陈筱宝、朱小南,内科专家秦伯未、程门雪、章次公、陆渊雷,伤科专家石筱山、魏指薪,针灸科专家陆瘦燕,中医理论家张赞臣等。西医有骨科专家牛惠霖、牛惠生,精神病学专家粟宗华,外科专家沈克非,流行病学专家苏德隆,胸外科专家黄家驷,心脏病学专家董承琅,妇产科专家王淑贞,内分泌学专家邝安堃,眼科专家郭秉宽,内科专家林兆耆,公共卫生学专家伍连德,护理学专家伍哲英,以及医学教育家颜福庆。武术名将霍元甲、王子平,足球名将李惠堂、戴麟经,象棋名将谢侠逊,围棋名将顾水如、刘棣怀、过惕生,乒乓球名将孙梅英,以及体育教育专家吴蕴瑞等。

社会主义建设时期,工农商各界涌现出一大批劳动模范和先进人物,是新上海工人、农民当家作主的真实写照。有工人出身、发明中国第一套标准云母电容器的王林鹤,农民出身的水稻栽培专家陈永康,全心全意为人民服务的饭店服务员桑钟焙等。

众多外国人参与了近现代上海的发展和变化,从事经济贸易、科学技术、文化教育、新闻出版、医药卫生、市政管理以及宗教事务活动。二十世纪二十年代起,国际革命组织和世界反法西斯团体的派出人员在上海进行重要活动。有共产国际驻中国代表马林、魏金斯基等,韩国独立运动领导人金九,日本革命者中西功,新西兰革命人士艾黎等。国际和平人士和进步文化人士如美国史沫特莱、斯诺、耿丽淑,日本内山完造等,在上海和中国人民结下了深厚友谊,用独特的视角介绍上海,介绍中国。

七、复旦往事

巍巍师表　学界楷模*

——缅怀一代史学大家蔡尚思教授

一代史学大家蔡尚思教授走过了百余年极不平凡的人生之路，与世长辞了。学界失一巨擘，士林同声哀悼。从呱呱落地降临这个世界，直到告别人世，百年行过，他的一生几乎与整个二十世纪同行。风雷激荡的伟大时代，造就了这位杰出的学者、真诚的爱国者和共产党人。随着历史的巨大步伐执着奋进，他创造了无愧于这个时代的足以载入史册的光辉业绩。青年时期，作为一个贫寒学子的他，克难苦学，勇闯北京高等学府，成为国学的孜孜不倦的研究者。人到中年，立业于南北诸所高等院校，以惊人的毅力攀登史学殿堂，成果迭出。在学术界崭露头角，声誉鹊起。继而以坚定的步伐进入抗日救亡和人民民主革命斗争，作为著名的民主教授，迎来了上海的解放和新中国的诞生。作为一个党员专家、一个在社会上有着广泛影响和拥有显著声望的学者，在社会主义时期，他一身而数任，在政治、学术、教育、文化以及社会活动等各个领域，作出了多方面的贡献，而学术研究和学校教育方面的成就尤为卓著，这一时期成为他一生中最为辉煌的岁月而终其一生。

在当代中国学术界和教育界，他被公认为德高望重、著作等身、桃李满天下的史学家和教育家，这应是当之无愧的。他在学术研究和高等教育战线上奋斗了数十年，把一生的心血倾注于科学和教育事业，为发展学术文化、作育人才、振兴中华而不遗余力。尤其是在中国思想史的研究工作中，他追求卓越，用力最多，积数十年之功而立一家之言，在这一领域中独树一帜，开创了一个新局面。

在我接触到的复旦园内许多老一辈学者当中，蔡尚思教授是最富赤子之心、最具学者风骨、最有平民本色、最率真正直，也可以说是最具独特个性的学者。从二十世纪五十年代中期我进入复旦大学历史系以来，与蔡尚思教授相处相知将近半个世纪，前后有二十多年时间，与他同在一个党支部，也同在一个教研组工作。

---

* 本文原载复旦大学历史系编：《世纪学人蔡尚思》，复旦大学出版社，2015年5月。

我非出自历史系学生的行列，更非他的入门弟子，却是三生有幸，有机缘于这么长的岁月里，时时亲聆他的教诲，感受他的人格力量和高尚品德，学习他的治学经验，得益良多。蔡尚思教授的爱国爱民的赤子之心，坚定正确的政治信念，崇实求真、服膺真理的治学精神，诲人不倦、提携后学的师道师德，克勤克俭、艰苦朴素的生活态度，无不给予我深刻的感染并产生深远的影响，使我终生难忘。

克难苦学　玉汝于成

作为一个史学大家，蔡尚思教授的创业之路历经艰难曲折，极为崎岖不平，其千辛万苦的境况，非常人所能想象。记得一九六四年到一九六五年间，我与他在奉贤头桥公社参加“四清”运动，同住一户农家的斗室。他多次同我忆述早年往事，说他曾是“一个穷学生、一个穷教员”，在二三十年岁月中“苦读书、苦著书”，不少时日处在半饥半饱的生活之中，仍毫不懊悔地苦苦坚持钻研学问，其中甜酸苦辣真是一言难尽。他的克难苦学的动人事迹，闻之每每使我肃然起敬而引为学习的榜样。如果没有这种坚忍不拔、不避艰辛、不图安逸、执着奋进地勇攀学术高峰的崇高精神，他绝不可能铸造起尔后在学术上的一座座丰碑。他治学严谨，夙夜勤奋，学识渊博，厚积而薄发，敢言人之未言，敢纠人之谬误。这与后来他在中国思想史学术研究中的杰出建树，具有水到渠成、春华秋实的内在联系，而绝非偶然。

蔡尚思教授出身于贫寒之家，少年时一度因家贫辍学，难为其父母勉力支撑而幸免失学。慈母谆谆勉励，嘱他要立志为穷人读书做事，中学的师长又多方提携鼓励，发愤求学、成才立业的志向乃逐渐萌发。一九二五年，不满二十岁的他，告别故乡负笈北上，赴京求学，一个来自福建德化乡间的贫寒学生，大胆地冒昧参见清华大学国学研究院教授王国维、梁启超，拜为导师。不久，考入北京孔教大学国学研究科。因对校长陈焕章一味崇孔不满，便自行到北京几所著名高等学府当一个不需缴学费的旁听生。这时老家破产，生活难以为继。他苦读勤学的意志并未因生计无着而动摇，每每靠着向同乡借来的几角钱，买点小米稀饭聊以充饥，再无办法，只得一天买一只小馒头充饥度日，却坚忍不拔、废寝忘食地钻研国学。

志向高雅的他，为追求更高的学问和才识，于一九二七年考入北京大学研究所成为研究生，师从陈垣、梅光羲等导师。北大研究所是中国自有新式学校以来最具权威的资产阶级自由主义性质并带有传统书院色彩的最高学府，采取个人独立研究为主，辅之以学术讲座的学习方式。这对于特别寄情于独立研究、自由思考的他，可谓如鱼得水，用他自己的话说：“我喜欢这种学习方式，因为可以到各大图书馆阅读研究。”可是，贫穷依然困扰着他，以致在北京大学的研究学习难以为继。后来他回忆道:“因为生活难以维持,不得不在一九二八年下半年改为通讯研究,得校长蔡元培的介绍,南下南京教书为生。”

他在南京谋业未能如愿,陷于失业达一年之久。生活无着,往往一天只吃一碗阳春面度日。幸而在南京福建会馆偶遇的一位福建老乡,怜惜这位志气不凡的穷困学子之苦难,他得在其家中就食,而不曾挨饿而终。陷入生活困境,并未动摇他迈向学术殿堂的坚定步伐。在南京的这段艰苦日子里,他依然早出晚归,埋首图书馆研读,从不停息。到了一九二九年秋至一九三〇年冬,蔡尚思教授先后于上海大夏大学和复旦大学教授中国历史,境况一度有所好转。但在这两所私立大学受聘为时短暂,不久又告失业,再度陷于穷困。

从一九二五年至一九三一年,在北京、南京和上海三地的三次生活上的磨难,蔡尚思教授后来将其称为他一生中的“第一次至第三次的饥饿生活”。在多年的有了上顿无下顿的半饥饿生活境况之下,他以惊人的毅力和坚不可摧的意志,用常人不可想象的执著和努力,克服重重困难,夜以继日,奋力研究中国史学和哲学。他的最早的一批学术著作在这一期间陆续撰写完成,先后问世,成为他早年的代表作。一九二八年前后,著有《孔子哲学之真面目》《老墨哲学》《三大思想之比观》等书。一九二九年至一九三〇年间,《中国学术大纲》一书也告完成,并与学术界见面了。

第一次离开复旦大学以后,一九三一年秋,蔡尚思教授远赴湖北武昌,入华中大学任教。一九三四年秋,他辞去华中大学教职,返回南京。以后的一年中,虽然因失业而在生活上再次陷入困境,然而,在学术研究的征途上,却迈开了具有深远影响的重要一步。他曾经多次与我们几个中青年教师深情忆述在南京的这段经历,说:在华中大学“我愤而辞职,失业回南京,入国学图书馆住读一年。每天用功到十二个小时,查阅中国历代文集及其他方面的书籍数万卷,搜集了以中国思想史为中心的资料数百万字”。在这里,他的坚忍不拔、刻苦治学、勤勉奋进的精神又一次集中地得以显现,而在南京国学图书馆进行的上述基础性工作,也为他尔后深入探究中国思想史构筑了坚实的基石。

在学术研究的道路上,他有一种严谨求实、追求真理的态度,勤奋好学,锲而不舍,孜孜不倦地探求历史真谛,既不浅尝辄止、哗众取宠,又不人云亦云、随风摇摆。出于互相探讨切磋、推动科学发展的目的,他往往会向学界权威提出不同见解的争鸣。在南京时期就已显露了他在这方面的独特风格。他曾经对我们几个后学者说过:“国学大师章太炎论中国历代主张井田制者只有四个人,我却发表一文,举出四十多人,证明章先生的少见和健忘。”又说:“在国学图书馆遇一位史学家刘棪藜,他崇拜孔子,而我却觉得还是墨子伟大。他崇拜曾国藩,而我却觉得还是洪秀全伟大。结果两人争得面红耳赤,但一点也不伤感情。我对刘的老师、南京国学图书馆馆长柳诒徵老史学家，也不把学术与感情混为一谈。”对于蔡尚思教授来说，这种对真理的执著追求和“吾爱吾师，吾更爱真理”的态度，是数十年如一日的。

一九三五年下半年蔡尚思教授入上海沪江大学担任教席，由此至一九三七年八一三事变爆发的两年中，生活状况有了改善，并且终于还清了十年来所拖欠的债务。然而，这短暂的宁静没有多久就被日本侵略者的炮火打破了。国难与家难几乎是在同一时间降临到头上的。八一三战火一起，沪江大学所在地顿时成为中日两军反复争夺的一个战区。他以多年心血聚积而成的珍贵的图书资料顷刻化为灰烬，令他痛惜不已。从上海沦为“孤岛”到太平洋战争爆发，在日寇铁蹄之下生活日艰，物价飞涨，他“每月全部收入少到只够买米数斗，全家在上海的生活苦不堪言，因得夫人之姐借钱相助，才不至于饿死”。在如此艰难困苦的岁月里，他依然坚持着学术研究的事业，生命不息，笔耕不止。这一时期他撰写完成的一批新的著作陆续问世。一九三九年出版了《中国思想研究法》，一九四〇年出版了《中国历史新研究法》，一九四〇年写就《蔡元培学术思想传记》(后于一九五〇年出版)；在此之前的一九三六年，还发表了《三十年来中国思想界》一文，该文当时曾被译成日文。他后来在一篇文稿中回忆说：“这一时期开始，我力求运用唯物史观作为研究历史的指导思想，但自己理解不深，仍不免有错误。我觉得在自己的撰写工作中，以《中国思想研究法》一书用力最多。”

以人民解放战争的胜利推进为标志的中国新民主主义革命全国高潮的到来，唤起了蔡尚思教授的学术创造的新高潮。在中共上海地下组织的指引下，他以学术论著为武器，把一篇篇的学术论文作投枪，勇敢地投入到反帝反封建的人民大革命中；而且也在这个斗争过程中，他的学术研究水平获得了一次新的升华。这一时期，他在上海的进步刊物《时代》《时与文》《民主》《周报》《中国建设》《新文化》《文汇报》《大公报》等报刊上，陆续发表富有战斗力的论文百余篇。锋芒所指，直刺国民党反动统治及其封建半封建的意识形态，旗帜鲜明地反对尊孔复古，反对复辟倒退，反对洋奴买办思想，影响遍及国统区和解放区。这一系列文章尔后汇集为《中国传统思想总批判》和《中国传统思想总批判补编》两书，在上海解放后正式出版，成为蔡尚思教授十分重要的代表作。

经过长期积累而造就的广博深厚的学术功底，从不间断的精益求精的潜心研究和探索，学术成果的一批批推出，步入中年的蔡尚思教授如同一颗新星，在中国学术领域冉冉升起。他逐渐作为一个从二十世纪三十年代以来脱颖而出的新一代学者进入学术界和思想界的视线。他长期专攻中国历史、中国哲学，尤以精研中国思想史，特别是对中国近现代思想史和春秋战国时期思想史的独到研究，而著称于世。

丹忱为民　风骨弥坚

蔡尚思教授从一个埋头读书、醉心于学术研究的书生，到步入中国共产党领导的人民民主革命的行列，以著名的民主教授的战斗姿态，登上解放战争时期第二条战线的历史舞台，进而成为一个真诚的共产党人。这漫长的历程中充满着艰辛、曲折和风险，但他始终勇往直前，百折不回，而在这其中支持他的最根本的内在力量就是他那忧国忧民、爱国爱民、一切为了人民的赤诚精神。终其一生，可以说，“横眉冷对千夫指，俯首甘为孺子牛”，应是对他恰如其分的写照。

对广大人民群众的深厚的思想情结，在他少年时代就已萌发。他曾多次同我谈起少年往事，深情回忆道：“我生长在农村的一个贫寒之家，少时因家贫辍学，约有两年半失学在家，参加牧羊、挑谷、担粪、种菜、割草等劳动，每天赤足同农民子弟一起往来于田野山间，过着半农民生活。”及至进入中学就读，他就已胸怀朴素的为劳苦民众读书做事的信念。在北京和南京寒窗苦读时，他眼见民族的危机、政府的腐败、社会的黑暗和人民的苦难，更是一天天忧心如焚，这强烈地激发他探求救国救民之途径。记得一九五六年秋天，他在一次党支部的思想小结时深情地回忆道：北伐战争前后，“在南京挨饿，眼见反动政府无比腐败，军阀混战连年，民不聊生，我独居芦苇为顶的一间破屋，彻夜未眠，半夜坐起，对现实极度不满……也时常为被剥削者、被压迫者鸣不平”，日夜苦思，探索造福大众，救国救民之路。尽管当时他还未找到马克思主义的理论武器，也不了解中国共产党领导的人民革命运动，却是在苦苦地探索着。

九一八事变以后，国际国内形势的大变动和工农红军战争的胜利发展，给蔡尚思教授的政治方向和政治道路的转变提供了历史性的契机。这其中的关键，就在于他开始接受马克思主义理论并且与中共地下组织有了联系。一九三二年开始，他在武昌华中大学与地下党员何伟（新中国成立后曾任驻越南大使、高等教育部部长等职）等青年学生一起学习和研究马列主义著作，同时参与掩护地下党的革命活动。在这以后的数年中，他还陆续研读了恩格斯的《家庭、私有制与国家的起源》，以及苏联编著的《辩证唯物论与历史唯物论》《辩证法唯物论》和《政治经济学教程》等一批阐述马克思主义基本原理的论著。用他自己的话来说：“这都是抗战前对我最有影响的书。”学习马克思主义和接受共产党的指引，是蔡尚思教授人生历程中的带有根本性的重大转折。由此，他以往的个人奋斗遂开始与中国共产党领导的伟大的人民民主革命直接联系了起来，他为实现救国救民的夙愿所作的奋斗，终于有了正确的方向和道路。

此后在潜心钻研学术和担任教职的同时，他一步步投身于适合他自身条件的进步的革命的活动。一九三二年，为了保护民权，反对国民党反动派迫害进步人士和屠杀无辜，他参加了由蔡元培、宋庆龄、鲁迅领导的“中国民权保障同盟”。一九三五年，由共产党员欧阳执无介绍，他加入了“中苏文化协会”。一九三六年，何伟来上海从事党的地下工作，蔡尚思教授运用沪江大学教授的身份进行掩护和协助。他将自己的寓所提供给何伟作为落脚点，代为保管和转递党的秘密文件，还在经济上给地下工作以支持。这时，同何伟一起在上海进行革命活动的陈家康同志（新中国成立后曾任驻埃及大使、外交部副部长）也得到了蔡尚思教授的诸多协助和悉心的掩护。

对人民的一片赤子之心与对敌人的决不妥协的态度，可以说是蔡尚思教授政治性格中不可分割的两个方面。与那些惯于对反动统治者攀龙附凤、趋炎附势的文人截然不同，他无论是在北洋军阀时期还是国民党统治时期，从不向反动势力和黑暗势力低头，更不屑作任何献媚之举，始终保持了一个正直学者的铮铮风骨。一九三五年春，广东军阀陈济棠在广州创办的“学海书院”，以每月500元大洋之高薪聘请蔡尚思教授前去执教。他以这所学院为军阀势力所操纵而予以拒绝，尽管对方开出的薪俸远远比他在上海的现有薪给高出一两倍，也决不为所动。他态度鲜明地表示：“我不愿为封建军阀服务，坚决拒绝！”

蔡尚思教授曾经说过：“我对反动派是决不妥协的。”这铿锵有声的誓言绝无半点虚妄。抗战时期他断然拒绝与日伪合作便是明证。上海在太平洋战争开始后全面沦陷，进入最黑暗的时期。日伪当局控制的伪国立交通大学、伪申报馆用种种手段威胁利诱，妄图迫使他去这些单位出任伪职，但无不被他一一拒绝。后来日伪当局又企图利用蔡尚思教授出山主持一家汉奸刊物，也遭到他的拒绝。对于当时对付日伪当局的这一场较量，他后来在二十世纪五十年代有过这样的回忆：“汪伪政府曾拟办一家大型杂志，他们知道我连三顿饭也难以维持，就通过一些熟人用高薪来引诱，要我去担任刊物的主编，还企图通过我与日伪当局的合作，引诱上海教育界一批专家出而投靠日伪当局，充当编辑等职。我再三表示，假使我到了饿死的境地，就算你们把伪政府的银行也送与给我，我也不会动心！”

经受了伟大的抗日民族解放战争的洗礼，亲历了国土的沦丧和人民的苦难，这一场近代历史上空前的大变动，给了蔡尚思教授的心灵以极大的震撼，大大地激起了和提升了他那追求民族独立、人民民主和国家富强的强烈意愿和前所未有的积极性和主动性。抗战胜利不久，他积极参与由郭沫若、马寅初、侯外庐、杜国庠等4位民主和进步学者共同发起成立的“全国学术工作者协会上海分会”，为24位发起人之一。该会以团结学术界人士为进步事业而奋斗为宗旨。这一期间，他还与长期同他保持着联系的中共地下党员方行（新中国成立后曾任上海文管会主任）合作汇编《谭嗣同全集》和《李大钊全集》，旨在抗战胜利后新的历史时期，传承和发扬光大改革志士和革命先驱的伟大事业。

当中国两种命运大决战的人民解放战争排山倒海地推进之时，在第二条战线的上海，蔡尚思教授以鲜明和坚定的姿态登上人民大革命的历史舞台。他以自己的实际行动，赢得了进步的教育界、学术界、文化界和广大青年学生的支持与钦佩，被誉为民主教授。可以说，这时他已在中共上海地下组织的直接领导下，以前所未有的自觉程度和组织行动，投身于反帝、反封建和反对官僚资本主义的斗争。

一九四六年冬，他与爱国民主人士沈体兰、张志让、周予同一起发起组织“上海大学教授联谊会”（简称上海“大教联”），联系与团结沪上高等院校教授开展民主运动。他与中共地下工作者李正文（新中国成立后曾任复旦大学党委书记）等同志保持直接联系，在地下党的指导下积极开展“大教联”的工作，成为这个组织的一个核心人物。“大教联”成功地联合了各校教授近百人，在上海反对美蒋反动派的爱国民主运动中起了重要的作用。

这一时期，他的主要战斗是在意识形态战线，而这种战斗是在党的领导下进行的。党的地下工作者梅益（新中国成立后曾任国家广播事业局局长）、唐守愚（新中国成立后曾任上海市高教局局长）和李正文同志，经常与他保持秘密的联系。他以学术为武器，向着以国民党统治当局为代表的封建和买办的思想文化发动猛烈的进攻。在《时代周刊》《民主周刊》《中国建设月刊》《时与文周刊》《新文化半月刊》《周报》《消息半月刊》《国讯月刊》《展望周刊》，以及《文汇报》和《大公报》等报纸上，陆续发表的文章达百余篇之多。其中大多数文章是针对国民党统治的反动意识形态而发，一部分学术性研究的文章也深深地蕴含了政治斗争的意向。他以“批判的武器”紧紧地配合人民解放战争对国民党反动统治的“武器的批判”。这一篇篇战斗檄文批得反动当局坐立不安，而在民主阵营引起了热烈的反响。不仅在国统区发生了广泛的影响，而且解放区的报纸也有摘要报道的。笔者当时还是一个初中刚刚毕业的小青年，记得一九四八年在杭州读到蔡尚思教授发表在《大公报》“星期论文”栏目的文章，也深深地受到了启示，思想的眼睛为之一亮；而他作为一位民主教授的崇高形象，也正是在这时开始在我的脑海里生根的。

学校的讲坛是蔡尚思教授的又一个战场。他在沪江大学等校讲授中国通史等课程，说古论今，揭示历史与现实之间的联系，以历史的眼光抨击时政，指明中国政治的必然走向，给了青年学生们以正确的引导。南京当局教育部将此视为大逆不道，急欲加以扑灭，秘密电令沪江大学校长严密注意而待机予以取缔。该电文的原件解放后在沪江大学的档案中查获，其中称：“该校中国通史教授蔡尚思系奸×分子，持论狂妄，平时教学专事打击政府，而在沪版大公报暨其他杂志发表之言论，尤其言伪而辩，悖逆反动……仰密切予以注意。”沪江学校当局乃对蔡尚思教授软硬兼施，企图逼他就范，停止战斗。该校政治系学生中一个国民党死硬分子，在校内公开扬言要用手枪打死他。面对解聘的威胁和被杀的危险，他并未丝毫地动摇和退缩，坚持不从学校撤出，而且还多方设法保护学生运动，以铮铮铁骨昂然挺立，坚持与反动派进行不屈不挠的斗争，直到迎来上海的解放。

渐行前进　永无止境

蔡尚思教授从年轻时起就以一颗赤子之心和丹忱为民的一腔热情，探索救国救民的道路。在这里，他走过了相当漫长的历程和崎岖不平之路。与五四运动以后中国一部分先进的知识分子所走的道路一样，他也是从民主主义一步步地走向共产主义，从一个爱国者进而成为一个共产党人的。忧国忧民、爱国爱民的情怀也正是他在政治思想上的起点，而接受社会主义和共产主义，乃是政治上的合乎历史发展的归宿。从历史上看，同"五四"时期以后那些早期的共产主义知识分子相比较而言，在这条道路上前进的知识分子队伍中，蔡尚思教授并非先行者。然而，他从原先赖以安身立命的国学的象牙之塔中破门而出，以一介书生而步入人民民主革命和社会主义的洪流，其中冲破各方面的阻力、克服种种艰难险阻，为常人所不可想象。他的特立独行之举，出于公心，发自内心，是数十年来苦苦探索和不断反思而作出的正确选择。他走过的道路后世不可能重复，但其精神却是十分可贵的，永远值得我们后辈们学习。

百年行过，一步一个脚印。蔡尚思教授的人生步伐，总是与时俱进，一直随着历史的前进而前行的，从不倒退，更不曾背向历史逆行。现代中国的知识分子中，有些人原先一度站在时代潮流的前头，不失为一个改革者甚至是一个革命者，可是后来却走向保守、落伍，甚至开起历史的倒车。有的人做了一阵子有益于国家和社会的事业，却在另一种境况下，中途变节而堕落。有的人则在革命高潮时涌入革命阵营，但当革命低潮袭来时却销声匿迹而远离革命。蔡尚思教授虽不是革命的先行者，但他一旦接受了马克思主义的理论，认定了通向民族独立、人民民主和国家富强的正确道路，就坚定不移地奋斗前进，从无动摇。在中国革命处于低潮的二十世纪三十年代，他不畏艰险支持革命运动，而当二十世纪四十年代后期革命高潮到来时，他更以前所未有的自觉性和积极性投入党所领导的革命斗争。人民共和国成立之后，他从未以过去的革命斗争历史为资本，谋求任何的个人私利，相反却是一贯地以一个普通的学术工作者和教育工作者默默地作出无私奉献，数十年如一日。他以自己的行动，忠实地实践了立党为公的宗旨。

他参加共产党，成为一个共产党员，是经过了长期的政治思想的准备，多年的实际斗争的考验，以及党组织的严格审查的。一九五三年五月二十七日，我参加了复旦大学历史系党支部讨论审查蔡尚思同志入党问题的支部大会。这次会议对我也是一堂深刻的党课教育，至今记忆犹新。令我非常感动的是，他抱有十分严肃的对历史负责、对党负责，也对自己负责的郑重态度。动机是崇高的，志向是远大的，襟怀是坦荡的，言行是一致的，这得到了与会同志的一致肯定。事实上，早在上海解放前的一九四八年，地下党组织根据他的一贯表现，已决定吸纳他参加党组织。当时，与他保持直接联系的地下党有关同志，也已告诉他要向党组织提交一份自传。后因地下工作的组织关系和负责联系他的地下人员的工作变动等原因，未能完成发展入党的组织程序。时隔五年，再次讨论审查入党问题，他的态度是那样的谦逊，对自己的要求又是如此严格，无不令人钦佩。他这样说道："我过去长期以来想做学术专家而未参加革命……太辜负了劳动人民的长期培养和党对我的长期栽培。""我应该在党的培养教育下，继续不断地提高自己的觉悟，成为党内一名战士。为共产主义而生，才是最有意义的生，为共产主义而死，才是最为光荣的死。"既是一个学者，又是一个战士；既要"红"，又要"专"。他在我们年轻党员的心目中，是学习的楷模、前进的榜样。

蔡尚思教授对自己的政治和思想发展的历程，概括为"渐进"的根本特点。他认为自己既不是"激进"，更不是"倒退"，而是"渐进"。"渐行前进，既稳且坚"，是他政治思想历程的真实写照。他曾经写道：我的思想行动既不是倒退，也不是激进，而是相当典型的渐进。由信仰中国传统思想，经过怀疑传统思想，而到反对传统思想，是对中国传统思想认识的一步步提高。由信仰空想社会主义到信仰科学社会主义，是对社会主义认识的一步步提高。由在思想上同情和拥护革命运动，到在行动上直接投入党所领导的革命斗争；由反帝的民族立场，而进到人民大众的立场，到无产阶级立场；由不接近共产党，到接近共产党，由接受党的领导，到参加到党的组织内来，而成为一名共产主义战士。他对自身前进之路的这一概括，真实可信又符合规律，反映了蔡尚思教授数十年来一步一个脚印，执著、稳步、坚定地追求真理、追随革命的前进之路的轨迹，有着十分重要的借鉴意义。

他的可贵之处，还在于"渐进"的道路上永不停止。他的思想与行动始终与时俱进，活到老、学到老、改造到老、奋斗到老。这其中的一个重要原因，就是他永不自满，永不固步自封，时时以一个小学生自居，不断重新学习，不断自我更新。有一次，在党的组织生活中，他以自己的心路历程与老一辈革命家吴玉章同志相比较，十分谦虚地自我批评说："我的进步太慢了点。以年岁而论，我比之于吴玉章同志有点像一个小孩子，然而他比我进步快。他参加各个时期的政治斗争，总是站在时代的前列。时代出现了什么新党派，他就投入什么新党派。他由维新派到同盟会，再到共产党，即由资产阶级改良派到资产阶级革命派，再由资产阶级革命派进到无产阶级革命派，是知识分子中进步快的一个典型，而我则是进步得较慢的一个小例，相差很远，自愧极了。"谦逊、坦诚、热切求进的心态溢于言表，在座的同志们闻之无不深受启示和感染。

办学治校　尊重科学

蔡尚思教授是以一位史学大家而著称于世的，这可以说是实至名归。然而，我们不应遗忘了他在担任学校行政负责人，管理学校教学和科学研究工作中所作出的贡献。上海解放之初，担任高校领导工作的著名学者可谓凤毛麟角，他是其中极为引人注目的一员。他是上海解放后最早出任高校行政主要领导人的一位学术专家；也是新中国成立后几十年中，上海高教界担任学校行政领导工作的教授中，任职时间最长的少数几位中的一员。事实上，上海一解放，他就众望所归，被推举为上海沪江大学行政革新委员会委员，代理校长职务，不久又出任新成立的校务委员会的副主任委员，成为该校全盘工作的实际主持者。五十年代初转入复旦大学，出任院系调整后历史系第一任系主任。六十年代初开始，出任复旦大学研究生院副院长多年。“文革”结束后，从七十年代到八十年代，他先后担任复旦大学副校长、复旦大学顾问等职。“最早”和“最长”这两个“最”字，承载着他担负学校行政领导工作的丰富的历史底蕴，记叙了他在学校管理工作中几十年的无私奉献。

他始终以满腔热情积极推进学校的教育与科学研究事业的建设与发展，于复旦大学文科的各项事业多有建树，而对于历史系的工作尤为关怀和支持。在“文革”前的十多年中，在处理和决定有关全系的教学、科研、人才培养、对外交流、人事关系等的重要问题时，我总是要前往拜访，向他请教。无论何时，无论他有多忙，他都会放下手头的工作，与我倾情交谈，语重心长，一一指点，有时甚至连讲一两个小时，也不知疲倦。从大政方针、教学科研方案，到课程设置、教材编写和师资培养等诸多事项，他每每结合历史与现状、理论与实际，谈论风生，其中颇多真知灼见。此情此景，历历在目，终生难忘。

对于办学治校理念，他主张民主办校、科学办校，着眼于要培养出一批批优秀的哲学社会科学工作者，不辜负党与人民的希望；按照教育与科学事业的发展规律来领导和管理学校，在学术问题上必须坚持“双百”方针，人才培养必须坚持“又红又专”的方向。新中国建立以后的十多年中，高等教育和科学研究事业取得过长足的发展，获得了史无前例的成就。但是从五十年代后期开始，随着党内“左”倾思想的日益滋长，复旦园内同一般高等学校一样，也错误地开展了“大跃进”“教育革命”“批判资产阶级学术思想”“批判白专道路”等运动，造成学校各方面事业相当严重的混乱和损失。他对种种乱象深感忧虑，很有不同意见。可是，这呼啸而起的一连串“运动”，无不是以“革命”的名义动员广大师生而席卷全校，并且又都是在各级党组织的领导下发动和推进的，一时间他不便公开议论和进行指责。于是他保持沉默，而在可能范围内在一些具体问题上对“左”的倾向进行抵制。记得一九五八年“教育大革命”浪潮中，他在党内多次会议上，对种种“左”的举措表达了不同意见。一次在历史系总支会议上，校党委一位负责人要求他对其开设的“中国现代思想史”课程加快进行改革，破除旧体系，建立新体系，在一周内提出改革方案，按新体系讲课。对此，他当场表示拒绝。他说：一门学科的学术体系需要进行长期的探索和研究，绝非几天“挑灯夜战”实行“突击”所能完成。我们对科学研究工作既不应神秘化，也决不能简单化，一周完成学科新体系的方案是违反学术研究工作的规律的，绝不可能做到。

一九六一年二月，周扬按照中央书记处邓小平、彭真的指示，来上海调研大学文科改革和建设工作，为即将召开的全国文科座谈会做准备。在上海文艺会堂，周扬召开了一次由上海几所主要高校文科有关干部参加的座谈会，他就如何正确掌握理论与实际、批判与继承、红与专、教学与劳动的关系，以及知识分子政策、“双百”方针等问题作了阐发，对“大跃进”以来学校工作的经验教训作了梳理，着重于纠正一九五七年以来的“左”的偏向。蔡尚思教授是被邀参与这次会议的党内专家之一，可是当时在北京工作，未能赶上这次会议。当他不久回沪后，我向他详述座谈会情形，我见他情绪十分兴奋，为这几年来所未见。他支持对前几年文科工作的经验教训进行总结。他认为这几年来文科成绩显著，但问题不少，后遗症甚为严重，亟须调整。说到理论与实际的关系，他说理论不应脱离实际，但学校教育的中心任务是传授知识，培育人才，教学就是把先前的外域的科学知识，以理论、知识、学术的形式传授给受教育的人。所以学校必须坚持以教学为主，不应以政治运动和生产劳动为主，课还是要教好的，书还是要尽量多读些。谈到教学问题，他说教学相长是好的，青年学生敢想敢说敢做的精神也应发扬，但这种想、说、做应是科学的、实事求是的。前几年历史系一、二年级同学中国通史课程还未学完，就提出要自己动手编出中国通史著作，而且要在短期内超过范文澜、超过周谷城的通史著作，这愿望虽好，却是办不到的。对于用群众运动搞科研的做法，他指出再也不应重复了，说科学研究著书立说，这样的精神劳动，采用几十百个人挑灯夜战，突击攻坚，是完全行不通的，无益有害。他很赞成周扬提出的复旦历史系要为本科生规定基本阅读书目，提倡博览群书。后来他还亲自动手，开了一批书目交给我，要求系里汇总为一个较为完备的五年制史学专业阅读书目。

一九六三年十月下旬，蔡尚思教授出席在北京召开的中国科学院哲学社会科学学部委员会第四次扩大会议。周扬在会上作了题为《哲学社会科学工作者的战斗任务》的报告，会议号召“积极开展反对现代修正主义的斗争，重新学习马列主义思想，加强对当前革命斗争经验的研究，锻炼培养哲学社会科学的队伍”。当时，正值批判现代修正主义、批判资产阶级思想的斗争方兴未艾之时，学术领域的“左”倾思潮呈现日益泛滥之势。他返回上海后的一天，我去他的府上拜访，商量北京学部会议精神传达之事。他滔滔不绝地说个不停，其中令我印象特别深刻的是，他一再强调：批判的旗帜要高高地举起，但是，批判必须是科学的、论理的、实事求是的，乱戴帽子、乱打棍子不仅无益，而且有害。科学的批判必须建立在严谨踏实的科学研究的基础之上，放空炮、说大话都是无济于事的，绝不可取。谈到培养哲学社会科学的队伍，他对我说：我们历史系培养中青年学术队伍，要有马克思主义的理论素养，还必须要有文史哲专业素养深厚的功底，基础要扎实，学风要严谨，这样才能担当起中央提出的“战斗任务”。同时他还强调，历史系要十分注意发挥老一代专家的作用。我领会到他的这番话，是针对当时学术界的一些令人不安的现象有感而发的；当然，同样也是历史系工作中应予重视的问题。

对于历史文化遗产的态度，他结合北京会议的情况，认为对于学术和文化遗产，还是应当以马克思主义的观点进行批判的总结和传承，像毛主席指出的那样：“从孔夫子到孙中山，我们应当给以总结，承继这一份珍贵的遗产。”他说：社会主义对封建主义、资本主义各种文化应当扬弃，既不是全盘继承而不加批判，也不是只有批判而不作继承，批判地继承的态度是正确的。这就必须努力学习和掌握马克思主义思想武器，同时要认真读书，掌握丰富的知识，系统地积累历史资料，进行系统、深入的分析研究。

对学术研究的方针问题，他针对前几年学术批判中的偏向，反复地强调要贯彻“双百”方针，说如果在学术问题上不实行百家争鸣的方针，不鼓励自由讨论，不鼓励独立思考，而采取行政命令的办法，采取群众性批判围攻的办法，去解决学术问题和科学问题，那么学术界的思想就会僵化，学术研究就会被遏制，知识分子的积极性也就没有了，学术事业又如何能繁荣发展呢！

在这次谈话中，我印象最为深刻的是，他谈到周扬报告中关于孔子问题的一段话。他翻着一个笔记本，说报告里有这样的话：“‘五四运动’当年那些敢于向封建文化、封建思想和它的偶像挑战的勇猛的先驱者，虽然他们还不懂得马克思主义的辩证法，形式主义地要么肯定一切，要么否定一切，但是，他们那种反封建的精神和勇气却是永远值得称赞的。现在有些人已经丧失这种精神和勇气了，他们似乎已经退到了‘五四运动’以前的状态。某些人又把孔子作为偶像抬出来，在他的面前重新跪拜。不过这一回，孔子穿上了现代服装，跪拜也换成了脱帽鞠躬的新仪式。”“孔子作为我国古代一个思想家和教育家，有他应有的地位。但是，在两千多年的历史中，他的学说经过从董仲舒到朱熹的阐发，长期被封建统治者用来作为精神上奴役人民的工具。‘五四运动’对孔子的大胆批判，是一大功劳，是我国人民在思想上的一次大解放。”根据我当时的理解，蔡尚思教授很赞赏报告中的这段话。当时交谈中，他还告诉我，说这次出席北京学部会议的成员中有几位老专家，在山东曲阜孔庙曾向孔子像行鞠躬礼。他说他是不会去行礼的，至于对那几位老专家，其心情可以理解，也不必去指责他们。他说，孔子说过他主张“和而不同”，对于年届六七十岁的老先生，我们不必去强求他们改变世界观。

襟怀坦荡　思想常青

革命的、科学的批判精神，不但运用于对待中国传统思想，也运用于对待当代社会思潮，而且，也坚持以这一批判精神来审视、解剖、鞭策自己的言行，这可以说是蔡老的精神世界中的两大亮点。“文革”结束以后的思想解放运动中，他所作的自我反思，便是坚持这种批判精神的一个新的范例。一九八〇年初夏的一天，我去复旦第一宿舍访问他。当时思想界冲破了长期以来“左”倾指导思想的束缚和禁锢，呈现出生机勃勃的空前活跃景象，同时也出现了某些思想混乱。我看他的精神非常兴奋，他坚信经过拨乱反正，我们学术界和教育界是大有希望的，大家应当加倍努力。谈到“反思”，他认为反思极有必要，我们要在批判旧我中发现新我，来个否定之否定。同时，他又表明关于反思的一些主张：反思应当遵循科学，不能胡思乱反，那样就会迷失方向；反思应为建设性的，探究以往是为了向前看，反思历史是为了更好地团结一致向前看；反思人人有份，党的高层领导固然要反思，各级干部都要反思，我们基层的一般党员也有必要进行反思。他的见解透彻明亮，立论精当，切中时弊，给了我诸多的启发和教导。

令人肃然起敬的是，他不仅是这样说了，而且重要的是这样做了。从二十世纪八十年代到九十年代，在党内几次学习和整风中，他都是认真、严肃地以科学的态度反思历史，回顾和总结正反两方面的历史经验，特别是严于解剖自己，襟怀坦白、毫不掩饰地进行批评和自我批评，表现了一个真正的共产党人的高尚风格。我当时也一起参加了其中几次学习和检查，此情此景，感人至深，使我终生难忘，深受教益。

在八十年代中期的一次学习、反思和总结“文革”期间及其前后党的若干历史教训时，蔡尚思教授的三点自我批评，袒露自己的内心世界，发自肺腑而切中要害，引出了具有重要意义而发人深省的经验教训。

他说道：“一、‘文革’前有‘唯上之命是从’的问题。我很有朴素的感情，但尚缺乏一些自觉的理智。总以为最高领导者的理论水平与长期斗争的丰富经验，不致会有大的错误；而且党章也有‘下级服从上级，少数服从多数’的明文规定，于是对于上级的‘左’倾错误未能明辨和察觉，有时还也跟着‘左’倾错误指导思想去贯彻执行。这是很大的教训！”“二、有已经认识到而不敢提出的问题。”我们对于“正确的领导应当服从，但明知其为错误也还要‘唯上’，就有问题了。我们不好专责怪某些领导的错误，也要责怪敢于直谏的党员不多（如彭德怀元帅等），上级党员犯错误，下级党员也是有责任的。要说自我批评，我也是几千万党员之一，党何贵有此等党员呢？我又如何不自愧呢！”“三、有虽敢于公开拒绝，而仍然害怕大祸临头的问题。如我在‘文革’时期的拒不遵命宣传‘儒法斗争史’，拒不参加‘杰出法家章太炎著作编著组’，面斥‘四人帮’爪牙乱戴‘反革命’帽子之类，也都怕有后患的到来。这说明自己也非无私无畏，而存在‘患得患失’的问题。”

他的胸怀像透明的水晶一样亮丽，他的自我批评在党的支部内堪称楷模，与党内那些文过饰非，把功劳归于自己，把错误诿于别人的人截然不同，他严于律己、虚怀若谷，反思历史时从不回避反思自己的言行，而是从实事求是的分析与批判中引出经验教训。这也是他的革命的、科学的批判精神的一种表现。同时，对于蔡尚思教授而言，对历史的反思、对现实的批判和对未来的充满信心，是密不可分而融为一体的。不可否认，“文革”和国际共产主义运动的低潮，社会上出现了相当严重的“三信”危机。然而，他虽然也不免有这样那样的忧虑，但总是以历史学家的广阔深远的视野，对社会主义事业抱有坚定的信心和乐观的态度。他曾经这样总结道：“我研究中国历史，觉得中国近百年来的先进者都向西方寻求真理：戊戌变法是要求实行君主立宪的，辛亥革命是要求建立民主共和制的，两者都是属于资本主义性质的。资本主义在半殖民地半封建社会时代的中国是不可能实现的，所以结果都失败了。直到有了中国共产党的领导，才从新民主主义革命的取得胜利，进而到社会主义的开始建立。康有为、梁启超和孙中山，任何资产阶级政党都不能领导中国走上社会主义的道路。帝国主义就更不用说了，他尚且不允许让中国真正实现资本主义，那又怎么会让中国实现更先进的社会主义呢？所以说‘没有共产党就没有新中国’，走社会主义道路是中国历史发展的必然。”

他在晚年对中国社会主义前途的乐观和信心，既是基于对中国近现代历史必然发展的深刻认识，又是从中国社会现实生活中看到了新的希望——这就是改革开放。他在八十年代末的一次发言中，对这一认识有明确的表述：“‘文革’结束后，中央领导很有勇气地实行改革开放，有选择地向先进国家学习，以经济发展为重点而带动其他方面，使国家有起色，出现了许多举世瞩目的成就，这是非常正确的，也是值得庆贺的！”他每每强调要“以史为鉴”，说中国近现代历史对我们今天建设现代化强国具有最切近的借鉴意义。他认为：历史已经强有力地说明，“中国对资本主义固然不好照搬，对苏联的社会主义也不能硬套。所以说，中国正是根据自己的实际情况，建设具有中国特色的社会主义”。

“老骥伏枥，志在千里。烈士暮年，壮心不已。”似乎可以说，这也是对晚年蔡尚思教授的写照。人到晚年，一般往往容易趋向保守，缺少锐意进取的志向。蔡老特别可贵之处，在于衰老趋势虽无法抗拒，但是他的思想、精神和意志却是老而弥坚，青春永驻。一九八五年六月，年届八十的蔡老依然是那样精神抖擞，不知疲倦地表示要在有生之年继续努力，为人民多作贡献。他为自己提出的“努力的方向”中说道：“我遍观当代党员专家，认为范文澜是好榜样之一，做到‘板凳须坐十年冷，文章不写一句空’。我已到老年，精力有限，不再多参与日常事务与某些活动。应当从学术研究上多要求自己，整理旧稿件，写出新心得……必须突出正业，为本专业方向的模范，作本专业领域中最好的党员……在本专业上有所贡献。”同年六月二十八日，蔡老欣然提笔，写下了励志自勉的七言诗篇一首：

《坚持四性诗（自勉）》

政治原则不交易，

思想方向不动摇。

“学术生命”不丧失，

道德纯洁不轻抛。

诗篇以质朴的语言，表达了他晚年崇高而实在的人生追求，在政治、思想、学术和道德等诸多方面为自己确定了必须坚持的基本目标。保持晚节、奋斗到底的耿耿之心，跃然纸上，昭然在目。常言道：诗言志。蔡老的晚年，就是坚持并实践了自己抱定的志向，走完一生中的最后岁月的。

蔡尚思教授是属于二十世纪那个时代的。在刚刚逝去的二十世纪，从长期研究中国传统思想的国学殿堂走来，义无反顾地进入人民革命的战斗行列，既是学者，又是战士，他是那个时代的佼佼者。在二十世纪，在政治上、学术上、品德上各个方面，一生都能达到蔡老这样境界的知识分子并不多见，超越他的人似乎更少。蔡尚思教授是二十世纪的一位杰出人物，应是不会有疑问的。斯人已去，风范长存。学习他的思想品格，传承他的道德文章，把他的精神遗产发扬光大，是对他最好的纪念。

二〇〇八年十月于上海凉城新村复旦小区

追忆复旦大学土改大队部和周予同先生*

二十世纪五十年代初，遵照华东军政委员会教育部的指示，复旦大学文学院和法学院师生组成土改工作队，赴皖北地区参加土地改革运动。根据校务委员会决定成立的“复旦大学师生土改工作大队”大队部，受命负责率领和管理这支队伍。时任历史学系主任的历史学家周予同教授被校务委员会任命为土改大队部大队长。周予同先生和大队部工作人员一起，自始至终坚守岗位，尽心尽力，奋战近五个月。对于一位长期生活于大城市的大学教授和著名学者而言，这是他一生中极不寻常而且绝无仅有的一段经历。而从某种意义上说，也是新中国创立初期，老一辈知识分子投身农民土地革命运动，与老解放区农村干部和广大农民群众相结合，进行革命实际斗争的一个缩影。笔者当时是新闻系学生、校团委会宣传部长，在土改时担任大队部宣传部长，有幸与周先生共事，得其耳提面聆，受益匪浅。六十多年前的往事，历历在目。今日追忆故人故事，可说是对那场运动的追思，也是对他们的一种深切的纪念。

一、复旦师生热烈响应土改号召

以废除封建土地制度、解放农村生产力为目标的土地改革，是中国新民主主义革命的历史任务和基本纲领之一。新中国成立时，全国还有三分之二的地区存在着封建土地制度。在约有2.9亿农业人口的新解放区的广大农民，还未从封建剥削的土地制度下解放出来。一九五〇年六月，中共七届三中全会确定了从当年冬季起，在两年半到三年内基本上完成全国土地改革的伟大任务。从一九五〇年冬季开始，一场历史上空前规模的土地改革运动，在新解放区有领导、有步骤、分阶段地展开。中共中央和毛泽东主席号召城市里的知识界、教育界、文化界和民

---

* 本文原载复旦大学校史研究室编:《校史通讯》第96—99期，2014年3、4、5、9月。

主党派人士，到农村去参加或考察土地改革运动。当时，这个号召如同向全国知识分子发出了动员参加土地革命的号令，当即得到广泛而热烈的响应。

一九五一年九月十五日，华东军政委员会教育部向华东地区的复旦大学、南京大学和浙江大学等7所高等学校发出组织各校文、法两学院师生参加土地改革的指示，并指定复旦大学师生参加皖北地区的土改。复旦大学校务委员会迅速行动，于九月十九日向全校宣布三项决定："我校文、法学院各系一九五一学年二、三、四年级学生参加土改工作"；"土地改革为占全国人口百分之八十以上的农民在政治上、经济上获得彻底解放的伟大运动，此一历史性运动将使数千年封建农村农民面目为之一新，文法学院师生均有实际参加之需要，希文法学院全体师生踊跃参加"；"为了参加土改进行必需的准备，文法学院各系二、三、四年级停止上课"。

校委会的公告，如一石激起千层浪，在复旦园内引发阵阵波澜，气势壮阔，持续而广泛。两年多以来，经过迎接解放、抗美援朝、镇压反革命等政治运动的洗礼，富有革命传统的复旦师生政治觉悟有了新的显著的提高。他们对于参加土改尽管在思想上还存在种种顾虑，但是拥护土改的态度却是鲜明的，对于党和人民政府号召知识分子参加土改，是积极地响应的。在校委会九月二十日前后召开的各学院院长和系主任会议上，以及稍后的几天内，就有学校行政负责人员和多位院长、系主任以亲笔签名，表示要求参加土改的决心。其中有周谷城（校教务长）、胡曲园（校委会秘书长）、李炳焕（财经学院院长）、钟俊麟（农学院院长）、张孟闻（生物系主任）、郭绍虞（中文系主任）、雍家源（会计系主任）、毛宗良（园艺系主任）、金国宝（统计专修科主任）、沈筱宋（工管系主任）、刘咸（社会系主任）、严志弦（化学系主任）、陈传璋（数理系主任）、陈恩凤（农艺系主任）、王泽农（农化系主任）、薛仲三（统计系主任）、武堉干（贸易系主任）、曹孚（校副教务长）、陈椽（茶叶专修科主任）等多位教授。这其中有不少并非文法学院的教师，但他们也想争取参加土改而签了名。周予同先生因事未出席上述会议，而于九月二十二日来校参加历史系教师的政治学习会议，他当场与谭其骧、陈守实、胡厚宣、胡绳武、陶淞云等先生一起签名，要求参加土改。

在青年学生和一般教师中，"参加土改去！"的呼声响彻全校，迅速汇成一股热潮。绝大多数同学和老师呈现出一种积极、热烈和高昂的情绪。当时《复旦大学校刊》的记者作过如下的描述：校委会十九日的决定公布后，"立即得到了全校师生的热烈拥护和文法两院师生的普遍响应，彼此奔走相告，互为保证，认为这是完全符合大家的要求。师生都认为……能够参与这场伟大的反封建斗争，对于我们知识分子来说，是异常光荣的任务。因为这是占全国人口百分之八十的中国农民在政治上经济上大翻身的运动，这将为新民主主义的建设事业开辟广大前途。同时，通过这一伟大历史性运动，通过这一具体斗争的考验与学习，也将大大提高我们的政治觉悟。”

这一股踊跃参加土改运动的氛围，也强烈地影响到文法两学院的一年级学生。按规定他们是不参加这次土改的。然而，这批刚进校的新生也热烈要求与高年级同学一道加入土改工作队。法律系一年级同学陈兆熊、沈越珠等20人，社会系一年级同学陆建彬、侯丽珠等17人以及中文系一年级同学，都亲笔书写，联名上书校委会和陈望道副主任，表示投身土地改革运动的强烈意愿，要求学校领导予以批准。

当然，事情还有另一个方面。对于生活在大学校园里的知识分子而言，要远离大城市到遥远的穷乡僻壤去从事有生以来未曾经历过的阶级斗争，许多人思想上的顾虑、疑虑、担忧甚至害怕，是在相当程度上存在着的。当时，在新闻系就读的化学系顾翼东教授的小女儿顾其珍就坦承：“当我知道文法学院同学要参加土改时，我的思想很混乱，情绪很是波动。”而且，要求参加土改的师生中，其真正的动机却是比较复杂的。对此，学校行政领导、党团组织部都十分重视运用各种方法进行思想发动工作。

当时，我在校团委会负责宣传教育工作，工作重心已转到土改队伍的思想工作方面。面对复杂的思想状况，我打算请一些有影响有声望的老师出面发表谈话，对同学们作一番鼓励。团委宣传部的同志都认为，著名的民主教授、历史系主任周予同先生是一位很合适的人选。于是，我布置宣传部主管的黑板报组派出记者，对周先生进行采访。

周予同先生和蔼可亲，像一位仁慈的家长，与小记者交谈了起来：“我听到学校宣布文法两院师生赴皖北参加土改的决定，一点也不感到突然。前一阵我在华东和上海市文教委员会开会时，已经知道这个消息。”黑板报记者问道：我们应当以怎样的态度对待土改工作呢？周先生回答道：“土改是为了摧毁封建制度，挖掉封建主义的老根，解放千千万万的农民。拥护土改就是拥护革命，参加土改也就是参加一项革命实际工作，我们大家都要有一个积极的态度。”那么，怎样认识知识分子与土改的关系呢？周先生说：“我们长期生活在城市里的知识分子，是很有必要到农村去，了解农村，熟悉农民。华东教育部的指示文件里已讲得很清楚：大学师生参加土改乃是一场实际而有效的政治学习，机会难得，不可错过。”周先生接着对小记者道：“毛主席已经多次发出号召要知识分子到农村去参加土改。北京知识界不少人已经下去了，像清华的冯友兰、戏剧家曹禺、名记者萧乾等等都去参加土改了。我们复旦也不应当落在后面呀！”他最后以概括的话语明确表示知识分子“参加土改义不容辞”。

二、出任复旦土改工作队大队长

复旦大学校务委员会于一九五一年九月十九日正式向全校公布了华东教育部和本校关于师生参加土改的决定后，全校随即全面进行各项准备工作。此前，有关的准备工作实际上已经开始进行了。这主要是思想动员和政策教育、队伍编组和干部配备、后勤事务和物质准备等三个方面。全面准备工作是在校委会的领导下进行的。校委会“三巨头”——校委会副主任陈望道教授（主任张志让在北京工作，由陈副主任全面主持工作），校委会常委、教务长周谷城教授，校委会常委、秘书长胡曲园教授，十分关心师生参加土改的有关各项工作，进行认真、负责的组织和督导。校秘书处（校办）、教务处和总务处，各司其职，积极地加以贯彻和落实。而整个师生中的群众工作和思想政治工作，则是在中共复旦大学支部的领导和组织之下进行的。复旦党支部（其时尚未建立校党委会）广泛联系群众，了解各项准备工作的情况和问题，及时向校委会和行政各部门反映和提出自己的意见和建议，而且，直接领导学校的工会、青年团和学生会开展思想教育和组织工作。各项准备工作统一协调、分工合作、紧张有序，进行得十分顺利。

当年九月二十一日，文法两学院参加皖北土改工作的师生名单已经基本确定，各系的队伍也编组完成，全体师生统一编队，队伍名称定为“复旦大学师生土改工作大队”。作为一支相对独立、远离学校外出独立作战的队伍，须建立一个自己的领导和管理机构，这就是大队部及其办事机构。大队长作为大队部的主要负责人，其人选至关重要。选择大队长这件事是由复旦党支部负责进行的。复旦党组织首先确定，大队长人选在参加土改的教师中物色，副大队长人选则宜既有教师又有学生。担任大队长的人选，大体上需要具备以下三个条件：一是政治上进步的、同共产党有较好的历史关系和现实关系的党外民主人士，能在土地改革这场深刻而尖锐的阶级斗争中坚持党组织与民主人士之间的团结合作，高扬反封建统一战线的旗帜；二是在文、法两学院教师中具有相当的社会声望和学术地位的学者；三是具有一定的行政工作能力和人际交往修养。经过党组织内部的反复研究，大家最后一致认为，在文科教授中时任历史系主任的周予同教授总的来讲比其他教授更为符合上述条件，因而是担任大队长的合适人选。

这一选择，无论是从当时的情况来分析，还是在半个世纪之后的今天来评价，似乎都应当被认为是正确的。周予同先生是校内外公认的一位爱国民主人士，一位文史学界的著名学者。在五四运动到人民共和国成立，长达30年的新民主主义革命时期，他始终坚持民主与科学的基本方向，坚守爱国主义的基本立场，这已经由历史客观地作出了检验。这30年漫长之路崎岖不平，迂回曲折，然而周先生秉持的基本方向和基本立场却是始终坚定的，而且是愈来愈为鲜明的。从呼唤辛亥革命的胜利、清皇帝的崩溃，到作为一个热血青年亲身投入北京的五四运动，接受了民主与科学的新思潮；从孜孜以求的实践教育救国，到激愤于五卅运动的反帝浪潮，提高了爱国主义情怀；从热烈响应北伐和第一次大革命，在上海商务印书馆生平第一次与中国共产党人杨贤江、沈雁冰、冯定、丁晓光等人直接交往，到目睹四一二政变时革命志士的鲜血横流，对国民党反动派狰狞面目的洞察；从八年战乱和在日伪统治下苦难岁月的历程，到抗战胜利后目睹蒋介石政府实行内战和独裁而大失所望，进一步跨入了人民民主统一战线；从与张志让、沈体兰、蔡尚思等民主教授发起组织上海"大教联"，在中共领导下进行反蒋民主运动，到迎来上海解放和新中国的诞生，这三十年反帝反封建的民族民主革命岁月漫漫之路，他始终与中国人民争取独立、民主和复兴中华的大方向大目标相一致，而且，尽自己之可能支持革命斗争。尽管说，他在政治上的步伐是缓进的，而不是激进的；在时局的转变关头，态度是谨慎的、稳健的，而不是张扬的、突出的，但自始至终在大方向上是与中共领导的民族民主革命相一致的。在解放前的二三十年中，作为文化教育界的一个名人，他从未与国民党统治者合作过；在日伪统治下的上海，他坚持民族大义，始终拒绝与日本侵略者和汉奸反动派进行任何合作。作为一位著名的民主教授，他当之无愧。这正是选择他出任土改大队长的根本依据之所在。

除历史上的背景之外，中华人民共和国成立后，在上海他是中共领导下的人民民主统一战线的一个重要人物，并在新生的人民政权担任一部分工作。一九四九年十二月，上海市各界人民代表会议协商委员会正式成立。这是一个兼具后来的市人大常委会和市政协常委会双重性质和职能的机构，周予同先生为委员之一。一九五〇年十月起，他担任第二届市协商委员会常务委员，并兼任该委员会教育委员会副主任。同时，他在华东和上海的人民政府中担任了三项工作职务：一九五〇年四月任华东军政委员会文化教育委员会委员，一九五一年五月任上海市人民政府文化教育委员会副主任和市人民政府监察委员会委员。这方面也是当时考虑请他出任大队长的重要因素。

根据历史的和现实的政治情况，以及周先生在知识界、学术界的地位和影响，中共复旦支部决定把他作为土改大队部大队长人选，向校务委员会提出建议。陈望道、周谷城、胡曲园等校委会主要领导人一致同意党支部的意见和建议，请周予同先生出任土改工作大队部大队长。当陈望道先生当面请周予同先生出任此项工作时，周先生因为自己并无此类工作的历练和经验，而感到没有把握。望道先生鼓励他说，有党的领导，有大队部工作班子的共同努力，有全体师生的支持，一定能够克服困难，做好工作。周先生终于愉快地接受了。

三、 特别具有战斗力的土改大队部

一九五一年九月二十二日，校务委员会召开第五十一次全体会议，审议通过参加土改的教师名单和学生班级，决定周予同先生为土改工作大队部大队长，同时通过了大队部其他负责人和队部办事机构各部门组成人员名单。至此，以周先生为首的复旦土改工作大队部正式宣告成立。其实，大队部组织机构的筹建要比这早得多，在九月上旬早已着手进行了。此项工作是在中共复旦支部的领导和协调之下进行的，党支部指派余开祥同志（经济系党员教师）代表党组织负责进行具体指导和统筹协调。最初，大队部的办事机构是以校团委会和学生会的相关部门为基础而构建起来的。团委会的组织部、宣传部和学生会的生活福利部，相应地分别组建土改大队部的组织、宣传和总务（后称秘书处）三个部门。团委组织部长宗丹�（政治系学生）负责筹建大队部组织部，他被指定为该部部长。我是新闻系学生，在校团委担任宣传部长，负责筹建大队部宣传部，被指定为该部部长。学生会文体部长茅鹤清（政治系学生）负责筹建大队部总务部，他被指定为大队部总务部长，成为后勤和财务工作的主管。上述三个部的工作人员约有 15 人，都是从参加土改的各系青年团干部和学生会骨干中挑选出来的。

周予同先生对于大队部这个工作班子并不熟悉，但是他对我们这批小青年十分信任，热情地支持我们的工作，不时地鼓励我们干得很好。在我的记忆里，周先生个子不高，身材胖腴，慈祥和善，办事稳妥，为人低调，浑身上下散发出来的是一派温良恭俭让的风度和气质。尽管当时我们这批青年干部与他之间在各方面存在着相当的距离——即后来所称的“代沟”，但是，我们这些团干部在与他的直接交往中愈来愈感觉到，周先生不仅是大队部的领导，而且也是一位可亲可敬的长者。

在周予同先生出任大队长之际，学校党组织和行政领导进一步考虑到，需要在组织上更充分地体现党的反封建统一战线的方针政策，发挥非党教授们在土改运动中的作用，遂决定再邀请李铁民、朱伯康、陈守实、陈文彬等几位教授出任大队部及有关部门的负责工作，拟议中是由李铁民先生和朱伯康先生出任副大队长，由陈守实和陈文彬先生分别出任大队部宣传部长和组织部长。周予同先生对这样的安排是十分赞同的。不过他担心有的教授先生很可能不愿担任大队部的具体工作。事情果然不出所料，历史系教授陈守实先生被任命为大队部宣传部长，然而他从未来过大队部参加任何一项实际工作。到了同年十月下旬，土改大队已开进皖北五河县半个月，陈守实先生才从上海来到五河，在城关镇走走看看三五天，又返回上海去了。在这期间，他从未与大队部宣传部的人有过什么接触。我记得当时周予同先生笑笑对我说:“同志,你在宣传部就一直代理下去,陈先生怕是不会来了。”我回答道:“我早有思想准备,就代理到土改结束吧。”

经校委会批准,校方于九月二十三日以书面公布了大队部及其各部门负责人名单:

大队部大队长　周予同

副大队长　余开祥(大队部中共支部书记、经济系教师)

李铁民(经济研究所教授、代理所长)

朱伯康(经济系教授、系主任)

张彤华(经济系学生、校学生会副主席)

副大队长兼总指挥　宗丹�(政治系学生、校团委组织部长)

大队部组织部　部长　徐则灏(代)(政治系学生)

副部长兼副总指挥　杜月邨(新闻系教师)

大队部宣传部　部长　余子道(代)(新闻系学生、校团委宣传部长)

副部长　胡绳武(历史系教师)　刘宏谊(政治系教师)

大队部秘书处　秘书长　茅鹤清(政治系学生、校学生会文体部长)

副秘书长　胡裕树(中文系教师)　孙桂悟(社会系教师)

以周予同先生为首的土改大队部是一个十分精干的富有战斗力的工作班子,整个队部朝气蓬勃,上下左右团结合作,关系很是融洽。作风艰苦踏实,工作起来雷厉风行,不分昼夜地苦干实干。在短短的20余天中,紧张有序地完成全队开赴皖北前的各项准备工作,为尔后顺利开展土改运动打下了坚实的基础。记得当时周予同先生多次称赞大队部工作班子很为得力,各项工作任务完成得十分出色。这一段令人难忘的日日夜夜,留下了愉快而深刻的记忆,六十多年后的今天仍然在我脑海里怀想连连而挥之不去。

周先生在大队部的身份是颇为特殊的。这倒不是因为他身为大队之长,主要是由于他是一位著名学者和在社会上有影响的民主人士。他是复旦师生土改队伍的一面旗帜,有着不可低估的号召力和影响力。复旦党组织力主推举他出任大队长,主要着眼点正在于要扩大加强反封建统一战线。因而,在我看来,他的作用主要倒不在于处理大队部具体的实际工作,而在于对内作为教师的代表人物参与决策,对外作为爱国民主人士充当代表。作为大队长,他是大队部的主要负责人,他是有职有权的。土改大队中的共产党员人数很少,组建了一个临时支部,在大队部工作的有余开祥、宓殿群、叶绍箕等同志,余开祥为支部书记,他又是副大队长。以体制而言,大队部是属于行政系统,归校委会领导的。然而就实际工作而言,土改工作队党支部实际上起着政治核心的作用。大队部工作人员中,绝大多数是青年团员，少数是共产党员，他们是队部的真正实干者，他们与周先生之间，既是领导与被领导的关系，又是统一战线关系。但无论从哪一方面说，周先生在大队部都得到所有共产党员和青年团员的尊敬、信任和支持，彼此之间建立了十分亲密的合作共事关系。记得党支部书记余开祥当时曾个别地对我谈过，“我们对待周先生这样的知识分子，要采取团结、教育的政策，首先是要团结好，要尊重他们，发挥他们的作用”。这一政策思想是真正付之于行动的。就我自己而言，这是我从事党的统战工作的开端，给我留下深刻的印象，至今记忆犹新。从周先生方面说，他并不负责处理大队部的具体事务，却参与一切重要问题的商议和决策，履行了大队长的主要职责。他在工作中很是尊重党组织的意见和建议，与我们青年干部也有良好的关系。回想当年同周先生近距离接触的那些日子，在我记忆中的他，在大队长任内一直是心情舒畅、工作胜任愉快的。这与后来六十年代时“以阶级斗争为纲”的政治关系是大不相同的。

四、 精心准备，挺进皖北

一九五一年九月上旬至十月初，二十多天时间，土改工作队集中精力，为开赴皖北实施土改进行各方面的准备。大队部的中心工作是全面组织和推进各项准备工作，周予同先生主要是依靠副大队长余开祥和队部的组织、宣传、总务三个部门，卓有成效地实施了准备工作的各项任务。在这里，主要的工作是思想动员和政策教育，队伍的编组和干部配备、后勤和物质准备等三个方面。

首先的工作是对文、法两学院广大师生进行思想动员和土改政策教育。要使大家真正认识土地改革的正义性、必要性和重要性，以及土地改革的伟大历史意义和现实意义。特别是要充分认识城市知识分子参加土改的必要和重要意义，克服种种思想顾虑，扫除怕苦、畏难和怕死等消极情绪，以树立师生们参加土改的自觉性和积极性。同时，大队部还决定在全队进行一次初步的土改政策教育，使大家大体上了解农村的社会状况和阶级关系，学习党和人民政府制定的关于土地改革的路线和政策，唤起大家树立明确的阶级观点和政策观念。

这场思想和政策的教育活动是正面的和生动活泼的。学习中央和华东领导的有关文件和指示，聆听领导干部的报告，参观访问等活动相互结合，进行得有声有色。师生中不少人通读了《中华人民共和国土地改革法》和刘少奇同志《关于土地改革问题的报告》。周予同先生当时学习这些文件是很认真和仔细的，他说：“过去总以为土改文件与自己关系不大，并未好好阅读过，这次一定要下功夫认认真真地学习好，否则，连一个土改工作队员恐怕也当不好了。”

九月二十三日，校教务处发出布告，规定自二十四日起，全校参加土改的师生员工以一周时间集中进行学习和整训，并公布了学习的计划和安排。九月二十四日至二十六日为第一单元，着重学习和理解对土改这场伟大运动的认识问题和知识分子参加土改的态度问题。九月二十七日至二十九日为第二单元，主要学习土地改革的方针政策和怎样分析农村阶级关系。这次学习是队伍出发前最为重要的思想准备工作。

在这之前，九月二十一日，校政治教学委员会主任王中同志以《知识分子与土地改革》为题向师生作了报告。九月二十四日，全体参加土改师生在虹口胜利电影院观看电影《白毛女》。教务长周谷城先生一大早特地从学校的宿舍赶来，站在影院舞台银幕前，作简短的讲话。他操着一口湖南口音，言辞恳切，希望大家从电影《白毛女》认识到地主阶级的罪恶，封建土地制度必须推倒，激励大家勇敢地投身到土地改革运动中去。九月二十五日，师生们到人民广场参观土地改革展览会。

土改工作大队部在集中学习期间，邀请了华东、上海、皖北的有关党政机关领导干部来校作报告，使这次思想和政策教育更好地把理论与实际相结合。中共中央华东局农委书记、华东军政委员会土地改革委员会常务副主任刘瑞龙，皖北区人民政府土地改革委员会副主任石立志，上海市农协主席张耀祥，在九月二十五日至二十九日分别作了《土地改革的方针政策》《皖北农村状况与土地改革》《上海农村状况》的报告。

队伍的编组工作几乎是与思想和政策教育同时推进的。全校统一组成一个大队，大队之下以系为单位组成中队，以班级为小队，以下分设若干个小组。师生混合编组，各系教师们分别编入各中队和小队，与学生们一起学习和工作，相当一部分教师担任了中队和小队的负责人，如新闻系教授曹亨闻、历史系教授胡厚宣、政治系教授严北溟、经济系教师屠修德等都担任了中队的队长或副队长。个别年长体弱的教师，如蒋天枢、王仙舟、陈文彬教授等则安排在大队部，给予适当的照顾。同时，校团委会作出决定，将参加土改师生中的青年团员进行统一编组，成立土改工作大队团总支部，由叶绍箕任书记，宗丹枬和余子道分别任组织、宣传委员。青年团是土改队伍中一支最活跃、最有生气的力量。我记得周先生是十分赞赏的，多次说过青年团很了不起。

一九五一年十月一日，复旦师生迎来了新中国诞生两周年喜庆的节日。这时，土改大队出发前的各项准备工作也已基本就绪。国庆节过后，队伍出征的日子临近了，大队部对各中队、各部门的工作和队伍情况进行全面检查，作最后的准备。经过与皖北区行政公署的联系和校委会的同意，大队部决定全体师生在十月七日离校开赴皖北五河县。

这支队伍在复旦大学历史上是一支绝无仅有的土改工作队，其规模和阵容在当时全国高等学校土改队伍中是位列前三名的。全队总人数 650 人,其中教师和职员共 54 人,年岁稍长和中年教师中,谭其骧、胡厚宣、蒋天枢、陈文彬、赵敏恒、陈子展、全增嘏、赵宋庆、伍蠡甫、胡文淑、潘硌基、董问樵、曹亨闻、严北溟、王仙舟、蒋孔阳、胡裕树、胡绳武、屠修德、鲍正鹄、杨岂深等先生都加入了土改工作队的行列。学生 588 人,其中中文系 40 人、外文系 60 人、历史系 25 人、新闻系 103 人、法律系 102 人、政治系 54 人、经济系 45 人、社会系 57 人、经济研究所 14 人。大队部以下共编成 5 个中队,各中队之下,以年级为单位,分编若干个分队。

十月七日,秋高气爽、阳光明媚,600 余名土改队员在复旦园内准时聚集,整装待发。下午 6 时许,周予同、余开祥、李铁民、朱伯康等大队部领导,率队乘车开赴上海北站。学校领导人和留校师生员工数百人在校园前来送行,陈望道先生亲自赴北站与大家送别,周先生代表大队部与校领导一一告别。十月八日下午 1 时许,列车驶抵津浦铁道临淮关车站。我们的队伍在此下车,准备改乘帆船,沿淮河北上东进驶往目的地五河城关镇。然而,五河县派来的船只迟迟未到,大队人马集结在临淮关附近淮河岸边待命。时间一刻刻接近傍晚,大家渐渐地感到又饥又渴。预计到次日中午抵五河后,才会有饭菜供应,如此将会造成大家在 20 多个小时里既无饭吃又无水喝。周予同和余开祥在淮河岸边的一片沙滩上召开了大队部干部会议,商议办法。当时这一带地方食品非常匮乏,大队部此前已在南京下关打电话预订,只采购到一批馒头和咸蛋,分发到每个队员手中的只有 3 个又硬又粗的冷馒头和 2 只咸蛋。正好,总务部有人反映,附近有农民出售石榴,吃了有助于解渴。周先生等当场决定去采购石榴。很快,抬来了好几个装满石榴的大箩筐,有三四百斤石榴,分发下去,每人分到了二三个。

十月八日下午 6 时前后,五河人民政府派出前来接应的 18 艘大帆船,在淮河岸边一字排开。全体队员陆续登船,每船三四十人。天色渐渐地黑下来了,深秋的夜露聚凝成一片朦胧,笼罩在淮河水面上。木船首尾相随,徐徐前行。这一个通宵,师生们是在帆船上似睡非睡地度过的。九日上午 9 时,历经 90 华里的航行,驶抵五河城关镇附近的淮河船埠。这时,岸上锣鼓喧天,腰鼓咚咚,鞭炮齐鸣,当地干部和群众一千余人列队在淮河边上,前来欢迎。五河县人民政府县长陈雷发表热情洋溢的欢迎词。周予同先生代表复旦师生致答词。然后,他们两位带领大家步行进入五河城关镇驻地,只见街道两旁到处都贴满了欢迎复旦土改工作队的标语,爆竹连天,欢呼夹道。次日,周先生向学校领导发电报告,电文如下:"安达五河县。周予同。1951 年 10 月 10 日 9 时 40 分"。十月十二日,大队部向学校发出第一份书面报告。

五、 五河县土地改革委员会副主任

五河县位居安徽省东北部、淮河中游，东接江苏泗洪县，南与省内嘉山、凤阳两县接壤，西与蚌埠毗邻，北界泗县和灵璧县。淮河、浍河横贯东西，与沱河、漴河、潼河交汇于县境之五河口，为皖东北水路交通之枢纽。抗日战争时期，这里曾建立中共泗(县)五(河)灵(璧)凤(阳)县委和县人民政府，开辟了抗日游击根据地。抗战胜利，新四军淮北军分区部队一度解放五河全县。全面内战开始后，国民党军占领县城，人民武装坚持农村游击战争。一九四九年一月淮海战役期间，全县再度解放。一九五一年上半年，部分区、乡先行实施土地改革的试点。

复旦大学土改工作队开进五河时，全县全面土改运动即将开始。当时，这里调集了五支土改工作队伍：县委土改工作团600余人、苏北农村工作团400余人、浙江大学土改工作队150余人、北京土改工作团80余人和复旦大学土改工作队600余人。一时间，土改大军云集，气势雄壮，推开了五河县土地改革运动的一场盛举。这五支队伍由中共五河县委进行统一领导，协同作战。复旦土改大队是一支十分引人注目的队伍，与兄弟队伍相比，文化水平较高，年轻活泼，活动能力强，人才济济，但对农村情况不熟悉，缺乏农村工作的经验。

十月十八日，经过扩大和改组的新的五河县土地改革委员会宣告成立。土改委员会为地方党委领导下的，由政府机关、人民团体、土改工作队和各界代表组成的土改工作的领导和执行机关。当天下午，周予同先生和大队部其他几位领导到五河县委会议室出席土改委员会第一次全体会议。县土改委员会由24名委员组成，县委书记钱亦山为主任，县长陈雷以及周予同、陈立(浙江大学教授、土改工作队长)等5人为副主任；余开祥、李铁民、朱伯康、陈子展、张彤华(女、经济系学生)等为委员。钱亦山讲话后，周予同先生作简要发言，代表复旦师生表示要在土改委员会领导下结成坚强的反封建统一战线，尽最大努力完成土改工作任务。

从十月十八日开始，县委和县土改委员会调集参加土改工作的五支队伍，于县城进行集训，总结和介绍第一期土改试点工作的经验，按区、乡为单位统一整编队伍，作好进村前的一切准备。复旦师生于是全身心地投入了这次集训。周先生十分热情地参加集训活动，他感到自己一切都要从头学起。十八日上午举行集训动员大会，并宣布五支队伍按区、乡混合编组，调整组织。十九日，编组队伍，分区、乡介绍农村情况。二十日至二十一日，介绍和学习土改试点工作经验。二十二日，复旦、浙大、苏北农工团等分别处理各队自身有关问题。二十三日至二十四日，新编组的各队进行学习和研究工作。二十五日，县委书记钱亦山作总结报告。

五河县共有8个区和1个城关镇。一九五一年七月至十月初，作为试点的第一期，完成了3个区和1个乡的土改。从十月底开始，作为第二期土改，将在5个区和城关镇全面展开。复旦师生分配至濠城、井头、浍北、沱西等四个区和城关镇开展工作，其地域共有55个乡。十月二十九日上午，分赴各区、乡的师生们离县城下乡，周予同先生陪同县委书记钱亦山、苏北农工团团长颜景詹前赴城外淮河船埠送行，他勉励师生们胜利完成任务。

大队人马下乡了，大队部在五河县城保持了一个精干的留守班子。留在县土改委员会的师生组成了5个检查组，分头下乡检查工作。周予同先生根据县土改委员会和大队部的意见，留在县城主持大队部工作。余开祥、李铁民以及叶绍箕、宓殿群等留守县城，参加大队部工作。尔后的几个月，周先生继续在诸多方面发挥重要作用，其主要的工作有以下几个方面：（一）对外代表复旦大队部，与当地党政机关、苏北农工团等兄弟队伍保持联系，做好团结合作关系；（二）向学校领导汇报和请示工作，争取校方的支持和帮助；（三）了解分布在各区乡的复旦师生的情况，处理有关问题；（四）作为县土改委员会的副主任，以一部分时间下乡，对土改运动进行短期的考察，向县里反映情况、提供建议。

大队部宣传部于十月中旬办了一个小型的内部油印（后改用石印）刊物，这件事最早是由余开祥同志创议的，周先生也热心支持，交由我来主持办理。我请周先生为刊头题字，他十分谦虚，说由党支部书记题写比较好。后来余开祥同志难以推辞，题写“战斗岗位”四字作为报头。这份小报办了几个月时间，每当我请周先生审稿，他是从不推卸的。

周先生很注意了解农村情况，在五河城关镇，我曾几次陪同周先生到周边农村察看。有一次，我们在一条土堤旁的用芦席搭起的小屋里，见到一个50岁上下的农民，蜷缩在破烂的被子里面，家里一贫如洗，连一个烧饭的灶头也没有。这农夫向我们诉说，他与十几岁的儿子两人合用全家仅有的一条长裤，儿子穿长裤外出，他只能躲在屋里，因为穿条破短裤外出，天冷实在吃不消呀！周先生听了叹了口气说：“真是太苦了。”我看他禁不住一滴滴热泪从两眼流了下来。

同年十月下旬，根据大队部的决定，副大队长李铁民从五河返沪，向学校汇报和请示工作。临行前，周予同先生提笔书写了一份公函，其中写道：

陈副主任委员、周教务长、胡秘书长：

为了报道我们的工作情况，并及时向学校请示今后工作方针，我们特请李铁民同志返校。

我们托李同志带回：我们635位师生的感激和期望，我们半个多月来的体验和收获。

我们托李同志带回：我们克服困难，搞好土改的决心和信心，我们再一次的保证。

我们希望李同志带回：学校对我们的指示和支持，学校“精益求精”的进展情况。

此致

革命敬礼！并祝健康

复旦大学土改工作队队部　周予同

10月20日

六、 从五河到灵璧

一九五一年十月底，复旦大学土改工作队开进了五河县所属的55个乡的第一线土改阵地，从此，揭开了这场反封建的农村革命的战斗。我们的队伍与苏北农村工作团混合编组，两支队伍团结合作、并肩战斗，五河县委派出的一部分地方干部也前来参战。工作队进村，人心为之沸腾。广大贫苦农民欢欣鼓舞，纷纷欢迎和请求工作队员住进自己的家里去。农村基层干部、民兵、农民协会积极分子都主动请战，很快与土改工作队打成一片，结成气势雄壮的反封建阵线。周予同先生每每下乡视察，一方面眼见农村的破败、落后和农民的穷困，使他慨叹不已，同时又目睹广大农民革命情绪之高涨和土改运动的蓬勃兴起，精神为之一振，深信农村的兴旺和国家的富强还是大有希望的。

二十世纪五十年代的土地改革，比较而言，是中共领导的自一九二七年以来的农村土地革命运动中最为健康、最为成功的，以这次皖北土改而论也不例外。总的来说，复旦师生认真地学习和严格地贯彻了中共中央制定的“依靠贫农、雇农，团结中农，中立富农，有步骤，有分别地消灭封建剥削制度，发展农业生产”的土地改革总路线，执行国家的《土地改革法》和政务院《关于划分农村阶级成分的决定》。师生们不断克服生活上、语言上和工作上种种意想不到的困难，紧紧地依靠基本群众，把运动一步步推向前进。

各个乡和村的土改运动，大体上分为四个阶段有步骤地推进。第一阶段，进行宣传动员，发动群众和整顿基层各种组织。第二阶段，评议和划分阶级，按户划分各自的阶级成分，同时，对那些有劣迹有民愤的地主分子由农民群众开展斗争。第三阶段，清理、没收地主的土地和其他财产（房屋、农具、耕畜、粮食），征收一部分富农的多余土地。第四阶段，分配胜利果实，并进行复查，解决运动中的遗留问题。复旦的土改队员都在第一线担任工作，完整地经历了这场农村大变革的全过程。在这期间，周予同先生曾先后三次下乡察看土改运动，多次出席县土改委员会召开的会议，并由大队部派出朱伯康、王仙舟、鲍正鹄等老师赴各乡了解情况，传达信息，看望师生们。

经过40多个日日夜夜紧张有序的战斗，至当年十二月十日前后，四个阶段土改运动的任务基本上完成了。此前，还在五河土改进行之际的十一月间，华东军政委员会教育部根据皖北地区土改运动进展情况，决定复旦土改工作队在五河县土改结束后，在皖北移师别县继续参加土改，为此向复旦发出通知：“关于你校文法学院师生前往皖北参加土改工作，经我部与该地农委会研究结果，决定展期于一九五二年1月底以前返校。”皖北区人民政府不久决定，复旦土改工作队在五河的工作结束后，即开赴灵璧县开展土改运动。五河土改被复旦师生称为第一期土改，是开创之举，其意义非同寻常。复旦校刊在当时的专题报道中，曾作了充分的评价：“我校师生土改大队胜利完成了第一期土改战斗任务，现在进入第二期战斗。第一期土改工作，完成了约50个乡的土改，使20多万农民从封建土地关系下获得解放。通过这个伟大的变革历史的实践过程，我校参加土改的师生，在政治思想上、工作态度上、生活作风上，都有了深刻而巨大的变革：明确了阶级立场，加强了群众观点，初步学习了群众路线的工作方法和工作态度，加强了与工农结合、为工农服务的革命人生观。”

在队伍将从五河开赴灵璧的前夕，周予同和与余开祥连续召开大队部工作会议，回顾和总结以往的工作及其经验教训，起草总结报告。一九五一年十二月七日，向学校发出《复旦大学师生土改大队部致校委会的工作报告》。这份由周予同先生审定的报告，长达5 560余字，对两个月工作作了全面和系统的总结。报告陈述：“我们现在已胜利地完成了五河县的土改工作，各区并已分头向灵璧出发，参加二期土改。”“我们留下近一百个同志，在五河继续完成丈量土地、发土地证、建设农村政权及推动冬季生产、冬学等工作。”报告满怀信心地表示：“我们相信，经过了一次锻炼的复旦师生，在思想上得到了很大的提高，在工作上已取得了一定的经验，在皖北区党委坚强的领导下，一定能在灵璧县反封建的战线上获得更辉煌的战果。”这份报告着重总结了师生们在政治和思想上的收获，围绕着土地改革的伟大意义、党和毛主席的正确领导、阶级观点与阶级立场，以及知识分子与工农结合等四个方面，梳理和展示大家在思想认识上的深刻变化、在立场和观念上的显著转变。

一九五一年十二月九日上午，周予同先生和大队部工作人员与苏北农村工作团长颜景詹等同志一起，告别五河，驱车北上前往灵璧县城。当天傍晚，抵达古城灵璧。在这前后，复旦工作队员除近百人留守五河外，其余500余人也都陆续从五河转移到灵璧境内。灵璧为皖东北一个具有重要战略地位的区域，县境西部毗邻宿县与蚌埠间之津浦线，北与江苏省铜山、睢宁两县接壤，东与泗县相连，南邻五河县和蚌埠市。抗日战争时期，这里是皖东北抗日民主根据地的一部分，八路军苏鲁豫支队和新四军第四师主力一部先后在县境开辟根据地进行游击战争，至抗战胜利前夕，解放了除县城以外的大片乡村。日军投降后，灵璧和五河、泗县等县城都获解放。一九四六年全面内战爆发后，国民党军占领灵璧城，成为徐州外围的一个重要军事据点。一九四八年十一月淮海战役期间，解放军华东野战军第十三纵队在江淮军区部队协同下，歼灭国民党邱清泉兵团一个师，灵璧获得解放。

复旦师生这次继续与苏北农工团的同志混合编组，并会同灵璧县委土改工作队，以区、乡为单位组成队伍进行土改。此前，在一九五一年夏天，灵璧县委和县人民政府曾在尹集区圩疃乡和冯庙区前刘乡进行土地改革的试点。同年十月，全县范围的土改运动全面展开。十月上旬到十二月初为全面土改中的第一期，完成3个区和26个乡的土改工作。十二月十日前后，第二期土改正式开始，其范围包括10个区151个乡。复旦工作队正好赶上了这第二期土改，按照县土改委员会的部署，分布于固镇、渔沟、娄庄、沱河、韦集、冯庙和城关等7个区50余个乡的广大农村。

十二月十五日，灵璧县土地改革委员会正式成立，中共灵璧县委书记方忠国任主任，县长陈振基、苏北农工团颜景詹和复旦土改大队周予同任副主任，余开祥、李铁民、朱伯康等任委员。周先生和大队部的几位领导以及工作班子集中入驻县城北门附近的一幢房子里。蒋天枢、陈子展、陈文彬等几位年长的教师也留在大队部，参加土改委员会组织的面上的视察工作。复旦师生于十二月六日至十二日之间大都分头开进了灵璧6个区的各乡村，揭开了运动初始阶段。土改委员会和复旦大队部鉴于城关区的运动至关重要，而原有的工作队力量不足，决定新组建一个第六中队，负责开展城关区10个乡的工作。第六中队的领导由大队部直接派出，李铁民任队长，余开祥任指导员，队员由原第一、二、三中队各抽调48人组成，历史系谭其骧、胡绳武等老师也调到了新六队。

十二月十五日前后，工作队进村进行发动群众的工作，召开村组干部会议，了解各阶层的政治思想动态，广泛宣传土改的目的和要求。组织农民协会，发展民兵组织。同时，对各阶层土地和财产状况进行调查。一九五二年元旦过后，各乡运动进入划分阶级和斗争地主的阶段。一月十日以后，运动推进到第三阶段，没收地主土地和其他财产。一月十七日前后，各地由农会骨干组成的没收、保管、丈量、分配小组，进行土地丈量、计算和分配，将胜利果实分配给无地少地的农民，由此完成了第四阶段的工作。一月二十二日前后，按照大队部的通知，复旦师生从各区、乡陆续向津浦铁路线上的固镇集中。

七、踏访虞姬墓园和韩信点将台

一九五一年十二月九日，复旦大学土改大队部和苏北农村工作团团部从五河向灵璧转移。从五河城关出发的我们一行十余人搭乘卡车，在中午时刻驶抵泗县的一个小站，稍事休息后，即沿宿(县)泗(县)公路北上，向灵璧县城进发。下午3时左右，我们的汽车到达泗县与灵璧交界处一个名为长直沟的小镇，这里是宿泗公路从泗县进入灵璧县境的必经之地。这时陪同我们的五河县委一位同志告诉大家说："霸王别姬的故事在这一带流传很久，长直沟西面灵璧境内还有一座虞姬墓园，大家想不想下去看看。"周予同先生听到这里有如此难得一见的故迹，甚是兴奋，当即要求大家下车踏访。

虞姬墓园坐落在长直沟小镇以西不远的宿泗公路南侧，其地位于灵璧县城以东约15华里处。宿泗公路从长直沟穿镇而出。我们下得车来，从小镇西面一条小道穿出，进到墓园前面。眼前只见一片荒芜的园地，破败不堪，几棵不太高的榆树散落在墓园周围，稀疏的树叶随风摇曳，在淡淡的冬日斜阳的照射下，显得格外的萧瑟和悲凉。一块不足一公尺高的长形石条，竖立在墓园入口处外面小路旁，刻于石条上的"虞姬之墓"四个字，几经风雨沧桑，已经变得模糊不清了。

周予同先生与大家踏进墓地，一眼望去，墓地范围并不大，南北约有20米，东西约有近百米。墓冢呈馒头形状，其上覆盖的泥土相当结实，并无草木生长，映入眼帘的为一片颓顶，高度约有五六米，周围长度有20米上下。墓区已无其他建筑物，也未见其他遗留的文物。可以想见，很久以来这里已成为乏人问津的冷落之地。不过，五河县的同志告诉我们，虽说这里是传说中的虞姬自刎后的落葬之地，真实的历史已无从考证，然而有一点是可以肯定的，就是虞姬墓地的南面方位为一片平原地带，两千多年前楚汉两军决战时，这里属于战场范围之内，并且与决战战场垓下相距并不太远，两者在地形上是相互联结的。

将近一个小时后，我们离开墓园。一路上大家思绪万千，联想到两千多年前霸王别姬的悲剧，自是一番感叹。周先生有感而发，以低沉的声调，背诵了相传当年项羽和虞姬生死离别时表露悲情的悲歌。当时，我并未听懂这两首悲歌的词句和内容。后来到了灵璧县城住下后的一天，周先生特地把这两首悲歌写在一张信纸上给我一阅。前面一首相传为项羽在兵败准备突围前于帐中所发："力拔山兮气盖世，时不利兮骓不逝。骓不逝兮可奈何，虞兮虞兮奈若何。"后面一首相传系虞姬之和歌："汉兵已略地，四方楚歌声。大王气意尽，贱妾何聊生。"

复旦土改大队部进驻灵璧城关镇不久，约在十二月十五日前后的一天，周予同先生约同其他几位老师，忙里抽闲，往灵璧城外踏访楚汉战争故战场。前不久，他从灵璧县土改委员会一位干部那里得知,城关镇外不远处,传说有一处当年韩信指挥汉军作战的点将台遗址,便打算前去作一番实地考察。那天,他约同历史系教授谭其骧、胡厚宣,中文系教授蒋天枢和鲍正鹄先生一道前去。当时,我正好在大队部,也就跟随老师们一起去了。

传说中的韩信点将台,坐落在灵璧城东南五六公里处的一片平坦的田野里,是一座一二米高的土丘,呈四方形,面积大约有 200 平方米。远远望去,上面杂草丛生,都已枯黄了。时值隆冬,又多日无雨,大风刮起,黄沙滚滚,土丘上方尘土飞扬。我们眺望土丘周围一带,并未见到有什么其他遗迹。这一带地形平坦,地域辽阔,一望无际,极适宜于大规模的步兵和骑兵的运动与进退。楚汉两军决战时,韩信曾否在这里指挥过部队,当然是无从查考的了。我记得,当时谭其骧先生说过,这一带从地域上看,可以判断是楚汉两军垓下决战主战场的外围地带,很有可能是刘邦汉军的一处集结地,韩信点将台的说法有其合理性。楚汉决战时,双方投入作战的兵力数量很大,大军云集,战场十分辽阔。主战场垓下是在今灵璧城东南约二三十公里处的韦集区内,与传说中的韩信点将台的所在处,两者相距在 20 公里上下,这一带很可能是决战地的外围。周予同先生赞同谭先生的看法,很为风趣地说:“今天我们虽然没有进到垓下决战地,但也已经走进了这场大战的战场里面了,真可谓不虚此行。”

八、总结:始于固镇,成于上海

灵璧县土地改革运动进展甚为顺利,经过 40 余天的紧张有序的工作,到一九五二年一月二十日前后,复旦师生参加的 7 个区土改的各项任务基本上已经完成。于是,大队部与县土改委员会商定,从一月二十日前后,复旦在各区、乡的工作队员,以区为单位集中队伍,向津浦线固镇集结。大队部预定的计划,是在这里集训若干天,进行初步的工作和思想总结。当时,周予同先生和大队部几位领导都一致认为,复旦师生们的总结应当从互相联系着的两个方面进行:一方面,五河和灵璧两个县的土地改革是一场有着数十万农民群众和干部参加的反封建的伟大变革,作为参与者和亲历者,我们有责任对这场运动进行总结;另一方面,师生们在这场伟大的社会变革中获得的教育和锤炼是极为深刻的,很有必要加以总结,而且,对于师生们而言,这是比前一方面更为重要的总结。

一月十八日,大队部进驻固镇的一所公房,集中精力领导和组织这次总结工作。在几天内,各中队师生陆续开进固镇,分为几处集中生活,如历史系等几个系师生 200 多人借住于固镇一个大仓库里,席地而睡。各系师生以分队(小组)为单位,进行了为期 3 天的总结活动,气氛甚为热烈。大家各自回顾和梳理了近四个月来的工作，检查了自己的阶级立场、政策观念和思想作风。同时，相互交流了心得和体会。一月二十二日，在固镇人民大舞台剧场召开全体队员总结报告会。本来，余开祥同志请周予同先生作总结报告，但周先生一再表示他不善于作这类大报告。后来就请曾在校担任过政治讲座课的严北溟教授担任报告人。周先生和余开祥同志召集大队部有关人员，一起商议报告提纲和主要内容，由严北溟先生整理成稿并作报告。这个报告的基本内容，集中在梳理和总结师生们通过土改运动，在政治上和思想上所得到的锤炼、成效和感悟，要求在回校后继续发扬光大。我记得严北溟先生在讲台上高声强调的是“巩固起来，坚持下去！”几个字，正好体现了这次总结的基本精神。一月二十三日上午，复旦土改大队即将告别皖北返回上海之时，大队部和苏北农工团团部在固镇召开了最后一次全体队员大会，在颜团长讲话后，周先生代表复旦师生讲话。他简略地回顾了皖北土改的历程，充分肯定了土改的成就和意义，以及师生们在政治和思想上的收获，对五河、灵璧两县的党政组织、广大干部和群众表示衷心的感谢。

固镇总结，周予同先生在主持全队总结工作的同时，也总结了自己。他主要的倒不是总结大队部的工作，而是总结了自己的思想。从他多次在会上的发言和会外的交谈中，我感到他很认真地回顾和整理了参加土改以来的所见所闻和所思，比较有深度地从思想上总结了变化和收获。这在大体上可以归纳为以下几点：一是知识分子到农村参加土改确有必要，思想上得到的收获受益匪浅，终身受用。他说这次土改是他生平第一次深入农村，与农民群众站在一起进行社会大变革。大量的事物过去闻所未闻，见所未见。我们这样的教书人，长期以来活动的天地其实是很小的，根本不了解占全国人口百分之八十以上的农民，这又怎么能为广大人民服务呢！这次通过土改实践，感到“小我”与“大我”联系起来了。二是深深地、真切地感到中国农民真苦，农村真穷，认识到这一切最根本的根源是在于长期以来的封建土地制度和封建统治。他多次非常感叹地说道，在五河、灵璧眼见的农民生活的悲惨状况，是他有生以来从未见到过的，恐怕在世界上也是少有的，比他原先想象中的远远悲惨得多。这使他感到非常震惊。如此破败、贫困、落后的农村不改变，国家怎么可能富强得起来呢！这使得他从心底里体会到土地改革的正义性、必要性和重要性。三是具体而真实地理解了广大农民的勤劳、勇敢和勇于奉献的精神，感到知识分子要虚心向他们学习。五河、灵璧这一带历史上属于中共领导的豫皖苏根据地，抗日战争和解放战争期间，这里广大农民为民族独立和人民解放事业作出过巨大贡献，许多人为此献出了宝贵的生命。包括五河、灵璧在内的皖北地区民众为支援解放军第三野战军一九四九年春渡江作战，共供应粮食 18 万吨、柴草 3 600 万千克，动员民工近 300 万人，修筑铁道 200 多公里、公路 1 500 多公里、桥梁 740 多座，动员支前船只 10 000 余艘、担架 15 000 余副、大小车辆98 000余辆。如果没有广大农民的牺牲和奋斗，就没有全国的解放。周先生对于这一切是很为敬佩的。他说过去把农民视为自私、落后、散漫的一群的观点是错误的。正如他后来所说，“去年10月到皖北参加土改，看到广大农民流血流汗，却过着非常艰苦的生活，深受感动”，深感知识分子要放下架子，虚心学习。四是通过土改实践，对党的领导有了新的认识。他认为土改之所以胜利完成，主要是由于依靠党的正确领导和发动了农民群众，而党的土地改革总路线和各项方针政策，则是保证整个运动胜利前进的指南针。他说：我过去有过“和平土改”的想法，这次实践教育了我，“和平土改”是书生天真的想法，在激烈、尖锐的阶级斗争中是行不通的。同时，他又认识到，正因为党的正确政策的指引，既不走“和平土改”之路，也不搞乱斗、乱打、乱杀，使运动有步骤、有区别、有秩序地健康发展。这说明了党的领导的正确，也使周先生对党的信任感大大的增强了。

固镇总结告一段落，大队人马随即告别皖北，分批返校。首批于一月二十三日中午乘车南归，二十四日下午到达上海。周予同先生和大队部工作人员是与最后一批师生一起返校的，一月二十五日回到上海。余开祥、朱伯康两位副大队长从北站把队伍带回复旦。当天下午4时左右，队伍返抵邯郸路学校大门(今大门西面邯郸路老校门)，在校师生员工代表在校门内外道路两旁列队欢迎。校团委会代表金冲及站在欢迎队伍的前列，与大队部同志热烈握手，他还与我热烈拥抱，欢迎师生们胜利归来。此后几天，校委会召开欢迎参加土改教师会议，表示欢迎和慰问之意。大队部召开全体干部会议，部署回校后的工作。在登辉堂举行全校欢迎土改师生大会。二月上旬，参加土改的全体人员分别以系科为单位，分小组进行个人总结和小组鉴定。

这次总结实际上是固镇总结的继续与提高，更着重于立场、观点和思想觉悟上的自我检查和总结。在这之前，中央已经发出关于知识分子开展思想改造的指示，京津等地知识分子思想改造运动已经在逐步开始了。华东军政委员会教育部也在此前的一月十日发出指示，要求“各校参加土地改革的师生返校后……须抽出一定时间(一周左右)进行总结……以求明确体认知识分子与工农相结合的深刻意义，及进行思想改造的必要。各校行政负责人应特别重视此次总结”。这个指示把这次总结与即将到来的知识分子思想改造运动联系了起来，给总结注入了新的意义。

陈望道先生和校委会领导十分重视这次总结，他们会同土改大队部领导，对全队总结工作进行周密的组织和部署。二月初，周予同先生在校委会与陈望道先生等校领导当面商议后，为校委会执笔起草了关于总结工作的公告：“我校文法学院参加皖北土改师生已光荣完成任务，分批返校。为巩固工作中的经验，并为返校后的教学进行作准备，该两院二、三、四年级同学应于本月八、九两日分别向所属各系科(中队)报到,并自该日起,按照大队部统一计划,开始进行准备总结。"这份布告由陈望道先生亲笔签署,以校委会名义发布。

这次总结在固镇总结的基础上,无论是在广度和深度上都大大地向前推进了。总结贯彻了大队部提出的理论与实际相结合、自我总结为主与同志间相互帮助相结合的精神。总结的内容包括工作经过、遵守政策与纪律情况、干群关系、工作作风、工作成绩和思想收获等方面。全队上下都把这次总结视为参加土改运动成绩的总检阅,是对自身在运动中表现的一次总的审察,大家都十分认真、十分投入。在各人自我总结的基础上,向全组进行汇报,不少中队(系)和分队(班级)还进行了大会交流。最后,各人填写由大队部统一制作的总结鉴定书,并由分队和中队作出书面鉴定。

这次总结中最有价值的是"工作成绩"和"思想收获"两项,分别反映了土改运动的成果和师生们政治思想上的进步。谭其骧教授在总结中写道:"通过土改运动的实践,对阶级斗争有了新的认识,立场也有了转变:认识了地主阶级的罪恶,认识了土地改革的正义性和必要性,也认识了阶级斗争的尖锐性和复杂性。"新闻系学生、后来成为全国著名的《红楼梦》研究专家的蒋荷生,总结土改工作时写道:"基本上发动了群众,打垮了地主,正确掌握政策,分配了胜利果实,完成了土改各项任务。"他总结思想上收获亦很真实和全面:"1.深感农民生活的痛苦,旧社会旧制度压得他们喘不过气,共产党是他们的救命恩人,领导他们起来和地主阶级斗争,打垮封建统治,得到解放。2.农民纯粹可爱,勤劳,有智慧,分到土地后情绪很高,深感到可以解放农村生产力。3.知识分子需要通过土改这样的艰苦锻炼,方能获得改造,才能好好地为人民服务。4.对全心全意为人民服务有了较为具体的认识。5.深感自己的毛病很多,与工农结合在思想上尚有距离,要好好地改造自己。"从这里,我们不难看到,这场土改实践对于青年知识分子的思想引起的波澜和变化是相当深刻的,其意义是不应被低估的。

复旦师生在皖北的这次土改实践,对于当地的社会变革与进步,对于自身的教育与改造,无论是从当时的作用和结果来审察,还是站在当今的历史台阶来进行评价,尽管有这样那样的不足和难以超越的历史局限,然而总的说来,它无疑是成功的,在人民共和国成立初期的历史上起了积极的革命的作用。这在复旦大学一百多年的历史上也是绝无仅有的熠熠生辉的一页,自有其应有的地位。

十年树木，百年树人*
——王零同志与复旦大学师资队伍建设

十年奠基之作

从二十世纪五十年代中期起，以迄“文化大革命”开始前，王零同志作为复旦大学党委和行政主要领导人之一，分工负责主持全校师资队伍建设工作，前后长达十年上下。“文革”结束后，在拨乱反正过程中，王零同志重新担任复旦党政领导工作，虽然为时不久，依然十分重视和采取有力措施恢复与加强师资建设。似乎可以这样说，自一九五二年王零同志从华东革大调至复旦工作后，他把自己大半生精力深深地融入复旦建设事业，而师资培养工作则在其中占有十分重要的地位。他长年操劳，呕心沥血，为师资队伍建设倾注了大量的心血。当时，复旦从无到有逐步确立了适合国家需要的和符合本校实际的师资人才培养建设思想，明确了师资队伍建设在整个学校工作的地位与意义，制订了短期和中长期的师生队伍建设规划，建立了动员和协调全校各方之力建设师资队伍的组织体制。由此，我校教学工作和科研工作队伍日益壮大、初具规模，特别是一大批中青年骨干力量的茁壮成长、老一辈专家学者作用的调动和发挥，为学校的教学科研事业构建了重要的人才基础，这对复旦尔后的发展有着深远的意义。当然，这一切都是在党的方针政策的指引下，在以杨西光同志为首的校党委一班人的集体奋斗之下努力的结果。然而，王零同志在其中的作用也是不可低估的。

从二十世纪五十年代中期起，复旦就开始立足本校建设师资队伍，进行较有计划的师资培养工作。王零同志一开始就是这项工作主要负责者。一九五六年一月，在中央召开的知识分子问题会议精神下，“向科学进军”的热潮逐步兴起，教师和科研人员是“向科学进军”的主力军，人才培养与建设乃受到全校上下前所未有的重视。王零同志协助杨西光同志研究和部署全校师资培养工作，并通过同年

---

* 本文系 2013 年 2 月复旦大学校史研究室存稿。

四月召开的校务委员会全体会议，向全校进行发动和布置。

一九五八年三月，在制定《复旦大学1958—1962年工作计划纲要》的同时，复旦首次提出师资培养工作规划，初步确定了重点培养的骨干教师名单，提出了要培养100名骨干教师的计划，这在复旦校史上是破天荒第一次。王零同志当时在一次由各系干部参加的会议上说：100名骨干教师培养计划可以说是一个高指标，是一个非常艰巨的任务。我们要上下左右齐心协力，尽最大努力向这个目标前进。各系都要作出计划，安排落实。当年，各系科教师几乎人人都制订了自己的“红专规则”。

一九五九年，复旦经中央确定为国家教育部直属的全国重点高校之一，而且在高等教育系统中着重担负提高的任务。为贯彻实施这一目标任务，在校党委领导下，王零同志召集有关干部，调查师资队伍状况，回顾“大跃进”以来师资工作的经验教训，主持起草了《关于师资培养工作的几点意见》。这一意见的鲜明特点是强调在全面加强师资培养工作的基础上，着重抓紧提高师资队伍质量的问题，尤其是要提高青年教师的素质和水平，提出要“争取在今后三五年内基本上改变师资队伍的面貌”。要对现有教师的提高作出全面的计划与安排，并在此基础上，“重点地培养一批又红又专，能指导教学与科研工作的教师骨干，争取在今后四年内，全校培养出骨干教师100名，每个专业都要培养出三名以上骨干教师”。“意见”比较全面地确定了师资工作的目标任务和各项措施。

一九六〇年二月，王零同志主持制订的复旦大学《1960年师资培养工作规划》，鲜明地提出师资队伍的建设要“为迅速使我校建设成为世界上先进的高等学校奠定基础”。除继续坚持许多行之有效的师资工作基本要求和做法外，王零同志特别注重要从政治理论教师、党团政治工作干部和以边干边学参加专业建设的高年级学生这三个方面人才中，组建一支有100名以上人员的马列主义理论队伍。同时要大力加强当年新建的马列主义教育系、无线电电子学系和全校14个新专业，即无线电物理、电子物理学、脉冲理论与技术、核物理电子学、自然辩证法、历史地理、固体物理、光学、理论物理、辐射化学、高分子化学、化学物理、中共党史等专业的师资力量的调配、组织和培养。提出要按照“发展学科、填补空白”的要求，力争“在1960—1962年各系建立和发展96门新学科”。为此，“规划”确定要“立即动手、抽调力量”，或组成专门化师资班子、或建立学科小组，或“布旗子、填空白，抽人进修，加以培养。”王零同志还确定：“加强1958年已设立的七个系专业的师资培养工作，在现有基础上，迅速加以巩固和提高”；“积极做好现有三个研究所和四个研究室的科研人员培养工作”；“积极培养教学辅助人员……实验室技术人员、图书情报资料人员”的配备和培养。

一九六一年五月，国家教育部派出高等教育工作调查组，来复旦调查师资培养工作。王零同志视这次调查为回顾检查我校师资工作，借以总结经验、更好前进的良机，要求学校有关同志积极配合汇报情况、交换意见，他自己也多次参加座谈讨论。调查组在《关于复旦大学师资培养工作的调查》报告中，肯定了“三年来复旦大学师资培养工作取得的成绩是显著的”，“三年来，师资成长很快，开始形成一支又红又专的师资队伍”，“新生力量大批成长起来，青年教师已成为当前教学、科学研究工作中的主要力量，还涌现出了一批优秀的骨干教师……全校 70 名左右”。这份调查报告还就复旦大学师资工作概括了四条主要经验。

同年八九月，王零同志邀集校、系有关干部，按照“高教六十条”的精神，对复旦一九五八年以来的师资建设工作进行一次相当深入的总结，以此为基础拟定出《关于师资培养工作的意见》。当年秋季开学不久，他特地召集文理科各教研组主任会议，专门围绕师资队伍建设问题与大家讨论与研究。他对学校提出的上述“意见”作简要说明，特别强调：建设一支又红又专的强大的师资队伍是学校最重要的基本建设任务；师资的培养和成长需要有一个长期的积累过程；此项工作要有计划地各方面措施配套地进行。我记得会场气氛甚为活泼，周谷城教授操着一口湖南口音发言道：我百分之百赞成王零同志的意见，我们大家齐心协力把师资队伍建设好，我们复旦一定能够建成为世界上最先进的大学之一。周谷城还说：过去我们曾说过，要把复旦建设为东方的牛津，现在我们要有这样的气魄，将来会让英国人说要把牛津建设成西方的复旦！

一九六二年，王零同志在上一年师资工作总结的基础上，继续进行调查研究，采取点面结合方法，深入物理系和数学系等单位，边调查，边总结，边整改。他与金冲及、郑绍濂、钱孝衡等同志一起，梳理出几年来复旦师资建设工作的十条经验：(一)加强思想政治工作，坚持又红又专的方向；(二)全面规划，系统设计；(三)坚持理论与实际统一，高度的革命性与严格的科学性相统一的学风；(四)确定教师的进修方向，稳定教学与科研工作任务；(五)切实安排落实适宜的途径与方法进行培养，提高教师的业务水平；(六)大力加强骨干教师的培养；(七)有计划地组织青年教师向老一辈专家学习；(八)保证教师从事业务的时间，改善他们的工作和生活条件；(九)建立和实施严格的检查和考核制度；(十)切实加强师资培养工作的具体领导。同年十一月，王零同志出席教育部于武汉召开的部分重点高校师资工作会议。

一九六三年二月和一九六四年五月，按照校党委和校长的决定，王零同志先后主持制定了复旦大学师资队伍建设“五年规划”。这两份规划是“文革”前复旦师资建设历程中具有里程碑意义的文件，它反映了复旦党委和王零同志在当时对于师资队伍建设的总体认识，中长期目标和基本措施的思路。两个规划全面地系统地说明和确定了复旦在 5—10 年内师资队伍建设的目标、任务、人员配置原则、队伍结构、实施计划、主要措施以及学校各级组织和各部门在师资建设中的职责等基本问题。王零同志为制定这两份规划，组织了一个精干的班子，集思广益，吸纳各方意见，他自己也深思熟虑，反复思考，多次修改，花了大量心血。而且满怀信心地期待一步步推动规划的实施。令人可惜的是，一场史无前例的“文革”运动的到来，无情地中断了这憧憬已久的美好愿望的实现。

一九七八年，王零同志作为“文革”结束后复旦党政主要领导之一，在其任内一如既往地十分重视师资队伍的建设。十年“文革”，复旦师资队伍损失惨重，他深感痛惜。国家四个现代化建设的全面开展，复旦大学的恢复和新的发展，让他深感加强师资队伍建设必须急起直追。就在这一年，王零同志提出：把历来隶属于人事处的师资科升格为校师资办公室，作为全校师资工作的综合性办事机构。首任师资办主任朱铭源同志至今记忆犹新，向我说道：“王零同志第一个主张建立师资办。我们办公室一方面全面地加强了全校师资队伍的调整、充实和培养，另一方面空前地开拓和推进向国外派遣进修教师、访问学者的工作。一批又一批的教师特别是许多中青年教师走出国门，登上许多著名学府的学术舞台，这为我校师资建设开辟了另一个新天地。”

全面规划　统筹协调

一位在党委集体领导中分工负责主持师资工作的领导干部，是需要兼具两种品格的。这就是，一方面要脚踏实地，深入群众，紧抓实干；另一方面，又要胸怀全局，有宏观视野和战略构想。以我个人的体会，王零同志可称得上是兼备了这两种品格。这也可以说是他在这方面创造突出贡献的一个重要原由。

师资队伍建设规划，是关于师资建设的设计书和计划图，是全校各个阶段师资建设工作的蓝图。解放以来的头五年左右时间里，复旦全校以及各系科从未做过师资队伍建设规划。只是到了二十世纪五十年代中期，从以杨西光同志为首的校党委开始，才着手编制这项规划，而王零同志则是编制工作的主要负责人和实际主持者。在长达十年的岁月里，王零同志主持编制的复旦师资队伍建设规划，有近期的（一年至两年规划）、中期的（五年规划）和长期的（十年规划）等几类。而且，他认为全校性综合性的规划必须与各系科、各教研组和研究室的规划相配套，层层细化，加强落实。一九六二年十一月，他在武汉师资工作会议上讲到：“去年以来，我们制订了师资培养工作的规划，各系和各教研组相应地制订了培养计划，并且组织教师们个人制订三四年的进修计划。”

在制订规划的工作中，王零同志有几句话是反复强调的：“把家底摸清楚”，“把目标搞明确”，“把措施搞落实”。他实际上是把制定规划的过程切切实实地做成一个围绕师资主题的深入调查研究、总结经验教训、准确地确定目标，以及调动各方力量落实措施的过程。对于制定规划的意义和作用，王零同志曾作过这样的总结："全校师资培养规划的制定，主要解决：1.使上下各方面各部门统一认识，明确要求，全党动手，全校协调，调动一切积极性；2.使短期、中期和长期的工作有秩协调推进和发展；3.规定措施，建立制度，明确各级组织各个部门在师资建设工作中的职责，安排落实；4.使学校和系在师资配备上有个总体规划，对人才的选拔、培养、调配做到心中有数，形成梯队。"

对于师资队伍建设，王零同志有一个根本的理念，就是无论是哪一类师资队伍建设规划，其目的归根到底都是为了多出人才、快出人才、出好人才。而且，为适应建设一个先进的综合性大学的需要，这种人才队伍不但质量要高，又必须拥有相当的规模，而且各类人才应当是配套的。这一理念，在他花了很多心血主持编制的复旦大学师资队伍建设五年规划和十年规划中得到了体现。以下列举的就是上述规划提出的围绕人才建设的几项目标。

从一九六四年起，在5年内使教授、副教授、讲师在全体教师中的比重，从现有的30%左右，提高到60%左右；在10年内提高到75%左右。教授人数从现有的81人提升到120人左右；副教授从96人提升到200人左右；讲师从278人提升到550人左右。5年内，全校教师总数由1 066人增加到1 500人。

建成一支有较高水平的、稳定的基础课教师队伍，每门基础课建立两套教学班子，有一套较高质量的教材和教学参考资料，创造较为完备的教学经验，在全校树立一批基础课教学标兵。

力争在5年内培养出80名骨干教师，在10年内达到150名，形成一批高水平的学科带头人。

建立一支主要从事科学研究的学术队伍，各个重点学科都要建成一个稳定的配套的学术梯队。5年内全校科研人员总数扩大到500人上下。

建设一支比较熟悉马列主义毛泽东思想、精通本学科业务、具有广博的人文和社会科学知识、理论联系实际的哲学社会科学理论工作队伍。

5年内新建世界经济、世界史、德语、法语等4个专业，新建若干个从事高新技术和外国问题的研究室，为此要相应地配置教学和科研力量。

建立一支主要从事图书资料工作和教学实验工作的师资队伍，大力提高图书资料员、教学辅导员和实验技术人员的水平，使之成为教学和科研工作的得力助手。

王零同志当时向我们这一批从事政治思想工作的干部说过："要实现以上目标和要求，一定是一个艰苦奋斗的过程，任务十分艰巨。但是我们要咬紧牙关，不畏艰险，努力奋斗，就算是奋斗到身体消瘦了，头发发白了，也要拼命干下去，要像大庆石油会战那样'革命加拼命'。"

拔一个，带一批

在普遍地加强师资队伍建设的基础上，着重骨干教师的培养和建设，是复旦党委和王零同志一贯坚持的行之有效的主张和做法。从二十世纪五六十年代直到"文革"开始前，复旦为培养骨干教师采取了一系列有力措施，成效卓著，曾得到国家教育部的肯定和许多兄弟院校的关注，成为复旦师资队伍建设工作中的一大亮点。一九六二年十一月，王零同志出席教育部在武汉召开的师资工作会议，以我校骨干教师培养为题作专题发言，强调要在师资队伍建设中确定和贯彻"拔一个，带一批"的思想。一九六三年二月，教育部又在沈阳召开东北地区重点高校师资工作会议，培养骨干教师是与会干部特别关注的一个问题。教育部在会后发出的《中南、东北重点高校师资工作会议纪要》中，特别指出："在座谈会上，复旦大学、哈工大介绍了培养提高骨干教师的经验，引起了大家的重视。大家一致认为，在全体教师普遍提高的基础上，必须对部分优秀教师（骨干教师）实行重点培养和提高。复旦大学'拔一个，带一批'这个提法是有道理的。"

"骨干教师"是那个时期学校里一个通用的说法，作为师资队伍中特别优秀的和发挥骨干作用的一个特定的部分，早在二十世纪五十年代后期就被学校领导注意到了。然而，真正在认识上和实践上把骨干教师的选拔、培养和充分发挥骨干作用的问题，置于整个学校建设中带有战略意义的地位，从而有计划有系统地进行此项工作，却是在王零同志主持师资工作那个时期。当然，当时校党委杨西光、陈传纲等领导同志也都有明确的认识，十分重视此项工作。王零同志认为，骨干教师是教师队伍中的拔尖人物，是教学工作中的中坚力量，是学术上的学科带头人。他常说："这样的人才，他们登高一呼可以带动一大批。"他又说："我们就是要培养京戏里梅兰芳、周信芳那样的名演员，他能带动一批人吗？"所以，他认为：抓骨干教师的培养是整个师资队伍建设工作中的中心环节，是建设一支又红又专的师资队伍的关键。

为明确树立上述培养骨干教师的思想认识，王零同志多次提出要注意克服人才问题上的平均主义倾向。他说过，强调抓骨干教师培养并非"拔苗助长"，而是"因势利导"。因为在广大教师群体中，由于各人的教育经历、文化知识素养、个人禀赋、努力程度以及所在具体学术环境等之条件不同，在学术和教学上的表现和成就一定会有差别。因此，他认为，"根据这些情况，因势利导，让一些人冒尖，这是好事，而不是坏事"。他一再强调要克服"平均主义思想"，说"在师资培养工作中，对那些较有才能，做出较大贡献的教师，采取重点培养的办法，为他们创造各种条件，帮助他们更快成长，是完全必要的"。

当时，在王零同志的直接领导和主持下，各系各部门为骨干教师培养是花了大力气的。首先，是慎重地严格地选择和确定骨干教师的人选。王零同志强调要从严掌握，坚持宁可少些，但要好些的原则。从调查研究入手，弄清各系科各专业的各类人才状况，从下而上提出名单，从上而下加以评议和审查，上下结合，慎重选定。以一九六二年为例，经王零同志审定的骨干教师，首批共有60余人。其中有中文系胡裕树、王运熙、章培恒，外文系孙铢、程雨民、龙文佩，历史系胡绳武、吴瑞武、周维衍、邹逸麟，新闻系李龙牧、丁淦林、薛维新，经济系蒋学模、伍柏麟、蒋家俊、江泽宏，政治系余开祥、刘宏谊，哲学系辛敬梁，数学系谷超豪、夏道行、李大潜、胡和生、郑绍濂、徐小伯、李有康，物理系谢希德、王迅、华中一、阮刚、唐瑛山、袁栥、朱昂如、邵爕麟、何永保、凌爕亭、陆道贤，物理二系杨福家、倪光炯、徐学基、李郁芬、秦启宗，化学系高滋、于同隐、谢高阳、朱京、吴世晖、黄国芳、张华麟、邓家琪、薛志元，生物系包正、罗祖玉、李君樱、苏德明、董悌枕、谈曼琪、王伯阳。一九六二年十一月，王零同志在教育部武汉师资工作会议上的发言，重点介绍了谷超豪、杨福家、夏道行、华中一、郑绍濂、秦启宗、蒋学模、胡裕树等8位教师的突出成就和贡献，以及他们的成长情况，说明培养骨干教师的重要意义和党组织是怎样进行工作的。

培养骨干教师的关键是必须要有强有力的措施。考虑到拔尖人才成长的一般规律，也有鉴于一九五八年“大跃进”运动以来的经验教训，从六十年代初开始，校党委和王零同志明确地提出了“三个三”的一套措施。这就是对每一个培养对象做到：(一)“三个稳定”——专业方向稳定、教学与科研任务稳定、师资梯队班子稳定；(二)“三个保证”——时间保证、制度保证、组织保证；(三)“三个落实”——指导教师力量落实、计划措施落实、物质条件落实。放在今天来看，以上这些措施也许并不十分惊人，但在当年的内外环境之下，如果没有对这个问题的真知灼见，没有迎难而上、敢于冲破种种阻力的胆识和勇气，是没有可能做到的。

青老挂钩，传承创新

在长达十多年的师资建设工作中，王零同志面临一个十分重要的问题，就是怎样正确对待老一辈专家学者，怎样正确处理他们与中青年教师之间的关系。这是正确掌握和贯彻党的知识分子政策的问题，也是正确处理科学文化的传承与发展的问题，尤其是在复旦这样一所有着悠久历史和拥有众多的专家学者的高等学府，这一问题更是显得格外重要。现在回过头看，我觉得在“文革”前十余年，我们学校在这方面从总体上说是在曲折起伏的过程中胜利前进的。历史地看，在那个时期，党内“左”倾指导思想和“左”的政策呈现为逐步严重化的趋势，以致在实际工作中造成了损失；但在同时，也进行了多次纠“左”的努力，在相当程度上克服了“左”的错误及其影响。一九五六年一月中央知识分子问题会议，一九五九年一月中央文教会议，一九六一年五月全国文科教材会议以迄同年九月“高教六十条”下达以后，校党委和王零同志在知识分子和师资建设工作中的纠“左”努力及其成效是卓著的，有目共睹的，似乎可以说，既有曲折，更有辉煌。王零同志亲历这段历史的全过程，尽管在当时“左”倾指导思想的影响和特定政治环境之下，发生过这样那样的问题和错误，但是我以为，总的来说，他掌握知识分子政策是稳妥的、全面的，而且是与时俱进的。

早在一九五九年，王零同志主持制订的全校师资培养工作计划，就明确地规定，要“发挥老教师培养青年教师的积极性，进一步组织老教师为青年教师开设讲座主持训练班，指导他们进行教学和科学研究。并有计划地安排青年教师学习老教师学术上的专长，使老教师各种不同的学术专长和一切有用的知识，在培养青年教师工作中，发挥他应有的作用”。以后，随着这种工作经验的积累和认识的提高，发挥青老两个积极性，青老结合培养师资队伍工作不断加强、成效卓著，成为全校师资建设的一项基础性的工程。

在青老关系问题上，王零同志主张既要传承又要发展。他认为，一方面，我们对老一辈专家的学术造诣和严谨的治学态度要有足够的认识和评估，要教育和鼓励后辈教师认真地向他们学习。另一方面，又认为在鼓励青年人在向老专家学习的同时，要发扬创造精神。有一次，他以物理二系卢鹤绂教授指导青年教师徐学基的经验为例，总结道：“现在看来，青年教师在成长中即要虚心踏实地向老专家学习，又要发扬创造精神，要把这两个方面正确地结合起来。这样，才有可能在将来真正做到青出于蓝而胜于蓝。”

为此，到了六十年代初，王零同志一再抓了“有计划地组织青年教师向学有专长的老教师学习”这项工作。所谓“有计划”是指各系科在全面评估有关专业和学科发展现状、青老教师状况的基础上，确定人选名单、征得双方同意、制定对口学习计划，加以落实。这一办法，当时被简称为“青老挂钩”。一九六二年夏，王零同志在一个报告中说，这一年左右全校组织“青年教师队伍，有计划地向老教师学习”。同年十一月，王零同志在武汉师资工作会议上介绍说：一年多来，我们根据条件，为 18 个骨干教师确定了指导教师，如陈望道——胡裕树，郭绍虞——王运熙，谭其骧——邹逸麟和王文楚，苏步青——胡和生，严志弦——谢高阳，周同庆——朱昂如，卢鹤绂——徐学基，等等。

“青老挂钩”在六十年代直至“文革”开始，成为师资培养的一种模式，在全国高等院校都有推广。教育部于一九六二年九月发出内部指示，提出对于在本门学科有较高学术水平的老教师，一般都应为之配备学术助手，指定青年教师向他们学习。一九六三年四月,经王零同志与各系研究和商定,并由校党委领导同意,复旦确定了首批“青老年挂钩”名单。

表7 复旦大学首批“青老年挂钩”名单(一九六三年四月)

老教师姓名	专　业	学科方向	青年教师姓名
陈望道	中国语言文学	文法修辞	胡裕树、邓明以
朱东润	中国语言文学	中国文学批评史	李庆甲
郭绍虞	中国语言文学	中国文学批评史	章培恒
刘大杰	中国语言文学	唐宋文学	胡锡涛
吴文祺	中国语言文学	语言学引论	周斌武
徐燕谋	英国语言文学	英语文体学	陈孝模
葛传槼	英国语言文学	英语词汇学	陆国强
陈守实	中国历史	中国土地关系史	朱永嘉
蔡尚思	中国历史	中国近代思想史	吴瑞武
周谷城	世界历史	世界古代史	范明如
周予同	中国历史	中国经学史	黄世晔、朱维铮
谭其骧	中国历史	中国历史地理学	邹逸麟、王文楚
漆琪生	政治经济学	资本论	方崇桂
全增嘏	哲学	外国哲学史	刘放桐
胡曲园	哲学	辩证唯物论与历史唯物论	余源培
顾翼东	化学	稀有元素	黄国芳
王福山	物理学	普通物理	贾起民
周同庆	物理学	光学	徐学基
谢希德	物理学	半导体	陆栋
忻介六	动物学	昆虫学	苏德明
苏步青	数学	微分几何	胡和生
陈建功	数学	复杂函数论	曹家鼎
陈传璋	数学	积分方程	李明忠
卢鹤绂	物理学	核物理	陆金康
严志弦	化学	无机化学	谢高阳
卢于道	动物学	动物生理神经解剖	唐仲良
王鸣岐	生物学	生化与微生物	彭泽国
谈家桢	生物学	遗传学	张忠恕

在确定上述方案的过程中，王零同志反复检查各单位落实情况，一向作风严格的他，为使该项工作不发生疏漏，在同年四月十二日向校师资工作主管单位人事处、教务处和科学部作出书面批示五项。其中他写道："一、一、二级有专长的老教师，均应遵照中央规定配备职务助手，尚未配齐的应在今年配齐。二、学有专长的三级及以下的教师，要确立优秀的青年教师向他们学习，但不以助手名义。三、凡是确定为助手的青年教师，应根据中央规定，要安排一定时间协助老教师工作。其他指定向老、中年教师学习的青年教师，应与其进修计划结合，切实安排时间，以真正保证把东西学到手。四、凡是配备作为助手和跟老教师学习的青年教师，均应做到两相情愿，学习和指导计划要安排落实。因此，请人事处、科学部、教务部负责切实组织好这项工作。"

设立"预备教师"：一项超前性措施

设立"预备教师"是那个时期复旦为加强师资队伍建设而采取的一个特殊办法，是一项超前性措施。这项举措的提出和推行，王零同志在其中起了关键性的作用。"预备教师"作为一项特殊措施，是指在本校高年级学生中经严格挑选而确定的，列为教师队伍后备力量的一部分优秀学生。对他们实行有计划的重点培养，参加有关教研室的部分工作，边干边学，从而为扩大青年教师师资队伍预作准备。

一九五九年复旦被确定为教育部直属重点高校之后，校党委谋划师资队伍建设时，就开始考虑采用既不占用中央下达的教师编制名额，又可扩大师资力量和超前一步培养青年人才的办法，这就是"预备教师"措施的由来。一九六〇年二月，王零同志主持制订的《1960年师资培养工作规划》首次对此作出明确的规定，列入当年工作计划："要求各系认真选拔又红又专的优秀学生，根据因材施教的原则，对他们提出更高的要求，加以专门的培养，使他们毕业前后就迅速地成长起来。本学期初，各系要初步确定名单，订出培养计划。"

实际上，在一九五九年冬至翌年年初，王零同志就已布置各系按照专业和学科发展要求和目标，在高年级学生中挑选一部分优秀学生列为系内的预备教师，分别安排到各教研组，边干边学，加以重点培养。记得一九六〇年三月我参加上海市委召开的文教工作会议期间，一天晚上，王零同志把一部分系总支书记召到他下榻的锦江饭店一个房间，讨论关于学科建设和培养"预备教师"的工作。他要求我首先发言，我简要地汇报历史系中国古代史、中国近现代史和亚非拉美史三个专门化选拔和确定了十余个预备教师人选，相应地拟定了培养计划。他听得很仔细，问清情况后，当场拍板同意，要求尽快抓紧落实。

王零同志后来说过："在（师资）队伍建设中，及早注意和选拔一部分优秀的大学生、研究生预先培养为师资，是一项重要工作。……水平较高的师资的培养需要较长的时间，所以需要在大学生中就采取各种措施，选择优秀对象，因材施教，并根据红专统一的要求，在毕业时选留其中一部分作为师资，进一步加以培养。”显然，在王零同志看来，十年树木百年树人，一个优秀的大学教师的造就，需要一个长期的积累过程，要有持之以恒的长期努力，为此必须抓得早，从学生时抓起。实行“预备教师”的办法，是将师资培养工作从青年助教向前推进一步，从大学高年级时就着手抓起，这就多了一段时间，多了一次选择，多开辟了一个阵地。用王零同志的话来说，这好比是军队里设立“见习军官”一样，为青年教师队伍的扩大准备了预备队，增设了预备期。

“预备教师”作为一项特殊措施而实施，反映了王零同志师资建设工作中的创造精神。在那个时期的高度集中的计划体制下，高等学校极少有自主权。学校师资队伍编制和工资总额都由教育部和计委严格掌握。六十年代初，学校的教学和科研事业要有大的发展，但是教育部下达的留人的编制很少，远远不能适应复旦发展需要。于是，王零同志乘着学校本科由 4 年制改为 5 年制之机，提出了“预备教师”的办法，扩大和充实教师队伍。为此，他征得杨西光同志同意后，去北京向教育部长蒋南翔提出报告。他向蒋部长说：“按部里要求，三五年内复旦将有大的发展，现有教师加上新增的一些，肯定不够用。而教师能上讲坛，成为良师要有个成长过程。考虑到这一情况，我们复旦想在高年级学生中选拔一批优秀者作为预备教师，让他们参与教研室的教学科研工作，边干边学，在岗位上成长。他们可以不算正式编制，但要点人头费。”王零同志后来回忆说：“我变招要求，但我没有硬要增加编制，不打乱教育部的计划。同时，我说得在理，所以蒋部长很快地同意了。”王零同志就是这样把原则性与灵活性结合起来，创造性地推出了“预备教师”的举措。

复旦实行“预备教师”的办法，后来因“文革”的爆发而中断，虽为时不长，但在五六年时间里还是取得了明显的成效。以历史系为例，那几年前后总计选拔了近 30 名学生作为“预备教师”加以培养，其中有 10 名学生进入历史地理研究室，实行边干边学，后来大部分留校工作，充实了历史地理学科的研究队伍；有 4 名学生留作本校马列主义教育系和资本主义国家经济研究所的教师和研究人员；另有近 10 名留在本系充实师资队伍和作为研究生继续深造。毫无疑问，“预备教师”这段经历，对他们的成长成才是大有裨益的。

一代人有一代人的历史责任。作为新中国成立后复旦大学第一代领导之一，王零同志当年从事师资队伍建设工作的理念和实践，他的坚韧不拔、呕心沥血的努力，如今留在了后人们的记忆和史书的记叙之中，其利弊得失由人评说了。不管怎么说，他已经做到了他那一代干部所处的历史条件下所可能做到的，他尽到了他的责任，他无愧于那个时代。

上海史学界两支队伍的一次全面整合*

——复旦大学历史系与上海历史研究所合并经纬

二十世纪五十年代后期，在当时的社会主义建设“大跃进”和教育革命运动的高潮期间，根据中共上海市委的指示，复旦大学历史学系曾一度与中国科学院上海历史研究所实行“系所合并”，整合为一个隶属于复旦大学的统一的教育和科学研究单位。系与所合并一年以后，上海社会科学院正式成立，上海历史研究所划归上海社科院建制，从而结束了上海史学界两支队伍之间这一段被史学同行们称为“短暂的联姻”的经历。笔者亲历这一史事的全过程，也曾思考过其中的成就得失和经验教训。60多年后的今天，追忆这段往事，或许以利于以史为鉴，亦可补系史资料之所缺。

最初听杨西光同志谈系所合并

上海历史研究所并入复旦大学，与历史系整合为一个教育和科研机构，这件事在实施之前并未经过充分的酝酿和准备，合并决定正式公布之前，系里一般师生对此甚少了解，系里的党员干部也是到了合并之前一个月才获悉这一决定的。这一情况的出现，是当时“大跃进”和教育革命的形势使然，也与热火朝天的科研群众运动的掀起息息相关。在我看来，正是在这一特殊的形势之下，上海市委才急促和果断地作出两个单位合并的决定。记得在一九五八年八月中旬的一天，唐瑛娟（历史系党总支书记）和我（系党总支副书记）接到党委办公室的通知，去见校党委书记杨西光同志。没想到，西光同志这次与我们谈的就是历史系与历史所合并之事。他告知唐瑛娟和我：市委宣传部和教育卫生工作部已决定，上海历史研

* 本文系2019年4月复旦大学历史系存稿。

究所与我校历史系实行合并，系与所整合组成为一个统一的单位；上海历史研究所采用“一个单位、两块牌子”，对外用两个名号（挂两块牌子），即复旦大学历史研究所、中国科学院上海历史研究所；系和所的党组织合组为一个总支部，称为复旦大学历史系（所）党总支；系、所原有的行政体制和领导班子不作变动。他还提出，系与所的合并工作当即着手进行，先在党内和干部中加以酝酿和准备，历史系总支尽快同上海历史所建立联系，作出合并工作的部署与安排。这就是我最初获悉的历史系与历史所两单位实行合并的决定。

西光同志这次谈话的重点，是关于系所合并的缘由和目的，我当时从他的谈话中判断，这主要也是出于市委负责同志的意见。他说，现在全国各条战线正在“大跃进”，包括历史学在内的社会科学也要实行“大跃进”。复旦历史系与上海历史所合并起来，把上海史学界两支最强的队伍加以整合，有利于壮大队伍，集中兵力作战，突破一些重点项目，推进上海史学事业的发展。接着，他又说，科学院系统的历史所与大学历史系相合并，可以大大地促进教学与科研之间的结合，科研人员与教学人员可以互相兼职，以教学带动科研，以科研提升教学，教研相长，优势互补。西光同志谈话中，特别令人印象深刻的是，他认为把科研系统的研究所整合于大学，可以借助大学里特有的优势，有力地改变科研院所传统的死气沉沉“学院式”学术研究作风。他说，大学的主体是青年学生，他们最少保守思想，最富创造精神，与他们保持直接联系，可以有力地克服“静守象牙塔”“关门搞学术”的不良风气，改变“关门研究”为“开门研究”。而且大学的学科比较多样，比较齐备，与社会各界有较广泛的联系，这种种优势也可以补研究所之不足。

60多年前西光同志的这番谈话，可以看成是当时上海市委和复旦党委对系所合并的基本意图和设想。当然，这些都是那个特定的历史条件下的产物，反映了那时党内对这些问题的认识水平和工作经验。以唐瑛娟和我在当时的态度而言，对系与所合并的必要性和意义是深信不疑的，对西光同志谈话精神表示领会和接受，表示一定要积极做好系所合并的各项工作。然后，我们在系里召开了党员干部会议，进行各项有关的准备工作，并且与上海历史研究所进行沟通，建立联系。

一支史学劲旅融入复旦园

复旦历史系与上海历史所的合并重组是在一九五八年八九月间陆续进行的，到同年十月间基本完成。合并工作在复旦大学党委和中国科学院上海办事处的领导下有序开展，实际工作是由复旦历史系党总支和上海历史研究所党总支共同负责推进的。首先是两个单位的党组织予以合并重组，将历史研究所党组织划归复旦党委领导，与历史系党组织合二为一，共同组成新的复旦大学历史系（所）党总支部。为适应组织的调整和工作的需要，原历史所党总支书记奚原参加复旦大学党委会，为常务委员。当时，中央宣传部曾发文通知，任命奚原为复旦大学副校长，后因他本人为集中精力从事学术研究而坚辞行政工作，中宣部遂收回成命。合并后成立的历史系（所）党总支，负责系和所的党建工作和政治思想工作，奚原兼任党总支书记。徐岑、唐瑛娟、余子道任副书记。系、所原有的各个党支部的建制和人员则保持原状不作变动。

上海历史研究所并入复旦大学时，有鉴于要照顾到种种历史渊源和现实因素，在体制上采取了“一套班子、两块牌子”的办法，对外使用两个名号：复旦大学历史研究所、中国科学院上海历史研究所（筹）。这是因为上海历史研究所从最初开始筹建以来，一直是中国科学院设在上海的一个学术研究机构，由中国科学院上海办事处直接领导，到这次并入复旦大学时，它也并未与中科院系统完全脱钩，而从长远一点来看，它今后归属仍未完全确定。进入复旦后的历史研究所，其领导班子和研究组织仍保持原状，以利于工作的开展。当时李亚农任所长，周予同、奚原、徐岑、杨宽任副所长，下设 4 个研究组。同样，复旦大学历史系仍然保持系主任和系务委员会的领导体制，以系主任谭其骧为首的系务委员会继续负责全系教学和行政工作。

一九五八年国庆节前后，上海历史研究所融入复旦大学，与历史系整合为一体。这在复旦历史系的历史上是一件几十年未遇的大事，也是我系发展过程中的一件盛事和喜事。作为历史系的一个教师和党员干部，当时我的心情是十分激动和兴奋的。毫无疑问，历史所融入复旦大学，系与所两支力量的汇合，大大地加强和扩大了复旦历史系的学术阵容，提升了复旦历史系的影响力，充实了教学与学术研究的力量，增强了基层党组织的队伍和提升了党总支的领导力量。这一切用今天的话来说是大大地增加了正能量。怀着如此喜悦的心情，我们迎来了学校召开的宣布系所两单位合并大会。九月的一天，系、所两单位的教学、科研和其他工作人员、党政干部、学生代表，齐集复旦工会俱乐部大礼堂，校党委副书记徐常太代表校党委正式宣布合并决定，宣布组成系所统一的党总支部，并公布新任命的总支正副书记的名单。大会始终洋溢着欢快和团结的氛围，至今历历在目。

“同城姻缘一线牵”。上海历史研究所和复旦历史系，上海的这两支史学队伍在当时的“联姻”，成为正处“大跃进”高潮中的上海社会科学界的一件盛事。这当然与复旦历史系在国内外的地位与影响密切相关，也与上海历史研究所建所以来造就的业绩、贡献及影响分不开。上海历史研究所创建于一九五六年十月，在党中央“向科学进军”的号召下，中国科学院根据国家“哲学社会科学研究发展规划”的要求，基于上海在国内外的重要地位及其在文史与社会科学方面扎实丰富的学术底蕴和人才资源，兴办了这所史学研究机构。该所最初称“中国科学院上海历史研究所筹备处”，不久改称“中国科学院上海历史研究所筹备委员会”。因为建所历时不久，当时还处于筹建阶段，但已显示出它的显著地方特色、严谨朴实的学风和良好的发展前景。草创之初，不到三年，已聚集了若干位著名的老一辈史学专家和一批中青年学者，征集到一批地方史料。当时有著名学者和高级研究人员四人、中级研究人员十余人、翻译和图书资料人员十余人，全所共 27 人。所长李亚农是中科院哲学社会科学部委员、著名的中国古代史专家，在史学界声名卓著，也是一位老一辈共产党人，为上海解放初领导全市科学、文博、图书等领域工作的主要负责人之一。当时李亚农因健康原因不负责历史所领导的实际工作，而由奚原主持全所常务。此外，担任副所长的还有周予同、徐仑、杨宽三位史学大家。周予同是著名的历史学家和经学史专家、著名的爱国民主人士，他既是历史所的负责人之一，又是复旦历史系的教授，即所谓“一身而两任焉”。杨宽也是一位著名的中国古代史专家，尤其是精于先秦史、战国史的研究而成就卓著。徐仑文史兼备、博学多才、会通古今，曾在解放军从事政治工作，兼具学者和战士双重本色。此外，中年学者方诗铭、汤志钧等无不学养深厚、功底扎实、学有专攻，已显示出在学术上大有可为的前景。可以说，这支史学队伍融入复旦大学，是给我校的历史学科的教学与研究注入了一支生力军，开拓了新局面。同时，对于上海历史研究所而言，这一融合也为自身的发展获得了坚实广阔的基础和平台，提供新的发展的机遇。

短暂的整合可喜的成果

上海历史研究所并入复旦时，全所以中国近代现代史为主要研究方向，注重上海近现代史，兼及中国古代史的研究。所内共设有四个研究组：第一组为中国古代史研究组、第二组为帝国主义侵华史研究组、第三组为中国现代史研究组、第四组为中国现代史学思想史研究组。全所有研究人员、翻译和图书资料人员，以及行政总务人员，总共近 30 人。学术研究队伍中，老中青三代人都有，史学科班出身的和从党政军转业而来的各占相当比例，学术水平和研究能力具有相当实力，但参差不齐。当时正在进行的研究课题，中国古代史方面有管子研究、清代学者对古史（经部）研究的贡献、西周春秋的经济制度和政治制度；近代史方面有上海小刀会起义史料汇编、鸦片战争时期江苏人民反侵略斗争史料辑录、日本特工宗方小太郎在华活动资料选译整理等；现代史方面有一九一九年至一九二六年大事长编、五四运动在上海史料选编等。系所合并后，校党委和系所党总支经过审慎的研究，认为学术研究工作须保持稳定和持续而不能打乱，历史所原有的研究组织体制和研究课题计划均保持稳定，按原有方案推进。这就是说，研究所的各个研究组与历史系的各个相关的教研组之间采取体制内的协作、互助关系，但各自保持独立的学术研究计划，除几个特殊的学术课题采取直接联合作以外，一般不实行合并的办法。现在回头来看，当时这样的处理还是妥当的。

这次系与所两个单位的整合为时不长，只不过短短的一年时间，然而整合的范围是比较全面的，除了学术研究工作，还涉及教育改革、课程教学、生产劳动、厂史社史、政治思想工作和党的建设等各个方面，只是不同方面整合的深度有所不同。由于整合的时间比较短暂，其积极效应未能获得充分的发挥，但尽管如此，应当肯定这次整合是取得不少积极成果的。据我所知，以下几项值得回顾记述，而在系史上占有其一席之地。

一、形成重点，引领上海全市的史学研究事业。两单位的合并，史学界两支队伍的整合，使上海全市史学研究的相当大的主力汇集于复旦大学而形成重点，从史学界而言，无论是学术队伍的阵容、学科门类的设置，还是图书资料的规模，在全上海都是首屈一指，这里显然成为全市史学重镇。而当时市里的有关领导机关也据此确认并赋予复旦历史所和历史系在全市历史科学事业发展中的中心地位和引领作用。两单位合并后不久，市委宣传部和上海社联即委托上海历史研究所会同历史系，对全市历史科学事业方面的学术研究、人才培养、机构设置和普及工作等的现状和发展规划进行调查研究，拟订方案。历史所会同历史系先后起草了《关于上海历史科学工作的五年规划（草案）》（一九五八——一九六二）和《关于上海市中国近代现代史科学工作的五年规划》（一九五八——一九六二）两个文件，提供全市有关方面，利于全面规划和推进。

二、系所合并促进了优势互补、教研相长，有助于加强学校的教学工作。历史所这一支可观的学术研究队伍融入复旦，不仅在史学研究方面，而且也在教学工作方面增强了力量，对历史系的教学和课程建设是一大助力。历史所好几位研究人员登堂向学生讲课，刘力行讲授中国革命史，汤志钧协助周予同讲授中国经学史，徐仑向学生们作关于如何运用唯物主义辩证法研究历史的学术报告，程天赋给中国近现代史教研组青年教师讲一二·九运动历史，洪廷彦介绍参与编写田家英主持的《中国史稿》现代史部分的情况和经验，等等。杨康年是历史所图书资料工作专家，对近现代史图书报刊的收藏和流通了如指掌，精研版本目录。他的专业素养和敬业精神，积极地影响和推动了历史系图书资料工作。同时，历史系也组织部分学生参加历史所的"第一次大革命时期史料长编""五四运动在上海"等几项专题的史料汇编整理工作。

三、系所紧密合作全面推进科学研究工作。两个单位合并后，在校党委领导下，系所领导班子为全面整合学术研究力量、统筹科学研究工作，在广泛征求各方面的意见后，于一九五八年冬拟订了《复旦大学历史研究所、复旦大学历史系、中国科学院上海历史研究所筹备委员会1959—1962年科学研究规划》。这个规划面向全国、立足上海，注重发挥复旦历史系和上海历史所的专家学者的特长和优势，明确了当前和今后一个时期科研工作的方向、任务和要求。“规划”确定以中国近代现代史为研究要点，同时注重中国古代史的研究，积极开辟对世界史主要是亚洲史的研究，并且确定了一批具有文化学术价值和现实意义的研究课题。这个“规划”确定的当前一个时期的重点项目有：1.继续进行中国历史地图集的编绘工作，力求尽快完成，并进行国家大地图集历史地图卷的编绘工作。2.首次提出“研究和编写上海史”的设想，认为“编写上海史有重要的意义和较好的条件，应与有关方面协作，在今后四年或较长时间内，完成上海简史和多卷本上海史”。3.研究和编写上海人民革命史，包括上海工人运动史、上海学生运动史以及对五四运动、五卅运动、抗日救亡运动、反对美蒋的解放运动等重大事件的专题研究。4.研究和编写帝国主义侵华史，运用上海的特殊地域条件和丰富史料，对帝国主义侵华史作重点研究。5.首次提出编写工厂史和公社史，确定先从大中华橡胶厂、第二纺织机械厂等中、小工厂开始，然后拓展到若干有代表性的历史悠久的大型工厂和文化企业，如申新纺织厂、江南造船厂、商务印书馆等处；人民公社史的编研，则先以上海虹星人民公社为基点进行。6.“规划”对系和所内几位学者在各自学术领域有独到研究的课题予以特别的关注，明确要求有计划地完成学术专著的编研，主要有周予同的中国经学史、陈守实的中国土地制度史、杨宽的春秋战国史、胡绳武和金冲及的辛亥革命史等。总之，这份计划是复旦历史系建系以来，首次作出的较为全面、完备的中程并兼及长程的科研规划，也是系与所合并期间合作产生的唯一的科研计划，其中许多项目当时也已开始实施。当然，产生于在“跃进”年代的这份规划，明显带有“左”倾指导思想的影响，存在着对目标和任务要求过高过急过大的偏向。然而，这一规划首次对历史系和历史所的学术队伍和学术资源作了较为周密的调查研究，提出了具有系统和全面的工作规划，确定各方面的研究课题，为我校史学研究提出了正确方向和目标，它体现的破除迷信、解放思想、繁荣发展史学研究事业的精神是值得传承和发扬的。

四、系所整合加强了基层党组织的力量，提升了政治思想工作的能力。历史研究所的共产党员全部转入复旦，组成统一的党总支，使历史系党组织的力量大大加强，成为当时全校系（所）一级中最具实力的党组织之一。历史所党员干部中很多同志有较长的革命斗争的历练和丰富的实际工作经验，他们的到来，无疑为学校基层党的工作和思想政治工作注入一支积极力量。奚原、徐仑两位老干部加入新组成的总支委员会，有力地增强了系（所）党组织领导班子的能量。我当时是总支副书记之一，特别令人难忘的是时任书记的奚原同志，他的品德和才识，他的领导能力和工作作风，无不成为我学习的榜样。他于全面抗战之初从上海远赴延安抗大，后长期在人民军队和根据地从事政治工作，调入上海历史研究所之前，担任南京军区政治部秘书长。他身上既有革命战士的战斗精神，又有学者的儒雅风格，对史学研究情有独钟；他出身解放军，对知识分子极为尊重。他以校党委常委兼任总支书记，带领总支一班人开展工作，贯彻党的方针政策，既坚定积极，又稳重谨慎，我在他的直接指导下工作，处处感到他对我们年轻干部关爱有加，积极提携，既严格要求，又热情帮扶，种种情景至今记忆犹新。特别令人难忘的是，他的不唯上、不唯书、不跟风的实事求是的思想作风，是十分可贵的。系所合并之际，学校内外正处在“一天等于二十年”的“大跃进”高潮之中，教学和科研工作中浮夸风、冒进风和空谈风正在阵阵刮起，许多人头脑发热，有些人虽有不同意见，但不敢公开作声。我当时体察到奚原同志对眼前出现的情况保持着清醒的头脑，他决不盲目跟风，还在力所能及的范围进行抵制。为此，他在市里被指责为“严重右倾”，但他不顾个人荣辱得失，坚持自己的意见，这是难能可贵的。

上海历史研究所与复旦大学历史系一九五八年至一九五九年间的整合，为时短暂，虽说是一次全面整合，但整合深度不足。可惜的是，整合的积极效应未充分显现，两个单位就告分立了。一九五九年六月，上海市委市政府决定建立上海社会科学院，并于同年七月决定将上海历史研究所从复旦大学划出，归属上海社会科学院建制。同年九月，上海社会科学院历史研究所正式宣告成立。系与所的“联姻”虽然从此结束，但是双方的深厚情谊和紧密合作的传统，在此后的岁月里却是长存不衰而发扬光大。

风云际会中起落的《大学生》杂志*

走进复旦大学校史馆，当人们沿着奔腾流淌的校史长河前进，迈步于改革开放之初校史阵列长廊之前，橱窗里摆放着的一本杂志，往往会引起参观者的注意。这本16开的刊物，篇幅中等，装饰淡雅简朴，在以浅黄色为底的封面上方，映入人们眼帘的是用艺术体书写刻印的刊名“大学生”三个字。这就是当时由复旦大学学生会主办的、在全国颇有影响的《大学生》杂志。这本刊物的创刊和停刊结束，都发生在极不寻常的一九七九年。笔者其时在校党委宣传部工作，受校党委委托，负责联系和办理该刊有关事宜，与刊物编辑部和不少作者多有接触和交往。往事并非如烟，三十五年前的种种情景和人物令人难忘。今就记忆所及，就若干有关事实略作记叙。

一、 思想解放大潮涌动复旦园

一九七九年，复旦大学学生会主办的《大学生》杂志，在全校各系特别是在文科各系学生社团和刊物的基础上，应运而生，在复旦园横空出世。《大学生》破土而出绝非偶然，完全可以说，她是拨乱反正和思想解放的产物。

在中共十一届三中全会前后，复旦大学自新中国成立以来历史上一次最重大的转折正在徐徐揭开序幕。一九七八年五月，《实践是检验真理的唯一标准》在《光明日报》发表，吹响了思想解放运动的号角，给予复旦广大师生极为强烈的影响。同年八月，校党委举办有120余人参加的党员干部读书班，联系学校历史和现状，讨论真理标准问题。这次学习，对全校干部解放思想，破除现代迷信，克服“左”倾教条主义，恢复和重建马克思主义的思想路线，起了极为重要的作用。同年十二月，中共上海市委书记兼复旦党委第一书记夏征农在校团代表会、学代会上率先传达了党的三中全会精神，号召师生们要“开动脑子，破除迷信，解放思想”，要在党的领导下，发扬民生，办好学校。

---

* 本文原载复旦大学校史研究室编:《校史通讯》第109期,2015年11月。

这一期间，按照中央和市委的统一部署，全校在政治、思想、组织、教学、科研和人事等各个领域，进行了全面、彻底的拨乱反正工作，学校的面貌发生了深刻的变化。一九七九年三月，在历史转折的关键时刻召开的党委会扩大会议，分析了学校的形势、任务和前进的方向，指出："两年多来我校遵循党中央的战略部署，在市委领导下，深入发动群众，积极开展了揭批'四人帮'斗争，'四人帮'及其余党在我校所犯的罪行得到揭露，被搞乱了的是非逐步澄清，冤假错案和被迫害的同志得到平反昭雪，师生员工的精神面貌有了较大变化，教学、科研、后勤等各方面工作开始走向了正轨，遭受'文化大革命'严重破坏的复旦，开始复苏过来了。从当前实际情况看，我校党的工作重点转移的条件，已基本具备。"正是在上述基础上，全校上下迈开坚实的步伐，进入改革开放的新时期。

拨乱反正、解放思想、推进学校"两个中心"（教育中心和科研中心）的建设，是改革开放之初全校师生员工的基本共识。夏征农同志根据十一届三中全会精神，结合复旦的情况，强调要大力发展民主精神，促进思想解放，要实行"民主办校，学术民主、学生自治"。在思想问题、学术问题和文艺问题上，要创造充分的民主氛围，"敢于提出问题，敢于创新立异"，同时又"不是胡思乱想，哗众取宠"。校党委第二书记王零一九七九年三月在全校教职员工大会上，明确提出全校当前的中心任务是："要深入拨乱反正，彻底推倒所谓'两个估计'，按照'实践是检验真理的唯一标准'的精神，总结建国以来二十八年复旦的工作，解决历史遗留问题，团结一致向前看，为学校'两个中心'的建设团结奋斗。"

于是，思想解放的大潮在复旦园内外涌动。围绕着关于真理标准问题的大讨论，在师生员工中出现了非常生动活泼的景象。大大小小的理论务虚会、学术研讨会热闹非凡，被多年禁锢的理论问题和学术问题随之一个个打开，不同的学术流派和学说竞相登台亮相，各种演讲和论著日新月异大放异彩。几乎与此同时，各种类型的正式和非正式的校内刊物、壁报等等，如雨后春笋竞相破土而出。一九七九年五月，中断了十二年的校庆节科学报告会宣告恢复，文理各系科举行数十场学术报告和讨论，显示出复旦园内"百花齐放，百家争鸣"的学术生机复苏了，富有悠久历史的复旦学术传统终于在"文革"的阴影退去后重放光彩。此后不久，《复旦学报》（哲学社会科学版）也宣告复刊了。"文革"期间被封杀的校刊，在此前的一九七八年十二月正式复刊。思想的开放、民主和自由氛围的营造、学术园地和舆论阵地的恢复重建，既是这一场思想解放运动的表现，又以强劲之势推动这一运动的向前发展。

二、 学生学术社团和刊物的兴起

青年学生是校园里最富朝气、最为生动活跃、最少保守思想的群体。特别是在一九七七年国家恢复高考招生以后，开头两批进入学校的大学本科生和研究生，有相当多的人在“文革”期间的艰难的岁月里坚持读书、学习和思考，打下了良好的文化、知识和理论的功底，而且还具有一定的社会活动的历练和基层实际工作的锻炼。当思想解放、改革开放的大潮涌动时，他们中不少人敏锐地迎着新潮激流前进，成为历史的弄潮儿。一九七九年前后，复旦园内十分活跃的一批批学生学术文艺社团和学生刊物，可以说大都是由上述这个层面的学生领头组织起来和开展活动的。

当然，这也是与学校党政领导的倡导和支持分不开的。当时，校党委正在积极倡导解放思想、发扬民主、活跃政治空气、营造学术自由。夏征农满腔热情地推动学生们参加思想解放和学术研究活动，支持学生们组织学术、文艺社团，举办学术刊物，发表学术文章和文艺作品。他在全校团代会和学代会上讲话，说：“师生们可以自由结合，研究问题”，“可以根据兴趣、爱好组织几个人，组成一个学术团体”，“可以发挥自己的特长，进行自由研究，(学校)给一点自由，这叫学术民主”。他还指出：在学术上有不同意见，“可以大家讨论，没有唯我独尊的一家之言，也不必看哪个点头”。他对学生自办学术和文艺社团及刊物多次表示支持。在当时校内还有不少干部对学生自组社团、自办刊物心存疑虑时，他毫不犹豫地公开表示支持。在有 1 000 余人到会的学校团代会和学代会上，他明确表态支持在全校率先成立的中文系学术社团“春笋社”，说：“春笋社出来后，我们就支持推广。”同时，苏步青校长和校党委其他同志也都表示了赞成和支持的鲜明态度。

学生学术和文艺社团中最先成立的，就是上面提到的“春笋社”，全名为“春笋文学社”，组成于一九七八年九月，由中文系学生张胜友(后为著名作家，曾任中国作协书记处书记)、卢新华(短篇小说《伤痕》作者，开“伤痕文学”之先河者)等发起组建，以进行文学创作和文艺理论研究为主要任务。卢新华的小说《伤痕》，虽说推出时是一个并不起眼的短篇，但一经面世，意想不到地在全国引起强烈反响，获得广泛好评。在短短几个月里，就收到了来自全国各地 1 000 多封读者来信，深表赞赏和支持，还在一九七八年全国优秀短篇小说评选中荣获优秀作品奖。“春笋社”成员还创作了多幕历史话剧《诸葛亮》等剧作。

继“春笋社”之后，一九七八年十二月，哲学系学生成立了学术社团“求索社”，以研究哲学理论问题和社会现实中的哲学问题为主。他们一开始就高举思想解放的旗帜，表示要发扬关于真理标准问题讨论的精神，组织起来探讨现实社会的种种问题，敢于闯“禁区”，攻“尖端”，坚持真理，坚守理论与实际相结合的原则。接着，一九七九年一月，新闻系学生发起成立“四五讨论会”，准备创办会刊《未来记者》。他们旗帜鲜明地表示要发扬反对“四人帮”的天安门“四五”运动的革命精神，解放思想，敢冲“禁区”；而且要结合新闻学专业特点，讨论和研究国内外时政大事和新闻学术问题。

也在一九七九年一月，经济系一部分师生与一些系友发起成立“上海青年经济研究会”，创办会刊《探索》，以当代中国经济问题为中心开展研究和探讨。同年三月，历史系学生发起成立“史翼社”，由刘申宁、刘征泰、周振业、马小鹤等同学组成基本成员。这个学生史学社团的宗旨是，立足历史学的学习和研究，发扬学术民主，勇于探索史学真谛。他们首批列出中国封建社会人口变迁、戊戌变法、义和团运动、张楚政权等课题，进行研究探讨。此外，理科的一些系科也在这一期间成立了几个学生学术社团和学术小组，如计算机系一些学生组成了“知言社”。

从一九七八年九月至一九七九年十月的一年时间里，全校陆续成立了十余个学生学术和文艺社团，学生的学术文化活动日益活跃，学术研究和文艺创作的成果迭出。这不仅促进了思想解放和教学质量的提高，而且在这过程中涌现了一批很有培养和发展前途的具有良好素质的年轻的学术骨干力量。一九七九年十月十九日，学校举行了一次颇具规模的和有相当学术水平的学生学术报告会。这是“文革”结束后复旦举行的首次学生学术报告会，吸引了数以千计的同学前来参与，可谓盛况空前。当时我也在会场，目睹生动热烈的场面，至今记忆犹新。会上共有 18 位同学宣读了 19 篇学术作品，内容广涉哲学、文学、文艺理论、历史学、新闻学、社会学、经济学等学科。不少论文富有批判精神，勇于探索新问题，提出新见解，给人以耳目一新之感。

三、 横空出世的《大学生》杂志

春催桃李，百花绽开。以思想解放运动为先导的改革开放，孕育着复旦园内一批批学生学术社团和学术刊物，也催生了全校性学生刊物的破土而出。于是《大学生》杂志也就在各系已有不少的学生刊物的基础上，应运而生。

《大学生》，源于校学生会执委会中的一些同学以及中文、新闻、历史、经济、哲学等系科学生社团的一部分骨干，他们都站在思想解放潮流前列，在共同的志趣和自愿结合的基础上发起和创办。他们都看到了长期以来深受禁锢的国内思想学术界正在逐步“解冻”，开放包容、生动活跃的学术氛围方兴未艾。时势在推动人民的行动。他们深感作为大学生应当关心国家参与社会舆论，发出自己的言论和主张，投入思想界、学术界、文艺界的争鸣、论战和交流；同时通过创办刊物，开辟一个学术平台，自己动手撰写文章和创作作品，使专业理论知识的学习与运用相结合，更好的锻炼和提高自身的能力。于是他们决定由校学生会出面，主办一份全校性的学生刊物。

这份刊物的名称，经大家的讨论和学生会的同意，定名为《大学生》。负责刊物的编委会由7位同学组成，他们是：景晓东（哲学系学生，校学生会副主席）、张胜友（中文系学生）、顾晓鸣（历史系研究生、校学生会执委会委员）、周义澄（哲学系研究生）、许锦根（新闻系学生）、刘振泰（历史系学生）、徐邦泰（新闻系学生）。编委会推定，由景晓东任主编，张胜友和张晓鸣任副主编。《大学生》的正式主办单位为学生会，实际上，刊物的版面设计、组稿、编辑、发行，到对外联络等各项工作，都由编委会设立的刊物编辑部负责进行。学校教务处下属校印刷厂承担该刊的印制。

《大学生》编辑部的同学们朝气蓬勃，行动迅速有序，很快完成了刊物创刊号的组稿和编辑。一九七九年六月二十五日，创刊号出版问世。这是改革开放的初始阶段全国范围内第一本也是唯一的一本由大学生自主办理的人文和社会科学兼具文艺的综合性刊物。尽管说，当时它是一本内部刊物，然而无论从内容到形制等各方面说，它完全是按照正式出版的刊物规制来办理的。到同年十二月，《大学生》第二期出版。与此同时，第三期的文稿也已基本上编辑完成。

《大学生》的创刊及其推向全国，恰好生逢其时，当即迎来了校内外各方面的热烈欢迎和正面的反响。复旦党委和行政领导当即给予了赞赏和肯定。夏征农书记于七月五日上午与该刊编委会部分同学见面，“亲切勉励《大学生》编辑部同志，要谦虚、谨慎，进一步把刊物办好”。苏步青校长看过创刊号很是高兴，甚为关心地问编辑部同学创刊中有何困难，需要他帮助解决。其实，苏校长此前已欣然命笔，撰写《祝〈大学生〉创刊》一文，刊发于该刊创刊号，支持和祝愿之情溢于言表。

国内一些重要媒体很快作出反响。在首都北京，《人民日报》、中央人民广播电台等新闻媒体报道了《大学生》出版的消息。人民出版社所属《新华月报》编辑室特地致函我校学生会，说：“见到你们的《大学生》刊物，感到内容丰富、活泼，对我们《新华月报》文摘版，选稿很有帮助，并准备选用你们的文章。”各地高等学校、文化团体、新闻出版各界读者也纷纷来信表达欢迎。创刊号发出后不到两个半月，《大学生》编辑都收到来自各地读者的来信多达400余件，反应之热烈由此可见。上海作家费礼文来信表达的意思颇具代表性，他写道：“这个由青年自办的第一个刊物的出现，对于贯彻双百方针，繁荣科学文化，活跃思想，都有很大的推动，特别是在上海，反映青年生活的刊物很少，《大学生》的诞生，使青年同志有了一个很好的阵地。”

四、 一份富有鲜明特色的大学生刊物

《大学生》的问世，是复旦大学推进拨乱反正、解放思想过程中的一个产物，也是学校在自身发展中沉积而成的学生社团文化传统在新时期的继承和发扬。从这份刊物的思想内容和作者群体现状来观察，我个人以为思想开放、学科众多、群众办刊这三点是其主要特色。

《大学生》之所以一经面世就引起各方面关注，其原因首先在刊物表现出思想开放、言论自由的鲜明姿态，也就是它具有开放性特色。它的重要文章以及刊物的主要倾向，一方面表现为破除迷信、解放思想的精神，主张要从"左"倾教条主义和"两个凡是"的束缚中解放出来，重新全面、准确地辨明哲学社会科学领域中许多理论是非问题；另一方面，刊物大胆地面对社会进入新时期发生的新情况新问题，进行探讨，发表议论。例如经济系学生史正富的《关于资本主义的札记》一文，说明了当代资本主义具有两面性的观点和现代资本主义国家采用计划手段调节社会生产、因而资本主义社会并不完全排斥计划调节的观点。哲学系学生景晓东的《"歌颂论"批判》一文，对长期以来在文艺界流行的以歌颂和暴露来规定文艺基本任务的观点提出质疑，提出应当根据30年来我国文艺工作的实践，完整和准确地理解、阐明毛泽东文艺思想。该文还对曾经风行一时的"左"倾文艺思想，诸如"反对写中间人物""反对写真实""反对写社会主义阴暗面"，以及"三突出""高大全"进行了批判。历史系研究生顾晓鸣的《甲乙丙漫谈社会学》一文，简明扼要地介绍了在改革开放形势下新近甫告恢复的社会学学科的内容、特点和意义，强调为了推进国家四个现代化建设，应当注重社会学的研究和运用。正当我国社会学学科处于起死回生的关键时刻，作者这篇文章的意义和作用是不言而喻的。

《大学生》杂志的另一个特点，在于它涵盖的学科比较广泛，广涉人文、文艺和社会科学许多学科，具有综合性特色。这实际上也体现了复旦作为一所综合性大学在人文和社会科学领域的优势和特点。该刊创刊号共设有18个大栏目，多学科和综合性的特色至为明显。以栏目分类而言，主要的就有哲学、政治学、经济学、历史学、新闻系、社会学、甲骨学和外国语言文学等；文学方面则有报告文学、小说、散文、诗歌和文艺理论5个栏目，第二期增设有电影文学剧本栏目。此外，刊物还设有学术资料、外论译评、学海弄潮等。为广开言路，反映民意，刊物还专设"群言堂"一栏，刊登来自基层的一般师生的言论和意见。

《大学生》作者群深植于文科本科生研究生之中，写作活动与各系科的教学和学术研究互相结合，这可以说也是该刊的一大特点。刊物的作者立足于校内，以各个学生社团为中心聚集力量，形成一个宝塔形作者群体结构。在顶层作为全校

作者群体的中心力量的是该刊的编委会成员。他们既是这个刊物的最重要的协作力量，又是广大学生作者的组织者和联络人。编委张胜友是中文系品学兼优的学生，勤于思考，精于文笔，笔耕不断，每每有小说、散文和电影剧本发表。他同时是中文系“春笋文学社”的骨干，与卢新华、周惟波等联系年级里一批同学开展学生社团文化活动。新闻系学生、编委徐邦泰，是大学生中一个十分活跃的人物，他为刊物写稿并参与编辑部日常工作，同时又联系新闻系学生文化社团“五四讨论会”及其会刊《未来记者》。此外，编委景晓东、周义澄、许锦根、顾晓鸣等也都在自己所在的班级联系着不少学术研究的积极分子。显然《大学生》杂志构成当时复旦校园文化中具有群众基础的学术性较为浓厚的一环，而整个办刊活动又是与文科的课程教学、教学实习和写作训练相结合的。

五、 掌握方向，排除干扰

《大学生》杂志面世时，全国正处在重大的转折关头，因而如何正确掌握办刊的方向，不可避免地成为一个特别重要的问题。事实上，高等学校绝非世外桃源，也不是与社会无关的象牙之塔，而是各种思想观念和社会思潮互相碰撞激荡的一个重要场所。从某种意义上说，高等学校在一定程度上引领着社会思潮的风向，社会思潮又强烈地影响着学校师生们的思想观念以及整个精神层面的动向。作为一个著名高等学府的学生主办的、全国唯一的大学生综合性刊物，《大学生》杂志有关各方牢牢把握正确的方向是至关重要的。从当时实际状况而言，把握方向主要是由校党委和刊物编辑部两方共同合作进行的。

夏征农同志和接替王零同志担任校党委第二书记的盛华同志，对《大学生》一直是很关心的。他们十分注意把握办刊的方向问题，多次听取有关刊物情况的汇报，并提出明确的指导性意见。我因为担负校党委宣传部的工作，具体负责联系和处理《大学生》杂志有关事宜，有较多机会向校党委书记作请示报告并与其讨论。据我的理解，夏征农主张学校党委应当对学生们办起来的这份刊物采取正确的态度，概括地说是：“积极支持，正确领导。”即有关的党政干部要采取积极的姿态，热情地支持他们把刊物办好，帮助他们解决应当解决的实际困难；同时，要以党的方针政策和正确的理论思想去引导刊物健康地向前发展，既不能撒手不管，也不能干涉过多、管得太死。我记得，他多次说过：当前中国思想领域的特点是，既非常活跃，又非常混乱；我们对学生社团和刊物，要正确引导，要善于引导。

对于如何掌握刊物的政治方向和言论的政策问题，夏征农同志和盛华同志的意见，我记得归纳起来主要有以下几条：（一）关于办刊的政治方向和指导方针，总的是既要坚持解放思想，又要坚持四项基本原则；（二）关于学术问题、文艺问题以及不同学术见解和艺术主张之间的分歧，实行“百花齐放，百家争鸣”的方针，刊物可以发表不同的见解，允许批评也允许反批评，但都应当是持之有故，言之成理的；（三）关于宣传问题和言论问题的政策，遵照中央提出的“科学无禁区，宣传有纪律”的原则加以把握和处理。

要正确掌握方向和引导刊物，版面的设计、文稿的组织、稿件的审读和把关，当然是最重要的，而这项工作的基础是在刊物编辑部。校党委宣传部受党委之托，负责审阅文稿、最后定夺的任务。一九七九年六月，我到宣传部工作时，《大学生》创刊号文稿已全部发排付印，我没有来得及参加对首期稿件的审读和讨论。随后我先后审读和研究了该刊第二期和第三期的全部文稿，从自己的意愿来说，是想严格地按照上述政策和原则对文章作出定夺。这过程中，对大部分稿件的取舍，我与作者及编者的认识是一致的或是基本上一致的，只有对少量文稿与作者、编者有不同意见。

掌握正确的方向与排除干扰往往是分不开的。在当时政治思想领域既十分活跃又十分混乱的情况下，各种社会思潮对学生报刊的影响是至为明显的，有时甚至是很迅速的。所以必须保持清醒的头脑，明辨是非，排除干扰，一方面，要克服和排除“左”的倾向，另一方面，也要警惕和防止“右”的倾向。这样的精神，当时我曾经同张胜友、许锦根等编委多次交谈过，而且取得了共识。这期间发生的两件事，事关刊物的方向问题，值得加以记叙。

一九七九年春，正当思想解放运动蓬勃发展之际，一股不大不小的以自由化为特征的右倾思潮和活动也悄然掀起。社会上极少数人利用党进行拨乱反正的时机，制造一股否定党的领导和社会主义制度的舆论。他们歪曲“解放思想”的口号，打出所谓“争人权”“争自由”“反专制”“反饥饿”的口号，诋毁社会主义制度，惑乱人心。在上海市中心人民广场，少数政治异议分子公然发表演说，鼓动青年们讨论所谓“人权问题”。在复旦也有少数不明真相的学生为此喝彩，说：“这才是真正的解放思想。”他们鼓动《大学生》主编景晓东前去参加活动，要求该刊起而响应社会上所谓“民主运动”。好在景晓东明确表示拒绝，旗帜鲜明地回应说：“这与解放思想、发扬民主风马牛不相及。马列主义毛泽东思想是我们实现国家四个现代化的指导思想，对这一点我们始终不能怀疑！”

无独有偶，《大学生》编辑部拒绝派出代表出席所谓“全国民刊代表大会”，是排除干扰的又一个表现。一九七九年夏，《大学生》编辑部接到所谓“中华民刊协会”筹备组织的邀请信，要求该刊派代表出席将在武汉召开的“全国民刊代表大会”。这里的所谓“民刊”，主要是指当时社会上一部分自发举办的、未经有关党政机关审查批准的、通过非正式渠道在民间流行的小报和杂志。当时在全国各地出现的此类报刊，总数多达上百家。“民刊”的情况极为复杂，政治和思想背景各异，其中也有一些是好的和比较好的，但其中有相当一部分刊物掌握在魏京生一类政治异议分子手里。这后面一类“民刊”，以所谓“独立办报”和“新闻自由”相标榜，拒绝接受党的领导，有的甚至结成秘密的或者半公开的组织，办地下刊物，进行地下串联，与境外的反共反华势力相勾结。《大学生》杂志也被列入将要成立的所谓的“民刊协会”成员名单。《大学生》编辑部对于“民刊”的复杂性是有所认识的，同时注意到上述“代表大会”是未经有关领导机关的批准而准备自行召开的。对是否要去参会，《大学生》编辑部开始时也有些同学主张可去参加，然而多数编委并不赞成。最终，作出了不参加这一会议的决定。这一选择无疑是正确的，并获得了校党委的肯定。

六、昙花一现　含笑谢幕

《大学生》第二期出版后，第三期的文稿也陆续准备就绪。本来，预计在一九八〇年一月间该刊第三期即可面世。可是后来事情的发展却事与愿违，由于种种原因，这新的一期终未发出，《大学生》出刊两期后，终于中途停刊了。

这个结局的出现，其实是由诸种因素共同作用的结果。首先是因为国内政治环境发生了某种变化。当时，在拨乱反正、解放思想的过程中，国内政治和意识形态领域出现了有相当大影响的右的倾向。邓小平一九七九年三月在党的理论工作务虚会上尖锐地提出必须坚持四项基本原则，在批评党内外存在的怀疑三中全会路线的“左”倾错误思想的同时，着重揭露和批判了资产阶级自由化错误思潮。随即，各级党委和人民政府针对社会上特别是一些中心城市“民刊”泛滥，某些政治势力成立非法组织、编印地下报刊、进行秘密串联的情况，于当年春夏之交起，采取了严厉的措施。对于未经登记、未获出版管理当局批准的非正式出版物，也全面加强了管控。北京的“解冻社”“人权小组”和上海的“民主讨论会”，是三个影响最大的非法地下组织，而“民主讨论会”的头头傅申奇曾经来复旦，企图与《大学生》编辑部进行串联。尽管《大学生》杂志是经复旦党委领导批准和同意创办的，总体上也没有犯资产阶级自由化的错误，但是，在国内政治环境有所变化，对非正式报刊的管控收紧的状况下，学生自办刊物也就面临着实行整顿的局面。

直接影响《大学生》续办的是正式登记问题。该刊一、二期从严格意义而言，是属于内部试办性质，如要转为正式刊物继续办下去，就必须向市人民政府提出登记申请并获得批准。为此当时我曾与市里有关机关进行过一些非正式的接洽。但是在政治环境有所变化、对内部刊物正在整顿的情况下，特别是在发生了《大学生》编辑部举办“民意测验”受市委批评，以及发生了“新闻法”草案事件的情况下，有关机关对登记问题把关甚严。而且，在复旦内部，对是否提出登记申请一事，在有关的干部中也存在不同意见。在这期间，我曾提出一个折中方案，将《大学生》作为文科学报的增刊继续办理，盛华同志也表同意，可是《大学生》编委会和学报编辑部都不愿意接受这个方案。这样，刊物转正的问题就搁浅了。

最后一个难题是继续办刊的经费和纸张供给问题。《大学生》创刊时，其经费并未列入学校的财政预算，也未设立经常开支项目，而是临时支用文科教学经费和教学用纸。在当时计划经济条件下，学校很少财政上的自主权，要继续办刊，落实经费和纸张的供应，必须洽请市高教局等机关批准。一九七九年十一月二十日，复旦大学向市高教局发出《关于〈大学生〉杂志编辑部致市高教局的报告》。上项两份书面报告发出后多日，一直未见高教局作出批复。

这样《大学生》在出了两期后，中途停刊了。在这过程中，大约在同年十二月初，我受校党委书记盛华同志委托，邀集该刊编委会成员开了一个座谈会，就《大学生》停刊事宜沟通情况，交换意见。会议在校学生会俱乐部二楼大厅里的一角举行，尽管气氛是凝重的，然而回眸近一年来的努力，大家依然充满了成就感。我就《大学生》如继续办刊可供选择的办法和停刊的处置问题，向大家作了说明，征求编委的意见。在回顾创刊以来的发展情况后，着重表述的是对办刊意义和刊物的贡献作了肯定，回想起来主要有以下几点。(一)《大学生》出版面世，对推进拨乱反正、解放思想起了积极作用；从校内状况而言，刊物在思想解放中是走在前列的，开了风气之先。(二)刊物活跃了学校的学术空气和各学科之间的学术交流，推出了一些好的学术论文和文艺作品，有助于“双百”方针的重新贯彻实行。(三)刊物的创办，联系和团结了校内一部分学生学术骨干力量，使他们在工作获得锻炼和更快成长。(四)从文科办学方向和途径而言，学生学术活动和自主办刊，是促进课堂教学与实际工作相结合、理论与实际相结合，从而更好培养学生成才的一个好办法。我作了总结性的发言后，大家进行了讨论，那个晚上召开的这次座谈会，其情其景似乎像个告别演出的一幕，深深地印在记忆之中，至今历历在目。我与《大学生》杂志编委会之间的工作关系至此也画上了一个句号，然而我与他们当中一些同学的友谊一直保持了很久。

走出“史学界”，学子编厂史*
——史学专业教育改革的一次有益探索

在举国上下隆重庆祝中华人民共和国成立七十周年之际，复旦大学历史系决定将完稿于二十世纪五十年代末的《大中华橡胶厂厂史》和《第二纺织机械厂厂史》稍作整理予以出版。这两本厂史产生在半个世纪前令人难忘的意气风发、热火朝天、多快好省地建设社会主义的年代。《大中华橡胶厂厂史》是历史系1957级同学编写的，《第二纺织机械厂厂史》是由前者的学兄即1956级同学编写的。两本厂史的编研工作始终与当时学校的教育革命运动紧紧联系在一起，是历史系师生走出“史学界”，与工农群众共修史书而跨出的重要一步，是历史学系专业教育改革的一大举措和一个重要组成部分。同时，工厂企业历史的调查研究和工厂史的编撰，又是当时贯彻史学研究“厚今薄古，边干边学”方针的一个重要途径和一种实现形式。尽管作为史学著作，这两本史书似乎还称不上精品力作，然而，当年一批大都二十岁出头的在本科就读的莘莘学子，勇于进取，锐意求索，独立地对上海两家颇具典型意义的工业企业，以史学研究的观点和方法，对其历史进行整体性的观察和研究，从纷繁散乱的各类材料中作梳理分析，终于构建两家工厂历史的框架结构，分章分节撰写成书，而成一家之言。这一富有创新意义的工作，在复旦大学历史系教学和学术发展上也称得上史无前例。

一

这两本厂史分别完稿于一九五八年和一九五九年，当时正处于新中国成立后第一次大规模教育革命高潮之际，事实上，它是历史系专业教育改革的一个产物，是大学历史专业改革的一次有益的探索。复旦大学历史系在一九五二年全国高

---

* 本文原载复旦大学历史系、上海社会科学院历史研究所著，陈雁、马军整理：《旧稿拾遗——上海工厂史料两种》，线装书局，2019年10月。

等学校院系调整前后，整合了浙江大学、暨南大学、沪江大学等校有关系科的力量，形成前所未有的、强大的教学和学术阵容。在院系调整后组成新的历史系的头五年，初步确立了在党的领导下的社会主义性质的教育体制。在这期间，办系的主要路径是提倡“学习苏联”。一九五三年开始，以苏联综合性大学历史学专业的模式为蓝图，确定专业培养目标，制定专业教学计划课程设置，建立以各门课程为主的集体性的教研组等教学组织，编写各课教学大纲，实行教学过程和教学方法的初步改革。这年年初开始实施的《复旦大学历史系教学方针与教学计划》，体现了上述各方面的改革目标和要求，是新中国建立后复旦历史系第一个关于教育和教学工作的指导性文件。不可否认，它明显地镌刻着“学习苏联”的印记。

“学习苏联”在当时有其一定的历史必要性，但是对外国的办学理念和经验不应照抄照搬，即使运用外国成功的经验，也必须结合中国的实际。一九五八年开始，在前五年实践的基础上，在党中央和毛泽东主席“破除迷信，解放思想”重要指示的引导下，在全国社会主义建设的新高潮中，我国高等学校掀起了一场波澜壮阔的教育革命运动。尽管在今天看来，这场教育革命受到“左”倾思想的一些影响，带有种种不足或不妥之处，但它的目标和宗旨是立足本国，借鉴外国，着眼现实，面向未来，在总结历史经验的基础上，努力探索具有中国特色的社会主义高等教育的体系和道路。以历史的眼光来看，一九五八年无疑是一个改革的年代，这场改革在复旦历史系的影响十分广泛，涉及办系方向、办学道路和方法、史学人才培养、史学研究的方针任务，以及教学与社会、政治的关系等诸多方面。理论与实际相结合，教育与生产劳动相结合，历史科学要为社会主义革命和建设服务，大学师生要走出“象牙塔”、融入社会，与基层的广大干部共同办学，等等，这一系列理念和认识，在一九五八年的改革进程中逐渐成为全系师生们的共识。“历史不止在教科书中，不单是在课堂里，也在工厂里、农村里，在社会各界广大民众之中”，当时系里不少同学中发出如此呼声绝非偶然。于是，“开门办学”被提上议事日程。

正是在这场历史教育改革运动的背景下，系党总支在一九五八年春按照学校党委的指示精神，筹划和组织在读的二、三年级学生，分别到市内的一个工厂边干边学，参加生产劳动，进行厂史调查研究和基层工作的锻炼，计划为期半年。以系主任谭其骧教授为首的系务委员会也对此表示积极的支持和赞同。经过与上海市总工会、上海历史研究所等有关单位的协商，最后选定大中华橡胶厂和第二纺织机械厂这两家颇具典型意义的企业作为基点，以实施上述计划。

这是史学专业教育改革的一次全新的实践，是对历史系办学途径的一次探索。参加这一改革的师生在一个特定的时期内，把全部的教学活动基本上从学校转移到了工厂，与厂里的工人和干部实行同吃、同住、同劳动，促进了教师与学生的结合，师生与工厂干部群众的结合，学习书本知识与社会历史调查研究的结合，把人才培养、学术研究和服务社会融为一体。在一个学期的时间里，师生们跟随厂里的班组在车间参加生产劳动，也参与工厂的政治学习和宣传文化活动，而以主要精力和时间投入对厂史的调查研究，资料的发掘整理和书稿的编写工作。厂史编写工作实行统一规划、集体创作、分工执笔、统一定稿的办法。全体同学人人参加，个个动手，做到大家都有学习和实践的机会，都获得一次锻炼，以有助于增长知识和才干，提高从事史学研究的能力。显然，这两部厂史是两个年级同学们，以及参与编研的教师和两个厂的有关干部群众共同努力创造的结果，是史学专业教育改革的一项硕果。

二

《大中华橡胶厂厂史》和《第二纺织机械厂厂史》的编写工作，从另一个视角来看，可以说是复旦历史系贯彻中央“厚今薄古，边干边学”方针而采取的一项举措。如果把其置于新中国史学发展的历史进程中加以观察，似乎可以说，这是一九五八年史学界积极响应和贯彻中央发出的“厚今薄古，边干边学”号召而掀起的宏大浪潮中的一二滴浪花。虽说这两本厂史在学术层面而言，还只能说是对一种新的史学课题和史学载体的探索和尝试，然而它体现的“厚今薄古”的精神，却是明白无误的。

“厚今薄古”是与“厚古薄今”相对而言的，作为历史科学研究工作的一种导向和要求，是针对当时我国史学界存在的一些相当严重的脱离现实、脱离政治的倾向而发的；如果不对它作片面化、绝对化的理解，它本来对史学事业的发展是有其积极意义和正确的导向作用的。

一九五八年春天，当全国社会主义建设高潮蓬勃兴起的时候，为引导和促进包括历史科学在内的哲学社会科学工作的发展，党中央提出了“厚今薄古，边干边学”的号召。全国广大史学工作者对此表示赞同和拥护，史学研究院所和高校历史系科都以积极的行动，结合单位的实际情况，推出贯彻落实“厚今薄古”的计划和措施。围绕着倡导“厚今薄古”、批判“厚古薄今”，在史学界展开了一场颇具规模和有相当激烈程度的大辩论。

复旦大学历史系师生总的来说，对于“厚今薄古”的方针采取热烈拥护和积极贯彻的态度，在国内史学界是站在这场论战前列的。当“厚今薄古”号召发出之初，我国史学界权威学者和领军人物郭沫若、范文澜、翦伯赞等纷纷发文，阐释道理，申述主张，表示鲜明的赞同和拥护的立场，复旦历史系师生积极予以响应。一九五八年四月开始，在全系范围内进行了一场持续数十天之久的大规模的激荡热烈的“厚今薄古”问题大辩论。这场讨论，从理论、历史、现状等各方面论述了“厚今薄古”方针的正确性和必要性，揭露和批判教学及科研工作中种种“厚古薄今”的现象，对纠正和克服历史系在学风上一些问题，端正史学研究工作的导向，是有积极意义的。但是，在群众性的讨论中也出现了对“厚今薄古”作片面性、绝对化的论说，提出一些有关贯彻这一方针的简单化形式化的做法的情况，这当然是不可取的。然而，经过这场全系论战，历史科学要为社会主义革命和建设服务，坚持古为今用、洋为中用，史学研究的重点应当置于近代现代史和当代史的研究上，史学工作者应当关注现实，关切广大人民群众的需求，要将对城乡社会基层的历史放到历史研究的重要地位……这些带有根本性导向意义的理念，愈来愈广泛地被师生们理解和认同了。

史学界发生的这一新的动向，在复旦历史系，上海历史研究所等单位于一九五八年夏共同参与制订的上海市史学研究规划中得到充分的体现。这份《上海历史科学工作五年规划(草案)(1958—1962)》，关于“历史科学的基本方针”的一项重要规定是：“历史科学工作必须为社会主义革命和建设服务，必须贯彻厚今薄古边干边学的方针，发扬时代精神，树立理论与实际联系的好学风，坚持马克思主义的科学工作路线，反对厚古薄今、逃避现实、脱离革命事业的烦琐主义。”同时，“规划”强调提出：“历史科学工作要开辟广阔的道路，必须走群众路线，充分发挥群众的智慧；要使广大干部和群众参与到这一工作中来，专业的历史科学工作者与业余历史科学研究队伍结合起来。”上海全市的这一历史科学工作规划，曾对复旦历史系的科研和教学工作发生积极的深入的影响。

在教育改革和史学工作革新的大潮下，编写厂史、社史、村史、镇史第一次被正式列入历史系的科学研究和教学工作的计划。一九五八年十二月制定的《复旦大学历史研究所、复旦大学历史系、中国科学院上海历史研究所筹备委员会1959—1962年科学研究工作规划》，关于今后四年研究工作任务的规定中，首次正式确立了编写工厂史、公社史的计划，成为四年规划的一个重要组成部分。其中提出：“编写工厂史，先从几个中、小型工厂开始(例如大中华橡胶厂、上海第二纺织机械厂)，然后进一步对几个有代表性的历史较久、规模较大的工厂(例如不同资本、不同行业的商务印书馆、江南造船厂、申新纱厂等)逐步展开，与各该厂党委及有关方面协作……分别编出既能反映历史规律又为群众所爱读的质量较高的工厂史。同时，这一规划还提出要“编写公社史(包括土地改革、合作化、人民公社化)”。先编写上海虹星一分社史，以后选择具有代表性的公社逐步推开。按照这一计划，《大中华橡胶厂厂史》和《第二纺织机械厂厂史》是率先上马的两个项目，两个班的同学经过半年多的努力，最后完成了预定的目标。然而，令人遗憾的是，由于国内形势和有关条件的出乎意料的变化，原定要进行的商务印书馆、江南造船厂、申新纱厂等几个工厂和企业史，以及虹星人民公社史的编研工作未能进行。

三

这两本工厂史的编写，开拓了上海近代现代史研究领域中的一个新生面，是复旦历史系半个世纪之前史学研究工作的一个创新之举。此项研究前所未有地把研究的对象置于上海两家中等规模的有着不同历史渊源和发展历程的工业企业，这对上海近现代工厂史研究是有开拓性意义的。两本厂史就这两家工厂的发展过程、兴衰起伏及其内外因由，进行具体的历史的观察和分析，系统地梳理其发展演变的全过程，全方位地揭示其作为一个工厂企业的方方面面的真实面貌，分析其作为经济体的资本结构、生产劳动、经营管理和利润分配，记述了几十年间其激荡起伏，生死交织的阶级斗争历史场景，以及厂内外各个不同性质不同地位的人物的具体表现等。“麻雀虽小，五脏俱全”。对两个厂史的具体描述和论析，具有某种典型的意义。“解剖麻雀”，由小见大，从个别看一般，使我们的研究工作更趋于精细化、具体化，也有助于人们深化对那个时期社会历史的了解和认识。

这两本厂史记叙的各厂历史，是从建厂到二十世纪五十年代末的全过程，可以说是一本完整的厂史；其宏观的历史内容则是兼具企业变迁史和阶级斗争史等诸方面，而以阶级斗争（包括民族斗争）的历史为主线，从总体而言，是企图把经济史、政治史和社会史融会结合起来加以研究和陈述，而两本厂史各有其不同的侧重点。

显然，这是同学们当初对工厂史的写法和模式的一种探索，也是一种大胆的尝试。大中华橡胶厂和第二纺织机械厂及其前身，都产生和活动于半殖民地半封建的旧中国，又在新中国历经民主改革和社会主义改造，而获得全新的发展和辉煌的业绩。这一切在两本厂史中都有全面充分的记叙。第二纺织机械厂的前身，先后曾为日本帝国主义侵华产物的上海日资企业内外棉纱厂第十五厂、第八厂和后来生产军火的东亚铁工厂，以迄抗战胜利后国民党官僚资本企业的中纺公司二机厂，始终充满着尖锐、激烈的民族矛盾和阶级矛盾，反帝反封建反官僚资本主义的工人运动乃是这个工厂解放前贯穿整个历史的一条主线。这本厂史理所当然地围绕着这条主线进行记叙和论说。大中华橡胶厂有所不同，是一家民族资本的生产民用橡胶制品的工业企业，这个厂的阶级矛盾和经营管理，都有其自身的民族资本企业的特点。编写大中华橡胶厂史的同学们有鉴于此，除以一定的篇幅展现工人运动的历史外，以较多的章节重彩浓墨地记叙工厂的资本运作、经营管理、劳动生产和市场销售等各个方面的历史状况，着重揭示作为一家民族资本企业在旧中国内忧外患、战乱频仍、山河破碎的境况下，艰难前行、几经起落的风雨历程，最后在人民共和国时代终于否极泰来、浴火重生，走上公私合营的道路。从这里的历史叙说中，折射出中国民族资本主义的历史命运。

这两本厂史的编写，是高校历史系师生走出“史学界”，踏进社会基层，与基层干部群众相结合，共同调研历史、学习历史、宣传历史的一次实践。在厂史编研过程中，第二纺机厂和大中华橡胶厂的党委和有关部门、工厂工会和共青团组织、许多老工人老干部，以及合营企业资方代表人物，无不给予热烈支持和倾力相助。参加编研工作的师生们从这里学习社会、学习群众、学习历史，获得不少在课堂里和书本上难以学到的知识和经验。史学专业工作者走向社会基层和群众相结合，写群众身边的历史，写许多人亲历过的历史，也有利于让社会各界更为关注历史、学习历史，推动史学更好地发挥它的社会功能。

60年悠悠岁月匆匆行过，但往事并不如烟。当年我有幸直接参与了这两本工厂史的编研工作，受系党政领导的委托，衔命筹划、组织和协调推进此项任务的方方面面，至今记忆犹新。我蹲点于大中华橡胶厂，与同学们一起学习、劳动、调查研究，几度修订厂史的编写大纲和框架结构，并进行文稿的审读。我还负责联系第二纱织机厂厂史的编研工作，自始至终积极参与其事。时至今日，审视几十年前这件工作，自有其值得肯定的方面，似乎也称得上是为后世留下了一些有益的文化遗产，但显然也存在不少不足甚至是不当之处。值此两本厂史出版面世之际，匆匆草成此文，以备鉴察。

八、书评与序说

中国现代思想文化史研究的可喜成果*

——读《朱镜我评传》

王慕民著《朱镜我评传》是近年来我国思想文化史研究的一个可喜成果。《评传》将朱镜我这个中国现代思想文化史上尚未引起人们应有关注的重要人物放在广阔的社会历史背景中进行了较全面系统的研究，得出了诸多令人信服的结论。

在学术性著作面世十分困难的情况下，宁波出版社于一九九八年出版了王慕民撰写的近30万字的学术专著《朱镜我评传》。这是一部始末连贯、结构完备、史事信实、论析精当、质文并茂的人物传记著作。在中共党史人物、中国现代文化史和思想史众多的人物传记作品中，它称得上是一部学术性、思想性和可读性兼备的可喜之作。

这部评传记叙和评述了中共早期的马克思主义理论家和杰出的宣传家、中国无产阶级社会科学战线的先驱和左翼文化运动的重要领导人、新四军宣传教育工作的开创者朱镜我光辉壮烈的一生。作者历经15个寒暑，足迹遍及大江南北，查阅上百种报刊杂志，积累传主的数十万字论著作品，采访了许多与传主相关的人物，经过精心梳理、过细剖析，数易其稿，终于完成了这部对研究中国现代思想文化史和中共党史颇具价值的传记。作者从事的研究，是一个前人尚未引起重视、更未深入探索的课题。综观这部评传，其成功之处和基本特色似可概括为以下三个方面：

一是考察人物与时代紧密结合。作者运用历史唯物主义理论，恰当地把传主置于二十世纪上半叶国际国内的时代风云之中，在十月革命后的世界社会主义运动和中共领导的新民主主义革命的伟大历史舞台上，再现传主献身革命、英勇壮烈的一生，及其在思想、文化、理论战线和人民军队政治工作方面的光辉业绩，揭示传主从激进民主主义到共产主义的思想脉络。评传如实地展现了传主从一介书生锤炼成为一个革命战士，进而成为思想文化战线出色的指挥员，同民族民主革

---

* 本文原载《宁波大学学报》(人文科学版)第12卷第4期，1999年2月。

命斗争息息相联的历史进程，从而达到了人物与时代紧密相融的境界。阅读评传，人们不仅了解了朱镜我其人，同时也了解了他所生活的那个时代和中国现代思想文化史上许多复杂的问题。从这个角度来看，评传的价值已远远超出了对朱镜我个人的研究的范围。

二是述与评融为一体。述与评并举，述评融为一体，是这部传记的一大特色；述而有据，评而有理，则使这部著作达到较高的水平。作者以一丝不苟的精神广泛征集史料，过细进行考订，使这部著作材料宏富、内容充实、真实可信。其中大部分史料属于第一手材料，是首次面世，使该书的学术价值更为增色。作为一部评传，本书对传主生平中一系列重大史事都有周到细致的剖析，论析实事求是，论断客观公允。全书既实事求是地展现了朱镜我一生历史的本然，又实事求是地揭示出朱镜我一生历史之所以然，从而成为一部既明白晓畅又严谨笃实的人物传记。

三是人物的社会角色与个性特征相互统一。作者浓墨重彩地着重记叙了传主在二三十年代我党理论战线和文化阵地上策划指挥、冲锋陷阵的业绩，作为左翼理论家在哲学、政治、经济和国际关系等方面的理论创造，以及作为新四军宣传教育工作领导者殚精竭虑的出色工作等。传主的社会角色在本书中获得了充分的表现。然而，本书并不把传主写成千人一面的概念式的"理论战士"或"政治工作者"。在本书中，一个有血有肉、爱憎分明、丰富多彩、栩栩如生的朱镜我跃然纸上，他的独特的个性特征，与他的政治角色融为一体，全面地体现出传主的人生风貌。人们读到的不仅是一位文化素养高雅、人生理想崇高、革命意志坚韧不拔的知识分子，而且是一个富有情义、充满爱心的丈夫和父亲。传记中还有许多细节和人际关系的描写，显现了人物的丰富内心世界，颇为生动形象、逼真感人，更使本书富有感染力。

当然本书也并非十全十美，作者知人论事不能不受学术界总体研究水平和资料方面的制约，比如若能发见新四军军分会和东南分局的会议记录，那么对传主晚年的研究描述当会更加深入丰满。但是一个党的理论家、思想家和政治工作领导者的传记，能写成这样一部可信、可读、可存的传记书，实属不易。称它是一部较优秀的传记作品，应是当之无愧的。

读《杨匏安研究文选》的几点感想*

珠海市杨匏安研究会寄了《杨匏安研究文选》(珠海出版社 2008 年 9 月出版)给我,使我有机会拜读这部极具价值的文选,了解很多关于杨匏安研究的成果及其动态。虽然我自二十世纪五十年代开始研究中共党史,但很惭愧,我只知道杨匏安是一位革命先烈,却没有读过他的文章,至今没有读过现已出版的《杨匏安文集》,从这方面来说,我没有资格对杨匏安的研究进行评论。好在我花了一些时间通读了这本《杨匏安研究文选》,同时也参阅了其他的一些资料和有关论著,得出自己的一些看法,与同行学者交流,如果有不对的地方还请大家批评指正。

总的来说,我以为《杨匏安研究文选》是近十几年来国内党史学界、社会科学界研究杨匏安的学术和理论成果的集中汇集。它记叙了有关杨匏安的许多重要史实,反映了杨匏安研究最新动态和一系列具有真知灼见的理论观点,也提供了许多关于进一步研究杨匏安问题的具有前瞻性的一些设想,对引领这个课题研究的向前发展极具价值。此外,这部文选中有许多文章论述了在当今新的时代、新的形势下研究杨匏安的重要现实意义。这也使我们对这项研究引起格外的重视。所以,我认为这本文选在理论上、在学术上、在思想教化上的意义和价值,是值得充分肯定的,可以说是不能被低估的。这本文选是由众多研究杨匏安的作者的论文汇集而成,内容丰富全面,几乎涵盖了杨匏安研究中的一切主要方面与主要问题,从整体上体现出至今为止杨匏安研究在学术上的广度与深度,也表现出作者们严谨求实的研究态度。虽然是文出多人,各自独立成篇而汇集成书,但作为一本史学著作,从整体上仍充分体现了在学术研究上的统一性和规范性。这本书在文字编辑上与编排结构上,也是颇为得体的。这是党史学界近几年出现的一本很优秀的学术成果。

第一,这本研究文集比较系统地、完整地梳理、记述了杨匏安的生平,相当丰富完整地汇集了有关杨匏安的重要史料和学术成果。文章作者们经过共同努力,在这本书中再现了一个完整的、丰满的、鲜活的、全面的、具体的杨匏安,而不是偏

---

* 本文原载《广东党史》2010 年第 12 期。

颇的、抽象的、漫画式的杨匏安。这是通过大量的史料发掘和整理，在此基础上进行探索和研究而产生的成果。经过对有关档案史料的检阅，对有关报刊文章的解读，寻访与烈士同时代的革命前辈及其亲属，以及阅读杨匏安的大量遗作，在理论与史实相结合的过程中，逐步再现、还原了杨匏安烈士的本来面貌，勾画出了杨匏安的成长史、杨匏安的奋斗史、杨匏安的革命史以及杨匏安的思想史。毫无疑问，这些学术成果兼具开拓性和基础性的意义，是十分珍贵的。

第二，这本研究文集科学地论证了杨匏安烈士的历史地位。收入文选的不少文章，对于杨匏安烈士的历史地位问题都有明白而准确的论述。虽然各位作者在文字表达上、遣词用句上略有不同，但总的来看，基本精神是一致的。由此可见，国内党史学界对杨匏安烈士的历史地位已在基本上形成了共识。过去，杨的历史地位因为种种原因被掩盖、被湮没了，没有得到科学的论证，更缺乏应有的宣传。可喜的是，党史学界现在关注了这一问题，还原了杨匏安在中共党史上应有的地位，这一结论也得到了普遍的认同。这是在党的历史研究，至少在党的早期历史研究中一项具有重要价值的新贡献，具有突破性的意义。

文集中许多文章，从不同视角分析了这一问题，归结到以下几个论点：杨匏安是与李大钊在北方传播马克思主义相对应的先驱人物，是五四时期华南地区马克思主义最早的传播者，在早期传播马克思主义的活动中具有“北李南杨”的历史地位；杨匏安是中共早期的理论家；杨匏安是中国新民主主义革命初期杰出的革命活动家之一。这三点定位基本涵盖了杨匏安研究的成果，具有充分的根据，是经过横向、纵向比较研究而得出的结论。

至于“北李南杨”和“北李南陈”的关系，本书作者在这方面也进行了恰如其分的分析。这两个提法是一致的，也略有不同，后一层意思是从马克思主义传播与创建中共两个不同方面提出的。“北李南杨”主要是指马克思主义传播方面，而“北李南陈”则主要是指中共的创建工作。这两个概念既有联系，又有区别。我以为这两个提法都有其道理，比较合乎历史实际。陈独秀，从建党来说，是中共创建中的领军人物。以他为首的上海共产主义小组，作为中共上海发起组，是全国各地共产主义小组联络中心。陈独秀在其中的地位和作用，历史已经作出了明确的肯定。然而，从传播马克思主义和创建广州共产主义小组来看，杨匏安却有特殊的地位。杨匏安对马克思主义的传播是从一九一九年十一月开始，而陈独秀发表《论政治》是在一九二〇年五月，前者比后者早了 6 个月。不只是以时间节点上看，从内容方面来看也是杨匏安对马克思主义介绍和阐释得比较全面和确切。

无论是陈独秀、李大钊，还是杨匏安，传播、宣传马克思主义的活动无不是与创建共产主义政党、指导与辛亥革命不同的新的中国革命紧紧相联，而非仅仅作为一种信息和学理介绍给国人以供了解而已。正如毛泽东所总结：“十月革命一声炮响，给我们送来了马克思列宁主义。十月革命帮助了全世界的也帮助了中国的先进分子，用无产阶级的宇宙观作为观察国家命运的工具，重新考虑自己的问题。”翻译、介绍马克思主义，比他们早的，也还有人在。早在一八九五年，上海出版的《万国公报》已刊登介绍了马克思主义的文章。一九一二年中国社会党在上海出版的一份刊物，也刊登了恩格斯的《社会主义从空想到科学的发展》一书的译文，但问题的关键是，科学的理论在当时的历史条件下，并没有也不可能与中国革命运动相结合。而五四时期，中国的社会历史条件和国际环境发生了巨大变化，一批先进知识分子终于寻找到了并且初步掌握了马克思主义这个科学的宇宙观与社会革命论，陈独秀、李大钊、杨匏安正是在这样的社会历史条件下成为传播马克思主义的杰出代表。

这里我想特别提到与上述问题有关的一个论点。我在本书封底中，发现龚育之的一个新观点，没有展开，但值得重视：中国共产党创建时期，不只是通常认为的北京、上海两个马克思主义传播中心，还有另一个中心，是广州。在中国传播马克思主义的中心，是北京、上海、广州三个中心，而杨匏安就是这第三个中心的杰出代表。虽然并没有读到龚育之文章的全文，但我以为这样的观点值得重视和探讨，也需要进一步深入地加以论证。

第三，这本文集比较全面地论述、记录了杨匏安在各个时期、各个方面对中国革命作出的杰出贡献。杨匏安过早地牺牲在敌人的屠刀之下，他的生命十分短暂，却作出了多方面的、杰出的贡献。文集的作者们从不同侧面、不同阶段对他的贡献进行了分析和叙述。例如：传播马克思主义的贡献，建立广州共产主义小组以及建党的贡献，中共二大三大时期对中国革命道路探索的贡献，在广东早期的工人运动、学生运动中的贡献，第一次国共合作、改组国民党、建立民族民主统一战线中的贡献，十年内战初期在上海白区斗争以及编辑出版共产党刊物的贡献，此外，在哲学、政治学、经济学、历史学、心理学、美学等各个领域的学术贡献。在这诸多方面的贡献中，我们对有些方面的研究目前还是极为初步的，还有不少薄弱环节，还有待于进一步深入探索。

第四，杨匏安作为一个优秀的马克思主义理论家、杰出的革命活动家、坚贞不屈的共产党人，他的成长道路以及其中的发展规律，值得探讨研究。本书中有些作者已触及对这些问题的研究。他是如何成长的？他的人生理想、理论素养、革命才干、学识德行、崇高的思想境界，以及坚定不移、宁死不屈的革命精神，都不是从天上掉下来的，不是从娘肚里生出来就有的，并不是国外引进的，更不是用金钱可以买得到的。他是如何成长的，有什么成长的经验，这其中有一些什么规律性的东西应该加以揭示，这一切都需要从理论与实际的结合上加以探讨。本书中有些作者已从不同视角进行了很有见地的分析，但还未来得及充分展开。有些文章分析他的家庭背景，有些谈他青少年时代所遭遇的曲折、他身处的时代背景、他的忧国忧民的忧患意识、他在日本的经历，以及后来在广东的经历，还有优秀传统文化对杨匏安的影响，等等，这些都很值得研究。

最后，文集中提出一个十分重要的现实问题：在目前新形势下加强党的建设、推进党建工作，如何在杨匏安研究中获得启示与借鉴。党的十七届四中全会就加强和改进新形势下党的建设问题作出了重要决定。杨匏安研究对加强党的建设具有十分急切的现实意义，这是显而易见的。历史的经验值得注意，先烈的革命精神要发扬光大。作为中国马克思主义理论战线的先驱，杨匏安在党的宣传和理论工作上的开拓性建树，对我们当今建设马克思主义学习型政党，推进马克思主义中国化、时代化、大众化的事业极具借鉴意义。他对于共产主义的坚定信念，对于党和革命事业的赤胆忠心，为开展社会主义核心价值体系的学习教育，提供了一部极为珍贵的教材和一个崇高的榜样。他的艰苦奋斗、奋力拼搏、舍身为党的可歌可泣的事迹，对于当今反腐倡廉建设的教育意义也不可低估。总之，这是杨匏安研究的一个重要现实意义，文集中一部分文章对此所作的论述，我们千万不应忽视。

《钱业巨子——秦润卿传》序言*

近代中国处于伟大变革的时代，英雄辈出，群星灿烂。在古老的中国向近代化迈进的艰难而曲折的漫漫历程中，无论是在政治和军事领域，还是在经济、文化领域和社会各界，各个时期无不有一批杰出人物登上历史舞台，以他们的不懈努力和前赴后继的奋斗，推动了历史的前进。近代金融业在经济和社会的发展中的地位和作用至关重要，而且，它与政治、财政、外交，以至在军事等各方面的关系，历来是千丝万缕而息息相关。曾有论者称金融业为整个经济的心脏，此说虽非准确，恰也道出了金融的重要性。在中国的社会和经济近代化进程中，金融扮演了十分重要的角色，也因此孕育和铸造了中国近代金融家群体。上海由于它在中国近代化过程中的独特的重要地位和不可替代的历史作用，特别是在二十世纪二三年代确立了全国金融中心的地位，遂成为造就近代诸多金融家的摇篮和他们大显身手的舞台。江山代有才人出，各领风骚数十年，用这句话来描绘近代上海金融界的人才辈出，以及杰出人物引领事业的作用，也许大体上是确当的。其中，秦润卿先生无疑是一位非常重要的金融界的代表人物。

在中国近代金融界，秦润卿是一位功勋卓著、蜚声中外的杰出人物。他在上海的银钱业中，做过学徒，掌过钱庄，管过银行，当过会长，跨过近五十年的悠悠岁月，将一生心血贡献于金融事业，从一家钱庄的年轻学徒，脱颖而出，出类拔萃，一步步地成为上海以至全国钱业界公认的领军人物。许多论民国史者称他为钱业领袖、金融巨子，实不为过。

他的一生执著追求，倾注全力于金融事业，兢兢业业，奋力开拓，不断推动钱庄业务的革新，不仅使上海钱庄业顺应时代潮流的演变而创造出辉煌的历史，而且，以自己的智慧和经验，处变不惊，数次领导上海钱业界应对金融风潮，化险为夷，安然度过危机，无不为同行业者所倾服。论者每每以杰出的金融企业家之美称谓秦润卿，应该也是恰如其分的。

他律身谨严，始于克难苦学而一生克勤克俭，正派公道，处世为人，作风稳健

---

* 本文原载孙善根：《钱业巨子——秦润卿传》，中国社会科学出版社，2007 年。

持重，行事低调而不事张扬，热心公益事业，造福乡梓而慷慨解囊，兴学助教，提携后辈而不遗余力。他的高尚的道德操守和清廉作风，也广为熟悉他的人们所交口赞誉。因而，从他赖以创业的上海到故乡宁波慈城，人们称崇他为德高望重的长者，“邑中善人”，他应该是当之无愧的。

他一生怀有为国为民的人生志业，历经五四运动到抗日战争的一次次反帝爱国斗争浪潮。虽然并非站在民族民主斗争前列的革命派，但声援、支持以至参加反帝爱国运动却是无役不从，始终站在爱国者的阵线，而且是钱业界爱国运动的领头人。在他的影响和领导下，上海钱业界支持了五四、五卅和抗日救亡三大爱国运动。上海沦为“孤岛”，至太平洋战争爆发后，上海全市沦陷，他严拒日伪的威胁利诱，蓄须明志，拒受伪职，隐退幕后。在民族大义面前，他立场坚定，显示出一个爱国工商业者可贵的民族气节和爱国情操。

综观秦润卿的一生，有的学者作出这样的评价：“但以贫寒出身，卒能领袖群伦，执金融界牛耳，又能律身谨严，大节可风者，秦润卿可算是难得的一个了。”我以为，征之史实，这个评价应被视为公正持平之论。

显然，像秦润卿这样一位在近代中国历史上，尤其是在经济发展史有过显著贡献、创造了可贵的业绩、发生过较大影响的重要人物，我们后世特别是治史者无疑地应当给以足够的关注。研究他的生平和他的事业，传承他的志业，剖析其宏图大业背后蕴涵的理念和经验，发扬他的创业治业精神和处世为人的道德操守，都应该是题中应有之义。然而，由于众所周知的历史原因，几十年来在相当一个时期里，对秦润卿的历史作用评价远远不足，对有些史事的评析也有失公正而陷于偏颇。史学界对这方向的研究并未引起足够的重视，近半个世纪以来尚无一部翔实可信的传记著作问世，以此为主题的学术论文亦为数不多。这不能不说是近代史和民国史研究中的一个重要空白。

但是，历史是不能被遗忘的，真金也终究会发出它的光彩。进入改革开放的新时期以来，史学界一些学者本着实事求是的思想路线，试图科学地客观地重新研究秦润卿的历史，而且获得了初步的成果。记述和论析秦润卿生平的一些论文相继面世，就总的倾向而言，认识趋于全面和深入，评价趋于客观和公允，特别是对备受争议的秦润卿在四一二政变前后参与江浙资本集团在财政上支持蒋介石上台的问题，首次突破了以往的并非全面正确的结论，提出了客观公允的评说，而且对秦润卿在历史上的地位和作用也有了较为充分的肯定。一个真实的秦润卿终于逐步显现在读者的面前。

可是毋庸讳言，已有的论著还只是对他一生事迹的概貌性描述，所论述的许多重要历史问题一般而言似乎缺乏足够的深度，涉及的领域并不全面。史料显得单薄，以致内容不够丰满和翔实。人们期待着有一部较为理想的秦润卿传记的问世。

现在，宁波大学历史系孙善根先生撰写的新著《钱业巨子——秦润卿传》出版问世了。这是国内外第一部记述和论析秦润卿生平的传记著作。作者对这位近代历史上的杰出人物的关注由来已久。他从二〇〇三年前后就开始进入这个课题的具体探索和研究，着手进行传记撰写的各项基础工作。经过将近三年执着不懈的努力，至二〇〇五年年底终于完成了传记的初稿。作者又将初稿"向各地秦氏后人征求意见"，"他们……在认可本书初稿的同时，还纷纷就具体细节与史实问题向笔者提出意见和建议"。同时，作者与史学同行不断进行切磋探讨。从而使这部传记的内容更加丰富翔实、真实可信，评史论人也趋于实事求是。

传记的作者坚持批判地继承与全新的探索相结合的方法，以历史的视野广泛地重新审视和有选择地吸纳先前已有的有关研究成果，同时，又着重于进行全方位、深层次的探索和研究，力求把传记的质量提高到一个新的水平。作者不遗余力地搜集有关传记的史料，举凡上海、宁波、慈溪等地当时出版的报刊，上海钱业公会、上海总商会和上海商业联合会等团体的历史档案，与传主的事迹有关联的亲历者的忆述资料，传主生前亲自参与汇集的上海钱庄史料，以及秦氏家族征集编印的关于传主的史料集和纪念集等，无不广为征集，仔细考订，旁征博引，使传记言之有据，可成信史。

全书以时间为顺序，以史事为聚焦点，纵横交汇，全面地展示传主一生极不平凡的历程，记述其在金融领域和其他各个方面的种种业绩。作者把传主置于特定的时代潮流和历史背景下进行观察和分析，揭示时代提供的客观历史舞台和传主自身的主观能动作用之间的关系，实事求是地对秦润卿的一生活动和功过是非作了评价。书中不仅对传主的政治态度变迁、在历次重大政治事变中的表现，随着历史前进的步伐而不断进步的轨迹作了清晰的论述，特别是以重笔浓墨剖析了传主的金融理念、管理思想、经营策略和在业内外的行事作风，而且还对传主的人生理念、价值观和财富观，以及道德操守等方面都作了相当的描述和分析。虽说这部传记篇幅不长，各方面内容的深层次展开有所不足，对史事细节的记述较为欠缺，但全书行文精练，言简意赅，条理清晰，而且反映传主的生平和事迹较为全面和系统。读了这部著作的稿本，我感到这是一部很有特色、很有价值的传记作品，而且因为它是秦氏的第一部传记，其开拓性意义不言而喻。

综观传记全书，读者不难发现，作者始终关注的是历史和现实之间的联系，"以史为鉴"的立意深深地蕴涵于全书之中。正如作者在《后记》中表明的，"对先人历史的关注不仅是一种对先人的怀念和尊敬，更是一种处在当今日新月异的变化时代所十分需要的历史意识与人文关怀"。显然"史"是过去，"鉴"则今人而延及后世。"以史为鉴"客观地表述了历史与现实之间的联系。从某种意义上说，这部传记反映了我们后世对秦润卿一生史事的感受。历史同样呼唤人们面向未来，回眸往事只是为现实提供借鉴与智慧，绝非单纯地诱使人们沉溺于怀旧之情怀。当然，借鉴的现实意义，应当得自历史的必然逻辑，而不是牵强附会地对接历史和现实。

秦润卿一生的诸多功业及其丰实的经验，给后世留下了一笔极其宝贵的精神遗产。撰写他的传记，回眸他走过的崎岖不平的道路，并给以阐述评论，不仅仅是为了纪念逝者，为了继承这笔精神财富，更重要的是为当今经济和金融的深刻变革、金融英才的培育提供借鉴。尽管两者存在着资本主义和社会主义的区别，但其间的继承关系却不容忽视。首先，他的高度的敬业精神和坚忍不拔的开拓精神，堪为企业界的表率。在中国的传统的钱庄业向着新式的银行业发展过程中，秦润卿是筚路蓝缕、披荆斩棘的一个先驱者。他并不是出自名门望族，更无政治上的靠山，以一个年轻学徒赤手空拳在强手如林的上海金融界拼搏起家。他的勤奋好学、奋发图强、敦厚谦恭、锐意开拓进取的精神和作风令人惊叹。经历了最初在"钱业 10 多年的磨炼，已由来自乡间的慈城少年成长为富有学识和经验、并在上海钱业界小有名气的钱业行家"。尔后，以毕生精力倾注于金融事业，总理豫源、福源钱庄，监理福康、顺康钱庄，出任交通银行上海分行经理、中国垦业银行董事长兼总经理等，在政局动荡、风浪迭起、险象环生的政经环境下，一路走来，连连创造惊人的业绩。他也有过失误，并非没有遭遇过曲折，但终其一生，用当今的话来说，他无疑是一位成功人士。我相信，没有人会说这一切是偶然的。深入探究其中的机理，我们后人是可以从中获得许多启示的。

秦润卿一向坚持稳健持重的经营方针和严格的企业管理，力求稳中求新，稳中求变，整饬行业纪律，刻意进取。这其中的经验也很值得重视。他自己曾经作过这样的总结："猛进者固多危险，退守者未免消极，保守虽属老成，渐进乃为干练。虽未必登山而造极，亦不屑固步以自封。"当时他在金融界是以稳健著称的，也以稳健持重的经营策略而获得成功，树立了信誉。这与一般的"炒金子者""炒股者"的手法和投机者的作为是不可同日而语的。当应邀出任中国垦业银行董事长兼总经理之时，他与该行的主要投资人王伯元商定银行经营方针和内部管理准则，主要有：本行业务以稳健为主，不得参与标金、股票等投机活动；本行职工包括股东、职员一律不得向本行透支、宕账；用人、办事一概公开，不得任用家属私人，也不得为谋眼前利益而采取贿赂等做法；凡银行董事长及董事均须每天到行办公，不得随意缺席。由此可见一斑。既稳健持重、谨慎从事，又洞察情势、多谋善断，才有可能立于主动地位，避免了随时可能发生的倾覆。在金融市场的惊涛骇浪中，他跨越过一九一〇年的"橡皮股票风潮"、一九一一年的钱业低潮、一九二一年的"信交风潮"、一九二四年的钱业动荡、一九三二年的钱业危机、一九三五年的钱业恐慌等多次变故，凭借他平时积累的实力，运用其经验和智慧，每每化险为夷，在市场海洋里破浪迈进。

秦润卿勇于革新、不断创新的精神和风范亦极具现代意义。他从不固步自封、拒绝革新，而是随着历史前进的步伐与时俱进。正如本书所说，“从秦润卿出身教育背景以及从事的行业与处事风格看，他无疑是一个相当传统的中国商人，但他以一个旧商人而拥有新思想”。他审时度势，革新钱业，其经营的钱庄率先仿效新式银行的营业与管理体制。并且主持钱业公会仿效银行公会革新会务；与此同时也实现了自身角色的转变。从传统商人到近代企业家，秦润卿跨越了两个时代，但是他却顺利地完成了这一转型。他被认为是“旧时代的叛逆者和新时代的追随者”。对此，本书的总结是很有见地的：“秦润卿的成功也从一个侧面说明立足传统又与时俱进的本土企业家在中国的现代化进程中是可以大有一番作为的。当代中国企业家应该也能够从秦润卿的成功中得到诸多的启迪！”

秦润卿富有强烈的群体意识和组织领导行业团体的智慧和韬略。在上海艰辛创业的经历，使他深切体验集群对发展事业的重要性；他的爱国爱民爱群，刚正不阿、秉公办事、踏实和严谨的思想和行事风格，以及善于处理各方面人际关系，协调各界、团结公众的才干，也为业内外所倾服。他推动钱业革除弊端，除旧布新取得成效，带领同行们度过金融风潮，使上海钱业的凝聚力大大提升。他连任七届上海钱业公会会长（总董、主席），前后主持该公会近 20 年之久，是顺理成章而非偶然。认真总结这些经验对于后世也必将有所裨益。

最后要说到秦润卿的财富观。他曾经作出这样的明示：“我抱定宗旨两句话，即取之于社会，用之于社会，生不带来，死不带去。”这是以通俗、明白的语言表达了他对财富的理念和态度。他不仅这样说，更重要的是他一生正是这样做的。他怀有改变国弱民穷的抱负，热心于“振兴实业，挽回权利”，以钱业支持实业的发展，为社会创造更多的财富。他鉴于国势积弱、受列强侵略，与文化教育不普及、知识落后很有关系，十分热心于创办教育文化事业。对于自身，他严于自律，不以权谋私、不损公肥己，奋力创造财富，又从不迷恋私人财富。他善于理财又善于用财。他对社会公益事业的捐赠，不同于一般富豪的沽名钓誉，而是出于真心实意，苦心孤诣。他乐善好施，在教育、图书、医疗赈灾、济困等各方面都留下了美名。在秦润卿的价值观念里，财富与德行紧密相连。“财富可以转化为仁慈的德行。”同样，德行也可以转化为财富。与德行相悖的财富是不可取的，而德行是推动财富发展的强大的积极力量，但是财富应当转化为德行而惠及大众。正如本书的作者所评析的，“秦润卿是一个有着强烈社会责任感的近代企业家。脱离一己私利的社会责任意识可以内化为企业家奋发图强、成就事业的强大动力”。

鲁迅先生在《中国人失掉了自信力吗？》一文中说：“我们从古以来，就有埋头苦干的人，有拼命硬干的人，有为民请命的人，有舍身求法的人……这就是中国的脊梁。”秦润卿也正是这样的中华民族的脊梁。读了这部传记，人们从其中将会悟出当今应该继承和发扬什么，避免和克服什么，警惕和预防什么。历史是一面镜子，是人类最好的教师，人们可以从中增长智慧，得到借鉴。秦润卿的精神是不朽的。在新时代的今天，它必将得到进一步的发扬光大！

上海工运史研究的一座丰碑*
——读《上海工人运动史》(下卷)

一部令人耳目一新的工人运动史

由上海社会科学院历史研究所工运史专家沈以行、姜沛南、郑庆声主编的《上海工人运动史》下卷，于一九九七年一月正式问世。全书凡60万言，收录照片71幅，附有一八七四——一九四九年上海工人运动大事记，是迄今为止关于抗日战争和解放战争时期上海工人运动史的篇幅最大、体例最为完备的一部学术专著。连同早先已经出版的该书上卷，一部记述和论析上海工人运动史的、长达百万字的皇皇巨著，终于呈现在国内外读者的面前。这是我国史学界研究工人运动历史的一个丰硕成果，是建国以来上海工运史研究发展历程上的一座丰碑。

五年前，《上海工人运动史》上卷首次出版，在理论界和史学界颇为引人注目，也得到了广大读者的好评，先后获得上海社会科学院一九九一——一九九二年度优秀著作奖和上海市哲学社会科学(一九八六——一九九三)优秀著作三等奖。五年后的今天，该书下卷又由辽宁人民出版社出版。一部上下两卷的《上海工人运动史》科学地、全面地、系统地论述了从鸦片战争以后上海开埠以讫上海解放，一百多年来的工人运动的历史，第一次向人们提供了关于上海工运史的一个整体性研究成果，填补了中国近代历史研究的一个空缺，它的意义无论从哪一方面来说都是重要的。

粗读之下，觉得《上海工人运动史》下卷体系完备，结构合理，材料丰富，论断全面，行文流畅，不是中共上海地方党史加几则工运斗争事例的泛泛之论，而是一部特色鲜明、见解深刻和结构周密的工运史学术著作。这部书对于史事的论断是客观和公正的，坚持了实事求是的态度，既实事求是地记述了客观的历史，又实事求是地揭示出历史发展的内在规律。对于知人论世、评判斗争的功过得失，作者

* 本文原载《史林》1997年第1期。

亦颇具匠心，见解独到，虽不能说处处精当但尽力消除以往工运史研究中曾经出现过的“左”的和右的偏向，而体现了尊重历史、遵循科学这个治史的正确方向。通读了这部书，感到是在读一部生动活泼又严谨切实的上海工人运动史，从中可以引出重要的历史经验，吸取丰富的思想营养，引发对历史的深入思考和对未来的许多启迪。以下，仅就若干重要问题对这部著作作一些评析，以期与史学界同行和关心这部著作的广大读者互相探讨。

完整地展现上海工运的发展历程

这部著作的体系比较完备，是一部具有整体性和全面性的工运史。作为一部关于上海工人运动通史性的著作，其可贵之处首先在于它构建了上海工运史的一个较为完备的体系。虽然文出多人，稿经几易，但终能集合众长，统一条理，成为一家之言，构成一个完备的体系。以该书下卷而论，时限起自一九三七年七月抗日战争全面爆发，讫于一九四九年五月上海解放。在这12年时间里，有关上海工人运动的发生发展历程，工人运动所处的时代和历史环境，工人阶级队伍的生活状况，觉悟程度和组织状况，敌友我各方面的现实态势，历次经济斗争和政治斗争的始末，以及对各次重大斗争经验教训的总结和探讨，莫不列章设节加以叙述和评析。可以毫不夸张地说，该书是迄今为止同类著作中体系最为完备，内容最为丰富、全面的一部专著。

该书把上海工人运动置于民族斗争和阶级斗争的历史全局之中加以考察和认识，不是孤立地就工运史论工运史。根据中国新民主主义革命的历史特点和发展道路，革命斗争以农村武装斗争为主、以农村包围城市、最后夺取城市。城市工人运动在长时期中处于配合农村武装斗争的地位。从这个意义上说，城市工人运动并不是一个独自发展的体系，而是为准备和配合农村武装斗争的。《上海工人运动史》下卷贯彻了这个指导思想，如实地体现了工人运动应有的而又恰当的历史地位。它以民族斗争、阶级斗争的发展为基本线索，以上海工人群众运动的发展历程为主要研究对象，把工人群众的经济斗争和政治斗争、工人群众的组织活动、工人群众的教育和文化活动这几个方面的内容融为一体，构成一幅全景式的工人运动史画面。这似乎可以说是这部著作的一大特色。

对上海工运成败得失的深刻探讨

《上海工人运动史》下卷，不仅提供了迄今为止所能见到的一幅最为清晰、最为完整的一九三七——一九四九年上海工人运动的全方位图景，更重要的是对上海工运的成败得失及其经验教训进行了深刻的探讨，使读者从历史的陈述中，领悟到蕴含于其中的工人运动的历史经验。

十年内战时期，党内的“左”倾错误领导把西方的工运模式和共产国际的经验神圣化，坚持城市中心论，坚持以发动城市工人武装起义为主、农村加以配合来夺取政权的道路，对城市工人运动的指导实行了一系列“左”的政策，导致了城市工人运动的严重挫折和农村革命战争的严重失利。党的遵义会议确立了毛泽东在全党的领导地位，使党的路线转到了马克思主义的正确轨道，党的城市工人运动的指导方针也开始实行转变。抗日战争开始后，党中央对白区工作和城市工人运动提出了“荫蔽精干、长期埋伏、积蓄力量、以待时机”的政策，也就是通常所说的“十六字方针”。

该书下卷所叙述和论析的，就是上海工人运动是怎样在新的历史时期实现指导方针的转变的，党中央的正确的工运指导方针是怎样逐步在上海工运实践中得到贯彻的，在中央正确方针的指引下，上海工人运动又是怎样在极其困难的条件下越过重重险阻，发展壮大自己的力量，团结越来越广大的同盟军，而取得一个又一个胜利的。该书的作者熟识上海工运的历史发展轨迹，善于驾驭斗争全局，对正反两方面的历史经验有深刻的体认，所以能够较好地从理论和史实的结合上，阐明上海工运的这个历史演变过程，对其成败得失作出颇为深切的分析，从而把上海工运史的研究提高到了一个新的水平。

下卷对抗战以来各个历史关键时刻上海工运的方针和策略问题，都有真切、深入的评述，并且以工运历史的客观进程有力地论证了党的正确的工运指导方针的巨大威力。以抗日战争时期为例，八一三事变前后，上海工人高举党的抗日民族统一战线的旗帜，组成各种抗日救亡团体，掀起抗日救亡运动的新高潮，说明了贯彻党的抗日统一战线政策是使上海工运的形势发生重大变化的关键。进入“孤岛”时期，上海工运遵循中共中央指示，在策略上采取埋头苦干，不虚张声势，在抗日统一战线的基础上，建立精干的党的秘密组织，积蓄力量，把反对日伪的斗争隐蔽在群众日常生活斗争之中，从而站稳了阵地，保持和发展了自己的力量。日军进占上海租界后，上海工运贯彻党组织提出的“勤学、勤业、交朋友”的群众工作方针，暂时停止发动群众性的公开斗争，把活动重点置于车间、单位和群众日常生活之中。太平洋战争爆发后，上海的环境比十年内战时期更加恶劣，工作条件极其艰险。但党组织不但没有像十年内战时期那样遭到严重破坏，而且党的力量有了较大的发展。这就为解放战争时期的决战积蓄了一支强大的力量。

作者在书中深刻地指出：这一时期，上海工运之所以能够渡过难关，积蓄和发展了一支强大的队伍，主要原因就是有党中央的正确路线、方针、政策的指引，同时也由于各级党组织和全体党员认真地正确地贯彻执行了党中央的“十六字方针”和“勤学、勤业、交朋友”的方针。

实事求是地评述上海工运史上历次重大斗争

抗日战争和解放战争时期上海工人的群众性斗争此伏彼起，连绵不绝，政治斗争、经济斗争和思想文化斗争相互交织，蔚为奇观。特别是抗战初期的抗日救亡运动、战后的第一次经济斗争高潮、民主工会运动高潮、反内战争和平斗争以及反饥饿反迫害斗争等几次大的斗争，更是波澜壮阔，声势浩大，悲壮激烈。对工人运动历史上重大的群众斗争的记叙和评析，无疑是工运史研究的一个主要课题。在本书下卷中，作者以重笔浓墨铺叙了上述各次重大斗争，疏通了历次斗争的发展脉络，实事求是地评价各次斗争的得失，对其中的经验教训作出了恰当的论析。这一切内容在下卷中占有相当大的篇幅，写得细致周详、生动活泼，又有不少见解独到的论析，是很值得加以细细品读的。

本书记述工人斗争，大处着眼，细处落笔，脉络清晰，刻画细致，栩栩如生，真实可靠，读来有身历其境之感。

书中对多次重大斗争的论述，在上海工运史研究中具有开创性的意义。如对一九四五年八月至一九四六年三月的复工斗争，本书分别叙述了沪西以棉纺织业和机器业工人为主的复工斗争、沪东以机器业工人为主的复工斗争、后方来沪失业工人的复工斗争和其他各行各业各种形式的复工斗争，对这个斗争的全貌及其重大意义也作出恰当的评析。对复工斗争进行如此全面、系统的研究，这是前人未及做过的。又如关于一九四六年年初的上海工人经济斗争高潮，本书对这次斗争的起讫时限、规模、特点都作了明确的陈述和论析，这是以往许多工运史著作中所未见过的。

作者对工人运动中重大事件的评价，不囿于已有结论，更非人云亦云，而是坚持实事求是，从实际出发。如关于一九四八年年初上海申新九厂大罢工的研究，过去几乎无人认真、客观地总结其经验教训，作出切合历史的评价，往往只注意歌颂工人群众与反动军警的英勇搏斗，而没有从运动的指导思想上加以评析。该书下卷在充分肯定申九工人的英勇斗争的同时，从申九罢工面临的形势、发动这次斗争的指导思想，以及斗争过程中的策略问题等多方面进行剖析，指出这次斗争的指导上存在着失误，“领导思想是错误的”，“是‘左’倾的思想”。这就更为全面和恰当地对申九罢工作出了评价。

下卷在总结申九斗争的经验教训后，进一步从申九事件后发生的一系列事件，总结这一时期上海工人运动中的“左”倾冒险倾向，指出：“这一时期在上海工人运动中接连出现了‘左’倾冒险倾向，虽然它的时间不长，是局部的，但上海工人运动却因此而受到很大挫折，力量受到很大的损失，这是违背中共中央‘荫蔽精干、长期埋伏、积蓄力量、以待时机’的白区工作方针的。”

全方位地展现工人运动的全貌

拓展了工人运动史研究的领域，补正了以往工运史著作的缺落，全方位地展现了工人运动的全貌，是《上海工人运动史》的一个显著特点。读了该书下卷，我们看到的是一部全面的上海工人运动的历史。这应当说是工运史研究的一个具有重要意义的发展。

五四运动以后，中国工人运动始终是在中国工人阶级的先锋队中国共产党领导之下发展和前进的。但是，现代中国也存在过不在中共领导下或影响下的工会组织和工人群体活动；在广泛的含义上，这些工会组织和工人活动也是应当包括在工运史范围之内的。该书作者有鉴于此，着力补正史界以往研究工作的不足，在下卷中以大量篇幅论述中共领导下的工人运动的同时，对其他党派和社团的工人运动也给予了应有的地位。

抗战时期上海工人反对日伪的斗争中，国民党工会也进行过一些活动。下卷专门列为一节，对此作了实事求是的评述。下卷还对以后的上海市工团和上海工运协力会的活动及其分化作了客观、公允的评述，特别是对协力会委员邵虚白献身抗日的义举作出了应有的评价。下卷对汉奸工会活动的产生及其演变过程进行系统的考察和研究，并且分析了中共在上海的组织对各种不同类型的汉奸工会的对策，为上海工运史的研究填补了一项空缺。

下卷以相当大的篇幅全面和详尽地评述了解放战争时期朱学范领导的中国劳动协会在上海的活动。该书指出，“劳协”在上海的工人运动和工会运动中，在促进工人阶级的统一团结、共同反对美蒋的斗争中是起了积极作用的。这从又一个侧面体现了作者实事求是的科学态度。此外，下卷对抗战胜利后国民党在上海的工会活动，以及它对民主工会运动的破坏，也作了专门的论述。

一部全面的工人运动史，不仅要从我友敌多方面地展现工人运动的全貌，而且在工运史的内容上也必须全方位地反映这种面貌。以往许多工运史著作，往往把工运史写成工人斗争史，甚至写成一部罢工史，但这显然是很不完全的。本书并不因袭旧有模式，而是立意创新，拓宽了工运史的内容。

下卷对八一三抗战时上海工人救亡团体的产生及其活动作了全面的叙述，特别是专列一章以论述“孤岛”时期上海工人阶级在思想文化领域里的斗争，如举办职工夜校、出版职工读物、开展职工戏剧文化活动等，细细读来，使人耳目一新。对解放战争时期上海工人的民主工会运动的论述，也是生动翔实，新意迭起。

下卷在很大程度上加强了理论分析，力求史料与观点之间更好的统一。但是，仍然有不足之处，在某些章节，铺叙较多而论析较弱，缺少必要的概括和深入的分析。对各个时期上海工人阶级的阶级状况缺乏一个基本的陈述和分析，似乎也是一个不足。记述工人运动的事件和斗争，主要反映工人群体的活动，这是正确的；但对工人领袖和斗争中的杰出人物和记叙显得不够，书中那种光采夺目的人物少了一些。此外，下卷还存在一些史事提法上的统一规范问题和编辑技术上的问题，有待研究和校正。

当我们以十分兴奋的心情有幸阅读《上海工人运动史》下卷时，本书首席主编沈以行同志却已不幸早逝，但这部他在生前倾注了极大心血的《上海工人运动史》，必将流传后世，惠及大众。笔者谨以此文作为对他的一种纪念。

民国史研究中一个有意义的新课题*
——《民国时期的土匪》中译本序

英国学者贝思飞教授的著作《民国时期的土匪》，被西方学者推许为“民国土匪活动第一部综合研究专著”。在它问世两年以后，经徐有威等同志译成中文，由上海人民出版社正式出版。这是一件很有意义的工作。毫无疑问，贝思飞这一专著的中译本与中国同行们和广大读者见面，将会有力地促进这一课题的研究工作的发展。

研究民国时期的土匪，这在中华民国史中还是一个新兴的课题，是很值得史学界重视的。众所周知，土匪并不是中国特有的社会现象，差不多在世界各国都是存在的。在解放以前的中国，也不是在民国时期才有土匪，而是古已有之。但是，民国时期的土匪人数之众多、影响之广大、分布之普遍、组织程度和武装水准之高，却为其他时代所未有，而且它的存在和发展又同民国相始终。这一切都成为一种颇为特殊的社会现象。这是清末民初以来一个十分严重的社会问题，从一个方面反映了半封建半殖民地中国的社会危机的严重程度。

半个多世纪以来，在我国对民国土匪的历史有过不少记载，但史学界对此却没有作过深入的研究，写出一本较为系统、完整的专著。根据《中国历史学年鉴》(一九八二年版和一九八三年版)公布的《1912—1948 年中国历史书目》，在民国时期的 30 多年中，从未有一本土匪史问世。中华人民共和国成立以来，史学界比较注重中国革命史、中国农民战争史的研究，对土匪一类下层社会和社会病态现象的研究，尚未引起重视，以致在这一领域中几乎形成一片空白。虽然近几年来，中国近代会党史的研究呈现出相当活跃的景象，其中对土匪历史也有所涉及，但土匪历史作为一个正式课题，至今尚少有人涉猎。正如英国学者格雷厄姆·哈钦斯所指出的，“研究民国史的历史学家们传统上将注意力集中在众多的军阀个人

* 本文原载[英]贝思飞:《民国时期的土匪》，徐有威、李俊杰等译，上海人民出版社，1992 年。

经历、共产主义运动以及蒋介石国民政府的行为上，与此相反，土匪现象显然受到冷遇”。①这种状况，中外史学界有相似之处。西方史学界在早期也只是注重研究政治史、军事史、外交史，以后才注意对经济史和文化史的研究，然后又把视线转移到下层社会的历史，一步一步地深入社会的各个领域。贝思飞对民国时期土匪问题的研究，被西方史学界称道为“出色地矫正了这种不平衡”。虽然他对这一课题的探索还不能说是对“本世纪前30年中国的土匪世界和土匪现象最终的详细分析”，正如作者自己也认为的那样，他只“希望这本书能为概括中国土匪问题打下一个基础”。但是应当肯定，作者做了一件极有价值的基础性工作，为填补这一研究领域的空白作出了贡献。

民国时期土匪研究的主要任务，在于揭示土匪这一社会群体在民国历史上的发展变化及其在历史进程中的作用，探索这一社会现象的发生、发展和消亡的历史过程及其内在规律，使人们科学地认识这种社会病态和社会弊端以及消除这一现象的正确方向。人们可以出于不同的动机和愿望，采取种种不同的观点和方法去审视土匪问题，从而引出许多不同的结论。然而，历史学家是不应该放弃自己的任务和职责的，他们可以运用历史学、社会学、民俗学等诸种方法，对土匪这一社会现象作出理论的说明和历史的描述，使人们对这一问题有一个科学的认识，这无疑是十分必要的。

土匪历史的研究，对拓展民国史学科研究的领域是有意义的。无可否认，民国时期的土匪是民国史上客观存在的、对于社会各方面有广大影响的一个特殊的社会实体，它具有特殊的社会结构和组织形态，特有的活动方式和生活方式，以及独特的思想观念和语言——黑话。诚然，土匪及其活动属于社会下层，是社会病态的一种表现。但是，社会历史是一个整体发展的过程，历史的发展变化是由各种力量造成的。在这历史的诸种力量中，不可忽视的是社会下层的活动，历史的前进、停滞或倒退，其中都体现了它们的作用。长期以来，史学工作中忽视了对社会下层的研究，把社会下层历史的许多重要课题排除在研究范围之外，这是不够全面的。对民国土匪的研究，是民国史中侧重于向社会下层和社会病态的层面所进行的探索，对开拓民国史领域、从多方面揭示民国社会的本来面貌、更全面地说明民国历史进程和发展规律，具有积极的作用。

土匪历史的研究，有助于深化和丰富民国社会史、政治史、军事史、文化史的研究。对民国时期土匪历史的研究，会广泛地涉及这一时期的社会、政治、经济、军事、文化等各个领域。土匪历史研究当然不以政治史、军事史、文化史等的研究对象为研究对象，然而它广泛地涉及后者的内容，它同后者各部类历史的研究有

① 《亚洲事务》，1989年12月。

着不少交叉的内容。例如，我们要深入研究民国时期的军事史，尤其是战争史和军队史，就需要研究土匪的历史。民国军队中，有相当一部分军事长官是从匪帮首领起家的，或者曾经充当过土匪头子。军阀军队的兵员来源，相当大的部分来自土匪队伍。形形色色的反动军队中，有不少时而为兵，时而为匪，甚至兵匪相通、兵匪一家。军阀战争、反动政府对革命军队的"围剿"战争、帝国主义侵华战争，都利用过匪帮，有的规模还很大。凡此种种，已成为民国军事活动的重要特征。因此，研究民国土匪历史，有助于更深入、更全面地了解民国的军事史。同样，研究北洋军阀、西南军阀和国民党新军阀，研究伪满政权、伪蒙政权和汪伪政权的历史，也都离不开对土匪的研究。更不用说，对土匪这一社会现象的研究，对深入审察半封建半殖民地中国社会的内在矛盾，剖析其深层的社会危机、经济危机和政治危机，揭示帝国主义和封建主义统治必然崩溃的趋势，有着更深远的意义。马克思曾经说过："现代历史著述方面的一切真正进步，都是当历史学家从政治形式的外表深入到社会生活的深处时才取得的。"①对土匪历史的研究，有助于我们深入半封建半殖民地社会的深处，去审视这个社会。

民国时期的土匪问题，曾经是新民主主义革命中面临的一个实际问题和政策问题。中国共产党及其领导的人民军队，为团结一切可以团结的力量，最大限度地孤立和分化敌人，夺取反帝反封建革命的胜利，曾经对土匪问题作过系统的研究，并为正确处理土匪问题作过长期的坚韧不拔的努力。从土地革命战争初期创建井冈山根据地，到解放战争后期西南地区的剿匪斗争，创造了解决土匪问题的十分丰富的经验。毛泽东在理论上和政策上总结了这方面的经验，指出土匪属于"游民"阶层，"这个阶层是动摇的阶层；其中一部分容易被反动势力所收买，其另一部分则有参加革命的可能性。他们缺乏建设性，破坏有余而建设不足，在参加革命以后，就又成为革命队伍中流寇主义和无政府思想的来源。因此，应该善于改造他们，注意防止他们的破坏性"。②对民国时期土匪的研究，也有助于人们更全面和深入地去研究中国新民主主义革命的历史，探讨和总结革命运动在认识和处理土匪一类游民阶层问题上的经验教训。这不仅对于我国的社会主义建设事业是有裨益的，而且对于世界上一切存在土匪的国家，都是有着借鉴意义的。

贝思飞一九六九年至一九七四年曾在英国里兹大学攻读博士学位，他的博士生导师就是为中国学者所熟悉的著名的中国问题专家拉铁摩尔教授。《民国时期的土匪》的雏形是他的博士论文。他在毕业后赴日本从事教学和研究工作期间，

---

① 马克思：《马志尼和拿破仑》，《马克思恩格斯全集》（第 12 卷），人民出版社，1964 年，第 450 页。

② 毛泽东：《中国革命和中国共产党》，《毛泽东选集》（一卷本），人民出版社，1964 年，第 640—641 页。

继续进行这一课题的研究，撰写成这本专著。正如作者自己说的：这本书是在英国和日本的图书馆中撰写的。从六十年代末到七十年代中，在西方国家中曾经出现过一种“新的治史态度”，许多新的学者要求纠正传统史学仅仅注重历史上的大人物的倾向，提出历史学家主要应当关心普通民众。本书作者说道：“我对中国土匪的研究，就是在这种寻求新的民众史的时代精神中开始的。”在这个史学思潮的背景之下，英国社会史著名学者埃里克·霍布斯鲍姆于一九六九年出版了一本题为《土匪》的专著，提出“社会土匪”的论点，它对贝思飞产生了深刻的影响。正如贝思飞所说：“尽管此书篇幅不大，却成为后来很多学者研究此专题时的指南。”《民国时期的土匪》正是在西方的这一史学新潮流之下的产物。

《民国时期的土匪》是作者的一部力作。迄今为止，我们所读到的国内外学者撰写的关于这一课题的论著，当推这部著作最为完备和最有分量。虽然关于研究历史的理论和方法，作者与我们并不尽相同，但是作者对研究土匪问题所抱的严肃宗旨和良好的出发点，作者的严谨的治学态度和博采众长的研究方法，对历史事物作宏观、中观和微观的全方位审视，以及一丝不苟的学者风范，都是难能可贵的。作为一个民国史的研究工作者，我对作者为研究土匪问题所作的一系列努力和所获得的丰硕成果，深感欣慰。通读贝思飞的这部书，我觉得这本书结构合理，首尾一贯，点面结合，取材典型，文笔流畅，不是关于民国时期土匪活动的几个零星故事的凑合，而是一部有深厚功底和鲜明个性的历史著作。

一、作者以历史学家的视野来观察民国时期的土匪问题，力求得出关于这一问题的科学的公正的、合乎理性的结论，努力寻求对土匪活动的历史评价和道德评价这两者之间的统一。正如作者所说：“对我来说，这本书是我对中国人民永恒的生命力的一种敬奉，而不是对中国社会‘黑暗地区’的批评。”同某些借助土匪问题而肆无忌惮地污蔑中国人民和中华民族的人截然相反，作者对伟大的中国人民怀有深厚的同情和敬慕之心，这在本书中是随处可见的。

二、正如美国学者易劳逸教授所指出的，贝思飞这部著作为人们开辟了“洞察20世纪中国的一扇窗户”，“民国时期举国上下的土匪现象显露出20世纪中国的社会、经济和政治危机的深度，贝思飞的这部专著最重要的地方就在于它向我们打开了一扇崭新窗户，从这扇窗户中，我们看到了领悟这种危机的新方法”。①这部书以大量的令人信服的材料和深入周密的分析，向人们揭示了土匪的猖獗正是民国时期的社会危机、经济危机和政治危机深化的一个突出表现，土匪这种社会现象的发生与发展和民国时期的社会矛盾有着深刻的内在联系，而这一现象的自身又有它自己的发展逻辑。同那些有关土匪活动的侦探小说和历险记不同，这

① 《中国季刊》第119期，1989年9月。

本书的重要价值，在于它是一本严肃的社会政治历史著作，“对我们理解20世纪中国的社会政治史极有裨益”。

三、本书在结构上首尾一贯，既有全貌性的概述，又对重点问题和个案作了具体而深入的剖析。全书以勾勒民国时期土匪的概貌、性质和特征以及它在二十世纪初期的三种表现形式作为序曲，然后系统地考察了作为土匪这一社会群体之所以发展起来的社会条件。这里包含经济的、政治的、军事的条件，诸如农村的破产、农业的凋敝、国家的分裂、政局的动荡、官吏的腐败、军阀之间的混战以及外国侵略势力的渗透，等等。同时，对于自然条件也给了足够的重视，深入地分析了地理条件、气候条件、自然灾害等在形成土匪过程中的作用。对于人口激增和土匪兴起这两者之间的关系，作者只是一般地提到了，可惜对这一重要问题并未展开论述。接着以河南的土匪为典型，具体分析该省被称为“匪区”的广大地区的社会条件和自然环境，通过对发达地区和落后地区的比较，指出贫穷和盗匪活动之间的内在联系，揭示出从民国初年到北洋军阀时期，最后到国民党统治时期土匪活动日益发展的历史趋势。在这里，作者把在头两章所阐述的主要观点，通过特定地区的典型分析而予以引申和生动的体现。

四、作者把镜头瞄准土匪本身，以有力的笔触着重揭示了他们是怎样走上为匪之道的，匪帮内部的群体结构、组织层次、生活方式、行动准则和特殊的语言即“黑话”等。这一研究极有价值，很少有人作过这种深入细致的考察，也就是西方学者所谓的“用土匪自己的语言去理解土匪的行为”。人们为什么去投入匪帮，干起土匪这行勾当？作者实事求是地告诉人们：对于大多数人来说，做土匪乃是万不得已之举，是所谓“逼上梁山”。作者正确地区别了两种不同情况：偶尔为匪和惯匪。对大多数土匪来说，这只是一种暂时的行为，一旦情况变化便洗手不干；对其他土匪来说，这是一种永久性的生活方式。作者分析了土匪群体的三种基本类型：单纯的匪帮，往往呈季节性，在小范围活动；综合的匪帮，人数规模略大，持续时间较长，活动范围稍广；匪军，有成千上万人的规模，往往控制一个相当大的地区，在一定的条件下可能酿成大规模叛乱。这一看法为研究民国时期的土匪群体的类型提供了方向。本书对土匪本身的描述，有血有肉，引人入胜。用易劳逸的话来说，“此书最精彩的部分表现在描绘土匪日常生活那部分：匪帮的组织构造、形式多样的冒险活动、富有特色的黑话……贝思飞好像将我们带入了土匪的营寨，使我们不但看到了土匪这一社会现象，而且看到了土匪本身”。①

五、在剖析了“土匪社会”之后，本书在后半部以较大的篇幅论述了土匪这一社会群体与外部世界之间的关系——土匪与地方政权、军阀集团的关系，土匪与

① 《中国季刊》第119期，1989年9月。

农民的关系，土匪与革命党派和革命者的关系，全面地显现了它们之间的关联和影响。作者认为，土匪与地方官员和乡绅人士等地方权贵们之间的关系，既有相互冲突的一面，又有出于互相利用的需要而达成临时妥协的一面。这一分析，应该说大体上是符合历史事实的。说到土匪与农民的关系，作者以为“他们之间的关系是爱和恨交织在一起的”，这一说法看来只是描述了两者关系的某些表象，还未把问题的实质揭示出来。不过作者明确地指明：决不能不切实际地把土匪看作农民的“解放者”。这无疑是完全正确的结论。

土匪与军阀之间的关系最为引人注目，也是本书着力研究的一个主要问题。民国成立以后，相继登台的北洋军阀和国民党新军阀的统治、各派军阀集团之间的频繁的混战，为土匪的孳生提供了最好的温床。中国社会的军事化，又给予土匪以强有力的武装，为野心勃勃的兵匪头目开辟了发展壮大的新的大道。军阀混战和政权的分裂，使兵与匪之间的互相转换成为一种不可避免的现象。军阀“全盘接收匪帮，加入正规军，从前的军事集团蜕变成大股的没有纪律的匪帮，利用环境动荡形成新的匪帮来动摇敌手，所有这些，都成为 20 世纪上半叶中国政治的基本主题”。对于军阀来说，土匪远非别人棋盘上的胜负抵押品，而是军阀之间政治平衡的生死攸关的因素。贝思飞的这本书，在这方面有精到的论述。对于土匪与外国侵略者的关系，本书集中地剖析了日本帝国主义从甲午战争以后到全面侵华战争期间，操纵中国许多匪帮为其侵略扩张政策服务的历史过程，读来颇耐人寻味。

相比之下，本书对于土匪与革命力量之间的关系的研究，显得略有逊色。作者未能区别旧民主主义和新民主主义这两种具有不同历史范畴的民主革命，而且认为从二十世纪初以来半个世纪的革命运动是由知识分子领导的；认为无论是共和主义者还是共产主义者，他们对土匪的态度与昔日争权夺利者对土匪的态度没有什么区别。但是，作者从历史事实出发，肯定了土匪可能成为革命者的不可靠的合作者，匪帮和秘密会社曾经成为共和革命的辅助力量。当革命者提供比其他任何地方的人能够提供的更佳前途时，土匪和革命者至少会暂时结成联盟。可是，作者却忽视了土匪作为一种破坏力量，被反革命势力所利用的事实，而在这种情况下，土匪不折不扣地成为反动阶级进攻革命事业的一种工具。

六、在陈述众多的民国土匪史实的同时，对几个较具代表性的匪帮和他们的首领着重作了描述和分析。其中主要有张作霖、陆荣廷、刘镇华、孙殿英、王天纵、樊钟秀、老洋人、孙美瑶、刘桂棠、王老五等；白朗及其领导的队伍应属于农民起义，本书把他作为土匪的造反行动，进行极为详尽的考察。

民国时期的土匪作为我国史学界的一个研究课题，目前还处于起步阶段。这表现在两个方面：一方面，目前有关这一问题的资料，尚缺乏系统、周密的发掘、汇集和整理，至今我们还未见到一本反映民国土匪的概貌性资料汇编，也不见有这方面的专题资料集问世；另一方面，多年来已发表的关于民国土匪的作品，可说是寥若晨星，而且大都属于通俗性和描述性作品，至今尚未有一本真正具有理论形态和充实的历史内容的论著。这种状况当然是需要努力加以改变的。对土匪历史的研究，理应引起更多的史界同行们的注意，学界应把它放在适当的地位。

在这方面有许多专题，例如“农业危机与民国土匪”“土匪与军阀混战”“阶级压迫、自然灾害与土匪现象之关系”“人口膨胀与土匪现象”“土匪与乡村豪绅政权”“日本侵华活动中的匪帮”“著名匪帮、匪首研究”“重大土匪事件研究”“土匪的组织形态分析”“土匪的流派和土匪的主要活动”“土匪的信仰、习俗和规矩”等，都有待开拓。我相信，贝思飞的著作在中国的出版，将有助于推动这方面的研究。

尘封库房数十载　精选成书放异彩*
——读《上海文史资料存稿汇编》

二〇〇二年春天，是上海市政协文史资料工作又一个丰收季节，就在元月，一套大型的，多卷本的，内容丰富多彩，印刷装帧精致典雅的文史资料书籍问世。翻开这套书籍，映入眼帘的，可谓是许多不寻常的作者、许多不寻常的文章，对于读者极具吸引力。还有一点更是与众不同：这许多文章撰写的时日，远的距今已达三四十年，近的也有一二十年。难怪沪上文史学界有的学者看到这套书，抑不住内心的喜悦，称它为“迟到的文化瑰宝”。姗姗来迟，固然不免遗憾，但瑰宝终究仍然是瑰宝，这就是由市政协文史资料委员会征集编辑、上海古籍出版社出版的《上海文史资料存稿汇编》（以下简称《存稿汇编》）。

这部《存稿汇编》，是从二十世纪六十年代以来逐渐积累起来的，上海市政协库藏的，2 650万字的文史资料文稿中筛选而成的；是在众多稿件中，经过比较和研究，脱颖而出，具有特定价值的部分。一九九九年年初启动的，在全国政协领导下，在各省（市）推展的清理库存资料的工作，是一项全国规模的重要的文化工程。不言而喻，其目的是要将那些珍贵的、有价值的、鲜为人知的资料清理出来，汇编出版，以便充分发挥它在两个文明建设中的作用。由于历史上诸种原因造成的，多年来沉睡在档案库房里的文稿，如今“醒”过来了、“站”起来了，集结成了《存稿汇编》。

这部《存稿汇编》体制宏大，是迄今为止上海推出的规模最大的一套文史资料丛书，收录全书的文章多达590篇，共有400余万字，分别编成十二卷。全书按主题分类辑录，构成不同门类，各篇文章独立成篇，体现了文史资料书籍的独特风格。第一、第二卷的主题是政治和军事，第三卷是对日抗战，第四、五卷是经济、财政和金融，第六、第七卷是工业和商业，第八卷是市政和交通，第九、第十卷是教育、科技和文化，第十一、第十二卷是社会风情、司法警事和城乡变迁。综观全书，

---

* 本文原载《浦江纵横》2002年第3期。

可谓琳琅满目，色彩缤纷。

《存稿汇编》是一部关于晚清至民国时期综合性的史料集成。它全方位、多视角地展示和折射出十九世纪末到二十世纪上半叶，上海以至全国的社会历史发展的不少真实面貌和各个领域的具体情景。这部十二卷本文稿，反映的社会态势较为广阔，部类比较齐备，涵盖了政治、司法、外交、军事、财政、金融、工业、商业、手工业、国际贸易、交通、房地产业、服务业、教育、科技、新闻、出版、广播、文艺、医药卫生、宗教、民族、社会等20余个门类。当然，文史资料不同于史学专业作者编纂的史料汇编，在史料的宏观结构上并不具有完整性和系统性，然而它的特点和优点正在于微观上的具体性和纪实性。许多文稿真实地记述了一个个具体的人、事、物的过程和情节，内容具体而微，生动朴实。毫无疑问，当今和后世的社会科学、人文科学工作者，文学艺术的创作者们，在研究上海和中国的近现代历史的时候，一定会从这部书稿中吸取有用的材料，体验历史的具体场景，考订种种史事的某些细节，以至从历史故事的记述中寻找创作的“灵感”。

在这部《存稿汇编》中，记述近代上海城市发展轨迹和情景的文章占有相当大的篇幅。在这里，从一个方面体现出这部书稿的显著特色。从鸦片战争到解放前的近代上海，是半殖民地半封建中国的缩影。从出自社会各界、各阶层，身历旧上海风云变幻、内外激荡历史过程的亲历者的忆述之中，人们得以更为具体和深入地领略旧上海，它既是冒险家的乐园，又是革命的摇篮；既是富人的天堂，又是穷人的地狱；既是文明的窗口，又是罪恶的渊薮；既是帝国主义侵华的桥头堡，又是中国工人阶级的大本营……关于这一切，《存稿汇编》提供的文章不下二三百篇，这不仅是进行爱国主义教育的有用材料，而且对于当今城市各项工作也有着借鉴作用。

一部《存稿汇编》，也可说是近现代上海以至全国史事的见证。收录在书稿中的五六百篇文章的作者，大都是所述历史的当事人、见证者，或者是最贴近的目击者。文稿披露和提供了不少富有价值的鲜为人知的史料，有的是填补了某一史事的史料空白；有的是拓宽和丰富充实了已有的历史材料；有的是令人信服地纠正了现有史料记载的差错；有的则是对有关的历史问题作了初步的梳理和研究，成为史料性的文章，为后人提供了某种研究的基础。而且，文稿记叙的是作者本人亲历、亲见、亲闻之事，其史料作用为一般的档案、图书、报刊史料所难以替代。这里，以关于教育事业方面的史料为例。《存稿汇编》收录有相当丰富的具有研究价值的材料，例如关于旧中国最负盛名的教会大学之一的上海圣约翰大学、民国时期名闻中外的法学院东吴大学法学院、称著全国的以华侨学生为主体的上海暨南大学、辛亥革命以后最早创办的财会专门学校上海立信会计学校、民国成立后早期创办的医科大学上海南洋医科大学、中国第一所女子体操学校上海中国女子体操学校、民国时期上海唯一一所专门学习蒙古和西藏事务的学校上海蒙藏学院、画界大师刘海粟主持多年的上海美术专门学校、五卅反帝爱国运动中诞生的上海光华大学，以及日本为对华侵略扩张而在上海设立的东亚同文书院等，书稿中都有一批颇具内容的第一手资料。

再以银行金融业为例，《存稿汇编》也提供了许多不可多得的宝贵史料。在上海以至全国金融界有重要作用的头面人物，如陈光甫、宋汉章、张嘉璈、钱新之、周作民、胡笔江、徐新六、叶揆初、王志莘、秦润卿等，这批文稿中披露了有关他们从事金融活动的不少鲜为人知的材料。在银行、证券、保险业方面，文稿的内容广涉中国银行、交通银行、中国农民银行、通商银行、盐业银行、金城银行、上海银行、浙江兴业银行、新华银行、中华汇业银行、中华懋业银行，以及上海证券交易所、上海票据交换所、上海保险公司等。叙述史事具体而微，诸如业务兴衰、市场起落、货币更替、人事变迁等，都可从文稿中窥得其不少富有独特价值的材料。

《存稿汇编》的价值和意义，还体现在众多作者的历史身份和社会经历之中。他们大都在近现代中国历史上亲历世局变幻，置身于中外各种势力的斗争激荡之中，或者在历史舞台上扮演过重要的角色，或者并无显赫地位，却亲历过或参与过重要事件。例如曾任北京政府内阁总长的李思浩、章宗祥，两度出任上海总商会副会长的方椒伯，担任上海市商会理事长和全国商会联合会理事长多年的王晓籁，前交通大学校长黎照寰，民治新专校长顾执中，交通银行总经理、伪商统会理事长唐寿民，以及国民政府时期最后一任上海市长、解放后担任上海市人民政府副市长的赵祖康先生等著名人物，都留下了亲自动手撰写的回忆文章。由于这些历史人物的特有身份和经历，其自述中留下的重要史料，就含有非同寻常的意义。例如方椒伯的《上海商团史略》、王晓籁等人的《四一二前后史料座谈会记录》、郑超麟的《记"少年共产党"》、潘大逵的《参加民盟西南支部活动的回忆》等文稿，都有重要的史料和研究的价值。

读了文史资料中的许多文章，我们似乎悄悄地走近了历史，走进了历史，身临其境之感油然而生。这也许是文史资料的一种魅力之所在。文史资料是历史的另一种写法，就是说，从文史资料作者个人的特定的经历来了解历史、认识历史。文史资料提供的是丰富生动的原始材料，许多是第一次面世，而且又是独家披露，记述了历史上许多事物的具体过程和情节。从这里，人们可以以进入历史的方法来观察历史，也就可能更为真切，更具深度地了解历史；从这里感悟历史的经验教训，吸取爱国主义的思想养料。几年前，在纽约哥伦比亚大学一次学术会议期间，我问过曾为顾维钧、李宗仁、胡适整理口述历史的唐德刚教授，他最喜欢读中国大陆出版的哪一类书籍，他毫不迟疑地回答说："我最喜欢看文史资料书。"事实上，不但旅居海外的华人和华侨中，爱读文史资料书的大有人在，而且，外国的文史研究者、文艺学术机构和团体，对于中国出版的文史资料也颇为重视，最近二三十年来，十分注意收藏大陆出版的文史资料图书。在东京早稻田大学图书馆、纽约哥伦比亚大学东亚研究中心、波士顿哈佛大学哈佛燕京图书馆，我不止一次地看到成套的上海文史资料，一排排地陈列在书库里面。从这个意义上说，文史资料的价值和意义仅从国内来认识已是不够的，实际上它已经超越了国界。

《上海文史资料存稿汇编》是在政协文史工作“存史、资政、团结、育人”精神指引下结出的硕果，作为文史工作者，我祝愿上海文史资料工作继续开拓创新，获得新的成绩。

通贯历代　引领军史*
——《中国历代军史》评介

中国是世界文明发达最早的国家之一。中国军事历史渊源久远，内容宏富广博。在中国五千年起伏跌宕的历史长河中，军事领域的创造和贡献举世瞩目，与战争发展史和军事思想史一样，军队和其他武装组织的发生、发展、变革的进程，自先秦至当代历经数千年。其历程之久远、规模之宏大、演变之纷繁复杂，以及历史经验之丰富，在世界上无与伦比。虽然，在进入近代后一个时期，中国军事远远落后于西方先进国家了，但也有其缓慢前进和取得某些成就的一面。对于中国历代军史这份精神遗产，我们后人有义不容辞的责任加以整理和研究，批判地继承和在新的历史条件下发扬光大，使其为建设具有中国特色的社会主义服务。读了由韩为工担任主编，季云飞、肖季文担任副主编的《中国历代军史》，深感这本著作处处体现了继承和发展我国军史科学，为现实服务的精神，是执着地贯彻这个宗旨而产生的一部力作。

中国军队和其他武装力量的历史，是中国军事史乃至整个社会历史的重要组成部分；对于军队历史的研究，从军事、文化、经济以及科学技术等任何一个方面而言，其意义和作用都是十分重要的。不应低估，中华人民共和国成立以来，对于中国历代军史的探索和研究获得相当的进展，取得较为丰硕的成果，各种形式的学术论著陆续问世，然而，由于种种原因，这一领域的成就并不十分理想，与战争史和军事思想史相比较，显然也略逊一筹。党的十一届三中全会以来，我国军事理论和军事历史的研究工作在马列主义、毛泽东思想指引之下，开创了繁荣发展的新局面。对历代军史研究的力度全面提升，成绩斐然。《中国大百科全书》军事卷和《中国军事百科全书》的编纂和出版，全面地、系统地总结和概括并集中体现了新时期中国军事科学及其各个部类的学术研究成果和理论水平。在其中国军事历史和军制学部类中，对中国历代军史的基本内容都有精当的阐述，较为系统

* 本文原载《军事历史研究》2007年第2期。

和全面地反映了对中国历代军史的研究成果。现在这部《中国历代军史》，是作为《中国军事百科全书》第2版中的一个学科分册而独立设置的。它体现了历代军史这一学科的独特的重要地位与意义，填补了中国军事百科全书学科体系中的一个空白。

《中国历代军史》具有多方面的学术价值和社会意义。首先，它构建了一个自古至今的中国历代军队史的知识框架结构。它上起夏、商、周，下讫中华民国，涵盖四五千年间历代军队与其他武装组织的发生、嬗变与演进的历史，共设置有191个条目，附图片127幅。全书以历史事物的时间进程为顺序，各条目依次迭进又前后互为依存，构成反映中国历代军史的全局性概貌，富有系统性和连贯性，堪称通贯历代，引领军史之佳作。

其次，《中国历代军史》在吸收国内多年来相关学术成果的基础上，进行新的总结和概括，由博而约，是对历代军史研究的一种再创造。全书以精练的语言和准确的表述，概述了中国历代军史中的所有主要史事，阐释其基本历史内容和历史评价。自先秦以迄中华民国，历朝历代出现的军队及其他军事组织，各种记载和论析纷繁复杂，甚至众说纷纭。本书作者博采众长，辨真去伪，进行精细入微的分析对比，作出实事求是的概括总结，采百家之长而立一家之说。关于历史上出现的各种军队的发生、发展与消亡，各个政权、各个政治集团实行的军队编组体制、统御与指挥关系、训练与装备、教育与管理、招募与征役、后勤与供给等，本书作者均向人们提供恰当的概括和诠释，这样的工作是很值得称道的。

最后，本书较好地做到了学术性与通俗性的互相结合，有利于将军史学术工作从专门家的学术领域推向全社会。作为《中国军事百科全书》的一个学科分册，《中国历代军史》以辞书的体例诠释史事，以条目为单位陈述历史内容。在条目阐述上，本书采取史论结合、寓论于史，论述结合、以述为主的原则和方法，力求将军史的学术内容以简要明白的形体加以表达。本书以朝代的更替推移为经，以军队和其他军事组织实体为纬，编织成中国历代军史的全貌，也极便利于各方面的读者的查阅和研究。各个条目的诠释，适当采用纪事本末体，对历代军队实体的来龙去脉作精炼确切的叙述，使每个条目的内容有始有终，每一军队和军事机构的演变一目了然。

纵观《中国历代军史》全书，我们不难发现蕴含于其中的研究和发展军史科学的正确方向。本书在具有总结性质的领条中指出，在《中国军事百科全书》开辟中国历代军史学科的重要目标，是“总结前人研究成果，进一步促进中国历代军史研究的繁荣和发展”。同其他门类的社会科学一样，要发展和繁荣军史科学，首要的问题是必须坚持以马列主义、毛泽东思想为指针，坚持运用辩证唯物论和历史唯物论的观点与方法。本书的编著正是正确地贯彻了军史研究的这个正确的方向。

本书本着实事求是、一切从实际出发的马克思主义思想原则，从中国奴隶社会、封建社会以至半殖民地半封建社会的客观历史发展进程中，梳理军队和其他武装组织发展的脉络，厘清历史上各种军事力量发生、发展和消亡的前因后果。对历史上的军队、军事机构、军事变革以及军事人物等，采取阶级分析和历史主义的观点和方法加以观察和论析，以客观的科学的态度给予恰如其分的历史评价。这些都在本书中得到了普遍的不同程度的体现，这是值得肯定的。

本书对于中国历史上各个时代各个阶段，影响、制约和决定军队发生、发展和消亡的诸种因素及其相互关系，进行了全面、深入的探讨，并在各个条目的诠释中得到较为充分的体现。本书指明：中国历代社会经济的发展是军队组建与发展的基础。例如，西周时期奴隶制经济有了相当发展，王室控制的手工业分工极细，制造大量精良的青铜兵器和战车，使军队出现以战车为主体的车、步合同编组。又如封建社会鼎盛时期的隋唐两代，随着经济上实施均田和租调，军队体制上推行府兵制。而入主中原以前以游牧经济为主的清朝，创建以“骑射为本”的八旗兵制。同时，本书对于历史上科技的创新发展对军队变革和演进的推动作用，也给以恰当的评价。指出我国古代军队编制装备的结构，在使用火器后开始产生第一次变革。火力和机动、防护相结合的战车部队的出现，火枪和火炮的使用，装备火器的车、步、骑、辎重、水军的新兵种产生，编制规模较大的合成军成为可能，古代军队的第二次变革遂登上历史舞台。十九世纪中叶以后，随着引进和仿制欧美枪炮船舰，清军主力逐步演变成为装备近代兵器，包含步、骑、炮、工、辎重等兵种的合成军，而且开始编组海军，这一切标志着中国军队编制装备结构又一次变革的到来。此外，历代军事思想对于军队的发展变化，也有着重要的影响和引领作用。总之，本书言兵而不限于兵，不把军队看作封闭的孤立的事物，而是从特定的社会经济、政治、文化、科技以及意识形态等各方面联系和互动中加以说明。这一思路，在各个条目的诠释中都有体现。

政治和战争对军队的发生、发展和消亡更具有直接的决定性的作用。正如本书所言，“军队的产生、发展以及消亡，直接受国家政治以及政权兴衰、更替的影响”，军队一刻也离不开政治，它是执行政治任务、用军事手段实现政治目的的武装集团。军队是伴随着战争的产生演变而产生演变的。战争是特殊的社会运动形态。“基于战争的特殊性，就有战争的一套特殊组织，一套特殊方法，一种特殊过程。这组织，就是军队及其附随的一切东西。这方法，就是指导战争的战略战术。这过程，就是敌对的军队互相使用有利于已不利于敌的战略战术从事攻击或防御的一种特殊的社会活动形态。”①从整个社会的总系统而言，军队及其他军事

① 毛泽东：《论持久战》，《毛泽东选集》（第2卷），人民出版社，1991年，第480页。

组织是一个特殊的系统;然而,相对而言,军队和其他军事组织却是一个十分复杂的大系统,但它与政治和战争有着最为直接,最为深切的互相制约影响的关系,正如本书指出:“在中国历代军史发展进程中,战争仍是直接导致军史发展的主要因素。”本着这一观点,本书着眼于历史上政治、政权、战争与军队之间的不可分离的关系,确立了从先秦至民国的条目框架结构,并把军队的两个重要附随物军工生产机构和军事教育机构纳入历代军史的范畴,而且在释文中通过对历史的叙述,阐明了军史与国家政权、政治集团、政治斗争,特别是与战争之间的关系。

《中国历代军史》一书以辞书的形式,对从先秦到近代的中国军队发展进程的基本状况和基本线索作了梳理,揭示出中国历代军队的具体特点和发展轨迹,对存在于各个历史时期的军队和其他军事组织,作了具体细致又综合系统的记叙和评析。全书内容丰富、重点突出、立论精确、文字畅晓、深入浅出,较有可读性,是一部好的关于中国历代军史的基础性著作。虽然,本书还存在一些不足之处,例如,有一些在历史上颇具重要意义的军队和其他军事组织未专门列条介绍;个别条目的诠释对象过于广泛,似可予以分立条目,以利于说明特定的历史状况;有的条目释文过于笼统、概略,有待进一步充实;个别条目的释文内容有一些不够确切、完整。但是,瑕不掩瑜,《中国历代军史》作为一个新的学科分册,它必将以《中国军事百科全书》这恢宏硕大的军事科学系统工程中的一员,而登上军事历史科学的殿堂,服务全军全国,发挥其积极作用。

《20世纪20年代的上海大学》史料集的学术意义*

92年前的今天，即一九二二年十月二十三日，趁着五四新文化运动开辟的新的中国文化的思潮，迎着即将到来的国共合作的国民革命运动的曙光，上海大学在上海诞生。92年以后的今天，我们在这里祝贺这部记载上海大学历史的著作出版问世。所以，我觉得今天的会议既包含着学术意义，也包含着纪念意义，这双重意义使我们今天的会议显得更加可贵。

现在放在我们面前的这部《20世纪20年代的上海大学》，是一部大型的、综合性的、史料性的著作。这部规模如此大的著作，只用了短短三年多的时间就呈现在读者面前，这是很值得钦佩的。我个人感到，毫无疑问这是在上海大学党委、校长的领导和关心下，上海大学党委宣传部、文学院历史学系、社会学院、社会科学院和上海大学出版社，以及诸位专家学者和工作人员共同努力的结果，可以说是一个集体智慧和各方面合力的结晶。对于各位老师的敬业精神和工作效率，我非常敬佩，而且也值得我们很好地去学习。

复旦大学从二〇〇一年开始，也在着手整理史料选编，是关于复旦大学的历史资料的选编工作。从二十世纪中期也就是一九四九年上海解放开始，到一九五二年年底是我们第一阶段的工作。很可惜，我们没有上海大学这么高的效率，从二〇〇一年到现在我们还没有打出清样来。我们的规模也没这么大，我们只有120万字左右，我们编这本书的时间要比你们长得多了。所以，我拿到这本书后，跟我们复旦大学做校史的同志讲，我们一定要好好向上海大学学习。我们做一九四九年至一九五二年这段时间的历史，如果要整理一百多年的历史可能要达到3 000多万字的规模，但我跟他们说如果按照现在的速度，20年也做不出来。所以，看到这本书我很感动，上海大学的精神很值得我们好好学习。

---

* 本文据在《20世纪20年代的上海大学》新书首发式暨学术研讨会上发言的录音整理，发表于《上海大学报》，2014年11月3日。

我有机会首先得到了这部史料集。作为史学工作者，我抱着崇敬的心情和重温上海大学历史的态度来阅读，因为这部著作的分量很大，短时期内难以消化，我只是初步的浏览。对于这部书的学术价值和意义，我有一些初步的认识，分以下三点说一下我的看法。

第一点，《20世纪20年代的上海大学》是一部完整的、系统地反映上海大学历史的史料性著作。这部著作是迄今为止，90多年来唯一一部关于当年上海大学的大型史料汇编，它全面超越了在这以前已经出版的各种版本的史料性著作。比如黄美真同志为首的几位老师编过关于上海大学的史料(《上海大学史料》)，王家贵同志为首的几位老师也编过关于上海大学的史料(《上海大学——1922—1927》)，以及其他一些单篇的史料文章，有些文章在报刊、杂志上也发表过和有所披露。

在这本史料集之前，我没见过完整的、系统性的如此大规模的关于上海大学的史料著作。这本史料集囊括了各种历史文献和史料，系统、完整地反映了历史上的上海大学从诞生到结束的历史发展过程。反映了上海大学的办学思想和教育理念、组织体制和系科设置、课程结构和教育模式、思想政治教育、社会科学理论和学术研究，以及当时发表的相关成果。上海大学党组织的建设和活动，学系中主要领导人物和中共学者以及教师的群像，特别是上海大学在当时反帝反封建运动中艰苦卓越的奋斗等，各方面的历史状况无不在这本史料集中得到呈现。这部史料集中既有宏大的叙事，也有具体生动的情节，可以说为大家提供了一个真实、完整的历史上的上海大学。所以这部书的编辑和出版是一项关于上海大学历史研究的无可媲美的、不可或缺的基础性的工作，这部书的完成对于这个课题的研究具有基础性的意义，为老上海大学研究奠定了非常扎实的基础。

第二点，这部史料性著作在学术层面来讲，既有传承又敢于创新。这部史料集将上海大学历史研究推上了一个新高度，创造了一个新的局面。一方面，这部书的作者忠实于课题研究已经发表的各类史料，吸取了前人已经有的学术成果；另一方面，这部书的作者更注重于从多方面深入挖掘新史料，开拓和研究了新的领域，可以说在传承工作当中取得了阶段性的突破。对大量的新史料加以精心的考定、梳理和研究，从而全面突破和重新归结了原先关于上海大学历史的几部史料的格局，无论在深度上还是广度上都达到了前所未有的水平。所以，可以说这是一个创新。

从史料的内容来说，这部史料集主要包括报刊史料、档案史料、图书史料、口述史料，这四类史料是这部史料集的主体。史料有丰富、翔实的内容，许多史料有原始性，是第一手发掘出来的新史料，所以有原始性和连贯性的特点。

从报刊史料来说，集中收录的史料包括《申报》《民国日报》等，这些都是当时上海著名的大报，也收集了《中国青年》《热血日报》等相当数量的几类在当时革命运动中产生巨大作用的革命报刊史料。特别是发掘了全面抗战爆发前后《中央日报》上的史料，虽然《中央日报》中披露的史料是很少的，但是作者们也把它悉心搜集起来了，这部分之前是没人做过的。从报刊史料来看，可以感受到作者们对于史料搜集之勤、收集之广，这种挖掘史料的精神值得钦佩。

从档案史料来看，这部书涉及的很多档案史料更是前人所没有做过的，许多是第一次公开发表的，在这方面取得了突破性的进展。比如收录的有关当时中共上海区委、上海大学党的特别支部、上海地委、上海大学支部等资料，可以说是研究上海大学历史的重要资料。这些资料过去大部分被放在仓库里，或供内部少数人参考，现在把这些史料收录在这本书中公之于众，有助于史学研究和社会各方面了解、认识上海大学的历史。

这里特别要提到的就是对于台湾地区国民党中央党史馆和台湾地区"国史馆"史料的发掘，这可以说是一项开创性的工作。上海大学的老师可以说是中国大陆的学者中，首次进入台湾的党内机构抄录和使用上海大学史料的人。今年八月，我和一些老师去台湾考察，上海大学的徐有威教授也同我一起去。我们也到了台湾的"国史馆"和党史馆去查阅资料，这项工作是很辛苦的。"国史馆"的材料很多，不准我们复印，要一个字、一个字地抄，这是一项非常用力、用心的工作。上海大学的老师不辞辛劳，不让它遗漏在史料集之外，这种精神很值得我们尊敬和发扬。

在这里我想特别提到，在这部史料集中，有一部分是"师生记忆中的上海大学"。收录在这个栏目中的回忆录和史料，具有其他史料所没有的价值和意义，它可以大大弥补档案史料、报刊史料中的不足。我看了其中的几篇，这些史料鲜活生动、有血有肉、见人见事，展现了不少当年上海大学的历史场景，从而大大丰富了史料的动态性和具体性，也提升了这部书的可读性。而且，它反映的历史细节，使读者体会到历史是动态的、立体的，弥补了档案史料比较枯燥、比较概括的缺点，这也成了这部史料集的一大特色。

虽然有些史料工作是前人做的，但是我们把它收录到这本书里，这项工作是需要的。这不仅使前人的工作得到了发扬光大，更使这部书提升了质量。

这部书还有一个重要的特色，我觉得是忠于历史，保存历史的真实性。现代中国的政治发展是非常复杂的，各种人物在历史上的变化、起落、曲折呈现了非常复杂的态势。在当时的上海大学，许多人物当时是革命者，后来变成反革命或汉奸或叛徒。我们尊重历史，当时某个人在上海大学做什么事、讲什么话、写什么文章，都是历史，至于这个人以后他怎么选择、怎么表现，那都是后面的历史。我们不能以后面这个人在政治上的变化，而改变今天对那个人的评价。所以，这部书是实事求是的，是用一种尊重历史、尊重历史真实性的态度来编撰的。这是我们历史研究和史料编撰应该遵循的一个原则。

第三点，《20世纪20年代的上海大学》这本书给了我们一个启示，就是我们应当给史料性的著作以足够的重视，把这类作品放到历史研究中应有的地位。一般来讲，这部书是一部史料性的著作，不应该归在专题性和通论性的学术专著系列里面。史料性著作是系统性的对史料的考订、梳理，可以说是让历史本身说明历史。不管哪一类历史著作都有它的价值和意义。一般来说，大学里往往重视学术专著和学术论文，不太重视史料著作，我觉得这是一个偏向。历史要是没有史料的发掘、系统整理，研究可以说是空中楼阁。史学工作者应该有的一个态度，就是要系统地整理史料，并以史料为基础，从这里开始。因此，现在的这项工作是很有价值的。我们现在的史学研究有一种浮躁和急功近利的心态，有一种炒冷饭、快餐似的学术研究心态，都是史学工作者应当警惕的。而这部史料集的出版，在这方面可以说是一个标志性的作品，具有标杆性的意义。我想如果若干年以后，有哪一位专家能写出一部关于上海大学的学术性专著或通论性的学术专著，我想他在写专著的时候绝对不能不依靠这部书。即使出现了学术性或通论性的专著，也绝不会降低这部书的价值和意义。况且这部书还有其他社会上的功用和作用，我在这里就不详细讲了。

我这是借题发挥，有感而发。很感谢上海大学在两周前提供给我这本书，我粗读了一下，只是有了一些肤浅的想法，请大家批评指教，谢谢大家。

九、附篇

民国时期上海都市发展规划述论*

二十世纪二十年代至四十年代，南京国民政府和上海市政府曾先后三次对上海都市发展作过设计和规划。它对上海的开发和建设作出了宏观的、系统的设计，试图以西方近代都市规划的理论为指导，对上海都市结构和功能进行全面的规划和设计，勾画出一幅现代化的新上海的蓝图。但是它立足于半封建半殖民地社会的基地之上，带有可行性和不可行性的两重性格。这些规划在实施进程中的挫折、失败多于成功。尽管如此，在探索上海都市发展战略上，它仍然留给了后人许多有益的启示。

在近代中国的历史上，对上海都市发展和建设作出总体性的规划和设计的，是南京国民政府及上海市政府。在南京政府指导下，上海市政府曾先后三次对上海都市发展进行宏观的、系统的、颇具规模的规划。这当然是从巩固和发展以蒋介石为首的国民党统治的需要出发的，是实施国民党的政治、经济和对外政策的一个重要方面，但不可否认，这也体现了国民党政府对建设现代化新上海的积极态度和构建了当时所能作出的上海都市发展规划的蓝图。规划的提出及其初步实施，给上海尔后的都市建设提供了可供借鉴的经验，是上海都市发展史上一个值得研究的重要课题。

一、“上海市市中心区域计划”

上海都市发展规划，诞生于二十世纪二十年代末、三十年代初。它的前期，从《上海市市中心区域计划》发展成为《大上海计划》。日本发动全面侵华战争后，南京政府被迫终止了这个规划的设计和实施。抗战胜利后《大上海都市计划》的制订，标志着这个规划进入了后期，上海发展规划得到进一步的补充和扩展。但当它尚未着手实施时，即随着南京政府的覆灭而结束了它的生命。

---

* 本文是1991年10月提交“纪念上海建城700周年城市研究与上海研究国际学术研讨会”的论文，后由《复旦学报》(社会科学版)1992年第1期刊出。

上海都市发展计划,最早是在一九二七年夏至一九二九年冬进行酝酿和设计的。南京政府成立前后,最早提出要对上海发展计划进行设计的是蒋介石,而最初主其事者则是上海特别市第一任市长黄郛。蒋介石和南京政府对上海发展的关注和重视,是因为,在南京政府成立时,上海早已发展成为中国的第一大都市,它在我国的政治、经济、文化等各个领域中的地位和作用举足轻重,在全国范围内没有其他任何一个城市能够与上海相提并论。上海是帝国主义列强在华的最重要基地、外国殖民主义对华侵略的大本营,也是中国资产阶级尤其是江浙财阀对外联结的主要纽带之所在,在中外关系上占有特殊地位。在国民党人中,首先注意到上海的重要,要将上海建成东方第一大港,且拟有"大上海建设计划"的,是孙中山先生,这计划列于其所著的《建国方略》书内。

中国有"市"作为地方政区,自民国政府始。上海是南京国民政府直辖的第一个成立的特别市。上海城市发展计划也是在上海特别市成立后正式提上议事日程的。一九二七年七月七日,上海市政府宣布成立。黄郛出任市长期间,对上海都市建设曾提出两项设想:"一是筑一条环绕租界的道路……另一是吴淞筑港,并在吴淞与租界之间开辟一新市区,以削弱租界的重要性。"①黄郛指令市政府工务局对上述两项构想进行具体的规划。这是上海都市发展计划的最初的构想和创议,后来的《上海市市中心区域计划》和《大上海计划》,正是在这个构想的基础上发展起来的。

黄郛任上海市长为时很短,只一个月零五天就辞职了,但他的上述设想和倡导却并未因此而中断。同年八月二十六日张定璠任上海特别市市长。十一月,市政府成立设计委员会,专门负责研究市政建设的各项方案。次年二月起,张定璠率领市府各局局长,实地考察上海市所属各区,以便"增加对地方的认识,同时亦可对未来新市区的位置有个选择。"②经过近两个月时间对全市 11 个区的考察,勘定了新市区(即市中心区)的位置。接着,由工务局局长沈怡具体主持,着手制订建设新市区的全盘计划。

张群于一九二九年三月二十七日继任上海市长,继续推进上海建设计划的设计和制订。同年七月,上海市政府第 123 次市政会议讨论和通过了关于开辟和建设上海市市中心区域的意见,正式划定上海黄浦江以西、江湾区翔殷路以北、闸殷路以南、淞沪路以东以及周南十图、衣五图以西的土地约 7 000 亩,作为上海市市中心区域,即新市区。以上决议,一面正式公布,一面呈报南京当局批准。同月第 124 次市政会议决定设立"上海市市中心区域建设委员会",作为都市建设的计划和设计机构,由市政府工务、财政、土地、公用、港务等局局长和有关专家 11 至 13

①② 沈怡:《上海市工务局十年》,《传记文学》第 17 卷第 2 期。

人组成。八月十二日，该会正式成立，由工务局局长沈怡担任主席。于市政府之下设立“上海市建设讨论委员会”，作为都市建设规划之咨询机构，由市长张群兼任主席，延揽全市各界名流和有关专家学者共同组成。同年冬，市府邀请美国市政工程专家龚诗基和弗立泊两人来上海，充任市中心区建设的咨询。

《上海市市中心区域计划》是由市中心区域建设委员会主持起草的。至一九三〇年一月，《上海市市中心区域计划概要》拟订完成；同年十二月，上海市政府正式提出了《建设上海市市中心区域计划书》。计划书首先对上悔市政的现状作了分析，认为“今日之上海，所谓繁荣之区者，不过租界地耳”，而华界仍十分落后，“此种畸形之发展，实为本市市政最大之病象”。并进而指出了上海都市发展的三个主要问题，首先，“租界横亘于本市之中央，以致沪南与闸北之一切设备，莫不划而为二……而尤感困难者，则为南北市交通上之联络”。其次，“租界当局历年越界筑路……租界势力日益扩大，本市之障碍日甚”。第三，“沪宁、沪杭甬两路之总站，既接近租界，而船舶由吴淞入口，亦循黄浦江而上，止于租界之滨，吴淞江又横贯租界之中央，水陆运输实有助长租界发展之势”。①至于租界本身，亦存在港口码头与铁路互不联接、居住人口众多而市区面积过小、市内道路路面狭窄而路线不成系统等问题。

计划书分析了上海未来发展之趋势，认为“欲谋上海之发展，自当以收回租界为根本办法”。但是，从长远的观点来看，上海未来发展的主要方向，不应局限于原来的租界地域，也不宜置于浦东地区，而应当置发展重点于以江湾为中心的，淞、沪两地的中间地区。在这里开辟一个新市区，作为上海市中心区，以“联接（淞、沪）两地而打成一片”，形成“枢纽全市之形势”②。计划书乃着重概述了建设中心区的计划，分为三个部分。（一）水陆交通计划，对上海的海港、码头及铁道、货客运总站等提出了远景性的设想。（二）道路系统计划，提出了建筑接通商港和铁路及各区的干道，建筑普通道路，设立园林、运动场等计划。（三）市中心区域分区计划，提出划分政治区、商业区、住宅区的市区建设计划。

二、《大上海计划》

上海市市中心区域计划，主要是确定了在租界以北、以江湾为中心的地区实行开发和建设，在黄浦江的最下游，毗邻吴淞口的浦西吴淞和江湾之间开辟一个

---

① 上海市市中心区域建设委员会：《建设上海市市中心区域计划书》，《上海市指南》，中华书局，1934年，第363—368页。

② 《建设上海市市中心区域计划书》，《上海市指南》，第363—368页。

新市区，与上海租界相竞争，以确立在国民政府直接管辖下的上海市区的地位和尔后发展的基础。但是，正如沈怡指出的，“如果这个（市中心区域）计划得不到两个重大因素的配合，第一是吴淞开港，第二是把上海总站（铁道总站）北移，并把铁路和商港连接起来，则市中心计划发展的结果，充其量只不过做到一个政治区和住宅区而已。假如这样，则我们心目中，取‘租界而代之’的理想，也就是国父孙中山先生大上海计划的主要目的，无疑是没有实现的希望”。①上海市政府有鉴于此，乃提出了拟订“大上海计划”的设想，认为“建设上海市市中心乃是大上海计划的一部分，而大上海计划必须包括商港与铁道建设，更是势所必需，理所当然”。②于是，上海市政府在征得南京政府有关部门的同意后，着手进行“大上海计划”的设计和规划。

《大上海计划》分列第一至第十篇。第一篇，上海史地概略；第二篇，上海统计及调查。这两篇是关于上海的历史、地理、人口、农业、工业、商业、水道、铁道、公路以及气候等自然条件的基本情况的概述和分析。第三篇至第九篇是“大上海计划”的主体部分，分别对市中心区域、交通运输、建筑、空地园林布置、公用事业、卫生设备、市政府建筑等七个方面的建设和发展作出了全面的规划。第十篇是有关的法规条例。以下，对这七大计划的纲要作简要的叙述。

（一）市中心区域计划，分为两个部分：一是对上海市未来人口总数与所需土地面积的预测；二是市中心区域分区计划，包括市中心行政区域计划、商业区域（纯粹及半商业区域）计划、工业区域（大小工业及对于居住上有妨碍的工业区域）计划、住宅区域（普通、高等及平民住宅区域）计划、油池区域计划等。

（二）交通运输计划，分为五个部分：(1)海河港坞计划；(2)铁路计划；(3)道路计划，内容包括道路宽度及横剖面标准、各种道路建筑方式及完成步骤、路口布置及交通广场、道路段落之长度、旧市区道路之整理各节；(4)渡浦（横渡黄浦江）设备计划；(5)飞机场站计划等。

（三）建筑计划，分为四个部分：(1)新区新建房屋形式；(2)平民及工人新村计划；(3)新区建筑规划；(4)防火建筑及设备计划。

（四）空地园林布置计划，分为五个部分，分别对公园、森林、林荫大道、儿童游戏场及运动场、公墓等各个方面作出计划。

（五）公用事业计划，分为四个部分：(1)电车及公共汽车线路计划；(2)自来水计划；(3)电灯电话计划；(4)煤气计划。

（六）卫生设备计划，分为五个部分：(1)沟渠系统及污水处理计划；(2)垃圾处理计划；(3)整理不卫生区域计划；(4)屠宰场计划；(5)公共卫生设备计划，包括

①② 沈怡：《上海市工务局十年》，《传记文学》第17卷第2期。

卫生试验所、医院、海港检疫所、浴所、游泳池、公厕等设施的计划。

（七）建筑市政府计划，即在市中心区域的行政中心地带建筑新的上海市政府大楼，以形成上海市区政治中心的计划。

《大上海计划》于一九三〇年五月开始草拟，当年完成。它是《上海市市中心区域计划》的延伸和扩大，其规划的对象不仅仅是新市区，还包括了上海的闸北、南市、龙华、浦东、吴淞等地区。它所规划的社会发展领域也更为广阔，把整个上海作为一个大都市的各个方面的发展都纳入了计划视野之内。

这里仅就其第二方面“交通运输计划”中的“海河港坞计划”部分略作叙述。这部分计划写道：“欲形成市中心区，必有新商港以导其先。”对怎样建设新商港，计划中提出了四项内容之方案。一是“商港区域范围”，“东沿黄浦江，南界鹅媲浦，西界中山路，北界蕰藻浜，此为第一期计划预定之范围。将来商务发达，可于蕰藻浜以北、吴淞镇一带再行扩展”。二是“商港建设计划”，即“在上述范围内，沿黄浦江之西岸，开挖船坞，建筑码头、仓库，铺设铁路，以为外洋轮船货客装卸、水陆联运之需”。“更将蕰藻浜及南泗塘两河加宽浚深，为内地船舶停留之处”。“计划于浦江西岸共建造船坞七个，第一至第二为煤炭及木料货轮舶位，第三至第五为客轮舶位，第六、第七为其他轮船舶位，七坞同时可泊大型轮船四十艘”。三是“水陆联运计划”，计划在“船坞之旁建筑铁路，向西跨南泗塘河，与淞沪铁路衔接，铁路之外复筑马路，以与市中心区域内之马路相通，无论国内外之客货轮均可联运”。四是“商港区内河道路之整理”，计划书中对蕰藻浜和南泗塘河两水道之整理和拓宽，作了具体的规定①。

上海市政府除拟订了《大上海计划》的总体规划以外，还在这前后拟订了一批专题计划，对各项建设问题作出了专门性的具体的设计和规划。这些计划使《大上海计划》在初期阶段的实施，有了比较切实和具体的计划和步骤。除《建设上海市市中心区域计划书》以外，作为上述计划书附录的有《建设市中心区域第一期工作计划大纲》，规定了一九三〇——一九三四年的五年建设计划。此外，还有《上海市中心区域道路系统》《上海市市中心区域分区计划》《上海市分区交通计划》《新商港计划》《京沪铁路、沪杭甬铁路铺筑淞沪铁路江湾站与三民路间支线计划》《建筑黄浦江虬江码头计划书》等。

《大上海计划》在上海都市发展史上第一次对上海市（不含租界）的开发和建设作出了宏观的、系统的设计，规划了建设上海成为新的国际大都市的蓝图，是近代上海第一个大型的、综合性的都市发展规划，在上海的都市建设史上具有开创性的地位和意义。

---

① 《大上海计划·交通运输计划》，上海市档案馆编印，大上海计划卷。

三、《大上海都市计划》

上海都市规划在日军侵占上海期间陷于停顿，于抗战胜利后重新恢复，从而进入了其发展的后期阶段。这时的规划工作由上海市都市计划委员会主持。一九四五年十月起，上海市工务局邀集市政、工程专家，举行技术座谈，开始了都市规划的研讨。一九四六年一月和三月，先后成立技术顾问委员会和都市计划小组，全面开展计划设计工作。八月，都市计划委员会正式成立。该委员会委员共27人，除市政府各局局长为当然委员外，并聘请全市工商、金融、政法、科技等各方面专家和名流为委员，市长吴国桢兼主任委员，工务局长赵祖康以委员兼任执行秘书。下设土地、交通、区划、房屋、卫生、公用、市容、财务等组，分别负责都市规划的有关事宜。这次规划的起草和制订，在时间和区域的范围上，确定了以下两项原则。(1)计划的期限，"以二十五年为对象，以五十年需要为标准"，分期实施；(2)计划盖涵的地域，"以市区范围为对象，必要时得超越市区范围以外"。①这样，在时间跨度上就大大地超过了"大上海计划"；在空间范围上，因为抗战胜利后租界业已收回，计划的地域已包括了整个上海市区及其邻近地区，也不再局限于原来的华界市区了。

《大上海都市计划》在赵祖康的主持下，于一九四六年六月完成《总图草案报告书》初稿。翌年五月，报告书二稿制订竣事，至一九四八年春，共制订完成三个方面的文件和图表：(1)关于都市规划纲要和总体设计，有《大上海都市计划总图草案报告书》(1—3稿)和《大上海都市计划概要报告》；(2)关于都市建设专门计划，有《上海市建成区干路系统计划》《上海市建成区暂行区划计划》《上海市区铁路计划》、《上海港口计划》和《上海市绿地系统计划》等；(3)关于区级建设计划，作为全市计划的示范区，在闸北率先实施区域规划，制订了《闸北西区计划》。

对上海都市发展作出总体设计的《大上海都市计划总图报告书》，共列十章二十三节，近8万字。第一章总论，论述都市计划的目标和方法，总体设计的意义。第二章历史，叙述上海历代的沿革和近代都市发展简史。第三章地理，叙述大上海区域的地理概况和上海市在地理上之位置。第四章计划基本原则，分别论述了人口、经济、土地、交通等各方面计划之原则。第五章人口，分析了上海人口之现状及未来发展之趋势，提出了相应的对策。第六章土地使用，根据都市功能和结构，提出了区域计划的原则和方法。第七章交通，提出了港口、铁路、公路、道路、航道和航空港等项建设计划。第八章公用事业，提出了公共交通、供水、电力、煤

---

① 参见上海市文献委员会编：《上海市年鉴》，1947年，第5页。

气、通讯、消防等项计划。第九、第十章分别阐述公共卫生和文化建设计划。

《大上海都市计划》中，最值得注意的，也是该计划着力阐述的，是人口、区划、交通三大课题。它首先指出，“人口问题为研究都市计划之基本项目，其关系至为重要。都市之设计，最先受地理及地形之限制，其次则为人口问题。都市人口将有若干，能容纳若干，及应为若干，凡此种种必须解答，设计工作方得进行”。①“规划”对上海当时人口分布的不平衡作了分析，指出“本市现有四百万以上之人口，此项人口四分之三，完全集中于中区八十平方公里之内”。即全市人口之75%，聚居于9.6%的土地上；而人口之25%，却分布于90.4%的土地。“此项畸形之发展，必须加以改正。”②同时，根据诸种因素的推算，上海在今后25年内，人口总数将增至700万人；而在未来之50年内，将增长至1 500万人。那么，上海可能容纳多少人口？该规划认为，本市总面积为893平方公里，除去河道等项面积，实际能应用的土地，最多不过800平方公里，再扣除浦东作为农作地带而保留的地面，尚余700平方公里，“而以全市平均人口密度每平方公里一万人的数字计算，则本市最高人口容量，应为七百万人”。③

对于上海人口的增长和分布的畸形，该计划提出要根据“有计划之发展”的要求，“应设法使其(人口)进展程度，不致过速”④，但在规划中未见防止人口增长过速的办法。规划主要强调的是人口的“疏散政策”，认为对于超过上海市区最高容量以外之过剩人口，“惟一的办法，只有把这些人口疏散，分布在我们市界之外，造成所谓‘卫星市镇’来解决”。同时指出，“这些‘卫星市镇’在功能上，每个都是一个独立的单位，但仍以本市作为它们的经济及文化之中心”。⑤

上海作为一个大都市，由于历史形成的原因，存在严重的畸形和混乱状态，主要表现为：工商业及交通片面集中，一切发展几乎全部集结于中区狭小地域之内；市中区繁华地带人口高度集中，各业混杂，但从未形成有机结构；工商业及住宅之建筑，纷然杂陈；道路系统之凌乱无章，运输工具之新旧混杂，全市交通拥挤无序；房屋建筑漫无计划，一般房屋在质与量两方面，均不适应生活之需要。“既无我国旧式城市在风景及艺术上之优点，又乏现代新式都市在建设及科学上之进步，实可称为世界最不优良的都市之一”，“实不足符现代都市之条件”。⑥

为改变上述状况，建设上海成为结构合理的现代都市，该规划确定上海都市

① 《大上海都市计划总图报告书》(初编)，第9页。
② 《大上海都市计划总图报告书》(初编)，第12页。
③ 《大上海都市计划总图报告书》(二稿)，第7页。
④ 《大上海都市计划总图报告书》(初编)，第10页。
⑤ 《大上海都市计划总图报告书》(二稿)，第9页。
⑥ 《大上海都市计划总图报告书》(初编)，第11页。

区划的方针和目标为："先有充裕之土地，再依使用性质，分别区划线……其最低限度，应符下列条件：一、保留充分土地，以供市民居住、工作、游憩及交通各项之需要；二、将整个都市之面积妥为区划，使各个地区，各在功能上保持密切联系；三、全市各级单位之发展，须为组织完备之独立单位，各就其个性与功能设计之。"①

规划提出按功能划分的原则划分上海市区："将市区范围适当地区分为工业、商业、港埠、住宅、农业、绿地等区"，同时，"此种区划之设计及逐步实施，应审慎考虑各地区之卫生、文化与公用等设施，以及建筑物之布置与美术型制等"。②各个区划的面积，分别占总面积的比例，住宅区为40%，包括道路、商店、学校及其他集体设施在内；工业区为20%；绿地区为32%，包括林荫大道、运动场所、各项社会福利设施和农业地带；主要干道及交通路线为8%。除按土地使用之性质将全市划分为各种区域外，该规划还设计了市区在纵向上的四级单位的社会治理体制，即以"邻里单位"为小单位；若干个小单位合而为"社团单位"即中级单位；若干个中级单位合而为"市镇单位"；由三个以上之"市镇单位"组成"市区单位"，人口约为50万至100万。再由各个"市区单位"合成大上海区域。"大上海区域为本计划内最大之单位，包括市区本部以及所有卫星市镇单位在内。""全部大上海区域面积之总和，为六千六百平方公里。"③

这个规划十分重视交通在上海都市发展中的地位与作用，将它置于优先发展的位置，对港口、铁道、公路及干路、河道和航空等方面的开发和建设，都提出了相应的建议和方案。规划认为"本市港口问题其最有效之解决方案，即为将港口设备分置于区域内适当地点，如乍浦、吴淞等地，至于渔业、燃料、食粮及冷藏品各专业码头，则可沿黄浦江及新运河一带，分别发展"。④规划提出吴淞和乍浦两处为发展港口之重点方向：吴淞附近水深河广，为内河港口之理想位置；乍浦为杭州湾海岸深水良港，是大上海区域中海洋船港的最佳地点。

铁道除沪杭、京沪两线外，计划新辟九条新路线，主要有吴淞—苏州—乍浦—杭州、吴淞—常熟—江阴—镇江、三林—柘林—南汇—奉贤、闵行—北站—青浦、乍浦—松江等各线。同时，建议修筑市镇铁路，其网络由内环外环两线及向各方之辐射线织成；内环线与中山路连接与并行；各辐射线之起点，始自北站附近，经吴淞、浏河、昆山、松江、乍浦，而返至上海，在南站附近与内环线连接，是为外环线。每一市镇单位或卫星市镇，均设货运站；在吴淞、乍浦设主要货运站；在南翔、

① 《大上海都市计划总图报告书》(初编)，第11页。

② 《大上海都市计划概要报告》，第2页。

③ 《大上海都市计划总图报告书》(初编)，第15页。

④ 《大上海都市计划总图报告书》(初编)，第22页。

松江设主要货运终点站；在昆山设总货车场；主要客运总站设于北站、吴淞、乍浦三地。

公路及干路系统计划，提出了区域公路、环路、干道三方面的方案。大上海区域内修筑一至六号区域公路：一号公路由吴淞经南翔、松江，而达乍浦；二号公路由乍浦经松江，而达昆山；三号公路由上海经昆山、苏州，而达南京；四号公路由上海经吴淞至常熟；五号公路由上海经青浦，而达太湖国立公园；六号公路由乍浦经松江、太仓，而达江阴。上海市区设环路，以原有中山路为基础加以拓宽，形成环绕全市之主要环形干道。此外，在上海市区与卫星市镇之间修建干道六条，其中经过闹市区之路段大多采用高架路线。

内河航道与航空港规划，计划从麦根路（今淮安路）至曹家渡开挖直线运河，拓宽苏州河及蕰藻浜，建筑黄浦江水下隧道。在原有条件之上，建设三个飞机场：龙华机场作为国内空运，兼作国际航空之用；大场机场拟建为国际航空中心之用；虹桥机场亦为国内航空港，由中央政府直接管辖。鉴于乍浦将建成上海最大的海洋港口，规划复提出："建议在乍浦附近设一大规模之空运站，为远洋空运之根据地，并与港口、铁路及公路总站加以联接。"①

《大上海都市计划》与《大上海计划》两者虽有历史联系，但前者提出的建设规模和目标远远宏大得多，其设计也比后者更为系统和周密，具有更高的理论形态和设计水平。从民国时期上海都市规划史来看，前者堪称一部完备的现代化都市发展规划，而后者则是其雏形。

四、上海都市发展规划的基本特征

抗日战争前的《大上海计划》和抗战胜利后的《大上海都市计划》，是上海在半殖民地半封建的条件下所产生的近代化的都市规划，不可避免地打上了半殖民地半封建的深刻烙印，但仍不失为在上海近代化过程中具有里程碑意义的发展规划。它所具有的许多特征，是很值得人们思考和研究的。

（一）《大上海计划》在承认上海租界地位的前提下，确认了在市区华界发展建设的原则。上海的公共租界和法租界是近代史上帝国主义列强对华不平等条约的产物，为上海都市的全面开拓和发展造成了严重的障碍。屈服于帝国主义的南京政府没有也不可能收回上海租界，这就为上海都市整体发展造成了最大的困难。国民政府乃决策上海的开发和建设撇开最繁华和最重要的租界地区，集中于在华界地区进行。这就不可避免地使这一计划具有两重性的基本特征。一方面，

---

① 《大上海都市计划总图报告书》（初编），第28页。

要在租界以外创造一个新的上海,在某几个方面取租界之地位而代之,甚至压倒租界,这虽然是很不现实很不经济的,但在当时的条件下,应当说是一条不得不选择的道路,其积极意义是无可否认的。另一方面,这个计划无法将租界地区囊括在内,未能把充分利用和合理发展上海现有精华地区与开发新市区两者结合起来,进行统一规划,以致它在事实上还只能说是一个关于上海发展的区域计划,而不能摆脱其局限性。只是到了抗日战争胜利以后,上海租界已由中国政府收回,《大上海都市计划》遂突破了这一历史局限。

(二)以开发市中心区域即新市区作为上海都市发展的基点,这是《大上海计划》的主要特点。把重点方向置于以江湾地区为中心的、吴淞与上海之间的中间地带,应当说是具有战略意义的适当选择。显然,从当时上海既成条件出发,要把它发展成为现代化的国际大都市,在确定发展战略上,必须兼顾三个基本要求。一是上海作为一个港埠,对外港口的开发直接关系到这个都市的海外贸易和商业、金融、工业、旅游业等各方面的发展和繁荣。二是必须把上海的铁道、公路、内河航道三者在一个适当的地带直接联接起来,使上海与全国的交通四通八达,而进一步确立和发展它的全国经济中心的地位和作用。三是要进一步开发上海,必须在现有的市区之外开辟一个新市区,能有足够的土地面积可供开发,以便兴办商业、工业、文教、市政等各项事业和设置新的居民区。因为上海已是一个拥有300万上下人口的都市,旧市区人口稠密,街道拥挤,工厂、商店、文教机关、居民点等交叉混杂,改造更新决非易事,新的扩展空间已极为狭小。开辟新市区,按照现代都市的要求,建设多功能的结构合理的新的都市区域,无疑是上海未来发展的重点目标。

由于南市与龙华并不合乎上述条件,浦东虽然亦为可供选择之地,但因"其地位与租界仅一江之隔","其地位性质,终不脱为租界之附庸,无法逃其支配,故以为未来之市中心,终有所未可"。①于是,《大上海计划》选定了吴淞与上海之间、以江湾为中心的地区。因为,这里地处黄浦江下游,"东邻黄浦,南近租界,水陆交通均极便利",从虬江口至吴淞的浦江沿岸又有建造深水码头的优越自然条件,而从北站延伸的铁道可直接与海港码头相衔接,并与长江、黄浦江、吴淞江、蕰藻浜等水道互相联运。"该处地势适中,四周有宝山城、胡家庄、大场、真如、闸北、租界及浦东等地环拱",而且"地势平坦、村落稀少,可收平地建设之功,而无改造旧市区之烦"。这里是一个中间地带,"淞、沪相隔仅十余公里,该处介于其间,将来向南北两方逐渐推展,联络两地而打成一片",有可能造成"枢纽全市之形势"②。显

①② 上海市市中心区域建设委员会:《建设上海市市中心区域计划书》,《上海市指南》,中华书局,1934年,第363—368页。

然，这个规划把江湾新市区作为发展重点，是很为适当的。正如美国研究上海史的专家罗兹·墨菲根据当时的条件所指出的："如果上海市继续向吴淞方向发展，那将是一种合乎逻辑的变革。"①

（三）把海上、陆地和内河交通的建设置于十分突出的重要地位，并把三方面加以衔接，是上海都市发展规划的一个显著特点。《大上海计划》本着"发展都市，交通为先"的精神，围绕市中心区域建设，设计了港口、码头、铁道、总站、内河航道和开凿运河等计划。未来的港口码头区应置于吴淞方向，浦东沿岸一带则可扩充商港，第一步先在市中心区城之东端的虬江口建造码头。铁道方面，市中心北移，同时亦须改造铁路布局。计划以真如为运输总站，由此筑支线，北经大场、胡家庄，沿蕰藻浜南岸，至吴淞一带，与海港码头相衔接。另有一条支线，从真如至大场向北，经蕰藻浜工业区，直达吴淞炮台湾。江湾车站为未来的上海客运总站，由此筑高架铁道，经彭浦而达真如，与上海货运总站相联。另从铁路南站起，将线路延伸至董家渡，在黄浦江建造铁桥，铁路渡越浦江东岸，向北而直达浦东高桥，从而由铁道使浦西、浦东联成一体。内河运输方面，计划重点疏浚吴淞江，以利两岸工业区的发展。同时，随着市中心北移，蕰藻浜将成为内河运输的枢纽，因而设想在适当地带开凿运河，把吴淞江与蕰藻浜联成一气。

此外，这个规划对市内交通的整治、改造和拓建，也制订有系统的计划。《大上海计划》确定全市干道共 20 余条，总长度约 500 公里，以市中心区为中心，分别组成东—西、南—北两大干道系统。并对沪南、闸北、沪西、浦东四个地区的道路系统，分别作了规划。《大上海都市规划》则提出了区域公路、内外环路和市区干道三大系统的计划，其中贯通市区的干道共有 6 条线路。

（四）新开发的市中心区实行分区制度，体现了现代都市的多功能作用，这是市中心区域建设计划的一大特色。该计划将市中心区域按功能划分成为三个分区。一是政治区，该计划指出："凡行政机关及重要公共建筑，宜设于城市之核心。"②故该区设置于市中心区域的中央部分，地当南北、东西两大干道交叉点周围一带，市政府与直属各局、市党部、市参议会、市图书馆、市博物馆、市美术馆等市级党政机关和一批重要的文化艺术机构，均将设置于此区内；而上述各个新的建筑物之间，又有园林点缀其间。二是商业区，该计划指出："市中心区城之北部，邻近商港，并通客运总车站，将来商业之繁荣，可以预卜，爰划一大部分为商业区。"③此外，市内沿干道带交通纷繁，就此建设商店，既利贸易，又可隔离其后之

① [美]罗兹·墨菲：《上海——现代中国的钥匙》，上海人民出版社，中译本，1986 年，第 49 页。

②③ 上海市市中心区域建设委员会：《建设上海市市中心区域计划书》，《上海市指南》，中华书局，1934 年，第 363—368 页。

住宅区，因此亦划为商业区。三是住宅区，市中心及其附近，除划为政治区、商业区的地域外，其余均划为住宅区。其中又分为甲乙两种，甲种住宅区建于园林、空地之近旁，务求幽静，为高等住宅区；乙种住宅区为建筑普通住宅之用，面积亦从大。

《大上海都市计划》对于上海全市，亦按分区制原则划为行政区、工业区、商港区、商业区和住宅区等五大区域。新市区的中央部分为行政区。吴淞江和蕰藻浜下游两岸，高昌庙沿浦江一带以及真如、大场附近地区为旧新两个工业区。吴淞镇以南、殷行镇以北沿黄浦江一带为商港区，而浦东岸线一带则为商港区的补充地域。除租界区域已形成的商业区以外，市中心区和南市旧县城城厢一带为商业区。江湾、大场之间，租界与南市西部，以及真如、梵皇渡、法华镇、漕河泾等地之周围均为住宅区。

五、 一个没有实现的都市规划

上海都市规划随着南京政府的覆亡而结束了它的生命，是一个基本上没有能够实现的都市规划。但是，作为中国近代史上绝无仅有的一部发展大都市规划，并不因为最终未能实现而丧失其固有的价值和意义；尤其是在上海都市发展史上，它的历史地位无疑地应当得到肯定。

上海都市发展规划是近代中国历史上一个最具完备形态的都市中远程发展规划，在国民政府时期只有南京的首都建设委员会制订的“首都建设计划”可与它相比，但南京主要是作为一个全国首都的格局来规划的；作为一个国际都市和全国经济中心的规格而作出规划，上海则是独一无二的。从上海城市发展而论，“大上海计划，是近代上海第一个比较大型的城市规划，在上海的城市发展和城市规划史上具有开创性。这个计划第一次对上海，其中主要是对华界地区的开发和建设作出了宏观的、规模巨大的设计，勾画了一幅目标美好的新上海的蓝图”。①

上海都市发展规划在中国都市规划的理论和实践上都积累有不少经验，特别是在城市结构和城市功能这两个问题上，给后人提供了有益的启示，其中有不少东西至今仍具有借鉴意义。

这一规划的起草和制订，采取行政领导与专家相结合，以专家为主的办法。在起草过程中，对上海地区的历史和现状进行了较为深入的调查研究，对上海的面积、地质、气候、物产、人口、住房、农业、工业、商业、水道、公路、铁道、海港、码

---

① 郑祖安：《1927—1930 年上海市政府的市政新措施》，《上海研究论丛》(第 3 辑)，上海社会科学出版社，1989 年，第 172 页。

头、市政设施、公用事业、文教卫生等各个领域的基本情况，有过较系统的调查和统计，掌握有相当丰富的材料，以作为制订都市计划的依据。在起草过程中，各方面的专家、学者、技术人员发挥了积极作用，规划设计人员、工程技术人员和各方面专家共同协作，而且借鉴了外国都市发展的经验，对伦敦、纽约、巴黎、东京等都市的发展状况，作过比较研究。《大上海计划》提出上海都市发展的方向，在黄浦江下游，以江湾地区为中心开辟新市区，市区按不同功能划分不同的地域，在吴淞至虬江口一带开辟新的海港，港口码头与铁道、内河航线互相衔接，市内交通道路系统化，黄浦江上建桥、江底开筑隧道，铁道车站和线路的重建和改道，注重市区的文化、卫生、公园设施等，都具有合理性，对于建设上海成为现代化大都市，不能不说是一个好的方案。

《大上海计划》在八一三事变前，曾部分地得到了实施，取得了一些令人瞩目的成就。上海新市区土地的规划，市中心区及其附近和浦东部分道路的建造，市政和公用事业的建设，市体育场、图书馆、博物馆、医院和卫生试验所的建成，虬江码头首期工程的完竣，新市区首批各种类型住宅的建成等，都是在这个计划的设计下进行的。当然，"大上海计划"的庞大的建设项目在基本上并未实现，其长程目标则是完全落空了。"大上海计划"中的一部分项目曾经得以实施，对推进上海都市建设的发展产生了积极的作用，上海华界建设确实有了一个新的发展。这一规划在战前之所以进展缓慢，以及后来陷于停顿，直接原因是财政上的困难和遭到日本侵华战争的破坏，并非因为规划本身的问题。

然而，"大上海计划"既有其可行性，也有其不可行性。就这个计划所列的许多具体项目而论，是具有可行性的。但这规划企图在上海租界存在的条件下，在当时中国广大乡村破衰的条件下，在华界开辟和建设一个现代化的新上海，与租界相竞争，甚至压倒和超过租界，这是不现实的。从根本上说，要把上海建设成为一个现代化的、多功能的、结构合理和布局有序的全国经济中心和国际大都市，首先必须彻底改变上海的半殖民地地位，同时，也必须有赖于全国广大乡村社会关系的彻底改变和社会经济的兴旺发展，以提供坚实的基础。

总之，研究上海都市规划史，既不应当对历史上的规划工程及其指导思想无批判地加以全盘肯定，也不能把它写成都市规划史上的一部破产史和失败史，而是必须进行历史的、科学的分析，揭示其成败得失的经验教训，以便立足当代、了解过去、面向未来，更好地为建设社会主义的现代化的新上海而贡献智慧和力量。

略论中国现代军事史的研究对象和方法*

一

在中国现代史上,①军事活动和军事斗争占有特别重要的地位。军事领域的这种活动和斗争,是整个现代中国社会发展中不可分割的组成部分,是受当时中国社会主要矛盾的发展所制约和决定的,但它又有其自身的特殊性。“科学研究的区分,就是根据科学对象所具有的特殊的矛盾性。因此,对于某一现象的领域所特有的某一种矛盾的研究,就构成某一门科学的对象。”②从理论上来说,中国现代军事史应当以现代中国军事领域具体的特殊的矛盾运动过程为基础,确立自己的研究对象。现代中国军事领域的矛盾及其发展,主要表现为五个方面:一是军队的发展,即现代史上各个阶级、各个政府、各个政治集团的武装力量的组成及其发展变化,军队的编成和素质,军队的体制,军队的训练和教育,等等;二是军事技术的发展,部队的武器装备,国家、地方、政治集团的军事设施以及作为军事技术发展基础的军事经济活动等;三是战争的发展,即现代史上战争的性质的发展变化,战争的形式和规模的发展变化,战争的战略战术的发展变化,等等;四是军事思想和军事学术的发展,主要是战争理论、战略战术思想、治军思想、军事学说等的发展;五是军事制度的发展,诸如兵役及征募制度、军政军令制度、军事领导和指挥体制、军衔制度、军种兵种制度、军事后勤制度,等等。这一切,虽然无不是在现代中国社会的经济、政治、文化和科学技术的基础上发展的,但是,却在现代中国整个社会的总体系中构成自己的特殊领域,毫无疑问地应当是军事史研究的对象。

---

* 本文是在1986年10月解放军军事科学院“中国近代军事史学术研讨会”发表的论文,原载《军事历史研究》1987年第2期。

① 从五四运动到中华人民共和国成立这段历史,从科学的意义上来说,应是中国近代史的后半段,这里称为中国现代史,是一种习惯的说法。

② 毛泽东:《矛盾论》,《毛泽东选集》(一卷本),人民出版社,1964年,第297页。

在现代中国的军事活动和军事斗争的各种因素中,它们各自所处的地位和相互之间的关系是怎样的呢? 从 30 多年历史发展的客观过程来看,战争是现代中国军事发展的中心,也是军事斗争和军事活动的最集中的表现。世界上几乎没有一个国家的战争像现代中国的那样森罗万象,波澜壮阔,连绵不断。正是在这漫长的不间断的战争过程中,现代中国的社会关系得到了高度集中和最为激烈的表现。从战争对整个社会的发展进程的作用来说,现代中国社会的主要矛盾,基本上是由战争这个政治斗争的最高形式来展开的,并通过其发展使矛盾获得解决。中国人民与帝国主义、封建主义和官僚资本主义的矛盾,就是通过人民革命战争而获得了解决。从战争对军事领域中其他因素的作用来说,它影响、制约和决定着其他军事因素,又是诸种军事因素的综合和合力。现代各种军事活动都紧紧地围绕着战争而发展,贯穿现代历史的一系列战争又反过来给各种军事活动以深刻的影响。军队建设、军事技术、军事制度以至军事思想,无例外地都在战争的过程中受到血的检验;其性质的先进与落后,其战斗力的强与弱,其真理性的是或非、大或小,其效能的高与低,都是通过战争来体现。它们的发展变化,自然也以战争的需要为转移。显然,战争的发展是中国现代军事史的一条基本线索。我们探索现代军事史,很有必要紧紧地抓住这一基本线索。

现代中国社会的主要矛盾和阶级关系的特点,使得以战争为主要线索的军事活动和军事斗争,呈现为一个统一体的两个方面,决定着现代军事活动沿着两条不同的对立的道路发展。这就是说,中国现代军事史基本上是由同一个历史过程的两个方面所组成的。一方面,是中国资产阶级革命派,特别是中国无产阶级及其先锋队中国共产党领导之下和在它的影响、合作之下的进步的革命的军事力量的发生、发展和壮大,革命的进步的军事力量运用其特有的军事思想和战略战术,进行长期的革命战争,最后取得了完全胜利。另一方面,是帝国主义及其支持下的中国地主买办阶级的军事力量的发展与演变,这个反动军事力量运用其特有的军事思想和战略战术,进行长期的反革命战争,以及多次的内部混战,最后被革命军事力量打败而归于覆灭。中国现代革命军事力量和革命战争的发展和胜利过程,同反动军事力量和反革命战争的演变、失败和覆灭的过程,就是中国现代军事史的同一历史过程的两个方面。在这过程中,基本上形成两类不同性质的战争、两种不同性质的军队、两种不同性质的军事思想和军事制度,构成两个不同发展的方向:一方面是向上的新兴军事因素的逐步发展,另一方面是向下的腐朽的军事因素的逐步消亡。虽然历史的这种发展是曲折地前进的,有时甚至是出现过反复和倒退,但这向上向下两方面的发展同时并存,却是中国现代军事史发展的基本趋势。因而,现代军事史可分解为两个方面的研究任务。具体地阐述中国资产阶级革命派,特别是共产党领导之下的中国革命军事力量和革命战争的发展过程，现代新兴的军事思想、军事制度的发展，是中国现代革命军事史的任务。而阐述这一时期帝国主义在华军事力量和侵华战争怎样由扩大、加强而终于被打败被消灭和被赶走，北洋军阀和国民党新军阀的军事力量和它们进行的战争怎样由发展、加强而逐步走向失败，以至最后覆灭，旧的军事思想和军事制度的演变和消亡，则是中华民国军事史研究的任务。中国现代军事史研究的任务，是要求把上述同一历史过程两个方面进行综合研究。而从横向上来说，又是要把以战争史为中心的包括军队史、军事制度史、军事技术史和军事思想史等诸个部门加以综合研究。这样才能揭示现代中国军事活动、军事斗争的发展过程及其规律。

现代中国的军事活动，以战争为中心，表现为各具特点的阶段性，大致上呈现出五个不同发展阶段。第一阶段，从一九一一年辛亥革命到一九二四年第一次国内革命战争开始。①这个阶段一方面是帝国主义扶植下的北洋军阀军事政治集团的兴起、发展及其内部各派之间的混战，特别是军阀部队对资产阶级军事力量的战争；另一方面是中国资产阶级军事力量的成长、发展，它进行了多次的革命战争。辛亥革命战争武装推翻了清朝，接着进行了第二次革命。中华革命党时期进行了武装的反袁运动和护国战争。后来的护法战争、海军南下、桂林北伐和筹建黄埔军校，都是孙中山的战争事业。在北洋军阀、西南军阀各派之间，则进行了直皖战争、直奉战争以及地方军阀间的多次混战。资产阶级军事力量的兴起，表明中国军事历史发展到了一个新时期。南京临时政府虽是短暂的，却把新的军事制度推上历史舞台。随着资产阶级领导的军事活动和军事斗争的发展，蔡松坡、蒋百里等人成为这一时期新的著名军事家。陆军采用了新的技术装备，空军开始出现，海军略有发展。

第二阶段，从一九二四年第一次国内革命战争开始到一九二七年北伐战争失败。这一时期，中国无产阶级及其政党与资产阶级和国民党合作之下进行了革命战争。国共两党合作组织了中国有史以来从未有过的新制度的军队，黄埔军校的建立和国民革命军的兴起是它的集中表现。中国无产阶级登上军事舞台和国际无产阶级介入中国军事，产生了革命军队新的政治精神与作战方法。在革命战争的打击下，北洋军阀的军事力量日益衰败而走向没落，但是，以蒋介石为首的国民党军事力量却开始兴起，这一派掌握了国民革命军的领导权，终于造成北伐革命战争失败。

第三阶段，从一九二七年南昌起义到一九三七年七七卢沟桥事变。这一阶段，中国共产党独立地领导了土地革命战争，创建和发展了新型的革命军队工农

① 从中国军事史所呈现的阶段性来看，现代军事史似以辛亥革命战争和中华民国成立为上限，比之以五四运动为起点较为适宜。

红军,开辟了具有中国特色的无产阶级领导的人民战争的道路,标志着中国革命战争进入了一个崭新的时代。蒋介石继孙中山之后,创造了国民党的全盛的军事时代。南京政府确立了半殖民地半封建条件下的完备的军事制度,创造了一个庞大的中央军,开设了新式的军事学校,更新了武器装备,部分地整编了新式陆军,组建空军和扩大海军。国共两党的"围剿"和反"围剿"战争贯穿这一阶段的始终,国民党新军阀的混战此起彼伏,多年不熄。随着战争和军事力量的发展,在全面引进德日等国资产阶级军事思想,并与本国封建军事思想相结合的过程中,确立了国民党的军事思想;中国共产党则创造了马列主义与中国革命战争实践相统一的毛泽东军事思想,标志着中国无产阶级的马克思主义军事科学的诞生。

第四阶段,从一九三七年抗日战争全面爆发到一九四五年的抗战胜利。中华民族进行了近代史上规模最大、时间最长并取得了胜利的反侵略战争。围绕抗日战争这条主线,形成了正面战场和敌后战场的分工和合作、中国战场与世界反法西斯战场的配合。国共两党的军事力量都有巨大的发展,并出现了中国军队史上许多前所未有的新事物。但在这时,地方军阀的军事力量却日趋分化和衰落。日军操纵下的傀儡军队的发展,其规模之大、形态之完备、过程之长久,都是近代史上绝无仅有的。这个阶段,军事理论的创造非常活跃,军事思想的成果非常丰硕,军事著作群星灿烂,可称之为现代军事思想史上的黄金时代。毛泽东军事思想的科学体系的形成,是这方面最伟大的成果。

第五阶段,从一九四五年抗战胜利到一九四九年解放战争基本结束。第三次国内革命战争的发展,把中国现代战争推进到新的更大规模和更高水平。人民解放军战胜国民党军队,是中国近代军事史上最伟大的事变。帝国主义支持下的地主买办资产阶级的军事力量从此在中国大陆上最终覆灭。中国人民革命军事力量空前壮大。在这一伟大事变的进程中,毛泽东军事思想的科学体系达到全面成熟的程度。

二

中国现代军事史的研究方向,从横向上来说,需要对各个不同发展阶段的军事活动和军事斗争进行综合研究,揭示出各个阶段军事历史的具体发展过程及其特点,创作出分阶段的军事史论著;从纵向上来说,需要对现代军事史的各个主要组成部分进行系统的研究,对诸如中国现代战争史、现代军制史、现代军事思想史、现代军事技术史等,都要分门别类地加以过细的研究,编写出中国现代军事史各部门的专题史、专门史。当然,横向和纵向的研究,都不应孤立起来,而必须互相联系。同样的道理,综合研究和分析研究两者也不可偏废,要在分析研究的基础上，注重进行综合的研究。在以往的现代军事史研究工作中，较为重视分析研究方面，但相比之下，把现代军事历史作为一个统一整体作综合的研究则显得不够。根据社会主义建设的总的任务、现代军事史学科发展的要求和目前的研究状况，我以为当前一个时期需要着重对现代战争史、现代军队发展史、现代军事思想史等部门进行探索和研究，同时着手加强探索综合性的现代军事史。

（一）现代战争史。现代中国的战争非常频繁，种类十分繁多，需要从总体和个别两个方面进行研究。一是反侵略的民族解放战争。例如抗日战争就是现代史上一次最为伟大和持久的民族解放战争，在军事上留下的经验教训是至深且巨的，需要特别加以总结和研究。二是反对反动阶级统治的国内革命战争，例如辛亥革命战争、反袁战争、北伐革命战争、土地革命战争、人民解放战争，等等。它的对立面，是北洋军阀政府、国民党政府等进行的反革命战争，例如北洋军阀的反对国民革命军的战争，南京国民政府的“围剿”战争和“戡乱”战争，等等。现代中国的国内革命战争和反侵略战争在战争史上光彩夺目，举世罕见。作战次数之多，战争时间之长，作战规模之大，战争形式之复杂多变，战斗之激烈，在中国和世界历史上都是罕见的。我们的战史的研究，应当无愧于宏伟壮丽的人民革命战争的光辉业绩。三是军阀集团之间的战争。北洋军阀各派之间的战争如直皖战争、第一次和第二次直奉战争、江浙战争等，西南军阀中各派之间的战争，国民党新军阀与北洋军阀之间的战争，国民党新军阀各派之间的战争如蒋桂战争、蒋唐战争、蒋冯战争、蒋冯阎战争等。现代中国的军阀之间的混战是一种特殊的社会历史现象，其规模大，次数多，历时长，成为半殖民地半封建中国军阀混战的最高形态，对中国社会各个方面形成极为巨大和深刻的影响。毫无疑问，这类战争应当成为中国现代战争史研究的一个重要内容。在战史的研究中，要全面地阐述战争的发生、发展和结局，各次重大战役的演变，战争双方的客观条件和主观指导及其相互关系，战争指导集团的政治、军事、外交活动，战争过程中军队的兴衰消长，国民经济、军事技术与战争的关系，军事思想和军事制度对战争的影响等。

（二）军队发展史。军队是阶级、国家、政党、政治集团进行武装斗争的主要工具。现代中国的军队数量十分庞大，一个国家在几十年内长期保持这么众多的军队这在世界上也是极为罕见的。各种军队的组成成分、兵士的来源、部队的组织与训练、武器装备和给养、战略战术，尤其是军队的政治领导，都呈现出纷繁复杂的状态。一是中国共产党领导的无产阶级革命军队，它在二十世纪上半叶中国的土地上诞生，从无到有，从小到大，从弱到强，成为中国人民进行新民主主义革命的武装力量。对人民军队史的研究应当是军史研究的首要任务。二是资产阶级革命派孙中山领导和影响下的军队，虽然为数不多，时间不长，但对其也要注意研究，因为这是剖析中国资产阶级革命派的军事事业的一个重要内容。三是蒋介石为首的国民党中央军。它是中国大地主大资产阶级的最强大最先进也是历时最久的武装力量,集中体现了半殖民地半封建中国的反动军队的特点。它曾经是国民党反动派赖以维护其反革命统治的主要支柱。对这支武装力量的兴旺和衰落的历史过程,对它的军事政策、战略战术、军事制度、训练教育、武器装备,以及与德、日、美等国军队的关系等问题的研究,是军队发展史研究中的极为重要的课题。四是地方军阀军队。从二十世纪二十年代前夜到四十年代末,与掌握北京中央政权的北洋军阀集团和后来掌握南京中央政权的国民党新军阀集团同时并存的,是在地方进行割据的大大小小军阀集团,它们都拥有自己的一派的军队。这些军队都是军阀的工具,例如以张作霖为首的奉军和以张学良为首的东北军、以冯玉祥为首的国民军和西北军、以李宗仁为首的桂军、以阎锡山为首的晋军、西北马氏军阀部队,以及川军、滇军、粤军、黔军等。研究现代中国的军队史,既要注意研究掌握中央政权的军阀军队,也不能忽视对这些地方军阀部队的研究,因为这两者之间是既有联系又有区别的。五是帝国主义直接操纵的傀儡军队。伪满洲国的"满洲国陆军",伪蒙疆自治政府的"蒙古军"、伪华北临时政府的"治安军"、伪华中维新政府的"绥靖军"、伪南京国民政府的"和平军",都是日本帝国主义扶植、操纵的傀儡政权的军队。这种傀儡军队在现代中国曾经发展得十分庞大,组织形态相当完备,还往往鼓吹一套反动的军事思想。对傀儡军队的研究,有助于我们深入了解帝国主义与封建主义在军事上相结合的复杂状况,是傀儡政权史研究中的一个重要内容,也是现代军队史研究不可缺少的课题。此外,还有少数民族的一些军队,如西藏的藏军、新疆的民族军等,为数虽少,但各具特色,也都值得研究。

(三)军事思想史。现代史上任何重大的军事活动,无不是在一定的军事思想指导之下进行的,而现代中国频繁的规模巨大的战争运动又使各种军事思想受到客观实践的检验。我们要研究各种军事思想的发展变化,比较其特点,揭示其在历史上的作用。不仅要研究各种军事理论、军事政策、战略战术和建军思想,还要研究各种军事思想的哲学基础,其世界观和方法论的根源,更要揭示军事思想自身发展变化的规律。阶级、政权、政治集团是战争活动的主体,它们的军事思想总是在战争实践中不断发展的。我们既要研究中国现代军事家如何继承前人的军事思想遗产,更要研究他们为人类军事思想宝库提供了哪些新的财富。早在一八五一年,恩格斯就曾经作过这样的预言:"无产阶级的解放在军事上同样也将有它自己的表现,并将创造出自己特殊的、新的作战方法。"①中国无产阶级在第一

---

① 恩格斯:《一八五二年神圣同盟对法战争的可能性与展望》,《马克思恩格斯全集》(第7卷),人民出版社,1959年,第562页。

次世界大战和十月革命以后，以自觉的姿态登上政治舞台。新的生产力和新的社会关系的发展，为新的军事理论的产生提供了前提。中国共产党人及其主要代表毛泽东同志，把马克思列宁主义理论与中国革命战争实践相结合，在领导人民革命战争的过程中，总结中国革命战争的实践经验，用毛泽东军事思想这个具有中国特色的马克思主义军事科学，在中国这个东方大国里，实现了恩格斯的预言。研究中国现代军事思想史，首先就是要继承和发展毛泽东军事思想，使这个世界军事思想史上的璀璨瑰宝永远发出灿烂的光辉。伟大的革命先行者孙中山在军事思想方面也留给了我们许多有益的东西。特别是在第一次国共合作时期，他把旧三民主义发展为新三民主义时，在军事思想方面也有了新的飞跃。他接受苏联和中国共产党的帮助，创办黄埔军校，建立黄埔党军，提出了关于建设革命军队的许多重要思想。对孙中山军事思想的研究是有重要意义的。资产阶级民主主义和爱国主义的军事家蔡锷、蒋百里、杨杰等人，吸收近代外国资产阶级的军事理论和军事学术，继承古代的军事思想和治军用兵的经验，从振军经武、保卫祖国的目标出发，阐述了自己的军事思想和关于国防问题的观点。我们也要本着吸收其精华，剔除其糟粕的精神，对他们的军事学说加以研究。至于蒋介石、何应钦、白崇禧、陈诚等国民党军事首领为代表的国民党军事思想，也是值得研究的。国民党军事思想形成的内在根据与外在条件，它在战略、兵法、军制、军训等方面的特殊内容，它赖以形成和发展的社会基础与思想渊源，它与中国封建军事思想和德、日军国主义思想的关系，它对维护国民党政府反动统治的作用等，都需要用科学的观点加以具体的分析，作出实事求是的结论。

三

中国现代军事史研究的任务，在于在马克思列宁主义、毛泽东思想的指导下，系统而周密地占有反映现代军事历史过程的资料，加以科学的分析，引出理论性的结论，阐明现代中国军事领域矛盾的具体发展过程及其各种表现形态，研究中国社会各阶级在军事上的相互关系及其消长变迁，揭示其发展、变化的规律。为了更好地实现这个任务，在研究工作中处理好如下几个问题，看来是十分必要的。

关于军事和政治。军事活动与社会政治、外交、思想、文化各方面都有着明显的相互制约、相互影响的关系。同军事与政治这两者不能分割一样，军事史与政治史也是不应该截然分开的。"'战争是政治的继续'，在这点上说，战争就是政治，战争本身就是政治性质的行动。"①现代史上这两者之间的关系则表现得更为

① 毛泽东：《论持久战》，《毛泽东选集》（一卷本），第468页。

明显，历次战争无不是从政治斗争发展、演变而来，是为达到一定的政治目的的。而在每次战争过程中，又都伴随着政党、派别相互间的斗争、思想文化战线的斗争，或外交上的斗争。所以，从总体上来说，我们研究现代军事史，不能离开政治发展史而孤立地去进行，一部中国现代军事史是不应该写成一部“单纯军事史”的，如同丁文江的《民国军事近纪》、文公直的《最近三十年中国军事史》那样。当然，现代军事史并不等同于现代政治史，这两者还是有着其不同的研究领域和对象的。一部军事史也不应写成一部政治史。中国现代军事史要如实地反映现代中国军事活动的发生、发展的历史过程，探索军事运动这一特殊社会现象的发展规律，但要把军事活动如实地放在政治斗争的全局中去考察。军事史无疑地要以军事活动为研究中心，围绕着研究军事活动的历史过程，结合研究政治斗争、党派斗争、外交斗争和意识形态领域的斗争。

关于军事和经济。战争是政治的继续，政治又是经济的集中表现。战争、军队、军事技术的存在和发展，归根到底是受经济制约和决定的。中国各派军阀之间的战争与半殖民地半封建经济之间有依存关系。中国革命战争的发生、发展，同中国的经济和政治发展不平衡紧密相联。如果中国资本主义没有发展到一定的水平，就不可能产生资产阶级革命派的军事活动，也无从产生以蒋介石为代表的大资产阶级的军事活动。如果中国不是以地方的农业经济（不是统一资本主义经济）占优势，就不可能产生、发展以农村包围城市为特征的人民革命战争。研究军事史是不能同经济史截然割裂开来的。军事技术和装备的发展更是以经济的发展为基础的。军事思想也是这样。“新的军事科学是新的社会关系的必然产物。”①现代史上各种军事学说，无不是在以一定的经济关系为基础的阶级和阶级关系的背景下发生和发展的。进行战争的两个基本要素是具有一定的政治和技术素养的人和武器装备，而这两者都离不开经济的基础。“暴力的胜利是以武器的生产为基础的，而武器的生产又是以整个生产为基础。”②我们研究军事史，应当把武器装备、掌握武器装备与作战方法的人，以及在此基础上所产生的军事制度、军事思想、战略战术等各个方面联系起来加以研究。

关于全局和局部。军事活动作为一个整体，是由许多局部所组成的。在各个组成部分的内部，它又分为几个不同的成分和因素。如果对组成全局的各个部分没有作深入、细致的研究，就难以对军事史进行整体上的分析研究。显然，在对战争发展史、军队发展史、军事制度史、军事技术装备史和军事思想史等各部分有了

① 恩格斯：《一八五二年神圣同盟对法战争的可能性与展望》，《马克思恩格斯全集》（第7卷），第562页。

② 恩格斯：《反杜林论》，《马克思恩格斯选集》（第3卷），人民出版社，1972年，第206页。

切实的研究的基础上，军事史研究才可能更好地从全局上去进行探索。但是，军事史并不等于各个部分的总和，更不是简单地把各部分加以堆砌。这里的关键在于探索清楚军事史各个组成部分之间的相互关系，揭示它们之间的相互依存、相互制约、相互影响，分清主要和次要，做到提纲挈领，融会贯通，作出有系统的分析。同时，对军事史各个部分的研究，也不能离开对其整体的认识，而是需要在总体上了解和观察之下，剖析各个组成部分。这样，就有可能比较客观地揭示军事史内部诸种因素的辩证关系。

关于正面与反面。现代中国各阶级、各党派的军事活动和军事斗争，从其历史作用来说，在其发展过程中往往构成正反两个方面，如正义战争与非正义战争、革命战争与反革命战争、革命军队与反动军队、无产阶级军事思想与封建买办阶级军事思想，等等。对军事史的研究，不应当把这两个方面割裂开来，把两方面当成互不相干的事物。因为军事历史的运动同世界上任何事物一样，是对立统一的运动；而且可以说，军事斗争的两个对立面的相互斗争、相互制约、相互依存关系，比其他社会阶级斗争，发展更为迅速、尖锐和明显。由此可见，把正反两方面联系起来考察现代军事史，是不可忽视的一个重要方法。虽然研究工作可有分工，研究革命军事和反革命军事的历史，各有所事，首先着重研究革命军队和革命战争也属必要，但不能忽视，更不能排斥对反动军队和反革命战争的研究，不应该以为这是历史的反面而不屑一顾。因为这样做的结果，我们将看不到历史上的正面与反面辨证发展的统一体其中的一面，那将是历史研究中的一种严重缺陷，而造成人们对历史认识的片面性和主观性。我们以往的军事史研究，是存在过此种缺陷的。其实，现代史上，帝国主义和国内反动阶级进行的非正义战争，是从反面给人们提供了历史经验；如果对反面的东西不问不闻，若明若暗，这样又何能真正做到鉴古知今，古为今用呢？因此，今后以足够的力量开拓这方面的研究工作，看来是十分必要的。

为了开创中国现代军事史研究工作的新局面，目前亟需加强这一工作的规划、组织，推动其实施，建议实行全面规划，分工合作，调动各方面的积极性，有计划有组织地去进行。第一，建议解放军军事科学院、中国社会科学院、国家教育委员会在中央的领导下，对中国军事史的科学研究工作作出一个全面规划，明确规定其工作方针、任务、计划，组织部队科学研究机构、地方科学研究讥构和高等院校三个方面的力量，通力合作，使这一工作有计划、有步骤、有组织地开展起来，改变目前存在的各自为战、零打碎敲的局面。第二，从全国的观点论证和确定中国现代军事史科学研究的重点课题，作为国家的重点任务，组织优势力量进行工作，以便创作出具有国家水平的优秀成果，大大地推进这个领域的学术水平和造就一批军事史学术骨干力量。第三，有计划地编纂和出版中国近代军事史资料。从历史档案、报刊杂志、军事论著、地方志史、军事人物回忆材料、口述记录等各方面，系统地征集、整理，按专题加以选编出版。对国外有关重要史料、论著，要组织力量加以翻译和出版。可组织各地区各单位进行协作，编辑、出版《中国近代军事史资料丛书》。第四，建议由中国社会科学院和军事科学院共同合作，成立中国近代军事史研究所，作为研究一八四〇至一九四九年中国军事史的专门科研机构，力求形成为这一研究工作的一个学术中心和史料中心。第五，在北京及其他有条件的城市举办军事历史研究的专业杂志，以发表研究文章，交流学术成果，开展百家争鸣，传递学科信息，推动研究工作的发展。第六，在军事科学院、国防大学及其他有条件的高等院校、社会科学院，设立中国近代军事史专业，招收学位研究生，培养较高一层的军事史研究人才。

中国政府与海外华人*
——政策和展望

在世界面临新旧国际秩序相互转换，两个世纪前后交替的情况下，在后冷战时期已经到来，中国正在改革开放的历史潮流中阔步迈进的时候，中华人民共和国政府比以往任何时候都更加重视中国与国外华侨和外籍华人①之间的关系，十分重视、不断发展和完善对华侨和华人的政策。这就使得考察和阐明这一政策的最新发展，以及它的历史渊源和今后走向，成为一个特别有意义的研究课题。

一、 回顾：新中国成立以来华侨华人政策的演变

中华民族是一个勤劳、勇敢、有志气、有智慧的伟大民族。中国人民向国外移居，历史悠久，源远流长，至今已有 2 000 多年。明代海禁开放，移居海外的逐渐增多。至鸦片战争前，总数达 100 万以上，主要分布在东南亚各国，成为历史上华侨大量出现和分布状况初步形成的时期。中英鸦片战争以后，古老的中华帝国被卷进了世界资本主义的滚滚大潮，又历经两次世界大战，中国人一批又一批地涌向海外，经过差不多一个世纪的历程，至一九四九年中华人民共和国成立时，侨居在国外的中国人的总数已达 1300 余万人，遍布世界五大洲。这是华侨在全世界的分布和生存发展奠定基础的时期。二十世纪五十年代以来，随着中外关系和世界各国相互关系的空前发展，华侨和华人的队伍迅速扩大，至今已增至 3 000 万人左右。其中多数是自然增殖的，也有不少是从台湾等地移居出去的，而在近十年来，大陆也有不少人移民海外，成为新的华侨。在这将近半个世纪中，不仅数量

---

* 本文系 1992 年 11 月在美国旧金山加州柏克莱大学“全球华人问题国际研讨会”上发表的论文。

① 国外华侨，简称华侨，是指定居在国外的保留中国国籍的中国公民。外籍华人，简称华人，是指已加入或取得居住国国籍，因而不再具有中国国籍的中国人。本文所称的海外华人，是泛指华侨和外籍华人。

增多，更重要的是自身的状况和在国外的地位发生了重大变化，形成了华侨和华人发展史上的新时期。

当今，华侨和华人遍布世界130多个国家和地区。他们当中90%以上居住在亚洲，主要是在东南亚国家。印尼有华侨、华人600万，马来西亚450万，泰国450万，新加坡200万，菲律宾100万，缅甸90万。越南在一九七八年时有华侨、华人160万，后来中越关系恶化，剩下约70万，这几年又趋上升。在日本、朝鲜、俄罗斯、蒙古及西亚、东亚诸国也分布有华侨和华人，如在印度就有14万人。近20多年来，华侨和华人向美国、加拿大、澳大利亚及其他一些西方发达国家移居的不断上升，其中以美国增长最快，到目前已达150万人上下，加拿大也有45万。拉丁美洲的华侨和华人约有40万，巴西最多，10万多人，秘鲁居次，约5万人。旅居欧洲的华侨和华人约有30万人，人数最多的为英国和法国，分别为15万和11万人，其次是德国，有6万多人，荷兰有5万多人。大洋洲各国有华侨和华人30万，其中澳大利亚在20万人以上，新西兰也有2万余人。在非洲的华侨、华人，总数约有10万，主要分布于非洲大陆东海岸外印度洋三个岛国之中。

华侨和华人是历史的产物，在长期的历史发展中形成了自身的性质和特点，在不同的时期又有其不同的表现。中国政府关于华侨和华人的政策，基于对华侨、华人基本状况的科学认识，建立在国家内外基本政策的基础之上，又受到国内外政治、经济、外交诸种因素的影响和制约。因此，它既具有稳定的基本方针，又呈现为发展变化的动态状况。当40多年前，新中国成立时，中国政府已初步地确立了对于华侨问题的基本原则和基本方针，一九五二年，中国政府制定了对海外华侨和国内侨务的方针和政策，这个政策在五十年代和六十年代上半期，得到全面的贯彻执行；它的基本点，至今依然保持着指导作用，成为中国政府华侨政策的蓝图。

作为制定华侨和华人政策的基本依据，中国政府是怎样认识和评估华侨和华人的基本状况的呢？根据中国政府历来的政策文件和实施情况，以下各项可谓确定政策的出发点：

——华侨富于爱国主义传统，爱祖国爱故乡的精神代代相传，爱国主义始终是其主流，周恩来总理多次说过："华侨的绝大多数是爱国的。"①

——华侨的大多数是劳动人民，有少量的资本家，其中绝大部分是中、小资本家。他们世世代代依靠自己的勤劳、勇敢和智慧，披荆斩棘，才得以在国外生存和发展起来。华侨作为群体历来是革命的进步的力量，是中国革命的伟大动力之一。

① 转引自《廖承志文集》(下卷)，人民出版社，1990年，第492页。

——华侨和华人在他们的居住国是推进社会发展的一支十分活跃的积极力量。广大侨胞在世界各居住国和当地人民一起，含辛茹苦，共同创业，对居住国的经济、文化、实业的发展作出过重大的贡献；在不少国家和地区，还为当地的民族独立和社会进步的事业，进行过不折不挠的斗争。

——华侨在近代中国的革命运动中，是一支十分积极的力量，尤其是在辛亥革命、北伐战争、抗日战争和人民解放战争等历次反对外来侵略和国内反动统治、争取民族独立和人民民主的斗争中，曾经作出过不可磨灭的贡献。

——华侨、华人和归侨是新中国建设事业一支可以依靠的重要力量，国外侨胞热切期望祖国繁荣昌盛，他们把支援祖国的各项建设事业，视为自己义不容辞的职责。归侨和侨眷直接投身国内各方面的建设，以自己的积极努力为祖国的繁荣富强而奋斗。

中国政府关于华侨和华人的政策，主要是建立在正确地、全面地认识上述各方面基本情况的基础之上的。这是华侨华人政策的基石，离开了这个基石，就会导致错误的政策和错误的实践。同时，中国政府一向认为，对华侨和华人的政策，还必须与中国的外交政策相一致。“坚持中央制定的外交路线，是国外侨务政策的基本原则”，①从这个意义上说，国外侨务政策是从属于中国对外关系的基本政策的。同样，不言而喻，国内侨务政策则是从属于中国国内的基本路线和基本政策的。当然，中国对华侨和华人的政策在其发展的过程中，也必然受到国际国内不断变动的形势和各种因素的影响，而在不同时期表现为不同的特点，但是它的基本原则是一以贯之的。

中国政府历来以科学的、郑重的态度，对待事关民族和国家大局的华侨华人问题。它的每一项政策，都表现了对历史负责、对民族负责的态度，而决非是出于某种私利和不良企图而采取的所谓“统战阴谋”“笼络手段”和“怀柔政策”，等等。那么，从历史上看，中国政府的华侨、华人政策的主要内容是什么呢？以下几项可以说是它的基本点。

（一）华侨和归侨在新中国国家中的地位，是组成人民民主政权的社会力量之一。这是确定华侨在国家中的地位的基本政策。新中国诞生时所颁布的具有临时宪法性质的《共同纲领》规定，人民共和国是人民民主统一战线的政权，“由中国共产党、各民主党派、各人民团体、各地区、人民解放军、各少数民族、国外华侨及其他爱国民主分子的代表们所组成的中国人民政治协商会议，就是人民民主统一战线的组织形式”。②这就以国家根本大法的形式，确定了华侨在新中国的地

① 转引自《廖承志文集》(下卷)，人民出版社，1990年，第549页。

② 《中国人民政治协商会议共同纲领》(1949年9月)，《新华月报》创刊号，1949年10月。

位——它是组成人民民主政权的社会力量之一。这是有关华侨的一项根本政策，正是根据这项根本政策，国外华侨代表参加了一九四九年中国人民政协第一届全体会议，参与筹建中央人民政府。以后，华侨都作为历届政协全国委员会的一个组成单位，参加政协工作。历届全国人民代表大会和地方各级人民代表大会，都有一定数量的华侨代表参加。在国家各级政府机关中，也有一部分归侨参加领导工作。他们参与了国家和地方大政方针的协商和制定，参与了政府的领导和管理工作。

（二）中国政府向全世界宣告保护华侨的政策。一九四九年颁布的中国人民政协《共同纲领》首次宣布："中华人民共和国中央人民政府应尽力保护国外华侨的正当权益。"①一九五四年制定的中华人民共和国第一部《宪法》规定："中华人民共和国保护国外华侨的正当的权利和利益。"②这一保护华侨的政策是一以贯之的，早在一九四五年中共中央就明确宣布"保护华侨利益，扶助回国的华侨"③。这一原则，后来就成为新中国华侨政策的一项基本内容，直到今天仍然未变。

（三）国内侨务工作实行"一视同仁，不得歧视，根据特点，适当照顾"的侨务政策。"一视同仁，不得歧视"，就是要在各方面尊重和信任归侨、侨眷，保证他们作为公民应享有的权利和应尽的义务，满腔热情地关心和帮助他们，禁止对他们的任何不公平待遇。"根据特点，适当照顾"，就是要根据归侨、侨眷的特点制定相应的政策。例如，由于华侨、归侨、侨眷同其亲属有正常的联系往来，需要出国或回国探亲访友，中国政府制定了相应的出入境政策。新中国成立后，许多国外华侨回国参加建设，不少华侨学生回国学习，中国制定了有关归侨安置政策和华侨学生学习升学的政策。国外华侨为赡养国内亲属，汇款回家，中国制定了"便利侨汇，服务侨胞"的保护侨汇的政策。为照顾国外侨胞在国内修建房屋，制定了方便华侨盖房的政策。此外，在中国的社会改革运动中，政府根据归侨和侨眷的特点，作了某些适当照顾的规定等。新中国成立以来"侨务工作实践证明，根据'一视同仁，不得歧视，根据特点，适当照顾'的原则，所制定的一系列国内侨务政策是正确的。这些政策的基本精神，不仅现在是适用的，而且在今后比较长的时期内，也是适用的"。④

（四）解决华侨双重国籍问题的政策。新中国成立后，中国政府根据对外关系基本政策与和平共处五项原则，依据华侨历史和现实情况，制定了解决华侨双重国籍的政策，它的基本点是：中国政府不承认中国公民具有双重国籍，但又不强

① 《中国人民政治协商会议共同纲领》(1949 年 9 月)，《新华月报》创刊号，1949 年 10 月。

② 《中华人民共和国宪法》(1954 年 9 月)，《新华月报》，1954 年 10 月号。

③ 毛泽东：《论联合政府》，《毛泽东选集》(一卷本)，人民出版社，1964 年，第 1065 页。

④ 《廖承志文集》(下卷)，人民出版社，1990 年，第 459 页。

迫华侨选择国籍；鼓励华侨在自愿的原则下，加入所在国国籍；凡已加入或取得外国国籍的中国公民，即自动丧失中国国籍，不再具有中国公民资格；父母双方或一方为中国公民并定居国外，而本人出生时即具有外国国籍的，也不具有中国国籍和华侨身份；华侨愿意保留中国国籍，中国政府表示欢迎，并有责任保护他们的正当权利和权益。中国政府要求保留中国国籍的华侨，遵守居住国的法律，不干涉居住国的内政，尊重当地的风俗习惯，和当地人民友好相处，为促进中国与居住国的友谊而努力。一九五五年四月，中国政府和印尼政府签定了“关于双重国籍问题的条约”，这是中国与东南亚国家关于解决华侨双重国籍问题而达成的第一个条约。从那时以来，世界上已有90%的华侨加入了住在国国籍，并逐步融入当地社会。事实说明，中国政府解决华侨国籍问题的政策，有利于促进中国与华侨众多的国家之间的友好关系，符合华侨的长远的切身的利益，也有助于中国与有关国家之间在五项原则基础上的和平共处。

（五）对于外籍华人的政策。在国外已加入居住国国籍的中国人，因不再保持中国国籍，而被称为外籍华人。中国政府一方面在政策上严格区别他们与华侨的不同国籍，但在另一方面，十分注意和重视他们与中国在血缘、地缘、文化传统方面的联系，以及依然长存的中华民族感情和亲情。中国政府希望外籍华人遵守本国政府的法律，同所在国的公民尽同样的义务，同时也享受平等的权利，积极地为当地经济、文化和社会的发展，各民族的友好团结，作出贡献。中国政府尽一切努力，增进外籍华人与中国的友好情谊与合作交流，并希望他们为发展所在国与中国的友好合作关系，发挥积极作用。

新中国成立以来，中国在华侨工作的政策和实践上有过失误。主要是在一九六六年至一九七六年的十年动乱中，在极“左”思潮的影响下，对华侨的状况作了错误的分析，歪曲了“海外关系”的性质，否定了新中国成立初期制定的一系列正确的侨务政策，实行了打击、排斥华侨和华人的极“左”措施。这严重地挫伤了归侨、侨眷和海外侨胞的爱国热情，一度造成中国与海外侨胞之间关系的停顿与中断，是新中国侨务政策和侨务工作史上的一大曲折。中国政府对于这个严重错误，采取郑重的、负责的态度，在一九七六年以后的几年中，尽一切努力作了纠正和补救，并且引以为戒。

二、转折：华侨华人政策的历史性转变

从二十世纪七十年代后半期以来，中国政府的华侨和华人政策发生了历史性的转变。一九七六年年底开始的在侨务政策上的拨乱反正，是这个转变的前奏。七十年代末是一个转折点：从那时起直到现在的十多年，是这一历史性转变终于

顺利完成和凯歌行进的时期。中国政府在政策上的这个转变，决非出于偶然，也不是一时的权宜之举，而是在国际国内以下诸种客观因素成熟之际，所采取的明智而正确的抉择。

首先，当前国际形势正在发生转折性变化，随着后冷战时期的到来，世界正在从对抗转向对话，从紧张转向缓和。和平稳定的国际环境和良好的国家关系，为华侨、华人工作创造了新的广阔空间和条件。中国坚持独立自主的和平外交政策，同各国的友好关系日益发展，尤其是与华侨、外籍华人聚居的东盟国家的双边关系有了新的突破。尽管国际形势依然错综复杂，世界上各种力量正在重新分化组合，新旧矛盾交织，一些国家对中国仍有疑虑，但总的看来，发展华侨、外籍华人工作的国际环境，已与过去大不相同。

其次，最近十多年来，中国发生了巨大而深刻的变化。全国进入了现代化建设的新时期，经济建设已成为全国工作的中心。改革开放日益深化和扩大，中国与外国之间的经济、科技、文化合作与交流，非常活跃，发展之速为前所未有。台湾海峡两岸出现了缓和、交流的趋势；香港、澳门问题正在按照“一国两制”方针在顺利地解决之中。中国安定团结的政治局面，稳定发展的经济形势，独立自主、和平友好的对外形象，为发展海外华侨、华人工作提供了基础和前提。

第三，最近十多年来，国内广大归侨、侨眷的状况也发生了很大变化。由于拨乱反正，落实各项侨务政策，他们心灵上的创伤得到愈合，社会地位有了明显提高，精神面貌发生了显著的变化，在各个领域中日益发挥重要作用。这一切对海外华人产生了积极而深远的影响。

第四，海外华侨、外籍华人的状况发生了新的变化，出现了新的特点。二十世纪六十年代以来，传统的海外华侨社会逐渐发生巨大变化，华侨和外籍华人中出现了一系列新情况。绝大多数华侨已加入了住在国国籍，并逐步融入当地社会，华侨、华人的经济力量有了很大发展。华侨社会已经渐渐演变为经济、政治力量更显强大的华人社会。在当地生长的华裔，多数已认同所在国。华侨、外籍华人的第二、第三代和部分新移民，能较好地融入当地社会。在他们当中涌现了一大批专家、学者、企业家和其他社会名流，其中一些著名者已成为社会、政治、经济、文化、科技等方面的杰出人物。近期以来，从大陆、台湾、香港、澳门以及从印度支那地区移居其他国家的华人新移民大量增长，呈现日益上升的趋势，他们将逐渐成为海外华侨的主体，华人参政呈现日益发展的趋势。华侨、华人社团情况，形成新的特点，旨在从事服务、权益、专业、商业、文化活动而结成的社团，越来越多；一部分宗亲、同乡社团也重视开展这方面的活动。这些社团在维护华侨、华人权益，促进华人的社会和政治地位，发扬民族文化传统方面，发挥着越来越大的作用。此外，华侨、华人及其社团中，倾向中共和倾向国民党的两种势力，正在由过去的对立逐渐走向缓和，相互沟通、合作的趋势日益上升，要求祖国和平统一的呼声日益高涨。

第五，海外华侨、华人住在国对华人移民的政策也发生了变化，总的趋势是排外倾向明显减弱，接受华人移民有所放宽。以美国为例，从十九世纪中叶至目前的一百几十年来，它的华人移民政策，就历经了四次转变：一八八二年以前为自由时期，华人可以自由进出；一八八二至一九四三年为禁止时期，不准华人移民；一九四三至一九六五年为限制时期，每年只象征性准许 104 名华人移民定居；一九六五年以来，进入平等时期，中国人享受平等待遇，和其他国家一样，每年有由美国移民当局核准的相当数量的华人可以移民美国。一九七九年中美建交后，美国对大陆和港台华人移民配额有了放宽，在美华人之人数有所增加。加拿大、澳大利亚、新西兰等国，过去长期排斥华人，但六七十年代以来，也有同美国相似的变化。东南亚国家情形虽有所不同，但像五六十年代那样的排华浪潮也不复出现了。这一切表明，不少国家的华人移民政策有了变化，这就为华人入境入籍造成一种新的形势。

中国政府华侨华人政策的新变化，正是建立在上述国内外诸因素之上的。那么，我们应当怎样评估新中国成立以来华侨华人政策发展史上这个最重大转变的性质和意义呢？如果把这个变化置于人民共和国 40 多年的发展史上，置于当今世界局势的巨大变动中进行考察，至少有以下几点是值得注意的：

——从以往为反对帝国主义、反对殖民主义的斗争服务，转变为当今的为和平外交政策服务。新中国成立前，中国共产党在华侨中的工作，主要是争取他们支持中国革命斗争，同时鼓励他们与当地人民一起，进行反对帝国主义和殖民主义的统治、争取当地民族解放和国家独立的斗争。新中国成立以后，中国政府的国外华侨政策，严格划清华侨工作与当地革命的界线，教育华侨遵守侨居国的法律，与当地人民友好相处，为当地的经济和文化建设作出贡献。然而，从国际斗争的全局而论，在当时的国际环境之下，中国的侨务政策显然地是为反帝反殖斗争服务的。随着世界局势的巨大变化，和平与发展已成为当今世界两大主题，中国政府为了为国家的现代化建设创造良好的外部环境，也为了维护世界和平与稳定，在对外关系上，当前坚持奉行独立自主的和平外交效策。近十年来，中国政府对海外华侨和华人的政策，已转变到为和平外交政策服务的轨道，

——从过去的“以阶级斗争为纲”，转变为当今的以经济建设为中心。在七十年代下半期以前，中国政府的华侨政策，在国内主要着眼于阶级斗争，为社会主义革命和社会主义改造服务，以阶级斗争作为整个国内外侨务工作的总纲。从七十年代末中共十一届三中全会以来，中共中央和中国政府确认：中国进入了以实现

四个现代化为中心的新的历史时期，国家的根本任务是发展生产力。因而，当前华侨政策和侨务工作的中心不再是为阶级斗争服务，而是要集中力量，广泛而持久地团结国内外华侨和海外华人，为中国的经济和社会发展而努力，致力于发展社会生产力、增强综合国力、提高人民的生活水平。一九七八年十二月召开的全国侨务会议，最早提出了“落实侨务政策，为建设现代化的社会主义强国而奋斗”的方针。一九七九年一月，邓小平提出，搞经济建设要运用华侨、华裔、外籍华人的资金、技术和管理经验的主张。①这就标志着华侨政策的历史性转变从那时起已经开始了。

——从以往比较封闭的背景转变到改革开放的新的历史背景。中国曾经被视为“非开放”的国家；但闭关锁国是违反中国人民的意愿的。过去很长一个时期，中国被迫在几乎与外部世界隔绝的条件下从事建设，国家对华侨和华人的关系，同样是在这一背景之下艰难地若即若离地发展的。经过差不多30年的历程，七十年代末、八十年代初以来，中国政府确定了对外开放的基本国策，实行对外开放的正确性和必要性已为广大干部和人民所普遍认识，成为指导中国四化建设的一项不可动摇的政策。这就决定了在新时期中国政府在海外华人问题上的指导思想，不是“收”，而是进一步“放”。全面开放中国与华侨、华人之间交流合作的新时代已经到来了，而且今后必将越来越向深度和广度发展。

——从以往为解放台湾的斗争服务，为当时的中国对香港、澳门问题的政策服务，转变到当今为实现“一国两制”的方针服务。由于国际上出现了以对话代替对抗的历史潮流，由于中国的日益强大及其国际地位的提高，由于中美两国正式建交和中美关系的正常化，又鉴于台湾的历史和现实情况，中国政府从一九七九年以来提出了“和平统一、一国两制”的战略构想和方针政策，作为解决台湾问题的根本指针。同样，恢复中国对香港、澳门行使主权，解决港澳问题，也是按照“一国两制”的方针推进。这是实现祖国和平统一大业的重大决策。它的提出，使新时期华侨政策和海外华人政策发生重大转变，提出了崭新的任务：动员和团结海外华侨和外籍华人，为在“和平统一、一国两制”方针之下，实现祖国统一大业而共同努力。

无论从哪一个方面来看，华侨和华人政策的上述转变，其意义都是重大而深远的。它标志着华侨华人政策业已实现了战略性的转变。中国政府与海外华侨和华人之间的关系，进入了一个新的历史时期。

---

① 邓小平：《搞建设要利用外资和发挥原工商业者的作用》(1979年1月17日)，中共中央统战部、中共中央文献研究室编：《新时期统一战线文献选编》，中共中央党校出版社，1985年，第16—19页。

三、 政策：中国政府当今的华侨华人政策

在新时期，中国政府特别重视与海外华侨和外籍华人的关系，重视做好侨务工作。这是因为，除华侨、华人工作具有其一贯的固有的重要意义和作用外，在当今新的历史条件下，它更具有新的特殊意义。“统一祖国、振兴中华”，是中国在新时期的宏伟目标，在这一伟大事业中，华侨和华人可以发挥独特的无可替代的作用。

——华侨和华人是发展中国与各国在各个领域合作和交流的重要桥梁。当今世界，以经济、科技为中心的综合国力的竞争日趋激烈，各国之间的经济、科技合作与交流日益加强。在此国际环境下，中国要加速现代化建设，缩小同发达国家之间的差距，就必须坚定不移地实行对外开放，大力发展对外经济、科技、文化等各个方面的合作与交流，广泛吸收和借鉴人类社会创造的一切文明成果，吸收和借鉴当今世界各国包括西方发达国家的先进技术、经营方式和管理方法。对华侨和华人的工作与中国实行对外开放的基本国策，是紧密相联的。华侨、华人既熟悉祖国，又了解世界各国各方面的情形，具有以自身的事业已融入所在国乃至国际生活的有利条件，在中外交流中可以发挥别的力量不可代替的桥梁作用。早在一九七七年十月，邓小平就指出：“我们现在不是海外关系太多，而是太少。海外关系是个好东西，可以打开各方面的关系。”①这就指明了华侨、华人在实行对外开放政策中所具有的重要作用。

——华侨和华人是可以积极作用于中国经济建设的一个重要力量。华侨、外籍华人具有人才荟萃、与世界众多国家和国际社会联系广泛的优势。他们拥有雄厚的经济实力，据不完全统计，他们拥有的资金约为 2 000 亿美元。在他们当中有一大批掌握现代科学技术、管理知识的专门人才，不少是出类拔萃的科学家。他们还拥有遍布世界的文化网络、科技网络和商业网络。中国经济建设十分需要从这里获得资金、人才、技术和信息，而华侨、华人由于与中国有着亲戚情谊和共同的文化传统，更有可能积极支援祖国的建设。事实上，十多年来对外开放的情况表明，华侨、外籍华人、港澳同胞，是从境外来大陆投资的先行者，成为以资金、技术、智力支持中国内地经济建设的最积极的一部分。

——华侨和外籍华人工作是中国开展民间外交的重要组成部分。为了争取国家建设的国际和平环境，维护世界和平与稳定，中国奉行独立自主的和平外交政策，发展同各国政府和人民的友好关系。华侨和华人与所在国各界各方面人士

① 转引自廖晖：《在国务院侨务工作会议上的报告》(1989 年 5 月 5 日)。

乃至政府官员和高层人士有着广泛的联系，是促进中外和平友好关系的重要力量。他们在推进中国与一些国家建立外交关系，缔结友好城市，建立民间团体之间的联系，开展文化、体育、旅游活动，以及沟通各国间信息渠道等方面，都可以发挥重要作用。

——华侨和华人工作是推进祖国统一大业的一条重要通道。华侨、华人之中不少人既与大陆方面密切交往，又与台湾同胞和台湾当局有着密切往来，他们在沟通海峡两岸的联系、促进双方直接“三通”和双向交流等方面，无疑可以起到积极作用。他们当中有的人士甚至可以为国共两党的对话和谈判，穿针引线，牵线搭桥，担当民间使者的角色。在推进祖国和平统一的进程中，华侨和华人的作用是不可低估的。

综上所述，中国政府充分注意到，在新的历史时期，正确实行对华侨、华人的政策，做好这一工作，可以促进国家现代化建设，大大地有助于实现祖国和平统一、发展同各国人民的友好关系。那么，当今这一工作的政策又是什么，有何特点呢？除本文在上面已经叙述的新中国成立以来这方面的基本政策以外，在现阶段，这个政策的主要特征是：

（一）在新时期，中国政府规定对国外华侨、外籍华人工作的基本任务是：保护华侨的正当和合法的权益，广泛团结各界华侨，增进同外籍华人的友好情谊，为振兴中华、统一祖国、发展同各国人民的团结友好与合作交流而奋斗。这个基本任务实际上包括两个方面：一是维护华侨的合法权益，关心和支持华侨、外籍华人在当地的生存发展；二是联系和团结华侨、外籍华人，发扬他们的爱国爱乡热情，积极促进以国内经济建设为中心的建设事业和祖国统一大业的实现。这两个方面是相互依存、不可偏废的；前者又是基本的，后者以前者为条件。

（二）关于国外华侨的基本政策，坚持以往行之有效的正确政策，并根据新的情况使之更加完善，主要有五个方面的内容：(1)保护华侨的正当权益，也要求侨居国保障华侨的合法权益；(2)中国不承认双重国籍，鼓励华侨按自愿原则加入侨居国国籍；(3)教育华侨尊重侨居国，遵守侨居国法律，与当地人民友好相处，长期共存；(4)发扬侨胞的爱国主义精神，提倡爱国一家，促进侨胞团结互助，为自身发展共同努力；(5)希望华侨为祖国与侨居国之间合作交流的发展，发挥积极作用。

（三）关于外籍华人的基本政策。中国政府认为，外籍华人已不是中国公民，他们与华侨具有不同国籍，但他们仍是中国人民的亲戚，亲情友谊将是长存的。中国制定这方面政策的着眼点，主要在于：有利于外籍华人融合于当地社会，有利于他们作为当地的少数民族争取民族平等的权利，有利于最大限度地消除所在国可能存在的疑虑，有利于加强所在国与中国之间的友好关系。据此，中国政府对于外籍华人的政策，提出了以下三项要点：(1)坚定不移地实行不搞双重国籍的原则，严格区别外籍华人与华侨的不同国籍，并且尊重他们作为所在国公民的权利和义务。(2)增进外籍华人与中国之间的友好情谊，以友好、合作、交流为相互关系的准则。他们由于不同程度地保留着中国文化传统和中华民族感情，对中国怀有亲戚情谊，中国政府和人民对他们要以亲情相待，更加热情。(3)鼓励外籍华人为所在国的发展以及所在国与中国的友好合作发挥积极作用。中国政府关心和支持外籍华人在当地长期生存发展、团结互助，根据有关国际条约和国际惯例，对他们为争取民族平等权利的努力，给予必要和可能的道义支持。同时，希望外籍华人成为中国与各国发展各个领域的合作、交流的重要桥梁。总之，中国政府在国外的侨务工作中，十分强调要注意华侨与外籍华人既有区别又有联系这个特点，在继续做好华侨工作的同时，越来越重视做好外籍华人的工作。

(四) 侨务工作的各项具体政策。十多年来，为了使华侨问题能通过立法得到解决，也为了从法律上保证华侨政策的连续性和稳定性，国务院、全国人大常委会制定出一系列便利于华侨、归侨、侨眷的经济联系、探亲往来，便利于侨胞回国投资、兴办企业事业、置地盖房、中外合作、子女回国学习、亲属出国定居等各方面的具体政策、法规、条例、规定，并简化审批手续。从而使华侨华人政策更加法制化、系统化、具体化，更具有可操作性。

四、 前景：华侨华人政策的发展趋向

新中国成立以来40多年，中国政府的海外华侨和外籍华人政策，经历了一个起伏发展、曲折而胜利前进的过程，其中有过严重失误，但是，总的趋势是随着时代的前进而前进，朝着日益完善、更加开放和注重务实的方向发展的。在世界进入后冷战时期的今天，和平与发展已成为我们这个时代的两大主题。当今世界，原来的国际秩序已经宣告结束，新的国际秩序尚未形成，新旧矛盾交织，各种力量正在重新分化和组合，在这一历史背景下的中国的华侨华人政策，也正处在历史性的深刻变化的过程中。七十年代末、八十年代初以来的重大的政策转变，就是这个大变动的具有决定意义的开端，它表明：新的政策已迈开了历史性的步伐，并且正在坚定不移地向前迈进。

若问新政策的发展前景如何，不妨首先让我们剖析一下中国政府据以制定这一政策的客观因素和主观因素，因为正是这些主观、客观因素决定了华侨华人政策的走向。综观40多年来这一政策的发展历程，人们可以清晰地看到，中国政府制定这个政策依据的客观因素，包含以下五个要素：(1)国际形势和世界战略格局的状况，(2)中国国内的政治、经济等基本状况和基本政策，(3)台湾海峡两岸之间的关系，(4)华侨、外籍华人的基本状况，(5)中国与华侨、外籍华人所在国之间的

关系。主观方面的条件，是中共和中国政府决策者的观念、认识和政策取向。无论从客观还是从主观方面来说，最近十多年来华侨华人政策的变化，不但决不可能逆转，而且必将朝着这个既定方向不断向前发展。因为众所周知，冷战时代已经一去不复返了，世界已进入和平发展的时期；中国进入了以经济建设为中心的历史时期；台海两岸的关系正朝着有利于和平统一的方向发展；中国与各国的关系在和平共处五项原则的基础上日益发展。华侨华人政策的调整与变化，是与上述国际、国内的情况相适应的，只要国内外这些基本情况不发生变化，这个政策的走向就不可能逆转。至于从决策层面来看，中国政府在华侨政策上曾经有过失误，但它能够继承和发扬以往的好的经验，总结犯错误的经验，吸取教训，纠正错误，得出正确的方针政策。江泽民一九八九年十二月在全国归侨大会上说过："我们必须继续实行过去十年中那些行之有效的路线、方针、政策。这里包括了对外开放的基本国策不变，侨务工作的各项方针、政策也不变。"①这是以明确的语言，回答了国内外一些朋友中对中国华侨华人政策能否持久、稳定地坚持下去的疑问。

因此，我们可以对九十年代以至更长时期内华侨华人政策的发展前景，作一鸟瞰式的瞭望：

中国政府今后将更加重视全面实施华侨华人政策，更加重视做好海外侨胞和华人的工作。中国高层领导不久前再次强调："分布在世界各地的 3 000 万华侨、华人是一支相当重要的力量，全党都要重视侨务工作，各级干部特别是党的高级干部，要十分重视这方面的工作。思想要解放，工作要积极。"要求高度重视华侨华人在改革开放、"四化"建设、祖国统一大业中的作用，高度重视贯彻执行新时期的华侨华人政策，高度重视做好侨务工作，可以预见，华侨和华人问题在中国政府政策体系中的重要地位，将是确定无疑的。

中国政府对海外华侨华人的关系将会更加开放、更加务实。在继续坚持实行新时期已经确定的一系列方针政策的过程中，为适应对外开放的新形势，将进一步强调"开阔眼界，走向世界，广交朋友，联络友谊"的精神。今后，中国政府将会以更富有主动性、开放性和广泛性的精神，来推展自己的华侨华人政策，积极地在海外开拓华人工作的新领域，发展最广泛的爱国统一战线和国际统一战线。

中国政府在今后相当长的时期中，处理海外华侨华人政策问题和实际问题的总目标，主要是三项：振兴中华、统一祖国、维护世界和平与稳定。振兴中华为其中最基本之点，海外华侨华人工作要为中国经济和社会发展服务。因此，今后的

---

① 江泽民：《在第四次全国归国华侨代表大会上的致词》(1989 年 12 月 18 日)，《新华半月刊》1990 年第 1 期。

海外侨务工作将会进一步转变到为经济建设服务的轨道上来。但这并不意味着将会忽视文化、科学、教育、艺术、新闻、学术、体育等领域的工作，在这些方面，中国政府与华侨、华人之间的联系也必将日益活跃和密切起来。

中国政府今后在华侨、华人政策问题上将更为注重在战略上考虑问题、处理问题，更具前瞻性和长远眼光，不急功近利。强调华侨、华人工作要服从于和服务于国家的对外政策，符合和平共处五项原则，特别是要着眼于有利华侨、华人在当地长期生存和发展，作为住在国的华裔少数民族，争取自己在政治、经济、法律、人权等方面的权利和地位。在这个前提下，充分调动海外华侨、华人的爱国爱乡积极性，为祖国经济建设等中心任务服务。

无限美好的前景已展现在我们面前，让我们海内外中华儿女更紧密地携起手来，为祖国的稳定发展、繁荣昌盛和统一大业的早日实现，为世界的和平与稳定，作出我们应有的贡献！

后冷战时期亚太地区战略格局的重组及其前景*

亚洲和太平洋地区是世界的一个极其重要的地区，在世界的军事政治格局中占有举足轻重的地位。在冷战结束后，亚太地区在世界政治经济全局中的地位日益提升，已成为不争之事实；而亚太地区的战略格局也正处在调整和重组的历史进程之中。本文试图从宏观历史的层面，对进入后冷战时期的亚太战略格局的调整和重组及其发展趋势，尤其是对中、美、日三国在亚太的关系，进行考察和剖析。

一、 二战以后亚太战略格局的演变

亚太地区作为国际性的一个战略区域，出现于第二次世界大战期间。世界反法西斯战争始于亚太地区，最终结束也在亚太战场。战后的冷战时期，美、苏两大阵营对抗的战略重点是在欧洲，但亚太地区也是极具战略意义的重要区域。

世界反法西斯战争后期召开的开罗会议、德黑兰会议、雅尔塔会议和波茨坦会议，讨论并确定了包括亚太地区在内的战后世界政治、军事的基本格局。这是凡尔赛—华盛顿体制瓦解以后，经过新的世界战争而确立的亚太地区的世界新秩序，即所谓雅尔塔体制。由于国家利益的冲突、社会制度和意识形态之间的矛盾，战后美、苏两国形成尖锐的对抗。美国对苏联和后来形成的社会主义阵营实行军事、政治和经济上的全面的遏制（又称“围堵”）政策，苏联则实行一方面反击遏制、另一方面扩张势力范围的政策。于是，形成了长达 40 多年之久的东、西方冷战局面。

在美苏“两极”对立的冷战体制之下，亚太地区处于战略的中间地带。美国推行全球战略，围堵苏联，其矛头实际上首先是针对美、苏之间的广大中间地带，也就是欧洲、亚洲和拉丁美洲的资本主义国家、半殖民地和殖民地国家。亚太地区

---

* 本文原载《韩国研究论丛》（第四辑），1998 年 2 月。

是世界中间地带中的一个要害部位，同东欧、中东一样，是美国着力争夺的地方。美国利用战后的占领制度，建立了在日本的统治权，并使它成为在亚太地区用兵作战的工具和基地；美国在东北亚、东南亚和太平洋霸占军事基地，控制海空通道，夺取商品市场和原料产地，力图长期维护其在东方的主导地位。苏联则挟其强大的军事力量，在西面力图巩固在东欧的统治势力，在东面则保持其在远东地区和太平洋的军事实力，并且积极影响朝鲜半岛和中国的局势。

战后亚太地区战略格局的演变，大体上经历了三个阶段。从一九四五年二次大战结束至一九七一年中美两国开始接近，为冷战时期的前期。这一时期，经过各方面力量的反复较量，亚太地区的战后战略格局终于形成。这是美国在亚太地区霸权势力发展的全盛时期，也是亚太地区社会主义国家、人民民主国家相继兴起，以及反帝民族解放运动的力量空前高涨的时期。在这一阶段里，美苏两大阵营形成“两极”对立。亚洲许多国家反帝民族民主运动蓬勃发展。中国新民主主义革命的胜利打破了帝国主义在东方的锁链，改变了亚太地区的力量对比。美国把中国革命的胜利和朝鲜、印度支那民族解放斗争的节节前进，都笼统看成苏联势力在东方的扩张和对它的战略利益的严重威胁。美国对亚太地区的战略方针，主要表现在采取“围堵”政策，用来防范和打击共产主义势力在亚太地区的发展。其侧重点在于军事和政治的力量对比，经济利害则是处于次要位置。从支持和参加历时两年半多的朝鲜战争，支持台湾当局的“反共复国”，到援助菲律宾、马来西亚、印度尼西亚等国家的反共势力，以及直接派兵参加越南战争等，都是美国围堵共产主义势力发展的重大行动。

在美苏冷战的两极格局之下，美国围堵苏联，也围堵中国。为了围堵中国，美国沿太平洋的西岸构建了岛链防线，由白令海峡经对马海峡、台湾海峡，至马六甲海峡进入印度洋。这就是从日本、韩国、中国台湾，到东南亚一道围堵所谓“铁幕”的防线之由来。美国一方面积极推动亚太区域安全体系的建立，另一方面与太平洋西岸国家（政权）签订双边或多边的“防御”条约，如美日安全保障条约、美“台”共同防御条约、美韩共同防卫条约、美菲共同防卫条约、美新澳共同防御条约和美泰防卫条约等。将美国的战略防线从太平洋的东岸延伸到西岸，使太平洋沦为“美国的内海”。同时，美国向亚太结盟国家与地区提供军事与经济援助，竭力稳定当地的统治秩序。

从一九七二年中美两国关系开始正常化进程至一九九一年冷战结束，为冷战时期的后期。这一阶段亚太战略格局的基本特征，是美、中、苏三国形成战略“三角”关系，取代了原先的“两极”对立格局。一方面，美国在亚太地区的势力呈现式微。另一方面，苏联向亚太地区扩张霸权的势头日益上升，中国与苏联的冲突加剧。早在一九五三年，朝鲜战争在美国并未取得胜利的情况下宣告结束，已预示着美国在亚太地区的地位和势力将从巅峰走向下坡。一九七五年越南战争结束，美国以失败的结局退出了越南，挫折了美国在亚太战略格局中的优越地位。进入六十年代以后，中苏两国从意识形态的分歧和斗争发展到国家之间的冲突。中国针对美苏两个超级大国争夺世界霸权的斗争，利用美、苏两霸之间的矛盾，集中主要力量对付当时对自己威胁最大、最具危险性的苏联霸权主义。美国为了有利于孤立和围堵苏联，转而采取"联中制苏"的战略。到了七十年代初，中美两国终于开始了实现双方关系正常化的历史进程。同时，美国长期推行对社会主义国家的围堵政策，也并未奏效，尼克松提出"以谈判代替对抗"的诉求，更注重于从政治和意识形态的途径对共产党领导的国家进行渗透。于是美、中、苏"三角"战略格局登上历史舞台，取代美苏"两极"格局。

亚太地区的形势，在越战结束后由两极全面对抗走向局部和平共处，进入了低荡缓和时期。美国对亚太的军事政治政策，也从"围堵政策"转向"低荡政策"。政策的目的，也从偏重军事和政治，演变到军政与经贸并重，其主要内容是：(一)接近中国，制衡苏联，即所谓"联中制苏"；(二)扩大与加强对苏联的交往与接触，借以通过各种渠道加速对苏联内部的分化与演变；(三)阻止与消除中国和苏联对亚太国家的所谓"输出革命"，确保西方资本主义民主制度在亚太国家的生根与发展；(四)向美国在亚太地区的盟国提供常规武器和部分尖端武器，以确保区域的安全；(五)以提供相应的条件为手段，如军事援助、经济财政援助、关税优惠、低息贷款、开放美方市场等，诱导亚太国家与美国加强合作。

从一九九一年冷战结束以至今后一个时期，是亚太战略格局在新的形势下进行调整和重组的时期，也是向着新的战略格局逐步过渡的时期。九十年代初期，苏联解体，东欧社会主义国家巨变，美国成为全球唯一的超级大国，两极对立的战略格局为多极化的战略格局所取代。

在后冷战时期，亚太地区的战略地位依然至关重要。美国在亚太地区仍然拥有巨大的经济和政治的利益，而且视该地区为维护其全球霸权的主要支柱之一。俄罗斯在亚太的战略态势虽一度有所收缩，但它在远东和东北亚仍拥有强大的实力，重返亚洲、问鼎亚太的趋向正在加强。美国与俄罗斯的关系从过去的对抗转变为合作，但双方的诸多争端并未消解。社会主义中国的迅速崛起和日益强大，是维护亚太地区安全和稳定的一个决定性因素，但被美国视为日渐显现的足以同它相抗衡的新的势力。日本经过战后半个世纪的发展，已成为仅次于美国的强大的经济大国。日本积极重振军备，日益显现出在政治上重新崛起、主导亚太地区的势头。日本虽为美国的盟国，但却频频发起挑战，成为后者的竞争对手。东盟国家为求自强自保，结成国家集团势力，在后冷战时期有日益扩大和加强的趋势。随着苏联的解体，美、苏、中战略"三角"关系的基础瓦解，"中国牌"对美国的战略意义降低。对美国而言，中国已由一个欲加联合的伙伴，可能发展成为与之相抗衡的强大对手。美国继续打“台湾牌”，又开始打出“越南牌”“东盟牌”，企图运用这些因素，制衡中国。但中美之间在经济、贸易、科技和文化等领域仍然存在着共同合作的广泛基础，在军事和安全方面，两国也存在着不少利益一致的方面，可以交往和合作。

面临进入后冷战时期的新形势，亚太地区各国无不致力于在发展、提升自己的综合国力的基础上，增强国防实力，更新军备，调整军事战略，实行新的安全政策，一方面是为了维护各国的经济、政治利益，另一方面也是为了对应下个世纪可能出现的非常事变。

二、 多极化的亚太战略格局

冷战结束以后，亚太地区战略格局的基本特征是多极化的趋势明显加强，多极化进程在加速发展。然而，现时这种多极化趋势是与美国霸权地位同时并存的。因此，亚太形势出现了类似“一超多极”的格局。中国、俄罗斯、日本、东盟等多极力量的发展，以及某种国家集团的联合势力，足以威胁美国在亚太的战略地位，使美国霸权的稳定受到挑战。但在同时，亚太国家中目前尚未有哪一国的总体国力能与美国平起平坐。

在多极格局中，美国充当了最强大的一极。美国在亚太地区的利益，并未因冷战结束而有重大改变，所改变的只是各项利益的优先次序和为捍卫国家利益而采取的政策与手段。后冷战时期美国在亚太地区的战略目标，主要集中在以下几个方面：亚太地区在冷战时期的权力结构和力量对比已经改变，但美国仍旧维护其在冷战时期确立起来的霸权地位，至少是要维持住主导地位；亚太地区对美国经济上的重要性大为提升，美国力求维护并增进在亚太地区的经贸利益，坚决回击排斥美国利益的任何行为；在今后相当长的一个时期内，美国仍将在亚太地区驻军，以军事力量维护美国所需要的安全和秩序；美国力图使亚太国家都实行资本主义制度，认同美国的价值观念。

为实现上述目标，美国在冷战结束后所推行的亚太安全政策，大体上可以归纳为以下几项：维持与日本、韩国、澳大利亚、菲律宾、泰国的同盟关系；在亚太地区保持前置军事力量；与亚太地区的主要国家，尤其是冷战时期的对立国俄罗斯、中国保持接触与交往；防阻大规模毁灭性武器的扩散，支持多边安全对话；促进区域性经济合作与整合；支持亚太各国的民主自由化和人权运动。

为此，美国在亚太地区继续维持冷战时期的双边同盟条约及在亚太驻军，将此视为维系亚太地区和平与安全的基石。在双边同盟条约关系中，美国把美日同盟关系作为其亚太政治军事格局的主要支柱。美国国防部长佩里指出:“美国的双边关系中,最重要的是美日关系,它对我们的亚洲安全政策及全球战略目标皆具有很重大的关系。我们与日本的安全同盟是美国在后冷战时期亚太地区战略格局的重组及其前景的关键。美国、日本及亚太地区的各国皆视之为维持亚洲安定的主要因素。”

美国通过美日同盟关系,使日本成为美国的战略伙伴,在区域及全球的许多重要问题上,如朝鲜半岛问题、台湾问题、柬埔寨问题、中东问题、莫桑比克及卢旺达的和平问题,等等,保持密切合作。美日双方也在战区导弹防御、科技交流、军事技术与武器的联合研制等方面进行合作。对于日本来说,坚持与加强日美同盟关系,是日本由经济大国实现其政治大国战略的最重要的因素,也是日本向军事大国迈进的重要战略选择。因为日本在后冷战时期要成为政治大国和军事大国,没有美国的支持与合作,是难以实现的。除日本以外,美国还与韩国、澳大利亚、菲律宾和泰国保持同盟条约关系,美国对它们继续维持安全承诺;并在韩国驻有美军三四万名。

然而,进入后冷战时期后,日本与美国在亚太的战略伙伴关系上,虽然并未造成严重的挑战与威胁,但两国之间在政经利益上已出现明显的矛盾与冲突,而且有日渐加剧的趋势。首先是美日之间的贸易摩擦频频发生,争吵不断,在国际经济中的竞争更是势不两立。同时,日本已具有相当规模的军事力量,足以防卫自身的安全,无需假手美国驻军,处处受美国的干预,而且还要承担70%的美军驻防经费。日本在国际社会中企图改变长期以来依附美国的形象,要求美日两国以“成熟的大人关系”取代以往的“大人与小孩的配合关系”。日本并不满足于与美国之间的双边安保关系,企求与亚太各国进行多边安保合作,并直接参与国际安全与和平事务。

东盟国家政治经济势力的崛起、军备的增强和地区整合的提升,是亚太地区多极化趋势的另一个重要表现。东南亚国家联盟成立于冷战时期的一九六七年,原先的目的在于促进参加国的经济增长、社会进步、文化发展、区域的和平与稳定,基本上属于经济、文化与社会的区域合作关系。经过三十年的发展,已成为一个具有政治与军事安全功能的多面性联盟。其成员也从初期的5国发展到目前的8国,而且预计在本世纪末将囊括东南亚所有10个国家。东盟将主导整个东南亚区域的经贸整合与集体安全,在整体的政治、军事和经济力量上,不仅在亚太地区与中国、日本形成鼎足之势,而且在国际舞台上也将形成对美国的挑战。

东盟国家坚持四项传统的立场与原则:一是“中立主义”,要求各大国确保东南亚为一个中立、和平和自由的地区。二是“集体行动”,在对外关系上,东盟各国采取集体的结合与行动。三是“区域合作”,在区域内坚持盟国在政治、军事、经贸、外交等各方面的合作，结成一个共同体。四是奉行市场经济制度。东盟采取战略安全与经贸利益兼顾的发展战略，近年来其发展势头颇为强劲。

冷战结束后，东盟积极寻找自立空间，降低安全威胁，在美国、中国、日本三极之间进行周旋，谋取东盟国家的最大利益。东盟国家一方面保持中立，另一方面却不断提高自主自保意识，积极增强国防实力，而经济的增长也为军备的振兴提供了基础。可以预计，东南亚地区将会出现一个更新军事装备和增强军力的过程。如菲律宾计划在 5 年内投入约 2 亿美元，更新 36 架主力战机。印尼向德国采购了 39 艘舰艇，并计划由目前的 117 艘增加到 400—500 艘。一九九五年九月，印尼三军在南海举行了有五六万兵力参加的实战演习，其规模为近 20 年来所未有。泰国委托西班牙建造直升机航空母舰，向俄罗斯订购两艘 1 760 吨的潜水艇，并向美国购买鹰式 F15 战斗机。马来西亚向俄罗斯签约采购 18 架米格 29 型战机。而一九九五年越南正式成为东盟的第 7 个会员国，不仅降低了来自越南的军事威胁，也使东盟如虎添翼。

东盟对内加强合作与整合，对外扩大交流与合作，提升自己在亚太地区的地位。一九九三年东盟在新加坡召开第 26 届外长会议，正式成立“东盟区域论坛”，提供了一个可以探讨“安全问题”，寻求降低军事冲突的国际场所。18 个国家与欧洲联盟参与该论坛，涉及的事务包括经济合作与军事安全的亚太多边互助。东盟主导这一区域论坛，有助于东南亚的稳定，也提高了它在国际上的地位。一九九二年东盟的第 4 届高峰会议签署的“新加坡宣言”，宣布将在 15 年内成立“东盟自由贸易区”。一九九五年东盟在文莱会议中，又决定于二〇〇三年前成立这一贸易区。如果此议正式付诸实施，“东盟自由贸易区”届时将成为仅次于“北美自由贸易区”与“欧洲共同市场”的第三大区域经济。此外，东盟在“亚太经济合作会议”中也扮演了相当重要的角色。虽然亚太经合会议以美国为主导，但东盟国家集体行动的力量，使它不仅在其中占有一席之地，而且影响力与日俱增。马来西亚总理马哈蒂尔甚至在一九九一年建议成立真正属于亚洲国家的“东亚经济论坛”，要将美国排除在外。此项主张虽遭美、日两国的反对，但在一九九五年的东盟外长会议中，却再度重申“东亚经济论坛”应早日成立。总之，沿着国家安全与经济发展兼顾的发展战略，东盟将进一步整合集体力量，加强东南亚共同体的共识，抗衡美国的霸权行为，削弱日本对该区域的经济支配权，从而使自己在亚太地区以强盛的姿态屹立起来。

朝鲜半岛一直被认为是亚太地区的一个火药库。在冷战时期，半岛南北双方的不同社会制度、不同意识形态之间长期互相对抗；而两者的军事对峙，更因为冷战的背景而复杂化、尖锐化。美国和日本支持韩国，而中国和苏联则是朝鲜的强力支持者。冷战结束，国际环境发生重大变动，朝鲜半岛双方力量平衡亦随之发生改变。南北对抗的紧张局势已告缓和，双方对话也有所进展。但是，南北之间产生冲突的内在因素基本上仍然存在，因而双方的摩擦和冲突时有发生，有时还相当激烈。朝鲜半岛的局势是亚太地区的一个不稳定因素。

在美国政府看来，在亚太地区继续维持冷战时期的双边同盟条约和亚太驻军，仍是维护该地区安全与稳定的基石。美国认为，美韩同盟仍是稳定朝鲜半岛及东北亚局势的杠杆；即使朝鲜的威胁消除了，美国为了维持在东北亚的利益，为了牵制中国和俄罗斯，也将会保持与韩国的同盟关系。当前，美国在亚洲的 10 万驻军中，继续以 37 000 名驻防韩国；同时，在韩国境内预先储存一个加强旅所需的武器装备。韩国政府不仅免费提供基地及设施，而且还分担美军驻韩的费用，一九九五年一年即提供了 5 亿美元。

美国同时也支持朝韩之间的对话和谈判，防止核武器在该地区的扩散。在南北谈判达成协议之前，美国继续维护朝鲜停战协定，以保持朝鲜半岛局势的稳定。显然，中美两国在朝鲜半岛安全问题上有着共同合作的广泛的基础。

三、 后冷战时期的美日安保体制

美日安保体制原系冷战体制的产物，是以美国为首的西方集团维护亚太冷战格局的基础，一直被视为美国在亚太地区保持军事、政治和经济利益的主轴，也是多年来维系美日两国关系的主要依据。

一九五一年九月，美、英等国单独对日“和约”签字后，美国国务卿艾奇逊和日本首相吉田茂在旧金山签订了《美日安全条约》。条约规定：“美国陆、空、海军在日本国内及周围”有“驻扎之权利”。规定驻扎的美国军队除用以“维持远东国际和平与安全和日本免受外来武装进攻之安全”外，并包括根据“日本政府的特别要求”，用以“援助”日本政府“镇压”“在日本引起大规模暴动和骚乱”。条约还规定：未经美国事先同意，日本“不得将任何基地给予第三国，亦不得将基地上或与基地有关或陆、空、海军驻防、演习或过境之任何权利、权力或权限给予第三国”。条约并未规定美军驻日的期限。显然，这个条约实质上是一个美国独占日本、变日本为美国的军事基地，遏制苏联和中国，维护美国在远东霸权地位的条约。

从一九五八年春开始，美日双方针对朝鲜战争结束后的远东形势，开始了关于修订“安全条约”的谈判。由于苏联核武器的发展打破了美国的核优势，美国要求日本实现前线基地化；而日本随着经济的恢复与发展，要求某些独立性。一九六〇年一月，两国政府在华盛顿签订了《日美共同合作和安全条约》。条约规定：美日两国将共同“采取行动”对付“对于在日本管辖下的领土上对任何一方发动的武装进攻”，并且“在日本安全或远东的国际和平与安全受到威胁的时候，应任何一方的请求随时进行协商”。对于条约所说的“远东”的范围，时任日本外相的藤山爱一郎的解释是“菲律宾以北、中国的沿海、(苏联)滨海边区等日本周围地区”。显然，条约的矛头直接指向中国和苏联等国家。

冷战体制终结，美苏两极对立的战略格局不复存在，长期建立在共同遏制苏联、中国的基础上的美日战略同盟关系失去了主要的前提。冷战时期的日美安保体制虽使日本在表面上获有独立的地位，但实质上却是美主日从的依附性质的关系。但随着日本国力的大大增强，它力求成为亚太地区的政治经济强权国家，拥有亚太优势地位。除或暗或明地强化军事力量之外，在对外关系上，它要调整与美国的关系，改变历来的依从关系；改善与中国、朝鲜、俄罗斯的关系，并要安抚中国台湾和韩国的反弹；要降低东盟国家对日本的疑虑与反抗。这一切皆是日本要真正成为政治大国的必要举措。这样，日本与美国之间的矛盾与冲突也就加剧了，在日本、在美国，都产生了日美安保体制存废问题的争论。

美日两国政府为此进行了历时 6 年的安全问题的对话。一九九五年十月，美日签署了《美日安保共同宣言》，赋予美日安保关系以新的意义，表明双方仍将履行安保条约。一九九六年四月，美国总统克林顿访日，两国政府签署了《日美安保联合宣言》和《面向二十一世纪的挑战——日美首脑致两国国民书》两项文件。这标志着冷战后美日安保体制再调整的基本结束，其基本的趋势是双方对安保体制仍持肯定态度，对安保体制在调整的基础上予以加强，并使之进一步制度化。这一体制显然是针对中国和朝鲜半岛的，也含有牵制俄罗斯的企图。

在冷战结束后被重新强化的这个美日安保体制，其重要特点首先是把作战地区实际上从远东扩大到亚太地区。一九九六年四月《日美安保联合宣言》确认：以《日美安全条约》为基础的日美安全关系将能继续成为二十一世纪亚太地区维护稳定和繁荣的基础。这表明这一条约的作战地区实质上已从远东扩大到亚太地区。在上述“宣言”发表的当天，日本外相池田行彦在国会承认，宣言中的“亚洲太平洋”的范围比远东为宽，但不能明确地把线划到什么地方。这个实质性改变，增强了该条约的进攻性，使驻日美军进攻作战的范围扩大了；增加了日本对美军在亚太地区采取军事行动的发言权，也使日本的对外战略更富扩张性。对于美国而言，这一改变使日本进一步密切与美国的军事同盟，并为自己分担军事费用和其他负担。日美安保条约适用范围的扩大，表明美国与日本企图合力构筑亚太地区的军事霸权。

后冷战时期的日美安保体制还增强了平时和战时日本支援美军的功能。日本在平时支援美军的功能，主要有充当美军的前进基地和补给基地以及分担驻日美军费用两个方面。日美两国在一九九六年四月签署的相互提供物资和劳务的协定，标志着日本在平时支援美军的功能大为增强。日美安保体制的战时功能有两项：一是保卫日本，二是在日本以外发挥地区性安全作用。这是日美安保体制在冷战后的重大发展。这将增加在远东发生不测事件时，日本支援美军的功能，日本在战时支援美军的地域范围有可能在实际上扩大到远东以外的地区，而且为日本走向行使集体自卫权（即在日本未受攻击情况下的参战权）开了方便之门。

九十年代以来，日本为实现政治大国的目标对其军事战略进行调整。其中心是围绕冲破日本和平宪法和战后对于日本军事力量的各种限制，将自卫队建设成为既能保卫日本本土的安全，又可介入地区间、国际间安全事务的强大军事力量，全面重整军备，向军事大国的目标迈进。日本在事实上已改变了战后长期以来的“专守防卫”的军事方针，而向“海上歼敌”方针转变。日本向海外派兵，已打破了和平宪法的有关规定。日本军费的增长速度也在不断提升，国防开支连年上升，一九九五年度的军费达502亿美元，跃居世界第二位，成为仅次于美国的军费大国。兵员数量虽略有削减，但武器装备正得到迅速更新。日本海军舰艇拥有量居世界第七，反潜能力居世界第三位。空军以拥有先进的战机、防空导弹、预警飞机及雷达，构成了世界一流的国土防空系统。而其陆军的战力已达世界第五位。日本的加速扩军已成为威胁亚太地区安全的不稳定因素。

美日两国在后冷战时期继续强化安保体制，是由于双方的战略利益互相吻合。如果说冷战时期和冷战后日美两国最大的共同利益有何不同，那就是从遏制苏联和中国变为合霸亚太地区。美国以分享权力为诱饵，在日本的支持下实行“一超”的霸权主义，日本则谋求与美国平起平坐，分享亚太霸权。日本以军事上、经济上的让步来换取美国支持其实现政治大国和军事大国，而美国则将促使日本在更大的范围内和更高的程度上充当其称霸亚太的同盟军。当前，美日谋求合霸亚太地区的趋势将继续加强和发展；但双方之间存在着深刻的内在矛盾，从长远的观点审视，美日安保体制的基础并不巩固。

四、 美国对中国的接触和遏制并用的政策

从美国的对外战略目标来看，后冷战时期东亚和中国的崛起将是对美国最大的挑战。日本早已建立了世界性经济霸权的实力，中国国力的迅速提升和在国际上产生了愈来愈大的影响，都使美国朝野刮目相看。美国前国务卿克里斯托夫毫不讳言地指出，未来这个地区的发展与动向对美国而言是最重要的；并且坦承克林顿政府把维护亚太区域的安定和发展列为最优先的外交事务，同时把中国视为影响亚太前途的最主要国家。在美国的战略视野中，日本的兴起仍属于一种“可管理的挑战”，不至于一朝失控而产生安全上的威胁。然而对于中国的崛起，美国却持不同的态度，并采取不同的政策。美国认定在今后很有可能挑战美国领导权

者首推中国，而且中国又是在苏联解体后唯一由共产党领导的大国，会对西方国家形成“威胁”。显然，美国对中国的战略，来源于霸权主义传统和对未来亚太战略关系的错误认识。

美国对华战略可谓主动防卫的军事战略，主张国家安全的确保应在于在敌方攻击意念发生之前就要将其消除。主动防卫战略的实施，一般是从两个层面展开：一为增扩防卫空间，即所谓延长国防缓冲区，二为深入对方内部从事防卫工作，如政治攻势、文化渗透、吓阻战略，等等。美国与日本之间的安保体制，美国与韩国的军事同盟，美国以台湾为“棋子”遏制中国的政策等，都是为增扩对华防卫空间所作的举措。美国对中国直接的政策采取了接触和遏制（围堵）两手并用、互为交替的策略。

美国政府的保持接触的政策，也就是在超越意识形态的基础上和中国发展各个领域的关系，对于双方之间的分歧和争端则通过谈判予以调整。这一政策实际上是尼克松访华后美国历任总统对华政策的延续，不过在后冷战时期更加强调罢了。一九九五年六月，负责亚太事务的助理国务卿洛德在众议院国际关系小组委员会听证会上说，克林顿的政策是要“接触而非围堵中国”。这一与中国保持接触的政策，是建立在战略、经贸、意识形态等项利益之上的。尽管在苏联解体后，中国不再具有牵制苏联的战略作用，但美国在许多国际安全问题上仍需要中国的合作与支持；而美国在亚太地区有重要利益，中国是亚太最大的国家，是亚太地区稳定的关键因素，美国有必要与中国保持合作关系，以维护朝鲜半岛及东南亚的稳定。在苏联解体后，美国同样需要与中国的合作，以制衡俄罗斯、日本，维持亚太均势，以及维护美国在亚太的影响力。在经济利益层面，美国认识到中国是一个具有巨大潜力的市场，尤其是在中国实行改革开放政策和经济持续增长的情况下，美国唯有与中国保持接触，才能确保其在中国大陆的经贸利益。在意识形态层面，美国相信以保持接触代替孤立中国的政策，将促使中国内部发生变化，扩大美国价值观念的影响，最终促使中国发生政治上的“变化”。

美国政府虽然声言对华政策是“全面接触而不是围堵”，但在实际上，围堵与接触交往并非截然对立。美国对华政策可以说是接触和遏制两手并用，有时突出这一手，有时又强调另一手。进入后冷战之初，接触一手是主要的，围堵是处于第二层次的战略。瑞典斯德哥尔摩和平研究中心负责东亚安全及军备管制的专家基尔，把美国的对华政策称为“修正的围堵策略”。美国为防止后冷战时期中国发展成为全球性强权，图谋以地区性或次地区性的安全架构框住中国，这就是一种结构围堵。美国政府宣称，为了奠定亚太地区的和平与稳定，必须建立区域内各国的彼此信任，并通过安全措施完成区域安全架构，这包括相关国家间的定期对话、对话频率的制度化及对话内容的具体化，例如关于整个地区的安全问题、相对关心的安全问题、国防预算、战略规划、武器采购计划等的对话及通报等。这种集体安全架构的目标是维持权力平衡的现状,引诱参与国框在结构之内。目的是使中国框在集体安全的结构之内,不得任意扩张军事力量。

近几年来,美国军事力量介入亚太地区的趋势明显加强。一九九六年二月,美国太平洋空军总司令洛尔伯在新加坡地区安全会议上说,美国关注朝鲜半岛、台湾海峡两岸和南沙群岛主权纠纷,并且视亚太地区为"危险地区"。他还说:美国派 10 万大军到亚太地区,另外还部署了 20 万军队在夏威夷以东地区,准备随时调赴亚洲,投入作战。苏联解体后,美国削减驻欧部队,却注重以兵力制衡中国和朝鲜。近年又散布"中国威胁论",认定中国为潜在敌国。为了使"中国威胁论"成立,以阻吓亚洲国家不要亲近中国,美国积极与其亚洲盟国相呼应,在领土纠纷问题上做文章。于是,最近亚洲一些亲美的国家频频进行军事演习,甚至个别国家以中国为假想敌人,摆出要与中国较量的姿态。

美国的主动防卫军事战略,也左右着它对台湾问题的立场和政策取向。尽管美国政府一再宣称坚守三个公报、承认"一个中国"的立场不变,但对于中国的统一,始终是持否定的态度。因为在它看来,中国的统一严重违背了美国在后冷战时期在亚太地区的重大利益。因为一旦中国统一,日本的西翼不守;南海问题的弹性降低;向西对菲律宾、新西兰、澳大利亚都会造成直接或间接的"威胁";往南则东南亚各国更会向中国联盟称友;整个太平洋到印度洋的航道也将受控于中国。如此,美国想问鼎亚太地区,继续保持在这个地区的霸权必更形困难。因而,无论是台湾海峡两岸的武力统一还是和平统一,都是为美国所绝不愿意看到的。

所以,从美国的战略利益出发,美国力图维持中国台湾海峡两岸关系于不统也不"独"的现状:既不能让台湾宣布"独立",也不能让两岸实现统一。台湾一旦宣告"独立",中国政府必将动用武力解决台湾问题,美国也将被置于进退两难之地。同时,台湾海峡两岸一旦实现统一,中国必将更为强大,发展更加迅速,增加对美国的威胁。美国政府一方面利用各种渠道与方式,向台湾当局提出警告:"台独"不可行,是中共武力攻台的底线,决不可犯界。另一方面又支持台湾当局维持当前的"政治地位"。趁着台湾当局推行弹性务实外交之际,同意李登辉访美,就是上述政策的具体运用。

美国政府由于为霸权主义传统和错误政策所驱使,采取自相矛盾的政策,把自己置于进退失据和十分危险的地位。它继续采取"一个中国"的政策,承认中华人民共和国政府是中国唯一的合法政府,也确认台湾是中国的一部分;同时又依照"与台湾关系法",对台湾维持实质关系。它在国际法上采取"一个中国"的政策,而在国内法上及事实上采取"一中一台"的立场。美国政府宣称,台湾海峡两岸应以和平方法解决彼此的争议,但它又无法确保两岸不会以非和平方法解决统一的问题。台湾问题是中美关系的一个关键问题，正如美国前亚太助理国务卿索罗门所说：美国与中国建交后搁置未解决的台湾地位问题，是双方脆弱关系中的一枚不定时炸弹，即使不会摧毁双方的关系，也足以破坏之。但是，这颗不定时炸弹并非别人，恰恰是美国政府自己埋下去的；那么，应由谁来挖掉这颗炸弹，就不言自明了。

五、 俄罗斯积极重建亚太战略

俄罗斯在传统上被视为欧洲国家，其实它也是亚太地区的一个大国。无论从地缘政治、资源分布还是从军事战略的角度看，俄罗斯在亚洲都拥有巨大的利益，与亚太地区有着密切的关系。苏联解体后，俄罗斯继承了苏联留下的大部分国际地位与国际责任，但它的对外政策和军事战略却正在经历一次重大的变动和重建。对于亚太地区，经过了从战略收缩到准备重返亚洲，逐渐把亚太地区置于俄罗斯对外关系的优先考虑地位的变化。

苏联在戈尔巴乔夫执政时，就采取了以“新政治思维”为纲领的对外政策。这项政策改变了苏联以往与西方世界传统的敌对关系，实行与美国等西方国家的接近与合作，并且带有“重欧美、轻亚太”的趋向。在这一政策下，亚太地区并非苏联对外政策上的优先课题。苏联解体后，叶利钦执政的初期，在对外政策方面，基本上是沿袭戈尔巴乔夫的与西方亲近和合作的立场，同时继续改变苏联向外扩张的战略态势，实行战略收缩。在亚太地区，与苏联时期比较，俄罗斯在这里的军事力量已大大削减。除了通讯情报系统，俄罗斯已撤出在蒙古国的驻军；沿中苏边境的部队也大幅度减少。太平洋舰队的实力已今非昔比，舰队的活动因缺乏足够的后勤保障而受阻。留在越南金兰湾的军力，只具象征性意义。俄罗斯远东地区的驻军，实力也严重下降。同时，原先苏联与蒙古、越南、朝鲜的安全同盟关系也都不复存在。

俄罗斯对外政策的变动，是在国内各派政治力量的激烈、反复的斗争中进行的，也是在俄罗斯与东、西方各个主要国家的互动关系中发展的；同时，俄罗斯政府对国际形势的认识和判断也不断有所变化。这一切决定了进入后冷战时期以来，俄罗斯的亚太政策正在经历着一个变化和调整的过程。同八十年代末、九十年代初相比较，从一九九二年末期开始，亚太地区日益受到叶利钦政府的重视，逐渐占有对外战略上某种优先地位，显示出重返亚洲、重新构筑亚太战略的趋向。

这种政策变化，首先是为了适应俄罗斯国家经济和社会发展的需要。经济不仅是评估国家综合国力的基本因素，并且也是实行对外战略的基础。因而，加速西伯利亚和远东地区的开发，就成为当前俄罗斯亚太政策的一个重要目标。事实上，俄罗斯欧洲地区的资源已长期开发，而亚洲地区的经济潜力尚未充分发挥，而随着市场经济的建立，这一地区在国民经济与安全方面所处的地位愈发显得重要。而且，冷战后，俄罗斯与亚太地区的经贸关系日益密切。在亚洲地区开发经济、增强实力，还有助于俄罗斯打开对中国、日本、美国联系和交往的“东方大门”，并且为俄罗斯从地中海经印度洋到太平洋的整个亚太政策的实施，提供坚实的基础。

从国际关系而言，一方面，俄罗斯看到，西方国家虽然不再视其为敌人，但却不可能无视俄罗斯为一核武大国和庞大的军事实体的存在。俄罗斯现代化所需的资源，远非它和西方的经济来往所能解决。面对百废待兴的俄罗斯经济，自身亦呈经济疲态的西方国家显得无能为力。而在中国等东方国家，俄罗斯却可找到实行经济转型的借鉴和开辟经贸交往的新领域。为此，俄罗斯必须重视向亚太国家寻求合作。在另一方面，亚太地区的国际关系正在呈现多极化态势，未来的发展系于地区内主要国家的合作。俄罗斯希望与地区内国家维持一个稳定而平衡的关系。

无论从国家利益还是从国际关系的观点来看，俄罗斯正在改变“重欧轻亚”的倾向，并提出“恢复大国地位，维护传统势力范围”的构想，把对外战略的触角向亚太地区延伸。其目的是在东西方两方面采取一种平衡的全方位的对外政策，从而重建俄罗斯的国际地位。亚太地区被俄罗斯视为重建国际地位的最佳场所，不但因为它与亚太地区具有地缘政治关系，而且在亚太战略格局未像欧洲那样已定型的情况下，俄罗斯有很大的空间来发挥自己的影响。

当前俄罗斯的亚太政策，主要有以下三个要点：(1)积极推动亚太集体安全体制；(2)加强与中国、日本、韩国等亚洲国家的双边关系；(3)积极参与亚太区域经济合作。上述政策，具有经济取向优先的特点，但安全与军事的重要性仍不可忽视。

戈尔巴乔夫执政时，曾提出仿效“欧洲安全与合作会议”的先例，在亚洲成立一个多边安全结构。然而，亚太区域内各国之间的战略关系远比欧洲复杂，地区内许多国与国之间的争端仍未解决，美国政府又表示不愿与苏联合作在亚洲共建此种安全体制，戈氏于一九八九年以后开始放弃上述主张，转而致力于加强双边关系的外交策略。及至苏联解体，叶利钦于一九九二年十二月访问韩国期间，提出了“东北亚多边协商体制”的构想。其主张包括：(1)就加强东北亚地区的安全问题进行多边协商，先就不扩散核武器问题加以磋商，以此为建立有关该地区和亚太地区多边安全谈判机制的开端；(2)建立地区冲突调解中心，以消除区域内军事对抗局势；(3)建立地区战略研究中心，对该地区各国的军事预算、兵力部署等进行分析。此一构想，未再强求亚太安全体制的统一模式，而是主张建立一种多层次、多渠道的亚太安全协商新体制。

俄罗斯对于目前亚太主要国家之间的安全协商，优先考虑的有以下议题：(1)朝鲜半岛的稳定与和平统一；(2)在军事、战略领域内，实施互相信任的措施；(3)防止大规模杀伤性武器的扩散。为推进叶氏的亚太集体安全构想，俄罗斯政府除与亚洲主要国家进行双边安全对话外，还积极参与了地区的多边安全对话。如俄、美、日三国半官方的"北太平洋安全保障三极论坛"，俄、美、中、日、韩的非官方的"东北亚安全对话会议"，以及由 14 国军官出席的"亚太地区安全保障研讨会"，等等。一九九四年七月，俄罗斯成为拥有 18 个成员的"东盟地区论坛"的正式会员。

俄罗斯新的亚太战略，把发展与亚太国家的双边关系置于十分重要的地位，它特别重视的是中国、美国、日本和韩国。

俄中两个大国毗邻而居，进入八十年代以后，和平与发展的共同目标使双方重新接近。后冷战时期亚太形势的发展，提供了两国发展双边关系的有利环境，双方也存在广泛合作的共同基础。中国和俄罗斯在国际问题上也存在相似或相同的观点。当俄罗斯内部对亲西方的政策日益感到失望时，它更要求调整对外政策，把中国作为俄罗斯亚太战略的主要联合对象。一九九二年十二月，叶利钦访华，双方签署《中俄联合声明》和经济、贸易、科技、文化等方面 23 个文件，为两国关系的发展奠定了有力的基础。一九九三年以来，中俄在军事方面的合作势头强劲。一九九六年四月，叶氏再度访华，双方除进行高层会谈外，还签署了若干重要的协定和协议。特别是俄、中、哈萨克斯坦、吉尔吉斯斯坦、塔吉克斯坦五国元首签署的《关于在边境地区加强军事领域信任的协定》，更引世人注目。俄中双方都强调，要建立一个面向二十一世纪的"战略协作伙伴关系"。

对于俄美两国在亚太地区的关系，俄罗斯的政策并非要与美国相互抗衡、同冷战时期那样互争霸权，而是要与对方保持一种权力的平衡，牵制美国在东北亚势力的扩张，让美国确认俄罗斯在该地区"存在"的现实。它的主要目标首先在于与美方共同维护一个战略安全环境；其次是要求美国与之合作，以利于俄罗斯在亚洲确立应有的地位和重建自身的对外关系；第三是需要美国提供资金和技术，有助于开发远东地区。俄罗斯对日本的政策由于北方领土争议等问题而窒碍难行。俄罗斯认为由于中俄关系的接近，来自陆上的威胁已大大缓和，但来自日本的海上的威胁却远未消除，而新的美日安保体制更使它深感不安。在俄罗斯看来，美日军事合作会使东北亚地区的力量对比发生失衡，而俄方又未被纳入双边或多边的安全框架；为此，遏制日本谋求军事大国的努力，增强俄罗斯在亚太的军事部署将是必要的。

在朝鲜半岛，俄罗斯力求维持一个不偏不倚的对付南北双方的朝鲜半岛政策,以维护自己的经贸利益和环境安全,并保持住自己在朝鲜半岛问题上的发言权。它一方面积极寻求与韩国建立经济伙伴关系,发展双方的经贸合作,并且建立军事合作关系。另一方面,俄罗斯亦努力恢复与朝鲜的传统友谊,包括邀请朝方参加俄属远东的发展计划,如图们江共同开发计划,并加强与朝鲜的军事合作关系。

六、 前景:“一超多极”和“多强制衡”

二十世纪九十年代以来,世界开始进入后冷战时期,亚太地区的战略格局正在经历一个重组的历史过程。从四十年代下半期开始,经过五十年代和六十年代的美苏“两极”格局,至七十年代和八十年代的美、苏、中“大三角”格局,到九十年代以来“多极化”趋势的加强,是亚太地区战后战略格局演变的基本轨迹。

在现阶段,“多极化”趋势正在加速,但“多极”格局尚未完全奠定。“一超多极”将成为今后一个时期的基本态势。作为唯一的超级大国的美国,它在亚太地区的霸权虽已式微,但仍然远远没有结束,而且力图保持其唯一超级大国的地位而主导亚太地区。

亚太战略格局重组过程中,最引人注目的变化是包括中国在内的东亚国家的崛起。东亚国家虽然有着不同的社会制度、意识形态和发展水平,但是在现阶段它们保持着相对的政治稳定,经济有较快的发展,军事力量也日益增强。特别是中国从改革开放以来,政治长期稳定,经济持续高速发展,军事实力大大提高,国防现代化发展迅速。中国的兴起正在改变着亚太地区的战略形势,也牵动着有关国家的战略和政策的调整。

苏联解体,中国实行独立自主的和平外交政策,中美两国关系的战略意义降低,但中美之间在经济、贸易、文化、科技等领域仍存在着合作的基础;在军事和安全方面,两国也仍然有着利益一致的方面,可以合作和交往。美国实行“接触而不是围堵”中国的政策,有利于美国的国家利益。但是,美国对华战略是接触和遏制(围堵)两手并用、互为交替的。近几年来,对中国实行“遏制政策”的势头正在美国抬头,所谓“中国威胁论”的喧嚣正是为“遏制政策”的推行鸣锣开道。冷战结束之初,美国曾把日本和德国视为今后主要对手。近几年来,美国越来越把中国视为未来的主要对手。一九九五年,美国把中国列为“非友非敌”国家,危险性只比“敌国”略逊一筹。近来美国更是明确地以中国为美国的潜在威胁。

超级大国相对衰落,并不意味着霸权主义在自动退出历史舞台。多极化趋势在给东亚各国带来积极影响的同时,也潜伏着消极的影响。除了超级大国美国竭力维护其在亚太的霸权主义地位于不坠外,正在走向复活的日本军国主义竭力把日本推上政治大国和军事大国的地位，妄图在下个世纪充当东亚盟主，主导亚太局势，重温“大东亚共荣圈”的迷梦。

美国、中国、俄罗斯、日本是亚太地区的四强，冷战后四国之间的力量对比和战略地位正在发生变化。美国作为唯一的超级大国，在军事、政治和经济方面的影响力首屈一指，极力维护主导地位；但是，日本的经济实力仅次于美国，迈向政治大国与军事大国的步伐日益加速；俄罗斯重返亚太地区和积极实施其亚太战略，今后其影响力将会提升；中国综合国力迅速提高，国际地位增强，将会在亚太地区发挥愈来愈大的影响力。美国将联合日本又限制日本，与中国保持接触又遏制中国，同时又牵制俄罗斯。因而，限制与反限制、遏制与反遏制、牵制与反牵制、利用与反利用的斗争，将贯穿于亚太战略格局重组的全过程。在今后相当一个时期内，“一超多极”与“多强制衡”的局面将是共存的。

附录　余子道论著目录

一、 论著

《“厚今薄古”辩论集》(合编)，上海人民出版社，1958 年

《日本军国主义史》(合著)，上海人民出版社，1972 年

《王明言论选辑》(合编)，人民出版社，1982 年

(高等学校学生政治思想教育概论)(合著)，人民教育出版社，1983 年

《汪伪政权资料选编　汪精卫国民政府“清乡”运动》(合编)，上海人民出版社，1985 年

《汪精卫汉奸政权的兴亡》(合著)，复旦大学出版社，1987 年

《长城风云录——从榆关事变到七七抗战》，上海书店出版社，1993 年

《抵抗与妥协的两重奏》，广西师范大学出版社，1994 年

《一·二八淞沪抗战》，上海人民出版社，2000 年；上海人民出版社，2015 年再版

八一三淞沪抗战，上海人民出版社；2000 年；上海人民出版社，2015 年再版

“上海抗战与世界反法西斯战争系列丛书”(主编)，包括：

《淞沪抗战史料丛书》(12 卷本)，上海科技文献出版社，2015 年

《淞沪抗战史料丛书续编Ⅰ》(12 卷本)，上海科技文献出版社，2016 年

《淞沪抗战史料丛书续编Ⅱ》(11 卷本)，上海科技文献出版社，2017 年

《淞沪抗战史料丛书续编Ⅲ》(15 卷本)，上海科技文献出版社，2018 年

《淞沪抗战史料丛书续编Ⅳ》(15 卷本)，上海科技文献出版社，2019 年

《当代学者论淞沪抗战》(3 卷本)，上海科技文献出版社，2015 年

《记忆中的淞沪抗战》(3 卷本)，上海科技文献出版社，2015 年

《汪伪政权全史》(合著、主编)，上海人民出版社，2006 年；上海书店出版社，2020 年再版

《曦园星光　史苑流芳——复旦大学历史学系建系九十五周年纪念文集》(主编)，复旦大学出版社，2020 年

二、 论文

《在战争中成长》,复旦校刊第 3 期 1953 年 11 月 12 日

《孙中山与三大政策的三民主义》,《新闻日报》1956 年 11 月 12 日

《上海工人三次起义意义伟大》,《青年报》1957 年 3 月 26 日

《历史科学中的两条道路斗争》,《复旦》月刊第 9 期 1958 年

《历史科学必须为无产阶级政治服务》(合撰),《文汇报》1959 年 12 月 22 日;《复旦》月刊 1960 年第 1 期

《复旦三十年回顾及今后任务》,复旦校刊第 294 期,1979 年 10 月 15 日

《克劳塞维兹和他的〈战争论〉》,《书林》1980 年第 2 期

《毛泽东同志和党的军事战略的转变》,《复旦学报》(社会科学版)1981 年第 5 期

《毛泽东同志指导解放战争战略进攻的杰出贡献》,《复旦学报》(社会科学版)1982 年第 5 期

《日伪在沦陷区的"清乡"活动》,《近代史研究》1982 年第 2 期

《论教育在我国社会经济发展中的战略地位》,《复旦学报》(社会科学版)1982 年第 6 期

《论毛泽东军事哲学》,《复旦学报》(社会科学版)1983 年第 6 期;《坚持和发展毛泽东思想——纪念毛泽东同志九十周年诞辰》,广西人民出版社,1985 年

《重视学习中国现代史》,《怎样学习中国历史》,上海人民出版社,1984 年

《毛泽东同志战争指导的基本特点》,《纪念毛泽东同志九十周年诞辰——上海市历史学会论文集》,1984 年

《回顾与展望:新中国的侨务政策(1949—1985)》,美国哥伦比亚大学华人华侨研究学术研讨会论文,1985 年

《国民党政府是怎样走上抗战道路的》,《江海学刊》(文史哲版)1985 第 5 期

《中国革命战争与毛泽东军事哲学》,《军事历史研究》1986 年第 1 期

《一代军事学家蒋百里》,《军事历史研究》1986 年第 1 期

《中央北上战略方针与红军长征的胜利》,《军事历史研究》1986 年第 1 期

《全国抗战之先声:绥远抗战》,《军事历史研究》1987 年第 1 期

《略论中国现代军事史的研究对象和方法》,1986 年 10 月解放军军事科学院中国近代军事史学术研讨会论文;《军事历史研究》1987 年第 2 期

《中国正面战场战略反攻问题述评》,《军事历史研究》1987 年第 3 期

《中国正面战场初期的作战方向问题——评台湾方面对抗日战史的一个重要

论点》,《军事历史研究》1987 年第 4 期

《汪伪军事力量的发展和消亡》,《汪精卫汉奸政权的兴亡》,复旦大学出版社,1987 年

《日本“对华新政策”与汪伪政权的“独立”“统一”活动》,《汪精卫汉奸政权的兴亡》,复旦大学出版社,1987 年

《汪精卫汉奸政权的兴亡》前言,《汪精卫汉奸政权的兴亡》,复旦大学出版社,1987 年

《民国时期国防思想的奠基石——〈国防论〉》,《军事历史研究》1988 年第 3 期

《论长城抗战的序幕——榆关抗战》,《军事历史研究》1988 年第 4 期

《中国正面战场对日战略的演变》,《历史研究》1988 年第 5 期

《“紫石英”号事件与炮舰政策的终结》,《军事历史研究》1989 年第 1 期

《淞沪会战述评》,《上海研究论丛》第 5 辑,上海社会科学出版社,1990 年

《金门炮战和美国与台海两岸的关系》,《光与影》(台湾社会与文化论丛)第 1 辑,上海人民出版社,1990 年

《蒋作宾与广田弘毅东京会谈述论》,《江海学刊》1990 年第 6 期

《蒋百里国防经济思想述论》,《军事历史研究》1990 年第 3 期

《蔡锷〈军事计划〉和蒋百里〈军事常识〉两书的军事思想》,《复旦学报》(社会科学版)1990 年第 6 期

《中国局部抗战综论》,《抗日战争研究》(创刊号)1991 年第 1 期;中国抗日战争史学会与辽宁、吉林、黑龙江三省社会科学院等单位联合筹办的“九一八事变 60 周年国际学术讨论会”参会论文,沈阳,1991 年 9 月 17 日—20 日

《国际联盟与 1930 年代的远东国际关系》,1990 年 6 月香港大学第 12 届国际历史学家大会学术论文

《一·二八淞沪抗战述论》,《上海研究论丛》第 6 辑,上海社会科学院出版社,1991 年

《民国史研究中一个有意义的新课题——〈民国时期的土匪〉中译本序》,《民国时期的土匪》,上海人民出版社,1992 年

《民国时期上海都市发展规划述论》,1991 年 10 月纪念上海建城 700 周年城市研究与上海研究国际学术研讨会论文;《复旦学报》(社会科学版)1992 年第 1 期

《“一面抵抗、一面交涉”政策与一·二八淞沪抗战》,《军事历史研究》1992 年第 1 期

《论抗战初期正面战场作战重心之转移——与台湾学者讨论发动淞沪会战的

战略意图问题》,《抗日战争研究》1992年第3期

《中国政府与海外华人:政策和展望》,美国旧金山加州柏克莱大学“全球华人问题国际研讨会”论文,1992年11月

《台湾当局“弹性外交”评析》,《复旦学报》(社会科学版)1992年第4期

《中国共产党与冯玉祥合作抗战的壮举:察哈尔抗战》,《长城风云录——从榆关事变到七七事变》,上海书店出版社,1993年

《金门炮战与反对美国分离台湾的斗争》(原题“金门炮战述论”),《军事历史研究》1993年第1期

《论热河抗战及其历史教训》,《民国档案》1993年第2期

《何应钦、黄郛与冈村宁次的北平会谈》,《北京档案史料》1994年第2期

《行政三联制研究》序,《行政三联制研究》,上海人民出版社,1995年

《中国抗日战争的持久战略》,1995年8月美国纽约哥伦比亚大学纪念对日抗战胜利50周年国际学术研讨会论文

《把抗战史研究提高到一个新水平》,《抗日战争研究》1995年第1期

《从局部抗战到全面抗战:两次淞沪抗战之比较研究》,《上海党史与党建》1995年第1期

《中国抗战和日本的南进政策》,《江海月刊》1995年第2期

《淞沪战役的战略企图和作战方针论析——兼答马振犊先生》,《抗日战争研究》1995年第2期

《论七七事变后的庐山谈话会》,《档案与史学》1995年第3期

《淞沪会战与金山卫之战》,《上海地方志》1995年第3期

《美国亚太军事战略与中国战区的战略地位》,《军事历史研究》1995年第3期

《朝鲜义勇队和韩国光复军的组建和统一》,《复旦学报》(社会科学版)1995年第5期

《上海地区抗日战争口述历史调研工作报告》,1995年7月

《追忆一·二八淞沪抗战——朱伯康教授访谈录》(合撰),复旦大学历史系与纽约中国近代口述史学会合作进行的上海抗战口述历史课题之一,1995年8月

《中国人民复台斗争的伟大胜利——纪念台湾光复50周年》,《文汇报》1995年10月20日

《国民政府与国统区韩国武装力量的组建和统一》,《韩国独立运动血史新论》,上海人民出版社,1996年

《中国共产主义运动的先驱——纪念陈望道先生逝世二十周年》,1997年10月

《上海工运史研究的一座丰碑——读〈上海工人运动史〉(下卷)》,《史林》1997年第1期

《从〈西潮〉到〈新潮〉:蒋梦麟的中西文化观》,《海外宁波人研究》,宁波出版社,1998年

《入则从政　出则为学——记蒋梦麟》,《政坛名人——民国政治舞台上的浙东人物》,中国文史出版社,1998年

《抗战时期国民政府国际宣传的主将——记董显光》,《政坛名人——民国政治舞台上的浙东人物》,中国文史出版社,1998年

《张其昀与台湾的文化教育建设》,《海外宁波人研究》,宁波出版社,1998年

《中日战争期间日本对国民政府的政策(1937—1941年)》,1997年7月北京中国社会科学院七七事变60周年国际学术研讨会论文;《军事历史研究》1998年第1期

《敌乎?友乎?三十年代关于中日关系的一场论争》,1997年9月日本东京应庆大学中日关系史国际学术研讨会论文,《复旦学报》(社会科学版)1998年第2期

《汪精卫"和平救国"论批判》,1998年9月

《后冷战时期亚太地区战略格局的重组及其前景》,《韩国研究论坛》第4辑,1998年2月

《回眸与展望:建国以来的沦陷区和伪政权研究》,《抗日战争研究》1999年第3期

《国共两党抗日持久战略比较研究》,《复旦学报》(社会科学版)1999年第5期

《中国现代思想文化史研究的可喜成果——读〈朱镜我评传〉》,《宁波大学学报》(人文科学版)1999年第12卷第4期

《一封海外来信》,《联合时报》2001年2月9日

《"旧金山和约"和"日蒋和约"与美日的"台湾地位未定"论》,2001年9月北京中国社会科学院九一八事变70周年国际学术研讨会论文;《抗日战争研究》2001年第4期

《尘封库房数十载　精选成书放异彩——读上海文史资料存稿汇编》,《浦江纵横》2002年第3期

《从〈军事计划〉〈国防论〉到〈国防新论〉——论蔡锷、蒋百里、杨杰的国防思想》,《军事历史研究》2002年第4期

《关于汪伪文化研究的若干问题》,日本早稻田大学"汪伪政权研究"学术研讨会论文,2003年1月

《民主的英烈　科学的先驱——纪念杨杏佛先生殉难七十周年》，2003年6月在上海市政协和市民革召开的纪念杨杏佛先生殉难七十周年座谈会上的发言

《国民党中央军与长城抗战》，2004年5月

《〈上海时代〉：回忆和反思1930年代的日本与中国——松本重治对华回忆录中译本序说》，《上海时代》，上海书店出版社，2005年

《上海通志·人物》，《上海通志》(第10册)，上海人民出版社、上海社会科学院出版社，2005年

《论中国正面战场初期的战略作战方向问题》，1998年11月日本东京庆应大学中日战争军事史国际研讨会论文；《切问集》(上册)，复旦大学出版社，2005年

《抗日战争与国民政府的整军和建军》，《纪念中国抗日战争胜利60周年、韩国光复60周年国际学术研讨会论文集》，2005年10月

《汪伪政权全史》绪论，《汪伪政权全史》，上海人民出版社，2006年

《汪伪政权全史》结束语，《汪伪政权全史》，上海人民出版社，2006年

《第三次台海危机：台湾的"军事反攻"与美国政府的政策》，《军事历史》2006年第1期

《第一次台海危机与美台关系中的"外岛"问题》，《军事历史》2006年第3期

《淞沪奋战树丰碑——一·二八抗战》，《近代中日关系丛书之五——中国人民奋起抗战》，社会科学文献出版社，2006年

《钱业巨子——秦润卿传》序言，《钱业巨子——秦润卿传》，中国社会科学出版社，2007年

《采访历史关爱老兵——〈口述淞沪抗战〉序说》，《口述淞沪抗战》(一)，上海人民出版社，2007年

《通贯历代　引领军史——〈中国历代军史〉评介》，《军事历史研究》2007年第2期

《汪派"和平运动"前期的两大舆论阵地：香港〈南华日报〉和上海〈中华日报〉》，2007年7月

《日本的南进政策与英国封闭滇缅公路事件》，《军事历史研究》2008年第1期

《把汪伪政权史研究提高到一个新水平——"汪伪政府研究"课题研究综述》，2008年5月

《杭州湾战役及其对抗日战局的影响》，《军事历史研究》2009年第1期

《巴山蜀水出雄师　血沃淞沪卫中华——四川部队参加淞沪会战综述》，《川军与淞沪抗战》，上海人民出版社，2009年

《三湘大地出劲旅　抗日救亡战淞沪——湖南部队参加淞沪会战综述》，《湘

军与淞沪抗战》，上海人民出版社，2010 年

《黄平其人与黄平事件》，2010 年 8 月

《读〈杨匏安研究文选〉的几点感想》，《广东党史》2010 年第 12 期

《日军在杭州湾北岸登陆及其对平湖地区造成的人口伤亡和财产损失》，《平湖市抗战时期人口伤亡和财产损失调研成果汇编》，中共党史出版社，2010 年

《八桂劲旅共赴国难　抗日御侮血战淞沪——广西部队参加淞沪抗战综述》，《桂军与淞沪抗战》，上海人民出版社，2011 年

《淞沪会战若干问题的再探讨——兼与魏宏运教授商榷》，《军事历史研究》2012 年第 4 期

《十年树木，百年树人——王零同志与复旦大学师资队伍建设》，2013 年 2 月

《黔军与淞沪抗战》序，《黔军与淞沪抗战》，上海人民出版社，2013 年

《追忆复旦大学土改大队部和周予同先生》，复旦《校史通讯》第 96—99 期，2014 年 3、4、5、9 月

《杭州湾北岸和太湖南走廊对日作战的意义与教训》，2014 年 8 月淞沪抗战纪念馆改扩建暨淞沪抗战史研讨会论文

《世界反法西斯战争首场大规模战役——〈文汇报〉记者付鑫鑫访谈录》，《文汇报》2014 年 8 月 13 日

《蒋介石与淞沪会战》，《军事历史研究》2014 年第 3 期

《两次淞沪抗战的历史地位和当代意义》，《上海淞沪抗战纪念馆改扩建暨海峡两岸淞沪抗战史研讨会论文集》，2014 年

《〈20 世纪 20 年代的上海大学〉史料集的学术意义》，《上海大学报》2014 年 11 月 3 日

《抗日救亡斗争史上一座永不磨灭的丰碑》，《解放日报》2015 年 1 月 28 日

《上海：全国抗战文化的策源地和发祥地》，《解放日报》2015 年 5 月 9 日

《伟大的淞沪抗战，英勇的中华儿女》，《解放日报》2015 年 8 月 13 日

《巍巍师表　学界楷模——缅怀一代史学大家蔡尚思教授》，《世纪学人蔡尚思》，复旦大学出版社，2015 年

《风云际会中起落的〈大学生〉杂志》，复旦《校史通讯》第 109 期，2015 年 11 月

《从进军江南到开辟苏北：中央东进北上战略方针的胜利》，《水西颂——新四军江南指挥部成立 75 周年纪念文集》，凤凰出版社，2016 年

《英美列强与一·二八事变》，2016 年 1 月 28 日海峡两岸一·二八淞沪抗战史研讨会论文

《以讹传讹的四行孤军"掩护主力撤退"说应予澄清》，2016 年 11 月

《积极推进一·二八淞沪抗战史研究的创新与发展》,2017 年 1 月

《陈诚在淞沪会战中的历史地位》,《陈诚与现代中国》,台北政治大学出版社,2017 年

《淞沪会战中一次独一无二的大规模反击战:南翔以东反击战述论》,2017 年 5 月

《中国抗日战争在世界反法西斯战争中的重要地位和伟大贡献》,2017 年 7 月

《陈铭枢与一·二八淞沪抗战》,2017 年 8 月淞沪抗战新论学术研讨会学术报告

《上海史学界两支队伍的一次全面整合——复旦大学历史系与上海历史研究所合并经纬》,2018 年 3 月

《淞沪会战的主战场——左翼战场研究》,《军事历史》2018 年第 4 期

《淞沪会战沪西苏州河战役述评》,2018 年 10 月

《在改革开放大潮下创新发展——上海抗战史研究的回顾和展望》,《上海抗战研究》杂志创刊号专论,2019 年 9 月

《走出"史学界",学子编厂史——史学专业教育改革的一次有益探索》,《旧稿拾遗——上海工厂史料两种》,线装书局,2019 年 10 月

《苏联出兵东北对日参战再评析》,2019 年 9 月上海师范大学纪念第二次世界大战爆发 80 周年学术研讨会论文

《德国军事顾问团与淞沪会战的总结》,《上海抗战研究》第 2 辑

《〈汪伪政权全史〉一书之缘起及其学术意义》,2016 年 5 月美国斯坦福大学胡佛研究所汪伪政权史学术研讨会主题报告

《上海抗战的历史特点与上海抗战研究的当前任务》,2020 年 9 月 3 日上海纪念中国人民抗日战争胜利 75 周年座谈会

《汪伪政权全史》再版后记,《汪伪政权全史》,上海书店出版社,2020 年

《九一八事变与亚太地区国际关系的重大变动》,2021 年 9 月上海淞沪抗战纪念馆九一八事变 90 周年学术讨论会论文

《"评曹"前后的学术景象——对 50 年代末历史系学术工作的一点回忆》,2022 年 10 月

后　记

当我提笔起草“后记”之时，这部文集的选编和校定工作也就画上了句号。现在呈献给读者的这部文集，从最初汇集和整理文稿到最后完成全书编辑，先后经历了多年时间，现在文集即将付梓，新书不久也将问世，这无疑是一件有意义的事。编入这部文集的文章，最早一篇写于一九五六年，最晚的一篇作于二〇二一年，前后跨越 65 年之久，这次从历年发表的文章中加以选编，汇为一部文集。收录的文章一律保持原貌不作改动，仅在个别几处作了一些文字上的修改和史实上的校正。从文集的内容而言，大都是属于史学研究一类的习作和对一些史学论著的评价，也有一部分文章是对于往事的回忆思考，以及对先辈师长的感忆和纪念之作。我的史学功底不深不厚，研究工作又长期处于业余状态，且深受历史条件和社会环境的影响，文章中有种种不足甚至不当之处，现在汇编成集，无非是从一个侧面对几十年学术生涯作一番回顾和整理，以期抛砖引玉，聊作后来者进一步研究的一个参考而已。

这部文集从最初启动编辑工作至最终完成书稿和出版，历经艰难曲折，其中甜酸苦辣，可谓一言难尽。事实上，要将几十年来发表的各类文章汇集成书、重新出版，确非易事，这需要具备各种必要的条件，作种种努力和付出；而且仅仅依靠作者个人的努力是远远不够的。现在这部文集之所以得以推出，是有关各个部门、各个方面以及同行师友们共同努力的结果。其中起到主要作用的，是市里有关领导机关、有关历史文化单位和同行专家学者的关怀、指导和支持；如果没有他们的指导、推动和帮助，仅凭我个人的努力，这项工作决难完成。上海市委宣传部和市新闻出版局、上海市哲学社会科学规划办公室、复旦大学历史系、上海淞沪抗战纪念馆和上海抗战与世界反法西斯战争研究会，自始至终对本文集的编选出版给予热忱支持，对本书的编研和出版作用至关重要。

作者回眸各方面有关领导和同行师生们为推出这部文集所作出的种种努力，历历在目，铭记在心，感恩之情激荡于心而久久不能平静。我首先要感谢上海市委宣传部原副部长燕爽同志和李琪同志，是两位领导同志最早鼓励和推动我选编文集，自始至终关注和指导这项工作，尽力帮助作者排除困难完成书稿，并且积极推动了本书的出版。我深深地感谢国防大学政治学院张云教授，他热切地关心和帮助文集的选编工作，并且为文集的出版多方联系协调，往来奔波，落实必要条件，推动本书的出版问世。我要特别感谢上海淞沪抗战纪念馆的副研究员邓一帆女士，她自始至终承担这部文集的文稿汇集、整理、校勘等各项工作，严谨踏实、执着努力、不辞辛劳，如果没有她长达数年的努力，这部文集是难以完成的。我要万分感谢上海人民出版社张晓玲和张晓婷两位女士，她们以一丝不苟的精神仔细地审读文稿，把握导向，核定文句，为提高书著的质量和水平付出大量心血和劳动，她们的敬业精神和学者风范令人敬佩。最后，我深感荣幸地非常感谢复旦大学原党委书记程天权同志、中国社会科学院近代史研究所原所长王建朗研究员和复旦大学历史系原党委书记金光耀教授欣然命笔，为本文集作序。

学问之道，有如积薪，后来居上。随着我国社会主义现代化建设的蓬勃发展，历史科学事业必将获得更快的进展和取得更多的成果。新的具有更高质量和水平的史学论著必将接踵而来、不断问世。我这部不太成熟的习作，如果能够对后来者起到即便是些微的参考作用，那就足以使我感到莫大的欣慰了。

余子道

二〇二四年十二月于复旦大学历史系

图书在版编目(CIP)数据
余子道文集 / 余子道著. -- 上海 : 上海人民出版社, 2024. -- ISBN 978-7-208-19274-4
Ⅰ. K250.7-53
中国国家版本馆 CIP 数据核字第 20243E02N3 号

责任编辑 张晓婷
封面设计 孙　康

余子道文集
余子道 著

出　　版 上海人民出版社
（201101　上海市闵行区号景路 159 弄 C 座）
发　　行 上海人民出版社发行中心
印　　刷 苏州工业园区美柯乐制版印务有限责任公司
开　　本 720×1000　1/16
印　　张 84.75
插　　页 25
字　　数 1,598,000
版　　次 2024 年 12 月第 1 版
印　　次 2024 年 12 月第 1 次印刷
ISBN 978-7-208-19274-4/K·3441
定　　价 598.00 元(全三册)